ENCYCLOPÉDIE DE GESTION

★★

sous la direction de

Yves SIMON Patrick JOFFRE

ENCYCLOPÉDIE DE GESTION

★★

2e édition entièrement revue, actualisée et augmentée

ECONOMICA
49, rue Héricart, 75015 Paris

Etats de synthèse du plan comptable général de 1982

61

Jacques Richard

Selon la définition du plan comptable général de 1982 (PCG 1982), les documents comptables de synthèse sont des « états périodiques présentant la situation et les résultats de l'entreprise. Ils comprennent au moins le bilan, le compte de résultat et l'annexe. Ils peuvent être complétés, notamment, par un tableau de financement de l'exercice ». L'un des mérites de cette définition est de montrer clairement que le contenu des états de synthèse est variable. Il s'est modifié en France selon les époques, puisque ce n'est que depuis l'adoption du PCG 1982 que l'annexe, sous l'influence des pays anglo-saxons, est devenue partie intégrante des états de synthèse. Il évoluera à l'avenir, car le tableau de financement deviendra sans doute un jour un document de synthèse obligatoire.

Dans les développements qui suivent, nous nous limiterons aux documents actuellement obligatoires en France : le bilan, le compte de résultat et l'annexe. Notre tâche est donc considérablement simplifiée par l'existence d'un nombre de documents « officiels » limité. Elle se trouve en revanche compliquée par l'existence de trois systèmes de présentation des comptes. En effet, les documents de synthèse du PCG 1982 peuvent être présentés par référence à un système de base, un système abrégé et un système développé.

Le système de base comporte « les dispositions minimales de la comptabilité que doivent tenir les entreprises moyennes ou de grande dimension » : il comprend un modèle de bilan avant et après répartition, un modèle de compte de résultat de l'exercice et une annexe.

Le système abrégé concerne les entreprises dont la dimension ne justifie pas nécessairement le recours au système de base : il comprend un modèle de bilan et un modèle de compte de résultat abrégés ainsi qu'une annexe simplifiée.

Le système développé comprend un bilan et un compte de résultat plus détaillés que ceux du système de base (il n'y a pas d'annexe « développée »), et d'autres documents qui ne font pas partie des états de synthèse obligatoires : le tableau de détermination de la capacité d'autofinancement, le tableau de financement, le tableau des soldes intermédiaires de gestion, le tableau de la variation détaillée des stocks et en-cours et le tableau de répartition fonctionnelle des charges d'exploitation. L'adoption du système développé est totalement facultative. Nous montrerons cependant que la compréhension du système de base passe par la référence au système développé.

Notre objectif est de présenter les documents obligatoires du système de base en mettant en évidence les différences éventuelles avec leurs homologues du système développé. Nous étudierons successivement le bilan, le compte de résultat et l'annexe.

1. Le bilan du plan comptable général de 1982

Fondamentalement, tout bilan se présente comme un tableau des « stocks » d'emplois et de ressources d'une entité économique à un moment donné. Au-delà de cette identité de base, la conception du bilan peut varier considérablement. Il paraît donc utile, avant de commencer notre étude, de nous donner un référentiel. Nous consacrerons un premier paragraphe à l'étude des diverses conceptions du bilan avant de décrire et de juger le modèle proposé par le PCG 1982.

1.1. Les diverses conceptions possibles du bilan

Les conceptions envisageables dépendent des choix effectués en ce qui concerne le type d'équation emplois-ressources utilisée, le contenu des postes d'actif et de passif, leur classement, leur évaluation et, plus généralement, la plus ou moins grande osmose entre la comptabilité générale et la comptabilité de gestion (analytique).

1.1.1. L'équation emplois-ressources utilisée

On distingue généralement deux types d'équation emplois-ressources : l'équation « en brut », où les emplois figurent pour leur valeur d'acquisition (valeur brute) et où les ressources comprennent l'autofinancement de maintien (amortissement), s'oppose à l'équation « en net », où les emplois figurent pour leur valeur comptable nette (après amortissement) et où les ressources ne comprennent pas les fonds d'amortissement.

Soit, par exemple, une entreprise qui se constitue la première année avec une mise en capital de 100 servant à acquérir des immobilisations d'égal montant et qui dispose en fin de deuxième année d'un fonds d'amortissement lui permettant de racheter ces immobilisations (supposées usées au bout de deux ans). Le bilan après rachat se présentera comme suit selon les deux optiques :

Emplois-ressources en brut

Immobilisations	200	Capital	100
		Amortissements	100
Total de l'actif	200	Total du passif	200

Emplois-ressources en net

	Brut	Amortissement	Net		
Immobilisations	200	100	100	Capital	100
Total de l'actif			100	Total du passif	100

La conception en net est souvent qualifiée de « patrimoniale », car elle indique directement la richesse du propriétaire, après la prise en compte de l'usure des actifs. La conception en brut met l'accent sur les flux d'actifs entrés (et restés) au bilan depuis l'origine et les modalités de leur financement : elle permet mieux que la conception en net l'étude des « fonctions » d'investissement et de financement.

1.1.2. Le contenu des postes d'actif et de passif

Deux conceptions sont également souvent opposées : une conception « économique », selon laquelle l'actif du bilan doit inclure tous les actifs utilisés par l'entreprise, et une conception « juridique », selon laquelle seuls les actifs qui sont la propriété de l'entreprise peuvent être inscrits au bilan ; dans ce dernier cas, les actifs loués n'y figurent pas, pas plus que leur financement au passif.

1.1.3. Le classement des postes d'actif

Les modes de classement des actifs les plus fréquents reposent sur leur nature (terrains, immeubles, stocks de matières, disponibilités, etc.), leur fonction dans le cycle d'activité (investissements[1], actifs circulants), leur liquidité (actifs liquidables à plus ou moins d'un an), leur degré de prévisibilité et de contrôle (actifs planifiables, non planifiables), etc.

1.1.4. Le classement des postes de passif

Les postes de passif sont souvent classés en fonction de leur caractéristique juridique (distinction entre les capitaux propres appartenant aux propriétaires et les dettes), de leur exigibilité (à plus ou moins d'un an, par exemple), de leur nature (capital, réserves, dettes fournisseurs, dettes fiscales, etc.), de leur fonction dans le financement des actifs (financement des investissements, des actifs circulants, etc.), ou de leur affectation à la couverture d'une catégorie d'actifs donnée.

1.1.5. L'évaluation des postes d'actif et de passif

Deux grandes conceptions sont encore en présence. La première, souvent qualifiée de juridique, repose sur le principe du nominalisme monétaire. Selon cette conception, les actifs et les passifs correspondants restent inscrits au bilan à leur valeur d'entrée, quelles que soient les fluctuations des prix observées : c'est le principe de l'évaluation au coût historique.

Par opposition, une conception « économique » préconise le traitement de l'inflation par l'une ou l'autre des nombreuses modalités possibles de réévaluation, en fonction d'indices de prix généraux ou spécifiques[2].

1. Ou immobilisations, selon le vocabulaire comptable.

2. Voir dans cette Encyclopédie l'article de D. Boussard, « Comptabilité et variations des prix », p. 552, tome 1.

1.1.6. La relation avec la comptabilité de gestion

La pratique internationale montre que le bilan peut être aussi bien raccordé à un système de comptabilité de gestion (comptabilité analytique) qu'à un système de comptabilité d'inspiration fiscale et juridique.

Dans le premier cas, le bilan représente une réalité économique et permet le contrôle de la gestion[3]. Dans le second, le bilan est conçu comme un moyen de contrôle fiscal ou juridique et les préoccupations de gestion passent au second plan.

On peut résumer les développements précédents en opposant deux grandes conceptions de bilan : l'une « économique » et l'autre « juridique » ou patrimoniale. Leurs caractéristiques sont schématisées au tableau 1.

Tableau 1 – Les principales caractéristiques des deux grandes conceptions du bilan

Critères de différenciation	Bilan économique	Bilan juridique ou patrimonial
Equation emplois-ressources	En brut	En net
Contenu des postes d'actif	Tous les actifs utilisés	Actifs en propriété
Classement prioritaire des postes d'actif	Par fonction	Par degré de liquidité
Classement prioritaire des postes de passif	Par fonction ou par affectation	Par exigibilité et caractéristique juridique (capitaux propres/ dettes)
Evaluation	Avec réévaluation	Coût historique (généralement)
Relation avec la comptabilité de gestion (analytique)	Etroite	Lointaine, et lien fréquent avec la comptabilité fiscale

La conception juridique met en exergue les droits des propriétaires de l'entreprise mesurés conformément aux principes du droit comptable en vigueur (bien souvent dans une « optique de prudence »). La conception économique met l'accent sur le fonctionnement réel de l'entreprise (indépendamment des règles juridiques d'établissement des comptes) ; elle ne se donne pas pour objectif prioritaire d'évaluer la richesse des propriétaires. Le débat sur le choix entre ces deux conceptions fondamentales est très ancien : il remonte au moins au début du XXe siècle. Il a été marqué par les publications de E. Schmalenbach[4]. Il connaît en France un regain d'actualité avec les propositions de certains organismes et de certains auteurs de privilégier l'analyse « fonctionnelle » du bilan au détriment de l'analyse patrimoniale[5]. Pour utile qu'elle soit, l'opposition des deux conceptions du bilan ne doit pas

3. Voir dans cette Encyclopédie l'article de H. Bouquin, « Contrôle », p. 667, tome 1.

4. Notamment celle de son ouvrage, *Le bilan dynamique*, Paris, Dunod, 1961.

5. Dans un bilan « fonctionnel » les actifs sont inscrits en brut, les amortissements et les provisions figurent au passif du bilan. Par ailleurs, les immobilisations englobent les biens loués et des dépenses à effet à long terme (généralement considérées comme des charges dans l'optique patrimoniale). La classification des actifs et des passifs fait ressortir leur fonction : investissement, exploitation, trésorerie.

masquer la complexité du problème : il existe en fait plusieurs variantes de l'approche économique qui dépendent, notamment, du système socio-économique dans lequel s'insère l'entreprise.

Il existe aussi de nombreuses variantes du bilan de type juridique selon que les utilisateurs principaux sont les propriétaires, les créanciers ou le fisc.

De plus, les conceptions sont rarement pures. L'optique juridique, par exemple, emprunte souvent des éléments à l'optique économique : au bout d'un moment, le droit doit s'adapter aux réalités économiques sous peine de perdre toute force et toute utilité. Ainsi, en période de forte inflation, la nécessité d'une réévaluation s'impose généralement, même dans l'optique juridique. Enfin, certains critères comme le classement des actifs et des passifs par ordre de liquidité ou d'exigibilité, que l'on attribue souvent aux bilans de type patrimonial, peuvent également être retenus dans une perspective économique. Ce schéma ne doit donc pas être pris comme un modèle rigide.

1.2. Les caractéristiques du bilan du PCG

Nous passerons en revue les différents critères énoncés précédemment.

1.2.1. L'équation emplois-ressources

L'équation emplois-ressources retenue est celle en net : il n'y a pas de changement à ce propos par rapport à l'ancien plan comptable.

1.2.2. Le contenu des postes d'actif

Le contenu des actifs reste marqué par la conception patrimoniale : seuls les actifs détenus en toute propriété peuvent figurer au bilan. C'est en annexe que figurent certains renseignements relatifs aux biens achetés en crédit-bail.

1.2.3. Le classement des postes de l'actif

Ce classement s'opère à l'aide de quatre critères fondamentaux.

Le premier critère est celui de la fonction (ou encore destination) : le plan comptable divise l'actif en deux zones principales, celle des actifs immobilisés (investissements) et celle des actifs circulants. Les actifs immobilisés sont destinés à être utilisés à moyen ou à long terme, ils ont une rotation lente. Les actifs circulants ont une rotation rapide. Cependant, deux rubriques n'ont pu être classées dans les deux zones principales : il s'agit des comptes de régularisation d'actif (charges constatées d'avance et charges à répartir sur plusieurs exercices) et des écarts de conversion d'actif (qui enregistrent les pertes latentes de change existant à la date d'établissement du bilan). La primauté accordée au critère fonctionnel constitue une nouveauté par rapport à l'ancien plan comptable qui privilégiait le critère de classement par liquidité croissante[6] (du haut en bas de l'actif). Ce dernier critère est

6. Les apparences peuvent être trompeuses : les immobilisations du plan comptable de 1957 (PCG 1957) ne comprennent pas les mêmes éléments que les actifs immobilisés du PCG 1982 : alors que les fractions de l'actif immobilisé venant à échéance à court terme étaient décalées vers le bas de l'actif (actifs réalisables) dans le PCG 1957, elles restent inscrites en actif immobilisé jusqu'à leur terme dans le PCG 1982.

relégué à une information succincte sous forme de note en bas de bilan : son étude approfondie ressortit désormais à l'annexe.

Le deuxième critère est celui de la nature des différents actifs. On distingue l'actif immobilisé et l'actif circulant.

• L'actif immobilisé est décomposé en immobilisations incorporelles, corporelles et financières.

– La mise en évidence des immobilisations incorporelles est une autre innovation du PCG 1982 : elles comprennent les frais d'établissement, les frais de recherche et développement, les concessions et droits similaires (brevets, licences, marques), le fonds commercial (y compris le droit au bail) et les autres immobilisations incorporelles. L'existence de cette rubrique pourrait laisser croire que le PCG 1982, contrairement au PCG 1957, accorde un statut correct aux investissements immatériels : nous verrons ultérieurement qu'il n'en est rien.

– Les immobilisations corporelles regroupent des postes dont l'énumération parle d'elle-même. Rappelons que les biens loués n'y figurent pas.

– Les immobilisations financières comprennent plusieurs rubriques. Les titres de participation sont les actions et les parts sociales que l'entreprise détient de façon durable dans un but de contrôle ou de participation aux résultats d'une autre entreprise. La présence d'un portefeuille important de titres de participation témoigne d'une stratégie de croissance externe.

Les créances rattachées à des participations sont, pour l'essentiel, des prêts accordés à des sociétés sur lesquelles est détenue une participation.

Les autres titres immobilisés sont des titres conservés de façon durable dans un but autre que celui de contrôle (placement, par exemple). Les prêts hors groupe (au personnel, par exemple) sont isolés à part. Enfin, les autres titres et créances immobilisés sont notamment constitués par des dépôts et des cautionnements.

• L'actif circulant regroupe les actifs qui ne sont pas destinés à rester durablement dans l'entreprise.

– Les stocks et les en-cours sont classés selon l'ordre du cycle de production : matières premières et consommables, en cours de production, produits intermédiaires[7] et finis, marchandises[8].

– La présence à l'actif des avances et acomptes versés sur commandes d'exploitation indique que l'entreprise finance des livraisons ou des fabrications effectuées pour son compte par ses fournisseurs d'exploitation[9].

– Les créances englobent les créances sur la clientèle (ou créances clients) et les autres créances, qui peuvent être liées à l'exploitation courante (TVA déductible) ou ne pas l'être (subventions d'investissement et d'équilibre à recevoir, créances sur cessions d'immobilisations, intérêts échus à recevoir, etc.). Des créances financières peuvent figurer parmi les autres créances : avances en compte courant à des participations, avances à des associés (lorsque la législation le permet), etc. Enfin, le capital souscrit et appelé, mais

7. Les produits intermédiaires, à la différence des en-cours, ont franchi entièrement une ou plusieurs étapes du cycle de production.

8. Les marchandises sont des biens achetés et revendus en l'état.

9. Ces fabrications ne peuvent concerner que des stocks. S'il s'agissait d'immobilisations, les avances et acomptes seraient en actif immobilisé.

non versé, représente la créance qu'une société possède sur ses actionnaires au titre du capital déjà appelé et non libéré.

– Les valeurs mobilières de placement comprennent des titres comme des actions et des obligations qui sont acquises par l'entreprise pour en tirer un revenu direct ou des plus-values à court terme.

– Les disponibilités sont composées des comptes en banque, des CCP et de la caisse.

– Les charges constatées d'avance sont des charges enregistrées au cours de l'exercice, mais qui correspondent à des achats de biens ou de services dont la fourniture ou la prestation doit intervenir plus tard : ces charges sont donc « stockées » au bilan. Les charges à répartir sur plusieurs exercices participent de la même logique, mais dans le cadre du moyen ou long terme : leur étude sera menée ultérieurement.

Le critère de classement par nature a permis de passer en revue l'essentiel des postes de l'actif. L'examen des derniers critères permet d'affiner cette présentation.

Le troisième critère de classement retenu par le PCG 1982 est celui du « rattachement au principal » : toutes les opérations réalisées avec une même catégorie de tiers sont regroupées dans un même compte principal. Ainsi, dans les actifs circulants, les effets à recevoir sur des clients et les produits à recevoir (créances n'ayant pas donné lieu à facturation) de ces clients sont regroupés avec le compte client (compte principal) pour donner le poste clients et comptes rattachés. De même, les intérêts à recevoir sur les prêts sont inclus dans le montant du poste de prêts figurant en immobilisations financières.

Un dernier critère apparaît dans le cas du système développé : les créances y sont analysées selon le critère exploitation – hors exploitation. Plus précisément, le poste autres créances du système de base est décomposé en autres créances d'exploitation (TVA déductible, par exemple) et créances diverses (non liées à l'exploitation : avances financières en compte courant, par exemple). Cette distinction est particulièrement utile pour l'analyse financière.

1.2.4. Le classement des postes du passif

Alors que le PCG 1957 retenait comme critère principal le degré d'exigibilité des postes du passif, le PCG 1982 abandonne ce critère pour un critère juridique mettant en évidence les apports des propriétaires et ceux des créanciers. Le passif est donc décomposé en deux masses : les capitaux propres et les dettes. A nouveau, les comptes de régularisation-passif (produits constatés d'avance) et les écarts de conversion-passif (qui enregistrent les gains de change latents) n'ont pu être classés selon les deux grandes masses précitées. Il en va de même des provisions pour risques et charges qui enregistrent des dettes encore incertaines, mais d'un degré de probabilité suffisant pour pouvoir être prises en considération. Du fait de leur nature particulière, ces provisions sont inscrites entre les capitaux propres et les dettes.

Un deuxième critère est celui de la fonction. Il sert à distinguer les dettes financières des dettes d'exploitation et des dettes diverses (hors exploitation).

Un troisième critère repose sur la nature des éléments considérés.

– Les capitaux propres comprennent d'abord le capital qui représente l'ensemble des apports en numéraire ou en nature effectués par les associés au moment de la création de l'entreprise ou au cours de la vie de l'entreprise (augmentations de capital).

Les primes d'émission d'actions, de fusions et d'apports sont assimilables à des apports en capital : elles représentent le montant versé par les souscripteurs d'une augmentation de capital en sus du nominal pour compenser la perte subie par les anciens associés dans leur droit aux réserves accumulées[10].

Les écarts de réévaluation ne devraient pas exister dans le cadre d'une comptabilité en coût historique[11]. La présence de ce poste témoigne de l'existence de réévaluations effectuées exceptionnellement, sur injonction du législateur. La dernière en date remonte à 1976. L'écart de réévaluation mesure la différence entre les valeurs réévaluées des actifs concernés et leur valeur nominale.

Les réserves correspondent aux bénéfices non distribués conservés dans l'entreprise. Elles peuvent être légales, statutaires, réglementées ou libres.

Le report à nouveau a une signification différente suivant qu'il est positif ou négatif. Dans le premier cas, il s'agit de bénéfices en attente d'affectation (mise en réserve ou distribution) ; dans le deuxième cas, il s'agit de l'ensemble des pertes accumulées au cours des périodes précédentes et non compensées par des réserves.

Dans le PCG 1982, le résultat de l'exercice fait partie des capitaux propres : cela est logique, car il est acquis (en cas de bénéfice) ou supporté (en cas de pertes) par les propriétaires et mesure la variation des capitaux propres résultant de l'exploitation de l'entreprise pendant une période donnée.

Les capitaux propres comprennent également les subventions d'investissement et les provisions réglementées. Les subventions d'investissement peuvent être assimilées à des dons effectués, généralement, par la puissance publique et destinés à soutenir l'effort d'investissement de l'entreprise. Ces dons ne sont pas définitifs ; par un régime complexe, le fisc reprend progressivement la moitié des sommes versées, sous forme d'impôt[12]. Les provisions réglementées ne sont pas de véritables provisions donnant lieu comme les provisions pour risques et charges à des débours ultérieurs. Elles doivent être considérées, selon le cas, soit comme des fonds destinés à assurer la reconstitution des actifs (par exemple, la provision pour fluctuation des cours et la provision pour hausse des prix), soit comme une sorte de réserve (c'est le cas, par exemple, des provisions pour investissements). A la différence des réserves « classiques », les provisions réglementaires ne sont pas libérées de l'impôt.

Ainsi constitués, les capitaux propres représentent une évaluation comptable de la masse de fonds investis par les propriétaires à la fin de l'exercice considéré. Ce chiffrage ne tient pas compte toutefois des distributions à opérer sur le résultat de l'exercice ni de l'existence de postes susceptibles d'être grevés d'obligations fiscales. Pour affiner le calcul de la « richesse » des actionnaires, le PCG 1982 propose le concept de situation nette qui s'obtient

---

10. Ces réserves, du fait de l'émission de nouveaux titres, sont en effet partagées entre un plus grand nombre d'ayants droit.

11. Ce qui est le cas du PCG 1982 (voir *infra*).

12. Sauf en cas de pertes.

en déduisant des capitaux propres la partie du résultat distribuée ainsi que les provisions réglementées et les subventions d'investissement (dans la mesure où ces deux postes ne sont pas libérés d'impôt)[13]. La situation nette regroupe donc les éléments suivants : le capital ; les primes d'émission, de fusion, d'apports ; les écarts de réévaluation ; les réserves ; le report à nouveau.

– Les dettes financières comprennent les emprunts obligataires convertibles, les autres emprunts obligataires, les emprunts et dettes auprès d'établissements de crédit et les emprunts et dettes financières divers. La dissociation classique des dettes à plus ou moins d'un an n'apparaît plus ici en raison de l'abandon du critère fondé sur le degré d'exigibilité : c'est ainsi que les emprunts auprès d'établissements de crédit peuvent aussi bien être des découverts bancaires utilisés que des prêts à long terme. Cependant, un renseignement succinct sur les masses globales de dettes à moins et plus d'un an figure au pied du passif. Pour plus de détails sur l'exigibilité des dettes, il faut consulter l'annexe.

– Les avances et acomptes reçus sur commandes en cours correspondent généralement à des montants versés par des clients pour assurer une partie du financement de commandes d'exploitation en cours.

– Les dettes non financières comprennent les dettes fournisseurs et les comptes rattachés, les dettes fiscales et sociales, les dettes sur immobilisations et les autres dettes. Soulignons qu'aucune distinction n'est faite dans le système de base entre les dettes liées à l'exploitation et celles hors exploitation.

– Les produits constatés d'avance concernent des produits facturés aux clients (ou payés par eux) qui n'ont pas été livrés : l'obligation de livrer s'inscrit logiquement au passif pour son montant correspondant.

Le quatrième critère, déjà rencontré lors de l'étude de l'actif, est celui du rattachement au principal. Ainsi, les effets à payer dus à des fournisseurs d'exploitation et les montants à régler sur prestations non encore facturées[14] sont regroupés avec les dettes fournisseurs de même type pour former le poste « fournisseurs d'exploitation et comptes rattachés ». De même, les intérêts courus (dus) sur dettes sont adjoints au principal des dettes concernées.

Un cinquième et dernier critère concerne le système développé. Pour faciliter l'analyse financière, les dettes fiscales et sociales et les autres dettes sont analysées de façon à permettre de différencier les dettes d'exploitation et les dettes diverses (non liées à l'exploitation).

1.2.5. L'évaluation des postes de l'actif et du passif

Sauf dérogation, le principe d'évaluation est celui du coût historique. Les actifs sont enregistrés à leur coût d'entrée, c'est-à-dire au coût d'acquisition pour les actifs achetés, au coût de production pour les actifs produits et à la valeur probable d'échange pour les donations. Les dettes sont enregistrées à leur valeur faciale.

---

13. Il serait plus exact de ne déduire que les impôts à payer : le PCG 1982 pèche donc par prudence en éliminant la totalité des postes.

14. Charges à payer, dans le vocable comptable.

1.2.6. Les relations avec la comptabilité de gestion

Dans le PCG 1982, les stocks doivent être en principe évalués à partir de la comptabilité analytique[15]. Mais dans l'ensemble, les liens entre le bilan et la comptabilité de gestion sont relativement faibles : pas de présence de normes d'actif ou de passif ; pas de réévaluation, ce qui conduit généralement à la disparité des montants d'amortissement en comptabilité générale et en comptabilité analytique.

Mais c'est surtout à propos du concept d'investissement que l'optique du PCG 1982 se différencie de celle de la comptabilité analytique. Dans une conception économique, le bilan devrait comporter à l'actif l'ensemble des dépenses engagées pour plusieurs exercices, dans la mesure où ces dépenses ont des conséquences bénéfiques sur les exercices suivants.

Le plan comptable révisé n'admet pas cette conception. S'il accepte sans restriction l'inscription à l'actif des immobilisations corporelles des immobilisations financières et des immobilisations incorporelles faisant l'objet d'une protection juridique, il n'en va pas de même pour les autres dépenses ayant des effets à long terme. Le PCG 1982 prévoit que ces dépenses doivent normalement être passées en charge immédiatement. Cependant, il institue des dérogations : il offre aux entreprises la possibilité d'une inscription à l'actif, selon des modalités variant avec le type de dépense concernée.

Les dépenses de caractère général, non répétitives, concernant la constitution de la société, la création au cours de la vie sociale de tout établissement nouveau ou de toute activité nouvelle, les augmentations de capital et opérations diverses (fusions, scissions, transformations) peuvent être inscrites à l'actif à condition d'être amorties selon un plan et dans un délai maximal de cinq ans[16].

Les frais de recherche et développement ne peuvent être inscrits à l'actif qu'exceptionnellement dans la mesure où il s'agit de recherche appliquée, portant sur des projets nettement individualisés ayant de sérieuses chances de rentabilité commerciale. En tout état de cause, ces frais sont amortis selon un plan et dans un délai maximal de cinq ans[17]. Les autres dépenses ayant des effets positifs à long terme peuvent éventuellement être inscrites à l'actif au poste charges à répartir sur plusieurs exercices : c'est, par exemple, le cas d'une campagne publicitaire importante. Le PCG 1982 ne donne aucune indication sur la durée de l'amortissement des charges à répartir, mais la doctrine s'accorde à conseiller une limite maximale de cinq années.

Nous pouvons donc constater que la possibilité d'inscription à l'actif des dépenses incorporelles n'est accordée que du « bout des lèvres ». Dans l'ensemble, la règle de prudence l'emporte : elle conduit le plus souvent les entreprises à passer directement en charges toutes ces dépenses. C'est ce qui fait dire à certains commentateurs que le statut de l'investissement incorporel n'a pas encore reçu la place qu'il mérite en comptabilité générale.

---

15. Voir également dans cette Encyclopédie les articles de P. Piget, « Comptabilité analytique », p. 488, tome 1 et de S. Evraert, « Comptabilité d'activité », p. 476, tome 1.

16. Ces frais doivent être amortis avant toute distribution de bénéfices.

17. Exceptionnellement, il est possible de porter ce délai à dix ans.

1.3. Conclusion sur le bilan

A en juger par les critères retenus en introduction, le bilan du PCG 1982 reste encore assez largement caractérisé par l'optique juridico-patrimoniale, qu'il s'agisse de l'équation emplois-ressources (en net), du contenu des actifs (limité aux biens détenus en toute propriété), de la structure du passif (priorité au concept de capitaux propres), des règles d'évaluation (principe de prudence, absence de réévaluation systématique) ou de la conception des investissements (faible statut des investissements incorporels). Un certain nombre de modifications apportées par le PCG 1982 témoignent toutefois d'une évolution, encore modeste, vers une conception plus économique : citons, notamment, les dispositions prises pour tenter d'isoler l'impact des corrections de valeurs purement fiscales, l'introduction de la règle de rattachement aux comptes principaux et, dans le cadre du système développé, la proposition d'une analyse des créances et des dettes permettant de distinguer les éléments liés à l'exploitation.

2. Le compte de résultat du plan comptable général de 1982

Il est tentant de transposer au compte de résultat les remarques introductives faites lors de l'étude du bilan ; apparemment, rien ne ressemble plus à un compte de résultat qu'un autre compte de résultat : tout compte de résultat apparaît comme une comparaison des produits et des charges de l'entreprise aboutissant à la détermination d'un résultat. Mais ces généralités cachent en fait des pratiques très diversifiées témoignant parfois de conceptions totalement différentes.

Ainsi, pour pouvoir caractériser correctement le compte de résultat du PCG 1982, nous devons nous doter d'un référentiel que la pratique internationale nous aidera à établir.

Dans un premier temps, nous analyserons les divers modèles possibles du compte de résultat, puis nous présenterons la structure et le contenu du modèle proposé par le PCG 1982. Nous conclurons par une appréciation de ce modèle.

2.1. Les différents modèles possibles de compte de résultat

La diversité des modèles résulte d'abord de différences fondamentales concernant les concepts de production, de charges et de résultat. Elle résulte ensuite du choix du mode de classement des charges. Elle découle enfin de la technique d'inventaire utilisée et du principe d'évaluation des stocks. Un bon nombre de ces différences provient, plus généralement, de la nature des relations entre la comptabilité générale et la comptabilité analytique.

2.1.1. Le choix d'un concept de production

Nous distinguerons deux possibilités fondamentales de choix en ce domaine. Premièrement, le compte de résultat peut privilégier soit un concept de production vendue (ventes), soit un concept de production globale (comprenant la production stockée de l'exercice). La première optique relève plutôt de la micro-économie et la seconde de la macro-économie.

Deuxièmement, la production vendue peut être une production facturée[18] ou une production encaissée. La plupart des pays adoptent le concept de la production facturée : la notion de produit ne se confond donc pas, dans ce cas, avec celle de recette (ou d'encaissement)[19].

2.1.2. Le choix d'un concept de charges

Le concept de charges dépend d'abord évidemment de celui retenu pour la production. Lorsque le concept de production vendue est retenu, les charges sont relatives aux ventes ; en revanche, si la production globale est privilégiée, les charges englobent aussi les consommations relatives au stockage produit dans la période.

La question du choix entre charges et décaissements se pose également. Dans tous les grands pays, la notion de charges est basée sur la consommation (pour la production vendue ou globale). Les éléments utilisés pour la production sont donc passés en charge lors de leur consommation et non lors de leur paiement : c'est une nécessité absolue si on veut mesurer un résultat périodique correct. Il faut toutefois nuancer cette affirmation. En effet, le concept de charges dépend également de l'optique retenue lors de l'établissement des états de synthèse. Si l'optique juridique est privilégiée, les charges peuvent ne pas refléter systématiquement la consommation réelle de l'exercice. Nous avons montré, lors de l'étude du bilan, que les éléments de type immatériel sont souvent passés en charges lors de leur facturation et non lors de leur consommation. L'identité charges-consommation n'est donc strictement observée que dans le cas d'une optique économique.

Enfin, la notion de charge est étroitement liée à celle de résultat, ce qui nous mène au point suivant.

2.1.3. Le choix du concept de résultat

Le concept de résultat qui apparaît dans les états de synthèse est évidemment lié au contexte sociopolitique dans lequel s'insère l'entreprise. Prenons deux exemples : dans une société capitaliste, le résultat est celui des propriétaires du capital ; le concept de charges englobe donc logiquement non seulement les consommations intermédiaires, mais également toutes les fractions de la valeur ajoutée qui ne reviennent pas à ce groupe social (salaires, intérêts, etc.). Dans une société socialiste autogestionnaire[20], le résultat correspond à la valeur ajoutée (vendue ou produite) : les salaires (ou, pour être plus exact, les rémunérations des autogestionnaires) ne font pas partie des charges mais apparaissent comme un revenu.

2.1.4. Le mode de classification des charges

La pratique internationale montre que les classements des charges les plus couramment utilisés dans les états de synthèse sont les classements selon la

---

18. Dans la plupart des cas, il faut également que la livraison ait eu lieu.

19. A notre connaissance, la Russie est le seul grand pays industrialisé où le concept de production vendue encaissée est encore retenu (optionnellement).

20. Voir les références bibliographiques en fin d'article.

nature (consommations de matières, charges de personnel, charges financières, etc.) ou la fonction[21] (de production, commerciale, administrative). Quelques rares pays privilégient le classement par degré de variabilité. Un bon nombre de pays à économie planifiée intégraient dans le compte de résultat des normes de référence (standards) de façon à dégager les écarts par rapport au plan ; le résultat se décompose alors en deux parties : le résultat conforme au plan et le résultat exceptionnel (hors norme).

Il est bien entendu possible de cumuler, au sein même du compte de résultat, plusieurs types de classement.

2.1.5. La technique d'inventaire utilisée

La présentation du compte de résultat varie avec le type d'inventaire usuellement pratiqué. Si l'inventaire permanent domine, les consommations apparaissent directement en charges. Si c'est au contraire l'inventaire intermittent qui l'emporte, les consommations résultent d'un calcul indirect faisant intervenir des variations de stock.

2.1.6. Les principes d'évaluation des stocks

Généralement, les stocks de produits sont évalués dans l'optique de la prudence : ils n'englobent pas de bénéfice. L'inclusion des bénéfices dans les stocks n'apparaît qu'exceptionnellement dans la pratique internationale, pour des raisons principalement fiscales (ne pas imposer un résultat non facturé et donc non liquide).

2.1.7. Les liens entre la comptabilité générale et la comptabilité analytique

Les pays dans lesquels il existe une dissociation des deux types de comptabilité (dualisme) privilégient généralement les concepts de production globale et la classification des charges par nature ; leurs comptes de résultat sont souvent caractérisés par l'optique juridique. Les pays qui tirent leurs informations de synthèse de la comptabilité de gestion adoptent généralement le concept de la production vendue avec une classification fonctionnelle des charges évaluées selon des modalités plutôt de type économique : c'est le cas le plus souvent des pays anglo-saxons.

Après ce bref panorama des diverses pratiques, nous pouvons maintenant porter un jugement sur les caractéristiques du compte de résultat du PCG 1982.

2.2. La description du compte de résultat du PCG 1982

Précisons d'abord quelques éléments d'ordre général avant d'aborder la question en détail.

2.2.1. Les règles générales d'établissement du compte de résultat

Ces règles ont une certaine souplesse.

---

21. Généralement les pays anglo-saxons privilégient le classement par fonctions.

Premièrement, les produits et les charges peuvent être présentés soit sous forme de tableau, soit sous forme de liste. Dans les deux cas, cependant, des regroupements ont lieu permettant de distinguer les charges et les produits d'exploitation (fonction exploitation), les charges et les produits financiers (fonction financière) et le reste des éléments, c'est-à-dire les charges et les produits exceptionnels, la participation des salariés aux fruits de l'expansion et l'impôt sur les bénéfices.

Deuxièmement, l'entreprise a le choix entre un modèle de base et un modèle développé[22]. A vrai dire, c'est moins le modèle développé qui présente un intérêt que le tableau des soldes intermédiaires de gestion l'accompagnant. Ce tableau des soldes[23] constitue l'armature qui sous-tend aussi bien le modèle de base que le modèle développé : paradoxalement, peut-être, le tableau des soldes intermédiaires de gestion est resté un document facultatif. Il reste qu'il n'est pas possible, à notre avis, de décrire correctement le contenu et la forme du compte de résultat français sans le prendre pour référence prioritaire.

2.2.2. L'étude détaillée du compte de résultat du PCG 1982

Comme nous l'avons annoncé précédemment, nous privilégierons ici une présentation axée sur le tableau des soldes intermédiaires de gestion. Nous montrerons que les différents postes de produits et de charges du compte de résultat sont définis et agencés de manière à pouvoir calculer huit soldes fondamentaux constituant les outils de base de toute analyse financière :

- la marge commerciale,
- la production de l'exercice,
- la valeur ajoutée,
- l'excédent brut d'exploitation,
- le résultat d'exploitation,
- le résultat courant avant impôt,
- le résultat exceptionnel,
- le résultat de l'exercice.

Chacun de ces soldes sera l'occasion d'une analyse des charges et des produits du PCG 1982.

2.2.2.1. Les produits et charges constituant la marge commerciale

Dans le modèle de compte en tableau, les premiers postes de produits et de charges concernent l'activité commerciale des entreprises, autrement dit l'activité de revente en l'état. Les « ventes de marchandises » sont comparées aux charges de « coût d'achat des marchandises vendues », c'est-à-dire, dans une présentation de type inventaire intermittent, aux achats de marchandises augmentés du stock initial et diminués du stock final correspondant. La différence obtenue représente la marge commerciale.

---

22. Nous ne parlerons pas ici du modèle simplifié, qui peut être utilisé lorsque l'entreprise ne dépasse pas une certaine taille.

23. Communiqué en annexe.

Ventes de marchandises[24]	
– Achats de marchandises[25]	Coût d'achat
– Variation de stock	des marchandises
(stock initial – stock final de marchandises)	vendues
= Marge commerciale	

La marge commerciale ne concerne pas seulement les entreprises commerciales ; elle peut aussi apparaître dans des entreprises industrielles ou de services dont une partie de l'activité est purement commerciale. Cet indicateur reflète à la fois :

– la stratégie suivie par l'entreprise en matière de prix de vente (fortes ventes à bas prix, ventes réduites à prix élevés),

– la position de l'entreprise face à la concurrence (monopole, oligopole, concurrence),

– les politiques et les performances de la gestion des achats.

2.2.2.2. *Les produits constituant la production de l'exercice*

La production de l'exercice s'obtient en sommant les trois postes de produits qui figurent après les ventes de marchandises :

– la production vendue, qui représente les ventes[26] des entreprises industrielles ou de services ;

– la production stockée ou déstockée[27], qui peut concerner des produits finis et/ou des produits en cours de fabrication. Quel que soit le type de production, elle s'obtient en effectuant la différence entre le stock final et le stock initial ;

– la production immobilisée, égale au coût de production des objets fabriqués par l'entreprise et destinés non pas à la vente mais à être utilisés dans l'entreprise pour des activités de production ou de vente (ce qui implique leur inscription à l'actif en immobilisations).

La production de l'exercice caractérise, mieux que ne le fait la production vendue, l'activité totale industrielle de l'entreprise puisqu'elle englobe le stockage (ou le déstockage) de l'exercice et la production immobilisée. Ce concept est cependant parfois d'une utilisation délicate, du fait principalement de son hétérogénéité : alors que la production vendue est évaluée aux prix du marché, les productions stockées et immobilisées sont évaluées aux coûts de production (principe de prudence).

Soulignons, par ailleurs, que l'évaluation du poste production vendue n'est pas non plus toujours exempte de toute critique : beaucoup d'analystes regrettent qu'en soient exclues les subventions d'exploitation. De fait, le traitement de ces subventions est délicat : tantôt elles apparaissent comme une compensation à l'imposition d'un prix de vente inférieur au prix du marché, tantôt elles sont des ressources complémentaires destinées à jouer un

24. Evaluées hors TVA et déduction faite des réductions sur ventes accordées.

25. Evalués hors TVA, déduction faite des rabais, remises et ristournes obtenus et après incorporation éventuelle des frais accessoires sur achats directs (incorporation qui n'est obligatoire que dans le système développé).

26. Les ventes sont évaluées hors TVA et déduction faite des réductions sur ventes accordées.

27. La production déstockée est précédée du signe moins.

véritable rôle de subvention d'équilibre. Si dans le premier cas il paraît logique de les rattacher à la production vendue pour rétablir les valeurs de marché, il n'en va pas de même dans le second cas.

Bien que le tableau des soldes intermédiaires ne le prévoie pas, il est possible de déterminer un indicateur globalisant l'activité industrielle et commerciale en additionnant les ventes de marchandises et la production de l'exercice. La sommation de la marge commerciale et de la production de l'exercice débouche sur un indicateur mixte critiquable qui n'indique ni un niveau d'activité ni une marge. L'indicateur ventes de marchandises plus production de l'exercice doit être distingué du concept de chiffre d'affaires qui regroupe toutes les ventes, qu'elles soient de nature commerciale ou industrielle, mais exclut tout élément de production stockée ou immobilisée. Le chiffre d'affaires n'est donc pas, à ce titre, représentatif de l'activité d'une entreprise au cours d'une période donnée.

2.2.2.3. *Les produits et charges constituant la valeur ajoutée*

La valeur ajoutée, selon la définition la plus courante, est la différence entre une production et les consommations intermédiaires qui y sont relatives. Cette définition est très générale : il existe un grand nombre de variantes possibles du concept. Pour l'essentiel, les diverses solutions dépendent de deux options principales.

– Première option : prend-on en compte uniquement les ventes réalisées sur le marché ou l'ensemble de la production ? Dans le premier cas, on obtient une valeur ajoutée vendue et dans le second une valeur ajoutée produite.

– Seconde option : comprend-on ou non les amortissements parmi les consommations intermédiaires ? Dans l'affirmative, on obtient une valeur ajoutée nette et dans la négative une valeur ajoutée brute.

La valeur ajoutée retenue par le PCG 1982 est une valeur ajoutée produite et brute. Elle s'obtient en cumulant la marge commerciale et la production de l'exercice[28] et en retranchant de la somme ainsi obtenue les consommations intermédiaires[29], assimilées aux consommations de matières premières et autres approvisionnements et aux « autres achats et charges externes ».

Marge commerciale
\+ Production de l'exercice
– Consommations de matières premières
  et autres approvisionnements
– Autres achats et charges externes

= Valeur ajoutée

Les consommations de matières premières et autres approvisionnements englobent toutes les consommations sur stocks, quelle que soit leur destination fonctionnelle[30]. Du fait de la prédominance de la technique de l'inventaire intermittent, elles apparaissent sous deux postes au compte de résultat :

---

28. C'est-à-dire les deux soldes précédemment étudiés.
29. Appelées consommations en provenance de tiers dans le tableau des soldes intermédiaires de gestion.
30. Cette remarque est vraie pour toutes les charges.

achats de matières premières et autres approvisionnements et variation de stock (c'est-à-dire stock initial de matières et autres approvisionnements moins stock final).

Le poste autres achats et charges externes regroupe toutes les autres consommations intermédiaires de l'entreprise, à l'exception des amortissements. Les autres achats englobent la sous-traitance industrielle (qui entre dans le coût direct de production) et les achats non stockés de matières et fournitures (eau, énergie, fournitures administratives, etc.). Les charges externes comprennent la sous-traitance générale et tous les services extérieurs rendus à l'entreprise (locations, travaux d'entretien, primes d'assurance, études et recherches externes, personnel extérieur à l'entreprise, rémunérations d'intermédiaires, publicité, transports, déplacements, missions et réceptions, frais postaux, services bancaires, etc.).

En principe, la valeur ajoutée produite devrait représenter le supplément de richesse créée dans l'entreprise au cours d'une période donnée. Le concept retenu par le nouveau plan comptable s'éloigne de cet idéal en raison, notamment, du traitement des stocks, des amortissements, des loyers, des charges de personnel intérimaire et des redevances sur brevets.

– *Les stocks.* Ils sont évalués au coût de production. La valeur ajoutée produite est donc mal estimée à concurrence de la marge sur coût de production non incluse dans la variation de stock (sous-estimation en cas de stockage et surestimation en cas de déstockage).

– *Les amortissements.* Le nouveau plan comptable privilégie un concept de valeur ajoutée brute qui, de ce fait, ne peut pas refléter correctement une valeur créée, puisque la consommation des immobilisations mesurée par leur amortissement n'est pas défalquée. Seul le concept de valeur ajoutée nette peut véritablement « revendiquer » la représentation d'une richesse nouvellement créée. Normalement, donc, les charges d'amortissement courantes devraient être « remontées » au niveau du poste « autres achats et charges externes » pour former l'ensemble des consommations intermédiaires. Si cette présentation n'est pas retenue, traditionnellement, en France, c'est semble-t-il pour deux raisons. Premièrement, une mesure correcte des dotations aux amortissements, en comptabilité générale, s'est avérée particulièrement difficile à obtenir, du fait notamment du biais résultant de la pratique d'amortissements fiscaux dérogeant aux normes économiques. Deuxièmement, la non-déduction des amortissements constitue un moyen d'élaboration d'un solde intermédiaire de gestion représentatif du flux de fonds sécrété par l'exploitation (voir *infra*). Le maintien de cette pratique paraît cependant critiquable, dans la mesure où le nouveau plan comptable apporte des solutions non négligeables à un meilleur traitement des amortissements. Par ailleurs, s'agissant d'un compte de « résultat », il ne paraît pas adéquat d'y mêler des indications de type flux de trésorerie qui devraient faire l'objet d'un tableau spécial.

– *Les loyers.* Lorsqu'une entreprise acquiert ses immobilisations corporelles ou incorporelles, elle en fait passer la charge sous la forme d'amortissements qui n'ont aucun impact sur la valeur ajoutée brute. Il en va différemment lorsque les mêmes biens sont loués : la charge de loyer apparaît alors en déduction de la valeur ajoutée sous la forme des charges externes. Dans ces conditions, toute comparaison entre des entreprises recourant à ces deux modes de financement devient impossible sauf retraitement adéquat. Notons que la question vise toutes les formes de loyers et pas seulement ceux de crédit-bail. En fait, ce n'est pas tant les loyers qui posent problème que l'adoption d'un raisonnement en brut au niveau de la valeur ajoutée.

– *Les charges de personnel intérimaire.* Tout comme le personnel de l'entreprise, le personnel intérimaire participe à la production effectuée par l'entreprise. Logiquement, sa rémunération devrait apparaître, à l'instar des charges de personnel, comme une distribution de la valeur ajoutée. Le plan comptable ne retient pas cette optique économique : il privilégie une solution juridique en inscrivant cette catégorie de rémunération dans les charges externes (en raison de leur paiement à des organismes extérieurs à l'entreprise).

– *Les redevances sur brevets, concessions, licences.* Elles ne figurent pas parmi les charges externes, mais elles apparaissent dans le calcul du solde intermédiaire suivant. Cette pratique nous semble contradictoire avec une mesure correcte des consommations intermédiaires[31].

Telles sont les principales difficultés que soulève le concept de valeur ajoutée du PCG 1982. Ajoutons, pour conclure sur ce point, que cette valeur ajoutée est calculée avant toute retombée des incidents de paiements (réels ou estimés) sur créances : elle est donc simplement potentielle.

2.2.2.4. *Les produits et charges constituant l'excédent brut d'exploitation*

L'excédent brut d'exploitation (EBE) est obtenu à partir de la valeur ajoutée brute en défalquant les impôts et taxes et les charges de personnel et en ajoutant, le cas échéant, les subventions d'exploitation :

  Valeur ajoutée
\+ Subventions d'exploitation
– Impôts et taxes
– Charges de personnel

= Excédent brut d'exploitation

Les impôts et taxes comprennent toutes les charges fiscales, à l'exception de l'impôt sur les sociétés et des impositions exceptionnelles (amendes fiscales, par exemple). On explique généralement le sort spécial fait à l'impôt sur les sociétés par son caractère d'impôt sur les bénéfices sans rapport avec l'exploitation. Les (autres) « impôts et taxes » seraient, en revanche, des charges d'exploitation rémunérant un service rendu par l'Etat à l'entreprise[32]. Certains analystes financiers vont jusqu'au bout de cette logique en considérant ces impôts et taxes comme des services et en les « remontant » au niveau du poste autres achats et charges externes (ce qui provoque une modification de la valeur ajoutée).

La question est, il est vrai, difficile : à la limite, si on suit ce raisonnement, il faudrait rechercher dans quelle mesure les impôts, y compris l'impôt sur les sociétés et les impôts sur les rémunérations versées, rendent service à l'entreprise étudiée et opèrent un prélèvement destiné à la simple reproduc-

31. Elle est cependant cohérente avec le principe du raisonnement en « brut ».
32. Ce qui expliquerait le caractère déductible de ces impôts, par opposition à l'impôt sur les sociétés qui est non déductible.

tion de ces services. La tâche est insurmontable à ce niveau micro-économique. Il paraît plus réaliste, comme le fait le PCG 1982, de s'en tenir à une définition restrictive des consommations intermédiaires englobant des services et des consommations ayant un lien direct avec l'activité de l'entreprise : on en revient, en quelque sorte, à l'objectif d'une détermination d'une valeur ajoutée au stade de la production avant prise en compte de la couverture de services de type général[33]. Le mérite du débat est de montrer que la question de la comptabilisation du coût des services généraux est complexe et liée à des choix sociopolitiques : dans des pays où le poids des impôts est faible et où les entreprises paient ces services généraux à des entreprises privées, la valeur ajoutée et l'excédent brut risquent fort d'être inférieurs à ceux d'entreprises homologues implantées dans des pays où le système fiscal joue un rôle important. Par ailleurs, le type de fiscalité choisie joue aussi un rôle déterminant : le niveau de l'EBE sera différent selon que la « collecte budgétaire » s'effectue par le biais d'impôts spécifiques (comme les impôts d'exploitation) ou d'impôts généraux (tels que l'impôt sur les sociétés).

Les charges de personnel englobent l'ensemble des rémunérations en monnaie ou en nature versées au personnel (y compris les indemnités de licenciement[34]) et les charges au profit des salariés, liées à ces rémunérations : cotisations de Sécurité sociale, cotisations pour congés payés, supplément familial, versements aux comités d'entreprise, aux mutuelles, aux caisses de retraite, etc. Les rémunérations du personnel comprennent les rémunérations des dirigeants : PDG de sociétés anonymes, gérants de SARL (majoritaires ou minoritaires). Elles peuvent aussi comprendre les rémunérations exceptionnelles versées à des administrateurs pour les missions ou mandats qui leur sont confiés[35]. Enfin, une tendance amorcée depuis un certain nombre d'années a fait figurer en charges de personnel la rémunération et les cotisations personnelles de l'exploitant et des membres de sa famille non salariés[36]. Certains guides comptables professionnels (transports routiers, entreprises à commerces multiples) recommandent d'évaluer le coût du travail assuré par le dirigeant et les membres de sa famille non salariés, en fonction des activités qu'ils exercent réellement, du temps effectif consacré à ces activités, du niveau des salaires correspondants, habituellement appliqués dans la région.

Ces pratiques tendent à diminuer le niveau de résultat net. L'analyste financier doit évidemment tenir compte de cette évolution pour l'appréciation des performances de l'entreprise.

33. Notons que l'inclusion des impôts d'exploitation dans les charges externes soulève aussi des problèmes ; prenons le cas de deux entreprises, l'une locale, l'autre internationale : la première fera figurer parmi ses consommations intermédiaires le coût d'usure des routes qu'elle emprunte, alors que la seconde n'y affectera qu'une très faible part.

34. Cependant, la pratique fait souvent une distinction entre les indemnités correspondant à un licenciement isolé, qui rentrent en charges de personnel (d'exploitation), et les indemnités correspondant à un licenciement collectif, qui sont inscrites en charges exceptionnelles.

35. Par contre, les rémunérations pour assistance au conseil d'administration figurent en jetons de présence.

36. L'insertion des salaires et des cotisations sociales du conjoint salarié dans les charges de personnel est évidemment prévue par le plan comptable.

Le statut de l'EBE, dans la littérature spécialisée, est fluctuant. Certains auteurs le présentent surtout comme un indicateur de profitabilité de l'entreprise : il serait un bon indice du profit courant avant impôt[37] revenant à l'ensemble des apporteurs de capitaux. Il ne peut en être ainsi, à notre avis, dans la mesure où les amortissements et les provisions justifiées de nature courante ne sont pas déduits[38] : la difficulté indéniable de leur évaluation ne doit pas masquer ce problème[39]. D'autres auteurs présentent l'EBE comme un flux de fonds sécrétés par l'exploitation, ce qui explique, dans ces conditions, qu'il soit calculé avant prise en compte des dotations aux amortissements et aux provisions. Cette présentation est, nous semble-t-il, justifiée. Encore faut-il préciser que le flux sécrété ne se confond pas avec un flux de disponibilités[40] : disons qu'il s'agit d'un flux de disponibilités potentielles dont la précision est suffisante lorsqu'on mène des études qui n'impliquent pas une connaissance fine des flux de disponibilités sécrétées par l'exploitation.

Soulignons, toutefois, le problème que soulève le « couple » amortissements/loyers : la comparaison des EBE de deux entreprises dont l'une est propriétaire de ses actifs et l'autre locataire ne peut se faire directement, dans la mesure où le versement des fonds de renouvellement[41] est défalqué dans le cas du loyer, alors qu'il ne l'est pas encore dans le cas de l'achat en toute propriété.

Il reste de toute façon discutable, nous l'avons déjà souligné, d'intercaler un indicateur de flux de fonds dans un tableau d'analyse du résultat.

Un dernier problème peut également être soulevé : qu'est-ce que l'exploitation ? Selon une conception étroite, il s'agirait de l'activité principale économique au sens strict, à l'exclusion, par exemple, du résultat des placements financiers et des revenus accessoires. Selon une conception extensive qui part de l'idée que l'entreprise gère un pool d'actifs aussi bien financiers qu'industriels et aussi bien principaux qu'accessoires, les revenus tirés de l'exploitation engloberaient tous les revenus courants y compris les revenus financiers. Certains analystes font valoir, à l'appui de cette position, que certaines entreprises de distribution ont une politique de placement et de négociation d'escomptes auprès de leurs fournisseurs qui conditionne la fixation de leurs prix de vente et qu'ainsi gestion financière et gestion de l'exploitation ne sont pas dissociables. Cette question importante doit être résolue au niveau de la technique d'analyse. Le nouveau plan comptable adopte, quant à lui, une attitude simple selon laquelle est exploitation tout ce qui n'est pas financier (ou exceptionnel).

2.2.2.5. *Les produits et charges constituant le résultat d'exploitation (ou résultat avant charges et produits financiers)*

Le résultat d'exploitation s'obtient à partir de l'EBE. Ce dernier est diminué des charges d'amortissement et des provisions d'exploitation ainsi

---

37. Il faudrait ajouter avant redevances sur brevets et avant incidents de paiement.

38. C'est la raison pour laquelle il s'agit d'un excédent brut.

39. Précisons, en outre, que les critiques faites à propos de la valeur ajoutée visant l'évaluation des stocks de produits restent valables pour l'EBE.

40. Dans la mesure où les ventes et certaines charges peuvent être à crédit et où les variations de stocks ne donnent pas lieu à un flux de liquidités.

41. Sans parler du profit.

que des autres charges, et majoré des reprises sur amortissements et provisions d'exploitation et des autres produits :

EBE
\+ Reprises sur amortissements
et provisions d'exploitation
\+ Autres produits
– Dotations aux amortissements
et aux provisions d'exploitation
– Autres charges

= Résultat d'exploitation

Dans le PCG 1982, les dotations aux amortissements figurant en exploitation doivent correspondre, en principe, à l'usure économique des biens concernés : la différence positive ou négative avec la dotation fiscale pratiquée doit être inscrite dans un poste spécial figurant en charges ou en produits exceptionnels. Bien que l'énoncé du principe soit intéressant, on peut douter que sa réalisation soit toujours effective : d'une part, il paraît difficile que les habitudes prises de raisonner selon les normes fiscales puissent disparaître du jour au lendemain ; d'autre part, le principe du coût historique constitue une entrave à une détermination correcte des annuités d'amortissement en période d'inflation.

Les dotations aux provisions d'exploitation sont des charges sans contrepartie immédiate destinées à opérer une rétention de ressources pour faire face à des dépréciations d'actifs (provisions dites pour dépréciation) ou à des risques (provisions pour risques) éventuels[42] de nature courante. Elles doivent donc normalement donner lieu à une non-rentrée de ressources (dépréciation) ou à un débours (risque) dans un délai plus ou moins long : c'est ce qui les différencie des mises en réserves correspondant à des flux de bénéfices acquis à l'entreprise.

Les autres charges comprennent les redevances sur brevets, concessions, licences, etc., les jetons de présence et les pertes sur créances. L'assemblage effectué dans cette rubrique est hétéroclite. Les redevances sur brevets devraient, on l'a vu, normalement figurer dans les charges externes, en tant que rémunération d'un service extérieur. Les jetons de présence sont, pour l'essentiel, économiquement comparables à des bénéfices et ne devraient pas être défalqués dans le calcul du résultat revenant aux apporteurs de capitaux ou assimilés. Les pertes sur créances, qui représentent le coût des incidents de paiements de type courant[43], s'inscrivent en revanche logiquement à ce niveau puisqu'elles apparaissent comme une suite aux provisions couvrant des pertes sur créances douteuses[44] : ainsi la prise en compte des incidents de paiement prévisibles ou réels s'effectue-t-elle de façon homogène.

---

42. Ces risques ou ces dépréciations doivent avoir un certain degré de probabilité de survenance : ils ne peuvent être totalement incertains.

43. Par opposition aux non-rentrées consécutives aux incidents de type exceptionnel qui doivent figurer en charges exceptionnelles (voir *infra*).

44. Pour ne pas faire double emploi, la provision correspondante doit être reprise.

Les autres produits ont été conçus par symétrie aux autres charges : ils comprennent les redevances sur brevets reçues, les jetons de présence perçus et les profits sur créances amorties. Pour être esthétique, la symétrie opérée n'en pose pas moins certains problèmes. Les redevances perçues sont considérées par certains analystes comme des revenus, principaux ou accessoires selon le cas, qui devraient rentrer dans la définition du chiffre d'affaires et donc compter pour le calcul de la valeur ajoutée. Cette solution paraît logique, dès lors que les redevances payées figureraient parmi les consommations intermédiaires.

Les jetons de présence ne peuvent, par contre, prétendre au même statut que les redevances sur brevets perçues, dans la mesure où ils représentent rarement la rémunération d'une prestation de service. Leur présence au niveau des constituants du revenu d'exploitation se justifie si on entend celui-ci au sens large comme l'expression de toutes les possibilités d'exploitation de l'entreprise. On a déjà vu qu'il serait alors logique de les intégrer au niveau de l'EBE.

Si nous négligeons la question des produits financiers, le résultat d'exploitation apparaît comme le revenu courant[45] avant impôt sur les sociétés que peuvent se partager l'ensemble des apporteurs de capitaux, qu'ils soient prêteurs ou propriétaires[46]. Dans la littérature financière, ce solde est souvent appelé résultat économique avant impôt. Il revêt une signification importante puisqu'il indique un résultat indépendant de la politique financière (endettement ou financement propre) et du statut fiscal de l'entreprise. Il constitue donc une base de comparaison interentreprises très intéressante.

Pour déterminer le résultat économique net que peuvent se partager les apporteurs de capitaux, il faut enlever l'impôt afférent à ces revenus. Dans le cas d'une société de capitaux, par exemple, l'impôt sur les sociétés peut être déterminé selon deux conceptions. La première consiste simplement à reprendre le montant qui figure au compte de résultat. L'inconvénient est qu'on tient compte alors des éléments de type exceptionnel. Pour rester cohérent avec la notion de résultat courant, il vaut mieux, selon la deuxième conception, recalculer un impôt théorique afférent aux seuls éléments qui constituent le résultat d'exploitation.

2.2.2.6. Les produits et charges constituant le résultat courant

Le résultat courant est obtenu à partir du résultat d'exploitation en y intégrant les éléments à caractère financier :

  Résultat d'exploitation
+ Produits financiers
– Charges financières
____
= Résultat courant

Les charges financières comprennent les intérêts versés et assimilés[47], les pertes de change, les dotations aux provisions pour dépréciation et

45. Les charges et produits exceptionnels ne sont pas encore pris en compte.

46. Toutefois, la rémunération des fournisseurs n'apparaît pas dans ce résultat : elle est intégrée dans les achats comme un supplément du prix d'achat.

47. Les intérêts « assimilés » sont principalement les escomptes accordés pour paiement comptant.

risques financiers[48], les pertes sur cessions de valeurs mobilières de placement.

Les produits financiers comprennent les éléments symétriques. On sait que, dans la mesure où le financier « prime » l'exceptionnel, ces charges et ces produits peuvent aussi bien comporter des éléments de type exceptionnel que de type courant. Une exception bizarre toutefois à cette règle est à noter : les gains ou pertes définitifs sur cessions de titres de participation ne figurent pas ici, alors que, paradoxalement, les provisions ou les reprises de provisions pour dépréciation des mêmes titres y figurent.

La pureté du concept de résultat courant est entachée, nous l'avons vu, par la présence d'éléments financiers de type exceptionnel. A cette restriction près, ce résultat indique le montant de revenu courant avant impôt que peuvent espérer se partager les propriétaires de l'entreprise. Le résultat (brut) courant est la base de calcul du résultat net courant après prise en compte d'un impôt sur les sociétés calculé, d'une manière théorique, en fonction des éléments constituant le résultat brut.

Ce résultat net courant constitue un indice fondamental de la capacité bénéficiaire de l'entreprise. C'est en fait ce solde que cherchent à maximiser les propriétaires (pour une masse de capitaux propres donnée). Son importance détermine la poursuite ou l'arrêt de l'activité de l'entreprise.

2.2.2.7. *Les produits et charges constituant le résultat exceptionnel*

Le PCG 1982 et les organismes compétents n'ont pas défini les notions d'exceptionnel et de courant. Il en résulte une incertitude préjudiciable à la rigueur comptable et à l'analyse financière. L'examen de la question peut se faire à partir du schéma 1.

Schéma 1 – Etude du résultat exceptionnel

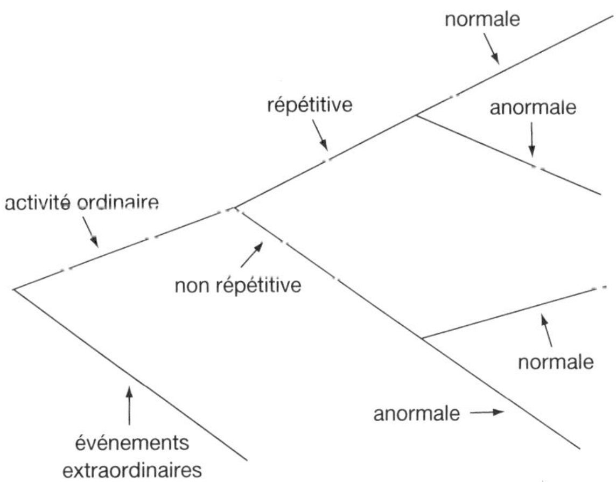

48. Exemple de provisions pour dépréciation de type financier : les provisions pour dépréciation des titres de placement et de participation. Exemple de provisions pour risque : les provisions pour risque de change.

Il est d'abord possible de discriminer les charges et les produits résultant de l'activité ordinaire de l'entreprise (vente, production, etc.) et des événements extraordinaires (cataclysmes naturels, par exemple).

Un deuxième critère, celui de la fréquence, permet de distinguer, au sein des activités ordinaires, celles qui sont de type répétitif (les ventes et la production) et de type non répétitif (les cessions d'immobilisations).

Un troisième critère fait intervenir la référence à une norme (un standard, selon le vocabulaire de la comptabilité analytique). Il aboutit à la distinction des charges et des produits normaux ou anormaux. Remarquons qu'un produit ou une charge provenant d'une activité non répétitive peut très bien être normal(e), si son montant est conforme au standard retenu[49]. Dans les pays sous influence anglaise ou américaine, le résultat courant est celui qui provient des activités ordinaires sans qu'aucun critère de fréquence ou de norme ne soit pris en compte. Le résultat exceptionnel reste étroitement limité aux impacts des seules activités extraordinaires. Dans les ex-pays socialistes, un clivage fondamental tendait à se faire entre le résultat conforme aux normes (au plan) et le résultat non conforme aux normes, un tri secondaire permettant d'isoler au sein de ce dernier l'impact des événements extraordinaires.

Le PCG 1982 semble opter pour une position différente. Si nous nous référons à la liste des postes du compte de résultat, feraient partie des éléments exceptionnels :

– les éléments provenant des événements extraordinaires,

– les éléments provenant des activités ordinaires non répétitives (charges et produits découlant d'une cession d'immobilisations, par exemple),

– certains éléments provenant d'une activité ordinaire répétitive, dans la mesure où ils sont anormaux par nature (pénalités, par exemple) ou par référence à une norme sectorielle (pertes ou profits sur créances impayées au-delà d'un pourcentage « normal ») et même, très « exceptionnellement », par rapport à une norme interne à l'entreprise (charges de sous-activité). Soulignons cependant qu'il n'est pas question d'aller jusqu'au bout de cette logique en intégrant l'ensemble des écarts observés par rapport aux normes.

Le PCG 1982 opère par ailleurs une triple distinction parmi les éléments exceptionnels en isolant ceux qui résultent d'opérations de gestion, d'opérations en capital et d'amortissements ou de provisions.

Les charges et produits exceptionnels sur les opérations en capital enregistrent, pour l'essentiel, la valeur comptable nette (en charges) et le prix de vente (en produits) des actifs immobilisés cédés.

Les amortissements exceptionnels (dotations en charges, reprises en produits) peuvent apparaître lors de rectifications de plans d'amortissement. Les provisions exceptionnelles (dotations en charges, reprises en produits) englobent les provisions pour risques et charges exceptionnels et les provisions réglementées ; ces dernières ont été instituées par le fisc. Elles jouent un rôle variable selon leur nature : certaines, comme la provision pour hausse des prix et la provision pour fluctuation des cours, couvrent des risques réels de non-reconstitution d'actifs ; d'autres, comme les dotations aux amortisse-

49. Ceci suppose une prévisibilité des phénomènes.

ments dérogatoires, s'apparentent plutôt à des charges fictives destinées à permettre la constitution de réserves en franchise d'impôt.

Les charges et produits exceptionnels sur opérations de gestion regroupent tous les autres éléments de type exceptionnel qui ne rentrent pas dans les catégories précédentes : citons, par exemple, les pénalités et les libéralités (versées ou reçues), les créances irrécouvrables et les rentrées sur créances amorties, etc. C'est à ce poste que sont également portées les charges de sous-activité.

2.2.2.8. *Les produits et charges constituant le résultat net*

Le résultat net est établi en sommant le résultat courant et le résultat exceptionnel sous déduction de la participation des salariés aux fruits de l'expansion et des impôts sur les bénéfices. Dernier solde du tableau des soldes intermédiaires de gestion, c'est aussi le solde du compte de résultat auquel il donne son nom.

2.3. *Conclusion sur le compte de résultat*

Le compte de résultat du PCG 1982 est centré sur un concept de production globale. Il a pour objectif essentiel de mesurer la variation de la richesse des propriétaires du capital, mais il permet de mener une analyse intéressante aux différents niveaux de la formation de la valeur. Le classement des charges est fondamentalement par natures : l'optique fonctionnelle reste très secondaire sous la forme d'un tableau facultatif du modèle développé. L'évaluation des consommations est encore tributaire de l'optique juridique. L'influence de la technique de l'inventaire intermittent reste perceptible.

Finalement, ce compte de résultat reflète bien la perspective dualiste de la comptabilité française, dans laquelle la comptabilité générale et la comptabilité analytique sont nettement séparées : l'intégration des informations caractéristiques de la comptabilité analytique est faible.

L'intérêt fondamental de ce modèle réside dans l'excellente structuration qu'il propose de la valeur ajoutée et de ses composantes. Mais il est perfectible par une meilleure évaluation des consommations et par l'adjonction d'autres types d'analyses des charges : tout cela suppose que la comptabilité analytique ne reste pas une technique discrète, pour ne pas dire secrète.

3. L'annexe du plan comptable révisé

Bien qu'ils fournissent un grand nombre de renseignements, le bilan et le compte de résultat sont souvent difficiles à interpréter et surtout n'offrent qu'une partie de l'information disponible sur l'entreprise.

Avant l'introduction du PCG de 1982, il était déjà habituel, et quelquefois obligatoire, de les accompagner, notamment dans le rapport annuel présenté aux actionnaires et dans la liasse fiscale, d'informations extra-comptables supplémentaires. Le PCG de 1982 systématise cette pratique en lui donnant un support privilégié et obligatoire : l'annexe. Ce document est mis sur un pied d'égalité avec le bilan et le compte de résultat ; le PCG de 1982 stipule en effet que « les documents de synthèse comprennent nécessairement le bilan, le compte de résultat et l'annexe qui forment un tout ». De même, le nouvel article 8 du titre II du livre premier du Code de commerce, qui impose aux commerçants d'établir des comptes annuels, précise que « ces comptes annuels comprennent le bilan, le compte de résultat et une annexe : ils forment un tout indissoluble ».

Le PCG de 1982 précise par ailleurs la nature et le rôle de ce document : « L'annexe est un état qui comporte les explications nécessaires pour une meilleure compréhension des autres documents de synthèse et complète pour autant que de besoin ou présente sous une autre forme les informations qu'ils contiennent ». Cependant, si elle doit compléter les deux autres états de synthèse, l'annexe ne doit pas faire double emploi avec eux : « En principe, aucune inscription dans l'annexe ne peut se substituer à une inscription normalement prévue par le plan comptable général dans les autres documents de synthèse ».

Théoriquement, la liste des informations que doit comporter l'annexe est sans limite puisqu'elle est constituée de toutes les informations ayant une importance significative nécessaires à l'obtention de l'image fidèle du patrimoine, de la situation financière et du résultat de l'entreprise.

Pratiquement, le décret du 29 novembre 1983 (art. 24) a fixé un certain nombre d'informations obligatoires, quelle que soit leur importance, qui varient selon la nature et la taille des entreprises concernées. Certaines informations sont obligatoires pour toutes les entreprises, personnes physiques ou morales. D'autres ne visent que les personnes morales et même, pour certaines d'entre elles, les personnes morales d'une taille importante.

Bien que le contenu de l'annexe ne soit pas limité, nous étudierons la liste de ces informations en distinguant les informations visant à :

– préciser les conditions d'obtention de l'image fidèle,

– expliquer les conditions d'établissement des postes du bilan ou du compte de résultat,

– détailler certains postes du bilan ou du compte de résultat,

– donner des informations de type juridique ou économique extra-comptables,

– fournir des informations d'ordre fiscal.

Nous indiquerons, le cas échéant, les informations ne concernant que les personnes morales ou les personnes morales de taille importante[50].

3.1. *Les précisions sur les conditions d'obtention de l'image fidèle*

L'annexe doit d'abord fournir des informations lorsque l'application d'une prescription comptable ne suffit pas pour donner une image fidèle. Elle mentionne également la dérogation à l'application d'une prescription comptable, lorsque celle-ci se révèle impropre à donner une image fidèle du patrimoine, de la situation financière ou du résultat avec indication des motifs et de son influence sur le patrimoine, la situation financière et le résultat de l'entreprise. Ces cas de dérogation sont exceptionnels.

50. Si aucune précision n'est donnée, les informations sont censées concerner toutes les entreprises.

Plus fréquemment, l'annexe devra décrire et justifier les modifications intervenues d'un exercice à l'autre, en ce qui concerne la présentation des comptes annuels et les méthodes d'évaluation retenues. Rappelons que ces modifications ne peuvent avoir lieu, en principe, que si elles ont pour objet d'améliorer l'image que donne la comptabilité de la réalité économique. Enfin, l'annexe indique les circonstances qui empêchent de comparer d'un exercice à l'autre certains postes du bilan et du compte de résultat et, le cas échéant, les moyens qui permettent d'en assurer la comparaison.

3.2. Les explications sur les conditions d'établissement des postes du bilan ou du compte de résultat

L'annexe doit indiquer les modes et méthodes d'évaluation appliqués aux divers postes du bilan et du compte de résultat.

Il en découle qu'elle doit préciser les méthodes utilisées pour le calcul des amortissements et des provisions, apporter des commentaires sur les éventuelles dérogations aux règles d'amortissement sur une durée maximale de cinq ans en matière de frais de recherche et de développement et indiquer les motifs de la reprise exceptionnelle d'amortissements. En outre, des indications sur les modalités d'amortissement des primes de remboursement d'emprunts devront être données. Enfin, en cas de réévaluation, la méthode utilisée pour le calcul des valeurs retenues, la liste des postes concernés au bilan et au compte de résultat avec leur montant font l'objet d'une information particulière.

3.3. Le détail de certains postes du bilan et du compte de résultat

Ces données, rappelons-le, n'apparaissent pas à la simple lecture du bilan ou du compte de résultat.

L'annexe doit d'abord comporter des commentaires sur les éléments constitutifs des frais d'établissement, des frais de recherche immobilisés et du fonds commercial.

Elle donne des explications sur les produits et les charges imputables à un autre exercice : produits constatés d'avance, charges constatées d'avance et charges à répartir. Il en va de même pour les charges à payer et les produits à recevoir rattachés aux postes de dettes et de créances.

L'annexe comporte également des renseignements sur les opérations en crédit-bail.

Les mouvements ayant affecté les divers postes de l'actif immobilisé doivent être indiqués.

Une information particulière doit être donnée sur la nature, le montant et le traitement comptable des écarts de conversion en monnaie nationale d'éléments exprimés en monnaie étrangère.

Les créances et les dettes doivent être classées, selon la durée à courir, jusqu'à leur échéance en distinguant, d'une part, les créances à un an au plus et à plus d'un an et, d'autre part, les dettes à un an au plus, à plus d'un an et cinq au plus, et à plus de cinq ans. Ce type de renseignement revêt une importance d'autant plus grande que le bilan, rappelons-le, ne retient plus comme critère de classement prioritaire la liquidité des actifs et l'exigibilité des dettes. Les postes du bilan concernés également par un élément d'actif ou de passif imputé à un autre poste doivent être indiqués.

La différence entre l'évaluation figurant au bilan et celle qui résulterait des derniers prix de marché connus à la clôture des comptes doit être donnée pour les éléments fongibles de l'actif circulant. Cette information permet de connaître, par exemple, le cours de bourse des titres de placement possédés par l'entreprise.

Des renseignements doivent être également communiqués sur les entreprises liées (consolidables par intégration globale) : la société qui établit l'annexe doit indiquer la fraction des immobilisations financières des créances, des dettes, ainsi que des charges et produits financiers les concernant. Il en va de même pour le nombre et la valeur nominale des actions, parts sociales et autres titres composant le capital social (regroupés par catégorie selon les droits qu'ils confèrent avec indication de ceux qui ont été créés ou remboursés pendant l'exercice), ainsi que pour le nombre et la valeur des parts bénéficiaires émises par la société.

Les sociétés sont également tenues d'indiquer le montant des avances et des crédits alloués aux dirigeants sociaux avec indication des conditions consenties et des remboursements effectués pendant l'exercice.

Enfin, des informations de type analytique sont requises des sociétés de grande dimension : citons par exemple la ventilation du montant net du chiffre d'affaires par secteurs d'activité et par marchés géographiques ainsi que la ventilation par catégories de salariés de l'effectif moyen. Elles doivent aussi dévoiler le montant des rémunérations allouées au titre de l'exercice aux membres des organes d'administration, de direction et de surveillance à raison de leurs fonctions (ces informations sont toutefois données de façon globale pour chaque catégorie).

3.4. Les informations de type juridique et économique extra-comptable

Les entreprises doivent indiquer pour chacun des postes relatifs aux dettes celles qui sont garanties par des sûretés réelles. Elles doivent également inscrire le montant des engagements financiers classés par catégories en distinguant, le cas échéant, ceux qui concernent les dirigeants, les filiales, les participations et les autres entreprises liées.

L'annexe des sociétés doit comporter la liste des filiales et participations avec indication, pour chacune d'elles, de la part de capital détenue directement ou par prête-nom, du montant des capitaux propres et du résultat du dernier exercice clos[51].

Particulièrement importante est l'obligation pour toute société d'indiquer l'identité de toute entité établissant des comptes consolidés dans lesquels les comptes annuels sont inclus suivant la méthode de l'intégration globale[52]. Les sociétés doivent aussi indiquer le montant des engagements pris en matière de pensions, compléments de retraites et indemnités assimilées en

---

51. Les titres d'une société émettrice représentant moins de 1 % du capital social d'une société détentrice peuvent être regroupés.

52. Voir également dans cette Encyclopédie l'article de B. Colasse, « Comptes de groupe », p. 568, tome 1.

distinguant, d'une part, ceux qui ont fait l'objet de provisions et, d'autre part, ceux qui ont été contractés au profit des dirigeants.

Enfin, les sociétés de taille importante sont tenues d'indiquer les obligations convertibles ou échangeables et les titres similaires qu'elles ont émis avec indication, par catégorie, de leur nombre, de leur valeur nominale et des droits qu'ils confèrent.

3.5. Les informations d'ordre fiscal

Les auteurs du plan comptable révisé n'ont pas pu éliminer l'incidence des règles fiscales, mais ils se sont efforcés d'en montrer les incidences soit dans le bilan ou le compte de résultat, soit dans l'annexe. Ainsi toutes les entreprises doivent indiquer en annexe les amortissements et provisions pratiqués pour l'application de la législation fiscale, ainsi que le traitement fiscal des écarts de réévaluation. Les sociétés de taille importante sont astreintes à trois informations supplémentaires :

– ventilation de l'impôt (sur le bénéfice) entre la partie imputable aux éléments exceptionnels du résultat et la partie imputable aux autres éléments, avec indication de la méthode utilisée (cette information est utile pour la détermination d'un résultat courant net d'impôt) ;

– indication sommaire de la mesure dans laquelle le résultat de l'exercice a été affecté par l'application de dispositions fiscales et des conséquences qui en résultent sur les postes de capitaux propres ;

– indication des accroissements et des allégements de la dette future d'impôt provenant des décalages dans le temps entre le régime fiscal et le traitement comptable de produits ou de charges et, lorsqu'ils sont d'un montant exceptionnel, de ceux dont la réalisation est éventuelle.

3.6. Conclusion sur l'annexe

L'introduction de l'annexe dans les états de synthèse représente incontestablement un progrès important pour la qualité de l'information comptable. Grâce à elle, le lecteur du bilan et du compte de résultat peut comprendre comment ces comptes ont été élaborés ; il connaît les options retenues en matière d'évaluation et de présentation ; il peut également mieux cerner les limites de la comptabilité.

L'annexe reste cependant un document en retrait par rapport à ce que la « communauté » des utilisateurs pouvait en attendre. Ceci est dû à la double influence d'une conception restrictive du concept d'image fidèle et du secret des affaires.

L'interprétation du concept d'image fidèle pour son application à l'annexe semble en effet quelque peu restrictive. Deux indices paraissent le prouver.

– Le premier concerne le fameux alinéa 5 de l'article 9 du Code de commerce selon lequel « lorsque l'application d'une prescription comptable ne suffit pas pour donner une image fidèle du patrimoine, de la situation financière et du résultat de l'entreprise, des informations complémentaires doivent être fournies dans l'annexe ». Une conception extensive de ce texte conduirait les entreprises à communiquer de façon quasi systématique les valeurs économiques (réévaluées), plus particulièrement celles qui concernent les immobilisations (avec leurs amortissements) et les capitaux propres. Bien que certains auteurs, et non des moindres, soient favorables à cette conception, il n'en demeure pas moins que la pratique dominante adopte sur ce point une attitude contraire : il est très rare de voir figurer en annexe des informations sur les valeurs réévaluées des éléments précités[53].

– Un deuxième indice est fourni par le problème des dérogations. Rappelons que « si, dans un cas exceptionnel, l'application d'une prescription comptable se révèle impropre à donner une image fidèle du patrimoine, de la situation financière ou du résultat, il doit y être dérogé ; cette dérogation est mentionnée à l'annexe et dûment motivée, avec l'indication de son influence sur le patrimoine, la situation financière et le résultat de l'entreprise » (Code de commerce, art. 9, al. 6). La doctrine dominante interprète ce texte d'une façon restrictive : d'après elle, le terme exceptionnel se référerait à une particularité propre à une entreprise[54] et non, par exemple, à celle d'un secteur d'activité, *a fortiori* de l'économie tout entière. Nous sommes loin ici de la conception hollandaise, selon laquelle les dérogations peuvent jouer toutes les fois que le concept d'image fidèle est menacé (et non pas seulement dans des cas exceptionnels).

Le deuxième frein à l'amélioration de l'annexe réside dans ce qu'il est d'usage d'appeler le « secret des affaires ». Rappelons, par exemple, que la réglementation prévoit (conformément d'ailleurs à la quatrième directive) la faculté d'omettre, en raison du préjudice grave qui pourrait résulter de leur divulgation, des informations concernant la liste des filiales et participations et la ventilation du chiffre d'affaires par secteurs d'activité et par marchés géographiques[55]. Il est vrai que la Commission des opérations de bourse a justement indiqué qu'une telle omission devrait normalement avoir un caractère très exceptionnel. Il est vrai aussi que le ministre de la Justice (Réponse Gastines, Assemblée nationale, 14 mai 1984) a souligné que « la publicité de l'information financière, loin de nuire à la marche de l'entreprise, est de nature à renforcer la sécurité des transactions commerciales et à améliorer les relations de l'entreprise avec ses partenaires ». Mais au-delà des principes, force est de constater que des dérogations à la règle d'information (d'image fidèle) ont été prévues par les textes. De plus, ce n'est pas tant au niveau des règles dérogatoires qu'il faut rechercher l'influence du « secret des affaires » qu'au niveau des informations souhaitables qui n'ont pu figurer dans la version définitive de la quatrième directive et des textes réglementaires français. Signalons, par exemple, que les textes préparatoires à la quatrième directive exigeaient une information non seulement sur le chiffre d'affaires, mais également sur les marges par secteur d'activité et par zone géographique. Une information analytique sur les résultats semblait donc s'esquisser, mais elle n'a pu prendre effet.

---

53. Il va de soi que la question que nous évoquons est très différente de celle de la réévaluation légale.

54. Les assises nationales du commissariat aux comptes de septembre 1984 donnent un bon exemple d'une telle particularité : normalement, des billets mobilisables constituent des dettes à court terme. Mais si leur renouvellement est assuré pour deux ans, ils pourraient figurer dans les dettes à plus d'un an.

55. Il est alors fait mention du caractère incomplet de cette information en annexe.

*
* *

Avant l'entrée en vigueur du plan comptable général de 1982, la comptabilité générale française était largement dominée par la conception juridico-patrimoniale. Cette influence subsiste encore dans le nouveau plan en matière de bilan et d'évaluation. Mais la restructuration du compte de résultat et l'apparition de l'annexe témoignent d'une progression vers une conception plus économique. Cependant, de nombreux freins subsistent à cette évolution, notamment l'incidence du « secret des affaires » : la dissociation de la comptabilité générale de la comptabilité analytique en est une des conséquences néfastes. Actuellement, des tendances se font jour, grâce notamment à l'émergence de la consolidation comme discipline majeure, en faveur d'une intégration des deux comptabilités[56]. Il est encore trop tôt pour dire si ces tendances joueront un rôle favorable : la comptabilité générale française est en quelque sorte au milieu du gué.

Références

« Le nouveau plan comptable », *Analyse Financière* (n° 51, 4e trimestre 1982).
BURLAUD A., FRIÉDÉRICH H., LANGLOIS G., *Comptabilité approfondie,* Paris, Foucher, 1992.
LES CAHIERS FRANÇAIS, *Entreprise et comptabilité,* Paris, La Documentation française, 1983.
CIBERT A., *Comptabilité générale,* 7e éd., Paris, Dunod, 1983.
CLAVERANNE J.P., DARNE J., *Comptabilité et entreprise,* Paris, Economica, 1983.
COLASSE B., *Comptabilité générale,* 4e éd., Paris, Economica, 1993.
COLLETTE C., RICHARD J., *Comptabilité générale,* Paris, Dunod, 1992.
CONSO P., *Théorie et pratique comptable,* Paris, PUF, 1982.
EGLEM J.Y. *et al., Les mécanismes comptables de l'entreprise,* Paris, Montchrestien, 1995.
ESNAULT B., HOARAU C., *Comptabilité financière,* Paris, PUF, 1994.
GELARD G., PHAM D., *Comprendre le nouveau plan comptable,* Paris, Montchrestien, 1984.
KERVILER I. (de), *Droit comptable,* Paris, Economica, 1986.
LAUZEL P., PROST A., *Le nouveau plan comptable français,* Paris, PUF, « Que sais-je ? », 1988.
LEVASSEUR M., *Initiation à la comptabilité générale et à l'analyse financière,* Paris, Masson, 1980.
MARQUÈS E., *Comptabilité générale,* Paris, Nathan, 1985.
ORDRE DES EXPERTS-COMPTABLES ET DES COMPTABLES AGRÉÉS, *Les principes comptables fondamentaux,* 1981 ; *Les rapports annuels des sociétés françaises,* Editions comptables Malesherbes, 1984.
PASQUALINI F., *Le principe de l'image fidèle en droit comptable,* Paris, Litec, 1992.
PEROCHON C., *Comptabilité générale,* Paris, Foucher, 1993.
PICHARD J.P., CHAUVET F., *Les documents financiers,* Paris, Sirey, 1987.
RAFFEGEAU J., DUFILS P., LOPATER L., *L'annexe des comptes annuels,* Paris, Francis Lefebvre, 1985.
RICHARD J., « Pour un plan comptable moniste », *Revue du Droit Comptable* (n° 88-1, 1988).
TELLER R., *Comptabilité générale de l'entreprise,* Paris, Sirey, 1987.

Mots clés

Actif circulant, actif immobilisé, annexe, bilan, classification des charges, compte de résultat, concept de charges, concept de production, concept de résultat, états de synthèse, excédent brut d'exploitation, image fidèle, liens entre comptabilité générale et comptabilité analytique, marge commerciale, résultat courant avant impôt, résultat de l'exercice, résultat d'exploitation, résultat exceptionnel, système de base, système développé, système simplifié, tableau de répartition fonctionnelle des charges d'exploitation, tableau des soldes intermédiaires de gestion, technique d'inventaire, valeur ajoutée.

---

56. Voir sur cette question les numéros 87-4 et 88-1 de la *Revue de Droit Comptable.*

Annexe – Tableau des soldes intermédiaires de gestion

Produits (colonne 1)		**Charges** (colonne 2)		**Soldes intermédiaires des exercices** (col 1 – col 2)	**N**	**N1**
– Vente de marchandises Production vendue Production stockée Production immobilisée Total	—	Coût d'achat des marchandises vendues ou Déstockage de production* Total		– Marge commerciale – Production de l'exercice		
– Production de l'exercice – Marge commerciale Total	—	Consommation de l'exercice en provenance de tiers		– Valeur ajoutée		
– Valeur ajoutée Subvention d'exploitation Total	—	Impôts, taxes et versements assimilés** Charges de personnel Total	—	– Excédent brut (ou Insuffisance brute) d'exploitation		
– Excédent brut d'exploitation Reprises sur charges et transferts de charges Autres produits Total	—	– ou Insuffisance brute d'exploitation Dotations aux amortissements et aux provisions Autres charges Total		– Résultat d'exploitation (bénéfice ou perte)		
– Résultat d'exploitation Quotes-parts de résultat sur opérations faites en commun Produits financiers Total Produits exceptionnels	—	– ou Résultat d'exploitation ou Quotes-parts de résultat sur opérations faites en communs Charges financières Total Charges exceptionnelles	—	– Résultat courant avant impôts (bénéfice ou perte) – Résultat exceptionnel (bénéfice ou perte)		
– Résultat courant avant impôts – Résultat exceptionnel Total	—	– ou Résultat courant avant impôts – ou Résultat exceptionnel Participation des salariés Impôts sur les bénéfices Total	—	– Résultat de l'exercice (bénéfice ou pertes)***		
Produits des cessions d'éléments d'actif		Valeur comptable des éléments cédés		Plus-values et moins-values sur cessions d'éléments d'actif		

* En déduction des produits dans le compte de résultat. ** Pour le calcul de la valeur ajoutée, sont assimilés à des consommations externes les impôts indirects à caractère spécifique inscrits au compte 635 « Impôts, taxes et versements assimilés » et acquittés lors de la mise à la consommation des biens taxables. *** Soit total général des produits – total général des charges.

Source : PCR II, p. 110.

Ethique et gestion

Alexander Bergmann

Le domaine de l'éthique, en gestion comme ailleurs, est celui du bon et du mauvais, ou du juste et de l'injuste. L'éthique répond à la question : « Comment dois-je me conduire pour être bon ou juste ? » plutôt qu'à cette autre question : « Comment puis-je être efficace ou efficient ? »

Ceci implique que celui qui pose la question ait le choix entre deux ou plusieurs façons d'agir (d'ailleurs pas forcément entre une bonne et une mauvaise, mais aussi entre deux bonnes ou entre plusieurs mauvaises) et qu'il soit libre dans ses choix. En effet, la présomption de toute moralité est que l'homme soit libre et capable d'anticiper les conséquences de ses actes.

En ce sens, la dimension morale est une des caractéristiques les plus essentielles de l'homme : la morale fait l'homme comme l'homme fait la morale. Contrairement aux animaux chez qui un stimulus entraîne une réponse irréfléchie, l'homme réagit et proagit en fonction de quatre caractéristiques qui lui sont uniques : la conscience de soi, l'imagination, la conscience du bien et du mal et la volonté indépendante[1]. La responsabilité de ses actes est la base de sa dignité. L'homme qui ignore les conséquences de ses actes et/ou refuse d'en assumer la responsabilité se comporte d'une manière indigne de sa condition humaine.

1. L'éthique, le droit et la raison

On confond souvent éthique et droit. Ces deux concepts sont proches et ne devraient pas être contradictoires ; mais ils ne sont pas identiques.

Par contre, on n'associe pas forcément éthique et raison ; et à juste titre. Car, alors que le droit devrait être issu de la raison, l'éthique ne l'est pas.

1.1. L'éthique et le droit

Se comporte d'une manière éthique celui qui s'efforce d'être bon et juste en toute circonstance. Selon Kant, seules les intentions comptent :

1. S. Covey, *The Seven Habits of Highly Effective People : Restoring the Character Ethic,* New York, Simon and Schuster, 1989, p. 70.

lorsqu'elles sont bonnes, le comportement est éthique même si ses conséquences sont néfastes ; mais si des résultats bénéfiques découlent de motifs peu louables, le comportement ne peut pour autant être considéré comme éthique.

L'éthique est donc essentiellement une affaire de choix personnel, bien que les standards éthiques individuels reposent sur des standards collectifs, sur des croyances et des pratiques traditionnelles et partagées. L'homme est un être social dont les sentiments et les opinions sont très largement conditionnés par son environnement et qui ne sont donc que marginalement originaux. En ceci l'éthique diffère du droit. Ce dernier relève du domaine social et public. L'arbitre de ce qui est légal ou non n'est pas la conscience, mais le système judiciaire.

D'autres différences existent entre l'éthique et le droit. Tout d'abord, le droit exige souvent moins du comportement individuel que l'éthique. Ensuite, l'application du droit est fondée sur la crainte de la réprobation et de la répression, alors que le comportement éthique est dicté par le sens du devoir et par le respect d'autrui. Toutefois, loi et éthique sont proches, car la loi ne devrait pas contredire l'éthique – du moins dans l'idéal – et souvent l'éthique sert à interpréter la loi.

1.2. L'éthique et la raison

L'éthique donne un sens à tout comportement. Cela dit, tout comportement a une dimension éthique, dans la mesure où l'on aurait toujours pu agir autrement (ou pas du tout). Pourtant, cette dimension n'est pas toujours présente. L'éthique ne concerne que les objectifs finaux des comportements. Le comportement de tous ceux dont le but n'est pas exclusivement d'être bons et justes est déterminé surtout par des considérations d'efficacité ou d'efficience par rapport à d'autres objectifs qui eux ne sont pas, ou du moins pas directement, reliés à d'autres méta-objectifs. Etre éthique signifie donc regarder plus loin dans la chaîne des causalités : « *Semper respice finem* ! »

L'évaluation des buts finaux échappe au rationnel. Ceci signifie que l'éthique est irrationnelle dans la mesure où les propositions éthiques ne sont pas vérifiables au bout de la chaîne des causalités. La vérité d'une proposition ne peut être appréhendée que sous la forme d'un test de causalité entre les moyens et les fins. L'impératif échappe à ce genre de test ; il ne peut être ni juste ou faux, ni correct ou incorrect. Pourtant, alors qu'on ne peut sans doute pas déduire logiquement ce qui devrait être de ce qui est, il semble que toute croyance en des valeurs doive en fin de compte dériver de structures existantes, de ce qu'on pense être en accord avec la nature humaine, la volonté de Dieu, etc. Ainsi, ce qui est et ce qui devrait être sont logiquement distincts, mais psychologiquement interdépendants.

2. Le contenu et les sources des règles éthiques

2.1. En général

L'éthique définit, d'une part, ce qu'on ne doit pas faire en établissant des interdits et les limites de ces interdits (les cas de conscience). C'est la manière dont elle est le plus souvent présentée et qui a dominé toute la casuistique durant des siècles. D'autre part, elle n'agit pas que négativement, elle détermine positivement la direction de l'action et la façon de progresser. Cette seconde approche est plus rare.

La direction ainsi indiquée a été diversement définie.

– Aristote nous dit qu'il faut faire ce qu'un homme « prudent » (non en tant qu'individu, mais en tant que membre d'une société dont il partage la sagesse) ferait dans la même situation, parce que cela correspond à sa nature d'être humain rationnel. Cela implique surtout de la modération ; car toute vertu exercée excessivement et exclusivement mène à son contraire.

– Thomas d'Aquin prescrit également un comportement en accord avec la nature de l'homme, mais en tant qu'enfant de Dieu qui veut lui ressembler le plus possible et qui suit des préceptes d'amour.

– Kant postule la « règle d'or » selon laquelle chacun doit se comporter vis-à-vis d'autrui de la manière dont il désire lui-même être traité, et d'une façon qui permettrait d'en faire une règle générale.

– Adam Smith, dans la *Théorie des sentiments moraux*, écrit : « Quand le bonheur ou la misère des autres dépend en quoi que ce soit de notre conduite, nous n'oserions pas, même si l'amour de nous-mêmes nous le suggérerait, préférer notre intérêt à celui de tous. Notre personnalité intérieure nous signale immédiatement que nous attachons trop d'importance à nous-mêmes et pas assez aux autres, et qu'ainsi nous faisons de nous-mêmes un véritable objet de mépris et d'indignation pour nos frères... Si elle (toute personne) veut agir de manière que tout spectateur impartial épouse les principes de sa conduite... elle doit, pour cela comme en d'autres circonstances, modérer l'arrogance de son égoïsme et le rabaisser jusqu'à un niveau que les autres puissent trouver supportable ».

– Jeremy Bentham et J. Stuart Mill donnent comme règle que chaque action doit maximiser le bonheur général.

– Enfin, Jürgen Habermas estime que tout standard de comportement doit répondre aux conditions suivantes : les conséquences directes et indirectes qui découlent de son application pour tous ceux concernés sont connues et préférées par eux à celles de tout autre standard.

En fait, il existe deux grands courants de la pensée éthique : les approches déontologiques (Platon, Kant, Habermas, etc.) et téléologiques (Aristote, Mill, Sartre, etc.).

Les représentants du premier courant estiment que l'homme a le devoir de se conformer à quelques règles, mais ils ne donnent pas à ces règles le même contenu (« Ne fais pas à un autre ce que tu ne veux pas qu'il te fasse », Kant ; « Respecte certains droits fondamentaux et inaliénables », Locke), ni la même source (elle est, pour les uns, la nature humaine, pour d'autres, le contrat social ou encore la coutume[2]). Notons que si la source est la nature humaine, cela implique que l'homme est naturellement bon ; cela implique aussi l'universalité des règles.

Les représentants du second courant proposent que chaque acte soit évalué en fonction de ses conséquences soit pour l'acteur (égoïsme éthique), soit pour autrui (utilitarisme).

2. Les mots « éthique » et « morale » ont dans leurs racines le mot « coutume » !

Les approches déontologiques sont des théories d'un contenu déterministe, normatif, mais pas toujours universaliste. Alors que la nature humaine est partout identique, le contrat social et les traditions peuvent varier d'un endroit à un autre et d'une époque à une autre. En revanche, les règles déontologiques sont d'une nature absolue et pour cause. Il serait, en effet, difficile d'admettre le caractère contraignant des normes si l'on ne croyait pas à leur validité absolue dans des circonstances données.

Les approches téléologiques sont des théories de processus. Elles sont descriptives et indéterminées, « situationnistes » ou « personnalistes ». Leur difficulté principale réside dans leur relativisme. A la limite, on a même dit qu'il ne s'agit plus d'éthique, mais de prudence : on devrait faire ce qui, dans une situation donnée, conduit au meilleur résultat et non ce qui est juste et bon (on serait honnête quand le risque d'être démasqué est trop grand et on mentirait, par exemple, par politesse ou par pitié). Toutefois, « il n'est tout simplement pas vrai que tous les bien-pensants, avec toute leur conscience et leur bonne volonté, ont la même vision du bien et jugent les actes moraux de manière identique »[3] ; par ailleurs, il ne faut pas confondre la relativité du contenu de l'impératif moral (qui est inévitable) et la nature absolue de cet impératif (qui demeure).

Quelle que soit leur approche, la plupart des auteurs seraient probablement d'accord avec les impératifs éthiques suivants pour la vie quotidienne[4] :

– chaque homme est responsable de ses actes, de sa vie, de son salut ;

– il doit croire en la valeur de son destin personnel et en l'utilité de l'accomplir le mieux possible ;

– il doit s'abstenir d'utiliser la violence, la fraude, la tromperie, la contrainte ;

– sauf cas exceptionnels, il doit respecter les lois et les règles sociales établies ;

– la bonté et la charité doivent inspirer ses actes : il doit être attentif à son prochain, le connaître, l'aider, l'aimer ; il doit traiter son prochain comme une personne et non comme un objet ;

– il doit savoir renoncer à certaines satisfactions immédiates qui compromettraient l'obtention de satisfactions plus importantes et qui, à plus long terme, doivent être poursuivies avec énergie et persévérance ;

– il doit savoir s'imposer la discipline de vie qui assure l'homogénéité de la conduite, et finalement le bonheur ;

– il doit analyser ses erreurs et celles des autres, et en tirer un enseignement pour mieux régler sa conduite ;

– il doit affronter les épreuves avec la certitude que des éléments positifs en surgiront si son attitude est courageuse, active et adaptative.

2.2. En gestion

Deux écoles contemporaines d'éthique en gestion méritent d'être mentionnées par l'importance qu'elles ont prise et leur rôle de leader respectivement sur l'Ancien et le Nouveau Continent.

---

3. M. Novak, *Une éthique économique*, Paris, Les Editions du Cerf, 1987.
4. O. Gélinier, *Morale de l'entreprise et destin de la nation*, Paris, Plon, 1965.

2.2.1. L'école allemande

En Europe germanophone, plusieurs auteurs d'éthique en gestion ont développé une « éthique communicative » ou « éthique du discours » trouvant ses sources dans la pensée de J. Habermas[5]. La constitution de normes morales n'y est pas considérée comme un processus de pensée cognitif-réflexif mais plutôt comme un processus social, interactif et interpersonnel. C'est du dialogue et de l'argumentation que peuvent naître les normes reconnues comme valables et légitimes par les interlocuteurs. Leur responsabilité commune est de trouver des normes éthiques (constitution de celles-ci) et de les appliquer pratiquement (concrétisation des normes). L'accent est donc mis sur les structures et les processus de la communication qui permet de définir les normes éthiques.

Cette éthique n'est pas à proprement parler normative puisqu'elle ne définit pas des normes et des comportements à adopter dans telle ou telle situation. Elle se contente d'établir le cadre communicationnel permettant de trouver ces règles par consensus. Sa force est dans la légitimation et l'acceptation des normes par les parties qui les ont elles-mêmes définies. Son point faible est que les conditions idéales du dialogue ne sont que rarement réunies dans l'entreprise : le manque de temps peut conduire à un processus accéléré, les personnes concernées ne peuvent pas toutes y participer pour des raisons organisationnelles, enfin le consensus est déformé par une répartition inégale des capacités cognitives et de communication[6]. De plus, le refus d'établir quelques normes éthiques ayant une validité générale peut déboucher sur un relativisme éthique dangereux, où toute règle devient éthique dans la mesure où les parties se sont accordées sur sa validité.

2.2.2. La conception américaine

Le courant américain de *Business Ethics* est une éthique en gestion qui se différencie de la *Wirtschaftsethik* des germanophones en plusieurs points.

Alors que cette dernière propose d'établir, par le dialogue, une charte d'entreprise et de créer un environnement propice à une entente des parties intéressées, la *Business Ethics* se fixe pour objectif essentiel d'aider les managers dans leurs décisions concrètes. Elle se veut avant tout pratique : elle s'efforce d'inventorier toutes les situations où des dilemmes éthiques se posent. Puis, elle cherche à développer des méthodes permettant aux cadres de gérer ces cas. Cette démarche est essentiellement normative et comprend cinq axes principaux[7] :

– des modèles d'aide à la décision offrant des instruments et des procédures, par exemple une *checklist* de questions-tests pour évaluer une décision sous l'angle éthique[8] ;

5. P. Ulrich, *Transformation der ökonomischen Vernunft*, Bern, Haupt, 1986 ; H. Steinmann, A. Löhr (éd.), *Unternehmensethik*, Stuttgart, Poeschel, 1989.

6. O. Höffe, « Autonomie und Verallgemeinerung als Moralprinzipien », *in* F. Oser, R. Fatke, O. Höffe (éd.), *Transformation und Entwicklung*, Frankfurt a.M., Suhrkamp, 1986, p. 56-86.

7. B. Staffelbach, *Management-Ethik*, Bern, Haupt, 1994.

8. K. Goodpaster, *Ethics in Management*, Boston, Harvard Business School, 1984, p. 8 ; R. Niebuhr, « Protestantism, Capitalism and Communism », *in* A. Swifl (éd.), *Religion Today. A Challenging Enigma*, New York, McGraw-Hill, 1933, p. 139-151.

– des codes d'éthique établis pour exprimer des normes applicables soit à une entreprise particulière soit à tout un secteur ou une profession ;
– des principes d'action spécifiques (obligations ou interdictions) déduits d'analyses approfondies de problèmes éthiques typiques dans différents domaines de la gestion ;
– des caractéristiques des *high-ethics firms* identifiées par des études cherchant à répondre à la question : « Qu'attend-on exactement d'une entreprise "éthique" ? » ;
– des formules de formation des collaborateurs, des cadres et des étudiants pour les sensibiliser aux problèmes éthiques ou pour les amener à adopter un comportement éthique précis.

3. La pratique de l'éthique en gestion

On a, depuis toujours, considéré les affaires, ou plus spécifiquement le commerce, comme immorales ou du moins amorales, c'est-à-dire répondant à d'autres règles que celles de l'éthique.

3.1. Survol historique

Les Babyloniens semblaient déjà soupçonner les commerçants de viles pratiques qu'ils essayaient d'enrayer par une législation restrictive (Codex Hamurabi) ; méfiance retrouvée chez les Grecs et perpétuée jusqu'au Moyen-Age : « L'homme qui achète un bien pour le revendre inchangé, cet homme est comme les marchands qui furent chassés du temple de Dieu » (Thomas d'Aquin). Les banquiers, en particulier, étaient stigmatisés, car tout taux d'intérêt était considéré comme usurier.

Plus tard, cette façon de considérer l'homme d'affaires (comme inutile pour la société et s'enrichissant d'une manière peu louable) a été remise en question, notamment par Montesquieu dans *L'esprit des lois* : « Le commerce guérit les préjugés destructeurs, il police et adoucit les mœurs grossières. Il rend les gens moins rustres et plus humains… ».

D'une manière plus générale, c'est le protestantisme, et surtout le calvinisme, qui a complètement bouleversé l'appréciation de l'activité économique. Il reprend l'idée du *ora et labora* ou du *laborare* est *orare* en l'appliquant non seulement au travail de subsistance, mais encore au travail créateur de richesse. La réussite économique était considérée comme le signe que Dieu avait béni le travail. Puisque cette réussite économique n'était généralement pas possible sans une ténacité et un esprit de sacrifice plus ou moins grands (elle exigeait une vie d'où le vice était absent et où le métier était un genre de sacerdoce) et puisque les fruits de ce succès devaient bénéficier à la communauté, l'activité économique semblait être foncièrement bonne. Il était bon de produire des biens. Le protestantisme « donnait à l'homme d'affaires un sens de sanctification religieuse pour ses activités… il se faisait le champion de la diligence contre l'oisiveté, de l'économie contre la prodigalité, de la modération et de la tempérance contre les vices qui fleurissent dans la luxure »[9].

9. R. Niebuhr, *loc. cit.*

Un peu plus tard, Adam Smith affirme que l'égoïsme individuel est tout sauf condamnable, car ainsi « l'ambition court dans les veines de millions [de gens] qui, sous d'autres régimes, seraient passifs ou moroses. Ces individus se fixent des buts… tandis que l'aristocrate frémit d'horreur à la pensée de devoir exercer un effort patient de manière continue et prolongée… ». Notons qu'il parle de l'égoïsme de l'ouvrier (celui qui fait une œuvre) et non de celui du commerçant et qu'il est, bien sûr, le champion de l'économie de marché où une « main invisible » assure que les comportements égoïstes individuels produisent nécessairement, et sans que les acteurs doivent en être conscients, des conséquences favorables pour la collectivité. Mieux encore : celui qui recherche le profit concurrentiel doit commencer par penser aux autres, car la seule voie pour soutenir une affaire rentable est de chercher à réaliser une meilleure satisfaction de leurs besoins.

Mais cette appréciation positive ne resta pas sans opposition. Karl Marx fut, sinon le premier, du moins le plus sévère des critiques du nouveau système capitaliste. Pour lui, le capitalisme engendre, avec un individualisme exagéré et une concurrence impitoyable, le matérialisme à outrance et la rapacité. L'humanisme y est au mieux un sous-produit accidentel et peu certain, alors qu'il devrait être à la base de toute activité, qu'elle soit économique ou non.

Plus récemment, R.H. Tawney fait le même constat : « Un service à la société est supposé résulter de l'exercice du droit de propriété privée et de la poursuite de l'intérêt économique : pourtant, les services rendus ne sont pas les motifs et critères principaux dans l'industrie, mais une conséquence secondaire qui se produit incidemment »[10]. Il regrette que le capitalisme ait créé une civilisation dans laquelle la richesse est devenue une fin plutôt qu'un moyen, et que toute activité économique soit en conséquence devenue estimable, qu'elle rende service ou non ; il constate qu'une industrie qui a pour but le profit plutôt que le service provoque des comportements peu souhaitables.

De même, R.L. Bruckberger critique la perversion du capitalisme qui consiste, selon lui, en l'accumulation d'argent plutôt qu'en un progrès basé sur l'accumulation de savoirs, de savoir-faire et de moyens matériels réels[11]. Celui qui produit fait œuvre utile seulement dans la mesure où un bien est (encore) bien, parce qu'il satisfait des désirs qui précèdent son existence et qui existent indépendamment de lui (plutôt que de satisfaire un désir qu'il a d'abord dû susciter).

3.2. La situation actuelle

Les affaires, avec la poursuite de l'argent, la perversion de l'esprit d'acquisition et le climat de guerre qu'elles entraînent, ont souvent été critiquées pour être corrompues et corruptrices ; mais, en même temps, le monde des affaires est aujourd'hui (du moins dans les pays occidentaux) sans doute la sphère sociale dominante (nous vivons dans une *Business Society*). C'est peut-être pour ces deux raisons que l'intérêt porté aux finalités, aux pratiques des affaires et à leurs conséquences économiques, politiques, sociales et

10. R.H. Tawney, *The Acquisitive Society,* New York, Harcourt, Brace and World, 1948.
11. R.L. Bruckberger, *Le capitalisme : mais c'est la vie,* Paris, Plon, 1983.

culturelles… bref, l'attention accordée à leur dimension éthique, s'accroît depuis un certain temps en Europe – notamment en Allemagne – et aux Etats-Unis. Ne prenons pour indices que les multiples publications (livres, articles et même périodiques) consacrées exclusivement à la question, les chaires d'éthique créées plus ou moins récemment dans les grandes écoles de gestion, les cours sur l'éthique organisés dans ces écoles et dans les entreprises, ou encore les codes de conduite qui ont foisonné dans des domaines aussi divers que la publicité, le commerce de la nourriture pour enfants ou le travail temporaire.

Au moment où un nombre croissant de « théoriciens » s'inquiètent de la possibilité de survie d'un système économique libéral qui ne s'oriente pas selon des critères humanistes ou de service, donc selon des critères éthiques, un nombre également croissant de « praticiens », de responsables d'entreprises, semblent se rendre compte que la survie et la santé future de leurs entreprises dépendent également de la qualité des considérations éthiques introduites dans les stratégies et pratiques de celles-ci. On s'accorde à dire que « dans un monde qui est en évolution rapide, réussiront surtout les dirigeants d'entreprise qui savent naviguer dans des eaux aux valeurs et objectifs multiples qu'on ne comprendra qu'au travers d'analyses éthiques. Les cadres se rendent de plus à l'évidence qu'il existe une relation étroite entre éthique et performance »[12].

Il n'est simplement pas vrai que les entreprises opèrent dans un espace éthiquement neutre, uniquement défini par les lois du marché et par le droit. On peut se demander si les limites ainsi établies sont toujours effectivement opérantes, notamment pour les très grandes entreprises. On peut aussi se demander si ces limites sont assez précises et étanches pour indiquer, pour chaque cas, ce qu'il convient de faire et de ne pas faire et si elles ne laissent pas, au contraire, trop de marge pour être, dans les relations avec la clientèle ou entre employés, irrespectueux de l'autre et implacable plutôt que respectueux et charitable.

Alors qu'il est de plus en plus souvent admis que la gestion n'échappe pas à l'éthique, de nombreux cadres préfèrent d'autres termes (valeurs, responsabilité sociale) à celui d'éthique qu'ils associent à des règles rigides, une philosophie abstraite, des jugements moralisants et une volonté philanthropique. De plus, ils ne savent pas qui est vraiment concerné ni sur quelles règles éthiques se fonder.

4. Les acteurs concernés par l'éthique en gestion

Parle-t-on de l'éthique du gestionnaire ou de ce qui est géré, de l'homme au travail (et surtout du cadre, c'est-à-dire de celui qui a à la fois plus d'autorité et donc de liberté d'action et qui porte une responsabilité à la mesure de l'impact de ses décisions) ou de l'entreprise ? La question est d'un intérêt plus qu'académique.

Si l'éthique est un phénomène essentiellement individuel et psychologique, il est difficile de s'imaginer que l'entreprise (une abstraction à laquelle la loi a conféré une personnalité juridique et morale) ait une conduite qui

12. C. McCoy, *Management of Values*, Boston, Pitman, 1983.

puisse être évaluée en termes éthiques. Pourtant, depuis Platon et Aristote, Amos et Esaïe, il est admis que les collectivités sont des agents moraux, responsables de leurs actions.

Par ailleurs, si les questions éthiques se posent au niveau du décideur individuel, elles seront souvent mal formulées en raison de la nature collective et/ou cumulative des processus de décision dans les entreprises, et notamment des grandes entreprises (car leur taille importante favorise l'anonymat et donc la déresponsabilisation et la perte de conscience morale). L'entreprise est une « technostructure » où collaborent trois types d'acteurs : ceux qui préparent les décisions par des études (mais qui, en éliminant des alternatives, peuvent influencer très sensiblement ces dernières) ; les décideurs (ou ceux qui cautionnent formellement les actions des entreprises) et les exécutants. A quel moment et pour qui se posent alors les problèmes éthiques ? On demande de plus à l'employé, quels que soient son rang et sa fonction, d'agir d'une manière impersonnelle, en se mettant à la place de l'entreprise et en identifiant ses propres intérêts à ceux de l'entreprise. On lui fait comprendre qu'il est parfaitement remplaçable ; s'il n'agit pas dans l'intérêt unique de l'entreprise, un autre le fera.

Le problème de la discontinuité entre le niveau individuel et le niveau social reste irrésolu. Outre des conflits entre les priorités individuelles, il existe donc des possibilités de conflit entre les critères individuels et les critères collectifs. Mais à la question éthiquement posée, il faut répondre : sont concernés cumulativement l'entreprise aussi bien que tous les organes et employés ayant participé à créer une situation qu'on peut attribuer à l'entreprise.

5. Les standards d'éthique en gestion

Les études empiriques réalisées aux Etats-Unis et en France sur les standards d'éthique semblent indiquer que les cadres ne nient pas toute dimension éthique à leur activité, contrairement à ce que pensait Howard Hughes en déclarant : « Il va de soi qu'on ne peut pas avoir à la fois des grands principes et des grands bénéfices ». Ils adhèrent à des règles qu'ils disent dictées par l'environnement. Ces règles semblent comporter les éléments suivants : un intérêt propre (qui inclut l'intérêt d'une réputation d'intégrité), des responsabilités multiples et une vision sociale.

Constatant en outre la fragmentation croissante d'une société qui a perdu, avec la religion, l'orientation vers un pôle commun, la plupart des auteurs postulent que l'éthique en affaires est *sui generis*, différente de la morale qui régit les autres activités humaines non soumises à cette dernière. Ainsi, il est possible que l'homme d'affaires transgresse constamment les règles de l'éthique courante et se sente, ce faisant, le plus souvent parfaitement à l'aise, car il obéit à d'autres règles, celles des affaires. Cette justification rationnelle est d'ailleurs psychologiquement nécessaire, parce qu'aucun individu ne pourrait travailler longtemps dans des institutions dont les activités seraient incompatibles avec ses désirs et ses convictions[13].

13. M. Tanzer, *The Sick Society*, New York, Rinehart-Winston, 1968.

En affaires, on joue simplement un autre jeu : *Business is business.* Comme le poker, ce jeu appelle la méfiance ; il ignore toute amitié ; il fait appel à la capacité de tromper et de cacher sa force et ses intentions plutôt qu'à la gentillesse et la sincérité. Tant que le joueur respecte les règles, il ne fait rien d'amoral (sauf si le jeu est amoral). Il se comporte d'une manière amorale s'il cherche et trouve des façons de gagner un avantage *unfair* (par exemple, en tentant de distraire l'autre). De même, la moralité économique permet à chacun de poursuivre son propre intérêt et de profiter des erreurs commises par les autres[14]. Seuls la fraude et l'usage de la force sont bannis[15]. Même s'il est vrai que les affaires signifient concurrence plutôt que guerre (la perte subie par un concurrent est souvent la conséquence du succès d'une autre partie, mais son anéantissement n'est pas l'objectif poursuivi comme c'est le cas en situation de guerre), il n'empêche que l'homme d'affaires essaie, la plupart du temps, de faire aux autres (concurrents, fournisseurs, clients, collaborateurs, etc.) ce qu'il n'aimerait pas qu'on lui fasse.

S'il semble donc communément accepté que les règles d'éthique applicables en gestion ne sont pas celles de l'amour du prochain, quelles sont-elles ?

Respecter une certaine éthique en affaires revient à attribuer des valeurs aux diverses conséquences des activités économiques et à établir des priorités entre elles. Dans la mesure où les entreprises ne considèrent pas uniquement leur avantage immédiat mais pensent au long terme ; dans la mesure où elles essaient d'optimiser les relations multiples qu'elles ont avec ceux qui leur fournissent leurs ressources ou avec ceux sur lesquels elles ont un impact direct ou indirect ; dans la mesure où elles reconnaissent non seulement leur rôle économique, mais aussi leur responsabilité sociale, elles se comportent éthiquement : elles seront honnêtes, respecteront leurs collaborateurs, ne chercheront pas d'avantages au détriment de leur environnement naturel et culturel, etc. Ainsi comprise, l'éthique en gestion ne consiste pas en un canon mais en un processus : celui d'une réflexion continue sur les conséquences multiples des actions.

6. Les domaines d'éthique en gestion

Les domaines où les actions des gestionnaires peuvent avoir des conséquences non économiques qui requièrent un jugement éthique sont au nombre de trois.

6.1. Les actions par rapport aux collaborateurs

En effet, les hommes et les femmes sont un « sous-produit » inévitable de toute production de biens ou de services, car nul ne saurait travailler pendant

---

14. Pourtant, il semble évident que de tels comportements ne peuvent à long terme que nuire aux intérêts des personnes en relation d'affaires. Car tous y sont perdants : le lésé a subi un dommage ; le « vainqueur » ne l'est qu'à très court terme puisqu'il y entache sa réputation et sa crédibilité (non seulement le lésé risque d'interrompre ses relations avec lui, mais aussi d'autres parties chercheront à se tenir à l'écart) ; enfin, la société entière perd des opportunités commerciales qui auraient pu être profitables à un cercle plus large que les seuls partenaires commerciaux (p.e : développement économique d'une région).

15. D. Braybooke, *Ethics in the World of Business*, Totowa, NJ, Rownan and Allanheld, 1983.

un certain temps dans une entreprise sans en être plus ou moins profondément marqué. La plupart des hommes passent une partie importante de leur vie au travail, que ce soit dans des entreprises ou dans l'administration. Ils y sont des « ressources humaines », c'est-à-dire des objets autant que des sujets, ce qui fait que l'on risque d'oublier qu'ils ont leurs propres objectifs, une valeur intrinsèque et des destins autres que celui de participer à une production matérielle. Plusieurs questions se posent donc.

– Le fait que l'homme au travail soit aussi un objet constitue-t-il en soi une atteinte à son intégrité, ou n'est-ce qu'une contrainte comme tant d'autres qui font partie de la condition humaine ?

– S'il s'agit d'une atteinte à son intégrité, pour qui cela pose-t-il un problème moral ? Pour la personne concernée (l'ouvrier, l'employé qui accepte cette condition) ou pour ses semblables (les cadres, les employeurs) qui lui proposent ou lui imposent cette condition ?

– Si on considère qu'il n'y a atteinte à l'intégrité humaine qu'à partir du moment où l'homme au travail est plus un objet qu'un sujet, à partir de quel moment est-ce le cas ? Dans quelles conditions concrètes l'homme est-il davantage un moyen (un poste de travail) qu'une fin (un travailleur qui se « fait » lui-même de par ses efforts) ? Quelles sont les situations où le travail devient dégradant et incompatible avec la dignité humaine ?

Une chose est certaine : l'organisation de son travail et la façon dont il est encadré déterminent très largement les relations sociales de l'homme au travail (relations de dépendance, d'indépendance et d'interdépendance[16]), le respect que l'individu a de lui-même et l'idée qu'il se fait de ses possibilités de développement. Il faut donc voir dans quelle mesure il peut se réaliser par le travail et dans quelle mesure il travaille comme un homme libre et adulte, et non comme un esclave, un robot ou un enfant. Peut-être doit-on déjà considérer comme amorale toute organisation hiérarchique où les uns décident et les autres subissent. Mais il est éthiquement douteux de créer des conditions qui portent atteinte à la dignité de l'homme, car elles font abstraction de ses dimensions et besoins émotionnels, sociaux, intellectuels, spirituels, etc.

Les multiples études sur le stress et l'aliénation au travail (non seulement des personnes au bas de l'échelle hiérarchique mais aussi des *organization men*, au sommet de la hiérarchie) font apparaître que trop souvent les conditions de travail, au lieu de permettre l'épanouissement et le développement des individus, induisent un degré élevé d'anxiété et de méfiance, un blocage du développement de la maturité des individus, un appauvrissement effarant de leur capacité, un abrutissement intellectuel et esthétique, un durcissement moral, etc., sans parler de conséquences plus tangibles telles que les divorces, les troubles psychiques ou l'alcoolisme ainsi que les accidents et maladies professionnels qui auraient pu être évités. Pourtant, « si les structures et le fonctionnement d'un système économique sont de nature à compromettre la dignité humaine de ceux qui s'y emploient, à émousser en eux le sens des responsabilités, à leur enlever toute initiative personnelle, nous jugeons ce système injuste »[17].

---

16. R. Covey, *The Seven Habits of Highly Effective People : Restoring the Character Ethic*, New York, Simon and Schuster, 1989, p. 48.

17. Jean XXIII, *Mater et Magistra*.

Il faut ajouter à ceci :

– les problèmes de discrimination à l'embauche, dans la promotion ou dans la rémunération,

– les problèmes de la sécurité de l'emploi et des salaires « justes » (selon la productivité marginale, selon les besoins de chacun, etc.),

– l'arbitraire d'actes disciplinaires[18],

– la limitation du droit d'expression[19],

– le non-respect de la sphère privée, etc.[20]

6.2. Les actions par rapport aux clients et aux fournisseurs

Les rapports avec le client sont typiquement moins étroits qu'avec les collaborateurs, et moins imprégnés d'un caractère personnel qui requiert la loyauté mutuelle. D'où le principe *Caveat emptor* ! Néanmoins, ces relations ne peuvent pas non plus être évaluées uniquement en fonction de critères économiques, bien que ce soit le cas la plupart du temps. « Toutes les études de marché partent d'une analyse de la demande par rapport au pouvoir d'achat disponible plutôt que d'une analyse des besoins. On se moquerait du cadre qui proposerait les affamés de tel ou tel pays comme clientèle cible pour des céréales »[21].

L'utilisation de la publicité pour entraîner le client à acheter des biens qu'il ne désire pas toujours (produits jugés inutiles, potentiellement dangereux, trop chers ou de mauvaise qualité, et dont l'obsolescence rapide est planifiée), la discrimination entre différents clients ou l'imposition de termes d'échange injustes soulèvent des questions d'éthique.

Les relations avec les fournisseurs peuvent poser des problèmes dès que les rapports de force ne sont pas équilibrés. Dans ce cas, la dépendance envers les fournisseurs, humiliante en soi, peut entraîner l'exploitation de ces derniers et leur ruine.

6.3. Les actions par rapport à la société

Même si l'impact d'une seule entreprise sur la société n'est qu'infime, les influences cumulées de tous les acteurs économiques sur la culture, la politique, etc., sont considérables et ne sauraient être ignorées de celui qui se réfère justement à l'insignifiance de ses propres actions.

Ainsi, l'esprit d'acquisition (le « toujours plus ») est devenu pour beaucoup une véritable obsession[22] et va curieusement de pair avec une plus grande propension à jeter (*throw-away-society*). Il en est de même du fétichisme de la propriété privée : peu importe l'origine ou l'objectif de la propriété pourvu qu'elle soit privée en ce sens qu'elle prive d'autres personnes de la jouissance du bien concerné. On peut citer également la

---

18. C. Lattmann, *Die verhaltenswissenschaftlichen Grundlagen der Führung des Mitarbeiters,* Bern, Haupt, 1982, p. 503.

19. T. Dunfee, D. Robertson, « Integrating Ethics into the Business School Curriculum », *Journal of Business Ethics* (7/11, 1988), p. 852.

20. J. Gandz, N. Hayes, « Teaching Business Ethics », *Journal of Business Ethics* (7/9,1988), p. 664.

21. E. Fromm, *Haben oder Sein,* Stuttgart, Deutsche Verlags-Anstalt, 1976.

22. P. Tillich, *The New Being,* New York, Scribner's Sons, 1955.

commercialisation de la culture ou encore la foi dans le progrès et l'outrecuidance de ceux qui prônent que tout ce qui est économiquement et techniquement faisable doit être fait, ce qui a pour conséquence la surproduction, l'épuisement de nos ressources, la pollution, les risques de catastrophes (notamment avec le nucléaire ou les manipulations génétiques) ; enfin la dégradation des centres urbains qui a dans une large mesure des causes économiques, et la détérioration esthétique de l'environnement.

7. La gestion de l'éthique

Plusieurs éléments sont nécessaires pour répondre de façon adéquate aux questions que nous avons posées.

Il faut des structures qui facilitent les choix éthiques mais aussi des procédures qui permettent aux employés d'avoir une évaluation éthique et qui les y obligent, dès les premiers maillons de la chaîne des causes à effets ou de la chaîne des décisions. De plus, il faut disposer de standards clairs et connus de tous (non seulement de tous les employés, mais peut-être aussi de tous ceux qui peuvent légitimement poser des questions sur les activités de l'entreprise).

Il faut une direction qui veille au respect des structures et des procédures et à l'application des standards ; c'est d'ailleurs là un de ses rôles principaux. Un *programme de formation* pour tous les employés est également nécessaire ; cela permet à chacun d'avoir une meilleure conscience de la dimension éthique de son travail, une plus grande capacité à analyser les choix et les valeurs face aux dilemmes moraux. On peut d'ailleurs regretter que la gestion ne soit toujours pas considérée comme une « profession » dont l'exercice est soumis au respect de règles déontologiques communément admises.

En ce qui concerne sa stratégie, l'entreprise peut et doit chercher à prendre en considération les intérêts de tous ceux qui sont, de près ou de loin, touchés par ses activités. Mieux encore, elle peut les associer au développement, sinon de ses stratégies, du moins des points à respecter dans l'élaboration de celles-ci. Pour ce faire :

– elle peut établir un registre des groupes ou membres constitutifs qu'elle doit consulter (en fonction de leur importance et de leur degré d'intérêt) ;

– elle peut réfléchir à sa responsabilité envers ces groupes selon les situations ;

– elle peut rechercher des informations pertinentes sur le mode d'évaluation des différentes options stratégiques envisageables adopté par ces groupes, voire même les consulter directement. En effet, comme le dit très justement J. Moltmann, « seuls les pauvres savent ce qu'est l'oppression et l'exclusion de la richesse. Seuls les humiliés connaissent la peine d'être humiliés... Les riches, les oppresseurs... sont ignorants et aveugles, même s'ils sont de bonne volonté »[23].

Puis, on peut développer des codes de conduite, soit généraux, soit pour traiter de questions particulières, telles que la conduite des hommes, le

23. J. Moltmann, « The Cross and Civil Religion », *in* J. Moltmann (éd.), *Religion and Political Society,* New York, Harper and Row, 1974, p. 42.

comportement dans les pays en voie de développement, la pollution ou encore les pots-de-vin (offerts ou reçus), le travail des femmes, la publicité, etc.[24]. Bien des entreprises ont développé de tels codes[25] ou ont accepté des codes développés par d'autres (OCDE, ONU, associations patronales et professionnelles), à l'élaboration desquels elles ont d'ailleurs souvent participé, en collaboration avec des représentants de divers groupes d'intérêt et des experts. Mais, pour le moment, ce sont surtout des grandes entreprises qui s'y sont employées, alors que les petites semblent croire que de telles formalisations ne sont que de peu d'utilité pour elles.

Certains reprochent aux entreprises de rechercher avant tout à améliorer leur image auprès du public en affichant des préoccupations éthiques dans un code. Mais, même si c'est le cas, la mise en place d'un tel code et surtout son application ne pourront qu'être bénéfiques. L'entreprise sera tôt ou tard prise au mot et n'a donc plus la même latitude d'agir à sa guise en bafouant les valeurs qu'elle a elle-même proclamées.

Par la suite, il s'agit d'organiser le contrôle de l'application de ces codes. Idéalement, les entreprises se soumettraient à un contrôle externe pour ne pas être à la fois juge et partie. Un instrument qui pourrait être utile dans ce processus est le bilan social et sociétal[26]. Un tel bilan devrait dépasser ce que la loi a déjà rendu obligatoire en France : il s'agirait d'un document qui établirait – grâce à des mesures quantitatives ou autres – l'inventaire de toutes les activités de l'entreprise qui ont, ou pourraient avoir, des conséquences non économiques. A défaut de contrôles externes, on peut envisager des audits internes réguliers ou/et *ad hoc* qui seraient réalisés par des commissions d'éthique ou par un autre organe désigné à cet effet et auquel on devrait garantir une indépendance totale. En plus, il serait utile de créer la possibilité pour chaque personne qui veut mettre en doute une pratique de l'entreprise de s'adresser à un *ombudsman*. Et on pourrait aussi envisager un « critique attitré » (un genre de fou du roi) dont le rôle serait de soulever systématiquement des problèmes éthiques partout où il en trouverait.

Mais le contrôle seul ne suffit pas encore. Il faut le compléter par des sanctions, positives et négatives, selon les cas ; le comportement éthique ou non

---

24. Selon C. Mathews (*Strategic Intervention in Organizations. Resolving Ethical Dilemmas*, Londres, Sage, 1988, p. 56), le contenu des codes varie, mais comprend le plus souvent les sujets suivants :

– les rapports avec le gouvernement, les clients, les fournisseurs, les employés, les concurrents, les gouvernements étrangers, les investisseurs,
– les affaires publiques,
– les paiements ou contributions politiques,
– l'utilisation d'informations privilégiées d'*insider*,
– la qualité et la sécurité des produits,
– la conduite en cas de conflits d'intérêts,
– les secrets industriels,
– l'intégrité des livres de comptes.

25. De tels codes sont notamment très répandus aux Etats-Unis ; mais certaines entreprises européennes s'en sont également dotées. Aux Etats-Unis, ils sont souvent présentés sous la forme d'un document unitaire regroupant toutes les valeurs promues, alors qu'en Europe il arrive souvent que les principes éthiques soient répartis en un grand nombre de règlements différents, ce qui fait perdre la vue d'ensemble.

26. Voir également dans cette Encyclopédie les articles de R. Danziger, « Bilan social », p. 231, tome 1 et de E. Vatteville, « Mesure des ressources humaines », p. 2008, tome 2.

devrait être pris en considération lors de décisions de promotion et, au lieu de pénaliser le collaborateur qui dénonce une pratique non éthique de l'entreprise (*whistle-blowing*), on devrait prendre des mesures disciplinaires contre ceux qui couvrent de telles pratiques ou qui en sont les auteurs.

Dans tous les cas, il semble que la décentralisation, même partielle, favorise le comportement éthique. Car, au lieu de se retrancher derrière des règles bureaucratiques, le collaborateur doit prendre ses responsabilités. De même, un mode démocratique de prise de décision serait un meilleur garant d'une morale saine au sein des entreprises que la qualité d'une élite qui a le plus souvent été sélectionnée selon des critères étrangers à l'éthique.

Les entreprises qui ne prennent pas de résolutions en ce sens risquent d'abord des attaques de tout genre qui peuvent leur valoir, au mieux, une mauvaise publicité et, au pire, beaucoup d'ennuis juridiques. Ensuite, elles risquent de se voir imposer une réglementation contraignante. Ces considérations non éthiques sont aujourd'hui le plus souvent à la base des efforts réalisés par les entreprises pour respecter une éthique.

*
* *

Ethique et économie, morale et gain ne sont pas incompatibles ; mais ils ne vont pas nécessairement de pair. Il y a des entreprises intègres qui réussissent et des cadres probes qui font carrière (et pas seulement malgré, mais aussi grâce à leurs principes). Cependant la réussite n'est pas la récompense certaine d'un comportement éthique exemplaire. Au contraire, nombreux sont ceux qui réussissent par la force et la ruse qu'ils emploient avec moins de scrupules que d'autres. Il semble même que leur chemin soit plus facile et plus sûr. Il est donc emprunté non seulement par malice (ce qui est plutôt rare), mais aussi par faiblesse (ce qui est au contraire très répandu).

Il semble vain, tant que nous aurons un système économique libéral et concurrentiel où seule la réussite compte, d'espérer bien plus qu'un évitement des déraillements et abus les plus flagrants.

Références

BRAYBROOKE D., *Ethics in the World of Business*, Totowa, NJ, Rownan and Allanheld, 1983.
CHILDS M., CATER D., *Ethics in a Business Society*, New York, Harper and Brothers, 1954.
DONALDSON T., WERHANE P., *Ethical Issues in Business*, Englewood Cliffs, NJ, Prentice Hall, 1983.
EVANS W., *Management Ethics*, Londres, Martinus Nijhoff Publ., 1981.
JACKALL R., *Moral Mazes*, New York, Oxford University Press, 1989.
KAUFMANN W., *Without Guilt and Justice*, New York, Dell Publ. (Delta Books), 1973.
LAURENT P., *Pour l'entreprise*, Paris, Le Centurion, 1985.
MCCOY C., *Management of Values*, Boston, Pitman, 1985.
MCHUGH F., *Ethics*, Londres, Macmillan, 1991.
MISSNER M., *Ethics of the Business System*, Palo Alto, Mayfield Publ., 1980.
NOVAK M., *Une éthique économique*, Paris, Les Editions du Cerf, 1987.
STAFFELBACH B., *Management-Ethik*, Bern, Haupt, 1994.

Mots clés

Bilan social, codes de conduite, esprit d'acquisition, éthique, intégrité, morale, *ombudsman*, règles déontologiques.

Etudes de marché

Alain Jolibert

Estimées en France à un marché de près de 4 milliards de francs en 1994, les études de marché sont destinées à aider les prises de décision. Elles ont pour but d'obtenir, d'analyser et d'interpréter des données, de façon formelle et objective, afin de procurer au décideur des informations qui lui soient utiles.

Les études sont objectives puisqu'elles doivent fournir une information qui reflète la réalité, faute de quoi elles conduisent à des décisions erronées. Elles nécessitent un certain formalisme, car elles sont planifiées et suivent des règles scientifiques. Pour cette raison, la première section s'attachera à décrire le processus d'élaboration d'une étude.

Les études de marché s'intéressent à des activités extrêmement variées, allant des décisions marketing d'ordre stratégique ou tactique aux questions qui portent sur l'entreprise ou son environnement ; elles peuvent être utilisées pour le diagnostic d'un problème ou sa résolution. Le tableau 1 illustre la variété des études de marché effectuées dans les entreprises. Il montre, en particulier, que les plus gros pourcentages de dépenses sont atteints dans les pays occidentaux, à l'exception de l'Allemagne, avec des études *ad hoc* ou ponctuelles. Les achats de panels constituent la seconde source de dépenses en études et recherches en marketing. Par ailleurs, les résultats observés varient fortement selon les pays considérés. C'est ainsi que l'on peut s'apercevoir que les dépenses d'achat de panel sont, en proportion des dépenses

Tableau 1 – Répartition du marché des études de marché en 1993

	France %	**Espagne** %	**Italie** %	**Suède** %	**Grande-Bretagne** %	**Allemagne** %
Etudes *ad hoc*	56	64	90	56	64	41
Panels	40	29	8	26	24	54
Etudes en souscription	4	6	2	18	12	5
Total	100	100	100	100	100	100

Source : Esomar, *Annual Market Study* (septembre 1994).

d'études de marché, beaucoup plus faibles en Italie qu'en Allemagne ou en France. Les études de marché ne concernent pas simplement les sondages qui en sont une des composantes. Les données peuvent être en effet récoltées en utilisant d'autres méthodes. L'ensemble des méthodes de recueil de l'information fera donc l'objet de la section 2.

Les données recueillies sont utilisées pour être transformées en informations utiles pour la prise de décision marketing. Cette phase très importante pour les études de marchés sera traitée dans la section 3.

1. Le processus d'élaboration d'une étude de marché

Celui-ci peut être décomposé en quatre étapes reproduites au schéma 1 :
- l'identification du problème ou de l'opportunité,
- le plan de la recherche,
- la réalisation de la recherche,
- la préparation et la présentation du rapport.

Chaque étape influence celle qui la suit.

Schéma 1 – Le processus d'élaboration d'une étude ou d'une recherche marketing

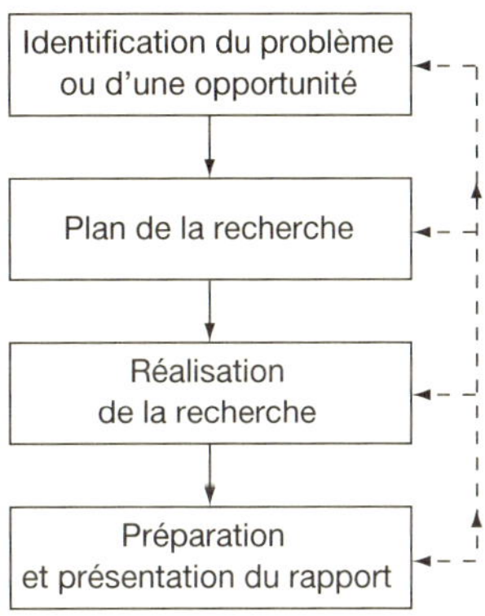

1.1. L'identification du problème ou de l'opportunité

Cette étape permet de se familiariser avec l'environnement du problème et de la décision. Son importance est fonction des connaissances préalablement acquises. Elle nécessite souvent une recherche exploratoire qui permet de générer des idées et de valider des intuitions. Il est souvent pertinent de s'intéresser aux conséquences de l'étude pour l'entreprise et le personnel. Des recherches documentaires et des discussions avec des personnes qui appartiennent à l'entreprise ou qui peuvent améliorer la connaissance du problème s'avèrent souvent nécessaires.

La première phase, apparemment très simple pour le novice, est parfois plus difficile qu'elle ne paraît de prime abord. Ainsi, il n'est pas toujours aisé de connaître l'origine réelle d'un problème observé. Par exemple, une baisse du chiffre d'affaires nécessite une étude approfondie de ses origines probables (produits désuets, prix trop élevés, etc.). Il est par ailleurs essentiel de définir le problème en termes suffisamment larges. Par exemple, il ne sert à rien de se préoccuper de la baisse du chiffre d'affaires d'un fabricant de vélos, en ne prenant en compte que ses concurrents immédiats de vélos et en ne s'intéressant pas aussi aux produits substituts comme les vélomoteurs ou les motos.

Cette étape débouche sur la mise en évidence des informations connues et de celles qu'il serait souhaitable d'obtenir. Elle permet ainsi de définir les objectifs de l'étude, les questions à résoudre et la façon dont les informations seront utilisées par le responsable marketing.

1.2. Le plan de la recherche

Il décrit formellement les caractéristiques de l'étude et les procédures employées pour effectuer celle-ci. Il débute en général par un rappel des objectifs de l'étude et des questions à éclaircir dans la recherche.

Un plan de recherche comprend le choix du cadre méthodologique et des données à collecter, les méthodes sélectionnées pour recueillir celles-ci et les techniques qui permettent de les traiter pour les transformer en informations utiles. Il se termine par l'élaboration d'un budget.

Trois cadres méthodologiques sont disponibles pour étudier un problème marketing : les approches exploratoire, descriptive et causale. L'approche exploratoire est destinée à clarifier un problème. La différence essentielle entre les approches descriptive et causale réside dans la difficulté d'analyse de la causalité (lien entre causes et effets) de la première de ces deux approches.

Une fois le choix d'un cadre méthodologique justifié, le plan doit présenter des informations sur les variables à prendre en compte et sur leur choix. Il doit aussi préciser la nature des données (longitudinales ou ponctuelles), leurs sources (primaires, secondaires), leur type (causal ou non), leur forme (verbale ou non).

Les méthodes, les règles de décision et les hypothèses concernant les données doivent être aussi mises en évidence. Les différentes méthodes d'utilisation des données doivent être aussi présentées.

La fin d'un plan se termine par le budget de l'ensemble de la recherche. Celui-ci inclut non seulement des estimations sur le coût, mais aussi l'échéance de l'étude.

1.3. La réalisation de la recherche

Elle correspond à l'exécution du plan de la recherche et nécessite que soient mis en œuvre les choix relatifs à la mesure, à la collecte et à l'analyse des données ainsi recueillies. En raison de leur importance, ces trois aspects seront développés dans les sections 2 et 3.

1.4. La préparation et la présentation du rapport

Le rapport doit être adapté au lecteur. Le matériel visuel a un rôle important. La clarté, la concision, la précision et l'exhaustivité constituent des éléments essentiels de la qualité d'un rapport. La structure de celui-ci peut être la suivante :

1. la page de titre,
2. le mode de lecture du rapport,
3. l'introduction (présente les problèmes et objectifs),
4. le résumé (un mini-rapport qui résume le rapport),
5. la méthodologie suivie (collecte, analyse),

6. les résultats,
7. les conclusions et recommandations,
8. les annexes.

2. La collecte des informations

La collecte des informations s'analyse de différentes façons. Elle recouvre les sources de l'information et les méthodes de collecte des données, dont le questionnaire. Elle pose aussi le problème du choix de l'échantillon à partir duquel les données ont été obtenues.

2.1. Les sources de l'information

La recherche de l'information est réalisée à partir de sources existantes qui recueillent des renseignements pour des objectifs autres que ceux qui ont trait à l'étude (données secondaires). Elle s'effectue aussi à partir de sources d'informations utilisées spécialement pour satisfaire les besoins en informations nécessités par le problème posé (sources primaires).

Avant de rechercher des sources d'informations primaires, il convient de vérifier si l'information nécessaire n'a pas déjà été collectée par l'entreprise (source interne) ou par des sociétés d'études, des syndicats professionnels, des recueils statistiques, des livres, etc. L'information secondaire, très abondante, est en effet facile à acquérir et coûte souvent moins cher. L'inconvénient des informations secondaires réside dans leur inadéquation possible envers le problème commercial étudié. Elles peuvent par ailleurs s'avérer périmées et ne peuvent être manipulées par le chercheur. En revanche, elles s'avèrent parfois précieuses pour valider des informations primaires, étudier la façon dont les variables sont mesurées, obtenir des listes d'entreprises ou tout simplement pour être exploitées en l'état. Les sources d'informations secondaires sont d'origine interne ou externe.

Les sources internes sont les moins coûteuses. Elles proviennent de différents services de l'entreprise (comptable, financier, commercial, clients, achats, etc.). Les données sur les clients sont fournies naturellement par le service client, ou par le service comptable. Les informations sur les ventes sont obtenues auprès du service comptable, financier ou de la production. Les données sur la concurrence sont recueillies à partir des rapports de visite de la force de vente.

Les sources externes sont d'ordre institutionnel (l'Etat, les institutions, les associations), et d'ordre commercial.

L'Etat, les institutions et associations fournissent de très nombreuses sources d'informations. L'INSEE, les ministères, les universités, le CNRS, les associations professionnelles, le Centre français du commerce extérieur, les institutions nationales et internationales (Banque mondiale, Banque des règlements internationaux, etc.), les revues spécialisées illustrent la diversité et la richesse de ces sources.

Les sociétés d'études collectent des informations pour les revendre. Ces sociétés peuvent être classées en deux catégories : celles qui collectent des données par souscription et celles qui fournissent des données périodiques sous une forme standard prête à être exploitée par l'entreprise (panel).

Les études par souscription peuvent être effectuées pour des enquêtes omnibus dans lesquelles chaque organisation participante paie pour pouvoir insérer les questions qui l'intéressent. Une autre forme d'étude par souscription est observée dans les tests de marché et de magasin. Des entreprises (Nielsen, GFK, etc.) mettent leurs services à la disposition d'autres entreprises pour tester des produits dans des magasins ou sur des zones géographiques déterminées. Leur rôle est de collecter l'information pour le compte de leur client. Elles peuvent aussi fournir des services plus élaborés et traiter les données ainsi fournies.

Les études longitudinales ou panels sont réalisées par des sociétés comme Nielsen ou Secodip qui recueillent des informations de même nature, de façon périodique (semaine, mois, semestre, etc.) auprès de différentes cibles (consommateurs, collectivités, distributeurs, par exemple). Elles restituent ces informations mensuellement, semestriellement et sous une forme standard (tableau 2). Ces informations concernent l'évolution des comportements, la fréquence d'achat et la fidélité. Elles permettent de suivre de façon périodique l'évolution du marché (notamment les parts des différentes marques), sa structure (étendue de la clientèle acheteuse, quantité achetée, prix payés), les circuits de distribution utilisés, etc.

L'intérêt des panels réside dans la réduction des coûts qu'apportent la multiplicité des abonnements annuels et la quantité considérable d'informations qu'ils fournissent (et qui posent souvent des problèmes de traitement aux entreprises les acquérant). Les inconvénients des panels résident souvent dans leur représentativité. Les phénomènes de mortalité (personnes qui quittent le panel) et les refus de participation sont à l'origine de ce phénomène. Pour essayer d'y remédier, les sociétés de panel s'efforcent de fidéliser leurs membres en les rémunérant de diverses façons (ristournes, cadeaux). Un autre biais possible des panels provient du caractère anormal des réponses données, du fait, notamment, que les participants se sentent observés et/ou se perçoivent comme des experts.

2.2. Les méthodes de collecte de données

Elles comprennent l'observation, l'expérimentation et l'enquête. L'observation offre la particularité de ne pas nécessiter un consentement explicite ou la coopération du répondant. L'expérimentation conduit à une manipulation et à un contrôle volontaire de certains facteurs liés au phénomène étudié. Les enquêtes sont ponctuelles et utilisent des modes de collecte variés : le contact direct, le courrier, le téléphone, l'ordinateur. Ces différentes méthodes seront successivement présentées.

2.2.1. L'observation

Il existe différentes formes d'observation : l'audit, le dépistage, l'analyse de contenu, l'observation mécanique et l'observation individuelle. Elles ne sont toutefois pas utilisées avec la même fréquence.

Le dépistage du comportement passé est très rarement employé. Il consiste à recueillir des informations sur le comportement passé, sans que le consommateur en soit averti (études des déchets, poubelles, etc.).

L'audit dans les études de marché consiste à examiner divers documents et inventaires. L'audit de vente est le plus fréquemment utilisé pour détecter l'existence de *trends* dans les ventes d'une zone géographique, d'un magasin... L'audit de magasin permet de savoir si un produit est référencé, le *facing*[1] qui lui est accordé, etc.

L'analyse de contenu est utilisée pour étudier la communication (les thèmes, le sujet, les mots, etc.) de la concurrence et pour analyser son positionnement.

Grâce à une simple observation mécanique, certains appareils permettent d'enregistrer le comportement des personnes. C'est le cas de l'audimètre, qui enregistre les canaux de télévision choisis par les téléspectateurs et le temps de visualisation. Le scanner ou l'outil de lecture optique fixe incorporé au tapis roulant, devant la caissière, enregistre les produits achetés par le consommateur, à partir de codes barres préalablement imprimés sur l'emballage du produit. Cet outil donne des informations avec une meilleure périodicité, un meilleur degré de précision et une plus grande rapidité que les données recueillies manuellement dans les magasins.

L'observation individuelle peut être utilisée dans un environnement contrôlé. Certains fabricants de jouets, comme Fisher Price, observent l'utilisation de leurs produits par les enfants de leurs employés dans la garderie de leur usine. L'observation peut être aussi effectuée sur le terrain. Elle peut consister à enregistrer les plaques minéralogiques de voitures garées sur le parking d'un hypermarché, afin d'étudier sa zone de chalandise.

2.2.2. L'expérimentation

Lors d'expérimentations, le chercheur intervient préalablement à une observation. Il manipule certaines variables, telles que le produit, le prix, la promotion ou le canal de distribution, tout en mesurant l'effet d'autres variables comme la concurrence, les caractéristiques sociodémographiques du répondant (l'âge, le sexe, etc.). L'expérimentation est destinée à mesurer les liens de cause à effet (par exemple, l'influence d'un nouvel emballage sur l'accroissement des ventes) et de ce fait à pouvoir attribuer de façon précise les variations observées aux variables manipulées.

L'expérimentation est effectuée par l'intermédiaire de plans d'expérience nombreux et adaptés aux diverses conditions d'expérience. Parmi eux, citons le plan aléatoire simple dans lequel une variable est manipulée sans mesures répétées sur les sujets, le plan factoriel complet dans lequel plusieurs variables sont manipulées comme dans un plan aléatoire simple, les plans à mesures répétées où sont effectuées plusieurs mesures sur les mêmes personnes, les plans fractionnés (tel le carré latin[2]) qui permettent d'éviter de présenter de trop nombreuses combinaisons de variables manipulées (ou facteurs) et donc d'utiliser une sélection réduite de celles-ci (P. Dagnelie, 1979).

La méthode expérimentale est employée pour étudier deux types de problèmes : les tests de concept/produit et les tests de marché/magasin.

1. Nombre d'unités du produit situées sur une gondole et qui font face au client.
2. Plan utilisant trois variables manipulées qui possèdent le même nombre de modalités.

Tableau 2 – Lecture des résultats d'un panel de distributeurs (consoles jeux vidéo, février-mars 1995)

	Ventes Mil. UN	Unités %	Ventes Mil. FF	Valeur %	Stock Mil. UN	Unités %	Achats Mil. UN	Unités %	Dis-Num Total	Total pond.	Dis-Num Ventes	Ventes pond.	Ventes Moy. UN	Prix FF Units
Total consoles	108,8	100,0	70 902	100,0	50,2	100,0	96,6	100,0	13	100	13	100	78	652
Salon (8 + 16 B)	65,2	59,9	48 113	67,9	27,0	53,9	55,6	57,6	13	100	12	100	49	738
8 bit	14,8	13,6	5 258	7,4	5,5	11,0	11,0	11,3	9	86	9	86	16	356
16 bit	50,4	46,3	42 854	60,4	21,5	42,9	44,7	46,3	12	100	12	100	39	850
Portable	40,9	37,6	19 051	26,9	21,3	42,4	38,6	39,9	12	100	12	100	32	465
Autres techn.	2,6	2,4	3 638	5,1	1,8	3,6	2,3	2,4	7	79	6	76	4	1 386
Total	108,8	100,0	70 902	100,0	50,2	100,0	96,6	100,0	13	100	13	100	78	652
– 300 FF	17,1	15,7	4 882	6,9	7,9	15,7	16,3	16,9	10	100	9	80	18	285
– 400 FF	26,0	23,9	9 483	13,4	12,3	24,5	23,5	24,4	9	89	9	88	28	364
– 500 FF	11,9	11,0	5 709	8,1	6,1	12,2	12,0	12,4	8	82	7	71	15	478
– 600 FF	3,6	3,3	2 073	2,9	0,7	1,4	2,1	2,2	6	59	5	48	7	583
– 700 FF	16,1	14,8	11 008	15,5	9,2	18,3	16,5	17,1	10	95	10	95	16	684
– 800 FF	4,7	4,4	3 663	5,2	2,9	5,8	4,2	4,4	8	81	7	76	7	773
– 900 FF	14,9	13,7	13 084	18,5	5,5	11,0	11,6	12,0	10	98	10	98	13	877
– 1 000 FF	13,8	12,7	13 506	19,0	6,4	12,7	10,6	11,0	10	94	10	94	13	981
– 1 250 FF	5,0	4,6	5 389	7,6	2,5	5,0	4,5	4,6	9	89	8	80	6	1 088
– 1 500 FF	1,6	1,5	2 074	2,9	1,0	2,0	1,7	1,9	5	67	3	40	5	1 313
+ 1 500 FF	1,5	1,4	2 849	4,0	1,0	2,1	0,9	0,9	6	71	5	65	3	1 902
Total	108,8	100,0	70 902	100,0	50,2	100,0	96,6	100,0	13	100	13	100	78	652
Amstrad	0,1	0,0	11	0,0	0,1	0,2			0	0	0	0	4	195
Atari	0,2	0,2	208	0,3	0,2	0,5	0,1	0,1	1	10	1	6	3	991
Audiosonic	0,7	0,6	201	0,3	0,3	0,6	0,3	0,3	2	12	1	10	7	294
IREM/FAMICOM														
NEC	0,0	0,0	6	0,0	0,0	0,0	0,0	0,0	0	0	0	0	1	1 208
Nintendo	68,0	62,5	37 029	52,2	27,8	55,4	61,7	63,9	12	100	12	100	53	545
SNK														
Sega	39,8	36,6	33 187	46,8	21,6	43,1	34,4	35,6	13	99	12	99	31	834
	1A	1B	2A	2B	3A	3B	4A	4B	5A	5B	6A	6B	7A	7B

1A. Ventes en milliers d'unités.
1B. Pourcentages des ventes en unités.
2A. Ventes en milliers de FF (TTC).
2B. Pourcentages des ventes en francs = 100 %.
3A. Stocks présents dans les magasins à la fin de la période.
3B. % des stocks en unités.
4A. Achats des détaillants au cours de la période en milliers d'unités.
4B. % des achats en unités.
5A. Distribution numérique (en %).
5B. Distribution totale pondérée en % du chiffre d'affaires produit, représenté par les magasins distribuant le produit (part de marché de ces magasins).
6A. Distribution numérique limitée aux magasins ayant réalisé au moins une vente dans la période.
6B. Part de marché en valeur des magasins ayant réalisés au moins une vente dans la période.
7A. Ventes moyennes sur 2 mois des magasins vendeurs.
7B. Prix moyen de vente (public TTC) pondéré par les quantités vendues.

Source : GFK.

Les tests de concept/produit offrent au consommateur une idée du produit ou le produit lui-même et mesurent la préférence du consommateur, la probabilité d'achat, etc. Ce sont les tests les plus précoces. Différentes procédures sont disponibles. Si l'on dispose de prototypes déjà existants, on peut demander au consommateur de choisir le meilleur. Si l'on cherche à varier les caractéristiques du produit pour déterminer celles qui sont les plus importantes pour l'acheteur, différentes conceptions du produit peuvent être proposées au consommateur. Si l'on dispose de prototypes, l'échantillon peut être divisé en groupes qui auront à juger un seul prototype (procédure monadique) ou bien chaque répondant peut avoir à juger l'ensemble des prototypes (procédure comparative). Si l'on varie systématiquement les caractéristiques du produit, la procédure la plus courante consiste à faire classer par ordre de préférence l'ensemble des combinaisons ainsi obtenues par l'ensemble des répondants. Cette procédure est celle des mesures conjointes[3]. Elle utilise soit des plans factoriels complets, soit des plans fractionnés. Elle permet, en particulier, outre l'analyse des composantes du produit physique, de tester le prix, l'emballage, le nom, etc. A titre d'exemple, les méthodes Selector (Burke Marketing Research) ou Apex (Asi Market Research) permettent de tester l'efficacité de différents messages publicitaires pour des concepts de produits. Elles nécessitent l'utilisation de chaînes de télévision privées par l'intermédiaire desquelles sont diffusés des spots publicitaires (dont le spot étudié) auprès d'un ou de plusieurs échantillons de consommateurs recrutés par téléphone (un échantillon par message). Les concepts de produits sont envoyés aux consommateurs sous la forme d'une série de photos de produits couramment utilisés (dont le produit nouveau). Il est demandé aux consommateurs, après chaque envoi (avant le message, après le message), de choisir le produit qu'ils souhaiteraient recevoir.

Dans les tests de produits, les indicateurs de comportement retenus sont fondés sur les attitudes et les intentions d'achat. De ce fait, ils s'avèrent limités pour prédire les achats proprement dits. Aussi d'autres procédures ont-elles été utilisées. Elles concernent les tests de marché.

Les tests de marché/magasin peuvent être décomposés en magasins laboratoires, achats sur catalogues (mini-marchés tests), magasins-caravanes mobiles, tests en magasins, villes tests, marchés tests (tableau 3). Le coût de mise en œuvre de ces méthodes est très variable. C'est notamment en raison des coûts très importants des marchés tests que se sont développées les autres procédures.

Celles-ci permettent d'étudier en particulier les taux d'achat, de rachat, les parts de marché à partir des différentes manipulations. Plus confidentielles, elles peuvent être effectuées sur des marchés artificiels ou fictifs (par exemple magasin laboratoire), dans des magasins réels (par exemple, test en magasin), nécessiter l'utilisation d'argent réel (achat sur catalogue) ou fictif (magasin laboratoire).

La possibilité récente de connecter différents systèmes d'observation des comportements permet un meilleur suivi des liens de cause à effet et facilite donc la mise en œuvre d'expériences dans des villes tests.

---

3. R. Batsell, Y. Wind, « Product Testing : Current Methods and Needed Developments », *Journal of The Market Research Society* (22, 2, 1980), p. 115-137.

Tableau 3 – Différents types de tests de marché

Marché test	Test en grandeur nature sur une région du produit que l'on désire lancer (régions de Cannes, Metz, Annecy, Toulouse pour Secodip).
Ville test	Les achats des consommateurs sont observés par des caisses électroniques qui équipent les magasins de la ville (ex. : Behaviorscan ou Infoscan aux Etats-Unis, Behaviorscan à Ludwigshafen en Allemagne avec GFK, Secodip à Château-Thierry ou Sens, GFK-Médiamétrie à Angers).
Test en magasin	Des panels de distributeurs entretiennent la distribution dans 10-20 magasins géographiquement dispersés pour mesurer les niveaux des achats des consommateurs (mini-tests Nielsen).
Magasin-caravane mobile	Les consommateurs achètent dans des supermarchés mobiles dans lesquels le nouveau produit est placé parmi des produits concurrents. Ce type de test est généralement réalisé auprès d'un panel permanent de ménagères (Van Tests en Grande-Bretagne).
Achat sur catalogue	Les produits sont achetés par des consommateurs sur un catalogue dans lequel figure en particulier le nouveau produit (exemple : Predict France).
Magasin laboratoire	Les consommateurs achètent en magasin fictif (avec seulement le linéaire de la catégorie étudiée) avec un coupon couvrant en partie ou en totalité le prix du nouveau produit (ex. : Assessor).

Le concept de source unique de données (*single source data*) est dérivé de cette évolution. La qualification de source unique trouve son origine dans le fait que l'on peut actuellement combiner quatre sources de données indépendantes (lecture optique des distributeurs, panels de consommateurs, actions promotionnelles sur le terrain et l'audience des médias et de la télévision en particulier) en une seule base de données compatibles. La mise en œuvre d'une source unique de données (schéma 2) est délicate, car elle nécessite des investissements importants ainsi que certaines conditions préalables :

– un panel de distributeurs dont les caisses enregistreuses sont équipées de lecteurs optiques (scanners) et qui enregistrent les ventes aux consommateurs ainsi que les prix pratiqués pour chaque article ;

– un panel de consommateurs équipés d'une carte d'identification qui est présentée à la caisse lors des achats ; une enquête annuelle sur les caractéristiques démographiques et les attitudes des foyers permet en outre de corréler ces caractéristiques avec les comportements d'achat ;

– l'enregistrement par un réseau d'enquêteurs des promotions réalisées dans chaque magasin (réductions de prix, concours, stop rayons, mise en avant, prospectus, etc.), du merchandising (facing, emplacement linéaire, etc.) et des annonces dans la presse ou par affichage ;

– l'enregistrement de l'audience télévisée par l'intermédiaire d'audimètres ; le système Behaviorscan aux Etats-Unis, GFK à Ludwigshafen en Allemagne ou GFK-Médiamétrie à Angers repose en plus sur l'utilisation d'un réseau câblé qui facilite l'expérimentation de messages publicitaires à la télévision, avec en parallèle l'exposition aux autres actions publicitaires (affichage, magazine, radio).

Schéma 2 – Concept de source unique de données

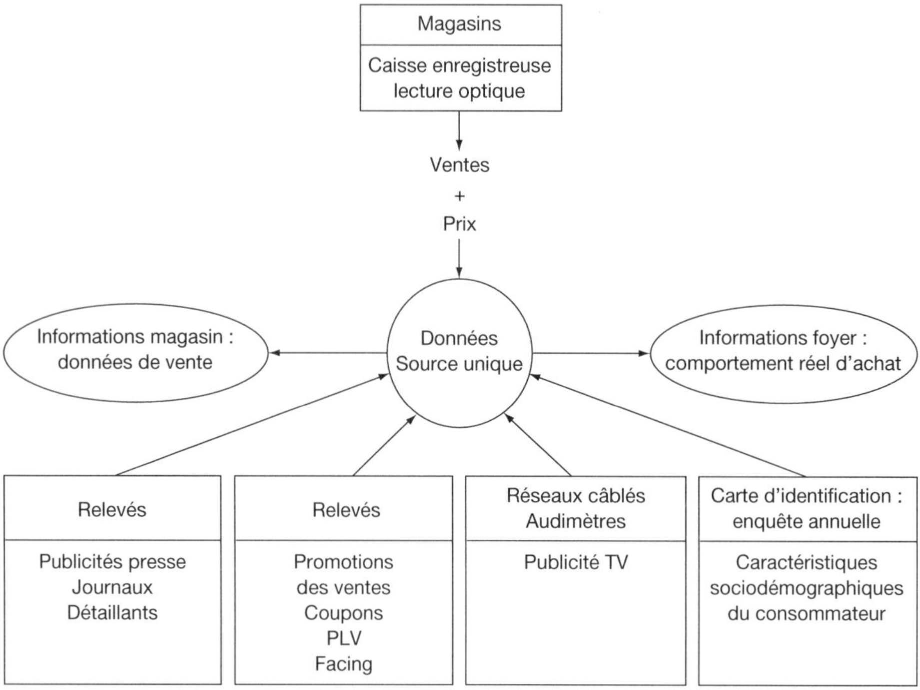

L'un des problèmes majeurs soulevé par la mise en œuvre d'une source unique de données concerne la procédure de panélisation. Deux possibilités sont en effet offertes dont les résultats (extrapolation) sont susceptibles de différer :

– soit mettre en place un panel dans une ou plusieurs zones fermées de façon à couvrir les achats de la majorité des magasins de la zone, puis agglomérer les zones pour assurer une représentation nationale. Cette procédure est suivie par le scannel de Secodip dans les zones de Château-Thierry et de Sens, et par celui de GFK à Ludwigshafen ou GFK et Médiamétrie à Angers ;

– soit mettre en place un pannel de consommateurs autour de certains magasins répartis géographiquement en ne panélisant que les consommateurs se déclarant fidèles à un magasin (solution adoptée par le Scan 9000 de Nielsen).

2.2.3. L'enquête

Elle s'effectue selon certains modes de recueil de l'information. Elle utilise comme outil privilégié le questionnaire et pose le problème du choix d'un échantillon. Pour obtenir des informations qui nécessitent la participation du répondant, quatre modes de recueil peuvent être utilisés :

– le contact direct par enquêteur,
– le contact par voie postale,
– le contact par téléphone,
– le contact par terminal d'ordinateur.

Le tableau 4 présente une ventilation des dépenses effectuées selon ces différents modes, en France, et dans différents pays européens. Ces dépenses varient fortement selon les pays. En France, par exemple, les dépenses consacrées aux enquêtes par voie postale sont beaucoup plus faibles que celles de la Suède. Par contre, les dépenses consacrées aux entretiens de groupe et en profondeur sont plus importantes en France que dans les autres pays européens présentés. De telles variations s'expliquent par exemple par des raisons physiques ou culturelles. Des mois d'enneigement et des routes impraticables ne favorisent pas l'enquête en face à face dans les pays scandinaves. De même, il faut trois heures pour analyser un entretien de groupe en Belgique et trois jours en France, ce qui traduit des préoccupations différentes des analystes de ces deux pays[4].

Tableau 4 – Méthodes de collecte de données (dépenses 1993)

	France	Allemagne	Espagne	Grande-Bretagne	Italie	Suède
Quantitative :	*73*	*90*	*77*	*78*	*80*	*86*
– Enquête par voie postale	4	7	5	6	6	21
– Enquête par téléphone	27	20	14	26	20	41
– Enquête en face à face par :				46		
· enquêteur dans la rue	9	10	25	n.d.	9	13
· au foyer, au travail	28	51	33	n.d.	45	7
Divers	5	2	–	–	–	4
Qualitative :	*27*	*10*	*23*	*22*	*20*	*14*
– Entretiens de groupe	13	3	14	14	13	9
– Entretiens en profondeur	13	6	9	8	6	4
Divers	1	1	–	–	1	1
Total en %	100	100	100	100	100	100

Unités : pourcentage. n.d. : non disponible.

Source : ESOMAR, *Annual Market Study* (September 1994).

Ces différents modes peuvent être combinés dans le plan de recherche. Par exemple, à la suite d'un contact direct par enquêteur, il est possible de laisser aux enquêtés un questionnaire à retourner par la poste. Ces modes de recueil de l'information présentent des avantages et des inconvénients. Le choix de l'un d'entre eux dépend des pondérations qui leur sont accordées dans le cadre d'une recherche donnée.

2.2.3.1. *Le contact direct*

Le contact direct par enquêteur est le mode de collecte qui est potentiellement le plus intéressant pour la qualité et la quantité des informations recueillies. Il permet en outre un bon contrôle des conditions dans lesquelles l'enquête est effectuée (compréhension de l'enquêté, ordre des réponses, caractéristiques du répondant, etc.). Mais c'est le mode le plus onéreux. C'est aussi celui pour lequel l'interaction possible entre l'enquêteur et l'enquêté est

4. B. Leforestier, « Du Volapuk à l'Esperanto », *Marketing-Mix* (43, juin 1990), p. 52-57.

susceptible d'altérer le plus la qualité des données recueillies. Le contact direct par enquêteur revêt différentes formes. Elles peuvent être classées selon trois dimensions : le nombre d'enquêtes, le degré de structure de l'enquête et le caractère indirect de l'enquête.

• *Le contact direct en fonction du nombre d'enquêtes*

L'entretien en face à face est adapté à des thèmes confidentiels et embarrassants. L'objectif poursuivi par le modérateur est d'encourager le répondant à s'exprimer en toute liberté sur un sujet donné. Il peut s'avérer très utile en marketing industriel, par exemple, où il n'est guère possible de faire des entretiens de groupe avec des responsables d'entreprises concurrentes.

Pour des raisons de coût et parce que le sujet étudié le permet, il est parfois intéressant d'utiliser des entretiens de groupe. Ceux-ci réunissent une dizaine de personnes autour d'un modérateur.

L'entretien en face à face et l'entretien de groupe sont destinés à mieux définir un problème et à structurer un questionnaire, mais aussi à générer des idées, à prétester des messages publicitaires, à récolter des informations sur les motivations d'achats.

• *Le contact direct en fonction de la structure de l'enquête*

Certains entretiens peuvent être très structurés. C'est ainsi le cas lorsque l'enquêteur se contente de lire des questions préalablement formulées dans un questionnaire.

Les entretiens peuvent être moins structurés. Lors d'entretiens semi-directifs, l'enquêteur introduit dans la discussion des thèmes préalablement établis à l'image des entretiens de groupes. Le degré de structure varie selon le type de groupe utilisé et la créativité désirée. Ainsi, la technique du groupe nominal[5] utilisée, entre autres, pour l'identification des attributs d'un produit ou des dimensions d'un problème marketing introduit des phases structurées à partir de questionnaires recueillant l'opinion des participants au groupe. Il en est de même pour la méthode Delphi retenue pour la prévision des ventes à moyen et long terme. Celle-ci recourt au questionnaire comme moyen de discussion anonyme entre les membres du groupe.

Les entretiens peuvent être aussi non structurés. A partir d'un thème donné, l'enquêteur écoute l'enquêté et reformuler ses propos sans intervenir (entretien en profondeur) afin d'obtenir, par exemple, des informations sur les différentes dimensions d'un problème commercial.

• *Le caractère indirect de l'enquête*

Il est induit par la projection qu'effectuent les personnes interrogées. A partir d'un stimulus donné, l'enquêté projette ses attitudes ou opinions. Différentes méthodes sont sélectionnées pour récolter les informations obtenues par les techniques projectives. Il en est ainsi des associations dans lesquelles à un mot, par exemple une marque, il est demandé au répondant d'indiquer les mots qui lui viennent à l'esprit. Les phrases ou les bulles à compléter sont aussi utilisées.

---

5. J. Claxton, R. Brent Jr., J. Zaichkowsky, « The Nominal Group Technique : Its Potential for Consumer Research », *Journal of Consumer Research* (7, 3, 1980), p. 308-313.

Les techniques projectives sont verbales ou non verbales. Ainsi, les dessins sont particulièrement intéressants pour tester des concepts de produit destinés aux enfants. Ils peuvent être aussi utilisés chez les adultes pour connaître, par exemple, l'environnement d'un produit[6]. Le collage est également employé. Il consiste à découper des images et des mots dans des revues et à les assembler pour exprimer ce que ressent l'enquêté. Il permet ainsi de tester la perception d'une campagne publicitaire.

2.2.3.2. *L'enquête par voie postale*

L'enquête par voie postale nécessite l'envoi d'un questionnaire. Elle est d'un coût peu élevé et s'avère intéressante pour toucher des populations géographiquement dispersées. De plus, comme le répondant n'est pas soumis à des contraintes de temps trop importantes pour répondre, l'enquête par voie postale permet une réflexion plus grande, en particulier sur les comportements passés.

La faiblesse des taux de réponse qui atteignent 10 à 20 % est un inconvénient majeur. Elle pose le problème des non-réponses et celui des biais que celles-ci introduisent dans la représentativité de l'échantillon. Un certain nombre de manipulations permettent toutefois d'améliorer ce taux ainsi que la rapidité et la qualité des réponses. Ces manipulations concernent principalement l'enveloppe (timbrage, adresse, enveloppe retour), la lettre d'introduction (patronage, personnalisation, appel, échéance), la forme du questionnaire (couleur, anonymat, taille, longueur, etc.), la notification (préalable, parallèle, relance), et les récompenses (argent, cadeaux). Il est intéressant de noter que la notification peut être effectuée selon différents modes (téléphone, postal).

L'absence de contrôle du répondant est aussi une faiblesse de ce mode d'enquête. Une fois le questionnaire envoyé, il n'est pas possible, en effet, de savoir si celui-ci atteint le bon destinataire, s'il est bien rempli et par quelle personne.

En fait, l'enquête par voie postale restreint le type et la forme des questions posées. En raison de l'absence d'enquêteur capable de réduire les ambiguïtés, les interprétations et les difficultés des questions, celles-ci doivent être simples afin que chacun puisse y répondre.

2.2.3.3. *L'enquête par téléphone*

L'enquête par téléphone s'est particulièrement développée en France, au cours des quinze dernières années, du fait notamment de la croissance du taux d'équipement des ménages. Le téléphone peut être utilisé aussi bien auprès du grand public que des entreprises et des organisations. Les numéros de téléphone nécessaires à l'enquête peuvent être obtenus dans les annuaires ou les listes de clients achetés auprès de sociétés spécialisées. Il est ensuite possible d'employer des procédures de tirage aléatoire de numéros de téléphone.

Ce mode d'enquête offre différents avantages. Il s'avère tout d'abord moins coûteux par enquêté que l'enquête en face à face, tout en permettant de

6. M. de Souza, « For a Better Understanding of Individuals : Non Verbal Approaches », *Methodological Advances in Marketing Research in Theory and Practice,* Esomar, 1984, p. 163-176.

recueillir le même type d'informations. Il permet aussi d'atteindre des personnes qui auraient été difficilement interrogées autrement (personnalités, professionnels, dirigeants). Il permet enfin de mieux contrôler la collecte de l'information que les autres modes. En particulier, lorsque les enquêteurs sont centralisés en un même lieu, il est possible de suivre les enquêtes au moyen d'écoutes sélectives.

L'enquête par téléphone comporte des limites tenant au nombre restreint de questions, au type de questions et à la durée de l'enquête. En général, les enquêtes par téléphone sont plus courtes que les enquêtes en face à face ou par voie postale. Ceci est dû, en particulier, à l'utilisation qui est faite des enquêtes par téléphone. Celles-ci portent surtout sur la collecte d'informations concernant la notoriété ou le comportement à un moment donné. La durée moyenne de l'enquête par téléphone est de 10 à 15 minutes. Les questions posées sont en général ouvertes. Les réponses peuvent être précodées et sont remplies par l'enquêteur. Il est conseillé, pour cette raison, de ne pas poser des questions comportant plus de cinq catégories de réponses.

L'ordinateur peut être utilisé pour faciliter les enquêtes par téléphone et, notamment, pour renforcer l'avantage de coût et diminuer la contrainte que constitue la simplicité des questions. L'ordinateur peut faciliter l'utilisation des échantillons de taille plus réduite. En permettant le choix de la taille d'un échantillon (échantillonnage séquentiel) à partir des résultats déjà observés, il favorise souvent une réduction de la taille de l'échantillon nécessaire et diminue donc le coût de la collecte d'informations. Il facilite aussi les enquêtes dans lesquelles la séquence des questions est complexe et dépendante, notamment, des réponses précédentes (méthode d'analyse des mesures conjointes). Dans ce cas, les enquêtes téléphoniques sont parfois appelées CATI (*Computer Assisted Telephone Interview*). D'autres avantages liés à l'emploi de l'ordinateur sont présentés dans les développements qui suivent.

2.2.3.4. *L'enquête par terminal d'ordinateur*

L'utilisation de ce mode d'enquête commence à se répandre. Les questions et leurs modalités de réponses sont affichées sur un écran, le répondant exprimant ses réponses à l'aide d'un clavier. Ce mode d'enquête est parfois appelé CAPI (*Computer Assisted Personal Interview*).

Le terminal d'ordinateur permet des utilisations variées. Il peut être installé au domicile du répondant, comme cela fut le cas lors de l'expérience Télétel de Vélizy. Il remplace alors les enquêtes par téléphone. Il peut aussi servir de substitut aux enquêtes postales, lorsque les membres d'un panel sont équipés de terminaux. Une situation analogue peut être observée lorsque la force de vente ou l'enquêteur (par exemple pour la distribution) sont équipés de terminaux portables. Il peut être par ailleurs employé lors de manifestations temporaires (salons, foires) pour interroger certaines populations qui ne peuvent être atteintes autrement. Il nécessite l'équipement de locaux avec des batteries de terminaux.

Il présente différents avantages pour les coûts et les délais de réalisation de l'enquête, le contrôle des réponses, la possibilité d'enregistrer, en plus des réponses, les modalités de réponses de l'enquête (temps mis pour répondre), la gestion des questions filtres, une définition dynamique de l'échantillon qui permet d'arrêter l'enquête, à partir du moment où les résultats obtenus atteignent un seuil de confiance prédéterminé.

Comme pour l'enquête téléphonique, les limites des terminaux d'ordinateur concernent la durée du questionnaire et le type de questions posées (le plus souvent fermées et précodées).

Les quatre modes de collecte (contact direct, enquête par voie postale, enquête par téléphone, enquête par terminal d'ordinateur) ont des caractéristiques qui peuvent être des inconvénients ou des avantages selon le problème à résoudre, la taille de l'échantillon et le taux de non-réponse. Il est toutefois possible de résumer leurs grandes caractéristiques (tableau 5).

Tableau 5 – Comparaison des différents modes de collecte

Caractéristiques	Face à face	Téléphone	Terminal d'ordinateur	Postal
Coût unitaire par entretien	le plus cher	moyen	plus faible que par téléphone	le moins cher
Vitesse de réalisation de l'enquête	modérée	rapide	la plus rapide	la plus lente
Quantité d'informations disponibles	la plus grande	la plus faible	modérée	considérable
Contrôle de l'environnement de la collecte d'informations	très bon	bon	bon	pas de contrôle
Contrôle du processus de collecte	difficile	modéré	très bon	très bon
Nombre de personnes employées	important	modéré	variable selon les modalités	faible
Flexibilité dans l'administration du questionnaire	très flexible	modérée	modérée	le moins flexible
Dispersion géographique des répondants	limitée	bonne	bonne	très bonne
Problèmes des refus et non-réponses	faible	modéré	modéré	le plus grand
Perception de l'anonymat par les répondants	faible	modérée	modérée	forte

2.3. Le questionnaire

Il est destiné à mesurer des données qui feront l'objet d'une analyse ultérieure. De ce fait, les problèmes posés par la mesure seront tout d'abord abordés. Le processus de construction du questionnaire sera ensuite présenté.

2.3.1. La mesure

La mesure est effectuée au moyen de questions ouvertes ou fermées, utilisant différents types d'échelles. Les questions ouvertes laissent toute latitude au répondant pour s'exprimer. Elles correspondent à des questions telles que : quelle marque de café connaissez-vous ?

Les questions fermées restreignent le choix du répondant en un nombre prédéterminé de réponses, comme : quelle est votre situation familiale ?

1. Célibataire
2. Marié sans enfant
3. Marié avec enfant
4. Veuf
5. Divorcé

Quatre types d'échelles de mesures peuvent être distingués : les échelles nominales, qui permettent de repérer des catégories (la question portant sur la situation mesure celle-ci sur une échelle nominale), les échelles ordinales, qui permettent, en particulier, un classement par ordre de préférence (pour les marques par exemple), les échelles d'intervalles et les échelles de rapport.

Les échelles d'intervalles diffèrent des échelles de rapport par la présence d'une origine relative dans les premières et d'une origine absolue dans les secondes (la fixation de l'origine est intéressante pour la codification des questionnaires). Les échelles d'intervalles les plus connues (tableau 6) sont les échelles de Likert (constituées d'affirmations au sujet desquelles il faut donner l'intensité du désaccord ou de l'accord) et le différenciateur séman-

Tableau 6 – Différentes échelles d'intervalle

– Le différenciateur sémantique
Le magasin *A* vous paraît-il
Bon marché ______ ______ ______ ______ ______ ______ ______ Cher

– L'échelle de Likert
Le magasin *A* est bon marché

Absolument pas d'accord	Pas d'accord	Neutre	D'accord	Tout à fait d'accord
____	____	____	____	____

– Les visages
Le magasin *A* vous paraît-il
Bon marché  Cher

– L'échelle de stapel
Le magasin *A* vous paraît-il bien décrit par le mot ci-dessous :

+ 3 (très bien décrit)
+ 2 (assez bien décrit)
+ 1 (légèrement bien décrit)

Bon marché

– 1 (légèrement mal décrit)
– 2 (assez mal décrit)
– 3 (très mal décrit)

tique (échelle bipolaire à sept postes). Les échelles de rapport dans les enquêtes correspondent à la taille de l'entreprise, à son chiffre d'affaires ou à l'âge du sujet.

Les échelles ont une richesse en information plus ou moins importante. La moins riche est l'échelle nominale ; les plus riches sont les échelles d'intervalles et de rapport ; l'échelle ordinale se place dans une situation intermédiaire.

La mise au point d'échelles de mesure destinées à enregistrer les réponses aux questions pose différents problèmes. Le choix du nombre d'échelons de l'échelle est difficile à déterminer. Si de nombreux chercheurs s'accordent sur l'intérêt du chiffre 7 (plus ou moins deux), le nombre d'échelons retenus dépend de plusieurs facteurs comme le mode d'enquête, la capacité du répondant ou l'objectif de la recherche effectuée. Le choix des stimuli verbaux qui définissent le contenu de l'échelle (et servent ainsi de point de référence pour les réponses) est aussi délicat. L'utilisation d'un seul mot, d'antonymes aux extrémités de l'échelle ou de mots permettant de qualifier chacun des échelons de l'échelle fait l'objet de discussions. Il n'existe pas de réponse tranchée, chaque option comportant des avantages et des inconvénients. Il en est de même de la forme des échelles. Celles-ci peuvent être présentées verticalement ou horizontalement. Les échelons de l'échelle peuvent être identifiés par des traits discontinus, des carrés, des visages, etc.

Bien que la majorité des échelles en marketing soit constituée d'échelles graduées composées d'une seule question, les études de marché utilisent parfois des échelles composées de plusieurs questions. Par exemple, le style de vie caractérisant la propension à innover nécessite neuf questions pour pouvoir être mesuré. Les scores obtenus sur chacune des questions sont additionnés pour former un indice. Afin de pouvoir effectuer cette somme, différentes précautions sont prises pour s'assurer de la fidélité et de la validité du score ainsi obtenu.

2.3.2. La construction du questionnaire

Plusieurs étapes sont nécessaires pour construire un questionnaire (schéma 3).

La première consiste à évaluer l'information nécessaire pour résoudre le problème marketing.

Elle débouche sur une liste de questions potentielles qui seront analysées et classées par ordre de mérite dans une deuxième étape. Un choix est alors effectué, à partir de leur coût et des contraintes budgétaires.

Les questions retenues sont évaluées dans une troisième étape, en fonction de leur potentiel à susciter des réponses. Les questions que les répondants comprennent, et au sujet desquelles ils peuvent et acceptent de répondre, doivent alors être rassemblées par type.

Le type de question dépend de plusieurs facteurs, tels que le mode de collecte, la nature des données à collecter, les objectifs de la recherche, les connaissances préalables du chercheur et les analyses à effectuer. Les questions posées sont ouvertes ou fermées. Les questions ouvertes offrent une grande liberté de réponse, tandis que les questions fermées restreignent le choix du répondant aux catégories prévues par le chercheur.

Schéma 3 – Les étapes de la construction d'un questionnaire

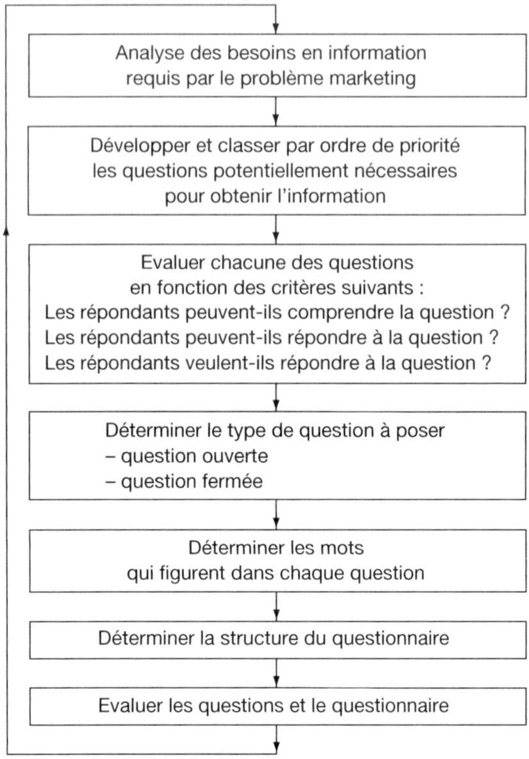

Source : R.A. Peterson, *Marketing Research,* Plano, Business Publications (1982).

Les mots utilisés revêtent une grande importance. A cet égard, il est recommandé d'être bref, de ne pas poser de questions qui induisent certaines réponses, d'éviter les mots ambigus (vous, fréquemment, beaucoup) et d'être spécifique.

La structure du questionnaire est établie à partir de principes qui facilitent la lecture et les réponses de l'enquête et évitent les biais. Il convient notamment d'analyser les biais qu'entraînent certaines questions sur les réponses à d'autres questions situées en aval du questionnaire. Il est également souhaitable de regrouper les questions traitant d'un même thème et de commencer un questionnaire par les questions les plus faciles pour le répondant.

Un questionnaire peut être scindé en trois grandes parties : l'introduction, le corps du questionnaire et une zone de classification. Dans la première partie, sont présentés les buts de l'étude et certaines informations destinées à encourager l'enquêté à répondre (anonymat, appel à la coopération, authenticité des réponses, etc.). Dans la deuxième partie se trouvent les questions portant sur l'étude. Dans la troisième partie sont, en général, posées des questions portant sur les caractéristiques du répondant ou de l'entreprise/organisation.

Avant d'utiliser un questionnaire, il est souhaitable de le prétester sur un échantillon de convenance pour étudier le comportement des enquêtés vis-à-vis des questions. Le prétest peut être aussi effectué en fonction du mode de collecte choisi. Les informations récoltées dans cette phase peuvent alors servir à modifier le questionnaire et son mode d'administration.

2.4. Le choix d'un échantillon

Lorsqu'une enquête est effectuée, on se borne, en général, pour des raisons de rapidité et de coût, à interroger une partie de la population ou échantillon à partir de laquelle les résultats obtenus seront extrapolés à l'ensemble de la population. Un recensement de la population ne peut en effet se justifier que dans le cas où la taille de la population et le coût de l'enquête sont faibles, ce qui est loin d'être le cas le plus fréquent.

Afin d'obtenir un échantillon qui représente la population et permette d'en évaluer ses caractéristiques (moyenne, écart type, proportion, etc.), un certain nombre de décisions préalables doivent être prises. Elles concernent la définition de la population à étudier, la détermination de la base de sondage, le choix d'une méthode d'échantillonnage et le choix de la taille de l'échantillon (schéma 4).

Schéma 4 – Processus de choix d'un échantillon

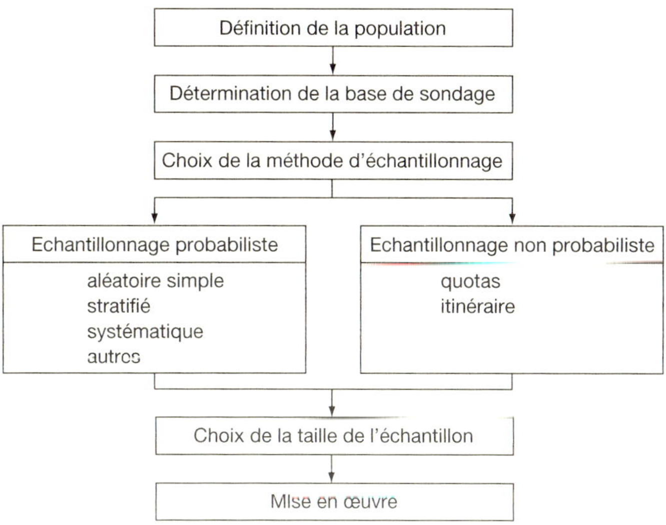

La définition de la population à étudier doit être élaborée à partir de caractéristiques, telles que les variables sociodémographiques (l'âge, la catégorie socioprofessionnelle, la localisation géographique, etc.) ou les variables de consommation. La base de sondage est constituée par une liste des individus ou des entreprises qui constituent la population étudiée.

Un échantillon est alors extrait de la population au moyen d'une procédure d'échantillonnage. Deux types de méthodes peuvent être utilisés : les probabilistes et les non-probabilistes. Les premières permettent à partir des résultats obtenus d'estimer les caractéristiques de la population, avec une certaine marge d'erreur, liée elle-même à la taille de l'échantillon. Les secondes ne permettent pas d'évaluer la marge d'erreur des résultats obtenus, mais elles sont en revanche moins coûteuses et atteignent des résultats intéressants pour le praticien.

Le tableau 7 compare les principales méthodes d'échantillonnage.

Il est intéressant de noter que, en plus de celles figurant dans le tableau 7, il existe d'autres méthodes d'échantillonnage probabilistes comme l'échantillonnage en grappes, l'échantillonnage à plusieurs degrés ou l'échantillonnage séquentiel. Pour éviter certains inconvénients résultant du tirage direct des unités élémentaires à partir de la base de sondage (absence ou difficulté de

Tableau 7 – Comparaison des principales méthodes d'échantillonnage

Types d'échantillon	Avantages	Inconvénients
Aléatoire simple Chaque membre de la population a une probabilité égale d'être tiré.	**1.** Représente la population dans laquelle il est tiré. **2.** Estimation des caractéristiques de la population avec une certaine marge d'erreur.	**1.** Nécessité de disposer d'une base de sondage. **2.** Coûteux en temps et en argent.
Stratifié La population est segmentée et stratifiée en groupes homogènes. Dans chaque groupe, un échantillonnage aléatoire simple est effectué.	**1.** Toutes les strates sont assurées d'être représentées. **2.** Une plus grande précision des caractéristiques de la population est obtenue en raison de l'homogénéité des strates.	**1.** Il faut connaître les critères pertinents de stratification. **2.** En général plus complexe et coûteux qu'un échantillonnage aléatoire simple.
Systématique Chaque *nième* personne est incluse dans l'échantillon.	**1.** Simplicité du choix de l'échantillon.	**1.** Une liste de la population doit être disponible. **2.** La sélection d'une personne toutes les *n* personnes peut introduire les biais qui n'existent pas dans un échantillonnage aléatoire simple.
Quota La population est divisée en groupes à partir de critères sociodémographiques.	**1.** En général moins coûteux en temps et en argent qu'un échantillonnage aléatoire simple.	**1.** Aucune mesure de marge d'erreur dans les résultats ne peut être calculée. **2.** La précision des mesures effectuées est moins grande qu'avec un échantillonnage aléatoire simple.
Itinéraire Le point de départ et l'itinéraire sont fixés. L'échantillon est constitué à partir d'une répartition prédéterminée.	**1.** Se rapproche d'un tirage aléatoire.	**1.** Mêmes inconvénients que les quotas.

constituer la liste de base, coût élevé en raison de la dispersion géographique), ces méthodes font intervenir des tirages sur des niveaux d'unités intermédiaires ou agrégés (par exemple villes, immeubles), composés d'unités élémentaires (sujets).

A l'exception de l'échantillonnage séquentiel pour lequel la taille est fixée au cours du processus d'échantillonnage et en fonction des résultats progressivement obtenus, les autres méthodes nécessitent la détermination préalable de la taille. Cette dernière dépend de plusieurs facteurs. Ainsi, l'importance d'une décision peut nécessiter un échantillon d'une taille plus grande qu'une décision de faible importance. La nature de la recherche (en recherche exploratoire, un échantillon de faible taille est acceptable), la nature des analyses statistiques ultérieures (plus l'analyse est sophistiquée, plus la taille de l'échantillon nécessaire est grande), le mode de collecte des données (il faut tenir compte des non-réponses possibles) influencent le choix de la taille de l'échantillon. Il en est de même des contraintes de temps et de budget ainsi que de la taille de la population, lorsque la taille potentielle de l'échantillon dépasse une proportion substantielle de la population (exemple : 10 % de la population pour un échantillonnage aléatoire simple) ou de la variance des strates qui la constituent. De ce fait, la détermination de la taille résulte d'un arbitrage entre ces divers facteurs.

2.5. La collecte des informations internationales

Les études internationales font face à des problèmes particuliers liés notamment à la situation concurrentielle et à la comparabilité des données obtenues. Les sociétés d'études de marché de bon niveau sont parfois peu nombreuses dans certains pays ou certaines régions, ce qui se traduit par des difficultés pour maintenir une politique d'exclusivité (la même société ne peut avoir pour client une entreprise et son ou ses concurrents). Par ailleurs, des autorisations de l'Etat peuvent être nécessaires pour faire des éudes de marché (Indonésie) ou des études sur certains types de produit (exemple : le tabac au Japon)[7]. Les sources de données secondaires peuvent s'avérer peu fiables (exemple : recensements nationaux) ou inexistantes en raison, par exemple, de l'absence de syndicats professionnels.

Le problème majeur auquel se heurtent les études internationales est celui de la comparabilité des données. Des données comparables permettraient de lancer des études simultanément dans plusieurs pays, d'effectuer des études sur des régions définies par des similarités de comportement et non pas des Etats nations, de créer des banques de données internationales homogènes. Cette création est l'un des objectifs actuels des grandes sociétés de panel. Celles-ci se heurtent en particulier en Europe à des différences culturelles et à l'absence de normes européennes. Les difficultés auxquelles les études internationales sont confrontées pour l'obtention de données comparables (notamment primaires) concernent l'équivalence du processus de collecte de données et l'absence de biais culturels dans les réponses

---

7. J.M. Kushner, « Market Research in a non Western Context : The Asian Example », *Journal of the Marketing Research Society* (24, 2, 1982), p. 116-122.

obtenues. Pour que les données recueillies soient comparables, il est nécessaire que soient tout d'abord équivalents[8] :

– les construits étudiés,
– les mesures des concepts,
– les échantillons de chacun des pays,
– l'administration des instruments de mesure.

Le tableau 8 montre les différentes sources potentielles de non-équivalence. Le tableau 9 fournit des exemples de biais.

Des travaux ont été entrepris en Europe afin d'éliminer certains de ces biais. L'ESOMAR s'est en particulier intéressée à la comparabilité des échantillons en s'attachant à l'élimination des biais provenant des données sociodémographiques. C'est ainsi que des questions normées ont été élaborées pour la mesure de certaines variables sociodémographiques. Celles-ci débouchent sur des notions équivalentes de foyer, de revenu, de personne en charge des achats ordinaires et du foyer, de niveau d'éducation, de profession, de statut économique. Le répondant peut être aussi une source importante de biais empêchant ainsi la comparabilité des données.

Six biais ont été identifiés :

– le biais de courtoisie (tendance à procurer une réponse ressentie comme désirée par l'enquêteur) ou le biais de désirabilité sociale (tendance à procurer une réponse qui reflète ce qui est considéré comme normal ou bon dans une culture donnée). De tels biais peuvent être observés en Asie, en Amérique latine et en Europe, plus particulièrement en Turquie et en Grèce ;

– le biais lié au sujet de l'enquête qui peut être plus sensible dans une culture que dans une autre ; l'alcoolisme est évoqué plus facilement par les répondants dans les pays scandinaves que dans les pays latins ;

Tableau 8 – Facteurs affectant la comparabilité des données

Equivalence de construit :
Equivalence fonctionnelle
Equivalence conceptuelle
Equivalence de catégories
Equivalence de mesure :
Equivalence de calibration
Equivalence de traduction
Equivalence métrique
Equivalence d'échantillonnage :
Equivalence des répondants
Equivalence de la composition des échantillons
Equivalence de la base de sondage
Equivalence des méthodes de sondage
Equivalence de l'administration de l'instrument de mesure :
Equivalence des méthodes de collecte de données
Equivalence contextuelle
Equivalence temporelle

8. S.P. Douglas et C.S. Craig, « Establishing Equivalence in Comparative Consumer Research », dans *Comparative Marketing Systems*, édité par E. Kaynak et R. Savit, New York, Praeger, 1984, p. 93-113.

– le biais provenant d'un trait culturel prononcé ; les Japonais par exemple ont tendance à sous-évaluer le montant de leurs biens ou de leurs propriétés, en raison de leur plus grande humilité ;

– le biais de style de réponse qui correspond à l'existence de réponses plus extrêmes que d'autres selon le pays étudié ; par exemple, les Italiens surnotent systématiquement ; à l'inverse les Allemands ont tendance à sous-noter ;

Tableau 9 – Facteurs affectant la comparabilité des données

Equivalence	Exemple
Equivalence fonctionnelle (savoir si un concept donné ou un comportement sert les mêmes fonctions d'un pays à l'autre)	La bicyclette est utilisée en France surtout à des fins sportives, alors qu'elle est utilisée pour le transport aux Pays-Bas et en Chine.
Equivalence conceptuelle (savoir si un concept ou un comportement a lieu dans différents pays ou s'exprime de façon identique)	Le terme fiancé en Grande-Bretagne est réservé à un engagement formel à se marier. En Italie et en Espagne, il correspond à la fréquentation du moment.
Equivalence de catégorie (savoir si un produit ou un objet appartient à la même classe d'un pays à l'autre)	En France et en Italie, le fromage est consommé tous les jours en fin de repas. Les Hollandais et les Allemands le préfèrent au petit-déjeuner. Les Suisses en font de la fondue ou de la raclette servie au dîner.
Equivalence de calibration (savoir si les mesures de poids, de distance, de volume, etc., mais aussi les stimuli visuels sont équivalents)	Le jaune au Japon est une couleur sacrée à laquelle on ne touche pas. Le violet au Brésil est attaché à la mort.
Equivalence de traduction (savoir si les mots ont la même signification dans chacun des pays)	I.P. (Société Information Publicité) donne, pour une implantation aux Etats-Unis, I Pee (correspondant à Je pisse). Par exemple dans une campagne des PTT destinée aux vendeurs étrangers, le message « Le téléphone c'est l'avion du cœur » a été adapté en « Fly the heart to heart line » et « Direct Fly von Herz zu Herz ».
Equivalence métrique (savoir si les mesures utilisées sont équivalentes)	Les échelles de satisfaction anglaises vont de 1 à 7, les françaises de 1 à 10.
Equivalence des répondants	Identifier les répondants est difficile lorsque plusieurs foyers ou plusieurs générations habitent au même endroit (exemple : Hong-Kong).
Equivalence dans la composition des échantillons	La classification des catégories socioprofessionnelles, les tranches d'âges, les critères de revenu varient d'un pays à l'autre en Europe.
Equivalence de la base de sondage	L'annuaire téléphonique n'est pas disponible dans certains pays ou est d'un usage non approprié en raison du faible taux d'équipement (exemple : au Venezuela, 6 téléphones pour 100 habitants).

Tableau 9 – Facteurs affectant la comparabilité des données (suite)

Equivalence	Exemple
Equivalence des méthodes de sondage	Le sondage aléatoire est impossible à mettre en œuvre sans un fort taux de remplacement en raison de l'absence de domicile fixe (exemple : Djakarta) ou en raison de l'absence de nom de rues et de numérotation des habitations.
Equivalence des méthodes de collecte de données	Il est difficile d'utiliser l'enquête par téléphone en raison d'un faible taux d'équipement de certains pays, mais aussi en raison de réticences à répondre à des étrangers par téléphone (chez les femmes des zones non urbaines en Amérique latine). Il est difficile d'utiliser les enquêtes par voie postale dans certains pays en raison des déficiences du système postal (zones non couvertes, absence de délivrance à domicile dans les zones non urbaines), ou d'un fort taux d'analphabétisme. L'enquête en face à face n'est pas envisageable en raison des difficultés de déplacement (lenteur des communications ou difficultés dues au climat), de la route, d'enquêteurs qualifiés, d'absence d'intimité lors de l'entretien (exemple : présence de l'homme lorsque la femme est interrogée), de la crainte de l'enquêté d'avoir affaire à un fonctionnaire, un vendeur ou un voleur, du biais de l'enquêteur dû en particulier à la race (un Chinois n'est pas à l'aise lorsqu'il est enquêté par un Malaisien) ou au sexe (en général, en Amérique latine, les enquêteurs sont des hommes).

– le biais associé aux caractéristiques des répondants qui provient d'une absence de similarité des biais observés en fonction des caractéristiques des répondants ; par exemple, les biais de réponse extrême peuvent être importants dans un pays donné chez les personnes âgées et faibles dans un autre pays ;

– le biais de non-réponse provoqué par des taux de non-réponses différents selon les pays ; exemple : le taux de non-réponses en Grande-Bretagne et en Irlande est plus élevé que dans les autres pays de la Communauté européenne.

Certains de ces biais peuvent être corrigés (tableau 10), d'autres ne peuvent être que constatés et pris en compte dans l'analyse des résultats.

3. L'utilisation de l'information

Les informations recueillies sur le marché sont utilisées de différentes façons. Elles peuvent être employées dans des analyses statistiques, alimenter des modèles ou des systèmes-experts, ou bien être l'un des éléments constitutifs d'un système d'information marketing (SIM).

3.1. L'analyse des données

Les données collectées font l'objet d'une analyse qualitative ou quantitative. Ces deux types d'analyse sont souvent opposés par leur vision du

Tableau 10 – Les biais dans la réponse et leur correction

Biais dans la réponse	Corrections préconisées
Biais de courtoisie ou de désirabilité sociale	– Déguiser l'objectif des questions par une meilleure formulation. – Grouper les questions en fonction de leur désirabilité sociale. – Diminuer la désirabilité sociale des réponses en précédant les questions par des affirmations qui montrent que les gens choisissent de répondre de façons diverses.
Biais lié au sujet	– Utiliser de préférence des observations (et non pas des enquêtes). – Former l'enquêteur à détecter la sensibilité des enquêtés au sujet.
Biais provenant de traits culturels	–
Biais provenant des caractéristiques des répondants	– Détection pour chacune des caractéristiques étudiées des différences dans les distributions des réponses obtenues.
Biais provenant du style de réponse	– Normalisation et ipsatisation des données*.
Biais de non-réponse	– Elimination des questions ambiguës, monotones ou menaçantes pour l'individu. – Amélioration de la formulation de façon à mieux impliquer le répondant.

* Ipsatisation des données : les mesures ipsatives sont systématiquement affectées par d'autres mesures. Elles sont caractérisées par une somme constante des scores par répondant, une égalité des moyennes et des écarts-types entre répondants. Par exemple, des mesures ipsatives sont obtenues lorsqu'on demande à des personnes de classer par ordre de préférence le même ensemble d'objets.

marché. L'analyse qualitative s'inspire d'une approche subjective qui tend à percevoir l'individu comme une entité complexe, dont le comportement inconscient nécessite une interprétation. L'approche quantitative considère, quant à elle, l'individu comme une personne logique, dont le comportement est déterminé par certaines variables qu'il s'agit de mettre en évidence par des études empiriques menées à grande échelle. Ces deux types d'analyse sont aussi très complémentaires, l'approche qualitative précédant souvent une analyse quantitative.

3.1.1. L'analyse qualitative

Celle-ci est employée par de nombreuses entreprises. Elle correspond à différents objectifs. Elle peut être considérée comme un moyen et notamment être utilisée pour explorer un problème. Dans ce cas, elle peut précéder une analyse quantitative et permettre ainsi, par l'intermédiaire d'entretiens de groupe, par exemple, d'identifier les mots et les expressions employés par les consommateurs afin de les utiliser dans un questionnaire.

Elle peut être une fin en soi pour connaître, par exemple, l'inconscient du consommateur. Les techniques retenues portent sur l'étude de motivation, les tests projectifs ou les entretiens en profondeur et les entretiens de groupe. L'analyse consiste à interpréter les messages transmis, le ton de la voix, les hésitations et les omissions. Elle a aussi pour objet de relever les thèmes évoqués et leurs liens. L'analyse qualitative s'avère subjective et très dépendante de la formation et de la qualité intellectuelle de l'analyste.

3.1.2. L'analyse quantitative

L'analyse quantitative privilégie le choix des techniques d'analyse statistique. La décision d'utiliser une technique plutôt qu'une autre dépend de deux critères. Le premier concerne le type d'information dont on dispose et, en particulier, de l'échelle de mesure retenue. Le second a pour objet l'existence probable de relations de causalité entre les variables étudiées. Une telle distinction permet d'opposer les méthodes descriptives (où aucune relation n'est privilégiée) aux méthodes explicatives.

Les méthodes descriptives peuvent consister en un simple tri à plat, destiné à classer les réponses aux questions selon les possibilités retenues *a priori* (questions fermées) ou *a posteriori* (questions ouvertes). Une telle analyse débouche sur le calcul de valeurs centrales (moyenne, médiane, mode) et de dispersion (variance, écart type, percentiles), l'établissement d'histogrammes, d'indices. Les analyses de données de panel font en particulier appel à des calculs d'indices (tableau 11).

Le tableau 12 présente un exemple fictif de résultats d'un panel de distributeurs dans lequel l'examen de la distribution numérique et de la distribution valeur des marques *A* et *C* montre une plus grande efficacité de la politique de distribution de *A* : le nombre de magasins référençant la marque *A* est plus faible que pour la marque *C*, mais ces magasins ont un chiffre d'affaires beaucoup plus important.

Les méthodes descriptives (tableau 13) sont destinées à mettre en évidence la structure sous-jacente à des variables ou à des sujets. Lorsqu'elles sont utilisées sur des variables, elles permettent d'étudier la perception, le

Tableau 11 – Exemples d'indices utilisés dans les panels de consommateurs et de distributeurs

Indices	Significations
DN	La distribution numérique est le pourcentage de magasins référençant une marque et pouvant se trouver en rupture de stocks lors des relevés d'achat.
DV	La distribution valeur est le pourcentage du chiffre d'affaires total de la classe de produit, réalisé par les magasins référençant la marque.
VMM	Les ventes moyennes mensuelles sont égales aux ventes mensuelles divisées par le nombre de magasins ou par la distribution numérique.
QA	La quantité achetée pour 100 ménages.
NA	Le pourcentage de ménages acheteurs.
QA/NA	La quantité achetée par ménage.
Ventes/DV	Ventes à distribution valeur égale.
DN/DV	Indice de qualité relative des magasins référençant la marque.
Part de marché/DV	Part de marché détenteur.

Tableau 12 – Exemple de calcul de la distribution numérique (DN) et de la distribution valeur (DV)

Marques	Magasins					
	1	2	3	4	5	Total
A		550			150	700
B	100	850		50	100	1 100
C	rupture		50	50		100
Total classe de produit	100	1 400	50	100	250	1 900
Marques	**Part de marché**				**DN**	**DV**
A	36,84				40	86,84
B	57,89				80	97,36
C	5,26				60	13,15

Tableau 13 – Techniques d'analyses descriptives

Application	Mesures		
	Intervalle/Rapport	Ordinale	Nominale
Variables	Analyse factorielle en composantes principales	Analyse multidimensionnelle non métrique (similarité, préférence)	Analyse factorielle par les correspondances
Sujets	Classification automatique		

positionnement et l'image de produits, de marques, d'entreprises (analyse factorielle en composantes principales, analyse multidimensionnelle non métrique, analyse factorielle par les correspondances)[9]. Lorsqu'on essaie d'explorer l'existence de structures dans les sujets, différentes techniques de classifications disponibles permettent d'effectuer une segmentation du marché[10].

Les méthodes explicatives mettent en évidence des associations. La causalité ou la relation et son sens doivent être le fruit d'une théorie ou d'une idée fondée sur le bon sens. La causalité permet de distinguer une ou plusieurs variables (explicatives) susceptibles d'expliquer une ou plusieurs variables (expliquées).

Les échelles de mesure utilisées, le nombre de variables à mettre en relation (une, deux ou plusieurs) permettent de différencier les méthodes explicatives disponibles (tableau 14). Ainsi, une régression multiple peut être distinguée d'une analyse canonique par le nombre de variables expliquées pris en compte (une variable pour la régression, deux ou plusieurs pour une analyse canonique). Parmi les tests non paramétriques, le x^2 permet d'étudier les tris croisés d'au moins deux variables nominales.

9. Voir dans cette Encyclopédie l'article de E. Jacquet-Lagrèze, « Techniques quantitatives de gestion et informatisation », p. 3268, tome 3.

10. Voir également dans cette Encyclopédie l'article de P. Grégory, « Segmentation des marchés », p. 2954, tome 3.

Tableau 14 – Les méthodes explicatives

			Variables expliquées					
			Intervalle/rapport		**Ordinale**		**Nominale**	
			1	**+ 1**	**1**	**+ 1**	**1**	**+ 1**
Variables explicatives	**Intervalle ou rapport**	**1**	Régression simple	Analyse canonique			Analyse discriminante	
		+ 1	Régression multiple	Analyse canonique			Analyse discriminante	
	Ordinale	**1**			Tests non paramétriques			
		+ 1						
	Nominale	**1**	*t* test, analyse de variance à facteur	Analyse de variance multivariée	Tests non paramétriques, mesures conjointes		chi deux, logit loglinéaire	
		+ 1	Analyse de variance à + 1 facteur, AID	Analyse de variance multivariée	Mesures conjointes		Logit loglinéaire	

L'utilisation de ces techniques est extrêmement variée. Elle comprend la prévision des ventes[11] (en particulier pour la régression), l'explication du comportement de groupes d'entreprises ou de consommateurs (analyse discriminante ou bien modèle logit, loglinéaire), les prétests de produits[12] ou de sensibilité au prix (analyse de variance, mesures conjointes), la segmentation (analyse discriminante, AID ou *Automatic Interaction Detector*).

Ces techniques nécessitent l'utilisation d'hypothèses et de tests statistiques qui permettent de détecter si les relations observées ne sont pas dues au hasard. Pour certaines d'entre elles, il est aussi possible d'étudier le pouvoir explicatif des variables prises en compte.

Le tableau 14 présente des cases blanches qui correspondent à des situations pour lesquelles il n'est pas possible d'effectuer une analyse statistique. Lorsqu'on est confronté à de telles situations, il convient de dégrader l'information obtenue, c'est-à-dire de transformer une variable mesurée sur une échelle d'intervalle/de rapport en une échelle ordinale ou nominale, de façon à retrouver des analyses connues. En raison du coût induit par cette manipulation, il est préférable de préparer très soigneusement la collecte de l'information en fonction des analyses qui ont été prévues.

Une évolution récente des techniques d'analyse de données permet d'en regrouper un certain nombre sous le terme de techniques de deuxième génération, la première génération étant constituée par les techniques reproduites dans le tableau 14. Ces dernières permettent de représenter des réseaux de relations au sein d'ensembles de variables. Les techniques les plus connues sont celles des structures de covariance opérationnalisées par les programmes

---

11. Voir également dans cette Encyclopédie l'article de R. Bourbonnais et J.C. Usunier, « Prévision des ventes », p. 2439, tome 3.

12. Voir dans cette Encyclopédie l'article de J.M. Choffray, « Prétest, suivi et contrôle de la performance des produits nouveaux », p. 2393, tome 2.

LISREL et EQS. Ces méthodes permettent de distinguer les concepts (par exemple l'implication du consommateur) de leur mesure (risque, importance, valeur de signe, etc.). Elles allient ainsi l'économétrie (pour les équations structurelles) et la psychométrie (la mesure). Les méthodes se différencient principalement en fonction de la définition des concepts, de l'existence et du sens des relations qui peuvent exister entre eux. Elles contribuent au rapprochement de l'analyse statistique et de la modélisation.

3.2. Les modèles

Les données collectées peuvent être utilisées dans des modèles. Ceux-ci sont une représentation simplifiée de la réalité. Ils ne prennent en compte qu'une partie des éléments qui la composent et en particulier ceux qui sont perçus comme les plus importants. Ils sont principalement utilisés par les grandes entreprises ; rares sont les PME qui en font usage, en dépit de l'existence de logiciels adaptés aux micro-ordinateurs.

La construction d'un modèle nécessite trois étapes : la spécification du modèle, l'estimation des paramètres et l'évaluation. La spécification consiste à choisir les variables à inclure et les relations qui lient les variables. Ainsi, si l'on souhaite modéliser la connaissance d'une marque par le consommateur, la spécification consiste, par exemple, à choisir le *Gross Rating Point* (GRP) comme la variable clé susceptible d'expliquer la connaissance[13]. La relation entre le GRP et la connaissance (C) peut être alors spécifiée de la façon suivante :

$$1_n\left(\frac{(1 - C_t)}{(1 - C_{t-1})}\right) = a - b\ GRP_t$$

où

C_t : connaissance à l'instant t,

a, b : paramètres.

La deuxième étape consiste à estimer les paramètres du modèle se référant aux données existantes (panels, tests de magasins, enquêtes, etc.). Dans l'exemple précédent, pour estimer a, b, il faut récolter des informations sur C_t, C_{t-1} et GRP_t pour pouvoir connaître par régression les paramètres a et b. L'estimation des paramètres fait appel aux techniques d'analyse de données et en particulier à la régression.

La troisième étape concerne la validation ou l'évaluation du modèle. La précision du modèle à expliquer, à décrire ou à prédire est alors analysée.

Lorsqu'un modèle est validé, il peut être utilisé. Ainsi, il est possible d'employer le modèle présenté dans l'exemple précédent pour prédire C_t à partir de C_{t-1} et GRP_t en utilisant les paramètres a et b évalués lors de la construction du modèle.

Les modèles marketing peuvent être classés de différentes façons. Une classification souvent employée[14] les regroupe en fonction du niveau de la

13. Voir également dans cette Encyclopédie l'article de P.L. Dubois, « Publicité », p. 2675, tome 3.

14. P. Naert, P. Leeflang, *Building Implementable Marketing Models*, Boston, Martinius Nijhoff Social Sciences Division, 1978.

demande auquel ils s'intéressent, de la prise en compte d'éléments du comportement d'achat et de l'usage susceptible d'en être fait.

Les modèles peuvent s'intéresser à des niveaux de demande plus ou moins agrégés. En effet, certains modèles s'intéressent aux ventes d'un secteur ou d'une classe de produit. D'autres étudient les ventes de différentes marques ou la part de marché d'une marque donnée.

Les modèles varient également selon le degré de détail du comportement pris en compte. Ainsi, certains modèles étudient l'influence du marketing-mix sur la part de marché de l'entreprise ou le chiffre d'affaires sans prendre en compte le comportement de l'acheteur. D'autres s'intéressent à la relation entre le marketing-mix et les indicateurs de performance de l'entreprise, modérée par certaines variables de comportement d'achat[15].

Les modèles peuvent avoir pour objet de décrire un processus de décision ou la façon dont évolue un marché. Ils peuvent être aussi utilisés à des fins normatives, pour indiquer les décisions à prendre en fonction d'un objectif fixé et, notamment, en matière de marketing-mix. Ils peuvent être aussi construits pour prédire un phénomène. Il est intéressant de noter que cette classification n'est pas exclusive et que, pour construire un modèle prédictif, il convient parfois de mettre préalablement au point un modèle explicatif.

Une utilisation particulièrement importante concerne la prévision des ventes[16]. Celle-ci peut naturellement s'effectuer au moyen d'enquêtes auprès de particuliers ou d'entreprises (enquêtes sur les attitudes et les intentions d'achats, les prévisions d'investissements, les prévisions de ventes et d'évolution des stocks) et sur des jugements. Elle fait aussi appel à la modélisation pour laquelle de nombreuses méthodes sont disponibles (tableau 15). La prévision des ventes est particulièrement cruciale pour le lancement des produits nouveaux. Parmi les modèles de prévision employés, il convient de distinguer ceux qui sont utilisables lors de prétests de marché et ceux qui sont employés à une étape ultérieure, lors des tests de marché.

3.2.1. Les modèles utilisés à partir de prétest de marché

Ces modèles retiennent des informations fournies par des magasins laboratoires (Assessor) ou par des consommateurs lors de tests de produits à domicile (Bases). Les informations utilisées induisent celles qui sont susceptibles d'être données par les modèles. Ainsi, des informations provenant des magasins laboratoires permettent des comparaisons avec les produits existants, tandis que les tests à domicile sont plus centrés sur le produit testé et ne procurent donc pas de telles informations.

Les modèles de prétest de marché permettent de tester l'intérêt des concepts et, en particulier, la proportion du marché cible susceptible d'acheter le produit au moins une fois. Ils permettent souvent aussi de tester différents scénarios de marketing-mix. Parmi les modèles les plus connus, outre Assessor et Bases, déjà cités, il convient de mentionner Sprinter et News.

---

15. Pour une explication du marketing-mix, le lecteur peut se reporter dans cette Encyclopédie à l'article de M. Filser, « Marketing-mix », p. 1903, tome 2.

16. F.M. Bass, « A New Product Growth Model for Consumer Durables », *Management Science* (15, 1969), p. 215-227.

Tableau 15 – Méthodes de prévisions des ventes

Méthodes faisant appel au jugement	Jugement individuel des vendeurs	Chaque vendeur émet un jugement sur l'évolution future de sa zone. Les différentes prévisions sont ensuites cumulées pour obtenir une prévision sur l'ensemble du territoire.
	Enquête auprès d'un comité	Combiner lors d'une réunion les jugements de responsables clés (ventes, production, finances, achats, etc.).
	Méthode DELPHI	La méthode Delphi se distingue de la méthode du comité par trois caractéristiques : l'anonymat, le retour d'informations, les réponses de groupe. Habituellement les participants ne se connaissent pas. Les exercices de prévision ont lieu au cours d'une série de sessions où est présenté aux participants un résumé des opinions exprimées la session précédente.
Méthodes d'extrapolation	Extrapolation de tendances	Les observations passées sont décrites comme une fonction du temps et la tendance identifiée est utilisée alors pour prédire. Les fonctions usuelles sont la ligne droite, les courbes exponentielles et en forme de *S*.
	Moyenne mobile	La prévision est basée sur une somme pondérée des observations passées. Les poids donnés à ces observations sont constants.
	Lissage exponentiel	La prévision est basée sur une somme pondérée des observations passées. Les poids dépendent des paramètres de lissage qui ont été choisis soit par le chercheur soit par des techniques statistiques. Cette méthode peut être facilement adaptée pour tenir compte de tendances ou de facteurs saisonniers.
	Box et Jenkins	Comme pour le lissage exponentiel, les prévisions sont basées sur la somme pondérée des observations passées. Cependant, le choix des poids est plus complexe. Les modèles ARIMA offrent à l'analyste un ensemble de modèles différents parmi lesquels il s'agit de choisir le plus approprié aux données.
Méthodes causales	Une seule équation de régression	La variable *Y* est déterminée par un certain nombre de causes ou variables indépendantes ainsi que par les valeurs passées de *Y*. Les relations entre *Y* et les causes sont identifiées par l'examen des données du passé. Pour prévoir, des hypothèses doivent être faites sur les valeurs futures des variables indépendantes.
	Equations simultanées	Elles ont une structure similaire au modèle précédent mais ont plus d'une variable dépendante. Celles-ci sont prédites au moyen d'hypothèses sur les valeurs futures des variables indépendantes.
	Analyse d'entrées-sorties	Les modèles d'entrées-sorties sont bâtis sur l'idée que, pour obtenir une certaine quantité de biens ou services (sorties), il faut une certaine quantité de produits (entrées). Une fois prédites les quantités demandées par le consommateur, les techniques d'entrées-sorties permettent le calcul de la quantité d'un produit particulier nécessaire pour satisfaire un certain niveau de demande.
	Prévision des ventes de produits nouveaux	Voir section 3.2.1. et 3.2.2.

Pour un approfondissement, voir S. Makridakis et S.C. Wheelwright, *Forecasting : Methods and Applications*, New York, Wiley, 1978.

3.2.2. Les modèles utilisés à partir de test de marché

Parmi les modèles de test de marché, il est aussi possible de distinguer deux groupes. Le premier concerne les produits n'ayant pas de caractère répétitif poussé (biens durables par exemple). Le second groupe rassemble des modèles applicables aux produits fréquemment achetés, pour lesquels la répétition de l'achat est très importante.

Les modèles pour biens durables[17] utilisent les observations de vente de l'entreprise d'une première période de 12 à 18 mois. Ces observations sont ensuite employées pour estimer les paramètres du modèle. Celui-ci est un modèle logistique généralisé. Certains de ces modèles ne permettent pas d'introduire des facteurs d'environnement tandis que d'autres permettent de tels développements[18].

La majorité des modèles pour biens non durables utilise des données venant des panels. Seuls les modèles Newprod, Tracker et News utilisent en effet des données fournies par des enquêtes successives.

Les modèles appartenant à cette catégorie et caractérisés par une complexité plus ou moins grande ont des objectifs différents. Certains modèles ne s'intéressent qu'à la prévision des ventes (exemple : Parfitt et Collins) ; d'autres permettent d'évaluer aussi le marketing-mix (exemple : Tracker et News). La complexité de ces modèles se traduit par un coût d'utilisation élevé ; ainsi, la mise en œuvre de modèles comme Sprinter s'avère plus complexe et coûteuse que celle d'autres modèles tels que Tracker, News ou Parfitt et Collins.

Ces modèles sont basés sur la modélisation de différentes étapes qui conduisent le consommateur à renouveler son achat d'une marque donnée. Les étapes prises en compte sont l'éveil ou la connaissance par le consommateur de l'existence de la marque, le premier essai, et le rachat du produit. Les modèles disponibles ne tiennent pas tous compte de ces différentes étapes. Par exemple, le modèle de Parfitt et Collins est centré sur l'essai, tandis que le modèle News tient compte de l'ensemble de ces trois étapes et de leurs liens.

3.3. Les systèmes-experts

Les systèmes-experts sont un moyen de capturer, de codifier et de rendre disponible aux autres l'expertise humaine spécialisée et de l'amplifier avec la capacité de mémoire et de non-fatigue de l'ordinateur. Ils sont l'un des champs d'application du vaste domaine que constitue l'intelligence artificielle. Ils sont notamment appliqués à des problèmes qui ne peuvent être résolus par les modèles marketing existant actuellement, en raison de l'absence de disponibilité d'algorithme ou de procédure de calcul. Ils sont intéressants pour résoudre des problèmes peu structurés, mal définis comme le sont souvent ceux qui sont posés en marketing stratégique. Ils constituent donc un outil d'analyse complémentaire des modèles. Les contrastes entre les

---

17. Voir également dans cette Encyclopédie l'article de D. Merunka, « Marketing des produits durables », p. 1918, tome 2.

18. V. Mahajan, E. Muller, « Innovation Diffusion and New Product Growth Models in Marketing », *Journal of Marketing* (43, 4, 1979), p. 55-68. J.M. Choffray, F. Dorey, « Nouveau, le contrôle de diffusion des produits », *Harvard-L'Expansion* (hiver 1982), p. 15-24.

Tableau 16 – Différences entre modèles et systèmes-experts

	Modèles	Systèmes-experts
Adaptation à des problèmes qui ne peuvent être résolus par des algorithmes	Non	Oui
Addition de nouvelles informations	Non	Oui
Capacité d'apprentissage	Non	Oui
Interactivité	Non	Oui
Acceptation d'un ensemble incomplet de paramètres	Non	Oui
Auto-adaptation à des problèmes spécifiques	Non	Oui

modèles marketing et les systèmes-experts sont schématisés au tableau 16. Compte tenu de l'intérêt potentiel des systèmes-experts, nous nous proposons de présenter les éléments constitutifs de ces systèmes, puis d'analyser leurs applications potentielles en marketing.

3.3.1. La structure des systèmes-experts

Les systèmes-experts sont constitués de quatre parties principales : la base de connaissance, la base de faits, un moteur d'inférence et l'environnement du système.

La base de connaissance rassemble tout le savoir/savoir-faire du spécialiste sans avoir besoin de définir l'utilisation précise future de cette connaissance. Dans cette base, les connaissances sont représentées au moyen de différentes règles, des scénarios, des scripts (séquences d'événements mises en mémoire comme un tout, etc.).

La base de faits ou base de données a pour objet d'enregistrer la description du cas étudié. Elle est alimentée par l'utilisateur ou par le moteur d'inférence (pour les faits déduits). Elle permet, par l'intermédiaire des réponses fournies aux questions posées par le système-expert, de saisir la valeur des différents paramètres du problème à résoudre.

Le moteur d'inférence est chargé de résoudre les problèmes soumis au système. Il choisit les connaissances appropriées et les utilise pour construire un raisonnement qui conduit à la solution du problème posé.

L'environnement du système comprend deux modules : l'interface et le module d'explication. L'interface est un module d'acquisition de connaissances qui permet à un expert ou à un intermédiaire de rentrer des connaissances dans le système. Le module d'explication est destiné à assurer le suivi du cheminement logique du système par l'utilisateur non spécialiste. Il fournit non seulement les éléments de connaissance utilisés mais aussi des éléments complémentaires qui fournissent une véritable explication du raisonnement suivi. De ce fait, il constitue un outil de formation professionnelle.

3.3.2. Les applications potentielles des systèmes-experts en marketing

L'utilisation des systèmes-experts en marketing se développe rapidement. Deux applications sont destinées à faciliter les décisions en matière de marketing-mix et les études de marchés.

Les principaux systèmes-experts disponibles sont répertoriés dans le tableau 17. Ceux qui portent sur la gestion des parts de marché comme Coverstory, Scan Expert, etc. sont liés à l'exploitation de panels de distributeurs. Ils fournissent des explications aux variations de part de marché enregistrées et sont des aides précieuses à la prise de décision. Les autres systèmes concernent des aspects plus spécifiques du marketing-mix tels la publicité, le prix, etc.

Tableau 17 – Systèmes-experts en marketing

Systèmes de gestion des parts de marché	Autres systèmes-experts
Coverstory (IRI)	Adcad (fonctionnement de la publicité)
Scan Expert (Nielsen)	Innovator (sélection de produits financiers)
Panelyser (GFK)	Pricing Strategy Advisor (aide à la fixation de prix) The Pricing Analyst (aide à la fixation de prix)
Partners (IRI)	Xgel (gestion de la force de vente)
Promotion Scan (IRI)	More 12 (marketing direct)

3.4. Système d'information marketing (SIM)

Qu'elles soient d'origine interne ou externe, ponctuelles ou permanentes, les données recueillies par l'entreprise doivent être mises à la disposition des responsables du marketing. Le canal par lequel l'information peut être communiquée avant, pendant ou après une prise de décision est appelé système d'information marketing (SIM). Il est aussi parfois appelé système d'aide à la décision en marketing.

Le SIM a pour objet de faire face à l'afflux et à l'accumulation des données. Il centralise et organise les données recueillies. Il les analyse afin de les transformer en informations standardisées utilisables (exemple : tableau de bord) et disponibles[19]. Ces informations permettent une surveillance de l'environnement et alimentent la prise de décision. Le système d'information marketing est reproduit au schéma 5.

Les composantes d'un système d'information marketing sont :

– les bases de données recueillies dans l'entreprise ou son environnement ;

– les méthodes statistiques qui permettent d'analyser ces données ;

– les méthodes d'optimisation de décision. Lorsque celles-ci sont de nature algorithmique (pour les problèmes bien définis et répétitifs), elles sont utilisées dans les modèles. Lorsqu'elles sont de nature heuristique (pour les problèmes mal définis et peu structurés), elles sont utilisées dans les systèmes-experts ;

– les modèles qui permettent une analyse des données mais peuvent aussi faire appel à des méthodes statistiques et des méthodes d'optimisation.

19. V. Mayros, D.M. Werner, *Marketing Information Systems*, Radnor, PA, Chilton Book Co, 1982.

Schéma 5 – Les éléments du SIM

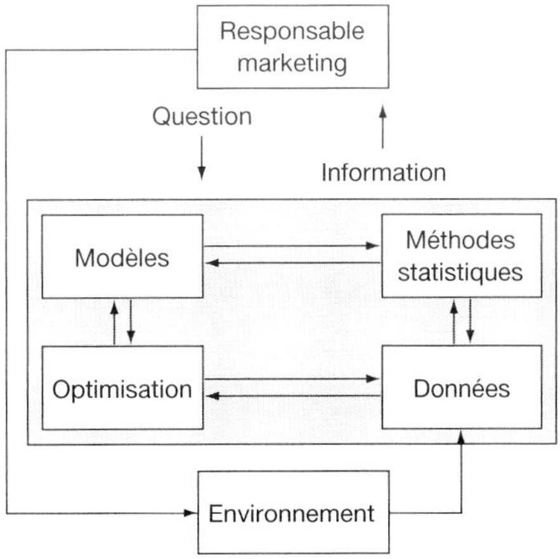

Source : D.C. Little, « Decision Support Systems for Marketing Managers », *Journal of Marketing* (43, 3, 1979), p. 9-27.

Les progrès de la technologie informatique (par exemple l'existence de langages interactifs) permettent la construction de systèmes d'information marketing. De nombreuses difficultés empêchent toutefois la construction de systèmes totalement intégrés. Parmi ces difficultés, retenons le coût très élevé d'un système totalement intégré, la variété des besoins des usagers potentiels et les problèmes posés par le stockage de certains types d'informations, notamment celles qui sont dispersées, fragmentées, floues, mais aussi disponibles sous forme orale ou d'image.

Compte tenu de ces difficultés, les SIM se sont développés pour traiter certains types de données. Il en est ainsi pour l'exploitation des données de panel. Des entreprises, comme l'Oréal ou Henkel, peuvent exploiter des données de panel sur des longues périodes. Les informations fournies par le SIM concernent par exemple des données sur les ventes par produit, par canal de distribution, par marché, ainsi que leur évolution dans le temps.

*

* *

Le domaine de l'étude du marché est affecté par l'évolution des technologies et des recherches en marketing. L'article qui vient d'être présenté reflète seulement l'état actuel du domaine.

L'introduction ou la diffusion de nouvelles technologies, telles que les micro-ordinateurs, les scanners, les audimètres, la télévision câblée, peuvent avoir des effets considérables sur la façon dont l'étude sera effectuée mais aussi sur la structure de la profession (cabinets ou conseils en études de marché). Il suffit de considérer l'introduction des scanners pour percevoir la finesse d'analyse qu'ils apportent, mais aussi pour pressentir qu'ils renforcent le pouvoir de ceux qui en disposent et sont susceptibles de les exploiter, en particulier lorsqu'ils sont connectés à d'autres technologies (télévision câblée par exemple).

L'étude du marché, en dépit de son caractère appliqué, emprunte très fortement à la recherche en marketing. Il en est ainsi des théories, des concepts et des méthodes d'analyse. Elle en subit les modes. Par exemple, il est difficile de nier l'influence du courant de pensée dominant actuellement la recherche en marketing sur l'étude du marché. Ce courant, dérivé du positivisme, privilégie les recherches empiriques dans lesquelles sont favorisés les processus hypothético-déductifs et la recherche quantitative.

Toute vision prospective dans l'étude du marché doit donc privilégier la surveillance de l'évolution technologique et des tendances qui affectent la recherche en marketing, tant en France que dans le monde.

Références

BON J., GRÉGORY P., *Techniques marketing,* Paris, Vuibert, 1995.

CHOFFRAY J.M., *Systèmes intelligents de management,* Paris, Nathan 1992.

DAGNELIE P., *Théorie et méthodes statistiques : applications agronomiques*, vol. 1 et 2, Belgique, Presses agronomiques de Gembloux, J. Duculot, 1979.

DAGNELIE P., *Analyse statistique à plusieurs variables,* Belgique, Presses agronomiques de Gembloux, J. Duculot, 1982.

DEROO M., DUSSAIX A.M., *Pratique et analyse des enquêtes par sondage*, Paris, PUF, 1980.

EVRARD Y., PRAS B., ROUX E., *Market : études et recherches en marketing,* Paris, Nathan, 1993.

FORNELL C., *A Second Generation of Multivariate Analysis,* vol. 1 et 2, New York, Praeger, 1982.

FRANÇOIS J., PELLEMANS P., *Les études qualitatives,* Belgique, Presses Universitaires de Namur, 1979.

GIANNELLONI J.L., VERNETTE E., *Etudes de marché,* Paris, Vuibert, 1994.

HERMET G., JOLIBERT A., *La part de marché : concept, déterminants et utilisation,* Paris, Economica, 1995.

LILIEN G., KOTLER P., MOORTHY K.S., *Marketing Models,* Englewood Cliffs, New Jersey, Prentice Hall, 1992.

LILIEN G., *Analyse des décisions marketing,* Paris, Economica, 1987.

MAKRIDAKIS S., WHEELWRIGHT S.C., *Forecasting : Method and Applications,* New York, Wiley, 1978.

Mots clés

Analyse de données, audimètre, CAPI, CATI, collecte de données en marketing, collecte de données internationales, données primaires, données secondaires, échantillon, élaboration d'une étude de marché, enquête, étude du marché, expérimentation en marketing, lecture optique, modèles en marketing, panel, questionnaire, recherches en marketing, sondage, source unique de données, système d'information marketing (SIM), systèmes-experts en marketing, tests de marché.

Evaluation des actifs incorporels

64

Michel Glais et Eugène Sage

« La valeur d'un équipement complet en état de fonctionnement peut être supérieure à la somme des valeurs d'achat des machines neuves car il existe, en effet, une complémentarité entre des équipements différents destinés et conçus pour fonctionner ensemble » (J. Hicks, 1975, p. 177).

L'idée selon laquelle la valeur d'une entreprise ne peut être réduite à une simple somme d'actifs corporels nets (corrigés au besoin de l'érosion monétaire) est devenue, aujourd'hui, un lieu commun pour les spécialistes des problèmes d'évaluation[1].

Si le Français L. Retail (1924) fut, dans l'entre-deux-guerres, l'un des tout premiers à se dégager de la traditionnelle méthode patrimoniale, c'est surtout après 1950, dans le climat de forte croissance des économies occidentales et sous l'impulsion des praticiens anglo-saxons, que s'est imposée l'idée selon laquelle la valeur de l'entreprise ne se confond pas simplement avec celle des actifs corporels qu'elle détient.

Les juristes se sont également rangés à cette opinion. On en voudra pour preuve le fait que, par exemple, dans une célèbre affaire Willot, le magistrat en charge du dossier reconnut qu'il était acceptable de déterminer, selon les cas, la valeur des entreprises en fonction de celle « d'utilisation ou d'usage des différents biens de production, souvent supérieure à leur valeur marchande, du fait de leur intégration dans un circuit d'exploitation (ou) de la valeur de rendement de l'entreprise après examen des résultats antérieurs d'exploitation, compte tenu de la plus ou moins grande vitalité du secteur économique auquel elle appartient ». Il est seulement essentiel dans ce cas, ajoutait le magistrat, de déterminer « l'importance des éléments incorporels et d'en justifier la valeur » (mis entre guillemets par nos soins).

La référence aux travaux de J. Hicks dans l'introduction de cet article a valeur de symbole, dans la mesure où elle peut enrichir la présentation des méthodes d'évaluation des entreprises en permettant de mieux comprendre

1. Voir également dans cette Encyclopédie l'article de D. Pène, « Evaluation de l'entreprise », p. 1310, tome 2.

les raisons pour lesquelles, historiquement, le problème de l'évaluation du capital a donné naissance à deux grandes écoles de pensée et à deux types de mesure.

Dans un article, publié en 1974, J. Hicks explique très clairement les raisons des différences de conception entre ces deux courants.

Historiquement, le premier d'entre eux, le courant « fondiste » comme l'appelle le prix Nobel d'économie (courant dans lequel se rangerait A. Smith), considérait le capital comme un fonds, c'est-à-dire comme une valeur monétaire investie dans un stock de produits destinés à la vente. Le problème de la mesure de ce capital était relativement simple dans une économie à cette époque, encore souvent dominée par les marchands. En effet, un stock de produits destinés à la vente est divisible en petites unités et est appelé à tourner relativement vite au cours d'un même exercice comptable. Une évaluation basée sur l'estimation de ce stock de produits était alors acceptable. Cette conception du capital en tant que fonds monétaire permet également de comprendre pourquoi, chez les auteurs classiques, le processus économique met en œuvre le travail considéré comme un flux, la terre envisagée comme un stock et le capital dont on ne faisait ni un stock ni un flux. Comme l'écrit J. Hicks (1974, p. 34) : « Dans le processus de production (vu par les classiques) le travail est appliqué à la terre par l'intermédiaire (*through*) du capital et non au capital ».

Le second courant (réaliste ou matérialiste dans la terminologie hicksienne) s'est imposé, poursuit J. Hicks, avec A. Marshall à la fin de la révolution industrielle, quand on constata que le capital s'incorporait de plus en plus en équipements fixes et non plus en produits circulants comme au temps des marchands. De ce fait, les théoriciens furent progressivement conduits à vouloir faire du capital, ainsi considéré, un facteur de production à part entière.

Le principe de l'évaluation patrimoniale correspond alors bien à cette conception, en établissant la valeur du capital par référence au prix d'achat du stock d'actifs corporels détenus. Mais, au contraire d'une situation où le capital est investi dans un stock de produits finis destinés à la vente, une évaluation basée sur le coût historique de l'équipement devient beaucoup moins acceptable, lorsque le capital a pour contrepartie des équipements et des machines formant un tout dans un processus de production destiné à fonctionner pendant plusieurs années. Il n'est, en effet, réaliste de vouloir mesurer la valeur du capital par rapport au prix d'achat des machines que dans quelques cas très précis, par exemple lorsqu'il s'agit d'établir une mesure statistique de ce capital. Une telle mesure ne peut se réaliser que grâce aux données du passé et elle possède son utilité dans le cadre de la théorie du bien-être où l'on ne peut établir des évaluations d'agrégats que si les goûts et les désirs sont donnés et restent inchangés.

Toutefois, jusqu'au début des années 1950, la référence à la valeur historique des actifs corporels détenus ne conduisait peut-être pas à des erreurs d'estimation trop importantes, dans la mesure où les bâtiments, les machines et le processus de production présentaient des espérances de vie plus longues qu'aujourd'hui et où les produits étaient moins différenciés, les circuits de distribution et les marques moins affirmés. La reconnaissance, de nos jours, de l'importance de ces facteurs conduit alors à privilégier une conception de l'évaluation fondée sur la prise en compte des facteurs susceptibles de gouverner la demande dans le futur. Comme l'écrivait F. Hayek (cité dans J. Hicks, 1975, p. 181), une machine destinée à produire un bien fortement soumis aux caprices de la mode ne vaudra plus rien, bien qu'intacte, à la fin de sa première année d'existence si, à cette date, le produit n'est plus demandé.

J. Hicks appelle alors « courant fondiste rénové » le courant actuel privilégiant l'évaluation du capital à partir d'un flux de profits futurs anticipés.

Reconnaître que la complémentarité entre des équipements différents conçus pour fonctionner ensemble conduit souvent à leur donner une valeur supérieure à celle de leurs prix d'achat ne résout pas pour autant, bien sûr, les problèmes concrets de mesure d'une telle valeur. Pour ce faire, encore faut-il s'interroger de façon plus précise sur les fondements de cette complémentarité et, sur ce point encore, l'apport de la théorie économique demeure toujours précieux. On constate, en effet, que les fondements théoriques de la prise en compte des actifs incorporels se trouvent dans les travaux qui, de R.H. Coase à O.E. Williamson, se sont attachés à analyser « la nature de la firme » (section 1). La reconnaissance du caractère fondamental de la référence à la notion d'actif incorporel s'est concrétisée dans l'élaboration de méthodes d'évaluation basées sur la prise en compte des flux de profits futurs anticipés. Fondées sur des conceptions théoriques indiscutables, ces méthodes sont toutefois d'une application pratique très délicate (section 2). Des problèmes concrets de mesure expliquent, en partie mais pas totalement toutefois, les raisons qui conduisent certains praticiens à privilégier, autant que faire se peut, les méthodes d'évaluation directes des actifs incorporels (section 3).

1. « L'analyse de la nature de la firme » : fondement de la notion d'actif incorporel

Dans le cadre de la théorie néo-classique des prix, l'entreprise est censée agir de façon rationnelle et minimiser ses coûts[2]. La validité de ce paradigme repose essentiellement sur le degré de réalisme d'une série d'hypothèses de stricte application. Il faut, en effet, que :

– les facteurs de production soient dotés de spécificités techniques précises et réalisent des performances calculables de façon exacte,

– la fonction de production soit totalement connue,

– l'information soit totale et largement diffusée,

– tous les facteurs fassent l'objet d'un prix de marché.

En fait, dans cette théorie, l'entreprise n'est qu'une sorte de boîte ou de coquille vide sans signification précise. Le processus de production pourrait tout aussi bien être organisé sur le marché à l'aide d'une série de contrats individualisés. La théorie néo-classique de la firme ne s'est donc pas intéressée à la question de savoir pourquoi, comme l'a écrit D.H. Robertson (1928), « on trouve des îlots de pouvoir conscient dans cet

2. Voir dans cette Encyclopédie l'article de G. Kœnig, « Théorie économique de l'entreprise », p. 3310, tome 3.

océan de coordination inconsciente, telles des mottes de beurre en train de prendre dans une baratte ».

1.1. La coordination des activités économiques au sein de l'entreprise

Avec son article « The Nature of the Firm » (1937) dans lequel il attire l'attention sur le fait que le mécanisme des prix est fort coûteux, ne serait-ce qu'en raison des dépenses générées par la recherche d'informations, R.H. Coase fut le premier à démontrer l'intérêt d'organiser les efforts productifs au sein d'une entreprise. Il donnait ainsi le coup d'envoi à de nombreux travaux qui devaient, en particulier avec O.E. Williamson (1971), permettre de mieux expliquer, théoriquement, l'intégration d'une série d'activités au sein d'une entreprise.

Une telle intégration permet, en effet, à ses dirigeants de mieux coordonner les différents centres de responsabilité, de réaliser d'importantes économies de communication, grâce aux phénomènes d'apprentissage et d'entraînement communs réalisés à l'intérieur des groupes... L'internalisation des activités se concrétise par une amélioration de l'efficience de la combinaison productive[3].

Dans la réalité des affaires, les décisions prises dans l'entreprise représentent, en effet, la résultante d'un jeu de rapports individuels et sociaux. Les activités qu'un individu est censé y accomplir ne sont presque jamais spécifiées (le contrat de travail impose au salarié une obligation de moyens et non de résultats et le problème du contrôle de l'intensité des efforts déployés n'est pas évoqué). Dans l'interprétation de sa tâche, il dispose donc d'une marge d'appréciation qu'il cherche à utiliser pour améliorer sa satisfaction personnelle. La façon dont il accomplit sa tâche, la vitesse avec laquelle il la mène à bien et le temps qu'il y consacre effectivement dépendent, en partie, de ses propres choix, mais aussi de ceux de ses partenaires de travail ou des groupes dans lesquels il s'insère.

Le rôle des responsables de l'entreprise est de mieux spécifier la nature de chaque activité et d'imposer une méthode ainsi qu'une cadence de travail permettant d'améliorer les performances et donc de faire la chasse à ce que H. Leibenstein (1966) nommait les « inefficacités-X ».

La leçon qui peut être tirée de la réflexion sur les fondements d'une méthode d'évaluation est que la valeur d'une entreprise dépend en grande partie de l'habileté avec laquelle les dirigeants sont, non seulement en mesure de rapprocher les coûts réels de production des coûts idéaux calculés *ex ante* par les ingénieurs des bureaux d'études, mais aussi et surtout, de les faire évoluer petit à petit dans le sens de la baisse. Il suffit de consulter les statistiques établies par la centrale des bilans de la Banque de France pour constater à quel point, au sein d'une même famille professionnelle et pour des entreprises de taille identique, les rapports « valeur ajoutée par salarié » présentent des écarts importants. Comme l'écrivaient, à juste titre, T. Peters et R. Waterman (1983) : « Les meilleures entreprises traitent la base comme la

---

3. Voir également dans cette Encyclopédie l'article de E. Allix-Desfautaux et P. Joffre, « Coûts de transaction », p. 750, tome 1.

source maîtresse de la qualité et des gains de productivité. Elles ne considèrent pas l'investissement en biens d'équipement comme la source fondamentale d'une meilleure efficacité ». Ce sont d'ailleurs souvent de petites avancées technologiques cumulatives qui permettent, en définitive, de parvenir à ce qu'on appellera, *ex post,* une innovation majeure. A long terme, comme le pense E. Zuscovitch (1984), la personnalité technologique de l'entreprise est la mieux représentée par son stock de savoir-faire, son *know-how* accumulé grâce à un apprentissage quotidien souvent plus du type *learning by using* (amélioration progressive des caractéristiques physiques des produits selon N. Rosenberg, 1982) que du type *learning by doing.*

1.2. La création d'un business goodwill

Dans le même ordre d'idées, la mise en place d'une organisation commerciale ou d'un circuit de distribution très spécifique liant de façon assez durable l'entreprise et ses clients (d'autres entreprises ou des particuliers) participe de cette politique de coordination menée par les dirigeants d'une entreprise pour doter celle-ci d'une spécificité reconnue sur un marché. G.B. Richardson (1978) a souvent souligné, à juste titre, à quel point les entreprises, quand elles organisent leurs relations « fournisseurs/clients », ont tout autant tendance à coopérer qu'à conclure de pures transactions de marché. L'erreur de cet auteur a été, toutefois, de ne pas insister sur le caractère souvent stable et durable de ces relations clients/fournisseurs. Dans l'article cité plus haut, il écrit en effet avec quelque imprudence et désinvolture que « les firmes forment des couples pour la danse, mais peuvent changer de partenaire dès que la musique s'arrête ».

L'expérience de la vie des affaires montre que la précarité de telles relations est beaucoup moins fréquente qu'on le croit souvent. C'est à ce point vrai que la rupture des relations commerciales peut, sous certaines conditions, donner lieu à compensation pour le partenaire lésé (exemple de la dépendance pour cause d'assortiment dans le droit allemand de la concurrence, ou exploitation abusive d'une situation de dépendance économique en vertu de l'article 8 de l'ordonnance de décembre 1986, portant réforme du droit de la concurrence en France).

La force et le caractère adapté de certains réseaux de vente expliquent souvent la réussite exceptionnelle de beaucoup d'entreprises (on leur attribue en partie, par exemple, le développement considérable de la société Benetton, le succès permanent de la société Pichon Frères – ceinture du docteur Gibaud ! –, le redressement de la société Richard-Pontvert fabricant de la célèbre chaussure Paraboot...).

Lorsque les investissements en publicité ont été soutenus, importants et intelligemment réalisés, ils constituent sinon toujours de véritables barrières à l'entrée, du moins des facteurs de protection et de relative stabilisation des parts de marché d'une entreprise[4]. Comme l'écrivait, d'ailleurs, G.J. Stigler, un des plus grands théoriciens de la formation des prix : « La libre entrée

4. Quand le groupe Henkel a acquis, par l'intermédiaire de sa filiale française, le contrôle de deux fabricants de détergents, UGS et Solitaire, G. Van Weddingen, le PDG, expliqua que ces achats permettaient d'économiser les très gros investissements publicitaires nécessaires à la création des marques dans ce secteur d'activité (*Usine nouvelle,* 8 janvier 1987).

peut être définie comme la condition selon laquelle les coûts de longue période des nouvelles entreprises (lorsqu'elles entrent sur un marché) sont égaux à ceux des entreprises en place. Cela ne signifie pas pour autant qu'une nouvelle entreprise peut entrer et être immédiatement aussi rentable que les entreprises en place. Le nouvel entrant a besoin d'un intervalle de temps non négligeable pour installer son équipement, pour *établir ses relations commerciales, perfectionner ses produits* » (mis en italique par nos soins).

P.W.S. Andrews (1951) et H.R. Edward (1955) ont également beaucoup insisté sur l'intensité du *business goodwill* qui attache durablement certains clients aux entreprises déjà établies. Ils notaient d'ailleurs que, quand il s'agit en particulier d'un produit de type intermédiaire pour lequel les clients d'une entreprise sont d'autres entreprises, les relations commerciales sont souvent solides et durables, car elles sont le fruit d'une confiance et d'un attachement créés au cours du temps sur des bases objectives.

Tous ces facteurs contribuent, on le comprend, à la création de l'actif incorporel dont une entreprise peut être dotée[5]. Enfin, la théorie économique de la rente ou de la quasi-rente explique également certains éléments de l'actif incorporel que l'on peut noter dans certains secteurs d'activité : celui de la distribution (octroi d'une autorisation d'implantation pour un hypermarché) et certains autres soumis à réglementation (débits de boissons avec nécessité de détenir une licence IV, transports aériens, pharmacies...).

De ce fait, la prise en considération d'une nécessaire évaluation des actifs incorporels a conduit, comme nous l'avons souligné précédemment, les évaluateurs à calculer la valeur d'une entreprise dans une optique « fondiste rénovée » au sens de J. Hicks, c'est-à-dire à partir de la notion de valeur de rentabilité.

2. La valeur de rentabilité : une méthode conceptuellement très sûre, mais d'application pratique délicate

Il est, en effet, indiscutable que le calcul de la valeur d'une entreprise à partir de l'estimation des flux de « profits » futurs espérés et actualisés est la méthode d'évaluation la plus conforme à l'idée que l'on doit se faire, sur le plan conceptuel, de la valeur d'une entreprise évoluant dans une économie de marché où règne la liberté des échanges[6].

En économie de marché, l'objectif de l'entreprise est de réaliser des profits ; il est donc logique d'estimer sa valeur en fonction de son aptitude à dégager des bénéfices. A la limite, on peut considérer qu'une entreprise possédant un stock de machines neuves ou en parfait état de fonctionnement technique ne possède qu'une valeur de casse, si elle n'est pas en mesure de dégager des résultats positifs.

Stimulés par le climat de croissance des années 1960 et du début des années 1970, les chercheurs en finance ont alors mis au point de nombreux

---

5. Voir également dans cette Encyclopédie l'article de H. Tézenas du Montcel, « Investissement immatériel », p. 1721, tome 2.

6. Voir également dans cette Encyclopédie l'article de D. Pène, « Evaluation de l'entreprise », p. 1310, tome 2.

modèles d'évaluation basés sur la prise en compte des rendements futurs espérés. Souvent très sophistiqués, ces modèles sont de véritables régals pour l'œil et le confort intellectuel des théoriciens. Ils fonctionnent parfaitement et donnent des résultats qui s'imposent avec la logique implacable de tout ce qui se présente sous une forme mathématique... à condition toutefois que l'on soit, *au préalable, en mesure de déterminer le flux de profits futurs et de choisir le taux d'actualisation approprié.* Or, c'est à ce niveau que commencent les difficultés dès lors qu'il s'agit de passer d'une présentation purement théorique de l'évaluation au travail « sur le terrain ». Tous ceux qui, quotidiennement, ont à estimer la valeur d'une entreprise (souvent non cotée) lors d'une transaction entre un vendeur et un acheteur en sont bien conscients.

Il est, en effet, difficile d'estimer le flux de « profits » futurs anticipés dans un environnement économique incertain ainsi que l'horizon prévisionnel qu'il convient raisonnablement de retenir. Il est très dangereux de se fonder sur les seuls résultats des trois ou quatre exercices précédant le moment de l'évaluation. Rien ne dit, en effet, que ces résultats se maintiendront ou s'amélioreront au cours des exercices futurs. De plus, à supposer que l'on essaie d'estimer le *trend* d'évolution de ces résultats, encore faut-il se référer à des chiffres du passé suffisamment fiables. C'est pour cette raison que nous avons précédemment fait référence à une notion de profits, entre guillemets, afin d'en souligner le caractère extrêmement flou.

Sur un plan strictement théorique, il est en effet facile, d'un trait de plume, de considérer que l'on fondera le calcul sur la prise en compte des dividendes futurs espérés, comme le faisait, par exemple, M.J. Gordon en proposant sa formule :

$$V = \frac{D_0}{r^* - g}$$

avec D_0 les dividendes initiaux, r^* le taux d'actualisation et g le taux de croissance nominal espéré au cours d'une série d'exercices.

Il est vrai que, théoriquement, la valeur d'une action pour le propriétaire d'une entreprise est égale à la capitalisation des dividendes espérés. Dans la pratique, toutefois, et surtout lorsqu'il s'agit de petites ou de moyennes entreprises non cotées, les distributions de dividendes sont loin d'être représentatives de la véritable rentabilité de l'entreprise. Toutes les études réalisées sur la pratique des entreprises en matière de distribution de dividendes font état de comportements fort complexes. En fait, on peut montrer que ce que cherchent les dirigeants des entreprises, c'est surtout distribuer aux actionnaires un dividende augmentant si possible de façon régulière ou, pour le moins, ne présentant pas de fluctuations annuelles trop marquées[7].

Toutes les études réalisées sur les pratiques adoptées par les grandes entreprises cotées démontrent, d'ailleurs, que les dirigeants de ces firmes cherchent à pratiquer une politique de « lissage » en matière de distribution des dividendes et transforment en quelque sorte les actionnaires en quasi-créanciers recevant chaque année une rémunération en numéraire peut-être

7. Voir également dans cette Encyclopédie l'article de R. Cobbaut, « Politique de dividende », p. 2302, tome 2.

modeste, mais relativement sûre. De ce fait, la politique de distribution est souvent déconnectée de l'évolution réelle des bénéfices par action. Cette déconnection dépend également d'autres variables : politique d'endettement, besoin en fonds de roulement, financement des investissements et considérations fiscales. Le caractère inadapté de la prise en compte des dividendes distribués pour estimer la valeur d'une entreprise est encore plus flagrante, lorsqu'il s'agit d'évaluer des firmes non cotées de petite ou moyenne taille.

Certes, on peut élaborer, comme l'a fait G. de Murard (1972), des modèles se rapportant au montant des dividendes qu'il serait financièrement possible de distribuer, une fois placée en réserve la partie des bénéfices juste nécessaire pour assurer la pérennité d'une croissance stable et équilibrée de l'entreprise. Très rigoureux et satisfaisants pour l'esprit, ces modèles sont d'utilisation pratique très délicate (M. Glais, 1986, p. 229).

Si l'on renonce à la prise en compte des dividendes, on peut se retourner vers la capitalisation des bénéfices futurs espérés en s'appuyant sur les résultats obtenus au cours des derniers exercices. Cette méthode d'évaluation a été très tôt préconisée sur un plan théorique par F. Modigliani et M. Miller (1961), dans le cadre de leur argumentation visant à démontrer que la valeur de l'entreprise est indépendante de son mode de financement.

Quand on en revient aux problèmes pratiques auxquels sont confrontés les experts en évaluation, force est de reconnaître que la mise en évidence de la véritable capacité bénéficiaire suppose un retraitement complet des comptes de résultat des entreprises. Le résultat net comptable est, en effet, très éloigné du véritable profit de l'entreprise, en particulier du fait de l'influence très déformante de certaines règles comptables et surtout fiscales.

De plus, chacun sait qu'une partie du profit est fréquemment incorporée dans les coûts (en particulier au niveau de certaines charges salariales et de certains frais divers de gestion). Par ailleurs, les règles fiscales d'amortissement n'ont bien souvent aucun rapport avec la véritable dépréciation économique des équipements possédés par l'entreprise. Il convient donc, alors, en prenant appui sur le montant des excédents bruts d'exploitation des derniers exercices, de recalculer les véritables capacités bénéficiaires des entreprises.

Ainsi, même en adoptant une méthode d'analyse s'appuyant sur la notion de valeur de rentabilité, on ne peut totalement se priver d'une analyse menée en termes de valeur patrimoniale. Le calcul des amortissements « économiques » implique, en effet, de déterminer la valeur des actifs corporels (et plus particulièrement des biens d'équipement) et de se doter d'abaques de dépréciation économique de la plupart des matériels courants (les cabinets expérimentés en matière d'évaluation mettent à jour de tels abaques).

Enfin, à supposer que l'on ait pu estimer de façon acceptable les capacités bénéficiaires futures et l'horizon prévisionnel adapté aux caractéristiques de l'entreprise concernée, se pose alors le difficile problème du choix du taux d'actualisation. Une différence d'un ou de deux points dans le choix de ce taux conduit, en effet, à des évaluations sensiblement différentes. A cet égard, si les enseignements tirés du modèle d'équilibre des actifs financiers (MEDAF) peuvent permettre de mieux déterminer, aujourd'hui, le taux d'actualisation à retenir en le considérant comme le taux de rentabilité exigé par le marché financier pour accepter de détenir des actions présentant un degré de risque économique et financier identique à celui de l'entreprise faisant l'objet de l'évaluation, chacun sait que les modalités pratiques de ce type de calcul demeurent concrètement problématiques (difficulté de mesure du coefficient β, choix du taux « sans risque » *i*, adaptation du résultat en fonction de la situation d'entreprises non cotées...)[8].

L'ensemble de ces remarques ne doivent certes pas conduire à renoncer, dans la pratique des affaires, à l'utilisation de modèles d'évaluation basés sur la rentabilité future espérée. Néanmoins, on ne peut se passer, non plus, de l'estimation d'une valeur patrimoniale. C'est d'ailleurs ce que pensent le plus souvent les experts en évaluation.

Deux approches sont alors possibles. La première consiste à ajouter à la valeur de l'actif net corrigé une « survaleur » censée représenter, en quelque sorte, l'estimation d'une combinaison productive efficace de l'entreprise : le *goodwill*. La seconde approche consiste à estimer directement la valeur des actifs incorporels.

Le *goodwill* représenterait, en fait, l'expression chiffrée de l'idée selon laquelle il est anti-économique et donc irrationnel d'investir de l'argent (et du temps) dans une entreprise, c'est-à-dire une activité risquée, si les sommes investies ne rapportent pas un revenu supérieur au rendement que l'investisseur obtiendrait en plaçant sans risque cette somme sur le marché financier. Comme le souligne E. Sage (1979), une entreprise efficace sur le marché doit procurer à ses partenaires une capacité bénéficiaire supérieure au revenu qu'obtiendrait l'investisseur en plaçant, sans risque, sur le marché financier, la valeur des fonds propres nécessaires pour reconstituer l'outil de production. De ce fait, la « rente de *goodwill* » doit, normalement, apparaître comme un phénomène permanent.

Il faut, en effet, dénoncer l'erreur parfois commise par des financiers assimilant la rente de *goodwill* à une sorte de superbénéfice temporaire, ce qui les conduit à estimer la valeur du *goodwill* à partir de la différence entre la valeur de rentabilité et la valeur substantielle (c'est-à-dire la valeur des fonds propres nécessaires à la reconstitution de l'outil de travail).

Dans la mesure où on accepte l'idée selon laquelle la capacité bénéficiaire d'une entreprise doit durablement dépasser le montant du revenu qu'obtiendrait l'investisseur en plaçant, sans risque, sur le marché financier, le montant des capitaux propres nécessaires pour reconstituer l'entreprise dans l'état physique où elle se trouve au moment de l'évaluation, le calcul de la valeur du *goodwill* se réalise de la façon suivante :

$$GW = (\overline{CB} - i\ CPR_{NE}) \times \frac{1-(1+r^*)^{-n}}{r^*}$$

avec

$\overline{CB}$: la capacité bénéficiaire tendancielle calculée à partir des résultats des deux ou trois derniers exercices (éventuellement corrigée en tenant compte de la capacité bénéficiaire prévisionnelle),

i : le taux d'intérêt qu'il est possible de recevoir d'un placement non risqué sur le marché financier,

8. Voir dans l'Encyclopédie des marchés financiers les articles de G. Charreaux, « Théorie financière », de G. Charest, « Rendement, risque et portefeuilles » et de R. Cobbaut, « Théorie du marché financier ».

r^* : le taux d'actualisation,
n : la durée pendant laquelle on peut raisonnablement s'attendre à ce que $\overline{CB}$ soit supérieure à $i\ CPR_{NE}$,
CPR_{NE} : les capitaux propres nécessaires à l'exploitation, obtenus en retirant de la valeur des actifs corporels nécessaires à l'exploitation le montant des emprunts obtenus (ou qu'il est possible d'obtenir) pour les financer.

Les actifs nécessaires sont calculés en retirant de la valeur de l'actif net corrigé celle des actifs dont l'entreprise s'est dotée pour des raisons autres que les purs besoins de production. Concrètement, on calcule la valeur de de CPR_{NE} de la façon suivante : Valeurs immobilisées nettes corrigées (déduction faite de la valeur des actifs non nécessaires) + Besoin en fonds de roulement (déduction faite de la valeur du découvert normalement accordé par les banques, soit grossièrement environ un mois de chiffre d'affaires hors taxe) – Total des dettes à long et moyen terme (déduction faite de la part des dettes supposées financer les actifs non nécessaires. On appliquera à la valeur de ces actifs le rapport Capitaux propres/Capitaux permanents présenté globalement par l'entreprise au moment de l'évaluation).

Peut-on choisir une durée de vie infinie pour capitaliser la différence $\overline{CB} - i\ CPR_{NE}$? Certains auteurs (P. Vizzavona, 1983) hésitent à le faire en invoquant le risque de l'entreprise. On ne peut pas partager ce point de vue dans la mesure où, puisqu'il est normal de considérer que la différence $\overline{CB} - i\ CPR_{NE}$ doit toujours être positive, il n'y a aucune raison de limiter la valeur de n. Ceci étant, l'expert doit réduire cette durée de vie n dès lors qu'il ne s'agit pas d'une évaluation *per se*, mais d'une évaluation de la valeur de l'entreprise lors d'une opération d'achat et de vente. Dans ce cas, en effet, l'acheteur peut logiquement faire valoir que les effets de la politique qu'il met en œuvre vont progressivement remplacer, aux yeux de la clientèle, ceux de la politique menée précédemment par le vendeur. Au bout d'un certain nombre d'années, l'acheteur sera le seul responsable de la capacité bénéficiaire dégagée. Il est donc logique, dans ce cas, de limiter la durée du *goodwill*.

E. Schmalenbach a proposé une formule basée sur l'utilisation de l'amortissement linéaire en considérant que la durée d'amortissement est identique à celle du *goodwill*.

$$GW_p = \left(R_{GW} - \frac{GW}{n}\right) \times \frac{1-(1+r^*)^{-n}}{r^*}$$

Avec $R_{GW} = \overline{CB} - i\ CPR_{NE}$
GW : la valeur du *goodwill* hors amortissement,
GW_p : la valeur du *goodwill* que paiera l'acheteur compte tenu de l'amortissement linéaire prévu.

Cette méthode avantagerait sensiblement l'acheteur dans la mesure où celui-ci peut réinvestir, chaque année, les sommes amorties à un taux proche de celui des concours bancaires qui lui sont accordés. Il faut, en fait, calculer la valeur de l'amortissement financier nécessaire, compte tenu du taux possible de réinvestissement des fonds. Soit r ce taux :

$$GW_p = R_{GW} - \frac{GW}{\frac{(1+r)^n - 1}{r}} \times \frac{1-(1+r^*)^{-n}}{r^*}$$

Le véritable problème avec cette méthode est que l'on n'échappe pas aux difficultés précédemment soulignées à propos du calcul de la valeur de rentabilité : détermination de $\overline{CB}$ et choix du taux d'actualisation. Une autre méthode sans doute plus riche d'enseignements consiste à tenter d'estimer directement la valeur des actifs incorporels.

On a vu que, pendant de très nombreuses années, les évaluateurs se sont cantonnés à la prise en compte des éléments concrets, tangibles, on pourrait même dire palpables de l'entreprise, pour des raisons conceptuelles mais aussi psychologiques. On répugnait à prendre en considération ce qui apparaissait comme quelque chose de précaire, voire d'évanescent[9]. Une des façons de corriger ce type de comportement est donc de donner de la consistance à ces actifs en les assimilant à des éléments corporels. L'évaluation directe des actifs corporels permet, en effet, non seulement de réduire certaines difficultés de mesure, mais aussi et surtout de mettre en évidence le fait que ces actifs peuvent avoir une valeur propre, alors même que la capacité bénéficiaire est faible, voire négative.

Les immobilisations incorporelles comprennent plusieurs éléments dont certains, même en période de perte, ont une valeur : un droit au bail, un brevet, ou encore une marque. On a d'ailleurs vu des acquéreurs s'intéresser à la clientèle, à la marque et refuser les autres éléments de l'entreprise (E. Sage, 1979, p. 60). Il semble alors qu'une étude de la valeur de ces éléments doive être menée, poste par poste, par des méthodes directes, ce qui n'empêchera pas dans le cadre d'une synthèse de rechercher le *goodwill* ou le *badwill* suivant la méthode de comparaison entre la valeur de rentabilité et celle de l'actif net corrigé. La comparaison entre les résultats obtenus grâce à ces deux méthodes permet alors d'affiner l'évaluation de l'actif incorporel d'une entreprise. Une façon intéressante de raisonner consiste, d'ailleurs, à réinterpréter le *goodwill* (ou le *badwill*) comme une valeur véritablement résiduelle s'ajoutant à (ou se déduisant de) la valeur des actifs incorporels évalués directement. Pour ce faire, on reconnaît alors que les actifs incorporels contribuent, à l'instar des actifs corporels, à la réalisation de la capacité bénéficiaire de l'entreprise. Dans ces conditions, leurs valeurs calculées directement sont intégrées à celle des capitaux permanents nécessaires à l'exploitation, et on adopte l'hypothèse selon laquelle les dépenses qu'il conviendrait d'engager pour se doter de ces actifs incorporels seraient financées selon le même rapport Capitaux propres/Capitaux permanents que celui utilisé par l'entreprise pour le financement de ses actifs incorporels.

---

9. Ce comportement est encore bien ancré, par exemple, dans la manière de concevoir la notion d'investissement chez nombre d'élus ou de responsables de collectivités territoriales. Ceux-ci accordent beaucoup plus facilement des subventions pour des opérations dites d'équipement que pour financer, par exemple, des dépenses de formation qu'ils considèrent souvent comme des coûts de fonctionnement.

La valeur des capitaux propres nécessaires CPR_{NE} augmente alors sensiblement et l'évaluateur est amené à calculer de nouveau l'écart précédemment constaté entre $\overline{CB}$ et i° CPR_{NE}. Un écart positif conduit alors à ajouter une valeur de *goodwill* résiduel à celle des actifs incorporels établie par des méthodes directes ; un écart négatif conduit à une réduction de cette valeur (M. Glais, 1986).

3. Les méthodes pratiques d'évaluation directe des actifs incorporels

On séparera l'exposé des méthodes permettant d'estimer la partie des actifs incorporels qui peut être assimilée à des éléments corporels (par exemple, les pas-de-porte, les brevets, les marques, les autorisations) de celui des méthodes d'évaluation de la clientèle, utilisées surtout lorsqu'il s'agit de valoriser des entreprises commerciales, mais qui s'appliquent également, de plus en plus aujourd'hui, au cas des entreprises industrielles.

3.1. Les éléments incorporels assimilables à des éléments corporels

Certains de ces éléments ont un caractère durable, d'autres sont plus aléatoires. Leur valeur est fonction de la durée et de l'avantage procuré. Il s'agit d'une rente ou d'une quasi-rente, pouvant résulter de la détention d'un droit (droit au bail, brevet, licence), d'autorisations administratives (implantation d'une grande surface, création d'une clinique, d'une pharmacie, licence de transport, autorisation d'exploitation d'une chaîne de télévision, autorisation d'atterrissage) ou d'une situation de fait provisoirement incontournable (marque, savoir-faire). Une valorisation directe peut être envisagée dans chacune de ces situations.

3.1.1. La rente provenant d'un droit

La rente peut provenir d'un droit au bail ou d'un brevet.

3.1.1.1. Le droit au bail

Les experts avaient coutume d'utiliser deux méthodes pour calculer la valeur de ce droit. La première consistait à multiplier le loyer annuel par un coefficient (3 à 6 fois en général), la seconde à calculer la différence entre la valeur des murs libres et la valeur des murs occupés. Ces deux méthodes se révèlent imparfaites. En effet, dans le premier cas, un loyer faible conduira à une valeur faible, alors que l'on constate l'inverse : plus le loyer est bas et plus le coût du pas-de-porte est élevé. La seconde méthode est inadéquate, parce qu'il n'y a pas de relation entre l'abattement pour occupation et la valeur du droit au bail (bien souvent, la valeur métrique des murs est inférieure à la valeur métrique de l'emplacement).

Dès lors, les experts ont proposé une nouvelle méthode reposant sur l'avantage acquis. Elle consiste à rechercher le montant annuel du loyer pour des locaux loués libres (on parle parfois de loyer à l'américaine). En général, la référence s'établit par rapport à des locaux neufs. Ce loyer A est comparé avec le loyer réellement payé B (loyer généralement très inférieur par suite de la législation existante). Cette différence $(A - B)$ est multipliée par un coefficient, la jurisprudence semblant consacrer le coefficient 9.

Une autre méthode est dite par comparaison. On retient un prix au mètre carré, pondéré en fonction des prix pratiqués dans le secteur. Dans les centres urbains, on constate souvent des valeurs de 10 000 à 20 000 F le m^2.

3.1.1.2. *Le brevet*

La durée légale de protection est de vingt ans. L'évaluation obéit aux principes rappelés précédemment. Des prévisions de production, de chiffre d'affaires, de marges et de bénéfices sont établies. La valeur du brevet est égale à la somme actualisée de cette série de bénéfices avec généralement deux correctifs.

L'un tient aux possibilités d'une invention concurrente. Dans ce cas, on hésite à prendre en compte la durée restante de la protection si celle-ci doit être longue, à moins d'envisager à partir de la quatrième ou cinquième année un taux d'actualisation majoré d'une prime de risque qui va en augmentant, par exemple de un point par an après quatre ans, puis de deux points par an au-delà de la huitième année.

Le second correctif provient de la dissociation qu'il faut opérer entre l'inventeur et l'exploitant, même si juridiquement le personnage est le même. En général, on partage l'avantage procuré par le brevet, sinon l'exploitant n'aurait aucune part de bénéfice ; or toute mise en œuvre d'une combinaison productive doit être rémunérée par un profit.

Une autre possibilité d'évaluation consiste à actualiser la série de redevances futures lorsque le brevet est concédé. S'il ne l'est pas, on peut se fonder sur le pourcentage de redevance et rechercher, comme dans le cas précédent, la valeur actualisée de la série des redevances espérées.

3.1.2. La rente provenant d'autorisations administratives

Toute législation restrictive est source de rente. La valeur en capital de cette rente est parfois facile à calculer.

Elle peut résulter de l'existence d'un marché ou d'usages professionnels. Comme exemple du premier type, on peut citer la licence de boissons, licence de catégorie IV permettant de servir des alcools. Ces licences, indépendamment de leur support, ont une valeur et elles se négocient entre 60 000 et 120 000 F suivant les régions. Le prix n'est pas très élevé en raison des difficultés de réinstallation.

La valorisation est quelquefois indirecte, lorsqu'elle repose sur l'avantage que fait naître l'obtention de l'autorisation. On peut citer, par exemple, l'autorisation d'implantation d'un hypermarché. Cette autorisation a généralement pour conséquence de conférer un monopole dans un secteur donné. L'accord est délivré sur présentation d'études qui indiquent, le plus souvent, le périmètre de chalandise. Par la suite, on évite de donner d'autres autorisations dans le même périmètre, ne serait-ce que vis-à-vis du commerce local. Les projets d'implantation tiennent, d'ailleurs, en général compte d'une dispersion nécessaire à la survie des établissements existants ou à créer. L'avantage conféré se traduit par un coût, souvent une participation très forte aux équipements (voirie, égouts, eau...), prix de terrain élevé... donc, au départ, un prix de revient qui dépasse le coût ordinaire d'un ensemble comparable. Les collectivités locales ont tendance à faire payer une sorte de droit au bail. Il est normal que l'exploitant veuille récupérer ces frais en cas de cession car, outre la fidélisation du potentiel de clientèle existant, il a transformé une demande latente en une demande effective. Souvent on parvient à cette valorisation en réalisant une évaluation à partir du chiffre d'affaires, par transposition des méthodes appliquées au petit commerce, comme on le verra plus loin.

Dans le même esprit, on traite de manière identique toutes les clientèles civiles des officiers ministériels ou des professions réglementées, plus particulièrement des officiers ministériels dont le nombre et la compétence territoriale sont limités : avoués près la Cour d'appel, administrateurs judiciaires, liquidateurs, huissiers, notaires. Dans tous les cas, il existe des méthodes d'évaluation basées soit sur le montant des recettes, soit sur le produit demi-net (entendu souvent comme recettes – frais de personnel). Ces droits qualifiés parfois de « droits de chancellerie » sont représentés par des pourcentages ou des coefficients relativement stables, les variations observées étant souvent liées à l'augmentation du nombre d'autorisations. Il est certain que la baisse du prix de négociation des études notariales est due à la faculté d'agrément de plusieurs notaires pour une même étude.

On peut également citer les autorisations de dragage, de décharge de produits dangereux. Dans toutes ces situations, on procède à une étude prévisionnelle permettant de définir les profits futurs, puis on actualise la série retenue.

La détention d'un droit peut aussi résulter d'une permanence contractuelle imposée par le législateur, par exemple pour les commissaires aux comptes nommés pour six ans. Cette situation permet de valoriser la clientèle des cabinets de commissaires aux comptes. La valeur d'un cabinet est fonction de la durée du mandat restant à courir, une année d'honoraires pour des mandats en début de période, 5/6e pour la 2e année, etc.

Le phénomène se rencontre chaque fois que le lien contractuel avec le client présente un caractère durable ou lorsque le renouvellement s'opère par tacite reconduction et que la prestation assure des encaissements périodiques (par exemple, pour les administrateurs d'immeubles, les syndics de copropriété, les experts-comptables, les conseils juridiques et fiscaux).

L'évaluation, en général basée sur un pourcentage de recettes, traduit une situation acquise et un rendement considéré comme certain. On constate, en effet, que des rendements différents pour un même chiffre d'affaires n'entraînant pas de différence de prix, la même norme professionnelle est retenue, les seules variables étant la nature de l'activité et éventuellement la taille de l'établissement.

Les situations décrites précédemment s'apparentent déjà aux situations que l'on a qualifiées d'incontournables et qui doivent être maintenant évoquées.

3.1.3. Les positions privilégiées

On entend par là les positions nées d'un acquis, du rayonnement d'une marque ou d'un savoir-faire conférant une certaine notoriété.

3.1.3.1. La marque

Par une publicité soigneusement entretenue, la marque permet de vendre un produit à un prix supérieur à celui des concurrents, la différence de qualité ne justifiant pas toujours l'écart de prix[10]. Il se peut également que l'usage de la marque ou de la griffe ait été concédé, moyennant redevances, parfois pour des produits autres que ceux que l'on fabrique, c'est le cas de Dior, Lanvin, Hermès... La marque a une valeur en tant que telle et cet élément incorporel peut être apprécié de deux façons : en partant des dépenses de publicité et en fonction des redevances.

– Les dépenses de publicité sont considérées comme un investissement qui continue à produire ses effets dans le temps. Effectivement, même si la publicité n'était pas renouvelée, l'attachement à la marque demeurerait. Toutefois, sous la pression de la concurrence, cet attachement irait vraisemblablement en s'amenuisant. Beaucoup de praticiens estiment dans ces conditions qu'une année et demie de dépenses publicitaires peut représenter la valeur de la marque. Le montant n'a pas, à notre connaissance, été déterminé scientifiquement. Sommairement, on considère que l'effet de rémanence décroît de 20 à 25 % par an. L'impact de la marque ne serait plus que de 0,80 à 0,75 à la fin de la première année, puis de 0,64 à 0,56 pour atteindre très vite un seuil où la marque ne représente plus un impact suffisant. On peut toutefois estimer que le coefficient multiplicateur de 1,5 est faible pour des marques de portée nationale.

– On peut capitaliser les redevances perçues ou actualiser une suite de redevances futures. En général, la période prise en compte est relativement longue, six à dix ans. Toutefois, dans une redevance, on intègre souvent une participation à la publicité. Il faut donc déduire le pourcentage représentatif de cette participation. Les taux de redevance sont variables suivant les produits. En admettant un rendement de 2 %, déduction faite de la part de la publicité, la valeur de la marque sur huit ans, avec un taux d'actualisation financier de 10 %, serait d'après les tables financières :

2 % × 5,33[11] = 10,66 % du chiffre d'affaires.

3.1.3.2. Le savoir-faire

La position privilégiée détenue par une entreprise résulte souvent d'un acquis technologique. Le savoir-faire n'est pas brevetable, mais il donne un avantage évident qui se traduit par un meilleur rendement, par un produit de meilleure qualité, par un semi-monopole pour une production déterminée... Dans tous les cas, on cherche à en apprécier la portée et la durée. L'évaluation s'opère ensuite comme en matière de brevets, en actualisant à un taux plus risqué.

Dans tous les cas évoqués, l'évaluation des éléments incorporels peut être réalisée séparément suivant des règles qui leur sont propres. Si les méthodes d'évaluation sont apparemment différentes (en particulier lorsqu'elles sont basées sur le chiffre d'affaires ou les recettes), sur le plan conceptuel il n'y a pas de rupture avec la théorie financière moderne. L'idée dominante est la permanence de recettes durant une certaine période, recettes qui logiquement doivent procurer un bénéfice. Peu importe si le résultat présent n'est pas

10. Voir également dans cette Encyclopédie l'article de B. Heilbrunn, « Marque », p. 1972, tome 2.

11. 5,33 = valeur actuelle de 8 annuités de 1 F actualisée à 10 %.

conforme à ce bénéfice, car on estime qu'une gestion normale devrait dégager une marge bénéficiaire en accord avec les résultats moyens de la profession.

Cette considération permet de mieux comprendre la logique des méthodes d'évaluation de la clientèle.

3.2. L'évaluation de la clientèle par les méthodes directes

Cette analyse peut s'effectuer en termes de capital ou de rendement.

3.2.1. L'évaluation en termes de capital

Les éléments corporels sont souvent appréciés à leur valeur de remplacement. On peut opérer de la même façon pour l'incorporel.

Supposons une entreprise qui distribue ses produits auprès des clients grâce à un réseau de 15 vendeurs. La mise en place de ce réseau représentant un investissement important, on peut se demander quel serait son coût de remplacement. Le coût est constitué par des frais de recrutement, des frais de formation et de l'aide financière qu'il faut souvent apporter pour permettre à un représentant-vendeur d'être rentable.

Sans entrer dans le détail, on peut se baser sur un montant global de 150 000 F par vendeur. Le coût de remplacement du réseau est donc de : 150 000 × 15 = 2 250 000 F.

Théoriquement, on peut penser que cette dépense permettrait d'avoir une clientèle équivalente. Normalement elle représente le montant minimum à retenir comme valeur de la clientèle.

Le calcul n'est cependant pas tout à fait exact, car certains représentants peuvent être âgés, d'autres peuvent avoir un rendement insuffisant. Il faut alors déduire de la somme obtenue les frais nécessaires à leur remplacement. Par exemple, si on envisage un départ dans l'année et un licenciement, il faut enlever les frais de recrutement et de formation, mais pas nécessairement l'aide financière au démarrage, car la clientèle existe.

3.2.2. L'évaluation en termes de rendement

La démarche s'effectue à partir de l'évaluation des fonds de commerce de détail qui s'opère en général en retenant un pourcentage du chiffre d'affaires ou une recette quotidienne ou hebdomadaire multipliée par un coefficient (J. Ferbos et G. Lacroix, 1978 ; E. Sage, 1982). A titre d'exemples, on constate que :

– les pharmacies se négocient aux environs de 100 % de la recette annuelle,

– les cafés s'échangent 400 à 700 fois la recette journalière suivant leur situation à Paris ou en province,

– les cafés-tabacs s'achètent et se vendent 600 à 700 fois la recette journalière.

On pourrait ainsi passer en revue la plupart des activités commerciales. D'ailleurs, l'administration fiscale se sert également de ces barèmes pour apprécier les déclarations des intéressés. La valeur obtenue par l'intermédiaire de ces pourcentages comprend la plupart du temps le droit au bail, les agencements et installations et le matériel, sachant que les éléments corporels sont retenus dans un état de vétusté moyen. Toutefois, pour certaines professions, la clientèle fait l'objet d'une évaluation séparée. C'est ainsi qu'en matière de vente de charbon, on multiplie le tonnage par un prix. La méthode est identique pour la vente du fuel en prenant pour base le nombre de m^3. Dans ce type d'évaluation, il ne faut d'ailleurs pas beaucoup s'attacher aux éléments corporels, car souvent le nouvel exploitant refait entièrement son magasin après acquisition.

On a beaucoup discuté le caractère significatif de ces pourcentages, et il a même été écrit qu'ils relevaient plus de la prestidigitation que de la logique. En particulier, on explique assez mal leur stabilité.

Leur logique est basée sur l'enchaînement suivant : une acquisition s'effectue sur les bases évoquées, elle devient un élément de référence aussi bien pour l'administration que pour les exploitants. En cas de revente, le vendeur souhaite, évidemment, négocier sur les mêmes bases ; quant à l'administration, comme elle établit ses statistiques avec décalage, elle a aussi tendance à perpétuer ces coefficients. Tout s'accorde donc pour pérenniser de tels pourcentages, sauf si la branche venait à être sérieusement touchée (par exemple, l'épicerie et les petits commerces : droguerie, mercerie, etc., fortement concurrencés par les grandes surfaces).

L'harmonie du système repose aussi sur la psychologie des commerçants. Les exploitants sont finalement plus attentifs à la plus-value en capital qu'au revenu. Pour beaucoup, l'exploitation doit procurer un revenu permettant une vie décente et le gain en capital permet de couler paisiblement ses vieux jours ; il représente la constitution d'une retraite. Ceci explique qu'à l'exception des professions protégées qui réclament une formation intellectuelle souvent supérieure, les coefficients les plus élevés se rencontrent dans les professions les plus banales, comme le café. Le commerce est un moyen de promotion sociale et d'enrichissement à terme. Dans la mesure où actuellement les commerçants ont une gestion plus rigoureuse et empruntent souvent pour acheter leur fonds, la mentalité évolue, et on sera bientôt vraisemblablement plus attentif à la rentabilité, et en particulier à la rentabilité future. Pour l'instant, les habitudes sont encore bien ancrées, et les références à ces pourcentages demeurent.

Quand on passe du commerce de détail au commerce de gros, la transformation est possible en se référant à la marge brute. Prenons le cas d'un détaillant en quincaillerie et articles de jardinage, dont la marge brute est de 33 1/3 sur vente, et admettons que le prix de vente de son commerce se réalise sur la base de 40 % des recettes. Le grossiste qui, lui, a une marge de 20 % peut, avec le même raisonnement, apprécier également son commerce en termes de chiffre d'affaires :

$$\frac{40 \times 20}{33\ 1/3} = 24{,}02\ \%\ \text{du chiffre d'affaires, arrondis à } 24\ \%.$$

Cet exemple n'est toutefois pas parfait, car le détaillant est moins vulnérable que le grossiste pour deux raisons :

– d'abord parce qu'en toute hypothèse, même en cas de défaillance, son fonds de détail conserve un droit au bail,

– ensuite, parce que la clientèle au niveau du commerce de détail est plus captive, le détaillant bénéficie d'une localisation, alors que le grossiste a beaucoup plus d'efforts de prospection à réaliser.

Si le premier argument conserve toute sa valeur, le second est actuellement beaucoup plus discutable, l'apparition d'une grande surface et la déspécialisation commerciale rendant le petit commerçant plus vulnérable. En revanche, une différence importante existe au niveau de la propriété. Dans la plupart des cas, le détaillant est locataire des murs, alors que le grossiste est propriétaire. Cette différence est souvent négligée, ce qui est regrettable, car elle peut aisément être corrigée. Il suffit en effet de diminuer le résultat obtenu de l'écart entre la valeur des murs libres et celle des murs occupés. On rappellera, par ailleurs, que dans cette méthode, agencements et installations sont inclus, ainsi que le montant du matériel, exception faite du matériel de transport et des matériels qui auraient pour effet d'augmenter la valeur ajoutée (matériel de découpe ou d'ensachage, par exemple), ces activités devant normalement être appréciées séparément.

Les auteurs et les praticiens ont, par la suite, envisagé d'appliquer ces relations au cas de la grande distribution. Il est admis que la clientèle d'hypermarché s'évalue sur la base d'un pourcentage du chiffre d'affaires annuel, ou en semaines de chiffre d'affaires. Ces pratiques ont été par la suite étendues aux grands distributeurs d'appareils ménagers, de bricolage..., l'idée sous-jacente étant toujours la même : l'implantation est onéreuse, elle confère un avantage territorial concrétisé par une clientèle potentielle ; ces éléments ont une valeur en soi indépendante de toute notion de rentabilité, cette dernière étant le résultat d'une plus ou moins bonne gestion. En revanche, dès que les autorisations se multiplient, la méthode devient dangereuse, il suffit pour s'en convaincre de constater la chute de valeur des supermarchés.

Peut-on étendre ces méthodes d'évaluation de la distribution à l'industrie ? Pour notre part, nous répondrons par l'affirmative. Au cours de ces dernières années, nous nous sommes efforcés de donner une valeur de la clientèle par appréciation directe en pourcentage du chiffre d'affaires. L'éventail est large, de 1,5 à 30 % du chiffre d'affaires hors taxes, avec une très forte majorité dans la tranche des 3 à 6 %, les extrêmes correspondant pour le plus faible aux industries lourdes nécessitant de gros investissements d'équipement, pour le plus fort aux industries de luxe ou de mode réclamant peu d'équipements. Les pourcentages ont été déterminés à partir des négociations réalisées et en considération d'une rentabilité normale. Si la rentabilité n'est pas conforme aux normes de la profession, sans explication valable, il convient soit d'écarter la méthode, soit de diminuer ou d'augmenter le coefficient. Une rentabilité exceptionnelle peut justifier une majoration de 50 à 100 %, une rentabilité insuffisante un abattement de même nature.

*

* *

Une valorisation des éléments incorporels peut ainsi être conduite dans le même esprit que l'évaluation d'éléments corporels. Si ce point de vue est accepté, le chiffre obtenu peut s'incorporer à la valeur patrimoniale. On parvient ainsi à une homogénéité de méthode : l'évaluation donne, d'une part, une valeur en capital du potentiel de l'entreprise et présente, d'autre part, une valeur fonction de la rentabilité présente ou passée. La rente de *goodwill* est établie après rémunération de la totalité des composantes. Si elle existe, le montant qui en résulte représente effectivement une survaleur.

L'incorporation directe à la valeur patrimoniale a d'ailleurs souvent comme corollaire un *badwill* qui témoigne d'une insuffisante rentabilité des entreprises. On peut toujours critiquer et contester la validité des coefficients ou des pourcentages, mais ils ne sont pas plus arbitraires qu'un PER. L'évaluation n'est pas une science exacte ; la valeur doit résulter de multiples approches. L'art de l'évaluateur est d'opérer un choix, celui du négociateur est d'imposer son choix.

Références

ALLA J., HOUDOUIN J., *Stratégie et valeur de l'entreprise,* Paris, Economica, 1989.

ANDREWS P.W.S., « Industrial Analysis in Economics with Special Reference to Marshallian Doctrine », *in Oxford Studies in the Price Mechanism,* 1951.

BARNAY, CALBA, *Combien vaut votre entreprise ?,* Paris, Entreprise Moderne d'Edition, 1968.

BRILMAN J., MAIRE C., *Manuel d'évaluation des entreprises,* Paris, Les Editions d'Organisation, 1988.

COASE R.H., « The Nature of the Firm », *Economica* (1937), réimprimé *in Readings in Price Theory,* Stigler-Boulding, 1970.

EDWARDS H.R., « Price Formation in Manufacturing Industry and Excess Capacity », *Oxford Economics Papers* (February 1955).

FERBOS J., LACROIX G., *Evaluation des fonds de commerce et des entreprises,* Paris, Editions du Moniteur, 1978.

GLAIS M., *Le diagnostic financier de l'entreprise,* 2e éd., Paris, Economica, 1986.

HICKS J., *Le temps et le capital,* Paris, Economica, 1975.

HICKS J., « Capital Controversies : Ancient and Modern », *American Economic Review* (Papers and Proceedings, 1974).

LEIBENSTEIN H., « Allocative Efficiency versus X-Efficiency », *American Economic Review* (June 1966).

MAUGUIÈRE H., *L'évaluation des entreprises non cotées,* Paris, Dunod, 1990.

MCKINSEY, *La stratégie de la valeur,* Paris, InterEditions, 1991.

MODIGLIANI F., MILLER M., « Dividend Policy Growth and the Valuations of Shares », *Journal of Business* (1961).

MURARD G. (de), « L'évaluation des entreprises : une approche fondamentaliste, rentabilité et croissance des capitaux investis », *Analyse Financière* (n° 11, 4e trimestre 1972).

PÈNE D., *Evaluation et prise de contrôle de l'entreprise,* t. 1 et 2, 2e éd., Paris, Economica, 1993.

PETERS T., WATERMAN R., *Le prix de l'excellence,* Paris, InterEditions, 1983.

RETAIL L., *L'évaluation des fonds de commerce, des fonds d'industrie et des grands ensembles économiques,* Paris, Sirey, 1924.

RICHARDSON G.B., « The Organisation of Industry », *Economic Journal* (September 1978).

ROBERTSON D.H., *Control of Industry,* Londres, 1928.

ROSENBERG N., *Inside the Black Box, Technology and Economics,* Cambridge, Cambridge University Press, 1982.

SAGE E., *Comment évaluer une entreprise,* Paris, Sirey, 1979.

SAGE E., *Evaluation des biens professionnels,* Paris, Sirey, 1982.

VIZZAVONA P., *Evaluation des entreprises,* Paris, Litec, 1983.

WILLIAMSON O.E., « The Vertical Integration of Production : Market Failure Considerations », *American Economic Review* (May 1971).

ZUSCOVITCH E., « Une approche méso-économique du progrès technique : diffusion de l'innovation et apprentissage industriel », Thèse, Strasbourg, 1984.

Mots clés

Actif incorporel, *badwill,* brevet, capacité bénéficiaire, clientèle, dividendes, droit au bail, évaluation patrimoniale, évaluation rendement, fonds de commerce, *goodwill, know how, learning by doing, learning by using,* marque, rente, rente de *goodwill,* taux d'actualisation, valeur de la clientèle.

Evaluation de l'entreprise

Didier Pène

L'évaluation de l'entreprise est l'un des domaines les plus importants de la finance sur le double plan de la théorie et de la pratique.

D'abord sur le plan théorique. Si, dans une économie libérale, l'objectif majeur de l'entreprise est la maximisation de la richesse de l'actionnaire, l'évaluation des titres de propriété de l'entreprise est primordiale.

Sur le plan pratique, ensuite, et ce pour cinq raisons.

Premièrement, l'évaluation intervient à des dates particulièrement importantes de l'histoire des entreprises : introduction en bourse, acquisitions, cessions, fusions, OPA, OPE, prises de participation, etc. Il s'agit là des étapes clés de ce que l'on appelle la croissance externe[1].

Deuxièmement, la mise en œuvre de l'évaluation détecte le montant, l'accroissement et la diminution de la valeur des patrimoines investis en actions, ce qui en fait un élément indispensable de la gestion de fortune.

Troisièmement, elle constitue l'activité quotidienne des analystes financiers, que ces derniers opèrent dans des sociétés de bourse, des banques ou des entreprises. Et c'est le jugement, perpétuellement remis en question, des analystes sur les entreprises cotées en bourse qui assure l'efficience du marché.

Quatrièmement, l'évaluation des actions est une étape indispensable à des opérations de financement de l'entreprise comme l'augmentation de capital, qui n'est autre chose qu'une vente de titres dont il faut établir le prix. L'évaluation est également nécessaire lors de l'émission de titres apparentés aux actions comme les obligations convertibles[2] ou les obligations à bons de souscription d'actions[3] et lors de l'émission d'options dont les actions constituent le titre support[4].

---

1. Voir dans cette Encyclopédie l'article de M. Nussenbaum, « Prises de contrôle, fusions, acquisitions », p. 2468, tome 3.

2. Voir dans l'Encyclopédie des marchés financiers l'article de G. de Nercy, « Obligations convertibles ».

3. Voir dans l'Encyclopédie des marchés financiers l'article de P. Chollet, « Bons de souscription d'actions ».

4. Voir dans l'Encyclopédie des marchés financiers l'article de F. Roure, « Options sur actions ».

Enfin, cinquièmement, l'évaluation de l'entreprise intervient pour des raisons fiscales, quand il faut fixer le montant d'impôts comme les droits de mutation, les taxes sur les plus-values, les droits de succession, etc., dont l'assiette est constituée par l'entreprise.

L'ambition de cet article est double. Elle est de présenter, d'une part, les principes de base et les méthodes d'évaluation de l'entreprise, d'autre part, les principales difficultés que l'on rencontre dans la mise en œuvre de l'évaluation. L'idée qui sous-tend ce texte est la suivante : si le problème de l'évaluation de l'entreprise est relativement simple sur le plan théorique, il devient de plus en plus complexe à mesure que l'on entre dans la pratique.

Nous traiterons ainsi l'évaluation de l'entreprise à travers cinq sections :

– l'approche théorique de l'évaluation de l'entreprise,

– les raisons conduisant à l'existence de deux grandes familles de méthodes d'évaluation,

– les principales méthodes d'évaluation à l'intérieur de chaque famille,

– les approches modernes de l'évaluation,

– les principaux problèmes relatifs à la mise en œuvre des méthodes d'évaluation.

1. L'approche théorique de l'évaluation de l'entreprise

L'évaluation de l'entreprise est traditionnellement abordée en utilisant soit une approche par les stocks, soit une approche par les flux de liquidité ou flux monétaires. La première repose sur l'idée que l'entreprise est formée d'un ensemble d'actifs dont le prix sur les marchés secondaires ou la valeur de remplacement fournit la base de la valeur globale. L'approche par les flux de liquidité repose sur l'idée que la propriété de l'entreprise s'exerce à travers des titres financiers, les actions, dont la valeur dépend des flux monétaires, les dividendes qu'ils peuvent recevoir[5].

Si les conditions d'un marché efficient sont réunies et si l'on accepte quelques hypothèses simplificatrices, ces deux approches doivent converger vers une seule valeur relevant d'une seule méthode d'évaluation.

Imaginons une société Durand dont les titres sont cotés sur la bourse des actions. Sur ce marché, les sociétés sont évaluées à travers leurs flux monétaires prévisionnels, à savoir leurs dividendes, en utilisant l'équation :

$$P_0 = \frac{\overline{D_1}}{(1+k)} + \frac{\overline{D_2}}{(1+k)^2} + \frac{\overline{D_3} + \overline{P_3}}{(1+k)^3} \qquad [1]$$

où

P_0 : la valeur de l'action à l'instant 0,

$\overline{D_1}, \overline{D_2}, \overline{D_3}$: les dividendes espérés pour les années 1, 2 et 3,

5. Voir également dans l'Encyclopédie des marchés financiers l'article de D. Folus, « Actions : modélisation, évaluation, gestion ».

$\overline{P_3}$: le prix de vente prévisionnel de la société Durand en année 3,
k : le taux d'actualisation ou coût des fonds de l'entreprise[6] ; ce taux indique la rentabilité espérée par l'investisseur et comprend trois éléments : la valeur dans le temps de l'argent ou du loyer de l'argent, l'anticipation de l'inflation, et le risque économique et financier qui pèse sur l'entreprise.

Sur un autre marché, celui des actifs, on achète et on vend les biens constitutifs de la société Durand. Pour simplifier le raisonnement, supposons que la société n'est pas endettée et que tous les biens qui la composent sont échangés sur ce marché. En d'autres termes, on peut acheter la totalité de la société Durand sur le marché des actions ou se la procurer en pièces détachées sur le marché des actifs.

Que va-t-il se passer si, à un moment donné, la société Durand vaut 100 millions de francs sur le marché des actions, alors que l'on peut se procurer tous les actifs qui la constituent pour 80 millions de francs sur l'autre marché ? Les investisseurs vont acheter sur le marché des actifs et vendre sur celui des actions jusqu'à ce que le prix de la société soit identique sur les deux marchés. En d'autres termes, quelle que soit la manière dont on mesure la valeur, deux biens identiques ne peuvent conserver durablement des prix différents s'il n'existe pas de barrières entre les marchés. L'arbitrage conduit normalement à un prix unique[7]. Ce raisonnement vaut pour l'entreprise comme pour les autres catégories de biens durables.

Prenons un exemple chiffré pour montrer comment la valeur de stock et la valeur par les flux vont nécessairement converger sur un marché efficient. Supposons que la société Dubois soit créée en début d'année. Son capital de 1 000 lui permet d'acheter et de payer comptant pour 400 de machines. Le bilan de départ est reproduit au tableau 1.

Tableau 1 – Bilan de départ

	Actif	Passif	
Machines	400	1 000	Fonds propres
Disponibilités	600		
	1 000	1 000	

Au cours de l'année, la société Dubois achète pour 200 de matière première payée comptant, vend pour 1 000 ses produits finis, amortit 40, verse 560 à ses ouvriers et employés et paie 100 d'impôt à l'Etat. Le compte de résultat est représenté au tableau 2.

6. Voir également dans cette Encyclopédie l'article de M. Albouy, « Structure financière et coût du capital », p. 3129, tome 3.

7. Si l'on ne tient pas compte des frais et taxes.

Tableau 2 – Compte de résultat

Ventes	1 000
Achats	200
Salaires	560
Amortissements	40
Impôt	100
Résultat net	100

Le bilan de fin d'année est reproduit au tableau 3.

Tableau 3 – Bilan de fin d'année

Machines (400 – 40)	360	1 000	Capital
Disponibilités (600 + 140)	740	100	Résultat de l'exercice
	1 100	1 100	

Si, au lieu de raisonner en termes de stock à travers le bilan, l'accent est mis sur la génération de flux de liquidité, on obtient le tableau 4.

Tableau 4 – Flux de liquidité

Ventes	1 000
Achats	200
Salaires	560
Impôt	100
Δ disponibilités	140
dont somme affectée au renouvellement des immobilisations	40
dont liquidités disponibles	100

Les liquidités ont augmenté de 140, mais après l'affectation de 40 au renouvellement des immobilisations, il reste en caisse 100 qui correspondent à l'enrichissement inscrit au passif du bilan.

L'approche par les stocks indique une valeur de 1 100 en fin d'année, qui, actualisée à 10 %, donne 1 000 à l'instant 0. En termes de flux, si l'on fait l'hypothèse que le cycle décrit ci-dessus se reproduit chaque année à perpétuité, la valeur actuelle à 10 % de liquidités de 100 disponibles tous les ans est également de 1 000. Les deux approches convergent donc lorsque le marché est efficient et quand quatre conditions complémentaires sont remplies :

– la valeur de stock ou valeur patrimoniale doit être exprimée en termes de valeur marchande ou de remplacement et non en termes comptables,

– il n'y a pas d'inflation, ce qui permet aux amortissements de compenser le vieillissement et l'obsolescence des immobilisations,

– il n'y a ni croissance réelle ni endettement,

– la rentabilité anticipée des fonds propres de l'entreprise doit être égale à la rentabilité demandée par l'investisseur, c'est-à-dire au coût des fonds propres, qui sert de taux d'actualisation. Cette condition est la plus importante pour qu'il y ait identité entre la valeur de stock et la valeur par les flux. Tel était le cas dans l'exemple précédent où une rentabilité des fonds propres de 10 % générait un bénéfice perpétuel de 100, qui, distribué et actualisé à 10 %, donnait une valeur actuelle de 1 000.

Dans ces conditions, la valeur de stock ne peut s'éloigner durablement de la valeur donnée par les flux. Si la première atteint, par hasard, 1 200 alors que la seconde reste à 1 000, il se trouvera immanquablement des intervenants pour acheter les actions à 1 000 et revendre la société 1 200 en pièces détachées. Si les deux valeurs convergent l'une vers l'autre, les méthodes fondées sur les deux approches de l'évaluation doivent donner des résultats identiques et l'une d'entre elles devrait suffire.

Laquelle choisir ?

On peut d'abord invoquer l'argument d'autorité théorique selon lequel la valeur de tout actif, qu'il soit réel ou financier, se détermine à partir de l'actualisation des flux qu'il est censé engendrer. Mais on peut également avancer d'autres raisons de bon sens. Première raison : puisque l'évaluation de l'entreprise se ramène nécessairement à celle des actions, il est logique de donner la préférence à la méthode portant sur les flux qui vont précisément revenir aux actionnaires. Deuxième raison : puisque l'évaluation d'une entreprise et de ses actions est par définition globale, il est normal de donner la préférence à la méthode qui évalue l'entreprise comme un tout sur celle qui la considère comme un ensemble d'éléments dissociables. Troisième raison : selon les termes de l'équation [1], dans un marché qui considère l'entreprise comme un tout, les variations du taux d'actualisation et des anticipations relatives à la rentabilité de l'entreprise et à ses dividendes auront un effet généralement plus important sur la valeur que les changements du prix des actifs sur leurs marchés respectifs, comme on l'a souvent constaté.

2. Les raisons conduisant à l'existence de deux grandes familles de méthodes d'évaluation

Dans les développements qui suivent et conformément à la pratique, la valeur de stock est dénommée valeur patrimoniale et la valeur par les flux est appelée valeur de rentabilité ou valeur boursière.

Nous avons vu au cours de la première section que si la rentabilité de l'entreprise (rentabilité des fonds propres) est identique à celle demandée par l'investisseur, la valeur de rentabilité et la valeur patrimoniale sont identiques dans un marché efficient. Mais s'il y a un écart dans un sens ou dans l'autre, la valeur patrimoniale et la valeur de rentabilité divergent l'une de l'autre.

Prenons le cas de trois sociétés *A*, *B* et *C* identiques en tous points, sauf en ce qui concerne leur risque et donc le coût de leurs fonds propres (tableau 5).

Tableau 5 – Les décalages entre la valeur patrimoniale et la valeur de rentabilité

	A	B	C
Valeur patrimoniale en année 0 (sans dette)	1 000	1 000	1 000
Rentabilité des fonds propres = *rc*	10 %	10 %	10 %
Résultat net supposé perpétuel	100	100	10
Coût des fonds propres = k_e (taux d'actualisation)	10 %	5 %	20 %
Valeur de rentabilité (ou boursière)	1 000 $\left(\frac{100}{10\ \%}\right)$	2 000 $\left(\frac{100}{5\ \%}\right)$	500 $\left(\frac{100}{20\ \%}\right)$
$\frac{\text{Valeur de rentabilité}}{\text{Valeur patrimoniale}}$	1	2	0,5

Les sociétés *A*, *B* et *C* ont la même valeur patrimoniale (actif net de 1 000), la même rentabilité de 10 %. Mais comme elles n'ont pas le même risque, donc le même coût des fonds propres (10 % pour *A*, 5 % pour *B* et 20 % pour *C*), leur valeur de rentabilité (ou boursière) est différente. Si le bénéfice est constant, perpétuel et intégralement distribué, on aboutit à trois valeurs de rentabilité (ou boursières) : 1 000 pour *A*, 2 000 pour *B* et 500 pour *C* et à des ratios $\frac{\text{Valeur de rentabilité}}{\text{Valeur patrimoniale}}$ appelés également *q* de Tobin (du nom de l'inventeur) ou PBR (*price book ratio*), de 1 pour *A*, 2 pour *B* et 0,5 pour *C*.

Quelle est la raison profonde de cet écart entre la valeur patrimoniale et la valeur de rentabilité ?

La rentabilité des fonds propres, qui est d'ailleurs la rentabilité économique dans cet univers simplifié (puisqu'il n'y a pas d'endettement), est naturellement prévisionnelle. Le coût des fonds propres, qui est, dans ce même univers, identique au coût du capital, est la rentabilité demandée par l'investisseur rationnel. On peut dire, de ce fait, que la valeur de rentabilité de l'entreprise est supérieure à sa valeur patrimoniale, quand sa rentabilité prévisionnelle estimée est supérieure au coût de ses fonds. Il y a alors création de richesse. En sens inverse, la valeur patrimoniale est supérieure à la valeur de rentabilité, quand la rentabilité prévisionnelle estimée de l'entreprise est inférieure au coût de ses fonds, ce qui conduit à une destruction de richesse.

Cette situation n'est pas théorique. Les entreprises de croissance se caractérisent précisément par un ratio $\frac{\text{Valeur de rentabilité}}{\text{Valeur patrimoniale}}$ ou PBR supérieur à 1. Les sociétés qui traversent des difficultés ont, en revanche, un PBR inférieur à 1. Si les marchés étaient parfaitement efficients, ces écarts entre la valeur patrimoniale et la valeur de rentabilité ne devraient pas durer.

Dans le cas d'une valeur patrimoniale supérieure à la valeur de rentabilité, des actionnaires rationnels, voyant que leur entreprise, malgré tous leurs efforts, ne leur laisse pas espérer une rentabilité suffisante, devraient la vendre totalement ou partiellement en pièces détachées pour en tirer le meilleur rapport. Cela devrait tendre à faire converger les deux valeurs. Dans le cas inverse d'une valeur de rentabilité supérieure à la valeur patrimoniale, des entrepreneurs, voyant que l'entreprise dégage une rentabilité exceptionnelle, devraient venir la concurrencer sur son marché, ce qui aurait normalement pour effet de faire baisser la rentabilité et le cours jusqu'à un niveau normal compte tenu du risque.

Or, la très grande majorité des entreprises ont une valeur de rentabilité différente de leur valeur patrimoniale. Cet écart subsiste parce que les marchés ne sont pas vraiment fluides. D'abord, les marchés de biens et de services ne s'ajustent pas aussi rapidement que les marchés financiers, et les intervenants sur ces derniers attendront d'être convaincus que la nouvelle concurrence est efficace pour ajuster les cours. Ensuite, les actionnaires ne peuvent pas toujours disposer de l'entreprise comme ils l'entendent. Des contraintes diverses freinent la cession d'actifs et les ajustements de valeur qui devraient en résulter. Cette rigidité est l'une des justifications de l'existence des *raiders*, qui, souvent, après avoir pris le contrôle d'une entreprise dont la valeur patrimoniale est supérieure à la valeur boursière, cèdent les actifs improductifs pour faire monter le cours de l'action.

Ainsi, les différences de fonctionnement entre les marchés justifient l'existence de deux grandes familles de méthodes d'évaluation.

3. Les principales méthodes d'évaluation à l'intérieur de chaque famille

Nous avons, jusqu'à maintenant, évoqué deux familles de méthodes d'évaluation. Dans la pratique, il faut également tenir compte d'une troisième catégorie : celle des méthodes mixtes qui n'est qu'une sous-catégorie des valeurs de rentabilité.

3.1. Les méthodes axées sur la valeur de rentabilité (ou valeur boursière)

Jusqu'à présent, nous avons utilisé, suivant les cas, les expressions valeur par les flux, valeur boursière, valeur de rentabilité, etc. Toutes ces formules correspondent à la valeur de rentabilité, par opposition à la valeur patrimoniale. Leur principe est simple. Elles reposent sur l'actualisation de flux de liquidité prévisionnels.

3.1.1. Les modèles de base

Si l'on prend l'exemple d'un bénéfice constant et intégralement distribué d'une entreprise sans croissance où les amortissements suffisent au renouvellement des immobilisations, la valeur de rentabilité est représentée par les formules suivantes.

Si

VR : la valeur de rentabilité,
B : le montant du bénéfice,
k_e : le coût des fonds propres,

on obtient la valeur de rentabilité par l'équation :

$$VR = \frac{B}{k_e} \qquad [2]$$

qui équivaut à l'équation :

$$VR = B \times PER \qquad [3]^{8}$$

où *PER* est le *price earning ratio* ou coefficient de capitalisation du bénéfice quand $k_e = \frac{B}{VR}$.

Quand on abandonne l'hypothèse d'un bénéfice intégralement distribué et constant, on obtient l'équation :

$$VR_0 = \sum_{t=1}^{n} \frac{\overline{D_t}}{(1+k_e)^t} + \ldots + \frac{\overline{VT_n}}{(1+k_e)^n} \qquad [4]$$

où

$\overline{D_t}$: le dividende par action en période t,

VR_0 : la valeur de l'entreprise à l'instant 0,

$\overline{VT_n}$: la valeur de l'entreprise en année n ou valeur terminale, que l'on peut représenter, comme dans l'équation [5], si l'on préfère raisonner à partir du bénéfice par action, du taux de croissance de ce dernier et du taux de distribution du bénéfice.

Si

B_0 : le bénéfice par action en période 0,

$\overline{g_{1,\,2,}}$ etc. : le taux de croissance prévisionnel en période 1, 2, etc.,

$\overline{d_{1,\,2,}}$ etc. : le taux de distribution du bénéfice en période 1, 2, etc.,

on obtient :

$$VR_0 = \frac{(B_0)(1+\overline{g_1})(\overline{d_1})}{(1+k_e)} + \frac{(B_0)(1+\overline{g_2})(\overline{d_2})}{(1+k_e)^2} + \ldots + \frac{(B_0)(1+\overline{g_n})(\overline{d_n})}{(1+k_e)^n} \qquad [5]$$

3.1.2. L'actualisation des flux pour l'actionnaire (ou l'actualisation des dividendes)

On constate que le numérateur de l'équation [5] $[(B_0)(1+g)(d)]$ représente le dividende prévisionnel pour chaque période. Reste à savoir comment calculer ce dernier.

On peut, comme le suggère l'équation [5], établir des comptes de résultat prévisionnel pour chaque période et en déduire le dividende. Mais cette méthode ne permet pas de prendre en compte directement d'autres flux tels que les investissements, les variations du besoin en fonds de roulement ou celles de l'endettement… qui peuvent augmenter ou réduire le montant du dividende indépendamment du bénéfice. Il est donc préférable de passer par l'intermédiaire de tableaux de flux financiers prévisionnels, dont nous donnons un exemple simplifié (tableau 6). Une fois les prévisions effectuées,

8. On a, en effet :

$$VR = \frac{B}{\frac{B}{VR}} = B \times \frac{VR}{B} = B \times PER$$

Tableau 6 – Flux prévisionnels pour l'actionnaire (dividendes)

	1	2	3
Chiffre d'affaires	10 000	9 400	9 900
Charges d'exploitation	– 4 600	– 5 070	– 4 600
Excédent brut d'exploitation (EBE)	= 5 400	= 4 330	= 5 300
Δ besoin en fonds de roulement (ΔBFR)	– 1 000	– 1 400	1 000
Excédent de trésorerie d'exploitation (ETE)	= 4 400	= 2 930	= 4 300
Investissements	– 1 300	– 2 000	– 1 800
Solde économique	= 3 100	= 930	= 2 500
Impôt*	– 1 000	– 432	– 736
Flux réels	= 2 100	= 498	= 1 764
Frais financiers	– 1 000	– 1 250	– 1 260
Δ dettes financières	0	+ 800	+ 500
Dividendes (– D capital)	1 100	48	1 004

* Pour calculer l'impôt, il faut déduire les amortissements et les charges financières de l'excédent brut d'exploitation comme indiqué ci-dessous :

Excédent brut d'exploitation (EBE)	5 400	4 330	5 300
Dotation aux amortissements	– 1 900	– 2 000	– 2 200
Charges financières	– 1 000	– 1 250	– 1 260
Impôt (40 %)	1 000	432	736

il reste à introduire les chiffres correspondant à chaque période au numérateur de l'équation [5].

Certains modèles effectuent des prévisions de dividendes à l'infini. D'autres préfèrent borner l'horizon de prévisions à quelques années dont le nombre dépend de la visibilité de l'avenir de l'entreprise. Dans ce cas, il faut prévoir une valeur terminale. L'important est ici, indépendamment de la qualité des prévisions, de faire en sorte que cette valeur terminale soit cohérente avec la méthode d'évaluation utilisée.

La première approche consiste à prendre comme valeur terminale la situation nette à l'horizon de prévisions. Le raisonnement sous-jacent à cette démarche est simple. Si l'on cesse d'effectuer des prévisions détaillées à un horizon donné, c'est que l'on estime ne plus pouvoir en faire au-delà. Cela revient à dire que l'on considère implicitement que rien ne permet d'affirmer que la rentabilité de l'entreprise (r) sera supérieure ou inférieure au coût des fonds (k) au-delà de cette période. Le plus sage consiste, dans ce cas, à considérer qu'ils seront identiques. Or nous avons remarqué en (1), en (2) et dans le tableau 5 (A) que lorsque la rentabilité prévisionnelle des fonds propres de l'entreprise (rc) est identique au coût des fonds propres (k_e), il n'y a plus qu'une seule valeur. La première solution pour calculer une valeur terminale consiste donc à retenir la situation nette prévisionnelle à cet horizon, d'abord parce que cette décision est théoriquement correcte, ensuite parce qu'une fois estimés les flux financiers prévisionnels, l'élaboration des bilans prévisionnels cohérents avec ces derniers est aisée.

La seconde approche consiste à estimer les flux de l'horizon de prévisions à l'infini et à les transformer en valeur terminale à l'aide d'un modèle dont le plus simple correspond à l'équation [2]. L'important est ici aussi de faire en sorte que les flux prévisionnels jusqu'à l'infini soient cohérents avec l'hypothèse selon laquelle on clôt l'horizon de prévisions détaillées à partir de la période au-delà de laquelle on estime ne plus pouvoir dire si la rentabilité sera supérieure ou inférieure au coût des fonds. Ceci conduit à supposer qu'ils seront alors égaux et donc à considérer la valeur terminale comme unique, qu'il s'agisse de la valeur de rentabilité ou de la valeur patrimoniale.

Etant donné que le coût des fonds propres varie en fonction du niveau d'endettement, l'actualisation des flux pour l'actionnaire (ou dividendes à un taux constant) implique une stabilité de la structure de financement de l'entreprise.

3.1.3. L'actualisation des flux économiques à dette nulle (ou *free cash-flows*)

Théoriquement, la valeur d'une entreprise est égale à la valeur actualisée des dividendes prévus jusqu'à l'infini. L'actualisation des dividendes est donc une méthode cohérente avec la théorie, mais elle se voit de plus en plus préférer la méthode de l'actualisation des flux économiques à dette nulle ou cash-flows disponibles (*free cash-flows*)[9]. Plusieurs raisons expliquent cette évolution.

Premièrement, la finance moderne tend à privilégier une approche globale sous prétexte que l'entreprise fonctionne comme un tout et que la distinction entre les fonds propres et la dette, très nette il y a quelques décennies, tend à devenir plus floue, à la suite, entre autres, de l'apparition d'une multitude de nouveaux moyens de financement intermédiaires entre les fonds propres et la dette[10]. C'est pourquoi les flux économiques à dette nulle (*free cash-flows*) ou cash-flows disponibles recouvrent l'ensemble des flux que l'entreprise met à la disposition de ses bailleurs de fonds, qu'ils soient actionnaires ou créanciers (ou qu'elle demande à ces derniers s'ils sont négatifs).

Deuxièmement, l'actualisation des flux économiques à dette nulle est une pratique cohérente avec la théorie de l'investissement qui n'actualise précisément que ces derniers.

Troisièmement, cette méthode est plus simple à mettre en œuvre que l'actualisation des flux pour l'actionnaire. Elle permet de se concentrer sur les flux d'exploitation et d'investissement en évitant la complexité des prévisions relatives aux flux financiers.

En partant de l'exemple chiffré du tableau 6, le calcul des flux économiques à dette nulle peut commencer au solde économique, ce qui signifie que les rubriques précédentes sont identiques à celles de l'actualisation des dividendes. Mais un flux à dette nulle oblige à substituer à l'impôt réel celui que l'entreprise paierait si elle n'était pas endettée. Il faut donc recalculer l'impôt par rapport à celui du tableau 6 de la façon suivante.

Les flux économiques à dette nulle sont reproduits au tableau 8.

Notons que l'on parvient au même résultat en soustrayant des flux réels (tableau 6) l'impôt supplémentaire que l'entreprise devrait verser si elle ne

9. Voir également dans cette Encyclopédie l'article de G. Hirigoyen, « Stratégie et finance », p. 3064, tome 3.

10. Voir dans cette Encyclopédie l'article de N. Mourgues, « Fonds propres et quasi-fonds propres », p. 1433, tome 2.

Tableau 7

	1	2	3
Excédent brut d'exploitation (EBE) Dotation aux amortissements	5 400 1 900	4 330 2 000	5 300 2 200
Impôt à dette nulle (40 %)	1 400	932	1 240

Tableau 8 – Flux économiques à dette nulle (*free cash-flows*)

	1	2	3
Solde économique Impôt à dette nulle (40 %)	3 100 1 400	930 932	2 500 1 240
Flux économiques à dette nulle (*free cash-flows*)	1 700	– 2	1 260

bénéficiait pas de l'économie d'impôt due aux frais financiers, à savoir 40 % de ces derniers, soit 400, 500 et 504 pour les années 1, 2 et 3.

Comme les flux économiques à dette nulle reviennent aux actionnaires et aux créanciers, il va falloir déduire la dette de la valeur actualisée des flux économiques à dette nulle pour obtenir la valeur des actions. Mais à la différence de la méthode axée sur l'actualisation des dividendes qui prend en compte l'endettement de chaque période, la méthode des flux économiques à dette nulle simplifie les calculs en déduisant de la valeur actualisée des flux économiques à dette nulle la valeur de la dette en période 0, selon l'équation [6].

Si

$FEDN$: les flux économiques à dette nulle,

$\overline{VRG_n}$: la valeur globale de l'entreprise en année n,

D_0 : la dette à l'instant 0,

K_0 : le coût moyen pondéré du capital,

$$VR_0 = \left(\sum_{t=1}^{n} \frac{\overline{FEDNt}}{(1+k_0)t} + \ldots + \frac{\overline{VRGn}}{(1+k_0)n} \right) - D_0 \qquad [6]$$

Comme les flux économiques à dette nulle sont censés revenir aussi bien aux créanciers qu'aux actionnaires, il faut les actualiser non pas au coût des fonds propres comme les dividendes mais au coût moyen pondéré du capital (k_0), qui est précisément le coût moyen de l'argent mis à la disposition de l'entreprise par les actionnaires et les créanciers.

Si

k_e : le coût des fonds propres,

i : le coût de la dette après impôt,

D : la dette,

C : les fonds propres,

le coût moyen pondéré du capital, k_0, est égal à :

$$k_0 = \left[k_e \left(\frac{C}{D+C} \right) + i \left(\frac{D}{D+C} \right) \right] \qquad [7]$$

On constate que la méthode des flux économiques à dette nulle prend en compte la dette, et donc la structure financière de l'entreprise à l'instant 0 dans le coût pondéré du capital (k_0) qui va servir à actualiser les flux économiques prévisionnels. L'exigence de cohérence entre les flux, la structure financière et le taux d'actualisation impose que la structure financière sous-jacente aux flux financiers prévisionnels soit constante tout au long de la période de prévision.

Les deux méthodes les plus fréquemment utilisées qui actualisent à un taux unique les flux prévisionnels sont donc mal adaptées à une structure financière changeante.

En ce qui concerne le calcul de la valeur terminale, quand on estime ne pas pouvoir effectuer des prévisions détaillées à l'infini, les principes que nous avons présentés pour l'actualisation des flux pour l'actionnaire s'appliquent de la même manière. Il convient seulement, dans la première approche, de substituer l'actif économique prévisionnel à la situation nette et, dans la seconde, une valeur terminale par les flux calculée à partir d'un bénéfice économique ou d'un flux économique à une valeur terminale obtenue à partir d'un bénéfice net ou d'un dividende.

3.2. Les méthodes axées sur la valeur patrimoniale

Comme nous l'avons vu ci-dessus avec la société Dubois, toute valeur patrimoniale correspond à une ou plusieurs valeurs de rentabilité. En effet, une valeur patrimoniale de 100 correspond à un flux perpétuel de 100 actualisé à 10 % ou à un flux perpétuel de 200 actualisé à 20 %. Mais les méthodes patrimoniales négligent ces flux implicites. Pour elles, la valeur de l'entreprise repose sur la valeur d'achat ou de vente des actifs après déduction des dettes.

La valeur patrimoniale avait plus de succès que de nos jours à l'époque où les marchés financiers fonctionnant sur l'actualisation des flux financiers avaient moins d'importance que maintenant. On entendait dire, par exemple, que la valeur patrimoniale indiquait de toute façon la valeur « plancher » de l'entreprise. Nous avons montré ci-dessus que ce n'était pas toujours vrai et qu'un *price book ratio* (PBR) inférieur à 1 signifiait que la valeur de rentabilité était inférieure à la valeur patrimoniale.

Mais la valeur patrimoniale reste utile pour différentes raisons.

D'abord, les *raiders* ne pourraient opérer s'ils ne pouvaient détecter des valeurs boursières inférieures aux valeurs patrimoniales. Car c'est en achetant sur le marché des actions les titres d'une entreprise à un prix inférieur à leur valeur d'actifs nets, qu'ils revendent ultérieurement en totalité ou en partie, qu'ils font des plus-values.

Ensuite, le remplacement de la valeur comptable par la valeur patrimoniale, après réévaluation ou dépréciation éventuelle des actifs, est nécessaire pour élaborer des comptes prévisionnels ayant une signification économique. Il ne faut pas oublier en effet, comme nous l'avons noté précédemment, que certaines valeurs terminales reposent sur des valeurs bilantielles prévisionnelles.

Enfin, la valeur patrimoniale sert d'étalon pour constater si l'entreprise crée de la richesse avec un *price book ratio* (PBR) supérieur à 1 ou en détruit avec un PBR inférieur à 1.

La valeur patrimoniale se calcule essentiellement à partir de deux approches ; une logique financière axée sur la valeur des actifs (et des passifs) sur les marchés secondaires, et une logique de remplacement fondée sur le prix que devrait payer l'entrepreneur pour acquérir des actifs nécessaires au fonctionnement de l'entreprise. Elles débouchent toutes deux sur l'actif net corrigé.

3.2.1. Les valeurs marchandes

Elles regroupent la valeur comptable, la valeur d'assurance, la valeur à la casse et la valeur liquidative.

La valeur comptable ne coïncide généralement avec la valeur patrimoniale qu'au moment de la création de l'entreprise, à cause des sur- et sous-évaluations diverses qui apparaissent ensuite.

La valeur d'assurance correspond plutôt à la valeur des actifs pris isolément.

La valeur à la casse correspond à la valeur marchande des actifs sur les marchés secondaires, dans la situation défavorable de cessation d'activité.

La valeur liquidative correspond à la valeur marchande des biens de l'entreprise sur les marchés secondaires après déduction des dettes.

3.2.2. La valeur de remplacement

Parfois appelée *valeur d'usage*, elle est fondée sur une approche essentiellement économique et pratique. Cette méthode vise à déterminer combien coûterait la constitution d'une entreprise identique à celle que l'on évalue. Cela revient à rechercher le prix d'achat ou de fabrication d'actifs ayant le même usage, le même âge et la même obsolescence. Généralement, les valeurs marchandes et de remplacement coïncident quand les marchés secondaires sont actifs. L'originalité de la valeur de remplacement apparaît dans le cas de biens ne disposant pas de marchés secondaires.

3.2.3. L'actif net corrigé

Cette méthode fait en quelque sorte la synthèse des précédentes, utilisant, selon les cas, la valeur liquidative, la valeur de remplacement… ou même, si le besoin s'en fait sentir, la valeur actualisée des flux générés par l'actif considéré. Elle choisit les approches en fonction de leur pertinence par rapport au bien considéré. Cette méthode très pragmatique est généralement celle qui est utilisée par les praticiens.

3.3. Les méthodes mixtes axées sur le goodwill

On a longtemps présenté la méthode du *goodwill* comme une troisième famille de méthodes d'évaluation. Or, elle n'est en fait qu'une des méthodes axées sur la valeur de rentabilité et plus précisément sur l'actualisation des flux de liquidité. Pour peu que l'on prenne certaines précautions, elle donne des résultats identiques à ceux de l'actualisation des flux de liquidité prévisionnels.

Alors pourquoi lui accorder de l'importance ? Pour une raison toute simple : elle est encore souvent utilisée, même si elle a perdu du terrain, en particulier pour l'évaluation des petites et moyennes entreprises.

De nombreux dirigeants de petites sociétés appréhendent plus aisément la logique de l'évaluation de leur entreprise si on leur dit qu'elle est la somme d'une valeur patrimoniale et d'un *goodwill*, que si on leur dit qu'elle est la valeur actualisée des flux de liquidité prévisionnels, même si le résultat des deux méthodes est identique.

La logique sous-jacente à cette méthode est simple. La valeur patrimoniale, comme nous l'avons indiqué plus haut, reflète une rentabilité normale. Quand l'entreprise bénéficie d'une surrentabilité qui résulte, soit d'une capacité distinctive (barrière à l'entrée provenant, par exemple, d'une supériorité technologique ou de gestion, ou d'une image de marque meilleure que celle des concurrents, etc.), soit d'une rente de situation (monopole géographique, concession ou contrat de longue durée, etc.), il y a une survaleur ou un *goodwill* qui s'ajoute à la valeur patrimoniale.

On peut dire également qu'il y a *goodwill* quand $r > k$, c'est-à-dire quand la valeur de rentabilité est supérieure à la valeur patrimoniale et donc que l'entreprise a créé de la richesse, et *badwill* dans le cas contraire.

Plus précisément, le *goodwill* est la valeur actualisée de la différence entre un bénéfice économique prévisionnel et un bénéfice économique normal, quand le premier est supérieur au second. Ainsi, le *goodwill* est la valeur actualisée du surbénéfice de l'entreprise qui crée un excédent de richesse par rapport à la valeur patrimoniale. On peut le calculer de plusieurs façons, mais la méthode la plus cohérente avec celles qui ont été présentées précédemment est la suivante.

Avec
GW : le *goodwill*,
k_0 : le coût moyen pondéré du capital,
Bénécop_n : le bénéfice économique prévisionnel en année n,
AE_n : l'actif économique en année n,

le surbénéfice est égal à $[\text{Bénécop}_n - (k_0 \times AE_{n-1})]$ et on obtient l'équation :

$$GW = \sum_{t-1}^{n}\left(\frac{\text{Bénécop}_n - (k_0 \times AE_{n-1})}{(1+k_0)t}\right) \qquad [8]$$

Pour obtenir la valeur des actions par la méthode du *goodwill*, il faut ajouter à ce dernier l'actif économique précédant la période prévisionnelle et soustraire la dette de départ.

En complétant les termes précédents avec
VG_0 : la valeur des actions selon la méthode du *goodwill*,
AE_0 : l'actif économique précédant la période prévisionnelle,
D_0 : la dette à l'instant 0,

on obtient l'équation :

$$VG_0 = (AE_0 + GW) - D_0 \qquad [9]$$

En utilisant un bénéfice économique cohérent avec les flux économiques à dette nulle, les mêmes actifs économiques, le même coût du capital et en n'oubliant pas de calculer le bénéfice économique normal à partir de l'actif économique en $n-1$, on trouve une valeur des actions identique à celle obtenue avec la méthode de l'actualisation des flux économiques à dette nulle.

Si l'on respecte les mêmes contraintes en calculant un *goodwill* pour l'actionnaire (bénéfices nets prévisionnels, actifs nets, coût des fonds propres), on trouve une valeur égale à celle fournie par l'actualisation des flux économiques pour l'actionnaire.

4. Les approches modernes de l'évaluation

On peut distinguer les méthodes comparatives et les nouvelles approches du risque.

4.1. Les méthodes comparatives

Les praticiens aiment utiliser des méthodes qui font référence à des entreprises comparables.

4.1.1. Les méthodes comparatives proprement dites

Les coefficients de capitalisation du bénéfice ou *price earning ratio* (PER) et les coefficients *q* de Tobin ou *price book ratio* (PBR) donnent une idée de la façon dont le marché évalue des entreprises comparables. L'application de ce PER ou de ce PBR, respectivement au bénéfice et à l'actif net de la société évaluée, constitue souvent un élément important de l'appréciation de la valeur.

On rapproche parfois les comparaisons de « délais de recouvrement » de celles de PER et de PBR. Le délai de recouvrement est une sorte de PER simplifié. Il correspond au nombre d'années nécessaires pour que les bénéfices prévisionnels actualisés au taux sans risque égalent le cours de l'action. Cette méthode, contestable d'un point de vue théorique parce qu'elle actualise des bénéfices qui ne sont pas des flux et ne tient pas compte du risque, est appréciée par certains praticiens pour les mêmes raisons précisément. Beaucoup de ces derniers trouvent plus pratique d'actualiser des bénéfices que des dividendes, et délicate l'application de la théorie moderne du risque à l'actualisation. D'où l'intérêt pour une approche qui n'explique les différences de PER entre les sociétés et les marchés que par le taux de croissance des bénéfices prévisionnels. Ainsi, entre deux sociétés ayant le même PER, celle qui aura le taux de croissance prévisionnel le plus élevé aura le délai de recouvrement le plus court et sera donc jugée la moins chère.

On voit également se développer l'usage de méthodes comparatives reposant sur des paramètres jugés plus significatifs que le PER ou le PBR.

– Le rapport cours/capacité d'autofinancement par action est retenu quand l'investissement et donc la dotation aux amortissements sont très importants ; dans ce contexte, en effet, la capacité d'autofinancement est plus significative que le bénéfice.

– Le ratio cours/chiffre d'affaires par action est retenu quand, par exemple, la comparaison entre des sociétés de pays différents appliquant des règles comptables dissemblables rend les chiffres d'affaires plus significatifs que les bénéfices ou la capacité d'autofinancement.

– Le rapport cours/bénéfice économique (d'exploitation) avant impôt (EBIT ou *earning before interest and tax*) ou cours/bénéfice (d'exploitation) après impôt à dette nulle par action permet d'effectuer des comparaisons sur des bases indépendantes des éléments financiers et exceptionnels.

On peut continuer ainsi et effectuer des comparaisons à partir de tout paramètre jugé significatif d'une entreprise ou d'une activité. Il convient seulement de se souvenir que seuls les PER, qu'ils reposent sur les bénéfices nets ou les bénéfices économiques, et les PBR correspondent à un modèle d'évaluation de l'entreprise. Par ailleurs, la difficulté d'utilisation des méthodes comparatives vient de ce que plus l'échantillon est large, plus il est statistiquement significatif, mais moins il a de chances de correspondre exactement à l'entreprise que l'on veut évaluer et vice versa.

4.1.2. La situation de l'entreprise par rapport à la droite de marché

La théorie financière moderne prétend que, à l'équilibre, l'entreprise se situe sur la droite du marché des actions qui représente la relation entre la rentabilité k_e que peut espérer à long terme l'investisseur et le risque non diversifiable de l'entreprise ou coefficient β[11].

Mais il se peut que la société soit décalée par rapport à la droite. Si le point de rencontre de la rentabilité que peut espérer à long terme l'investisseur et le niveau de risque non diversifiable de l'entreprise se situent au-dessus de la droite (point x du graphique 1), cela prouve que les flux prévisionnels devraient être, à l'équilibre, actualisés à un taux inférieur et que l'entreprise est sous-évaluée. Si, en revanche, le point de rencontre se situe en dessous de la droite (point y du graphique 1), la présomption est forte que l'entreprise, anormalement décalée par rapport aux autres, soit surévaluée (voir les équations [4] et [5]).

Graphique 1 – La droite du marché des actions, la sous-évaluation et la surévaluation de l'entreprise

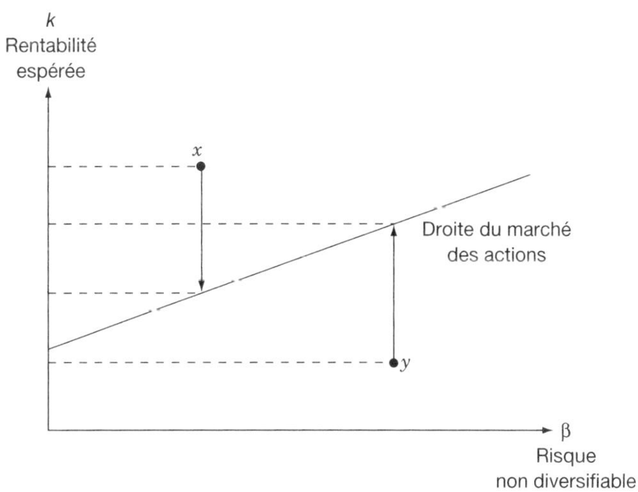

11. Voir dans l'Encyclopédie des marchés financiers les articles de G. Charreaux, « Théorie financière », de G. Charest, « Rendement, risque et portefeuilles », et de R. Cobbaut, « Théorie du marché financier ».

4.1.3. Les méthodes comparatives statistiques

Certains spécialistes préfèrent rechercher, à partir d'un échantillon d'entreprises comparables suffisamment important pour être représentatif, s'il existe une corrélation valable entre une (ou des) variable(s) à expliquer significative(s) de la valeur (ou du prix) et une (ou des) variable(s) explicative(s) représentative(s), par exemple, de la rentabilité. On peut prendre le ratio $\frac{\text{Prix d'acquisition}}{\text{Fonds propres}}$ comme variable à expliquer et le ratio $\frac{\text{Résultat net}}{\text{Fonds propres}}$ comme variable explicative.

Le graphique 2 indique une bonne corrélation entre la variable à expliquer, significative de la valeur, et la variable explicative représentant la rentabilité. Il est évident que, dans de nombreux cas, on ne trouve pas une aussi bonne relation et qu'il est difficile de trouver un échantillon, à la fois statistiquement significatif et représentatif de l'activité de l'entreprise à évaluer, permettant de dégager de sa rentabilité un ratio $\frac{\text{Prix d'acquisition}}{\text{Fonds propres}}$ taillé sur mesure.

Malgré ces inconvénients, ces méthodes rencontrent un certain succès. Elles sont d'ailleurs généralement beaucoup plus complexes que celle retenue dans l'exemple précédent.

Graphique 2 – La corrélation entre les variables représentatives de la valeur (ou du prix) et les variables représentatives de la rentabilité

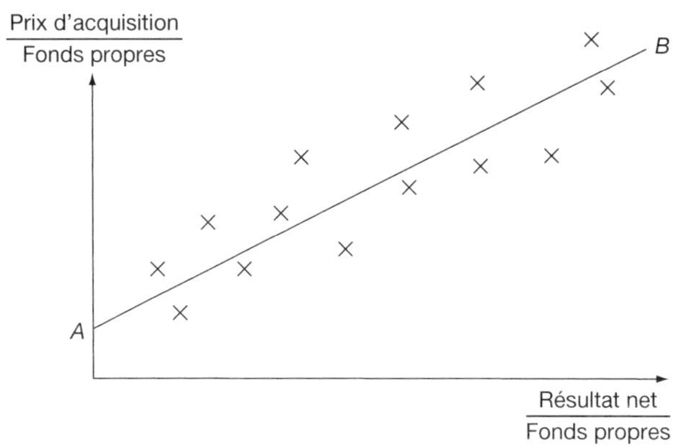

4.2. Les nouvelles approches du risque

Elles s'appuient sur la duration et la théorie des options.

4.2.1. La duration

La duration est un concept généralement appliqué aux obligations[12]. Elle se définit comme la moyenne pondérée par la durée de la valeur actualisée de

12. Voir également dans l'Encyclopédie des marchés financiers l'article de A. Minguet, « Immunisation de portefeuille et duration ».

la totalité des flux qu'un titre financier à revenu fixe est censé générer jusqu'à sa maturité. Elle s'exprime de la façon suivante :

$$D = \frac{\sum_{t=1}^{n} \frac{TC_t}{(1+i)^t}}{V_0} \quad [10]$$

avec
D : la duration,
C : les flux (coupons et remboursement),
T : la pondération exprimée pour chaque année par le numéro de cette dernière (2 pour l'année 2, 3 pour l'année 3, etc.),
i : le taux d'intérêt,
V_0 : la valeur du titre correspondant lui-même à la valeur actualisée des flux futurs, mais cette fois-ci non pondérée,
t : la période.

La duration, actualisée par – (1 + i), donne la volatilité de l'obligation ou, en d'autres termes, sa sensibilité aux variations du taux d'intérêt.

Si l'on appelle S la volatilité, on obtient l'équation :

$$S = -\frac{1}{(1+i)}D \quad [11]$$

Cette volatilité donne la variation en pourcentage de la valeur du titre pour toute modification de 1 % du taux d'intérêt. Pour une volatilité S de 6,5, une modification du taux d'intérêt de 2 % entraîne, en principe, une variation de la valeur de l'obligation de 13 %. On voit que plus la duration est longue, plus l'obligation est sensible aux variations des taux.

L'application de la duration à l'action part de l'idée que le risque de taux d'intérêt est, avec le risque portant sur les flux et le risque de marché non diversifiable, l'un des risques essentiels que subit l'entreprise.

Les principales difficultés dans l'application de la duration aux actions viennent de ce que la durée de vie des actions est, en principe, infinie, de ce que les flux prévisionnels sont incertains, et qu'il est difficile de faire des prévisions à long terme. On peut cependant s'efforcer d'estimer les dividendes prévisionnels sur vingt ou vingt-cinq ans (le poids en valeur actualisée des dividendes espérés au-delà de la vingtième ou de la vingt-cinquième année est très faible) et appliquer à ces derniers l'équation [10].

Logiquement, plus les dividendes prévisionnels des premières années sont faibles et ceux des années éloignées élevés, plus la duration est longue et plus l'entreprise est risquée.

4.2.2. Les options

Nous présenterons d'abord l'approche théorique qui prétend que l'entreprise endettée est composée de sa dette et d'une option d'achat sur la valeur de l'entreprise, puis l'utilisation concrète du raisonnement optionnel dans l'évaluation de l'entreprise.

Selon l'approche théorique, les fonds propres donnent à l'actionnaire le droit d'acquérir et de disposer de l'actif économique de l'entreprise. Ils représentent donc une option d'achat sur ce dernier. Mais les actionnaires ne deviennent vraiment propriétaires que lorsqu'ils ont remboursé les créanciers. La dette constitue donc le prix d'exercice de l'option.

A l'échéance de la dette, ou bien les actifs valent plus que la dette et les actions, donc l'option, ont une valeur positive ; ou bien la dette a une valeur supérieure à celle des actifs et les actions ne valent rien.

Si l'on applique le modèle de Black et Scholes, on utilise les variables suivantes :

$V(0)$: la valeur de l'action conçue comme une option,
$A(0)$: la valeur de marché de l'actif économique qui correspond au cours de l'action,
$R(1)$: le montant de la dette à rembourser en fin de période ou prix d'exercice (incluant l'intérêt),
σ^2 : la variance de la rentabilité de l'actif économique,
t : l'instant 0,
t^* : la maturité ou l'échéance de l'option,
r_f : le taux d'intérêt sans risque,
$N(d_1, d_2)$: la fonction normale cumulée de $-\infty$ à d,
e : 2,71828,

et on obtient l'équation :

$$V(0) = A(0)N(d_1) - R(1)e^{r_f(t-t^*)}N(d_2) \qquad [12]$$

Pratiquement, la méthode des options permet, à la différence du calcul de la valeur actualisée nette, de valoriser la flexibilité existant dans un projet.

L'option valorisée peut être une option de cession, par exemple, d'une mine de charbon, ou une option d'ajournement, par exemple, de l'exploitation d'un gisement pétrolier, ou encore une option d'extension ou de contraction d'un projet. L'existence d'une telle option augmente généralement la valeur du projet par rapport à la méthode d'actualisation des flux de liquidité. Mais on comprend que la méthode s'applique plus aisément à des entreprises correspondant à des projets d'investissement qu'à des sociétés complexes.

On peut également comparer le *goodwill* à une option. Si le prix payé pour l'achat d'une entreprise est égal à la valeur patrimoniale accrue du *goodwill*, ce dernier peut être considéré comme une option d'achat de l'entreprise dont le prix d'exercice serait constitué par la valeur patrimoniale (ou l'actif net). A une échéance bien déterminée, ou bien la valeur de l'action est supérieure à la valeur patrimoniale et l'acheteur garde l'entreprise, ce qui revient à lever l'option ; ou bien la valeur de l'action est inférieure à la valeur patrimoniale et l'acheteur peut vendre l'entreprise en pièces détachées. Dans ce cas, il limite sa perte à la différence entre le prix d'achat et la valeur patrimoniale, c'est-à-dire au *goodwill*. Ce dernier apparaît plus, dans cette optique, comme un droit de disposer librement des actifs que comme une survaleur. Bien entendu, le *goodwill* constituerait une option très incomplète car elle ne serait ni détachable ni négociable. Quant au prix d'exercice et à la date d'échéance, ils ne seraient pas fixés avec précision à l'avance.

Par ailleurs, pour limiter directement son risque, il est possible d'acheter une option d'achat d'une entreprise (ou d'une partie d'entreprise) en fixant à l'avance un prix d'exercice. Le montant de l'option est déterminé entre le vendeur et l'acheteur et peut prendre des formes diverses. La durée d'exercice de ce type d'option s'étend généralement sur plusieurs années. Jusqu'à l'échéance, l'acheteur peut lever son option au prix fixé ou l'abandonner. Il réalise un gain si la valeur de l'entreprise est supérieure au prix global d'achat représenté par la prime et le prix d'exercice. Si l'entreprise a connu des difficultés entre-temps, l'acheteur limite son risque au montant de l'option qu'il abandonne.

5. Les principaux problèmes relatifs à la mise en œuvre des méthodes d'évaluation

Nous examinerons six problèmes fréquemment rencontrés lors de la mise en œuvre des méthodes d'évaluation.

5.1. Les objectifs de l'évaluateur et les méthodes d'évaluation

Avant de choisir la méthode la mieux adaptée, il faut chaque fois répondre à la question suivante : dans quelle perspective fais-je cette évaluation ?

Si l'acheteur est intéressé par une entreprise dont la valeur patrimoniale est sensiblement supérieure à la valeur de rentabilité et s'il a pour objectif un profit rapide, il s'efforce de l'acheter sur la base de la valeur de rentabilité et de la revendre en pièces détachées. L'utilisation de la valeur liquidative s'impose au moins pour déterminer la plus-value potentielle. Cette approche est souvent celle des *raiders*.

Si l'objectif de l'acheteur est un placement financier, il est interressé par le rendement et d'éventuelles plus-values. Les méthodes boursières sont mieux adaptées à cette situation.

Lors d'une prise de contrôle dans une perspective stratégique, la méthode des flux de liquidités prévisionnels partant de tableaux prévisionnels intégrant les objectifs de l'acquéreur est mieux adaptée à l'évaluation d'une entreprise importante sur laquelle on peut obtenir des informations détaillées. Mais la méthode du *goodwill* convient souvent mieux à une PME avare en informations.

5.2. Les caractéristiques de l'entreprise et les méthodes d'évaluation

Une entreprise qui ne contient que des liquidités et des actifs incapables de permettre un développement autonome peut parfois être évaluée sur la base de sa valeur liquidative.

La méthode des flux est la seule à convenir à une entreprise de pur service qui peut, à la limite, être dépourvue d'actifs.

Les méthodes patrimoniales sont inadaptées à l'évaluation de sociétés de forte croissance. Comme dans le cas précédent, la méthode des flux convient mieux.

Les méthodes patrimoniales sont également mal adaptées à l'évaluation de sociétés structurellement déficitaires, chez lesquelles, parfois, une ou deux années de pertes quasi certaines dépassent la valeur de l'actif net corrigé.

5.3. La moyenne pondérée des résultats obtenus par différentes méthodes et la fourchette des valeurs

La loi de décembre 1993 requiert une approche multicritère dans les cas de retrait obligatoire, reprenant ainsi les dispositions utilisées pour les nationalisations et les privatisations. Plus précisément, elle stipule que « l'évaluation des titres doit se faire selon des méthodes objectives pratiquées en cas de cession d'actif, tenant compte – selon une pondération appropriée à chaque cas – de la valeur des actifs, des bénéfices réalisés, de la valeur boursière, de l'existence de filiales et des perspectives d'activité ». S'il faut bien procéder ainsi quand la loi l'exige, il n'est pas certain que cette approche soit la meilleure quand on peut l'éviter.

Comme on l'a vu ci-dessus, si l'évaluateur a un objectif clair et précis et si l'entreprise a des caractéristiques spécifiques, une méthode est certainement mieux adaptée que les autres. Quand l'absence d'objectif et de perception de la spécificité de l'entreprise n'impose pas une approche plutôt qu'une autre et quand les différentes méthodes donnent des résultats très éloignés les uns des autres, il est rassurant d'en pondérer plusieurs, car cette façon d'agir donne l'impression de limiter les risques d'erreur. Mais ce sentiment est illusoire. Ou bien il n'y a qu'une valeur de l'entreprise et toutes les méthodes devraient l'approcher, ou bien il y en a plusieurs, chacune d'elles correspondant, tout au moins dans une perspective de prise de contrôle, à une certaine utilisation des actifs. Dans ce cas, une pondération de plusieurs méthodes ne fait qu'obscurcir l'évaluation. Si, par exemple, l'entreprise a un actif net corrigé de 1 000 et une valeur de rentabilité de 200, chacune de ces deux méthodes a une signification opérationnelle précise. L'entreprise vaut 1 000 dans le cas d'une cession d'actifs, 200 dans l'hypothèse d'une poursuite de l'activité. Mais une moyenne de 600 ne signifie pas grand-chose. La seule utilité de la moyenne pondérée est son utilisation possible dans la négociation. En revanche, l'analyse de la fourchette (1 000 – 200) est enrichissante. Elle apporte généralement à un acquéreur qui a l'intention de poursuivre l'exploitation au moins trois enseignements :

– l'entreprise est mal gérée, puisque le coût des fonds est supérieur à la rentabilité, et/ou fonctionne dans un secteur difficile ;

– l'acquéreur devra vraisemblablement céder certains actifs inutiles que l'entreprise ne parvient pas à rentabiliser ;

– il faudra certainement alléger des charges excessives.

En résumé, sur ce point, on peut énoncer quatre conclusions :

– il faut rechercher la méthode la mieux adaptée aux objectifs et à la situation ;

– il peut être utile de recourir à plusieurs méthodes ; dans ce cas, le recours à une approche patrimoniale s'impose généralement, ne serait-ce que pour faire l'inventaire de ce que l'on achète ;

– la réflexion sur la fourchette qui sépare les différentes valeurs est toujours enrichissante ;

– la moyenne pondérée peut surtout servir dans la négociation destinée à parvenir à un prix, mais elle présente plus d'inconvénients que d'avantages en matière d'évaluation.

5.4. La différence entre la valeur et le prix

En théorie comme en pratique, la valeur et le prix sont identiques dans un marché efficient pour un montant de transactions habituel. Mais quand l'acheteur veut prendre le contrôle du vendeur en achetant un nombre très important d'actions, il doit payer une prime de prise de contrôle allant en moyenne de 20 à 50 % du prix courant, même s'il opère sur un marché efficient. Vaut-il mieux dire, dans ce cas, qu'il y a deux valeurs ou que le prix est supérieur à la valeur ?

Il n'y a rien d'anormal à l'existence d'au moins deux valeurs (ou deux séries de valeurs) dans le cas d'une prise de contrôle : celle du vendeur et celle de l'acheteur. Le vendeur va naturellement estimer les flux correspondant à sa propre gestion. Logiquement, la valeur à laquelle il aboutit constitue la limite en dessous de laquelle il n'est pas prêt à descendre. Si l'acheteur envisage de modifier la stratégie de l'entreprise, pense améliorer la gestion et espère des effets de synergie, la valeur (ou le prix) au-dessus de laquelle il n'est pas prêt à acheter est déterminée par l'actualisation des flux qu'il espère lui-même générer. Il est vraisemblable que la valeur pour l'acheteur est souvent supérieure à celle du vendeur, sans quoi la prise de contrôle pourrait manquer de rationalité économique[13].

Normalement, le vendeur essaie de vendre au-dessus de la valeur qui constitue son prix minimal et l'acheteur s'efforce d'acheter en dessous de la valeur qui constitue son prix maximal. Si aucun des partenaires n'est acculé, soit à acheter, soit à vendre, il est vraisemblable que le prix se situera quelque part entre les deux valeurs, mais il n'y a aucune raison pour que le prix final coïncide avec l'une des deux valeurs, sauf si l'une des parties l'emporte sur l'autre. En principe, il n'y aura d'accord possible entre l'acheteur et le vendeur que si la valeur minimale pour ce dernier est inférieure à la valeur maximale pour le premier (schéma 1).

Schéma 1 – La valeur, le prix et la prime de prise de contrôle

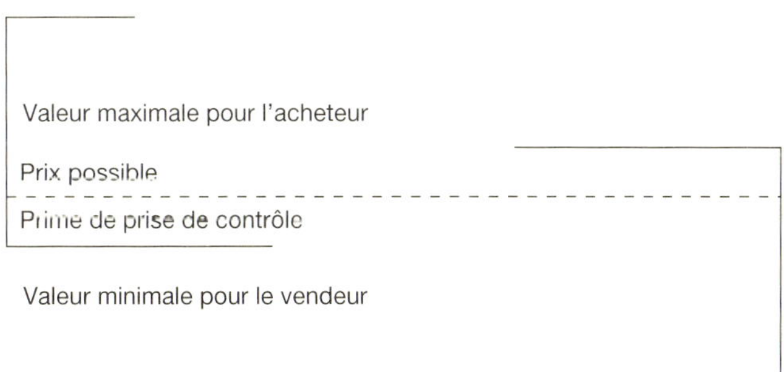

5.5. L'effet de synergie

L'effet de synergie repose sur l'idée que le regroupement va créer de la richesse. Comme on l'a mentionné au paragraphe 5.4., il est un élément expli-

13. Voir également dans cette Encyclopédie l'article de M. Nussenbaum, « Prises de contrôle, fusions, acquisitions », p. 2468, tome 3.

catif, sinon le principal, de la prime de prise de contrôle. Il ne faut pas le confondre avec l'éventuel effet de diversification.

$$V_0 = \sum \frac{D_t}{(1+k)^t} \quad \begin{matrix} \leftarrow \text{Synergie} \\ \leftarrow \text{Diversification} \end{matrix}$$

La synergie éventuelle accroît le numérateur, alors que la diversification réduit le risque et agit sur le dénominateur en réduisant le taux d'actualisation.

Il est rare que l'on parle d'un regroupement d'entreprises sans envisager un effet de synergie. Ce dernier repose sur différents facteurs. Sont habituellement mentionnées :

– les économies d'échelle ;

– la synergie managériale lorsque le management de l'acquéreur est supérieur à celui de l'acheté ;

– la synergie par complémentarité (espace disponible ou capacités de production inemployées chez l'un des partenaires, recherche et développement ou marketing chez l'un et production chez l'autre, etc.) ;

– la synergie financière quand il y a une capacité d'endettement inutilisée ;

– la synergie environnementale (par exemple, les avantages fiscaux résultant de reports de pertes).

Nous n'approfondirons pas les causes possibles de synergie, mais nous examinerons la façon de la mesurer concrètement. Lorsque l'entreprise est cotée, ce qui permet de disposer d'une valeur de référence, il est préférable d'estimer la synergie de façon différentielle, en ajoutant à la valeur de l'entreprise ce que la synergie peut lui apporter, plutôt que de partir *ex nihilo*. On a ainsi des chances d'éviter de mélanger ce qui revient à l'entreprise et ce qui est attendu de la synergie. Cette démarche a également le mérite de contraindre à préciser ce que l'on entend par synergie. Certains éléments de la synergie peuvent être chiffrés avec précision. S'ils sont en outre peu risqués comme certains avantages fiscaux, on peut les calculer en les actualisant au coût de la dette.

5.6. La détermination des parités d'échange

Le problème est complexe car il est nécessaire d'évaluer comparativement deux (ou plusieurs) entreprises et non plus une seule. Il faut cependant passer par là lorsque l'achat de la totalité ou d'une partie des actions d'une société est rémunéré, non pas par de l'argent liquide, mais par des titres de l'acheteur. Dans ce cas, on recommande logiquement d'utiliser pour l'évaluation des deux entreprises des critères identiques, homogènes et significatifs. Ces précautions n'éliminent pas toutes les difficultés.

– Chaque partie cherche normalement à imposer les critères qui l'avantagent, ce qui fait que les désaccords risquent de se produire avant même que l'on ait commencé l'évaluation.

– Il n'est pas toujours facile de trouver des critères à la fois identiques et significatifs. Que faire quand l'une des entreprises distribue des dividendes importants alors que l'autre ne distribue rien ?

On peut représenter un certain nombre des difficultés rencontrées à l'aide de l'exemple reproduit au tableau 9.

Tableau 9 – Choix d'une parité d'échange

	Actif net/action	Cours	CFN/action	BPA	DPA
Société *A*	100 F	300 F	40 F	15 F	5
Société *B*	200 F	200 F	40 F	20 F	10
Parité *A*/*B*	0,5	1,5	1	0,75	0,5
PER de *A* = 20					
PER de *B* = 10					

La société *A* a plus de potentiel que la société *B* (PER plus élevé, amortissements et autofinancement plus importants), mais *A* a un passé plus prestigieux. Si l'on a confiance dans l'avenir, une parité de 1,5 ou, à la rigueur, d'une action de *B* pour une action de *A* est possible. Si l'on se fonde sur le passé, une parité de deux actions de *A* pour une action de *B* est acceptable.

Ainsi, un désaccord sur les critères peut aussi bien refléter un désaccord sur l'avenir des entreprises – ce qui est grave – qu'une position de négociation – ce qui est normal. Mais dans tous les cas, le choix des critères, suivant qu'ils avantagent *A* ou *B*, est déterminant.

*

* *

Les dimensions de cet article n'ont pas permis de passer en revue tous les problèmes liés à l'évaluation de l'entreprise. Nous n'avons pas voulu mettre l'accent sur la distinction entre l'évaluation de l'entreprise dans une perspective boursière et l'évaluation dans une situation de croissance externe, même si la complexité est généralement plus grande dans le second cas que dans le premier. Il nous a semblé plus important de montrer que ce sont surtout les difficultés de prévoir la variété des objectifs et des situations et, dans le second cas, les préoccupations de pouvoir qui font de l'évaluation un domaine aussi capital dans la vie de l'entreprise que délicat dans sa mise en œuvre.

Références

BENNETT STEWART III G., *The Quest for Value*, USA, Harper-Collins, 1991.

BRILMAN J., MAIRE C., *Manuel d'évaluation des entreprises*, Paris, Les Editions d'Organisation, 1988.

BREALEY R., MYERS S., *Principles of Corporate Finance*, 3e éd., New York, McGraw-Hill, 1988.

CHARREAUX G., *Gestion financière*, Paris, Litec, 1993.

COPELAND T., KOLLER T., MURRIN J., *Valuation, Measuring and Managing the Value of Companies*, 2e éd., New York, John Wiley and Sons, 1994.

COPELAND T., WESTON J.F., *Financial Theory and Corporate Policy*, 3e éd., Reading, Addison-Wesley Publishing Company, 1986.

FLEURIET M., KIENAST P., *Comment et à quel prix vendre votre entreprise*, Paris, Usine Nouvelle, 1987.

HUSSON B., *La prise de contrôle d'entreprises*, 2e éd., Paris, PUF, 1990.

JACQUILLAT B., SOLNIK B., *Marchés financiers, gestion de portefeuille et des risques*, Paris, 1989.

PÈNE D., *Valeur et regroupements des entreprises. Méthodes et pratiques*, Paris, Dalloz, 1979.

PÈNE D., *Evaluation et prise de contrôle de l'entreprise,* 2e éd., 2 t., Paris, Economica, 1993.
RAPPAPORT A., *Creating Shareholder Value,* New York, Free Press, 1986.
STERN J.M., CHEW D.H., *The Revolution in Corporate Finance,* New York, Basil Blackwell, 1986.
VERNIMMEN P., *Finance d'entreprise,* 2e éd., Paris, Dalloz, 1996.

Mots clés

Actif net corrigé, actualisation des flux de liquidité ou monétaires, caractéristiques de l'entreprise, détermination des parités d'échange, différence entre valeur et prix, diversification, droite du marché des actions, duration, évaluation de l'entreprise, flux économiques à dette nulle (*free cash-flows*), *goodwill,* moyenne pondérée ou fourchette des valeurs, objectifs de l'évaluation, options, PBR (*price book ratio*), PER (*price earning ratio*), *raiders*, synergie, valeur boursière, valeur de liquidation, valeur de remplacement, valeur de rentabilité, valeur liquidative, valeur patrimoniale.

Filiales communes

66

Robert Paturel

Ce thème est extrêmement prisé dans la littérature au point qu'une simple interrogation de banques de données sur filiales communes ou *joint-ventures* en anglais fait apparaître plusieurs milliers de références relativement récentes. Si nous ajoutons que, dans certaines études, filiales communes ou *joint-ventures* sont prises dans un sens très large de coopération ou d'alliances, nous augmentons encore le volume d'écrits sur ce sujet et la difficulté à cerner où commence et où se termine l'expression qui nous intéresse.

Du fait de l'existence au sein de cette Encyclopédie d'une réflexion sur les alliances stratégiques[1], nous retiendrons un sens strict pour évoquer les filiales communes, considérées comme la traduction française des *joint-ventures* anglo-saxonnes (ou plus spécialement des *equity joint-ventures*).

Après avoir défini la filiale commune et évaluer son importance quantitative dans l'économie contemporaine (section 1), nous nous proposons d'analyser les justifications théoriques de leur constitution (section 2) ainsi que les motifs de leur création (section 3). Le management de la filiale commune fera l'objet de la section 4 et les échecs et réussites de cette pratique de la croissance conjointe de la section 5.

1. La définition et l'importance quantitative des filiales communes

1.1. La délimitation de la filiale commune

1.1.1. L'approche juridique

Une filiale commune est une structure juridique créée par au moins deux partenaires, également constitués chacun sous forme d'une entité juridique indépendante, dans le but de réaliser ensemble une activité. Chaque allié conserve sa personnalité juridique propre et son indépendance stratégique sur les activités autres que celles intégrées par la structure commune générée.

---

1. Voir dans cette Encyclopédie l'article de P. Dussauge et B. Garrette, « Alliances stratégiques », p. 16, tome 1.

Cette dernière précision suppose que les sociétés mères ne doivent pas appartenir au même groupe. L'entité issue de deux structures appartenant au même ensemble économique est une pratique de réorganisation interne au groupe (ou fausse filiale commune). Cette situation n'implique pas des réflexions identiques à celles que nous allons conduire dans la suite de nos développements, exclusivement orientés sur les filiales communes issues de sociétés non soumises au même pouvoir économique.

Par rapport à l'alliance stratégique, la filiale commune n'est qu'une pratique (certes stratégique) de concrétisation du rapprochement de deux ou plusieurs alliés indépendants. Cette pratique est plus engageante que le simple accord de coopération sans constitution d'une nouvelle structure juridique, car elle entre directement dans une problématique de croissance pour les alliés alors qu'un accord peut être la condition préalable à la poursuite de la croissance (accord en amont de la décision d'investissement) ou la contrainte nécessaire pour mener à bien un projet de développement déjà décidé (avec ses investissements réalisés). Souvent, l'accord est l'antichambre de la filiale commune en permettant un engagement progressif des partenaires qui vont apprendre à mieux se connaître.

1.1.2. L'approche stratégique

La filiale commune est une alternative à la croissance interne (acquisition-achat ou location-isolée de moyens de production pour lesquels il convient de découvrir la bonne combinaison afin d'obtenir des outputs compétitifs, R. Paturel, 1991) ou externe (prise de contrôle de moyens de production déjà combinés donc en fonctionnement et d'occasion, R. Paturel, 1991). Toutefois, elle peut être réalisée de façon interne ou externe, bénéficiant ou subissant, en plus de ses propres particularités, des avantages et des inconvénients des deux autres modes de croissance (R. Paturel, 1991).

Dans le premier cas, il sera question de croissance conjointe interne et dans le second de croissance conjointe externe. La croissance conjointe interne consiste à créer de toutes pièces, *ex nihilo*, une nouvelle structure juridique, en y apportant, de façon isolée, les divers moyens de production utiles pour réaliser le projet commun. Il faut donc trouver la combinaison de ces moyens de production la plus efficace et la plus efficiente possible. Par croissance conjointe externe, les alliés décident de prendre ensemble le contrôle d'une structure de production déjà existante et en fonctionnement : leur action porte sur des moyens de production déjà combinés dont les outputs bénéficient immédiatement d'un marché.

1.1.3. Le nombre de partenaires

Pour évoquer correctement la filiale commune, il semble utile de considérer le nombre de partenaires dans l'opération. En effet, chaque partenaire doit avoir la volonté de participer au management et se sentir impliqué par la nouvelle organisation constituée. Il est habituel de considérer qu'il existe effectivement une filiale commune lorsque le nombre d'alliés est inférieur à quatre (en dehors des associés faisant l'appoint en capital et en nombre de créateurs nécessaires pour respecter la législation commerciale), sauf cas particulier bien entendu (J. Verna, 1989).

1.1.4. Le démontage de la structure juridique

A côté de la croissance conjointe, peut intervenir la décroissance conjointe pour l'un des partenaires, lorsque celui-ci souhaite quitter la filiale commune auparavant constituée. Dans cette situation, deux éventualités sont à envisager.

– La demande de sortie de l'un des partenaires entraîne la fin de la filiale commune. Deux possibilités s'offrent aux alliés :

· soit ils procèdent à une décroissance conjointe interne en revendant certains moyens de production à d'autres agents économiques intéressés, en mettant au rebut ce qui n'est pas négociable et en licenciant le personnel non susceptible d'être repris dans les structures mères ;

· soit ils parviennent à trouver un repreneur ; cette décroissance conjointe externe aura pour conséquence de faire changer le personnel de patron avec tous les problèmes liés aux chocs culturels qui peuvent se poser.

– L'abandon d'un des partenaires ne condamne pas la structure commune. L'autre ou les autres alliés décident de poursuivre l'activité entre eux ou avec une nouvelle recrue. Dans cette situation, le problème peut venir de la négociation de la sortie de l'allié d'origine et de l'entrée du nouveau membre dans la structure commune.

1.1.5. La forme juridique

La forme juridique de la filiale commune dépend du pays où les alliés souhaitent s'installer, de ce qu'ils désirent mettre en place comme projet, des responsabilités qu'ils acceptent d'assumer, des facilités de management qu'elle présente et des modalités de contrôle souhaitées. De plus, il existe, en dehors des formes classiques de constitution de filiales communes, des formes adaptées à la coopération entre entreprises (le groupement d'intérêt économique français et le groupement d'intérêt économique européen).

Les diverses possibilités offertes par la création de filiales communes peuvent être synthétisées sous la forme du tableau synoptique de la page suivante.

1.2. L'importance du phénomène de création des filiales communes

La constitution de filiales communes peut être constatée au niveau mondial et au niveau français. Les informations disponibles montrent toutes que le phénomène a connu un important développement ces dernières années. Toutefois, si les filiales communes sont aisées à observer du fait de la création d'une structure juridique nouvelle ou du changement de contrôle d'une structure juridique existante, les données à comptabiliser trouvent leur origine au sein de la presse, ce qui n'est pas une source de renseignements sans biais.

1.2.1. Les filiales communes au niveau mondial

Les filiales communes se créent aussi bien entre les sociétés des pays industrialisés qu'entre les sociétés des pays développés et celles des pays en voie de développement ou entre les entreprises des pays en cours d'industrialisation.

Typologie des filiales communes

<table>
<tr><th colspan="2" rowspan="3">Orientations
du développement conjoint</th><th colspan="4">Constitution d'une filiale commune
par croissance conjointe</th></tr>
<tr><th colspan="2">Interne</th><th colspan="2">Externe</th></tr>
<tr><th>Natio-
nale</th><th>Interna-
tionale</th><th>Natio-
nale</th><th>Interna-
tionale</th></tr>
<tr><td rowspan="3">Entre concurrents :
FC d'alliance additive
ou complémentaire</td><td>Même production pour les partenaires, filiale commune portant sur :
– un produit commun,</td><td colspan="4">Filiales communes
de concentration</td></tr>
<tr><td>– un composant commun (les partenaires restent en concurrence sur leurs produits finaux),</td><td colspan="4">Filiales communes
de co-intégration</td></tr>
<tr><td>– le produit d'un allié et une ressource particulière de l'autre ou des autres partenaires (complémentarité),</td><td colspan="4">Filiales communes
de pseudo-concentration</td></tr>
<tr><td rowspan="3">Entre non-concurrents :
FC de symbiose</td><td>– le produit d'un allié et une ressource particulière de l'autre ou des autres partenaires (ce ou ces derniers n'étant pas concurrents du partenaire apportant son produit).</td><td colspan="4">Filiales communes
de complémentarité</td></tr>
<tr><td>Un des partenaires au moins intervient en amont ou en aval par rapport à ses outputs d'origine.</td><td colspan="4">Filiales communes
d'intégration verticale</td></tr>
<tr><td>Changement dans la production des outputs des alliés (diversification).</td><td colspan="4">Filiales communes
de diversification</td></tr>
<tr><td></td><td>Désengagement de la FC :
– de l'un des partenaires,
– de tous les partenaires.</td><td colspan="4">Décroissance conjointe</td></tr>
</table>

Source : D'après R. Paturel (1994).

La constitution de filiales communes au niveau international avait surtout pour but de permettre une expansion horizontale internationale des sociétés mères, le plus souvent des multinationales américaines, désirant entrer dans une nouvelle zone géographique. La société initiatrice cible un pays intéressant et envisage la création d'une entité juridique commune en partageant le capital social avec un partenaire autochtone. Cette ouverture du capital est d'ailleurs souvent imposée par la législation du pays récepteur. Dans ces pratiques, le partenaire du pays d'implantation est fréquemment passif et récepteur de la technologie et du produit de la société multinationale.

Les filiales communes conclues entre des sociétés du même pays industrialisé sur leur marché domestique posent essentiellement un problème par rapport à la concurrence. Longtemps décriées, il semble admis aujourd'hui que les filiales communes créées par des concurrents peuvent parfaitement correspondre à la volonté d'acquérir, de développer et de combiner des savoir-faire en vue d'innover et, donc, de mieux servir les clients.

Les diverses études réalisées montrent que les filiales communes des multinationales se sont beaucoup développées au cours du temps (K.J. Hladik, 1985 ; F. Sachwald, 1993), avec certaines variations erratiques pouvant laisser supposer l'existence de cycles. Le passage des filiales communes à une certaine autonomie stratégique les amenant fréquemment à concurrencer les produits de la ou des sociétés mères est très nettement mis en évidence.

Tous les secteurs d'activité, et par conséquent ceux de la haute technologie, sont concernés par la constitution de filiales communes. Les raisons explicatives proviennent de la mondialisation des activités et de l'évolution technologique, délicates à envisager de manière isolée, et des capitaux nécessaires pour choisir la croissance interne ou la croissance externe.

1.2.2. Les filiales communes faisant intervenir au moins une entreprise française

De multiples informations peuvent être retirées de la chronique publiée annuellement par R. Paturel dans la *Revue d'Economie Industrielle*, complétée par les travaux du Centre d'études et de recherches appliquées à la gestion de l'Ecole supérieure des affaires de Grenoble.

La constitution de filiales communes par les entreprises françaises représente plus de 11 % des 9 000 opérations dites de restructuration enregistrées sur la période allant de 1980 à 1993, avec une variation s'étendant de 8 % à plus de 30 % selon les années, sans conclusion générale bien marquée, si ce n'est une augmentation en valeur absolue lors de la période récente.

Comme pour les autres opérations suivies, les filiales communes sont pour 50 % créées à l'étranger avec un partenaire français ou étranger, ou constituées en France avec un allié étranger.

Les sociétés communes constituées par au moins une entreprise française ont des caractéristiques sectorielles, géographiques ou d'orientation de la croissance (expansion horizontale avec extension internationale des marchés pour la plupart) quasiment identiques à celles des *joint-ventures* analysées dans les autres pays.

2. Les justifications théoriques de la pratique des filiales communes

Au moins sept fondements théoriques plus complémentaires que concurrents peuvent expliquer la constitution et le développement des filiales communes.

2.1. La théorie des coûts de transaction

Pour cette théorie (R. Coase, 1937 ; O. Williamson, 1975 à 1991), l'entreprise aurait deux possibilités d'organiser ses activités : soit elle recourt au marché, soit elle les internalise[2]. Le marché et l'entreprise sont donc deux façons opposées de coordonner les activités économiques. Le choix de l'une ou de l'autre modalité repose sur la comparaison des coûts du recours au marché (ou coûts de transaction) et des coûts de l'organisation de l'activité au

2. Voir également dans cette Encyclopédie l'article de E. Allix-Desfautaux et P. Joffre, « Coûts de transaction », p. 750, tome 1.

sein même de l'entreprise (hiérarchie). Chaque fois que les premiers sont supérieurs aux seconds, il faut internaliser la réalisation de l'activité.

Les filiales communes apparaissent, dans ce contexte théorique, comme une anomalie, une solution hybride, entre le marché et la hiérarchie. Elles répondent donc à des situations pour lesquelles ni le recours au marché, ni l'internalisation (par croissance interne ou externe) ne donnent satisfaction.

2.2. La théorie de l'internationalisation

Il s'agit pour la firme d'exploiter le plus possible son avantage concurrentiel en n'employant les contrats de concession de licence, par exemple, qu'en dernier ressort. De ce fait, l'internationalisation se fonde sur le continuum suivant : possession d'un avantage concurrentiel permettant des exportations, puis implantation locale à l'étranger par investissement direct, avant d'accepter une concession de licence. Les filiales communes s'expliquent par le souci des pays (en voie d'industrialisation) d'assurer une meilleure maîtrise de leur développement et par la recherche, pour les multinationales, du meilleur rendement possible de leur transfert de savoir-faire. Si cette explication théorique peut être retenue dans le cas des relations Nord-Sud, elle est plus délicate à accepter pour justifier le développement des filiales communes entre les sociétés des pays industrialisés.

Au sein de cette famille d'explications, la théorie de J.H. Dunning (1988) propose une autre analyse. Pour cet auteur, la capacité d'une entreprise à se développer au niveau international repose sur ses avantages compétitifs spécifiques, les aspects positifs de l'internalisation et les bénéfices liés à la localisation. Les changements au sein de l'environnement, dus essentiellement à la mondialisation de l'économie et à l'évolution technologique, ont profondément modifié l'accès des firmes aux avantages cités précédemment et les possibilités de se développer sur le plan international, si bien que les filiales communes remplaceraient de plus en plus les autres pratiques juridiques classiques de développement international.

2.3. La théorie relationnelle ou des échanges sociaux

Les relations entre deux agents indépendants se nouent lorsque l'un dispose de ce dont l'autre a besoin. Elles peuvent également se concrétiser si elles facilitent la satisfaction de leurs besoins non économiques comme le souhait de contacts sociaux, le partage de valeurs et de normes communes, le souci de confiance en l'autre, une certaine proximité culturelle, voire émotionnelle. Chaque agent va satisfaire les besoins de son allié et n'adoptera pas un comportement opportuniste allant dans son propre intérêt. La confiance et le pouvoir sont les deux mécanismes fondamentaux qui vont guider les relations alors que l'opportunisme constitue l'hypothèse centrale du comportement humain dans la théorie des coûts de transaction.

La théorie relationnelle soutient que les entreprises sont tout à fait disposées à subir des coûts de coordination supplémentaires par rapport à ceux issus de la théorie des coûts de transaction, dans la mesure où ils permettent de stabiliser l'environnement. En constituant des filiales communes, les entreprises visent à organiser le marché pour en éviter les implications les plus dures. La filiale commune n'annule pas toute la concurrence, mais elle l'aménage en constituant une « poche de sécurité ou de stabilité » dans son domaine de compétence.

Outre le but de renforcer les parties prenantes à la filiale commune, une intention spécifique, parfois assignée à cette organisation, consiste à affaiblir les autres concurrents, voire à réduire le différentiel existant avec l'allié en captant progressivement son savoir-faire... Nous abordons là de nouvelles explications théoriques fondées sur l'apprentissage organisationnel[3] et le problème de la rivalité ou de l'association au sein de la filiale commune. Ces explications trouvent leurs fondements, au moins partiellement, dans la théorie des jeux.

2.4. *Les théories de l'apprentissage organisationnel et de l'antonymie conflit/coopération des partenaires*

2.4.1. L'apprentissage organisationnel

Cette vision apparaît comme particulièrement pertinente dans le cas des filiales communes. En effet, certains savoir-faire ne peuvent être facilement formalisés : il devient alors particulièrement délicat, pour le partenaire n'en disposant pas, de parvenir à le maîtriser. L'un des avantages de la filiale commune est de permettre le transfert, puis la maîtrise, des savoir-faire non formalisables ou tacites ou organisationnels, par duplication de ce qui existe au sein de l'organisation à laquelle ils sont intimement liés. Se pose alors le problème de la contrepartie pour cette dernière qui risque d'être dépouillée de sa spécificité. En général, son partenaire apporte des actifs ou des moyens de production complémentaires et indispensables à la réussite commerciale de l'innovation issue de son savoir-faire tacite mis en commun.

2.4.2. La relation coopération/conflit

La dissymétrie constatée entre les partenaires est l'élément explicatif retenu. La concurrence esquivée sur le marché se transforme en un affrontement au sein de la filiale commune sur au moins deux sujets, celui du contrôle des moyens de production apportés et celui du partage des résultats obtenus.

De nombreuses sociétés collaborent pour consolider leur propre savoir-faire et leur patrimoine technologique, tout en évitant de transférer leurs points forts à leurs partenaires. L'alliance devient une ouverture sur l'ensemble des capacités du partenaire et la collaboration une nouvelle forme de compétition déguisée.

Souvent, la concurrence et la coopération sont coexistantes et croisées (J. Zhang, 1993), coexistantes et opérationnelles (B. Aliouat, 1993), successives dans le temps.

La concurrence est plus particulièrement présente lorsque les ressources sont limitées, que chacun des partenaires essaie de s'approprier des biens dont l'autre dispose, et que la relation entre les alliés est fondée sur une approche gagnant-perdant (théorie des jeux). Au contraire, la coopération est

3. Voir également dans cette Encyclopédie l'article de G. Kœnig, « Apprentissage organisationnel », p. 171, tome 1.

la règle lorsque les partenaires interviennent de façon coordonnée afin d'atteindre des objectifs communs (M. Argyle, 1991).

2.5. Les explications théoriques fondées sur l'analyse structurelle des secteurs

Au sein d'activités mondiales, diverses formes de coopération, dont la création de filiales communes, sont susceptibles d'être adoptées que ce soit pour approvisionner un marché ou pour parvenir à une meilleure coordination de la chaîne de valeur commune des alliés.

Les caractéristiques de l'industrie fournissent-elles des éléments explicatifs nouveaux ? Pour répondre, nous pouvons recourir au modèle de K.R. Harrigan (1985). Dans ce dernier, une position concurrentielle faible inciterait les entreprises à s'unir. Ainsi, lorsqu'elles ont besoin d'améliorer leur position internationale, les firmes européennes préfèrent former des filiales communes avec les entreprises japonaises ou américaines. Le même constat est fait aux Etats-Unis où les entreprises japonaises optent pour la constitution de filiales communes sur les segments d'activité où elles sont les plus faibles. Dans tous ces cas, l'union devient un moyen de se revitaliser (S. Urban, 1988).

D'autres caractéristiques telles qu'une structure oligopolistique ou la présence de barrières à l'entrée élevées expliquent aussi la création de filiales communes entre les nouvelles entreprises et les firmes en place. L'évolution technologique, les économies d'échelle utiles pour abaisser les coûts lorsque la consommation fléchit et que la concurrence est féroce, l'évolution de la demande qui raccourcit la durée de vie des produits... sont d'autres particularités qui militent en faveur de la création de filiales communes.

2.6. Le modèle de dépendance des ressources

Ce modèle (J. Pfeffer et G. Salancik, 1978) se fonde sur le fait que les organisations sont les principaux acteurs sociaux et que les liaisons interfirmes résultent des contraintes subies et des relations de dépendance existant entre ces organisations[4]. Trois attitudes sont possibles pour le maintien des ressources nécessaires à la survie d'une organisation :

– augmenter par intégration ou quasi-intégration le contrôle sur les échanges importants,

– réduire l'incertitude en « négociant » avec l'environnement,

– se soustraire à la dépendance d'autres organisations économiques.

Les mouvements de collaboration entre les firmes sont ainsi dus à la nécessaire coordination pour gérer leur dépendance mutuelle.

Deux conditions émergent pour expliquer la constitution de structures communes :

– l'impossibilité de contrôler, par croissance externe, l'autre agent dont la firme dépend, par rapport aux ressources disponibles dans l'environnement,

– les conditions d'incertitude et de turbulence de l'environnement qui rendent indispensables la diffusion réciproque d'informations et la coordination des actions à venir ; cette concertation stabilise les relations inter-

4. Voir dans cette Encyclopédie l'article de J. Rojot, « Théorie des organisations », p. 3337, tome 3.

firmes ou, du moins, elle permet d'obtenir diverses assurances sur le comportement de l'autre.

2.7. L'approche socio-économique

Il s'agit d'une tentative de réconciliation de l'approche économique, fondée sur la rationalité des agents, et de l'approche des relations sociales avec leur aspect informel et irrationnel (C. Olivier, 1990). La constitution de filiales communes repose sur six déterminants :

– la nécessité (exigences légales et réglementaires ; exigences économiques pour accéder à de nouveaux marchés et pour profiter des ressources du partenaire...) ;

– l'asymétrie (l'objet est de bénéficier des actifs complémentaires de l'allié) ;

– la réciprocité (l'alliance est profitable pour les partenaires dans la mesure où chacun d'eux coopère) ;

– l'efficacité (le but est d'améliorer le ratio Intrants/Extrants par la recherche de l'organisation la plus efficace et la plus efficiente) ;

– la stabilité (l'incertitude de l'environnement amène les entreprises à rechercher une structure plus flexible – la filiale commune – afin d'atteindre un certain niveau de stabilité) ;

– la légitimité (les pressions institutionnelles par les normes, les législations, les directives... poussent les entreprises à justifier leurs activités et leurs résultats et les amènent à établir des relations entre elles pour améliorer leur réputation, leur image et leur prestige).

Il suffirait que les entreprises ressentent un des besoins précédents pour qu'elles établissent des relations entre elles.

On imagine assez facilement à partir du tableau de synthèse « Typologie des filiales communes » présenté au paragraphe 1.1.5. que certaines théories expliquent mieux que d'autres certains types de filiales communes : la théorie des coûts de transaction pour les filiales communes verticales, la théorie de l'internationalisation pour les filiales communes internationales, la théorie de l'apprentissage organisationnel pour les filiales communes de complémentarité entre concurrents et non-concurrents. D'autres théories en revanche (l'approche socio-économique et la théorie relationnelle par exemple), en dépit de leur intérêt intrinsèque, sont beaucoup plus générales et sont de ce fait moins bien adaptées à l'explication d'une modalité spécifique de filiale commune.

On perçoit également que, d'une façon générale, les filiales communes comme pratique de la croissance conjointe se réalisent dans les domaines d'activité où la croissance interne apparaît incertaine, trop coûteuse ou trop lente et où la croissance externe est difficile à mettre en œuvre du fait de ressources exigées particulièrement élevées ou d'obstacles juridiques, voire politiques, difficilement surmontables. En fait, la problématique des filiales communes repose sur l'idée que les partenaires sont « dans le même lit, mais font des rêves différents ». Cela revient à dire que les alliés ont envie de faire quelque chose ensemble avec des objectifs annoncés, mais peuvent cacher d'autres buts afin de profiter de l'alliance pour capter des éléments importants du savoir-faire du partenaire.

3. Les raisons de la création d'une filiale commune

En dépit des nombreuses recherches déjà réalisées, diverses hypothèses sont encore à tester pour asseoir plus sûrement les raisons du choix de la filiale commune. Sur son échantillon de 392 opérations partenariales recensées en 1992, F. Blanchot (1995), pour justifier la filiale commune, met en évidence les deux grandes catégories de facteurs suivantes :

– des facteurs endogènes ; la présence d'importants investissements spécifiques, de transferts de savoir-faire tacite, d'indivisibilité ainsi que la configuration de l'accord et le nombre de cocontractants semblent jouer un rôle significatif dans le choix entre la filiale commune et les autres pratiques des alliances ;

– des facteurs exogènes ; l'incertitude économique de l'environnement et la position relative des cocontractants paraissent également avoir un rôle significatif dans le choix entre la filiale commune et les autres formules. Ainsi, le fait que l'accord soit conclu dans une industrie globale, dans une industrie en forte croissance ou entre partenaires complémentaires (par opposition aux alliances passées entre des concurrents ou aux alliances symbiotiques) réduit significativement la probabilité du choix d'une formule avec une entité légale.

D'autres facteurs émergent nettement parmi lesquels nous pouvons retenir :

– le nombre de partenaires ; la présence de plus de deux alliés est corrélée avec le choix de la filiale commune car il est plus facile de déléguer un projet à une entité juridique spécifique que de répartir les tâches et les relations entre les parties prenantes (F. Blanchot, 1995) ;

– l'exploitation des nouvelles opportunités d'un marché et/ou la prise de position sur un marché non encore ciblé ;

– les incitations gouvernementales qui interviennent pour faciliter ou renforcer la compétitivité globale d'une industrie nationale ;

– les imperfections sur les marchés des produits intermédiaires ;

– la nécessité de la gestion de la rivalité oligopolistique entre les entreprises ;

– l'échec de la croissance externe, notamment constaté aux Etats-Unis ;

– la flexibilité qui serait accrue avec la constitution de filiales communes car elles sont en mesure de faciliter l'accession de l'entreprise aux ressources matérielles et/ou immatérielles dont elles ont besoin auprès d'un partenaire qui en dispose ; le recours aux filiales communes allège la structure de l'entreprise qui externalise en partie certaines de ses fonctions ;

– la dépendance ; lorsque l'internalisation de l'activité ou la prise du contrôle du partenaire à l'origine de la dépendance ne sont pas envisageables, la firme préférera la pratique de la filiale commune à une pure relation de marché ;

– la stabilité de l'environnement ; les filiales communes sont plutôt choisies au sein d'environnements stables ; dès que la volatilité se manifeste, les profits potentiels sont restreints dans le temps, d'où la difficulté d'assurer des relations partenariales durables ;

– le risque pays ; la filiale commune n'est pas la bonne formule dans les pays à risque accru ; il vaut mieux confier la réalisation de l'activité à développer au partenaire local, sans avoir à supporter le risque attaché à une structure juridique commune.

Cependant, les deux raisons essentielles du choix de la filiale commune reposent sur la réalisation d'économies de coûts et la recherche d'avantages technologiques et commerciaux.

3.1. La réalisation d'économies de coûts

Elle peut avoir lieu grâce à la spécialisation des différents partenaires et de leur filiale commune et à la localisation de cette dernière (internationalisation), ce qui a pour effet, outre de parvenir éventuellement à une domination par les coûts, d'entraîner :

– des économies d'échelle quelle que soit la fonction de l'entreprise concernée ;

– des économies d'apprentissage du fait de la spécialisation de chacun ;

– des économies de champ, d'éventail, d'envergure ou de gamme ; une baisse des coûts pourra être engendrée par la production de différents extrants au sein d'une même entreprise par rapport à la fabrication de chacun d'eux dans des firmes différentes (W.J. Baumol *et al.* 1982 ; A. Gintrac, 1990) ;

– des économies de savoir possibles à obtenir auprès de partenaires ;

– des gains de temps provenant des économies précédentes (diminution des délais de conception, de production, de mise sur le marché des produits grâce à une collaboration entre les partenaires) ;

– des économies de complexité ; une firme ne pouvant plus être performante dans toutes ses activités, à cause de leur complexité, optera pour la constitution d'une filiale commune avec des partenaires compétents dans les différents domaines, complémentaires à son activité principale, qu'elle ne peut pas intégrer ;

– une atteinte plus facile de la masse critique pour chaque firme spécialisée et une augmentation de son pouvoir de négociation (y compris pour la filiale commune) ;

– des économies de coûts bureaucratiques dus à l'internalisation ;

– des économies de coûts d'accès à l'activité conjointe pour chaque allié grâce à la répartition du ticket d'entrée.

3.2. La recherche d'avantages technologiques et commerciaux

La filiale commune est créée pour répondre efficacement à l'évolution technologique. La recherche-développement devient de plus en plus chère et aléatoire, d'où l'intérêt de s'y intéresser de manière conjointe. La filiale commune permet ainsi d'entreprendre des projets irréalisables par un seul acteur du fait des barrières à l'entrée existantes (accès impossible, seul, à de nouvelles technologies).

La filiale commune peut être pratiquée en vue de pénétrer une nouvelle aire géographique. Grâce à un partenaire local (parfois imposé par la réglementation), le plus souvent absent de la filière ou du secteur au sein duquel opère l'entreprise, l'introduction sur un nouveau marché sera facilitée.

A côté de l'implantation au sein de pays de niveau industriel inférieur à celui d'origine, l'emploi de la filiale commune permet d'accéder au marché d'un pays développé. Dans ce cas, il peut s'agir d'un choix délibéré d'un partenaire de participer au capital social de la filiale commune afin d'arriver dans le pays ciblé avec une meilleure position concurrentielle en utilisant le réseau relationnel et politique de son allié. La vigilance s'impose ici car, fréquemment, le partenaire dispose du potentiel utile pour devenir, à terme, un concurrent à part entière.

La filiale commune permet d'intervenir dans des domaines où une firme seule ne pourrait y parvenir. Le partage du risque et des coûts, les possibilités de contournement des barrières à la mobilité stratégique ou des barrières à l'entrée dans une activité modifient les conditions de concurrence dans les secteurs des partenaires et de la filiale commune. On comprend que des contraintes juridiques aient été instaurées afin d'éviter les abus de position dominante (les articles 85 et 86 du traité de Rome de 1957, le Sherman Act de 1890, le Clayton Act de 1914 et le National Cooperative Research Act de 1984 aux Etats-Unis, la loi du 1er décembre 1986 en France, etc.).

Certaines difficultés liées aux particularités du management de la filiale commune doivent être maintenant analysées.

4. Le management de la filiale commune

4.1. L'évolution de la relation entre les alliés

R.M. Kanter (1994) propose une évolution de la relation entre les partenaires relativement simpliste, définie par quatre phases essentielles :

– la rencontre,

– l'engagement (formalisation de la relation et élaboration de plans d'avenir),

– le travail commun,

– l'apparition du conflit avec deux solutions : rompre l'alliance ou la poursuivre, et, en cas de maintien de l'alliance, envisager des mécanismes pour atténuer les différences et mieux s'entendre.

Plus proches de la réalité du monde des affaires, P.S. Ring et A.H. Van de Ven (1994) développent un modèle de métamorphose des relations interorganisationnelles à partir de la logique des coûts de transaction et de l'aspect psychosociologique du processus relationnel. Cinq phases peuvent être retenues :

– la négociation ; les parties développent des objectifs communs ;

– l'engagement ; les obligations de chacun et les termes de l'alliance sont fixés et insérés dans un contrat formel ou des traductions plus informelles ;

– l'exécution ; les engagements sont traduits en action et le développement de relations interpersonnelles intervient au fur et à mesure que la coopération évolue ;

– la renégociation ; avec le temps, les attentes des partenaires évoluant, des conflits apparaissent, d'où la nécessité de procéder à des renégociations ;

– la rupture ; elle naît lorsque les partenaires ont atteint les objectifs fixés ou lorsqu'ils n'ont pas réussi à gérer leurs conflits.

L'efficacité de la filiale commune dépend largement de l'organisation de la relation entre les alliés.

4.2. Les déterminants du management de la filiale commune

Le management de la relation de coopération ou de concurrence est influencé par quatre facteurs :

– l'accroissement de la proportion existant entre les ressources apportées à la filiale commune par les partenaires et l'ensemble de leurs ressources respectives ;

– les objectifs poursuivis par chaque partenaire qui peuvent être coopératifs ou concurrentiels (K.R. Harrigan, 1988 ; B. Kogut, 1988 ; G. Hamel *et al.*, 1989) ;

– le poids de chacun dans la filiale commune (M. Colombo, 1992 ; A. Zanfei, 1994) ; plus les entreprises sont sur un pied d'égalité, plus la relation est équilibrée et favorable à la coopération ; mais le débat n'est pas clos sur ce point ;

– la nature des apports et l'organisation des tâches, facilitateur de la coopération ou incitateur à l'accaparement des apports du partenaire (Y. Doz *et al.*, 1986, 1989) et, enfin, la culture (organisationnelle et nationale) avec son influence sur le comportement des organisations et du personnel (Z. Su et G. Verna, 1994).

En définitive, les risques de la filiale commune sont tous liés au fait que l'état d'esprit des alliés ou de l'un d'eux ne soit pas partenarial…

4.3. Les problèmes pratiques du management de la filiale commune

Ces problèmes sont nombreux. Ils concernent la répartition du capital, la répartition du pouvoir, le rôle du dirigeant, la concurrence, les risques de rivalité interne et les problèmes juridiques et culturels.

4.3.1. La répartition du capital

Faut-il un équilibre parfait du partage du capital entre les partenaires ou la majorité du capital entre les mains de l'un deux ? La répartition 50/50 est souvent jugée inacceptable car elle est source de blocage. Toutefois, il n'a pas été démontré que la réussite est meilleure dans les filiales communes où un actionnaire est majoritaire par rapport à celles où existe une répartition égalitaire du capital social.

4.3.2. La répartition du pouvoir dans la structure de management opérationnel

Si la filiale commune a un parent dominant, c'est lui qui choisit le directeur et les cadres supérieurs. Le conseil d'administration conserve un rôle formel. Si la filiale commune est à management partagé, les cadres sont détachés des deux maisons mères ou choisis conjointement, et le conseil d'administration a un véritable pouvoir de prise de décision.

Dans les filiales communes indépendantes (catégorie très minoritaire), le manager en place a une autonomie presque totale. Il est plus important pour les partenaires de se mettre d'accord sur la répartition des pouvoirs et des rôles de chacun que sur la répartition du capital, car cela conditionne la réussite de l'opération.

4.3.3. Le rôle du dirigeant

Le dirigeant de la filiale commune exerce un rôle clé. En effet, il doit gérer les partenaires de façon séparée comme s'ils étaient chacun à parité dans le capital social. Il doit être choisi pour ses qualités de diplomate et pour son indépendance d'esprit. Il convient aussi de nommer des dirigeants autochtones parmi l'équipe de direction de la filiale. Les filiales communes dirigées par des cadres locaux réussiraient en général mieux que celles gérées par des expatriés de la multinationale.

4.3.4. La concurrence engendrée

Dans certains cas, il y aura réduction du nombre d'intervenants en concurrence, dans d'autres, augmentation (par exemple, lorsque l'accord entraîne l'apparition de partenaires sur le propre marché d'un allié).

4.3.5. Les risques de rivalité interne

Dans une filiale commune de co-intégration technologique, comment répartir la recherche et développement et ses résultats entre les associés si une complémentarité de compétences existe au départ ? Comment délimiter le terrain de la coopération et protéger sa technologie ? Une solution consiste à restreindre l'objet social de la structure commune à la recherche fondamentale afin de protéger les applications : chaque allié devant éviter de se reposer entièrement sur la filiale commune pour développer sa technologie dans les domaines couverts par celle-ci. Mais des conflits peuvent naître et remettre en cause la collaboration.

4.3.6. Les problèmes juridiques et culturels

Ils concernent le respect du droit du pays d'implantation et le management des différences culturelles pouvant exister entre régions différentes, entre partenaires, entre dirigeants appartenant à chaque organisation alliée.

4.4. Le contrôle du management de la filiale commune

L'exercice du contrôle et les mécanismes du contrôle constituent les deux problèmes majeurs.

4.4.1. L'exercice du contrôle

Le contrôle et sa répartition occasionnent souvent des conflits entre les partenaires.

La corrélation entre contrôle et propriété ne se vérifie pas toujours car certaines législations locales et préférences des entreprises autochtones imposent parfois aux partenaires étrangers une prise de participation minoritaire alors que la gestion de la filiale commune est (cas de la Chine) gérée conjointement par les partenaires local et étranger (gestion partagée). Lors des opérations communes internationales, des difficultés additionnelles de nature culturelle interviennent pour trouver un consensus sur le style de gestion à adopter.

Chaque société mère détermine les domaines sur lesquels il est important qu'elle ait le contrôle, car ils sont cruciaux pour sa propre activité (L. Hébert,

1994). Par contre, elle laisse le contrôle des activités où elle est moins performante à son partenaire, principalement dans le cas d'une filiale commune internationale, lorsque l'entreprise mère étrangère n'a souvent qu'une connaissance limitée du marché local.

4.4.2. Les mécanismes de contrôle

Deux approches sont habituellement présentées.

L'approche instrumentale repose sur des règles formelles déterminées par les législations, les règlements ; chaque maison mère veut une répartition claire de la gestion. On y trouve essentiellement les cinq fondements suivants :

– le contrat (rédigé au début, il constitue le point de référence dès qu'un problème se pose) ;

– le conseil d'administration et le directeur général ; le conseil d'administration décide des grandes orientations de la filiale commune et prend les décisions finales en cas de conflit. Le directeur général est responsable de la gestion. Il est en relation avec les maisons mères qui ont souvent des objectifs conflictuels, des méthodes différentes, des cultures diverses. Il a une position délicate et se trouve fréquemment à l'origine de conflits entre elles. Trois solutions évitent des problèmes :

· la rotation de la provenance des personnes à la direction générale,

· le choix d'un directeur général issu d'une des sociétés mères qui prendra des décisions en accord avec des sous-directeurs dépendants de l'autre allié,

· la sélection d'une personne externe aux deux entreprises mères ;

– l'affectation du personnel aux postes managériaux ; c'est le choix de faire occuper certains postes par le personnel des sociétés mères avec la mise en place de mécanismes d'évaluation de son efficacité et de son efficience ;

– le système de planification et de vérification des performances ;

– la structure de la filiale commune ; A. Yan et B. Gray (1994) ont montré que lorsqu'un des alliés arrive à dupliquer sa propre structure organisationnelle au sein de la filiale commune, il voit son contrôle au sein de celle-ci augmenter (management plus facile pour lui). Mais Z. Su et G. Verna (1994) affirment que cette situation ne sera acceptée par l'autre que si elle favorise également sa participation et, surtout, si une relation de confiance s'est développée entre eux.

L'approche comportementale est la mise en valeur des relations interpersonnelles et interorganisationnelles qui existent entre les différentes parties. On y trouve :

– la confiance qui précède la coopération et qui joue un rôle important dans son maintien,

– la communication, essentielle au développement de relations harmonieuses entre les partenaires,

– les visites informelles (notamment inopinées) et les contacts personnels avec les managers de la filiale commune,

– la formation du personnel de la filiale commune qui permet de contrôler son comportement futur.

La confiance et la communication sont les mécanismes informels les plus efficaces pour le développement et l'harmonie de la relation entre les partenaires.

4.5. Le management des conflits

Les conflits peuvent provenir d'objectifs non compatibles, des différences de poids entre les alliés, d'ambiguïté dans la répartition des tâches, de conceptions opposées dans la façon dont le personnel des partenaires réalise sa mission ou dans les méthodes d'exécution du travail. Face à ces conflits, il existe deux façons de réagir :

– soit les résoudre lors de leur apparition à partir de techniques définies dans le contrat entre les parties,

– soit avoir une approche dynamique de leur traitement (U. Yavas *et al.*, 1994) permettant de prévenir leur apparition.

Deux techniques fondamentales de résolution des conflits se retrouvent dans le cas des filiales communes, comme dans de nombreux autres domaines. Il s'agit de la négociation et de la médiation ou de l'arbitrage.

4.5.1. La négociation

Pour être efficace, la négociation doit répondre aux attributs classiques : clarifier les intérêts de chacun, construire une bonne relation, développer différentes options, considérer le processus comme légitime, admettre la technique de résolution des conflits perçue comme la meilleure par les alliés, améliorer la communication, mener à des engagements réalistes, opérationnels et basés sur la réciprocité.

4.5.2. La médiation ou l'arbitrage

Le choix d'une tierce personne neutre (consultant externe) pour aider à résoudre le conflit correspond à la médiation. Le médiateur essaie de concilier les parties. En cas d'échec, il leur soumet une recommandation motivée qui comporte des propositions destinées à mettre fin au conflit. Cette recommandation du médiateur peut être rejetée par les parties.

L'arbitrage consiste pour chaque partenaire à fournir ses arguments à un juge ou à une autorité légale afin de persuader l'arbitre de rendre une décision en sa faveur. La sentence arbitrale s'impose normalement aux parties.

La gestion efficace des filiales communes exige une approche à la fois instrumentale et comportementale du contrôle avec une mise en place de mécanismes leur correspondant, et un management des conflits par des négociations entre les partenaires. Ainsi, l'alliance au sein de la filiale commune est fructueuse et satisfait les alliés car chacun y trouve son intérêt.

5. La réussite et l'échec des filiales communes

Il est difficile de distinguer *ex post* si une faible performance de la filiale commune résulte d'un manque de chance ou de l'absence d'effort de l'un ou l'autre des partenaires.

5.1. Les conditions nécessaires à l'établissement de bonnes relations entre les alliés

Pour R.M. Kanter (1994), les conditions nécessaires à l'établissement de bonnes relations entre alliés sont nombreuses et sont constituées par :

– l'excellence individuelle (contributions effectives dans l'alliance) ;
– l'importance de l'alliance pour chacun des partenaires ;
– l'engagement et l'implication à plus ou moins long terme des parties ;
– la qualité et le partage de l'information ;
– l'intégration stratégique (contacts continus entre les cadres dirigeants de chaque entreprise), tactique (développement de plans d'actions communs, transferts de connaissances…), opérationnelle (répartition des tâches et accès de chaque allié aux informations), interpersonnelle (création de liens personnels entre les employés de chaque entreprise), ou culturelle ;
– l'institutionnalisation, c'est-à-dire l'existence formelle de la relation ;
– l'intégrité ; les partenaires ne doivent pas avoir de comportements opportunistes, ce qui permet de développer une certaine confiance entre eux.

On perçoit, à l'énoncé de ces conditions, l'existence de grosses difficultés pour choisir le partenaire idéal.

5.2. Les conditions d'apparition du conflit

Le conflit peut apparaître sur le plan individuel comme sur le plan organisationnel. Les causes de conflit sont soit structurelles (centralisation, taille, complexité, différenciation, nature des apports, répartition des tâches), soit psychosociologiques (besoin de pouvoir, d'autonomie et de code éthique, différences culturelles, mauvaise communication, divergence d'objectifs).

5.3. Les indicateurs de réussite et d'échec des filiales communes

Les taux d'échec des filiales communes varient entre 37 et 70 % selon les différents critères utilisés (J.M. Geringer, 1991), ce qui ne peut que laisser un doute sur l'harmonie régnante en leur sein. Selon M. Porter (1987), le taux d'échec atteindrait 50 % sur la période allant de 1950 à 1980 et les problèmes majeurs apparaîtraient au bout de cinq à six ans d'existence (filiales dissoutes ou acquises par l'un des partenaires). En fait, les résultats varient fortement selon les caractéristiques des différentes études (hétérogènes au niveau de la taille des échantillons, de l'origine des firmes et des secteurs observés).

5.3.1. L'identification des variables de réussite

En travaillant avec les directions de 18 firmes (sociétés mères) implantées sur le territoire français et à l'origine de la création de 22 sociétés communes de 1980 à 1984, J. Verna (1989) met en évidence quatre facteurs explicatifs de la réussite des filiales communes : la complémentarité des partenaires, la désignation d'un chef de file, la volonté de collaborer et l'existence de relations privilégiées entre les alliés.

– La complémentarité des partenaires peut porter sur des capacités (cerner les compétences et les talents respectifs de chaque firme par rapport à l'alliance), sur des volontés (présence de buts et d'objectifs stratégiques des sociétés mères appartenant à une même zone de convergence) ou sur des tâches (délimitation des domaines d'intervention de chaque partenaire).

– La désignation d'un chef de file dans l'opération est importante au niveau de la gestion courante (personne issue des maisons mères ou embauche d'une personne extérieure).

– La volonté de collaborer et, donc, de s'unir, de courir ensemble certains risques, de poursuivre activement un but commun est le troisième facteur explicatif de la réussite. Encore faut-il que la volonté de chaque partenaire soit à peu près identique pour garantir que les négociations se dérouleront en position d'échange.

– L'existence entre les partenaires de relations privilégiées est le dernier facteur de succès. L'altération de l'*intuitus personae* a fréquemment pour conséquence la fin de la filiale commune du fait de modifications intervenues dans les sociétés mères, au niveau des propriétaires ou au niveau des dirigeants instigateurs de l'opération conjointe.

L'expérience des dirigeants en matière de filiale commune permet fréquemment de surmonter les problèmes liés à la négociation, à la rédaction des contrats et à la gestion de la structure conjointe.

5.3.2. L'identification des facteurs d'échecs

Il est possible de mettre en évidence les facteurs suivants :

– le montage juridique et financier (à plus forte raison lorsque la filiale commune est constituée à l'étranger) ;

– la gestion des hommes ;

– l'écart de culture ;

– l'asymétrie des partenaires ;

– le rapprochement plus ou moins fort des partenaires. J. Verna (1989) montre que moins les alliés sont liés par le marché, les ressources..., plus l'instabilité de la filiale commune est forte alors que l'instabilité est la plus faible dans les relations entre les clients et les fournisseurs, et devient moyenne dans le cas d'alliés interdépendants sur le plan concurrentiel ;

– les caractéristiques de l'industrie et, notamment, la nature de l'avantage transféré ; la filiale commune serait beaucoup plus durable en cas de coopération à un niveau commercial, mais les études donnent des résultats contradictoires sur ce point.

D'autres effets négatifs ont été décelés parmi lesquels nous pouvons relever :

– la réduction de la flexibilité stratégique du fait du respect des directives sur lesquelles les alliés se sont mis d'accord dans le cadre de la filiale commune ;

– une vulnérabilité accrue face aux perturbations en raison de structures soudées entre elles ;

– les effets en retour des liaisons concurrentielles, avec le risque majeur de voir la dissipation des sources de l'avantage concurrentiel au profit de l'allié ;

– les coûts liés à la coordination et au contrôle conjoint qui peuvent conduire à l'inefficience ;

– l'accès à des informations stratégiques plus secrètes de la part du partenaire qui remet en cause les plans prévus.

On retrouve dans les filiales communes les mêmes règles que dans les nouvelles entreprises, à savoir de grosses difficultés dans les cinq premières années qui aboutissent souvent à la disparition ou à la restructuration avec reprise de l'un des partenaires.

La recherche de la réussite ou du succès de la filiale commune n'est pas simple car, selon les motifs de création, les critères à retenir ne sont pas les mêmes. Ainsi, la filiale commune peut consister en un accord transitoire par lequel l'un des partenaires réussit à se renforcer aux dépens de l'autre, ou être un tremplin pour l'un des alliés dans un domaine et, pour l'autre, une voie pour se désengager progressivement d'une activité.

Selon le cas, la durée n'est pas un bon critère de réussite. En effet, elle peut être due à l'aggravation de la situation de dépendance d'un allié par rapport à l'autre, qui empêche l'arrêt de la collaboration. Au contraire, la rupture peut parfaitement sanctionner, non pas l'échec des relations, mais l'atteinte des objectifs poursuivis par au moins un des alliés. Par exemple, lorsque les activités sont en relations synergétiques, il est moins facile pour les partenaires de réagir rapidement aux opportunités et aux menaces de l'environnement (A. Gintrac, 1990). L'exploitation de synergies augmente souvent, pour chaque partenaire, les obstacles à la sortie de la filiale commune et incite à y rester même si divers problèmes existent. Même les performances financières sont critiquables en tant que critère de réussite ou d'échec de la filiale commune : tout dépend de la situation antérieure et des objectifs de chaque allié.

La filiale commune peut évoluer de cinq façons différentes :

– elle aboutit à un rapprochement définitif par croissance externe,

– elle est un épiphénomène et fait l'objet d'une interruption une fois son terme arrivé,

– elle provoque un rapprochement durable mais non irréversible par poursuite de la collaboration sur des projets successifs,

– elle obtient son autonomisation,

– elle subit la cannibalisation de son activité avec le renforcement de la position concurrentielle de l'un des alliés.

*

*   *

Formule possible dans toutes les alliances entre concurrents ou non-concurrents, la filiale commune entre totalement dans le cadre d'une politique de partenariat et d'une problématique de croissance dans la mesure où elle exige la réalisation d'investissements en moyens de production pour déboucher sur des extrants quels qu'ils soient[5]. C'est donc une pratique stratégique de la croissance conjointe qui peut être croisée avec n'importe quelle direction de la croissance et avoir une implantation nationale comme une localisation internationale. La compréhension de son fonctionnement et le jugement à porter sur son efficacité et son efficience restent très délicats en dépit des nombreuses recherches déjà menées. Nombre de travaux pertinents peuvent et doivent se poursuivre pour accroître la connaissance des filiales communes et améliorer la compréhension de ce phénomène.

---

5. Voir également dans cette Encyclopédie l'article de B. de Montmorillon, « Croissance de l'entreprise », p. 854, tome 1.

Références

ALIOUAT B., « L'éco-management stratégique des alliances technologiques : analyse empirique d'une situation paradoxale », *Gestion 2000* (n° 5, 1993), p. 95-127.

ARGYLE M., *Cooperation : The Basis of Sociability*, Londres, Routledge, 1991.

BAUMOL W.J., PANZAR J., Willig R.D., *Contestable Markets and The Theory of Industry Structure*, New York, Harcourt Brace Jovanovitch, 1982.

BLANCHOT F., « Le partenariat interentreprises », Thèse de doctorat, Université de Bourgogne, 1995.

COLOMBO M., « Les accords de coopération entre firmes de haute technologie », *in* A. Noël (éd.), *Perspectives en management stratégique*, t. 1, Paris, Economica, 1992, p. 389-419.

COASE R., « The Nature of the Firm », *Economica NSG* (November 1937), p. 386-405.

DEUTSCH M., « Educating for a Peaceful World », *American Psychologist* (n° 48, 1993), p. 510-517.

DOZ Y., HAMEL G., PRAHALAD C.K., « Strategic Partnership : Success or Surrender ? », Meeting annuel AIB-AIBA, Londres, novembre 1986.

DOZ Y., HAMEL G., PRAHALAD C.K., « Collaborate with your Competitors and Win », *Harvard Business Review* (January-February 1989).

DUNNING J.H., *Explaining International Production*, Unwyn Hyman, 1988.

GERINGER J.M., « Measuring Performance of International Joint-Ventures », *Journal of International Business Studies* (22 (3), 1991), p. 235-254.

GINTRAC A., « La synergie : concept et mesure », Cahier de recherche (90-01, 1990), CRG Bordeaux.

HAMEL G., DOZ Y.L., PRAHALAD C.K., « S'associer avec la concurrence : comment sortir gagnant ? », *Harvard-L'Expansion* (automne 1989), p. 24-32.

HARRIGAN K.R., « Why Joint-Ventures Fail », First Boston Working Paper Series (FB 86-01, 1985).

HARRIGAN K.R., « Joint-Ventures and Competitive Strategy », First Boston Working Paper Series (FB 85-20, 1985).

HARRIGAN K.R., *Strategies for Joint-Ventures*, Lexington, Mass., Lexington Books, 1985.

HARRIGAN K.R., *Managing for Joint-Ventures Success*, Lexington, Mass., Lexington Books, 1986.

HARRIGAN K.R., « Joint-Ventures and Competitive Strategy », *Strategic Management Journal* (n° 9, 1988), p. 141-158.

HARRIGAN K.R., « Strategic Alliances and Partner Asymetries », *in* F. Contractor, P. Lorange, *Cooperative Strategies in International Business*, Lexington, Mass., Lexington Books, 1988, p. 205-227.

HÉBERT L., « Trust, Conflicts and Division of Control in Joint-Venture », *in* ASAC (Association des sciences administratives du Canada) (vol. 15, n° 8, 1994).

HLADIK K.J., *International Joint-Ventures*, Lexington, Mass., Lexington Books, 1985.

KANTER R.M., « Collaborative Advantage : The Art of Alliance », *Harvard Business Review* (July-August 1994), p. 96-108.

KOGUT B., « Joint-Venture : Theoretical and Empirical Perspectives », *Strategic Management Journal* (vol. 9, 1988), p. 319-332.

KOGUT B., « A Study of the Life Cycle of Joint-Ventures », *in* F. Contractor., P. Lorange, *Cooperative Strategies in International Business*, Lexington, Mass., Lexington Books, 1988, p. 169-204.

KOGUT B., SINGH H., « The Effect of National Culture on the Choice of Entry Mode », *Journal of International Business Studies* (19, Autumn 1988), p. 411-432.

OLIVIER C., « Determinants of Interorganizational Relationships : Integration and Future Directions », *Academy of Management Review* (vol. 15, n° 2, 1990), p. 241-265.

PATUREL R., Chroniques annuelles parues dans la *Revue d'Economie Industrielle*, n° 16 (1981), n° 21 (1982), n° 24 (1983), n° 29 (1984), n° 34 (1985), n° 42 (1987), n° 58 (1991), n° 62 (1992), n° 66 (1993), n° 70 (1994).

PATUREL R., « Stratégie de croissance externe », *in Encyclopédie du management*, Paris, Vuibert, 1991, p. 407-418.

PATUREL R., « Réflexions théoriques sur les manœuvres stratégiques génériques des entreprises », Colloque international de l'AIMS (Association internationale de management stratégique), Lyon, 9-10-11 mai 1994.

PORTER M.E., « The State of Strategic Thinking », *The Economist* (May 1987), p. 21-28.

PFEFFER J., SALANCIK G., *The External Control of Organizations : A Resource Dependence Perspective*, New York, Harper and Row Publishers, 1978.

RING P.S., VAN DE VEN A.H., « Structuring Cooperative Relationships between Organizations », *Strategic Management Journal* (vol. 13, 1992), p. 483-498.
RING P.S., VAN DE VEN A.H., « Development Processes of Cooperative Interorganizational Relationships », *Academy of Management Review* (vol. 19, n° 1, 1994), p. 90-118.
SACHWALD F., *L'Europe et la globalisation*, Paris, Masson, 1993.
SU Z., VERNA G., « Power, Control and Effectiveness in Shared Management Joint-Ventures with Chinese Partners : Three Case Studies », Rapport de recherche (n° 94-23, avril 1994), FSA, Université Laval.
URBAN S., « Coopération entre firmes européennes », *in* P. Joffre, G. Kœnig, *L'euro-entreprise*, Paris, Economica, 1988, p. 163-186.
VERNA J., « Les stratégies conjointes des firmes françaises depuis 1980 : des comportements différenciés », Thèse de doctorat, Université de Grenoble, 1989.
WILLIAMSON O.E., *Markets and Hierarchies : Analysis and Antitrust Implications. A Study of Internal Organization*, New York, The Free Press, 1975.
WILLIAMSON O.E., « Transactions Cost Economics : the Governance of Contractual Relations », *Journal of Law and Economics* (vol. 22, 1979), p. 223-261.
WILLIAMSON O.E., « The Economics of Organization : the Transaction Cost Approach », *American Journal of Sociology* (vol. 87, n° 3, 1981), p. 548-577.
WILLIAMSON O.E., « The Modern Corporation : Origins, Evolution, Attributes », *Journal of Economic Literature* (vol. 29, 1981), p. 1537-1568.
WILLIAMSON O.E., « Credible Commitments : Using Hostages to Support Exchange », *American Economic Review* (vol. 73, 1983), p. 519-540.
WILLIAMSON O.E., *The Economic Institution of Capitalism : Firms, Market, Relational Contracting*, New York, The Free Press, 1985.
WILLIAMSON O.E., *Economic Organization : Firms, Market and Policy Control*, Brighton, Wheatsheaf Books, 1986.
WILLIAMSON O.E., « Transaction Cost Economics », *in* R. Schmalensee et R.D. Wilig, *Handbook of Industrial Organization*, vol. 1, 1989.
WILLIAMSON O.E., « Comparative Economic Organization : The Analysis of Discrete Structural Alternatives », *Administrative Science Quarterly* (vol. 36, 1991), p. 269-296.
WINNINGHOFF E., « Making a Partnership Work », *Working Woman* (July 1991), p. 50-53.
YAN A., GRAY B., « Bargaining Power, Management Control, and Performance in United States – China Joint-Ventures : A Comparative Case Study », *Academy of Management Journal* (vol. 37, n° 6, 1994), p. 1478-1517.
YAVAS U., EROGLU D., EROGLU S., « Sources and Management of Conflict : the Case of Saudi – US Joint-Ventures », *Journal of International Marketing* (vol. 2, n° 3, 1994), p. 61-82.
ZANFEI A., « Technological Alliances between Weak and Strong Firms Cooperative Ventures with Asymetric Competences », *Revue d'Economie Industrielle* (n° 67, 1er trimestre 1994), p. 225-275.
ZHANG J., « Alliance stratégique : coopération ou concurrence ? », *in* ASAC L. Hébert (éd.), *Policy/Stratégie et politiques* (vol. 14, n° 6), Concordia University, 1993.

Mots clés

Alliance stratégique, apprentissage organisationnel, confiance, conflit, contrôle, coopération, coûts de transaction, croissance conjointe, croissance externe, croissance interne, dépendance des ressources, échec, économies de coûts, filiale commune, internationalisation, joint-venture, management de la filiale commune, partenariat, réussite, théorie relationnelle.

Financement de l'entreprise : évolution récente et perspectives nouvelles

Gérard Hirigoyen et Jean-Pierre Jobard

Depuis quelques années, les différents moyens de financement des entreprises ont connu, en France, une profonde évolution. En effet, à côté des instruments traditionnels permettant de renforcer les fonds propres ou de procurer des crédits aux entreprises, tels que l'augmentation du capital social, l'emprunt obligataire à taux fixe ou variable, le recours à l'escompte ou la mobilisation de créances, de nouveaux instruments de financement ont fait leur apparition. Citons, à titre d'exemple, les actions à dividende prioritaire sans droit de vote, les obligations à bons de souscription d'actions, ou les nouvelles perspectives concernant le crédit d'exploitation découlant de l'application de la loi Dailly.

L'ampleur des transformations qui surviennent actuellement en France dans le financement des entreprises ne peut se comprendre que si l'on replace ce mouvement dans le contexte plus général de l'évolution des systèmes financiers des principaux pays industrialisés. Pour caractériser cette évolution, il faut évoquer les innovations financières et, plus particulièrement, la création de nouveaux produits financiers, le mouvement général de « déréglementation » et de « désintermédiation » qui touche la plupart des systèmes bancaires, ainsi que le phénomène de *securitization* (traduit parfois par l'expression « titrisation »)[1]. Devant l'importance de ces modifications, on peut se poser la question de savoir s'il s'agit d'une simple évolution ou d'une véritable mutation des systèmes financiers : telle est bien l'opinion émise par un certain nombre d'auteurs (J. Metais et P. Szymczak, 1986).

Face aux transformations du paysage bancaire et financier français, il ne nous paraît pas opportun de tenter de dresser un inventaire des différents moyens de financement des entreprises existant actuellement en France[2]. Ce recensement, qui dépasserait largement l'objectif de cette contribution, serait par ailleurs rapidement périmé, car l'apparition de nouveaux produits exige-

1. Voir également dans l'Encyclopédie des marchés financiers les articles de V. Pancrazi-Dauchy, « Titrisation » et de J.L. Herrenschmidt, « Déréglementation et innovations financières internationales ».

2. On peut consulter, par exemple, *Financement des entreprises 1995-1996*, Paris, Francis Lefebvre, 1995 ; A. Couret, J. Devèze, G. Hirigoyen, *Droit du financement*, Lamy, 1996.

rait une incessante remise à jour[3]. En revanche, il semble plus intéressant de chercher à mettre en lumière les traits qui caractérisent l'évolution actuelle des modalités de financement des entreprises, d'une part, au regard de la « mutation » des systèmes financiers des principaux pays industrialisés, et particulièrement du système français, d'autre part, en fonction des enseignements que l'on peut tirer des récents développements de la théorie de la finance concernant les modalités de financement des entreprises.

On étudiera donc, dans une première section, les enseignements tirés de l'évolution récente de la théorie de la finance, puis on s'interrogera, dans une seconde section, sur les traits caractéristiques de la pratique actuelle du financement des entreprises en France.

1. Les enseignements récents tirés de la théorie de la finance

Pour comprendre les mécanismes qui sont à la base des explications théoriques des procédés de financement des entreprises, il convient de distinguer le schéma classique du néo-classicisme financier.

1.1. Le schéma classique

Il repose, en matière de financement, sur deux propositions principales qui ont, toutefois, fait l'objet de nombreuses critiques.

1.1.1. Les propositions de base

Dans le cadre d'hypothèses de marchés parfaits et de comportements orientés vers la maximisation de la valeur de l'entreprise sur le marché financier, le schéma classique, en matière de financement des entreprises, peut être synthétisé à partir de deux propositions centrales.

– Les entreprises ne font pas d'autofinancement net. Cette proposition implique que les entreprises constituent des fonds d'amortissement pour le montant correspondant aux investissements de remplacement, distribuent leurs bénéfices sous forme de dividendes aux actionnaires et financent leurs investissements nets en recourant à des capitaux extérieurs.

– Les entreprises ont à leur disposition deux sources de financement extérieures auxquelles elles peuvent indéfiniment faire appel. Ces deux sources sont :

· d'une part, les capitaux à risque qui sont spécifiques à chaque entreprise ou à chaque catégorie d'entreprises (les firmes étant rangées par classes de risque, en fonction de la volatilité de leur résultat d'exploitation) ;

· d'autre part, le crédit, *a priori* homogène, et gouverné par le taux d'intérêt.

Cette seconde proposition est essentielle, car elle soulève la question de savoir quelle est la source de financement la plus intéressante pour l'entreprise. La réponse a été apportée par les théorèmes de F. Modigliani et M. Miller.

– Théorème 1 : pour une classe de risque économique ou d'exploitation donnée, la valeur boursière de l'entreprise (somme de la valeur des fonds

---

3. Voir, par exemple, pour les moyens de crédit : Banque de France, *Les principaux mécanismes de distribution du crédit*, 9e éd., 1995.

propres et des dettes) est indépendante de sa structure financière ; dans ces conditions, le coût moyen pondéré du capital et la valeur sont des constantes, tandis que le coût des fonds propres augmente pour refléter l'accroissement du risque financier, avec un endettement de plus en plus lourd.

– Théorème 2 : les décisions d'investissement (et par conséquent la taille de l'entreprise) sont indépendantes des décisions de financement[4].

1.1.2. La critique du schéma classique

Elle a porté principalement sur trois points : le rôle de l'autofinancement, le caractère non homogène des sources de financement externes et les problèmes relatifs aux limites réelles de l'endettement.

1.1.2.1. Le rôle de l'autofinancement

Il peut être mis en évidence sur deux plans :

– le fonds d'amortissement qui permet de financer une partie des investissements de croissance par le jeu de l'effet multiplicateur (effet Lohmann-Rüchti) ;

– la pratique de la rétention d'une partie du résultat net dans les entreprises ; cet aspect a d'ailleurs été pris en compte par M. Gordon et E. Shapiro dans leur modèle d'évaluation par les dividendes.

Ces deux aspects conjugués montrent le rôle important joué par l'autofinancement dans le financement des investissements de remplacement et de croissance.

1.1.2.2. Le caractère non homogène des sources de financement externes

Les deux sources de financement externes, le crédit et les capitaux à risque, sont loin d'être homogènes.

– Dans le « maquis » des sources de crédit, on identifie toute une série de sous-circuits, caractérisés chacun par des conditions d'accès et un taux d'intérêt qui leur sont propres. En reprenant la typologie établie par R. Perez (1981, p. 501), on peut distinguer ainsi :

· les circuits privilégiés qui résultent d'une intervention des pouvoirs publics dans le sens de l'offre d'un certain montant de financement à des conditions de taux et de durée plus avantageuses que celles des autres circuits ;

· les circuits normaux auxquels ont accès les entreprises dont les dossiers de crédit sont conformes aux normes fixées par les organismes de financement ;

· les circuits parallèles, généralement non institutionnellement organisés, mais auxquels les entreprises peuvent et sont parfois obligées de recourir (avec des conditions plus sévères) pour pallier les besoins de financement non satisfaits par les circuits précédents.

– Pour le circuit des capitaux à risque, une grande partie peut être considérée comme hors circuit, celle qui est formée par les capitaux propres des entreprises non cotées et qui constituent un « capital captif ». C'est ce qui

---

4. Voir également dans cette Encyclopédie les articles de M. Albouy, « Structure financière et coût du capital », p. 3129, tome 3 et de P. Vernimmen, « Politique financière de l'entreprise », p. 2325, tome 2 et dans l'Encyclopédie des marchés financiers l'article de G. Charreaux, « Théorie financière ».

explique les différences importantes entre la valeur unitaire d'un paquet d'actions assurant la majorité et celle d'un paquet minoritaire.

1.1.2.3. *Les problèmes relatifs aux limites réelles de l'endettement*

Le théorème de l'indépendance de la valeur de l'entreprise par rapport à sa structure financière a soulevé de nombreuses controverses. La question posée est, en effet, celle de savoir pourquoi les entreprises ne s'endettent pas le plus possible (puisque leur valeur n'en dépend pas), et pourquoi – comme on l'observe dans la réalité – certaines s'endettent plus que d'autres, bien qu'appartenant à la même classe de risque économique ?

F. Modigliani et M. Miller répondent que les entreprises souhaitent conserver une capacité d'endettement pour bénéficier d'une certaine flexibilité. L'argument paraît bien faible par rapport à l'hypothèse de marché parfait dans laquelle se placent les auteurs. On peut se demander aussi pourquoi les avantages fiscaux de l'endettement, dus à l'impôt sur les sociétés, n'incitent pas les sociétés à s'endetter au maximum. Le coût des fonds propres augmente moins vite qu'en l'absence d'impôt sur les sociétés, par suite des gains fiscaux sur les intérêts qui justifient la baisse du coût moyen pondéré du capital et la hausse de la valeur de l'entreprise.

F. Modigliani et M. Miller avancent à nouveau l'argument de la flexibilité, et M. Miller démontre, en 1977, que la prise en compte des impôts sur le revenu des personnes physiques annule les avantages fiscaux entraînés par la déductibilité des intérêts. Dans ces conditions, la question de base demeure entière.

D'autres auteurs, comme J. Stiglitz, N. Baxter, J. Warner, A. Kraus, R. Litzenberger et J. Van Horne, ont cherché des explications par référence aux imperfections des marchés financiers qui offrent des situations de rationnement du capital et la présence de coûts de transaction. Ils ont intégré dans leur raisonnement les coûts de faillite qui augmentent avec la probabilité de défaillance, laquelle s'élève avec l'endettement.

En présence d'impôt sur les sociétés, la valeur de l'entreprise s'accroît dans un premier temps sous l'effet des économies fiscales entraînées par la déductibilité des intérêts, pour diminuer ensuite quand ces gains sont compensés par les coûts de faillite. On définit ainsi une structure financière optimale. La relation entre les coûts de faillite et les avantages fiscaux de l'endettement est connue sous le nom de théorie du *static-trade-off*.

Les études empiriques ont toutefois montré que les coûts de faillite ne suffisent pas à justifier les limites réelles de l'endettement. En outre, le schéma classique ne fournit pas – ou que très partiellement – de réponses à des questions dont certaines nous ramènent pourtant directement aux préoccupations actuelles en matière de financement des entreprises.

– Pourquoi existe-t-il différentes formes d'actions (ordinaires, prioritaires, privilégiées)[5] et d'obligations (ordinaires, convertibles en actions, à bons de souscription d'actions)[6] ?

---

5. Voir dans l'Encyclopédie des marchés financiers l'article de D. Folus, « Actions : modélisation, évaluation, gestion ».

6. Voir dans l'Encyclopédie des marchés financiers les articles de M. Piermay, « Obligations », de A. François-Heude, « Obligations à taux variable » et de G. de Nercy, « Obligations convertibles ».

– Pourquoi un nombre croissant d'emprunts comporte-t-il des clauses particulières liées, par exemple, aux modes de remboursement ou à l'existence de garanties (hypothèques, nantissement de matériel) ?

– Pourquoi les banques autorisent-elles le renouvellement permanent de certains de leurs crédits à court terme pour financer le déficit de trésorerie des entreprises, voire leur fonds de roulement ?

Le néo-classicisme financier, à travers la théorie de l'agence et celle des signaux, apporte non seulement une réponse à toutes ces questions, mais permet de résoudre le problème de la structure financière optimale.

1.2. Le néo-classicisme financier

Les théories des signaux et de l'agence reposent principalement sur les conflits d'informations et d'intérêts qui peuvent surgir entre différents partenaires de la vie des entreprises : dirigeants, actionnaires et créanciers. Elles mettent en évidence le fait que certains sont bien informés sur la qualité de leur entreprise, tandis que d'autres le sont moins, et que, par exemple, les dirigeants peuvent retirer des avantages en nature au détriment des actionnaires[7].

Ces deux théories rejettent ainsi deux hypothèses sur lesquelles reposait le schéma classique : la symétrie de l'information pour tous les partenaires, d'une part, l'identité d'intérêts entre eux (maximisation du profit ou de la valeur de l'entreprise), d'autre part. Le néo-classicisme financier se propose :

– de présenter des solutions à ces conflits en considérant que des contrats implicites ou explicites sont négociés entre les dirigeants, les actionnaires et les créanciers ;

– d'aborder de façon nouvelle bon nombre de problèmes de la finance d'entreprise.

Ainsi, pour ne retenir que les questions relatives aux procédés de financement, la théorie des signaux montre comment le niveau d'endettement peut servir de signal émis par les dirigeants à destination des partenaires extérieurs, et sous quelles conditions on peut déterminer à partir de là une structure financière d'équilibre propre à chaque entreprise. La théorie de l'agence, quant à elle, présente l'endettement comme une solution aux conflits d'intérêts entre les dirigeants et les actionnaires, mais peut, en même temps, provoquer d'autres conflits entre les dirigeants et les actionnaires d'un côté et les créanciers de l'autre.

1.2.1. Le niveau d'endettement et la théorie des signaux

Le raisonnement est fondé, au départ, sur le degré de diversification du portefeuille d'actions d'un actionnaire-dirigeant. En effet, si ce dernier possède un bon projet d'investissement, il y affectera une grande partie de son épargne au détriment d'autres formes de placement, et donc de la diversification. Compte tenu de l'asymétrie de l'information, le faible degré de diver-

---

7. Voir également dans cette Encyclopédie les articles de P. Raimbourg, « Asymétrie d'information, théorie de l'agence et gestion de l'entreprise » , p. 188, tome 1, de M. Albouy, « Structure financière et coût du capital », p. 3129, tome 3 et de R. Cobbaut, « Politique de dividende », p. 2302, tome 2.

sification de son portefeuille peut être interprété comme une activité de signalisation tendant à prouver la valeur du projet auprès du marché.

A partir de cette constatation, deux auteurs, H. Leland et D. Pyle, en déduisent que la valeur d'une entreprise est positivement corrélée avec la part de capital détenue par l'actionnaire-dirigeant et, de ce fait, liée statistiquement avec sa structure financière. Toute modification du portefeuille de l'actionnaire-dirigeant induira donc un changement dans la perception de flux de liquidités futurs par le marché. Il en résultera une autre politique de financement et donc une valeur différente pour l'entreprise[8].

En approfondissant le problème, S. Ross en déduit que la structure financière choisie par les dirigeants pour leur entreprise est un signal émis par eux pour caractériser le type de leur société. Pour lui, le marché n'évalue que les flux perçus de liquidités futurs. Les dirigeants, qui possèdent des informations privilégiées sur ces flux, peuvent procéder à des changements dans la structure financière de leur entreprise et modifier ainsi la perception du marché. Mais encore faut-il que les dirigeants retirent un intérêt de l'émission de ces signaux et qu'ils soient pénalisés en cas d'émission d'un signal trompeur. La bonne entreprise est donc celle qui s'endette et qui, conformément à ses déclarations, rembourse à la date prévue. Le modèle proposé par S. Ross repose sur un équilibre fondé sur l'association d'une activité de signalisation et d'un système d'intéressement. Il conduit aux conclusions suivantes qu'il convient de comparer à celles auxquelles avaient abouti F. Modigliani et M. Miller :

– le coût du capital est indépendant de la décision de financement, même si le niveau d'endettement est spécifique à chaque entreprise,

– le risque de faillite est une fonction croissante du niveau d'endettement et du type de l'entreprise.

Ainsi, l'accroissement de l'endettement doit être perçu, d'une part, comme un facteur d'augmentation du risque, d'autre part, comme un signal indiquant que l'entreprise est plus performante. La valeur de l'entreprise est donc positivement corrélée à la hausse de l'endettement, même en l'absence d'impôts. Cette conclusion, en opposition avec le théorème de F. Modigliani et M. Miller, doit cependant être nuancée dans la mesure où il s'agit de la valeur « perçue » par le marché de l'entreprise. Pour S. Ross, la valeur perçue est différente de la valeur « réelle », puisque la valeur perçue dépend d'un signal : « le niveau d'endettement » intercepté par le marché.

Malgré les réserves et les critiques adressées au modèle de S. Ross (B. Jacquillat et M. Levasseur, 1982), ce dernier présente une théorie cohérente de la structure financière d'une entreprise.

1.2.2. La décision de financement et la théorie de l'agence

La relation d'agence ou de mandat est celle par laquelle le mandant confie au mandataire ou agent le soin d'agir en son nom et pour son compte.

8. Pour une étude plus complète de la théorie des signaux, on peut se reporter à A. Quintart et R. Zisswiller (1985, p. 205-245).

La théorie de l'agence, issue de la théorie des droits de propriété, repose sur les fonctions d'utilité et sur les conflits potentiels qui existent entre le mandant et le mandataire. Dans le domaine financier, des conflits vont opposer les dirigeants aux actionnaires, et les actionnaires et dirigeants aux créanciers. Ces conflits et leur résolution engendrent des coûts appelés « coûts d'agence » ou « coûts de mandat »[9]. Plusieurs auteurs, M. Jensen et W. Meckling, d'une part, S. Grossman et O. Hart, d'autre part, ont montré que le recours à une politique d'endettement peut faciliter la résolution de ces conflits.

1.2.2.1. *Le recours à l'endettement comme solution aux conflits entre les actionnaires et les dirigeants*

L'endettement permettrait aux actionnaires et aux dirigeants d'adhérer aux mêmes objectifs.

Pour les dirigeants, l'endettement a un pouvoir d'incitation à la performance. Plus une entreprise est endettée, plus le risque de faillite est grand. Or, pour les dirigeants, la faillite signifie généralement la perte de leur emploi, de leurs rémunérations et de leurs avantages en nature. Ils sont donc conduits à maximiser les profits et la valeur de l'entreprise.

Pour les actionnaires, la croissance constitue un objectif prioritaire. Le financement de cette croissance suppose l'émission d'actions nouvelles ou le recours à l'emprunt. L'augmentation du capital présente l'avantage de répartir les risques ; mais il accroît la dilution du capital avec les pertes d'utilité qui en résultent. L'endettement augmente les risques et, dans ce cas, les actionnaires sont conduits à adopter le même comportement que les dirigeants.

Trois remarques peuvent être formulées.

– Par rapport au modèle de Ross qui utilise la structure financière comme signal pour informer le marché des caractéristiques de l'entreprise, la théorie de l'agence indique que les dirigeants donnent aux actionnaires, par le choix d'une structure financière endettée, l'assurance d'une gestion conforme à leurs intérêts. En effet, si les dirigeants ne distribuent pas l'excédent monétaire qui reste à l'entreprise lorsque celle-ci a financé tous les investissements nécessaires (le cash-flow libre), ils entrent en conflit avec les actionnaires. Pour M. Jensen (1986), le meilleur moyen de résoudre ce conflit consiste à augmenter la part de l'endettement dans la structure du capital, ce qui se traduit par une hausse du cours boursier, car les dirigeants seront contraints à une gestion plus drastique.

– Contrairement au théorème de F. Modigliani et M. Miller, les décisions d'investissement ne sont pas indépendantes des décisions de financement. On retrouve là l'idée avancée initialement par S. Myers et N. Majluf (1984) pour lesquels les entreprises privilégient un ordre de succession au choix de leurs moyens de financement (théorie du financement hiérarchique). Les entreprises choisissent avant tout l'autofinancement ; si le financement externe est nécessaire, elles préfèrent d'abord les dettes, ensuite les titres hybrides et en dernier lieu les actions.

---

9. Sur la théorie de l'agence, consulter A. Quintart, R. Zisswiller (1985, p. 223-247).

– Enfin, si l'accroissement de l'endettement permet d'apporter une solution à certains conflits entre les actionnaires et les dirigeants, et contribue à rapprocher leurs intérêts, il n'en demeure pas moins que cette situation donne naissance à des coûts (coûts de faillite et de réorganisation ; coûts d'agence ; coûts de surveillance...) et à de nouveaux conflits qui peuvent opposer, d'un côté, les dirigeants et les actionnaires, et de l'autre, les créanciers et les prêteurs.

1.2.2.2. Les solutions aux conflits entre les actionnaires et les dirigeants, d'une part, les créanciers et les prêteurs, d'autre part

En s'alliant, les dirigeants et les actionnaires peuvent détourner à leur profit une partie de la richesse de l'entreprise au détriment des créanciers et des prêteurs : il leur suffit, par exemple, de conduire une politique de sous-investissement ou de décider une émission d'emprunt dont le montant serait, en partie, distribué sous forme de dividendes. Il faut donc rechercher des solutions aux conflits qui peuvent naître entre les dirigeants et les actionnaires, d'une part, les créanciers et les prêteurs, d'autre part. A. Quintart et R. Zisswiller (1985) proposent six types de solutions.

– Les clauses de garanties ou sûretés réelles limitent les possibilités de modification du portefeuille des actifs dans la mesure où les garanties obligent, en cas de cession du bien, de mettre les flux de liquidités obtenus à la disposition des créanciers.

– La fixation de limites à l'endettement est une deuxième solution. Sont visés ici l'interdiction d'émission de dettes obligataires de rang égal ou supérieur à celles qui existent déjà et le plafonnement de l'endettement selon des normes imposées par les prêteurs.

– L'existence d'échéanciers de la dette réduit les risques de l'entreprise et des créanciers.

– Les clauses de remboursement anticipé peuvent être assimilées à des options vendues par le prêteur à l'emprunteur.

– Le recours à l'endettement à court terme, constamment renouvelé, peut être assimilé à une dette à long terme déguisée, affectée, par exemple, au financement du déficit global de trésorerie. Mais la décision d'investissement devient postérieure à l'échéance des dettes à court terme. Les créanciers ont donc la possibilité de sanctionner à tout moment la gestion des actionnaires et des dirigeants. L'endettement à court terme renouvelé incite par conséquent les dirigeants et les actionnaires à rechercher le plus grand nombre de projets rentables.

– L'émission d'obligations convertibles en actions, ou obligations à bons de souscription d'actions (OBSA), est la dernière solution proposée pour remédier aux conflits entre les actionnaires et les dirigeants, d'une part, les créanciers et les prêteurs, d'autre part. La clause de convertibilité ou l'exercice de l'option du bon de souscription d'actions peuvent dissuader les actionnaires actuels de modifier la structure et le risque du portefeuille des actifs de manière à accroître à terme leur profit, puisque ce dernier pourrait également revenir aux obligataires qui sont des actionnaires potentiels. Elle peut les inciter à choisir des projets qui contribuent plus à la valeur de la firme qu'à leurs intérêts personnels.

2. Les tendances et la pratique actuelles en matière de financement des entreprises françaises

Avant d'examiner ce qui caractérise, en France, le financement des entreprises, il convient de s'interroger sur l'évolution du système financier[10].

2.1. L'évolution du système financier

« Depuis une quinzaine d'années, l'activité bancaire nationale et internationale a connu d'importantes mutations. La forte poussée de l'innovation financière en constitue assurément l'une des principales manifestations. Il n'est guère possible de dresser l'inventaire des multiples origines du phénomène ; il est tout aussi vain de chercher à hiérarchiser ses causes, notamment en raison des interactions qui les lient » (Commission bancaire, 1987, p. 3). Il ne paraît pas cependant inutile de rechercher les traits caractéristiques de l'évolution récente du système bancaire et financier français (D. Zerah, 1993).

Après les avoir analysés, on montrera que la France a évolué d'un système d'« économie d'endettement » vers un système d'« économie de marchés financiers ».

2.1.1. Les traits caractéristiques de l'évolution du système financier français

Trois aspects principaux peuvent être mis en avant :

– cette évolution s'est effectuée avec un certain retard, par rapport à l'évolution générale des systèmes financiers dans les principaux pays industriels et sous la pression de la concurrence internationale ;

– les transformations se sont réalisées sous l'impulsion des pouvoirs publics qui ont notamment manifesté leur volonté de créer un marché unifié des capitaux et de moderniser le marché financier ;

– ces transformations, enfin, ont entraîné de profonds bouleversements dans les méthodes de gestion financière des entreprises.

2.1.1.1. Le retard d'adaptation du système financier français par rapport aux systèmes financiers des principaux pays industriels : la concurrence internationale

Depuis quelques années, on assiste à une intensification de l'internationalisation des marchés de capitaux au point qu'il est convenu de parler de leur « globalisation ». L'idée est ainsi mise en avant qu'ils ne forment plus qu'un seul et même ensemble, une seule et même unité. Cette globalisation est accompagnée par des mouvements de déréglementation, de désintermédiation et de titrisation (*securitization*).

Apparue aux Etats-Unis à la fin des années 1970, la déréglementation est un mouvement qui repose principalement sur les valeurs traditionnelles de la libre entreprise et recommande de laisser jouer les mécanismes originaux du marché. Avant de pénétrer dans le domaine financier avec, par exemple,

10. Voir également dans l'Encyclopédie des marchés financiers l'article de D. Perrut, « Système monétaire et financier français ».

l'abolition de la réglementation Q, la déréglementation a touché, en premier lieu, les transports routiers et aériens puis les hydrocarbures. Le mouvement a gagné ensuite les places financières anglaise et canadienne, avant de toucher le système financier français. Dans le contexte français, la déréglementation ne signifie pas toujours l'abolition ou l'absence de réglementation ; elle s'entend plutôt dans le sens d'un assouplissement ou d'une adaptation de la réglementation. En France, les principaux objectifs de la déréglementation ont été de décloisonner les marchés et de faciliter leur accès à un plus grand nombre d'opérateurs (S. Bellanger, 1986).

Pour caractériser le phénomène de désintermédiation, plusieurs éléments doivent être mis en lumière.

En matière de dépôt, on note qu'une part croissante de l'épargne échappe désormais à l'intermédiation bancaire pour se placer sur le marché financier, directement ou indirectement, par l'intermédiaire des OPCVM (organismes de placement collectif en valeurs mobilières), comme les SICAV ou les fonds communs de placement. Les mesures prises en France par les pouvoirs publics, telles que la loi Monory de juillet 1978 et les mesures de pénalisation des rémunérations des bons de caisse et des comptes à terme (en particulier, les mesures de septembre 1981 et de janvier 1983, puis assouplies en mai 1986), ne sont pas étrangères à ce mouvement.

En matière de crédit, avec le retour des taux d'intérêt réels positifs, les entreprises s'efforcent de se désendetter et d'augmenter leurs fonds propres. Elles ont alors tendance à privilégier les financements de haut du bilan, tels que les augmentations de capital, les émissions d'obligations et l'introduction au second marché. Il en résulte une diminution de la part des banques dans le financement des entreprises, d'autant plus que certaines d'entre elles recourent aux billets de trésorerie pour s'assurer un financement à court ou moyen terme.

Cette diminution de la part des banques entraîne à son tour une modification de leur rôle. La banque traditionnelle est une institution dispensatrice de crédits. Mais aujourd'hui, à côté des crédits, de nouveaux besoins apparaissent : l'entreprise a besoin de conseils pour réaliser des montages financiers, pour intervenir sur les différents marchés, pour se préserver contre les risques de taux d'intérêt et de taux de change[11]. Ainsi, peu à peu, le contenu de la notion d'intermédiation bancaire change de sens. Là encore, la notion de désintermédiation signifie moins absence d'intermédiation que changement du contenu de la notion (T. Apotcker, 1995).

Le phénomène de *securitization* ou, pour reprendre l'expression française, de titrisation est d'une autre nature. Les relations financières qui donnent naissance soit à des droits de propriété, soit à des droits de créance, soit au droit d'exercer une option, peuvent s'insérer dans deux modalités juridiques différentes : la signature d'un contrat ou l'émission d'un titre. Dans la signature d'un contrat, les deux parties sont liées et l'une d'elles ne peut être déliée de ses engagements sans l'accord de l'autre. Dans le cas de l'émission d'un titre, celui-ci, remis par le redevable du droit au titulaire du droit, peut être négociable. Cela signifie que le titulaire du droit peut revendre son titre sans avoir besoin de demander l'autorisation du redevable. Telle est bien la

11. Voir également dans cette Encyclopédie les articles de C. de La Baume, « Risque de taux d'intérêt », p. 2934, tome 3 et de C.A. Vailhen, « Risque de change », p. 2905, tome 3.

situation, par exemple, de l'obligataire. Le titre étant négociable, il faut un marché sur lequel le titre sera coté. L'existence de ce marché présente deux avantages pour le propriétaire du titre : la liquidité, d'abord, puisque le titulaire du titre peut, en le revendant, retrouver rapidement les fonds qu'il a investis ; la connaissance permanente, ensuite, de la valeur du titre en raison de sa cotation sur le marché.

2.1.1.2. *La volonté des pouvoirs publics de créer un marché unifié des capitaux et de moderniser le marché financier*

Trois objectifs ont été principalement poursuivis en France par les pouvoirs publics : créer un marché unifié des capitaux accessible à tous, substituer aux contraintes réglementaires de la création monétaire des techniques de régulation par le marché, et moderniser les instruments et le marché financier.

Les marchés des capitaux, en France, étaient à la fois cloisonnés et réglementés ; la concurrence ne s'y exerçait pas toujours pleinement. Le marché monétaire, ou marché de l'argent à court terme, était réservé aux banques et aux ENBAMM (établissements non bancaires admis au marché monétaire). Les établissements distribuant des prêts immobiliers assortis de garanties hypothécaires se refinançaient sur le marché hypothécaire. Le marché financier comprenait le marché des actions et le marché des obligations. Les inconvénients de ce système ont souvent été dénoncés : existence de barrières étanches entre ces différents compartiments, accès de chaque marché réservé à quelques agents économiques, variations indépendantes des taux d'intérêt sur les différents marchés[12].

Pour mettre fin à ces inconvénients, les pouvoirs publics ont défini les objectifs globaux de la réforme du marché des capitaux : créer un marché unifié, allant du jour le jour au très long terme, accessible à tous les agents économiques, au comptant et à terme, avec la possibilité d'options.

Différentes mesures prises au cours de l'année 1985 ont tenté d'opérer, étape par étape, le décloisonnement des marchés de l'argent. En mars 1985, on assistait à la création des certificats de dépôt. La réforme du marché hypothécaire était mise en place en octobre. Enfin, la loi du 14 décembre 1985 prévoyait la possibilité, pour certaines entreprises, d'émettre des billets de trésorerie et, pour l'Etat, des bons du Trésor négociables accessibles aux particuliers et aux entreprises. Quant aux institutions financières spécialisées et aux sociétés financières, elles reçurent l'autorisation de lancer des bons (bons des institutions financières spécialisées ou BISF et bons des sociétés financières ou BSF)[13]. Un marché à terme d'instruments financiers (MATIF) est organisé par la loi du 11 juillet 1985[14]. Depuis le 10 septembre 1987, la Société des bourses françaises assure le fonctionnement d'un marché des options négociables sur actions et sur indices boursiers[15].

---

12. Voir, par exemple, le livre blanc sur la réforme du financement de l'économie, *Les notes bleues* (n° 268, 1986).

13. Voir également dans l'Encyclopédie des marchés financiers l'article de P. Claude, « Marché monétaire interbancaire et titres de créance négociables ».

14. Voir également dans l'Encyclopédie des marchés financiers l'article de G. Pfauwadel, « MATIF ».

15. Voir également dans l'Encyclopédie des marchés financiers l'article de A. Morice, « MONEP ».

2.1.1.3. Les transformations du système financier ont entraîné des changements dans les méthodes de la gestion financière des entreprises

L'évolution des systèmes financiers ainsi que l'aggravation des risques, notamment en ce qui concerne les taux de change et les taux d'intérêt, ont eu de profondes répercussions sur les méthodes de gestion financière des entreprises. Examinons, par exemple, la gestion du risque de taux. Pour l'entreprise qui avait besoin d'emprunter, la gestion traditionnelle de ce risque consistait, par exemple, à choisir, en fonction de ses anticipations concernant l'évolution des taux, soit des emprunts à taux fixes (en cas d'anticipation à la hausse), soit des emprunts à taux variables (en cas d'anticipation à la baisse). La caractéristique commune à tous les moyens traditionnels, c'est que la protection contre le risque de taux dépend d'un choix initial et qu'il n'est plus possible, ensuite, de remettre en cause l'engagement financier. Les nouvelles techniques de gestion du risque du taux d'intérêt sont désormais fondées sur la possibilité de dissocier le crédit (ou le placement) du risque lui-même et ainsi de remettre en cause l'engagement initial. C'est le cas, par exemple, des swaps, qui permettent d'échanger des taux fixes contre des taux variables, des options, auxquelles on peut renoncer, des achats ou des ventes à terme de contrats[16].

Avec ces nouvelles techniques, on assiste à l'introduction de la notion de marché dans la fonction financière de l'entreprise. Il en résulte un bouleversement et une nouvelle vision de cette fonction. Désormais, une ressource financière, comme un placement, ne peut plus être considérée comme un produit définitif : il s'agit, en fait, d'une véritable matière première, qui fait l'objet d'un marché, s'achète au meilleur moment, se transforme, se stocke et se vend. Comme tous les stocks, elle encourt le risque de subir des dépréciations ; en particulier, elle doit être protégée contre les risques de change, de taux d'intérêt et de signature[17].

Ainsi, l'activité financière perd sa spécificité et subit un phénomène de banalisation qui la rapproche des autres activités de production de l'entreprise. Cette nouvelle vision de la fonction financière transforme le rôle des banques et le contenu de l'intermédiation. Mais elle soulève également la question de savoir dans quelle mesure les petites et moyennes entreprises sont susceptibles de participer à cette évolution.

2.1.2. D'une économie d'endettement vers une économie de marchés financiers

Jusqu'au début des années 1980, l'économie française pouvait être qualifiée, selon l'expression de J.R. Hicks (1974), d'économie d'endettement. Elle était caractérisée par les quatre traits suivants.

---

16. Voir dans l'Encyclopédie des marchés financiers les articles de J.C. Augros, « Options de taux d'intérêt », de J.L. Alexandre, « Marchés à terme de taux d'intérêt », de V. Lauwick, P. Gourmet, C. Lorin et I. de Dinechin, « Produits dérivés de taux de seconde génération » et des quatre mêmes auteurs, « Instruments de couverture du risque de taux ».

17. Voir dans l'Encyclopédie des marchés financiers l'article de J. Bessis, « Risque de contrepartie des banques ».

– La part des financements intermédiés était très largement supérieure à celle des financements directs. En raison de l'étroitesse des marchés financiers et de la faiblesse de l'autofinancement, les entreprises devaient recourir massivement à des financements externes qui prenaient essentiellement la forme de crédits bancaires.

– Le système financier, en raison de l'existence du contrôle des changes, était peu ouvert sur l'extérieur.

– Le recours aux marchés internationaux des capitaux étant difficile, le crédit bancaire constituait la principale source de financement des entreprises. La concurrence entre institutions financières était relativement faible en raison du cloisonnement et de la spécificité des différents circuits de distribution du crédit.

– La régulation du système s'effectuait, sous l'autorité des pouvoirs publics, par le contrôle de la quantité de crédits distribués chaque année (encadrement du crédit) et par le prix du crédit (pratique des taux bonifiés et fixation du coût de refinancement des banques par l'intermédiaire des réserves obligatoires et du taux d'intervention de la Banque de France).

Au cours des années 1980, l'économie française s'est rapprochée d'un modèle d'économie de marchés financiers pratiqué dans les pays anglo-saxons. Dans ce modèle, la finance directe joue un rôle prépondérant ; le contrôle du système financier s'effectue par l'intermédiaire de la définition de règles prudentielles ; la régulation monétaire n'est plus réalisée par la voie de contrôles administratifs mais à travers les interventions de la banque centrale sur le marché monétaire ; enfin, la concurrence entre les intermédiaires financiers reprend tous ses droits.

2.2. Les nouveaux financements stables

Lorsque l'on interroge les praticiens de la finance sur les besoins en financements stables de leurs entreprises, on peut tirer de leurs propos trois constatations.

– La controverse fonds propres-fonds empruntés, développée par les théoriciens de la finance qui tentaient de définir une structure optimale du passif des entreprises, trouve un faible écho dans leurs préoccupations. Certains vont même jusqu'à dire qu'il s'agit d'un faux problème (B. Larrera de Morel, 1993). « Pour soutenir son activité de longue période, l'entreprise doit disposer d'un certain volume de capitaux permanents. La répartition de ces capitaux entre fonds propres et fonds empruntés est un problème relativement secondaire par rapport à la question fondamentale : les résultats de l'entreprise sont-ils suffisants pour prendre le risque et la peine d'y investir des moyens financiers ? » (M. Glais, 1984, p. 87). En revanche, les praticiens semblent plus proches des conclusions de la théorie des signaux, pour laquelle la bonne entreprise est celle qui s'endette et rembourse à la date prévue. « Ce qu'il faut, en effet, considérer, c'est l'aptitude de l'entreprise à honorer les charges de la dette. Une telle optique démystifie quelque peu la dichotomie fonds propres-fonds empruntés » (M. Glais, 1984, p. 97).

– On constate également, chez les praticiens, un véritable réexamen de l'effet de levier qui est étudié en fonction de la position stratégique de l'entreprise et dont l'utilisation est recommandée avec la plus extrême prudence.

« Le seul bon sens montre qu'il est légitime de s'endetter si la rentabilité des capitaux engagés dans une activité quelconque et financés avec le produit de l'emprunt excède le coût de cet emprunt ». En effet, lorsque la rentabilité économique est supérieure au coût de l'endettement, l'effet de levier est positif et joue comme un « surgénérateur » de la rentabilité des fonds propres, en particulier, dans le cas des activités stratégiques les plus rentables. Mais les effets de levier positifs sont constatés *ex post*. Or, dans un environnement caractérisé par la « turbulence » et l'instabilité financière des taux d'intérêt et des taux de change, la rentabilité économique est dépendante de multiples variables. « Toutes ces variables sont difficilement prévisibles à moyen terme et supposent donc qu'un écart important existe entre rentabilité attendue et taux d'intérêt réel espéré pour permettre un endettement massif » (B. Larrera de Morel, 1987, p. 544). En cas d'erreur de prévision, l'effet de levier peut se transformer en « effet de massue ».

– Les praticiens vont donc afficher aujourd'hui une nette préférence pour le financement en fonds propres. Toutefois, deux questions doivent être posées. Qu'entend-on actuellement par fonds propres ? L'évolution des systèmes financiers et les innovations financières n'ont pas fait disparaître le problème posé par la nature des fonds propres et les difficultés qu'on rencontre pour les mesures (B. Larrera de Morel, 1993, p. 68). A côté des instruments traditionnels que l'entreprise utilisait pour se procurer des fonds propres, on assiste au développement de nouveaux produits souvent désignés par l'expression « nouveaux fonds propres » ou « quasi-fonds propres »[18]. La seconde question est relative aux possibilités que possèdent les PME-PMI d'accéder, comme les grandes entreprises cotées et les groupes, à ces nouveaux fonds propres.

2.2.1. Les sociétés cotées et les groupes

Les grandes entreprises et les groupes ont abandonné de plus en plus l'endettement à terme au profit d'un financement en fonds propres. Ce changement d'attitude s'est traduit par une forte augmentation du volume des opérations en capital sur le marché financier[19].

Plusieurs instruments permettent aujourd'hui de collecter des fonds propres. Le recours à tel ou tel instrument est guidé par la définition d'une stratégie particulière. Ainsi, l'obligation à bons de souscription d'actions (OBSA), introduite en France par la loi du 3 janvier 1983, répond au besoin de financement stable des grandes entreprises, en très forte croissance ou en situation de redressement. Il en résulte un aspect très spéculatif pour l'investisseur. L'OBSA permet de différer la dilution du capital jusqu'à la fin de l'exercice des bons. En détachant ces derniers, l'actionnaire majoritaire peut revendre et financer le maintien de sa part.

L'obligation convertible en action a également pour conséquence de différer la dilution du capital. Mais, contrairement aux OBSA, les obligations convertibles sont généralement assimilées par les banquiers à des quasi-fonds propres.

---

18. Voir dans cette Encyclopédie l'article de N. Mourgues, « Fonds propres et quasi-fonds propres », p. 1433, tome 2.

19. Voir, par exemple, le *Rapport de la COB*, 1994, p. 328-334.

D'autres instruments existent : les actions à bons de souscription d'actions (ABSA) et les obligations remboursables en actions (ORA). Dans le cas de l'ABSA, l'entreprise procède à une augmentation de capital classique, qui est elle-même porteuse d'une ou de plusieurs autres augmentations[20]. Avec l'ORA, le porteur de l'obligation n'a pas le choix : la conversion en actions est obligatoire. Il s'agit donc de véritables fonds propres.

Ainsi, le renforcement des fonds propres des entreprises se fait à l'aide d'instruments financiers qui possèdent, au départ, soit la nature de fonds propres (émission d'actions nouvelles et ORA), soit la nature de dettes (exemple l'OBSA).

Le principe des titres subordonnés à durée indéterminée, appelés couramment TSDI, a été défini par la loi du 14 décembre 1985. Ce texte prévoit que « lors de l'émission de valeurs mobilières représentatives de créances sur la société émettrice ou donnant droit de souscrire ou d'acquérir une valeur mobilière représentative de créances, il peut être stipulé que ces valeurs mobilières ne seront remboursées qu'après désintéressement des autres créanciers, à l'exclusion des titulaires de prêts participatifs et titres participatifs ».

Il existe plusieurs catégories de TSDI. A côté de ceux que l'on pourrait qualifier de simples ou purs, on en rencontre d'autres auxquels on a réservé la qualification de « restructurés », « reconditionnés », « repackagés » (abandonnés en 1992), ou parfois plus simplement de « synthétiques ». Il s'agit en fait de la version française des *Instantly Repackaged Perpetuals*. Cette diversité accroît la difficulté pour analyser et comprendre les mécanismes mis en jeu[21].

En principe, les TSDI présentent un grand nombre d'avantages par rapport à une augmentation traditionnelle de capital. Ils évitent, par exemple, un effet de dilution du pouvoir immédiat, ou différé dans le cas de l'utilisation d'OBSA, d'obligations convertibles ou de tout autre produit qui en dérive.

Dans un contexte boursier parfois difficile et dans une période où s'est renchéri le coût des fonds propres, on comprend l'attrait exercé par les TSDI sur les émetteurs ou les investisseurs.

Il est donc possible d'affirmer qu'une véritable ingénierie financière se développe actuellement, en France, pour les sociétés cotées et les groupes. Celle-ci pourra-t-elle également s'implanter dans les sociétés non cotées et dans les PME ?

2.2.2. Les sociétés non cotées et les PME-PMI

Par rapport aux grandes entreprises, les PME sont caractérisées par un plus fort recours aux comptes d'associés, par des apports en capitaux plus réduits, par un recours plus important aux ressources d'origine bancaire – ce qui explique en grande partie le poids des charges financières – et par une plus grande utilisation du financement par crédit-bail. Peut-on cependant parler d'une spécificité dans le comportement financier des PME ? Il est difficile de l'affirmer en raison de l'ampleur de la dispersion qui affecte les diffé-

20. Voir également dans l'Encyclopédie des marchés financiers l'article de P. Chollet, « Bons de souscription d'actions ».

21. Voir également dans l'Encyclopédie des marchés financiers l'article de J.P. Retout, « Titres subordonnés ».

rentes observations statistiques. Celles-ci mettent en évidence la très grande hétérogénéité des PME.

L'expression compte courant d'associé – admise par la doctrine comptable et la pratique bancaire – implique une disponibilité continue du crédit du compte au profit du déposant. Dans cette hypothèse, un simple compte courant ne peut, en aucun cas, être assimilé à des fonds propres. La situation peut être analysée de façon différente lorsque le crédit du compte fait l'objet d'un échéancier de remboursement. Dans la mesure où l'échéancier est réparti sur plusieurs années, le compte courant peut être assimilé à des fonds stables. Dans le cas où il existe une clause de non-remboursement ou une clause de remboursement en dernier rang – ce qui rapproche le compte courant d'un prêt participatif –, les fonds déposés en compte courant peuvent être considérés comme des fonds propres.

L'avantage du financement par crédit-bail se situe à plusieurs niveaux. Cette procédure offre généralement plus de souplesse dans sa mise en œuvre qu'un financement au moyen d'un prêt à long ou moyen terme. En cas d'utilisation de matériel à évolution technologique rapide, le crédit-bail présente tous les avantages de la location : il est plus facile de changer un matériel loué que de vendre un matériel démodé pour en racheter un neuf.

Le problème essentiel pour une PME à capitaux familiaux est le financement équilibré de sa croissance afin de préserver son autonomie financière et conserver le contrôle de la société. Les actions à dividende prioritaire privées du droit de vote (ADP), introduites en France par la loi du 3 janvier 1983, peuvent être utilisées par les PME pour éviter l'ingérence de tiers dans la direction de la société. Mais l'émission des ADP est limitée à 25 % du capital de la société. L'introduction sur le Second marché peut également fournir une solution au problème du financement de la croissance de la PME. Le Nouveau marché qui a vu le jour en février 1996 pourra apporter également sa contribution au financement des PME innovatrices[22].

2.3. Les nouvelles techniques de financement à court terme

Les modalités du financement à court terme ont connu très récemment, en France, de profonds bouleversements.

Jusqu'à la création des nouveaux titres de créances négociables, les différents mécanismes du financement à court terme étaient parfaitement définis. Une entreprise, pour se financer à court terme, avait à sa disposition une série de lignes de crédit très codifiées, comme l'escompte, le découvert, la mobilisation de créances dans le cadre de la loi Dailly, le crédit de mobilisation de créances commerciales, le crédit fournisseur, l'affacturage, les différents crédits de trésorerie. En revanche, pour gérer la trésorerie, le choix était beaucoup plus restreint : il n'existait que le dépôt bancaire à terme rémunéré ou le placement en valeurs mobilières, souvent mieux rémunéré mais généralement plus risqué.

Avec l'apparition des nouveaux titres de créances négociables et la possibilité d'accéder au marché, les entreprises disposent aujourd'hui d'une

22. Voir également dans l'Encyclopédie des marchés financiers l'article de E. Perrin, « Marché financier des petites capitalisations ».

gamme élargie de ressources financières et de moyens de placement. Mais toutes les entreprises disposent-elles de ces nouveaux moyens de financement et de placement ? Il faut, bien entendu, distinguer entre les entreprises qui, par leur taille, peuvent avoir accès aux marchés et celles qui, comme la plupart des PME, n'y accèdent pas directement. On risque donc de se trouver en présence d'un système de financement à court terme à deux vitesses : d'une part, un système qui intègre la fonction marché et qui est pour l'essentiel réservé aux grandes entreprises ayant un accès direct aux marchés en raison de leur dimension ; d'autre part, un système de financement traditionnel peu modifié par rapport à celui qui existait avant la création des titres de créances négociables et qui demeure assigné aux PME.

*

* *

La structure du passif des entreprises décrit l'origine des fonds qu'elles utilisent. Les fonds propres sont essentiellement représentés par des actions qui constituent les titres de propriété des apporteurs de capitaux ; les dettes incluent les titres obligataires qui peuvent se présenter sous diverses modalités, les différents types de crédit et les titres négociables.

Au cours des années 1980, l'essor du marché financier a entraîné un accroissement du volume des émissions et de la valeur des actions. Parallèlement, l'augmentation des taux d'intérêt réels a incité les entreprises à moins recourir à l'endettement. Le mouvement de désintermédiation a modifié la nature de l'endettement : les titres de créances sur les entreprises, détenus auparavant par les banques sous forme de crédits bancaires, sont devenus en partie négociables, c'est-à-dire échangeables sur un marché. La partie marchande de la dette des entreprises, composée autrefois pour l'essentiel d'emprunts obligataires, s'est développée en raison de l'introduction des titres de créances négociables sur le marché monétaire.

Le passif du bilan des entreprises, sous réserve des disparités relevées entre les PME et les sociétés cotées par exemple, a donc connu une double évolution. D'une part, la structure de financement des entreprises, en se transformant, est désormais caractérisée par un ratio dettes/fonds propres moins élevé. D'autre part, au sein de l'endettement, la composante marchande de la dette s'est accrue. C'est bien le signe d'une évolution, celle qui voit une « économie d'endettement » se transformer en une « économie de marchés financiers ».

Références

APOTEKER T., « L'explosion des activités d'intermédiation financière », *Banque* (n° 560, juin 1995), p. 42-45.

BELLANGER S., « La déréglementation dans le secteur bancaire et financier. L'expérience américaine et les leçons pour la France », *Banque* (avril 1986), p. 339.

COBBAUT R., *Théorie financière,* 3e éd., Paris, Economica, 1994.

COMMISSION BANCAIRE – BANQUE DE FRANCE, *Livre blanc. Les nouveaux instruments financiers et le risque bancaire,* Paris, mars 1987.

COURET A., DEVÈZE J., HIRIGOYEN G., *Lamy droit du financement : haut de bilan, trésorerie, relations banque entreprise,* Paris, Lamy, 1996.

FERRANDIER R., KOEN V., *Marchés des capitaux et techniques financières,* 3e éd., Paris, Economica, 1994.

GINGLINGER E., *Le financement des entreprises par les marchés de capitaux,* Paris, PUF, 1991.

GLAIS M., *Le diagnostic financier de l'entreprise,* Paris, Economica, 1984.

HICKS J.R., *The Crisis of Keynesian Economics,* Oxford, Basil Blackwell, 1974.

HIRIGOYEN G., « Ingénierie financière et finance d'entreprise », *in Mélanges en l'honneur de J.G. Mérigot,* Paris, Economica, 1992.

JACQUILLAT B., LEVASSEUR M., « Signaux, mandats et gestion financière : une revue de la littérature », Cahier de recherche (n° 8207, 1982), Paris, CEREG.

JENSEN M., « Agency Costs of Free Cash-Flow, Corporate Finance and Takeovers », *American Economic Review* (December 1986).

JOBARD J.P., NAVATTE P., RAIMBOURG P., *Finance, finance d'entreprise, finance de marché, diagnostic financier,* Paris, Dalloz, 1994.

LARRERA DE MOREL B., « Les entreprises françaises sont-elles trop endettées ? », *Banque* (juin 1987), p. 544.

LARRERA DE MOREL B., « Le rapport fonds propres/endettement : un faux problème ? », *Banque* (n° 537, mai 1993), p. 68.

METAIS J., SZYMCZAK P., *Les mutations du système financier français,* Paris, La Documentation Française, 1986.

MYERS S., MAJLUF N., « Corporate Financing and Investment Decisions when Firms have Informations that Investors Do not Have », *Journal of Financial Economics* (vol. 3, 1984).

PEREZ R., « Grandes entreprises et système de financement », *in Mélanges Vigreux,* Toulouse, Collection de travaux et recherches de l'IAE de Toulouse, 1981.

QUINTART A., ZISSWILLER R., *Théorie de la finance,* Paris, PUF, 1985.

RETOUT J.P., *Les titres subordonnés,* Paris, Economica, 1995.

VERNIMMEN P., *Finance d'entreprise,* 6e éd., Paris, Dalloz, 1994.

ZERAH D., *Le système financier français. Dix ans de mutation,* Paris, La Documentation Française, 1993.

Mots clés

Autofinancement, endettement, fonds propres, innovations financières, intermédiation financière, marché financier, marché unifié des capitaux, nouveaux produits financiers, pratique du financement des entreprises, quasi-fonds propres, théorie de la finance, système bancaire, système financier.

Financement des exportations

68

Yves Simon

Le crédit est indispensable au commerce international, car les délais et les conditions de paiement constituent un élément important pour obtenir des contrats. Les modalités financières sont devenues un élément fondamental et parfois déterminant de l'opération d'exportation, au même titre que le prix et la qualité des produits exportés.

Les modalités de crédit diffèrent suivant la durée et la nature des opérations commerciales. Les crédits à court terme, d'une part, à moyen et long terme, d'autre part, sont les principales modalités de financement des exportations. D'autres procédures, moins conventionnelles mais fort appréciées par de nombreux exportateurs, se développent toutefois depuis le milieu de la décennie 1970.

1. Les crédits à court terme en franc et en devise et le financement des exportations

Ces crédits ont été progressivement mis en place après la Seconde Guerre mondiale afin d'adapter le système bancaire français aux exigences du commerce extérieur. Les crédits en franc ont été créés et développés avec l'aide de la Banque française pour le commerce extérieur (BFCE) et la Compagnie française d'assurance pour le commerce extérieur (COFACE). Ils ont été ultérieurement complétés par des crédits en devise.

1.1. Les crédits de préfinancement

Les crédits de préfinancement sont des crédits de trésorerie consentis par les banques afin de permettre aux industriels de financer les besoins courants ou exceptionnels résultant de leur activité exportatrice.

1.1.1. Les crédits de préfinancement spécialisés

Les préfinancements spécialisés concernent des gros marchés portant sur des matériels fabriqués sur devis, des ensembles clés en main ou des travaux réalisés à l'étranger dont la durée d'exécution est longue. Ils ont pour objectif de couvrir le décalage de trésorerie dû à l'insuffisance des acomptes reçus par l'exportateur à la signature du contrat, ou pendant la période de fabrication, pour couvrir les dépenses de fabrication.

Ces crédits sont accordés aux entreprises qui exportent directement leurs marchandises, mais les sous-traitants peuvent également en bénéficier à hauteur de leur part dans la réalisation du marché.

Le montant du crédit est fonction de la charge de trésorerie supportée par l'exportateur. Il est évalué par un plan de financement mensuel qui recense les acomptes reçus par l'exportateur à la signature du contrat et pendant la période de fabrication, et les dépenses occasionnées par la fabrication du produit exporté. Le crédit de préfinancement peut atteindre 100 % du découvert mensuel ainsi déterminé. La durée du crédit correspond à celle du découvert. Leur coût est lié au taux de base bancaire, auquel s'ajoutent des commissions bancaires.

Le crédit de préfinancement est remboursé de deux manières différentes. Si l'exportation est financée par un crédit acheteur, le crédit de préfinancement est dénoué par le règlement au comptant de l'acheteur étranger. Dans le cas d'un crédit fournisseur, le crédit de préfinancement est remboursé par la mise en place d'un crédit de mobilisation de créance née à moyen ou long terme.

1.1.2. Les crédits de préfinancement à taux stabilisé

Les crédits de préfinancement spécialisés ont pour inconvénient d'induire une incertitude quant au montant des frais financiers, du fait de l'instabilité du taux de base bancaire. Depuis le 1er juillet 1971, les exportateurs peuvent éviter cet inconvénient, car ils bénéficient d'un taux stabilisé pour le préfinancement de leurs contrats. Cette procédure leur permet d'inclure dans leur prix de vente des frais financiers fixes, malgré la variation du taux de base bancaire. Le taux d'intérêt s'applique en effet de manière irrévocable pendant toute la durée du préfinancement, quelles que soient les fluctuations ultérieures du taux de base bancaire.

Les entreprises peuvent bénéficier d'un taux stabilisé pour le préfinancement de leurs exportations si les conditions suivantes sont remplies :

– pour les entreprises dont le chiffre d'affaires hors taxes est supérieur à 50 millions de francs, le montant du contrat doit excéder un million de francs et le plan de financement doit faire ressortir un découvert pendant un délai minimum de 12 mois ;

– pour les entreprises dont le chiffre d'affaires hors taxes est inférieur à 50 millions de francs, le montant du contrat doit excéder 500 000 francs et le plan de financement doit faire ressortir un découvert pendant un délai minimum de 6 mois ; par ailleurs le découvert le plus élevé doit représenter au moins 2 % du chiffre d'affaires hors taxes de l'entreprise pour l'exercice écoulé.

Le coût des préfinancements à taux stabilisé est égal au taux de base bancaire de la BFCE à la date de signature du contrat, accru des commissions bancaires habituelles. Toute baisse des taux doit cependant bénéficier à l'exportateur et doit lui être répercutée.

Les crédits de préfinancement à taux stabilisé sont distribués et financés par les banques qui bénéficient cependant d'un mécanisme de stabilisation des taux géré par la BFCE pour le compte de l'Etat. Cette dernière prend à sa charge la différence entre le taux du préfinancement et le coût des ressources nécessaires au financement des crédits mesuré par le taux du marché monétaire à un an. Ce mécanisme de stabilisation ne concerne toutefois que les exportations destinées aux pays les plus pauvres, éligibles aux financements de l'Agence Internationale pour le Développement.

1.2. Les crédits de mobilisation de créances nées

Ces crédits permettent aux exportateurs français qui ont accordé à leurs partenaires étrangers des délais de paiement inférieurs à 18 mois de recevoir le montant de leur créance dès qu'elle prend naissance. Il leur suffit de mobiliser cette créance auprès d'une banque. Ce crédit peut porter sur l'intégralité de la créance.

Le crédit étant consenti en franc, il est nécessaire de calculer la contrevaleur en monnaie nationale des créances libellées en devises. Le cours de conversion retenu est le cours au comptant à la date de création de l'effet, ou le cours à terme dans le cas où l'exportateur se protège contre le risque de change par une vente à terme.

Le remboursement du crédit a normalement lieu à l'échéance de la créance, grâce au rapatriement des fonds versés par l'importateur.

Les modalités administratives sont assez simples : l'exportateur remet à son banquier les documents commerciaux (traites, billets à ordre...) accompagnés d'un effet financier représentant le montant total ou partiel de la créance. Sur cet effet doivent figurer certaines indications concernant la nature de la marchandise, le nom du client, le pays destinataire, le montant de la facture, la date d'expédition et de paiement. Le banquier escompte l'effet financier en l'avalisant s'il s'agit d'un billet à ordre ou en l'acceptant s'il s'agit d'une traite. Le coût est lié au taux de base bancaire auquel s'ajoutent certaines commissions (environ 1 %).

Les créances peuvent être garanties par la COFACE contre le risque de crédit et le risque politique, mais cette garantie n'est pas obligatoire pour mobiliser le crédit consenti par l'exportateur.

1.3. L'escompte de créances en devise

L'exportateur qui dispose de créances en devise n'est pas obligé de rechercher un crédit en franc. Il peut escompter ses effets auprès d'une banque et obtenir des devises. Cette décision est particulièrement opportune lorsque l'exportateur dispose de créances libellées dans des devises à taux d'intérêt réduit.

1.4. L'avance en devise

L'avance est un prêt en devise consenti, sans autorisation préalable, aux exportateurs qui ne mobilisent pas en franc, auprès des banques françaises, leurs créances sur l'étranger.

L'avance en devise est une opération qui se déroule en trois phases.

– Dans un premier temps, l'exportateur emprunte auprès de son banquier le montant de devise correspondant à la créance qu'il possède sur son client étranger. L'avance en devise est consentie dans la monnaie prévue au contrat commercial ou dans toute autre devise. Si la devise empruntée diffère de la monnaie utilisée dans le contrat commercial, l'exportateur court un risque de change, sauf à s'en couvrir par une procédure adéquate et autorisée. Le terme de l'avance correspond à l'échéance de la créance. Le taux d'intérêt fixé par le banquier est fonction des taux du marché des euro-devises.

– Les devises devant être mises à la disposition de l'emprunteur français, la banque doit les vendre sur le marché des changes au comptant, ce qui permet à l'exportateur de reconstituer sa trésorerie en franc ou de créditer un compte en devise.

– Le remboursement de l'avance en devise est assuré par les recettes provenant de l'exportation.

Le coût de l'avance comprend deux éléments : le taux d'intérêt en vigueur sur le marché de l'euro-devise, d'une part, les frais constituant la rémunération de la banque, d'autre part.

En tant que moyen de financement, l'avance en devise présente plusieurs avantages.

– Le prêt accordé peut porter sur 100 % de la créance.

– La mise en place de ce crédit est très simple et se fait avec un minimum de formalisme, car il est lié à une opération de caractère commercial et ne peut être réescompté à la Banque de France.

– L'avance en devise est un crédit facile à obtenir.

– Les frais sont inférieurs à ceux d'une mobilisation de créance à l'exportation.

– Les avances en devise ne sont pas soumises à des formalités et autorisations préalables.

Pour ces différentes raisons, l'avance en devise est une opération financière recherchée par les entreprises.

Dans la mesure où l'opération est autorisée par le contrôle des changes, toute entreprise non exportatrice ou toute entreprise exportatrice facturant en monnaie domestique peut recourir à une avance en devise pour obtenir un financement. Mais, à moins de posséder par ailleurs une créance dans la même devise et pour le même terme, ou de se couvrir par une procédure adéquate et autorisée, cette entreprise prend simultanément un risque de change. Il n'est peut-être pas toujours avantageux de s'endetter à 3 % pendant 6 mois si l'entreprise doit subir une moins-value de 15 % lors du remboursement.

1.5. L'escompte d'acceptations bancaires

Une acceptation bancaire est un effet tiré par un exportateur sur une banque. C'est un engagement irrévocable, signé par un établissement de crédit, de payer l'effet à son échéance. Le taux d'escompte appliqué aux acceptations bancaires est en général inférieur au taux d'escompte appliqué aux créances du fait de la garantie de paiement apportée par la banque.

1.6. Les financements spécialisés offerts par les export finance houses et les confirming houses

A Londres ont été développées certaines techniques de financement à court terme des exportations que l'on ne trouve pratiquement sur aucune autre place financière. Ces modalités sont offertes par des institutions financières spécialisées : les *export finance houses* et les *confirming houses.* Bien qu'il s'agisse de techniques typiquement britanniques, les entreprises françaises peuvent y avoir recours, en particulier si elles effectuent des exportations libellées en livre sterling ou en dollar.

La technique utilisée par les *export finance houses* est identique à celle du crédit acheteur, retenue par les exportateurs français pour le financement des crédits à moyen et long terme. Elle consiste à payer comptant l'exportateur et à accorder un délai de paiement à court terme à l'importateur. Les *export finance houses* sont généralement des filiales spécialisées des grandes banques britanniques.

Les *confirming houses* sont des institutions chargées de représenter les exportateurs non britanniques pour l'obtention d'un financement délivré par les *export finance houses.* C'est donc à l'une d'entre elles que doit s'adresser un exportateur français souhaitant bénéficier d'un financement offert par une *export finance house.*

2. Les crédits à moyen et long terme en franc et en devise et le financement des exportations

Ces crédits à moyen et long terme permettent de financer des exportations aussi diverses que des usines clés en main, des chantiers de travaux publics, des navires, des avions, des investissements industriels, des centrales électriques ou du matériel destiné à l'exploration pétrolière.

2.1. Les caractéristiques des crédits à moyen terme et long terme

Le crédit fournisseur et le crédit acheteur sont les deux modalités de financement retenues.

2.1.1. Le crédit fournisseur

Le crédit fournisseur est un crédit bancaire accordé à l'exportateur français (d'où son nom de crédit fournisseur) qui a consenti un délai de paiement à son partenaire étranger.

Ce crédit permet à l'exportateur d'escompter sa créance et d'encaisser, au moment de la livraison partielle ou totale de l'exportation, le montant des sommes qui lui sont dues par l'acheteur étranger.

La situation est relativement simple à schématiser. Le fournisseur consent lui-même un crédit à son partenaire étranger. Il accepte de ne recevoir qu'une fraction du prix correspondant à son exportation. Il doit en conséquence obtenir de son banquier un crédit en attendant de récupérer les sommes dues par son client étranger.

Pour bénéficier d'un crédit fournisseur, la créance doit être supérieure à 18 mois. Si elle est inférieure à 7 ans, il s'agit d'un crédit à moyen terme. Si elle est supérieure à 7 ans, il s'agit d'un financement à long terme.

Les crédits fournisseurs peuvent bénéficier de la procédure des paiements progressifs grâce à laquelle l'exportateur mobilise des créances sans attendre la fin de l'exécution de ses obligations contractuelles. Ces créances, nées du fait de l'exécution partielle du contrat, correspondent à des livraisons partielles. Il est possible que le contrat commercial prévoit des paiements progressifs sans livraisons partielles. Deux conditions sont requises pour en bénéficier : le contrat doit être supérieur à un million de francs et la durée d'exécution supérieure à 9 mois.

2.1.2. Le crédit acheteur

Le crédit acheteur est un financement directement consenti à l'acheteur étranger par une banque française ou un pool bancaire, afin de permettre à l'importateur de payer comptant le fournisseur français.

Les procédures du crédit acheteur ont été instituées en 1965 et mises en place en 1966. Le principe général est de déplacer le crédit du fournisseur vers l'acheteur étranger.

Dans le crédit fournisseur, l'exportateur français consent le crédit à l'acheteur étranger, s'occupe de la mobilisation de la créance auprès de son banquier et supporte le financement d'une fraction du crédit – généralement 10 % – non garantie par la COFACE. La charge de trésorerie qui en résulte peut s'avérer lourde pour les entreprises fortement exportatrices, au point de mettre en cause leur équilibre financier. Le crédit acheteur, au contraire, permet à l'exportateur de s'exonérer totalement de ces contraintes, puisqu'il est réglé comptant par l'importateur étranger grâce au crédit accordé par les banques françaises.

En raison des avantages qui lui étaient attachés, le crédit acheteur avait d'abord été réservé aux contrats supérieurs à 25 millions de francs assortis de délais de règlement d'au moins sept ans. Cette restriction fut par la suite supprimée.

Lorsqu'une exportation est financée par un crédit acheteur, deux contrats distincts et autonomes sont signés. Le contrat commercial définit les obligations du vendeur et de l'acheteur et prévoit précisément les modalités du paiement comptant du vendeur par l'acheteur. Le contrat de crédit permet aux banques de mettre à la disposition de l'acheteur, en temps utile et sous certaines conditions, les sommes nécessaires au respect des engagements de l'acheteur de payer comptant.

La présence de ces deux contrats a pour corollaire l'existence de deux polices d'assurance[1]. La police risque de fabrication assure, avec une quotité de 90 % maximum, le fournisseur au titre du contrat commercial contre le risque d'interruption du fait de l'acheteur. La police risque de crédit assure, avec une quotité de 95 %, les banques contre les manquements possibles de l'emprunteur à ses engagements de remboursement[2].

Le contrat commercial prévoit expressément les modalités de paiement du vendeur par l'acheteur. Le paiement doit être comptant, mais cette obligation n'implique pas qu'il soit unique. Les paiements peuvent être progressifs et s'échelonner au fur et à mesure de la réalisation par l'exportateur d'une partie

1. Dans le cas, bien évident, où la COFACE intervient dans le montage, ce qui n'est plus obligatoire depuis les réformes de 1985-1986.

2. La COFACE peut délivrer des garanties aux banques et aux établissements financiers non résidents depuis le 5 novembre 1985, ce qui était impossible avant cette date.

de ses obligations contractuelles (une étape dans l'avancement des travaux). Chaque livraison partielle donne lieu au versement d'une partie du montant total.

Ce mode de financement répond bien aux besoins des exportateurs français. Il les libère en effet de la négociation et de la charge du crédit, tout en leur permettant d'être au niveau des conditions de la concurrence internationale. Il leur apporte, de plus, une sécurité considérable en les soulageant de tout risque ne naissant pas de leur faute prouvée. Dernier avantage : en supprimant les créances sur l'importateur étranger, le crédit acheteur allège d'autant le bilan de l'exportateur.

En contrepartie de ces avantages, la minutie et la rigueur du montage sont des obstacles qui rebutent parfois le vendeur. La double négociation (contrat de crédit et contrat commercial) doit être bien synchronisée et reste plus longue que celle d'une opération montée en crédit fournisseur.

2.1.3. La comparaison du crédit fournisseur et du crédit acheteur

Avec un crédit fournisseur, l'exportateur demeure au centre de l'opération. Cette situation présente des inconvénients et des avantages.

En cas d'impayé, l'exportateur reste débiteur des banques. Il doit, selon les règles habituelles du droit cambiaire, rembourser le banquier à qui il a remis sa créance en escompte. S'il est assuré, il peut se retourner vers la COFACE pour obtenir le remboursement de la partie assurée.

En revanche – et c'est un avantage – l'exportateur bénéficie avec le crédit fournisseur d'une grande liberté de manœuvre puisqu'il est seul à négocier face à l'acheteur.

La double négociation d'un contrat de crédit et d'un contrat commercial qu'implique un crédit acheteur n'est pas toujours jugée satisfaisante par l'importateur. Ce dernier préfère, parfois, avoir en face de lui un fournisseur avec lequel il peut négocier toutes les conditions de l'opération, plutôt que deux négociateurs.

Pour les banques, le coût de gestion plus élevé du crédit acheteur peut les détourner des petits marchés, inférieurs à quelques millions de francs. Par ailleurs, le fait que 5 % du risque restent à leur charge (sans qu'elles aient le droit de les faire supporter par un tiers ou par l'exportateur) peut les amener à limiter leur participation sur certains acheteurs ou certains pays.

Le crédit fournisseur et le crédit acheteur sont des modalités plus complémentaires que rivales. Le premier est adapté aux opérations de moyenne importance, le plus souvent à moyen terme. Le second s'applique particulièrement bien au financement à long terme de gros contrats d'une durée d'exécution généralement longue. Naturellement, des conditions particulières peuvent modifier cette distinction assez grossière.

En général, les banques préfèrent la formule du crédit acheteur, car elles peuvent collaborer étroitement avec leurs clients et renforcer la position des exportateurs dans leurs négociations avec les acheteurs étrangers. L'intérêt du banquier s'explique également par la plus grande rentabilité du crédit acheteur, sous réserve que le montant financé dépasse un certain seuil, variable au demeurant suivant la durée des négociations, la complexité du contrat, le nombre de déplacements, le montant des frais, etc.

2.2. Le taux des crédits à moyen et long terme et le Consensus de l'OCDE

Le Consensus est un accord signé en avril 1978 par les pays membres de l'OCDE, à l'exception de l'Islande et de la Turquie, visant à organiser et à régulariser la concurrence à laquelle se livraient à l'époque les pays occidentaux en matière d'aide au financement des exportations.

Cet accord est aujourd'hui beaucoup moins contraignant qu'en 1978, car le soutien public au financement des exportations s'est nettement réduit sous l'action de deux facteurs : la baisse des taux d'intérêt consécutive à la maîtrise de l'inflation, d'une part, l'extension d'une philosophie générale favorable à une régulation des conditions du crédit par les mécanismes du marché, d'autre part. Par ailleurs, l'ampleur des déficits budgétaires a contribué à abaisser notablement le montant des subventions publiques destinées à réduire le coût du financement des exportations.

Les signataires du Consensus se sont mis d'accord en 1978 sur quatre points.

– Les versements au comptant au titre des acomptes effectués par l'importateur doivent représenter au moins 15 % de la valeur de l'exportation.

– Le financement des dépenses locales n'est pas autorisé pour les exportations destinées aux pays riches ; pour les pays intermédiaires et les pays pauvres (voir plus loin la signification de ces expressions), le financement des dépenses locales est limité au montant des acomptes versés comptant par l'importateur.

– Les crédits accordés par les exportateurs doivent être inférieurs à 8,5 ans pour les exportations à destination des pays riches et intermédiaires et inférieurs à 10 ans pour les pays pauvres.

– Les taux d'intérêt sur les crédits accordés par les exportateurs doivent respecter des minima variables en fonction du pays destinataire de l'exportation et de la durée du crédit.

Le taux d'intérêt et la durée maximale des crédits varient selon la classification des pays bénéficiaires ventilés en trois catégories selon un critère de PNB par habitant. Une quarantaine de pays riches et industrialisés constituent la première catégorie. La deuxième regroupe environ 70 pays intermédiaires. La troisième catégorie réunit les pays pauvres éligibles aux financements de la Banque mondiale et de l'Agence internationale pour le développement.

Le Consensus a été révisé à plusieurs reprises depuis 1976, chaque fois après de laborieuses négociations. Pour faciliter les révisions, le dernier arrangement négocié, entré en vigueur le 15 octobre 1983, avait prévu un mécanisme automatique de réajustement semestriel des taux. « Cette révision systématique se fait à partir d'un système d'indexation sur la moyenne des taux de rendement des obligations publiques dans cinq monnaies : le dollar américain, le deutsche mark, le yen, la livre sterling et le franc français, pondérées par leur poids respectif dans les droits de tirages spéciaux. A partir d'une référence de mai 1983, les comparaisons sont faites le 15 janvier et le 15 juillet de chaque année, en fonction des moyennes de décembre et de juin, avec un seuil d'application de 0,50 point »[3].

3. BFCE, *Rapport annuel*, 1983, p. 11.

En juillet 1988, les pays de l'OCDE décidèrent de supprimer les taux relatifs aux pays de la catégorie 1.

Quel que soit le pays, tous les crédits à moyen et long terme bénéficiant d'un soutien public destiné à favoriser les exportations devraient respecter les taux d'intérêt fixés par le Consensus. La réalité est en fait légèrement plus complexe.

Du fait de l'évolution divergente des taux d'intérêt dans les différentes devises, certains pays se trouvèrent pénalisés, car les taux qu'ils devaient respecter pour le financement de leurs exportations étaient supérieurs à leurs taux d'intérêt nationaux. Ceci a conduit les experts de l'OCDE à calculer des « taux de référence sur crédits domestiques » plus connus dans la terminologie du Consensus sous leur dénomination anglaise : *Commercial Interest Reference Rates* (CIRR). Pour chaque devise, le CIRR est défini selon des règles précisées par le Consensus. Il équivaut au taux d'un crédit purement commercial qu'une banque du pays de la monnaie considérée peut offrir pour un crédit libellé dans cette monnaie.

Bien que, pour certains pays, les taux des crédits à l'exportation soient inférieurs à ceux de la matrice du Consensus, l'Etat peut continuer à leur apporter un soutien public. La condition requise pour justifier et perpétuer une telle situation est que les taux de ces crédits ne deviennent pas inférieurs au CIRR de la devise du pays. Cette disposition ne joue, en fait, que pour les monnaies à faible taux d'intérêt.

Les règles du Consensus s'appliquent à toutes les exportations, à l'exception des équipements militaires et des produits agricoles. Des conditions particulières sont toutefois prévues pour les avions, les centrales nucléaires, les navires et les centrales électriques conventionnelles. Des modalités spécifiques ont été également prévues pour les crédits mixtes (qui associent une aide au développement aux crédits à l'exportation).

2.3. Les différents crédits à moyen terme et à long terme

Les banques ont l'entière responsabilité du financement des crédits destinés à financer les exportations vers les pays de la catégorie 1 du Consensus, quelle que soit la durée, y compris donc pour les crédits à plus de 7 ans. Ces financements peuvent se faire à taux fixe ou variable à l'aide de ressources qu'elles se procurent librement sur le marché. La Banque de France et la BFCE n'interviennent pas dans le financement des crédits à l'exportation. De ce fait, les banques sont conduites à accorder des crédits aux conditions du marché en bénéficiant éventuellement d'une garantie de la COFACE, mais sans aucun soutien des pouvoirs publics en matière de taux. La BFCE peut toutefois intervenir, avec le soutien de l'Etat, au profit d'un exportateur, lorsqu'une banque ne peut s'engager sur un taux d'intérêt inférieur ou égal à celui du Consensus.

Pour les pays des catégories 2 et 3 du Consensus, les banques doivent consentir les crédits aux taux du Consensus sans que la Banque de France intervienne dans leur financement. Les banques bénéficient cependant d'un mécanisme de stabilisation géré par la BFCE pour le compte de l'Etat. Cette dernière prend à sa charge la différence entre les taux fixés par le Consensus et le coût des ressources nécessaires au financement des crédits. Ce coût est mesuré forfaitairement par un indicateur composé par tiers du taux du marché monétaire à un an, du taux du marché à cinq ans et du rendement à l'émission des emprunts du secteur concurrentiel sur le marché obligataire (TMO deuxième catégorie).

Il existe trois types de crédit à moyen et long terme destinés au financement des exportations françaises :

– des crédits sans garantie COFACE et sans soutien public au financement,
– des crédits avec garantie COFACE et sans soutien public au financement,
– des crédits avec garantie COFACE et avec soutien public au financement.

2.3.1. Les crédits sans garantie COFACE et sans soutien public au financement

Ces crédits – acheteurs ou fournisseurs – sont extrêmement souples : la durée, les conditions de remboursement, la quotité finançable et les autres modalités sont librement déterminées par la banque et l'emprunteur. Le niveau des taux d'intérêt, librement déterminé, lui aussi, par la banque et l'emprunteur, dépend uniquement des conditions du marché. Il peut s'agir de taux fixes, de taux révisables ou de taux variables. Le financement de ces crédits peut se faire en franc ou en devise.

Eu égard à la nature du risque lié à ce type de crédit et à la compétitivité des taux d'intérêt français par rapport à ceux du Consensus, ces crédits sont normalement destinés au financement des exportations vers les pays de la catégorie 1 du Consensus et, au cas par cas, vers les pays de la catégorie 2.

2.3.2. Les crédits avec garantie COFACE et sans soutien public au financement

Les caractéristiques de ces crédits, qu'il s'agisse de la durée, des modalités de remboursement, de la quotité finançable... sont définies par la Commission des garanties[4]. Les taux, en revanche, sont librement déterminés par la banque et le bénéficiaire du crédit. Ils peuvent être, suivant les cas et les possibilités offertes par le marché, fixes, révisables ou variables. Tout dépend des formules acceptées par les deux parties. Le niveau de ces taux est déterminé, dans tous les cas, par les conditions du marché.

Ces crédits sont garantis par la COFACE à hauteur de 90 % pour la couverture du risque politique, de 85 % pour la couverture du risque commercial en crédit fournisseur (l'assuré est alors l'exportateur) et à hauteur de 95 % en crédit acheteur (l'assuré est alors la banque).

En théorie, ces crédits à l'exportation en « garantie pure » peuvent être consentis à tout emprunteur, quelle que soit la catégorie du Consensus à laquelle appartient le pays de destination. En pratique, pour les crédits en

4. Cette instance, de son vrai nom Commission des garanties et du crédit du commerce extérieur, comprend des représentants du ministère de l'Economie et des Finances (DREE, direction du Trésor, direction du budget), du ministère des Affaires étrangères et des ministères techniques concernés : Industrie, Equipement, Transports... ainsi que des représentants des grandes institutions financières publiques. La COFACE participe à cette Commission en tant que rapporteur des dossiers.

franc, la comparaison des conditions du marché et des taux du Consensus en limite l'emploi aux pays de la catégorie 1.

2.3.3. Les crédits avec garantie COFACE et avec soutien public au financement

Les caractéristiques de ces crédits, qu'il s'agisse de la durée, des modalités de remboursement, de la quotité finançable... sont définies par la Commission des garanties en conformité avec les règles internationales et en particulier celles du Consensus.

Ces crédits sont garantis par la COFACE à hauteur de 90 % pour la couverture du risque politique, de 85 % pour la couverture du risque commercial en crédit fournisseur et à hauteur de 95 % en crédit acheteur.

Ces crédits export à moyen et long terme avec soutien public au financement peuvent être des crédits acheteurs ou des crédits fournisseurs. Ils peuvent être financés en franc ou en devise.

Les crédits en franc bénéficient de la procédure publique de stabilisation des taux d'intérêt qui permet de proposer, dès le stade de l'offre, un taux fixe défini par l'Administration. Ces taux administrés sont fixés par un ensemble de règles nationales et internationales. L'Administration retient soit le taux fixé par le Consensus, soit le taux spécifique de l'accord sectoriel concerné (construction navale, aéronautique, centrale nucléaire), soit le taux de base bancaire de la BFCE, soit tout autre taux particulier qui serait supérieur aux taux précédemment mentionnés. Pour la partie long terme, celle qui est supérieure à 7 ans, la BFCE finance directement les banques (crédit acheteur) ou les refinance (crédit fournisseur).

3. Les modalités non conventionnelles de financement des exportations

Les prêts à court, moyen et long terme en franc français et en devise constituent les principales modalités de financement des exportations françaises. Il en existe cependant d'autres. Elles font l'objet d'une présentation simplifiée dans les paragraphes qui suivent.

3.1. Les crédits financiers

Les crédits financiers, souvent dénommés « crédits d'accompagnement » ou « crédits parallèles », sont exigés par les acheteurs pour compléter le financement des exportations, en particulier lorsqu'il s'agit d'usines clés en main. Dans la mesure où les règles du Consensus ne les concernent pas, ces crédits font l'objet d'une surenchère internationale. Ils sont en effet très souvent un argument de vente déterminant auprès de certains pays.

Les crédits financiers exigés des importateurs ont en général trois objectifs :

– refinancer les acomptes qui représentent 15 à 30 % du montant du contrat,

– financer les fabrications et les dépenses locales qui atteignent dans certains cas plus de 50 % de la valeur du contrat commercial,

– financer les dépenses étrangères en particulier lorsqu'elles sont supérieures à 10 % des matériels et prestations françaises, car elles ne peuvent, dans ce cas, être financées par des crédits garantis par la COFACE.

Les crédits financiers ne pouvant bénéficier de la garantie COFACE, les banquiers sont exposés à un risque de non-remboursement qui est loin d'être théorique, vu l'endettement de certains pays.

Le développement des crédits financiers s'explique par l'endettement des pays en développement et la croissance des dépenses locales liées aux travaux de génie civil et à la réalisation des fournitures sur place. Ces dépenses, exigées par les pays acheteurs pour favoriser le développement de leurs propres entreprises, ne peuvent être financées au titre des exportations. Elles le sont par des crédits financiers.

Dans la quasi-totalité des cas, les crédits financiers sont libellés en euro-devises. Le montant du prêt est fonction des besoins de l'importateur et sa durée varie de 3 à 12 ans. Le coût est directement rattaché aux taux d'intérêt sur le marché des euro-devises. Généralement organisé par la banque de l'exportateur, le crédit est accordé à la banque de l'importateur ou, plus directement encore, à l'importateur lui-même.

3.2. Les crédits mixtes

Les crédits mixtes sont un savant et subtil dosage de crédits commerciaux classiques et d'aides publiques. Ces dernières sont pour l'essentiel constituées de dons ou de prêts à très long terme (20 ans et plus) du Trésor, à des taux très faibles (inférieurs à 5 %) avec un différé de remboursement d'au moins 5 ans. Les crédits mixtes permettent aux exportateurs d'offrir un financement à un coût inférieur aux taux du Consensus et à des conditions inférieures à celles du marché. Ils sont donc utilisés en vue de favoriser les exportations des pays développés à destination des pays en voie de développement.

Jusqu'en 1984, le flou le plus complet régnait sur ces crédits. Pour y voir plus clair, les pays de l'OCDE ont organisé, en décembre 1984, une réunion chargée d'étudier ce dossier. La France et le Japon, d'une part, les Etats-Unis, d'autre part, avaient des positions diamétralement opposées. Pour les seconds, les crédits mixtes entraînent des distorsions au niveau des échanges internationaux et constituent une pratique déloyale qui favorise artificiellement les exportations des pays qui y recourent. Pour la France et le Japon, en revanche, les crédits mixtes, en réduisant le coût des importations, augmentent l'efficacité de l'aide au développement et permettent aux pays en voie de développement de financer des investissements qu'ils ne pourraient s'offrir aux conditions du marché.

Des progrès ont été rapidement réalisés sur la transparence des financements mixtes et sur les procédures de notification préalable entre les pays de l'OCDE. Il n'y avait pas d'accord, en revanche, sur la part de l'aide publique dans ce type de crédit. Les Etats-Unis n'accordant pas de crédits mixtes considèrent que cette modalité de financement constitue une source de concurrence déloyale sur les marchés des pays en développement. Aussi souhaitent-ils la réduire en obligeant les pays qui distribuent des crédits mixtes à accroître très sensiblement la part de l'aide publique. Comme celle-ci n'est pas extensible, elle devrait nécessairement se concentrer sur quelques exportations et non pas sur toutes les ventes à l'étranger. Pour décourager les pays prêteurs, les Etats-Unis souhaitaient que l'aide publique atteigne 50 % du montant du crédit. L'Union européenne proposait quant à elle un taux de 25 %.

Après de longues et difficiles discussions, les Etats-Unis, l'Union européenne et les autres pays de l'OCDE sont parvenus en avril 1985 à un premier accord en fixant la part minimale de l'aide publique à 25 %. L'Union européenne, sous l'impulsion de la France, avait réussi à faire prévaloir son point de vue. En avril 1986, la France s'est rapprochée de la position défendue par les Etats-Unis et elle a accepté de porter la part des aides publiques dans les crédits mixtes destinés aux pays les moins avancés de 25 à 50 %, mais de 25 à 30 % seulement pour les autres pays en voie de développement. En 1987, le Japon s'est rallié à ce compromis qui est appliqué depuis le 1er juillet 1987.

3.3. L'affacturage

L'affacturage est une technique mise en place dans les pays anglo-saxons où elle est connue sous le nom de *factoring*. Utilisée initialement pour assurer le financement des créances domestiques, cette technique fut par la suite étendue aux créances à l'exportation.

Le mécanisme est relativement simple. Contre le paiement d'un coût, l'exportateur cède à un *factor* (une banque, ou plus généralement un établissement financier spécialisé) l'intégralité des créances à l'exportation détenues sur des acheteurs étrangers. En contrepartie, le *factor* procède au recouvrement de ces créances, prend à sa charge le risque de non-paiement et paie comptant le montant des créances[5]. Les créances concernent des ventes dont le délai de règlement ne dépasse pas 180 jours.

Cette modalité de financement est concrétisée par un contrat d'affacturage établi entre l'exportateur et le *factor* pour une durée généralement égale à un an et renouvelable par tacite reconduction.

Le *factoring* est adapté aux entreprises exportant des biens de consommation ou d'équipement léger et qui ont de très nombreux clients. En recourant à cette procédure de financement, l'exportateur bénéficie de quatre avantages :

– il simplifie la gestion de sa trésorerie,

– il n'est plus exposé au risque de non-paiement,

– il supprime les problèmes posés par la gestion administrative et comptable des créances,

– il améliore la présentation de son bilan en réduisant le poste créance.

Ces avantages ne sont pas sans contreparties. Le coût du *factoring* est relativement élevé. Il comprend deux éléments : une commission d'affacturage, *ad valorem,* calculée sur le montant des créances transférées, de l'ordre de 0,5 à 2,5 %, et une commission de financement calculée *prorata temporis* qui est fonction des taux d'intérêt. La commission d'affacturage varie en fonction du chiffre d'affaires, du nombre et de la qualité des clients, du volume des factures et du risque politique des pays des importateurs ; elle constitue la rémunération des services de gestion comptable, de garantie de bonne fin et de recouvrement des créances. La commission de financement correspond aux intérêts débiteurs sur les règlements anticipés.

---

5. Le paiement anticipé du montant des créances n'est pas obligatoire. Tout dépend du contrat d'affacturage signé par l'exportateur.

3.4. La confirmation de commande

Mise au point en France au début des années 1960, la confirmation de commande offre des avantages similaires à ceux de l'affacturage[6]. Elle permet « aux exportateurs de biens d'équipement ou de semi-équipement de faire bénéficier de crédits leurs acheteurs étrangers, sans avoir à en supporter ni les contraintes administratives ni les risques et les immobilisations »[7]. L'utilisation de cette procédure transforme une vente à crédit en vente au comptant, grâce au paiement par la société de confirmation (qui est un établissement financier) de l'intégralité de la créance et ceci sans recours, sauf en cas de litige technico-commercial.

La confirmation de commande s'applique de façon courante aux exportations de biens d'équipement ou de semi-équipement de fabrication française, d'un coût relativement élevé, à destination des pays normalement couverts par la COFACE. Elle comporte des crédits égaux ou supérieurs à 6 mois, pouvant atteindre plusieurs années.

3.5. Le forfaitage

Le forfaitage, également dénommé rachat forfaitaire de créances, *forfaiting*, ou escompte à forfait, offre, à l'exemple de la confirmation de commande, des avantages similaires à ceux de l'affacturage. Il en diffère cependant en ce qu'il établit une relation bilatérale entre l'exportateur et le forfaiteur sans faire intervenir l'acheteur étranger. Cette procédure n'exige en effet aucun engagement préalable de l'importateur vis-à-vis de la société de forfaitage.

Le forfaitage consiste en l'achat par une banque ou une société financière de créances détenues sur un débiteur étranger. Le prix d'achat est égal à la valeur nominale diminuée d'un escompte qui est fonction de l'échéance de la créance. A l'inverse du *factoring*, il ne concerne pas l'ensemble des créances à l'exportation, mais uniquement des opérations individuelles. Les créances se rapportent généralement à des exportations de biens d'équipement dont le délai de règlement s'étale de 18 mois à 5 ans. Il est cependant possible d'acheter des créances inférieures à 18 mois. Certaines opérations portent sur des créances pouvant atteindre 10 ans. Le forfaiteur n'accepte que les créances libellées en devises pour lesquelles il peut se refinancer immédiatement et sans problème, c'est-à-dire pour l'essentiel le dollar américain, le deutsche mark, le franc suisse et la livre sterling. Le forfaiteur qui achète la traite renonce à tout recours contre l'exportateur en cas de défaut du débiteur étranger.

Cette modalité de financement présente pour l'exportateur plusieurs avantages :

– elle lui permet d'alléger son bilan ;

– elle transforme une vente à crédit en une vente au comptant ;

– l'exportateur est de ce fait débarrassé des risques liés aux crédits consentis aux acheteurs étrangers : risque de change, risque de taux d'intérêt,

6. Le lecteur intéressé par cette question trouvera des compléments dans un article intitulé : « La confirmation de commande et le rachat de créances d'Interetud », *Crédit Lyonnais International*, mars 1982, p. 22-25.

7. La confirmation de commande et le rachat de créances d'Interetud, *op. cit.*, p. 22.

risque politique et risque de crédit ; c'est le banquier, escompteur sans recours, qui supporte ces risques ;

– le financement de la créance est intégral ;

– comme l'affacturage, le rachat forfaitaire de créances allège ou supprime certaines tâches administratives associées à la gestion des créances ;

– en résumé, le *forfaiting* cumule les avantages du crédit acheteur et ceux du crédit fournisseur.

Le rachat forfaitaire de créances est une procédure bien adaptée « aux opérations de moyenne importance et s'adresse tout spécialement aux petites et moyennes entreprises (...) dont l'expansion sur les marchés étrangers est difficile à promouvoir en raison de leur taille[8] ». Il s'applique à des opérations individualisées et non pas à l'ensemble des commandes à l'exportation comme dans le cas du factoring.

Le papier négocié dans le cadre du *forfaiting* est en général librement transférable, ce qui a permis le développement d'un marché secondaire. Ce dernier est constitué de banques, d'établissements financiers spécialisés et d'investisseurs institutionnels ou privés souhaitant diversifier leurs portefeuilles. Le marché s'est développé à Zurich, à Genève, à Luxembourg, à Paris, mais surtout à Londres. La présence d'un marché secondaire permet aux banques et aux établissements financiers effectuant du *forfaiting* de mieux gérer leurs risques, en particulier ceux de nature politique.

Le *forfaiting* est une technique de financement du commerce international de plus en plus utilisée. Il représente 40 % des financements à l'exportation en Allemagne et se développe rapidement en Grande-Bretagne, en Italie, en Espagne et en France. Si elle ne cesse de prendre de l'importance, cette technique n'est toutefois pas dénuée d'inconvénients. Les deux plus importants sont le coût pour l'exportateur et l'étendue des risques assumés par les banques qui achètent la créance.

Le coût varie avec les caractéristiques spécifiques à chaque opération, les modalités de paiement, le pays du débiteur et les garanties attachées à la créance. Le coût doit par ailleurs couvrir les risques supportés par la banque : risque de crédit, risque politique, risque de transfert, risque de change et risque de variation des taux d'intérêt. Le coût doit également intégrer le financement de la créance. De ce fait, il n'est pas rare que le coût du *forfaiting* soit de 5 points supérieur à celui supporté pour un crédit acheteur ou fournisseur à moyen ou long terme. Il peut être toutefois réduit si les effets sont déjà assortis d'une garantie bancaire, ce qui est très souvent le cas.

3.6. Le leasing

Les opérations de crédit-bail international peuvent être effectuées directement par l'exportateur ou l'une de ses filiales financières. Elles sont plus généralement consenties par l'intermédiaire de sociétés de crédit-bail françaises et étrangères.

8. La confirmation de commande et le rachat de créances d'Interetud, *op. cit.*, p. 25.

3.6.1. Le montage d'une opération de leasing

Une opération de crédit-bail destinée à financer des exportations fait intervenir une relation tripartite entre le preneur, le fournisseur (l'exportateur français) et la société de *leasing*, similaire à celle qui se noue dans une opération de crédit-bail traditionnelle. Elle est cependant un peu plus compliquée, du fait que le preneur est domicilié à l'étranger.

Avec une opération de crédit-bail, l'exportateur ne vend pas la marchandise directement à un client ; il la vend à une société de *leasing* qui, à son tour, la loue à l'acheteur étranger.

Le refinancement de la société de crédit-bail se fait par un crédit acheteur ou un crédit fournisseur auprès d'une banque qui est généralement la maison mère de la société de crédit. Le refinancement peut également prendre la forme d'un crédit financier grâce à un emprunt sur le marché international des capitaux.

Pour éviter certaines contraintes réglementaires ou juridiques et pour répondre aux normes spécifiques du pays concerné, les opérations de crédit-bail peuvent être montées à partir de filiales implantées dans le pays de l'acheteur ou dans un pays tiers.

3.6.2. Les avantages du financement des exportations par crédit-bail

Cette relation tripartite, à première vue compliquée, comporte de nombreux avantages.

Pour l'exportateur, cette opération équivaut à une vente au comptant. Il n'a donc pas à se préoccuper du financement de ses exportations ni à s'inquiéter du risque de change. L'exportateur est également débarrassé du risque tenant au client étranger, car c'est la société de crédit-bail qui achète le bien et assume les difficultés associées au client étranger. Comme la société de crédit-bail peut se refinancer avec des crédits acheteurs et fournisseurs à taux privilégié, elle peut répercuter cet avantage au client étranger par une réduction des barèmes. Le dernier avantage du crédit-bail est d'assurer un financement intégral de l'exportation.

L'importateur, de son côté, n'a pas besoin d'immobiliser des fonds pour payer les biens importés. Il lui suffit de payer un loyer, qui peut, au demeurant, être modulé dans le temps en fonction de sa situation financière.

Tous ces avantages ne sont pas sans contrepartie : le coût du *leasing* est loin d'être négligeable.

L'opération de crédit-bail à l'exportation est sensiblement plus complexe qu'un financement conventionnel d'exportations. La société de *leasing* est par ailleurs exposée à de nombreuses difficultés et à plusieurs risques : juridiques et fiscaux, d'une part, monétaires et politiques, d'autre part.

Les grandes banques françaises ont toutes créé des filiales spécialisées dans le montage d'opérations de crédit-bail à l'exportation, pour offrir à leur clientèle un service permettant d'assurer le financement intégral de certains équipements et de certaines exportations : matériels, outillage, véhicules industriels. Ces opérations de crédit-bail sont également offertes aux acheteurs étrangers de gros investissements fabriqués en France, comme des avions, des navires, des porte-conteneurs, des ordinateurs, des satellites, des unités de raffinage pétrolier et du matériel de travaux publics. Dans ces différents cas, des montages financiers complexes peuvent être organisés à partir de filiales localisées, pour des raisons fiscales, dans certaines places *off-shore*. Pour des opérations de taille particulièrement importante, il est possible de créer des sociétés *ad hoc* pour chaque montage financier. La durée des opérations de *leasing* peut être très longue et atteindre 15 ans. On a même vu en 1985 une opération de crédit-bail au bénéfice de la société American Airlines atteindre 22 ans.

Les opérations de crédit-bail international peuvent être financées, selon les besoins de la clientèle, en franc ou en devise. Dans cette dernière hypothèse, un financement *multi-currencies* est envisageable. Il est même possible d'intégrer au montage des swaps de taux d'intérêt.

3.7. Les accords de compensation

Une partie de plus en plus importante des exportations occidentales à destination des pays en développement ne donne pas lieu à un versement monétaire, mais est réglée par des accords de compensation. Un échange compensé peut être défini comme « une opération commerciale par laquelle le vendeur prend l'engagement de réaliser dans le pays de son client des achats, des transferts, des services ou toute autre opération, en échange d'une vente qui n'est conclue qu'à cette condition »[9]. Dans cette forme moderne du troc, l'exportateur est payé par des marchandises ou des biens qu'il doit lui-même commercialiser. Le problème n'est pas spécifique aux exportations de biens et de services. Les ventes d'usines clés en mains sont souvent payées par une partie de la production de l'usine.

Les opérations de compensation se sont développées de manière spontanée en Europe occidentale après la Seconde Guerre mondiale. Avec la généralisation de la convertibilité des monnaies et la restauration d'un système monétaire international, cette pratique fut abandonnée par les pays de l'OCDE, mais elle se développa dans les pays regroupés dans le cadre du Comecon. La crise de l'endettement des pays en développement a redonné au troc une nouvelle dimension. Plusieurs pays d'Amérique latine ont en effet conclu des conventions d'échange avec d'autres pays en développement. L'une des premières grandes opérations initiées par ces pays fut l'échange de 4 milliards de dollars de pétrole nigérian contre des produits industriels brésiliens.

Limitée initialement aux pays de l'Est (les anciens pays du Comecon), la compensation touche actuellement :

– le Sud-Est asiatique : Malaisie, Corée du Sud,
– l'Afrique du Nord : Algérie, Tunisie,
– l'Amérique latine : Brésil, Argentine,
– les pays industrialisés : Italie, Autriche, Belgique, Canada, Australie,
– de manière plus générale, les pays en développement ne pouvant, faute de ressources, recourir aux techniques traditionnelles de paiement et de financement des exportations.

Certains pays sont allés jusqu'à instaurer un régime obligatoire de compensation. Tel est le cas de l'Indonésie qui impose, depuis le 1er janvier

9. Définition proposée par l'Association pour la compensation des échanges commerciaux.

1983, des compensations intégrales sur tous les contrats publics d'importation.

Les exemples de compensation sont multiples et variés.

– Le contrat relatif à la vente aux pays occidentaux du gaz soviétique a pu être considéré à l'époque comme une vaste opération de compensation. Il s'agissait, en effet, d'un véritable marché lié car seuls les pays qui achetaient du gaz sibérien pouvaient fournir du matériel à l'URSS.

– Le contrat de vente de gaz algérien à la France en 1981 peut être lui aussi analysé comme une opération de compensation car, en contrepartie de cet accord, la France fut assurée de bénéficier de l'achat de biens d'équipement par l'Algérie.

– Le paiement de l'installation en URSS d'une usine de coca par la société Pepsi-Cola fut assuré par la livraison de vodka.

– Douglas McDonnel n'a pu vendre des avions au Canada qu'à la condition de s'engager à acheter des produits canadiens.

3.7.1. Les différentes modalités de la compensation

Le monde de la compensation est particulièrement complexe et les modalités de cette activité sont multiples et variées. Qui plus est, la terminologie est loin d'être fermement établie. Ce que certains appellent compensation est dénommée par d'autres commerce parallèle, accord de coopération, échanges compensés, *barter, counterbarter, counterdelivery, offset agreement, counterpurchase, compensatory arrangements.*

Pour essayer de clarifier ces activités, il n'est sans doute pas inutile de définir les différentes modalités relatives à la compensation[10].

Le troc est « un échange simultané de marchandises d'égale valeur dans lequel on n'utilise pas d'instrument de paiement ». Le troc porte le plus souvent sur des matières premières. Le *barter*, au sens strict du terme, ne comprend aucun règlement sous forme monétaire. Le recours à de telles procédures est rarissime. Il est généralement prévu que le règlement se fait en marchandises, et pour le solde par des devises.

Le contre-achat ou l'achat en contrepartie est l'opération de compensation la plus fréquemment utilisée. Dans cette opération, l'exportateur s'engage à acheter des biens produits par son acheteur. Les courants d'échange ne sont pas nécessairement synchronisés ni équilibrés. Ils se concrétisent par la signature de deux contrats distincts mais liés l'un à l'autre (dans le troc, un seul contrat est signé).

L'achat en retour ou *buy-back* s'applique aux produits fabriqués à la suite de l'exportation de biens d'équipement. Dans cette modalité de compensation, l'exportateur achète la production rendue possible par la vente des biens d'équipement.

La compensation anticipée est une opération dans laquelle l'achat en contrepartie précède la vente à l'exportation. Les achats effectués à l'avance par l'exportateur permettent de dégager les moyens financiers nécessaires au paiement de l'importation.

---

10. Cette rubrique emprunte largement à une étude publiée dans *Crédit Lyonnais International* de mars 1984 intitulée : « Bilatéralisme et compensation ».

Les différentes opérations de compensation se font généralement sur une base bilatérale, mais il arrive de plus en plus souvent que l'opération fasse intervenir trois ou quatre pays, ce qui accroît sensiblement les difficultés de la compensation.

Les opérations de compensation, au sens large du terme, connaissent un essor indéniable. Les sources statistiques fiables sont inexistantes. Seuls des ordres de grandeur permettent d'évaluer l'ampleur du phénomène. Selon une estimation du ministère américain du Commerce, la part des opérations de compensation aurait représenté 10 à 20 % du commerce mondial pour la première moitié des années 1980. Pour le FMI, la compensation est devenue une activité banalisée qui affecte plus de 20 % du commerce mondial. Certaines banques internationales vont au-delà et avancent des chiffres de l'ordre de 25 à 30 %.

Le développement des activités de compensation s'explique par l'inconvertibilité des monnaies et l'insolvabilité de certains pays due à un endettement extérieur excessif ou à une situation économique précaire. La compensation est devenue un outil indispensable pour tous les pays souffrant d'une insuffisance de devises.

3.7.2. Les avantages et les inconvénients de la compensation

Le principal avantage de la compensation est de permettre aux pays qui l'initient de suppléer un manque de devises et de continuer à importer des biens de consommation ou d'investissement, malgré les difficultés qu'ils éprouvent à exporter une partie de leur production nationale. Un avantage annexe est de leur permettre d'exporter des productions qui trouveraient difficilement des débouchés naturels sur les marchés extérieurs.

Les inconvénients de la compensation sont multiples. Ils affectent les entreprises et les pays obligés d'accepter cette modalité de paiement.

Le premier inconvénient est de perturber artificiellement les marchés et les économies des pays payés en compensation. La perturbation peut aller jusqu'à la disparition de certaines productions nationales submergées par une arrivée massive de produits vendus à des prix de *dumping*.

La longueur et la complexité de ces opérations sont le deuxième inconvénient. Certaines peuvent demander plusieurs mois, voire plus d'une année avant d'être définitivement soldées.

Par ailleurs, la qualité de certaines productions offertes en compensation laisse souvent à désirer et ne correspond pas aux exigences de la demande des pays occidentaux. Cette situation contraint l'exportateur à écouler les marchandises sur des marchés tiers et à réaliser des opérations triangulaires ou en chaîne qui en retardent le bouclage définitif.

3.8. Les crédits par signature

Les cautions constituent l'essentiel des crédits par signature utilisés pour le financement des exportations. Une caution n'est pas véritablement un crédit : c'est une garantie offerte à une entreprise exportatrice pour lui permettre de tenir sa place sur la scène commerciale internationale.

Une caution est une garantie qui couvre l'exécution de l'obligation du cautionné, appelé débiteur principal. Les cautions peuvent être délivrées par une banque ou une société d'assurance à la demande de l'exportateur. Elles sont fournies par un correspondant étranger qui est contre-garanti par la banque ou la société d'assurance au cas où il devrait payer le montant de la caution. Elles peuvent être également fournies directement par la banque ou la société d'assurance à l'acheteur étranger.

Les cautions ne relèvent pas de techniques spécifiques à la finance internationale mais de pratiques bancaires nationales transposées aux opérations commerciales internationales. Elles sont exigées par les importateurs, maîtres d'œuvre pour l'exécution de marchés de travaux publics ou la construction d'usines clés en main.

Les cautions sont presque toujours exigibles à la « première demande » et sans « contestation possible », car l'acheteur veut en obtenir le paiement sans délai ni discussion. Elles sont exigibles à tout moment et sans qu'il y ait nécessairement un rapport direct avec le contrat. Il arrive qu'elles soient appelées sans motif et sans justification.

Les cautions sont nombreuses et varient d'un pays à l'autre en fonction des pratiques commerciales et de la réglementation locale. Les plus importantes sont répertoriées au tableau 1 avec leur traduction anglaise[11].

Tableau 1 – Les principales cautions

Caution de garantie d'offre	*Bid Bond*
Caution d'exécution de contrat	*Performance Bond*
Caution de restitution d'acompte	*Advance Payment Bond*
Caution de retenue de garantie	*Retention Money Bond*
Caution de maintenance	*Maintenance Bond*
Caution de paiement	*Labour and Material Payment Bond*

3.8.1. La caution de garantie d'offre

Cette caution garantit à l'acheteur que l'entreprise candidate une fois retenue ne se désistera pas et acceptera la responsabilité des travaux conformément à son offre et au cahier des charges. A défaut, la caution donnée par une banque ou une société d'assurance sera retenue.

Le montant de cette garantie est en général de 5 % de la valeur estimée du contrat. Sa durée s'étend du dépôt des candidatures à l'acceptation du marché par l'entreprise adjudicataire.

3.8.2. La caution d'exécution de contrat

C'est la plus connue de toutes les cautions. Elle garantit l'exécution du travail suivant les normes et les spécifications précisées dans le contrat signé entre l'acheteur et l'exportateur.

Si l'entreprise est défaillante, la société d'assurance ou la banque peut indemniser l'importateur des pertes subies du fait de la rupture du contrat ou trouver une autre entreprise pour achever le chantier. Dans la deuxième hypothèse, la banque ou la société d'assurance paie toutes les augmentations

11. Ce paragraphe reprend la présentation du Centre de documentation et d'information de l'assurance publiée dans les *Cahiers de l'assurance* de décembre 1977.

de coût dues à la prise en charge du contrat par une nouvelle entreprise. La caution n'est pas illimitée. Elle vaut en général 100 % du contrat aux Etats-Unis, 50 % au Canada, 10 à 30 % dans les pays européens et 5 % dans certains pays d'Amérique latine ou d'Asie.

L'effet de cette caution cesse lors de la réception provisoire (ou définitive dans certains cas) des travaux par l'importateur.

3.8.3. La caution de maintenance

Après la réception provisoire des travaux, il s'écoule une période d'essai (un an par exemple) avant la réception définitive des travaux.

Quand la caution d'exécution de contrat cesse à la réception provisoire des travaux, elle est relayée par une caution de maintenance. Cette caution est plus limitée que la caution d'exécution et perd ses effets à la réception définitive des travaux.

3.8.4. La caution de restitution d'acompte

Cette caution garantit à l'importateur que les acomptes avancés lui seront remboursés si les travaux ne sont pas exécutés. L'engagement de la banque ou de la société d'assurance est maximal au début et décroît ensuite pour s'annuler le plus souvent avant la fin des travaux.

3.8.5. La caution de retenue de garantie

Le plan de financement prévoit généralement que l'importateur effectue des versements à l'entreprise exportatrice au fur et à mesure de la progression des travaux. Pour se protéger contre les imperfections qui peuvent apparaître, l'importateur retient très souvent une fraction de ces versements (5 à 10 %) à titre de garantie. Cette retenue alourdit bien évidemment les charges financières de l'exportateur. Pour les alléger, l'importateur accepte de verser la totalité des versements à condition de bénéficier d'une caution lui garantissant que les sommes qu'il aurait pu retenir lui seront restituées pour redresser les éventuelles imperfections qui pourraient apparaître dans l'exécution des travaux.

*

* *

Les techniques de financement des exportations sont nombreuses et diversifiées. Elles ont beaucoup évolué depuis les réformes de 1985/1986. Avant cette date, le financement des exportations était administré par les pouvoirs publics. Depuis cette date, les modalités de financement sont beaucoup plus déterminées par les conditions du marché financier.

La tendance à la banalisation du financement des exportations va s'accentuer dans les prochaines années. Elle s'accompagnera d'une intensification et d'une internationalisation de la concurrence.

Références

AMELON J.L., *Financer ses exportations,* Paris, Dunod, 1988.

ASSOCIATION POUR LA COMPENSATION DES ÉCHANGES COMMERCIAUX, *Le guide pratique de la compensation,* Paris, 1983.

BEY E.M., « La convention d'Ottawa sur le crédit-bail international », *Semaine juridique – Cahiers de droit de l'entreprise* (9 décembre 1989), p. 726-732.

BOWEN D., MILLS D., KNIGHT M., *Export Finance,* Londres, Euromoney Publications, 1986.

BRAU E., DILLON K.B., PUCKAHTIKOM C., XAFA M., « Export Credits », *World Economic and Financial Surveys,* International Monetary Fund, juillet 1986.

CHAREYRE P., « Le forfaitage : une alternative compétitive pour le financement des exportations », *Banque* (octobre 1987), p. 911-914.

CHENEY D.M., « L'arrangement de l'OCDE relatif aux crédits à l'exportation », *Finances et Développement* (septembre 1985), p. 35-38.

CHO K.R., « Using Countertrade as a Competitive Management Tool », *Management International Review* (n° 1, 1987), p. 50-57.

CRÉDIT LYONNAIS INTERNATIONAL, « Financement et garantie des exportations », *Crédit Lyonnais International* (mai 1992, juin 1992).

CRÉDIT LYONNAIS INTERNATIONAL, « Les financements export multi-sources », *Crédit Lyonnais International (*septembre 1992).

COX A.N., MCKENZIE J.A., *International Factoring,* Londres, Euromoney Publications, 1986.

EITEMAN D.K., STONEHILL A.I., MOFFETT M.H., *Multinational Business Finance,* 7e éd., Reading, Mass., Addison Wesley, 1995.

ELDERKIN K.W., NORQUIST W.E., *Creative Countertrade,* Cambridge, Mass., Ballinger, 1987.

ERRERA J.M., *La gestion de l'entreprise et les échanges compensés,* Paris, Economica, 1988.

« Factoring », *Financial Times* (1er mai 1990), p. 35-38.

GMUR CH.J., BUDD N., *Case Histories in Trade Financing,* Londres, Euromoney Publications, 1984.

LACROIX L., « Les différentes formes de compensation internationale », *Revue Internationale de l'Achat* (n° 1, 1989), p. 25-29 ; (n° 2, 1989), p. 29-31.

LACUEILLE S., THION B., « Crédits export, crédits mixtes : du Consensus au compromis », *Revue du Financier* (juillet-août 1989), p. 24-32.

LELARGE A., *Le troc, une nouvelle technique de commerce international,* Paris, Adetex, 1985.

LOUBERGE H., MAURER P., *Financement et assurance des crédits à l'exportation,* Genève, Librairie Droz, 1985.

OCDE, *Les systèmes de financement des crédits à l'exportation dans les pays membres de l'OCDE,* 4e éd., Paris, 1990.

SERAIN P., « Financements et garanties des grands contrats à l'exportation », *Les Notes Bleues* (5 février 1990).

SOMÉ S., « L'évolution du mécanisme de la compensation dans les relations économiques Est-Ouest », Thèse de 3e cycle, Université de Dijon, 1983.

VERZARIU P., *Countertrade, Barter and Offsets,* New York, McGraw-Hill, 1985.

Mots clés

Affacturage, avance en devise, caution d'exécution de contrat, caution de garantie d'offre, caution de maintenance, caution de restitution d'acompte, caution de retenue de garantie, confirmation de commande, *confirming house*, compensation, Consensus de l'OCDE, crédit acheteur, crédit-bail international, crédit fournisseur, crédit mixte, crédit de mobilisation de créances nées, crédit de préfinancement à taux stabilisé, crédit de préfinancement spécialisé, crédit par signature, escompte d'acceptations bancaires, escompte de créances en devises, *export finance house*, factor, factoring, financement des exportations, forfaitage, forfaiting, garantie COFACE, *leasing*, rachat forfaitaire de créances.

Fiscaliste d'entreprise

69

Martial Chadefaux

Enoncer que la fiscalité est une contrainte mal vécue par les entreprises serait reprendre un lieu commun. Comme toute autre branche du droit, le droit fiscal a été le plus souvent subi par les entreprises. En outre, et à la différence d'autres pans de la vie juridique des entreprises, le droit fiscal se caractérise par sa traduction financière immédiate traditionnellement considérée comme excessive. Les réticences à l'égard de l'impôt sont d'autant plus marquées que le comportement fiscal des entreprises est l'objet de différentes formes de contrôles, voire de sanctions, de la part de l'administration.

Le trait est tout juste forcé pour décrire ce qui fut pendant longtemps la perception classique de la fiscalité par les contribuables, les entreprises ou les particuliers. Ne prétendait-on pas, il y a encore quelques années, que l'impôt « est avec le service militaire l'une des contraintes sociales les plus difficiles à accepter par les citoyens »[1]. Depuis, les choses ont évolué et les entreprises ont pris conscience que leurs rapports avec le droit peuvent être d'une autre nature que contentieuse, y compris dans le domaine fiscal[2]. D'une conception curative ou défensive de la dimension juridique des affaires, on en est venu à une approche plus offensive, cherchant à utiliser le droit comme un allié, voire un élément moteur de la stratégie de l'entreprise. En matière fiscale, l'entreprise a cessé de se résoudre à subir l'impôt en appliquant scrupuleusement une législation qui serait en tous points impérative. Peu à peu, elle a pris conscience de l'existence d'une marge de manœuvre permettant, en toute légalité, de moduler l'importance de la charge fiscale qu'elle supporte.

Les concepts de gestion juridique et de gestion fiscale de l'entreprise bénéficièrent, au début des années 1980, d'une reconnaissance quasi officielle. Le principe selon lequel l'entreprise pouvait gérer son droit et sa fiscalité comme

1. G. Egret, *L'amélioration des rapports entre l'administration et les contribuables et en particulier les non-salariés, Etude présentée par la section des finances du Conseil Economique et Social, le 29 novembre 1978, JO* 6 février 1979, Avis et rapports du Conseil Economique et Social, p. 182.

2. Voir également dans cette Encyclopédie l'article de J.L. Médus, « Droit et gestion », p. 1017, tome 1.

elle gère sa production ou ses finances fut progressivement admis, cette évolution favorisant l'émergence de « nouveaux juristes », mais aussi de nouveaux fiscalistes[3].

Pour le domaine fiscal, qui seul nous intéresse ici, la traduction financière des décisions fiscales a eu un rôle de catalyseur dans la volonté des entreprises de se doter d'une gestion fiscale éclairée et non cantonnée au strict respect de la réglementation. Mais naturellement, l'intégration du paramètre fiscal dans les décisions de gestion avait déjà été largement anticipée par des entreprises généralement de taille importante dont l'activité, voire le développement, les avait conduites à réserver depuis longtemps une place de choix aux questions d'ordre fiscal et à se doter à cet effet d'une fonction autonome de fiscaliste d'entreprise.

Les caractéristiques de la dette fiscale comme l'évolution de la perception du droit à l'intérieur de l'entreprise contribuent à mieux cerner les contours de la fonction actuelle de fiscaliste d'entreprise, fonction susceptible de se définir en regard des domaines d'intervention, des objectifs de la mission et enfin des caractéristiques organisationnelles de la fonction.

1. Les domaines d'intervention du fiscaliste d'entreprise

Il est usuel de rappeler que chaque opération de la vie des affaires croise l'impôt[4]. Dès lors, définir le champ d'intervention du fiscaliste d'entreprise procède d'un pari audacieux. En réalité, il semble possible de scinder ses domaines d'intervention en distinguant ce qui relève de domaines classiques ou usuels de domaines plus spécifiques.

1.1. Les domaines classiques d'intervention

Les tâches qui sont dévolues de manière courante au fiscaliste d'entreprise ont trait, d'une part, à la gestion de la dette fiscale et, d'autre part, à la conduite de la politique fiscale de l'entreprise.

1.1.1. La gestion de la dette fiscale de l'entreprise

Il s'agit certainement de l'aspect le plus immédiat de la fonction. Le fiscaliste d'entreprise a la responsabilité de la détermination des impôts et taxes dus par l'entreprise. La tâche est ample dans la mesure où, comme nous l'avons déjà souligné, l'existence de la fonction fiscale suppose une organisation d'une certaine taille, à même de réaliser des opérations variées ne relevant pas d'un régime fiscal uniforme. Le fiscaliste d'entreprise intervient principalement en matière d'impôts directs, en particulier pour la détermination du résultat fiscal puis de l'impôt, mais également pour toutes les autres obligations qui pèsent sur la firme au regard des autres impôts directs, des impôts indirects et notamment des taxes sur le chiffre d'affaires. Dans le même ordre d'idées, le fiscaliste joue un rôle de premier plan dans la gestion des impôts

---

3. M. Dubisson, « La fonction juridique dans l'entreprise moderne ou l'émergence de nouveaux juristes », *Cahiers de droit de l'entreprise* JCP éd. CI (n° 2, 1981), p. 1 et s.

4. B. Mercadal et P. Macqueron, *Initiation au droit des affaires,* Ed. juridiques F. Lefebvre, 1984, p. 348.

locaux, de la taxe professionnelle et des taxes foncières. En matière de taxe professionnelle par exemple, les missions dévolues au fiscaliste d'entreprise sont d'autant plus importantes qu'il s'agit d'une taxe dont le poids financier est lourd, que la législation qui s'y rapporte est extrêmement complexe et évolutive et enfin, s'agissant d'un impôt local, que l'entreprise dont les installations sont géographiquement disséminées est redevable de l'impôt sur plusieurs localités. Dans tous les cas, le fiscaliste d'entreprise intervient sur les questions de fond mais également de forme et de délai, ces dernières occupant une place de choix dans le domaine fiscal.

La gestion de la dette fiscale ne peut être véritablement menée à bien qu'en collaboration avec d'autres composantes de l'entreprise. Ainsi est-il rigoureusement impossible de déterminer le résultat fiscal de l'entreprise sans travailler avec la direction comptable de l'organisation. Dans le même ordre d'idées, il n'est pas concevable de définir un échéancier de paiement des différents impôts et taxes sans une concertation avec le responsable financier de l'entreprise.

Enfin, ce bref aperçu de la mission classique dévolue au fiscaliste d'entreprise ne serait pas complet s'il n'était pas fait mention des aspects liés au contrôle *a posteriori* de la dette fiscale de l'entreprise. Différents impôts et taxes sont en effet calculés par l'administration sur la base des renseignements fournis par l'entreprise ou de données en possession de l'administration. Il appartient ainsi au fiscaliste non seulement d'opérer un règlement régulier des sommes mises en recouvrement, mais surtout de valider les bases d'imposition retenues et les taux appliqués par l'administration. A cet égard, l'exemple de la taxe professionnelle est une fois de plus très éclairant compte tenu de la multiplicité des régimes d'écrêtement, d'allégement ou de plafonnement qui se sont succédé dans la législation. L'objectif est ainsi de s'assurer du non-paiement de sommes indues. Cependant, le souci de ne pas acquitter une charge d'impôt excessive est encore plus nettement affirmé dans ce qui constitue l'autre volet classique d'intervention du fiscaliste d'entreprise : l'élaboration de la politique fiscale de l'entreprise.

1.1.2. L'élaboration de la politique fiscale de l'entreprise

Les entreprises ont aujourd'hui pleinement conscience que la fiscalité se gère et ne se subit plus. La multiplication dans le temps des mesures de faveur et l'introduction dans la législation fiscale d'options de nature et de portée variables incitent les entreprises à un comportement résolument actif face à l'impôt leur permettant ainsi de rechercher un avantage fiscal, et donc financier, significatif. Cette démarche volontariste que le fiscaliste de l'entreprise a pour mission de traduire dans les faits se retrouve tant dans l'élaboration de la stratégie fiscale de l'entreprise que dans la mise en œuvre de choix plus tactiques, et plus techniques, relevant de décisions de gestion de moindre portée et généralement à court terme.

1.1.2.1. La gestion fiscale des choix stratégiques de l'entreprise

Sans chercher à reprendre les différents axes possibles de développement stratégique d'une entreprise, il apparaît rapidement cependant que le fiscaliste peut parfois occuper une place de premier plan dans la mise en œuvre de ces stratégies. Que l'on songe par exemple au développement par croissance externe avec rachat d'entreprises ou prise de participation majoritaire et l'on voit se profiler rapidement la dimension fiscale de l'opération[5]. Que l'on songe encore à la mise en œuvre d'une politique de croissance interne et la nécessité d'adapter la structure juridique au niveau de développement souhaité ou atteint et l'on constate que les arbitrages deviennent rapidement fiscaux.

Le fiscaliste d'entreprise est ainsi associé à l'élaboration, à la mise en œuvre et au suivi de la stratégie dans sa composante fiscale. La nécessité de définir les orientations fiscales majeures de l'entreprise s'opère avec le double souci pour le responsable fiscal, d'une part, d'arrêter des décisions fiscales conformes aux choix de politique générale de l'entreprise et, d'autre part, d'optimiser les choix fiscaux de l'entreprise au regard de la législation juridique et fiscale, véritable matière première de l'optimisation fiscale[6]. Mais la participation du fiscaliste aux décisions de gestion n'est pas limitée à la seule définition des orientations stratégiques. De manière plus régulière, le fiscaliste est consulté et associé à des décisions que l'on qualifiera par opposition de tactiques, mais dont les retombées fiscales et par voie de conséquence financières sont non négligeables pour l'entreprise.

1.1.2.2. La gestion fiscale des choix tactiques de l'entreprise

Sous l'appellation de choix tactiques, il convient de ranger les décisions dont la portée fiscale et financière est relativement limitée et qui, par voie de conséquence, ne conditionnent pas la politique générale de l'entreprise. Il s'agit pour l'essentiel de choix plus techniques mais généralement nombreux et dont l'agrégation peut avoir une incidence significative au plan financier pour l'entreprise. Les illustrations ne manquent pas : choix d'une technique d'amortissement, choix d'un mode de financement d'un investissement, traitement fiscal de dépenses de recherche, gestion fiscale d'un report déficitaire, minimisation du coût d'une distribution, aides interentreprises... A chaque fois, la contribution du fiscaliste doit éclairer la prise de décision finale. L'apport du fiscaliste, dont l'avis sera confronté à celui d'autres responsables de l'entreprise, couvre à la fois l'aspect strictement financier de l'opération, en mettant en évidence l'option la moins onéreuse fiscalement mais également les contraintes et les engagements qui découlent des différentes options susceptibles d'être retenues, sans oublier enfin les facteurs de risque attachés au choix. Ainsi, lors de la mise en place d'un mode d'intéressement par le biais de stocks-options[7], le fiscaliste peut être conduit à approuver le choix en termes de coût fiscal pour l'entreprise et pour les cadres bénéficiaires, mais de la même façon il peut attirer l'attention des dirigeants sur certains aspects du plan dont la sophistication excessive par des techniques empruntées à l'ingénierie financière est susceptible d'exposer l'opération à une remise en cause par l'administration.

---

5. M. Chadefaux, *Le régime juridique et fiscal des fusions de sociétés,* 2e éd., Paris, La Villeguérin, 1995. Voir également dans cette Encyclopédie l'article de M. Nussenbaum, « Prises de contrôle, fusions, acquisitions », p. 2468, tome 3.

6. M. Chadefaux, *L'audit fiscal,* Paris, Litec, 1987, p. 80.

7. Voir également dans cette Encyclopédie l'article de P. Desbrières, « Stock-options », p. 3015, tome 3.

Qu'il s'agisse de décisions stratégiques ou tactiques, le fiscaliste d'entreprise agit comme un consultant interne pour lequel la bonne connaissance de l'organisation que lui confère sa position est un atout de premier plan. Cette compétence distinctive est accrue davantage encore dans le cadre des domaines spécifiques d'intervention du fiscaliste.

1.2. Les domaines spécifiques d'intervention

Même si aucune enquête récente n'a été menée sur ce thème, il serait sans doute possible de valider empiriquement l'hypothèse selon laquelle la fonction fiscale dans l'entreprise est apparue prioritairement dans les organisations ayant soit une activité internationale, soit une structure de groupe ou enfin une activité intégrant directement le paramètre fiscal dans le produit commercialisé.

1.2.1. L'entreprise dotée d'une activité internationale

L'entreprise qui développe ses activités à l'étranger est très rapidement confrontée à des questions de nature fiscale. Sans entrer dans le détail d'un domaine extrêmement vaste, on peut considérer que le fiscaliste d'entreprise traite en la matière deux grands types de problèmes. Il s'agit en premier lieu des questions relatives à la gestion fiscale du personnel expatrié, comprenant notamment l'étude du statut fiscal applicable aux collaborateurs concernés en fonction des modalités de leur expatriation et de l'absence ou non de conventions de double imposition avec les pays concernés. Il s'agit en second lieu d'étudier les incidences fiscales liées au développement à l'étranger avec, entre autres, la décision d'implantation ou de non-implantation et l'arbitrage classique qui peut en découler entre le choix de créer localement un simple établissement ou une entité ayant le statut de filiale… Sur toutes ces questions, le fiscaliste doit non seulement prendre en considération des aspects strictement fiscaux (existence ou non d'une convention, aide fiscale à l'implantation, impositions à acquitter localement, relations avec des pays dits à fiscalité privilégiée…) mais également des aspects économiques (permanence de l'implantation, préférence locale des partenaires…)[8]. La diversité des statuts adoptables, des réglementations applicables et des motivations liées à l'implantation conduit ainsi les entreprises à élaborer de véritables stratégies fiscales internationales visant à minimiser la charge fiscale supportée sans toutefois chercher à l'éluder. Parvenue à ce stade, l'entreprise est alors souvent conduite à raisonner dans une logique de groupe d'entreprises.

1.2.2. L'entreprise dotée d'un statut de société mère ou de société holding

Qu'il soit d'envergure nationale ou internationale, le groupe favorise à n'en point douter l'émergence d'une fonction fiscale localisée au sein de la société tête de groupe qui peut, le cas échéant, avoir la nature de société holding. La mission dévolue au fiscaliste d'entreprise dans ce contexte comporte essentiellement trois volets. Le premier consiste à gérer la dette fiscale du groupe

---

8. R. Duccini, *Approche fiscale des contrats internationaux,* 2e éd., Préface M. Cozian, Paris, Litec, 1993.

lorsque celui-ci s'est placé volontairement sous un régime légal fiscal de groupe (intégration fiscale, bénéfice mondial ou consolidé). Le régime d'intégration fiscale par exemple occasionne à lui seul des travaux importants : détermination du résultat fiscal de groupe, neutralisation des opérations intragroupes, prise en compte des restructurations susceptibles d'affecter le groupe et de modifier le périmètre d'intégration, maintien de l'obligation de déterminer un résultat fiscal propre à chaque société, élaboration des conventions financières de répartition de la charge d'impôt du groupe… Mais la gestion de la dette fiscale du groupe peut s'entendre également en dehors de tout régime spécifique de groupe, la recherche de l'optimisation fiscale s'effectuant par le biais de régimes dits de « consolidation sauvage », basés notamment sur l'interposition de sociétés fiscalement transparentes dans l'architecture générale du groupe.

Le deuxième volet de la mission confiée au fiscaliste consiste à assurer la maîtrise fiscale des opérations internes au groupe. Il peut s'agir de la maîtrise des distributions intragroupes, du régime fiscal applicable aux aides interentreprises ou de l'appréciation de la régularité fiscale des opérations commerciales et financières internes au groupe, avec les questions pour le moins délicates relatives à la localisation du résultat à l'intérieur du groupe et la pratique éventuelle de prix de transfert[9].

Enfin, le troisième volet de la mission du fiscaliste de groupe est une mission classique de consultant étendue au niveau du groupe sur des questions propres à telle ou telle entité du groupe.

1.2.3. L'entreprise dotée d'une activité de nature fiscale

Dans différents secteurs d'activité, la place prise par le droit fiscal au sein des entreprises est due non aux spécificités de l'entreprise en tant que contribuable mais à la forte intégration du paramètre fiscal dans le produit fini offert par l'entreprise. L'aspect fiscal se présente alors comme une caractéristique du produit vendu et fait partie intégrante de l'activité de l'entreprise. Sont ainsi naturellement visés toutes les activités de placement dans l'immobilier, les placements financiers ou encore la plupart des produits qui relèvent du domaine de l'assurance ou de la prévoyance. Dans chaque cas, l'objectif de l'entreprise qui conçoit et distribue le produit est de rendre celui-ci attractif en allégeant, voire en neutralisant, la fiscalité applicable à l'acquisition, à la détention, aux revenus ou à la transmission du produit. La mission du fiscaliste est double : il doit, d'une part, concevoir le produit partiellement ou totalement « défiscalisé » pour reprendre un néologisme de mode ; il doit, d'autre part, assurer la formation fiscale de la force de vente, la fiscalité occupant nécessairement une place de choix dans l'argumentaire des commerciaux.

2. Les objectifs de la mission du fiscaliste d'entreprise

Qu'il s'agisse de domaines classiques ou de domaines spécifiques d'intervention, la rapide description qui vient d'en être faite laisse transparaître aisément le double objectif que poursuit de manière constante le fiscaliste d'entre-

9. Voir également dans cette Encyclopédie l'article de M. Gervais, « Prix de cessions internes », p. 2494, tome 3.

prise. Il doit – et c'est là le stade initial de sa mission – être garant de la régularité fiscale des opérations accomplies par l'entreprise ; il doit assurer ensuite l'optimisation fiscale des décisions de l'entreprise. Les deux aspects sont étroitement liés, mais la régularité fiscale constitue un préalable incontournable. Il ne sert à rien en effet d'élaborer des montages sophistiqués destinés à procurer des économies d'impôt si l'entreprise ne maîtrise pas par ailleurs les règles fiscales de base auxquelles elle est soumise.

2.1. Le fiscaliste d'entreprise, garant de la régularité fiscale

La tâche première du fiscaliste d'entreprise est de garantir que l'organisation dans laquelle il exerce ses fonctions applique de manière correcte les règles auxquelles elle est soumise, qu'il s'agisse des règles de fond, de forme ou de délai. Le respect des règles édictées par le Code général des impôts est assuré par le pouvoir de contrôle qui est attribué à l'administration, pouvoir assorti d'un pouvoir de sanction. La perspective de sanctions financières doit ainsi inciter les entreprises dans le cadre d'une saine gestion des risques à limiter le risque fiscal en tentant notamment de le prévenir. Cependant, si le principe est simple dans son énoncé, sa mise en œuvre reste plus délicate pour des raisons qui tiennent notamment à la difficulté d'appréciation de la notion même de régularité fiscale. En effet, si pour de nombreuses dispositions d'ordre fiscal, la règle est précise, ne laissant pas de place pour l'interprétation (application d'une technique de calcul, validation d'une règle de forme ou de délai...), pour d'autres en revanche le droit fiscal énonce un principe général auquel les entreprises sont tenues de se conformer, principe pouvant néanmoins laisser place à l'interprétation. Les illustrations sont nombreuses : au-delà de quel niveau une rémunération doit-elle être qualifiée d'excessive ? A partir de quand un montage financier peut-il être considéré comme poursuivant un but exclusivement fiscal et ainsi répréhensible au titre de l'abus de droit ? Les exemples pourraient être multipliés ; ils illustrent le fait que, sur bien des points, la limite séparant le régulier de l'irrégulier, l'acceptable du répréhensible est difficile à cerner, laissant place au pouvoir d'appréciation du vérificateur. Dès lors, le rôle du fiscaliste d'entreprise sur ces questions est nécessairement limité. Il se doit d'attirer l'attention des dirigeants sur une zone de risque qu'il pressent, mais ne peut s'engager davantage sur l'existence ou l'absence d'irrégularité[10].

Pour l'essentiel, le souci du respect de la règle fiscale conduit le fiscaliste d'entreprise à mettre en place des mesures de prévention, notamment par le biais de procédures et de sécurités fiscales. Sans entrer dans le détail d'un dispositif dont la configuration doit nécessairement être adaptée en fonction des caractéristiques propres et des facteurs de risques fiscaux spécifiques à chaque entreprise, il convient de distinguer les mesures de prévention portant sur les règles de forme et de délai et les mesures s'attachant au respect des règles de fond. Pour les premières, les procédures de contrôle à mettre en place sont classiques et ne soulèvent guère de difficultés : échéancier fiscal, contrôles de cohérence interne des documents élaborés, cohérence arithmétique des déclarations déposées, recoupements avec la comptabilité... Pour les

10. M. Chadefaux, *L'audit fiscal, op. cit.*, p. 231.

règles de fond, les mesures sont plus délicates à mettre en œuvre et sont fonction de l'importance et de l'organisation du service fiscal au sein de l'entreprise. Il convient ainsi de définir le niveau de délégation accepté dans le traitement des questions d'ordre fiscal par d'autres collaborateurs de l'entreprise en leur assurant simultanément un niveau suffisant de formation et d'information. Symétriquement, le responsable fiscal doit définir le domaine réservé de compétence en faisant automatiquement remonter à son niveau le contrôle ou le traitement fiscal de certaines opérations, en fonction soit de leur enjeu soit de leur difficulté.

Dans le cadre de la prévention du risque fiscal, le responsable fiscal peut souhaiter confier à des consultants extérieurs spécialisés des missions ponctuelles sur des questions ou des opérations de nature exceptionnelle et dont les enjeux financiers sont particulièrement importants. De même, le service fiscal peut souhaiter bénéficier de missions d'audit axées sur la détermination du risque encouru par l'entreprise, qu'il s'agisse d'une mission globale ou d'une mission centrée sur l'évaluation du risque fiscal potentiel limitée à une catégorie d'impôt ou une activité de l'entreprise. Enfin, pour en terminer avec les attributions du fiscaliste d'entreprise dans le domaine de la régularité fiscale, il convient d'évoquer le volet curatif de la mission qui repose sur le suivi et la gestion des contentieux fiscaux. Si des divergences d'appréciation dans les conditions d'application de la loi fiscale ont donné lieu à des vérifications et à des notifications de redressement, il appartient au fiscaliste d'assurer le suivi du litige jusqu'à son terme y compris, le cas échéant, devant les juridictions compétentes à la fois sur le terrain du fond mais également sur celui de la procédure. Ces contentieux fiscaux auront pu notamment apparaître à l'occasion de décisions destinées à optimiser la politique fiscale, objectif second du fiscaliste d'entreprise.

2.2. Le fiscaliste d'entreprise et l'optimisation de la politique fiscale

Les développements précédents ont tenté de montrer que le droit laisse à l'entreprise une certaine autonomie dans la détermination de sa propre situation fiscale et, en conséquence, la possibilité de moduler la charge fiscale qu'elle supporte. L'entreprise a ainsi la possibilité d'être un contribuable avisé qui manie la fiscalité à un niveau supérieur[11].

Pour atteindre cet objectif, le fiscaliste d'entreprise dispose de trois outils principaux qui constituent la matière première de l'optimisation fiscale. Il s'agit tout d'abord des régimes de faveur ou d'incitation qui constituent le stade le plus immédiat de l'optimisation fiscale. Une entreprise n'est véritablement efficace au plan fiscal que si elle fait pleinement usage des déductions fiscales ou des crédits d'impôts dont elle peut bénéficier. Il s'agit là d'une évidence mais qui n'est pas nécessairement aisée à mettre en œuvre. Les mesures d'incitation, diversement répandues, évoluent de manière constante dans leur durée, leur champ d'application et leurs conditions de mise en œuvre. Sur ce point précis, la qualité de l'information dont dispose le responsable des questions fiscales au sein de l'entreprise est un facteur clef de succès pour optimiser l'utilisation des régimes de faveur. Le deuxième outil à la

11. M. Cozian, *Les grands principes de la fiscalité des entreprises,* 3e éd., Paris, Litec, 1996.

disposition du fiscaliste d'entreprise est constitué des options fiscales contenues dans la législation. Susceptibles de s'appliquer à des décisions « tactiques » ou à des choix « stratégiques » de l'entreprise, temporaires ou irrévocables, affectées ou non de conditions, les options offertes par le droit fiscal sont, compte tenu de leur importance quantitative, une source majeure d'optimisation pour l'entreprise. Enfin, les choix juridiques de l'entreprise (choix d'une forme sociale, choix d'un type de contrat...) peuvent induire des conséquences fiscales très différentes et doivent de ce fait être également rangés parmi les outils permettant de concourir à l'optimisation fiscale, même si l'exercice de tels choix appelle une réflexion qui en l'espèce dépasse nécessairement le seul cadre fiscalo-financier.

Précisément, l'exercice des choix fiscaux de l'entreprise exige du fiscaliste une évaluation concertée des opportunités et des contraintes inhérentes au choix qui doit être exercé. On recense en la matière cinq critères d'évaluation des choix fiscaux[12] : le critère financier en tenant compte non seulement de l'incidence fiscale globale du choix mais également des coûts induits dans d'autres domaines, la cohérence du choix avec les orientations stratégiques de l'entreprise, la simplicité du choix, la flexibilité du choix ménageant à l'entreprise la faculté de rétablir la situation initiale et enfin la sécurité du choix. Sur ce dernier point, le fiscaliste d'entreprise doit s'assurer que la recherche de l'optimisation fiscale n'aboutit pas en réalité à l'effet inverse de celui escompté et n'alimente pas le risque fiscal encouru par l'entreprise en exposant le choix effectué à une remise en cause par l'administration. Si l'habileté fiscale est reconnue et admise, l'administration fiscale réprime en revanche par l'abus de droit les constructions juridiques et fiscales dont la raison d'être est exclusivement fiscale et motivée par le seul souci d'éluder l'impôt. En pratique, cependant, la mise en évidence de la frontière qui sépare l'habileté fiscale admise par l'administration de l'excès d'habileté fiscale constitutif d'abus de droit n'est pas aisée. L'abus de droit engendre en effet une jurisprudence consistante dont l'homogénéité n'est pas la caractéristique dominante. Si l'administration observe avec circonspection certains développements de l'ingénierie financière, elle tend à remettre en cause ce qu'elle considère comme étant de la pure ingénierie fiscale. La recherche de l'optimisation fiscale ramène ainsi d'une certaine façon le fiscaliste au premier volet de sa mission, le risque et la régularité fiscale[13]. Dans les deux cas cependant, régularité ou optimisation, il apparaît clairement que le fiscaliste d'entreprise ne peut vivre en « vase clos » dans l'organisation, coupé des autres centres de décision, ce qui conduit à s'interroger sur les caractéristiques de la fonction fiscale dans l'entreprise.

3. Les caractéristiques de la fonction fiscale

Evoquer les caractéristiques de la fonction fiscale conduit à envisager deux problèmes d'importance : la place du fiscaliste dans l'organisation et le profil requis pour la fonction.

---

12. M. Chadefaux, *L'audit fiscal, op. cit.*, p. 95 et s.

13. Voir également dans cette Encyclopédie l'article de A. Couret, « Ingénierie financière », p. 1697, tome 2.

Dans l'entreprise, la localisation du service fiscal n'obéit pas à une règle intangible. On peut néanmoins observer certaines constantes qui aboutissent à rattacher potentiellement le service fiscal à quatre fonctions préexistantes : la direction financière, le service juridique, le service comptable et le secrétariat général de l'entreprise. Cette diversité des formes de rattachement est directement imputable à la nature même du droit fiscal, branche du droit dont la traduction financière est immédiate et qui, pour une part importante de ses applications, est dérivée de la comptabilité. Autant de spécificités devaient naturellement se retrouver dans la localisation du service fiscal. Il est toutefois permis d'observer en pratique un rattachement préférentiel à la direction financière de l'entreprise.

Dans les organisations moins importantes en revanche, dans lesquelles le service fiscal n'existe pas en tant que tel, la fonction fiscale est généralement assurée par un ou plusieurs collaborateurs issus de la direction comptable, compte tenu des liens de connexité qui existent entre les deux disciplines.

L'efficacité de la gestion fiscale de l'entreprise étant étroitement liée au degré d'intégration du paramètre fiscal dans les décisions de gestion, le fiscaliste d'entreprise se doit d'être non seulement expert en droit fiscal mais également ouvert à la technique comptable et surtout perméable aux préoccupations de gestion.

Là encore, les profils permettant de rassembler ces compétences sont variés, qu'il s'agisse de juristes ou de fiscalistes ayant acquis une formation complémentaire ou une expérience de terrain en gestion, ou encore de gestionnaires à orientation comptable et financière s'étant progressivement spécialisés vers le droit fiscal. En outre, les postes de fiscalistes d'entreprises sont en règle générale confiés à des cadres ayant acquis antérieurement une solide expérience de la fiscalité des affaires : avocats fiscalistes, experts-comptables, inspecteurs des impôts... Les perspectives pour les débutants sont en la matière relativement limités si l'on excepte toutefois les recrutements de jeunes collaborateurs au sein des plus importants services fiscaux d'entreprises.

*

* *

Pendant longtemps, la présence du fiscaliste d'entreprise fut une présence que les particularités de la structure ou de l'activité imposaient. Aujourd'hui, la situation a sensiblement évolué, l'émergence d'une fonction fiscale étant étroitement corrélée au développement du concept de gestion fiscale de l'entreprise. Ouvert à une approche pluridisciplinaire alliant en permanence les dimensions fiscale, juridique et de gestion, le fiscaliste d'entreprise doit prendre une part active à la gestion des risques de l'entreprise en prenant en charge le risque fiscal. Mais sa mission serait incomplète s'il ne lui donnait pas un caractère plus dynamique fondé sur une gestion active de la fiscalité permettant, en relation avec les autres composantes de l'entreprise, d'accéder à l'optimisation fiscale des décisions. Ainsi, la fiscalité, perçue autrefois comme une contrainte pour la gestion des entreprises, devient-elle peu à peu une variable à part entière[14].

---

14. M. Chadefaux, *L'audit fiscal, op. cit.*, p. 277.

Références

CHADEFAUX M., *L'audit fiscal*, Paris, Litec, 1987.

COLETTE C., *Initiation à la gestion fiscale des entreprises*, Paris, Eyrolles, 1994.

CONSEIL DES IMPÔTS, « Fiscalité et vie des entreprises, Treizième rapport au président de la République », *Journal officiel*, 1994.

COZIAN M., *Les grands principes de la fiscalité des entreprises*, 3e éd., Paris, Litec, 1996.

DUCCINI R., *Approche fiscale des contrats internationaux*, 2e éd., Paris, Litec, 1993.

LIGER A., *La gestion fiscale des PMI : un mythe*, Bibliothèque de science financière, t. 27, LGDJ, 1987.

PERCEROU R., « Un outil de gestion : l'information juridique », *Revue Française de Gestion* (septembre-octobre 1981), p. 51.

SCHMIDT J., *Les choix fiscaux des contribuables*, Rec. Dalloz, 5e cahier, 1974, p. 6.

Mots clés

Contrôle fiscal, dette fiscale, fiscaliste, gestion fiscale, impôt, optimisation fiscale, politique fiscale, risque fiscal, stratégie fiscale.

Flexibilité

Robert Reix

Intuitivement, l'idée de flexibilité évoque une capacité d'adaptation, une aptitude à s'accommoder facilement aux circonstances. Le décideur « flexible » sait reconsidérer ses choix par réaction à des événements non anticipés pour maintenir l'optimalité de sa décision. Abordé depuis longtemps par les spécialistes de l'économie, le concept de flexibilité n'a retenu l'attention des théoriciens du management qu'à partir des années 1970, quand les variations brutales de l'environnement ont mis cruellement en défaut les limites des méthodes de planification[1]. Ce n'est qu'en 1975 avec, en particulier, les travaux d'I. Ansoff que les spécialistes de la gestion se sont attachés à doter l'empirisme d'un statut et à évoquer la recherche de la flexibilité en tant qu'objectif de l'entreprise. Rapidement, avec les situations de crise des années 1980, le terme a connu un fort succès médiatique, dans une acception particulière : celle de la flexibilité de l'emploi. Or, la richesse du terme ne se réduit pas à un ensemble de pratiques permettant de diminuer le coût du travail pendant les périodes difficiles. Le concept de flexibilité a une portée beaucoup plus générale que nous présenterons dans une première section. A partir de cette définition, nous disposerons des éléments nécessaires pour préciser, dans une deuxième section, ce qu'il faut entendre par politique de flexibilité dans l'entreprise.

1. La notion de flexibilité

La notion de flexibilité a été abordée à plusieurs reprises dans le cadre de travaux proches de la théorie de la firme ou des théories de la décision. En nous appuyant sur deux contributions significatives (G. Stigler puis J. Marschak et R. Nelson), nous délimiterons le cadre de définition du concept de flexibilité ; nous proposerons ensuite deux définitions complémentaires avant de conclure sur le problème de la valeur de la flexibilité en tant que valeur d'option.

1. Voir également dans cette Encyclopédie l'article de A.C. Martinet, « Planification stratégique », p. 2249, tome 2.

1.1. L'approche de la notion

L'examen rapide des propositions de G. Stigler (1939) relatives à la flexibilité du capital, de J. Marschak et R. Nelson (1962) relatives à la flexibilité de la décision met bien en évidence les hypothèses à l'intérieur desquelles la notion de flexibilité garde un sens.

1.1.1. La flexibilité des équipements

Le problème abordé par G. Stigler est uniquement celui de la flexibilité des équipements dans lesquels la firme investit lorsqu'elle doit faire face à des fluctuations du niveau de la demande. La flexibilité est une propriété du capital productif, traduisant son aptitude à absorber, plus ou moins facilement, les variations de volume de la production. Cette flexibilité découle de deux qualités distinctes que possède, à un degré plus ou moins élevé, le bien d'équipement :

– son *adaptabilité* : le capital est d'autant plus adaptable que la variation unitaire du niveau de la production entraîne une variation plus faible du coût unitaire moyen ;

– sa *divisibilité* : cette qualité permet de s'ajuster de façon continue aux variations de la demande en modifiant le potentiel de production.

Au sens de G. Stigler, un équipement est parfaitement flexible lorsqu'une variation de la production n'entraîne pas de variation du coût moyen. On peut alors, selon ce critère, comparer la flexibilité relative de deux équipements : le plus flexible est celui dont la courbe de coût moyen est la plus « plate ». On note que, dans la majorité des cas, il peut y avoir conflit entre la flexibilité et l'efficacité ; dans l'hypothèse où le niveau de production se situe près du minimum de la courbe de coût moyen, le coût moyen de l'équipement le plus flexible est souvent supérieur à celui de l'équipement le moins flexible. (A l'intérieur d'un certain intervalle de variation du volume de production, la flexibilité se paie par un supplément de coût moyen.)

1.1.2. La flexibilité de la décision

J. Marschak et R. Nelson étudient la flexibilité dans le cadre d'un problème de décision présentant les caractéristiques suivantes.

– Le revenu du décideur est fonction de ses décisions émises à différents instants et des états du monde (ce qui échappe à son contrôle).

– A aucun moment dans la séquence des décisions, le décideur ne dispose d'une information parfaite sur ce que seront les futurs états du monde. Bien qu'avant l'instant t_i le décideur ignore quel sera l'état du monde en t_i, son degré d'ignorance diminue quand il se rapproche de t_i. Autrement dit, il y a acquisition d'information au fur et à mesure que le temps s'écoule.

– On suppose également certains effets d'*irréversibilité* ; les décisions prises à une certaine période sont partiellement contraintes par celles prises à la période précédente.

Dans ce cadre, J. Marschak et R. Nelson proposent plusieurs définitions exprimant l'idée suivante : la flexibilité est la propriété d'une décision initiale, a_i, qui permet à la décision suivante, a_{i+1}, d'être une bonne réponse à l'observation faite pendant la période ; autrement dit, plus la décision a_i possède la propriété de flexibilité, plus il est possible d'exploiter l'information acquise postérieurement à cette décision. En particulier, une décision qui laisse ouvertes davantage d'alternatives doit être considérée comme plus flexible.

1.1.3. Le cadre de définition de la flexibilité

L'analyse des deux contributions précédentes met en évidence l'existence d'hypothèses nécessaires pour que la notion de flexibilité ait un sens.

1. *L'entreprise a des objectifs stables dans le temps.* Pour admettre l'existence d'une certaine flexibilité, on doit postuler que l'entreprise poursuit les mêmes objectifs pendant un intervalle de temps déterminé, sinon on ne ferait qu'habiller d'un vocable flatteur l'impuissance des dirigeants face aux perturbations. On ne peut pas assimiler flexibilité parfaite et absence de politique.

2. *L'entreprise est un système partiellement commandable.* Son état futur et les résultats qu'elle obtient ne dépendent pas seulement des décisions de ses dirigeants, mais aussi des facteurs exogènes qu'elle ne maîtrise pas.

3. *La gestion de l'entreprise s'exerce dans l'incertitude.* La décision est prise en situation d'information incomplète ; les modifications de l'information disponible sont la raison majeure des adaptations à effectuer. Il y a enrichissement de la connaissance du décideur, soit par le simple écoulement du temps (certains événements se réalisent), soit par la recherche active d'informations complémentaires. La flexibilité n'existe pas dans un système stationnaire et n'a pas de sens en situation d'information parfaite.

C'est dans le cadre de ces hypothèses générales que sera définie la flexibilité.

1.2. Propositions de définition

L'idée centrale à partir de laquelle il est possible de définir la flexibilité est celle de l'interdépendance des décisions traduisant des effets d'irréversibilité. Entre différentes décisions (celles constitutives d'une stratégie de l'entreprise par exemple) existent différentes contraintes :

– des contraintes d'ordre chronologique : une décision, d_i, ne peut être prise que si une décision, d_j, a été prise auparavant ;

– des contraintes de complémentarité et de cohérence : les décisions à un instant donné doivent être compatibles entre elles ;

– des contraintes de complémentarité intertemporelle : une décision prise en t_0 implique que différentes décisions soient prises en t_{+1}, t_{+2}...

A partir de cette remarque principale, il est possible de proposer deux définitions, distinctes mais complémentaires, de la flexibilité.

1.2.1. Flexibilité ou étendue du champ décisionnel futur

La flexibilité ainsi définie est une flexibilité décisionnelle ; c'est la propriété d'une décision qui, compte tenu des contraintes actuelles et des coûts d'ajustements futurs, permettra d'utiliser au mieux l'accroissement attendu de l'information. Intuitivement, on considère qu'une décision est d'autant plus flexible qu'elle laisse davantage ouvert le champ des décisions futures. D'une manière plus précise, une décision d_i est considérée comme plus flexible qu'une décision d_j si, quelle que soit la valeur effective des variables de l'environnement, l'ensemble des décisions ultérieures possibles liées à d_i, D_i, est plus grand que celui des décisions possibles liées à d_j, D_j.

On convient de retenir comme décision possible (ou commande admissible) toute décision qui, quels que soient les événements futurs, conduit à une valeur espérée du résultat supérieure à un certain seuil d'acceptation, R_0. Le choix de la décision la plus flexible ne conduit pas nécessairement à retenir la décision optimale au sens de la théorie classique, c'est-à-dire maximisant l'espérance du résultat anticipé.

1.2.2. Flexibilité ou facilité d'ajustement d'un état

Il peut être plus commode, pour exprimer certains aspects de la notion, d'évoquer la flexibilité d'un état plutôt que la flexibilité d'une décision. Pour simplifier, on raisonne sur un modèle limité à deux périodes.

A l'instant t_0, une décision, d_0, est prise ; cette décision découle d'un calcul d'optimisation dynamique sur la base des informations disponibles. Connaissant un certain signal, z_{t0}, on fait des hypothèses sur les probabilités des états futurs successifs : $P(x_{t1}/z_{t0})$, $P(x_{t2}/z_{t0})$... En appliquant les méthodes de la commande dynamique sur l'horizon de calcul, on définit une certaine valeur pour la décision d_0. L'application de cette décision aboutit en t_1 à un état X_1. Si nous supposons qu'il y a enrichissement de l'information, il est possible de recommencer le calcul d'optimisation déjà effectué en t_0 avec les informations disponibles en t_1. Ce calcul de trajectoire optimale définit un nouvel état X_1^*, qui est l'état qu'il aurait fallu atteindre si l'on avait disposé, en t_0, d'une information parfaite à l'horizon t_1. On peut alors caractériser la flexibilité de l'état X_1 comme suit : « La flexibilité de l'état X_1 est d'autant plus grande que la distance (X_1, X_1^*) est facile à combler ». Cette expression de la flexibilité traduit l'aptitude d'un système à se rapprocher d'une trajectoire optimale dont la valeur varie dans le temps en fonction de l'information disponible. Cette facilité à changer un état pour le rapprocher d'une situation souhaitée peut être exprimée par différentes formules, en particulier par :

- *la durée d'ajustement* nécessaire pour passer de l'état actuel à l'état visé,
- *les coûts d'ajustement* à engager pour modifier l'état actuel.

Ces deux mesures peuvent constituer des indices de flexibilité d'un état[2].

1.3. Valeur de la flexibilité et valeur d'option

Dans la logique de la dynamique de la flexibilité où nous nous situons, l'optimalité de la décision dépend de plusieurs facteurs : la nature de l'information dont dispose le décideur, le degré d'irréversibilité introduit, les coûts et les délais d'ajustement nécessaires pour corriger la trajectoire... Le calcul d'optimalité auquel se livre le décideur peut donc être très complexe ; il sera, en particulier, obligatoire d'attribuer une valeur (explicite ou implicite) à l'information additionnelle, ne serait-ce que pour la rapprocher de son coût d'obtention. Cette question, comme celle du conflit entre la flexibilité et l'efficacité immédiate, soulève en fait le problème de la valeur à attribuer à la flexibilité. Pour le résoudre, P. Cohendet et P. Llerena (1989, et dans le même

2. Dans la mesure où les états découlent des décisions passées et déterminent les décisions futures, il est équivalent, théoriquement, de parler de flexibilité d'un état ou de flexibilité d'une décision. Les deux formulations ont leur intérêt pour l'approche des problèmes de management (voir ci-après la section 2).

ouvrage M. Willinger, O. Favereau, J. Thépot) s'appuient sur la théorie de la *valeur d'option* (VO) qui est une théorie de la décision en situation d'incertitude avec des effets d'irréversibilité. La valeur d'option correspond à un prix qu'un agent est prêt à payer pour maintenir ouverte une possibilité pour les périodes à venir. Par exemple, une personne paye une « option d'achat » pour conserver la possibilité d'acheter un titre à un cours donné pendant une certaine durée. Face à l'incertitude et aux dangers de l'irréversibilité, pour pouvoir utiliser l'information attendue (anticipation de l'apprentissage), le choix de la flexibilité accrue s'assimile à l'achat d'une option. La valeur d'option correspond à une valeur de la flexibilité : « C'est la valeur que le décideur est prêt à payer pour conserver sa liberté future de choix (*op. cit.*, p. 44) ». « La valeur d'option mesure ce que le décideur est prêt à payer, *a priori*, pour disposer d'une information supplémentaire lui permettant de trancher ultérieurement (*op. cit.*, p. 187) ».

Cette assimilation de la valeur de la flexibilité à une valeur d'option confirme bien la nature du concept de flexibilité et montre que flexibilité et valeur de l'information additionnelle sont liées ; sans possibilité de modification des choix, l'information supplémentaire n'a pas d'intérêt.

Ce rapide examen de la notion de flexibilité met en évidence les éléments suivants :

– la flexibilité est un moyen de faire face à l'incertitude ;

– elle traduit l'aptitude de l'entreprise à répondre à des conditions nouvelles, à développer une capacité d'apprentissage en utilisant l'information additionnelle ;

– elle peut s'exprimer en termes d'étendue du champ potentiel des décisions possibles ou en termes de facilité de changement d'un état ;

– sa valeur est assimilable à une valeur d'option.

C'est à partir de ces éléments fondamentaux que l'on peut définir les composantes d'une politique de la flexibilité dans l'entreprise[3].

2. Les politiques de flexibilité

Les deux expressions proposées pour définir la flexibilité mettent en évidence les deux faces de toute politique de flexibilité :

– en caractérisant la flexibilité d'un état, on évoque une politique de gestion des ressources visant à maintenir en permanence un ensemble d'actifs en situation facilement adaptable ;

– en caractérisant la flexibilité d'une décision, on se réfère directement aux processus qui se déroulent au sein de l'organisation, donc à une problématique de comportement organisationnel.

Par conséquent, les deux axes d'une politique de flexibilité sont :

– une politique de gestion des ressources, basée sur un calcul économique visant à développer la flexibilité potentielle d'un ensemble d'actifs ;

– une politique de conception et d'animation d'une organisation, visant à transformer cette flexibilité potentielle en flexibilité effective.

---

3. Voir également dans cette Encyclopédie l'article de F. Bancel et J. Richard, « Flexibilité des investissements », p. 1421, tome 2.

La dynamique de la flexibilité peut ainsi être représentée par un schéma global intégrant les règles de calcul et les normes de comportement.

On notera que la flexibilité visée (l'objectif) n'est pas obligatoirement égale à la flexibilité potentielle permise par l'état des ressources. La flexibilité effective (le résultat) n'est que rarement égale à la flexibilité visée en raison des rigidités de l'organisation et des problèmes politiques liés au changement[4].

Le changement obtenu (flexibilité effective) modifie, d'une part, les conditions objectives du calcul d'une nouvelle flexibilité potentielle, d'autre part, le niveau d'aspiration à un nouveau degré de flexibilité (visée).

Schéma 1 – La dynamique de la flexibilité

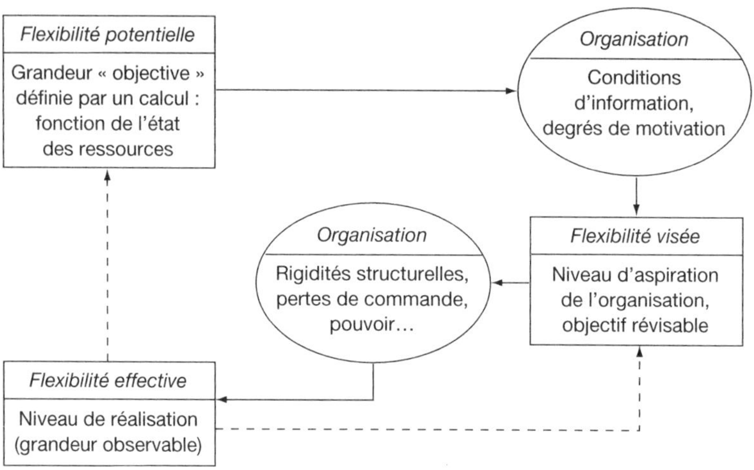

Source : R. Reix (1979, p. 56).

Dans l'action quotidienne, les deux aspects sont considérés comme interdépendants ; cependant, pour simplifier l'exposé et malgré le caractère quelque peu artificiel de la distinction, seront présentées d'abord les actions visant à développer la flexibilité potentielle par une gestion adaptée des ressources, puis ensuite celles visant à améliorer le comportement organisationnel face au changement. Cette présentation générale des politiques de flexibilité sera complétée par un rappel sommaire de deux aspects spécifiques souvent invoqués : la flexibilité de l'emploi et les technologies flexibles.

2.1. La flexibilité par la gestion des ressources

L'entreprise doit gérer une collection de ressources productives. Chaque ressource est un intrant qui, en fournissant un service déterminé, permet à l'entreprise d'exercer certaines activités. A chaque instant, une firme détient un stock de ressources et exerce un groupe d'activités découlant de ses choix stratégiques. Cette interaction activités/ressources est l'objet principal du

4. Voir également dans cette Encyclopédie l'article de P. Romelaer, « Changement d'organisation et ressources humaines », p. 306, tome 1.

calcul de flexibilité puisque le volume et la nature des ressources détenues définissent les conditions permissives de l'évolution des activités. Dans ce cadre, la recherche de la flexibilité s'opère essentiellement par trois moyens : la pratique d'une capacité excédentaire, la limitation de l'investissement, la recherche de la liquidité et de l'adaptabilité.

2.1.1. La politique de capacité excédentaire

Face à une demande aléatoire anticipée, l'entreprise définit la dimension de ses installations, soit en termes de capacité maximale (limite technique des équipements), soit en termes de capacité optimale (correspondant au minimum du coût moyen). Elle pratique une politique de capacité excédentaire lorsque le niveau de production optimale de ses installations est fixé volontairement au-dessus du niveau de la demande moyenne anticipée. Le but principal est de répondre plus facilement aux variations aléatoires de la demande. Devant faire face à deux risques : l'oisiveté temporaire ou partielle des équipements (et donc la hausse du coût moyen) et l'impossibilité de satisfaire la demande (plus forte que prévue), l'entreprise pondère plus fortement le second. Elle cherche à répondre à des hausses brutales de la demande en minimisant les coûts et les délais d'ajustement. Cette pratique est particulièrement intéressante lorsque les dépassements de capacité sont plus coûteux que le sous-emploi, par exemple quand l'allongement du délai de livraison peut entraîner des pertes définitives de clientèle. On obtient ainsi une flexibilité opérationnelle immédiate en faisant varier très vite le volume de la production. A cet effet immédiat s'ajoute, éventuellement, un effet dissuasif à terme à l'égard des concurrents potentiels ; l'existence de capacités excédentaires joue alors un rôle de barrière à l'entrée dans le secteur.

Pour intéressante qu'elle soit (en particulier dans les domaines où les délais sont une variable déterminante de la compétitivité), la politique de flexibilité excédentaire se heurte à de sévères limites :

– d'ordre technique, lorsque la divisibilité du capital est faible et le mauvais dimensionnement de l'outil de production très pénalisant (cas du transport aérien, de la sidérurgie...) ;

– d'ordre économique, car il y a un conflit évident entre l'objectif de flexibilité et celui de rentabilité ; ce conflit est d'autant plus aigu que la part des coûts fixes est élevée.

Pour ces raisons, la pratique de la capacité excédentaire reste un moyen d'obtenir une flexibilité de volume limitée, devant être réservée en priorité aux adaptations de courte période.

2.1.2. Les politiques de limitation de l'investissement

En investissant dans un actif de production, l'entreprise s'engage dans un choix non immédiatement réversible : des ressources financières, technologiques et humaines sont affectées à des activités et ne sont donc plus disponibles pour d'autres usages, sans délai ni coût de changement. Face à ce problème, une solution consiste à acquérir, sur le marché, le produit ou le service recherché en évitant d'engager des ressources sur une longue période. L'évitement de l'investissement est donc une technique de limitation du risque ; son objectif est de maintenir une certaine fluidité des ressources et d'améliorer ainsi la flexibilité. Cette limitation, fondée sur l'externalisation, se réalise par des voies contractuelles variées :

– l'achat ou le louage de services sur le marché ;

– la sous-traitance, soit pour obtenir une flexibilité opérationnelle face à une demande variable (sous-traitance conjoncturelle), soit pour obtenir une flexibilité stratégique en rejetant le poids de l'investissement sur le partenaire (sous-traitance structurelle) ;

– la franchise, pour éviter de supporter le poids d'un réseau de distribution spécifique… ;

– le partage d'actifs par des filiales communes ou des groupements d'intérêt économique…[5]

L'intérêt de ces pratiques est d'autant plus grand que l'entreprise réussit à obtenir de ses partenaires des clauses limitant la durée de ses engagements ou le coût de son désengagement. Elles présentent trois avantages importants :

– la possibilité pour l'entreprise de se spécialiser et de réserver sa capacité d'investir pour le renforcement de ses compétences distinctives ;

– la limitation du risque lié à l'investissement, très intéressante lorsque l'intensité de capital est forte et le rythme du progrès technique élevé ;

– la réduction des délais d'ajustement lorsque le délai de mise en œuvre de l'investissement est long.

Cette politique se heurte cependant à deux limites : d'une part, elle peut affecter la rentabilité (le partenaire disposant d'un pouvoir de marché peut imposer des prix élevés pour ses prestations) ; d'autre part, l'abandon de certaines activités conduit à des pertes de compétences, limite les possibilités d'apprentissage et compromet la flexibilité à terme. Elle est donc plutôt réservée à des domaines où le degré de technicité est faible et où il est possible d'imposer aux partenaires un partage favorable des coûts et des risques.

2.1.3. Liquidité et adaptabilité des ressources

Parce qu'elle conduit à l'immobilisation des ressources, la décision d'investissement, dans ses trois composantes : nature, dimension et instant de mise en œuvre de l'équipement, affecte directement l'état de flexibilité. Le problème est à la fois d'ordre technique et d'ordre financier.

Au plan technique, le critère majeur est celui de *l'adaptabilité* de la ressource et de sa polyvalence potentielle, c'est-à-dire de son aptitude à couvrir un champ potentiel d'emplois plus large. (Par exemple, choisir une machine outil plus coûteuse et moins performante pour certains travaux, mais capable d'effectuer une gamme plus étendue d'opérations, c'est privilégier la flexibilité.) Cette politique concerne les technologies utilisables par l'entreprise et ses ressources humaines ; ces deux questions, spécifiquement liées au problème de la flexibilité, seront reprises dans le paragraphe 2.3.

Au plan financier, la recherche de la flexibilité stratégique s'appuie sur deux démarches, éventuellement complémentaires :

---

5. Voir également dans cette Encyclopédie l'article de P. Dussauge et B. Garrette, « Alliances stratégiques », p. 16, tome 1.

– améliorer la liquidité générale de son actif en modifiant la structure et les conditions d'évolution de ses emplois (présence d'actifs « tampons », facilement réalisables) ;

– ne pas utiliser complètement sa capacité d'endettement (cette dernière est fonction à la fois du revenu espéré et des garanties en capital offertes).

En ce sens, recherche de la flexibilité et maintien de l'indépendance financière sont synonymes : l'entreprise doit éviter de se trouver en situation de vulnérabilité et, si possible, disposer d'une marge de manœuvre financière. Si sécurité et flexibilité semblent compatibles, il n'en est pas toujours ainsi pour flexibilité et rentabilité : le maintien d'actifs liquides conduit généralement à une sous-rémunération de ces actifs ; en outre, quand les perspectives du marché semblent prometteuses, il est peu rationnel de ne pas engager toutes les ressources de l'entreprise pour les exploiter.

En définitive, la recherche de la flexibilité conduit à une sous-optimisation à court terme ; elle se traduit par une politique de prudence dans l'engagement des ressources. Pour améliorer la flexibilité, il faut engager des coûts immédiats (au minimum des coûts d'opportunité) pour réduire des coûts d'ajustement futurs simplement éventuels.

2.2. *La flexibilité par la conception et l'animation de l'organisation*

Le déplacement des ressources entraîne à la fois une modification des habitudes et une nouvelle répartition des pouvoirs, des rôles et des statuts dans l'organisation. Aux problèmes techniques ou financiers se superpose le problème politique du changement. La flexibilité effective sera donc à la mesure des solutions que l'on pourra appliquer pour motiver au changement et conduire, rapidement, sans coûts excessifs, ce changement[6].

Pour ce qui concerne la motivation au changement, il existe rarement des attitudes *a priori* favorables au changement car l'habitude est synonyme de confort, mais on peut améliorer cette motivation par l'information, la négociation et la participation à l'exécution du changement.

Pour ce qui concerne la conduite du changement, l'entreprise doit être capable de répondre à deux questions : quand doit-on changer ? Que faut-il changer ? Détecter l'intérêt d'un changement réel et faire preuve de créativité dans la définition d'une réaction ne sont que rarement faciles.

En définitive, une organisation est flexible si elle sait reconnaître tôt la nécessité du changement, si elle peut rapidement en convaincre ses membres, si elle sait réduire la période de tâtonnements et inventer une réponse adéquate. Concrètement, l'essentiel des choix affectés va apparaître, d'une part, dans la conception de la structure, d'autre part, dans le déroulement des processus d'information-décision.

2.2.1. La conception de la structure

La « science administrative » comme les théories des organisations nous éclairent peu sur les caractéristiques d'une organisation flexible. La théorie contingente rejetant le mythe d'une forme optimale universelle asservit les

6. Voir également dans cette Encyclopédie l'article de P. Romelaer, « Changement d'organisation et ressources humaines », p. 306, tome 1.

caractéristiques de la structure à la nature des objectifs poursuivis. Ainsi, alors que la forme centralisée fonctionnelle de type bureaucratique est réputée efficace dans un environnement stable, les formes « adaptatives » ou « innovatives » séparant, avec des groupes de projet, les activités de développement des activités d'exploitation sont, en principe, mieux adaptées aux changements rapides et fréquents qu'implique la recherche de flexibilité[7]. Dans les faits, il est assez difficile de démontrer la supériorité d'une forme d'organisation sur une autre ; de manière plus significative, on relie l'aptitude au changement d'une organisation à son degré de structuration. Ce degré de structuration est fonction de plusieurs caractéristiques : le degré de spécialisation des tâches, la centralisation de l'autorité, la formalisation des procédures, le caractère plus ou moins impersonnel des relations. La position dominante peut être formulée comme suit : « Une organisation est d'autant moins apte au changement que son degré de structuration est élevé ». C'est ainsi que, depuis les travaux de T. Burns et G. Stalker, on oppose des formes « mécaniques », fortement structurées, conçues pour un environnement stable, aux formes « organiques », faiblement structurées, mieux appropriées au changement. En l'état actuel des connaissances, il est difficile d'énoncer des propositions définitives ; l'opinion la plus répandue parmi les dirigeants d'entreprise et les chercheurs pourrait être résumée ainsi :

1. une spécialisation étroite nuit à la flexibilité ; toute organisation devrait être composée d'éléments pouvant être recombinés sans coûts ni délais excessifs, donc relativement polyvalents ;
2. il n'y pas de relation simple entre centralisation et flexibilité : si la décentralisation favorise des changements locaux limités, la centralisation permet des changements de grande amplitude dans des délais plus brefs ;
3. la formalisation des procédures peut induire des comportements bureaucratiques routiniers ; cependant, l'existence de procédures codifiées apparaît souvent comme une condition permissive de la flexibilité ; la formalisation qui matérialise un apprentissage et une programmation permet aux gestionnaires de se consacrer davantage à l'étude des problèmes nouveaux ;
4. il ne semble pas possible de confirmer une relation significative de portée générale entre le caractère plus ou moins personnel des relations individuelles et l'aptitude au changement de l'organisation.

Beaucoup d'entreprises ont comme objectif de développer une certaine formalisation pour améliorer leur efficience immédiate ; certaines autres recherchent des structures plus plates pour améliorer leur vitesse de réaction ; plus souvent, la flexibilité est davantage recherchée au niveau du comportement individuel qu'à celui de la forme organisationnelle.

2.2.2. Les processus d'information-décision

La notion de flexibilité n'a de sens qu'en situation d'incertitude. Dans une organisation où se déroulent des processus de décision, ce contexte soulève deux questions : celle de l'information (quels sont les éléments qui permettent de décider qu'il y a lieu de changer ?), celle d'une préparation

7. Voir également dans cette Encyclopédie l'article de A. Desreumaux, « Structures de l'entreprise », p. 3147, tome 3.

éventuelle de la décision par la planification (doit-on et peut-on anticiper le changement ?).

Le changement, expression de la flexibilité, est déclenché si des événements traduisant une discontinuité dans une évolution prévue sont jugés significatifs. En pratique, la netteté des phénomènes est rarement aussi grande que les termes utilisés peuvent le suggérer : une menace ou une opportunité peut se traduire initialement par des signaux très faibles même si elle se révèle, par la suite, être de grande ampleur. Or, si l'information utile s'accroît avec le déroulement du temps, il en est de même, en général, des coûts d'ajustement. Le problème essentiel est donc d'identifier sans erreur les perturbations, donc de reconnaître une « forme » à partir de signaux disparates et faibles : l'entreprise sera d'autant plus flexible qu'elle disposera d'une rapidité de diagnostic plus grande, qu'elle sera capable d'identifier la nature des perturbations observées dans un intervalle de temps plus court. Sa flexibilité dépendra donc principalement de sa capacité à obtenir rapidement des informations nouvelles et de son aptitude à utiliser les informations disponibles.

L'accroissement de la capacité d'acquisition des données repose sur le développement de l'observation et de la collecte des informations à l'extérieur de l'organisation. L'utilisation efficace des informations repose sur les capacités de traitement et d'interprétation disponibles ; ce dernier point se révèle essentiel : la différence des vitesses de réaction s'explique souvent par des différences dans la capacité des décideurs à détecter, grâce à des modèles interprétatifs, le sens des variations observées. L'amélioration de la flexibilité passe par le développement de systèmes d'information intelligents.

La vitesse de réaction exprime la flexibilité ; un des moyens de l'améliorer consiste à préparer, à l'avance, un schéma de réponse anticipé sous forme de plan. Bien qu'il puisse y avoir des effets de substitution entre anticipation et réaction, il n'y a pas antinomie entre la planification et la recherche de la flexibilité ; le plan peut être un instrument destiné à préparer des changements éventuels. Ceci est particulièrement vrai de la planification contingente, préparant différents schémas de réponse selon des scénarios alternatifs ; on peut d'ailleurs dire que, dans ce cas, la flexibilité est d'autant plus grande que le nombre d'alternatives envisagées est plus élevé. Au-delà de cet aspect particulier (qui correspond en fait à une incertitude limitée), la flexibilité sera directement déterminée par l'aptitude de l'entreprise à réviser ses plans : la pratique de plans « allégés », « glissants »... traduit ce souci d'évolutivité. Le rôle du plan est d'aider à la préparation d'une réponse rapide et cohérente aux événements futurs en permettant à l'organisation de mieux utiliser l'information nouvelle. Toutefois, cette ouverture vers le changement « facile » pose, en pratique, un délicat problème de dosage car le plan doit rester également un stabilisateur de comportement par les objectifs qu'il annonce et la coordination qu'il induit[8].

La conception de la structure et l'aménagement des processus d'information peuvent développer la flexibilité effective par des voies complémentaires : l'amélioration de l'intelligence de l'organisation, le développement de la

8. Voir également dans cette Encyclopédie l'article de A.C. Martinet, « Planification stratégique », p. 2249, tome 2.

communication, l'aide à la décision… Ces politiques se heurtent cependant à des obstacles sérieux :

– ceux liés aux divers coûts du changement (la baisse de la motivation, la perte d'efficience…) et à l'inertie des comportements,

– celui de la nécessaire stabilité d'une organisation qui ne peut être modifiée ni trop souvent, ni trop rapidement, sous peine de perdre sa cohérence et son efficacité.

2.3. Deux aspects spécifiques de la flexibilité

La flexibilité est un concept d'ordre général, susceptible d'applications très variées. Cependant, la référence à cette notion s'est traduite de manière beaucoup plus spectaculaire dans deux domaines particuliers : celui de la gestion des ressources humaines où le terme « flexibilité de l'emploi » a eu tendance à occulter toutes les autres acceptions et celui des technologies de production devenues « flexibles » grâce aux progrès de l'automatisation.

2.3.1. La flexibilité de l'emploi

Les modèles classiques de l'économie d'entreprise opposent aux facteurs fixes (les installations productives) des facteurs variables dont le principal est la force de travail ; en théorie, l'entreprise peut moduler la « quantité de travail » utilisée pour s'adapter aux variations de la demande. Or, les législations du travail, à des degrés divers selon les Etats, rendent ces ajustements difficiles, voire impossibles (limitation des horaires, repos obligatoire, protection contre les licenciements…). Les rigidités apparaissent surtout à la baisse du niveau de l'emploi dans la mesure où la réduction des horaires et des effectifs est soumise à des contraintes fortes. La recherche d'une flexibilité accrue de l'emploi consiste en fait à alléger ou à contourner les contraintes limitant la variabilité de la force de travail ; ceci est obtenu par des méthodes variées dont certaines ne sont que des applications particulières des principes généraux de flexibilité :

– précarisation de la main-d'œuvre par le recours aux entreprises de travail temporaire et l'utilisation de contrats à durée déterminée… (flexibilité par voie contractuelle) ;

– modulation des horaires par le biais du chômage technique et adaptation des horaires aux variations saisonnières de la production ;

– externalisation d'une partie de la production (report de l'adaptation sur le partenaire).

Cependant, face à des difficultés de grande ampleur, les entreprises sont contraintes de recourir à des licenciements ou à des formes dérivées (mises à la retraite anticipée, départs non compensés…) pour adapter le coût de la force de travail au volume de la production.

A cet aspect quantitatif, très souvent évoqué, se superpose un aspect qualificatif important en termes de flexibilité. Pour un effectif déterminé (un ensemble de salariés), l'entreprise dispose toujours d'une certaine flexibilité potentielle en termes de compétences[9]. En engageant des coûts de formation

9. Voir dans cette Encyclopédie l'article de B. de Montmorillon, « Gestion de l'emploi dans l'organisation productive », p. 1482, tome 2.

et d'apprentissage[10] (cas particulier de coûts d'ajustement), l'entreprise peut adapter les compétences de sa main-d'œuvre aux exigences nouvelles du marché. Cette adaptation requiert un certain délai et n'est pas toujours pleinement garantie en raison des spécificités du facteur humain.

2.3.2. Les technologies flexibles

Le début des années 1980 a vu le développement de nouveaux moyens de production conçus dans une optique de flexibilité. *L'atelier flexible* est un système de production entièrement automatisé permettant de concilier productivité et flexibilité pour des pièces de petite et moyenne série ; un ensemble de machines-outils, de robots, de dispositifs de transfert est géré par un ordinateur qui pilote, dans le délai le plus court possible, la totalité de l'atelier en offrant une très grande souplesse d'adaptation. Les deux caractéristiques essentielles de ces technologies sont : leur haut degré d'automatisme grâce à la conduite par ordinateur, et leur polyvalence grâce à des changements d'outils automatisés.

Par le recours à des technologies « flexibles », les entreprises peuvent améliorer leur flexibilité selon trois voies complémentaires :

– *une flexibilité en volume :* l'atelier peut absorber des variations importantes dans les quantités à fabriquer sans variation excessive du coût ;

– *une flexibilité produit ou flexibilité de variété* : être capable de fabriquer de nombreuses variantes du même produit ou des produits différents selon la demande ; les ateliers polyvalents combinés à une « différenciation retardée »[11] (standardisation des organes communs aux différentes variantes) permettent d'élargir la gamme sans hausse des coûts ;

– *une flexibilité délai ou flexibilité de réactivité* : grâce à l'automatisation complète de processus, on réduit les temps de réaction, en particulier ceux engendrés par les changements d'outillage et la conception de nouvelles variantes.

Les expériences nombreuses dans ce domaine de la productique montrent que la poursuite simultanée de ces trois objectifs reste délicate[12] ; l'intégration complète de la conception et de la réalisation des produits avec pilotage par ordinateurs reste laborieuse à mettre au point et exige des investissements importants. Cette intégration peut d'ailleurs entraîner des rigidités nouvelles. Après un très grand engouement initial, le concept de technologies flexibles semble se situer désormais à un niveau plus réaliste que celui de l'usine « robotisée et programmée » qui l'incarnait à l'origine.

*

*   *

10. Voir dans cette Encyclopédie l'article de E. Cohen, « Gestion de la formation », p. 1567, tome 2.

11. Voir dans cette Encyclopédie l'article de J.C. Tarondeau, « Produit », p. 2594, tome 3.

12. Voir également dans cette Encyclopédie l'article de P. Cohendet et P. Llerena, « Productique et gestion », p. 2579, tome 3.

La recherche de la flexibilité apparaît comme une politique de lutte contre le risque et l'incertitude inhérents à l'environnement. Cette politique conduit à adopter de nouvelles normes de gestion faisant explicitement référence aux aspects temporels et informationnels de la prise de décision. La difficulté de son application tient au fait que ces nouvelles normes ne remplacent pas les anciennes (efficacité, coût, qualité...), mais doivent être combinées avec elles.

Références

ANSOFF H.I., « Gérer la surprise et la discontinuité ; réaction stratégique aux signaux faibles », Working Paper (1974-4), IERSM-Bruxelles 1974.

APTER J., *Maîtriser la flexibilité de l'entreprise*, Paris, Masson, 1985.

BURNS T., STALKER G., « Mechanistic and Organic Systems of Management », *in The Management of Innovation*, Londres, Tavistock Institute, 1961.

COHENDET P., LLERENA P., « Productique et nouvelle représentation du processus de production », *in* AFCET, *La productique : concepts, méthodes et mise en œuvre*, Paris, Economica, 1987.

COHENDET P., LLERENA P., *Flexibilité, information et décision*, Paris, Economica, 1989.

EPPINK D.J., « Flexibility, a Necessary Complement to Planning », IERSM-Bruxelles, June 1975.

JONES R.A., OSTROY J.M., « Flexibility and Uncertainty », *Review of Economic Studies* (January 1984), p. 13-32.

MARSCHAK J., RADNER R., *Economic Theory of Teams*, Yale University Press, 1972.

MARSCHAK J., NELSON R., « Flexibility, Uncertainty and Economic Theory », *Metroeconomica* (vol. 14, 1962), p. 42-58.

REIX R., *La flexibilité de l'entreprise*, Paris, Cujas, 1979.

REIX R., « Principes d'une politique de flexibilité dans l'entreprise », *Revue Française de Gestion* (septembre 1977), p. 99-108.

STIGLER G., « Production and Distribution in the Short Run », *Journal of Political Economy* (June 1939), p. 305-329.

TARONDEAU J.C., « Technologies flexibles : l'impact sur les performances », *Revue Française de Gestion* (n° 3, 1987).

Mots clés

Changement organisationnel, décision, incertitude, information.

Flexibilité des investissements

Franck Bancel et Alban Richard

Les méthodes traditionnelles de choix d'investissement reposent sur diverses hypothèses[1] : indépendance entre les décisions de financement et l'investissement, maîtrise de l'information sur le projet et son environnement, absence de coûts irrécupérables, etc. Comme dans bien des cas, ces hypothèses ne sont pas vérifiées, les méthodes classiques peuvent entraîner des biais importants, d'où la nécessité de recourir à des modèles plus sophistiqués intégrant notamment les avantages de la flexibilité[2] (F. Bancel et A. Richard, 1995). Entre deux investissements de même valeur actuelle nette (VAN) mais dont l'un est plus flexible que l'autre, le décideur[3] doit choisir le plus flexible, c'est-à-dire celui qui conserve l'éventail de choix le plus large, face à d'éventuelles modifications de l'environnement. Depuis les travaux de K. Arrow et A.C. Fisher (1974) et de C. Henry (1974), les modèles de décision séquentiels en information croissante permettent de définir des valeurs d'option en faveur des décisions flexibles lorsque trois conditions sont simultanément réunies :

– un ensemble de décisions de flexibilité variable,

– une incertitude sur la réalisation des états du monde futurs (demande, prix, etc.),

– une information croissante sur la réalisation de ces états.

Si ces conditions limitent l'intérêt d'un recours systématique à de tels modèles, l'environnement de plus en plus turbulent des firmes devrait en élargir l'usage. L'horizon pour lequel la firme a une visibilité relativement bonne se rétrécit, incitant le décideur à privilégier une rotation rapide de ses actifs pour accroître ses possibilités de réaction face aux changements de l'environnement (A. Richard, 1982). Il faut donc adapter le modèle aux carac-

1. Voir dans cette Encyclopédie les articles de J.R. Sulzer, « Critères de choix d'investissement », p. 828, tome 1, et de M. Albouy, « Structure financière et coût du capital », p. 3129, tome 3.

2. Voir également dans cette Encyclopédie l'article de R. Reix, « Flexibilité », p. 1407, tome 2.

3. Le terme décideur, plus général, est préféré à investisseur car les modèles séquentiels étudiés sont aussi capables d'appréhender des décisions stratégiques ou des décisions de financement.

téristiques de l'environnement du décideur en se demandant s'il peut anticiper l'évolution de son système d'information (gains éventuels d'information), agir sur celui-ci (arbitrage coûts-avantages de l'information), modifier son environnement (incertitude endogène ou exogène) par ses investissements.

Nous montrerons, dans une première section, la nécessité d'une vision dynamique de l'investissement, puis nous étudierons, dans une deuxième section, divers modèles d'arbitrage entre investissements.

1. Une vision dynamique de l'investissement

La vision statique des choix d'investissement omet plusieurs aspects fondamentaux :

– un investissement comporte une part de coûts irrécupérables (*sunk costs*) qui lui confèrent un degré d'irréversibilité plus ou moins grand ;

– un investissement est bien souvent un processus séquentiel (arbre des décisions successives) : réalisation en plusieurs étapes[4], révision ou abandon du projet en cours de réalisation ;

– l'information sur le projet et son environnement évolue ;

– l'investissement peut être retardé, notamment dans l'attente d'une meilleure information (R. Pindyck, 1991)[5]. Selon A. Dixit (1992) la décision n'est pas seulement de savoir s'il faut investir mais aussi quand investir ; l'attente ayant souvent une valeur positive, il se produit un phénomène d'hystérésis tant à l'investissement qu'au désinvestissement.

Dans une perspective dynamique, il convient d'analyser l'interaction complexe entre la décision actuelle d'investissement, l'environnement du décideur, son système d'information et ses décisions futures. Le décideur est conscient de ces interactions multiples, d'autant plus importantes que la décision prise est relative à un horizon lointain et qu'elle modifie profondément la situation de départ, voire son environnement (décisions stratégiques).

La décision actuelle $d_t \in D_t$ prise en t sur la base du système d'information I_t peut en effet affecter :

– l'ensemble des états du monde ultérieurs (S) : outre des aléas exogènes, la probabilité de ces états est dans certains cas contingente à la décision initiale, à l'origine de nouveaux états ;

– le système d'information ultérieur (I_{t+1}) : phénomène d'apprentissage (courbe d'expérience, meilleure connaissance d'autres agents), décision informationnelle prise en t (étude de marché, veille technologique, etc.) ;

– l'ensemble de décision ultérieur (D_{t+1}) : une décision fortement irréversible réduit notablement l'éventail des choix ultérieurs.

Ces différentes interactions sont progressivement abordées dans les paragraphes suivants. Il est au préalable indispensable d'approfondir la réflexion pour passer de cette vision dynamique à une démarche opératoire, en définissant l'environnement du décideur, le critère de choix utilisé, l'horizon concerné et la périodisation à retenir.

4. Ce cas est étudié dans l'article de S. Majd et R. Pindyck (1987) à partir d'une modélisation fondée sur les techniques d'évaluation des actifs financiers contingents.

5. Pour R. Pindyck, un tel retard donne l'opportunité d'attendre de nouvelles informations sur les prix, les coûts et d'autres conditions du marché avant d'engager des ressources (p. 1110).

1.1. L'environnement du décideur

On distingue l'environnement endogène, modifiable par le décideur, de l'environnement exogène, imposé au décideur. Par ailleurs, l'environnement définit des contraintes (données), mais il génère aussi des aléas différenciables selon le même principe en incertitude exogène et en incertitude endogène. Si le décideur est sans action sur son environnement, celui-ci est considéré comme un simple générateur exogène d'aléas (évolution technologique pour une firme qui ne fait pas de R-D). Dans le cas contraire, le décideur, par ses actions, influence son environnement, ce qui entraîne des modifications dans les états du monde et leurs probabilités. Ainsi, la décision de fiabiliser un fournisseur a pour objectif d'améliorer la qualité des produits (états nouveaux) et de réduire les probabilités de rupture d'approvisionnement.

1.2. La fonction objectif : la valeur actualisée nette séquentielle

La valeur actuelle nette séquentielle (VANS) est obtenue en tenant compte :
– des possibilités de réactualisation des décisions aux différents nœuds de l'arbre de décision : les cash-flows sont contingents aux arcs définis par les décisions ultérieures possibles et aux états observés ;
– des anticipations relatives non seulement aux caractéristiques de l'information initiale sur les différents arcs (états du système, probabilités), mais également aux gains d'information attendus (par exemple, l'anticipation d'un changement de norme à une date donnée, sous forme de scenarii).

Les résultats correspondant à ces données sont alors agrégés dans la VANS selon le principe de l'induction arrière utilisé en programmation dynamique conformément au principe d'optimalité de Bellman. En effet, tous les modèles séquentiels dérivent de ce principe : une politique optimale en $t = 0$ (obtenue par la maximisation de la fonction objectif, ici la VANS) doit rester optimale à la date suivante dans l'état qui résulte du choix initial. Ils partagent donc avec la programmation dynamique le principe de l'optimisation arrière qui consiste, pour une décision sur l'horizon $[0, T]$, à se placer d'abord sur tous les nœuds de l'arbre de décision en $T - 1$ pour y maximiser le résultat de la dernière période en jouant sur la variable de commande u_{T-1}. Ce maximum constitue la valeur terminale en $T - 1$ pour chacun de ces nœuds. Le décideur se place alors sur les différents nœuds de $T - 2$ et maximise encore la somme des résultats. Le décideur remonte ainsi l'arbre jusqu'en $t = 0$, où il peut alors choisir la meilleure décision u_0.

1.3. Les anticipations

Les anticipations concernent toutes les données nécessaires pour définir la VANS. Par exemple, pour fixer le prix d'un nouveau produit (*pricing* d'une innovation), il faudrait inclure dans les scenarii les réactions des concurrents au choix d'une stratégie d'écrémage du marché (probabilité d'entrants potentiels, etc.) par rapport à une stratégie de pénétration dont les prix peu élevés permettent de conquérir rapidement des parts de marché[6]. De nombreuses

6. Voir également dans cette Encyclopédie les articles de H. Simon, S. Böttcher et R. Kalka, « Politique de prix », p. 2357, tome 2 et de G. Hermet et A. Jolibert, « Part de marché », p. 2173, tome 2.

méthodes sont utilisables pour ces anticipations : méthodes de prévision, méthodes de prospective, etc. L'entreprise doit alors se doter d'un système d'information de qualité adapté aux risques et aux opportunités de son environnement.

1.4. Le choix d'un horizon et de la périodisation

S'il y a peu à rajouter au choix de l'horizon qui est largement dicté par le type d'investissement, celui de la périodisation est plus complexe. Dans une vision comptable, les périodes, définies par la périodicité des cash-flows, avaient une durée constante. Maintenant la période est contrainte par les échéances relatives aux nœuds de l'arbre de décision. Celles-ci peuvent être fort variables, et une distinction s'impose entre des échéances prédéfinies (liées à des échéances contractuelles ou à des gains d'information attendus) et des échéances variables mais anticipables (achèvement d'une étape d'un projet, réaction envisagée d'un concurrent).

2. La flexibilité décisionnelle et l'incertitude exogène

Dans ce cas, le décideur est sans influence sur son environnement mais, selon le caractère plus ou moins irréversible de l'investissement, il peut agir sur son ensemble de choix ultérieur. Ces modèles permettent d'intégrer de manière simple les avantages de la flexibilité en fonction du gain informationnel anticipé, total (l'état futur sera connu à une date donnée) ou partiel (la probabilité de l'état futur sera seulement mieux connue).

2.1. Le modèle à gain d'information total

Ce modèle est analysé à partir de deux exemples. Le premier concerne le report éventuel d'un projet (R. Pindyck, 1991) ; le deuxième présente un cas de gestion de trésorerie.

2.1.1. Le report éventuel d'un projet d'investissement

Soit un projet d'investissement nécessitant des dépenses pour un montant initial I_0 évalué à 900 KF, capable de produire une unité du produit W dont le prix de vente sur le marché est aujourd'hui (en $t = 0$) égal à 100 KF. Il existe deux états du monde, de probabilités p et $1 - p$, qui permettent de vendre chaque année, pour une durée de temps infini, un produit W aux prix respectifs de 120 KF et 80 KF. Le taux de placement et d'emprunt retenu (taux sans risque) est égal à 10 %. Aucune charge n'est affectée au projet.

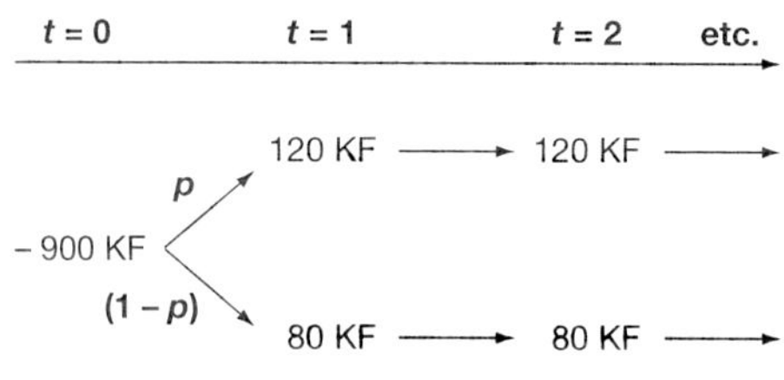

On considère l'arbitrage entre l'investissement immédiat en $t = 0$ (décision A) et le report de l'investissement en $t = 1$ lorsque le prix définitif est connu (décision B). Au taux d'actualisation de 10 % :

$$E[\text{VAN}(A)] = -900 + \sum_{t=1}^{\infty} \frac{p \times 120 + (1-p) \times 80}{(1{,}1)^t}$$

Pour p égal à 0,5 : $E[\text{VAN}(A)] = 100$ KF.

Selon le critère de la VAN, il faut investir tout de suite. Mais, comme l'indique R. Pindyck, c'est ignorer l'avantage éventuel d'attendre un an de plus. Le décideur sera alors en situation d'information totale et investira seulement si le prix est de 120 KF. En effet, le projet n'est plus rentable pour un prix de 80 KF, car la valeur actuelle des cash-flows ne couvre plus les dépenses. La VAN associée au choix d'attendre $t = 1$ pour investir devient :

$$E[\text{VAN}(B)] = p\left[-\frac{900}{1{,}1} + \sum_{t=2}^{\infty} \frac{120}{(1{,}1)^t}\right] + (1-p) \times 0 = 136{,}36 \text{ KF pour } p = 0{,}5$$

Cette VAN (136,36 KF) est supérieure à celle de l'investissement immédiat (100 KF), d'où le report de l'investissement en $t = 1$ pour connaître le futur état de la nature. Ce report procure un gain de 36,36 KF, différence entre les deux VAN précédentes.

S'il n'était pas possible de reporter le projet, il faudrait investir immédiatement car la VAN est positive. D'autre part, le choix de repousser d'un an l'investissement ne doit être envisagé que si ce dernier est irréversible, c'est-à-dire si la sortie du projet en $t = 1$ induit des coûts élevés, comme par exemple la perte totale des sommes engagées (coûts irrécupérables). En effet, si la revente des actifs à cette date génère une valeur équivalente à l'investissement de la première période (900 KF) capitalisée au taux de 10 %, le projet ne présente aucun risque. Là encore, il faut investir immédiatement. Pour R. Pindyck, le gain de l'attente peut être assimilé à une option (F. Bancel et A. Richard, 1995, p. 133).

2.1.2. Un cas de gestion de trésorerie

Fin février, le trésorier d'une entreprise dispose d'une somme S de 40 KF. Il peut la placer à 3 mois sur un compte à terme bancaire au taux d'intérêt r de 12 % (base annuelle) pour des périodes mensuelles entières. Le coût de cette opération est fixe quel que soit le montant placé ($C_0 = 600$ F : coût de transaction lié à la perte de temps). Cependant, le trésorier sait également qu'il doit régler un fournisseur pour un montant de 40 KF, soit le 1er avril, soit le 1er juin (l'entreprise est en train de négocier un délai de paiement supplémentaire de 2 mois). Le trésorier doit-il placer ou rester liquide pour éviter le coût de transaction ? Soit p la probabilité de l'état « paiement du fournisseur le 1er avril ». L'espérance de gain correspondant au placement est égale à :

$$G_p = -C_0 + p(r/12)S + 3(1-p)(r/12)S = 600 - 800p$$

La probabilité limite p_l qui doit décider du placement est donc $p_l = 0{,}75$ (point mort $G_p = 0$). Si la probabilité p_l pour que le paiement du fournisseur soit effectué le 1er avril est supérieure à 0,75, le trésorier ne doit pas placer.

En fait, si le trésorier connaît de manière certaine fin mars s'il doit payer son fournisseur le 1er avril ou le 1er juin, il peut avoir intérêt à attendre cette information avant d'effectuer le placement pour deux mois seulement. Son espérance de gain est alors :

$$G_a = p\,\mathrm{Max}\{-C_0\ ;\ 0\} + (1-p)\,\mathrm{Max}\{(2r/12)S - C_0\ ;\ 0\} = (1-p)200$$

Le point mort p^* entre la décision d'attendre et de placer immédiatement devient :

$$(1-p)200 = 600 - 800p \Rightarrow p^* = 2/3$$

Si $p > p^*$, il est préférable d'attendre. Cet exemple montre, avec les mêmes données financières, la modification de la hiérarchie des décisions imputable au seul contexte informationnel (gain d'information nul ou total).

2.2. Le modèle à gain d'information partiel

Dans ce modèle à deux périodes, les flux d'information attendus en fin de première période (t_1) conduisent à un niveau d'information amélioré. Tant dans la présentation du modèle que dans l'application, on se contentera de déterminer la VAN séquentielle (VANS) d'un investissement, en intégrant seulement la possibilité d'un abandon en t_1 après l'arrivée de l'information nouvelle. Il suffit alors de comparer cette VANS à celles d'autres projets pour voir si cet investissement est justifié. Le modèle général présenté dans un premier temps est appliqué, dans un deuxième temps, à un investissement soumis à un risque-pays.

2.2.1. Le modèle général

Comme dans le modèle à gain d'information total, les états du monde de deuxième période (S) sont probabilisés, mais ici la loi est à deux dimensions (p_{kj}) pour tenir compte de l'état d'information ($f_k \in F$) qui ne sera connu qu'en t_1[7]. En $t = 0$, les probabilités anticipées sont donc :

$$Pr(f_k \cap s_j) = p_{kj}$$

$$Pr(f_k) = p_{k.} = \sum_j p_{kj} \quad \text{(probabilité marginale, } \forall j)$$

$$Pr(s_j) = p_{.j} = \sum_k p_{kj} \quad \text{(probabilité marginale, } \forall k)$$

D'après le théorème des probabilités conditionnelles, on sait que :

$$Pr(s_j/f_k) = Pr(f_k \cap s_j)/Pr(f_k) = p_{kj}/p_{k.}$$

7. On peut se référer à l'ouvrage de J.J. Laffont (1985) pour l'analyse des structures d'information anticipées par le décideur et leur évolution ainsi qu'aux travaux de D. Kreps (1979).

Si l'état d'information f_k est très favorable à l'apparition de s_j, la probabilité conditionnelle est élevée. Ainsi dans l'exemple de la R-D, une bonne recherche en première période (état F) augmente la probabilité d'une valeur élevée de x (état S). Les données concernant ces probabilités et les résultats relatifs aux deux périodes, actualisés en $t = 0$, sont résumés dans les deux tableaux ci-dessous :

F	**S**	
	$s_1 \cdots s_j \cdots s_J$	$p_{k.}$
f_1	$p_{11} \cdots p_{1j} \cdots p_{1J}$	$p_{1.}$
$\vdots$	$\vdots \quad \vdots \quad \vdots$	
f_k	$p_{k1} \cdots p_{kj} \cdots p_{kJ}$	$p_{k.}$
$\vdots$	$\vdots \quad \vdots \quad \vdots$	
f_K	$p_{K1} \cdots p_{Kj} \cdots p_{KJ}$	$p_{K.}$
$p_{.j}$	$p_{.1} \cdots p_{.j} \cdots p_{.J}$	1

Période 1		**Période 2**	
D^1		D^2	$s_1 \ldots s_j \ldots s_J$
d_1	$-I_1^1 + CF_1^1$	C	$\ldots\ b_j = -I_C^2 + CF_j^2 \ \ldots$
		A	$\ldots\ 0\ \ldots$

L'ensemble D^2 des décisions de deuxième période est composé de deux éléments : conserver (C) et abandonner (A). Selon les gains d'information anticipés au cours de la première période, la VAN correspond aux valeurs suivantes :

$$y_1 = -I_1^1 + CF_1^1 + \text{Max}\left[\sum_k \sum_j p_{kj} b_j \,;\, 0\right]$$: absence d'information ultérieure

$$y_2 = -I_1^1 + CF_1^1 + \sum_k \sum_j p_{kj}\ \text{Max}[b_j \,;\, 0]$$: information totale sur les s_j en t_1

$$y_3 = -I_1^1 + CF_1^1 + \sum_j p_{.j} b_j$$: ignorance d'un possible abandon en t_1

(vision myope)

$$y = -I_1^1 + CF_1^1 + \sum_k p_{k.}\ \text{Max}\left[\sum_j Pr(s_j/f_k) b_j \,;\, 0\right]$$: information partiellement

croissante définie par les états f_k en t_1, avec $Pr(s_j/f_k) = p_{kj}/p_{k.}$

Pour ce dernier cas, l'état d'information, f_k par exemple, est connu en t_1. Le meilleur résultat possible est alors (choix de C ou de A) :

$$\text{Max}\left[\sum_j \frac{p_{kj}}{p_{k.}} b_j \,;\, 0\right]$$

Mais au début de la première période (moment du choix initial), les états d'information ne sont connus que par leurs probabilités *a priori* $p_{k.}$, ce qui permet d'obtenir l'espérance mathématique de ces meilleurs résultats pour chaque k. On peut démontrer que la hiérarchie des résultats est toujours[8] $y_3 \leq y_1 \leq y \leq y_2$.

Une meilleure information ne peut qu'améliorer le résultat. La décision de continuer ou d'abandonner dépend donc de manière critique des gains d'information attendus. Plus ceux-ci sont élevés, plus le projet peut supporter une forte probabilité d'échec initiale. C'est notamment le cas des investissements en R-D pour lesquels l'acquisition d'informations est rapide et les coûts initiaux sont peu élevés (stade de la recherche), comparés à ceux du développement.

2.2.2. Le cas d'un investissement soumis à un risque-pays

Le programme de privatisation dans les pays de l'Est constitue une application intéressante. Deux types de risques coexistent :

– un risque-pays qui se réduira progressivement ; dans deux ou trois ans (date t_1), les potentialités économiques du pays seront mieux connues : ensemble d'information *a priori* F ;

– un risque industriel et commercial traditionnel.

En $t = 0$, le succès à terme dépend de ces deux types de risques. Un investisseur potentiel peut investir tout de suite (I) à un coût $I_1 = 20$ MF (représentant le coût global, net des cash-flows de la première période), ou attendre (W) des informations supplémentaires (par exemple, une certaine clarification sur le plan politique). Dans ce dernier cas, le coût d'entrée peut être beaucoup plus élevé par la suite, en raison de l'accroissement du prix des actifs industriels ($I_2 = 50$ MF). Dans cet exemple, on compare la VAN de l'investissement immédiat ($y(I)$) en intégrant cependant la possibilité d'abandon ultérieur (A) si la situation politique le justifie, et la VAN de la décision d'attendre ($y(W)$).

Supposons que les données suivantes (conformément aux notations précédentes) représentent les anticipations de l'investisseur relatives aux probabilités et aux résultats financiers (en MF actualisés en $t = 0$) :

F	**S**			
	s_1	s_2	s_3	$p_{k.}$
f_1	0,3	0,2	0	0,5
f_2	0	0,2	0,3	0,5
$p_{.j}$	0,3	0,4	0,3	1

Période 1			**Période 2**		
D^1		**D^2**	s_1	s_2	s_3
I	$-I_1$	I	$b_1 = -50$	$b_2 = 20$	$b_3 = 200$
		A	0	0	0
W	0	I	$-I_2 + b_1$	$-I_2 + b_2$	$-I_2 + b_3$
		W	0	0	0

8. Ce résultat est démontré par X. Freixas et J.J. Laffont (1984).

$$y(I) = -I_1 + p_{1.}\ \text{Max}\left(\sum_j \frac{p_{1j}}{p_{1.}} b_j\ ;\ 0\right) + p_{2.}\ \text{Max}\left(\sum_j \frac{p_{2j}}{p_{2.}} b_j\ ;\ 0\right)$$

$$y(W) = p_{1.}\ \text{Max}\left(\sum_j \frac{p_{1j}}{p_{1.}} b_j - I_2\ ;\ 0\right) + p_{2.}\ \text{Max}\left(\sum_j \frac{p_{2j}}{p_{2.}} b_j - I_2\ ;\ 0\right)$$

Avec les données précédentes (pour $Pr(f_1) = 0{,}5$), on trouve $y(I) = 44$ MF et $y(W) = 39$ MF. Il conviendrait donc d'investir dès maintenant malgré le risque politique. Une étude de sensibilité effectuée en faisant varier de 0 à 1 la probabilité de f_1 montre la modification de la hiérarchie des décisions :

– si $Pr(f_1) < 0{,}6$: I domine W,

– si $Pr(f_1) > 0{,}6$: W domine I.

Par ailleurs, le fait d'attendre (W) limite considérablement les risques (plus faible variabilité de la VAN, toujours positive), en présence d'une aversion au risque (F. Bancel et A. Richard, 1995, p. 142).

2.3. Les prolongements de ces modèles

L'information dont dispose le décideur sur l'ensemble des états du monde peut être souvent améliorée par une recherche préalable, moyennant un certain coût (s'informer mieux avant d'investir). Ce gain d'information préalable peut être total (concept de valeur espérée de l'information parfaite : VEIP) ou partiel. L'arbitrage entre la recherche ou non d'informations s'effectue à partir des modèles précédents en considérant la première période comme une recherche optionnelle d'information (F. Bancel et A. Richard, p. 144).

L'extension de ces modèles à plus de deux périodes ne présente pas de difficultés théoriques. Il suffit toujours de procéder par optimisation arrière en commençant par les nœuds de la dernière période sur l'arbre de décision. Le traitement d'une décision d'offre publique d'achat (F. Bancel et A. Richard, 1993) comme un processus séquentiel en trois étapes (ramassage des titres, lancement de l'OPA, valorisation ultérieure des titres) constitue un bon exemple.

Si l'information est seulement partiellement croissante, le traitement des données devient plus complexe, mais la difficulté majeure est l'estimation des probabilités et des résultats relatifs aux différents états. Seule une approche heuristique, telle que celle proposée par H. Simon (1978), paraît envisageable. Dès lors que les informations sur les arcs éloignés sont peu fiables, il peut être préférable d'utiliser des plans glissants de deux périodes et de discrétiser suffisamment les états pour rendre le modèle opérationnel.

3. La flexibilité décisionnelle et l'incertitude endogène

La décision initiale influence non seulement l'ensemble de décisions ultérieur mais également l'environnement, ce qui peut modifier les probabilités des états futurs et créer de nouveaux états. C'est le cas de la plupart des décisions stratégiques : une OPA peut susciter des réactions des concurrents, une recherche ouvre de nouvelles possibilités (produits nouveaux, technologies plus efficaces). Faute de pouvoir présenter le modèle général et une application (F. Bancel et A. Richard, p. 148), on se contente ici d'une analyse des conséquences d'un investissement et d'une typologie de la flexibilité définie à partir de ces modèles.

3.1. Les conséquences d'un investissement

Une décision d'investissement affecte souvent de manière irréversible le décideur et son environnement. Le décideur est en effet conscient des diverses interactions entre sa décision initiale, son environnement, son système d'information et ses décisions futures. Il doit donc évaluer à ces trois niveaux les multiples avantages et inconvénients de sa décision initiale. Ceux-ci peuvent être décomposés selon trois types de conséquences :

– les coûts et les avantages pécuniaires : ce sont les seuls éléments intégrés dans les critères de choix traditionnels, via les investissements et les cash-flows successifs ;

– les modifications du système informationnel du décideur : chaque décision est à l'origine d'un effet d'apprentissage tant sur le système interne du décideur (courbe d'expérience relative à un équipement nouveau) que sur son environnement (effets de réputation liés aux relations avec d'autres agents). Il est d'autant plus élevé que la décision est novatrice. La croissance de l'information qui en résulte améliore les capacités décisionnelles futures de l'agent (concept de VEIP notamment), en lui donnant des anticipations mieux fondées sur son environnement (structure plus fine de l'ensemble d'informations) ;

– le degré de flexibilité : la décision initiale affecte les capacités décisionnelles futures, qu'elles soient liées à l'irréversibilité de celle-ci ou à ses conséquences en termes d'opportunités futures (voir *infra*).

En résumé, dans une vision dynamique, une décision ne doit pas être évaluée seulement sur la base des coûts et des avantages financiers directs mais également sur l'ensemble de ses autres conséquences : gains informationnels, modification de la flexibilité. La pondération d'une décision particulière selon ces différentes composantes dépend des objectifs recherchés. Pour survivre, une entreprise doit satisfaire à des besoins de rentabilité mais aussi d'information et de flexibilité. Un bon équilibre entre ces trois composantes n'est pas identique selon les activités, la conjoncture et la culture de l'entreprise.

3.2. Une typologie de la flexibilité dynamique

Deux cas sont à distinguer selon que l'incertitude est exogène ou endogène.

3.2.1. La flexibilité en présence d'incertitude exogène

La flexibilité décisionnelle pure correspond au concept d'irréversibilité, analysé par C. Henry, et traduit la perte d'options qu'entraînent certains choix particulièrement rigides, tels que l'affectation de sites naturels, sans possibilité de retour, à des activités économiques. A un moindre degré, tout investissement engendre une certaine rigidité, ne serait-ce que par le biais des ressources affectées à cet investissement (concept de coût d'opportunité). Dans une perspective séquentielle, il est alors nécessaire d'exiger un rendement minimal qui dépasse la rémunération du coût du capital et du risque (R. Pindyck, 1991).

La flexibilité informationnelle pure définit, avec le concept de valeur de l'information, les avantages que retire le décideur d'une meilleure connaissance de son environnement, lui permettant ainsi de choisir des décisions mieux adaptées aux situations les plus vraisemblables. Ces avantages justifient dans bien des cas des décisions d'information préalables, souvent coûteuses.

Ces deux types de flexibilité (décisionnelle et informationnelle) coexistent souvent : la recherche d'informations supplémentaires constitue en effet une décision particulièrement flexible. En revanche, l'arbitrage entre les flexibilités décisionnelle et informationnelle est plus difficile lorsque c'est la décision irréversible qui améliore l'information. Ainsi un investissement irréversible dans une technologie nouvelle écarte de futurs projets (disponibilités financières moindres), mais apporte une information fort utile sur cette technologie (courbe d'expérience et gains informationnels).

3.2.2. La flexibilité en présence d'incertitude endogène

La décision initiale, en modifiant l'ensemble des états de deuxième période (création de nouveaux états) ainsi que leur probabilité, change l'ensemble des décisions de deuxième période. Cela introduit, sans exclure les concepts du paragraphe 3.2.1., celui de flexibilité stratégique.

La flexibilité stratégique correspond à une vision active de l'adaptation. Plutôt que de réagir en s'adaptant aux conditions de son environnement, il peut être préférable d'agir volontairement sur son environnement pour le rendre plus fiable (risques réduits, nouvelles opportunités), qu'il s'agisse de ses concurrents, de ses clients et fournisseurs, de l'Etat ou de la technologie disponible. Cette volonté de « domestiquer son environnement » est très apparente dans la stratégie actuelle des firmes : stratégies de groupe, approfondissement des relations clients-fournisseurs, accords de coopération en R-D. Par la modification volontaire de son environnement, le décideur peut se placer dans des conditions de flexibilité accrue en deuxième période.

La coexistence de ces trois types de flexibilité dynamique dans toute décision peut conduire à des effets contradictoires. La flexibilité devient alors un concept ambigu.

*

* *

Les modèles séquentiels proposés ont montré qu'il est possible d'évaluer les avantages informationnels et stratégiques d'une décision d'investissement. La méthodologie proposée s'appuie sur une rationalité procédurale qui anticipe les apprentissages induits par les décisions antérieures, mais qui conserve cependant une fonction objectif monocritère (VANS) tenant compte des options liées à l'ensemble des choix futurs (contingents aux décisions antérieures et aux états observés). De ce fait, les décisions sont encore hiérarchisables. En outre, elles suppriment le biais systématique, très important dans des environnements turbulents, lorsqu'on compare des décisions dont le degré de flexibilité est différent.

Le décideur est soumis à un arbitrage entre simplicité et absence de biais auquel il ne peut répondre sans analyser le contexte de la décision. L'avantage essentiel des méthodes proposées est précisément d'imposer une réflexion préalable sur le contexte et de donner par des études de sensibilité (paramétrage des probabilités subjectives) une idée des intervalles dans lesquels telle décision est préférable. Ces méthodes cadrent parfaitement avec le principe de subordination des décisions que l'on constate dans l'analyse de la liaison stratégie de la firme-investissement (M. Roche, 1990). Les décisions stratégiques sont à la fois relativement irréversibles et modificatrices de l'environnement interne et externe de la firme. Les décisions d'investissement sont fortement contingentes vis-à-vis de ces choix préalables (flexibilité décisionnelle et flexibilité stratégique). Il devient donc possible d'utiliser ces méthodes dans la comparaison non plus seulement des investissements, mais également des choix stratégiques de la firme (F. Bancel et A. Richard, p. 177).

Références

ARROW K., FISHER A.C., « Environmental Preservation, Uncertainty and Irreversibility », *Quarterly Journal of Economics* (98, 1974), p. 85-106.

BANCEL F., RICHARD A., « Les OPA : un modèle séquentiel », *Banque et Marchés* (n° 5, janvier 1993), p. 19-24.

BANCEL F., RICHARD A., *Les choix d'investissement : méthodes traditionnelles, flexibilité et analyse stratégique*, Paris, Economica, 1995.

DIXIT A., « Investment and Hysteresis », *The Journal of Economic Perspective* (Winter 1992), p. 107-132.

DIXIT A., PINDYCK R., *Investment under Uncertainty*, Princeton UP, New Jersey, 1994.

FREIXAS X., LAFFONT J.J., « On the Irreversibility Effect », *in* R.E. Kihlstrom et M. Boyer (éd.), *Bayesian Models in Economic Theory*, Amsterdam, North Holland, p. 105-114.

HENRY C., « Investment Decisions under Uncertainty : the Irreversible Effect », *American Economic Review* (64, 1974), p. 1006-1012.

HENRY C., « Option Values in the Economics of Irreplaceable Assets », *Review of Economic Studies* (1974), p. 89-104.

KREPS D., « A Representation Theorem for Preference for Flexibility », *Econometrica* (vol. 47, 1979), p. 565-577.

LAFFONT J.J., *Economie de l'incertain et de l'information, cours de théorie microéconomique*, vol. 2, Paris, Economica, 1985.

MAJD S., PINDYCK R., « Time to Build, Option Value, and Investment Decisions », *Journal of Financial Economics* (vol. 18, 1987), p. 7-27.

PINDYCK R., « Irreversibility, Uncertainty, and Investment », *Journal of Economic Literature* (vol. XXIX, 1991), p. 1110-1148.

RICHARD A., « Eléments de synthèse entre la valeur actualisée et le délai de récupération : l'effet irréversibilité », *Revue d'Economie Politique* (1982), p. 1-15.

ROCHE M., *Politique et stratégie financières de l'entreprise*, Paris, Dunod, 1990.

SIMON H., « Rationality as a Process and as a Product of Thought », *American Economic Review* (vol. 68, 1978), p. 1-16.

Mots clés

Anticipation, environnement, flexibilité, information, investissement, modèle séquentiel, stratégie.

Fonds propres et quasi-fonds propres

72

Nathalie Mourgues

Les fonds propres des entreprises constituent un ensemble non homogène de sources de financement ; ils regroupent les capitaux propres, ou fonds propres *stricto sensus*, et les quasi-fonds propres. Les capitaux propres sont des ressources dont les caractéristiques sont spécifiées non seulement au plan financier et comptable, mais également au plan juridique. Les quasi-fonds propres, deuxième source de financement à risque, ont des caractéristiques juridiques et comptables sensiblement différentes de celles des capitaux propres bien qu'ils assurent, dans un plan de financement, des fonctions traditionnellement dévolues aux capitaux propres.

Le droit comptable propose une acception précise des capitaux propres. Dans son principe, l'acception comptable est partagée par les financiers ; dans tous les cas, elle est reprise telle quelle dans les textes juridiques qui font référence à la notion de capitaux propres, notamment en droit des sociétés et en droit bancaire. Par ailleurs, quelle que soit l'approche envisagée, fonctionnelle ou patrimoniale, financière ou comptable, théorique ou opérationnelle, il existe une grande convergence concernant les titres qui sont représentatifs du capital social et qui servent de support à la formation des capitaux propres d'une société.

La notion de quasi-fonds propres, qui porte en elle une définition élargie des fonds propres, résulte d'un processus de différenciation des modes de financement, en particulier des contrats d'endettement ; elle pallie l'insuffisance de la classification traditionnelle capitaux propres/dettes, classification opposant les apports de fonds risqués aux fonds prêtés exempts de tout risque économique pour les investisseurs. La notion de quasi-fonds propres traduit, sur la base du critère du niveau de risque, une hiérarchisation des créanciers de l'entreprise ; celle-ci résulte, le plus souvent, d'un déclassement, légal ou contractuel, de certains titres de créance par rapport à d'autres quant à l'ordre de priorité qui caractérise leur remboursement et le versement de leur rémunération.

L'innovation financière des années 1980 ne s'est pas cantonnée à une différenciation de plus en plus fine des titres classiques de financement ; elle est aussi à l'origine de contrats de financement originaux : les contrats à terme. Ces contrats sont le plus souvent conditionnels, même si des contrats à terme fermes sont aussi proposés. Les titres à terme émis par les entreprises représentent l'engagement définitif de la société émettrice d'effectuer, à une date future, une émission de titres représentatifs du capital social ; ils correspondent ainsi à une augmentation virtuelle des capitaux propres de la société ; ils sont représentatifs d'un quasi-capital social. La notion de quasi-capital social ne saurait cependant correspondre à une rubrique comptable et financière au même titre que les capitaux propres, les quasi-fonds propres et les dettes. Les titres à terme sont des instruments de gestion des capitaux propres et des dettes de la société.

Après avoir examiné les caractéristiques financières, comptables et juridiques des capitaux propres, nous traiterons des supports financiers et juridiques qui forment les quasi-fonds propres et le quasi-capital social d'une société.

1. Les capitaux propres des sociétés

Les capitaux propres représentent les fonds propres dans une acception stricte ; leur nature et les critères qui les délimitent sont d'abord présentés. A défaut de définition, le droit comptable donne une mesure des capitaux propres ; celle-ci sert de référence dans l'ensemble des textes juridiques, en particulier en droit des sociétés. Les actions ordinaires, privilégiées ou démembrées, servent de support financier et juridique à l'apport en capital social.

1.1. Nature et critères de définition des capitaux propres

La caractérisation des capitaux propres doit être envisagée de deux points de vue, fonctionnel et patrimonial ; ces deux optiques sont présentes dans la mesure des capitaux propres retenue dans le système comptable français ; l'optique patrimoniale est cependant prépondérante.

Selon l'approche fonctionnelle, les capitaux propres constituent des sources de financement ; ils participent, concurremment avec les capitaux empruntés, au financement de l'activité de l'entreprise. Les fonds propres se distinguent des fonds empruntés dans la mesure où ils sont des fonds risqués dont la rémunération n'est pas due *a priori*. En conséquence, la rémunération des capitaux propres n'est pas comptabilisée comme une charge lors de son versement ; elle n'est pas non plus comptabilisée au passif du bilan en cas d'absence ou d'insuffisance de bénéfice. Les capitaux propres ont une double fonction : ils contribuent au financement de l'entreprise et assurent la prise de risque qui caractérise le résultat de l'activité économique. Le risque économique étant inévitable, les fonds propres sont un élément déterminant dans la constitution de l'actif social.

Selon l'approche patrimoniale, les capitaux propres correspondent à la différence entre la valeur de l'actif de l'entreprise et son passif exigible ; ils sont représentatifs de la valeur nette de l'actif après désintéressement de l'ensemble des créanciers. Comme valeur résiduelle de l'actif, ils correspondent à la richesse des associés ; ils constituent alors une protection pour les créanciers : c'est la fonction de garantie des capitaux propres. Cette garantie à l'égard des créanciers est essentielle, en particulier dans les sociétés de capitaux et la SARL. Pour ces types de société, en effet, les associés ont une responsabilité limitée à l'égard des créanciers puisque, en principe, ils n'ont à répondre des dettes sociales et des pertes qu'à concurrence de leurs apports. Cette responsabilité limitée des investisseurs en capitaux propres a une valeur économique nulle si l'actif net social est positif. En revanche, lorsque l'actif net social devient négatif, la valeur de la responsabilité limitée devient positive.

Quelle que soit l'approche considérée, fonctionnelle ou patrimoniale, les capitaux propres se définissent sur la base de différents critères : la non-exigibilité des capitaux, la nature de la rémunération des investisseurs, le droit au boni de liquidation et la reconnaissance de droits non pécuniaires. Les capitaux propres ne sont pas exigibles ; ils ne sont pas amortissables et la durée de leur mise à disposition dans l'entreprise est indéterminée. La rémunération des fonds propres n'est pas due *a priori* ; elle est, par ailleurs, incertaine dans la mesure où elle dépend du résultat résiduel de l'entreprise ou résultat net. Aussi, son versement, laissé à la discrétion des organes de direction de la société, ne peut intervenir que s'il existe un résultat distribuable. En cas de liquidation de la société, les apporteurs en capitaux propres sont les bénéficiaires de l'actif résiduel après remboursement de la totalité des créanciers. Les apports en fonds propres donnent, en principe, aux investisseurs des droits extra-patrimoniaux. Ces derniers sont symbolisés par le droit de vote dans les assemblées générales ; ils sont représentatifs de la fonction de contrôle qui s'attache au statut d'associé dans le contrat de société. Ce dernier critère a une portée moins générale que les précédents dans la mesure où les droits non pécuniaires, en particulier les droits de vote, sont l'objet de nombreux aménagements dans les statuts des sociétés. L'étude de la fonction de contrôle des sociétés n'en demeure pas moins importante pour comprendre la distinction entre les instruments d'apport en fonds propres et les instruments de créance utilisés par les sociétés.

1.2. Les éléments constitutifs des capitaux propres

Selon la réglementation comptable (art. 13 du Code de commerce), les éléments constitutifs des capitaux propres avant répartition sont :
- le capital,
- les primes d'émission et les primes assimilées,
- les écarts de réévaluation,
- le résultat de l'exercice,
- les subventions d'investissement,
- les provisions réglementées,
- les réserves en isolant la réserve légale, les réserves statutaires ou contractuelles et les réserves réglementées.

La somme de ces éléments détermine le montant des capitaux propres au bilan ; elle est représentative des apports des associés (capital social et primes), des écarts de réévaluation (dus à la valorisation des actifs), des bénéfices non distribués (réserves, report à nouveau créditeur et résultat bénéficiaire de l'exercice), des pertes (report à nouveau débiteur et résultat déficitaire), des subventions d'investissement et des provisions réglementées.

Les apports faits par les associés correspondent au capital social augmenté des primes. Le capital social représente la valeur nominale des titres émis par la société, parts sociales pour la SARL, actions et certificats d'investissement pour les sociétés de capitaux. Le capital social est une notion commune à toutes les sociétés, mais il n'est légalement exigé que dans la SARL (y compris l'EURL) et les sociétés de capitaux. Le capital social est à la fois un instrument de financement, une clef de répartition des droits entre les associés et une protection pour les créanciers.

Les primes liées au capital social représentent une fraction souvent très importante des apports effectués par les associés à la société. Elles correspondent aux apports non inclus dans le capital social et se répartissent entre primes d'émission, primes de fusion ou d'apport, primes de conversion d'obligations en actions et produit de la vente de bons de souscription autonomes.

Les primes d'émission sont versées par les associés lors des opérations d'augmentation de capital en numéraire ; elles résultent des écarts qui existent, à l'émission de titres, entre la valeur de marché des titres et leur valeur nominale. Les primes d'émission permettent de préserver les droits des anciens actionnaires sur la valeur de marché de leurs titres ; ces primes sont librement fixées par la société ; la réglementation se cantonne à préserver les droits des anciens actionnaires sur les réserves et les plus-values apparentes, latentes ou occultes pouvant exister sur les valeurs d'actif.

Les primes d'apport et de fusion concernent les apports réalisés lors d'une augmentation de capital en nature ou lors d'une opération de fusion de deux sociétés. Ces primes ont également pour objet de préserver les droits des anciens actionnaires eu égard aux écarts de valeur entre la valeur de marché des titres et leur valeur nominale.

Les primes liées au capital social comprennent également le produit de la vente de droits conditionnels, notamment des bons de souscription autonomes. Ce produit d'émission est par nature différent des diverses primes qui viennent d'être évoquées. Il correspond à l'émission de titres représentatifs d'une augmentation de capital à souscription conditionnelle ; il est assimilable à un quasi-capital social, notion développée ci-après.

Les écarts de réévaluation enregistrent des plus-values sur les valeurs d'actif ; la réévaluation est expressément prévue par le Code de commerce ; elle peut être réalisée sous certaines conditions. Un écart de réévaluation correspond à la différence entre la valeur d'utilité et la valeur comptable nette d'une immobilisation ; selon le plan comptable, la valeur d'utilité d'une immobilisation est « la somme qu'un chef d'entreprise prudent et avisé accepterait de décaisser pour obtenir cette immobilisation s'il avait à l'acquérir compte tenu de l'utilité que sa possession présenterait pour la réalisation des objectifs de l'entreprise ».

Les réserves correspondent aux bénéfices réalisés et non distribués ; elles peuvent résulter de l'application d'une obligation légale (réserves légales), d'une obligation prévue dans les statuts de la société (réserves statutaires) ou être librement décidées par l'assemblée générale des associés.

La réserve légale est prévue par le droit des sociétés ; elle est obtenue par prélèvements successifs, de 5 % au moins, sur le montant des bénéfices de la période diminués des pertes antérieures. Son montant minimum légal est de 10 % du capital social. La réserve légale peut être incorporée au capital. En aucun cas, en raison de sa fonction de protection des créanciers sociaux, elle ne saurait être distribuée aux associés, ni servir au rachat ou au remboursement des titres représentatifs du capital social.

Les réserves statutaires, d'origine contractuelle, sont constituées par prélèvements sur les bénéfices dans les conditions prévues par les statuts. Comme la réserve légale, les réserves statutaires ne peuvent être distribuées, ni servir au remboursement des actions ou des parts sociales. Elles peuvent, en revanche, être incorporées au capital social ou être utilisées pour apurer les pertes. La modification des clauses statutaires concernant ces réserves relève de l'assemblée générale réunie en session extraordinaire.

Les réserves facultatives résultent du pouvoir de décision de l'assemblée générale réunie en session ordinaire. Leur constitution peut être motivée ou non. Contrairement aux réserves légales et statutaires, les réserves facultatives peuvent servir au rachat ou au remboursement d'actions ou de parts sociales ; elles peuvent aussi être distribuées, utilisées pour apurer des pertes ou incorporées au capital social.

La notion de réserve est également utilisée pour d'autres composantes des capitaux propres, notamment la réserve spéciale de participation, la réserve de réévaluation et les réserves latentes. Ces éléments ne résultent cependant pas d'une affectation des bénéfices comptables. La réserve spéciale de participation correspond à la participation des salariés aux résultats de l'entreprise (ord. n° 86-1134 du 21 octobre 1986). Les réserves de réévaluation sont inscrites dans le poste « Ecart de réévaluation » (voir *supra*) ; elles correspondent aux plus-values constatées sur les valeurs d'actif. Les réserves latentes ne sont pas portées au bilan ; elles désignent des plus-values non constatées.

Le poste « Report à nouveau » retrace, lorsqu'il est créditeur, des bénéfices en attente d'affectation. S'il est débiteur, il représente des pertes non encore imputées sur des réserves ou non résorbées par une opération de réduction du capital social[1]. Ce poste est utilisé par les dirigeants de société pour lisser le versement de dividendes eu égard aux fluctuations du résultat net.

Le poste « Subventions d'investissement » retrace des apports externes effectués par des organismes souhaitant apporter un soutien financier à une politique d'investissement. Ces fonds ne sont pas remboursables. Cependant, ce compte est l'objet de reprise afin d'être soldé à un horizon donné ; il est grevé d'une imposition latente dans la mesure où les reprises sont comptabilisées comme des produits exceptionnels.

Les provisions réglementées ont pour objet de préserver le financement de certaines opérations futures d'approvisionnement ou d'investissement ; elles sont dues à de nombreux facteurs comme la hausse de prix, la fluctuation des cours, etc. Elles ne sont pas de vraies provisions dans la mesure où elles ne correspondent ni à une dépréciation d'éléments d'actif ni à l'augmentation d'un élément de passif. Elles sont des réserves non libérées d'impôt.

1.3. Les titres représentatifs du capital social

Dans les sociétés de capitaux, les titres représentatifs du capital social dérivent tous de l'action ; les différentes catégories de titres sont les actions ordinaires, les actions privilégiées et les actions démembrées ou certificat

1. Lorsque, en raison des pertes constatées dans les comptes annuels, les capitaux propres comptables deviennent inférieurs à la moitié du capital social, la loi impose une opération de réduction du capital social (art. L. 68, L. 241 et L. 251 du 24 juillet 1966).

d'investissement. Au-delà des particularités qu'elle peut revêtir, l'action est un instrument d'apport en capital qui confère à l'investisseur le statut d'associé[2].

Les émissions d'actions de société sont dominées par le principe de l'égalité de tous les actionnaires. Toutefois, ce principe n'est pas absolu : il ne s'applique qu'à l'intérieur d'une catégorie de titres et une société peut émettre différentes catégories d'actions.

La différenciation des actions est aujourd'hui relativement importante. Elle s'est développée sous l'effet d'un triple mouvement porté par une évolution sensible de la réglementation, à savoir :

– la création d'actions dites privilégiées,

– le démembrement de l'action séparant les droits non pécuniaires des droits pécuniaires,

– la création des nouvelles valeurs mobilières donnant un accès différé à des titres représentatifs d'une quotité du capital social.

L'évolution de la réglementation concernant les émissions de titres représentatifs du capital social fut particulièrement sensible avec la loi n° 85-1321 du 14 décembre 1985. Cette législation établit le principe de liberté dans la création des valeurs représentatives, directement ou indirectement, d'une quotité du capital social. Elle opéra, ainsi, un renversement dans les habitudes législatives : à une législation spécifique à chacun des titres, elle substitua un cadre réglementaire qui laisse une grande liberté aux sociétés dans l'émission de nouveaux titres d'apports en fonds propres. Cette législation élargit ainsi le principe de la liberté contractuelle.

Les actions privilégiées se différencient des actions ordinaires par une exception à la règle générale de la stricte proportionnalité des droits de l'actionnaire en fonction de la quotité de capital social détenue. Cette dérogation peut être expressément établie par le législateur, comme dans le cas des actions à dividende prioritaire sans droit de vote. Elle peut aussi résulter des statuts, comme dans le cas des actions de priorité et des actions à droit de vote double. La création d'actions privilégiées relève de l'assemblée générale des actionnaires réunie en session extraordinaire.

Les porteurs d'actions de priorité bénéficient d'avantages particuliers, pécuniaires ou non pécuniaires, comme le remboursement prioritaire du capital en cas de liquidation ou l'accès à des documents de gestion autres que ceux concernant la gestion courante de la société. Ces avantages particuliers étant attachés au titre, ils sont cessibles avec ce dernier.

Les actions à dividende prioritaire sans droit de vote (ADPSDV) ont été créées, en 1978, par le législateur qui souhaitait renforcer les apports en fonds propres des entreprises. Ces actions sont privées de l'un des attributs essentiels d'un titre représentatif du capital social, à savoir celui du droit de vote dans les assemblées. Seule la priorité aux dividendes en fait un titre privilégié. Compte tenu de la décote très sensible que subissent les ADPSDV par rapport aux actions ordinaires, le dividende prioritaire est loin de compenser les avantages que l'investisseur attribue au droit de vote.

---

2. Voir également dans l'Encyclopédie des marchés financiers l'article de D. Folus, « Actions : modélisation, évaluation, gestion ».

Les actions à vote double sont soumises à certaines conditions légales ; elles doivent être nominatives et appartenir au même actionnaire depuis au moins deux ans ; elles doivent aussi être entièrement libérées. Les statuts de la société peuvent renforcer la première condition.

Soulignons que les statuts des sociétés prévoient, dans certains cas, une limite à l'exercice des droits de vote dans les assemblées. S'il en est ainsi, tout actionnaire se voit alors opposer une limite au nombre de voix qu'il peut faire valoir, quelle que soit par ailleurs la quotité du capital détenu.

Les certificats d'investissement résultent du démembrement de l'action en deux éléments distincts : le certificat d'investissement représentatif des droits pécuniaires de l'action et le certificat de droit de vote. Seul le premier est une valeur mobilière librement négociable. La création de certificats d'investissement peut provenir du démembrement d'actions existantes. Elle peut aussi résulter d'une opération d'augmentation de capital à souscription directe ou conditionnelle. La réunion d'un certificat d'investissement et d'un certificat de droit de vote entraîne la reconstitution de l'action démembrée ; la reconstitution exige cependant une déclaration écrite faite par le détenteur auprès de la société émettrice.

Comme les ADPSDV, les certificats d'investissement ne doivent pas représenter plus de 25 % du capital social. *A priori*, rien n'interdit le cumul des deux catégories de titres, dans la proportion de 25 % chacune. Dans un tel cas de figure, le « capital muet » peut représenter jusqu'à 50 % du capital social.

2. Les quasi-fonds propres et le quasi-capital social

Les quasi-fonds propres forment une rubrique comptable dans la mesure où la notion désigne des fonds intermédiaires entre les capitaux propres et les dettes ordinaires. Il ne saurait en être de même du quasi-capital social, cette notion servant à désigner des titres représentatifs d'un engagement pris par la société de procéder à des augmentations futures du capital social.

2.1. Caractérisation et supports juridiques et financiers des quasi-fonds propres

Les entreprises utilisent des sources de financement hybrides entre les fonds à risque, échangés sur la base de titres représentatifs du capital social, et les fonds non risqués correspondant à des titres de créance avec garantie. Afin de rendre compte de ces financements, le plan comptable a prévu une rubrique « Autres fonds propres ». Cependant, l'appellation de quasi-fonds propres paraît préférable pour éviter une assimilation abusive des quasi-fonds propres aux capitaux propres.

Du point de vue financier, les quasi-fonds propres sont des fonds intermédiaires entre des créances non risquées et les capitaux propres. Comme ces derniers, ils ont une fonction de garantie à l'égard des créanciers ordinaires ; ils améliorent la surface financière de l'entreprise et assurent une protection des créanciers chirographaires et privilégiés. Par ailleurs, dans la mesure où ils participent à la fonction de prise du risque économique, ce sont des capitaux risqués ayant un taux de rentabilité intermédiaire entre celui des capitaux propres et celui des dettes non risquées ; dans les montages financiers, on les désigne parfois sous le terme de financement mezzanine.

Les quasi-fonds propres ne sont pas définis par une structure légale type ; leurs supports juridiques et financiers sont divers. Le plus souvent, ce sont des titres de créance sur l'entreprise qui revêtent des attributs juridiques particuliers. Ces titres se caractérisent par une convention dont l'objet est de subordonner le remboursement du capital et le paiement des intérêts au désintéressement complet des créanciers de premier rang, créanciers privilégiés ou chirographaires. Dans certains cas, ces titres comportent également une clause de suspension du paiement des intérêts si la situation financière de la société l'exige, les conditions de report du versement de la rémunération étant définies à l'émission. Les quasi-fonds propres sont donc des ressources financières revêtant des caractéristiques propres : leur degré d'exigibilité est faible, leur remboursement, lorsqu'il est prévu, est généralement sous le contrôle de la société et leur rémunération peut être reportée en cas de difficultés financières de l'entreprise.

La subordination du remboursement d'un titre et du paiement de sa rémunération a des origines diverses. Elle peut être légale, comme dans le cas des prêts participatifs créés par la loi du 13 juillet 1978, des titres participatifs[3] créés par le législateur le 3 janvier 1983 et des titres associatifs émis par les associations et régis par la loi du 11 juillet 1985. Elle peut résulter de conventions contractuelles auxquelles le législateur a donné un cadre légal avec la loi du 14 décembre 1985, comme dans le cas des titres subordonnés. Elle peut être le fait d'un aménagement conventionnel selon lequel le créancier renonce à certaines de ses prérogatives au bénéfice d'autres créanciers, comme dans le cas des comptes courants d'associés et des prêts bancaires assortis de conditions particulières.

Les prêts participatifs sont un engagement à long terme, dix à douze ans le plus souvent. Ils sont accordés par des banques ou des établissements spécialisés. Les personnes physiques ne sont pas autorisées à accorder de tels prêts. Toute entreprise industrielle et commerciale peut en bénéficier. La rémunération des prêts participatifs est librement négociable entre les deux parties. En dépit de leur appellation, la rémunération des prêts participatifs n'est pas forcément indexée sur le résultat de la société ; de fait, la participation au bénéfice alourdit sensiblement la décision de recourir à ce type de financement[4]. Au plan comptable, le prêt participatif est traité comme une dette de l'entreprise et les charges financières sont déductibles fiscalement. En cas de liquidation de l'entreprise débitrice, les prêts participatifs ne sont remboursables qu'après le désintéressement complet de tous les autres créanciers privilégiés ou chirographaires ; la subordination du prêt est donc générale. Par ailleurs, en cas de règlement judiciaire ou d'une procédure de suspension des poursuites et d'apurement collectif du passif, le remboursement du prêt et le

3. Les titres participatifs ne sont remboursables qu'en cas de liquidation ou à la stricte initiative de l'émetteur, selon les conditions prévues dans le contrat d'émission et après un délai qui ne peut être inférieur à sept ans.

4. La décision doit alors être approuvée par les associés selon les conditions prévues lors d'une modification des statuts.

paiement de la rémunération sont suspendus. Les prêts participatifs sont donc bien des créances de dernier rang.

Les titres subordonnés résultent des clauses de subordination du remboursement et de suspension du paiement des intérêts inscrites dans le contrat d'émission de titres obligataires. L'introduction, dans une émission d'obligations, d'une clause de subordination du remboursement est prévue par l'article 339-7 de la loi du 14 décembre 1985. Selon cet article, « lors de l'émission de valeurs mobilières représentatives de créances sur la société émettrice ou donnant droit de souscrire ou d'acquérir une valeur mobilière représentative de créances, il peut être stipulé que ces valeurs mobilières ne seront remboursées qu'après le désintéressement des autres créanciers, à l'exclusion des titulaires de prêts participatifs et de titres participatifs ». La subordination est valable tout au long de la durée de vie des titres et en cas de liquidation judiciaire de la société ; elle bénéficie à l'ensemble des créanciers[5].

Les comptes courants d'associés et certains prêts accordés par des organismes financiers peuvent aussi faire l'objet de conventions qui rendent conditionnel leur remboursement. Ces conventions prennent d'autres formes que la stipulation d'une clause de subordination. Les principales techniques juridiques utilisées sont la convention de blocage, la cession d'antériorité de créance et la clause de dernier rang[6]. Selon une convention de blocage, très utilisée dans les comptes courants d'associés, la banque créancière exige que les fonds déposés en compte courant soient bloqués tant qu'elle n'a pas été intégralement remboursée du montant de ses engagements ; la convention a pour objet de limiter le droit au remboursement immédiat qui caractérise en principe les avances faites en comptes courants par les associés. La convention de blocage peut être inscrite dans les statuts ou être opérée de manière ponctuelle. L'engagement de cession d'antériorité de créance et la convention de dernier rang sont des clauses de renonciation à l'égalité chirographaire ; ces clauses sont souvent utilisées pour les comptes courants d'associés en complément à la convention de blocage. En droit bancaire, avec une convention de cession d'antériorité, les titulaires d'avances en comptes courants s'engagent auprès de l'organisme bancaire créancier à ne pas demander le remboursement de leurs créances avant le remboursement par l'entreprise débitrice de ladite créance bancaire. La convention de cession d'antériorité est donc un engagement contractuel entre deux créanciers chirographaires ; elle n'est valable qu'entre les deux parties au contrat et inopposable à l'entreprise débitrice. Selon la clause de dernier rang, un créancier accepte de n'être payé, lors d'une procédure collective de règlement, qu'en tout dernier rang ; la clause de dernier rang est une convention de déclassement de créance qui profite à l'ensemble des autres créanciers.

5. Voir également dans l'Encyclopédie des marchés financiers l'article de J.P. Retout, « Titres subordonnés ».

6. La stipulation pour autrui et la promesse de porte-fort sont aussi utilisées. Ces deux dernières techniques correspondent respectivement aux articles 1121 et 1120 du Code civil.

2.2. Caractérisation et titres représentatifs du quasi-capital social

Les entreprises émettent aujourd'hui des titres originaux de nature conditionnelle. Par définition, un titre conditionnel, représentatif d'un quasi-capital social, donne à son détenteur le droit, mais non l'obligation, d'acquérir, pendant une période donnée et à un prix prédéterminé, un ou plusieurs titres représentatifs du capital social d'une société.

Les effets des émissions de titres conditionnels sur les capitaux propres sont au nombre de deux. D'abord, à l'émission, le produit de la cession alimente les fonds propres de la société émettrice[7]. Le prix de cession est, en effet, définitivement acquis à la société. Ensuite, durant leur durée de vie, les titres sont représentatifs d'un quasi-capital social, puisqu'ils correspondent à un engagement de la part de la société de procéder à une augmentation future de son capital social ; les conditions de cette opération à terme sont entièrement déterminées dans le contrat d'émission des titres conditionnels. L'engagement de la société est ferme et définitif. En revanche, l'investisseur, détenteur d'un droit de participer à l'augmentation future du capital, est libre d'exercer son droit ou de l'abandonner si sa valeur est nulle ; la promesse d'augmentation du capital est donc unilatérale.

Les augmentations de capital à souscription conditionnelle sont aujourd'hui assurées de leur succès. Les raisons d'être de ces augmentations sont complexes. Cependant, la plupart trouvent leur origine dans l'incertitude qui caractérise la vie économique et financière et la multiplication des risques qui en découlent pour l'entreprise et pour les investisseurs. Ainsi, les émissions de titres de quasi-capital social peuvent avoir pour objet conjointement ou exclusivement :

– de donner plus de flexibilité à la gestion du capital social et de diminuer les coûts de financement de l'entreprise en réduisant les frais divers d'émission ;

– d'améliorer la gestion des relations contractuelles qui lient les investisseurs à l'entreprise, notamment en diminuant les situations de conflits d'intérêt entre les actionnaires et les dirigeants ou entre les actionnaires dirigeants et les créanciers ;

– de réduire les pertes d'opportunité d'investissement par manque de capitaux, les investisseurs refusant des engagements irréversibles s'ils disposent d'une information insuffisante ; c'est un avantage essentiel des titres conditionnels que de permettre aux investisseurs un engagement progressif, par étape, au fur et à mesure que se révèlent de nouvelles informations sur les performances de l'entreprise et la connaissance de la valeur des projets d'investissement à financer ;

– de prendre des paris sur la valeur de l'entreprise avec des mises de fonds relativement limitées, les titres à terme permettant une gestion de positions risquées avec des mises de fonds réduites ;

– d'accroître les ressources disponibles pour le financement des entreprises dans la mesure où ils favorisent la gestion de positions risquées.

---

7. Soulignons que le produit de l'émission des titres à terme n'apparaît pas forcément dans les capitaux propres comptables. Il en est ainsi lorsque les titres sont émis conjointement avec un titre primaire – titre représentatif du capital social ou titre de créance – et que leur prix de vente n'est pas explicité et ne se distingue donc pas du prix de vente du titre primaire.

Les titres représentatifs d'une souscription conditionnelle au capital social peuvent être émis de façon autonome de tout autre titre ; c'est le cas notamment des bons de souscription autonomes, des options de paiement des dividendes en actions et des options de souscription au bénéfice des salariés. Ils peuvent également être émis conjointement avec des titres de propriété ou des titres de créance ; on parle alors de valeurs mobilières composées. Une valeur mobilière composée est un produit financier constitué d'un titre principal, ou titre primaire, d'un contrat à terme donnant un droit d'attribution à un titre représentatif d'une fraction du capital social d'une société, et d'un titre final qui doit être attribué à la date d'exercice du droit à terme. Le titre primaire peut être une action, un certificat d'investissement, un titre obligataire ordinaire ou un titre subordonné. Le contrat à terme, qui donne au souscripteur un accès différé au capital, peut correspondre à un droit de conversion d'un titre de créance en un titre de propriété, à un droit de souscription à un titre d'associé à émettre, à un droit de remboursement d'une obligation par remise d'actions, ou encore, à un droit d'échange d'une obligation contre des actions. Enfin, le titre final, qui représente une quotité du capital social, ne peut être qu'une action ou un certificat d'investissement[8].

Seuls les droits de conversion et de souscription sont représentatifs d'une augmentation conditionnelle du capital social. Le droit de remboursement d'une obligation par remise d'actions est un contrat à terme ferme dont l'exécution doit s'appuyer sur des actions existantes ou émises simultanément ; il n'est donc pas représentatif d'un quasi-capital social. Par ailleurs, le droit d'échanger des obligations contre des actions est conditionnel ; cependant, l'émission des actions devant servir à l'échange doit être, également, antérieure ou concomitante à celle du droit conditionnel. Les droits de conversion et de souscription sont de même nature. Cependant, les conditions de leur exercice diffèrent. L'option de conversion est inséparable du titre primaire émis et ne peut être exercée que par le porteur du titre principal. En revanche, le droit de souscription peut être détaché du titre primaire ; une fois émis, il peut avoir une vie autonome ; il devient une valeur mobilière négociable à part entière. Ainsi, dans les émissions de valeurs mobilières composées assorties de bons de souscription, dès que l'émission est réalisée, les valeurs émises se scindent en deux catégories de titres : les titres primaires et les bons de souscription.

Dans un contrat d'émission de titres conditionnels, toute clause qui prévoirait la conversion ou la transformation de valeurs mobilières représentatives d'une quotité du capital social en autres valeurs mobilières représentatives de créances est nulle (art. 339-1, al. 4, loi n° 85-1321 du 14 décembre 1985). Cette interdiction légale est cohérente avec le principe de fixité et d'intangibilité du capital social d'une société de capitaux ou d'une SARL.

Les titres à souscription conditionnelle au capital social ont pris beaucoup d'importance. Leur succès témoigne de leur adaptation aux besoins des entreprises et à ceux des investisseurs. Ils permettent une grande variété de montages financiers et sont, en cela, une réponse à la complexité de plus en

8. Voir également dans l'Encyclopédie des marchés financiers l'article de G. de Nercy, « Obligations convertibles ».

plus grande des structures productives et à l'allongement du processus de création de la valeur induit par la haute technologie. L'avantage substantiel des titres conditionnels par rapport aux titres classiques est de faire converger les intérêts des investisseurs et ceux des entrepreneurs, en dépit de la réduction de leur horizon prévisionnel et de l'incertitude qui caractérise leur prise de décision.

*

* *

En conclusion, le financement en fonds propres s'est profondément modifié. Dans ce processus de transformation nécessaire, face à l'évolution des relations économiques et financières, le législateur est souvent intervenu. Tantôt il a impulsé l'innovation ; tantôt il s'est contenté de procéder à des ajustements ; tantôt, comme en 1985, il a modifié ses habitudes en traçant un cadre juridique général qui favorise la liberté de création de produits financiers performants. Comme toute transformation, celle qui a marqué l'organisation du financement en fonds propres a introduit de nouveaux champs d'analyse. Certaines interrogations juridiques, comptables ou financières ont pu être tranchées, d'autres demeurent.

Références

COURET A., DEVÈZE J., HIRIGOYEN G., *Lamy droit du financement*, Paris, Lamy, 1995.

DESBRIÈRES P., *Ingénierie financière*, Paris, Litec, 1995.

GUIDE DES COMMISSAIRES AUX COMPTES, *Mise à jour, Loi n° 66-537 du 24 juillet 1966 et décret n° 67-236 du 23 mars 1967 sur les sociétés commerciales*, Paris, CNCC Edition.

RAFFEGEAU J. *et al., Mémento pratique Francis Lefebvre, comptable*, Paris, Editions Francis Lefebvre, 1995.

MESTRE J. (sous la direction de), *Lamy sociétés commerciales*, Paris, Lamy, 1995.

MOURGUES N., *Capitaux propres et quasi-fonds propres*, Paris, Economica, 1996.

ORDRE DES EXPERTS-COMPTABLES, « Principes comptables 28 : distinction entre les capitaux propres et les dettes », *Avis du Conseil supérieur de l'ordre des experts-comptables*, 7 juillet 1994.

Mots clés

Capitaux propres, fonds propres, quasi-capital social, quasi-fonds propres, titres représentatifs du capital social, titres représentatifs du quasi-capital social, titres représentatifs des quasi-fonds propres.

La force de vente et son management

73

René Y. Darmon

La plupart des entreprises industrielles ou commerciales ont recours à une force de vente pour assurer les relations qu'elles désirent développer et entretenir avec leur clientèle. L'importance et le rôle dévolus au service commercial dépendent de la nature de l'entreprise, en particulier si celle-ci opère dans le secteur industriel ou celui de la grande consommation. Ils dépendent aussi de la stratégie de communication et plus généralement de la stratégie marketing définie par l'entreprise elle-même. C'est donc dans le cadre d'objectifs de marketing précis que s'exerce la gestion d'une force de vente. Gérer une force de vente, c'est exercer un contrôle sur un système complexe par le nombre de décisions impliquées, ainsi que par les effets interactifs et différés dans le temps que produit chacune de ces décisions. De plus, gérer une force de vente, c'est tenter de contrôler un système de relations économiques et humaines qui reste bien particulier au domaine commercial et qui subit à l'heure actuelle des évolutions importantes. Pour gérer une force de vente, il faut bien comprendre la nature ainsi que les possibilités et les limites de la fonction commerciale.

1. La nature de la fonction commerciale

Pour comprendre la nature de la fonction commerciale, il convient d'en appréhender les différentes activités et les responsabilités. En raison de la grande variété de celles-ci, on proposera dans la seconde partie de cette section une conceptualisation permettant de regroupper l'ensemble des fonctions commerciales.

1.1. Les activités et les responsabilités de vente

D'un point de vue pratique, un commercial a la responsabilité de développer la clientèle dans un territoire donné, d'assurer le suivi de cette clientèle ainsi que de servir d'agent d'information pour l'entreprise dans son territoire. Un vendeur s'acquitte du premier type de responsabilité par ses activités de prospection. Celles-ci consistent à identifier les clients potentiels de l'entreprise et à prendre contact avec eux. C'est une tâche difficile et ingrate en raison du nombre souvent élevé de contacts infructueux qu'elle nécessite et qui requiert de la part du commercial organisation, ingéniosité et persévérance (B. Donath *et al.*, 1994). Au cours de ses premiers contacts, un vendeur doit être capable de recueillir et d'interpréter des informations. C'est là que le bon vendeur sait faire preuve de qualités d'écoute et d'empathie pour comprendre les besoins du prospect, la façon dont celui-ci résout actuellement ses problèmes, les modes de décisions chez ce client, les personnes influentes, les avantages que son entreprise pourrait apporter par rapport aux concurrents, ainsi que la probabilité que le prospect puisse devenir, dans un avenir assez proche, un client valable pour son entreprise.

A l'issue de cette étape d'écoute et d'analyse, le commercial doit définir une stratégie de vente spécialement adaptée à la situation qu'il vient d'identifier (T.E. Whittler, 1994). Une telle stratégie comprend le choix de la solution qui sera proposée au prospect, l'argumentation qui sera utilisée, l'ordre des arguments, les réponses aux objections qu'il peut d'ores et déjà prévoir de la part du client, ainsi qu'un style particulier de communication (qui peut par exemple faire appel, plus ou moins, aux réactions affectives ou, au contraire, à l'esprit rationnel du prospect). Cette étape n'est réussie que lorsque le prospect a pris un engagement ferme et irrévocable concrétisant l'établissement formel d'une relation de clientèle. C'est sans doute là pour le vendeur la partie la plus créative, la plus délicate, mais aussi la plus enrichissante de l'acte de vente. Le vendeur qui est capable d'accomplir cette tâche de façon efficace est sans doute celui qui sait convaincre ses interlocuteurs tout en établissant un climat de confiance avec le prospect, d'une part, et avec son entreprise, d'autre part. A ce stade, la tâche du vendeur n'est pas encore terminée : l'étape suivante consiste à assurer le suivi du nouveau client, à faire en sorte que toutes les promesses et tous les engagements soient tenus de part et d'autre, et que la nouvelle relation qui vient d'être établie puisse se poursuivre au bénéfice mutuel des deux parties.

Les deux dernières étapes du processus décrit plus haut peuvent aussi s'appliquer aux activités qu'un vendeur accomplit lorsqu'il visite sa clientèle régulière. En plus de maintenir et de cultiver de bonnes relations avec chaque client, le vendeur doit rester attentif à toute évolution qui peut intervenir chez un client comme, par exemple, une évolution technologique ou marketing, les lancements de nouveaux produits, les changements de personnes aux postes de responsabilités, tout ce qui en général peut indiquer de nouvelles opportunités ou, au contraire, des menaces pour l'avenir. Le vendeur efficient est dans ces conditions celui qui sait assurer cette veille et réagir de façon adéquate aux changements qu'il perçoit dans son environnement.

Finalement, l'un des rôles importants d'un commercial consiste à informer son entreprise de tout événement significatif se produisant dans son territoire. Les commerciaux occupent en effet à cet égard une position privilégiée. Ils sont souvent les premiers à apprendre qu'un concurrent vient, par exemple, de changer ses prix ou s'apprête à lancer un nouveau produit. La direction d'une entreprise peut gagner un temps précieux et bénéficier d'un réseau d'informations de toute première qualité sur ses marchés si les commerciaux accomplissent cette fonction de façon systématique, organisée et responsable. Aussi, le commercial idéal pour l'entreprise est celui qui sait percevoir, vérifier, voire compléter les renseignements susceptibles d'être utiles dans son organisation, et de les communiquer dans les délais les plus brefs à la bonne personne, et dans une forme exploitable.

1.2. Une conceptualisation de la fonction vente

Par-delà les différentes tâches qu'un commercial doit accomplir, on peut concevoir sa fonction comme une gestion de relations (J.C. Anderson *et al.*, 1994) et une gestion de son temps (la ressource rare par excellence du vendeur). Les relations à gérer sont celles que le vendeur entretient avec ses clients mais aussi avec les différents partenaires à l'intérieur de son entreprise. Bien entendu, un vendeur se doit d'entretenir de bons rapports avec son encadrement, ainsi qu'avec toutes les personnes qui l'aident à remplir correctement ses fonctions ; les services de production et d'expédition, les ingénieurs et les techniciens, les secrétaires sont des personnes ressources souvent indispensables à un commercial dans l'exercice de ses activités. Pour gérer de façon efficace ces multiples relations qui sont par ailleurs en évolution constante, un vendeur doit collecter, traiter et transmettre une masse colossale d'informations. Outre les informations multiples sur la clientèle dont on a parlé plus haut, le vendeur doit assimiler un nombre considérable d'informations que lui communique son entreprise sur les produits, les prix, les délais de livraison ou les procédures à suivre pour accomplir chacune des activités de vente. Bien entendu, toute l'information pertinente n'est pas toujours disponible. L'information disponible n'est pas toujours exacte. Le vendeur n'a pas nécessairement toutes les capacités cognitives nécessaires pour mémoriser, traiter et utiliser au bon moment toutes ces informations (G.W. Colombo, 1994). C'est ainsi qu'il peut avoir une perception plus ou moins précise et exacte de sa fonction et de son rôle. La précision du rôle désigne la mesure dans laquelle les perceptions qu'un vendeur a de son rôle correspondent aux attentes de la direction. Un conflit de perceptions de rôle se produit lorsque le commercial considère certaines demandes comme incompatibles entre elles (par exemple, les exigences d'un client avec les procédures de l'entreprise). L'ambiguïté dans la perception de son rôle désigne le cas où le vendeur a le sentiment de ne pas disposer de l'information pertinente pour pouvoir accomplir correctement sa tâche. C'est donc avant tout sa capacité et sa motivation à exercer la gestion des informations propres à sa fonction et sur son territoire qui font la qualité d'un vendeur.

Le temps étant par excellence la ressource limitée pour un vendeur, une gestion efficace de son temps est donc cruciale. Puisque le temps productif est celui pendant lequel il est en contact avec sa clientèle, toutes les autres formes d'activité peuvent être accomplies en un minimum de temps. Pour gérer ce temps de façon efficace, les vendeurs doivent utiliser, outre l'information sur leurs clients et leurs prospects (qui visiter, à quel moment, avec quelle fréquence, etc. ?), celle concernant les meilleurs itinéraires possibles, les moyens et les horaires des transports. Notons qu'il s'agit là d'un problème de recherche opérationnelle compliqué, nécessitant souvent des ordinateurs puissants pour le résoudre de façon optimale. Il serait donc illusoire de s'attendre à ce qu'un vendeur puisse y parvenir par ses propres moyens !

Cette conceptualisation de la fonction de vendeur est représentée sur le schéma 1.

Schéma 1 – Activités d'un vendeur

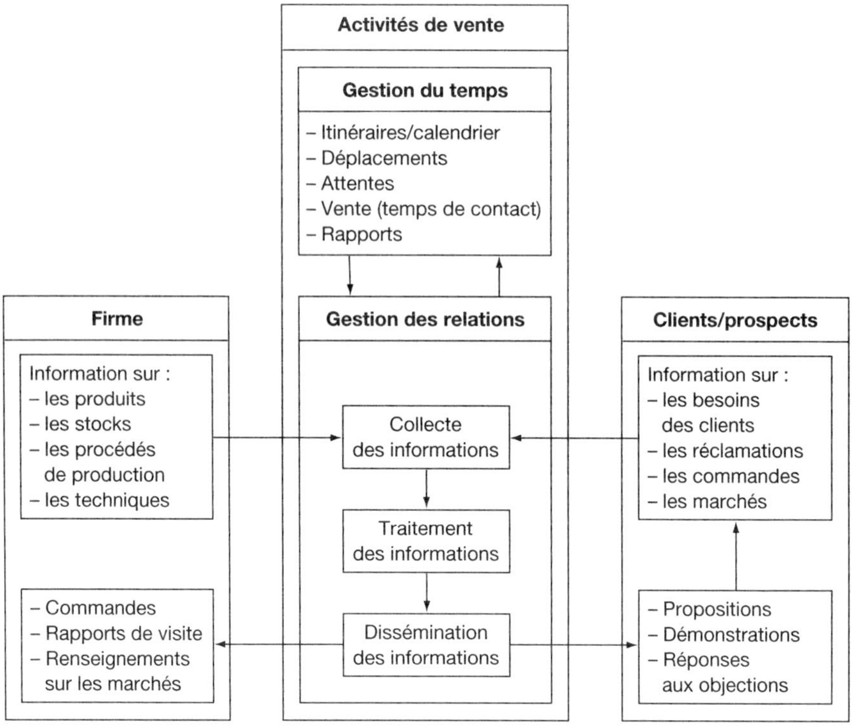

Source : R.Y. Darmon (1993, p. 29).

La fonction de commercial recouvre des réalités extrêmement différentes en pratique, et nombreux sont les auteurs qui ont proposé des classifications des fonctions de vente (pour les plus fréquemment citées, voir R.N. McMurry, 1961 ; D.A. Newton, 1973 ; W.C. Moncrief, 1986). La conceptualisation précédente permet de bâtir une classification des fonctions de vendeur basée sur l'importance relative des différentes dimensions de la tâche. En particulier, l'importance plus ou moins grande de la gestion du temps, de la masse d'informations à gérer et de l'intensité du traitement à faire subir à ces informations peut caractériser la totalité des fonctions de vente que l'on trouve en pratique, depuis le vendeur-livreur jusqu'au négociateur international pour des produits de haute technologie (tableau 1).

2. Le rôle de la force de vente dans le programme de communication marketing

La grande diversité des fonctions de vente observable en pratique s'explique, entre autres, par la variété des rôles que l'on peut assigner à une force de vente.

2.1. La mission de la force de vente

La force de vente étant l'un des outils de l'entreprise pour communiquer avec ses marchés, il convient de définir le rôle et la mission d'une force de vente en harmonie avec les autres éléments du programme de communica-

Tableau 1 – Classification des vendeurs

	1. Traitement des informations relativement intensif		2. Traitement des informations relativement peu important	
	1. Masse d'informations relativement importante.	2. Masse d'informations relativement faible.	1. Masse d'informations relativement importante.	2. Masse d'informations relativement faible.
1. Gestion du temps relativement importante.	1.1.1. Vendeurs industriels (territoires étendus).	1.2.1. Vendeurs porte-à-porte (encyclopédies, assurances-vie, etc.).	2.1.1. Visiteurs médicaux, preneurs d'ordres sur le terrain, vendeurs multicartes (VRP), vendeurs chargés du merchandising.	2.2.1. Vendeurs-livreurs.
2. Gestion du temps relativement peu importante.	1.1.2. Responsables de comptes nationaux. Vendeurs de produits de haute technologie (territoires peu étendus).	1.2.2. Vendeurs-conseils internes (mobilier, appareils ménagers, électroniques, etc.).	2.1.2. Vendeurs télémarketing.	2.2.2. Preneurs d'ordres internes (employés de vente).

Source : R.Y. Darmon (1993, p. 32).

tion, c'est-à-dire la publicité[1], les relations publiques, la promotion des ventes[2] et les autres outils de communication : c'est ce que l'on appelle un programme intégré de communication (D.E. Schultz *et al.*, 1992). Ainsi, une entreprise jouit d'une certaine latitude pour doser sa communication marketing entre les deux outils principaux dont elle dispose : la communication personnalisée par l'intermédiaire de sa force de vente et la communication publicitaire. Dans un marché de grande consommation, on peut stimuler la demande pour un produit par une publicité auprès du consommateur final. Le but recherché est généralement de créer des attitudes positives, de faire connaître favorablement le produit et de faire en sorte que le consommateur le demande (voire l'exige). En créant une demande auprès du consommateur, on fait en quelque sorte « aspirer » les marchandises dans le canal de distribution. Dans ce cas, le consommateur joue le rôle d'une pompe.

Une autre stratégie, connue sous le nom de stratégie de pression, consiste à faire écouler les produits dans le canal de distribution, grâce à une incitation de la part de la force de vente auprès des intermédiaires : en augmentant les stocks des intermédiaires et des détaillants, on incite ceux-ci à promouvoir activement le produit, et donc à le pousser dans le canal afin d'en réduire les stocks. Bien entendu un achat ne peut avoir lieu que si le consommateur est prêt à acheter le produit (parce qu'il le connaît, le désire ou l'exige) et s'il peut le trouver sur les étagères du détaillant. Si le consommateur est prêt à acheter un produit d'une certaine marque, suite à une campagne de publicité faite dans le cadre d'une stratégie de pression, et si le détaillant ne détient pas ce produit ou est en rupture de stocks, il est probable que le consommateur se contentera de la marque concurrente sans frustration

1. Voir dans cette Encyclopédie l'article de P.L. Dubois, « Publicité », p. 2675, tome 3.
2. Voir dans cette Encyclopédie l'article de P.L. Dubois, « Promotion », p. 2634, tome 3.

excessive. Inversement, si le produit est bien sur les linéaires du détaillant, mais que le consommateur n'est pas prêt à l'acheter ou à l'essayer, faute d'une connaissance suffisante de la marque, l'achat n'aura pas lieu. C'est pourquoi les stratégies de pression et d'aspiration doivent se compléter pour que l'achat se concrétise naturellement grâce à un consommateur bien informé, chez un détaillant prêt à lui offrir le produit désiré. C'est donc dans le cadre d'une stratégie de communications intégrées que l'on doit définir le rôle et la mission d'une force de vente, sous peine de perdre en efficacité.

Une fois le rôle et la mission de la force de vente bien définis, il devient relativement plus aisé de préciser le contenu de la fonction que le vendeur doit remplir pour l'entreprise. Comme pour tout autre élément du marketing-mix, on doit donner à la force de vente un rôle et une mission susceptibles de contribuer aux objectifs de marketing que s'est fixés l'entreprise. En particulier, il convient de préciser le type de relation que l'entreprise souhaite entretenir avec sa clientèle. Elle peut par exemple porter son choix sur l'établissement de relations durables dans le long terme. Dans ce cas, le commercial doit agir avant tout comme un conseiller, et aider l'entreprise cliente à trouver des solutions à ses problèmes. Elle pourrait tout aussi bien décider de faire porter les efforts de la force de vente sur le niveau d'information des clients potentiels concernant ses produits. Les vendeurs pourraient alors se voir confier une fonction de démonstrateurs de produits. Bien d'autres objectifs pourraient aussi être choisis. Quel que soit ce choix cependant, la fonction commerciale doit contribuer dans les limites de ses possibilités à la réalisation des objectifs de marketing.

2.2. La description des tâches du vendeur

La définition du rôle et de la mission de la force de vente constitue un point de départ naturel pour une description de la tâche de chaque vendeur. Il est en effet indispensable d'établir une description minutieuse et détaillée de la fonction. La description des tâches du commercial doit spécifier de façon exhaustive toutes les activités pour lesquelles il est responsable. Elle doit préciser la proportion du temps que chaque vendeur devrait consacrer à chacune d'elles. Pour cela, il est essentiel d'estimer la rentabilité du temps que le vendeur passe à exercer chaque activité. En principe, selon la théorie économique, l'allocation de temps optimale est celle pour laquelle une unité de temps supplémentaire passée dans l'exercice de chaque activité produirait le même profit.

La raison pour laquelle il est important de procéder à cette description détaillée de la fonction commerciale est que celle-ci est à la base de toutes les autres décisions concernant la force de vente. En effet, comment déterminer la taille totale de cette dernière sans préciser la tâche que chaque vendeur doit accomplir ? Comment définir des critères de recrutement pour les commerciaux, et comment déterminer le contenu d'un programme de formation, sans avoir une idée précise des tâches qu'ils doivent accomplir ? Comment faire enfin de bons programmes de motivation, d'encadrement, de contrôle et d'évaluation des commerciaux sans avoir constamment à l'esprit les activités dont on leur a confié la responsabilité ? Une description soignée, précise et exhaustive de la fonction de chaque vendeur (ou de chaque type de vendeur) constitue la pierre angulaire d'une gestion rationnelle de la force de vente.

3. La force de vente : un système complexe

On peut conceptualiser une force de vente comme un système humain complexe, dont chaque membre a pour fonction d'établir, de cultiver des relations avec des clients, voire de briser celles que les prospects ont pu développer avec des concurrents. Comme le montre le schéma 2, ce système est composé de plusieurs sous-systèmes interdépendants : les systèmes de décisions, de ressources humaines, d'activités commerciales, de territoires de vente, de performances et de contrôles (R.Y. Darmon, 1993).

3.1. Les ressources humaines

Sur le plan des ressources humaines, une force de vente est caractérisée par cinq dimensions fondamentales : sa taille (c'est-à-dire le nombre de commerciaux actifs et de personnes assurant l'encadrement aux différents niveaux hiérarchiques de la force de vente) ; son organisation (c'est-à-dire l'ensemble des relations d'autorité qui unissent les différents membres de la force de vente et les responsabilités de chacun) ; les caractéristiques personnelles des différents membres de la force de vente (en particulier leurs personnalités, leurs valeurs et leurs objectifs personnels) ; leurs niveaux de compétence ; et, finalement, leurs niveaux de motivation à accomplir efficacement la mission commerciale qui leur est confiée. Comme on le verra par la suite, toutes les décisions managériales concernant une force de vente ont pour but de modifier une ou plusieurs de ces caractéristiques fondamentales : elles visent à assurer que la force de vente a la taille désirée, que l'organisation est la mieux adaptée aux circonstances particulières auxquelles l'entreprise fait face, que chaque vendeur a atteint les plus hauts niveaux possibles de compétence et de motivation.

3.2. Les territoires de vente

Les territoires de vente représentent l'allocation des responsabilités commerciales entre les différents vendeurs. Ils sont souvent – mais pas nécessairement – définis selon des critères géographiques. Plus généralement, un territoire de vente est constitué de l'ensemble des comptes dont la responsabilité est confiée à un même vendeur. Les territoires de vente sont caractérisés par leur nombre (généralement, chaque vendeur est en charge d'un seul territoire), et chaque territoire peut se définir par sa taille, sa forme, les caractéristiques des clients et des prospects qui le composent. Ainsi chaque territoire est caractérisé par son potentiel. Le potentiel total d'un territoire est le taux moyen de ventes, par période de temps, qui pourraient être réalisées si l'entreprise, aussi bien que ses concurrents, faisaient des efforts de marketing très substantiels pour promouvoir ce type de produit. Aussi, dans la plupart des marchés, une entreprise n'exploite-t-elle à un moment donné qu'une partie du potentiel de vente. Enfin, un territoire peut aussi être caractérisé par la charge de travail qu'il nécessite, c'est-à-dire par la somme d'efforts et de

Schéma 2 – Le système de gestion d'une force de vente

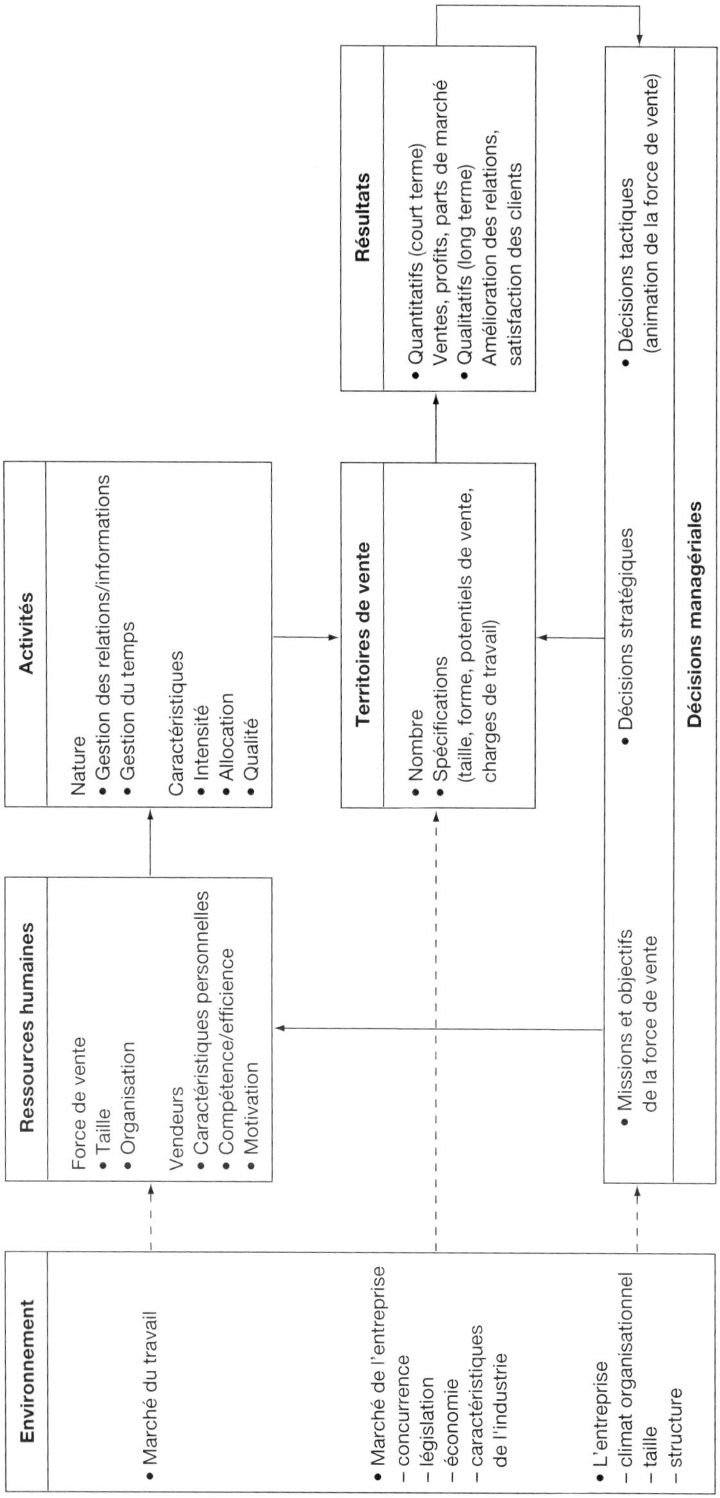

temps que le vendeur doit y déployer pour assumer ses responsabilités de façon satisfaisante. La configuration des territoires est naturellement conditionnée par l'organisation de la force de vente. Par exemple, on ne peut définir les territoires de la même façon si les vendeurs sont spécialisés selon chaque ligne de produit ou si au contraire ils sont responsables de la vente de l'ensemble de la gamme.

3.3. Les activités de vente

Chaque vendeur déploie un certain niveau d'activités dans son territoire. Ces activités se caractérisent non seulement par leur intensité, mais aussi par leur qualité (H. Sujan *et al.*, 1994). De plus, chaque vendeur doit répartir son temps et son effort entre les diverses activités de vente comme, par exemple, la vente de plusieurs lignes de produits, les activités favorisant les résultats à court terme ou le développement de relations à long terme, ou encore les activités plus ou moins directement liées à la vente. Ces décisions d'intensité et d'allocation d'efforts sont prises de façon très autonome par le vendeur, selon ses objectifs propres qui peuvent coïncider plus ou moins bien avec ceux de l'entreprise. Ceci constitue une particularité des forces de vente et il n'est pas surprenant, dans ces conditions, que l'on ait cherché à étudier le comportement du vendeur et que des chercheurs en aient proposé des modèles (O.C. Walker *et al.*, 1977). L'objectif est de connaître la façon dont un vendeur déploie ses activités, de sorte à les influencer positivement et donc à augmenter sa performance. C'est là l'objet d'une gestion décentralisée, par opposition à une gestion autoritaire où la direction tente d'imposer ses décisions au vendeur sans tenir compte des objectifs de celui-ci.

3.4. Les performances de vente

La performance d'un vendeur et ses résultats de vente sont la conséquence directe des activités que le vendeur a déployées sur son territoire. Il existe une littérature assez vaste sur ce qui constitue la performance d'un vendeur et comment celle-ci devrait être mesurée. La difficulté majeure réside dans le fait que la performance est caractérisée par une dimension temporelle : de bons résultats à court terme peuvent engendrer de mauvais résultats à long terme, et *vice versa*. La performance peut affecter différemment les ventes de différentes lignes de produit, différents types de clients, différentes zones géographiques et différents aspects de la fonction du vendeur. Les résultats financiers représentent une dimension importante de la performance. Les ventes constituent souvent la source principale, voire unique, de revenus pour l'entreprise et, par conséquent, de la contribution aux profits et aux coûts de vente. En raison de sa taille, de son organisation et du niveau de compétence de ses vendeurs, la force de vente engendre des coûts, qui à leur tour tendent à grever les profits. Ce sont ces résultats qu'une direction commerciale utilise pour contrôler l'efficacité de la force de vente et pour éventuellement ajuster ses décisions. Il faut toutefois se garder d'agir comme si la force de vente était seule responsable des résultats de vente. Il convient en fait de toujours garder à l'esprit que bien d'autres décisions de marketing (telles que l'offre de produit ou de service, les prix, la publicité ou la distribution) peuvent affecter les résultats de façon sensible dans un territoire[3]. De plus, les facteurs d'environnement qui sont généralement hors de contrôle de l'entreprise (tels que la concurrence, la législation ou les tendances économiques) peuvent imposer de sérieuses contraintes ou, au contraire, favoriser les performances commerciales d'une entreprise.

3.5. Les décisions managériales

Les décisions concernant la définition de la mission de la force de vente et la détermination des différentes activités commerciales à effectuer constituent le point de départ de toutes les autres décisions stratégiques et tactiques relatives à la gestion de la force de vente (M.B. Vandenbosch et C.B. Weinberg, 1993).

3.5.1. Les décisions stratégiques

Les décisions stratégiques ayant trait à la force de vente sont prises généralement au plus haut niveau de la hiérarchie commerciale et marketing. Elles affectent l'ensemble de la force de vente, et présentent donc un caractère plus stable que les décisions tactiques.

3.5.1.1. Les décisions de taille et de structure de la force de vente

Ces décisions sont lourdes de conséquence pour le recrutement et la formation des nouveaux vendeurs. Elles affectent l'organisation et le nombre de personnes nécessaires pour animer les équipes de vendeurs. Plusieurs méthodes ont été proposées pour déterminer la taille optimale de la force de vente. Certaines d'entre elles appliquent le principe de la théorie économique : on doit rajouter une unité à la force de vente tant que ce vendeur supplémentaire est capable de générer des profits bruts supérieurs aux coûts qu'il occasionne. Le principe est simple ; encore faut-il pouvoir déterminer les ventes et les profits bruts en fonction du nombre de vendeurs d'une force de vente. C'est ce que l'on appelle une fonction de réponse. Or, l'estimation des fonctions de réponse n'est pas toujours une tâche aisée. D'autres méthodes, souvent plus simples d'application, font appel aux charges de travail : en divisant la charge de travail totale nécessaire pour couvrir le marché par la charge de travail moyenne que peut accomplir un vendeur, on peut arriver à une estimation (certes grossière) du nombre de vendeurs nécessaires. Ces méthodes, malheureusement, ne disent rien sur la rentabilité de la solution à laquelle elles aboutissent.

3.5.1.2. Les décisions de sélection et de recrutement des vendeurs

Une force de vente est un système dynamique en constante évolution. Certains vendeurs la quittent parce qu'ils sont promus au sein de la compagnie, d'autres parce qu'ils sont licenciés ou parce qu'ils changent d'emploi, ou pour des raisons incontrôlables tels les départs en retraite ou les décès. Pour maintenir l'effectif désiré, l'entreprise doit recruter de nouveaux

3. Voir dans cette Encyclopédie l'article de M. Filser, « Marketing-mix », p. 1903, tome 2.

vendeurs à un rythme directement lié à la taille de la force de vente et au taux de rotation des vendeurs. Le recrutement des vendeurs de haute compétence est essentiel pour l'entreprise, en raison des coûts considérables que peuvent engendrer les mauvaises recrues qui doivent être rapidement remplacées. Ces coûts comprennent les coûts directs de recrutement et de formation, ainsi que les coûts d'opportunité entraînés par les ventes manquées ou par la détérioration des relations entre l'entreprise et certains clients suite à un travail de qualité médiocre de la part du mauvais vendeur. Aussi convient-il d'utiliser des procédures de recrutement particulièrement rigoureuses (S. Ganesan *et al.*, 1993). De telles procédures doivent apporter des réponses précises à des questions telles que : quelles caractéristiques observables chez les candidats sont de bons prédicteurs de la performance future d'un vendeur ? Qui doit observer ces caractéristiques et comment ? Où est-on le plus susceptible de trouver des candidats présentant ces caractéristiques (R.Y. Darmon, 1993) ? Quels niveaux d'aptitude et de qualification devrait-on rechercher auprès des candidats ? Comment bien « vendre » la compagnie aux candidats pour inciter les meilleurs qui seront retenus à accepter l'offre de l'entreprise ? Ce sont là des questions en apparence simples, mais qui donnent lieu à des débats sans fin en théorie aussi bien qu'en pratique.

3.5.1.3. *Les décisions sur la gestion des carrières des vendeurs*

Comme les autres employés de l'entreprise, les commerciaux veulent voir leur carrière évoluer, que ce soit au sein ou à l'extérieur de l'entreprise. Aussi, est-il souvent de coutume, dans une entreprise, de promouvoir les meilleurs vendeurs aux postes d'encadrement (S. Ganesan *et al.*, 1993). Il s'agit là d'une décision importante, car c'est aux personnes assurant cet encadrement qu'il incombe de motiver, d'entraîner et d'animer les vendeurs, et de la qualité de l'encadrement dépendent souvent le moral et la motivation de la force de vente. Malheureusement, rien ne dit que les qualités ayant permis à un vendeur de réussir dans sa mission soient les mêmes que celles nécessaires à un responsable de l'encadrement. Aussi l'entreprise qui accorde une promotion à un bon vendeur doit-elle éviter le piège consistant à recruter un directeur médiocre tout en perdant un vendeur performant. De même qu'elle doit se préoccuper de l'avenir de ses vendeurs, l'entreprise doit aussi savoir se départir des vendeurs peu performants qui ne présentent pas de perspective réelle d'amélioration. Aussi la direction commerciale doit-elle définir des critères de performance en dessous desquels un vendeur ne peut rester à son poste. Les commerciaux sont bien sûr très sensibles à toutes ces décisions qui peuvent affecter considérablement leur compétence.

3.5.1.4. *Les décisions de formation des commerciaux*

Avant de se voir confier un territoire, un vendeur doit généralement suivre un stage de formation interne. L'objectif est de combler le déficit qui existe généralement entre le niveau d'information du vendeur, au moment de son recrutement, et le niveau minimum nécessaire pour qu'il soit opérationnel. Les nouveaux vendeurs doivent non seulement connaître leur entreprise et pouvoir s'identifier à elle, mais ils doivent aussi avoir une connaissance parfaite des lignes de produits vendues et des produits concurrents. Ils doivent aussi avoir un minimum d'informations sur les clients de leur territoire, connaître à fond les politiques et les procédures administratives de leur entreprise et être pleinement instruits de leurs responsabilités. Ces objectifs déterminent la durée et le contenu du programme de formation, et en conditionnent les coûts.

3.5.1.5. Les décisions de détermination et d'attribution des territoires de vente

La définition des territoires de vente est intimement liée à l'organisation de la force de vente. Les territoires dépendent de la façon dont les vendeurs sont spécialisés selon des zones géographiques, des lignes de produits, des types de clientèle, ou une combinaison de ces facteurs. Découper des territoires de vente n'est pas une tâche aisée. L'objectif est de répartir la charge de travail de façon équitable entre tous les territoires. Cependant, dans un territoire rural par exemple, des charges de travail comparables peuvent correspondre à des temps de déplacement plus longs, et donc des temps de contact avec la clientèle plus courts que dans un territoire urbain. En découpant les territoires, il faut tenir compte du taux de pénétration déjà atteint dans certains secteurs, sous peine d'aggraver davantage les inégalités de pénétration. Vu la complexité du problème et le traitement de la masse colossale d'informations impliquées, seuls des logiciels spécialisés peuvent en donner des solutions adéquates (S.W. Hess et S.A. Samuels, 1971).

Pour attribuer les territoires aux différents vendeurs, la direction fait généralement face aux contraintes de la situation de départ, telles que le domicile actuel du vendeur ou les relations que les vendeurs ont déjà tissées avec leurs clients présents. Le principe général reste d'affecter les meilleurs vendeurs aux meilleurs territoires, tout en tenant compte des affinités que chaque vendeur peut avoir avec certains territoires.

3.5.1.6. Les décisions concernant le plan de rémunération de la force de vente

Le plan de rémunération de la force de vente revêt une grande importance en raison de son effet sur la motivation des commerciaux, sur la possibilité de recruter des vendeurs au niveau de compétence souhaité, ainsi que sur le taux de rotation (A.T. Coughlan, 1993). Pour une entreprise, le plan de rémunération, outre sa fonction évidente de rémunérer les vendeurs, joue aussi un rôle de motivation et de contrôle indirect des activités de vente. Ainsi, le plan doit pouvoir assurer aux vendeurs une rémunération compétitive sur le marché du travail. Pour être motivant, il doit permettre une rémunération qui soit fonction des efforts et des résultats obtenus. Par ailleurs, il doit être équitable et simple pour être bien compris des commerciaux et leur garantir une certaine sécurité des revenus. Finalement, un bon plan de rémunération doit inciter les vendeurs à travailler dans le sens des objectifs et des priorités de la direction, comme par exemple inciter les vendeurs à pousser les lignes de produits les plus profitables. Transformer ces principes généraux en un plan précis n'est pas une tâche facile, vu la quasi-infinité de structures de plans qui peuvent en principe être utilisées. L'application de la théorie de l'agence peut fournir, à cet égard, un apport précieux (A.K. Basu *et al.*, 1985 ; R. Lal,

1994). Selon la théorie de l'agence, le principal (l'entreprise) détermine le meilleur contrat (plan de rémunération) possible pour que l'agent (le vendeur), agissant dans son propre intérêt, réalise en même temps au mieux les objectifs de l'entreprise.

3.5.2. Les décisions tactiques

Pour que les vendeurs puissent s'acquitter de leur mission, leurs directeurs commerciaux doivent assurer un encadrement adéquat. Ce sont ces cadres de niveau intermédiaire qui assurent en général ces décisions tactiques.

3.5.2.1. Les décisions d'application des programmes stratégiques

C'est aux directeurs commerciaux qu'incombe la responsabilité de mettre en œuvre les programmes de recrutement, de formation, de recyclage et de rémunération. Par exemple, ce sont souvent eux qui prennent les décisions d'augmentation de la partie fixe (salaire) de chaque vendeur. Ces décisions influencent la motivation, le moral et la compétence des vendeurs qu'elles concernent.

3.5.2.2. Les décisions d'encadrement des vendeurs

Un encadrement étroit peut entraîner une forte motivation au sein de la force de vente en aidant chaque vendeur à atteindre son meilleur niveau de performance. Pour cela, les directeurs commerciaux peuvent aider chaque vendeur à allouer son temps de travail de façon optimale et à réduire ses temps improductifs au maximum. Ils fixent en général des normes de visites à respecter pour chaque client. Des logiciels informatiques tels que CALLPLAN (L.M. Lodish, 1971) peuvent l'assister dans cette tâche. Un autre moyen de guider les vendeurs dans leurs activités est de leur fixer des objectifs de vente sous forme de quotas. Il est d'ailleurs courant de récompenser les vendeurs qui réalisent leur quota en leur accordant des primes ou d'autres avantages. Des relations étroites et constructives entre les vendeurs et leur encadrement sont indispensables pour instaurer un climat organisationnel favorable.

3.5.2.3. Les décisions d'évaluation des vendeurs

Un bon système d'évaluation est crucial pour une bonne gestion de la force de vente, car il permet de déceler rapidement les anomalies et de prendre des actions correctives sans tarder (D. Jobber *et al.*, 1993). L'évaluation de la performance d'un vendeur peut se faire à partir de l'observation de ses activités et/ou des résultats de ses activités (D.W. Cravens *et al.*, 1993). Ces informations sont recueillies directement par les directeurs commerciaux. Elles sont aussi souvent fournies par le vendeur lui-même ou par ses clients. Elles prennent en général la forme de rapports qui permettent des comparaisons entre vendeurs entre les performances et les objectifs.

3.5.3. Les effets multiples des décisions commerciales

Comme le montre le schéma 2, la gestion d'une force de vente est complexe, car une décision dans pratiquement n'importe quel domaine est susceptible d'affecter plusieurs autres aspects de la force de vente. Pour n'en donner qu'un exemple, un changement de certains critères de recrutement des vendeurs peut affecter la procédure de recrutement et de sélection à appliquer. Ce changement va aussi avoir des répercussions sur la qualité et la compétence des nouvelles recrues. Les programmes de formation et de recyclage en seront par là même affectés et il faudra peut-être en tenir compte dans le plan de rémunération. En conséquence, les résultats de vente, les coûts et donc les profits seront affectés de façon positive ou négative par le changement de critères de sélection. Aussi, prévoir l'impact de chaque décision sur tout l'ensemble du système constitue le véritable défi des directeurs commerciaux.

*

* *

La force de vente peut donc être considérée comme un système de ressources humaines. La responsabilité des vendeurs consiste essentiellement à gérer des relations avec la clientèle et avec les personnes qui lui servent de ressources à l'intérieur de sa propre entreprise. Pour s'acquitter de ces responsabilités, les vendeurs doivent souvent collecter, mémoriser, traiter et disséminer une quantité incroyable d'informations. Du côté de l'entreprise, le problème de la gestion de la force de vente consiste essentiellement à prendre un certain nombre de mesures pour assurer la taille, l'organisation, les niveaux de compétence et de motivation nécessaires à la force de vente. De plus, les vendeurs étant des agents pratiquement indépendants, le rôle de la direction est d'amener autant que possible les vendeurs à trouver leur propre intérêt, tout en poursuivant les objectifs de l'entreprise. C'est par ces particularités qu'il faut expliquer les mutations que subit aujourd'hui la fonction commerciale. Les révolutions dans les domaines de l'informatique et des télécommunications ont favorisé les échanges et le traitement des informations à des coûts de plus en plus bas. Inversement, les pressions concurrentielles accrues et les changements rapides de l'environnement font ressentir un besoin accru de sécurité pour les entreprises. Dans de telles conditions, quoi de surprenant à ce que les entreprises recherchent l'établissement de relations durables basées sur une confiance réciproque avec leur clientèle ? Est-il illogique de voir les commerciaux évoluer vers de véritables fonctions de négociation et de conseillers, au détriment de fonctions qui peuvent de plus en plus être efficacement remplies par le télémarketing ou par le marketing direct ? Les relations commerciales étant d'autre part de plus en plus complexes, il est de moins en moins inhabituel de voir ces relations gérées non plus seulement par des individus, mais par des équipes complètes. Ce sont là des évolutions qui à n'en pas douter sont claires et irréversibles : la fonction commerciale va sans cesse continuer de se professionnaliser.

Références

ANDERSON J.C., HAKANSSON H., JOHANSON J., « Dyadic Business Relationships Within a Business Network Context », *Journal of Marketing* (58, October 1994), p. 1-15.

BASU A.K., LAL R., SRINIVASAN V., STAELIN R., « Salesforce Compensation Plans : An Agency Theoretic Perspective », *Marketing Science* (4, 4, 1985), p. 267-291.

COLOMBO G.W., *Sales Force Automation*, New York, McGraw-Hill, 1994.

COUGHLAN A.T., « Salesforce Compensation : A Review of MS/OR Advances », *in* J. Eliashberg et G.L. Lilien (éd.), *Handbooks in Operations Research and Management Science*, vol. 5, Amsterdam, North-Holland, 1993, p. 611-651.

CRAVENS D.W., INGRAM T.N., LAFORGE R.W., YOUNG C.E., « Behavior-Based and Outcome-Based Salesforce Control Systems », *Journal of Marketing* (57, October 1993), p. 47-59.

DARMON R.Y., *Management des ressources humaines des forces de vente*, Paris, Economica, 1993.

DARMON R.Y., « Where Do the Best Sales Force Profit Producers Come From ? », *The Journal of Personal Selling and Sales Management* (13, Summer 1993), p. 17-30.

DONATH B., DIXON C., CROCKER R., OBERMAYER J., *Managing Sales Leads*, Lincolnwood, Ill., NTC Business Books, 1994.

GANESAN S., WEITZ B.A., JOHN G., « Hiring and Promotion Policies in Sales Force Management : Some Antecedents and Consequences », *The Journal of Personal Selling and Sales Management* (13, Spring 1993), p. 15-26.

HESS S.W., SAMUELS S.A., « Experiences with a Sales Districting Model : Criteria and Implementation », *Management Science* (18, Part II, 1971), p. 41-54.

JOBBER D., HOOLEY G.J., SHIPLEY D., « Organizational Size and Salesforce Evaluation Practices », *The Journal of Personal Selling and Sales Management* (13, Spring 1993), p. 37-48.

LAL R., « Plans de rémunération de la force de vente : les conséquences managériales des derniers développements théoriques », *Recherche et Applications en Marketing* (9, 1, 1994), p. 51-72.

LODISH L.M., « CALLPLAN : An Interactive Sales Call Planning System », *Management Science* (18, Part II, December 1971), p. 25-40.

MCMURRY R.N., « The Mystique of Super-Salesmanship », *Harvard Business Review* (March-April 1961), p. 113-122.

MONCRIEF W.C., III, « Selling Activity and Sales Position Taxonomies for Industrial Sales Forces, » *Journal of Marketing Research* (August 1986), p. 261-270.

NEWTON D.A., *Sales Force Performance and Turnover*, Cambridge, Mass., Marketing Science Institute, 1973.

SCHULTZ D.E., TANNENBAUM S.I., LAUTERBORN R.F., *Integrated Marketing Communications : Pulling It Together and Making It Work*, Lincolnwood, Illinois, NTC Business Books, 1992.

SUJAN H., WEITZ B.A., KUMAR N., « Learning Orientation, Working Smart, and Effective Selling », *Journal of Marketing* (58, July 1994), p. 39-52.

VANDENBOSCH M.B., WEINBERG C.B., « Salesforce Operations », *in* J. Eliashberg J., G.L. Lilien, (éd.), *Handbooks in Operations Research and Management Science*, vol. 5, Amsterdam, North-Holland, 1993, p. 653-694.

WALKER O.C. Jr., CHURCHILL G.A. Jr., FORD N.M., « Motivation and Performance in Industrial Selling : Present Knowledge and Needed Research », *Journal of Marketing Research* (14, May 1977), p. 156-188.

WHITTLER T.E., « Eliciting Consumer Choice Heuristics : Sales Representatives' Persuasion Strategies », *The Journal of Personal Selling and Sales Management* (14, Autumn 1994), p. 41-54.

Mots clés

Attribution des territoires de vente, carrière des vendeurs, commerciaux, décisions stratégiques, décisions tactiques, description des tâches du vendeur, évaluation des vendeurs, force de vente, formation des vendeurs, mission (de la force de vente), performances de vente, plan de rémunération, recrutement des vendeurs, sélection des vendeurs, structure (de la force de vente), taille (de la force de vente), territoires de vente, vendeurs.

Gérer « à temps » les ressources humaines

74

Régis Ribette

Toute décision de gestion, dans le processus classique : perception du réel, réflexion, actions sur le monde, s'applique au présent, en prenant en compte le passé et en s'appuyant sur des hypothèses pour le futur. Parler de gestion prévisionnelle tient donc soit de la redondance, soit d'une approche encore plus centrée sur le futur et parfois qualifiée de démarche prospective. En fait, il faut savoir gérer « à temps », c'est-à-dire dans une conjonction « passé, présent et futur », intégrant les trois dimensions du temps : cyclique, linéaire et fractale[1].

Le rapprochement des concepts de gestion et de ressources humaines est relativement récent. Les préoccupations des gestionnaires ont d'abord porté sur les ressources techniques, financières et commerciales de l'entreprise. La gestion des hommes, souvent considérés comme « ressources-objets », devait suivre, comme l'intendance doit suivre les forces vives engagées dans le combat.

Quatre raisons essentielles amènent aujourd'hui les responsables d'entreprise à mieux investir dans la gestion de leur personnel.

– Des progrès restent à faire dans la gestion des ressources techniques, financières et commerciales ; mais l'énergie managériale investie est plus productive dans un domaine nouveau comme celui des ressources humaines que dans les plus anciens territoires.

– Certains pays comme le Japon ont réussi leur développement économique par une gestion opérante de leurs principales et quasi uniques ressources : les hommes.

– La motivation des hommes devient un enjeu stratégique, car si les différences[2] sur le savoir, le savoir-faire, les aptitudes, diminuent, c'est sur le

1. Le temps fractal peut être défini comme celui de la durée bergsonienne, de l'intuition créatrice, où l'homme met en perspective utile de multiples données pour laisser émerger une claire représentation de la situation complexe à laquelle il est confronté. Voir le tome 2 de l'*Encyclopédie des ressources humaines*, Térence, Les Editions d'Organisation, 1993.

2. Rappelons les quatre dimensions de l'« homme compétent » dans une organisation : savoir, savoir-faire, pouvoir, vouloir.

vouloir que tout se joue, en particulier dans les approches de gestion qualitative comme la qualité du service du client[3].

– Le coût des ressources humaines n'a cessé de croître, et le poste frais de personnel est souvent le plus important du compte d'exploitation.

Or les ressources humaines ne sont pas des ressources neutres que l'on gère comme des choses inertes : il s'agit de personnes, de « ressources-sujets » ayant leur propre projet individuel. En finalité, dans l'entreprise, tout est fait par des hommes et pour des hommes[4]. Le bon résultat économique est certes la condition première de la pérennité de toute organisation, mais c'est aussi le moyen indispensable au financement d'une partie importante du progrès social. De plus, l'affirmation des valeurs de développement individuel contraste fortement avec les insatisfactions qui découlent des systèmes collectifs de distribution passive des richesses créées, où le quantitatif prime le qualitatif avec pour conséquence du développement de la productivité, l'accroissement inéluctable du chômage et du nombre des exclus des structures traditionnelles de la vie sociale[5].

Ainsi, la gestion des ressources humaines s'inscrit aujourd'hui dans une triple perspective :

– l'apport d'une réponse appropriée aux besoins de la collectivité humaine (finalité sociale et sociétale),

– la réussite financière de l'entreprise (finalité économique),

– le développement de chaque personne (finalité humaine).

Dans l'analyse qui suit, nous nous placerons du point de vue des responsables d'entreprise et du point de vue de chaque personne. Nous savons les antagonismes qui peuvent exister[6], mais également nous vérifions chaque jour les synergies possibles. La puissance d'une organisation est fonction du niveau de compétence de son personnel, et le développement de l'entreprise dépend de la progression de chacun de ses membres. Toutefois le choix n'est pas entre gérer les emplois et développer les hommes, il est plus, comme nous allons le voir maintenant, sur la priorité à donner au futur par rapport au présent.

Toute action sur l'homme demande du temps et constitue un investissement coûteux (la formation, par exemple, ne rapporte souvent que dans un futur assez lointain)[7]. Ainsi, s'il faut bien gérer le quotidien dans toute organisation, c'est essentiellement en s'efforçant d'intégrer le futur que l'on traite le mieux des ressources humaines. Nous revenons donc à ce titre de « gestion à temps » des ressources humaines et au concept de gestion prévisionnelle,

---

3. Voir également dans cette Encyclopédie l'article de E. Collignon, « Qualité », p. 2781, tome 3.

4. Les projets individuels des personnes sont en dialectique permanente avec les projets collectifs des organisations auxquelles ils appartiennent. Voir le tome 4 de l'*Encyclopédie des ressources humaines*, Térence, Les Editions d'Organisation, 1994. Rappelons également la loi morale de Kant sur la fin et les moyens.

5. Voir R. Ribette, « De l'objectif du plein emploi au projet de pleine activité », *Personnel ANDCP* (juin 1995).

6. Il est bien évident, par exemple, que chaque personne aspire à un salaire le plus élevé possible et que le gestionnaire a le souci permanent de diminuer le coût de toute ressource utilisée.

7. Voir également dans cette Encyclopédie l'article de E. Cohen, « Gestion de la formation », p. 1567, tome 2.

où se marque, au-delà du pléonasme apparent, la volonté de la prise en compte du futur sur le présent. Mais peut-on prévoir le futur, tant au niveau des organisations que de chaque individu ?

Héritiers « positivistes » de R. Descartes, par F. Taylor interposé, nous avons pensé pendant longtemps que grâce à la « direction scientifique des entreprises », nous arriverions à maîtriser le présent par l'organisation et le futur par le seul développement des techniques de prospective et de planification[8].

Etymologiquement, « prévoir » signifie voir avant, connaître, savoir par avance. La gestion prévisionnelle revient donc à choisir une hypothèse parmi différents scénarios imaginés du futur (le but), puis à raccorder la situation présente à l'hypothèse retenue par le plan qui devient ainsi l'organisation de l'action (le chemin).

Des turbulences de tous ordres (technique, économique et social) ont ébranlé ces démarches par l'amplification des incertitudes ; bien plus, la structure des compétences requises en niveaux de plus en plus diversifiés entraîne une gestion de plus en plus complexe de nos organisations.

Certes, il faut continuer de prévoir, c'est-à-dire s'efforcer de gérer un futur déterminé de façon consciente et volontariste, mais il faut en même temps prévenir, c'est-à-dire agir en permanence pour aller au devant de futurs incertains et complexes. Prévenir, c'est agir dans le présent dans la conduite du chemin, pour en quelque sorte pouvoir gérer le futur en continu. Cette gestion préventive nécessite le développement de nouvelles attitudes individuelles. En effet, si « prévoir » consiste à voir avant, « prévenir » c'est agir avant même de connaître, c'est-à-dire pour chaque acteur de l'entreprise se préparer à tout hasard, en construisant chaque jour sa compétence et son adaptabilité.

La compétitivité des entreprises passe par la mise en place d'acteurs responsables d'eux-mêmes qui, à tous les niveaux de l'organisation, sont les véritables entrepreneurs de leur carrière et, au-delà, les bâtisseurs de leur vie personnelle.

Gestion prévisionnelle et gestion préventive doivent se compléter pour gérer au mieux la cohabitation des projets individuels de chacun des acteurs et des projets collectifs de leurs communautés sociales[9].

1. Gestion de l'emploi et gestion quantitative et qualitative des ressources humaines

La gestion de l'emploi dans l'entreprise est au cœur d'un triple système : économique, technique et social[10].

---

8. Voir également dans cette Encyclopédie les articles de F. Hatem, « Prospective stratégique », p. 2664, tome 3 et de A.C. Martinet, « Planification stratégique », p. 2249, tome 2.

9. Voir le tome 4 « Projets individuels et collectifs, construction et régulation » de l'*Encyclopédie des ressources humaines*, Térence, Les Editions d'Organisation, 1994.

10. Voir également dans cette Encyclopédie les articles de E. Vatteville, « Mesure des ressources humaines », p. 2008, tome 2 et de B. de Montmorillon, « Gestion de l'emploi dans l'organisation productive », p. 1482, tome 2.

Le niveau de l'emploi (le quantitatif) dépend des débouchés que l'entreprise trouve dans ses marchés, ainsi que du niveau de productivité interne. Les qualifications du personnel (le qualitatif) dépendent des évolutions des techniques et des modes de gestion et d'organisation du travail.

Enfin, le statut du personnel employé (contrat de travail à durée indéterminée, déterminée, temporaire, travail à temps partiel...) est fonction des politiques de flexibilité que l'entreprise arrête pour faire face aux fluctuations de son marché[11]. En période économique faste, la flexibilité résultait essentiellement d'une augmentation des investissements financiers (stocks et capacités de production en réserve), alors que les rigidités sociales augmentaient. En revanche, en période économique tendue, on investit plutôt les capitaux disponibles dans les programmes de recherche, de modernisation, de productivité, et on cherche l'adaptation aux contraintes du marché par une plus grande flexibilité du travail[12].

1.1. La gestion quantitative des ressources humaines

L'habitude est d'établir des ratios de main-d'œuvre entre les effectifs nécessaires (à structure constante d'organisation du travail et de qualification constante) et les niveaux d'activité de l'entreprise découlant des demandes (présentes ou futures) de son marché. On distingue pour cela la main-d'œuvre directe, dont les variations d'effectifs sont directement proportionnelles à l'activité de production (par exemple, le nombre d'ouvriers conditionneurs pour l'emballage des produits), de la main-d'œuvre indirecte, relative aux activités des services (services d'études et de recherche, services fonctionnels...). Le niveau de la main-d'œuvre indirecte évolue le plus souvent par « sauts de structures » liés indirectement au volume de production, mais dépendant surtout des décisions organisationnelles stratégiques.

Ainsi, entre les valeurs de production retenues et les effectifs nécessaires s'intercale le facteur productivité. Autrement dit :

Effectif nécessaire = Ratio main-d'œuvre × Productivité × Niveau d'activité

Dans un article paru en 1987, J. Boissonnat[13] rappelle que les experts de la Communauté économique européenne ont calculé que, durant les années 1960, il fallait une augmentation de la production de près de 5 % par an pour accroître le nombre des emplois de 0,2 %. C'est dire l'importance de la productivité réalisée pendant les Trente Glorieuses ! Puis, il constatait qu'en 1987 il suffirait d'un accroissement de la production moitié moindre (de l'ordre de 2,5 %) pour créer deux fois plus d'emplois (0,4 % par an). Aujourd'hui, les économistes calculent une productivité moyenne de 2,5 % l'an et, selon eux, il faut un point (1 %) de croissance au-delà de 2,5 % pour gérer les 100 000 emplois nouveaux.

---

11. Voir également dans cette Encyclopédie l'article de R. Reix, « Flexibilité », p. 1407, tome 2.

12. On peut également dire qu'en ce qui concerne la gestion des ressources humaines (en tant que ressources-objets), on est passé d'une politique de « gestion de stocks » à une politique de « gestion de flux ». Voir le tome 4 de l'*Encyclopédie des ressources humaines*, Térence, Les Editions d'Organisation, 1994

13. J. Boissonnat, « L'emploi sans croissance », *Ouest France* (29 août 1987).

Trois raisons peuvent expliquer ce que J. Boissonnat appelait en 1987 le miracle apparent de « l'emploi sans croissance » :

– un développement rapide du travail à temps partiel et également la baisse de la durée du travail ;

– le changement des structures de production : il y a moins d'industries, secteur où l'automatisation de la production a été forte, et davantage d'activités de services plus gros consommateurs de main-d'œuvre ;

– la baisse, depuis la crise, des coûts de travail, laquelle atténue la pression dans les entreprises pour économiser la main-d'œuvre[14].

Nous percevons donc les nombreuses difficultés de prévisions quantitatives de la main-d'œuvre. Ainsi, les modèles de simulation de l'évolution des effectifs mis au point autour des années 1970 ont souvent été abandonnés et les dirigeants d'entreprises, faute de pouvoir prévoir de manière fiable leurs flux d'emplois, ont revendiqué des mesures législatives et conventionnelles d'assouplissement de l'utilisation de la main-d'œuvre (contrat à durée déterminée, travail temporaire et diminution des obligations lors des procédures de licenciement). Cela fait que la régulation du système effectifs/emplois s'effectue aujourd'hui plus souvent dans le présent par des décisions à court terme que par la mise en pratique de politiques de gestion des effectifs découlant de l'élaboration de scénarios économiques et de plans prévisionnels d'effectifs à long terme.

Autrement dit, si ces modèles de gestion quantitative des effectifs montrent leurs limites, il n'en reste pas moins que leur établissement peut donner quelques lignes de guidage pour baliser les décisions de régulation à court terme. Nous développerons plus particulièrement cette démarche dans la deuxième section relative à l'approche collective dans la gestion prévisionnelle des ressources humaines.

1.2. La gestion qualitative des ressources humaines

La problématique centrale tient de l'ajustement du système de qualification des emplois, généré par l'évolution des techniques et des modes d'organisation du travail, au système de qualification des hommes engendré tant par l'appareil de la formation première que par celui de la formation continue. Ce problème a toujours existé, mais il s'est fortement complexifié aujourd'hui, alors qu'il est de plus en plus difficile de connaître les activités et les emplois à l'horizon d'une décennie. Ainsi, rappelons que la Régie Renault a été conduite en 1967 à abandonner la technique du moulage sur bois en fonderie, et son embarras fut grand face à une promotion de jeunes titulaires d'un CAP de mouleur sur bois après plusieurs années d'études à l'école d'apprentissage.

---

14. Les mesures prises cette dernière décennie par les différents gouvernements pour diminuer fortement le coût du travail de certaines catégories de personnes (jeunes de moins de 25 ans, chômeurs de longue durée...) ont eu et auront certainement des conséquences positives sur les niveaux d'embauche de ces personnes. Mais le miracle de la création de l'« emploi sans croissance » peut-il perdurer ? Ne faut-il pas plutôt inventer une nouvelle croissance relative au développement d'activités à utilités personnelles, sociales et sociétales ? Voir R. Ribette, « De l'objectif du plein emploi au projet de pleine activité », *Personnel ANDCP* (juin 1995).

Citons également l'école d'apprentissage de Fiat à Turin, modèle en 1969 de la formation et du perfectionnement aux techniques les plus modernes d'automatisation, où, pour éviter d'être ultérieurement en retard, on s'efforçait de prendre « un temps d'avance ».

Mais en général, on est plutôt en retard ; les techniques et les méthodes d'organisation du travail évoluent plus vite que la qualification du personnel, et le rendement en pâtit.

En fait il faut gérer les interactions :

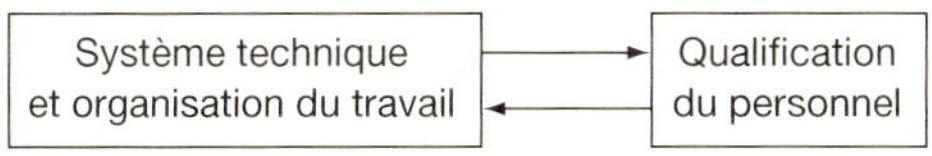

par des démarches participatives avec le personnel, comme celles développées dans les groupes de progrès où l'on initialise une prise de conscience du personnel sur les améliorations possibles de l'organisation ou les apports d'une technologie nouvelle ; puis, par la formation, on apporte les contenus des compétences nécessaires. Enfin, on démarre les nouveaux systèmes, par étapes, en laissant le temps au personnel de s'autoformer progressivement et de suggérer également des adaptations du système organisationnel. Et ainsi de suite... Aujourd'hui on parle même d'organisations qualifiantes et d'organisations apprenantes[15]. La gestion des ressources humaines et la gestion de l'organisation doivent être mises en perspective systémique[16].

L'imposition unilatérale au personnel de nouvelles organisations tient de plus en plus de méthodes du passé, où le taylorisme se traduisait par une coupure entre les gens qui pensent et ceux qui exécutent. L'évolution actuelle des mentalités oblige au développement de démarches associatives, d'autant plus que c'est aussi la voie pour réaliser l'adaptation des qualifications du personnel aux exigences des nouveaux systèmes techniques et organisationnels. Mais ce n'est pas parce qu'il y a accélération du changement qu'il faut arrêter de faire des prévisions.

Dans les entreprises où la réussite de l'évolution technologique est capitale, des « commissions des métiers[17] » sont chargées d'observer les évolutions techniques et organisationnelles pour définir et mettre en place les actions de formation professionnelle nécessaires.

Au niveau national, les grandes écoles, l'éducation nationale, les organismes publics, comme le Centre d'études et de recherche sur les qualifications (CEREQ), conduisent des études et des recherches sur les thèmes associés : nouvelles technologies/organisations/qualifications, en espérant faire évoluer les systèmes de la formation première (ou initiale).

Depuis la création des Instituts universitaires de technologie, nous pouvons observer la multiplication des formations dites qualifiantes ou à

15. R. Ribette, « Organisations apprenantes, et gestion par chaque acteur de ses propres ressources humaines », Conférence au Séminaire interactif d'Aix-en-Provence en mai 1995 sur le thème : « L'entreprise apprenante et les sciences de la complexité ».

16. Ce qui fait que la responsabilité du pilotage de l'organisation est parfois confiée à la direction du personnel de l'entreprise (exemple du groupe Danone).

17. Ces commissions ont également été créées au niveau professionnel et interprofessionnel.

finalité professionnelle, réalisées par les universités (maîtrise d'administration économique et sociale, maîtrise des sciences et techniques, diplôme d'études supérieures spécialisées, etc.).

Le Conservatoire national des arts et métiers a été créé en 1794 pour « conserver » les machines, les outils, les modèles, dans tous les genres d'arts et de métiers et simultanément les présenter au public. Puis, en montrant, on est passé progressivement des explications sur le « comment cela marche » à celles sur le « pourquoi » cela fonctionne. Les premières chaires d'enseignement ont été créées en 1819. Aujourd'hui, 100 000 auditeurs suivent dans toute la France les enseignements dépendant de près de 70 chaires d'enseignement dans l'ensemble des qualifications professionnelles nécessaires à la vie économique et sociale.

Les réformes de l'apprentissage, en développant le principe d'« éducation alternée » entre pratique et théorie, permettent de préparer, en formation première, des diplômes de l'enseignement professionnel ou technologique du second degré et du supérieur.

Enfin, il faut considérer le développement de formations, dites en alternance, dont l'exemple le plus marquant est celui des nouvelles formations d'ingénieurs (NFI), impliquant, dans des processus d'apprentissage ou de formation continue, une responsabilité conjointe, et partagée moitié-moitié, des établissements académiques et des milieux professionnels.

Ainsi, l'Etat et les entreprises se doivent aujourd'hui d'investir de façon majeure pour identifier, développer et gérer les capacités professionnelles des acteurs de la vie économique afin de faire face aux exigences de la compétition internationale. Cet effort de valorisation des ressources humaines oblige à prendre en compte la dimension « temps » et à se situer par conséquent dans toutes les approches de gestion prévisionnelle et de gestion préventive de nos organisations. Mais la valeur de cet effort et son efficacité dépendent largement des motivations respectives des dirigeants d'entreprises et des individus. Beaucoup d'entreprises n'ont pas encore suffisamment perçu l'importance de cet « investissement formation[18] » ; elles espèrent trouver sur le marché du travail les personnels qualifiés qu'elles recherchent, pensant que le chômage et la disponibilité des ressources humaines vont de pair. Si cela est vrai pour les qualifications les plus classiques, les cabinets de recrutement et les chasseurs de têtes recherchent inlassablement des spécialistes. Par ailleurs, que dire des métiers et des qualifications de demain, que personne n'est en mesure d'imaginer aujourd'hui !

Ainsi, l'effort le plus important de valorisation des ressources humaines est celui que chaque individu, chaque membre de l'entreprise engage pour maintenir en permanence sa compétence, la faire évoluer certes pour accroître ses chances de promotion, mais surtout pour réduire les risques de chômage, en développant son adaptabilité à un futur incertain. Nous présenterons plus particulièrement les approches spécifiques à la gestion individuelle dans la troisième section.

---

18. Rappelons que les entreprises françaises consacrent une part importante de leur masse salariale aux dépenses de formation. Voir également dans cette Encyclopédie l'article de E. Cohen, « Gestion de la formation », p. 1567, tome 2.

2. L'approche catégorielle collective

En privilégiant dans l'analyse l'aspect quantitatif (effectif) sur l'aspect qualitatif (qualification), nous raisonnons sur la gestion des flux de personnel (embauche, promotion, départ), afin de réduire les écarts entre les besoins prévisibles d'emplois et la structure (actuelle et à venir) des ressources humaines de l'entreprise.

2.1. L'analyse des besoins prévisibles d'emplois

Leur typologie doit être définie en fonction des réalités de l'entreprise. L'analyse des emplois peut s'effectuer soit selon les grandes classifications du personnel (cadres, maîtrise, employés...), soit par métiers ou fonctions (ouvriers d'entretien, dessinateurs, secrétaires...), et souvent en combinant les deux. En général, on commence par une approche globale pour approfondir ensuite l'étude de telle ou telle catégorie selon son importance quantitative ou qualitative dans le fonctionnement de l'entreprise.

L'étude des besoins prévisibles d'emplois est habituellement réalisée dans le cadre de démarches de planification économique[19]. Par des raisonnements extrapolants, prospectifs ou mixtes, on envisage et on retient un ou deux scénarios économiques probables constituant une cible d'objectifs sur un horizon de 3 à 10 ans en général. Ainsi, des hypothèses d'activités futures on déduit, après corrections relatives aux estimations de productivité, une structure cible au niveau des effectifs, exprimée par catégories de personnel.

En prenant en compte le niveau de classification ($N - i$) de l'emploi dans le niveau hiérarchique de l'organigramme, on intègre également l'organisation structurelle de l'entreprise. Ainsi, soit E^p_{n-i} le nombre d'emplois de la catégorie p situés au niveau hiérarchique ($n - i$) de l'entreprise, le niveau n étant celui de la direction générale (schéma 1).

La structure des emplois peut être formalisée dans la matrice reproduite au tableau 1.

Schéma 1

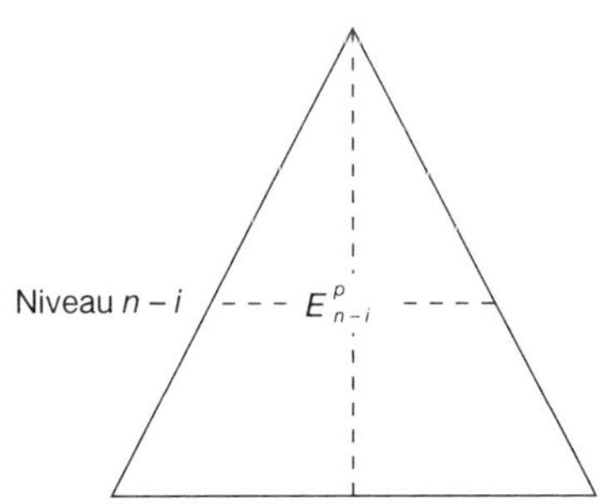

19. Si historiquement on est parti d'une approche économique pour en déduire le plan social (et plus particulièrement celui relatif à la gestion des ressources humaines), certaines entreprises effectuent des démarches mixtes de planification économique et sociale mises en œuvre « avec » le personnel dans des processus de participation variables, selon que l'on se situe au niveau du groupe de travail, de l'établissement, de la division ou de l'ensemble de l'entreprise. Voir R. Ribette, « Gestion prévisionnelle des ressources humaines », *in La fonction ressources humaines*, Paris, Les Editions d'Organisation, 1992.

Tableau 1 – La structure des emplois

Niveaux hiérarchiques	Catégorie du personnel				
	1		***p***		
n	E_n^1				
					$= E$
$n - i$	E_{n-i}^1		E_{n-i}^p		

2.2. L'analyse de la structure quantitative des ressources humaines[20]

Toute population a une dynamique interne qui est celle de son évolution démographique. D'ailleurs l'examen des pyramides ou des courbes démographiques des membres du personnel est souvent plus révélateur de son « potentiel énergétique » que l'examen du bilan financier et du compte d'exploitation. La prise en compte de la variable âge permet de faire « vieillir » la population sur l'horizon temps de la démarche prévisionnelle.

Soit donc R_{n-i}^p le nombre de personnes dans la catégorie p de personnel, situé au niveau $(n - i)$ de l'organisation. On peut établir le tableau inventaire (tableau 2), dans lequel $R_{n-i}^p(a)$ est le nombre de personnes d'âge a et R_{n-1}^p est le total des personnes, de catégorie p et de niveau hiérarchique $n - i$.

Par exemple : $R_{n-i}^p = \sum_{a=20}^{a=65} R_{n-i}^p(a)$

On établit l'inventaire des effectifs à l'année initiale t_0.

Tableau 2 – La structure des ressources humaines

	Niveau hiérarchique	Age						
		Catégorie de personnel	**20**	**21**		***a***		
	n	1						
		2						
	$n - i$	1						
$R =$		p				$R_{n-i}^p(a)$		R_{n-i}^p

20. La présentation d'un processus détaillé de modélisation a pour objet d'expliciter les grandes fonctions logiques à prendre en compte dans un système de gestion prévisionnelle des ressources humaines. Des modèles « simplifiés » peuvent être construits à partir seulement de quelques-unes de ces fonctions, en prenant en compte la spécificité de la situation étudiée.

Si l'organigramme de l'entreprise est « complet », il y a alors identité entre le tableau des emplois et celui des ressources, à savoir :

$$E_{t_0} = R_{t_0}$$

L'évolution du tableau R des ressources humaines dans le temps et sa détermination à l'année t_n (n = nombre d'années du futur comptées à partir de l'année initiale ou du présent t_0) nécessitent la connaissance des lois d'évolution dans le temps de chaque sous-ensemble $R^p_{n-i}(a)$.

2.3. Les principales lois d'évolution dans le temps des flux de personnel

L'évolution « naturelle » dans le temps peut avoir pour origine :

Sorties :
– les démissions D
– les décès M
– les départs à la retraite R
– les promotions à un niveau hiérarchique supérieur SP (sorties – promotion)
– les changements de métiers ou de fonctions MF_s (en sorties) (métiers – fonctions – sorties)

Entrées :
– les embauches E
– les promotions d'un niveau hiérarchique inférieur EP (entrées – promotion)
– les changements de métiers ou de fonctions MF_e (en entrées) (métiers – fonctions – entrées)

Par observation statistique sur les années passées, on peut déterminer pour chaque sous-ensemble des hypothèses sur les lois de variation de ces paramètres et extrapoler la valeur de R^p_{n-i} pour $t_0 + 1 \ldots t_n$. Ainsi, pour les démissions D, on dispose du graphique 1.

Graphique 1

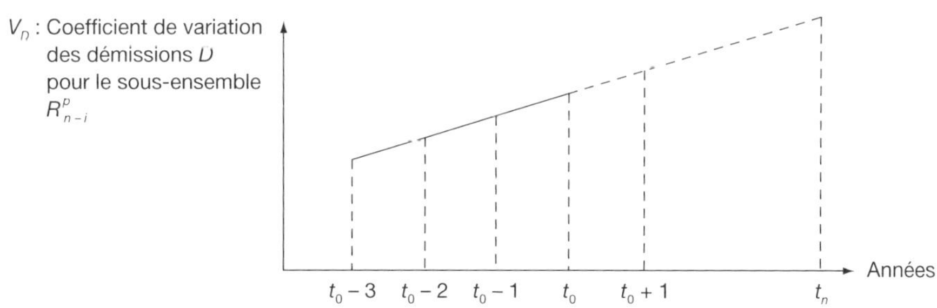

Appelons V_D le coefficient de variation ainsi défini. On peut écrire pour l'année $t_0 + 1$ en ce qui concerne les démissions :

$$R^p_{n-i}(t_0 + 1) = V_D \times R^p_{n-i}(t_0)$$

L'ensemble des coefficients V_D pour la totalité des sous-ensembles R^p_{n-i} donne un « déterminant » démission Δ_D qui permet de connaître le nouveau tableau des ressources humaines à l'année $t_0 + 1$, à partir de celui de l'année t_0, en multipliant, en quelque sorte, le tableau $R(t_0)$ par le déterminant Δ_D.

Soit en symbolique globale :

$$R(t_0 + 1) = \Delta_D \times R(t_0)$$

On conçoit de la même façon des déterminants pour les autres familles, mouvements : décès, départs à la retraite, embauches, etc., et on peut écrire la formule générale :

$$R(t_n) = R(t_0) \times (\Delta_D)^{(t_n - t_0)} \times (\Delta_M)^{(t_n - t_0)} \times (\Delta_{sp})^{(t_n - t_0)} \times (\Delta_R)^{(t_n - t_0)} \times$$
$$(\Delta_{MFs})^{(t_n - t_0)} \times (\Delta_E)^{(t_n - t_0)} \times (\Delta_{EP})^{(t_n - t_0)} \times (\Delta_{MFe})^{(t_n - t_0)}$$

où $(\Delta_D)^{(t_n - t_0)}$ est l'élévation à la puissance $(t_n - t_0)$ du déterminant Δ_D,

$(\Delta_D)^{(t_n - t_0)} = \Delta_D \times \Delta_D \ldots \times \Delta_D$ (et ceci $t_n - t_0$ fois).

Nous voyons la complexité de la formulation du modèle logique d'évolution dans le temps de la matrice inventaire des ressources humaines $R(t_0)$. L'ampleur des calculs à effectuer nécessite d'ailleurs un traitement informatisé.

2.4. L'analyse des écarts entre les emplois et les ressources humaines

La comparaison des matrices emplois $E(t_n)$ et ressources humaines $R(t_n)$ permet de diagnostiquer les problèmes d'ajustement ressources humaines/emplois. Le modèle précédemment établi autorise, en effet, les simulations des différentes politiques possibles d'embauche, de départ, de promotion… pour réduire les écarts prévus.

L'analyse, sur les années passées, de certaines lois de mouvements du personnel à partir des déterminants promotions (Δ_{SP} et Δ_{EP}) et des déterminants changements de métiers ou de fonctions (Δ_{MFs} et Δ_{MFe}) permet d'identifier des graphes reliant les emplois par famille professionnelle et les voies possibles de transition de carrière d'une famille professionnelle à l'autre. Chaque famille peut être définie par une catégorie spécifique du personnel (les agents de maîtrise, par exemple) ou par l'appartenance à un métier (les informaticiens). Soit, par exemple, le graphe suivant reliant les emplois des catégories de personnel des deux familles a et b, existant aux niveaux $n - 2$, $n - 3$, $n - 4$, $n - 5$ de la structure hiérarchique de l'entreprise (schéma 2).

Par exemple :

E^a_{n-5} = 144 chefs d'équipe

E^a_{n-4} = 48 contremaîtres

E^a_{n-3} = 12 chefs d'atelier

E^a_{n-2} = 3 chefs de groupe

E^b_{n-4} = 15 agents techniques du service des méthodes : 1er échelon

E^b_{n-3} = 8 agents techniques du service des méthodes : 2e échelon

L'indication du nombre des emplois existant à l'année t_0 et à l'année t_n $E^a_{n-2} \ldots E^b_{n-3} \ldots$ donne, en différentiel, l'importance des « débouchés poten-

Schéma 2

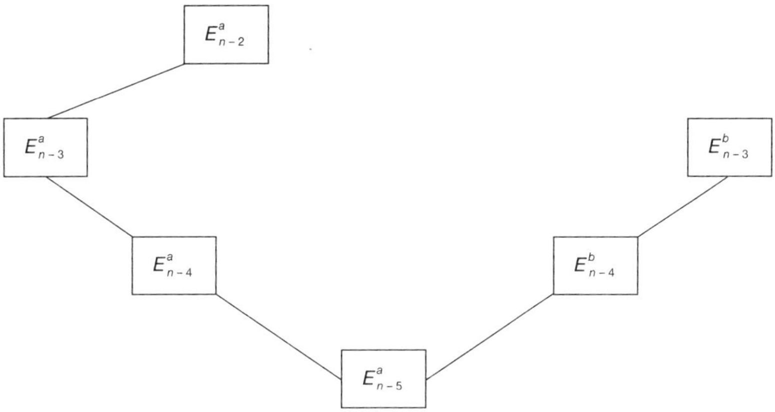

tiels de carrière » d'une branche particulière du graphe, d'autant plus que l'on peut également représenter la pyramide des âges du personnel concerné.

Ces représentations constituent ce que l'on peut appeler la « carte routière » des carrières possibles. Elle est, en particulier, très utile dans la gestion individuelle pour aider chaque personne à définir son itinéraire possible de carrière dans l'entreprise et à s'y préparer (section 3).

Les logiques que nous venons de résumer montrent la généralité de l'approche et la « puissance théorique » des études que l'on peut faire. Plus la taille de l'entreprise est grande, plus ces modèles sont réalisables et utilisables. Mais quelle que soit la valeur du modèle établi, la qualité de ses résultats dépend non seulement de la valeur des données de base (définition et inventaire des catégories de personnel, détermination des différents coefficients de variation dans le temps…), mais aussi des « capacités personnelles » des responsables à utiliser de tels modèles. En particulier, il serait inefficace de pratiquer de telles approches avant qu'un travail de fond n'ait été entrepris au niveau de l'administration du personnel. Nous savons également les difficultés à prévoir les emplois à l'horizon t_n, compte tenu des turbulences économiques de l'environnement.

Les changements radicaux des politiques d'emplois des entreprises face aux difficultés socio-économiques actuelles ont sérieusement mis en cause toutes ces démarches de gestion prévisionnelle quantitative des effectifs. Par suite, les entreprises ont développé leurs efforts de maîtrise du futur en revenant à plus d'individualisation dans la gestion de leurs ressources humaines.

3. L'approche individuelle

Lorsqu'un emploi est à pourvoir, un premier réflexe est de faire appel aux candidatures disponibles sur le marché du travail. Mais la mise en pratique de cette unique politique présente l'inconvénient majeur de démotiver le personnel devant l'absence de toute possibilité de promotion interne, et par ailleurs entraîne des difficultés dans le fonctionnement de l'organisation quand aucun candidat extérieur n'a la compétence recherchée ou quand le délai de recrutement et de mise en place est beaucoup trop long[21].

Ainsi, toute entreprise souhaitant pratiquer une politique cohérente de gestion du personnel (rémunération, promotion, formation, motivation...) doit avoir une politique de gestion de chacun de ses membres dans la perspective de répondre aux besoins d'emplois, tant dans le court terme que dans le futur. Cette gestion individuelle nécessite bien évidemment la connaissance des attentes de chaque individu.

L'ajustement entre les besoins en emplois de l'entreprise et l'attente de carrière de chaque individu peut être recherché à la fois dans une démarche de gestion prévisionnelle et dans une démarche de gestion préventive.

3.1. La gestion individuelle prévisionnelle

Il s'agit de prévoir les besoins d'emplois de l'entreprise fonction par fonction, de déterminer le potentiel professionnel de chaque ressource humaine, puis de chercher à réaliser l'ajustement emploi/ressource humaine.

3.1.1. La détermination des besoins d'emplois

La représentation la plus opérationnelle d'une structure d'entreprise s'opère sous forme d'un organigramme dans lequel on définit à la fois le poste de travail et l'individu qui l'occupe[22]. Soit l'organigramme à l'année t_0 d'une direction de l'entreprise (schéma 3).

Schéma 3

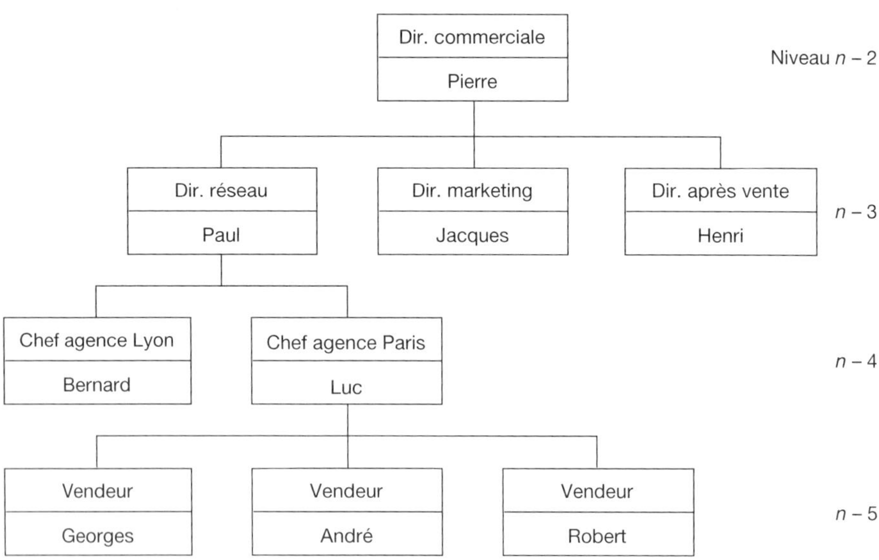

21. Pour le recrutement de certains cadres, il faut fréquemment envisager des délais de 6 à 18 mois : étude du poste à pourvoir/processus de recrutement/dégagement du cadre de son ancienne entreprise/période d'adaptation et d'intégration dans l'entreprise. Voir également dans cette Encyclopédie l'article de M. Lamy et F. Sarfati, « Recrutement des cadres », p. 2830, tome 3.

22. Voir dans cette Encyclopédie l'article de M. Kalika, « Organigramme. Organisation pratique de l'entreprise », p. 2156, tome 2.

L'établissement de l'organigramme prévisionnel à l'année t_n s'effectue selon deux voies :

– par la suppression ou la création de postes en fonction des développements de l'organisation de l'entreprise, dont l'évolution est liée aux démarches de la planification stratégique (avec indication de la date envisagée) ;

– par la détermination des emplois à pourvoir à la suite du départ d'un titulaire (départ à la retraite ou mutation promotionnelle).

Avant d'envisager de répondre à un besoin par des embauches extérieures, on regarde dans les ressources internes de l'entreprise celles que l'on pourrait préparer à ces futurs emplois. Il est évident que plus on dispose de temps ($t_n > t_0$), mieux on peut gérer valablement ces évolutions de carrière.

3.1.2. La connaissance du potentiel professionnel de chaque ressource humaine

Cette question suscite de longs développements, car si cette connaissance est un objectif clé de toute gestion des hommes, on ne peut jamais l'atteindre complètement. On cherche à cerner (esquisser) le potentiel professionnel de chaque ressource humaine par différentes approches d'évaluation : tests d'aptitude, tests de connaissances, entretiens d'appréciation, expérience professionnelle passée... expression des motivations personnelles de développement de carrière au cours d'entretiens d'orientation, résultats des actions de formation, etc.

Devant le nombre et la variété des paramètres à prendre en compte, certains modèles de traitement informatisé ont été élaborés, mais il est très difficile, sinon impossible, de formaliser dans une base de données personnelles ce qui a trait aux multiples facettes de la compétence d'un individu[23]. Aussi la connaissance du potentiel professionnel de chaque ressource humaine s'effectue-t-elle surtout au cours d'un dialogue entre les responsables opérationnels, qui peuvent témoigner de ses capacités professionnelles présentes, et un responsable de la fonction personnel qui s'efforce de constituer une base de données aussi complète et objective que possible, en mémorisant les résultats des différentes approches de connaissance des hommes concrètement utilisées dans l'entreprise.

La présentation de ces différentes pratiques nécessitent de longs développements que le lecteur pourra trouver dans les ouvrages cités dans les références bibliographiques.

A partir du moment où l'on doit faire la synthèse d'un vaste ensemble de variables et où les démarches rationnelles qui trouvent leur source dans l'hémisphère cérébral gauche sont trop complexes, on peut faire appel aux capacités d'intuition de l'hémisphère cérébral droit[24] en proposant à plusieurs responsables un support catalyseur de leurs intuitions. C'est

23. Nonobstant d'ailleurs les contraintes imposées par la loi « Informatique et libertés », voir par exemple : confidentialité requise, *versus* obligation de communication à l'intéressé, etc.

24. Rappelons les découvertes de R. Sperry sur le rôle des deux hémisphères droit et gauche de notre néocortex (voir R. Ribette, « Gestion stratégique des ressources humaines », *in La fonction ressources humaines,* Paris, Les Editions d'Organisation, 1992).

souvent le cas lors des pratiques d'utilisation des organigrammes de remplacement.

3.1.2.1. L'élaboration des organigrammes de remplacement

On prend l'organigramme (à t_0, ou éventuellement à t_n) et on pose pour chaque emploi la question : « par qui remplacer le titulaire actuel s'il disparaissait subitement ? ». Cette question peut être discutée entre le responsable de l'organisation et le responsable de la fonction personnel. Elle peut l'être également dans une commission élargie aux principaux responsables opérationnels de niveau hiérarchique supérieur aux niveaux hiérarchiques des emplois de l'organigramme étudié. On formalise par des flèches les hypothèses de remplacement ainsi évoquées (schéma 4).

Schéma 4

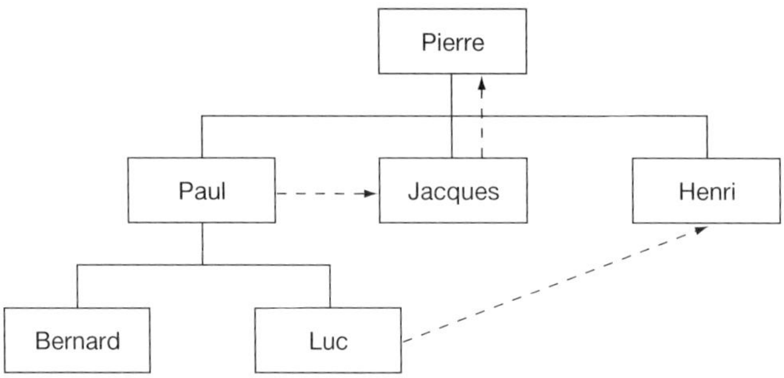

Une réflexion annuelle sur les organigrammes de remplacement est un excellent exercice de diagnostic du potentiel général des ressources humaines disponibles au sein de l'entreprise. Elle permet simultanément d'identifier ce que l'on peut appeler les « postes clés » de l'entreprise, c'est-à-dire ceux dont la bonne tenue est fondamentale pour un fonctionnement efficace de l'organisation. Cette gestion des postes clés est en général effectuée au niveau de la direction générale de l'entreprise, alors que la gestion des autres emplois est réalisée au sein des unités décentralisées.

Enfin, l'établissement des organigrammes de remplacement permet de distinguer les membres du personnel capables de prendre la succession des responsables d'emplois supérieurs. La gestion de ces personnes est souvent effectuée, elle aussi, au niveau de la direction générale en vue de déterminer des itinéraires individuels de carrière et les plans de formation afférents. Ces plans de carrière individuelle permettent de mieux préparer l'individu à une évolution éventuelle de sa carrière, dans l'hypothèse où, par exemple, il serait désigné comme successeur potentiel de tel emploi supérieur.

Mais il est difficile, sinon impossible, de faire connaître aux dauphins les hypothèses ainsi élaborées. Cela signifie que les actions d'accompagnement (mutations, formation) dans leur ensemble relèvent avant tout du pouvoir de décision de la direction générale. La démarche intuitive ainsi proposée n'interdit pas aux responsables de prendre en considération les attentes de développement de carrière exprimées par chacun lors d'entretiens d'appréciation ou d'orientation. Mais l'implication de l'individu est alors plus indirecte et sa motivation peut s'en ressentir. Quant à la démarche intuitive de la commission, elle risque de voir oublier des candidats tout à fait valables.

3.1.2.2. *Le fonctionnement d'une bourse interne des emplois*

Chaque fois qu'un emploi est (ou va être) à pourvoir, le poste considéré peut être « publié » dans l'entreprise afin que chaque candidat intéressé puisse se manifester. Si on crée ainsi un système complémentaire de détection des motivations d'évolution de carrière, très librement ouvert à chaque membre du personnel, on voit immédiatement les principaux risques inhérents à un mauvais fonctionnement de cette « bourse collective des emplois » :

– difficultés relationnelles entre le candidat et son supérieur hiérarchique et gestion des rapports conflictuels éventuels ;

– désillusion et démotivation des candidats non retenus, auxquels on n'aurait pas expliqué de façon suffisamment positive les motifs du refus en réfléchissant avec lui à d'autres possibilités d'évolution personnelle ;

– lourdeur (principalement dans le temps de réponse et dans la gestion des procédures) du système de bourse des emplois, lorsqu'il y a urgence à pourvoir un emploi et/ou qu'un candidat successeur s'impose déjà de lui-même.

Ainsi, si le système de la publication régulière d'une bourse des emplois est satisfaisant pour l'esprit et correspond d'ailleurs à de fréquentes revendications des représentants du personnel, son fonctionnement ne peut être efficace que si, au préalable, il existe déjà un système bien rodé de gestion des ressources humaines. Il peut donc venir compléter un processus déjà opérant, mais difficilement être le point de départ d'un nouveau système.

3.2. La gestion individuelle préventive

Les démarches très positivistes de gestion prévisionnelle que nous venons de décrire ressortissent de l'application des deux grands principes suivants que l'on trouve également dans les fondements du taylorisme :

– la croyance, pour la bonne gestion d'une organisation, en la supériorité d'un pilotage centralisé sur la somme des pilotages de chaque acteur ;

– l'espoir d'une organisation possible de l'action dans le présent, par une maitrise consciente et volontariste du futur.

C'est, le plus souvent, la direction générale qui définit et gère un tel système de gestion prévisionnelle des ressources humaines. Certes, les individus y sont associés, principalement par le biais des entretiens d'appréciation ou d'orientation, mais c'est finalement la direction qui décide des plans de préparation et de l'affectation d'un individu à un poste donné.

Par ailleurs, toute démarche positiviste de planification de l'action s'appuie sur la fixation d'une hypothèse d'un futur voulu consciemment, et sur une organisation déterministe de l'action pour atteindre l'objectif retenu. Ceci n'est possible que dans un environnement peu turbulent et relativement stable. Or, les entreprises se trouvent de plus en plus confrontées à des degrés croissants de complexité et d'incertitude de leurs environnements, nécessitant d'utiliser dans leur management les modèles des sciences du complexe élaborés pour l'étude des systèmes ouverts ainsi que de mettre en œuvre des démarches constructivistes venant compléter les approches positivistes traditionnelles[25].

Il faut répondre à la complexité par la complexité et à l'incertitude par la génération d'aléatoire et par la créativité, en s'appuyant sur toutes les capacités du cerveau de chaque homme qui, avec ses milliards de neurones, est le point d'orgue de la complexité et le générateur à l'infini d'informations nouvelles grâce aux capacités d'imagination créatrice de son néocortex.

Ainsi, la gestion préventive est avant tout une démarche flexible et ouverte. Il s'agit de développer chez chaque individu les capacités à faire face à l'imprévisible (non pas donc « voir avant » ou prévoir puis agir, mais « agir avant » afin de prévenir un futur que l'on ne peut connaître, c'est-à-dire se mettre en mouvement avant de connaître le but du voyage). Ceci passe, pour chacun, par une connaissance préalable de soi (bilan individuel) et la mise en œuvre d'un plan de développement de ses aptitudes (plan de développement personnel). Il faut également que chaque individu engage toutes ses motivations dans le processus d'élaboration de son projet personnel, allant au-delà de ses activités professionnelles, lui permettant ainsi d'être l'entrepreneur conscient de sa propre vie. Pour ce faire, l'organisation de l'entreprise doit offrir des zones de liberté (ce que M. Crozier appelle des zones d'incertitudes) et adopter un style d'animation permettant l'expression et la réalisation simultanées de projets individuels et de projets collectifs[26].

3.2.1. Bilan individuel et projet personnel et professionnel

Par opposition aux démarches curatives de reconversion d'individus « malades de leur emploi », il faut agir préventivement avec des personnes en pleine santé professionnelle et réaliser en quelque sorte un *check-up* professionnel personnel. Ce bilan s'opère en dialogue avec l'entreprise, mais doit être ouvert sur tous les systèmes externes[27] capables de l'enrichir : centres d'information et d'orientation, organismes de formation continue, experts divers, etc. Il ne peut donc être conduit que par l'intéressé lui-même. Ce bilan doit être l'occasion pour chacun de faire le point sur sa propre vie, de connaître ses capacités et de déterminer un plan de développement personnel, induisant conséquemment des attitudes de consommateur actif vis-à-vis des systèmes de formation continue, alors que bien souvent chacun subit un système de formation « sur catalogue » défini *a priori* et par conséquent correspondant mal aux besoins ressentis des formés.

Ce bilan individuel de connaissance de soi doit induire des programmes de développement personnel agissant sur les trois niveaux à réguler dans tout

---

25. Il s'agit de développer un nouveau « génie managérial » (en tant qu'« art des constructions managériales ») que l'on peut qualifier de « management par construction de projets ». Voir les tomes 2 et 4 de l'*Encyclopédie des ressources humaines*, Térence, Les Editions d'Organisation, 1993, 1994.

26. Voir le tome 4 « Projets individuels et collectifs, construction et régulation » de l'*Encyclopédie des ressources humaines*, Térence, Les Editions d'Organisation, 1994.

27. Ces stages ont été initialisés à la fin des années 1970. Voir par exemple les stages Perspectives de l'APEC, les stages de pilotage de carrière de Développement et Emploi ; voir également les actions de bilan professionnel organisées par l'Ecole Centrale ; voir enfin les centres de bilans d'expérience personnelle et professionnelle, mis en place dans les régions, par la circulaire n° 36 du 17 mars 1986 du ministère du Travail, de l'Emploi et de la Formation professionnelle.

individu : le physique, l'émotionnel et le mental. Ainsi, ces programmes doivent permettre à chacun une meilleure gestion de ses propres « ressources humaines » pour mieux conduire son projet personnel de vie.

Comment, à partir d'un bilan, construire son « projet personnel et professionnel » dans la dialectique « individuel/collectif » ?

L'éternel débat entre l'individuel et le collectif se nourrit des recherches d'un bon management des synergies souhaitées et des inévitables antagonismes entre les projets individuels et les projets collectifs indispensables à toute vie en société.

Jusqu'à présent, les systèmes d'ajustement mis en place ont été fortement marqués des « volontés politiques », parfois opposées dans leurs finalités, soucieuses de privilégier dans la gestion soit la dimension collective soit la dimension individuelle.

Les limites du « tout collectif », tant sur le plan de certaines idéologies que dans les conceptions des rôles possibles de la société (comme celui de l'« état providence »), sont maintenant bien connues. Cependant, ce n'est que depuis quelques années que les méthodes de gestion du personnel ont évolué en diminuant l'importance des régulations collectives au bénéfice de l'émergence d'une plus grande personnalisation. Ainsi, sans vouloir être exhaustif, on peut citer :

– l'individualisation des rémunérations, amorcée dans les entreprises à la fin des années 1970 ;

– les bilans individuels de compétence pour ingénieurs et cadres en cours de carrière, qui ont vu le jour à la fin des années 1970 et qui viennent d'être institutionnalisés par la loi ;

– le développement des différents congés individuels de formation, de recherche, du congé parental… ;

– l'apparition progressive de méthodes de formation mettant l'accent sur les questions d'autocontrôle et d'élaboration par les participants de leur propre plan de formation ;

– sur le plan statutaire de la relation de la personne au travail, la loi du 11 février 1994[28] pour le développement du travail indépendant.

Nous pourrions aussi évoquer les nouvelles démarches managériales qui s'appuient sur les principes des épistémologies constructivistes ainsi que sur une meilleure prise en compte par chaque acteur de la gestion de ses propres ressources humaines.

Par ailleurs, sans vouloir évoquer toutes les problématiques actuelles de l'emploi, nous savons que les prévisions de flux annuel de sortie de l'enseignement supérieur, de diplômés à bac+4 et au-delà, vont atteindre prochainement un niveau entre 200 000 et 250 000 titulaires. Ainsi, face à une « demande » des milieux professionnels, qui dans la meilleure année de cette dernière décennie a été de 80 000 embauches, la question est aujourd'hui posée, non seulement d'une nouvelle relation entre l'obtention d'un diplôme et la réussite d'un projet professionnel, mais aussi d'une redéfinition pour les entreprises de leurs politiques d'embauche, de promotion interne, et par conséquent de formation.

---

28. Dite loi Madelin.

Ce sera donc un des enjeux principaux de la gestion du personnel de demain de trouver les nouveaux ajustements nécessaires entre le projet professionnel, le projet personnel et les projets de formation afférents. En effet, la simple acquisition de diplômes ne suffira plus. Il va falloir que chaque personne apprenne à construire et à reconstruire en permanence un niveau de qualification reconnue, dans des champs de compétence professionnelle incertains et complexes. Par exemple, le Conservatoire national des arts et métiers s'efforce d'initialiser quelques pistes de réponses possibles à ces différentes problématiques ; pour cela :

– il structure l'organisation de ses enseignements afin de faire acquérir à chaque auditeur une compétence opérationnelle dans un champ professionnel donné (délivrance de certificats de compétence) ;

– il propose aux auditeurs intéressés de suivre un cursus intitulé « projet personnel et professionnel » afin qu'ils puissent tracer, chacun pour soi, leurs propres itinéraires, développant ainsi leur autonomie et leur mobilité dans des environnements évolutifs et imprévisibles.

Ainsi, chaque auditeur pourra mieux construire son propre chemin de formation, en définissant à la fois son projet personnel et un projet professionnel, en référence permanente aux champs de compétence qu'exigera le monde de demain.

3.2.2. La gestion préventive, facteur de recherche de l'équilibre ordre/désordre et mode de gestion de l'incertitude et de la complexité

Il s'agit par des démarches de gestion préventive, engagées par chaque acteur de l'organisation, de répartir la complexité croissante de nos organisations en complexités maîtrisables au sein de plusieurs cellules et de construire le futur à la lumière du présent et du passé. Nous y gagnons en coût de fonctionnement et surtout en efficacité pour la maîtrise de la complexité et de l'incertitude, grâce à cet appel aux « ressources internes » de chaque individu.

Nous savons que les potentialités des cerveaux (imagination créatrice) permettent de générer de l'aléatoire[29] afin de faire face aux incertitudes des situations rencontrées.

Par ailleurs, P. Pointu[30] avance que : « La complication du système doit être remplacée par une complexité répartie, fondée sur le développement de la complexité humaine à tous les niveaux et dans les systèmes simples ; la ressource humaine devient ainsi un facteur stratégique de gestion des organisations.

L'initiative du plus grand nombre, et pas seulement celle des cadres, les intelligences et les imaginations délaissées constituent la grande réserve disponible de complexité et de capacité d'adaptation. Nous n'en connaissons même pas les limites. Il est inévitable d'y faire appel et de la développer, même là où le progrès technologique permet de rendre plus flexible l'atelier taylorien.

---

29. Ainsi Jacques Mélèze rappelle que, volontairement, dans le système de pilotage du projet Apollo, on avait intercalé des hommes dans le système de pilotage automatique, *in L'analyse modulaire des systèmes de gestion,* Paris, Hommes et Techniques, 1982.

30. P. Pointu, « La complexité pousse à la révolution », *Arts et Manufactures* (mars 1986).

Un certain type de désordre[31] est inséparable de l'implication et de l'initiative du plus grand nombre : les réponses aux aspirations à plus d'identité, d'autonomie et de différences ne peuvent être que diversifiées, locales et individualisées ; l'initiative, c'est faire ce qui n'a pas été prévu par la règle et sortir du cadre préétabli ; l'innovation, c'est la perturbation économique et sociale par excellence. Pour le responsable, c'est susciter de l'imprévu et de l'incertitude derrière lui, alors que le dirigeant taylorien cherche à supprimer celle-ci en construisant une machine la plus mécanique possible dont on connaît à l'avance toutes les réactions.

Pour fédérer l'initiative du plus grand nombre sur des buts communs, le responsable ne peut pas compter sur l'imposition d'une manière de faire ou sur la multiplication des règles et des directives, outils simples qui étouffent la réactivité en ne connaissant que l'ordre ou le désordre. Il lui faut au contraire associer un certain type d'ordre sans lequel rien ne se fait et un certain type de désordre vital, indispensable à la réactivité et à l'innovation.

Le facteur d'ordre nécessaire au gouvernement de l'entreprise à complexité humaine devient l'adhésion réfléchie du plus grand nombre à une certaine idée du bien commun, à une vision crédible d'un futur désirable commun. C'est par un règlement de sens que le règlement d'ordre pourra favoriser la vitalité au lieu de l'étouffer.

L'ordre vient de ce que chacun souhaite aussi davantage appartenir à un ensemble qui l'aide à donner un sens à son travail, un sens qui ne soit pas seulement d'ordre moral ou utilitaire. Chacun cherche son bonheur personnel, mais avec une certaine idée du bien commun. Plus celle-ci sera forte et partagée, plus pourra être favorisé le foisonnement des motivations individuelles dans leur diversité. De même, ce qui oriente par avance les initiatives et les innovations, c'est l'idée que l'on se fait de ce qui sera reconnu et valorisé, de ce qui recueillera le soutien des autres et pourra aboutir ».

Ainsi, le projet d'entreprise accepté est celui qui partage avec les projets individuels de chaque membre de l'entreprise un minimum de sens, c'est-à-dire un système de valeurs communes[32].

*

* *

La découverte des limites des approches prévisionnelles de gestion des ressources humaines a progressivement amené les responsables à développer des approches de gestion préventive, axées sur une plus forte responsabilisation de chaque membre de l'entreprise, et s'inscrivant dans un management

31. Pour qu'il y ait des zones avec accroissement de néguentropie, il faut qu'il y ait des réserves d'entropie. Autrement dit, l'ordre se construit à partir du désordre. Voir H. Atlan, *Entre le cristal et la fumée*, Paris, Le Seuil, 1979 ; voir également le jeu des acteurs dans les zones d'incertitude de l'organisation décrit par M. Crozier dans *L'acteur et le système*, Paris, Le Seuil, 1979. Voir également le tome 2 de l'*Encyclopédie des ressources humaines*, Térence, Les Editions d'Organisation, 1993.

32. Pierre Delaporte, président d'EDF, rappelait qu'il avait à gérer 100 001 projets, celui de l'EDF et les projets individuels des 100 000 salariés. Voir le tome 2 de l'*Encyclopédie des ressources humaines*, Térence, Les Editions d'Organisation, 1993.

découlant de l'utilisation des sciences du complexe élaborées pour l'étude des systèmes vivants. L'approfondissement de ces nouvelles pistes, complémentaires et non opposées à celles de la gestion prévisionnelle traditionnelle[33], fait partie de la « construction progressive » d'un nouveau génie managérial s'appuyant sur les épistémologies positivistes et sur les épistémologies constructivistes.

Pour conclure, je voudrais rappeler cette recherche de sens qui se développe tant sur le plan collectif qu'individuel. Cette recherche me paraît tenir d'un nouvel humanisme plaçant l'homme au centre[34] des démarches de gestion de l'entreprise, et le laissant responsable de son évolution personnelle.

Ainsi la « gestion à temps » des ressources humaines (prévisionnelle et préventive) consiste à favoriser le développement de conscience de chaque être. C'est le nouveau pari sur l'homme que nous avons à faire.

Références

ATLAN H., *Entre le cristal et la fumée,* Paris, Le Seuil, 1979.

BOISSONNAT J., « L'emploi sans croissance », *Ouest France* (29 août 1987).

COLLOQUE ECOLE CENTRALE/ESSEC, *Management individuel de carrière face à la gestion collective des ressources humaines,* Paris, 14 mai 1986.

CROZIER M., FRIEDBERG E., *L'acteur et le système,* Paris, Le Seuil, 1979.

DÉVELOPPEMENT ET EMPLOI, *L'orientation professionnelle continue,* Paris, FNEGE, 1985.

MATHIS L., *Gestion prévisionnelle et valorisation des ressources humaines,* Paris, Les Editions d'Organisation, 1982.

MINTZBERG H., « Planifier à gauche et gérer à droite », *Harvard-L'Expansion* (hiver 1976-1977), p. 74-85.

POINTU P., « La complexité pousse à la révolution », *Arts et Manufactures* (mars 1986), p. 14-16.

RIBETTE R., « Animation et gestion de l'encadrement en situation de crise », *Humanisme et Entreprise* (1985).

RIBETTE R., « Approche systémique de la dimension personnel dans l'entreprise et gestion stratégique des ressources humaines », *in La fonction ressources humaines,* Paris, Les Editions d'Organisation, 1992.

RIBETTE R., « Direction et politique du personnel », *in Techniques de l'Ingénieur* (1982).

RIBETTE R., « Personnel, Persona, Personne ou Personnalité », *Personnel ANDCP* (n° 283, janvier 1987).

RIBETTE R., « Quelle gestion des hommes pour quels progrès ? », *Personnel ANDCP* (n° 271, septembre 1985).

RIBETTE R., « Techniques de gestion du personnel », *in Techniques de l'Ingénieur* (1984).

RIBETTE R., « Organisations apprenantes et gestion par chaque acteur de ses propres ressources humaines », Séminaire interactif d'Aix-en-Provence en mai 1995 sur le thème : « L'entreprise apprenante et les sciences de la complexité ».

RIBETTE R., « De l'objectif de plein emploi au projet de pleine activité », *Personnel ANDCP* (juin 1995).

TÉRENCE (groupe), *Encyclopédie des ressources humaines,* t. 1 et 2 (1993), t. 3 et 4 (1994), Les Editions d'Organisation.

---

33. Rappelons que si nous avons un cerveau droit qu'on peut espérer mieux utiliser, nous avons aussi un cerveau gauche qu'il faut continuer à bien exploiter.

34. C'est Cicéron, traduisant éthique par morale, qui le premier définit le concept d'humanisme comme un « mode de vie plaçant l'homme au centre ».

Mots clés

Besoins prévisibles d'emplois, bilan individuel, bourse interne des emplois, carte routière des carrières possibles, constructivisme, emplois par famille professionnelle, formations en alternance, génie managérial, gestion de l'incertitude et de la complexité, gestion de ses propres ressources humaines, gestion préventive, gestion prévisionnelle, gestion qualitative des ressources humaines, gestion quantitative des ressources humaines, investissement formation, management par construction de projets, modèle de gestion quantitative des effectifs, organigramme de remplacement, organigramme prévisionnel, organisation apprenante, organisation qualifiante, plan de carrière individuelle, plan de développement personnel, positivisme, poste clé, productivité, projet d'entreprise, projet individuel, projet personnel et professionnel, qualification des emplois, recherche de sens, ressources humaines, système de valeurs.

Gestion de l'emploi dans l'organisation productive

75

Bernard de Montmorillon

Le terme « emploi » est l'un de ceux dont le sens est désormais d'autant plus flou que son usage s'est généralisé. L'individu à la fin de ce siècle s'inquiète pour l'emploi qu'il craint de perdre ; l'homme politique scrute l'évolution de la situation de l'emploi, gage de sa réélection ; le dirigeant d'entreprise, échaudé par nombre d'accords qu'il n'a pu tenir, hésite entre gestion prévisionnelle et gestion préventive de l'emploi. Bref, l'emploi est au cœur de toutes les préoccupations, sans qu'on sache précisément de quel emploi il s'agit. Un trait commun relie toutefois les différentes acceptions qui viennent d'être évoquées : elles caractérisent toutes une relation entre un individu et une occupation productive. Ce trait commun ne saurait étonner puisque, précisément, il renvoie à l'étymologie du terme : emploi vient de *implicare*, relier. L'ambiguïté croissante de ce mot est alors associée à la complexité des relations qui, désormais, relient les individus aux occupations par lesquelles ils contribuent à créer des richesses.

Au siècle dernier, la question de l'emploi ne se posait guère. Le paysan n'est pas un employé, c'est un métayer, un fermier ou un propriétaire qui exploite sa terre. Le terme d'employé est réservé à ceux qu'occupe un usage domestique – les employés de maison dit-on aujourd'hui – et qui reçoivent des gages en contrepartie. Avec le développement de l'entreprise industrielle, une nouvelle forme de relation entre individu et occupation se généralise : l'affectation à un poste de travail. Souvent précaire à l'origine, cette relation est peu à peu encadrée par le droit du travail, les conventions collectives ou les accords d'entreprise. Elle répond à une logique claire, théorisée par Frédéric Taylor et son *Scientific Management* (1911) : l'occupation de l'ouvrier, son travail, peut être scientifiquement analysée de façon que soit repérée la meilleure méthode d'exécution ; il ne reste plus qu'à sélectionner l'individu apte à réaliser les tâches prescrites, et à l'y inciter en le stimulant par des primes liées au rendement. Cette fameuse logique taylorienne ramène la gestion de l'emploi à celle des postes : ceux-ci sont généralement classés dans une grille hiérarchisée (une classification) avalisée selon les branches, par convention collective ou par arrêté comme cela a été le cas en France avec les « arrêtés Parodi » de 1945.

Dans un tel contexte industriel, les tâches administratives restent peu importantes en termes d'effectif. Henri Fayol (1916) les dissèque avec une précision telle que sa vision s'imposera jusqu'à la fin du siècle. On lui doit la représentation fonctionnelle qui, croisée avec la logique taylorienne, fonde le modèle dominant de l'entreprise du XXe siècle : une hiérarchie organisée par grande fonction qui coordonne les activités d'individus affectés à des postes précisément classifiés. A la gestion des postes s'ajoute celle des promotions, c'est-à-dire le passage d'un niveau inférieur de la classification au niveau supérieur en fonction du mérite ou de l'ancienneté. A la promotion est lié l'accroissement du pouvoir et de la rémunération.

Il apparaît clairement que dans le monde industriel tel qu'il vient d'être présenté, de façon certes sommaire mais cependant réaliste, la gestion de l'emploi est d'abord une gestion du travail, de la relation entre l'individu et la tâche à exécuter. La période de forte croissance économique qui suit la Seconde Guerre mondiale permet à cette relation de s'inscrire dans un contexte stable, qui fait progressivement du contrat à durée indéterminée (CDI) le cadre juridique dominant. La relation à une activité entraîne implicitement la liaison durable à un pourvoyeur d'activité. L'employé bénéficie de la sécurité de l'emploi du fait même du contrat qui le lie à l'employeur et qui cependant ne précise, en règle générale, que le premier poste auquel il sera affecté. La gestion de l'emploi prend alors une nouvelle dimension : elle devient la gestion des effectifs employés par l'entreprise. De même, d'un point de vue global, l'emploi désigne progressivement l'ensemble des effectifs des différentes entreprises. Le cercle est bouclé. Les trois acceptions évoquées plus haut retrouvent leur cohérence. Trouver un emploi (pour un individu), gérer l'emploi (pour un manager), et réduire le chômage pour un politique, toutes ces activités renvoient à la même réalité : la relation employé-employeur telle qu'elle s'est progressivement stabilisée à partir de la relation individu-poste de travail, clef de voûte de l'emploi industriel.

Mais voilà que la crise du début des années 1990 remet en cause, et tout particulièrement en France, cette stabilisation et par là même toute la dynamique de la gestion de l'emploi dans les organisations productives : les plans sociaux – qui par un curieux renversement sémantique signifient programmes de licenciement – se succèdent à un rythme accéléré jamais encore observé dans ce pays sauf, sans doute, depuis les mises à pied consécutives à la défaite de 1870 ! Bien plus, les cadres, cette catégorie franco-française symbole de la promotion et de la réussite sociale, sont menacés dans ce qui fait leur statut, la permanence de leur emploi : privés de rémunération et sans patrimoine personnel, ils sont de plus en plus nombreux à se rapprocher de la pauvreté. Ces bouleversements pudiquement qualifiés de « situation difficile de l'emploi » posent la question fondamentale de la relation entre l'individu et l'entreprise. Le modèle industriel classique que l'on vient d'évoquer ne semble plus capable de rendre compte de cette relation et, donc, de la gestion de l'emploi dans les organisations productives.

La logique de la réflexion s'impose alors : une première section décrira les faits en mettant en évidence les principales mutations qui caractérisent depuis vingt ans la relation entre l'individu, le travail et l'entreprise. On cherchera ensuite à rendre compte de ces faits au travers des principaux modèles qui en proposent l'interprétation. Enfin, une dernière section examinera, à la lumière de ces interprétations, les pratiques qui se mettent en place progressivement et font émerger les contours d'une nouvelle gestion de l'emploi dans l'organisation productive.

1. La relation d'emploi à l'épreuve des faits

L'entreprise industrielle a longtemps assis sa compétitivité sur sa capacité à maîtriser le coût de ses produits. Cette contrainte l'a conduite à adapter le travail à l'outil et à accroître la quantité de sa production. C'est que le produit était sinon homogène du moins peu différencié et que le coût moyen restait l'argument principal de vente. Depuis le début des années 1970, l'activité productive des entreprises s'est à ce point transformée, comme on va le voir, que la représentation industrielle ne suffit plus à la caractériser.

1.1. De l'échange à la transaction

Le constat est patent et chacun le connaît : l'économie de la fin du XXe siècle est une économie de services. Cette « troisième » catégorie d'activités que Colin Clark puis Irving Fisher ont défini par défaut, en y classant ce qui ne pouvait être rattaché ni à l'agriculture, ni à l'industrie, contribue désormais pour l'essentiel à la richesse des nations. En 1990, 64 % de la population active française appartient au secteur tertiaire : services non marchands (19 %), services financiers (3 %), services marchands (23 %), transports et télécommunications (6,5 %) et commerce (12,5 %). Si l'on considère que dans les activités primaires et secondaires les cols blancs représentent plus de la moitié de l'emploi, plus de 80 % de la population active est occupée à rendre des services, marchands ou non marchands, à des prestataires[1] extérieurs ou au sein d'une même organisation.

Dans un tel contexte, la compétitivité de l'organisation productive ne repose plus d'abord sur la maîtrise relative du coût moyen de production, mais bien plutôt sur la maîtrise de la prestation de service. Or, curieusement, l'analyse économique de la prestation de service reste encore très peu développée. Ainsi, la reflexion stratégique reste-t-elle marquée par les concepts issus de l'analyse industrielle[2]. L'examen de la concurrence fait généralement référence à la notion de marché, elle-même définie par rapport à un produit. Qu'est-ce donc qu'un oligopole sinon un petit groupe de vendeurs d'un produit suffisamment homogène pour que la production de l'un des acteurs puisse se substituer à celle d'un autre ? Et la concurrence monopolistique n'envisage-t-elle pas implicitement le produit substituable quand elle met en évidence la différence entre la demande attendue par le vendeur et la demande effective ? Dès lors la réflexion stratégique, quel que soit le lieu où elle s'élabore, au centre de l'organisation ou à sa périphérie, cherche à positionner le produit, certes avec tous les services qui l'accompagnent désormais, sans se demander si ce n'est pas plutôt, d'abord, la prestation qu'il

1. Le terme prestataire est ambigu puisqu'il désigne en français à la fois celui qui reçoit la prestation et celui qui la rend. On utilisera ici le néologisme « prestateur » pour qualifier le second.

2. Voir dans cette Encyclopédie l'article de J.M. Chevalier, « Stratégie d'entreprise et économie industrielle », p. 3043, tome 3.

conviendrait de positionner, certes avec tous les produits qui peuvent la composer. De même, les hommes de marketing approfondissent-ils jour après jour la connaissance du comportement du consommateur[3]. Ils étudient la façon dont l'information est mémorisée, les conditions dans lesquelles se forment les attitudes, les différents facteurs qui influencent le comportement, qu'il s'agisse de caractéristiques individuelles ou de variables environnementales, ou encore les processus qui conduisent à la prise de décision d'achat. Ils ont, pour tester leur construction, un vaste public, celui qui se presse aux caisses de la grande distribution. Mais ils omettent souvent de s'interroger sur la permanence de ces comportements selon que le consommateur désire se procurer un bien ou qu'il attend une prestation de service.

Bref, la relation entre l'offre et la demande nécessite un réexamen complet, puisque la transaction ne peut plus être caractérisée par l'échange d'un produit et doit l'être par la prestation d'un service. Quelles sont donc les caractéristiques principales d'une telle transaction ? De nombreuses recherches se consacrent à cette question, qui ne semblent pas avoir encore abouti. Une des constructions les plus significatives reste celle de P. Eiglier et E. Langeard (1986) qui proposent le terme de « servuction » pour rendre compte de l'ensemble des activités qui concourent à la prestation d'un service. Ils insistent, ce faisant, sur quelques-unes des caractéristiques fondamentales d'une telle prestation. La relation de service, en tout premier lieu, est immatérielle. Truisme sans doute, mais que l'on n'a guère pris le soin d'examiner. Le « prestateur » ne peut pas stocker le résultat de son activité ; il ne peut se constituer de matelas de sécurité et ne travaille qu'en flux tendus. La relation au temps productif ignore la séquence, et notamment la séquence marxiste qui considère la succession capital – marchandise-capital. En l'occurrence, la production est inséparable de la consommation. Mais alors, et c'est une autre des caractéristiques soulignées par P. Eiglier et E. Langeard, le bénéficiaire des services, le prestataire, participe à la prestation non pas en évaluant les avantages relatifs d'un produit disponible sur le marché, mais en développant une relation durable avec le prestataire. Sans sa contribution le service ne pourrait être rendu[4].

Le diagnostic pourrait être approfondi. Il suffit, ici, de montrer que l'entreprise à la fin du XXe siècle développe avec ses clients des transactions qu'on ne peut plus analyser avec les seules constructions issues de l'analyse classique. Elle est prestataire de services, beaucoup plus que fabricant de produits. Bien évidemment, la production matérielle n'a pas disparu de l'activité économique. On assiste même à l'homogénéisation croissante de nombreux produits nouveaux, comme par exemple les logiciels fournis par les constructeurs informatiques. Cependant la transaction de service est devenue centrale et concerne toutes les organisations productives. Elle est largement immatérielle et implique la participation du destinataire. Elle est avant tout relationnelle. Pas de prestations sans prestataires, mais pas non plus sans prestateurs. Et c'est là que surgit à nouveau la question de l'emploi à l'issue de ce rapide

3. Voir dans cette Encyclopédie l'article de C. Pinson et A. Jolibert, « Comportement du consommateur », p. 372, tome 1.

4. Voir également dans cette encyclopédie l'article de P. Eiglier, E. Langeard et V. Mathieu, « Marketing des services », p. 1937, tome 2.

détour. L'organisation productive, pour assurer la prestation, a besoin de prestateurs et non pas seulement de producteurs – ouvriers au travail – transmettant le résultat de leur production à une force de vente chargée de la proposer au marché (ou de négocier un référencement favorable).

Ce constat est à l'origine de la transformation profonde des attentes de l'organisation productive vis-à-vis des individus dont elle coordonne l'activité. Non seulement la prestation caractérise la relation entre l'entreprise et ses clients, mais elle tend aussi à se généraliser à l'intérieur de l'organisation. Ainsi chacune des « unités élémentaires de travail » constituées à l'usine de Flins depuis l'industrialisation de la Clio regroupe une vingtaine de personnes, est responsable d'une activité déterminée et développe des relations de service avec ses clients et ses fournisseurs internes ou externes. L'individu membre d'une équipe de prestation ne peut plus être recruté sur ses seules capacités à exécuter une tâche matérielle, prédéfinie par un bureau des méthodes. En la matière, les entreprises ont progressivement substitué la compétence à l'aptitude.

1.2. De l'aptitude à la compétence

L'ambiguïté du terme compétence est au moins aussi grande que celle du terme emploi à laquelle il a été fait allusion plus haut. Elle provient de la même origine, le succès rencontré par l'usage du concept, et témoigne sans doute d'une évolution parallèle des pratiques managériales. L'emploi industriel s'est transformé en emploi de service et l'exigence d'aptitudes en exigence de compétences. Le souci de l'employeur classique – c'est-à-dire, ici, taylorien – est de repérer les employés aptes à tenir les postes de travail pour lesquels ils sont recrutés. Pour ce faire, il lui faut une description de ces postes en termes d'aptitudes et c'est précisément ce à quoi s'emploient les principales méthodes de classification qui prolifèrent, notamment après la dernière guerre. La plus connue d'entre elles est la méthode Hay qui repère trois principaux critères classant la compétence, l'initiative créatrice et la finalité. En l'occurrence, la compétence est définie comme un ensemble de connaissances, de capacités managériales et de capacités humaines. Elle est prise en compte, avec le degré d'exigence d'initiative et l'étendue des responsabilités pour évaluer le poste et *ipso facto* le classer relativement aux autres. La perspective reste ici centrée sur le poste, voire sur la fonction et non pas sur l'individu et il n'est de compétences que de compétences requises.

Avec la généralisation de la prestation de service, l'importance relative dans les compétences requises des aptitudes physiques et des connaissances se fait moins grande au profit des capacités managériales et des capacités humaines. Outre d'indispensables connaissances liées au champ de la transaction (santé, organisation, finance, loisir...), la prestation d'un service requiert la maîtrise de pratiques relationnelles, et ce d'autant plus que le service est plus immatériel, que sa prestation s'allonge dans le temps et que le prestateur y participe. Le repérage de telles compétences requises devient essentiel. De nombreuses grilles d'analyse des tâches à exécuter sont proposées ; elles insistent tantôt sur l'autonomie nécessaire, tantôt sur l'innovation, tantôt encore sur la capacité à convaincre, à fédérer ou à animer. Mais alors la tâche de l'employeur se fait beaucoup plus difficile. Non seulement il lui faut classer des aptitudes sociales, mais encore il lui faut les repérer chez les candidats aux fonctions proposées. La compétence ne caractérise plus seulement un emploi (compétence requise), elle devient une caractéristique recherchée chez l'individu (compétence acquise ou potentielle). L'analyse des compétences prend un nouveau tour. D'un côté, on cherche à décrire des postes ou des fonctions en termes de compétences, de l'autre à repérer chez les individus ces mêmes compétences ; le concept apparaît alors à l'intersection entre l'individu et l'occupation dans l'entreprise. Son succès est considérable dans les années 1980, durant lesquelles s'impose la typologie standard : savoir, savoir-faire, savoir-être. Ces déterminants sont déclinés aussi bien en termes d'exigences (description de poste, répertoire métier, emploi type) qu'en termes de capacité acquise ou potentielle.

Le fameux accord « Cap 2000 » (Usilor Sacilor) se situe dans cette perspective, qui envisage à la fois l'évolution des métiers de la sidérurgie et la formation des salariés à ces mutations, dans une problématique délibérée de gestion prévisionnelle. Mais c'est là que le bât blesse. Autant il apparaît possible de repérer et d'analyser les caractéristiques requises – et notamment managériales et humaines – pour l'exercice d'une fonction, autant l'opération est beaucoup plus malaisée quand il s'agit d'apprécier les individus. G. Donnadieu (1993) distingue deux manières d'opérer pour mesurer les compétences : la mesure *in vitro* et la mesure *in vivo*. La première considère « directement la personne ». Selon l'auteur, relèvent de cette démarche l'examen, le concours, l'essai professionnel et les récents *assessment centers* qui organisent des tests de mise en situation. La seconde méthode s'attache, au contraire, à fonder l'évaluation sur l'observation du comportement de la personne dans son milieu de travail et sur une longue période. G. Donnadieu souligne les limites de ces deux pratiques et préconise d'abord de « mieux connaître les emplois et les activités ». On ne peut qu'adhérer à ce projet et en souligner les implications. Les organisations productives définissent désormais leur activité en termes de compétences. La compétence est une capacité d'action en situation, selon la définition synthétique de G. le Boterf (1994). Le repérage des compétences requises pour un poste, une fonction, un emploi type ou un métier relève d'abord de l'expertise des praticiens. Enfin l'appréciation des compétences des individus, de leur « savoir agir reconnu », relève de l'observation prudente et conduite avec discernement de leur comportement passé tout autant que du pari sur l'évolution de ces comportements.

1.3. De la compétence à la motivation

C'est là toute la question. En effet, le comportement futur n'est pas plus la projection du comportement passé que la conjoncture à venir n'est la simple extrapolation de la tendance passée. Très curieusement, alors que les managers ne croient plus guère aux prévisions à moyen terme, ils restent souvent persuadés de la permanence des comportements des acteurs. Or, ceux-ci évoluent au fur et à mesure de la transformation et de leur propre personnalité et de leur environnement. Les individus sont opportunistes, Herbert Simon (1949) l'a montré depuis longtemps. Ils développent des stratégies qui leur sont propres et que M. Crozier et E. Friedberg (1977) ont décrites comme des logiques d'acteurs. Surtout, la productivité de leur travail est liée à l'attention qu'on leur porte : c'est le fameux effet Hawthorne mis en évidence au début des années 1930 par E. Mayo (1949). La question de la motivation est d'autant plus cruciale que l'acteur productif est placé dans une relation de prestation de service. E. Lawler et L. Porter (1968) ont proposé un modèle général de la motivation, largement validé par de nombreuses études empiriques postérieures[5]. Ce modèle insiste d'abord sur le fait que la motivation est le résultat d'une appréciation positive portée par l'acteur sur l'ensemble des rétributions liées à son effort et à sa performance. Il met l'accent, ensuite, sur les conditions de cette appréciation, liées à la fonction occupée par la personne dans l'organisation et au sentiment d'équité qu'elle éprouve. Ces constats sont importants pour la motivation individuelle ; ils soulignent l'insuffisance des seules stimulations par la prime au rendement. Ils sont fondamentaux dans le domaine de la prestation immatérielle, relationnelle et durable. La productivité sera liée alors à l'implication, c'est-à-dire à la mise en œuvre par l'acteur de ses compétences.

Ainsi, non seulement la prestation exige-t-elle des compétences qui dépassent l'aptitude technique, non seulement ces compétences sont-elles à la fois de l'ordre du savoir, du savoir-faire et du savoir-être, mais encore la mise en œuvre de la prestation requiert-elle la motivation de l'acteur, son implication déterminée. La relation d'emploi se trouve profondément modifiée par la généralisation de l'activité de service. D'un côté, la demande de travail met de plus en plus l'accent sur des compétences relationnelles ; de l'autre, l'offre de travail ne saurait plus se limiter à celle d'activité physique, voire intellectuelle, mais inclut l'adhésion personnelle à la mission offerte. La relation d'emploi n'est plus un échange de marché, c'est un échange transactionnel. Le manager doit gérer cette relation tout comme il a géré naguère cet échange. La difficulté de sa tâche est d'autant plus grande que les modèles traditionnels qui guidèrent sa réflexion ne paraissent plus adaptés aux situations qu'il rencontre. Il devient urgent de les réexaminer.

2. Quels modèles pour la gestion de l'emploi ?

Longtemps la gestion de l'emploi a relevé principalement d'une logique de marché. Comme les autres biens, le travail était considéré comme homogène. Son prix relevait donc de l'échange entre la demande, déterminée par la productivité marginale, et l'offre, résultat de l'arbitrage, selon le niveau du salaire réel, entre le travail et le loisir. On connaît les implications d'une telle analyse : sur un marché parfait où les salaires réels peuvent fluctuer, à la baisse notamment, et où les acteurs sont libres de choisir leur temps de travail, l'égalité entre l'offre et la demande se réalise nécessairement à un niveau qui est celui de l'emploi global et à un prix qui est celui du travail. Bref, il n'y a de chômage que volontaire. Surtout, pour ce qui nous préoccupe, la gestion de l'emploi se limite à un calcul technique, celui de la productivité (monétaire) de l'heure marginale de travail. Ce calcul est d'autant plus aisé que la production est censée être elle aussi homogène et que la rémunération de l'heure est liée, au travers des techniques taylo-

5. Sur l'analyse du concept de motivation, le lecteur peut se reporter dans cette Encyclopédie à l'article de P. Louart, « Motivation », p. 2095, tome 2.

riennes décrites plus haut, aux quantités produites. Cette représentation souvent critiquée a une vertu essentielle : elle souligne le fait que la relation d'emploi se noue entre deux acteurs et que si l'un des deux, l'entrepreneur en l'occurrence, n'y trouve pas son compte, il n'y a plus d'échange ni donc d'emploi. Ce constat reste fondamental et sa pertinence ne semble pas remise en cause, même si les hypothèses du modèle de marché doivent être reconsidérées.

K. Marx (cité par D. Gambier et M. Vernières, 1991) a, dès la fin du XIXe siècle, mis en évidence le caractère particulier de l'échange de travail : ce ne sont pas tant des heures de travail qui font l'objet de la transaction que la mise à disposition d'une force de travail : « Ce que l'ouvrier vend ce n'est pas directement un travail, mais sa force de travail dont il cède aux capitalistes la disposition monétaire ». Certes, on peut penser que pour K. Marx la force de travail est homogène ; cependant son interprétation ouvre une voie d'autant plus féconde qu'elle ne le serait pas ou plus. Et c'est bien le cas dans la prestation de service. La relation d'emploi apparaît ainsi comme la mise à disposition par l'employé et pour l'employeur d'une capacité de prestation de service, c'est-à-dire d'un savoir agir. Mais alors se pose la question du vouloir agir.

Sans doute cette question n'est-elle pas nouvelle. F.W. Taylor l'a résolue par l'incitation salariale, par la prime au rendement. Peut-on transposer la solution à la relation de service ? Oui, dans une certaine mesure, et notamment lorsque la prestation est de courte durée, peu spécifique, répétitive, et peu impliquante, lorsque l'on a affaire à ce qu'on pourrait appeler de l'immatériel standard. Cependant le cas n'est pas suffisamment général pour que l'on puisse considérer qu'il suffit à rendre compte de la réalité. Le modèle classique perd sa capacité globale à représenter la relation d'emploi non pas tant du fait de la rigidité à la baisse des salaires nominaux – la critique de J.M. Keynes ne remet pas en cause la permanence du marché du travail – mais parce que, comme le souligne K. Marx, « l'objet du marché du travail, c'est la passation de contrats qui précisent plus ou moins les conditions dans lesquelles s'opérera la mise en œuvre de la force de travail ». Or, avec l'avènement des services, le travail est devenu une prestation et l'imprécision des conditions, de ce fait, beaucoup plus forte. C'est ce que plusieurs courants théoriques ont mis progressivement en évidence.

2.1. Du capital humain à l'efficience

La première construction déterminante pour le renouveau de l'interprétation de la relation d'emploi est celle de G. Becker (1964). Cet auteur pose le concept du capital humain. Il s'agit, selon la formule de B. Gazier (1992), de « l'ensemble des capacités productives d'un individu (ou d'un groupe), incluant ses aptitudes opératoires au sens le plus large : connaissances générales ou spécifiques, savoir-faire, expérience... ». La définition proposée met l'accent sur les capacités productives et non pas seulement exécutives. Le capital humain apparaît comme un stock immatériel de compétences grâce auquel un individu ou un groupe d'individus est à même de contribuer à la production. Ce stock est le résultat d'un effort de constitution assimilé à un investissement. Dans son ouvrage fondateur, G. Becker insiste sur l'éducation comme principal investissement constitutif du capital humain. Un tel investissement améliore les capacités productives et permet d'augmenter les gains liés à l'activité future. Il conviendrait donc dans une logique quasiment financière de développer l'investissement en capital humain, mesuré par le coût de la formation et le coût d'opportunité lié au retard de l'activité rémunérée, tant qu'il dégage un taux de rentabilité interne supérieur au taux d'intérêt financier (le retour sur investissement étant constitué de la différence entre la rémunération avec formation et la rémunération sans formation).

Cette construction théorique a un premier mérite : elle condamne définitivement l'hypothèse d'homogénéité du travail et rend compte de la très grande diversité qui caractérise l'offre. Ainsi cette dernière se différencie-t-elle d'abord selon la durée des études (en France niveau CAP, BAC, BAC +2, BAC +4, BAC +5) et surtout selon leur nature (lettres, sciences, médecine, droit, pour reprendre la distinction classique entre les anciennes facultés).

Cette approche a l'avantage, ensuite, de renouveler profondément l'analyse de la relation d'emploi en posant deux questions. La première est celle du partage du coût de la formation entre la personne ou sa famille, la collectivité, qu'elle soit locale, régionale ou nationale, et l'entreprise[6]. Le débat est implicitement lancé par G. Becker. Il est devenu très ouvert en France à partir des lois sur la formation de 1971 et alimente de nos jours l'interrogation sur le capital humain spécifique (ou l'actif humain spécifique), « ces capacités productives » liées à la conjonction particulière d'une personne et d'une entreprise.

La seconde question concerne les attentes des individus relativement à la rémunération de leur investissement et l'appréciation par l'entreprise de la productivité des différents stocks de capital humain. La gestion de la rémunération s'en trouve transformée. Elle ne relève plus d'une évaluation à la fois ponctuelle et certaine de la productivité marginale du travail. Elle intègre au contraire, du côté de l'offre de travail, l'évaluation de l'investissement consenti, l'appréciation de l'augmentation de la rémunération qui peut en être attendue et l'anticipation de l'évolution dans le temps du profil tout comme de la sécurité de cette rémunération. De même, la détermination de la productivité du capital humain se fait d'autant plus complexe que ce capital n'est plus une force physique mais une force intellectuelle, que cette force intellectuelle s'implique dans une transaction au contenu matériel décroissant et qu'elle implique plus de savoir-être.

On a pu penser un moment que cette question pouvait être résolue grâce au concept de salaire d'efficience. Dès 1957, H. Leibenstein a soutenu dans des travaux consacrés à l'économie du développement que la productivité individuelle était une fonction croissante du salaire réel. Quelques années plus tard, H. Leibenstein (1966) propose de nommer *X efficiency* les facteurs explicatifs de la productivité qui ne relèvent pas de la seule utilisation technique des inputs et qui dépendent de l'implication des personnels. La théorie du salaire d'efficience se développe sur ces bases. Elle considère que la firme a intérêt à assurer au travail la rémunération pour laquelle le rapport « efficience (ou encore effet productif)/salaire » est maximum. La rémunéra-

6. Voir également dans cette Encyclopédie l'article de E. Cohen, « Gestion de la formation », p. 1567, tome 2.

tion n'est plus affaire de marché, elle est affaire de négociation, comme l'avait souligné K. Marx, et son objet principal est l'appréciation du rapport rémunération-implication. On peut comprendre alors pourquoi les entreprises proposent des salaires élevés qui dépassent la rémunération à la productivité marginale : souci d'attirer les salariés les plus efficients ou crainte de voir de telles personnalités quitter l'entreprise. Mais alors, comme le fait remarquer B. Gazier, le salaire d'efficience n'est plus un salaire impliquant, c'est un salaire qui intègre les coûts d'imperfection du marché. La critique est pertinente ; sans doute pourtant n'est-elle pas essentielle. Le problème provient surtout de ce que les conditions de l'implication et de l'efficience sont mal connues et qu'elles ne semblent pas déterminées par le seul niveau du salaire réel. Bref, la relation d'emploi, dès lors qu'elle met en jeu un capital humain impliqué dans une transaction de service (tant interne qu'externe), repose sur un contrat dont il importe de préciser les attendus.

2.2. De l'efficience au contrat implicite

Ces contrats ont été qualifiés d'implicites par C. Azariadis (1975), dans un article consacré à l'équilibre de sous-emploi, parce qu'ils contiennent un ensemble de clauses non explicites. Ces clauses sont liées à l'incertitude qui porte sur les états futurs de la nature et à l'aversion pour le risque des entrepreneurs et surtout des employés. Les uns souhaitent pouvoir réduire le coût du travail en période difficile par la diminution des effectifs. Les autres, à l'inverse, craignent qu'une conjoncture défavorable ne leur fasse perdre leur emploi. La contradiction peut être levée par un accord implicite portant sur le niveau du salaire, plus faible que ce qu'il pourrait être en période faste, et sur la permanence de l'emploi, même en cas de retournement de la conjoncture. Les employés acceptent une moindre rémunération (par rapport à ce que pourrait être le salaire d'efficience correspondant à leur formation et à leur expérience) en échange d'une assurance à l'emploi. Ce courant, qui prétendait expliquer le chômage par la rigidité à la baisse des salaires liée au contenu implicite du contrat de travail, a souvent été critiqué du fait que les salariés pouvaient accepter, en période difficile, une baisse de leur rémunération. C'est du reste ce qui s'est assez fréquemment produit en 1992 et 1993. Pourtant le concept de contrat implicite enrichit considérablement l'analyse de la relation d'emploi et notamment lorsque l'on ne considère plus seulement le salaire mais, comme le font maintenant tous ceux qui travaillent la question, la rétribution, contrepartie de la contribution de l'employé. G. Donnadieu (1991) a montré l'importance croissante des « périphériques » monétaires et non monétaires dans la rétribution des salaires. Naguère E. Lawler et L. Porter (1968) dans leur modèle de la motivation avaient clairement mis en évidence le lien entre l'effort – l'implication dirait-on aujourd'hui – de l'individu et l'appréciation qu'il porte sur l'ensemble des composants de sa rétribution. Dès lors, ce lien ne peut pas être explicité dans un contrat formel complet, d'abord parce qu'il faudrait autant de types de contrat que d'individus, ensuite parce qu'il faudrait prévoir tous les états de la nature, enfin parce qu'il faudrait être à même et de formaliser toutes les composantes de la rétribution et d'apprécier l'intensité de l'implication de chacun. La relation de travail passe donc par des contrats implicites où sont explicitées quelques variables principales comme la durée du contrat, la rétribution monétaire ou la première affectation et où sont sous-entendus tout un ensemble de déterminants de l'implication. Ainsi en va-t-il des perspectives de carrière, de la formation ou de la stabilité de l'emploi.

Pourtant de tels contrats comportent de nombreux risques, pour les uns et pour les autres, que la réflexion économique a progressivement repérés et caractérisés. Risques de hasard moral si, à la stabilité de l'emploi, ne répond qu'une implication apparente ou de surface des personnels ou si une forte implication individuelle se trouve finalement rétribuée par un licenciement au premier renversement de conjoncture. Risque de sélection adverse si un niveau moyen relativement élevé de salaire incite à des adhésions temporaires qui, à la première opportunité, iront se fixer ailleurs. Force est alors pour les deux parties à la relation d'emploi d'envisager un encadrement au contrat qui, d'une part, préserve le champ de l'implication, gage de l'implication et, d'autre part, en limite les risques.

2.3. Du contrat implicite à l'organisation

La dimension organisationnelle de l'entreprise est de plus en plus souvent retenue pour constituer ce cadre. Le renouveau de la théorie des organisations doit beaucoup à ces fondateurs que sont H. Simon, J.G. March ou R.M. Cyert. Un profond renouvellement de l'interprétation de l'entreprise a été développé grâce aux concepts qu'ils ont posés : la rationalité limitée, l'opportunisme, l'échange contribution-rétribution, le *slack* organisationnel.

Ce renouvellement propose une vision contractuelle de l'organisation productive, lieu immatériel où sous l'impulsion d'un pouvoir managérial (dont émanent les grandes lignes d'un projet productif commun) sont coordonnés et rétribués les concours d'acteurs divers : actionnaires, prêteurs, salariés et autres partenaires (individus, personnes morales, collectivités publiques). La réflexion sur la relation d'emploi s'intègre aisément dans ce schéma et l'on peut s'étonner de ce que la mutuelle fécondation des théories du management et du marché du travail, intense depuis la fin des années 1980, ne se soit pas produite plus tôt malgré quelques travaux précurseurs (Y. Simon et H. Tézenas du Montcel, 1978).

Avec l'application de la théorie des organisations aux entreprises, c'est l'hypothèse classique d'atomicité qui est définitivement levée. Les relations entre les acteurs impliqués dans un projet collectif influencent l'élaboration et le déroulement de ce projet selon des logiques que l'on comprend mieux sans que l'on puisse pourtant les considérer comme des lois scientifiques. La théorie des organisations apparaît un peu comme un attracteur étrange : le devenir de la firme n'est pas prédéterminé et n'est pas non plus aléatoire.

Il relève de ce que I. Ekeland (1995) appellerait un « admirable et subtil dosage du hasard et de la nécessité ». La théorie des organisations propose des concepts, des perspectives, quelquefois des modèles, pour rendre compte de ces devenirs[7]. Trois courants récents développent dans ce sens l'analyse économique de la relation de l'emploi.

---

7. Voir dans cette Encyclopédie l'article de J. Rojot, « Théorie des organisations », p. 3337, tome 3.

Avec son approche en termes de transaction, O.E. Williamson renouvelle le débat sur le degré d'intégration d'une activité au projet économique : selon la spécificité de l'activité il sera plus avantageux de recourir au marché, d'opter pour une relation de partenariat ou d'intégrer hiérarchiquement[8]. La relation d'emploi peut être interprétée dans cette perspective : la contribution de la personne à la réalisation du projet pourra être envisagée selon des modalités diverses (prestations ponctuelles de service, relation partenariale durable, intégration temporaire, intégration durable). De même les développements de la théorie de l'agence posent-ils toute la question du contrat interne : dès lors que l'initiative stratégique est largement décentralisée pour que la prestation soit conçue, élaborée et exécutée au plus près du client, dès lors que la structuration de l'entreprise s'adapte à la gestion par projet requise par des transactions de service de plus en plus spécifiques, force est de concevoir une relation d'emploi qui permette à la fois l'implication des personnes par la délégation de pouvoir et le contrôle à moindre coût de cette délégation, par la hiérarchie, par les procédures ou par la culture. La gestion de l'emploi s'insère alors dans un réseau de conventions, les unes explicites les autres implicites, dont l'agrégation forme un ensemble spécifique. La théorie des conventions met précisément l'accent sur les implications de ces règles ou accords fondateurs tant en matière de développement, de changement organisationnel que d'emploi[9]. L'articulation stratégie, structure, emploi se décline grâce aux outils de la théorie des organisations en décentralisation, projet, implication.

On peut alors, à la lumière de ces perspectives, interpréter les principales évolutions récentes de la gestion de l'emploi dans les organisations productives.

3. La gestion de l'emploi dans les organisations productives

L'organisation productive a considérablement évolué depuis une trentaine d'années. D'industrielle qu'elle était, elle est devenue prestataire de service. L'activité de la personne, de l'atelier, de l'établissement exige, dans la relation au client tout comme dans la relation au partenaire interne, la maîtrise de compétences beaucoup plus que d'aptitudes. Ces compétences sont l'agrégation de savoirs, de savoir-faire et de savoir-être. La mise en œuvre efficiente de ces compétences passe par l'implication des acteurs, production psychologique résultant de la relation d'emploi qui se développe entre l'employé et l'employeur. La compétitivité de l'organisation de service relève donc dans une mesure croissante de la gestion de l'emploi.

Le développement de la réflexion conceptuelle relative à cette relation d'emploi fournit les outils et les problématiques propres à étayer la réflexion des managers. Le modèle néo-classique a perdu de sa pertinence générale, mais non pas particulière, avec le développement des activités de service et la différenciation croissante de l'offre de travail. Le capital humain s'est fait

8. Voir également dans cette Encyclopédie l'article de E. Allix-Desfautaux et de P. Joffre, « Coûts de transaction », p. 750, tome 1.

9. Pour une présentation de la théorie des conventions, le lecteur peut se reporter à l'article de P.Y. Gomez, « Economie des conventions et sciences de gestion, p. 1060, tome 1.

aussi multiple que flexible. La personne adapte son effort à l'appréciation qu'elle porte sur l'ensemble des dimensions des contreparties qu'elle obtient. La rétribution efficiente, celle qui assure le maximum d'implication avec la plus grande économie de moyen, relève de l'établissement de contrats implicites aux nombreux déterminants. Il s'agit alors d'articuler dans l'organisation de façon nécessairement contingente le projet productif, la structure opératoire et la négociation contractuelle tant individuelle que collective. Trois chantiers principaux témoignent, depuis quelques années, de ce que la gestion de l'emploi ne relève plus de techniques utilisées, au coup par coup, mais qu'elle s'intègre dans une perspective de développement coordonné.

Le premier de ces chantiers est celui de la redéfinition du mode de relation entre la personne et l'organisation. Depuis la fin de la dernière guerre, le contrat à durée indéterminée (CDI) s'est imposé comme la norme du contrat salarial. Sa suprématie a été progressivement remise en cause à partir des années 1980. On a vu se développer les contrats à durée déterminée (CDD), tantôt utilisés pour faire face à un projet particulier, tantôt pour prolonger un stage avant une intégration définitive ou au contraire une séparation anticipée. Plus profondément, les aléas de la croissance économique, la rigidité de certaines législations (notamment avant la suppression de l'autorisation administrative de licenciement en 1986) et, sans doute surtout, l'évolution des métiers vers la prestation de services ont amené un nombre croissant d'entreprises à étudier les possibilités de relations d'emploi plus diverses.

3.1. La flexibilité de la relation d'emploi

Cette recherche de la flexibilité s'est traduite d'abord par *l'externalisation croissante de l'emploi*. Le phénomène n'est pas nouveau. Il a été largement utilisé, dans une logique industrielle classique, pendant les années 1960 lorsque l'automobile, le textile ou l'électronique ont été amené à sous-traiter une partie de leur activité pour faire face à la croissance de la demande. Le mouvement inverse s'est produit au cours de la décennie suivante, quand les donneurs d'ordre ont « rapatrié » leurs activités pour maintenir le plein emploi de leur outil de production. Avec les années 1980, c'est une dynamique générale qui se développe : convient-il d'exercer l'activité directement ou plutôt de faire appel à des partenaires contractuels ? Le courant transactionnel suggère des solutions. La réponse peut dépendre de la fréquence des transactions en cause, de la spécificité de leur contenu ou de leur caractère déterminant pour le devenir de l'entreprise ou du groupe. Ainsi, les services de nettoyage sont-ils maintenant systématiquement sous-traités que ce soit à la RATP, dans les universités ou dans les grands groupes industriels. La recherche elle-même n'échappe pas à cette réflexion. Le Centre national d'étude des télécommunications (CNET) réoriente son activité interne vers le développement et envisage de passer un contrat avec d'autres laboratoires pour la recherche fondamentale. Les deux exemples précédents montrent bien les différentes dimensions d'un tel mouvement. D'un côté, l'externalisation permet d'obtenir à moindre coût des services standards ou peu spécifiques, de l'autre elle nourrit une réflexion permanente sur les activités ou les prestations qui font partie du « cœur du métier » de l'organisation productive. Celle-ci est amenée à n'internaliser que les compétences propres à ce cœur de métier et à recourir, pour les autres, au marché, au contrat, à la prestation externe voire à la coopération ou à l'alliance[10].

Une seconde forme de flexibilité s'est parallèlement développée, *le travail à temps partiel,* qui a remis en cause la pratique de l'emploi à plein temps[11]. A nouveau, la pratique n'est pas nouvelle. Ainsi, les raffineries sucrières utilisent depuis toujours l'emploi saisonnier. Pourtant, avec la bureautique et la télématique notamment, la relation au travail s'est faite de moins en moins liée à la présence continue sur le lieu de travail et pendant la durée quotidienne légale. Un dernier frein a lâché avec l'acceptation tacite des syndicats dont la réticence s'est atténuée dès lors qu'il est apparu que le temps partiel pouvait être un remède au chômage. Depuis quelques années, la durée du travail des personnels est devenue beaucoup moins homogène. Dans la fonction publique qui propose la retraite anticipée à temps partiel, les agents utilisent de façon croissante la possibilité qui leur est offerte de travailler à 50 %, à 60 % ou à 80 %. F. Aiziconici (1995) donne des chiffres éloquents : le temps partiel concernait 2,4 millions de salariés en 1992 et 2,9 millions en 1994. Cet auteur fait remarquer que cette évolution « se concentre sur les emplois du tertiaire peu qualifiés ». Cela ne saurait étonner puisque dans ce domaine la prestation de service est peu spécifique et peut donc être partagée sans que la relation avec le client interne ou le client externe en pâtisse. En fin de compte, l'opposition entre le marché externe et le marché interne mise en évidence naguère par M. Piore et P. Doeringer (1971) est à reconsidérer. Dorénavant, plusieurs situations relationnelles d'emploi doivent être envisagées : la prestation occasionnelle de service, la prestation régulière de service, l'emploi à temps partiel à durée déterminée, l'emploi à temps partiel à durée indéterminée, l'emploi à temps partiel en CDD ou en CDI. L'organisation productive (ceux qui la gèrent) détermine celle des relations qui paraît appropriée à l'objectif recherché selon des critères qui font intervenir le coût de la recherche des compétences attendues, leur caractère crucial pour le devenir de l'entreprise, leur disponibilité dans l'environnement social et les attentes spécifiques de ceux qui les détiennent.

3.2. L'implication des personnels dans les services

Le deuxième grand chantier de la gestion des ressources humaines concerne la redéfinition du contenu de la relation entre la personne et l'organisation. La grande diversité des modalités possibles de cette relation, sur laquelle on vient d'insister, correspond à des attentes différentes et des personnes et des organisations. L'ouvrier qui exécute les prescriptions du bureau des méthodes, la caissière qui enregistre tout en parvenant à sourire d'un air attentionné ou l'employé de bureau qui assure une prestation banale n'ont pas à s'impliquer beaucoup dans la conception ni l'exécution de leur

10. Voir dans cette Encyclopédie l'article de P. Dussauge et B. Garrette, « Alliances stratégiques », p. 16, tome 1.

11. Sur la notion de flexibilité, le lecteur peut également se reporter dans cette Encyclopédie à l'article de R. Reix, « Flexibilité », p. 1407, tome 2.

tâche. Souvent du reste, ils ne le souhaitent guère, cherchant dans le travail une rémunération suffisante, un milieu convivial… et la liberté de s'impliquer ailleurs, à la maison, dans le stade, dans le quartier ou sur les champs de courses. Cependant le développement de la prestation de service, on y revient encore, nécessite dans un nombre croissant de cas la participation active, créative et durable de la personne. C'est que la gestion de la relation d'emploi devient primordiale.

Elle passe d'abord par l'élaboration d'une structure productive qui permet l'exercice de l'implication. On a répondu à cette exigence durant les années de croissance tranquille par la pratique de la DPPO (direction participative par objectif). Lancée aux Etats-Unis par P. Drucker à la suite des travaux de F. Herzberg dans les années 1960, elle gagne dix ans plus tard l'Europe par le canal des filiales des grandes entreprises américaines et passe alors aux groupes français qui lui font dans les années 1980 un véritable triomphe. Un peu trop tard, peut-on penser. En effet, la DPPO s'applique d'autant mieux qu'il est possible de développer un plan stratégique décliné par divisions, par établissements et par ateliers. L'incertitude qui caractérise la fin du siècle remet en cause ces pratiques et incite les organisations productives à préférer la flexibilité et la réactivité. La décentralisation managériale paraît alors comme la réponse adéquate. L'unité au contact des clients se voit confier la maîtrise de l'élaboration et du suivi de sa prestation. Les entreprises de conseil sont organisées ainsi, de fondation. Le mouvement a gagné le BTP (la gestion de l'eau et la voirie), les services publics (Poste, RATP, EDF), et même désormais l'industrie. Ainsi Renault, qui aime à médiatiser ses initiatives, tire une grande fierté de ses procédures de gestion par projet (Twingo).

Mais alors l'implication du responsable local, de l'« intrapreneur », pourrait-on dire, devient le facteur clé de la compétitivité[12]. Les attentes de l'entreprise sont claires. Quelles sont alors celles du manager local ? La réponse est beaucoup moins simple à donner et, dans ce domaine, la gestion de l'emploi se cherche. C'est bien la relation d'emploi, en effet, qui est en cause : la contribution de l'acteur, pour reprendre la perspective de la théorie des organisations, est essentielle ; quelle rétribution attend-il ?

L'observation des pratiques mises en œuvre et l'utilisation des outils conceptuels présentés dans la deuxième section permettent de suggérer quelques perspectives. Nul doute que le « contrat social, » pour reprendre l'expression d'H. Landier (1995), entre le salarié et l'entrepreneur n'évolue profondément.

D'abord les réponses apportées à la question posée sont contingentes aux métiers exercés et aux organisations productives en cause. Au sein d'une même organisation, elles varient aussi selon les activités. Ainsi France Télécom ne peut gérer de façon identique les gestionnaires de grands comptes, les groupes de maintenance du réseau ou les employés d'agence locale. Ensuite la dimension implicite de la relation de travail semble prendre une importance croissante. Les personnels sont désormais devenus sensibles, non pas tant peut-être à la sécurité du travail qu'à l'attention portée par l'entreprise au maintien de l'emploi. On voit se développer, en quelque

12. Voir également dans cette Encyclopédie l'article de A. Bienaymé, « Entreprise compétitive », p. 1101, tome 1.

sorte, un « effet Hawthorne » du second degré. E. Mayo, dans ses expériences à la General Electric, a montré que les individus sont sensibles à l'attention portée à leurs conditions de travail et que leur productivité s'en ressent. De nombreuses enquêtes de climat social confirmées par les mouvements sociaux de la fin 1995 montrent la grande attention portée par les personnels à la prise en compte par la direction de l'objectif du maintien de l'emploi. A l'inverse, la succession des plans sociaux a eu un impact négatif sur l'implication, qui peut même se muer en distanciation camouflée. Aussi de nombreuses entreprises sont-elles en train de modifier l'ensemble des dimensions de la rétribution de leur personnel. La tendance à l'accroissement de la part variable dans la rémunération se fait moins forte. Même pour la force de vente, on en revient dans de nombreux cas à une part fixe significative[13] ; c'est notamment le cas dans certains secteurs de l'assurance où, de plus, pour amener l'agent à fidéliser l'assuré, la prime est étalée sur plusieurs années. De même la part collective de la rémunération prend une importance accrue, qu'il s'agisse de dynamiser une équipe ou de développer un sentiment d'appartenance au groupe. Surtout les périphériques non monétaires retiennent fréquemment l'attention : accès à la formation, congé sabbatique, valorisation par la carrière des responsables de projet. Certaines entreprises ont même monté, comme cela commence à se faire outre-Atlantique, des rémunérations périphériques à la carte. On parle alors de système « cafétéria ».

Enfin, cette dimension collective de la rétribution n'est plus seulement monétaire. La relation d'emploi s'insère dans une logique de groupe – *corporate* disent les Anglo-Saxons – qui fait l'objet d'une attention croissante. En témoigne, en premier lieu, le renouveau des accords d'entreprises qui, peu fréquents dans les années 1992, 1993 et 1994, occupent depuis le milieu de la décennie de nombreuses directions des ressources humaines. Dans la même optique, les chartes éthiques, qui sont la règle dans le monde anglo-saxon, où le droit du travail n'a pas connu le même développement qu'en Europe, et qui ne faisaient guère recette en France, se multiplient depuis quelques années. Ne voit-on pas un groupe comme Bouygues chercher à appliquer le même code éthique à la gestion de ses filiales du bâtiment et à celles de l'information ou de l'audiovisuel ! Il faut souligner, pour en terminer avec cette gestion, la généralisation des recherches sur la négociation sociale qui font envisager (si on en croit G. Donnadieu et J. Dubois, 1995) un profond renouveau de la « gouvernance » sociale. On le voit bien, la nécessaire implication des acteurs dans le processus d'adaptation de l'organisation productive aux attentes de ses clients nécessite, dans les activités concernées, une pratique de la gestion de l'emploi aux antipodes de la logique taylorienne.

3.3. La gestion des effectifs

Mais alors c'est la gestion des effectifs qui se trouve ainsi bouleversée. L'on ne pouvait y venir sans avoir au préalable repéré les mutations qui caractérisent la relation personne-organisation. Les outils du diagnostic sont bien

---

13. Voir par ailleurs dans cette Encyclopédie l'article de R. Darmon, « La force de vente et son management », p. 1445, tome 2.

connus : d'un côté, l'analyse de la pyramide des âges, celle de la structure de l'emploi interne par métier, par compétence ; de l'autre, l'analyse de la structure de l'emploi adaptée à l'exercice du projet de l'organisation et compatible avec les pratiques de la concurrence. La première dimension de la tâche est désormais assez bien maîtrisée. La généralisation de l'obligation de bilan social y a contribué[14]. De même, l'affinement des techniques d'évaluation des compétences, la maîtrise croissante des tests d'aptitude, la diffusion des méthodes de classification et la généralisation des pratiques d'évaluation annuelle ont rendu nombre d'entreprises – mais non pas le plus grand nombre tant s'en faut – capables d'évaluer assez précisément leur potentiel humain disponible.

En revanche, la seconde dimension de la gestion des effectifs, la dimension prospective, est beaucoup moins bien dominée[15]. Sans doute, dans les domaines industriels où l'internationalisation productive est forte et la technique stabilisée, les contraintes de la compétitivité amènent-elles à des diagnostics assez précis. Ainsi le groupe Alcatel Alsthom se voit-il contraint en 1995, à l'horizon de deux ou trois ans, de réduire ses effectifs d'au moins 20 % ; ainsi encore la compagnie Air France a-t-elle pu mesurer précisément son différentiel de compétitivité. Cependant la prévision des besoins qualitatifs et quantitatifs liés aux activités nouvelles est beaucoup plus difficile.

Certes un nombre croissant d'entreprises organise désormais une veille systématique orientée sur le repérage des évolutions caractéristiques de l'exercice de leurs métiers. Cette veille nourrit la réflexion des comités de carrière qui, à quelque niveau qu'ils se situent, réfléchissent à l'articulation entre les deux perspectives que l'on vient de présenter. Cependant le repérage est souvent difficile et les retournements de conjoncture imprévus. La solution passe alors par l'ajustement de l'emploi permanent grâce à l'externalisation et à la flexibilité dont il a été question et par la mobilisation des équipes précisément vers l'innovation et l'adaptation productive (ce que le jargon actuel qualifie de pro-activité). Voilà à nouveau l'implication en cause et cette fois-ci non plus en tant que facteur essentiel du service, mais comme moteur de l'adaptation.

*

* *

L'articulation dynamique entre les deux perspectives fondamentales pour la gestion des effectifs ne peut plus passer seulement par des programmes de recrutement, de licenciement, de formation ou de gestion de carrière. Elle nécessite l'établissement d'un projet social cohérent et accepté, faute de quoi, l'organisation productive ne saurait sécréter les concours nécessaires à son devenir.

---

14. Voir dans cette Encyclopédie les articles de R. Danziger, « Bilan social », p. 231, tome 1 et de E. Vatteville, « Mesure des ressources humaines », p. 2008, tome 2.

15. Voir dans cette Encyclopédie l'article de R. Ribette, « Gérer à temps les ressources humaines », p. 1460, tome 2.

Références

AIZICOVICI F., *Le Monde Initiatives* (17 mai 1995).

AZARIADIS C., « Implicit Contrats and Underemployment Equilibra », *Journal of Political Economy* (vol. 83, December 1975).

BECKER G.S., *The Human Capital : a Theoretical and Empirical Analysis with Special Reference to Education,* New York, Columbia University Press, 1964.

CROZIER M., FRIEDBERG E., *L'acteur et le système,* Paris, Le Seuil, 1977.

CYERT R.M., MARCH J.G., *Processus de décision dans l'entreprise,* Paris, Dunod, 1970.

DONNADIEU G., *Du salaire à la rétribution,* Paris, Liaisons, 1992.

DONNADIEU G., DEMINAL P., *Classification qualification : de l'évaluation des emplois à la gestion des compétences,* Paris, Dunod, 1993.

DONNADIEU G., DUBOIS J., *Réguler le social dans l'entreprise,* Paris, Liaisons, 1995.

EIGLIER P., LANGEARD E., *Le marketing des services,* Paris, McGraw-Hill, 1987.

EKELAND I., *Le chaos,* Paris, Flammarion, 1995.

FAYOL H., *Administration industrielle et générale,* Paris, Dunod, 1976.

GAMBIER D., VERNIÈRES M., *Le marché du travail,* Paris, Economica, 1991.

GAZIER B., *Economie du travail et de l'emploi,* Paris, Dalloz, 1992.

LANDIER H., « Le contrat social entre les salariés et les entrepreneurs », *Le Monde Initiatives* (17 mai 1995).

LAWLER E., PORTER L., *Managerial Attitudes and Performance,* Homewood, Ill., Irwin Dorsey, 1968.

LEIBENSTEIN H., « Allocative Efficiency Versus X-Efficiency », *American Economic Review* (n° 3, June 1966).

MARCH J.G., SIMON H.A., *Processus de décision dans l'entreprise,* Paris, Dunod, 1970.

MAYO E., *The Human Problems of Industrial Civilization,* Londres, Routlege, 1949

PIORE M., DOERINGER P., *Internal Labor Markets and Manpower Analysis,* HLB, 1971.

SALAIS R., « L'analyse économique des conventions de travail », *Revue Economique* (mars 1989).

SIMON H., « Theories of Decision Making, in Economic and Behavioral Science », *American Economic Review* (1949).

SIMON Y., TÉZENAS DU MONTCEL H., *Economie des ressources humaines dans l'entreprise,* Paris, Masson, 1978.

SIRE B., *Gestion stratégique de la rémunération,* Paris, Liaisons, 1993

TAYLOR F.W., *Scientific Management.* Trad. française : *La division scientifique des entreprises,* Paris, Dunod, 1957.

Mots clés

Capital humain, compétence, contrat implicite, emploi (gestion de l'–, relation d'–), motivation, transaction de service.

Gestion d'un établissement d'enseignement

76

Christian Vulliez

La gestion d'un établissement d'enseignement n'est pas un domaine qui fait l'objet d'études et d'analyses très approfondies ou qui a beaucoup suscité l'intérêt et la curiosité des chercheurs.

La gestion, discipline historiquement encore récente dans notre pays, a vu son champ d'investigation d'abord et naturellement appliqué à l'entreprise, puis être progressivement étendu à de nombreuses autres activités. Le système éducatif est probablement l'un des derniers secteurs où les préoccupations « gestionnaires » aient pénétré. Elles y font aujourd'hui une entrée en force.

Les dépenses éducatives représentent à l'heure actuelle l'un des plus grands investissements nationaux qu'un pays réalise sur le long terme. Et c'est une dépense – contrairement à l'investissement d'une entreprise – qu'il ne peut interrompre et qu'il doit renouveler chaque année. Sans doute l'intensité ou l'ampleur de cet effort peuvent-ils varier dans le temps. Mais cet investissement a ceci de particulier qu'il ne peut être discontinu, contrairement à d'autres.

L'industrie éducative

Aujourd'hui, les dépenses d'éducation et de formation des grands pays industrialisés, comme de nombreux pays en développement, représentent des sommes considérables et croissantes. Pour prendre l'exemple de la France, si l'on additionne le budget du ministère de l'Education nationale, celui de l'Enseignement supérieur, tous les crédits que les collectivités locales consacrent à l'éducation (communes pour les écoles primaires, départements pour les collèges, régions pour les lycées), le montant de toutes les activités éducatives dépendant du secteur privé ainsi que les dépenses de formation des entreprises, on obtient pour 1994 un chiffre global estimé à 500 milliards de francs environ. Ce même chiffre en 1987 était de 340 milliards, soit une augmentation sans précédent de 50 % en 8 ans. Ce montant considérable situe les activités éducatives de ce pays comme étant l'un des trois ou quatre plus importants secteurs économiques nationaux. On peut donc légitimement parler d'« industrie éducative », même si ces deux termes, placés côte à côte, peuvent paraître un peu provocants.

D'un point de vue strictement économique, une collectivité nationale qui consent à un effort financier de cette importance, quelle que soit l'origine des ressources, doit naturellement se poser la question de l'efficacité d'un tel investissement. C'est à dessein qu'on ne parlera pas ici de rentabilité, contrairement à ce qui se pratique dans l'analyse économique appliquée à l'entreprise. L'efficacité peut se mesurer, par exemple, en termes d'échecs scolaires, de pourcentages d'étudiants par tranches d'âge, d'embauches de jeunes formés, etc. La mesure classique de la rentabilité est ici trop aléatoire et n'a donc pas de signification tant par la nature des critères que par les échéances qui seraient retenues.

Si la gestion est cette alchimie, faite d'art et de technique, qui consiste à allouer des ressources rares en fonction d'objectifs, on devine bien quel champ d'application considérable, et encore passablement inexploré, le monde de l'éducation offre à cette discipline.

Cela est d'autant plus vrai et actuel que les dépenses éducatives ont longtemps été considérées comme des dépenses différentes des autres, qu'on ne devait compter qu'avec pudeur ou discrétion. Sans doute parce que, plus que d'autres, elles ont une dimension affective et culturelle. Cela était justifié tout le temps que l'instruction publique et l'obligation scolaire furent une longue attente puis une grande conquête. Cela est encore vrai quand la pression de l'opinion et les exigences de l'emploi poussent à l'amélioration du niveau de culture, à l'élévation des qualifications ou à l'augmentation du nombre d'étudiants par classes d'âge.

Ainsi, jusqu'à une date récente, notre pays n'a pas « compté » ses efforts financiers en matière d'éducation. La rareté des ressources, confrontée à la complexité et à la multiplicité des besoins collectifs, a conduit, au cours des vingt dernières années, à l'émergence d'un domaine ou d'un champ d'investigation nouveau qui est celui de « l'économie de l'éducation » où quelques économistes et pédagogues se sont courageusement engagés. Ils ont progressé dans l'étude des politiques éducatives, des moyens qui leur étaient alloués, des résultats auxquels elles parvenaient. Il s'agissait, en réalité, d'études économiques s'inspirant des analyses de secteurs industriels classiques avec des approfondissements particuliers pour ne pas rester à un niveau d'observation ou de recherche trop global.

Mais le mouvement profond et salutaire qui a réhabilité l'économie d'entreprise par rapport à la macro-économie, qui a rendu ses titres de noblesse à l'entrepreneur par rapport aux agrégats ou aux acteurs anonymes, s'étend et s'applique aussi, bien qu'à sa manière, au domaine de l'éducation.

L'entreprise éducative

L'opinion est de plus en plus sensible au service (dans tous les sens du mot) qu'est devenue aujourd'hui la formation des jeunes et des adultes et au fait que celui-ci est rendu par un établissement, qui possède une implantation géographique identifiée, qui dispose des ressources humaines et de moyens matériels et qui est dirigé par un ou plusieurs responsables, comme une entreprise produisant des biens ou offrant des services. De l'analyse de l'industrie éducative, il convient donc de s'intéresser à celle de « l'entreprise éducative ». C'est l'objet et l'ambition de cette étude.

L'entreprise éducative est une réalité : son emplacement, son rôle, ses acteurs, ses usagers, ses partenaires sont connus, qu'il s'agisse d'une école maternelle, d'un collège, d'un lycée d'enseignement professionnel ou d'une université.

L'entreprise éducative se situe également au cœur d'un système de valeurs propre à la société nationale qu'elle doit servir, fait de continuité et de ruptures, nourri de cohérences et de contradictions. Elle ne peut donc prétendre à une totale neutralité. Ses références et ses règles de fonctionnement sont toujours contingentes et relatives.

L'entreprise éducative doit toujours poursuivre deux objectifs apparemment antagonistes, mais en réalité complémentaires et en interaction incessante.

Elle a d'abord une finalité humaine de transmission des connaissances et de développement d'une personnalité qui se forme. Elle est, en ce sens, le lieu privilégié de la relation unique, parce que irremplaçable, qui met en rapport celui qui connaît avec celui qui apprend. Sa vocation est de permettre aux jeunes ou moins jeunes qui la fréquentent de réaliser, à un moment donné de leur parcours personnel, la plus grande part de leurs potentiels. Mais elle doit, parallèlement, ne jamais ignorer, ni sous-estimer, sa finalité d'insertion dans une activité ou dans une collectivité qui justifie les moyens financiers considérables qu'elle prélève ou qu'elle exige. Quand un établissement d'enseignement oublie l'une de ces deux missions, ou les hiérarchise de façon déséquilibrée, l'échec, plus ou moins rapidement, le sanctionne toujours.

L'entreprise éducative est donc comptable de ses résultats vis-à-vis de ceux qui la fréquentent comme vis-à-vis de ceux qui la financent. Il faut donc encourager le développement de cette logique de résultat dans sa double dimension personnelle et collective. L'émergence récente, mais rapide, de ce qu'on pourrait appeler un pouvoir « consommateur » dans l'éducation, comme contrepoids à un pouvoir autonome ou délégué, enrichit sa vocation et ses missions. L'entreprise éducative ne doit donc plus être une entreprise de « sous-traitance » auquel un consensus apparent, mais erroné, a trop longtemps voulu la réduire.

Par comparaison avec le management de nombreux autres institutions ou organismes, il faut reconnaître que la gestion de l'entreprise éducative apparaît aujourd'hui archaïque. Les techniques modernes de management y sont peu utilisées quand elles ne sont pas inconnues ou méprisées. Les enjeux considérables auxquels toute entreprise éducative est désormais confrontée vont très certainement bouleverser profondément cette situation.

Pour avancer dans cette réflexion, une démarche progressive et pragmatique est nécessaire. Elle conduit d'abord à s'interroger sur les quelques grands défis que notre système d'éducation va devoir relever avec succès dans la décennie à venir. Puis, après avoir présenté et analysé l'impressionnante diversité du paysage éducatif, il sera possible de proposer le cadre et les axes qui permettraient à tout établissement d'enseignement ou de formation d'avoir un système de management moderne et plus efficace. Quelques exemples serviront à démontrer que ce schéma général peut se décliner et se pratiquer dans les multiples situations où l'entreprise éducative est amenée à agir et à être performante.

1. Quelques défis éducatifs de la décennie à venir

Nos systèmes éducatifs européens, et les établissements d'enseignement qui en sont les cellules de base, vont être confrontés à des évolutions et à des enjeux majeurs, peut-être imprévisibles dans leurs conséquences. Sans vouloir être exhaustif et sans chercher à les approfondir tous, il semble utile d'en mentionner quelques-uns.

1.1. Les nouveaux impératifs de la science et des techniques

Ils vont imprégner, enduire et peut-être profondément bouleverser tout l'environnement pédagogique et éducatif. L'émergence d'un nouveau système sociotechnique a une dimension culturelle et véhicule de nouvelles valeurs. L'exemple de l'informatique, qui est tout à la fois système de pensée ou de référence, outil et métier, est particulièrement révélateur.

La France a un enseignement technologique peu valorisé en dehors de celui de ses Grandes écoles. Les enjeux à venir sont tels qu'il faudra bien que nos formations techniques cessent d'être des formations pour les enfants des autres, qu'elles se renouvellent et qu'elles attirent enfin la part équitable d'une génération qui se détourne d'elles aujourd'hui. On ne rencontre pas une telle situation dans des pays comme l'Allemagne, le Royaume-Uni ou les Etats-Unis, pays dans lesquels on observe, justement, un moindre chômage des jeunes.

1.2. Les conséquences prévisibles du ralentissement démographique

Depuis le début des années 1950, le système éducatif de la France a dû faire face, à tous les niveaux de formation, à un formidable accroissement des effectifs scolaires pour des raisons essentiellement démographiques. Depuis le milieu des années 1970, on observe une tendance régulière à la baisse du nombre des naissances qui représentent, comme chacun le sait, le marché de l'éducation de demain. Le graphique 1 met en évidence cette évolution capitale.

Graphique 1 – Nombre de naissances par an en France métropolitaine

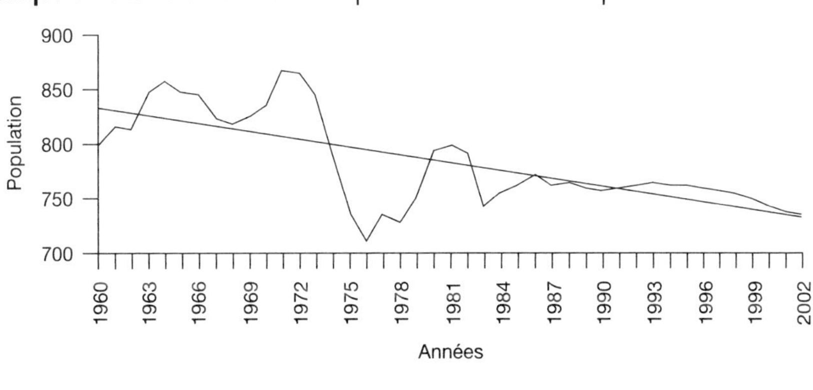

Les conséquences de ce ralentissement démographique sur le système éducatif sont nombreuses et apparemment évidentes. Cependant les acteurs ou les décideurs de la formation les ont parfois négligées ou n'en ont pas tiré toutes les conséquences. Pour illustrer ces propos, indiquons simplement qu'il y avait 4 800 000 enfants scolarisés dans l'enseignement primaire en 1987 et qu'ils ne sont plus que 3 984 000 en 1993, soit une baisse de 800 000 en 7 ans.

1.3. Le boom du baccalauréat

Malgré cette évolution démographique défavorable, l'accès et la réussite au baccalauréat ont connu une croissance spectaculaire engendrant, au cours des décennies récentes, une augmentation sans précédent des effectifs dans l'enseignement supérieur. Le graphique 2 montre la rapidité de cette croissance.

Graphique 2 – Evolution du nombre de candidats présentés au baccalauréat général et technologique de 1948 à 1993

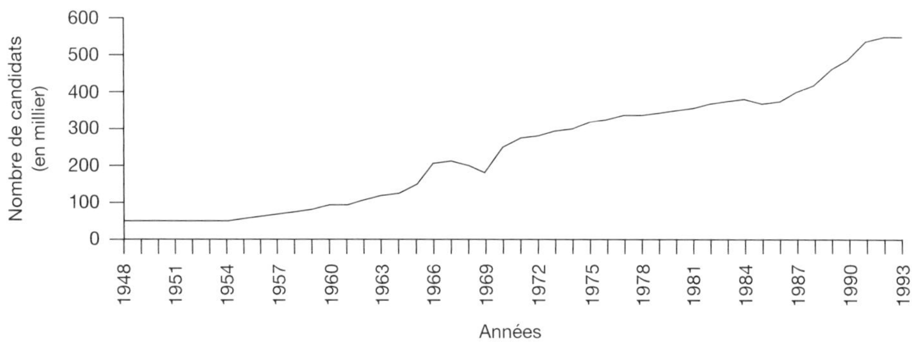

Le nombre de candidats au baccalauréat a ainsi été multiplié par plus de douze de 1948 à 1993, passant de 45 000 à 550 000. Il est de 640 000 en 1995 sur une génération de 770 000 jeunes. L'objectif de 80 % d'une classe d'âge au baccalauréat, initialement prévu pour l'an 2000, a donc été atteint avec 5 ans d'avance.

Par voie de conséquence, comme il n'existe pas de sélection officielle à l'entrée dans l'enseignement supérieur, le nombre d'étudiants va continuer à croître pendant plusieurs années encore, puis vraisemblablement se stabiliser d'ici une dizaine d'années.

1.4. L'ouverture aux réalités européennes et internationales

Chacun des pays auxquels nous nous comparons possède son propre système d'éducation avec ses caractéristiques spécifiques. Or les jeunes qui sont formés dans chacun d'entre eux travailleront demain dans un cadre européen unifié. Il faudra bien que des harmonisations progressives rapprochent ces systèmes différents. Que de changements prévisibles ! Que d'évolutions ou d'adaptations qui seront parfois douloureuses ! Quelles conséquences pour l'étude et la pratique des langues par exemple ? Pour le recrutement des enseignants ? Pour les échanges d'élèves ou de professeurs ? Pour l'établissement de passerelles et de diplômes reconnus ou équivalents avant de devenir un jour communs ?

1.5. La transformation de l'économie et les nouveaux métiers

L'évolution probable de l'économie conduira très vraisemblablement à une exigence accrue de formation et à un niveau plus élevé de qualification correspondant à des emplois dont la répartition et la nature seront très différentes de ce que l'on observe aujourd'hui. En ce qui concerne les emplois industriels, le schéma 1 illustre tout à fait cette évolution entre 1982 et l'an 2000.

Schéma 1 – Bouleversements de la démographie des emplois dans l'industrie

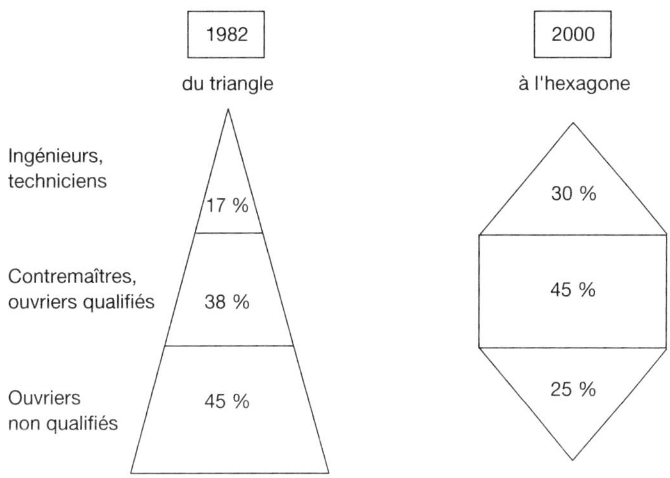

Le Bureau d'information et de prévision économique (BIPE) prévoit une importante modification de la structure des emplois industriels, avec une forte croissance de la proportion d'ingénieurs et de techniciens, et une réduction, presque par deux, de la proportion d'ouvriers non qualifiés.

Source : Rapport du Haut Comité Education Economie, « Une autre approche de l'avenir » (octobre 1987).

Parallèlement, le mouvement croissant de « tertiarisation » des économies développées se traduira par des créations nettes d'emplois exclusivement hors de l'agriculture et de l'industrie. Notre système éducatif ne peut ignorer cette évolution profonde et irréversible.

1.6. Le nécessaire développement de la formation continue

On sait aujourd'hui que le temps consacré par chaque individu à sa formation ira croissant tout au long de sa vie active, mais que la part relative de sa formation première ou initiale diminuera d'ici la fin de ce siècle. Le système éducatif n'a pas encore pris toute la mesure de cette profonde transformation de la transmission et du renouvellement des connaissances. Il vit encore sur la prééminence absolue de la formation première. D'autres pays ont déjà, et mieux, réussi ce changement progressif du cheminement éducatif individuel en liaison naturelle avec l'évolution des métiers et des emplois. Il faut savoir, par exemple, qu'en 1994 la totalité des crédits de l'enseignement supérieur français, qui s'élèvent à 50 milliards de francs environ, correspondait à peu près à l'ensemble des dépenses de formation permanente financées cette même année par toutes les entreprises françaises. Il y a dix ans, le rapport était de 2 pour 1 ; aujourd'hui, il y a parité ; si l'on poursuit les tendances, d'ici dix ans, le rapport sera inversé[1]. Que de conséquences à en tirer pour tout établissement d'enseignement ou de formation !

1.7. Le démembrement de la responsabilité éducative

L'éducation est devenue une chose trop sérieuse pour être confiée aux seuls enseignants. Longtemps, la société civile a « sous-traité » aux professionnels de l'éducation le soin d'enseigner et de former. Devant les insatisfactions et les performances insuffisantes produites par le fonctionnement du système, de nouveaux acteurs et partenaires s'y intéressent aujourd'hui et veulent y assumer des responsabilités.

Les associations de parents sont au premier rang, mais les entreprises, les syndicats professionnels, les collectivités locales, les régions revendiquent le droit et expriment le désir de n'être plus seulement spectateurs ou payeurs. Ils entendent bien devenir parties prenantes, voire même décideurs, d'un système qui doit mieux préparer aux métiers de demain et que, de surcroît, ils financent. Il s'agit d'une évolution récente mais profonde qui n'est pas sans conséquences dans la vie et la gestion quotidienne de l'entreprise éducative, notamment dans le cadre des partenariats qu'elle entend développer.

1.8. L'émergence des nouvelles technologies éducatives

L'ordinateur personnel, la télévision, le multimédia... sont aujourd'hui des outils et des moyens que les processus pédagogiques savent mieux apprivoiser et qu'ils doivent utiliser à bon escient.

Les jeunes des présentes générations ont presque tous pratiqué les jeux vidéos, regardent tous la télévision et sont familiers des ordinateurs de plus en plus conviviaux. Cette réalité bouleverse les pratiques éducatives conventionnelles. Comme il n'est pas pensable ou possible de s'y opposer, la question est de savoir comment il convient de les utiliser pour rendre plus efficaces les apprentissages et la transmission des savoirs.

Car les nouvelles technologies éducatives bouleversent l'acte d'enseigner et d'apprendre dans l'espace et dans le temps. Elles peuvent conduire à la fois à une individualisation du travail de l'apprenant grâce à des logiciels appropriés ainsi qu'à une délocalisation ou à un essaimage de l'enseignement du professeur qui peut être enregistré, diffusé sur plusieurs sites en même temps, répété, stocké, rendu interactif à distance, etc.

On voit bien que les rôles traditionnels de la salle de cours ou de l'amphithéâtre, lieux jusqu'à présent uniques de transmission des savoirs, vont progressivement être concurrencés par des modes pédagogiques plus indivi-

1. Voir également dans cette Encyclopédie l'article de E. Cohen, « Gestion de la formation », p. 1567, tome 2.

duels, d'une part, ou distribués à distance, d'autre part. Que de changements, d'opportunités, d'innovations à venir !

D'autres enjeux auraient pu être évoqués comme celui des limites économiques que toute collectivité nationale peut consentir pour son effort éducatif ou comme celui du rôle, de la place et du statut de l'enseignant dans notre société. Nous n'avons pas promis d'être exhaustif. Nous voulons simplement montrer qu'un management moderne de l'entreprise éducative dépend largement de ces défis et de ces évolutions profondes et que les ignorer conduit, sans l'ombre d'un doute, à de graves errements. Tout au contraire, leur analyse et leur prise en compte précèdent et orientent une stratégie dynamique et ambitieuse.

2. La multiplicité et la diversité des établissements d'enseignement et de formation

La population scolaire et étudiante de la France se répartit en 1993 de la manière suivante.

– Dans le premier degré :

· 2 550 000 enfants sont scolarisés dans 19 000 écoles pré-élémentaires dont 400 privées environ,

· 3 984 000 enfants sont scolarisés dans 42 000 écoles primaires dont 5 600 privées environ.

– Dans le deuxième degré : 5 580 000 jeunes suivent la scolarité dans 11 250 lycées et collèges dont 3 800 privés environ.

– Dans l'enseignement supérieur :

· 2 000 000 d'étudiants environ font leurs études dans 90 universités,

· 70 000 élèves suivent la scolarité de 200 Grandes écoles.

Par ailleurs, il existe un peu plus de 20 000 organismes de formation permanente dont 80 % environ appartiennent au secteur privé. Sur ce chiffre, 15 000 ont un chiffre d'affaires inférieur à 2 millions de francs par an. Encore cette statistique ne comprend-elle pas les centres de formation internes aux grandes entreprises, qui ne représentent pas des entités distinctes et identifiables, mais dont l'activité croît rapidement.

Ces quelques données chiffrées suffisent à montrer la diversité considérable que représentent, comme d'ailleurs dans la plupart des grands pays, les établissements d'enseignement et de formation. On voit d'emblée le nombre impressionnant de situations différentes dans lesquelles peut se situer une institution éducative. Il est clair que les modes, les styles ou les règles de gestion ne seront pas identiques, même si elles peuvent rester comparables, selon les cas de figures envisagés.

Pour éclairer la complexité de ce paysage éducatif, il est utile d'approfondir certaines clés distinctives de cette diversité. Cinq critères sont assez déterminants pour être retenus ici.

2.1. La diversité des niveaux

Il est inutile d'insister sur le fait que les modes de gestion d'une école maternelle ou d'une grande école, d'un collège secondaire ou d'une université ont peu de chances de se ressembler et même de se comparer.

2.2. La diversité des statuts

Les établissements d'enseignement ou de formation peuvent relever du droit public (ministère de l'Education nationale ou autre) ou du droit privé. Encore cette distinction évidente se complique-t-elle du fait que dans les établissements relevant du droit public, des statuts particuliers et différents s'appliquent aux instituteurs, aux professeurs du second degré, aux universitaires, avec, d'ailleurs, de nombreux sous-ensembles dans ces trois catégories.

Dans le secteur privé, d'importantes différences existent également selon que l'établissement est ou n'est pas sous le régime du contrat qui peut, lui aussi, comporter plusieurs variantes.

En réalité, tous les cas de figures statutaires, pour les établissements comme pour leurs personnels, peuvent être observés. C'est peut-être à travers ce critère – et sa pratique – que se mesure vraiment le principe constitutionnel de la liberté de l'enseignement.

2.3. La diversité du financement

Selon que le financement des établissements est d'origine publique, privée ou mixte, il est évident que les règles, les contraintes et les libertés de gestion varient considérablement et conditionnent directement le management de l'entreprise éducative.

2.4. La diversité de la taille

Une école primaire d'une classe ou de vingt classes, un lycée de 500 élèves ou une cité scolaire de 5 000[2], une grande école de 120 étudiants ou de 1 200, une université de 3 000 étudiants ou de 30 000, ne se gèrent pas à l'identique. Comme dans la gestion des entreprises où une PME de 100 personnes a un management différent de l'entreprise de 10 000 salariés, l'entreprise éducative connaît les effets de seuils, une hiérarchie et une bureaucratie souples ou pesantes, une communication aisée ou compliquée.

2.5. La diversité de la concurrence

Ici encore, comme dans les entreprises, l'existence ou l'absence de concurrence change totalement la nature et le style de management de l'entreprise éducative. De ce point de vue, l'analyse économique des différentes situations de concurrence s'applique parfaitement au système éducatif. Cela dit, la concurrence dans l'éducation peut revêtir différentes formes qui parfois se cumulent :

– concurrence ou non-concurrence dans le recrutement des élèves ou des étudiants : problème de la sectorisation et/ou de la sélection,

– concurrence ou non-concurrence dans le recrutement des enseignants : problème de l'affectation et/ou du statut,

---

2. A cet égard, l'excellent ouvrage publié en janvier 1988 par Paul Deheuvels, proviseur du lycée Louis-Le-Grand, intitulé *L'excellence est à tout le monde* et paru chez Robert Laffont, contient d'intéressantes observations (p. 19 et s.).

– concurrence ou non-concurrence dans les diplômes ou certificats obtenus : problème du diplôme national ou d'établissement, du diplôme « visé » ou « homologué », voire absence de diplôme.

D'autres critères de diversité, peut-être moins déterminants, pourraient également figurer dans cette analyse. Mais les seules combinaisons résultant de ceux qui viennent d'être évoqués démontrent à l'évidence la multiplicité des situations et des stratégies envisageables. Nous entrevoyons déjà qu'à chaque type de situation correspondra un management approprié. Cependant, quel que soit le cas de figure envisagé, des principes généraux de gestion se retrouvent et s'appliquent toujours.

3. Pour un management moderne de l'entreprise éducative

Tout établissement d'enseignement ou de formation peut se caractériser schématiquement par cinq critères :

– la quantité et la qualité des élèves, des étudiants ou des adultes qui le fréquentent ; ce critère pose la question de la mesure et de la nature des flux d'entrée et de sortie de l'établissement ;

– la quantité et la qualité du corps enseignant dont dispose l'établissement ;

– le caractère commun ou banalisé par opposition au caractère original ou distinctif de ses méthodes et processus pédagogiques ;

– l'importance et la nature plus ou moins diversifiée des ressources financières dont il dispose ;

– la notoriété et l'image.

Gérer un établissement d'enseignement ou de formation consiste à combiner harmonieusement et efficacement l'ensemble de ces facteurs en fonction d'objectifs que l'on définit.

Trois certitudes, qui se sont récemment imposées, doivent être présentées d'emblée, car elles vont éclairer l'analyse ultérieure.

– Il n'existe aucun système éducatif performant qui ne comporte une certaine dose ou une certaine dimension de concurrence. Sans que la relation entre performance et concurrence soit toujours parfaitement corrélée, on observe partout les plus faibles performances là où la concurrence est inexistante et quelques bons résultats là où elle existe. Le degré de compétition que l'on veut introduire entre les établissements, quand cela est possible et souhaitable (ce qui n'est pas nécessairement toujours le cas), est un choix politique majeur.

– Il ne peut y avoir de concurrence pertinente et justifiée en dehors d'une organisation déconcentrée et décentralisée d'un système éducatif, des établissements qui le composent et de la gestion qui en découle. Cela suppose que ceux-ci aient de vrais responsables et disposent de réels moyens dans le cadre de budgets identifiés.

– L'éducation et la formation ont un coût. Que celui-ci soit couvert par l'impôt, par les usagers (ou leurs parents) ou par les entreprises ne change rien à l'évidence qu'il doit être financé. Le slogan de l'enseignement gratuit est gravement trompeur. Les choix qui conduisent à la répartition du financement de l'éducation et de la formation sont parmi les plus politiques des grands choix qu'une société ou qu'une collectivité doit faire. Les conséquences de ces choix sont déterminantes pour la gestion de l'entreprise éducative. D'un côté, elle risque de ne disposer d'aucune autonomie d'action ou de gestion, de l'autre d'une grande liberté. Mais quels que soient ces choix, ils ne dispensent jamais l'entreprise éducative de bien connaître ses prix, ses coûts, et leurs financements. L'amélioration de son efficacité, pour ne pas dire de sa productivité, passe nécessairement par cette première étape.

Ces certitudes et ces données caractérisent bien l'activité éducative et la distinguent de beaucoup d'autres. En revanche, les principes du management appliqués à l'éducation sont moins spécifiques. Tout établissement d'enseignement et de formation doit avoir ses objectifs et une organisation cohérente avec ceux-ci, une gestion de ses moyens humains et financiers, une capacité d'innovation pédagogique, une relation privilégiée et étroite avec ses usagers (peut-on parler de clientèle ?) et accepter des évaluations et des contrôles.

3.1. Les objectifs de l'entreprise éducative

Les objectifs de l'entreprise éducative sont trop souvent implicites ou mal formulés. Elle gagne toujours à les déterminer avec précision et réalisme. Elle réussit mieux que les autres quand elle les a identifiés et qu'elle s'y tient, même si elle relève d'un système ou d'un marché où les marges de liberté sont limitées.

Les objectifs de l'entreprise éducative sont en réalité son « projet » qui la distinguera des autres et déterminera les politiques et les actions qui en découlent.

Plusieurs conceptions peuvent ici s'opposer. Pour les uns qui ne conçoivent un système de formation qu'égalitaire et unifié, trop de différences sont à éviter et même à bannir. Ressemblons-nous par ce que nous devons avoir de commun, disent-ils. Pour d'autres, au contraire, les différences et les concurrences sont porteuses de progrès ou de qualité. Distinguons-nous par ce que nous devons avoir de meilleur, affirment ceux-là. Selon qu'ils adhèrent à l'une ou l'autre démarche, le chef d'établissement et son équipe choisissent des objectifs et une politique. A travers ce simple choix, on voit bien qui seront les gagnants et l'on voit aussi ceux à qui s'applique notre analyse.

La définition et la réactualisation régulière des objectifs et du projet éducatifs permettent aussi à la communauté des acteurs et des partenaires de l'établissement d'adhérer à ses choix explicites et de les soutenir, de conforter son image, de créer une identité, de développer un esprit d'équipe et même une « culture » de l'établissement, comme on parle aujourd'hui de culture d'entreprise[3]. Plus concrètement, cela veut dire :

– qu'une grande école d'ingénieurs choisira d'être généraliste ou polyvalente plutôt que spécialisée ;

– qu'une université concentrera les recrutements de ses enseignants ou ses moyens de recherche dans telle ou telle discipline où elle se distinguera ;

– qu'un centre de formation permanente s'intéressera à un niveau de formation plutôt qu'à un autre ou à une profession particulière plutôt qu'à une autre ;

3. Voir dans cette Encyclopédie l'article de R. Reitter, « Culture et identité », p. 878, tome 1.

– qu'un lycée d'enseignement général cherchera à avoir les meilleurs résultats au baccalauréat de sa ville ou de sa région dans telle ou telle série, L, ES, S, STI, STT, etc. ;

– qu'un lycée d'enseignement professionnel construira une relation, plus étroite ou plus efficace, avec tel ou tel secteur professionnel de son choix ;

– qu'un collège mettra en œuvre des processus pédagogiques nouveaux qu'il aura expérimentés lui-même ;

– qu'un établissement du premier degré adaptera ses méthodes au développement personnel, rarement homogène et continu, des jeunes enfants qu'il reçoit.

Sans cette définition préalable d'objectifs, il n'y a pas de management moderne, peu ou pas d'adhésion à un projet, et rarement des résultats de qualité.

3.2. L'organisation de l'entreprise éducative

Les principes et les règles d'organisation ne s'appliquent naturellement qu'aux établissements d'une certaine taille. Ils ne concernent pratiquement pas les établissements du premier degré et assez peu les collèges. Mais une organisation efficace peut être un élément de distinction significatif entre lycées et elle prend toute sa valeur dans la gestion des activités de formation permanente et plus encore dans l'enseignement supérieur.

L'organisation et la structure d'un établissement d'enseignement ne sont pas neutres. Elles sont dépendantes d'une culture et de valeurs où l'enseignant tient une place privilégiée et dominante. Sans lui, l'entreprise éducative n'existe pas et il le sait. Il est sa ressource principale et non substituable. Cette situation s'accompagne d'une syndicalisation considérable et parfois paralysante du secteur éducatif. L'enseignant est, en réalité, un collaborateur qu'on ne peut considérer ni traiter comme un cadre.

Dans l'organisation de l'entreprise éducative, il existe aujourd'hui deux conceptions également pernicieuses : la conception administrative et la conception autogestionnaire. L'une comme l'autre, cumulant parfois les effets de leurs inconvénients, ont une grande responsabilité dans les inadaptations présentes du système éducatif français.

La conception purement administrative se fonde sur l'utilisation des règlements et des procédures et génère à la fois une apparente égalité et une réelle médiocrité.

La conception autogestionnaire découle de la spécificité et des traditions éducatives qui voudraient que l'organisation et la politique d'un établissement dépendent des groupes (et des intérêts de ceux-ci) qui le composent et y travaillent. Que d'erreurs d'orientation commises et que d'illusions semées au nom de cette conception !

L'organisation qu'il faut promouvoir est celle qui allie un vrai pouvoir de direction avec des structures participatives associant toutes les parties prenantes d'un établissement.

Un vrai pouvoir de direction : celui-ci existe et est clairement identifié dans tous les établissements privés. Il est en train de progresser dans les établissements publics avec des mesures telles que celles qui ont créé la fonction de maître-directeur dans l'enseignement du premier degré (décret du

2 février 1987) et l'affirmation et le renforcement du statut et des pouvoirs des principaux des collèges et des proviseurs de lycées (décrets de janvier 1988). Cette évolution devra être confirmée dans de nouveaux textes qui devront réorganiser un jour le fonctionnement de notre enseignement supérieur.

Parallèlement à ce pouvoir de direction, il faut que de réelles structures de participation et de concertation associent les communautés présentes dans l'établissement (enseignants, personnels de service, élèves ou étudiants) à l'élaboration des choix, aux modalités de leur application et à la résolution des problèmes qui les concernent.

Ces choix étant clairement faits, quelles fonctions remplit une entreprise éducative et comment celles-ci s'organisent-elles ? Elles sont essentiellement au nombre de trois.

– La fonction de direction et de gestion pédagogiques consiste à orienter, à organiser, à planifier, à gérer le déroulement d'une scolarité, d'un cycle d'enseignement ou d'un programme de formation. Cela comprend notamment certains choix pédagogiques, la préparation et la gestion des emplois du temps, la relation avec les élèves, les étudiants ou les stagiaires, la discipline, la gestion des processus participatifs.

– La fonction de gestion administrative et financière (ou d'intendance) consiste en la gestion des ressources humaines et des moyens matériels ou financiers. Cette fonction a plus ou moins d'importance, selon le statut de l'établissement et les libertés qu'il permet ou pas. Elle concerne essentiellement le budget et la comptabilité, la gestion des ressources et des charges, la gestion des personnels, la gestion des moyens matériels et immobiliers.

– La fonction de relations extérieures, de communication et de relations avec les publics et les « clients » a plus ou moins de poids selon la taille de l'établissement et la place que son responsable veut lui donner dans sa stratégie. Mais son importance ira inévitablement en croissant : relation avec les partenaires de l'établissement ; politique de stages, de recrutement et de débouchés ; toutes actions de développement commercial, de communication et d'image.

Cette fonction concourt à la promotion de l'établissement et doit se comparer à une fonction du même type que l'on retrouve dans les entreprises, même si le champ d'application est différent. On évoque maintenant, sans les réserves d'autrefois, le « marketing » des établissements d'enseignement et de formation.

3.3. La gestion des hommes dans l'entreprise éducative

Une entreprise éducative est, plus que toute autre, une entreprise à finalité humaine. Les hommes y ont sans doute une importance d'autant plus grande. Trois catégories d'hommes sont réunies dans l'entreprise éducative : les enseignants, les enseignés et les personnels de service. Une des tâches les plus importantes et délicates du chef d'établissement est de faire travailler harmonieusement ces trois ensembles et de trouver des solutions aux nombreux problèmes posés par leur cohabitation en un même lieu. Cette gestion et cette cohabitation sont d'autant plus faciles ou réussies que deux des conditions préalablement analysées ont bien été remplies : la définition d'objectifs auxquels chacun peut adhérer et l'existence de processus participatifs ou de concertation.

Bien entendu, ce sont dans les établissements éducatifs publics ou « à statut » que cette gestion est la plus organisée, réglementée et encadrée. Les marges de manœuvre sur le terrain y sont faibles et les possibilités d'être, sur ce plan, dynamique et imaginatif s'en trouvent réduites. Au contraire, dans les établissements privés ou « sans statut », on est placé dans une situation comparable à celle d'une entreprise avec les réserves déjà mentionnées sur le rôle ou les comportements de l'enseignant ou du formateur.

La gestion des personnels enseignants ou de service reprend tous les ingrédients et concerne toutes les composantes d'une politique moderne de gestion des hommes : recrutement et sélection, rémunération, formation permanente, promotion, participation et intéressement, mobilité, dialogue avec les organisations syndicales. Voilà bien un des domaines essentiels de la vie d'une entreprise, celui où elle peut se distinguer des autres, celui où son responsable doit faire preuve d'imagination et de courage. Ce droit et ce pouvoir sont confisqués à la plupart des chefs d'établissements. 75 % du système éducatif français ne peut pratiquer une autre politique de gestion de ses personnels que celle minutieusement décrite dans des statuts figés et toujours en retard sur une réalité mouvante ou bien arrêtée par des négociations régulières avec des syndicats, c'est-à-dire en réalité cogérée.

Dans toutes les activités économiques, le pouvoir syndical relève et dépend de confédérations interprofessionnelles. L'éducation est presque l'unique secteur où le pouvoir syndical soit à ce point monocolore et consanguin dans ses recrutements comme dans ses comportements. Ce n'est pas une des moindres causes des dysfonctionnements actuels du système.

Un des défis majeurs qu'aura à relever notre système éducatif est celui d'introduire des dynamiques là où règnent les inerties, et des logiques de performance ou de résultat là où dominent des logiques d'ancienneté ou de gratuité.

Comment être imaginatif et original quand le recrutement des personnels est lié à des concours souvent nationaux (où certaines qualités notamment pédagogiques ne sont pas toujours valorisées tant positivement que négativement), quand leur rémunération obéit à des barèmes dont la précision et la subtilité confinent à l'ésotérisme, quand la promotion, souvent décidée à l'extérieur de l'établissement, dépend davantage de l'ancienneté que des performances, que la mobilité, autre que géographique, est très faible, que l'intéressement aux résultats ou aux efforts (sauf par les heures supplémentaires) est inexistant ? Il s'agit d'un des domaines de compétence où le chef d'un établissement public est largement démuni pour imprimer sa marque et introduire dynamisme et motivation.

On voit bien, malgré les obstacles considérables, dans quel sens il convient de progresser. Les établissements privés, qui ont beaucoup moins de contraintes, apportent d'intéressants et de probants témoignages. Malheureusement, la proximité d'un secteur éducatif « à statut » rejaillit sur eux et ils ne peuvent pas, de ce fait, exercer tout l'effet de démonstration et d'entraînement qui pourrait être le leur.

Voilà, en tout cas, un champ d'investigation presque vierge pour la recherche et la pratique d'un management moderne de l'entreprise éducative.

3.4. La gestion budgétaire de l'entreprise éducative

Comme dans la gestion des personnels, la qualité et l'autonomie de la gestion budgétaire sont directement dépendants du statut dont relève l'établissement, des responsabilités que ses gestionnaires assument et des risques qu'ils encourent.

Si l'on fait référence à la gestion financière ou budgétaire classique, on devrait s'intéresser davantage au compte de résultat de l'entreprise éducative qu'au bilan.

L'investissement, fût-il immobilier, représentant une dépense de l'année en comptabilité publique, n'intéresse guère les gestionnaires d'établissements, sauf pour ceux, de droit privé, qui suivent les règles du droit des sociétés. Mais dans la presque totalité des cas, c'est la qualité de la gestion du compte de résultat et de ses composantes qui exprime les caractéristiques de la vraie situation budgétaire et fait ressortir les marges de liberté possibles.

Le compte de résultat d'un établissement peut comporter les postes suivants :

Charges	Produits
1. Frais de personnel : – personnel enseignant, – personnel administratif et de service. 2. Coûts des moyens pédagogiques : – bibliothèque, – documentation, – informatique, – audiovisuel, – etc. 3. Frais de gestion : – chauffage, éclairage, – entretien, gardiennage, – etc.	1. Dotation de l'administration ou de l'institution de tutelle. 2. Droits de scolarité et/ou d'inscription. 3. Produits de la formation permanente. 4. Produits des contrats d'études et de recherches. 5. Taxe d'apprentissage.

Selon les objectifs, la nature et les statuts d'un établissement d'enseignement ou de formation, on observe naturellement des structures budgétaires et des ratios forts différents.

3.4.1. Les charges

Les frais de personnel sont rarement inférieurs à 60 % et souvent proches de 75 à 80 %.

Les dépenses en moyens pédagogiques (et leur pourcentage dans l'ensemble des charges) distinguent souvent les établissements innovateurs et dynamiques des autres. Ces dépenses vont de 0,5 à 1 % des charges, dans les établissements traditionnels, à plus de 5 % dans ceux qui ont pris conscience des gains de productivité que ces dépenses permettent ou entraînent.

Les frais liés à la gestion courante représentent généralement entre le quart et le tiers de l'ensemble des charges.

3.4.2. Les produits

Les dotations budgétaires existent pour tous les établissements relevant d'un statut. Elles peuvent aller de 50 % des produits (rarement en deçà), jusqu'à 80 ou 90 %.

Les droits de scolarité et les droits liés à la sélection ou à l'inscription caractérisent le plus souvent les établissements privés ou semi-publics. Selon les cas, ils peuvent représenter de 20 à 25 % et jusqu'à 75 ou 80 % des produits.

Les produits de la formation permanente viennent majoritairement des entreprises et parfois des individus. Ils représentent la contrepartie des prestations de formation facturées. C'est une activité qui concerne naturellement les adultes, où la solvabilité est généralement bonne. Les prestations dispensées doivent pouvoir équilibrer les frais engagés. Dans le cas des organismes de formation continue, ce poste représente 100 % des produits, dans le cas d'autres établissements 10 ou 15 %, dans la plupart un pourcentage très faible ou inexistant.

Les produits des contrats d'études et de recherche concernent essentiellement l'enseignement supérieur et proviennent d'entreprises ou d'autres organismes publics. Ce poste dépasse rarement 5 à 12 % du montant des produits.

La taxe d'apprentissage destinée essentiellement aux formations premières et professionnelles peut, dans certains cas extrêmes, représenter 20 à 25 % des ressources de l'établissement, mais la plupart du temps beaucoup moins, sachant qu'au niveau national le montant de cette taxe représente, en 1994, un peu plus de 6 milliards de francs.

Plus concrètement, on peut proposer trois types de budget de fonctionnement correspondant à des établissements relevant de vocations ou de situations différentes : établissement de formation permanente (tableau 1), d'une grande école de commerce (tableau 2), d'une université scientifique de dimension moyenne (tableau 3).

Cette structure budgétaire est en réalité reconstituée car le coût des personnels enseignants titulaires est, dans le cas présent, directement pris en

Tableau 1 – Budget d'un établissement de formation permanente

Charges		Produits	
Personnel Moyens pédagogiques Frais de gestion	60 % 5 % 35 %	Ventes des actions de formation – séminaires interentreprises – séminaires spécifiques – conseil en formation	100 %

Tableau 2 – Budget d'une grande école de commerce

Charges		Produits	
Personnel	68 %	Droits de scolarité	20 %
Moyens pédagogiques	3 %	Produits de formation continue	10 %
Frais de gestion	29 %	Taxe d'apprentissage	20 %
		Dotation de l'institution de tutelle	50 %

Tableau 3 – Budget d'une université scientifique de dimension moyenne

Charges		Produits	
Personnel	75 %	Droits de scolarité et d'inscription	5 %
Moyens pédagogiques	2 %	Taxe d'apprentissage	5 %
Frais de gestion	23 %	Produits de formation continue	7 %
		Contrats d'études et de recherche	15 %
		Dotation	68 %

charge par le ministère de l'Education nationale, de l'Enseignement supérieur et de la Recherche. C'est également la situation des lycées et des collèges où la gestion et les charges de personnel échappent, comme on l'a déjà vu, aux responsables de l'établissement.

Deux observations importantes s'imposent ici.

– Il est illusoire de parler de stratégie ou de liberté budgétaire lorsque les deux tiers ou les trois quarts des coûts sont décidés et financés hors de l'établissement et sans que son responsable y soit sérieusement impliqué.

– En revanche, pour les établissements où la décision est décentralisée, on peut effectivement mettre en œuvre une réelle politique budgétaire cohérente avec les objectifs de l'institution. L'exemple des grandes universités nord-américaines, d'une institution comme l'INSEAD à Fontainebleau, ou de grands centres privés de formation continue, témoigne de la réalité et de la vitalité de vraies entreprises éducatives modernes. C'est dans ce sens que certains grands pays orientent maintenant le management de leur enseignement supérieur. Mais cela suppose autonomie et décentralisation des pouvoirs, des personnels, des ressources.

3.5. L'innovation pédagogique et la recherche dans l'entreprise éducative

Un système qui vit doit se renouveler. Pour cela, comme dans une entreprise, il doit chercher, imaginer, inventer, lancer de nouveaux produits, c'est-à-dire de nouveaux processus ou méthodes, de nouvelles filières, de nouveaux concepts, etc. Bref, il doit prendre des risques. Toute recherche et tout investissement sont un risque. Mais, sans eux, on est certain de ne pas se remettre en cause et de ne pas se renouveler.

Tant sur le plan de la pédagogie que sur celui de la recherche pure, il faut créer les dynamiques et les structures qui permettent de promouvoir et de pratiquer la créativité. Celle-ci obéit certes à des règles, mais elle est d'abord un état d'esprit qui enrichit les établissements où on le rencontre et qui irrigue toute la communauté éducative. Celle-ci sait alors prendre de bons risques que la réussite vient souvent sanctionner à son heure.

Face aux interpellations et aux turbulences de nos économies où celui qui n'évolue pas n'est certain que de perdre, comment l'entreprise éducative pourrait-elle rester longtemps passive ou indolente ? Métiers qui se créent, métiers qui disparaissent, vieux métiers qui changent de technologie, renaissance des formations généralistes, renouveau des valeurs de l'entreprise, découverte et développement de nouvelles méthodes et techniques éducatives (enseignement à distance, multimédia, université ouverte par exemple), autant de bouleversements qui touchent directement nos établissements d'enseignement et, dans certains cas, influencent leurs activités et leur rôle même.

Ce n'est pas, là encore, un système centralisé qui peut initier ou favoriser l'émergence et le développement des flexibilités nécessaires. Il est indispensable qu'au niveau de la collectivité éducative de base les acteurs concernés soient responsabilisés et impliqués dans des structures adéquates et jugés sur leurs contributions à cette exigence d'innovation et de recherche. C'est une manière, pour un établissement, de se distinguer d'un autre et de contribuer à mieux définir et à affermir son projet et ses objectifs propres.

Est-il besoin d'insister sur le rôle et l'importance de la recherche qui est une des finalités essentielles de l'enseignement supérieur, au sein duquel elle est trop souvent maltraitée par des enseignants dont elle légitime le statut et qui ont parfois, de longue date, oublié de la pratiquer. Ce n'est pas le lieu d'évoquer ici les caractéristiques de la gestion d'un centre ou d'un laboratoire de recherche (une autre étude pourrait utilement y contribuer car les problèmes posés par la gestion de la « matière grise » sont particuliers et toujours délicats), mais reconnaissons tout de même qu'un établissement d'enseignement supérieur, plus que les autres, faillit à sa mission lorsque la recherche n'est pas au premier rang de ses objectifs et de ses actions.

La recherche ne se satisfait pas de la médiocrité : elle exige, à chaque génération, les esprits les plus solides et les plus brillants. Cela suppose qu'on lui consacre des hommes, du temps et des moyens, qu'elle soit sérieusement organisée et encouragée, qu'on lui évite la concurrence d'activités trop immédiatement lucratives.

Comme dans toute entreprise, un établissement d'enseignement doit éviter l'autosatisfaction et anticiper. Dans tous les cas, l'innovation pédagogique[4] est pour lui une nécessité sans laquelle aucun renouvellement ne se produit. Dans l'enseignement supérieur, il faut répéter sans relâche que la recherche est un impératif et une obligation.

3.6. L'entreprise éducative, ses usagers et ses partenaires

L'entreprise éducative ne peut plus être fermée ou bouclée sur elle-même. Elle doit s'ouvrir, dialoguer, communiquer et échanger pour échapper à ses chapelles spontanées, à ses penchants autogestionnaires, à sa consanguinité pernicieuse.

L'éducation, l'enseignement et la formation ne sont pas des fins en soi. Ils sont au service de l'épanouissement d'une personne qui, grâce à eux, progresse et s'améliore, et d'une collectivité qu'ils rendent plus solidaire et plus efficace.

A cet égard, les évolutions de la dernière décennie sont considérables. L'entreprise éducative, traditionnellement frileuse et repliée, a ouvert ses fenêtres et elle reçoit, de plein fouet, les vents violents du large qui la bousculent et la font trembler avant de la vivifier. L'industrie éducative a découvert

---

4. A cet égard, le travail réalisé par le corps professoral du Groupe HEC, *L'Ecole des managers de demain*, Paris, Economica, 1994, est un exemple de qualité.

son environnement avec étonnement et surprise, puis elle a craint de ne pas pouvoir ou savoir le comprendre, et elle cherche maintenant, parfois avec maladresse, à construire avec lui des relations d'échanges et même de partenariat. Elle mesure la nécessité d'une vraie politique de relations extérieures, pour ne pas dire « commerciale ». Cela est vrai pour les usagers ou leurs parents, les entreprises ou leurs organisations professionnelles, les collectivités locales ou les régions.

3.6.1. Les usagers ou leurs parents

L'entreprise éducative n'existerait pas si elle n'avait pas des usagers, sans vouloir parler systématiquement de « clientèle » (encore que ce mot ne soit en rien péjoratif). Elle a compris tout l'intérêt qu'elle pouvait tirer d'une relation plus étroite et plus confiante avec eux, d'autant plus qu'un « pouvoir consommateur » salutaire commence à se faire jour.

Ainsi, les fédérations de parents d'élèves dans les premier et second degrés, les élèves des lycées, les étudiants dans les universités et les écoles se trouvent-ils plus souvent et mieux associés que par le passé à la gestion de l'établissement, aux problèmes que celui-ci rencontre, aux choix qu'il doit faire. Il s'agit d'une évolution irréversible et riche de potentialités pour l'avenir.

3.6.2. Les entreprises ou leurs organisations professionnelles

Elles ne veulent plus se contenter d'accepter, sans mot dire, les flux annuels des jeunes et des adultes qui sortent du système éducatif avec des inadaptations ou des insuffisances par rapport à leurs propres besoins.

Devenant elles-mêmes des lieux de formation par les politiques éducatives d'alternance mises en place depuis 1984, par les dispositions de la loi sur l'apprentissage du 23 juillet 1987, qui permet à cette pratique pédagogique d'être désormais utilisée dans l'entreprise jusqu'au niveau bac + 4, par le développement de politiques actives d'accueil de stagiaires, par le biais des jumelages avec les établissements scolaires qui leur sont proches géographiquement ou professionnellement, les entreprises ou leurs organisations représentatives entendent devenir des partisans actifs du système éducatif. Elles savent maintenant qu'une bonne formation générale autant que technique est la clé de leur compétitivité à venir.

D'autant que leurs responsabilités de financement sont importantes et de plus en plus courtisées. Outre la contribution fiscale qui est la leur par l'impôt sur les sociétés ou la TVA pour le financement des 300 milliards de francs qui sont à la charge de l'Etat en matière éducative, elles financent en totalité la taxe d'apprentissage d'un montant de 0,5 % sur le total des salaires versés (cette taxe représente globalement un peu plus de 6 milliards de francs en 1993). Elles sont également assujetties aux dépenses de formation continue dont le caractère obligatoire, 1,5 % du montant des salaires versés, est d'ailleurs largement dépassé puisque l'effort des entreprises françaises en la matière s'élève, en 1994, à 50 milliards de francs, représentant 3,2 % de leur masse salariale.

La loi quinquennale sur l'emploi et la formation professionnelle du 20 décembre 1993, à l'origine des OPCA (organismes paritaires collecteurs agréés), a encore renforcé le rôle des organisations professionnelles dans le financement des formations en alternance en leur réservant le droit de collecter 0,4 %, inclus dans le 1,5 % du montant des salaires, destiné à la formation des jeunes, essentiellement par le biais des contrats de qualification. Ce pourcentage de 0,4 % représentait en 1994 plus de 5 milliards de francs.

On voit donc l'intérêt croissant que comporte pour le secteur éducatif une relation confiante et professionnelle avec le monde industriel et économique.

3.6.3. Les collectivités locales et les régions

Depuis que l'Etat ne peut plus ou ne veut plus assumer à lui seul les responsabilités éducatives dont il avait la charge, l'établissement de formation noue et développe de nouveaux liens avec tous les partenaires publics. Cette évolution est d'autant plus satisfaisante et efficace qu'elle s'inscrit dans le cadre d'une décentralisation (lois de 1983) qui rapproche les acteurs éducatifs de décideurs plus proches d'eux et de leurs besoins. C'était déjà le cas des communes pour les écoles maternelles ou primaires ; cela s'étend maintenant aux départements pour les collèges et aux régions pour les lycées. Parallèlement, les régions ont obtenu une pleine compétence pour le développement des formations professionnelles et continues, grâce aux dispositions de la loi quinquennale du 20 décembre 1993 déjà évoquée plus haut. C'est donc une vaste redistribution des pouvoirs et des moyens dans l'ensemble éducatif qui se manifeste aujourd'hui.

Pour gérer avec efficacité et professionnalisme l'ensemble de ces relations avec ses partenaires extérieurs, mais aussi pour se doter d'une image et améliorer sa notoriété, l'entreprise éducative doit donc mettre en œuvre une fonction de nature « commerciale ». Cela conduit, le plus souvent, à la mise en place d'une petite cellule avec un responsable dynamique au profil de « vendeur » qui gère et développe toutes les relations possibles de l'établissement avec ses partenaires privilégiés. C'est un défi nouveau, dont l'importance dans la stratégie de l'établissement varie avec la taille, le niveau et les ambitions, mais qu'il n'est plus possible d'ignorer.

3.7. L'évaluation et le contrôle de l'entreprise éducative

Il n'y a pas de management moderne sans contrôle ni évaluation du système éducatif et des établissements ou institutions qui le constituent. Cette idée, assez facilement admise aujourd'hui, aurait paru bien iconoclaste, à quelques exceptions près, il y a encore une génération.

Tout contrôle implique d'abord l'existence de normes ou de références et nécessite ensuite l'évaluation des résultats obtenus. Il permet alors, par comparaison, de poursuivre dans la voie tracée ou d'engager les actions correctrices qui s'imposent.

Dans les activités éducatives, l'évaluation et le contrôle ont quatre domaines d'application principaux : l'évaluation et le contrôle des objectifs et des missions, l'évaluation et le contrôle des enseignants, l'évaluation et le contrôle des élèves, étudiants ou adultes, l'évaluation et le contrôle budgétaires.

3.7.1. L'évaluation et le contrôle des objectifs et des missions

Au niveau national, le suivi régulier de quelques chiffres permet de mesurer le niveau de performance de l'ensemble d'un système éducatif :

– le pourcentage d'une classe d'âge obtenant le baccalauréat (60 % en 1994),

– le pourcentage des jeunes sortant du système sans diplôme, ni qualification (9 % en 1993),

– le pourcentage des jeunes sortant du système sans trouver d'emploi (25 % des 16-25 ans sont dans ce cas),

– le pourcentage des jeunes sortant du système et trouvant un emploi sans relation avec les études suivies (25 %),

– le pourcentage des jeunes sortant du système avec un diplôme de niveau bac + 2 (15 % en 1994), de niveau bac + 3, bac + 4 ou plus (18 % en 1994), etc.

Au niveau de l'établissement, l'évaluation des objectifs et des missions est encore plus nécessaire. A titre d'exemple, on peut mentionner :

– le pourcentage de succès aux examens ou aux diplômes préparés,

– le nombre de candidatures à l'entrée d'un cycle ou d'un programme (taux de sélection),

– le pourcentage de redoublements,

– l'évolution du chiffre d'affaires en formation continue ou l'évolution des contrats d'études et de recherche ; etc.

3.7.2. L'évaluation et le contrôle des enseignants

Les corps d'inspection exercent cette mission dans l'enseignement primaire et secondaire. Mais ils sont souvent lointains et leurs contrôles sont parfois irréguliers. Nombreux sont ceux qui pensent que le rôle du chef d'établissement devrait progressivement s'accroître en la matière, notamment sur le plan pédagogique. Sans généraliser systématiquement l'évaluation des cours par les élèves ou les étudiants (encore que cela se pratique largement dans l'enseignement supérieur de quelques pays étrangers), il convient de faire évoluer le système pour que les performances des enseignants puissent être sanctionnées, aussi bien positivement que négativement, et que cela se traduise dans leur carrière. Pourquoi le système éducatif serait-il le seul où les résultats n'auraient que peu ou pas de conséquences sur la carrière des personnels ?

Ce phénomène est d'ailleurs amplifié ou aggravé dans l'enseignement supérieur où n'existaient encore récemment aucune évaluation et pratiquement aucun contrôle autre que budgétaire. Il a fallu attendre la loi Savary de janvier 1984 pour que l'évaluation des missions et des enseignants de l'enseignement supérieur soit enfin prévue. Les premiers résultats de cette évaluation n'ont rien eu de réjouissant. La première commission d'évaluation présidée par Bertrand Schwartz révélait que plus de la moitié des professeurs de l'enseignement supérieur ne faisaient jamais de recherche, alors que cette activité est la contrepartie statutaire d'un horaire d'enseignement hebdomadaire limité. Et cela jusqu'à présent sans contrôle, et encore aujourd'hui sans sanction véritable.

Il est clair que des statuts rigides et protecteurs vont à l'encontre de la remise en question personnelle de l'innovation et de la créativité. Nous avons déjà mis en cause leurs dispositions excessives. Malgré cela, un très grand nombre d'enseignants, à tous les niveaux, font honneur à leur métier et sont des exemples remarquables aussi bien pour leurs élèves ou étudiants que leurs jeunes collègues.

Pour les enseignants aussi, il ne peut y avoir de légitimité, ni de responsabilité, sans un contrôle équitable mais respecté.

3.7.3. L'évaluation et le contrôle des élèves, étudiants ou adultes

L'évaluation et le contrôle sont ici au cœur de la relation éducative, selon les objectifs poursuivis et les choix faits par l'établissement.

Contrôle des présences (ou non), contrôle continu des connaissances, performances de chacun aux examens et aux concours, réussite à l'entrée dans la vie ou dans une réinsertion professionnelles, etc., sont autant de pratiques et de mesures bien connues de l'entreprise éducative sur lesquelles existe une très longue littérature tant historique que comparative. La docimologie est une science aussi vieille que l'éducation.

Comme aucun système d'évaluation et de contrôle des « usagers » de l'éducation n'est entièrement satisfaisant, il est plus important, plutôt que de discourir infiniment sur les avantages et les inconvénients comparés de chaque système, d'en choisir un, même imparfait, et de suivre attentivement les résultats qui proviennent de son application et qui, dans le temps, ont toujours une signification précise et incontestable.

3.7.4. L'évaluation et le contrôle budgétaires

Dans ce domaine, des règles précises existent qui n'ont rien de spécifique à l'éducation.

Si l'établissement relève d'un ministère ou d'une structure publique, les règles du contrôle public et de la Cour des comptes s'imposent naturellement à lui avec les sanctions possibles que l'on connaît.

Si l'établissement relève du droit privé, la mise en place d'un système de contrôle budgétaire, comme cela existe dans une entreprise, est un élément évident du management moderne. Ce contrôle de gestion, bien utile, même s'il est classique, n'exclut aucunement que des audits réguliers viennent vérifier les conformités comptables et la bonne marche budgétaire de l'établissement au regard de ses objectifs et des règles qu'il doit appliquer en la matière.

Il est donc clair que les techniques et l'obligation de l'évaluation, du contrôle ou de l'audit apportent une contribution essentielle à la qualité et à la performance de l'entreprise éducative. Longtemps rebelle, réticente ou méfiante vis-à-vis de ces contre-pouvoirs, elle en accepte aujourd'hui beaucoup mieux l'utilité et le bien-fondé car elle comprend et mesure qu'ils lui permettent de progresser.

*

*   *

Les analyses et les débats sur l'éducation ont ceci de particulier qu'ils concernent chacun de nous individuellement, au regard de sa propre jeunesse (de son passé) et au regard de ses enfants (de son avenir). Les réflexions qui sont menées comportent donc inévitablement une dimension affective ou non rationnelle.

L'éducation est aussi un domaine d'une extrême sensibilité, tant sur le plan personnel que collectif. Notre pays, en particulier, a une étrange et vieille habitude à mobiliser avec succès ses forces vives contre quelque chose mais rarement pour quelque chose. Notre rôle consiste donc à proposer ou à trouver, parmi tous les objectifs d'évolution souhaitables, ceux qui pourront faire l'objet de consentements suffisants des acteurs et des partenaires du système.

L'éducation, assez curieusement, est un sujet sur lequel l'idée de prévision et de planification est assez bien acceptée par l'opinion et ne génère pas les trop traditionnelles querelles idéologiques. En effet, s'il y a un « marché » que l'on peut estimer et prévoir sans grand risque d'erreur quantitative, c'est bien celui-là. Sur le plan qualitatif, celui des débouchés, des filières, des méthodes, il en va autrement et c'est là où la qualité du projet de la gestion d'un établissement doit le distinguer d'un autre. Il n'en demeure pas moins que l'ensemble des acteurs du système peut avoir intérêt à bien et mieux prévoir ses chiffres clés, ses évolutions souhaitables ou probables, ses tendances superficielles ou profondes qui résultent de l'évolution des valeurs.

Cette exigence et cette nécessité de la prévision doivent devenir un élément essentiel et souvent un réel outil de gestion de l'entreprise éducative où les cycles de vie sont toujours longs et où la durée de l'action, quand celle-ci va dans le bon sens, est un critère essentiel de son succès. Nombreux sont en effet les observateurs du système qui sont convaincus qu'il va être, à son tour et à sa manière, touché par une déréglementation qui ne dira pas son nom mais dont les effets seront d'autant plus amplifiés dans la gestion quotidienne. Quand la décentralisation, la concurrence et la responsabilité augmentent, il est nécessaire d'avoir des points de repère ou de connaître des caps, fussent-ils lointains, qui orientent une navigation plus turbulente.

Cette probable déréglementation d'un secteur d'activité, où le besoin d'initiative et de liberté est aujourd'hui profond, augmentera sans aucun doute les marges de manœuvre de chaque entreprise éducative. Celles qui auront réfléchi à leur stratégie, à leurs créneaux et à leurs moyens gagneront dans cette concurrence plus vive. Celles qui ne voudront pas ou ne pourront pas s'évader tant soit peu d'un système administré ne réaliseront pas les critères de performance exigeants que l'opinion publique imposera.

Le système éducatif a longtemps été confronté à des problèmes quantitatifs (*baby boom* de l'après-guerre, élévation du niveau des qualifications, allongement de la durée des études...). Ceux-ci ont été tant bien que mal assumés et même parfois résolus. Aujourd'hui, c'est à un défi général de qualité qu'il doit répondre, socialement et économiquement.

Cette exigence et cette recherche de qualité, déclinées à tous les niveaux, seront au cœur des enjeux auxquels tous les systèmes éducatifs du monde, et singulièrement le nôtre, devront trouver des réponses et des solutions. Nul doute que la qualité de la gestion, tant du dispositif dans son ensemble que des établissements qui en sont les cellules de base, sera un des principaux facteurs des renouveaux et des ambitions si intensément et si profondément recherchés.

Références

DEHEUVELS P., *L'excellence est à tout le monde*, Paris, Robert Laffont, 1988.
LES PROFESSEURS DU GROUPE HEC, *L'Ecole des managers de demain*, Paris, Economica, 1994.

Mots clés

Education, élève, enseignant, entreprise éducative, établissement d'enseignement, étudiant, formation continue, innovation pédagogique, métier, organisation professionnelle, parents, recherche.

Gestion financière à court terme

Jean-Pierre Jobard

On distingue traditionnellement les décisions financières à long terme, comme les décisions d'investissement[1] ou le choix d'une structure de financement[2], et les décisions financières à court terme qui concernent principalement la gestion des stocks, la gestion des comptes à recevoir, en particulier, les comptes-clients, et la gestion des dettes à court terme, notamment le crédit fournisseur.

Les traits caractéristiques des décisions financières à court terme

Pour mieux saisir les traits caractéristiques des décisions financières à court terme, on peut les opposer aux décisions financières à long terme, au moins sur cinq plans.

– Les décisions à long terme concernent les actifs immobilisés, les capitaux propres et les dettes à long terme. Elles sont prises dans le cadre de la planification à long terme, c'est-à-dire avec un horizon de trois à cinq ans. Les décisions à court terme, en revanche, agissent dans un futur plus immédiat[3]. L'horizon est ramené à l'exercice ou, d'une façon plus précise, à la durée du cycle d'exploitation qui assure le renouvellement des actifs et des passifs dits « circulants ».

– Les décisions financières à long terme sont prises de façon discontinue ou intermittente ; les décisions à court terme d'achat ou de vente, qui réagissent immédiatement sur le montant des stocks, des comptes-clients ou du crédit fournisseur, sont des décisions quotidiennes. Elles existent en permanence dans la gestion d'une entreprise et reviennent de façon régulière à tous les stades du cycle de production. On est en présence d'un phénomène de

---

1. Voir dans cette Encyclopédie l'article de J.R. Sulzer, « Critères de choix des investissements », p. 828, tome 1.

2. Voir dans cette Encyclopédie les articles de M. Albouy, « Structure financière et coût du capital », p. 3129, tome 3 et de P. Vernimmen, « Politique financière de l'entreprise », p. 2325, tome 2.

3. « A financial manager responsible for short-term financial decisions does not have to look far in the future » (R. Brealey, S. Myers, 1984, p. 615).

récurrence : il s'agit bien de décisions courantes dans la gestion de l'entreprise.

– Les décisions à long terme engagent l'avenir de l'entreprise et sont difficilement réversibles ; les décisions à court terme n'engagent que le futur immédiat et sont plus facilement réversibles. D'autre part, ces décisions étant prises tous les jours, une série de décisions nouvelles peut corriger ou effacer, rapidement, les effets des décisions précédentes.

– Les décisions à long terme et les décisions à court terme ne font pas appel aux mêmes méthodes et aux mêmes instruments d'analyse. Les décisions à long terme font traditionnellement appel aux méthodes de l'actualisation[4]. Dans l'étude des décisions à court terme, d'autres méthodes sont appliquées. La gestion des stocks, par exemple, peut faire appel à la recherche opérationnelle ou aux nouveaux systèmes de gestion informatique. Pour la gestion des crédits-clients, certaines entreprises font appel à l'analyse discriminante ou aux autres méthodes de traitement statistique des données.

– Les décisions à long terme sont relativement autonomes puisqu'elles fixent le choix du mode de développement et le financement à long terme de l'entreprise. Les décisions à court terme ne jouissent pas d'une même autonomie. Prises de façon quotidienne, dans le cadre général du développement fixé par les décisions à long terme, les décisions à court terme revêtent un caractère de subordination par rapport aux décisions à long terme. Mais il leur sera réservé un rôle important d'ajustement à l'égard des décisions à long terme.

L'importance des décisions financières à court terme dans la gestion financière des entreprises

Bien que subordonnées aux décisions à long terme, les décisions financières à court terme ne sont pas sans importance dans la gestion financière des entreprises.

Les décisions à court terme concernent une part importante des capitaux engagés dans l'entreprise. Les statistiques publiées par la Banque de France, par exemple, montrent que le pourcentage des besoins en fonds de roulement (BFR), qui correspondent aux stocks et aux créances d'exploitation et hors exploitation dont on a retranché les dettes d'exploitation et hors exploitation, dans l'ensemble du capital engagé (valeurs immobilisées + BFR + liquidités), varie en fonction de l'activité et de la taille des entreprises. Toutefois, les tableaux statistiques révèlent que les BFR sont rarement inférieurs à 30 % et qu'ils dépassent souvent 40 %[5].

On notera également que les décisions à court terme occupent une place importante dans les préoccupations des responsables des entreprises. Une grande partie du temps des responsables financiers est consacrée à la gestion quotidienne des actifs circulants. Certains auteurs laissent même entendre,

4. Voir dans l'Encyclopédie des marchés financiers l'article de J.M. Dalbarade, « Actualisation et prix des actifs financiers ».

5. Banque de France, *Cahiers économiques et monétaires entreprises* (n° 16, 1982), « Forces et contraintes de PME », voir notamment les tableaux p. 131-137. Pour la définition du BFR retenue par la Banque de France, voir p. 143.

notamment dans le cas des PME, que les décisions à court terme (choix des fournisseurs, politique d'approvisionnement et d'ordonnancement, choix d'une politique commerciale) laissent trop peu de temps pour la réflexion stratégique à long terme qui, pourtant, conditionne le développement de l'entreprise.

On comprend d'ailleurs que les responsables des entreprises consacrent un temps important aux décisions à court terme quand on prend conscience des risques qu'elles recèlent et de l'influence qu'elles ont sur la trésorerie des entreprises. Les erreurs dans les décisions à court terme peuvent entraîner des pertes élevées et même la cessation des paiements. La défaillance d'un client important peut, dans certains cas, conduire au dépôt du bilan ; celle d'un fournisseur peut avoir des conséquences dramatiques pour la poursuite de l'activité de production. Toutes les décisions concernant la politique de stockage, les crédits accordés à la clientèle, ou celui que l'on obtient des fournisseurs, se répercutent sans délai sur la situation de trésorerie de l'entreprise.

Définition et délimitation de l'objet de l'étude

Il peut paraître artificiel de procéder à une étude partielle des décisions financières de l'entreprise, en isolant les décisions à court terme. Cependant, en raison de l'importance qu'elles revêtent (montant de l'investissement que représentent les BFR, importance des risques, impact direct sur la trésorerie), l'étude des décisions financières à court terme se justifie amplement.

Peut-on dire que ces décisions correspondent à la gestion des postes du bas du bilan ? Si l'on retient le modèle de bilan du plan comptable 1982, on peut faire remarquer qu'un certain nombre de postes de l'actif circulant et des dettes échappent aux décisions financières à court terme. C'est le cas, par exemple, du « capital souscrit-appelé, non versé » qui dépend des décisions d'augmentation du capital ou des « dettes sur immobilisations » qu'il faut relier aux décisions d'investissement. Remarquons également que les « valeurs mobilières de placement » sont concernées par la gestion de la trésorerie ou la politique de rachat en bourse des actions de la société.

L'analyse financière distingue les BFR d'exploitation et les BFR hors exploitation, tels qu'ils apparaissent dans un bilan fonctionnel (voir, par exemple, le plan comptable général PCG 4e éd. II.194 ou le modèle du tableau de financement, PCG 4e éd. II.115, qui permet de calculer les variations « exploitation » et les variations « hors exploitation »). Mais l'analyse financière s'intéresse avant tout à l'étude des BFR, à leur évolution dans le déroulement du cycle d'exploitation et aux différentes méthodes qu'on peut utiliser pour les évaluer.

Dans l'optique de l'étude des décisions financières à court terme, ce sont les préoccupations de gestion qui doivent l'emporter. En conséquence, on s'intéressera en priorité aux postes du bilan sur lesquels les décisions financières à court terme peuvent avoir une influence. Trois problèmes principaux retiendront notre attention :

– la gestion des stocks,

– la gestion des comptes à recevoir, et notamment l'investissement en comptes-clients,

– la gestion du crédit fournisseur.

La gestion de trésorerie fera l'objet d'une étude particulière[6] et les financements à court terme seront abordés dans le cadre de l'étude générale du financement de l'entreprise[7].

1. La gestion des stocks

Les problèmes posés par la gestion des stocks sont à la fois physiques et financiers. Pour certains auteurs, la gestion des stocks intéresse avant tout la fonction de production[8], mais ne concerne pas directement le responsable de la gestion financière (R. Brealey, S. Myers, 1984, p. 617). On a déjà fait remarquer l'importance de la gestion des actifs circulants, et particulièrement des stocks, sur la trésorerie de l'entreprise : le financier ne peut pas se désintéresser de la gestion des stocks. Sans doute, il n'est pas dans l'objet de ce travail d'entreprendre une étude détaillée de l'ensemble des méthodes de gestion des stocks. Il existe, sur ce sujet, des ouvrages spécialisés (E. Salin, 1986). Mais les principaux problèmes posés par la gestion des stocks doivent être abordés sous leurs aspects financiers.

Les stocks sont présents dans le processus de production et de distribution sous forme de matières premières, d'encours, de produits finis, d'emballage et de marchandises. Dès lors, quatre types principaux de problèmes sont posés. Un problème d'information, en premier lieu, car il faut réaliser la tenue et le suivi d'un inventaire. Un problème d'évaluation, ensuite, car il faut choisir une méthode de valorisation des stocks qui ne soit pas en désaccord avec la réglementation fiscale. Le problème technique consiste à assurer le stockage et la conservation des différents éléments composant le stock. Un dernier problème enfin, celui qui retiendra le plus notre attention puisqu'il concerne avant tout la gestion financière à court terme, a trait à la régulation des stocks qui, en amont de la trésorerie, a des répercussions sur les liquidités de l'entreprise, en raison de l'importance des stocks dans les BFR de l'entreprise.

Au même titre que la gestion de l'encours clients, la gestion des stocks est l'une des préoccupations du responsable financier de l'entreprise. Il s'agit, pour ce dernier, d'avoir le contrôle, au sens de « maîtrise », des principaux aspects de la fonction stock, de connaître les coûts engendrés par les stocks et de surveiller la ou les méthodes de réapprovisionnement utilisées dans l'entreprise. Telles seront les principales questions à étudier, après avoir précisé la notion de stock et indiquer, brièvement, les préalables à la gestion des stocks.

1.1. Définition et généralités

L'existence d'un stock correspond à la différence entre un flux d'approvisionnement, d'une part, et un flux de consommation, d'autre part, entraîné par une vente ou une utilisation dans un processus de production.

---

6. Voir dans cette Encyclopédie l'article de D. Dubois, « Trésorerie », p. 3401, tome 3.

7. Voir dans cette Encyclopédie l'article de G. Hirigoyen et J.P. Jobard, « Financement de l'entreprise : évolution récente et perspectives nouvelles », p. 1356, tome 2.

8. Voir dans cette Encyclopédie les articles de V. Giard, « Production », p. 2542, tome 3 et de P. Baranger et J. Chen, « Juste-à-temps », p. 1726, tome 2.

1.1.1. La notion de stock

On appelle « stock » l'ensemble des matières, des marchandises, des produits en cours de transformation et des produits finis, ainsi que leur conditionnement, qui sont, à un moment donné, dans l'entreprise en attente d'être transformés ou commercialisés.

Le PCG 1982 distingue les stocks proprement dits et les produits en cours.

Les stocks proprement dits comprennent :

– les approvisionnements : matières premières (et fournitures), matières consommables (et fournitures),

– les produits : produits intermédiaires, produits finis, produits résiduels,

– les marchandises.

Les produits en cours sont des biens ou des services en cours de formation dans le processus de production.

Selon leur degré d'élaboration et leur origine, les emballages sont classés sous l'une ou l'autre catégorie énumérée ci-dessus.

1.1.2. Les préalables à la gestion des stocks

Préalablement à la définition de la politique de gestion des stocks, il convient de mettre au point les questions de nomenclature, de classement et de codification des stocks, et de procéder à une organisation physique rationnelle des stocks. La méthode dite « ABC » peut être également utilisée à ce stade.

1.1.2.1. La nomenclature, le classement et la codification

Une bonne gestion des stocks passe par une définition précise des articles en stock. La définition d'un article doit spécifier son appellation (technique ou commerciale), ses références, l'unité de comptage et la position physique dans l'entrepôt. Une méthode de codification facilite le traitement de l'information.

1.1.2.2. L'organisation physique des stocks

Une fois la nomenclature et la codification réalisées, l'organisation rationnelle des entrepôts et des autres lieux de stockage a pour objectif essentiel d'éviter les pertes de temps. Les principaux problèmes à résoudre sont le choix des emplacements et l'aménagement des locaux de stockage.

1.1.2.3. L'utilisation de la méthode ABC

La méthode ABC a pour objectif de sélectionner les articles pour lesquels il convient d'organiser, en priorité, la gestion des stocks.

Rappelons brièvement le principe sur lequel repose la méthode. Sur des axes orthonormés, on porte, en abscisse, le pourcentage cumulé du total des articles et, en ordonnée, le pourcentage cumulé de la consommation des articles en valeur. On obtient, par exemple, le tableau 1. Il apparaît clairement qu'un contrôle précis des articles du groupe A, qui représente 65 % de la valeur de la consommation avec seulement 10 % du nombre des articles, est une priorité de la gestion des stocks.

Tableau 1 – Méthode ABC

Articles	Pourcentage de consommation en nombre d'articles	Pourcentage de consommation en valeur
A	10	65
B	25	25
C	65	10

Graphique 1 – Résultats de la méthode ABC

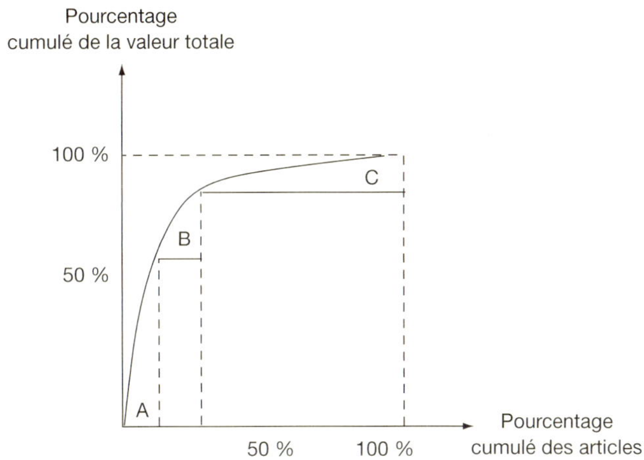

1.1.3. Le stock moyen, le stock critique, et le stock de sécurité

La constitution d'un stock est très souvent une nécessité pour l'entreprise, en raison des conditions d'approvisionnement et des aléas de la vente ou de la consommation des stocks. Le caractère saisonnier d'une activité exige parfois l'accumulation de stocks pendant la période de faible consommation pour faire face à la demande pendant la période de forte demande. Il est souvent indispensable de s'approvisionner par lots ou par quantités importantes, afin de réduire les coûts de gestion ou de transport et d'obtenir des remises de la part des fournisseurs. Si l'on connaît parfaitement les délais d'approvisionnement, on peut déterminer un niveau de stock appelé « stock critique ». En cas d'aléas dans les délais d'approvisionnement et au niveau de la demande, on peut constituer un « stock de sécurité » pour éviter les ruptures qui compromettent les ventes ou le processus de fabrication. Mais avant de préciser ces deux notions, il faut définir la notion de stock moyen.

1.1.3.1. La notion de stock moyen

Le stock évolue en permanence pendant le processus de fabrication ou de distribution. Peut-on valablement raisonner sur une valeur moyenne de stock ? Cette question est importante, car le coût de possession du stock, que l'on définira ultérieurement, utilise la notion de stock moyen.

Si l'on suppose que la quantité reçue en stock (soit q, égale à la quantité commandée) est régulièrement consommée ou vendue, le stock moyen est égal à la moitié de la quantité reçue ou commandée, soit $q/2$. Il existe une relation entre le stock moyen $q/2$ et la quantité consommée ou vendue S au cours de la période. En effet, la quantité commandée q est égale à $q = S/N$, N étant le nombre de commandes passées. Le stock moyen est égal à $S/2N$.

1.1.3.2. La notion de stock critique

La définition du stock moyen suppose une consommation régulière au cours du temps. Elle ne tient pas compte des délais d'approvisionnement. Cependant, entre la date de commande et la date de livraison, il peut s'écouler un certain temps correspondant au délai d'approvisionnement. Pour chaque type de stock et pour chaque fournisseur, il est indispensable de connaître le délai d'approvisionnement. Ce délai permet de calculer à quel niveau de stock, appelé « stock critique » ou parfois « stock d'alarme », la commande doit être passée pour éviter la rupture. Le stock critique est représenté au graphique 2.

Graphique 2

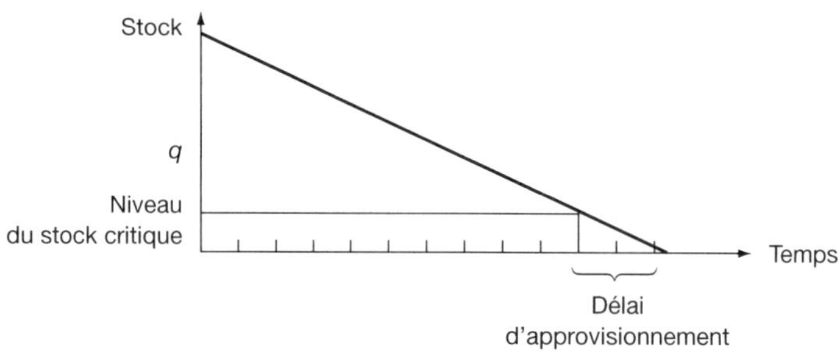

Le délai d'approvisionnement correspond au temps écoulé entre le moment où apparaît le besoin de réapprovisionnement et celui où la réception correspondant à ce réapprovisionnement est effectivement réalisée.

1.1.3.3. La notion de stock de sécurité

La détermination du stock critique suppose une parfaite connaissance de la consommation ou de la vente du produit, des délais d'approvisionnement et du respect par les fournisseurs ou les transporteurs de ces délais.

Dans la pratique, il faut faire face, d'une part, aux variations imprévues de la demande et en particulier à une accélération de la consommation après la date de passation de la commande ; d'autre part, aux modifications et aux retards dans les délais d'approvisionnement.

Le stock de sécurité ou encore « stock de protection » peut être représenté graphiquement (graphique 3).

La notion de stock de sécurité correspond à la différence entre la consommation maximum prévisible compte tenu du délai maximum de livraison et la consommation moyenne compte tenu du délai normal de livraison. On est parfois conduit à distinguer un stock « actif » qui évolue entre un maximum et un minimum et le stock de sécurité qui correspond au niveau minimum du stock actif, et qui a pour but de parer aux augmentations aléatoires de la consommation et d'éviter ainsi les ruptures de stock.

Graphique 3

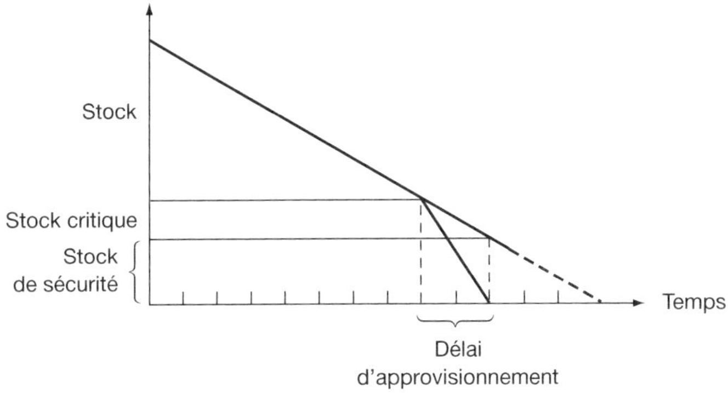

1.2. L'étude de la fonction stock

Si la fonction stock intéresse le responsable financier de l'entreprise, il faut alors définir plus précisément cette fonction, puis s'interroger sur la meilleure façon de l'organiser.

1.2.1. La fonction stock et le responsable financier

Montrer les liaisons entre la fonction stock et le responsable financier revient à justifier l'étude du contrôle, au sens de maîtrise, de la gestion des stocks dans le cadre des décisions financières à court terme.

On a déjà souligné l'impact de la gestion des stocks sur la trésorerie de l'entreprise. Lorsque la trésorerie nette de l'entreprise est positive, l'existence d'un stock représente un coût d'opportunité puisque la trésorerie de l'entreprise pourrait être placée dans des actifs financiers plus rémunérateurs. Lorsque la trésorerie nette est négative, il faut tenir compte des frais financiers engendrés par l'existence des stocks.

Il faut également étudier la gestion des stocks en liaison avec le montant de la valeur ajoutée dégagée par l'entreprise. Lorsque la valeur ajoutée par l'entreprise est faible, les achats représentent un pourcentage élevé du chiffre d'affaires : le montant des stocks qui en découle est également très élevé. Le problème principal est celui de la rotation des stocks. Lorsque la valeur ajoutée est élevée – c'est le cas, en particulier, des produits caractérisés par une haute technicité – le montant du pourcentage des approvisionnements peut être plus faible, mais les encours et les produits finis pèseront lourdement dans les BFR. Ce sont les problèmes d'ordonnancement et de fabrication qui passent alors au premier plan.

Le financier ne peut pas se désintéresser des investissements exigés par l'activité de stockage proprement dite. En effet, dans certains cas, le stockage, la manutention ou la conservation de matières premières, de produits ou d'encours exigent des installations représentant une importante immobilisation de capitaux. C'est le cas, par exemple, des unités de stockage dans l'industrie chimique, ou des installations frigorifiques que l'on rencontre parfois dans les industries agro-alimentaires. On est ici en présence d'un exemple de liaison entre les décisions financières à long terme et les décisions financières à court terme.

1.2.2. Les objectifs de la fonction stock

La fonction stock se situe aux différentes étapes du cycle d'exploitation, comme par exemple : évaluer les besoins d'achat, prendre la décision d'achat et d'approvisionnement en matières premières et en fournitures, stocker les matières premières et les fournitures, transformer les matières premières, stocker les produits intermédiaires, réaliser, stocker, vendre et livrer les produits finis.

Les objectifs de la fonction stock, à chacune des étapes précédemment rappelées, peuvent être résumés de la façon suivante. Il s'agit d'abord d'éviter les ruptures de stocks. Cette préoccupation se situe au niveau des approvisionnements et des encours, comme au niveau des produits finis. Il convient ensuite d'acheter au coût unitaire le plus avantageux. De nombreux fournisseurs utilisent des prix différents en fonction des quantités commandées. Il sera intéressant de regrouper les commandes afin de bénéficier de tarifs préférentiels ou de conditions de transport plus avantageuses. Mais il faut également minimiser le coût de passation des commandes, entendu dans le sens des coûts administratifs d'achat. Cet objectif conduit à passer un moins grand nombre de commandes, mais correspondant à des quantités plus élevées.

Tableau 2 – Facteurs influençant le niveau des stocks

Facteurs tendant à accroître les stocks	Facteurs tendant à réduire les stocks
• Eviter les ruptures de stocks : – dans le processus de fabrication, – dans les ventes. • Abaisser le prix de revient unitaire d'achat : – s'approvisionner en grandes quantités, – lancer des programmes de fabrication importants, – abaisser le coût de passation des commandes.	• Eviter les coûts liés à la possession des stocks (magasinage, gardiennage, vol, assurance, obsolescence…). • Eviter l'immobilisation des capitaux : – frais financiers, – coût d'opportunité.

Ces trois premiers objectifs tendent à accroître le volume des stocks possédés par l'entreprise. D'autres objectifs, au contraire, tendent à réduire le coût de possession des stocks. En effet, non seulement il faut éviter une immobilisation importante de capitaux dans les stocks qui engendre des frais financiers ou un coût d'opportunité, mais encore il faut s'efforcer d'abaisser les différents coûts liés à la possession de stocks tels que les frais d'assurance, d'entreposage ou de location des locaux. On notera également que des stocks pléthoriques ont plus de chances de vieillir rapidement et de devenir obsolescents.

Certains objectifs conduisent à accroître les stocks, d'autres à les diminuer ; les décisions concernant les stocks chercheront à déterminer, par exemple, le montant de la quantité optimale à commander.

1.2.3. L'organisation de la fonction de stockage

Les centres de décisions relatifs à la fonction de stockage sont dispersés dans l'entreprise. La gestion des stocks concerne, par exemple, le service achat et approvisionnement, le service lancement et ordonnancement, les services commerciaux et exportation, la division du transport et le magasinage... Les intérêts respectifs des uns et des autres peuvent être parfois en opposition. Les services commerciaux et exportation ont intérêt à posséder des stocks relativement élevés dans toutes les catégories d'articles afin de mieux répondre aux différents besoins de la clientèle.

En raison de la dispersion des centres de décisions et du risque d'opposition d'intérêts, il est souvent décidé de confier la gestion des stocks à un service qui assure une fonction de coordination et dont l'objectif principal est l'optimisation des flux physiques à l'intérieur de l'entreprise. Pour réaliser cet objectif, certaines directions générales mettent en place une fonction dite « logistique » dont le responsable a autorité sur les approvisionnements, l'ordonnancement, le planning et le lancement (OPL), et les transports (schéma 1)[9].

Schéma 1

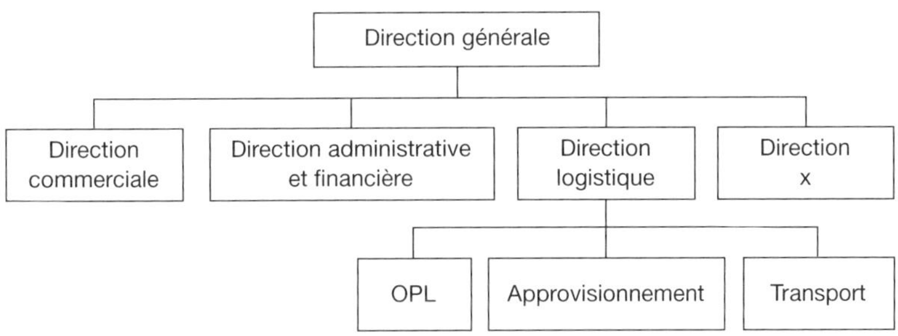

Dans son ouvrage, E. Salin (1986, p. 119) fait remarquer que, dans les entreprises à forte valeur ajoutée, les problèmes posés par l'approvisionnement exigent des contacts fréquents et directs entre les services de la production, les fournisseurs et les sous-traitants. La responsabilité des approvisionnements, en conséquence, doit normalement incomber à la direction de la production qui est responsable des stocks de matières premières, de produits en cours et sous-traités (schéma 2), alors que la direction des ventes a la responsabilité des produits finis, des emballages et des accessoires vendus avec le produit fini (schéma 3).

1.3. La connaissance des coûts

Plus les stocks sont élevés, plus les coûts engendrés par l'entreposage sont lourds. En revanche, la rupture de stocks peut engendrer d'autres coûts. L'un des objectifs de la gestion des stocks est la rationalisation des coûts liés aux stocks. Cette action suppose la connaissance des coûts. On en distingue différents types : les coûts de possession, les coûts d'acquisition ou de passation de commandes, les coûts de rupture ou de pénurie.

9. Voir dans cette Encyclopédie l'article de P.P. Dornier, « Logistique », p. 1781, tome 2.

Schéma 2

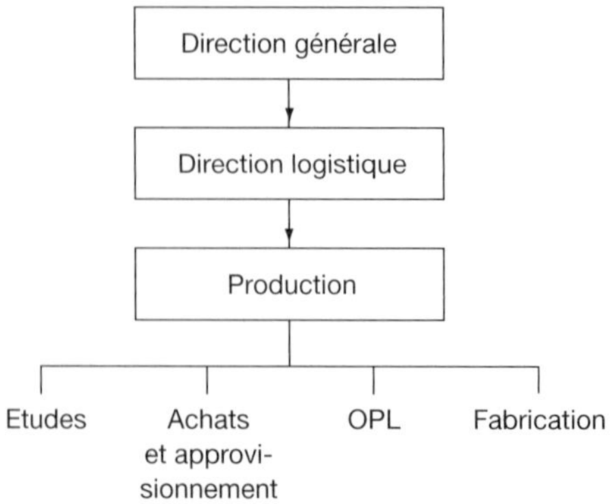

Source : E. Salin (1986, p. 119).

Schéma 3

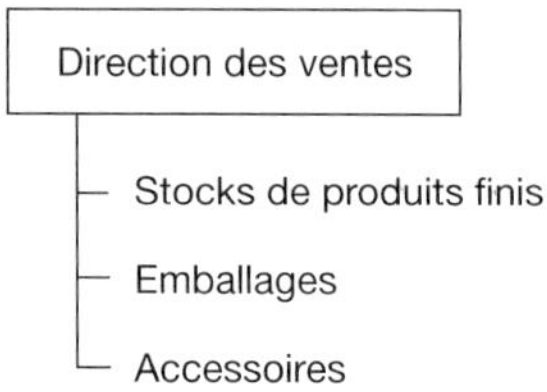

1.3.1. Les coûts de possession

Il s'agit de l'ensemble des coûts engendrés par l'existence des stocks dans l'entreprise. On distingue différentes catégories.

1.3.1.1. Les coûts financiers d'immobilisation des capitaux investis dans les stocks

Deux solutions sont habituellement préconisées pour procéder à cette évaluation. On peut considérer que le coût peut être assimilé à un taux d'intérêt qui correspondrait, par exemple, au taux d'intérêt à court terme demandé par les banques. Certains auteurs recommandent d'utiliser le taux de rendement des investissements, tel qu'il a été déterminé par la direction financière (E. Salin, 1986, p. 31).

1.3.1.2. Les coûts liés à l'activité de stockage

Il existe de nombreux coûts liés à l'activité de stockage. Pour les désigner, on utilise parfois l'expression de coûts de fonctionnement.

Il faut d'abord tenir compte de toutes les dépenses d'entretien, de conditionnement et de fonctionnement des bâtiments ou des installations de stockage. Il est nécessaire ensuite d'évaluer les dépenses entraînées par les activités de magasinage, d'entreposage et de manutention, auxquelles il faut ajouter les frais d'assurance. Il faut retenir enfin une estimation des détériorations possibles engendrées par le stockage et la manutention.

1.3.1.3. Les coûts engendrés par les immobilisations de stockage

Certains auteurs recommandent de retenir les coûts de location ou l'amortissement des bâtiments et des installations spécifiques de stockage[10].

1.3.1.4. L'expression du coût de possession

En divisant le montant annuel de l'ensemble des coûts de possession par la valeur du stock moyen, on obtient un taux moyen du coût de possession

10. Voir *Revue Fiduciaire Comptable*, « La gestion de vos stocks » (n° 88, juin 1984).

symbolisé par i. Supposons, par exemple, que le total des coûts de possession s'élève à 400 000 F pour un stock annuel de 2 000 000 de francs ; le taux moyen du coût de possession est de :

$$\frac{400\,000}{2\,000\,000} = 0{,}20 \text{ pour 1 franc de stock, soit 20 \%.}$$

1.3.1.5. *La fonction du coût de possession*

Soit q la quantité commandée et u le coût unitaire d'achat.

Le stock moyen étant égal à $q/2$, la valeur du stock moyen sera de $qu/2$.

Le coût annuel de possession du stock moyen $qu/2$, par rapport à un taux de possession de i, sera de $qu\,i/2$. Le coût annuel de possession est donc une fonction linéaire de q (graphique 4).

Graphique 4

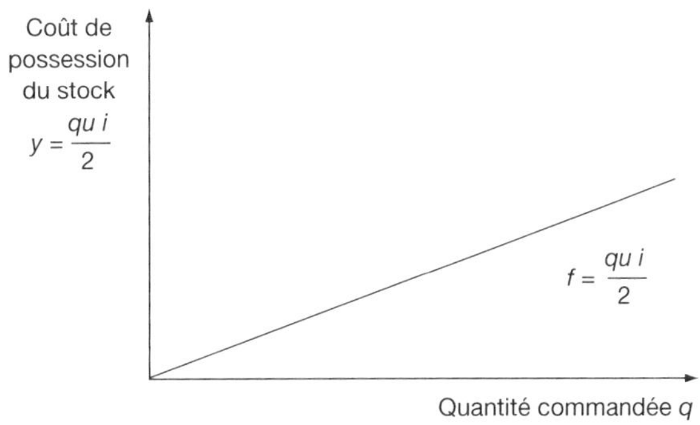

1.3.2. Le coût de passation d'une commande (ou coût d'ordre)

Il ne faut pas confondre les coûts d'acquisition des stocks avec le coût de passation d'une commande. Les coûts d'acquisition comprennent les coûts d'achat unitaire, les coûts fixes et les coûts variables de passation de commande.

– Les coûts d'achat unitaire correspondent au prix du fournisseur (qui peut varier en fonction des quantités commandées), aux frais de douane et taxes non récupérables, aux frais de transport qui sont parfois proportionnels aux quantités.

– Les coûts fixes de passation de commandes regroupent l'ensemble des frais engagés pour faire fonctionner le service achat indépendamment des quantités achetées : frais de personnel, loyer et entretien des locaux, par exemple.

– Les coûts variables de passation de commandes sont les coûts engendrés chaque fois que l'on passe une commande : frais de recherche d'un fournisseur, frais d'études et de documentation, missions et déplacements, frais comptables et informatiques engendrés par la passation d'une commande, frais de réception et de contrôle d'une commande.

Seuls les coûts variables de passation de commandes doivent être retenus dans le calcul du coût de passation d'une commande, parfois appelé « coût d'ordre ».

Soit
a : le coût de passation d'une commande ou coût d'ordre,
S : la quantité d'articles à approvisionner pendant la période,
q : la quantité commandée.

Le coût annuel correspondant aux passations de commandes est égal à :

$$\frac{S}{q} \times a.$$

Graphique 5

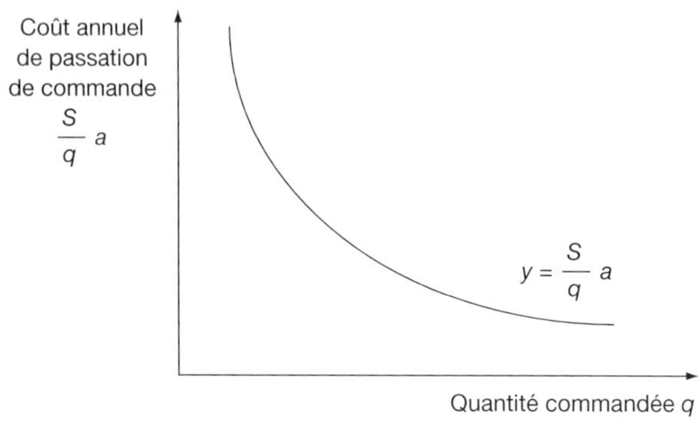

1.3.3. Le coût de rupture ou coût de pénurie

La gravité des conséquences de la rupture de stock varie selon les articles, les exigences de la clientèle et les possibilités de se procurer ou de remplacer l'article manquant.

L'absence d'une seule pièce détachée peut arrêter la totalité d'une chaîne de fabrication. Mais il est difficile, dans la plupart des cas, de procéder à une évaluation précise de la perte ou de l'absence de bénéfice engendrée par la rupture de stock. Les entreprises s'efforcent de lutter contre le risque de rupture en calculant des stocks de sécurité. Les techniques de calcul de probabilité peuvent être utilisées pour déterminer le montant des stocks de sécurité ou de protection.

1.4. Quand et combien commander ?

A partir d'un modèle de base désormais classique, le modèle de Wilson, la pratique utilise essentiellement deux types de gestion des stocks : le système à point de commande et le système à calendrier.

1.4.1. Le modèle de base

Le modèle de Wilson a été largement diffusé. Il suppose la réalisation d'une série d'hypothèses :

– la demande est régulière pendant la période,

– le prix de l'article est connu et fixe ; il est indépendant de la quantité commandée,

– il n'y a pas de rupture de stock,

– le coût de passation par commande est fixe,

– le coût de possession est proportionnel à la valeur stockée,
– le stock est connu en permanence.

Soit

S : la quantité d'articles consommés ou vendus pendant la période,
a : le coût de passation d'une commande,
u : le coût unitaire d'achat d'un article,
i : le taux moyen correspondant au coût de possession.

Le problème revient à définir q, la quantité optimale de commandes, qui minimise les coûts de stock.

Le coût d'achat est Su. Il ne dépend pas de q, car le prix est indépendant de la quantité commandée.

Le coût annuel de passation des commandes est $\frac{S}{q}a$.

Le coût annuel de possession est $\frac{qu}{2}i$.

La dépense totale est $D = Su + \frac{S}{q}a + \frac{qu}{2}i$.

Pour obtenir la quantité q qui minimise la dépense totale D, il suffit de calculer la dérivée première de D par rapport à q et de l'annuler :

$$\frac{dD}{dq} = \frac{-S}{q^2}a + \frac{ui}{2}.$$

Pour que cette dérivée s'annule, il suffit que :

$$q = \sqrt{\frac{2Sa}{ui}}.$$

Le nombre de commandes à passer pour la période est donc : S/q.

Exemple. Soit un article caractérisé par les éléments suivants :

u = 12 F a = 150 F
S = 1 600 i = 0,25 %

On a : $q = \sqrt{\frac{2 \times 1\,600 \times 150}{12 \times 0{,}25}} = 400.$

Soit : $\frac{1\,600}{400} = 4$ commandes annuelles.

La détermination du nombre optimal de commandes à passer est reproduite au graphique 6.

Le modèle de Wilson est à la base de la plupart des méthodes de réapprovisionnement. Il n'est pas question de présenter l'ensemble des formules de réapprovisionnement utilisées aujourd'hui. Nous renvoyons aux ouvrages spécialisés dans ce domaine. Deux méthodes sont cependant évoquées.

1.4.2. Le système à point de commande : le stock d'alerte déclenche la commande

Ce système est caractérisé dans sa forme la plus simple par le choix d'une quantité q de réapprovisionnement qui est fixe. Cette quantité peut avoir été

Graphique 6

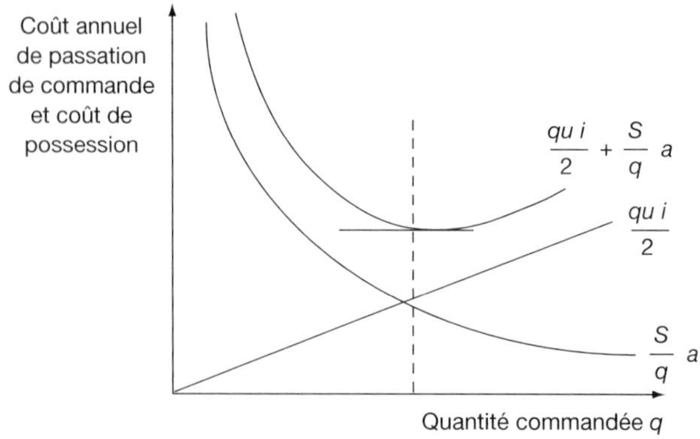

fixée, à l'origine, à l'aide de la formule de Wilson. Dans ce système, c'est l'intervalle de commande qui varie pour satisfaire la demande.

Supposons, par exemple, un délai d'approvisionnement d'un mois et un stock de sécurité estimé à deux mois de consommation. Le point de commande est déclenché lorsque le stock tombe à un niveau correspondant à trois mois de consommation.

D'une façon générale, si s est la moyenne des sorties mensuelles, d le délai d'approvisionnement exprimé en mois, et SS le stock de sécurité, le point de commande est $SS + ds$.

Cette méthode présente de nombreux avantages. Elle est simple et souvent utilisée dans les entreprises sous l'appellation de « méthode du stock minimum ». Elle permet également de réagir correctement aux accroissements de consommation lorsqu'il apparaît que le niveau du point de commande est atteint plus vite que prévu. L'inconvénient majeur de cette méthode vient de son caractère automatique. Après une commande lancée au moyen de cette méthode, on peut assister à une diminution de la consommation qui entraîne un sur-stockage. Cette méthode doit être complétée par une surveillance du montant des stocks de sécurité et des taux de rotation des articles utilisés.

1.4.3. Le système à calendrier : reconstituer le stock à date fixe

Le principe est différent du précédent : l'approvisionnement est systématiquement déclenché à intervalles réguliers. On parle également de gestion calendaire des stocks.

L'intervalle de temps peut être fixé, à l'origine, à l'aide de la formule de Wilson qui donne le nombre optimal de commandes à effectuer pendant la période $(S/q) = N$. A chaque date fixe de déclenchement de commande, on calcule la quantité à commander qui doit permettre de couvrir la consommation moyenne pendant la période séparant deux dates de commande. Dans le calcul de cette quantité, il faut tenir compte :

– de la quantité qui reste dans l'entreprise (il s'agit du stock actif et du stock de sécurité),

– du reliquat des commandes non encore livrées, mais dont les dates de livraison sont prévues ou connues,

– des affectations éventuelles d'articles à des commandes de clients non encore livrées.

Soit

d : le délai d'approvisionnement,
p : la période de réapprovisionnement séparant deux commandes,
s : la moyenne de sortie pendant un mois,
SS : le stock de sécurité,
g : les quantités en magasins,
c : le reliquat de commandes en cours non livrées,
f : les quantités affectées (à des clients non livrés).

La quantité à commander est exprimée selon la formule :

$$q = (d+p)s + SS - (g+c-f).$$

Dans toutes ces méthodes, dès que le volume des informations à traiter devient important, il faut recourir à la gestion des stocks par ordinateur (H. de La Bruslerie, J. Rigal, 1986, p. 153-169).

2. La gestion de l'encours-clients et du crédit fournisseurs

Comme la gestion des stocks, celle de l'encours-clients est une préoccupation permanente des responsables de l'entreprise. En France, il faut insister sur l'importance du crédit à la clientèle en raison de l'ampleur exceptionnelle du crédit interentreprises (Rapport Mordacq, 1979 ; G. Broncy et J. Force, mai 1984 et juin 1987 ; *Analyse Financière,* 1979)[11]. Le crédit clients, comme les stocks, doit être considéré comme un investissement de l'entreprise. Mais il s'agit d'un investissement qui revêt un aspect particulier car, en raison de l'existence du crédit interentreprises, il représente un caractère obligatoire. Les usages commerciaux français imposent au fournisseur d'accorder à ses clients des délais de règlement, inconnus dans la plupart des pays étrangers. Il est en quelque sorte contraint de se substituer gratuitement aux banquiers pour financer les BFR de ses clients. Si l'encours-clients est un investissement involontaire, imposé à l'entreprise par les usages commerciaux, faut-il en déduire qu'il n'existe pas de gestion du crédit-clients ? Bien au contraire, l'importance des montants représentés par l'encours-clients – masquée d'ailleurs en partie par l'existence du crédit-fournisseur – en fait une préoccupation majeure des responsables financiers, dans la mesure où cet encours engendre des coûts et présente des risques.

2.1. La gestion des coûts engendrés par l'encours-clients

Après avoir tenté d'évaluer le montant de ces coûts, il faut rechercher les actions permettant de les réduire.

11. Voir également dans cette Encyclopédie l'article de M. Dietsch, « Crédit interentreprises », p. 799, tome 1.

2.1.1. Une première évaluation du coût de l'encours-clients

Tout délai de paiement accordé aux clients engendre un coût : soit un coût financier correspondant aux frais bancaires lorsque l'entreprise est débitrice, soit un coût d'opportunité lorsque l'entreprise est créditrice. On peut réaliser une première estimation du coût du crédit-clients à partir des données de la comptabilité générale. On peut en effet estimer le crédit-clients en jours de chiffre d'affaires TTC à partir de l'ensemble des postes comptables correspondant à l'encours commercial.

$$\frac{\text{Clients + Effets à recevoir + EENE}^{12} \times 365 \text{ j}}{\text{CA TTC}} = \begin{array}{c}\text{Crédit-clients exprimé}\\ \text{en nombre de jours}\\ \text{de chiffre d'affaires TTC}\end{array}$$

Pour calculer le coût du crédit-clients, on peut utiliser :

– soit le taux réel du découvert le plus élevé facturé par les banquiers, si l'entreprise est structurellement débitrice,

– soit un taux d'opportunité correspondant au taux réel des placements à court terme (SICAV de trésorerie, par exemple), si l'entreprise est habituellement créditrice.

Prenons un exemple simplifié. Une entreprise réalise un chiffre d'affaires de 120 millions de francs TTC. Elle accorde un délai de paiement de 3 mois à ses clients : son encours-clients est donc, en principe, de 30 millions de francs. Choisissons, par exemple, un coût d'opportunité de 10 %, les créances détenues sur les clients coûtent, annuellement, 3 millions de francs, ce qui représente 2,5 % du chiffre d'affaires. Quelles sont les conséquences sur le résultat ?

En reprenant le même exemple et en supposant une marge de 10 %, il faut donc accroître le chiffre d'affaires de 30 millions de francs pour compenser le coût du crédit-clients, ce qui représente une augmentation du chiffre d'affaires de 120 à 150 millions (soit une augmentation de 25 %). Bien entendu, ces coûts seraient augmentés par tout retard de paiement de la part des clients. On peut faire remarquer que le chiffre d'affaires supplémentaire à réaliser correspond au coût du crédit-clients divisé par le taux de marge.

2.1.2. Le calcul du coût réel de l'encours commercial dans l'entreprise

On vient de réaliser, à l'aide d'une analyse financière externe qui utilise les informations contenues dans les documents de synthèse de l'entreprise, une première estimation du coût financier engendré par l'existence du crédit-clients.

A l'intérieur de l'entreprise, le suivi de l'encours commercial a pour objectif essentiel de réduire les coûts financiers engendrés par les délais de règlement accordés aux clients (B.H. Abtey, septembre 1985). Lorsqu'on s'attache à cet objectif, on doit constater que l'encours réel prend naissance dès la prise de commande du client et qu'il ne s'achèvera qu'avec le règlement en date de valeur, et non pas en date d'opération, c'est-à-dire lorsque l'entreprise sera effectivement créditée du montant de sa créance. Ainsi défini, l'encours commercial réel est sensiblement plus large que la notion de

12. EENE : effets escomptés non échus.

crédit-clients calculée à partir des postes du bilan. En effet, l'étendue réelle de l'encours commercial dans l'entreprise comprend quatre étapes :

– la saisie des commandes qui couvre la période de prise des commandes à la date d'avis d'expédition de l'usine,

– l'exécution des commandes qui va de la date de l'avis d'expédition de l'usine à la date de facturation,

– la saisie des comptes-clients qui couvre la période allant de la date de facturation à la date de règlement, en date d'opération,

– la saisie des règlements qui va de la date de règlement en date d'opération à la confirmation par la banque du règlement en date de valeur.

Cette définition de l'encours commercial réel a des conséquences pratiques sur l'organisation du système d'information comptable qui doit retenir, client par client, l'ensemble des opérations traitées entre la prise de commande et la facturation, d'une part, la facturation et le règlement en date de valeur, d'autre part. Trois aspects essentiels peuvent être soulignés :

– le système comptable doit être capable d'indiquer le montant des commandes non encore livrées et facturées,

– les règlements des clients doivent être enregistrés en date de valeur et non pas en date d'opération,

– le système doit enregistrer et gérer toute modification concernant le déroulement des commandes des clients (modification des délais de livraison ou des conditions de règlement, par exemple).

L'évaluation du coût réel de l'encours commercial effectif doit prendre en compte tous les délais successifs observés depuis la prise de commande jusqu'à l'encaissement en date de valeur. Il doit procéder à la valorisation de tous les délais soit à l'aide d'un taux d'opportunité, soit en utilisant le coût financier réel supporté par l'entreprise.

2.1.3. L'action à entreprendre pour réduire le coût de l'encours commercial

Il est souvent difficile de revenir sur les conditions de règlement imposées par les usages commerciaux ou les concurrents. Mais, le suivi de l'encours commercial permet, sans toucher aux conditions commerciales accordées aux clients, de réduire l'encours réel dans l'entreprise. On donnera quelques exemples qui concerneront la réduction des délais et le respect des conditions de règlement (B.II. Abtey, février 1986).

2.1.3.1. La réduction des délais

Pour diminuer l'encours commercial, il faut :

– réduire l'écart observé entre la date de livraison demandée par le client et la date d'expédition réelle, compte tenu des délais de livraison,

– réduire le délai entre la date d'avis d'expédition et la date d'ordre de facturation,

– diminuer le temps entre l'ordre de facturation et la date réelle de facturation : cette action est importante pour les clients dont les délais de livraison courent à partir de la date de facturation.

2.1.3.2. *Le respect des conditions de règlement*

Pour réduire l'encours commercial, il faut :

– faire respecter les conditions de règlement du type « date d'expédition » et ne pas se laisser entraîner vers un système de type « fin de mois, expédition » ;

– faire respecter les conditions générales de règlement : prévoir des agios pour tout retard de règlement ;

– effectuer des pré-relances avant la date d'échéance ; intéresser les commerçants à la marge commerciale encaissée, après déduction des frais financiers qui leur sont imputables ;

– tenir la comptabilité-clients en date de valeur.

2.2. La gestion du risque client

Dans la mesure où on privilégie le risque attaché à l'encours-client, la définition de cette notion d'encours s'en trouve modifiée. En effet, le risque ne prend naissance qu'à l'expédition des marchandises – sous réserve de la clause de réserve de propriété et du droit de rétention des transporteurs – et prend fin avec le règlement effectif, en date d'opération, délai de retour des impayés compris.

Il convient, en premier lieu, d'évaluer l'importance des montants mis en jeu par le risque client. Il faut ensuite s'interroger sur les méthodes permettant d'apprécier la solvabilité des clients. On se demandera enfin quelles sont les actions qui peuvent réduire le risque client[13].

2.2.1. La mesure du risque client

On a vu que tout délai accordé, tout retard dans le processus de livraison des clients et toute prolongation des délais précédemment accordés comportent un coût financier. Plus grave est le cas où un client dépose son bilan avant d'avoir procédé au règlement de sa dette. Il ne s'agit plus d'évaluer le coût financier d'un retard, mais de mesurer les conséquences d'une perte qui sera en relation avec le montant de la créance. La défaillance d'un client, lorsqu'une créance importante est en jeu, peut compromettre la solvabilité de l'entreprise fournisseur, si cette dernière ne dispose pas d'une trésorerie ou d'une capacité d'endettement lui permettant de faire face à cette perte.

Reprenons l'exemple simplifié présenté au paragraphe 2.1.1. Une entreprise réalise une affaire de 120 millions de francs ; une créance de 10 millions n'est pas honorée par un client. On peut calculer le chiffre d'affaires supplémentaire que l'entreprise doit réaliser pour compenser cette perte, si l'on suppose, par exemple, un taux de marge de 10 % (B.H. Abtey, mai 1985).

La perte encourue doit être compensée par un gain correspondant à un chiffre d'affaires supplémentaire auquel sera appliqué le taux de marge. Autrement dit, le chiffre d'affaires supplémentaire sera égal à la perte encourue divisée par le taux de marge. La perte encourue est égale à la créance moins la marge commerciale concernant cette créance. Comme la

13. Voir également dans cette Encyclopédie l'article de N. Van Praag, « Credit management », p. 816, tome 1.

marge commerciale est égale à la créance que multiplie le taux de marge, on a finalement :

$$\text{CA supplémentaire} = \frac{\text{Créance}\,(1 - \text{Taux de marge})}{\text{Taux de marge}}$$

Perte encourue	= CA supplémentaire × Taux de marge
CA supplémentaire	$= \dfrac{\text{Perte encourue}}{\text{Taux de marge}}$
Perte encourue	= Créance – Marge commerciale
Marge commerciale	= Créance × Taux de marge
Perte encourue	= Créance (1 – Taux de marge)
CA supplémentaire	$= \dfrac{\text{Créance (1 – Taux de marge)}}{\text{Taux de marge}}$

Pour une créance impayée de 10 millions de francs, le chiffre d'affaires supplémentaire à réaliser s'élève à :

$$\frac{10\,000\,000(1 - 0{,}10)}{0{,}10} = 90\,000\,000 \text{ F}$$

Le chiffre d'affaires doit donc passer de 120 à 210 millions de francs, ce qui représente une augmentation de 75 %. Il paraît ainsi du plus haut intérêt, pour les dirigeants d'entreprise, de mesurer le risque présenté par les plus gros clients en leur appliquant la formule précédente.

2.2.2. L'appréciation de la solvabilité des clients

Il revient au directeur financier d'apprécier la solvabilité de chaque client. Dans le cas de nouveaux clients, on peut utiliser les informations déposées auprès du greffe des tribunaux de commerce : documents comptables, registre des protêts, des nantissements, du privilège de la Sécurité sociale ou du Trésor, des contrats de crédit-bail mobilier.

Il convient également de mentionner les récents développements réalisés par la méthode dite « des scores ». On signalera, notamment, le rapport présenté à la IXe journée d'études des centrales de bilans, la méthode mise au point par la Fiduciaire de France et celle du Crédit Commercial de France[14]. On remarquera que dans le nouveau dossier individuel mis au point par la Banque de France, l'évolution du score de l'entreprise est présentée au début de l'analyse financière.

14. Banque de France, « L'analyse des défaillances des entreprises », Rapport présenté à la IXe journée d'étude des centrales de bilans le 7 juin 1983. *Note d'information* (n° 65, septembre 1985), « La détection précoce des difficultés d'entreprise par la méthode des scores ». Fiduciaire de France, *Le score de l'entreprise*, Levallois, Nouvelles Editions Fiduciaires, 1984. G. Galzy, F. Lecointe, J.J. Marquaire, *L'analyse financière informatisée au service des entreprises*, Villennes-sur-Seine, Castelange Diffusion, 1986, p. 165-181.

De nombreuses sociétés, en particulier les sociétés d'assurance crédit ou de factoring, possèdent des départements spécialisés dans le renseignement financier.

2.2.3. Les actions en vue de minimiser les risques

Une entreprise dispose de plusieurs moyens pour lutter contre le risque de non-paiement des clients.

2.2.3.1. La sélection des clients

L'utilisation des informations recueillies sur la solvabilité permet de procéder à une sélection des clients afin d'écarter les mauvais payeurs. Les méthodes statistiques, citées dans le paragraphe précédent, peuvent être utilisées en présence d'une clientèle nombreuse et diversifiée. Toutefois, en cas de commande importante, et pour les clients principaux, il peut être jugé préférable de rechercher des informations spécifiques et de procéder à une analyse individuelle du risque.

2.2.3.2. La détermination de plafonds de crédit

La fixation d'un plafond de crédit peut tenir compte de plusieurs facteurs : la capacité de paiement, les habitudes et le comportement de règlement, la situation financière et la rentabilité du client.

Cette méthode présente plusieurs intérêts : elle « personnalise » le crédit, puisqu'il est tenu compte des caractères spécifiques de chaque client ; elle permet de déterminer un montant maximum des fonds investis dans le BFR de l'entreprise ; elle assure une diversification des investissements en compte client, donc une diversification des risques. Toutefois, la détermination d'un plafond de crédit ne permet pas d'évaluer le coût des fonds immobilisés dans les comptes clients non soldés. Il est également difficile de préciser dans quelles conditions il est possible de dépasser le plafond et de décider à quel moment prendre la décision de se séparer du client ou de l'assigner en justice.

Le système de plafond de créance peut être utilement complété par un tableau de l'âge des créances qui permet une analyse de l'encours de chaque client en fonction de l'ancienneté des créances.

2.2.3.3. Les moyens juridiques

L'entreprise bénéficie des différentes garanties cambiaires, en cas de paiement par lettres de change, notamment lorsqu'elles sont acceptées. On peut citer également la clause de réserve de propriété selon laquelle le transfert de propriété est suspendu jusqu'au paiement intégral du prix. Cette clause est opposable aux autres créanciers en cas de procédure de redressement ou de liquidation judiciaire (loi du 25 janvier 1985).

2.2.3.4. L'assurance crédit

Il est possible d'assurer le risque de non-recouvrement des créances client auprès de sociétés spécialisées dans l'assurance crédit. Mais, les contrats d'assurance crédit imposent un certain nombre de conditions. Afin de compenser les risques, ces sociétés assurent un ensemble de transactions et non pas une ou plusieurs transactions particulières. En général, la couverture du risque n'est pas totale, mais seulement partielle. Enfin, les sociétés d'assurance crédit n'interviennent qu'à l'intérieur de la fixation de plafonds de crédit autorisé.

Les sociétés d'assurance crédit peuvent également jouer un rôle dans le recouvrement des créances. Elles peuvent fournir des renseignements sur les clients. Dans le cas de transactions avec l'étranger, la COFACE (Compagnie française d'assurance pour le commerce extérieur) garantit la bonne fin des opérations du commerce extérieur.

2.2.3.5. *L'affacturage*

L'affacturage ou *factoring* est une technique de transfert des créances commerciales à un « facteur » qui se charge ensuite du recouvrement des créances et en garantit la bonne fin. La rémunération du facteur comprend deux éléments : le coût du recouvrement et la commission de financement correspondant au coût du crédit. Pour l'entreprise, les avantages sont nombreux : elle finance son crédit client, elle se décharge de la gestion administrative d'une grande partie du crédit client, elle se garantit ainsi contre le risque de non-paiement (P. Jude, 1984).

2.3. La gestion du crédit fournisseur

A l'inverse du crédit client, le crédit fournisseur ne constitue pas une décision d'investissement, mais une décision de financement. En bonne logique, l'étude du crédit fournisseur devrait être effectuée en même temps que les autres moyens de financement de l'entreprise, dans l'article relatif au financement de l'entreprise[15]. Toutefois, dans la mesure où le crédit fournisseur fait partie intégrante du crédit interentreprises, et où il est l'un des postes essentiels du BFR, il convient de présenter quelques observations sur la gestion du crédit fournisseur.

2.3.1. L'évaluation du délai de règlement aux fournisseurs

On s'attache essentiellement aux dettes liées à l'acquisition de biens et de services destinés à l'exploitation de l'entreprise. Sur un plan comptable, il s'agit essentiellement des comptes « fournisseurs », « fournisseurs-effets à payer » et « fournisseurs-factures non parvenues ».

Pour calculer le délai moyen de règlement consenti par les fournisseurs d'exploitation à l'entreprise, il faut comparer le montant global de ces différents postes correspondant aux fournisseurs d'exploitation, qui sont comptabilisés TTC, au montant des achats, comptabilisés hors taxe, correspondant aux fournisseurs d'exploitation. Le rapport :

$$\frac{\text{Fournisseur} + \text{Effets à payer} + \text{Factures non parvenues} \times 360}{\text{Achats TTC}}$$

exprime le délai de règlement des fournisseurs évalué en jours d'achat TTC.

15. Voir dans cette Encyclopédie l'article de G. Hirigoyen et J.P. Jobard, « Financement de l'entreprise : évolution récente et perspectives nouvelles », p. 1356, tome 2.

2.3.2. La gestion du crédit fournisseurs, une décision financière à court terme

Certaines entreprises offrent à leurs clients la possibilité de bénéficier :

– soit d'un délai de paiement correspondant aux usages commerciaux de la profession,

– soit d'un escompte, en cas de règlement comptant.

Le règlement comptant engendre donc un gain pour l'entreprise, correspondant au montant de l'escompte. Pour choisir entre l'une ou l'autre solution, l'entreprise doit comparer le gain retiré de l'escompte au coût du financement de substitution, dans la mesure où, renonçant au crédit fournisseur, elle doit se procurer d'autres sources de financement[16].

Dans la gestion du crédit fournisseur, on s'efforce d'utiliser tous les moyens et procédés contre lesquels on a mis en garde le responsable financier dans l'étude du suivi de l'encours-client. L'entreprise a intérêt à obtenir un délai maximum, tout au moins supérieur à celui qui est également consenti dans la profession. Lorsqu'il est obtenu, c'est le signe que, par la quantité des commandes effectuées, par la régularité de ces paiements ou par tout autre motif, l'entreprise est reconnue comme possédant une excellente solvabilité. En revanche, la réduction des délais de paiement par rapport aux usages commerciaux de la profession est, en principe, l'indice de la détérioration de la solvabilité de l'entreprise. Il faut cependant tenir compte des cas où l'entreprise, pour échapper à des difficultés de trésorerie, s'efforce d'allonger les délais de paiement vis-à-vis de ses fournisseurs ou se voit contrainte de demander des reports d'échéance.

*

* *

La gestion de la trésorerie et les différentes sources de financement à court terme font l'objet d'études particulières dans cette Encyclopédie. Il en résulte qu'une part importante des décisions financières à court terme échappe au domaine de la « gestion financière à court terme », telle qu'elle a été abordée dans cet article qui traite essentiellement de la gestion des stocks, des comptes clients et des comptes fournisseurs. L'idée de base que l'on retrouve dans tous les ouvrages concernant ces problèmes – qu'ils soient rédigés d'un point de vue pratique ou théorique – est qu'il convient, par la mise en place de systèmes de gestion appropriés, de comprimer les besoins en fonds de roulement. L'introduction de l'informatique, en particulier lorsque le volume des informations à traiter devient important, a permis aux entreprises de réaliser de notables progrès dans ce domaine. Mais il faut noter, en dernier lieu, que l'étude de la gestion financière à court terme, telle qu'elle vient d'être examinée, doit être complétée par celle de la gestion des liquidités et des financements à court terme, qui a connu en France de profonds bouleversements depuis 1985, avec la réforme du marché monétaire et l'apparition de nouveaux produits financiers – en particulier les billets de trésorerie[17].

---

16. Pour un exemple de calcul du coût d'opportunité du crédit fournisseur, voir G. Charreaux, *Gestion financière,* Paris, Litec, 1993, p. 597.

17. Voir dans l'Encyclopédie des marchés financiers l'article de P. Claude, « Marché monétaire interbancaire et titres de créance négociables ».

Références

ABTEY B.H., « Comment optimiser la politique d'approvisionnement et de stockage », *Entreprise et Banque* (n° 78, juin 1985 ; n° 79, juillet 1985).

ABTEY B.H., VANTSIS D., « Dossier : l'encours client », *Entreprise et Banque* (n° 77, mai 1985 ; n° 80, septembre 1985 ; n° 82, novembre 1985 ; n° 86, mars 1986 ; n° 96, février 1987).

Analyse Financière : « Le crédit interentreprises : éléments de réflexion », numéro collectif (n° 36, 1er trimestre 1984).

BREALEY R., MYERS S., *Principles of Corporate Finance,* 2nd printing, 1984.

BRONCY G., FORCE J., « Le crédit interentreprises. Un élément perturbateur ou un facteur régulateur du financement des firmes », *Banque* (n° 439, mai 1984), p. 519-526.

BRONCY G., FORCE J., « Délais de paiement et comportement des entreprises sur la période 1980-1984 », *Banque* (n° 473, juin 1987), p. 580-586.

GAVAULT L., LAURET A., *Technique et pratique de la gestion des stocks,* Paris, Delmas, 1977.

HIRIGOYEN G., BENJELLOUN N., « La gestion du crédit-client dans les petites et moyennes entreprises industrielles », *Revue du Financier* (n° 51, janvier-février 1987), p. 17-26.

JUDE P., *Technique et pratique du factoring,* Paris, Clet, 1984.

LA BRUSLERIE H. (de), RIGAL J., *Informatique, aide à la décision de gestion,* Paris, Vuibert, 1986.

MONTMORILLON B. (de), « Crédit interentreprises : l'influence des structures », *Analyse Financière* (n° 56, 1er trimestre 1984), p. 49-54.

MORIN M., *Comprendre la gestion des approvisionnements,* 2e éd., Paris, Pierre Dubois SA et Les Editions d'Organisation, 1983.

RAPPORT MORDACQ, *Crédit interentreprises,* Paris, La Documentation Française, 1979.

Revue Fiduciaire Comptable, « Dossier conseil : gérer vos stocks et vos approvisionnements » (n° 185, avril 1993), p. 39-69.

SALIN E., *Gestion des stocks, les points clés,* Paris, Les Editions d'Organisation, 1986.

Mots clés

Coût de passation de commande, coût de possession d'un stock, décisions financières à court terme, gestion de l'encours-client, gestion des stocks, gestion du crédit fournisseur, gestion du risque client, stock critique, stock de sécurité, stock moyen, système à calendrier (gestion des stocks), système à point de commande (gestion des stocks).

Gestion financière de l'entreprise en difficulté

78

Jean-François Malécot

Au milieu des années 1970, avec la fin d'une longue période de croissance économique, les défaillances d'entreprises sont revenues au premier plan de l'actualité même si, comme en témoignent les statistiques, le phénomène était présent auparavant. De 1974 à 1985, le nombre de défaillances, tous types d'entreprises confondus, doubla quasiment ; de 1985 à 1994, il fut plus que multiplié par deux. Derrière l'ampleur du phénomène se cachent cependant de nombreux contrastes selon qu'il s'agit d'entreprises industrielles ou de services, de création récente ou non, avec ou sans salariés, de personnes physiques (artisans, commerçants) ou de sociétés anonymes[1].

Toute entreprise est virtuellement exposée à un risque de défaillance ; cependant, certaines firmes apparaissent comme beaucoup plus risquées et ce pour un horizon de prévision d'environ trois ans. Les entreprises en difficulté se caractérisent par une structure financière tellement déséquilibrée qu'une cessation de paiements, donc une défaillance, est très probable : la gestion des flux financiers devient alors une priorité.

De la connaissance des causes de défaillance, sont attendues une meilleure prévision et une prévention plus efficace. Quelles sont les causes de défaillance des entreprises ? Quel est le cadre juridique qui les définit et s'efforce de les traiter ? Sait-on prévoir les défaillances d'entreprises ? Telles sont les questions préalables. La gestion d'une entreprise en difficulté consiste à étudier et à mettre en œuvre un plan de redressement, la composante financière de ce plan étant souvent centrale eu égard à son déséquilibre financier général. Le redressement d'une entreprise en difficulté peut se faire dans le cadre d'une procédure judiciaire ou hors de toute procédure judiciaire : on parlera en ce dernier cas de procédures informelles.

1. Les causes de défaillance des entreprises

La notion d'entreprise en difficulté ne se définit pas en des termes seulement juridiques. Mais une entreprise en difficulté doit tenir compte du cadre

1. Se reporter aux numéros de la revue *INSEE première* consacrés à ce thème chaque année.

juridique, qu'elle soit ou non en situation d'éviter la menace d'une cessation de paiements. Le droit français des procédures collectives a été profondément modifié en 1985, puis réformé à nouveau en 1994[2].

Nous examinerons donc, dans une première section, le cadre juridique en vigueur ; puis, dans une seconde section, nous analyserons les causes des défaillances des entreprises.

1.1. L'étude du cadre juridique

Les procédures actuelles s'inscrivent dans l'histoire des législations sur les règlements judiciaires de la faillite, ce dernier terme étant pris dans son sens le plus général. C'est d'ailleurs un signe de l'évolution sociale de constater que le terme de faillite a perdu la signification infamante dont Balzac avait caractérisé les principaux traits dans le portrait de César Birotteau ; plutôt que du « failli », c'est-à-dire celui qui a manqué à ses obligations, on parle plus volontiers aujourd'hui de défaillance ou de faillite d'entreprise.

La réforme de 1994 étant une refonte plus ou moins prononcée du texte de 1985, dont les objectifs n'ont pas été totalement abandonnés, nous évoquerons brièvement les objectifs des lois de 1985 et 1994 avant de passer en revue les principaux traits du système juridique actuel.

1.1.1. Les objectifs des lois de 1985 et 1994

Avant 1985, la législation principalement issue de la réforme de 1967 était vivement critiquée parce que les procédures en vigueur s'achevaient dans 95 % des cas par une disparition complète de l'entreprise, à savoir la liquidation de ses biens. Le contexte économique ayant fortement évolué, le chômage est devenu une préoccupation majeure. Permettre, par les procédures judiciaires, de sauver les entreprises viables, tel est l'objectif principal défendu par les initiateurs de la réforme de 1985. Mais comment définir une entreprise viable ? Dans l'esprit du législateur, c'est en principe la situation concurrentielle effective qui définit la viabilité économique d'une entreprise et non plus les seuls intérêts juridiques des parties en présence, comme, par exemple, les droits des créanciers.

La loi du 13 juillet 1967 (et ses aménagements ultérieurs) prévoyait plusieurs procédures dont le règlement judiciaire. Mais la quasi-totalité des règlements judiciaires qui devaient déboucher sur un concordat, donc sur une poursuite de l'activité se soldaient par une liquidation de l'entreprise. De plus, on sait que la précocité et la rapidité de l'intervention conditionnent l'amélioration des perspectives de résultats des procédures : or un règlement judiciaire durait en moyenne trois ans.

Deux lois formèrent l'essentiel du dispositif législatif voté à l'époque. La loi du 1er mars 1984 sur la prévention des difficultés, qui rendit obligatoire l'établissement de documents prévisionnels comptables et financiers, créa des procédures de surveillance et d'alerte et instaura un règlement amiable. La loi du 25 janvier 1985 sur le redressement et la liquidation judiciaires des entreprises instaura une procédure unique (en prévoyant deux modes : le

2. Le droit des défaillances a également été remanié récemment dans la plupart des pays industrialisés, comme les Etats-Unis, l'Angleterre ou l'Allemagne.

régime simplifié et la procédure normale) avec une période d'observation d'une durée limitée dans le temps (éventuellement renouvelable) pour établir un bilan économique et social de l'entreprise. Le tribunal pouvait ensuite prononcer la liquidation judiciaire s'il n'y avait aucune chance de survie ou le redressement judiciaire (avec un plan de continuation des activités ou un plan de cession d'actifs). Très rapidement, de nombreuses critiques s'élevèrent contre ces textes, notamment à propos de l'article 40 de la loi de 1985 qui prévoyait une priorité de remboursement pour les nouveaux créanciers apparus lors de la période d'observation. De fait, il y eut très peu de règlements amiables et les procédures d'alerte furent peu utilisées ; en 1992, il y avait toujours 95 % de liquidations, dont 40 % immédiatement après le jugement d'ouverture et plus de la moitié des entreprises avaient moins de deux salariés. Ce sont ces deux lois que vient réformer la loi du 10 juin 1994, de façon assez substantielle.

1.1.2. Les procédures actuelles

Selon la situation de l'entreprise et la nature des problèmes à résoudre, les procédures sont de trois types : prévention, règlement amiable, redressement ou liquidation judiciaire (tableau 1).

Outre l'alerte tant interne (vis-à-vis des dirigeants ou des différents conseils) qu'externe (auprès du président du tribunal) à laquelle les commissaires aux comptes sont tenus, le nouveau texte renforce un peu les moyens du président du tribunal de commerce en matière de prévention. Lorsqu'il existe une difficulté économique ou juridique ou qu'il y a des besoins financiers non couverts par un financement adapté (sans pour autant que les créances soient exigibles car, en ce cas, il s'agit d'une cessation de paiements), les dirigeants peuvent saisir confidentiellement le président du tribunal de commerce qui peut initier une procédure de règlement amiable ; il va alors nommer un conciliateur qui sera chargé de négocier un accord avec les créanciers (rééchelonnement...), de procéder à une recherche d'informations très poussée sur l'entreprise (avec levée du secret bancaire, par exemple), de déclarer éventuellement une suspension provisoire des poursuites, afin d'aboutir à une homologation de l'accord avec les créanciers (concordat). Si ensuite cet accord n'est pas respecté par l'entreprise, le tribunal peut ouvrir une procédure de redressement judiciaire ou de liquidation.

Lorsque l'entreprise est en état de cessation de paiements, le plus souvent à la suite d'assignations de la part des créanciers ou d'une déclaration des dirigeants, le tribunal peut soit entamer une procédure de liquidation judiciaire (quand il n'y a aucune chance de redressement), soit ouvrir un redressement judiciaire ; dans cette dernière éventualité, après une période d'observation plus ou moins longue (selon qu'il s'agit d'une procédure simplifiée ou du régime normal), le tribunal peut sur proposition de l'administrateur et après consultation des créanciers (sans qu'ils aient pour autant droit de vote) voter un plan de cession à un tiers ou un plan de continuation par le débiteur. Le tribunal est supposé rechercher une solution équilibrant les intérêts en présence, la continuation d'une activité avec les droits des créanciers. Les plans votés devraient s'étaler sur 10 ans au maximum. S'il y a inexécution du plan de continuation, le tribunal peut prononcer une résolution du plan qui débouche sur la liquidation judiciaire de l'entreprise.

Tableau 1 – Les procédures collectives depuis la loi de 1994

Situation de l'entreprise	**Besoins non couverts par un financement adapté ou difficulté économique, juridique ou financière**			**Etat de cessation des paiements**		
Nature des créances	**Prévention**		**Règlement amiable**	**Redressement ou liquidation judiciaires**		
Déroulement de la procédure	Procédures d'alerte des commissaires aux comptes	Convocation des dirigeants par le président du tribunal de commerce Recherche d'informations Convocation des dirigeants	Saisine du président du tribunal de commerce par les dirigeants, si non-exigibilité des créances Nomination d'un conciliateur et éventuellement d'un mandataire *ad hoc* Recherche extensive d'informations Eventuellement, suspension provisoire des poursuites	Décision du tribunal Jugement d'ouverture de redressement judiciaire Procédure simplifiée / Procédure générale Période d'observation 8 mois maximum / 18 mois maximum Décision du tribunal Plan de cession à un tiers / Plan de continuation par le débiteur 10 ans maximum		
Conclusions de la procédure	Communication des informations : – aux organes de la société, – au président du tribunal de commerce.	Examen éventuel des solutions	Homologation éventuelle d'un accord avec les créanciers (concordat) Exécution / Non-exécution	Liquidation judiciaire Résolution du plan	Inexécution du plan – si plan de continuation – si plan de cession	Exécution du plan

1.2. L'analyse causale des défaillances

La défaillance d'une entreprise qui, juridiquement, trouve son origine dans la cessation des paiements peut-elle facilement s'expliquer ? Beaucoup d'explications sont avancées, mais peu d'entre elles sont satisfaisantes. En effet, prenons le fait générateur de la défaillance, à savoir la cessation des paiements : contrairement à ce que l'on pourrait croire, c'est un fait très mal défini quand on observe la situation comptable des entreprises défaillantes. Ainsi certaines d'entre elles auraient pu éviter la faillite si elles avaient pu, ou voulu, réaliser une partie de leurs actifs. Inversement, l'observation d'entreprises non défaillantes conduit à se poser des questions : pourquoi telle ou telle ne fait-elle pas faillite ? C'est là un fait empirique majeur : la dispersion statistique des résultats des entreprises non défaillantes est nettement supérieure à celle des entreprises défaillantes, ce qui rend du même coup la notion de défaillance plus difficile à cerner.

Si, dans la majorité des cas observés chaque année, la cessation de paiements paraît objective, une fraction non négligeable des défaillances et des entreprises encore en activité ne rentre pas dans un schéma simpliste.

1.2.1. Le problème d'une typologie générale

Une abondante littérature est consacrée aux causes de défaillance des entreprises et la plupart des manuels regorgent d'explications. Peu d'études dans ce domaine sont cependant satisfaisantes car les causes et les conséquences sont souvent confondues. Un exemple simple permet d'expliquer cette confusion. Une entreprise, dégageant une faible rentabilité, prévoit de financer sa croissance par l'endettement. Combien d'entreprises ont ainsi profité de l'effet de levier de la dette, quand celui-ci existait… Pourtant, si la croissance espérée n'est pas au rendez-vous, l'entreprise, incapable de rembourser convenablement sa dette, fera faillite apparemment surendettée. Mais quelle est la cause de la faillite : l'endettement, la faible rentabilité initiale, ou toute autre raison ? Pour expliquer cette défaillance, il ne suffit pas de dire que l'erreur consistait peut-être à vouloir une croissance supérieure au taux de rentabilité des fonds propres pour une capacité normale d'endettement, puisque l'on ne sait pas définir exactement la capacité « normale » d'endettement, ni déterminer *a priori* et très précisément la relation nécessaire entre la croissance et l'autofinancement.

La première cause invoquée dans les manuels ou les études empiriques est l'erreur de gestion. Mais l'explication des défaillances par l'erreur de gestion est purement tautologique : tous les actes de gestion d'une entreprise défaillante sont considérés comme des erreurs pour l'unique raison qu'elle a fait faillite. Les mêmes actes ne se retrouvent-ils pas dans des entreprises encore en activité ? Ces dernières ne commettent-elles jamais d'erreurs ? Comment définir l'expertise légitime en gestion ? On ne prête guère attention à cette question. L'absurdité apparente de l'explication par l'erreur apparaît plus nettement encore en prenant un peu de recul : depuis un quart de siècle, le taux de défaillance est bon an mal an de 2 % environ. Il varie d'un secteur à l'autre, mais peu. En période de crise, notamment depuis 1979, il est un peu plus élevé, et la taille des entreprises impliquées n'est pas la même. Toutefois il n'évolue guère en fonction de la diffusion des techniques de gestion, ce qui montre bien que la « qualité » de la gestion n'est pas vraiment explicative d'une défaillance. D'ailleurs, toutes les entreprises qui commettent des erreurs de gestion, pour reprendre les propos de leurs dirigeants, ne font pas faillite.

Pour comprendre les défaillances, il faut plutôt s'intéresser au cadre général des procédures de décisions. En situation d'incertitude et d'information imparfaite, le décideur peut agir de façon appropriée, cohérente avec son ensemble d'informations et peut-être se tromper de façon « subjectivement rationnelle » (au sens de M. Weber). Il est donc difficile de ne parler que d'erreurs ou de manque de rationalité. Une entreprise de création récente est évidemment plus sujette à cette incertitude[3]. En situation de crise économique et de mutations technologiques, l'imperfection de l'information et l'incertitude (quels seront les marchés de « demain » ?) sont plus importantes.

1.2.2. Les causes de défaillance

Une étude réalisée en juin 1986 par le Crédit d'Equipement des Petites et Moyennes Entreprises montre bien que la grande majorité des faillites ne peut s'expliquer par les erreurs de gestion. Les auteurs de cette étude constatent que dans 80 % des cas, une seule cause originelle dite première a pu être identifiée. Les trois quarts de ces causes premières, les causes accidentelles telles que les sinistres ou les décès étant exclues, sont : la réduction de l'activité (36 % des cas), la réduction des marges (19 % des cas) et les problèmes spécifiques de trésorerie (plus de 20 % des cas). Le quart restant s'explique par des problèmes de management que l'on ne peut réduire à des erreurs (problèmes de succession...) ; « l'incapacité » du dirigeant n'explique que 6 % des défaillances.

L'enquête montre par ailleurs l'ampleur des difficultés financières des entreprises : 50 % d'entre elles, un an avant le dépôt de bilan, souffrent d'une perte d'exploitation qui dépasse 14 % du chiffre d'affaires. La situation nette est négative dans 40 % des cas, et le fonds de roulement négatif dans 50 % des cas. De plus, au moment du dépôt de bilan, le passif représente 2,2 fois l'actif ; après vérification par les syndics et réévaluation, ce chiffre est de 3,4, soit une augmentation de 50 % !

De même, il apparaît que des causes se distinguent nettement : ce sont celles qui « tendent à affecter durablement les équilibres fondamentaux et l'efficacité économique des entreprises ». Ainsi, trois situations semblent être selon nous à l'origine d'un risque de défaillance plus élevé : lorsque l'entreprise est fortement dépendante (d'un marché, d'un client, d'un fournisseur), lorsqu'elle est soumise à une forte concurrence, lorsqu'elle accède difficilement aux systèmes de financement. Nous en revenons ainsi à ce qui était souligné dans le paragraphe précédent : les causes de défaillances sont plutôt à rechercher dans les systèmes de décisions : à ces causes, dites premières, dont la distribution statistique n'est absolument pas identique pour toutes les

3. D'après une étude de l'INSEE (*INSEE Première*, novembre 1990), sur 100 entreprises créées en 1985, 17 % ont fait faillite la première année et moins de 50 % sont encore en activité cinq années plus tard.

firmes (une baisse générale de la demande sur un marché donné n'implique pas forcément une baisse identique pour toutes les firmes), s'ajoutent des facteurs plus généraux qui déterminent la capacité de l'entreprise à soutenir la concurrence, notamment à pouvoir faire face aux situations particulières décrites ci-dessus. C'est par conséquent vers l'analyse stratégique qu'il convient de se tourner : le déclin de la demande, le jeu des forces concurrentielles qui pèsent sur la rentabilité des activités de l'entreprise, la nature et le degré de risque supportés par la firme. Tels sont les facteurs fondamentaux explicatifs des défaillances auxquels il convient de se reporter.

2. La prévision des difficultés et la prévention des défaillances

Pour le banquier ou le fournisseur qui désire gérer au mieux son risque de crédit client, il importe de prévoir les difficultés de façon suffisamment précoce. Toute défaillance se traduisant par une situation financière critique, les méthodes de prévision sont presque exclusivement alimentées par des variables financières. De même, les mesures visant à éviter la défaillance sont en priorité financières. Cependant, il faut se garder d'une certaine myopie et agir également sur les variables qui ne sont pas exclusivement financières. Ainsi, on peut évoquer les cas où la défaillance n'est pas uniquement un acte contraint, mais où elle fait l'objet d'un choix raisonné (sans parler pour autant d'actes juridiquement répréhensibles). Tous ces points sont étudiés successivement.

2.1. Un aperçu des techniques et des méthodes de prévision

Deux voies prévalent : l'une est fondée sur des règles d'usage, plus ou moins empiriques et *ad hoc* ; l'autre repose sur l'approche statistique.

2.1.1. Les règles pratiques

Le raisonnement peut consister à comparer l'entreprise étudiée, saisie au travers de quelques ratios supposés significatifs, à d'autres firmes du même type dont on sait qu'elles sont financièrement « saines ». Les banques conditionnent ainsi l'octroi d'un prêt au fait que certains ratios jugés essentiels pour déterminer la capacité de remboursement de l'entreprise se trouvent en dessous de certaines valeurs seuils (ou butoirs). En effet, au-delà ou en deçà (le signe du ratio souhaitable dépendant de son sens) de ces valeurs seuils, le risque de faillite ou de non-remboursement est considéré comme trop élevé. Par exemple, on demanderait que le rapport de l'endettement à terme sur la marge brute d'autofinancement soit inférieur à 3,5 ou 4. D'autres ratios peuvent être calculés (endettement sur fonds propres, part des frais financiers dans le chiffre d'affaires, etc.)[4].

Appartiennent également à cette catégorie, les méthodes de cotation qui ont pour objet de ventiler les entreprises en plusieurs classes selon leur degré de risque. Ainsi les entreprises seraient réparties par ordre de risque décroissant en plusieurs classes : celle des entreprises en situation de risque de cessa-

---

4. Voir également dans cette Encyclopédie l'article de E. Cohen, « Analyse financière », p. 81, tome 1.

tion des paiements, en déséquilibre (risque potentiel élevé) ou seulement vulnérables à moyen terme. Dans les grilles, on utilisera des critères financiers mais aussi juridiques (potentiel de garanties) ou de situation concurrentielle (sous-traitance, appartenance à un groupe, diversification des activités ou des clients...). Les grilles de cotation servent ensuite à l'accord ou au renouvellement de prêts (moyen ou court terme, avec des taux différents), de délais de paiement, de niveaux de découvert, de plafonds de crédits clients.

2.1.2. Les méthodes statistiques

Nous évoquerons essentiellement l'analyse discriminante qui est la méthode la plus répandue, en soulignant cependant que son utilisation n'est jamais automatique quand elle est appliquée.

Le principe de la méthode est le suivant : à l'aide de deux échantillons d'entreprises dont on connaît exactement la situation (les entreprises « normales » et les entreprises défaillantes), on calcule un ensemble de ratios financiers. Ensuite, tout en sélectionnant les ratios statistiquement les plus significatifs, on cherche la combinaison linéaire de ratios qui permet statistiquement de mieux discriminer ou reclasser les entreprises saines des entreprises défaillantes. Pour une entreprise donnée, la valeur de la combinaison linéaire des ratios significatifs est appelée le score. Enfin, afin d'évaluer son pouvoir prédictif (il s'agit en fait d'une méthode de classification), on l'applique à un échantillon d'entreprises différent des deux échantillons de départ.

L'étude la plus diffusée en France, réalisée par la Banque de France, recommande de retenir en priorité le ratio des frais financiers sur le résultat économique brut : à un an de la défaillance, il a un pouvoir discriminant (donc prédictif) de 79,6 %. Ce pouvoir tombe à 41,7 % lorsque l'on se situe à trois ans de la défaillance. La sélection de ce ratio n'est pas pour surprendre, car il est en réalité composé de trois ratios élémentaires : le taux d'intérêt apparent, le taux d'endettement et le taux de rentabilité de l'entreprise. Huit autres ratios figurent dans la fonction et nécessitent une analyse parallèle.

En dépit de leur séduction apparente, ces techniques sont lourdes à mettre en œuvre et nécessitent en principe une révision fréquente des estimations. Les conditions théoriques requises pour les appliquer sont rarement respectées en pratique ; la question de la sélection des ratios et la très forte dispersion statistique des entreprises non défaillantes posent beaucoup de problèmes. De plus, les prévisions ne sont pas très précises à plus d'un an de la défaillance, ce qui les rend peu opérationnelles si l'on considère les délais de publication et d'obtention des documents comptables sur lesquels elles sont fondées[5].

2.2. *Les mesures financières pour éviter la cessation des paiements*

Comme nous l'avons mentionné précédemment, les procédures judiciaires débouchent très rarement sur la survie de l'entreprise. Il peut donc apparaître opportun d'éviter le risque de liquidation : toute la question est de

5. D'autres méthodes statistiques (Probit, réseaux neuronaux...) ont également été testées, sans donner des résultats plus convaincants.

savoir si le coût pour y parvenir n'est pas excessif et si la solution est viable dans le temps. Inversement, dans d'autres circonstances, le redressement judiciaire peut apparaître comme l'ultime ressource, comme nous le verrons au paragraphe 2.3.

Deux lignes directrices peuvent être retenues pour éviter la cessation des paiements à court terme : serrer la trésorerie et diminuer les déficits de financement. Les mesures détaillées ici permettront peut-être de passer un mauvais cap conjoncturel ; mais il faut également penser à plus long terme.

2.2.1. Serrer la trésorerie

Dans ce cas, l'horizon de prévision ne dépasse guère six mois. L'objectif principal étant d'éviter le dépôt de bilan, il s'agit donc de prévoir tous les flux financiers afin d'être en mesure d'intervenir. Le principe général est celui d'une gestion habituelle de trésorerie où l'on positionne très précisément les encaissements et les décaissements, le pas de prévision pouvant être de l'ordre de la semaine, voire de la journée[6]. L'objectif d'un tel tableau est évident : pour serrer sa trésorerie, encore faut-il en avoir une idée précise. En l'occurrence, ce sont les besoins de trésorerie que l'on cherche à préciser, en les datant et en identifiant en particulier leur origine et leur importance. Ce tableau devra être complété par un tableau prévisionnel des recettes et des produits, des dépenses et des charges. Il importe de s'assurer de la fiabilité des informations collectées.

La politique à mettre en œuvre est apparemment très simple : confrontée à un déséquilibre de ses jeux d'encaissements et de décaissements qui peut la mener au dépôt de bilan, l'entreprise cherchera, en priorité, à retarder les décaissements et à avancer les encaissements. Il est d'ailleurs possible qu'il soit déjà trop tard pour éviter le dépôt de bilan. Donc, s'il en est encore temps, le positionnement des encaissements et des décaissements doit se faire en fonction de leur caractère plus ou moins négociable.

Pour les décaissements, il faut distinguer les dépenses engagées difficilement négociables, comme les traites ou les salaires en cours de règlement, de celles éventuellement négociables, pour lesquelles l'ordre de paiement n'est pas strictement intervenu. La négociation d'un décaissement peut s'entendre de deux façon.

– Sur le plan interne, si la dépense n'est pas encore engagée, on peut chercher à la reporter purement et simplement : tel ou tel achat est retardé, voire supprimé.

– Sur le plan externe, la négociation des décaissements consiste à obtenir du créancier lui-même l'acceptation d'un report.

Il va sans dire que l'inconvénient d'une telle démarche est d'ébruiter à l'extérieur de l'entreprise les difficultés actuelles, risquant ainsi de rendre certains créanciers plus méfiants et aggravant par là même les difficultés futures : un équilibre délicat est à trouver car la confiance et la réputation constituent deux composantes majeures de la vie des affaires, et elles sont difficiles à modifier dans les cas où la situation de l'entreprise paraît compromise.

---

6. Voir également dans cette Encyclopédie les articles de D. Dubois, « Trésorerie », p. 3401, tome 3 et de A. Quintart, « Planification financière », p. 2220, tome 2.

Pour les encaissements, c'est l'éventualité d'une avance qui doit être envisagée : il peut suffire d'accélérer des livraisons et des facturations, de modifier les modalités de paiement de certains clients, d'en relancer d'autres qui tardent trop, voire de demander des acomptes dès qu'une commande est passée. De même, un examen attentif des stocks peut réduire encore, éventuellement pour une très courte période, les besoins de financement sans pour autant compromettre l'activité économique ou commerciale[7].

Toutes ces mesures permettent uniquement de gagner du temps : quand on négocie sur un décaissement, c'est souvent un report que l'on cherche, pas une suppression, et la dépense devra figurer à très brève échéance dans le tableau de positionnement des encaissements et des décaissements. Inversement, tout encaissement avancé est une ressource future en moins : si d'autres ressources de remplacement ne sont pas obtenues (accroissement rapide des ventes par exemple), le déficit de trésorerie risque de s'aggraver ensuite.

2.2.2. Diminuer les déficits de financement

En principe, plusieurs solutions sont offertes. Elles sont toutes guidées par la nécessité de trouver de nouvelles ressources. Par exemple, on peut chercher de nouveaux actionnaires pour obtenir de l'argent frais et rééquilibrer le bilan si besoin en est. En réalité, ce sera très difficile à très court terme, pour des raisons évidentes.

On se tourne donc vers les banques, avec comme objectif minimum d'obtenir un rééchelonnement de la dette : c'est l'obtention d'un délai qui prime. Or le suivi des comptes par la banque a permis à celle-ci d'avoir une idée de l'évolution des paiements passés. Dans le cas d'une entreprise qui risque la cessation de paiements, et si l'analyse de la situation peut être menée par la banque, il est difficile d'imaginer que les négociations sont aisées. De plus, les crédits éventuellement obtenus dépendent évidemment des garanties (sûretés et privilèges garantissant à la banque un paiement prioritaire dans le cas d'une liquidation) sur lesquelles la banque les adossera. Il en est de même des types de crédit : ainsi, dans le cas d'une liquidation de l'entreprise, un crédit de trésorerie est beaucoup plus risqué pour la banque qu'un crédit de mobilisation de créances sur l'étranger assurées par un organisme spécialisé.

Bien entendu, il n'est pas interdit de penser qu'un prêt puisse intervenir pour des raisons qui ne sont pas purement économiques ; un exemple classique est celui d'une entreprise qui possède une grande influence en termes d'emploi dans une région déjà touchée par des problèmes de chômage ou de reconversion. Dans cet environnement socio-économique, certaines garanties peuvent être obtenues et, par là même, de nouveaux financements. Ces garanties peuvent s'accompagner de délais supplémentaires concernant le paiement de certaines dépenses comme les impôts. Par ailleurs, l'entreprise qui ne désire absolument pas être mise en faillite doit éviter d'y être entraînée par son banquier. Ce dernier peut être conduit, par exemple, à ne pas renouveler en totalité ou en partie un découvert qu'il juge trop élevé.

---

7. Voir également dans cette Encyclopédie l'article de J.P. Jobard, « Gestion financière à court terme », p. 1524, tome 2.

2.2.3. La voie du règlement amiable

La loi de 1994 renforce l'intérêt du règlement amiable qui peut permettre, sous l'égide du président du tribunal de commerce, la conclusion d'un accord de restructuration de l'endettement à l'aide d'un conciliateur ou d'un mandataire *ad hoc*. Cette procédure a permis d'homologuer quelques dizaines de concordats (à Paris surtout).

2.3. La défaillance peut être un acte de gestion

Aussi surprenant que cela puisse paraître, la défaillance peut être recherchée en tant que telle. Deux situations sont envisageables. Tout d'abord, la faillite peut être utilisée comme un moyen de dissociation de certaines composantes de l'entreprise, partition qui serait impossible à réaliser autrement. Dans ce sens, la faillite est un moyen d'aller au-delà des limites de la gestion « normale » de l'entreprise. Par ailleurs, il ne faut pas oublier que le redressement judiciaire peut offrir un cadre à l'établissement d'un plan de continuation d'activité (ou de cession).

2.3.1. Les limites de la gestion

Sur un plan théorique, la faillite et les coûts qui en résultent peuvent s'analyser comme des coûts de dissociation que l'entreprise et ses créanciers sont obligés de supporter. Deux exemples permettent d'illustrer cette situation. Citons tout d'abord le cas d'une filiale dont les pertes pèsent très largement sur les résultats et les capacités d'emprunt de la société mère. Cette dernière peut alors décider d'abandonner cette filiale pour ne pas mettre en péril l'ensemble du groupe et éviter de supporter les coûts de sa liquidation. Dans certains cas, cette pratique peut aller jusqu'à « vider » la filiale de sa substance avant de la laisser faire faillite, le coût de la faillite étant alors minimisé pour le groupe en question.

Une autre situation limite peut être évoquée : celle d'une entreprise qui estime ne pouvoir se séparer d'une partie de son personnel selon les procédures habituelles de licenciement. Dans ce cas, il arrive qu'une nouvelle société soit créée et ne reprenne qu'une partie du personnel. Outre les inconvénients évidents pour les salariés, une telle « gestion limite » offre le désavantage d'être largement et publiquement conflictuelle, ce qui peut nuire à la réputation de la société mère.

2.3.2. Le plan de redressement comme objectif de la défaillance

La déclaration de cessation des paiements, dans l'éventualité d'un redressement judiciaire, ouvre une période d'observation pendant laquelle l'entreprise (après consultation de certaines instances) peut réduire ses effectifs tout en bénéficiant de l'assurance générale des salaires. Les organismes sociaux supportent alors la charge des salaires et des charges sociales du personnel, l'ensemble des dettes est gelé et l'administrateur judiciaire peut en négocier de nouvelles. Ce sont indéniablement des allégements qui peuvent procurer un certain répit. La publicité de la procédure, la détérioration du climat social dans l'entreprise, la réduction de l'autonomie du chef d'entreprise constituent cependant des aspects négatifs de la période d'observation.

Il n'en reste pas moins que le redressement judiciaire peut constituer l'un des moyens de redressement de l'entreprise. Il est préférable alors d'en conserver la maîtrise en déclarant soi-même la cessation des paiements et en ayant au préalable réfléchi, d'une part, au financement de l'exploitation pendant la période d'observation, d'autre part, aux grandes lignes d'un plan réaliste de redressement. Mais la période d'observation, de par son caractère officiel, est une période difficile au cours de laquelle le personnel peut perdre son dynamisme et sa confiance, les clients et les fournisseurs (le crédit fournisseur peut être complètement supprimé) peuvent s'évanouir de crainte d'être lésés. De plus, une donnée supplémentaire est à considérer : le compte de résultat va immédiatement supporter des charges supplémentaires : les frais de justice, les émoluments des mandataires de justice et les honoraires des conseils extérieurs. Enfin, le plan de redressement ne sera accepté que si la capacité d'autofinancement future permet de rembourser les créanciers ; l'issue n'en est donc pas certaine. En tout état de cause, il peut donner le répit nécessaire pour négocier un plan de redressement préalablement étudié.

3. La gestion financière du redressement

Les chances de réussite d'un plan de redressement reposent sur un diagnostic préalable. Ce diagnostic qui comprend plusieurs aspects – stratégiques, commerciaux, financiers, humains et organisationnels – ne se distingue pas des autres diagnostics que tout gestionnaire est amené à faire. Une précision s'impose cependant, c'est même selon certains auteurs une loi : quand une entreprise fait des pertes, la réalité dépasse toujours largement le niveau des pertes comptables, car les provisions ou les amortissements peuvent avoir été minorés, les marges habituelles en termes de trésorerie peuvent être déjà récupérées…[8]

Le diagnostic devra permettre, d'une part, d'isoler la nature des causes à l'origine de la situation actuelle, d'autre part, de dresser le bilan de la compétitivité de la firme pour tous ses produits, sur tous ses marchés et par rapport à tous ses clients. Le diagnostic devra également comprendre, pour les entreprises industrielles, une étude approfondie des technologies mises en œuvre.

3.1. Les grandes orientations possibles

En simplifiant outrancièrement, on peut dire que deux grandes options existent. Celles qui sont effectivement prises ne sont qu'un moyen terme entre ces deux extrêmes.

3.1.1. La décroissance et le désinvestissement

Avec cette option, c'est une restructuration de l'entreprise qui est visée[9]. Elle est fondée sur l'analyse suivante : l'entreprise est en difficulté en raison

---

8. Voir en bibliographie le guide méthodologique du diagnostic financier avec les différents « habillages » des comptes de résultat et de bilan. Voir également dans cette Encyclopédie l'article de B. Raybaud-Turillo et R. Teller, « Comptabilité créative », p. 508, tome 1.

9. Voir également dans cette Encyclopédie, dans le contexte spécifique des activités internationales, l'article de B. Marois, « Désinvestissement international », p. 926, tome 1.

de certaines activités déficitaires, alors que d'autres sont rentables (ou peuvent le redevenir rapidement). La politique de redressement passe alors par deux composantes :

– d'une part, la disparition, par cession ou abandon, des activités non rentables, sans que cette décision mette en péril les activités restantes (il faut cependant éviter que des coûts précédemment partagés entre plusieurs activités ne puissent être désormais supportés par une activité devenue isolée) ;

– d'autre part, la réduction des prix de revient afin de restaurer (ou d'augmenter) la rentabilité des activités restantes.

Pour atteindre ce dernier objectif, trois voies complémentaires doivent être suivies :

– alléger les frais de structure et les frais généraux,

– faire des économies en révisant les techniques de fabrication du produit, voire la conception du produit,

– revoir l'organisation générale, en réfléchissant à la définition des missions et des tâches.

Une remise en cause générale des allocations budgétaires par services paraît souvent essentielle pour déterminer de nouvelles justifications fonctionnelles et de nouveaux objectifs d'activités.

3.1.2. La recherche d'un nouveau mode de développement

Cette option paraît fondée lorsque l'on analyse les politiques suivies par de nombreuses entreprises défaillantes avant le début des difficultés. Souvent, les investissements passés, trop faibles, ont laissé vieillir l'outil et les techniques de production. L'ensemble de l'entreprise se trouve alors inadapté face à l'évolution des produits, des marchés et de la concurrence. En quelque sorte, l'entreprise s'est laissée « dépasser » par ses concurrents. Il lui faut donc rattraper ce retard. La survie passe par l'investissement en moyens techniques et matériels, en moyens humains et en actifs immatériels (recherche...). L'investissement peut se faire dans les activités actuelles de l'entreprise si les conditions de concurrence et de rentabilité ne sont pas trop défavorables, ou dans de nouveaux domaines d'activités (amorce d'une diversification), susceptibles d'être maîtrisés par la firme.

Etant en difficulté, l'entreprise ne pourra probablement pas se permettre d'investir massivement dans tous les domaines. Une telle option exigera donc des choix et une sélection : par exemple, un élagage de la gamme de produits avec l'abandon des produits servant des marchés en déclin. L'idéal est de sélectionner les créneaux les plus profitables à moyen terme pour l'entreprise.

3.2. Les aspects financiers du redressement

Le type de décisions change avec la nature du problème posé et l'option principale choisie : décroissance ou nouveau mode de développement. La première exige moins de nouvelles sources de financement (elle peut même en procurer de confortables) que la seconde, qui passe obligatoirement par un réaménagement de la structure de financement.

3.2.1. Les principales décisions financières

Il existe quatre grands objectifs :
- l'obtention de nouvelles ressources par la cession d'actifs,
- la réorganisation des fonds propres,
- la restructuration de l'endettement,
- la réduction des besoins en fonds de roulement.

Le choix entre tel ou tel objectif et les modalités précises de sa mise en œuvre dépendent du contexte particulier de l'entreprise, de son environnement et de l'option de redressement choisie.

En fait, le premier objectif est double : en cédant des actifs, on obtient un nouveau financement et on augmente le fonds de roulement. Les deux objectifs suivants se comprennent comme la recherche d'une structure financière moins déséquilibrée en elle-même : le plus souvent, les entreprises en difficulté n'ont plus de fonds propres car ils ont été « rongés » par les pertes antérieures ; quant à l'endettement, dont les frais y afférents pèsent souvent lourd dans le compte de résultat, il s'agit de le consolider, voire de le renouveler. Concernant la réduction des besoins en fonds de roulement, l'objectif est d'obtenir qu'un volume moins important de ressources permanentes lui soit exclusivement consacré. En les diminuant, les frais financiers seront allégés, dans la mesure où l'endettement contribue à la constitution des capitaux permanents. La réduction des besoins en fonds de roulement passe également par un lissage des pointes éventuelles, si l'on veut éviter le retour d'une crise de trésorerie à très brève échéance.

Le tableau 2 reprend chacun de ces quatre objectifs, et les illustre d'un certain nombre de mesures ; ces mesures ont été citées le plus fréquemment lors d'une enquête réalisée en 1984 par la CEGOS sur le redressement des entreprises en difficulté.

Tableau 2 – Les principales mesures financières de redressement

- L'obtention de nouvelles ressources par cession.
  Lease-back ou vente du siège social.
  Vente d'actifs immobiliers autres que le siège social.
  Vente de filiales.
  Vente de titres de participation.
- L'amélioration des fonds propres.
  Entrée de nouveaux partenaires dans le capital.
  Augmentation de capital des actionnaires actuels.
  Transformation de compte courant en capital.
  Transformation de dettes en capital.
- La restructuration de l'endettement.
  Consolidation des dettes bancaires à court terme en dettes à long terme.
  Moratoire amiable avec les principaux fournisseurs.
  Obtention d'aides financières d'organismes publics ou parapublics.
  Apports en compte courant des actionnaires.
- La réduction des besoins en fonds de roulement.
  Diminution des stocks par un élagage de la gamme de produits et une amélioration de l'organisation.
  Diminution des comptes clients.

3.2.2. Le cas des grands groupes

Les petites et moyennes entreprises ne sont pas les seules à rencontrer des difficultés : de nombreux groupes industriels ont été exposés à un risque élevé de défaillance, et ont même connu la défaillance (aux Etats-Unis notamment). Bien évidemment, le poids économique, social et financier de ces groupes leur permet de reculer considérablement la limite de la défaillance.

Les problèmes spécifiquement financiers tiennent moins de place dans le processus de redressement que les considérations stratégiques : identification des « métiers » de l'entreprise et mise en œuvre d'une stratégie de recentrage[10] ; ou encore refonte de la structure de l'entreprise (disparition de la bureaucratie, renforcement de la crédibilité de l'équipe dirigeante, révision des méthodes de direction...). La plupart des mesures financières concernant ces grands groupes sont déjà connues : cessions d'actifs pour améliorer la structure financière avec en particulier la vente de sièges sociaux prestigieux, fermeture des unités de production les moins efficaces, freinage (puis reprise éventuelle) des dépenses d'investissement, consolidation de l'endettement en faisant appel aux marchés financiers ou en passant par des institutions financières. Ces mesures financières prennent un aspect singulier vu l'ampleur des sommes mises en cause : Chrysler a dû, par exemple, négocier sa dette avec plus de 400 prêteurs venant du monde entier et, pendant ce temps, plus de 20 000 fournisseurs ne furent pas payés en temps voulu !

L'examen de plusieurs cas de redressement de grands groupes permet cependant d'attirer l'attention sur quelques points importants. La diversification, stratégie attractive lorsque l'entreprise connaît des problèmes sur ses marchés actuels, apparaît le plus souvent comme une stratégie illusoire dans le cadre d'un plan de redressement. Quand elle est purement financière, elle mobilise des ressources qui pourraient être mieux utilisées pour les activités actuelles. Quand elle est industrielle, il faudrait s'y consacrer une fois le redressement sérieusement entrepris sinon l'on risque, si ce dernier ne s'opère pas en temps voulu, de se retrouver plongé dans de nouvelles difficultés dues à la présence d'activités industrielles qui n'ont aucune synergie entre elles et nécessitent toutes de mobiliser d'importantes ressources.

D'autres leçons peuvent être également tirées ; on souligne notamment les trois points suivants.

– Les investissements de productivité, susceptibles d'améliorer les prix de revient, sont relativement lourds et d'un rendement très lent à apparaître (ils demandent souvent plusieurs années).

– Dans les grandes entreprises, les politiques d'abaissement du point mort donnent fréquemment des résultats très spectaculaires : certains groupes affirment l'avoir abaissé d'environ 50 % en deux ou trois ans. Les points clés d'un programme d'économies concernent les services fonctionnels, les frais des services centraux et la révision des processus budgétaires : tous les budgets et tous les objectifs d'activités doivent être revus.

– Le critère financier privilégié pour choisir les investissements est le « délai de retour » des investissements.

---

10. Voir également dans cette Encyclopédie l'article de L. Boyer, « Recentrage des firmes », p. 2809, tome 3.

*

* *

La plupart des entreprises défaillantes sont liquidées : c'est un constat qu'il est difficile de remettre en cause tellement il appartient à l'histoire économique. Le constat suivant est tout aussi vrai : une partie des entreprises en difficulté se redresseront en évitant la défaillance, voire même après avoir connu une cessation des paiements. D'où l'importance d'étudier les moyens, spécifiquement financiers ou non, de redressement des entreprises. Mais ce n'est pas la seule raison.

En effet, les formes normales de gestion des entreprises sont à reconsidérer en fonction du développement des firmes en question et de l'évolution générale du système socio-économique au sein duquel ces entreprises s'insèrent. Il nous apparaît que les formes de la gestion de crise, dont fait partie la gestion de l'entreprise en difficulté, sont seulement des variétés des formes normales de gestion d'entreprises, ne s'opposant pas mais, tout au contraire, s'éclairant mutuellement[11].

Références

ALTMAN E.I., *Corporate Financial Distress : A Complete Guide to Predicting, Avoiding and Dealing with Bankruptcy,* New York, John Wiley and Sons, 1982.

BARDOS M., « Le risque de défaillance d'entreprise », *Cahiers économiques et monétaires* (1984).

BONNET F., COHEN E., SAUREL A., *Diagnostic financier de l'entreprise en redressement judiciaire,* Institut français des praticiens des procédures collectives, Paris, 1993.

BRILMAN J., *Le redressement d'entreprises en difficulté,* Paris, Hommes et Techniques, 1978.

BRILMAN J., *Gestion de crise et redressement d'entreprise,* Paris, Hommes et Techniques, 1985.

CHARREAUX G., *Gestion financière,* Paris, Litec, 1992.

COURET A., LARRIEU S., MACORIG-VENIER F., MASCALA L., MONSÉRIE M.H., SAINT-HALARY-HOUIN C., *La réforme du droit des entreprises en difficulté,* Paris, Montchrestien, 1995.

GRESSE C., *Les entreprises en difficulté,* Paris, Economica, 1994.

MALÉCOT J.F., « Sait-on vraiment prévoir les défaillances d'entreprises ? », *Sciences de Gestion* (décembre 1986), p. 55-82.

MALÉCOT J.F., « Prévision statistique de la défaillance : questions de méthodes et questions pratiques », *Banque* (janvier 1988), p. 8-13.

MARMUSE C., *Stratégie du redressement d'entreprises,* Paris, Vuibert, 1990.

ZMIJEWSKI M.E., « Methodological Issues Related to the Estimation of Financial Distress Prediction Models », *Journal of Accounting Research* (n° 22, 1984), supplement, p. 59-86.

Mots clés

Analyse discriminante, causes de défaillance, déficits de financement, entreprise en difficulté, erreurs de gestion, grands groupes en difficulté, plan de redressement, prévention des défaillances, prévision des défaillances, redressement, redressement judiciaire, risque de défaillance, trésorerie et entreprise en difficulté.

11. Une telle conception se rattache à une problématique plus large qui a trait à la définition d'une norme et d'une normativité. Se reporter à G. Canguilhem, *Le normal et le pathologique*, Paris, PUF, 1966.

Gestion financière et objectif de l'entreprise[1]

79

James C. Van Horne

A tout moment, on peut considérer une entreprise comme un réservoir de fonds alimenté par diverses sources : investisseurs qui achètent des actions de la société, créanciers qui lui prêtent de l'argent, revenus passés conservés par la firme. Les fonds provenant de ces différentes sources sont affectés à différents usages : actifs fixes utilisés dans la production d'un bien ou d'un service, stocks facilitant la production et la vente, effets à recevoir dus par les clients, trésorerie et effets négociables utilisés pour réaliser des transactions et à des fins de liquidité. A un instant donné, le réservoir des fonds que constitue l'entreprise est statique ; au fil du temps, il varie, et ces variations sont connues sous le nom de mouvements de fonds. L'expression gestion financière indique que ces fonds sont orientés conformément à un plan.

Si vous devenez un jour directeur financier, votre capacité d'adaptation au changement, votre efficacité à prévoir le montant adéquat de fonds à utiliser dans la firme, votre surveillance de l'affectation de ces fonds et la façon dont vous les collecterez exerceront une grande influence sur la réussite de votre entreprise et, plus généralement, de toute l'économie. Si les fonds sont mal affectés, la croissance économique se ralentira. A une époque où il existe une masse de besoins économiques insatisfaits et où les ressources sont rares, cela peut jouer au détriment de la société. Une allocation efficiente des ressources a une importance cruciale pour la croissance optimale d'une économie, et pour que les individus voient leurs besoins satisfaits le mieux possible. En collectant et en affectant efficacement les fonds, un cadre financier contribue au succès de son entreprise et à la vitalité, ainsi qu'à la croissance, de l'économie tout entière.

Une gestion efficace des mouvements de fonds au sein de l'entreprise implique l'existence d'un objectif, ou d'un but ; il faut en effet une norme pour apprécier si une décision financière est ou non efficace. Bien qu'on puisse concevoir divers objectifs, nous supposerons dans cet ouvrage que la firme cherche à maximiser la richesse de ses propriétaires du moment.

Dans une société anonyme, la propriété se manifeste par la détention d'actions ordinaires. Chaque action indique que son possesseur détient

---

1. Cet article est extrait de l'ouvrage de James C. Van Horne, *Principes de gestion financière*, 6e éd., Paris, Economica, 1991.

1/*n*ième de la société concernée, *n* étant le nombre total d'actions émises. Pour notre propos, la richesse de l'actionnaire sera représentée par le cours des actions de l'entreprise sur le marché. Si le cours du marché n'est peut-être pas une mesure parfaite de la richesse pour tous les actionnaires, c'est la meilleure disponible. Quand l'action n'est pas cotée sur un marché ouvert au public, il faut utiliser un cours d'opportunité. En analysant des entreprises similaires dont les actions sont cotées et s'échangent librement, on peut approcher la valeur de marché de la société concernée.

On considère souvent que l'objectif pertinent de la firme est la maximisation des profits. Mais cet objectif n'est pas aussi complet que la maximisation de la richesse des actionnaires. D'un côté, les profits totaux ne sont pas aussi importants que les bénéfices par action. Même la maximisation des bénéfices par action n'est pas un objectif totalement pertinent, notamment parce qu'elle ne spécifie pas l'échéancier ou la durée des profits anticipés. Un projet d'investissement qui rapportera 100 000 dollars dans cinq ans est-il plus intéressant qu'un projet qui rapportera 15 000 dollars par an au cours des cinq prochaines années ? La réponse à cette question dépend de la valeur temporelle à la marge des fonds pour la firme et pour les investisseurs[2]. Peu d'actionnaires actuels envisageraient avec faveur un projet qui ne commencerait à rapporter que dans cent ans, quelle que soit l'ampleur des bénéfices. Nous devons intégrer dans notre analyse le profil temporel des profits.

Une autre défectuosité de l'objectif de maximisation des bénéfices par action tient à ce qu'il ne prend pas en compte le risque du flux des profits envisagés. Certains projets d'investissement sont plus risqués que d'autres. Il s'ensuit que le flux des bénéfices anticipés par action serait plus risqué si ces projets étaient entrepris. En outre, une entreprise sera plus ou moins sujette au risque selon la part de la dette par rapport aux capitaux propres dans sa structure financière. Ce risque financier contribue aussi au risque global que supporte l'investisseur. Si deux entreprises ont les mêmes bénéfices par action et si le flux des bénéfices de l'une est beaucoup plus risqué que celui de l'autre, le cours des actions de la première sur le marché peut être plus bas.

Enfin, cet objectif n'intègre pas les effets de la politique de distribution de dividendes sur le cours boursier de l'action[3]. Si l'objectif consistait uniquement à maximiser les bénéfices par action, la firme ne verserait jamais de dividendes. A tout le moins, elle pourrait toujours améliorer les bénéfices par action en conservant ses profits et en les plaçant en titres négociables. Dans la mesure où le versement de dividendes peut influer sur la valeur de l'action, la maximisation des bénéfices par action ne sera pas un objectif satisfaisant en soi.

Pour les motifs qu'on vient de présenter, la maximisation des bénéfices par action ne se confond pas nécessairement avec l'objectif de la maximisation du cours boursier des actions. Le cours des actions d'une entreprise sur le marché reflète le jugement global de tous les acteurs de ce marché sur la valeur de cette entreprise. Il intègre les bénéfices actuels et futurs anticipés par action, l'échéancier, la durée et le risque de ces profits, la politique de dividendes de

---

2. Voir également dans l'Encyclopédie des marchés financiers l'article de J.M. Dalbarade, « Actualisation et prix des actifs financiers » et dans cette Encyclopédie l'article de J.R. Sulzer, « Critères de choix des investissements », p. 828, tome 1.

3. Voir également dans cette Encyclopédie l'article de R. Cobbaut, « Politique de dividende », p. 2302, tome 2.

la firme et les autres facteurs qui influent sur le cours boursier de l'action. Le cours boursier sert d'indice de performance ou de fiche de notation du progrès de l'entreprise. Il révèle la mesure dans laquelle les dirigeants de la société œuvrent dans l'intérêt des actionnaires de celle-ci. Ces dirigeants sont ainsi soumis à une surveillance constante. Les actionnaires déçus par les résultats obtenus par les dirigeants peuvent vendre leurs actions et les investir dans une autre entreprise. Si d'autres actionnaires insatisfaits font de même, des pressions à la baisse s'exerceront sur le cours boursier de l'action.

La maximisation de la richesse des actionnaires n'implique pas que les dirigeants de l'entreprise doivent négliger sa responsabilité sociale, notamment la protection des consommateurs, le paiement de salaires équitables aux employés, le maintien de pratiques d'embauche justes et de conditions de travail sûres, la contribution à la formation, et l'engagement dans la protection de l'environnement en veillant à respecter la pureté de l'air et de l'eau. Nombreux sont ceux qui estiment qu'une firme n'a pas d'autre choix que d'agir avec le sens de sa responsabilité sociale. Ils soutiennent que la richesse des actionnaires et, peut-être, l'existence même de l'entreprise dépendent de cette conscience sociale. Mais comme les critères de la responsabilité sociale ne sont pas clairement définis, il est difficile de formuler un objectif cohérent. Quand la société, agissant par l'intermédiaire du parlement ou d'autres instances représentatives, fixe les règles régissant l'arbitrage entre objectifs sociaux et efficience économique, la tâche des entreprises est plus claire. On peut considérer que l'entreprise produit à la fois des biens privés et sociaux, et la maximisation de la richesse des actionnaires reste un objectif viable pour la firme.

Références

BARNEA A., HAUGEN R.A., SENBET L.W., « Management of Corporate Risk », *Advances in Financial Planning and Forecasting* (1985), New York, JAI Press.

CORNELL B., SHAPIRO A.C., « Corporate Stakeholders and Corporate Finance », *Financial Management* (16, Spring 1987), p. 5-14.

DONALDSON G., « Financial Goals : Management vs. Stockholders », *Harvard Business Review* (41, May-June 1963), p. 116-129.

FAMA E.F., « Agency Problems and the Theory of the Firm », *Journal of Political Economy* (88, April 1980), p. 288-307.

FINDLEY M., CHAPMAN III, WHITMORE G.A., « Beyond Shareholder Wealth Maximization », *Financial Management* (3, Winter 1974), p. 25-35.

FRUHAN W.E. Jr., *Financial Strategy,* Homewood, Ill., Richard D. Irwin, 1979.

JENSEN M.C., MECKLING W.H., « Theory of the Firm : Managerial Behavior, Agency Costs and Ownership Structure », *Journal of Financial Economics* (3, October 1976), p. 305-360.

JENSEN M.C., SMITH C.W. Jr., « Stockholder, Manager, and Creditor Interests : Applications of Agency Theory », *in* E.I. Altman et M.G. Subrahmanyam (éd.), *Recent Advances in Corporate Finance,* p. 93-132.

RAPPAPORT A., *Creating Shareholder Value,* New York, The Free Press, 1986.

SEITZ N., « Shareholder Goals, Firm Goals and Firm Financing Decisions », *Financial Management* (11, Autumn 1982), p. 20-26.

TREYNOR J.L., « The Financial Objective in the Widely Held Corporation », *Financial Analysts Journal* (37, March-April 1981), p. 68-71.

Mots clés

Action, distribution de dividendes, gestion financière, maximisation de la richesse des actionnaires, maximisation des bénéfices par action, maximisation des profits, maximisation du cours boursier des actions, responsabilité sociale, risque financier.

Gestion de la formation

80

Elie Cohen

Il n'est pas certain que le traitement des problèmes de formation constitue un domaine de gestion suffisamment cohérent et unifié pour qu'on puisse parler de la gestion de la formation comme d'une spécialité particulière. En effet, les problèmes de gestion soulevés par les pratiques de formation se posent dans des contextes organisationnels si disparates qu'ils peuvent paraître relever de problématiques totalement désarticulées.

1. Le contexte institutionnel et le contenu de la gestion de la formation

D'une part, la gestion de la formation en entreprise concerne la conduite d'actions de formation initiées par une entreprise ou une organisation à l'intention de ses salariés. Cette dimension paraît donc relever soit d'une problématique fonctionnelle de la gestion des ressources humaines soit, dans une approche plus large et plus transversale, de la gestion des compétences dans des organisations dont la mission formatrice ou éducative est inséparable de la vocation économique et sociale.

D'autre part, l'institutionnalisation des activités de formation continue a suscité la création de multiples institutions dont la mission consiste à assurer le financement, la conception, l'organisation et l'évaluation d'actions de formation de même que la diffusion d'informations ou la fourniture de services d'ingénierie ou d'orientation relatifs à des actions de formation interentreprises. Sous cet angle, les problèmes de gestion de la formation paraissent ressortir d'une interrogation sur les conditions de maîtrise d'un dispositif de coopération interorganisationnelle particulièrement complexe, résultant à la fois d'initiatives publiques imposées ou recommandées aux opérateurs privés, de négociations paritaires et de démarches de coopération interentreprises. Ils posent en effet des questions relatives à la constitution et à la régulation d'un véritable tissu conjonctif reliant les entreprises et l'ensemble des organisations auxquelles il assure des prestations relatives à la fourniture de ressources éducatives ou informationnelles communes. A cet égard, la gestion de la formation s'insère dans les stratégies relationnelles des entreprises et s'inscrit dans un espace structuré par des relations de coopération volontaire, de coopération contrainte et de concurrence.

Enfin, le développement et l'institutionnalisation des activités de formation en font l'objet principal de très nombreux organismes à but lucratif ou à but non lucratif ; or, comme toute organisation autonome, ces entités sont confrontées à des problèmes spécifiques de gestion. A ce titre, la gestion de la formation concerne également la gestion des organismes de formation. Elle porte alors sur la maîtrise institutionnelle, économique et pédagogique d'un programme ou d'un ensemble de programmes délivré(s) par un organisme spécialisé qui peut revêtir le statut d'un établissement public, d'une société commerciale, d'une association ou encore celui d'une unité dépourvue de la personnalité morale mais dotée d'autonomie au sein d'une organisation plus vaste.

Si les problèmes relevant de la gestion de la formation se posent dans des contextes institutionnels particulièrement disparates, il n'est cependant pas impossible de dégager leur contenu commun. Quel que soit son contexte, la gestion de la formation correspond en effet à un ensemble de démarches, de procédures, d'instruments d'analyse et d'intervention qui visent à assurer la mise en œuvre des moyens alloués à des actions de formation dans des conditions adéquates sur les plans pédagogique, socio-économique, juridique, administratif et financier.

L'application systématique de méthodes de gestion élaborées aux activités éducatives constitue un fait récent et encore problématique. Dans le cas de la formation des adultes, objet du présent article, sa nécessité répond pourtant à des exigences inséparables des enjeux économiques et sociaux associés à la formation.

2. Les enjeux associés à la gestion de la formation

La nécessité d'inscrire la gestion de la formation dans un cadre rigoureux se justifie par l'ampleur des enjeux associés à ses interventions. Cette ampleur peut être mesurée par référence aux flux financiers et physiques mis en cause par l'activité de formation des entreprises. Mais elle peut également être appréciée par référence aux objectifs majeurs de leur stratégie et de leurs projets opérationnels.

2.1. L'importance quantitative de l'activité de formation en entreprise

En France, la formation continue mettait en jeu au cours de l'année 1993 une dépense globale de 133,3 milliards de francs, soit 1,88 % du PIB. Cette dépense se répartissait principalement entre le coût direct des actions de formation (69,5 milliards), le montant des rémunérations servies aux salariés ou demandeurs d'emploi pendant la durée des sessions qu'ils suivent (55,5 milliards de francs) et les exonérations assurées aux entreprises.

La mise en évidence de la part des différentes sources de financement permet de souligner le poids des contributions assurées par les collectivités publiques, et notamment par l'Etat et les collectivités territoriales. Elle conduit à souligner l'importance des flux de transfert et les effets redistributifs des interventions publiques dans ce domaine.

L'importance des interventions publiques pourrait également suggérer l'inscription de l'effort de formation dans une perspective dominée par le traitement social du chômage, et plus particulièrement celui des jeunes. La ventilation des flux globaux montre cependant que l'effort en faveur des salariés en activité reste largement prédominant, au niveau des dépenses des entreprises. En revanche, l'effort de l'Etat apparaît largement orienté au bénéfice des demandeurs d'emploi, même si les salariés en activité demeurent les premiers bénéficiaires.

Rapportées aux flux économiques spécifiques relatifs aux entreprises, les dépenses de formation en 1994 représentent 3,33 % du montant des salaires versés. Mais ce taux de participation varie sensiblement avec la taille ; il s'établit ainsi à 1,6 % pour les entreprises de 10 à 19 salariés contre 5,03 % pour les unités de plus de 2 000 salariés.

Sur une population totale de 879 137 entreprises déclarantes employant 11,79 millions de salariés, on dénombrait 4,066 millions de stagiaires bénéficiant de 338 millions d'heures de formation en 1994.

Tableau 1 – La répartition de l'effort global de formation : l'objet des dépenses

Objet des dépenses	Montant
Activités de formation et activités annexes (administration, transport, hébergement, conseil en formation, information)	69,5 milliards
Rémunérations des stagiaires en formation	55,5 milliards
Exonérations de charges sociales et crédits d'impôt	6,0 milliards
Dépenses d'équipement	2,1 milliards

Source : CEREQ, données 1993.

Tableau 2 – Le financement de l'effort global de formation : la répartition entre les principaux contributeurs

Source de financement	Contribution
Etat	47,2 %
Régions	5,1 %
Entreprises	37,8 %
UNEDIC	6,2 %

Source : CEREQ, données 1993.

Tableau 3 – Les principaux bénéficiaires de l'effort de formation hors investissement

Bénéficiaires de l'effort	Effort de l'Etat	Effort des entreprises	Effort global
Actifs occupés	48 %	70 %	55 %
Jeunes (formation de première insertion)	19 %	17 %	18 %
Demandeurs d'emploi	28 %	6 %	6 %
Flux totaux (100 %)	61,9 milliards	49,5 milliards	131,1 milliards

Source : CEREQ, données 1993.

2.2. *La signification de l'effort de formation pour les entreprises : l'évolution des perceptions et des pratiques*

A elle seule, l'ampleur des moyens engagés suffirait à justifier l'introduction de dispositifs élaborés de gestion de la formation. De tels dispositifs devraient comporter en premier lieu un système d'information permettant la mesure des ressources mises en œuvre et le suivi des réalisations. Ils devraient comporter par ailleurs des procédures de pilotage des actions de formation et d'évaluation des effets qu'elles induisent. Cependant, la nécessité d'une gestion plus rigoureuse doit être établie non seulement par référence aux impératifs d'allocation efficace des moyens qu'elle engage mais, de façon plus significative encore, par référence à l'importance des enjeux socio-économiques associés aux activités de formation.

Les vingt-cinq dernières années ont en effet été marquées par un basculement radical concernant la perception de ces activités, leur « image » et l'importance du rôle qui leur est concrètement dévolu. Ainsi, dans le cas de la France, on peut observer dans l'après-guerre trois étapes particulièrement typées à cet égard.

2.2.1. La période des expériences pionnières et isolées

Jusqu'à la fin des années 1960, une attitude de méconnaissance (parfois teintée d'hostilité) prédomine à l'égard de la formation. Font alors exception quelques entreprises bénéficiant déjà d'une ouverture internationale ou insérées dans des activités qui exigent l'application de technologies de pointe et une formation professionnelle spécifique. En outre, certains dirigeants particulièrement sensibles à la responsabilité socio-économique de l'entreprise développent des projets éducatifs marqués par une orientation plus éthique que technique ou économique.

Enfin, dans le droit fil du mouvement de reconstruction consécutif à la Deuxième Guerre mondiale, certaines activités (les banques par exemple) et certaines entreprises (appartenant surtout au secteur public) mettent en place des structures de formation internes ou interentreprises orientées vers la formation professionnelle et notamment vers la formation-promotion d'agents d'encadrement technique.

2.2.2. La constitution d'un droit de la formation et l'institutionnalisation de la gestion de la formation

A compter de 1968 (accords de Grenelle) et pendant les années 1970, se confirme un processus d'institutionnalisation de la formation. Préparées par des négociations directes entre les partenaires sociaux (accords interprofessionnels de 1970 et de 1976), les lois du 16 juillet 1971 et du 17 juillet 1978 consacrent ce mouvement. Elles seront réformées à plusieurs reprises, et notamment à la suite de l'accord interprofessionnel du 21 septembre 1982, par les lois du 24 février 1984, du 24 juillet 1990, du 31 décembre 1991 et par la loi du 20 décembre 1993 dite « loi quinquennale pour l'emploi ». Cette période est ainsi marquée par la constitution d'un véritable droit de la formation. Parmi ses dispositions majeures figure l'obligation faite aux entreprises comptant plus de dix salariés de participer au financement de la formation continue à hauteur d'un montant correspondant au moins à 0,8 % de leur masse salariale[1].

La création d'un cadre juridico-institutionnel nouveau et d'une source de financement régulière suscite le développement d'un véritable « marché de la formation ». Face à une demande solvable désormais massive se constitue une offre multiforme proposée par plusieurs milliers d'organismes spécialisés, publics ou privés, liés à des établissements d'enseignement préexistants ou créés par des réseaux associatifs, des institutions paritaires, des groupements d'employeurs, des institutions ou des individus isolés... Dans les entreprises comme dans les organismes spécialisés, la fonction de responsable de formation tend à affirmer son contenu propre et appelle la constitution d'une identité professionnelle.

Durant cette période, la plupart des entreprises ressentent encore l'effort de formation surtout comme l'expression d'une contrainte subie qui leur impose des obligations supplémentaires, et notamment de nouvelles dépenses improductives. Dès lors, ces entreprises s'attachent à mettre en place des procédures et éventuellement des structures administratives qui leur permettent de s'acquitter de ces obligations, dans le simple respect de la réglementation. Du reste, la participation au financement de la formation continue est si souvent perçue par les employeurs comme un simple prélèvement obligatoire sans contrepartie, assimilable à un impôt, que nombre d'entreprises se bornent alors à verser leur contribution à des organismes collecteurs (tels les Fonds d'assurance formation) voire au Trésor, sans se préoccuper des retombées bénéfiques qu'elles pourraient en attendre, ou sans chercher à inscrire les moyens correspondants dans le cadre de projets de développement volontaristes.

2.2.3. L'intégration de la formation dans les politiques concurrentielles des entreprises

A la fin des années 1970 et au début des années 1980, on observe un profond changement dans l'attitude des entreprises à l'égard de la formation pour des raisons qui tiennent surtout à l'évolution de la conjoncture. Le ralentissement de l'activité et le renforcement de la concurrence internationale contraignent les unités économiques à assurer ou à restaurer leur compétitivité. Ils leur imposent un réexamen et souvent un redéploiement de leurs activités traditionnelles ainsi qu'un effort de productivité qui passe notamment par l'aménagement de l'organisation du travail et des systèmes de gestion, par l'introduction de technologies nouvelles et par un renforcement de la qualification du personnel.

Or, la plupart des adaptations auxquelles les entreprises doivent se plier exigent manifestement un certain recours à la formation. Celle-ci commence alors à s'affirmer comme un levier utile, voire nécessaire, pour la réalisation

1. Ce taux de participation sera ultérieurement porté à 1 % en 1974, à 1,1 % en 1977 et à 1,2 % en 1987 ; il s'établit en 1996 à 1,5 %, cette contribution devant être répartie entre le financement du congé individuel de formation (0,2 %), les formations en alternance destinées aux jeunes (0,4 %) et le plan de formation. Quant aux entreprises de moins de dix salariés et aux professions indépendantes, elles sont assujetties depuis 1992 à une participation représentant 0,15 % du plafond de la Sécurité sociale, en application de la loi du 31 décembre 1991.

des objectifs majeurs, défensifs ou offensifs, poursuivis par l'entreprise. Au lieu de continuer à être perçue comme une activité marginale ou parasitaire, comme un effort improductif et parfois contre-productif, elle tend à paraître aujourd'hui comme un « atout stratégique » (A. Meignant, 1986) ou comme un « investissement » (G. Hauser *et al.*, 1986), même si on continue d'observer des différences persistantes quant à l'importance des moyens engagés et à l'approche même de la formation entre secteurs d'activités, et entre PME et grandes entreprises.

2.3. La politique de l'entreprise et la contribution de la formation

L'évolution relevée au cours de l'après-guerre a ainsi conduit les entreprises françaises à modifier leur attitude et à mieux percevoir la contribution que l'effort de formation peut apporter à la conduite de leur politique, dans ses aspects stratégiques et tactiques. D'une part, il apparaît désormais clairement que la formation joue un rôle adaptatif particulièrement efficace et favorise ainsi la flexibilité des organisations dans un environnement turbulent. D'autre part, la formation peut jouer un rôle offensif dans la mesure où elle correspond à un « investissement en compétence », permettant l'acquisition d'actifs immatériels et constituant la source possible d'avantages concurrentiels pour l'entreprise[2].

2.3.1. Le rôle adaptatif de la formation

Le rôle adaptatif de la formation a été largement mis en lumière par la multiplication récente des opérations de redéploiement mettant en cause des secteurs d'activité, des unités ou des sites géographiques menacés par l'évolution des marchés ou des technologies. Dans ces opérations, des actions de formation souvent massives apparaissent comme un moyen d'assurer la conversion des salariés affectés par la remise en question d'activités traditionnelles. Ainsi, toutes les grandes opérations de restructuration concernant des entreprises ou des sites menacés comportent un volet formation mettant généralement en jeu d'importantes contributions des pouvoirs publics. Mais si la contribution apportée par ces opérations signale une réelle utilité de la formation, elle ne souligne que son rôle défensif, voire passif. Les activités de formation développées dans un tel contexte apparaissent en effet cantonnées dans un rôle d'accompagnement ou de « facilitation ». Elles contribuent à « faire passer » des transformations structurelles ou conjoncturelles subies. Elles participent à un « traitement social du chômage » pour les salariés déjà victimes de licenciements. Quant aux salariés menacés de perdre leur emploi, elles leur apportent des compétences supplémentaires susceptibles de faciliter leur réinsertion professionnelle éventuelle. Elles fournissent enfin à ceux qui conservent leur emploi les moyens de s'adapter aux évolutions technologiques ou organisationnelles introduites par l'entreprise.

---

2. Voir également dans cette Encyclopédie l'article de H. Tézenas du Montcel, « Investissement immatériel », p. 1721, tome 2.

2.3.2. La formation et la gestion du changement

Mais la contribution des actions de formation ne se limite pas à ce qu'implique leur rôle d'adaptation défensive. Elle passe également par la participation active à la gestion du changement[3], grâce à un ensemble d'interventions permettant d'entretenir ou d'affirmer des compétences distinctives ou des avantages concurrentiels qui assureront la survie et le développement à terme de l'entreprise.

Ainsi, la maîtrise du métier, le maintien de compétences spécifiques, l'affirmation d'une capacité d'innovation, l'aptitude à assurer des productions ou des prestations répondant aux normes de qualité imposées par le marché constituent quelques-uns des facteurs clés de succès pour les entreprises. Or tous ces facteurs mettent en cause la compétence des organisations et de leurs salariés. Ils signalent donc le rôle actif que la formation peut jouer grâce au renforcement de la compétence des membres de l'entreprise. Du reste, l'importance traditionnellement accordée à l'effort de formation par les entreprises développant des activités de pointe illustre clairement l'importance stratégique et tactique de tels investissements « en formation ».

3. Le champ de la gestion de la formation

Les problèmes de gestion de la formation se posent dans des termes singulièrement différenciés selon le cadre institutionnel dans lequel ils doivent être traités. Trois domaines relativement spécifiques peuvent ainsi être distingués, même s'ils entretiennent des interrelations évidentes :

– la gestion d'un dispositif de formation intra-entreprise, conçu et conduit à l'intérieur d'une entreprise ou d'une organisation,

– la gestion d'un organisme de formation dans son ensemble ou dans certaines de ses activités,

– la gestion d'un organisme concourant au financement ou à l'administration de la formation à un niveau sectoriel ou géographique.

Dans le premier cas, la gestion de la formation apparaît comme une composante spécifique du système de gestion de l'entreprise et on peut alors parler d'un champ propre à la gestion de la formation. Dans les deux autres cas, on se trouve en présence de problèmes posés par le management d'organisations développant une activité de formation : les solutions à mettre en œuvre consistent alors dans le recours à des méthodes de gestion « classiques », qui doivent seulement être adaptées au contexte particulier dans lequel l'organisation concernée exerce son activité[4].

3.1. L'insertion organisationnelle de la gestion de la formation

L'insertion organisationnelle de la formation peut être envisagée selon trois perspectives analytiques distinctes. D'une part, la formation apparaît comme une spécialité fonctionnelle parmi d'autres, occupant un champ

3. Voir dans cette Encyclopédie l'article de P. Romelaer, « Changement d'organisation et ressources humaines », p. 306, tome 1.

4. Voir dans cette Encyclopédie l'article de C. Vulliez, « Gestion d'un établissement d'enseignement », p. 1500, tome 2.

défini sur la base d'un découpage « vertical » de l'entreprise. D'autre part, la formation peut aussi être abordée comme une pratique transversale dont le domaine d'intervention dépasse les découpages fonctionnels. Enfin, la place de la formation peut faire l'objet d'une approche systémique et se trouver définie par rapport aux processus qui assurent la cohérence et la dynamique de l'entreprise.

3.1.1. La place de la formation dans un découpage fonctionnel de l'entreprise

Sur la base d'un découpage vertical, la formation doit être située par rapport à la nomenclature des spécialités fonctionnelles majeures. Si on fait référence aux découpages traditionnellement effectués entre ces dernières (fonction production, fonction commerciale, fonction comptable et financière, fonction administrative et logistique, fonction personnel...), la formation semble devoir être rattachée tout naturellement à la fonction personnel ou gestion des ressources humaines. Mais si un tel rattachement correspond à une solution fréquemment adoptée par les entreprises, il conduit cependant à borner le champ de l'activité de formation en faisant apparaître cette dernière comme un simple domaine spécialisé d'intervention de la fonction personnel.

3.1.2. La « transversalité » de la formation

La reconnaissance de la formation comme activité transversale élargit la vision que l'on peut avoir de son champ de compétences et permet de prendre en compte deux observations majeures.

D'une part, l'utilité du recours à la formation tend à être présente dans un nombre croissant de fonctions de l'entreprise, dans la mesure où les responsables de fonctions opérationnelles ou de métiers la reconnaissent comme une des variables qui déterminent le développement de la spécialité dont ils ont la charge. On assiste alors à la multiplication de demandes de formation spécifiques, initiées par des responsables opérationnels ou fonctionnels et adressées aux instances centrales ; parfois, ce sont même des plans de formation spécifiques, plus ou moins bien articulés au plan de formation global, qui émanent des subdivisions des entreprises.

Cette diffusion de la formation au niveau des fonctions spécialisées a d'abord concerné des actions ponctuelles de caractère organisationnel ou technique : préparation à un changement technologique, à une modification des procédures ou de l'organisation du travail. Ainsi, l'introduction du nouveau plan comptable ou l'extension d'applications bureautiques ont justifié plusieurs centaines de milliers de journées de formation dans les entreprises françaises. Mais cette diffusion au niveau des fonctions s'étend fréquemment à des projets plus « lourds » : actions de perfectionnement destinées à accompagner ou à anticiper l'évolution d'une fonction sur le plan technique, social et culturel ; actions de développement professionnel inscrites dans une perspective de gestion des carrières par famille professionnelle.

La transversalité croissante de la formation peut ainsi se traduire par l'élaboration de plusieurs politiques fonctionnelles de formation et déboucher sur une délocalisation des responsabilités de conception et d'organisation. Si la diffusion transversale de la formation semble mieux à même de répondre aux besoins de chaque fonction, elle recèle aussi un risque de dislocation de la formation en un ensemble d'initiatives relevant d'orientations disparates et incohérentes.

D'autre part, la formation est également présente comme activité transversale dans des opérations de mobilisation, de portée tactique ou stratégique, qui mettent en cause l'organisation dans son ensemble sans menacer sa cohérence. Les formations à la qualité constituent un exemple de programmes généralement traités au niveau global et non pas fonctionnel. De même, les formations internes à caractère promotionnel (formations-promotions d'agents de maîtrise, de techniciens supérieurs, de cadres supérieurs...) sont le plus souvent traitées à un niveau centralisé et mettent parfois en cause l'intervention directe de la direction générale.

Ainsi, le développement des projets à caractère transversal souligne la contribution que la formation peut apporter au traitement de problèmes stratégiques ou tactiques posés à l'entreprise soit en raison d'adaptations qu'elle doit réaliser à court terme, soit en raison des efforts qu'elle déploie pour anticiper des changements souhaitables ou inévitables à terme. Mais ce développement souvent foisonnant signale également la complexité du problème posé par la mise en cohérence d'initiatives qui peuvent être prises soit au niveau de cellules spécialisées rattachées à la fonction personnel, soit encore par des formateurs et leurs cadres rattachés à une fonction ou à un métier spécifique, soit enfin par des formateurs ou des cadres rattachés à la direction générale. La multiplicité des interventions observée en matière de formation soulève ainsi deux interrogations relatives à la division des tâches à établir quant à l'initiative, à la conception, à l'organisation et à l'évaluation des projets.

Une première interrogation porte sur la répartition à assurer en matière de gestion de la formation entre les formateurs spécialisés et les responsables fonctionnels ou hiérarchiques. Une deuxième interrogation porte sur la répartition à assurer entre les services centraux de formation (généralement rattachés à la fonction personnel) et les cellules constituées au niveau des unités fonctionnelles ou opérationnelles, structures le plus souvent réduites, comportant un formateur, voire un cadre exerçant des activités de formation à titre occasionnel.

3.1.3. La place de la formation par rapport aux processus de finalisation, d'organisation et d'animation

L'insertion organisationnelle de la formation peut aussi être définie par rapport aux processus de gestion qui assurent la dynamique de l'organisation et qui sous-tendent sa structure. De façon générale, ces processus assurent la finalisation, l'organisation et l'animation des activités de l'entreprise. C'est pourquoi il apparaît essentiel de dégager la contribution spécifique que la formation apporte à leur déroulement et à leur ajustement.

3.1.3.1. La formation et les processus de finalisation

Par rapport aux processus de finalisation qui déterminent les orientations générales imprimées à l'organisation et à ses diverses composantes, les actions de formation ne peuvent exercer qu'une influence directe limitée sur la formulation des choix majeurs. Elles peuvent en revanche influer sur les conditions dans lesquelles les choix d'orientation sont débattus, arrêtés et traduits en termes de programmes opératoires. Ainsi, le déroulement des procédures de planification et de budgétisation peut être favorisé par des actions permettant une sensibilisation ou l'acquisition de compétences à propos de la gestion prévisionnelle elle-même ou de certaines orientations de la politique générale (changements technologiques, effort sur la productivité ou sur la qualité, ouverture internationale...).

3.1.3.2. *La formation et les processus d'organisation*

Par rapport aux processus d'organisation, la contribution de la formation apparaît d'emblée beaucoup plus large. Les pratiques relevant de ces processus portent en effet trois missions spécifiques. D'une part, elles assurent le découpage de l'entreprise en organes auxquels sont assignés à la fois des missions spécifiques et des moyens susceptibles d'en permettre l'exécution. D'autre part, elles définissent l'articulation entre ces différents organes grâce à la mise en place des relations hiérarchiques ou fonctionnelles et des procédures qui règlent leurs rapports mutuels. Enfin, elles distribuent l'ensemble des membres de l'entreprise entre les organes en leur attribuant, de façon plus ou moins explicite, une place, un rôle et un statut.

Les actions de formation peuvent constituer un des facteurs déterminant la conduite efficace de ces processus d'organisation dans la mesure où elles contribuent à réunir les conditions dans lesquelles les membres de l'organisation occupent la place qui leur est assignée et assument le rôle qui leur est imparti. En premier lieu, les actions peuvent jouer sur la motivation grâce à des programmes de sensibilisation ou d'information qui permettent aux différents acteurs de mieux percevoir leur rapport à l'organisation[5]. En deuxième lieu, ces actions jouent sur la compétence grâce à des programmes de perfectionnement ou de développement qui permettent aux membres de l'entreprise de maîtriser des savoirs, des savoir-faire et de développer des « capacités clés » afin de pouvoir « agir en situation » (B. Schwartz, 1982).

3.1.3.3. *La formation et les processus d'animation*

Enfin, dans les processus d'animation qui s'attachent à maintenir une cohérence entre les contributions des membres de l'organisation en développant des actions d'incitation, de stimulation, de contrôle et de sanction, la formation fournit également un apport dans la mesure où elle agit sur les compétences, les capacités et la motivation. Bien sûr, la formation ne constitue qu'une des voies possibles pour l'élargissement des compétences et des capacités au sein de l'organisation ; cet élargissement pourrait aussi être obtenu selon d'autres modalités telles que la pratique directe de la recherche et de l'expérimentation, l'appel à des prestataires externes, l'achat de brevets et le recours à des licences, le recrutement de nouveaux salariés porteurs des compétences que l'entreprise souhaite promouvoir, la croissance externe et l'intégration de nouvelles unités porteuses de telles compétences...

---

5. Voir également dans cette Encyclopédie l'article de P. Louart, « Motivation », p. 2095, tome 2.

Mais, parmi toutes ces voies ouvertes pour l'élargissement des compétences, la formation présente trois avantages distinctifs manifestes. Elle tend à valoriser les membres présents de l'organisation et le potentiel humain déjà en place. Elle facilite la conciliation entre l'acquisition de compétences nouvelles et leur adaptation à la réalité même de l'entreprise, favorisant ainsi un processus d'appropriation. Elle fournit des occasions permettant de « capitaliser » des compétences diffuses au sein de l'entreprise et contribue ainsi à la structuration d'une part essentielle des actifs immatériels accumulés par l'organisation.

Outre sa contribution à l'acquisition et à l'élargissement des compétences, la formation constitue une composante essentielle des dispositifs de communication interne mis en œuvre soit à l'occasion d'opérations particulières (mobilisation sur un programme d'importance stratégique ou tactique par exemple), soit à l'occasion d'un travail de longue haleine portant sur l'aménagement du « climat » de l'entreprise grâce à des projets visant par exemple à l'élaboration et à la diffusion d'un projet d'entreprise, à la diffusion de valeurs et de comportements caractéristiques d'une culture d'entreprise ou à la promotion d'un style de management jugé souhaitable.

3.2. Les responsabilités opératoires de la gestion de la formation

Les responsabilités opératoires dévolues de façon spécifique à la gestion de la formation relèvent de cinq domaines dont certains sont spécifiques à la conduite des opérations de formation, alors que d'autres comportent seulement l'application de démarches classiques à ce champ particulier.

3.2.1. La gestion pédagogique

La gestion pédagogique constitue l'attribution spécifique par excellence que l'on peut rattacher à la gestion de la formation. Elle a pour objets propres la définition des orientations relatives tant au contenu des programmes qu'aux méthodes pédagogiques mises en œuvre, l'application de ces orientations dans le déroulement des programmes et l'évaluation des actions réalisées.

Les principales responsabilités opératoires de la gestion pédagogique peuvent être analysées en liaison avec les différentes phases de déroulement des programmes.

En amont de l'offre de formation, la gestion pédagogique requiert essentiellement la réalisation « d'études de besoins » prenant en compte les orientations de l'entreprise, une définition des objectifs de formation, la négociation avec les différents partenaires concernés (la direction générale, les responsables hiérarchiques, les salariés et leurs représentants, la fonction personnel et les formateurs...), la planification des actions, la conception de montages organisationnels ou de dispositifs d'accompagnement requis par des programmes particulièrement lourds ou critiques. L'ensemble de ces activités débouche sur l'élaboration d'une offre qui peut être consignée dans un plan de formation établi de façon formelle et soumis à un débat interne à l'entreprise.

Pendant la phase de réalisation des actions de formation, la gestion pédagogique assume des responsabilités concrètes qui portent sur le développement de programmes détaillés, la conduite des plannings, l'animation et la coordination des équipes « d'intervenants », la négociation avec les prestataires externes qui interviennent éventuellement dans les programmes, à titre individuel ou institutionnel, ainsi que la supervision de leurs contributions.

Enfin après la réalisation des programmes, il reste à accomplir un travail d'évaluation de la formation en termes d'efficacité pédagogique mais aussi en termes d'impact sur l'organisation. La formalisation des méthodes « d'audit de formation » permet de développer de telles démarches d'évaluation en assurant à la fois une extension de leur champ d'observation et une plus grande rigueur de leurs procédures et de leurs instruments.

3.2.2. La gestion administrative et logistique de la formation

La gestion administrative de la formation a pour objet d'assurer la cohérence de la formation sur le plan organisationnel et logistique, mais aussi sa conformité avec la réglementation et avec les normes internes ou externes qui lui sont assignées.

Les responsabilités opératoires qui relèvent de la gestion administrative et logistique comportent notamment la gestion des obligations légales (déclarations annuelles, bilans pédagogiques et financiers...), l'établissement et le suivi des conventions, la facturation et le recouvrement dans le cas d'un organisme de formation, l'exécution du budget dans le cas d'une entreprise, les relations avec les organismes assurant la collecte des contributions financières des employeurs et le financement des formations dont bénéficient leurs salariés...

3.2.3. La communication externe et la promotion

Les gestionnaires de formation doivent assurer la promotion de l'offre qu'ils proposent ou qu'ils produisent soit en sensibilisant leurs partenaires au sein de l'entreprise à l'importance et à l'intérêt du programme qu'ils présentent (cas des formateurs en entreprise ou des appareils de formation internes), soit en suscitant des commandes de clients potentiels (cas des organismes de formation autonomes).

Les principales responsabilités relevant de cette activité promotionnelle incluent l'étude du « marché de la formation », le contact avec les partenaires externes ou internes, le démarchage de prospects et de clients (pour les offreurs de formation), l'élaboration de la publicité externe ou de la communication interne, la production et la diffusion du matériel d'information (catalogues, mailings).

3.2.4. La gestion comptable et financière de la formation

La gestion comptable et financière de la formation fait appel à des démarches et à des outils éprouvés par ailleurs. Elle développe pourtant des préoccupations spécifiques, compte tenu du domaine d'activité auquel elle s'applique. De façon plus précise, elle se fixe pour objet d'assurer le « suivi » en termes monétaires des programmes de formation, en vue de faire ressortir les coûts et les produits qu'ils induisent ainsi que l'évaluation des résultats et des effets économiques de ces réalisations.

Les responsabilités opératoires correspondant à cet objet comportent notamment le suivi des coûts de revient en comptabilité analytique et, de façon générale, le suivi comptable de la formation. L'incidence des caractéristiques des projets sur les charges et produits, la mesure de leur contribution aux résultats et la surveillance des encours de créances et dettes qu'elles occasionnent exigent notamment une attention accrue des gestionnaires de formation.

En outre, l'ampleur des flux de fonds mis en jeu par les activités de formation conduit à accorder une large place au suivi des équilibres financiers. Cependant, ces derniers doivent être appréciés dans leur liaison avec les caractéristiques pédagogiques ou institutionnelles des programmes ; ainsi, les problèmes de recouvrement peuvent imposer des besoins en fonds de roulement considérables pour les organismes de formation qui font un large appel à des sources publiques de financement ; de même, la gestion budgétaire ou la gestion de la trésorerie des actions soulèvent des problèmes profondément distincts pour un organisme spécialisé dans l'organisation de formations longues intra-entreprises et un établissement spécialisé dans l'offre de formations courtes interentreprises.

3.2.5. La gestion des ressources humaines affectées à la formation

Enfin, il appartient aux gestionnaires de programmes ou d'organismes de formation d'assurer une adéquation quantitative et qualitative entre le potentiel humain mobilisable et les besoins induits par la politique de formation arrêtée par l'entreprise.

Les attributions opératoires liées à cette responsabilité concernent en particulier la gestion prévisionnelle des effectifs et des carrières du personnel affecté à la formation à titre permanent, la gestion des « rotations » effectuées par des salariés qui consacrent à la formation une période limitée avant de revenir à d'autres activités, et la gestion à très court terme des intervenants externes.

Quant à l'administration du personnel affecté à la formation au sein d'une entreprise, elle semble plutôt relever des attributions générales de la fonction personnel que de la gestion de la formation au sens strict.

*

* *

La gestion de la formation constitue un champ qui, pour l'essentiel, fait appel à des démarches et à des outils éprouvés. Toutefois, la complexité des pratiques de formation, celle du contexte institutionnel, juridique, organisationnel dans lequel elles se déroulent, conduisent à reconnaître à ce champ sinon une totale autonomie, du moins une réelle spécificité.

Références

AVENTUR F. *et al.*, « Les activités des organismes de formation professionnelle continue », *Céreq Bref* (n° 115, décembre 1995).

BENTABENT E., « Effets de la crise : réduction des budgets des entreprises pour la formation continue », *Céreq Bref* (n° 105, janvier 1995).

CANAC Y., *La bataille de la compétence,* Paris, Hommes et Techniques, 1985.
DUBAR C., *La formation professionnelle continue,* Paris, La Découverte, 1986.
HAUSER G., MASINGUE B., MAÎTRE F., VIDAL F., *L'investissement formation,* Paris, Hommes et Techniques, 1986.
LE BOTERF G., *Comment investir en formation,* Paris, Les Editions d'Organisation, 1989.
LE BOTERF G., *L'ingénierie et l'évaluation de la formation,* Paris, Les Editions d'Organisation, 1990.
MEIGNANT A., *La formation, atout stratégique pour l'entreprise,* Paris, Les Editions d'Organisation, 1986.
MEIGNANT A., *Manager la formation,* Paris, Liaisons, 1991.
SCHWARTZ B., *Rapport sur l'insertion sociale et professionnelle des jeunes,* La Documentation Française, 1982.
XXX, « La participation des entreprises à la formation professionnelle continue », *in Liaisons Sociales* (n° 7374, 27 décembre 1995).
XXX, Projet de loi de finances pour 1996, Formation professionnelle, Paris, Imprimerie nationale, 1995.

Mots clés

Audit de la formation, compétences, congé individuel de formation, investissement-formation, marché de la formation, plan de formation, perfectionnement.

Gestion et management de projet

81

Vincent Giard et Christophe Midler

Le développement de la notion de projet dans le champ de la gestion des entreprises constitue l'une des données marquantes de cette fin du XXe siècle. Non que la notion soit nouvelle : l'idée de projet est aussi vieille que l'activité humaine et le développement de nouveaux produits ou d'ouvrages est au cœur de l'essor économique du XIXe aux « Trente Glorieuses ». Mais la gestion de projet prend, depuis le milieu des années 1980, une ampleur et des formes renouvelées. Au-delà d'une mode passagère, il faut voir dans ce mouvement qui touche de nombreux secteurs l'effet de l'évolution des modes de concurrence d'une économie de masse à une économie de variété ou de réactivité (P. Llerena et P. Cohendet, 1993). Dans ce contexte, la compétitivité des entreprises dépend, d'une part, de leur capacité à commercialiser rapidement et dans de bonnes conditions de qualité et de coût des produits, des services ou des ouvrages réellement innovants, et, d'autre part, de la focalisation de ces produits sur des niches spécifiques afin de surclasser les produits banalisés. Ces stratégies conjuguées multiplient le nombre de projets à gérer, les rendent plus complexes et plus exigeants. Le mouvement de rationalisation, hier orienté vers les activités productives, se déploie maintenant aussi sur les problèmes de la conception. Le monde économique se tourne alors vers le management de projet comme une réponse à ce besoin.

Dans les milieux académiques, la notion de projet a aussi été abondamment traitée depuis plusieurs années. Dans le champ de la gestion, les notions de gestion et de management par projet ont été précisées, révisées et développées. Mais ces travaux profitent aussi des nombreuses réflexions menées sur des thèmes connexes dans d'autres disciplines : les approches des sciences de la conception, les recherches sociologiques et économiques sur les processus d'innovation et de coopération.

Nous aborderons ce domaine assez foisonnant en cinq points : nous chercherons d'abord à identifier des caractéristiques spécifiques pour définir l'activité projet ; nous analyserons ensuite comment cette notion s'est déployée dans le monde professionnel ; puis nous examinerons les formes d'organisation les plus avancées, puis les instrumentations clés que sont la planification et le pilotage économique des projets. Nous conclurons sur les perspectives induites par le développement de la logique projet pour l'organisation des entreprises.

1. Définition et caractérisation de l'activité projet

Peut-on définir sur un plan théorique une spécificité de l'activité projet ? La littérature propose plusieurs approches pour une telle caractérisation.

Dans sa démarche de normalisation, l'AFITEP-AFNOR (1992) a défini un projet comme « une démarche spécifique qui permet de structurer méthodiquement et progressivement une réalité à venir », et ajoute qu'« un projet est défini et mis en œuvre pour répondre au besoin d'un client (...) et implique un objectif et des besoins à entreprendre avec des ressources données ».

R.P. Declerck, J.P. Debourse et C. Navarre (1983) ont proposé un positionnement de la gestion de projet fondé sur la mise en évidence de quelques différences essentielles entre l'activité « projet » et l'activité récurrente et stabilisée « opération », ce qu'illustre le tableau 1.

Tableau 1 – Le projet et l'opération

Activité projet	Activité opération
Non répétitive (*one shot*).	Répétitive.
Décisions irréversibles.	Réversible.
Incertitude forte.	Incertitude faible.
Influence forte des variables exogènes.	Influence forte des variables endogènes.
Processus historiques.	Processus stabilisés, gérables en statistiques a-historiques.
Cash-flows négatifs.	Cash-flows positifs.

Nous développerons ici six caractéristiques des projets qui, tout en explicitant largement les définitions précédentes, nous permettront de montrer, au paragraphe suivant, les points clés des démarches « projet » modernes.

1.1. Une démarche finalisée par un but et fortement contrainte

L'affirmation d'une finalité, d'une cible à atteindre est au cœur de la démarche projet. Le rôle même de chef de projet ne se définit pas autrement : il naît avec l'affirmation du but ; il disparaît avec sa réalisation. Il y a là évidemment une différence radicale par rapport à la logique du spécialiste, dont l'action est d'abord définie par un champ d'expertise et des méthodes.

Dans le formalisme de la gestion de projet, cette cible se décline en un triptyque d'objectifs.

– L'objectif de performances fonctionnelles et de spécifications techniques (respect de tolérances, fiabilité, maintenabilité, facilité d'usage, etc.) conditionne la valeur d'usage du futur produit ou ouvrage pour le ou les clients et positionne son intérêt relatif par rapport aux projets concurrents.

– Le respect d'un délai imparti pour exécuter le projet est une composante importante de l'expression des besoins car un retard peut diminuer l'intérêt du projet et, dans certains cas, conduire à des surcoûts, sous forme de pénalités de retard, notamment.

– L'objectif économique peut, suivant le périmètre du projet, prendre différentes formes (coût, rentabilité).

La cible initiale d'objectifs s'avère souvent incohérente, car elle constitue une anticipation à la fois des attentes vis-à-vis du projet et des contraintes dans lesquelles il s'inscrit. L'un des rôles importants du directeur de projet dans la phase de définition du projet est donc de rendre rapidement cohérente cette cible d'objectifs.

1.2. Une prise en compte de la singularité de la situation

L'une des tensions classiques entre le responsable de projet et les experts métiers réside dans la prise en compte de la singularité de l'objectif à atteindre et de la situation à intégrer. La logique des services fonctionnels peut s'interpréter comme un mouvement tendant à éliminer ou à s'abstraire des singularités des situations. Les pratiques professionnelles se façonnent en se spécialisant sur des problèmes types, en mémorisant et en reproduisant des réponses standards. Chercher une solution à un projet par l'enveloppe de réponses standards est généralement très sous-optimal (les « produits de comités »), lorsque cela ne conduit tout simplement pas à l'abandon pur et simple du projet.

1.3. Les projets, une affaire de communication et d'intégration de différentes logiques

La rationalisation industrielle s'est construite sur le principe de séparation et de spécialisation. La logique des projets est profondément différente. Aucun spécialiste ne détient à lui seul la clé du produit nouveau réussi ou d'un ouvrage performant. Il faut combiner le point de vue du commerçant, de la recherche, des professionnels de la production ou de chantier, savoir tirer parti des apports des fournisseurs de composants tout en connaissant leurs contraintes. Cette nature combinatoire du projet s'exprime dans la définition initiale de la cible, où, pour assurer sa cohérence et son réalisme, on est amené à opérer des « trocs » entre le temps imparti, l'ambition des performances et les ressources consommées. On la retrouve également dans les ajustements opérés au cours de l'exécution du projet à la suite de dérives constatées. L'espace du projet doit alors susciter le dialogue et les explorations sur ces dimensions variées, expliciter les conflits entre critères hétérogènes et aider aux arbitrages (M. Akrich *et al.*, 1988 ; J. C Moisdon et B. Weil, 1992).

1.4. Un processus d'apprentissage dans l'incertitude

Le contexte de la communication est problématique non seulement du fait de l'hétérogénéité des points de vue réunis, mais aussi à cause de l'incertitude forte sur la validité des argumentations mêlant les visions des enjeux et les causalités supposées. La gestion du risque est consubstantielle à la notion de projet. On pourrait dire que ce qui différencie un processus de production d'un processus projet, c'est que l'issue du premier est anticipée au départ, alors qu'il faut s'engager dans le second pour savoir s'il ira jusqu'à son terme, et où ce terme se situera exactement.

Insistons ici sur le fait que l'incertitude porte aussi sur l'objectif visé. Affirmer l'existence *a priori* d'une cible ne signifie pas que celle-ci puisse être définie précisément et de manière sûre au départ : la cohérence du triptyque fonctionnalités-délais-coûts est très généralement problématique. Dès lors, le projet intègre, en même temps, le processus de définition de la cible finale et l'exploration d'une réponse satisfaisante à cet objectif. D. Schön (1983, 1993) a analysé ce processus sous la métaphore d'une « conversation avec la situation ». Une heuristique ouverte met aux prises des professionnels tendus vers des finalités, projetant des valeurs et des représentations, et, d'un autre côté, un contexte physique et social, transformé par l'intervention mais qui « répond », « surprend » et transforme en retour la trajectoire du concepteur, amène des reformulations du problème, fait évoluer la cible visée.

1.5. Une convergence dans une temporalité irréversible

L'horizon temporel des métiers est plus ou moins long selon les spécialités techniques mais il reste glissant (il s'éloigne à mesure qu'on s'en rapproche), contrairement à celui du projet qui est fixe car la fin du projet est annoncée. Entre le début et la fin du projet se déploie une dynamique irréversible que l'on peut caractériser par le schéma 1 (C. Midler, 1993).

Schéma 1 – Evolution de la connaissance et des degrés de liberté d'un projet

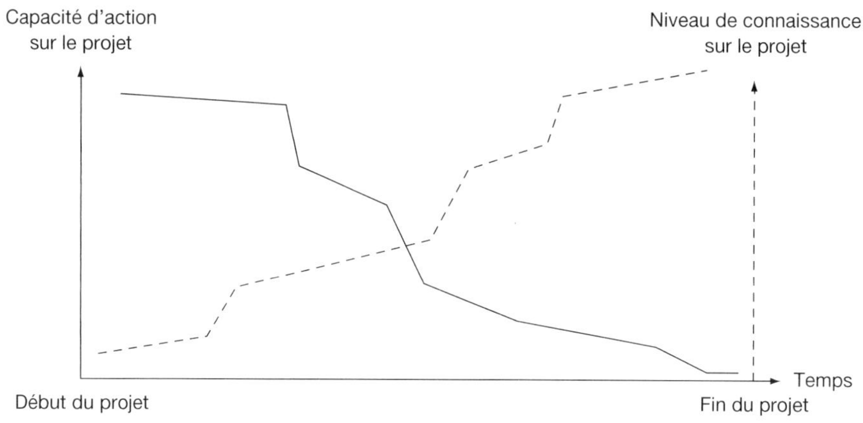

La courbe en pointillés représente l'évolution de la connaissance qui s'accumule au fur et à mesure que le projet progresse. La courbe en trait plein visualise l'évolution des degrés de liberté disponibles qui se réduisent à mesure que les choix sont faits. Gérer la convergence du projet, c'est donner forme et articulation à ces deux courbes interdépendantes. Cette représentation théorique montre que, pour optimiser la convergence du projet, il ne sert à rien de se précipiter, au départ, car le niveau de connaissance sur le projet est trop faible. Symétriquement, il ne sert plus à rien, en fin de projet, de sophistiquer les analyses car les degrés de liberté pour en exploiter les résultats sont quasi nuls. L'accélération des projets s'opère donc en commençant à décider plus tard tout en développant des démarches d'anticipation des problèmes futurs : à la gestion séquentielle doit se substituer l'ingénierie concourante (§ 3.2.), où la définition du produit s'opère en même temps que celle des moyens de fabrication et des modes de commercialisation. Ensuite, il s'agit de verrouiller le plus complètement possible le projet.

Ce schéma permet aussi de comprendre certaines conséquences importantes et difficiles pour la définition du rôle de chef de projet : d'un côté, il montre l'importance de la continuité des individus dans la mission pour pouvoir mémoriser les apprentissages ; mais, d'un autre, il montre que le contenu de la fonction évolue radicalement à mesure que le projet avance, passant d'un rôle stratégique et créatif à une mission de négociation et de mise sous contrôle, puis de « passage à l'acte » voire de « pompier » en fin de projet. On peut ajouter que la « mort annoncée » du projet pose un certain nombre de problèmes en gestion des ressources humaines (perspectives de carrière, reclassement, etc.) ; ceux-ci varient notamment en fonction de l'organisation retenue pour le projet (§ 3.1.).

Cette dynamique de la convergence des projets se retrouve aussi dans la manière dont les trois grands types d'instrumentation (spécifications techniques-coûts-délais) sont mobilisés dans le processus. En amont, c'est la problématique économique et technique qui prime. L'enjeu est de définir le projet, de construire des références (tâches, ressources nécessaires, échéances, etc.) sur lesquelles s'appuiera le pilotage de la suite du processus. Cette importance de l'effet de levier économique des décisions irréversibles des phases amont est illustrée par le schéma 2 qui montre que les décisions prises initialement engagent fortement et rapidement les coûts qui seront supportés sur la durée du projet, alors que les décaissements observés croissent beaucoup plus lentement. Dès lors, il est évident que le contrôle des coûts engagés est un enjeu important. Une fois ces grands arbitrages faits, les autres classes d'instrumentation deviennent essentielles pour structurer le contenu détaillé du projet, définir la progression souhaitée, organiser le contrôle de son exécution et déterminer son cadre organisationnel.

Schéma 2 – Différence d'évolution des cumuls de coûts engagés et décaissés

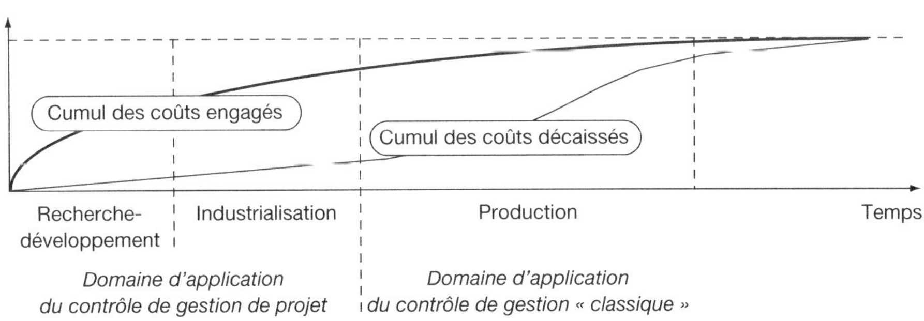

1.6. Un espace ouvert et fluctuant

La dernière spécificité sur laquelle nous insisterons est l'impossibilité d'assigner *a priori* des frontières nettes et stables aux projets. La plupart des situations professionnelles traditionnelles s'inscrivent dans des identités sociales déjà constituées (une entreprise, une usine par exemple). Cette clôture est impossible *a priori* en projet. L'identification de « l'intérieur » et de « l'extérieur » du projet se construit progressivement, en même temps que se prennent les choix qui le font passer de l'abstraction à la réalité concrète. Les projets traversent ainsi généralement les frontières d'une entreprise donnée (d'où le terme évocateur d'entreprise « virtuelle » qui désigne cet espace de coopération fédérant le personnel des différentes entreprises impliquées sur un même projet).

L'identification de ces six caractéristiques permet de circonscrire *a minima* le terme, aujourd'hui tellement polysémique, de projet. Il n'en reste pas moins qu'un grand nombre de situations variées rentrent parfaitement dans la classe de problèmes que nous avons caractérisée, depuis la réalisation d'un tunnel sous la Manche jusqu'au développement d'un nouveau médicament ou produit manufacturé, en passant par l'organisation d'un événement culturel ou la mise en place d'un nouveau système d'information dans une entreprise.

2. Historique et champs d'application de la gestion de projet

Une histoire de la gestion de projet impliquerait de remonter à la réalisation de grands travaux dans l'antiquité égyptienne ou chinoise, de tracer l'émergence de la notion d'ingénieur de la Renaissance à la Société préindustrielle (XVII-XVIIIe) et industrielle. Nous ne nous intéresserons ici qu'aux développements récents, qui ont été principalement marqués par deux influences managériales différentes : l'ingénierie anglo-saxonne des grands programmes d'abord, les projets de développement de nouveaux produits dans l'entreprise manufacturière japonaise ensuite.

2.1. La formalisation du « modèle standard » pour les grands projets d'ingénierie

C'est aux Etats-Unis que la gestion de projet va se formaliser en corps de doctrine autonome à l'occasion des grands programmes militaires ou spatiaux, et des grands travaux de développement des années 1960, sous l'impulsion des milieux professionnels américains, réunis dans le Project Management Institute (Project Management Institute, 1994). Ce « modèle standard » de l'ingénierie des grands projets unitaires comporte une dimension organisationnelle et instrumentale ; sur le plan organisationnel, il définit un cadre de responsabilités fondé sur le triptyque : maître d'ouvrage, maître d'œuvre et responsable de lots de travaux.

– Le maître d'ouvrage est le propriétaire de l'ouvrage futur. Il a la responsabilité de la définition des objectifs (dans les termes de l'ingénierie, il définit le programme ou le cahier des charges).

– Le maître d'œuvre assume deux rôles :

· un rôle d'architecte, d'ensemblier : il prend la responsabilité des choix de conception globaux, il décompose en lots de travaux,

· un rôle de coordination de la réalisation de l'ouvrage : organisation des appels d'offres sur les lots, choix des contractants, planification, suivi et contrôle de la réalisation des lots.

– Les responsables de lots assurent la réalisation des tâches élémentaires de l'ensemble ; le modèle peut fonctionner, pour les grands projets, de manière emboîtée : chaque lot pouvant être considéré en cascade comme un sous-projet.

Sur le plan des méthodes, le « modèle standard » de l'ingénierie réunit une gamme d'outils visant à la décomposition du projet, sa planification et le contrôle de coûts (section 4). Ce modèle va s'affirmer dans l'ingénierie des grands projets unitaires jusqu'à la fin des années 1970, qui marque le début d'une crise grave pour le secteur. Plusieurs facteurs ont conjugué leurs effets. L'appauvrissement des pays en développement et le tarissement des rentes pétrolières ont entraîné une réduction drastique des marchés de grands projets internationaux. Sur ces marchés réduits ont fait irruption de nouveaux compétiteurs extrême-orientaux, alors que les compagnies d'ingénierie occidentales étaient auparavant protégées par des monopoles technologiques ou politiques. Le monde des grands projets devient alors plus risqué, plus exigeant, plus contraint par une logique d'efficacité et de rentabilité, là où dominait auparavant le volontarisme politique.

Depuis la fin des années 1980, de grands donneurs d'ordre de ce monde de l'ingénierie des grands travaux, notamment l'administration américaine de la défense (R.I. Winner *et al.*, 1988), remettent profondément en cause certains excès dans l'usage de ce modèle standard et cherchent à le compléter par d'autres démarches, aujourd'hui dénommées sous les termes d'ingénierie concourante ou simultanée (§ 3.2.), qui se sont développées dans les entreprises industrielles à partir de la problématique de développement de nouveaux produits.

2.2. Le développement du concept de projet dans les industries de grande série

Dans les entreprises industrielles des années 1950 à 1970, les projets de produits et/ou d'équipements nouveaux, qu'il s'agisse de biens manufacturés ou de produits chimiques par exemple, sont développés dans le cadre d'organisations dites « fonctionnelles » : le projet passe successivement dans des services spécialisés sur chaque étape du cycle de vie du produit « automobile » : analyse du marché, définition fonctionnelle du produit, définition technique du produit et du process, achat, etc. Il n'y a pas de démarche ni d'acteurs projets formalisés.

L'émergence et le développement de la notion de gestion de projet dans les industries de grande série s'opèrent à partir des années 1970, lorsque le nombre et la complexité des projets imposent une meilleure coordination et intégration des différentes logiques. On voit alors se créer des rôles de chefs de projet, des revues formalisées et, plus généralement, l'adoption, au sein des entreprises, de certains outils du « modèle standard ».

Mais ce modèle va connaître, à la fin des années 1980, une nouvelle rupture, lorsqu'il apparaît clairement que la performance des entreprises occidentales en matière de conception de nouveaux produits n'est pas à la hauteur des compétiteurs japonais, en particulier dans une bataille économique qui, de plus en plus, se joue sur la variété, la qualité et le renouvellement des catalogues (K.D. Clark et T. Fujimoto, 1991). De nouvelles démarches de gestion des projets émergent, qui donnent un poids plus important au chef de projet, maintenant dénommé « directeur de projet », et visent à assurer une coopération plus efficace des différents contributeurs au sein du processus de conception. C. Navarre (ECOSIP, 1993) résume les ruptures avec les pratiques antérieures dans le tableau 2.

Tableau 2 – Transformation des caractéristiques des projets

	Modèle standard	Direction de projet et concourance
Fonctionnement	Manuel de procédures	Directives générales
Vision	Détaillée	Globale
Phasage de l'action	Linéaire	Simultanéité
Communications	Séquentielles	Concourantes
Direction	Directeur de projet	Entrepreneur de projet
Emphase	Sur les règles, les contrats	Sur les hommes
Système	Fermé	Ouvert
Démarche	Isomorphe	Synchrétique, contingente
Culture	Homogène	Hétérogène
Structures axées sur	Spécialisation	Intégration-coopération

Source : D'après C. Navarre, ECOSIP, 1993.

2.3. Les champs d'application actuels

On voit qu'aujourd'hui la notion de projet s'applique à des contextes professionnels et à des types de problèmes variés. ECOSIP (1993) a proposé, pour rendre compte de cette variété, une typologie fondée sur la place économique du projet dans les entreprises qui le mènent (schéma 3). En effet, cette variable est déterminante sur les problèmes posés par la coordination des acteurs impliqués dans le projet.

Schéma 3 – La place économique du projet dans l'entreprise

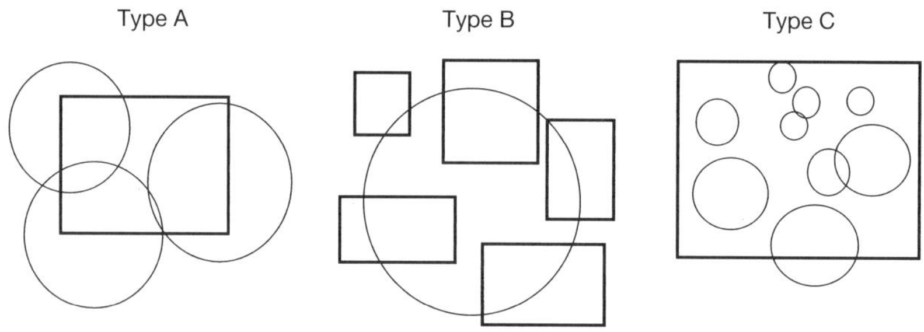

Les entreprises sont représentées par des rectangles, et les projets par des cercles.

– Le type A correspond à une configuration où une entreprise dominante, pouvant mobiliser d'autres entreprises, est impliquée dans quelques très « gros » projets vitaux pour sa survie (lesquels feront l'objet d'une décomposition en sous-projets). C'est typiquement le cas de l'industrie automobile. Les régulations en place dans l'entreprise vont alors structurer de manière forte l'organisation du projet. Le problème clé est la question de l'autonomie et de la spécificité de l'organisation du projet par rapport à ces régulations.

– Avec le type B, c'est le projet qui est au centre de la régulation : c'est l'identité la plus forte, dotée d'une personnalité juridique et financière. Les entreprises impliquées rendent compte à la direction générale du projet alors que, dans la configuration précédente, c'est plutôt le projet qui rend compte à la direction générale de l'entreprise dominante. Les entreprises et les acteurs que le projet coordonne n'ont pas l'habitude de travailler ensemble. Le projet est l'occasion, parfois unique, de cette coopération. C'est dans ce deuxième type que le modèle standard de l'ingénierie est le plus prégnant : aucune organisation ni culture d'entreprise ne s'imposant aux autres, toutes doivent adopter les « spécifications managériales » du projet pour pouvoir se coordonner correctement. Les relations contractuelles sont beaucoup plus développées pour réguler l'interaction d'agents économiques appartenant à des entreprises aux intérêts souvent divergents.

– Dans le type C, qui peut être illustré par le cas de la pharmacie ou celui de la chimie fine, on a affaire à une entreprise qui gère un nombre élevé de « petits » projets, relativement indépendants les uns des autres, et dont aucun ne met en cause, à lui seul, sa pérennité. Dans ce cas, les projets s'inscrivent dans les procédures en usage dans l'entreprise, l'autonomie du projet étant plus réduite que dans le premier type. Il n'y a pas forcément d'organisation spécifique, la fonction de chef de projet pouvant se cumuler avec une autre. L'un des problèmes importants est ici de gérer le portefeuille des projets, d'en arrêter certains pour en accélérer d'autres ou en introduire de nouveaux.

On a vu aux paragraphes 2.1. et 2.2. que le projet peut être utilisé aussi bien pour satisfaire des besoins définis contractuellement par un client que les besoins présumés d'une clientèle potentielle. Ce rôle du client par rapport au projet est un critère de différenciation important des projets, car il explique une partie de l'hétérogénéité observée dans la hiérarchie ressentie des problèmes et dans l'instrumentation utilisée.

3. Les tendances actuelles de l'évolution de l'organisation des projets

L'analyse historique a montré que la gestion de projet s'est forgée dans des contextes professionnels variés (les grands projets unitaires, les entreprises de produits manufacturés notamment). Le bouillonnement actuel en matière d'organisation des projets s'ordonne autour de quatre tendances, où l'on voit opérer des transferts entre des traditions professionnelles différentes : le développement de la fonction projet ; la mise en œuvre de méthodologies d'ingénierie concourante ; le développement de nouveaux outils télématiques de communication et de coopération ; l'élaboration de formes originales de contractualisation.

3.1. Renforcement, autonomie et élargissement de la fonction projet

L'introduction du projet dans les organisations modifie les mécanismes de commandement et de coordination. L'organisation matricielle est classiquement associée à l'introduction des projets[1]. Ceci mérite d'être précisé car

1. Voir également dans cette Encyclopédie l'article de A. Desreumaux, « Structures de l'entreprise », p. 3147, tome 3.

plusieurs formes sont possibles. K.B. Clark, R.H. Hayes et S.C. Wheelwright (1988) ont proposé une typologie de quatre configurations différentes de la place du projet par rapport aux services fonctionnels, passant par une explicitation des rôles des acteurs (schéma 4). Bien entendu, il n'y a pas un modèle unique préférable aux autres dans tous les cas. Plusieurs de ces structures peuvent d'ailleurs coexister : le choix d'une structure pour un nouveau projet doit résulter d'une comparaison entre les coûts de fonctionnement induits et les avantages retirés, ce qui implique la prise en compte de la contingence de la forme organisationnelle liée à la nature du projet et du contexte, en particulier de sa taille, des risques encourus et de son degré de singularité par rapport à l'expérience de l'entreprise. Il faut ajouter qu'il peut être judicieux, pour les projets d'une certaine ampleur, de ne pas conserver la même structure au cours des principales phases du projet.

Dans le projet en structure fonctionnelle, aucun individu n'a la responsabilité du processus global ; ce sont les responsables hiérarchiques métiers qui assurent l'allocation et la coordination des différentes ressources mobilisées dans le projet.

Le « coordinateur de projet » (*lightweight project manager*) est un acteur responsable de la coordination des activités qui n'a pas d'accès direct aux acteurs métiers intervenant sur le projet. Il consolide les informations fournies par les hiérarchies métiers ou, parfois, par les correspondants chargés d'assurer la coordination des acteurs impliqués sur un même projet au sein de chaque métier (notion de « chef de projet-métier »). Son rôle est d'animer des instances de coordination collective, la décision restant clairement de la responsabilité des hiérarchies métiers. Son profil d'expérience et son statut

Schéma 4 – Les formes d'organisation matricielle

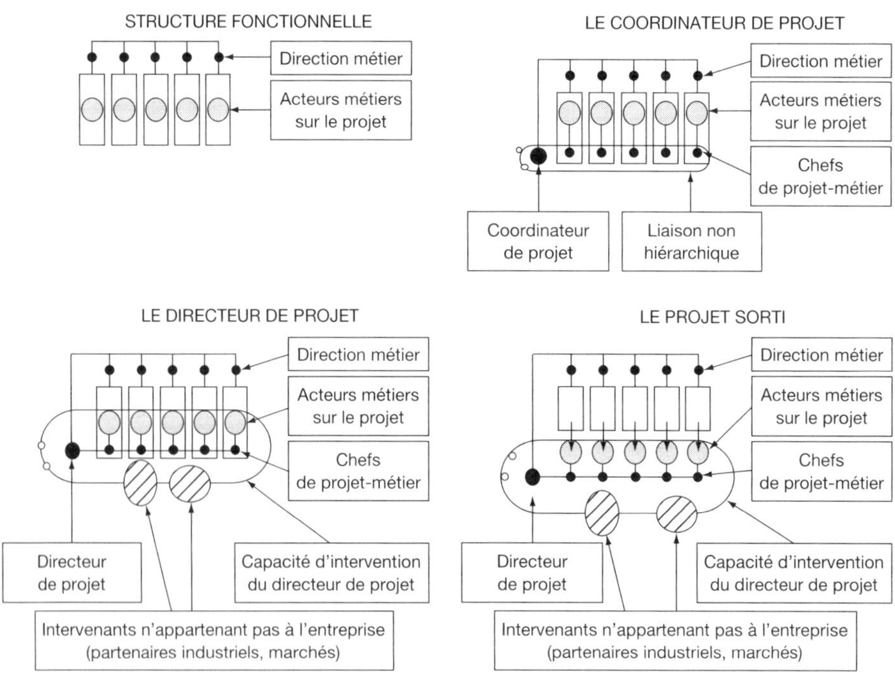

sont cohérents avec ce rôle d'animation : c'est généralement un ingénieur assez jeune. Les entreprises adoptant cette configuration utilisent d'ailleurs souvent cette fonction dans les cursus de formation et d'intégration à l'entreprise : ce rôle transversal, sans responsabilité forte, est en effet un moyen idéal pour appréhender l'ensemble des activités d'une entreprise. L'AFITEP-AFNOR propose de réserver la dénomination de gestion de projet à cette fonction d'appui, de soutien méthodologique concernant le suivi des performances qualité-coût-délais.

Avec le « directeur de projet » (*heavyweight project manager*), on est en présence d'une configuration qui s'inscrit dans le même schéma d'ensemble d'organisation fonctionnelle. Mais la responsabilité formelle et les capacités d'action réelles que confèrent à l'acteur-projet son statut et son profil d'expérience donnent à son rôle un poids sans comparaison avec celui du coordinateur de projet. La délégation qu'il a de la direction générale est large : celle-ci lui reconnaît la possibilité d'arbitrage en cas de conflit, la négociation des moyens accordés au projet, lorsque l'acteur-projet n'est pas lui-même responsable du budget. Il dispose d'une équipe de chefs de projet-métier consistante, en situation de dépendance hiérarchique. Il a une grande autonomie d'animation, d'organisation et de méthodes dans le cadre de « métarègles » (F. Jolivet et C. Navarre, 1993). Son statut est le même que celui des directeurs métiers. C'est pour ce type de mission que l'AFITEP-AFNOR réserve le terme de direction ou de management de projet. Le directeur de projet est en quelque sorte l'incarnation de la finalisation et de la singularité du projet.

Dans le « projet sorti » (*tiger team organization*), les acteurs qui travaillent sur le projet sont physiquement et institutionnellement sortis des structures métiers pour être rassemblés sous l'autorité du directeur de projet pendant la durée de leur intervention. Ils reviennent ensuite à leur métier d'origine, ou s'orientent sur un autre projet.

Dans les entreprises industrielles (type A et C), le rôle de chef de projet s'est d'abord défini sur le modèle du coordinateur de projet. Puis, son périmètre et son statut se sont renforcés pour évoluer vers le modèle de la direction de projets, comme cela a été le cas dans beaucoup d'entreprises automobiles.

Notons que la définition du rôle de direction de projet intègre, sous contrôle d'un comité de pilotage, une composante de définition et de mise en œuvre des objectifs. Ce rôle transcende la coupure entre maîtrise d'ouvrage et maîtrise d'œuvre, traditionnelle dans les projets d'ingénierie de type B. Une telle intégration permet l'usage d'une démarche heuristique entre l'exploration de la définition du besoin et la recherche d'une réponse satisfaisante. La coupure du modèle standard, renforcée par l'asymétrie du rapport économique (d'un côté, le client qui formule la question, de l'autre celui qui doit trouver la réponse), est moins favorable à une telle heuristique : la qualité de la formulation des objectifs est rarement mise à l'épreuve par ceux à qui l'on ne demande que de trouver une réponse.

Face à cette difficulté dans les projets de type B, on observe, d'une part, une tendance au renforcement des équipes de maîtrise d'ouvrage qui prennent la mesure de la difficulté réelle du rôle d'expression du besoin et, d'autre part, de la mise en place de dispositifs de communication plus étroits entre les deux composantes : maîtrise d'ouvrage et maîtrise d'œuvre.

3.2. Le développement de méthodologies d'ingénierie concourante

Dans le modèle traditionnel, les projets apparaissent comme une séquence d'étapes successives confiées à des experts différents (métaphore de la « course de relais »). Les démarches modernes, dénommées ingénierie simultanée ou, mieux, ingénierie concourante, introduisent deux ruptures importantes par rapport à ce modèle (illustrées par le schéma 5).

Schéma 5 – Comparaison entre le développement séquentiel et le développement concourant

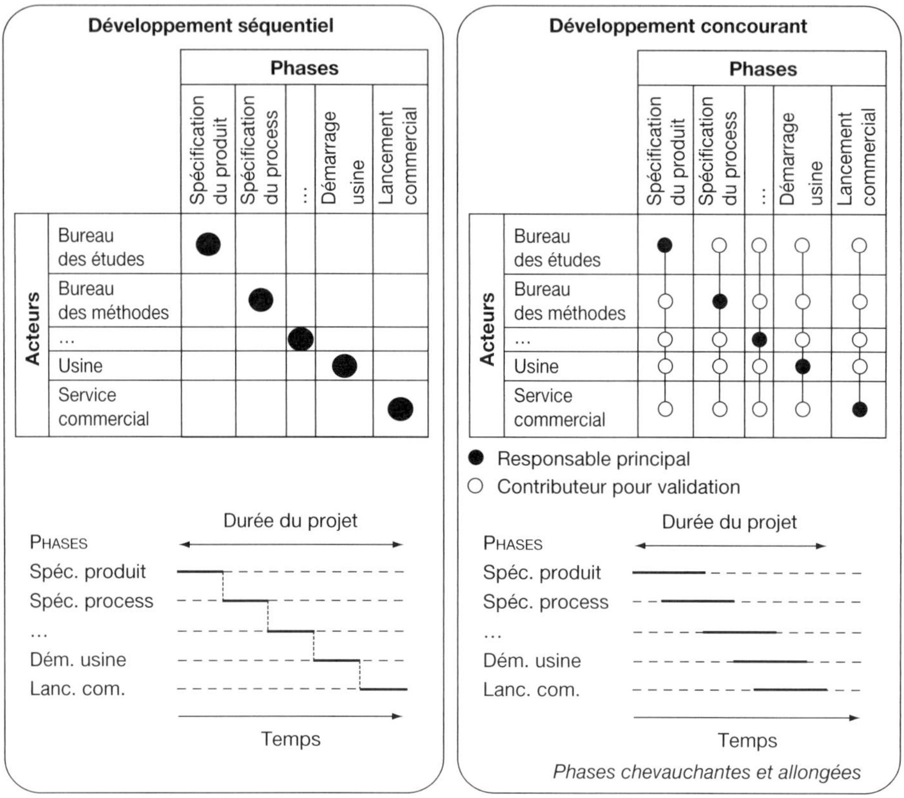

– Elles organisent la mobilisation de toutes les expertises pour améliorer la qualité des différentes étapes (métaphore de la « ligne de rugby »). Ainsi les fabricants sont sollicités pour valider les plans élaborés par les bureaux d'étude, alors qu'auparavant ils ne découvraient le projet qu'en bout de course.

– Elles organisent le chevauchement entre les différentes étapes du projet : spécification du produit, spécification du process, choix des fournisseurs, choix industriels... Ceci afin, d'une part, de mieux traiter les interdépendances entre ces variables et, d'autre part, de réduire le délai global du développement.

L'application de ces principes permet d'anticiper les problèmes avant que l'irréversibilité du projet ne les rende trop pénalisants. Elle conduit à des développements en « focalisation progressive » caractérisés par trois phases bien distinctes (C. Midler, 1993) : une phase d'exploration des possibilités et des contraintes ; une phase de verrouillage, où l'ensemble des variables du projet sont gelées (cahier des charges, choix techniques produit et process, planning, etc.) et une phase de passage à l'acte rapide. Ce mode de coordination cherche à s'adapter aux caractéristiques décrites aux paragraphes 1.3. à 1.5. : recherche de compromis multicritère et multivariable et traitement du couple incertitude-irréversibilité des activités de projet.

Le modèle de l'ingénierie concourante met l'accent sur les coordinations « procédurales » nécessaires à une telle coopération intermétier continue et directe. Ce sont les « plateaux projet », rapprochements physiques des différents experts impliqués dans le projet, les « groupes fonctions », les réunions plurimétiers périodiques chargées de coordonner à la base les décisions sur un périmètre technique. On développe de nouvelles instrumentations pour favoriser l'efficacité de ce dialogue intermétier dans le contexte ambigu incertain et fluctuant de la conception, et orienter cette coopération sur les finalités propres de chaque projet. Une première gamme d'instrumentation en plein développement a trait aux supports de validation des choix techniques : méthodes d'explicitation des risques, moyens de simulation permettant d'anticiper les problèmes des phases de production, etc. Une seconde gamme d'instrumentation a pour objet d'évaluer les différentes options qui apparaissent en début de projet, et de permettre ainsi de négocier des compromis. On retrouve ici les outils standards (évaluation qualité-coûts-délais), avec un accent tout particulier mis sur la qualification de l'incertitude attachée aux données manipulées, d'une part, et la décentralisation maximum du jugement en valeur, d'autre part, ce que ne fait guère le « macro-management » de l'ingénierie, les mondes techniques étant, à la base, séparés par lots.

3.3. L'apport de nouveaux outils de communication et de coopération à distance

Les méthodologies de l'ingénierie concourante mettent donc l'accent sur l'intégration organisationnelle et physique des différents acteurs d'un projet mais aussi des informations échangées. La gestion documentaire, au sens large, et la maîtrise des outils de communication deviennent un enjeu majeur qu'accentue la tendance à la spécialisation et donc à la multiplication des partenaires non seulement dans les grands projets (ceux de l'aérospatial, par exemple), mais aussi dans la mise au point et la production de produits de grande consommation. Il est fréquent qu'un développement d'un nouveau produit informatique ou chimique, par exemple, associe des laboratoires de recherche américains et européens, des unités de production implantées dans des pays en voie de développement, pour des marchés situés sur les cinq continents.

Les nouveaux outils télématiques (outils de groupware, internet, etc.) facilitant la désynchronisation temporelle et spatiale des échanges permettent de nouvelles formes de coopération qui sont expérimentées dans certains projets. La recherche des modalités d'usage de tels outils en pilotage de projet constitue un champ d'expérimentation majeur en coordination de projets complexes.

Des efforts importants doivent également être consentis tout au cours du projet pour structurer, archiver les informations et en faciliter l'accès (P. Bourdichon, 1994). L'hétérogénéité des structures de représentations des objets, des nomenclatures et des gammes, constatée d'une entreprise à une autre (mais aussi souvent d'un service à un autre) constitue un frein aux échanges et génère des dysfonctionnements et des coûts importants. C'est pourquoi, sous l'impulsion initiale de l'administration américaine, a été entrepris un vaste effort de normalisation de ces structures, connu sous le nom de *Computer-Aided Acquisition and Logistic Support* (CALCS), pour permettre l'échange et l'intégration des données entre partenaires de grands projets (P. Chevalier, 1993).

3.4. Le rôle des nouvelles formes de contractualisation

L'une des tendances actuelles de l'organisation des projets est d'élaborer un double processus de coordination : une coordination procédurale et une coordination par des contrats sur objectifs de résultat. La mise en œuvre de cette tendance se traduit par une évolution duale. A l'intérieur de l'entreprise, on formalise des contrats internes avec les contributeurs métiers de l'entreprise (M. Nakhla et P.G. Soler, 1996). Entre les entreprises, on favorise une intégration organisationnelle des contributeurs en les obligeant à participer aux plateaux, aux groupes de suivi des projets, etc. Le monde de l'ingénierie des grands travaux avait exacerbé la régulation contractuelle entre les acteurs, en supposant implicitement que le sens des responsabilités et le poids des pénalités pouvaient garantir chacun contre l'incertitude de l'engagement des autres. Force est aujourd'hui de constater que cet outil de coordination se révèle plus efficace pour augmenter le chiffre d'affaires des spécialistes en contentieux que pour diminuer les dérives des projets.

Dans ce contexte, le statut, la forme, et le mode d'emploi de ces formes contractuelles, souvent décrites sous le terme peu précis de « partenariat », sont profondément différents des relations de marché classiques (G. Garel et A. Kesseler, 1996 ; L. Laigle, 1996).

– Dans le cas des contrats « partenariaux », le point clé de la contractualisation traditionnelle (la consultation sur appel d'offres et le choix du fournisseur) joue un moins grand rôle. La consultation est plus précoce ; personne ne nie l'incertitude qui l'entoure. Le problème est plutôt ici d'apprécier la compétence du cotraitant et de tester sa volonté de coopération. D'où l'importance des processus d'agrément *a priori* des responsables de lots dans cette décision. éventuellement, une phase de préétude mettant en concurrence quelques fournisseurs sera organisée. Cependant l'enjeu n'est pas de sélectionner le « moins-disant », à ce stade où le chiffrage est non représentatif, mais plutôt de choisir celui qui a la meilleure dynamique d'apprentissage du problème (on évoque parfois le terme de « mieux-disant » pour rendre compte de cette évaluation plus large).

– Alors que dans le modèle de l'ingénierie, l'objet du contrat est d'être exactement exécuté ou, en cas de défaillance, de servir de base au règlement du contentieux, la possibilité d'aléas ou d'évolutions après la signature de l'accord initial est ici intégrée. L'idée est d'inciter, par les clauses du contrat, à « remonter » la détection des problèmes le plus tôt possible, avant que le coût de la modification ne soit trop grand, du fait des irréversibilités.

– Pendant toute la durée du développement, le traitement des événements imprévus intègre étroitement la dimension technique et la dimension économique. Pour ce faire, le constructeur et le fournisseur se sont préalablement accordés sur les critères et les méthodes d'évaluation : planification commune, méthodes de contrôle-qualité, principes de chiffrage économique. Le contrat n'a pas pour vocation de se substituer à l'exploration commune. Il a pour but de l'appuyer, de lui servir de cadre et d'être un instrument de dialogue et de négociation.

Ces pratiques combinent donc deux modes de coordination que l'on considère généralement comme antagonistes. Cette complexité des formes de coordination découle des caractéristiques que nous avons analysées à la section 1. D'un côté, une démarche de conception qui insiste sur un engagement sur le but à atteindre. D'un autre, un contrôle centré sur les moyens et le processus de la conception (conformation à un mode opératoire, obligation de jouer la transparence, audits sur les méthodes, etc.). Car l'objectif est ambigu, incertain, fluctuant. Il définit le processus mais il est aussi défini par lui. Et donc la coopération ne peut éviter une explicitation et une intelligence des cheminements suivis.

Insistons enfin sur les difficultés de la mise en place sur une grande échelle de telles pratiques en dehors des milieux professionnels fermés comme l'automobile ou l'aviation, par exemple. L'établissement de telles relations repose en effet sur des phénomènes de confiance et de réputation impliquant des relations suivies sur le long terme.

4. L'instrumentation de la gestion de projet

On examinera successivement les outils d'analyse du projet, ceux du pilotage temporel et ceux du pilotage économique.

4.1. Les outils d'analyse du projet

Un projet est constitué de tâches (ou d'activités, ces deux termes étant synonymes). Chaque tâche :

– est identifiée en tant que telle parce qu'elle a un rôle à jouer dans l'exécution d'un projet en ce sens que sa non-exécution empêche de mener le projet à son terme ou compromet l'atteinte de certains de ses objectifs (de qualité, par exemple) ;

– se caractérise par un début et une fin clairement identifiés ;

– consomme des ressources (matières, temps d'utilisation d'équipements ou de travail) qui ont un coût et sont disponibles en quantité limitée ;

– est reliée à au moins une autre tâche par une relation d'antériorité qui implique qu'il n'est pas possible de débuter l'une de ces tâches sans que l'autre ne soit préalablement achevée (un chevauchement partiel pouvant être accepté dans certains cas).

L'analyse préalable du projet a pour objet de recenser ces tâches et ces relations. L'analyse d'un projet de type non répétitif et d'une certaine envergure conduit à adopter une approche hiérarchique de définition précise des tâches à exécuter en suivant un raisonnement de décomposition progressive, pour atteindre la plus grande exhaustivité possible et permettre d'assurer la cohérence des actions techniques, documentaires, administratives et financières concernant l'ensemble du programme. Le résultat de cette analyse est appelé organigramme des tâches. Le principe est simple : à un niveau de détail k, on dispose d'une liste de n_k tâches. Pour passer au niveau de détail $k + 1$, on examine chacune des n_k tâches ; la tâche considérée est éventuellement décomposée en plusieurs tâches détaillées exclusives dont la réunion reconstitue la tâche initiale. Cette partition de chacune des n_k tâches conduit à un accroissement du nombre de tâches qui passe de n_k (au niveau de détail k) à n_{k+1} tâches (au niveau de détail $k + 1$, avec $n_{k+1} > n_k$). On notera que ce document ne comporte explicitement aucune information sur les relations d'antériorité entre tâches. Cette démarche descendante s'appuie sur des considérations qui visent à répondre à des questions du type « quoi ? » ou « comment ? » ; ces considérations sont :

– de type ensembliste, appliquées à l'objet physique auquel le projet est dédié (décomposition d'un ensemble en sous-ensembles, ce qui correspond à une démarche classique d'explosion des nomenclatures dans la MRP[2]), la tâche correspondant alors à l'acquisition d'un « objet plus ou moins complexe » par le programme ;

– de type fonctionnel (tâche relevant de la fonction mécanique, de la fonction électrique...) ;

– de type organisationnel (centres de responsabilité internes ou de sous-traitance, centres de coûts, centres de production).

Bien évidemment, cette décomposition pourra croiser ces différents points de vue. Le document final doit servir de référence commune et unique pour tous les acteurs du projet et permettre l'organisation de leur travail.

Cette liste de tâches, si complète soit-elle, ne suffit pas à définir le projet. Il faut en plus déterminer les ressources mobilisées par chaque tâche et définir les relations d'antériorité qu'entretiennent les tâches les unes avec les autres. On retombe alors sur les outils de pilotage du temps ; on peut indiquer que les représentations utilisées alors sont au moins aussi importantes que l'organigramme technique dans le processus de définition collective du projet. Dans les deux cas, on est en présence d'outils de structuration d'un problème complexe et de mise en évidence de divergences possibles entre les acteurs sur le contenu du projet. Notons enfin l'émergence récente d'outils d'analyse et de prise en compte des risques dont l'usage se généralise progressivement (V. Giard, 1992 ; Ecosip, 1993) et conditionne la viabilité de projets fortement contraints. Le risque se définit comme la possibilité qu'un projet ne s'exécute pas conformément aux prévisions de dates d'achèvement, de coûts et de spécifications techniques, ces écarts étant considérés comme difficilement acceptables, voire inacceptables.

4.2. Le pilotage temporel du projet

Le temps intervient dans un projet sous trois formes : la durée des tâches, les relations d'antériorité et les jalons.

2. Voir dans cette Encyclopédie l'article de V. Giard, « Production », p. 2542, tome 3.

– La durée des tâches dépend de leurs spécifications, des modes opératoires retenus et de l'importance des ressources mobilisées.

– Les relations d'antériorité existent entre les tâches et interdisent que certaines d'entre elles puissent commencer avant que d'autres tâches ne soit achevées pour des raisons physiques (on ne commence pas un toit avant que les murs d'une maison soient achevés) ou informationnelles (on ne crée pas la gamme de fabrication d'une pièce avant que son plan ne soit achevé).

– Des jalons correspondent à des échéances incontournables d'exécution d'ensembles de tâches et représentent autant de repères forts rythmant l'avancement du projet.

La durée minimale d'exécution du projet, ainsi que le positionnement des jalons, dépendent des durées des tâches et de leurs relations d'antériorité. On utilise habituellement une représentation graphique pour faciliter l'analyse du projet et, en particulier, des relations d'antériorité par le groupe des principaux acteurs concernés : la vision des relations d'antériorité force à un partage d'hypothèses de travail et à une convergence de points de vue initialement incohérents. Deux représentations sont possibles (schéma 6).

Schéma 6 – Les représentations « potentiel-tâches » et « potentiel-étapes »

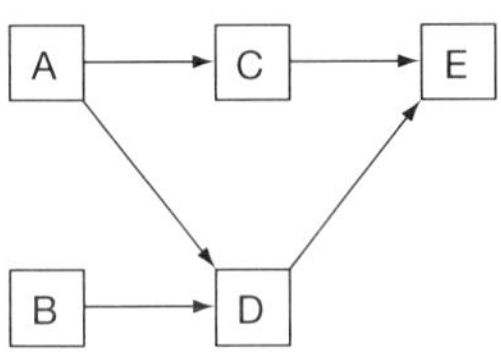

Représentation potentiel-tâches

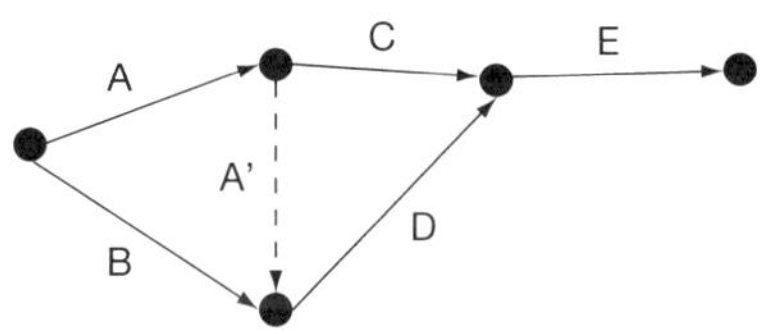

Représentation potentiel-étapes

– Le graphe potentiel-tâches (parfois appelé abusivement PERT par certains logiciels) se caractérise par la visualisation des tâches dans des cartouches et représente la contrainte d'antériorité entre deux tâches *i* et *j* par un arc entre ces cartouches, l'arc étant orienté dans le sens « ancêtre-descendant » (on dit encore « antécédent-successeur »).

– Le graphe potentiel-étapes (connu aussi sous le nom de PERT) se caractérise par la visualisation des tâches par des arcs, les nœuds du graphe correspondant à des événements (début possible des tâches représentées par des arcs issus de ce nœud). L'inconvénient de cette représentation est la double fonction assignée aux arcs dans le graphe : ils doivent symboliser les tâches et représenter correctement leurs relations d'antériorité (aucune des tâches visualisées par un arc quittant un sommet ne peut débuter avant que ne soient achevées toutes les tâches représentées par les arcs arrivant à ce sommet). Ceci oblige à créer des tâches fictives de durée nulle (tâche A', dans notre exemple). Cette complication a conduit progressivement à abandonner cette représentation.

La programmation du projet oblige à calculer les dates de début et de fin au plus tôt et au plus tard de chaque tâche. Si l'on ne tient pas compte de la disponibilité des ressources, on procède comme suit.

– La date de début au plus tôt d'une tâche est égale à la date de fin au plus tôt la plus précoce de ses ancêtres, augmentée de 1, et sa date de fin au plus tôt est égale à sa date de début au plus tôt, augmentée de sa durée et diminuée de 1. La durée minimale d'exécution du projet est égale à la plus tardive des dates de fin au plus tard.

– La date de fin au plus tard d'une tâche est égale à la plus précoce des dates de début au plus tard de ses descendants, diminuée de 1, et sa date de début au plus tard est égale à sa date de fin au plus tard, diminuée de sa durée et augmentée de 1.

– Les tâches dont les dates au plus tôt et au plus tard coïncident sont dites tâches critiques et le chemin du graphe qui les relie est qualifié de chemin critique. La programmation de ces tâches critiques est imposée si l'on désire conserver la durée minimale d'exécution du projet trouvée. Pour les autres tâches, on dispose d'une certaine latitude qu'explicitent en partie les concepts de marges totales et libres :

· la marge totale est la différence entre les dates au plus tard et au plus tôt de début de la tâche (ou de fin de la tâche) ; il convient de souligner que son utilisation totale ou partielle peut réduire les marges totales d'autres tâches ;

· la marge libre est une partie de la marge totale qui est égale à la différence entre la date de début au plus tôt du descendant (ou à la plus précoce de ces dates si la tâche a plusieurs descendants) moins 1, et sa date de fin au plus tôt, à condition que cette différence soit positive, sinon la marge libre est nulle ; l'utilisation de la marge libre d'une tâche est sans incidence sur les marges totales de ses descendants mais ceci n'est pas vrai pour ses ancêtres.

La prise en compte de la disponibilité des ressources non stockables (prestations d'opérateurs ou de machines) complique singulièrement l'ordonnancement du projet. Cet ordonnancement fait ensuite normalement l'objet d'un suivi d'exécution pour permettre la détection d'éventuelles dérives. L'ordonnancement ne revêt cependant pas la même importance selon que l'on est en présence d'un projet à coûts contrôlés ou d'un projet à rentabilité contrôlée et, dans ce dernier cas, selon que l'on est en présence d'un pilotage en dérive ou d'un pilotage en *stop or go* (voir ci-après). Le pilotage temporel doit également tenir compte de l'évolution en sens inverse du niveau de connaissance sur le projet (faible au départ) et de la capacité d'action sur le projet (forte au départ) ; cette prise en compte étant plus nécessaire pour les projets à rentabilité contrôlée. On peut ajouter que :

– plus les activités d'un projet sont immatérielles (recherche, services, etc.), moins une planification est aisée à réaliser ;

– plus un projet est complexe (en nombre d'intervenants, en différence de statut juridique des intervenants, en nombre de tâches, en types d'activités...), plus la notion de contrat prend de l'importance, et moins l'instance de « pilotage central » peut piloter elle-même le déroulement des activités ; elle doit alors s'assurer que sa demande est bien claire (cahier des charges, etc.), que les objectifs et les résultats attendus sont bien précisés (contrat) ;

– pour qu'un planning reste gérable, c'est-à-dire qu'il soit un outil de pilotage des activités et un outil de communication, la coordination du projet s'appuie alors non sur le suivi de la réalisation d'une multitude de tâches mais sur celui du respect d'un nombre restreint de jalons clés qui permettent de mesurer clairement l'avancement de l'ouvrage ;

– le découpage des plannings doit être lié à la gestion des ressources, qui sont en effet le point clé le plus maîtrisable dans la tenue des objectifs (et le point qui entraîne les coûts, les délais et la qualité) ; la bonne maille de découpage des activités doit être trouvée en fonction des problèmes posés par cette gestion de ressources : périmètre couvert, espace de temps observé, nombre et types de moyens mis en œuvre, coordination nécessaire entre ces moyens.

Le pilotage temporel s'obtient par la combinaison de deux approches : l'une part des tâches pour calculer la durée résultante globale du projet ; l'autre, inverse, part de contraintes sur les échéances incontournables du projet (en particulier l'objectif de fin) et remonte jusqu'à une définition admissible des tâches et, de là, des objectifs fonctionnels et des ressources. C'est dans la dialectique entre ces deux démarches que s'opère la cohérence de la cible d'objectifs du projet.

La qualité d'une programmation est liée à celle des hypothèses relatives au contenu des tâches, à leurs processus d'exécution, au volume et à la disponibilité des ressources requises, etc. Ces informations sont entachées d'incertitude. Il s'ensuit que le pilotage temporel ne s'arrête pas à la programmation. Le suivi de l'exécution des tâches permet de mettre en évidence d'éventuelles dérives (une analyse plus globale étant effectuée dans le cadre du pilotage économique). L'analyse de leurs causes et incidences conduira le responsable du projet à prendre des mesures qui, généralement, impliquent une révision du reste à faire (délai, coût, spécifications).

4.3. Le pilotage économique des projets

La nature des variables économiques dépend de l'organisation dans laquelle s'inscrit le projet.

– Dans le cas d'un contrat entre maîtrise d'ouvrage et maîtrise d'œuvre, le pilotage économique se résume généralement à un contrôle des coûts de réalisation de l'ouvrage (projet à coût contrôlé). La question de la pertinence économique de la cible de performances fonctionnelles n'est pas traitée dans le périmètre du contrat. On suppose que le maître d'ouvrage, responsable de l'exploitation future du projet, s'est assuré de la cohérence des objectifs qu'il assigne avant de contracter. Les raisons de la remise en cause, par l'un des partenaires, des conditions du contrat se limitent alors en général à des difficultés techniques qui ont été mal appréciées initialement et qui peuvent obliger à une révision de certaines spécifications.

– Dans le cas de projets intégrant plus étroitement la mission de maîtrise d'ouvrage et de maîtrise d'œuvre, comme c'est le cas pour le développement d'un nouveau produit dans une entreprise, on est en présence de projets à rentabilité contrôlée. Le critère économique est plus global (la rentabilité du cycle de vie complet du futur produit). Les variables économiques sur lesquelles il est possible de jouer sont variées : le coût de développement, mais aussi le coût unitaire du futur produit ou service et le prix de vente (associé au niveau de performances fonctionnelles atteintes).

En fait, dans la mise en œuvre de pilotage par focalisation progressive, ces deux logiques se retrouvent de manière successive dans le déroulement du projet. En phase amont, la phase de définition du projet s'inscrit dans une démarche de pilotage global de la rentabilité. Ensuite, au moment du verrouillage du projet, la décentralisation des responsabilités de la réalisation du projet s'opère selon une logique de coûts contrôlés.

Le pilotage économique évolue alors en fonction du déroulement du projet selon trois problématiques : celle de l'estimation en amont, celle de la définition des marchés et celle de la coûtenance en phase de réalisation.

4.3.1. L'estimation : la dialectique valeur-coût

En phase de définition du projet, le premier versant de l'estimation économique porte sur le ciblage du couple « performances fonctionnelles – prix du futur produit ou service ». L'enjeu d'une telle analyse est essentiel, de nombreux projets échouant du fait d'une mauvaise appréciation de la demande potentielle. Cette évaluation est difficile du fait de la variété des composantes du système client et du caractère indirect et anticipé de la relation au marché futur. Cette estimation mobilise alors des techniques d'analyse de marché (identification des cibles, structure de priorité des attentes) et des techniques d'analyse de la valeur.

Les projets de lancement de produits de grande consommation sont encore qualifiés de projets à rentabilité contrôlée pour insister sur le fait que leur rentabilité résulte d'une mise sous contrôle simultanée du cahier des charges et des coûts (par opposition aux projets à coûts contrôlés qui se plient à un cahier des charges contractuel et dont la rentabilité dépend fondamentalement de la bonne maîtrise des coûts). Dans cette première catégorie de projets, on distingue le pilotage en dérive lorsque l'on sait, dès le départ, que le projet a de très bonnes chances d'aboutir, la question étant de savoir où et quand, du pilotage en *stop or go* que l'on rencontre lorsque le projet peut être abandonné en cours d'exécution. Dans les deux cas, on débouchera à un moment ou à un autre sur une phase de verrouillage contractuel (voir ci-après), ce qui implique que l'on passe, de fait, d'une logique de rentabilité contrôlée à une logique de coûts contrôlés.

Sur le plan de l'estimation des coûts, la démarche repose sur l'existence de bases de données et la mise en œuvre de démarches paramétriques ou analogiques, ainsi que sur le savoir-faire, « métier » des estimateurs qui vont intégrer à ces données objectives une perception de la situation particulière du projet (singularité du problème, concurrence, etc.). Comme en matière de délai, la démarche d'estimation économique procède par dialectique entre l'analyse de la valeur (pour déboucher sur un coût objectif) et la prévision des coûts. L'enjeu est d'explorer divers scénarios possibles et d'aboutir à un scénario central (éventuellement assorti de quelques variantes) qui servira de cadre à la suite du projet.

4.3.2. La définition du contrat économique

En phase de verrouillage, le point clé du pilotage économique est la définition du contrat liant les réalisateurs du projet. Trois types de marchés peuvent être envisagés, dans le cadre global des relations définies précédemment au paragraphe 3.4. :

– des marchés au forfait, créant au départ une obligation de résultat sur performances (spécifications techniques, délais) pour un coût non révisable ;

– à l'opposé, des marchés en dépenses contrôlées, rémunérant les contributions sur la base de taux appliqués à des unités d'œuvre de quantités non fixées au départ ;

– entre les deux, des marchés à clauses incitatives, articulant engagements de résultat et possibilités d'évolution des variables identifiées au départ (délai par exemple).

Le choix du type de contrat dépend de l'incertitude et de la complexité du projet au moment où le verrouillage s'opère, ainsi que du rôle que le coordinateur souhaite y prendre et de la capacité du maître d'ouvrage à superviser et à gérer un contrat « détaillé ».

4.3.3. Le contrôle économique en phase de réalisation

Les bases du contrôle de gestion d'un projet, que l'on désigne sous le nom de coûtenance (AFITEP-AFNOR, 1992), ont été formulées dans les années 1960 par l'administration nord-américaine pour les projets de type B et se sont rapidement diffusées en raison de l'obligation faite aux signataires de contrats de grands projets (et à leurs principaux sous-traitants) de se plier à ces formes de contrôle et à la terminologie officielle. Les bases de ce contrôle diffèrent de celles du contrôle de gestion classique orienté vers la mise sous tension d'activités récurrentes[3], sur au moins trois points.

– Le référentiel se construit différemment en projet car il oblige à une visibilité forte du physique. La définition du projet s'apparente à une construction de gamme, ce qui rend moins probable un raisonnement sur des masses en valeur déconnectées du réel.

– Les écarts ne sont plus définis sur des périodes d'amplitude fixe (trimestre, par exemple) mais sur une période d'amplitude variable, délimitée par la date de début du projet et la date courante. Ce changement marque la volonté de maîtriser un processus sur sa durée avec, d'une part, en filigrane l'idée que se construit progressivement un écart sur le budget du projet, ce qui est cohérent avec l'idée de fin annoncée du projet et, d'autre part, l'idée de possibilité de rattrapage en cas de dépassement et donc d'une certaine réversibilité. La responsabilisation de l'équipe de direction du projet s'en trouve renforcée. En effet, cette technique revient implicitement à prendre en compte l'interdépendance temporelle des décisions dans tous ses aspects, puisqu'une mauvaise exécution d'une tâche, due au désir de respecter à tout prix des contraintes de coût et de délai, pourra ultérieurement avoir des incidences sur le contenu d'autres tâches conduisant à payer chèrement certaines économies antérieurement réalisées.

– La comparaison directe entre le coût supporté à une date *t* (on parle aussi de coût encouru ou de CRTE, coût réel du travail effectué) et le coût prévisionnel pour cette date (on parle encore de budget encouru ou de CBTP, coût budgété du travail prévu) est rendue impossible par le mélange de deux types de cause de dérive : tout d'abord une dérive de planning liée au retard ou à l'avance dans l'exécution de certaines tâches et, ensuite, une dérive de coûts à proprement parler, liée à la variation du coût de l'exécution de certaines tâches. On est en présence d'un problème similaire à celui rencontré lorsque

3. Voir dans cette Encyclopédie l'article de H. Bouquin, « Contrôle », p. 667, tome 1.

l'on veut comparer le PNB d'un pays pour deux années différentes, avec la combinaison d'un effet volume et d'un effet prix. Il n'est pas étonnant qu'une démarche voisine ait été adoptée avec le calcul d'une grandeur fictive, appelée valeur acquise (ou CBTE, coût budgété du travail effectué ou valeur budgétaire du réalisé) qui valorise l'avancement constaté avec le coût initialement prévu pour les tâches réalisées. Dans ces conditions :

· le CRTE et le CBTE étant calculés sur la base du même avancement physique, leur différence ne s'explique que par celle des coûts des tâches

Schéma 7 – Les bases du contrôle de gestion de projet

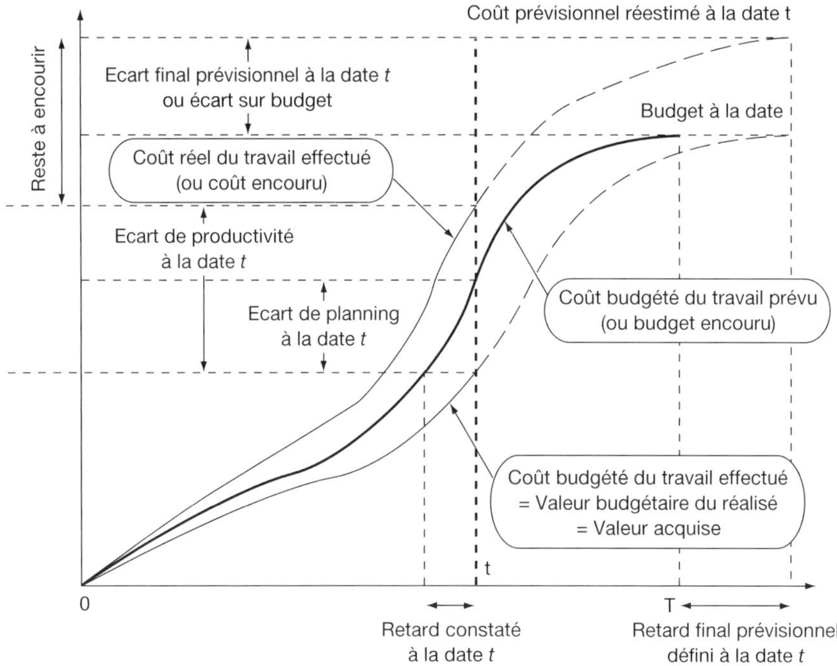

exécutées ; on parle d'un écart de productivité car ce sont les variations de quantités de ressources mobilisées qui jouent un rôle prépondérant (par rapport aux variations de coûts unitaires de ces ressources) ;

· le CBTP et le CBTE étant calculés sur la base de la même valorisation des tâches, leur différence ne s'explique que par des différences d'avancement physique.

C'est sur cette base que sont effectués l'analyse des écarts et un diagnostic global. On peut ajouter que les écarts de productivité et ceux de planning globalement constatés sont en fait la consolidation de ces mêmes écarts observés au niveau des centres de responsabilité qui se partagent les tâches (chaque tâche étant confiée à un centre de responsabilité et à un seul). Les écarts prévisionnels de coût total du projet ou de date d'achèvement du projet sont considérés comme rattrapables. Dans le cas contraire, il convient de réviser les bases du contrôle pour pouvoir tirer des enseignements de ce type d'analyse.

*

* *

Le développement actuel du management de projet s'opère dans des contextes professionnels variés : par le biais des partenariats de conception, on le voit remonter les étapes des filières professionnelles des donneurs d'ordres vers les fournisseurs ; on le trouve dans le monde de l'ingénierie des grands ouvrages unitaires et on le voit aujourd'hui dans les archétypes de la production de masse que sont l'automobile ou la chimie ; il se développe aussi rapidement dans le domaine des services. Cette diffusion associe à la fois des processus de transfert d'instruments ou de concepts de gestion et des capacités d'analyse, de traduction, de « métissage » et d'innovation plus ou moins radicales pour adapter les savoirs gestionnaires aux spécificités des contextes. C'est finalement sous l'effet de tels processus de circulation que les formes de management de projet ont évolué pour devenir ce qu'elles sont aujourd'hui.

Ce développement des projets met en cause les formes d'organisation traditionnelles de capitalisation et de transmission des savoir-faire techniques, formes fondées sur la spécialisation. Or, l'excellence des compétences reste évidemment fondamentale pour la compétitivité des firmes sous les formes de concurrence actuelles. Les savoir-faire des services « métiers » ne sont rien d'autre que la matière première des projets futurs. Le challenge actuel de l'organisation des firmes n'est donc nullement, comme on le croit trop souvent, de remplacer la domination du spécialiste technique par celle du généraliste projet. C'est au contraire de développer de manière concomitante et articulée ces deux logiques complémentaires. Après avoir transformé les modes de mise en œuvre des expertises au sein des projets, il s'agit aujourd'hui de repenser les formes de capitalisation et d'apprentissage techniques tenant compte et même tirant parti des fonctionnements des projets modernes (F. Charue-Duboc, 1996). Il y a fort à parier que ces déplacements que l'on observe aujourd'hui conduiront à l'émergence de nouvelles problématiques de gestion.

Références

AKRICH M., CALLON M., LATOUR B., « A quoi tient le succès des innovations ? », *Gérer et Comprendre*, partie 1 (n° 11, juin 1988), p. 4-17 ; partie 2 (n° 12, septembre 1988), p. 14-29.

AFITEP-AFNOR, *Dictionnaire de management de projet* (correspondant à la norme AFNOR NF X 50-107), 2e éd., Paris, AFNOR, 1992.

AFITEP (Commission Estimation), *Estimation des coûts d'un projet industriel*, Paris, AFNOR-Gestion, Paris, 1995.

BAUDRY B., *L'économie des relations interentreprises*, Paris, La Découverte, 1995.

BOURDICHON P., *L'ingénierie simultanée et la gestion d'informations*, Paris, Hermès, 1994.

BOUTINET J.P., *Anthropologie du projet*, Paris, PUF, 1990.

CHARUE-DUBOC F., « Engineering Pratices and Concurrent Engineering Processes », *Aspect of Society and Business Organized by Project*, Actes du congrès IRNOP, Centre de Recherche en Gestion, Paris, 1996, p. 238-248.

HAYES R.H., WHEELWRIGHT S.C., CLARK K.B., *Dynamic Manufacturing, Creating the Learning Organization*, The Free Press, 1988.

CLARK K.B., FUJIMOTO T., *Product Development Performance : Strategy, Organization and Management in the World Auto-industry*, Boston, Harvard Business School Press, 1991.

CHEVALIER P., *CALS et les systèmes d'informations électroniques,* Paris, Hermès, 1993.
COHENDET P., LLERENA P., *Flexibilité, information et décision,* Paris, Economica, 1989.
DECLERCK R., DEBOURSE J.P., NAVARRE C., *Méthode de direction générale : le management stratégique,* Paris, Hommes et Techniques, 1983
ECOSIP, sous la direction de V. Giard et C. Midler, *Pilotages de projet et entreprises – diversités et convergences,* Paris, Economica, 1993.
GIARD V., *Gestion de projets,* Paris, Economica, 1991.
HAYES R.H., WHEELRIGHT S.C., CLARK K.B., *Dynamic Manufacturing,* New York, The Free Press, 1992.
JOLIVET F., NAVARRE C., « Grands projets, auto-organisation métarègles : vers de nouvelles formes de management des grands projets », *Gestion 2000* (avril 1993).
JOLY M., LE BISSONNAIS J., MULLER J.L., *Maîtrisez le coût de vos projets – manuel de coûtenance,* Paris, AFNOR-Gestion, 1993.
KESSELER A., GAREL G., « Supplier Partnership in New Car Development Process », *Aspect of Society and Business Organized by Project,* Actes de congrès IRNOP, Centre de Recherche en Gestion, p. 309-322, Paris, 1996.
LAIGLE L., « De la sous-traitance classique au codéveloppement », Actes du Gerpisa, n° 14, mai 1995.
MOISDON J.C., WEIL B., « L'invention d'une voiture, un exercice de relations sociales », *Gérer et Comprendre* (n°s 28 et 29, 1992).
NAKHLA M., SOLER P.G., « Pilotage de projet et contrats internes dans une organisation matricielle », *Revue Française de Gestion* (à paraître, 1996).
MIDLER C., *L'auto qui n'existait pas, management des projets et transformation de l'entreprise,* Paris, InterEditions, 1993.
MEREDITH J.R., MANTEL S.J. Jr, *Project Management,* 2e éd., New York, Wiley, 1989.
PROJECT MANAGEMENT INSTITUTE, *A Guide to the Project Management Body of Knowledge (PMBOK),* PMI, 1994.
PROST R. (éd.), *Concevoir, inventer, créer ; réflexions sur les pratiques,* Toulouse, L'Harmattan, 1995.
SCHÖN D., *The Reflective Practitioner, How Professionals Think in Action,* Basic Books, 1983.
WINNER R.I., PENNELL J.P., BERTRAND H.E., SLUSARCZUK M.G., *The Role of Concurrent Engineering in Weapons System Acquisition,* Institute For Defense Analysis, IDA Report R-338, December 1988.

Mots clés

Activité, chemin critique, contrôleur de projet, coût budgété du travail effectué, coût budgété du travail prévu, coût encouru, coût réel du travail effectué, date de début ou de fin au plus tôt ou au plus tard, équipe plateau, gestion de projet, graphe potentiel-tâches, graphe potentiel-étapes, ingénierie concourante, maître d'œuvre, maître d'ouvrage, marge libre, marge totale, organigramme technique, PERT, pilotage en dérive, pilotage en *stop or go*, projet à coûts contrôlés, projet à rentabilité contrôlée, relation d'antériorité, responsable de lot, tâche, tâche critique, valeur acquise.

Gestion du non-marchand

Robert Le Duff et Jean-Claude Papillon

Des informations nombreuses et fiables sont indispensables pour bien gérer. Si le marché était parfait, il fournirait ces informations et permettrait une gestion commode, transparente et algorithmique. Un tel marché n'existe pas ; une telle gestion est impensable. Elle est, en conséquence, d'autant plus délicate que le marché est peu concurrentiel. Elle devient hasardeuse lorsque le marché disparaît. On entre ainsi dans le domaine de la gestion non marchande. Ce constat a pu, dans le passé, autoriser à trouver paradoxale l'expression « gestion non marchande » ; volonté politique ou idéologique aidant, le non-marchand n'était pas objet de gestion, mais de planification. Les exigences, les contraintes, voire la raison ont conduit à élaborer des méthodes de gestion du non-marchand qui supposent donc d'inventer des informations, véritable prothèse des informations absentes, ou de scruter les divers environnements pour y découvrir quelques pseudo-informations d'un pseudo-marché, selon la bonne expression de P. Samuelson. Le non-marchand n'est donc pas avant tout institutionnel ; il n'est pas défini par une structure, mais il apparaît et se développe à raison des difficultés de gestion qui croissent lorsqu'on s'éloigne du marché. On insistera donc d'abord sur la diversité du domaine, avant de recenser les difficultés de mesure des coûts et des avantages non marchands. On pourra alors aborder les questions classiques de la gestion, à savoir la budgétisation, la production, la tarification, le marketing et le contrôle, en y intégrant les spécificités de la démarche du non-marchand.

1. L'originalité et la diversité du non-marchand

L'économiste a, pendant longtemps, étudié séparément les biens privés et ceux relevant de l'Etat. L'extension de l'intervention publique et associative a entraîné un accroissement de la diversité et de la complexité de cette deuxième catégorie de biens, au point qu'elle est notée par une négation : le non-marchand. Il convient de préciser ce que sont les faits non marchands et quels modes de gestion régissent la production de ces biens et services.

1.1. Les faits non-marchands

On distinguera les organisations et les produits.

1.1.1. Les organisations à but non lucratif

Une organisation à but non lucratif (OBNL) est une organisation dont le mobile d'action n'est pas un avantage monétaire proportionnel à la cotisation de chacun de ses membres. Cette organisation – publique ou privée – produit des biens ou des services au profit de ses adhérents ou de ses non-adhérents. L'adhésion est tantôt volontaire, tantôt obligatoire.

Toutes les organisations publiques (autres que les établissements à caractère industriel et commercial) relèvent de cette catégorie. Ce sont les plus importantes par le nombre de salariés, la masse des capitaux engagés et la production. Mais il existe aussi de grandes OBNL privées. Citons les mutuelles d'assurance, les coopératives de production ou d'achat, les organisations caritatives, les syndicats, les clubs, etc. Ces OBNL sont appelées aussi institutions non marchandes (INM).

1.1.2. Les biens collectifs et les biens privés

Les biens collectifs purs se caractérisent par la non-rivalité et la non-exclusion de consommation. Non-rivalité signifie qu'un bien disponible pour un individu l'est aussi pour tout autre, sans modification de la quantité disponible pour chacun. La non-exclusion signifie que tout consommateur se trouvant dans un espace donné, et éventuellement sous réserve de sa capacité à être consommateur, accède librement et gratuitement à l'usage de ce bien.

Comme l'indique P. Samuelson, le fait que la consommation soit la même pour tous n'implique pas que les taux marginaux de substitution de satisfaction soient les mêmes pour tous les individus. Ainsi la défense nationale ne procure-t-elle pas la même satisfaction à tous les citoyens ; il en est de même pour les émissions de télévision, par exemple.

Ces deux caractéristiques entraînent une double différence entre les biens publics et les biens privés. Pour ces derniers, la demande totale d'un bien s'obtient en additionnant horizontalement les demandes individuelles, ce qui signifie que pour satisfaire une demande supplémentaire il faut accroître la production. Au contraire, pour un bien collectif pur, la demande totale s'obtient en additionnant verticalement les demandes individuelles ; une demande supplémentaire non seulement ne nécessite pas une augmentation de la production, mais encore elle permet d'abaisser le coût moyen par consommation.

Le tableau 1 tiré de S.C. Kolm résume ce que l'auteur appelle la « dualité duale ». Sur chaque ligne apparaissent une somme et une série d'égalités, elles sont duales l'une de l'autre. De plus, si le coût marginal est significatif lorsqu'il s'agit de biens privés, le coût total le devient lorsqu'il s'agit de biens collectifs.

1.1.3. Les biens collectifs mixtes

Les biens collectifs purs existent rarement. En revanche, il existe de nombreux biens qui possèdent simultanément tel ou tel attribut de bien collectif et de bien privé : il s'agit des biens collectifs mixtes. Sans prétendre

Tableau 1 – La dualité duale

	Bien privé pur	Bien collectif pur
Quantités consommées $q_1, \ldots, q_i, \ldots, q_n$	$\sum_{i=1}^{n} q_i = q_t$	$q_1 = q_2 = \ldots = q_i = \ldots = q_n = q_t$
Prix $p_1, p_2, \ldots, p_i, \ldots, p_n$	$p_1 = p_2 = \ldots = p_i = \ldots = p_n = Cm$	$\sum_{i=1}^{n} p_i = CT$

$1, 2, \ldots, i, \ldots, n$: indice caractérisant les individus
p : prix qt : quantité totale
q : quantité CT : coût total
c : coût Cm : coût marginal

à l'exhaustivité, il convient de signaler en particulier les biens pour lesquels il existe une indivisibilité importante de production, ceux dont la production et/ou la consommation s'assortit d'effets externes notables, enfin, ceux dont la production et la consommation sont privées, mais pour lesquels l'Etat ou telle puissance publique souhaite ou impose une promotion ou une restriction.

Par ailleurs, la production de certains biens supporte des coûts fixes élevés ou exige l'utilisation d'un facteur de production rarissime, sinon unique. La consommation est parfaitement divisible, mais l'Etat ne peut se désintéresser de la gestion de ces biens puisque soit la multiplicité des producteurs ferait augmenter le coût moyen, soit l'énormité des fonds à risquer empêcherait la réalisation de la production. Les émissions de télévision ou les autoroutes en sont des illustrations. Ces services s'assortissent d'ailleurs souvent d'effets externes de consommation.

Les effets externes sont définis comme des « interdépendances extérieures au système de prix », c'est-à-dire qu'en l'absence de toute intervention publique le prix du bien n'incorpore pas le coût des nuisances (effet négatif) supporté par les tiers, ni les avantages dont bénéficient d'autres tiers (effet positif). Ces effets externes peuvent être réciproques ou non, symétriques ou non, porter sur la consommation et/ou sur la production. La pollution de l'air ou de l'eau par une usine chimique est un effet externe négatif de production, et il est non réciproque. L'encombrement sur une autoroute, au contraire, est un effet négatif de consommation, en général réciproque et symétrique.

Enfin, la collectivité peut désirer que la consommation de tel bien soit encouragée ou au contraire restreinte : on les appelle biens tutélaires. La société estime, par exemple, que les individus, ou du moins certains d'entre eux, sont incapables de désirer le niveau de consommation qui leur convient le mieux. Ainsi l'éducation, la santé, etc., sont-elles quasi gratuites, voire obligatoires, alors que la consommation d'alcool est pénalisée. La diversité des exemples cités impose des réponses très diversifiées en matière de modes de gestion.

1.2. Les modes de gestion du non-marchand

En ne retenant que deux catégories, les biens privés et les biens collectifs, et deux organisations productrices (entreprises et INM), apparaissent quatre cas de figure dont seulement deux sont simples : ceux de la diagonale principale. L'introduction des diverses catégories de biens mixtes et celle des institutions qui participent à la fois de l'entreprise et de l'INM multiplient les cas hybrides aussi bien sur la diagonale (excepté aux deux extrêmités) qu'en dehors de la diagonale. Le tableau 2 présente les quatre cas extrêmes.

Tableau 2 – Matrice des modes de gestion

Organisations	Biens	
	Biens privés	**Biens collectifs**
Entreprises	Concurrence	Cahier des charges à établir
Institutions non marchandes	Critères de gestion à déterminer	Monopole public Vente au *Cm*

1.2.1. Les modes simples

Le couple entreprises/biens privés est le plus connu et le plus facile à analyser. Pour que les niveaux de la production et du prix soient optimaux, en statique, la concurrence suffit. La recherche de l'intérêt individuel concorde avec l'intérêt social. En dynamique, il n'est pas sûr qu'un grand nombre de producteurs soit la meilleure solution, car la faiblesse de leurs profits et le rôle prépondérant des aléas risquent de les empêcher de dégager les ressources suffisantes au financement de la recherche et à la décision d'investir.

S'agissant du couple INM/biens collectifs, l'Etat doit fixer les règles de comportement que suit la direction de l'INM. Elles doivent être déterminées de sorte que l'intérêt collectif soit effectivement poursuivi. Deux écueils sont à éviter :

– tout imposer ; la direction n'est plus qu'un organe de transmission exposé au double risque de démobilisation et de gaspillage de ressources,

– lui laisser une grande autonomie ; le risque est qu'elle poursuive (secrètement ou non) des objectifs contraires à l'intérêt collectif.

1.2.2. Les cas hybrides

Une INM peut produire des biens privés. En général, elle est en concurrence avec d'autres INM ou d'autres entreprises. Se pose donc le problème délicat de la définition de l'objectif à lui assigner. En aucun cas il ne peut s'agir de la maximisation de son profit – elle cesserait *ipso facto* d'être une INM. Or, la contrainte du profit nul ou même d'un taux de profit donné ne peut logiquement devenir un objectif. En effet, un profit nul ou un certain profit planifié peut correspondre à des couples de production et de prix très différents. Le comportement de l'INM tiendra beaucoup à celui de ses dirigeants ; s'il s'agit d'une INM publique, rien ne dit que son comportement concorde avec l'objectif (flou) du pouvoir politique.

Si inversement une entreprise privée est chargée de produire un bien collectif, la solution n'est guère plus simple. Le plus souvent, elle se voit confier un monopole (ou une parcelle de monopole). Si on admet que l'objectif de l'entreprise est la maximisation du profit, on sait que la situation de monopole permet d'atteindre cet objectif sans être efficace du point de vue collectif. De plus, ce « surprofit » est injustifié, puisqu'il reste attribué à une entreprise et non à toutes celles qui ont ou auraient pu poser leur candidature. Cette deuxième objection peut être levée, si l'attribution a fait l'objet d'une vente aux enchères publiques avec une publicité préalable suffisante. Mais la première objection reste beaucoup plus grave. La contrepartie du monopole est un cahier des charges qui impose à l'entreprise de ne pas descendre au-dessous de certains volumes de production. Il doit être extrêmement détaillé, puisque tous les minima sont interprétés de façon restrictive (en quantité comme en qualité). Mais en même temps il doit être suffisamment évolutif pour tenir compte des modifications de l'environnement technique et économique qui bouleversent toutes les prévisions. Une procédure arbitrale souple, rapide et compétente est donc indispensable. Ainsi pour l'attribution des chaînes de télévision à des entreprises privées a-t-on prévu à la fois un cahier des charges et des possibilités d'interprétation, en cas de difficulté, par la Commission nationale de la communication et des libertés (CNCL). Ce dernier problème se retrouve dans les contrats de longue durée passés entre entreprises privées produisant des biens privés.

Ces procédures sont relativement nouvelles dans un pays comme la France, où l'expression « biens collectifs » veut trop souvent dire production des INM. Il est vrai que la notion de coûts et d'avantages collectifs ne se réduit aucunement aux comptes de l'organisation qui gère la production et qu'en conséquence un cahier des charges serait bien difficile à rédiger.

2. L'évaluation des projets collectifs

Le taux de rentabilité d'un investissement privé est le taux qui annule le bénéfice net actualisé[1]. S'agissant de projets collectifs ou publics, la définition peut être formellement la même ; mais la grande différence vient de ce que l'évaluation du coût et des « recettes » doit incorporer les retombées, positives ou négatives, sur les autres agents économiques. De plus, puisque l'INM n'a ni pour objectif ni pour mesure de performance le profit, le taux de rendement interne (TRI) doit être remplacé par d'autres critères.

2.1. L'évaluation des coûts sociaux

Trois questions spécifiques se posent au-delà ou dans des termes différents du management privé. Quels coûts faut-il prendre en compte ? Leur expression monétaire et comptable correspond-elle au coût pour la collectivité ? Enfin, comment additionner des coûts (ou des « recettes ») non isochrones ?

2.1.1. L'élargissement de la notion de coût

Lors de l'évaluation d'un projet collectif, il faut tenir compte des dépenses engagées par les parties prenantes. Ainsi, le coût d'un projet éducatif ne s'arrête pas aux seules dépenses budgétaires propres : il faut y ajouter les

1. Voir dans cette Encyclopédie l'article de J.R. Sulzer, « Critères de choix des investissements », p. 828, tome 1 et dans l'Encyclopédie des marchés financiers l'article de G. Charest, « Rendement, risque et portefeuilles ».

dépenses inhérentes à l'activité, c'est-à-dire celles qui, si elles n'existaient pas, modifieraient, voire condamneraient, le projet. Elles sont d'ailleurs complexes, puisqu'aux débours directs (livres, transports, etc.) il convient d'ajouter le « manque à gagner » si l'étudiant en question a la possibilité de travailler.

D'une manière générale, l'évaluation des coûts d'un projet collectif impose que l'on repère de façon exhaustive les groupes dont les coûts seront internalisés. Ce problème de la précision de la frontière qui partitionne l'environnement entre groupes concernés ou non est délicat. La solution renvoie généralement à la difficulté rencontrée pour collecter les informations nécessaires – ce qui n'est évidemment pas satisfaisant ! En toute rigueur, la réponse doit se référer à la notion de coût d'opportunité. Le calcul suppose la comparaison de deux états : l'un défini hors projet constituant l'état initial, l'autre défini différentiellement sous l'hypothèse de mise en œuvre du projet. Ces deux états ne peuvent qu'être « construits », puisqu'ils appartiennent tous les deux, surtout le second, au domaine de l'hypothétique.

2.1.2. La valorisation des coûts

En admettant réglé le problème de la nature des coûts à prendre en compte, il convient de les exprimer sous forme monétaire. Leur hétérogénéité impose d'utiliser, pour permettre une sommation, un système de prix. Ce problème n'est pas spécifique aux projets collectifs. Le manager privé, lui aussi, peut être amené à utiliser explicitement ou implicitement un système de prix différent de celui qui naît sur le marché, s'il l'estime non représentatif, voire à en créer un de toutes pièces s'il n'y en a pas.

En principe, les biens pourraient être incorporés au coût ou au prix unitaire effectivement payé. Cependant, si le marché n'est pas concurrentiel, ce prix peut être supérieur au coût pour la collectivité. Il convient donc de le minorer. En sens inverse, l'INM achète certains facteurs de production à prix faux, car subventionnés. Le coût devrait donc être majoré de la subvention correspondante, du moins lorsque cette subvention est purement politique et ne correspond pas à une tarification au coût marginal en régime de rendements croissants[2].

Le problème est plus délicat lorsqu'il s'agit de coûts (recettes) à horizon éloigné en raison de l'absence de marchés sur les biens futurs. De plus, si le projet est de taille importante, il peut avoir comme conséquence (voire comme objectif) de faire varier les prix futurs par rapport aux prix actuels. Dans ce cas, un modèle doit être construit afin d'apprécier les changements de structure des prix relatifs des biens et des facteurs de production ; l'exercice est délicat.

2.1.3. L'actualisation

L'actualisation est une solution trop simple des problèmes évoqués ci-dessus. Il s'agit, en effet, de prendre en compte le rôle du temps, mais d'une façon beaucoup plus synthétique.

---

2. Voir dans cette Encyclopédie l'article de G. Terny, « Monopole naturel », p. 2061, tome 2.

La technique de l'actualisation, qu'elle concerne des projets privés ou publics, permet de comparer des francs déboursés ou gagnés à des moments différents[3]. Toutefois, de nombreux gestionnaires d'INM ne l'utilisent pas ; ils le font certes implicitement s'ils empruntent, puisque les charges financières sont incorporées dans le coût. Mais en l'espèce, cette méthode est critiquable. En effet, pour une organisation publique, quelle que soit l'origine des fonds, le taux d'actualisation qui doit être pris en compte est le coût d'opportunité pour la collectivité du dernier franc investi. On estime en général que ce taux est inférieur au taux d'intérêt qui a cours sur le marché des capitaux, mais qu'il est évidemment positif.

2.2. La valorisation des avantages non marchands

On pourrait légitimement douter de l'intérêt d'une valorisation des avantages non marchands, dans la mesure où l'objectif à atteindre serait très bien délimité et où la rationalité économique consisterait seulement à choisir le mode le moins coûteux. Les économistes et les gestionnaires publics ont cependant été amenés à valoriser les avantages tirés d'un projet pour plusieurs raisons : d'une part, pour affiner et tester les choix issus de la rationalité, d'autre part, pour éclairer les conséquences éventuelles du développement ou de la réduction de la taille des projets. Cette valorisation se trouverait également justifiée par la seule existence d'avantages accessoires différents pour des projets concurrents. Enfin, *last but not least,* même lorsque l'objectif est clair, le projet accapare des ressources qui pourraient être utilisées à d'autres fins. Il faut donc bien, à un moment ou à un autre, comparer les avantages d'un projet à ceux des autres et, pour ce faire, il est indispensable, sauf cas exceptionnel, de valoriser les avantages non marchands. Deux méthodes peuvent être utilisées : les prix implicites et l'évaluation directe.

2.2.1. Les prix implicites

Certains avantages procurés par les biens collectifs sont quasi marchands. Un billet de chemin de fer confère le droit d'être transporté sous certaines conditions, en particulier en un certain temps. En conséquence, si, sur une même liaison, il existe plusieurs modes de transport concurrents, il est naturel d'associer aux choix faits par les usagers-consommateurs le prix qu'ils accordent implicitement au temps gagné (ou perdu). Un tel calcul s'impose d'ailleurs au manager privé qui gérerait un service de transport et aurait la liberté de fixation de ses tarifs. Pour un organisme public, ces calculs peuvent être utilisés pour évaluer les avantages tirés d'une liaison projetée par les usagers potentiels. Toutefois, ce prix implicite (ou dual) n'est valide que pour les voyageurs marginaux, c'est-à-dire ceux qui changeraient de mode de transport si le prix variait légèrement dans un sens ou dans l'autre. Aussi pour étendre l'utilisation de ce prix à l'ensemble des usagers convient-il de procéder aux ajustements nécessaires.

---

3. Voir dans l'Encyclopédie des marchés financiers l'article de J.M. Dalbarade, « Actualisation et prix des actifs financiers ».

2.2.2. L'évaluation directe

On peut calculer le prix implicite de l'éducation, de la vie humaine, etc., et ce, sans craindre au passage quelques sarcasmes. Cependant, outre son caractère marginal, il supporte toutes les contraintes d'un prix ordinaire : pour qu'il représente une valeur sociale, il faut qu'il corresponde à des comportements libres et informés et à des équilibres concurrentiels. Si tel n'est pas le cas, il perd toute validité scientifique. On peut alors utiliser une méthode directe qui consiste à rechercher et à additionner tous les avantages élémentaires et matériels que le projet crée pour l'avenir. Par exemple, on évalue la valeur sociale de l'éducation par le supplément de productions futures actualisées qu'elle permet ; évaluation qui ne ferait que reporter le problème si les productions futures étaient elles-mêmes non marchandes !

L'utilisation de cette méthode n'est pas sans risque. Les recherches sur le cancer ne devraient pas être engagées, puisqu'en moyenne cette maladie frappe les personnes arrivant à l'âge de la retraite ou y étant déjà. L'évaluation directe de ce type de dépenses est sûrement négative. Or, ces dépenses sont plutôt bien reçues par la société. La raison est simple : à côté des composantes matérielles, il existe une composante éthique qu'il faudrait à son tour évaluer !

L'idée mise en évidence au travers de ces problèmes est donc bien que la difficulté croît à raison de l'éloignement du marché.

2.3. Les critères de choix

Si les avantages et les coûts sont ainsi évalués en termes monétaires, la décision de retenir tel ou tel projet suppose l'élaboration de critères de choix. La méthode la plus connue est l'analyse coût-avantage (ACA) ; mais nombre de praticiens préfèrent le délai de récupération. Cependant, si un, deux ou plusieurs avantages n'ont pu être convertis en une unité commune, il faut recourir à des méthodes spéciales.

2.3.1. L'analyse coût-avantage

Pour comparer deux projets exclusifs l'un de l'autre, l'analyse coût-avantage consiste à choisir le projet qui maximise $\bar{B}_{io}$:

$$\bar{B}_{io} = \sum_{t=1}^{t=\infty} \frac{R_{it} - C_{it}}{(1+a)^t} - I_{io} \qquad [1]$$

où

$\bar{B}_{io}$ est le bénéfice net actualisé du projet i au temps initial,
I_{io} est la dépense initiale d'investissement du projet i,
R_{it} est la recette brute totale du projet i l'année t,
C_{it} est le coût total du projet i l'année t,
a est le taux d'actualisation social.

Le coût total C_{it} incorpore toutes les dépenses de fonctionnement du projet (matières, énergie, main-d'œuvre, etc.) ; il exclut les éventuelles charges financières d'intérêt si le projet doit être financé par un emprunt, ainsi que le remboursement du capital. En effet, l'investissement est directement déduit du bénéfice et le taux d'actualisation est le « vrai prix » du capital ; il tient donc lieu et place des charges financières, qu'elles existent ou non.

Graphique 1 – Courbes représentatives des fonctions $\bar{B}_{io}(a)$

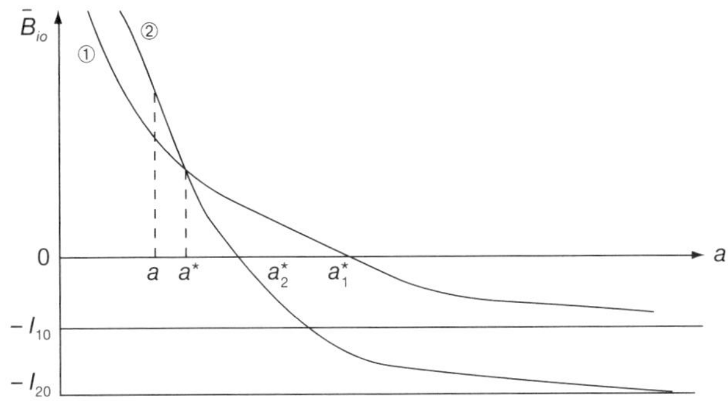

La théorie de l'optimum indique qu'il faut sous certaines réserves choisir le $\bar{B}_{io}$ max. S'agissant de la gestion marchande, on choisirait plutôt le projet qui maximise le taux de rendement interne (« r » taux de rendement prend la place de « a » et joue le rôle de variable à la place de $\bar{B}_{io}$ posé égal à zéro). Comme le montre le graphique 1, les deux critères ne sont pas équivalents[4].

Le projet 1 est peu capitalistique, aussi $\bar{B}_{io}$ est-il peu sensible aux variations du taux d'intérêt. En revanche, le projet 2 devient non rentable pour un taux d'actualisation modéré (a_2^*). Si on utilisait le critère du TRI maximal, le projet 1 serait préféré. Avec le critère de $\bar{B}_{io}$ max, la réponse dépend de « a ». Soit a^*, parfois appelé taux pivot, le taux qui rend les deux projets équivalents ; si $a > a^*$, le projet 1 est préféré ; si $a < a^*$, c'est le contraire. Dans la mesure où le taux social d'actualisation serait plus faible que le taux privé, le critère du $\bar{B}_{io}$ max favorise, toutes choses égales par ailleurs, l'adoption des projets plus capitalistiques.

Lorsque les projets ne sont pas exclusifs, les deux critères coïncident, puisqu'on devrait, d'une part, réaliser tous les projets dont le $\bar{B}_{io}$ est positif, d'autre part, lancer tous ceux dont le TRI est supérieur à a, taux social d'actualisation. En pratique, il n'y a pas d'équivalence par suite de la contrainte qui pèse sur les fonds disponibles.

2.3.2. Le délai de récupération

Les administrations publiques sont invitées à utiliser le taux d'actualisation recommandé par le plan. Cependant, les agences décentralisées et les collectivités locales sont libres et peuvent en particulier utiliser un taux nul. Dans ce cas, le délai de récupération du capital, si prisé dans les petites entreprises, est souvent retenu. Comme son nom l'indique, le délai de récupération θ est le temps qu'il faut pour que l'expression

$$\sum_{t=0}^{\theta}(R_t - C_t)$$

soit égale à I. Plus θ est faible, plus rapide est la récupération des fonds et moins grand est le risque. Cette méthode évite d'avoir à choisir un taux

4. Voir dans cette Encyclopédie l'article de J.R. Sulzer, « Critères de choix des investissements », p. 828, tome 1.

d'actualisation, mais le fait même qu'elle soit indépendante de a prouve qu'elle ne peut être équivalente au critère du $\bar{B}_{io}$ max. Dans certaines conditions très strictes, elle peut toutefois être équivalente au TRI max. Ce délai peut jouer le rôle de définition d'un taux d'intérêt dans des économies planifiées. Ne sont admissibles que les projets dont le délai de récupération est inférieur à une norme fixée par le plan.

2.3.3. Les autres méthodes

Lorsque les avantages ne sont pas tous valorisables, il faut recourir à des méthodes moins ambitieuses.

2.3.3.1. L'analyse coût-efficacité

Si les projets sont exclusifs l'un de l'autre, s'ils ont un même objectif, et si les avantages accessoires sont négligeables, l'analyse coût-avantage peut être remplacée par l'analyse coût-efficacité. Le principe est le même ; il faut ici minimiser $\bar{D}_{io}$, la dépense totale actualisée :

$$\bar{D}_{io} = I_{io} + \sum_{t=0}^{\infty} \frac{C_{it}}{(1+a)^t} \qquad [2]$$

Il est d'ailleurs facile de montrer que, le niveau de production à atteindre étant préfixé, $\underset{i}{\text{MIN}}\ \bar{D}_{io} \Leftrightarrow \underset{i}{\text{MAX}}\ \bar{B}_{io}$.

L'analyse coût-efficacité apparaît donc comme un cas particulier de l'analyse coût-avantage. Elle ne définit pas un niveau optimal de production ; elle ne convient pas si les avantages des différents projets diffèrent partiellement quant à leur nature ou à leur étalement dans le temps.

2.3.3.2. La méthode multicritère

Si les critères sont nombreux, il est possible de classer les projets selon chaque critère. Si certains projets se trouvent dominés par d'autres quel que soit le critère considéré, le résultat est évident. Dans le cas contraire – et, nonobstant des méthodes particulières –, les « décideurs » choisiront en évaluant implicitement les poids accordés à chaque type d'avantage[5].

Ces techniques pourraient conduire à des choix isolés, au coup par coup. Une gestion rationnelle impose cependant que leur développement soit inclus dans un plan, ne serait-ce que parce qu'ils ne peuvent être financés simultanément.

3. Planification et budgétisation

Le budget des diverses collectivités publiques est établi chaque année afin de permettre aux assemblées d'exercer leur souveraineté et leur contrôle. Ce n'est pas le lieu ici de rappeler ce qu'est le cycle budgétaire (préparation, discussion, exécution et contrôle), on se limitera à étudier les insuffisances de cette procédure ainsi que les solutions préconisées au cours des quarante

5. Voir également dans cette Encyclopédie l'article de C. Zopounidis, « Décisions financières et analyse multicritère », p. 915, tome 1.

dernières années aux Etats-Unis et en France. Ces solutions empruntent aux méthodes managériales utilisées dans le secteur marchand, mais leur transposition est si délicate que la plupart d'entre elles n'ont pas tenu leurs promesses. Il conviendra donc de dire pourquoi.

3.1. Les insuffisances de la procédure budgétaire traditionnelle

On indique les critiques adressées à la procédure, puis les remèdes apportés depuis quelques années.

3.1.1. Les critiques

Elles sont à la fois politiques et techniques (une critique d'ordre technique pouvant en cacher une d'ordre politique !). Le caractère insuffisamment démocratique des diverses phases de la procédure est d'autant plus facile à dénoncer que personne n'est capable de définir de façon incontestable un processus parfaitement démocratique. Aussi se limite-t-on aux critiques techniques.

Au niveau des structures budgétaires, les critiques portent, entre autres, sur deux points importants : la nomenclature et le cloisonnement des lignes de crédit. La nomenclature budgétaire est une nomenclature de moyens. La consommation de ressources ne donne donc aucune indication sur le degré de réalisation des missions. L'absence quasi totale de comptabilité analytique ne permet pas de connaître les véritables coûts des diverses interventions publiques. S'agissant du cloisonnement des lignes budgétaires, le responsable d'une mission n'est pas autorisé à effectuer des transferts qui seraient source d'économie globale.

Au niveau du cycle budgétaire, les critiques portent sur chacune de ses phases. La préparation du budget est insuffisamment rationnelle pour de très nombreuses raisons : manque de temps et de moyens pour mener une étude sérieuse, manque de coordination avec le plan, distinction entre services votés et mesures nouvelles, manque de perspectives en raison de l'annualité, etc. Naturellement, une préparation insuffisante ne favorise pas une bonne discussion parlementaire. En France, tout au moins, le rôle des commissions des finances est trop peu constructif. Les contrôles sont en général très nombreux, mais ne sont efficaces qu'en termes de régularité juridique des opérations financières. Certaines de ces critiques ont donné lieu à des assouplissements et à des améliorations.

3.1.2. Les problèmes en voie de règlement

La nomenclature budgétaire a été subdivisée jusqu'au niveau du paragraphe autorisant, en principe, soit une nomenclature de moyens, soit une nomenclature d'objectifs. On doit cependant se rappeler que le passage de l'une à l'autre ne se résume pas seulement en une modification de l'agencement des informations disponibles : les atomes élémentaires ne coïncident pas toujours !

La règle de l'annualité budgétaire est atténuée par les autorisations de programmes et les lois de programmation.

Le cloisonnement des lignes budgétaires a bien été assoupli, mais la liberté de manœuvre des « décideurs » reste très limitée.

Ces améliorations, qu'on ne saurait négliger, ne s'attaquent cependant pas au problème fondamental de la rationalité des choix budgétaires. On trouvera ci-après les diverses tentatives américaines et françaises en la matière.

3.2. Les réponses américaines

Depuis le début des années 1960, les Etats-Unis ont expérimenté successivement trois méthodes : le *Planning-Programming-Budgeting System* (PPBS), le *Management By Objectives* (MBO) et le *Zero-Base Budget* (ZBB). Les deux premières sont inspirées du management privé, la dernière est plus spécifique au secteur public.

3.2.1. Le Planning-Programming-Budgeting System

Elle fut introduite au Pentagone par R. McNamara en 1961. Ce dernier venait de la direction générale de Ford. Le nouveau système avait pour objet, d'une part, de mettre à la disposition des « décideurs » toutes les informations sur les choix à effectuer (coûts, conséquences, etc.), d'autre part, de vérifier que leurs décisions étaient exécutées correctement. Comme le sigle l'indique, le budget s'inscrit dans un programme lui-même inséré dans un plan. Devant le succès de la méthode au ministère de la Défense, le président Johnson l'étendit, en 1965, aux autres ministères, mais le succès y fut bien moindre : les problèmes étaient plus délicats, les moyens humains et financiers insuffisants, les réticences du personnel et des politiques plus grandes, etc. En 1971, le PPBS est abandonné et remplacé par le MBO.

3.2.2. Le Management By Objectives

Tirant la leçon du relatif échec du PPBS, l'ambition fut réduite mettant moins l'accent sur la planification que sur la réalisation d'objectifs mesurables et bien définis à l'avance. Cette méthode ne devait cependant pas survivre à son initiateur, R. Nixon.

3.2.3. Le Zero-Base Budget

Cette méthode fut expérimentée en Géorgie, en 1973, et son adoption au niveau fédéral, fin 1976, coïncide avec l'élection du président Carter. Au lieu de distinguer services votés et mesures nouvelles, la loi impose de revoir entièrement chaque programme tous les cinq ans. Le ZBB pose donc deux questions. Les programmes en cours sont-ils efficaces ? Faut-il les développer ou les réduire, voire les modifier complètement ? En relation avec cette méthode, certains Etats ont adopté des *sunset laws* qui imposent l'examen des activités de chaque agence selon une certaine périodicité (5 ou 6 ans en général). En pratique, cependant, rares sont les agences ou les programmes qui ont été remis en cause.

3.3. La rationalisation des choix budgétaires

Les idées directrices qui ont présidé, en 1968, à la mise en œuvre de la rationalisation des choix budgétaires (RCB) en France sont voisines de celles qui ont guidé les dirigeants américains. Cependant, en raison de grandes différences dans l'environnement humain et juridique, les modalités diffèrent sensiblement. Trois points ressortent particulièrement : les études analytiques, les budgets de programme et la modernisation de la gestion.

3.3.1. Les études analytiques

Ces études ont commencé avant la mise en œuvre de la RCB et, dans nombre d'ouvrages traitant de ce sujet, elles occupent la plus grande place. La RCB les a cependant tirées vers un modèle d'aide à la décision plutôt que vers un modèle purement cognitif. Les études d'évaluation des projets collectifs en sont des illustrations.

3.3.2. Les budgets de programme

C'est la clé de voûte du système RCB pour au moins quatre raisons. Tout d'abord, le budget est présenté de façon à faire apparaître au premier plan les biens et services produits par l'administration et non les moyens mis en œuvre, comme dans la présentation traditionnelle. Il convient donc de définir le ou les objectifs de l'administration en question. Ensuite, le programme devient une obligation de réaliser et non plus une autorisation de dépenser. En cours d'exécution du programme, le gestionnaire du service peut suivre la réalisation de la production projetée. Enfin, le contrôle, tout comme la discussion, peut être plus efficace puisqu'il porte sur l'essentiel : le résultat.

Le budget français est maintenant entièrement présenté sous forme de budgets de programme (les « blancs »), mais en supplément à la forme traditionnelle (les « bleus ») qui n'a pas disparu et continue à servir exclusivement lors de la discussion parlementaire. De plus, cette construction reste dans bien des cas trop arbitraire pour que les programmes correspondent à la notion théorique. Il n'y a guère que les ministères de l'Equipement et du Logement qui ont fait un effort. Mais le produit est facilement mesurable.

3.3.3. La modernisation de la gestion

Les études analytiques portent principalement sur les séquences optimales de décisions, mais elles doivent également s'intéresser à l'organisation pratique du travail, en particulier à l'utilisation des nouveaux moyens informatiques.

Les choix effectifs ne seront jamais parfaitement rationnels ni les produits totalement clarifiés. L'étude de leur demande n'en est pas moins indispensable.

4. Le produit

La décision de produire un bien privé pur suppose analysée la relation coût/prix, connues la demande et l'action éventuelle de l'entreprise sur le coût et sur le prix par l'investissement ou l'action marketing. Il en est de même pour les biens collectifs, mais la révélation des préférences (la demande) pose un problème délicat, voire insurmontable, alors que le marketing peut soulever des questions éthiques.

4.1. La difficulté de la révélation des préférences

La non-exclusion de la consommation impose la mise au point d'algorithmes spécifiques de révélation.

4.1.1. Les conséquences de la non-exclusion de la consommation

L'impossibilité d'exclure l'usager d'un service collectif peut le conduire à minimiser sa satisfaction apparente dans l'espoir d'une diminution de sa contribution. Cette remarque s'appliquant à tous les usagers, les services collectifs ne peuvent donc pas atteindre le niveau optimal pour la société. Inversement, si les dépenses de l'INM sont couvertes intégralement par le budget général (service offert gratuitement), la demande sera pratiquement sans limite : pour chaque usager, le service apparaît comme un bien libre.

4.1.2. Un algorithme de détermination du volume optimal de la production

Pour un bien privé, à l'optimum, le niveau de production est celui où la satisfaction marginale égale le prix de vente. Il devrait en être de même pour un bien collectif. Or, on vient de montrer que chaque usager a intérêt à (et peut) minorer sa satisfaction apparente. Toutefois, le volume optimal de fonctionnement de l'INM peut être atteint à l'issue d'un vote, si la part de chacun dans le financement n'est pas objet de débat. Comme E. Lindhal l'a montré, en 1928, il est possible dans cette hypothèse que les usagers s'entendent sur le montant optimal. Possible seulement, car on démontre que si les fonctions de satisfaction individuelles ne sont pas concaves, rien n'est garanti.

De ce point de vue, un référendum fut organisé en 1986 dans une petite ville du nord de la France, à propos du maintien éventuel d'une piscine chauffée qui supposait une augmentation des impôts de 400 F par foyer fiscal. Cette consultation mit en évidence les différences de comportement individuel liées à la distinction entre un bien « gratuit » et un bien « payant ». Un tel exemple montre les limites de la méthode de E. Lindhal : le résultat de vote n'est optimal que si la part de chacun dans le financement est assez proche de sa satisfaction. En effet, si la majorité d'une population concernée ne tire aucune satisfaction d'un bien collectif qu'elle doit financer, elle refusera le projet qui ne sera pas mis en œuvre. Or, une minorité prête à payer intégralement le coût du projet existe peut-être. Pour que la procédure de vote conduise à l'optimum, il faut en quelque sorte que le problème de la répartition de la charge soit résolu.

Dans la mesure où beaucoup de biens collectifs n'intéressent qu'un petit nombre d'électeurs, cette procédure renseigne peu le manager public. Aussi a-t-il souvent recours à des études « objectives » des besoins collectifs.

4.2. L'évaluation objective des besoins collectifs

Fréquemment, l'exécutif nomme un comité d'experts, de sages, etc., pour déterminer les besoins à satisfaire et éventuellement les modes de financement adéquats. Bien que cette méthode soit concevable pour les besoins fondamentaux (nourriture, sécurité, logement, etc.), il faut noter que ces derniers évoluent avec le niveau de développement de la société. Ces experts, vivant dans une société donnée, peuvent à défaut d'une évaluation objective indiquer dans une certaine mesure les besoins ressentis par la population.

Un risque subsistera car, si les experts sont individuellement indépendants, leur désignation peut difficilement l'être. Insensiblement, on risque donc de glisser du comité chargé de renseigner le gouvernement sur les besoins de la population vers un comité légitimant les décisions gouvernementales au nom de sa compétence. Toute méritocratie possède ses propres limites.

4.3. Le marketing non marchand

Comme pour une entreprise marchande, le marketing cherche à augmenter l'efficacité du service ; mais, plus que pour le marchand, le marketing non marchand a aussi pour objectif de le légitimer.

4.3.1. La participation des usagers

Beaucoup de services publics voient leur efficacité augmenter si les usagers adoptent un comportement convenable. L'INM a donc intérêt à les convaincre de modifier leur conduite dans un sens favorable pour tous. Les moyens dont elle dispose sont souvent beaucoup plus importants que ceux des entreprises privées, car, outre la persuasion et l'information, elle peut utiliser la coercition. Cependant, elle doit autant que possible rester potentielle, en raison de son coût de mise en œuvre voire de ses effets pervers. Toute information risque de devenir propagande !

4.3.2. Le marketing légitimation de l'INM

Les institutions devant rendre des comptes à leurs mandants, l'information consiste à démontrer que les dirigeants ont bien interprété les désirs des mandants, voire défendu leurs véritables intérêts, cependant qu'ils n'en ont pas tous une claire conscience. Mais n'est-il pas difficile de séparer l'information dont le but est de modifier le comportement des « usagers-citoyens » pour augmenter l'efficacité du service, de celle qui tend à déconsidérer certaines pensées ou idées ? Le seul souverain légitime n'est-il pas l'ensemble des citoyens certes informés mais libres ?

5. La tarification

La tarification peut avoir des objectifs divers et contradictoires ; les plus souvent cités sont le bien-être et la solidarité. Dans le premier cas, l'usager doit couvrir le coût pour la collectivité ; dans le second, la tarification est l'occasion d'un transfert de richesses des plus riches vers les plus pauvres.

5.1. La recherche du bien-être optimal

Faire payer à chacun le coût de sa consommation conduit l'INM à fixer tous les prix au niveau du coût marginal social. Il lui faut donc calculer les coûts marginaux de ces diverses productions, en y incluant, le cas échéant, les coûts que son activité fait supporter à la société. Cette procédure pose au moins deux problèmes : le calcul lui-même et l'équilibre financier de l'INM.

5.1.1. Le calcul du coût marginal

Le coût marginal varie sensiblement avec la période d'analyse. Sur une période courte, les frais fixes représentent une grande part du coût total ; sur une période longue, cette part tend vers zéro. Or, les frais fixes ne sont pas incorporés dans le coût marginal : ils sont invariables pour une variation mineure de la production. Inversement, le coût marginal à court terme est fortement influencé par des variations significatives du niveau de production ; le coût marginal à long terme est pratiquement indépendant de la production, dans la mesure où les capacités de production ont été adaptées à la demande. Dans certains cas, en particulier pour une production non stockable ou une demande très variable (exemple de l'électricité ou des télécommunications), le coût marginal est très différent d'un moment à l'autre de l'année ou de la journée. Les tarifs varieront selon les heures et les jours de consommation afin d'écrêter la charge des consommations de pointe. On parle à ce propos de tarif de pénalisation (*peak load pricing*).

Si la production est à rendements d'échelle constants, le coût marginal à long terme tend vers le coût moyen minimal. La tarification au coût marginal conduit donc aussi à l'équilibre financier. Si les rendements d'échelle sont croissants (ce qui est fréquent dans les services publics), le coût marginal est inférieur au coût moyen. Le monopole fonctionne à perte[6].

5.1.2. L'équilibre financier

En cas de déficit résultant de la tarification au coût marginal, trois solutions sont envisageables : une subvention du budget général, une tarification plus complexe ou une tarification dite « Ramsey-Boiteux ».

La première conserve l'optimum parétien, si les cotisations qui alimentent le budget général sont optimales au regard de l'objectif poursuivi. Il en est de même pour la seconde, dans la mesure où le tarif marginal est égal au coût marginal. Dans ce cas, le tarif comprend deux parties : l'une, supérieure au coût marginal, est assise sur les premières unités consommées, l'autre, égale au coût marginal, porte sur toutes les unités consommées au-delà de la première tranche. Tel est le système employé pour la tarification de l'eau. Il n'est évidemment applicable que si chaque usager consomme de nombreuses unités. Dans ce cas, il a l'inconvénient de frapper les petits consommateurs beaucoup plus que les gros. Si « petits consommateurs » équivaut à « pauvres », cette tarification va à l'encontre de la solidarité.

Dans le troisième système, on cherche toujours à maximiser le bien-être collectif. Mais si l'optimum parétien conduit à un déficit, la contrainte budgétaire oblige à rechercher un sous-optimum dans lequel les prix sont en moyenne supérieurs aux coûts marginaux. L'INM ne les augmente cependant pas proportionnellement au pourcentage du déficit. Elle relève sensiblement plus les tarifs des biens dont la demande est peu sensible aux prix, alors qu'elle augmente peu ceux des biens dont la demande est élastique. La raison en est simple : face à une demande rigide, l'INM n'a pas à craindre la fuite des usagers, alors que si la demande est élastique, il faut être très prudent

---

6. Voir également dans cette Encyclopédie l'article de G. Terny, « Monopole naturel », p. 2061, tome 2.

dans l'augmentation des prix. Dans les cas plus généraux, la formule de fixation des prix de Ramsey-Boiteux fait également intervenir les élasticités croisées, ce qui rend inintelligible un exposé littéraire. Le lecteur intéressé se reportera à l'ouvrage de D. Bos. Donc, dans la mesure où les biens à faible élasticité sont principalement consommés par les pauvres (hypothèse plausible s'il s'agit de consommation de base), l'obligation de l'équilibre budgétaire de l'INM conduit à une répartition régressive du revenu. Naturellement, si les rendements sont décroissants, l'obligation du profit nul est progressive ; le tarif a donc bien une fonction redistributive.

5.2. Tarification et solidarité

Lorsque le tarif est fixé sans référence à l'optimum de bien-être, les subventions prennent des formes diverses. Tantôt, certains usagers subventionnent d'autres usagers : ces subventions croisées sont invisibles de l'extérieur tant que l'INM a un monopole absolu. Tantôt, les subventions proviennent du budget général. Dans ce dernier cas, elles peuvent être suffisantes pour que le service soit gratuit. Les subventions, quelles que soient leurs formes, posent les problèmes de l'efficacité économique, de la réalité de la solidarité et de la liberté individuelle.

5.2.1. L'inefficacité économique de la gratuité

Un tarif supérieur au coût marginal équivaut à une subvention aux activités-substituts lorsqu'elles existent (un tarif ferroviaire marchandise trop élevé favoriserait la route ou le canal). Inversement, et c'est le cas le plus fréquent, un prix inférieur au coût marginal conduit au gaspillage des ressources. Pour éviter toute équivoque, rappelons que le coût marginal à prendre en compte est le coût marginal social et non celui de l'INM chargée de fournir le service. Ainsi, il est clair que les coûts marginaux de l'enseignement ou de la santé sont sans doute inférieurs aux crédits du ministère de l'Education nationale ou de la Sécurité sociale, en raison des effets externes positifs que ces biens engendrent. Le risque serait alors de trop les majorer ! Les effets externes négatifs existent aussi dans ces secteurs. La gratuité totale sans rationnement quantitatif entraîne un gaspillage.

5.2.2. Gratuité et solidarité

Les subventions croisées et *a fortiori* la gratuité réalisent-elles la solidarité entre les riches et les pauvres, les malades et les bien portants, etc. ? Rien n'est moins sûr. Les plus grands bénéficiaires des services publics ne sont pas forcément les plus pauvres. Par exemple, les communications téléphoniques locales sont largement subventionnées par les communications à longue distance ; or les entreprises utilisent parfois de façon permanente une ligne locale (communications entre ordinateurs). Certes, un cas d'espèce ne fait pas une loi, mais les études empiriques donnent des résultats mitigés dans la plupart des pays.

Sur ce point, on ne peut manquer d'évoquer le paradoxe de la gratuité : un tarif nul profite plus aux riches qu'aux pauvres. En effet, la création d'un service gratuit entraîne une homogénéisation du service rendu. Or, en l'absence de cette intervention, les riches auraient payé plus cher en fonction de leur disposition marginale à payer des services hautement différenciés sans qualité nettement supérieure. Dans cette optique, la création d'un service collectif gratuit pour tous leur procure une économie. Ce cas est illustré par les consommations médicales. Avant 1945, les tarifs des consultations étaient très variables d'un médecin à l'autre et pour un même médecin d'un malade riche à un malade pauvre. Evidemment, le paradoxe n'est vérifié que toutes choses égales par ailleurs ; en particulier, tout dépend du mode de financement et de l'évolution future des comportements des diverses catégories de population.

5.2.3. Gratuité et liberté individuelle

Lorsque la gratuité s'accompagne de l'obligation de consommer, la liberté individuelle est évidemment restreinte tout comme elle l'est d'ailleurs lorsque la « consommation » est libre. Pour le prouver, imaginons un instant que la totalité du budget de l'enseignement supérieur (y compris les rémunérations du personnel et les bourses accordées aux étudiants) soit distribuée annuellement aux jeunes de 18 à 25 ans, sous condition qu'ils suivent, après avoir réglé le tarif demandé, les cours donnés dans une INM de leur choix. Les desiderata des étudiants en matière de contenu et de qualité d'enseignement n'auraient pas besoin d'être codifiés dans des lois sans cesse changeantes. Naturellement, dans une telle hypothèse, les examens nationaux qui pourraient éventuellement subsister ne seraient organisés que par la puissance publique, indépendamment des INM concernées. Les étudiants choisiraient leur université et les universités leurs étudiants, contrairement au système actuel dans lequel la contrainte règne de part et d'autre.

Cette restriction de liberté se retrouve aussi dans certaines INM privées à adhésion libre – par exemple, les mutuelles d'assurance complémentaire. La liberté n'existe qu'à l'entrée ; lors d'une sortie, les droits acquis sont perdus.

Cette restriction de liberté individuelle n'explique-t-elle pas les médiocres performances de certaines INM ?

6. La performance de l'institution non marchande

Evaluer la performance d'une INM revient essentiellement à évaluer celle du ou des programmes qu'elle met en œuvre. Mais il est insuffisant d'organiser l'évaluation et de mettre en place des procédures, il faut également que les résultats de l'évaluation servent à réviser les programmes en cours et à élaborer les nouveaux.

6.1. L'organisation de l'évaluation d'un programme

L'évaluation doit d'abord être concomitante ou seulement légèrement décalée par rapport au déroulement du programme, puisque son but est de l'améliorer. Elle doit ensuite être précise dans ses objectifs : veut-on évaluer la réalisation du programme ou l'impact du programme ou l'INM chargée de le mettre en œuvre ? Une organisation bien gérée peut être chargée de conduire un programme à l'efficacité douteuse mais, dans ce cas, elle devra le signaler et faire des propositions d'amélioration.

6.1.1. La classification des objectifs

Il convient de préciser quels sont les objectifs déclarés du programme. En particulier, il faut apprécier les biens collectifs en cause. Si un chiffrage des objectifs existe, les précautions nécessaires devront être prises pour distinguer les effets du programme de ceux qui proviennent d'autres causes.

6.1.2. Les indicateurs de résultat

Ils permettent de comparer les moyens effectivement utilisés à ceux prévus ou mieux encore de comparer la production réalisée à la production prévue (par exemple, le nombre de kilomètres d'autoroute construits au cours des cinq dernières années par rapport au plan). Ce deuxième type d'indicateurs de résultats est préférable au premier, mais il n'est pas toujours possible, car il peut être délicat de mesurer la production. Pourtant, ces indicateurs évaluent seulement la réalisation du programme et non le programme lui-même.

6.1.3. Les indicateurs d'impact

Les indicateurs d'impact ont pour objet de comparer l'utilité des réalisations au volume dépensé.

Ils doivent posséder trois propriétés difficiles à réunir simultanément. Ils doivent d'abord être calculés par une autorité indépendante de l'INM. Ensuite, cette autorité doit être experte. Enfin, l'INM devrait ignorer les bases sur lesquelles les indicateurs reposent afin d'éviter tout biais dans sa gestion. Cette troisième propriété peut être affaiblie si le nombre d'indicateurs d'impact est suffisamment grand (leur multiplication crée souvent de graves effets pervers).

6.2. Les procédures d'évaluation des programmes

6.2.1. L'élimination des influences extérieures

Certaines influences extérieures peuvent – et doivent – être éliminées dans la définition de l'indicateur (par exemple, le taux de mortalité par cancer doit être calculé à structure démographique constante). D'autres influences, les plus nombreuses et les plus variées, ne peuvent être éliminées que cas par cas. De cette diversité, extrayons deux cas fréquents. L'amélioration de la situation serait-elle intervenue en l'absence du programme ? C'est ce qu'en médecine on appelle la « rémission spontanée ». Des événements extérieurs fortuits n'ont-ils pas modifié les comportements ?

6.2.2. La comparaison des indicateurs

A supposer éliminées toutes les influences extérieures, rares sont les cas où l'objectif à réaliser s'exprime par un chiffre significatif. La plupart du temps, on apprécie une amélioration, ce qui suppose donc une comparaison.

La plus simple est évidemment « avant » et « après » le programme. Il est cependant à craindre que certaines influences extérieures n'aient pu être prévues dans l'indice. La comparaison « sans » et « avec » est préférable, mais elle n'est possible que si au même moment le programme est lancé dans une région et pas dans une autre. Elle n'est valable que si le choix de la région n'est dû qu'au hasard. La meilleure méthode est incontestablement « l'expérimentation contrôlée » ; mais elle coûte cher en argent et en temps. Elle ne se justifie donc que pour les programmes exigeant des fonds importants et engageant les choix économiques à long terme. La méthode qui consiste à se donner un groupe « témoin » pour apprécier un groupe « cible » procède de la même idée.

6.3. L'utilisation des résultats du processus d'évaluation

Un mauvais impact du programme devrait conduire à son interruption ou à sa modification radicale, ainsi qu'à la suppression de l'INM si c'est elle qui l'avait proposé et défendu. Dans la pratique, les INM, comme toute institution, sont douées d'un puissant instinct de survie. Aussi défendent-elles farouchement leur programme, allant jusqu'à contester, voire empêcher toute évaluation. Quelle administration française est évaluée selon les méthodes exposées ci-dessus ? N'oublions pas que beaucoup de programmes publics ont été décidés à la suite de durs combats politiques.

Si une évaluation montre que le programme mis en œuvre est inadéquat, il faut en proposer un autre en faisant en sorte qu'une réduction d'activité soit toujours accompagnée d'objectifs nouveaux, valorisants et réalisables. Il arrive trop fréquemment qu'une réduction d'activité soit interprétée comme une étape vers des réductions ultérieures.

7. Le contrôle

Si l'évaluation d'un programme doit être l'œuvre d'une autorité indépendante, le contrôle de la gestion peut être aussi bien interne qu'externe[7]. On ne traitera cependant ici que de l'audit externe. On indiquera ses objectifs, ses caractéristiques et ses éléments.

7.1. Contrôle de gestion ou recherche de responsabilité ?

S'agissant des institutions publiques, l'audit externe ou la vérification des comptes est effectué par la Cour des comptes qui agit comme organisme juridictionnel.

7.1.1. La responsabilité

La Cour des comptes juge les comptes. Il semble donc qu'elle recherche essentiellement les responsabilités ; mais ce terme a deux interprétations possibles : d'abord, des fonds publics ont été « détournés » de leur destination légale (sens restreint), ensuite, des fonds publics n'ont pas été utilisés avec la meilleure efficacité possible (sens large).

7. Voir également dans cette Encyclopédie les articles de H. Bouquin, « Contrôle », p. 667, tome 1 et de J.L. Ardoin, « Plans et budgets », p. 2266, tome 2.

7.1.2. Le contrôle de gestion

Toutefois, la Cour des comptes ne se limite pas au jugement des comptes. De plus en plus, elle émet des avis et des recommandations. L'audit est alors une aide apportée à l'INM et une information fournie à l'autorité supérieure sur l'efficacité et l'opportunité du programme. La création des Chambres régionales des comptes a bien mis en évidence cette dernière activité.

7.2. Les caractéristiques et les types d'audit

Les regroupements diffèrent largement d'un auteur à l'autre.

7.2.1. La conception de la Cour des comptes

Elle indique deux catégories d'audit : le contrôle de l'efficience et le contrôle de l'efficacité. Il est à cet égard curieux d'inclure le contrôle de la régularité (ce qui constitue sa raison d'être) dans le contrôle de l'efficacité. La justification selon laquelle l'Etat de droit est un des premiers programmes de l'administration est une interprétation assez abusive du concept de programme.

7.2.2. La conception tripartite

La conception la plus souvent présentée distingue :

– le contrôle financier et le contrôle de la légalité (opérations financières effectuées selon les règlements, comptes présentés de façon honnête, etc.) ;

– le contrôle d'efficience et le contrôle d'économie (utilisation au mieux du personnel, des fonds publics, des immeubles, du matériel, ainsi que conservation et entretien du patrimoine public) ;

– le contrôle de l'efficacité ou des résultats des programmes (les objectifs ont-ils été atteints ? L'INM a-t-elle proposé d'autres programmes pour atteindre les objectifs désirés par le législateur ? etc.).

7.3. Les éléments d'un audit

Les éléments sont semblables à ceux réalisés dans le secteur marchand. Ainsi le lecteur est-il renvoyé à ce qui est écrit par ailleurs[8]. On indiquera néanmoins les trois éléments majeurs suivants.

L'auditeur doit établir un ou plusieurs critères d'appréciation de la gestion de l'INM. Ils doivent être appropriés au type de contrôle à effectuer. Selon les cas, ils doivent concerner la direction ou le personnel. Ils ne doivent pas être construits après coup, sinon ils risqueraient d'être biaisés par les préjugés de l'auditeur. Enfin, ils ne doivent pas être connus de l'INM.

L'auditeur doit établir tous les actes de la direction et du personnel et tous ceux qu'ils auraient dû effectuer pour faire face à leurs responsabilités.

Enfin, l'auditeur doit comparer les actes (les causes) aux critères appropriés.

8. Voir dans cette Encyclopédie l'article de H. Bouquin, « Audit », p. 200, tome 1.

*

* *

Comme nous l'avons vu, définir le domaine non marchand grâce à une frontière étanche le séparant du domaine marchand n'est ni facile ni souhaitable.

Considérer qu'il existe une gestion non marchande dont les règles, les méthodes et les objectifs se définiraient par une opposition manichéenne à la gestion marchande, transformant la gestion non marchande en une gestion antimarchande, serait une erreur.

Enfin, imaginer que la problématique du non-marchand pourrait être établie *ne varietur* serait oublier qu'elle est très largement influencée par les idées, les comportements, les cultures des individus vivant en une dynamique tout à la fois en conflit partiel, mais aussi en collaboration partielle avec une collectivité et son environnement.

Références

BENARD J., *Economie publique,* Paris, Economica, 1985.
BOS D., *Public Enterprise Economics,* Amsterdam, NHPC, 1986.
BURLAUD A., LAUFER R., *Le management public,* Paris, Dalloz, 1981.
CNRS, *Economie publique,* Paris, CNRS, 1968.
DRUCKER P., *Managing the Non-Profit Organization : Practices and Principles,* Harper-Collin, 1990.
KOLM S.C., *L'Etat et le système des prix,* Paris, Dunod, 1970.
LE DUFF R., PAPILLON J.C., *Gestion publique,* Paris, Vuibert, 1988.
LEQUERET P., « Le budget de l'Etat », *Notes et études documentaires,* Paris, La Documentation française, juin 1982.
STEISS A.W., *Management Control in Government,* Lexington, DC Heath and Company, 1982.
TERNY G., *Economie des services collectifs et de la dépense publique,* Paris, Dunod, 1969.

Mots clés

Actualisation, analyse coût-avantage (ACA), analyse coût-efficacité (ACE), analyse multicritères, audit, avantage non marchand, bénéfice net actualisé, bien collectif, bien tutélaire, coût social, délai de récupération, dépense totale actualisée, effets externes, évaluation d'un programme, indicateurs de résultat, indicateurs d'impact, institution non marchande (INM), légitimation, *Management By Objectives* (MBO), monopole naturel, organisation à but non lucratif (OBNL), paradoxe de la gratuité des services publics, *Planning-Programming-Budgeting-System* (PPBS), prix implicite, rationalisation des choix budgétaires (RCB), révélation des préférences collectives, tarification au coût marginal, tarification de Ramsey-Boiteux, taux de rendement interne (TRI), *Zero-Base Budget* (ZBB).

Globalisation de l'entreprise

83

Patrick Joffre

Les théories visant à expliquer, voire à prédire, l'importance et la nature des relations internationales entre les firmes se sont enrichies sur les trente dernières années d'analyses prenant successivement en compte l'investissement américain à l'étranger, le poids croissant des multinationales de toute origine[1], la montée grandissante des services dans le commerce mondial et, plus récemment, le développement des acquisitions et des alliances entre concurrents de nationalité différente. Si le trait dominant des affaires internationales depuis un quart de siècle réside dans la variété du phénomène, alors les théoriciens ont fait leur travail. Mais, plus encore que l'extrême diversité des formes d'internationalisation, c'est l'accélération de la mondialisation qui surprend régulièrement les observateurs. Là sans doute réside l'inertie relative des schémas théoriques de l'internationalisation de l'entreprise souvent en retard d'une pratique et, plus généralement, prisonniers des hypothèses d'une approche néo-classique de l'entreprise : absence d'histoire, ignorance de certaines formes d'apprentissage et des processus relationnels entre entreprises. A cet égard, l'analyse du management international de l'entreprise gagnerait à opérer une distinction fondamentale entre l'entreprise en voie d'ouverture à l'étranger et l'entreprise mondialisée. Si le processus d'internationalisation constitue le cœur de l'analyse, l'entreprise mondialisée émerge à peine des schémas théoriques. Ainsi doit-on soigneusement distinguer deux processus distincts :

– d'une part, le processus d'ouverture internationale dont le fondement réside, en général, dans le transfert d'un avantage concurrentiel lié à une position nationale initiale. Ce processus peut revêtir diverses formes : le commerce de produits, la licence, l'implantation par investissement direct. Les pratiques de gestion afférentes s'articulent autour du management à distance des unités de production et/ou de commercialisation. Le rôle de la distance culturelle entre le pays d'accueil du produit ou de l'investissement et « l'exportateur » est primordial dans le processus d'internationalisation ;

1. Voir également dans cette Encyclopédie l'article de B. Hugonnier, « Entreprise multinationale », p. 1115, tome 1.

– d'autre part, le processus de mondialisation ou de globalisation de l'entreprise, dont le développement géographique est sinon achevé du moins très avancé. L'avantage concurrentiel de l'entreprise mondialisée ne réside pas dans l'habileté du transfert à l'étranger d'un avantage particulier forgé sur le territoire d'origine mais dans la rationalisation et l'intégration mondiales du réseau des filiales, connectées entre elles. Il n'est pas rare que les investissements effectués dans des filiales installées de longue date n'aient d'étranger que le nom, c'est-à-dire n'aient jamais traversé de frontières contrairement aux premiers mouvements de capitaux à l'étranger.

Cette distinction peut sembler s'inspirer de la distinction classique en affaires internationales entre les PME qui s'internationalisent et les grands groupes mondialisés. Si cette distinction reste pertinente dans certains cas et pour certains pays, elle ne souligne pas assez les logiques sous-jacentes qui les animent : une logique de croissance dans le premier cas, une logique d'efficience dans le second. Cette dernière logique suppose que les profits de l'expansion géographique sont en grande partie épuisés et que les managers se concentrent sur l'optimisation d'un outil à la croissance géographique quasi terminée. Dans cette double perspective, les deux logiques ne proposent pas seulement une évolution historique de l'internationalisation de l'entreprise mais aussi deux orientations, deux dimensions de l'internationalisation : la logique de l'ouverture et de la conquête, y compris jusqu'à l'implantation (section 1), et celle de la mondialisation encore appelée globalisation (section 2).

1. La logique de l'ouverture internationale

A l'origine, l'ouverture internationale est prédéterminée par la distance commerciale entre les pays ou par les hasards d'une commande venant de l'étranger. La logique d'ouverture suppose à un moment donné des choix plus ou moins ouverts allant jusqu'à une véritable planification du développement international de l'entreprise. Elle se termine, en général, par des implantations à l'étranger.

1.1. L'ouverture prédéterminée

Les analyses conduites depuis plus de vingt ans soulignent le caractère déterministe du processus d'ouverture internationale ou tout au moins de ses premières étapes.

1.1.1. Une séquence d'engagements croissants prédéterminés

L'entreprise s'engage graduellement sur les marchés étrangers selon un apprentissage qui s'opère soit par expérience propre (exploitation d'un marché aux caractéristiques très proches du marché domestique), soit par l'intermédiaire de tiers (des agents ou des négociants ou, plus généralement, des acteurs ayant une connaissance d'un marché donné). L'apprentissage graduel écarte dans un premier temps l'apprentissage par greffe (acquisition d'entreprises étrangères), qui suppose l'achat immédiat d'une part de marché mais pas nécessairement celle d'une expertise. Chaque nouvelle étape débouche généralement sur un engagement croissant de ressources pour l'entreprise.

1.1.2. Un processus déterministe dans les objectifs (pays-cibles) et les moyens (modes d'entrée)

1.1.2.1. Les objectifs géographiques

Les objectifs géographiques sont, le plus souvent, prédéterminés par la proximité « psychique » des premiers pays visés par le nouvel exportateur. La « distance psychique » (L. Melin, 1992) entre les marchés semble le vecteur universel du développement spatial de l'entreprise qui se déplace des pays culturellement proches (*hot countries*) aux pays les plus lointains (*cold countries*). Ce concept de « distance psychique » englobe des critères tels que la langue, la culture, le niveau d'éducation, les pratiques commerciales et la législation.

L'étude du développement international de l'entreprise Moulinex entre 1955 et 1976 illustre ce développement spatial en taches d'huiles. L'étude détaillée de la décennie 1980 montre une expansion géographique moins prédéterminée, laissant la place à de véritables choix, ce qui n'était pas le cas de la période 1955-1974. Depuis le milieu des années 1970, des unités de fabrication ont été ouvertes au Mexique (1980), à Hong-Kong (1982) et dans une seconde tentative en Egypte (1990). Le rôle de la distance psychique s'atténue désormais au profit de choix raisonnés selon des critères économiques et sociopolitiques.

Schéma 1 – L'expansion internationale de Moulinex de 1955 à 1976

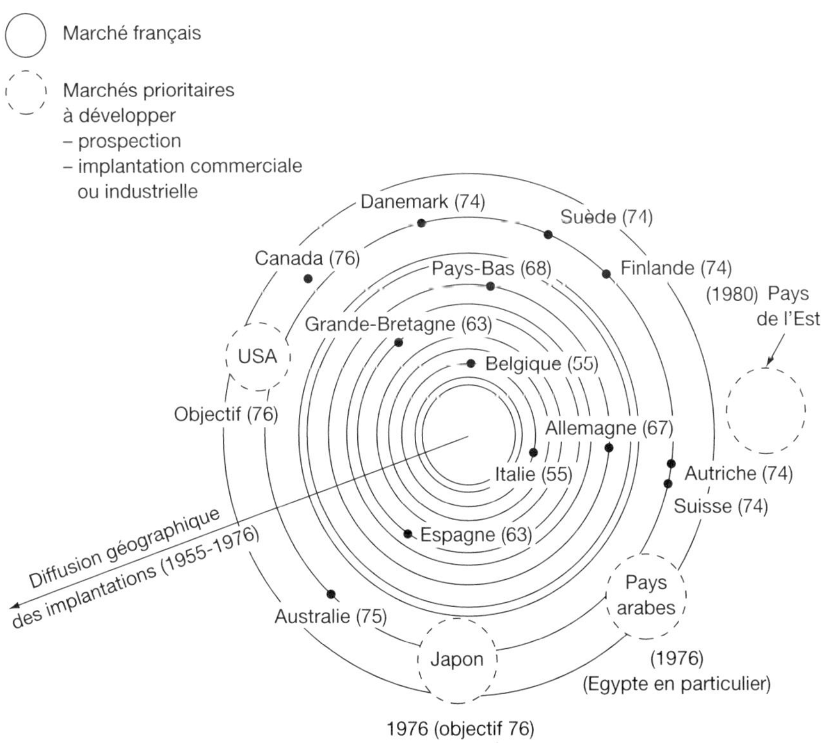

Source : P. Joffre, *L'entreprise et l'exportation*, Paris, Vuibert, 1987, p. 82.

1.1.2.2. Les modes d'entrée

L'engagement progressif en termes de moyens et de ressources semble également prédéterminé selon un schéma en quatre phases, longtemps considéré comme immuable : l'exportation occasionnelle, puis la vente à l'étranger par un agent, ensuite l'exportation *via* une filiale de vente, enfin la production et la vente sur place à travers une filiale mixte de fabrication et de commercialisation. Le passage de la phase deux à la phase trois est souvent le plus long à s'enclencher, une dizaine d'années pouvant séparer sur un même marché les deux modes d'entrée. Cet écart de temps peut, *a priori*, apparaître surprenant pour une entreprise de bonne dimension. Il est souvent nécessaire à des PME pour qui le passage de la phase deux à la phase trois est une épreuve difficile : la gestion à distance d'une filiale à l'étranger doit en effet prendre en compte des phénomènes de distance institutionnelle, monétaire et culturelle, ce qui peut conduire à multiplier par deux ou par quatre les coûts de fonctionnement (A. Fertz, 1993).

Les nouvelles formes de relations internationales entre les entreprises de nationalités différentes ont multiplié les étapes sans altérer la nature séquentielle des engagements, ainsi que le souligne le schéma 2.

Schéma 2 – Les étapes de l'internationalisation

Exportation de produits

↓

Implantations commerciales
(bureaux, entrepôts, succursales, filiales)

↓

Systèmes contractuels de transfert de savoir-faire :
en particulier franchise et coopération interentreprises

↓

Etablissement de joint-ventures

↓

Montage conjoint d'opérations clés, produits/marchés en main

↓

Implantation d'unités industrielles de montage
et d'entités industrielles complètes

Source : S. Urban, « Stratégies d'internationalisation », *Encyclopédie du management*, Paris, Vuibert, 1991.

1.1.3. Une séquentialité relative

Des facteurs externes et des facteurs propres à l'entreprise peuvent rompre le caractère séquentiel de l'ouverture.

1.1.3.1. Les facteurs externes

La séquence décrite précédemment peut être perturbée ou interrompue sous l'effet de quatre facteurs externes principaux :

– des coûts de négociation commerciale, d'établissement et de suivi des contrats internationaux trop élevés ; plus ceux-ci s'élèvent, plus l'entreprise essaiera d'opérer par elle-même sans recourir au marché par l'intermédiaire de négociants ou d'agents ;

– des coûts de production moindres à l'étranger par rapport au territoire national ;

– des contraintes réglementaires des pays d'accueil : jusqu'à une période récente les entreprises étrangères ne pouvaient investir au Japon que minoritairement et avec le concours d'une entreprise locale ;

– des réactions des concurrents locaux aux moyens d'entrée mis en œuvre par les firmes étrangères sur les marchés domestiques : ainsi les réactions protectionnistes déclenchées par les entreprises américaines et européennes face aux exportations japonaises ont conduit les fabricants japonais à créer des filiales de fabrication aux Etats-Unis et en Europe.

1.1.3.2. Les facteurs internes

Les facteurs internes contribuant à la rupture ou à la modification de la séquence présentée précédemment peuvent être exposés comme suit (R.L. Welch et R. Luostarinen, 1988).

La séquentialité ne s'applique qu'à un marché donné et peut être rompue lors de la conquête d'un nouveau marché. On observe deux types de phénomènes :

– d'une part, l'accroissement du nombre de marchés desservis qui augmentent la variété des modes de conquête (négociant, franchise ou encore filiale) ;

– d'autre part, le raccourcissement des étapes avec l'expérience accumulée dans les pays investis.

De fait, une fois que l'entreprise a expérimenté avec succès une formule, elle peut l'appliquer à tout autre marché sans pour cela franchir pas à pas l'intégralité des étapes. L'entreprise qui possède un réseau de filiales n'hésitera pas, si les conditions de rentabilité sont remplies, à établir une nouvelle filiale dans un pays sur lequel elle n'a pas d'expérience spécifique.

Ce qui est en jeu, c'est le rythme du processus d'internationalisation et la capacité d'une entreprise à sauter des étapes ; par ailleurs, la tendance de certains marchés à s'homogénéiser ne peut que renforcer ce comportement ainsi que, comme nous le verrons dans la seconde section, la nécessité d'agir vite, qui ne laisse pas toujours le temps de l'apprentissage et conduit à retenir des formules qui, tout en partageant les risques, permettent de s'implanter en copropriété. Ainsi, la filiale commune[2] (*joint-venture*) semble constituer cette étape hybride qui favorise l'apprentissage d'un environnement nouveau tout en permettant qu'un premier pas soit franchi vers une filiale pleinement contrôlée.

Une des critiques apportées au caractère trop déterministe de l'ouverture séquentielle réside dans son inadaptation pour expliquer le développement géographique des grandes entreprises ayant une forte expérience internationale. L'un des objectifs prioritaires des groupes industriels et des PME fortement engagés sur les marchés étrangers consiste à trancher dans un éventail

2. Voir également dans cette Encyclopédie l'article de R. Paturel, « Filiales communes », p. 1335, tome 2.

de choix de nature différente mais combinés : choix du nombre et des caractéristiques des pays, des modes d'entrée et des produits.

1.1.4. L'ouverture à plusieurs dimensions

Le processus d'ouverture à l'étranger concerne les débouchés de l'entreprise et affecte, avec une fréquence de plus en plus élevée, le processus de fabrication (délocalisation, sous-traitance internationale, partage de production) et les achats.

L'internationalisation de la production sera développée dans les paragraphes suivants. L'accent doit être mis d'abord sur le processus d'ouverture en amont de l'entreprise et l'attrait que constituent les marchés fournisseurs. On constate en particulier un développement de ce que l'on appelle l'approvisionnement international, c'est-à-dire « l'achat à une entreprise indépendante située à l'étranger de « sous-ensembles » de composants ou de matières transformées » (d'après OCDE, 1993). Ce développement des achats à l'étranger de biens intermédiaires (exemple des essieux dans la construction automobile) est inégal selon les pays industrialisés, mais il s'accroît régulièrement pour tous depuis le milieu des années 1975.

L'attrait des marchés fournisseurs s'explique par plusieurs raisons :

– la nécessité pour l'entreprise exportatrice, face à l'instabilité des taux de change, de réduire ses risques par des achats de composants à l'étranger afin d'équilibrer les recettes et les dépenses dans les groupes de devises fortes ;

– l'obligation contractuelle d'acheter avant de vendre, c'est-à-dire l'obligation de compensation pour tout ou partie de la valeur des exportations par des achats croisés ;

– l'éclatement de la production mondiale dans certains secteurs qui conduit *de facto* à une multiplication des échanges de composants entre firmes insérées dans un réseau d'opérateurs indépendants ou captifs. Dans le cas d'opérateurs affiliés, et donc captifs, les échanges entre les usines correspondent à du commerce intra-entreprise et ne ressortent pas en principe de ce que l'OCDE appelle « approvisionnement international » qui concerne deux entreprises indépendantes. Les secteurs les plus affectés par ce commerce captif, qui représente environ un tiers du commerce mondial, sont l'automobile, les appareils ménagers, la radio et la télévision, les instruments et les produits pharmaceutiques ;

– les progrès technologiques des communications et des transports qui ont réduit la distance et facilité l'approvisionnement international. Cependant ces progrès ont exercé un rôle plus ambivalent. Ainsi, les progrès des techniques de conception et de fabrication d'un produit, les innovations introduites dans la gestion de production – la livraison juste à temps par exemple – et les nécessités d'utiliser rapidement différentes technologies pour faire un produit ont conduit également à un regroupement spatial des activités à forte valeur ajoutée[3].

---

3. Voir également dans cette Encyclopédie les articles de P. Cohendet et P. Llerena, « Productique et gestion », p. 2579, tome 3, de V. Giard, « Production », p. 2542, tome 3 , de A. De Meyer, « Politique de production de l'entreprise multinationale », p. 2383, tome 2, de P. Baranger et J. Chen, « Juste-à-temps », p. 1726, tome 2.

1.2. L'éventail des choix d'ouverture

Ces choix visent à répondre à la triple question : où ? (quels pays), quoi ? (quels produits, services, savoir-faire...) et comment ? (quels modes d'entrée sur les marchés considérés). A ces questions correspondent des choix combinés qu'il convient de programmer avec flexibilité.

1.2.1. Des choix combinés

1.2.1.1. Le choix des pays

Le choix des pays-cibles a fait l'objet de travaux (J.M. De Leersnyder, 1986 ; C. Croué, 1993) qui soulignent, d'une part, l'alternative entre la concentration sur certains marchés et la dispersion sur de nombreux pays et, d'autre part, l'alternative entre des marchés semblables ou dissemblables. Le croisement de ces critères fait du développement spatial un des centres de gravité de la stratégie de développement international de l'entreprise (tableau 1).

Tableau 1 – Sélection des marchés internationaux

Nombre de marchés	Diversité des marchés	
	Faible	**Grande**
Faible	Similitude concentrée	Diversité concentrée
Grand	Similitude dispersée	Diversité dispersée

Source : D'après P. Joffre, *L'entreprise et l'exportation*, Paris, Vuibert, 1987.

Il est possible de distinguer les politiques de sélection des marchés d'exportation en fonction du nombre et de la diversité des zones retenues.

La « similitude concentrée » est souvent avantageuse, particulièrement pour les PME qui n'ont qu'une expérience internationale modeste et pour celles dont les produits nécessitent un contact étroit avec la clientèle.

La « similitude dispersée » autorise la standardisation de la production, mais la présence sur les marchés marginaux doit faire l'objet d'un examen périodique destiné à vérifier leur rentabilité.

Dans le cas de la « diversité concentrée », l'entreprise intervient dans un petit nombre de pays qui se distinguent en raison de leur niveau de développement et de la structure de leur marché. Chaque marché est un cas particulier et nécessite des efforts spécifiques. Le choix s'est probablement fait au gré des opportunités qui, en l'absence de synergie, doivent être appréciées indépendamment les unes des autres.

On estime généralement que la « diversité dispersée » n'est accessible qu'à des firmes ayant une grande expérience internationale et une gamme simple de produits.

Si la littérature spécialisée voit principalement deux sortes d'entreprises – « les voltigeuses » (celles qui passent d'un marché à l'autre) et les « enracinées » (celles qui tissent patiemment un réseau de relations dans quelques pays) (C. Croué, 1993) –, il semble aujourd'hui que la composition qualitative du portefeuille de pays soit à privilégier sur son importance absolue.

1.2.1.2. *Le choix des produits exportables*

Le choix des produits exportables et/ou du savoir-faire transférable à l'étranger se ramène le plus souvent à une sélection dans la gamme des produits existants de l'entreprise : d'abord de ceux qui sont globalement exportables et ensuite de ceux qui coïncident en particulier avec certains pays-cibles. Ainsi, il n'existe pas de marchés universellement attractifs comme sembleraient le démontrer les vagues successives de pays à la mode – le Moyen-Orient et les Etats-Unis voilà dix ans, l'Asie et les pays de l'Europe centrale aujourd'hui –, mais des pays solvables et rentables compte tenu des atouts de l'entreprise. De nombreuses erreurs dans les choix de marchés tiennent autant à des changements plus ou moins incontrôlables de l'environnement qu'à des mauvaises appréciations des managers sur la composition des couples atout de l'entreprise/attrait du pays visé.

1.2.1.3. *La division de l'espace international*

A un stade évolué de l'entreprise, et semble-t-il de plus en plus souvent, la notion de pays-cible s'estompe au profit d'une division du monde en « régions-monde » qui transcendent les frontières étatiques. La segmentation du monde en trois régions – Amérique du Nord, Japon et Europe, connue sous l'appellation de Triade – a caractérisé les années 1980. La fin du siècle va sans doute être l'occasion d'une division plus fine mettant en évidence des lignes de fracture à l'intérieur de la zone asiatique comme à l'intérieur de l'Europe, ainsi que le souligne le schéma 3 qui propose une segmentation européenne transfrontières pour un fabricant de produits de consommation.

Par ailleurs, la pratique de la segmentation transnationale se fonde sur l'idée que l'hétérogénéité des marchés est aussi forte, sinon plus, entre acheteurs d'un même pays qu'entre certains acheteurs de pays différents. Ainsi le marché ouest-européen de l'automobile haut de gamme s'est progressivement constitué dès 1970 au détriment du marketing traditionnel pays par pays.

1.2.1.4. *Les modes d'entrée à l'étranger*

Les choix du mode d'entrée à l'étranger peuvent être classés en trois catégories aux frontières de plus en plus imprécises :

– les modalités marchandes (exportation traditionnelle avec ou sans point d'ancrage propre à l'étranger),

– les modalités intégrées (implantations productives et commerciales en pleine propriété ou en copropriété),

– les modalités concertées ou relationnelles faisant une large place à des contrats de longue durée entre partenaires de nationalité différente (franchise et *joint-venture*).

La montée en puissance qui permet à l'entreprise de passer des modalités contractuelles aux modalités intégrées et/ou aux modalités concertées a été bouleversée par l'accélération des flux de l'économie mondiale. En effet, dans un environnement où les flux d'informations et les flux financiers circulent en temps instantané, la rapidité de réaction et la flexibilité, y compris pour anticiper des désengagements, prennent souvent le pas sur toute autre considération. Le choix du mode d'entrée sur un marché étranger n'échappe pas à

Schéma 3 – Resegmenter la carte de l'Europe

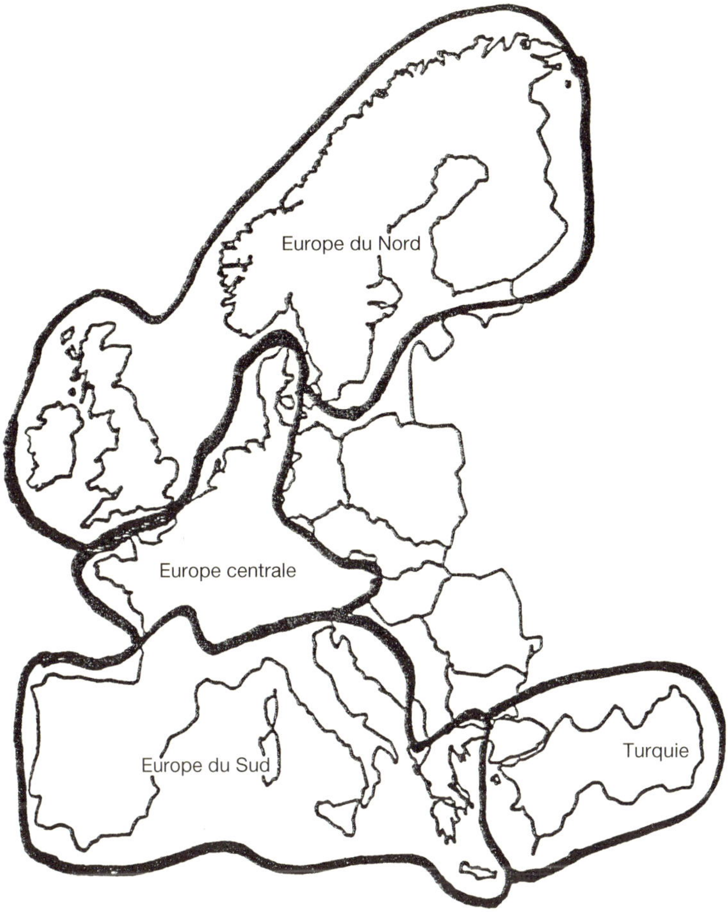

Source : EAP, European School of Management (*Student management project*).

cette logique, même si des considérations d'investissement initial et donc de risque ainsi que de connaissance des marchés ont un poids également important. On estime ainsi que, sur des marchés fortement concurrentiels, l'exportation traditionnelle à partir du territoire domestique est un dispositif économe en ressources mais lent dans ses effets – en particulier dans la commercialisation des produits nécessitant un réseau de distribution ou un service après-vente. Par exemple, la société danoise Heineken a déployé quarante ans d'efforts de commercialisation pour détenir 2 % (en volume) du marché américain de la bière (4 % en valeur). L'implantation d'une filiale commerciale qui suit souvent une période probatoire d'exportation mobilise plus de ressources, consolide les positions acquises mais ne réduit pas sensiblement les délais d'obtention de résultats commerciaux (en termes de part de marché). Si l'on excepte l'achat d'une entreprise étrangère, le mode d'entrée concertée ou partenariale, avec des opérateurs locaux, présente l'avantage de l'apprentissage accéléré du marché grâce au partenaire étranger qui initie et guide l'entreprise dans ses premiers pas.

1.2.2. Des choix sous contraintes

Les choix s'effectuent sous contrainte de quatre séries de facteurs principaux.

1.2.2.1. Le couple rentabilité/risque

L'audace à court terme de la décision peut s'avérer rentable sur le long terme ainsi que l'a montré Carrefour au Brésil. Au milieu des années 1970, Carrefour surprend le monde de la distribution par son implantation au Brésil. Aujourd'hui, le choix s'est avéré judicieux : Carrefour est le premier distributeur brésilien, ce marché représente 8 % du chiffre d'affaires du groupe et 16 % de son résultat. Quel processus décisionnel a conduit Carrefour à s'implanter au Brésil au début des années 1970 ? (F. Le Vigoureux, 1993). Carrefour distingue deux grands types de marchés : les marchés mûrs caractérisés par un risque quasi nul, mais par une concurrence sévère et un potentiel de rentabilité incertain (taux de rentabilité de l'ordre de 1 %), et les marchés neufs aux risques de change économiques et politiques très importants mais au potentiel de rentabilité élevé (de l'ordre de 3 %) compte tenu d'un environnement concurrentiel faible.

En investissant en même temps en Espagne (marché mûr) et au Brésil (marché neuf), Carrefour diversifie le risque global. Cependant, en acceptant au Brésil un taux d'inflation de 45 % par an et en anticipant les conséquences sur le bilan et les comptes monétaires, Carrefour réussit là où Euromarché et Intermarché échouent. Cette menace (risque monétaire) constitue, après l'avoir apprivoisée, une barrière à l'entrée robuste pour Carrefour à l'égard de concurrents potentiels plus hésitants. Après le succès du premier hypermarché au Brésil, Carrefour a ouvert un magasin par an dans ce pays entre 1975 et 1985, jouant d'une année sur l'autre de l'expérience et du fait d'avoir réduit la distance monétaire.

1.2.2.2. Le poids du passé

Le choix d'une implantation à l'étranger doit également tenir compte des apprentissages antérieurs et du poids de l'histoire internationale de l'entreprise. Les modes d'insertion internationale de l'entreprise sont très contrastés, même au sein d'un même secteur d'activité.

Ainsi, bien qu'elles opèrent toutes les trois dans le secteur de la chimie, Johnson & Johnson, Ciba-Geigy et ICI n'ont pas eu le même type de développement à l'étranger. Johnson & Johnson suit un type de développement mondial puisque la production s'effectue dans les zones de vente. Ciba-Geigy a un développement plutôt fondé sur l'exportation. ICI se trouve à mi-chemin entre ces deux types (C. du Grandut, 1988).

1.2.2.3. La nature des produits

La nature des produits transférés a une influence sur l'approche « produits-marchés » et sur son adaptation éventuellement nécessaire aux contraintes des marchés locaux. En général, les produits de consommation alimentaire nécessitent une adaptation rigoureuse aux spécificités culturelles des pays visés.

On a par ailleurs mis en évidence l'importance des coûts de transaction lors du transfert de produits à fort contenu d'information. Ces produits sont souvent issus d'un savoir-faire tacite et difficile à transmettre entre entreprises. En conséquence, les entreprises exportatrices de ces produits ont tendance à « internaliser », selon l'expression des économistes, le mode de présence à travers une filiale de vente ou de production.

1.2.2.4. *Les contraintes légales*

Les préférences des pays, exprimées de façon claire par des codes d'investissement ou des obligations d'implantation sous contrôle national, infléchissent les modes d'entrée et, plus généralement, les choix combinés. Parfois encore, de plus subtils dispositifs freinent ici l'acquisition d'entreprises locales (en Allemagne, par exemple) ou empêchent l'accès direct au consommateur (au Japon, par exemple).

1.2.3. Des choix hiérarchisés et programmés

L'exemple développé au schéma 4 décrit le processus de développement international d'un grand groupe industriel dans la première partie des années

Schéma 4 – Programmation des choix de développement international chez Saint-Gobain en 1975

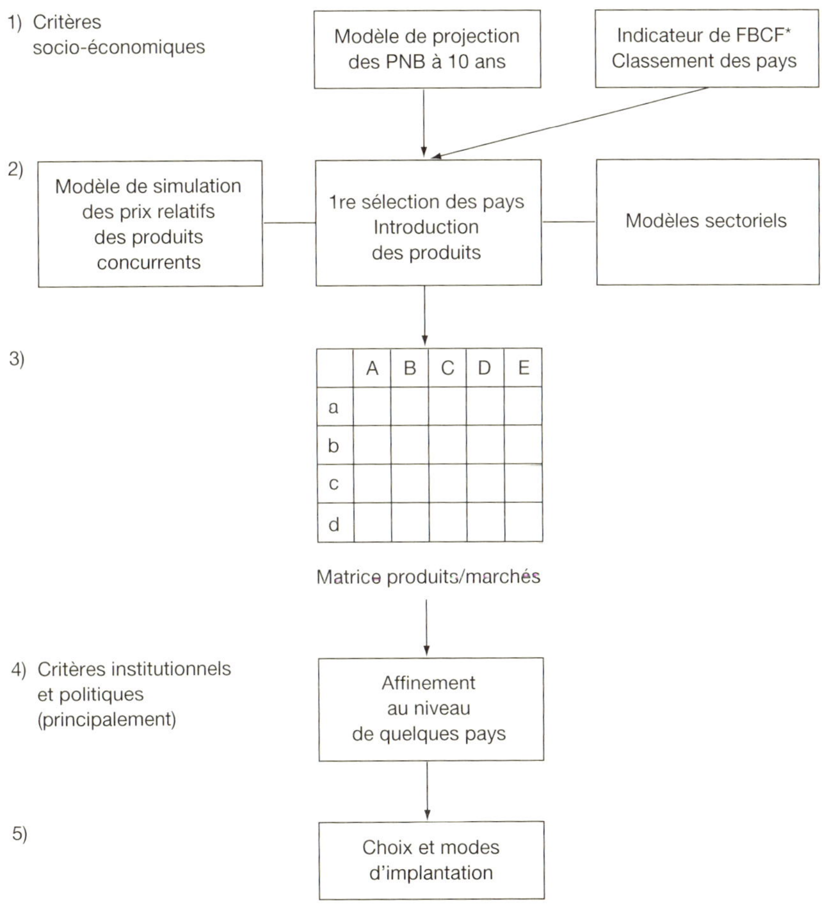

* Formation brute de capital fixe.

Source : Repris de P. Joffre, *L'entreprise et l'exportation*, Paris, Vuibert, 1987, p. 78.

1970. Il confirme l'aspect global des choix d'ouverture même si, pour des raisons analytiques, la sélection des pays et, plus généralement, des couples pays-produits précède le choix des modes d'entrée et, bien sûr, la programmation des choix (P. Joffre, 1987).

1.2.4. Des choix convergents dans le long terme

On constate depuis plusieurs décennies des effets d'imitation dans la destination des produits et/ou des implantations à l'étranger des entreprises : Moyen-Orient en 1975-1980, Japon et Sud-Est asiatique dans les années 1980, Europe de l'Est depuis quelques années. Quelle que soit la politique de portefeuille des marchés géographiques (voir l'analyse ci-dessus sur la concentration des moyens sur quelques pays ou la dispersion opportuniste sur le plus grand nombre), il existe, ainsi que l'illustre le graphique 1, un effet de « conformation » géographique sur le long terme qui conduit à un portefeuille d'une vingtaine de pays avec lesquels l'entreprise réalise 80 % de son chiffre d'affaires à l'étranger.

Graphique 1 – Stratégie de concentration/stratégie de dispersion et nombre de marchés en portefeuille

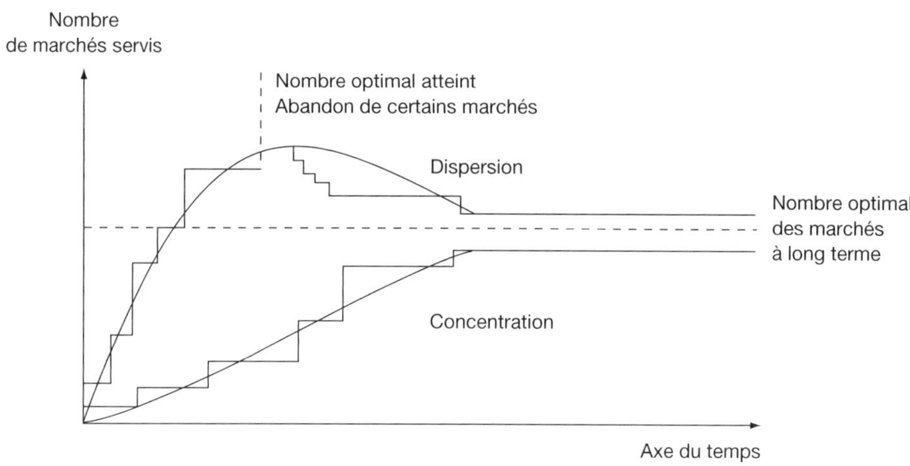

Source : C. Croué, *Marketing international*, De Boeck Université, Bruxelles, 1993, p. 257.

Le graphique 1 montre que la convergence du nombre de marchés desservis, quelle que soit l'option initiale retenue en termes de dispersion ou de concentration, conduit à un comportement semblable sur le long terme.

Ainsi la logique d'ouverture, même pas à pas, semble conduire à un engagement international croissant de l'entreprise. Cependant, si le processus d'ouverture internationale semble irréversible, il peut se stabiliser, voire régresser.

1.2.5. La préférence pour l'ouverture contrôlée

L'investissement direct à l'étranger constitue, sinon la phase ultime de l'internationalisation, du moins la forme de présence qui comporte des possibilités de contrôle maximum ; la filiale acquise (seule ou en copropriété), créée *ex nihilo* ou l'extension de capacité d'une filiale existante représentant la dernière note d'une gamme de plus en plus riche dans les modes de présence à l'étranger. La filiale à l'étranger, quel que soit son mode de propriété, est bien au centre du développement international, même si son rôle n'est pas le même selon différents critères dont le plus important semble être l'âge des investissements. Ainsi, il est opportun de distinguer deux évolutions contraires mais parallèles : celle de l'autonomisation de la filiale et celle de l'insertion de la filiale dans un réseau solidaire.

1.2.5.1. *L'investissement direct à l'étranger : phase ultime de l'ouverture internationale ?*

L'investissement direct à l'étranger, phénomène séculaire, correspond à un accroissement de la capacité de production à l'étranger par l'intermédiaire d'une filiale conférant à l'investisseur un droit de regard sur la gestion (S. Wickham, 1989). Il revêt des modalités diversifiées (de la création de filiales aux alliances interentreprises). Il implique également un apport en capacité de gestion et un transfert technologique.

Les motifs avancés pour expliquer la croissance de l'investissement direct sont nombreux et évolutifs (C. Bouyeure, 1993) : une logique industrielle (recherche des facteurs de production les moins chers), une logique de marché (accès plus aisé au client et contournement des barrières à l'entrée du marché) et une logique d'entreprise en tant qu'organisation constituée de ressources et de savoir-faire plus ou moins transmissibles qu'il est nécessaire de protéger des convoitises extérieures. Après les théories économiques classiques qui s'inscrivaient dans les deux premières logiques, certaines thèses actuelles soulignent plus volontiers l'imperfection des marchés, c'est-à-dire la difficulté d'effectuer le transfert d'un bien ou d'un service par l'intermédiaire de transactions commerciales classiques, et la nécessité consécutive « d'internaliser » dans l'entreprise au-delà des frontières ce qui aurait pu faire théoriquement l'objet d'un échange. Aujourd'hui, de nombreux savoir faire ne s'achètent sur aucun marché et ne se transportent pas, en dehors des organisations qui en sont à l'origine (S. Wickham, 1989).

Dans ces conditions, l'investissement direct à l'étranger ne peut plus être seulement présenté comme la phase ultime du processus d'ouverture internationale. Même s'il suppose souvent une maturité internationale de l'entreprise, des situations de plus en plus fréquentes mettent en jeu des produits sur mesure, nécessitant des relations de longue durée et des services après-vente ou des bureaux à l'étranger pour lesquels l'investissement direct, quelle que soit sa forme, s'impose très vite comme le mode de présence à l'étranger le plus adapté. C'est le cas des entreprises de services et de produits destinés à d'autres industriels qui sautent volontiers des étapes du processus d'internationalisation en investissant rapidement à l'étranger.

1.2.5.2. *La note la plus élevée de la gamme*

La décision d'investir peut donc être précipitée dans l'entreprise et correspond alors le plus souvent à une volonté quasi instinctive de contrôle. L'arbitrage s'opère, dans ce cas, entre le coût de contrôle et le coût de transaction ou de recours au marché[4]. La « montée en gamme » s'accompagne d'un degré d'internalisation accru ainsi que d'un coût de contrôle également croissant.

La filiale à 100 % constitue la note la plus élevée d'une gamme sur laquelle l'entreprise va jouer simultanément et non pas par substitution. Les *joint-ventures* 50-50 et majoritaires semblent avoir la faveur de certaines entreprises des secteurs de haute technologie ; c'est en effet dans ces domaines que la sensibilité des entreprises à la montée des coûts de coordination et de contrôle est la plus forte. La recherche de solutions apportant un compromis entre une internalisation relative et des coûts de contrôle moindres et/ou partagés est donc active dans ces entreprises.

1.2.5.3. *Les formes d'investissement direct : acquisitions, créations et implantations conjointes*

Jusqu'à la fin des années 1960, les investissements directs à l'étranger prenaient essentiellement la forme de filiales créées *ex nihilo*. Depuis la première moitié des années 1970 et avec un sommet atteint au milieu des années 1980, les acquisitions-fusions ont pris le relais des créations de site. Ainsi, à la fin des années 1980 aux Etats-Unis, près de 85 % des investissements étrangers étaient consacrés à des achats d'entreprises existantes, contre 15 % à la création de filiales (F. Hatem *et al.*, 1990). La préférence actuelle des entreprises occidentales, y compris des entreprises débutantes sur un plan international pour cette forme d'investissement direct à l'étranger, s'explique essentiellement par des raisons liées à la rapidité, au risque et à la sous-capitalisation des entreprises-cibles :

– l'achat immédiat d'une part de marché et de son support stratégique constitué par les réseaux de distribution permet de gagner du temps dans le déroulement des affaires sur un marché étranger (voir l'analyse au paragraphe 1.2.) ;

– les études sur les risques et les rentabilités comparés entre la création de filiales et l'acquisition demeurent partielles et peu concluantes ; cependant la tendance des années 1980 a mis en évidence l'importance de la certitude de la réalisation d'un rachat d'une société existante par rapport au risque d'un investissement nouveau, et donc plus incertain, dans un pays éloigné ;

– la croissance très forte de l'investissement direct à l'étranger dans les années 1980 a coïncidé avec la sous-capitalisation de beaucoup d'entreprises américaines et européennes et la chute de leur valeur boursière ; elle a par conséquent favorisé le mouvement des acquisitions internationales.

Coûteux en capital, risqué dans le domaine des hautes technologies, vite obsolète au rythme des raccourcissements du cycle de vie des produits, le contrôle à 100 % des implantations étrangères s'est effacé dans certains secteurs au profit de formules d'associations entre firmes éventuellement concurrentes. Moins onéreuses et moins risquées, les *joint-ventures* fleurissent comme des notes nouvelles de la gamme des modes de présence à l'étranger. Suscitées par les pays d'accueil de l'investissement ou choisies par les co-investisseurs, les *joint-ventures* ne sont pas seulement moins chères et

---

4. Voir dans cette Encyclopédie l'article de E. Allix-Desfautaux et P. Joffre, « Coûts de transaction », p. 750, tome 1.

moins risquées, elles constituent également un support multiplicateur de savoir-faire technologique, industriel et commercial.

Le développement rapide des acquisitions et des *joint-ventures* (multipliées par quatre entre 1987 et 1991) atteste de la nécessité d'apprendre vite, sinon d'acheter des savoir-faire et des parts de marché seul ou en copropriété, afin de résister à la montée des coûts de recherche et développement parallèlement à la réduction de la durée de vie des technologies et des produits. Il limite en conséquence la portée des explications de l'internationalisation, fondées sur l'ouverture progressive et l'apprentissage graduel.

2. La logique de la globalisation

Selon une classification déjà ancienne, on oppose la filiale relais, reproduction en miniature de la maison-mère, à la filiale atelier ou maillon spécialisé d'une constellation d'établissements. Avec la filiale réseau, le défi auquel est confrontée l'entreprise mondialisée réside dans l'intégration et l'interconnexion rationnelle des différents sites et établissements de l'entreprise – logique de globalisation ou de rationalisation d'un territoire-monde. Cette dernière logique met principalement l'accent sur la recherche d'efficience de l'entreprise au plan mondial. Dans cette perspective, les avantages spécifiques de la firme mondialisée résident plus dans sa capacité à créer, à acquérir et à coordonner les ressources au-delà des frontières et dans différents lieux que dans la possession d'un savoir-faire particulier. Cette transition et ce basculement de logique dans certaines grandes entreprises multinationales se situent après le second choc pétrolier de 1979. La logique de globalisation s'impose alors, non comme le résultat exclusif d'une supposée homogénéisation des besoins et des goûts, mais comme une démarche volontariste de l'entreprise à la quête de nouvelles réductions de coûts dans un espace géographique aux frontières dessinées.

Le paradoxe relevé par de nombreux experts entre les impératifs économiques de globalisation et les exigences nationales des Etats, voire le localisme de certaines demandes, peut être, à l'instar d'un nœud, desserré mais pas totalement dénoué. Le management international s'inscrit de plus en plus dans une logique de choix paradoxaux qu'il s'agit d'accepter comme tels en assurant une gestion en tension permanente entre les deux termes du paradoxe. Ceci ne dispense pas les gestionnaires de rechercher, soit à réduire la complexité des problèmes par une gestion sélective, tant externe (recentrage) qu'interne (en termes de structure), soit à accepter et à gérer la complexité par une action à trois niveaux, sur la forme de l'organisation, sur la gestion des hommes et sur la manière d'appréhender les marchés.

2.1. La définition de la globalisation : intégration mais pas standardisation

Pour certains, la globalisation est un « cri de guerre à l'intention des multinationales » (J.C. Usunier, 1992) dans un univers qui n'est certainement pas encore à l'heure du marketing standardisé. Pour d'autres, c'est le seul salut de l'entreprise dans un monde où les préférences des consommateurs et des clients s'universalisent. Il est utile de fournir une définition plus technique et plus économique de la globalisation et d'en analyser les causes et les implications au niveau de l'entreprise. On peut définir la globalisation comme un stade d'internationalisation avancé de l'entreprise qui suppose l'intégration de ses activités au plan mondial dans toutes ses dimensions : gestion, contrôle financier, recherche et développement, production et marketing. Contrairement à la standardisation, la globalisation s'appuie sur des différences entre les zones économiques pour en tirer le meilleur parti par une gestion harmonisée des différentes fonctions au sein d'espaces territoriaux différenciés. Le terme anglais *globalization* devrait être traduit par *mondialisation*. L'OCDE préfère cependant conserver l'expression anglaise qui a un contenu plus étroit. Il signifie plus précisément l'internationalisation du système productif (OCDE, 1993).

Contrairement à certains idées reçues, la gestion sur une base planétaire n'exclut pas que les entreprises gardent une forte identité nationale (M. Hannoun et G. Guerrier, 1996).

2.1.1. Les industries globales et les industries multidomestiques

S'il est difficile à travers les nombreuses études qui ont été faites de repérer une véritable globalisation de la demande, la classification proposée par M.E. Porter (1987) permet de distinguer deux types d'industries : celles qui opèrent sur une base multidomestique et celles qui opèrent sur une base mondiale. Un nombre croissant d'industries deviennent globales.

Dans les industries multidomestiques, la concurrence dans chaque pays est indépendante de la concurrence dans les autres pays. Dans les industries globales, la situation concurrentielle de l'entreprise dans un pays est affectée par sa position dans d'autres pays. L'interdépendance concurrentielle que l'on observe dans des industries telles que les téléviseurs, les photocopieurs, les montres ou la pharmacie caractérise fondamentalement la globalisation.

Les stratégies dépendantes de ces types d'industries peuvent être représentées dans le graphique 2, selon deux dimensions : le degré de coordina-

Graphique 2 – Les types de stratégies internationales

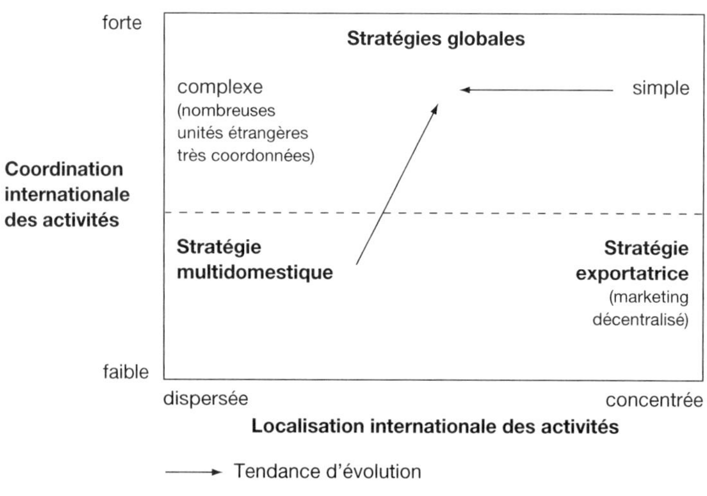

Source : D'après M.E. Porter (1987) et repris de J. Savary, *Des stratégies multinationales aux stratégies globales dans l'Europe industrielle – Horizon 93*, tome 1, Paris, La Documentation Française, 1989.

tion internationale des activités et le degré de dispersion (ou de concentration) des activités de l'entreprise. Les stratégies globales se caractérisent à la fois par une forte coordination des activités et un degré variable de localisation.

2.1.2. Les facteurs générant la mondialisation

On peut distinguer trois catégories de facteurs permettant la mondialisation sans que l'on sache toujours parfaitement si certains de ces facteurs ne sont pas en fait les résultats du phénomène étudié. Il en est ainsi de la technologie qui à la fois contribue à la mondialisation et amplifie le phénomène de mondialisation.

2.1.2.1. Les facteurs de coût

Même si les facteurs de coût n'ont pas la même importance selon les secteurs et les produits concernés, la quête de vastes marchés décloisonnés est liée à l'objectif de dimension que requièrent des secteurs comme celui des biens intermédiaires, de la chimie ou de l'automobile. Parmi ces facteurs de coût, on retiendra l'importance des coûts fixes ou quasi fixes qu'il convient de répartir sur des espaces géographiques suffisamment larges, la montée des dépenses de recherche et développement pour lesquelles les effets de seuil jouent à plein, et les dépenses de marketing et d'organisation commerciale qui constituent à la fois des facteurs de coût et des clés de la réussite internationale.

2.1.2.2. Les facteurs liés à la demande

Ces facteurs sont bien connus des spécialistes du marketing qui, depuis une vingtaine d'années, identifient des tendances convergentes vers une préférence universelle pour des produits normalisés à des prix raisonnables, le tout vendu avec des méthodes de commercialisation de plus en plus proches. Un nombre significatif d'échecs de marketing international, dus à une prise en compte insuffisante des différences culturelles y compris à l'intérieur du pays choisi, montre qu'à l'inverse le processus de mondialisation est poussé par l'offre plutôt que tiré par la demande. Cependant la mondialisation n'exclut pas des différences entre espaces économiques imparfaitement décloisonnés ; tout est affaire de degré ; d'où l'émergence du principe « penser globalement mais agir localement ».

2.1.2.3. Les facteurs dépendants des stratégies des entreprises

Le plus souvent, on observe une mondialisation des secteurs industriels à la suite d'un mouvement stratégique de mondialisation d'une entreprise qui conduit par mimétisme ou par nécessité économique le reste du secteur à adopter le même comportement. Dans ce cadre qui rejoint l'analyse de M.E. Porter (1987) sur l'évolution vers des stratégies plus globales, c'est bien l'entreprise qui mondialise le secteur pour conquérir un avantage compétitif fondé sur une configuration supposée meilleure de la firme.

En jouant simultanément sur la répartition des activités fonctionnelles dans le monde et sur la coordination adéquate de ces activités, l'entreprise mondialise le secteur. Elle participe ainsi largement à la construction de son environnement sectoriel.

2.1.3. La signification de la mondialisation au plan du management

La mondialisation est un objectif vers lequel tendent de nombreuses entreprises avec le souci constant d'intégrer plus étroitement leurs diverses composantes. Cette intégration n'est pas sans poser des problèmes au plan des ressources humaines moins « internationalisables » que les autres actifs.

2.1.3.1. Un objectif d'efficience et de rationalisation au plan mondial

Ainsi que le montre l'objectif de globalisation affirmé par Procter and Gamble en 1990, la logique du même nom relève d'un souci de meilleur usage des ressources et d'une volonté systématique de réapplication des bonnes idées, quelle que soit leur source géographique – de marque à marque, d'unité de vente à unité de vente, d'usine à usine. Comme le souligne le rapport annuel de 1990, dans le passé les idées de nouveaux produits et de nouvelles technologies prenaient naissance aux Etats-Unis puis étaient transférées dans les filiales de Procter and Gamble dans le monde. Aujourd'hui, on favorise au maximum une circulation des idées et de la technologie à l'intérieur de l'espace Procter and Gamble. Ainsi les détergents compacts ont été développés et commercialisés pour la première fois par Procter and Gamble Japon. De même, l'Europe a participé activement à l'amélioration de l'impact des produits Procter and Gamble sur l'environnement (lessives et nettoyants ménagers). De façon plus générale, on observe une dispersion plus grande des sources d'innovation et des centres techniques Procter and Gamble (Grande-Bretagne, Belgique, Mexique ou Allemagne). Si la connexion des unités dispersées dans le monde est bien à la base de la globalisation dans l'entreprise, la décentralisation est la condition d'une internationalisation réussie.

2.1.3.2. Les difficultés de mise en œuvre d'un management global

La mondialisation a pu parfois servir d'alibi à la recentralisation du management des entreprises internationales. La reprise en main de certaines filiales dont la mission, jusqu'au début des années 1980, a été de s'adapter aux conditions locales ne s'est pas déroulée sans heurts (c'est le cas de Black and Decker), ni retours en arrière (à l'image de Parker). La résistance des responsables des filiales à ce qui constitue en fait un transfert du pouvoir de décision vers le siège est parfois très forte et peut s'accompagner d'une tension au plan de l'encadrement de l'entreprise, voire de départs et de licenciements.

2.2. Des choix de management paradoxaux et complexes

La recherche de l'efficience au niveau mondial conduit l'entreprise à coordonner fortement l'ensemble de ses composantes. Cependant, la variation des goûts de la clientèle, les réglementations nationales et les politiques industrielles des pouvoirs publics constituent des incitations à gouverner également leurs organisations sur le plan local. Si des entreprises comme Asea Brown Boveri ont pris le parti d'une gestion en tension permanente entre ces forces contraires et semblent fonder leur stratégie sur la gestion du paradoxe, la mise en œuvre du management des entreprises globalisées pose des problèmes complexes liés en plus à la triple dimension de l'entreprise internationale : les activités/produits, les fonctions et les zones géographiques.

2.2.1. Asea Brown Boveri ou la gestion paradoxale

Asea Brown Boveri est une entreprise multinationale issue de la fusion entre Asea, entreprise suédoise, et Brown Boveri, entreprise suisse, bénéficiant toutes deux d'une grande réputation sur le marché des équipements et des systèmes électriques. Elle se définit selon les propos de son président-directeur général comme « une entreprise mondiale et locale », en quelque sorte une entreprise caméléon, suisse quand il le faut, française quand cela est nécessaire et indienne lorsque le gouvernement local réclame des solutions adaptées. Asea Brown Boveri est en fait un groupe d'entreprises locales fortement coordonnées au sommet. Les entreprises locales sont éventuellement mises en concurrence, mais Asea Brown Boveri est régulée en dernière instance par le siège de Zurich où travaillent seulement 100 personnes sur les 240 000 employés que compte la société. Cette organisation n'implique pas que toutes les entreprises du groupe aient une activité globale ; au contraire, il est fortement recommandé aux filiales nationales d'épouser les contours de chacun des marchés où Asea Brown Boveri est implantée. En résumé, l'entreprise encourage simultanément l'exploitation des avantages d'une offre globale – spécialisation de la fabrication des composants, maximisation des économies d'échelle, partages croisés des compétences techniques – et la réponse adaptée face à des demandes locales spécifiques. Cette entreprise à la fois mondiale et locale fonctionne grâce à une structure matricielle fort complexe, distinguant entre le comité de direction et l'entreprise locale (1 100 dans le monde) deux autres pôles de fonctionnement : les branches d'activités (*business areas*) dont le fonctionnement s'effectue à l'échelle globale (50 en 1991), et les segments, regroupements des branches d'activités (huit contrôlés directement par le comité de direction). Pari audacieux que celui d'une gestion en tension, car les exigences paradoxales sinon contradictoires de l'entreprise ont conduit très récemment les dirigeants à une importante réorganisation qui va dans le sens d'une plus grande centralisation.

2.2.2. Les facteurs de complexité du management global

La complexité des problèmes de management tient tout d'abord aux exigences paradoxales d'intégration mondiale et de différenciation locale. Qu'une des exigences soit anormalement satisfaite et c'est l'ensemble de la gestion qui en pâtit. Il est donc nécessaire qu'elles soient réalisées de façon conjointe. Mais, plus encore, l'entreprise internationalisée fonctionne selon trois dimensions : les activités (produits), les fonctions (fabrication, marketing, recherche et développement...) et les espaces géographiques. Les entreprises, selon les secteurs, ont tendance à hiérarchiser l'une ou l'autre de ces dimensions sur lesquelles se développe l'activité de l'entreprise.

A l'intérieur d'une même entreprise, la configuration peut changer pour chacun des triptyques activités/fonctions/zones, c'est dire que le degré de coordination et d'adaptation aux conditions locales peut varier sur les trois dimensions. Ainsi, les produits chimiques (schéma 5) constituent une activité nécessitant une forte coordination internationale mais une faible adaptation aux demandes locales, à l'inverse des produits alimentaires qui requièrent une forte adaptation à la demande locale mais une faible coordination.

La même diversité apparaît dans les fonctions : ainsi la vente et la recherche et développement sont opposées du double point de vue de la coordination et de l'adaptation. Au plan des zones géographiques ou des pays, on retrouve tous les cas de figure possibles associant le degré de dispersion et le degré d'adaptation, comme le montre le schéma 5.

Schéma 5 – La diversité organisationnelle d'Unilever

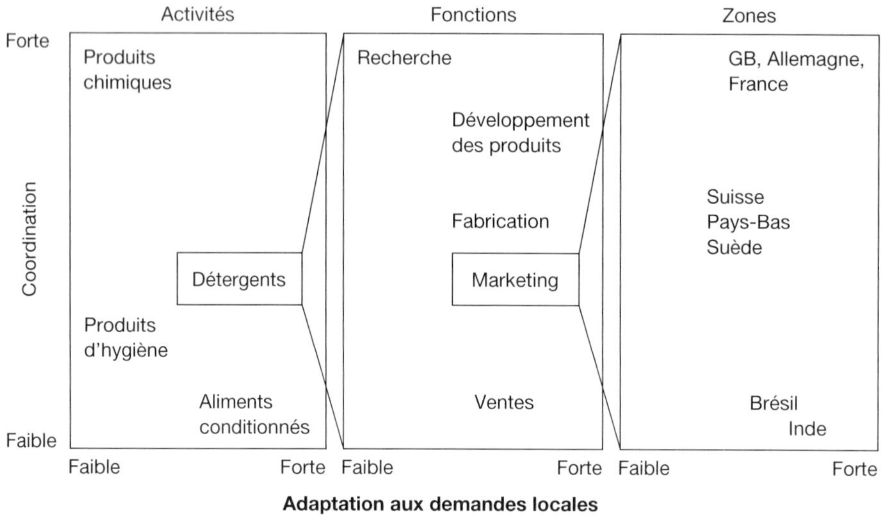

Source : D'après C. Bartlett et S. Ghoshal, « Managing across borders », *Sloan Management Review* (Autumn 1987), p. 46. Repris dans G. Kœnig, *Management stratégique. Visions, manœuvres et tactiques*, Paris, Nathan, 1990, p. 336.

La diversité des configurations retenues constitue en soi un facteur de complexité auquel les entreprises internationales ont pendant longtemps apporté une réponse quasi unique : la structure matricielle (voir dans la suite de cet article). Les solutions aux problèmes complexes et paradoxaux du management international sont plus larges que la seule réponse en termes d'organisation, tant dans le souci de réduire la complexité que dans celui de l'accepter et de le gérer pleinement.

2.2.3. Les solutions aux problèmes des entreprises mondialisées

Si la réduction des problèmes par le recentrage des activités et par la mise en œuvre d'une structure d'organisation adéquate constitue une approche somme toute raisonnable du management international, il semble que face à un problème complexe seule une solution de même type n'appauvrisse pas le mode de gestion de l'entreprise internationalisée. Ce courage souhaité par beaucoup d'experts n'est cependant pas sans écueils ni sans difficultés de mise en œuvre.

2.2.3.1. La réduction de la complexité

Une gestion sélective des activités est un facteur de réduction de la complexité des affaires internationales. La clarification de l'organisation de l'entreprise peut également permettre de diminuer la complexité.

2.2.3.1.1. Le recentrage des activités et la mondialisation

Dans la décennie 1980, le recentrage des groupes industriels[5], c'est-à-dire la pression exercée sur les groupes par la « force de rappel du métier », est allé de pair avec une internationalisation croissante. La corrélation entre les deux évolutions (spécialisation et mondialisation) n'indique cependant pas le lien de causalité. On considère à juste titre que les impératifs de la mondialisation en termes de coût excluent toute dispersion de ressources et impliquent une relative spécialisation. Mais, inversement, des groupes très centrés sur leur métier (Legrand ou Moulinex en France, par exemple) et disposant de ressources préfèrent épuiser les potentialités internationales d'une gamme de produits plutôt que de se lancer dans de nouvelles activités. Le recentrage est donc un facteur de réduction de la complexité dont on retrouve également les effets au plan de la structure de l'entreprise mondialisée.

2.2.3.1.2. La réduction de la complexité par la recherche de structures adaptées

Depuis le développement des entreprises multinationales dans les années 1950, le problème de l'organisation de l'entreprise ayant des capacités de production à l'étranger a reçu des solutions différentes selon les époques, la nationalité des entreprises ou leur secteur d'activité. Mais, de façon plus universelle, l'entreprise a cherché à réduire la complexité en donnant la priorité dans l'organigramme à l'une des trois dimensions : produits-activités, fonctions ou zones géographiques. Si l'on suit en particulier l'évolution des structures des entreprises multinationales américaines, on constate que la division internationale constitue le premier stade de l'organisation. Dans un deuxième temps, l'entreprise opte soit pour une division mondiale par produits, soit pour une division par zones géographiques, chacune étant responsable de toutes les activités dans un espace géographique donné. Quelle que soit la structure choisie, division par produits ou par zones, le point d'aboutissement est la solution matricielle[6] dont la caractéristique consiste à donner à chaque responsable opérationnel deux supérieurs hiérarchiques (zone-produit, produit-zone ou zone-fonction) afin de maintenir l'équilibre entre des préoccupations d'importance équivalente, à savoir l'efficience globale de l'entreprise, le souci de répondre aux exigences locales des marchés et l'excellence des différentes fonctions de l'entreprise (marketing, recherche et développement, production, etc., voir le schéma 6).

2.2.3.2. *Accepter et gérer la complexité du management international*

Si la réduction de la complexité semble un objectif difficile à atteindre du fait des exigences paradoxales du management international, il reste à accepter cette complexité grâce à une gestion non plus sélective mais confédérée. Trois facteurs peuvent y contribuer : l'introduction de la télématique dans l'organisation de l'entreprise mondialisée, le développement d'une

5. Voir dans cette Encyclopédie l'article de L. Boyer, « Recentrage des firmes », p. 2809, tome 3.

6. Voir également dans cette Encyclopédie l'article de A. Desreumaux, « Structures de l'entreprise », p. 3147, tome 3.

Schéma 6 – Modèle des phases structurelles internationales de Stopford et Wells

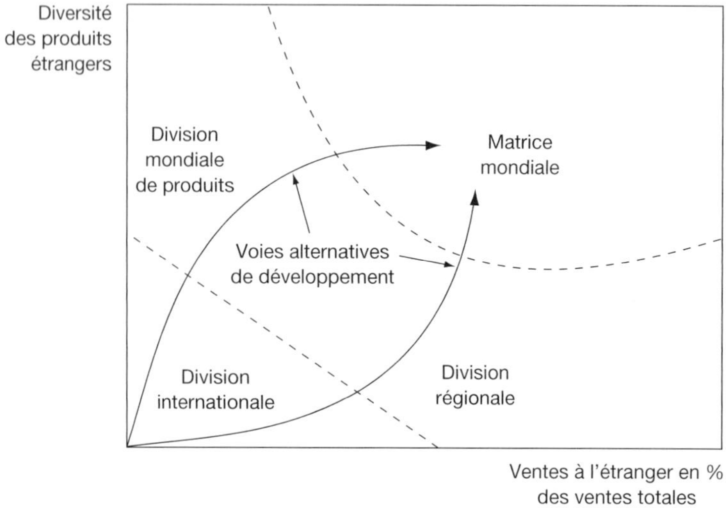

Source : C.A. Bartlett et S. Goshal, *op. cit.* dans S. Urban, *Management international*, Paris, Litec, 1993, p. 132.

culture d'entreprise qui transcende les cultures nationales et un marketing conçu à l'échelle mondiale, mais capable de répondre aux exigences locales.

2.2.3.2.1. L'introduction de la télématique et l'émergence de l'« entreprise-réseau »

L'avènement de la télématique a profondément modifié les systèmes de gestion et d'information des entreprises[7]. Une enquête portant sur plus de 40 entreprises américaines et européennes au milieu des années 1980 a souligné l'impact des réseaux de télématique dans le fonctionnement et la structure de ces entreprises mondialisées (OCDE, 1992). La structure de ces entreprises évolue, selon les termes des experts, vers « une combinaison de divisions par produit responsables des tâches de production au niveau mondial, de filiales nationales limitées à des tâches commerciales et d'unités fonctionnelles centrales chargées de la gestion des flux d'information, de produit et de ressources financières ».

Le développement de ces « multinationales électroniques » permet, en particulier, de répondre à la tension permanente entre, d'une part, une centralisation et un contrôle étroit de l'ensemble du réseau et, d'autre part, la flexibilité nécessaire au niveau des filiales. Cependant la communication par voie électronique n'est pas exempte de défauts et de biais qui en limitent la portée et surtout la généralisation. Les entretiens en tête à tête avec les divers composants du réseau s'avèrent indispensables pour les problèmes techniques et dans le domaine des secteurs de la haute technologie.

7. Voir dans cette Encyclopédie l'article de D. Roux et D. Soulié, « Nouvelles technologies de l'information et gestion de l'entreprise », p. 2140, tome 2.

2.2.3.2.2. *Des systèmes de gestion des hommes adaptés au management international*

Les entreprises internationales gèrent des problèmes de ressources humaines complexes, du fait des nationalités différentes et de la dispersion géographique des unités qui ne favorisent pas la cohésion culturelle de l'ensemble. Or, dans un environnement mondial fortement concurrentiel, les avantages de toute nature, y compris technologiques, sont parfois de courte durée et très souvent imitables. Dans ces conditions, les ressources en hommes apparaissent comme la richesse la plus inimitable et la plus performante si tant est que les systèmes d'évaluation et de récompense soient adaptés au management international.

Les travaux sur ce thème révèlent les dysfonctionnements et les effets de synergie possibles entre la stratégie internationale et le système d'évaluation-récompense. Dans le domaine des systèmes d'évaluation-récompense, on peut distinguer :

– ceux qui se caractérisent pas un contrôle informel (partiellement ou totalement) individualisé par la relation de subordination à l'égard du dirigeant. La performance est plus collective qu'individuelle, les résultats globaux et généraux primant sur les performances des divisions et des centres de profit ;

– ceux qui se fondent sur une mesure quantitative des performances (*return on investment*, chiffre d'affaires, quota de vente...). Les mesures sont fréquentes, quasi anonymes sinon impersonnelles et peuvent se traduire par des bonus salariaux importants. Les systèmes fondés sur les performances favorisent non pas la culture d'entreprise et toutes les autres formes de socialisation interne mais l'épanouissement individuel *stricto sensu*.

Si l'on croise cette classification des systèmes fondés sur la hiérarchisation et ceux fondés sur la performance avec celle opérée précédemment entre la stratégie multidomestique et la stratégie globale, on obtient un tableau à quatre cases, reproduit au schéma 7.

Les entreprises des quadrants 1 et 3 ont, semble-t-il, la meilleure adéquation entre la stratégie et les systèmes d'évaluation ; c'est le cas d'IBM et de

Schéma 7 – Stratégies globales et systèmes de récompense

	Systèmes de récompense **Hiérarchie**	**Performance**
Stratégie globale	1) IBM, ATT, Matsushita, Sony, Toyota, Honda, Ciba-Geigy, Lucky Gold **Management des cadres et culture de réseau**	2) General Electric, Westinghouse, Motorola, Rockwell International, Chrysler **Management des cadres et culture de marché**
Stratégie multidomestique	4) Philips, Campbell Soup, Asea Brown Boveri **Sélection des cadres et culture de réseau**	3) Nestlé, Unilever, Pepsico **Sélection des cadres et culture de marché**

Source : D. Lei, J.W. Slocum, R. Slater, « Global Strategy and Reward Systems : the Key Role of Management Development and Corporate Culture », *Organizational Behaviour* (Autumn 1990), p. 27-41.

Matsushita pour le quadrant 1 et de Nestlé, Pepsi-Cola et Univeler pour le quadrant 3. A l'inverse, les firmes du quadrant 2 (General Electric ou Motorola) s'exposent à des dysfonctionnements du fait d'un système d'évaluation et de récompense qui ne favorise pas la solidarité nécessaire entre unités intégrées dans une même stratégie globale. Le quadrant 4 (Philips par exemple) met en jeu des entreprises en transition, subissant également un décalage entre la stratégie et le système d'évaluation. Les entreprises du quadrant 4, encore soumises aux forces des stratégies nationales, n'exploitent pas au-delà des frontières leur culture propre.

La logique de la mondialisation, plus difficile à mettre en œuvre, suppose donc une forte culture d'entreprise et des systèmes d'évaluation et de récompense fondés sur un mode de régulation plus près du clan que du marché. Les programmes de développement des cadres, axés sur l'adhésion à un projet d'entreprise fort, constituent un puissant levier de la stratégie globale, à condition que le respect des différences locales et des cultures nationales ne soit pas exclu du management. Encore une fois, tout excès de simplification et de refus de la complexité inhérente à la gestion internationale des ressources humaines constitue un appauvrissement pour l'entreprise.

2.2.3.3. *Un marketing global et non standardisé*

Le marketing est une des fonctions les plus exemplaires quant à la complexité du management international[8]. Si l'on rejette d'emblée le simplisme d'un marketing universellement standardisé, très vite abandonné d'ailleurs dans les faits, le dilemme auquel est confrontée l'entreprise mondiale est celui de trancher entre les exigences de la production (tournées vers la standardisation) et celles du marketing (orientées vers la différenciation infinie de l'offre). Cependant, les spécialistes de la stratégie industrielle ont montré que, depuis plus de vingt ans, ce dilemme s'atténue avec une production « plus flexible » permettant de différencier les produits sans augmentation sensible des coûts. Ainsi la conception modulaire des produits joue simultanément sur les économies d'échelle au niveau des composants et de la variété de l'offre au plan du produit fini[9]. Avec cinq moteurs, six boîtes et deux types de ponts, Mercedes propose soixante véhicules différents. Christofle différenciait les couverts selon les pays à partir de trois ou quatre grands types de manches.

Sans tomber dans les excès du marketing adaptatif dont le seul objectif est la recherche de particularités et de différences et non de similarités et d'invariants, l'expérience des entreprises montre que l'on peut arriver à concilier les exigences globales (voir le cas de Procter and Gamble précédemment développé) et le respect des spécificités locales.

*

* *

Avec deux logiques complémentaires et non concurrentes, des concepts plus nombreux, l'internationalisation de l'entreprise ne trouve plus seule-

---

8. Voir dans cette Encyclopédie l'article de J.M. De Leersnyder, « Marketing international », p. 1852, tome 2.
9. Voir dans cette Encyclopédie l'article de J.C. Tarondeau, « Produit », p. 2594, tome 3.

ment ses particularités dans la distance commerciale qui sépare les marchés. Au management à distance, caractéristique des entreprises qui s'ouvrent aux marchés étrangers, s'ajoute le management paradoxal où l'entreprise poursuit des objectifs à la fois contradictoires et complémentaires : rendement global, efficacité locale et sécurité de l'ensemble. La mondialisation est un objectif vers lequel tendent les entreprises dont la croissance géographique a atteint ses propres limites. Elle reflète le souci d'efficience, indissociable de l'innovation que constitue la globalisation de l'entreprise.

Références

BATSCH L., *La croissance des groupes industriels*, Paris, Economica, 1993.

BOUYEURE C., *L'investissement international*, Paris, PUF, « Que sais-je ? », 1993.

CROUÉ C., *Marketing international*, De Boeck Wesmael, 1993.

DE LEERSNYDER J.M., *Marketing international*, 2e éd., Paris, Dalloz, 1986.

DUNNING J.H., *Explaining International Production*, Londres, Unwin Hyman, 1988. Cité dans OCDE, *La technologie et l'économie*, Paris, 1992, p. 236.

ECONOMIE ET INDUSTRIE, *Lettre trimestrielle de la Compagnie Saint-Gobain* (n° 68, décembre 1992).

ECONOMIE ET INDUSTRIE, *Lettre trimestrielle de la Compagnie Saint-Gobain* (n° 71, septembre 1993).

FETZ A., « Les PME internationales », *Problèmes Economiques* (n° 2317, 17 mars 1993), p. 17-21.

FORSGREN M., « Managing the International Multi-Center Firm : Case Studies from Sweden », *European Management Journal* (vol. 8, 1990), p. 261-267.

GRANDUT C. (du), « Les investissements directs internationaux : ampleurs et conséquences », *Futuribles* (n° 149, décembre 1990), p. 55-57.

HANNOUN M., GUERRIER G., « Les échanges intragroupes dans la mondialisation », *Sessi* (1996).

HATEM F., VAILLANT J.P., WAUTIER B., « Mondialisation de l'industrie française », *Chroniques de la SEDEIS* (n° 10, 15 octobre 1990), p. 346-359.

JOFFRE P., KŒNIG G., *Gestion stratégique*, Paris, Litec, 1992, p. 201 et plus particulièrement le chapitre 5, « L'acteur paradoxal ou la gestion constructive des contradictions », p. 165-185.

KŒNIG G., *Management stratégique : visions, manœuvres et tactiques*, Paris, Nathan, 1990, chap. 10.

LEI D., SLOCUM J.W., SLATER R., « Global Strategy and Reward Systems : the Key Role of Management Development and Corporate Culture », *Organizational Behaviour* (August 1990), p. 27-41.

MELIN L., « Internationalization as a Strategy Process », *Strategic Management Journal* (vol. 13, 1992), p. 98-118.

OCDE, *La technologie et l'économie*, Paris, 1992.

OCDE, *Revue STI*, n° spécial sur la globalisation n° 13, décembre 1993.

PORTER M. (éd.), *Competition in Global Industries*, Harvard Business School Press, 1987, repris de J. Savary, *Des stratégies multinationales aux stratégies globales dans l'Europe industrielle, Horizon 93*, t. 1, La Documentation Française, p. 79-102.

TAYLOR W., « Comment je construis une entreprise mondiale, un entretien avec B. Barnevik, PDG de ABB », *Harvard-l'Expansion* (été 1991), p. 46-59.

USUNIER J.C., *Commerce entre cultures*, t. 1, Paris, PUF, 1992.

WELCH L.S., LUSOTARINIEN R., « Internationalization : Evolution of a Concept », *Journal of General Management* (vol. 14, n° 2, Winter 1988), p. 34-55.

WICKHAM S., « Investissements directs et filiales étrangères à travers l'espace industriel européen », *Economie Appliquée*, t. 42 (n° 4, 1989), p. 87-112.

WICKHAM S. « Fragmentation, politique mondiale et globalisation », *Chroniques de la SEDEIS* (n° 12, 15 décembre 1992), p. 469-476.

Mots clés

Acquisition, alliances interentreprises, approvisionnement international, filiale, globalisation, internationalisation, investissements directs à l'étranger, joint-venture, management international, mondialisation, ouverture internationale, portefeuille de marchés, recentrage, segmentation transnationale, structure matricielle.

Gouvernement de l'entreprise

Gérard Charreaux

Depuis quelques années, à la suite des nombreuses affaires qui ont agité les milieux économiques dans la plupart des pays développés et de dysfonctionnements évidents du système économique, de nombreux débats se sont ouverts concernant les prises de contrôle, les rémunérations des dirigeants, les responsabilités des dirigeants et des administrateurs, la composition et le rôle du conseil d'administration, l'information et le rôle des actionnaires, le régime de la faillite... Tous ces aspects mettant en cause la répartition des pouvoirs dans l'entreprise relèvent d'un même champ d'investigation, la *corporate governance*, traduit de façon approximative et contestable par « gouvernement de l'entreprise ».

Au-delà de l'actualité immédiate, il est d'usage d'attribuer l'émergence de ce domaine au débat ouvert par A. Berle et G. Means (1932) sur les conséquences de la séparation des fonctions de propriété et de décision qui caractérise les grandes sociétés par actions américaines, les sociétés « managériales ». Cette séparation entraîne un risque de spoliation des petits actionnaires par les dirigeants censés échapper à tout contrôle. Elle est à l'origine de l'intervention du législateur visant à protéger les intérêts des petits porteurs. La création de la Securities and Exchange Commission (SEC), aux Etats-Unis, qui a inspiré ultérieurement celle de la Commission des Opérations de Bourse, trouve ses fondements dans les débats ouverts à cette époque.

Au sens large, le champ du gouvernement de l'entreprise dépasse l'étude des seules relations entre les actionnaires et les dirigeants et recouvre les questions liées à la *répartition des pouvoirs dans l'entreprise*. Il a pour objet *l'étude des systèmes qui délimitent les pouvoirs décisionnels des dirigeants*. Cette définition conduit à étudier l'ensemble des relations qu'entretient une entreprise avec ses différents *stakeholders*, c'est-à-dire l'ensemble des agents détenant une « créance légitime » sur l'entreprise, liée à l'existence d'une relation d'échange. Les *stakeholders* incluent ainsi les salariés, les clients, les fournisseurs, les créanciers financiers mais également les pouvoirs publics, les hommes politiques, les médias et plus généralement l'environnement sociétal...

Ce courant poursuit des objectifs simultanément explicatifs et normatifs. Il cherche, en premier lieu, à identifier les déterminants des différents systèmes de gouvernement, notamment nationaux, qui coexistent, à comprendre leur fonctionnement et à évaluer leurs efficacités respectives en termes de création de valeur. Il s'interroge, en second lieu, sur la façon de faire évoluer les différents systèmes de gouvernement, notamment par les voies législatives et réglementaires. Les questions étudiées apparaissent ainsi particulièrement ambitieuses ; il s'agit finalement d'évaluer les aptitudes respectives des différents systèmes de gouvernement à permettre aux entreprises de créer de la valeur de façon stable et durable. Mais, tout en étant ambitieuses, elles touchent à des aspects très précis, tels que la nature et le rôle des administrateurs, la répartition des droits de vote, l'actionnariat des salariés, les relations avec les banques, le règlement de la faillite...

Afin de préciser le contenu de ce domaine, nous allons en nous appuyant sur un cadre théorique présenter les différentes composantes des systèmes de gouvernement. Puis nous comparerons les caractéristiques des deux principaux systèmes de gouvernement des entreprises : les systèmes anglo-saxon et germano-nippon.

1. Les composantes des systèmes de gouvernement des entreprises

Bien que l'étude de ces systèmes relève de champs disciplinaires multiples, nous retiendrons un cadre théorique économico-financier, reposant principalement sur les théories de l'agence[1] et des coûts de transaction[2], pour identifier les mécanismes composant le système de gouvernement et en proposer une typologie.

1.1. Le cadre théorique

Le fondement commun aux différentes théories économico-financières du gouvernement de l'entreprise se situe dans le *principe d'efficacité*. Un système de gouvernement est d'autant plus efficace qu'il permet aux firmes de maximiser la richesse créée pour l'ensemble des *stakeholders* concernés. Une efficacité supérieure implique, selon le principe de sélection naturelle qui sous-tend cette démarche, une plus grande capacité de survie des firmes.

1.1.1. Les sources du cadre théorique

Malgré un certain nombre de travaux précurseurs, le cadre théorique actuel trouve principalement son origine dans les travaux fondateurs de A.A. Alchian et H. Demsetz (1972), de M.C. Jensen et W.H. Meckling (1976) et de E.F. Fama (1980).

A.A. Alchian et H. Demsetz, en justifiant l'existence des firmes comme mode organisationnel préférable au marché sous certaines hypothèses, sont conduits à s'interroger sur les différents mécanismes composant le système de gouvernement. Leur argumentation repose sur le rôle central du dirigeant, interface entre les différents apporteurs de facteurs de production, afin de

---

1. Voir également dans cette Encyclopédie l'article de P. Raimbourg, « Asymétrie de l'information, théorie de l'agence et gestion de l'entreprise », p. 188, tome 1.

2. Voir également dans cette Encyclopédie l'article de E. Allix-Desfautaux et P. Joffre, « Coûts de transaction », p. 750, tome 1.

résoudre les problèmes posés par le travail en équipe, notamment ceux de mesure et de contrôle de la productivité et de la rémunération. Le contrôle du dirigeant s'effectue en priorité par les marchés des *inputs* s'ils sont suffisamment concurrentiels. Le statut de propriétaire, de « créancier résiduel » attribué au dirigeant, qui lui permet de s'approprier le profit final, intervient comme mécanisme disciplinaire complémentaire ; il conduit à abaisser le coût du contrôle. Le contrôle des autres *inputs* résulte du pouvoir conféré au dirigeant de fixer les caractéristiques des différents contrats et de les gérer. L'ouverture et la dispersion du capital entraînant un partage du profit avec d'autres actionnaires créent des problèmes de contrôle et d'incitation. Les autres actionnaires disposent de mécanismes permettant de discipliner les dirigeants en cas de performance défaillante : la concurrence entre dirigeants, le vote et la possibilité de céder librement les titres.

M.C. Jensen et W.H. Meckling étendent le cadre d'analyse précédent en introduisant la notion de relation d'agence – par exemple, celle qui lie les actionnaires jouant le rôle du principal ou mandant au dirigeant censé être leur agent ou mandataire – et en considérant l'ensemble des contrats établis par la firme, dont le statut se réduit à ne plus être qu'un « nœud » de contrats, une fiction légale. Cherchant principalement à expliquer la politique de financement, ils étudient prioritairement les conflits entre le dirigeant, les actionnaires et les créanciers. Ils partent d'une situation initiale où la firme est propriété exclusive de son dirigeant. L'ouverture du capital crée une relation d'agence et des conflits d'intérêt, sources de coûts, les « coûts d'agence ». Elle incite l'entrepreneur à accroître ses prélèvements non pécuniaires et atténue sa motivation. Les actionnaires peuvent lutter contre ce comportement qui leur est préjudiciable, en imposant la mise en place de procédures de contrôle (audit, contrôle budgétaire...) ou d'incitation (système de rémunération). Les marchés assurent également un rôle disciplinaire. La perte de contrôle du capital soumet les dirigeants à la discipline du marché du travail – les autres actionnaires pouvant recruter un autre dirigeant – et à la discipline du marché financier, les actionnaires pouvant céder leurs titres. Enfin, les actionnaires peuvent également intervenir, soit de façon directe par le droit de vote, soit de façon indirecte par le conseil d'administration.

Le recours à l'endettement permet au dirigeant-propriétaire de se soustraire à la discipline des actionnaires, mais crée une autre relation d'agence avec les créanciers. Ces derniers peuvent se protéger en recourant à des clauses contractuelles ou par la prise de garanties. La procédure de faillite constitue également un mécanisme de contrôle. M.C. Jensen et W.H. Meckling invoquent également le rôle de la réputation des dirigeants dans la réduction des coûts d'agence et la fonction de contrôle exercée par les analystes financiers.

A la différence de M.C. Jensen et W.H. Meckling, E.F. Fama étudie le cas extrême de séparation propriété/décision, caractéristique des firmes managériales. D'une part, il conteste la pertinence de la notion de propriété de la firme, n'acceptant que la seule propriété des facteurs de production, et en conclut que le contrôle des décisions des dirigeants n'est pas l'apanage des actionnaires. D'autre part, il distingue clairement les fonctions de direction et d'assomption du risque, confondues chez A.A. Alchian et H. Demsetz. Il consacre ainsi l'existence de deux facteurs de production distincts, la capacité managériale des dirigeants et la capacité à supporter le risque, assumée par les propriétaires. Une relation d'agence est créée si les dirigeants ne sont pas propriétaires.

Pour E.F. Fama, le principal mécanisme de contrôle est le marché des dirigeants, compte tenu de l'importance du capital humain dans leur patrimoine. Des mécanismes internes permettent de compléter la discipline assurée par ce marché, tels que la hiérarchie, la surveillance mutuelle entre dirigeants et surtout le conseil d'administration dont la tâche spécifique est de contrôler les principaux dirigeants, si nécessaire en les remplaçant. L'existence d'un marché concurrentiel des administrateurs externes (non-cadres de la firme) garantirait l'absence de collusion entre les administrateurs et les dirigeants et l'efficacité du mécanisme. Ce dernier se révélerait être moins coûteux que le mécanisme des prises de contrôle qui interviendrait en dernier ressort. Cette analyse conduit à distinguer les mécanismes disciplinaires externes (les marchés) des mécanismes internes, et à les hiérarchiser. Le mécanisme principal est le marché du travail, complété par les mécanismes internes et par le marché des prises de contrôle[3]. L'efficacité du système global dépend principalement de l'efficience du marché du travail.

Les ingrédients principaux constituant le cadre d'analyse du gouvernement de l'entreprise se trouvent ainsi identifiés :

– le dirigeant est au centre du nœud de contrats ; il apporte sa capacité managériale et prend les décisions conformément à ses propres objectifs ;

– s'il n'est pas propriétaire exclusif et s'il recourt à d'autres apporteurs de capitaux, actionnaires ou créanciers, il n'assume pas l'intégralité des risques et il y a conflit d'intérêt, source de coûts d'agence ;

– les différents mécanismes externes et internes ont pour rôle de réduire ces coûts d'agence.

1.1.2. L'élargissement du cadre théorique

Les analyses fondatrices ont privilégié l'étude des relations d'agence entre les dirigeants, les actionnaires et les créanciers. Elles peuvent être élargies afin d'intégrer d'autres *stakeholders*, en particulier les salariés, et approfondies pour mieux rendre compte de l'hétérogénéité de groupes tels que les actionnaires ou les créanciers.

Se distinguant de la théorie de l'agence qui privilégie la notion de conflit d'intérêt, associée à celle de relation d'agence, la théorie des coûts de transaction retient la transaction comme unité d'analyse et la spécificité des actifs supports de la transaction, comme concept central. Un actif est d'autant plus spécifique que son redéploiement vers un autre usage entraîne une perte de valeur importante.

S'appuyant sur le principe d'efficacité, O.E. Williamson (1985) analyse les mécanismes organisationnels qui permettent de gérer les différentes transactions entre la firme et les *stakeholders*, selon le critère de minimisation des coûts de transaction, ces derniers incluant les coûts d'agence. Il oppose les mécanismes intentionnels, issus d'un dessein de contrôle de la transaction,

3. Voir également dans cette Encyclopédie l'article de M. Nussenbaum, « Prises de contrôle, fusions, acquisitions », p. 2468, tome 3.

de nature institutionnelle, aux mécanismes spontanés, de nature contractuelle. Les premiers permettraient de gérer plus efficacement les transactions mettant en jeu des investissements fortement spécifiques. Ainsi, le conseil d'administration interviendrait pour contrôler la transaction avec les actionnaires, censée financer les investissements spécifiques à la firme. Inversement, la relation de prêt associée au financement d'actifs redéployables serait plus efficacement protégée par un mécanisme spontané et contractuel, sous forme de clauses ou de garanties.

Les salariés qui, dans le cadre de la relation salariale, effectuent des investissements en capital humain spécifique, liés à la firme, encourent un risque lié à la nature à long terme des contrats de travail. Des mécanismes tels que la cogestion ou la participation au conseil d'administration permettraient de préserver leurs intérêts et contribueraient à minimiser les coûts liés à cette transaction particulière. La protection des clients serait le plus souvent assurée, indépendamment de tout mécanisme institutionnel, grâce notamment à la marque qui fait intervenir la réputation de la firme[4] et aux contrats de garantie. Enfin, la transaction entre les dirigeants et la firme, à caractère spécifique élevé, justifierait, outre le recours à des mécanismes de protection contractuels (contrats de rémunération, indemnités en cas d'éviction), une protection institutionnelle assurée par la présence des dirigeants au conseil d'administration. Le conseil d'administration se verrait ainsi reconnaître un rôle secondaire de protection des intérêts des dirigeants.

L'analyse des relations avec les actionnaires, caricaturale dans les analyses initiales, doit être poursuivie et approfondie pour prendre en compte les structures réelles de répartition du capital[5]. Les firmes managériales sont peu répandues. Non seulement les dirigeants détiennent souvent une part significative du capital, mais certains actionnaires, par exemple les investisseurs institutionnels, peuvent détenir un pouvoir important avec un pourcentage relativement faible du capital. La présence d'un actionnaire influent résout fréquemment le problème traditionnel d'absence de contrôle émanant des actionnaires, posé par la dispersion de l'actionnariat.

Les créanciers financiers ne constituent pas non plus une catégorie homogène. On distingue ainsi « les dettes internes » contractées auprès des banques, des « dettes externes » négociées directement sur les marchés. Les mécanismes de gouvernement qui régissent les relations avec les banques ou avec les créanciers obligataires sont de nature et intensité différentes. La discipline exercée par les banques, notamment par le renouvellement des prêts et grâce à l'accès privilégié qu'elles ont à l'information interne à la firme, est souvent soulignée. Les banques assureraient ainsi une fonction de spécialiste du contrôle, ce qui conduirait les autres *stakeholders* à leur déléguer la mission de surveiller les dirigeants. Au Japon, ce rôle des banques, notamment de la banque principale, est souvent avancé comme étant un des facteurs déterminants de l'efficacité des firmes, d'autant plus que les banques y sont fréquemment les actionnaires principaux.

---

4. Voir également dans cette Encyclopédie l'article de B. Heilbrunn, « Marque », p. 1972, tome 2.

5. Voir également dans l'Encyclopédie des marchés financiers l'article de M. Nussenbaum, « Valeur de l'entreprise et structure de l'actionnariat ».

Le cadre théorique décrit précise les différents mécanismes qui délimitent l'espace discrétionnaire des dirigeants, avec pour objectifs de limiter les coûts de transaction, sans s'interroger sur le comportement des dirigeants. Ces derniers cependant ne sont pas passifs. Poursuivant un objectif d'enracinement, ils cherchent à neutraliser les différents mécanismes disciplinaires. La *théorie de l'enracinement* des dirigeants proposée par A. Shleifer et R.W. Vishny (1989) conduit ainsi à réinterpréter le rôle de certains mécanismes. Par exemple, les prises de contrôle justifiées dans la théorie de l'agence comme moyen d'évincer les dirigeants inefficaces peuvent également constituer un levier d'enracinement pour les dirigeants des firmes acquisitrices.

1.2. Une typologie des mécanismes composant les systèmes de gouvernement des entreprises

L'analyse théorique a identifié deux critères permettant de caractériser les mécanismes composant les systèmes de gouvernement des entreprises. Le croisement de ces critères conduit à proposer une typologie des mécanismes de gouvernement.

Dans la théorie de l'agence, le système de gouvernement recouvre l'ensemble des mécanismes ayant pour objet de discipliner les dirigeants et de réduire les coûts d'agence. Les différents travaux convergent pour retenir une typologie opposant les mécanismes internes aux mécanismes externes à la firme, sans d'ailleurs que le critère d'internalité soit défini de façon rigoureuse. Le contenu de ces deux catégories évolue selon les auteurs et s'est progressivement élargi avec l'avancement des recherches.

De façon extensive, les mécanismes externes comprennent le marché des biens et services, le marché financier, l'intermédiation financière, le crédit interentreprises, le marché du travail (notamment celui des cadres-dirigeants), le marché du capital social, constitué des différents réseaux de relations sociales et par-delà les marchés, l'environnement qu'il soit légal, politique, réglementaire, sociétal, culturel ou médiatique. Les mécanismes internes recouvrent le contrôle exercé par les actionnaires, la surveillance mutuelle entre les dirigeants, les contrôles associés aux structures formelles et informelles et le conseil d'administration.

Tableau 1 – Typologie des mécanismes de gouvernement

	Mécanismes internes	Mécanismes externes
Mécanismes intentionnels	– Contrôle direct des actionnaires (assemblée). – Conseil d'administration. – Structure formelle.	– Environnement légal et réglementaire.
Mécanismes spontanés	– Structure informelle. – Surveillance mutuelle. – Culture d'entreprise. – Réputation interne.	– Marchés des biens et des services, financier, du travail, politique, du capital social. – Intermédiation financière. – Environnement « sociétal », médiatique.

La théorie des coûts de transaction introduit un autre critère, l'intentionnalité du mécanisme, distinguant les mécanismes spontanés, de nature contractuelle, liés aux marchés, des mécanismes intentionnels, de nature institutionnelle, conçus dans le but de contrôler ou de limiter l'espace décisionnel des dirigeants.

La présence et le rôle de ces différents mécanismes sont contingents à la nature juridique ou à la taille de l'entreprise, et la composition et le fonctionnement du système varient significativement en fonction de la nationalité. Ainsi, le système de gouvernement d'une PME s'écarte sensiblement de celui d'une entreprise multinationale cotée, et celui des entreprises japonaises ou allemandes de celui des firmes américaines.

2. L'étude comparée des différents systèmes de gouvernement de l'entreprise

Les dirigeants prennent leurs décisions, notamment stratégiques, dans un cadre plus ou moins contraignant, fonction de la nature intentionnelle ou formelle des mécanismes et du degré concurrentiel des marchés externes. L'étude comparée des différents systèmes nationaux de gouvernement révèle, d'une part, des différences significatives et, d'autre part, des évolutions qui se font sous l'effet de la globalisation des marchés ou des volontés des hommes politiques. La performance économique nationale dépend vraisemblablement de la forme du système de gouvernement et de sa capacité à assurer les tâches de prévention – rôle préventif – et de résolution des crises – rôle curatif.

La plupart des études opposent les systèmes anglo-saxons (Etats-Unis et Grande-Bretagne) aux systèmes allemand et japonais, les systèmes latins – en particulier le système français – constituant une forme hybride. La logique qui permet de distinguer ces deux formes diffère selon les études. Certaines d'entre elles privilégient principalement le critère du mode de financement, marché contre banques (E. Berglöf, 1990 ; M.E. Porter, 1992 ; F. Allen, 1993)[6]. D'autres études (J. Franks et C. Mayer, 1992 ; P.W. Moerland, 1995) reposent sur une argumentation moins étroite, en opposant les systèmes internes (rôle dominant des comités) aux systèmes externes (rôle dominant des marchés), ou les systèmes orientés réseaux aux systèmes orientés marchés, ces derniers reposant fondamentalement sur des mécanismes spontanés de nature contractuelle.

A ces deux systèmes sont associées deux conceptions distinctes de la firme correspondant aux deux formes de capitalisme distinguées par M. Albert (1991). Dans les systèmes orientés marchés, la conception moniste de la firme, dont l'archétype est la firme managériale anglo-saxonne, prévaudrait. Le seul objectif serait de maximiser la richesse des actionnaires. Cette conception s'oppose à celle pluraliste du système alternatif, illustrée par la firme japonaise, qui retient une vision organique, fondée sur l'idée de coalition, où les intérêts des différents *stakeholders* seraient considérés simultanément.

---

6. Voir dans l'Encyclopédie des marchés financiers l'article de A. Hyafil, « Systèmes financiers et systèmes de gouvernance ».

Les principales caractéristiques des deux systèmes, issues des différentes études, sont résumées dans le tableau 2 et présentées en fonction des deux dimensions préventive et curative qui semblent déterminer l'efficacité du système.

Le système germano-nippon, plus consensuel, apparaît principalement régulé par des mécanismes internes. Il semble offrir une meilleure capacité préventive et favoriser la coopération et l'investissement à long terme. Il se révélerait particulièrement performant dans les secteurs économiques traditionnels. En revanche, sa rigidité impliquerait une moins bonne capacité curative.

Tableau 2 – Caractéristiques des deux formes de systèmes de gouvernement

		Système anglo-saxon externe ou orienté marchés	**Système germano-nippon interne ou orienté réseaux**
Dimension préventive	Actionnaires	Contrôle faible. – Capital diffus. – Contrôle exercé principalement par des institutionnels. – Contrôle passif fondé sur l'évolution du cours boursier. – Objectifs court-termistes.	Contrôle fort. – Capital concentré avec actionnaires dominants. – Participation fréquente des banques. – Structures de participations croisées. – Contrôle exercé plutôt par des acteurs industriels et la banque principale. – Contrôle actif plus axé sur le mode de direction et les décisions stratégiques. – Perspective à plus long terme.
	Créanciers	Contrôle passif. – Endettement bancaire plus faible. – Endettement par le marché important. – Relation à plus court terme.	Contrôle actif. – Relation de long terme. – Endettement important et bancaire. – Importance du crédit interentreprises. Association fréquente de la banque au capital.
	Salariés	Contrôle faible.	Contrôle fort. – Représentation au conseil d'administration. – Implication dans la décision.
	Rôle du conseil d'administration et des systèmes incitatifs	Contrôle faible. – Conseil dominé par les dirigeants. – Plus un rôle de conseil que de discipline, à nuancer selon la composition. – Modes de rémunération normalement plus incitatifs liés à la performance en termes de fonds propres. – Contrôle centré sur les résultats et le cours boursier.	Contrôle plus fort. – Conseil dominé par les principaux *stakeholders*. – Présence des banquiers et des salariés. – Réseaux d'administrateurs centralisés et denses. – Systèmes de rémunération moins incitatifs. – Contrôle à plus long terme, plus qualitatif et stratégique.

Tableau 2 – Caractéristiques des deux formes de systèmes de gouvernement (suite)

		Système anglo-saxon externe ou orienté marchés	**Système germano-nippon interne ou orienté réseaux**
Dimension curative	Transfert des droits de propriété	Relativement facile.	Plus difficile.
	Change-ment des dirigeants	Conflictuel, dépendant de l'enracinement. – Par le marché des prises de contrôle. – Entraîne plus de manœuvres d'enracinement vis-à-vis de l'actionnariat. – Importance du marché externe des dirigeants.	Plus facile. – Souvent négocié à l'intérieur du « groupe ». – Imposé de façon interne par les principaux *stakeholders.* – Importance du réseau des dirigeants.
	Possibilité de sortie des *stakeholders*	Plus facile.	Plus difficile (relations à long terme avec les banques et les salariés).
	Réorganisation en cas de difficultés	Plus conflictuelle. – Souvent de façon externe et légale.	Plus négociée, à l'intérieur du groupe. – Rôle important de la banque principale.

Le système anglo-saxon, principalement régulé par les différents marchés, permet un meilleur traitement de l'information. Les mécanismes internes jouent faiblement ; le système est peu consensuel et coûteux en termes de coûts d'agence. Sa capacité préventive apparaît faible ; inversement, sa capacité curative apparaît plus forte tout en étant coûteuse. Il serait censé conduire à une politique d'investissement sous-optimale, privilégiant une optique de court terme. Cependant, sa flexibilité et son adaptabilité seraient supérieures à celles du système concurrent.

Chaque système présenterait ainsi simultanément des avantages et des inconvénients, ce qui justifierait la survivance des deux formes correspondant à deux types d'équilibre organisationnel. Depuis la Seconde Guerre mondiale, la performance économique des systèmes orientés réseaux semble cependant supérieure, tout en étant apparemment plus équitable dans la répartition des gains de la croissance. Le meilleur partage du pouvoir décisionnel et des risques entre les différentes catégories de *stakeholders*, en garantissant une plus grande cohésion organisationnelle, conduirait à une plus grande efficacité.

*

* *

Le champ d'investigation du gouvernement des entreprises apparaît particulièrement vaste et complexe. Les questions irrésolues y sont particulièrement nombreuses, et nous sommes loin de disposer d'une théorie permettant de comprendre l'influence du système de gouvernement des entreprises sur les conditions de création de richesse, notamment dans les deux principaux systèmes qui règnent dans les pays développés.

L'interpénétration des différentes économies nationales, la globalisation des marchés des capitaux, la concurrence que se livrent les différentes nations font en outre que les différents systèmes s'influencent réciproquement. En particulier, sous la pression de la concurrence internationale, les environnements législatifs et réglementaires tendent à se modifier et apparemment à converger. Analysant plus particulièrement le cas de la firme japonaise, M. Aoki (1995) distingue ainsi quatre hypothèses possibles :

– *la convergence des deux systèmes* qui résulterait de certaines similitudes actuelles et des évolutions en cours, concernant tant l'affaiblissement du rôle de la banque principale au Japon que le renforcement des contraintes apportées à l'exercice des prises de contrôle et de l'interventionnisme des investisseurs institutionnels dans le système anglo-saxon ;

– *l'inconciliabilité des deux systèmes* qui s'appuie sur l'hypothèse d'incompatibilité de certains mécanismes entre les deux systèmes ; les influences réciproques induiraient une déstabilisation des deux systèmes qui entraînerait l'adoption de politiques isolationnistes ;

– *la disparition d'un des systèmes* qui suppose qu'à terme les caractéristiques d'un des deux systèmes s'imposeraient ; la globalisation en imposant les valeurs individualistes occidentales entraînerait la disparition du système japonais ; le système anglo-saxon l'emporterait non parce qu'il est le plus efficace mais parce qu'il impose ses normes culturelles ;

– *l'émergence d'une forme hybride* plus efficace, associée à l'émergence spontanée ou décidée politiquement d'un cadre institutionnel commun ; la création de la Communauté européenne constitue un exemple de formation d'un tel cadre commun à plusieurs systèmes.

Il est difficile *a priori* d'évaluer la probabilité de réalisation de chaque hypothèse. Tout dépendra en particulier des mesures réglementaires adoptées par les différents Etats. L'introduction de modifications brutales à l'intérieur des systèmes n'est cependant pas sans risque. Les conséquences non intentionnelles de mesures réglementaires et législatives peuvent se révéler particulièrement déstabilisantes. Comme en témoignent les difficultés rencontrées dans les anciennes nations du bloc communiste, la réforme d'un système de gouvernement est particulièrement complexe à mettre en œuvre.

Références

ALBERT M., *Capitalisme contre capitalisme*, Paris, Seuil, 1991.

ALCHIAN A.A., DEMSETZ H., « Production, Information Costs and Economic Organization », *American Economic Review* (1972), p. 777-795.

ALLEN F., « Strategic Management and Financial Markets », *Strategic Management Journal* (1993), p. 11-22.

AOKI M., « The Japanese Firm as a System of Attributes : a Survey and Research Agenda », *Revue d'Economie Industrielle*, numéro exceptionnel, hors-série (1er trimestre 1995), p. 83-108.

BERGLÖF E., « Capital Structure as a Mechanism of Control : a Comparison of Financial Systems », *in* M. Aoki, B. Gustaffson, O.E. Williamson, *The Firm as a Nexus of Treaties*, Sage, 1990.

BERLE A., MEANS G., *The Modern Corporation and Private Property*, New York, Macmillan, 1932.

FAMA E.F., « Agency Problems and the Theory of the Firm », *Journal of Political Economy* (April 1980), p. 288-307.

FRANKS J., MAYER C., « Corporate Control : a Synthesis of the International Evidence », Papier de recherche (November 1992), London Business School et City University Business School.

JENSEN M.C., MECKLING W.H., « Theory of the Firm : Managerial Behavior, Agency Costs and Ownership Structure », *Journal of Financial Economics* (October 1976), p. 305-360.

MOERLAND P.W., « Alternative Disciplinary Mechanisms in Different Corporate Systems », *Journal of Economic Behavior and Organization* (1995), p. 17-34.

PORTER M.E., « Capital Disadvantage : America's Failing Capital Investment System », *Harvard Business Review* (September-October 1992), p. 65-82.

SHLEIFER A., VISHNY R.W., « Management Entrenchment : the Case of Manager Specific Investments », *Journal of Financial Economics* (1989), p. 123-139.

WILLIAMSON O.E., *The Economic Institutions of Capitalism*, The Free Press, 1985.

Mots clés

Conseil d'administration, *corporate governance*, coûts d'agence, coûts de transaction, dettes externes, dettes internes, formes de capitalisme, gouvernement de l'entreprise, mécanismes de gouvernement, principe d'efficacité, principe de sélection naturelle, relation d'agence, spécificité des actifs, *stakeholders*, théorie de l'agence, théorie de l'enracinement, théorie des coûts de transaction.

Hygiène et sécurité dans l'entreprise

Jean-Paul Antona

L'hygiène et la sécurité sont devenues une préoccupation majeure dans les entreprises dans la mesure où elles concernent chaque jour les salariés, ouvriers ou employés, agents de maîtrise ou cadres, ainsi que tous les responsables d'unité économique, qu'ils soient dirigeants d'entreprise ou mandataires sociaux d'une société, directeurs d'établissement ou préposés ayant reçu une délégation de pouvoirs.

Nous analyserons tout d'abord les dispositions et les mesures élaborées par le législateur pour protéger la santé des salariés, favoriser et développer la prévention des accidents du travail et des maladies professionnelles au sein de l'entreprise, en nous attachant tout particulièrement à étudier les attributions, en ce domaine, du Comité d'hygiène, de sécurité et des conditions de travail (CHSCT). Nous examinerons ensuite les mesures répressives susceptibles d'être appliquées en cas de non-respect de la réglementation en la matière, et insisterons sur les notions de délégation de pouvoir et de faute inexcusable.

1. La prévention dans l'entreprise

Prévenir est l'objectif premier qui doit être rappelé en permanence aux dirigeants d'entreprise. Comment assurer cette prévention le plus efficacement possible ? En soumettant les salariés à un contrôle médical rigoureux, en renforçant le rôle joué par l'ingénieur de sécurité, en formant efficacement les salariés à la sécurité, en assurant une hygiène stricte dans l'entreprise et surtout en développant les attributions du CHSCT en matière de prévention.

1.1. La médecine du travail

Le législateur a défini les attributions du médecin du travail en fonction de la nature et des effectifs des entreprises[1]. De manière générale, les entreprises sont tenues d'organiser un service de médecine du travail.

1. Articles L. 241-1 à L. 241-11 du Code du travail.

1.1.1. Les visites médicales

Le médecin du travail doit procéder à trois sortes de visite médicale obligatoire auxquelles peuvent s'ajouter des visites complémentaires et une surveillance spéciale de certains salariés. Les visites médicales sont passées auprès du médecin du travail de l'entreprise ou d'un centre médical interentreprises.

Avant la signature du contrat de travail – donc avant l'entrée dans l'entreprise ou, plus souvent, pendant la période d'essai – tout salarié de l'entreprise doit être soumis à une visite médicale d'embauche.

La visite médicale périodique doit avoir lieu au moins une fois par an en vue de s'assurer que le salarié est toujours apte au poste de travail occupé.

Après une absence pour cause de maladie professionnelle ou d'une absence de huit jours pour cause d'accident de travail, après un congé de maternité, une absence d'au moins vingt et un jours pour cause de maladie non professionnelle ou en cas d'absences répétées, les salariés doivent passer une visite médicale de reprise. Cet examen doit avoir lieu lors de la reprise du travail, au plus tard dans un délai de huit jours.

Le médecin peut prescrire des examens complémentaires nécessaires, tel le dépistage de maladies professionnelles ou contagieuses.

Le médecin du travail, enfin, exerce une surveillance particulière pour certaines catégories de salariés (travailleurs exerçant une activité dangereuse, handicapés, femmes enceintes, etc.).

1.1.2. Le rôle de consultant du médecin du travail

Le médecin du travail, dans le cadre de l'entreprise, est associé à l'étude des techniques nouvelles de production et à la formation à la sécurité organisée au bénéfice des salariés lors de l'embauche ou d'un changement de poste. Il est aussi consulté sur les projets concernant :

– la nature et la composition des produits utilisés ainsi que leurs modalités d'emploi,

– les résultats de toutes les mesures et analyses effectuées dans le cadre de sa mission de conseiller, afin d'éviter toute altération de la santé des salariés du fait de leur travail.

1.1.3. Le rôle de contrôle du médecin du travail

Le médecin du travail peut, aux frais de l'employeur, effectuer ou faire effectuer des prélèvements, des analyses, ou des mesures qu'il estime nécessaires, sauf recours de l'employeur en cas de désaccord auprès de l'inspecteur du travail qui, après avis du médecin inspecteur régional du travail, prend la décision adéquate.

1.1.4. La participation aux instances représentatives du personnel

Le médecin du travail assiste, avec voix consultative, aux réunions du comité d'entreprise dont l'ordre du jour comporte des questions relatives à la médecine du travail. Il fait obligatoirement partie du CHSCT, mais avec voix consultative, en tant que personne qualifiée.

1.1.5. Le rôle de conseil du chef d'entreprise, des représentants du personnel, des services sociaux et des salariés

L'article R. 241-1 du Code du travail fixe l'objet de la mission de conseiller du médecin du travail qui consiste en :

– l'amélioration des conditions de vie et de travail dans l'entreprise,

– l'hygiène générale dans l'établissement,

– l'adaptation des postes, des techniques et des rythmes de travail à la physiologie humaine,

– la protection des salariés contre l'ensemble des nuisances, et notamment contre les risques d'accident du travail ou d'utilisation des produits dangereux,

– l'éducation sanitaire en rapport avec l'activité professionnelle,

– l'hygiène dans les services de restauration.

1.2. L'ingénieur de sécurité

L'ingénieur de sécurité a pour but d'assister et de conseiller l'employeur dans l'élaboration et la mise en œuvre d'une politique de sécurité et d'hygiène du travail visant à :

– éliminer, prévenir ou réduire les dangers physiques, mécaniques, chimiques et biologiques,

– améliorer les méthodes et le milieu du travail en adaptant le travail aux salariés en fonction de leurs aptitudes physiques et mentales,

– faire progresser la connaissance des problèmes de sécurité et des techniques propres à les résoudre,

– informer et former les représentants du personnel chargés des questions de sécurité par toutes les méthodes adéquates (audiovisuel, réunions, discussions en groupe). L'ingénieur de sécurité est également membre de droit du CHSCT, mais avec voix consultative.

1.3. La formation des salariés à la sécurité

Le dispositif de renforcement des mesures préventives est prévu par la mise en place d'une formation des salariés à la sécurité. C'est ainsi que l'article L. 231-3-1 du Code du travail prévoit expressément que « tout chef d'établissement est tenu d'organiser une formation pratique et appropriée en matière de sécurité, au bénéfice des travailleurs qu'il embauche, de ceux qui changent de poste de travail ou de technique, des salariés intérimaires (à l'exception de ceux auxquels il est fait appel pour des travaux urgents), et, à la demande du médecin du travail, de ceux qui reprennent leur activité après un arrêt de travail d'une durée d'au moins vingt et un jours ».

L'objectif général de cette formation a été renforcé par le législateur : « instruire le salarié des précautions à prendre pour assurer sa propre sécurité et, le cas échéant, celle des autres personnes occupées dans l'établissement ». Cette formation se doit d'être pratique et appropriée. La loi a précisé que « l'étendue de l'obligation varie selon la taille de l'établissement, la nature de son activité, le caractère des risques qui y sont constatés et le type des emplois par salarié concerné ».

L'étendue de cette obligation de formation est très variable. Elle s'applique aux :

– nouveaux embauchés, quel que soit le contrat de travail ;

– salariés qui changent de poste de travail ou de technique et qui, de ce fait, sont exposés à des risques nouveaux ;

– salariés qui reprennent leur activité après une absence de plus de vingt et un jours ; à la demande du médecin du travail, ils peuvent être amenés à suivre une formation à la sécurité ;

– salariés exposés à des risques nouveaux soit après modification des conditions habituelles de circulation sur les lieux de travail ou dans l'établissement, soit après modification des conditions d'exploitation présentant notamment des risques d'explosion ou d'incendie ;

– salariés victimes d'accident du travail, d'une maladie professionnelle ou à caractère professionnel ;

– salariés d'une entreprise intervenante extérieure (entreprise sous-traitante ou travaillant en régie) effectuant des travaux dans l'entreprise utilisatrice ; le chef de l'entreprise intervenante doit faire connaître aux salariés qu'il envoie à l'extérieur les dangers auxquels ils peuvent être exposés.

La loi du 12 juillet 1990 relative au travail précaire a renforcé la réglementation concernant la formation à la sécurité des salariés intérimaires et des salariés à contrat à durée déterminée, affectés à des postes de travail présentant des risques particuliers pour leur santé ou leur sécurité eu égard à la spécificité de leur contrat de travail (art. L. 231-3-1, C. trav.).

Cette formation renforcée qui s'accompagne d'un accueil et d'une information adaptés à l'entreprise concerne les salariés affectés à des postes figurant sur une liste établie par le chef d'établissement, après avis du médecin du travail et du Comité d'hygiène, de sécurité et des conditions de travail ou, à défaut, des délégués du personnel s'il en existe. Cette liste est tenue à la disposition de l'inspecteur du travail. Le comité d'entreprise ou d'établissement et le CHSCT ou, à défaut, les délégués du personnel, sont consultés sur le programme et les modalités pratiques de la formation renforcée et sur les conditions d'accueil des salariés.

Ces dispositions ne remettent pas en cause l'interdiction d'affecter des salariés dont le contrat est précaire à des travaux particulièrement dangereux dont la liste est fixée par arrêté.

1.4. La réglementation concernant l'hygiène générale dans l'entreprise

Le législateur a complété sa politique préventive en obligeant les chefs d'entreprise à respecter une réglementation très stricte en matière d'hygiène des locaux, d'information du personnel (affichage obligatoire), et d'enregistrement des faits concernant l'hygiène et la sécurité survenus au sein de l'entreprise.

1.4.1. Les locaux de travail

Les articles R. 232-1 à R. 232-14 du Code du travail précisent les dispositions réglementaires concernant l'hygiène en milieu de travail. Les locaux de travail doivent :

– être tenus en état constant de propreté (nettoyage quotidien des sols, nettoyage fréquent des murs et plafonds, enduits refaits périodiquement) ;

– offrir un cubage d'air minimum : 7 m^3 par personne (10 m^3 dans les laboratoires, cuisines et locaux ouverts au public) ;

– être aérés, c'est-à-dire munis de fenêtres ouvrant sur le dehors, faisant l'objet d'un renouvellement d'air complet pendant l'interruption de travail, être débarrassés des poussières, des gaz incommodants, insalubres et toxiques au fur et à mesure de leur production ; être à l'abri de toute émanation provenant d'égouts, de fosses, de puisards, de fosses d'aisance, etc. ;

– être suffisamment éclairés (avec leurs dépendances : escaliers, passages) pour assurer la sécurité des salariés ;

– être chauffés pendant la saison froide pour assurer une température « convenable » et ne donner lieu à aucune émanation délétère ;

– être munis de sièges ; de façon générale, des sièges doivent être mis à la disposition des salariés, à leur poste de travail, lorsque la nature du travail est compatible avec la station assise, continue et intermittente ; dans certains établissements, pour le personnel féminin, le nombre de sièges doit être égal à celui des femmes employées ;

– comporter des moyens de prévention contre les bruits.

1.4.2. Les lavabos et les vestiaires

Les employeurs doivent mettre à la disposition des travailleurs les moyens d'assurer leur propreté individuelle, notamment des vestiaires, des lavabos, des cabinets d'aisance et, le cas échéant, des douches.

1.4.3. Les cabinets d'aisance

Dès l'instant où l'on occupe un salarié, il y a obligation d'installer des cabinets d'aisance ; ceux-ci ne doivent pas communiquer directement avec les locaux fermés où le personnel est appelé à séjourner. Il doit y avoir au moins un cabinet ou un urinoir pour 20 hommes, et 2 cabinets pour 20 femmes.

1.4.4. Les locaux affectés aux bains-douches

Dans les établissements où sont effectués certains travaux insalubres ou salissants, et dont la liste est fixée par arrêtés ministériels, des douches doivent être mises à la disposition du personnel dans les conditions fixées par ces arrêtés. Le sol et les parois du local affecté aux douches doivent permettre un nettoyage efficace. Le local doit être tenu en état constant de propreté. La température de l'eau des douches doit être réglable.

1.5. Les attributions du Comité d'hygiène, de sécurité et des conditions de travail

Elles sont fixées par les articles L. 236-1 à L. 236-13 du Code du travail.

1.5.1. Les attributions du Comité d'hygiène, de sécurité et des conditions de travail

Les attributions du CHSCT concernent la santé et la sécurité, d'une part, les conditions de travail, d'autre part.

1.5.1.1. *Les attributions en matière de santé et de sécurité*

Le CHSCT a pour mission de contribuer à la protection de la santé et de la sécurité des salariés de l'établissement et de ceux mis à la disposition par une entreprise extérieure, y compris les travailleurs temporaires, ainsi qu'à l'amélioration des conditions de travail. Le CHSCT est compétent à l'égard de tous les salariés intervenant dans l'établissement, quelle que soit leur situation. Le législateur a souligné la place particulière de certaines catégories de salariés :

– les femmes : le comité contribue à faciliter leur accès à tous les emplois, à répondre aux problèmes liés à la maternité, qu'ils se posent ou non pendant la période de grossesse ;

– les handicapés, les accidentés du travail, les invalides civils ou de guerre : le comité est consulté sur les mesures prises en vue de faciliter leur mise, remise ou maintien au travail, sur l'aménagement des postes de travail notamment.

1.5.1.2. *Les attributions en matière d'amélioration des conditions de travail*

Le CHSCT a pour mission de contribuer à l'amélioration des conditions de travail. Il doit être associé à la recherche de solutions concernant :

– l'organisation matérielle du travail (la charge de travail, le rythme, la pénibilité des tâches, l'élargissement et l'enrichissement des tâches),

– l'environnement physique du travail (la température, l'éclairage, l'aération, le bruit, la poussière, les vibrations),

– l'aménagement des postes de travail,

– l'aménagement des lieux de travail et leurs annexes,

– la durée et les horaires de travail, l'aménagement du temps de travail (pour le travail de nuit, le travail posté),

– les nouvelles technologies et leurs incidences sur les conditions de travail des salariés de l'établissement.

Le CHSCT est obligatoirement associé à la formation à la sécurité des salariés, notamment ceux exposés à des risques nouveaux, ceux victimes d'accident du travail ou de maladie d'origine professionnelle, ceux exposés aux gaz de fumigation, aux dangers de rayonnements ionisants dans les installations nucléaires de base.

1.5.2. Le rôle de contrôle

Le rôle du contrôle du CHSCT s'exerce en situation « ordinaire » et en cas de danger grave et imminent.

1.5.2.1. *Le rôle du CHSCT en situation « ordinaire »*

Le CHSCT a pour mission de veiller à l'observation des prescriptions législatives et réglementaires en matière d'hygiène, de sécurité et des conditions de travail. Le comité procède, à intervalles réguliers, à des inspections dans l'exercice de sa mission dont la fréquence est au moins égale à celle des réunions ordinaires du comité, c'est-à-dire au minimum trimestrielle.

Les membres du CHSCT ont accès au registre sur lequel sont portées les observations et les mises en demeure formulées par l'inspecteur du travail, relatives à des questions d'hygiène, de sécurité, de médecine du travail et de prévention des risques.

1.5.2.2. Le rôle du CHSCT en cas de danger grave et imminent

Parmi les dispositions les plus remarquables de la loi du 23 décembre 1982 figurent celles instituant, au profit de chaque salarié, le droit d'alerter l'employeur et le droit de s'éloigner de son poste de travail, s'il estime qu'une situation de travail présente un danger grave et imminent pour sa vie ou sa santé. De même, si un représentant du personnel au CHSCT constate qu'il existe une cause de danger grave et imminent, alerté notamment par un salarié qui s'est retiré de son poste de travail, il en avise immédiatement l'employeur ou son représentant, et il consigne cet avis par écrit sur un registre spécifique.

1.5.3. Les missions d'études et les enquêtes

Le CHSCT se prononce sur toute question de sa compétence, saisi par le chef d'entreprise ou d'établissement, le comité d'entreprise ou d'établissement et les délégués du personnel.

Le comité procède à l'analyse des risques professionnels auxquels peuvent être exposés les salariés de l'établissement, ainsi qu'à l'analyse des conditions de travail. Il procède également à l'analyse des risques professionnels auxquels peuvent être exposées les femmes enceintes.

Il contribue à la promotion de la prévention des risques professionnels dans l'établissement et suscite toute initiative qu'il estime utile dans cette perspective. Il peut proposer, à cet effet, des actions de prévention. Si l'employeur s'y refuse, il doit motiver sa décision.

Le CHSCT effectue également des enquêtes en matière d'accidents du travail ou de maladies professionnelles, ou à caractère professionnel.

2. La responsabilité pénale de l'employeur en matière d'hygiène et de sécurité – Les sanctions

Généralement, les délits concernant la répression en matière d'hygiène et de sécurité sont illustrés par des exemples dont la principale caractéristique est la gravité des conséquences de l'accident du travail (mort ou accident grave). Or, il peut y avoir infraction – et donc condamnation – sans pour autant qu'il y ait victime, ou que le (les) salarié(s) ai(en)t subi un dommage corporel.

2.1. Les principaux faits générateurs d'une infraction pénale

Les faits générateurs d'une infraction pénale sont au nombre de quatre.

2.1.1. L'inobservation des obligations générales d'hygiène et de sécurité

Pour qu'une infraction soit valablement constituée dans ce cadre, il faut que le fait répréhensible résulte de la méconnaissance générale à la fois des règles d'hygiène et de sécurité, concernant notamment les locaux et les matériels de travail (art. L. 231-1 et L. 231-7, C. trav.) et de celles visées par les articles R. 231-12 à R. 234-2-3 du Code du travail, à savoir :

- les conditions d'organisation du travail,
- les conditions d'aménagement du poste de travail,

– l'état des surfaces de circulation,
– l'état de propreté et d'ordre des lieux de travail,
– le stockage des matériaux et des produits de fabrication,
– le caractère approprié des matériels, des outils et des engins utilisés, leur contrôle et leur entretien.

2.1.2. L'inobservation d'obligations particulières à certaines activités, à certains secteurs ou à certains organismes

Est constitutif d'infractions le non-respect des textes concernant les appareils de levage, les machines dangereuses, les substances et produits dangereux, les liquides inflammables, les installations électriques, les objets pesant 1 000 kg ou plus, les installations sanitaires, les repas et boissons et l'atteinte à la constitution ou au fonctionnement régulier du CHSCT.

2.1.3. L'inobservation des dispositions préventives édictées par les caisses régionales d'assurance maladie

Le décret du 26 décembre 1978 vise toutes les infractions aux prescriptions des dispositions générales de prévention édictées par une caisse régionale ayant fait l'objet d'un arrêté d'extension à l'ensemble du territoire, en application de l'article L. 422-1 du Code de la Sécurité sociale (CSS). Ces infractions sont passibles d'une amende de 10 000 francs au plus.

2.1.4. Les manquements graves et répétés aux règles d'hygiène et de sécurité

L'article L. 263-3-1 du Code du travail dispose qu'en cas d'accident du travail survenu dans une entreprise où ont été relevés des manquements graves et répétés aux règles d'hygiène et de sécurité du travail, la juridiction saisie doit faire obligation à l'entreprise de prendre toutes mesures pour rétablir les conditions normales d'hygiène et de sécurité du travail par la mise en œuvre d'un plan de sécurité.

2.2. Les sanctions

Plusieurs peines peuvent être distinguées.

2.2.1. Les peines principales

Concernant les infractions à la réglementation générale : « Les chefs d'établissement, directeurs, gérants ou préposés qui, par leur faute professionnelle, ont enfreint la réglementation de l'hygiène et de la sécurité du travail, ainsi que les autres personnes qui, par leur faute personnelle, ont enfreint les autres dispositions (vendeurs, importateurs, etc.) sont punis d'une amende de 25 000 F au plus (...) et 60 000 F au plus et/ou emprisonnement d'un an au plus en cas de récidive » (art. L. 263-2 et L. 263-4, C. trav.). L'amende est appliquée autant de fois qu'il y a de salariés concernés par la ou les infractions relevées dans le procès-verbal.

2.2.2. Les peines complémentaires

A ces peines principales, le législateur a ajouté des peines complémentaires. Certaines d'entre elles doivent être prononcées par la juridiction saisie, d'autres sont laissées à son appréciation comme le délai dans lequel sont exécutés les travaux de sécurité et de salubrité, l'affichage du jugement, la publication dans la presse, la fermeture totale ou partielle de l'entreprise, l'interdiction d'exercer certaines fonctions.

2.2.3. La « peine originale » de l'article L. 263-3-1 du Code du travail : le plan de sécurité

Lorsque, à la suite d'un accident du travail survenu dans une entreprise où ont été relevés des manquements graves ou répétés aux règles d'hygiène et de sécurité, la responsabilité personnelle du chef d'entreprise n'a pas été retenue, le tribunal peut « faire obligation à l'entreprise de prendre toutes mesures pour rétablir des conditions normales d'hygiène et de sécurité ». Ce plan doit être soumis au comité d'entreprise et au CHSCT.

2.2.4. Les peines concernant les infractions prévues par le droit pénal

Le Nouveau Code pénal (N.C. pén.) fixe des peines d'emprisonnement et d'amende en cas de mise en danger d'autrui ou d'atteinte involontaire à la vie ou à l'intégrité de la personne.

« Le fait d'exposer directement autrui à un risque immédiat de mort ou de blessure de nature à entraîner une mutilation par la violation manifestement délibérée d'une obligation particulière de sécurité ou de prudence imposée par la loi ou les règlements, est puni d'un an d'emprisonnement et de 100 000 francs d'amende » (art. 223-1, N.C. pén.).

« Le fait de causer, par maladresse, imprudence, inattention, négligence ou manquement à une obligation de sécurité imposée par la loi ou les règlements, la mort d'autrui constitue un homicide involontaire puni de trois ans d'emprisonnement et de 300 000 francs d'amende. En cas de manquement délibéré à une obligation de sécurité ou de prudence imposée par la loi ou les règlements, les peines encourues sont portées à cinq ans d'emprisonnement et à 500 000 francs d'amende » (art. 221-6, N.C. pén.).

« Le fait de causer à autrui, par maladresse, imprudence, inattention, négligence ou manquement à une obligation de sécurité ou de prudence imposée par la loi ou les règlements, une incapacité totale de travail pendant plus de trois mois est puni de deux ans d'emprisonnement et de 200 000 francs d'amende. En cas de manquement délibéré à une obligation de sécurité imposée par la loi ou les règlements, les peines encourues sont portées à trois ans d'emprisonnement et à 300 000 francs d'amende » (art. 222-19, N.C. pén.).

« Le fait de causer à autrui, par un manquement délibéré à une obligation de sécurité ou de prudence imposée par la loi ou les règlements, une incapacité totale de travail d'une durée inférieure ou égale à trois mois, est puni d'un an d'emprisonnement et de 100 000 francs d'amende » (art. 222-20, N.C. pén.).

Il est à noter d'autre part que le Nouveau Code pénal prévoit la responsabilité pénale des personnes morales (sociétés, groupements d'entreprise, associations, etc.). En effet, l'article L. 121-2 alinéa 1 du Nouveau Code pénal stipule de façon expresse : « Les personnes morales sont responsables pénalement des infractions commises pour leur compte, par leurs organes ou représentants ». Les peines susceptibles d'être prévues à l'encontre des personnes morales sont d'une part l'amende, et d'autre part une ou plusieurs des neuf peines édictées à l'article 131-39 du Nouveau Code pénal. Le taux maximum de l'amende applicable aux personnes morales est égal au quintuple de celui prévu pour les personnes physiques par la loi qui réprime l'infraction (art. 131-38, N.C. pén.).

2.3. Les personnes responsables

Quelles sont les personnes pouvant être tenues pour pénalement responsables lorsqu'une infraction est commise en matière d'hygiène et de sécurité ou en cas d'accident du travail ?

2.3.1. Le chef d'entreprise

L'article L. 263-2 du Code du travail impute expressément la responsabilité des infractions en matière d'hygiène et de sécurité à celui qui, étant « chef d'établissement, directeur, gérant ou préposé », par sa faute personnelle, enfreint les prescriptions en vigueur. Peuvent être mis en cause :

– les dirigeants de sociétés anonymes à conseil d'administration, c'est-à-dire les administrateurs individuellement et solidairement, le président du conseil d'administration, le représentant permanent ;

– dans les sociétés anonymes à directoire : les membres du directoire et les membres du conseil de surveillance, mais la responsabilité de ces derniers est atténuée ;

– les dirigeants de SARL ;

– les dirigeants de fait, par exemple : un dirigeant assumant en fait la totalité des prérogatives du président ou une personne assistant au conseil d'administration de façon régulière sans en être membre.

2.3.2. Le personnel d'encadrement et de maîtrise

Il est certain que, du fait de la responsabilité inhérente à ses fonctions, le personnel d'encadrement et de maîtrise peut être poursuivi.

Le tribunal répressif doit déterminer si, par le contenu de la fonction occupée, par les pouvoirs qui sont attribués à cette fonction (pouvoir disciplinaire, pouvoir de commandement, indépendance financière), par l'organisation de l'entreprise, le cadre ou l'agent de maîtrise n'avait pas la possibilité de remédier à l'infraction existante. Fonction, autorité, salaire, responsabilité, tels sont donc les critères permettant de rechercher la responsabilité des cadres et des agents de maîtrise.

2.4. La délégation de pouvoirs

Corollaire de la responsabilité pénale de principe du chef d'entreprise, la délégation de pouvoirs permet à celui-ci de se décharger de cette responsabilité sur ses subordonnés.

2.4.1. Les conditions et la preuve de la délégation de pouvoirs

Toute délégation de pouvoirs pose trois questions essentielles : qui délègue ? qui reçoit la délégation ? quel est l'objet de la délégation ?

2.4.1.1. *Les conditions relatives au chef d'entreprise délégant*

Le délégant doit être le chef d'entreprise. Seul l'employeur est titulaire du pouvoir de direction : seul il peut et a le droit de déléguer ses propres pouvoirs. La délégation doit être un acte personnel du chef d'entreprise.

Le délégant doit diriger une entreprise de taille « suffisante ». Rien ne s'oppose en principe à ce que l'employeur délègue ses pouvoirs dans une petite et moyenne entreprise. Toutefois, dans la pratique, les délégations de pouvoirs sont surtout utiles dans les entreprises ayant plusieurs établissements ou divers chantiers car, dans ce cas, le chef d'entreprise n'est pas en mesure de veiller lui-même au respect de la réglementation.

2.4.1.2. *Les conditions relatives au préposé délégataire*

Le chef d'entreprise qui délègue ses pouvoirs à un préposé investi par lui doit choisir une personne qui a la compétence, l'autorité et les moyens nécessaires pour veiller efficacement à l'application des dispositions relatives à l'hygiène et à la sécurité des salariés sur leurs lieux de travail.

• *La compétence effective du délégataire.* Cette condition vise l'état des connaissances techniques du délégataire, ainsi que la compréhension des textes qu'il a charge de faire respecter. La compétence du titulaire de la délégation s'entend de son aptitude professionnelle à appliquer directement les règlements de sécurité.

• *L'autorité réelle du délégataire.* Il est nécessaire que le préposé désigné par le chef d'entreprise puisse disposer d'un pouvoir de commandement suffisant pour obtenir des salariés placés sous sa surveillance l'obéissance nécessaire au respect de la loi. Le respect de cette réglementation implique qu'il dispose d'un pouvoir disciplinaire, corollaire du pouvoir de commandement. La notion d'autorité s'apprécie le plus souvent conjointement à celle de compétence, dans la mesure où l'étendue de la compétence dont dispose l'intéressé détermine les limites même de l'autorité dont il est investi.

Le délégué doit disposer d'un minimum d'indépendance dans l'accomplissement de sa mission.

• *Les moyens mis à la disposition du délégataire.* Le préposé doit avoir à sa disposition les moyens matériels, humains, techniques et financiers lui permettant d'assurer la sécurité des salariés, de remédier à l'état de fait ou de fournir le matériel de protection adéquat (achat de casques, de ceintures de sécurité, etc.).

2.4.1.3. *La preuve et les formes de la délégation de pouvoirs*

Il appartient au chef d'entreprise qui veut s'exonérer de sa responsabilité d'apporter la preuve que sont effectivement satisfaites les conditions auxquelles la validité de la délégation est subordonnée. En tout état de cause, le mandat doit être officiel ; il doit avoir un objet précis et limité ; il doit être permanent et certain.

Cet acte peut être une délégation spécifique de pouvoirs, un contrat de travail, un avenant au contrat de travail, la convention collective, une note de service, une délibération du conseil d'administration, l'organigramme de la société, une analyse de fonction, une unité budgétaire, etc.

2.4.2. Les conséquences de la délégation de pouvoirs

Le but de la délégation de pouvoirs est de déterminer un autre responsable pénal que le chef d'entreprise, à savoir le préposé délégataire. L'employeur ayant procédé à une délégation de pouvoirs est donc exonéré de sa responsabilité pour les infractions aux règles d'hygiène et de sécurité dont le respect est à la charge du délégataire. Deux situations peuvent se présenter.

2.4.2.1. *La responsabilité alternative en matière d'infraction aux règles d'hygiène et de sécurité*

Dans ce cas, la responsabilité pénale du délégataire sera engagée dans les mêmes termes que celle du chef d'entreprise. L'exonération de l'employeur sera alors totale.

Des poursuites pourront être exercées contre le préposé délégataire, non seulement en ce qui concerne les infractions qu'il aura pu commettre en personne dans l'exercice de ses attributions, mais également pour celles commises par d'autres que lui-même « dans la sphère de l'entreprise soumise à son contrôle », c'est-à-dire par ses subordonnés. En matière d'infraction aux dispositions du Code du travail relatives à l'hygiène et la sécurité, la délégation opère, lorsqu'elle est valable, un transfert complet de la responsabilité : la même infraction ne peut être retenue à la fois contre le chef d'entreprise et contre son préposé titulaire de la délégation.

2.4.2.2. *La responsabilité cumulative en cas d'homicide ou blessure par imprudence*

En cas de blessure ou homicide par imprudence relevé à la suite d'un accident du travail, la responsabilité pénale fondée sur une infraction prévue par le Code pénal (art. 221-6, N.C. pén.) peut être cumulative : « Plusieurs fautes de droit commun – c'est-à-dire pour homicide ou blessure par imprudence – peuvent avoir concouru à la réalisation d'un accident du travail et être normalement retenues contre chacun de leurs auteurs ». Il en est ainsi en cas d'erreur dans la conception du travail.

2.5. La faute inexcusable

La faute inexcusable est caractérisée par les éléments suivants :

– c'est une faute d'une gravité exceptionnelle due à un acte ou à une omission volontaire,

– l'auteur de la faute doit avoir conscience du danger auquel il a exposé la victime,

– cette faute n'a pas de cause justificative,

– il y a absence d'éléments intentionnels, c'est-à-dire de volonté de nuire à la victime.

La faute inexcusable s'apprécie en fonction des circonstances propres à chaque cas.

L'existence d'une faute inexcusable de l'employeur entraîne diverses conséquences : la majoration de la rente attribuée à la victime ou à ses ayants droit, la majoration de la cotisation mise à la charge de l'employeur et la possibilité pour la victime et les ayants droit de demander des indemnités complémentaires.

• Compte tenu des circonstances, une majoration de la rente attribuée à la victime ou à ses ayants droit peut être décidée par la caisse primaire d'assurance maladie, en accord avec la victime et l'employeur ou, à défaut, elle sera fixée par le Tribunal des Affaires de Sécurité sociale compétent. Le montant de la majoration dépend exclusivement du degré de gravité de la faute et de ses conséquences, et non du préjudice subi. Il peut dépasser soit la fraction du salaire annuel correspondant à la réduction de la capacité de travail subie par la victime, soit le montant de ce salaire annuel. C'est la caisse de Sécurité sociale qui verse la majoration résultant de la réparation du préjudice au bénéficiaire, quitte ensuite à récupérer le montant auprès de l'employeur.

• Si une majoration de rente est décidée au bénéfice de la victime ou de ses ayants droit, celle-ci est récupérée par la caisse d'assurance maladie au moyen d'une cotisation supplémentaire imposée à l'employeur (art. L. 452-1, CSS). Le taux et la durée de cette cotisation sont fixés par la caisse régionale d'assurance maladie. Cette majoration ne peut, ni être perçue pendant plus de vingt ans, ni excéder 50 % de la cotisation normale de l'employeur, ni 3 % du salaire servant de base au calcul de cette cotisation (art. L. 452-1, CSS).

• Des indemnités complémentaires peuvent être demandées par la victime et les ayants droit. La victime peut demander au Tribunal des Affaires de Sécurité sociale de condamner l'employeur à lui verser, indépendamment de la majoration de la rente, des dommages et intérêts pour réparation du préjudice causé par les souffrances physiques et morales qu'elle a endurées, de ses préjudices esthétiques et d'agrément et du préjudice qui résulte de la perte ou de la diminution de ses possibilités de promotion professionnelle. Si la victime est atteinte d'un taux d'incapacité permanente de 100 %, il lui est en outre alloué une indemnité forfaitaire égale au montant du salaire minimum légal en vigueur à la date de consolidation. Les ayants droit bénéficiaires d'une rente, ainsi que les ascendants et les descendants qui n'ont pas droit à une rente peuvent réclamer la réparation de leur préjudice moral (art. L. 452-3, CSS).

*

* *

En 1993, l'ensemble du contentieux relatif, d'une part, aux règles d'hygiène, de sécurité et de médecine du travail, d'autre part, aux accidents du travail, a représenté 26 % des condamnations prononcées dans le domaine social, contre 30 % en 1990.

Ainsi, prévenir doit être l'objectif premier aussi bien du législateur que du monde patronal et des organisations syndicales ; prévenir les fautes aussi bien des dirigeants que des salariés ; prévenir les risques encourus aussi bien par les salariés que par leurs dirigeants ; prévenir les dangers provenant aussi bien de la machine que de l'homme.

Références

ANTONA J.P., BRUNOIS R., *Hygiène et sécurité dans l'entreprise*, Paris, Dalloz, 1991.
BOISSELIER J., *Traité d'hygiène et de sécurité du travail,* 2e éd., Société corporative d'hygiène et de sécurité dans les chantiers, Paris, 1978.
CHAUMETTE P., « L'actualisation du lien réparation-prévention », *Droit social* (1990), p. 724.
Dictionnaire permanent sécurité et conditions de travail, Paris, Editions législatives, 1995.
GRINSNIR J., « Sécurité et conditions de travail : le point sur les questions en évolution », *Droit ouvrier,* 1989, p. 335.
GRINSNIR J., « Les nouvelles dispositions relatives aux CHSCT », *Droit ouvrier* (1992), p. 170.
GUIRIMAND D., « Le chef d'entreprise et l'obligation de sécurité », *RJS* (1989), p. 111 et suiv.
Hygiène et sécurité : qui est responsable ?, Paris, Les Editions d'Organisation, 1981.
Juris-classeur – Travail, Hygiène et sécurité, Fascicules 33-10 à 33-45.
Lamy social 1995, « Hygiène, sécurité et santé », Division IX p. 625 à 673.
Prévention et gestion des risques industriels dans l'entreprise, Paris, Les Editions d'Organisation, 1979.
SEILLAN H., *L'obligation de sécurité du chef d'entreprise,* Paris, Dalloz, 1981.
VERNAZ C., « Le CHSCT », *Liaisons sociales* (n° 10492, 1989).
VIEILLE V., « L'obligation générale de sécurité du chef d'entreprise, nouvelle actualité », *Droit social* (1988), p. 185.

Mots clés

Cabinet d'aisance, Comité d'hygiène, de sécurité et des conditions de travail (CHSCT), délégation de pouvoirs, faute inexcusable, formation des salariés à la sécurité, ingénieur de sécurité, lavabos et vestiaires, locaux affectés aux bains-douches, locaux de travail, médecine du travail, responsabilité pénale (en matière d'hygiène et de sécurité), sanctions.

Informatisation : le problème humain

Jean-François Phélizon

Un savant anglais dédicaça un de ses livres, traitant de la transformée de Fourier, « à Dirac qui devina que c'est vrai, à Schwartz qui le démontra, et à Temple qui montra combien c'est simple ». De même, on pourrait saluer un Babbage qui devina que l'ordinateur était possible, et un Aiken, un Eckert ou un Mauchly qui le construisirent ; mais on serait bien en peine de trouver quelqu'un qui ait jamais montré que l'informatique, dans la globalité de ses composantes, est une chose simple. En effet, il ne suffit pas de la connaître, ni même d'en connaître l'usage. Il faut se situer par rapport à elle.

L'ordinateur a la qualité d'un outil, mais il doit son existence au fait d'avoir toujours été présenté et vendu comme une machine ou plus exactement comme un appareil destiné à *produire*. Il y a là une transposition fondamentale. Car la productivité n'implique pas toujours l'utilité. Il se trouve qu'un système informatisé peut très bien fabriquer des états complètement inutiles. Elle s'apprécie en fonction des hommes et aussi en fonction des circonstances. L'intérêt d'un tableau de bord, par exemple, dépend tout à la fois du moment où il est édité et de la personne qui est susceptible de s'en servir. De ce point de vue, le tableau de bord est unique. Il appartient à celui qui sait l'utiliser. Il s'oppose à l'état (qu'on appelle encore *état mécanographique)* en ce que celui-ci s'apparente à un bien fongible. La perception que l'utilisateur peut avoir de l'informatique se manifeste dans cette relation de possession des résultats fournis. Elle interfère évidemment avec la prestation du programmeur.

Des trois composantes de l'informatique : matériel, logiciel et personnel, la seule qui ait un caractère évident de productivité est la première. Le logiciel, lui, peut difficilement être considéré comme productif. C'est une expression, un discours, un moyen de communication beaucoup plus qu'un moyen de production. Quant au personnel, il fabrique bien sûr des programmes, mais à travers un langage. C'est dire qu'il lui faut se couler, s'insérer, se fondre dans un logiciel. Les programmes, lorsqu'ils s'exécutent, ne sont que des applications de raisonnements humains sur certains matériels.

Le logiciel concerne des produits qu'en général on appréhende mal. Il est difficile à peser, à mesurer et, comme l'a dit F.H. Raymond, sa réalisation implique des règles d'organisation nouvelles, des talents nouveaux, et du *métier*, là où l'expérience et l'imagination suppléent l'absence de science véritable. Un programme dicte à l'ordinateur la succession précise des instructions qu'il doit accomplir. Dès lors que ces instructions se comptent par millions en une seconde, l'esprit humain se trouve bien entendu dérouté. Mais corrélativement, il est d'autant plus facile au programmeur de personnaliser sa prestation, surtout si ses moyens d'expression sont *ouverts*.

Le problème du langage se pose en informatique de gestion et en process. Il se pose moins en informatique scientifique ou en informatique fondamentale (celle afférente au *système*), ou plutôt il se pose en des termes différents. Le chercheur scientifique ou l'ingénieur-système, de par la nature de leurs préoccupations, sont très proches des possibilités conceptuelles de l'ordinateur. Ils l'utilisent jusqu'à ses limites extrêmes. S'ils n'arrivent pas toujours à concrétiser leurs algorithmes, c'est par manque de moyens, parce que les fonctions même de l'unité centrale sont trop peu diversifiées. Qu'ils programment en assembleur, pour bénéficier de toutes les possibilités du matériel, ou bien qu'ils choisissent un langage plus évolué (qui souvent se révèle d'un maniement tout aussi difficile), ils le font en général en ressentant les limites de l'outil dont ils disposent.

Les informaticiens qui traitent des problèmes de gestion ou de process, au contraire, sont fort loin de ces limites. La notion d'algorithme est pour eux très réduite. Dans presque tous les cas, le traitement se rapporte à une succession de couples condition/action, et les programmes peuvent s'analyser d'une façon *linéaire*. Ainsi, les langages disponibles sont dans la pratique trop riches en possibilités structurelles.

En informatique de gestion, on observe en quelque sorte une surabondance de moyens. La tendance qui doit prévaloir est de restreindre les possibilités de personnalisation, soit en répandant l'usage de macro-langages rigides, soit en imposant des règles d'expression.

Nous partirons ici du constat que la nature profonde de la programmation est au niveau psychologique *une projection*. Cette projection, dont on ne voit le plus souvent que l'ombre, mais qui conditionne jusqu'à des structures, résulte de la composante non scientifique de l'informatique. Nous analyserons ensuite les anomalies observées de cette projection. Nous montrerons comment elles conduisent au dysfonctionnement de la surprogrammation qui, dans la plupart des applications de l'informatique, est un phénomène latent. Puis nous verrons comment l'absence de références concrètes a pu conduire certains informaticiens à entreprendre des applications « imaginaires », bien vite sublimées sous la pression de l'offre.

1. Programmation et projection

La programmation consiste essentiellement en une pré-vision. Un programme est conçu et réalisé longtemps avant de rentrer en service. Il est le fruit d'une analyse qui peut durer plusieurs mois et même plusieurs années. Une des servitudes de l'informatique, c'est d'être impraticable sans une préméditation rigoureuse. Le programmeur doit savoir précisément ce que l'utilisateur attend d'une informatisation. On ne lui demande pas seulement de confectionner des programmes avant que le projet démarre ; on lui demande aussi de mettre en évidence le classement des données et même leur collecte, parce qu'elles influencent les traitements qu'on a l'intention de leur faire subir. En réalité, toutes les occurrences doivent être prévues dans un programme. Tous les détails de la procédure à venir doivent y être anticipés. Ils doivent l'être d'autant plus que le taux d'indisponibilité est fixé bas.

Mais cette pré-vision n'est pas infaillible. Pour diverses raisons qui tiennent d'abord aux erreurs de jugement de l'informaticien, il va de soi que la certitude du succès n'existe pas en informatique. Même pour un programme qui a une forte probabilité de bien fonctionner, l'utilisateur ne peut prétendre obtenir la garantie d'une machine régulière. Il est vrai que la fonction d'un traitement, à l'échelle macroscopique, est généralement simple. Cependant, son étude élémentaire est parfois si minutieuse qu'il est impossible (ou beaucoup trop coûteux) d'envisager de le tester intégralement. Dans ce cas, les lois de la combinatoire rendent finalement illusoire toute constitution d'un jeu d'essai exhaustif.

Le simple fait qu'une procédure ou qu'un processus puisse en principe être programmé n'assure en rien son délai de conception, son coût de réalisation, l'efficacité de son fonctionnement ou la possibilité d'intégrer le traitement qui en résulte dans une configuration existante. Cela n'assure même pas que ce traitement puisse être maintenable : il se peut qu'on le programme mal, c'est-à-dire qu'on ne sache pas anticiper ses effets.

On peut parler de la fiabilité d'un programme. Mais uniquement en termes de probabilités ; pas au sens où l'on emploie le mot à propos d'une machine. En mécanique ou en électronique, les diverses pièces, les divers composants, les différentes connexions sont soumis à l'usure, à l'oxydation. Ils se détériorent avec le temps. En matière de logiciel, il n'en est rien. Le temps n'altère pas une procédure. Les programmes ne s'usent pas. Seulement, si les calculs effectués par un ordinateur sont naturellement reproductibles et fidèles, les données qu'il traite ne le sont pas toujours. Et c'est pourquoi les résultats peuvent être entachés d'erreurs. La moindre imprécision en amont est capable de fausser complètement le cours des résultats en aval. On en voit la raison : c'est qu'en aucun cas un programme ne s'adapte par défaut.

Cette absence d'auto-adaptation est primordiale. Elle impose que le raisonnement du programmeur soit non seulement prospectif, mais exhaustif, autrement dit qu'il s'applique aussi bien à l'objet du traitement qu'à son contexte. En informatique, une procédure n'est juste que par rapport à une certaine catégorie de données. Aussi bien, lorsqu'un programme ne fonctionne pas correctement, c'est parce qu'un certain nombre de distorsions en ont affecté l'analyse. Il se peut que l'environnement immédiat du programme ait été modifié (données, acceptation par les utilisateurs, volumes de traitement, etc.), mais alors il s'agit bien d'une analyse biaisée que nous pourrions qualifier *d'introvertie* parce qu'étant dépendante du sujet qui l'a entreprise, elle résulte en somme d'une projection abusive du facteur personnel. L'informaticien doit se situer par rapport à l'objet même de l'informatisation ; il ne doit pas le déformer. Sa projection, consciente ou non, constitue une cause d'altération manifeste – et quelquefois irrémédiable – de la globalité et de la sagacité de son analyse.

C'est à Jung que l'on doit d'avoir découvert la projection. Il l'a définie comme ce phénomène singulier mais essentiel par lequel un individu imprime sur un objet ou un être du monde ambiant une tonalité psychique qui est en réalité un trait de sa vie intérieure. Ce phénomène se révèle d'une importance égale à celle de la perception, si bien que l'individu a si l'on peut dire deux liens qui le rattachent psychiquement au monde : la perception et la projection. Ces deux liens, quoique s'exerçant en direction inverse, n'en sont pas moins d'une égale importance et d'une égale irrationalité.

La perception est ce que l'individu reçoit du monde par l'intermédiaire de ses sens. La projection est ce qu'il y investit. Ce sont les mirages, les chimères intérieures qui se plaquent sur l'objet et en altèrent la perception. La projection, dit Jung, estompe, modifie ou travestit la perception. Il lui arrive même de l'effacer : qu'on songe à ce propos au coup de foudre qui peut transfigurer à nos yeux un être humain banal, par projection sur celui-ci de l'image que nous portons de l'être idéal. « Vous voyez tout en moi à votre complaisance, mais c'est ne voir que vous… » dit Lust au Disciple dans *Mon Faust* de Valéry.

Certaines projections sont conscientes. D'autres ne le sont pas : elles restent occultées. Mais elles ont des effets bien plus importants, bien plus efficaces et bien plus dévastateurs. Lorsque, à force de contact avec la réalité et le quotidien, la reine du ciel se révèle n'être qu'une blonde insignifiante, on lui en veut de décevoir un beau rêve et on lui impute la responsabilité de cette déception parce qu'on ne cherche pas à s'en prendre à soi-même ni à ses fantasmes.

La projection du programmeur est d'autant plus trompeuse que le logiciel se prête à toutes les sublimations. On connaît le célèbre mot de Faust : « Tu ressembles à l'esprit que tu conçois ». L'ordinateur exécutant un programme constitue un assemblage intelligent. Il ressemble un peu à un être animé. Seulement, c'est le programmeur qui lui insuffle cette brillante apparence. Le programmeur ressemble au traitement qu'il conçoit.

La programmation est donc beaucoup plus qu'une application dans le temps. C'est aussi (et surtout) une transposition structurelle entre, d'une part, un psychisme et tout ce qu'il représente d'aventures et d'expériences, et, d'autre part, un matériel, ses aptitudes et ses contraintes. L'isomorphisme qui en résulte est spécifique de l'activité d'ordre artistique. La personnalité de l'écrivain se retrouve dans son œuvre parce qu'il s'agit d'une œuvre *d'art*. Si la personnalité du programmeur se retrouve dans ce qu'il écrit, c'est parce que la programmation est fondamentalement un art. L'informatique comporte une partie créative qui ressemble à celle que possèdent les artisans. Cette composante artisanale donne au logiciel une certaine caractéristique d'unicité. La programmation échappe en ce sens aux critères habituels de la production. Le programmeur, comme l'artisan, a une propension naturelle à travailler avec ses propres outils, et tout d'abord à se les forger. C'est pourquoi les programmes de consultation de tables ou d'inversion de matrice existent par milliers.

Tout ceci amène à dire que lorsqu'un traitement est inadéquat, ce peuvent être les qualités mêmes de l'informaticien qui sont à mettre en défaut. Il est donc clair qu'on ne fait pas de la bonne informatique en multipliant les analyses et les *mois-hommes*, et qu'il est peu réaliste de vouloir tenir les programmeurs pour gens interchangeables. Qu'on le veuille ou non, de leur personnalité dépend le traitement.

Cela est si vrai que la protection juridique s'exerçant sur les programmes est celle du droit d'auteur. Il est apparu, en effet, au législateur qu'on retrouve dans le logiciel les éléments nécessaires et suffisants à cette protection : originalité de la composition et de l'expression. Aussi les dispositions de la loi sur la propriété littéraire et artistique s'appliquent-elles au cas de reproduction de programme. En France, la loi du 2 janvier 1968 dispose que ne constituent pas des inventions industrielles les méthodes financières ou comptables, les règles de jeux, et tous autres systèmes de caractère abstrait, notamment les programmes ou séries d'instructions pour le déroulement des opérations d'une machine calculatrice.

Dans certaines organisations avancées, c'est l'analyste lui-même qui se charge de la programmation. Les deux tâches d'analyse et de programmation se trouvent ainsi étroitement mêlées, et la situation suivant laquelle une bonne analyse serait suivie d'une mauvaise programmation est théoriquement éliminée. Car il va de soi qu'une analyse adéquate ne garantit aucunement la qualité de la programmation. On peut se rappeler à ce sujet la boutade que Racine fit après avoir achevé le plan d'une de ses pièces : « Ma tragédie est faite, je n'ai plus qu'à l'écrire ». De même, ce n'est que par boutade qu'on pourrait dire : « Mon problème est analysé, je n'ai plus qu'à le programmer ». Un bon plan ne fait pas obligatoirement une bonne tragédie, et une bonne analyse ne donne pas forcément un traitement informatique satisfaisant.

Par pure ignorance, on a trop souvent tendance à minimiser l'importance de la programmation. On juge un programmeur comme s'il était une sorte de machine à traduire ou, pis, à coder. On lui demande un travail d'automate. Dans les services informatiques importants, la programmation est réservée à une population subalterne, mal formée et peu motivée. C'est alors la personnalité d'un personnel parfois dépourvu de finesse qu'on retrouve *ex post*, dans les listes des programmes. Laisser projeter les complexes d'un programmeur imaginatif, quel que soit son niveau, revient à pérenniser des procédures biaisées et à figer l'organisation qu'elles sous-tendent. Un logiciel d'application n'est autre qu'un faisceau de contraintes. Celles-ci ne sont pas toujours objectives. Aussi, faudrait-il pouvoir élaborer des méthodes permettant d'en apprécier la neutralité. En effet, les projections les plus manifestes donnent lieu bien souvent aux programmes les moins fiables.

Assez fréquemment, les programmes ou les analyses qui les sous-tendent ne sont pas clairs. Mais il est *toujours* plus facile de compliquer que de simplifier. Compliquer un programme, c'est satisfaire un certain goût pour le secret, c'est cultiver l'astuce technique. Dans tout informaticien sommeille l'esprit d'analyse, lequel prend place, comme l'a dit Edgar Poe, dans l'activité spirituelle qui consiste à se *débrouiller :* « Cet esprit tire du plaisir même des plus triviales occasions qui mettent ses talents en jeu. Il raffole des énigmes, des rébus, des hiéroglyphes. Il déploie dans chacune des solutions une puissance de perspicacité qui, dans l'opinion vulgaire, prend un caractère surnaturel ». Cet esprit d'analyse conduit directement à une forme de *surprogrammation,* dont le mobile est de prendre en charge des procédures contingentes.

Une autre forme de surprogrammation provient de l'altération de la capacité d'innovation. On dit que l'homme ne comprend bien que ce qu'il retrouve, et l'on peut se demander si l'action de programmer consiste à modeler la réalité ou bien si elle ne se réduit pas inconsciemment à se retrouver soi-même. Nous sommes naturellement portés à supposer que le monde est comme nous le voyons, fait remarquer Jung. Avec une égale légèreté, nous supposons que les hommes sont comme nous nous les figurons. Ceci en l'absence de toute physique qui nous démontrerait le caractère adéquat de la représentation et de la réalité. Quoique la possibilité d'erreur grossière y soit beaucoup plus considérable que pour les perceptions des sens, nous n'en projetons pas moins avec une irréflexion totale notre propre psychologie dans autrui. Chacun se crée ainsi un ensemble de relations plus ou moins imaginaires. Une situation que l'on juge à partir d'une perception altérée devient porteuse de symboles. Tous les contenus de notre inconscient sont constamment projetés dans notre entourage (en réaction à la perception que nous en avons), et ce n'est que dans la mesure où nous discernons ces projections, dans certaines particularités des objets, que nous parvenons à percevoir leurs attributs réels. Au contraire, quand nous ne sommes pas conscients de l'origine projective de telle qualité perçue dans l'objet, nous n'avons d'autre ressource que de croire sans examen qu'elle appartient réellement à l'objet.

L'altération de la perception due à la projection des contenus inconscients est une donnée psychique naturelle. Elle crée chez l'individu relativement primitif cette fusion caractéristique avec l'objet que Lévy-Brühl avait désigné du terme d'identité ou de *participation mystique*. Chez nos contemporains, qui n'ont pas plus que de coutume pris conscience d'eux-mêmes, cette identité se manifeste par toute une série de troubles de la vision prospective.

On comprend dans ces conditions comment se manifeste la surprogrammation. Elle ressemble à un pouvoir de blocage. Elle oppose aux exigences de l'utilisateur la compétence du programmeur, mais sous le couvert des aptitudes du matériel et du logiciel de base. Ce que l'ordinateur ne peut pas faire, c'est ce que le programmeur ne veut pas entendre. Trop souvent, cependant, ces aptitudes ne sont pas mises en cause. Il en résulte une grave mésentente. Raisonner en termes d'aptitudes, en effet, revient à considérer que les besoins d'information doivent être alignés sur les moyens disponibles. Or, faut-il circonscrire l'existant par des traitements pré-établis ? Peut-on rendre le prestataire d'un service à la fois juge et partie de son activité ? Ne compromet-on pas ainsi la qualité des décisions, la capacité d'adaptation de l'organisation concernée ? La projection des aptitudes du matériel sur les exigences de l'utilisateur est une anomalie particulièrement insidieuse.

Transcrire une procédure ne revient pas à établir puis à figer un règlement mais plutôt un code, c'est-à-dire un ensemble de conditions, de raisonnements, de jugements. C'est pourquoi l'informatisation implique l'abandon d'une certaine forme d'organisation. Dans une chaîne de facturation, la structure tarifaire est un reflet de la politique commerciale. Dans une chaîne de production, les procédures d'ordonnancement conditionnent la bonne marche de l'atelier. Plus généralement, la structure de codification des produits, par les agrégations qu'elle permet ou qu'elle empêche, prédétermine une certaine forme de gestion. Elle trace l'enveloppe des actions possibles. Dans une large mesure, plus la programmation est figée, plus l'informatique devient facteur d'immobilisme. Ainsi, pour se prémunir contre la circonscription artificielle des exigences, on ne devrait laisser programmer une procédure qu'à la condition de pouvoir techniquement et fonctionnellement la remettre en cause.

On peut affirmer que l'un des meilleurs critères de qualité d'un logiciel est son aptitude à subir des modifications. Quand un programme est de nature à répondre rapidement à une modification de la structure à laquelle il s'applique, il dénote généralement une bonne vision prospective de la part de son auteur. On notera d'ailleurs que la souplesse est indépendante du langage utilisé, mais en revanche qu'elle dépend de l'expression, voire du style, de l'informaticien. Elle exige de lui d'être *à l'écoute* du monde extérieur, de le percevoir plutôt que de s'y projeter.

L'informatique conditionne des structures. Cette action indirecte se cache derrière une technicité rebutante, mais elle n'en est pas moins réelle. Comme son nom l'indique, l'ordinateur ordonne, c'est-à-dire qu'il impose un ordre pré-établi. Tout dépend donc de cet ordre. D'un côté, l'informatique est de nature à faciliter les changements. On peut lui assigner un rôle oblique consistant à simplifier les actions administratives, à façonner les besoins des utilisateurs, à les ouvrir à de nouvelles méthodes. Etant donné leur puissance de calcul, les ordinateurs sont en effet capables de prendre en charge des traitements de toute nature. Pour de nombreux auteurs, le fait d'automatiser le cheminement de l'information entraîne une certaine clarification dans la façon de manipuler et d'utiliser les informations. Ce phénomène était déjà apparu avec la mécanographie classique, mais l'automatisation de celle-ci est toujours restée limitée alors que la puissance et les capacités de l'ordinateur permettent d'aller beaucoup plus loin. Ainsi, l'informatique donne les moyens d'une profonde réforme de structure dans la mesure où certaines contraintes, qui existaient avec l'utilisation de ces techniques, sont supprimées.

D'un autre côté, on peut voir dans le logiciel un excellent moyen pour imposer non seulement une organisation mais aussi un mode de pensée. Le logiciel, a écrit L. Armand en ce sens, permet d'exporter des structures sans qu'on y prenne garde. Au départ, il porte la marque de celle où il a été conçu ; à l'arrivée, lors de son application dans un autre contexte, il pousse à mettre en place des structures identiques, car le dialogue homme-machine qu'il exige conditionne la distribution des responsabilités dans l'organisme utilisateur. Ce dernier tend à ressembler à celui qui réalise le programme ou à celui pour lequel il est conçu. Avec le logiciel, les structures se transmettraient donc par *moulage*.

Pour J. Janco et D. Furjot, l'informatique est spécifiquement un moyen d'asservissement. On peut s'attendre, soutiennent-ils, à un resserrement de l'emprise qu'exercent les grandes sociétés de service informatique sur la vie et l'organisation des petites et moyennes entreprises, qui finiront par être toutes calquées sur le même modèle pré-établi et réputé non modifiable. Cette crainte est d'autant mieux fondée que les décideurs ignorent tout de l'informatique, et qu'ils appréhendent très mal ces contraintes que pourtant ils subissent. N'ayant pas été formés à l'informatique, ils n'ont pas appris à penser avec elle, et considèrent effectivement leur centre de traitement comme un atelier mécanographique. Ils jugent l'ordinateur à son coût, mais sans se préoccuper de sa fonction... Le danger de voir les informaticiens imposer des structures est latent, mais il ne faut pas en exagérer l'importance. D'abord, il serait bien naïf de croire que les excès constatés par exemple outre-Atlantique en matière d'organisation sont spécifiquement américains. Ils ne traduisent pas tous la culture, la mentalité, l'esprit de « management » particuliers des Etats-Unis.

Si les pays industrialisés convergent vers un même modèle, c'est parce que leurs entreprises tendent à s'organiser à partir des mêmes principes, et non pas parce qu'elles utilisent les mêmes programmes.

D'autre part, les informaticiens n'ont pas toujours la compétence suffisante pour pouvoir sortir de leur univers. Ils manquent la plupart du temps de l'autorité nécessaire pour imposer les changements indispensables. Leur incorrigible ésotérisme les isole le plus souvent du reste du personnel de l'entreprise, ce qui n'est guère propice aux réorganisations. Les dirigeants eux-mêmes leur témoignent quelque méfiance. Le danger, selon eux, est que l'informaticien, fort de sa technique, pose les problèmes de telle façon qu'il puisse les résoudre, négligeant des variables, et trouvant finalement la solution d'un faux problème. Si cela était possible, il vaudrait d'ailleurs mieux apprendre l'informatique à des spécialistes de la gestion, de l'administration, de l'organisation, plutôt que de former des informaticiens à ces disciplines qui sont beaucoup plus longues à maîtriser que l'analyse et la programmation. Pour P. Benassouli, l'organisation a reculé dans les entreprises devant la pression croissante de l'informatique : « On s'est imaginé que l'informatique allait se substituer à tout. Cela allait permettre de tout faire, il n'y avait plus besoin de l'organisation ; ce n'était plus la peine d'étudier les analyses de poste, de faire des circuits de circulation de documents, etc. Toutes ces techniques, c'était bon pour les anciens organisateurs. L'informaticien, lui, avec son ordinateur, allait tout faire. Or, il faut bien reconnaître que ce n'est pas le cas. Comme il n'avait pas de formation d'organisateur, il a sorti du papier et il ne s'est pas préoccupé de ce qu'il allait en faire ».

Effectivement, l'informaticien a rarement une vocation d'organisateur. Il se contente le plus souvent d'automatiser des procédures ou des processus manuels, de les transcrire tels quels, avec toutes leurs imperfections, en y impliquant ses propres fantasmes. Dans le pire des cas, le problème devient un pur produit de l'imagination du programmeur : c'est le moyen par lequel il parvient à échapper au principe de réalité. Il semble finalement qu'on ait mal compris ce qu'on peut avoir à craindre d'une informatisation. Il semble qu'on ne mesure pas bien les anomalies qui résultent d'une perception introvertie de l'analyste. On se sert souvent sans élégance – et sans métier – d'un outil incomparable. C'est dommage. Plutôt que de subir de mauvaises structures, il vaudrait mieux essayer d'en projeter de saines.

2. Les systèmes de gestion

L'objet des systèmes de gestion est de décrire les besoins d'une organisation grâce à des grandeurs mesurables théoriquement *endogènes*, puis de réaliser la *conduite* de cette organisation en mettant en œuvre les mécanismes internes observés (cas des « systèmes-experts »). Fort en vogue durant les années 1980, ces systèmes ont représenté l'aboutissement de l'implication du facteur personnel. Mais leurs promoteurs ne cherchaient pas vraiment à comprendre cette *conduite*. Ils voulaient se limiter, si l'on peut dire, à l'apprendre. Ce en quoi ils s'opposaient fondamentalement à la méthode du physicien. Au lieu de partir du phénomène observé, ils essayaient de le reproduire, et ne l'admettaient que dans la mesure où il donnait lieu à des règles d'action programmables ou susceptibles d'être simulées. Observer, ne pas modifier, reproduire ce qui peut l'être : il s'agissait d'un essai de prise en charge des contingences pour elles-mêmes.

En informatique de gestion, l'ordinateur est ordonnateur parce que, dans bien des cas, ce n'est pas une attitude de compréhension qui prévaut, mais une attitude de soumission. On ne cherche pas de quel profit est l'appareil, quelle est son utilité profonde, quelles sont ses limites. Dès lors, le raisonnement faisant défaut, c'est comme nous l'avons vu l'imagination qui prend place. La raison profonde en est que la machine est alors considérée comme *suffisante*. Dans le cadre des processus d'informatisation, l'ordinateur est perçu par certains côtés comme un amplificateur intellectuel. L'informaticien croit d'autant plus en la machine qu'elle lui renvoie l'image de sa propre pensée. Le mécanicien reconnaît dans son assemblage l'adresse de ses mains. L'informaticien, lui, est plus frustré : il retrouve la partie la plus susceptible de lui-même. Admirer un programme que l'on a écrit et qui marche bien, c'est s'enorgueillir. C'est admirer son astuce, son bon sens, sa logique. C'est sacrifier à soi-même. Il est clair que l'ordinateur ne sert que trop bien les desseins de l'amour-propre.

Autant l'ingénieur est limité par la technique, voire sanctionné par des brevets, autant rien (ou presque) n'arrête l'amour-propre d'un programmeur. Telle est bien l'origine de l'impression de faisabilité des informaticiens. Ce sont *d'abord* les propres exigences du programmeur qui sont projetées sur le matériel : je peux tout faire savoir, à tout moment et en tout lieu, donc je peux circonscrire, pour la plus grande satisfaction de l'utilisateur, l'ensemble de ses motivations, de ses raisonnements et de ses décisions. La notion de régulation l'emporte tellement à ce niveau sur celle de l'action que l'organisation est assimilée à un assemblage inerte qu'il suffit de manœuvrer face à quelques éléments hostiles comme le marché, la concurrence, l'administration ou la conjoncture.

Une banque de données est en principe une bibliothèque de fichiers ordonnés. En fait, la compréhension du terme est relativement imprécise, surtout quand on la rapporte à celle de la *base* de données. L'arrêté du 29 novembre 1973 définit celle-ci comme une « collection de données homogènes et tendant à la même fin », et la banque comme un « ensemble de collections de données, c'est-à-dire de fichiers voisins ou apparentés ». Cependant, pour A. Le Garff, la base est un « ensemble structuré de fichiers (regroupant l'information nécessaire au traitement d'une ou plusieurs applications internes à une entreprise) » alors que la banque est un « ensemble de fichiers et programmes coordonnés et structurés ». Enfin, la définition officielle d'IBM est la suivante : une base est un « ensemble structuré de données logiquement associées » et une banque est un « ensemble de collections de données, exhaustif, non redondant et structuré ». Les deux expressions recouvrent des réalités similaires, mais leurs connotations sont fort différentes. Une base est en effet un point de départ à partir duquel l'utilisateur est censé interroger. Une banque recèle au contraire la notion de fiabilité, de sécurité, d'*abondance*. Elle est un capital, une fin en soi.

Concrètement, une base de données se compose de descriptions *d'objets* (personnes, choses, faits, actions, livres, statistiques, etc.). Ces objets sont décrits dans une structure définie à l'avance, donc pré-vue. Pour mettre en œuvre une base, il faut commencer par établir une classification générale susceptible de s'appliquer à chacun d'entre eux. Les données relatives aux objets faisant partie de la classification sont ensuite incorporées dans la structure de la base. Cependant, du fait que différents types d'objets peuvent être décrits au sein de la même base, on peut avoir à incorporer ces données dans plusieurs structures distinctes.

Sous sa forme la plus simple, la structure d'une base décrivant une seule catégorie d'objets consiste en la répétition d'un certain nombre de piles de valeurs (les *entités*), qui contiennent les divers attributs des objets. Ainsi, les données bibliographiques d'un livre, pourvu qu'elles soient pré-déterminées, constituent une entité. Les entités sont liées entre elles par un ensemble de relations qui caractérisent la base et en font véritablement un *système.* Bien entendu, ces relations ont chacune un certain domaine de validité. S'il existe un ensemble d'entités décrivant des maisons, la relation maison a pour domaine les noms de rues, les numéros de rue, les noms des propriétaires ou des locataires de ces maisons. Les domaines peuvent être des ensembles dont les éléments sont des valeurs atomiques, c'est-à-dire des symboles indivisibles représentant des codes, des nombres, des mots ou des phrases. Ils peuvent être également des sous-ensembles d'un ensemble contenant des valeurs atomiques. On peut alors parler de valeurs multiples. Les gens qui louent un appartement forment un ensemble. Les personnes qui louent un appartenant dans un certain immeuble forment un sous-ensemble de cet ensemble. Les sous-ensembles de locataires ayant loué des appartements dans tous les appartements référencés constituent quant à eux un ensemble de valeurs multiples.

Telle qu'elle est décrite jusqu'ici, la relation repose sur un certain domaine. Les éléments des domaines représentent soit des valeurs atomiques, soit des ensembles de valeurs atomiques. Il s'agit là de structures de données simples. Elles sont plus complexes lorsque le domaine d'une relation est en soi une relation, c'est-à-dire lorsque les entités contiennent des sous-entités. Comme exemple où une relation est le domaine d'une autre, on peut citer la relation adresse (chaque entité adresse pouvant comprendre le nom d'une rue et le numéro de cette rue) qui est un domaine de la relation maison.

Une base contient des données placées dans une certaine structure. Pour pouvoir les utiliser, il faut les identifier et les extraire. L'opération est simple lorsqu'elle se résume à un traitement séquentiel. Elle se heurte en revanche à un problème de langage lorsque de nombreuses relations sont mises en jeu.

Il existe deux catégories de données. D'une part, celles qui, indépendantes, ressemblent à des variables. D'autre part, celles qui, dépendant de ces variables, sont en réalité des fonctions. Les premières sont appelées descripteurs. Elles constituent les clés des entités, sachant qu'une entité peut comprendre plusieurs clés. Pour identifier une entité correspondant à une combinaison de descripteurs, il faut bien entendu déterminer un critère de recherche. Sous sa forme la plus élémentaire, celui-ci se présente comme un descripteur simplement contenu dans une entité. Mais il peut aussi satisfaire à plusieurs conditions. Par exemple, il peut devoir être inférieur ou égal à une valeur indiquée dans le critère de recherche. A un stade plus perfectionné, une entité doit satisfaire à une expression logique se composant de critères de recherche liés entre eux par des opérateurs logiques.

Lorsqu'on associe des expressions logiques aux différentes données enregistrées dans la base, on obtient un ensemble dont l'objet est ambitieux, puisqu'il revient non seulement à informer mais encore à préparer les décisions à prendre. On est alors en présence de banques de données, au sens où l'entend A. Le Garff, ou plus exactement de systèmes de gestion intégrés (en anglais, MIS : *Management Information Systems*)[1]. C'est dans les MIS que la projection du facteur personnel, relayée par la pression des constructeurs, est apparue la plus forte.

Voici par exemple ce qui est dit à propos des MIS par un constructeur : « Avec les actuels ordinateurs à grande capacité, le management a désormais la possibilité de grouper toutes ses opérations en une seule mémoire : informations sur les produits, les ventes, les concurrents, l'environnement économique, etc. Au cours des précédentes générations d'ordinateurs, l'ensemble de l'informatique avait tendance à se concentrer sur les processus administratifs, c'est-à-dire sur les transactions et les contrôles, sans prêter suffisamment d'attention aux processus d'information du management. Aujourd'hui, le management est capable non seulement d'emmagasiner des quantités importantes de données, mais aussi de pouvoir y accéder directement et à distance ». Et de citer l'objectif que venait de se définir un client : « Il ne s'agirait plus de quelques maigres renseignements sur les ventes, les locations, les dates de livraison, les paiements, les crédits, etc. Ce que vise le client, c'est une information très détaillée portant sur les réclamations de livraison, les retards, la raison des retards, le lieu où est utilisé le matériel par opposition à celui où il a été facturé, une connaissance au jour le jour des projets d'expansion ou de diversification de produits des clients, etc. Ce fichier de données devra inclure en bonne et due place un historique détaillé de chaque commande importante, depuis sa date d'enregistrement jusqu'à la date de l'installation du matériel. En outre, il devra comprendre une information complète sur les développements externes de l'économie et de la politique, susceptibles d'influencer les opérations de la société ».

Sur le plan commercial, on le voit, les systèmes intégrés n'avaient pas seulement pour ambition de structurer des ensembles d'information. Dans l'esprit de leurs promoteurs, il s'agissait aussi de faciliter la gestion, d'instaurer de nouvelles méthodes de « management » plus rationnelles. A l'organisation scientifique du travail succédait en somme l'époque du « management » scientifique. Le dernier cri en l'occurrence fut ce que l'on a appelé le système d'information pour la direction en temps réel. On le définissait ainsi il y a quelques années : « L'objectif est que chaque dirigeant ait dans son bureau un terminal connecté à un ordinateur de grande capacité équipé d'une banque de données renfermant toute l'information pouvant intéresser la société. A tout moment, le dirigeant peut interroger la banque de données. Les réponses aux questions apparaissent immédiatement sur un écran situé dans son bureau. En principe, le système doit permettre au manager d'obtenir une information complète et parfaitement à jour sur tout ce qui se passe dans la société ».

C'est dans l'objet des systèmes intégrés que se sont véritablement matérialisées *les idées* que pouvaient susciter l'emploi des grands ordinateurs dans le domaine de la gestion. Dans la réalité, ces idées se sont avérées trop

1. Voir dans cette Encyclopédie l'article de J.F. Peaucelle, « Systèmes d'information », p. 3213, tome 3.

somptueuses. Les informaticiens ont découvert en effet que disposer de tous les résultats nécessaires *hic et nunc* était beaucoup plus difficile que prévu. Les données de gestion sont innombrables. Elles présentent un caractère d'actualité qui les périme rapidement. Et puis, elles sont reliées entre elles selon des critères variables. L'état d'avancement d'une commande, par exemple, est à rapprocher des données budgétaires pour un gestionnaire, des données de production pour un producteur et des données du marché pour un commerçant. Du temps de la mécanographie, on avait eu la prétention de fournir tous les renseignements disponibles sur des états. Les concepteurs des banques de données ont été beaucoup plus téméraires en affirmant avoir la possibilité de pré-voir toutes les relations possibles existant entre des lots d'information.

Si les données présumées utiles se trouvent à foison, en revanche d'autres données absolument indispensables manquent parfois tout à fait. C'est parce que, dans la pratique, la composante principale des informations est qualitative – et d'ailleurs parce qu'elle varie dans le temps – que les systèmes intégrés sont par nature inadéquats. Dès 1971, nombreux furent ceux qui commencèrent à reconnaître dans les banques une fiction savamment entretenue par les partisans des grands ordinateurs, pour lesquels elles constituaient une excellente justification. Un rapport de l'OCDE affirmait que les conceptions de mise en œuvre des banques de données s'étaient rarement montrées applicables dans la pratique : « La déception actuelle relative à ces systèmes complexes ne se limite pas au secteur public et l'on s'est même posé la question de savoir si ces systèmes n'ont pas été conçus pour *éviter* leur utilisation, les problèmes n'ayant pas été nettement posés et l'énumération des succès n'ayant pas entraîné un accord ».

A l'heure actuelle, on ne parle plus guère de banque de données (si ce n'est de façon particulière à propos des systèmes documentaires). Les constructeurs préfèrent utiliser l'expression base de données, moins sécurisante pour l'utilisateur, mais aussi moins sujette à critiques. Cette évolution du langage n'est pas sans importance. Hier en somme, les informations devaient être utiles. On devait constituer des ensembles structurés, exploitables tels quels. Aujourd'hui, les informations sont proposées brutes. On dispose de données ou de fichiers qu'on peut certes manipuler ou rapprocher, mais au coup par coup. Chaque exploitation donne lieu à une manipulation spécifique. Entre les deux concepts, il y a donc une différence de nature et non pas de degrés. C'est la différence qui existe entre comprendre et connaître.

Cependant, l'ambition des informaticiens n'a pas été réduite, et la tentation est toujours très forte de faire de l'ordinateur un appareil qui comprendrait un peu. Quand un fichier est structuré à des fins d'interrogation et quand l'utilisateur dispose d'un mode de recherche pratique, on dit qu'il constitue une « petite » banque de données. Sans doute parce que la connotation du mot est large, on s'aperçoit qu'il s'applique à tout *capital* d'information considéré par rapport à un de ses contextes. Cette relativisation équivaut évidemment à une métaphore. Pouvoir interroger un fichier, ce n'est pas disposer d'un système d'information cohérent. De même, pouvoir rapprocher plusieurs fichiers ne laisse en rien préjuger l'évolution du phénomène qu'ils sont censés décrire. En effet : disposer d'une structure n'est pas une fin en soi. Tout le problème consiste à l'exploiter.

L'exploitation automatique des banques de données est sous-jacente dans le discours de la plupart des sociétés de service en logiciel. La projection revêt alors une forme accomplie, qui tend à impliquer le prospect. On peut en vouloir pour exemple l'assimilation du chef d'entreprise au *skipper,* et de l'ordinateur au pilote automatique. Voici la publicité qui est parue à ce sujet, sous la photographie du *Club Méditerranée* : « Deux cent quarante tonnes. Quatre mâts. Soixante douze mètres de long. Mille mètres carrés de voilure. Maîtrisés par un seul homme. Le projet le plus audacieux conçu par un marin est devenu réalité. Le grand bateau est parti favori de la course Transatlantique. Il a fallu pour ça la volonté farouche d'un homme d'une trempe exceptionnelle et le concours de cent sept entreprises spécialisées, toutes confrontées à des problèmes nouveaux. La mission de *(ici le nom de la société de service)* tenait en quelques mots : aider le barreur solitaire à gérer au mieux son navire, en lui épargnant les tâches accessoires, de manière à le laisser mentalement et physiquement disponible pour maîtriser l'imprévisible. Pour ce faire, nous avons conçu et développé, autour d'un mini-ordinateur, un système informatique de surveillance en temps réel, unique en son genre. Il assure et coordonne quinze tâches distinctes, en dialogue interactif avec le *skipper,* qui connaît quand il le veut l'état de son bateau, de sa météo, de son point, de ses performances par rapport aux objectifs fixés, etc. Le système est en permanence à l'écoute du navire et déclenche des alarmes en cas de situation dangereuse ou anormale *(à la ligne).* Dans votre entreprise, l'homme de barre, c'est vous. Le département d'ingénierie informatique de (...) peut concevoir et développer un système informatique adapté à vos besoins spécifiques. Ce système regroupera vos informations, préparera vos tableaux de bord et surveillera les anomalies. Evidemment, le plus dur pour vous restera à faire : atteindre l'objectif. Mais vous aurez mis toutes les chances de votre côté ».

L'identification du chef d'entreprise au marin est habile, flatteuse, mais aussi fallacieuse : comment considérer que l'informatique *épargne les tâches accessoires* ; qu'elle est de façon normale *à l'écoute de l'entreprise* ; qu'elle est capable de *surveiller les anomalies de la gestion* ? La fiction du pilote automatique découvre bien le fantasme de l'informaticien. Celui-ci assimile la conduite d'une entreprise à celle d'un bateau. Il croit qu'on peut lui assigner un but et un seul. Et surtout il ne craint pas de munir une organisation vivante d'un système de régulation inerte. Sa rationalité – son esprit de géométrie – lui font tenir pour négligeables la propension de l'organisation à se développer, ses réactions de défense, ou encore son auto-adaptation aux circonstances extérieures.

La surprogrammation est en réalité *déformante.* Plus un système est ambitieux, plus l'informaticien est amené à le personnaliser. Dès lors, il en altère le sens. La seule chose que l'on puisse retenir de l'image du bateau est à l'opposé de l'argumentaire. En réalité, la gestion est un équilibre instable, il faut sans cesse redresser soi-même la barre pour maintenir le cap, et si l'on s'entoure de procédures de contrôle, elles sont en définitive secondaires par rapport à l'objectif que l'on se fixe.

C'est à *l'épreuve des faits* que la signification potentielle des banques de données s'est trouvée clarifiée. Cinq raisons au moins militent en faveur de leur réalisation : la prise en charge de contingences, résultant d'un certain esprit d'analyse, la projection des exigences sur les aptitudes du matériel et du logiciel de base, la pression de l'offre masquant ces aptitudes réelles par des considérations prospectives, les anomalies de perception et d'anticipation des informaticiens, et enfin une certaine conception néo-rationnelle de la gestion. Les quatre premières de ces raisons s'auto-entretiennent naturellement. Elles résultent, comme nous l'avons montré, des composantes quasi permanentes de tous les processus d'informatisation. La cinquième, en revanche, peut être considérée comme transitoire.

Il est remarquable que tous ces facteurs aient incité à développer des moyens qui, à leur tour, ont eu pour effet de les justifier. La mise en œuvre des systèmes intégrés de gestion a en effet pérennisé l'usage des grands ordinateurs. Mais celui-ci a contribué à renforcer la pression de l'offre et les quatre autres raisons que nous venons de citer. Il y a une sorte de bouclage où la grande informatique justifiait l'implantation des systèmes intégrés et ceux-ci allaient justifiant la grande informatique. Toutefois, l'un de ces facteurs n'a pu résister au phénomène d'amplification. La perte en charge s'est portée sur la rationalité même de la démarche. Il en est résulté pour les informaticiens une leçon sévère, qu'ils n'ont pas toujours bien acceptée : c'est *qu'on ne peut pas réussir sans s'humilier devant l'expérience.*

3. Le complexe du programmeur

Les banques de données représentent aujourd'hui une tentation pour tous les informaticiens, qui a été sublimée par la pression des constructeurs. Les échecs essuyés ont constitué, pour reprendre un terme de langage psychanalytique, *un complexe.* C'est ce complexe que nous allons maintenant essayer de préciser.

L'une des premières composantes de l'inconscient du programmeur est sa difficulté potentielle d'expression. Les langages de programmation sont très peu naturels. Ils ont été conçus à partir du matériel. F.H. Raymond a raison de préciser que la programmation est un art selon lequel l'auteur s'exprime dans un langage artificiel. En informatique scientifique, l'artifice est relativement peu visible car les langages sont pour la plupart très proches de l'expression algébrique (Fortran signifie *formula translator*). Par contre, en informatique de gestion ou de process, il est beaucoup plus contraignant. L'auteur d'un programme est en réalité obligé de transposer sa pensée, de la schématiser, de la comprimer. Qu'il soit le traducteur d'une procédure dans un langage dont la morphologie et la syntaxe sont extrêmement simples, ou bien qu'il pense et s'exprime directement dans ce langage en effectuant si besoin une traduction inverse pour expliquer la procédure à une tierce personne : dans les deux cas, sa situation est inconfortable et il la ressent mal. Ou bien il perçoit, le plus souvent solitairement, les limites de ses moyens d'expression, et il cherche à les repousser. Ou alors il essaie de réduire le monde extérieur à ce qu'il peut avoir de pré-visionnel, et il se met à nier les préoccupations opérationnelles des utilisateurs. De toute façon, de par le langage qu'on lui fait manier, sa tendance naturelle est à l'isolement.

C'est en réaction à cet isolement – et finalement pour *l'accomplir* – que le programmeur éprouve inconsciemment le besoin de personnaliser son expression. Ce besoin, il lui est possible de le satisfaire parce que, s'il est vrai qu'on lui demande d'écrire des procédures rigoureuses, c'est en réalité avec des moyens sémantiquement peu structurés. Les langages sont pauvres en ce qui concerne leur morphologie, mais les phrases qu'ils permettent de composer peuvent être fort longues et compliquées : avec les quelques mots qui sont à sa disposition, le programmeur peut couvrir s'il le veut des pages et des pages de listing. Son style n'est régi par aucune contrainte. Il jouit en somme d'un assez grand degré de liberté. Suivant que la personnalisation de sa prestation est forte ou non, il en résulte des écarts de performances considérables. A cet égard, on peut citer l'expérience déjà ancienne, mais toujours d'actualité, effectuée en 1968 par la *System Development Corporation*. Elle consistait, pour douze programmeurs ayant chacun dix années de pratique, à résoudre indépendamment plusieurs types de problèmes. Les résultats montrent à quel point les taux de productivité varient d'un individu à l'autre. Les écarts, qui sont voisins de un à dix, peuvent dépasser un à vingt dans certains cas (le temps de vérification notamment).

On a vu que, pour diminuer la projection du programmeur et son implication au sein de ses programmes, il faut d'abord améliorer sa perception du monde ambiant. On comprend qu'il est corrélativement très important de prendre en charge cette personnalisation, de la guider, et par voie de conséquence de la restreindre. Il faut s'attacher à développer des langages sémantiquement structurés et par là même un peu moins artificiels.

L'inconscient du programmeur se manifeste ensuite par son irritation d'être jugé selon des critères quantitatifs alors que ses propres critères sont généralement qualitatifs. Sa référence est à l'évidence moins industrielle qu'artisanale. Elle ne consiste pas tant à produire des instructions qu'à s'y retrouver, être en accord avec ce qu'il écrit. La mesure quantitative de son activité semble témoigner d'une sorte de mésintelligence de l'objet profond de la programmation, de son assimilation à une activité de type répétitif. De fait, l'organisation de certains services informatiques ne donne guère l'occasion aux programmeurs de s'extravertir. N'existant pas par principe, leur créativité s'exprime de façon incontrôlée, voire anarchique.

Le refus de prendre en compte l'aspect qualitatif de la programmation a pour conséquence évidente de diminuer l'adéquation des traitements. Lorsque l'impératif est de produire des instructions, peu importe la qualité de l'analyse. On en vient à n'attacher d'importance qu'à l'ordinateur proprement dit, et la fonction qui lui est dévolue devient secondaire. On oublie qu'elle est en réalité inscrite dans la bibliothèque des programmes, et toute entière forgée par une profession. On oublie aussi que cette profession a quelques propensions à l'obscurantisme, qu'elle a naturellement tendance à perpétuer le mythe selon lequel l'accès à l'ordinateur est difficile. Dès lors, l'usage de l'informatique ne peut pas s'élargir.

Si l'on veut renforcer l'utilité et l'efficacité de l'informatique, il faut la juger de manière qualitative. En commençant par poser que la programmation est un service et non pas une industrie, on tiendrait sans doute mieux compte de la satisfaction économique des utilisateurs. Mais pour améliorer l'adéquation des ressources aux besoins, il faudrait, en outre, pouvoir contrôler la qualité de l'activité informatique, autrement dit pouvoir apprécier *l'attitude* des informaticiens. A ce propos, G. Hopper suggère de mesurer la difficulté des problèmes à traiter selon des échelles, et de classer les programmeurs selon leur force. Ainsi, en affectant par exemple un programmeur de force B à un problème de complexité 2, on saurait que le travail prendra tant de semaines et qu'il coûtera tant. Si l'on prend un programmeur A, il mettra moins de temps mais coûtera plus cher. On pourrait alors commencer à planifier réellement la programmation. D'une façon plus générale, il faudrait aussi considérer que les besoins évoluent avec le temps, et particulièrement au cours de l'informatisation elle-même. Le bon programmeur est peut-être celui qui sait s'adapter à cette évolution. L'implantation d'un traitement, de quelque ampleur qu'il soit, s'effectue *in vivo*. La prise en compte de l'aspect qualitatif de la programmation permettrait de mieux pallier les inévitables réactions que provoquent les automatisations, réactions qui sont loin d'être toujours positives. Elle donnerait lieu, de la part du chef de projet, à de multiples actions en retour. Une meilleure adéquation en ce sens aurait finalement pour conséquence de renforcer la crédibilité des informaticiens, que l'isolement tend à dégrader. Entre des utilisateurs qui ont l'esprit de l'escalier et des informaticiens qui ont l'esprit de système, aucune entente n'est en effet facile.

Enfin, la dernière composante résulte de l'aspect immatériel du logiciel. Inconsciemment, le programmeur est toujours inquiet. Le temps de recherche d'un « bug » et, bien souvent, la probabilité d'incident sont très difficiles à déterminer. Comme il s'engage en réalité sur un service, sa position est vulnérable. Mais cette vulnérabilité, il l'accepte mal. Il ne croit guère à ses propres défaillances. Pour la plupart des informaticiens, l'essai culturel d'un programme est le dernier : « J'ai enfin trouvé ce qui n'allait pas... il restait juste ce petit problème... mais cette fois ça y est... ça va marcher... » La première erreur que l'on fait en cherchant à incorporer la programmation dans une prévision est certainement de croire que tout ira bien, c'est-à-dire que chaque tâche ne prendra que le temps normalement nécessaire à sa réalisation. L'explication de cette erreur a été bien décrite par F.P. Brooks. Dans de nombreuses activités créatrices, dit l'ancien chef du projet OS/360, le support d'exécution est indocile. Le bois se fend, la peinture coule, les circuits électroniques se détériorent. Les limites physiques du support brident les idées que l'on cherche à exprimer, et créent des difficultés faciles à prévoir lors de la mise en œuvre. Celle-ci exige donc du temps et des efforts non seulement en raison de son objet, mais à cause du support. On sait que celui-ci est résistant, et l'on en tient compte. En ce qui concerne la programmation, au contraire, le matériau est particulièrement malléable. Le programmeur part de sa matière grise pure. Il lui apparaît que les difficultés ne peuvent survenir que de son approche. Il prévoit peu d'aléas de mise au point dès lors qu'il sait ce qu'il doit transcrire. Le support d'exécution ne lui résistant pas, il n'en tient pas compte. Il est donc résolument optimiste.

4. L'aspect linguistique

Adapter les moyens aux fins, principalement les moyens qui ressortissent de la programmation : tel est le problème quelque peu lancinant qui se pose aux responsables de l'informatique dans les organisations. Or, s'il est vrai que les exigences sont de plus en plus précises, les fins de plus en plus ambitieuses, et que l'on accroît régulièrement les moyens quant au matériel, on s'en tient à une conception peu évolutive de l'expression logicielle. Ce qu'il faut bien appeler la tradition, en effet, veut que toute procédure doit être intégrée – donc figée – au sein d'un programme. En sorte que la modification ou l'adjonction d'une règle entraîne la mise à jour (souvent difficile) d'une logique à caractère monolithique. Est-il besoin de dire que la réalité industrielle ou administrative, qui comporte évidemment une composante imprévisible, ne s'accorde jamais complètement avec un programme figé ? Il est amplement prouvé que cette architecture traditionnelle est incapable de traiter des applications dont *la variabilité* est importante.

Mais comment prendre en charge cette variabilité ? Comment l'intégrer à un traitement ? Comment comprendre une application véritablement conçue en termes d'exigences ? Et comment exprimer une pré-vision accomplie qui chercherait, en un mot, à identifier le *spontané* ? Nombreux sont les auteurs qui ont essayé de systématiser la syntaxe au sein même de langages ou de formulations existantes. En revanche, l'étude proprement linguistique de la programmation a été rarement abordée. On se contente en général de postuler une relation entre la facilité de la maintenance (c'est-à-dire l'adéquation du traitement) et la structuration du message.

La tradition informatique se manifeste par son incapacité à proposer une structure expressive *naturelle*. Parfois, on demande bien au programmeur de respecter certaines règles d'écriture, mais en regard des langages utilisés, ces règles sont contingentes. Le principe de l'économie linguistique, mis en évidence par A.C. Martinet, prédit que l'expression artificielle est toujours contrebalancée par *l'inertie* des émetteurs. De fait, les règles de programmation, par ailleurs fort utiles sur le plan didactique, n'arrivent pas à réduire de façon sensible la surprogrammation.

L'absence de structure expressive est d'autant plus dommageable que le véritable destinataire d'un programme n'est pas un ordinateur mais justement un programmeur. Comme l'a fait remarquer A. Robine, les difficultés que l'on rencontre dans la mise à niveau des programmes peuvent être analysées à partir du schéma du célèbre linguiste R. Jakobson. Celui-ci considère six facteurs inaliénables de la communication verbale : l'émetteur, le contexte, le message, le contact, le code et le receveur. Chacun de ces six facteurs donne naissance à une fonction linguistique différente : les fonctions émotive, référentielle, métalinguistique, phatique, poétique et conative. Dans le cadre d'une communication écrite telle qu'un programme (où l'on suppose d'habitude que le receveur est un ordinateur), ces fonctions ont des rôles fort divers. La fonction conative, orientée vers la machine, se matérialise par les instructions définissant le traitement à effectuer. Ces instructions sont généralement transcrites par des verbes d'action à l'impératif (DO, GO TO, ADD, LOOP, etc.). La fonction référentielle, orientée vers le contexte, correspond aux données que l'on soumet au traitement. Pour A. Robine, ce référentiel (constitué par les fichiers) n'existe d'ailleurs pas en tant que tel puisqu'il doit avoir été créé au préalable. La fonction métalinguistique est prise en charge par les compilateurs, dont le rôle est d'analyser la qualité du message par rapport à une grammaire. La fonction phatique, elle, est relative aux données permettant d'établir la communication avec le système d'exploitation. Ces données sont généralement codées sur les cartes de contrôle dans le cas de langages compilés, et pratiquement inexistantes en cas d'interprétation. Enfin, les fonctions poétique et émotive sont réduites à néant de par la construction même du matériel (mais nous avons vu qu'elles peuvent resurgir dans le cadre d'un comportement inconscient).

D'un point de vue linguistique, les difficultés éprouvées par le programmeur sont dues au fait que, dans sa communication courante, il se sert librement de toutes ces fonctions alors que, professionnellement, il est contraint à n'en utiliser que deux ou trois. Cependant, ces difficultés sont fortement amplifiées lorsque les applications ont quelque variabilité, et d'une manière générale toutes les fois que le programmeur est en relation avec le programme *d'un autre* (par exemple un système d'exploitation). Car alors l'échange n'a pas vraiment lieu avec un matériel mais, de façon différée et sans rétroation possible, avec un émetteur inconnu. Le message, quoique exécutable par l'unité centrale, est sémiologiquement incomplet.

Ainsi, lorsque lui échoit la maintenance de programmes qu'il n'a pas écrits, le programmeur a souvent du mal à comprendre : il est amené à *interpréter*. Et, en l'absence d'explicitation ou de communication orale avec l'émetteur, sa tendance est de vouloir tout ré-exprimer à sa manière, en usant de la possibilité qui lui est offerte d'écrire des redondances. Afin de clarifier l'expression, il pose des repères, des repères *à lui* qui viennent s'ajouter à ceux de ses prédécesseurs et qui, en définitive, brouillent un peu plus le message.

*

* *

En matière de gestion, et même de process, l'informatique peut réussir à déformer, puis à transformer la fin qu'on lui a fixée. Elle peut se retrancher, se mettre en état de siège, n'être plus comprise, et échouer. Malheureusement, même lorsqu'elle a perdu toute assise (toute utilité), elle continue de produire. A l'ordinateur voué aux travaux dénués d'intérêt, les Américains, on le sait, ont décoché le sigle *gigo*, formé par les initiales de *garbage in, garbage out* (ordure à l'entrée, ordure à la sortie). Le psychisme du programmeur est pour beaucoup dans le rejet des informatisations. Les informaticiens, plutôt que d'avouer leurs lacunes, ont en effet coutume de charger ce qui est en définitive leur *vis-à-vis :* le matériel. Ils démontrent que l'ordinateur est trop petit. Encouragés par le discours des ingénieurs commerciaux, ils accroissent la mémoire de l'unité centrale, la vitesse de l'imprimante, le nombre des périphériques. Mais rien n'y fait. Les progrès du matériel ne compensent pas les insuffisances du facteur personnel.

Celui-ci a toujours été minimisé par les constructeurs parce qu'il en allait de leur croissance. Pour eux, l'informatique est évidemment un ensemble de machines d'abord, et ensuite un recueil de modes d'emploi permettant d'accomplir des tâches spécifiées. Or, il n'en est rien. Lichnerowicz fait remarquer que, justement, le mode d'emploi préfabriqué est contraire à l'esprit même de l'informatique, et que l'intelligence doit continuer à se battre quotidiennement pour utiliser de manière optimale un matériel dont les fins sont indéterminées et sans cesse renouvelées.

Le personnel est donc la pierre d'achoppement qui détermine l'efficacité des systèmes informatiques. Non seulement les paramètres le concernant sont nombreux, mais ils sont difficiles à mesurer. De plus, il n'est généralement pas possible de les isoler de leur contexte, sans quoi ils perdraient toute signification. Ainsi, le comportement d'un individu tient d'abord à son caractère (donnée que l'on peut chercher à évaluer au moment de son recrutement), mais il est par la suite influencé par les nuisances auxquelles il est soumis dans l'exécution de son travail, ou par le climat psychosociologique de l'organisation à laquelle il participe.

Sur le plan du logiciel, on peut retenir quatre critères principaux de l'efficacité : le choix du langage (qui doit être d'autant plus proche du matériel que l'application est stable), l'habileté du programmeur (qui va conditionner notamment la durée de la programmation et la consommation de ressources), le degré de vérification du programme avant son exploitation (la fiabilité de l'exploitation dépend évidemment de la qualité et de la quantité des vérifications préalables), et enfin la qualité et l'exhaustivité de la documentation (mais sa rédaction est mal acceptée : elle est comprise par le programmeur comme une ingérence dans sa façon de penser).

En dernière analyse, la tâche du programmeur revient à *appauvrir un message*. Elle consiste, à partir du souhait de l'utilisateur, à n'en garder que la partie pré-visible, et à le transcrire dans un langage singulièrement frustrant. C'est en ce sens que le programmeur exerce un monopole radical. Les cinq ou six types d'instructions qui sont à sa disposition ressemblent à un carcan, dont il n'a de cesse de se libérer.

On reste confondu par l'intelligence qui se manifeste lorsqu'on examine une architecture organique comme celle d'un chromosome. On se demande comment il est possible d'arriver à un agencement aussi complexe avec une douzaine de composants différents. Il existe des programmes qui forcent l'admiration pour les mêmes raisons. Les compilateurs, qui contiennent plusieurs dizaines de milliers d'instructions, les programmes de recherche opérationnelle, grâce auxquels la NASA a pu ordonnancer les millions d'opérations que nécessitaient l'envoi d'un homme sur la lune, les programmes de télé-informatique qui peuvent gérer, à l'échelle de la planète, l'activité de centaines d'ordinateurs interconnectés, dénotent à tout le moins beaucoup d'habileté (et aussi de métier) de la part de ceux qui les ont écrits. De fait, ce n'est pas si facile d'animer suffisamment une matière pour illusionner des esprits avertis. Autant les chromosomes sont d'intelligents assemblages de molécules, autant certains programmes peuvent être considérés comme d'intelligents assemblages d'instructions.

Mais cette comparaison est incomplète, ou plutôt elle est un peu spécieuse. Car les instructions sont aussi les mots d'un langage. Du coup, on voit apparaître nettement les limites de la programmation. Un programme, en effet, devient une phrase assemblée avec un vocabulaire restreint. Comme l'ensemble des messages que peut émettre un programmeur est potentiellement contenu tout entier dans ce vocabulaire, il est clair que la plupart des discours humains sont impossibles à transcrire en instructions faute de moyens. Toute proportion gardée, le programmeur se trouve un peu dans la situation de ces Papous qui ne savent pas compter au-delà de vingt-sept et ne peuvent pas, à cause de leur vocabulaire arithmétique limité, imaginer un nombre plus grand.

Les informaticiens ont eu souvent l'envie de la radicalisation du discours. Ils ont été nombreux à vouloir exprimer l'ineffable. C'est ainsi qu'ils ont fini par croire que l'ordinateur pourrait un jour mener une bataille, résumer une idée, traduire des poésies, et se mettre à penser. Comme on pouvait s'y attendre, les résultats ont été décevants. Aujourd'hui, on commence à mieux se rendre compte des limites du logiciel. On commence à savoir que le message élaboré par le programmeur, aussi long soit-il, ne permettra jamais d'exprimer certaines procédures, du moins tant que l'architecture du matériel ne sera pas améliorée.

Depuis la première génération d'ordinateurs, la nature des opérations élémentaires proposées par les constructeurs n'a pratiquement pas changé. C'est dire combien les premiers appareils avaient potentiellement la finalité de ceux que nous connaissons. Inversement, les ordinateurs actuels ne peuvent avoir d'autre fonction que le calcul et l'archivage, et toutes les fonctions qu'on est amené à leur assigner résultent d'une projection intempestive. Comme les instructions exécutables dépendent en dernier ressort du matériel, il est difficile de croire que le vocabulaire de la programmation sera jamais enrichi. Force est donc de penser que le logiciel, quelque peu élaboré qu'il puisse être par rapport au langage naturel, a depuis longtemps atteint sa maturité.

Références

ADP, « MIS, promesses et réalisations », *L'informatique* (décembre 1972).

ARMAND R., LATTES R., LESOURNE J., *Matière grise année zéro,* Paris, Denoël, 1970.

ARSAC J., *La science informatique,* Paris, Dunod, 1970.

BENASSOULI P., Interview à la revue *L'informatique* (juin 1970).

BILLES A., « Algorithmes et organigrammes », *Microsystèmes* (juillet-août 1979).

BOUCHER P., *Fortran IV,* Paris, Dunod, 1967.

BROOKS F.P., « Le mythe du mois-homme », *L'informatique* (septembre 1975).

BUREAU J., *Dictionnaire de l'informatique,* Paris, Larousse, 1982.

DEARDEN J., d'après ADP, *op. cit.,* 1972.

GROSCH H.R.J., « Why MAC, MIS and ABM Won't Fly », *Datamation,* XVII, 21, 1971.

IBM, *Terminologie du traitement de l'information,* Paris, 1987.

JANCO M., FURJOT D., *Informatique et capitalisme,* Paris, Maspéro, 1972.

JUNG C.G., *L'homme à la découverte de son âme,* Paris, Payot, 1966.

LE GARFF A., *Dictionnaire de l'informatique,* Paris, PUF, 1975.

LHERMITTE P., « Le pari des nations industrielles : la création d'un état d'esprit informatique », *Le Monde Diplomatique* (décembre 1968).

LUSSATO B., « Les MIS, désirs et réalités », *IBM-Informatique,* VIII, 1972.

MALET N., « Le déclin des compilateurs », *01-Informatique* (janvier-février 1978).

OCDE, *L'évaluation de l'efficacité des systèmes informatiques,* Paris, 1974.

OCDE, *Gestion automatisée de l'information dans l'administration publique,* Paris, 1973.

PHILIPPAKIS A.S., « Programming Language Usage », *Datamation* (October 1973).

PLAISANT R., *Le droit des auteurs et des artistes exécutants,* Paris, Delmas, 1977.

POE E., *Histoires extraordinaires,* Paris, Gründ, 1939.

RAYMOND F.H., *Les principes des ordinateurs,* Paris, PUF, 1969.

ROBINET B., *Le langage APL,* Paris, Technip, 1971.

SACKMAN H., ERIKSON W.J., GRANT E.E., « Exploratory Experimental Studies Comparing Online and Offline Programming Performance », Communications of the ACM, II, January 1968.

SAMMET J.E., « Programming Language : History and Future », Communications of the ACM, July 1972.

THOMAS U., *Les banques de données dans l'administration publique,* Paris, OCDE, 1981.

Vocabulaire de l'informatique, Arrêté du 29 novembre 1973, *Journal officiel* (12 janvier 1974).

Mots clés

Banques de données, base de données, données, droit d'auteur, fiabilité, logiciel, matériel, ordinateur, perception, personnel, process, productivité, programmation, projection, surprogrammation, systèmes de gestion.

Ingénierie financière

Alain Couret

Les termes d'ingénierie financière sont relativement récents dans le vocabulaire français des affaires. Au début des années 1980, cette expression était quasiment inconnue. Il a fallu atteindre le début des années 1990 pour que ce vocabulaire se répande dans la littérature financière et bancaire. Une consécration a été accordée par la loi bancaire du 24 janvier 1984 qui fait référence très expressément à cette ingénierie en la citant dans son article 5 parmi les opérations connexes à l'activité principale des établissements de crédit.

Tout au long de la décennie 1980-1990, l'ingénierie financière a connu un très beau développement largement encouragé par le phénomène de déréglementation qui, à partir notamment de 1985, a caractérisé notre économie. Par ailleurs, l'accent mis sur l'innovation dans ce contexte de libération juridique était de nature à favoriser ce type d'activité.

Comme l'a fait remarquer un auteur[1], l'ingénierie financière constitue non seulement un moyen habile d'appréhender, voire de contourner les réglementations, mais elle se révèle encore un instrument déterminant de réussite tant sur le plan de l'activité économique qu'au niveau du droit des affaires.

L'ingénierie financière est liée à la *finance d'entreprise*. Toutefois, une évolution significative se dessine. Tant les contraintes fiscales que celles liées au devenir des retraites incitent au développement de l'ingénierie patrimoniale, ingénierie financière qui est pour partie au service des particuliers. A cela, s'ajoute la nécessité de mieux maîtriser les processus de transmission successorale en abaissant leur coût. Les nouveaux développements de l'ingénierie financière et notamment les plus imaginatifs opéreront au service des particuliers.

La première difficulté, s'agissant de ce domaine, est de procéder à un effort de définition. Dans une première section, nous tenterons donc de définir les termes utilisés. Dans une deuxième section, nous réfléchirons aux modalités de mise en œuvre de cette ingénierie. Dans une troisième section, enfin, seront appréhendées les diverses questions juridiques communes aux pratiques d'ingénierie financière.

---

1. Voir J.P. Baur, Editorial *in Revue Finance et Gestion* (n° 25, février 1991), p. 2.

1. Essais de définition

En paraphrasant un maître célèbre (J. Carbonnier), on peut dire qu'il y a bien des définitions dans la maison de l'ingénierie financière. Pour y voir un peu plus clair, on reprendra successivement les termes contenus dans l'appellation ingénierie financière en essayant d'aller éventuellement au-delà.

1.1. L'ingénierie

Les grands dictionnaires ne donnent guère de définition du terme « ingénierie ». Le Littré est muet sur cette appellation mais on peut deviner au travers du mot « s'ingénier » des éléments caractéristiques de l'ingénierie. Le dictionnaire Littré donne comme définition du verbe s'ingénier : « Chercher dans son génie, dans son esprit, quelque moyen pour réussir ». Le Petit Robert propose une définition beaucoup plus pointue et discutable, en indiquant que l'ingénierie consiste dans « l'étude globale d'un projet industriel sous tous ses aspects (techniques, économiques, financiers, sociaux), coordonnant les études particulières de plusieurs équipes de spécialistes ». C'est ici l'anglicisme *engeeniring* qui semble avoir lourdement pesé sur la définition comme il pèse sur celle que nous donne E. Alfandari.

Pour cet auteur, le contrat d'ingénierie est le contrat par lequel des ingénieurs conseils réalisent tout ou partie des opérations suivantes : concevoir un projet technique d'établissement, procéder à la réalisation du projet, assister le client dans la phase de démarrage de la production[2].

Une autre définition est donnée par Monsieur A. Choinel (1991), pour qui l'ingénierie financière est « l'ensemble des activités intellectuelles qui permettent de concevoir un ouvrage d'une façon rationnelle et fonctionnelle, en assurant la coordination des diverses disciplines qui concourent à sa réalisation ».

Par-delà l'absence de définition ou en présence de définitions trop restrictives, on pressent qu'un certain nombre d'éléments sont nécessairement inclus dans l'ingénierie financière, éléments qui vont de l'idée d'imagination à celle plus délicate de génie.

1.2. L'ingénierie financière

La lecture des divers auteurs montre là aussi combien la définition de l'ingénierie financière est variable et combien chacun est tenté de ramener à ses propres préoccupations les frontières de ladite ingénierie.

J.P. Bertrel et M. Jeantin (1989, p. 1) écrivent : « Dans une conception très large, on pourrait être tenté de l'étendre à l'étude et à la mise en œuvre de tous les montages financiers gérés par la vie de l'entreprise. Cette conception ne semble toutefois pas être celle retenue par la pratique qui, de façon beaucoup plus étroite, limite l'ingénierie financière au seul montage visant à restructurer le bilan des sociétés commerciales ».

Monsieur A. Choinel (1991) n'est pas très éloigné de cette approche lorsqu'il pose la question suivante : « L'ingénieur financier n'est-il pas tout

2. *Droit des affaires*, Paris, Litec, 1993, n° 456.

simplement un spécialiste des valeurs mobilières auquel l'exploitation peut faire appel, de façon ponctuelle, pour une mission bien précise, à caractère technique ? »

Dans le même ordre d'idées, P. Desbrières (1995, p. 2) indique que dans son cadre d'analyse, « l'ingénierie financière représente l'ensemble des moyens financiers mis en œuvre par un agent économique, pour conserver ou acquérir le contrôle d'une société, tout en minimisant ses apports en fonds propres ».

D'autres auteurs se montrent extrêmement larges quant aux opérations qu'ils entendent faire entrer dans le domaine de l'ingénierie, mais ils réservent cette activité à certains acteurs particuliers. Un bon exemple nous est fournit par M. Vasseur qui présente l'ingénierie financière comme une activité bancaire[3]. Pour beaucoup, l'ingénierie financière est avant toute chose une activité bancaire en relation avec le capital des entreprises. Cette définition traduit en gros les termes anglo-saxons de *corporate banking*.

Ces approches restrictives paraissent discutables dans la mesure où elles sont en permanence dépassées par l'innovation financière qui a prévalu depuis quelques années. Certes, l'ingénierie financière était au départ une activité de banque et il n'est pas surprenant que la loi du 24 janvier 1984 l'ait citée comme une activité connexe aux activités de banque (article 5). Toutefois, il ne fait guère de doute aujourd'hui que l'ingénierie financière est aussi le fait des multiples organismes de capital investissement, ainsi que de divers organismes de conseil.

De même, une relation trop étroite entre l'ingénierie financière et les activités en relation avec le capital de l'entreprise ne correspond pas pleinement à la réalité des choses, qui a vu se développer des opérations d'ingénierie axées sur la recherche d'une optimisation de l'endettement.

Doit-on admettre que toute opération financière qui intégrerait une part plus ou moins grande d'imagination relèverait nécessairement du domaine de l'ingénierie financière ? Il ne faut sans doute pas aller jusque-là. Toutefois, on peut considérer que le domaine de l'ingénierie financière est caractérisé par des opérations qui impliquent la mise en œuvre d'un mix de composantes empruntées à la finance, au droit et à la fiscalité. C'est la présence de ces différentes composantes qui nous paraît caractériser l'existence de véritables opérations d'ingénierie sans pour autant en donner une définition satisfaisante.

En fait, la définition la plus convaincante nous paraît être celle proposée par G. Hirigoyen (1993, p. 190) : « En ce qui nous concerne, nous dirons que l'ingénierie financière vise, par l'utilisation simultanée des différents produits et techniques financières, à optimiser la définition et la satisfaction des principaux objectifs financiers de l'entreprise (obtention de fonds propres, financement d'une acquisition, prise de contrôle, gestion du risque, refinancement d'une dette...). Elle n'est pas une fin en soi, mais elle est l'art de bâtir une opération financière qui réponde aux besoins de l'entreprise et du marché, compte tenu des contraintes et des opportunités comptables, financières, juridiques et fiscales. Au prêt-à-porter financier, elle substitue

3. M. Vasseur, « L'ingénierie financière », *Banque* (n° 501, janvier 1986), p. 7 à 14.

une finance sur mesure. En amont, elle s'insère dans la stratégie de l'entreprise. En aval, et pour la détermination de son efficacité, elle se mesure en termes de rentabilité ou de valorisation du capital de l'entreprise ».

La question se pose de savoir s'il ne faut pas aller plus loin et dépasser la notion d'ingénierie financière pour évoquer celle d'ingénierie juridico-financière.

1.3. L'ingénierie juridico-financière

Le débat est très largement académique mais la réflexion permet d'avancer un peu plus dans la perception du mécanisme. Il est banal d'observer aujourd'hui que l'ingénierie financière est un domaine dans lequel se rencontrent volontiers le juriste, le financier et le fiscaliste. Monsieur A. Choinel (1991, p. 2) a une formule heureuse lorsqu'il indique que l'ingénierie financière est un « point de rencontre entre le droit des valeurs mobilières, la fiscalité, l'actuariat ». Il est rejoint par J.L. Médus lorsque ce dernier écrit : « L'ingénierie financière en tant que croisement d'outils, de techniques et réflexion interactive entre des objectifs distincts pour un objet ou une opération précis, constitue un domaine de prédilection de cette interpénétration droit/gestion... »[4].

Des auteurs font au demeurant fort justement remarquer que l'intervention en ingénierie financière se conclut par un ou plusieurs contrats qui ne sont que très rarement des contrats d'adhésion. « La partie négociation est souvent au moins aussi délicate que la partie montage dans la mise au point d'une opération, chacune des parties concernées pouvant faire valoir des exigences ou des contraintes particulières. Les contrats, même s'ils comportent souvent des clauses types, sont en effet le reflet de la diversité des situations rencontrées, de la capacité de négociation relative des signataires, de l'innovation en matière financière » (A. Choinel, 1991, p. 3).

Les opérations d'ingénierie financière sont en effet caractérisées par l'existence d'un ou de plusieurs contrats qui font l'objet d'une sorte de sur-mesure juridique. Par ailleurs, l'ingénierie financière fait plus ou moins appel à une vision active du droit et notamment du droit des sociétés. Bon nombre de montages financiers prennent appui sur une réutilisation des ressources de la loi du 24 juillet 1966 sur les sociétés commerciales dans une perspective d'optimisation. A peu près tous recherchent une optimisation fiscale qui passe par une bonne maîtrise des contraintes du droit fiscal et la conscience des limites de ce qui peut être accepté en ce domaine (voir la section 3 de cet article).

En définitive, les termes d'ingénierie financière se suffisent à eux-mêmes. Dans la mesure où la finalité de cette ingénierie est d'optimiser des opérations financières au profit de la clientèle, on ne peut pas ne pas observer la prégnance très forte des composantes fiscales et juridiques, point que les praticiens vérifient sans cesse et dont l'université a pour une très large part pris conscience.

---

4. Voir également dans cette Encyclopédie l'article de J.L. Médus, « Droit et gestion », p. 1017, tome 1.

Les définitions les plus courantes ayant été esquissées, il convient maintenant de réfléchir aux diverses modalités de mise en œuvre de l'ingénierie financière.

2. La mise en œuvre de cette ingénierie financière

L'ingénierie financière est tendue vers la réalisation d'objectifs qui sont communs à la plupart des opérations (§ 2.1.). Elle repose sur l'utilisation d'un certain nombre d'outils (§ 2.2.) qui prennent place dans des montages plus ou moins complexes (§ 2.3.).

2.1. Les objectifs de l'ingénierie financière

Il ne fait guère de doute qu'il y a un lien évident entre l'ingénierie financière et l'objectif de flexibilité[5]. Ainsi selon G. Hirigoyen, « en tout état de cause, les montages d'ingénierie financière sont au service du respect de l'impératif de flexibilité dans l'entreprise : d'une part, flexibilité stratégique parce qu'ils ont accompagné la restructuration des portefeuilles stratégiques des entreprises ; d'autre part, flexibilité financière en ayant permis notamment une véritable chirurgie esthétique des bilans ».

Cette observation étant faite, on peut recenser, non sans quelque approximation, trois objectifs essentiels assignés par la pratique à cette ingénierie.

– Le premier est un objectif d'optimisation. Tous les montages rattachables aux opérations d'ingénierie financière s'efforcent de limiter les diverses contraintes du droit environnant pour obtenir les meilleurs résultats possibles en essayant d'utiliser la norme juridique comme un outil de gestion.

– Dans le cadre de cette optimisation, l'effet le plus souvent recherché est un effet de levier. Lorsque la pratique utilise le terme d'effet de levier, il ne s'agit pas uniquement de la terminologie retenue par la gestion financière. On sait qu'en finance d'entreprise l'effet de levier naît du fait que l'endettement de l'entreprise a une incidence sur le taux de rentabilité des capitaux propres. En matière d'ingénierie financière, l'effet de levier se caractérise par des traductions différentes : ainsi les juristes n'hésitent pas à dire qu'un effet de levier s'attache à la société en commandite dans la mesure où cette technique permet au moindre frais de concentrer le pouvoir[6]. De même, les praticiens soulignent l'importance de l'effet de levier fiscal qui peut se réaliser par des procédés extrêmement différents : l'imputation des intérêts d'une dette sur le revenu de l'emprunteur, la localisation dans un paradis fiscal, la technique du crédit d'impôts utilisée jusqu'à une certaine époque en matière de reprise d'entreprise par les salariés, la technique de l'intégration fiscale. Certains vont plus loin encore en mettant en valeur un effet de levier des ressources humaines partant de l'idée que, notamment dans l'ingénierie des reprises d'entreprise, la présence d'un nouveau management contraint par un très fort

5. Voir dans cette Encyclopédie l'article de R. Reix, « Flexibilité », p. 1407, tome 2.

6. M. Turck, « Société en commandite par actions et effet de levier juridique », *JCP-E*, 1994, étude n° 377.

endettement aboutit à une maximisation inévitable des ressources disponibles[7].

– Le dernier objectif des opérations d'ingénierie financière est celui de déconsolidation. Dans le cadre des opérations de gestion du bilan sur lesquelles on sera amené à revenir, un des objectifs essentiels est de déconsolider certains actifs ou certains passifs pour les transférer à une unité tierce, afin d'améliorer la notation d'une entreprise ou de respecter certains ratios. La réalisation de ces objectifs passe par l'utilisation d'un certain nombre d'outils.

2.2. Les outils de l'ingénierie financière

Pour simplifier les choses, on distingue avec une bonne part d'arbitraire d'un côté des techniques, de l'autre des processus.

2.2.1. Les techniques

L'examen des diverses opérations révèle que trois techniques essentielles sont utilisées, souvent de manière combinées, dans les diverses opérations.

– La première est celle des valeurs mobilières telles qu'organisées par la loi du 14 décembre 1985. Ces valeurs mobilières complexes permettent la mise en place de techniques de haut de bilan adaptées à des besoins financiers particuliers. La complexité est ici évidemment variable. Ainsi, elle peut aller d'une complexité très élémentaire du type obligation remboursable en action à une complexité considérable du type TSRBSORA (titre subordonné remboursable avec bon de souscription à des obligations remboursables en actions). A vrai dire, entre ces extrêmes, la pratique a volontiers recours à des produits comme les obligations convertibles en actions[8] ou les obligations à bon de souscription d'actions. L'importance des valeurs mobilières dans les montages d'ingénierie financière n'est sous-estimée par personne et il est des auteurs qui vont jusqu'à écrire : « L'ingénierie financière apporte des réponses globales qui s'appuient essentiellement sur *le support des valeurs mobilières* » (A. Choinel, 1991, p. 3).

– Un deuxième outil est de nature contractuelle. La mise en place d'une opération d'ingénierie suppose l'accord d'une fraction de l'actionnariat sur un certain nombre de points. Interviennent alors des pactes d'actionnaires, dont la validité juridique n'est guère discutée aujourd'hui. Ces accords permettent de prévenir des contestations en obtenant un fort consensus de la part des principaux actionnaires sur une opération donnée. Ils permettent également de modifier le jeu des règles légales en modulant d'une manière qui peut être aujourd'hui spectaculaire les règles normales d'exercice du pouvoir[9]. Ils permettent encore de modifier provisoirement certaines situations avec la perspective d'un retour prochain à l'état antérieur : ainsi les conventions de

---

7. Voir sur tous ces points notre ouvrage, *Ingénierie financière des cessions et acquisitions d'entreprise*, Paris, Liaisons, 1991, p. 79 et s.

8. Voir dans l'Encyclopédie des marchés financiers l'article de G. de Nercy, « Obligations convertibles ».

9. B. Bouillet-Cordonnier, « Pactes d'actionnaires et privilèges statutaires », EFE, 1992, Diffusion Litec.

portage permettent à un donneur d'ordres de faire porter un certain nombre de titres par un tiers pendant un certain temps, le temps au cours duquel ce donneur d'ordre ne veut pas apparaître officiellement comme associé d'une société donnée[10].

– Une troisième série d'outils relève de ce que le vocabulaire juridique pourrait qualifier de véhicules juridiques spéciaux. Un bon exemple est fourni en matière de titrisation par le fonds commun de créances, créé par la loi du 23 décembre 1988 pour permettre des opérations de titrisation difficiles à réaliser au travers du simple droit commun[11]. Le législateur ici pour faciliter l'opération a créé un instrument atypique qui ne s'inscrit pas dans l'ordre juridique normal.

2.2.2. Les processus

Au-delà de simples techniques et avec une certaine part d'artifices, on peut apercevoir des processus plus complexes sur la validité juridique desquels la pratique est souvent amenée à s'interroger. Ainsi, les techniques de subordination des créances, quoique partiellement validées par divers textes, ne sont pas à l'abri de la critique et peuvent faire l'objet de variantes très sophistiquées. Cette subordination des créances permet la mise en place des fameuses mezzanines[12], c'est-à-dire des montages financiers caractérisés par la présence d'une dette senior, plus sûre et moins bien rémunérée, et d'une dette junior au remboursement plus risqué mais au rendement très supérieur.

D'une certaine manière, les valeurs mobilières complexes que l'on évoquait précédemment s'inscrivent pour les plus compliquées d'entre elles dans de véritables processus, la volonté des parties créant l'essentiel du produit.

2.3. Les montages

On distingue pour des raisons de commodité des montages aujourd'hui classiques et des montages d'ingénierie patrimoniale.

2.3.1. Les montages classiques

Ces montages peuvent être reclassés à partir de la distinction entre ingénierie de bilan et ingénierie des flux.

2.3.1.1. L'ingénierie de bilan

L'ingénierie de bilan concerne des opérations relatives au passif, notamment toutes celles relatives au haut de bilan. Les opérations de reprise d'entreprise avec effet de levier (LBO, RES) correspondent parfaitement à ce

10. Voir parmi une très nombreuse littérature : J.P. Bertrel, « Analyse des conventions de portage », *Droit et Patrimoine* (n° 30, septembre 1995), qui fait une revue complète.

11. Voir dans l'Encyclopédie des marchés financiers l'article de V. Pancrazi-Dauchy, « Titrisation ».

12. M. Albouy, « L'utilisation des dettes mezzanines dans les opérations de rachat avec effet de levier », *Annales du Management*, Paris, Economica, 1992, p. 113.

cas de figure[13]. On y ajoute toutes les opérations d'ingénierie de projet (*Project financing*) qui consistent à mettre en place des structures autonomes, déconsolidées par rapport aux initiateurs du projet.

Lorsqu'il recense les produits d'ingénierie, A. Choinel (1991) retient quatre classes de produits intéressant le haut de bilan : l'ouverture du capital à des investisseurs, l'accès au marché boursier, la transmission ou la cession de l'entreprise, et l'acquisition avec endettement.

Relève encore de cette ingénierie du passif de bilan l'opération de type « défaisance » qui consiste à extraire du passif du bilan un volume d'obligations que l'on transfère à une autre unité, ce qui permet d'améliorer la notation de l'entreprise bénéficiaire de cette démarche. La nécessité de limiter les risques bancaires dus à la crise de l'immobilier a conduit à mettre en place entre 1993 et 1995 des techniques voisines de la défaisance propres à isoler dans des structures déconsolidées des passifs considérables.

Si l'on prend la question du point de vue de l'actif du bilan, les opérations de titrisation réalisées par les banques ou les compagnies d'assurance permettent au moyen d'un processus spécifique de retirer de l'actif un certain nombre d'engagements qui, alourdissant le bas du bilan de la vente, affaiblissait les ratios de solvabilité.

2.3.1.2. *L'ingénierie des flux*

Cette ingénierie très particulière regroupe l'ensemble des montages qui permettent d'optimiser les flux financiers intra-groupes. Les groupes de sociétés sont juridiquement constitués d'unités théoriquement indépendantes ; d'un point de vue économique, un groupe de sociétés constitue un espace intégré. Les groupes, qu'ils soient nationaux ou internationaux, affrontent la nécessité d'optimiser la circulation des flux intra-groupes de manière à améliorer la rentabilité pour les actionnaires[14].

2.3.2. Les montages d'ingénierie patrimoniale

Ils résultent d'une évolution particulièrement significative de l'ingénierie financière qui, pendant longtemps au service exclusif de l'entreprise, devrait progressivement être utilisée pour la gestion de patrimoine personnel. L'ingénierie patrimoniale en est encore à ses débuts mais on voit aujourd'hui se développer un certain nombre de montages, et notamment ceux qui tendent à exploiter la dissociation usufruit/nu propriété. Dans le même sens, on peut citer les divers montages à partir des ressources de l'assurance-vie.

La présentation que l'on vient de faire ne saurait épuiser la matière. Comme on l'a envisagé dans la section précédente, les définitions de l'ingénierie financière sont passablement variables avec les auteurs et, chacun en fonction de sa conception de la matière, accueillera avec plus ou moins de libéralisme les montages qui lui paraissent convenir à sa propre définition.

---

13. Voir dans cette Encyclopédie l'article de X. Thoumieux, « LBO », p. 1740, tome 2.
14. Voir sur ces questions J.L. Médus (1990).

3. Les questions juridiques communes aux diverses pratiques d'ingénierie financière

L'ingénierie financière fait naître un certain nombre d'interrogations sur le plan juridique, qui ne peuvent pas laisser indifférents les divers acteurs, notamment les financiers.

La question la plus sensible porte sur les risques qui peuvent s'attacher aux montages d'ingénierie financière. Dans la mesure où cette ingénierie est souvent innovante et où elle s'exerce dans un contexte de plus en plus marqué par la déréglementation, la mesure de la crédibilité sera ici la notion d'abus. A côté de cette première problématique liée aux risques spécifiques du montage, d'autres questions relatives à la spécification du rôle de chacun dans ces opérations viennent à l'esprit.

3.1. Les risques spécifiques attachés aux montages d'ingénierie financière

Certains parmi ces risques ne sont pas strictement juridiques. Ils constituent des facteurs de perturbations juridiques et c'est en ce sens qu'ils nous intéressent ici. D'autres risques ont un caractère indubitablement juridique.

3.1.1. Les risques facteurs de perturbation juridique

Deux types de risques sont traditionnellement attachés à l'ingénierie financière. On met tout d'abord en valeur les risques considérables liés au surendettement. L'effet de levier ayant été traditionnellement accolé à l'ingénierie financière, cet effet ne peut naître que d'un endettement abondant. Ce risque s'est souvent matérialisé au début des années 1990, l'effet de levier devenant un effet de massue. Le risque de cessation des paiements est ici à la clé de ce surendettement[15].

Un deuxième risque souvent mis en valeur est lié à la désinformation financière[16]. Certains montages, en effet, ont pour objet de dissimuler le surendettement aux yeux des tiers. Le risque de cessation des paiements est beaucoup moins visible, mais il n'en est pas moins certain. Un autre aspect des choses tient à la remise en cause de la fidélité de l'image donnée par la comptabilité. L'actionnaire a aujourd'hui droit à une image fidèle, image fidèle qui lui est attestée par les commissaires aux comptes de la société. La difficulté de comptabiliser un certain nombre d'éléments nouveaux d'ingénierie financière est évidente. Bien souvent, les règles comptables ne rendent pas compte de la réalité des choses[17]. Le droit à l'information des actionnaires sera inévitablement affecté par certains montages. G. Hirigoyen exprime ici encore fort clairement les choses (1993, p. 207). « Les opérations d'ingénierie financière perturbent l'analyse financière externe de l'entreprise dans la mesure où, d'une part, elles affectent la communication financière en

15. Voir également dans cette Encyclopédie l'article de P. Vernimmen, « Politique financière de l'entreprise », p. 2325, tome 2.

16. Voir P. Choumert, « Des montages d'ingénierie sophistiqués ! Quel risque ? », *Finance et Gestion* (n° 25, février 1991), p. 10 et 11 et G. Hirigoyen (1993, p. 208 et s.).

17. Voir également dans cette Encyclopédie l'article de B. Raybaud-Turrillo et R. Teller, « Comptabilité créative », p. 508, tome 1 et de J.F. Casta, « Politique comptable des entreprises », p. 2276, tome 2.

étant source de désinformation, d'autre part, elles conduisent à une financiarisation excessive de la comptabilité générale ».

3.1.2. Les véritables risques juridiques

L'ingénierie financière s'est d'autant plus facilement développée que la tendance générale dans les pays occidentaux était à la déréglementation. Alors que jusqu'autour des années 1985, la tendance (et plus particulièrement en France) était à ne considérer comme indiscutables que des opérations expressément prévues par le législateur, à partir des années 1985, la tendance a été davantage de penser que tout ce qui n'était pas expressément interdit était au contraire autorisé. Dans divers textes au demeurant, le législateur a manifesté sa volonté de favoriser l'initiative individuelle et d'encourager l'imagination.

A partir de là, bon nombre d'opérations n'ont pas de frontière textuelle précise. La limite de la validité ou de la légitimité de l'opération sera trouvée dans la notion d'abus. Bien souvent cette notion est invoquée par l'administration fiscale qui tente de requalifier l'opération intervenue. De plus en plus souvent également, l'abus se trouve être invoqué par des actionnaires ou par des créanciers.

3.1.2.1. La requalification par l'administration fiscale

Très classiquement, l'administration fiscale dispose de moyens assez puissants pour justifier la requalification d'une opération intervenue. L'abus de droit est une notion usuelle chez les fiscalistes, de même que la notion de fraude à la loi.

Trois types de montage, en gros, peuvent justifier une requalification[18]. Certains montages ont ainsi pour objectif d'éluder l'impôt. Le redressement fiscal est quasiment inexorable s'il n'est pas possible de montrer que ce montage avait d'autres finalités que d'éviter le paiement de l'impôt. Le deuxième type de montage tend à la dissimulation en utilisant notamment certains paradis fiscaux. Toutefois, les cas les plus courants de sanction tiennent au troisième type de montage dont la finalité est de tenter de détourner une règle de son but réel pour parvenir à d'autres finalités. On entre ici dans le domaine de l'abus de droit et de la fraude à la loi. Tous les praticiens savent combien ces risques sont extrêmement prégnants et combien également il est difficile de les conjurer.

3.1.2.2. L'abus de droit évoqué par d'autres que l'administration fiscale

La jurisprudence commence à nous donner un certain nombre d'illustrations significatives du vrai risque attaché à ces opérations d'ingénierie.

L'examen de décisions récentes est assez illustratif de ce point de vue. Ainsi un arrêt de la Cour d'appel de Versailles du 4 mai 1995[19]. Deux dirigeants d'une société avaient vendu les titres qu'ils détenaient dans cette société tout en conservant en fait le contrôle. Pour cela en effet, ils avaient fait

---

18. Voir J. Terray, « Le rôle du juriste et du fiscaliste : la prudente imagination créatrice », *Finance et Gestion* (n° 25, février 1991), p. 17.

19. *Bulletin Joly*, août/septembre 1995, p. 788 et s., note A. Couret.

racheter leurs titres par deux sociétés holding qu'ils contrôlaient. Ces deux sociétés holding, afin de pouvoir réaliser l'achat, avaient emprunté les sommes substantielles auprès d'un pool bancaire, le prêt étant garanti par un nantissement sur les actions de la société anonyme dont ils avaient vendu les titres.

Il est bien évident que, d'un point de vue économique, le remboursement des emprunts devait être assuré par les dividendes que versait la société dont ils avaient vendu les titres aux deux sociétés holdings. La Cour a condamné cette pratique dans la mesure où d'un bout à l'autre de ce montage, la société première (celle dont ils avaient vendu les titres) apparaissait comme le support de l'opération : c'est elle qui offrait des garanties aux banques ; c'est par les dividendes qu'elle versait à ses actionnaires qu'elle finançait le remboursement de l'emprunt. La conséquence de ce montage d'ingénierie financière qui tendait à réaliser des intérêts personnels fut l'apparition d'un passif considérable et même le dépôt de bilan de la société. Les créanciers ont donc obtenu la condamnation des deux dirigeants.

On peut donner un autre exemple de dénonciation d'un montage non plus tellement par les créanciers mais par les actionnaires. Il s'agit des opérations de sous-filialisation abusive[20]. La Cour de cassation a considéré que constituait un abus de majorité la résolution d'une assemblée d'actionnaires ayant pour objet l'apport des actions d'une société à une société en commandite par actions créée pour l'occasion, de telle sorte que, par l'interposition de cette société en commandite par actions entre la société et sa filiale, la société est devenue une coque « vide » dont le chiffre d'affaires, le bénéfice et le prix de l'action ont considérablement chuté.

De manière générale, les opérations d'ingénierie financière menacent tant l'*intérêt social* que le *principe d'égalité* entre actionnaires. S'agissant de l'intérêt social, il ne fait guère de doute qu'il est toujours menacé dans les opérations de LBO notamment. L'entreprise finançant son propre rachat, sa substance vive ne s'en trouve-t-elle pas menacée ? S'agissant du principe d'égalité, il est affecté par des préoccupations d'optimisation financière qui tendent à favoriser certains actionnaires au détriment d'autres.

3.2. La spécification du rôle des acteurs dans les opérations d'ingénierie

On retiendra ici trois aspects de ce problème qui ont émergé dans l'actualité. Une première question est celle de la nature juridique du contrat entre les divers partenaires ; la deuxième touche aux obligations de l'organisme monteur de l'opération d'ingénierie ; la troisième qui est sans doute plus brûlante est celle de la responsabilité des conseils dans ces diverses opérations.

3.2.1. La nature juridique du contrat entre les acteurs du montage

Il n'y a pas à proprement parler de contrat type qui englobe l'ensemble des opérations d'ingénierie financière. Tout dépend de la nature exacte des prestations demandées : le contrat peut encadrer une opération de simple conseil,

20. Voir Cass. commerciale, 24 janvier 1995 et l'étude sur cet arrêt du Professeur Paul Le Cannu, *Bulletin Joly*, 1995, n° 4, p. 303 et s.

comme il peut encadrer des prestations plus complexes. Ce contrat est un *contrat d'entreprise* en tout état de cause, dans la mesure où les prestations assumées sont exclusivement ou principalement des prestations de services.

3.2.2. Les obligations de l'organisme monteur de l'opération d'ingénierie

Ces obligations sont définies par le contrat passé entre les parties. En dehors du cahier des charges défini dans le contrat, l'organisme monteur de l'opération a le devoir d'assurer la *sécurité* de celui-ci en fonction des impératifs précédemment examinés.

3.2.3. Le problème de la responsabilité des conseils

Cette question fait l'objet aujourd'hui d'un approfondissement, compte tenu de la montée en puissance des actions en responsabilité. Les banques sont sans doute les conseils dont la responsabilité est le plus facilement mise en cause. Toutefois, la multiplicité des intervenants induit des responsabilités pour les notaires, les avocats, les experts-comptables et les autres intervenants potentiels[21].

4. Les problèmes organisationnels liés à l'ingénierie financière

La question essentielle ici intéresse le monde bancaire. Quel statut conférer aux activités d'ingénierie financière dans un établissement bancaire ? On peut reprendre ici les questions de A. Choinel. « Les ingénieurs financiers méritent-ils un statut spécifique ? Doivent-ils être autonomes, voire filialisés, ou au contraire intégrés dans des structures aux finalités plus larges dont ils ne seraient que le faire-valoir ? »

Il n'y a guère de réponse standard en ce domaine. Une évidence s'impose : l'ingénierie suppose la présence *d'équipes* (1991, p. 2). L'ingénierie financière ne saurait être un homme seul aujourd'hui. Cette nécessité incite à la mise en place de cellules autonomes d'ingénierie financière.

*
* *

Cet article ne peut donner qu'un bref aperçu d'une matière vaste aux contours sans doute incertains. Le lecteur trouvera dans cette encyclopédie des approfondissements sur divers points. Il est évident que certaines opérations portées par l'actualité seront oubliées ou sont déjà en phase d'obsolescence : tel est le cas en partie du RES. D'autres opérations correspondent à une conjoncture économique donnée. Par-delà ces variables, l'élément permanent demeure *ce mix de composantes* qui fait l'originalité de la matière et qui permet à des spécialistes d'origines diverses de collaborer activement sur un même projet.

---

21. Voir ici le numéro spécial des *Petites Affiches*, mai 1995, « La responsabilité des intervenants dans les cessions d'entreprises ». Le même sujet est traité par J. Prieur, *in Droit des sociétés – Actes pratiques*, 1995.

Références

BERTREL J.P., JEANTIN M., *Droit de l'ingénierie financière*, Paris, Litec, 1990.
CHOINEL A., *Introduction à l'ingénierie financière,* La Revue Banque Editeur, 1991.
COURET A., FOUGERAT J., *Ingénierie financière des cessions et acquisitions d'entreprise,* Paris, Liaisons, 1991.
COURET A., DEVÈZE J., HIRIGOYEN G., *Droit du financement,* Paris, Lamy, 1996.
DESBRIÈRES P., *Ingénierie financière,* Paris, Litec, 1995.
DOM J.P., « Les montages en droit des sociétés », Thèse Bordeaux, 1995.
HIRIGOYEN G., « Ingénierie financière et finance d'entreprise », *in Mélanges en l'honneur de Jean-Guy Mérigot,* Paris, Economica, 1993, p. 189 et s.
LACHAT D., « Ingénierie financière d'entreprise. Corporate Banking », Paperbook, France 1987.
MÉDUS J.L., *Ingénierie financière et opérations à effet de levier,* Paris, Les Editions d'Organisation, 1990.

Mots clés

Abus de droit, déconsolidation, effet de levier, flux financiers, gestion du bilan, montage, optimisation, pactes d'actionnaires, patrimoine, valeurs mobilières.

Internationalisation des entreprises publiques

88

Sylvain Wickham

Les entreprises publiques sont des unités de production autonomes, possédées entièrement ou contrôlées, au moins financièrement, par un Etat qui leur assigne, sous des contraintes variables, la mission de vendre sur le marché certaines gammes de produits ou de prestations. Elles ont proliféré à travers le monde entre 1930 et 1980, notamment dans l'industrie lourde, les transports et la banque, d'abord en Europe, puis dans le Tiers-Monde (Y. Aharoni, 1980).

Les créations d'entreprises publiques originairement concurrentielles (vendant des prestations rigoureusement substituables à celles de firmes privées) sont moins fréquentes, sinon fortuites (en France, la Régie Renault, l'entreprise Générale Maritime ex-Transatlantique, les sociétés d'assurances).

La plupart des grandes entreprises publiques, lors de leur création, ont été dotées d'une exclusivité technique ou chargées de l'exploitation d'une ressource rare sur le territoire national : réseaux ferroviaires, distribution d'électricité ou d'eau, charbonnages de France ou d'Angleterre, potasses d'Alsace, phosphates du Maroc, etc. Ceci leur a conféré un certain pouvoir de monopole, pratiquement limité à l'intérieur des frontières nationales et variable dans le temps, et donnant sa spécificité au management public (K.D. Walters, 1979).

Les entreprises publiques ont été, le plus souvent après guerre, nouvellement créées par la nationalisation de grandes firmes privées, jugées à l'époque trop puissantes au regard de l'intérêt collectif. Toutefois dans une perspective séculaire et mondiale, les créations d'entreprises publiques ont procédé le plus largement non point de la surpuissance mais au contraire de la déficience d'initiatives privées, dans des domaines jugés critiques pour le développement national.

Le scénario « colbertiste » a servi de référence à l'industrialisation. Il a d'ailleurs préfiguré voilà trois siècles le capitalisme d'Etat. Ce dernier s'est posé en alternative au scénario « flamand » dans lequel les bourgeoisies urbaines sont à l'origine d'initiatives privées et concurrentes de fabrications nouvelles. Le pôle d'entraînement vers l'économie de marché a procédé historiquement et à l'inverse du scénario « flamand » des initiatives du Prince distribuant différentes formes de privilèges et des concours financiers.

Après la France, les royaumes d'Espagne, de Suède et de Prusse ont successivement illustré cette demande.

Si l'exploitation publique, à l'origine privilégiée et protégée, réussit, elle se démonopolise et s'oriente progressivement vers une banalisation de la gestion avec d'éventuelles privatisations.

L'internationalisation des entreprises publiques est le phénomène le plus marquant de l'après-guerre jusqu'au milieu des années 1980. Elle a d'abord pris la forme de mouvements fortuits, momentanés et résiduels (Y. Aharoni, 1980). La spécificité de l'internationalisation des entreprises publiques réside dans un attachement aux stratégies de prix de préférence aux stratégies commerciales contemporaines fondées sur d'autres variables que le prix (produit, communication entre autres) (Y. Aharoni, 1982). Plus récemment, on a assisté à un élargissement des formes d'internationalisation qui se redéploient selon une logique concurrentielle plus classique d'investissements directs à l'étranger.

1. Les internationalisations fortuites et les redéploiements stratégiques

Les nationalisations, comme le mot le suggère, ont procédé (en Europe comme dans le Tiers-Monde) d'objectifs intérieurs, concernant des opérations localisées au sein du territoire national. Les débats législatifs, les exposés des motifs ou les statuts d'origine n'ont jamais pris en considération les initiatives extérieures des entités publiques créées. Bien après la guerre encore, le rapport Nora sur la gestion des entreprises publiques, lancé en France par le gouvernement Pompidou au milieu des années 1960 (S. Nora, 1967), n'inscrivait aucune analyse ni prescription concernant des actions internationales, considérées comme fortuites, momentanées et résiduelles.

Selon une thèse largement reprise par certaines organisations professionnelles et certains gouvernements (aux Etats-Unis, notamment), les entreprises publiques, par principe, ne sauraient avoir de stratégie propre : ni sur leur territoire, car elles seraient contraintes de s'aligner strictement sur l'exécution du plan national, ni sur les marchés internationaux, car les managers publics (d'Europe comme du Tiers-Monde) n'interviendraient que comme des exécutants de la politique extérieure nationale du moment, source chronique, par conséquent, de déséquilibres concurrentiels internationaux.

En fait, la plupart des entreprises publiques à l'œuvre dans l'économie mondiale sur les 25 dernières années ont illustré, bien mieux que les entreprises privées, les thèses antérieures de théoriciens anglo-saxons (A. Berle et G. Means, J. Burnham, J. Mason, J.K. Galbraith) pour qui les objectifs prioritaires de la *managerial class*, c'est-à-dire des cadres supérieurs salariés, effectivement en charge de la gestion des grandes firmes, concernaient le pouvoir beaucoup plus que le profit. Ces objectifs concernent prioritairement la croissance maximale du chiffre d'affaires qui augmente la puissance plus que la rentabilité et ensuite l'autonomie de gestion maximale par rapport aux propriétaires et aux tutelles[1].

---

1. Voir dans cette Encyclopédie l'article de G. Kœnig, « Théorie économique de l'entreprise », p. 3310, tome 3.

De fait, les interventions extérieures des entreprises publiques se révèlent généralement des initiatives propres de leurs managers, tolérées plutôt qu'encouragées par leurs administrations nationales de tutelle. Celles-ci redoutent d'abord un affaiblissement du dynamisme intérieur de l'entreprise publique (ses investissements et ses recrutements) au bénéfice d'aventures lointaines plus profitables, mais indifférentes à l'intérêt national. Ainsi, les implantations d'Elf Aquitaine aux Etats-Unis, durant les années 1970, avaient été expressément mises en question par le ministère de tutelle ; les instances financières nationales redoutaient aussi (parfois avec raison) des pertes en devises fortes, de par l'inexpérience de managers publics hors de leur champ géographique de compétence. A l'exception des grandes compagnies aériennes et de quelques banques anciennement extraverties, l'élaboration par le management public d'une stratégie mondiale passe difficilement le cap des autorisations ministérielles officiellement nécessaires, voire même du conseil d'administration où les représentants syndicaux du personnel ont été sur les récentes années légitimement obsédés par la défense à court terme de l'emploi national.

Les objectifs des managers publics s'aventurant sur les marchés extérieurs se sont révélés doublement précis :

– d'une part, le manager public cherche à compenser l'érosion progressive et inévitable de ses positions commerciales domestiques en conquérant, contre des concurrents privés (nationaux ou étrangers), des parts de marché au-dehors. Ici, le manager public, résistant aux facilités de la diversification dans lesquelles tombent trop de managers privés, s'en tient à ses vocations fonctionnelles et à ses métiers d'origine en cherchant à capter des économies de dimension à l'échelle mondiale ;

– d'autre part, en présence de l'alourdissement continu des contrôles internes cumulatifs et contradictoires, le manager public s'attache à récupérer, pour sa gestion, des degrés de liberté, et à reconstruire, pour ses cadres, des marges d'initiatives qui préserveront la spécificité de l'entreprise, c'est-à-dire sa différence par rapport aux administrations nationales. L'implantation de réseaux étrangers par des compagnies pétrolières nationales illustre particulièrement ce deuxième objectif.

Ainsi, doublement contraintes par les contrôles internes, et par l'émergence de concurrents nouveaux sur leur marché intérieur, les initiatives extérieures des entreprises publiques ont le plus souvent témoigné d'une approche empirique, peu explicite, sinon discontinue, rarement compatible avec les prescriptions de l'analyse stratégique contemporaine. Libérés progressivement des plans nationaux partout en voie de dépérissement au sud comme à l'ouest, les managers publics ne se sont pas pour autant assujettis aux rigueurs d'une logique propre, très formalisée : c'est leur faiblesse structurelle bien apparente, notamment dans les affaires internationales ; ce peut être à l'occasion leur force dans un monde turbulent où la continuité et la cohérence ne se sont pas toujours révélées aussi payantes que l'assurent les experts et les théoriciens.

Ainsi dans le passé, certaines entreprises publiques ont-elles marqué des succès inattendus au fil des affaires internationales : notamment dans le pétrole, la banque, le transport aérien et même la communication. Ces réussites ont été souvent conditionnées par une allégeance publiquement affirmée des managers publics aux instances professionnelles internationales (International Airways Transport Administration, IATA pour l'aviateur) ou à des réseaux mondiaux (dans la banque), alternative de fait à des obédiences administratives nationales que les managers publics ont été parfois jusqu'à contester publiquement : ainsi la Régie Renault, lors de la prise de contrôle d'American Motors au début des années 1980, avait-elle insisté à l'usage des dirigeants des Etats-Unis comme de l'opinion américaine sur le fait que cette implantation était financée par ses propres moyens et décidée par ses propres instances.

Toutefois, le style d'action fortement personnalisé des managers publics qui ont, dès les années 1960, largement devancé les managers privés dans l'attention aux médias pour se construire un profil favorablement reconnu dans l'opinion et la nécessité pour une équipe en place, politiquement exposée, de surmonter les contradictions internes évoquées ci-dessus, contingentent sévèrement, en pratique, le temps disponible pour réussir des implantations industrielles ou commerciales à l'étranger, lesquelles ont pris ainsi souvent une allure de débarquement. Comme le militaire – dont il participe à plus d'un titre – le manager public dispose souvent de ressources importantes (supérieures à celles de la plupart de ses rivaux privés nationaux ou étrangers) ; mais le temps lui est étroitement compté. Les diffusions internationales lentes et continues (souvent sur plus d'un demi-siècle) de grands groupes privés comme Nestlé, Philips, Michelin, Ford ou Bayer contrastent ainsi avec les assauts discontinus du management public (Y. Aharoni, 1980).

Trois aventures extérieures, notamment aux Etats-Unis, de firmes publiques françaises au fil des années 1980 (parallèlement aux flux et reflux des majorités politiques en France) illustrent les propos ci-dessus, s'agissant de groupes internationalement renommés : Renault, Paribas et Thomson.

Dans les trois cas, les opérations (aux Etats-Unis ou en Allemagne) ont été largement étrangères aux préoccupations des gouvernements français de l'époque et publiquement initiées par de nouvelles équipes de managers publics, soucieux de relancer l'image de leur groupe (industriel ou financier) en le différenciant des vieilles régies nationales cantonnées à l'intérieur de l'hexagone (de type RATP, SNCF ou PTT). Dans les trois cas, le management public, conscient de ses limites et de la nécessité de réussir vite en essayant de créer l'irréversible, a pris le contrôle d'une grande société étrangère anciennement renommée : Telefunken, constructeur allemand d'électroacoustique, par Thomson ; la banque Becker, établissement financier familial new-yorkais, par Paribas ; American Motors, quatrième constructeur automobile américain, par Renault.

Ce faisant, des managers publics décidant ou tentant d'associer des capitaux publics français et des capitaux privés étrangers se référaient à leur expérience des sociétés d'économie mixte, anciennement implantées dans l'économie française, qui ne prend pas en compte les nouveaux aspects des *joint-ventures* internationales permettant de conjuguer efficacement des partenaires institutionnellement différents. Faute d'avoir pris en compte les précautions et les limites afférentes à de tels exercices, les managers publics français ont affiché leur intention d'intégrer rigoureusement les nouvelles unités étrangères au sein de leur ensemble pour en tirer toute la synergie souhaitable. Face à cette volonté de puissance extérieure de firmes publiques françaises, on a constaté des réactions tantôt alarmées tantôt sarcastiques des milieux professionnels. Dans le même temps, le personnel salarié « indigène » et les syndicats confirmaient leur vive appréhension de tomber sous une domination étrangère, notamment publique et particulièrement socialiste. Les relations entre les états-majors publics parisiens et le personnel, voire l'encadrement local, se sont alors avérées plus que difficiles. Elles semblent avoir beaucoup compté dans les pertes spectaculairement aggravées d'American Motors, en 1982 et 1983, après la prise de contrôle par Renault (à quoi s'ajoutait la vive méfiance de nombreux concessionnaires), ainsi que dans celles de Becker au premier semestre 1984 : Paribas devait ainsi racheter le capital en juillet 1984 dans un ultime effort, avant de tout revendre début août 1984, à forte perte, à Merryll Lynch contre une participation minoritaire ; sortie précipitée autant qu'inattendue.

Dans les trois cas, la logique industrielle de l'aventure extérieure était d'ailleurs peu apparente, qu'il s'agisse de l'insertion de la technique allemande, haute fidélité musicale, dans une constellation Thomson fortement axée sur les radars et l'électronique militaire français, qu'il s'agisse de l'action boursière à New York, au regard des percées extérieures de l'industrie française, qu'il s'agisse enfin de la maîtrise des jeeps tout terrain (point fort d'American Motors) dans la gamme Renault de véhicules grand public. Aussi, dans chacun des trois cas, le manager public français a-t-il été soupçonné, sur place, comme un quelconque capitaliste étranger, de ne pas s'intéresser vraiment au savoir-faire et aux capacités spécifiques des filiales acquises mais plutôt d'acheter, à meilleur compte, un droit d'entrée sur le marché local sous une grande marque indigène, progressivement transformée en sous-traitant ou redistributeur.

Les aventures américaines de Paribas (banque aujourd'hui privatisée) avec Becker, puis de Renault avec American Motors (revendu en 1987 à Chrysler) semblent avoir été liquidées, notamment sur l'avis (ou l'injonction) du puissant ministère des Finances, dont les dirigeants conservent la défense d'une orthodoxie financière particulièrement opportune au sein d'une économie nationale relativement bureaucratique.

En 1987, l'accord annoncé entre General Electric et Thomson approfondit l'engagement de la firme électronique nationale française en territoire américain : reprenant l'électrodomestique de General Electric pour lui céder son électronique professionnelle médicale, Thomson confirme son objectif d'occuper une part suffisante du marché international électrodomestique. Il appartient maintenant à ses dirigeants de procéder aux arbitrages géographiques nécessaires en termes de laboratoires, d'usines et de réseaux commerciaux, pour que les employés et les clients américains d'une firme nationale française se sentent protégés par les normes de la concurrence internationale, tout en bénéficiant d'investissements technologiques français d'avant-garde (facilités par la forte vocation de Thomson dans l'armement en France, mais aussi aux Etats-Unis). Le management public est tenté de minorer son appartenance nationale dans ces aventures : telle la chauve-souris de la fable de La Fontaine mettant en évidence, sur les marchés occidentaux, son image d'entreprise concurrentielle de pointe pour souligner, au contraire, ses responsabilités propres d'établissement public à l'intention d'interlocuteurs anticapitalistes méfiants d'autres régions du monde.

2. Les politiques de prix relativement agressives sur les marchés extérieurs

Les stratégies de prix à l'exportation des managers publics font apparaître certains biais ou spécificités proches de ceux des grandes industries japonaises. Deux raisons historiquement comparables expliquent ce phénomène :

– ce sont des dirigeants nouveaux venus sur les marchés, marginaux dans la communauté internationale des grands concurrents reconnus,

– ce sont des dirigeants de culture classique, étrangers aux raffinements de la recherche marketing contemporaine.

Le négoce international est demeuré pendant des siècles le domaine réservé de quelques grands marchands, à la fois négociants, donneurs d'ordre et transporteurs, suivant d'anciens modèles chinois, arabes, vénitiens ou rhénans : réseau restreint, fermé aux petits fabricants nationaux, étranger aux impératifs publics aussi bien qu'aux préoccupations du Prince et des jeunes Etats en formation. Un tel cercle fermé de grands opérateurs privés demeure pour quelques négoces de matières premières[2]. Le schéma général des affaires internationales, en cette fin du XXe siècle, apparaît toutefois fort différent.

– Le nombre d'opérateurs en cause s'est multiplié, notamment par l'intervention directe des industriels qui assument directement leurs opérations internationales, réduisant parfois les négociants à des fonctions résiduelles.

– Les connections interpersonnelles, tout en conservant de l'importance, cèdent, ailleurs, devant les techniques modernes de marketing à distance, qui pilotent et encadrent l'action de vente sur le terrain (modèle japonais).

Le manager public émergeant dans ces différents marchés mondiaux durant les deux dernières décennies s'est trouvé en situation de nouveau venu : soucieux, d'une part, d'être accepté comme partenaire fiable par des professionnels étrangers confirmés et contraint, d'autre part, de se tailler une part de marché à la mesure de ses capacités et de ses exigences de compétitivité globale.

Par ailleurs, le manager public ne fait guère confiance aux modèles économiques de *no price competition* et aux formulations contemporaines de recherche marketing, qui ajoutent au facteur prix d'autres leviers dans la palette complexe du marketing-mix (Y. Aharoni, 1982, S. Nora, 1967 et S. Wickham, 1968).

Dans le passé, beaucoup de managers publics, surtout au service de régimes collectivistes ou socialistes, se sont appuyés dans leurs percées internationales sur des convictions et des normes classiques ; ils ont été confiants dans le mécanisme des prix, suivant en cela les analyses des grands auteurs du siècle dernier (J.B. Say ou A. Marshall) que personne n'enseigne ni ne lit plus depuis longtemps dans les *business schools* occidentales dont sont généralement issus leurs concurrents managers privés.

Dans cette voie, les industriels publics, dont les ressources en capital sont souvent moins strictement contingentées, voire moins onéreuses que celles de leurs concurrents privés, vont d'abord chercher à l'extérieur la concrétisation de leurs économies d'échelle, de leurs avantages propres de dimension, à savoir des débouchés larges, correspondant plutôt à des produits bas de

2. Voir dans cette Encyclopédie l'article de P. Chalmin, « Sociétés de négoce international de matières premières », p. 2990, tome 3.

gamme (ce qui n'implique évidemment pas une basse qualité) qu'ils offrent à des prix minimums, c'est-à-dire légèrement inférieurs aux prix couramment pratiqués, ainsi qu'il est de règle pour des nouveaux venus, quels qu'ils soient, sur un marché.

On a pu observer dans les années 1980 que les managers de l'Est, libérés sur l'extérieur des contraintes et du discours communiste à usage interne, professaient une confiance d'autant plus aveugle dans le mécanisme des prix internationaux qu'ils ne pouvaient généralement pas manipuler librement leurs prix pour leurs ventes internes. Pour eux, comme pour beaucoup de managers publics d'Europe ou du Tiers-Monde à l'origine, les variables du marketing-mix[3] autres que le prix (design, messages publicitaires, distribution et services) risquent souvent d'apparaître comme des pratiques suspectes, des biais commerciaux de capitalistes décidés à ne pas baisser leurs prix pour ne pas réduire leurs profits. Ce biais, *a priori* légitime, ne va pas sans écueil dès que l'on s'écarte des marchés de grands produits de base, effectivement dominés par les seules conditions de prix.

Les sidérurgistes publics (d'Europe et du Tiers-Monde) se sont révélés être des vendeurs agressifs sur les grands produits de base (plutôt que sur les aciers chimiques élaborés), suscitant ainsi en 1984 des réactions protectionnistes de l'administration américaine, alertée par les sidérurgistes américains formulant des plaintes de *dumping*. En matière maritime, sur les trafics pondéreux en cargos non spécialisés, les flottes publiques du Tiers-Monde ont été souvent en tête des pratiques de *dumping* dénoncées devant les instances internationales par les armateurs occidentaux. Enfin, certaines exportations publiques (italiennes, notamment) de produits chimiques de base ont été à différentes reprises inférieures aux coûts de revient.

Mais l'exportation à perte, qui préoccupe tant aujourd'hui les instances internationales, n'apparaît aucunement une pratique systématique et délibérée des managers publics européens. Des stratégies de prix agressives, mais strictement concurrentielles « à la japonaise », sont souvent difficiles à différencier du *dumping*. Des analyses et des observations réalisées dans les années 1980 par des experts académiques américains de management ont disculpé les managers publics européens des accusations réitérées de *dumping* systématique (Y. Aharoni, 1982).

En revanche, les managers publics du Tiers-Monde ou de l'ex-URSS (grands produits de base) apparaissent très exposés à de tels errements : d'abord, du fait de leur connaissance souvent imprécise des coûts unitaires complets des produits livrés sur le marché occidental, ensuite, à cause des pénuries aiguës de leurs gouvernements en devises fortes, justifiant des impératifs qui ressortent plus de l'art militaire que du marketing. De ce fait, les grands ensembles publics métallurgistes ou chimiques hors OCDE, contribuent sans doute fortement aux déséquilibres persistant sur plusieurs marchés mondiaux de grands produits intermédiaires, tels que l'acier, les engrais, l'aluminium, et certains produits pétrochimiques.

Au total, les managers publics au fil des années 1980, parallèlement aux Japonais, ont largement contribué à une pratique « néo-classique » des

3. Voir dans cette Encyclopédie l'article de M. Filser, « Marketing-mix », p. 1903, tome 2.

affaires internationales, rétablissant la priorité aux stratégies de prix et minorant les budgets marketing.

3. Des grands contrats de coopération aux investissements directs semi-publics délocalisés

Les choix de développement international du manager public se trouvent généralement influencés par sa culture professionnelle d'ancien ingénieur ou de haut fonctionnaire (en France comme ailleurs). Il en avait résulté durant l'après-guerre une forte propension de ces managers au chauvinisme technologique. Ce dernier s'exprimait sous différents aspects :

– la promotion extérieure (concertée avec ses autorités de tutelle) des « filières technologiques nationales », notamment dans les techniques avancées du nucléaire, du téléphone, de l'aéronautique ;

– la prévention à l'égard de l'achat de brevets et de technologies extérieurs dont la pratique systématique a pourtant beaucoup compté dans le miracle japonais d'après-guerre ;

– la préférence pour les grands contrats de coopération industrielle Nord-Sud ou Est-Ouest en priorité sur les affaires commerciales courantes intra-occidentales. Les montages institutionnels appropriés (Sofrelec, Sofretu, Sofrerail) permettent d'inscrire de tels contrats de coopération au bénéfice de programmes publiquement financés d'assistance technique bilatérale entre les Etats.

La globalisation progressive de la concurrence mondiale[4] au fil des années 1980 a mis en évidence les aléas financiers et commerciaux de ces grands contrats (multipliés notamment par les groupes publics italiens, espagnols et français). Si, en effet, les transferts technologiques transnationaux peuvent être mutuellement avantageux, encore faut-il les formuler de manière à tempérer ou à retarder les nouvelles concurrences (à terme inéluctables) et facturer ces transferts à un prix suffisant pour financer le futur cycle d'innovation de l'exportateur technologique occidental (L. Boyer, 1978). Les grands coopérants publics, qui avaient souvent joué de leur statut similaire à celui de leurs interlocuteurs (de l'Est ou du Tiers-Monde), ont été moins à même que leurs concurrents des grands groupes privés d'imposer des clauses protectrices suffisamment restrictives.

Ensuite les managers publics européens ont été progressivement suspectés de résurgences impérialistes ou paternalistes au regard d'une nouvelle génération de responsables du Tiers-Monde à partir des années 1980, qui ont privilégié une approche strictement marchande de la coopération industrielle, entendant négocier et travailler comme des partenaires à part entière des industriels occidentaux, et non plus comme des assistés d'anciens colonisateurs. D'où un virage prononcé depuis le début des années 1990 des stratégies internationales mises en œuvre par le peloton d'entreprises publiques, françaises et européennes, progressivement restreint par les vagues successives de privatisation.

---

4. Voir également dans cette Encyclopédie l'article de P. Joffre, « Globalisation de l'entreprise », p. 1627, tome 2.

Les grands contrats de coopération financés sur fonds publics se raréfient. Les stratégies internationales des groupes publics se redéploient suivant la logique concurrentielle générale des investissements directs[5] : implantations ou partenariats semi-publics géographiquement diversifiés en fonction des objectifs internes de l'industriel occidental (public ou privé), de ses préférences technologiques et de ses champs d'influence suivant les régions du monde.

Sous la référence générale de compétitivité, une différenciation s'accuse depuis le début des années 1990 entre deux catégories d'entreprises publiques :

– d'une part, le cercle désormais restreint d'entreprises strictement concurrentielles, toutes en voie de privatisation progressive ou annoncée ;

– d'autre part, le noyau dur de grandes régies exerçant des missions de service public (progressivement concurrencées) à l'intérieur du territoire national : à ce titre, elles sont assurées de conserver leur statut pour l'avenir mais elles sont aussi mises en demeure d'adapter leur développement à un espace économique mondial non plus entrouvert (comme durant l'après-guerre) mais en voie d'ouverture totale d'ici la fin du siècle.

Ce qui reste en France et chez nos voisins latins d'entreprises publiques strictement concurrentielles se trouvent engagées, au service de leurs privatisations ultérieures, dans des stratégies convergentes de recentrage[6] : recentrage fonctionnel, désinvestissements géographiques[7], désendettement, et à la limite contraction générale de l'entreprise (S. Wickham, 1994)[8]. Pour illustrer ces stratégies, on peut citer la rupture inattendue mais finalement cohérente de partenariat entre Renault et Volvo, les désengagements annoncés début 1995 par Péchiney de sa filiale emballage aux Etats-Unis, par le Crédit Lyonnais de plusieurs banques filiales dans d'autres pays européens et par Bull dans de multiples extensions informatiques.

Au contraire, les grandes régies nationales en charge de services publics internes redéploient et renforcent leurs opérateurs et leurs implantations à l'étranger : d'abord pour compenser l'érosion de Bruxelles sur la concurrence entre les secteurs public et privé à travers l'espace européen ; ensuite pour remédier à l'accumulation des contraintes des administrations nationales génératrices de déficits plus encore que d'inactions.

Les lignes d'action de ces grandes régies, à l'encontre ou au croisement de leurs grands rivaux privés, s'attachent à valoriser leurs atouts spécifiques : des économies de dimension, des avances technologiques jusqu'aux frontières du non rentable, des capacités financières avec une large audience désormais reconnue sur les marchés internationaux (EDF constitue certaines années un gros émetteur sur la place de New York), enfin des prix agressifs autorisés par la longueur de leur horizon de gestion à l'inverse de celui des

---

5. Voir également dans cette Encyclopédie l'article de B. Hugonnier, « Entreprise multinationale », p. 1115, tome 1.

6. Voir dans cette Encyclopédie l'article de L. Boyer, « Recentrage des firmes », p. 2809, tome 3.

7. Voir également dans cette Encyclopédie l'article de B. Marois, « Désinvestissement international », p. 926, tome 1.

8. Voir dans cette Encyclopédie l'article de S. Wickham, « Dimension de l'entreprise », p. 974, tome 1.

managers privés restreint actuellement par un environnement incertain. Parmi les initiatives les plus notables dans cette voie depuis le début des années 1990, on citera les exemples suivants :

– Gaz de France, dans les réseaux d'interconnection gazière au Texas ainsi que le gaz liquéfié en Uruguay et en Argentine, plus le stockage souterrain en Slovaquie ;

– France Télécom ; d'abord dans le cadre d'une alliance aujourd'hui discutée à Bruxelles avec Deutsche Telekom sur le projet Atlas d'autoroutes européennes de l'information, mais aussi activement en partie avec des partenaires locaux dans les centraux numériques en Russie, et dans l'exploitation téléphonique d'un nombre croissant de pays (Mexique, Argentine et Suède) ;

– EDF, maître d'œuvre et investisseur dans différents réseaux de production et de distribution au loin (notamment en Allemagne orientale et en Argentine).

*

* *

La participation des entreprises publiques nationales dans les affaires mondiales à la fin du XXe siècle est affectée par la double mutation intervenue dans la deuxième moitié des années 1980 (silencieusement révolutionnaires) :

– d'une part, le décloisonnement accéléré des économies nationales entraînant une globalisation des marchés et une intensification de la concurrence ;

– d'autre part, l'effondrement ou l'implosion de l'empire communiste, discréditant pour le proche avenir toutes les formes de collectivisme et suscitant des vagues récurrentes de privatisations : à travers les pays européens d'abord, et ensuite une large partie du Tiers-Monde.

Le poids des entreprises publiques dans les affaires internationales qui se situait voici 20 ans entre 15 et 20 % se réduira sans doute vers 5 % d'ici l'an 2000 ; avec une forte raréfaction des entreprises publiques concurrentielles et le redéploiement géographique approprié des grandes régies nationales de service public, soulevant à la limite l'éventualité encore toute hypothétique de « multinationales publiques » (G. Blanc, 1984).

Les champs d'activité de ces réseaux publics internationaux semblent réorganisés et devoir se localiser dans l'énergie (pétrole, nucléaire, charbon), les armements, certaines techniques de pointe et dispositifs d'exportation des prestations intellectuelles de grands laboratoires publics nationaux. Alors que l'autonomie de gestion des entreprises publiques concurrentielles avait été un thème classique de la réflexion d'après-guerre, il apparaît vraisemblable que nos Etats nationaux partiellement désarmés au sein d'un espace mondial ouvert, voire chaotique, seraient tentés d'assujettir plus étroitement les stratégies extérieures de leurs grandes régies à leurs propres objectifs d'indépendance et de sécurité.

L'action extérieure des grandes régies nationales semble aussi se dessiner comme une composante spécifique dans la compétition hétéroclite multiforme entre les Etats et les grandes firmes (J. Stopford, 1991). L'industrie pétrolière mondiale toujours en avance sur le changement international reflète bien aujourd'hui cette alternance d'affrontements et de jeux coopératifs entre les groupes privés (généralement occidentaux) et les régies nationales publiques (surtout du Proche-Orient, du Mexique et du Tiers-Monde).

Références

AHARONI Y., « State Owned Enterprise as a Competitor on International Markets », *Columbia Journal of Business* (Spring 1980).

AHARONI Y., « Understanding the International Behaviour of SOE's », Working Paper, McGill University, June 1982.

ANASTASSOPOULOS J.P., DUSSAUGE P., « Transformer les avancées technologiques nationales en avancées stratégiques mondiales », *Revue Française de Gestion* (septembre 1983), p. 10-12.

BLANC G., « Entreprises multinationales publiques », *in* Colloque international de management public, Paris, CNRS, 1984.

BOYER L., « Le cycle international de l'innovation », Cahiers de recherche 3e cycle, Université de Paris IX-Dauphine, 1978.

LAMONT D.F., *Foreign State Enterprises : A Threat to American Business*, New York, Basic Books, 1979.

NORA S., *Rapport du groupe interministériel sur les entreprises publiques*, Paris, La Documentation Française, avril 1967.

STOPFORD J., *Rival States, Rival firms*, Cambridge University Press, 1991.

THOMAS H., « Strategic Management and State Owned Enterprise », Mimeographed Communication to the Academy of Management, 1982.

WALTERS K.D., « State Owned Business Abroad : New Competitive Threat », *Harvard Business Review* (March 1979).

WICKHAM S., « Contraintes de gestion et contraintes de financement des entreprises publiques », Colloque de Biarritz Economie publique, Editions CNRS, 1968, p. 313-323.

WICKHAM S., « Restructuration ou contraction des plus grandes firmes », *Chronique SEDEIS* (15 juin 1994), p. 201.

Mots clés

Coopération (industrielle), *dumping*, économie mixte, entreprises publiques, flux coopératifs, internationalisation, *joint-ventures* (internationales), managers publics, prix à l'exportation, rivalités.

Investissement immatériel[1]

Henri Tézenas du Montcel

De toutes les ressources nécessaires à l'économie moderne, les connaissances se révèlent être les plus indispensables. Constituées de savoirs, savoir-faire et faire-savoir, elles priment désormais sur l'espace, les matières premières, les outils physiques, l'énergie. Et résultant d'un processus d'accumulation, elles constituent les sources principales des actifs immatériels.

L'aspect le plus visible de cette profonde évolution est l'augmentation de la part des services dans l'activité économique. Ainsi, les services marchands et non marchands sont passés, en France, de 38 % du PIB en 1950 à 70 % en 1993. Bien qu'impressionnante, cette progression apparente est encore en deçà du phénomène réel, en raison de l'évolution actuelle des modalités de production des entreprises industrielles et de l'objet même de leur production. Comme le soulignent D. Roux et D. Soulié (1992) : « Une quantité accrue d'information est incorporée dans les équipements dont l'utilisation efficace nécessite un recours croissant à du capital intangible. Dans une certaine mesure, le phénomène est paradoxal. La recherche développement permet de constituer un capital de connaissances, qui conduit à l'apparition d'équipements de plus en plus performants. Mais l'emploi, dans de bonnes conditions, de ces derniers, nécessite un apport supplémentaire de capital intangible ».

Or, cette transformation non limitée aux activités de production concerne la totalité des aspects du fonctionnement de l'économie. Les sociétés de services s'industrialisent, les sociétés industrielles se tertiarisent. Partout, les connaissances s'affirment cruciales et la constitution d'actifs immatériels s'avère décisive.

1. Un repérage difficile

N'étant pas l'objet d'une attention particulière ni de développements théoriques abondants, les investissements immatériels se voient péniblement reconnaître un rôle tant dans l'appréciation de l'entreprise que dans l'expli-

---

1. Ce texte est extrait du chapitre 15 « Gérer l'immatériel », de l'ouvrage *L'Ecole des managers de demain*, publié par les Professeurs du Groupe HEC, Economica, 1994.

cation de son fonctionnement, de son expansion, de sa stratégie et dans l'image qu'en donnent ses comptes.

Plus précisément, on admet facilement l'importance de l'immatériel, puisqu'elle est flagrante, tout en omettant de lui consacrer les efforts que cette importance justifie. Ainsi, une part essentielle des ressources de l'entreprise ne fait pas l'objet d'une vigilance de gestion correspondant à son rôle effectif. Ou, si l'on veut, les références utilisées pour juger la gestion efficiente (c'est-à-dire faisant bien au moindre coût) conduisent à malmener une part vitale des ressources qui permettent à l'entreprise d'être efficace (c'est-à-dire faisant la bonne chose). Ces déviances ont plusieurs explications.

En premier lieu, la préférence pour le réel, le concret, s'exprime toujours volontiers. Il est plus facile de distribuer des primes pour acheter des automobiles que pour faire baisser le coût du travail des jeunes sans expérience...

En deuxième lieu, le concept d'actif immatériel n'a pas encore de frontière stable. Il contient sans doute tout ce qui résulte des dépenses effectuées par les entreprises pour s'équiper en logiciel, faire de la R-D, de la publicité, du marketing, de la formation. S'y ajoutent aussi tout ce qui concerne l'organisation, la conservation et la circulation de l'information, plus tous les droits (brevets et licences) résultant de phénomènes de rareté. Mais, à l'évidence, beaucoup de ces éléments de savoir sont portés par des hommes (qui ne sauraient être la propriété de l'entreprise) ayant bénéficié de formations acquises ou innées à l'extérieur de l'entreprise qui les emploie (les externalités).

La troisième difficulté est là. Les actifs immatériels sont, pour la plupart, des compositions de savoirs, dont les coûts de production et les moyens de valorisation sont plus complexes que ceux que l'on connaît à propos des actifs physiques. Et ces actifs immatériels, pour beaucoup d'entre eux, ne sont pas appropriables, même s'il existe des marchés secondaires.

De cet ensemble d'observations, il résulte chez les comptables une grande méfiance à l'égard de l'immatériel. L'évaluation de l'entreprise est relativement facile lorsqu'on ne traite que des actifs physiques amortissables et dotés de marchés d'occasion[2]. Mais l'entreprise moderne est plus complexe que cela, d'où les contorsions relatives à l'évaluation des « survaleurs », des investissements publicitaires, des logiciels produits pour son propre compte, des marques[3]. En fait, la comptabilité privée a jusqu'ici eu tendance à suivre le même penchant simplificateur que celui des comptables publics : écarter ce qui gêne. Ainsi, les comptables privés négligent les investissements immatériels même s'ils pèsent lourds (pas de coût du capital humain ?), les comptables publics négligent les comptes de patrimoine comme si ce dernier était gratuit (pas de coût du capital ?).

2. Un enjeu macro-social

L'importance des activités dites du tertiaire est telle que continuer à vouloir extraire du cas de la manufacture produisant des biens tangibles les

2. Voir dans cette Encyclopédie l'article de D. Pène, « Evaluation de l'entreprise », p. 1310, tome 2.

3. Voir également dans cette Encyclopédie l'article de M. Glais et E. Sage, « Evaluation des actifs incorporels », p. 1291, tome 2.

bases de la compréhension, de l'évaluation de toutes les activités de services marchands et non marchands est une démarche inadaptée.

La dématérialisation des activités qui s'opère a le même caractère révolutionnaire que la dématérialisation de la monnaie à l'époque de Law. Ses contemporains ne voulaient pas admettre que la fonction de la monnaie était liée à sa faculté, comme signe, de faire converger la confiance des opérateurs et non à sa valeur comme équivalent d'un poids de métal. De façon analogue, il s'agit aujourd'hui de comprendre que l'activité économique s'appuie sur l'échange de signes, de symboles et que les sous-jacents physiques, s'ils demeurent utiles, n'ont plus qu'un rôle second.

Dans cette perspective, l'instrument de mesure qu'est la comptabilité nationale, née au lendemain de la guerre en un temps de grave pénurie, paraît vieillissant. Sa capacité à suivre les transactions physiques est incomparablement supérieure à celle qui concerne les transactions monétaires. Les informations collectées sur les différentes classes de services reposent sur nombre de conventions plus ou moins arbitraires quand ce n'est pas sur des hypothèses simplificatrices surprenantes. Des postes de balance aussi importants que le tourisme pour la France, par exemple, ne bénéficient pas d'un suivi précis comparable à celui dont « profitent » les branches déclinantes des industries traditionnelles.

Il n'y a que dans la littérature sur les modèles dits de croissance endogène que l'on voit poindre le souci d'intégrer les savoirs sous la forme d'un « progrès technique » résiduel (K.J. Arrow, 1962) ou d'un stock de connaissance (Romer, 1986) faisant référence à l'investissement en capital humain. Force est cependant de constater que les instruments de pilotage au niveau macro-économique n'ont pas encore intégré les investissements immatériels. D'aucuns pourraient trouver là une explication à l'impuissance manifeste des efforts de réduction du chômage, la désutilité du travail n'étant plus, et de loin, marginale, et l'adaptation des investissements en formation toujours plus cruciale.

3. Une réalité micro-économique

Plusieurs études (dont celles du ministère de l'Industrie) ont démontré qu'en s'en tenant à une définition restrictive des investissements immatériels – ensemble des dépenses effectuées par des entreprises en publicité, marketing, logiciel informatique, R-D, formation –, ceux-ci pèsent de plus en plus lourds et que les investissements traditionnels sont même surpassés dans les entreprises les plus dynamiques et les plus technologiquement avancées.

Le témoignage de ce poids relatif croissant ne se retrouve pas encore dans les descriptions comptables de l'entreprise dont le modèle « cristallin » selon M. Berry risque, s'il n'y prend garde, de paraître « pétrifié », c'est-à-dire capable de ne servir qu'à fixer le montant des impôts et à alimenter les spéculations de la bulle financière.

L'interrogation des responsables d'entreprise montre en revanche combien la pratique est en avance sur l'analyse et l'enseignement. Chacun reconnaît que les véritables sources de la compétitivité sont le travail qualifié, la capacité innovatrice, et donc la qualité des formations initiales et continues de la main-d'œuvre. De même, l'obsession du changement, c'est-à-dire du savoir comment gouverner et favoriser des agencements de compétences, montre, ne serait-ce que par le temps qu'y consacrent les dirigeants, combien les dimensions immatérielles de la vie des organisations (motivation – implication – image) les préoccupent.

Il est du reste remarquable qu'interrogés sur les caractéristiques des leaders de demain, les dirigeants d'aujourd'hui insistent sur les capacités d'animation, d'exploitation des savoirs conjugués et non sur l'imperium de savoirs individuels acquis par avance.

Paradoxalement, alors que plus que jamais les connaissances (multiformes) sont sources de valeurs ajoutées et de développement de nos économies, les conditions de production, d'évaluation, de conservation, d'exploitation des savoirs et savoir-faire ne s'imposent pas comme thème de recherche prioritaire. Combien de discours sur la priorité de la ressource humaine s'achèvent sur un plan social de licenciement ?

Mais lever le voile sur ces écarts est une incitation à les résorber. Le retard entre l'analyse et les outils qu'elle fournit et les politiques menées par les entreprises est en soi un sujet d'investigation. Il devrait être incorporé à la formation des managers.

Face à cet ensemble hétérogène de constatations et de diagnostics, comment introduire un semblant d'ordre et dégager des initiatives concrètes à prendre ? Trois constats liminaires peuvent être faits qui ne heurtent pas excessivement les habitudes acquises.

Premier constat, le capital immatériel d'une nation comme d'une entreprise est le fondement de toutes les stratégies de développement. L'accroissement de puissance, de richesse, passe par la mobilisation des ressources d'intelligence correspondant aux objectifs poursuivis. C'est la formation du capital immatériel qui est l'enjeu des compétitions à venir. Il n'y a pas lieu de tirer ici toutes les conséquences de ce constat. Qu'il suffise simplement d'indiquer que l'acceptation de ce dernier modifie en profondeur la façon dont on aborde l'analyse stratégique.

Deuxième constat, la responsabilité des cadres dirigeants est aujourd'hui très fortement définie en termes financiers. La suprématie des évaluations financières sur les autres méthodes d'évaluation des performances est affirmée. Dans les années qui viennent, cette responsabilité sera de plus en plus définie par rapport à leur capacité à gérer l'immatériel. Un responsable sera considéré comme doté d'un capital multiforme. Il devra rendre compte du maintien, de la croissance, de l'amélioration des ressources mises sous son autorité, le capital humain à parité avec le capital financier et technologique. Cette évolution qui va de pair avec le recul de l'horizon d'évaluation (pas de domination abusive du court terme) est la conséquence de la place prise par l'intelligence dans les processus de production de valeur ajoutée. Il convient d'y préparer les nouvelles générations.

Troisième constat, le succès des deux précédents est conditionné par la mise au point d'instruments d'évaluation pertinents et facilement utilisables. Dans toute organisation, ce sont les cadrans observés par ceux qui décident qui fixent leur conduite. C'est donc la mise au point d'indicateurs de performance incorporant le capital immatériel qui conduira l'évolution des comportements et des politiques. Un immense effort de recherche « transversale » est à mener sur ce point. Ses retombées sur l'enseignement pourraient être quasi directes.

*
* *

A défaut d'imagination, évitons au moins l'ignorance. Cela permet de trouver auprès de maîtres d'utiles références pour conduire l'action quotidienne. Passés les dérapages scientistes, il est bon de revenir à V.F. Pareto, J.A. Schumpeter et M. Crozier.

V.F. Pareto parce que les actions non logiques conduisent les hommes et leurs affaires. J.A. Schumpeter parce que le marché concurrentiel, c'est surtout le créateur de valeur ajoutée : l'entrepreneur. M. Crozier car le virus destructeur du développement, c'est la bureaucratie, pas seulement celle des administrations mais celle de toutes les structures où l'on fait semblant de croire à la prédominance des actions logiques et où, sous de beaux discours, on méprise superbement l'utilité sociale de l'entrepreneur.

Faire comprendre la logique des organisations, le rôle moteur de la fonction entrepreneuriale, le rôle de frein des corporatismes est une des missions de l'enseignement supérieur. Les futurs responsables pourront ainsi mieux gérer l'immatériel.

Références

AFRIAT C., *L'investissement dans l'intelligence*, Paris, PUF, « Que sais-je ? », 1992.

AFRIAT C., « Pour une reconnaissance de l'investissement intellectuel », *Revue Française de Gestion* (janvier-février 1992).

BOISSELIER P., *L'investissement immatériel – Gestion et comptabilisation*, De Boeck, 1993.

CASPAR P., AFRIAT C., *L'investissement intellectuel – Essai sur l'économie de l'immatériel*, Paris, Economica-CPE, 1988.

CONSEIL NATIONAL DE LA COMPTABILITÉ – COMMISSION DES INVESTISSEMENTS IMMATÉRIELS, *Rapport de synthèse sur la comptabilisation des marques*, mars 1991.

KAPFERER J.N., *Les marques, capital de l'entreprise*, Paris, Les Editions d'Organisation, 1991.

KERVILER I. (de), OBERT J.Y., « Les investissements immatériels : solutions actuelles et perspectives », *Banque* (n° 503, mars 1990).

MARION A., « La place de l'investissement immatériel dans l'évaluation des entreprises », *Revue Française de Gestion* (janvier-février 1988).

MARTORY B., PIERRAT C., THIEBIERGE C., HOARAU C., « Evaluation et rentabilité de l'investissement intellectuel », *Rapport pour le ministère de la Recherche* (décembre 1993).

MAYÈRE A., « La gestion des savoirs face au nouveau modèle industriel », *Revue Française de Gestion* (n° 105, septembre-octobre 1995).

ROUX D., SOULIÉ D., *Gestion*, Paris, PUF, 1992.

SOULIÉ D., *Analyse économique et stratégie d'entreprise*, Paris, EDICEF-AUPELF, 1992.

Mots clés

Actif immatériel, brevet, capital immatériel, formation, investissement immatériel, licence, logiciel informatique, marketing, marque, publicité, recherche-développement, ressources humaines.

Juste-à-temps

Pierre Baranger et Jack Chen

Né au Japon dans les années 1950-1960, le juste-à-temps (auquel nous nous référerons comme le JAT) se définit comme « une philosophie de gestion des entreprises fondée sur la volonté de satisfaire le client (par la qualité et des délais très brefs), d'éviter les gaspillages et d'impliquer le personnel. On poursuit l'idéal d'un flux de produits pièce à pièce, ce qui suppose le couplage avec la qualité globale »[1] (P. Baranger et J. Chen, 1994, p. 192). Vu comme un processus d'amélioration continue par apprentissage, son principe s'énonce comme « le fait de livrer, fabriquer, approvisionner ce dont le client a besoin, quand il en a besoin »[2] (P. Baranger et J. Chen, 1994, p. 192).

Cette formulation n'est ni triviale, ni simpliste. Elle n'est pas triviale en ce sens qu'il peut être nécessaire d'anticiper le besoin du client ; c'est-à-dire de fabriquer et d'approvisionner plus que ce dont le client a besoin, quand il en a besoin lorsque :

– le client impose un délai de livraison du produit inférieur à celui qu'il faut pour le fabriquer et le livrer ;

– des problèmes d'indivisibilité technique impliquent de mettre en fabrication des quantités (séries ou lots) plus élevées que celles demandées par les commandes individuelles, ce qui permet d'obtenir un meilleur rendement ou une meilleure qualité ;

– les coûts associés au lancement des ordres d'approvisionnement, de transfert de matière ou d'information et de fabrication, indépendants de la taille de l'ordre, induisent de les amortir sur la quantité approvisionnée, transférée ou produite.

Elle n'est pas simpliste puisqu'il s'agit d'un principe et non pas d'un objectif. « Les principes ne remplacent pas les objectifs, ils les structurent. Parce que les principes sont des idéaux, il sera toujours nécessaire de disposer d'objectifs plus concrets » (F. Heran, 1990).

---

1. Voir dans cette Encyclopédie l'article de E. Collignon, « Qualité », p. 2781, tome 3.

2. Voir dans cette Encyclopédie une analyse plus globale dans laquelle prend place le juste-à-temps avec l'article de V. Giard, « Production », p. 2542, tome 3.

On est donc confronté à deux logiques de nature différente. La première, dite de « lot », pousse à anticiper et à regrouper les commandes pour bénéficier des avantages de coûts liés aux économies d'échelle et à l'indivisibilité technique. La seconde, dite de « flux », fondée sur la flexibilité, traite les commandes une par une immédiatement au fur et à mesure de leur arrivée afin de réduire les délais et les stocks.

On a substitué à une logique de pilotage à court terme, fondée sur la prévision, la programmation et le contrôle, une autre logique fondée sur une réponse en temps réel aux sollicitations du client. Celles-ci définissent le fil conducteur de l'action de tous et permettent donc la décentralisation des décisions nécessaires à la flexibilité du système de production[3].

Le JAT est ce processus de substitution. Par nature, il procède de la seconde logique sans pour autant renier les avantages de la première aussi longtemps que les conditions qui la valident n'ont pas été changées.

Rendre opérationnel le principe ci-dessus consiste à :

– piloter le système par l'aval, à savoir que toute activité (de production ou autre) ne doit être engagée qu'à partir du besoin d'un client, qu'il y a des clients externes et des clients internes et que ces derniers sont les fournisseurs des premiers ;

– résorber tout gaspillage, sachant que la destination de tout produit est la consommation finale et que donc, d'une part, la satisfaction (et la fidélisation) du client implique tout le monde (personnel, fournisseurs...), d'autre part, tout ce qui ne contribue pas à la satisfaction du besoin ou engendre un surcoût par rapport à une autre solution doit être éliminé.

Ainsi le JAT ne peut se comprendre que dans un environnement TQM, sigle auquel de nombreuses entreprises (J.T. Black, 1991) ont associé celui du TQM/JIT (*Total Quality Management/Just In Time* traduit par qualité globale ou totale/juste-à-temps).

En définitive, le JAT repose sur une idée simple suscitée par la concurrence internationale et par la globalisation[4] qui se sont développées depuis une trentaine d'années. Il faut fournir à un client le produit (ou/et le service) qu'il demande à la date qu'il réclame, en ramenant le délai à celui des temps opératoires (c'est-à-dire ceux liés à la seule transformation physique de la matière et de l'information), et au moindre coût.

Beaucoup de questions se posent cependant à propos du JAT. Quels sont ses fondements théoriques ? Son application est-elle générale ou limitée à certains types de production ? Est-il exclusif d'autres formes de production ? Comment l'évaluer ? Après un bref historique, c'est à ces questions que nous allons nous efforcer de répondre.

1. L'historique du juste-à-temps

Le juste-à-temps constitue un mouvement profond (non réductible à une simple mode comme ont voulu le présenter certaines analyses), déjà en germe

---

3. Voir également dans cette Encyclopédie les articles de R. Reix, « Flexibilité », p. 1407, tome 2 et de P. Cohendet et P. Llerena, « Productique et gestion », p. 2579, tome 3.

4. Voir dans cette Encyclopédie l'article de P. Joffre, « Globalisation de l'entreprise », p. 1627, tome 2.

dès la fin de la Deuxième Guerre mondiale alors que les Japonais entreprenaient de reconstruire leur économie en s'inspirant des conseils des grands spécialistes américains de la qualité. Le premier à aller au Japon en 1949 fut E. Deming (après son départ du Japon, la JUSE – Japanese Union of Scientists and Engineers – créa le plus célèbre des prix qualité, le *Deming Prize* en 1951) ; le deuxième fut J. Juran, il introduisit le client dans la démarche qualité de l'entreprise.

1.1. Le rôle novateur de Toyota

Dans les années 1970, la concurrence internationale s'intensifie ; on s'aperçoit alors de la supériorité de certaines entreprises japonaises dans différents secteurs économiques tels que l'automobile (Toyota), les photocopieurs (Canon), les magnétoscopes (Matsushita).

C'est Toyota qui, la première, sous l'impulsion d'Eiji Toyoda et de deux ingénieurs, S. Shingo et T. Ohno, construit un système cohérent, reposant sur les principes suivants : piloter le système par l'aval, travailler à variabilité nulle et établir de nouvelles relations avec les fournisseurs (S. Shingo, 1987, 1990a, 1990b). La méthode kanban due à T. Ohno met en œuvre ces principes.

Le JAT est né dans les unités de production où l'on fabrique ce que le bureau des études a conçu, à partir des études marketing, suivant un procédé défini par le bureau des méthodes. La même démarche de gestion par l'aval, de résorption des gaspillages, de maîtrise et d'amélioration de la qualité s'est répétée au stade conceptuel liant les acteurs ci-dessus selon le paradigme ludique du rugby où tous les joueurs avancent ensemble. Ici encore, Toyota s'est montrée innovatrice dans l'art et la manière de concevoir et de développer vite, bien et à faible coût (A. Ward *et al.*, 1995).

1.2. Le problème de la spécificité nippone

Le JAT prend forme dans un environnement spécifique, celui du Japon, caractérisé par l'existence de valeurs collectives[5] et le sens collectif des responsabilités, une approche participative de la prise de décision, l'exiguïté et le manque de place qui ne permettaient pas de stocker, et un rôle actif de l'Etat comme soutien.

Les particularités du contexte dans lequel il s'est développé feront, par la suite, dire à certains que le JAT ne serait pas transposable dans d'autres pays pour des raisons culturelles. Toutefois, dès 1980, talonnées par la concurrence japonaise, les entreprises automobiles américaines et européennes commencent à intégrer les principes du JAT. Cette mise en place sera néanmoins longue et douloureuse puisqu'à la fin des années 1980, l'étude de J. Womack *et al.* (1990) fait apparaître le retard qu'elles conservent par rapport aux entreprises japonaises en termes de productivité et de qualité.

5. A titre d'exemple, on trouve chez Matsushita le credo suivant : « Par nos activités industrielles, nous voulons favoriser le progrès humain, promouvoir le bien-être général de la société et nous consacrer au développement de la culture dans le monde ».

1.3. Le juste-à-temps et le management scientifique

Le JAT a souvent été présenté comme le modèle alternatif du management scientifique. Si la base organisationnelle est plus large, la filiation du JAT vis-à-vis du management scientifique ne peut pas être mise en doute. Au moins trois familles de raisons objectives fondent l'affirmation ci-dessus.

– Premièrement, la démarche scientifique est utilisée dans les approches JAT pour l'amélioration des performances au triple plan de la qualité, de la flexibilité et de la productivité.

– Deuxièmement, le JAT utilise des outils d'amélioration dont la majorité ont été conçus et développés par les pionniers du management scientifique[6]. On citera l'étude des temps (F. Taylor, 1883), l'étude des mouvements (F. Gilbreth et L. Gilbreth, 1885) et la cartographie (F. Gilbreth et L. Gilbreth, 1921).

– Troisièmement, « Les Japonais sont les plus fervents défenseurs au monde du génie industriel. Chez Toyota, le chef d'équipe est souvent un ingénieur industriel, ou étudie pour le devenir » (R. Schonberger et E. Knod, 1991) (comme F. Taylor le fit !).

La seconde source d'inspiration des Japonais est certainement les expériences de E. Mayo à l'usine d'Hawthorne. Pour une connaissance plus complète, le lecteur peut se référer à l'analyse qui en est faite par P. Bernoux (1985).

2. Le principe et la mise en œuvre du juste-à-temps

Le JAT est un processus d'amélioration permanente par apprentissage qui vaut tout autant pour la mise en œuvre des moyens nécessaires pour traiter des commandes, que pour leur conception et leur mise en place. Le principe est le « sur mesure » qui doit être compris comme le fait de traiter la demande du client conformément à son besoin et de ne pas faire davantage que ce que requiert ce besoin.

Pour ce faire, il faut fluidifier des systèmes de production qui, par tradition ou par nature, sont discrets (traitement par lot) sans pour autant modifier leur orientation client, segmenter l'activité des systèmes continus sans introduire de rupture dans le flux et maîtriser la qualité, l'outil technique et les procédures, quel que soit le système.

2.1. Le paradoxe de la variété et de la répétitivité

H. Ford avait mis en évidence l'influence de la répétition sur la productivité par le jeu des phénomènes d'apprentissage. La répétition est également une condition nécessaire de la qualité. Mais se référer à une logique aval dans un contexte de variété et de nouveauté, tout en revendiquant simultanément la qualité, la productivité et la flexibilité pose un paradoxe que le JAT résout par la gestion de la variété.

Celle-ci s'opère en conception par le déploiement de la qualité (Y. Akao, 1993), le développement simultané des variantes d'un produit générique et la

6. Voir dans cette Encyclopédie l'article de J. Rojot, « Théorie des organisations », p. 3337, tome 3.

définition retardée des spécifications auxquelles le client n'est pas directement sensible (A. Ward *et al.*, 1995).

Le déploiement de la qualité est une méthodologie de conception du produit qui, partant d'une définition fonctionnelle du besoin (AFAV, 1989), développe de façon itérative les caractéristiques fonctionnelles, puis les fonctions techniques, les composants, le procédé et, enfin, le produit pour maîtriser la qualité de conception, de performance, de conformité et de service ainsi que le coût.

Les itérations permettent de déconnecter le client des fonctions techniques qui, intégrées dans le produit, répondent à celles constitutives du besoin du client. Rares sont les personnes qui s'inquiètent de la forme et de l'emplacement de leur réservoir d'essence et, pourtant, tous en apprécient la présence. Standardiser à ce stade revient à créer les conditions de la répétition sans diminuer, bien au contraire, l'orientation client de l'organisation.

En production aussi, la variété ne doit pas être subie mais gérée. Les technologies de groupe sont l'outil privilégié. Elles permettent de classer les produits en groupes homogènes par rapport à un critère qui peut être la morphologie pour des problèmes de fabrication, le procédé et les outils utilisés pour des problèmes d'implantation.

Ce qui précède ne relègue pas le progrès technique au second rang, mais conditionne son intégration à la maîtrise de l'organisation. Les Japonais ont deux mots pour exprimer ce qui précède : *kaizen* et *kairoy*. « *Kaizen* signifie la poursuite implacable des améliorations de la qualité graduelles et sans fin en tirant le maximum des ressources existantes... *kairoy*... signifie amélioration en dépensant de l'argent » (D. Hoyle, 1994). Le *kaizen* est donc le préalable du *keiroy*.

2.2. La synchronisation des opérations

Si on devait différencier le JAT du TQM, c'est certainement au niveau de la focalisation sur la réduction des temps de cycle qu'il faudrait le faire. Le dénominateur commun à l'ensemble des méthodes et des outils du JAT est la synchronisation des opérations.

2.2.1. L'intégration par les ingénieries simultanées

Les ingénieries simultanées consistent à intégrer, dans une démarche simultanée, les actions de différents acteurs que tantôt une logique apparente de développement, tantôt une logique de centralisation et de spécialisation ont organisé de façon séquentielle. On a utilisé l'image sportive du rugby opposée à celle de la course de relais (H. Takeutchi et I. Nonaka, 1986). Les ingénieries simultanées peuvent être comprises de différentes manières :

– des métiers différents mais complémentaires intervenant simultanément dans le projet de développement afin d'intégrer le plus tôt possible les contraintes des intervenants aval dans le processus de conception, de développement, de fabrication, d'approvisionnement et de distribution ;

– des projets afférents aux variantes d'un même produit conduits simultanément avec celui du produit générique. Ainsi Renault, en développant concurremment le projet Laguna conduite intérieure à gauche et le projet Laguna conduite à droite, a non seulement pu bénéficier d'un avantage commercial sur le marché britannique, mais a également pu concevoir un produit à l'ergonomie aussi satisfaisante pour le conducteur continental que pour le conducteur britannique[7].

2.2.2. Le pilotage par l'aval

Piloter la conception et la production par l'aval consiste, d'une part, à tenir compte des exigences du client et, d'autre part, à ne pas créer de fausses exigences qui seraient alors des facteurs de coût, de non-qualité et de rallongement des délais. Ainsi Toyota, considérant que le client n'est pas sensible réellement aux dimensions d'un véhicule à 2 cm près, maintient en conception-développement cette tolérance le plus tard possible pour laisser aux différents acteurs le plus de marge possible afin de générer plus de qualité et moins de délais et de coûts pour le client (A. Ward *et al.,* 1995).

Une autre composante du besoin client qu'il convient de placer au premier rang sans la surdimensionner est le délai de livraison. Lorsque plusieurs actions doivent être conduites en parallèle et conditionnent le démarrage d'une action, c'est la plus longue qui détermine la possibilité d'engagement de l'action suivante. Il est donc inutile de commencer, sauf raison particulière, une opération le plus tôt possible, même en cas de retard. Il faut raisonner au plus tard et à partir du délai du client externe.

En production, piloter par l'aval consiste à utiliser la méthode kanban, mise au point par T. Ohno chez Toyota dans les années 1960. Le kanban est un système de gestion partagée des approvisionnements internes et externes entre le service logistique qui gère les paramètres et définit les règles de priorité, d'une part, et le client et le fournisseur mis directement en relation, d'autre part.

Dans un système traditionnel, on procède en poussant les flux du fournisseur vers la fabrication, de celle-ci vers le client, selon une logique du type de celle reproduite au schéma 1. La gestion des priorités en atelier s'établit par une programmation centralisée de l'activité des ateliers. Celle-ci réclame un suivi des flux de fabrication, c'est-à-dire une remontée de l'information par un système de fiches suiveuses (papier ou électroniques), et enfin un ensemble de mesures correctrices dont l'effet reste incertain. Il convient de préciser l'ensemble des coûts associés à un tel système : le coût de la fonction logistique, le coût des adaptations, le coût du suivi, le coût des corrections et le coût de l'écart de performances entre le prévisionnel et le réel.

A l'opposé, le système kanban, partant du client, synchronise les flux en n'engageant une activité de production ou d'approvisionnement que si le client (externe ou interne) a consommé (schéma 2). Il le fait savoir au moyen d'un signal, historiquement une étiquette (*kanban* en japonais).

2.2.3. Le SMED et le temps de changement de série

Si les temps de changement de série sont longs, on essaie de réduire, pour des raisons de rentabilité, l'immobilisation de la machine en lançant des séries importantes. Outre le fait qu'une telle pratique engendre des stocks

7. Propos retenus lors d'une conférence de Roger Savoy sur le projet Laguna au groupe ESC Normandie, au Havre, en 1994.

Schéma 1 – Ordonnancement centralisé

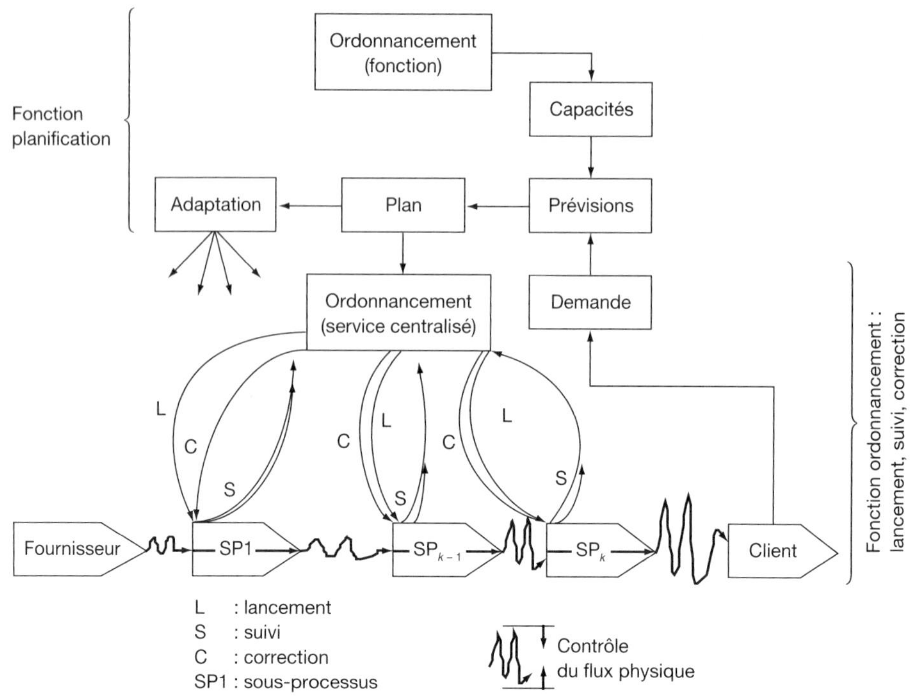

Schéma 2 – Approvisionnement et ordonnancement par kanban

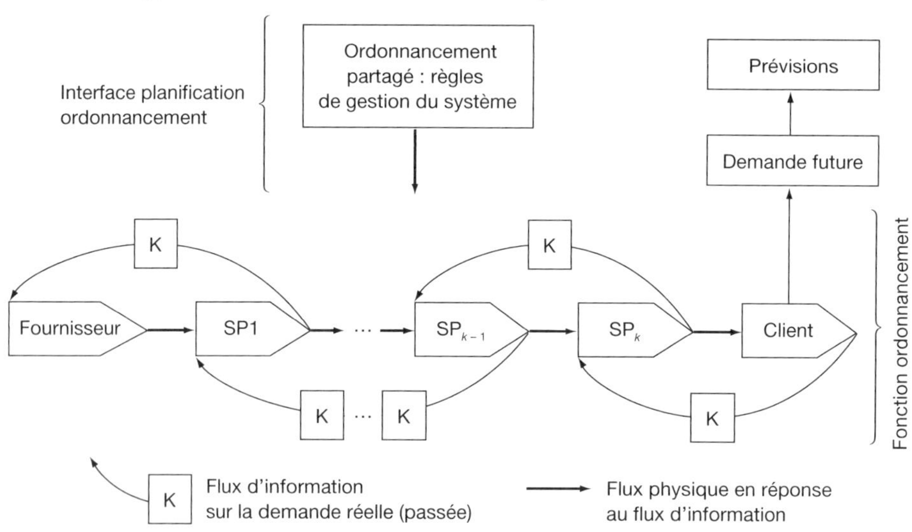

volumineux et des délais réels importants, elle implique des problèmes de gestion : création de gammes, clivage entre opérateurs et imputation des charges indirectes.

Il vaut donc mieux jouer sur la réduction de ces temps. A la solution technologique de la commande numérique « qui permet d'aller vers l'automatisation du processus »[8] mais dont le coût est élevé, le juste-à-temps propose le système SMED (*Single Minute Exchange of Die* ou changement de matrice en une minute) (S. Shingo, 1989).

Le SMED consiste à résorber les temps morts, les gestes et les opérations inutiles. On donnera à titre d'exemple le principe de la fiche multiple. Dans la mise en route d'installations, à une connexion prise électrique par prise électrique des différents éléments entre eux, on substitue un groupement des fiches mâles sur un panneau, un groupement des fiches femelles sur un autre et la connexion en un seul geste[9]. Le SMED dans une logique juste-à-temps n'est que la première phase d'un processus dont le point d'aboutissement est la suppression du temps de changement d'outils, de nettoyage et de réglage. En reprenant le processus économique du changement d'outil à partir de l'enchaînement des causes et des effets, il est possible de définir le principe des solutions allant dans le sens de la suppression.

Schéma 3 – La logique économique du changement d'outils

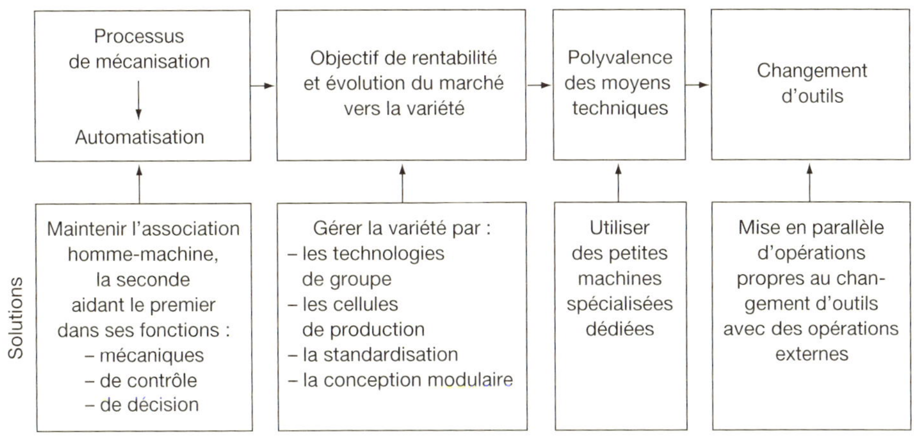

2.3. *Un nouvel ensemble de conditions de travail et de relations*

Ce qui précède suppose une adaptation permanente des conditions de travail, tant au niveau de l'environnement physique qu'à celui de l'organisation.

2.3.1. L'implantation et la synchronisation

Dans la production par lots, les implantations sont fréquemment par natures d'équipements, par techniques ou par métiers, comme le montre le schéma 4 (P. Baranger et P. Mouton, 1996). Ainsi, par exemple, toutes les fraiseuses, toutes les perceuses, le traitement thermique et la finition sont regroupés dans un atelier dédié à une technique. C'est la recherche des économies d'échelle (un même atelier sert pour tous les produits) et la mise

8. Et vers son intégration, ce qui nous renvoie à la notion de CIM *(Computer Integrated Manufacturing)*.

9. Propos retenus lors d'une conférence de Roger Savoy sur le projet Laguna au groupe ESC Normandie, au Havre en 1994.

Schéma 4 – Exemple d'implantation par technique ou fonctionnelle

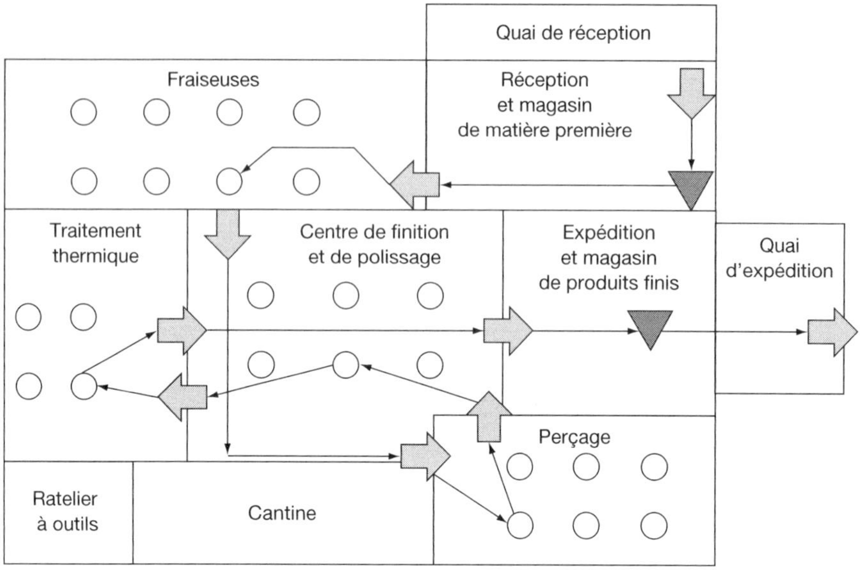

en œuvre du principe de compétence (les opérateurs sont spécialisés dans une seule technique) qui justifient ce mode d'aménagement. Les conséquences sont l'entremêlement des flux, car les produits suivent des parcours différents liés au procédé (gammes d'opérations), l'existence de lots de transfert et de stocks nécessitant de la place et des moyens de manutention liés à l'éloignement des postes, ainsi que la spécialisation des opérateurs, facteur de rigidité.

Dans le JAT, on tend à des implantations par lignes de produits ou par familles de pièces auxquelles on affecte des ressources (équipements, personnel)[10]. On ne spécialise plus selon les équipements mais selon les produits.

Schéma 5 – Exemple de stockage associé au transfert

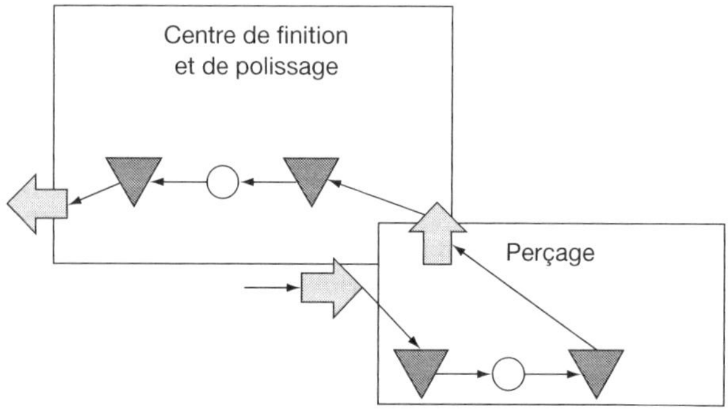

10. Ce qui nous renvoie au concept de focalisation (définie comme la spécialisation des unités productives) et, sur le plan de la structure, à ceux d'organisation divisionnelle décentralisée et de filialisation (holding).

Dans un contexte caractérisé par la variété des produits dans l'espace et dans le temps, il convient de gérer (et non de subir) la variété des procédés. On effectue des regroupements de produits par procédé identique, sur la base des technologies de groupe, puis on implante en cellules de production ou, lorsque le volume le justifie, on focalise l'usine en secteurs d'activité indépendants en moyens.

Une cellule de production est un ensemble de moyens dédiés à une famille de produits caractérisés par un procédé identique et donc implantés selon la logique produit. Les postes de travail y sont rapprochés pour éviter les lots de transfert et les discontinuités. La forme adoptée est celle du U qui favorise le travail de groupe, qui permet à un opérateur d'effectuer plusieurs opérations non nécessairement consécutives et donc de mieux équilibrer charge et capacité (en retirant ou en ajoutant des opérateurs en fonction des besoins (variété volume)).

Le groupe est défini comme un ensemble de personnes, indépendamment de l'identité des membres le constituant. Le travail en groupe est le fait de travailler avec d'autres personnes sans qu'elles soient forcément les mêmes.

Schéma 6 – Exemple d'implantation par cellule

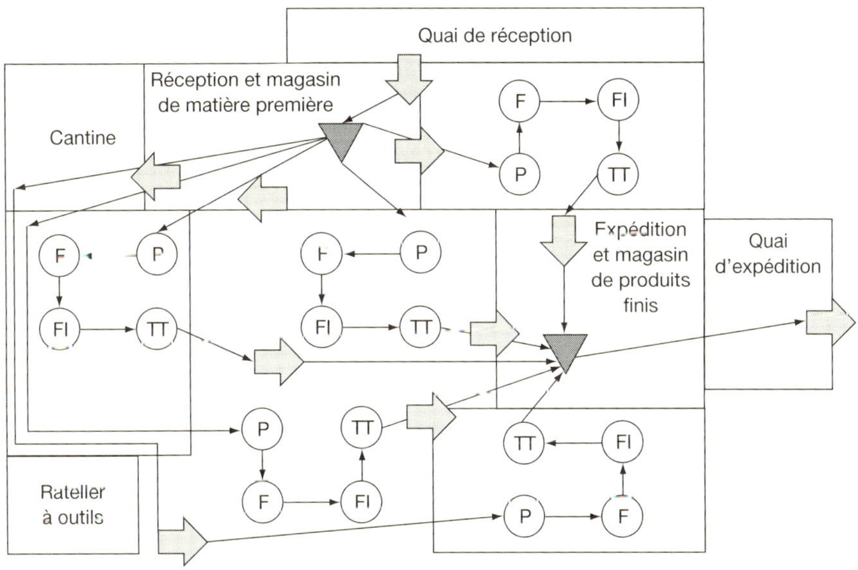

P : Perçage F : Fraisage FI : Finition TT : Traitement thermique

La polyvalence est généralement considérée à l'intérieur de la ligne de produits, mais elle peut aussi être verticale, c'est-à-dire entre les lignes de produits. Notons que nous touchons ici un débat de fond, celui du compromis entre la spécialisation fonctionnelle (qui permet d'acquérir la compétence) et l'obligation de résultat liée au processus qui permet de mettre à la disposition d'un client le produit qu'il demande (P. Baranger et P. Mouton, 1996, introduction).

Enfin, la systématisation du U permet une implantation générale dans laquelle les sections en relation client-fournisseur, implantées en U, sont liées entre elles.

2.3.2. La résistance au changement

Entre la conception et la mise en œuvre du changement se situe le foyer principal de résistance qu'est la mise en place des conditions du changement. Par l'intégration de tous les acteurs de la hiérarchie dans la conception, par l'implication de ce qui précède – les micro-changements et le changement au quotidien –, le JAT permet d'atténuer progressivement l'effet des freins au changement (A.C. Martinet, 1983).

2.3.3. Un nouvel environnement de travail

Le JAT modifie également les relations entre l'homme et la machine. La maintenance comme la maîtrise de la qualité se trouvent décentralisées en ligne. Dans cette optique, les services de maintenance et d'assurance de la qualité ont un rôle de formation et d'audit.

Les 5 S et la maintenance de niveau 1 ont pour but de redonner à l'opérateur la charge et l'entretien de sa machine et de son environnement de travail en le formant à :

– *seiri* – éliminer tout ce qui est inutile,
– *seiton* – ranger chaque chose à sa place,
– *seiso* – nettoyer la machine et son emplacement,
– *seiketsu* – prendre l'habitude de ce qui précède,
– *shitsuke* – améliorer ce qui précède (en peignant en blanc le dessous de la machine, par exemple, afin de mieux détecter les fuites d'huile, signe avant coureur des pannes).

L'opérateur doit de plus procéder au diagnostic en matière de panne et aux opérations de base de maintenance.

La maîtrise de la qualité en ligne repose sur l'autocontrôle selon des procédures définies par l'assurance de la qualité, le contrôle en cascade grâce auquel l'opérateur en aval vérifie les livraisons de l'opérateur en amont, les *poka-yoke* (détrompeurs) et les cartes de contrôle qui permettent de suivre la moyenne et la dispersion de la performance du processus en ses points de contrôle (M. Périgord, 1990).

L'amélioration de la qualité procède de la maîtrise de la qualité en y intégrant les opérateurs dans le cadre du travail de groupe structuré par les outils de la qualité (K. Ishikawa, 1986 ; R. Fukuda, 1990).

Le JAT repose également sur la délégation et la gestion décentralisée du temps. Le kanban en est un aspect, le travail en groupe et les unités élémentaires de travail un autre, qui consiste en une mini-entreprise où chacun est responsable (K. Suzaki, 1993).

2.3.4. L'entreprise réseau *vs* le modèle concurrentiel

Entre l'intégration verticale et le modèle de concurrence, le JAT, associé au TQM, constitue un modèle d'organisation économique du processus de transformation de la matière brute en produits de consommation finale. La démarche consiste à étendre le principe de la tension des flux et la mise sous contrôle qu'elle implique vers l'amont, simultanément avec les actions menées sur le plan interne. Elle va prendre la forme suivante.

– Développer avec les fournisseurs et les transporteurs une forme d'impartition[11] évoluée, le partenariat. Celui-ci est fondé sur une relation commerciale stable avec un petit nombre de fournisseurs, des livraisons fréquentes, voire une implantation à proximité immédiate du client, des procédures administratives allégées et, finalement, une réduction des coûts. La certification par référence à une norme (ISO 9000) peut formaliser ce partenariat.

– Améliorer la communication avec les fournisseurs et les transporteurs en ayant recours aux technologies de traitement de l'information. Si le client dispose d'un réseau de transmission de données et qu'il peut se connecter sur celui du fournisseur, rien ne l'empêche de passer directement sa commande par télématique : celle-ci est immédiatement enregistrée chez le fournisseur, ce qui supprime tout délai administratif (P. Baranger et J. Chen, 1995, p. 121). Ce sont les concepts d'EDI (*Electronic Data Interchange* ou échange de données informatisées) et de réseau électronique (logiciels *groupware* et réseaux *wide area*).

3. La portée et l'évaluation du juste-à-temps

Toutes les entreprises sont potentiellement concernées par le JAT. L'esprit autant que l'outil permet d'envisager des chemins qui, progressivement, doivent permettre d'évoluer simultanément vers plus de fluidité (production en continu) et une plus grande orientation client (production à l'unité). Le schéma 7 confronte les types d'organisations industrielles retenus par la classification de J. Woodward avec celui d'une organisation en juste-à-temps idéale (produire à l'unité et en continu) (P. Baranger et J. Chen, 1994, p. 47). La typologie peut être étendue aux entreprises prestataires de service. Le schéma 7 montre quelques-uns des chemins empruntés par les entreprises lors de leur mutation vers le JAT. On laissera au lecteur le soin de compléter le graphique en fonction de ses expériences.

Les critiques du JAT n'ont pas manqué[12]. Pour certains, le JAT ne comporte pas que des avantages, la principale accusation étant de pousser au productivisme et de n'être qu'une sorte de néo-taylorisme. Le JAT ne serait qu'un moyen de faire travailler davantage le personnel (par la polyvalence, l'autocontrôle et le transfert sur les opérateurs de tâches administratives) ; le résultat serait qu'on augmente le « stress ». A ceci, on peut rétorquer que l'orientation vers le client, interne et final, substitue la logique du justement utile à celle du seul rendement.

Une autre critique fréquemment formulée concerne le système du partenariat. Plus particulièrement, le JAT transférerait sur les fournisseurs (en fonc-

11. L'impartition est définie comme « une politique de rapprochement et de répartition du travail avec un fournisseur ou un client ». Voir dans cette Encyclopédie l'article de P.Y. Barreyre, « Achat industriel », p. 1, tome 1.

12. Voir, en particulier, P. Zipkin (1991) : « Le mythe du *just-in-time* est fini et le zéro-stock est une absurdité... Ce n'est pas le *just-in-time* qui explique pourquoi certaines entreprises ont fait des progrès dans leurs usines. C'est souvent, tout simplement, le montant de leurs investissements ou le transfert de leurs problèmes de stocks vers leurs sous-traitants ».

Schéma 7 – Typologie de J. Woodward et juste-à-temps

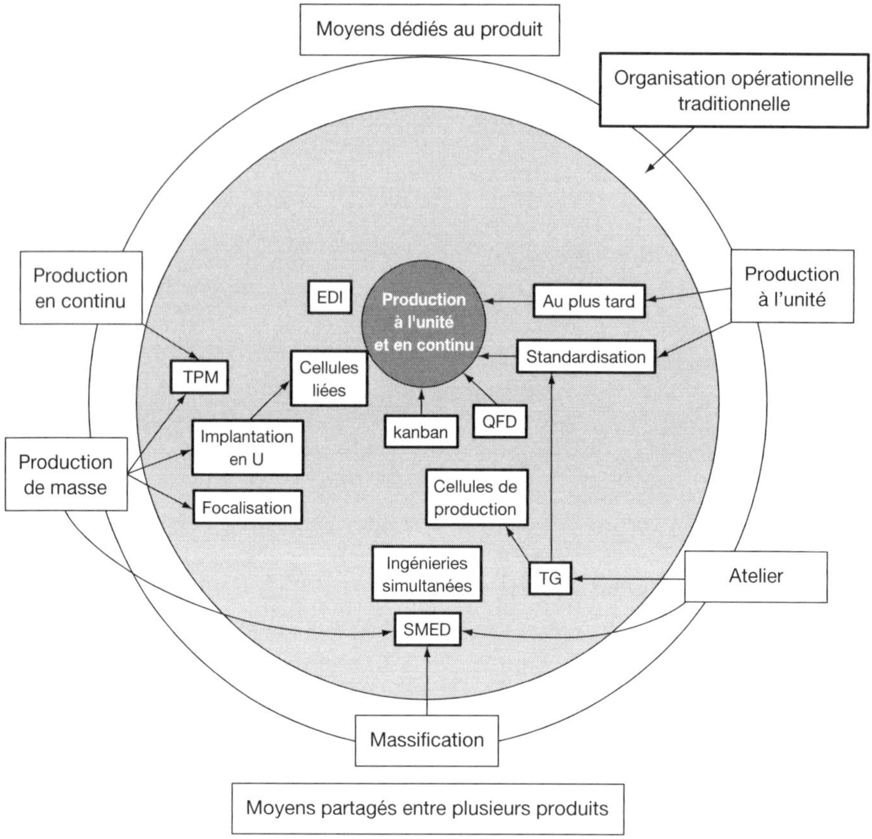

EDI : échange de données informatisées.
QFD : quality function deployment.
SMED : single minute exchange of die.
TG : technologie de groupe.
TPM : total preventive (or productive) maintenance.

tion du rapport de forces) les stocks du client, d'une part, et les problèmes de gestion, d'autre part. On ne confondra pas la pratique de certaines relations commerciales avec le JAT, même si elle s'y réfère à titre d'alibi. Par ailleurs, certaines entreprises considèrent le niveau des stocks confondus du client et du fournisseur comme un indicateur de performance. Enfin, il est paradoxal de prôner la décentralisation en interne, d'externaliser les deux tiers de la production (ce qui représente un taux d'intégration de 35 %) et de critiquer la nécessaire externalisation de la gestion qui correspond de fait à la décentralisation des décisions chez le principal intéressé, à savoir le fournisseur.

En revanche, le fondement sociotechnique du JAT pose problème et constitue sans doute le point le plus faible du système. On citera P. Bernoux (1985, p. 112) : « L'idée sous-jacente est celle de la contribution nécessaire de tous les éléments à la survie du système, celle-ci étant donc l'objectif principal, sinon unique, et permettant la hiérarchisation des éléments à un principe qui indique la bonne solution à adopter. Cette perspective est transposée dans les systèmes humains. Or ce transfert est un coup de force théorique mal fondé, parce que rien ne prouve que l'objectif des acteurs d'une organisation soit bien la survie de celle-ci, ou même l'accord sur les conditions de la survie ».

*
*   *

Il est difficile de nier que le JAT et le TQM ont transformé les modes de gestion des entreprises.

Si le JAT est une philosophie de gestion indissociable du mouvement sur la qualité et de l'intérêt prioritaire porté à l'humain (c'est peut-être là, en effet, que sont apparues les principales « perversions »), il n'est en rien exclusif des autres innovations mises en œuvre dans la gestion industrielle des entreprises. Il les prépare, en multiplie les effets et doit permettre d'éviter des erreurs du type de celle de l'entreprise Ford et de son usine de Saint-Louis, incapable de produire le minivan Aerostar dans le délai prévu (P. Béranger, 1987). A « l'usine du futur » il convient de substituer « l'usine avec un futur ».

Références

AFAV, *Exprimer le besoin, application de l'analyse fonctionnelle*, Paris, Afnor Gestion, 1989.
AKAO Y., *QFD*, Paris, Afnor, 1993.
BARANGER P., CHEN J., *Management de la production et des opérations*, Paris, Litec, 1994.
BARANGER P., CHEN J., *Gestion de la production*, Paris, Vuibert, 1995.
BARANGER P., MOUTON P., *Comptabilité de gestion*, Hachette, 1996.
BÉRANGER P., *Les nouvelles règles de la production*, Paris, Dunod, 1987.
BERNOUX P., *La sociologie des organisations*, Paris, Le Seuil, 1985.
BLACK J.T., *The Design of the Factory with a Future*, McGraw-Hill, 1991.
FUKUDA R., *Productivité, mode d'emploi*, Paris, Les Editions d'Organisation, 1990.
HERAN F., « Outils de gestion et modes d'organisation », *in* ECOSIP, *Gestion industrielle et mesure économique*, Paris, Economica, 1990.
HOYLE D., *ISO 9000 Quality Systems Handbook*, Oxford, Butterworth-Heinemann, 1994.
ISHIKAWA K., *La gestion de la qualité – Outils et applications pratiques*, Paris, Dunod, 1986.
MARTINET A.C., *Stratégie*, Paris, Vuibert, 1983.
PÉRIGORD M., *Formation à la maîtrise statistique des procédés*, Paris, Les Editions d'Organisation, 1990.
SCHONBERGER R., KNOD E., *Operations Management*, 4e éd., Irwin, 1991.
SHINGO S., *Maîtrise de la production et méthode Kanban*, Paris, Les Editions d'Organisation, 1987.
SHINGO S., *Le système SMED*, Paris, Les Editions d'Organisation, 1989.
SHINGO S., *La production sans stock*, Paris, Les Editions d'Organisation, 1990.
SUSAKI K., *Réinventer l'unité de travail*, Paris, Dunod, 1993.
TAKEUTCHI H., NONAKA I., « The New Product Development Game », *Harvard Business Review* (January-February 1986).
WARD A. *et al.*, « The Second Toyota Paradox : How Delaying Decisions Can Make Better Cars Faster », *Sloan Management Review* (Spring 1995).
WOMACK J., JONES D., ROOS D., *Le système qui va changer le monde*, Paris, Dunod, 1992.
ZIPKIN P., « Le mirage du just-in-time », *Harvard-L'Expansion* (automne 1991).

Mots clés

Flexibilité, implantation, ingénieries simultanées, maintenance (5 S, TPM), ordonnancement (flux tirés, kanban), organisation du travail (unités élémentaires de travail), partenariat, productivité, qualité (assurance de la qualité, déploiement de la qualité, qualité totale ou TQM), quantité économique (logique de lot), SMED, synchronisation.

LBO

Xavier Thoumieux

Opération par laquelle un ou plusieurs investisseurs acquièrent une entreprise grâce à un endettement important, le LBO (*Leverage Buy-Out*) s'est fortement développé en France depuis le milieu des années 1980, au point de constituer aujourd'hui un marché, le deuxième d'Europe après la Grande-Bretagne, qui représente plus de 2 milliards de francs investis par an et permet à un nombre croissant de PME de trouver une solution à leur problème de transmission.

Aujourd'hui mature, l'activité de LBO devrait néanmoins rester soutenue dans les années à venir si l'on considère le nombre très important des PME-PMI qui vont statistiquement changer de mains d'ici 2010 : environ 40 à 50 % des 158 000 PME-PMI françaises.

1. L'environnement économique et financier

Le LBO est une opération par laquelle un ou plusieurs investisseurs acquièrent une entreprise (la cible) *via* une société holding (la plupart du temps créée pour l'occasion), qui s'endette autant que la capacité de remboursement de la société cible le permet, et qui est capitalisée, par les acquéreurs, uniquement à hauteur du solde du prix d'acquisition (effet de levier financier). Le nouveau groupe, constitué de la holding et de la cible, bénéficie généralement de l'intégration fiscale, qui permet de diminuer sa base d'imposition du montant des intérêts de la dette d'acquisition (effet de levier fiscal).

1.1. Capital-investissement et LBO

Bien que la technique du LBO puisse être, et soit parfois utilisée par des personnes physiques uniquement, la majeure partie des transactions (au moins par la taille des opérations) fait intervenir des professionnels de l'investissement en capital. Leur métier consiste à apporter des fonds propres à des PME-PMI afin de financer leur création, leur développement, leur rachat (cas du LBO) ou, tout simplement, de remplacer un actionnaire minoritaire. L'objectif est, pour l'investisseur, de réaliser une plus-value par la revente, à terme, de sa participation.

Au sein du marché du capital-investissement, la part des montants investis dans des opérations de LBO a très fortement augmenté depuis le milieu des années 1980, puisqu'elle était de 4,1 % en 1986 (soit 61 millions de francs investis dans ce type de transactions) contre 29 % en 1994 (soit 2 090 millions de francs).

Au plan de la rentabilité, la dernière enquête du cabinet Ernst & Young, datée de 1995, pour le compte de l'Association française des investisseurs en capital (AFIC), indique que, sur la période 1978-1994, le capital-investissement français a dégagé une rentabilité globale moyenne (mesurée par le taux de rendement interne, TRI[1]), avant imputation des frais de gestion, après sinistres et avant impôt, de 17,5 % par an. Le capital-transmission (LBO) connaissait, pour sa part, un TRI de 35 % l'an. Ces performances sont à comparer aux rentabilités annuelles moyennes des autres classes d'actifs sur la même période, soit 10,5 % (9,7 % après frais de gestion) pour les actions cotées, 8,8 % (8,2 % après frais de gestion) pour les obligations et 9,6 % (9,4 % après frais de gestion) pour le marché monétaire.

Au plan européen[2], la part des opérations de LBO (en montant) au sein du marché de l'investissement a été de 44 % en 1994 contre 41 % en 1993. On peut donc supposer, si l'on compare ce chiffre au pourcentage français (29 %), qu'il reste une marge de progression importante pour ce type de transactions en France.

1.2. Les principes du LBO

L'acquisition en LBO se fait grâce à la création d'une société holding (dite *ad hoc* et souvent appelée *Newco – New Company* – avant que sa dénomination sociale ne soit définitivement arrêtée) qui est dotée des fonds nécessaires au rachat et devient propriétaire de la cible. Elle-même sera détenue par les nouveaux propriétaires. La forme juridique la plus généralement utilisée pour la *Newco* est la société anonyme.

Dans le schéma 1, le prix à payer pour acquérir la cible est de 100, payable en une seule fois au *closing* (instant de la signature définitive des actes de cession et du transfert de propriété). Dans notre exemple, pour financer cette acquisition, la *Newco* s'endette de 50 alors que les acquéreurs (investisseurs financiers et futurs dirigeants) dotent cette holding d'un capital égal au solde du prix à payer, soit 50, ce qui leur en confère la propriété.

Dotée des fonds nécessaires au rachat, la *Newco* paye le prix d'acquisition au vendeur et prend possession de la cible. Les investisseurs détiennent donc indirectement la cible.

Une fois la transaction réalisée, la dette d'acquisition est remboursée grâce aux dividendes annuels versés par la cible à sa nouvelle société mère.

1. Le TRI est « le taux d'actualisation particulier qui permet l'égalité entre la valeur actuelle des sommes reçues (dans le cadre de l'investissement) et la valeur actuelle des sommes versées (pour réaliser cet investissement) ». Ce taux correspond donc au taux d'intérêt annuel qui aurait dû être servi à l'investisseur pour qu'il obtienne, en plaçant les fonds dépensés sur la période considérée, les recettes mentionnées.

2. *Source* : European Venture Capital Association, chiffres de 1994.

Schéma 1 – Déroulement classique d'une reprise en LBO

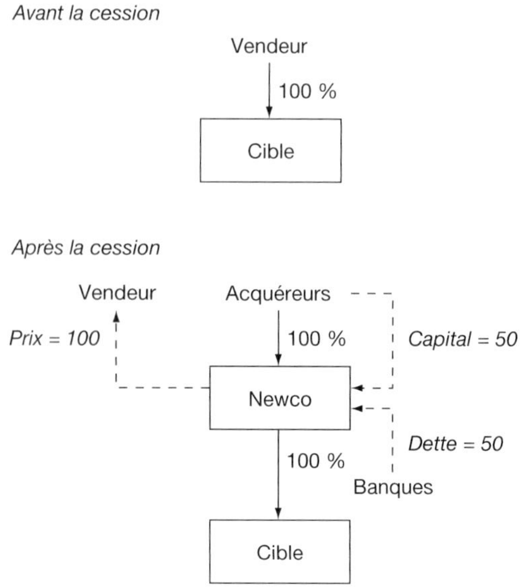

Dans une opération de LBO, c'est donc l'appréciation des résultats futurs de la cible qui est fondamentale. Au-delà, c'est la notion de *free cash flow* (littéralement « flux d'argent libre ») prévisionnel, ou de trésorerie nette, que les banquiers et les investisseurs cherchent à cerner. Seule cette notion de trésorerie nette générée durant l'exercice, ici après tous paiements hormis les dividendes et hors endettement supplémentaire, permet de constater si l'entreprise produit annuellement assez de liquidités pour faire face seule aux échéances de la dette d'acquisition ; ceci sous réserve que la cible puisse juridiquement « remonter » cette trésorerie dans la holding par le versement de dividendes sur résultat ou sur réserves.

2. Effets de levier et LBO

Le nom même de LBO, utilisé pour ces opérations, indique que l'effet de levier (*leverage*) en est le corollaire. Cependant, cette notion est assez générale pour s'appliquer à tout ce qui démultiplie la puissance d'intervention d'un acteur. On peut dénombrer trois grands types d'effets de levier en matière de LBO : le levier financier, le levier fiscal et le levier juridique.

2.1. Le levier financier

Le rendement d'un investisseur qui acquiert une entreprise est, toutes choses égales par ailleurs, d'autant plus important que le montant de capital (ou plus généralement de fonds propres) qu'il investit pour cette acquisition est faible ou encore que la dette d'acquisition est élevée. L'effet de levier, classique en théorie financière, appliqué au LBO, traduit donc le fait que le TRI augmente, toutes choses égales par ailleurs, lorsque le montant initial de capital apporté pour l'acquisition diminue. Le levier financier est alors mesuré par le rapport des dettes d'acquisitions sur les fonds propres de la *Newco* (*L* = *D*/*FP*). La dette mezzanine (§ 3.2.3.), suivant qu'elle peut être assimilée à des fonds propres (subordination forte, voir § 3.2.3.) ou à de la dette (subordination faible ou inexistante, voir § 3.2.3.), entre dans l'une ou l'autre des catégories.

La limite la plus apparente au recours à un endettement toujours plus élevé dans une opération de LBO (l'investisseur a théoriquement tout intérêt à n'investir qu'un franc de capital et à financer le solde par endettement) se trouve dans la capacité de la cible à rembourser la dette d'acquisition. Il faut, en effet, que le niveau de dette mis en place corresponde aux possibilités de remboursement prévisionnelles de la cible. Faute de quoi, la restructuration de l'opération ou même le dépôt de bilan seront inévitables.

La seconde limite à un effet de levier trop élevé réside dans l'équilibre des forces qui s'établit naturellement entre le banquier et l'investisseur. En effet, si ce dernier prend le risque de perdre – en cas d'échec de l'opération – la totalité de son investissement, son potentiel de rémunération est en théorie illimité – en cas de réussite, des TRI de 40 % par an ne sont pas rares et ils dépassent même parfois (rarement) les 100 % par an. La banque, elle, est rémunérée par une marge fixe et ne peut espérer des rendements illimités : elle doit donc prendre un risque limité. Accepter un levier trop important revient, pour le banquier, à prendre un risque d'investisseur sans pouvoir en espérer la rémunération. C'est la négociation qui détermine donc le levier finalement retenu pour l'opération.

2.2. *Le levier fiscal*

L'autre levier important sur lequel s'appuient la plupart des opérations de LBO est le levier fiscal. Comme nous l'avons vu, le nouveau groupe (*Newco* et cible) peut bénéficier, s'il en fait la demande et s'il répond aux conditions imposées (principalement la détention d'au moins 95 % du capital de la cible par la holding), du régime d'intégration fiscale. Celui-ci lui permet de diminuer l'assiette fiscale du groupe du montant des intérêts de la dette d'acquisition. L'économie d'impôt générée par rapport au régime fiscal classique « mère-filiale » est donc égale au taux d'impôt sur les sociétés (IS) multiplié par les charges financières liées à la dette d'acquisition. Plus généralement, l'économie d'impôt peut s'exprimer par :

$$e_i = \text{Taux d'IS} \times \left(\begin{matrix} \text{Charges déductibles} \\ \text{de la Newco} \end{matrix} - \begin{matrix} \text{Produits imposables} \\ \text{de la Newco} \end{matrix} \right)$$

2.3. *Le levier juridique et le levier juridico-financier*

Après avoir étudié les deux principaux effets de levier que l'on peut trouver dans une opération de LBO, il faut encore mentionner l'effet de levier juridique. Ce dernier consiste à démultiplier la puissance de contrôle d'un actionnaire par la mise en place d'une succession de holdings « en cascade » dont il ne détient, par exemple, que la majorité simple. Cette détention partielle de chaque holding lui permet de limiter son engagement financier tout en conservant le contrôle du groupe.

Certains LBO ont été montés grâce à cette technique, avec parfois la mise en place de dettes dans les holdings intermédiaires (levier juridico-financier), ce qui démultiplie plus encore la puissance financière de l'actionnaire majoritaire. Des échecs douloureux ont cependant mis un terme quasi complet aux montages de ce type.

3. Prix et financement

Nous n'aborderons pas ici les méthodes utilisées pour déterminer la valeur d'une entreprise[3] mais nous analyserons comment, une fois le prix fixé, se déboucle la transaction.

3.1. Les différentes formes de paiement du prix

Lorsque l'acquéreur et le vendeur sont parvenus à un accord sur la valorisation de l'entreprise, il reste à définir les modalités de paiement qui peuvent, *in fine*, avoir une incidence sur le prix final. On distingue quatre principaux types de paiement possibles, qui peuvent être combinés ou non.

– Le paiement *cash* est la modalité la plus classique. Le vendeur reçoit le produit de la cession, sous forme d'un virement ou d'un chèque, le jour du *closing*.

– Le paiement différé par lequel le vendeur accepte un différé de paiement partiel ou total. Cependant, sa créance sur l'acquéreur est certaine et n'est donc en principe soumise à aucune condition ou aléa (si ce n'est le risque de non-paiement de l'acquéreur qui peut toutefois être couvert par une caution bancaire). Ce type de paiement est très proche du crédit vendeur dont les modalités juridiques sont néanmoins différentes.

– Dans le cas d'un crédit vendeur, le vendeur accepte qu'une partie du prix soit transformé en prêt en faveur de la *Newco*. Ce prêt fait généralement l'objet d'un contrat spécifique et peut être aménagé suivant plusieurs déclinaisons possibles allant de la plus favorable au vendeur, c'est-à-dire la plus certaine quant au remboursement du principal et des intérêts (version proche du différé de paiement), à la plus favorable à l'acquéreur et à ses partenaires, c'est-à-dire avec la mise en place d'un certain nombre de conditions pour la perception du principal et des intérêts (version proche du complément de prix).

– Si les parties n'arrivent pas à s'entendre sur un prix, une des solutions est la mise en place d'un complément de prix (ou *earn out*). Il s'agit de convenir d'un seuil minimal de performance à atteindre par la cible, pendant une durée à déterminer, au-delà duquel toute performance supplémentaire entraîne le versement, par l'acquéreur au vendeur, d'un complément de prix calculé suivant une formule négociée au moment de la transaction. L'*earn out*

---

3. Voir dans cette Encyclopédie les articles de D. Pène, « Evaluation de l'entreprise », p. 1310, tome 2 et de M. Glais et E. Sage, « Evaluation des actifs incorporels », p. 1291, tome 2.

rassure l'acquéreur car le vendeur reste en risque sur son entreprise, ce qui signifie qu'il a, en principe, un minimum de confiance en son avenir. Il permet également au vendeur d'obtenir, si ses prévisions se révèlent exactes, un meilleur prix.

3.2. Les différentes formes de financement d'un LBO

Après avoir étudié les différents types de règlement du prix d'une transaction, nous allons envisager les diverses façons dont ce prix peut être financé.

3.2.1. Le capital

Une partie du financement apporté à la holding de reprise le sera sous forme de capital. Ce dernier confère aux acquéreurs la propriété de la *Newco* et donc indirectement de la cible. Son montant dépend de la capacité d'endettement de la *Newco* et des exigences des prêteurs seniors quant au degré d'implication des actionnaires et à la marge de sécurité qu'ils souhaitent avoir pour le remboursement de leur dette. La rémunération des investisseurs sera obtenue, lors de la revente de l'entreprise, par la plus-value dégagée par rapport à l'investissement initial. La rentabilité des fonds apportés par les investisseurs est mesurée par le TRI dégagé lors de la revente. Le TRI recherché est généralement de 15 à 20 points au-dessus des taux monétaires (sans risque).

3.2.2. La dette senior

Comme nous l'avons vu précédemment, le principe du LBO repose sur la mise en place d'une dette senior – par opposition à la dette mezzanine à qui la subordination confère un caractère « junior » (voir *infra*) –, qui sera remboursée grâce aux dividendes de la cible.

Le financement d'acquisition est considéré par les banques comme le type de financement le plus risqué dans la hiérarchie des financements d'entreprise et pratiquement de tous les financements bancaires. Il consiste, en effet, à prêter à une société coquille qui n'a aucune valeur par elle-même, avec une garantie faible, dans le cadre d'une transmission d'entreprise qui, par nature, est une opération très risquée.

La forme la plus classique de dette senior est celle d'un prêt à moyen terme, d'une durée de vie de sept ans, produisant des intérêts sur la base d'une référence de taux variable (du type Pibor 3 ou 6 mois) à laquelle s'ajoute la marge de la banque. Par ailleurs, les contrats de prêts seniors comportent des clauses limitatives que doivent respecter l'emprunteur et la cible, faute de quoi le prêt devient exigible (remboursable) immédiatement. Parmi ces clauses, on peut citer l'obligation pour le groupe (*Newco* et cible) de respecter certains ratios financiers, de ne pas dépasser certains niveaux d'investissement et d'endettement, de ne pas verser de dividendes aux actionnaires de la *Newco*, de ne pas connaître de modification de ses actionnaires, d'informer régulièrement la banque de l'évolution de l'entreprise, etc. Le prêteur senior est rémunéré par une marge qui se situe autour de 1,75 % l'an et qui s'ajoute, pour constituer les intérêts dus par l'emprunteur, au taux d'emprunt du moment (puisque la banque emprunte elle-même sur les marchés les fonds qu'elle prête).

3.2.3. La dette mezzanine

La dette mezzanine (de l'italien *mezzo,* « au milieu de ») tire, à notre sens, son nom de son caractère hybride qui la situe entre le capital et la dette senior, et ceci à quatre titres.

– Sa nature : la dette mezzanine est généralement composée de titres communément appelés « hybrides » parce qu'ils combinent un caractère de créance (obligation) et un caractère de propriété (bons de souscription d'actions attachés à l'obligation, accès au capital par conversion ou remboursement en actions de l'obligation, etc.).

– Son rang : le remboursement de son principal – et parfois de ses intérêts – est subordonné[4], par un acte juridique (la convention de subordination), au remboursement complet de la dette senior. Il ne peut donc débuter qu'après que le prêt senior a été lui-même totalement remboursé. Néanmoins, son caractère de créance la situe avant le capital dans l'ordre des remboursements.

– Son couple risque-rentabilité : plus risquée que la dette senior, du fait de son rang, la rémunération de la dette mezzanine doit être, en toute logique, plus importante. Elle se décompose en deux éléments : les intérêts et la plus-value par accès au capital.

– Sa raison d'être : la dette mezzanine permet, très souvent, de « boucler » le financement de la transaction lorsque les investisseurs et le prêteur senior n'arrivent pas à s'accorder sur le levier à mettre en place. Elle joue donc le rôle de passerelle entre le capital et la dette senior.

La dette mezzanine peut revêtir de nombreuses formes. Il s'agit, le plus fréquemment, d'obligations convertibles en actions[5], d'obligations à bons de souscription d'actions ou encore d'obligations remboursables en actions. Il peut s'agir tout simplement d'un prêt à long terme. La durée de vie de la dette mezzanine se situe généralement entre 8 et 10 ans, et son remboursement n'est prévu qu'à partir de la huitième année, soit après le dernier remboursement de la dette senior. Elle produit des intérêts ou des coupons (s'il s'agit d'obligations) sur la base d'une référence de taux variable (du type Pibor à 3 ou 6 mois) à laquelle s'ajoute la marge du prêteur mezzanine. Les contrats de prêts mezzanines comportent les mêmes types de clauses limitatives que les contrats de prêts seniors.

Le prêteur mezzanine est rémunéré, comme le prêteur senior, par une marge, mais également par la plus-value obtenue grâce à sa possibilité d'accès au capital. Sa marge se situe entre 2,5 % et 3,5 % l'an et il a généralement la

---

4. La subordination d'un prêt à un autre signifie que les paiements dus au titre du prêt subordonné ne pourront avoir lieu que si certaines conditions, relatives au prêt auquel il est subordonné, sont remplies. Il existe différents degrés et différentes formes de subordination. La subordination la plus classique stipule que le principal d'un prêt A, subordonné au prêt B, ne pourra être remboursé que lorsque le prêt B aura été lui-même totalement remboursé. Mais la subordination peut être moins forte et stipuler, par exemple, que le versement des annuités du prêt A ne pourra avoir lieu que si tous les paiements au titre du prêt B sont à jour. Le prêt A peut alors commencer à être remboursé alors que le prêt B n'est pas encore totalement éteint. *A contrario*, la subordination peut être très forte et préciser que ni le principal ni les intérêts (qui sont alors capitalisés) du prêt A ne peuvent être perçus tant que le prêt B n'est pas totalement remboursé.

5. Voir dans l'Encyclopédie des marchés financiers les articles de G. de Nercy, « Obligations convertibles » et de P. Chollet, « Bons de souscription d'actions ».

possibilité d'obtenir entre 0 % et 15 % du capital de la *Newco*. Les TRI recherchés par le prêteur mezzanine sont de l'ordre de 10 à 15 points au-dessus des taux sans risque.

3.2.4. La remontée exceptionnelle de dividendes

Lorsque la cible possède une importante trésorerie, il est tentant pour les acquéreurs de l'utiliser pour financer partiellement l'opération. Pour préserver une situation financière saine dans la cible, il faut que la remontée de trésorerie se limite au montant non cyclique de trésorerie, c'est-à-dire au surplus réel de richesse. Par ailleurs, d'un point de vue juridique et fiscal, cette remontée doit se limiter au montant des réserves distribuables en franchise de précompte de la cible.

4. Les aspects juridiques et fiscaux du LBO

La technique du LBO se situe à la croisée des chemins de la finance, du droit et de la fiscalité[6]. C'est pourquoi, il est indispensable pour la bonne compréhension d'aborder les principaux aspects juridiques et fiscaux que met en jeu ce type d'opération.

4.1. Les actes juridiques

Outre les contrats de financement, la finalisation d'une opération de LBO exige, pour sécuriser juridiquement la transaction, la signature de plusieurs autres actes.

4.1.1. La garantie de passif

La garantie légale pour l'acquéreur des titres d'une société étant assez limitée, les praticiens ont dû recourir à la mise en place de contrats, appelés garantie de passif ou garantie d'actif-passif selon les cas. La validité de ces contrats est réelle et régulièrement réaffirmée par la jurisprudence qui, cependant, ne s'en tient qu'au texte *stricto sensu*. Cette garantie est liée à un audit comptable d'acquisition qui lui est annexé, est paraphé par les parties et sert de référence pour déterminer les indemnités éventuelles. La jurisprudence précise que la signature d'une garantie de ce type ne saurait dispenser l'acquéreur de réaliser un audit préalable. L'audit comptable, préalable à la signature définitive de la cession, est donc une nécessité impérative pour la sécurité des acquéreurs[7]. Les résultats de cet audit doivent pouvoir, s'ils sont trop mauvais, libérer les acquéreurs de leur promesse d'acquisition ou, s'ils ne correspondent pas tout à fait aux prévisions, permettre la renégociation du prix. Des audits juridiques ou fiscaux sont également parfois nécessaires en fonction de la situation de l'entreprise[8].

---

6. Voir également dans cette Encyclopédie l'article de A. Couret, « Ingénierie financière », p. 1697, tome 2.

7. Voir dans cette Encyclopédie l'article de H. Bouquin, « Audit », p. 200, tome 1.

8. Voir également dans cette Encyclopédie l'article de A. Couret, « Audit juridique », p. 219, tome 1.

4.1.2. Le pacte d'actionnaires

Actionnaires financiers et repreneurs personnes physiques ont rarement les mêmes intérêts à terme. C'est pourquoi il est nécessaire de pouvoir lier les intérêts des différentes parties par un document contractuel appelé pacte d'actionnaires. Ce document prévoit les droits et les obligations de chaque actionnaire vis-à-vis des autres, notamment en ce qui concerne l'acquisition et la vente des actions : chacun s'engage généralement à conserver ses actions durant une période déterminée, les actionnaires initiaux possèdent un droit de préemption lorsque l'un d'entre eux souhaite céder sa participation et il est prévu, habituellement, qu'en cas d'offre d'acquisition de 100 % des titres par un tiers (auquel, par exemple, la majorité souhaite vendre), les autres actionnaires s'engagent soit à acquérir ces titres au prix proposé par le tiers acquéreur, soit à apporter leurs titres à la vente.

Néanmoins, si l'efficacité réelle des pactes d'actionnaires n'est pas absolue (la sanction de leur non-respect n'est pas l'exécution forcée mais l'obtention de dommages et intérêts, ce qui est moins dissuasif), beaucoup d'investisseurs estiment que la rédaction de ce document, en commun avec les futurs dirigeants, possède une vertu pédagogique et psychologique réelle. En effet, ce travail de prospective permet, du fait de la précision et de l'exhaustivité nécessaire, d'aller jusqu'au bout de la logique de chacun et de discuter par avance des divergences d'intérêts possibles.

4.1.3. Les difficultés juridiques

Les opérations de LBO se heurtent principalement à deux grandes difficultés juridiques : celle liée à l'appréhension de la trésorerie de la cible et celle liée à la responsabilité juridique des intervenants.

En ce qui concerne la première, le principe qui sous-tend le droit français à cet égard est celui de la préservation de l'intégrité des sociétés, même lorsqu'elles font partie d'un même groupe. Seul le versement du résultat net de la cible et/ou de ses réserves distribuables permet légalement à la *Newco* d'appréhender définitivement la trésorerie de sa filiale. Les montages LBO, qui prévoient de financer totalement ou partiellement l'acquisition de la cible grâce à sa trésorerie (que ce soit immédiatement lors du *closing*, ou de manière différée par le remboursement d'un prêt quelques mois plus tard), doivent donc limiter ce type de financement au montant du résultat net et des réserves de la cible. Les prêts et avances de la cible à la *Newco*, et les conventions de gestion centralisée de trésorerie, qui sont licites dans certains cas bien déterminés, ne peuvent en aucune manière servir à l'acquisition des titres de la cible. De même, la cible n'a pas la possibilité de garantir, sous quelque forme que ce soit (cautionnement, garanties autonomes, lettre de confort ou d'intention, aval, engagements de payer, délégation et promesse de porte-fort), un emprunt consenti à la *Newco* en vue d'acheter les actions de la cible.

Enfin, la fusion rapide (de quelques mois à deux ou trois ans) entre la *Newco* et la cible – qui permet, du fait de la confusion des patrimoines des deux sociétés qui s'ensuit, d'utiliser sans contrainte la trésorerie de la nouvelle entité fusionnée – nous semble devoir être écartée au vu des dernières décisions de justice. La jurisprudence, même si elle n'est pas encore définitivement arrêtée sur ces différentes questions, est, en effet, de plus en plus restrictive et sévère à l'encontre des dirigeants dans ces opérations qui contournent l'esprit de la loi. Cette jurisprudence se fonde principalement sur l'article 217-9 de la loi du 24 juillet 1966, sur l'article 437-3 de cette même loi, qui condamne l'abus de biens sociaux et de crédits, ainsi que son article 437-4 qui réprime l'abus des pouvoirs et des voix des mandataires sociaux.

La responsabilité des intervenants concerne surtout celle des investisseurs financiers qui peuvent être mis en cause lorsqu'ils sont administrateurs de la *Newco* et/ou de la cible ; et ce, au titre de l'article 180 de la loi du 25 janvier 1985 qui prévoit la possibilité d'une responsabilité collective des administrateurs d'une société en cas de redressement judiciaire. En effet, en cas de dépôt de bilan consécutif à une faute de gestion commise par un dirigeant, un administrateur peut être appelé en comblement de passif (c'est-à-dire être obligé de faire face au solde de passif qui n'a pu être réglé grâce au produit de la liquidation) alors même qu'il n'aurait pas concouru effectivement à la gestion de la société et n'aurait donc pas été à l'origine de la faute commise. L'écueil de l'article 180 paraît pouvoir être évité par la mise en place au sein de la *Newco* d'une structure à directoire et conseil de surveillance, les investisseurs financiers ne participant qu'à ce dernier. En effet, ce type de structure n'attribue de rôle opérationnel qu'au directoire ; les membres du conseil de surveillance ne peuvent donc être qualifiés de dirigeants de droit. Les banques, quant à elles, doivent se prémunir contre l'accusation de gestion de droit ou de fait de l'emprunteur, l'immixtion dans sa gestion, le soutien abusif de crédit (lorsque la banque maintient son prêt ou son crédit alors que la situation de son emprunteur est « irrémédiablement compromise »), mais également la rupture abusive de crédit (lorsque la banque réduit ou supprime ses concours alors que la situation de son emprunteur était viable...) ; le risque étant également, pour la banque, de se voir appeler en comblement de passif.

4.2. Les aspects fiscaux

Notre objectif dans ce paragraphe n'est pas de passer en revue toutes les solutions fiscales qui peuvent être adaptées au LBO mais, pour une transaction classique, de mettre en exergue les quelques aspects fiscaux les plus importants.

4.2.1. L'amendement « Charasse »

Cet amendement (art. 223 B du CGI) a été introduit pour éviter les cas de « vente à soi-même » où un actionnaire contrôlant une cible revendait sa participation au capital de cette dernière à une holding, dont il détenait également le contrôle, afin de prendre une partie de son bénéfice. La holding étant endettée pour la reprise, la dotation en capital que devait effectuer le « vendeur-acquéreur » dans la holding était bien moins importante que le produit qu'il touchait de la vente. En outre, il faisait payer une partie de cette opération par l'Etat en profitant de la déductibilité fiscale des intérêts de la dette d'acquisition mise en place. C'est ce qu'a voulu éviter le législateur. La rédaction de cet amendement n'étant pas très claire et la jurisprudence étant encore peu fournie, les spécialistes estiment (notamment au vu de l'instruction administrative du 2 mai 1989, 4 H-3-89) que la notion de contrôle (avant et après l'opération) s'analyse comme la détention directe ou indirecte de plus de 50 % des droits de vote, ou la détention de plus de $33^{1/3}$ % des droits de vote (minorité de blocage) si aucun autre actionnaire n'en détient une fraction supérieure. En outre, cette notion de contrôle s'entend en faisant masse des actionnaires présents avant et après l'opération : l'amendement s'applique si, par exemple, trois actionnaires ensemble (somme de leurs droits de vote) contrôlent la holding de reprise et contrôlaient précédemment la cible. La sanction de l'amendement Charasse est alors la réintégration fiscale des charges financières durant 15 ans.

4.2.2. Le rachat d'entreprise par ses salariés

Le rachat d'entreprise par ses salariés (RES) a été introduit en France par la loi du 9 juillet 1984. La loi visait à favoriser la reprise d'entreprises par les salariés eux-mêmes plutôt que par un repreneur extérieur. Elle supposait un schéma classique de LBO avec une holding – dont les droits de vote étaient détenus à plus de 50 % par les salariés de la cible – qui devait détenir au moins 50 % des droits de vote de la cible. A ce régime étaient attachés deux types d'incitation fiscale :

– l'octroi à la holding d'un crédit d'impôt calculé chaque année en fonction de l'impôt sur les sociétés dû,

– le droit pour les salariés participant à la reprise de déduire de leur salaire imposable les intérêts des emprunts contractés afin de souscrire au capital de la holding (dans la double limite de leur salaire annuel brut et de 100 000 francs).

Le 31 décembre 1991, le législateur a supprimé le mécanisme du crédit d'impôt. Ceci oblige le groupe, pour bénéficier d'un avantage fiscal, à se placer dans le cadre de l'intégration fiscale. En conséquence, la *Newco* doit détenir au moins 95 % de la cible. Cette modification du régime du RES a rendu celui-ci moribond et, aujourd'hui, pratiquement plus aucune opération de LBO ne se place sous ce régime. Mais environ 500 opérations de RES montées avant le 1er janvier 1992 dépendent encore des régimes précédents.

4.3. La sortie de l'opération

La sortie de l'opération est une donnée essentielle d'une transaction de ce type. Il arrive fréquemment qu'une transaction bute sur une question de sortie et que les investisseurs renoncent à acquérir une cible uniquement parce qu'ils ne sont pas certains de pouvoir revendre leur participation dans un délai raisonnable. Nous distinguerons ci-après le cas de succès et le cas d'échec de l'opération.

4.3.1. En cas de succès

En cas de succès, c'est-à-dire après quelques années au cours desquelles les performances de la cible ont été satisfaisantes et ont permis de rembourser régulièrement la dette senior, on peut distinguer quatre possibilités de sortie pour l'investisseur : la sortie en bourse, le LBO sur LBO, la vente à un industriel et la vente aux dirigeants.

La sortie en bourse est une voie logique pour une entreprise rentable qui possède encore des perspectives de croissance. Cela permet à l'investisseur de réaliser tout ou partie de son bénéfice en assurant la pérennité de l'entreprise, qui pourra par la suite recourir au marché pour financer sa croissance. Cependant, une sortie de ce type n'est pas toujours envisageable. En effet, il faut que les conditions de marché soient favorables et permettent de valoriser l'entreprise à un prix intéressant.

Un autre type de sortie possible pour un LBO consiste à substituer aux actionnaires financiers d'origine d'autres investisseurs financiers grâce à une nouvelle opération de LBO. Une nouvelle holding est alors créée et endettée pour reprendre l'ancienne. Néanmoins, cette solution n'est pas toujours facilement réalisable, car il faut que les différents intervenants jugent plausible que la cible connaisse un développement et un niveau de rentabilité ininterrompus pendant 10 à 12 ans, soit les 3 à 5 ans du premier LBO plus les 7 ans théoriques du second. C'est possible mais cela mérite une analyse particulière.

La vente à un industriel, soit concurrent de la cible, soit désireux de réaliser ainsi une intégration verticale ou horizontale, est une solution souvent retenue et même pressentie dès l'origine de l'opération. Pour l'investisseur financier, cette solution présente généralement l'avantage d'être plus rémunératrice que d'autres. Du fait des synergies réalisables et des considérations de gains de parts de marché ou d'atteinte d'une taille critique, un industriel est souvent prêt à mieux valoriser une société qu'un financier. Par ailleurs, la pérennité de l'entreprise y gagne fréquemment. Cependant, l'équipe dirigeante peut être opposée à une solution de ce type qui lui ôte au mieux sa liberté d'action et au pire toute activité (l'ancienne équipe dirigeante est souvent remplacée, à terme, par l'équipe du nouveau propriétaire).

La vente aux dirigeants est une solution logique lorsque l'équipe dirigeante est jeune et souhaite rester aux commandes de l'entreprise. Cependant, si les dirigeants n'ont pas les moyens de racheter la société au moment du premier LBO, il est rare qu'ils les aient quelques années plus tard. Il leur faut alors trouver de nouveaux partenaires soit dans un contexte de capital-développement classique (sans endettement), soit en ayant recours à un nouveau montage LBO.

4.3.2. En cas d'échec

Le LBO étant par nature une opération risquée, l'échec fait partie de ce métier. Cependant, le LBO est sans doute une des activités du capital-investissement les moins dangereuses. En effet, les montages se fondent sur des sociétés cibles très rentables et avec une forte position de marché. Il est donc rare, même si cela arrive, de voir une cible déposer son bilan quelques mois après la reprise. En revanche, il arrive plus souvent que les performances de l'entreprise, tout en restant positives, ne soient pas à la hauteur des espérances initiales et que l'opération nécessite une restructuration. En tout état de cause, on estime que la période la plus critique d'un LBO se situe durant les trois premières années qui suivent la reprise.

Lorsque les difficultés rencontrées n'entraînent pas une situation irrémédiablement compromise, les actionnaires et les banquiers doivent discuter des solutions à mettre en place pour assurer la pérennité de l'opération. La solution passe la plupart du temps par un échange de temps contre de l'argent : la banque accepte d'allonger la durée de vie de son prêt (et ainsi d'accroître son risque), ou même d'abandonner une partie de sa créance, si les investisseurs remettent des fonds propres dans l'affaire, et démontrent ainsi qu'ils croient à la viabilité de l'opération et au plan de redressement.

Si les actionnaires et les banquiers n'arrivent pas à se mettre d'accord sur un plan de restructuration, ou si la situation est très compromise, le tribunal de commerce doit prononcer le redressement judiciaire. On revient alors à une procédure classique où le tribunal de commerce est saisi et ordonne, généralement à l'issue d'une période d'observation, la continuation de l'entreprise, la cession de l'entreprise ou la liquidation judiciaire[9].

*

* *

Le LBO est une opération complexe et risquée qui s'adresse à des sociétés cibles historiquement très rentables et dont les perspectives d'avenir peuvent être appréhendées avec un fort degré de certitude. Cependant, cette technique et ce métier ont certainement un rôle important à jouer dans notre économie puisqu'ils permettent de résoudre les problèmes d'actionnariat et de transmission que connaissent un grand nombre de PME-PMI – dont 90 % possèdent toujours un actionnariat familial direct ou indirect. Si l'on considère également le fait qu'aux Etats-Unis des études économiques, qui paraissent pouvoir être appliquées au cas français, indiquent que 4 % des entreprises, pour l'essentiel de taille moyenne, créent actuellement 70 % des emplois nouveaux, il est probable que le métier du LBO conserve de beaux jours devant lui.

Références

ASSOCIATION FRANÇAISE DES INVESTISSEURS EN CAPITAL[10], *Rapport sur l'activité du capital-investissement en France*, 1994.

BESSIS J., *Capital-risque et financement des entreprises*, Paris, Economica, 1988.

CENDRIER B., *Cession et transmission d'entreprise*, Paris, Nathan, 1993.

CHOISNEL A., *Introduction à l'ingénierie financière*, CFPB-La revue Banque, 1991.

COMMISSION REPRISE-TRANSMISSION ETHIC, *Comment transmettre une entreprise familiale*, Paris, Nathan, 1993.

COOPERS & LYBRAND, *L'impact économique du capital-investissement*, Association française des investisseurs en capital, juin 1993.

DESBRIÈRES P., *Ingénierie financière*, Paris, Litec, 1995.

ERNST & YOUNG, *A Comprehensive Survey of the European Private Equity and Venture Capital Industry*, European Venture Capital Association[11], Belgium, 1995.

ERNST & YOUNG, *Mesure de la performance de l'activité du capital-investissement en France (1978-1993/94)*, Association française des investisseurs en capital, juin 1995.

---

9. Voir dans cette Encyclopédie l'article de J.F. Malécot, « Gestion financière de l'entreprise en difficulté », p. 1548, tome 2.

10. AFIC, 76, avenue Marceau, 75008 Paris. Tél. : 01.47.20.99.09. Fax : 01.47.20.97.48.

11. EVCA, Keibergpark, Minervastraat 6, box 6, B-1930 Zaventem, Belgique. Tél. : + 00.32.2/720.60.10. Fax : + 00.32.2/725.30.36.

MEDUS J.L., *Ingénierie financière et opérations à effets de levier*, Paris, Les Editions d'Organisation, 1991.
PAILLUSSEAU J., CAUSSAIN J.J., LAZARSKI H., PEYRAMAURE P., *La cession d'entreprise*, 3e éd., Paris, Dalloz, 1993.
PRICE WATERHOUSE, *Le Guide du capital-investissement*, Association française des investisseurs en capital, juin 1993.
THOUMIEUX X., *Le LBO – Acquérir une entreprise par effet de levier*, Paris, Economica, 1996.
ZOPOUNIDIS C., *La gestion du capital-risque*, Paris, Economica, 1990.

Mots clés

Acquisition (d'entreprise), amendement « Charasse », capital-investissement, *closing*, complément de prix (ou *earn out*), crédit vendeur, dette mezzanine, dette senior, économie d'impôt, fusion rapide, garantie de passif (ou garantie d'actif/passif), intégration fiscale (régime d'-), LBO (*Leverage Buy-Out*), levier (effet de), *Newco*, pacte d'actionnaires, RES (Rachat d'entreprise par ses salariés), subordination, transmission (d'entreprise).

Légitimité

92

Romain Laufer et Alain Burlaud

La notion de légitimité et de système de légitimité est une façon de spécifier la notion voisine de lien social. Elle suppose l'existence de normes symboliques partagées permettant aux membres d'une société d'interagir de façon coopérative.

Etymologiquement, la légitimité est le caractère de ce qui est fondé en droit et/ou en justice. Elle ne concerne donc que les choses qui peuvent faire l'objet d'un débat du point de vue du droit ou de la justice c'est-à-dire, pour l'essentiel, les actions humaines, en tant qu'elles se déroulent dans un contexte social qui définit les normes de l'acceptable et de l'inacceptable, du conforme et du non-conforme, du convenable et de l'inconvenant. L'objet des sciences de gestion étant une catégorie particulière d'actions humaines, elles relèvent toutes nécessairement de la question de la légitimité. Aussi, ne peut-on s'empêcher de s'interroger sur ce qui fait que la notion de légitimité a tant tardé à susciter l'intérêt des gestionnaires. En effet, elle n'apparaît que rarement dans leurs travaux avant les années 1970. Ceci est d'autant plus surprenant qu'une définition sociologique et opérationnelle de la légitimité a été proposée par M. Weber au début de ce siècle ; il est vrai que, depuis ce temps jusqu'aux années 1970, les travaux sociologiques relatifs à la notion de légitimité sont eux-mêmes restés très rares. Désormais, il n'en va plus de même : on voit se multiplier les travaux prenant en compte la question de la légitimité dans le domaine de la gestion. On peut mesurer l'ampleur de ce retour à la place que prennent dans la vie des affaires les questions d'éthique et de responsabilité[1].

Ces remarques liminaires conduisent à considérer trois questions étroitement reliées entre elles : la question de l'opérationalisation de la notion de légitimité, celle de l'histoire de cette notion et celle de son application aux divers champs de la gestion.

---

1. Voir dans cette Encyclopédie l'article de A. Bergmann, « Ethique et gestion », p. 1239, tome 2.

1. Définition des notions de légitimité et de crise de légitimité

1.1. La notion de légitimité comme mode de résolution des conflits dans un Etat de droit

Toute action sociale, et en particulier toute action managériale, peut faire l'objet d'une contestation. Dans un Etat de droit moderne, l'Etat ayant le monopole de la violence légitime (M. Weber), cette contestation doit s'exprimer par un discours, une phrase, une objection à laquelle on ne peut répondre que par un autre discours. On donnera le nom de *système de légitimité* à la phrase qui est reconnue par l'objecteur comme une réponse acceptable. Si cette phrase n'est pas acceptée, on est conduit à essayer d'autres réponses. On entre alors dans un processus de négociation dont le but est de trouver la phrase susceptible d'obtenir l'accord des deux parties. Si, au bout d'une durée suffisante pour conduire à bout la patience des deux interlocuteurs, ils ne sont toujours pas parvenus à s'accorder, ils portent le conflit devant les tribunaux où un juge décide en fonction des règles prévues par le droit.

La question pratique qui consiste à trouver la phrase susceptible de répondre de façon satisfaisante à l'objection est ainsi résolue : puisque « nul n'est censé ignorer la loi », il suffira d'anticiper le dire du juge. Autrement dit, dans un tel système, la notion de légitimité disparaît derrière la notion de légalité. Tout débat sur la légitimité d'un acte (qui peut survenir et qui de fait survient) peut toujours être résolu en principe par le recours au droit. Il permet de rendre compte du fait que la notion de légitimité n'a pas fait l'objet de plus d'études jusqu'à une période récente. L'émergence de l'intérêt pour la notion de légitimité pourrait alors être interprétée comme l'expression d'une crise du droit (ou plutôt du *positivisme juridique*, c'est-à-dire d'une doctrine qui soutient que le droit s'identifie à l'ensemble des décisions produites par les juges du moment qu'elles sont formellement correctes).

Ainsi, par exemple, le principe qui veut que nul n'est censé ignorer la loi suppose que celui-ci soit suffisamment simple, stable, universel et impératif pour que cette hypothèse obligatoire (que les juristes appellent présomption irréfragable) puisse être soutenue en fait. Or certains pensent que le droit est devenu trop complexe, instable, spécifique et incitatif pour que l'on puisse le penser. De fait, beaucoup doutent des arguments juridiques qu'ils se voient opposer, ce qui conduit à un développement du contentieux et à un allongement des délais de jugement. Aussi, tente-t-on le plus souvent d'éviter la procédure judiciaire et de résoudre le problème par la négociation : c'est ainsi que les contrats, dans le domaine des affaires, donnent lieu le plus souvent à des clauses d'arbitrage et que se multiplient les « médiateurs » chargés d'arbitrer les conflits entre l'administration ou les grandes entreprises et le public.

Mais le recours à l'arbitrage et au médiateur est limité par le coût de ces procédures si bien que de nombreuses objections restent sans réponse. Ceci peut conduire à l'irruption de vives réactions qui peuvent aller du refus général de coopérer à la violence ouverte, celle-ci étant l'expression la plus radicale de la *crise de légitimité*, le monopole étatique de la violence légitime étant, de fait, remis en cause.

La question qui se pose aux organisations est de savoir comment éviter de tels conflits ouverts. Il s'agira en fait de tenter de résoudre les problèmes au niveau de la négociation, en allant solliciter les objections auprès du public (à travers une question qui pourrait être : « Que désirez-vous ? »), et à y répondre à travers une démarche qui consiste à accorder exactement ce qui est demandé. Une telle démarche s'apparente au marketing (étude de la demande, satisfaction des besoins). Ainsi, peut-on montrer que la crise de légitimité conduit à l'émergence du marketing et, à travers le marketing, à l'émergence du management dans toutes les sphères de la vie sociale.

Une telle démarche trouve cependant deux limites : celle des ressources nécessaires pour satisfaire les demandes, celle de la confiance minimum nécessaire pour que la personne qui objecte veuille bien formuler une demande.

1.2. La notion de légitimité comme système de symboles partagés

La notion de système de légitimité suppose l'existence de représentations partagées quant à la façon de décrire les actions et quant à la façon de juger de leur bien-fondé. C'est ainsi que T. Parsons présuppose qu'une société est caractérisée par l'existence de systèmes de symboles partagés. De même, C. Barnard insiste sur le fait que l'autorité, notion qui est proche de celle de légitimité, dépend moins de la personne d'autorité que de la personne qui reçoit l'ordre.

Cela suppose que celle-ci dispose des catégories mentales qui lui permettent de reconnaître l'autorité légitime. La légitimité sociale d'un acte dépend de l'existence d'idées partagées dans la société quant à ce qui caractérise un acte légitime. Il y a donc un lien entre système de légitimité et idéologie. On est ainsi conduit à tenter de définir la notion de système de légitimité à partir de la description de l'ensemble de symboles partagés qui caractérisent une société donnée et la façon dont la résolution des conflits y est organisée. Ces symboles devant être partagés par un grand nombre de personnes et reconnus rapidement par ceux-ci lors des conflits relatifs à la légitimité des actions, se doivent d'être très simples et en nombre très limité. C'est ce que l'on exprime dans la vie courante lorsque l'on dit qu'une société ne peut fonctionner si un certain nombre de principes ne sont pas respectés. La célèbre thèse de M. Weber sur les types d'autorité légitime va nous permettre de spécifier ces principes fondateurs de l'ordre social ou, si l'on préfère, du lien social.

1.3. Max Weber et les types d'autorité légitime

Le sociologue allemand, M. Weber, recense trois types d'autorité légitime : l'autorité *charismatique*, l'autorité *traditionnelle* et l'autorité *rationnelle légale*. Il laissait ouverte la possibilité qu'il y en ait d'autres. Comme soixante-dix ans plus tard cette liste n'a pas été complétée, on peut faire l'hypothèse que cette liste était complète. Pour le montrer, il est possible de proposer la définition d'un *système de légitimité bien formé* qui suppose que le monde (le cosmos) est divisé en deux espaces rigoureusement séparés, le premier correspondant au lieu où le pouvoir légitime trouve son origine, le second au lieu d'application de ce pouvoir. Ainsi, le *charisme* correspond à la dichotomie *sacré/profane*, où le *profane* est supposé obéir au *sacré*, la *tradition* à la dichotomie *culture/nature*, où la *nature* doit être traitée comme il est dit dans la *culture*, et le *rationnel-légal* correspond à la dichotomie *nature/culture* où la *culture* (par exemple, l'entrepreneur qui est un être culturel) est censé obéir à la *nature* (en l'occurrence, les lois de l'économie politique considérées par la théorie classique comme des lois de la nature).

Remarquons qu'avec les deux couples d'opposé sacré/profane, nature/culture, on ne peut produire que trois « systèmes de légitimité bien formés », le sacré ne pouvant légitimement être soumis au profane. Pour que ces systèmes soient opérants, il importe que les membres de la population concernée soient capables de les reconnaître ou, si l'on veut, qu'ils soient dotés de « lunettes » adéquates : sans « les lunettes » de la *foi*, on ne voit pas le *sacré*, sans le *respect*, on ne voit pas la *tradition* et sans la *science*, on ne voit pas les lois de la *nature*.

Dans un tel schéma, la notion de crise du système de légitimité correspond à la mise en cause de la limite séparant l'origine du pouvoir légitime du lieu d'application de ce pouvoir. Lorsqu'il y a crise de légitimité, on ne peut plus partir d'un principe (le *sacré*, la *culture*, la *nature*) pour dire ce qui est légitime ; on est conduit à partir des croyances du public concerné envers le *charisme*, la *tradition* et la *raison* afin de construire une proposition conforme à ces croyances qui sera, par conséquent, acceptée. On peut reconnaître dans cette façon de partir des croyances du public pour produire un discours persuasif une méthode proche de celle du marketing (le discours persuasif étant en quelque sorte produit de façon à être conforme à ce que nous enseigne cette forme d'étude de marché qu'est l'étude d'opinion).

Notons que dans le cas du système de légitimité rationnel-légal, la crise correspond à la confusion de la nature et de la culture. Cette confusion, c'est, par définition, l'artificiel. La science devient science de l'artificiel qui n'est autre, suivant H. Simon, que la science des systèmes. L'émergence de la systémique comme modèle dominant dans le domaine du management comme dans celui des sciences sociales correspondrait donc à une crise de légitimité du système rationnel-légal. On peut remarquer également que cette crise correspond à la fois à la crise du droit et à une crise de la raison scientifique et philosophique. La crise de la raison philosophique est caractérisée par le fait qu'il n'y a plus de critère de vérité qui puisse être opposé à l'opinion. Désormais, ce qui règne, c'est au niveau technique l'art de persuader, la rhétorique et, au niveau théorique, la sophistique, position qui prétend, contre Platon et Aristote, qu'il n'est rien qui puisse échapper au pouvoir de la rhétorique.

1.4. Système de légitimité et organisation

Le monde de la gestion est un monde d'organisation, c'est-à-dire fait d'acteurs collectifs : entreprises, administrations publiques, associations, etc. Les relations entre les membres d'une organisation peuvent faire l'objet de conflits particuliers en ce qu'ils concernent de façon spécifique la coopération et la coordination nécessaire à son bon fonctionnement. La résolution de tels conflits « internes » à l'organisation suppose à son tour l'existence d'un système de normes et de procédures, grâce auxquelles de tels conflits peuvent être résolus de façon quasi juridictionnelle.

Ceci conduit à poser une condition de légitimité propre à la vie des organisations : pour qu'une organisation soit reconnue légitime au sein d'une société donnée, il est nécessaire que le système de normes et de procédures qui la caractérise soit tel que, si les membres de l'organisation le respectent, leur intérêt, celui de l'organisation et celui de la société sont globalement compatibles. Un tel système de normes et de procédures constitue ce que l'on peut appeler le *langage administratif* de cette organisation. Son existence peut être mise en relation avec le caractère formel et impersonnel des procédures qui caractérisent la bureaucratie au sens wébérien du terme.

1.5. L'histoire du système de légitimité rationnel légal

Il est possible de relier la définition du système de légitimité rationnel légal suivant M. Weber et la notion de légitimité comme mode de résolution des conflits dans un Etat légal.

Le secteur privé est le lieu où règnent les lois de la nature telles que la science (en l'occurrence la science économique) les définit. Mais les lois de la nature, lorsqu'elles concernent la société (par exemple l'économie politique), diffèrent des lois de la nature qui concernent la nature (par exemple la physique) en ce qu'il est possible d'y contrevenir. Son fonctionnement exige que ces lois scientifiques soient découvertes (par le corps législatif), instaurées (par le pouvoir politique) et protégées (par les administrations publiques, en particulier la justice et la police). Ceci définit le secteur public. Aussi, peut-on considérer l'histoire du système de légitimité rationnel-légal d'une part du point de vue du droit et en particulier de la définition de la limite entre secteur public et secteur privé, d'autre part du point de vue de la science et en particulier du point de vue des lois de l'économie censées régir le secteur privé.

1.5.1. Histoire du droit et légitimité

Si la notion de légitimité a dû attendre ces dernières décennies pour prendre sa place dans les préoccupations des gestionnaires, c'est qu'en principe dans le système rationnel-légal, les questions de légitimité tendent à disparaître derrière les questions de légalité. Tout conflit a vocation à trouver sa solution devant un juge. Reste à savoir quel juge puisqu'en France, il y a deux systèmes de juridiction, l'un qui traite du secteur privé et qui culmine à la Cour de cassation, l'autre qui traite du secteur public et qui culmine au Conseil d'Etat. La limite entre le secteur public et le secteur privé, qui est régulièrement définie par le Tribunal des conflits chargé de régler les conflits d'attribution, s'appelle le *critère du droit administratif*.

L'histoire du critère du droit administratif peut être considérée comme l'histoire obligatoire (puisque nul n'est censé ignorer la loi) du système de légitimité rationnel-légal. En effet, cette histoire est contée de la même façon par tous les traités de droit administratif : elle comporte trois phases.

– Première période : du début du XIXe siècle aux années 1880-1900 règne le critère de la *puissance publique,* qui correspond à l'Etat gendarme (car ce qui est puissant et public, c'est le « gendarme »). Pendant cette période, la soumission au droit public ou au droit privé (c'est-à-dire au secteur public ou au secteur privé) dépend du statut juridique des acteurs : la légitimité dépend de *l'origine du pouvoir.*

– Deuxième période : des années 1880-1900 aux années 1945-1960, règne le *critère du service public* qui correspond à l'Etat providence (car ce qui est au service du public, c'est la providence). Pendant cette période, l'appartenance aux secteurs public ou privé dépend de la fonction des acteurs : la légitimité dépend de la *finalité du pouvoir.*

– Troisième période : les années 1945-1960 à nos jours correspondent à la *crise du critère du droit administratif*, c'est-à-dire à la *crise de légitimité du système rationnel-légal* puisque le droit applicable en chaque cas n'est plus défini par un critère simple connaissable *a priori* par les acteurs sociaux. Ne pouvant plus se légitimer suffisamment ni par l'origine du pouvoir, ni par la finalité du pouvoir, il est désormais nécessaire de se référer aux *méthodes des pouvoirs.*

1.5.2. Conséquence quant à l'émergence du management public

L'analyse de l'histoire du critère du droit administratif permet de rendre compte de l'émergence du management public ainsi que des résistances auxquelles il est confronté. *A priori*, la notion de management qui correspond aux logiques du secteur privé semble antinomique avec les finalités et l'éthique du secteur public et, de fait, tant que le critère du droit administratif est bien défini, une telle association entre logique publique et logique privée est scandaleuse, puisque contraire aux fondements même du système de légitimité de l'Etat légal. Toutefois, depuis la crise du critère, ce qui était scandaleux, le mélange et l'ambiguïté entre les deux secteurs, est devenu inévitable. Devant se légitimer par ses méthodes, le secteur public va chercher celles qui sont le mieux à même de répondre aux objections les plus courantes dont il est l'objet : ce sont le gaspillage et l'inhumanité. Les techniques du management, dans la mesure où elles connotent la rationalité économique, permettent de répondre (au niveau symbolique du moins) au premier reproche. La participation des usagers permet de répondre au deuxième reproche. Quant au marketing qui allie rationalité managériale et humanité de qui tient compte des besoins des usagers, il permet de s'adresser aux deux reproches à la fois.

Ceci illustre le fait que les techniques de gestion peuvent par elles-mêmes constituer des sources de légitimité, légitimation par les méthodes dans la mesure où elles font partie du stock de méthodes auxquelles les organisations peuvent faire appel pour légitimer leur action.

On peut remarquer également que, du fait que le management public résulte de la crise de la limite entre secteur public et secteur privé, il ne peut être défini comme le management du secteur public ; de fait il concerne aussi bien le secteur public que le secteur privé. Il doit donc être possible de montrer que les entreprises privées peuvent faire du management public. Il en résulte aussi une autre conséquence : la nécessité de pouvoir définir le management public indépendamment du secteur. Le sens de ces propositions paradoxales apparaîtra plus clairement après un examen plus précis de l'histoire du système de légitimité des entreprises de 1800 à nos jours. En effet, à chaque étape de l'histoire du droit, il est possible d'associer la conception de la science (ou si l'on préfère de l'épistémologie, c'est-à-dire du discours chargé de donner une définition légitime de la science) qui est censée définir les notions de nature et de loi de la nature correspondantes.

1.6. L'histoire de la légitimité de la science et le statut du management

Pour suivre cette histoire, il suffit de considérer les différentes façons de légitimer une action définie de la façon suivante : *une action est un changement dans l'apparence en tant qu'on le réfère à une cause.* Cette définition ne dépend que de jugements subjectifs, on dit qu'elle est « phénoménologique ». Il est possible de montrer que, d'un point de vue logique, une action ainsi définie peut être légitimée de trois façons seulement, suivant qu'on la légitime par la cause (l'origine du pouvoir), par la mesure du changement dans l'apparence (la finalité du pouvoir), ou par la méthode de mesure du changement dans l'apparence (les méthodes du pouvoir). Il est donc possible d'associer à chaque période de l'histoire du critère du droit administratif une modalité particulière de la légitimation d'une action ainsi définie. Afin d'illustrer la portée de cette analyse, on décrira pour chaque paradigme épistémologique le type de modèle du marché correspondant et le statut de la technique.

Parallèlement, on pourra suivre l'évolution du statut du management. Mais, il faut préalablement définir le management lui-même. Cette tâche est difficile dans la mesure où il y a une grande diversité de définitions possibles. Toutefois, du point de vue de la notion de système de légitimité, il est possible de proposer une définition qui soit en accord avec les définitions les plus courantes, en particulier celles des praticiens qui insistent sur le vécu du manager, et celles des universitaires qui voient dans le management un ensemble de techniques et de pratiques susceptibles d'être étudiées avec rigueur en tant que domaine d'application de disciplines scientifiques diverses : modélisation mathématique, statistique, informatique, sciences sociales, etc. On proposera de définir le management comme *un langage administratif particulier.* Cette définition est compatible avec une définition par le vécu (celui qui parle dans une langue donnée a un vécu) et une définition par la technique (dans la mesure où on peut décrire ces techniques comme autant de développements raffinés d'un langage donné). Toutefois, pour pouvoir préciser d'un point de vue technique en quoi consiste le management, il est utile de développer quelque peu la définition de la notion de langage administratif. Trois conditions sont nécessaires pour définir un langage administratif :

– une condition de syntaxe ; dans ce langage, l'organisation est sujet de l'action (il s'agit d'un langage pragmatique dont les phrases sont du type « le juge arrête », « l'entreprise vend », « l'administration décide », « l'expert préconise », etc.) ;

– une condition de sémantique ; ceux qui utilisent ce langage pensent qu'il représente bien le monde (ceci correspond à la dimension épistémologique ou, comme l'on aime à dire aujourd'hui, cognitive, de ce langage) ;

– une condition de légitimité qui garantit que, du respect des règles de ce langage, il résulte que l'intérêt personnel des individus qui composent l'organisation, l'intérêt de l'organisation et l'intérêt de la société sont globalement compatibles (ceci correspond à la définition du langage administratif proposée plus haut).

1.6.1. Première période : si la cause est légitime, alors l'action est légitime

- **Modèle épistémologique**

Le modèle épistémologique correspond à une légitimation par *l'origine du pouvoir* telle que nous l'avons rencontrée lors de la première étape de l'histoire du droit. Dans le domaine scientifique, il correspond à l'hypothèse que les « lunettes de la science » donnent accès à la description d'une nature soumise à des lois, nature qui est supposée être strictement séparée de la culture. On peut montrer que cela correspond au règne de *l'épistémologie kantienne*. Dans cette épistémologie, la science est unique (il s'agit de la physique mathématique newtonienne), il n'y a pas de place pour l'opinion (chacun, tout homme en tant qu'il est rationnel, pouvant avoir accès directement aux lunettes de la science), ni pour l'artificiel qui suppose, par définition, la confusion de la nature et de la culture. Notons que la notion d'artificiel est liée à celle d'art qui, en grec, se dit *techné*, donc à la notion de technique. N'ayant de place ni pour la technique ni pour l'opinion dans la science, il n'y a pas de place non plus pour la rhétorique qui désigne les techniques d'action sur l'opinion (techniques de persuasion).

- **Modèle du marché**

Le secteur privé est considéré comme devant être soumis aux lois du marché telles qu'elles sont définies par le modèle économique classique. Ce modèle est fondé sur quatre hypothèses majeures : la maximisation du profit, la concurrence pure et parfaite, le risque de l'entrepreneur et le droit de propriété. Ces quatre hypothèses permettent de construire la théorie classique du marché, théorie qui assure que, du moment que les entreprises restent « atomistiques », la main invisible du marché fixera le niveau « naturel » des prix et des quantités offertes sur ce marché.

- **Statut de la technique et du management**

Il n'y a pas de place pour la technique dans ce modèle (pas de place pour l'artificiel). Il n'y a pas de place non plus pour le management : les entreprises étant supposées « atomistiques », elles ne constituent pas des organisations ; elles n'ont donc pas de *langage administratif*. Ainsi, ce n'est qu'à la fin du siècle qu'émergent aux Etats-Unis comme en France les *business schools* (l'Ecole supérieure de commerce de Paris créée en 1821 serait un contre-exemple si elle n'avait été vouée tout d'abord au commerce avec les « comptoirs » coloniaux, dont la logique échappait aux règles du marché libre).

1.6.2. Deuxième période : légitimation par le changement dans l'apparence dans le cas où il y a consensus sur la mesure de ce changement

- **Modèle épistémologique**

Si l'on ne peut être sûr que la cause est légitime (une certaine confusion s'introduit entre la nature et la culture), il devient nécessaire de légitimer l'action par la mesure du *changement dans l'apparence*. S'il y a consensus sur la façon d'opérer une telle mesure, il devient possible de tenter de légitimer l'action par la *finalité du pouvoir*. Ceci correspond à la deuxième étape de l'histoire du droit. On peut montrer que cela correspond également au règne de *l'épistémologie positiviste de A. Comte*. Dans cette conception de la science, il y a plusieurs disciplines scientifiques distinctes dotées chacune de leurs spécialistes qui savent comment manier correctement les unités de mesure correspondant à leur domaine de compétence. La croyance en un « Dieu Progrès » permet de considérer comme légitime tout changement dans l'apparence dans la mesure où il participe au développement du progrès. Dans ce modèle, il y a une place pour l'artificiel (du fait de la confusion de la nature et de la culture ; dans le système positiviste, la définition des étalons de mesure relève de la convention, ce sont des artefacts) et pour l'opinion (on doit distinguer en effet le savoir des spécialistes de l'opinion des non-spécialistes). Il y a donc une place pour les techniques de l'opinion, et en particulier la rhétorique. Le nom de cette rhétorique positiviste est la *pédagogie*. La légitimité de la technique et de la rhétorique pédagogique dépend de leur soumission à la législation de la science positiviste et du « Dieu Progrès » qui garantit un développement du savoir et du bien-être conforme aux lois de la nature.

- **Modèle du marché**

Aux Etats-Unis, à la fin du XIXe siècle, certaines entreprises deviennent si grandes que l'on ne peut plus dire qu'elles sont toutes petites. Ceci remet en cause l'hypothèse de concurrence pure et parfaite. Pour réparer le système de légitimité, une norme juridique est ajoutée qui stipule : « Il est interdit d'être trop grand » ; il s'agit des lois antitrust.

Le fonctionnement de ce système suppose l'existence d'un juge, spécialiste de la mesure de la taille des entreprises, dont le rôle est de couper les entreprises jugées trop grandes en unités « suffisamment petites »[2]. On remarquera que ce juge est une sorte de mécanicien du marché dont la légitimité tient tout entière dans le consensus (positiviste) qui règne dans la société quant à sa capacité à mesurer convenablement la taille des entreprises.

- **Statut de la technique et du management**

Désormais, la technique a un statut dans le modèle. Puisque les entreprises peuvent être jugées trop grandes, cela signifie qu'elles ont désormais la possibilité d'être grandes. Elles disposent donc d'un langage administratif, un management, auquel on donne le nom de « management scientifique » du fait que la légitimité des actions est fondée sur la science : en effet, ce qui caractérise ce langage, c'est que sa syntaxe est conforme à l'épistémologie positiviste (division du travail, principe hiérarchique lié à l'idée de compétence, confiance dans le progrès de la science et dans le progrès social généré par le progrès de la science). La notion de *one best way* exprime le consensus sur la mesure du changement des apparences, telle qu'elle est opérée par les spécialistes (par exemple, les managers tayloriens spécialistes de la mesure des temps et des mouvements)[3].

---

2. Voir également dans cette Encyclopédie l'article de M. Glais, « Droit de la concurrence et stratégies des firmes », p. 993, tome 1.

3. Voir dans cette Encyclopédie l'article de J. Rojot, « Théorie des organisations », p. 3337, tome 3.

1.6.3. Troisième période : s'il n'y a pas consensus sur la façon de mesurer le changement dans l'apparence

- **Modèle épistémologique**

S'il n'y a pas de consensus sur la façon de mesurer le changement dans l'apparence, il devient nécessaire de considérer cette mesure elle-même comme une action. *Sera alors considérée comme mesure légitime toute mesure qui a en elle de passer pour légitime.* Désormais, c'est dans la méthode (en l'occurrence la méthode de mesure du changement dans l'apparence) que réside le critère de la légitimité de l'action. Ceci correspond à la troisième étape de l'histoire du droit, c'est-à-dire à la crise de critère du droit administratif. Du point de vue de l'épistémologie, on peut montrer que ceci correspond au règne de l'analyse de système qui n'est rien d'autre, d'après H. Simon, que la science de l'artificiel. La science de l'artificiel est moins une science qu'un art, une technique, l'art de la spécification des modèles, spécification dont la valeur dépend tout entière de l'opinion de ceux qui utilisent ce modèle (ce modèle doit être jugé « satisfaisant »).

- **Modèle du marché**

En dépit des lois antitrust, les entreprises continuent à croître. Cela conduit à la remise en cause de deux autres hypothèses nécessaires à la constitution de la théorie du marché. Premièrement, une étude conduite par A. Berle et G. Means en 1932 aux Etats-Unis met en évidence la séparation des managers et des actionnaires. Elle remet en cause le principe du risque de l'entrepreneur : ce n'est pas celui qui prend le risque qui décide. Ainsi s'ouvre le débat sur la question de la définition du meilleur système de gouvernance[4] des entreprises.

Deuxièmement, du fait de leur taille, les entreprises qui ne font plus de profit font de moins en moins souvent faillite : elles survivent en effet, soit pour sauver des bassins de main-d'œuvre, soit pour protéger des industries nécessaires à la défense nationale, soit pour des raisons liées à la balance des paiements. Désormais, ces entreprises sont si grandes que l'on ne peut plus supposer que l'équilibre des prix et des quantités offertes dépend de la main invisible des marchés. Ceci correspond à l'émergence dans les années 1960 des contestations consuméristes (ce n'est pas la main invisible du marché qui force les prix et les quantités, mais la main visible des managers qui « manipule » les marchés et crée des besoins « artificiels », etc.) et écologistes (non seulement l'entreprise n'est pas soumise à la nature, mais encore elle détruit la nature, ou plutôt l'environnement puisque désormais la nature est décrite par l'analyse de système).

- **Statut de la technique et du management**

La confusion radicale de la nature et de la culture et l'avènement du monde de l'artificiel conduisent à une confusion entre la science et la technique qui constituent ce que l'on nomme pour cette raison des technosciences. Ceci correspond à l'émergence des nouvelles technologies : infor-

4. Voir dans cette Encyclopédie l'article de G. Charreaux, « Gouvernement de l'entreprise », p. 1652, tome 2 et dans l'Encyclopédie des marchés financiers l'article de A. Hyafil, « Systèmes financiers et systèmes de gouvernance ».

matique, génétique, énergie nucléaire qui ont toutes pour caractéristique d'échapper à la législation de l'épistémologie positiviste. Au « management scientifique » se substitue « le management systémique », c'est-à-dire un langage administratif dont la syntaxe est définie par analyse de système, analyse dont la valeur tient tout entière non plus dans un critère d'optimisation (c'est la fin du règne du *one best way*), mais dans le critère tiré de la *satisfaction* des managers qui doivent la mettre en œuvre (c'est le règne de l'opinion). Pour être plus précis, on pourra définir l'analyse de système comme la description des réalités complexes à l'aide de « ronds » et de « flèches » (sachant qu'il s'agit de flèches quantifiées) aussi appelées « entités » et « flux ». Ceci correspond à la définition du management telle qu'elle a été popularisée après la Seconde Guerre mondiale et tout particulièrement à partir des années 1960, date de début de l'importation massive des méthodes d'enseignement de la gestion américaine en France.

Pendant une première période, ces méthodes ont été enseignées et mises en œuvre de façon « quasi positiviste », c'est-à-dire comme si l'analyse de système ne représentait qu'un perfectionnement, un progrès, par rapport aux méthodes de management scientifique que chacun s'accordait à critiquer.

Toutefois, la question de la crise du système de légitimité de l'entreprise se manifeste à travers les contestations écologistes et consuméristes. Avec le temps, la mise en cause de la légitimité de l'entreprise s'accentue à la fois du fait de la mise en cause des normes juridiques (des entreprises dominant leur marché peuvent donner lieu à des contestations du point de vue des lois anti-trust, du point de vue des modes de gouvernance, les actionnaires s'opposant aux managers, du point de vue des processus boursiers, délits d'initiés, du point de vue de la sauvegarde des intérêts des actionnaires minoritaires, voire du point de vue de la question nouvelle et redoutable de la responsabilité pénale des personnes morales) et des normes scientifiques et techniques (directive Seveso relative à la protection de l'environnement, problèmes relatifs à l'usage des nouvelles technologies, informatique, nucléaire, génétique, etc.).

L'entreprise devient si grande par rapport à son environnement qu'elle devient visible (la main visible des managers remplace la main invisible du marché) pour l'opinion public. Ce caractère désormais public de l'entreprise se manifeste dans le fait que la grande presse, qui dans une démocratie symbolise la circulation des informations et des opinions dans l'espace public, parle du management des entreprises qui, dans la logique du système libéral classique, devrait rester secret, privé. On peut ainsi définir le management public par un faisceau de critères convergents :

– c'est ce que devient le management de l'entreprise lorsque celle-ci connaît une crise de légitimité ;

– c'est ce que devient le management lorsque le public (et non seulement les clients) a conscience d'être affecté par le management de la firme ;

– c'est le management de la relation entre l'entreprise et le public dans la mesure où l'entreprise est à la fois si grande qu'elle affecte tout le public et trop grande pour disparaître ;

– le premier objectif du management est désormais de trouver des objectifs légitimes et de produire un modèle de management (systémique) qui puisse être accepté par l'opinion publique.

On remarquera que cette définition du management public issue de l'histoire de l'entreprise privée s'applique facilement au secteur public. On dira que le management public est ce que devient la gestion de l'organisation publique lorsque celle-ci connaît une crise de légitimité, c'est-à-dire lorsque les normes juridiques du critère du service public (et les normes scientifiques positivistes correspondantes) ne suffisent plus à assurer la légitimité du secteur public. Le management public n'est donc pas le management du secteur public (la crise du critère du droit administratif rend une telle définition inopérante) mais le management face à l'opinion publique qui, dans une démocratie, représente l'instance ultime de légitimation.

D'un point de vue pratique, cela se traduit, d'une part, par le développement de l'usage de l'analyse de système dans la gestion des organisations publiques, d'autre part, par la nécessité de légitimer auprès de l'opinion publique (à travers la médiation privilégiée de la grande presse) ses propres modes de management.

Une des manifestations les plus caractéristiques de la crise de légitimité des grandes organisations publiques et privées est la montée des risques tant juridiques que technologiques, tant économiques que sociaux. Elle correspond à la radicalisation d'un des principaux lieux communs relatif à l'évolution du monde qui deviendrait toujours plus complexe et toujours plus incertain. La création de la « Délégation aux risques majeurs » à l'intérieur de la Direction de l'eau et de la prévention des pollutions et des risques (DEPPR) au ministère de l'Environnement, ou le management de crise dans les entreprises sont des exemples de réponses à cette nouvelle situation.

Dans ce qui précède, on a rencontré plus d'une fois les techniques du marketing dans leur rapport avec la question de la légitimité des actions et des acteurs. De ce point de vue, on peut définir, en effet, le marketing comme le dispositif rhétorique permettant à une organisation d'adresser un discours persuasif à un public particulier. Vu de cette façon, le marketing peut être considéré comme étant essentiellement une technique de légitimation. C'est pourquoi nous allons désormais considérer d'autres techniques de gestion, le contrôle de gestion et la gestion de personnel, afin de voir comment leur définition et leur fonctionnement sont liés à la notion de légitimité.

2. Contrôle de gestion et légitimité

2.1. Le contrôle de gestion comme source de pouvoir

Nous définissons le contrôle de gestion comme étant un des systèmes de régulation des comportements de l'homme dans l'exercice de sa profession et dans le cadre d'une organisation à vocation économique[5]. Nous excluons de ce fait les activités extra-professionnelles, qu'elles soient familiales, politiques, etc. ainsi que le travail réalisé dans des organisations sans finalité économique comme la famille ou des organisations militantes par exemple.

Par ailleurs, le contrôle de gestion est un contrôle finalisé, source d'une obligation de résultat et non de moyen puisqu'il suppose des objectifs arrêtés

5. Voir également dans cette Encyclopédie l'article de H. Bouquin, « Contrôle », p. 667, tome 1.

par un organe de direction. Il permet un contrôle à distance de l'usage qui est fait d'une délégation de moyens, c'est-à-dire de certains comportements, grâce à des instruments de mesure et constitue donc l'un des attributs d'une régulation bureaucratique (au sens wébérien). Enfin, le contrôle de gestion est un langage (A. Burlaud et C. Simon, 1993, p. 267 et s.) qui, comme tous les langages, véhicule et privilégie certains concepts et certaines formes de rationalité : en l'occurrence, la sensibilité à la contrainte de rareté, l'acceptation de mécanismes d'allocation de ressources économiquement rationnels, etc.

Le contrôle de gestion peut être dans une relation de conflit ou de complémentarité avec d'autres outils de contrôle ou de régulation des comportements : le contrôle direct par la hiérarchie, le contrôle par des procédures opératoires écrites qui font que chacun est lié à l'organisation par une obligation de moyen, le contrôle par le marché (évaluation du résultat ou de la performance par le client au stade final), le contrôle par la culture d'entreprise, le groupe sanctionnant les comportements déviants, et, enfin, le contrôle clanique par un corps de professionnels organisés en dehors de l'entreprise tel que le décrit W. Ouchi.

Comme tous les outils, comme toute mesure, comme tout langage, le contrôle de gestion n'est pas neutre. Il produit une certaine représentation du réel qui n'est pas le réel. L'image qu'il en donne, « fidèle » selon les comptables, est la source de décisions, donc d'actions qui, à leur tour, transforment le réel. On retrouve ici la relation dialectique entre connaissance et action. Mais dans la mesure où le modèle n'est pas « naturel » puisqu'il est un artefact, une construction de l'esprit, il n'est pas conçu sur des bases purement « techniques », sans prendre en compte des intérêts. Il est donc autant l'expression d'un pouvoir que l'enjeu de pouvoirs. De nombreux travaux ont démontré le caractère contingent des modèles de contrôle de gestion, les facteurs de contingence étant le secteur d'activité, la taille, la pression plus ou moins forte du marché, les contraintes de la technologie, etc.[6] Toutes ces variables sont externes, techniques. Mais elles n'expliquent pas tous les choix caractérisant un système de contrôle de gestion, elles ne prédéterminent pas tout. Les degrés de liberté qui subsistent, le *slack*, peuvent être mis à profit pour utiliser le modèle comme un levier du pouvoir. Il crée une dissymétrie de l'information au profit de certaines personnes ou de certains groupes qui de plus, comme nous l'avons vu, s'approprient le pouvoir de créer un langage.

Si le contrôle de gestion est un des outils du pouvoir et, de ce fait, est lui-même une parcelle de pouvoir, encore faut-il qu'il ait une certaine légitimité. Cette question fait l'objet du paragraphe suivant.

2.2. Les sources de la légitimité du contrôle de gestion

Comme nous l'avons indiqué plus haut, M. Weber dans *Economie et Société* (1971, p. 36 et s.) énonce les trois fondements de la validité de l'ordre légitime : la tradition, la croyance et la légalité. Nous allons voir que le contrôle de gestion satisfait chacun de ces critères.

---

6. Varii Auctores, *Issues in Management Accounting*, Prentice Hall, 1995, p. 51 et s.

La *source* du contrôle de gestion est dans la volonté que peut avoir la hiérarchie d'une organisation de mettre en place un système de pilotage qui ne provoque pas un engorgement des centres de décision et ne requiert pas une présence de la hiérarchie à tout instant sur le terrain. Le contrôle de gestion trouve donc son origine dans l'autorité hiérarchique *traditionnelle* dont il n'est que le prolongement, cette dernière constituant un pouvoir dont la légitimité est largement reconnue. Il est par *nature* au service de cette autorité.

Le contrôle de gestion est un contrôle *finalisé* s'articulant sur un projet stratégique reconnu et accepté. Le budget, l'un des outils essentiels du contrôle de gestion, ne se conçoit pas sans un plan d'action. Même lorsqu'il se réduit à une autorisation de dépense ou une simple prévision, il n'est pas neutre et traduit une forme de stratégie. Les finalités du contrôle de gestion sont légitimes dans la mesure où la vision de l'avenir qu'il privilégie s'appuie sur une *croyance* partagée par les membres de l'organisation soit grâce au *charisme* d'un « chef », soit du fait de la pression de l'environnement qui présente telle solution comme « évidente ».

Enfin, le contrôle de gestion est une forme d'exercice du pouvoir qui est légitimée par les *moyens* qu'il utilise. Il est l'outil privilégié d'une bureaucratie au sens de M. Weber. En effet, il permet de fixer les *règles* d'évaluation des performances qui mettent en œuvre les mécanismes impersonnels de sanction ou de récompense et apporte aux choix qui sont faits la légitimité de la *rationalité* économique, la caution scientifique du calcul économique.

Un seul outil peut donc s'appuyer sur les trois sources de légitimité : la nature traditionnelle du pouvoir qui le met en œuvre, les fins qu'il permet d'atteindre et les moyens utilisés pour les atteindre.

Mais si le contrôle de gestion tire sa légitimité des pouvoirs qui le mettent en œuvre, il peut à son tour être un outil de légitimation au service d'un pouvoir supposé contesté.

2.3. Le contrôle de gestion comme outil de légitimation d'un pouvoir

De par ses caractéristiques, le contrôle de gestion ne peut légitimer tous les modes d'exercice possibles du pouvoir dans une organisation. Nous présenterons trois outils de légitimation de l'autorité utilisés par le contrôle de gestion :

– la légitimation par le contrat,

– la légitimation par la norme, et enfin,

– comme résultante des deux outils précédents, la légitimation de la réduction des déviances.

Le contrôle de gestion se fonde sur une *économie contractuelle*[7]. Certes, il ne s'agit pas de contrats au sens du Code civil puisque les parties se situent généralement à l'intérieur d'une même personne morale, mais plutôt d'un échange de consentements formalisé par un budget ou des indicateurs (parts de marché, niveau de productivité ou taux de croissance à atteindre, par exemple). Le subordonné perd la liberté d'essayer de poursuivre des objectifs

7. Voir à ce sujet P. d'Iribarne, *La logique de l'honneur*, Le Seuil, 1989, p. 129 et s. ; et tout particulièrement la partie sur « les Etats-Unis ou l'échange *fair* entre égaux ».

personnels en profitant des marges de manœuvre existantes (puisqu'il intériorise les objectifs de sa hiérarchie) au profit d'une clarification des règles du jeu que la hiérarchie s'engage à respecter, et qui est assimilable à une protection par la loi. Cette démarche contractuelle, habituellement désignée comme étant une direction par objectifs, rend l'autorité légitime dans la mesure où elle apparaît comme la source d'un échange qui doit être équitable, équilibré ou *fair.* Cela signifie que l'objectif ne doit pas être hors de portée du subordonné et que les moyens dont il dispose pour le réaliser doivent être appropriés. N'oublions pas que la légitimité est « la qualité de ce qui est juste »[8].

Le contrôle de gestion se fonde aussi sur la notion de *norme* qui a une fonction légitimante importante. Ici, la norme intervient *a priori* dans la construction des objectifs qui seront l'enjeu du « contrat », mais également dans la définition des moyens matériels et en personnel nécessaires ou dans le choix des réponses à certains *stimuli* (est-il plus stimulant d'avoir des objectifs faciles à dépasser ou de véritables défis à relever ?). Ces normes peuvent être :

– techniques et à la base d'un management « scientifique » (chronométrage des tâches, etc.) ;

– négociées (certaines normes de productivité par exemple sont le résultat d'une négociation entre la direction et les organes représentatifs du personnel) ;

– sociales c'est-à-dire protégées par des textes légaux ou réglementaires (rémunérations, durée du travail, etc.) ou par les usages (rythme de certains travaux)[9].

Selon leur nature, la légitimité de ces normes n'est pas la même mais elle se transmet au modèle de contrôle de gestion qu'elles portent. Par exemple, des objectifs construits sur la base de normes techniques ont une légitimité différente (pas forcément plus forte ou plus faible) des objectifs résultant de négociations dont la légitimité dépend de la représentativité de ceux qui ont négocié. La légitimité n'est pas un caractère acquis de façon définitive mais elle est toujours subjective dans la mesure où elle dépend de l'appréciation portée sur le pouvoir qui s'exerce.

Les normes interviennent aussi *a posteriori* dans l'évaluation des performances[10]. Qu'est-ce qu'une bonne ou mauvaise performance si on ne dispose pas de normes pour juger ? Cela nous conduit au problème de la mesure des écarts.

Enfin, le contrôle de gestion est construit sur la base d'une procédure en trois temps :

– la construction des objectifs,
– la réalisation des objectifs,
– le contrôle des réalisations par la *mesure des écarts*[11].

---

8. A. Rey (sous la direction de), *Dictionnaire historique de la langue française,* Ed. Dictionnaires Le Robert, 1992, p. 1117.

9. On retrouve ici quelque chose de proche du « travail socialement nécessaire » de Marx.

10. Dans un domaine voisin, celui de la comptabilité financière, les normes peuvent jouer le même rôle de force de légitimation. Voir à ce sujet, V. Carpenter et E. Feroz (1992).

11. Voir dans cette Encyclopédie l'article de M. Gervais, « Analyse des écarts », p. 52, tome 1.

L'acceptation de l'objectif *et* de la norme légitiment la mesure de l'écart et ce dernier, à son tour, donne sa légitimité au système de sanction-récompense qui s'articule sur cette mesure. Le contrôle de gestion correspond bien aux « sociétés modernes qui se caractérisent par la valorisation de la contribution individuelle de leurs membres, et de ce fait par l'esprit d'initiative qu'elles attendent d'eux, par l'autonomie qu'elles leur reconnaissent[12] ». Le contrôle de gestion, tout comme la « société moderne », accepte l'individualisme (la recherche d'un intérêt personnel qui n'est d'ailleurs pas toujours opposé à l'intérêt de la collectivité) mais rejette la déviance (le refus de la discipline). Sans discipline, il n'est d'ailleurs pas de contrat. De plus, le contrôle de gestion doit notamment créer les conditions techniques d'une convergence de l'intérêt individuel et de celui de la collectivité. Ainsi, la discipline reçoit un contenu technique grâce à l'analyse des écarts et en tire une légitimité rationnelle.

En conclusion, les relations entre contrôle de gestion et légitimité renvoient constamment à la gestion des ressources humaines puisqu'il s'agit de l'exercice de l'autorité.

3. Gestion du personnel et légitimité

La gestion du personnel[13] recouvre deux fonctions différentes : l'administration d'une relation contractuelle d'une nature particulière, et l'animation d'une structure et plus précisément des hommes qui la composent.

Ces deux missions relèvent généralement d'une direction fonctionnelle qui regroupe l'ensemble de la fonction personnel (habituellement sous le terme de DRH), mais qui ne peut les exercer seule puisqu'elle intervient constamment en liaison avec les directions opérationnelles et certaines autres directions fonctionnelles comme le contrôle de gestion.

Nous allons voir que la légitimité du pouvoir d'une direction du personnel repose sur la source de son autorité, mais que ce pouvoir peut également être légitimé par les outils qu'elle utilise.

3.1. Les sources de la légitimité de la gestion du personnel

Comme pour le contrôle de gestion, nous allons reprendre la typologie de M. Weber.

La source de *légitimité traditionnelle* du pouvoir de la direction du personnel, comme de toute autre direction, découle du fait que ce dernier lui a été délégué par la direction générale. Celle-ci exerce son autorité en vertu de la légitimité que lui confère le droit de propriété, dans le cas d'une entre-

12. François Bourricaud, « Conformité et déviance », *Encyclopaedia Universalis*.

13. Nous préférons l'expression traditionnelle de « gestion du personnel » à celle de « gestion des ressources humaines » qui convient si peu aux nombreuses entreprises qui licencient sans vraiment donner l'impression de se séparer de ressources… et encore moins d'hommes. Dans les faits, cette différence de terminologie est sans effet ! Voir notamment dans cette Encyclopédie l'article de F. Bournois et J. Brabet, « Qu'est-ce que la gestion des ressources humaines ? », p. 2732, tome 3.

prise, ou le vote, dans le cas d'une collectivité territoriale, par exemple[14]. Dans ce cadre, la délégation de pouvoir dont jouit une direction du personnel est limitée par les autres délégations dont bénéficient les autres directions et reste, en tout état de cause, en permanence sous le contrôle de la direction générale.

Le *charisme*, autre source de légitimité, correspond en matière de gestion des organisations au *leadership* de ceux qui définissent les politiques, des projets mobilisateurs. Pratiquement toute politique à un volet relatif à l'emploi (niveau et qualification), aux salaires, à la formation et à l'information du personnel. Le charisme lié au projet et à ses promoteurs bénéficie ainsi à la direction du personnel dont le pouvoir est légitimé par la fin.

La *légitimité rationnelle et légale* correspond, en ce qui concerne la direction du personnel, à la mise en conformité des procédures de l'organisation avec les obligations légales et réglementaires fort nombreuses dans ce domaine : respect du Code du travail et de ses textes d'application, des conventions collectives, des accords d'entreprise, etc. La complexité de l'ensemble de ces prescriptions relatives au formalisme des opérations d'embauche, de rémunération, de licenciement, de droit à des congés, etc. est à la base d'une spécialisation pointue qui donne aux détenteurs de ces savoirs une légitimité forte.

Le fait de gérer le personnel apparaît donc comme légitime. Mais les moyens utilisés, les outils de gestion peuvent renforcer ou affaiblir cette légitimité issue de la source du pouvoir.

3.2. La légitimation des pouvoirs d'une direction du personnel par les outils

Les principaux outils de gestion mis en œuvre dans une direction du personnel permettent de remplir les fonctions suivantes : embauches, licenciements, gestion du système de sanction-récompense, formation, communication (y compris les relations professionnelles, c'est-à-dire les relations avec les organes de représentation du personnel) et enfin des opérations purement administratives imposées par les textes (tenue de registres, opérations liées à la paye qui peuvent parfois être prises en charge par les services comptables, etc.). Si l'on excepte cette dernière catégorie d'opérations qui ont leur logique propre, on retrouve pour chaque fonction trois dimensions :

– la négociation ou l'accord avec la hiérarchie opérationnelle,
– la conformité avec la politique de l'organisation,
– la conformité avec des procédures légales ou réglementaires ainsi qu'avec des règles techniques constituant un savoir propre aux directions du personnel.

Si l'on prend l'exemple d'une embauche, on retrouve bien ces trois aspects. Elle ne peut se faire sans que les services « utilisateurs » en aient fait la demande et aient donné leur accord sur le choix de la personne, elle doit s'inscrire dans une politique des effectifs et, enfin, elle doit se conformer à

---

14. En ce qui concerne la gestion du personnel dans la fonction publique, voir R. Laufer et A. Burlaud (1980, p. 193 et s.).

des règles formelles (aspect juridique comme la rédaction d'une lettre d'embauche, etc.) et à des règles techniques (divers tests psychotechniques, par exemple). Chacune de ces dimensions donne à la décision une légitimité spécifique. Si l'on reprend le cas précédent d'une embauche, décision correspondant à l'exercice d'un pouvoir important, elle est légitime si :

– elle est décidée en accord avec le pouvoir hiérarchique traditionnel,
– elle s'inscrit dans le cadre de la volonté d'une autorité charismatique,
– elle se fait conformément aux règles juridiques et aux techniques des psychologues (aspect rationnel et légal).

Une direction du personnel se voit donc déléguer un pouvoir général correspondant à son existence même, qui s'appuie sur les sources de légitimité des pouvoirs déléguants. Mais on retrouve à travers chacune des activités de la direction du personnel les trois sources de légitimité.

*
*   *

Lorsque, comme aujourd'hui, il y a crise du système de légitimité, la légitimité devient une préoccupation essentielle pour le gestionnaire. Ceci affecte à la fois la nature, le contexte et les méthodes du management. S'agissant de sa nature, lorsqu'il existe un système de légitimité « en bon état de marche », le gestionnaire peut considérer que la notion de légitimité correspond à un ensemble de conditions préalables (juridiques et scientifiques) bien définies qui constituent ce que l'on pourrait appeler les règles du jeu économique auxquelles il doit se soumettre ; lorsqu'il y a crise de légitimité, son action consiste à gérer non seulement les incertitudes du jeu économique mais aussi les incertitudes qui caractérisent les règles du jeu économique lui-même. Dans ce dernier cas, les actions du gestionnaire et ses stratégies se développent à un double niveau :

– celui de la participation du gestionnaire à l'élaboration des normes sociales le concernant (processus de standardisation, lobbying, etc.),
– celui du développement de son action dans le cadre des règles qu'il continue à déterminer.

Du point de vue du contexte de l'action managériale, cela correspond à l'importance de la gestion de l'image de l'organisation auprès de l'opinion publique qui détermine en dernière instance la légitimité de son action. On pourrait dire que désormais toute entreprise doit avoir comme objectif d'être considérée comme un locuteur légitime dans l'espace public. Enfin, en ce qui concerne les méthodes, ceci correspond au développement des analyses du management en termes de langage et de rhétorique.

Références

BOURRICAUD F., « Conformité et déviance », *Encyclopaedia Universalis.*

BURLAUD A., SIMON C., *Comptabilité de gestion*, Paris, Vuibert, 1993.

CARPENTER V., FEROZ E., « GAAP as a Symbol of Legitimacy : New York State's Decision to Adopt Generally Accepted Accounting Principles », *Accounting, Organizations and Society* (vol. 17, n° 7, 1992), p. 613 à 643.

HABERMAS J., *Raison et légitimité*, Paris, Payot, 1978.

IRIBARNE P. (d'), *La logique de l'honneur,* Paris, Le Seuil, 1989.

LAUFER R., BURLAUD A., *Management public : gestion et légitimité*, Paris, Dalloz, 1980.

LAUFER R., PARADEISE C., *Le Prince bureaucrate : Machiavel au pays du marketing,* Paris, Flammarion, 1982.

LAUFER R., *L'entreprise face au risque majeur ; à propos de l'incertitude des normes sociales,* Paris, L'Harmattan, 1993.

WEBER M., *Economie et société*, Paris, Plon, 1971.

Mots clés

Autorité, charisme, conflit, contrôle de gestion, crise, droit, économie contractuelle, gestion des ressources humaines, gestion du personnel, langage, légitimité, management public, marketing, norme, pouvoir, raison, risque majeur, symbole, tradition.

Lobbying

93

Jean-Marc Décaudin

Le terme lobby[1] est utilisé depuis de nombreuses années en France et dans le reste du monde sans pour autant présenter la même signification et la même réalité pour tous. Une connotation négative lui est parfois rattachée soulignant les pressions qu'effectuent certains groupes sur l'Etat pour favoriser leurs intérêts privés, même à l'encontre de l'intérêt général. Il est donc important de dépasser ces lieux communs pour s'interroger dans un premier temps sur ce qu'est vraiment le lobbying et pour, dans un second temps, étudier sa mise en œuvre par les principaux acteurs du marché.

1. Le lobbying, essai de définition

Le mot lobby a été la première fois utilisé aux Etats-Unis par le général Grant dans un contexte particulier (F.J. Farnel, 1994) ; en effet, à la suite de l'incendie de la Maison Blanche, le général Grant était installé dans un hôtel dont le rez-de-chaussée (*lobby*) était envahi par les personnes souhaitant le rencontrer pour essayer de l'influencer dans ses décisions politiques. Le mot lobby est ensuite resté pour qualifier cette activité dont la conception moderne est née et s'est développée aux Etats-Unis.

1.1. Définition et objectifs

Le lobbying est un des aspects de la relation entreprise/Etat traduisant la conception que l'entreprise a de cette relation et de son environnement, à savoir :

– une attitude passive où l'entreprise subit les décisions de l'Etat ; cette attitude n'est pas satisfaisante car la vie et l'activité quotidiennes de l'entreprise sont trop dépendantes de son cadre juridique, social et économique pour qu'elle en subisse toute évolution sans même s'exprimer ;

---

1. Le mot lobby, d'origine anglo-saxonne, n'a pas d'équivalent en français ; il est aujourd'hui répertorié par les dictionnaires français avec pour signification : groupe de pression. Par extension, le mot lobbying est également accepté tel quel par la langue française.

– une attitude réactive où l'entreprise s'adapte aux évolutions législatives et réglementaires constatées ; plus intéressante que la précédente, cette attitude est toutefois mauvaise car elle fait intervenir l'entreprise trop tard, c'est-à-dire après la prise de décision étatique ; il est très difficile de faire annuler une circulaire ou un décret après le vote des assemblées et la parution au *Journal officiel* ;

– une attitude anticipatrice où l'entreprise essaie d'informer et d'agir sur l'Etat avant que celui-ci ne prenne ses décisions législatives et réglementaires ; cette attitude est de loin la plus positive car elle contribue à fournir l'information nécessaire au décideur en temps voulu en insistant sur les intérêts particuliers de l'entreprise dans la question étudiée ; c'est dans ce cadre que des actions de lobby sont envisageables.

Il est alors possible de définir le lobbying comme une activité consistant à procéder à des interventions destinées à influencer directement ou indirectement le processus d'élaboration, d'application ou d'interprétation des mesures législatives, des normes, des règlements et, plus généralement, de toute intervention ou décision des pouvoirs publics (F.J. Farnel, 1994). Le lobbying est donc un ensemble de techniques, d'actions, de savoir-faire… permettant d'influencer le travail des pouvoirs publics, ensemble comprenant « 20 % de droit, 20 % de politique, 20 % d'économie, 20 % de diplomatie et 20 % de communication » (B. Le Grelle, 1987). Les lobbyistes agissent auprès du pouvoir exécutif, du pouvoir législatif et aussi des pouvoirs judiciaire et médiatique, ce qui nécessite une parfaite connaissance des modes de fonctionnement de ces différentes institutions et pouvoirs. Quel que soit le pays concerné, cette action est rendue de plus en plus nécessaire par l'augmentation du nombre de lois et de décrets réglementant la vie quotidienne, par la complexité de ces lois et décrets surtout lorsqu'ils concernent des secteurs économiques très spécifiques et, enfin, par le besoin d'informations sans cesse croissant des décideurs politiques pour l'élaboration des lois et des décrets.

L'Association française des banques créée en 1942 est un exemple de lobby professionnel qui a pour objectif d'informer et d'influencer les gouvernements successifs sur tous les domaines touchant le secteur bancaire ; les organisations agricoles sont un autre exemple de lobby reconnu et efficace. La construction de la Communauté économique européenne a été un accélérateur du développement du lobbying en Europe, ne serait-ce que par la nécessité de définir une réglementation communautaire très précise et très importante, donnant lieu à de nombreux exemples de constitution de lobbies tels que Sucre Europe qui représente les entreprises sucrières européennes.

Le lobbying contribue à développer la compétitivité de l'entreprise en améliorant son cadre d'activité économique, juridique et social ; les entreprises ont donc intérêt à l'intégrer à leur stratégie en formant des groupes de pression qui essaieront d'influencer le gouvernement, l'Etat, le pouvoir législatif national ou européen… dans le sens souhaité.

1.2. Les différents types de lobbying

On distingue deux types de lobbying :

– le lobbying ancien qui peut être immergé dans l'appareil d'Etat (par exemple, certaines entreprises nationales comme EDF ou les sociétés d'assurance développent un lobby reposant sur les transferts d'hommes du secteur public au secteur privé), ou qui peut consister en des lobbies de cogestion imposant une concertation aux administrations et à l'Etat (par exemple, le lobby agricole français qui reste extérieur au pouvoir mais qui est consulté en permanence par ce dernier) ;

– le lobbying moderne qui utilise des techniques sophistiquées, actuelles et souvent initiées aux Etats-Unis pour atteindre leurs objectifs.

Même si le lobbying moderne se développe fortement ces dernières années, il ne conduit pas pour autant à la disparition des lobbies anciens qui conservent une efficacité certaine. Le phénomène du lobbying a dépassé le simple cadre de l'entreprise pour toucher de nombreux secteurs de la vie sociale quotidienne. Il est possible de classer les différents lobbies en fonction de leur motivation principale :

– les motivations économiques et fiscales sont le fait, outre les entreprises, des institutions territoriales et des associations commerciales ou de développement économique ;

– les motivations idéologiques se rencontrent dans les lobbies politiques, philosophiques ou religieux ;

– les motivations sociales caractérisent les lobbies écologistes et les associations de citoyens ou d'utilisateurs.

1.3. Le lobby, reflet de la culture

Les pratiques de lobbying à travers le monde sont directement influencées par les structures et les traditions politiques, la culture, la religion, l'histoire juridique et l'histoire économico-sociale des pays concernés.

1.3.1. Les pays de tradition lobbyiste

Les Etats-Unis sont certainement le pays où la tradition lobbyiste est la plus forte. En effet, le lobbying fait depuis longtemps partie intégrante de leur culture comme le prouve la constitution de 1789 qui le reconnaît comme un droit : le Congrès ne doit pas voter de loi (...) qui restreigne la liberté d'expression ou celle de la presse ; ou le droit du peuple à se réunir et à présenter pacifiquement une requête auprès du gouvernement afin de réparer un tort. Le gouvernement américain se fonde sur le droit des intérêts non gouvernementaux à être pris en compte dans toute définition et mise en œuvre d'une législation. Cette situation a entraîné un fort développement du lobbying qui compte plus de 40 000 acteurs directs surtout basés à Washington ; ces derniers doivent être enregistrés et se soumettre à des règles précises d'activité comme le prévoient le *Foreign Registration Act* de 1936 et le *Federal Registration of Lobbying Act* de 1946.

La Grande-Bretagne (avec une autoréglementation de la profession), l'Allemagne (reconnaissance des lobbies par la loi du 21 septembre 1972) et les Pays-Bas sont trois excellents exemples de pays de culture et de tradition lobbyiste dans lesquels la négociation et l'écoute des différents groupes de pression ou d'intérêt sont naturelles tant pour le pouvoir politique que pour le pouvoir juridique.

1.3.2. Les pays sans tradition lobbyiste

En France, le lobbying n'a pas eu longtemps de reconnaissance officielle. En effet, le lobby n'appartient pas à la tradition nationale puisqu'en 1791 Le Chapelier avait interdit l'activité des groupes de pression jugés trop dangereux pour la Constitution. Depuis cette époque, la France a vu se développer une vision spécifique de l'intérêt général qui n'est pas égal à la somme des intérêts privés comme le conçoivent certains pays. Par exemple, la formule américaine « ce qui est bon pour la General Motors est bon pour les Etats-Unis » ne saurait être acceptée en France. Cette notion d'intérêt général a ainsi entraîné une forte suspicion à l'égard du phénomène de lobby qui ne s'est véritablement développé que récemment, sous la pression de la construction européenne.

1.4. Lobbying et éthique

Il est intéressant de s'interroger sur la légitimité du lobbying. Cette activité peut être considérée comme un moyen de pression sur des décideurs politiques mais aussi comme un rouage essentiel d'un processus démocratique ; en effet, une action de lobby a pour premier effet d'informer les décideurs et ce dans un contexte de complexification des textes juridiques et législatifs. Le lobby est alors le moyen pour des intérêts privés d'attirer l'attention sur leurs problèmes spécifiques et de s'assurer ainsi que le politique aura bénéficié d'une information complète avant de prendre sa décision.

Il est difficile d'évoquer le lobbying sans s'interroger sur ses rapports avec l'éthique[2]. Le sens populaire qui associe souvent lobby et argent sale montre la nécessité d'aborder clairement cette question. Mais il est et a toujours été impossible d'interdire les groupes de pression ; alors, pour certains auteurs, autant organiser ce marché grâce à une déontologie précise : « Il serait souhaitable d'officialiser le lobbying en le moralisant. Car celui-ci permettrait de créer de nouveaux canaux d'expression pour les groupes d'opinion ou d'intérêt ; ce qui pousserait la société civile à s'organiser autour de pôles non politiques. » (L. Cohen Tanugi, 1985). La question de l'éthique du lobbying est directement reliée au problème du financement des campagnes électorales et des partis politiques, quel que soit le pays démocratique considéré ; l'exemple des Etats-Unis est intéressant à analyser puisque le système de lois repose sur deux idées fondamentales :

– la transparence totale des ressources et des dépenses des hommes et des partis politiques,

– la limitation des contributions financières des particuliers et des organisations aux campagnes politiques.

Le phénomène de lobby ne touche pas seulement les entreprises ; tous les groupes d'intérêts, quelle que soit la nature de ces intérêts (défense d'idées, de modes de vie, de courants de pensée...), ont aujourd'hui recours au lobbying (comme les organisations de consommateurs, les mouvements écologistes, les Noirs, les homosexuels...) et la question des moyens financiers de chacun se

2. Voir également dans cette Encyclopédie l'article de A. Bergmann, « Ethique et gestion », p. 1239, tome 2.

pose : n'est-ce pas le lobby le plus riche qui l'emportera et qui imposera un intérêt particulier au détriment de l'intérêt général ? Si les lobbies apportent aux gouvernements et aux décideurs politiques des informations dont ils ne disposeraient peut-être pas autrement, d'une manière générale, ils peuvent contribuer à une érosion de l'autorité gouvernementale en infléchissant trop les décisions d'intérêt général vers des intérêts particuliers.

Ces différentes interrogations ont amené, par exemple, l'Association française de conseils en lobbying à adopter une charte relative à l'exercice et à la déontologie de la profession. On peut y noter, entre autres, que l'activité de lobbyiste est incompatible avec tout mandat politique et tout emploi salarié de la fonction publique nationale, communautaire ou internationale, que tout conseil en lobby accepte de déclarer ses activités et l'identité de ses clients aux administrations qui le lui demanderaient... Ceci montre que la réalité du lobby est très éloignée de l'image caricaturale parfois donnée par l'expression « *lobby is booze, blondes and bribes* »[3].

2. Le lobbying dans l'entreprise

Le lobbying est une composante de la stratégie d'entreprise et dépend à ce titre de la direction générale. Outre ses capacités spécifiques relatives au cadre juridico-économique de l'entreprise, il contribue à former l'image institutionnelle, au moins sur certaines cibles essentiellement professionnelles ; c'est la raison pour laquelle le lobby est parfois présenté comme une technique de communication. Mais il ne saurait se réduire à cette seule fonction de construction d'une image institutionnelle. Il doit être décliné dans une stratégie élaborée dans le cadre de la politique générale adoptée par l'entreprise.

2.1. *La stratégie de lobbying*

La stratégie de lobbying se compose de cinq points :

– la définition des objectifs spécifiquement attribués au lobbying par la direction générale de l'entreprise ; les objectifs peuvent être la contribution à l'élaboration d'une législation, la réaction à une mesure étatique défavorable, l'adaptation à une évolution législative impérative, l'influence sur un projet d'octroi de subventions... ;

– l'identification des cibles et des parties prenantes (*stakeholders*) concernées par les objectifs retenus ; les cibles sont en général de deux natures : les cibles gouvernementales et étatiques, d'une part, les cibles extérieures au gouvernement et à l'Etat, d'autre part ; l'identification des cibles nécessite une connaissance parfaite des processus décisionnels des différentes administrations ou organisations intéressantes ; les lois de décentralisation votées en France ont, par exemple, amené la création d'un lobbying régional correspondant à ces nouveaux centres de décision créés ;

– le choix des techniques de lobbying appropriées aux cibles sélectionnées dans la contrainte budgétaire établie et la planification des actions dans le temps qui donne lieu à un calendrier des actions de lobbying ;

3. « Le lobby, c'est l'alcool, les femmes et les pots de vin ».

– la mise en œuvre de la stratégie de lobbying par les personnes de l'entreprise et les conseils externes éventuellement retenus en fonction du calendrier d'exécution décidé ;

– l'évaluation de l'efficacité et l'audit de la stratégie de lobbying par la direction générale de l'entreprise et éventuellement par un auditeur externe.

La stratégie de lobbying doit obligatoirement se compléter d'un système de veille juridico-législative permettant aux acteurs d'être alertés dès qu'un risque d'évolution se présente. Cette surveillance active assurée par l'entreprise elle-même ou par un conseil externe spécialisé est essentielle à toute stratégie de lobbying.

2.2. Les techniques de lobbying

Le lobbying dispose des techniques traditionnelles de communication (publicité, relations-presse, publi-rédactionnel, relations publiques, communication événementielle...) et de techniques plus spécifiques. D'une manière générale, il est possible de classer les techniques de lobbying en deux groupes :

– les techniques directes qui permettent à l'entreprise de toucher directement les cibles politiques et institutionnelles ;

– les techniques indirectes qui touchent indirectement, par contrecoup ou par l'intermédiaire de relais d'information, les cibles sélectionnées.

2.2.1. Les techniques directes de lobbying

Ces techniques consistent à contacter directement les personnes faisant partie de la cible déterminée. Ce contact peut s'effectuer en face à face lors d'une réunion formelle ou informelle, par téléphone ou par courrier personnalisé. Le discours tenu par le lobbyiste doit toujours s'accompagner d'un dossier complet sur la question abordée ; ce dossier est systématiquement laissé ou envoyé après l'entretien. La bonne identification de la personne à rencontrer est essentielle dans ce type de techniques tout comme la proportionnalité du discours et de l'action au problème réellement rencontré. Les techniques directes de lobbying sont favorisées par l'expérience du lobbyiste, par son carnet d'adresses et par la qualité de ses relations antérieures avec des responsables politiques ou administratifs.

2.2.2. Les techniques indirectes de lobbying

Ces techniques peuvent avoir deux missions essentielles : soit informer la cible, soit l'influencer surtout grâce à des groupes de pression. Les principales techniques utilisées sont :

– la formation d'un syndicat professionnel regroupant les entreprises d'un secteur ou celles qui sont concernées par un même problème ; ce syndicat jouira d'une crédibilité qu'une entreprise seule ne peut espérer car il peut se placer en tant que porte-parole d'un secteur ou d'une profession, c'est-à-dire au-dessus des intérêts purement privés ;

– la réalisation d'études chiffrées confirmant le plaidoyer du syndicat ; l'organisme choisi pour faire ces études doit être incontestable pour éviter toute remise en cause des chiffres avancés ; ces études peuvent être la base de la rédaction d'un livre blanc de la profession ou du secteur ;

– la création d'une association d'usagers revendiquant les mêmes options que le syndicat professionnel ; une fois de plus, l'objectif est de montrer que la demande d'origine de l'entreprise n'est pas une simple défense d'intérêts privés, mais qu'il y a une rencontre d'intérêts entre des parties très diverses (d'où une certaine notion d'intérêt public) ;

– l'organisation d'une campagne de presse : par exemple, la Fédération nationale des travaux publics lance régulièrement des campagnes sur la nécessité de construire des autoroutes en France ; pour cela, l'entreprise utilise les techniques traditionnelles de communication : achat d'espace dans les supports intéressants, actions de relations publiques et surtout de relations-presse... ;

– le recours aux techniques de relations publiques telles que la visite d'usines pour des politiques ou des journalistes, la tenue de congrès scientifiques, de colloques...

2.3. L'organisation du lobbying

Toute entreprise ou tout groupe d'intérêt peut envisager une activité de lobbying et doit alors réfléchir sur son organisation. Trois possibilités sont envisageables.

– La première est de créer une structure interne à l'entreprise ou au groupe d'intérêt. Les avantages principaux tiennent dans la disponibilité de la structure et sa parfaite connaissance du problème, du secteur et de l'environnement spécifique. En revanche, outre le coût de fonctionnement d'une telle structure, il est difficile de regrouper d'autres acteurs autour de l'entreprise ; par ailleurs, des problèmes de rapports hiérarchiques peuvent se poser entre le service lobby et le reste de l'entreprise.

– L'entreprise peut sous-traiter l'activité de lobbying à un cabinet ou à un consultant indépendant. Dans ce cas, le choix peut s'effectuer sur la base des adhérents à l'Association française des conseils en lobbying qui s'engagent sur une charte de déontologie et qui présentent des garanties de professionnels sérieux. L'avantage essentiel de cette solution tient dans le coût et, souvent, le carnet d'adresses du lobbyiste choisi, mais le risque d'un manque d'implication de l'intervenant extérieur est réel.

– L'entreprise peut adopter une structure mixte qui associe un lobbyiste interne à un cabinet externe. Cette formule, très utilisée par les grandes entreprises, permet d'exploiter les avantages spécifiques des deux possibilités précédentes sans en subir les inconvénients.

2.4. L'efficacité du lobbying

Pour être efficace, le lobbyiste doit en premier lieu avoir une connaissance parfaite des systèmes politiques, économiques et juridiques ; en effet, il est essentiel d'identifier sans risque d'erreur le niveau d'intervention et les personnes à contacter en fonction de l'objectif spécifique recherché.

En deuxième lieu, le lobbyiste doit être capable de proposer une information de très grande qualité et pratiquement exhaustive à ses interlocuteurs, tenant compte des conséquences du problème évoqué non seulement sur l'entreprise mais aussi, et surtout, sur l'intérêt général.

Enfin, un lobbyiste de qualité sait entretenir ses relations, sait cultiver son carnet d'adresses en évitant d'être marqué d'un point de vue politique (l'alternance est la réalité de tous les pays démocratiques ; une étiquette politique peut alors se révéler négative). Cette capacité relationnelle doit se doubler d'une intégrité absolue puisqu'il ne s'agit en aucun cas d'acheter les faveurs de tel ou tel décideur.

Mesurer l'efficacité du lobbying d'une entreprise ou d'un groupe d'intérêt nécessite une bonne définition des objectifs spécifiques attribués à cette stratégie ; en effet, aucune autre mesure rigoureuse d'efficacité ne peut être envisageable, ce qui implique un véritable travail de réflexion préalable à tout lancement d'opération de lobby.

*

* *

Le lobbying est une composante de la stratégie de l'entreprise ; il permet d'établir une relation entre les intérêts privés et les pouvoirs publics. Mais une question reste posée : faut-il créer un cadre juridique spécifique au lobbying et à la profession de lobbyiste ? L'image souvent négative du lobby auprès des citoyens est un élément de réponse.

Références

COHEN TANUGI L., *Le droit dans l'Etat*, Paris, PUF, 1985.

DUBOIS P.L., JOLIBERT A., *Le marketing. Fondements et pratique*, 2e éd., Paris, Economica, 1992.

FARNEL F.J., *Le lobbying, stratégies et techniques d'intervention*, Paris, Les Editions d'Organisation, 1994.

GÉLINIER O., *L'éthique des affaires*, Paris, Seuil, 1991.

JULIEN B., *Les groupes de pression américains*, Paris, Skippers, 1988.

LE GRELLE B., *Profession lobbyman : le pouvoir des coulisses*, Paris, Hachette, 1987.

LEHMAN SCHOLZMAN K., TIERNEY J.T., *Organized Interests and American Democracy*, New York, Harper and Row, 1986.

NONON J., CLAMEN M., *L'Europe et ses couloirs : lobbying et lobbyistes*, Paris, Dunod, 1991.

PREVOST-TESTART D.C., *Le lobbying ou l'échiquier des pouvoirs*, Paris, Liaisons, 1993.

VAN HEUVERSWYN J., SCHWYBROEK J.P., « Le lobbying : une ancienne profession redécouverte », *Gestion 2000* (5, 1991).

WOLPE B.C., *Lobbying Congress : How the System Works*, Washington, Congressionnal Quarterly Inc., 1989.

Mots clés

Communication, groupe de pression, lobby, lobbying, relations publiques, stratégie d'entreprise.

Logistique

94

Philippe-Pierre Dornier

Discipline historique grâce à la réflexion constante menée par l'institution militaire depuis des siècles, la logistique fait l'objet d'une réflexion approfondie dans les entreprises depuis le début des années 1970. Elle s'y développe aujourd'hui avec intensité, portée en cela par son implication dans les stratégies de service, par les montants financiers qu'il faut y investir et par son rôle croissant dans la faisabilité et la mise en œuvre de certaines stratégies.

1. Principes et organisation

La fonction logistique s'est développée dans les entreprises avec le souci d'y réaliser une meilleure cohérence globale des opérations physiques associées aux étapes de la vie du produit[1].

Qu'il soit en charge de produits de haute technologie ou de grande consommation, le logisticien a pour mission de rassembler des moyens éclatés dans l'entreprise autour d'un objectif de production de services au moindre coût. Ses activités l'impliquent principalement dans les opérations de conception, d'approvisionnement, de production, de distribution physique et de soutien après-vente (SAV) (schéma 1).

Schéma 1 – Le double flux logistique

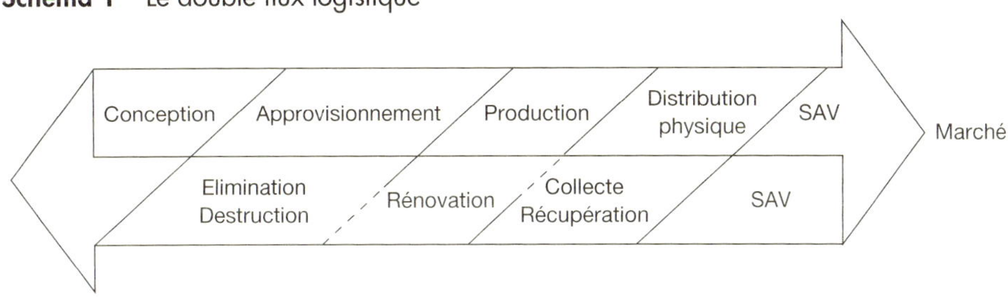

1. Voir également dans cette Encyclopédie l'article de J.C. Tarondeau, « Produit », p. 2594, tome 3.

Historiquement concernés par les flux circulant de l'entreprise vers le marché, les logisticiens ont conçu des systèmes pour traiter des activités organisées de l'amont vers l'aval. Mais les phénomènes croissants de protection de l'environnement, de récupération des produits utilisés et d'intensification du recours à des outils commerciaux tels que la reprise des invendus les amènent à mettre en œuvre des organisations logistiques susceptibles de gérer les contre-flux du marché vers l'entreprise. Ceux-ci peuvent représenter jusqu'à 20 % des volumes initialement expédiés. Fédérées autour du concept commun de soutien du produit, les activités logistiques consistent à :

– définir les offres de service attendues par les clients ;

– cerner les contraintes générées par les stratégies industrielles et commerciales qui infléchissent les choix logistiques ;

– faire prendre en compte dans la conception même du produit les dimensions qui permettront d'améliorer la performance logistique ultérieure ;

– concevoir le réseau de circulation physique au sein duquel les matières, les produits semi-œuvrés, les composants, les produits et les pièces de rechange se déplaceront, ainsi que le système d'information nécessaire à sa bonne exploitation ;

– mettre en œuvre et gérer le processus logistique pour atteindre les niveaux d'offre et de performance visés.

Ainsi la fonction logistique contribue-t-elle à l'acquisition de certains avantages concurrentiels par la valorisation des services fournis et la maîtrise des coûts associés. De plus, la coordination nécessaire qu'elle mène entre des grandes fonctions de l'entreprise pour assurer la conception et la gestion des flux physiques offre un moyen de révéler les problèmes d'interface et de proposer des règles d'arbitrages fonctionnels. En cela, la fonction logistique est également un outil au service du management et développe sa propre structure organisationnelle.

Trois situations types sont envisageables :

– une logistique opérationnelle décentralisée,

– une logistique centralisée,

– une logistique centralisée d'étude et d'audit permanent.

• *Une logistique opérationnelle décentralisée*

Sous cette forme, les activités logistiques sont réparties entre différents secteurs opérationnels. Chacun d'eux s'efforce d'optimiser le segment du processus logistique sur lequel il intervient. Toutefois, les différents secteurs éprouvent des difficultés à rendre ces segments cohérents entre eux. Les conflits qui en résultent ne trouvent pas d'arbitrage. Ils conduisent à l'établissement d'une logistique pour laquelle les potentiels d'optimisation sont limités.

• *Une logistique centralisée*

Elle a pour rôle de mettre en place une réflexion stratégique et un système de planification des opérations logistiques, de manière à repenser le processus logistique dans son continuum. Nécessitant au préalable la décomposition et l'analyse des séquences logistiques, l'ensemble des activités de logistique opérationnelle sont, pour ce faire, regroupées au sein d'une direction centralisée. Afin de pouvoir réorganiser l'ensemble des secteurs de l'entreprise, la direction logistique est généralement rattachée à la direction générale. Elle devra porter un effort tout particulier sur « l'éducation logistique » de l'ensemble des parties prenantes au processus et donc sur leur formation.

• *Une logistique d'étude et d'audit*

Dans ce cas, les responsabilités opérationnelles logistiques peuvent être séparées des responsabilités fonctionnelles. Les premières sont décentralisées dans chaque service concerné. Les secondes sont concentrées entre les mains d'une équipe dont la mission est de nourrir des réflexions à caractère stratégique, de veiller au maintien de la cohérence établie dans les opérations logistiques (audit) et de concevoir les systèmes logistiques à venir.

2. Les offres de services et les coûts logistiques

La finalité logistique est de produire des services dont la nature dépend des secteurs et des marchés. Comme toute activité de production, la logistique vise à maîtriser les coûts de sa production.

2.1. Les offres de services logistiques

Le client, loin de se satisfaire du seul produit tangible, souhaite se voir proposer une offre globale associant au produit un ensemble de services. L'attente face à ces services est non seulement de pouvoir disposer des produits en temps et en quantité voulus, mais également d'assurer la maintenance du produit et la permanence de ses meilleures conditions d'utilisation. Le consommateur est donc plus fréquemment à la recherche d'une fonctionnalité que du produit physique *stricto sensu*. Ainsi, dans le cas du produit automobile, le client tend à acquérir plutôt « des kilomètres à parcourir » qu'une voiture en tant que telle.

Soucieuse de répondre à ces nouvelles exigences, l'entreprise industrielle développe une offre globale pour associer autour du produit les services nécessaires à la maximisation de la satisfaction du client. Dans certains secteurs industriels (informatique, imagerie médicale...), les services offerts en complément du produit tangible génèrent au minimum 30 % du chiffre d'affaires.

La logistique comprise comme producteur de services est alors amenée à participer à la définition des attentes des clients. Elle coopère ici avec la fonction marketing en menant des études de marché. Les attentes diffèrent selon la nature des produits.

Pour les produits de grande diffusion, les principales attentes de nature logistique du client final ou du distributeur portent sur :

– la fiabilité du délai de livraison,

– le délai de livraison (de la passation de la commande à la réception du produit chez le client),

– l'absence de rupture de stock (taux d'indisponibilité des produits),

– l'information associée à la circulation du produit.

A titre secondaire, il est possible d'y ajouter :

– la consolidation de la commande (totalité de la commande en une seule livraison),

– la qualité du transport,

– les éventuelles opérations de post et de pré-manufacturing.

Pour les produits de haute technologie, les attentes en matière de services logistiques portent principalement sur la phase d'utilisation du matériel et, de façon secondaire, sur la phase de mise à disposition. Elles concernent donc :

– la fiabilité du matériel (probabilité pour qu'un matériel fonctionne pendant une durée déterminée sans incident),

– la maintenabilité du matériel (aptitude d'un matériel à être maintenu en bonne condition d'utilisation).

La fiabilité et la maintenabilité assurent la disponibilité d'un équipement. Plus spécifiquement, les services attendus portent sur la disponibilité et la livraison des pièces de rechange et des documentations de réparation et sur l'aptitude des produits à être testés.

Dans le cadre des industries de service, la logistique porte sur les supports physiques de l'activité : la logistique du courrier et des documents pour les banques et les compagnies d'assurance, la logistique des ingrédients et des emballages pour la restauration rapide.

L'évaluation des attentes de services s'appuie sur les enquêtes de Qualité-Service qui servent d'outil méthodologique à la détermination des attentes. Cette évaluation passe nécessairement pour les produits de grande diffusion par cinq étapes :

– la détermination des notions de services attendues et définition explicite,

– la pondération des critères de services les uns par rapport aux autres,

– l'évaluation quantitative des attentes,

– l'étalonnage du positionnement de l'entreprise sur ces critères par rapport à la concurrence,

– la fixation des objectifs.

2.2. Les coûts logistiques

2.2.1. La nature des coûts logistiques

Les systèmes classiques de contrôle de gestion ne permettent pas d'isoler facilement les coûts logistiques, situés aux interfaces des processus ou répartis entre plusieurs fonctions. Les procédures opérationnelles étant spécifiques à chaque unité, les méthodes standard de gestion des coûts directs trouvent ici leur limite[2].

Si la maîtrise des coûts passe dans un premier temps par l'identification exacte des flux dans l'entreprise et donc des structures opérationnelles qui en assurent la conduite, elle doit, dans un second temps, se subordonner à l'obtention d'un niveau de service donné. Chaque étape de la chaîne logistique détient une partie du potentiel de satisfaction du client et représente donc un enjeu indirect important pour la vente ultérieure de nouveaux produits. A défaut de pouvoir s'appuyer sur l'évaluation de sources de revenus, générées par la logistique et difficilement quantifiables (hormis lorsque la vente de prestation logistique devient l'une des activités commer-

2. Voir également dans cette Encyclopédie les articles de M. Gervais, « Coûts standards », p. 737, tome 1 et de H. Bouquin, « Contrôle », p. 667, tome 1.

ciales de l'entreprise), les décisions prises sur les niveaux des coûts doivent intégrer des indicateurs de service.

2.2.2. Le montant des coûts logistiques

S'il est possible, dans le cadre d'une approche en coût complet du cycle de vie d'un produit, de cerner les coûts de soutien (tableau 1), la connaissance des coûts logistiques est en général imparfaite. Elle porte aujourd'hui essentiellement sur les coûts de distribution physique dont la structure et le niveau sont plus faciles à définir. Ces coûts de distribution physique se répartissent essentiellement entre trois postes :

– le coût physique des stocks et du traitement des commandes (environ 30 % des coûts logistiques d'une entreprise),

– les coûts d'entreposage (environ 25 %),

– les coûts de transport (environ 45 %).

Le niveau varie d'un secteur d'activité à l'autre et s'élève en moyenne de 13 % du chiffre d'affaires pour les sociétés industrielles à 25 % pour les sociétés commerciales et de distribution.

Tableau 1 – Exemple de décomposition du coût complet d'un équipement radar sur dix ans

Equipement radar	Pourcentage du coût complet sur le cycle de vie		
Recherche et développement	8 %		
Fabrication et montage	45 %		
Distribution et maintenance	47 % dont		
Distribution commerciale et physique		4,5 %	
Soutien logistique après-vente		42,5 % dont	
– Personnel de maintenance			23,1 %
– Pièces détachées, gestion des stocks			11,3 %
– Test et équipement technique			5,2 %
– Transport et manutention			1,6 %
– Documentation technique			0,6 %
– Formation à la maintenance			0,2 %
– Installation de maintenance			0,1 %
– Démantèlement			0,4 %
Total	100 %		

Source : Document de la Society of Logistics Engineers (SOLE).

3. Les impacts stratégiques de la logistique

La délocalisation de la production, la différenciation retardée, le juste-à-temps, la spécialisation des unités de production et toutes les composantes lourdes des stratégies industrielles de manière plus générale (tableau 2) comprennent une dimension logistique.

Par son aptitude à étendre son espace géographique d'intervention, à contracter son espace temps et à élargir son champ opératoire dans un cadre économiquement maîtrisé, la logistique conditionne pour partie la mise en œuvre des stratégies industrielles.

Par ailleurs, la réduction de la durée de vie des produits, la multiplication des références commerciales, le développement promotionnel ou la migration vers la notion de vente de fonctionnalité sont des éléments de stratégies commerciales qui ne peuvent se penser indépendamment d'une faisabilité logistique (tableau 3).

Tableau 2 – Exemples d'impacts logistiques des stratégies industrielles

	Objectif principal	Conséquences	Impacts logistiques
Délocalisation des productions	Gain sur le coût de la main-d'œuvre ou sur la fiscalité.	Séparation géographique des zones de production et des zones principales de consommation.	Circulation de flux plus complexe entre l'unité de production et le centre de consommation.
Différenciation retardée	Elément de solution pour concilier les impératifs de productivité et de flexibilité.	Transformation physique du produit en dehors des usines.	Aptitude des sites et des moyens logistiques (entrepôts, dépôts, secteurs de transport) à réaliser des opérations de production.
Juste-à-temps	Réponse au plus vite à la demande avec une production tirée par l'aval.	Limitation des stocks et réactivité.	Substitution de la circulation d'informations aux stocks. Substitution des capacités de transport aux stocks.
Spécialisation des unités de production	Economie d'échelle Gain de productivité.	Séparation croissante entre la zone géographique de production et la zone géographique de consommation.	Circulation accrue des sites de production vers les zones de consommation.

Tableau 3 – Exemples d'impacts logistiques des stratégies commerciales

	Objectifs	Conséquences	Impacts logistiques
Réduction de la durée de vie des produits	Recherche de différenciation. Adoption du rythme de renouvellement des technologies.	Time to Market. Peu de régime stable dans les ventes.	Adaptation permanente de la réponse logistique à la situation commerciale.
Multiplication du nombre de références commerciales	Réponse spécifique par micro-marché.	Adaptation et personnalisation.	Réduction des séries de fabrication. Différenciation retardée. Entreposage plus complexe.
Vente de fonctionnalité	Commercialisation de services tout au long de la vie du produit.	Poids croissant de l'après-vente dans les revenus et dans les coûts.	Mise en place du soutien logistique intégré.

4. La logistique dès la conception du produit : le soutien logistique intégré

Le développement des techniques de soutien logistique intégré est dû à un triple constat.

– Les coûts de soutien d'un produit (appelé soutien logistique) lors de sa phase d'utilisation représentent une part élevée du coût complet du *cycle de vie ou Life Cycle Cost, LCC* (tableau 1). Ils recouvrent des postes allant des coûts de mise en œuvre (installations fixes, consommables...) jusqu'aux équipements de tests, aux documentations techniques, à la formation, à la gestion et aux approvisionnements de pièces de rechange. Ils comprennent enfin le coût de démantèlement en fin de vie.

– Il se produit une « sédimentation » en couches successives de l'offre de services logistiques à la seule fin de différencier le produit et sans que la maîtrise du process de production de ces services ait été correctement pensée. Un besoin d'industrialisation du service se manifeste alors et nécessite de penser la production du service dès la conception même du produit (schéma 2). Ainsi on constate dans les matériels de photocopie une intégration dans le produit de modules de tests et d'aide au dépannage de manière à ce que, d'une part, l'utilisateur puisse avoir une disponibilité plus grande de son matériel en réglant lui-même les petites pannes et à ce que, d'autre part, le déplacement des techniciens réparateurs soit réduit au strict nécessaire.

Schéma 2 – Différenciation par le service puis industrialisation

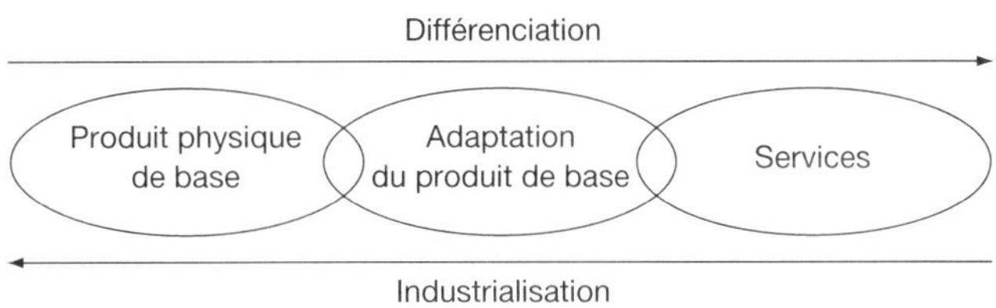

– La maîtrise des coûts de soutien d'un produit n'est possible que si on intervient dès la conception du produit physique. Ainsi pour un matériel de haute technologie (graphique 1), si à la fin de la phase recherche et développement 5 % seulement des coûts totaux du produit sur l'ensemble de sa durée de vie sont réellement engagés, ce sont en fait 75 % des coûts potentiels qui sont gelés de par la conception même du produit. Au début de la phase d'utilisation et de soutien, 50 % des coûts sont réellement engagés, mais 98 % des coûts potentiels sont gelés.

On constate que le poids des coûts associés aux services de soutien logistique nécessite une action le plus tôt possible, en fait dès la conception du produit. Cet engagement de la réflexion logistique dès les étapes de la recherche et du développement est appelé soutien logistique intégré. Cette action passe par trois grandes étapes :

– l'élaboration d'un cahier des charges reposant sur :

· la définition du concept d'emploi du matériel qui précise la mission visée pour le matériel et les conditions d'emploi (nombre d'heures d'utilisation quotidienne, nombre d'atterrissages hebdomadaire pour un avion, conditions climatiques...) ;

Graphique 1 – Courbes de gel et d'engagement du coût complet du cycle de vie

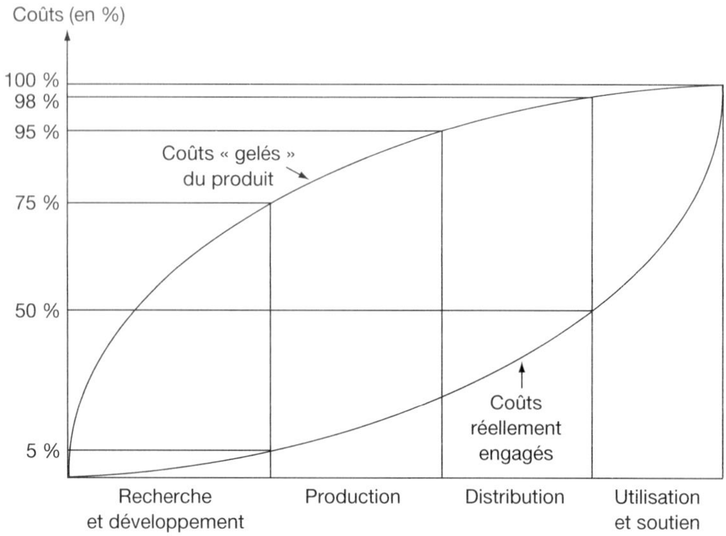

· la définition du concept de maintenance qui caractérise les exigences de l'utilisateur ; en particulier sont précisés le rôle de chaque niveau de maintenance (au nombre de 3 : sur sites par l'utilisateur, intermédiaire ou majeur ayant alors recours à des installations dédiées), les politiques de réparation (réparable ou non, échange standard ou non...), les critères d'évaluation (fiabilité, maintenabilité) ;

– le suivi d'un processus de conception dénommé analyse du soutien logistique (ASL), basé sur une approche très normative qui découpe le travail de conception du soutien logistique et du produit en tâches interactives ;

– la réalisation d'une synthèse appelée plan de soutien logistique intégré.

5. La conception des systèmes logistiques

L'évolution rapide des contraintes stratégiques et opérationnelles nécessite une adaptation ou une reconception périodique des systèmes logistiques. Cette inflexion du métier des logisticiens vers l'ingénierie permanente des systèmes logistiques est une caractéristique de l'évolution actuelle de leurs activités.

Le lancement d'un produit nouveau, la réaffectation de produits aux usines, le changement de localisation d'une unité de fabrication et tous les changements stratégiques évoqués précédemment sont susceptibles de conduire à une modification partielle ou totale du process logistique.

Le schéma 3 présente les étapes de la conception d'un système logistique, regroupées en deux principaux domaines :

– la conception des produits logistiques,

– la conception du process logistique.

Pour la conception des produits logistiques, en plus de l'évaluation des niveaux de service (section 1) et de la conception logistique du produit (section 3), le responsable logistique bâtit des familles logistiques. Ces

Schéma 3 – Principales phases de conception d'un système logistique

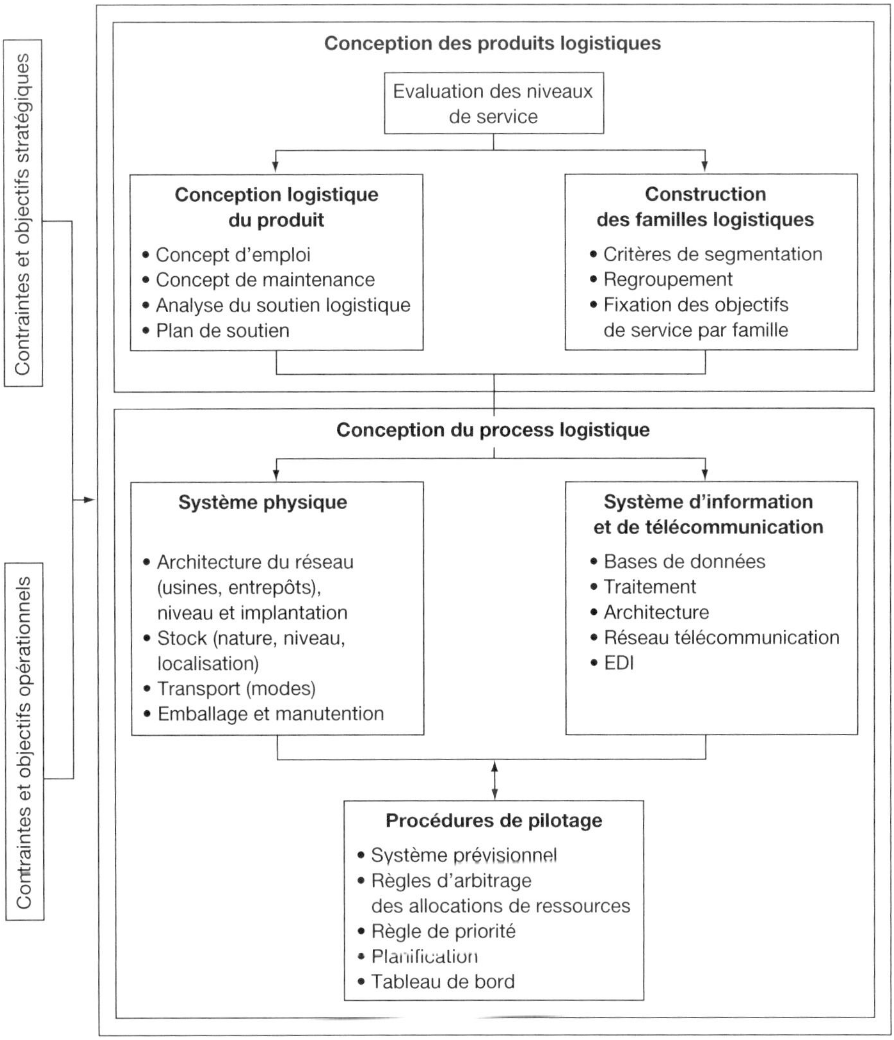

familles regroupent des références qui présentent le même type de comportements logistiques, et pour lesquelles une réponse homogène peut être mise en place à des conditions économiques viables.

Pour la conception du process, un travail est mené sur la définition du système physique. Il porte aussi bien sur l'architecture du réseau physique (nombre de niveaux d'entrepôts, par exemple) que sur le positionnement des nœuds d'activités (choix de localisation). Sur ces différents points, les études sont menées grâce au support d'outils d'aide à la décision issus de la recherche opérationnelle (programmation linéaire, étude de réseaux). Le dimensionnement des infrastructures (surface, hauteur, équipement pour un entrepôt) et leur organisation interne (positionnement des allées de circulation, quais...) sont fixés avec des outils de simulation. Le dimensionnement nécessite une définition préalable des niveaux de stock et de leur positionnement. Enfin, un travail spécifique est à mener sur la gestion des liens entre les infrastructures (choix et organisation des transports), les emballages et les manutentions.

Parallèlement à cette ingénierie physique du système logistique, le logisticien conçoit le système d'information qui conditionne la capacité à adapter les réponses logistiques aux modifications de l'environnement.

Enfin, l'exploitation des structures physiques rend nécessaire la définition de procédures de gestion et de pilotage (tableau de bord logistique en particulier).

6. La mise en œuvre et la gestion des systèmes logistiques

La gestion d'un système logistique s'organise autour de trois axes :
- la conduite des opérations physiques,
- la conduite des opérations à caractère informatif,
- la planification des opérations et leur contrôle.

Les opérations physiques portent principalement sur les préparations et les contrôles, les manutentions, les transformations et les transports. Elles sont gérées comme toute activité industrielle avec des objectifs de qualité, de flexibilité et de productivité. Globalement les activités logistiques sont fortement consommatrices de main-d'œuvre. Cependant les matériels intégrant une technologie sophistiquée, les infrastructures immobilières (entrepôts) et les supports informatiques et de télécommunication réclament des investissements croissants et une compétence opérationnelle accrue.

On assiste ainsi au développement d'un secteur économique à part entière : celui de la prestation logistique. Il regroupe des entreprises qui se sont spécialisées dans la prise en charge des opérations logistiques pour compte d'autrui. La structuration de ces entreprises illustre la professionnalisation des métiers logistiques. Des branches économiques comme la grande distribution y recourent de plus en plus. Le recours au prestataire logistique offre la possibilité d'une meilleure gestion du risque inhérent à l'obsolescence rapide des solutions logistiques. Il améliore également la qualité des prestations logistiques du fait d'un plus grand professionnalisme et en réduit le coût grâce à une gestion du personnel adaptée aux opérations logistiques et à une meilleure utilisation des investissements.

Les opérations à caractère informatif sont nombreuses dans le domaine logistique : saisie de commande, tenue de stocks (entrée, sortie), tenue des positions en entrepôt... De plus, il faut y ajouter le suivi des lots de matière ou de composants approvisionnés, des lots de fabrication, des en-cours de transport. La multiplicité des saisies à chaque rupture de charge ou à chaque opération implique une automatisation, une codification et une standardisation entre tous les secteurs au sein desquels le produit se déplace. C'est pourquoi la logistique est fortement motrice dans la mise en place des systèmes de lecture optique (code à barres) et d'échanges de données informatisées (EDI).

Enfin, la valeur ajoutée du logisticien est la plus importante dans le domaine de la planification et du contrôle des opérations logistiques.

Le schéma 4 représente les opérations types de planification dans un contexte multipays et pour des produits livrés sur stock. Les principales étapes de la planification opérationnelle logistique sont :

– l'établissement des prévisions (en étroite coopération avec les fonctions marketing et commerciale), leur consolidation et l'évaluation de leur degré d'incertitude ;

– la construction d'un planning industriel qui permet de déterminer la charge de production par pays ;

– la coordination des plannings usines ;

– la gestion du stock industriel disponible et des entrées prévisionnelles des produits finis en stock.

Ces différentes étapes génèrent un flux poussé (*push*) par les prévisions. Elles permettent de mettre à disposition, dans les entrepôts des usines

Schéma 4 – La planification opérationnelle logistique

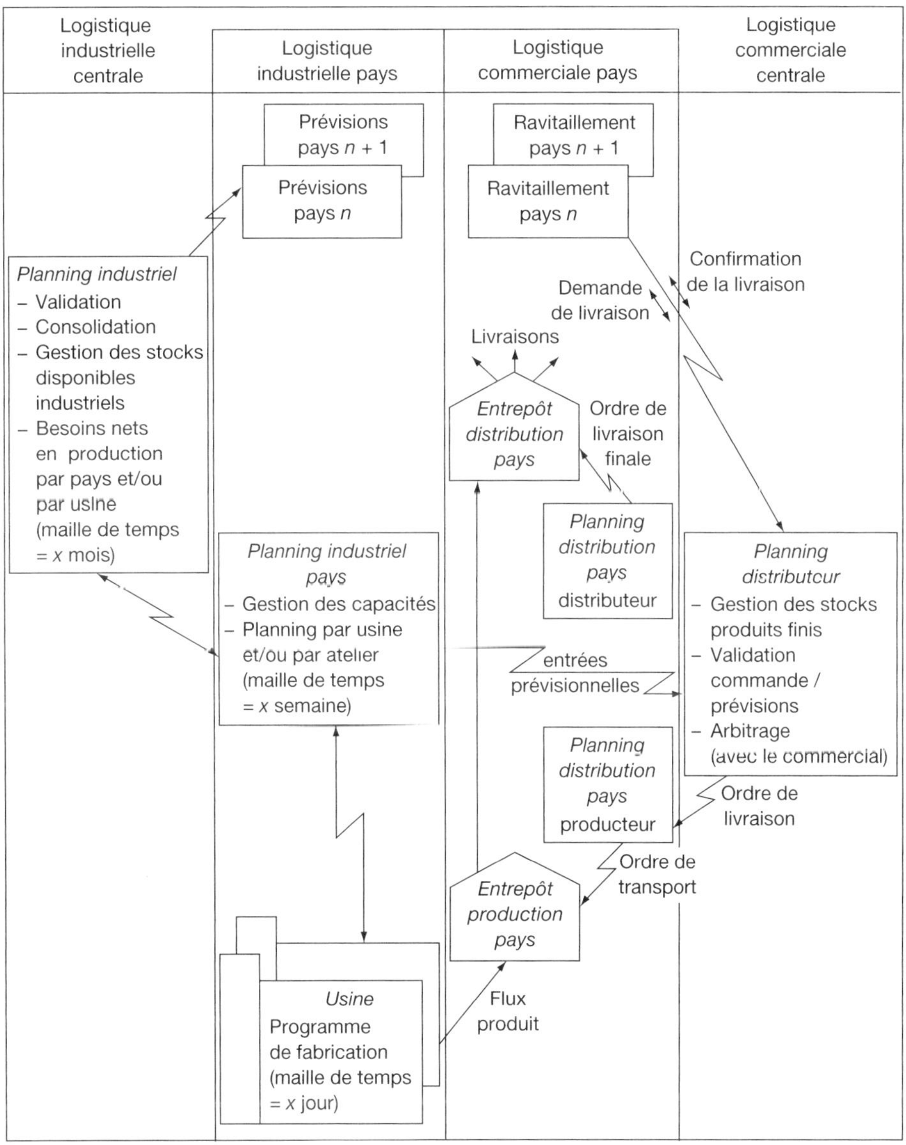

productrices, les produits nécessaires au ravitaillement des entrepôts de distribution de chaque pays. Un second flux est alors généré : c'est le flux de ravitaillement des entrepôts de distribution. Ce flux est tiré par une demande de livraison (*pull*). Les principales étapes de la planification opérationnelle sont :

– la demande de livraison ;

– le planning distribution central qui vise à gérer les stocks de produits (stock logique anticipant les entrées prévisionnelles) et à valider la demande de livraison avec les prévisions ;

– la planning distribution pays producteur qui organise les préparations de commande et les transports.

7. Vers un modèle de logistique globale

L'ensemble des sollicitations auxquelles la logistique est soumise conduit à trois axes majeurs d'évolution pour les années à venir :

– une intégration fonctionnelle,

– une intégration sectorielle,

– une intégration géographique.

L'intégration fonctionnelle est la conséquence de la nécessaire prise en compte de la logistique par d'autres fonctions. Déjà amorcée avec la fonction recherche et développement par la mise en œuvre des méthodes de soutien logistique intégré, elle s'étend au marketing dans le cadre des démarches d'ECR (*Efficient Consumer Response*)[3].

L'intégration sectorielle a pour objectif de dépasser les logiques par secteur économique en matière de logistique qui sont des facteurs de sous-productivité. En effet, d'importants surcoûts apparaissent aux interfaces non plus seulement des fonctions mais également des agents économiques, suscités par

Schéma 5 – Les phénomènes d'intégration, fondements de la logistique globale

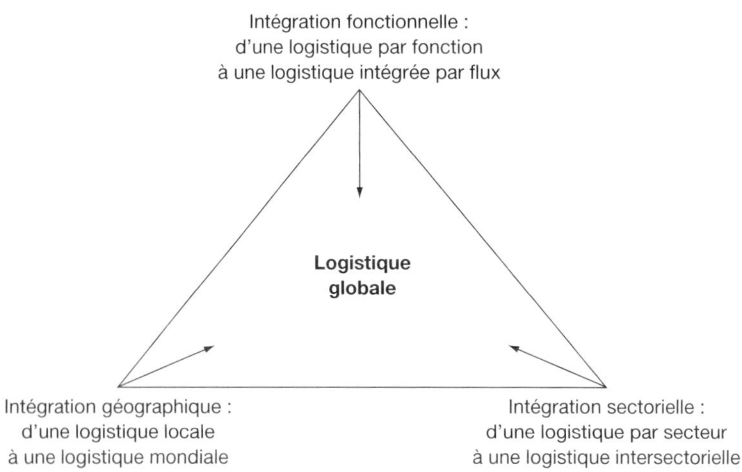

3. Voir dans cette Encyclopédie l'article de B. Pras, « Qu'est-ce que le marketing ? », p. 2753, tome 3.

une non-coordination des flux. Un travail entre secteurs tend à s'amorcer pour améliorer la performance de la chaîne logistique prise comme un tout. C'est ainsi l'un des objectifs des démarches de *trade-marketing* en cours entre les producteurs et les distributeurs de produits de grande consommation[4].

Enfin, l'intégration géographique amène la logistique à bâtir et à exploiter des systèmes mondiaux. Les organisations européennes, voire mondiales, de distribution de pièces de rechange se mettent en place et assurent en partie le développement des coursiers internationaux (les intégrators : DHL, Fedex, UPS, TNT) sur le segment du fret.

Ces trois phénomènes sont générateurs de nouveaux modèles organisationnels qui tendent à poindre dans certaines entreprises et qui révèlent de nouvelles fonctions et de nouveaux métiers logistiques. Ainsi assiste-t-on au développement d'une fonction de « chef de flux ». Sa vocation est de travailler en binôme avec les « chefs de produits » marketing afin de traduire systématiquement, en termes de flux et donc de services et de coûts y afférents, les résultats de la créativité des hommes de marketing.

*

* *

La révélation de la problématique logistique dans les entreprises, la structuration d'outils qui lui sont dédiés, ainsi que la mise en place d'organisations spécifiques pour la gestion des flux font partie des évolutions significatives des entreprises depuis plusieurs années.

Encore en cours de maturation, la pensée logistique offre l'opportunité de développer de nouveaux métiers et de construire de nouveaux secteurs d'activités économiques en pleine extension.

Références

BALLOU R.H., *Business Logistics Management,* 3e éd., New York, Prentice Hall, 1992.

BLANCHARD B.S., *Logistics Engineering and Management,* 4e éd., New York, Prentice Hall, 1992.

CHRISTOPHER M., *The Strategy of Distribution Management,* Brookfield, Grower, 1985.

COYLE J., BARDI E., LANGLEY J., *The Management of Business Logistics,* 5e éd., Saint-Paul Min, West Publishing Company, 1992.

DORNIER P.P., « Soutien après-vente et qualité-service », *L'Entreprise Logistique* (hiver 1986-1987), p. 105-116.

DORNIER P.P., *Plein flux sur l'entreprise,* Paris, Nathan, 1991.

LAMBERT D., STOCK J., *Strategic Logistics Management,* 3e éd., Boston, MA, Irwin, 1993.

JONHSON J., WOOD D., *Contemporary Logistics,* 5e éd., New York, Macmillan, 1993.

MATHE H., TIXIER D., *La logistique,* Paris, PUF, 1987.

TARONDEAU J.C., *Produits et technologies : choix politiques de l'entreprise industrielle,* Paris, Dalloz, 1982.

Mots clés

Approvisionnement, après-vente, distribution physique, flux, global, intégration fonctionnelle, logistique, service, soutien logistique.

---

4. Voir également dans cette Encyclopédie l'article de G. Hermet et A. Jolibert, « Part de marché », p. 2173, tome 2.

Management de l'innovation technologique

Smaïl Aït-El-Hadj

Le management de l'innovation technologique constitue la première formalisation de la « fonction » technologique dans l'entreprise. Par cette intégration d'une dimension majeure de la vie économique, par sa préoccupation opératoire marquée, par son orientation initiale vers le mouvement, le paradigme de l'innovation a contribué à renouveler profondément les conceptions de la gestion de l'entreprise.

L'innovation technologique dans l'entreprise est devenue partie intégrante des sciences de gestion à partir du milieu des années 1970. La préoccupation technologique dominante de ce paradigme et sa liaison avec une situation de crise économique constitueront la première section de cette présentation, définissant ainsi le contexte. La deuxième section délimitera et reconnaîtra ce domaine, et le situera dans la problématique de l'entreprise. L'innovation est ici présentée comme un processus dont on décrit les différentes étapes. Le management de l'innovation technologique est un domaine mouvant, nous pensons même qu'il s'agit d'un domaine en voie d'éclatement au profit d'autres problématiques nées précisément des préoccupations qu'il a contribué à mettre à jour. La troisième section sera consacrée à dégager ces perspectives d'évolution.

Il y a quelque gageure à présenter un champ aussi immense dans un espace si limité : d'où cet angle d'approche par « thèses ». Pour ce qui est des méthodes, nous nous limitons à en présenter le contexte, l'utilité ou les finalités et les limites de validité ; nous renvoyons le lecteur aux références bibliographiques pour l'étude détaillée et opératoire des différents outils permettant de pratiquer effectivement l'innovation technologique.

1. L'innovation technologique : un « paradigme » issu de la crise

L'innovation technologique pose tout d'abord un problème de définition. Ce terme est souvent employé sans précision, soit en insistant sur son aspect scientifique et technique et alors l'innovation n'est pas distinguée de l'invention, soit en le généralisant à partir de sa dimension de mouvement et alors l'innovation n'est pas distinguée de la notion de changement.

Ce problème de délimitation conceptuelle est ici réglé d'une manière conventionnelle, mais généralement admise : l'innovation se distingue de l'invention par le fait que cette nouveauté scientifique ou technique a connu ou est en train de connaître une mise en valeur économique au sein de l'entreprise. L'innovation se distingue du simple changement dans la mesure où elle s'appuie sur des dispositifs et des actions matérielles spécifiques d'ordre technologique au sens large.

1.1. Les origines : une préoccupation d'économiste dans une phase de crise

Le concept d'innovation technologique est apparu pour la première fois chez l'économiste J. Schumpeter dans les années 1930. L'innovation est à l'origine des fluctuations longues expliquant les grandes crises économiques. C'est donc un concept issu du champ de la science économique, destiné à rendre compte des phénomènes de discontinuité dans le mouvement du progrès technique. Le management de l'innovation est ainsi marqué de cette filiation à travers l'idée que la technologie est une composante majeure de la vie de l'entreprise, que son mouvement est marqué d'un foisonnement et d'une irrégularité qui requièrent une réponse spécifique.

Ce domaine de la gestion de l'entreprise garde encore des liens avec l'approche économique correspondante à travers les travaux sur la diffusion de l'innovation et sur les politiques d'innovation. Il s'en différencie par le caractère volontariste de l'approche d'entreprise, largement opératoire.

1.2. Le management de l'innovation technologique comme réponse à la turbulence technologique

La crise économique commencée au début des années 1970 possède les caractéristiques majeures d'une rupture technologique[1].

Cela signifie tout d'abord que les grands gisements technologiques (métallurgie-mécanique, chimie, électricité...) sur lesquels s'appuyait le mouvement économique depuis cent ans se sont épuisés. Plafonnement de la productivité, tarissement des flux de produits nouveaux, essoufflement des activités de recherche et développement (R & D) en furent les principales manifestations. Celles-ci entraînèrent une intensification de la concurrence et une érosion de beaucoup de positions parmi les plus solides. Les entreprises implantées dans ces secteurs durent renouveler leurs produits et leurs méthodes ou s'orienter vers de nouvelles activités.

Mais cette rupture signifiait aussi l'irruption de nouveaux domaines technologiques avec l'évolution rapide des technologies de l'information, les matériaux nouveaux, les biotechnologies et la diversification énergétique. Cette rupture s'est manifestée en particulier par l'apparition et la croissance très rapide de nouvelles entreprises appuyées sur des produits de substitution qui bouleversaient les frontières sectorielles et les règles de la concurrence. L'occupation de nouveaux créneaux nécessite une grande souplesse

1. Sur ce point une des meilleures synthèses reste l'article : « Point de repères », *in* « La révolution de l'intelligence, rapport sur l'état de la technique », n° spécial, *Sciences et Techniques* (1986), p. 30, 45.

d'évolution, car la technologie est émergente ; elle n'est donc pas encore stabilisée. De plus, l'ensemble des applications possibles à divers secteurs de la technologie émergente n'est pas prévisible *a priori* ; son investigation implique une écoute, des modes de gestion et d'exploration commerciale en rupture avec les règles traditionnelles.

La rupture technologique s'accompagne ainsi d'une période de turbulence caractérisée par la substitution rapide de produits et des modes de production, et par le déplacement des frontières des marchés. Les deux caractéristiques majeures de la compétition deviennent alors la technologie et la transformation des menaces qu'elle engendre en opportunités concurrentielles.

On comprend, dès lors, l'importance qu'a pu prendre durant cette période la gestion d'une variable technologique instable, la transformation par l'entreprise d'un mouvement technologique subi en une capacité d'initiative technologique, voulue et maîtrisée. C'est le sens profond de la construction du management de l'innovation technologique comme mode de gestion de l'entreprise.

Schéma 1 – Du progrès technique linéaire à l'innovation rencontre

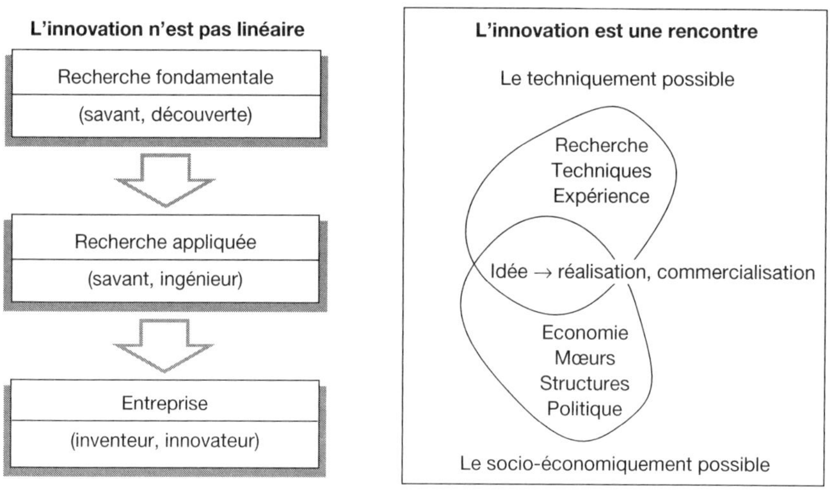

Ainsi, l'innovation s'appuie désormais sur une plus grande diversité de sources du changement technologique et a pour but d'accroître la capacité de réaction et d'adaptation de l'entreprise dans une période de turbulence technologique.

1.3. Une typologie de l'innovation technologique

Quelles formes peut prendre l'innovation technologique ? Ainsi se pose le problème d'une classification des innovations technologiques dans l'entreprise, c'est-à-dire des différents lieux et des divers degrés que peut prendre l'innovation (P.Y. Barreyre, 1980, p. 9-15). Il est habituel de distinguer l'innovation de produit de l'innovation de process, l'innovation de rupture de l'innovation d'adaptation, enfin l'innovation réactive de l'innovation proactive.

L'*innovation de produit* ou innovation externe permet à l'entreprise de proposer des produits meilleurs que ceux présents sur le marché, car ils offrent plus de fonctionnalités ou remplissent ces fonctionnalités d'une manière plus efficiente en étant plus légers, moins encombrants, plus simples, etc. Il peut s'agir aussi de produits complètement nouveaux parce que différents dans leur concept même.

L'*innovation de process* ou innovation interne est destinée à améliorer les performances de rapidité, de souplesse et de qualité de l'entreprise. Elle s'appuie souvent sur une amélioration technique des processus matériels de production, soit par l'investissement, soit par le perfectionnement des matériels existants, soit par une capitalisation de l'expérience. Elle est inséparable des améliorations de nature immatérielle et humaine comme la simplification des procédures, l'approfondissement du savoir-faire…

La distinction entre l'*innovation de rupture* et l'*innovation d'adaptation* repose sur l'intensité technologique du changement introduit par l'innovation. Pour bien comprendre cette distinction, il est nécessaire de faire référence au concept de « cycle de vie technologique » qui formalise le profil d'évolution de toute technologie (graphique 1). Selon cette conception, chaque technologie passerait par une phase expérimentale, puis de croissance forte, suivie de phases de maturité et de saturation (R. Foster, 1986). C'est principalement au cours de cette dernière phase que se pose le problème de l'innovation : mobiliser des ressources pour essayer de déplacer la limite de la technologie considérée ou affecter celles-ci à la création d'une rupture technologique en cherchant une nouvelle manière de remplir la fonction.

On distingue l'innovation *réactive* de l'innovation *proactive*, selon que l'entreprise lance une action d'innovation en réagissant à des menaces immédiates, ou qu'elle stimule l'innovation pour se donner une marge supérieure d'initiative. C'est surtout dans ce dernier cas que l'on constate la mise en place d'une politique d'innovation.

Graphique 1 – La courbe du cycle de vie technologique

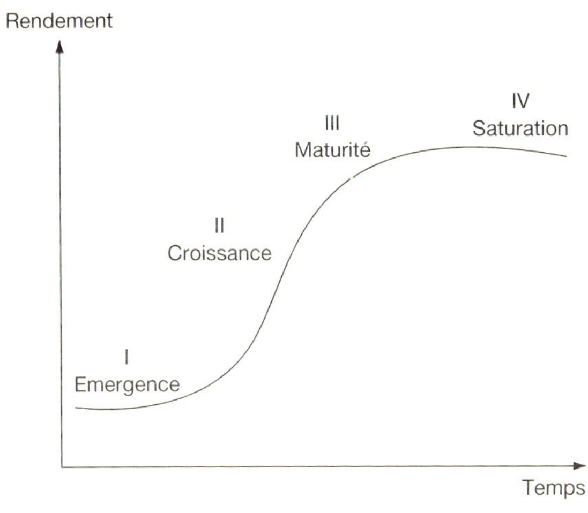

Commentaire : La phase de saturation se manifeste par l'impossibilité d'obtenir des accroissements significatifs de rendement, sans accroissement plus que proportionnel des tailles ou de la complexité.

Les finalités de l'innovation sont de permettre à l'entreprise de :

– déjouer les menaces créées par la turbulence technologique et s'approprier toutes les opportunités qu'elle peut générer,

– maximiser sa compétitivité et sa différenciation ainsi que sa souplesse d'adaptation et son « agilité ».

Le management de l'innovation s'apparente à une méthode de *surfing* sur la vague devenue tourbillonnante du changement technique.

2. Le management de l'innovation : un processus

On peut entendre le terme de management de l'innovation selon deux sens, qui représentent les deux niveaux selon lesquels les sciences de gestion traitent de la question du management. Il peut s'agir de la gestion au sens large, c'est-à-dire de l'ensemble des méthodes selon lesquelles une entreprise peut créer et maîtriser le processus d'innovation. Il peut s'agir aussi, dans un sens plus restrictif, de la gestion stratégique de l'innovation dans l'entreprise, comme une des dimensions de la politique technologique. C'est la première acception que nous choisissons en attendant d'aborder ultérieurement cette dimension de la gestion stratégique comme un sous-ensemble du management général de l'innovation.

Le management de l'innovation est un processus, qui a un début avec la génération des idées, qui a un ordre et un sens avec le filtrage et le choix des projets, qui a une durée avec la gestion du projet, qui pose aussi un problème de pérennité avec la question de la structure, des comportements et de la culture d'innovation.

2.1. La genèse de l'innovation

Poser le problème en ces termes est une manifestation de l'apport du paradigme de l'innovation, puisqu'il ne s'agit plus comme auparavant d'une simple question de programme de recherche.

2.1.1. La diversification des sources du progrès technologique

Le principal apport de la problématique de l'innovation est d'avoir diversifié les sources du changement technologique. Alors que dans les années 1960, seuls étaient pris en compte la recherche et le développement, la problématique de l'innovation valorise deux autres grands types de sources, l'écoute des besoins et des insatisfactions des usagers, d'une part, l'expérience technologique de l'entreprise sur tous les plans, d'autre part.

La mutation touche tout d'abord l'origine des changements technologiques. Ils ne sont plus forcément issus des seuls progrès de la science, fonction d'un service de recherche isolé. Ces changements technologiques proviennent des groupes ou des individus travaillant dans les différents services de l'entreprise. Cette démarche fait de l'innovation l'affaire de l'ensemble de l'entreprise (J. Broustail et F. Frerry, 1993). Mais son apport fondamental est ailleurs : ne situant plus la source exclusive des innovations dans la recherche, cette approche permet à une multitude de petites et moyennes entreprises de se reconnaître capables d'initiatives dans ce domaine. De plus, elle leur fournit les méthodes adéquates pour y être créatives.

2.1.2. Une démarche de pensée et des méthodes

Le paradigme de l'innovation a engendré une culture qui s'appuie sur un mode de pensée particulier. Il a cassé la prééminence de la démarche linéaire-analytique de la découverte scientifique traditionnelle pour mettre à l'honneur les démarches d'écoute, d'intuition et d'association. Bissociation[2], pensée latérale, fertilisation croisée, démarches heuristiques sont les termes les plus souvent associés à ce qui est une manière d'être parfois de certaines entreprises, mais surtout des personnalités créatives qui sont à l'origine des processus d'innovation. Cette approche a appris à les reconnaître et à les valoriser.

Cet état d'esprit a donné naissance à des méthodes de génération de l'idée qui constituent des sources actives de l'innovation. On en distingue généralement deux sortes : les méthodes de créativité et les méthodes d'exploration systématique.

– Les méthodes de *créativité*, dites aussi méthodes de *brain-storming*, font appel à la création libre et à l'absence de censure ou d'autocensure. Ces méthodes sont le plus souvent mises en œuvre au tout début d'un processus d'innovation.

– Les méthodes d'*exploration systématique* consistent à décomposer une activité en ses éléments les plus simples pour détecter les redondances ou les possibilités de regroupement, ou à explorer les formes possibles d'un objet selon deux dimensions (exemples : les différentes consistances et les différents goûts que peut prendre un produit alimentaire) pour examiner l'ensemble des croisements possibles par un processus matriciel. Il s'agit de l'*analyse morphologique* et des diverses formes de *matrices de découverte*. L'analyse de la valeur est incluse dans ces méthodes de génération de l'innovation. Ce second groupe de méthodes permet des innovations d'amélioration et d'extension, puisqu'il suppose un existant sur lequel s'appuyer.

2.2. La gestion du projet d'innovation : le cas du produit nouveau

Une fois les idées d'innovation mises en évidence, il s'agit de les filtrer pour retenir celles qui sont effectivement utiles et importantes pour l'entreprise, de les construire comme concepts et d'en organiser le développement (P.Y. Barreyre, 1975, p. 117-140).

Le *filtrage* des idées fait appel à diverses méthodes de faisabilité et d'évaluation de nature multicritères et permet à l'entreprise de disposer d'un portefeuille de produits nouveaux.

La phase d'*élaboration et de lancement* consiste en la construction du concept, le développement du produit, son introduction sur le marché et sa diffusion. Elle dépend d'un haut niveau de synergie entre la cellule d'innovation, les services marketing et ceux de la production. La réussite du projet d'innovation, à cette étape, repose sur l'implication des initiateurs, sur la finesse des informations quantitatives et qualitatives remontant du marché,

2. Terme dû à A. Koestler, qui désigne la capacité à mettre en contact d'une manière créative des plans qui habituellement sont considérés comme n'ayant pas de rapports entre eux. *Le cri d'Archimède*, Paris, Calmann-Lévy, 1965.

Schéma 2 – Les phases du processus d'innovation sur le cas du produit nouveau

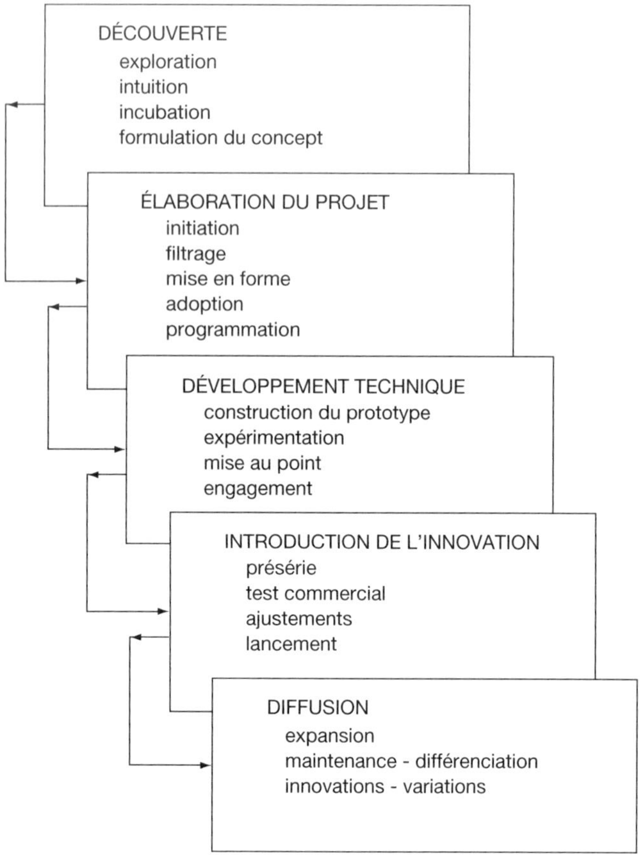

en particulier en phase de test, sur la qualité des prototypes et des premières séries, et sur l'ouverture et la souplesse des services de production[3].

2.3. Le choix du projet d'innovation, une dimension stratégique

Le choix du projet d'innovation est conditionné par les options stratégiques de l'entreprise car le projet élaboré doit s'intégrer dans la ligne de développement de l'entreprise. Ce choix peut entraîner, si ce n'est déjà fait, la définition d'une stratégie globale d'innovation.

Pour devenir un projet porteur de l'entreprise, l'innovation doit être passée au filtre du diagnostic stratégique[4], à deux niveaux.

• Le projet ou la stratégie d'innovation correspondent-ils à la vocation et aux métiers de l'entreprise ? Peuvent-ils les faire évoluer d'une manière harmonieuse ? L'innovation peut être passée au filtre d'un certain nombre de critères concernant :

3. Voir dans cette Encyclopédie l'article de J.M. Choffray, « Prétest, suivi et contrôle de la performance des produits nouveaux », p. 2393, tome 2.

4. Voir également dans cette Encyclopédie l'article de R. Calori et T. Atamer, « Diagnostic stratégique », p. 958, tome 1.

– l'apport d'une différenciation et d'avantages compétitifs,

– les questions de volume, de masse critique et d'économies d'échelle,

– les synergies créées, sur le plan technologique, organisationnel ou commercial,

– les niveaux de risque et de rentabilité escomptée,

– l'influence de l'innovation sur la mobilité stratégique de l'entreprise.

Il reste une contradiction entre l'aspect intégrateur à long terme de la planification stratégique[5] et le caractère imprévisible de l'innovation, entre le besoin de prévision financière[6] précise et le caractère aléatoire du processus d'innovation.

• Quels types de manœuvres stratégiques permet le projet ou la stratégie d'innovation ? On en distingue un certain nombre mis en évidence en particulier par I. Ansoff (1971), concernant l'évolution de l'entreprise :

– les stratégies d'expansion, d'élargissement de débouchés ou de gamme de produits,

– les stratégies de diversification ou d'intégration,

– les stratégies de désengagement ou de recentrage,

ou les diverses attitudes de l'entreprise par rapport au marché :

– l'attitude du pionnier, fondée sur des innovations très originales ou de rupture ; elle n'est que rarement à la portée des PME,

– l'attitude du suivi du leader ; elle permet une entrée plus judicieuse et moins risquée sur le marché en ayant laissé le pionnier « essuyer les plâtres »,

– l'attitude de l'occupation des créneaux, centrée sur des innovations d'adaptation ; elle consiste à adapter un produit éprouvé pour des segments de clientèle spécifiques,

– l'attitude *me too* ; elle consiste à apporter une innovation de coût, de fonctionnalité ou même de distribution à un produit mature.

Cette grille très globale des choix stratégiques, issue de la doctrine stratégique classique, est affinée avec des approches spécifiques à la politique technologique que nous verrons dans la troisième section.

2.4. La pérennité de l'activité innovative

La génération d'idées d'innovation, la gestion du projet et son intégration à la politique générale de l'entreprise sont des problèmes permanents du management de l'innovation. Une question d'un autre ordre ne peut manquer d'être posée : quelles sont les structures d'organisation susceptibles de générer et d'entretenir un courant permanent d'innovation ? Les principales caractéristiques dégagées des structures innovantes sont les suivantes :

– le projet doit être porté par une personnalité impliquée, créative et douée de grandes capacités d'animation,

– il doit être confié à un groupe qui suscite l'adhésion forte de ses membres,

5. Voir dans cette Encyclopédie l'article de A.C. Martinet, « Planification stratégique », p. 2249, tome 2.

6. Voir dans cette Encyclopédie l'article de A. Quintart, « Planification financière », p. 2220, tome 2.

– il doit se situer dans un contexte où les procédures sont peu formelles et où la circulation de l'information entre les personnes et les services est rapide,

– l'unité chargée du projet doit avoir la plus grande proximité possible du marché.

Ces caractéristiques de structure et de comportement ont été longtemps attribuées exclusivement à la PME qui est apparue alors comme l'archétype de la structure innovante, en opposition à la grande entreprise, réputée formelle et bureaucratique au point d'étouffer toute initiative. Mais on s'est aperçu que, sous réserve de respecter certaines conditions, ce modèle de la petite structure opérationnelle est transposable aux grandes entreprises. Ces conditions organisationnelles de l'innovation dans les grandes entreprises (J.B. Quinn, 1986-1987, p. 55-67) ont particulièrement mobilisé les auteurs américains sur le thème de l'« intrapreneurship ». Ils y développent les notions de *task-force*, de lignes, de groupes projets, qui possèdent les caractéristiques générales de structures souples et ouvertes, animées par des personnalités créatives dans une ambiance de liberté.

La question de la permanence de l'innovation dans l'entreprise, et pas simplement dans les grandes entreprises, pose un problème général aigu : celui de l'entretien d'un flux de nouveautés à l'intérieur d'entreprises pérennes et complexes qui s'organisent naturellement autour de critères généraux, de procédures contraignantes et de normes de comportement conformistes. Archimède peut-il vivre durablement avec Parkinson ?

3. Un domaine en voie d'éclatement

L'émergence et l'affirmation du management de l'innovation technologique ont été, en leur temps, le signe de la prise en compte dans l'entreprise de la technologie comme facteur instable de mouvement. Le management de l'innovation technologique constitue ainsi un corps de méthodes et d'outils destiné à permettre à l'entreprise de se positionner positivement, dans la turbulence technologique qui se manifeste à partir des années 1970. C'est le signe même de son succès que ce domaine soit aujourd'hui en voie d'éclatement. Le management de l'innovation connaît une dilution de ses limites et une fragmentation de son objet au profit de trois approches principales.

3.1. L'intégration de la technologie dans la stratégie de l'entreprise

La réflexion sur la dimension technologique de l'innovation a conduit à élargir la conception du rôle de la technologie dans l'entreprise, à la considérer comme une fonction majeure de la vie de l'entreprise, comme une variable stratégique dont on admet qu'elle a une action importante sur :

– l'activité et le marché, au sens où l'apparition de produits, de procédés, de matériaux et de composants nouveaux engendre l'apparition de concurrents nouveaux, ou condamne à l'obsolescence des pans entiers d'activité ;

– les variables de segmentation stratégique, de différenciation et de positionnement concurrentiel ;

– la validité de l'effet d'expérience conditionnée par la stabilité du contexte technologique (P. Dussauge, B. Ramanantsoa, 1986, p. 62-81).

Les effets stratégiques de la technologie

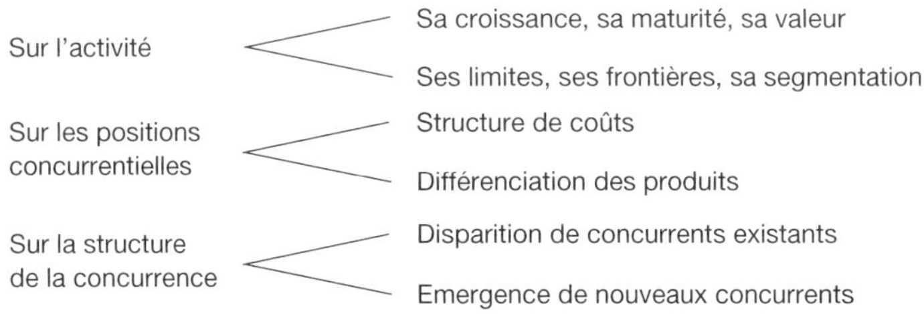

Ces développements systématisent, à la gestion permanente des entreprises, des conceptions auparavant limitées à la situation d'innovation technologique.

3.1.1. Les premières tentatives

Cette intégration de la technologie comme variable stratégique a donné lieu à la conception de méthodes spécifiques d'analyse stratégique. Deux d'entre elles – la méthode SRI (Stanford Research Institute) et surtout celle d'Arthur D. Little – ont intégré la technologie comme variable de gestion du portefeuille d'activités et des positionnements stratégiques qui en découlent. Ces approches ont conduit à l'élaboration de matrices spécifiquement technologiques de détermination d'un positionnement stratégique construites sur des critères tels que les *potentiels de différenciation de la technologie et le degré de maîtrise des technologies.*

De plus, les méthodes d'Arthur D. Little et de McKinsey introduisent une variable de différenciation de la technologie selon son degré de maturité, à travers le concept de *cycle de vie de la technologie.* Cette dimension supplémentaire permet d'affiner la stratégie de l'entreprise sur les points suivants.

– Les apports de différenciation et les risques sont variables selon les degrés de maturité des technologies. C'est un critère pour optimiser le portefeuille de technologies de l'entreprise.

Schéma 3

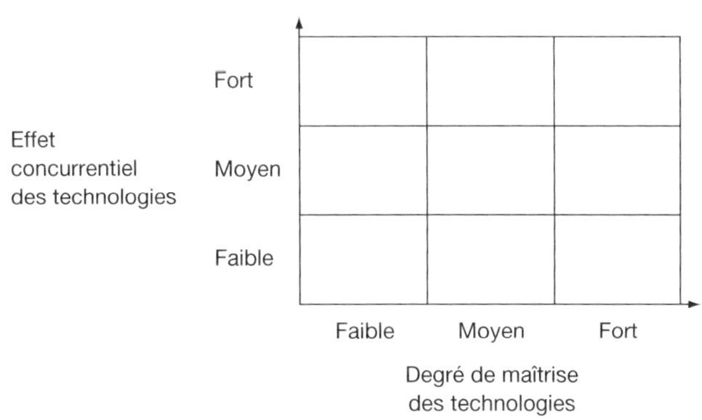

Source : « La gestion stratégique de la technologie », *in* E. Ader, « L'analyse stratégique moderne et ses outils », *Futuribles* (n° 70, décembre 1983), p. 16-21.

Graphique 2 – Les critères de l'investissement technologique en fonction de la maturité de la technologie

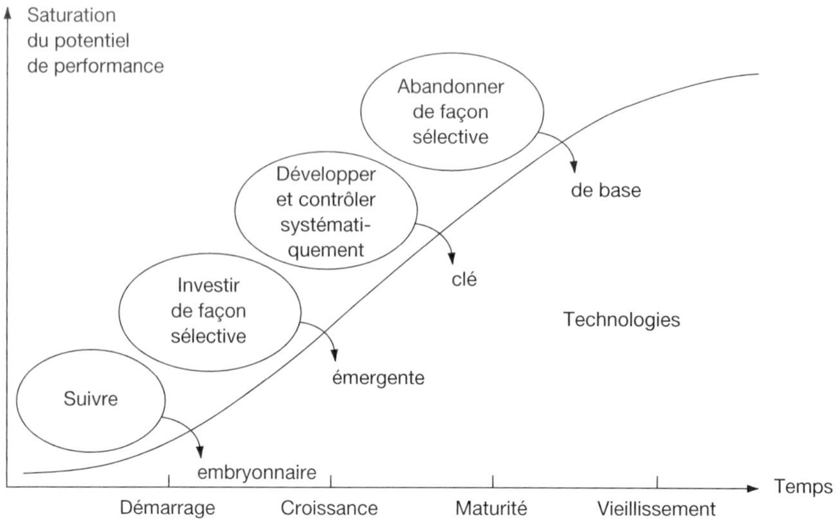

Source : Arthur D. Little.

– Le degré de maturité de la technologie principale détermine un degré de maturité du secteur qui engendre des politiques technologiques différentes.

L'analyse de la situation de limite technologique, développée par R. Foster (1986) du cabinet McKinsey, est une des utilisations les plus dynamiques de l'approche du cycle de vie. Elle s'attache à étudier les situations où l'entreprise a beaucoup de difficultés à améliorer les performances de sa technologie (se reporter au graphique 1). La formalisation de ces situations sur les courbes en S (partie haute de la courbe) peut permettre à l'entreprise d'opérer les ruptures nécessaires avant la concurrence en investissant sur un nouveau gisement technologique.

Ainsi, l'étude systématique de la variable technologique dans l'entreprise a permis de développer des instruments d'analyse universels et incomparablement plus puissants que ceux que l'on rencontrait dans l'approche théorique de l'innovation. De plus, la politique d'innovation ne devient plus ici qu'une des réponses possibles de l'entreprise dans certaines situations particulières de maturité du secteur, de degré d'occupation du marché et de maîtrise technologique (K. Saad *et al.*, 1992).

3.1.2. La méthode des « grappes technologiques »

La technologie peut devenir le cœur de la réflexion stratégique avec la méthode des *grappes technologiques* (GEST, 1986), d'origine japonaise et connue sous le nom de méthode des « bonzaï ».

L'idée principale consiste à considérer l'ensemble des « métiers » technologiques de l'entreprise comme un vecteur dynamique de réorientation stratégique (schéma 5). Elle organise une segmentation du potentiel technologique de l'entreprise depuis les technologies génériques (les racines), ensemble de savoirs techniques proches de la science, jusqu'aux technologies d'applica-

Schéma 4 – L'innovation n'est qu'une des modalités de la stratégie technologique

Industrie en démarrage/en début de croissance

Position concurrentielle \ Position technologique	Forte	Favorable	Défendable
Forte	Innovateur	Innovateur	Suiveur
Favorable	Innovateur	Suiveur / Créneau	Acquisition
Défendable	Créneau	Joint-venture	Rationalisation

Industrie en fin de croissance/début de maturité

Position concurrentielle \ Position technologique	Forte	Favorable	Défendable
Forte	Innovateur	Suiveur	Acquisition
Favorable	Créneau	?	Réalisation
Défendable	Joint-venture	Réalisation	Liquidation

Source : Arthur D. Little.

tion et technologies sectorielles (les branches), comparables aux « segments produits-marchés » de la stratégie traditionnelle. Une telle méthode permet à l'entreprise de visualiser clairement l'ensemble de son aire technologique maîtrisée et d'identifier son « cœur de savoir technologique ». Un tel instrument permet de construire des manœuvres stratégiques plus puissantes que celles qu'aurait permises une diversification à partir des seuls segments produits-marchés.

3.2. Le management des ressources technologiques

La problématique de la gestion de l'innovation technologique tend à s'élargir à une approche de gestion permanente du *patrimoine technologique*

Schéma 5 – La « grappe technologique »
L'arbre de segmentation des métiers technologiques de l'entreprise

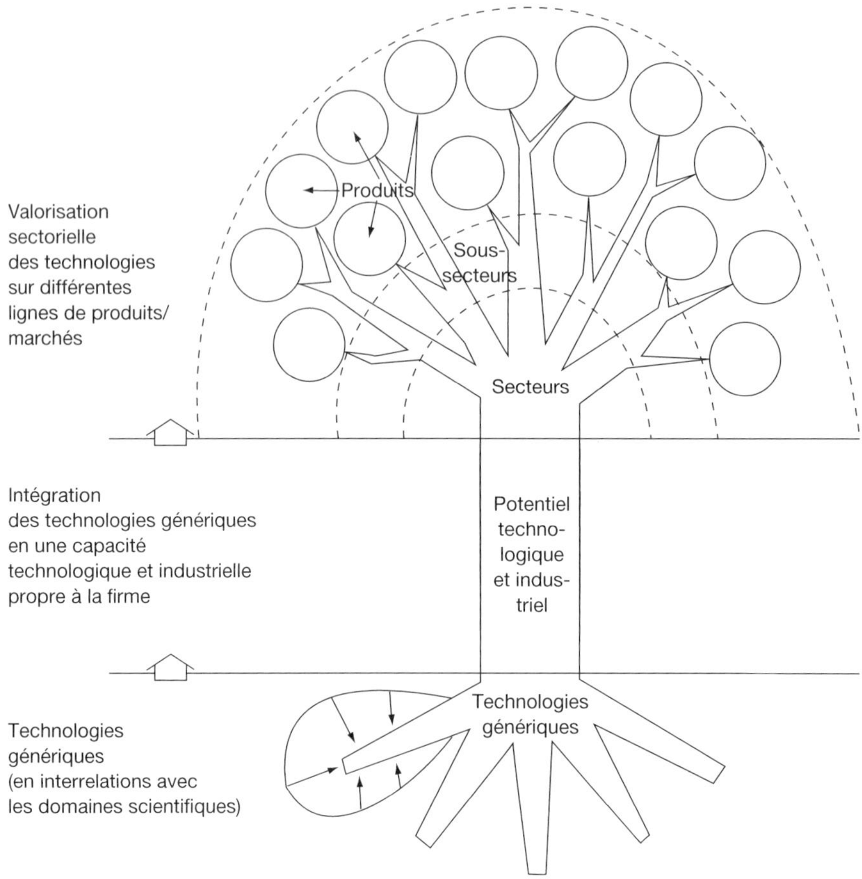

de l'entreprise, au management des ressources technologiques, comme l'appelle J. Morin (1985-1992). Cette gestion peut être assurée en cherchant, en permanence dans l'entreprise, la réalisation de six fonctions. Les trois fonctions actives visent à :

– optimiser le patrimoine technologique, en veillant à ce que toutes les ressources technologiques soient utilisées au mieux,

– l'enrichir, en le faisant fructifier et en le rendant actif,

– le sauvegarder, en le préservant des menaces par une politique de protection.

Ces fonctions sont soutenues par trois fonctions d'appui, une fonction d'*inventaire*, une fonction d'*évaluation* et enfin une fonction de *surveillance*, centrée en particulier sur la veille technologique. La technologie n'est plus une source ponctuelle d'opportunités, telle que la formalisait le management de l'innovation technologique, mais une des composantes de la substance même de l'entreprise, à valoriser en permanence.

3.3. La gestion des structures évolutives et la dynamisation de la gestion industrielle

Nous avons vu qu'un des domaines du management de l'innovation technologique est la gestion des structures innovantes. Celui-ci a fait l'objet de développements féconds avec son élargissement systématique aux grandes entreprises, en particulier à travers la problématique de l'intraprise (R. Burgelman, L. Sayles, 1987).

Cette question de la mise en place de structures innovantes jouxte aussi un domaine connexe qui connaît un fort développement : la *gestion de la qualité*[7]. Liée aux nouveaux modes de concurrence engendrés par la turbulence technologique, déplaçant les critères de performances de l'entreprise, cette nouvelle problématique de la qualité apparaît comme une des transmutations de la gestion des structures innovantes.

Il faut enfin mentionner la *dynamisation de la gestion industrielle.* La question de l'amélioration des structures et des méthodes de production a été posée par la problématique de l'innovation de process. Cette réflexion a régénéré la conception classique de la gestion de production limitée à un objectif d'optimisation de l'existant. Cette dernière est maintenant remplacée par la conception élargie de la « gestion industrielle », intégrant production, politique de produit et choix de process, gestion de production et logistique. De plus, l'ensemble de ces domaines est aujourd'hui regardé comme une arme active de compétitivité, souvent centrée sur la recherche de flexibilité[8]. Cette nouvelle dimension dynamique de la gestion productive n'est pas indépendante des avancées de la productique, de la construction d'une approche intégrée des systèmes d'information et des exigences de la qualité.

*
*   *

Que reste-t-il aujourd'hui du management de l'innovation technologique ?

Il reste tout d'abord une démarche de pensée et un mode d'animation de la découverte dans l'entreprise. Le mode de pensée concerne l'ensemble des approches dites bissociatives, d'association libre, de fertilisation croisée et de pensée latérale. Cette conception mentale a contribué à valoriser la diversité des sources du progrès technique dans l'entreprise. Le mode d'animation de la découverte, qui y est d'ailleurs lié, s'organise autour de la valorisation des processus informels, des groupes de projets et des personnalités créatives. Il s'agit là du cœur persistant du « paradigme de l'innovation ».

L'innovation s'est transformée aussi en critère d'appréciation synthétique de la qualité d'une entreprise, d'un projet et d'une organisation. Appréciation d'une qualité ponctuelle lorsqu'une entreprise, un projet sont qualifiés d'*innovants.* Appréciation d'une qualité permanente lorsque l'on cherche à mettre en place des structures *innovatives*, souvent fondées sur des personnels et des comportements *innovateurs.*

---

7. Voir dans cette Encyclopédie l'article de E. Collignon, « Qualité », p. 2781, tome 3.
8. Voir dans cette Encyclopédie l'article de R. Reix, « Flexibilité », p. 1407, tome 2.

Ainsi le dépérissement du management de l'innovation technologique et le fait que ce domaine se « vide » quelque peu de son contenu ne sont nullement le signe d'une mort ou d'une perte d'objet. Ils sont bien au contraire le signe d'une vitalité qui a permis à toute une série de domaines (stratégie technologique, management des ressources technologiques...) de se créer, de se développer et de s'autonomiser. Ceux-ci ont repris, construit et rationalisé des préoccupations, des problèmes et des approches que le management de l'innovation technologique avait initiés. Ce dernier a été ainsi le catalyseur d'une nouvelle approche multidisciplinaire du changement technologique dans l'entreprise. Mais n'est-ce pas le propre d'une démarche d'innovation de créer des domaines nouveaux et de permettre leur autonomisation ? La démarche même de l'innovation aurait ainsi suscité au sein de son propre domaine l'attitude évolutive qu'elle suggère dans son propos.

Références

AÏT-EL-HADJ S., *L'entreprise face à la mutation technologique,* Paris, Les Editions d'Organisation, 1989.

BARREYRE P.Y., *Stratégie d'innovation dans les moyennes et petites industries,* Paris, Hommes et Techniques, 1975.

BARREYRE P.Y., « Typologie des innovations », *Revue Française de Gestion* (janvier-février 1980), p. 9-15.

BROUSTAIL J., FRERRY F., *Le management stratégique de l'innovation,* Paris, Dalloz, 1993.

BURGELMAN R., SAYLES L., *Les intrapreneurs,* Paris, McGraw-Hill, 1987.

CHOFFRAY J.M., DOREY F., *Développement et gestion des produits nouveaux,* Paris, McGraw-Hill, 1983.

DUSSAUGE P., RAMANANTSOA B., « Technologies et stratégies », *Harvard-L'Expansion* (été 1986), p. 62-81.

FOSTER R., *L'innovation, avantage à l'attaquant,* Paris, InterEditions, 1986.

GEST, *Grappes technologiques. Les nouvelles stratégies d'entreprise,* Paris, McGraw-Hill, 1986.

LIBMANN F., *Méthodes pour innover et se diversifier,* Paris, Les Editions d'Organisation, 1980.

MORIN J., *L'excellence technologique,* Paris, Publi-Union – Jean Picollec, 1985.

MORIN J., *Des technologies, des marchés et des hommes,* Paris, Les Editions d'Organisation, 1992.

QUINN J.B., « Gérer l'innovation, c'est ordonner le chaos », *Harvard-L'Expansion* (n° 39, hiver 1985-1986).

SAAD K. *et al., R&D de 3e génération,* Paris, Les Editions d'Organisation, 1991.

Mots clés

Crise, cycle de vie technologique, gestion industrielle, grappes technologiques, intrapeneurship, management des ressources technologiques, méthodes heuristiques, produit nouveau, qualité, rupture technologique, sources des innovations, stratégie d'innovation, turbulence technologique, typologie de l'innovation.

Management interculturel

96

Jean-Claude Usunier

Le management est longtemps resté ignorant de ses racines. L'universalité des théories et des pratiques managériales était donnée comme évidente. Mais progressivement, s'est affirmée la diversité des manières de gérer et des contextes de décision et de mise en œuvre de la décision managériale (A. Laurent, 1983). Le succès des pays asiatiques et la nature différente de leurs systèmes de motivation et d'organisation ont attiré l'attention vers d'autres recettes de succès que celles traditionnellement apprises à Harvard et dans les grandes *business schools* américaines. Les difficultés de réalisation de projets d'usines clés en main entre les fournisseurs issus de pays industriels développés et les clients appartenant à des pays en voie de développement ont elles aussi provoqué une interrogation : les différences dans les valeurs, les systèmes relationnels et les attitudes face à l'action rendent-elles partiellement inadéquate l'utilisation de pratiques managériales standard, empruntées au partenaire culturellement dominant ? Ce sont naturellement les pays, ou des assemblages significatifs de pays (les pays latins, le monde arabo-musulman, etc.), qui ont servi pour définir les cultures. La réalité est plus compliquée : certains pays réunissent plusieurs cultures, cependant que la culture d'entreprise et d'autres sources de culture (éducation, religion...) viennent construire le « fonds culturel » spécifique de chaque individu. Le management interculturel n'a pas été une révolution. En termes musicaux, il s'agit d'altérations dans la partition ; il n'a pas introduit de changements majeurs, d'autant plus que la part d'universel dans les problèmes auxquels font face les gestionnaires ne peut, et ne doit pas, être niée.

Cet article invite à une revue des avancées réalisées dans ce domaine, depuis environ vingt ans. La première partie décrit l'approche « cross-culturelle » en management : elle compare les pratiques managériales entre pays, ainsi que les différences de valeurs et de systèmes d'organisation qui pourraient expliquer les divergences observées dans les pratiques. La seconde partie s'intéresse à l'approche interculturelle, largement complémentaire de la précédente, moins approfondie sur le plan théorique, mais plus riche en termes d'implications pour l'entreprise. Elle étudie des situations de management où les protagonistes appartiennent à des cultures différentes, observe les obstacles à l'établissement d'une coopération efficace et suggère des voies pour améliorer la performance commune.

1. L'approche cross-culturelle

Cette démarche de management comparé prend la variable culturelle comme axe explicatif principal. En fait le management interculturel peut être considéré comme une des branches du management comparatif. La question qui se trouve en toile de fond est toujours la même : pourquoi y a-t-il des différences d'efficacité économique et de niveau de développement entre les pays ? La réponse initiale à cette question était économique : F. Harbison et C.A. Myers (1959) ont soutenu que chaque société évolue d'un système agraire-féodal vers une société industrielle et démocratique. Pour eux, une philosophie particulière du management est associée à chacun des stades successifs de développement et toutes les sociétés convergent vers une philosophie participative du management (la théorie *Y* de McGregor)[1]. Cette vision universaliste du management met en avant l'inévitable application, à terme, des mêmes méthodes de gestion à toutes les organisations dans toutes les cultures. R.N. Farmer et B.M. Richman (1965) ont proposé de prendre en compte d'autres facteurs et de considérer que l'efficacité managériale est fonction de facteurs externes d'environnement, socioculturels, politiques et réglementaires, économiques et éducationnels. Cette approche privilégie les facteurs explicatifs externes et ignore complètement les variables internes aux organisations ; les études empiriques se sont avérées peu probantes (R. Nath, 1988).

Par la suite s'est développée une démarche béhavioriste, moins macroscopique, plus centrée sur les liens entre les individus et l'organisation, sur les attitudes, les croyances, les systèmes de valeurs. Ce faisant, l'approche comparative en se dégageant d'explications économiques ou sociopolitiques s'est centrée de plus en plus explicitement sur la variable culturelle, en privilégiant la culture nationale sans pour autant ignorer l'existence de la culture d'entreprise (B. Derr et A. Laurent, 1989). Une des études les plus célèbres dans ce domaine est celle de M. Haire, E.E. Ghiselli et L.W. Porter (1966), qui met en avant des différences significatives d'attitudes et de perception des managers par rapport à des concepts et à des activités clés de management. La culture est alors définie de différentes façons qui mettent en valeur sa nature de « programmation mentale collective » (G. Hofstede, 1980), ou de système de représentations partagées. W.H. Goodenough (1971) la définit comme un ensemble de croyances et de normes, partagées par un groupe de personnes qui aide l'individu à décider ce qui est, ce qui peut être, comment le ressentir, que faire et comment agir. Enfin la culture peut être vue comme une série de présupposés fondamentaux (F. Kluckhohn et F. Strodtbeck, 1961) sur la nature des relations de l'Homme avec la nature et avec ses semblables (pour une revue de définitions de la culture, voir J.C. Usunier, 1992).

---

1. Voir également dans cette Encyclopédie l'article de J. Rojot, « Théorie des organisations », p. 3337, tome 3.

1.1. La relativité culturelle des théories et des pratiques du management

Geert Hofstede (1980, 1994) fait partie du courant « culturaliste » et sa contribution apparaît, avec le recul du temps, comme très significative. Les études empiriques à la base de sa recherche ont été effectuées en deux vagues, entre 1967 et 1969, puis entre 1971 et 1973, au sein d'IBM ; elles couvrent une cinquantaine de pays. La base de données comprend 116 000 questionnaires, libellés en vingt langues différentes. La seule source de variance est la différence de culture nationale, car les personnes interrogées appartiennent à la même firme et chaque échantillon national est composé de façon similaire par sexe et par âge. G. Hofstede a réduit les axes de variation des cultures nationales par rapport aux questions de management à quatre dimensions principales : la distance hiérarchique, le contrôle de l'incertitude, les couples antagonistes individualisme/collectivisme et masculinité/féminité (on trouvera une explication sur les modes de calcul des scores des pays dans l'ouvrage de D. Bollinger et G. Hofstede, 1986).

– La distance hiérarchique indique dans quelle mesure une société tolère une distribution inégale du pouvoir dans les organisations et les institutions. Elle se reflète aussi bien dans les valeurs des moins puissants que dans celles des plus puissants. Quand la distance hiérarchique est faible, les supérieurs et les subordonnés se sentent et se comportent en égaux ; l'autorité est centrée sur le rôle et la mission. En cas de forte distance du pouvoir, le supérieur concentre le pouvoir, le manifeste par son comportement et appuie son autorité sur sa personne, ce que d'ailleurs le subordonné attend de lui.

– Le contrôle de l'incertitude indique la mesure dans laquelle les membres d'une culture nationale donnée, dont les cadres et les employés dans leur vie au sein de l'entreprise, se sentent menacés par des situations incertaines et ambiguës et comment cette société essaie d'éviter ces incertitudes en procurant une plus grande stabilité des carrières, en établissant des règles formelles, etc. Les sociétés à faible évitement de l'incertitude sont favorables à la mobilité et à l'initiative, tandis que celles qui présentent un degré élevé d'évitement de l'incertitude sont caractérisées par un niveau plus fort d'anxiété et d'agressivité qui crée un fort besoin intériorisé de travailler beaucoup.

– La dimension individualisme/collectivisme oppose, d'une part, un tissu social serré, où l'individu se sent avant tout un membre organique du groupe, où la loyauté est attendue (collectivisme) à, d'autre part, un tissu social beaucoup plus lâche où les personnes sont censées s'occuper de leurs propres affaires, de leur famille immédiate et où le lien au groupe, fondé sur l'échange réciproque, est plus fonctionnel qu'organique (individualisme).

– La masculinité exprime la dominance de valeurs « masculines » dans une société, mettant par exemple en valeur le tempérament fonceur (*assertiveness* en anglais), le goût pour l'argent et les biens matériels, et *non pas* la préoccupation des autres et de la qualité de la vie (valeurs dites « féminines »).

Le tableau 1 présente les scores de pays importants. L'analyse de G. Hofstede permet de dégager des groupes de pays : ceux de l'Europe du Nord (individualistes, féminins et à faible distance du pouvoir), les pays germaniques (caractérisés surtout par un fort besoin de contrôle de l'incertitude), les pays asiatiques et les pays d'Amérique latine (collectivistes et à forte distance hiérarchique – ce qui va toujours ensemble, à l'unique exception du Costa

Tableau 1 – Les 4 indices culturels de G. Hofstede pour une sélection de pays

Pays	Indices culturels			
	Distance hiérarchique	Contrôle de l'incertitude	Individualisme/ collectivisme	Masculinité/ féminité
Afrique de l'Est*	64	52	27	41
Allemagne (ex-RFA)	35	65	67	66
Argentine	49	86	46	56
Brésil	69	76	38	49
Canada	39	48	80	52
Corée du Sud	60	85	18	39
Danemark	18	23	74	16
Espagne	57	86	51	42
Etats-Unis	40	46	91	62
France	68	86	71	43
Grande-Bretagne	35	35	89	66
Inde	77	40	48	56
Italie	50	75	76	70
Japon	54	92	46	95
Malaisie	104	36	26	50
Mexique	81	82	30	69
Pakistan	55	70	14	50
Pays arabes**	80	68	38	53
Pays-Bas	38	53	80	14
Suède	31	29	71	5
Moyenne mondiale	57	65	43	49

* Ethiopie, Kenya, Tanzanie et Zambie.
** Arabie Saoudite, Egypte, Emirats Arabes Unis, Irak, Koweït, Liban et Libye.
Source : D. Bollinger et G. Hofstede (1986).

Rica). Ceci dit, chaque portrait est particulier à un pays. La France par exemple est, avec la Belgique, le seul pays à combiner une forte distance hiérarchique et un haut niveau d'individualisme, ce qui est cohérent avec sa tradition millénaire de centralisation et de résistance systématique à la décision prise « du haut ». Ces scores sont cohérents aussi avec la position géographique de la France, prise entre le nord et le sud de l'Europe.

De nombreuses réplications (M. Sondergaard, 1994) démontrent que les dimensions conceptuelles dégagées par G. Hofstede à travers ses études empiriques se révèlent assez stables quels que soient les échantillons utilisés. Elles ont aussi été très utilisées en formation première et permanente de façon à fournir des grilles de lecture des différences culturelles par rapport aux problèmes de management : motivation, leadership et modalités de structuration des entreprises.

1.2. L'explication culturelle : de la surface au plus profond

Une des tâches du management interculturel est de sensibiliser les cadres, qui doivent vendre à l'étranger ou collaborer au sein d'équipes plurinationales, aux différences de comportement dans des relations concrètes de travail en commun, de négociation, etc. Dans certaines contributions l'accent est mis sur une description du *how to do business with*. La description du comportement dans la vie des affaires rassemble de grandes catégories : style de communication, précision par rapport au temps et aux prises de rendez-vous, accent mis sur le respect des règles, sur la hiérarchie, etc. Cette approche du management interculturel est plus superficielle que les approches scientifiques, mais elle est plus opérationnelle.

Parmi les approches scientifiques du management interculturel, certaines tentatives comme celle de G. Hofstede s'inscrivent dans une logique de grands échantillons (à la fois de pays et de répondants au sein de chaque pays), tandis que d'autres démarches comparatives opèrent un contraste entre deux cultures (G. Amado, C. Faucheux et A. Laurent, 1989), explorent les différences dans les styles de management en Europe (R. Lessem et F. Neubauer, 1994), ou encore étudient en profondeur une organisation à travers plusieurs pays. Dans *La logique de l'honneur*, Philippe d'Iribarne a ainsi étudié les relations de travail et les principes et modalités d'organisation dans différentes usines du groupe Péchiney en France, aux Pays-Bas et au Canada. Par cette démarche ethnographique, il a pu mettre en valeur l'originalité du système français d'organisation et de motivation, fondé sur un sens du rang important et des devoirs attachés à ce rang, imposés par la tradition plutôt que par la pression du groupe. Les Français sont profondément attachés au travail bien fait et leur facteur interne de motivation « n'est pas tant ce que l'on doit aux autres que ce que l'on se doit à soi-même » (P. d'Iribarne, 1989, p. 59).

Les recherches qui privilégient l'étude d'une culture, donc de ses valeurs et de ses systèmes dans le domaine du management, appartiennent à la perspective qualifiée en recherche cross-culturelle d'« Emic », qui soutient que les attitudes et les comportements sont exprimés de façon unique dans chaque culture : à l'extrême aucune comparaison n'est possible. Par opposition, la perspective « Etic » est essentiellement tournée vers l'identification de dimensions universelles, sur lesquelles les cultures peuvent être comparées, sans pour autant nier leur diversité. L'origine de ces vocables est l'opposition entre la phonétique, d'une part, (Etic) qui représente de façon (presque) universelle les phonèmes de très nombreuses langues, et la phonémique, d'autre part, (Emic) qui met en valeur les modèles sonores uniques que développent la plupart des langues. Les recherches de G. Hofstede appartiennent à l'approche « Etic ». Elles repèrent des différences de degré sur des concepts universels, alors que l'approche de P. d'Iribarne vise plutôt à mettre en valeur ce qui est irréductible, original, et non directement comparable d'une culture à l'autre. Valable sur le plan théorique, cette distinction est également vraie sur le plan pratique : dans toute relation de management interculturel, notre « œil » peut privilégier les différences ou les similarités. Les textes rassemblés dans F. Gauthey et D. Xardel (1991) donnent une bonne idée de la diversité des contributions dans le domaine du management interculturel.

1.3. Quelques axes principaux de différenciation culturelle

On peut proposer quelques grandes catégories, ni totalement exclusives ni complètement exhaustives, qui couvrent bon nombre des éléments de différenciation. La première porte sur les représentations du temps : le type de temps dominant (linéaire ou cyclique), la nature et la force des projections temporelles (vers le passé, le présent, le futur, M. Hay et J.C. Usunier, 1993), et la manière de séparer ou de mélanger les activités sur des plages de temps déterminées (monochronisme ou polychronisme, E.T. Hall, 1984). Ces représentations ont une influence sur les segments suivants de comportement dans la vie des affaires : prise de rendez-vous, gestion des réunions, planification, gestion de projets, respect des délais, horizon des décisions stratégiques, etc.

La deuxième catégorie porte sur les représentations de ce que doivent être les relations de l'individu et du groupe : plutôt organiques (collectivistes) ou plutôt indépendantes et atomisées (individualisme). Elle joue profondément sur l'appréciation de la crédibilité des partenaires choisis et la nature du rapport de partenariat. Les sociétés individualistes ont tendance à privilégier des critères abstraits (diplômes, compétences) et à minimiser les critères concrets d'appartenance groupale (famille, clan, race, religion) que les sociétés collectivistes privilégient au point d'être souvent perçues comme excessivement relationnelles.

La troisième catégorie est celle des *mindsets* : il s'agit des différences de modèles mentaux, de structure de pensée, de vision du monde (*Weltanschauung*), issues en particulier des différences dans la structure des langues, un élément trop souvent négligé. Cette catégorie oppose par exemple les sociétés sur ce qu'elles considèrent comme la « bonne façon » d'aborder les problèmes : les prendre globalement en dégageant des grands principes de solution ou s'attaquer à des détails, pragmatiquement, en accumulant les solutions locales. A ces catégories, il faudrait ajouter les styles de communication (contexte élevé ou contexte faible, selon E.T. Hall, 1979, ou style diffus ou spécifique, selon F. Trompenaars, 1993) et l'influence des présupposés métaphysiques et religieux sur le degré de fatalisme (inversement de maîtrise de son destin), et donc les attitudes par rapport à l'action.

2. L'approche interculturelle

L'approche interculturelle est un débouché et un complément normal de la perspective précédente : si l'on compare, c'est pour essayer de comprendre l'autre, de calibrer ses valeurs par rapport aux siennes, et finalement de négocier une solution commune. Les situations sont multiples : relations filiales-maison mère au sein de groupes multinationaux faisant face à une grande variété de cultures nationales, mais aussi négociations d'affaires entre cultures différentes[2]. La solution commune ne sera généralement pas une « pratique médiane » : on peut aussi aboutir à la conclusion qu'il n'y a pas de solution commune possible, ou encore à la création en commun de pratiques nouvelles qui ne représentent plus vraiment les cultures nationales en présence, mais plutôt une solution fondée sur les valeurs organisationnelles partagées.

2.1. *Interactions problématiques*

Sur un plan organisationnel, G. Hofstede (1980, 1994) montre que suivant les valeurs dominantes l'interaction entre cultures peut être problématique.

---

2. Voir dans cette Encyclopédie l'article de C. Dupont, « Négociation d'affaires », p. 2108, tome 2.

Ainsi il existe un lien entre les théories américaines de la motivation (D. McClelland, A. Maslow, F. Herzberg, H. Vroom[3]) et la culture des Etats-Unis qui apparaît fortement individualiste et masculine, à faible distance hiérarchique et faible évitement de l'incertitude. L'individu est vu comme tiré par des motifs rationnels, liés à l'attente de résultats. Selon G. Hofstede, les systèmes de motivation fondés sur ces théories ne s'appliquent pas nécessairement bien dans des pays à valeurs différentes. Une entreprise internationale devra tenir compte des différences culturelles pour adapter ses systèmes de gestion, au moins partiellement, aux cultures nationales des pays où sont installées ses filiales. Dans les sociétés plus masculines et plus individualistes, les facteurs de motivation sont extrinsèques et liés à des récompenses (primes, promotions) ; dans des sociétés qui privilégient le contrôle de l'incertitude et le collectivisme, les facteurs de motivation intrinsèque (intérêt du travail, statut, harmonie dans les relations de groupe) prévaudront.

Cependant l'expérience interculturelle dans la vie des affaires se situe souvent au plan des personnes, et des approches plus individuelles ont été développées en management interculturel qui explorent l'expérience de l'autre et la dynamique du choc culturel.

2.2. L'image de l'autre et les stéréotypes

Comme le soulignent D. Xardel et F. Gauthey (1990, p. 20) : « Si les Français perçoivent les Américains comme durs en affaires, voire arrogants, et les Britanniques comme perfides, c'est en majeure partie dû à des stéréotypes qui constituent une lunette déformante. L'arrogance américaine tient en fait à une hiérarchie de valeurs différentes : la relation professionnelle est centrée sur la tâche, l'objet de la discussion, au détriment de la relation affective avec la personne ».

Si les stéréotypes représentent parfois une simplification intellectuellement commode, ils n'en ont pas moins une fonction réductrice – et protectrice – de la différence qui peut les rendre dangereux. F. Gauthey (1989, p. 63) note la dimension affective : « Il apparaît mille fois plus simple de se raccrocher à ses propres valeurs et de transférer la responsabilité sur l'étranger que de se décentrer, c'est-à-dire de quitter son système de référence, pour se mettre à la place de l'autre. » Une caractéristique des stéréotypes est donc d'avoir à la fois une fonction cognitive (représentation simplifiée de l'autre, intellectuellement manipulable) et affective (défense du *soi* contre une différence vécue comme anxiogène). M. Bosche (1993) a centré son approche du management interculturel sur la dynamique de représentation de l'autre. Quant à J.P. Gruère et P. Morel (1991), ils proposent une intéressante approche « en miroir » de la façon dont les étrangers perçoivent la France et les Français. On y voit ainsi que les Britanniques perçoivent les Français comme « nationalistes, chauvins, intransigeants, centralisateurs, assistés par l'Etat, polis mais peu ouverts, sans humour, sans flegme ».

3. Pour certains auteurs, les références exactes n'ont pas été reprises dans la bibliographie ; elles peuvent être trouvées dans J.C. Usunier (1992) ou J.C. Usunier et F. Belle (1994).

2.3. L'expatriation et le choc culturel

Cette question est amplement traitée dans certains ouvrages (N.J. Adler, 1991) et de nombreux articles de gestion internationale des ressources humaines. La plupart des recherches consacrées à l'expatriation ont souligné les difficultés d'ajustement de l'expatrié (M. Mendenhall *et al.*, 1987). Cependant, certains auteurs ont soutenu que les expériences professionnelles à l'étranger ne comportent que peu de problèmes d'ajustement, s'il y a compatibilité entre le lieu d'expatriation et la culture d'origine de l'expatrié ou que ce dernier dispose d'une relativement bonne compétence de communication et de relations interculturelles (Dunbar et Katcher, 1990). Ceci est particulièrement vrai lorsque l'expatriation se situe dans une très grande ville où le résident étranger retrouve tous les biens et services de son pays d'origine.

Une représentation de l'ajustement à la culture du pays hôte en fonction du temps a été dénommée « courbe en U » (*U-Curve*). Elle représente le degré d'ajustement (ordonnées) en fonction du temps de séjour (abscisses). L'ajustement débute par une phase trompeuse de « lune de miel » (*honeymoon*), qui correspond à une découverte un peu émerveillée d'un lieu et d'une culture exotiques. Le « tout beau tout nouveau » et l'intérêt spontané l'emportent sur tous les autres sentiments. De plus l'expatrié est souvent fortement pris en charge dans les tous premiers temps de son arrivée.

De nombreuses études font état d'un taux élevé de retour avant le terme prévu (J.C. Usunier et F. Belle, 1994). Il est donc incontestable que les expatriés sont sujets au choc culturel (K. Oberg, 1972) en tant que problème d'ajustement à un environnement culturel différent de celui du pays d'origine. Ceux qui ont décrit les difficultés d'adaptation de l'expatrié dans une perspective psychanalytique vont jusqu'à parler de « désintégration de la personnalité » (N.J. Adler, 1975), consécutive à l'angoisse causée par la réorganisation du comportement personnel, le sentiment de perte de l'acquis stabilisant construit autour de la culture d'origine, la baisse de l'estime de soi et les blessures d'amour propre, mais aussi la perte de repères concrets issus de la culture comme les plaisirs tirés des nourritures, de l'usage de sa langue maternelle, et plus généralement des modalités de socialisation dans le pays d'origine (J.C. Usunier et F. Belle, 1994).

2.4. Le défi asiatique : le modèle est-il transposable ?

Le Japon est le premier pays d'Asie à avoir attiré l'attention du monde occidental par ses succès dans le commerce international et par le développement multinational de ses entreprises. C'est pourquoi il existe de très nombreuses ouvrages sur la mentalité japonaise, dans la société et dans la vie des affaires, écrits soit par des Japonais (par exemple Chie Nakane, 1970), soit par des observateurs étrangers de la société nippone (par exemple Boye De Mente, 1987). Il existe aussi de nombreux ouvrages sur le style de management japonais, dont R. Pascale et A. Athos (1981), W. Ouchi (1981) ou D. Turcq (1992).

Si le degré de connaissance est maintenant élevé par rapport aux spécificités du management au Japon, il existe encore relativement peu de vraies connaissances sur le degré de transposabilité des pratiques de gestion à la japonaise (par exemple les cercles de qualité ou la qualité totale) dans des pays occidentaux en particulier. On sent bien que ce qui était largement vrai d'un côté (dans le sens ouest-est) l'est également dans l'autre (est-ouest) : les pratiques de gestion sont enracinées dans un certain environnement organisationnel et comportemental qui doit être reproduit presque à l'identique pour qu'un système de gestion déterminé puisse être transposé complètement. Sinon, soit il subit les nécessaires adaptations, soit il est rejeté ou vidé de son contenu comme l'a été le système de management par objectifs américain (MBO), devenu direction participative par objectifs en France (DPPO) et fort peu appliqué (G. Hofstede, 1994).

*

* *

Le management interculturel a permis de faire d'importants progrès dans la compréhension des différences de cultures nationales et de leur impact sur les décisions et les pratiques managériales. Pourtant certaines questions importantes sont encore loin d'être complètement résolues, comme celle de la frontière entre culture nationale (que privilégie spontanément, et peut-être de façon parfois un peu excessive, le management interculturel) et culture d'entreprise, et celle des conditions à remplir pour transposer efficacement des systèmes de gestion qui ont réussi dans d'autres contextes culturels. On peut aussi se demander si, à terme, la convergence culturelle n'amenuisera pas progressivement l'intérêt du management interculturel. Mais ce terme est probablement très lointain.

Références

ADLER N.J., *International Dimensions of Organizational Behavior*, 2e éd., Belmont, Ca., PWS-Kent, 1991.

AMADO G., FAUCHEUX C, LAURENT A., « Changement organisationnel et réalités culturelles : contrastes franco-américains », INSEAD research paper (n° 89/17, 1989).

BOLLINGER D., HOFSTEDE G., *Les différences culturelles et le management*, Paris, Les Editions d'Organisation, 1986.

BOSCHE M., *Le management interculturel*, Paris, Nathan, 1993.

FARMER R.N., RICHMAN B.M., *Comparative Management and Economic Progress*, Homewood, Ill., Irwin, 1965.

GAUTHEY F., XARDEL D., *Le management interculturel*, Paris, PUF, 1990.

GAUTHEY F., XARDEL D. (éd.), *Management interculturel – Modes et modèles*, Paris, Economica, 1991.

GOODENOUGH W.H., *Culture, Language and Society*, Modular Publications, 7, Reading, Ma., Addison-Wesley Publishing, 1971.

GRUÈRE J.P., MOREL P., *Cadres français et communication interculturelle*, Paris, Eyrolles, 1991.

HAIRE M., GHISELLI E.E., PORTER L.W., *Managerial Thinking : An International Study*, New York, Wiley, 1966.

HALL E.T., *Au-delà de la culture*, Paris, Le Seuil, 1979.

HALL E.T., *La danse de la vie*, Paris, Le Seuil, 1984.

HARBISON F., MYERS C.A., *Management in the Industrial World*, New York, McGraw-Hill, 1959.

HAY M., USUNIER J.C., « Time and Strategic Action : A Cross-Cultural View », *Time and Society* (vol. 2, n° 3, September 1993), p. 313-333.

HOFSTEDE G., *Culture's Consequences : International Differences in Work Related Values*, Beverly-Hills, Ca., Sage, 1980.

HOFSTEDE G., *Vivre dans un monde multiculturel*, Paris, Les Editions d'Organisation, 1994.

IRIBARNE P. (d'), *La logique de l'honneur*, Paris, Le Seuil, 1989.

LAURENT A., « The Cultural Diversity of Western Conceptions of Management », *International Studies of Management and Organization* (vol. XII, n° 1-2, Spring-Summer 1983), p. 75-96.
LESSEM R., NEUBAUER F., *European Management Systems*, Maidenhead, McGraw-Hill, 1994.
NATH R., *Comparative Management*, Cambridge, Mass., Ballinger, 1988.
SONDERGAARD M., « Hofstede's Consequences : A Study of Reviews, Citations and Replications », *Organization Studies* (15/3, 1994), p. 447-456.
TROMPENAARS F., *Riding the Waves of Culture*, Londres, Nicholas Brealey, 1993.
USUNIER J.C., *Commerce entre cultures*, Paris, PUF, 1992.
USUNIER J.C., BELLE F., « Plaisir oral et expatriation : une étude du processus d'ajustement des expatriés américains à la culture française », *Gestion 2000* (vol. 10, n° 1, février 1994), p. 97-118.
TURCQ D., *L'inévitable partenaire japonais*, Paris, Fayard, 1992.

Mots clés

Approche interculturelle, collectivisme, communication, culture, distance hiérarchique, Etats-Unis, expatriation, international, Japon, management comparé, motivation, stéréotypes.

Marché de l'audience et formation de la valeur des médias

97

François Mariet

Dans le circuit marketing, les médias sont les intermédiaires entre les annonceurs (toute entreprise ou administration désireuse de faire connaître ses produits ou ses services) et un public comprenant une partie de la cible visée par la communication des annonceurs, cette cible étant constituée principalement par les acheteurs potentiels du produit ou service ou les prescripteurs d'achat.

L'idéal de l'annonceur serait, dans une certaine mesure, le contact direct avec ses prospects ou clients, idéal que réaliserait le marketing direct en adressant à une cible individualisée un message de vente ou de promotion d'un produit. Cette relation directe suppose une liste des destinataires auxquels on s'adresse par téléphone, publipostage, etc. Le marketing direct suppose également une cible assez étroite et l'installation d'une capacité de communication en retour, par la même voie et éventuellement la réalisation d'un acte d'achat[1].

La démarche publicitaire repose sur une logique quelque peu différente : elle recourt à la médiation de supports de publicité dont la fonction primordiale est de diffuser des informations et des divertissements à de larges publics[2]. L'annonceur s'adresse au média, le rémunère pour qu'il diffuse un message commercial au plus grand nombre de destinataires possible (puissance du média), destinataires qui doivent appartenir à la cible de l'annonceur (affinité). Les médias fondent un marketing indirect.

Pour sélectionner les médias, pour acheter des emplacements de manière optimisée et pour confectionner le message, l'annonceur s'adresse à un intermédiaire, groupe de communication mêlant divers métiers, répartis selon une division technique variable entre les agences de publicité et les centrales d'achat et de conseil média. Le média, de son côté, assure la commercialisation de son espace au travers d'une régie publicitaire.

1. Voir dans cette Encyclopédie les articles de D. Xardel, « Marketing direct », p. 1839, tome 2 et de L. Hermel, « Télémarketing », p. 3287, tome 3.

2. Voir dans cette Encyclopédie l'article de P.L. Dubois, « Publicité », p. 2675, tome 3.

Le média vend des contacts publicitaires aux annonceurs. Pour que cette commercialisation puisse prendre place, il faut que les partenaires commerciaux disposent d'une mesure consensuelle de l'audience des médias. Cette mesure est effectuée par divers organismes de neutralité variable par rapport aux médias : dans certains cas, la mesure est peu discutée (diffusion de la presse évaluée par un audit comptable tel que le pratiquent des organismes comme Audit Bureau of Circulation, Diffusion Contrôle) ; dans d'autres, la mesure est effectuée par un organisme indépendant qui commercialise la mesure, tel que A.C. Nielsen ou Arbitron aux Etats-Unis, la SOFRES en Espagne ou en Chine ; dans de nombreux cas, les médias cherchent à intervenir dans la mesure de l'audience, compromettant son objectivité et sa crédibilité en échange d'une réduction des coûts. De plus, l'annonceur a besoin d'une pige publicitaire : résultat des observations du marché qui lui permet d'étudier les comportements de la concurrence à l'égard des médias.

La gestion des médias a donc pour objet de maximiser les revenus de deux types d'opération : la fourniture des contenus à des publics, la fourniture des audiences à des annonceurs. La répartition de ces deux activités dans le chiffre d'affaires distingue les médias entre eux et un média donné au cours de son histoire.

Les chaînes de télévision ou de radio commerciale et la presse gratuite font la totalité de leur chiffre d'affaires avec la publicité ; la télévision à la carte ou en option (comme HBO, Ciné-cinéma, etc.) et certains titres comme *Le Canard Enchaîné* réalisent leur chiffre d'affaires avec la vente au public uniquement. La plupart des médias combinent ces deux sources de revenus ; certains y ajoutent même diverses ressources fiscales sous forme de subventions (les chaînes de télévision ou de radio du secteur public, la presse française dans sa quasi-totalité, qui bénéficie à la fois d'aides directes ou indirectes de l'Etat, de revenus publicitaires et du produit de la vente au numéro). Dans l'histoire d'un média, il est fréquent que cette répartition des sources de revenu varie : par exemple, une chaîne thématique diffusée sur le câble commencera en trouvant ses revenus dans l'abonnement puis, progressivement, dans la vente d'espaces publicitaires.

Du point de vue des sciences de gestion, l'originalité des médias réside essentiellement dans la collecte et la commercialisation de l'audience. De ce point de vue, un média est à la fois fournisseur de contenus et fournisseur d'occasions de voir ou d'entendre (*opportunity to see, to listen to, etc.*). Nous nous en tiendrons donc à cet aspect, le moins bien couvert par la littérature actuelle qui sépare, non sans conséquences épistémologiques, les aspects médiaplanning des aspects stratégiques[3]. Nous n'entrerons pas dans le détail des modalités de calcul de la pression publicitaire nécessaire. Rappelons toutefois les principes essentiels.

---

3. Cette division technique du travail dans les médias, que renforce encore la division technique entre rédactions et régies publicitaires, entrave la conception nécessairement globale d'une grille de programmes (émissions et écrans publicitaires), d'un mobilier urbain (architecture et taille des emplacements publicitaires) ou d'une maquette (rédaction et emplacements publicitaires).

– Un annonceur achète une pression publicitaire donnée définie, étant donné un message, pour un type de média donné ; cette pression s'évalue pour une période donnée en nombre de pages dans la presse, en nombre de messages de 30 secondes à la radio et à la télévision, en nombre de cadres en affichage, en nombre de bandeaux (*banners*) sur Internet, etc. Techniquement, la pression publicitaire est mesurée au moyen de deux variables : la répétition et la couverture.

– La répétition (*frequency*) minimum désigne la fréquence de diffusion d'un même message. Par exemple, pour un produit donné, on estime qu'il faut disposer d'un nombre moyen de quatre contacts pendant une période de temps donnée (une semaine). Cette répétition est le minimum nécessaire (*effective frequency*) pour qu'un élément de la cible visée par la campagne publicitaire (un téléspectateur, un auditeur) puisse mémoriser le message et soit éventuellement motivé pour un achat.

– Ensuite, compte tenu des contraintes budgétaires, on essaie de toucher, avec cette fréquence minimum, la proportion la plus importante possible de la cible (c'est la couverture ou *reach*, qui s'évalue en pourcentage de la cible visée). C'est le travail d'optimisation des achats.

– Le produit de la couverture par la répétition donne une indication globale de la pression publicitaire efficace en termes de *Gross Rating Points* (GRP). Par exemple, une répétition moyenne de 4 sur 80 % de la cible visée donnent $4 \times 80 = 320$ GRP. Le coût au GRP est obtenu en divisant le budget total par le nombre de GRP.

1. La vente d'espace, l'achat d'audiences

Time buying, achat d'espace, *Media-Einkauf*, *ad-space buying*, etc. Les expressions usuelles[4], catégories indigènes dans lesquelles le champ professionnel décrit son activité, constituent un obstacle verbal à la compréhension de la nature économique de l'investissement publicitaire dans les médias[5] et des modalités de financement de ces médias ; elles occultent la réalité de l'acte d'achat : on n'achète pas de l'espace, quoique laissent à penser les libellés des tarifs (30s, 8s, mm/col., 1/4 page, 4×3 m), mais de l'audience.

La tarification à la surface ou à la durée, pour commode qu'elle soit à une étape donnée du développement de la communication publicitaire et de la mesure des audiences, est trompeuse quant à l'objet de la transaction commerciale. Rien n'exprime mieux cette vérité que les conditions de l'achat en avance (*upfront*) à la télévision américaine, alors que la garantie contractée impose à la chaîne de fournir l'audience achetée (GRP/cible). Pour réunir l'audience garantie, la durée (*i.e.* l'espace) mobilisée est, *de facto*, indiffé-

4. La notion de *media broking*, empruntée à la bourse, ne rend pas davantage compte de la réalité de la transaction. Voir « Going for Broke the French Way », *Media Week* (March 27, 1992), p. 13. Quant à filer la métaphore du monde financier, il faudrait à tout le moins creuser l'opposition *dealer/broker*, le *broker* étant, par position, plus objectif dans ses recommandations. Voir l'éditorial de *Media Week* (November 17, 1995), p. 13 et les débats dans ce magazine.

5. La question de l'existence juridique d'un acte d'achat d'espace est posée : certains préféreraient parler de service et de réservation d'espace. Le média acheté est en réalité un support loué pour une durée déterminée comme l'indique la terminologie professionnelle (*vehicle*, *Werbeträger*).

rente, l'annonceur achetant une audience que le support s'efforce ensuite de rassembler dans les délais et conformément au rythme impartis à la campagne lors de l'élaboration de la stratégie média. Notons qu'en Belgique francophone, l'achat sur TVB (RTBF, RTL-TVi et Canal Plus) est facturé *a posteriori* en fonction de l'audience recueillie par les écrans achetés. TF1 tenta de commercialiser certains écrans de certaines finales de football proportionnellement au nombre de GRP sur la cible « hommes ». Canal Plus réalisa des montages commerciaux sur le même principe pour l'été 1993 avec les modules à audience garantie sur la cible des personnes de moins de 50 ans. Mais ce qui dit le mieux la vérité de l'achat d'espace, est l'achat au rendement inspiré des techniques du marketing direct : au-delà d'un certain forfait, le média est rémunéré en fonction du taux de remontées, l'annonceur n'encourant aucun risque financier dans la campagne (dans ces conditions, il n'est pas rare que la chaîne assure elle-même le média planning).

La question du prix de l'audience des médias, cruciale pour les entreprises qui y recourent pour communiquer[6], est celle du prix à payer pour procurer aux acheteurs potentiels d'un produit/service (offre) l'information dont ils ont besoin pour orienter leur consommation (demande), prix à payer pour retenir leur attention (*to* pay *attention*).

Le travail de transformation publicitaire seul (stratégie média, médiaplanning, optimisation, achat, tout ce qui oppose dans la division technique du travail publicitaire « le média » à « la création ») transmue un média en support, l'espace en audience, le lecteur en consommateur potentiel[7]. Un média ne vend que ce que les annonceurs lui achètent : s'il vend de l'espace[8], l'annonceur lui achète de l'audience.

Le travail média est un travail de sélection : le média rassemble une audience composite, l'annonceur y distingue et délimite la partie qui lui convient et qu'il achète si le prix lui agrée (coût pour mille – CPM – utile).

Le travail média est un travail de composition : le plan média, qui combine des médias et des périodes de diffusion en un ensemble structuré (dispositif), confère une valeur de position à des médias qui ne l'auraient pas hors d'une campagne mobilisant de multiples médias ; par exemple, la valeur de la radio dans une association [télévision + radio] est supérieure à sa valeur intrinsèque, isolée. C'est le médiaplanner qui compose cette association (*media mix*) et crée de la valeur : la valeur d'un plan média est supérieure à la somme de la valeur des médias qui y sont agencés. Deux audiences identiques, achetées par deux annonceurs différents, ont *de jure* le même prix. Pourtant, concevables en théorie, deux audiences identiques sont improbables. Comme des annonceurs différents n'achètent pas la même partie d'audience, selon le produit/service pour lequel ils communiquent, un large

---

6. « The centrality of media pricing behavior and the competition among media to the economics of the firm's advertising decision suggest that this area should receive more research attention than it does », note M.E. Porter *in* « Optimal Advertising : an Intra-Industry Approach », *Issues in Advertising*.

7. « Wie aus Lesern qualifizierte Bewerber werden », énonce une promotion du quotidien économique et financier allemand *Handelsblatt* (novembre 1992).

8. M.W. Wölfle, directeur général de MGM (régie de Pro 7, Kabelkanal et DSF) déclare : « MGM Media Gruppe München sees itself as a producer of viewer contacts », présentation de *Planungsdaten 1993. Leistung und Preise.*

éventail de prix est inévitable. D'ailleurs, ce ne sont pas tous les éléments de l'audience mais seuls, au sein de l'audience, les acheteurs du produit (*i.e.* le cœur de cible de l'annonceur) qui paient la publicité du produit. Seuls ces acheteurs bénéficient complètement de l'information diffusée au terme de l'action publicitaire (utilité), seuls ils peuvent la mobiliser pour établir leur préférence (marque A *vs* marque B) et fonder leur décision d'achat.

La publicité est partie prenante du produit ou du service (*joint product*), pas du média. A la différence de ce qui se passe lorsqu'un vendeur effectue une démonstration sur le lieu de vente ou à domicile, tous ceux qui reçoivent le message publicitaire n'en sont pas utilisateurs (= 1 – taux d'affinité), aussi faut-il compenser ceux qui reçoivent le message sans que l'information reçue leur soit utile : cette compensation prend la forme de divertissement ou de service (émissions, mobilier urbain, articles, petites annonces, services divers, etc.). La publicité a pour eux un prix négatif parce qu'il y a plus de publicité que n'en accepterait le demandeur à un prix égal à zéro (désutilité supérieure à l'utilité). Cette compensation se traduit aussi par la diminution du prix d'accès au média ; dans ce cas, la part de l'espace/temps consacrée à la publicité est inférieure à la part de la publicité dans le chiffre d'affaires du média.

La distinction effectuée par certains médias thématiques entre les annonceurs « captifs » (*endemic advertising*) et ceux qui se trouvent en affinité moins évidente avec le média est significative d'une politique des prix visant à diversifier les annonceurs d'un média. Par exemple, dans le magazine *Elle* américain, les annonceurs de produits liés à la mode, aux accessoires, aux bijoux et aux parfums, parce qu'ils sont considérés comme « captifs » de ce support, ne bénéficient pas des abattements liés aux achats dans plusieurs titres du groupe Hachette Filipacchi.

Pour le média, le coût de diffusion du message publicitaire, les frais techniques étant pris en charge par l'annonceur, est faible voire nul[9], une fois amortis les outils de diffusion des messages et les frais de régie. L'espace ou la durée *stricto sensu* alloués par les médias pour collecter cette audience interviennent bien sûr dans le prix (en radio ou en télévision, un 30 secondes coûte plus cher qu'un 20 secondes, en affichage un cadre double coûte plus cher qu'un simple, en presse une simple page coûte moins qu'une double et la couleur est plus chère que le noir et blanc) ; ces différences de prix se justifient par la plus forte probabilité d'attirer et de retenir l'attention du lecteur, du téléspectateur, du passant ou de l'auditeur. Car la valeur de l'espace n'est en fait que celle de l'audience à laquelle il ouvre l'accès.

2. Les déterminants du prix de l'espace publicitaire

Les déterminants de ce qu'achètent les annonceurs sont nombreux et diversifiés.

9. Voire négatif puisque l'espace ainsi occupé dispense de programmer une émission, un article, une photo. Voir Commission de prévention de la corruption, *Rapport à Monsieur le Premier ministre*, Rapport d'étape, juin 1992, p. 68.

2.1. Le taux d'affinité, l'audience utile à l'annonceur

Le prix juste d'un média est le prix de la part de l'audience de ce média qui correspond à la cible de l'annonceur (taux d'affinité = audience utile/ audience totale). Le rôle de son conseil est de déterminer ce prix ; le rôle de son acheteur est d'obtenir ce produit à ce prix.

L'annonceur n'achète pas l'audience entière du média, il n'achète que l'audience qui lui est utile. A l'évidence, celle-ci n'est pas la même pour tous les annonceurs. L'utilité se mesure en termes sociodémographiques, géographiques, de pratique culturelle, de patrimoine (économique et culturel). L'intérêt de l'annonceur comme du média est que la communication publicitaire sélectionne les médias et les supports qui effectuent la meilleure sélection d'audience.

L'affinité d'un média avec divers segments de population s'évalue par rapport aux dispositions de la cible de l'annonceur (*habitus* communs) et relève d'une étude sociologique évaluant également l'implication (*CPM involved*). L'affinité est également d'ordre géographique : un annonceur à clientèle régionale est indifférent à une audience nationale[10].

Dans une certaine mesure, la tarification au rendement qui rémunère le média en fonction des retours mesurables de la campagne, qu'il s'agisse de commandes ou de simples demandes d'information (*per order, per inquiry*) est le degré le plus précis de la facturation : seule l'audience utile à l'annonceur compte et est payée. Le couponnage ou le marketing direct peuvent aussi parfois être des solutions pour évaluer les performances publicitaires d'un média. En avril 1996, Procter and Gamble dans ses négociations d'achat d'espace sur le site de l'annuaire Yahoo[11] (Internet) a refusé de prendre en compte l'ensemble de l'audience ayant vu le bandeau hypermédia[12] mentionnant un de ses produits. L'annonceur n'a accepté de payer que pour les personnes de l'audience qui ont cliqué sur ce bandeau d'un produit, privilégiant donc l'audience utile (*pay-per-click*) par rapport à l'audience totale (« visites »). Cette attitude confirme que l'achat d'espace n'est qu'un pis-aller commode pour l'annonceur qui préfère l'audience utile, chaque fois qu'elle est disponible.

2.2. La qualité de la mesure de l'audience

Une audience utile doit être prouvée ; son utilité doit être évaluée. Les lecteurs/auditeurs/téléspectateurs/passants doivent être comptés et qualifiés en déterminant leurs caractéristiques sociodémographiques. Cette évaluation doit être effectuée selon une périodicité conforme aux changements de contenu du média. L'inégalité des informations concernant l'audience est un élément de la concurrence entre médias, d'une part, entre médias et hors

---

10. Une mauvaise sélection géographique est non seulement inutile mais contre-productive : en 1994, NRJ qui diffusa à Malmö, à Gotenborg et à Stockholm une campagne de Texaco ne visant que la capitale gêna l'annonceur qui proposait une promotion dans cette ville mais pas dans les deux autres.

11. L'annuaire Yahoo est l'un des annuaires de recherche d'adresses de sites sur Internet.

12. Le bandeau hypermédia est l'emplacement publicitaire ouvrant l'accès à des pages de publicité, lorsque l'on clique dessus avec le pointeur de la souris de l'ordinateur.

médias, d'autre part. L'audience est connue dès le lendemain, minute à minute, pour la télévision, quatre à six fois par an pour la radio, parfois une fois par an seulement pour la presse qui ne donne que des audiences moyennes (mensuelles) alors que l'annonceur l'achète au numéro[13]. Elle peut être évaluée en continu sur un site Internet.

L'évaluation de l'audience doit être effectuée conformément aux normes scientifiques établies (les « règles de l'art » à un moment donné), admises par l'interprofession. Ceci discrédite les études réalisées par un média seul ; elles peuvent servir à la promotion des ventes du média, à sa réflexion marketing mais pas à prouver son audience pour l'acte d'achat. La mesure d'audience est d'autant plus utile qu'elle recourt à des agrégats stables, à une méthodologie constante, permettant l'élaboration de séries longues autorisant des extrapolations. Les catégories de la mesure des audiences (durée d'écoute par auditeur, audience cumulée, quart d'heure moyen, etc.) doivent être comparables d'un média à l'autre et d'un pays à l'autre, de façon à permettre des plans multimédias et des plans internationaux (voir l'importance des harmonisations européennes en cours). Les cibles doivent être aussi proches que possible des cibles du marketing des marques, des produits et des services, l'idéal étant approché par le recours à une « source unique » pour les deux types de données.

Un média mal mesuré introduit un risque économique pour l'annonceur, dévalorisant le produit et l'audience achetés. Il est de l'intérêt commercial d'un support d'organiser la fiabilité de la mesure du média auquel il appartient.

2.3. L'intérêt porté par les consommateurs au contenu du média

Plusieurs indicateurs permettent d'estimer le taux d'intérêt que portent les consommateurs d'un média à son contenu.

– La répartition entre l'audience primaire et l'audience secondaire (1/taux de circulation) sur la zone de diffusion retenue. On appelle « audience primaire » l'audience qui a elle-même sélectionné le média pour son propre usage (l'acheteur d'un magazine, par exemple) ; on appelle « audience secondaire » (*pass-along reader*) celle qui est composée de ceux qui ont fréquenté le média sans l'avoir acheté (lecteurs des salons de coiffure, téléspectateurs des aéroports, auditeurs des radios dans les magasins, etc.) (schémas 1 et 2).

L'audience secondaire est moins chère que l'audience primaire qui décide de l'achat du média, s'abonne, choisit l'émission. L'audience secondaire subit le choix effectué, sa motivation est moindre. Est-il raisonnable de confondre les deux types d'audience lors du calcul du coût pour mille (CPM)[14] ?

13. Publication de la diffusion en temps réel par certains éditeurs (*Le Nouvel Observateur* en 1992), sous l'effet de la concurrence de la télévision.

14. Voir, par exemple, les réactions de Louis M. Schultz de Lintas : Worldwide (Coca-Cola, IBM, General Motors) qui met en question le lectorat non primaire au profit de la notion de *core readers* : « Our clients want accountability [...] clients want to believe their ads are reaching readers. They don't want simple nose-counting », cité par Patrick M. Reilly, « Gauge of Magazine Readers is Criticized », *The Wall Street Journal* (October 10, 1992).

Schéma 1 – Comment le lecteur s'est-il procuré son magazine télé ?

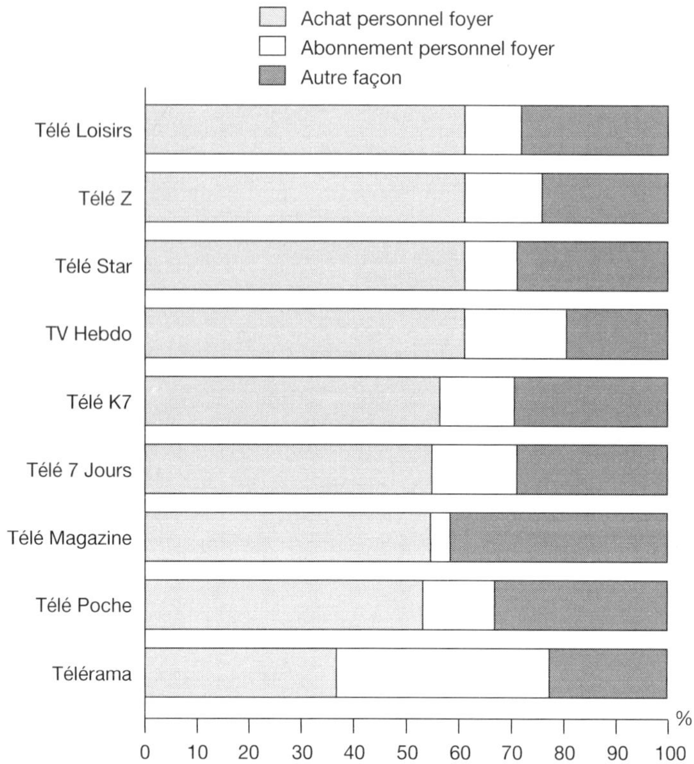

Source : AEPM juillet 1994-juin 1995. Traitement Concerto Média.

Cette répartition de l'audience est présente dans la notion de taux de circulation, principalement utilisée en presse (*readers per copy*). Un taux de circulation (lectorat/diffusion) élevé traduit la volonté de l'éditeur de maximiser les ressources publicitaires d'un média au détriment des revenus de la vente au numéro. Il est souvent lié aux pratiques de promotion : offre massive d'exemplaires gratuits (*bulk circulation*), etc.

– Le taux de reprise en mains, facteur de répétition (schéma 3). Le nombre de reprises en mains peut être lié à la nature du média (élevé dans le magazine des programmes de télévision, faible pour un quotidien) ; les reprises en mains peuvent s'étaler sur une longue durée (magazines ou émissions que l'on relie ou collectionne).

– La durée totale de consommation, c'est-à-dire la durée d'écoute par auditeur.

– Le lieu de consommation (domicile, entreprise, déplacement professionnel, hôtel, etc.). La valeur de cet indicateur est à apprécier selon le type de presse ou de télévision. Il correspond parfois au degré d'exclusivité dans la consommation que tentent de révéler les études de budget-temps : la consommation de certains médias peut être presque exclusive (aucune activité concomitante), comme la lecture d'un quotidien financier, ou souvent associée à une autre activité, comme la lecture d'un magazine de télévision ou l'écoute de la radio, média qualifié d'accompagnement.

Schéma 2 – Nombre de lecteurs par exemplaire vendu

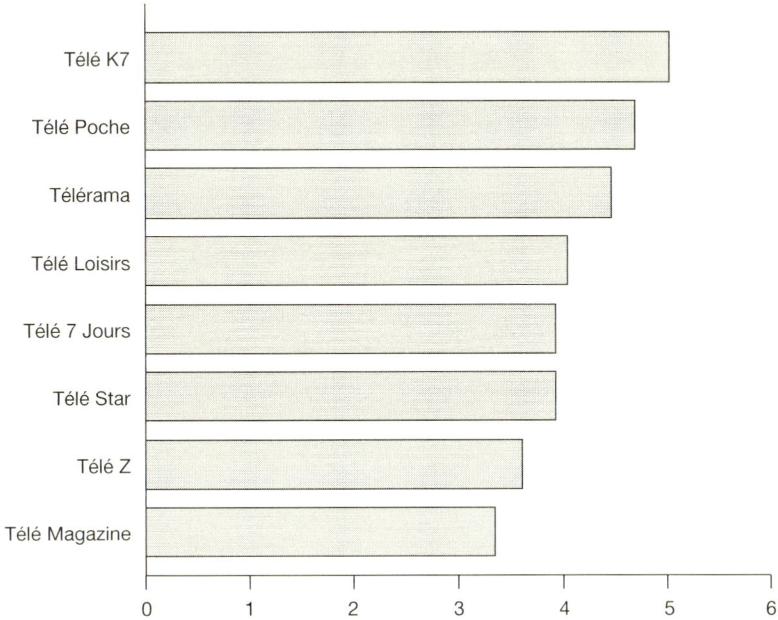

Source : AEPM juillet 1994-juin 1995, Diffusion Contrôle, OJD 1994. Traitement Concerto Média.

Schéma 3 – Reprises en mains et durée de vie « utile » des magazines

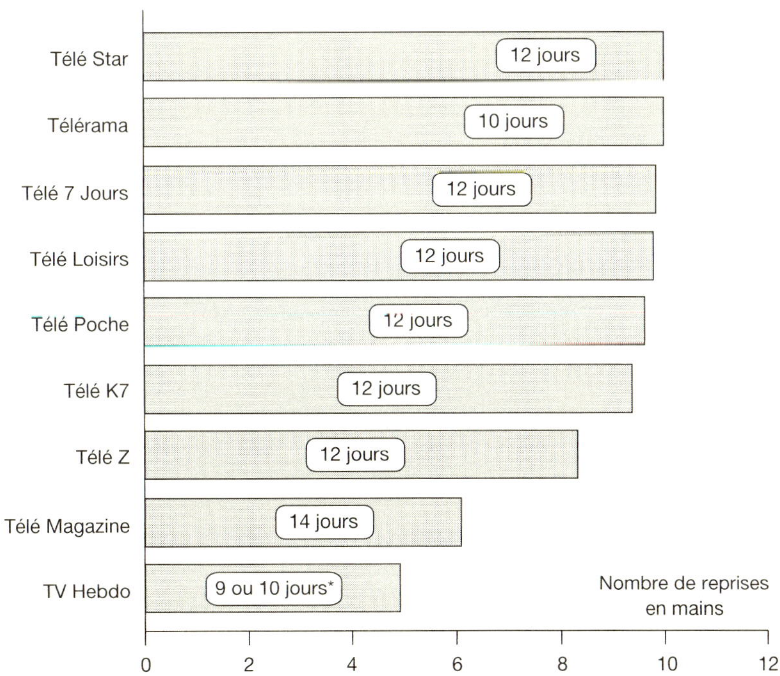

* en fonction du jour de parution du quotidien.

Source : AEPM juillet 1994-juin 1995. Traitement Concerto Média.

Les consommations hors domicile peuvent être fortement positives, signes d'intérêt professionnel par exemple, ou moins intéressantes (lectures de salles d'attente, par exemple). De plus en plus souvent, la télévision s'installe sur les lieux professionnels, les salles de marché, les arrêts pour chauffeurs routiers (*truck-stops*), ainsi que dans les lieux de détente ou d'attente, les chambres d'hôtels et d'hôpitaux, les salles d'attente, les cafés, et dans les campus universitaires. La consommation de radio hors du domicile est devenue importante (véhicules, lieux de travail).

– Le taux d'abonnement (schéma 3 et tableau 1) est plus ambigu, sa valeur dépend des conditions de souscription de l'abonnement (avec ou sans incitation, réduction, cadeau, vente jumelée, etc.). L'achat en kiosque (presse), à la carte (télévision, vidéo, etc.) est sûrement un signe d'intérêt, non de passivité. Il est lié à l'événement que couvre ou que crée le média ; l'abonnement est le signe d'une fidélité globale à un média, à une ligne rédactionnelle, à un ton, il n'induit pas nécessairement une lecture régulière.

Tableau 1 – Taux d'abonnement

	Diffusion France payée	Abonnés (%)
Télé 7 Jours	2 846 164	26,4
Télé Z	1 975 010	25,2
Télé Star	1 809 921	14,1
Télé Loisirs	1 489 950	12,3
Télé Poche	1 399 132	28,2
Télérama	596 908	61,0
Télé K7	427 992	21,9
Télé Magazine	416 406	4,6
Télécâble	174 332	89,3
TV Câble Hebdo	86 922	57,4

Source : Diffusion Contrôle, OJD 1994.

– Les duplications entre médias (tableau 2). Deux (ou plusieurs) médias ont un nombre plus ou moins élevé de lecteurs ou de consommateurs communs. Un média sans duplication est indispensable car il est détenteur de lecteurs, d'auditeurs ou de téléspectateurs exclusifs, que probablement l'on ne touchera guère par d'autres supports de ce média.

– Le taux de lecteurs fidèles/réguliers (achetant au moins 10 exemplaires sur 12 d'un mensuel, par exemple). Cet indicateur assure l'annonceur qu'il touchera en un passage l'audience indiquée par les études de lectorat[15] ; cela vaut également pour la notion d'auditeurs réguliers en radio. L'audience d'occasion ne vaut qu'en fonction de l'occasion (événement exceptionnel, etc.).

15. L'éditeur allemand Heinrich Bauer Verlag propose cette notion sous le nom de *Kernleser*. Voir R. Wegner, B. Pulch, « Die Kernleser – eine Dimension in der Mediaplanung », *Horizont* (Nr. 6, Februar 1993), p. 42.

Tableau 2 – Duplications et lectorat commun (exemple de lecture : 26 % des lecteurs de *Télé K7* déclarent lire également *Télé Loisirs*) (en %)

	Télé K7	Télé Loisirs	Télé Magazine	Télé Poche	Télé 7 Jours	Télé Star	Télé Z	Télérama	TV Hebdo	Total lecteurs
Télé K7		26	10	29	34	32	26	6	8	2 175 000
Télé Loisirs	9		10	23	31	24	21	4	9	6 093 000
Télé Magazine	15	42		42	46	36	37	10	10	1 414 000
Télé Poche	9	21	9		32	24	26	5	9	6 641 000
Télé 7 Jours	6	17	6	19		22	17	5	10	11 318 000
Télé Star	10	21	7	23	35		22	4	9	7 182 000
Télé Z	8	18	7	24	27	22		3	8	7 182 000
Télérama	5	9	5	11	21	10	9		7	2 700 000
TV Hebdo	4	11	3	12	24	14	13	4		4 566 000

Source : AEPM juillet 1994-juin 1995. Traitement Concerto Média.

Ces différents indicateurs ne sont pas également disponibles pour tous les médias, bien qu'ils aient presque tous un sens pour la plupart d'entre eux et qu'ils puissent être calculés avec les outils actuels de mesure des audiences. Le tableau 3 indique les habitudes professionnelles actuelles dans les pays à médias développés, c'est-à-dire les données fournies de manière standard pour les principaux supports des grands médias (S) ou de manière non standard (NS) pour les données que l'on obtient sur demande spécifique (NS). Lorsque les indicateurs n'ont pas de pertinence pour le média, nous mettons un tiret (–) ; lorsqu'ils ont une pertinence mais que la profession ne s'y intéresse que de manière exceptionnelle, dans le cadre de projets de recherche, nous mettons un signe +.

Tableau 3

Indicateurs	Presse	Radio	TV	En ligne	Affichage
Durée de consommation	NS	S	S	NS	+
Duplications	S	NS	NS	NS	–
Taux de circulation	S	–	NS	–	–
Nombre de « reprises en mains »	NS	NS	NS	NS	–
Part d'audience secondaire	NS	–	+	–	–
Lieu de consommation	NS	S	NS	S	+
Audience régulière	NS	S	NS	NS	+
Taux d'abonnement	S	–	S	S	–
Provenance de la consommation	–	+	NS	S	NS
Distinction « Vu/Lu »	NS	+	+	S	+

2.4. Le transfert d'image

La valeur d'un média incorpore le transfert d'image effectué par l'environnement dans lequel s'insère le message (grilles de programmes, rédaction) et la réputation du titre dans le champ de référence (par exemple, sa légitimité auprès de la force de vente).

La légitimité est d'abord intrinsèque, propre à un média donné, par exemple la télévision (exploitée par les distributeurs : « vu à la télévision », « *as seen on TV* »). Ensuite, elle varie selon les supports de publicité offerts par un média. Dans les deux cas, cette légitimité varie selon les cibles : la télévision commerciale grand public a peu de légitimité auprès des cadres et des « professions intellectuelles supérieures », auprès de qui la presse quotidienne nationale est « prestigieuse »[16] (*The Wall Street Journal, Die Frankfurter Allgemeine, Le Monde, El Pais, Le Figaro, La Repùbblica, The Financial Times*, etc.). Tel titre ignoré du lectorat non spécialisé peut représenter la légitimité même pour des pratiquants d'une discipline donnée (philatélie, pêche en rivière, jeux vidéo, etc.) et pour des annonceurs d'un secteur donné.

16. L'étymologie latine, qui évoque l'illusion et le tour de passe-passe, dit clairement l'ambiguïté de la notion.

Comme le souligne pour sa promotion la *Neue Zürcher Zeitung* (mai 1995), l'opération de légitimation est dialectique, circulaire : « Le journal qualifie le lecteur et vice versa »[17]. Le journal est souvent arboré comme un signe de distinction sociale (incluant tous les jeux d'hyper/hypo-correction, de démagogie). Les usages sociaux, quasi sémiologiques du média sont nombreux : tel homme politique se faisant ostensiblement photographier avec un quotidien sportif, tel lycéen arborant un quotidien dit de prestige, tel candidat aux élections présidentielles américaines apparaissant sur MTV, etc. La notion de quotidien de prestige indique la valeur sociale du média ; prétendant à l'universel, elle omet de dire aux yeux de qui le média est prestigieux.

Le transfert de légitimité est fonction des emplacements du message publicitaire ; l'emplacement « de rigueur » est de ce fait plus cher qu'un emplacement disponible quelconque[18]. L'environnement (*Werbeklima*[19]) et le « contexte émissions[20] » constituent des facteurs d'image et d'impact (*Umfeldeinfluß*) ; opère ici un des principes fondamentaux de la sémiologie et du montage : la valeur du message publicitaire est affectée par l'environnement d'images et de messages dans lequel il est placé et « monté » par le plan média. Par conséquent, des durées ou des surfaces identiques peuvent prendre des valeurs inégales selon qu'elles sont achetées dans des médias (écrans d'interémission, salles de cinéma, presse, etc.) ou à l'intérieur même des messages (écrans d'interruption, parrainage, droits d'asile, placement de produits).

Le transfert de légitimité doit être apprécié spécifiquement pour chaque annonceur et chaque produit puisqu'il faut le rapporter au champ structuré dans lequel le produit prend sa place (prescripteurs d'opinion, décideurs, distribution, consommateurs, etc.). Un parfum n'évolue pas dans le même champ qu'un produit financier ou une enseigne de la distribution. Le parrainage tire toute sa substance de cette association d'images. Le parrainage essaie de maîtriser totalement les éléments de cette ambiance.

Le média aussi est une marque qui peut bénéficier de la légitimité de ses annonceurs (d'où l'importance lors du lancement d'un nouveau média de la sélection des annonceurs qui doivent contribuer à son image de marque et être en harmonie avec elle) mais qui transfère sa légitimité, sa

---

17. « Die Zeitung qualifiziert den Leser (*vice versa*) ».

18. C'est un élément susceptible de justifier des intéressements (*incentives*) en achat d'espace : obtenir, au-delà des conditions générales de vente, des emplacements préférentiels sans supplément de prix.

19. Recherches de IP-plus, la régie de RTL en Allemagne. Voir J.P. Wilwerding et D.M. Schmid, « Wir verkaufen mehr als nur Werbezeiten », *Horizont* (Nr. 23, 7. Juni 1991), p. 30-31. « Nous vendons davantage que de l'espace publicitaire. » D. Schmid précise : « Im letzen Jahr haben wir untersucht, wir hoch die Kontaktqualität der Spots bei RTL plus im Vergleich zu den Mitbewerbern ist. Das Ergebnis : Werbung auf RTL plus wird effektiv anders gesehen. Obgleich es die selben Spots sind, werden sie im Programm von RTL plus als unterhaltsamer und witziger empfunden. In diesem Sinne ist bei den Kölnern die Akzeptanz von Werbung höher als bei den anderen Sendern. So gesehen verkaufen wir in der Tat Programmumfelder. Jenseits der tausend-Kontakt-Preise ist die Kontaktqualität für die Kunden durchaus wichtig : Wie kommt meine Message rüber, wie ist das Umfeld ? ». Application à la publicité de l'« effet Koulechov », cher aux théoriciens du montage.

20. Désigne les émissions dans lesquelles sont insérés des messages publicitaires.

crédibilité (transfert de crédit, propension à croire[21]) et sa proximité[22] à ses annonceurs.

La légitimité d'un média se construit ; elle résulte de sa politique éditoriale ou de sa programmation. Les récompenses (*awards*) visent à organiser et à rationaliser le marché de la légitimation et de la réputation (instances de légitimation). MTV vend aux annonceurs sa réputation auprès des teenagers : « Quand ils voient votre message sur MTV, c'est comme si vous rejoigniez leur club. Tout à coup, vous êtes l'un d'entre eux » (Campagne de promotion de MTV aux Etats-Unis, printemps 1993).

2.5. L'encombrement

La limite haute de l'encombrement d'un média est, en Europe, généralement fixée par voie législative ; en France, le Code général des impôts ou des PTT pour la presse, les cahiers des charges des chaînes pour la télévision, la loi de 1979 pour l'affichage établissent les normes de la présence publicitaire. Aux Etats-Unis, l'interprofession se charge de cette régulation. Pour un produit donné, l'encombrement est l'inverse de la visibilité (*awareness*). L'encombrement s'évalue en volume (durée, surface) ainsi qu'en nombre d'interventions ou d'interruptions[23] (l'encombrement à la télévision s'évalue en durée totale et en nombre de messages) (schémas 4 et 5).

Schéma 4 – Durée totale des écrans publicitaires par jour (ensemble des chaînes nationales hertziennes terrestres)

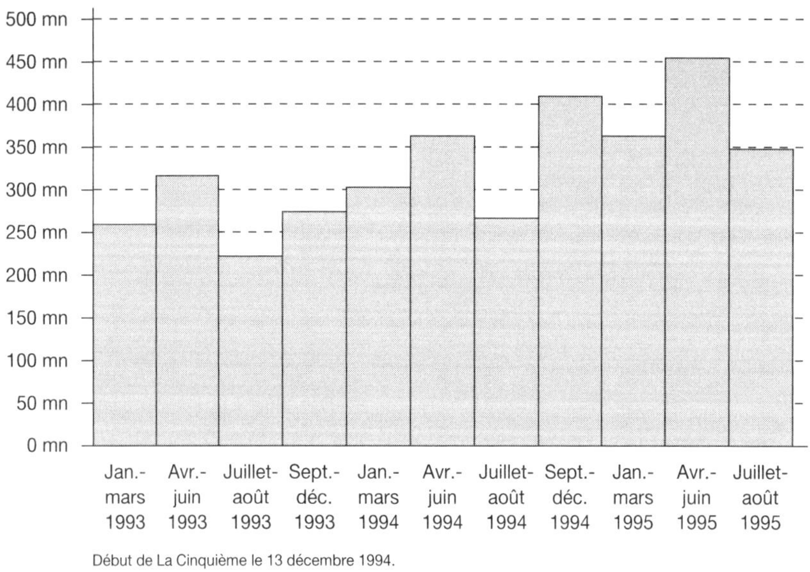

Source : Sécodip, tableau de bord télévision. Traitement Concerto Média.

---

21. Digne d'être cru (*Glaubwürdigkeit*). Voir sur un cas de crédibilité, A. Du Roy, « Sondage. Les Français et leurs médias. L'indépendance en crise », *Médiaspouvoirs* (n° 29, janvier-mars 1993), p. 5-14.
22. Voir IP-plus, « Werbeklima und Kontaktqualität », 1992.
23. Voir l'ancienne réglementation américaine des pressions publicitaires.

Schéma 5 – Evolution du nombre de marques (ensemble des chaînes nationales hertziennes terrestres)

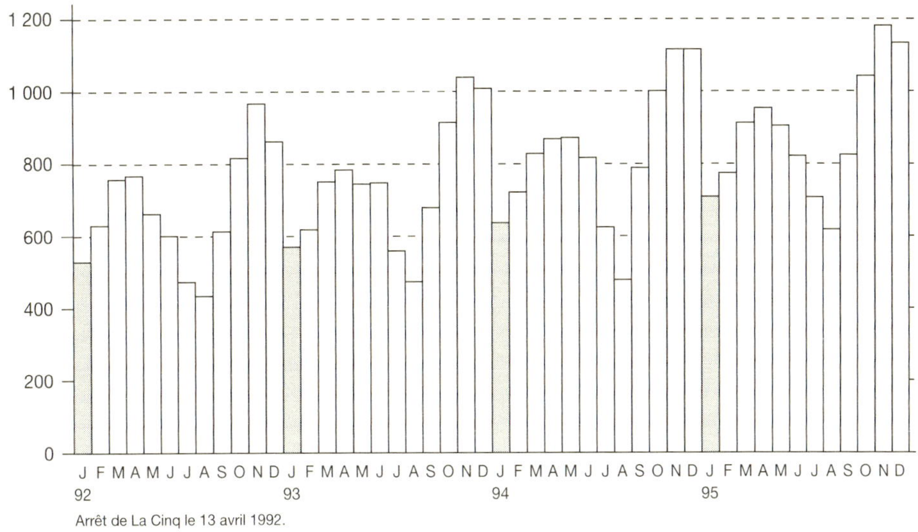

Source : Sécodip, tableau de bord télévision. Traitement Concerto Média.

La politique des prix pratiquée par un média, qu'il s'agisse des formats (variable déterminante du nombre de messages publicitaires) ou du CPM (variable déterminante de la durée de la publicité), induit un niveau d'encombrement (*clutter*).

Certains médias ne sont vendus aux annonceurs qu'une fois. D'autres, comme les chaînes payantes, ne comptent pas seulement sur la publicité pour leurs revenus mais recourent également à l'abonnement, voire à la fiscalité (redevance, subventions, dotations budgétaires, aides diverses). Ces derniers dégagent donc des niveaux d'encombrement inférieurs à ceux des médias gratuits pour le consommateur (télévision commerciale privée, affichage, presse gratuite, etc.).

L'encombrement est une externalité qui peut être définie comme une non-émission ; en télévision, la définition de l'encombrement inclut la publicité, la promotion des produits de la chaîne (messages d'autopromotion[24], indicatifs divers, annonces des présentateurs, etc.) ainsi que les génériques, les séparateurs d'écrans publicitaires[25], etc. En presse, l'encombrement se mesure à la présence publicitaire, à la promotion des autres médias (échanges-marchandises), à l'autopromotion, aux informations réglementaires (« ours ») ; la multiplication des « tournes » en presse est également facteur d'impression d'encombrement[26]. Les annonceurs sont sensibles à l'encom-

---

24. Même si sa contribution à l'information du téléspectateur est indéniable. Voir D. Brennan, « I can't believe it's clutter », *Media Week* (June 4, 1993), p. 18.

25. TF1 Publicité s'engage dans le cadre d'une « garantie d'impact » à ne pas diffuser d'écrans publicitaires excédant 4 mn 20 de publicité. En cas d'entorse à cet engagement, l'annonceur bénéficie d'un abattement de 30 %.

26. Voir F. Mariet, « Etats-Unis : USA Today réveille la presse », *Médias Pouvoirs* (n° 2, mars 1986).

brement d'un titre. Ainsi, en septembre 1995, Estee Lauder USA retira ses pages de publicité de trois titres de Conde Nast (*Glamour*, *Mademoiselle*, *Vanity Fair*) qui avaient accepté des inserts volumineux, sur du papier épais[27] (pour Marlboro, Chrysler, Mercedes et DeBeers), susceptibles de détourner l'attention des lecteurs de ses publicités.

L'encombrement, souvent corrélé à la répétition, induit les attitudes d'évitement (*zapping*) et une moindre probabilité pour le message d'être perçu. La sensibilité à l'encombrement varie selon la culture et les habitudes de chaque pays et de chaque groupe social (conscience du temps).

La courbe de Laffer s'applique aux recettes publicitaires comme aux recettes fiscales : en situation de concurrence, elles décroissent lorsque l'encombrement s'accroît au-delà d'une limite que cherchent à fixer les études d'impact (l'impact est inversement proportionnel à la longueur des écrans publicitaires[28], l'impact des écrans de coupure est plus élevé que celui des écrans d'interémission, etc.).

Si l'encombrement publicitaire est trop important, il reste au média à compenser l'éloignement de son audience naturelle par une baisse de son prix facial, par des cadeaux, etc. Lorsque le prix facial est bas, il est probable que l'affinité du public avec le média ne peut être évaluée au moyen d'une observation du contenu puisque ce n'est pas seulement en raison du contenu que le public est présent.

Le sentiment d'intrusion (*Störung*)[29] que provoque la diffusion du message publicitaire dans certaines conditions est lié à l'encombrement. Ce sentiment peut conduire à l'hostilité, voire à la réprobation : écrans publicitaires à la télévision ou à la radio interrompant des émissions d'information exceptionnellement dramatiques, fonds sonores rompant une ambiance musicale en radio, multiplication des pages de publicité dans les magazines qui augmente le nombre de « tournes », affichage défigurant un site.

La diffusion de mauvais plans médias, de mauvaises créations accroît le sentiment d'encombrement : il est donc de l'intérêt du média de contrôler ce niveau d'encombrement pour maintenir la valeur de l'espace publicitaire.

L'encombrement est contre-productif dans tous les cas et dévalorise un média, ce qui induit nécessairement une diminution des prix. Certains médias en viennent à garantir le niveau d'encombrement (grandes chaînes de télévision terrestres américaines, par exemple) ou la durée maximum d'un écran publicitaire (TF1).

Voisine de la notion d'encombrement se trouve celle d'exclusivité garantie à l'annonceur (totale, par rapport à un secteur délimité) dans la communication : plus nuisible encore que l'encombrement publicitaire

---

27. De ce fait, le magazine s'ouvre naturellement sur ces inserts (dits *attention grabbing inserts*). *Cosmopolitan* pour garder les messages de Estee Lauder fit réimprimer les inserts sur du papier plus léger.

28. The Weather Channel limite la durée des écrans à 60 secondes : « With our unique 60-second commercial pods they don't become frustrated by long breaks or clutter ».

29. L'encombrement perçu est supérieur à l'encombrement réel (pour un encombrement publicitaire moyen de 60 à 75 mn sur les chaînes commerciales, un échantillon représentatif de 1 000 Français de 15 ans et plus interrogés par l'IFOP en 1992 estime que cette durée est de 30 mn (8 %), 60 mn (30 %), 120 mn (27 %), 180 mn (18 %), 240 mn (10 %), plus de 240 mn (1 %), ne sait pas (6 %)).

général à l'impact de son message est la multiplication des messages publicitaires pour le même type de produits. La télévision s'interdit la présence de deux produits de même catégorie dans un même écran publicitaire, la presse est souvent moins sourcilleuse (combien de marques de parfums dans un magazine féminin, de marques de modems dans un magazine informatique, etc. ?). Le rêve, rarement réalisé, d'un annonceur est que son produit soit le seul à communiquer dans un magazine ou une émission de télévision, d'où la tentation de contrôler tout l'espace disponible en produisant un magazine ou une émission.

2.6. La capacité à induire une mémorisation involontaire

Toutes choses égales par ailleurs, cette propension à être mémorisé (*day-after-recall, Errinerungswert*) varie, entre autres, selon les modes d'organisation perceptive de chaque média et les conditions sociales de réception. Ceci varie bien sûr selon les cibles que chaque média vise en priorité (*i.e.* leur culture perceptive).

Le cinéma induit une plus forte mémorisation que la télévision (le spectateur est entièrement disponible pour des messages dont la qualité sonore et visuelle est élevée). Les pages en couleur favorisent plus la mémorisation que les pages en noir et blanc. Un média impliquant une forte attention comme Internet doit également provoquer de fortes mémorisations. Paradoxalement, l'incommodité liée à la technique du média (lenteur de déchargement des pages) joue un rôle positif.

2.7. Le degré d'incertitude qu'implique le recours à ce média

Les audiences fluctuent selon la météo, les événements, la concurrence des autres médias, les résultats, le suspense (sport), les grèves, etc. Le prix varie selon la probabilité de l'audience d'être au rendez-vous. La fidélité et la régularité de l'audience ont un prix élevé car ils réduisent les risques que prennent les acheteurs d'espace qui parlent alors de « valeurs sûres » : ils prennent comme base de leurs plans médias les titres, les émissions dont les audiences sont régulières, donc prévisibles. Le métier incite les acheteurs au conservatisme, à la prudence et les rend peu enclins à prendre des risques pour acheter de l'espace dans une émission nouvelle ou un titre récemment lancé.

Les garanties avec compensations sur cible dans les mêmes conditions que l'achat premier (*makegoods*) limitent les risques pour l'annonceur tandis que la décision du volume mis en vente définit le risque que la chaîne est prête à prendre[30]. L'achat sur le *scatter market* est plus risqué pour l'annonceur qui a repoussé son achat car le prix dépend du volume restant en vente, donc du volume des compensations qui peuvent restreindre l'offre disponible. Le troisième marché, celui de l'occasion (*opportunistic market*), n'introduit que des risques positifs pour les deux partenaires.

---

30. Ces garanties ne sont pas toujours formalisées ; en cas d'audience décevante, elles peuvent être consenties par le média afin d'« aider » son client.

La chronologie de l'achat par rapport à la date de diffusion du message affecte le prix, comme en témoignent *a contrario* les délais d'annulation des ordres indiqués dans les conditions de vente et de règlement : au fur et à mesure que l'on avance dans le temps, on dispose de plus en plus de connaissances pour prévoir l'audience.

Une tarification souple permet, en reportant des achats dans le temps, de tenir compte du fait que l'acheteur impose à la chaîne des coûts variables[31].

La sécurité de l'investissement est un facteur décisif : contrôle des horaires de diffusion, tournées d'affichage, etc. Le quotidien sportif *L'Equipe* a introduit en 1996 en France la garantie d'audience sur CPM, mais elle laisse ses annonceurs courir la chance d'une meilleure audience puisqu'elle ne calcule ses coûts anticipés que dans l'hypothèse où les équipes françaises perdent.

*

* *

L'évolution des médias et leur démographie galopante (le nombre de chaînes de télévision à portée nationale a doublé entre 1990 et 1995) imposent aux médias comme aux entreprises qui les utilisent (annonceurs) de nouvelles disciplines. La prise en compte de la formation de la valeur d'un média doit être plus complète et plus attentive. Les automatismes, quasi mécaniques, qui ont fondé depuis les années 1950 les plans médias, doivent être secondés, voire remplacés par des dispositifs de plus en plus qualitatifs (appréciation des affinités par l'analyse des contenus, etc.). La segmentation croissante des médias impose des techniques de travail qualitatives puisque la mesure de l'audience ne peut renseigner convenablement les annonceurs et leurs conseils médias. N'oublions pas que le coût de la mesure de l'audience s'accroît pour tous les médias en même temps que leur précision diminue : l'utilité est décroissante. Par ailleurs, les moyens d'évitement de la publicité se multiplient au service du consommateur. Le plus important de ces moyens consiste à consommer des médias sans espace publicitaire, médias financés uniquement par la vente directe à la carte (*pay-per-view*) ou à la consommation (*pay-per-day*, etc.). Une telle perspective n'est pas inimaginable alors que se multiplient les bouquets de chaînes de télévision et de radio numérique, les sites Internet, la musique à la demande, etc.

Le défi pour les annonceurs consiste à trouver des modalités de communication qui implantent leurs messages sans gêner le consommateur et à proposer des contenus que recherche le consommateur parce que ces contenus comportent une fonction d'utilité. C'est ce que signifie une mise en garde lancée fin 1994 par Edwin L. Artzt, alors président de Procter and Gamble : « If advertising is no longer needed to pay most of the cost of the

31. Problème que connaissent les entreprises du secteur public (EDF, SNCF, Air France, France Télécom, etc.). « Il est normal que le prix acquitté par le consommateur pour un service apparemment identique varie selon les moments, dans la mesure où les coûts qu'il impose à l'entreprise publique sont en réalité différents », explique le Conseil de la concurrence cité par J.F. Polo *in* « Les services publics généralisent les tarifs à la carte », *Les Echos* (2 décembre 1992), p. 12.

entertainment, then advertisers like us will have a hard time achieving the reach and frequency we need to support our brands »[32].

Diverses solutions apparaissent dont la logique est commune.

– Des émissions publicitaires réalisées par un annonceur pour traiter un sujet donné, qui le valorise indirectement, sélectionnent une cible pertinente pour son message : Volvo traite de la sécurité en voiture en une émission documentaire de 28 minutes diffusée sur les chaînes américaines ; chemin faisant, la réalisation indique les possibilités d'utiliser un numéro vert (n° 800) pour obtenir des informations complémentaires. Le principe peut être étendu pour donner naissance à des émissions combinant information et publicité (*infomercial*), formation et publicité (*edumercial*), documentaires et publicité (*documercial*), etc.

– L'annonceur coproduit les émissions de divertissement qui lui permettent de placer à son gré des messages publicitaires, des éléments de parrainage, etc. Stratégies anciennes développées depuis longtemps par les lessiviers (*soap opera*, par exemple), elles sont reprises par Procter and Gamble avec Paramount Television (pour les émissions « Good Company », « Almost Perfect », etc.), par PepsiCo qui donne son nom à une émission (« The Taco Bell Dana Carvey Show »), etc.

– Des annonceurs mettent en place des chaînes de télévision pour leurs produits : le fabricant de jouets Ravensburger entre dans le capital d'une chaîne de télévision pour enfants en Allemagne ; Microsoft s'associe à la chaîne de télévision NBC pour lancer une chaîne d'information, Intel avec Viacom dans le capital de la chaîne C/net.

– L'ouverture de sites sur des services en ligne permet à l'annonceur de mettre en scène sa communication à sa manière, de la maîtriser totalement. Il ne lui reste qu'à convaincre le consommateur de visiter son site (référencement pertinent dans les annuaires de recherche, échanges de pointeurs avec des sites en affinité avec sa marque, promotion sur d'autres médias, etc.).

– Le raccourcissement de l'arc publicité-vente est réalisé par la proximité programmée de la vente et de la mise en scène du produit. Sur The Golf Channel, par exemple, une émission sur un tournoi de golf est suivie d'une brève émission de télé-achat vendant des clubs, des séjours dans des hôtels disposant de cours de greens, etc.

Dans tous ces cas, l'annonceur devient fournisseur de données, d'information, de contenus et, ce faisant, il assure lui-même la proximité entre ses produits et services, d'une part, et les consommateurs-cibles, d'autre part. Cette évolution ne paraît pas improbable alors que se multiplient les moyens de distribution, sous les effets conjugués de la numérisation et de la compression : l'abondance de médias décuple la demande de contenus.

Dès lors, il faut s'attendre à voir se développer des régies publicitaires de types nouveaux et notamment des régies publicitaires de groupe multimédia, permettant aux annonceurs d'acheter en une seule transaction tous les médias d'un même groupe.

32. « Si la publicité n'est plus indispensable pour financer la majeure partie des coûts des divertissements, les annonceurs vont avoir du mal à atteindre les niveaux de couverture et de répétition dont nous avons besoin pour maintenir nos marques ».

En effet, la numérisation des contenus qui rend commune la matière première de tous les médias permet de diffuser un même contenu sur plusieurs médias, par exemple, sur une chaîne de télévision locale, un magazine spécialisé, une station de radio, un serveur Internet, un quotidien. En achetant simultanément de l'espace sur chacun de ces médias, un annonceur s'assure une présence à l'esprit de ses cibles. On est passé de l'achat d'espace sur un média à l'achat d'espace dans un contenu distribué, mis en scène sur des médias divers. Les critères d'appréciation de la valeur ne changent pas ; seuls sont nouveaux les domaines d'application.

Références

BURDA, « Zukunft der Medien. Zukunft der Werbung », Bericht über Expertengespäche, Burda Anzeigen-Marktforschung, Februar 1995.

FINK C.C., *Strategic Newspaper Management*, New York, Random House, 1955.

GARDNER H.S., *The Advertising Agency Business. The Complete Manual for Management and Operation*, NTC Business Books, Lincolnwood, 1988.

Gesamtverband Werbe Agentur (GWA)/Target – Studie zu Effizienz von TV-Spots, *Pilotstudie* (April 1996).

KEITH M.C., *The Radio Station*, Boston, Focal Press, 1986.

LIN C.A., « Audience Fragmentation in a Competitive Video Marketplace », *Journal of Advertising Research* (November-December 1994), p. 30-38.

MARIET F., « Le marché télévisuel et la démocratie de l'audience », *Communications* (n° 51, mai 1990).

MARIET F., « La stratégie du groupe Tribune Company. Tous les médias mènent à l'autoroute électronique », *Décisions Média* (avril 1994).

MARIET F., *La télévision aux Etats-Unis. Médias, marketing et publicité*, 2e éd., Economica, 1992.

MCCAVITT W.E., PRINGLE P., *Electronic Media Management*, Boston, Focal Press, 1986.

MW, « Booking Space for the Future », *Media Week* (January 12, 1996), p. 20-21.

SCHULBERG B., *Radio Advertising. The Authoritative Handbook*, NTC Business Books, 1989.

SISSORS J.Z. *et al.*, *Advertising Media Planning*, 3e éd., Chicago, NTC Business Books, 1989.

TESLER L.G., « Supply and Demand for Advertising Messages », *American Economic Review* (vol. 56, May 1966), p. 47-466.

TUERCK D.G. (éd.), *Issues in Advertising. The Economics of Persuasion*, American Enterprise Institute for Public Policy Research, Washington D.C., 1978.

VOGEL L., *Entertainment Industry. A Guide for Financial Analysis*, 3e éd., Cambridge University Press, 1994.

Mots clés

Abonnement, achat d'espace, affichage, affinité, audience, circulation (taux de –), couponnage, couverture/répétition, duplication, garantie, Gross Rating Point (GRP), impact, Internet, lectorat, média planning, radio, répétition/couverture, télématique, télévision.

Marketing direct

98

Dominique Xardel

Le marketing direct concerne l'ensemble des activités par lesquelles un vendeur effectue le transfert de biens matériels ou de services à un acheteur, sans utiliser d'intermédiaires autres que les différents médias actuellement disponibles.

La vente par correspondance, qui fait appel à l'imprimé sous toutes ses formes, le publipostage ou le catalogue, la vente par téléphone, la vente à domicile, mais aussi la vente par radio, par télévision (sauf en France où la distribution n'a pas droit d'accès aux chaînes nationales) constituent les techniques essentielles du marketing direct. De même, le télex, la téléinformatique, la télécopie, le télétraitement ou courrier électronique, les terminaux domestiques, le vidéotex et, d'une façon générale, les nouvelles techniques de télécommunications accessibles au grand public appartiennent aussi au vaste domaine du marketing direct[1].

Aujourd'hui, en France, les ventes directes s'effectuent encore essentiellement par correspondance à l'aide des centaines de millions de publipostages ou mailings distribués chaque année par les services des P&T, des dizaines de millions de catalogues, et des annonces avec coupon réponse publiées toute l'année dans les divers supports de la presse quotidienne et périodique. De même, les ventes directes ou les prises de commande par téléphone, les ventes à domicile ou en porte-à-porte, les ventes réalisées grâce aux multiples supports que sont les emballages de toutes sortes ou les imprimés proposés en tous lieux à l'attention du public sont en plein essor. Enfin, la vente par terminal domestique et courrier électronique se développe aussi.

1. Les objectifs et les moyens du marketing direct

Toutes les techniques précédemment mentionnées poursuivent le même objectif : obtenir, par le recours à un, deux ou plusieurs médias, une réponse

1. Voir dans cette Encyclopédie les articles de D. Roux et D. Soulié, « Nouvelles technologies de l'information et gestion de l'entreprise », p. 2140, tome 2 et de D. Tixier et B. Pras, « Marketing inversé – Interactivité, structure et pouvoir », p. 1871, tome 2.

ou une commande du consommateur au vendeur. Il s'agit d'établir un dialogue, une interaction. Les bases de données constituent les moyens essentiels pour atteindre ces objectifs.

1.1. Les objectifs du marketing direct

Ceux-ci peuvent être de nature différente. Ils concernent la prospection, la vente et la fidélisation des clients.

1.1.1. La prospection

Prospecter consiste à trouver de nouveaux clients avec des moyens divers et des méthodes nouvelles.

Le marketing direct permet une meilleure connaissance des clients et appuie les efforts de vente de l'entreprise.

La prospection est la démarche commerciale de toute entreprise qui veut se développer, augmenter ses ventes et ses parts de marché. Pour transformer les prospects en acheteurs actifs, la vente par correspondance fait appel à deux modes de communication : l'écrit et l'oral.

La communication par écrit utilise l'imprimé sous toutes ses formes, plus ou moins personnalisé, ainsi que le publipostage (mailing), le catalogue et les nouvelles techniques de télécommunications.

La communication par oral correspond à la vente par téléphone. Les banques et les compagnies d'assurances peuvent ainsi proposer leurs services, les éditeurs diffuser leurs ouvrages importants, les concessionnaires automobiles relancer leurs clients, etc.

1.1.2. La vente

Aujourd'hui, vendre consiste à satisfaire les attentes de différents clients et à créer le besoin d'un service. Il s'agit de satisfaire des acheteurs qui ont des besoins différents et, en priorité, de satisfaire ses propres clients.

La vente par correspondance, ou la vente à distance, permet de dépasser les limites d'une zone de chalandise habituelle, ou d'un territoire géographique, et d'atteindre de nouveaux clients. Elle permet aussi d'atteindre des petits clients qu'un vendeur ne peut pas visiter.

La création de trafic permet de rentabiliser les points de vente. L'intérêt d'une entreprise est de cumuler simultanément différentes méthodes de vente afin de créer des synergies entre différents circuits ou canaux de distribution[2].

1.1.3. La fidélisation

Toute entreprise doit rester à l'écoute de ses clients, c'est-à-dire connaître et comprendre leurs évolutions, leurs attentes, leurs besoins. Trouver un nouveau client est toujours coûteux. Il est souvent moins cher de conserver un bon client que d'en recruter un nouveau. Certains clients sont moins rentables que d'autres. On ne peut donc les visiter fréquemment. Mais il faut garder le contact avec eux.

---

2. Voir également dans cette Encyclopédie l'article de J. Jallais, « Canaux de distribution », p. 256, tome 1.

Le marketing direct permet d'informer en permanence et de maintenir le contact avec l'ensemble de la clientèle.

1.2. Les fichiers ou bases de données

Les fichiers constituent l'élément essentiel de toute activité de marketing direct. On en distingue traditionnellement trois catégories : les fichiers de compilation, les fichiers administratifs et les fichiers de comportement.

Les fichiers de compilation sont obtenus en rassemblant un certain nombre d'adresses personnelles ou professionnelles et de normes diverses (annuaire téléphonique, INSEE, clientèle de magasins). Peu précis, peu documentés et ne disposant pas d'informations sur le comportement des individus, ces fichiers donnent en général des résultats décevants à cause de la difficulté à identifier une cible claire et adaptée aux opérations envisagées.

Les fichiers administratifs sont les fichiers des entreprises importantes ou des administrations qui ne se sentent généralement pas concernées par le marketing direct, mais qui disposent d'importants fichiers : EDF, banques, assurances.

Les fichiers de comportement contiennent en général les clients actifs et les prospects d'une entreprise. Les premiers sont ceux qui ont effectué un achat depuis moins d'un an ; les prospects sont constitués aussi bien des anciens clients que des individus susceptibles de le devenir un jour. Les fichiers de comportement sont les plus précieux pour l'entreprise, car ils peuvent être « renseignés » au fur et à mesure de la vie du client. Ils permettent ainsi de dresser un profil d'acheteur et donc de mieux cibler les opérations.

Un individu qui a déjà répondu à la sollicitation d'un appel téléphonique, d'un publipostage ou d'un catalogue est mieux disposé à répondre à une nouvelle offre qu'un autre.

La segmentation la plus simple et la plus connue en matière de fichiers s'effectue en appliquant la règle « Récence-Fréquence-Montant » (RFM). La récence est la date du dernier achat effectué par le client. La fréquence représente le nombre d'achats effectués par le même client pendant une période donnée. Le montant correspond au chiffre d'affaires cumulé d'un client sur une période donnée.

Les meilleurs rendements sur un fichier sont obtenus la plupart du temps lorsque celui-ci présente une, deux ou plusieurs des caractéristiques qui constituent des règles bien connues des praticiens :

– un fichier constitué d'adresses de clients qui ont déjà acheté par correspondance donne toujours de meilleurs résultats qu'un fichier de personnes n'ayant pas l'habitude de cette méthode d'achat ;

– un fichier élaboré à partir des adresses de l'entreprise est meilleur qu'un fichier extérieur ;

– les meilleurs clients ont en général plus de 30 ans ;

– les chances d'obtenir un meilleur rendement sur un fichier de clients sont d'autant plus grandes que ceux-ci ont acheté récemment ; les rendements sont en général inversement proportionnels à l'ancienneté du client ;

– plus grand est le nombre d'achats effectués par un client, plus celui-ci aura tendance à les renouveler ;

– plus la valeur de l'achat effectué par un client est importante, plus les chances de le voir réagir positivement à une nouvelle offre sont grandes ;

– les périodes de l'année influencent les rendements ; les mois traditionnellement considérés les meilleurs sont : septembre-octobre et janvier-février ;

– les offres avec concours, loteries, *sweep-stakes,* primes ou périodes d'essai augmentent toujours les rendements initiaux, mais risquent aussi d'affecter le comportement du client dans ses achats ultérieurs ;

– les rendements diffèrent selon les zones géographiques et pas seulement en fonction de la densité urbaine.

2. Les domaines et les champs d'application du marketing direct

Aujourd'hui, le marketing direct est utilisé pratiquement dans tous les secteurs de l'économie. Certes, les moyens, les outils ou les méthodes peuvent varier d'une profession à l'autre, mais toute entreprise qui veut développer son volume d'affaires, prospecter de nouveaux clients ou simplement fidéliser sa propre clientèle, ne peut plus négliger les atouts que représente la pratique du marketing direct.

2.1. Le publipostage ou mailing

Outre un bon de commande avec ou sans enveloppe-réponse et d'éventuels additifs, tels que mémos ou échantillons, le publipostage est constitué de trois éléments principaux : une enveloppe porteuse, une lettre et un dépliant.

2.1.1. L'enveloppe

L'enveloppe a pour but non seulement de transporter le message, mais aussi d'attirer l'attention du lecteur. Elle porte une adresse imprimée dans une zone précise, délimitée par un rectangle dont les côtés sont situés à 40 mm du bord supérieur, 20 mm du bord inférieur et du bord latéral droit.

2.1.2. La lettre

Quelle que soit la longueur de la lettre, on a intérêt à tenir compte des constatations ou recommandations suivantes.

– Une lettre de quatre pages est plus vraie si elle est imprimée sur deux feuilles séparées et non sur une double feuille.

– Il est rassurant de croire que quelqu'un vous a écrit personnellement. Il l'est encore plus d'imaginer que quelqu'un a relu cette lettre avant de vous l'envoyer. Soulignez donc certains passages à la main au crayon de couleur sans utiliser de règle.

– Une autre méthode pour souligner des mots dans une lettre est d'utiliser des petits bandeaux jaune fluorescent imprimés sur des mots ou membres de phrases, comme si on avait utilisé un crayon feutre fluorescent.

– Pour être lu jusqu'au bout, mettez au bas de la première page de la lettre : « Tournez la page ! », « Voir au verso », « Suite au verso », « TSVP ».

– Si vous faites une énumération dans le corps de la lettre, mettez en face de chaque ligne une petite croix ou un petit trait oblique au crayon de couleur.

– Ne dépassez pas deux ou trois soulignés dans une même page, et limitez-vous à ce qui doit être réellement mis en valeur.

– Ajoutez quelques annotations manuscrites dans la marge ou en tête, imprimées en bleu.

– Sous la signature imprimée en bleu, indiquez le prénom, le nom et, si possible, le titre du signataire.

– Les quelques lignes du post-scriptum sont souvent celles lues en premier. Vous pouvez les utiliser pour répéter un argument important ou annoncer un avantage de dernière minute.

– Au début d'une lettre, avant de mettre les traditionnels « Cher Monsieur » ou « Chère Madame », ou « Cher Lecteur », vous pouvez prévoir quelques lignes, toujours en caractères machine à écrire, mais, dans ce cas, agrandis d'un tiers environ. L'offre ainsi présentée sera plus visible et le traditionnel de la lettre sera toujours respecté.

– Intéressez non seulement les yeux des lecteurs mais aussi les mains. Donnez-leur un papier agréable à toucher, papier pelure, papier légèrement teinté, filigrané, parcheminé.

2.1.3. Le dépliant

Le dépliant constitue la vitrine dans laquelle est présenté le produit. Comme la lettre, le dépliant obéit à des règles précises. Il doit en effet :

– donner une idée exacte des dimensions du produit,
– mettre en valeur les détails techniques,
– montrer le produit dans ses différentes utilisations,
– souligner les garanties proposées.

2.2. La vente par téléphone

La vente par téléphone s'est beaucoup développée ces dernières années ; soit par émission d'appels pour le réassortiment, la réactivation d'anciens clients, le suivi de clients actuels, la prise de rendez-vous pour la force de vente ; soit en réception d'appels : traitement de réclamations, demandes de renseignements, prises de commandes, etc.

L'utilisation du téléphone comme outil de marketing direct présente des avantages et des inconvénients[3].

2.2.1. Les avantages

Ils tiennent à sa facilité d'emploi, son impact psychologique positif et sa souplesse.

– Sa facilité d'emploi. Pour démarrer une campagne de prospection téléphonique, il suffit de connaître les coordonnées de la cible et de mettre au point un scénario d'appel. L'investissement de départ est donc peu élevé. Le contact téléphonique appelle une réponse immédiate : l'acte de vente peut ainsi se réaliser avec rapidité. Le client peut aussi être renseigné et servi plus vite que par les voies écrites traditionnelles.

---

3. Voir également dans cette Encyclopédie l'article de L. Hermel, « Télémarketing », p. 3287, tome 3.

– Son impact psychologique positif. Considéré comme une parenthèse pour vendre, le téléphone est cependant prioritaire. Quand il sonne, toute autre activité est suspendue, et cette « parenthèse » doit être mise à profit par le vendeur. L'effet de surprise, le rayonnement d'une voix peuvent accroître l'efficacité d'un appel. Enfin, en utilisant ce mode de communication original, l'entreprise se démarque de la publicité traditionnelle, ce qui constitue un « plus » pour son image de marque.

– Sa souplesse. Les scénarios téléphoniques sont modulables en fonction de cibles et de réactions différentes. En dialoguant en direct avec son client, le vendeur peut s'adapter quasi instantanément à ses moindres objections.

2.2.2. Les inconvénients

Les principales limites du téléphone concernent les produits qu'il est susceptible de faire vendre. Le produit proposé doit d'abord être disponible, pour pouvoir répondre immédiatement à l'attente du consommateur. Il ne peut s'agir que d'un produit à marge brute importante : pour des produits bon marché, le coût du téléphone est souvent rédhibitoire.

Un des inconvénients majeurs du téléphone est le taux de retour important qu'il occasionne. Il est donc déconseillé pour tous les produits qui, en temps normal en vente par correspondance, ont par nature un taux de retour supérieur à la moyenne.

Pour être vraiment efficace, une action de marketing téléphonique nécessite une préparation rigoureuse avec la mise en place de fichiers bien ciblés, la construction d'un bon scénario, la formation du personnel de vente.

2.3. Les catalogues

La vente par catalogues, dont la clientèle est essentiellement féminine, est aujourd'hui florissante. Plus de 50 millions de catalogues sont utilisés par quelque 10 millions de foyers français, dont un tiers demeure dans des villes de plus de 100 000 habitants. Les catalogues peuvent se classer en trois catégories :

– les catalogues généraux des sociétés telles que La Redoute, Les Trois Suisses, Quelle, Habitat,

– les catalogues spécialisés de France Loisirs, Yves Rocher, Damart, La Blanche Porte, Dial, La Camif, etc.,

– les catalogues de promotion comme La Maison de Valérie, La Guilde, Sélection du Reader's Digest, qui proposent en général des produits d'équipement du foyer.

2.4. Les caractéristiques de la gestion des fichiers

Les fichiers étant à la base de toute action de marketing direct, il est utile d'en rappeler les caractéristiques essentielles :

– la nécessité d'enregistrer des adresses précises, exactes et complètes,

– la manipulation de très grandes quantités d'informations pour pouvoir disposer des renseignements nécessaires permettant de segmenter le fichier,

– l'obligation d'une mise à jour permanente, afin de conserver au fichier sa qualité,

– la rapidité des opérations rendues nécessaires par la fréquence des actions portant sur l'utilisation des fichiers,

– la duplication des adresses ; elle est pratiquement inévitable dans les fichiers importants, lorsque les actions promotionnelles entreprises sont plus fréquentes que les mises à jour.

3. Les offres ou propositions d'achat et les tests

Décider d'une offre ou d'une proposition d'achat faite à un interlocuteur revient à choisir la façon de présenter le produit ou le service que l'on veut vendre. Les possibilités de choix sont multiples. L'expérience montre cependant que certains sont largement prioritaires. Nous en donnerons ici quelques exemples.

3.1. Les offres les plus fréquemment utilisées

La réaction d'un client est toujours fonction de la nature des propositions qui lui sont faites. C'est de la nature de la proposition ou de l'offre faite à un client éventuel que dépend le succès ou l'échec d'une opération.

Le langage du vendeur, notamment celui qui pratique la vente directe, est constamment travaillé, ajusté, modifié, afin d'identifier et de n'employer que les mots ou les phrases qui vont déclencher une réaction positive de la part du client, actuel ou prospect.

Voici l'exemple de dix offres utilisées par les professionnels de la vente directe, celles que l'on rencontre le plus souvent en France :

– L'offre de documentation. La proposition de documentation est en général valable pour des produits dont le prix et la complexité nécessitent une présentation détaillée qui ne peut trouver sa place dans un premier message. Le but de cette offre est d'identifier les personnes vraiment intéressées et de mieux préciser, dans un premier temps, la cible de la clientèle que l'on cherche à atteindre.

– La satisfaction garantie. Il n'est jamais inutile de rassurer un client potentiel sur l'intérêt de la proposition qui lui est faite. La garantie de satisfaction, de remboursement ou de renonciation n'a pas d'autre objectif. Ainsi, lorsque la revue *L'Express* offre un abonnement avec 50 % de réduction, sa proposition est assortie d'un certificat de garantie.

– Les cadeaux ou les primes. Il est rare aujourd'hui de trouver une offre qui ne soit pas assortie de quelque cadeau gratuit : cadeaux-surprises ou primes diverses. Car, bien souvent, le cadeau augmente les rendements de quelques dizaines de points qui assurent ou au moins améliorent la rentabilité d'une opération.

– La date limite. Une offre peut n'être valable que jusqu'à une date limite, ce qui permet de préserver le vendeur de toute surprise désagréable concernant le prix proposé, mais aussi et surtout d'inciter le client à se décider vite.

– Les concours. Au lieu d'être axée sur le produit lui-même, l'offre est orientée sur la possibilité de participer gratuitement à un concours, généralement doté de cadeaux intéressants. L'offre avec concours augmente sensiblement les rendements, parfois au-delà de 50 %, mais implique une organisation sans faille pour le traitement des réponses et, bien sûr, le respect de la législation en la matière.

– L'alternative OUI-NON. Il s'agit simplement de donner le choix au client entre une réponse positive ou négative. La plupart du temps, ce choix est stimulé par deux éléments :

· la présence d'une vignette sur laquelle sont imprimés les mots OUI et NON, qu'il faut coller sur le bon de réponse,

· la disproportion entre l'aspect du mot OUI, imprimé en gros, en couleur, et parfois assorti de l'illustration du lot à gagner en cas de participation à un concours, et du mot NON en noir et en petits caractères.

– Les choix multiples. L'offre à choix multiples repose sur le même principe qui veut qu'un client se décide facilement lorsqu'on lui propose un choix à faire. Celui-ci peut porter sur différents éléments : les primes ou les cadeaux, les montants des garanties, les personnes assurées, les modalités de paiement, le nombre de versements échelonnés.

– Les facilités de paiement. Proposer à un client de régler par paiements échelonnés sur 12 mois et sans aucun frais est, par exemple, une offre qui suscite l'intérêt. D'autant qu'en plus elle permet de faire apparaître une prime bien plus modique.

– Le recrutement d'un « client-ami ». Cette offre consiste à proposer à un client qui vient de souscrire de convaincre (éventuellement par la promesse d'un cadeau) un de ses amis de devenir, lui aussi, un acheteur. C'est une méthode utilisée avec succès par France Loisirs ou Sélection, par exemple, qui trouvent ainsi chaque année et avec des coûts de recrutement extrêmement faibles un très grand nombre de nouveaux adhérents. Il faut savoir s'en inspirer.

– Les offres particulières. Il existe des offres spécifiques et très variées qui ne peuvent concerner que quelques produits ou services bien particuliers, ou qui sont propres à une profession donnée. C'est le cas des offres pour les cartes de crédit, les services bancaires ou la souscription à une police d'assurance.

3.2. Les principes de base à appliquer avant l'élaboration d'une offre

Ces principes de base concernent à la fois la mise à jour des fichiers et leur segmentation, mais aussi les attitudes à adopter dans la préparation d'une action commerciale. L'important est de tirer le meilleur parti du portefeuille de clients, actifs ou prospects.

– Utilisez toutes les informations que vous connaissez sur vos clients. Recueillez et gardez toutes les informations qui vous permettent de proposer les produits correspondant le mieux à leurs besoins.

– Cherchez à obtenir le maximum d'informations. Mieux vous connaîtrez votre client, mieux vous pourrez le servir.

– Segmentez soigneusement votre fichier. Utilisez toutes les informations disponibles pour classer et segmenter vos clients.

– Personnalisez vos relations avec vos clients. Chacun d'eux veut être reconnu comme une personne particulière, différente des autres.

– Faites une offre spéciale chaque fois que vous le pouvez. Pour renforcer la relation privilégiée que vous créez avec vos clients, essayez toujours de trouver une offre spéciale.

– Testez chaque opération. Pour découvrir la meilleure façon de procéder, testez différentes options, offres ou divers segments de votre clientèle.

– Faites des actions de relance. Pour obtenir les meilleurs résultats, il faut souvent répéter la même offre plusieurs fois.

– Développez votre image. N'hésitez pas à mieux vous faire connaître. Votre client veut mieux savoir qui vous êtes et tous les avantages que vous pouvez lui apporter.

– Utilisez toutes les occasions de contact avec vos clients. Les résultats que vous obtenez sont en relation directe avec le nombre de contacts que vous avez avec vos clients.

– Inscrivez toutes vos actions commerciales dans un plan d'ensemble. Elles doivent être cohérentes entre elles.

3.3. Les tests en marketing direct

En marketing direct, trois domaines doivent faire l'objet de tests constants afin d'apprécier le bien-fondé des techniques utilisées et leurs chances de succès. Ce sont :

– l'offre ou la proposition d'achat,

– les divers éléments de l'argumentaire utilisé par téléphone ou par publipostage (lettre, enveloppe, dépliant, bon de commande),

– les fichiers.

Les tests les plus nombreux et les plus probants restent du domaine du publipostage, étant donné l'importance des variables telles que le format, la couleur, la typographie, la nature du message, le niveau de prix, les modes de paiement, etc.

Bien qu'en marketing direct on ne puisse parler d'une approche rigoureusement scientifique des tests, on a toujours intérêt à se servir des formules ou tables mathématiques disponibles pour concevoir et surtout analyser les résultats.

4. Le marketing direct et les forces de vente

Pour un vendeur, les synergies entre son action auprès d'un client et l'utilisation des méthodes du marketing direct ne sont pas toujours évidentes. Elles existent cependant et doivent être mises en valeur.

4.1. L'intégration nécessaire des outils du marketing direct par les vendeurs

Les forces de vente coûtent cher et il faut savoir les utiliser à bon escient pour assurer une action efficace et surtout rentable[4]. Enfin, les vendeurs ne peuvent plus ignorer les outils modernes de la communication.

La qualité du marketing et des méthodes de vente de toute entreprise est d'abord celle des relations qu'elle sait établir avec ses clients, actuels, passés et futurs. Le vendeur n'est plus le seul à assurer ces relations pour l'entreprise, mais il reste l'acteur privilégié. Progressivement, il devient le maître d'œuvre, le chef d'orchestre des multiples relations que toute entreprise doit chercher à développer avec sa clientèle. Les outils et les méthodes du marke-

4. Voir également dans cette Encyclopédie l'article de R.Y. Darmon, « La force de vente et son management », p. 1445, tome 2.

ting direct sont donc nécessaires aux vendeurs pour les quatre exigences suivantes.

– Travailler plus efficacement avec différents segments de clientèle. Tout portefeuille de clients contient des segments d'inégale valeur. Il faut donc les traiter avec différents moyens, utiliser les outils les plus rentables, au moment le plus approprié.

– Assurer une fréquence de contacts supérieure au nombre possible de visites. La relation avec le client a besoin de répétitions et d'un certain rythme dans les contacts.

– Pouvoir susciter une réaction rapide du client. La qualité d'une relation est souvent proportionnelle non seulement à la fréquence, mais également à l'intensité du dialogue avec le client.

– Accroître les chances de fidélité du client. L'historique du comportement de tout client, l'enrichissement progressif et continuel de la base de données clientèle sont des atouts essentiels pour fidéliser davantage un client.

4.2. Les méthodes d'intégration

Pour que les forces de vente utilisent de façon efficace les outils du marketing direct, un certain nombre de règles doivent être respectées. Elles concernent le choix des méthodes, la planification des étapes d'utilisation et les calculs de rentabilité.

– Le choix des méthodes et des techniques est effectué en fonction de l'entreprise, de la nature des clients et du comportement de la concurrence.

– La planification des étapes d'utilisation se fait par la hiérarchisation des méthodes, l'utilisation rationnelle dans le temps des différents outils et la prévision des méthodes de contrôle.

– Comme pour toute opération commerciale, on ne sous-estimera pas l'importance du budget, du calcul des points morts et des méthodes d'appréciation des résultats.

En outre, on parviendra à vaincre la résistance naturelle des vendeurs à l'utilisation de nouvelles méthodes de vente par l'information, la formation, la valorisation des vendeurs et la reconnaissance des résultats obtenus.

L'information doit être simple, facilement compréhensible, mais aussi régulière et continue. L'implication de la direction générale est une nécessité.

La formation ne concerne pas seulement les vendeurs, mais tout le personnel qui est en relation avec le client. Elle doit être continue et répétée.

Tout vendeur doit ressentir qu'il valorise son action avec l'utilisation des outils du marketing direct. Il doit chercher à développer les synergies pour une meilleure efficacité.

La reconnaissance des résultats obtenus permet de vaincre la résistance des vendeurs aux nouvelles méthodes de vente.

4.3. La vente à domicile

Contre l'attente ou l'avis de la grande majorité des spécialistes du marketing, la vente à domicile a connu un renouveau exceptionnel en France depuis les années 1970. Ce développement est dû à trois causes.

– Les nouveaux styles de vie incitent le consommateur à considérer avec intérêt les possibilités d'effectuer certains de ses achats à la maison.

– Les méthodes de vente par publipostage peuvent être facilement jumelées avec le démarchage à domicile.

– La ménagère accorde beaucoup d'intérêt à la vente par réunions privées à caractère commercial, surtout pour les produits d'entretien et d'équipement de la maison comme pour les produits de soin ou de beauté.

Les activités de vente à domicile peuvent être classées en quatre grandes catégories.

4.3.1. Les formes anciennes de la vente à domicile

Certains artisans vendent individuellement le produit de leurs travaux sans être organisés en réseaux. Cette forme de vente, la plus ancienne, tend à disparaître, notamment en raison des limitations imposées par les lois en vigueur.

Le commerce itinérant est pratiqué individuellement ou en très petites organisations dans les campagnes par des commerçants locaux qui proposent régulièrement des denrées périssables ou des articles de bazar. Ce type de vente perpétue la tradition des colporteurs.

4.3.2. Les réseaux classiques avec représentants exclusifs

L'animation des réseaux est dirigée de façon hiérarchique et les représentants travaillent à temps plein. Chaque représentant évolue dans un secteur déterminé et visite régulièrement chacun de ses clients.

4.3.3. La vente par délégués

Ce mode de vente est surtout utilisé pour des produits d'un coût peu élevé comme les cosmétiques ou les produits d'entretien.

L'entreprise est généralement organisée comme les sociétés à réseaux classiques, mais elle emploie des personnes désirant travailler à temps partiel ou occasionnellement. Il s'agit souvent de femmes qui vendent à leur entourage immédiat ou dans le cadre d'un secteur proche de leur domicile. Elles sont rétribuées exclusivement à la commission. Cette forme de vente offre de réelles opportunités de gains et de travail partiel à des personnes qui ne pourraient pas, sans cela, avoir accès au marché du travail.

4.3.4. La vente par réunions privées

Des représentants d'une entreprise pratiquant ce système suscitent l'organisation de réunions au domicile d'« hôtesses » qui invitent leurs amies et voisines pour leur présenter les produits de ladite entreprise. L'organisation la plus classique comporte un réseau de concessionnaires régionaux ou locaux employant des représentants.

5. Les technologies et les méthodes spécifiques

Les progrès constants de la technique permettent, dans certaines circonstances, l'utilisation de méthodes dont l'impact s'ajoute à celui d'autres méthodes ou techniques déjà en pratique.

5.1. Le télex

L'utilisation du télex permet de :

– prospecter : par l'utilisation de publipostages, la préparation de la visite d'un commercial, la recherche de fournisseurs ou encore de réaliser un appel d'offres ;

– vendre des cadeaux d'entreprise, des lots d'usines à prix exceptionnels, des voyages, etc. ;

– informer sur de nouveaux tarifs, sur la conjoncture économique, sur la concurrence, sur le cours des matières premières ou sur l'état des stocks de certains produits ;

– collecter des fonds au moment d'une catastrophe ou pour tout autre problème humanitaire urgent.

5.2. Le minitel

Dès 1978, la direction générale des télécommunications a mis en service le réseau national Transpac. La tarification de Transpac, qui est indépendante de la distance, favorise l'accès à un ordinateur éloigné.

Télétel est aujourd'hui un système vidéotex interactif qui permet, grâce à l'utilisation d'une ligne téléphonique et du réseau Transpac, un dialogue entre un abonné au téléphone équipé d'un terminal et un centre informatique.

La direction générale des télécommunications a mis en place un programme de développement très important du système minitel et l'annuaire électronique va rapidement remplacer l'annuaire papier. Ainsi, un terminal est offert gratuitement aux abonnés du téléphone sur simple demande. En 1995, la France était équipée de six millions de terminaux minitel. Grâce au terminal minitel, l'abonné peut accéder 24 heures sur 24 au service de l'annuaire électronique proposé par les Télécommunications.

En règle générale, le prix que doit payer l'usager pour utiliser un service Télétel se décompose en deux : le prix du service lui-même et le coût de transport de l'information. Dans le cas de l'annuaire électronique, le service est gratuit, mais l'utilisateur paie le prix du transport.

5.3. Le vidéodisque et la télévision

Le vidéodisque se présente sous la forme d'un disque qui a la capacité de stocker des images, du texte et le son. Il n'est utilisable que s'il est lu par un lecteur de vidéodisques. Sa capacité de mémoire est étonnante : un vidéodisque peut contenir jusqu'à 10 puissance 10 bits par face. Le vidéodisque est donc un média de stockage de l'information. De plus, par rapport aux moyens de stockage habituels, le vidéodisque présente des temps d'accès nettement plus rapides.

Par rapport à un catalogue, le vidéodisque permet de faire vivre les produits en les montrant sous plusieurs angles et en les faisant évoluer dans leur contexte. On peut imaginer qu'une personne désirant acheter une échelle pliante par correspondance souhaite connaître comment cette échelle fonctionne, la place qu'elle prend lorsqu'elle est rangée, etc. Le vidéodisque peut apporter toutes ces informations très rapidement.

Le vidéodisque a un potentiel important, mais son développement reste entièrement subordonné au taux d'équipement des foyers ou des entreprises en lecteurs de vidéodisques.

La télévision est un bon support pour les actions de marketing direct, par l'intermédiaire de spots publicitaires qui proposent de façon systématique l'utilisation du réseau téléphonique pour obtenir de la documentation ou passer une commande. Le développement en France des chaînes de télévision privées devrait permettre au marketing direct d'utiliser pleinement ce média dans les années futures.

*
* *

La plupart des entreprises utilisent aujourd'hui l'une ou l'autre des méthodes de vente propres au marketing direct pour lutter à armes égales avec la concurrence, pour améliorer l'efficacité de leurs méthodes de vente traditionnelles ou pour créer des synergies entre les différents circuits de distribution et améliorer ainsi la rentabilité de leurs opérations. Plus qu'un simple rassemblement de techniques, le marketing direct s'avère être un nouveau visage du marketing, développé à partir des bases de données disponibles et des nouvelles technologies.

Références

BATHELOT P., *La télématique,* Paris, PUF, « Que sais-je ? », 1982.
BELLENGER L., *Qu'est-ce qui fait vendre ?,* Paris, PUF, 1984.
BROCHIER P., SIBILIA F., UFPD, JUNIOR ESSEC, *L'entreprise et le marketing,* 1985.
CHIROUZE Y., *La vente à domicile,* Paris, Cujas, 1981.
DAYAN A. *et al., Marketing,* Paris, PUF, 1985.
FABRE G., *Le marketing direct et la loi,* Intermail, 1983.
KOBS J., *Profitable Direct Marketing,* 2e éd., NTC, 1993.
LAJOUANIE A., *Le marketing téléphonique,* Paris, Les Editions d'Organisation, 1983.
LEBATTEUX P., *La publicité directe,* Paris, Les Editions d'Organisation, 1976.
LEHNISCH J.P., *Les secrets de la vente par correspondance,* Entreprise Moderne d'Edition, 1981.
LEHNISCH J.P., *La vente par téléphone,* Paris, PUF, « Que sais-je ? », 1984.
MENDEZ M. (de), LEHNISCH J.P., *Comment vendre plus et mieux,* Entreprise Moderne d'Edition, 1984.
MENTHON S. (de), *Mieux utiliser le téléphone,* Paris, Les Editions d'Organisation, 1979.
NASH E., *Direct Marketing : Strategy, Planning, Execution,* New York, McGraw-Hill, 1982.
ROMAN M., *Le téléphone marketing,* Paris, Dunod, 1984.
SCHULTZ D., *Direct Marketing beyond 2000,* Crain Books, 1995.
STONE R., *Successful Direct Marketing Methods,* 5e éd., Chicago, Crain Books, 1995.
XARDEL D., *La vente,* Paris, PUF, « Que sais-je ? », 1984.
XARDEL D., *Le marketing direct,* 3e éd., Paris, PUF, « Que sais-je ? », 1989.
XARDEL D., *The Direct Selling Revolution,* Blackwell, 1993.

Mots clés

Client, fidéliser, personnaliser, prospecter, vendre.

Marketing international

99

Jean-Marc De Leersnyder

Le marketing international connaît, comme de nombreuses disciplines, l'envahissante mode de la globalisation. Faut-il renoncer à l'adjectif international et le remplacer définitivement par global ? En langue anglaise, *global* a le double sens de « mondial » et « total ». En français, « global » n'est jamais synonyme d'« international ». C'est pourquoi nous avons choisi de nous en tenir à l'utilisation du mot international.

L'Europe a beaucoup contribué à l'internationalisation du marketing. Le marketing international a cessé, grâce à l'intégration des marchés européens, d'être la pratique exclusive des entreprises multinationales américaines. L'approche restrictive du marketing international, longtemps confinée à l'exportation, a vécu. Les décisions de marketing, en Europe, ne sont plus prises pays par pays. Il existe désormais une véritable pratique mondiale du marketing international. Les entreprises d'Asie, d'Europe, comme des Etats-Unis, y contribuent à parité d'efficacité, sinon à part égale.

Nous commencerons cette présentation du marketing international par une évocation des problèmes de définition, notamment par référence à la discipline mère. Ensuite, nous exposerons successivement trois approches caractéristiques du marketing international, retenues car elles ont donné lieu à des méthodologies ou modèles performants sur le plan pédagogique ou managérial. Pour chacune d'elles, nous donnerons les définitions, les problèmes centraux qu'elles prétendent résoudre et une description succincte des méthodes qu'elles proposent. Nous terminerons cette étude par une rapide évocation des tendances actuelles des pratiques de marketing international, particulièrement pour les entreprises européennes.

1. Les définitions du marketing international

Le marketing international, champ de réflexion ou domaine d'action, est le produit d'une culture, essentiellement mais non exclusivement économique. Il est donc légitime que les différentes approches (nord-américaines et européennes entre autres) reflètent les préoccupations des économies dont sont issus les auteurs et théoriciens qui les ont conçues. C'est ainsi que les Américains ont longtemps vu dans le marketing international la problématique posée par la gestion multinationale des programmes de marketing ; les Français ont eu tendance à fondre le marketing international au sein d'une discipline plus diffuse baptisée « commerce international » ; tandis qu'aux marges de l'Europe, les Suédois se posaient l'obsidionale et lancinante question de l'importance relative de la taille du marché national sur les chances de succès de leurs entreprises à l'étranger.

Désormais, ces approches nationales du marketing international ont tendance à s'estomper. L'exportation n'est plus l'aune de l'internationalisation des entreprises françaises. Des entreprises européennes sont leaders mondiaux. Les Etats-Unis ne sont plus la seule patrie des multinationales. Le marketing international s'est transformé durant la dernière décennie sous la triple influence du décloisonnement des marchés dû à la mondialisation de l'information, de la création d'un marché européen intégré et de la dépendance à l'égard de l'Asie, là où semble concentré le gisement de croissance.

1.1. Le champ couvert par le marketing international

Le néophyte tenté, pour y voir plus clair, d'ouvrir la douzaine d'ouvrages, américains ou français (pour ne prendre que ceux-là), traitant de marketing international sera probablement déconcerté par l'abondance de sujets, plus ou moins en relation avec le thème, et très variables d'une publication à l'autre. A la lecture de cette littérature, deux ensembles distincts peuvent être dégagés :

– un noyau dur de définitions et de problématiques communes en marketing international,

– un foisonnement de sujets périphériques qui peuvent être regroupés par thèmes.

Que trouve-t-on dans ce que nous avons appelé le « noyau dur » des sujets de marketing international ? Outre des définitions, on rencontre essentiellement les thèmes suivants :

– les méthodes de sélection des marchés,

– les sources d'information et l'analyse des marchés étrangers,

– les systèmes d'observation des marchés étrangers à mettre en place dans les entreprises,

– la politique de produit internationale,

– les problèmes de distribution et de réseau de vente à l'étranger (l'accent étant mis sur les modes de présence de l'entreprise à l'étranger),

– la publicité et la communication internationale,

– plus rarement, les problèmes de prix et de tarification, ou encore d'évaluation et de contrôle des politiques de marketing international.

Les thèmes les plus récemment introduits dans la littérature du marketing international sont :

– la gestion internationale des marques ou *global branding*,

– l'euromarketing, c'est-à-dire l'impact de la construction du marché unique sur les pratiques de marketing en Europe,

– la mondialisation des médias,

– la dimension interculturelle du marketing.

Les sujets périphériques peuvent être regroupés en six thèmes :

– des fondements d'économie internationale et d'analyse du commerce mondial,

– des aspects géographiques et géopolitiques,
– des aspects financiers internationaux (très souvent développés),
– des réflexions sur les dimensions culturelles, voire ethnographiques du marketing,
– des descriptions d'institutions internationales (Union européenne, Banque mondiale) ou nationales (Centre français du commerce extérieur, CFCE) par exemple,
– enfin, des thèmes de stratégie d'entreprise qui ne sont pas toujours faciles à séparer du marketing international.

1.2. Les définitions

Le marketing international ne peut se réduire à une seule définition. On peut, en revanche, dégager plusieurs familles de définitions. Nous distinguerons les définitions que nous appellerons « conceptuelles » et celles relevant d'approches « managériales ».

1.2.1. Les définitions conceptuelles

On a choisi d'appeler conceptuelles ces définitions, car elles cherchent à résumer en une seule proposition toutes les composantes du marketing international, quelles que soient les situations d'entreprises.

1.2.1.1. Le marketing « à distance »

P. Joffre définit le marketing international comme « l'action commerciale à distance », en précisant les composantes du concept de distance : la distance géographique (ou physique), la distance culturelle (ou psychique) mesurant l'écart socioculturel entre les marchés, enfin la distance institutionnelle, née de l'existence de réglementations et droits différents selon les pays (P. Joffre, 1980).

1.2.1.2. Le marketing comparé

Le marketing comparé est une branche du marketing international qui s'intéresse prioritairement aux différences entre les marchés et donc plus à l'environnement qu'à la pratique du marketing international. Dans un célèbre article, R. Bartels (1968) fondait les bases du marketing comparé en proposant la méthodologie suivante : « Une étude comparative n'est pas simplement la description de différences de processus marketing ou de différences environnementales, mais plutôt la comparaison du rapport entre processus marketing et environnement dans deux pays ou plus. Le marketing comparé est l'étude organisée des systèmes de marketing de plusieurs pays ».

1.2.2. Les définitions d'ordre managérial

Les trois approches que nous allons développer reposent sur trois conceptions du développement international, dérivées de trois sens possibles du mot international :
– à travers les frontières,
– dans plusieurs pays étrangers,
– sur le marché mondial.

Ces approches (selon J.M. De Leersnyder) recoupent partiellement une autre typologie connue en France (selon P. Joffre). On peut résumer et présenter ces deux découpages, désormais classiques, dans le tableau 1.

Tableau 1 – Les conceptions du marketing international

	A travers une frontière	**Dans plusieurs pays**	**Sur le marché mondial**
J.M. De Leersnyder	Marketing de l'exportation	Marketing à l'étranger	Gestion internationale du marketing
P. Joffre	Marketing adaptatif		Marketing multidomestique

Ce découpage, probablement plus élégant qu'opérationnel, a l'avantage de la clarification. Il reste bien entendu que la vérité, comme la vertu, *in medio stat*. Il n'est pas de politique commerciale tout entière incluse dans une seule des catégories que nous allons définir. En revanche, il est possible de dire qu'un type de marketing relève d'une dominante plutôt que d'une autre.

Nous allons successivement envisager les trois grands types de marketing international.

2. Le marketing de l'exportation

La conception la plus simple et probablement la première apparue, notamment en Europe, est celle qui assimile marketing international et exportation. Cette approche, qui prévaut dans de nombreuses entreprises françaises, souvent moyennes ou petites, est également celle qui anime les intentions et les actions des pouvoirs publics.

2.1. Définition

Appelé dans la littérature marketing adaptatif (P. Joffre, 1980, p. 251) ou marketing de l'exportation, ce type de marketing international est adopté par et adapté à l'entreprise qui exporte un produit qu'elle a conçu et qu'elle vend sur son marché national. Il vise à adapter les politiques commerciales élaborées sur le marché domestique aux exigences et réquisitions des marchés étrangers naturellement différents de l'environnement d'origine.

Très fréquente dans les entreprises débutant leur activité internationale et concentrant leurs ventes sur les marchés limitrophes, cette approche peut cependant durer bien au-delà de cette phase initiale.

Le raisonnement de base est le suivant : l'entreprise a réussi sur le marché national, elle peut donc (elle doit ?) exporter. A tout prendre, c'est mieux que de dire « l'entreprise exporte, car elle ne parvient pas à vendre en France ». L'exportation constitue alors un prolongement de l'activité domestique, et le marketing international une coda au marketing national. Et bien souvent, la préoccupation du responsable marketing est de minimiser les adaptations nécessaires en les limitant au respect des normes et à la fixation d'un prix de vente en devise locale.

La méthode la mieux adaptée à cette première approche du marketing international est probablement la méthode dite de « l'effet-prisme » (J.M. De Leersnyder et M. Ghertman, 1976).

2.2. *L'effet-prisme*

Cette méthode a pour but de définir une politique commerciale sur un marché étranger. Elle peut être résumée de la façon suivante. Lors du transfert d'une politique commerciale à l'étranger, les forces et faiblesses des composantes du marketing-mix (produit, prix, promotion et distribution) subissent un phénomène de distorsion baptisé effet-prisme.

Le concept d'effet-prisme permet de mesurer les conséquences des transpositions brutales d'un, de deux ou de plusieurs éléments du mix d'un contexte national (le pays d'origine) à un autre (le marché étranger).

L'effet-prisme résulte, d'une part, de l'existence d'un environnement différent (par exemple, comportement du consommateur, structure de l'appareil de distribution, concurrence locale, etc.) et, d'autre part, du franchissement des frontières (par exemple, gains ou pertes de compétitivité dus aux parités de change, droits de douane, image induite de la perception stéréotypée du *made in*...). D'après les auteurs, le prisme déformant les compétences de l'entreprise peut avoir des effets de quatre ordres :

– un effet transparent, qui garde intacte la compétence de l'entreprise,

– un effet obturant, qui supprime à l'étranger la force de l'entreprise,

– un effet grossissant, qui accentue une compétence de l'entreprise ou transforme une faiblesse en force,

– un effet réducteur, qui affaiblit les compétences de l'entreprise en accentuant une faiblesse ou en transformant une force en faiblesse.

2.3. *La construction d'un plan de marketing à l'étranger*

La notion d'effet-prisme est à la base d'une méthode qui permet de définir les modifications nécessaires pour mettre en place à l'étranger des politiques commerciales autonomes par rapport au marché d'origine.

Le schéma 1 présente les différentes phases de la démarche. Après avoir évalué les forces et faiblesses de l'entreprise dans son pays d'origine, et mesuré les déformations que les caractéristiques de l'environnement étranger font subir aux éléments du mix, on en déduit un second bilan des compétences de l'entreprise, mais cette fois-ci établi à l'étranger. Par l'analyse, on peut ensuite envisager les alternatives et dégager le plan marketing adapté au marché visé.

2.4. *Conclusion sur le marketing international adaptatif*

L'évaluation des « distances » entre l'entreprise et ses marchés (P. Joffre) ou la mesure de l'effet-prisme (J.M. De Leersnyder) sont deux approches qui reposent sur l'idée que le marketing international introduit des différences par rapport au marketing domestique et que la bonne gestion du marketing passe par la mesure de ces écarts. Mais, comme le note judicieusement S. Biardeau (1986) : « Lorsqu'on parle de différences, on fait une référence implicitement constante au marché domestique... Les marchés diffèrent par

Schéma 1 – Les étapes de la construction d'un plan de marketing à l'étranger

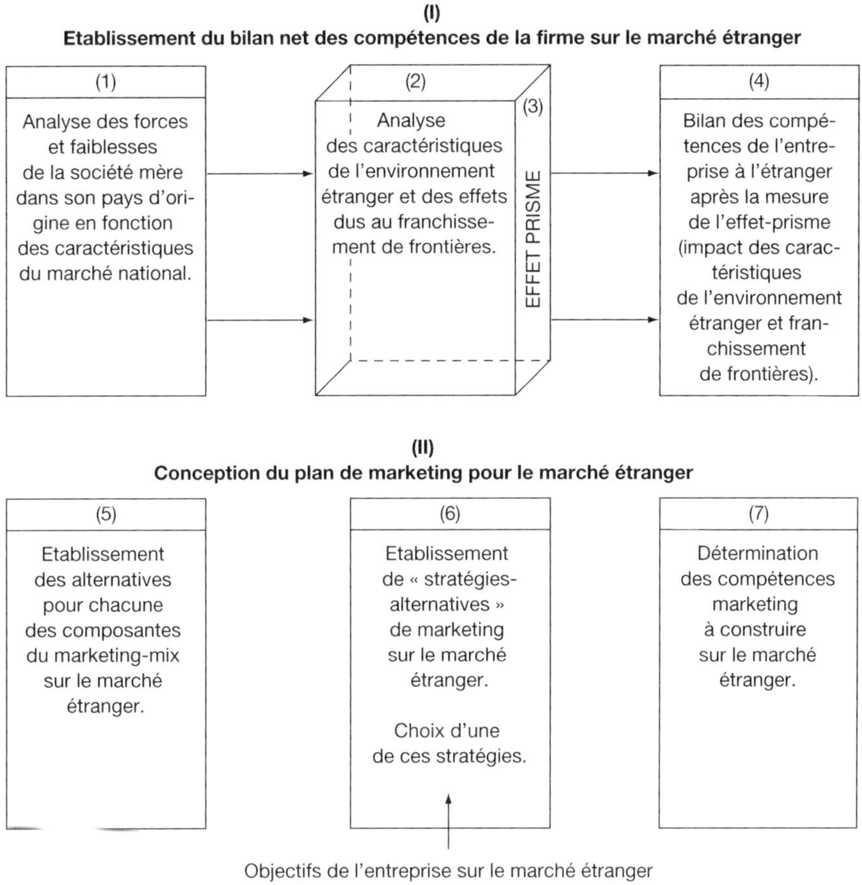

Source : J.M. De Leersnyder (1986).

rapport à ce qui est connu et familier. Cela conduit à dire que la seule différence véritablement importante est le degré de connaissance que l'entreprise a des autres marchés ».

3. Le marketing pluridomestique

Les risques d'une atomisation excessive des politiques commerciales à l'étranger font naître, presque inévitablement, un besoin de cohérence et de rationalisation. Le marketing international adaptatif doit alors laisser la place à une conception plus homogène et plus structurante.

3.1. Définition

L'entreprise internationalisée, déjà présente sur plusieurs marchés, suit, dans chaque pays, des politiques commerciales parfois différentes car issues de décisions antérieures et qu'il n'est pas facile de modifier (collaboration avec un agent par exemple). Elle peut, par ailleurs, souhaiter se lancer sur de nouveaux marchés, dans de nouveaux pays. Elle peut disposer de filiales de commercialisation, voire de production, tout en continuant d'exporter vers d'autres destinations.

C'est pour l'ensemble de ces marchés qu'elle doit concevoir une ou des politiques de marketing, à la fois un marketing export, un marketing à l'étranger et un marketing international de coordination. Cet ensemble de tâches est appelé marketing « pluridomestique ».

3.2. *Le rythme d'internationalisation*

Etendre le champ international d'activité de l'entreprise suppose de sélectionner les marchés[1] et de fixer le rythme d'internationalisation, c'est-à-dire choisir entre pénétrer rapidement un grand nombre de marchés en diluant l'effort de marketing, ou au contraire chercher à prendre une part de marché substantielle sur un nombre restreint de marchés, avant d'en attaquer d'autres. Certains travaux ont montré que ces deux stratégies (dispersion ou concentration initiale) aboutissent à terme au même résultat, soit par écrémage, soit par augmentation progressive du nombre des marchés visés (graphique 1).

Le choix d'un rythme ne préjuge pas du mode d'internationalisation retenu[2]. Il semble que les alliances soient un moyen très efficace pour le développement sur les marchés étrangers, pour un produit donné (diversification géographique). Les politiques d'acquisition sont, en revanche, plus performantes pour le développement sur le marché national par des produits nouveaux (diversification par le produit) (J. Bleeke et D. Ernst, 1991).

Graphique 1 – Le rythme d'internationalisation

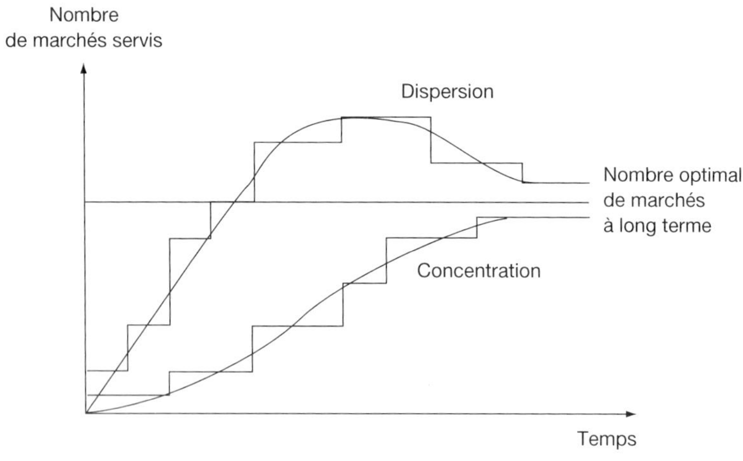

Source : I. Ayal, J. Zif, « Competitive Market Choice in Multinational Marketing », *Columbia Journal of World Business* (Fall 1978).

1. Pour une revue des méthodes de sélection de marchés, se reporter à P. Joffre, *L'entreprise et l'exportation*, Paris, Vuibert, 1987, p. 63-68.

2. Pour une analyse détaillée des stratégies d'internationalisation, le lecteur se reportera à P. Joffre (1994).

3.3. La standardisation et l'adaptation

Un des problèmes centraux du marketing international, et sans doute le plus débattu, est celui du degré de standardisation à adopter dans les programmes internationaux de marketing.

3.3.1. La position du problème

La lancinante question des responsables (et professeurs) de marketing dans les années 1970 était la suivante : jusqu'à quel point doit-on adapter les programmes de marketing selon les pays (= marchés) ? Ou encore, ce qui revient au même, dans quelle mesure les spécificités des marchés, les goûts et les préférences des consommateurs, les contraintes locales font-ils obstacle au lancement et à la pénétration de produits étrangers standardisés, supportés par des politiques commerciales homogènes, sinon identiques de par le monde ?

Les avantages d'une standardisation du marketing sont les suivants :

– les économies d'échelle réalisées et la réduction des coûts en général (frais de fabrication, dépenses de création publicitaire, etc.),

– la création d'une image internationale plus homogène,

– la diminution des risques de confusion d'image dans les zones où risquent de coexister plusieurs présentations du produit ou plusieurs images véhiculées par des campagnes différentes (zones frontalières par exemple).

Les inconvénients de la standardisation sont principalement :

– les coûts difficiles à chiffrer de cette politique commerciale : perte d'efficacité par manque d'adaptation et donc pertes de marché,

– la démotivation des responsables locaux qui déplorent très vite que « les bonnes idées ne peuvent venir que de la maison mère ».

3.3.2. Les solutions proposées

Une réflexion nourrie a été produite sur cette question. Le départ en a été donné, dès 1968, par le célèbre article de R.D. Buzzell (1968) dans *Harvard Business Review*. Dans cette publication, l'auteur inventorie les obstacles à la standardisation en les classant selon les variables du marketing-mix affectées. Nous reproduisons au tableau 2 une traduction de la célèbre matrice de R.D. Buzzell.

3.3.3. Les limites de cette problématique

Cette problématique, cardinale, on l'a dit, dans les années 1970, est aujourd'hui très largement dépassée, même si l'écho littéraire qu'elle provoque continue de se faire entendre. Pourquoi cette révision intellectuelle conduisant à la mise à l'écart de cette illustre problématique ?

On a trop schématiquement posé cette question : est-il possible de vendre dans le monde entier le même produit ? Or, on est aujourd'hui persuadé que la réponse est largement fonction de la nature du produit. Elle est certainement positive si l'on vend des cigarettes, de l'essence et une boisson gazeuse de couleur brune ; elle est probablement négative si l'on vend des livres ou du cassoulet toulousain.

Ce que l'on présente comme le résultat d'une analyse logique et d'un processus de décision marketing conduisant à une standardisation poussée

Tableau 2 – Les obstacles à la standardisation

Composantes du marketing-mix	Facteurs limitant la standardisation							
	Caractéristiques du marché			Caractéristiques de l'industrie		Institutions marketing		Contraintes légales
	Environnement physique	Stades du développement économique	Facteurs culturels	Stades du cycle de vie du produit dans chaque pays	Concurrence	Système de distribution	Médias et agences publicitaires	
Produit	Climat. Conditions d'utilisation du produit.	Niveau de revenus. Rapport coût du capital et coût de la main-d'œuvre.	Coutumes et traditions. Attitude envers les produits étrangers.	Importance de la différenciation des produits.	Différence de qualité.	Existence de canaux.		Normes de production. Lois sur les brevets. Droits de douane et taxes.
Prix		Niveau de revenus.	Attitudes face au marchandage et aux « pots de vin ».	Elasticité de la demande.	Coût locaux. Prix des produits de remplacement.	Marges habituelles.		Droits de douane et taxes. Réglementation de la concurrence. Protection des petits détaillants.
Distribution	Mobilité des consommateurs.	Habitudes d'achat des consommateurs.		Disponibilité des points de vente. Intérêt des marques de distributeurs.	Influence des concurrents sur les points de vente.	Nombre et types de points de vente.	Possibilité de pousser les produits dans les canaux de distribution.	Restriction sur les produits. Protection des petits détaillants.
Force de vente	Dispersion des consommateurs.	Niveau des salaires. Disponibilité de vendeurs locaux.	Attitude devant la vente.	Besoin d'effort missionnaire.	Force de vente des concurrents.	Nombre, taille et dispersion des points de vente.	Efficacité de la publicité, moyens de substitution.	Restrictions sur les conditions d'emploi des vendeurs. Restrictions sur la vente.
Publicité, promotion, marque et emballage	Audience des médias. Climat.	Achats en grand nombre.	Langue. Taux de scolarisation. Symbolisme.	Connaissance et expérience du produit.	Dépenses et messages de la concurrence.	Etendue du self-service.	Existence, coûts et recoupements des médias.	Restriction sur la nature des messages. Lois protégeant les marques.

Source : R.D. Buzzell (1968).

peut n'être parfois qu'une directive de la maison mère de centraliser davantage la gestion. La décentralisation et la délocalisation des pouvoirs au niveau des managers locaux peuvent, certes, améliorer le marketing, mais au prix d'une perte de contrôle du siège sur les établissements périphériques. La question n'est donc pas « peut-on standardiser le marketing ? » mais « quel degré d'autonomie est-on prêt à tolérer ? ».

Les adaptations sont à présent plus faciles à réaliser car les fabricants ont opté dans de nombreux secteurs (l'automobile par exemple) pour une politique de fabrication permettant l'obtention d'un nombre élevé de variantes d'un même produit par différenciations réalisées en fin d'assemblage[3].

Enfin, on sait aujourd'hui que l'offre crée dans une large mesure la demande. Ainsi, une étude préalable des goûts et des attentes des consommateurs, « le produit n'étant pas encore offert », ne donne pas les mêmes résultats qu'une étude réalisée « le produit existant ». Il suffit, pour s'en convaincre, d'imaginer ce qu'aurait donné une étude de marché sur le *walkman* avant l'apparition des appareils. Dès lors, la question est autant « comment imposer le concept de produit, le produit lui-même, la marque ou le message publicitaire ? » que « quel est le produit, la marque ou le message adapté à tel marché ? ». McDonald's serait-il plus performant sur le marché français si le Big Mac était accommodé à la sauce française ?

Il semble, d'après une des rares études (S. Samiee et K. Roth, 1992) qui ait tenté d'évaluer l'impact de la standardisation sur la performance, que les entreprises qui pratiquent la standardisation internationale soient mieux armées pour affronter des changements technologiques rapides. La performance financière des entreprises qui standardisent leur marketing ne sont toutefois pas supérieures aux autres. Ceci semble montrer que des stratégies de niche, générant des marges bénéficiaires plus élevées, se révèlent aussi performantes que des stratégies de standardisation permettant des réductions de coût par économies d'échelle.

Peut-on conclure, sans paraître contourner la difficulté, qu'on assiste à un double phénomène :

– d'une part, une mondialisation des marchés qui n'est pas sans lien, du côté de l'offre, avec la prégnance technologique, et, du côté de la demande, avec l'apparition de groupes culturels au style de vie homogène et universel (les jeunes et la culture du jean ou du hamburger) ;

– d'autre part, une volonté d'entretenir et de mettre en évidence la différence : résurgence des cultures régionales, refus de la standardisation des styles de vie, etc.

Pour le sociologue, ces deux phénomènes sont peut-être difficiles à réconcilier. Pour l'homme de marketing, en revanche, il en va plus simplement : l'une et l'autre de ces tendances créent des opportunités commerciales.

---

3. Sur ce problème de l'interface entre la politique de produit en marketing international et la politique de fabrication, le lecteur peut se reporter à la thèse d'Odile Deher (1985). Voir également dans cette Encyclopédie les articles de J.C. Tarondeau, « Produit », p. 2594, tome 3 et de V. Giard, « Production », p. 2542, tome 3.

4. Le marketing global

La conception la plus globale du marketing consiste, pour l'entreprise, à attaquer le marché mondial.

4.1. Définition

Dans cette approche qui a désormais tendance à prévaloir : « Il n'y a pas un marché étranger recouvrant un pays étranger, mais des marchés dans différents pays du monde à des niveaux de développement différents et présentant des caractères spécifiques. Un marché… ne s'arrête pas forcément à des critères extérieurs et à des frontières » (P. Joffre, 1980, p. 252).

Mais l'existence d'un marché mondial a bien souvent été contestée. « Marché mondial ou marché cloisonné ? » est une interrogation qui a fait l'objet de nombreux débats dans lesquels chacun puise l'eau qu'il souhaite apporter à son moulin. En fait, l'un et l'autre des phénomènes peuvent être vrais. Il faut être persuadé que l'entreprise a, sinon les marchés qu'elle mérite, du moins les marchés qu'elle vise. C'est la conception que l'entreprise a de son marché qui rend ce dernier mondial ou cloisonné.

On a choisi de développer ici trois volets particulièrement importants de la gestion internationale du marketing. Le premier est relatif à la politique de produit, le deuxième à la politique de prix, le troisième à la politique de marque.

4.2. Réconcilier les produits mondiaux et les produits locaux

L'attaque frontale du marché international se conçoit mal sans un produit dit mondial. Cela suppose donc que l'entreprise recherche quel est, dans son secteur d'activité, le produit à demande mondiale. Un produit mondial est un produit pour lequel il existe une demande internationale relativement homogène. Cette demande peut être induite par des besoins homogènes dans le monde (par exemple le marché mondial du ski ou du tennis), par une technologie mondialement dominante (l'informatique) ou par les nécessités d'une production à une telle échelle que seuls quelques centres de fabrication peuvent atteindre le niveau de compétitivité requis (électronique grand public).

Mais pour beaucoup d'entreprises, la recherche de ce produit à demande mondiale homogène se révèle complexe. On peut alors avoir intérêt à formuler différemment la question : « Quel est le standard international pour le produit fabriqué par l'entreprise ? ». Il faut entendre par standard international les caractéristiques techniques, de performance et d'aspect du produit. Prenons un exemple. La France produit quatre cents fromages, la Hollande en produit quatre. La Hollande est le premier exportateur mondial. Pourquoi ? Parce que le standard international en matière de fromage est un fromage de type gouda.

Il existe presque toujours pour un produit un standard international dominant. On le prendra donc comme base dans la conception de la gamme de produit pour servir le développement international de l'entreprise. Mais, même quand ce produit existe et que l'entreprise parvient à l'identifier, il est fréquent de constater qu'il ne peut à lui seul assurer le chiffre d'affaires international. Il s'agit alors, dans la gamme de produits de l'entreprise, de réconcilier les deux approches : pluri-marché et mondiale. Cette coexistence de produits « internationaux » et de produits que nous qualifierons de « locaux » au sein du portefeuille international de produits est une situation extrêmement fréquente. On peut réconcilier ces deux approches en assignant à chacune des deux catégories de produits un rôle particulier dans la stratégie commerciale internationale.

– Les produits internationaux servent de vecteur au développement international et permettent l'élargissement de la base géographique d'activité. Ils seront aussi ceux pour lesquels (sur lesquels et grâce auxquels) on bâtira une image internationale homogène, image de marque ou image de firme.

– Les produits locaux ont pour finalité l'approfondissement national, c'est-à-dire l'accroissement de la part de marché locale grâce à une gamme de produits plus étendue et mieux adaptée aux segments existants localement.

L'approche retenue peut être illustrée par le schéma 2.

Schéma 2 – Produits internationaux et produits locaux dans la gamme internationale de produits

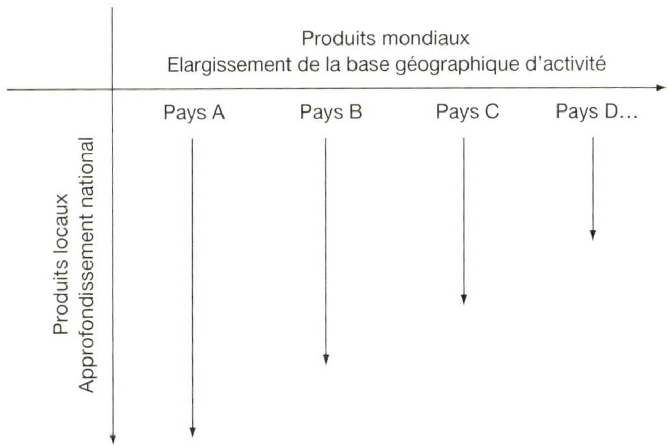

Tous les marchés ne donnent pas lieu au même approfondissement et le marché national d'origine est traditionnellement celui sur lequel la gamme de produits la plus riche a permis le plus grand approfondissement.

4.3. La politique de tarification internationale

A dire vrai, beaucoup d'entreprises n'ont pas de politique de tarification internationale au sens marketing du terme. Elles ont certes des prix de vente à l'étranger, mais l'ensemble de ceux-ci ne présente pas de caractères particuliers d'homogénéité ou de cohésion. Deux options s'offrent à celles qui tentent de donner à leur politique internationale de prix une cohérence marketing :

– soit rechercher une cohérence par un prix identique sur les marchés,

– soit rechercher une cohérence par un positionnement identique sur les marchés[4].

4. Voir également dans cette Encyclopédie l'article de H. Simon, S. Böttcher et R. Kalka, « Politique de prix », p. 2357, tome 2.

4.3.1. Le prix international identique

La politique de tarification peut être cohérente par l'adoption d'un prix identique (ou très voisin) sur tous les marchés. Certaines compagnies aériennes ont essayé d'y parvenir en mettant au point des modèles intégrant les variations de change, de façon que le même siège, sur le même vol, dans la même catégorie tarifaire, soit vendu au même prix, qu'il soit acheté par le client à Rome, à Vancouver ou à Lisbonne.

Certains fabricants de parfums, de leur côté, publient une liste de prix (*price list*) en dollar, applicable partout dans le monde. Ce tarif s'accompagne d'une grille de remises (*discount sheet*) qui fixe les ristournes à appliquer selon la qualité des clients (importateurs, grossistes, détaillants...). Les montres Swatch sont également vendues selon ce principe. Les écarts constatés au niveau des prix à la consommation peuvent provenir soit de différences de taxation, soit d'écarts de marges selon les circuits de distribution suivis.

Cette politique est finalement peu pratiquée, probablement parce qu'elle est difficile à mettre en œuvre, et, une fois réalisée, l'harmonisation risque d'être très éphémère, soit du fait des variations de change, soit du fait des contrôles des prix qui ne permettent pas partout les augmentations au même rythme et selon le même calendrier.

4.3.2. Le positionnement international identique

La seconde méthode, plus fréquemment employée, consiste à rechercher la cohésion de la tarification par un positionnement identique des prix sur les divers marchés servis. Etre partout le moins cher, s'aligner partout sur les prix du leader, être partout légèrement moins cher que le leader, sont autant de politiques de prix cohérentes, qui aboutissent cependant à des prix différents selon les marchés.

Un positionnement identique présente l'avantage de permettre la création d'une image internationale homogène : la clientèle touchée, la position relative par rapport aux concurrents internationaux sont partout les mêmes. Le risque inhérent à ces politiques de positionnement identique est l'apparition d'importations parallèles. Là où les produits sont les plus chers, on voit apparaître des produits importés par des négociants qui s'approvisionnent sur les marchés où les produits sont moins chers.

La disparition des barrières pour les produits comme pour les services en Europe doit conduire à une harmonisation des prix des biens et des services. Ce phénomène attendu de l'ouverture des frontières ne s'est encore que très partiellement réalisé. On enregistre de très grands écarts de prix sur certains produits (20-40 % sur les automobiles par exemple) malgré la liberté d'acheter les produits dans l'ensemble de l'Union européenne.

Ces écarts pourraient très bien se réduire sur la pression de groupes d'acheteurs ou d'associations de consommateurs européens réclamant des conditions de prix identiques sur leurs marchés respectifs (R. Leszinski, 1992). Dès lors, les entreprises gagnantes seront celles qui sauront protéger leurs parts de marché et leur rentabilité. La course semble déjà engagée dans le domaine des services (transport aérien, télécommunications).

4.4. La gestion internationale des marques

Longtemps les entreprises et les agences de publicité ont pris prétexte du cloisonnement des marchés et de l'absence de médias véritablement internationaux pour maintenir une gestion décentralisée des marques. Les dix dernières années ont totalement transformé ce contexte[5].

Les marchés se sont décloisonnés et, surtout, les médias, grâce au câble et au satellite, sont devenus réellement paneuropéens ou continentaux. Les autoroutes de l'information maillent le continent américain ou européen et offrent aux annonceurs des possibilités nouvelles d'économies d'échelle. L'internationalisation des grandes compagnies de communication (télévisions, journaux), les alliances nouvelles entre l'informatique, les télécommunications et la télévision, rendues inévitables par le développement du multimédia, ont contraint les entreprises à renoncer à une gestion pays par pays de leur politique de marque. Le *global branding,* c'est-à-dire la gestion internationale des marques, n'a de sens que si le marché des produits est international et n'est possible que si les médias qui véhiculent la marque sont eux-mêmes internationaux. Ces deux conditions sont désormais réunies.

Le succès des marques internationales n'implique pas nécessairement qu'il existe une homogénéisation des goûts. Il suppose néanmoins que la valeur apportée, aux yeux du consommateur, par le produit soit unique. Le phénomène de globalisation ne se fonde pas sur la convergence des besoins, mais sur l'identité de la valeur apportée aux consommateurs par le produit.

Les marques globales ayant le plus de succès sont celles pour lesquelles l'adaptation locale de la distribution et de l'infrastructure commerciale est la plus forte (H. Riesenbeck et A. Freeling, 1991). L'efficacité des marques internationales est mise en évidence par le fait que sur les marchés qui régressent en volume (alcool, cigarettes), les entreprises qui disposent de marques dites globales parviennent à progresser.

La marque globale en elle-même est génératrice de profits ; mais l'analyse détaillée montre que l'image seule ne suffit pas à apporter ce bénéfice. La marque internationale permet de « tirer vers le haut » la stratégie commerciale. Cette *trading up strategy* permet de convaincre le consommateur non pas de consommer plus, mais de consommer mieux (B. Saporito, 1991). La maîtrise de l'image du produit ne suffit pas dans une stratégie de type *trading up.* Le contrôle de la distribution et la maîtrise du prix sont également indispensables (B. Saporito, 1991). C'est cette nécessité de maîtriser en cohérence l'ensemble des éléments du marketing-mix qui explique les dégâts que peuvent faire les importations parallèles sur un marché. Pour un produit donné, ces importations faites à des prix plus bas et dans des réseaux différents, le plus souvent de moindre statut, nient la cohérence du marketing initialement voulue par l'entreprise.

L'impact de ces évolutions sur les marques est cependant variable selon les pays et les produits. Les Allemands et les Anglais, comme les industriels du luxe et des cosmétiques, ont davantage globalisé leurs marques que leurs homologues français ou italiens, ou leurs confrères de l'agro-alimentaire

---

5. Sur la notion de marque, le lecteur peut se référer dans cette Encyclopédie à l'article de B. Heilbrunn, « Marque », p. 1972, tome 2.

(J.N. Kapferer, 1993). La gestion internationale de la marque n'implique pas une gestion standardisée de la publicité. Standardisation de la marque et standardisation de la publicité sont deux décisions indépendantes. Les marques sont plus fréquemment standardisées que les publicités, et la stratégie combinant une standardisation de la publicité et une standardisation de la marque semble la plus répandue (D.M. Sandler et D. Shami, 1992).

5. Les tendances du marketing international

Le marketing est une discipline vivante. Le marketing international l'est peut-être plus encore. Parmi les tendances actuelles les plus significatives, on évoquera :

– l'internationalisation des services,
– l'apparition de flux parasitaires (contrefaçons et importations parallèles),
– le développement de procédés originaux de commercialisation,
– les conséquences de la création du marché unique européen.

5.1. L'internationalisation des services

Les flux de marchandises et les flux de services sont désormais liés : technologies incorporées dans des fournitures d'équipements, formation, maintenance, service après-vente fourni à l'occasion d'un contrat, etc.

Mais des services s'échangent aussi seuls, sans le support de produits physiques : assurances, informatique, produits d'agences de publicité, etc.[6] Au sein de ce secteur des services, l'information occupe désormais une place déterminante. Microsoft, Disney, Intel sont des entreprises de services. Leurs activités internationales ne figurent pas dans le décompte du commerce international au sens strict du terme. Le marketing, longtemps associé aux produits de consommation de masse, touche désormais ce « troisième secteur » dit de l'information (aux côtés des biens et des services). Ce secteur a la particularité d'être à la fois utilisateur et prestataire de services en marketing international.

5.2. Les flux parasites

Les entreprises qui sont parvenues à créer une image internationale et à imposer leur marque et leurs produits dans le monde entier doivent faire face à des courants commerciaux indésirables contre lesquels il est difficile, juridiquement, de se protéger : il s'agit d'importations parallèles et de contrefaçons.

5.2.1. Les importations parallèles

Les importations parallèles sont des importations de produits par des canaux de distribution qui sont en concurrence avec les circuits autorisés ou reconnus par le fabricant. Ces importations sont, soit des produits fabriqués

---

6. Voir également dans cette Encyclopédie l'article de P. Eiglier, E. Langeard et V. Mathieu, « Marketing des services », p. 1937, tome 2.

par une filiale ou un industriel licencié par le fabricant, soit des produits vendus hors zone par un distributeur exclusif, soit des produits réimportés par des intermédiaires qui tirent profit d'écarts existant entre les tarifs consentis par les fabricants dans différents pays.

S'il n'est guère facile d'enrayer le phénomène, il existe cependant plusieurs méthodes pour en réduire l'ampleur. Le fabricant pourra, par exemple, réduire les écarts de prix entre les marchés, utiliser une monnaie unique et stable ou profiter au maximum des réglementations sur l'emballage pour réduire la transférabilité du produit d'un marché à l'autre (R.E. Weigand, 1994).

5.2.2. Les contrefaçons

On estime que les contrefaçons représentent aujourd'hui 5 % à 6 % du commerce mondial. Elles ne concernent plus seulement les produits de luxe ; elles touchent également des produits industriels (pièces de rechange automobile) ou des services. La contrefaçon consiste à reproduire une marque, un dessin, un modèle déposé ou une création artistique pour créer une confusion dans l'esprit du consommateur. Le préjudice subi n'est pas seulement une évasion de chiffre d'affaires. C'est également une dilution de la marque. La France est particulièrement touchée par ce phénomène. Sur dix marques contrefaites, sept sont françaises. L'habillement et les produits de luxe sont les secteurs les plus touchés. La Thaïlande, la Turquie, l'Italie et même les Etats-Unis figurent parmi les pays contrefacteurs.

Des dispositions de lutte contre la contrefaçon existent désormais. Au niveau français, la contrefaçon est assimilée à un délit douanier. Au niveau international, un accord international appelé TRIPS (Trade Related Intellectual Property Rights) a été signé à l'occasion des négociations de l'Uruguay Round, dans le cadre du GATT[7].

Dans l'un ou l'autre cas, la politique commerciale est mise en péril, soit que l'imitation du produit nuise à sa réputation (cas de la contrefaçon), soit que le prix et les circuits empruntés ne soient pas compatibles avec ceux que l'entreprise souhaite développer (cas des importations parallèles).

5.3. Des procédés originaux de développement international

L'exportation n'est plus la forme principale d'activité internationale[8]. L'investissement direct n'est plus la seule alternative à l'exportation. En une vingtaine d'années, une palette de moyens et de procédés d'accès aux marchés étrangers se sont fait jour. On citera en particulier :

– les accords de franchise internationale, qui constituent souvent le prolongement d'un réseau national de franchise ;

– les contrats de gestion, par lesquels un investisseur confie la gestion d'un outil économique (hôtel par exemple) à une société spécialisée (chaîne hôtelière) ;

7. « Les contrefaçons », *Les Notes Bleues de Bercy* (n° 63, 16-31 mai 1995).

8. Pour une revue des modes de développement international, se reporter à P. Joffre (1994).

– le portage ou *piggy-back,* accord de distribution dans lequel une grande entreprise internationalisée met, contre rémunération, son réseau étranger à la disposition d'une entreprise plus petite ;

– la vente de licence, incluse le plus souvent dans une opération plus vaste de transfert de technologie.

L'ensemble de ces procédés, ajoutés aux moyens traditionnels (filiales, agents, etc.), permettent à l'entreprise de créer un réseau international sans pour autant le détenir en pleine propriété[9]. Les formules les plus attrayantes sont évidemment celles qui permettent un bon contrôle de la politique commerciale en minimisant l'investissement.

5.4. Les conséquences du marché unique européen

La réalisation du grand marché intérieur européen a créé des conditions nouvelles pour le marketing international. La réalisation du marché unique, qui a conduit à la création d'un espace économique et commercial intégré, a eu un impact considérable sur la pratique et les mises en œuvre des politiques de marketing des entreprises européennes, ainsi que sur les stratégies commerciales des entreprises américaines ou asiatiques en Europe[10]. L'entreprise européenne n'est plus face à un choix : ce n'est plus elle qui décide de s'internationaliser, c'est son marché qui, très rapidement, est devenu international. La distinction entre marché domestique et marché étranger disparaît. Le marketing international devient « intranational ». Les approches pays par pays, même coordonnées, ne sont plus efficaces.

L'Europe des marchandises est déjà totalement réalisée. Les évolutions les plus récentes, en cours de réalisation, concernent les activités de services. La liberté de prestation de services (assurances, services financiers, transports) constitue un véritable bouleversement dans le contexte concurrentiel de professions traditionnellement protégées.

Dans le domaine des biens de consommation, les pratiques de marketing plus standardisées des entreprises européennes (et non européennes) devraient accélérer le processus d'émergence d'un consommateur européen.

Les structures et les pratiques de marketing des entreprises tendent à s'harmoniser. La distribution au Portugal ou en Italie accusait un certain archaïsme. La publicité en Espagne était relativement peu développée. L'ouverture des frontières tend à mettre à parité les pratiques dans les pays de l'Union européenne. Les dépenses publicitaires ont été multipliées par 8 en Espagne entre 1981 et 1992 (par 2,7 en Europe dans le même temps). Les pratiques de *hard discount* se sont généralisées à l'Europe tout entière.

Le paradoxe de l'Union européenne est qu'elle parvient à imposer une forme de déréglementation des marchés, grâce à la réglementation. Le marketing international est désormais soumis à une réglementation nouvelle, d'essence communautaire, qui se superpose et s'impose aux droits nationaux

---

9. Voir également dans cette Encyclopédie l'article de P. Joffre, « Globalisation de l'entreprise », p. 1627, tome 2.

10. Le lecteur intéressé par une analyse plus complexe de l'impact du marché unique sur le marketing se reportera à W.J. Keegan, J.M. De Leersnyder, *Marketing sans frontières,* Paris, InterEditions, 1994.

préexistants. Ce phénomène d'hyper-réglementation, sous couvert de déréglementation, est particulièrement visible dans les domaines de la publicité comparative, des accords de franchise, de la distribution sélective, de la marque communautaire, de la normalisation, du marquage des produits, ou de la protection de l'environnement.

Face à un marché de 380 millions de consommateurs, réunis dans un ensemble unique dont les forces cohésives sont très agissantes, les différences entre le marketing domestique et le marketing international ne peuvent que s'estomper.

*

* *

Le marketing international a trente ans. En trois décennies, il a su se détacher de la discipline mère, de ses disciplines mères, devrait-on dire : le marketing, l'économie et le commerce international. Il a connu des variantes dans le temps mais, plus encore, dans l'espace (approche américaine, approche européenne). Si l'avenir est véritablement à la globalisation des marchés, les stratégies de marketing des entreprises du Vieux Continent, des Etats-Unis et de l'Asie devraient converger. Le clivage entre la conception nord-américaine et la conception européenne du marketing international s'en trouvera accentué, tandis qu'au sein des entreprises européennes, de nouvelles frontières se dessineront entre ce qui restera de l'« exportation » ou de l'« expédition », pour reprendre la terminologie préconisée par la Commission européenne, et ce qui sera véritablement du marketing à l'échelle de la planète.

Références

ALBAUM G. *et al.*, *International Marketing and Export Management*, 2e éd., Wokingham, Addison Wesley Publishing Company, 1994.

BARTELS R., « Are Domestic and International Marketing Dissimilar ? », *Journal of Marketing* (vol. 32, July 1968).

BIARDEAU S., « Eléments sur le marketing-mix international », *in L'exportation dans la turbulence mondiale*, Paris, Economica, 1986.

BLEEKE J., ERNST D., « The Way to Win in Cross-Border Alliances », *Harvard Business Review* (November-December 1991), p. 127-135.

BUZZELL R.D. , « Can you Standardize Multinational Marketing ? », *Harvard Business Review* (November-December 1968).

CROUÉ C., *Marketing international*, Bruxelles, De Boeck, 1993.

CZINKOTA M.R., RONKAINEN I.A., *International Marketing*, Chicago, The Dryden Press, 1990.

DEHER O., « Politiques de produits et production de l'entreprise exportatrice de biens de consommation », Thèse de doctorat, Programme Doctoral HEC, 1985.

DE LEERSNYDER J.M., *Marketing intenational*, 2e éd., Paris, Dalloz, 1986.

DE LEERSNYDER J.M., GHERTMAN M., « Comment bâtir un plan de marketing à l'exportation ? », *Revue Française de Gestion* (septembre-octobre 1976), p. 77-87.

JOFFRE P., « Stratégies commerciales des exportations de produits de consommation », Thèse d'Etat, Université de Paris IX-Dauphine, 1978.

JOFFRE P., « Marché domestique, espace commercial de la firme et politique d'exportation », *Chroniques d'Actualité de la SEDEIS* (tome 22, n° 8, 15.04.80), p. 252-253.

JOFFRE P. *et al.*, *L'exportation dans la turbulence mondiale*, Paris, Economica, 1986.

JOFFRE P., *L'entreprise et l'exportation*, Paris, Vuibert, 1987.

JOFFRE P., *Comprendre la mondialisation de l'entreprise*, Paris, Economica, 1994.

KAPFERER J.N., « L'européanisation des marques », *L'Expansion* (21 janvier 1993), p. 36.
KEEGAN W.J., *Global Marketing Management,* 5e éd., New York, Prentice Hall, 1995.
KEEGAN W.J., DE LEERSNYDER J.M., *Marketing sans frontières,* Paris, InterEditions, 1994.
KIRPALANI V.H., *International Marketing,* New York, Random House, Business Division, 1985.
LESZINSKI R., « Pricing for a Single Market », *The McKinsey Quarterly* (n° 3, 1992), p. 86-94.
NORGAN S., *Marketing Management, a European Perspective,* Wokingham, Addison Wesley Publishing Company, 1994.
RIESENBECK H., FREELING A., « How Global are Global Brands ? », *The McKinsey Quarterly* (November 4, 1991), p. 3-18.
SAMIEE S., ROTH K., « The Influence of Global Marketing Standardization on Performance », *Journal of Marketing* (vol. 56, April 1992), p. 1-17.
SANDLER D.M., SHAMI D., « Brand Globally but Advertise Locally ? An Empirical Investigation », *International Marketing Review* (vol. 9, n° 4, 1992), p. 18-31.
SAPORITO B., « Profits Soar for Global Brands », *Fortune* (November 4, 1991), p. 28-34.
TERPSTRA V., SARATHY R., *International Marketing,* 6e éd., New York, The Dryden Press, 1994.
URBAN S., *Réussir à l'exportation,* Paris, Dunod, 1979.
USUNIER J.C., *Management international,* Paris, PUF, 1985.
USUNIER J.C., *Commerce entre cultures,* Paris, PUF, 1992.
THORELLI H.B. *et al., International Marketing Strategy,* 3e éd., Oxford, Pergamon Press, 1990.
WEIGAND R.E., « Parallel Import Channels – Options for Preserving Territorial Integrity », *Columbia Journal of World Business* (vol. 26, Spring 1994), p. 53-60.

Mots clés

Branding, commerce international, compensations, contrat de gestion, contrefaçons, effet-prisme, exportation, financement de projet, *franchising*, importations parallèles, marketing adaptatif, marketing international, marketing pluridomestique, marque, *piggy-back,* portage, standardisation, tarification.

Marketing inversé – Interactivité, structure et pouvoir[1]

100

Daniel Tixier et Bernard Pras

Le marketing direct est pratiqué, de l'amont vers l'aval sur la chaîne « producteurs/distributeurs/consommateurs », par des entreprises à la recherche de clients[2]. Le marketing direct amont (D. Tixier, 1989) est un marketing direct de sens inverse, c'est-à-dire pratiqué de l'aval vers l'amont par des clients à la recherche de fournisseurs et utilisant pour ce faire des approches et des techniques de même nature que celles qui sont communément employées dans le sens traditionnel. On parle alors de « marketing inversé »[3].

Il est possible de concevoir la coexistence de deux formes de marketing direct, l'une au service d'offreurs à la recherche d'une demande, et l'autre au service de demandeurs à la recherche d'offres répondant à leurs attentes. C'est le marketing direct amont ou marketing inversé. L'avènement de ce marketing résulterait donc :

– de la mise à disposition du public, sur une grande échelle, dans des conditions de coût raisonnables, de systèmes de communication et d'interrogation de banques d'information puissantes fonctionnant en temps réel et faciles d'emploi ;

– de la capacité à les utiliser et de la volonté des consommateurs de le faire.

Dans un environnement où les évolutions technologiques et structurelles rendent instables les rapports de pouvoir entre les acteurs du système, qu'en est-il des relations entre les producteurs, les distributeurs et les

1. La première version de cet article a été publiée dans la revue *Décisions Marketing* (n° 5, mai-août 1995).

2. Voir également dans cette Encyclopédie l'article de D. Xardel, « Marketing direct », p. 1839, tome 2.

3. Le concept de marketing direct amont (D. Tixier, 1989) a été proposé sous le nom de *Upstream Direct Marketing* (D. Tixier, 1987) lors du premier forum stratégique international sur le marketing direct organisé par la Direct Marketing Association américaine à Deauville en 1986. L'expression anglaise *Upstream Direct Marketing* est plus parlante que marketing direct amont ou marketing inversé dans la mesure où elle évoque clairement la volonté de remonter à contre-courant en restant maître de ses objectifs, et en utilisant les outils et moyens développés à l'origine pour cibler la demande.

consommateurs ? Quel intérêt y a-t-il pour les entreprises à donner aux particuliers les moyens d'inverser le sens de la relation, c'est-à-dire de retourner le sens de l'exploitation du marketing direct ? Quelles stratégies adopter dans ce contexte par les entreprises ? Quelle sera l'ampleur du phénomène de marketing inversé ou marketing direct amont ?

Telles sont les questions que soulève le marketing inversé. Ce phénomène doit être examiné dans le contexte des bouleversements technologiques en cours, du multimédia et du marketing interactif.

1. Le multimédia : des outils et des supports pour le marketing inversé

Le multimédia résulte de l'intégration technologique, rendue possible par l'introduction et les applications du langage numérique, de trois secteurs jusqu'alors différenciés : l'électronique grand public (audiovisuel), l'informatique et les télécommunications[4].

Désormais la distinction entre les réseaux informatique et téléphonique devient de plus en plus difficile. Elle se fait plutôt sur le débit d'information. Il s'agit des réseaux analogiques puis numériques qui permettent de transporter (par l'intermédiaire des scanners et des modems) des informations binaires vers des télécopieurs et des ordinateurs.

1.1. L'importance de la technologie et de l'interactivité

Le langage numérique « permet une gestion uniformisée de sons, d'images fixes ou animées et de données textuelles ou mathématiques. Ces ensembles d'informations sont soit enregistrés, soit diffusés en réseaux à hauts débits appelés autoroutes de l'information (L. Kalogeropoulos et A. Laramée, 1995) ».

On trouve donc des supports multimédia enregistrés, tels que les CD-ROM et les univers virtuels.

Les produits multimédia finis, équivalents de fichiers de données informatiques, pourront être consultés à partir de supports enregistrés. Ces ensembles de données numérisées enregistrées rentrent dans la catégorie du *off line,* même si la consultation peut permettre une certaine interactivité.

Les applications proprement *on line* correspondent aux services avec un dialogue en réseau. Le *on line* est appelé à se développer particulièrement à partir des centres serveurs et des services interactifs. Le développement du marketing inversé est lié à celui des réseaux et des services interactifs.

La performance des réseaux se mesure à leur capacité à transmettre des signaux avec de très hauts débits. Le nombre très important de signaux et la vitesse de transmission constituent les deux premières composantes de la performance ; la troisième est le coût. En fonction de cette performance, on pourra connecter plus ou moins d'utilisateurs et plus ou moins d'informations. L'enjeu est l'augmentation de la performance des réseaux et leur capacité à transmettre des informations de toute nature au plan international (encadré 1).

---

4. Voir dans cette Encyclopédie l'article de D. Roux et D. Soulié, « Nouvelles technologies de l'information et gestion de l'entreprise », p. 2140, tome 2.

Encadré 1 – Les réseaux bas débits et hauts débits de transmission d'informations

Les débits se mesurent en quantité d'informations (bits) transmise par seconde.

Les bas débits correspondent à des transmissions mesurées en milliers de bits ou kbits/s (minitel : 1,2 kbits/s ; radiotéléphone mobile GSM : 13 kbits/s ; téléphone classique : 29,9 kbits/s ; Numéris : 64 kbits/s ; visiophone numérique avec deux canaux Numéris (image de qualité médiocre) : 129 kbits/s).

Les hauts débits sont mesurés en millions de bits ou Mbits/s (disque compact pour un son hi-fi stéréo, sans compression numérique : 1,4 Mbits/s ; visiophone avec une image de qualité : 1,5 Mbits/s ; image de télévision de qualité habituelle : 4 à 5 Mbits/s ; image de télévision haute définition : 20 à 30 Mbits/s ; débits des nouveaux systèmes de transmission numérique pour les liaisons à haut débit sur fibre optique entre centraux 155, 622 et 2 499 Mbits/s ; capacité maximale d'un commutateur ATM 90 000 Mbits/s).

Source : D'après G. Théry (1994).

On citera parmi les nombreux réseaux le minitel, Internet (réseau de réseaux), Compuserve, America on line, Prodigy, Microsoft Network. Ils se distinguent par leur débit, leur coût, l'étendue des possibilités d'accès.

Derrière ces notions de langage numérique et de réseaux, on trouve de nombreux enjeux technologiques : le câble, les liaisons micro-ondes, les téléports, les ordinateurs en réseaux, Numéris, le minitel, le téléphone mobile (avec toutes les possibilités d'utilisation offertes par le réseau téléphonique lui-même), les satellites et leur capacité à diffuser des dizaines de chaînes. La télévision numérique avec la norme MPEG-2 fait partie aussi de ces enjeux.

La question des infrastructures pour ces réseaux est très importante. C'est par exemple le débat sur les investissements en fibre optique (G. Théry, 1994).

Quelles que soient les solutions qui prédomineront, l'intégration des secteurs de télécommunications, de l'informatique et de l'audiovisuel suffit à augmenter considérablement les capacités de transmission de données. Et l'évolution globale vers l'interactivité est inéluctable.

1.2. Les utilisations multiples des réseaux et des services on line

Les utilisations des réseaux et services *on line* sont multiples dans le domaine des relations intra-entreprise et interentreprises[5]. Mais le marketing inversé repose sur les services au consommateur final. Il semblait, dès 1986, que la France était dans une position privilégiée grâce à l'existence du minitel.

5. On peut citer de nombreux exemples pour les entreprises. Ainsi, *Interchange*, préparé par le patron de la presse micro-informatique mondiale, donnera aux éditeurs et à la presse une plateforme d'édition électronique avec la possibilité de maquettes sophistiquées. La numérisation du réseau téléphonique, comme en France, permet d'envisager des terminaux multifonctions : téléphonie, télécopie, télématique, informatique, visiophonie. Les télécommunications étant de plus en plus informatisées, on assiste à des alliances de grande ampleur entre les opérateurs nationaux et les prestataires de services informatiques. C'est ainsi qu'ATT aux Etats-Unis, France Télécom et Deutsche Telekom en Europe proposent des services (transmission de voix et de données) aux grandes entreprises dans le monde. C'est le cas de *Concert Virtual Network Services* (conçu par British Telecom et MCI) qui fonctionne pour les entreprises comme un réseau de téléphone interne (L. Kalogeropoulos et A. Laramée, 1995).

1.2.1. La France et le cas particulier du minitel

La gratuité de la diffusion de l'appareil et l'apprentissage par le biais de l'annuaire électronique ont permis à de très nombreux Français d'utiliser de gigantesques banques de données relationnelles.

Le succès du minitel en France montre l'intérêt d'un vaste réseau de communications interactives. Le minitel comprend plus de 20 millions d'utilisateurs avec 7 millions de minitels en exploitation. La Redoute réalise de 12 à 15 % de son chiffre d'affaires par son intermédiaire.

Le minitel reste porteur d'énormes possibilités. Les applications sur les kiosques grand public ont été multiples et très importantes. Au-delà des recherches d'informations, certaines applications permettent d'effectuer des transactions dont les caractéristiques sont de moins en moins rudimentaires. Citons notamment les télé-paiements sécurisés qui sont appelés à se développer à grande échelle avec la nouvelle génération de terminaux équipés de lecteurs de cartes à mémoire.

1.2.2. D'autres solutions techniques

La France a pu, avec le minitel, disposer du potentiel d'un effet de masse dans le grand public. Mais ce n'est pas la seule solution technique possible. Le branchement des micro-ordinateurs des particuliers sur des réseaux de type Internet et la télévision interactive sur câble se sont développés, notamment en Amérique du Nord.

Les promesses de l'évolution technologique dans le domaine des interconnexions ont enlevé au minitel français, et surtout à son effet parc, le potentiel de premier support opérationnel du marketing direct amont. La

Encadré 2 – L'accès à de nouvelles informations : les services *on line,* nouveaux moyens de communication avec les consommateurs

Le marché des services *on line* est extrêmement prometteur.

Le minitel a prouvé son adéquation à la demande – 74,5 millions d'appels par mois pour l'annuaire électronique –, l'ordinateur possède un avantage concurrentiel certain par sa possible utilisation *on line.*

Ces services comprennent bien évidemment Internet, et Home Shopping Network a récemment acquis Internet Shopping Network. En France, d'après certains experts, 3 000 à 6 000 des 24 000 services disponibles sur minitel vont aller se loger sur Internet. Il reste à résoudre le problème du paiement et les questions de sécurisation du réseau. Sun et Digital travaillent sur cette question.

Il ne faut pas oublier les principaux concurrents d'Internet : Compuserve, America on Line, Prodigy ; et les types de services qu'ils offrent.

Apple a lancé eWorld. Microsoft, de son côté, lance Microsoft Network dont l'accès sera livré avec Windows 95. Microsoft s'intéresse également aux services bancaires.

Microsoft et Visa International s'associent pour arriver à sécuriser les opérations financières.

Les bornes de communication multimédia ou bornes interactives apparaissent dans les domaines de la banque et de l'assurance, de la distribution et du commerce, des administrations et collectivités locales. Ces bornes permettent des consultations et une interactivité en des points donnés et peuvent par exemple remplacer des agences.

Source : Diverses sources dont L. Kalogeropoulos et A. Laramée (1995).

promesse est devenue beaucoup plus universelle, dans la mesure où elle repose maintenant largement sur les réseaux de micro-ordinateurs dans de nombreux pays – affaire de gens motivés –, et surtout sur la télévision interactive. Celle-ci sera peut-être le principal support grand public quand elle sera devenue numérique.

Le télé-achat a amené la création de puissantes chaînes de télévision par câble aux Etats-Unis et la France voit la naissance de telles chaînes. C'est un support de marketing direct amont à partir du moment où il existe une capacité d'interrogation de fichiers et d'images à travers une télécommande. L'interactivité permet à chaque individu connecté d'appeler sur son écran ce qu'il veut y voir.

C'est bien la capacité de l'interactivité sur une grande échelle qui est la première condition technique du développement du marketing direct amont ou marketing inversé. Mais si l'évolution de la technologie conduit inexorablement à plus d'interactivité, les entreprises y ont-elles intérêt compte tenu du caractère instable de ce secteur naissant ?

2. Un secteur naissant et des relations de pouvoir instables entre les acteurs

Le multimédia et le secteur qui y correspond présentent toutes les caractéristiques des secteurs naissants.

L'apparition de frontières technologiques et industrielles glissantes caractérise l'avènement du multimédia. Des industries autrefois séparées et à fort contenu technologique comme la télévision, l'informatique, les télécommunications, le câble, l'électronique grand public, mais aussi celles de l'équipement de bureau ou de l'automatisation des processus se chevauchent désormais.

Les innovations technologiques bouleversent les stratégies de secteurs utilisateurs : distribution, banque, assurance, loisirs. Ces changements affectent non seulement le destin des entreprises, des industries et des pays mais aussi nos schémas d'analyse de concurrence et de structure des industries (K.R. Laird, N. Dholakia, R.R. Dholakia, 1995).

Et l'incertitude et l'instabilité des relations marquent les développements liés au multimédia.

2.1. L'absence de règles du jeu

Entre le secteur de l'informatique et celui de l'électronique grand public, la guerre est ouverte. Dans cette concurrence exacerbée, le phénomène nouveau est le rôle crucial joué désormais par d'anciens fournisseurs ou sous-traitants comme les fabricants de microprocesseurs et de logiciels qui se trouvent désormais en position d'arbitre (K.R. Laird, N. Dholakia, R.R. Dholakia, 1995).

Intel, le premier fabricant mondial de microprocesseurs, et Microsoft, le premier fabricant de logiciels, conçoivent ou fabriquent les éléments de l'intelligence informatique qui peuvent maintenant être intégrés aux téléviseurs. Toutes les alliances sont possibles.

Le contrôle du secteur du multimédia passe par les normes, les infrastructures, la distribution. Les entreprises, pour fixer les règles du jeu ou s'assurer des débouchés, sont amenées à passer des alliances. Ces stratégies d'alliance

Encadré 3 – Exemples d'alliances

Alliances d'industries de contenu et de diffuseurs. Ce sont les alliances entre les fabricants de programmes et les réseaux de distribution comme par exemple l'intégration des majors américaines à des réseaux, l'objet étant de disposer d'un catalogue pour alimenter un réseau (intégration de Paramount à Viacom) ; c'est encore l'alliance entre France Télévision et France Télécom pour développer des services interactifs tels que le Visiopass.

Alliances pour imposer des normes. Philips et Sony, fin 1994, ont annoncé le lancement d'un CD-vidéo de 135 minutes, plus performant que les CD existants. Thomson Consumer Electronic, Toshiba, Pioneer, JVC, Hitachi, Matsushita ont proposé une autre norme à laquelle se sont ralliées quatre majors américaines (MCA, Time Warner, MGM et Viacom Paramount) ainsi que des réseaux de distribution câblée (Time Warner) ou des magasins de location-vente de vidéo. Une telle association de représentants de l'électronique, des programmes et de la distribution peut permettre de mettre à l'écart une norme concurrente.

Source : L. Kalogeropoulos et A. Laramée (1994).

sont dues au progrès technologique, à la levée de barrières réglementaires aux Etats-Unis (*Enjeux-Les Echos,* avril 1994) et à la volonté :

– d'associer les industries de contenu et les diffuseurs,

– de parvenir à une taille critique compte tenu de l'ampleur des investissements nécessaires pour imposer une norme qui écartera les concurrents.

Les alliances et les acquisitions touchent la quasi-totalité des entreprises importantes. Les câblo-opérateurs recherchent des partenaires pour développer des liaisons téléphoniques à partir de leurs réseaux ; les sociétés de téléphone veulent acquérir, par des alliances avec le câble, les bibliothèques de programme et les fichiers clients. Des constructeurs informatiques s'allient pour essayer d'imposer une norme de services multimédia et les industriels du logiciel et des programmes rejoignent ces alliances (L. Kalogeropoulos et A. Laramée, 1995, p. 120-121).

2.2. *Les nouveaux entrants dans les secteurs « utilisateurs », incertitude et instabilité*

Voici qu'interviennent désormais dans certains secteurs, utilisateurs du multimédia comme celui de la banque, de nouveaux concurrents, en provenance du commerce et de l'informatique. Mais là aussi, l'incertitude est souvent la règle. Par exemple, en octobre 1994, Microsoft a tenté de racheter Intuit, numéro 1 de la banque à domicile, afin d'acquérir Quicken, logiciel financier qui permet de planifier ses emprunts, de calculer ses impôts, etc. Il s'agissait de bâtir un réseau pour mettre les banquiers en concurrence. Cette tentative a fait long feu pour des questions réglementaires.

Dans ce contexte de nouveaux entrants et d'alliances, l'évolution des relations de pouvoir n'est pas évidente à prévoir (schéma 1). Ainsi, les éditeurs redoutent que les opérateurs du téléphone, du câble et des réseaux hertziens se trouvent en position de gouverner le marché de l'information. Des exemples de ce type pourraient être multipliés.

Schéma 1 – Multimédia : instabilité des relations et secteur naissant

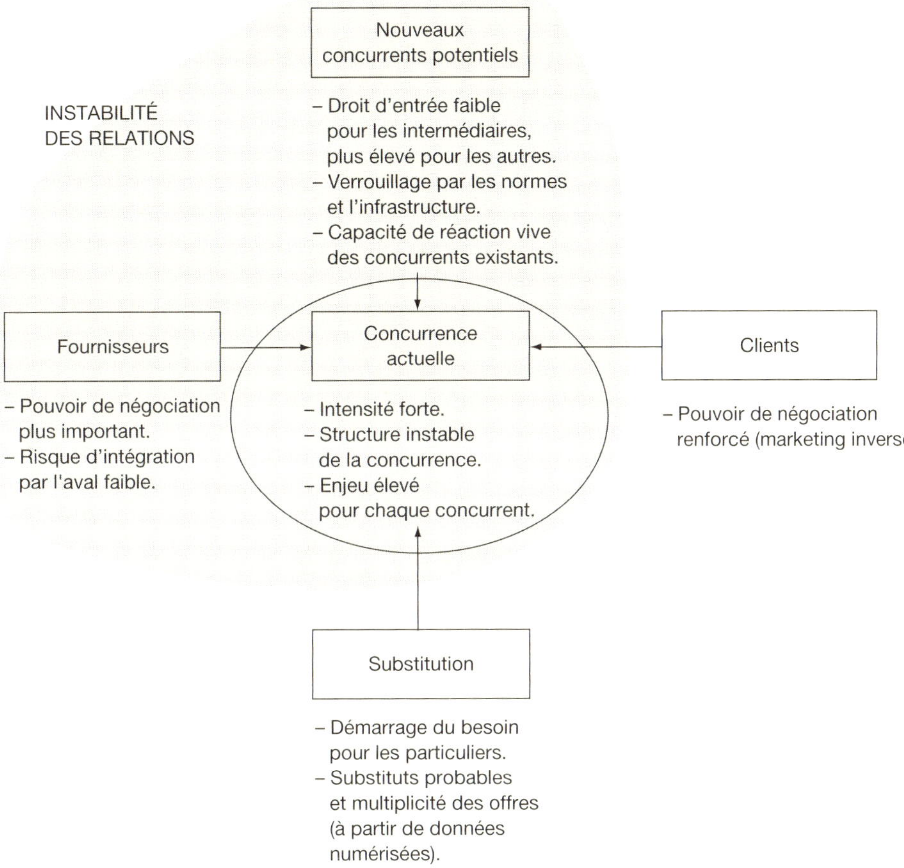

Le rôle de la réglementation est alors primordial. La Commission de Bruxelles a fixé, dans son livre vert, au 1er janvier 1999 la date de déréglementation des services de télécommunications. Les infrastructures du câble se sont ouvertes à la concurrence depuis janvier 1996 ; celles du téléphone sont aussi libéralisées. Il s'agit donc d'un marché déréglementé ou en voie de l'être, mais qui sera probablement régulé par la loi antitrust aux Etats-Unis, et par l'instance de régulation proposée pour l'audiovisuel et les télécommunications en France.

Mais qu'en sera-t-il de la réglementation des échanges de données et des services transfrontaliers et transcontinentaux comme ceux offerts par Internet. Un entrepreneur efficace, avec un IBM PC-AT ou un compatible, peut créer des services depuis n'importe quelle localisation et n'a besoin que de software pour développer de nouveaux services dans un pays. Cela pose le problème de la concurrence internationale dans les services et de sa réglementation.

Malgré certaines incertitudes réglementaires, on peut estimer raisonnablement que le marché du marketing interactif sera mondial, sinon européen

Encadré 4 – Multimédia : les caractéristiques d'un secteur naissant

Les secteurs naissants se caractérisent par l'absence de règles du jeu et de grandes incertitudes :

– une incertitude technologique et stratégique : normes, rapidité des entrées et des sorties, horizon temporel court ;

– des coûts initiaux élevés, en particulier d'infrastructure : fibre optique par exemple ;

– la présence de sociétés embryonnaires, de firmes-rejetons : ce sont en particulier les intermédiaires ;

– des clients qui achètent pour la première fois : constitution des habitudes quant aux logiciels, aux réseaux.

Pour les entreprises, l'absence de règles du jeu donne un grand degré de liberté. Les critères à prendre en compte sont :

– le modelage de la structure du secteur : il s'agit de fixer les règles du jeu ;

– la modification du rôle des fournisseurs et des circuits de distribution, et de nouvelles relations de pouvoir : c'est entre autres le rôle charnière des industries de microprocesseurs et de logiciels ;

– le déplacement des obstacles à la mobilité : la propriété industrielle d'une technologie, l'accès aux circuits de distribution, le risque attaché aux choix technologiques et commerciaux, les alliances entre les industries de contenu et les diffuseurs ;

– la nature des nouveaux venus : frontières technologiques et industrielles glissantes ;

– le risque d'intégration des clients par les fournisseurs.

Le développement du secteur peut être limité par :

– l'absence d'infrastructure et de normalisation : certaine instabilité des accords ;

– les délais d'approbation des autorités de réglementation et les contrôles réglementaires ;

– des coûts élevés liés aux conditions structurelles d'un secteur naissant : coût des infrastructures (fibre optique, etc.).

Du côté des consommateurs, les secteurs naissants se caractérisent par :

– la conscience d'une obsolescence probable ;

– l'embarras face à un manque d'accord technique entre les firmes.

Dans les secteurs naissants, il faut prévoir l'évolution des structures en fonction de la réceptivité des marchés.

Il faut raisonner en termes d'avantage attendu par les consommateurs :

– du côté des services rendus ;

– du côté des coûts.

Source : Adapté au multimédia à partir des caractéristiques des secteurs naissants inspirées de M.E. Porter (1980).

pour les entreprises françaises, et fluide. En effet, en février 1995, le G7 dans ses recommandations sur les autoroutes de l'information a estimé que le mouvement engagé doit être accompagné, et a souhaité l'émergence d'un espace économique transactionnel à partir des réseaux ; ce qui est important pour le devenir du marketing inversé ou marketing direct amont.

3. L'interactivité : opportunité ou menace pour les entreprises utilisatrices ?

Il est facile de voir les bénéfices offerts aux consommateurs par le multimédia et l'interactivité. Il est plus difficile de déceler ceux qu'en retirent les entreprises « utilisatrices », qui doivent souvent consacrer des investissements importants en temps et en argent dans ce domaine.

3.1. Les avantages pour les fournisseurs de services : avantage concurrentiel et nouveaux marchés

Les avantages sont incontestables pour les services sans livraison physique lourde mais ils existent aussi pour les autres services.

Dans le cas de services financiers, d'assurances, de tout ce qui n'a pas besoin de livraison physique lourde pour atteindre le client une fois que le choix de ce dernier est fait, la zone géographique dans laquelle l'offre est distribuable peut être l'Europe, voire le monde. Dans ce contexte, la rentabilité pour des entreprises de service paraît raisonnable. Les avantages pour les fournisseurs de ces services sont l'avantage concurrentiel et la conquête de nouveaux marchés, ainsi qu'un gain de productivité (W.D. English, 1982).

L'avantage principal est l'*avantage concurrentiel.* Les « innovations directes » s'appuient sur l'environnement électronique des années 1990 et au-delà, et constituent la nouvelle façon d'atteindre les consommateurs qui ne se déplacent pas dans les magasins ou les agences. L'avantage concurrentiel offert est un gain de temps et de coût pour la clientèle existante.

L'utilisation de la technologie d'achat électronique permet aussi de se lancer dans de *nouveaux marchés* sans développer de nouveaux magasins ou agences, ou sans gros investissements physiques. La technologie est disponible. On trouve ainsi des organisations de deux personnes comme Florida Fruit Shippers qui utilise le CompuServe Electronic Mall pour vendre sur l'ensemble du marché américain.

Même lorsque l'activité comporte une partie de distribution physique, les distributeurs qui pensent avoir un avantage différentiel marqué sur le prix ou d'autres dimensions ont intérêt à la divulgation des conditions de vente des concurrents sur un produit ou service identique. Avant même le marketing interactif, des distributeurs comme Darty ont utilisé divers artifices pour rendre leurs clients complices dans l'acquisition d'informations sur les conditions de vente de leurs concurrents.

3.2. Un certain nombre de freins, en particulier pour les services avec distribution physique lourde

Les gains dans de nouvelles activités ou nouveaux services risquent d'être contrebalancés par une série d'inconvénients :

– la venue de nouveaux concurrents nationaux et internationaux ; le concept de distance ne joue plus ou peu alors. On entre dans une logique de mondialisation ;

– une moindre fidélité probable des consommateurs aux entreprises, leurs offres étant plus facilement comparables. La technologie du commerce électronique va créer les conditions requises pour une concurrence plus « pure » ;

– les coûts de livraison. On retombe dans le cas classique des entreprises de vente par correspondance où l'aspect logistique est primordial (gestion d'entrepôt, livraison). Les grandes surfaces sont-elles préparées à ce métier et alors se pose éventuellement la question des stratégies d'alliances avec la VPC ;

– d'éventuelles guerres de prix électroniques. En observant l'importance de la promotion actuellement, il est quasi certain qu'une concurrence forte par les prix jouera en commerce électronique. Le consommateur pourra être suivi et ciblé individuellement. Non seulement les intermédiaires, mais aussi les producteurs risquent d'être affectés en termes de profitabilité. Les distributeurs utilisent la technologie électronique pour faire des promotions spéciales qui leur bénéficieront aux dépens du producteur.

Dans le cas de l'achat à distance, le commerce électronique va augmenter les problèmes liés à la surcapacité, à la réduction des marges, aux promotions dans le domaine de la distribution, ce qui aura un effet négatif sur les marges.

3.3. *L'interactivité et les industries de contenu : inventer des services pour survivre*

Les conséquences du multimédia et des autoroutes de l'information seront fortes. Certaines professions utilisatrices pourront en être totalement déstabilisées et devront inventer d'autres services pour survivre. En voici quelques exemples.

3.3.1. Les agences immobilières, les promoteurs, les architectes

Il ne s'agira plus de voir défiler des photos de maisons sur un écran de télévision comme c'est déjà le cas en Amérique du Nord. Un cheminement de recherche permettra à un particulier de sélectionner chez lui quelques offres dont il pourra alors voir toute une série de photos, voire dans l'avenir y pénétrer en réalité virtuelle. Le rôle de l'agence, si elle ne dispose pas d'un mandat de représentation, peut ainsi devenir celui d'un conseil en mise en valeur de biens immobiliers et un vendeur d'espace sur un support numérisé.

La puissance de calcul des stations de travail est suffisante pour de nombreuses applications industrielles de conception assistée par ordinateur. Cela permet déjà dans certains pays, comme au Japon, dans des officines spécialisées, de choisir un terrain sur un catalogue et d'y « construire » sa maison à partir d'un autre catalogue d'architecture. On visionnera en trois dimensions les extensions qu'on pourrait y apporter plus tard, si les besoins et les moyens évoluaient, en tenant compte des contraintes de zone et de lieu, et des caractéristiques physiques du terrain. Tout cela peut être mis sur le câble et accessible à la demande par un paiement du type kiosque qui fera du téléviseur familial un terminal de tous les ordinateurs spécialisés dont on pourrait avoir besoin.

3.3.2. Les loisirs, l'éducation, la culture

L'industrie des loisirs est également potentiellement déstabilisée. Si rien d'électronique ne remplace la réalité du dépaysement, on peut imaginer que le choix est sérieusement influencé par un « voyage virtuel » préalable façonné à la demande.

La culture et l'éducation sont aussi en première ligne avec l'avènement du multimédia interactif. Il existe déjà des dictionnaires et des encyclopédies sur CD-ROM (micro-ordinateurs) et CD-I (téléviseurs), y compris en France avec notamment un produit lancé par Hachette.

Dans un autre domaine, Jack Valenti, le président des producteurs de films américains (Motion Picture Association of America), affirme que la révolution de la communication virtuelle donnera enfin le pouvoir au public et rendra impossible l'application de quotas (c'est-à-dire de l'exception culturelle), puisque toute vision dépendra d'un choix personnel (J. Valenti, 1994).

3.3.3. Les banques et les assurances

Les banques, sous la pression de concurrents inattendus, opèrent une révolution technologique importante. Ces concurrents sont la grande distribution, les assureurs, les établissements financiers, les spécialistes de gestion de flux. On voit apparaître des banques directes sans agences comme Quelle Bank en Allemagne, First Direct en Angleterre, Banque directe en France. Les banques et les assurances étaient d'ailleurs déjà très présentes en marketing direct ; ainsi, 30 % des souscriptions d'assurances sont faites *via* des spots de marketing direct en Angleterre.

3.4. Le développement des stratégies interactives des entreprises

Ces nouveaux types de services peuvent être fournis par des entreprises déjà présentes dans le secteur, à partir de leur métier de base (banque, assurance, distribution, loisir, édition, etc.) ou par de nouvelles entreprises.

Les coûts d'entrée et de sortie dans le marketing interactif pourront être élevés. Ces coûts proviennent :

– de l'acquisition des bases de données,

– des coûts de stratégies d'annonces (affichage pour vente directe, télécommunications), coûts marketing de tous ordres,

– des coûts de logistique : distribution physique, à moins de sous-traiter,

– de l'apprentissage d'un autre métier.

Le coût d'acquisition d'un client est lui aussi important. C'est le problème de l'investissement initial client.

Les stratégies interactives des entreprises devraient néanmoins se développer (téléachat, Internet...), même si le nombre d'entrées et de sorties est important. Ce sont en effet des stratégies intéressantes pour des entreprises en vue de se prémunir contre de nouveaux entrants dans leur domaine, mais surtout pour se diversifier sur leur base de clientèle ou élargir cette clientèle :

– se diversifier sur sa base de clientèle. On parle de TBIS (*Transactional Business Information System*). C'est du *cross-business* sur les mêmes clients ou encore du développement de produits nouveaux sur la même base de clientèle ;

– élargir sa clientèle par la stratégie de clonage. C'est la stratégie du « client idéal ». En partant de la clientèle existante, ouverte à ces nouveaux produits, on identifie le profil type du consommateur et on recherche des clients ayant le même profil.

La technologie, menace pour le métier de base des uns, devient ainsi une opportunité pour d'autres.

4. Vers une concurrence « pure » et un pouvoir consommateur

Tant pour le consommateur que pour le distributeur qui se veut le plus dynamique, la question est de savoir comment sortir de sa zone de distribution « naturelle », c'est-à-dire économiquement accessible dans des conditions normales, pour accéder à l'offre ou à la demande d'un territoire beaucoup plus vaste, voire sans frontières, au moins au niveau de l'Union européenne. Telle est l'une des grandes promesses du marketing direct amont ou marketing inversé.

4.1. La concurrence pure, une évolution logique

On peut caractériser la concurrence « pure » par les situations dans lesquelles de nombreux vendeurs sont en concurrence auprès des consommateurs sur un marché avec des produits indifférenciés (W.D. English, 1990). L'entrée des entreprises dans le marché est facile pour les intermédiaires, et les consommateurs ont une parfaite information sur les prix. Il faut en effet distinguer la transparence de l'information, la mise en contact effectuée par un intermédiaire, du marketing direct opéré par un fournisseur spécifique ; en d'autres termes, distinguer les « intermédiaires d'information » des producteurs proprement dits. Les « intermédiaires d'information » poussent à la concurrence pure. Dans ce contexte, les consommateurs peuvent avoir un fort pouvoir sur les fournisseurs, susceptible de les conduire à des profits nuls.

La concurrence pure est précisément la situation vers laquelle conduit le commerce électronique. L'entrée est facile pour des intermédiaires de services, le nombre de concurrents peut devenir illimité ; beaucoup de variables de différenciation disparaissent (accès au magasin, ambiance du magasin, attente aux caisses, assortiment, distance du magasin) et l'information parfaite est instantanément disponible.

On assiste à une certaine dématérialisation de l'offre (L. Kalogeropoulos et A. Laramée, 1995). On passe de produits à des stocks d'information. Il s'agit d'une séparation de l'information par rapport à son support matériel traditionnel : c'est le cas des banques et des assurances directes par exemple. La dématérialisation touche la localisation : ce sont les réseaux. L'information n'est plus rare et l'interconnection des réseaux entraîne une accélération de la circulation de l'information. Le nombre de personnes contactées croît aussi considérablement.

Ce phénomène de concurrence pure renforcera le poids du secteur tertiaire dans l'économie et le pouvoir consommateur.

La présence d'infrastructures relationnelles fortes tendra à accélérer le processus d'adaptation de l'offre à la demande ; cette adaptation sera d'autant plus rapide que les consommateurs seront bien informés, réagiront vite et que les entreprises elles-mêmes interviendront rapidement.

L'échange de services risque alors de s'accélérer.

4.2. Le re-routage et les interconnexions, clés du marketing inversé

C'est l'offre de services du marketing inversé ou marketing direct amont qui sera déterminante. Il faut qu'elle soit suffisamment fournie, d'une véritable utilité, et facile d'usage pour que le phénomène prenne. On peut s'attendre ensuite à un effet accélérateur.

En réalité, tous les développements partiels que l'on a connus, alors même que la promesse technologique n'était pas totalement réalisée, auront préparé la voie à l'explosion grand public qui reste à venir. En attendant, ce sont souvent les utilisations professionnelles qui ont vu le jour les premières.

Dans une situation faisant appel au marketing direct amont, le client potentiel peut interroger à son heure un serveur télématique et cheminer d'un serveur à un autre. Cela peut être le serveur d'une association de consommateurs, celui d'un producteur, celui d'un distributeur ou celui d'un fournisseur de services d'assistance.

Les interconnexions et le re-routage sont les clés du marketing direct amont. Ainsi, les possibilités de re-routage automatique qui existent maintenant sur le minitel lui apporteraient un grand intérêt. On pourrait ainsi aller de l'avis d'une association de consommateurs à celui d'une autre, du serveur d'un constructeur à celui d'un autre, et du serveur d'un distributeur également à celui d'un autre. Concrètement, un serveur pourrait guider un acheteur potentiel à partir de son style de vie et, par exemple, l'informer en final de l'offre en fonction de ses besoins : s'il veut minimiser l'entretien et le repassage de ses chemises, même au prix d'une usure rapide du linge, il lui faut une machine qui essore à plus de mille tours/minute sur des programmes courts et il en existe cinq modèles chez trois constructeurs. Ce client potentiel, en se reconnectant sur les serveurs des constructeurs concernés, pourrait avoir connaissance des caractéristiques des produits en lançant un « appel d'offre » aux distributeurs, et bénéficier des meilleures conditions et des meilleurs délais.

Dans le domaine de l'assurance, une fois que le consommateur a choisi, à partir de banques de données existantes, le produit et le fournisseur, la demande pourra atteindre un courtier de Hambourg qui, par exemple, souhaitera faire à ce moment-là une promotion pour pénétrer le marché français. On voit l'extension de la concurrence que la fluidité du marketing direct amont peut entraîner, du fait de l'absence de limite à la connexion sur ces réseaux.

4.3. Un consommateur mûr

L'acte d'achat dans le marketing inversé ou marketing direct amont est motivé par le gain de temps, le meilleur prix et le caractère complet de l'information.

Avec le marketing direct amont, la motivation des consommateurs est liée à la possibilité d'interroger des banques de données automatisées ou de déclencher des demandes d'informations focalisées.

Disposer d'une documentation encyclopédique à jour et facilement accessible peut maintenant devenir une réalité, et cela à un coût très raisonnable par rapport à la valeur de l'information ainsi recueillie.

Le marketing direct amont peut permettre l'accès aux publicités existantes, aux conditions de l'offre sur un produit et service donnés, et aux réponses des fournisseurs à une demande spécifique des clients. La forme la plus simple est la publicité déclenchée par le consommateur (proposée sous le nom de *Consumer Initiated Advertising* (D. Tixier, 1987, 1989).

Une fois l'intérêt éveillé et la connaissance suffisante pour un produit ou un service particulier, le marketing direct amont peut apporter une promesse d'optimisation du couple prix-conditions de livraison. Il suffit que le client puisse mettre en marché sa « demande », ce qui suppose l'existence d'une sorte de bourse automatisée et évidemment un accès facile. Cette bourse apporte l'information sur les conditions de l'offre telles que proposées à un moment donné et en un lieu donné.

Les sources de l'information proviennent des entreprises – publicités, offres sur les produits et services, réponses à des demandes – ainsi que des associations de consommateurs ou des intermédiaires et fournisseurs de services d'assistance.

Certains consommateurs, particulièrement sensibilisés, utilisent les publications d'intermédiaires qu'ils jugent crédibles pour opérer leur meilleur choix (encadré 5). Ces informations sont d'autant plus riches que le marché sera « parfait » ou transparent, ce qui n'est pas encore le cas. Des rigidités existantes dépendent encore des surmarges (et peut-être aussi des emplois) par rapport à ce que l'optimisation de la mise en concurrence pourrait permettre.

Encadré 5 – Démarche de demande d'informations et automobile

Actuellement, un pourcentage important de véhicules français sont achetés à l'étranger, entre autres en Italie, par des ressortissants français. En juillet 1995, on trouve en effet des écarts pouvant aller jusqu'à 55 % du prix de base en France. Sur une Peugeot 306, les écarts sont de l'ordre de 30 %, sur une R19 de 40 %. Le pourcentage d'Espace achetées en Italie est très élevé. Les constructeurs prennent des mesures pour réagir. En Allemagne, des sociétés comme Volkswagen autorisent leurs filiales à racheter directement une partie des exportations parallèles.

Les importations parallèles proviennent de mandataires spécialisés ainsi que de particuliers. Elles sont dues au cours peu élevé de la lire, à la possibilité de négocier les tarifs en Italie par rapport aux prix publics et surtout à la circulation d'informations sur les caractéristiques et les tarifs des véhicules dans les divers pays : information par les mandataires mais surtout information directe aux particuliers par le biais entre autres du minitel.

Cette démarche de demande d'informations existe donc. On peut aller plus loin et imaginer qu'en l'automatisant, un acheteur potentiel puisse facilement exprimer le registre et la sophistication de l'information qui l'intéresse. Pour la même voiture, l'un pourrait s'intéresser à certains aspects techniques et un autre aux nuances de couleur de la carrosserie ou de l'habitacle. Le premier pourrait demander des informations très poussées sur les types d'ABS ou d'airbags disponibles, et le deuxième l'envoi d'une palette d'échantillons de couleurs. A la demande d'informations qui peut être assistée par l'ordinateur du fournisseur et focalisée à la fin de la demande du client, pourraient correspondre une réponse précise et des offres spécifiques.

4.4. Un accueil favorable des particuliers et des freins surmontables

Outre les aspects technologiques auxquels le développement de l'interactivité et du marketing direct amont est lié, le comportement des consommateurs est fondamental. Les premières expériences du minitel à Vélizy et de l'annuaire électronique en Bretagne avaient montré, il y a plus de dix ans, que tout le monde pouvait se mettre à utiliser un système interactif. Depuis, le succès du minitel l'a amplement confirmé : plus d'un milliard d'appels en 1992. Le succès du marketing direct amont est lié à la maturité des consommateurs. Un service comme Dégrif' Tour sur minitel qui propose des soldes de voyages organisés quelques jours avant le départ n'aurait pas été possible si les utilisateurs n'avaient pas déjà réfléchi à ce qu'ils attendaient d'un voyage de loisirs (*Challenges*, 1994).

Pour de très nombreuses applications du concept, le public est incontestablement mûr.

Par ailleurs, le prix de l'information est faible et peut être presque nul ; le prix devient en fait celui de la qualité et de la véracité de l'information fournie.

Les consommateurs peuvent néanmoins hésiter dans la voie du marketing interactif pour de multiples raisons :

– réseaux perçus comme vulnérables (problèmes de cryptage et de clés d'accès) ;

– problèmes de sécurisation des paiements ;

– manque de confiance dans la fiabilité des informations délivrées ;

– coût de l'équipement, hésitation sur le choix des équipements et des logiciels ;

– convivialité jugée insuffisante ou complexité perçue comme trop grande ;

– manque de confiance du client dans sa capacité à faire des choix ou des arbitrages pour des produits et des services risqués (par exemple les prêts dans le domaine bancaire) ;

– expérience insuffisante en interactif.

En fait, l'évolution de la technologie devrait lever la quasi-totalité de ces hésitations éventuelles.

Mais, on l'a indiqué, un frein éventuel au marketing direct amont peut être le taux d'équipement individuel en micro-ordinateurs ; moins d'un ménage sur six en 1995 en France contre un sur trois aux Etats-Unis. La recherche vers des appareils universels ou multifonctions pourrait réduire cette difficulté. NEC, Matsushita, Sony, d'une part, Apple avec l'arrivée du Ponoma (ordinateur, télévision, radio, CD, téléphone, répondeur), d'autre part, y travaillent.

Encadré 6 – Boule de neige du pouvoir consommateur sur Internet. Au moins deux milliards de dollars et des excuses pour Intel

C'est au cours de l'été 1994, alors que des millions de processeurs Pentium avaient déjà été livrés, qu'Intel a découvert des erreurs dans certains cas de divisions en virgule flottante. Devant l'ampleur du problème (coût du remplacement, coût d'interruption des livraisons dans la phase d'expansion rapide des ventes, coût d'image au plus fort de la campagne auprès du grand public « Intel Inside »), la décision d'Intel a été une réaction classique de producteur : essayer de garder le problème à l'intérieur, modifier la puce et ne pas interrompre les livraisons.

Quand le professeur de mathématiques Nicely du Lynchburg College en Virginie a constaté l'erreur, il a appelé la *Hot Line* d'Intel. Devant une réponse inacceptable, il a alerté toute la communauté intéressée sur Internet. On connaît la suite. Message rassurant d'Intel. « On connaît le problème depuis l'été. Ce n'est pas grand-chose. On le corrige. » Fureur dans les *Bulletins Boards* d'Internet compte tenu des achats de Pentium depuis l'été, sans qu'Intel n'ait informé personne. Diffusion sur Internet par la communauté scientifique d'essais de recherche d'erreur de calcul. Effet boule de neige. Annonce par IBM de l'arrêt des livraisons des micro-ordinateurs équipés de Pentium. Et annonce de remplacement des Pentiums défectueux, d'abord sous conditions, puis sans conditions, et enfin excuses sur Internet du président d'Intel à la communauté scientifique.

Coût probable pour Intel estimé en janvier 1995 : au moins deux milliards de dollars en produits, en salaires et en remboursements de frais.

S'il n'y avait pas eu Internet, la stratégie de correction silencieuse d'Intel aurait-elle réussi ? N'y a-t-il pas ici un cas de communication massive et rapide entre utilisateurs, et surtout de l'utilisateur au producteur ? Ne peut-on pas y voir un exemple de rééquilibrage des pouvoirs dans le canal que permet la communication simple et massive de l'aval vers l'amont ?

*

* *

En phase avec l'évolution du consommateur qui a repris son autonomie dans la recherche du juste rapport qualité/prix, nous vivons sans doute une mutation aux dépens des professionnels en amont de la chaîne producteurs-distributeurs-consommateurs. Comme la diffusion de l'automobile ou de l'informatique (qui ont changé nos façons de vivre), la diffusion du marketing interactif est assez lente et pleine d'embûches. Si le modèle de recherche de choix et d'achats à distance apparaît de plus en plus crédible, il n'est pas question, semble-t-il, qu'il remplace les structures de la distribution et du conseil aux particuliers que nous connaissons dans la distribution des biens ou des services. Mais il devrait prendre corps dans tous les domaines et y tenir à terme une part de marché significative, car tout se jouera dans la perception individuelle de l'apport de valeur ajoutée par les différents systèmes de distribution disponibles. Et il n'est pas d'exemple que l'évolution technologique, qui apporte des degrés de liberté supplémentaires valorisés par une partie substantielle de la population d'utilisateurs, ne finisse par trouver son marché.

Si l'effet d'expérience est la clé d'accès à la maîtrise de l'interactif et du marketing direct amont, les générations de jeunes, élevées à l'ère des jeux vidéo, vont très probablement constituer des consommateurs mûrs, adeptes du marketing inversé.

Références

« Autoroutes électroniques. Le nouveau rêve américain », *Enjeux-Les Echos* (avril 1994).

« Les mille et une manières de voyager moins cher », *Challenges* (avril 1994).

English W.D., « Videotex : Pandora's Box for Retailers », *Journal of Direct Marketing* (4, 2, Spring 1990), p. 7-20.

Kalogeropoulos L., Laramée A., *Multimédia et autoroutes de l'information*, Paris, Nathan, 1995.

Laird K.R., Dholakia N., Dholakia R.R., « Competing for America's Infotainment Dollars : Implications for the Global Information Business », Working paper, University of Rhode Island, 1995. e-mail : RITIM@RIACC.URI.EDU.

Porter M., *Competitive Strategy*, New York, The Free Press, 1980. Trad. française : *Choix stratégiques et concurrence*, Paris, Economica, 1982.

Théry G., *Les autoroutes de l'information*, Rapport officiel, Paris, La Documentation française, 1994.

Tixier D., « The Advent of Upstream Direct Marketing and the Question of Customers' Loyalty », *Journal of Direct Marketing* (Winter 1987).

Tixier D., « Marketing direct amont », *in Encyclopédie de Gestion*, Paris, Economica, 1989, p. 1738-1753.

Valenti J., « Jack Valenti prépare l'après-GATT », *in La vie des médias et de la publicité, Le Figaro Economie* (20 février 1994).

Mots clés

Alliances, audiovisuel, concurrence pure, électronique grand public, information, informatique, interactivité, Internet, marketing direct amont, marketing inversé, minitel, multimédia, *off line*, *on line*, pouvoir, réseaux, services, structure, technologie, téléachat, télécommunications, télévision, *upstream direct marketing*.

Marketing management pour les sociétés financières (assurances, banques...)

101

Michel Badoc

Confrontées aux défis de natures multiples que sont la technologie, l'environnement, le marché, la concurrence..., pressurées par les problèmes de rentabilité, les sociétés financières doivent préparer leur entrée dans le XXIe siècle. Pour réussir cette tâche difficile, l'introduction de méthodes de gestion performantes est devenue une nécessité absolue. Dans ce contexte, l'élaboration d'un système de marketing management s'impose peu à peu comme une des clés de voûte du futur édifice. Cette nouvelle conception du marketing, plus stratégique et davantage intégrée à la gestion des institutions que dans le passé, nécessite d'accorder des priorités à la résolution de problèmes tels que la rentabilité, l'appui aux commerciaux des réseaux, la généralisation des nouvelles technologies de l'information (NTI) à tous les niveaux de l'action commerciale, la diversification des produits, services et canaux de distribution, le développement de meilleurs systèmes de communication interne et externe... Elle exige que soit élaborée une gestion plus rigoureuse des politiques marketing et commerciales, tant au niveau du siège que des réseaux à l'aide d'une planification du développement. Elle conduit les états-majors, à partir d'une ré-ingénierie de leur organisation[1], à mettre en œuvre des structures adéquates pour affronter les marchés de demain et à faire évoluer les mentalités de leur personnel. Elle réclame de redéfinir le rôle et la place de la fonction marketing au sein de cette nouvelle organisation.

1. Le marketing des sociétés financières confronté à de nouveaux défis

Nombreux sont les défis auxquels devra se confronter le marketing des sociétés financières de demain. Nous retiendrons les deux principaux qui risquent de transformer profondément sa conception et son orientation. Il s'agit d'abord de l'évolution technologique, liée à l'introduction massive des NTI. Le deuxième grand défi concerne les mutations de l'environnement avec, en particulier, l'émergence d'une clientèle exigeante et l'avènement d'une concurrence sévère.

---

1. Voir également dans cette Encyclopédie l'article de J.F. Daigne, « Ré-ingénierie », p. 2854, tome 3.

1.1. Le défi technologique ou l'émergence de la banque et de l'assurance robotisées

La pénétration des nouvelles technologies de l'information dans les sociétés financières appartient au passé. Un dirigeant de la société Bull faisait remarquer que près de 30 % du marché mondial de l'informatique privée sont déjà détenus par le secteur bancaire. Cette évolution, engagée à la veille des années 1980, risque de connaître une remarquable accélération au cours des deux prochaines décennies. Elle aura une répercussion de nature marketing dans au moins trois grands domaines : la création d'un nombre accru de produits et de services, le décuplement des forces commerciales des réseaux et la diversité des moyens de paiement offerts à la population.

Au niveau de la création des produits et services, il n'est de jour où l'on assiste à l'annonce d'une nouvelle naissance dans ce domaine. Du système MOA, véritable compte bancaire électronique de la clientèle des jeunes, proposé en France par le Crédit Industriel et Commercial ou du service *Cash Call* offert aux entreprises britanniques par la Lloyd's Bank qui s'adresse à la gestion électronique internationale de la trésorerie, au développement des systèmes de banque et d'assurance à domicile, tels que First Direct ou Direct Line en Grande-Bretagne, la plupart des sociétés financières européennes s'efforcent de proposer aux différents segments de leur clientèle un nombre accru de produits, services et canaux de distribution relevant des NTI[2].

Dans cette course à l'innovation, NatWest, en Grande-Bretagne, après avoir fait concevoir les claviers de ses guichets automatiques de banque (GAB) en braille pour sa clientèle d'aveugles, propose désormais des distributeurs automatiques de billets (DAB) parlants. Le système s'appelle Glen Gover, il peut parler plusieurs langues et même prendre des accents régionaux.

Pour sa part, l'assurance ne reste pas en dehors de la compétition, notamment en s'efforçant d'élaborer des systèmes informatisés de *Risk Management*, mais également d'assurance à domicile.

L'évolution technologique contribue également à renforcer la puissance commerciale du personnel en contact avec la clientèle. L'assistance apportée dans ce domaine est multiple et variée : aide à la connaissance instantanée du client en temps réel favorisant une meilleure prospection intensive (*cross selling*), capacité d'apporter les services bancaires ou d'assurance 24 heures sur 24 dans des lieux divers et même à domicile, grâce au vidéotex ou au téléphone pour leur présentation et à la carte à mémoire pour leur règlement, multiplication des systèmes de *marketing direct*[3], possibilité de décentraliser localement l'expertise des spécialistes appartenant à ces secteurs d'activité grâce à l'ordinateur portable et au visiophone.

La multiplication des cartes de toute nature, l'arrivée des autoroutes de l'information et du portefeuille électronique bouleversent l'ensemble des habitudes d'achat et de paiement. Aux Etats-Unis, plus de la moitié des achats sont d'ores et déjà réalisés au moyen d'une carte. Dans plusieurs pays européens, des expériences de promotion du portefeuille électronique sont en cours. La

---

2. Voir également dans cette encyclopédie l'article de D. Roux et D. Soulié, « Nouvelles technologies de l'information et gestion de l'entreprise », p. 2140, tome 2.

3. Voir également dans cette Encyclopédie l'article de D. Xardel, « Marketing direct », p. 1839, tome 2.

Caixa Bank mène depuis quelque temps une expérience de ce type à Barcelone. En Grande-Bretagne, une association entre deux banques (Midland et NatWest) et British Telecom tente également de tester l'intérêt du portefeuille électronique auprès de la clientèle.

Certains experts pensent qu'à l'aube du prochain siècle, la plupart des services rendus à l'heure actuelle par la monnaie, le billet ou le chèque seront réalisés par des cartes de toute nature. L'avènement progressif d'une société sans espèces, *cashless society,* utilisant largement le portefeuille électronique modifiera profondément le contexte traditionnel du marketing dans ces deux professions.

Pour faire face à ces bouleversements, cette discipline sera appelée à jouer un rôle primordial, notamment en ce qui concerne l'adaptation des structures et des mentalités des sociétés financières aux attentes évolutives des clientèles nationales et internationales.

1.2. Le défi de l'environnement extérieur : restriction des marchés, avènement d'une concurrence exacerbée et déréglementation

Les marchés bancaires, qui ont connu entre les années 1960 et 1980 une croissance quasi ininterrompue grâce à l'évolution favorable de la conjoncture économique européenne et à l'augmentation du taux de bancarisation des ménages, commencent à se saturer. Dans la plupart des pays européens, le taux de bancarisation frôle les 90 % et la crise économique fait ressentir ses effets partout. Sollicitée par une concurrence interbancaire particulièrement âpre, cette clientèle devient chaque jour mieux informée et donc plus exigeante. En améliorant leur gestion, les entreprises s'efforcent de rechercher un état de trésorerie zéro et n'hésitent pas à se prêter directement de l'argent, quand la législation le permet, si les taux du « face à face » se révèlent avantageux. De leur côté, les particuliers sont de plus en plus regardants à l'égard de la rémunération des dépôts. Confrontée à cette évolution, la banque de demain sera inéluctablement conduite à réviser sa politique commerciale et de tarification. Ne pouvant plus compter sur un marché en développement, elle va devoir se lancer dans une stratégie de vente intensive auprès de sa propre clientèle et de diversification au niveau des produits et services proposés. Face à des demandes accrues de conseil et de rémunération des dépôts, il lui faudra aussi réviser sa politique tarifaire, notamment en s'habituant à facturer les services à leur juste prix et à fonder davantage ses sources de profit sur des commissions ou des honoraires émanant de la proposition de services à forte valeur ajoutée.

S'agissant de l'assurance, le danger futur semble moins venir du marché, qui demeure en expansion dans la plupart des pays européens, que de la concurrence :

– interne, avec la pénétration de sociétés étrangères au sein de l'Union européenne et la multiplication des interventions des enseignes internationales dans chaque pays ;

– externe, avec l'arrivée d'autres professions sur le marché de l'assurance, comme c'est déjà le cas des banques.

Le défi le plus important proviendra sans doute des tendances européennes vers la déréglementation. L'ouverture du grand marché européen de la finance et de l'assurance et l'avènement d'une monnaie unique ne peuvent que contribuer à renforcer cette évolution. Ces marchés s'ouvrent progressivement à de multiples professions. Banques, agents de change, institutions financières et de crédit, sociétés d'assurance... entrent en compétition de front.

L'avènement de canaux proposant des produits et des services d'épargne, d'assurance et de crédit à partir de systèmes de vente directe ou à domicile émanant des nouvelles technologies contribue à renforcer cette compétition. Enfin, l'arrivée de nouveaux entrants tels que la grande distribution, les sociétés automobiles, les chaînes d'agences de voyages ou immobilières, les sociétés de vente par correspondance... obligera les sociétés financières à repositionner l'ensemble de leur réseau et à se doter d'une véritable marque de distribution.

2. Les sociétés financières européennes à l'aube du marketing management

Face aux multiples défis, les sociétés financières européennes doivent acquérir une meilleure maîtrise de leur politique relationnelle avec les clients. Elles seront progressivement obligées d'intégrer le concept du marketing au cœur même de leur gestion. Certains experts parlent de *l'avènement d'un véritable marketing management* moins orienté vers les techniques, comme dans le passé, et davantage préoccupé par la définition des orientations stratégiques, l'adaptation des structures et des systèmes de gestion, la motivation du personnel[4]. Ce changement implique une nouvelle réflexion sur le rôle assigné au marketing ainsi qu'une redéfinition de ses fonctions.

2.1. Vers une gestion planifiée des sociétés financières

L'avènement du marketing management réclame la généralisation du processus de planification à long, moyen ou court terme aux différents niveaux de décision. Davantage conçue pour orienter plutôt que pour contraindre, la planification doit permettre à l'institution de voir plus loin, plus profondément et de mettre en place de véritables procédures de décision, de contrôle et d'audit interne. Comme le montre le schéma 1, elle suit un cheminement qui, à partir d'un recueil et d'un traitement d'informations internes (diagnostic des forces et des faiblesses) et externes (analyse du marché, de l'environnement, de la concurrence), conduit d'une manière rationnelle et chiffrée à partir d'un *business plan* à dresser un pronostic face à son avenir, à définir une politique (positionnement, stratégie, objectifs, cibles), à proposer des actions cohérentes avec cette politique (réformes structurelles, marketing-mix...), à mettre en œuvre des procédures de contrôle et d'audit interne. La planification marketing et commerciale doit s'élaborer à tous les niveaux opérationnels des sociétés financières. Depuis quelques années, certaines institutions européennes adoptent un système de gestion interne, entre le siège et les réseaux, fondé sur la planification. A titre d'exemple non exhaustif, la Société Générale, la Banque Nationale de Paris, l'Union des Assurances de Paris en France, la Barclays Bank en Grande-Bretagne, la BBL (Banque Bruxelles Lambert) en Belgique, la Société Zurich Assurances en Suisse s'attachent à gérer leurs filiales étrangères mais aussi leurs groupes régionaux et parfois leurs agences locales à partir de plans de marketing décentralisés. L'avenir ira probablement dans le sens d'une multi-

4. Voir également dans cette Encyclopédie l'article de J.F. Trinquecoste, « Marketing stratégique », p. 1949, tome 2.

Schéma 1 – Contenu du plan marketing pour une société financière

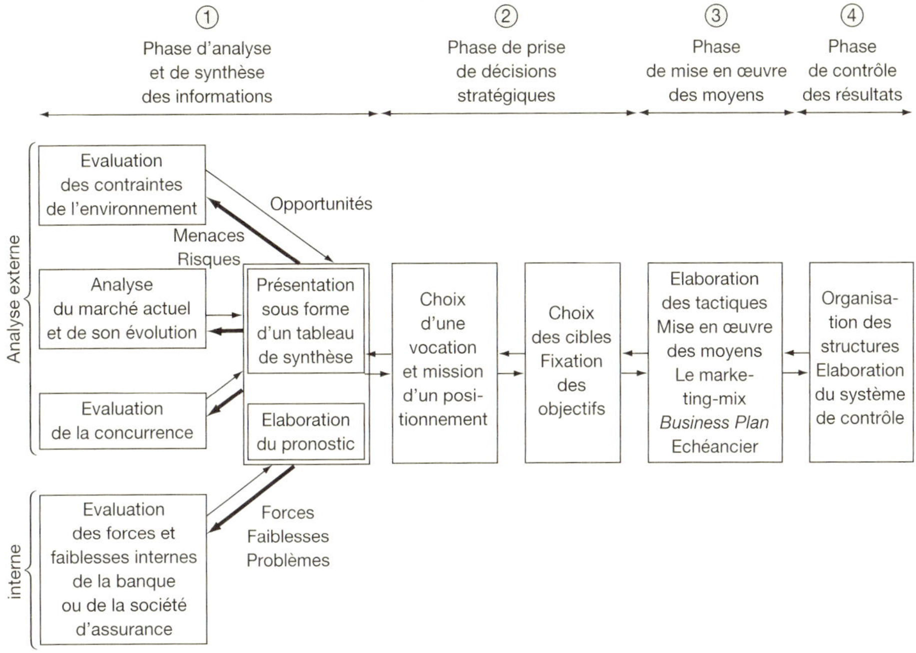

Remarque : les traits en gras soulignent le processus itératif de la planification marketing.

Source : D'après M. Badoc (1995).

plication d'initiatives de cette nature. La planification marketing et commerciale accompagnée de *business plans* deviendra, tant au niveau des sièges que des entités décentralisées nationales ou internationales, un complément indispensable de la traditionnelle planification budgétaire.

2.2. *Des réformes à prévoir au niveau des structures*

Le développement du marketing management pour préparer les sociétés financières au futur siècle réclamera d'importantes réformes de structures. Pour se rapprocher de leur clientèle, il est prévisible que la banque et l'assurance devront se réorganiser autour de la notion de chef de marché ou de produit. On risque ainsi de retrouver dans les sociétés financières de demain les structures semblables à celles que l'on rencontre dans les entreprises fabriquant des biens industriels ou de grande consommation. La Citibank fut la première société financière à s'orienter dans cette direction il y a plus de dix ans. Elle réorganisa à l'époque sa structure autour de cinq grands marchés (les entreprises internationales, les grandes entreprises, les PME, les clientèles de particuliers « haut de gamme », la clientèle de masse).

A chacun de ces marchés, elle fit correspondre des responsabilités spécifiques ainsi qu'un système de distribution différent. Le succès remporté par cette banque, en dépit des multiples critiques formulées par ses confrères, fit un nombre important d'émules en Europe. Des institutions aussi différentes que la Générale de Banque, le Banco Bilbao Viscaya, le Banco Commerciale Portugues, la Barclays Bank, la Société Générale, le Crédit Lyonnais, l'Union des Assurances de Paris, la Société Zurich Assurances, la Skandia, la Baltica, parmi bien d'autres, s'engagèrent progressivement dans cette voie.

Toutefois, même lorsqu'elles ne se réorganisent pas totalement en fonction des segments du marché, il apparaît fort probable que la plupart des sociétés financières performantes, au lendemain de l'an 2000, auront adopté une structure décentralisée et appliqué les principes de la segmentation marketing au niveau de leur organigramme. Cette politique réclamera de doter les nouvelles antennes commerciales, conçues en centres de profit, d'une gestion autonome. Elles seront orientées par une planification de leur développement et accompagnées d'un *business plan* destiné à chiffrer les objectifs, le coût des investissements, le profit et le retour sur capitaux engagés.

Enfin, les sociétés financières de demain devront accorder un soin particulier à adapter leur organisation au défi de l'internationalisation. Un tel impératif entraînera un profond remaniement des structures au cours des prochaines années.

2.3. *Faudra-t-il aussi réformer les banquiers et les assureurs ?*

Toute évolution des structures allant dans le sens d'une plus grande décentralisation ne pourra s'avérer pleinement efficace que si elle s'accompagne d'un changement de l'état d'esprit des banquiers et des assureurs. Trop longtemps habitués à une gestion centralisée de type pyramidal, les cadres des sièges vont devoir admettre que leur rôle est désormais d'être au service des clients et des opérationnels des réseaux. La transformation de cet état d'esprit nécessitera de la part des directions générales beaucoup de tact, mais également une certaine fermeté. L'une des tâches prioritaires du marketing management consistera à faire pénétrer cette réforme des mentalités au sein des institutions. Pour cela, le marketing devra d'abord apporter aux opérationnels une méthodologie leur permettant de mieux aborder leur marché mais également de formuler auprès du siège leurs besoins, en les présentant d'une manière plus organisée, plus rationnelle, plus pertinente, dans le cadre de perspectives à moyen terme. Il lui faudra aussi savoir utiliser les puissants moyens de communication, jusqu'ici trop exclusivement orientés vers l'extérieur, à des fins de sensibilisation, de motivation et de mobilisation internes du personnel. De tels moyens seront nécessaires pour accompagner les profonds changements imposés par les mutations de l'environnement et du métier. Les structures matricielles issues de la ré-ingénierie commencent à apparaître aux Etats-Unis. Elles risquent de voir d'ici peu le jour en Europe (M. Badoc, 1995).

2.4. *Le nouveau rôle du marketing*

Dans un contexte de décentralisation accélérée du pouvoir de décision vers le terrain, le marketing des sociétés financières est probablement amené à jouer un rôle moins hiérarchique et plus fonctionnel. Il doit progressivement devenir une source destinée à éclairer, informer, animer, assister, auditer et communiquer (schéma 2).

– Eclairer la direction générale sur la réalisation de choix stratégiques à moyen ou long terme, à partir du plan central de marketing, mais également sur la politique à suivre en matière de diversification, d'image, de création d'une véritable marque et de qualité. Eclairer aussi les directions financières

Schéma 2 – Rôle de la fonction marketing management dans une société financière

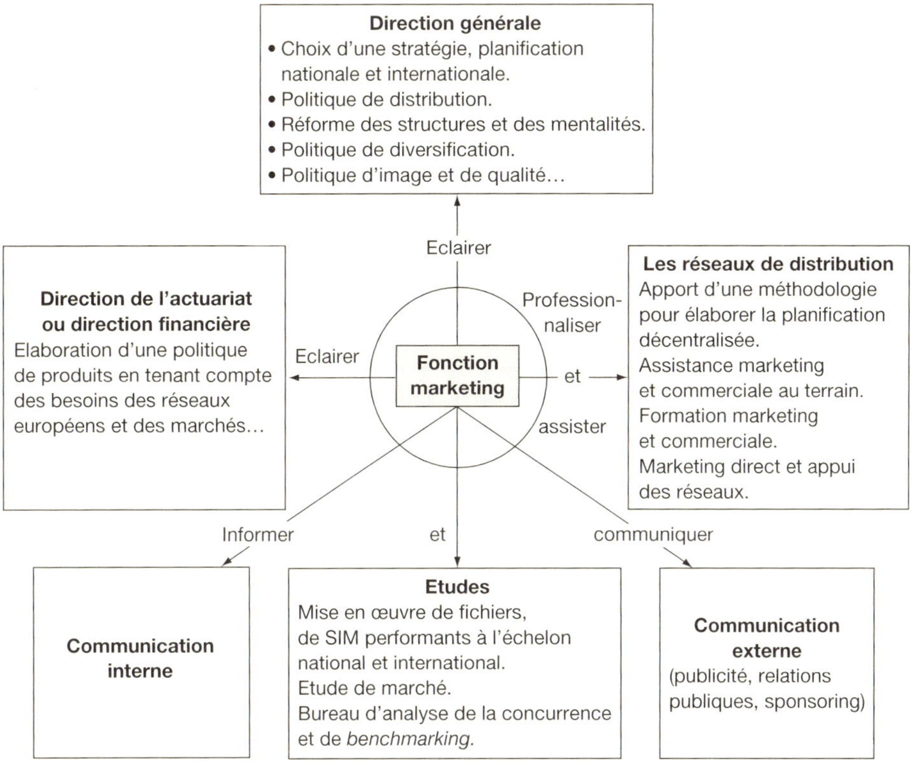

Source : D'après M. Badoc (1995).

et actuariales dans leur politique d'adaptation des produits et des services aux besoins des marchés et des canaux de distribution.

– Informer l'ensemble du personnel, grâce à l'élaboration d'un système de communication interne, sur les choix stratégiques décidés en haut lieu et faire part à l'état-major de ses réactions sur ces choix.

– Animer les réseaux en leur apportant des méthodologies de travail et en les aidant à les mettre en application. Assister le terrain par un appui technique local dans le domaine marketing et commercial (études locales, gestion de la force commerciale, marketing direct...).

– Auditer d'une manière préventive et curative les politiques suivies afin d'apporter des remèdes rapides et efficaces aux écarts négatifs.

– Communiquer avec la clientèle en s'appuyant non seulement sur les médias, mais également en orientant vers elle d'une manière positive l'ensemble des forces internes de l'institution.

3. Quelles priorités pour les politiques marketing et commerciales dans les sociétés financières de demain ?

L'ensemble des défis préalablement mentionnés, tout comme les impératifs de rentabilité, vont imposer de fixer des priorités nouvelles aux politiques marketing et commerciales des sociétés financières de demain.

3.1. D'un marketing orienté vers la vente à un marketing dirigé par le profit

Aucun bon marketing ne peut se faire au détriment de la rentabilité. On ne voit pas pour quelles raisons les sociétés financières feraient exception à la règle. C'est pourtant ce qui s'est largement produit dans le passé. A force d'être globalement bénéficiaires, elles ont trop faiblement investi dans la connaissance de leur rentabilité interne et négligé d'élaborer des systèmes performants de comptabilité analytique et de contrôle de gestion. Le rôle du marketing dans les sociétés financières du futur ne se limitera plus à la vente, il devra contribuer à la réalisation du profit. Pour cela, il lui faudra fonder ses recommandations non seulement sur les besoins du marché, mais également sur une meilleure appréhension des sources internes de rentabilité. Cette démarche conduira les experts en marketing à acquérir une bonne connaissance de domaines tels que :

– la rentabilité actuelle et future de la clientèle, individuelle ou regroupée par segment, des particuliers ou des entreprises,
– la rentabilité des produits et des services proposés,
– la rentabilité des points de vente et des différents centres de profit,
– la rentabilité des actions engagées pour le développement,
– l'intégration du risque dans l'évaluation des marchés-cibles.

Dans certaines banques européennes, plus rarement dans l'assurance, il est désormais demandé aux responsables du marketing de chiffrer à partir de *business plans* les résultats escomptés des actions envisagées et d'en rendre compte à la direction générale. Cette préoccupation devient un élément fondamental d'évaluation des performances pour les opérationnels tant au niveau des sièges qu'à celui des réseaux. Ainsi, après leurs homologues américains, les banquiers et les assureurs européens intègrent dans leur gestion courante les notions de ROI (*Return On Investment*), ROE (*Return On Equity*) et s'efforcent de donner la meilleure valeur ajoutée possible aux produits et services qu'ils désirent commercialiser. Le souci de mieux rentabiliser les points de vente conduit à la multiplication d'études et d'actions permettant d'améliorer leur productivité locale.

3.2. Les hommes du terrain à la conquête du pouvoir

La restriction des marchés et le développement de la concurrence rendent les clientèles des sociétés financières chaque jour plus exigeantes. Pour répondre à leurs attentes, les hommes du terrain sont appelés à jouer un rôle fondamental. En effet, lorsque la bataille fait rage, la qualité défensive des premières lignes s'avère toujours primordiale. Il importe donc de les organiser et de leur procurer les meilleures armes disponibles. Face à cette nécessité, deux grandes orientations sont susceptibles d'être retenues : rapprocher le terrain du marché et rapprocher le siège du terrain.

Rapprocher le terrain du marché implique de mieux adapter les politiques et les structures des sociétés financières aux différents besoins des clientèles recherchées. Cela conduit à introduire largement la segmentation au sein des institutions européennes. Deux tendances sont alors prévisibles : la création de véritables responsables de segments du marché et la plus large décentralisation des pouvoirs de décision aux échelons locaux. Une telle réforme est déjà engagée dans un nombre limité d'institutions. A la Banque Bruxelles

Lambert, est actuellement mise en place une structure fondée autour de la création de chefs de marché, de produits et de canaux de distribution. Dans l'assurance, les pays scandinaves semblent suivre le mouvement. La Skandia et la Baltica s'intéressent depuis plusieurs années à l'élaboration d'une organisation par lignes de produits et par types de marchés.

Rapprocher le siège du terrain constitue une seconde préoccupation. Pour avoir trop vite grossi, certains sièges sont devenus de véritables monstres administratifs, fonctionnarisés à outrance et complètement déconnectés des besoins et des problèmes rencontrés par les opérationnels des réseaux. Une telle situation risque d'évoluer dans le sens d'un renversement du pouvoir en faveur des hommes de terrain et vers la diminution des intermédiaires entre le siège et les opérationnels. Le nouveau slogan prononcé par le responsable marketing d'une grande banque allemande, « les agences au service du client, le siège au service des agences », sera probablement repris par un nombre accru de sociétés financières européennes.

Dans ce contexte, le rôle du marketing devra s'attacher à faire des opérationnels, jadis bons techniciens et bons commerçants, de véritables managers. Pour cela, ils devront eux aussi apprendre à travailler à l'échelon local et régional à partir de plans marketing, dans le cadre d'une gestion budgétaire décentralisée. Ils devront aussi savoir utiliser à leur niveau les outils commerciaux permettant de vendre d'une manière rentable. Il leur faudra enfin assurer la pérennité de l'image de l'institution par la mise en œuvre d'une politique locale de la qualité.

Cette évolution réclamera un changement profond des habitudes et des mentalités des personnels des sièges. Elle impliquera notamment que des décisions, jadis aussi centralisées que la création des produits et services, l'élaboration des études de marché, la mise en œuvre des campagnes publicitaires, le choix des implantations... tiennent davantage compte des nécessités exprimées par les hommes du terrain. La traditionnelle DPO (Direction Par Objectifs) entre le siège et son réseau devra progressivement se transformer en une véritable DPPO (Direction Participative Par Objectifs). Plusieurs banques (Société Générale, BNP, Barclays...) et sociétés d'assurances (UAP, AXA, Generali, Zurich...) s'engagent dans un véritable processus de décentralisation à partir de la mise en place de structures marketing locales performantes.

Enfin, le souci de mieux adapter les institutions à leurs marchés décentralisés entraîne une réflexion sur la reconfiguration des agences en fonction des attentes locales. La création de nouveaux types de points de vente comparables aux points FNAC, le développement du concept de « merchandising local » sont désormais d'actualité.

3.3. Vers un marketing reposant sur les systèmes d'information et les nouvelles technologies

Les systèmes d'information deviennent les compagnons journaliers du banquier et de l'assureur. Sur le plan marketing et commercial, ils doivent apprendre à les utiliser dans leur travail quotidien. Comme nous l'avons déjà vu, ils leur permettent d'acquérir une connaissance instantanée de leur propre clientèle, tant au niveau de la possession de produits et services que de celui du risque ou encore de leur rentabilité. Cette information est transmise grâce à la mise en place de véritables SIM (Systèmes d'Informations Marketing) (schéma 3).

L'information organisée et transmise en temps réel leur permet également de renforcer la qualité de leur prospection en amenant, à partir des nouvelles technologies, les produits, les services et les conseils chez le client. A travers la mise en œuvre de systèmes de *marketing direct* commandés par l'ordinateur, elle multiple la capacité de vente des réseaux. Grâce à la généralisation des équipements des entreprises, des professionnels et des particuliers en micro-ordinateurs et en vidéotex, le client peut désormais être en relation permanente avec sa banque ou sa société d'assurance[5]. En Allemagne, la société d'assurance Iduna n'a pas hésité à relier sa clientèle à son réseau d'agences par le moyen du vidéotex. En Grande-Bretagne et en France, les systèmes de banques et sociétés d'assurance directs ou à domicile se multiplient.

Les systèmes d'information et les NTI permettent aussi aux sociétés financières de s'engager dans une véritable politique de diversification des services. Certaines institutions présentent déjà une gamme élargie de services créés à

Schéma 3 – Le système d'information en marketing pour une société financière

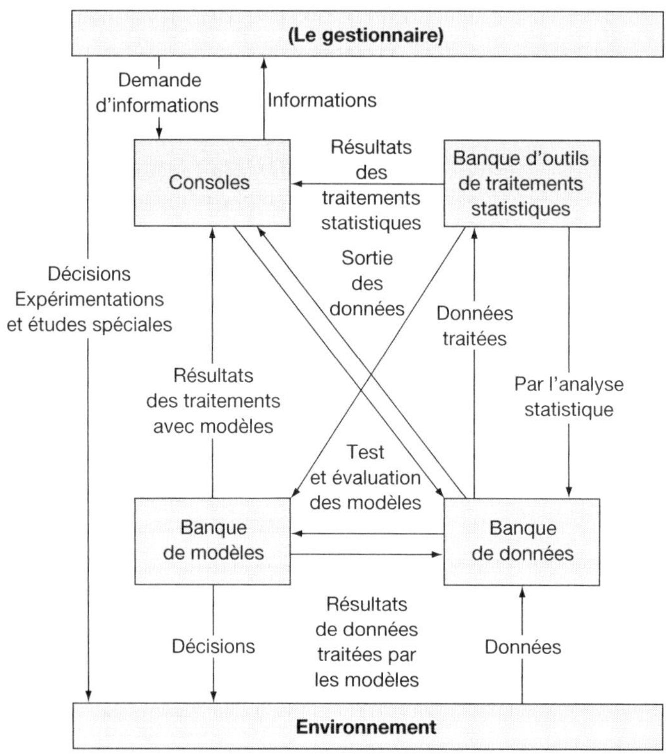

Source : Traduit d'après Montgomery et Hurban, *Management Science in Marketing,* Prentice Hall, International Series in Management.

5. Voir également dans cette Encyclopédie l'article de D. Tixier et B. Pras, « Marketing inversé », p. 1871, tome 2.

partir de nouvelles technologies à des clientèles aussi différentes que les grandes entreprises, les PME, les agriculteurs, les commerçants, les artisans, les professions libérales, les particuliers… Ces offres seront amenées à se développer dans le futur, notamment à travers la proposition de systèmes de trésorerie nationale et internationale[6], de systèmes-experts, de systèmes de *risk management*, de produits gérés automatiquement.

Il est aisé de prévoir qu'une telle évolution quasi inéluctable ne manquera pas de requérir auprès de l'ensemble du personnel des sociétés financières une nécessaire adaptation. Celui-ci devra se former en permanence pour comprendre les systèmes proposés et pouvoir les expliquer à la clientèle. Le marketing devra lui aussi savoir s'organiser autour de cette nouvelle configuration des systèmes d'information et des technologies du futur.

3.4. La diversification ou l'acquisition d'un autre métier pour les banquiers et les assureurs

La diversification vers des produits et des services nouveaux répond à un triple souci. Le premier est relatif à la volonté de commercialiser un nombre accru de produits ou de services facturables et porteurs de marges élevées, sous réserve que cette vente soit compatible avec les capacités techniques des hommes du terrain et ne compromette pas l'image de l'institution. Le deuxième est lié au désir de rentabiliser un personnel qui, de plus en plus déchargé des tâches de routine par l'informatique et les robots télématiques, risque bientôt de se retrouver sans emploi. Le troisième correspond à la préoccupation de répondre aux multiples attentes de la clientèle des particuliers et surtout des entreprises envers les banques et les sociétés d'assurance. Plusieurs études récemment réalisées auprès de PME européennes montrent la multiplicité de ces attentes[7]. Elles vont de la formation financière des cadres et dirigeants à l'assistance en matière de gestion du risque, en passant par l'aide à l'exportation ou à l'équipement informatique, la prospection des marchés étrangers, l'acquisition de banques de données, le conseil en fiscalité, l'apport de logiciels, la réalisation de la publicité financière… Pour obtenir ces services, les entreprises se disent disposées à payer un juste prix. Les banques américaines installées en Europe n'hésitent pas à trouver dans cette diversification une réelle source de profit. Dans ce triple contexte, les services marketing de certaines institutions réfléchissent sur de nouveaux axes de diversification. Certains se révèlent intéressés par l'expérience mise en œuvre à la Citicorp.

La première banque mondiale a décidé de ne plus se limiter aux traditionnelles opérations de dépôt et de crédit pour s'ouvrir vers d'autres marchés. Sa stratégie de diversification internationale décrite par la formule des 5 I (*Institutions, Individuals, Investments, Insurance, Information*), qu'elle applique en Europe, vise des marchés aussi différents que les institutions, l'Etat et les grandes entreprises, les services aux particuliers (chèques de voyages, cartes, crédit à la consommation…), la banque d'affaires (activités bancaires classiques, courtage, capital-risque…), l'assurance, l'industrie de l'information

6. Voir également dans cette Encyclopédie les articles de D. Dubois, « Trésorerie », p. 3401, tome 3 et de B. Marois, « Trésorerie internationale », p. 3431, tome 3.

7. *Goût, besoins et attentes des PME à l'égard des banques*, Etudes SOFRES, 1994.

(banques de données, logiciels et progiciels, systèmes d'information…). D'autres grandes sociétés financières internationales, telles que Goldman Sachs, J.P. Morgan, Banker Trust, commercialisent un nombre accru de services de conseil à forte valeur ajoutée auprès des grands groupes européens.

3.5. L'ouverture des sociétés financières à d'autres canaux de distribution

Le système actuel de distribution, reposant en priorité sur un réseau d'agences multiproduits et multiservices, aura certainement disparu au lendemain de l'an 2000. Le souci de traiter différemment les divers segments du marché conduit à mieux différencier les circuits de distribution du futur selon la plus ou moins grande complexité des produits et des services à commercialiser. Certains experts font déjà une distinction entre trois grandes catégories de produits et de services, selon leur niveau de banalisation pour le client.

A une première catégorie, qui regroupe les produits banals, le « prêt-à-porter » (cartes, comptes courants, assurance automobile, assurance-vie, assistance), correspondra probablement une forme de distribution peu spécialisée, largement implantée sur le territoire. Ce sera certainement l'apanage de la grande distribution (grands magasins, hypermarchés, sociétés de vente par correspondance…), mais aussi de la distribution électronique (distributeurs bancaires ou d'assurance automatiques, commandes à domicile à partir du vidéotex…) et de la vente directe (sur catalogue, par courrier, par téléphone, télévision, vidéotex ou visiophone…). Un tel système de distribution ne peut réussir que s'il s'appuie sur des produits très standardisés, une forte proximité du client et surtout une politique de bas prix. Son succès est lié à sa capacité de réaliser d'importants gains de productivité. Soucieuses de prendre une place rapide sur ce créneau du marché, certaines sociétés financières européennes s'engagent dans la création de banques ou de sociétés d'assurance à domicile. Tel est le cas de First Direct (Midland) en Grande-Bretagne pour la banque, et de Direct Line pour l'assurance. De telles initiatives voient le jour dans la plupart des pays européens : Quelle Bank en Allemagne, Banque Directe en France, Banco Directo en Espagne, Banco 7 au Portugal… En s'intéressant à *Intuit*, le numéro 1 de la banque associative à domicile, Bill Gates, le bouillant patron de Microsoft, voulait donner une nouvelle dimension à cette évolution.

Pour les produits semi-banals, la « mesure industrielle » (prêts immobiliers, assurance-retraite, fonds communs de placement, actions, obligations…), la vente se fera probablement soit dans des boutiques financières (*money shops*, agences bancaires ou d'assurance classiques…), soit par des systèmes de commercialisation à domicile ou encore de *marketing direct*. Ces deux premières catégories de produits et services concernent essentiellement le marché des particuliers mais également celui des commerçants, des artisans, des petites entreprises, des agriculteurs, des professions libérales. Face à la concurrence des robots, la réussite des canaux de distribution traditionnelle sera liée à la capacité de conseil global des commerciaux. Les agents bancaires ou d'assurance doivent progressivement devenir de véritables médecins généralistes de l'approche patrimoniale du client. Ce sera probablement là leur chance de pouvoir se révéler plus efficaces que les automates informatisés de demain. Selon les particularités des marchés locaux, certaines agences pourront voir leur taille diminuer et commercialiser un nombre réduit de produits et de services tels que les « points FNAC » pour la grande distribution.

La troisième catégorie, qui comprend les produits et services complexes, le « sur mesure » (gestion de fortune, gestion d'informations, à usage professionnel, services de gestion de trésorerie, gestion du risque, service à l'exportation, assurance de groupe ou d'entreprise...), sera sans doute commercialisée par de véritables technico-commerciaux spécialisés par segment de marché ou type de produit. Elle concerne principalement le marché des entreprises et des professionnels, mais aussi celui des particuliers aisés. La distribution pourra être assurée directement à partir des sièges, des succursales régionales ou des filiales spécialisées. Certaines banques comme Barclays ou Paribas ont déjà créé des chefs de produit informatique ou export. A la Société Générale, on s'oriente vers des agences en appartement spécialisées dans la gestion de fortune. Dans d'autres banques, à l'image de la Banque Régionale d'Escompte et de Dépôts, on préfère opter pour la nomination de responsables de marchés. De son côté, l'assurance semble elle aussi s'orienter vers la création de technico-commerciaux hautement spécialisés.

3.6. Vers une nouvelle forme de communication

La politique de communication de demain devrait se concrétiser par une large diminution des campagnes d'image générales et tous azimuts appuyées par des budgets fort onéreux. Celles-ci ont connu leur apogée en France dans le monde bancaire avec des slogans aussi peu spécifiques que « la Société Générale, le bien-être a sa banque », « la Banque Populaire : la banque de ma vie », « en route avec la BNP »... Un spécialiste de la communication faisait justement remarquer que la banalité de ces slogans était telle que l'on pourrait les inverser sans affecter le moins du monde la communication de chaque enseigne. La nouvelle communication pour les sociétés financières sera dirigée par le souci de mieux s'intégrer à la stratégie de l'institution et de concerner davantage le personnel des réseaux et des sièges par son action.

La première préoccupation réclame de la part des directions générales un engagement clair sur le positionnement de l'institution. La seconde vise à mieux intégrer l'ensemble des éléments pouvant jouer sur l'image et la qualité (présentation des produits, aspect des agences, niveau de l'accueil, après-vente...) dans le processus même de la communication. Pour cela, il s'avère nécessaire de se préoccuper autant de communication interne que de communication externe.

Certaines banques et sociétés d'assurance européennes, telles que le Crédit Lyonnais ou Groupama (Mutualité d'Assurance Agricole) en France, Barclays Bank en Grande-Bretagne, Banque Bruxelles Lambert en Belgique, ont déjà mis en œuvre d'importants programmes d'équipement vidéo de leurs agences, dans le but d'améliorer leur système de communication interne.

La communication, comme le marketing de demain, se voit également assigner l'impératif d'appuyer les actions du terrain. Devenant plus régionalisée, elle est conduite à faire appel à des supports différents de ceux utilisés à l'heure actuelle. Il s'agira de plus en plus de la presse, de la radio et de la télévision locales, du mécénat, du sponsoring, des relations publiques régionales. Enfin, il apparaît évident pour les sociétés financières, comme pour l'ensemble des entreprises, que la communication du futur aura besoin de s'adapter à la phénoménale évolution des médias qui se prépare à l'aube du XXIe siècle (télévision par satellites, câbles et fibres optiques permettant les chaînes à péage, autoroutes de l'information, multimédia, visiophone, vidéodisque, terminaux vidéotex ou de micro-ordinateur). Tout ceci nécessite de la part des experts une réforme profonde de leur savoir-faire et de leurs méthodes de travail.

3.7. Du marketing à la qualité totale

Le but du marketing consiste à aider les institutions à conquérir des clients et à leur vendre un maximum de produits et de services rentables. Les politiques de développement et les politiques commerciales appuyées sur le marketing-mix agissent dans cette direction[8]. Le rôle du marketing ne s'arrête pas là, au-delà de la conquête et de la vente, il est aussi appelé à contribuer à la fidélisation des clients. Cette tâche est essentielle pour au moins deux raisons. La première vient du fait qu'une promotion intensive des produits et des services auprès de sa propre clientèle ne peut se faire convenablement sans une bonne fidélisation. Tel est l'objet de la politique de culture intensive des clients. La seconde est liée à l'idée qu'un client pleinement satisfait constitue, bien souvent, le meilleur vecteur de communication pour l'institution.

D'après Dominique Collet[9], il est fréquent d'entendre dire « qu'un client content parle généralement de sa satisfaction à trois ou quatre amis alors que mécontent il en fait bien souvent part à plus de douze personnes ». Etant donné le taux de saturation des marchés dans la banque et l'assurance ainsi que la faiblesse du renouvellement des clientèles par le simple jeu de l'évolution démographique, il apparaît inutile d'insister sur l'importance de ce problème. La solution ne peut se trouver qu'à travers l'engagement d'une importante politique visant à la recherche de la qualité totale.

Grâce à l'engagement d'une politique de qualité, comme le montre Roger Moiroud[10] (schéma 4), l'entreprise peut se sortir du cercle vicieux des clients disparus… pour entrer dans celui vertueux des clients fidèles.

Loin d'être un « gadget passager », la mise en place d'une stratégie de la qualité à partir d'un professionnalisme reposant sur une méthodologie adéquate constitue pour les sociétés financières de demain un important facteur de survie. A l'image des sociétés industrielles japonaises, le concept de qualité doit devenir pour elles une véritable source de fierté. Il se fonde sur le fameux principe : zéro défaut, zéro délai, zéro stock, zéro papier inutile, zéro incident, zéro mépris.

---

8. Voir également dans cette Encyclopédie l'article de M. Filser, « Marketing-mix », p. 1903, tome 2.

9. Dominique Collet, directeur adjoint de la Qualité au Crédit Lyonnais, auteur de *Objectif Zéro Défaut*, 2e éd., en collaboration avec Patrick Lansier et Daniel Ollivier, Ed. ESF, 1991, conférence à HEC, octobre 1993.

10. Roger Moiroud, ancien directeur de la qualité à l'UAP, auteur de l'ouvrage : *Le cri du client*, Paris, Les Editions d'Organisation, 1993, conférence à HEC, mai 1994.

Schéma 4 – La qualité pour entrer dans le cercle vertueux des clients fidèles

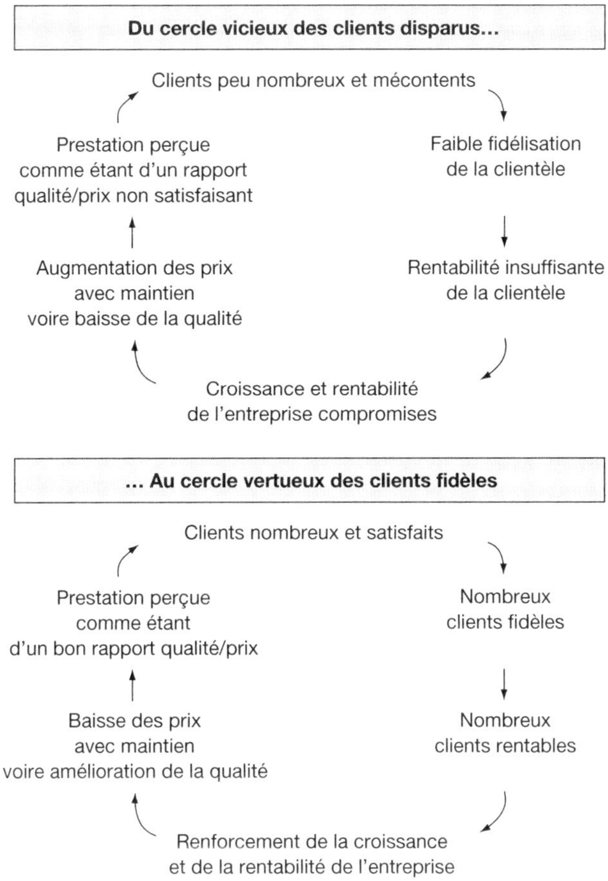

Source : D'après R. Moiroud (1993).

*

* *

L'ensemble des transformations décrites ci-dessus implique de la part des sociétés financières de profondes modifications au sein de leur structure et de leur mentalité. Cela réclame un grand courage au niveau des états-majors, car il n'est rien de plus difficile que de préparer le changement et de réussir la modernisation d'une entreprise. Malheureusement, l'importance des défis du futur est telle que la survie des banques et des sociétés d'assurance européennes au lendemain de l'an 2000 dépendra en grande partie de la réussite de leur modernisation, qui passe inéluctablement par l'introduction du marketing management au cœur de leur organisation.

Références

Badoc M., *Marketing management pour les sociétés financières,* Paris, Les Editions d'Organisation, 1995.
Collet D., Lansier P., Ollivier D., *Objectif Zéro Défaut,* 2e éd., Paris, Editions ESF.
Channon D.F., *Bank Strategic Management and Marketing,* New York, John Wiley and Sons, 1985.
Cheese J., *Insight in Bank Marketing,* MCB University Press, 1984.
Donnelly J.H., Berry L.L., Thompson T.W., *Marketing Financial Services, a Strategic Vision,* Dow Jones Irwin, 1984.
Le Golvan Y., *Marketing bancaire et planification,* Paris, Clet, 1982.
Moiroud R., *Le cri du client*, Paris, Les Editions d'Organisation, 1993.
Scott W.G., *Manuale di Marketing Bancario,* Utet Libreria, 1995.

Mots clés

Assurance, banque, canaux de distribution, chef de marché, chef de produit, communication, concurrence, DAB (Distributeur Automatique de Billets), déréglementation, diversification, fichier, GAB (Guichet Automatique de Banque), management, marketing, marketing direct, marketing management, mécénat, organisation, planification, plan marketing, profit, prospection intensive, publicité, qualité, relations publiques, SIM (Système d'Information en Marketing), sponsoring, structures, vidéotex.

Marketing-mix

Marc Filser

102

Le marketing-mix est défini comme l'ensemble des variables, contrôlées par le producteur de biens ou de services, qui lui servent à développer son offre auprès de sa clientèle cible, c'est-à-dire l'ensemble de ses moyens d'action sur le marché (P. Grégory, 1994). Cette définition confère au mix deux caractéristiques implicites.

– Il est l'ultime étape de la démarche du marketing, et constitue l'aboutissement opérationnel de l'analyse du marché et des décisions stratégiques de choix de cible et de positionnement.

– Il est un regroupement de l'ensemble des moyens d'action de la firme, ce qui ne délimite pas strictement son périmètre : la découverte de nouveaux moyens d'action élargit le champ du mix, et il est difficile de préciser autrement que par convention ce qui relève du mix et ce qui en est exclu.

Après avoir rappelé l'origine du terme de marketing-mix et l'émergence de la conception qui en est généralement admise, nous exposerons les principales applications opérationnelles de cette variable et ses limites, avant de présenter le débat qui se développe autour de son statut théorique.

1. L'émergence de la notion de mix et la référence aux « 4P »

Nous rappellerons d'abord les conditions dans lesquelles est apparu le terme de marketing-mix, avant d'analyser l'évolution qui a conduit à l'émergence de la présentation la plus utilisée de cette variable, c'est-à-dire la classification dite des « 4P ».

1.1. La reconnaissance de la variable « marketing-mix »

Le terme de « marketing-mix » apparaît dans les publications américaines vers 1948 (N.H. Borden, 1964). Comme le rappelle G. Marion (1980), l'apparition de ce terme résulte d'une démarche purement empirique. Il s'agissait en effet de proposer aux cadres commerciaux une grille d'analyse simple, adaptée à l'évaluation du coût et de l'efficacité des différentes variables mises en œuvre dans la relation avec le marché, et surtout à la recherche d'une hypothétique combinaison optimale de ces moyens. L'influence du paradigme marginaliste est manifeste, même si elle reste implicite : de même que la modélisation du processus de production s'attache à la formalisation de l'arbitrage de l'entrepreneur entre capital et travail, la théorisation du processus de commercialisation peut conduire à un modèle d'optimisation de la combinaison d'un ensemble de variables.

L'apparition de ce terme coïncide avec la popularisation du marketing et les premières tentatives de définition du champ de cette discipline. Elle est également contemporaine du développement de la pratique de la segmentation par les producteurs de biens de grande consommation. Un lien étroit va ainsi s'établir entre segmentation et marketing-mix : le choix du mix doit être le principal moyen utilisé par le producteur pour adapter son offre à la cible qu'il a choisie. Mais la nature de ce lien reste fondamentalement empirique. Dès son origine, la notion de marketing-mix est donc empreinte d'un caractère éminemment inductif, et elle traduit davantage une adaptation à la fonction marketing du modèle économique de la fonction de production qu'une démarche théorique spécifique au marketing.

La popularité du terme de mix s'explique aussi par l'orientation de l'enseignement du marketing. Alors que la théorie économique plaçait le prix au centre du mécanisme d'échange, puis que la pratique des entreprises à partir des années 1950 mettait en avant le rôle majeur de la publicité (P.L. Dubois et A. Jolibert, 1992), les auteurs des premiers grands manuels de marketing ont eu le souci de souligner l'interdépendance des variables manipulables par la firme. La notion de mix constituait un support bien adapté à cette préoccupation pédagogique.

Cette présentation de l'émergence du terme de mix dans les travaux de marketing met en évidence l'absence de substrat théorique à ce terme, et notamment de cadre conceptuel permettant de délimiter les frontières du mix.

1.2. Les classifications des variables du mix

C'est encore le souci opérationnel qui va conduire à la généralisation d'une nomenclature presque unanimement reconnue des éléments du mix. G. Marion (1980) rappelle que différentes classifications ont été proposées, avant que ne s'impose la typologie des « 4P ».

A.W. Frey (1961) proposa un classement des variables du mix en deux groupes : l'offre du producteur (le produit et ses différents attributs, dont la marque et le conditionnement), et les outils maîtrisés par le producteur (la publicité, la force de vente, la distribution). W. Lazer et E.J. Kelley (1962) préféraient une classification en trois familles de variables (mix produit, mix communication et mix distribution). Mais c'est le classement élaboré par J.E. McCarthy (1960) et popularisé sous le nom de « système des 4P » qui s'est imposé, et qui sert depuis lors de référence pour la présentation du mix dans la très grande majorité des ouvrages de marketing.

Le mix s'organise autour de quatre variables de base : le produit, son prix, la communication et la politique de distribution (tableau 1). La référence aux termes anglais désignant ces variables (*Product, Price, Promotion, Place*) est à l'origine de la référence aux « 4P » du mix.

L'apparente unanimité des auteurs autour de cette classification ne doit pourtant pas faire illusion. Les « 4P » se sont surtout imposés en raison de

Tableau 1 – Les variables d'action sur le marché dans la classification des « 4P »

Produit	Prix	Communication	Distribution
– Caractéristiques fonctionnelles – Conditionnement – Marque – Après-vente	– Prix de vente – Remises – Crédit	– Publicité – Promotion des ventes – Marketing direct – Force de vente – Relations publiques	– Canaux de distribution – Logistique – Merchandising

leur attrait pédagogique, pour ne pas dire plus simplement encore mnémotechnique. La revue des travaux consacrés au mix révèle d'ailleurs régulièrement des propositions de nouvelles classifications, généralement orientées vers une augmentation du nombre des composantes du mix. En dépit de cette réserve, la classification des « 4P » est bien adaptée à la description des éléments du mix.

1.3. La présentation des variables du mix

L'ordre d'énumération des éléments du mix dans la classification des « 4P » de J.E. McCarthy ne doit pas être considéré comme une séquence opérationnelle. Il existe au contraire de nombreuses interactions entre les décisions relatives aux différentes variables manipulables par la firme. Ainsi, un fabricant de produits de grande consommation, destinés à la vente en libre-service, traitera généralement en premier lieu les conditions de mise en place dans la grande distribution, et ajustera ses décisions de prix, de communication, et même certaines caractéristiques du produit (comme la taille et l'esthétique du conditionnement), aux exigences des distributeurs. Les « 4P » doivent donc être considérés comme une simple méthode d'exposition des éléments interdépendants du mix.

– La variable « produit » regroupe non seulement les attributs tangibles et symboliques du produit[1] ou du service[2], mais encore le conditionnement, la marque[3] et le développement éventuel d'une gamme autour d'un produit de base. Cette pratique de l'extension de marque autour d'une gamme de produits relativise d'ailleurs l'homogénéité de la catégorie « produit » du mix. La sensibilisation croissante des firmes aux exigences de qualité a également conduit à rattacher au produit les principaux services qui lui sont directement liés, et notamment le service après-vente.

– Le prix reste paradoxalement une variable peu étudiée en marketing (M. Zollinger, 1993). Elle est pourtant la seule variable du mix qui procure des revenus à l'entreprise, les autres variables étant des sources de dépenses (P.L. Dubois et A. Jolibert, 1992, p. 415). Cette variable est aussi l'un des éléments de l'offre de l'entreprise le plus directement influencé par l'intensité de

1. Voir également dans cette Encyclopédie l'article de J.C. Tarondeau, « Produit », p. 2594, tome 3.

2. Voir également dans cette Encyclopédie l'article de P. Eiglier, E. Langeard et V. Mathieu, « Marketing des services », p. 1937, tome 2.

3. Voir également dans cette Encyclopédie l'article de B. Heilbrunn, « Marque », p. 1972, tome 2.

la concurrence, en raison de la rapidité avec laquelle il peut être modifié pour réagir aux décisions des autres firmes[4]. Les descriptions du mix rattachent généralement au prix toutes les décisions qui peuvent l'orienter à la baisse (remises, barèmes d'écarts) ainsi que la politique de crédit à la clientèle.

– La communication (*promotion* dans la terminologie anglo-saxonne) est la variable du mix la plus étudiée. Elle regroupe la publicité[5] (l'ensemble des actions destinées à présenter le produit et à agir sur l'attitude du consommateur), la promotion des ventes[6] (P. Desmet, 1992), c'est-à-dire les actions de durée limitée destinées à stimuler les achats du produit ; et toutes les techniques permettant de développer l'image du produit auprès du marché : relations publiques, parrainage ou mécénat. Le rattachement à la communication de deux catégories de variables d'action est plus discuté : la force de vente[7] peut en effet être considérée à la fois comme un vecteur de communication et comme un élément du système de distribution des produits. Et le marketing direct[8] peut être considéré comme une variable d'action spécifique combinant communication et distribution du produit ou du service (P. Desmet, 1995). Cette énumération des éléments constituant la communication révèle une ambiguïté quant au niveau auquel cette variable s'applique. Si l'approche traditionnelle du mix privilégie la communication en faveur du produit, la pratique a contribué à l'émergence d'une communication institutionnelle en faveur de l'entreprise, dont les objectifs sont plus stratégiques que directement opérationnels à court terme. Cet exemple illustre la fragilité des catégories développées autour des éléments du mix.

– Enfin la variable « distribution » regroupe toutes les décisions prises par l'entreprise pour assurer la mise à disposition de son produit auprès de l'acheteur. La firme doit d'abord déterminer quels canaux de distribution[9] et quels types de points de vente au détail sont les mieux adaptés à sa stratégie de marketing (M. Filser, 1989), notamment en termes d'intensité de la distribution (de masse, sélective ou exclusive), et de compatibilité entre l'image des points de vente et le positionnement choisi pour le produit. Elle doit ensuite organiser la mise en place du produit en rayon et adopter un plan de merchandising (A. Fady et M. Seret, 1994), et enfin organiser sa logistique[10], c'est-à-dire le transport et le stockage du produit jusqu'au niveau du commerce de détail, ainsi que la gestion des systèmes d'information sur les flux de produits (G. Paché, 1994).

---

4. Voir également dans cette Encyclopédie l'article de H. Simon, S. Böttcher et R. Kalka, « Politique de prix », p. 2357, tome 2.

5. Voir également dans cette Encyclopédie l'article de P.L. Dubois, « Publicité », p. 2675, tome 3.

6. Voir également dans cette Encyclopédie l'article de P.L. Dubois, « Promotion commerciale », p. 2634, tome 3.

7. Voir également dans cette Encyclopédie l'article de R.Y. Darmon, « La force de vente et son management », p. 1445, tome 2.

8. Voir dans cette Encyclopédie l'article de D. Xardel, « Marketing direct », p. 1839, tome 2.

9. Voir dans cette Encyclopédie l'article de J. Jallais, « Canaux de distribution », p. 256, tome 1.

10. Voir dans cette Encyclopédie l'article de P.P. Dornier, « Logistique », p. 1781, tome 2.

La simple énumération de ces nombreuses variables contrôlables par la firme aide à comprendre l'intérêt du mix, qui fournit un cadre intégrateur devant servir à rendre compatibles les choix relatifs à chacune de ces variables. Cette fonction intégrative de la notion de mix constitue son principal intérêt opérationnel, mais est aussi à la source de certaines de ses limites.

2. Les apports opérationnels et les limites du marketing-mix

Si l'on admet que les auteurs qui ont popularisé le terme de mix étaient principalement guidés par un souci pédagogique, l'impact de leurs travaux sur la pratique des entreprises, et sur l'enseignement du marketing, a été considérable. Ainsi, la presse professionnelle a parfaitement suivi, dans tous les pays industrialisés, la classification des « 4P », et propose des titres spécialisés dans la politique de produit, la communication et la distribution. Mais la pratique des entreprises soulève aussi de réelles interrogations sur la portée du mix, à la fois au niveau de son articulation avec la stratégie marketing, et en matière de cohérence entre la classification des variables du mix et la pratique des firmes.

2.1. La pratique opérationnelle du mix

La portée opérationnelle du mix est bien illustrée par la présentation qu'en donnent J.E. McCarthy et W.D. Perreault (1984). Ces auteurs décrivent la démarche marketing de l'entreprise comme une succession de trois étapes :

– l'analyse de la structure de la demande, qui aboutit à l'identification de segments homogènes,

– le choix de la cible de l'entreprise, dont les attentes sont cernées grâce aux apports de la phase d'analyse,

– le choix des modalités des différentes variables du mix à partir des caractéristiques de la cible.

2.1.1. La cible et le mix

Selon J.E. McCarthy et W.D. Perreault, il doit être possible d'identifier un certain nombre d'invariants dans la relation entre les caractéristiques de la cible et les modalités du mix. Il est donc tentant de suggérer l'existence de « mix types », combinaisons de variables d'action adaptées à diverses configurations des attentes de la cible.

La référence constante aux caractéristiques de la cible dans l'élaboration du mix résulte d'une contrainte pourtant peu évoquée : différents segments d'acheteurs doivent présenter des fonctions de réponse différentes aux éléments du mix, et donc des élasticités différentes de la demande au niveau de chaque variable du mix. Paradoxalement, la référence à l'élasticité est rarement explicite dans les présentations du mix, et le recours au segment permet une substitution implicite : la définition économique du segment repose en effet sur l'idée d'unicité de la fonction de demande de tous les membres du segment (P.R. Dickson et J.L. Ginter, 1988). La référence implicite à l'hétérogénéité des élasticités de différents consommateurs aux différentes variables du mix est d'ailleurs très présente dans les recherches en comportement du consommateur : on peut relever de très nombreux travaux théoriques et empiriques consacrés à la recherche de variables explicatives des différences de sensibilité des individus aux caractéristiques du produit, à son prix, aux éléments de la politique de communication et à la distribution (M. Filser, 1994).

Mais ce sont surtout les caractéristiques du produit qui ont inspiré des descriptions de mix standardisés. Nous présenterons deux de ces grilles d'analyse : la première fondée sur la classification des produits développée par M.T. Copeland (1924) et la seconde sur la théorie du cycle de vie du produit.

2.1.2. Les types de produits et la formulation du mix

La classification des produits proposée par M.T. Copeland a connu un impact considérable. Cet auteur avait suggéré de classer les produits et les services en trois groupes, selon les caractéristiques du processus d'achat mis en œuvre par le consommateur. A quelques adaptations mineures près, cette typologie a traversé les décennies et occupe toujours une grande place dans les présentations de la prise de décision en marketing. Selon M.T. Copeland, le comportement de l'acheteur permet de distinguer trois groupes de produits :

– les produits de commodité qui sont achetés pour répondre à un besoin immédiat ; la disponibilité est donc un élément important de l'offre ;

– les produits de comparaison, qui sont des biens plus complexes, correspondant à un achat important, suscitant un niveau d'implication élevé, pour lesquels l'acheteur est prêt à consentir un effort de recherche et de traitement d'information ;

– les produits de conviction pour lesquels le producteur est parvenu à doter son produit d'une image exclusive dans l'esprit du prospect, en particulier à travers la perception du caractère exclusif de sa marque. Le consommateur recherchera alors ce produit de préférence à tout autre.

Les caractéristiques de chacune de ces catégories peuvent servir à orienter la définition de leur mix (tableau 2).

Ce type de grille a incontestablement contribué à la pédagogie du marketing, en illustrant d'une manière pragmatique la nécessité de cohérence entre les éléments du mix sur la base de la définition de l'offre que la firme entendait proposer à sa cible. Mais l'apparente simplicité de cette démarche est trompeuse. Outre l'arbitraire qui caractérise le rattachement d'un produit à l'une des trois catégories de la typologie, cette présentation fait abstraction de l'environnement concurrentiel qui doit pourtant être au centre de la prise de décision en marketing. L'utilisation de la notion de cycle de vie[11], qui présente l'avantage de retenir le niveau de concurrence, a donc pu apparaître comme une amélioration de la pertinence opérationnelle d'une classification des mix types.

2.1.3. Cycle de vie du produit et mix

La notion de cycle de vie du produit a connu dans les milieux professionnels une popularité plus grande encore que les classifications de produits comme celle de M.T. Copeland. Le terme est apparu en 1950 dans un article

11. Voir également dans cette Encyclopédie l'article de H. Fenneteau, « Cycle de vie du produit », p. 888, tome 1.

Tableau 2 – Caractéristiques du produit et éléments du mix

4P	Produits de commodité	Produits de comparaison	Produits de conviction
Produit	Produit standard, acheté pour ses caractéristiques fonctionnelles. Rôle mineur de la marque. Peu de possibilités de différenciation.	Supériorité par rapport aux concurrents sur les attributs importants. Importance de la marque.	Caractère exclusif, très fortes différences perçues entre marques. Marque et conditionnement sont primordiaux.
Prix	Faible importance dans le processus d'achat.	Elément essentiel dans l'achat. Nécessité d'être moins cher que les concurrents.	Elément de la perception de qualité supérieure.
Communication	Peu importante.	Très importante, pour établir la supériorité du produit par rapport à ses concurrents.	Très importante, pour entretenir l'image de la marque.
Distribution	Primordiale. Distribution intensive pour que le produit soit accessible dès que le besoin est reconnu.	Sert à mettre en valeur le produit par rapport à ses concurrents, soit à travers l'image de prix du magasin, soit à travers l'assistance des vendeurs.	Très importante pour entretenir l'image d'exclusivité. Distribution très sélective.

de J. Dean consacré aux politiques de prix, et a connu un retentissement considérable.

Le cycle de vie était en effet un moyen simple de caractériser la situation du produit sur le marché, et pouvait donc servir de base à la formulation de décision (J.J. Lambin et R. Peeters, 1977). Selon que le produit ou le service se trouve en position de lancement, de croissance, de maturité ou de déclin, la firme aurait intérêt à privilégier la manipulation de telle ou telle variable du mix (tableau 3).

Mais les difficultés d'identifier le cycle de référence, d'une part, et la phase dans laquelle se trouverait le produit, d'autre part, limitent sensiblement la portée de cette démarche. L'idée même de cycle de vie du produit a d'ailleurs perdu beaucoup de son importance dans la théorie comme dans la pratique du marketing (N.K. Dhalla et S. Yuspeh, 1976).

Si les tentatives de formalisation de la mise en œuvre du mix se réfèrent à un cadre théorique supplémentaire (une typologie des cibles ou des produits, ou une catégorisation de l'offre à travers les phases du cycle de vie), c'est sans doute parce que les variables du mix ne sont pas indépendantes et que le manager est donc contraint d'évaluer leurs interactions.

2.1.4. Les interactions entre les variables du mix

Un autre problème majeur posé par la mise en œuvre du mix est l'interdépendance des variables qui le composent. L'analyse de l'interdépendance des

Tableau 3 – Cycle de vie du produit et éléments du mix

4P	Lancement	Croissance	Maturité	Déclin
Produit	Mise au point.	Réduction du coût (économies d'échelle et expérience).	Différenciation. Développement d'une gamme.	Réduction du coût.
Prix	Elevé (écrémage du marché).	Réduction en fonction des baisses de coût.	Réduction en fonction de la concurrence.	Stabilité si la concurrence s'est atténuée.
Communication	Importante, pour la notoriété du produit.	Très importante, pour établir un avantage concurrentiel.	Maintien de l'avantage concurrentiel, soutien de la différenciation.	Faible, publicité d'entretien.
Distribution	Restreinte, mise en place du produit et développement de sa logistique.	Importante, vise à la couverture complète de la cible.	Stabilisée, recherche de fidélisation des distributeurs.	Restreinte aux canaux les mieux adaptés au marché résiduel.

variables a certes été abordée (G.L. Lilien et P. Kotler, 1983), et des modèles quantitatifs de leurs interactions ont été proposés : le modèle Brandaid élaboré par J.D.C. Little (1975) a été un pionnier de cet effort de mesure des effets de compensation entre les variables. Plus récemment, le développement des panels d'achats utilisant les données de scanners a ouvert de nouvelles perspectives à l'expérimentation de différentes combinaisons des variables du mix.

Mais il n'est pas excessif d'admettre que le nombre des mix envisageables par le décideur à un instant donné est illimité, ce qui rend difficile l'évaluation de l'ensemble des interactions possibles. Alors que la réponse de l'acheteur aux différentes variables du mix est mal connue, il est impossible de prétendre anticiper la réponse à une combinaison de l'ensemble de ces variables.

Ce constat des limites opérationnelles du mix renvoie à une lecture critique des étapes de la démarche marketing formalisée par J.E. McCarthy et W.D. Perreault. Ces auteurs entretenaient en effet une confusion entre mix et stratégie marketing. S'ils préconisaient le choix d'une cible à partir des segments constatés sur le marché – ce qui relève classiquement de la stratégie –, ils passaient ensuite directement à l'élaboration du mix qui devait définir l'offre de l'entreprise. Or les ouvrages de marketing plus récents ne limitent pas la stratégie au choix de la cible, qui résume une décision de la firme par rapport à la demande, mais ils préconisent la formulation explicite de l'offre que l'entreprise veut développer pour cette cible, c'est-à-dire le positionnement.

Une lecture attentive des contributions fondatrices de la notion de mix révèle donc un ensemble de choix implicites destinés à simplifier l'exposition des problèmes de prise de décision marketing, choix cohérent avec une orientation principalement pédagogique, mais difficilement compatible avec un souci de théorisation. La construction d'un cadre théorique autour du mix exige donc la clarification des relations entre le mix et la stratégie marketing, mais aussi la recherche de cohérence entre les concepts et la pratique des entreprises.

2.2. La relation entre la stratégie et le mix

Le concept de positionnement (P.L. Dubois et P. Nicholson, 1992) est un moyen de lever une partie des incertitudes qui résultent de la méconnaissance des interactions entre les variables du mix. Rappelons en effet que le positionnement est une décision relative aux caractéristiques de l'offre que l'entreprise entend proposer à une cible afin de se différencier durablement des offres concurrentes dans l'esprit des prospects (M. Filser, 1994).

La définition même du positionnement relativise la portée de la classification des variables du mix : elle admet en effet que la perception que l'individu peut former d'un produit ou d'un service n'est pas réductible à la somme des éléments du mix. Le prix d'un produit, mais aussi sa marque, son conditionnement, et les magasins dans lesquels il est vendu contribuent autant à sa perception que la communication dont il peut bénéficier. Le clivage strict entre les moyens d'action, contenu dans la définition du mix, n'est donc pas compatible avec la pratique contemporaine de la stratégie marketing centrée sur l'idée d'une position globale du produit ou de la marque dans l'esprit du prospect. Le statut du mix dans le processus de marketing se trouve ainsi dégradé : il se trouve réduit à la traduction en termes opérationnels d'une décision stratégique globale qui dépasse les attributs élémentaires du produit ou du service.

On ne peut manquer de relever sur ce point un parallélisme entre la place du mix dans la démarche marketing et le paradigme dominant dans la modélisation du comportement du consommateur[12]. La vision cognitiviste de l'acheteur, qui a culminé vers 1975 et que reflètent les modèles multi-attributs, appréhendait le processus de décision de l'individu comme la recherche d'une solution optimale à travers la comparaison systématique de tous les attributs des produits considérés (M. Filser, 1994). Une telle conception de l'acheteur est cohérente avec un processus d'élaboration de l'offre de la firme articulé autour des variables du mix : à une configuration donnée des attentes de l'acheteur devrait correspondre une combinaison adaptée des moyens d'action de la firme.

Au contraire, la conception théorique contemporaine de l'acheteur prend davantage en compte des processus holistiques qui dépassent largement l'addition des attributs élémentaires des produits, conception qui se reflète directement dans la stratégie de positionnement et réduit nécessairement la portée d'une réflexion centrée sur les variables du mix.

On voit donc bien émerger une stratégie marketing autonome, qui ne se réduit pas à la somme des éléments du mix comme le supposaient J.E. McCarthy et W.D. Perreault. Enfin l'évolution des pratiques du marketing par les entreprises constitue une autre source d'affaiblissement de la portée du mix.

---

12. Voir dans cette Encyclopédie l'article de C. Pinson et A. Jolibert, « Comportement du consommateur », p. 372, tome 1.

2.3. Dynamique du marketing et remise en cause du mix

Alors que le marketing est traditionnellement défini comme la fonction de l'entreprise qui doit optimiser les interactions entre cette dernière et le marché, la conception dominante du mix est centrée sur l'offre et postule une réponse relativement passive du marché aux actions de l'entreprise. Un décalage grandissant se développe entre cette conception théorique et l'observation de la pratique des firmes confrontées à un environnement de concurrence intense (F.E. Webster, 1981).

La prise de décision dans le domaine du mix doit en effet prendre en compte deux facteurs d'incertitude :

– la réponse de la demande, c'est-à-dire l'adéquation de l'offre de l'entreprise aux attentes de la cible : cette inconnue est prise en compte par la théorie du mix au niveau de chacune des variables manipulables par la firme, et en supposant implicitement que l'effet des interactions des variables est négligeable ;

– la réponse des concurrents à la décision de l'entreprise : cette variable est négligée par les travaux consacrés au mix, qui adoptent à cet égard une hypothèse des modèles micro-économiques des marchés de concurrence. Il ne devient nécessaire de prendre en compte les réactions aux décisions des concurrents que sur des marchés de nature oligopolistique. Or de nombreux marchés industriels, mais aussi divers produits de grande consommation sont devenus de type oligopolistique. On peut d'ailleurs souligner que la pratique du positionnement se justifie par la recherche d'une fragmentation du marché devant permettre au producteur de restreindre la pression concurrentielle, et donc de substituer une situation d'oligopole à une situation de concurrence.

Ces deux facteurs d'incertitude sont tellement difficiles à modéliser que la démarche des firmes pour les appréhender privilégie de plus en plus souvent l'expérimentation. Plutôt que de rechercher la définition d'un mix optimum avant le lancement du produit sur le marché, le producteur préfère ajuster son offre aux réactions de la demande et de la concurrence en s'appuyant pour cela sur un système d'information en temps réel. Cette évolution entraîne une conséquence importante quant à la place de l'étude du marché dans la démarche marketing du producteur. Il devient plus important de disposer d'un système d'information permettant de suivre les réactions effectives du marché à une offre globale que de chercher à modéliser *a priori* la réaction hypothétique de la demande à l'un des éléments de l'offre, c'est-à-dire une variable du mix. Le développement sur une grande échelle de systèmes d'information en temps réel sur les ventes à travers les données de scanners contribue aussi à l'évolution de la pratique des entreprises (D. Merunka, 1994).

L'évolution de la place du mix dans la démarche de marketing est décrite par le schéma 1. La pratique du marketing par les entreprises tend à atténuer la séparation traditionnelle opérée par la théorie entre stratégie et mix. En effet, il est artificiel de prétendre fixer séparément les variables du mix, non seulement du fait de leurs interactions, mais encore en raison de la difficulté de prévoir les modifications de la sensibilité des acheteurs à ces variables. La pratique managériale correspond donc de moins en moins aux prescriptions théoriques du marketing-mix (G. Marion, 1995). Quatre facteurs qui orientent la pratique des entreprises révèlent ces limites du mix.

Schéma 1 – L'évolution de la place du mix dans la démarche des entreprises

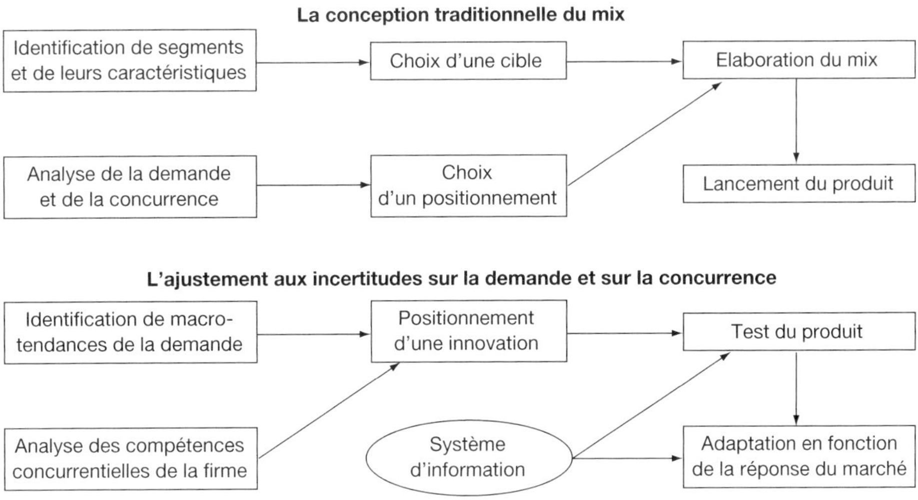

– Il était généralement admis que l'action publicitaire menée en faveur d'une marque réduisait l'élasticité prix de la demande (J.E. McCarthy et W.D. Perreault, 1984). Or le développement de la part de marché des marques de distributeurs dans toutes les catégories de produits a montré que cette conception est dépassée, et que la notoriété et l'image d'une marque ne sont plus des barrières durables face à la concurrence de produits de bonne qualité et surtout vendus à un prix attractif. La marque ne peut alors justifier un éventuel différentiel de prix qu'à travers un rythme rapide de renouvellement de son offre par l'innovation. Les baisses substantielles de prix décidées par les grandes marques de cigarettes américaines afin de résister à la concurrence intense des cigarettes « génériques », c'est-à-dire sans marque et à prix faible, ont démontré les limites relativement étroites de la protection que confère une communication massive en faveur de la marque à l'égard de la concurrence par les prix.

– Il est de plus en plus difficile d'adopter une perspective statique du mix, selon laquelle le producteur élabore une offre et la communique telle quelle au marché. La généralisation sur de nombreux marchés de la pratique de la négociation du prix ou même des caractéristiques du produit (le cas de l'automobile est très révélateur de cette tendance) montre que le consommateur peut participer activement à l'élaboration de l'offre à travers un processus interactif. Cette interactivité de l'offre et de la demande constituait l'une des spécificités du marketing industriel (B. Cova et R. Salle, 1992), mais elle tend à devenir une caractéristique structurelle des marchés de grande consommation, et limite donc la pertinence de l'idée même de variables d'actions indépendantes (R.P. Bagozzi, 1975).

– La définition de la cible est le principal fondement de la formulation du mix. La firme peut donc être tentée de recourir à une segmentation de plus en plus fine du marché pour tenter de se différencier de la concurrence[13]. Cette

13. Voir également dans cette Encyclopédie l'article de P. Grégory, « Segmentation des marchés », p. 2954, tome 3.

pratique de l'hypersegmentation conduit à une extension des gammes qui nuit, d'une part, à la rentabilité et, d'autre part, à la clarté du positionnement perçu par le consommateur (R.H. Hayes et W.J. Abernathy, 1980).

– Enfin, si l'on revient aux justifications historiques de l'émergence du mix et au souci pédagogique de ses premiers analystes, on peut admettre que leur objectif a été atteint. En effet, nul ne songerait aujourd'hui à prétendre qu'une seule variable d'action doit être privilégiée. Après l'engouement suscité par la publicité, l'émergence de la grande distribution moderne et de son pouvoir de négociation a mis en évidence l'importance critique de la place du produit dans les points de vente. Et plus récemment, la sensibilisation accrue de l'acheteur au prix de vente et même au marchandage a remis en lumière cette variable un peu négligée par la théorie marketing.

La question qui se pose aujourd'hui est donc bien celle du statut du mix : mérite-t-il d'être considéré comme un concept de la théorie marketing, ou au contraire doit-il être relégué au rang des illustrations à vocation pédagogique ?

3. Les voies d'une conceptualisation du mix

Le débat autour du statut théorique du mix coïncide avec un autre débat plus large sur le paradigme fondant la pratique du marketing. Deux conceptions opposées peuvent être identifiées sur ce point : l'une considère que des adaptations mineures permettront de préserver la place du mix dans la théorie marketing, la seconde envisage au contraire une refondation théorique plus ambitieuse.

3.1. Une approche incrémentale de la théorie du mix

Un premier courant théorique voit dans la théorisation de la stratégie marketing un moyen d'établir le statut théorique du mix. C. Dussart et M. Cloutier (1992) suggèrent de décrire le processus marketing de l'entreprise en trois étapes :

– la recherche d'un positionnement stratégique à travers l'identification par l'organisation d'opportunités de développement d'un avantage concurrentiel à long terme ;

– le développement de programmes d'action à court terme permettant d'occuper et de défendre la position ainsi choisie. Les variables manipulables par la firme seront rattachées à ce second niveau de la démarche marketing, mais le cadre réducteur des « 4P » doit être élargi pour prendre en compte d'autres moyens d'action sur le marché ;

– l'intégration du marketing aux autres fonctions de l'entreprise et à la direction générale afin de réduire les risques de cloisonnement entre les fonctions et de faire du marketing une composante centrale de la stratégie de l'organisation.

Selon ces auteurs, le marketing-mix trouve alors son statut théorique par son rapprochement avec le concept de positionnement : l'objectif de l'entreprise est bien de bâtir un avantage concurrentiel à partir d'une position exclusive dans l'esprit des individus composant sa cible.

On peut rattacher à ce courant théorique des contributions dont la portée conceptuelle est plus limitée, mais qui rattachent également le mix à la démarche stratégique de la firme. P. Kotler et B. Dubois (1994) partent ainsi de la théorie de la création de valeur pour distinguer trois étapes dans la démarche marketing :

– choisir la valeur à apporter (segmentation, choix de cible et positionnement),
– délivrer la valeur (produit, services, prix, logistique, distribution),
– communiquer la valeur (publicité, promotion, force de vente).

Cette analyse qui reste très proche des définitions traditionnelles du mix a sans doute moins de portée théorique, mais elle illustre la recherche des fondements de la pratique du mix dans l'orientation stratégique du marketing. L'interdépendance entre mix et positionnement se trouve ainsi soulignée.

3.2. Le renouvellement du paradigme du marketing

Cette seconde orientation privilégie une rupture par rapport au cadre théorique de référence du marketing[14]. Pour les auteurs qui adoptent ce point de vue (G. Marion, 1995), la théorie du marketing a dérivé d'une théorie du marché vers une théorie de l'activité de marketing. Il convient donc de rétablir la primauté théorique du marché et de remettre à leur juste place les réflexions développées autour des variables d'action manipulées par la firme.

Ce courant remet en cause l'idée même de segment, en raison de la faiblesse des fondements théoriques et méthodologiques de la segmentation, et il considère que la relation dynamique de l'entreprise en interaction avec le marché ne peut se réduire à la déclinaison des « 4P ».

En effet, le postulat qui sert de fondement théorique à la démarche traditionnelle du marketing est celui de la préexistence de besoins que la firme doit identifier avant de chercher à les satisfaire à travers son offre. Selon G. Marion (1995), qui fonde notamment son argumentation sur les théories de l'interaction développées par l'école scandinave, les besoins des consommateurs pour des produits précis ne préexistent pas. Ils résultent de l'interaction de l'individu avec l'offre des firmes, et il est donc illusoire de prétendre rechercher dans l'étude des attentes des acheteurs les caractéristiques de l'offre qui va leur être proposée. En outre, la relation des acheteurs avec l'offre ne se réduit pas à la revue des attributs du produit qui caractérise la majorité des modèles de choix du consommateur, mais elle est fortement influencée par l'image que l'acheteur construit du produit et de l'entreprise qui le propose. Il convient donc de rechercher l'origine de ces images, qui dépasse sans doute la traditionnelle prise en compte des effets de la publicité. Cette position théorique remet en cause l'idée même de segment qu'adopte la démarche stratégique. Elle reflète aussi les apports de nouvelles théories du comportement de l'acheteur qui minimisent l'influence des attributs du produit et des processus strictement cognitifs, et donnent une plus grande place aux dimensions symboliques et affectives des comportements d'achat (M. Filser, 1994). Ce courant de pensée ne remet donc pas directement en cause l'idée de mix, mais il écarte la possibilité de fonder la politique d'offre sur l'identification de segments préexistants.

---

14. Voir dans cette Encyclopédie l'article de A. Micallef, « Théories du marketing », p. 3385, tome 3.

*

* *

Le terme de marketing-mix est sans doute l'un des plus utilisés pour décrire, analyser et enseigner la pratique du marketing. L'ampleur de son usage ne doit pas masquer la réalité des débats qu'il suscite, tant auprès des praticiens qui reconnaissent de moins en moins la description de leur activité dans la séquence d'étapes qu'il propose, que chez les théoriciens qui s'interrogent sur la validité du cadre conceptuel qui le sous-tend.

L'évolution de la place du mix dans la théorie comme dans la pratique du marketing reflète en tout cas la profonde évolution de cette fonction. Même si le marketing a pu à certains moments connaître une dérive vers une théorie de l'offre optimale de l'entreprise, l'ampleur des phénomènes concurrentiels contribue à lui restituer pleinement son statut de théorie de l'échange sur le marché. Ce retour aux sources théoriques du marketing ne peut manquer de faire évoluer la conception des moyens d'action de la firme et donc du mix.

La conception théorique dominante du mix est inspirée d'une vision historique du marketing qui s'avère excessivement réductrice. Considérer l'offre de l'entreprise comme un simple effort de réponse à des attentes que le consommateur est capable de formuler exclut *de facto* la démarche innovatrice de l'entrepreneur théorisée par J. Schumpeter. La prise en compte du fait concurrentiel est un premier facteur d'évolution de cette conception du marketing : l'innovation compétitive ne saurait se construire par une simple déclinaison des variables élémentaires du mix, elle se définit au contraire comme une rupture par rapport aux structures préexistantes de l'offre. Cette influence de l'évolution de la conception stratégique du marketing rejoint celle de la théorie du comportement du consommateur qui accorde une importance croissante à la nature holistique des processus de décision.

Même si ces tendances réduisent la portée théorique de la notion de mix, elles ne retirent rien à son intérêt pédagogique pour l'exposition des principaux instruments dont l'entreprise dispose pour mettre en œuvre ses décisions stratégiques.

Références

BAGOZZI R.P., « Marketing as Exchange », *Journal of Marketing* (39, October 1975), p. 32-39.

BORDEN N.H., « The Concept of the Marketing-Mix », *Journal of Advertising Research* (4, June 1964), p. 2-7.

COPELAND M.T., *Principles of Merchandising*, New York, McGraw-Hill, 1924.

COVA B., SALLE R., « L'évolution de la modélisation du comportement d'achat industriel : panorama des nouveaux courants de recherche », *Recherche et Applications en Marketing* (7, 2, 1992), p. 83-106.

DHALLA N.K., YUSPEH S., « Forget the Product Life Cycle Concept », *Harvard Business Review* (January 1976), p. 102.

DEAN J., « Pricing Policies for New products », *Harvard Business Review* (November 1950), p. 28-36.

DESMET P., *Promotion des ventes*, Paris, Nathan, 1992.

DESMET P., *Marketing direct. Concepts et méthodes*, Paris, Nathan, 1995.

DICKSON P.R., GINTER J.L., « Segmentation de marché : différenciation de produit et stratégie marketing », *Recherche et Applications en Marketing* (3, 1, 1988), p. 35-52.

DUBOIS P.L., NICHOLSON P., « Le positionnement », *Encyclopédie du management*, Paris, Vuibert, 1991, t. 2, p. 257.

DUBOIS P.L., JOLIBERT A., *Le marketing. Fondements et Pratique,* 2e éd., Paris, Economica, 1992.
DUSSART C., CLOUTIER M., « Positionnement et 4P : une partition plus que parfaite », *Recherche et Applications en Marketing* (7, 2, 1992), p. 107-117.
FADY A., SERET M., *Merchandising,* Paris, Vuibert, 1994.
FILSER M., *Canaux de distribution,* Paris, Vuibert, 1989.
FILSER M., *Le comportement du consommateur,* Paris, Dalloz, 1994.
FREY A.W., *Advertising,* New York, Ronald Press, 1961.
GRÉGORY P., *Lexique Marketing-Publicité,* Paris, Dalloz, 1994.
HAYES R.H., ABERNATHY W.J. « Managing Our Way to Economic Decline », *Harvard Business Review* (58, July 1980), p. 67-77.
KOTLER P., DUBOIS B., *Marketing Management,* 8e éd., Paris, Publi-Union, 1994.
LAMBIN J.J., PEETERS R., *La gestion marketing des entreprises,* Paris, PUF, 1977.
LAZER W., KELLEY E.J., *Managerial Marketing : Perspectives and Viewpoints,* Chicago, Richard D. Irwin, 1962.
LILIEN Gary L., KOTLER P., *Marketing Decision Making : A Model-Building Approach,* New York, Harper and Row, 1983.
LITTLE J.D.C., « Brandaid : A marketing-mix Model », *Operations Research* (23, 1975), p. 628-673.
MARION G., « Le marketing-mix est-il un concept de marketing ? « , *Enseignement et Gestion* (16, hiver 1980), p. 61-63.
MARION G., « Le marketing-management en question », *Revue Française de Gestion* (102, janvier 1995), p. 15-30.
MCCARTHY J.E., *Basic Marketing,* Homewood, Ill., Irwin, 1960.
MCCARTHY J.E., PERREAULT W.D., *Le Marketing. Une approche managériale,* Paris, Economica, 1984.
MERUNKA D., *Décisions marketing,* 2e éd., Paris, Dalloz, 1994.
PACHÉ G., *La logistique : enjeux stratégiques,* Paris, Vuibert, 1994.
WEBSTER F.E., « Top Management's Concern about Marketing Issues for the 1980's », *Journal of Marketing* (45, Summer 1981), p. 9-16.
ZOLLINGER M., « Le concept de prix de référence dans le comportement du consommateur : d'une revue de la littérature à l'élaboration d'un modèle de prix de référence-acceptabilité », *Recherche et Applications en Marketing* (8, 2, 1993), p. 61-78.

Mots clés

Cycle de vie du produit, marketing-mix, positionnement, prix, produit, publicité, segmentation, stratégie marketing, théorie marketing.

Marketing des produits durables

103

Dwight Merunka

L'importance économique des biens durables est évidente. En considérant simplement quelques grandes catégories de produits telles que l'automobile, le mobilier, l'équipement ménager, les produits électroniques grand public et l'équipement sportif, on imagine le poids qu'elles représentent dans les dépenses du foyer. L'INSEE distingue les biens durables (automobiles, gros équipement ménager, meubles, caravanes, motocycles, petit électroménager, électronique ménager, ordinateurs domestiques) des biens semi-durables (textiles, cuirs, horlogerie-bijouterie, jouets, vaisselle, verrerie, autres produits manufacturés) et chiffre leur importance : les deux catégories de biens représentent ensemble 21,8 % de la consommation nationale française en 1992 (les biens non durables représentant 34,1 % et les services 44,1 %).

De plus, l'achat de biens durables a des répercussions immédiates sur d'autres catégories de biens comme la consommation d'énergie, de matières premières ou de services (assurances, réparations). Enfin, les dépenses des consommateurs pour les biens durables sont particulièrement volatiles et leurs fluctuations sont très liées à des tendances générales de l'économie (on peut penser par exemple à la crise du marché de l'automobile et du marché immobilier des années 1994-1996). Au-delà de l'aspect économique, les biens durables ont un impact social considérable. En l'espace de trois générations, l'automobile, le gros électroménager, l'équipement audiovisuel ou le petit électroménager ont transformé le mode de vie des ménages. Des exemples récents comme le four à micro-ondes et des exemples à venir comme le micro-ordinateur familial, le modem et les autres moyens de télécommunication ou la domotique montrent que le processus est toujours en cours.

Cependant, malgré cette importance économique et sociale, la catégorie des biens durables reste un concept flou dans la littérature et peu d'auteurs définissent précisément ce qu'est un bien durable. Par exemple, J. Hauser et G. Urban (1982) reconnaissent trois spécificités importantes : les biens durables sont discrets (ils ne peuvent pas être fractionnés), ils représentent une partie importante du budget des ménages et ils durent pendant « plusieurs périodes d'achat ». B. Bayus (1991, 1992) ajoute que le cycle de réachat est « relativement long ». J. Pickering (1981) décrit les biens durables comme ayant une durée de vie élevée et rendant aux consommateurs un niveau de service pendant une longue période de temps.

Cet article a pour objectif de faire le point sur les caractéristiques distinctives des biens durables, d'identifier les particularités des marchés auxquels ils appartiennent et les conséquences que celles-ci peuvent avoir sur le comportement des consommateurs. Nous mettrons enfin en évidence, les stratégies marketing spécifiques qu'ils appellent ainsi que les démarches originales mises en œuvre dans le domaine des études et recherches en marketing.

1. Les spécificités des biens durables et de leur marché

Les produits en général ont été classifiés dans la littérature suivant plusieurs critères (E. Murphy et B. Enis, 1986 ; P. Kotler, 1994). On distingue souvent les biens durables des biens de grande consommation et des biens industriels.

1.1. Vers une définition des biens durables

Les biens durables ont pour caractéristique distinctive essentielle d'être utilisés lors de très nombreuses occasions d'usage. La valeur du bien durable ne s'altère qu'après des usages *répétés* et il n'y a pratiquement pas d'altération du produit entre deux utilisations successives (D. Merunka, 1992). Cela différencie clairement les biens durables des biens de grande consommation qui sont *détruits* après usage, que ce soient, par exemple, des produits alimentaires, des produits d'entretien ou des produits d'hygiène et de beauté. Le bien durable a une durée de vie assez longue (avant qu'il ne soit hors d'usage ou que le consommateur ne décide de le remplacer) : le tableau 1 fournit l'âge moyen du parc des biens d'équipement importants en France, en 1993. Cet âge varie entre 5 et 10 ans, les biens les plus anciens étant le réfrigérateur simple et le téléviseur en noir et blanc, actuellement remplacés par des produits de technologie plus récente.

Tableau 1 – Age moyen du parc des biens durables d'équipement de la maison en France, en 1993

Biens durables d'équipement	Age moyen (en années)
Réfrigérateur simple	10,5
Réfrigérateur combiné	6,8
TV noir et blanc	11,1
TV couleur	5,4
Lave-linge	6,9
Lave-vaisselle	6,4
Congélateur	7,8
Première voiture	6,2
Deuxième voiture	7,8
Toutes automobiles	6,6

Source : INSEE.

Les articles traitant des biens durables fondent leurs applications empiriques sur des catégories telles que le gros électroménager, le petit électroménager, l'automobile, l'équipement audiovisuel ou l'outillage. Cependant, ce critère de l'utilisation répétée du même bien fait aussi entrer dans la catégorie des biens durables des produits plus difficilement classifiables, comme les équipements pour l'automobile (pneus, équipement audio), les instruments de musique, l'équipement sportif, les bateaux de plaisance, les jouets, et aussi des catégories telles que l'horlogerie et la bijouterie, le textile de maison ou encore la confection.

1.2. Les caractéristiques du marché des biens durables

La demande pour les biens durables est généralement conceptualisée comme émanant de trois sources (J. Pickering, 1981 ; R. Winer, 1985) : le premier équipement, les achats d'unités additionnelles et les achats de remplacement. Compte tenu du taux d'équipement élevé des ménages dans de nombreuses catégories de produits, les volumes en premier équipement ne peuvent être qu'à un niveau faible. Le multi-équipement reste à un niveau limité sur l'ensemble de la population (27,5 % des foyers français possèdent deux automobiles en 1993), bien qu'il ait tendance à se développer et qu'il puisse être important pour certains segments (53,6 % des cadres supérieurs et professions libérales possèdent deux automobiles). Par conséquent, la source de volume la plus importante provient des ventes de remplacement (tableau 2).

Conceptuellement, les achats de remplacement se distinguent nettement du phénomène de réachat utilisé en grande consommation, et qui fait référence à l'achat répété dans le temps d'un produit identique. Le produit durable sera remplacé, après une longue période d'utilisation (de 5 à 15 ans), par un produit très différent du produit initialement possédé, compte tenu de

Tableau 2 – Taux d'équipement, taux de remplacement et multi-équipement des biens durables en France en 1993

Biens durables	Taux d'équipement (novembre 1993)	Achats de remplacement	Multi-équipement
Automobile			27,5
– 1re voiture	77,8	90,5	–
– 2e voiture	27,5	68,6	–
Réfrigérateur	98,7	66,9	12,4
Lave-linge	89,5	70,0	4,6
Télévision couleur	91,6	70,1	25,2
Congélateur	44,8	33,2	2,5
Lave-vaisselle	33,1	34,7	1,6
Tente	14,4	n.d.	n.d.
Skis	13,0	n.d.	n.d.
Caravane	5,9	n.d.	n.d.
Bateau de plaisance	1,7	n.d.	n.d.

n.d. : non disponible.
Unité : Pourcentage.
Source : INSEE.

l'évolution technologique ou de l'évolution du marché en général. La stratégie des fabricants consistera donc, d'une part, à inciter les consommateurs au remplacement précoce de leurs biens durables et, d'autre part, à diriger le choix des consommateurs vers leur marque.

Concernant l'équipement des ménages pour des biens durables récents, il est assez généralement admis que leur rythme de diffusion s'accélère. B. Bayus (1992) examine empiriquement le rythme de diffusion de plus de vingt biens durables (gros électroménager, équipement de la maison, petit électroménager, produits électroniques grand public) depuis l'année de leur introduction sur le marché et ne met en évidence aucun phénomène d'accélération de la diffusion des produits durables. Des données sur le marché français montrent que la diffusion de produits assez récents tels que les lave-vaisselle et les congélateurs augmente régulièrement, mais que les vitesses de diffusion sont inférieures à celle d'un produit ancien tel que le réfrigérateur. Sur une période de vingt ans, les taux d'équipement sont passés de 10,1 % à 45,7 % pour le congélateur (soit + 35,6 points) et de 5,3 % à 33,6 % pour le lave-vaisselle (soit + 28,3 points). Sur la même durée (de 1954 à 1974), le taux d'équipement en réfrigérateurs s'était accru de 80 points. Par contre, quelques nouveaux produits se diffusent rapidement : le taux d'équipement des ménages en fours à micro-onde est d'environ 40 % mi-1994 (+ 35 points en 7 ans).

Certaines autres caractéristiques distinctives des marchés des produits durables sont en fait des conséquences de leur « durabilité » : un bien durable s'achète neuf, mais peut aussi se louer, s'acheter en leasing ; ou s'acheter sur un marché de l'occasion.

– La location des biens durables est déjà ancienne dans le domaine de l'automobile où l'on trouve de très grandes entreprises en concurrence comme Hertz ou Avis. Elle est aussi en développement sur bien d'autres marchés comme celui du matériel de bricolage, des outils de jardinage, de la vaisselle, du matériel de cuisine ou du mobilier.

– Les biens durables d'occasion (automobiles, meubles, électroménager, bijoux, et même confection) conservent un certain niveau d'utilité après usage et ont donc une valeur marchande. Le marché de l'occasion est alimenté du fait que les fabricants introduisent régulièrement de nouvelles générations de produits et des changements technologiques, ce qui incite les consommateurs à se débarrasser de leurs anciens produits avant qu'ils ne soient hors d'usage (D. Merunka, 1992, D. Purohit, 1992). Cette caractéristique des marchés des produits durables est importante à la fois pour les consommateurs et pour les fabricants. Pour les consommateurs, le marché de l'occasion permet d'acquérir un bien qui serait financièrement hors de portée à l'état neuf (tableau 3). Il permet aussi aux possesseurs du bien de vendre leur produit usagé à sa valeur de marché, facilitant ainsi l'acquisition d'un bien nouveau. Le prix du marché de l'occasion est également un critère de choix du consommateur : sur le marché de l'automobile, cela peut devenir un argument commercial en faveur des modèles ou des marques faciles à revendre à bon prix.

Du point de vue des fabricants, le prix du marché de l'occasion peut affecter l'image des produits actuels et avoir une influence sur le prix que le consommateur est prêt à payer pour acquérir un produit neuf. Des

Tableau 3 – Pourcentage des ménages français ayant acheté le bien durable d'occasion, en 1993

Biens durables	Achats d'occasion
Automobiles	57,5
Première voiture	54,1
Deuxième voiture	67,5
Réfrigérateur	14,0
TV noir et blanc	27,7
TV couleur	8,0
Lave-linge	6,0
Lave-vaisselle	6,2
Congélateur	9,8

Unité : Pourcentage.

Source : INSEE.

changements de style fréquents peuvent engendrer des ventes de remplacement à court terme, mais auront pour effet une baisse de prix des modèles précédents sur le marché de l'occasion. Ceci peut, à son tour, affecter le prix d'occasion futur du modèle nouveau (et donc son utilité aux yeux des consommateurs). On voit donc que la gestion de la gamme et de son renouvellement a des implications à long terme souvent ignorées par les fabricants (D. Purohit, 1992).

2. Le comportement des consommateurs de biens durables

Le comportement d'achat des biens durables a fait l'objet de recherches dans de nombreuses directions. Les spécificités du processus d'achat des biens durables ont été étudiées et mises en évidence par J. Pickering (1978, 1981) et par R. Winer (1985). D'autres recherches ont étudié les variables expliquant la possession de biens durables (S. Nickols et K. Fox, 1983 ; C. Kim, 1989), les dépenses et les probabilités d'achat pour les biens durables (C. Weinberg et R. Winer, 1983), la recherche de l'information et la prise de décision (G. Punj et R. Staelin, 1983 ; W. Baker et W. Wilkie, 1992 ; D. Grewal et H. Marmorstein, 1994), la séquence d'acquisition des biens durables (G. Day et T. Deutscher, 1982 ; P. Dickson *et al.*, 1983 ; B. Bayus et V. Rao, 1989) ou le comportement après achat (M. DeBell et R. Dardis, 1979 ; D. Tse et P. Wilton, 1988).

2.1. La recherche d'information

Curieusement, un grand nombre de recherches ont montré que la plupart des consommateurs s'engagent dans peu de recherche d'information lors de l'achat d'un bien durable et visitent peu de magasins dans le but de comparer les prix (W. Wilkie et P. Dickson, 1985 ; D. Grewal et H. Marmorstein, 1994). W. Baker et W. Wilkie (1992) établissent aussi qu'un nombre significatif de consommateurs ne visitent qu'un seul magasin (37 % des consommateurs), ne considèrent qu'une marque (33 % à 50 %) et ne consultent que peu de sources d'information avant l'achat. Ceci peut paraître surprenant dans la mesure où il est généralement argumenté que lorsque l'achat est cher, impliquant, complexe et risqué, la délibération risque d'être longue et la recherche d'information active (H. Assael, 1987). Par ailleurs, le prix élevé des produits durables d'équipement, l'existence de fortes différences de prix pour des articles identiques sur le marché local (G. Duncan, 1981) et la présence de différentes formes de distribution et enseignes dans lesquelles les produits sont disponibles (hypermarchés, grandes surfaces spécialisées, grands magasins et spécialistes) devraient favoriser le processus de recherche d'information.

En fait, les consommateurs s'engagent peu dans une recherche et une comparaison systématique des prix sur le marché local du fait qu'ils ne valorisent que faiblement les gains potentiels qu'ils peuvent réaliser. En effet, l'utilité que le consommateur gagne à épargner une somme fixe (par exemple 100 F) semble être dépendante du prix du bien acheté. Ainsi, gagner 100 F sur un téléviseur de 5 000 F ne vaut pas le temps et l'effort additionnels, alors que le même consommateur ferait ce même effort pour gagner la même somme sur des achats alimentaires courants. E. Lapersonne *et al.* (1995) mettent en évidence, pour les achats d'automobiles sur le marché français, qu'un bon nombre d'acheteurs (22 %) ne considèrent qu'une marque comme étant acceptable pour l'achat (la marque possédée dans la vaste majorité des cas). Ceci indique sans doute que la valeur attendue des informations sur d'autres marques ne justifie pas le coût et l'effort nécessaires pour les collecter, compte tenu du niveau de satisfaction du consommateur vis-à-vis de sa marque actuelle. Il est vrai aussi que l'achat d'un bien durable est effectué pour une situation d'usage particulière et dans le cadre de contraintes physiques, sociales, économiques assez importantes. Par exemple, le choix d'un réfrigérateur est très affecté par le nombre de personnes au foyer, la taille de la cuisine, la possession préalable d'un congélateur et probablement le revenu. Ceci peut expliquer que la phase de recherche d'information soit réduite et que la taille de l'ensemble de considération ne puisse être très grande.

2.2. Le traitement de l'information

Les produits durables sont souvent associés à des caractéristiques objectives, souvent techniques. Dans de nombreuses catégories de produits durables, le consommateur raisonnera en termes de fiabilité, de robustesse, de consommation d'énergie, de puissance, etc. Plus particulièrement, un fabricant décrira un réfrigérateur sur sa capacité et son niveau sonore, une automobile sur des critères de vitesse, de volume du coffre, de consommation d'essence, de cylindrée, de longueur, de durée de garantie, un téléviseur sur la taille de l'écran, la définition de l'image, la puissance des haut-parleurs, etc. Dans ce contexte, on peut penser que le consommateur jugera de la qualité des produits et formera sa préférence, à partir de ces caractéristiques objectives. Dès lors, le rôle de la marque dans la formation de la préférence du consommateur devrait être plus faible pour les biens durables que pour les biens de grande consommation ou pour les services. En d'autres termes, il est possible que le capital de marque (l'utilité additionnelle que la marque apporte au produit et à ses caractéristiques – P. Farquhar, 1990) soit plus faible pour les biens durables que pour d'autres catégories de biens. Ceci a été mis en évidence par M. Holbrook (1992) et est en cohérence avec les résultats de W. Park *et al.* (1991), qui montrent qu'une marque fortement associée à des attributs objectifs a moins de pouvoir d'extension qu'une marque associée à des concepts symboliques.

2.3. L'importance de l'achat

Les produits durables engagent en général des dépenses importantes pour le ménage. Les coûts ou les conséquences d'une mauvaise décision sont donc élevés. Par ailleurs, l'achat du bien durable n'est pas toujours financé exclusivement à partir des revenus du ménage, mais peut aussi faire appel à l'utilisation de l'épargne ou du crédit. L'achat du bien durable implique donc le ménage dans sa capacité à faire face à ses engagements financiers futurs. En outre, beaucoup de biens durables ont un coût d'achat initial mais aussi des coûts directs (maintenance, réparation, coûts des consommables comme les pellicules photographiques, les piles électriques ou l'essence). Le consommateur doit donc non seulement être satisfait du niveau de prix de l'achat initial mais il doit aussi tenir compte des coûts liés à la possession et à l'utilisation du bien durable. Cependant, tous ces points ne concernent que certaines catégories de produits telles que l'automobile, le mobilier, le gros électroménager. Des biens durables comme le petit électroménager, le textile, les accessoires de cuisine ou le petit outillage ont des niveaux de prix limités et n'entraînent pas, en général, de coûts de maintenance.

2.4. Les acheteurs et les utilisateurs

La plupart des produits durables importants (équipement de la maison, automobile) sont achetés pour un usage familial et pour être consommés ou utilisés de façon jointe par les membres de la famille. F. Böcker (1992) ainsi que W. Wilkie *et al.* (1992) montrent que le processus d'achat de ces biens durables est un processus d'achat familial au cours duquel peuvent apparaître des conflits mais où un désir de coopération semble prédominer. Les membres de la famille (femme, homme, adolescents) jouent tous un rôle dans le processus de décision d'achat (à des degrés divers), quel que soit le type de bien. Il apparaît que la segmentation traditionnelle en produits masculins/féminins (par exemple, automobile/dominante masculine et machine à laver/dominante féminine) ne reflète pas la réalité. Ceci implique pour les fabricants de repérer les rôles de chacun au sein de la famille et d'adapter leurs politiques de communication de manière à tenir compte d'une cible élargie (par exemple la famille, plutôt que l'utilisateur principal). F. Böcker (1992) recommande, dans le cas des automobiles, que la publicité dans les grands médias soit avant tout conçue comme une publicité institutionnelle, visant tout le monde, et communiquant avant tout sur la marque et sur le niveau général de qualité.

Dans certaines catégories de biens durables (en particulier les biens conditionnés tels que le petit électroménager mais aussi les bijoux ou la confection et, dans une moindre mesure, l'automobile), une partie significative des achats est effectuée dans le but d'offrir un cadeau. Ainsi l'acheteur ne sera pas le consommateur ou l'utilisateur. Un exemple (amusant) est celui de la catégorie des pèse-personnes dans laquelle environ 50 % des volumes sont réalisés sur deux périodes : la fête des mères et Noël !

Enfin, il ne faut pas oublier que les consommateurs (ou les clients) des biens durables peuvent être des individus (ou des ménages) mais aussi des entreprises. En particulier, une proportion significative des ventes de biens durables nouveaux et des ventes de remplacement sont effectuées en milieu industriel. L'exemple le plus évident est celui du marché de l'automobile où plus de 30 % des ventes de véhicules neufs sont réalisés, d'une part, auprès des sociétés de location de voitures et, d'autre part, auprès des entreprises et des administrations (poste, police, EDF, armée) sous forme de « flottes ». D'autres exemples peuvent être cités comme la vente de micro-ordinateurs aux entreprises ou le gros équipement ménager entrant dans la construction d'immeubles et d'appartements « équipés ».

3. Les achats de remplacement

Bien que la fiabilité des produits durables se soit généralement améliorée et que le nombre de réparations ait décliné pour les biens d'équipement de la maison, notamment grâce à des avancées technologiques (B. Bayus, 1991), plusieurs études suggèrent que les consommateurs ne sont pas nécessairement intéressés par un allongement de la durée de vie des produits (R. Lund, 1977). Les consommateurs remplacent souvent leurs biens durables avant que ceux-ci ne soient hors d'usage. Ils ont plus tendance à remplacer leurs biens en fonction de leur préférence pour un nouveau design, de nouvelles fonctions, des avancées technologiques ou de meilleures performances qu'en raison de la mise hors service du bien possédé (M. DeBell et R. Dardis, 1979). G. Hoffer et R. Reilly (1984), dans une application au domaine de l'automobile, montrent que le design et la mode contribuent à l'augmentation des ventes au niveau agrégé. D'autres facteurs contribuent au remplacement, comme l'attractivité du prix et la promotion des ventes (J. Quelch *et al.*, 1987 ; B. Bayus, 1988), des changements dans la composition de la famille, un déménagement ou une amélioration de la situation financière du foyer (W. Wilkie et P. Dickson, 1985).

Il est important de comprendre le comportement des consommateurs vis-à-vis des achats de remplacement ainsi que leur attitude par rapport à des biens durables qu'ils possèdent et qui deviennent « âgés ». La demande de remplacement résulte de la comparaison de l'utilité liée à l'acquisition d'un bien nouveau à l'utilité actuelle du bien possédé. Cette comparaison dépend de l'âge du bien possédé, de sa fiabilité et de l'estimation de sa durée de vie future probable (J. Pickering, 1981). Elle dépend aussi de l'attractivité du modèle nouveau pouvant être acquis sur le marché.

Lors de l'achat d'un bien durable, les consommateurs évaluent les produits en termes de qualité et de prix mais aussi en termes de la valeur future du bien. La valeur d'un bien durable sera affectée si un nouveau produit est introduit sur le marché, rendant le précédent produit obsolète (D. Levinthal et D. Purohit, 1989 ; J. Cripps, 1994). L'obsolescence peut se définir comme la perte relative de valeur du bien due à des changements de style (obsolescence de style ou obsolescence symbolique) ou à des améliorations dans la qualité (obsolescence fonctionnelle). L'obsolescence est souvent associée à l'âge du produit durable, mais cette seule dimension est très insuffisante (J. Bulow, 1986). L'obsolescence est moins due à une réelle diminution de l'utilité du produit possédé qu'au fait qu'il devient dominé par un produit nouveau perçu comme lui étant supérieur. L'importance de l'obsolescence est donc liée à l'amélioration engendrée par la nouvelle version ou le nouveau produit et à la similarité des deux versions (l'ancienne et la nouvelle) en termes de cible et de positionnement.

Bien entendu, l'augmentation de l'obsolescence favorise la vitesse de remplacement. Cependant, le comportement de remplacement dépend aussi de la manière dont le consommateur prévoit les variations futures de l'utilité des biens durables nouveaux et de la manière dont il prévoit les variations futures des prix. Dans des marchés soumis à de fortes évolutions de caractéristiques techniques ou de performances (par exemple les micro-ordinateurs) ou soumis à de fortes variations de prix, le consommateur peut très bien attendre avant de remplacer son bien existant, car il ne souhaite pas investir dans un bien qui sera rapidement remplacé sur le marché (pour devenir lui-même obsolète). Tout se passe comme si le consommateur diminue son évaluation des produits actuellement disponibles en anticipant une utilité additionnelle (ou un prix inférieur) pour des produits nouveaux qui n'ont pas encore été lancés sur le marché. En fait, le consommateur hésitera entre le fait de profiter d'une utilité additionnelle *maintenant* (et donc acheter immédiatement) et le fait de gagner une utilité incrémentale supérieure *plus tard* (s'il reporte son achat).

4. Le management des produits durables

Du fait de la durée de vie élevée des biens durables, les consommateurs possèdent un vaste intervalle de temps durant lequel ils peuvent décider de remplacer leurs biens ou de reporter leurs achats de remplacement à plus tard. Une des stratégies des fabricants pour augmenter les volumes de vente de leurs marques ou de la catégorie de produits consiste à accélérer la décision de remplacement des possesseurs de produits durables (B. Bayus, 1990 ; D. Merunka, 1992). Ceci peut se faire essentiellement en augmentant l'obsolescence perçue du bien possédé par le ménage, en repositionnant la catégorie de produits ou en augmentant l'attractivité des produits nouveaux.

4.1. La gestion de l'obsolescence

L'obsolescence perçue des produits possédés est accrue lorsque des biens durables nouveaux sont lancés régulièrement sur le marché et se différencient suffisamment des anciens produits. L'obsolescence est technologique lorsque ces nouveaux produits possèdent de nouvelles caractéristiques ou utilisent de nouvelles technologies. Par exemple, des efforts récents des fabricants de téléviseurs ont consisté à améliorer la qualité du son et le niveau de définition de l'image. Parallèlement, des téléviseurs au format 16/9, mieux adapté pour la retransmission des films, sont disponibles sur le marché. Enfin, des développements sont en cours pour réduire l'encombrement des téléviseurs et pour offrir aux consommateurs des écrans plats. En dehors des modifications dans les caractéristiques techniques, des changements de style, de design, de couleurs et des phénomènes de mode jouent également sur la vitesse de remplacement (J. Jacoby *et al.*, 1977). On voit apparaître des styles nouveaux ou des coloris nouveaux dans des domaines inexplorés au début du cycle de vie (coloris pour le gros électroménager, styles et coloris pour les téléphones ou les poêles). Au-delà du domaine de la confection où la mode et les saisons structurent le métier et du domaine de l'automobile où les salons et les millésimes jouent un rôle déterminant, la création de collections est maintenant étendue à différentes catégories de produits durables (arts ménagers, montres, équipements sportifs, bijoux fantaisie, jouets, etc.). Dans ce cas, les fabricants jouent essentiellement sur une obsolescence de type symbolique. Enfin, une autre manière d'accélérer l'obsolescence perçue du bien est d'intégrer cette caractéristique dans la conception même du produit. Une illustration intéressante est celle des brosses à dents (trop peu souvent remplacées par les ménages). Certaines brosses à dents possèdent un indicateur d'usure qui rappelle à l'utilisateur qu'il doit renouveler son achat.

4.2. Le repositionnement stratégique

La stratégie de repositionnement ou de segmentation de la catégorie de produits a pour but de modifier le comportement d'achat des consommateurs de deux manières : d'une part, en réduisant la durée de la période de remplacement et, d'autre part, en incitant au multi-équipement[1]. Des exemples en sont les montres-bracelets ou les bijoux qui, d'un statut unique d'objet précieux, possédé en *un seul exemplaire* (ou en un très petit nombre d'exemplaires) sont maintenant situés sur un marché segmenté. Les montres-bracelets sont soit positionnées comme des objets précieux, très durables et rares (Cartier, Breitling), soit considérées comme des objets de mode à achat répété et possédés en de multiples exemplaires (Swatch). Cette stratégie présente aussi un danger pour les biens durables. En effet, certains biens durables peuvent être repositionnés en tant que produits de grande consommation et concurrencer directement la catégorie d'origine. Des exemples en sont les briquets, les rasoirs, les nappes ou les serviettes de table qui sont, pour partie, devenus jetables et vendus dans la grande distribution, parfois sous forme de lots.

4.3. La fidélité à la marque

Une autre préoccupation importante du manager de biens durables est la fidélité à la marque. Ce concept classique du marketing doit être quelque peu adapté aux caractéristiques du comportement d'achat des produits durables. En grande consommation, il importe que l'acheteur d'un bien (le bien étant défini par un produit plus une marque) réachète ce même bien de manière régulière. Dans le domaine des biens durables, le consommateur ne voudra pas (et le plus souvent ne pourra pas) acheter à nouveau le même bien, à quelque sept ou dix ans d'intervalle. Il devient alors important pour le fabri-

1. Voir également dans cette Encyclopédie l'article de P. Grégory, « Segmentation des marchés », p. 2954, tome 3.

cant d'agir sur la fidélité à la *marque*[2]. En effet, un consommateur passant à la concurrence se trouve souvent hors du marché durant plusieurs années (la durée de vie du produit). Les fabricants essayent donc de maintenir un acheteur au sein d'une marque, soit en proposant une gamme de produits étendue couvrant plusieurs segments ou catégories de produits (Black and Decker, Tefal, Renault, Seb, Philips, etc.), soit en s'assurant que le consommateur renouvelle son bien au sein de la marque, en achetant un bien de qualité supérieure (ou correspondant à de nouveaux besoins dus par exemple à l'élargissement de la famille).

4.4. L'offre de services

A la vente des produits durables est souvent associée une série de services[3] tels que la garantie, la livraison, le financement, la réparation et la maintenance. Ces services peuvent être importants dans le processus de choix des consommateurs et peuvent permettre à certains fabricants (ou distributeurs) de se différencier. La durée de la garantie peut avoir plusieurs effets : limiter le risque économique du consommateur sachant que les réparations seront prises en charge durant la période, et modifier ses croyances vis-à-vis de la qualité du produit (une durée de garantie étendue signifie probablement que le bien est robuste, car le fabricant ne peut pas prendre lui-même un risque financier trop important). Un autre outil important pour la vente des biens durables (compte tenu du prix élevé de certains d'entre eux) est d'offrir aux consommateurs les moyens de financer leurs achats. En particulier, les constructeurs automobiles et les grandes surfaces spécialisées offrent des financements et les utilisent en tant qu'outils promotionnels, sachant qu'environ 40 % des premières voitures et environ 17 % du gros équipement ménager sont achetés à crédit sur le marché français (tableau 4).

Tableau 4 – Financement de l'acquisition des biens durables en France en 1993

Biens durables	Comptant	A crédit	Autres (cadeau, location)
Automobile			
– 1re voiture	55,1	39,1	5,8
– 2e voiture	64,7	27,3	8,0
Réfrigérateur	71,3	16,2	12,5
Lave-linge	75,8	17,9	6,3
Télévision couleur	71,0	17,8	11,2
Congélateur	77,9	15,6	6,5
Lave-vaisselle	74,9	17,8	7,3

Unité : Pourcentage.
Source : INSEE.

2. Voir également dans cette Encyclopédie l'article de B. Heilbrunn, « Marque », p. 1972, tome 2.

3. Voir également dans cette Encyclopédie l'article de P. Eiglier, E. Langeard et V. Mathieu, « Marketing des services », p. 1937, tome 2.

4.5. La promotion des ventes

L'accélération des achats de biens durables passe aussi par l'utilisation de techniques marketing classiques de stimulation des ventes. B. Bayus (1992) étudie spécifiquement les effets des variables marketing sur la vitesse de remplacement des téléviseurs en couleur (les ventes de remplacement représentant 53 % des ventes totales aux Etats-Unis en 1985). Il apparaît que le prix et les réductions de prix sont l'élément le plus important pour le raccourcissement de la période de remplacement (un prix intéressant a pour effet de diminuer le délai moyen de remplacement de un an), suivis des caractéristiques nouvelles et des changements de style. La communication publicitaire apparaît être l'élément le moins important. Bien que l'étude soit incomplète (elle ne concerne qu'une catégorie de produits durables et omet certaines variables marketing), elle prouve l'effet des actions des fabricants sur le renouvellement des produits par les consommateurs.

La promotion des ventes est un outil essentiel du management des produits durables[4]. J. Quelch *et al.* (1987) indiquent que les dépenses promotionnelles (en pourcentage du total des dépenses publicitaires et promotionnelles) sont même un peu plus importantes dans le domaine des biens durables que dans celui des biens de grande consommation (le pourcentage étant de 66 % *vs.* 58 %). Ces promotions sont le plus souvent des promotions sur les prix (ou sur les conditions de paiement) et peuvent représenter d'importantes incitations à l'achat. Par exemple, une remise de 20 % sur un téléviseur de 5 000 F représente un « gain potentiel » de mille francs. Sur une automobile de 14 000 dollars, une remise de mille dollars de la part du fabricant plus une remise additionnelle de mille dollars de la part du distributeur correspondent à un gain très important (*The Miami Herald*, 18 mai 1996). Ces promotions sont largement communiquées par les médias régionaux (presse quotidienne régionale ou télévision régionale) et par les dépliants publicitaires des distributeurs. Certaines de ces promotions peuvent être de très grande ampleur et suivies par l'ensemble des fabricants et des distributeurs qui s'engagent alors dans une guerre des prix. On peut citer les remises proposées par les fabricants d'automobiles sur le marché français en 1994 et 1995 (promotions qui s'additionnaient à une prime donnée par l'Etat dans le but de relancer le marché et de rajeunir le parc automobile français).

L'importance des promotions se lit également dans le comportement des consommateurs, 76 % des ménages déclarant avoir acheté leur dernier équipement électroménager en promotion (W. Wilkie et P. Dickson, 1985). En fait, les consommateurs sont habitués (dans certaines catégories comme les magnétoscopes, les caméras vidéo, les micro-ordinateurs, les téléphones) à une diminution des prix et à une évolution de la technologie. La promotion devient un moyen pour convaincre les consommateurs d'acheter *maintenant* plutôt que de reporter leur achat à plus tard. Les promotions sont aussi utilisées spécifiquement pour attirer les clients potentiels dans le magasin. En effet, la plupart des consommateurs vont de manière régulière dans un supermarché, mais ils visitent les grandes surfaces spécialisées ou les spécialistes

4. Voir également dans cette Encyclopédie l'article de P.L. Dubois, « Promotion commerciale », p. 2634, tome 3.

de manière très irrégulière. Une fois le client dans le magasin, les vendeurs prendront le relais pour le guider vers d'autres produits que ceux qui sont promus. Cependant, l'acheteur de biens durables possède une assez grande flexibilité quant à la date de son achat (premier achat ou renouvellement). Si les promotions sont fréquentes et prévisibles, il reportera son achat jusqu'à ce qu'il puisse bénéficier d'une offre promotionnelle intéressante, ce qui peut avoir un impact sur les marges des fabricants et des distributeurs (ce phénomène est bien connu des managers qui en tiennent compte initialement dans leur politique de prix).

Du fait de la durée de vie et du coût des produits durables, il est important pour le fabricant d'identifier ses acheteurs potentiels et de pouvoir les contacter au bon moment. On assiste d'ailleurs depuis quelques années à une utilisation accrue des outils de marketing direct dans le domaine des biens durables, les fabricants envoyant à des cibles bien identifiées des documentations ou des cassettes vidéo concernant des nouveaux produits, des invitations à les essayer ou des incitations à rencontrer un vendeur[5]. B. Bayus et R. Mehta (1995) proposent un modèle de segmentation permettant d'identifier les ménages susceptibles de faire un achat de bien durable (dans une catégorie donnée) et de décrire les segments sur une série de caractéristiques (socio-démographiques et comportementales). Ce type de segmentation peut être utilisé pour identifier et atteindre un marché cible.

5. Les études et recherches en marketing

Les études et recherches sont essentielles pour la prise de décision en marketing[6]. Les techniques d'études marketing sont utilisées dans le domaine des biens durables, en particulier pour mesurer la réponse des consommateurs à des concepts ou à des produits nouveaux (A. Page et H. Rosenbaum, 1992), mais les produits durables posent quelques problèmes particuliers dans ce domaine. Tout d'abord, il est extrêmement coûteux de développer des prototypes ou des séries limitées que l'on pourrait soumettre et faire essayer à des consommateurs. Des approximations du produit réel futur (comme les cartes de concepts ou *concept-boards*) sont alors utilisées. Bien que la technique donne de bons résultats, il arrive que le produit réel puisse être décevant par rapport au concept, étant donné l'importance des caractéristiques physiques et objectives du produit durable. L'évaluation des produits après leur lancement est également difficile dans la mesure où les quantités de biens durables vendues sont toujours limitées. Il devient donc très difficile d'identifier et de contacter des consommateurs ayant effectivement acheté le produit nouveau. D. Hawkins (1992) donne l'exemple d'un rasoir électrique nouveau dont il pourrait se vendre environ 35 000 exemplaires quelques semaines après le lancement, ce qui représente un taux de pénétration de 0,15 % dans un pays comme l'Allemagne. Il est impossible de lancer une enquête et d'espérer tomber, aléatoirement, sur un acheteur du produit nouveau. Les cartes de garantie que les fabricants demandent aux acheteurs de leur renvoyer sont un

---

5. Voir également dans cette Encyclopédie l'article de D. Xardel, « Marketing direct », p. 1839, tome 2.

6. Voir dans cette Encyclopédie l'article de A. Jolibert, « Etudes de marché », p. 1254, tome 2.

des moyens d'identifier des acheteurs, mais leur taux de remontée est faible (environ 5 %) et les consommateurs les renvoyant ne semblent pas être représentatifs de la population des acheteurs. Enfin, les panels de consommateurs, permettant d'explorer les phénomènes habituels de pénétration, de mixité d'achat, de transferts entre marques, sont limités dans leur utilisation pour les biens durables, compte tenu des très faibles niveaux de pénétration observés durant une période limitée (un an par exemple).

Malgré les problèmes inhérents aux biens durables, certaines industries (comme celle de l'automobile) sont de gros utilisateurs d'études marketing (P. Windal, 1990). Cependant, certains auteurs (J.P. Deschamps, 1989) remarquent que les études sont inégalement et encore trop peu utilisées dans le domaine des produits durables en général.

5.1. La prévision de la demande

La prévision de la demande pour les produits nouveaux est une tâche difficile car les dépenses des consommateurs peuvent fluctuer très rapidement (B. Bayus *et al.*, 1989). Beaucoup de modèles de prévisions dans le domaine des biens durables sont basés sur le modèle initial de F. Bass (1969). C'est un modèle de diffusion qui permet de prévoir les ventes futures d'une *catégorie de produits* (par exemple, les fours à micro-ondes), connaissant les ventes déjà observées sur quelques années. F. Bass a appliqué son modèle avec succès à 11 catégories de produits durables telles que les climatiseurs, les réfrigérateurs, les congélateurs, les téléviseurs en noir et blanc, les tondeuses à gazon. Les données utilisées pour estimer les paramètres du modèle sont les ventes annuelles depuis l'introduction du produit sur le marché jusqu'à la période à laquelle les ventes de remplacement deviennent substantielles.

Le modèle de Bass est probablement le modèle qui a donné lieu au plus grand nombre d'applications empiriques et d'extensions. Il est facile à estimer et repose sur une interprétation intuitive largement acceptée : les ventes d'une catégorie de produits dépendent des innovateurs (personnes qui achètent le produit après exposition à la publicité et à la promotion) et des imitateurs (personnes dont l'achat est influencé par le nombre de personnes possédant déjà un tel bien et par les phénomènes de bouche à oreille). Le modèle a été largement adapté dans deux directions (voir V. Mahajan et Y. Wind, 1988, et V. Mahajan *et al.*, 1990, pour une revue). La première consiste à estimer des paramètres du modèle avant que la catégorie de produits ne soit établie sur le marché pour en faire plus réellement un modèle prédictif (plutôt qu'un modèle descriptif et explicatif), en utilisant le jugement managérial ou en procédant par analogie avec d'autres catégories de produits (F. Sultan *et al.*, 1990). La deuxième direction consiste à introduire dans le modèle des variables d'actions pour en faire un modèle normatif. Par exemple, D. Horsky et L. Simon (1983) y introduisent les effets de la publicité, S. Kalish (1985) y introduit à la fois la publicité et le prix et D. Horsky (1990) propose un modèle de diffusion incorporant les bénéfices des produits, le prix, le revenu et l'information. Il demeure que les modèles de ce type ne sont pas destinés à prévoir les chances de succès *d'un produit nouveau* en particulier, ce qui demeure un problème managérial essentiel.

5.2. La prévision des volumes des produits durables nouveaux

Les produits nouveaux sont une source de revenus et de croissance importante pour les entreprises (G. Urban et J. Hauser, 1993). Dans le domaine des biens durables, des succès très importants et rapides peuvent être cités comme le four à micro-ondes, le disque compact et le lecteur de CD, le magnétoscope, certains nouveaux modèles automobiles. Les nouveaux produits durables impliquent le plus souvent des programmes de développement longs et coûteux ainsi que des investissements industriels spécifiques. Il est donc crucial de pouvoir prévoir le succès ou l'échec futur du nouveau produit durable avant de le lancer effectivement sur le marché. Des techniques très complètes de marché-tests ont été développées depuis longtemps dans le domaine des produits de grande consommation, et à l'ancienne technique des marché-tests se substitue progressivement celle des marché-tests électroniques (G. Eskin, 1987)[7]. Malheureusement, ces techniques ne sont souvent pas adaptées aux produits durables, car il est impossible de produire des séries limitées sans mise en place d'unités de production. Quant aux marché-tests simulés, développés à l'origine pour les produits de grande consommation (A. Silk et G. Urban, 1978), ils n'ont été adaptés que récemment au domaine des produits durables (J. Roberts et G. Urban, 1988 ; G. Urban *et al.*, 1990 ; G. Urban *et al.*, 1993).

J. Roberts et G. Urban (1988) proposent un modèle probabiliste dans lequel les consommateurs sont considérés comme appartenant à différents stades du processus de décision concernant l'achat du bien durable nouveau. Les consommateurs sont supposés passer d'un stade à un autre au fur et à mesure de leur processus de recherche d'information et de leur exposition aux actions marketing du fabricant. Par exemple, les consommateurs peuvent « connaître le produit nouveau par la publicité » ou « connaître le produit par le bouche à oreille », ou « avoir visité le concessionnaire », etc. Le modèle permet d'estimer le nombre de consommateurs appartenant à chacun des stades, la manière dont ils passent d'un stade à un autre (par exemple de la connaissance à la visite du concessionnaire, puis à l'essai et enfin à l'achat) pour prévoir finalement le nombre de consommateurs qui achèteront le produit nouveau. Les paramètres du modèle sont estimés à partir de données collectées sur un échantillon de consommateurs qui sont exposés à la publicité et au produit nouveau lui-même. Le modèle a été mis en œuvre chez General Motors sur plusieurs automobiles et a été affiné en y introduisant un modèle de catégorisation et de considération (G. Urban *et al.*, 1993). Les modèles proposés ici sont très prometteurs. Ils sont cependant encore nouveaux, coûteux à mettre en œuvre et d'une utilisation limitée à quelques grands fabricants de produits durables de prix élevé (automobiles).

5.3. La prévision des volumes des produits durables innovants

Les modèles décrits sont utiles pour des produits durables nouveaux pénétrant des catégories de produits existantes et bien établies, mais ne

7. Voir dans cette Encyclopédie l'article de J.M. Choffray, « Prétest, suivi et contrôle de la performance des produits nouveaux », p. 2393, tome 2.

s'appliquent pas à des produits représentant de réelles innovations de rupture sur le marché. Un bon nombre de produits durables sont des innovations qui bouleversent véritablement une catégorie de produits ou qui définissent des nouvelles catégories. Des exemples anciens seraient le réfrigérateur, le lave-linge, le lave-vaisselle, le téléviseur, la cafetière électrique ou l'aspirateur. Les exemples plus récents ne manquent pas non plus avec l'ordinateur personnel, le baladeur, les téléphones cellulaires, les imprimantes laser, le magnétoscope, les caméras vidéo, les disques compacts, etc. Une méthodologie novatrice permettant de prévoir la réaction des consommateurs et le niveau des ventes potentielles pour un produit réellement innovant a été récemment proposée et mise en œuvre par G. Urban *et al.* (1996).

La prévision des ventes pour de tels produits est délicate dans la mesure où il faut tenir compte de nombreux facteurs (généralement ignorés dans les modèles usuels) tels que la diffusion de l'information, l'évolution de la technologie, la baisse des prix sur le marché, l'entrée probable de concurrents. Les auteurs ont mis au point la méthode avec General Motors et l'ont testée dès 1991 sur un nouveau modèle de véhicule électrique (le premier véhicule électrique de série s'adressant à l'ensemble du marché américain). En dehors de l'utilisation et de la combinaison d'outils et de méthodes existantes (évaluation de concepts, analyse conjointe, modélisation du processus de décision du consommateur, marché-test simulé), l'originalité de la méthode est d'utiliser le concept d'« accélération de l'information ». L'idée de base est de placer les consommateurs interviewés dans un environnement d'achat virtuel, en simulant l'état du monde et l'information qui sera disponible au moment de leur achat (c'est-à-dire dans quelques années). Le consommateur est projeté quelques années dans le futur et il lui est donné accès à une information complète concernant le produit nouveau (visite virtuelle d'un concessionnaire, communication publicitaire, communication à l'écran avec le vendeur et avec des consommateurs virtuels, etc.).

Après avoir exposé les consommateurs à cet environnement du futur et au produit nouveau, des questions leur sont posées concernant leurs perceptions, leurs préférences et leurs intentions d'achat. Ces mesures sont ensuite intégrées dans un modèle pour prédire l'évolution des volumes de vente du produit nouveau. La méthodologie a été appliquée à une dizaine de produits (essentiellement des biens durables tels qu'une caméra, un système d'information personnel, des produits de télécommunication). Le système tel qu'il a été utilisé reste coûteux et difficile à mettre en œuvre. Cependant, des avancées technologiques (digitalisation des images, réalité virtuelle, simulateurs) sont attendues qui permettront une plus large application de la méthodologie.

*
* *

La distinction entre les produits de grande consommation et les produits durables paraît souvent évidente, mais elle n'est en fait qu'assez peu développée et conceptualisée dans la littérature en marketing. Nous avons mis en évidence les caractéristiques distinctives des produits durables et les spécificités des marchés et du comportement du consommateur de biens durables. Ceci a permis de souligner l'importance des ventes de remplacement pour de nombreuses catégories de produits et d'identifier les stratégies marketing mises en œuvre par les fabricants. Enfin, une réflexion sur les études et recherches en marketing et en particulier sur celles liées à la prévision de la demande pour les produits durables nouveaux montre que des avancées opérationnelles sont en cours, et que beaucoup de développements nouveaux sont attendus pour améliorer les décisions marketing.

Références

ASSAEL H., *Consumer behavior and marketing action*, Boston, Mass., Kent Publishing, 1987.

ASSMUS G., FARLEY J., LEHMANN D., « How Advertising affects Sales : Meta-analysis of Econometric Results », *Journal of Marketing Research* (21, February 1984), p. 65-74.

BAKER W., WILKIE W., « Factors affecting Information Search for Consumer Durables », MSI Working Paper # 92-115, Cambridge, Mass., Marketing Science Institute, 1992.

BASS F., « A New Product Growth Model for Consumer Durables », *Management Science* (15, January 1969), p. 215-227.

BAYUS B., « Accelerating the Durable Replacement Cycle with Marketing Mix Variables », *Journal of Product Innovation Management* (5, 1988), p. 261-226.

BAYUS B., « The Consumer Durable Replacement Buyer », *Journal of Marketing* (5, January 1991), p. 42-51.

BAYUS B., « Have Diffusion Rates been Accelerating Over Time ? », *Marketing Letters* (3, 1992), p. 215-226.

BAYUS B., CARLSTROM C., « Grouping Durable Goods », *Applied Economics* (22, June 1990), p. 759-773.

BAYUS B., GUPTA S., « An Empirical Analysis of Consumer Durable Replacement Intentions », *International Journal of Research in Marketing* (9, 3, 1992), p. 257-267.

BAYUS B., HONG S., LABE R. Jr., « Developing and Using Forecasting Models of Consumer Durables : The Case of Color Television », *Journal of Product Innovation Management* (6, 5, 1989), p. 5-19.

BAYUS B., MEHTA R., « A Segmentation Model for the Targeted Marketing of Consumer Durables », *Journal of Marketing Research* (32, November 1995), p. 463-469.

BAYUS B., RAO V., « A Hierarchical Utility Model for the Dynamic Acquisition of Heterogeneous Items », *Marketing Letters* (1, 1989), p. 71-80.

BÖCKER F., « La formation des préférences au sein des familles dans le cas de biens durables », *Recherche et Applications en Marketing* (7, 2, 1992), p. 51-66.

BULOW J., « An Economic Theory of Planned Obsolescence », *Quarterly Journal of Economics* (November 1986), p. 729-749.

CLARKE Y., SOUTAR G., « Consumer Acquisition Patterns for Durable Goods : Australian Evidence », *Journal of Consumer Research* (8, 1982), p. 456-460.

CRIPPS J., MEYER R., « Heuristics and Biases in Timing the Replacement of Durable Products », *Journal of Consumer Research* (21, September 1994), p. 304-318.

DAY G., DEUTSCHER T., « Attitudinal Predictions of Choices of Major Appliance Brands », *Journal of Marketing Research* (19, 1982), p. 192-198.

DEBELL M., DARDIS R., « Extending Product Life : Technology isn't the Only Issue », *in* W. Wilkie (éd.), *Advances in Consumer Research*, Miami, Association for Consumer Research, 1979, p. 381-385.

DELENER N., « The Effect of Religious Factors on Perceived Risk in Durable Goods Purchase Decisions », *Journal of Consumer Marketing* (7, 3, 1990), p. 27-38.

DESCHAMPS J.P., « Creating the Products the Market wants », *Marketing and Research Today* (February 1989), p. 4-16.

DICKSON P., WILKIE W., « The Consumption of Household Durables : a Behavioral Review », MSI Monograph # 78-117, Cambridge, Mass., Marketing Science Institute, 1978.

DICKSON P., LUSCH R., WILKIE W., « Consumer Acquisition Priorities for Home Appliances : a Replication and Extension », *Journal of Consumer Research* (March 1983), p. 432-435.

DUNCAN G., « The Dynamics of Local Markets : a Case Study of Cameras », *Journal of Consumer Affairs* (15, Summer 1981), p. 64-74.

ESKIN G., « Applications of Electronic Single-Source Measurement Systems », *European Research* (1987), p. 12-20.

FARQUHAR P., « Managing Brand Equity », *Journal of Advertising Research* (30, August-September 1990), Research Currents, p. 7-12.

GREWAL D., MARMORSTEIN H., « Market Price Variation, Perceived Price Variation, and Consumers' Price Search Decisions for Durable Goods », *Journal of Consumer Research* (21, December 1994), p. 453-460.

HAWKINS D., « The Dilemmas of the Durable Researcher, the Demand for Better Research Techniques », *in* Actes du Colloque ESOMAR, « How to Endure in the Durable Industry, a Survivor's Guide », 1992, p. 1-14.

HOFFER G., REILLY R., « Automobile Styling as a Shift Variable : an Investigation by Firm and by Industry », *Applied Economics* (16, 1984), p. 291-297.

HOLBROOK M., « Product Quality, Attributes, and Brand Name as Determinants of Price : the Case of Consumer Electronics », *Marketing Letters* (3, 1, 1992), p. 71-83.

HORSKY D., « A Diffusion Model Incorporating Product Benefits, Price, Income and Information », *Marketing Science* (9, 4, 1990), p. 342-365.

HORSKY D., SIMON L., « Advertising and the Diffusion of New Products », *Marketing Science* (2, 1, Winter 1983), p. 1-18.

HOWARD J., SHETH J., *The Theory of Buyer Behavior,* New York, McGraw-Hill, 1969.

INSEE, *Annuaire statistique de la France 1993*, Services statistiques des ministères et INSEE.

JACOBY J., BERNING C., DIETVORST T., « What about Disposition ? », *Journal of Marketing* (41, April 1977), p. 22-28.

JOHNSON M., « Consumer Choice Strategies for Comparing Noncomparable Alternatives », *Journal of Consumer Research* (December 1984), p. 741-753.

KALISH S., « A New Product Adoption Model with Price, Advertising and Uncertainty », *Management Science* (31, 12, December 1985), p. 1569-1585.

KASILIUS J., LUSCH R., STAFFORD E. Jr., « Consumer Acquisition Patterns for Durable Goods », *Journal of Consumer Research* (6, 1979), p. 45-57.

KIM C., « Working Wives' Time Saving Tendencies : Durable Ownership, Convenience Food Consumption and Meal Purchases », *Journal of Economic Psychology* (10, November 1989), p. 391-409.

KOTLER P., *Marketing Management, Analysis, Planning and Control*, 8e éd., Prentice Hall, 1994.

LAPERSONNE E., LAURENT G., LE GOFF J.J., « Consideration Sets of Size One : an Empirical Investigation of Automobile Purchases », *International Journal of Research in Marketing* (12, 1995), p. 55-66.

LEVINTHAL D., PUROHIT D., « Durable Goods and Product Obsolescence », *Marketing Science* (8, 1, 1989), p. 35-56.

LINDBERG B., « International Comparison of Growth in Demand for a New Durable Consumer Product », *Journal of Marketing Research* (19, 1982), p. 364-371.

LUND R., « Making Products Live Longer », *Technology Review* (37, July-August 1977), p. 1117-1124.

MAHAJAN V., MULLER E., BASS F., « New Product Diffusion Models in Marketing : a Review and Directions for Research », *Journal of Marketing* (54, January 1990), p. 1-26.

MAHAJAN V., WIND Y., « New Product Forecasting Models : Directions for Research and Implementation », *International Journal of Forecasting* (4, 1988), p. 341-358.

MERUNKA D., « Produits durables : les mal-aimés du marketing », *Harvard-L'Expansion* (printemps 1984), p. 44-52.

MERUNKA D., « Produits durables : un essai de clarification du concept », *Recherche et Applications en Marketing* (7, 4, 1992), p. 105-113.

MONTEIRO S., « L'équipement des ménages en 1993 », INSEE Résultats, *Consommation et Modes de Vie* (76, juillet 1995).

MURPHY E., ENIS B., « Classifying Products Strategically », *Journal of Marketing* (July 1986), p. 24-42.

NEWMAN J., STEALIN R., « Prepurchase Information Seeking for New Cars and Major Household Appliances », *Journal of Marketing Research* (9, 1972), p. 249-257.

NICKOLS S., FOX K., « Buying Time and Saving Time : Strategies for Managing Household Production », *Journal of Consumer Research* (10, 1983), p. 197-208.

PAGE A., ROSENBAUM H., « Developing an Effective Concept Testing Program for Consumer Durables », *Journal of Product Innovation Management* (9, 1992), p. 267-277.

PARK W., MILBERG S., LAWSON R., « Evaluation of Brand Extensions : the Role of Features Similarity and Brand Concept Consistency », *Journal of Consumer Research* (18, September 1991), p. 185-193.

PICKERING J., « The Durable Purchasing Behavior of the Individual Household », *European Journal of Marketing* (12, 1978), p. 178-193.

PICKERING J., « A Behavioral Model of the Demand for Consumer Durables », *Journal of Economic Psychology* (5, 1981), p. 341-352.

PICKERING J., « Purchase Expectations and the Demand for Consumer Durables », *Journal of Economic Psychology* (1, 1984), p. 59-77.

PICKERING J., HARRISON J., ISHERWOOD B., COHEN C., « Are Goods Goods ? Some Empirical Evidence », *Applied Economics* (5, 1973), p. 1-18.

PUNJ G., STAELIN R., « A Model of Consumer Information Search Behavior for New Automobiles », *Journal of Consumer Research* (9, 1983), p. 366-380.

PUROHIT D., « Exploring the Relationship between the Markets for New and Used Durable Goods : the Case of Automobiles », *Marketing Science* (11, 2, 1992), p.154-167.

PUROHIT D., « What Should you Do When Your Competitors Send the Clones », *Marketing Science* (13, 4, 1994), p. 392-411.

QUELCH J., NESLIN S., OLSON L., « Opportunities and Risks of Durable Goods Promotion », *Sloan Management Review* (27, Winter 1987), p. 27-38.

QUELCH, J., MARSHALL C., CHANG D., « Structural Determinants of Ratios of Promotion and Advertising to Sales », *in Research on Sales Promotion : Selected Papers*, K.E. Jocz (éd.), Cambridge, Mass., Marketing Science Institute, 1984.

ROBERTS J., URBAN G., « Modeling Multiattribute Utility, Risk, and Belief Dynamics for New Consumer Durable Brand Choice », *Management Science* (34, 2,1988), p. 167-185.

SETHURAMAN R., TELLIS G., « An Analysis of the Tradeoff between Advertising and Price Discounting », *Journal of Marketing Research* (28, May 1991), p. 169-174.

SILK A., URBAN G., « Pre-test Evaluation of New Packaged Goods : a Model and Measurement Methodology », *Journal of Marketing Research* (15, May 1978), p. 131-145.

SULTAN F., FARLEY J., LEHMANN D., « A Meta-analysis of Applications of Diffusion Models », *Journal of Marketing Research* (27, February 1990), p. 70-78.

SWAN P., « Optimum Durability, Second Hand Markets, and Planned Obsolescence », *Journal of Political Economy* (80, 1972), p. 575-585.

TAKADA H., JAIN D., « Cross-National Analysis of Diffusion of Consumer Durable Goods in Pacific Rim Countries », *Journal of Marketing* (55, 1991), p. 48-54.

TSE D., WILTON P., « Models of Consumer Satisfaction Formation : an Extension », *Journal of Marketing Research* (25, May 1988), p. 204-212.

URBAN G., HAUSER J., *Design and Marketing of New Products*, 2e éd., Prentice Hall, 1993.

URBAN G., HAUSER J., ROBERTS J., « Prelaunch Forecasting of New Automobiles », *Management Science* (36, 4, 1990), p. 401-421.

URBAN G., HULLAND J., WEINBERG B., « Premarket Forecasting for New Consumer Durable Goods : Modeling Categorization, Elimination and Consideration Phenomena », *Journal of Marketing* (57, April 1993), p. 47-63.

URBAN G., WEINBERG B., HAUSER J., « Premarket Forecasting of Really-New Products », *Journal of Marketing* (60, 1996), p. 47-60.

WEINBERG C., WINER R., « Working Wives and Major Family Expenditures : Replication and Extension », *Journal of Consumer Research* (10, September 1983), p. 259-263.

WILKIE W., DICKSON P., « Shopping for Appliances : Consumer's Strategies and Patterns of Information Search », MSI Working Paper # 85-108, Cambridge, Mass., Marketing Science Institute, 1985.

WILKIE W., MOORE-SHAY E., ASSAR A., « Family Decision-Making for Household Durable Goods », MSI Working Paper # 92-108, Cambridge, Mass., Marketing Science Institute, 1992.

WINER R., « A Revised Behavioral Model of Consumer Durable Demand », *Journal of Economic Psychology* (6, 1985), p. 175-184.

WINDAL P., « Pour un positionnement à la carte : un exemple automobile », *Recherche et Applications en Marketing* (5, 2, 1990), p. 45-61.

Mots clés

Biens, bien durable, choix, comportement du consommateur, équipement des ménages, études et recherche, fidélité, marché-test, marque, modèles, obsolescence, positionnement, prévision des ventes, produit, produit nouveau, promotion des ventes, recherche d'information.

104

Marketing des services

Pierre Eiglier, Eric Langeard et Valérie Mathieu

Pendant longtemps, le marketing a englobé au sein d'un même raisonnement le produit et le service. Les développements théoriques et les analyses mettaient en avant des produits, et les exemples qui les illustraient appartenaient au domaine des offres tangibles, le plus souvent de grande consommation. Il était alors supposé que tout restait inchangé si l'on se projetait au cœur des services.

Or, depuis quelque temps déjà, on traite de façon particulière le service. Les ouvrages de base du marketing s'efforcent d'intégrer un chapitre ou quelques paragraphes sur les services, et les publications portant exclusivement sur ces activités sont de plus en plus nombreuses.

Ainsi, une réflexion marketing propre aux activités de service s'est petit à petit développée. Le marketing des services ne remet pas en cause les principes de base du marketing[1] (la segmentation, le positionnement, le mix...), mais il reconnaît aux services des spécificités suffisamment fortes pour que la recherche de solutions appropriées soit légitime. C'est l'objet de cet article de présenter la nature des services, leurs spécificités et les conséquences managériales de ces dernières.

Les deux premières sections s'attachent à mieux cerner la nature du marketing des services, à travers son développement et les problématiques essentielles qu'il a eu à gérer. La troisième section présente le processus de fabrication du service en analysant les conséquences de nature marketing.

1. La présentation du marketing des services

La première démarche à faire pour mieux cerner la nature du marketing des services consiste à reprendre les deux grandes caractéristiques qui ont soutenu la construction et le développement de ce champ nouveau : ce sont des réalités économiques qui le portent, et ses avancées sont marquées par la pluralité des contributions.

1. Voir également dans cette Encyclopédie l'article de B. Pras, « Qu'est-ce que le marketing ? », p. 2753, tome 3.

1.1. Un ancrage au cœur des réalités économiques

Le marketing des services est né et s'est développé sous la pression de réalités économiques. Aux Etats-Unis, c'est dans les années 1960 que l'on commence à prendre conscience de l'importance des activités de service dans l'économie. W.J. Regan en 1963 décrit les Etats-Unis comme engagés dans une « *service revolution* » qui changera de façon significative le comportement du consommateur. V. Fuchs en 1968 publie *The Service Economy*, résultat d'une analyse rigoureuse de la situation économique, et constate que depuis quelques années déjà le secteur tertiaire est le plus gros utilisateur de main-d'œuvre. L'auteur estime qu'il s'agit du secteur le plus dynamique de l'économie américaine. Quelques années plus tard, K.J. Blois (1974) confirme aussi l'importance du service dans l'économie de la Grande-Bretagne.

Aujourd'hui, dans les pays de l'OCDE, les services représentent près des deux tiers de l'activité productive, en termes de produit intérieur brut, et un peu plus en termes d'emploi.

Le poids et la croissance du secteur des services dans l'économie sont les tout premiers facteurs explicatifs, de nature structurelle, du développement du marketing des services. Il en est un autre, de nature plus conjoncturelle, qui a soutenu, relancé et intensifié ce développement. Il s'agit des vagues de dérégulation qui ont touché les industries de service, d'abord aux Etats-Unis puis en Europe (transport aérien, services financiers, télécommunications), avec en 1986 l'ouverture de l'Uruguay Round. Cette dérégulation a eu pour les entreprises de lourdes conséquences, et en particulier celle d'attirer sur le marché de nouveaux acteurs. Des problèmes de surcapacité sont alors rapidement apparus, suivis d'une pression concurrentielle sur les prix, ce qui a contribué à réduire le nombre de concurrents en présence. Ainsi, de 1985 à 1990 le nombre de banques commerciales a décliné de 14 % sous l'effet de fusions, d'absorptions et d'acquisitions (S.S. Roach, 1991). Ces phénomènes ont contribué à l'apparition d'une pression concurrentielle très forte au sein de nombreux secteurs tertiaires. Les entreprises de service ont alors vivement ressenti la nécessité d'une meilleure connaissance des mécanismes concurrentiels et des moyens d'y répondre (les stratégies de différenciation, la notion de valeur, les politiques de qualité...).

1.2. La pluralité des contributions

Pour bien appréhender le marketing des services, il est indispensable de bien cerner les trois spécificités qui caractérisent ses contributions et ses réflexions.

En premier lieu, le marketing des services s'est nourri dès ses premiers pas d'une très forte pluridisciplinarité. Comme il est de tradition en gestion, il a beaucoup emprunté aux disciplines de base des sciences humaines, à l'économie (V. Fuchs, 1968) et à la sociologie (W.R. Rosengren et M. Lefton, 1970) essentiellement. Les économistes, en particulier, lui ont non seulement fourni une justification du champ spécifique d'étude, mais ils lui ont également indiqué certains thèmes de réflexion à mener, comme les spécificités des activités de service et leurs implications managériales.

Cette interdisciplinarité, chose plus rare, a aussi largement fait appel aux autres disciplines de la gestion. Les chercheurs en marketing des services se sont en effet également appuyés sur les travaux et les contributions des chercheurs du domaine de la production, des ressources humaines et de la stratégie. Ainsi, le marketing des services s'est bien plus nourri à l'extérieur de la discipline mère qu'en son sein.

D'autre part, les contributions au marketing des services sont de nature pluriculturelle. On peut distinguer trois horizons géographiques assez différents qui ont activement collaboré à son développement : les Etats-Unis (J.E.G. Bateson, L.L. Berry, C.H. Lovelock, A. Parasuraman, V. Zeithaml...), l'Europe du Nord (C. Grönroos, E. Gummesson...) et la France (P. Eiglier, E. Langeard). Cette pluriculturalité n'est sans doute pas sans incidence sur la façon dont s'est construit et a évolué le marketing des services tant au niveau des problématiques traitées que des méthodologies développées.

Enfin, le marketing des services a mis sur la scène non seulement des chercheurs mais aussi des praticiens. Ces derniers ont permis de justifier et de légitimer ce nouveau champ du marketing en criant parfois mieux que quiconque son urgence (G.L. Shostack, 1977).

2. Spécificités et typologie des services

Le marketing des services a dû rapidement gérer deux problématiques essentielles : les spécificités des activités de service et une typologie de ces activités.

2.1. Le combat produit/service ou les spécificités des services

Avec le développement de l'intérêt porté au marketing des services, apparaît la question de la légitimité de ce nouveau champ. L'enjeu est grand puisque si l'on ne parvient pas à démontrer que le marketing des services est différent du marketing des produits, alors le premier sera condamné à disparaître. C'est pourquoi les pionniers se sont activement lancés dans ce combat (G.L. Shostack, 1977 ; D.R. Thomas, 1978 ; J.E.G. Bateson, 1979 ; C.H. Lovelock, 1979 ; L.L. Berry, 1980). Ainsi, un débat s'est instauré sur les caractéristiques propres au service qui l'opposent au produit. Quatre caractéristiques qui distinguent le produit du service sont largement admises : l'intangibilité, l'inséparabilité, l'hétérogénéité, la périssabilité[2].

Une des spécificités majeures des activités de service tient à la nature intangible, ou encore immatérielle, de l'offre. L'intangibilité a une première dimension, la plus évidente, qui est une dimension physique : on ne peut pas « toucher » un service. Mais il y a aussi une autre dimension de l'intangibilité, qui a des conséquences plus fortes sur la gestion de l'offre de service : la dimension mentale. Parce qu'elle est intangible, le client perçoit l'offre de service plus difficilement qu'une offre tangible, telle qu'un produit, qu'il peut toucher, sentir, voir, et quelquefois même essayer. C'est pourquoi le client a en général plus de mal à évaluer un service qu'un produit.

Le terme « hétérogénéité » utilisé dans le contexte du service signifie que ce dernier est difficile à standardiser. Deux personnes recherchant la même prestation n'obtiendront pratiquement jamais exactement le même service.

2. Pour une analyse précise de cette littérature, se reporter à S. Edgett et S. Parkinson (1993).

Un service identique a un résultat différent suivant la personne qui le fournit, le client qui le reçoit et le moment où se fait cet échange. Cette hétérogénéité tient aux caractéristiques de la production d'un service, examinées ci-après. Chaque transaction entre l'entreprise de service et le client est ainsi unique, alors qu'un produit sortant d'une chaîne de production est semblable aux autres produits de la même chaîne de fabrication.

L'inséparabilité renvoie à l'existence d'une simultanéité de la production, de la consommation et de la distribution d'un service. Cette simultanéité se traduit par la présence indispensable du client au processus de production du service. Le client est indispensable à la production du service, il en est la condition *sine qua non*. Si le client est absent du processus de production, le service ne peut exister, il n'y a que des « potentialités de service », des « capacités de service » (P. Eiglier et E. Langeard, 1987, p. 16). Il est alors possible d'analyser la participation du client comme une conséquence de cette simultanéité entre la production, la consommation et la distribution. V. Fuchs (1968) fut l'un des premiers à remarquer l'importance de la participation du client au processus de production des services. Il distingua notamment une participation active, retirer son argent à un distributeur automatique de billets, d'une participation passive, demander à l'employé le montant d'argent liquide désiré, par exemple.

Enfin, les services sont périssables, dans la mesure où ils ne peuvent pas être stockés. Les services doivent être consommés dès qu'ils sont produits. La flexibilité de la production est alors difficile à mettre en œuvre et les entreprises de service sont largement touchées par les fluctuations de la demande.

2.2. Une typologie des services

Le secteur des services, en tant que champ de recherche, est né de la volonté de dépasser des réflexions relatives à des secteurs en particulier (le transport, la banque, la santé...), et au contraire de réfléchir sur le secteur des services dans son ensemble. Cependant, les chercheurs se sont très vite rendu compte de la très forte disparité régnant dans le secteur tertiaire. Ainsi, s'est imposée la nécessité de travailler à la classification des activités de service. Parmi les nombreuses typologies existantes, deux semblent se dégager assez nettement : celle de J.E.G. Bateson (1989) et celle de C.H. Lovelock (1983).

La matrice de J.E.G. Bateson (tableau 1) a l'avantage d'être générale et de bien replacer l'offre de service au sein de l'ensemble des situations marketing. Cette matrice est fondée sur une distinction radicale entre un produit et un service. Cependant, l'auteur se contente simplement de distinguer les services offerts sur le marché de la grande consommation des services offerts sur le marché industriel ou organisationnel.

Tableau 1 – Typologie des situations marketing

	Produit	**Service**
Grande consommation	Marketing de base	Marketing des services
Industriel	Marketing industriel	Marketing des services industriels

Source : J.E.G.Bateson, *Managing Services Marketing*, The Dryden Press, 1989.

C.H. Lovelock, lui (tableau 2), travaille uniquement sur une typologie des services et distingue deux critères de classification : la nature de l'acte de service (une action tangible ou une action intangible) et le bénéficiaire du service (une personne ou un objet).

Ces deux typologies, bien que toujours intéressantes, révèlent aujourd'hui des faiblesses. La critique la plus sévère à l'égard de la matrice de J.E.G. Bateson est de ne pas intégrer un type d'offre de plus en plus important : le couple produit-service, c'est-à-dire les offres constituées d'un élément tangible, le produit, et de services associés à ce produit. Quant à la matrice de C.H. Lovelock, il est regrettable de ne pas pouvoir y faire ressortir une distinction entre le service du secteur de la grande consommation et le service du secteur industriel. Cette distinction est d'autant plus pertinente aujourd'hui que, curieusement, le secteur des services aux entreprises est caractérisé à la fois par un dynamisme indéniable, et par une faiblesse des réflexions et de la connaissance s'y rapportant. C'est pourquoi la classification présentée au tableau 3 ne se veut pas vraiment en rupture avec les typologies précédentes, mais elle a la volonté de refléter le plus fidèlement possible la réalité des offres.

Tableau 2 – Typologie des services

	Le bénéficiaire du service	
Nature de l'acte de service	**Personne**	**Objet**
Action tangible	Services destinés au corps des personnes : santé, transport, soins de beauté…	Services destinés aux choses ou à des possessions physiques : réparation, blanchisserie…
Action intangible	Services destinés à l'esprit des personnes : éducation, théâtre, musée…	Services destinés aux possessions intangibles : banque, assurance, services juridiques…

Source : C.H. Lovelock, « Theoretical Contributions from Services and Nonbusiness Marketing », *in* O.C. Ferrell, S.W. Brown, C.W. Lamb (éd.), *Conceptual and Theoretical Developments in Marketing*, Chicago, Ill., American Marketing Association, 1979, p. 147-165.

Tableau 3 – Nouvelle typologie des situations marketing

	Produit	**Couple produit-service et service**
Grande consommation	Marketing de base	*Services aux personnes* Santé *Services aux objets* Service après-vente, blanchisserie
Industriel	Marketing industriel classique	*Services à l'entreprise, personne morale* Services professionnels *Services aux employés* Restauration collective *Services aux possessions physiques de l'entreprise* Maintenance, nettoyage

Cette typologie est en accord avec la volonté de J.E.G. Bateson de réfléchir sur une typologie des situations marketing. L'existence de couples produit-service est toutefois reconnue à côté de produits et de services *stricto sensu*. Cette typologie reprend aussi la distinction de Lovelock entre les services aux personnes et les services aux objets. Mais parmi les services et les couples produit-service sur le marché industriel, trois situations différentes sont reconnues : les offres à l'entreprise en tant que personne morale (la majeure partie des services professionnels comme le conseil en communication), les offres au personnel de l'entreprise (la restauration collective) et les offres aux objets de l'entreprise (le service après-vente, le nettoyage...).

L'intérêt de cette typologie est double. Tout d'abord en intégrant le couple produit-service, on élargit le champ des responsabilités du marketing des services. En effet, la problématique service pénètre en particulier très largement le secteur manufacturier dans lequel le produit est de plus en plus commercialisé accompagné de services. D'ailleurs les produits purs, c'est-à-dire commercialisés sans aucun service, sont de plus en plus rares. Ensuite, en reconnaissant une typologie différente pour le grand public et pour l'industriel, on admet en même temps la spécificité du service aux entreprises, sa complexité, mais aussi le manque de connaissance s'y rapportant et donc la nécessité de l'investiguer.

3. Le système de servuction

S'il est malaisé de définir les services, il est quand même impératif de se poser la question de leur nature : les services existent ; ils ont une valeur marchande ; il existe donc bien un processus de création du support de cette valeur, c'est-à-dire le service lui-même. En quelque sorte, le service est fabriqué.

3.1. La nature et le fonctionnement du système

Pour comprendre aisément ce processus, il faut faire un parallèle avec le système de fabrication industrielle d'un produit tangible (schéma 1). Cette fabrication nécessite trois éléments de base : des matières premières, des machines et de la main-d'œuvre. L'interaction entre ces trois éléments aboutit à un produit. Encore faut-il que le produit, c'est-à-dire le résultat, soit très précisément défini avant le début de la fabrication. C'est le rôle des ingénieurs de définir la nature, la séquence et le contenu des interactions entre les éléments de base. On parle d'un savoir-faire.

On voit sur le schéma 1 que le client n'intervient pas directement dans la fabrication du produit, même si ses avis sont pris en compte pour la définition du produit. En d'autres termes, la fabrication et la distribution/vente sont distinctes dans le monde industriel.

Le schéma 2 montre le système de fabrication d'un service. Comme pour le produit, le service est fabriqué selon un processus résultant de l'interaction entre trois éléments de base : un support physique, du personnel et le client. Les services étant immatériels, il n'y a pas de matière première.

Il est clair que le client est directement, individuellement, et en général physiquement, impliqué dans la fabrication du service ; il est coproducteur

Schéma 1 – Système de fabrication d'un produit

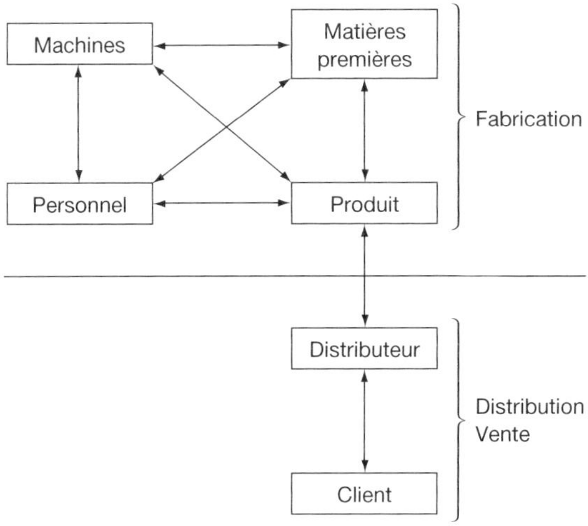

Schéma 2 – Système de fabrication du service ou système de servuction

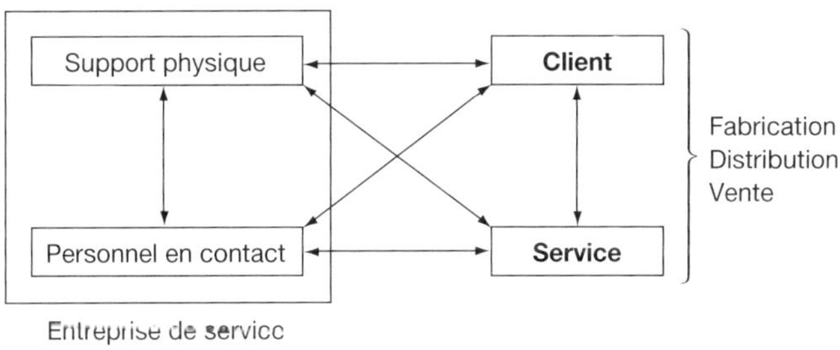

du service. L'exemple du transport collectif urbain par autobus éclairera ce phénomène. Dans ce cas, le service peut être défini comme le déplacement physique d'une ou de plusieurs personnes d'un point *A* à un point *B*. Le système de fabrication de services est ainsi constitué par le support physique, l'autobus, le personnel en contact, le conducteur, et le client, c'est-à-dire le passager. La présence de ce passager est absolument nécessaire à l'existence du service. On pourrait, cependant, arguer de l'existence du service, même si l'autobus roule à vide sur une ligne régulière. Il s'agit là à la fois d'un abus de langage et d'une inexactitude de raisonnement. On est en effet, dans ce cas précis, en présence de capacités de production de services inutilisées, mises à la disposition de clients potentiels, par ailleurs absolument indispensables pour les attirer et développer la demande.

On appelle ce système de fabrication de services un système de servuction, néologisme qui est le résultat de la contraction des mots production et service.

Le système de servuction présente plusieurs caractères.

– C'est un système, et à ce titre il est régi par les règles de fonctionnement des systèmes.

– Sur les trois éléments de base, seuls le support physique et le client sont présents dans tous les cas de figure. On trouve des systèmes de servuction sans personnel en contact, comme dans le cas des automates bancaires ou des stations de distribution de carburant en libre-service.

– On peut fabriquer des services de nature identique avec des servuctions différentes. L'accès à l'argent liquide dans le système bancaire en est un bon exemple, puisque les clients peuvent se procurer de l'argent liquide auprès de leur banque avec deux servuctions différentes : le distributeur automatique de billets ou l'agence bancaire traditionnelle avec son guichetier.

– Le système de servuction, tel qu'il a été présenté dans le schéma 2, est celui de l'un des deux grands types de services : les services à la personne. Il existe une deuxième grande catégorie de services : celle des services aux objets appartenant à la personne, comme la réparation automobile. Il est nécessaire alors d'introduire l'objet dans la servuction, comme le montre le schéma 3.

Schéma 3 – Système de servuction d'un service à un objet

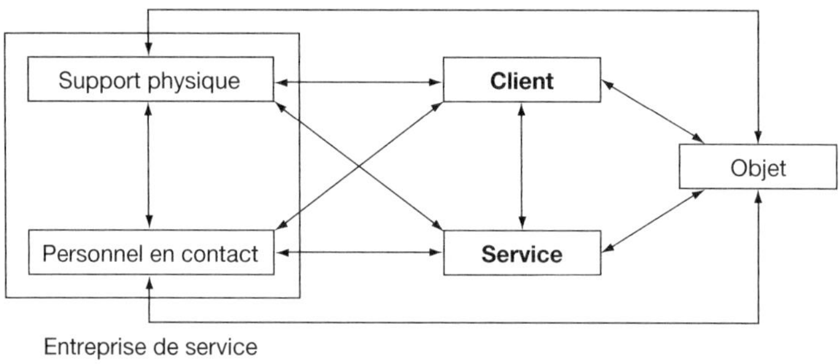

On est ainsi en présence d'un système plus complexe à concevoir et à gérer, car il comporte plus d'éléments et de relations que dans le cas de la servuction d'un service à la personne : cinq éléments et dix relations au lieu de quatre et six respectivement.

3.2. Les implications managériales de la servuction

La réflexion et les décisions nécessaires à la gestion et au marketing d'une entreprise de service sont sensiblement affectées par le concept de servuction. Plus précisément, le fait que le client soit un élément actif du système a pour conséquence un caractère dual que l'on retrouve dans toute servuction. En effet, une servuction doit présenter à la fois la rationalité, l'efficacité et la robustesse d'une usine, tout en tenant compte du fait que cette usine constitue un espace où le client doit évoluer et se sentir bien. Bref, une servuction réussie doit être simultanément une bonne usine ainsi qu'une vitrine attirante et chaleureuse. Cette dualité est à la base de la complexité de conception et de gestion de tout système de servuction.

3.2.1. La participation du client

Pour le marketing classique, c'est-à-dire celui des produits, le client n'est que le consommateur, un acheteur et un utilisateur de produits. Le produit[3]

3. Voir dans cette Encyclopédie l'article de J.C. Tarondeau, « Produit », p. 2594, tome 3.

et sa marque[4] doivent être suffisamment différents et attirants pour que le consommateur porte son choix sur eux.

Dans une situation de service, le client a bien sûr ce rôle de consommateur, mais il a aussi celui de producteur, ou plus précisément de coproducteur. En effet, étant présent dans le système de servuction, le client participe au système, y effectue en quelque sorte un travail, soit pour spécifier, soit pour réaliser le service. Les exemples abondent de ce phénomène, si normal que l'on n'y prête plus attention : la participation du client dans un supermarché est considérable ; il doit garer sa voiture, trouver et pousser un chariot, se reconnaître et se mouvoir tout seul dans le magasin, trouver, manipuler et choisir les produits dont il a besoin, les mettre dans son chariot, aller à la caisse, sortir ses produits du chariot, les poser sur le tapis de la caisse, les ensacher, les remettre dans son chariot, aller à sa voiture, tout ranger dans son coffre, ramener le chariot, puis rentrer à la maison, où le travail ne s'arrête pas pour autant. On voit sur cet exemple que la participation est en général à la fois intellectuelle (se reconnaître dans le magasin, choisir tout seul, etc.), c'est-à-dire connaître et savoir utiliser le système, et physique par tout le travail physique qui est requis.

Le concept de participation du client est important en marketing des services à plus d'un titre.

– La participation constitue une opportunité majeure d'amélioration de la productivité d'une entreprise de service. Le principe est simple : plus le client travaille, moins il a besoin de personnel. Il y a report du travail effectué par le personnel sur celui exigé du client. Ceci n'est possible que jusqu'à un certain degré et sous certaines conditions.

– La décision du client d'acheter ou non une prestation de service va dépendre non seulement du service lui-même et de ses caractéristiques, mais aussi du processus pour y parvenir, c'est-à-dire de la participation demandée, qui peut plaire ou ne pas plaire.

– La participation requise par le système de servuction doit être effectuée correctement par le client sous peine de dysfonctionnements, et donc de qualité de service déficiente. Il est de la responsabilité de l'entreprise de service de mettre en place des systèmes d'apprentissage destinés au client, pour qu'il sache exactement ce qu'il doit faire.

– Enfin, la relation client-entreprise de service doit être équilibrée. Toutes les études montrent que le client est conscient de la participation qui lui est demandée, et qu'il ne s'y plie qu'à la condition d'en être dédommagé d'une façon ou d'une autre. Les compensations peuvent être de plusieurs natures : prix moins élevé, processus plus rapide ou mieux maîtrisé par le client, meilleure qualité du service.

3.2.2. Le personnel en contact

Dans le système de servuction, il est un acteur d'importance primordiale pour le marketing des entreprises de service : le personnel en contact avec le client. Aux yeux du client, le personnel en contact est l'entreprise ; il la personnifie, et le moins que l'on puisse dire est qu'il constitue ainsi un

4. Voir dans cette Encyclopédie l'article de B. Heilbrunn, « Marque », p. 1972, tome 2.

élément très important de l'image de l'entreprise de service. Cette catégorie de personnel doit faire face à deux difficultés inhérentes à la nature de la servuction.

– Sa situation est duale, puisqu'il appartient à la fois au monde de l'entreprise et à celui du client, ces deux mondes ayant des intérêts opposés. Il est ainsi sujet à des pressions contradictoires, difficiles à supporter. Il doit, en fait, constamment procéder à des arbitrages pour résoudre le moins mal possible ces contradictions.

– Son rôle est également dual. Le personnel en contact doit, comme tout employé, effectuer des tâches, c'est son rôle opérationnel. Mais comme ces tâches doivent être réalisées devant, avec, et pour le client, il doit tenir compte de ce dernier, c'est son rôle relationnel. Il est, bien sûr, assez difficile pour le personnel en contact d'être performant dans ces deux rôles à la fois, d'autant qu'ils sont simultanés.

– A ces deux difficultés majeures et spécifiques que doit affronter le personnel en contact, il faut ajouter des éléments plus traditionnels, liés à ces types de postes : la répétitivité du travail, et donc la lassitude, le statut peu élevé dans l'entreprise, les salaires plutôt faibles. Ces éléments rendent encore plus complexe la solution à apporter aux difficultés vues plus haut.

Si le personnel en contact est le personnage le plus important de la servuction du point de vue du marketing, il constitue, par les difficultés auxquelles il est confronté, le problème le plus difficile à résoudre pour l'entreprise de service. Dans ce domaine il n'existe aucune recette miracle ni aucun modèle universel. Seules des pistes de réflexion et de recherche peuvent être évoquées ici, qui contribuent à la résolution du problème.

– La formation est la première possibilité qui vient à l'esprit. La traditionnelle formation à l'opérationnel est en général bien faite, mais elle doit être complétée par une formation au relationnel, ce qui est beaucoup plus rare.

– La valorisation du travail du personnel en contact est une autre piste de réflexion : nouvelles appellations des postes, intéressement à la qualité, et reconnaissance par le management de l'importance critique du personnel en contact.

– L'action sur le premier niveau de management est une troisième possibilité. Le premier niveau de management est le gestionnaire de la servuction, le manager sur lequel converge les décisions opérationnelles qui doivent être prises au jour le jour pour assurer la marche du système : un employé qui manque, un client difficile, une panne sur une machine... Le personnel en contact a tendance à calquer et même au-delà, pour lui plaire, son comportement sur celui de son manager. Si l'on veut améliorer le comportement du personnel en contact, il faut donc d'abord travailler celui du premier niveau de management.

3.2.3. Le réseau

Le système de servuction ne fonctionne – et c'est sa particularité principale – qu'avec la présence du client. Si l'entreprise de service veut croître, elle n'a d'autre choix que d'installer des points de servuction à proximité des clients qu'elle vise. Elle doit créer son réseau, c'est-à-dire un ensemble de points de servuction, portant la même enseigne et fonctionnant de façon identique. Les exemples abondent : ce sont les banques et leurs agences, les chaînes hôtelières, les chaînes de restaurants ou, dans le secteur public, les bureaux de poste.

La gestion de ces réseaux pose des problèmes difficiles pour l'entreprise de service. Ils sont cependant encore mal cernés et peu étudiés, et donc les modèles de solution n'existent quasiment pas. Les principaux problèmes sont les suivants.

– L'entreprise de service doit d'abord contrôler le fonctionnement de chaque unité, tant du point de vue des flux financiers que du point de vue de l'activité et de la qualité des prestations.

– Elle doit motiver et donner un sentiment d'appartenance à l'ensemble du personnel qui, par définition, travaille et vit éloigné du siège.

– Elle doit mettre en place une hiérarchie qui permette à la direction générale de diriger, de contrôler et d'animer le réseau, et ce sous de fortes contraintes de coût. En général, ses unités sont en concurrence avec des entreprises de service indépendantes, de petite taille, n'ayant pas à supporter le coût de gestion d'un réseau et elles peuvent ainsi avoir des politiques de prix agressives.

Quasi-spécificité des entreprises de service, la gestion des réseaux constitue certainement un des thèmes majeurs de la recherche pour les années qui viennent.

*

* *

Il n'est plus guère de mise aujourd'hui de douter de l'existence d'un marketing des services. Fort de cette légitimité, ce nouveau champ étend parallèlement son influence et soulève des problématiques originales.

En premier lieu, la logique du marketing des services pénètre de plus en plus profondément le secteur manufacturier, sous la pression des offres de couple produit-service. Pour bien comprendre et gérer de telles offres, il serait insuffisant de se contenter d'y plaquer une réflexion menée essentiellement à partir de services purs. C'est pourquoi, il est nécessaire de développer une problématique propre au couple produit-service. Celle-ci ne peut bien entendu qu'être ancrée dans la logique du marketing des services, mais elle doit la dépasser et l'enrichir.

En deuxième lieu, les nouvelles technologies pénètrent massivement les situations de service, qu'il s'agisse des services purs (service à distance, automates bancaires...) ou des services accompagnant les produits (les nouvelles technologies de la maintenance...). Ces technologies ont des conséquences sur la façon dont le service est produit et géré, mais aussi sur la manière dont il est appréhendé par le client. La relation entre le prestataire de service et le client est alors sensiblement modifiée.

Cette relation entre l'entreprise et le client, et surtout sa gestion, est un enjeu essentiel (J. de Bandt, J. Gadrey 1994). Elle a en particulier de fortes conséquences sur deux éléments clés de la servuction : le personnel en contact et le client. Du point de vue du personnel en contact, le défi pour l'entreprise est de réussir à l'impliquer le plus possible dans cette relation. Quant au client, il faut que l'entreprise parvienne à lui faire ressentir que la relation qu'il vit avec elle est unique, d'où la tendance à la personnalisation du service.

Les problématiques et les enjeux actuels propres aux activités de service sont alors d'autant plus pertinents et urgents qu'une dimension sociale vient aujourd'hui renforcer la traditionnelle dimension économique de ces activités.

Références

BANDT J. (de), GADREY J., *Relations de service, marchés de services*, CNRS éditions, 1994.

BATESON J.E.G., « Why we Need Service Marketing », *in* O.C. Ferrell, S.W. Brown, C.W. Lamb (éd.), *Conceptual and Theoretical Developments in Marketing*, Chicago, Ill., American Marketing Association, 1979, p. 131-146.

BATESON J.E.G., *Managing Services Marketing*, The Dryden Press, 1989.

BERRY L.L., « Services Marketing Is Different », *Business* (May-June 1980), p. 24-29.

EDGETT S., PARKINSON S., « Marketing for Service Industries – A Review », *The Service Industries Journal* (vol. 13, n° 3, July 1993), p. 19-39.

EIGLIER P., LANGEARD E., *Servuction*, Paris, McGraw-Hill, 1987.

FUCHS V., *The Service Economy*, New York, Colombia University Press, 1968.

LOVELOCK C.H., « Theoretical Contributions from Services and Nonbusiness Marketing », *in* O.C. Ferrell, S.W. Brown, C.W. Lamb (éd.), *Conceptual and Theoretical Developments in Marketing*, Chicago, Ill., American Marketing Association, 1979, p. 147-165.

REGAN W.J., « The Service Revolution », *Journal of Marketing* (July 1963), p. 57-62.

ROACH S.S., « Services Under Siege : the Restructuring Imperative », *Harvard Business Review* (September-October 1991), p. 82-91.

ROSENGREN W.R., LEFTON M., *Organization and Clients, Essays in the Sociology of Service*, Merrill, 1970.

SHOSTACK G.L., « Breaking Free from Product Marketing », *Journal of Marketing* (April 1977), p. 73-80.

THOMAS D.R., « Strategy is Different in Service Businesses », *Harvard Business Review* (July-August 1978), p. 158-165.

Mots clés

Couple produit-service, personnel en contact, réseau, servuction, support physique.

Marketing stratégique

Jean-François Trinquecoste

Depuis plus d'une dizaine d'années, un nouveau champ théorique en marketing a émergé et s'est développé : celui du marketing stratégique. Ce passage de la gestion marketing au marketing stratégique s'explique par un certain nombre de phénomènes qu'il est important de rappeler car ils permettent de clarifier les différences qui distinguent le marketing stratégique du marketing management. L'exposé de cette évolution sera réalisé dans la première section de cet article.

En tant que domaine à part entière du marketing, le marketing stratégique a des caractéristiques propres. Il s'appuie sur des concepts clés et des techniques d'analyse et de prise de décision. Mais plus fondamentalement encore, il a apporté, à la discipline traditionnelle du marketing, une extension de ses niveaux d'application. Sa contribution se situe désormais à la source du processus de prise de décision stratégique. Les quatre principaux niveaux de la stratégie marketing seront présentés dans la deuxième section.

L'objet prioritaire du marketing stratégique est de dégager un avantage concurrentiel commercial. Comme interface privilégiée entre la performance commerciale et les décisions de management stratégique global, il permet de considérer la notion d'avantage concurrentiel du double point de vue de la valeur et de la chaîne de valeur. Cette analyse sera présentée dans la troisième section.

1. De la gestion marketing au marketing stratégique

Depuis la fin des années 1970, les modifications de l'environnement et du contexte économique conjuguées à celles des méthodes de gestion ont conduit à une évolution du marketing. Ces changements affectent la discipline sur maints aspects ; mais l'impact le plus fondamental est certainement l'introduction d'une nouvelle attitude à l'égard de la concurrence. Ainsi, la prise en compte, à la fois explicite et prééminente, de la compétition dans les analyses et les choix de marketing est-elle incontestablement une des caractéristiques essentielles du marketing stratégique.

1.1. Les raisons de l'émergence du marketing stratégique

Trois raisons principales concourent à la nouvelle orientation du marketing : l'évolution du contexte économique international, la sophistication des méthodes de gestion et l'engouement enregistré, ces dernières années, pour la stratégie et ce qui est stratégique.

1.1.1. L'influence des facteurs économiques

Depuis une quinzaine d'années, un des faits économiques marquants est le ralentissement des taux de croissance des pays industrialisés, dû aux chocs pétroliers successifs et à la crise économique mondiale. Lorsque les marchés connaissent une croissance forte, les entreprises sont entraînées par une dynamique appréciable comme on l'est physiquement par la vitesse propre d'une surface mobile. En revanche, lorsque cette croissance ralentit jusqu'à devenir occasionnellement nulle, le développement de l'activité des entreprises passe le plus souvent par celle de leur part de marché. Si l'on ajoute à ce phénomène l'interdépendance grandissante des économies et la mondialisation accrue de la concurrence, on comprend que la période récente ait consacré l'accroissement des situations de rivalité et d'« hypercompétition ».

1.1.2. L'évolution des méthodes de gestion

Une deuxième cause de l'évolution de la gestion marketing vers le marketing stratégique tient à la sophistication croissante de la gestion des entreprises. Au début des années 1960, les entreprises qui utilisaient les méthodes et les outils du marketing pouvaient, de ce simple fait, générer un avantage concurrentiel de nature commerciale, car leurs offres étaient probablement mieux adaptées à la demande que celles de leurs concurrents qui ne recouraient pas à cette technique. Aujourd'hui, l'adoption quasi générale de la logique et des outils du marketing dans les entreprises de même que, plus généralement, l'affinement croissant des méthodes de gestion sont plutôt de nature à frapper d'un désavantage concurrentiel les firmes qui, sur ce plan, sont demeurées archaïques. Faire du marketing ne suffit plus. Il faut désormais réaliser un meilleur marketing que le concurrent et cette nécessité impose d'intégrer les apports du marketing stratégique.

1.1.3. La vogue de la stratégie

Beaucoup d'auteurs ont remarqué que, depuis quelques années, le mot de stratégie et les préoccupations dites stratégiques ont fait une entrée en force dans le vocabulaire des gestionnaires[1]. Ce constat est généralement assorti d'un commentaire critique qui prend la forme d'un regret et d'une inquiétude : le regret qu'une certaine mode se soit emparée de la stratégie et que celle-ci soit désormais retenue par des « sophistes » ; l'inquiétude que le concept ne soit galvaudé et que l'usage inconsidéré des termes ne conduisent à une confusion croissante des esprits. Les explications les plus fréquemment avancées se situent sur deux registres complémentaires.

– Le premier attribue l'engouement pour la discipline – et plus particulièrement pour le rôle de stratège – à une dérive occidentale de la stratégie vers

1. Voir dans cette Encyclopédie l'article de B. Ramanantsoa, « Stratégie », p. 3026, tome 3.

une hypertrophie de l'individu. En France, notamment, cette situation serait favorisée par le contexte historique et sociologique ; la culture française, très attachée à la notion de chef, conduisant à donner une prééminence au modèle de l'acteur unique en matière de décision stratégique.

– Le second, relié au précédent, met l'accent sur le fait que la stratégie est de nature à gratifier ceux qui en font, qui en parlent ou qui l'étudient. Le prestige que l'on retirerait à son contact expliquerait, du moins pour partie, l'ouverture des disciplines fonctionnelles à son endroit. Pour le praticien, ajouter le qualificatif de stratégique à la discipline dont il est expert contribuerait à mettre l'accent sur la dimension intellectuelle de sa fonction et sur l'importance de celle-ci dans les problèmes de direction générale. Au théoricien, la noblesse présumée du sujet pourrait conférer quelque sentiment d'importance. La matière grise serait surtout concentrée dans la partie stratégique de chaque discipline : stratégie marketing, stratégie financière, etc. Ce qui n'est pas stratégique serait plus strictement mécanique et donc plus élémentaire.

1.2. Les différences entre le marketing stratégique et le marketing management

La logique d'adaptation de l'offre à la demande caractérisait principalement l'optique du marketing management. Il s'agissait de dévoiler une fonction implicite de la demande permettant de configurer la production conformément aux attentes. Dans le contexte actuel, satisfaire les besoins du marché ne suffit plus. La condition demeure nécessaire mais non suffisante ; il faut parvenir à le faire durablement mieux que ses concurrents. Il y a plusieurs décennies, l'introduction du marketing dans les entreprises créait une véritable rupture dans les méthodes de gestion et les processus de prise de décision. De même, bien qu'à un degré sans doute moindre, l'émergence du marketing stratégique aboutit à un bouleversement profond des manières de penser. Ce changement affecte des dimensions multiples du management. Le tableau 1 illustre ces répercussions.

2. Les différents niveaux de la stratégie marketing

Dans l'entreprise, il n'existe pas un seul niveau de stratégie, mais plusieurs. Il serait donc erroné de penser que des décisions de nature stratégique sont inaccessibles aux directeurs de fonctions. Les stratégies d'un échelon donné de la hiérarchie deviennent souvent les objectifs des subordonnés et ceux-ci doivent, à leur tour, élaborer des stratégies pour parvenir à les atteindre. Evidemment, ces différents niveaux de hiérarchie doivent « s'emboîter » aussi précisément que possible ; les choix situés en amont orientant et conditionnant la pertinence des choix ultérieurs qui, eux-mêmes, déclinent, prolongent et précisent les décisions antérieures les plus globales. La plupart des auteurs en marketing reconnaissent quatre niveaux d'application au marketing stratégique, bien que certains de ces stades confinent à des questions de stratégie générale (schéma 1). Nous reviendrons, en conclusion, sur les questions posées par cette interpénétration des champs. Dans les paragraphes qui suivent, nous développerons les trois premiers de ces niveaux d'intervention qui représentent les développements les plus originaux par rapport au champ traditionnel de la discipline.

Tableau 1

Différences	Marketing stratégique	Marketing management
Cadre temporel	Les décisions ont des conséquences à long terme.	Les décisions ont un intérêt pour la période d'un exercice fiscal.
Orientation	Déductive.	Inductive.
Processus de décision	Avant tout de bas en haut.	Principalement de haut en bas.
Relation à l'environnement	L'environnement est considéré comme dynamique et changeant en permanence.	L'environnement est considéré comme stable avec des perturbations occasionnelles.
Sensibilité aux opportunités	Recherche permanente de nouvelles opportunités.	Recherche *ad hoc* de nouvelles opportunités.
Comportement de l'organisation	Recherche la synergie entre les différentes composantes de l'organisation, tant horizontalement que verticalement.	Recherche l'intérêt de l'unité décentralisée.
Nature du travail	Nécessite un fort degré de créativité et d'originalité.	Nécessite de la maturité, de l'expérience et une orientation vers le contrôle.
Style de leadership	Nécessite une perspective proactive.	Nécessite une perspective réactive.
Mission	Recherche des domaines d'activités à privilégier.	A pour objet la gestion d'un domaine d'activité donné.

Source : S.C. Jain (1983).

Schéma 1

Stratégie de mission →	Définition des frontières des activités acceptables
↕	
Stratégie de portefeuille d'activités →	Répartition des ressources entre activités
↕	
Stratégie de produit-marché →	Segmentation du marché Positionnement du produit
↕	
Stratégie fonctionnelle →	Spécifications produit, prix, publicité, distribution, force de vente

Source : J.C. Larréché (1989).

2.1. La stratégie de mission

Au cours de son existence, une entreprise est conduite à élargir son portefeuille de produits et parfois à étendre plus radicalement encore son activité. Ces décisions fondamentales relèvent de la stratégie de mission. Celle-ci est, pour sa part, liée à la définition que les dirigeants retiennent du métier de l'entreprise. L'idée directrice est simple : plus la mission est définie – ou élargie – indépendamment de la prise en compte du métier de la firme, plus le risque pris est théoriquement important.

2.1.1. Le métier

La définition du métier de la firme est essentielle car, dans la plupart des cas, elle oriente les stratégies de développement à venir. Sa formulation est donc une tâche préalable à tout processus de prise de décision stratégique. Si l'entreprise se livre à cet exercice en cours d'existence, le métier peut être appréhendé sur la base de l'activité globale. Il s'agit alors d'expliciter, non seulement la profession que la firme exerce et dont elle tire ses ressources, mais aussi la compétence acquise au cours du temps par l'accomplissement même de cette profession. Cette compétence traduit à la fois l'idée que l'entreprise exerce un métier donné depuis un certain nombre d'années, et le fait qu'elle a acquis et amélioré, dans cet exercice professionnel, une compétence spécifique qui explique sa performance. Cette compétence interdit théoriquement à de nouveaux venus un degré de réussite comparable dans l'activité générale considérée. Dans le cas où l'activité globale d'une entreprise est caractérisée par un grand nombre de domaines, le fait de parvenir à l'énoncé d'un métier générique traduit l'existence d'un dénominateur commun qui permet à la firme de bénéficier de synergies entre les domaines. Dans cette hypothèse, on parlera d'un portefeuille d'activités liées. Dans le cas contraire, chaque domaine devra être considéré comme un métier à part entière.

2.1.2. La mission de l'entreprise

La mission de l'entreprise apparaît comme un trait d'union entre le métier étudié précédemment et l'engagement effectif de la firme dans un certain nombre de domaines d'activité. Elle relève, en toute logique, de la définition retenue pour le métier, et s'enrichit des opportunités identifiées par la firme en fonction des attentes des clientèles solvables qui lui sont accessibles. Enfin, la mission est une manifestation volontariste des dirigeants en ce qu'elle intègre les choix politiques situés très en amont du processus de management stratégique. Cette conception ne s'éloigne pas du sens étymologique du terme mission qui vient du latin *mittere* : action d'envoyer.

2.2. La stratégie de portefeuille d'activités

Dans certaines sociétés, l'activité globale est composée de domaines très distincts les uns des autres. Chacun de ces domaines d'activité est soumis à un environnement propre et se caractérise par des facteurs de compétitivité originaux. A ce titre, ils apportent à la firme des contributions variables et méritent des stratégies distinctes et appropriées. La performance globale de l'entreprise dépend de sa capacité à gérer de manière dynamique et équilibrée ce portefeuille de domaines. Mais le préalable indispensable est de parvenir à une partition correcte de l'activité globale. Cet exercice est l'objet de la segmentation stratégique.

2.2.1. La segmentation stratégique

La segmentation stratégique est un exercice nécessaire bien que difficile et incertain[2]. Il existe une méthode et des critères qui permettent de rationaliser l'approche. En premier lieu, si le découpage de l'activité globale en domaines d'activité distincts est bien l'objectif de la segmentation stratégique, il est cependant conseillé de procéder de manière intégrative plutôt que par décomposition. Il s'agit de comparer le degré de proximité des familles de produits de la société prises deux à deux. Si cette proximité paraît marquante, au regard des critères de comparaison utilisés, on conclura que ces deux familles de produits font partie du même domaine d'activité. Sinon, on conclura l'inverse. Les critères utilisés pour établir des comparaisons entre familles de produits peuvent être plus ou moins nombreux. Trois d'entre eux sont toutefois fondamentaux (schéma 2) : il s'agit des fonctions remplies par le produit ou le service (service de base ou assortiment de services supplémentaires recherchés par les acheteurs), de la technologie utilisée pour remplir cette fonction (une même fonction peut être satisfaite par des technologies différentes), et des groupes de consommateurs potentiels. On ajoute souvent, à cette liste de base, un critère supplémentaire : l'identité des concurrents auxquels les produits sont confrontés.

Schéma 2

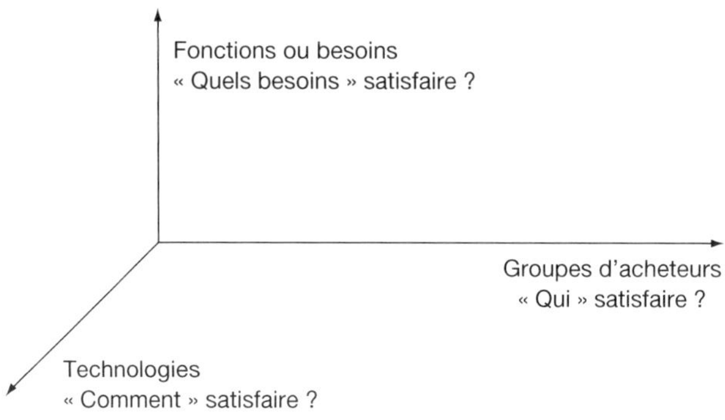

Source : D. Abell (1980).

Chaque domaine d'activité identifié réunit un ensemble de familles de produits relativement homogènes quant aux dimensions retenues pour la segmentation. En théorie, ce découpage de l'activité globale autorise des choix stratégiques différenciés par domaine. Il assure également l'indépendance de chacun d'eux par rapport au reste du portefeuille. A ce titre, la stratégie retenue pour l'un ne doit pas affecter la performance des autres. Outre la difficulté de l'exercice – déjà mentionnée – il faut souligner le caractère provisoire de toute segmentation stratégique ; les dirigeants doivent se poser régulièrement la question de la pertinence du découpage antérieurement réalisé. Enfin, il faut veiller à ne pas confondre la segmentation stratégique et la segmentation marketing. Certes, les points communs excèdent le plan

2. Voir également dans cette Encyclopédie l'article de R. Calori et T. Atamer, « Diagnostic stratégique », p. 958, tome 1.

sémantique et il est vrai que, d'une certaine manière, la segmentation stratégique englobe la segmentation marketing traditionnelle. Mais les différences, qui sont essentielles, font de la segmentation stratégique un concept à part entière. Par exemple, sur le plan défini par les axes « fonctions » et « groupes d'acheteurs », il convient de s'en tenir à un niveau de macrosegmentation pour réserver à la segmentation traditionnelle en marketing un examen plus précis des couples produits-marchés. Le tableau 2 récapitule les points de convergence et de divergence entre les deux segmentations[3].

Tableau 2 – Convergence et divergence entre la segmentation stratégique et la segmentation marketing

Critères de comparaison	Type de segmentation	
	Segmentation stratégique	**Segmentation marketing traditionnelle**
Base/objet (A partir de quoi ?)	L'activité globale.	Le marché ou un sous-ensemble.
Objectifs et critères (Pourquoi et comment ?)	Diviser l'activité ou réunir les familles de produits en groupes homogènes selon la technologie, les fonctions desservies, les groupes de consommateurs ou d'acheteurs.	Diviser le marché ou réunir les acheteurs en groupes homogènes selon leurs caractéristiques, leurs attitudes, leurs comportements à l'égard du mix.
Constat (Que conclure ?)	Chaque domaine d'activité est caractérisé par une combinaison originale de facteurs clés de succès.	Chaque segment présente une fonction de demande spécifique.
Corrélats (Que déduire ?)	Chaque domaine d'activité, grandement indépendant par rapport aux autres, requiert une stratégie propre pour maximiser ou optimiser la performance stratégique.	Chaque segment requiert un mix approprié pour maximiser ou optimiser la performance commerciale.
Vertus instrumentales (Qu'en faire ?)	Révèle les opportunités de création ou d'acquisition d'activités nouvelles ; révèle les nécessités de développement ou d'abandon d'activités actuelles ; permet d'adapter les stratégies.	Permet de choisir parmi les segments, d'adapter le marketing-mix.
Qui révèle la segmentation ?	Les dirigeants sur la base des informations collectées et de leur analyse (procédure subjective).	Les consommateurs sur la base de leur disparité de réponses à une offre considérée (approche plus objective).
Portée	Provoque des changements à moyen terme et à long terme.	Provoque des changements à court terme et à moyen terme.

Source : D'après *Strategor*, Paris, InterEditions, 1988.

3. Voir également dans cette Encyclopédie l'article de P. Grégory, « Segmentation des marchés », p. 2954, tome 3.

2.2.2. La gestion d'un portefeuille de domaines

Lorsque la segmentation stratégique a révélé l'éventuelle multiplicité des domaines d'activité en portefeuille, la firme se trouve confrontée à la gestion stratégique de l'activité globale. Les choix principaux relèvent de l'allocation des ressources entre les domaines, de l'introduction éventuelle d'un nouveau domaine dans le portefeuille (par développement interne ou par acquisition), ou de la suppression d'un domaine d'activité existant. Ces décisions sont liées à l'appréciation que l'on fait du portefeuille en général et de chaque domaine en particulier. Deux dimensions principales nourrissent cette évaluation : l'attractivité des marchés couverts par ces domaines et la compétitivité de l'entreprise sur chacun d'eux. L'idéal est, évidemment, de constater que l'entreprise bénéficie d'une position concurrentielle très favorable sur des domaines fortement attractifs.

La réalité est en général plus nuancée. Certains domaines sont attractifs, mais la société y est peu performante. D'autres sont, au contraire, peu attractifs, alors que l'entreprise y occupe une position dominante. Les ressources étant par définition limitées, la firme doit les répartir au mieux pour conserver au portefeuille pris dans son ensemble un bon niveau de compétitivité moyenne et une position favorable pour l'avenir. Un certain nombre d'outils d'analyse de portefeuille sont à la disposition des dirigeants[4]. Certaines de ces matrices n'utilisent qu'un seul critère et une seule valeur pour évaluer l'attractivité des domaines et la position concurrentielle actuelle et potentielle de la firme sur chacun d'eux. Le plus connu de ces outils, la matrice du Boston Consulting Group, est monocritère et quantitative. D'autres matrices développées par des sociétés de consultants telles que McKinsey ou Arthur D. Little choisissent plusieurs critères pour apprécier l'attractivité et la compétitivité, et requièrent une évaluation subjective de la situation des domaines. Elles contribuent, toutefois, à rationaliser la démarche. Le schéma 3 présente la matrice McKinsey. Il s'agit probablement de la méthode d'analyse la plus complète dont l'inconvénient corrélatif est la

Schéma 3

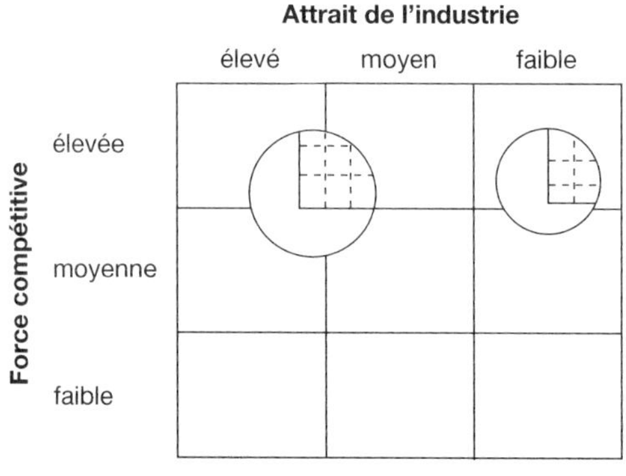

Source : C.W. Hofer et D. Schendel (1978).

4. Sur ce point, voir dans cette Encyclopédie l'article de B. Ramanantsoa, « Stratégie », p. 3026, tome 3.

complexité de mise en œuvre. Cette difficulté peut être réduite par un choix limité de critères ou la surpondération de certains d'entre eux ; ce qui revient sensiblement au même.

Pour évaluer l'attractivité de chacune des activités, on sélectionne un certain nombre de critères jugés pertinents (tableau 3). Chacun des critères retenus doit contribuer à préciser l'idée que l'on se fait d'un domaine attractif. Généralement, ces critères ne sont pas jugés équivalents. Une deuxième étape consiste donc à pondérer leur importance sur une échelle qui, par convention, peut être comprise entre 0 et 1 ; la somme des pondérations doit être égale à un. Une troisième phase consiste à évaluer, par exemple sur une échelle graduée entre 1 et 5, la situation du domaine dont on s'occupe, sur chacun des facteurs d'attractivité.

Tableau 3 – Exemples de critères d'attractivité et de compétitivité

Critères d'attractivité	Critères de compétitivité
– la taille du marché – le taux de croissance – la structure concurrentielle – le degré de maturité de l'activité – la solvabilité de la clientèle – les contraintes légales – etc.	– la part de marché – la compétitivité par les prix – la profondeur de la gamme de produits – l'efficacité de la force de vente – l'efficacité de la publicité – les effets d'expérience – l'efficacité de la recherche-développement – etc.

Pour évaluer la compétitivité de l'entreprise sur chaque domaine d'activité (force compétitive), on procède de la même manière. A noter toutefois que la pondération des critères de compétitivité doit être effectuée par domaine, dans la mesure où chacun d'eux est certainement caractérisé par une combinaison originale de facteurs clés de succès. Dans les deux cas, la valeur de la note globale pondérée sert de coordonnée pour l'élaboration de la matrice finale. Lorsque les calculs sont effectués, il est aisé de localiser, sur la matrice, la position actuelle de chaque domaine. On les représente par un cercle dont le centre est situé à l'intersection des deux coordonnées. Leur surface est proportionnelle à la taille de l'industrie. La part de marché de l'entreprise est visualisée par une zone hachurée (schéma 3).

L'attractivité des domaines et la compétitivité de l'entreprise sur chacun d'eux sont considérées comme faible, moyenne ou forte, selon les cas. La matrice compte, par conséquent, neuf cases dans lesquelles peuvent se répartir les activités en portefeuille (schéma 3). Des recommandations stratégiques propres caractérisent chacune des neuf zones (schéma 4).

De manière générale, la matrice recouvre quatre stratégies élémentaires :

– une stratégie de développement dans les zones où la valeur de l'activité et la compétitivité sont favorables,

– une stratégie de type « quitte ou double » dans les zones où seule l'attractivité du domaine est satisfaisante,

– une stratégie de maintien et de rentabilisation dans les zones moyennes,

– une stratégie de désengagement dans les zones faibles sur les deux dimensions.

Schéma 4

Force compétitive	Attrait de l'industrie : Elevé	Attrait de l'industrie : Moyen	Attrait de l'industrie : Faible
Elevé	Croître. Maximiser l'investissement. Rechercher la domination.	Identifier les segments de croissance. Y investir fortement. Maintenir la position partout ailleurs.	Maintenir la position d'ensemble. Rechercher le cash-flow. Investir pour assurer le maintien.
Moyenne	Evaluer le potentiel de leadership par segmentation. Identifier les faiblesses. Exploiter les forces.	Identifier les segments en croissance. Se spécialiser. Investir de façon sélective.	Elaguer. Minimiser l'investissement. Préparer le désinvestissement.
Faible	Se spécialiser. Rechercher les niches. Considérer les acquisitions.	Se spécialiser. Rechercher les niches. Considérer la sortie.	Programmer la sortie. Désinvestir.

Source : A. Desreumaux (1993).

2.3. *La stratégie « produit-marché »*

Au sein d'un domaine d'activité, le marketing stratégique est concerné par la stratégie de gamme et par la stratégie de marque. Par bien des aspects, cette gestion est comparable à la stratégie de portefeuille de domaines d'activité ; mais la différence essentielle tient à la dépendance des lignes de produits entre elles. Par ailleurs, le souci de dégager un avantage concurrentiel commercial, qui est l'objet même du marketing stratégique, conduit à dépasser la conception traditionnelle du portefeuille de produits et à retenir l'idée d'un ensemble de relations commerciales « produit-marché/concurrent ». A ce stade de la stratégie marketing, la segmentation et le positionnement sont les concepts clés de la logique décisionnelle.

2.3.1. La gestion de gamme, la gestion de marque

La gestion d'une gamme de produits au sein d'une même activité conduit, ici encore, à considérer l'attractivité des différents segments de marché et la compétitivité des produits ou des marques. Celles-ci peuvent être variables, de même que la contribution des différents produits au chiffre d'affaires global ou à la marge dégagée. Se posent également les questions de l'équilibre dynamique du portefeuille ainsi que les choix de lancement ou de retrait. Toutefois, en dépit de nombreuses similitudes, la gestion de gamme présente aussi des particularités. On doit notamment décider de son étendue – à savoir, sa largeur et sa profondeur – sachant que, contrairement aux domaines d'activité, les produits qui la constituent sont largement reliés entre eux. La largeur de la gamme détermine le nombre d'unités de produits destinées à des segments de clientèle ou à des usages différents. La profondeur indique le nombre moyen de variations proposées autour d'un produit. Par exemple, chez Peugeot, la 205 et la 406 sont des produits qui contribuent à la largeur de la gamme, alors que la version « diesel » ou « climatisée » de l'une ou de l'autre traduit le souci de la profondeur. Les stratégies possibles sont l'extension, la consolidation, la modernisation ou l'élagage de la gamme. L'extension consiste à viser une partie du marché – un nouveau segment – que l'on ne couvrait pas jusque-là. La consolidation signifie que l'on ajoute de nouveaux articles en les intercalant dans la gamme actuelle de produits. La modernisation et l'élagage se passent de commentaires. Un souci plus récent a fait de la gestion des marques un enjeu du marketing stratégique[5]. Il s'agit d'entretenir et d'utiliser le capital-marque construit au cours du temps. Le portefeuille de marques d'une entreprise peut être de différentes natures. Certaines sociétés choisissent de développer un nom de marque par produit (Ariel, Vizir ou Dash pour Procter and Gamble ; c'est la marque-produit). D'autres entreprises retiennent une formule intermédiaire, qui peut conduire à donner des noms génériques par lignes de produits (Antaeus, ligne de produits pour homme de Chanel ; c'est la marque-gamme) ou à accoler, au nom de l'entreprise, un nom de marque individuel propre à chaque produit (Nescafé ou Nesquick pour Nestlé ou encore le Jockey ou le Carré frais de Gervais ; c'est la marque-caution). Enfin, certaines firmes préfèrent couvrir d'un même nom de marque un ensemble hétérogène de produits (Téfal ; c'est la marque-ombrelle). Stratégie de gamme et stratégie de marque sont intimement reliées. Par exemple, l'extension de la gamme, évoquée précédemment, est parfois difficilement concevable sous un même nom de marque. Plus radicalement encore, l'extension de marque, qui consiste à utiliser un nom connu et valorisant pour lancer un produit appartenant à une nouvelle catégorie, mérite d'être soigneusement étudiée. Enfin, nul n'ignore que la plupart des producteurs de produits de grande consommation sont un jour confrontés à l'examen « coûts-avantages » de la commercialisation de leurs produits sous des marques de distributeurs.

2.3.2. La relation « offre-marché/offre des concurrents »

La stratégie de couple produit-marché s'inscrit au cœur d'un domaine d'activité. Il serait insuffisant de parler de portefeuille de produits car l'entreprise vit de l'échange commercial, c'est à dire du trait d'union entre le produit et les consommateurs. A situation de distribution équivalente (disponibilité numérique), l'acte d'achat est généralement considéré comme l'expression d'une préférence qui s'explique par l'existence d'un avantage concurrentiel propre à l'offre retenue. L'entreprise qui en bénéficie témoigne d'une meilleure maîtrise des facteurs clés de succès commerciaux du marché considéré. Le marketing stratégique a pour fonction de contribuer à produire un tel avantage concurrentiel commercial auprès d'un marché suffisamment grand pour générer un chiffre d'affaires jugé satisfaisant et une rentabilité convenable (schéma 5).

Le schéma 5 suggère que chaque pôle (entreprise, marché, concurrents) doit avoir une attraction comparable dans le cadre de la stratégie marketing. La décision convenable occupe alors la zone centrale du triangle qui représente un lieu d'équilibre entre les trois pôles d'attraction. Dans cette hypo-

5. Voir dans cette Encyclopédie l'article de B. Heilbrunn, « Marque », p. 1972, tome 2.

Schéma 5

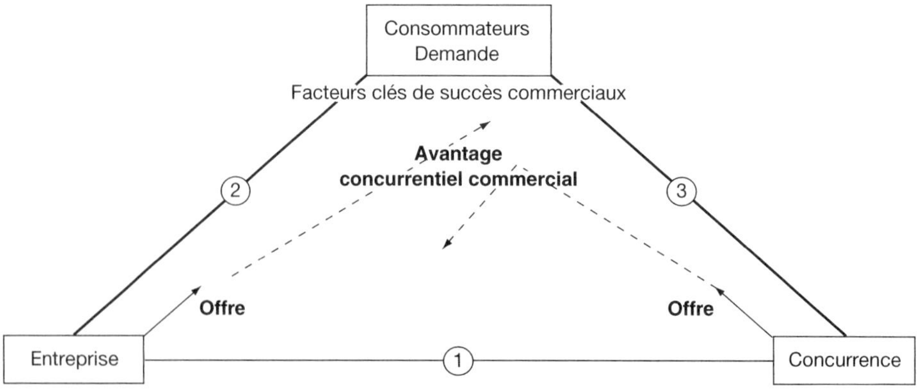

thèse, la demande a été étudiée ; les attentes des consommateurs à l'égard des produits et plus largement les avantages recherchés de l'offre ont été analysés ; le profil de performance des concurrents au regard de la fonction de demande – du marché ou des différents segments – a été considéré. Enfin, l'entreprise a su tirer profit de l'ensemble de ces informations pour générer, en conformité avec ses ressources et ses compétences clés, un avantage concurrentiel commercial – en termes de prix ou de différenciation – auquel tout ou partie du marché peut être sensible et qu'elle s'efforcera de maintenir dans l'avenir. *A contrario*, ce même schéma 5 permet d'illustrer trois sources d'échec. Si l'une des dimensions précédemment évoquées est insuffisamment prise en compte dans le raisonnement, on conviendra que la décision marquée par ce déséquilibre figure sur le côté du triangle opposé au pôle négligé. Cette convention nous permet de numéroter les échecs de 1 à 3.

La situation 1 correspond aux erreurs commises par nombre d'entreprises avant l'introduction du marketing : la prise en compte insuffisante du marché. Les dirigeants sont fiers des caractéristiques techniques du produit par rapport aux concurrents, mais l'importance que le consommateur accorde à celles-ci n'a pas été vérifiée. Ou bien c'est la connaissance du processus d'achat, par exemple industriel, qui est insuffisante et l'entreprise a confondu satisfaction des consommateurs et motivations du décideur. Ou encore, sur un plan plus quantitatif, ce peut être une mauvaise évaluation de la valeur d'exploitation du marché ou du segment retenu qui conduit l'entreprise à l'échec.

La situation 2 révèle les risques associés à une logique trop stricte de gestion marketing. En effet, dans ce cas précis, les attentes du marché ont été prises en compte et l'offre est plutôt bien adaptée ; mais l'entreprise n'a pas intégré la concurrence de manière convenable. L'avantage concurrentiel s'avère inexistant, le positionnement a été mal maîtrisé, les capacités de réactions de la concurrence ont été sous-estimées, ou bien la probabilité d'entrée d'un concurrent redoutable a été sous-évaluée. Cette situation met l'accent sur l'utilité du marketing stratégique qui, à la différence du cas représenté, intègre les concurrents à la source du processus de décision.

La situation 3 est plus originale. Elle caractérise une démarche de marketing stratégique toute théorique qui ignorerait les potentialités réelles du produit, de la marque ou de la société dans son ensemble. Elle conduit l'entreprise à faire des choix disproportionnés par rapport à ses ressources financières, humaines, techniques ou commerciales. Ce cas recouvre, par exemple, des lancements précipités de produits qui s'avèrent techniquement défaillants ou encore des tentatives de positionnement ou de repositionnement incompatibles avec l'image de marque actuelle. De façon générale, cet échec est caractéristique des entreprises qui communiquent au marché une promesse-produit qu'elles ne peuvent tenir. On peut citer, à titre d'illustration, le cas d'une banque qui choisirait de communiquer en mettant l'accent sur la qualité et la sympathie de l'accueil, après avoir vérifié auprès du marché que cet attribut est très important et qu'aucun concurrent n'a une performance jugée satisfaisante sur ce critère. Si aucun effort préalable ou simultané n'a été entrepris pour améliorer effectivement l'accueil dans le sens de la promesse, la réussite de la communication et de la stratégie publicitaire peut se retourner contre la banque au lieu de servir ses intérêts.

2.3.3. Le rôle déterminant de la segmentation, du ciblage et du positionnement

L'objet de la stratégie marketing est, après avoir choisi certains segments de marché et identifié les facteurs clés de succès commerciaux correspondants, de conférer à l'offre de l'entreprise un avantage concurrentiel commercial, c'est-à-dire une valeur[6] relative supérieure à celle des offres concurrentes. A ce stade, la segmentation, le ciblage et le positionnement sont, par conséquent, les concepts fondamentaux du marketing stratégique. La segmentation et le positionnement ont des sens différents mais sont fortement imbriqués. La segmentation révèle l'hétérogénéité du marché[7]. Elle permet de regrouper des consommateurs qui, au sein de chaque segment, partagent des besoins identiques et se caractérisent par des perceptions, des préférences et des comportements homogènes ; plus ces caractéristiques sont distinctes de celles des individus des autres groupes, plus cette segmentation est nette et les critères utilisés discriminants. Le ciblage est le processus qui aboutit au choix d'un ou de plusieurs segments dont l'entreprise décide de satisfaire la demande. Si la segmentation consiste à comparer les consommateurs entre eux sur la base de caractéristiques individuelles, attitudinales ou comportementales, le positionnement, quant à lui, consiste à comparer les représentations que se font les consommateurs des produits ou des marques sur le marché. Le positionnement factuel ou constaté est la révélation et la

---

6. Par valeur, on entend, ici, le rapport des bénéfices procurés par l'offre (utilité) sur le coût global d'acquisition ; ce rapport est plus fréquemment noté, de manière simplifiée : Q/P (qualité perçue/prix). Cette définition permet de rendre compte des différents cas de différenciation concurrentielle. La terminologie utilisée entre guillemets pour les qualifier est celle de *Strategor* (1993).

– « Différenciation par le haut » : $\Delta Q > 0$; $\Delta P > 0$; $\Delta Q > \Delta P$: rapport Q/P amélioré.

– « Différenciation par le bas » : $\Delta Q < 0$; $\Delta P < 0$; $|\Delta Q| < |\Delta P|$; $\Delta Q > \Delta P$: rapport Q/P amélioré.

Mais aussi :

– « Rupture stratégique » : $\Delta Q > 0$; $\Delta P < 0$: rapport Q/P amélioré.

– « Stratégie de coût » : $\Delta Q = 0$; $\Delta P < 0$: rapport Q/P amélioré.

7. Voir également dans cette Encyclopédie l'article de P. Grégory, « Segmentation des marchés », p. 2954, tome 3.

mise en perspective de ces perceptions. Le positionnement voulu exprime la manière dont on souhaite que le produit soit perçu par le consommateur-cible. Le positionnement construit correspond à la fixation des caractéristiques du produit et plus largement du marketing-mix – et singulièrement du discours publicitaire[8] –, destinées à engendrer la différenciation concurrentielle recherchée et la perception de singularité désirée. La forte imbrication des concepts de segmentation et de positionnement peut s'illustrer à l'aide d'un exemple. Imaginons qu'une procédure de segmentation, sur un marché donné, révèle deux segments principaux : le segment *A* et le segment *B*. L'entreprise *E*1 choisit de servir le segment *A* et l'entreprise *E*2, son seul concurrent, choisit de servir le segment *B*. *E*2 a choisi le segment *B* comme cible pour éviter une lutte frontale avec *E*1. *E*1 et *E*2 vont configurer leur offre, leur marketing-mix, pour être aussi proches que possible des attentes de leur marché-cible. La communication de l'un et de l'autre sera destinée à informer leur cible de l'adéquation spécifique de leur offre. Si l'étanchéité des canaux de communication était parfaite, de même que la dualité des circuits de distribution, *E*2 pourrait ne pas être perçue du segment *A* de même que *E*1 pourrait ne pas l'être du segment *B*. Dans la réalité, une telle étanchéité est impossible. En conséquence, pour l'ensemble du marché, le choix du segment *A* par *E*1 et celui du segment *B* par *E*2 déterminent le positionnement de *E*1 et de *E*2 dans l'esprit des consommateurs. Imaginons maintenant qu'une étude plus précise sur le segment *A* révèle que, au regard des attentes en matière de qualité et de prix, les individus ont des attentes variables. Cette distribution est représentée sur le schéma 6.

Le premier sous-segment *S*1*A* réunit les individus qui recherchent prioritairement la meilleure qualité. *S*2*A* est l'ensemble des consommateurs qui se satisfont d'une qualité moyenne et recherchent plutôt un bon rapport qualité/prix. Le segment *S*3*A* est constitué des consommateurs pour qui la modicité du prix est le critère d'achat principal. Imaginons que *E*1 soit la première entreprise à s'intéresser au segment *A* avec un produit de qualité et de prix moyens. Elle est aujourd'hui vulnérable face à des produits *X* d'un concur-

Schéma 6 – Segmentation et positionnement : exemple de sous-segmentation du segment *A*

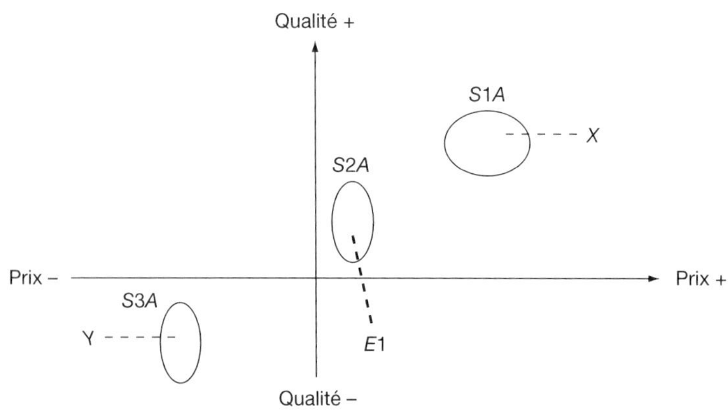

8. Voir dans cette Encyclopédie l'article de P.L. Dubois, « Publicité », p. 2675, tome 3.

rent qui serait positionné haut de gamme et intéresserait, par conséquent, le segment *S1A* ; de même que *E1* est vulnérable face à la marque *Y*, positionnée bas de gamme et de nature à intéresser le segment *S3A*. En conséquence, on voit que si la segmentation est réellement fondée sur la variété des réponses du marché à une offre donnée et si le positionnement porte sur les dimensions essentielles du choix, l'imbrication des concepts est forte. Dans cet exemple, choisir un segment différent du concurrent conduit à positionner sa marque. De même, mettre en avant les caractéristiques spécifiques de l'offre conduit à accepter de n'intéresser que le segment de consommateurs sensibles à cette originalité. Ajoutons que si l'entreprise *E1* choisissait de retenir les segments *S1A* et *S2A* comme marchés-cibles, il lui faudrait positionner ses propres produits d'une part les uns par rapport aux autres (positionnement intra), et d'autre part par rapport à *X* et à *Y*. On notera enfin que la segmentation et le positionnement rendent bien compte, à ce niveau de la logique du marketing, des possibilités stratégiques d'affrontement ou d'évitement. En effet, dans un cadre globalement concurrentiel, la conjonction des deux choix permet à chaque entreprise de rechercher une situation micromonopolistique en dissociant les marchés visés et en rendant les produits aussi peu comparables que possible.

2.4. Les stratégies relatives aux éléments du marketing-mix

Ce point sera peu développé, car il appartient, depuis l'origine, au champ du marketing management. Les phases de segmentation et de positionnement orientent largement les choix concernant les stratégies de produit, de prix, de communication et de distribution[9]. Les choix à réaliser sur chacune de ces variables tiennent davantage à la dimension « action » de la démarche de marketing stratégique, sans laquelle le meilleur plan ne peut réussir. Toutefois, l'inscription nécessaire de ces décisions dans le cadre préalable de la segmentation et du positionnement ne les réduit pas au stade de décisions mécaniques qui pourraient se prendre de manière presque routinière. Il faut veiller à ce que cet ensemble de mesures constitue un faisceau convergent de signes destinés à faire connaître et à valoriser, auprès de la cible retenue, les qualités distinctives des produits proposés. En outre, ces choix ne relèvent pas seulement d'une compétence strictement technique. Chacun d'eux doit tenir compte des décisions des concurrents pour s'en inspirer, y répondre ou s'en démarquer, selon les cas. Chaque option est également assortie d'un degré de liberté permettant des variations tactiques de court terme et des ajustements concurrentiels, quand ils s'avèrent nécessaires.

3. Le marketing, la stratégie et l'avantage concurrentiel

La recherche de l'avantage concurrentiel conduit également à dissocier deux types de préoccupations distinctes : il s'agit tout d'abord de définir la nature spécifique de l'offre à élaborer et de préciser les modalités optimales

---

9. Voir également dans cette Encyclopédie les articles de M. Filser, « Marketing-mix », p. 1903, tome 2, de J.C. Tarondeau, « Produit », p. 2594, tome 3, de H. Simon, S. Böttcher et R. Kalka, « Politique de prix », p. 2357, tome 2, de P.L. Dubois, « Publicité », p. 2675, tome 3 et de J. Jallais, « Canaux de distribution », p. 256, tome 1.

de sa mise sur le marché ; il s'agit ensuite d'étudier l'ensemble des facteurs qui conditionnent l'existence effective de la valeur recherchée. Le processus préalable qui rend possible l'offre d'une valeur spécifique et concurrentielle associe d'autres services et d'autres logiques que celles du marketing. Même si la valeur et le processus de génération de la valeur sont intimement reliés, il est important que l'analyse dissocie les plans pour clairement identifier les sources d'avantage concurrentiel sans lequel une entreprise ne peut exister. Ce distinguo conduit à identifier deux orientations de la prise de décision stratégique (orientation « marché » et orientation « ressources ») et à souligner, dans les deux cas, le rôle déterminant des compétences et du facteur temps. Nous développerons successivement ces points dans les deux derniers paragraphes, après avoir distingué l'avantage concurrentiel commercial de l'avantage concurrentiel stratégique.

3.1. L'avantage concurrentiel commercial : du point de vue de l'offre et de la valeur

Chaque volet de la relation « offre-marché/offre des concurrents » doit être minutieusement étudié. Une représentation de cette relation est proposée au schéma 7.

En ce qui concerne la demande, l'axe vertical mentionne, en premier lieu, l'analyse qualitative du marché, qui doit permettre de révéler l'hétérogénéité éventuelle des attentes. Il s'agit d'une démarche de segmentation déterminante pour l'adaptation de l'offre. L'évaluation quantitative, pour sa part, met au jour la valeur d'exploitation potentielle ou prévisionnelle des différents segments. L'axe horizontal indique les options d'occupation du marché que peut retenir l'entreprise. Occuper tout le marché avec une offre unique est qualifié de marketing indifférencié. Viser ce même marché en concevant une offre spécifique ou adaptée à chacun des segments (ou au minimum à deux d'entre eux) relève du marketing différencié. On notera qu'ici le qualificatif « différencié » ou « indifférencié » exprime l'idée d'une différenciation entre produits de la gamme, c'est-à-dire interne à l'entreprise. Il ne s'agit donc pas d'une stratégie de différenciation concurrentielle mais d'une différenciation qualifiée de segmentaire. Un dernier choix est possible : celui de ne retenir qu'un segment avec un marketing-mix adapté. Ce choix est celui du marketing concentré. L'axe de la profondeur souligne qu'il n'est pas de stratégie sans analyse ni sans exercice de prévision, c'est-à-dire sans projection dans le temps de la part du stratège.

En ce qui concerne la concurrence, l'axe vertical distingue trois niveaux de rivalité : les produits génériquement substituables – bien que technologiquement distincts – tels que la motocyclette et la voiture ; les produits technologiquement proches tels qu'une petite voiture et une voiture familiale ; et, enfin, les produits s'adressant au même segment de consommateurs avec un positionnement voisin, comme peuvent l'être de petites voitures économiques de marques différentes. L'axe horizontal distingue les produits concurrents rencontrés sur les marchés actuellement couverts par l'entreprise et ceux qui existent sur les segments de marché que l'entreprise envisage de cibler. L'axe de profondeur représente, comme précédemment, la dimension temporelle, c'est-à-dire celle de l'anticipation.

Schéma 7 – L'avantage concurrentiel commercial : une représentation triangulaire

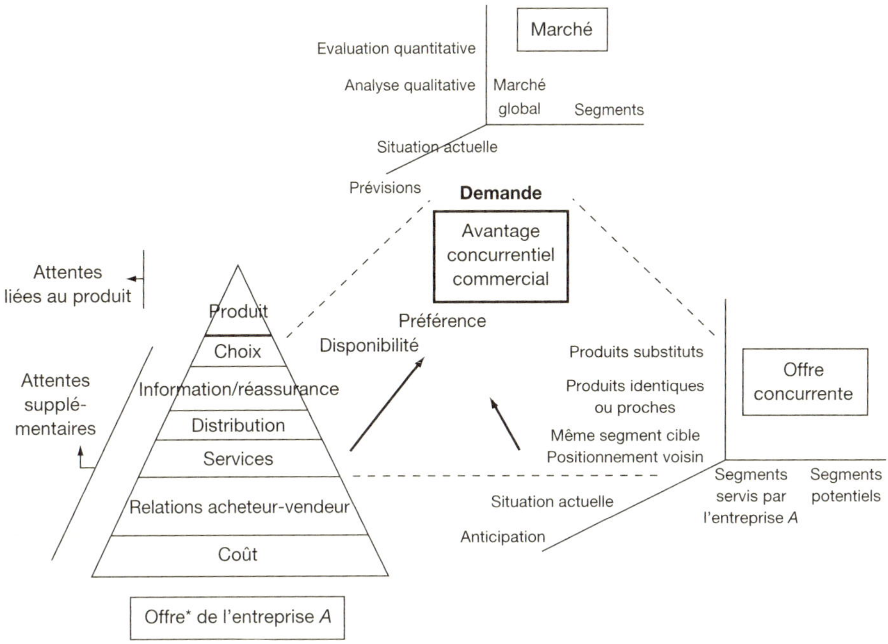

* Chacune des composantes de l'offre peut être précisée de la façon suivante, d'après P. Kotler et B. Dubois (1994) :
- Produit : fonctionnalité, performance, fiabilité, garantie, style, image, etc.
- Choix : largeur et profondeur de gamme.
- Information/réassurance : médias, événements.
- Distribution : disponibilité, horaires d'ouverture, ambiance, mise en valeur en linéaire.
- Services : délais, installation, formation, conseil réparation, etc.
- Relations acheteur-vendeur : compétence, courtoisie, serviabilité, fiabilité, etc.
- Coût : prix, coûts indirects, coûts psychologiques, solution de financement.

L'offre de l'entreprise peut, elle-même, être appréhendée à différents niveaux. Le premier figure dans la partie supérieure du triangle. C'est celui des caractéristiques élémentaires – matérielles et immatérielles – du produit, qui déterminent l'utilité globale que le consommateur retire de l'usage ou de la possession. Le niveau inférieur du triangle réunit les caractéristiques supplémentaires de l'offre globale.

L'avantage concurrentiel commercial, quand il n'est pas lié à un supplément de ressources ou de disponibilité commerciale, se définit comme un différentiel de valeur perçu par le marché-cible, favorable à l'offre de l'entreprise qui en bénéficie et défavorable à celle des concurrents, jugée moins intéressante.

3.2. L'avantage concurrentiel stratégique : du point de vue de l'offreur et de la chaîne de valeur

En se plaçant du point de vue de l'entreprise et non plus seulement de l'offre, on est conduit à reconsidérer le champ concurrentiel. Ainsi, on pourra par exemple étudier la situation des entreprises du même secteur (domaine d'activité) ; ou bien – et de manière plus macroscopique – prendre en compte le champ de la rivalité élargie aux cinq forces concurrentielles comme l'a suggéré M. Porter ; ou encore – et cette fois de manière plus microscopique – ne s'intéresser qu'aux entreprises appartenant au même groupe stratégique, c'est-à-dire ayant effectué des choix stratégiques comparables aux nôtres sur un certain nombre de dimensions fondamentales. En outre, en abordant la stratégie marketing du point de vue de l'entreprise, on est conduit à se poser la question des conditions de la création de la valeur compétitive. L'entreprise est donc considérée comme un processus de valeur ajoutée. Ce processus peut être représenté par la chaîne de valeur (schéma 8).

Une nouvelle représentation de l'avantage concurrentiel peut être élaborée (schéma 9). Elle conduit à considérer l'avantage concurrentiel stratégique comme le soubassement de l'avantage concurrentiel commercial.

Schéma 8 – Chaîne de valeur : représentation type

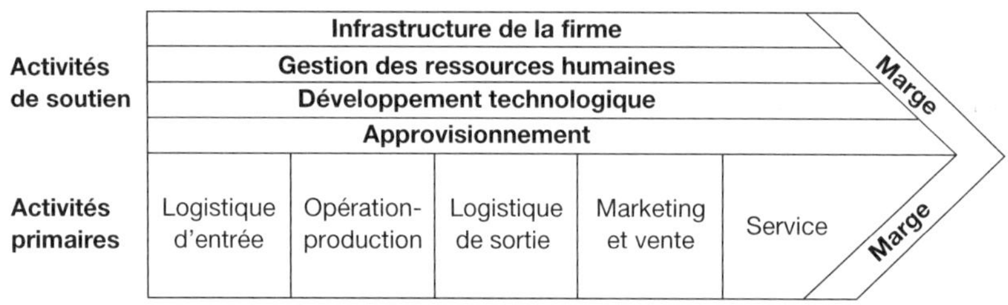

Source : D'après M. Porter (1985).

Schéma 9 – L'avantage concurrentiel stratégique comme soubassement de l'avantage concurrentiel commercial

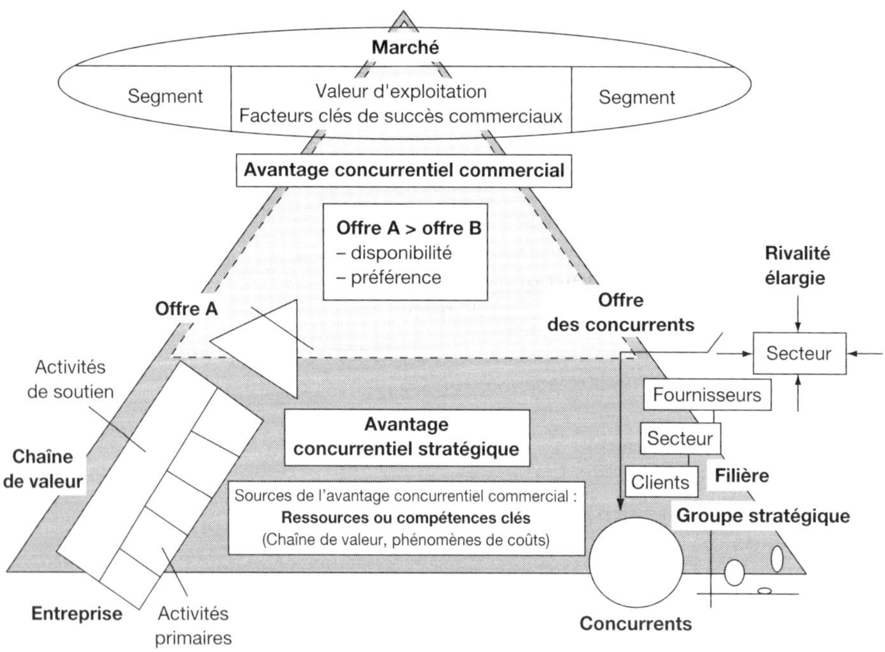

Le schéma 9 contient, dans sa partie supérieure (triangle gris clair), une image simplifiée du schéma 7 portant sur l'avantage concurrentiel commercial. Il élargit cette représentation en intégrant les questions et les outils d'analyse évoqués au début de ce paragraphe. L'avantage concurrentiel commercial, qui correspond à une valeur distinctive de l'offre considérée comme supérieure à celle des concurrents par tout ou partie du marché, est le plus souvent sous-tendu par l'existence d'un avantage concurrentiel stratégique qui le rend possible. Imaginons une société de vente par correspondance dont l'avantage concurrentiel commercial réside dans le fait d'une livraison en 24 heures, pour un prix à peine plus élevé que celui des concurrents qui livrent encore sous 48 heures (différenciation « par le haut »). Cet avantage concurrentiel commercial est déterminé par l'existence d'un avantage concurrentiel stratégique portant sur l'ouverture progressive d'un nombre de dépôts plus élevé, une circulation de l'information plus rapide, ou une logistique plus performante que celle des concurrents. L'avantage concurrentiel stratégique, qui se définit par une performance distinctive sur un maillon de la chaîne (ou sur les relations interfonctionnelles ou encore sur les relations entre les chaînes amont et/ou aval), débouche sur un supplément d'efficacité quand il produit un avantage concurrentiel commercial ou sur un supplément d'efficience strict quand il permet d'offrir au marché une valeur comparable à celle des concurrents mais à des conditions de productivité meilleures. Dans tous les cas, les stratégies de réduction des coûts s'avèrent aussi importantes que les choix destinés à améliorer la qualité de l'offre. Elles concernent notamment les économies d'échelle, les effets d'apprentissage, les économies d'envergure, les coûts de transaction, les coûts de complexité, etc.

3.3. Une question d'« orientations » stratégiques

L'analyse de l'avantage concurrentiel commercial lié à l'offre et l'étude de son fait générateur, qui peut être un supplément de ressources financières ou une compétence distinctive à un niveau donné de la chaîne de valeur, conduisent à distinguer deux orientations prééminentes du raisonnement en matière de marketing stratégique. Ces orientations sont exprimées dans le tableau 4.

L'orientation marché conduit l'entreprise à se préoccuper prioritairement des opportunités à saisir. L'identification des facteurs clés de succès commerciaux et des attentes permet à la firme de définir une offre de nature à dégager un avantage concurrentiel commercial. Quand elles sont jugées accessibles, les modifications (améliorations) nécessaires aux différents stades de la chaîne de valeur sont programmées et réalisées pour permettre à l'entreprise de mettre au jour un avantage concurrentiel stratégique. Celui-ci peut faire l'objet d'un choix de consolidation s'il s'avère convenablement décisif, durable et défendable.

L'orientation inverse fait de la consolidation de la compétence distinctive l'idée directrice de la stratégie de l'entreprise. Toutefois, cette compétence distinctive n'aura le statut d'avantage concurrentiel que si elle parvient à générer une offre présentant un avantage compétitif commercial – ce qui se traduit par un gain d'efficacité – ou bien si elle est de nature à améliorer la productivité – ce qui équivaut à un gain d'efficience.

Tableau 4 – La dualité des orientations stratégiques : l'orientation « marché » et l'orientation « ressources et compétences »

	Orientation « marché »	
	Détection d'une opportunité. Choix d'un marché.	
Valeur	Définition de l'avantage concurrentiel commercial souhaitable.	Repérer les marchés offrant la possibilité de transformer la compétence distinctive en avantage concurrentiel commercial. Matérialiser cette compétence distinctive en un supplément de valeur de l'offre.
Chaîne de valeur	Programmation consécutive de la modification du processus (chaîne de valeur) permettant de mettre au jour la valeur désirée. Acquisition des ressources et des compétences *ad hoc*.	Maintenir ou accroître l'avantage concurrentiel sur un maillon de la chaîne ou en termes de relation entre maillons ou entre chaînes (fournisseurs et clients).
		Détecter une compétence distinctive. Renforcer la compétence distinctive (avantage concurrentiel stratégique).
		Orientation « ressources et compétences »

3.4. Le rôle essentiel des compétences et du facteur temps

Quelle que soit l'orientation choisie, la contribution des ressources et des compétences clés distinctives est déterminante dans le cadre de l'élaboration de l'avantage concurrentiel. Le développement de celles-ci peut être interne ou externe. Sur le plan interne, comme nous l'avons vu précédemment, il s'agit d'accroître l'efficacité ou l'efficience de la chaîne de valeur de manière à présenter une structure de valeur ajoutée ou de coûts meilleure que celle des concurrents. Sur le plan externe, il s'agit notamment de favoriser des stratégies d'alliances qui permettent à une entreprise d'acquérir des ressources et des compétences que la firme, à elle seule, n'aurait pas pu développer aussi vite ou aussi efficacement[10]. De telles alliances peuvent concerner toutes les fonctions de l'entreprise, depuis la recherche et le développement jusqu'à la production, ou encore s'appliquer au marketing ou à la distribution. L'acquisition de compétences et de ressources, via les alliances, fournit aussi plus de flexibilité que les solutions internes : lorsque les facteurs clés de succès commerciaux changent, nécessitant en conséquence un nouveau profil de performances, d'autres partenaires peuvent être recherchés et les anciennes alliances reconsidérées. Dans tous les cas, une véritable mobilisation straté-

10. Voir dans cette Encyclopédie l'article de P. Dussauge et B. Garrette, « Alliances stratégiques », p. 16, tome 1.

gique (*strategic intent*)[11] s'avère déterminante. Cette attitude prédispose l'entreprise à se soucier de la création de l'avantage compétitif de demain avant que les concurrents n'annulent, voire ne dépassent, celui dont elle bénéficie aujourd'hui. Cette remarque permet également de souligner le rôle central du temps dans la contribution du marketing stratégique à la compétitivité. Le facteur temps est consubstantiel à l'idée même de stratégie. Comme il a été indiqué dans les schémas précédents, la projection du stratège dans un avenir plus ou moins proche, par un exercice de prévision ou de prospective, doit permettre d'anticiper l'évolution quantitative et qualitative des marchés de même que les choix des concurrents et, plus généralement, l'évolution des forces concurrentielles du secteur. Par ailleurs, parce que les effets des décisions stratégiques en marketing se manifestent à moyen terme, le plan d'actions – sous-tendu par un système d'objectifs – ne doit pas se concevoir comme un ensemble de décisions isolées, mais, au contraire, comme une séquence de choix mutuellement reliés. En ce sens, il est intéressant de noter que la décision prévue à la période P s'explique non seulement par celle qui est prévue en période $P - 1$, mais qu'elle se justifie aussi, pour partie, par l'action qui est envisagée en période $P + 1$. Il faut ajouter que l'élaboration d'un programme d'actions – un plan de marketing – ne suffit pas, à elle seule, à rendre compte de la démarche stratégique. Fondamentalement, le respect rigide et inconditionnel du programme s'oppose même au concept de stratégie. Tout exercice stratégique est caractérisé par une situation duale : la possibilité d'une prévision partielle et l'impossibilité d'une prévision absolue sans laquelle la démarche se résumerait à un « simple » exercice de résolution d'équations. A ce titre, la stratégie doit admettre la pertinence occasionnelle des choix non programmés et cultiver l'intelligence des situations. Ainsi, le choix du moment s'avère-t-il un paramètre décisif du succès des actions stratégiques engagées. Une entreprise pourra, par exemple, profiter d'une période durant laquelle un concurrent pâtit d'une structure de coûts défavorable pour engager une lutte sur les prix qui, naguère, se serait soldée par un échec. Plus généralement, nombre de stratégies marketing sont fondées sur la gestion du cycle de vie et/ou sur le cycle de développement du produit[12]. Ces stratégies présentent un double enjeu commercial et financier. Le plus souvent, la performance commerciale à court terme – mesurée par la part de marché – est reliée à l'ordre d'entrée et favorisée par une stratégie de pionnier. Sur le plan financier, il s'agit d'amortir les investissements le plus rapidement possible pour dégager du profit ; mais il convient parfois d'accepter un délai plus long si la sécurité ou les perspectives de puissance sont à ce prix. A noter, enfin, que le succès stratégique ne se résume pas à la rapidité d'action ou de réaction, et qu'il requiert aussi la volonté et la capacité d'engager les ressources décisives.

---

11. Voir dans cette Encyclopédie l'article de P. Aurégan, P. Joffre et F. Le Vigoureux, « Modèles d'analyse stratégique : contributions récentes », p. 2041, tome 2.

12. Voir également dans cette Encyclopédie l'article de H. Fenneteau, « Cycle de vie du produit », p. 888, tome 1.

*
* *

Le marketing stratégique a considérablement ouvert et enrichi l'éventail des préoccupations et des outils qui étaient le propre de la discipline depuis son origine. Cette émergence et ce développement ont été rendus possibles par l'intégration de méthodes et de concepts développés par des théoriciens et des praticiens appartenant au champ de la stratégie d'entreprise. Parallèlement, pendant de nombreuses années, la stratégie a pour sa part progressé au rythme de l'apparition de nouveaux outils d'analyse de marchés et de portefeuille de produits. Aujourd'hui, le domaine étendu du marketing stratégique pose la question de la frontière qui le sépare de la stratégie. La convergence des approches théoriques effectuées par la plupart des auteurs en marketing ne doit pas occulter l'appréciation souvent divergente des auteurs en stratégie sur ce même sujet. Peut-être est-ce la raison du regain d'intérêt pour le management stratégique global qui aurait vocation à coiffer les questions de stratégie trop exclusivement pilotées par des considérations de marché. En ce qui concerne le marketing, il était assez prévisible que, ayant vocation à se préoccuper d'échange en contexte concurrentiel, la discipline tende à remonter à la source des variables explicatives de l'avantage compétitif. Cette extension du champ du marketing est donc logique et compréhensible. Il est toutefois difficile de ne pas convenir avec les auteurs en stratégie que ce champ dépasse, dans l'entreprise, les prérogatives du directeur du marketing. Si ce dernier n'est pas, dans l'organigramme, le bras séculier de la direction générale, il peut difficilement avoir les moyens de jouer les chefs d'orchestre auprès des autres fonctions qui structurent la chaîne de valeur. Pour autant, le marketing stratégique développe une certaine façon d'aborder les questions de stratégie et se pose en contributeur privilégié de l'élaboration de la stratégie générale.

Références

ABELL D.F., *Defining the Business : the Starting Point of Strategic Planning*, Prentice Hall, 1980.
ABELL D.F., *Managing with Dual Strategies*, New York, The Free Press, 1993.
CRAVENS D.W., *Strategic Marketing*, 4e éd., R.D. Irwin, 1994.
DAY G.S., WENSLEY R., « Assessing Advantage : A Framework for Diagnosing Competitive Superiority », *Journal of Marketing* (vol. 52, April 1988).
DESREUMAUX A., *Stratégie*, Paris, Dalloz, 1993.
DE WIT B., MEYER R., *Strategy*, St. Paul, West Publishing Company, 1994.
DOYLE P., *Marketing Management and Strategy*, Prentice Hall, 1994.
DUBOIS P.L., JOLIBERT A., *Le marketing : fondements et pratique*, 2e éd., Paris, Economica, 1992.
GRÉGORY P., *Marketing*, Paris, Dalloz, 1993.
HOFER C.W., SCHENDEL D., *Strategy Formulation : Analytical Concepts*, West Publishing, 1978.
INGHAM M. (éd.), *Management stratégique et compétitivité*, Bruxelles, De Boeck Université, 1995.
JAIN S.C., « The Evolution of Strategic Marketing », *Journal of Business Research* (11, 4, 1983), p. 409-425.
KOTLER P., DUBOIS B., *Marketing management*, 8e éd., Paris, Publi-Union, 1994.
LAMBIN J.J., *Le marketing stratégique*, 3e éd., Ediscience, 1994.
LARRÉCHÉ J.C., « Marketing stratégique », *in Encyclopédie de gestion*, t. 2, Paris, Economica, 1989.
PORTER M., *Competitive Advantage : Creating and sustaining superior performance*, New York, The Free Press, 1985.

SAPORTA B., LAPASSOUSE MADRID C., « Les comportements d'intégration marketing stratégie et leur influence sur la performance de la petite entreprise : un cadre conceptuel préliminaire », *Revue internationale PME* (vol. 8, n° 2, 1995).
Strategor, 2e éd., Paris, InterEditions, 1993.
URBAN G.L., STAR S.H., *Advanced Marketing Strategy*, Prentice Hall, 1991.

Mots clés

Affrontement, avantage concurrentiel commercial, avantage concurrentiel stratégique, chaîne de valeur, compétitivité, concurrence, couples produits-marchés, différenciation concurrentielle, différenciation segmentaire, évitement, facteur temps, gamme, marketing management, marketing stratégique, marque, métier, mission, orientation marché, orientation ressources et compétences, portefeuille d'activités, positionnement, segmentation marketing, segmentation stratégique, stratégies de coût, valeur.

Marque

106

Benoît Heilbrunn

La marque a pour rôle essentiel de distinguer, d'authentifier et de protéger l'offre d'une organisation dans une économie de marché. Avant de devenir un atout stratégique et concurrentiel, la marque a d'abord été un signe de reconnaissance dont le rôle initial était d'identifier la source du produit, c'est-à-dire le producteur de l'objet ou du service. Originellement les marques étaient ainsi des signes ajoutés aux objets pour délivrer de l'information quant à leur provenance, afin d'en attester la qualité et l'homogénéité dans un marché dominé par la perte de face à face entre les fabricants et les acheteurs. De signe indiciel ajouté aux produits pour authentifier l'offre d'un fabricant, la marque est néanmoins devenue une arme stratégique majeure dont l'existence relève d'un calcul intéressé des firmes dont elle permet de majorer les marges, d'amoindrir la dépendance à l'égard des circuits de distribution et de régulariser la planification (G. Péninou, 1972). A ce titre, la marque représente l'une des composantes essentielles du capital des entreprises. D'autre part, la marque est devenue une entité protéiforme dont le champ d'application s'est considérablement élargi pour recouvrir, outre des produits, des entreprises (IBM, Philips), des institutions (Danone), des services, des pays, des villes, etc. Face à cette complexification de la marque, le rôle du présent article est de clarifier et d'analyser les fonctions de la marque dans une perspective de marché et de montrer son rôle stratégique dans le processus de création de valeur.

1. La marque : quelques perspectives historiques

La marque n'est pas un phénomène propre à l'entreprise moderne puisque des archéologues ont retrouvé des marques sur des poteries datant de plus de 4 000 ans dans une région qui devint par la suite une partie de la Grèce ancienne. Cependant, rien ne laisse supposer que les lois grecques aient attaché un quelconque droit d'exclusivité à l'usage de la marque. On considère en fait que le véritable usage économique moderne de la marque date du Moyen Age, époque à laquelle elle était d'ailleurs un signe connoté négativement, puisque sa fonction était d'identifier les marchandises défectueuses ou provenant d'artisans non dignes de confiance. Par la suite, les marques de commerce furent utilisées par des associations soumises à des règles corporatistes très fortes visant notamment à empêcher les phénomènes de concurrence (défense d'avoir plus d'un atelier, nombre maximum de compagnons, uniformisation obligatoire de la production, etc.). Ainsi au XVIIIe siècle, la marque est obligatoire en ce qu'elle consacre les monopoles et les privilèges corporatistes[1]. Cependant, aucun droit légal exclusif n'est attaché à la marque avant le XIXe siècle, époque à partir de laquelle le droit commence à considérer que la marque fonctionne (sous certaines conditions) comme un actif protégé. Ce n'est donc qu'au XIXe siècle que la marque acquiert un statut particulier, dans une situation de marché caractérisée par une concentration progressive de la production et par l'apparition conjointe d'un appareil commercial autonome. La création par les fabricants de marques est alors liée à la domination du marché par des grossistes capables d'extraire de solides marges aux dépens de fabricants de faible pouvoir et n'ayant pas accès au consommateur final, et de commerçants éparpillés et sans réel pouvoir de négociation. C'est la création de noms de marque évocateurs renforcés par des propositions de vente uniques qui permet alors aux fabricants d'éroder le pouvoir des grossistes et de devenir la force dominante sur le marché des biens de consommation.

Néanmoins, le rôle de la marque s'est très nettement accru depuis lors, du fait de deux phénomènes majeurs ; d'une part, l'impersonnalisation des marchés qui, du fait de leur taille croissante, implique une distanciation progressive des fabricants et des consommateurs ; d'autre part, l'opacification croissante de l'offre du fait de la complexification croissante des biens de consommation dont les qualités intrinsèques sont difficilement appréciables directement par les consommateurs. La marque joue à ce titre le rôle d'un contrat de confiance entre les fabricants et les consommateurs en ce qu'elle permet d'identifier la source d'un produit et de garantir un niveau constant de qualité. La valeur acquise par la marque au fil du temps renvoie donc dans une très large mesure à la confiance accumulée par celle-ci auprès des consommateurs et des distributeurs.

2. Vers une définition de la marque

La marque est une entité éminemment complexe dont il est possible de trouver plusieurs centaines de définitions selon qu'elle est considérée comme un signe distinctif (T. Watkins, 1986), un symbole (B. Gardner et S. Levy, 1955), une source de valeur ajoutée (P. Farquhar, 1989), etc. Néanmoins, il convient de revenir au rôle de la marque dans une perspective de marché. De ce fait, la marque sera considérée ici comme une entité sémantique qui crée de la valeur pour les différents acteurs du marché qui interagissent.

2.1. La marque comme instance signifiante

Pendant longtemps, la marque a été considérée comme un signe additionné au produit en vue d'identifier sa source et de protéger le consomma-

1. Voir à ce sujet : « La marque, enjeu du marché », *in Vive la marque*, Institut du Commerce et de la Consommation, 1991, p. 37-50.

teur et le producteur à l'égard de biens qui apparaîtraient identiques. Dans cette perspective, la marque était conçue comme une dimension du produit, ne pouvant jouer alors qu'une fonction indicielle en attestant l'origine et la qualité d'un produit afin de lutter contre les tentatives de contrefaçon. Il est à ce titre important de distinguer la marque du produit puisque ceux-ci sont deux actifs de nature distincte. Le produit se fabrique, s'expose, se touche, se consomme ; c'est une réalité tangible ; il appartient au registre de l'objet, c'est-à-dire au registre de la substance[2]. La marque est une réalité sémiotique intangible qui n'existe qu'incarnée dans un produit, une gamme de produits ou de services ; elle est donc essentiellement une entité discursive qui n'existe qu'au sein d'un processus de communication entre plusieurs acteurs auprès desquels elle a pour rôle d'apporter des valeurs ajoutées qui ne se confondent pas avec les seules caractéristiques du produit. Alors qu'un produit consiste essentiellement en des composantes physiques, la marque représente, outre les produits et/ou les services qu'elle cautionne, des associations fonctionnelles et/ou émotionnelles qui se construisent au fil du temps dans l'esprit des consommateurs à travers ses diverses émanations (la forme du produit, le conditionnement, le discours publicitaire, etc.). Le fait de marquer un produit va donc au-delà de la pure description de ce produit et permet de lui fournir des facettes d'identité qui correspondent aux utilisations du produit, aux valeurs qui lui sont attachées, à ses fonctions, à son style de communication, etc. La marque est en fait bien plus qu'un simple dénominateur ou indicateur puisqu'elle fournit au produit (ou au service) marqué un réseau de sens, une histoire, un univers imaginaire, en bref une identité, c'est-à-dire une continuité dans le temps et l'espace.

Marquer un produit revient donc à le projeter dans un univers symbolique en l'associant à un ensemble de bénéfices tangibles et intangibles mais aussi d'idées, d'émotions et de valeurs. Cette fonction de marquage est d'autant plus importante que, comme l'avait mis en évidence R. Barthes (1985), tout objet de consommation est peu ou prou englué de signification du fait d'un processus universel de sémantisation qui lui fait perdre son statut matériel et fonctionnel et le transforme en instance signifiante. La marque est justement l'une des modalités par lesquelles la substance matérielle d'un produit ou d'un service s'organise en substance signifiante dont les niveaux de communication sont multiples (produit, logo, packaging, discours publicitaire, etc.).

Cette instance signifiante n'a de sens que si elle peut être protégée et si elle permet de créer de la valeur. Et de fait, la marque n'a d'existence dans la législation française que par la seule foi d'un dépôt qui en fait une entité juridique[3].

---

2. Voir également dans cette Encyclopédie l'article de J.C. Tarondeau, « Produit », p. 2594, tome 3.

3. Nous ne rentrerons pas ici dans le détail de la juridiction attachée à la marque dans le droit français et européen puisque tel n'est pas l'objet de l'article ; nous renvoyons pour ce faire à Y. Plasseraud *et al.* (1994), ainsi qu'à V. de Chantérac, « La marque à travers le droit », *in* J.N. Kapferer et J.C. Thoenig (1989, p. 45-90). Voir également dans cette Encyclopédie l'article de V. de Chantérac, « Droit du marketing », p. 1041, tome 1.

2.2. La marque comme valeur ajoutée

Outre son importante fonction d'indice, la marque a pour rôle essentiel d'injecter de la valeur dans des biens pour les différencier de produits concurrents. La marque permet à l'entreprise de débanaliser son offre et d'ajouter ainsi de la valeur à un bien (produit ou service) en le différenciant des biens similaires offerts par les concurrents. L'impact d'une marque peut alors, par exemple, se mesurer en apposant deux marques différentes sur le même produit[4]. De surcroît, une marque n'acquiert de la valeur au sens strict que dans la mesure où elle fait l'objet d'une transaction, d'un échange, c'est-à-dire si elle est investie par les différents acteurs économiques d'une valeur. Ainsi dans une perspective relationnelle[5], « le statut de la marque (s'explique);grâce à l'observation de la manière dont les acteurs s'approprient la marque » (F. Dupuy et J.C. Thoenig, 1989, p. 173). Dire de la marque qu'elle a de la valeur revêt alors trois significations.

– La valeur d'une marque résulte d'une interaction ; la marque est une entité relationnelle qui ne crée de la valeur qu'au sein d'une interaction et d'un jeu différentiel entre divers acteurs. Il est donc important pour comprendre le rôle et les enjeux de la marque de la replacer dans une perspective de marché, en l'analysant successivement sous l'angle des trois types d'acteurs principaux impliqués dans le processus de marquage.

– La marque renvoie ainsi à plusieurs sources de valeurs (et de valorisations) selon qu'elle est considérée sous l'angle des fabricants, des distributeurs ou des consommateurs[6]. Il s'agira en priorité de comprendre comment chacun des acteurs s'approprie la marque, c'est-à-dire contribue à coconstruire la valeur de cette entité au sein d'un processus d'échange.

– La valeur d'une marque se construit dans le temps : la valeur d'une marque est issue d'un processus de sédimentation qui se construit et évolue dans le temps ; comme on le verra par la suite, cette approche est importante si l'on adopte une conception holistique de la marque, qui vise à la considérer comme un système évolutif.

Pour comprendre le rôle et les fonctions de la marque sur le marché, il convient tout d'abord de décrire les sources de valeur de la marque pour les trois types d'acteurs principaux que sont les fabricants, les distributeurs et les consommateurs (schéma 1).

---

4. Ainsi, Hitachi et General Electric possédaient conjointement une usine qui fabriquait des téléviseurs pour les deux entreprises ; les postes livrés aux deux entreprises étaient identiques mis à part la marque et le prix. Les téléviseurs Hitachi étaient vendus 75 dollars de plus que les téléviseurs de GE. Il se vendait néanmoins deux fois plus de téléviseurs Hitachi que de téléviseurs GE.

5. Par opposition à une approche duelle ou transactionnelle de la marque, qui la considère au sein d'un processus d'échange bilatéral dans lequel la marque viendrait satisfaire les utilités dont sont porteurs les deux partenaires.

6. Il faudrait par ailleurs adjoindre à cette liste d'acteurs l'environnement socio-culturel au sens large qui participe de façon essentielle à la construction et à l'évolution de la valeur et de l'image de marque.

Schéma 1 – Les sources de valeur de la marque pour les acteurs du marché

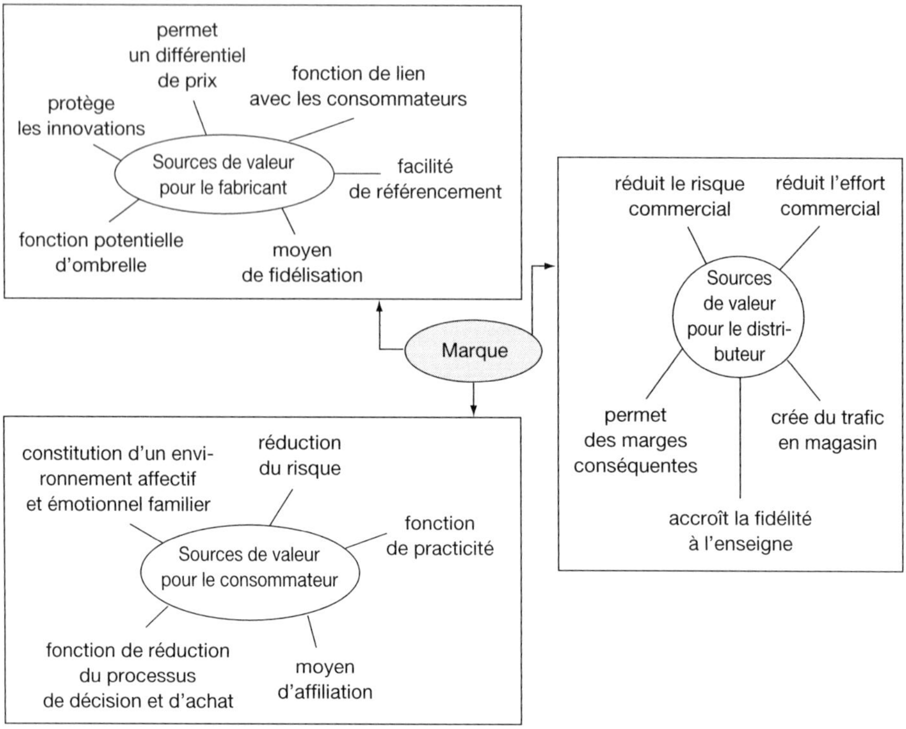

3. La marque du point de vue du fabricant

Bien qu'historiquement les premières marques furent créées par les distributeurs, il apparaît néanmoins légitime de considérer de prime abord la marque du point de vue des fabricants, qui en sont désormais les plus grands pourvoyeurs sur le marché[7].

3.1. La marque source de valeur pour le fabricant

La marque est essentiellement investie par les fabricants de trois fonctions : une fonction d'appropriation, une fonction d'authentification et une fonction de communication. Une fonction d'appropriation tout d'abord dans la mesure où la marque est avant tout une arme stratégique de différenciation qui permet à un fabricant de définir et de protéger un territoire de compétence et de légitimité. Le balisage d'un territoire suppose d'associer la marque à un savoir-faire, des valeurs, un positionnement, une promesse, autant d'éléments qui fondent sa spécificité. Ainsi, avant d'être une entité économique, la marque est surtout une apposition linguistique de discrimination visant à singulariser un objet. Marquer un produit, c'est donc, comme

7. A ce titre, l'article se concentrera exclusivement sur les marques de produits de grande consommation, et n'abordera pas les spécificités liées aux marques industrielles et aux marques de service. Le lecteur intéressé pourra se référer respectivement à P. Hague et P. Jackson (1994) et à J. Bateson (1995).

l'a remarqué G. Péninou (1972), tout d'abord le délivrer de l'uniformité du vrac et du rebut en lui conférant, de ce fait, une certaine singularité. L'apposition d'un nom qu'est l'opération de marquage illustre donc le passage de l'innommé au nommé, c'est-à-dire le passage du réalisme de la matière (le nom commun) au symbolisme de la personne (le nom propre)[8]. Ainsi, anthropologiquement, le marquage est essentiellement une opération de découpage au sein de l'informe et de l'uniforme en vue du repérage élémentaire de l'identité (G. Péninou, 1972, p. 133) et de l'instauration d'un territoire de propriété de la part du fabricant.

Cette fonction d'appropriation est liée à la seconde fonction de la marque qui est une fonction d'authentification. En effet, la légitimité du territoire symbolique revendiqué par la marque n'a de sens et d'efficace que pour autant que s'il est cautionné et authentifié par le fabricant. Enfin, cette double fonction d'appropriation/authentification est corroborée par une fonction de communication dans la mesure où toute authentification n'a de sens et de valeur qu'une fois communiquée. Cette vertu communicante de la marque est d'ailleurs étroitement liée à sa fonction relationnelle qui lui permet de délivrer des messages au consommateur, notamment au moyen d'opérations de communication (publicité, marketing direct, opérations promotionnelles, etc.), et de garder ainsi un contact quasi permanent avec le consommateur[9]. La marque permet aux fabricants de court-circuiter l'influence des distributeurs en adressant des messages directement au consommateur par l'intermédiaire de la publicité, du conditionnement, et/ou du bouche à oreille. La marque est un être de discours qui fédère plusieurs niveaux de communication et donc de lien avec les acteurs du marché.

A cette fonction de lien s'ajoute le fait que la marque est un facteur de fidélité des consommateurs puisqu'elle permet de donner une identité à un produit en l'associant à certains bénéfices.

En outre, une marque qui détient un taux important de fidélisation inspire la confiance des intermédiaires et permet de ce fait un accès favorisé aux réseaux de distribution en facilitant notamment le référencement. La marque donne donc au fabricant un pouvoir de marché qui se manifeste à l'égard des consommateurs (la marque est un lien privilégié avec les consommateurs potentiellement créateurs de fidélité) mais aussi auprès des distributeurs (la marque permet une meilleure pénétration des circuits de distribution).

Enfin, la marque est très souvent source de marges et de profits conséquents. Ainsi l'étude PIMS réalisée aux Etats-Unis sur un échantillon de 2 600 entreprises a mis en évidence un lien entre la part de marché et le retour sur investissement (R.D. Buzzel et B.T. Gale, 1987). Les marques ayant une part de marché de 40 % génèrent en moyenne un retour sur investissement trois fois supérieur aux marques disposant d'une part de marché de 10 %. Une marque forte engendre donc en pratique des profits élevés. La relation est d'ailleurs encore plus forte pour les biens de consommation courante, puisqu'une étude menée aux Etats-Unis et au Royaume-Uni a montré que les

---

8. G. Péninou (1972, p. 135). Rappelons à ce sujet qu'un nom commun ne peut être déposé comme marque.

9. Voir dans cette Encyclopédie les articles de P.L. Dubois, « Publicité », p. 2675, tome 3 et « Promotion commerciale », p. 2634, tome 3 et de D. Xardel, « Marketing direct », p. 1839, tome 2.

marques leaders opèrent un profit six fois supérieur en moyenne à celui des marques de second rang (P. Doyle, 1994, p. 170-171).

Par ailleurs, la différenciation qui fonde le pouvoir et la légitimité de la marque peut être valorisée par un surprix ; cette prime de marque n'est autre que le différentiel de prix que les consommateurs sont prêts à payer pour un produit de marque et qui correspond à la différence de prix qu'autorise la marque par rapport au « juste-prix » que les consommateurs estiment devoir payer pour ce type de produits (A.R. Rao, M.E. Bergen, 1992). Cette question de la prime de marque est essentielle pour comprendre la légitimité de la marque, c'est-à-dire sa propension à créer, entretenir et justifier de la valeur ajoutée. La première fonction économique de la marque est en effet de réduire l'élasticité de la demande par rapport au prix (et donc la sensibilité au prix), en tentant par des stratégies de différenciation de réintroduire un quasi-pouvoir de monopole. L'argument principal pour expliquer l'existence de prime de marque sur le marché est l'information asymétrique (G. Akerlof, 1970) qui rend compte du fait que les offreurs disposent généralement de plus d'informations que les acheteurs sur la qualité et la valeur de leurs produits[10]. Certains produits sont néanmoins plus aptes que d'autres à être évalués par le consommateur avant l'acte de consommation. L'expérience prouve que les consommateurs ne paient effectivement une prime de marque que lorsqu'il y a une différence évidente entre les marques de qualité et la qualité minimum disponible que les consommateurs peuvent détecter avant l'achat, et lorsque le nombre d'achats répétés est faible (B. Klein et K.B. Leffler, 1981).

Ainsi, l'un des reproches souvent adressés aux marques disposant d'une forte notoriété est de concourir à l'inflation du fait de différentiels de prix par rapport à des produits comparables qui apparaissent à certains comme un surcoût plutôt que comme une réelle valeur ajoutée. Cette assertion est en fait discutable pour trois raisons. Tout d'abord, si les nouvelles marques bénéficient souvent lors de leur mise sur le marché d'un écart de prix significatif avec des marques concurrentes, cet écart tend généralement à se réduire par la suite du fait de phénomènes d'économies d'échelle et d'intensification de la concurrence. Ensuite, une étude portant sur 20 marques de consommation entre 1961 et 1986 montre que si l'indice des prix avait été multiplié par six sur la période, le prix de ces produits de marque n'avait que quadruplé[11]. Enfin, les stratégies de prix des fabricants de produits de consommation courante semblent évoluer vers un amoindrissement des surprimes dû au seul effet marque[12], du fait notamment de la concurrence accrue des marques de distributeurs et des marques premier-prix.

Par ailleurs, bon nombre d'entreprises ne tirent pas profit de la supériorité de leur marque. Ainsi, J. Saunders (1990) rend compte d'analyses selon

---

10. Voir également dans cette Encyclopédie l'article de P. Raimbourg, « Asymétrie d'information, théorie de l'agence et gestion de l'entreprise », p. 188, tome 1 et dans l'Encyclopédie des marchés financiers l'article de P.A. Chiappori, « Information asymétrique et analyse du risque ».

11. Résultat d'une étude réalisée par SECODIP et citée dans J.N. Kapferer et J.C. Thoenig (1989, p. 231).

12. Citons à titre d'exemple une comparaison entre l'évolution sur 10 ans (1982-1992) du prix de quelques produits Danone avec la hausse du coût de la vie (+ 49 % sur la période) : Danette : + 16 %, Danone aux fruits : + 4 %, Evian : + 32 %, Blédina : + 5 %. *Source* : *Le Monde* (28 septembre 1993, p. 32).

lesquelles dans presque 50 % des cas, le prix de certaines marques pourrait être profitablement augmenté. Ce résultat est cohérent avec les données fournies par la fameuse étude PIMS réalisée aux Etats-Unis ; cette étude montre entre autres que les marques dominantes ont tendance à être de qualité supérieure et à n'engendrer que de modestes différentiels de prix.

3.2. La légitimité de la marque à créer de la valeur

Si la marque permet d'augmenter la marge sur certains produits, une stratégie de marque induit néanmoins des coûts additionnels pour l'entreprise en ce qui concerne la recherche et le développement, la production, le conditionnement, la publicité, etc. Une étude menée dans le secteur de l'alimentaire a mis en évidence le fait que 23 % des coûts d'un fabricant sont directement ou indirectement imputables à la gestion de la marque (I. Davis, 1986, p. 44). Le graphique 1 illustre clairement les gisements potentiels d'économie entre une marque de fabricant et une marque premier-prix[13].

La première option qui s'offre aux fabricants pour contrecarrer l'offensive des marques premier-prix est de réduire le niveau de prime de marque,

Graphique 1 – Les sources d'écart de prix/coûts entre les marques nationales et les marques premier-prix

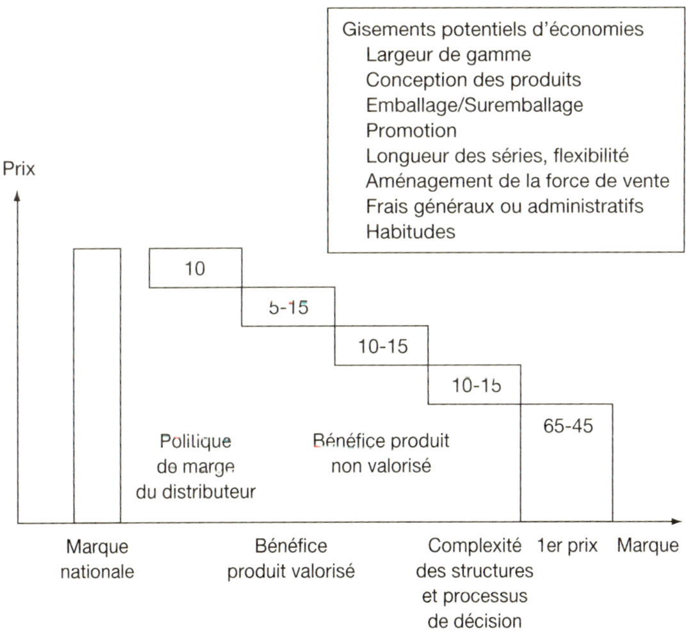

Source : *LSA* (n° 1404, 30 juin 1994, p. 39).

13. Ce graphique invite d'ailleurs à établir la distinction entre les termes anglo-saxons de *price premium* et de *premium price* ; en effet le *price premium* est assimilé à la différence entre le prix de vente et les coûts de fabrication et d'acheminement du produit sur le lieu de vente : il est donc lié à un profit potentiel du côté de l'offre lors de la transaction. Par contre, le *premium price* renvoie à la prime de marque, c'est-à-dire à l'existence d'un écart de prix significatif induit par une marque de forte notoriété par rapport à d'autres marques ou produits similaires : celui-ci n'indique pas pour autant un profit pour l'offreur ; voir à ce titre A.R. Rao et M.E. Bergen (1992, p. 412).

sachant que cette réduction doit être compensée par des gains de coût significatifs tout au long de la chaîne de valeur. La deuxième option est de conduire des opérations promotionnelles de réduction de prix, sachant que celles-ci présentent le risque majeur, quand elles sont trop fréquentes, de dévaluer l'image de la marque, si bien qu'il est ensuite pratiquement impossible de revenir au niveau initial de profit sans une opération de repositionnement ou de relance de la marque. La troisième option est d'entretenir la valeur de marque par des investissements en recherche et développement ou en communication. D'où la nécessité constante dans cette perspective de créer et d'ajouter en permanence de la valeur à la marque afin de légitimer sa valeur et l'existence éventuelle d'une prime de marque. Une étude menée au Royaume-Uni (schéma 2) a, par exemple, permis de montrer que les marques de fabricants résistent davantage aux marques de distributeurs dans des secteurs à forte intensité publicitaire. Les secteurs qui investissent beaucoup en publicité sont très souvent ceux qui innovent fortement et contribuent de ce fait à différencier leurs produits. D'où l'importance cruciale des investissements en recherche et développement (création de la valeur) et en publicité (manifestation de la valeur) pour valoriser, entretenir et dynamiser leurs marques.

Une autre source de valeur pour le fabricant réside dans le fait qu'une marque peut être protégée légalement, quoique la législation française ne distingue pas comme le fait la législation américaine le *trade name* et le *trade dress*. Le *trade name* est le « nom utilisé par les fabricants, les industriels et les négociants pour identifier leur commerce, qui en fait symbolise la réputation de leur commerce », alors que le *trade dress* (concept qui a émergé aux Etats-Unis en 1983) renvoie à « l'entière apparence et (à) l'image d'un produit comprenant des caractéristiques telles que la taille, la forme, la couleur et les combinaisons de couleurs, les illustrations et même la publicité spécifique et

Schéma 2 – Pourcentage moyen par marché, au Royaume-Uni, des dépenses publicitaires et de la pénétration des marques des distributeurs sur la période 1987/1990 en valeur (à prix constants)

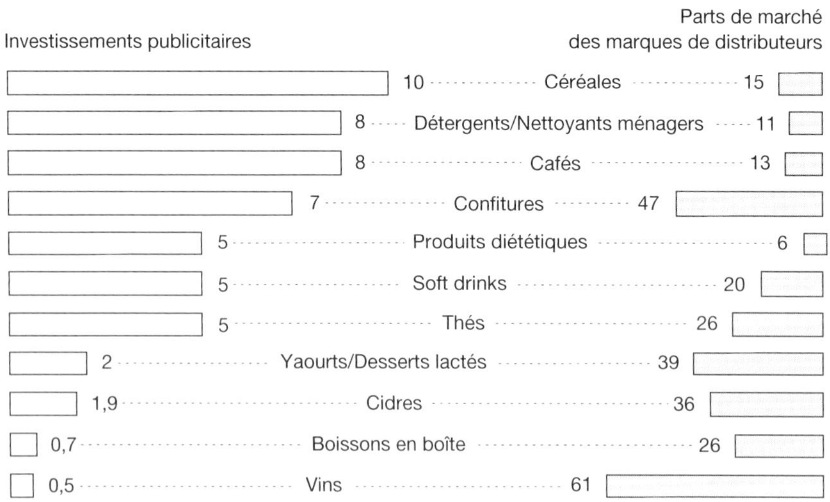

Source : Mintel/McKinsey.

les techniques de marketing mises en œuvre pour promouvoir sa vente » (H. Maccioni, 1995, p. 9). Le concept de *trade dress* permet au droit américain de protéger non seulement le nom de marque mais aussi l'image d'ensemble du produit.

Enfin la marque est une source de valeur pour le fabricant, dans la mesure où elle représente une plate-forme potentielle de diversification.

3.3. L'extension de marque

L'extension de marque consiste à lancer un nouveau produit en utilisant une marque qui a déjà fait ses preuves. Les raisons poussant les entreprises à étendre leurs marques sont principalement de trois ordres.

– La possibilité de réaliser des économies d'échelle notamment en distribution et en communication (réduction du coût d'entrée du nouveau produit) en bénéficiant du capital de la marque (notoriété, confiance accumulée, contenu d'image, etc.).

– La nécessité d'éviter la prolifération des marques, phénomène qui induit des coûts de distribution et de promotion plus importants et contribue en outre à réduire l'impact publicitaire ainsi que la place allouée en linéaire à chacune des marques ; une stratégie de concentration des moyens (et des marques) permet également de limiter les risques de saturation du consommateur face à l'augmentation croissante du nombre de marques dans son environnement quotidien ; ainsi, l'extension de marque permet de bénéficier du fait que les consommateurs sont plus enclins à essayer de nouveaux produits cautionnés par des marques à forte notoriété et dotées d'une bonne image. Une stratégie d'extension de marque permet ainsi d'accroître de façon notoire les taux d'essai, de conversion et de fidélisation.

– La volonté stratégique enfin d'élargir le champ de compétence de la marque afin de réactiver et de dynamiser son image, et de témoigner de sa capacité d'innovation.

Par ailleurs, l'extension de marque peut, dans certains cas, être un moyen de riposte stratégique à l'évolution de la législation. Ainsi, les fabricants de cigarettes, frappés en France par l'interdiction d'une communication sur les produits à base de tabac, ont habilement contourné la réglementation en opérant des stratégies d'extension de marque dans diverses catégories de produits telles que les allumettes, les chaussures, les montres, les voyages. Cette stratégie leur permet notamment de communiquer et d'assurer une visibilité publicitaire du nom de marque en jouant avec les contours de la législation publicitaire.

Cependant, il importe de distinguer les différents modes de diversification d'une marque, et notamment l'extension de gamme qui consiste à utiliser une marque pour lancer une forme nouvelle d'un produit existant déjà marqué ou bien un produit complémentaire, de l'extension de marque proprement dite, qui renvoie à l'utilisation d'une marque pour lancer un produit dans une catégorie de produits différente[14]. On peut à ce titre distinguer trois formes principales de développement d'une marque (schéma 3).

14. On entendra ici produit différent au sens d'un produit dont la nature et la fonction diffèrent des produits actuellement commercialisés sous la marque (J.J. Cegarra et D. Merunka, 1993, p. 55).

Schéma 3 – Les différentes formes de développement d'une marque

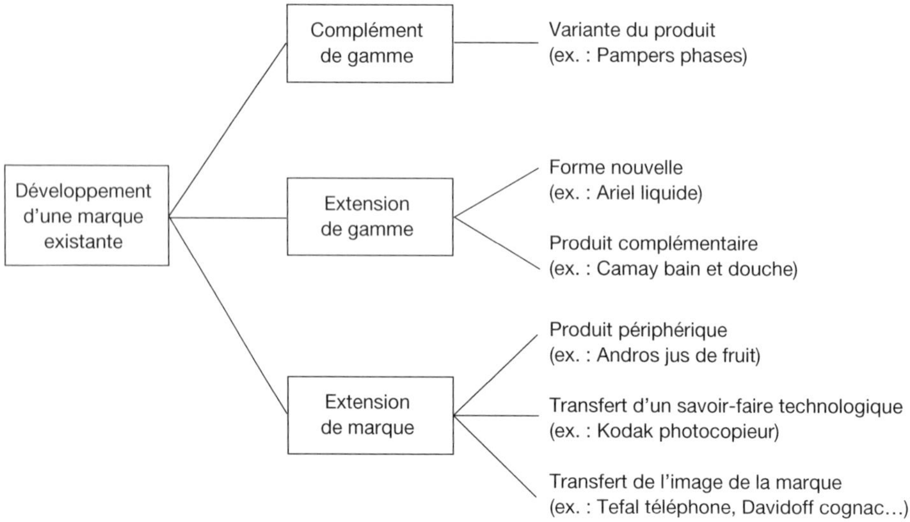

Source : J.J. Cegarra et D. Merunka (1993, p. 55).

Dans le cas d'une extension de marque, l'acceptation de l'extension par le consommateur est d'autant meilleure (P. Barwise, 1993, p. 97) que :

– la marque mère est associée à un excellent niveau de qualité,

– il existe un lien perceptuel entre la marque mère et la marque fille, c'est-à-dire que le consommateur accepte l'extension comme étant logiquement et légitimement fédérée par la marque mère.

Cette notion de lien perceptuel est déterminée par la typicalité de marque qui renvoie aux produits considérés par les consommateurs comme représentatifs d'une marque donnée. Ainsi la stratégie d'extension de marque de Bic a été fructueuse pour les briquets et les rasoirs jetables, mais pas pour le parfum car les valeurs liées à la marque Bic (innovation, fonctionnalité, simplicité, prix bas, mode de distribution intensif) n'étaient pas en adéquation avec le nouveau produit (A. Aaker, 1994, p. 218-226). Cette question du lien perceptuel renvoie au principe psychologique de généralisation selon lequel, lorsque deux *stimuli* sont perçus comme étant contigus, les effets de l'un seront perçus comme équivalents aux effets de l'autre, entraînant ainsi les mêmes réponses attitudinale et comportementale (S. Dimitriadis, 1993, p. 23). Dans le cas d'une extension de marque, l'on escompte essentiellement de la part des consommateurs un effet de généralisation sémantique, à savoir un transfert à l'extension des attributs, caractéristiques et valeurs associés à la marque mère.

Il est donc primordial, dans le cadre d'une extension de marque, de rechercher les valeurs centrales associées à la marque mère et d'analyser dans quelle mesure les consommateurs perçoivent l'extension proposée comme typique de la marque. Ainsi, le processus d'extension de marque peut brièvement se résumer de la façon suivante :

– évaluation de la force de la marque par une analyse d'image et de notoriété,

– recherche des valeurs centrales associées à la marque mère,
– étude de la crédibilité des nouveaux produits,
– analyse de l'existence d'un lien perceptuel entre les anciens et les nouveaux produits,
– lancement des produits nouveaux par étapes[15].

3.4. Le marquage d'un système d'offre

Le concept de diversification de marque illustre clairement le fait qu'une marque doit essentiellement se comprendre non par référence à un produit ou à un service unique, mais de façon plus globale par rapport à un système d'offre.

3.4.1. La marque comme système : vers une approche holistique de la marque

Longtemps régie par une relation étroite et durable à un produit particulier, la marque est devenue un signe, voire un « hypersigne » représentant non plus simplement un produit particulier mais une ligne de produits (Mégane, Safrane, Nescafé), une gamme de produits (Gillette, Findus, Dim), voire des gammes très diverses de produits (Nestlé, L'Oréal, IBM). Autrefois dominées par une conception de marque-produit (la marque étant liée à un produit de façon exclusive), les pratiques des entreprises en matière de gestion des marques ont graduellement conduit à une modification du statut de la marque ; celle-ci est de plus en plus souvent gérée comme un hypersigne fédérant des lignes et des gammes plus ou moins complexes de produits et de services. A une approche de la marque comme simple signe rajouté au produit, s'est progressivement substituée une approche *holistique* qui vise à considérer la marque comme une superstructure sémantique et narrative fédérant un ensemble de produits et de services de natures souvent disparates. Cette évolution du statut de la marque a des implications évidentes sur la relation produit-marque. En effet, dans l'approche marque-produit, la marque était essentiellement conçue comme un signe ajouté au produit, c'est-à-dire comme une simple dimension du produit ; dans une perspective holistique, le rapport produit/marque s'inverse, puisque c'est le produit qui devient une dimension de cette instance fédératrice qu'est la marque.

Dans une approche holistique, la marque n'est plus définie comme un simple signe (ou symbole) ajouté aux produits pour en garantir l'origine et les différencier des produits concurrents ; au contraire, c'est le produit qui vient s'insérer dans ce système identitaire qu'est la marque. Ce changement de statut de la marque impose en effet le passage d'une analyse de la marque se situant exclusivement au niveau du signe à une analyse se situant essentiellement au niveau d'un système.

G. Marion (1989, p. 105-118) a fort bien montré à ce titre que l'analyse de la marque dépend très étroitement d'une perspective sémiotique. Qu'est-ce en effet qu'une marque du point de vue sémiotique, si ce n'est l'association d'un signe (le nom de marque), d'un référent (le ou les produits marqués) et

15. La séquencialité des lancements est en effet un facteur primordial de succès de la stratégie d'extension ; voir à ce sujet D. Aaker (1990) ainsi que D. Aaker et K.L. Keller (1990).

d'un sens (ou univers de signification) qui renvoie plus ou moins à ce qu'il est convenu d'appeler l'image de marque ? Le marquage d'un système d'offre renvoie alors à deux types de questions. La première concerne la relation entre la marque et les produits marqués. La marque doit-elle être attachée à un produit de façon exclusive ou peut-elle au contraire fédérer plusieurs produits ? Une entreprise peut couvrir son marché selon trois options : l'approche monomarque (une marque par produit et par segment), le choix de marques-familles (une marque par famille de produits) et l'approche multimarques (une même catégorie de produits couverte par plusieurs marques). La seconde question liée au marquage des produits renvoie à la visibilité de l'entreprise (et du socionyme de l'entreprise) derrière ses marques. Certaines entreprises (IBM, Philips, etc.) cautionnent en effet leurs produits avec leur socionyme en établissant une transparence entre le nom de l'entreprise et le nom de marque. Dans un tel cas, il s'agit néanmoins de bien distinguer et étager les niveaux de communication, dans la mesure où un même nom de marque renvoie à une institution, une entreprise ainsi qu'à des produits (Y. Krief, 1986) ; d'autres entreprises (Procter and Gamble, Unilever, etc.) recherchent au contraire à isoler le nom des marques et le nom de l'entreprise (stratégie d'opacification des noms de marques) en vendant des produits sous des noms de marque sans rapport aucun avec le socionyme de l'entreprise. En fonction de ces deux critères essentiels de choix, un certain nombre de stratégies de marquage s'offrent aux entreprises.

3.4.2. Les différentes stratégies de marquage

Les stratégies de marquage renvoient principalement à trois types de marques : la marque produit, la marque famille et la marque caution (schéma 4).

3.4.2.1. La marque-produit

La marque-produit est le cas d'une marque attachée de façon étroite, exclusive et durable à un produit. Une entreprise comme Mars commercialise différents produits, chacun étant vendu sous une marque spécifique : Mars, Bounty, Twix, Milky-Way. De même, Procter and Gamble couvre plusieurs segments du marché de la lessive avec des marques-produits telles que Ariel, Vizir, Dash ou Bonux. Chacune de ces marques est liée à une promesse spécifique et bénéficie d'une stratégie de communication particulière. L'avantage de cette stratégie est notamment de permettre une segmentation plus fine en disposant de marques sur des segments de marché qui sont complémentaires voire très proches. En outre, la marque-produit permet de pourvoir la marque d'une identité forte et distincte et de personnaliser la communication publicitaire tout en isolant le socionyme de l'entreprise. Cet isolement volontaire de la marque et du socionyme peut être important quand l'entreprise fait l'objet d'une campagne de dénigrement (Procter and Gamble a ainsi été accusée aux Etats-Unis d'être une firme satanique, ce qui n'a pas eu de conséquence directe pour ses marques) ; inversement, quand une marque-produit est victime d'un échec commercial, le retentissement est très faible sur les autres marques de l'entreprise puisque les consommateurs n'établissent pas le lien entre la marque et l'entreprise.

Schéma 4 – Les différents types de marques

Marque-produit	Marque | Produit | Promesse	Exemples : Tonygencyl, Monsavon, Tropicana… Branduits : Coca-Cola, Suze, Caprice des Dieux, Wasa, Cracottes…
Marque-gamme	Marque | Promesse | | | Produits	Exemples : Fa, Gillette, Findus, Dim, Lancôme, Panzani
Marque-ombrelle	Marque | Produits | | | Promesses	Exemples : Seb, Téfal, Calor, Amora, Black et Decker, Salomon
Marque-caution	Marque-caution | Marques / | \\ Produits | | | Promesses	Exemples : L'Oréal, Nestlé…

Source : Adapté de G. Marion (1987, p. 113).

Le recours à des marques-produits permet également à une entreprise d'adopter une approche multimarques en couvrant un même segment de marché avec plusieurs noms de marques indépendants. Ce type de stratégie permet, outre le fait d'accroître la part de marché globale de l'entreprise sur un secteur, de favoriser des phénomènes de concurrence interne très profitables à la gestion globale du portefeuille de marques.

Cependant la marque-produit pose à l'entreprise de nombreuses contraintes liées à la nécessité d'investissements promotionnels et publicitaires élevés du fait de l'existence de seuils minimaux d'efficacité publicitaire (M. Botton et J.J. Cegarra, 1990, p. 59) ; d'autre part, la marque-produit induit un phénomène de déperdition stratégique, puisqu'elle ne peut bénéficier de synergie (de notoriété, d'image ou de facilité de référencement) avec d'autres marques du portefeuille de l'entreprise. Un cas particulier de la marque-produit est le *branduit* (amalgame de *brand* et de produit), notion forgée pour rendre compte des noms de marques devenus à l'usage des noms génériques désignant des types de produits (Frigidaire, Coca-Cola, Scotch, Post-it, Suze…). Le *branduit,* même s'il offre l'avantage d'une très forte notoriété, comporte un risque de dissolution de l'identité de marque[16], dans la mesure

16. Un sondage conduit aux Etats-Unis a par exemple montré que 56 % des répondants appelaient des mouchoirs des « kleenex », 52 % appelaient « scotch » du papier adhésif, et 49 % appelaient « xerox » des photocopieurs ; cité dans H. Assael (1995).

où le nom générique d'un produit vient recouvrir et supplanter dans l'esprit des consommateurs le nom de la marque. Coca-Cola a par exemple attaqué en justice beaucoup de bars et de restaurants aux Etats-Unis, parce que ceux-ci servaient à leurs clients qui leur avaient demandé du Coca-Cola d'autres marques de cola[17].

3.4.2.2. La marque-famille

La marque-famille renvoie au cas où l'entreprise utilise un nom de marque pour une ou plusieurs lignes, voire plusieurs gammes de produits.

Dans le cas d'une extension de ligne, de gamme ou de marque, la mise en œuvre d'une marque-famille présente deux avantages majeurs. Le premier consiste en la réduction des coûts de lancement d'un produit tout en assurant un certain niveau de ventes lié à la confiance accumulée par la marque au fil du temps. Le second résulte de la réduction des dépenses marketing (publicitaires, promotionnelles, de négociation avec les distributeurs, etc.) grâce à d'importants effets de synergie. On peut en fait distinguer trois grands types de marques-familles.

– La marque-ligne désigne à travers un concept et un positionnement commun un ensemble de produits complémentaires qui forment une ligne de produits. Ainsi la marque Studio Line de L'Oréal regroupe une ligne de produits complémentaires tels que des shampooings, des gels capillaires, des sprays qui sont fédérés par le même nom de marque, véhicule d'une promesse unique.

– La marque-gamme désigne à travers un concept de marque unique un ensemble de produits et de lignes de produits appartenant au même territoire produit. Ainsi Findus est une marque-gamme couvrant des produits tous situés sur le segment du surgelé salé et fédérés par une promesse unique.

Ces deux catégories de marques permettent à l'entreprise de capitaliser sur une image de marque cohérente et facilitent de façon notoire tant le lancement que la distribution de nouveaux produits (extension de ligne ou de gamme) en s'appuyant sur la forte notoriété du nom de marque.

Enfin, un cas particulier de marque-famille est la *marque-ombrelle*, qui est une marque regroupant plusieurs gammes de produits dans des marchés différents. Yamaha vend sous sa marque des motos, des pianos, des guitares, tandis que Philips commercialise des ampoules, des ordinateurs, de la hi-fi, des téléviseurs, des rasoirs électriques, des appareils électroménagers. De même, Swatch commercialise des montres, des sacs, des T-shirts, des stylos, des rasoirs et (bientôt) des voitures. La marque-ombrelle se distingue essentiellement de la marque-gamme en ce que son territoire produit est plus étendu, et que chaque produit est lié à une promesse et une communication spécifiques. Elle est souvent le fait de la diversification d'une marque disposant d'une très forte notoriété et d'une image valorisante. Ainsi l'avantage de la marque-ombrelle, comme de toutes les marques-famille, est de profiter d'effets de synergie lors d'opérations de diversification, mais aussi d'entretenir et de rénover régulièrement la marque par la mise sur le marché de

---

17. Il convient aussi sans doute d'ajouter à cette liste de marques-produits les noms de marques sous forme de slogan dont un bon exemple est la marque « Aussi bon cru que cuit, qui l'eût cru ? », lancée par la société Astra Calvé sur le marché français en 1996.

nouveaux produits. Cependant, la principale difficulté associée à la marque-ombrelle provient de la gestion de l'identité d'une marque recouvrant plusieurs types de produits dotés chacun d'une promesse spécifique. Le risque majeur est celui d'une dissolution de l'identité de la marque par un éloignement progressif des territoires de produit et de communication fondateurs de la marque.

3.4.2.3. La marque-caution

Avec la marque-caution, l'entreprise met en scène son socionyme pour cautionner les produits commercialisés. Ainsi, tous les produits vendus par Kellog's sont cautionnés par le socionyme de l'entreprise de la façon suivante : Kellogg's Corn Flakes, Kellog's Fruit'n Fibre, Kellog's All-Bran, Kellog's Country Store, Kellog's Müsli, Kellog's Cracky Nut, etc. La marque-caution est donc essentiellement une signature de l'entreprise qui vient en supplément d'une autre marque (produit, ligne ou gamme) pour cautionner ses produits et en authentifier l'origine en établissant une relation de transparence entre le produit et le socionyme de l'entreprise. Cette caution peut prendre la forme d'une véritable signature (stratégie très courante dans le domaine du luxe par l'entremise de la griffe qui est un cas particulier de marque-caution), quitte à façonner des noms de marques à partir d'une racine du socionyme : Danone cautionne ainsi des marques telles que Danerolle, Dany, Danette, Danino. Cette stratégie permet d'ailleurs d'individualiser le produit tout en authentifiant son origine (M. Botton et J.J. Cegarra, 1990, p. 66). Un autre cas particulier de la marque-caution est le label qui permet de garantir des produits (souvent génériques) qui répondent à des standards de fabrication.

Une fois énoncés ces principes de typologie des marques, il apparaît clairement que le statut d'une marque n'est pas immuable mais éminemment évolutif. Ainsi, bon nombre de marques-produits accèdent au statut de marques-lignes, de marques-gammes, voire de marques-ombrelles à la suite de stratégies de diversification et/ou d'extension. L'offre d'une entreprise est rarement caractérisée par un seul niveau de marquage, mais au contraire par une structure d'étagement nominal, grâce à l'utilisation d'une architecture de marques chacune solidaire d'une promesse, d'un positionnement, d'une cible, etc. Une stratégie de marquage renvoie donc très souvent à l'agencement d'une architecture de dénominations ou niveaux de marquage ; ainsi Nestlé (marque caution) cautionne la marque Nescafé (marque-gamme), qui cautionne elle-même plusieurs marques-produits (Nesquick, Nestéa, Nescoré) pour couvrir différents segments de marché. D'ailleurs, certaines entreprises utilisent jusqu'à quatre ou cinq niveaux de dénomination pour marquer un produit (exemple classique des modèles automobiles de type « Opel Corsa City Transporter » de General Motors).

La stratégie de marquage d'un produit renvoie en fait à deux choix essentiels : d'une part, la contribution de la marque à l'individualisation du produit et, d'autre part, sa contribution à l'authentification de l'origine. On peut ainsi distinguer trois grands modes de marquage des produits (M. Botton et J.J. Cegarra, 1990) :

– une stratégie d'identification centrée sur le produit et caractérisée par une forte individualisation du produit grâce à l'usage d'une marque-produit, et éventuellement d'un *branduit* ;

– une stratégie d'identification centrée sur la marque permettant d'en généraliser l'usage à plusieurs produits grâce à l'utilisation de marques-familles telles que les marques-lignes, les marques-gammes et les marques-ombrelles ;

– une stratégie d'identification centrée sur l'organisation émettrice visant à cautionner et à garantir la qualité de l'offre : c'est le cas de la marque-caution et des architectures de marquage cautionnées par le nom de l'entreprise (schéma 5).

La marque renvoie enfin à des stratégies d'association que ce soit entre des fabricants ou entre des fabricants et des distributeurs sous la forme de marques cogérées ou d'associations de marques.

Schéma 5 – Identification des produits et structures de marquage

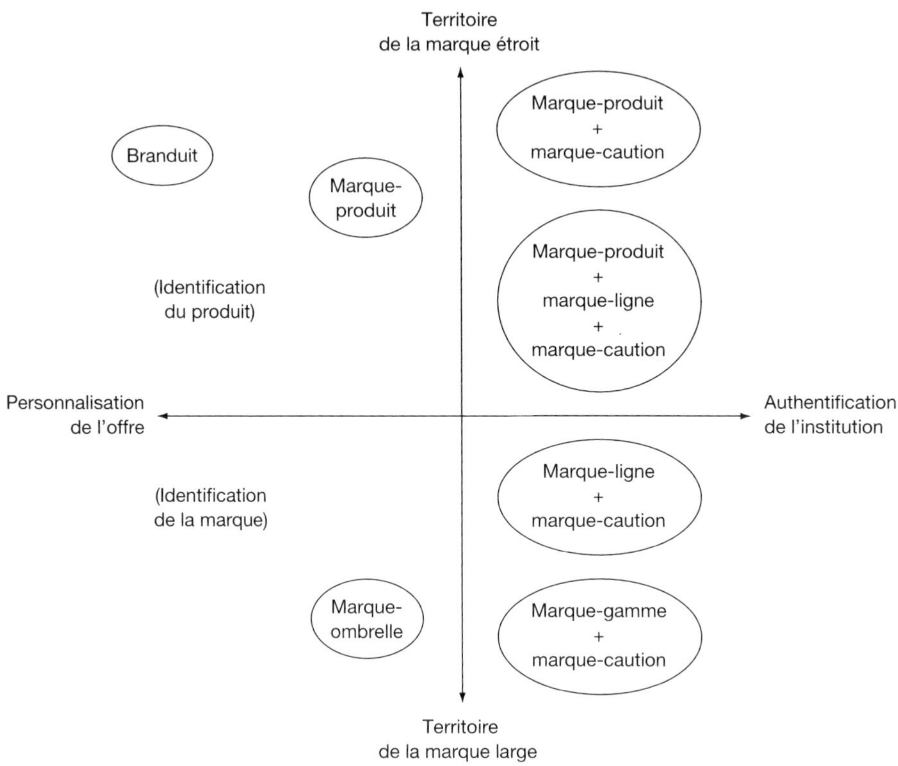

Source : Adapté de J.J. Cegarra (1991, p. 12).

3.5. L'association de marque ou comarquage

Le comarquage (*co-branding* en anglais) (A. Rao et R. Ruekert, 1994) renvoie à un partenariat technologique entre deux marques qui va au-delà des simples stratégies d'associations promotionnelles et publicitaires entre deux marques comme l'union promotionnelle (une marque propose pour l'achat de ses produits des produits de marques complémentaires), le parrainage (consistant à fidéliser les clients d'une marque avec la recommandation d'une première), la campagne publicitaire jointe (plusieurs marques s'associent dans une campagne de publicité en vue de bénéficier d'un effet de synergie). Au sens strict, le comarquage renvoie au fait pour deux entreprises de s'associer dès le stade de la production pour marquer un produit ensemble. Le comarquage va donc au-delà de la signature verticale (apposition du nom de marque d'un fournisseur sur les produits et/ou publicité d'un de ses clients), et vise généralement à la commercialisation commune d'un produit hybride signé par deux marques différentes qui sont généralement liées par un contrat de licence. Ainsi en est-il de l'association Yoplait et Côte d'or pour une mousse au chocolat, de la crème glacée Häagen-Dazs, ou encore de certaines séries automobiles spéciales de type Twingo Kenzo, Twingo Benetton, etc. (R. Ruekert *et al.*, 1994 et 1996). Le motif essentiel de ces stratégies est de contrecarrer l'essor des discounters et des marques de distributeurs, en créant en commun des produits permettant de démultiplier les effets des investissements en communication et en publicité, et éventuellement d'additionner les cibles et les occasions d'achat de chacune des marques.

Cependant, certains facteurs conditionnent la réussite d'une stratégie de comarquage, et notamment le fait de réunir deux marques de force et de notoriété comparables, et l'existence d'une complémentarité entre les traits d'image des deux marques afin de faire bénéficier le produit comarqué d'un effet de levier.

4. La marque du point de vue du consommateur

La marque joue également un rôle important dans les processus de choix du consommateur[18]. En effet, le pouvoir de marché de la marque est souvent lié à un fort impact psychologique de celle-ci sur les processus de décision des consommateurs. Ainsi, l'apposition d'une marque sur un produit a une très nette influence sur la perception qu'ont les consommateurs de ce produit. Une étude menée sur le marché des analgésiques a mis en évidence que la seule présence de la marque compte pour un quart dans la réduction de la douleur (L. de Chernatony, M. McDonald, 1992, p. 138). De même, des tests comparatifs sur le marché des céréales ont mis en évidence des taux de préférence pour Kellog's s'étageant de 47 % en aveugle à 59 % quand la marque est identifiée (P. Farqhuar, 1989, p. 25). Dans le domaine des services, le groupe hôtelier Marriott estimait par exemple que le simple fait d'apposer sa marque à la chaîne Fairfield Inn aux Etats-Unis a contribué à augmenter le taux d'occupation de l'ordre de 15 %. Il est donc important de comprendre quelles sont les sources de valeur de la marque pour le consommateur.

4.1. Les fonctions de la marque pour le consommateur

La marque est tout d'abord un signe d'identification qui permet aux consommateurs de repérer rapidement un produit dans un linéaire ; de ce fait, la marque facilite le choix des consommateurs parce qu'elle permet de réduire le temps et l'effort (qu'il soit cognitif ou comportemental) nécessaires au processus de choix du produit. Cette fonction est importante quand l'on

18. Voir dans cette Encyclopédie l'article de C. Pinson et A. Jolibert, « Comportement du consommateur », p. 372, tome 1.

pense qu'un consommateur passe en moyenne de 5 à 12 secondes dans un supermarché pour choisir une marque dans une catégorie de produits donnée (P.R. Dickson et A.G. Sawyer, 1990). Cette fonction essentielle de repérage de la marque nécessite la création et l'entretien de traits d'identification visuels (et accessoirement auditifs et olfactifs) facilement reconnaissables ; ces traits sont déterminants puisqu'ils vont constituer les fondements du territoire de communication de la marque. En effet, dans une grande ou moyenne surface, les consommateurs se déplacent à une distance moyenne de 1,10 m des rayons, avancent à une vitesse de 1 m/s et n'ont qu'un tiers de seconde en moyenne pour voir un produit en linéaire[19], d'où la nécessité de doter la marque de signes de reconnaissance visuels forts (code coloriel, typographie, jingle publicitaire, ton et codes publicitaires, etc.) qui permettent à la fois une reconnaissance immédiate par les consommateurs et leur attribution à ladite marque. Cette fonction de reconnaissance de la marque est d'autant plus importante que prolifèrent des marques-copies. J.N. Kapferer et J.C. Thoenig (1992) ont par exemple mis en évidence des taux de confusion en grande surface très importants (allant jusqu'à 42 %) entre des marques nationales et des marques-copies (c'est-à-dire des marques fondées sur l'imitation, même approximative, des signes extérieurs de marques à succès). Cette fonction d'identification est liée à une fonction de garantie en ce qu'elle atteste l'origine et la qualité des produits du fait du rôle de caution de la marque. L'achat d'une marque connue donne au consommateur l'assurance d'un certain niveau de qualité ; ce cautionnement exercé par la marque joue d'ailleurs un rôle particulièrement important dans des situations dans lesquelles le risque lié à l'achat et le niveau d'implication sont élevés.

La marque participe donc d'une double démarche psychologique de la part du consommateur. Une psychologie de la simplification tout d'abord, parce qu'il s'agit de consacrer le moins d'énergie et de temps possible à l'acte d'achat ; cette fonction de practicité renvoie aux fonctions utilitaires et fonctionnelles de la marque. Dans cette perspective, la marque renvoie à des attentes essentiellement pratiques liées à des valeurs « utilitaires » ou valeurs d'usage telles que la fonctionnalité, la fiabilité, la qualité perçue. Mais les marques ont également pour fonction de désennuyer l'acte d'achat et ses aspects répétitifs ; elles peuvent ainsi être investies d'une fonction ludique en procurant aux consommateurs une variété de choix, ce qui est un facteur d'agrément essentiel pour les consommateurs. De nombreux travaux ont par exemple montré l'importance dans les comportements d'achat de la variété sensorielle liée à une recherche de diversité de la part des consommateurs. Les marques participent alors conjointement d'une psychologie de la complexification dans la mesure où les consommateurs peuvent attendre de la marque des stimulations sensorielles et affectives. D'où, par exemple, le développement de liens affectifs à l'égard des marques par lesquels les consommateurs projettent et créent du sens par leur choix d'achat et de consommation. Les marques sont donc également liées à des valeurs émotionnelles et ludiques et peuvent parfois constituer une partie intégrante de l'environnement familial et affectif des consommateurs. Certaines recher-

19. Résultats cités dans *Communication/CBS News* (n° 123, 17 mai 1989), p. 58.

ches ont notamment mis en évidence des phénomènes de personnification des marques familières. De ce fait, la marque fournit au consommateur un univers sémantique familier[20], facteur de stabilité émotionnelle. Le symbolisme de la marque signifie alors que la marque est une sorte de langage et peut fonctionner comme un geste expressif choisi par le consommateur pour manifester à ses entourages familial et social quelque chose de lui-même. Ainsi, la marque peut jouer un rôle essentiel d'identification au double sens d'affiliation et de distinction.

4.2. Les notions de sensibilité et de fidélité à la marque

Parmi la grande diversité des comportements d'achat des consommateurs, il est néanmoins possible de distinguer cinq scénarios classiques d'achat d'une marque (J. McQueen *et al.*, 1993) :

– l'achat dominant : la marque est achetée de façon régulière en quantité nettement plus importante que d'autres marques dans la même catégorie de produits ;

– l'achat alterné : la marque est achetée de façon régulière en proportion équivalente à une ou plusieurs marques dans la même catégorie de produits ;

– l'achat occasionnel : la marque est achetée de façon régulière mais nettement moins souvent que d'autres marques dans la même catégorie de produits ;

– l'achat de courte durée : la marque est achetée pendant une courte période puis abandonnée ;

– l'achat expérimental : la marque n'est achetée qu'une seule fois, l'expérience n'est pas répétée.

Deux concepts clés ont néanmoins été développés pour mieux cerner les comportements d'achat des marques : la sensibilité et la fidélité.

La sensibilité rend compte de l'importance de la marque dans le processus de décision et d'achat. Un consommateur est dit sensible aux marques lorsqu'il les prend en compte dans son processus de décision et qu'elles jouent un rôle dans la formation de ses choix (J.N. Kapferer et G. Laurent, 1983, p. 17). La sensibilité est une caractéristique de l'acheteur qui renvoie à l'aptitude à discriminer les marques, c'est-à-dire à la capacité à établir des différences entre les marques dans une catégorie de produits donnée ; cette faculté de discrimination dépend largement de la catégorie de produits concernée ainsi que de variables psychographiques propres à chaque individu (degré d'intérêt pour le produit, implication pour le produit, connaissance et expérience du produit…).

La fidélité traduit, quant à elle, une attitude favorable à l'égard d'une marque résultant en un achat répété de la marque au cours du temps ; elle est de ce fait une variable comportementale, alors que la sensibilité est une caractéristique de l'acheteur.

Le schéma 6 illustre pour quelques catégories de produits les relations entre la sensibilité et la fidélité.

---

20. On considère par exemple qu'un consommateur connaît en moyenne l'équivalent de cinq mille noms de marques (voir à ce sujet P. Boutié, 1994, p. 19).

Schéma 6 – Fidélité et sensibilité à la marque par catégorie de produits

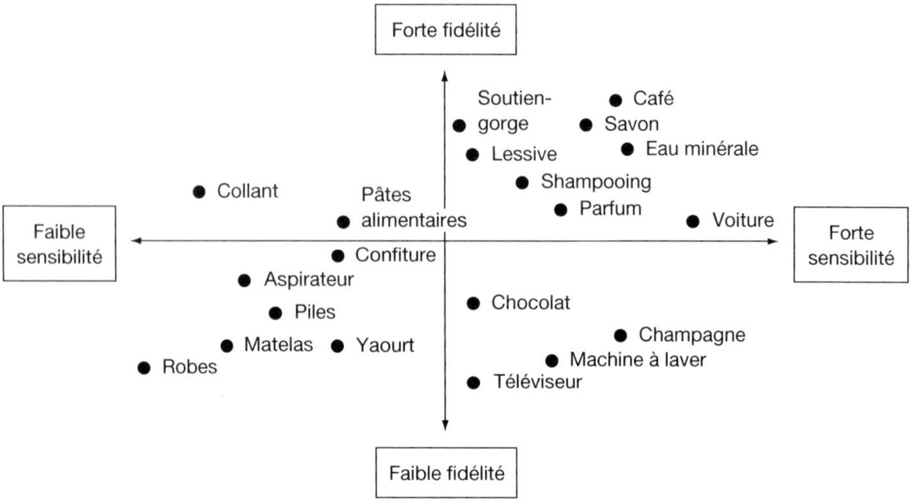

Source : F. Glemet R. Mira (1993), J.N. Kapferer et G. Laurent (1983).

La fidélité à la marque est une notion cruciale puisque des études ont établi qu'il coûte de deux à quatre fois moins cher à une entreprise de conserver un consommateur que d'en conquérir de nouveaux. Le tableau 1 indique les taux de fidélisation pour quelques catégories de produits de consommation courante.

Deux approches permettent de mesurer la fidélité à la marque. La première, liée au conditionnement instrumental, est fondée essentiellement sur des modèles probabilistes d'apprentissage ; il s'agit d'utiliser les comportements d'achat passés pour prédire les comportements futurs, en estimant la probabilité qu'a un consommateur d'acheter une marque, étant donné le nombre d'achats antérieurs de cette même marque. Ainsi, un consommateur

Tableau 1 – Pourcentage des utilisateurs d'un produit qui sont fidèles à la marque

Produits	Utilisateurs fidèles
Cigarettes	71 %
Dentifrice	61 %
Café	58 %
Anti-analgésique	56 %
Savon de toilette	53 %
Détergent	48 %
Bière	48 %
Automobile	47 %
Nourriture pour animaux	45 %
Shampoing	44 %
Blue-jean	33 %
Piles	29 %

Source : R. Alsop (1989, p. 132).

qui achète 10 fois de suite la même marque de jus d'orange aura une probabilité de 92 % de racheter cette marque lors de son prochain achat. Cette approche est fondée sur des mesures comportementales définies soit en termes de séquences d'achat (un consommateur est dit fidèle à la marque *x* s'il l'achète trois, quatre ou cinq fois de suite), soit en termes de proportion d'achat (un consommateur est dit fidèle à la marque *x* si celle-ci représente *y* % de ses achats dans la catégorie de produits). Ces approches de la fidélité sont problématiques pour deux raisons essentielles. Il est tout d'abord difficile d'établir un nombre standard d'achat ou de proportion d'achat pour caractériser un comportement fidèle[21]. En second lieu, cette approche repose sur la prédiction des comportements d'achat futurs par les comportements d'achat passés de façon stochastique ; il n'est pas assuré que cette base de prédiction soit la plus fiable.

La seconde approche de la fidélité d'obédience cognitive vise à considérer que c'est en fait l'attitude développée par le consommateur à l'égard de la marque qui permet le mieux d'expliquer et de prédire la fidélité (G.S. Day, 1969). L'encadré 1 recense quatre scénarios de fidélité à l'égard de la marque ainsi que le système d'attitudes et de comportements qui leur est lié.

De nombreuses recherches se sont par ailleurs attachées à définir les caractéristiques du consommateur fidèle type. Ces études ont uniformément montré qu'il n'existe pas de consommateur fidèle, c'est-à-dire un consommateur qui serait fidèle aux marques quelle que soit la catégorie de produits. La fidélité à la marque est donc spécifique à une catégorie de produits. Par ailleurs, le sexe, l'âge, le revenu, la situation socioprofessionnelle ne sont pas des prédicteurs de la fidélité. Par contre, la fréquence d'achat et le prix relatif du produit dans le budget sont tous deux corrélés avec la fidélité. Ainsi, une fréquence d'achat élevée d'un produit sera statistiquement associée à des scores de fidélité plus élevés, ce qui indique clairement que la fidélité est un comportement renforcé par la répétition. De même, le niveau de prix et l'importance relative de la marque dans le budget influent sur la fidélité, ce qui montre clairement le rôle de la marque comme réducteur de risque. La fidélité est également plus importante pour les classes de produits à forte pénétration, du fait de l'augmentation sous-jacente des occasions de contact. Enfin, la fidélité est plus importante pour des produits de consommation familiale et moindre pour des produits dits ostentatoires[22].

Il est ainsi possible de mettre en évidence quelques caractéristiques des consommateurs fidèles à une marque où à un ensemble de marques :

– ils ont tendance à avoir confiance en leurs choix (G. Day, 1969 ; J.M. Carman, 1970) ;

– ils ont plus tendance à percevoir un niveau de risque important lié à l'achat et utilisent l'achat répété d'une marque pour réduire ce niveau de risque (S. Sheth et M. Venkatesan, 1968) ;

– ils ont tendance à être fidèles à une enseigne/magasin. Le consommateur qui réduit le nombre de magasins visités réduit également l'opportunité d'être infidèle aux marques offertes par l'enseigne, d'où cette importante loi

21. Faut-il en effet considérer qu'un consommateur est fidèle au bout de trois, quatre ou cinq achats successifs de la marque ?

22. Voir à ce sujet l'intéressante étude menée par H. Tranberg et F. Hansen (1986).

Encadré 1 – Types de comportements, de croyances et d'attitudes à l'égard de la marque pour quatre scénarios de fidélité

Fidélité indivise : *achat presque exclusif d'une marque dans une catégorie de produits donnée*

- forte sensibilité à la marque,
- rôle de la marque dans la simplification des choix,
- croyance en une supériorité de la marque par rapport à d'autres marques,
- développement de liens émotionnels forts avec la marque,
- implication forte à l'égard de la marque et faible à l'égard de la catégorie de produits,
- faible sensibilité au prix,
- faible taux de notoriété, d'essai et de préférence pour les nouvelles marques,
- faible propension à acheter des marques de distributeurs.

Fidélité partagée : *achat simultané ou séquentiel de plusieurs marques à l'intérieur d'un répertoire défini de marques dans une catégorie de produits*

- utilisation de plusieurs marques répondant soit à des différences d'occasion, d'usage ou d'utilisateurs, soit à une recherche de variété,
- développement de liens émotionnels à l'égard de quelques marques à l'intérieur d'un répertoire sélectionné,
- forte implication dans la catégorie de produits et bonne connaissance des nouvelles marques,
- choix de la marque fait à l'extérieur du magasin.

Fidélité occasionnelle : *achat parmi un répertoire limité de marques leaders en fonction du prix*

- bonne connaissance des prix,
- forte attention aux réductions de prix et opérations promotionnelles,
- faible différence perçue entre les marques du répertoire,
- faible propension à essayer de nouvelles marques,
- faible propension à l'achat impulsif.

Infidélité : *pas de comportement d'achat régulier et discernable*

- achat de différentes marques dans une même catégorie de produits,
- choix de la marque en fonction du prix,
- peu de différences perçues entre les marques,
- faible sensibilité à la marque,
- faible degré d'implication,
- forte propension à essayer de nouvelles marques (surtout dans le cas d'une opération promotionnelle),
- forte propension à l'achat de marques de distributeurs.

selon laquelle la fidélité au magasin est un fort régulateur de la fidélité à la marque (J.M. Carman, 1970).

5. La marque et le distributeur

Il s'agit enfin d'analyser le rôle de la marque du point de vue du troisième type d'acteur impliqué dans une transaction, à savoir le distributeur. Le rôle des distributeurs est complexe puisque ceux-ci dépendent dans une large mesure des marques de fabricants mais, d'un autre côté, ceux-ci ont tenté depuis longtemps de s'affranchir de la tutelle des fabricants en commercialisant leurs propres marques. Cette dialectique à laquelle sont confrontés en permanence les distributeurs (profiter de la force et de la rentabilité des marques de fabricants versus développer ses propres marques) est intéressante à plusieurs titres. Elle illustre, comme on le verra par la suite, d'une part l'évolution significative du rôle de la marque sur le marché et, d'autre part, la complexité et l'ambiguïté des relations entre fabricants et distributeurs qui doivent gérer des relations de partenariat mais aussi de concurrence.

5.1. La marque du point de vue du distributeur

Les marques de fabricant sont également une source importante de valeur pour le distributeur pour plusieurs raisons. Tout d'abord, les marques connues assurent un certain niveau de vente et représentent une garantie de fréquentation du magasin. Les marques représentent donc en quelque sorte un réducteur de risque commercial ainsi qu'un facteur stimulant la fidélité à l'enseigne. Ensuite, la marque permet de réduire l'effort commercial du distributeur dans la mesure où, par l'intermédiaire de la marque, le fabricant assume l'entière responsabilité du produit marqué et discourt à la place de celui-ci. Enfin, les marques fortes assurent, dans une certaine mesure, un différentiel de prix qui est pour une large part profitable au distributeur.

La marque se trouve ainsi au centre de la relation entre les fabricants et les distributeurs. Elle est ce nœud gordien qui synthétise l'existence d'un perpétuel rapport de pouvoir entre ces deux types d'acteurs. En effet, une marque forte contribue à valoriser une enseigne en créant du trafic et en contribuant à fidéliser la clientèle de l'enseigne mais, inversement, une enseigne forte contribue également à la valorisation d'une marque en la cautionnant, et en lui fournissant une base de clients fidèles à l'enseigne (G. Marion, 1989). Il est do ce fait souvent difficile, voire impossible, de déterminer le sens de la relation entre la fidélité à la marque et la fidélité à l'enseigne.

5.2. L'essor des marques de distributeurs

Un autre phénomène d'ampleur est la création et la commercialisation par les distributeurs de leurs marques propres, c'est-à-dire de produits fabriqués par ou pour le compte d'un distributeur et vendus uniquement dans leurs magasins sous une marque exclusive[23]. Ce phénomène n'est pas à proprement parler récent puisque les premières marques créées au XIXe siècle furent le fait de distributeurs. Plusieurs facteurs ont contribué à l'essor des marques de distributeurs. Parmi eux, soulignons la montée en puissance des enseignes, et la volonté de mettre en œuvre des stratégies marketing plus opérationnelles, visant à sécuriser les marges, à fidéliser la clientèle, à différencier et à valoriser l'enseigne, à améliorer la position concurrentielle du distributeur dans ses négociations avec les fabricants de grandes marques et, enfin, à utiliser la marque d'enseigne comme élément fédérateur pour les magasins[24].

---

23. Voir dans cette Encyclopédie l'article de M. Benoun et M.L. Héliès-Hassid, « Appareil commercial : stratégies et gestion », p. 142, tome 1.

24. Facteurs issus d'une étude réalisée par Sécodip en 1987 et citée dans M. Benoun et M.L. Héliès-Hassid (1995, p. 292).

Une marque de distributeur peut être définie comme une marque fabriquée pour le compte d'un distributeur (selon un cahier des charges qu'il a établi) et vendue dans ses magasins sous une marque exclusive. Il faut cependant constater que la pénétration des marques de distributeurs varie considérablement d'un pays à l'autre (schéma 7), d'une catégorie de produits à l'autre (schéma 2), mais aussi d'une enseigne à l'autre (tableau 2).

Schéma 7 – Parts des marques de distributeurs en Europe en 1995 (ventes alimentaires)

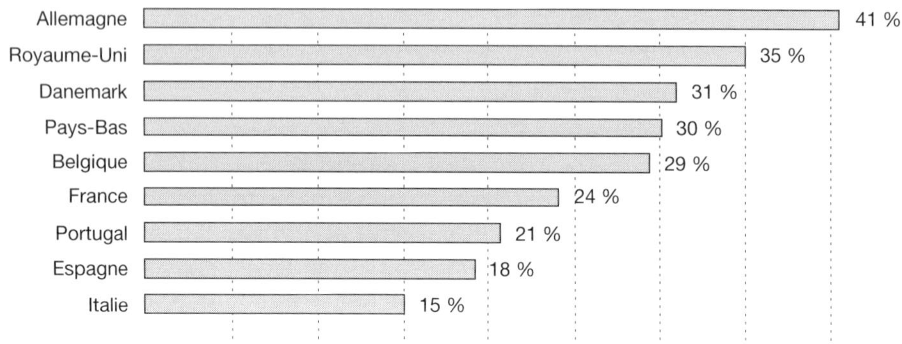

Source : Ecodis (1995).

Tableau 2 – Part des marques de distributeurs dans quelques enseignes

Enseigne	Part de marché moyenne des MDD dans le réseau	Nombre des références des MDD	Part des MDD dans l'assortiment global
Carrefour	environ 30 %*	environ 1 000	
Cora	de l'ordre de 23 %*	850	9,6 % (des rayons alimentaires concernés)
Continent	21 %	2 700	15 %
Super U	21 %	1 100	15 %
Auchan	20 %*	plus de 1 000	
Leclerc	16 %*	430 (épicerie)	
Mammouth	12 %	700	10 %
Stoc/Comod	10 %	376	10 %

* Estimations *LSA*.

Source : Adapté de *LSA* (n° 1446, 25 mai 1995, p. 35).

De même que les fabricants se posent la question du marquage de leurs produits, les distributeurs ont à leur disposition plusieurs stratégies[25] :

– l'approche monomarque qui permet de capitaliser sur un seul nom de marque une image de qualité tout en proposant des prix attractifs (exemple : St Michael de Marks and Spencer) ;

25. La typologie qui suit s'inspire en grande partie de J. Dioux (1986) et G. Marion (1989).

– l'approche multimarque qui vise à proposer une marque par gamme de produits (Forza et Beaumont chez Prisunic) ;

– la marque drapeau initiée en 1976 par Carrefour avec sa célèbre opération des « produits libres » ; cette campagne a fait date parce qu'elle signifiait clairement une volonté du distributeur d'accroître son pouvoir de marché en sapant la légitimité des marques de fabricants par l'offre de produits à prix bas ;

– la marque d'enseigne qui vise à cautionner les produits par le nom de l'enseigne (exemple des produits Coop) en préservant un niveau satisfaisant de rapport qualité-prix ;

– la marque premier-prix qui vise à proposer des produits génériques au prix résolument le plus bas du marché ; ces produits ne sont généralement cautionnés ni par le fabricant ni par le distributeur.

Le tableau 2 illustre la pénétration des marques de distributeurs selon les différentes enseignes.

5.3. La marque, un enjeu primordial de la relation fabricants-distributeurs

Le principal dilemme des fabricants est de savoir dans quelle mesure coopérer avec les distributeurs. Le fait de fabriquer des produits pour le compte d'enseignes présente plusieurs avantages (F. Glémet et R. Mira, 1993, p. 4) au nombre desquels :

– la possibilité de bénéficier de segments de marché en essor, dans la mesure où l'apparition d'une marque de distributeur contribue très souvent à accroître les ventes globales du segment de marché considéré ;

– la possibilité de réaliser des économies d'échelle et de réduire ainsi le coût de fabrication de ses propres marques ;

– la possibilité d'améliorer les relations avec l'enseigne de distribution ; ce point est néanmoins discutable puisque ce type de coopération peut induire une forte baisse du pouvoir de négociation, du simple fait que de nombreux distributeurs exigent de leurs fournisseurs des informations très précises relatives à leurs coûts de fabrication ;

– la possibilité d'éliminer des petits concurrents et de lutter de façon indirecte (par l'intermédiaire de la marque distributeur) contre des marques concurrentes ;

– la possibilité d'augmenter la part du produit en linéaire, ce qui permet notamment d'inciter les achats impulsifs.

La marque de fabricant n'a en théorie qu'une faible probabilité d'être cannibalisée par la marque de distributeur du fait d'une segmentation relativement claire entre les consommateurs fidèles aux marques et les consommateurs fortement acheteurs de marques de distributeurs. Cependant une stratégie de coopération présente de nombreux risques parmi lesquels on peut compter :

– l'impact de l'essor de la marque distributeur sur la profitabilité des marques de fabricant ainsi que sur la sensibilité des consommateurs aux prix des produits de cette catégorie ;

– le danger stratégique de livrer au distributeur des informations sur les coûts de fabrication du produit marqué ;

– le risque d'une riposte de la concurrence conduisant à une guerre des prix à terme.

Ainsi, il apparaît que le succès des marques de distributeurs sur un marché est d'autant plus assuré que :

– les marques leaders facturent une prime de marque excessive[26] ;

– le produit est relativement basique et facilement imitable (ainsi les catégories de produits à fort degré d'innovation ne connaissent que peu de marques de distributeurs) ;

– le produit représente un niveau élevé de dépense pour les consommateurs (cas d'un achat fréquent) ou de forts volumes de vente pour les distributeurs ;

– les fabricants sont handicapés par des coûts élevés de publicité et de conditionnement.

Ainsi, l'on assiste à une évolution très nette de la fonction et du positionnement des marques de distributeurs. Le tableau 3 illustre la réorientation stratégique progressive des marques de distributeurs vers des marques propres faisant l'objet d'investissements et d'une réelle valeur ajoutée.

6. La valorisation des marques

La marque fait partie des actifs incorporels de l'entreprise et constitue à ce titre un élément du fonds de commerce. La valorisation des marques renvoie donc en premier lieu à la valeur que l'entreprise doit retenir pour inscrire la marque au bilan[27], quoique celle-ci ne soit obligatoire à l'heure actuelle pour les entreprises françaises que dans les deux cas suivants :

– lorsque la marque fait l'objet d'une transaction individualisée (par opposition à l'acquisition au moyen de redevances annuelles) ; elle est alors enregistrée en immobilisation incorporelle pour sa valeur d'acquisition dans les comptes sociaux de l'entreprise qui l'a acquise ;

– lorsque la marque a été acquise à l'occasion d'un rapprochement d'entreprises.

Dans les autres cas (et notamment dans celui d'une création), les marques n'apparaissent pas au bilan des entreprises qui les exploitent bien qu'aucune règle comptable ne s'y oppose au sens strict[28]. Cependant, la valorisation des marques n'en demeure pas moins un sujet crucial pour les entreprises puisque celles-ci représentent un véritable capital ; de ce fait, l'estimation de la valeur de marque est importante en cas de rachat, de cession ou tout simplement de gestion de la marque ; en effet, l'évaluation du capital de marque permet notamment de déterminer la pertinence et la légitimité d'un investissement stratégique tel qu'un repositionnement de la marque ou une extension de marque.

---

26. On estime par exemple que dans le cas d'un écart de prix de plus de 20-25 % entre la marque de fabricant leader et la marque de distributeur, les achats de consommateurs se reportent massivement vers la marque de distributeur ; voir à ce sujet J. Fanning (1995).

27. Voir également dans cette Encyclopédie les articles de M. Glais et E. Sage, « Evaluation des actifs incorporels », p. 1291, tome 2 et de D. Pène, « Evaluation de l'entreprise », p. 1310, tome 2.

28. La 4e directive européenne sur les bilans et les comptes prévoit même l'inscription à l'actif des marques créées pour autant que la législation nationale ne s'y oppose pas ; voir à ce sujet Y. Plasseraud *et al.* (1994, p. 181).

Tableau 3 – L'évolution des marques de distributeurs

	1re génération	2e génération	3e génération	4e génération
Type de marque	Générique	« Quasi-marque »	Marque ombrelle	Marque propre segmentée
Objectifs	– Accroître les marges. – Elargir les gammes de prix et procurer des produits à moindre prix en période inflationniste.	– Accroître les marges. – Réduire le pouvoir des fabricants en fixant le prix d'entrée. – Fournir un produit au meilleur rapport qualité/prix.	– Améliorer les marques de la famille. – Augmenter l'assortiment. – Construire une image d'enseigne auprès des consommateurs.	– Modeler une véritable marque dotée d'une personnalité propre. – Elargir la base de clientèle. – Améliorer les marges de la famille. – Contribuer à l'amélioration de l'image de l'enseigne.
Principale orientation stratégique	– Générique.	– Prix le plus bas.	– Copie.	– Différenciation. – Valeur ajoutée.
Caractéristiques du produit	– Produits basiques, fonctionnels, à faible volume.	– Produits à fort volume.	– Catégories de produits à forte rotation. – Augmentation du nombre de références.	– Groupes de produits porteurs d'image. – Produits riches à faible volume.
Technologie	– Processus de production traditionnel en retrait derrière le leader du marché.	– En retrait derrière le leader du marché.	– Technologie proche du leader.	– Innovations technologiques.
Image/qualité	– Perçue comme de moins bonne qualité et de plus faible image que les marques nationales.	– Qualité moyenne (perçue comme inférieure).	– Qualité et image en phase avec celles des marques leaders.	– Qualité et image égales ou supérieures à celles des marques leaders.
Prix	– 20 % ou plus en dessous de la marque du leader.	– 10 à 20 % en dessous de la marque leader.	– 5 à 10 % en dessous de la marque leader.	– Egal ou supérieur à la marque de référence.
Motivation du consommateur à l'achat	– Prix comme principal critère d'achat.	– Prix d'achat comme critère majeur.	– Rapport qualité/prix.	– Qualité et unicité du produit.
Fournisseurs	– Fabricants nationaux non spécialisés.	– Fabricants nationaux, en partie spécialisés dans les marques de distributeurs.	– Fabricants nationaux, majoritairement spécialisés dans les marques de distributeurs.	– Fabricants internationaux spécialisés.

Source : Adapté de F. Glemet et R. Mira (1993).

6.1. La notion de capital de marque

La valorisation des marques renvoie à la notion de capital de marque apparue au début des années 1980 pour rendre compte d'une attention plus soutenue aux investissements immatériels des entreprises[29] et au rôle de la marque comme levier de croissance. Cette attention soutenue à la valeur de marque a été d'ailleurs largement conditionnée par le développement d'opérations de fusions, d'acquisition ou d'OPA impliquant des entreprises dotées de fortes marques.

L'idée qui sous-tend la notion de capital de marque est que cette dernière peut être considérée comme un actif financier, la valeur financière de cet actif étant largement déterminée par la force de la marque qui peut être créée, entretenue et développée aux moyens d'investissements stratégiques (innovation-produit, investissements) ou bien, au contraire, érodée du fait d'opérations promotionnelles trop souvent répétées (P. Barwise, 1993). La valeur de marque, qui résulte du capital de confiance que la marque a su acquérir dans le temps auprès des différents acteurs du marché, est bien représentée par la notion anglo-saxonne de *goodwill* (ou survaleur) qui renvoie à la différence comptable entre le prix payé pour le rachat d'une marque et la valeur comptable de l'entreprise[30].

6.2. Les méthodes courantes de valorisation des marques

Le capital de marque demeure néanmoins une notion complexe qui pose le problème des variables à prendre en compte dans son évaluation. On peut en effet considérer que le capital de marque se décompose en quatre composantes clés : le pouvoir de marché de la marque, les facteurs d'identité de la marque, l'image de marque et le potentiel de la marque. Le schéma 8 illustre le rôle de ces quatre composantes dans la formation du capital de marque.

Il n'existe pas à l'heure actuelle de consensus pour mesurer la valeur du capital de marque. Les différentes approches existantes diffèrent essentiellement sur trois aspects majeurs : la perspective adoptée, l'horizon temporel et la nature des indicateurs utilisés.

– Les méthodes d'évaluation varient considérablement selon que l'on adopte une perspective comptable, financière ou marketing. La perspective adoptée est pourtant déterminante car une marque n'a pas une valeur mais des valeurs selon le contexte d'évaluation. La valeur d'une marque n'est en effet pas la même dans les situations suivantes : valeur liquidative en cas de vente forcée, valeur comptable pour les comptes sociaux, valeur pour apprécier les préjudices et les atteintes à la valeur de marque, valeur pour estimer le prix des licences, valeur en cas de fusions ou d'acquisitions, etc. (J.N. Kapferer, 1995, p. 482). La valeur d'une marque dépend donc très étroitement du contexte d'évaluation. Par ailleurs, la perspective adoptée (comp-

---

29. Voir dans cette Encyclopédie l'article de H. Tézenas du Montcel, « Investissement immatériel », p. 1721, tome 2.

30. Voir également dans cette Encyclopédie les articles de M. Glais et E. Sage, « Evaluation des actifs incorporels », p. 1291, tome 2 et de D. Pène, « Evaluation de l'entreprise », p. 1310, tome 2.

Schéma 8 – Les composantes du capital-marque

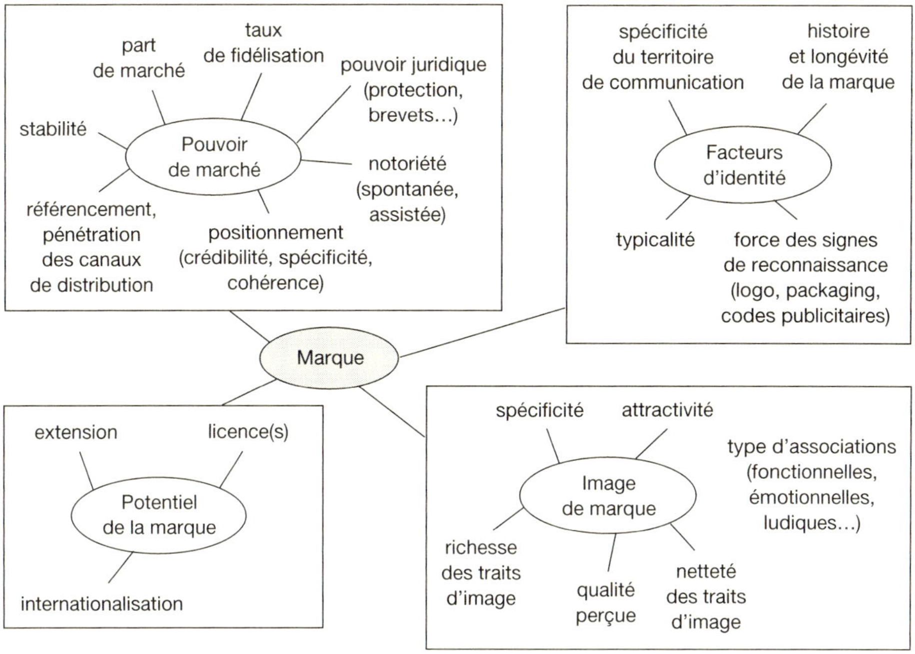

table, marketing ou financière) influe bien évidemment sur les outils de mesure proposés.

– Pour ce qui est de l'horizon temporel, certaines approches proposent une mesure instantanée de la valeur de marque, d'autres une approche dynamique et évolutive qui considère la marque dans son passé (en prenant en compte les investissements réalisés) et son futur (en prenant en considération le potentiel de diversification de la marque).

– En ce qui concerne la nature des indicateurs utilisés, certaines méthodes visent à définir un indice de la valeur de marque (approche unidimensionnelle de la valeur de marque) tandis que d'autres méthodes envisagent la valeur de marque comme un construit multidimensionnel formé de multiples indicateurs. De plus, certaines méthodes sont fondées sur l'utilisation d'indicateurs comptables ou financiers (revenus attribuables à la marque, investissements dus à la marque, etc.), alors que d'autres approches reposent essentiellement sur des variables marketing (notoriété, image, etc.).

Du fait de la divergence extrême des méthodes d'évaluation, il est recommandé, lors d'une opération d'évaluation, de ne pas s'attacher à une méthode exclusive, mais d'opérer des recoupements entre les résultats de plusieurs méthodes.

6.2.1. L'évaluation par le prix du marché

La valeur de marque est ici fondée sur la différence entre l'actif net et la valeur négociée de l'entreprise dans le cas d'une transaction. Cette approche est rendue problématique par la rareté des transactions portant sur ce seul actif et par le fait que la mise en valeur d'un actif incorporel comme la marque dépend très étroitement du contexte dans lequel il sera exploité, des synergies potentielles de l'acquéreur et, donc, de l'usage qui en sera fait ultérieurement. Ainsi, la valeur de marché d'une marque est toujours arbitraire puisqu'il n'existe pas à proprement parler de marché des marques, la vocation première des marques n'étant pas de faire l'objet d'un négoce. Le prix de marché n'est en fait rien d'autre que le prix offert par un tiers pour acquérir la marque, d'où une influence évidente de l'identité et des intentions de ce tiers sur la valeur de marché de la marque (R. Perrier et P. Stobart, 1994, p. 152).

La méthode indirecte couramment employée est de considérer la valeur de marché par rapport aux redevances de licence de la marque ou des marques comparables bénéficiant de redevances. Cette méthode suppose, d'une part, que la marque fasse l'objet d'une licence (ce qui est souvent le cas dans certains secteurs tels que les jouets, les vêtements ou les produits chimiques) et, d'autre part, qu'il soit possible d'établir de façon non arbitraire les taux de redevance de licence.

6.2.2. L'évaluation par les coûts

L'approche par les coûts regroupe deux méthodes.

Dans l'approche par les coûts historiques, il s'agit de faire la somme de l'ensemble des coûts d'investissement imputables à la gestion de la marque au cours du temps. Cette approche pose plusieurs questions de méthode. Sur quelle période estimer les coûts ? Quels coûts prendre en considération ? Comment prendre en compte les investissements n'impliquant pas de *cash* (par exemple les coûts liés à l'adoption d'une politique de pénétration)[31] ? Cette méthode nécessite donc de séparer dans les dépenses prises en compte la part réellement créatrice d'actif (c'est-à-dire de notoriété, d'image) de celle qui constitue un simple coût commercial, nécessité par la commercialisation du produit. Cette méthode n'est par ailleurs réellement significative que pour les marques récentes, car il est difficile de déterminer pour les marques anciennes les coûts de création de la marque. Il faut enfin noter que cette méthode ne tient compte ni de la surcotation de certaines marques due à leur succès, ni de la situation financière de la marque, ni des aspects juridiques liés à l'enregistrement et à la protection de celle-ci.

L'approche par les coûts de remplacement consiste à déterminer la valeur d'une marque en estimant les coûts liés à la recréation d'une marque équivalente qui bénéficierait du même niveau de notoriété et de fidélité. Une fois encore, cette approche n'est pas pertinente pour les marques anciennes puisque la valeur de remplacement ne saurait être analysée par la seule méthode des coûts.

6.2.3. L'évaluation par les bénéfices potentiels

Cette méthode consiste à évaluer la marque en fonction des revenus qui lui sont attribuables. Celle-ci nécessite donc, dans un premier temps, d'estimer les revenus directement imputables à la marque et, dans un second

---

31. Voir également dans cette Encyclopédie l'article de H. Simon, S. Böttcher et R. Kalka, « Politique de prix », p. 2357, tome 2.

temps, de capitaliser ces flux de revenus pour calculer la valeur financière de la marque.

Se pose tout d'abord la question de la séparabilité, puisqu'il s'agit d'isoler les revenus attribuables à la marque des revenus générés par les autres actifs incorporels. Or, il est bien souvent impossible d'isoler les revenus attribuables à la marque seule, si bien que l'évaluation financière de la marque englobe de façon quasi systématique l'ensemble des autres actifs incorporels (brevets, savoir-faire, etc.) avec lesquels la marque interagit en permanence pour créer de la valeur.

En second lieu, il s'agit de trouver le ou les critères pertinents pour déterminer les bénéfices que l'entreprise tire de la marque. La méthode la plus courante se fonde sur la prime de marque, en considérant que tous les actifs du capital de marque (notoriété, fidélité, image, etc.) permettent parfois de vendre celle-ci plus chère que des produits concurrents ; la méthode consiste alors à mesurer cette prime de marque, c'est-à-dire l'écart entre le prix de la marque et le prix d'un produit équivalent générique ou non marqué, et à multiplier cette plus-value (encore appelée *premium price*) par le volume des ventes de la marque. Le problème essentiel inhérent à cette méthode est le fait que beaucoup de produits n'ayant pas d'équivalents (exemple de la barre chocolatée Mars), il n'est pas toujours possible de définir une prime de marque. D'autres méthodes utilisées pour déterminer les bénéfices attribuables à la marque ont recours à l'estimation des royalties qui seraient versées à l'entreprise si elle concédait par licence les droits à l'usage de la marque (J.N. Kapferer, 1995, p. 504), ou bien encore au nombre d'acheteurs sensibles ou fidèles à la marque.

Une fois estimés les revenus attribuables à la marque, il convient de capitaliser les flux de revenus, ce qui suppose tout d'abord de déterminer les taux, la période d'actualisation (M. Nussenbaum, 1991), et ensuite de définir une méthode de capitalisation. Ainsi, il est possible de déterminer la valeur financière de la marque à partir des revenus attribuables à celle-ci :

– soit en fonction des flux prévisionnels par le calcul de la valeur actuelle des flux futurs ; la valeur de la marque est alors évaluée par une capitalisation de ces revenus ; cette méthode repose sur des anticipations portant à la fois sur les flux générés par la marque, les taux d'actualisation et les durées d'existence économique (horizon d'actualisation) ;

– soit en fonction des flux actuels de revenus attribuables à la marque par application d'un multiple[32] à ces flux de revenus (Y. Plasseroau *et al.*, 1994, p. 187).

6.2.4. Les évaluations multicritères

Les méthodes multicritères, très en vogue au Royaume-Uni, se fondent, quant à elles, sur une approche composite de la valeur de marque[33]. Parmi celles-ci, il convient de citer la méthode mise au point par la société

32. Ce principe du multiple repose en fait sur l'application à la marque du price/earning ratio, qui s'applique habituellement à une entreprise, pour exprimer le rapport existant entre sa capitalisation boursière et ses bénéfices nets.

33. Sur les méthodes multicritères, le lecteur peut se référer dans cette Encyclopédie à l'article de C. Zopounidis, « Décisions financières et analyse multicritère », p. 915, tome 1.

Interbrand qui définit une note de force de marque résultant de la somme pondérée de sept facteurs estimés de façon subjective par des experts. Cette force de marque est ensuite utilisée pour déterminer le multiple à appliquer au bénéfice net attribuable à la marque, afin de déterminer la valeur financière de la marque. Le lien entre la force de marque et le multiple est établi par une courbe en « S » (voir à ce sujet J.N. Kapferer, 1995, p. 514-515).

En France, la Sorgem a élaboré une approche de la valeur de marque estimée par rapport à quatre facteurs : la valeur du marché, les actifs de la marque, les leviers de croissance et les capacités de l'entreprise (M. Nussenbaum, 1991 ; J.N. Kapferer, 1995).

Parmi les critères couramment retenus dans les méthodes multicritères pour estimer la valeur d'une marque[34], il convient de citer :

– la perspective du marché sur lequel évolue la marque (taux de croissance, nombre de concurrents, probabilité d'irruption de nouveaux entrants, etc.),

– la dominance (la part de marché de la marque et des principales marques concurrentes),

– la longévité et la stabilité de la marque,

– la notoriété et l'image de marque[35],

– le potentiel d'extension de la marque,

– le niveau de protection juridique de la marque,

– le potentiel d'internationalisation de la marque, etc.

*

* *

La marque est une entité sémantique dont le rôle essentiel est la création, l'appropriation et la circulation de valeur sur un marché. La valeur d'une marque dépend étroitement à ce titre de la conjonction de quelques facteurs clés. Elle doit tout d'abord être un signe de différenciation par rapport à l'offre concurrente en associant au fil du temps son nom à des valeurs ajoutées spécifiques. Ce sont elles qui, entretenues en permanence au moyen d'investissements en recherche-développement et en communication, fondent sa légitimité et assurent la pérennité du capital de marque. Par ailleurs, la marque doit être capable de satisfaire des attentes fonctionnelles et émotionnelles de la part des consommateurs.

---

34. Dont on trouvera une synthèse dans le schéma 8.

35. Voici, à titre d'exemples, quelques indicateurs permettant d'estimer la valeur de l'image d'une marque :

– la proximité ou le niveau de présence de la marque dans l'esprit du consommateur : il s'agit notamment de distinguer la notoriété spontanée de la notoriété assistée,

– le nombre et le type d'associations appliquées à la marque qui rendent compte des différents concepts ou symboles spontanément associés à la marque,

– la richesse des traits d'image associés à la marque qui s'évalue par rapport au nombre de caractéristiques attribuées à la marque,

– la netteté des traits d'image qui rend compte de la précision des traits de personnalité attribués à la marque,

– la valorisation des traits d'image qui mesure l'évaluation de chacun des traits de personnalité attribués à la marque.

La marque est ainsi au cœur du marketing et de la stratégie puisqu'elle est une arme essentielle de débanalisation et de sémantisation de l'offre. D'acteur économique essentiel de la société du commerce, elle est aussi devenue un partenaire familier et incontournable dans la vie quotidienne de millions de consommateurs. De ce fait, la marque sert à (re)donner du sens aux objets et aux pratiques de consommation, mais aussi et surtout à créer et à entretenir du lien entre les acteurs du marché. Elle est une entité relationnelle qui n'existe qu'au sein d'un processus d'interaction, c'est-à-dire d'échange de valeurs entre différents acteurs. Ainsi, elle pose de façon essentielle la question des relations possibles entre les acteurs du marché et les modes de création et d'appropriation de la valeur. Par là même, elle oblige à dépasser les clivages traditionnels entre l'offre et la demande, les fabricants et les distributeurs, puisqu'elle illustre des relations d'interdépendance entre les acteurs du marché, et qu'elle montre à quel point les acteurs d'un marché s'organisent en permanence pour coconstruire de la valeur.

Références

AAKER D., *Building Strong Brands,* New York, The Free Press, 1996.

AAKER D., BIEL A. (éd.), *Brand Equity and Advertising,* Lawrence Erlbaum Associate Publishers, 1993.

AAKER D., *Managing Brand Equity. Capitalizing on the Value of a Brand Name,* New York, The Free Press, 1991. Adaptation française : D. Aaker (avec la collaboration de J. Lendrevie), *Le management du capital marque,* Paris, Dalloz, 1994.

AAKER D.A., KELLER K.L., « Consumer Evaluations of Brand Extensions », *Journal of Marketing* (vol. 54, January 1990), p. 24-41.

AAKER D.A., « Brand Extensions : the Good, the Bad and the Ugly », *Sloan Management Review* (Summer 1990), p. 47-56.

AKERLOF G., « The Market for "Lemons" : Quality and the Market Mechanism », *Quarterly Journal of Economics* (vol. 84, August 1970), p. 488-500.

ALSOP R., « Brand Loyalty is Rarely Blind Loyalty », *The Wall Street Journal* (October 19, 1989), p. 132.

ASSAEL H., *Consumer Behavior and Marketing Action,* 5e éd., Cincinnati, Ohio, International Thomson Publishing, 1995.

BARTHES R., « Sémantique de l'objet », *in L'aventure sémiologique,* Paris, Le Seuil, 1985, p. 249-260.

BARWISE P., « Brand Equity : Snark or Boojum ? », *International Journal of Research in Marketing* (10, 1993), p. 93-104.

BATESON J., *Managing Services Marketing. Text and Readings,* 3e éd., Orlando, The Dryden Press, 1995.

BENOUN M., HÉLIÈS-HASSID M.L., *Distribution. Acteurs et stratégies,* 2e éd., Paris, Economica, 1995.

BOTTON M., CEGARRA J.J., *Le nom de marque ; création et stratégie de marque,* Paris, Ediscience, 1990.

BOUTIÉ P., « The Map is not the Territory : Who Will Save the Brands ? », *in* ESOMAR (éd.), *Seminar on Building Successful Brands. The Need for an Integrated Approach,* 1994.

BUZZEL R.D., GALE B.T., *The PIMS Principles : Linking Strategy to Performance,* New York, The Free Press, 1987.

CARMAN J.M., « Correlates of Brand Loyalty : Some Positive Results », *Journal of Marketing Research* (7, February 1970), p. 67-76.

CEGARRA J.J., MERUNKA D., « Les extensions de marque : concepts et modèles », *Recherche et Applications en Marketing* (vol. 8, n° 1, 1993), p. 53-76.

CEGARRA J.J., « L'identité nominale du produit », *Revue Française de Gestion* (n° 84, juin-juillet-août 1991), p. 5-18.

CHERNATONY L. (de), MCDONALD M., *Creating Powerful Brands,* Londres, Butterworth-Heinemann, 1992.

DAVIS I., « Does Branding Pay ? », *Admap* (December 1986).

DAY G.S., « A Two-Dimensional Concept of Brand Loyalty », *Journal of Advertising Research* (vol. 9, n° 3, 1969), p. 29-35.

DICKSON P.R., SAWYER A.G., « The Price Knowledge and Search of Supermarket Shoppers », *Journal of Marketing* (vol. 54, July 1990), p. 42-53.

DIMITRIADIS S., « L'extension des marques et des enseignes : cadre conceptuel et problématique managériale », *Recherche et Applications en Marketing* (8, 3, 1993).

DIOUX J., « La politique des types de marque », *Points de Vente* (n° 295, 1er février 1986).

DOYLE P., *Marketing Management and Strategy,* Londres, Prentice Hall, 1994.

DUPUY F., THOENIG J.C., « La marque et l'échange », *in* J.N. Kapferer et J.C. Thoenig (éd.), *La marque. Moteur de la compétitivité des entreprises et de la croissance économique,* Paris, McGraw-Hill, 1989, p. 159-189.

FANNING J., « Branding : Regaining the Initiative », *Irish Marketing Review* (vol. 8, 1995), p. 21-31.

FARQUHAR P., « Managing Brand Equity », *Marketing Research* (September 1989), p. 24-33.

GARDNER B., LEVY S.J., « The Product and the Brand », *Harvard Business Review* (vol. 33, 1955), p. 33-39.

GLÉMET F., MIRA R., « The Brand Leader's Dilemma », *The McKinsey Quarterly* (vol. 2, 1993), p. 3-15.

HAGUE P., JACKSON P., *The Power of Industrial Brands,* Londres, McGraw-Hill, 1994.

ICC (Institut du Commerce et de la Consommation), « Vive la marque ! », Travaux d'un groupe de praticiens du commerce, juin 1991.

KAPFERER J.N., *Les marques, capital de l'entreprise. Les chemins de la reconquête,* Paris, Les Editions d'Organisation, 1995.

KAPFERER J.N., THOENIG J.C. (éd.), *La marque. Moteur de la compétitivité des entreprises et de la croissance économique,* Paris, McGraw-Hill, 1989.

KAPFERER J.N., LAURENT G., *La sensibilité aux marques. Un nouveau concept pour gérer les marques,* Fondation Jours de France pour la recherche en publicité, 1983 ; réédition en 1992 par Les Editions d'Organisation.

KAPFERER J.N., THOENIG J.C., « Les consommateurs face à la copie. Etude sur la confusion des marques créées par l'imitation », *Revue Française du Marketing* (n° 136, 1992/1), p. 53-68.

KLEIN B., LEFFLER K.B., « The Role of Market Forces in Assuring Contractual Performance », *Journal of Political Economy* (89, 4, 1981), p. 615-641.

KRIEF Y., « L'entreprise, l'institution, la marque. Niveaux de langage dans la communication », *Revue Française du Marketing* (n° 109, 1986/4), p. 77-96.

LEUTHESSER L. (éd.), « Defining, Measuring and Managing Brand Equity : A Conference Summary », *Marketing Science Institute Report* (n° 88-104, 1988).

MACCIONI H., *L'image de marque,* Paris, Economica, 1995.

MARION G., *Les images de l'entreprise,* Paris, Les Editions d'Organisation, 1989.

MARION G., « La marque, l'enseigne et le nom de l'entreprise. Propositions pour une classification des concepts et des problématiques », Actes du 3e Congrès Annuel de l'Association Française de Marketing (A.F.M.), Dinard, 6 et 7 mai 1987.

MCQUEEN J. *et al.*, « Decomposing a Brand's Consumer Franchise into Buyer Types », *in* D. Aaker, A. Biel (éd.), *Brand Equity and Advertising,* Lawrence Erlbaum Associate Publishers, 1993, p. 235-245.

MURPHY J. (éd.), *Brand Valuation : Establishing a True and Fair View,* Londres, Hutchinson Business Books, 1989.

NUSSENBAUM M., « L'évaluation des marques », *in* IREP (éd.), *Le capital de marque,* Actes du séminaire, Paris, 1991, p. 115-146.

PENINOU G., *Intelligence de la publicité,* Paris, Robert Laffont, 1972.

PLASSEREAU Y. *et al., Marques. Création, valorisation, protection,* Paris, Dossiers pratiques Francis Lefebvre, 1994.

PERRIER R., STOBART P., « L'évaluation financière de la marque », *in* IREP (éd.), *Le capital de marque,* Actes du séminaire, Paris, 1991, p. 147-162.

RAO A.R., BERGEN M.E., « Price Premiums Variations as a Consequence of Buyer's Lack of Information », *Journal of Consumer Research* (vol. 19, December 1992), p. 412-423.

RAO A.R., RUEKERT R., « Brand Alliances as Signals of Product Quality », *Sloan Management Review* (Fall 1994), p. 87-97.

RUEKERT R. *et al.*, « Alliances de marques », *Décisions Marketing* (n° 1, janvier-avril 1994), p. 35-45.

RUEKERT R. *et al.*, « Le co-branding : s'allier pour mieux vendre », *L'entreprise* (n° 128, mai 1996), p. 102-104.

SAUNDERS J., « Brand and Valuations », *International Journal of Advertising* (9, 1990), p. 95-110.

SHETH I., VENKATESAN M., « Risk Reduction Processes in Repetitive Consumer Behavior », *Journal of Marketing Research* (3, August, 1968), p. 307-311.

TRANBERG H., HANSEN F., « Patterns of Brand Loyalty : Their Determinants and Their Role for Leading Brands », *European Journal of Marketing* (vol. 20, n° 3/4, 1986), p. 81-105.

WATKINS T., *The Economics of the Brand,* Londres, McGraw-Hill, 1986.

WILKINS M., « The Neglected Intangible Asset : The Influence of The Trade Mark on the Rise of the Modern Corporation », *Business History* (vol. 34, 1992), p. 66-95.

Mots clés

Capital de marque, comarquage, extension de marque, fidélité à la marque, *goodwill,* marque-caution, marque de distributeur, marque-famille, marque-gamme, marque-ligne, marque-ombrelle, marque-produit, *premium price, price premium*, prime de marque, sensibilité à la marque, valeur.

Mesure des ressources humaines

Eric Vatteville

Les spécialistes de la gestion n'intègrent qu'avec beaucoup d'hésitations les ressources humaines dans leurs modèles. Le calcul économique, en ce domaine, est souvent incomplet ou défaillant par manque d'information précise et quantifiée. Les hommes sont pourtant l'élément clé de la flexibilité d'une entreprise[1], sa principale réserve de productivité, mais ils sont aussi une force d'inertie redoutable. Les décisions les concernant sont d'une portée particulièrement longue.

Leur gestion nécessite des instruments de mesure. La mesure n'est jamais une donnée. Il s'agit de la construire en se référant à des objets observables. Cette démarche est inséparable d'une théorie des phénomènes étudiés. Elle aboutit tout naturellement à une application du nombre aux éléments continus ou discontinus qu'il importe d'évaluer. Le recours au nombre n'est pas le signe d'un quelconque primat accordé à la quantité. Il s'impose en raison de sa commodité. Il fait participer le phénomène à la quantification du réel, une des sources principales du progrès scientifique. Le quantitatif, en outre, est le moyen privilégié d'expression des modèles de décision. Les ressources humaines ne peuvent pas y échapper. Leur intégration dans la politique générale exige une harmonisation des méthodes et des langages.

L'appel à la mesure se justifie d'autant mieux que la qualité des choix effectués dépend plus de la précision des informations que de la sophistication des modèles. L'exécution d'une mesure n'est simple que si la notion cherchée a été définie de façon précise et si l'observateur dispose d'une grandeur finie pour l'estimer. La possibilité de découvrir un étalon en matière humaine et sociale est parfois contestée. Mais il n'est pas nécessaire de disposer d'un étalon unique et invariable (la température, par exemple, connaît plusieurs unités selon les échelles adoptées : Celsius, Fahrenheit, Kelvin). En outre, cet écueil peut être partiellement contourné par l'usage de grandeurs sans dimensions, comme les ratios. Il faut souligner néanmoins qu'en matière de ressources humaines, plus qu'ailleurs, l'acte même de mesurer perturbe les faits et les sujets observés.

---

1. Voir dans cette Encyclopédie l'article de R. Reix, « Flexibilité », p. 1407, tome 2.

Dans les situations complexes, l'interprète dispose toujours d'une certaine latitude dans l'appréciation. La divergence entre le signifiant (le chiffre) et le signifié (l'état du réel) peut être importante. Elle ne fait pas disparaître l'utilité de points de repère stables et quantifiés.

Toute mesure présente des spécificités liées à l'essence du phénomène examiné. Les instruments évoqués sont de nature statistique et collective comme le sous-entend l'usage du mot « ressources ». Leur capacité à fournir une information exacte et précise commande l'efficacité de la stratégie. Pour maîtriser son développement et préserver sa sécurité, la direction de l'entreprise a besoin de renseignements détaillés et permanents sur l'état de ses ressources humaines, mais également sur leur potentiel. La lutte contre l'incertitude du futur commence par la connaissance du présent.

1. L'état des ressources humaines

Sa description ne peut pas s'appuyer sur une discipline autonome dotée de ses méthodes et avec son objet particulier (comme la comptabilité générale, par exemple). Deux grandes familles d'observations sont utilisables, relevant de deux visions complémentaires. La première, analytique, s'appuie sur le bilan social et ses indicateurs. La seconde, plus ambitieuse, est synthétique ; la comptabilité des ressources humaines tend à harmoniser la valeur des choses et celle des hommes. L'une est d'application courante, l'autre soulève de sérieuses difficultés théoriques et pratiques.

1.1. La vision analytique : le bilan social

Instrument d'action collective, l'entreprise procède à d'innombrables échanges avec son environnement. A côté de ses buts économiques, on tend aujourd'hui à lui reconnaître une responsabilité sociale. Cette attitude s'accompagne très logiquement d'un compte rendu périodique au reste de la société. Les tiers intéressés aux divers aspects du fonctionnement de la firme seront ainsi informés. La définition du cercle des intéressés peut être plus ou moins étendue et, par conséquent, l'inventaire et les mesures qui s'y adjoignent peuvent être plus ou moins larges. Deux conceptions se distinguent.

– La première est la plus vaste possible. Elle s'intéresse à l'ensemble des relations avec l'environnement. Les prélèvements sur la nature, les rejets polluants sont estimés aussi bien que les obligations fiscales ou encore les rémunérations et les conditions de travail des salariés. L'étude tend principalement à mettre l'accent sur la responsabilité sociale externe de l'entreprise. Le champ à observer déborde largement les ressources humaines.

– La seconde est restrictive. Elle se concentre sur les rapports « patronat/ salariés ». L'attention se porte sur la responsabilité sociale interne. Le législateur français, avec la loi du 12 juillet 1977 sur le bilan social, a retenu cette façon de voir[2]. Il a voulu créer, dans le prolongement du Code du travail, un outil d'information principalement à l'usage des salariés[3].

2. Voir également dans cette Encyclopédie l'article de R. Danziger, « Bilan social », p. 231, tome 1.

3. En fait, le principal destinataire du nouveau document est le comité d'entreprise.

Une tentative de quantification de l'état des ressources humaines s'est ainsi propagée dans notre pays. Elle est malheureusement limitée dans son étendue et dans sa méthode. Seules les entreprises dont l'effectif habituel dépasse trois cents personnes sont soumises à cette sujétion. Plus de la moitié de la population active salariée du secteur privé demeure en dehors du champ d'application de la loi.

La normalisation du contenu du document a eu une conséquence regrettable. Elle a stérilisé un certain nombre d'efforts spontanés de mesure du social engagés au début des années 1970. Remplir le lourd dossier officiel est devenu le principal souci des responsables de la gestion. Le mot « bilan » ne doit pas être pris dans son sens juridique et comptable. La notion d'équilibre en est absente et le calcul de grandeurs synthétiques, comme une situation nette sociale ou une valeur ajoutée sociale, est hors de question[4]. L'expression médicale et figurée « bilan de santé » est la mieux à même d'éclairer l'objectif poursuivi. Il s'agit avant tout de présenter une information ordonnée et aussi exhaustive que possible (plus de 170 indicateurs, selon la liste établie par le décret du 8 décembre 1977).

Du point de vue de la mesure des ressources humaines et de son utilisation, les options retenues par le législateur viennent compliquer la tâche des interprètes. Les problèmes découlent principalement de la conception des indicateurs, du niveau de la saisie de l'information et de la comparabilité des données. Quel que soit l'instrument envisagé, ces difficultés doivent être surmontées. Nous allons les reprendre successivement en critiquant la réglementation française en vigueur. Cet examen fera apparaître par opposition les qualités indispensables de tout système d'information dans le domaine de la gestion des ressources humaines.

1.1.1. La conception des indicateurs

Les indicateurs sont des instruments de mesure. Ils servent à révéler des informations. Une réflexion sur les données nécessaires est un préalable indispensable à leur élaboration. Il n'y a pas de bonne mesure sans identification précise des phénomènes dont on envisage l'étude, sans recherche des grandeurs propres à conduire à une évaluation numérique. L'existence d'étalons multiples (nombre d'éléments sont réfractaires à une quantification fondée sur l'unité monétaire habituelle en gestion) impose le respect de procédures strictes. Le moment et le lieu où le fait devient chiffre doivent être clairement définis. Généralement, un indicateur n'est pas une information élémentaire. Sa mise en forme nécessite plusieurs traitements successifs. Elle est donc inévitablement reliée au système d'information.

Un instrument de mesure doit présenter des qualités techniques. Tout d'abord, l'indicateur, pour restituer le mieux possible la réalité et fournir un message pertinent pour l'action, doit être voisin des phénomènes à observer (fidélité, objectivité). Ensuite, il lui faut être homogène dans le temps et dans l'espace ; deux personnes effectuant la même mesure dans une entreprise

4. Toute variable composite n'en est pas pour autant condamnée ; dans un champ d'analyse différent, le rapport mondial sur le développement humain en 1994 utilise par exemple un indicateur de développement humain (IDH) formé de trois éléments : la longévité, le savoir et le niveau de vie (PNUD : Programme des Nations Unies pour le Développement).

doivent trouver la même valeur (permanence, stabilité). Enfin, il doit posséder une acuité suffisante pour saisir et rendre compte de toutes les finesses des variables étudiées (sensibilité, précision).

La réunion de ces diverses qualités peut seule conduire à de bonnes mesures et à des résultats significatifs. Les conséquences sont importantes. Les représentations numériques de phénomènes serviront de base à des analyses, c'est-à-dire à des argumentations, des raisonnements susceptibles de conduire à la connaissance ou à la décision.

Les exigences des praticiens s'ajoutent aux contraintes techniques pesant sur les outils d'observation. Pour un gestionnaire, la création d'un indicateur n'a de sens que s'il est une aide à la décision (pour maîtriser son domaine d'activité, le mettre sous contrôle). C'est un moyen et non une fin. Aujourd'hui, la surabondance de l'information est tout aussi redoutable que ses lacunes. Elle risque de paralyser le décideur.

Toute batterie d'indicateurs présente un inconvénient d'autant plus sensible qu'elle est plus développée. Elle confronte l'utilisateur à une multitude de nombres correspondant chacun à un aspect partiel de la réalité. Noyer le lecteur sous un flot de cent cinquante ou deux cents informations ponctuelles, nonobstant leur élaboration quantitative, n'est pas le moyen le plus sûr de le conduire à un jugement synthétique ni de faciliter ses choix.

Dans sa présentation actuelle, le bilan social présente une autre faiblesse. Il mélange des informations nominales (valeurs absolues, nombre d'unités), ordinales (classement de certains éléments), statistiques (moyennes, pourcentages, mais plus rarement), binaires (réponses « oui ou non »). Des ratios auraient été plus clairs dans bien des cas. Il existe de nombreux domaines où des rapprochements peuvent être révélateurs. Naturellement, mettre deux grandeurs sous forme de fraction n'augmente pas leur signification ni leur précision. Mais lorsque certaines liaisons ou causalités sont vraisemblables entre elles, l'interprétation s'en trouve facilitée. Une collection d'indicateurs ne devient pas automatiquement un système d'observation et d'information.

La sélection des indicateurs soulève une difficulté qualitative. Elle ne peut pas faire l'objet d'un traitement général. Les données utiles sont variables avec l'entreprise, avec la période... Le système doit être clair et simple, complet et synthétique, évolutif et flexible.

Les préférences de l'administration ont pesé trop lourd dans le choix des indicateurs figurant dans le document officiel. Bon nombre d'entre eux sont marqués par le souci de contrôler le respect de la législation du travail. Les autres reflètent les priorités du moment (conditions de travail et formation, par exemple). Enfin, la volonté d'utiliser des informations déjà disponibles a limité la portée de l'innovation. Tout cela réduit la pertinence du bilan social pour les responsables de la gestion. Depuis 1977, les risques pesant sur les entreprises se sont transformés, leurs méthodes de gestion aussi. Le législateur a négligé l'effort de maintenance qu'exige tout système d'observation[5]. La conception des indicateurs n'est pas le seul élément susceptible de perturber la mesure ; l'échelle d'observation doit également être définie.

5. Il serait souhaitable de disposer aujourd'hui d'indications sur l'insertion des jeunes, sur l'accès à la formation continue en fonction de l'âge, sur les conditions de retrait des travailleurs âgés, sur les nouveaux modes de rémunération.

1.1.2. L'échelle de l'observation

Le niveau de saisie de l'information le plus utilisé dans la loi est l'établissement. Le bilan social d'établissement est le plus développé ; sécurité, conditions de travail, relations professionnelles sont souvent discutées à cet échelon. Dans les entreprises à établissements multiples, il faut donc consolider les données élémentaires et additionner en évitant les doubles comptes. L'opération inverse de décontraction des faits saisis directement pour l'ensemble de l'entreprise (participation, aide au logement, dépenses de formation...) n'exige qu'un effort d'organisation. Etablissement ou entreprise, le choix de l'une ou de l'autre de ces échelles est commandé par la nature des phénomènes à mesurer. Le passage entre elles ne pose pas trop de problèmes.

L'évolution de notre système économique conduit en revanche à poser une question de fond. L'entreprise est-elle toujours un niveau pertinent d'observation ? Cette interrogation est provoquée par deux difficultés.

– Les entreprises ont de plus en plus souvent recours à la sous-traitance. Elles peuvent ainsi expulser de leur bilan social une partie de leurs activités (par exemple l'entretien, tâche souvent dangereuse et mal payée). Les effets de ce type de contrat sont parfois pervers. Ils se révèlent à l'occasion de conflits sociaux (le nettoyage des installations de la RATP en a fourni une bonne illustration). Un bilan social exhaustif ne devrait pas négliger les conditions de travail de la main-d'œuvre extérieure.

– La croissance des firmes s'effectue aujourd'hui par des prises de participation, des créations de filiales, y compris à l'étranger. Ainsi naissent des « groupes » dont l'existence a été tardivement reconnue en France. Une loi du 28 octobre 1982 a institué, avec le comité de groupe, une instance supplémentaire de représentation du personnel ; mais surtout, une loi du 3 janvier 1985 a réglementé les comptes consolidés[6].

La délimitation de cette entité est toujours délicate. L'exercice du pouvoir ne s'inscrit pas nécessairement dans les cadres juridiques soumis aux publicités légales. Les communautés d'intérêt résultant d'actions menées de concert, la sous-traitance, les contrats de concession, de franchise, les prêts sont plus contraignants parfois qu'un contrôle exercé par le jeu d'une participation. Définition juridique et réalité économique ne coïncident pas. La réglementation actuelle n'a pas surmonté cet obstacle.

Le souci de respecter la territorialité de notre législation est à l'origine d'une autre faiblesse. Faire en 1996 le bilan social d'une entreprise sans tenir compte de ses implantations à l'étranger est illusoire ou fallacieux. Le risque d'évasion de l'information n'est pas négligeable. Il s'agit malheureusement d'un aspect de la réalité pour le moment insaisissable. La détermination minutieuse des limites de l'ensemble observé est une des conditions de la validité de toute comparaison, opération qui se heurte à d'autres problèmes.

1.1.3. Les difficultés de comparaison

Une connaissance en profondeur de l'état des ressources humaines suppose des références externes et internes. La fiabilité des indicateurs, c'est-à-dire leur capacité à fournir des mesures avec de faibles erreurs relatives, est

---

6. Voir dans cette Encyclopédie l'article de B. Colasse, « Comptes de groupe », p. 568, tome 1.

subordonnée à leur cohérence dans l'espace et dans le temps. La validité des études comparatives en dépend. Celles-ci ont un intérêt indiscutable ; l'objectif dernier de la mesure est l'amélioration de la gestion. Dans une telle perspective et en période de mutations rapides, il est de plus en plus utile pour les chefs d'entreprises de trouver des points de comparaison dans leur environnement professionnel ou régional.

Les références spatiotemporelles sont d'utilisation fréquente dans de nombreux domaines. Malheureusement, le législateur français a voulu éviter que le bilan social puisse devenir un instrument de comparaison automatique. Les informations retenues, et surtout la présentation choisie, rendent difficile la formulation d'un jugement d'ensemble. Néanmoins les centrales de bilans sociaux fournissent des références diachroniques et sectorielles[7]. Il serait imprudent toutefois d'y rechercher des repères normatifs (dans une perspective de *benchmarking*)[8]. Les renseignements ainsi rassemblés sont statistiques. Ils n'indiquent rien sur les niveaux de performance, ni sur les moyens d'acquisition et d'apprentissage des savoir-faire efficaces.

Les comparaisons dans le temps sont ardues. La dimension historique est pourtant fondamentale dans l'établissement d'un diagnostic, dans la révélation de successions causales. Une mesure sur une seule période ne permet jamais de se faire une idée précise de la situation. Une grandeur considérée isolément est toujours d'interprétation délicate. Elle peut avoir été influencée par un événement exceptionnel survenu pendant l'année examinée. En revanche, une étude sur trois à cinq ans fournit une description plus satisfaisante. Il ne faut pas oublier néanmoins que sur une telle durée l'environnement se transforme et les conditions de production de l'entreprise se modifient (investissements, changements dans la gamme des produits, adoption de nouvelles méthodes de gestion...).

Le traitement du temps soulève en notre matière une sérieuse difficulté théorique. Comment comparer des résultats enregistrés au cours de périodes successives ? En matière financière, des bénéfices peuvent venir compenser des pertes. L'actualisation et la capitalisation autorisent la transformation de tout revenu futur ou passé en un revenu immédiat. Il est impossible de concevoir ici un coefficient d'équivalence permettant, par exemple, de convertir des licenciements passés en embauches présentes, ou un taux futur d'accidents du travail en dépenses de formation actuelles. Les études de longue période sont très malaisées.

La détermination de l'horizon de l'analyse est toujours délicate en matière économique et plus encore sociale. L'année est souvent trop courte pour que les effets d'une décision concernant les ressources humaines aient le temps de se manifester. La période d'analyse ne sera pas la même pour tous les phénomènes. Les coûts de l'appel à des travailleurs intérimaires peuvent être appréciés à très court terme, alors que les incidences d'une action de formation des cadres aux techniques de gestion ne seront perceptibles que plusieurs années

7. Celle constituée par J. Allouche par exemple (à partir d'un échantillon constant de 255 entreprises suivies de 1979 à 1989) lui a permis d'aborder tous les grands chapitres de la gestion des ressources humaines de la flexibilité de l'emploi jusqu'à l'égalié professionnelle en passant par la sécurité, les rémunérations, la formation... Ils ont fait l'objet de chroniques dans les numéros 1 à 11 de la *Revue de Gestion des Ressources Humaines* parus entre 1991 et 1994.

8. Inventaire et évaluation comparée des pratiques des concurrents.

plus tard. Les phénomènes sociaux n'ont pas tous la même périodicité. Cela n'est pas une originalité ; en finance, il n'en va pas différemment, le cycle de l'exploitation et celui de l'investissement ne coïncident pas. Néanmoins, une telle particularité exige de l'observateur une attention soutenue et impose beaucoup de prudence dans la mise en évidence de correspondances temporelles. Les précautions sont indispensables dans un domaine où la mesure ne renvoie que rarement à des constructions théoriques claires.

Comme instrument d'évaluation, le bilan social n'est donc pas à l'abri de toute critique. Il ne faut pas méconnaître cependant qu'il a partiellement comblé une lacune. Les données chiffrées, même imparfaites, appellent des commentaires, des explications, une recherche des causes. Il y a là une promesse de progrès de la connaissance et des techniques de gestion. Les indicateurs n'ont pas toujours et partout la même importance. La construction d'un tableau de bord social pose invariablement un problème de sélection. Il n'a pas de solution générale. La définition de la structure de cet instrument et de son système de référence est une prérogative du chef d'entreprise. Elle doit être guidée par le souci d'améliorer la capacité de jugement et d'action. Au-delà de l'observation, l'intégration du personnel dans la politique générale exige un outil qui, au sens propre de l'expression, le prenne en compte. Telle est l'ambition de la comptabilité des ressources humaines tournée vers l'agrégation de toute l'information en une valeur unique et synthétique.

1.2. La vision synthétique : la comptabilité des ressources humaines

La comptabilité des ressources humaines est un effort pour donner un contenu concret à un programme de recherche théorique sur le capital humain, initié par T. Schultz et G. Becker au début des années 1960. Ainsi pourrait s'incorporer dans une vision économique cohérente un des clichés les plus utilisés par les dirigeants d'entreprises : « Notre personnel est notre actif le plus important ».

Le capital humain – ensemble des aptitudes, connaissances et savoir-faire des travailleurs – est le poste manquant dans les comptes. Cette lacune est d'autant plus regrettable que nous assistons à une dépréciation relative des biens matériels par rapport aux actifs intangibles. Les membres du personnel sont l'objet de dépenses voisines par nature de celles consacrées aux équipements et non moins importantes : formation, soins médicaux, apprentissage des circuits d'information, des procédures de régulation, des modes de règlement des conflits... Ils fixent en eux-mêmes une certaine valeur. Une telle présentation des choses conduit à l'adoption de l'étalon de mesure traditionnel en matière comptable : l'unité monétaire. Ce choix ne règle pas le problème de fond préalable à toute inscription d'une donnée chiffrée dans un compte, celui de la méthode d'évaluation. Au plan des principes, trois démarches sont envisageables : du passé vers le présent (solution habituelle du coût historique), du présent vers l'avenir (coût de remplacement), ou enfin de l'avenir vers le présent (solution économique fondée sur l'actualisation d'une séquence de revenus futurs).

1.2.1. Le coût historique

L'évaluation du capital humain s'appuie sur les dépenses nécessitées par son acquisition ou sa production. Cette méthode suppose l'existence d'un lien entre le coût de production d'un travailleur et sa valeur en tant que capital susceptible de rendre des services pendant un certain nombre de périodes. Pour une entreprise soucieuse avant tout d'utiliser les aptitudes professionnelles de ses salariés, une telle mesure est approximative sans être absurde. Pratiquement, elle conduit l'observateur à identifier toutes les charges susceptibles d'être considérées comme des investissements en ressources humaines. Il est courant d'y ranger :

– les coûts de recrutement,

– les coûts de formation (frais occasionnés par la diffusion de connaissances de base et la création de capacités nouvelles),

– les coûts d'intégration et d'organisation, indirects et indivisibles mais souvent importants (un nouvel employé n'atteint sa pleine efficacité qu'une fois intégré à son groupe de travail et après avoir terminé son apprentissage sur le tas).

Le recensement de ces trois catégories de coûts est plus ou moins difficile. Les uns sont directs, ils sont identifiables et leur montant est aisément déterminé lorsqu'ils correspondent à des sorties de fonds (factures réglées à des agents extérieurs, cabinets de recrutement, organismes de formation...). Certains, tout en demeurant directs, sont plus délicats à mesurer lorsqu'ils se rapportent à l'utilisation du temps de certains salariés de l'entreprise (service du personnel lors de l'embauche...) ou à l'occupation des locaux. La solution de ce problème relève de l'organisation de la comptabilité analytique. Enfin, un dernier ensemble de coûts est indirect. Il ne concerne pas un investissement particulier, mais des opérations générales d'amélioration des ressources humaines et des conditions dans lesquelles elles sont utilisées (cela peut aller jusqu'à l'établissement des règles juridiques encadrant l'exercice du travail ; la terminologie la plus récente désigne ce type de dépense comme un investissement de forme). La mesure, ici, n'est pas facile. Il faut se résoudre à retenir une quote-part des frais généraux, et donc renoncer à atteindre une grande précision.

L'évaluation par les coûts historiques, conforme aux traditions comptables, est la plus facile à mettre en œuvre. Elle n'est pas exhaustive. Elle présente au moins deux lacunes :

– les travailleurs peuvent augmenter leur habileté et leur productivité (leur valeur) par des expériences en dehors de leur lieu de travail, gratuites pour l'entreprise ;

– l'apprentissage sur le tas peut n'entraîner aucune dépense de la part de l'employeur.

Le passé, le plus souvent, n'étant pas la meilleure base pour la détermination des objectifs stratégiques d'une firme, il a été suggéré de s'appuyer sur le coût de remplacement.

1.2.2. Le coût de remplacement

La notion de coût de remplacement a été utilisée par R. Likert aux origines des recherches sur la comptabilité des ressources humaines. Sa portée peut être saisie à partir d'une situation imaginaire : une entreprise a perdu tout son personnel hormis sa direction ; combien faudrait-il dépenser pour reconstituer une nouvelle population d'employés efficaces ? A cette question, un échantillon de chefs de firmes fournit comme réponse des chiffres allant de un à vingt fois le montant de la masse salariale annuelle. La diversité des activités explique ces écarts ; une société d'ingénierie et une entreprise de nettoyage ne rencontreront pas les mêmes problèmes.

Une construction comptable ne peut pas s'appuyer sur des estimations aussi grossières et subjectives. La meilleure justification du coût de remplacement se trouve dans la nécessité de corriger les coûts historiques pour tenir compte des changements de prix. La quatrième directive communautaire (1978), qui a servi de cadre à l'harmonisation des comptabilités en Europe et inspiré dans notre pays le plan comptable 1979-1982, n'écarte pas la valeur de remplacement comme fondement des mesures patrimoniales. Mais elle ne fournit pas de moyens d'application.

Le coût de remplacement est lié non seulement aux prix à un instant, mais également aux circonstances de l'opération. Son évaluation est de nature plus complexe en matière de ressources humaines que d'équipements. En toute rigueur, un remplacement doit s'effectuer à l'identique. Le remplaçant doit pouvoir fournir les mêmes services que le remplacé. Dans le cas de machines, la chose est déjà difficile à concevoir, car les modèles changent. Pour les hommes, il faut tenir compte des interactions entre tout individu et le groupe. Par ailleurs, l'équivalence doit-elle s'apprécier pour les services présents ou futurs ? Dans le dernier cas, on n'échappe pas à la nécessité de définir une période d'observation.

Une fois ces questions de principe résolues, il faut recenser les coûts spécifiques du remplacement et les estimer. Une démarche globale consiste à valoriser le remplacement par le coût de la rupture, c'est-à-dire la somme des indemnités de licenciement susceptibles d'être versées au personnel. Elles contiennent malheureusement un élément de réparation du dommage subi par les salariés qui nous éloigne singulièrement du coût de reproduction de son actif humain pour l'entreprise. Une solution analytique est donc préférable. Elle mène à une évaluation anticipée des coûts de recrutement, de formation et d'intégration. Ce sont des coûts d'opportunité, puisque le remplacement n'est jamais qu'une éventualité. Leur mesure précise se heurte très vite à de sérieux problèmes de prévision, notamment dans le domaine de l'évolution des prix. Pour intégrer le temps, il a été proposé une démarche plus conforme à la théorie économique.

1.2.3. La valeur économique

Dans cette perspective, le capital humain se définit très logiquement comme la somme actualisée des revenus futurs qu'il est susceptible de produire. Un tel calcul peut être envisagé à plusieurs niveaux : individu par individu, par groupes, ou globalement pour tout le personnel. L'évaluation individuelle est la plus immédiate. En avenir certain, elle se résume à l'opération suivante :

$$Kx = \frac{Sx_1}{1+i} + \frac{Sx_2}{(1+i)^2} + \ldots\ldots + \frac{Sx_n}{(1+i)^n}$$

(Kx, mesure du capital représenté par le salarié x)[9]

9. Il y a derrière cette présentation une hypothèse forte, celle de l'égalité du salaire et de la productivité marginale.

L'application pratique exige la connaissance de trois éléments : la séquence des salaires futurs (Sx_1, ..., Sx_n), l'horizon de calcul (n), le taux d'actualisation (i).

Les salaires futurs d'un individu ne sont pas connus, mais ils peuvent être estimés par comparaison avec les rémunérations distribuées dans l'entreprise à des personnes de même qualification, mais plus âgées ou plus anciennes. La liaison « salaire réel/âge » se résume par une courbe dont la forme est susceptible d'intégrer les modifications anticipées de la politique en cette matière. Le coût des capitaux permanents doit être recommandé comme taux d'actualisation. La solution est logique ; si l'on veut intégrer le capital humain au patrimoine, il faut le soumettre au même critère d'appréciation. Les salaires étant mesurés en francs courants, on retiendra un taux nominal.

L'horizon, enfin, dépend de la durée de vie active du travailleur dans l'entreprise. En cas de fidélité totale, (n) correspondra à l'âge légal de la retraite. En dehors de cette éventualité, des départs tiennent à la mortalité et à la mobilité interentreprises. Le premier phénomène est bien connu grâce aux tables de survie établies par les actuaires pour les sociétés d'assurances. Le second est beaucoup moins stable. On peut calculer cependant la durée moyenne du passage dans l'entreprise poste par poste. La projection d'une probabilité pour l'individu de rester au service de son employeur est donc concevable, encore que délicate. De nombreux facteurs perturbateurs existent : la conjoncture économique, les innovations techniques, les modifications de la législation...[10]

Au-delà des problèmes de collecte de l'information, l'évaluation individuelle soulève des difficultés plus théoriques. Tout d'abord, l'actualisation des salaires espérés d'un employé fournit sa valeur pour lui-même à un moment donné de sa carrière, plutôt que sa valeur en capital pour son employeur. Ensuite, hormis la situation théorique de concurrence pure et parfaite (où le salaire versé à chaque travailleur correspond à sa productivité marginale), rémunération et contribution ne coïncident pas.

Enfin, tout système de production efficace vaut plus que la somme des hommes qui le composent. La valeur économique d'un membre du personnel dépend de ses caractéristiques propres, mais également de celles de ses collègues, de leurs interactions dans le groupe qu'ils forment. Devant l'impossibilité d'isoler la contribution d'un salarié à la production, un calcul au niveau des groupes a parfois été proposé. En distinguant trois catégories de ressources humaines : décisionnelles (qui ont en charge la fonction d'entreprise), créatives (recherche) et d'exécution, on aboutirait par exemple à :

$$K = \alpha K_d + \beta K_c + \gamma K_e$$

Le problème est alors de déterminer les pondérations (α, β, γ) à attribuer aux évaluations des différents groupes et leurs apports aux revenus futurs de l'entreprise.

Une dernière solution traite la firme de manière globale. Dans quelques cas exceptionnels (achat, fusion), le *goodwill,* différence entre la valeur comptable des actifs et leur prix d'acquisition, peut être considéré comme

10. En avenir incertain la mesure pourrait s'effectuer en termes d'espérance mathématique.

une approximation de l'évaluation cherchée. Elle ne vaut naturellement que pour l'instant de la transaction. En situation normale, il faut estimer les revenus futurs de l'entreprise, les actualiser et finalement attribuer une part de ce résultat aux ressources humaines. Ce sera la mesure de leur valeur. On se heurte cette fois au problème de l'imputation.

Chacune des méthodes d'évaluation présente ses limites. Il ne faut pas considérer qu'elles s'excluent l'une l'autre. Elles sont complémentaires ; prises ensemble, elles constituent un véritable système d'observation. L'annexe du plan comptable 1979-1982 pourrait parfaitement accueillir la plupart des informations dont les principes d'estimation ont été évoqués. La comptabilité des ressources humaines est pour l'instant dans une impasse. Elle a été critiquée pour son caractère totalisant, pour sa prétention d'enfermer la réalité dans un ensemble de mesures logique et clos.

L'assimilation des hommes aux autres biens capitaux sera toujours contrariée par une hétérogénéité fondamentale. Les travailleurs font des choix quant à leurs performances. La production ne dépend pas seulement de la quantité d'heures ouvrées et de la qualification du personnel, mais aussi du degré d'effort fourni, de la volonté de coopérer. Les plans de la main-d'œuvre se heurtent souvent à ceux de l'entrepreneur. Les économistes présentent le capital comme un ensemble organisé. Cette organisation est le résultat du plan d'un agent économique : l'entrepreneur, soucieux d'obtenir un flux de revenus par un amalgame de biens hétérogènes. En l'absence de cette combinaison intentionnelle qui unifie ses constituants, il n'y aurait pas de capital. Une telle conception s'applique bien aux machines et mal aux salariés. Ceux-ci ne perdent pas leur individualité, leur identité culturelle. Le « capital » humain est donc difficilement additionnable aux autres composantes du patrimoine. Le langage financier trouve ici ses limites. Le mot « ressources » recouvre d'ailleurs, au sens figuré, les forces de l'esprit, du caractère, les capacités, les facultés. Il conduit à l'idée de potentiel et ouvre à l'observateur un autre champ d'investigation.

2. Le potentiel du personnel

Le personnel en place n'est jamais un facteur de production parfaitement mobile et malléable. L'évaluation de son potentiel est la clé de voûte de la stratégie en matière de ressources humaines. Le mot « potentiel » recouvre une capacité de production et d'action. La notion, par nature, est dynamique. La recherche de la compétitivité et de la flexibilité est un pari sur son utilisation future.

La connaissance des évolutions à venir est la condition première du succès. La population d'une entreprise est soumise à des forces internes et autonomes. Sa gestion exige le respect de certains équilibres entre les âges, les anciennetés, les qualifications... Une estimation, même approximative, de ses transformations est indispensable. Elle permettra de répondre à quelques questions cruciales : comment évolueront les points forts et les points faibles des salariés actuels ? Les structures de l'organisation tiennent-elles compte des attentes et des possibilités des travailleurs ? Qui pourra faire quoi demain ? Le « stock » existant donnera-t-il naissance aux « flux » nécessaires ?

Des réponses claires permettent seules de prévenir et de gérer les risques courus par l'entreprise en matière de ressources humaines. Ceux-ci résultent toujours d'une inadéquation entre les besoins et les moyens. La difficulté vient de la nécessité de procéder à cette confrontation de manière anticipée. Le futur probable importe plus que la situation présente. La prévision, c'est-à-dire l'analyse d'un état à venir daté et quantifié avec une précision suffisante pour l'action, est le seul moyen permettant à l'entreprise de disposer au moment voulu de l'effectif utile (en nombre et en qualité).

Les disparités, sources de potentiels ou de risques, n'auront de sens pour orienter les décisions que si elles sont exprimées de façon collective et statistique. L'appréciation individuelle ne peut intervenir qu'à un stade ultérieur du processus de gestion. Elle est surtout qualitative, fondée sur la manière dont un poste a été tenu, sur des performances et des comportements passés. Les destins personnels relèvent d'une gestion des carrières. Cet aspect de la pratique se soumet difficilement à une mesure directe. Il peut être laissé de côté sans grand inconvénient, car une fois encore, la somme des potentiels individuels ne coïncide pas avec celui de l'entreprise globalement considérée. A ce niveau, la capacité de réaction est commandée par deux phénomènes majeurs : le potentiel démographique et le potentiel de compétences. Le problème de leur estimation mérite de retenir l'attention.

2.1. Le potentiel démographique

Les travailleurs se différencient par les postes ou les fonctions qu'ils occupent dans l'organisation et par certaines caractéristiques personnelles dont la plus évidente est l'âge. La structure par âges est facile à étudier. Les démographes en donnent une présentation graphique classique : la pyramide des âges. La transposition pour une entreprise est aisée et donne une image synthétique du potentiel démographique, qui peut être précisé par la mesure des mouvements du personnel[11].

2.1.1. La pyramide des âges

La distribution des âges s'inscrit entre deux limites évidentes, vers le bas la fin de la scolarité obligatoire, vers le haut l'âge légal de la retraite. La répartition des salariés sur le graphique est un des déterminants principaux de l'efficacité future de l'entreprise. Des indentations prononcées sur la figure ne sont jamais favorables : elles traduisent des déséquilibres entre les classes d'âges et laissent présager une succession de cycles massifs de mises à la retraite et de recrutements toujours difficiles à contrôler.

Les disproportions entre classes d'âges sont préjudiciables au bon fonctionnement économique de l'entreprise et à son équilibre psychosociologique. Le vieillissement risque d'affaiblir la productivité de la main-d'œuvre par obsolescence des connaissances, par diminution de la créativité et de l'innovation, par recul de la mobilité (du moins selon les stéréotypes dominants ; les relations âge/efficacité mériteraient un examen empirique

---

11. Voir également dans cette Encyclopédie l'article de R. Ribette, « Gérer "à temps" les ressources humaines », p. 1460, tome 2.

approfondi, elles ne sont pas les mêmes pour tous les postes de travail). Il ne faut jamais oublier que si les jeunes sont l'avenir de l'entreprise, les plus anciens en sont la mémoire. Les innombrables mesures imaginées depuis une vingtaine d'années par les pouvoirs publics pour accélérer les départs en retraite ont permis de confirmer l'importance d'une pyramide des âges équilibrée. Après le départ massif des plus vieux, on observe souvent une baisse de la production, une augmentation des taux de rebut. Les savoir-faire accumulés n'ont pas pu être transmis[12]. Il n'en reste pas moins que certaines entreprises meurent de vieillissement faute d'avoir renouvelé en temps voulu leur potentiel humain. D'autres se trouvent confrontées à des difficultés graves pour avoir mal recruté, c'est-à-dire négligé les contraintes démographiques. Une population jeune peut sembler pleine de promesses ; elle rend plus aisée la mise en place de techniques nouvelles ; elle est également lourde de tensions futures. Les possibilités de promotion seront rapidement très restreintes.

Il n'y a pas de pyramide des âges idéale recommandable dans toutes les situations. Chaque entreprise doit établir son propre modèle, compte tenu de ses perspectives économiques (technologies, produits, marchés), et sociales (règles de promotion, de mise à la retraite). Il n'est pas d'outil prévisionnel d'usage plus aisé. A mesure que le temps passe, le personnel en place s'élève sur le graphique. En laissant vieillir par anticipation la population de l'entreprise, on détectera les blocages éventuels et les possibles ruptures de potentiel. La simulation conduit directement à de nouvelles politiques destinées à contourner les obstacles précédemment révélés[13].

Un tel travail est d'autant plus important que les effectifs concernés sont modestes. Les possibilités d'ajustement interne sont alors réduites. En sens contraire, dans les très grandes firmes, la pyramide d'ensemble sera insuffisante. Elle peut être très facilement complétée par des sous-ventilations plus ou moins détaillées : par sexe, par établissement, par métier, par poste de travail..., chaque rubrique donnant lieu à la construction d'un graphique. La comparaison des pyramides permet alors une analyse beaucoup plus fine, révélant des forces ou des faiblesses masquées par l'étude globale. Une analyse des anciennetés peut être un complément utile. Ce phénomène influe sur le comportement des travailleurs et le plus souvent sur leur statut. Il se prête à la même représentation schématique. Un premier éclairage se trouve ainsi jeté sur la fidélité et la stabilité du personnel. Ses mouvements ne sont pas sans conséquences, ils exigent d'autres instruments d'observation.

2.1.2. Les mouvements du personnel

Le dynamisme qui anime le personnel n'est pas exclusivement gouverné par la loi du vieillissement pesant sur tous les êtres vivants. La population d'une entreprise est un ensemble perpétuellement renouvelé. Elle est caractérisée en premier lieu par son taux d'évolution (croissance ou déclin), lui-même commandé par des entrées et des sorties périodiques.

---

12. Voir également dans cette Encyclopédie l'article de G. Kœnig, « Apprentissage organisationnel », p. 171, tome 1.

13. Formation, recours à des personnels intérimaires.

Pour mettre en évidence la relation mobilité-effectif, on utilise la notion de rotation du personnel. Elle se mesure par le ratio :

$$\frac{\text{Effectif final}}{\text{Effectif initial + Entrées + Sorties}}$$

Cette présentation conduit à des valeurs numériques simples et d'interprétation évidente[14]. Le rapport sera égal à l'unité en cas de stabilité totale du personnel, ou lorsqu'il ne se produit que des entrées. Il n'y a pas à proprement parler de rotation, l'entreprise embauche pour faire face à la croissance nécessaire de sa population. Le rapport diminue avec l'importance relative des sorties. Ce phénomène est ordinairement considéré comme défavorable. Le ratio de rotation est un indicateur du degré d'insatisfaction du personnel. La dégradation évoquée est, en général, accompagnée d'une baisse du potentiel. L'interprétation, cependant, n'est jamais facile. Les sorties sont un régulateur spontané du mécontentement des travailleurs. Dans un marché du travail déprimé, elles diminuent ; cela peut annoncer une élévation dans l'entreprise du nombre de personnes insatisfaites. Dans ce cas, l'amélioration du ratio de rotation n'est pas nécessairement suivie de celle du potentiel.

L'examen du comportement des nouveaux embauchés ne lève que partiellement cette ambiguïté. Le rapport :

$$\frac{\text{Embauches de l'année}}{\text{Salariés de moins d'un an d'ancienneté}}$$

montre approximativement le nombre d'employés qu'il faut recruter pour en conserver un. Les variations de ce chiffre sont révélatrices de la capacité attractive de l'entreprise, de son adaptation aux caractéristiques récentes de la population, de sa plus ou moins grande facilité à reconstituer ses potentiels.

Dans une optique prévisionnelle, le recrutement change de nature. Il ne consiste pas seulement à recruter à un instant donné l'individu le mieux capable de remplir un poste précis. Il faut découvrir celui qui sera le plus apte à suivre le développement de l'entreprise. La connaissance des mouvements internes, des itinéraires praticables (promotionnels, fonctionnels, géographiques) est nécessaire pour se prémunir contre des erreurs difficilement réversibles. Elle n'est cependant pas suffisante. En matière de potentiel humain, l'observation conduit très directement à la stratégie. La dimension de l'effectif n'est pas seule en cause ; sa qualité et son niveau de formation – fondement de son potentiel de compétences – importent également.

2.2. Le potentiel de compétences

Chaque travailleur possède un certain degré de qualification. Ses capacités ne sont utilisables que dans un champ d'activité limité. L'hétérogénéité, conséquence de grandes disparités dans les investissements en formation, est

14. On peut comparer également le nombre de départs pendant une période à l'effectif moyen, sorte de quotient d'infidélité.

ici le trait le plus marquant. La qualification est une notion multiple, aux dimensions difficilement commensurables. Elle ne recouvre pas seulement une qualité intrinsèque des salariés, elle est aussi le fruit de son articulation avec les exigences d'une organisation productive. Cette combinaison est la source principale de la compétence d'une entreprise.

2.2.1. Les dimensions de la qualification

La qualification suppose de plus en plus un niveau de raisonnement et de logique acquis avant l'embauche. La tentation est donc forte de la mesurer par l'intermédiaire des diplômes. Malheureusement, le grade conféré par un examen n'est qu'un indicateur très imparfait des connaissances maîtrisées et de la qualification possédée. On pourrait essayer de le remplacer par le nombre d'années passées dans des établissements d'enseignement (instruction initiale), augmenté de la durée des stages de formation suivis durant l'activité professionnelle. La précision diminue très vite.

Cette démarche présente l'inconvénient de laisser de côté l'apprentissage sur le tas. Comment intégrer l'expérience professionnelle dans un indicateur simple ? La question ne comporte pas de réponse satisfaisante. Le rôle joué en France par l'ancienneté – indicateur indirect de l'expérience accumulée – dans la fixation des rémunérations révèle la reconnaissance implicite de ce phénomène. Mais l'élargissement du savoir et des aptitudes ainsi obtenu peut emprunter des chemins variés.

Du point de vue individuel, l'expérience a une dimension technique. Les connaissances acquises par la pratique du travail donnent au salarié une plus grande efficacité. Elle présente aussi un aspect social : l'apprentissage de la discipline inhérente au fonctionnement d'une organisation (la ponctualité, par exemple ; lorsqu'un employeur demande à l'embauche une expérience non spécifiée, il a en vue cette deuxième dimension).

La qualification, enfin, doit s'envisager sous l'angle collectif. En travaillant, l'employé fait l'apprentissage de l'interdépendance des rôles et des comportements. Simultanément, toute une part de l'activité collective des travailleurs consiste à construire un savoir commun, une qualification de groupe non directement remplaçable. Les individus peuvent être non qualifiés et apparemment interchangeables, leur complet remplacement serait coûteux. L'ensemble qu'ils constituent possède une qualification appréciable. C'est la conséquence de toute une culture orale et semi-clandestine qui permet le fonctionnement de l'entreprise en marge des procédures officielles. La qualification s'améliore, moins par l'addition de doses successives de connaissances nouvelles que par mutation. Il existe des seuils de compréhension, et donc de réelles discontinuités dans le potentiel humain. Celui-ci ne trouvera sa pleine expression que si l'entreprise lui ouvre un espace qualifiant. L'information la plus révélatrice est la confrontation des emplois et de leurs occupants.

2.2.2. L'agencement « Qualifications des postes – qualifications du personnel » : origine de la compétence

Il n'y a jamais une coïncidence parfaite entre le statut culturel des salariés et les fonctions occupées, décrites, en général, de façon précise dans la nomenclature des postes. Une image de la situation, sinon une mesure à strictement parler, peut être obtenue par une représentation graphique. Le niveau de formation[15] étant choisi comme l'indice le moins ambigu de la qualification minimale requise par le poste de travail et de celle possédée par le travailleur, il est possible de bâtir un histogramme pour chaque ensemble. Leur superposition met en évidence la disparité existant entre les deux aspects de la qualification.

Le graphique ci-après traduit un déficit de titulaires de formations techniques élémentaires (ouvriers qualifiés de niveau 5) et un excédent de détenteurs de formations longues et générales (conduisant traditionnellement à des emplois de cadres). Les aires sous les deux courbes étant égales, cette situation entraîne une déqualification d'une partie au moins de l'effectif. Elle peut être subie ou voulue. Dans cette dernière hypothèse, elle traduit le désir de l'entrepreneur de se constituer en matière de ressources humaines une capacité excédentaire oisive. Celle-ci contribue à la stabilité économique de l'organisation en accroissant sa flexibilité et ses facultés d'adaptation aux fluctuations des marchés. En revanche, une accumulation excessive de qualifications inexploitées risque de perturber l'équilibre social (démotivation).

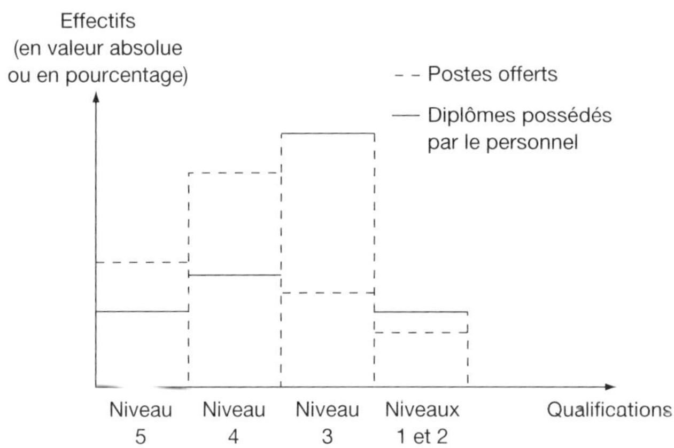

La quantification en ces matières est délicate. Toute vision instantanée en outre est trompeuse. L'ajustement de la qualification requise (par l'emploi) et de la qualification acquise (par le salarié) est sans cesse remis en cause par le progrès technique et les changements organisationnels.

La notion de compétence est de plus en plus utilisée aujourd'hui pour tenter d'échapper à la logique taylorienne. Elle permet de passer d'une conception mécaniste de l'organisation (assemblage de postes dont les experts ont défini les contenus) à celle d'un acteur s'appliquant à réaliser le maillage de capacités et d'initiatives.

La compétence individuelle est une combinaison à pondération variable de savoirs, de savoir-faire et de savoir-vivre portée par une personne. Mais

15. Les définitions de l'INSEE sont usuelles en cette matière et retenues couramment par les conventions collectives. A chaque niveau correspond une liste de diplômes.

elle ne peut se vérifier que dans l'exercice d'une fonction ou la réalisation d'une mission[16]. Elle ne se confirme que par l'expérience et l'expérimentation. Le phénomène ne relève pas seulement de l'univers éducatif.

Les conditions d'exercice de la compétence ne sont jamais faciles à réaliser. Elles sont liées pour le salarié à une trajectoire professionnelle, à un itinéraire de mobilité destiné à lui faire découvrir ses potentialités, et pour l'entreprise à un projet de développement. Un risque de rupture de compétences pèse en permanence sur la firme qui ne parvient pas à articuler dans le temps les exigences des emplois qu'elle propose et le niveau de leurs titulaires.

La valorisation du capital de compétences est difficilement envisageable. Elle ne peut pas s'appuyer sur une simple sommation des compétences individuelles. Leur structuration en réseau et leurs combinaisons spécifiques importent beaucoup plus. Indépendamment de toute évaluation précise, leur observation permet de révéler des menaces de dysfonctionnement. Une analyse de type socio-économique, découvrant pour anticipation des coûts et des compétences destinés à demeurer cachés, est susceptible de fournir une information précieuse. Cet effort de clarification n'est jamais superflu. Dans la recherche de la compétitivité, le potentiel humain[17] est appelé à prendre de plus en plus d'importance. Son estimation, même imparfaite, est utile. Elle ne peut qu'améliorer la gestion du portefeuille de métiers de l'entreprise.

*

* *

En matière de ressources humaines, comme dans beaucoup d'autres domaines, la mesure constitue l'assise indispensable de la stratégie. Elle rend seule possible une gestion prévisionnelle et préventive des emplois et des compétences et le contrôle des performances impliqué par une telle démarche. Le chiffre a ses limites. Toutes les mesures sont inexactes et elles ne révèlent jamais qu'une partie de la réalité. Les comportements des intéressés interfèrent avec les nécessités de la quantification. Le respect des disciplines de la mesure n'est jamais une condition suffisante du succès, mais il ne faut pas pour autant oublier qu'il en est une condition nécessaire. Depuis dix ou quinze ans, les recherches sur la valorisation des ressources humaines ont été quelque peu délaissées. On peut le regretter, car les conditions nouvelles de la compétition internationale soulignent de manière pressante le rôle du facteur humain. Les instruments permettant son observation ne sont pas des outils secondaires dans la culture du gestionnaire.

---

16. Dans l'accord ACAP 2000, signé par les partenaires sociaux dans la sidérurgie en 1990, la compétence est définie comme « un savoir-faire opérationnel validé ».

17. La notion est dynamique ; toute promotion le réduit, mais toute formation contribue à l'accroître.

Références

CANDAU P., *Audit social,* Paris, Vuibert, 1985.

LE BOTERF G., *De la compétence. Essai sur un attracteur étrange,* Paris, Les Editions d'Organisation, 1995.

MARQUÈS E., *La comptabilité des ressources humaines,* Paris, Hommes et Techniques, 1974.

MARTORY B., *Contrôle de gestion sociale,* Paris, Vuibert, 1990.

MATHIS L., *Gestion prévisionnelle et valorisation des ressources humaines,* Paris, Les Editions d'Organisation, 1982.

ORDRE DES EXPERTS-COMPTABLES, *L'évaluation des avantages et coûts sociaux,* Paris, 1980.

REY F., *Introduction à la comptabilité sociale. Domaines, techniques et applications,* Paris, Entreprise Moderne d'Edition, 1978.

SAVALL H., *Reconstruire l'entreprise. Analyse socio-économique des conditions de travail,* Paris, Dunod, 1979.

VATTEVILLE E., *Mesure des ressources humaines et gestion de l'entreprise,* Paris, Economica, 1985.

Mots clés

Bilan social, compétence, comptabilité des ressources humaines, indicateurs, mesure, mouvements du personnel, potentiel du personnel, pyramide des âges, qualification, ressources humaines.

Annexe – Le contenu du bilan social

Emploi	Rémunérations et charges accessoires	Conditions d'hygiène et sécurité	Autres conditions de travail	Formation	Relations professionnelles	Autres conditions de la vie relevant de l'entreprise
11. Effectifs	21. Montant des rémuné-rations	31. Accidents du travail et de trajet	41. Durée et aménagement du temps de travail	51. Formation profession-nelle continue	61. Représentants du personnel et délégués syndicaux	71. Œuvres sociales
12. Travailleurs extérieurs	22. Hiérarchie des rémuné-rations	32. Répartition des accidents par élément matériel	42. Organisation et contenu du temps de travail	52. Congés formation	62. Information et communi-cation	72. Autres charges sociales
13. Embauches	23. Mode de calcul	33. Maladies profes-sionnelles	43. Conditions physiques de travail	53. Apprentissage	63. Différences concernant l'application du droit du travail	
14. Départs	24. Charges accessoires	34. CHS	44. Transformation de l'organisa-tion du travail			
15. Promotions	25. Charges salariales globales	35. Dépenses en matière de sécurité	45. Dépenses d'ACT			
16. Chômage	26. Participation financière des salariés		46. Médecine du travail			
17. Handicapés			47. Travailleurs inaptes			
18. Absentéisme						

Méthode comptable

Techniques d'enregistrement et comptabilité en partie double

Edmond Marquès

La comptabilité moderne est un art difficile et ses techniques sont inévitablement complexes. La comptabilité est censée :

– représenter la situation économique et financière de l'entreprise et permettre de déterminer périodiquement ses résultats,

– décrire le patrimoine de l'entreprise qui est le « gage commun de ses créanciers »,

– suivre avec beaucoup de précision les relations avec les tiers et connaître à tout instant l'état des dettes et des créances,

– permettre d'asseoir les principaux impôts votés par le gouvernement,

– donner aux dirigeants les informations nécessaires à une bonne gestion.

En un mot, la comptabilité est LA source d'informations quantifiées dont la fiabilité doit être garantie, et qu'un nombre impressionnant d'utilisateurs appartenant ou non à l'entreprise sont appelés à connaître.

La qualité économique des résultats repose sur un système correct d'évaluation des biens et sur un repérage judicieux des charges et des produits conduisant au résultat d'une période de temps parfaitement définie (généralement une année).

La qualité juridique de l'information dépend du système de description de la propriété et des différents contrats liant l'entreprise à des tiers. Un auteur connu (Pierre Garnier) se plaisait à décrire la comptabilité comme une « algèbre du droit ».

La qualité « sociologique » de l'information comptable est liée à la clarté des moyens de communication mis en œuvre : vocabulaire accessible à des non-spécialistes, présentation simple et correcte des tableaux de chiffres, mise en exergue des grandeurs les plus significatives, explications et commentaires.

Mais les qualités économique, juridique et « sociale » de l'instrument comptable ne peuvent être garanties que dans la mesure où les procédures de saisie, de mise en œuvre et d'agrégation de l'information sont sans faille. Que l'on essaie d'imaginer ce qui arriverait si les réseaux câblés du téléphone n'étaient plus correctement connectés, si les véhicules automobiles pouvaient circuler au gré de la fantaisie des conducteurs dans les grandes agglomérations, si, lors d'un concert, chacun des musiciens d'un orchestre jouait la partition de son choix…

La tenue d'une comptabilité rigoureuse s'impose par ailleurs à la totalité des entreprises, de la plus petite à la plus grande, à celle dont le marché est strictement local comme à celle opérant sur les cinq continents. Cette universalité du besoin rend inéluctable l'universalité du système. Le « langage » comptable est parfaitement international. Tous les comptables du monde « parlent » la même langue (entendez par là qu'ils utilisent les mêmes techniques). L'adoption d'une langue universelle créée de toutes pièces est toujours restée au rang des utopies. Ce fut le cas de l'espéranto. Un « langage » ne s'impose pas par décret. Il naît spontanément, se répand peu à peu, se structure progressivement et parvient à développer une logique cohérente que l'on comprend, explique et enseigne *a posteriori*. C'est exactement ce qui s'est passé pour la technique comptable dont les premiers rudiments remontent à la nuit des temps et que des siècles de pratique ont modelée, raffinée. Cette technique qui concerne en fait les modalités d'enregistrement des opérations de l'entreprise, quelle qu'en soit la nature, est connue sous le terme de système de comptabilité en partie double (les Anglo-Saxons disent « en double entrée » : *double-entry system*).

Quelle est l'origine probable de ce système ? Quelle explication moderne peut-on en donner ?

1. Les origines de la partie double

L'évolution que nous allons décrire est quelque peu schématique. Les repères historiques sont en effet peu nombreux, en particulier avant la fin du XVe siècle. (Quelques documents existent cependant, tels les livres comptables des frères Massari, commerçants à Gênes au XIIe siècle.) Il nous apparaît qu'avant d'en arriver à la vision moderne de la partie double, deux grandes étapes avaient été franchies. La partie double décrivait à l'origine les relations avec les tiers, puis, par une habile extension de la technique, on en est venu à traiter de façon comparable les « personnes » et les « choses ». C'est ce que nous allons tenter d'expliquer.

1.1. La relation aux tiers

Il semble bien que les techniques de comptabilité « en partie double » (que nous décrirons sur des bases modernes plus avant dans cet article) soient nées de la nécessité d'enregistrer de façon correcte les dettes et les créances résultant de l'activité d'exploitation de l'entreprise. Le vocabulaire en témoigne : les expressions « débit » (*debere* : devoir), « crédit » (*credere*… croire, faire confiance) ou bien encore « doit » et « avoir » (devenues désuètes, mais fort utilisées il y a encore quelques décennies) évoquent irrésistiblement les relations avec les tiers. Le premier ouvrage de théorie comptable paru (un incunable écrit à la fin du XVe siècle par le moine italien Luca Paciolo) décrit d'ailleurs longuement la façon d'enregistrer dans des comptes ce que nous devons aux tiers et ce que les tiers nous doivent. L'idée est de simple bon sens.

• Consacrer à chaque tiers un document, un « compte », décrivant une suite chronologique de transactions commerciales, et permettant de dire à l'issue de chacune d'elles la « position » de l'entreprise vis-à-vis de ce tiers. Nous doit-il de l'argent ? Si oui, combien ? Lui doit-on de l'argent ? Si oui, combien ?

• Organiser le compte de façon rationnelle, c'est-à-dire classer les transactions en deux catégories :

– celles qui sont source de dettes (ou de diminution de créances),
– celles qui sont source de créances (ou de diminution de dettes).

• Décider d'une convention d'écriture et de présentation, par exemple en séparant la feuille représentative du compte en deux colonnes et en décidant que les créances seront mises dans la colonne de gauche et les dettes dans la colonne de droite ou inversement.

Pourvu que les tiers adoptent les mêmes principes, les mêmes conventions, la « réciprocité » des comptes est assurée. Ce qui est une dette pour l'un des partenaires est une créance pour l'autre et ce que l'on aura inscrit « à droite » chez l'un sera inscrit pour un même montant « à gauche » chez l'autre (ou inversement). Dans un tel système, l'entreprise doit toujours se « positionner » par rapport aux tiers, voir les choses « de son point de vue » (et non avec les yeux du tiers), en un mot dire à partir du compte de « X » :

« J'ai une créance sur "X" »

et non pas :

« "X" a une dette envers moi ».

Cette vue des choses étant acceptée, il faut encore que chacun adopte la même convention d'écriture… et c'est ce que l'usage a consacré !… sans que l'on sache très bien ce qui a présidé au choix de « ce que l'on mettrait à gauche » et de « ce que l'on mettrait à droite »[1]. Dans le monde entier, la convention est la suivante :

– le débit (doit M. « X »…) est à gauche, et
– le crédit (dû à M. « X »…) est à droite.

Ainsi, si l'on suppose que « X » doit 1 000 F à « Y », le « compte » de « Y » tenu par « X » peut être ainsi schématisé :

Débit	M. « Y »		Crédit
		Notre dette :	1 000 F

Et le « compte » de « X » tenu par « Y » :

Débit	M. « X »		Crédit
Notre créance :	1 000 F		

Il y a réciprocité des comptes.

1. Notre hypothèse est que dans un symbolisme à la fois religieux et ésotérique, la gauche (« senestra », « sinistre »…) est le mauvais côté, le côté maléfique. C'est le côté du débit : « Doit Monsieur X… ».

1.2. De la comptabilité vis-à-vis des personnes à la comptabilité des « choses »[2]

Supposons toujours que l'entreprise « X » doive 1 000 F à Monsieur « Y » et que cette dette soit réglée en espèces. En réglant Monsieur « Y », la dette disparaît. On ne soustrait pas 1 000 F du côté des crédits dans le compte « Y ». On inscrit 1 000 F du côté des débits, et le compte est « soldé ».

Débit	M. « Y »		Crédit
		Notre dette :	1 000 F
Notre paiement en espèces :	1 000 F		

Et la caisse ?

N'importe quelle ménagère bien organisée tient un petit livre de recettes et de dépenses. Si c'est le cas dans l'entreprise, et si (comme par hasard…) l'on a décidé que les dépenses s'inscriraient à la droite d'un « compte caisse » et les recettes à la gauche, le schéma suivant apparaîtra lors du règlement de 1 000 F ci-dessus évoqué :

Débit	M. « Y »		Crédit
		Notre dette :	1 000 F
Notre paiement en espèces :	1 000 F		

Recettes	Caisse		Dépenses
	…	…	
	…	…	
		Paiement à « Y »	1 000 F

De là à assimiler la caisse à une personne et à dire que, lorsque l'on retire de l'argent de la caisse, on doit la somme retirée à la caisse, le pas est facile à franchir. On peut alors remplacer « recettes » et « dépenses » par « débit » et « crédit », et le tour est joué. Cela donne encore plus schématiquement :

Débit	Caisse	Crédit
		1 000

Débit	M. « Y »	Crédit
	1 000	

D'ailleurs, s'il s'était agi de la banque, la logique eût été parfaite. Le banquier est bien un tiers !

Ce qui est vrai pour la caisse l'est aussi pour tout élément matériel : une immobilisation, un stock, etc. En inscrivant une machine dans un compte d'« immobilisations » on peut dire que le compte « doit » cette machine et qu'il faut le débiter. C'est bien ainsi que peu à peu les choses se sont faites et l'on en est arrivé à un système « bouclé », chaque transaction donnant toujours lieu à l'inscription d'une même somme au débit d'un compte et au crédit d'un autre.

2. Nous pourrions appeler ce paragraphe « Et si l'on personnalisait la caisse ? ».

Débit	A	Crédit
		X

Débit	B	Crédit
	X	

C'est le fondement historique de la partie double. Quant à la personnalisation des comptes, elle a été fort longtemps la base de la pédagogie comptable, à tel point que certains enseignants, plutôt que d'essayer d'expliquer le pourquoi des choses, faisaient apprendre à leurs élèves de véritables « recettes de cuisine » pour savoir comment enregistrer une transaction. Ainsi apprenait-on : « Qui reçoit doit » ; « La caisse reçoit, donc elle doit, donc je débite la caisse... ».

2. Une vision moderne de la partie double

Les comptabilités sont devenues incroyablement complexes ; les comptes utilisés sont de plus en plus nombreux et spécifiques : ils ne représentent pas nécessairement des tiers ou des choses, mais aussi des flux, et l'explication de leur fonctionnement par la « personnalisation » devient vite ridicule. Comment expliquer à quiconque, profane ou averti, que l'on débite un compte appelé « Dotations aux provisions pour dépréciation des actifs circulants » ou un compte appelé « Perte de change », parce que l'un ou l'autre de ces comptes « doit » quelque chose à quelqu'un qui pourrait s'appeler par exemple « Provision pour dépréciation des comptes clients » ou « Différence de conversion » ?

2.1. Les fondements économiques de la comptabilité en partie double

Une nouvelle vision des choses s'impose, et elle est fondée sur quatre idées particulièrement simples.

– L'entreprise est considérée comme une entité économique clairement identifiée.

– Cette entité exerce une activité qui doit l'enrichir... ce qui, en fonction de l'environnement sociopolitique dans lequel elle opère, contribue à l'enrichissement de ses propriétaires, de l'Etat, des salariés...

– Cette entité ne peut créer de richesse sans richesse préalable. Il a fallu au moins une mise de fonds initiale, immédiatement employée en biens d'équipement, marchandises, dépôts en banque...

– Cette entité est le siège permanent de deux flux complémentaires :

· elle reçoit (ou voit disparaître) des fonds (sources ou ressources, ou origines de fonds),

· elle emploie (ou cesse d'employer) les fonds reçus pour mettre en œuvre divers moyens matériels, financiers, techniques, humains, qui sont à la base de la création de richesse.

On peut alors représenter les fondements économiques de la comptabilité en partie double par le schéma 1.

Cela implique bien évidemment que tout franc reçu soit employé « quelque part » et qu'il y ait, *de façon constante,* une égalité obligatoire en valeur entre les origines et les emplois. A tout instant :

TOTAL DES EMPLOIS = TOTAL DES ORIGINES

Schéma 1 – Les fondements économiques de la comptabilité en partie double

Notons immédiatement qu'il n'y a pas d'affectation particulière d'une origine donnée à un emploi donné. Ainsi, l'on ne peut dire si 1 F provenant de l'apport en capital des actionnaires se retrouve employé dans un immeuble, un stock ou un crédit à un client, ou si 1 F investi dans un immeuble provient d'un apport en capital, d'un emprunt à long terme ou d'un crédit accordé par un fournisseur.

2.2. Les conventions expliquant la « mécanique » comptable et leurs conséquences

2.2.1. Les conventions

Chaque origine de fonds identifiée est suivie au moyen d'un compte. Chaque emploi est également suivi au moyen d'un compte. Un compte est toujours organisé en deux parties : l'une d'elles représente les augmentations du poste correspondant, l'autre les diminutions. Par convention :

– dans les comptes représentatifs d'une origine de fonds, les augmentations sont inscrites à droite, et les diminutions à gauche,

– inversement, dans les comptes représentatifs d'un emploi de fonds, les augmentations sont inscrites à gauche et les diminutions à droite,

– les termes de débit (la gauche du compte) et de crédit (la droite du compte) sont appliqués à tous les comptes, en dépit du fait que cela n'a vraiment de sens (du point de vue du contenu sémantique) que lorsqu'il s'agit de comptes de tiers.

On note que, du fait de cette convention, les mots débit et crédit signifient soit « plus » soit « moins », suivant qu'il s'agit d'un compte représentatif d'un emploi ou d'un compte représentatif d'une origine.

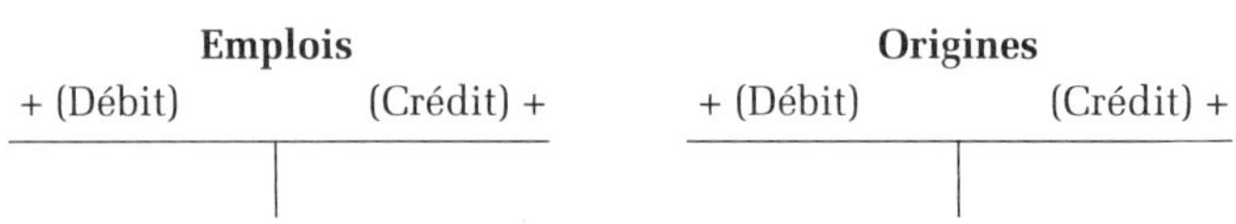

2.2.2. Les conséquences

Nous serions tenté d'insister sur le caractère « merveilleux » ou plus simplement éminemment pratique d'une telle convention : il en résulte qu'une transaction quelle qu'elle soit donne toujours lieu à l'inscription d'une somme au débit (à la gauche) d'un compte et au crédit (à la droite) d'un compte. En effet, quatre types de cas et quatre seulement peuvent se produire.

2.2.2.1. *Premier cas*

Une nouvelle origine de fonds apparaît, et l'argent reçu trouve un emploi immédiat.

Exemple. Un emprunt est contracté (augmentation des origines de fonds) et l'argent reçu permet d'acquérir un bâtiment (augmentation des emplois) : un compte d'emplois est débité, un compte d'origines est crédité.

Emplois

D	Immeuble	C
X		

Origines

D	Emprunt	C
		X

2.2.2.2. *Deuxième cas*

De l'argent, jusqu'ici affecté à un emploi précis, est retiré (l'emploi disparaît en tout ou partie) et est affecté à la diminution (ou à la disparition) d'une origine.

Exemple. De l'argent qui était déposé dans une banque est retiré (diminution d'un emploi) et un fournisseur à qui l'on devait de l'argent est payé (diminution d'une origine).

Emplois

D	Banque	C
		X

Origines

D	Fournisseurs	C
X		

2.2.2.3. *Troisième cas*

Une origine disparaît... une autre apparaît.

Exemple. Des créanciers de l'entreprise renoncent à leur droit à remboursement pour devenir actionnaires.

Emplois

Origines

D	Capital	C
		X

D	Emprunt	C
X		

2.2.2.4. *Quatrième cas*

Un emploi disparaît, un autre apparaît.

Exemple. Des espèces sont retirées du coffre-fort et sont versées au compte bancaire de l'entreprise.

Emplois

D	Banque	C
X		

D	Caisse	C
		X

Origines

Dans chacun des cas présentés, la transaction se traduit par l'inscription d'une somme au débit d'un compte et au crédit d'un autre compte. Cette transaction est datée dans chaque compte. L'ensemble de ces opérations représente ce que les professionnels appellent une « écriture ». Les écritures comptables retracent chronologiquement la totalité de la vie économique de l'entreprise.

3. La généralisation du système aux notions de « flux » et de « stocks »

Comme par le passé, on cherche toujours en comptabilité à connaître à tout instant (et en particulier à la fin de chaque année) ce que l'on possède et à qui l'on doit ce que l'on possède.

• Ce que l'on possède ou les droits dont on dispose constituent l'actif du bilan.

– stock d'immobilisations,
– stock de marchandises ou de produits,
– stock de créances,
– stock d'argent...

• L'existence de ces biens est due au :

– stock de capital apporté ou de bénéfices laissés à la disposition de l'entreprise,
– stock de dettes non encore remboursées.

Ces éléments constituent le passif du bilan.

Cela n'est évidemment pas suffisant. On veut également savoir si, au cours de la dernière période écoulée (habituellement une année), l'entreprise s'est enrichie ou appauvrie, si elle a fait un bénéfice ou une perte. Il est possible de le faire en comparant, d'une part, les stocks de biens immatériels et matériels et de créances en début et en fin d'année (l'actif), et, d'autre part, les stocks de capital et de dettes en début et en fin d'année (le passif). Une augmentation relative de l'actif plus importante que celle du passif signifie obligatoirement un bénéfice, et la situation inverse une perte. Mais il est aussi possible de doubler cette analyse en mesurant les flux qui ont affecté les stocks. A titre de comparaison, rappelons qu'il y a deux façons de connaître la quantité de liquide qui s'est écoulée d'un réservoir au cours d'une période :

– ou bien en jaugeant le réservoir au début et à la fin de la période,
– ou bien en plaçant sur les canalisations d'écoulement un appareil mesurant directement l'écoulement des fluides (les compteurs d'eau et d'électricité, les volumètres des pompes à essence en sont des exemples).

La convergence des deux méthodes offre une quasi-certitude de la qualité arithmétique des enregistrements.

Un système de comptabilité en partie double assure non seulement l'équilibre arithmétique que nous avons décrit plus haut, mais il permet de déterminer le résultat économique (bénéfice ou perte) :

– par une comparaison des stocks,
– par une mesure des flux.

Les comptes de stock permettent d'établir le bilan de l'entreprise en début et en fin de période, mais aussi à tout instant de la vie de l'entreprise. Ils indiquent un état à un moment donné (une sorte de photographie instantanée).

Les comptes de flux permettent d'établir le compte de résultat de la période observée. Ils établissent le lien entre des stocks de début de période et des stocks de fin de période. Ils ne représentent donc pas un état, mais décrivent un mouvement et son importance. Deux cas peuvent se produire.

• Les flux observés et mesurés ne modifient pas la richesse de l'entreprise. C'est le cas lorsque l'on règle une dette, lorsque l'on encaisse une créance, lorsque l'on achète un bien d'équipement par exemple.

• Les flux mesurés contribuent :

– soit à l'appauvrissement de l'entreprise ; on les appelle des *charges*,

– soit à l'enrichissement de l'entreprise ; on les appelle des *produits*.

Un exemple (bien évidemment caricatural) va nous aider à comprendre comment le système de la partie double permet à la fois de s'assurer de tous les équilibres arithmétiques que nous avons décrits, et de déterminer de façon précise le résultat obtenu par une entreprise au cours d'une période.

Supposons qu'une entreprise réalise au cours de sa première année d'existence les opérations suivantes (à l'exclusion de toute autre) :

Début janvier : les fondateurs créent l'entreprise ; ils apportent 100 000 F versés à un compte banque.

Courant mars : achat de 600 000 F de marchandises (50 000 F réglés au comptant par chèque, 550 000 F à crédit).

Courant mai : vente à crédit des 2/3 en valeur des marchandises achetées (soit 400 000 F) au prix de 500 000 F.

Courant juillet : encaissement de la moitié de ce que doivent les clients (chèques remis à la banque).

Courant octobre : règlement par chèque d'une partie de ce qui est dû aux fournisseurs, soit 220 000 F.

Un calcul arithmétique banal montre qu'en fin d'année l'entreprise dispose :

– d'un compte banque dont le solde est de :
100 000 – 50 000 + 250 000 – 220 000 = 80 000 F

– d'un stock de marchandises valant, en coût d'achat :
600 000 – 400 000 = 200 000 F

– d'une créance de :
500 000 – 250 000 = 250 000 F

Soit au total : 530 000 F

Mais elle doit :
600 000 – 50 000 – 220 000 = 330 000 F

Sa richesse en fin d'année est donc de 200 000 F contre les 100 000 F qu'elle possédait en fin d'année, soit un enrichissement de 100 000 F. (Peu d'affaires sont aussi rentables !...)

De tels calculs s'avéreraient vite difficiles et les erreurs seraient nombreuses si l'entreprise réalisait des centaines d'opérations par jour. L'utilisation de comptes tenus en partie double évite bien des difficultés et apporte beaucoup de clarté. Voici, au moyen de quelques schémas, comment ces opérations sont transcrites dans des comptes.

• Janvier : création de l'entreprise.

Il n'y a aucun flux d'enrichissement ou d'appauvrissement.

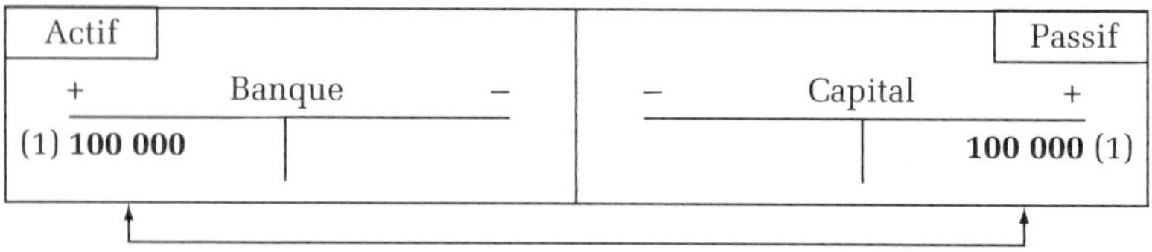

• Mars : achat des marchandises.

Toute marchandise étant normalement destinée à être revendue, la totalité des marchandises achetées est considérée comme « consommée » en vue de l'exploitation. C'est un flux correspondant à un appauvrissement, une *charge* de l'exercice. L'on commet bien sûr une erreur provisoire, car les marchandises non consommées vont rester en stock. Cette « erreur » est rectifiée en fin de période comme on le verra ci-après. En effet, à la fin de la période, l'on procède à l'inventaire et à la valorisation des marchandises restantes. (Cette façon de procéder, la plus usuelle, est appelée méthode de l'« inventaire intermittent ».) Du fait de l'achat à crédit des marchandises, un « stock » de dettes apparaît.

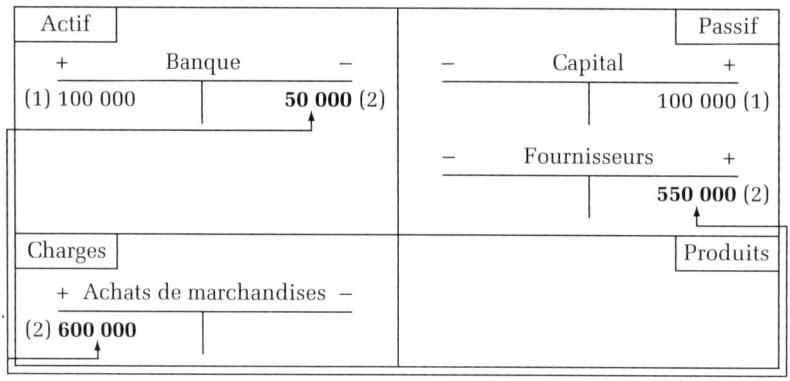

• Mai : vente de marchandises.

La vente représente un flux d'enrichissement, un *produit* (que l'encaissement ait lieu ou non). Un « stock » de créances apparaît.

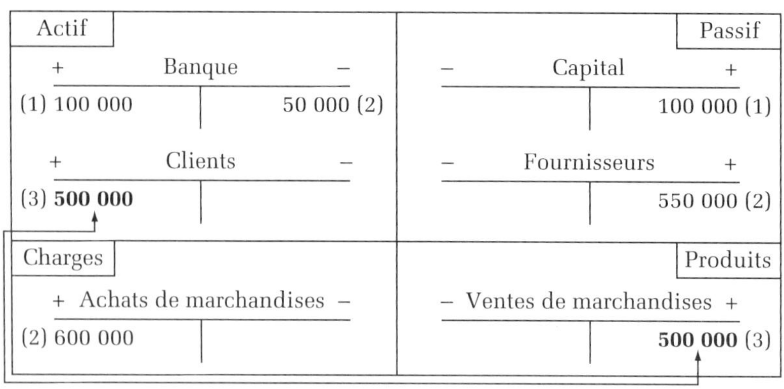

• Juillet : encaissement partiel des créances.

Le « stock » de créances diminue, le « stock » d'argent en banque augmente. Il s'agit d'un simple flux de liquidités, pas d'un flux d'exploitation. L'entreprise ni ne s'enrichit, ni ne s'appauvrit.

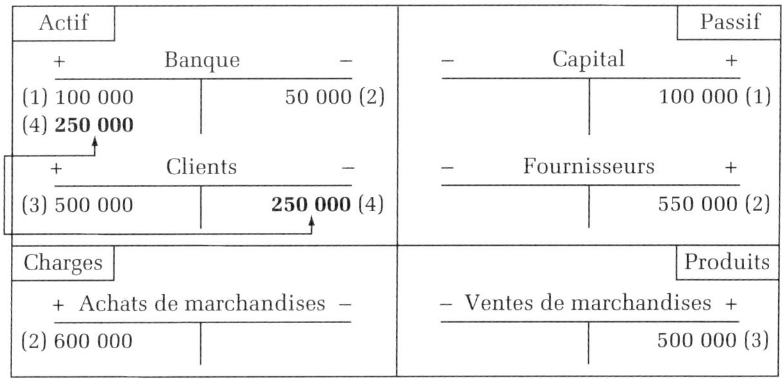

• Octobre : règlement partiel des fournisseurs.

Le « stock » de dettes diminue, et avec lui le « stock » d'argent en banque. Il s'agit là encore d'un flux de liquidités, pas d'un flux d'exploitation. L'entreprise ni ne s'enrichit, ni ne s'appauvrit.

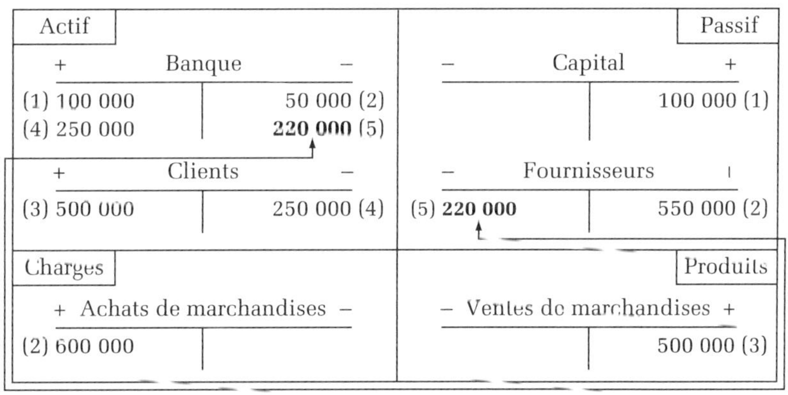

Les opérations de l'entreprise sont à ce stade toutes enregistrées, mais l'hypothèse retenue pour la deuxième opération (l'achat de marchandises) conduirait, si l'on n'y prenait garde, à un résultat inexact. En effet, en admettant que les marchandises achetées ont été consommées, l'on aboutirait à comparer 500 000 F de ventes à 600 000 F d'achats, ce qui fait apparaître une perte de 100 000 F, alors que l'entreprise a réalisé un bénéfice de 100 000 F. Le flux d'appauvrissement n'est pas le flux d'achat, mais le flux de consommation en vue de la vente. Or, il est facile de connaître en valeur le flux de consommation qui (en l'absence d'un stock de début de période) est égal au flux d'achat diminué de la valeur, en coût d'achat, du stock restant. Il suffit donc à l'entreprise d'inventorier ses stocks en fin d'année, de constater que le stock qui était nul en début d'année est passé à 200 000 F (1/3 de 600 000 F), qu'il y a donc eu une « variation de stock » de 200 000 F, et de corriger les comptes, en utilisant une dernière fois le jeu de la partie double pour :

– faire apparaître au bilan un stock final de marchandises de 200 000 F,

– ramener les charges (le flux d'appauvrissement) au seul coût d'achat des marchandises vendues, soit le montant des achats diminué du stock restant.

Un sixième et dernier schéma montre cette écriture. On fait apparaître le *stock de marchandises en fin d'année* (stock disponible pour la vente au cours des prochaines périodes), et l'on ramène les charges au niveau des consommations réelles – en coût d'achat – des marchandises vendues au cours de la période.

Actif

+ Banque	–
(1) 100 000	50 000 (2)
(4) 250 000	220 000 (5)

+ Clients	–
(3) 500 000	250 000 (4)

+ Stocks de marchandises	–
(6) **200 000**	

Passif

– Capital	+
	100 000 (1)

– Fournisseurs	+
(5) 220 000	550 000 (2)

Charges

+ Achats de marchandises	–
(2) 600 000	

+ Variation de stock	–
	200 000 (6)

Produits

– Ventes de marchandises	+
	500 000 (3)

A l'issue de ces opérations, le bénéfice apparaît de deux façons.

• En résumant l'actif et le passif sous forme d'un nouveau bilan (bilan de fin d'année), on voit que l'actif est plus fort que le passif. La différence (ce qu'a gagné l'entreprise : le bénéfice), tant qu'elle n'est pas distribuée, constitue une origine de fonds. Nous la plaçons donc au passif, ce qui conserve l'équilibre du bilan, mais, surtout, correspond à sa logique.

Bilan de l'entreprise au 31 décembre

Actif		Passif	
Banque	80 000	Capital	100 000
Stock de marchandises	200 000	*Bénéfice*	*100 000*
Clients	250 000	Fournisseurs	330 000
	530 000		**530 000**

• En comparant les produits et les charges qui constituent ce que l'on appelle le « compte de résultat », et que nous pouvons présenter de deux façons différentes.

– Soit sous forme d'un compte en plaçant le bénéfice (pour équilibre) du côté des charges :

Compte de résultat de l'entreprise pour l'année

Charges		Produits	
Achats	600 000	Ventes	500 000
– Variation de stocks	200 000		
Coût d'achat des marchandises vendues	400 000		
Bénéfice	*100 000*		
	500 000		**500 000**

– Soit sous forme d'une « liste » (une série de soustractions), ce qui, pour des non-spécialistes, est plus simple à comprendre :

Compte de résultat de l'entreprise pour l'année

Ventes de marchandises		500 000
– Coût d'achat des marchandises vendues		
· Achats	600 000	
· Variation de stocks	200 000	
		400 000
Bénéfice		**100 000**

*
* *

On voit à quel point les principes de tenue de comptabilité en partie double sont élémentaires. C'est peut-être cette simplicité qui en fait un procédé très sûr et très performant de tenue des comptes. Des siècles de pratique en ont démontré l'utilité, et les moyens électroniques les plus puissants n'ont pas apporté le plus petit changement à ces principes. Ils ont simplement été programmés, et… digérés par les machines.

Références

BONNET F., *Comptabilité générale pour la gestion,* t. 1 et 2, Paris, Economica, 1993.
BOUSSARD D., COSSU C., SPEHNER A., *Pratique et analyse de la comptabilité,* Paris, Istra, 1985.
CIBERT A., *Comptabilité générale,* Paris, Dunod, 1983.
CLAVERANE J.P., DARNE J., *Comptabilité et entreprise,* 4e éd., Paris, Economica, 1991.
COLASSE B., *Comptabilité générale,* 4e éd., Paris, Economica, 1993.
CORRE J., *Comment utiliser la comptabilité. Comprendre les différents bilans,* Paris, Dunod, 1975.
COLETTE C., RICHARD J., *Le nouveau plan comptable. Comptabilité et gestion,* Paris, Dunod, 1982.
DETRIE J.P., JORDAN H., *La comptabilité générale,* Paris, Dalloz, 1982.
FONTANEL B., *Comptabilité générale et dictionnaire de gestion,* Paris, Nathan, 1985.

LAUNOIS S., *Comptabilité financière,* Paris, PUF, 1985.
MARQUÈS E., *Comptabilité générale,* 2e éd., Paris, Nathan, 1987.
ORDRE DES EXPERTS-COMPTABLES ET DES COMPTABLES AGRÉÉS, *La comptabilité financière et le plan comptable général,* Paris, Economica, 1983.

Mots clés

Actif, bilan, charges, compte de résultat, conventions comptables, écriture comptable, emplois de fonds, enregistrement comptable, flux, origines de fonds, partie double, passif, produits, stocks, système comptable, technique comptable.

Modèles d'analyse stratégique : contributions récentes

109

Pascal Aurégan, Patrick Joffre et Fabrice Le Vigoureux

Le foisonnement des approches en matière de stratégie d'entreprise conduit à s'interroger sur la valeur à accorder à telle ou telle école de pensée. Récemment, H. Mintzberg (1994) émettait de sérieuses réserves sur les outils d'analyse utilisés depuis plus de vingt-cinq ans. La même année, R.P. Rumelt *et al.* (1994), en s'interrogeant sur les grandes directions prises par la recherche en stratégie, entérinaient ce scepticisme en estimant nécessaire de réintroduire quatre questions fondamentales. Comment les firmes se comportent-elles ? Pourquoi les entreprises diffèrent-elles ? Quelles sont les fonctions de la direction générale dans une firme diversifiée ? Quelles sont les conditions du succès ou de l'échec d'une entreprise dans la compétition internationale ?

D'une façon générale, les modèles d'analyse ayant servi de référence pendant la période de développement majeur de la discipline (1965-1985) sont réévalués ou laissent place à de nouvelles approches.

Cet article, à des fins didactiques et d'interrogations sur les orientations de la discipline, vise à proposer un regroupement des modèles ayant permis les avancées majeures de la discipline. L'analyse du cheminement intellectuel des travaux nous conduit à privilégier deux axes de classement.

Le premier se décline autour du concept de rationalité, fondamental en sciences sociales[1]. La distinction opérée par H. Simon (1976) entre rationalité substantielle et rationalité procédurale apparaît pertinente pour différencier les principaux travaux stratégiques. Comme nous le verrons, les modèles laissent en effet deviner assez clairement le type de rationalité accordé au dirigeant. La rationalité substantielle s'applique à l'individu qui sélectionne des options préexistantes sous des contraintes majeures exhaustivement recensées. La stratégie est donc peu dépendante des sujets qui la mettent en œuvre et se caractérise par la détermination d'une solution optimale. La rationalité procédurale caractérise l'acteur inventif qui construit son cadre d'action (options, contraintes). La stratégie, « humanisée », résulte du jugement d'individus qui perçoivent, apprennent et se souviennent.

1. Voir également dans cette Encyclopédie l'article de O. Favereau, « Rationalité », p. 2794, tome 3.

Le second axe, plus traditionnel, s'attache à mettre en relief la dimension conceptuelle ou opérationnelle des modèles. La quasi-totalité des modèles stratégiques possède ces deux dimensions : une bonne théorie a nécessairement une portée opératoire. Néanmoins, ils se différencient par leur vocation originelle. Dans un cas, ils ont été conçus dans une optique instrumentale : ils cherchent avant tout à donner un sens (une direction) à l'action. Dans l'autre cas, même s'ils permettent parfois certaines extensions prescriptives, ils ont comme vocation première de donner du sens (une signification) à la stratégie. Parvenir à un équilibre entre ces deux dimensions constitue une difficulté. Comme le notent certains auteurs (Strategor, 1993), ce que les modèles instrumentalistes gagnent en opérationalité, ils le perdent généralement en exhaustivité, prenant le risque de ne s'appliquer qu'à des situations très (trop) spécifiques. Le biais symétrique est à relever pour les modèles plus conceptuels, dont le danger est que leur portée générale interdise toute possibilité d'opérationalité.

Ces deux axes constituent donc le fil directeur de cette contribution qui s'organise en quatre parties. Dans une première section, nous rappellerons les caractéristiques principales des grands modèles du paradigme classique qui ont initié l'analyse stratégique de l'entreprise. Nous examinerons dans une deuxième section les transformations du milieu des années 1980 touchant les relations de la discipline à l'environnement et à l'épistémologie. Ces transformations nous paraissent en effet être à l'origine du renouvellement des modèles d'analyse stratégique qui seront exposés dans une troisième section et classifiés dans un schéma de synthèse. La quatrième section proposera une réflexion sur les orientations de l'analyse stratégique.

1. Les grands modèles du paradigme classique

La stratégie est un objet scientifique ou académique depuis le milieu des années 1960. Jusqu'en 1985, période de développement de la discipline, elle s'inscrit au sein du paradigme classique[2], et s'illustre par quatre grands modèles d'analyse qui servent encore aujourd'hui de référence pédagogique ou conceptuelle[3]. Ces modèles (ou écoles) s'apparentent par l'hypothèse d'une rationalité substantielle de l'acteur et une vocation opérationnelle.

– La planification à long terme est apparue dans les années 1950. La situation des années de l'après-guerre, caractérisée par une pénurie de l'offre, justifiait cette approche dont la finalité est de mieux faire ce que l'on fait déjà. La réussite de l'entreprise trouve donc sa source dans sa capacité à prévoir les grandes tendances quantitatives d'un marché dont les évolutions qualitatives restent marginales.

– Présenté en 1965, le modèle LCAG ou SWOT[4] se propose, à partir du recensement des forces et des faiblesses de l'entreprise, des opportunités et

2. Le paradigme étant entendu comme le dispositif servant à définir les problèmes et les méthodes légitimes d'un domaine de recherche.

3. Pour une présentation plus complète des modèles du paradigme classique, voir dans cette Encyclopédie l'article de B. Ramanantsoa, « Stratégie », p. 3026, tome 3.

4. Ces acronymes sont formés pour le premier par la réunion des initiales des quatre auteurs du modèle (E.P. Learned, C.R. Christensen, K.R. Andrews et W.D. Guth) et pour le second à partir des mots anglais *Strength*, *Weakness*, *Opportunity* et *Threat*.

des menaces de l'environnement, de formuler la stratégie de l'entreprise. Il est sous-tendu par l'idée que l'ensemble des choix qui s'offrent au dirigeant préexistent ; son rôle consiste alors à optimiser sa position concurrentielle sous contraintes. L'éventualité de création d'opportunités n'est donc pas explicitement envisagée.

– La planification stratégique[5] s'inscrit dans le prolongement d'une planification à long terme parvenue à maturité. Elle introduit néanmoins, sous la contrainte des changements environnementaux, une dimension plus qualitative (notamment par l'utilisation des outils de la prospective).

– S'intéressant avant tout au contenu des stratégies (diversification, internationalisation, différenciation) plutôt qu'aux processus par lesquels ils sont élaborés, les modèles de positionnement peuvent être scindés en deux groupes : les modèles de portefeuille et les travaux de H.I. Ansoff. Les premiers, développés sous « l'ère des matrices[6] », réduisent fortement les modalités du jeu concurrentiel puisque l'appréciation d'un positionnement stratégique est généralement conduite à l'aune de quelques variables quantitatives (taux de croissance du marché et part de marché relative pour le modèle BCG dans sa première version). Leur portée est exclusivement opérationnelle et la rationalité de l'acteur ne s'applique qu'à sélectionner un positionnement prédéterminé par activités. Les travaux de H.I. Ansoff (1965), véritable initiateur de l'école du positionnement ou des modèles issus de l'économie industrielle[7], ont une portée plus générale que les précédents mais procèdent également de finalités opérationnelles. Le déterminisme originel du modèle de M. Porter (1986) inscrit l'acteur dans une logique de sélection d'options ou de stratégies génériques dont l'objet est de créer un avantage concurrentiel durable.

Des voix s'élèvent durant cette période contre la logique des facteurs techniques et économiques et l'absence de logique d'acteurs. Pourtant, même si la rationalité du dirigeant est mise en brèche, notamment par les plus écoutés des consultants, elle résiste aux vagues successives de critiques. La résistance du paradigme classique ou rationalisateur a été largement analysée, particulièrement par A.C. Martinet (1990) en France et par H. Mintzberg (1994) en Amérique du Nord. Elle s'explique par le poids de l'économie dans le paradigme et l'aide de disciplines s'en étant inspirées, en particulier le marketing[8] et la finance d'entreprise[9].

---

5. Voir dans cette Encyclopédie l'article de A.C. Martinet, « Planification stratégique », p. 2249, tome 2.

6. Selon l'expression employée par B. Ramanantsoa dans l'article « Stratégie » de cette Encyclopédie.

7. Voir également dans cette Encyclopédie l'article de J.M. Chevalier, « Stratégie d'entreprise et économie industrielle », p. 3043, tome 3.

8. Voir également dans cette Encyclopédie l'article de J.F. Trinquecoste, « Marketing stratégique », p. 1949, tome 2.

9. L'influence de la finance dans les modèles stratégiques apparaît encore récemment dans les travaux relatifs aux mécanismes de création de valeur comme fondement de tout choix stratégique. Parmi ceux-là, mentionnons le modèle du Strategic Planning Associates, le modèle du Marakon Associates et le modèle de Fruhan (McKinsey) exposés dans R.A. Thiétart, 1990. Sur le lien entre la stratégie et la finance, se reporter dans cette Encyclopédie à l'article de G. Hirigoyen, « Stratégie et finance », p. 3064, tome 3.

Cet « appel » à une relativisation de la rationalité attribuée à l'acteur coïncide avec une recherche d'approches donnant du sens à l'action collective et pouvant aller jusqu'à justifier l'existence même de l'entreprise. L'approche de l'économie des coûts de transaction s'inscrit pleinement dans ce mouvement. Puisant ses racines dans l'analyse de R.H. Coase (1937), développée par O.E. Williamson (1975), les modèles de coûts de transaction[10] mobilisent en effet une hypothèse de rationalité limitée et repoussent ainsi les limites du paradigme substantialiste (O. Favereau, 1989 ; Y. Giordano, 1991). Par ailleurs, en procédant au recensement des facteurs d'influence (facteurs de comportement individuels ou facteurs d'environnement de la transaction) dans la formation des coûts de transaction, l'approche affirme sa portée éminemment stratégique, puisque de la combinaison de ces facteurs dépendra le recours au marché ou à l'entreprise dans certaines opérations essentielles de la vie de l'organisation.

2. La période charnière du milieu des années 1980

On peut considérer, rétrospectivement, que l'évolution constatée de la pensée stratégique résulte d'une double transformation touchant, d'une part, la relation à l'environnement et, d'autre part, la relation à l'épistémologie.

2.1. Le rapport à l'environnement a changé

L'environnement concurrentiel des firmes s'est profondément transformé depuis le début des années 1980. Les forces qui agissent sur la nature de l'espace concurrentiel se sont multipliées. Comme l'ont aussi relevé C.K. Prahalad et G. Hamel (1994), ces mutations ont transformé les sources d'avantage concurrentiel et les caractéristiques des secteurs économiques de façon quasi imprévisible (schéma 1).

La deuxième partie de la décennie 1980 est également caractérisée par la vitesse du changement des positions acquises (pour les entreprises comme pour les secteurs). Ainsi, Compaq, qui a dépassé IBM dans les PC, n'existait pas en 1980. Par ailleurs, Sun Micro System, créé en 1982, vaut aujourd'hui 50 milliards de francs, soit autant que Saint-Gobain ou Danone. Enfin, de nouveaux secteurs apparaissent issus de recompositions nouvelles de secteurs auparavant distincts : informatique et télécommunications d'un côté, chimie et image électronique de l'autre sont désormais fortement imbriquées. On peut aussi citer le cas de l'agrochimie.

Quel modèle pourrait rendre compte, à défaut de l'avoir prévu, de ces mutations ? Deux éléments, apparemment contradictoires, méritent d'être soulignés.

D'une part, les bouleversements socio-économiques fournissent un temps la possibilité à des approches très normatives et volontaristes de s'imposer. L'école dite de « l'excellence » (T. Peters et R.H. Waterman, 1983) guide l'acteur par des objectifs, des lois ou des préceptes qui doivent orienter

10. Voir dans cette Encyclopédie l'article de E. Allix-Desfautaux et de P. Joffre, « Coûts de transaction », p. 750, tome 1.

Schéma 1 – Les mutations de l'environnement concurrentiel

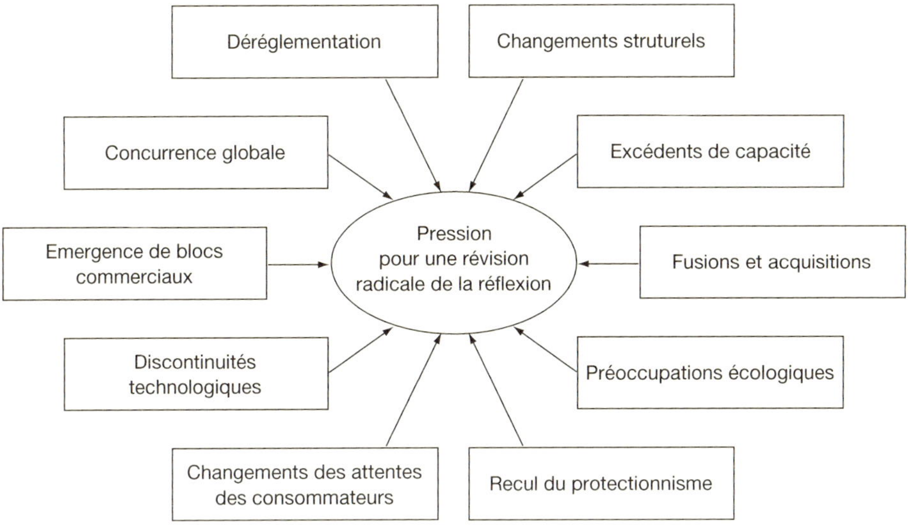

Source : C.K. Prahalad et G. Hamel (1994, p. 7).

l'action (écoute du client, motivation du personnel autour d'une valeur clé, énoncé d'un projet précis autour duquel tous se rassemblent et s'identifient, etc.). On relève ainsi, ici et là, qu'à la source de certaines réussites exceptionnelles et rapides on trouve plus d'état d'esprit que de calcul économique, plus de leaders visionnaires que de managers. Ces réussites sont aujourd'hui attribuées à un comportement proactif selon lequel l'entreprise façonne son territoire et son environnement plus qu'elle ne s'y adapte. L'approche de l'excellence confère à l'acteur un degré de liberté significatif (rationalité procédurale), mais elle reste sous-tendue par une construction théorique peu robuste. En essayant de convaincre davantage par l'exemple et l'anecdote que par la rigueur de la démarche scientifique, elle laisse le champ libre aux stratégies les plus irrationnelles. Les faillites et les échecs retentissants que certaines des entreprises citées par T. Peters et R.H. Waterman (1983) ont connus quelques années après sont là pour témoigner du caractère dangereux de la mise en œuvre des quelques principes simples de gestion et du manque de rigueur scientifique[11]. Pour reprendre une expression de R.T. Pascale (1992), « elles ont péché par excès d'excellence ».

D'autre part, alors que les consultants à la mode occupaient le devant de la scène, la recherche académique, prenant acte de l'insuffisance conceptuelle des modèles classiques, s'engageait dans une réflexion sur le statut épistémologique de la stratégie et affirmait l'intérêt du constructivisme.

2.2. Le rapport de la stratégie à l'épistémologie s'est modifié

Les modèles d'analyse stratégique sont aujourd'hui influencés par un nombre croissant de disciplines proches ou lointaines. Le rythme de renou-

11. Voir également dans cette Encyclopédie l'article de C. Marmuse, « Performance », p. 2194, tome 2.

vellement des modèles qu'elle propose est à cet égard d'autant plus important que la discipline est récente et à la recherche d'un paradigme unificateur. Fondamentalement, on doit les avancées les plus convaincantes à la fois au renouvellement de la micro-économie ou de l'économie organisationnelle (économie des coûts de transaction, de l'agence, des droits de propriété) et à l'influence, enfin reconnue, de la sociologie de l'organisation. Même si la théorie des organisations était connue des stratèges, pendant longtemps chacun semblait suivre des chemins parallèles. Les partisans de M. Porter et de l'économie industrielle traçaient le sillon du déterminisme sectoriel à côté de ceux qui soutenaient que, par la pensée, des individus ou des organisations transforment, ordonnent et réordonnent des représentations (d'un secteur par exemple) – représentations qui finissent par guider l'action. Ainsi, N. Kinch (1993) a montré que Gabrielsson, fondateur et président de Volvo de 1926 à 1956 s'est accroché à sa vision du marché automobile, et s'y est tenu en dépit des difficultés rencontrées, en réinterprétant constamment la réalité pour qu'elle s'accorde avec ses illusions stratégiques. Ce n'est qu'en 1957 que, par accident, la stratégie commença à ressembler à celle qui avait été fixée en 1926.

Si le dialogue de la stratégie avec l'économie et la sociologie n'est plus une démarche audacieuse, l'approche cognitive et sociocognitive de la stratégie d'entreprise, balbutiante dans les années 1980, est plus surprenante. Pourtant, n'est-il pas naturel de considérer que ce qui se passe dans le cerveau du (des) dirigeant(s) est fondamental dans le développement des stratégies d'entreprise ?

L'empilage et le magma des contributions sur la stratégie ne se sont bien évidemment pas interrompus au milieu des années 1980. On mesure déjà cependant avec plus de finesse les limites des instruments stratégiques pour deux motifs. D'abord, on s'aperçoit de la fragilité « d'instruments nécessairement généraux » (les matrices de portefeuille par exemple) « pour une action inexorablement particulière » (la stratégie de l'entreprise) (A.C. Martinet, 1993, p. 8). Ensuite, s'il est admis que les instruments de l'approche classique répondent tant bien que mal à la complexité d'abondance des environnements externe et interne de l'entreprise (comment sélectionner et traiter des masses d'informations ?), leur capacité à aborder la complexité de sens (C. Riveline, 1991) que les sociologues de l'organisation mettent en avant depuis plusieurs décennies est pour le moins limitée. Cette complexité caractérise pourtant les situations stratégiques – des solutions limitées engageant l'entreprise vers de nouvelles positions difficilement réversibles, sources d'opposition et de conflits d'intérêt – et justifie les démarches qui souhaitent privilégier la logique du sens à donner à l'organisation et à l'environnement plutôt que celles qui défendent les idées d'optimisation ou de maximisation.

Il n'est pas certain que la vitesse des changements de l'environnement soit, comme la presse économique le répète à l'envi, le facteur explicatif majeur de ce basculement des mentalités et de la quête de sens. La complexité est plurifactorielle. L'inertie se conjugue souvent simultanément avec le changement radical. La dichotomie simpliste externe (environnement concurrentiel)/interne (organisation symbiotique composée d'acteurs convergeant vers les mêmes objectifs) s'efface devant une vision plus politique de l'entreprise, vue comme un lieu d'opposition, d'intérêts conflictuels et de coalitions provisoirement stabilisées. En outre, si l'environnement demeure le lieu privilégié de l'affrontement, les stratégies de coopération entre concurrents se développent[12].

Ainsi, de même que l'entreprise est « née » lorsque l'économiste a rencontré le sociologue, l'analyse stratégique change de visage avec l'acceptation de paradigmes au minimum concurrents : le positivisme et le constructivisme. Rappelons en quelques mots les différences de ces deux traditions de recherche. L'idée clé du positivisme est que le monde social existe de façon extérieure et que donc ses propriétés doivent être mesurées à travers des méthodes objectives plutôt qu'être inférées subjectivement à travers des sentiments, des réflexions ou l'intuition. Le constructivisme s'est développé en réaction contre le positivisme et part de l'idée que le monde et la réalité ne sont pas extérieurs et objectifs, mais qu'ils sont le produit d'une construction sociale à laquelle les individus attribuent du sens. L'observation est dans cette optique indissociable de l'objet observé.

Le positivisme a conforté l'idée de l'existence ontologique[13] et objective de l'entreprise qu'un individu omniscient peut doter d'une stratégie indépendamment des jeux de nature politique caractérisant pourtant l'action collective. Dans ces conditions, relève A.C. Martinet (1995, p. 158), l'entreprise se trouve technicisée et bientôt « naturalisée » et la stratégie n'apparaît que sous l'angle instrumental. A l'inverse, dans une perspective plus constructiviste et comme on l'indiquait précédemment, il faut considérer d'emblée l'entreprise comme un ensemble de projets, de visions et de représentations d'acteurs multiples en interaction et engagés dans des actions communes. Le territoire stratégique est créé, au moins pour un temps, plus qu'il ne s'impose comme une image fidèle de la réalité.

Le paradigme constructiviste a maintenant dans les sciences de gestion un écho incontestable et il conduit à des révisions dans la façon de concevoir l'entreprise et la stratégie. Par exemple, dans sa critique du modèle LCAG (ou SWOT), G. Kœnig (1996) relève que les événements ont des implications différentes selon la vision du monde des acteurs qui peuvent être amenés à qualifier un même phénomène de menace ou d'opportunité. Le même auteur, en proposant quatre zones épistémiques bien distinctes, fonction du degré de réalisme de la théorie et du statut ontologique de la réalité, offre une synthèse féconde de ces évolutions épistémologiques (G. Kœnig, 1993).

Sans nier l'intérêt et la complémentarité des approches visant à découvrir des régularités ou à développer des instruments prédictifs, il considère que « l'examen des régularités passées est de peu d'utilité à celui qui veut saisir du neuf » (G. Kœnig, 1993, p. 10). Si l'on admet les prémisses portant sur la nature profondément dynamique de l'organisation et de son environnement, la position visant au développement de la construction d'artefacts ou à la (ré)habilitation de la recherche-action (zones III et IV, tableau 1) se trouve particulièrement confortée.

L'interaction de l'entreprise et de son environnement est certes reconnue depuis plus de quinze ans dans les travaux des économistes industriels.

12. Voir également dans cette Encyclopédie l'article de P. Dussauge et B. Garrette, « Alliances stratégiques », p. 16, tome 1 et celui de R. Paturel, « Filiales communes », p. 1335, tome 2.

13. C'est-à-dire en tant que telle, indépendamment de son environnement.

Tableau 1 – Oppositions thématiques et zones épistémiques

		Essence de la réalité	
		(Or)donnée	**Construite**
Réalisme de la théorie	**Fort**	I Découvertes de régularités	IV Recherche action
	Faible	II Développement d'instruments prédictifs	III Construction d'artefacts

Source : G. Kœnig (1993).

M. Porter (1991) reconnaît lui-même à l'origine des déterminants de l'avantage concurrentiel le rôle des hommes tout autant que celui des conditions de l'environnement non limité au champ sectoriel. Il n'en demeure pas moins que l'approche positiviste l'emporte encore car la monorationalité est toujours plus rassurante que ces rationalités procédurales, *a posteriori* ou conditionnelles, avec lesquelles les théoriciens de l'organisation ont tenté avec des succès relatifs de mettre en brèche le paradigme traditionnel. Enfin, le contraste entre l'individu omniscient doté d'instruments lui permettant de formuler la stratégie et le collectif d'acteurs engagé dans un processus de formation de stratégie(s) au pluriel pose le problème des deux positions épistémologiques qui traversent les sciences économiques et de gestion : l'individualisme méthodologique et le holisme. Le passage de l'individuel à l'organisationnel constitue pour la stratégie une difficulté qui n'a pas encore été résolue. On risque dans le premier cas de céder à la tentation d'agréger des décisions individuelles, ce qui constitue un biais épistémologique sérieux. Dans le second cas, on s'expose au danger de transposer au niveau organisationnel des concepts seulement pertinents au niveau individuel (H. Laroche et J.P. Nioche, 1994).

3. Le renouvellement des approches depuis 1990

La réflexion épistémologique engagée dans les années 1980 permet aux approches actuelles d'appréhender, mieux armées, les changements qui se sont produits depuis. Ce travail préalable fut le terreau d'une pensée stratégique aujourd'hui régénérée, dont le renouvellement s'opère suivant deux axes :

– la reformulation de théories et de concepts parfois anciens dont le cadre épistémologique d'alors n'avait pu leur permettre de se déployer complètement et de prendre leur véritable dimension. L'approche constructiviste développée dans les années 1980 a ainsi autorisé la relecture de théories, oubliées parfois un peu rapidement. Cette démarche est salutaire, puisqu'au-delà des modes (qu'il ne faut pas confondre avec la recherche indispensable de problématiques nouvelles), elle tend à prouver la permanence de certains thèmes stratégiques[14] ;

14. Par exemple, grâce à un terrain épistémologique favorable, les travaux de E. Penrose se trouvent (vingt ans plus tard) régénérés par ceux de G. Hamel et C.K. Prahalad.

– la proposition de nouvelles approches, plus aptes à comprendre les récentes transformations de l'organisation et de son environnement. Même si, comme le remarque A. Desreumaux (1996, p. 91), « le discours ambiant sur la révolution organisationnelle ou l'avènement d'un modèle post-bureaucratique mérite certainement d'être largement nuancé », il faut prendre acte de cette possibilité. Le chercheur doit ainsi, au même titre que le manager, développer sa capacité à imaginer les configurations stratégiques de demain, préparer et mettre à disposition les compétences clés qui seront utiles au dirigeant pour préparer l'avenir.

Ce renouvellement s'opère depuis une demi-douzaine d'années autour de quatre idées :

– d'abord, l'atténuation, sinon le dépassement, de la distinction jugée artificielle entre l'interne et l'externe : ces deux composantes interagissent et se coproduisent (modèle « intention stratégique/pôles de compétences » ou ISPC). La conception de l'entreprise comme un portefeuille d'activités est abandonnée au projet d'une conception plus enracinée de l'entreprise, articulée autour de compétences collectives astucieusement combinées et cachées du regard des autres (*core competencies*). Plus que des barrières à la mobilité chères au modèle de M. Porter, « les macro-compétences » protègent l'entreprise de l'imitation et garantissent ses performances dans la durée ;

– ensuite, l'idée que les organisations ne peuvent être comprises sans faire référence aux structures cognitives de leurs acteurs et tout particulièrement à celles des dirigeants (approche cognitive) ;

– en troisième lieu, la consécration du thème du paradoxe en management qui avait vu le jour à la fin des années 1970. L'incertitude caractéristique des situations stratégiques, l'importance qu'elle confère aux facultés de jugement par rapport aux capacités de calcul font de la gestion paradoxale un des aspects essentiels du management stratégique contemporain ;

– enfin, A.M. Pettigrew estime que les approches de la stratégie doivent être renouvelées afin de permettre à la fois l'étude des actions et la compréhension du rôle du contexte dans la construction du processus stratégique (approche processuelle et contextuelle).

3.1. Le modèle ISPC (intention stratégique/pôles de compétences)

Il apparaît dans sa forme initiale dans les années 1980 et s'appuie sur les travaux précurseurs de E. Penrose (1963) et de B. Wernerfelt (1984). Il s'intitule théorie basée sur les ressources en ce qu'il insiste sur l'influence cruciale des ressources de l'entreprise sur les performances de celle-ci (D. Baize, 1994). Parmi ces ressources, certaines sont essentielles et constituent le support d'un avantage concurrentiel durable. Les ressources clés ont pour caractéristique de ne pouvoir être imitées en raison de leur spécificité, leur caractère tacite et leur complexité.

La théorie basée sur les ressources est popularisée par G. Hamel et C.K. Prahalad (1990) dans un article de la *Harvard Business Review*. Elle dresse le constat que la concurrence a pour effet de redessiner les contours des différents secteurs, obligeant l'organisation à focaliser son raisonnement stratégique non seulement sur la politique de produits ou de marché actuel mais sur les compétences actuelles et à acquérir. La formulation de la stratégie doit être initiée, non pas par le recensement des opportunités et des menaces auxquelles est confrontée la firme, mais par une évaluation de ses ressources, de ses capacités et de ses compétences de base.

L'environnement externe n'est pas absent du raisonnement si l'on considère que celui-ci est en partie déterminé par la projection des compétences clés que l'on cherche à démultiplier, non pour se positionner mais pour inventer de nouveaux territoires commerciaux. L'intention stratégique est alors considérée comme la manière de créer un déséquilibre voulu entre l'ambition affichée et les ressources actuelles de l'entreprise.

Parmi les apports conceptuels de ce courant développé depuis dix ans, on relèvera :

– le concept d'ambiguïté causale, c'est-à-dire l'ambiguïté concernant la nature des connexions entre les actions et les résultats de l'entreprise. Plus l'ambiguïté causale est forte, plus la protection de l'entreprise contre l'imitation est grande. L'ambiguïté causale est liée à la complexité organisationnelle et donc aux liens tacites et invisibles qui unissent les actifs de l'entreprise et en font un objet spécifique ;

– l'idée d'intention stratégique (construite) par opposition à l'objectif (donné) stratégique du modèle classique LCAG (schéma 2) ;

– la finalité opérationnelle du courant qui n'emprisonne pas l'acteur dans le carcan de la rationalité substantielle. Au contraire, elle lui confère un espace de liberté significatif. Posant que l'avenir est à créer plus qu'il n'est à découvrir, cette approche adopte délibérément une conception procédurale de la stratégie.

3.2. *L'approche cognitive de la stratégie*

L'intégration de la psychologie cognitive et sociocognitive dans la stratégie consacre le retour sur le devant de la scène de la prise de décision et bien sûr celui des représentations sociales des individus dans l'organisation. L'intégration n'est pas nouvelle si l'on considère les travaux de H. Simon dans lesquels, entre autres, le cerveau du manager est vu comme une machine à traiter de l'information avec ses propres ratés. Plus largement, dans les années 1950, H. Simon formule la thèse de la rationalité limitée dans laquelle la rationalité du décideur est réduite par les jugements, les systèmes de valeurs, l'information disponible, l'incapacité à prévoir toutes les conséquences des choix envisageables ou la limitation des capacités cognitives des individus. J.G. March *et al.* (1972) iront plus loin avec le modèle du *garbage can* et l'idée d'une rationalité seulement « rétrospective ». Les manuels de stratégie des années 1990 intègrent maintenant les deux contributions majeures de cette approche cognitive de la stratégie : les cartes cognitives (au plan individuel) et le paradigme stratégique (au plan organisationnel).

La psychologie des années 1980-1990 diffère d'abord de celle des années 1950 par la reconnaissance de biais cognitifs pour lesquels l'homme est vu comme un ordinateur « biaisé ». Les travaux de C.R. Schwenk (1984) montrent l'influence des « fautes » du raisonnement humain sur les décisions qualifiées de stratégiques.

Les cartes cognitives sont des figures construites par un chercheur pour représenter des affirmations d'un (ou de plusieurs) individu(s) (schéma 3).

Schéma 2 – La démarche stratégique des modèles LCAG et ISPC

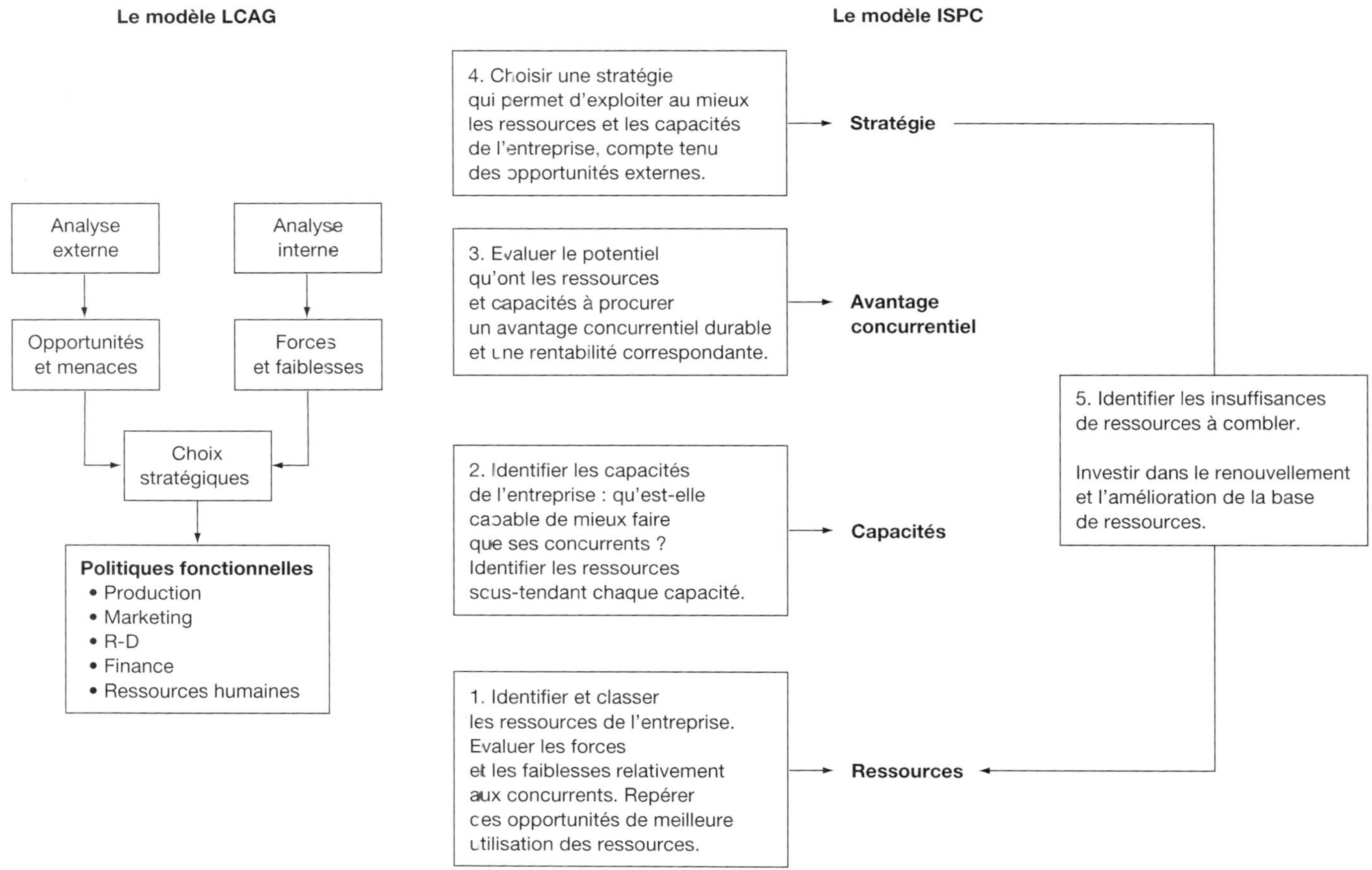

Source : A. Desreumaux (1993) et Strategor (1993).

Schéma 3 – Exemple de carte cognitive

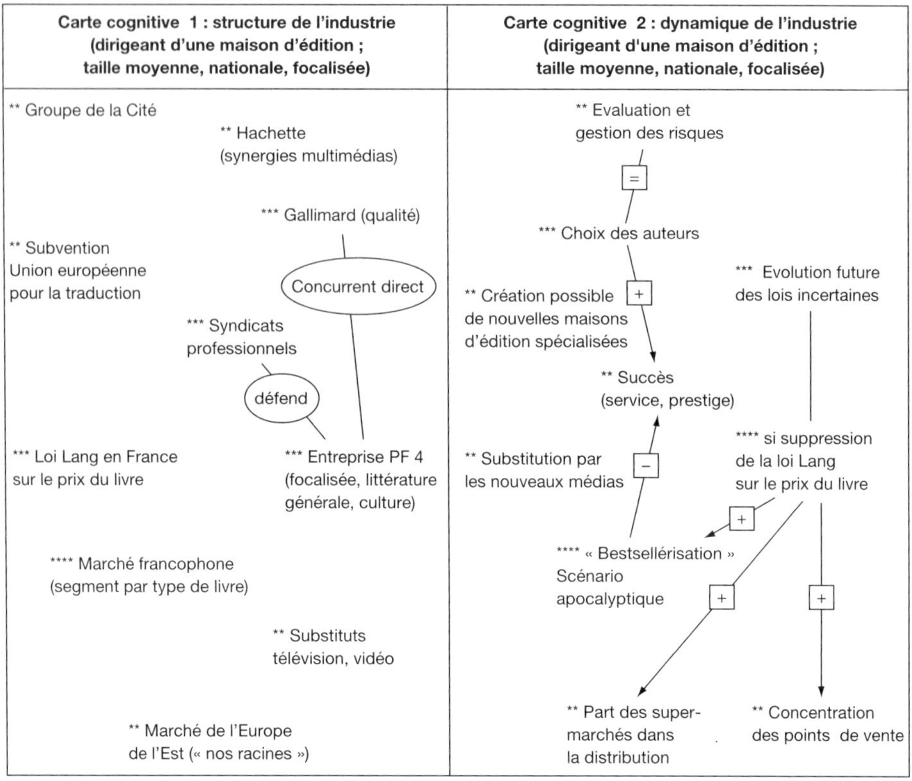

Source : R. Calori et P. Sarnin (1993).

Elles se composent des concepts (variables) et des liens (de causalité, de proximité, de ressemblance) (P. Cossette, 1994). Elles ont été utilisées en particulier pour mettre au jour les représentations mentales que les dirigeants ont de leur environnement concurrentiel (R. Calori et P. Sarnin, 1986 ; 1992), ou comme outil de mesure et d'analyse du type d'apprentissage mis en œuvre par le groupe (C. Rakotoarivela, 1993). Elles peuvent être aussi utilisées par le consultant en tant qu'outil d'aide à la communication et à la décision (C. Eden, 1988).

Au-delà de la cartographie individuelle, il est possible de repérer dans l'entreprise un système cognitif organisationnel (J. Lauriol, 1995 ; H. Laroche et J.P. Nioche, 1994), qui serait un système de traitement de l'information permettant de répondre aux sollicitations de l'environnement (on retrouve ici la notion de culture organisationnelle). Comme l'individu, l'entreprise met en œuvre (de manière plus ou moins implicite) des procédures d'analyse de l'environnement ou de résolution de problèmes relativement stables que l'on pourrait appeler des schémas cognitifs organisationnels. G. Johnson (1987) donne le nom de paradigme à la structure cognitive de l'entreprise.

Les idées de paradigme et de vision stratégique sont liées, l'une étant la version institutionnalisée de l'autre : lorsqu'une vision se trouve confirmée par l'expérience elle a de bonnes chances de se transformer en paradigme.

Cela est encore plus patent lorsque le paradigme ancien a, comme dans le cas de l'industrie automobile américaine, façonné durablement des compétences et des structures de tout un secteur. On estime en effet que cette industrie a forgé son « paradigme » stratégique dans les années 1930 et qu'il perdurera jusqu'aux années 1970-1980, en dépit de transformations concurrentielles considérables.

Cette approche ne fait pas seulement poser l'hypothèse d'une rationalité procédurale de l'acteur : elle la fonde et l'ancre au cœur de son domaine d'étude. Fruit de croisements fertiles entre la philosophie, la psychologie et l'intelligence artificielle, sa vocation est avant tout conceptuelle, même si elle s'attache par la suite à fournir des outils d'aide à la décision.

3.3. L'approche paradoxale

Elle s'est développée dans les sciences sociales en particulier avec E. Morin (1986) et le principe de dialogique qui peut être défini comme « l'association complexe (complémentaire/concurrente/antagonique) d'instances, nécessaires ensemble à l'existence, au fonctionnement et au développement d'un phénomène organisé ». En économie, F. Perroux (1973) avait insisté sur la nature duale de l'échange comme phénomène antagonique et coopératif. En management stratégique, on retrouve cette logique paradoxale avec l'existence d'exigences contradictoires mais complémentaires. Ainsi en est-il des trois objectifs d'innovation, d'efficience et de sécurité comme le suggère le schéma ci-dessous développé par P. Joffre et G. Kœnig (1992).

Plus récemment, G. Kœnig (1996) a proposé un schéma un peu différent intégrant la légitimité et rassemblant l'innovation et l'efficience dans la compétitivité :

Le symbole < > signifie que ces exigences sont à satisfaire conjointement sans qu'il soit possible de les hiérarchiser autrement que de manière transitoire.

Les définitions proposées (encadré 1) indiquent que l'exigence de compétitivité est complexe, puisque constituée d'éléments complémentaires et contradictoires. Elle nécessite à la fois efficacité (ou innovation) et efficience.

Encadré 1 – Les concepts de compétitivité/sécurité/légitimité

La ***compétitivité*** peut être définie comme la combinaison de deux forces : l'*efficacité* (ou innovation) *et* l'*efficience*. L'*efficacité* est la capacité à répondre de manière adaptée aux changements de la réalité. L'*efficience* est la capacité à économiser sur les moyens mis en œuvre pour l'obtention d'un résultat donné. Elle s'acquiert souvent grâce à l'expérience et à l'amélioration progressive de ce que l'entreprise sait bien faire.

La ***sécurité*** est l'attitude visant à se prémunir contre les simples aléas (exemple : défaillance d'un client) ou les véritables surprises (exemple : choc pétrolier de 1973).

La ***légitimité*** est la qualité d'une conduite considérée comme juste, fondée en équité. Elle ne trouve pas sa source dans le droit positif, mais dans le droit naturel. La légitimité d'une conduite est affaire d'appréciation. Cette dernière peut varier selon les époques, les lieux et les groupes sociaux où elle trouve à s'exprimer. Cette variabilité ne doit pas conduire à sous-estimer l'importance stratégique de la légitimité, car cette dernière détermine largement la capacité des dirigeants à mobiliser tant à l'intérieur qu'à l'extérieur de l'entreprise les concours nécessaires au développement de leurs projets.

Source : P. Joffre et G. Kœnig (1992), G. Kœnig (1996).

Indispensable, la conjonction de l'efficience et de l'efficacité peut poser problème. La compétitivité passe en effet tantôt par l'accumulation d'expérience, tantôt par la destruction de l'expérience patiemment accumulée. A partir d'une étude empirique portant sur vingt projets de développement de produits nouveaux, D. Leonard-Barton (1992) décrit les relations paradoxales qui peuvent se nouer entre les compétences et le renouvellement de l'avantage concurrentiel. L'auteur montre ainsi que le fait de cultiver intensivement une (ou quelques) compétence(s) clé(s) peut (dans certaines circonstances) restreindre d'autant les possibilités de l'organisation dans d'autres domaines, et ce pour deux raisons. D'une part, l'organisation tend à se figer autour de ses compétences clés, ce qui induit une certaine myopie des dirigeants. D'autre part, en supposant que les cadres sont capables d'éviter cet écueil, ils devront faire face à une certaine rigidité organisationnelle qui pourra les conduire à prendre des décisions fortement teintées de la culture organisationnelle et de ses compétences.

Une des conclusions importantes de cette approche est qu'à côté des questions susceptibles d'être tranchées, il en existe d'autres, sans aucun doute plus fondamentales, qu'il faut périodiquement remettre sur le métier sans pouvoir espérer en avoir jamais fini. Finalement, l'approche paradoxale écarte, si tant est qu'elle existe, l'utilisation de la rationalité substantielle, car il est des situations qui interdisent de choisir la meilleure option parmi un ensemble. Dans certaines situations en effet, le dirigeant doit gérer simultanément des éléments contradictoires et complémentaires, dont il serait dangereux de nier l'existence afin de faciliter la décision. Eminemment conceptuelle, cette approche insiste sur le fait que le paradoxe n'est pas une donnée objective, mais une manière de représenter la réalité.

3.4. *L'approche processuelle et contextuelle*

Un courant désormais important a été initié par A.M. Pettigrew qui définit la stratégie comme « le produit émergent de la résolution partielle des dilemmes environnementaux et intra-organisationnels » en soulignant « l'importance de la gestion de signification et des symboles »[15].

Tout en étant proche d'une démarche incrémentale de la stratégie (politique des petits pas) souvent plus réaliste pour faire passer un changement stratégique, A.M. Pettigrew (1992) soutient que les acteurs du changement doivent s'adapter en permanence au contexte de la décision. Le changement stratégique doit être innovant mais acceptable[16]. Plus généralement, en insistant sur le caractère processuel et contextuel, il montre que le contexte n'est pas simplement un stimulus de l'environnement mais un arrangement emboîté de structures et de processus où les interprétations subjectives des acteurs qui perçoivent, qui apprennent et se souviennent, aident le processus à se façonner.

Le processus social est construit, créé par des agents humains, individuellement et collectivement à travers leurs actions. Mais la portée de l'approche est également d'ordre méthodologique puisqu'elle prône l'unification du processus et du contenu de la stratégie et dresse les impératifs méthodologiques de la recherche en stratégie : préférence affichée pour des analyses multiniveaux, prise en compte recommandée de l'interconnexion temporelle des décisions, parti pris affiché pour les explications holistiques, etc. L'évolution de la pratique française de recherche en stratégie est d'ailleurs marquée par une tendance désormais significative à une modélisation appuyée sur l'analyse approfondie de situations spécifiques d'entreprises. Nous partageons sur ce point l'analyse de A. Desreumaux (1996, p. 91) pour lequel il faut sans doute « multiplier les études de cas en profondeur de façon à décrire les changements en cours et en comprendre la signification plutôt que de développer le jeu traditionnel d'hypothèses ».

A ce stade de l'exposé, reprenons les deux dimensions fondamentales structurant les modèles d'analyse stratégique évoquées dans l'introduction :

– la rationalité supposée des acteurs : substantielle – procédurale,

– la vocation originelle du modèle : opérationnelle (« donner un sens ») – conceptuelle (« donner du sens »).

Par le croisement de ces deux dimensions, les modèles s'établissent en quatre principaux ensembles (schéma 4). Afin de mettre en évidence leurs principales filiations, une flèche du temps (de 1950 à nos jours) offre un repère de l'ordre d'apparition des modèles. Cette flèche, sans vouloir édifier une stricte généalogie de la réflexion stratégique, affirme le caractère dynamique des deux axes de classement retenus puisque les modèles s'enchaînent approximativement par blocs. Les orientations de notre discipline n'en sont pas pour autant déterminées, mais ce recensement organisé des modèles autour de leur portée conceptuelle et de la rationalité induite de l'acteur nous invite à formuler quelques hypothèses sur les perspectives de l'analyse stratégique, tant sur le plan des pratiques que de la réflexion.

---

15. Définition rappelée par A. Desreumaux (1993, p. 55).

16. Voir également dans cette Encyclopédie l'article de P. Romelaer, « Changement d'organisation et ressources humaines », p. 306, tome 1.

Schéma 4 – Classification de synthèse

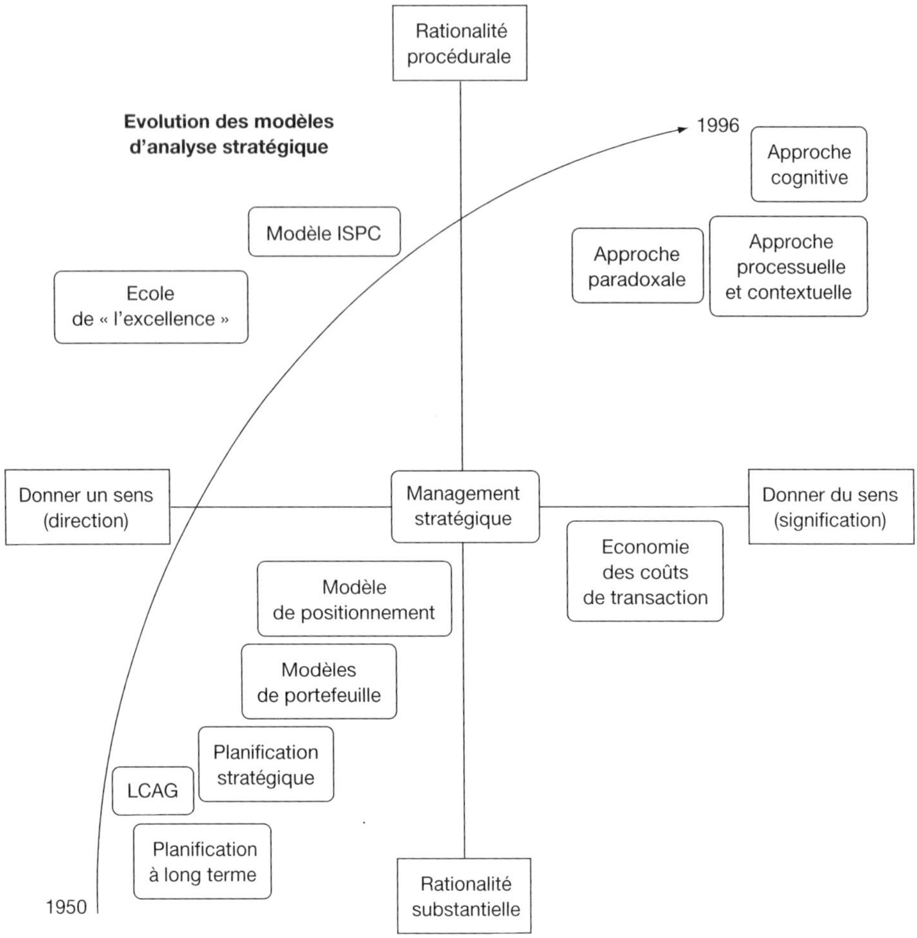

4. Quelques pistes d'évolution de l'analyse stratégique

Nous limiterons notre prospective à une interrogation sur la taille des organisations étudiées, à l'évolution de la mission du chercheur et à la prise en compte de la variable temporelle dans la recherche en stratégie.

4.1. La recherche en stratégie et la taille des organisations étudiées

En se nourrissant de complexité[17], en empruntant des concepts aux sciences cognitives, bref, en s'« humanisant », la conduite et la maîtrise des travaux en stratégie des organisations deviennent beaucoup plus délicates, même si ces emprunts apparaissent comme des avancées majeures et faiblement réversibles.

17. Voir également dans cette Encyclopédie l'article de L. Langrand-Escure et R.A. Thiétart, « Complexité : du vivant au management », p. 353, tome 1.

Alors que les modèles classiques ont longtemps été considérés comme inextensibles à « l'entreprise à taille humaine », l'hypothèse peut être posée que cette nouvelle complexité du champ d'étude entraîne un nombre croissant de chercheurs à réduire leurs ambitions sur la dimension des firmes étudiées.

La recherche en stratégie peut en effet devenir parfois plus féconde si elle s'attache à un objet qui permet dans le même temps l'extraction d'un nombre significatif de variables et une lecture aisée de leurs interactions. La moyenne entreprise, organisation aux structures peu complexes, peut alors constituer sur maints sujets un terrain propice aux constructions intellectuelles futures tant elle se situe à un stade de développement intermédiaire offrant un bon équilibre entre le nombre de variables à explorer et la lisibilité de leurs enchaînements[18].

4.2. *Le chercheur « architecte »*

La précarisation de positions concurrentielles patiemment acquises, la vitesse des changements dans l'environnement des firmes et la massification des flux d'informations constituent des tendances lourdes qui ne feront qu'accentuer le caractère incertain des situations stratégiques. Les territoires traditionnels de la réflexion stratégique pourraient alors voir leurs frontières précisées.

– Le management, face à ces évolutions, réclamera sans doute des directives de plus en plus claires qui alimenteront un « marché des certitudes » renforcé. Les prescripteurs empiristes issus de l'entreprise ou du consulting trouveront certainement dans la gestion de la précarité l'occasion de développer un certain nombre d'outils visant à trier l'information, à organiser la réversibilité des positions acquises ou le désengagement de créneaux de marché transitoires.

– Leurs impulsions dogmatiques pourraient puiser dans une « science stratégique » renouvelée, plus conceptuelle, offrant peu de prescriptions immédiates mais de nouvelles représentations d'une organisation en proie à la dématérialisation de ses composantes[19]. La stratégie devrait donc prendre acte de la virtualisation et de l'impermanence de son champ d'étude. A cette condition, le chercheur se verrait donc confirmé dans une mission qui ne le confinerait plus seulement dans un rôle de découvreur de régularités, mais qui au contraire renforcerait sa vocation d'« architecte stratégique » : constructeur de concepts, participant à la création de son objet d'étude. Ce

18. Si l'on se réfère par exemple aux recherches menées sur les liens entre la structure de gouvernement de l'entreprise et ses performances (dans le passé presque toujours focalisées sur les très grandes sociétés cotées), on s'aperçoit que l'idée de transposer certaines problématiques du domaine à des firmes de moindre dimension fait son chemin dans la littérature. B.M. Oviatt (1988), par exemple, relevait que le contrôle dans les grandes organisations est souvent rendu peu clair par la complexité de la relation manager-performance. Il était préférable selon lui d'étudier la structure de gouvernement dans des firmes à la taille plus modeste parce que ces organisations avaient un environnement plus lisible que les grandes firmes très diversifiées.

19. Cette « dématérialisation » est traditionnellement illustrée par la substitution de l'entreprise-réseau à l'organisation physiquement repérée, par la remise en cause des concepts de marché, de domaine d'activité stratégique en recomposition rapide et parfois inattendue, par la part d'immatériel de plus en plus grande intégrée aux produits.

processus est enclenché : les concepts de vision, d'intention stratégique, de compétences clés ou de représentations sociales nous semblent des approches aptes à appréhender cette virtualisation grandissante puisque leur vocation est finalement de matérialiser un monde en train de se créer.

4.3. Les temps de la stratégie

La crise pétrolière de 1973 a bouleversé la perception de l'environnement des firmes par ceux qui les pilotent comme par ceux qui les étudient. Conséquence souvent négligée, cette période sonne le glas du temps linéaire[20]. La démarche prévisionnelle n'est cependant pas abandonnée pour autant et l'intérêt de l'interrogation prospective pour l'acteur stratégique n'est pas encore formellement reconnu : notre discipline persiste dans l'analyse des phénomènes selon un temps objectif[21].

La fin du temps des certitudes signifie-t-elle pour autant, comme certains ont voulu le dire, l'impossibilité de décider, de choisir, et finalement la fin de la stratégie ? Nous ne le pensons pas. Au contraire, l'incertitude nous semble être une condition pour concevoir un acte stratégique et la reconnaissance de l'indétermination des processus sociaux nous révèle la liberté de l'acteur dans la création de la réalité.

Si, comme nous l'avons vu, l'analyse stratégique, directement opératoire ou originellement conceptuelle, a été récemment nourrie de cette reconnaissance, elle n'a peut-être pas encore pris la mesure des implications d'un temps multiple, subjectif, créateur mais aussi destructeur, individuel (psychologique) ou collectif (organisationnel, culturel). Les implications de l'orientation temporelle des dirigeants sur leurs comportements stratégiques et leur vision de l'avenir, la coexistence de temps multiples dans l'organisation et leurs impacts sur les processus d'apprentissage ou la formation de la stratégie n'apparaissent souvent qu'en filigrane dans la littérature.

Certains auteurs reconnaissent néanmoins l'urgence de la réflexion et s'y sont parfois engagés[22], convaincus que repenser le temps de la stratégie est sans doute une condition indispensable à la maîtrise des temps.

*

* *

Au terme de notre propos, nous avons pu montrer que l'analyse stratégique, stimulée par les mutations de l'environnement et l'intérêt porté au paradigme constructiviste, a connu un renouveau au cours des dix dernières années. Cela s'est traduit par la prise en compte de la procédure dans la déci-

---

20. Voir également dans cette Encyclopédie l'article de L. Batsch, « Temps et gestion », p. 3303, tome 3.

21. La mutation profonde de la nature du temps est pourtant bien intégrée aux travaux scientifiques liés à la théorie du chaos, des structures dissipatives ou de l'auto-organisation. Elle est également notable dans certains écrits de marketing ou de sociologie : se reporter en particulier aux travaux de J. Hassard (1991) ; J.B. Schriber et B.A. Gutek (1987) ; A.C. Bluedorn et R.B. Denhardt (1988) ; M. Bergadaà (1989) ; J.C. Usunier (1991).

22. A.C. Martinet (1991) ; D.E. Vinton (1992).

sion stratégique et, ces dernières années, par des modèles dont la vocation première est de donner du sens à l'acte stratégique.

Les quelques pistes d'évolutions envisagées, loin d'être exhaustives et bien entendu discutables, ont cherché à intégrer ces tendances récentes tout en relevant certaines implications (complexification de la discipline, mission du chercheur) ou certaines insuffisances (le temps de la stratégie).

Références

ANSOFF H.I., *Corporate Strategy*, New York, McGraw-Hill, 1965. Traduit en français sous le titre : *Stratégie du développement de l'entreprise*, Paris, Hommes et Techniques, 1968.

BAIZE D., « De la dualité des compétences de l'organisation et des risques de l'excellence », *Cahier de recherche de l'IAE de Caen-Basse-Normandie* (n° 47, 1994).

BERGADAÀ M., « Le temps et le comportement de l'individu », *Recherche et Applications en Marketing* (vol. 4, n° 1, 1989), p. 37-55.

BLUEDORN A.C., DENHARDT R.B., « Time and Organizations », *Journal of Management* (vol. 14, n° 2, 1988), p. 299-320.

CALORI R., JOHNSON G., SARNIN P., « French and British Top Managers' Understanding of the Structure and the Dynamics of their Industries : a Cognitive Analysis and Comparison », *British Journal of Management* (vol. 3, 1992), p. 61-78.

CALORI R., SARNIN P., « Les facteurs de complexité des schémas cognitifs des dirigeants », *Revue Française de Gestion* (mars-avril-mai 1993), p. 86-94.

COASE R.H., *The Nature of the Firm*, 1937. Trad. française : « La nature de la firme », *Revue Française d'Economie* (vol. 2, n° 1, hiver 1987), p. 133-157.

COSSETTE P. (sous la direction de), *Cartes cognitives et organisations*, Presses de l'Université de Laval et Eska, 1994.

DESREUMAUX A., *Stratégie*, Paris, Dalloz, 1993.

DESREUMAUX A., « Etat de l'art en stratégie », *Actes des XIIIe Journées nationales des IAE*, Toulouse (vol. 1, avril 1996), p. 67-102.

EDEN C., « Cognitive Mapping : a Review », *European Journal of Operational Research* (vol. 36, 1988), p. 1-13.

FAVEREAU O., « Marchés internes, marchés externes », *Revue Economique* (n° 2, mars 1989), p. 273-328.

GIORDANO Y., « Décision et organisations : quelles rationalités ? », *Economies et Sociétés*, Série Sciences de Gestion (n° 17, avril 1991), p. 161-194.

HAMEL G., PRAHALAD C.K., « The Core Competence of the Corporation », *Harvard Business Review* (May-June 1990), p. 79-91.

HASSARD J., « Aspects of Time in Organization », *Human Relations* (vol. 44, n° 2, 1991), p. 105-125.

JOFFRE P., KŒNIG G., *Gestion stratégique*, Paris, Litec, 1992.

JOHNSON G., *Strategic Change and the Management Process*, Oxford, Blackwell, 1987.

KINCH N., « La vision stratégique à l'épreuve des contingences », *Décisions Marketing* (n° 0, mai 1993), p. 9-17.

KŒNIG G., « Production de la connaissance et constitution des pratiques organisationnelles », *Revue de Gestion des Ressources Humaines* (n° 9, novembre 1993), p. 4-17.

KŒNIG G., « La méthode SWOT », *Les Cahiers Français* (n° 275, 1996), p. 24-26.

KŒNIG G., *Management stratégique*, Paris, Nathan, 1996.

LAROCHE H., NIOCHE J.P., « L'approche cognitive de la stratégie d'entreprise », *Revue Française de Gestion* (juin-juillet-août 1994), p. 64-78.

LAURIOL J., « Décision et action stratégique : les apports de l'approche sociocognitive », *Revue de Gestion des Ressources Humaines* (n° 17, novembre 1995), p. 5-24.

LEONARD-BARTON D., « Core Capabilities and Core Rigidities : a Paradox in Managing New Product Development », *Strategic Management Journal* (vol. 13, 1992), p. 111-125.

MARCH J.G., COHEN M.D., Olson J.P., « A Garbage Can Model of Organizational Choice », *Administrative Science Quarterly* (vol. 17, n° 1, March 1972), p. 1-25.

MARTINET A.C. (éd.), *Epistémologies et sciences de gestion*, Paris, Economica, 1990.

MARTINET A.C., « Management en temps réel et continuité stratégique sont-ils compatibles ? », *Revue Française de Gestion* (novembre-décembre 1991), p. 52-56.

MARTINET A.C., « Les paradigmes stratégiques : l'éternel retour ? », *Papier de recherche de l'Université Jean Moulin*, Lyon (n° 28, 1993).
MARTINET A.C., « Formation, pensée et langage stratégiques », *in Mélanges en l'honneur du Professeur Page*, Grenoble, PUG, 1995.
MINTZBERG H., « Strategic Formation : Ten Schools of Thought », *in* J.W. Frederickson (éd.), *Perspectives on Strategic Management*, New York, Harper & Row Publishers, 1990, p. 105-235.
MINTZBERG H., *Grandeur et décadence de la planification stratégique*, Paris, Dunod, 1994.
MORIN E., *La Méthode*, Paris, Le Seuil, 1986.
OVIATT B.M., « Agency and Transaction Cost Perspectives on the Manager-Stockholder Relationship : Incentives for Congruent Interests », *Academy of Management Review* (vol. 13, 1988), p. 214-225.
PASCALE R.T., *Les risques de l'excellence*, Paris, InterEditions, 1992.
PENROSE E., *Facteurs, conditions et mécanismes de la croissance de l'entreprise*, Paris, Hommes et Techniques, 1963.
PERROUX F., *Pouvoir et économie*, Paris, Bordas, 1973.
PETERS T., WATERMAN R.H., *Le prix de l'excellence*, Paris, InterEditions, 1983.
PETTIGREW A.M., « The Character and Significance of Strategic Process Research », *Strategic Management Journal*, Special Issue (vol. 13, Winter 1992), p. 5. 17.
PORTER M., « Towards a Dynamic Theory of Strategy », *Strategic Management Journal* (vol. 12, Spring 1991), p. 95-117.
PORTER M., *L'avantage concurrentiel*, Paris, InterEditions, 1986.
PRAHALAD C.K., HAMEL G., « Strategy as a Field of Study : Why Search for a New Paradigm ? », *Strategic Management Journal* (vol. 15, n° spécial, Summer 1994), p. 5-16.
RAKOTOARIVELA C., « Apprentissage organisationnel : analyse de l'évolution de cartes mentales comme méthode d'analyse », *Cahier de recherche CERAG*, Grenoble (n° 93/15, juillet 1993).
RIVELINE C., « L'urgence en gestion », *Gérer et Comprendre* (n° 22, mars 1991), p. 82-92.
RUMELT R.P. *et al.* (éd.), *Fundamental Issues in Strategy*, Harvard Business School, 1994.
SCHRIBER J.B., GUTEK B.A., « Some Time Dimensions of Work : Measurement of an Underlying Aspect of Organizational Culture », *Journal of Applied Psychology* (vol. 72, n° 4, 1987), p. 642-650.
SCHWENK C.R., « Cognitive Simplification Processes in Strategic Decision Making », *Strategic Management Journal* (vol. 5, 1984), p. 111-128.
SIMON H.A., « From Substantive to Procedural Rationality », *in* S.J. Latsis (éd.), *Method and appraisal in Economics*, Cambridge University Press, 1976. Traduction en français sous le titre : « De la rationalité substantive à la rationalité procédurale », *Pistes* (n° 3, octobre 1992), p. 25-43.
Strategic Management Journal, Special Issue in Strategy : « Search for New Paradigms » (vol. 15, n° 5, 1994).
STRATEGOR, *Stratégie, structure, décision, identité*, 2e éd., Paris, InterEditions, 1993.
THIÉTART R.A., *La stratégie d'entreprise*, 2e éd., Paris, McGraw-Hill, 1990.
USUNIER J.C., « Perception du temps des affaires et cultures nationales : une comparaison internationale », *Economies et Sociétés, Série Sciences de Gestion* (n° 17, avril 1991), p. 81-114.
VINTON D.E., « A New Look at Time, Speed and the Manager », *Academy of Management Executive* (vol. 6, n° 4, 1992), p. 7-16.
WERNERFELT B., « A Resource-Based View of the Firm », *Strategic Management Journal* (vol. 5, n° 2, 1984), p. 171-181.
WILLIAMSON O.E., *Markets and Hierarchy*, New York, The Free Press, 1975.

Mots clés

Cognition, compétences, contexte, environnement, épistémologie, modèle, paradigme, paradoxe, processus, rationalité, recherche, stratégie, taille, temps.

Monopole naturel

Guy Terny

Il a été de longue date démontré que, sous un ensemble d'hypothèses précises et nombreuses, une économie de marché parfaitement concurrentielle est un mode d'organisation des activités et décisions économiques susceptible de réaliser un équilibre général correspondant à une affectation optimale des ressources.

L'une des hypothèses centrales sur laquelle repose le fonctionnement satisfaisant d'une économie de marché concurrentielle est que, pour tout type quelconque de bien ou de service, il existe un nombre suffisant d'agents, de producteurs notamment, tel qu'aucun d'eux ne peut, par ses décisions, avoir une action sur les prix de marché des biens correspondants, prix qui sont alors, pour chaque agent, des paramètres (et non des variables) de décision.

Dans toutes les situations où, d'une part, les producteurs sont nombreux (et dans lesquelles aucun d'eux n'a une position dominante sur un marché) et où, d'autre part, les techniques de production des biens ou services sont à rendements à l'échelle constants ou décroissants (donc les coûts unitaires constants ou croissants) il existe, pour chaque producteur, un volume de production qui, par l'égalisation du coût marginal au prix (paramétrique) de marché, permet la maximisation du profit de l'entreprise. Si toutes les « bonnes » hypothèses sont satisfaites, notamment celles qui viennent d'être rappelées ci-dessus, on peut démontrer qu'une décentralisation des décisions des agents économiques, guidées par un système de prix de marché, est une bonne procédure de coordination des comportements des agents dans la mesure où elle permet de réaliser un équilibre général et une affectation optimale des ressources au sens de Pareto.

Mais l'observation de la réalité nous enseigne que la production de certains biens, et surtout de nombreux services, résulte de processus de production à rendements croissants avec l'échelle (ou processus à rendements dimensionnels croissants), c'est-à-dire à coûts unitaires ou moyens décroissants sur l'ensemble des volumes de production permis par la taille et les caractéristiques du processus mis en œuvre.

L'objet de cet article est de montrer que l'existence, dans une industrie, de tels processus de production à rendements dimensionnels croissants soulève de redoutables problèmes dus au fait qu'elle peut être à la source d'une divergence entre les choix résultant de comportements économiques rationnels de l'industrie (maximisation du profit) et la réalisation d'un maximum de rendement social pour la collectivité. Il peut être démontré, en effet, que lorsque des rendements dimensionnels croissants caractérisent la production de biens et services, un tel phénomène est incompatible avec une structure de marché concurrentielle et que les industries mettant en œuvre de tels processus ne peuvent (ni ne doivent) être composées d'une multiplicité d'entreprises adoptant spontanément des comportements concurrentiels. En d'autres termes, l'existence de processus de production à rendements dimensionnels croissants peut être à l'origine de ce que les économistes appellent une source possible de « défaillance (ou d'échec) des marchés » en matière d'affectation optimale des ressources et, donc, être une cause d'intervention de la puissance publique (dans des formes qui seront étudiées), ayant pour objet de promouvoir le maximum de rendement social.

Après avoir défini et illustré, dans une première section, la notion de rendements dimensionnels croissants, cet article s'ordonne autour des axes d'analyse suivants : dans une deuxième section, il est démontré, à l'aide d'un modèle simple, que les conditions nécessaires de premier ordre d'une affectation optimale des ressources ne sont pas modifiées dans une économie comportant une industrie à rendements dimensionnels croissants ; dans une troisième section, une analyse est faite des raisons pour lesquelles des entreprises à rendements dimensionnels croissants ne sont pas incitées à adopter spontanément des comportements concurrentiels (vente au coût marginal à prix de marché paramétrique) et, par conséquent, à promouvoir, lorsqu'elles sont libres de leurs choix, les conditions d'une affectation optimale des ressources ; dans une quatrième partie, les relations entre les notions d'économies d'échelle, d'économies d'envergure, de sous-additivité des coûts et de monopole naturel sont rapidement analysées ; enfin, dans une dernière section, constatant l'incompatibilité entre les rendements croissants avec l'échelle et les comportements concurrentiels d'entreprises (ou industries) décentralisées, sont examinées les politiques publiques susceptibles d'assurer une gestion (production-tarification, etc.), de la part de firmes ou d'industries à rendements dimensionnels croissants, conforme aux conditions d'une affectation optimale des ressources au sens de Pareto[1].

1. Rendements dimensionnels croissants : définition, facteurs explicatifs et exemples

Après avoir défini la notion de rendements dimensionnels croissants, nous tentons de recenser les facteurs explicatifs et de préciser les caractéristiques des processus de production de ce type. Quelques exemples permettent de souligner l'importance de ce phénomène.

1.1. Définition

Dans l'analyse de longue période de la production, on considère que la combinaison de tous les facteurs (inputs) peut être modifiée. Il est, bien

1. Voir également dans cette Encyclopédie l'article de R. Le Duff et J.C. Papillon, « Gestion du non-marchand », p. 1605, tome 2.

évidemment, possible d'envisager des modifications différenciées des quantités de facteurs utilisées, mais, d'une façon générale, les économistes s'intéressent aux situations où, sur une longue période, les quantités de tous les inputs varient *simultanément* et dans une *même proportion*. La relation établie entre la variation de la production finale et la variation simultanée et identique de tous les facteurs est désignée par l'expression « rendements à l'échelle » ou « rendements dimensionnels » d'un processus de production.

Soit la fonction de production :

$$q = f(y_1, ..., y_i, ..., y_n) = f(y_i)(i = 1, ..., n)$$

fonction dans laquelle
q : désigne la quantité d'un bien (unique) produit par une entreprise ou une industrie,
f( ) : la fonction de production de cette entreprise ou de cette industrie,
$y_1, ..., y_i, ..., y_n$: les quantités de facteurs utilisées par celle-ci.

Si les quantités de facteurs, y_i, varient simultanément dans une même proportion, λ ($\lambda > 0$), il en résulte :

$$q^* = f(\lambda \cdot y_i)$$

Si $q^* > \lambda \cdot q$, on dit alors que les rendements dimensionnels de l'entreprise ou de l'industrie sont croissants avec l'échelle de production. (Si $q^* = \lambda \cdot q$ ou si $q^* < \lambda \cdot q$, ils sont respectivement constants ou décroissants.)

Même si cette hypothèse n'a pas un absolu caractère de généralité, les économistes supposent, dans la plupart de leurs travaux théoriques et empiriques, que la fonction de production est homogène, de sorte que, alors, par définition :

$$f(\lambda \cdot y_i) = \lambda^\beta \cdot f(y_i) - \lambda^\beta \cdot q$$

expression dans laquelle β est le degré d'homogénéité de la fonction *f( )*.

Des rendements dimensionnels croissants impliquent que $\beta > 1$: l'accroissement (ou la diminution) simultané(e) et identique, par un même coefficient λ, de tous les facteurs, y_i, se traduit par une augmentation (diminution) plus que proportionnelle $(\lambda^\beta, \beta > 1)$ du volume de bien ou service produit.

Si la fonction de production est homogène et de degré β, les fonctions de production marginales

$$\frac{\partial q}{\partial y_i} = f'(y_i)$$

sont homogènes et de degré $\beta - 1$.

On peut facilement démontrer que les coûts moyens (ou unitaires) de production d'un bien ou d'un service résultant d'un processus de production homogène à rendements croissants avec l'échelle de production diminuent de façon continue lorsque les quantités de facteurs augmentent simultanément et dans une même proportion.

D'une façon plus générale, la décroissance des coûts unitaires (ou moyens) étant l'aspect dual du phénomène physique ou réel de la croissance des rendements à l'échelle de la production, ces deux expressions sont, par la suite, utilisées de façon synonyme.

1.2. Facteurs explicatifs et exemples de rendements dimensionnels croissants

La littérature économique donne une longue liste de facteurs susceptibles d'expliquer l'existence de rendements dimensionnels croissants, caractéristiques de certains processus de production. Une décroissance des coûts unitaires peut résulter soit d'une combinaison progressivement plus efficiente des facteurs dus, par exemple, à l'apprentissage (*learning by doing*), aux économies dues à une utilisation plus spécialisée des ressources (une meilleure division du travail par exemple) ; soit d'une diminution des prix des facteurs résultant de l'augmentation de la demande de ces derniers par l'entreprise ou l'industrie (économies d'échelle) ; soit de « régularités statistiques » (W. Sharkey, 1982) qui caractérisent des volumes d'opérations ou de transactions croissants : ainsi, le volume des stocks ne doit pas nécessairement croître proportionnellement au volume des ventes pour obtenir une même probabilité de satisfaction de la demande, etc.

Si les facteurs précédemment mentionnés jouent indéniablement un rôle, il n'en reste pas moins vrai que, dans de nombreux cas, la décroissance des coûts moyens avec l'échelle de la production résulte principalement des caractéristiques mêmes du processus de production et de la combinaison des facteurs. L'observation nous enseigne que, d'une façon générale, les processus de production à rendements dimensionnels croissants se singularisent par une *forte intensité capitalistique*, c'est-à-dire par des équipements et, donc, des *coûts fixes initiaux très élevés,* et par des coûts variables faibles sur tout ou partie du domaine des productions réalisables ne provoquant pas une saturation des équipements initiaux mis en place. Une combinaison de coûts fixes élevés et de coûts variables faibles se traduit par une diminution des coûts unitaires (ou moyens) au fur et à mesure que le nombre d'unités produites ou d'usagers servis augmente.

De tels rendements dimensionnels croissants caractérisent généralement les processus de production et de distribution nécessitant un « réseau ». A.C. Pigou (1932) signalait ainsi les transports par chemin de fer, les transports urbains par tramway, la distribution du gaz, de l'eau potable, de l'électricité. A ces exemples cités, et systématiquement repris par tous les auteurs, bien que les preuves empiriques et économétriques restent parfois contestables, on peut ajouter les services du téléphone, les télécommunications, le ramassage des ordures ménagères, certains services de loisirs (plages, parcs), la radio, la télévision, etc.

De tous ces exemples, la télévision est l'un des plus représentatifs de ce phénomène de rendements croissants. Produire, transmettre et assurer la réception d'un programme de télévision supposent la mobilisation de ressources considérables. Mais, une fois que les installations sont en place et que le programme est produit, le coût de satisfaction d'un téléspectateur supplémentaire (marginal) est nul. Le nombre de spectateurs étant l'unité de mesure pertinente de la production, il est clair que les coûts unitaires ou moyens diminuent de façon continue avec l'accroissement du nombre d'usagers et ce, sans limite, puisque la capacité de production est illimitée. Il est évident que cet exemple correspond à un cas extrême et que, s'agissant des autres illustrations précédemment citées, les coûts marginaux de production sont, sans aucun doute, positifs mais ils restent relativement faibles, tant que les capacités de production ne sont pas saturées, comparés aux coûts fixes initiaux élevés nécessaires à la production de la première unité du bien ou du service[2].

Les économistes ont de longue date pris conscience du fait que l'existence de rendements croissants à l'échelle peut exercer des effets potentiellement dommageables sur l'efficacité économique d'une économie de marché concurrentielle. Ainsi, dès 1870, A. Marshall, en recourant à l'argument erroné des effets externes, tentait, pour « sauver » l'économie de marché, d'expliquer la compatibilité d'une courbe d'offre à long terme d'une industrie à pente négative et d'une courbe d'offre marginale croissante de la firme représentative de cette industrie. Ce faisant, son argumentation, reprise par A.C. Pigou, témoignait d'une très nette perception du caractère non satisfaisant du mécanisme concurrentiel en présence de non-convexités dans la production. Des travaux ultérieurs développés notamment par A. Lerner, O. Lange, puis par H. Hotelling, J.E. Meade, R. Coase, ainsi que par des ingénieurs économistes français (en particulier M. Allais et M. Boiteux) ont permis d'affiner l'analyse, de poser les fondements de la théorie de la tarification au coût marginal et celle du monopole naturel. Mais, bien que les problèmes soulevés par l'existence de rendements dimensionnels croissants aient été recensés relativement tôt dans l'histoire de l'analyse économique, ils ont soulevé d'âpres polémiques et controverses entre théoriciens ; ils sont par ailleurs loin, même encore aujourd'hui, de donner lieu à la formulation de principes théoriques et de recommandations unanimement acceptés.

2. Rendements dimensionnels croissants et conditions d'une affectation optimale des ressources au sens de Pareto

Ainsi que le rappelle F.M. Bator (1959, p. 366) : « Lorsque des rendements régulièrement croissants à l'échelle constituent la seule variété de non-convexité existant dans l'économie... il est théoriquement possible de définir, en termes de taux marginaux de substitution entre facteurs et/ou produits, le lieu des combinaisons efficientes entre facteurs et un optimum ».

Pour ce faire, considérons une économie constituée d'un consommateur et d'une entreprise. Le consommateur « représentatif », pour satisfaire ses besoins, consomme un seul bien x, produit à l'aide d'un seul facteur de travail, T, offert par ce consommateur. Ce dernier est doté d'une fonction d'utilité qui s'écrit :

$$U = U(x, T) \quad [1]$$

avec $U'_x > 0$ et $U'_T < 0$.

2. Il est vrai que les coûts marginaux peuvent augmenter de façon significative au voisinage de la saturation de la capacité de production des services correspondants. L'usage d'une route, d'une autoroute, d'un parc de loisirs peut engendrer un effet de congestion, mais la congestion et l'encombrement sont des exemples d'effets externes qui n'ont qu'un lointain rapport avec le phénomène de rendements croissants étudié ici.

Conformément aux conventions habituelles, T figure négativement dans la fonction d'utilité U et $U'_T < 0$ traduit, pour le consommateur, la désutilité associée à tout accroissement marginal de son offre de travail T.

L'entreprise produit un bien final x à l'aide d'un seul facteur, T. La fonction de production de cette entreprise,

$$x = f(T)$$

est une fonction homogène à rendements dimensionnels croissants de telle sorte que :

$$\frac{\partial f}{\partial T} \quad \left(\text{ou } \frac{\partial x}{\partial T}\right) = f'_T > 0 \qquad [2]$$

$$\frac{\partial^2 f}{\partial T^2} \quad \left(\text{ou } \frac{\partial^2 x}{\partial T^2}\right) = f''_T > 0 \qquad [2']$$

$$f(0) = 0$$

Le prix du bien (p_x) et celui du facteur (p_T) sont des paramètres de décision communs aux deux agents.

Les optima de Pareto sont dès lors caractérisés par le programme :

$$\text{Max } U = (x, T)$$

sous la contrainte :

$$x = f(T)$$

En substituant dans la fonction U, x par $f(T)$, le programme d'optimisation peut s'écrire :

$$\text{Max } U = U(f(T), T) \qquad [3]$$

Une condition nécessaire de premier ordre de la maximisation du bien-être s'écrit alors :

$$\frac{\partial U}{\partial f} \cdot \frac{\partial f}{\partial T} + \frac{\partial U}{\partial T} = 0 \text{ ou, en écriture simplifiée, } U'_x - f'_T + U'_T = 0$$

soit :

$$U'_x \cdot f'_T = -U'_T \qquad [4]$$

Cette relation, tout à fait classique, montre que l'existence de rendements croissants avec l'échelle de la production ne modifie pas les conditions nécessaires du premier ordre d'un optimum. Elle indique, en effet, que l'utilisation du travail, T, affectée à la production du bien x serait, si toutes les autres conditions étaient satisfaites, poussée jusqu'au point où l'utilité marginale de $x(U'_x \cdot f'_T)$ serait égale à la désutilité marginale du travail $(-U'_T)$.

Mais, ainsi qu'il nous faut le montrer, la condition [4] est, en l'espèce, une condition nécessaire, mais non systématiquement suffisante, de l'optimum. L'existence de rendements croissants avec l'échelle de la production exige que l'on s'assure que les conditions du second ordre de l'optimum sont satisfaites.

En effet, les courbes d'indifférence du consommateur et la fermeture de l'ensemble de production (non convexe) représentatif de rendements croissants avec l'échelle ont une même courbure générale. Par conséquent, rien ne permet d'affirmer, au seul vu des conditions nécessaires du premier ordre (condition [4]), que l'utilité du consommateur est maximisée. Pour s'en assurer il convient nécessairement de vérifier que la dérivée seconde, par rapport à T, de la relation [4] :

$$U'_x \cdot f'_T = -U'_T$$

est négative.

Il faut donc que :

$$\frac{d\left[f'_T + \frac{U'_T}{U'_x}\right]}{dT} < 0$$

ou

$$\frac{d(f'_T)}{dT} + \frac{d\left[\frac{U'_T}{U'_x}\right]}{dT} < 0 \qquad [5]$$

avec $U'_T < 0$.

Il est évident que la condition [4] ne correspond à un maximum d'utilité du consommateur (à un optimum) que si, et seulement si,

$$\frac{d\frac{U'_T}{U'_x}}{dT} < \frac{df'_T}{dT}$$

donc que si, et seulement si, la courbure des courbes d'indifférence entre x et T est supérieure à celle de la fermeture de l'ensemble de production de l'entreprise. Si, en revanche, la courbure de la fonction de production, $f(T)$, est supérieure à celle des courbes d'indifférence du consommateur, alors, la condition [4] d'une affectation des ressources Pareto-optimale correspond à la minimisation de l'utilité du consommateur le long de la fermeture de l'ensemble de production non convexe.

3. Rendements croissants avec l'échelle de la production et comportements concurrentiels des agents

Il est aisé maintenant de montrer qu'une entreprise (ou une industrie) à rendements dimensionnels croissants n'est pas incitée, dans le cadre de structures concurrentielles à prix paramétriques, à adopter des comportements et des plans de production correspondant aux conditions de l'optimum, à la maximisation de l'utilité du consommateur. En effet, une entreprise, confrontée à des prix paramétriques donnés, p_x et p_T, et adoptant des comportements concurrentiels, chercherait à résoudre le programme suivant :

$$\text{Max } \pi(T) = p_x \cdot f(T) - p_T \cdot T \qquad [6]$$

Elle maximiserait son profit, $\pi(T)$, en réalisant l'égalité marginale :

$$p_x \cdot \frac{\partial f}{\partial T} - p_T = 0$$

ou

$$p_x \cdot f'_T = p_T \quad [7]$$

ou encore

$$p_x = \frac{p_T}{f'_T} = \text{coût marginal de } x(Cm_x) \quad [7']$$

Ces conditions, bien connues, nous rappellent qu'une entreprise (ou une industrie), respectant les conditions d'un comportement concurrentiel, emploierait une quantité de travail telle que la valeur du produit marginal du travail serait égale au prix de ce dernier (relation [7]) ou offrirait une quantité de biens x telle que le prix et le coût marginal de production x soient égaux (relation [7']). Cette condition d'un comportement concurrentiel de l'entreprise est également compatible avec celle (relation [4]) d'une affectation optimale des ressources au sens de Pareto. On sait, en effet, que le consommateur maximise son utilité sous une contrainte de budget en procédant à l'égalité marginale :

$$\frac{U'_x}{p_x} = -\frac{U'_T}{p_T} \quad [8]$$

ou encore

$$p_x = -\frac{U'_x}{U'_T} \cdot p_T \quad [9]$$

En substituant, dans la relation [7], p_x par la valeur donnée par la relation [9], on obtient :

$$-\frac{U'_x}{U'_T} \cdot p_T \cdot f'_T = p_T \quad [10]$$

ou encore

$$U'_x \cdot f'_T = -U'_T \quad [11]$$

relation qui est, effectivement, celle de l'optimum (relation [4]).

Mais l'égalisation du prix du travail (p_T) et de la valeur du produit marginal de celui-ci ($p_x \cdot f'_T$) (relation [7]) ne peut pas être le résultat d'un comportement économique concurrentiel spontanément adopté par une entreprise à rendements dimensionnels croissants.

Cette égalisation ne correspond pas, en effet, à un programme de production qui maximiserait son profit. Puisque $p_x > 0$ et, surtout, que $f''_T > 0$ (condition [2']), il est clair que les conditions du second ordre $p_x \cdot f''_T < 0$ de la maximisation dudit profit ne seront jamais satisfaites par une firme à rendements dimensionnels croissants. La relation [7] ou [7'] correspond donc, non pas à une condition de maximisation du profit de l'entreprise, mais à une condition de minimisation des pertes de celle-ci. Etant donné un système de prix, une telle entreprise, libre de ses choix, fermerait ses portes ou maximiserait son profit en produisant une quantité infinie (graphique 1).

Puisque les coûts moyens de l'entreprise décroissent de façon continue, celle-ci subit une perte marginale pour tout volume de production inférieur à $0x(CM_x > P_x)$. Pour un volume de production $0\bar{x}$ qui correspond à la condition [7'] d'un comportement concurrentiel de l'entreprise, $\left(p_x = \frac{p_T}{f'_T} = Cm_x\right)$, cette dernière minimise ses pertes (aire hachurée, graphique 1). Ce n'est qu'à partir d'une production $0x_1$ que ses profits marginaux deviennent positifs. Pour un volume de production $0x_1$, correspondant à la vente du produit x au coût moyen (CM_x), l'entreprise couvre l'intégralité de ses coûts complets (y compris le coût du capital et le profit normal de l'entrepreneur). Elle réalise un profit positif, toujours croissant, pour toute quantité produite et vendue au prix paramétrique p_x, supérieur à $0x_1$.

Graphique 1 – Comportement économique rationnel d'une entreprise à rendements dimensionnels croissants

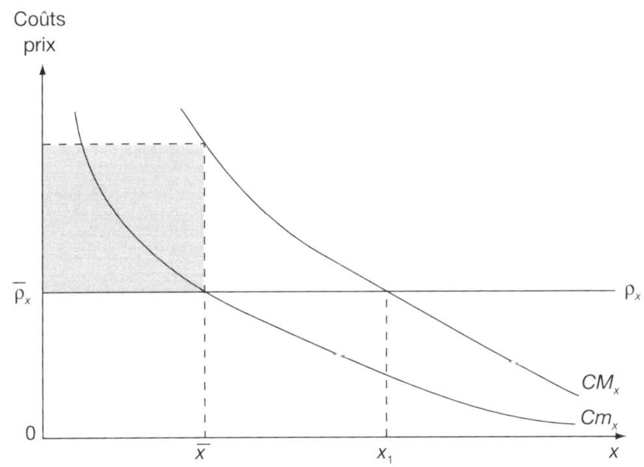

Il apparaît donc qu'une organisation parfaitement concurrentielle des marchés n'est pas de nature, dans une industrie dont les entreprises mettraient en œuvre des processus de production à rendements dimensionnels croissants, à induire de la part de celles-ci des comportements de type concurrentiel. « Il est parfaitement clair, souligne J.J. Laffont (1982, p. 61), qu'il ne peut exister d'équilibre concurrentiel pour lequel l'entreprise a un niveau d'activité non nul ». « Dans le meilleur des cas, ajoute F.M. Bator (1958, p. 367), c'est-à-dire dans l'hypothèse où, au voisinage de l'optimum, les coûts marginaux seraient croissants, certains producteurs seraient confrontés à des pertes permanentes et, par conséquent, exclus du marché ; il y aurait donc nécessairement échec des marchés concurrentiels par manque d'incitation ».

Si, dans une telle configuration, une entreprise bénéficie, au sein de l'industrie, d'un « avantage comparatif » momentané par rapport à toutes les autres, et si son domaine des productions possibles à rendements dimensionnels croissants correspond à une très large partie, voire à la totalité, de la demande sur le marché du bien ou du service correspondant, il est clair qu'en produisant des quantités croissantes à moindre coût, elle éliminera progressivement les autres firmes du marché et acquerra, peu à peu, une situation de monopole qui, en l'espèce, sera qualifiée de « monopole naturel ». Une entreprise pourra à elle seule satisfaire la totalité de la demande. Concurrence, rendements dimensionnels croissants et affectation optimale des ressources apparaissent donc véritablement incompatibles pour des raisons qui tiennent, non pas aux comportements des agents, mais aux caractéristiques techniques du processus de production. « Si les prix ne sont pas administrés, la concurrence peut ne pas être apte à assurer sa propre sauvegarde et, dès lors, les marchés peuvent être défaillants par structure » (F.M. Bator, 1958, p. 307).

Par ailleurs, même si par un moyen ou par un autre (des subventions, par exemple, versées aux entreprises déficitaires produisant chacune une quantité $0\bar{x}$) il était possible de conserver la structure du marché et les comportements concurrentiels des entreprises, la collectivité ne retirerait aucun avantage d'une telle politique. Pour que les conséquences bénéfiques, sur les coûts, de rendements dimensionnels croissants soient exploitées jusqu'à leur terme au profit des consommateurs et des usagers, une seule entreprise doit, sous des conditions et des réserves qui seront énoncées ultérieurement, satisfaire la totalité de la demande du marché. En sauvegardant, ainsi, la concurrence entre de nombreuses entreprises, la collectivité des usagers ne bénéficierait qu'incomplètement de la décroissance des coûts. C'est indéniablement le constat que faisait A.C. Pigou (1932) lorsqu'il écrivait : « Au vu du coût très élevé de la construction (d'une ligne de chemin de fer)… il sera, à l'évidence, beaucoup moins onéreux d'avoir une, ou au pire, quelques lignes seulement assurant la totalité du service de transport que d'avoir ce service produit par un grand nombre de compagnies de chemins de fer dont chacune n'assurerait qu'une faible partie du trafic total. Des remarques similaires s'appliquent à la distribution du gaz, de l'eau, de l'électricité et des transports urbains par tramway. L'existence de compagnies distinctes et nombreuses impliquerait la mise en place d'un grand nombre de canalisations, fils et rails… donc d'une importante quantité de capital qui ne serait employée que dans une faible proportion de ses capacités de production. Eviter un tel investissement est, à l'évidence, une source d'économie ».

4. Economies d'échelle, économies d'envergure, sous-additivité des coûts et monopole naturel

L'analyse qui vient d'être résumée est ce qu'il est convenu d'appeler une « analyse traditionnelle », correspondant aux connaissances qu'avaient les économistes et aux recommandations qu'ils formulaient au début des années 1970. La notion « traditionnelle » de monopole naturel était exclusivement fondée sur l'existence d'économies d'échelle pour toutes quantités de production répondant à la demande du marché. Des rendements croissants avec l'échelle de la production étaient considérés comme étant de nature à générer inefficience et inefficacité de la concurrence, une instabilité des prix et, ce faisant, à justifier une intervention de la puissance publique (schéma 1).

Schéma 1 – Economies d'échelle, monopole naturel et réglementation : la justification économique traditionnelle

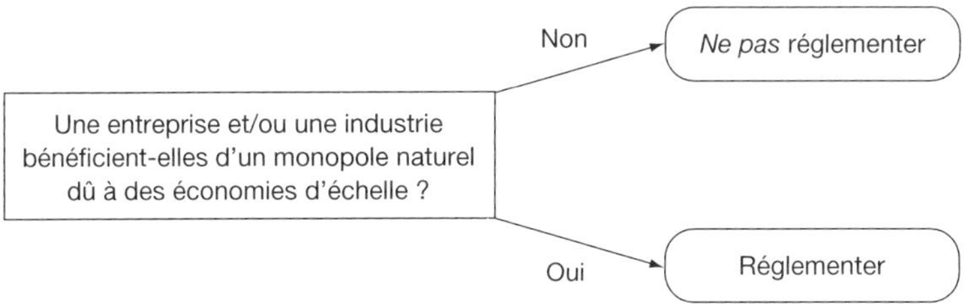

Source : D.R. Braeutigam (1989, t. 2, p. 1307).

Cette méthode d'approche et ce type d'analyse ont aujourd'hui vieilli. Les investigations, théoriques et économétriques, menées au cours des vingt-cinq dernières années ont considérablement enrichi et nuancé nos connaissances. Ce sont ces apports récents et leurs enseignements que nous souhaiterions ici résumer.

4.1. *En premier lieu*, l'existence d'un monopole naturel pour la *production d'un bien ou d'un service* dépend de l'étendue des économies d'échelle par rapport à la demande du marché ; en d'autres termes, un monopole naturel n'existe, dans l'hypothèse d'une entreprise et/ou d'une industrie monoproduit, que si les économies d'échelle correspondent à une partie « suffisante » de la production par rapport à la demande, le terme « suffisante » devant être défini dans chaque situation concrète (le graphique 1 est une illustration de cette situation « classique », situation dans laquelle les coûts moyens ou unitaires diminuent quelle que soit la demande du bien x).

4.2. *En deuxième lieu*, il convient d'observer que l'existence d'un monopole naturel ne suppose pas nécessairement que des économies d'échelle se manifestent pour tous les volumes de production susceptibles de satisfaire la demande du marché. Le graphique 2, fondé sur l'hypothèse d'une entreprise et/ou d'une industrie n'offrant qu'un seul bien ou service, illustre clairement ce constat.

Supposons que sur le marché du bien ou service, x, toutes les entreprises susceptibles d'offrir ledit bien ou service, x, ont des structures de coûts identiques et ont accès aux mêmes techniques de production. Sur le graphique 2, il apparaît que le coût moyen de la production, CM_x, diminue jusqu'au niveau de production x_1 et croît au-delà de ce dernier. A partir de x_1, les rendements avec l'échelle de la production sont donc décroissants.

La demande du bien ou service x coupe la courbe de coût moyen pour un niveau de production $x_2 > x_1$. Un *seul offreur* pourrait donc satisfaire la totalité de la demande à un coût unitaire plus faible que celui qui résulterait d'une partition par moitié, par exemple, de la production x_2 entre deux entreprises identiques (pour $x_3 = 1/2 \cdot x_2$, $CM_3 > CM_2$). L'entreprise et/ou l'industrie produisant le bien ou service x peut donc constituer un monopole naturel alors même que des déséconomies d'échelle se manifestent pour tous les niveaux de production supérieurs à x_1.

Graphique 2 – Monopole naturel et déséconomies d'échelle

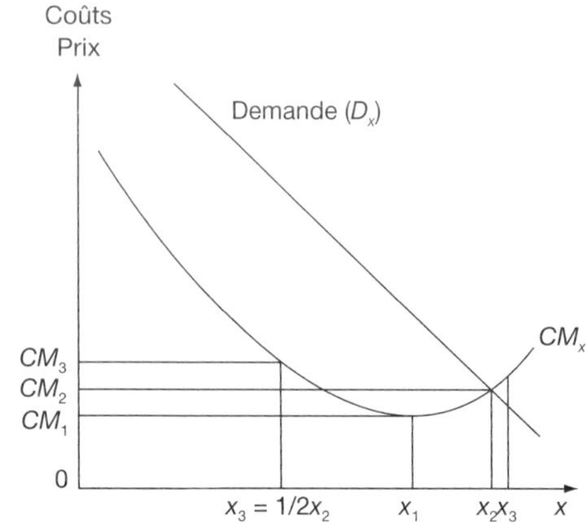

4.3. *En troisième lieu*, il peut exister des situations où l'existence d'un « duopole naturel » serait préférable à celle d'un « monopole naturel ». Ainsi que l'illustre le graphique 3, deux entreprises pourraient chacune produire une production x_1 à un coût (minimal) moyen CM_1. Une seule entreprise qui produirait la même quantité totale $x_2 = 2 \cdot x_1$ offrirait aux usagers ce volume de production à un coût moyen CM_2, bien supérieur au coût moyen CM_1. Dans une situation de ce type, un « duopole naturel » s'imposerait.

Graphique 3 – Duopole naturel

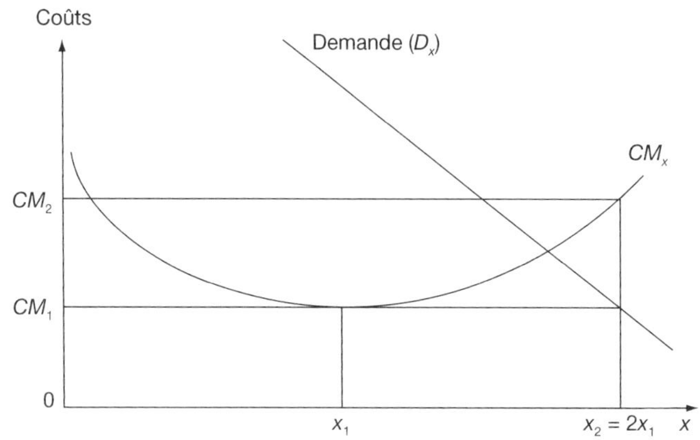

4.4. *En quatrième lieu*, l'expérience acquise en matière de réglementation (« régulation ») des monopoles naturels a montré que dans de très nombreuses situations pratiques les entreprises réglementées sont à *productions finales multiples*, de sorte que le modèle standard d'une entreprise réglementée monoproduit est inadapté et inopérant. En effet, lorsqu'il y a multiplicité de productions finales, un monopole naturel peut résulter aussi bien d'un phénomène d'économies d'échelle que de l'existence d'« économies d'envergure »

(*economies of scope*), deux notions qui entretiennent des relations entre elles, mais qui ne sont pas identiques[3].

Supposons qu'une entreprise puisse produire plusieurs biens ou services à l'aide d'un même (ou quasi identique) processus de production. On dit que des économies d'envergure existent si des quantités données de deux ou plusieurs biens peuvent être produites par une entreprise unique à un coût total inférieur à la somme des coûts de production des mêmes quantités de biens offertes par des entreprises distinctes.

Soit CT le coût total de production de deux biens distincts x et y :

$$CT = f(x, y)$$

Le coût de production du seul bien x s'exprime par :

$$CT_x = f(x, 0)$$

alors que le coût de production de l'autre bien y s'écrit :

$$CT_y = f(0, y)$$

Des économies d'envergure existent si :

$$f(x, y) < f(x, 0) + f(0, y)$$

c'est-à-dire si la production conjointe des deux biens en quantités x et y se traduit par un coût total inférieur à la somme des coûts totaux des mêmes productions des deux biens par deux entreprises différentes, l'une ne produisant que le bien x, l'autre ne produisant que le bien y.

Le graphique 4 offre une illustration de la notion d'économies d'envergure. La fonction de coût de toute entreprise quelconque constitutive de l'industrie est représentée par l'aire grisée de ce graphique qui indique le coût total de production de tous volumes quelconques de production des deux biens x et y.

Le point A, par exemple, correspond à un vecteur de productions des deux biens en quantités x_A et y_A. La fonction de coût évaluée au point $A(f(x_A, y_A))$ correspond au coût total de production des quantités x_A et y_A simultanément produites par une *seule entreprise*. Ce coût total est représenté par la distance OL sur l'axe vertical. Si une entreprise produisait exclusivement x_A, le coût total de cette production serait $CT_x = f(x_A, 0)$, c'est-à-dire OM. De même, si une autre entreprise produisait seulement du bien y, en quantité y_A, le coût total de production serait $CT_y = f(0, y_A)$, c'est-à-dire ON. La somme des coûts des deux entreprises produisant respectivement x_A pour l'une, y_A pour l'autre serait :

$$CT_{x_A, y_A} = OM + ON \qquad \text{(c'est-à-dire } N + M \text{ sur le graphique 4)}$$

Il est clair que $N + M > L$; il serait donc moins coûteux qu'une seule entreprise produise les deux biens en quantités x_A et y_A plutôt que d'avoir deux

3. Ce passage doit beaucoup à K.E. Train (1991, p. 5 à 12).

Graphique 4 – Economies d'envergure

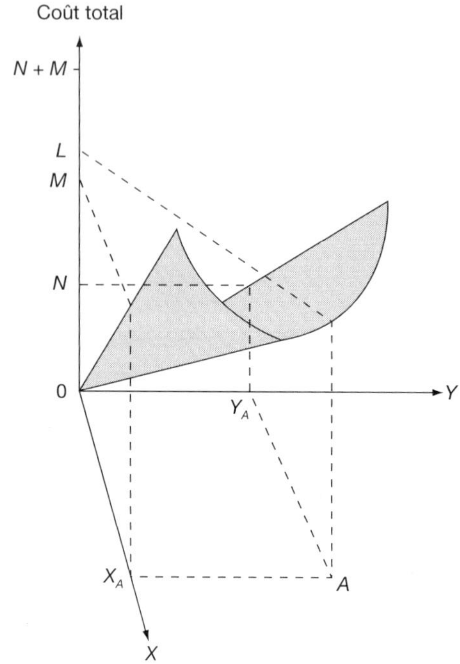

Source : K.E. Train (1991, p. 9).

entreprises distinctes, spécialisées chacune dans la production d'un seul bien, dont l'une produirait x_A, l'autre y_A.

Des économies d'envergure peuvent exister indépendamment d'économies d'échelle et inversement. Par exemple, il est tout à fait possible que des équipements communs soient conjointement utilisés à la production de deux ou plusieurs biens, mais que, cependant, l'accroissement des quantités produites de ces deux ou plusieurs biens se traduise par une augmentation des coûts de production plus que proportionnelle à celui-ci (économies d'envergure sans économies d'échelle).

4.5. *En cinquième lieu,* il est aujourd'hui acquis que l'existence ou non d'un monopole naturel dépend de la *structure globale* des coûts de production de l'entreprise ou de l'industrie prenant en compte à la fois les économies ou déséconomies d'échelle et/ou d'envergure. Pour ce faire, les économistes (mathématiciens) ont forgé la notion de « sous-additivité » des fonctions de coût qui est, ainsi, une représentation mathématique du concept même de monopole naturel.

Considérons une industrie caractérisée par n produits différents et k entreprises distinctes. Chaque entreprise peut produire toutes quantités quelconques de l'un ou de l'ensemble des n biens. Soit x_r^i la quantité de bien final r produite par l'entreprise i ($i = 1, ..., k$; $r = 1, ..., n$). Désignons par x^i le vecteur des biens finals produits par la $n$ième entreprise ($x^i = x_1^i, x_2^i, ..., x_n^i$). Partant de ces hypothèses et en utilisant la définition proposée par W.J. Baumol, J.C. Panzar et R.D. Willig (1982, p. 17), on dira qu'une fonction de coût $C(x)$ est strictement sous-additive en x si pour toutes quantités de l'un quelconque ou de l'ensemble des vecteurs de biens produits $x^1, x^2, \ldots, x^j, x^k$ $(x^j \neq x, j = 1, \ldots, k)$ telles que :

$$\sum_{j=1}^{k} x^j = x$$

nous avons $C(x) < \sum_{j=1}^{k} C(x^j)$.

Ainsi que l'indique la relation ci-dessus, le vecteur x correspond à la production totale de l'industrie. Le problème fondamental en la matière est de déterminer si la production totale x peut être réalisée par une seule entreprise à un coût plus faible que ne serait le coût de cette même production répartie entre deux ou plusieurs entreprises dont la somme des productions individuelles correspondrait à la production de l'industrie, x. Dans la mesure où les coûts sont sous-additifs pour certaines valeurs de x et peuvent ne pas l'être pour toutes les autres, la définition de la notion de monopole naturel nécessite la vérification que les coûts sont sous-additifs pour tous les vecteurs utiles de production x susceptibles d'être offerts sur le marché. W.J. Baumol, J.C. Panzar, R.D. Willig (1982, p. 17) définissent finalement un monopole naturel comme suit : « Une industrie est un monopole naturel si, au regard de la totalité des vecteurs utiles de production répondant à la demande du marché, la fonction de coût des entreprises est sous-additive ».

L'exemple retenu pour établir le graphique 2 montre qu'une structure de coût sous-additive n'implique pas l'existence d'économies d'échelle pour toutes les quantités utiles de production susceptibles de satisfaire la demande. Il apparaît sur ce schéma que le volume de production correspondant au minimum du coût moyen (x_1) est légèrement inférieur à x_2, volume de production correspondant à l'égalisation du coût moyen et de la demande. La courbe de coût moyen (CM_x) a une forme en U classique et il est clair qu'elle est sous-additive pour des volumes de production tels que $0 < x < x_3$, alors même que des économies d'échelle ne se manifestent que pour des volumes de production $0 < x < x_1$. Il apparaît donc que, même pour une entreprise monoproduit, la sous-additivité n'implique pas nécessairement des économies d'échelle (des économies d'échelle, par contre, supposent la sous-addivité des coûts). Dans l'hypothèse où une entreprise produit simultanément plusieurs biens ou services, l'existence d'économies d'échelle n'implique pas nécessairement la sous-addivité des coûts. Il n'y a, à cela, rien de surprenant puisque « étant donné les multiples formes de complémentarité entre les coûts et la grande diversité des économies résultant de productions jointes, il est clair que les économies d'échelle ne peuvent pas, à elles seules, rendre compte de tous les phénomènes caractérisant des productions multiples » (W.J. Baumol, J.C. Panzar et R.D. Willig, 1982, p. 173 ; R.R. Braeutigam, 1989, p. 1296).

5. Rendements dimensionnels croissants et options de politique économique

Les développements précédents montrent que s'il existe, dans une économie, des entreprises caractérisées par des structures de coût sous-additives pour tout volume quelconque de la production satisfaisant la demande du marché, on peut prévoir qu'elles adopteront nécessairement un comportement non concurrentiel et que l'équilibre du marché, s'il existe, ne sera probablement pas un optimum de Pareto. Le problème se pose de savoir quelles politiques économiques publiques seraient de nature à « restaurer » la maximisation du rendement social de cette économie.

5.1. L'équilibre d'un monopole naturel non réglementé et l'affectation optimale des ressources

Supposons, pour les raisons précédemment énoncées, qu'une entreprise détienne le monopole naturel de production d'un bien ou d'un service x. En l'absence de toute intervention extérieure, cette entreprise, bénéficiant de la maîtrise des quantités et des prix, adopte, dans le but de maximiser son profit de monopole, un plan de production et une politique de tarification, tels qu'à la marge son coût marginal (*Cm*) est égal à sa recette marginale (*Rm*). Elle produit donc une quantité $0x_m$ qu'elle offre sur le marché au prix $0p_m$ (graphique 5). Pour ce vecteur prix-quantité (p_m, x_m), son profit (positif) résulte du produit de la quantité vendue et de la différence entre la recette moyenne et le coût moyen correspondant à la quantité $0x_m$ (aire $ABCp_m$). Ce comportement, économiquement rationnel de la part d'un « monopole libre », est à l'évidence non optimal pour la collectivité.

Graphique 5 – Monopole naturel non réglementé et affectation optimale des ressources au sens de Pareto

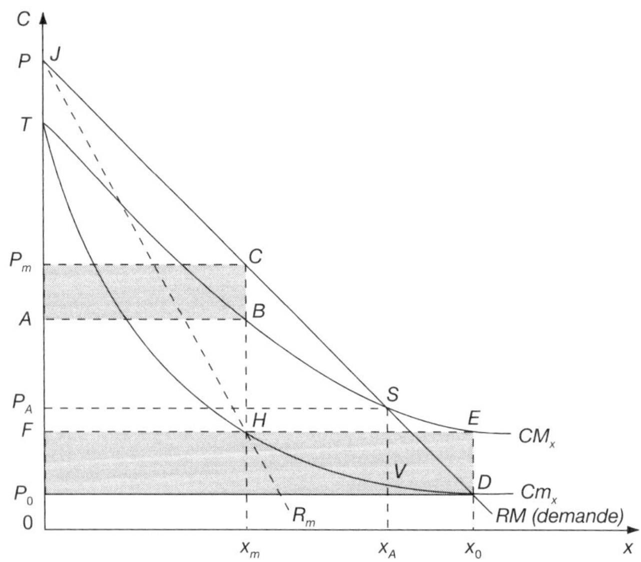

On sait en effet que, dans une économie décentralisée, les conditions d'une affectation optimale des ressources sont satisfaites si toutes les entreprises vendent leurs biens ou services au coût marginal. Ce n'est, comme nous l'avons montré précédemment à l'aide d'un modèle simple, que si :

$$p_x = \frac{p_T}{f'_T} = Cm_x$$

qu'alors $U'_x - f'_T = -U'_T$ (condition de maximisation de l'utilité du consommateur). Pour que le monopoleur maximise le rendement social, il conviendrait donc qu'il produise une quantité $0x_0$ vendue au prix $0p_0$. Pour ce vecteur prix-production, le coût moyen (CM_x) est supérieur au coût marginal (Cm_x) et, par conséquent, les coûts totaux de production ($0x_0EF$) excèdent les revenus totaux du monopole ($0p_0Dx_0$).

Si le monopole adoptait une tarification au coût marginal (ce qu'il ne saurait faire spontanément), il réaliserait une perte optimale, pour la collectivité, représentée par l'aire p_0FED.

Il apparaît donc clairement que tout comportement quelconque autre que ce dernier, et notamment le choix d'une production $0x_m$ et d'un prix $0p_m$, est à l'origine d'une perte de bien-être collectif qui peut être, approximativement, évaluée de la façon suivante, en termes de coûts et d'avantages totaux : la perte totale subie par les consommateurs, auxquels on offre une quantité de bien $0x_m$ au lieu de la quantité $0x_0$, correspond à l'aire (x_mCDx_0) comprise sous la courbe de demande entre ces deux quantités. L'économie de coût de production résultant de la réduction des quantités produites de x_0 à x_m correspond à l'aire (x_mHDx_0) comprise sous la courbe de coût marginal entre ces deux mêmes quantités. Par conséquent, le coût net pour la collectivité résultant du comportement du monopole est égal à l'aire curviligne :

$$CDH = x_mCDx_0 - x_mHDx_0$$

5.2. Quelques politiques économiques en présence : portée et limites

Si l'objectif premier de la collectivité est la recherche du maximum de rendement social de l'économie, ce que nous supposerons ici[4], le problème qui se pose est de savoir quelles sont les diverses modalités possibles d'intervention de la puissance publique destinée à pallier l'inefficacité économique de monopoles naturels non réglementés, libres de leurs décisions. Ainsi que nous l'avons précédemment remarqué, les pouvoirs publics ont le choix entre trois options possibles, qu'illustrent d'ailleurs les multiples expériences nationales en ce domaine : la non-intervention, la réglementation ou la nationalisation.

4. Une telle hypothèse permet de simplifier l'analyse mais n'est pas, en toutes circonstances, admissible et ce pour deux raisons ; la première tient au fait, ainsi que R. Guesnerie (1975) l'a montré, qu'il peut exister des cas où, dans une économie de propriété privée, aucune production, compatible avec une décentralisation des décisions guidées par la règle de la vente au coût marginal, n'est associée à une affectation optimale des ressources au sens de Pareto ; dans ces cas, il est possible de montrer qu'il existe certaines distributions des revenus réels pour lesquelles un optimum de Pareto ne peut pas être réalisé par un équilibre concurrentiel avec des entreprises à rendements dimensionnels croissants. La seconde raison résulte d'un double constat ; la réglementation ou la nationalisation d'un monopole naturel peut avoir pour objectif explicite de contribuer à la modification d'une distribution des revenus jugée inéquitable ; par ailleurs, tout écart par rapport au principe d'une tarification au coût marginal et/ou les prélèvements obligatoires nécessaires au financement du déficit optimal d'un monopole naturel ont nécessairement des conséquences sur la distribution des revenus.

– La non-intervention. En présence d'un monopole quelconque, naturel en particulier, l'Etat peut décider de ne pas intervenir, auquel cas il laisse porter à la collectivité dans son ensemble le poids de l'inefficacité due au comportement du monopole ; ladite collectivité peut cependant espérer qu'elle bénéficiera des avantages que le monopole pourrait, par sa taille, créer grâce à la mise en œuvre d'innovations diverses dans la production ou dans la distribution du bien ou du service.

– La réglementation (*régulation*). Ce mode d'intervention, le plus couramment utilisé dans des pays tels que les Etats-Unis, le Canada, l'Allemagne, etc., consiste à sauvegarder le caractère privé de la production mais à imposer aux décideurs un certain nombre de contraintes dans la gestion, lesquelles peuvent affecter la tarification (au coût marginal, voire au coût moyen), la nature des biens ou services produits, le taux de rendement du capital, etc.

– La nationalisation. On a souvent fait remarquer que l'analyse néo-classique des rendements dimensionnels croissants et du monopole naturel peut constituer l'une des rares justifications théoriques d'une appropriation publique des activités correspondantes. Bien qu'une telle interprétation soit contestable, elle a indéniablement été favorablement entendue dans des pays tels que la France, la Grande-Bretagne, l'Espagne, l'Italie et nombre de pays en voie de développement où, du moins jusqu'à une période récente, la nationalisation des monopoles naturels semble avoir été la règle (ou presque). Dans cette hypothèse, la puissance publique décide une appropriation des droits de propriété et gère le monopole en tant qu'entreprise publique. Elle peut alors mettre en œuvre des politiques, de tarification notamment, conformes aux principes de la maximisation de l'efficacité économique et non à ceux de la rentabilité financière.

S'agissant du choix entre les deux dernières options que nous examinerons ici de façon quelque peu détaillée (la réglementation ou la nationalisation), il est bien évident qu'en dehors de considérations de nature politique, ce choix peut être éclairé par la prise en compte de divers éléments de nature technico-économique : la nature même des entreprises ou industries concernées (alors que les compagnies aériennes sont fréquemment soumises à une réglementation, les services locaux sont très généralement gérés par la puissance publique), la perception réelle ou effective que peuvent avoir les décideurs des avantages nets associés aux diverses options en présence, l'efficacité comparée des structures d'incitations-sanctions caractéristiques d'un monopole privé réglementé et d'une entreprise publique qui peut n'avoir aucune incitation à minimiser les coûts de production (inefficience « X » de H. Leibenstein)[5]. Mais, quelle que soit l'option de politique d'intervention retenue, les possibilités en présence posent, analytiquement, un ensemble de

5. La théorie de l'inefficience « X » de H. Leibenstein est une analyse micro-micro-économique de l'entreprise et, plus généralement, des organisations privées et publiques. Contestant l'hypothèse selon laquelle une entreprise est supposée procéder systématiquement à une combinaison techniquement efficiente des facteurs et, ce faisant, minimiser les coûts de sa production, H. Leibenstein procède à une analyse des modes d'affectation des ressources internes à l'entreprise et démontre que les degrés de liberté dont les salariés peuvent bénéficier dans le choix de leur « position d'effort » ne garantissent pas que l'entreprise produit systématiquement au moindre coût. L'écart entre le coût minimal et le coût effectif de production est un indice de l'inefficience « X » de l'entreprise ou de l'organisation.

problèmes communs que nous examinerons d'abord. Ce n'est qu'ensuite que seront succinctement abordés quelques aspects spécifiques de la gestion publique d'un monopole naturel.

5.2.1. Les problèmes analytiques communs à une gestion économiquement efficace des monopoles naturels

L'un des premiers auteurs qui, à notre connaissance, a explicitement recommandé l'intervention publique, directe ou indirecte, dans la conduite des activités d'un monopole naturel, semble être l'économiste américain H.C. Adams qui écrivait en 1887 : « Le contrôle par l'Etat des industries devrait donc être le corollaire de l'application dans ces industries de processus de production à rendements croissants... S'il est de l'intérêt des hommes de s'unir, aucune loi ne saurait les obliger à se faire concurrence ». Si H.C. Adams ne précisait pas les modalités de ce contrôle, on sait, aujourd'hui, que celui-ci se traduit, quasi inévitablement, par une intervention de la puissance publique dans le domaine de la tarification des biens ou services finals, d'une part, ou, notamment dans le cas d'un monopole naturel réglementé, par la fixation d'un taux de rendement donné du capital, d'autre part[6].

5.2.1.1. La tarification au coût marginal (tarification de premier rang) et le financement du déficit

Qu'il s'agisse d'une entreprise publique ou d'un monopole naturel privé, l'obligation d'une politique de tarification au coût marginal se traduit nécessairement, dans une économie « idéale » par ailleurs, par un déficit optimal pour la collectivité (aire p_0DEF du graphique 5). Si ce déficit associé à l'application d'un principe d'optimalité pour la collectivité existe, son existence même résulte du fait que les dispositions marginales à payer des consommateurs sont insuffisantes à la couverture de l'ensemble des coûts complets encourus par le producteur. Ce déficit devant être nécessairement financé, le problème se pose de savoir quelles ressources peuvent être prélevées et affectées à cet usage.

Il existe, certes, un principe théorique dont l'application permettrait d'éluder ce problème de financement du déficit. En effet, si une discrimination parfaite par les prix pouvait être opérée entre chaque consommateur (ou groupe homogène de consommateurs), l'entreprise pourrait prélever un prix correspondant à la totalité de la disposition marginale à payer de chacun et, ainsi, percevoir un revenu total égal aux avantages totaux des consommateurs (aire $0JDx_0$ du graphique 5), réaliser un profit et satisfaire les conditions d'une affectation optimale des ressources. Autrement dit, si le monopoleur peut

6. Seuls quelques modes ou procédures possibles d'intervention de la puissance publique, parmi les plus classiques, sont étudiés dans les pages qui suivent. Pour simplifier l'analyse, l'accent est principalement mis sur l'étude des problèmes posés par la réglementation d'un monopole naturel à production unique. Le lecteur intéressé par l'étude de l'ensemble des dispositifs de réglementation (et de déréglementation) pourra se reporter aux références suivantes (parmi bien d'autres !) : M. Boiteux, 1956 ; D. Bös, 1994 ; R. Braeutigam, 1989 ; G. Morlat et F. Bessières, 1971 ; K. Train, 1991 ; W.K. Viscusi *et al.*, 1992.

procéder à une discrimination parfaite par les prix, sa courbe de recette marginale se confond avec la courbe de la demande et le volume de production qui maximise son profit s'établit à la quantité $0x_0$; les surplus des consommateurs sont appropriés par le producteur. Séduisante dans son principe, cette solution théorique pose, en dehors de son impact sur la distribution, d'insurmontables difficultés d'application, mais elle a le mérite d'être un point de comparaison utile à l'égard d'autres solutions.

En l'absence d'une possibilité concrète et réelle de discriminer parfaitement par les prix, les principales propositions formulées consistent à recommander que le financement du déficit soit assuré par les recettes générales du budget de l'Etat ou des collectivités publiques directement concernées (régions, communes, etc.). Depuis que cette suggestion a été formulée par A. Lerner et H. Hotelling, les théoriciens de l'économie du bien-être ont montré que les seuls taxes et impôts qui n'auraient aucun effet non recherché ou « pervers » sur les conditions d'une affectation optimale des ressources sont du type « forfaitaire », c'est-à-dire des prélèvements qui seraient assis sur un objet quantitativement invariable quel que soit l'individu concerné. De telles taxes pourraient être, par exemple, une taxe sur les salaires (à condition que l'offre de travail soit impérativement fixée) ou, plus généralement, une taxe par tête d'un montant identique pour tous. N'étant pas reliées à des variables susceptibles de modifier le comportement des agents en matière de production, d'offre de travail, d'épargne, etc., ces taxes auraient la caractéristique d'être neutres et de constituer des formes idéales de prélèvement du point de vue de l'efficacité économique.

La seule difficulté est qu'il n'existe aucun type de prélèvements observables dans la réalité qui réponde à ces caractéristiques : les impôts et les taxes couramment prélevés sont, directement ou indirectement, assis sur des grandeurs ou des variables économiques (le revenu, l'épargne, les transactions, etc.) et exercent donc des effets sur le comportement des agents (réduction de l'offre de travail, de l'épargne, évasion, fraude, etc.) dommageables pour l'affectation des ressources. Qui plus est, même si de telles taxes forfaitaires existaient, le gouvernement pourrait se montrer réticent à l'égard de leur utilisation : non progressives par nature, elles pourraient se révéler peu conformes à un objectif de redistribution par la fiscalité. Il apparaît donc que le financement du déficit d'un monopole assujetti à la tarification au coût marginal ne peut, au mieux, être réalisé qu'à l'aide de prélèvements « imparfaits » par rapport aux exigences de la norme.

En dehors de leurs effets pervers possibles sur le rendement social maximal, on peut également remarquer que le financement public de ce déficit a, en outre, pour conséquence de provoquer une redistribution du revenu de l'ensemble des contribuables vers les seuls consommateurs bénéficiaires ou usagers du service déficitaire. Par conséquent, si la tarification au coût marginal peut correspondre à des gains collectifs (un accroissement net du bien-être global), il n'en reste pas moins vrai que, si les contribuables (les « perdants ») ne reçoivent pas une compensation, la distribution du revenu s'en trouvera modifiée à leur détriment. Il apparaît donc que toute méthode de financement du déficit a des conséquences distributives ; ce constat sera important lorsqu'il s'agira de comparer la tarification au coût marginal et la tarification au coût moyen.

Au-delà des problèmes posés par le financement du déficit résultant d'une tarification au coût marginal, il est enfin nécessaire de remarquer qu'il est des cas où l'application d'un tel principe de tarification ne peut être envisagée, ou si elle l'était, conduirait à des conséquences dommageables pour la collectivité. Si les indivisibilités caractéristiques du processus de production d'un bien ou d'un service sont particulièrement importantes, il peut parfaitement apparaître que les courbes de coût et de demande soient telles qu'alors le volume de production correspondant à l'égalisation du prix et du coût marginal se traduise par un « surplus collectif » négatif. Le graphique 6 illustre une telle situation.

Graphique 6 – Tarification au coût marginal et perte de rendement social

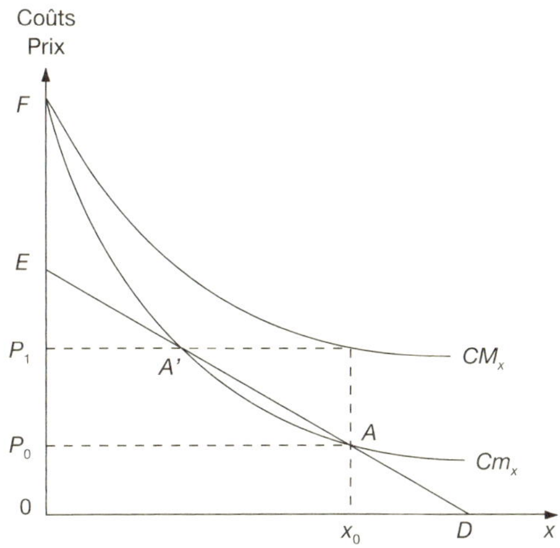

Sur le graphique 6, la courbe de demande du bien x est telle qu'en tout point les dispositions marginales à payer des consommateurs sont inférieures au coût moyen. Dans une situation de ce type, aucun monopole naturel privé ne parviendrait à couvrir ses coûts de production : il n'existe aucun prix susceptible d'être mis en œuvre tel que $p = CM$. Pour une production x_0, qui correspondrait à une égalisation du coût marginal C_m et des dispositions marginales à payer, donc au prix p_0 (point A), les avantages totaux de cette production pour les consommateurs (aire $OEAx_0$) sont inférieurs aux coûts totaux de production (aire $OFAx_0$) : une tarification au coût marginal, qui en l'espèce ne pourrait être réalisée que par une entreprise publique très largement subventionnée, provoquerait donc une perte nette collective correspondant approximativement à l'aire EFA'. L'application du principe de la tarification au coût marginal n'est donc pas ici l'instrument adapté à la réalisation décentralisée d'un optimum, alors même qu'il est évident que l'existence de surplus positifs des consommateurs impliquerait que le bien x soit produit. Si une évaluation marginale est inopérante ici pour déterminer le volume de bien à produire, en revanche, une évaluation non marginale permettrait, à l'entreprise publique chargée d'assurer cette production, de comparer les coûts de celle-ci à une estimation de la somme des dispositions à payer des consommateurs pour ce bien. Chaque consommateur peut certes acheter des quantités différentes du bien, mais en vue de déterminer la quantité totale à produire, l'entreprise doit découvrir la forme de la courbe totale de la demande. On aura reconnu ici une démarche analytique comparable à celle nécessaire à la détermination de la demande concernant un service collectif pur dont la production est, justement, caractérisée par des indivisibilités extrêmes.

5.2.1.2. *Les autres modes possibles de tarification*

Il existe d'autres modes possibles, mais non « parfaits » (par rapport à la norme d'efficacité maximale), de prélèvements de ressources qui permettent de couvrir les coûts complets d'une entreprise ou d'une industrie correspondant à un monopole naturel. Dans une littérature abondante, riche en propositions, souvent théoriques et complexes, parfois opérationnelles, nous retiendrons, pour notre part, les quelques idées directrices suivantes.

5.2.1.2.1. La tarification au coût moyen (tarification de second rang)

Son principe est le suivant : une entreprise privée réglementée ou une entreprise publique détentrice d'un monopole naturel se voit intimée l'obligation, par l'autorité de tutelle, de vendre le bien ou le service qu'elle produit à un prix égal au coût moyen. Elle produira donc une quantité x_A au prix p_A (graphique 5). Pour ce vecteur prix-quantité, le produit de ses ventes correspondant à ses coûts totaux de production (aire $0p_ASx_A$ du graphique 5), son compte d'exploitation est équilibré. Par une analyse comparable à celle que nous avons faite, il est clair que l'équilibre financier de l'entreprise n'est réalisé qu'au prix d'une perte de rendement social ou d'efficacité représentée par l'aire *SVD*. (C'est la raison pour laquelle ce mode de tarification est qualifié de « second rang ».)

Alors même que ce mode de tarification n'est pas conforme à la norme du rendement social maximal, force est de constater que, dans de nombreux pays, il bénéficie indéniablement de la faveur des gouvernements. Ainsi, en France, le rapport dit Nora (1967) en préconisait la quasi-généralisation aux entreprises publiques. De même, les gouvernements américains, fédéral et des Etats, semblent avoir massivement adopté, jusqu'à une période récente, une stratégie de tarification au coût moyen tant à l'égard des services publics (*public utilities*) que des entreprises privées réglementées. Cette attitude peut sembler surprenante dans un pays où l'entreprise privée bénéficie d'un très large appui populaire et où les engagements théoriques en faveur d'une tarification au coût marginal avec intervention gouvernementale semblent, eux aussi, bien admis. Pourquoi alors une tarification au coût moyen est-elle si largement utilisée ? De façon très sommaire, on peut penser que cette attitude trouve son origine dans les trois arguments suivants :

– l'impopularité des déficits continus des entreprises publiques ou réglementées, déficits souvent perçus comme résultant moins d'une gestion optimale que de gaspillages des ressources rendus possibles par un affaiblissement des incitations-sanctions caractéristiques d'une altération des droits de propriété ;

– l'attachement que les consommateurs-citoyens-contribuables semblent avoir à l'égard d'un principe d'équité suivant lequel chaque consommateur devrait payer un service en proportion directe des avantages (ou bénéfices) que la consommation de celui-ci lui procure ; un corollaire naturel de ce principe est que ceux qui ne retirent aucun avantage direct d'un service n'ont pas à contribuer au financement de la production et de la distribution de celui-ci. Or, comme nous l'avons vu, l'application d'une tarification au coût marginal génère un déficit optimal pour la collectivité dont le financement doit être assuré, généralement, par des impôts ou taxes. Ce faisant, il n'y a aucune garantie que les coûts complets seront financés par les utilisateurs en proportion de leur utilisation du service. Or, comme la plupart des services issus de processus de production à rendements dimensionnels croissants sont repérables et individualisables (« exclusifs »), il est aisé de distinguer les utilisateurs des non-utilisateurs et de repérer le degré individuel d'utilisation de tels services. On peut donc raisonnablement soutenir que la tarification au coût moyen répond aux exigences d'un principe d'équité fondé sur les avantages reçus, alors que la tarification au coût marginal ne satisfait pas ce principe. Par conséquent, si « gouvernants et gouvernés » adoptent ce point de vue et considèrent que les gains en équité associés à une tarification au coût moyen compensent les pertes d'efficacité par rapport à une tarification au coût marginal, alors la tarification au coût moyen apparaît comme étant un principe « raisonnable » ;

– dans une optique idéologique, on peut soutenir que la perte collective, en termes d'efficacité, résultant d'une tarification au coût moyen, est le prix à payer pour que l'entreprise ou l'industrie reste dans le secteur privé de la production et équilibre son compte d'exploitation tout en faisant l'objet d'une réglementation publique.

En tout état de cause, si la puissance publique applique une politique de tarification au coût moyen à toutes les entreprises dotées d'un monopole naturel, cette politique conduit à instaurer un ensemble de distorsions entre les prix et les coûts marginaux dans tout le secteur public ou privé réglementé. Fixer des prix supérieurs au coût marginal a, d'un point de vue théorique ou analytique, pour résultat indirect mais effectif d'imposer aux industries concurrentielles du secteur privé une taxe sur les biens ou services produits par les monopoles naturels publics ou réglementés. Pour trancher entre une tarification au coût moyen et une tarification au coût marginal, il faut donc nécessairement procéder à une comparaison entre les pertes de rendement social caractérisant chacune d'elles, donc entre les distorsions résultant de la taxe sur les biens et les services précitée (tarification au coût moyen) et celles associées au prélèvement des impôts et taxes, autres que forfaitaires, nécessaires au financement d'un déficit optimal pour la collectivité (tarification au coût marginal).

5.2.1.2.2. Les tarifs multiples

Ils correspondent à des formes imparfaites de discrimination par les prix. Diverses formes de tarification comportant plusieurs parties, généralement deux (tarifs binômes), sont possibles et effectivement utilisées. La plus couramment mise en œuvre combine une tarification au coût marginal et un droit fixe d'abonnement (électricité, téléphone, transport, etc.). Si un tel système de tarification n'engendre pas, en principe, de distorsions dans l'usage marginal du service, il n'en reste pas moins vrai qu'il peut générer une distorsion inframarginale dans la mesure où le droit fixe est, pour certains consommateurs, supérieur à l'avantage total qu'ils retireraient de l'utilisation du service. De ce fait, ces consommateurs sont exclus de la consommation du service alors même que le coût marginal qui résulterait de leur consommation est faible, voire quasi nul.

D'autres formes de discrimination (imparfaites) par les prix sont à l'origine de distorsions inframarginales comparables à la précédente. Ainsi, certaines formules de tarification emploient des modes de discrimination par les prix, fondés soit sur les quantités consommées soit sur le type de consommateurs (particuliers ou industriels par exemple) ou les deux. Ainsi, le prix correspondant aux x premières unités du service fourni peut être supérieur à celui des y unités suivantes, etc. (barème par tranches de consommation). Ou bien les consommateurs particuliers sont tarifés à un prix différent des consommateurs industriels dans la mesure où l'élasticité de leur demande par rapport au prix est estimée différente. De telles formules de tarification des dernières unités au coût marginal sont, selon la théorie économique, plus efficaces qu'une tarification uniforme (au coût moyen notamment) et favorisent une plus grande utilisation des services correspondants. En exigeant un prix plus faible à la marge, les procédures de discrimination ont ainsi le mérite général de développer l'usage des services produits, mais elles ne peuvent pas être systématiquement utilisées. Elles nécessitent en effet que le marché puisse être segmenté en catégories homogènes de consommateurs et que le service offert à un prix différencié ne puisse être revendu à d'autres qui ne répondent pas aux conditions d'obtention de ce prix.

*5.2.1.2.3. Plafonnement du (ou des) prix (*price cap*)*

Les nombreuses critiques adressées aux politiques de réglementation classiques, notamment celles formulées à l'égard des interventions sur le taux de rendement (voir *infra,* § 5.2.1.3.), ont récemment conduit à la mise en œuvre, au cours des années 1980, d'un nouveau mode d'intervention de la puissance publique appelé « plafonnement du (ou des) prix » *(price cap).* Cette technique d'intervention a été utilisée, aux Etats-Unis, par la Federal Communication Commission (FCC) dans le secteur des télécommunications longue distance (interétatiques), en lieu et place d'une réglementation par le taux de rendement. La Grande-Bretagne a aussi largement recours à ce mode de réglementation à l'égard des entreprises nouvellement privatisées dans les domaines du téléphone, du gaz naturel, de l'électricité, etc. L'exemple le plus connu d'un tel plafonnement du prix est le système « RPI – X » utilisé en Grande-Bretagne (*Retail Price Index* – X, constante fixée de façon exogène)[7].

J. Acton et I. Vogelsang (1989) résument ainsi les quatre principales caractéristiques d'une réglementation par plafonnement du (ou des) prix.

– L'organe ou l'agence de réglementation fixe un prix-plafond (*price cap*). L'entreprise (ou l'industrie) réglementée peut décider de vendre le bien ou le service qu'elle produit à un prix inférieur ou égal à ce prix-plafond, et elle est autorisée à réaliser tout profit quelconque à ce prix.

– Si l'entreprise et/ou l'industrie sont à productions multiples, le « régulateur » a la faculté de définir un « plafond agrégé » correspondant à

7. Des analyses plus techniques et plus complètes que celles figurant dans le présent article peuvent être trouvées dans les références suivantes : D. Bös, 1994 ; D. Bös et W. Peters, 1991 ; C. Liston, 1993 ; J. Acton et I. Gelsang, 1989 ; K. Train, 1991.

l'ensemble des prix des biens ou des services offerts. Ce plafond peut prendre la forme d'un indice de prix ou d'une moyenne pondérée de prix. L'entreprise conserve la possibilité de modifier la structure des prix relatifs des divers biens ou services à condition de respecter l'indice de prix ou la moyenne pondérée de prix qui lui sont assignés.

– L'organe de régulation précise, en général, à l'entreprise réglementée que le (ou les) prix-plafond fera (feront) périodiquement l'objet de réajustements en fonction de l'évolution d'un indicateur de référence préétabli, extérieur à l'entreprise ; par exemple, un indice de prix des facteurs de production peut être retenu à cet effet.

– Le régulateur se réserve la possibilité de procéder, à des intervalles de temps plus longs, à un réexamen complet du prix-plafond et de le modifier afin de tenir compte des évolutions des prix relatifs des biens, des coûts, de la demande, des profits réalisés par l'entreprise ou l'industrie, etc.

A titre d'exemple, on peut signaler (en la résumant) que la technique du prix-plafond utilisée par la FCC (appliquant la formule RPI-X) consiste à permettre à AT & T d'augmenter ses tarifs au taux de l'inflation diminué d'un certain pourcentage (*X*) choisi en fonction des gains de productivité de l'entreprise escomptés au cours d'une période donnée.

Ainsi, si le taux d'inflation prévu est de 6 % et si le gain de productivité attendu, au cours de la même période, est de 3 %, l'entreprise aura la possibilité d'accroître le prix-plafond de ses services de 3 %, mais elle pourra, si ce choix est retenu par elle, n'augmenter son prix que d'un pourcentage inférieur à celui-ci. La technique de réglementation par le plafonnement de l'augmentation du prix a donc pour objectif de susciter, au sein de l'entreprise contrôlée de cette manière, une amélioration de son efficacité productive (ou efficience).

Bien que la technique de réglementation par la fixation d'un prix-plafond soit d'utilisation relativement récente, dans le domaine des communications longue distance notamment, une recherche menée par A.D. Mathios et R.P. Rogers (1989) tend à montrer qu'en termes d'impact sur la baisse des prix des services une réglementation par le canal d'un plafonnement du prix se révèle plus efficace qu'une procédure de réglementation par le taux de rendement. La réglementation de type *price cap* peut cependant donner lieu à trois critiques ainsi résumées par J.M. Chevalier (1995).

« – Le régulateur ne risque-t-il pas d'être tenté de réduire les prix (avant même la date de révision) si les profits réalisés par les entreprises sont très supérieurs à ce qui était attendu ?

– Les entreprises ne risquent-elles pas de réduire la qualité du service (donc le coût) afin d'augmenter le profit ?

– Les incitations sont-elles suffisantes pour que les investissements soient correctement réalisés, notamment sur le long terme ? ».

5.2.1.3. *L'intervention publique par le taux de rendement du capital* (Rate of Return Regulation – *ROR*)

Nous avons précédemment envisagé l'hypothèse d'une situation dans laquelle le régulateur décide d'inciter des entreprises réglementées à vendre le bien ou le service qu'elles produisent au coût moyen (tarification de second rang). Pour ce faire, il peut procéder de façon directe à la condition qu'il connaisse l'évolution du coût moyen en fonction des quantités produites de bien ou de service. Mais le régulateur peut procéder de façon *indirecte* en réglementant le profit, c'est-à-dire en imposant à l'entreprise une contrainte sur le taux de rendement du capital net investi.

Ce mode de réglementation, très largement appliqué aux Etats-Unis dès l'origine des entreprises de réseaux de services publics (*public utilities*), repose sur un principe simple, dans son énoncé, sinon dans son application effective : l'entreprise doit, au cours d'une période de temps donnée, couvrir, par ses recettes, ses coûts de production et est autorisée à réaliser un profit correspondant à une rémunération jugée juste et raisonnable du capital net appliqué à la production d'un bien ou service final.

Définir la notion de taux de rendement du capital investi, en termes réels, implique que l'on puisse procéder à une distinction stricte entre les inputs en capital, d'une part, et l'ensemble des autres facteurs de production, d'autre part. Traditionnellement, en vue de simplifier l'analyse, la distinction entre les facteurs est limitée à deux éléments : le travail (L) et le capital (K). Sous cette hypothèse, un taux de rendement du capital net investi, s, considéré comme juste et raisonnable par l'agence de régulation, est réalisé si le revenu brut global de l'entreprise, diminué de l'ensemble des dépenses de fonctionnement, est suffisant pour permettre à l'entreprise de rémunérer son stock net de capital appliqué à la production au taux (plafonné) s.

Soit :

$x = y(K, L)$: la fonction de production (monoproduit, x, de l'entreprise),
K : la quantité de capital,
L : la quantité de travail,
w : le taux de salaire,
r : le coût du capital pour l'entreprise,
s : le taux de rendement du capital net autorisé,
p : le prix concurrentiel du bien ou service produit par l'entreprise.

La réglementation par le taux de rendement se traduit alors par l'expression :

$$\frac{p \cdot y(K, L) - w \cdot L}{K} \leq s$$

Cette contrainte implique que l'entreprise est en permanence soumise à une restriction portant sur le taux de rendement de son capital net (amortissements déduits) plafonné à la valeur s. Le numérateur de cette expression correspond au revenu brut total de l'entreprise diminué du coût du travail ; la différence ainsi obtenue est divisée par la quantité de capital net, opération permettant de déterminer le taux de rendement interne du capital, lequel ne doit pas être supérieur à s.

L'entreprise reste libre de ses choix au regard des prix de vente du bien ou du service qu'elle produit, du volume de la production et des quantités de facteurs qu'elle juge opportun d'utiliser à la condition que le *profit par unité de capital* utilisé dans la production ne dépasse pas le taux, s, autorisé.

Comment le régulateur peut-il, ou doit-il, déterminer le taux s ? Pour que cette procédure soit contraignante pour l'entreprise, ce taux doit être situé entre deux valeurs limites : s doit être supérieur au coût du capital de l'entreprise et inférieur au taux maximal possible de rendement du capital.

– *En premier lieu*, s doit être supérieur à *r*, le coût du capital pour l'entreprise[8]. Hypothèse est ainsi faite que l'agence de réglementation admet que l'entreprise réalise un taux de rendement positif sur son capital net investi (ce qui a pour conséquence évidente que l'entreprise ne vendra pas le bien ou service qu'elle produit à un prix strictement égal au coût moyen).

Dans la situation inverse, dans laquelle *s* serait inférieur à *r*, l'entreprise réaliserait davantage de profit en cessant ses activités et en vendant son capital qu'en restant en place. Si elle a la possibilité de se retirer du marché, l'entreprise aura recours à cette solution. Si elle ne l'a pas, elle procédera à toutes les réductions possibles du capital mis en œuvre, ce qui aura pour conséquence d'induire une réduction de la production, et, toutes choses étant égales par ailleurs, une augmentation du prix du bien ou du service final.

Si *s* et *r* étaient fixés à des valeurs égales, l'entreprise réglementée serait indifférente à de nombreuses solutions alternatives quant à diverses combinaisons possibles de capital *K* et de travail *L*, puisque, quelle que soit la solution choisie, le profit de l'entreprise serait nul. Il apparaît donc que si le taux de rendement autorisé était fixé à un niveau égal au coût du capital, la réglementation par le taux de rendement ne saurait être un instrument capable d'inciter l'entreprise à faire des choix correspondant aux objectifs recherchés par le régulateur.

– *En second lieu*, le taux de rendement autorisé, *s*, doit être inférieur à s_{max} qui correspondrait au taux maximal possible de rendement du capital que réaliserait le monopole naturel en l'absence de toute réglementation.

Au total : $s_{max} > s > r$.

La réglementation par le taux de rendement interne du capital a fait l'objet de plusieurs critiques (C. Liston, 1993) ; la principale est connue sous le nom « d'effet Averch-Johnson ».

H. Averch et L. Johnson (1962)[9] figurent parmi les premiers analystes à avoir conduit des recherches sur les effets exercés par la réglementation de type ROR sur les comportements et les réactions d'une entreprise ainsi contrôlée. Ils ont, notamment, démontré que ce type de réglementation incite l'entreprise à procéder à des choix inefficients en matière de combinaison de facteurs. Ce qu'il est aujourd'hui convenu d'appeler l'effet Averch-Johnson nous enseigne que l'entreprise soumise à une réglementation par le taux de rendement serait ainsi conduite à procéder à une surcapitalisation, c'est-à-dire à utiliser une part trop importante de capital par rapport aux quantités employées d'autres facteurs, de travail notamment. En conséquence de l'utilisation excessive de capital, la production serait réalisée à un coût inefficient, trop élevé par rapport à une situation où elle utiliserait une combinaison économiquement efficiente des facteurs (davantage de travail, moins de capital). L'idée clé sous-tendant la démonstration de cet effet est la suivante : dans la mesure où le profit autorisé varie en fonction directe de l'assiette (c'est-à-dire le stock de capital net investi)

---

8. Si le capital investi par l'entreprise est emprunté, le taux *r* correspond au taux d'intérêt auquel elle s'est endettée ; si, par contre, l'entreprise a financé le capital investi par autofinancement, *r* correspond alors à la rémunération qu'obtiendrait l'entreprise en plaçant son capital sur le marché financier.

9. Le lecteur intéressé par une démonstration complète et précise peut se reporter à : M. Averch et L. Johnson (1962) ; D. Bös (1994) ; K.E. Train (1991) ; W.K. Viscusi *et al.* (1992) ; M. Waterson (1988).

à laquelle s'applique le taux de rendement plafonné, l'entreprise a tendance à substituer trop de capital aux autres facteurs.

La démonstration des enseignements fondamentaux de l'effet Averch-Johnson peut être faite à l'aide de la méthode des Lagrangiens [12]. Le programme à résoudre est le suivant : déterminer les quantités de travail, L, et de capital, K, qui permettent à l'entreprise de maximiser son profit (W.K. Viscusi *et al.*, 1992, p. 365 et suiv. ; M. Waterson, 1988, p. 85 et suiv.) :

$$\text{Max } \pi = p \cdot y(K, L) - w \cdot L - r \cdot K \qquad [12]$$

Sous la contrainte :

$$\frac{p \cdot y - w \cdot L}{K} = s \qquad [13]$$

Le lagrangien correspondant à ce programme s'écrit :

$$\mathcal{L} = p \cdot y(K, L) - w \cdot L - r \cdot K - \lambda(p \cdot y - w \cdot L - s \cdot K) \qquad [14]$$

Les conditions nécessaires de premier ordre de la maximisation libre de $\mathcal{L}$ s'écrivent :

$$(1-\lambda)\frac{\partial y}{\partial L} \cdot p - (1-\lambda) \cdot w = 0 \qquad [15]$$

$$(1-\lambda)\frac{\partial y}{\partial K} \cdot p - (1-\lambda) \cdot r = \lambda(r - s) \qquad [16]$$

En l'absence de toute contrainte portant sur le taux de rendement, le rapport des prix des facteurs L et K est égal au rapport des productivités marginales des facteurs, c'est-à-dire :

$$\frac{\frac{\partial y}{\partial K}}{\frac{\partial y}{\partial L}} = \frac{r}{w} \qquad [17]$$

Un monopole naturel non réglementé utiliserait donc des quantités de facteurs de production dans de mêmes proportions efficientes (mais en moindres quantités) qu'une entreprise concurrentielle. Mais dans la formalisation offerte par le modèle de H. Averch et L. Johnson, il apparaît, en divisant la relation [16] par la relation [15], que :

$$\frac{\frac{\partial y}{\partial K}}{\frac{\partial y}{\partial L}} = \frac{r}{w} - \frac{\lambda}{1-\lambda} \cdot \frac{s-r}{w} \qquad [18]$$

ou

$$\frac{\frac{\partial y}{\partial K}}{\frac{\partial y}{\partial L}} = \frac{r-\alpha}{w} \quad \text{avec } \alpha = \frac{\lambda(s-r)}{1-\lambda} \qquad [18']$$

La variable λ peut être économiquement interprétée comme étant un indicateur d'un accroissement du profit global associé à toute augmentation d'un franc du profit autorisé par unité de capital investi. Il peut être démontré (H. Averch et L. Johnson, 1962) que la valeur de λ est telle que $0 < \lambda < 1$. Comme, par ailleurs, $s - r > 0$, la variable α est donc nécessairement positive. La relation [17] (ou [17']) montre donc que :

$$\frac{\frac{\partial y}{\partial K}}{\frac{\partial y}{\partial L}} < \frac{r}{w} \qquad [19]$$

Cette relation traduit le fait que l'entreprise réglementée par le taux de rendement emploie trop de capital, K, par rapport à une combinaison de facteurs qui serait économiquement efficiente (relation [17]). En d'autres termes, au niveau de production que l'entreprise réglementée détermine pour maximiser son profit sous la contrainte de plafonnement du taux de rendement, elle opte pour un mode de production plus intensif en capital que celui qui serait retenu, toutes choses étant égales par ailleurs, pour une entreprise non réglementée.

Le graphique 7 offre une illustration de l'effet Averch-Johnson. Sur les axes de coordonnées figurent les quantités de facteurs K et L qui peuvent être appliquées à la production du bien x ($x = y(K, L)$). L'isoquante $x = \bar{x}$ correspond au volume de production x qui maximise le profit de l'entreprise sous contrainte ($s \leq$ taux de rendement plafonné).

Graphique 7 – Effet Averch-Johnson

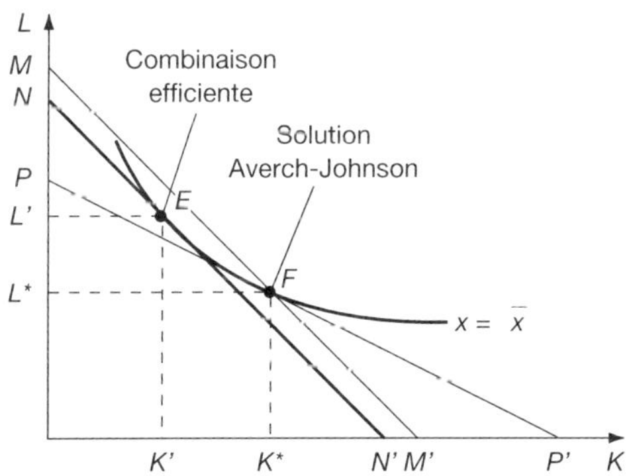

Source : W.K. Vicusi *et al.* (1992, p. 366).

La théorie économique de la production enseigne que pour minimiser les coûts de production de la quantité x, il est nécessaire que l'entreprise égalise le rapport des produits marginaux des deux facteurs (ou $TMST_{K,L}$), représenté par la pente de l'isoquante $x = \bar{x}$ au rapport des prix de ces facteurs :

$$\frac{PM_K}{PM_L} = \frac{r}{w}$$

La relation [18'] montre que l'entreprise réglementée satisferait cette condition si $\alpha = 0$. Or, nous l'avons vu, $\alpha > 0$. L'entreprise se comporte donc comme si le coût du capital était égal, non pas à r, mais à $r - \alpha$. Sur le graphique 7, la pente des droites *NN'* et *MM'* est égale à r/w, alors que la pente de la droite *PP'* est égale à $r - \alpha/w$.

La condition de minimisation des coûts de la production x impliquerait que l'entreprise se situe en E car, alors,

$$\frac{PM_k}{PM_L} = \frac{r}{w}$$

L'entreprise réglementée par le taux de rendement choisit, quant à elle, de se situer au point F, point pour lequel la pente de la droite *PP'* $(r - \alpha)/w$ est égale à la pente de l'isoquante $x = \bar{x}\left(\frac{PM_K}{PM_L}\right)$.

Le graphique 7 montre que l'entreprise réglementée utilise trop de capital (K^* au lieu de K') et pas assez de travail (L^* au lieu de L'). Le supplément de coût de production associé à la combinaison de facteurs K^*L^* peut être exprimé en unités de travail par la distance *NM*. Le coût réel de la production de la quantité $\bar{x}$ est, en effet, de *OM* unités de travail dans la mesure où *MM'* passe par le point F et a une pente égale à r/w. La production au moindre coût de la quantité $\bar{x}$ correspondrait à *ON* unités de travail.

Un point (positif) mérite d'être souligné. Contrairement à des affirmations couramment énoncées, l'entreprise soumise à une réglementation par le taux de rendement « surcapitalise », certes, mais ne gaspille pas le capital investi : elle produira autant d'unités de bien ou de service que les facteurs de production utilisés le lui permettent, sans pour autant que le volume du bien ou du service offert corresponde à la quantité optimale pour la collectivité (quantité qui correspondrait à l'égalisation du coût marginal de production et de la disposition marginale à payer des usagers).

En bref, une réglementation par le taux de rendement, s, supérieur au coût du capital, r, incite la firme réglementée à procéder à une combinaison de facteurs inefficiente sans que, pour autant, celle-ci soit conduite à accroître le volume de sa production.

D'autres critiques ont été formulées à l'encontre de la réglementation par le taux de rendement qui ne peuvent qu'être simplement énoncées ici : (i) son manque d'incitation à la réduction des coûts et à l'innovation technologique (ce dernier point est d'ailleurs très controversé) ; (ii) l'incitation à des dépenses excessives et artificielles en marketing et publicité ; (iii) les très fortes exigences en information dont le régulateur doit disposer. (J.C. Littlechild, 1988). Ces critiques ont conduit, au cours des années récentes, de nombreux analystes et praticiens à proposer de remplacer cette procédure par une réglementation de type *price cap*.

5.2.2. Quelques aspects spécifiques de la gestion d'un monopole naturel par une entreprise publique

S'agissant du choix entre la réglementation et la gestion publique d'un monopole naturel, il est souvent avancé que la perte de rendement social associée à la gestion libre d'un monopole naturel privé ou à une réglementation de ce dernier lui assignant la vente au coût moyen (perte SVD – graphique 5) justifierait la « nationalisation » et sa gestion en entreprise publique ; cette perte pouvant être supprimée, il est dit que le gain de la collectivité serait au moins égal à la valeur de celle-ci, augmentée des surplus qui résulteraient d'une tarification au coût marginal du monopole public. Cette argumentation semble devoir faire l'objet de deux remarques.

– *En premier lieu,* un monopole public peut, nous l'avons vu, ne pas être assujetti à un principe de vente au coût marginal en raison du coût d'opportunité des ressources prélevées par des taxes et impôts qui ne seraient pas « parfaits ».

– *En second lieu,* il peut exister, pour une même entreprise utilisant une technique de production donnée, une divergence entre les courbes de coût marginal suivant que cette entreprise est gérée privativement ou publiquement. De nombreux auteurs soutiennent qu'en raison de l'absence d'un objectif de maximisation du profit, donc de minimisation des coûts de production, qui caractérise les entreprises publiques, ces dernières seraient systématiquement moins efficientes que des entreprises ou industries privées réglementées. Ce type d'inefficience, dite « inefficience X », dont l'analyse est principalement due à H. Leibenstein, résulterait d'une altération des principales caractéristiques des droits de propriété (exclusivité, transférabilité) et d'une atténuation corrélative des incitations-sanctions caractéristiques du management privé des ressources. Une importante difficulté résultant du recours aux fonds publics pour financer le déficit tient au fait que de telles méthodes ont nécessairement une influence sur l'efficience et les incitations managériales. De nombreux analystes font remarquer que des subventions générales versées à des entreprises nationalisées comportent un risque de laxisme dans l'efficience managériale. C'est en partie pour cette raison que des suggestions ont été faites visant, autant que faire se peut, à exiger des entreprises publiques qu'elles équilibrent leurs comptes, d'une façon ou d'une autre.

Dans la mesure où il est impossible de procéder ici à l'analyse précise et complète de la théorie de « l'inefficience X », et de rendre compte des résultats de très nombreuses études comparées de la productivité et des coûts de production d'entreprises produisant des biens ou des services semblables mais placées dans des structures juridiques et institutionnelles différentes, nous nous bornerons à formuler deux considérations de nature générale.

– Le choix entre la réglementation d'un monopole naturel privé et la création d'une entreprise publique n'est, du seul point de vue de l'efficacité, ni systématique ni prédéterminé ; il dépend de circonstances spécifiques et d'une comparaison des avantages et des coûts sociaux qui sont nécessairement associés à des politiques alternatives inévitablement imparfaites par rapport à la norme théorique du maximum de rendement social.

– Il est cependant une circonstance où le choix de la nationalisation semble devoir prévaloir sur toute autre politique ; ainsi, lorsque les dispositions marginales à payer (la demande) des consommateurs sont, pour tout volume quelconque, systématiquement inférieures au coût moyen, il n'existe, nous l'avons vu, aucun prix qui pourrait couvrir le coût moyen de production correspondant à la quantité demandée à ce prix.

Si une discrimination par les prix ne peut être mise en œuvre, aucune entreprise privée ne produira le bien sauf à être largement subventionnée. La puissance publique peut, en ce cas, décider de gérer publiquement l'entreprise : le problème qui se pose alors est de savoir s'il est ou non collectivement bénéfique de créer, de maintenir l'entreprise en activité ou de la développer.

*

* *

Dans les pages qui précèdent, nous n'avons esquissé (trop rapidement d'ailleurs) que l'analyse de quelques-uns des problèmes, nombreux et souvent difficiles, posés par la gestion et le contrôle des monopoles naturels. Nous n'avons, par exemple, envisagé que quelques instruments et procédures de réglementation et nous n'avons étudié leurs mérites respectifs que dans le cadre d'une approche théorique simplifiée fondée principalement sur l'hypothèse d'une entreprise ou d'une industrie à production finale unique (éliminant ainsi de notre analyse, par exemple, l'examen d'une politique de tarification dite « à la Ramsey »). Sans les éluder complètement, nous n'avons que marginalement pris en compte les conséquences de toute politique de réglementation sur la redistribution des revenus qui constitue pourtant un aspect majeur du processus politique du choix de tel ou tel instrument de préférence à tel ou tel autre (voir sur ce point la contribution de R.G. Noll, 1989). A aucun moment, nous n'avons pu traiter les problèmes de choix d'investissement, ceux posés par la tarification d'un service dont les capacités de production peuvent être saturées, aux heures ou périodes de pointe, etc. Mais, surtout, nous n'avons pas eu le loisir d'apporter le moindre élément de réponse à une question qui, en cette période de déréglementation, est de plus en plus souvent évoquée : « Pourquoi réglementer ? ». De nombreux travaux récents (voir une présentation résumée de ceux-ci dans la contribution de R.R. Braeutigam, 1989) tendent à démontrer que des modes d'intervention de la puissance publique visant à introduire des procédures de concurrence *pour* l'obtention d'un marché (concurrence « à la Demsetz » ; contestabilité du marché ; concurrence monopolistique, etc.), alors même que la concurrence *au sein* du marché n'est pas économiquement possible ou souhaitable, peuvent se révéler plus efficaces et plus efficients que les formes traditionnelles de réglementation des monopoles naturels. Il est clair que ce n'est pas dans le cadre nécessairement restreint d'un article de ce type que tous les problèmes qui viennent d'être évoqués pouvaient être traités. Le lecteur intéressé trouvera dans les références données ci-dessous nombre d'ouvrages et d'articles susceptibles de pallier les lacunes de la présente contribution.

Références

ACTON J., VOGELSANG I., « Introduction Symposium on Price Cap Regulation », *Rand Journal of Economics* (vol. 20, n° 3, 1989), p. 369-372.

AVERCH H., JOHNSON L., « Behavior of the Firm under Regulatory Constraint », *American Economic Review* (vol. L II, n° 5, December 1962), p. 1052-1069.

BATOR F.M., « The Anatomy of Market Failures », *Quarterly Journal of Economics* (August 1958), p. 457-476.

BAUMOL W.J., KLEROVICK A.K., « Input Choices and Rate of Return Regulation : An Overview of the Discussion », *Bell Journal of Economics and Management Science* (n° 1, Autumn 1970), p. 162-190.

BAUMOL W.J., « On the Proper Cost Tests for Natural Monopoly in a Multiproduct Industry », *American Economic Review* (vol. 67, n° 5, December 1977), p. 809-822.

BAUMOL W.J., PANZAR J.C., WILLIG R.D., *Contestable Markets and the Theory of Industry Structure*, New York, USA, Harcourt Brace Jovanovich, 1982 (nouvelle édition révisée 1988).

BENZONI L., ROGY M., « La réglementation des réseaux en Europe – Une doctrine à la recherche de ses fondements économiques », *Revue d'Economie Industrielle* (1er trimestre 1993), p. 261-271.

BERNARD P., « La vérité des prix : tarification au coût marginal ou tarification à l'équilibre budgétaire ? », *Bulletin RCB* (n° 43, décembre 1980), p. 33-47.

BERNARD P., « Principes économiques, théoriques et appliqués, de la tarification des services publics », *in* G. Terny et R. Prud'homme (éd.), *Le financement des équipements publics de demain*, Paris, Economica, 1986, p. 263-278.

BOITEUX M., « La vente au coût marginal », *Revue Française de l'Energie* (vol. VIII, n° 81, 1956), reproduit *in* G. Morlat et F. Bessières (éd.), *op. cit.*, p. 265-273.

BÖS D., *Pricing and Price Regulation – An Economic Theory of Public Enterprises and Public Utilities*, Amsterdam, Netherland, North Holland, Elsevier, 1994, 453 p. (Advanced Textbooks in Economics, n° 34).

BÖS D., PETERS W., « A Principal – Agent Approach on Manager Effort and Control in Privitized and Public Firms », *in* A. Ott et K. Hartley (éd.), *Privatization and Economic Efficiency*, Aldershot, UK, E. Elgar, 1991, p. 26-52.

BRAEUTIGAM R.R., « Optimal Policies for Natural Monopolies », *in Handbook of Industrial Organization*, Edited by R. Schmalensee et R.D. Willig, Pays-Bas, Elsevier Science Publishers, 1989 (chap. 23, p. 1289-1346).

CHAMOUX J.P. (sous la direction de), *Services publics en concurrence*, Paris, Le Communicateur, Dossier n° 22, hiver 1995, 314 p.

CHEVALIER J.M., « Marchés contestables et dynamique concurrentielle », *in* J.P. Chamoux (éd.), *Services publics en concurrence*, Le Communicateur, Paris, 1995, p. 89-107 (une version élargie de cette contribution a été publiée dans la *Revue d'Economie Industrielle*, juin 1995).

CURIEN N., GENSOLLEN M., *Economie des télécommunications – Ouverture et réglementation*, Paris, Economica, 1992, 318 p.

DEMSETZ H., « Why Regulate Utilities ? », *Journal of Law and Economics* (vol. XI, April 1968), p. 55-66.

DUMEZ H., JEUNEMAITRE A., « La régulation des monopoles au Royaume-Uni – Le modèle de Référence ? », *Chroniques Economiques SEDEIS* (n° 5, 15 mai 1994), p. 171-176.

FREIXAS X., LAFFONT J.J., « Tarification au coût marginal ou équilibre budgétaire », *Annales de l'INSEE* (n° 51, juillet-septembre 1984), p. 65-88.

GLACHANT J.-M., *Le marché et le hors-marché – Une analyse économique des entreprises publiques françaises*, Paris, Publications de la Sorbonne, 1994, 250 p. (Coll. « Série Economie 2 »).

GUESNERIE R., « Pareto Optimality in Non-Convex Economies », *Econometrica* (vol. 43, n° 1, 1975), p. 1-30.

HADJKADDOUR A., NICOLAS M., *Réglementation des monopoles naturels – Origines, fondements, remise en cause*, Paris, Université de Paris IX-Dauphine, Centre de géopolitique de l'énergie et des matières premières ; DEA 129 « Economie industrielle » (sous la direction du Professeur J.M. Chevalier), 1994.

KAHN A.E., *The Economics of Regulation – Principles and Institutions*, Cambridge, Mass., The MIT Press, 1993, 360 p.

LAFFONT J.J., « Service public et théorie économique », *in* C. Stoffaës (sous la direction de), *L'Europe à l'épreuve de l'intérêt général*, Paris, ASPE – Europe Editions, 1995, p. 333-345.

LEIBENSTEIN H., « Allocative Efficiency versus X. Efficiency », *American Economic Review* (vol. 56, n° 3, June 1966), p. 392-415.

LEIBENSTEIN H., *General X – Efficiency Theory and Economic Development*, New York, Oxford University Press, 1978.

LISTON C, « Price Cap versus Rate-of-Return Regulation », *Journal of Regulatory Economics* (vol. 5, 1993), p. 25-48.

LITTLECHILD J.C., « Economic Regulation of Privitised Water Authorities and Some Further Reflections », *Oxford Review of Economic Policy* (vol. 4, n° 2, 1988), p. 40-68.

MATHIOS A.D., ROGERS R.P., « The Impact of Alternative Forms of State Regulation of A.T. & T. on Direct Dial, Long-Distance Telephone Rates », *Rand Journal of Economics* (vol. 20, Autumn 1989), p. 437-453.

MORLAT G., BESSIÈRES F., *Vingt-cinq ans d'économie électrique*, Paris, Dunod, 1971.

NOLL R.G., « Economic Perspectives on the Politics of Regulation », *in* R. Schmalensee et R.D. Willig, *Handbook of Industrial Organization*, Elsevier Science Publishers, B.V., 1989, vol. 2, chap. 22, p. 1253-1287.

PANJAR J.C., WILLIG R.D., « Economies of Scope », *American Economic Review* (vol. 71, n° 2, May 1981), p. 268-272.

PELTZMAN S., « George Stigler's Contribution to the Economic Analysis of Regulation », *Journal of Political Economy* (vol. 101, n° 5, October 1993), p. 818-832 (voir une traduction en français de cet article, *in Problèmes Economiques* (n° 2.373, 27 avril 1994), p. 22-27.

PIGOU A.C., *The Economics of Welfare*, 4e éd., Londres, Macmillan, 1932.

POSNER R., « Theories of Economic Regulation », *Bell Journal of Economics and Management* (vol. 5, n° 2, 1974), p. 335-358.

SHARKEY W.W., *The Theory of Natural Monopoly*, Cambridge, USA, Cambridge University Press, 1982.

STIGLER G.J., FRIEDLAND C., « What Can Regulators Regulate ? The Case of Electricity », *Journal of Law and Economics* (vol. 5, October 1962), p. 1-16.

STIGLER G.J., « The Theory of Economic Regulation », *Bell Journal of Economics and Management Sciences* (vol. 2, 1971), p. 3-21.

STOFFAËS C. (sous la direction de), *L'Europe à l'épreuve de l'intérêt général*, Paris, ASPE-Europe, 1995, 516 p.

STOFFAËS C., « La régulation des réseaux aux Etats-Unis – Enseignements pour l'Europe », *Revue des Affaires Européennes* (n° 2, 1994), p. 123-129.

TRAIN K.E., *Optimal Regulation – The Economic Theory of Natural Monopoly*, Cambridge, Mass., The MIT Press, 1991, 338 p.

VISCUSI W.K., Vernon J.M. Harrigton, J.E. Jr, *Economics of Regulation and Antitrust*, Lexington, Mass., D.C. Heath and Company, 1992, 759 p.

WATERSON M., *Regulation of the Firm and Natural Monopoly*, Oxford, Basil Blackwell Ltd, 1988, 164 p.

Willig R.D., « Consumer's Surplus without Apology », *American Economic Review* (vol. 66, n° 4, September 1976), p. 589-597.

Mots clés

Economies d'échelle (ou rendements dimensionnels croissants), économies d'envergure, effet Averch-Johnson, équilibre d'un monopole naturel non réglementé, maximum de rendement social, monopole naturel (définition – conditions d'existence), optimum de Pareto, plafonnement du prix (*price cap*), réglementation (« régulation »), réglementation par le taux de rendement, sous-additivité des coûts, tarification à parties multiples, tarification au coût marginal, tarification au coût moyen.

Motivation

111

Pierre Louart

Le concept de motivation sert à traduire les aspects dynamiques de la conduite humaine. Il explique les liens entre l'activation de l'énergie interne et son orientation vers des buts particuliers. L'homme agit selon des directions qu'on peut interpréter de façon causale ou projective. Dans le premier sens, la motivation est le fruit de déterminations plus ou moins conscientes. Dans le second, elle mobilise le sujet vers des finalités construites à partir de ses représentations et des enjeux qu'il y voit pour lui-même. Les deux façons de voir sont complémentaires.

Etudiée par des psychologues, la motivation a été introduite en gestion pour des raisons instrumentales. Il fallait rendre compte des comportements d'acteurs qu'on voulait pouvoir influencer : par exemple les salariés, les clients ou les partenaires économiques. Ce faisant, on a déformé le processus de motivation de plusieurs manières :

– on l'a simplifié pour mieux l'opérationnaliser ; mais en même temps, on a perdu de vue beaucoup de dynamismes psychiques à l'œuvre dans les organisations ;

– on a déplacé l'analyse des motivations en se focalisant sur leurs objets d'investissement, à savoir les types de récompenses ou les techniques d'implication supposés répondre aux « besoins » des individus ; mais alors, on a confondu les processus de la motivation humaine et les instruments culturels, arbitraires et conjoncturels, qui permettent leur expression dans un environnement particulier ;

– on a privilégié des approches générales, avec l'idée d'agir sur des fonctionnements types, comme si les hommes avaient des comportements semblables dans les mêmes circonstances ; dès lors, on a négligé combien la réalité était personnalisée, combien les besoins humains sont particularisés par le désir et ne sont compréhensibles qu'à travers des significations individuelles ; on a oublié que la motivation ne peut se contenter d'un cadre explicatif global, mais qu'elle demande aussi des échanges, de la communication interpersonnelle et un débat permanent par rapport à ce que les hommes ressentent à travers l'action.

Les savoirs sur la motivation devraient être utilisés comme un cadre d'analyse plutôt que comme un moyen de contrôler le comportement.

1. La psychosociologie des motivations

Malgré leurs divergences, les théories psychosociales offrent une base de connaissance assez cohérente sur la motivation.

1.1. L'énergie et les facteurs motivants

La motivation est un état de l'organisme dans lequel l'énergie corporelle est mobilisée et dirigée de manière sélective vers des éléments qu'on appelle des buts (T.M. Newcomb *et al.*, 1970). Un organisme est donc motivé lorsqu'il se caractérise par un état de mobilisation d'énergie et par un comportement orienté vers un but choisi de préférence à tous les autres possibles. J. Nuttin (1968) dit de la motivation qu'elle est en même temps une direction et une source d'activité. Elle rend compte de la conduite comme une activité dirigée, ses aspects dynamiques et finalisés n'étant pas séparables l'un de l'autre. Il y a au moins deux questions dans toute analyse de motivation. La première est celle du processus comportemental lui-même : le « comment ». La seconde est celle des facteurs qui le déclenchent ou l'engendrent : le « pourquoi ».

Les facteurs motivants peuvent être des forces intérieures qui poussent à l'action (par exemple, des impulsions ou des besoins), ou des événements externes, présents ou projetés, qui font agir par attraction (des motifs ou des intérêts). Les forces intérieures et les projets sont reliés par les représentations.

1.2. Les désirs et les représentations

L'être humain peut développer une forte autonomie dans ses processus de motivation, car il sait se libérer pour partie des exigences biologiques et des contraintes du milieu (M. Reuchlin, 1977). D'où l'importance des différences individuelles et des influences sociales. D'où le poids des fonctions symboliques et des régulations cognitives (par exemple la curiosité active, le besoin d'exploration ou de cohérence). Les motivations évoluent avec la maturation des individus, par exemple avec l'âge, le degré d'expérience, le développement socio-affectif, la construction des valeurs et du sens moral. Elles sont dépendantes de l'image de soi et de ses oscillations.

Chaque individu se caractérise par des relations préférentielles ou sélectives à l'égard des objets ou des situations de son milieu : les uns sont convoités ou préférés, les autres repoussés ; en cas d'absence, certains sont recherchés ou poursuivis, d'autres craints. Pour l'homme, la poursuite plus ou moins soutenue d'un objet-but encore absent ou inexistant acquiert beaucoup d'importance. Ses fonctions cognitives et imaginatives lui permettent de construire l'absent de façon anticipée (J. Nuttin *et al.*, 1968).

Tous les comportements motivés ne cherchent pas à réduire les tensions. Certains objets fonctionnent d'eux-mêmes comme des agents de renforcement. L'homme cherche à rompre l'équilibre dès qu'un but antérieur est atteint. Par exemple, il tend à s'engager dans de nouveaux projets.

La structure de motivations est dynamique. Elle se traduit individuellement par le jeu des désirs en perpétuel renouvellement. Les désirs se nourrissent des besoins physiologiques ou fonctionnels, mais ils sont créatifs à l'image de ceux qui les expriment. Ils sont aussi variés que leurs expériences ou que leurs personnalités.

La rupture partielle entre les besoins et leurs représentations ne permet de comprendre les motivations que grâce au sens qu'elles prennent dans l'histoire des individus. On peut bien sûr y retrouver l'expression de besoins fondamentaux, mais dans des registres très variables d'une personne à l'autre.

1.3. Les motivations négatives, les conflits motivationnels et les schèmes inconscients

Les motivations humaines n'ont rien d'homogène. Tout d'abord, il existe des motivations négatives ou répulsives, dont la force est souvent très grande. Beaucoup d'individus agissent non par attirance ou projet mais par contrainte ou rejet. Ainsi la peur et l'anxiété sont-elles des sources habituelles de comportement, de même que la fuite par rapport à des situations redoutées. On peut en dire autant de la jalousie (M.F.R. Kets de Vries, 1990) dont les affres sont universelles, même au sein des comportements de gestion. Bien des travaux sur le stress ou les névroses professionnelles montrent qu'ils conduisent à des comportements répétitifs dont la destruction est le leitmotiv caché : par l'agressivité, on s'empêche d'entrer en relation ; par l'obsession, on échappe au plaisir en refusant la peur.

Dans chaque être humain, il y a aussi des conflits de motivations. Ces conflits peuvent être conscients et faire l'objet de compromis acceptables. Dans d'autres cas, ils font voir des dissonances profondes, en particulier entre les objectifs conscients et les désirs inconscients. Les motivations ne sont souvent qu'imparfaitement démêlées en conscience claire : elles sont recouvertes, avec bonne foi, de prétextes qui dissimulent en partie leurs véritables causes (P. Nayrac, 1948).

Bien des comportements humains sont mus par des mécanismes ou des scénarios qui fonctionnent en dehors de la conscience ou en décalage avec elle. Toutes nos actions ne sont pas choisies après mûre réflexion ; certaines s'apparentent au rite ; elles sont choisies automatiquement après une analyse de la situation par notre mémoire interne et réalisées ensuite sans aucune conscience particulière ; ces interactions rituelles correspondent à des sortes de scripts dont les gens peuvent être prisonniers, par exemple en exécutant un schème comportemental stérile et trompeur dans sa charge affective (P. Lindsay et D. Norman, 1980).

S'il y a une rationalité profonde des actions humaines (sur le fond, elles sont explicables), il est souvent difficile d'en rendre compte avec conscience. Il y a un décalage entre les discours et les faits, les opinions étant pleines de fausses raisons. Les interprétations sont biaisées du fait des déformations cognitives de l'ego humain (A.G. Greenwald, 1992) et beaucoup de justifications sont arbitraires car on les construit après l'action (M. Crozier et E. Friedberg, 1977).

Enfin, l'être humain est habile à changer d'objet ou de comportement par rapport à une même motivation. C'est ce qu'on appelle le transfert d'objet ou la substitution de conduite. Par exemple, un objet motivant est remplacé par un autre pour cause d'inaccessibilité, de risque ou d'interdit moral. Si ce phénomène est d'un grand secours pour l'individu, il ne facilite pas l'interprétation des comportements ni l'utilisation opérationnelle de la motivation. Car on ne peut associer à coup sûr un facteur motivationnel et un objectif à atteindre ou un comportement souhaité.

1.4. Les motivations : un champ opératoire complexe

L'être humain garde en lui des traces de son évolution. Des pulsions primaires très vivaces (liées à la peur, à l'avidité, à la survie) coexistent avec des élaborations secondaires complexes et très mentalisées (par exemple : le « sens de la vie », l'image socioprofessionnelle et des valeurs à caractère motivant pour une personne donnée).

La motivation au sens large est moins une réalité ponctuelle et linéaire à causalités simples qu'un processus systémique, inscrit dans des configurations à réseaux complexes et interactifs. Mieux vaut parler de champ motivationnel avec des objets motivants, bien sûr, mais aussi des syndromes, des schèmes complexes de comportements et des combinaisons d'actions. Ainsi la jalousie mentionnée plus haut est-elle un cocktail instable de sentiments, de motivations et de potentiels d'actions ; sa fluctuation et ses effets dépendent de la façon dont sont stimulées ou recadrées les émotions et les représentations de la personne concernée.

Si l'on veut respecter les théories sur la motivation, il faut accepter leur complexité, leur contingence et leur flexibilité temporelle. C'est impossible quand on veut des recettes ou des modèles opératoires à universaliser.

2. La motivation en gestion : l'efficacité opérationnelle des individus au travail

Le plus souvent, les recherches sur la motivation sont simplifiées à l'excès quand on les applique au travail ou à l'action collective. On peut s'en apercevoir chez les psychologues du travail et de l'organisation, ainsi que dans le domaine de l'*organizational behavior*. Les grands courants théoriques sont modélisés à l'extrême, qu'il s'agisse des démarches visant à structurer les besoins ou de celles qui s'intéressent aux processus motivationnels. Leurs effets sur les discours normatifs ou pratiques sont encore plus réducteurs.

2.1. Les tendances en psychologie du travail et de l'organisation

Les psychologues du travail se préoccupent de la motivation comme d'un complément obligatoire à l'analyse des compétences (c'est le but initial des tests psychotechniques). Ils la considèrent comme aussi importante que les aptitudes pour prédire la réussite professionnelle (P. Pichot, 1954).

Quant aux psychologues de l'organisation, ils s'intéressent à la gestion des motivations pour comprendre les rapports exacts qui s'établissent entre les individus et leur environnement de travail. J. March et H. Simon (1964) y consacrent une grande partie de leur ouvrage sur les organisations ; sensibles à la complexité du débat, ils ont le souci de ne pas trop « psychologiser », en restant dans une analyse des processus décisionnels et des interactions productives.

D'autres construisent des modèles simplifiés[1] dont le but est d'expliquer les comportements, mais avec des arguments qui fassent évoluer l'organisation ou la gestion des hommes dans le sens de leurs valeurs (D. Segrestin, 1992). Par exemple, A. Maslow (1968) n'a pas qu'inventé une célèbre pyramide des besoins. Il a contribué à l'idée que même les individus les moins qualifiés ont des ressources et un potentiel d'engagement que leurs dirigeants peuvent comprendre et mobiliser. Quant à D. McGregor (1960) et F. Herzberg (1966), l'un encourage la diffusion des responsabilités, l'autre fait valoir qu'il n'y a de changement significatif qu'à partir du moment où les tâches confiées aux salariés sont enrichies pour que ces derniers puissent satisfaire la part dynamique de leurs besoins : accomplissement de soi, reconnaissance par autrui de la qualité du travail effectué, possibilité de développement personnel. Au fond, les travaux de ces auteurs ont plus d'enjeux prescriptifs que de supports théoriques. Mais leurs thèses altruistes (en finir avec la bureaucratie, satisfaire les besoins supérieurs des individus) sont souvent déformées par le discours pratique ; on se sert de leurs modèles de motivations pour asservir les individus aux enjeux de production, en récupérant l'analyse à des fins purement organisationnelles ; par exemple, la « réalisation de soi » (A.H. Maslow, 1968) devient « l'accomplissement par le travail », etc.

Plus technique encore, le courant de l'*organizational behavior* a beaucoup étudié la motivation dans ses rapports avec la satisfaction et la productivité. Mais ses points de vue sont trop analytiques, d'où l'impossibilité d'obtenir des résultats globalement significatifs. Pour un thème aussi délicat que la motivation, la recherche de causalités démontrables pose plus de problèmes qu'elle n'en résout. Il y a un grand nombre de facteurs intermédiaires à la fois interactifs et fluctuants. Il est étrange, néanmoins, de voir combien les chercheurs anglo-saxons continuent de s'éreinter sur de telles questions, avec les mêmes méthodes, comme si l'or de la connaissance allait jaillir d'un filon déjà trop exploité. Le plus souvent, ils (re)découvrent des éléments déjà présents dans les théories générales de la psychologie, avec l'illusion de mettre à jour des leviers opérationnels précis. Par exemple, « plus une personne se sent compétente, plus elle a de chance de s'impliquer, et moins elle a envie de quitter l'organisation qui lui reconnaît cette compétence » (C. Cherniss, 1991). Dans d'autres cas, il y a des imbroglios entre le caractère réducteur des propositions et l'effet de surprise des résultats, compte tenu de la complexité mutine et malicieuse du réel.

2.2. Les types de discours sur les motivations au travail

Par rapport à la motivation au travail, les démarches de recherche se répartissent en deux grands courants (C. Lévy-Leboyer, 1984) : ceux qui étudient les facteurs motivationnels, ceux qui décrivent les processus par lesquels passe ou s'exprime un comportement motivé.

Quand on s'interroge sur les facteurs motivants, on se sert des théories dites de contenus, dont les plus connues sont celles d'A.H. Maslow (besoins physio-

1. Voir dans cette Encyclopédie l'article de J. Rojot, « Théorie des organisations », p. 3337, tome 3.

logiques, de sécurité, d'appartenance, d'estime, d'autoréalisation), de C.P. Alderfer (besoins de subsistance, de relations, de progression), de D.C. McClelland (besoins d'accomplissement, d'appartenance, de pouvoir) et de F. Herzberg (facteurs motivants de nature intrinsèque, facteurs d'hygiène de nature extrinsèque). A leur manière, ces théories montrent la variété des sources de motivation. Mais elles sont partielles, abstraites et pseudo-universelles. Elles nient ou négligent toutes sortes d'aspects mis en évidence par la psychologie fondamentale. Soucieuses de clarté, elles ont une façon un peu naïve de montrer les tiraillements humains entre les pulsions de conservation (besoins physiologiques, facteurs d'hygiène, sécurité, inclusion socio-affective) et les logiques de croissance (volontés de puissance, de développement ou d'accomplissement). Avec des schémas réducteurs, chacune insiste sur les glissements possibles d'un besoin à un autre. L'une parle de hiérarchisation implicite (une pyramide), l'autre de déplacements latéraux (des va-et-vient circonstanciels), selon de vieux principes voulant qu'un besoin comblé en sollicite un autre, et qu'un besoin frustré se trouve des objets de remplacement.

Malgré leur vérification empirique assez faible, ces théories restent dominantes dans les ouvrages de gestion, même si les auteurs en relativisent la portée. C'est qu'elles sont simples, donc faciles à mémoriser ; en outre, elles flattent le plaisir mental des typologies et des classements. Mais leur problème majeur, c'est qu'elles ne traduisent pas les besoins généraux en orientations concrètes. Elles ne présagent en rien des particularités individuelles (quels sujets désirants ?) ou des réalités organisationnelles (quels objets motivants ?). Aussi laissent-elles libre cours à la façon dont une entreprise produit ses incitations, ses stimulants ou ses moyens de rétribution ; très peu de liens sont faits entre les facteurs motivationnels abstraits et les objets motivants d'une situation donnée.

D'autres courants de recherche traitent des processus : comment les gens sont-ils motivés ? Quatre ensembles théoriques sont ici disponibles (J. Rojot, A. Bergmann, 1989 ; D. Hellriegel *et al.*, 1992). Le premier n'est pas toujours cité par ceux qui mettent l'accent sur l'homme rationnel, car il fait voir l'aspect conditionnable de nos comportements ; par exemple, on peut rendre certaines conduites désirables avec des renforcements positifs ou négatifs, et d'autres indésirables avec des punitions ou des absences de renforcement (B.F. Skinner, 1971) ; ou encore, on peut voir à l'œuvre des facteurs génétiques, là où les hommes se parent d'un vernis de justifications raisonnables (R. Wright, 1995).

Les trois autres systèmes théoriques plaident pour la rationalité. L'un (théorie des attentes) pense que l'être humain agit en fonction des liens qu'il établit entre les efforts qu'il fait, les résultats qu'il obtient et l'intérêt personnel qu'il en retire (V. Vroom, 1964). Le deuxième (théorie de l'équité) postule que l'être humain construit ses désirs et ses aspirations à partir de son environnement social ; cet environnement lui donne la mesure de ce qu'il est juste de faire et d'obtenir (J.S. Adams, 1963). Le troisième (théorie des objectifs) constate que les individus se fixent des buts et s'efforcent après coup de les atteindre (E.A. Locke, 1968). Ces bases conceptuelles ont permis de bâtir bien des modèles, en cumulant les savoirs disponibles dans un but de compréhension et d'aide à la décision.

Les théories de processus renvoient aux aspects à la fois libres et déterminés du comportement humain, avec un mélange de conditionné animal, de construit social et de raisonnement individuel. Mais comment faire la part des choses entre les calculs, les habitudes et la spontanéité ? On en sort avec une meilleure compréhension des mécanismes de la motivation, car les recherches sur les processus sont scientifiquement plus sûres que celles sur les contenus. Mais leurs résultats sont difficiles à relier entre eux et à opérationnaliser.

2.3. Une simplification des discours dans les usages organisationnels

Dans les pratiques des entreprises, on préfère les typologies (facteurs motivants) aux études de processus. Quand on relie une théorie de processus à un mode de gestion, les conclusions qu'on en tire sont assez banales. Il s'agit de bon sens théorisé, avec des remarques certes utiles, mais dont le réalisme apparent pousse à des questions iconoclastes. Par exemple, pour quelles motivations moins « raisonnables » les dirigeants n'appliquent-ils pas les règles souhaitables ? Pourquoi faut-il toujours les leur rappeler ou les leur justifier ? (J.L. Bergeron, 1979).

Le plus souvent, on étudie la motivation comme quelque chose à développer dans le sens de l'action. On n'analyse guère les motivations négatives, pourtant très dynamiques, même si c'est dans un but de blocage ou de contre-décision. A cet égard, le « champ de forces » de K. Lewin (1959) est plus opérationnel que bien des modèles autrement compliqués ; il permet de faire intervenir, conjointement, des facteurs et des processus motivationnels d'espèces différentes.

On ne tient pas vraiment compte des conflits motivationnels, ni d'ailleurs des transferts entre objets motivants. Par exemple, au début des années 1990, bien des auteurs ont insisté sur l'impact motivationnel de la « participation financière » ou des « stock-options »[2] ; mais il s'agissait d'effets de mode, reconnus et utilisés comme tels, pas de techniques intrinsèquement meilleures que d'autres. Peu de gens refusent les cadeaux, quels que soient leurs habillages culturels, si du moins les contreparties supposées ne semblent pas trop coûteuses.

Certaines pratiques tâchent d'intégrer le plus possible d'informations sur les comportements humains. Mais c'est sous forme de catalogues ou d'accumulations. Les dynamismes humains sont présentés de manière « anatomique », comme s'il suffisait de les décrire pour interagir avec eux dans les rapports interpersonnels ou l'action collective. On se trouve devant une sorte d'excès cognitif avec une débauche de situations ou de symptômes, mais avec un manque paradoxal de mécanismes fondamentaux pour relier les fragments d'analyse.

Ce qui est plus gênant, c'est la recherche de contrôle qu'on voit poindre à travers l'idée de motivation. Autrement dit, la motivation n'est pas vue comme la propriété de sujets autonomes, capables au fond de négocier leur champ d'action à travers leurs désirs et ce qu'ils conçoivent de leurs besoins.

---

2. Voir dans cette Encyclopédie les articles de P. Desbrières, « Participation financière des dirigeants et des salariés », p. 2182, tome 2 et « Stock-options », p. 3015, tome 3.

Elle est perçue comme une variable à manipuler, au détriment bien sûr de sa variété.

Dans les liens qui sont faits entre les comportements au travail et les motivations, on observe donc de nombreuses déformations :

– pour des raisons stratégiques (asservissement des potentiels humains à la logique organisationnelle, donc évitement ou déni de ce qui n'est guère canalisable au profit d'un tel objectif) ;

– mais aussi pour des raisons cognitives exposées par C. Morel (1992) ou C. Tapia (1991) : préférence pour la réduction rassurante, besoin d'illusions opératoires, manque de liens profonds entre management et sciences humaines.

3. Propositions pour sortir du réductionnisme motivationnel

Afin d'échapper au réductionnisme, il faut passer par le sens que prend le travail pour les salariés. Car tout système de motivation est un expédient dérisoire s'il oublie les valeurs des individus, en négligeant les significations qu'ils donnent à leur action collective et à leur vie professionnelle. Il est donc important de passer par des champs motivationnels contextualisés, dont on soulignera les caractéristiques générales et les aspects individualisés.

3.1. Le point de vue éclairant de B. Burkard Sievers

Traitant de la motivation comme un « ersatz de significations », B. Burkard Sievers (1990) propose quatre grandes critiques à l'usage qu'on en fait pour gérer les entreprises :

– on se contente de relations causales et unidimensionnelles entre les motifs et les comportements, avec une préférence pour des causalités mécaniques (type carotte ou bâton) ; on réifie les rapports entre les personnes, en refusant les aspects symboliques (images, significations globales, métaphores) qui aident à comprendre les actions observées ;

– on passe d'une recherche d'intelligibilité à une tentative d'influence ; on imagine des instruments d'intrusion, de manipulation et de contrôle grâce auxquels les dirigeants ou ceux qui les légitiment pourraient obtenir les comportements voulus ; on oublie que les gens se motivent par eux-mêmes et qu'on ne peut intervenir sur eux que d'une façon indirecte et limitée ;

– on réduit la relation entre les hommes et leur travail au fait de rendre les individus compatibles avec l'organisation ; d'où l'idée de motiver pour obtenir les résultats escomptés, avec l'*a-priori* naïf que les salariés sont immatures, donc incapables d'agir à travers des notions plus larges comme l'expérience de la vie, la sagesse acquise, etc. ;

– on croit que les organisations doivent augmenter sans cesse l'efficacité du travail, en optimisant les rapports entre les contributions et les rétributions ; on néglige les pathologies que cela entraîne.

Pour B. Burkard Sievers, la motivation est moins une découverte scientifique qu'une invention managériale. La motivation n'est devenue un problème de sciences sociales et de gestion qu'à la disparition de la signification du travail. Cette perte de sens est étroitement liée à la montée de la différenciation et de la fragmentation des tâches, c'est-à-dire à la façon dont le travail a été organisé et l'est encore dans la plupart des entreprises occidentales. Les théories de la motivation sont devenues les substituts de la quête de signification. On voudrait que les gens agissent et produisent dans des conditions qui normalement ne devraient pas les motiver à travailler.

Mais si l'on admet que le sens du travail et le sens de l'existence sont liés, cela veut dire que travailler n'a pas qu'une valeur pour l'entreprise. C'est aussi une part de l'existence individuelle et collective. Les réponses à la question du sens peuvent changer durant les phases de l'existence. La question elle-même peut avoir une portée différente selon les moments. Au fond, chaque personne se demande comment avoir une vie utile. Les réponses évoluent en fonction des circonstances et toutes sont particulières.

Pour mieux comprendre la motivation, on peut prendre deux orientations complémentaires.

Dans la première, on continue de s'en servir comme d'un levier d'action à portée générale, mais sans perdre de vue sa complexité ; on peut alors approfondir les questions suivantes.

– En admettant qu'il faille de la motivation pour produire, à quelles sources puise-t-on l'énergie nécessaire (par exemple la peur, la colère, l'intérêt, le plaisir, etc.) ?

– Qu'est-ce qui alimente ou entretient de telles sources (par exemple, la structure formelle de travail, le système de récompenses, le style de pouvoir, le processus de formation, etc.) ?

– Qu'est-ce qui peut contribuer aux résultats observables au même titre que la motivation (par exemple, le niveau de compétence, la qualité des équipements, l'efficacité du processus opérationnel, etc.) ?

Dans l'autre orientation, on développe une compréhension subjective et individualisée de la motivation ; mais on garde à l'esprit les besoins collectifs d'interaction et de synergie ; voici quelques-unes des questions qu'on peut alors se poser.

– Quelle conscience ont les sujets humains de ce qui les motive à travers leur emploi, leur travail, leur contexte professionnel ?

– En quoi ce qu'ils savent d'eux-mêmes les aide-t-il ou non à se socialiser, à s'humaniser, à étayer leurs pulsions, à mieux atteindre leurs buts ?

– En quoi l'organisation les amène-t-elle à prendre conscience d'eux-mêmes, à trouver un sens évolutif à leur action ? *A contrario*, en quoi leur offre-t-elle des objets motivants qui fonctionnent comme des leurres et les conduisent au stress, à la répétition, bref à des formes d'aliénation ?

3.2. Les champs motivationnels comme des cadres de compréhension : caractéristiques générales

Si l'on veut élargir l'idée de motivation, il faut la concevoir comme un champ de dynamisation individuelle et collective. Certains aspects sont généralisables à tout être humain ; on peut s'en servir pour des dispositifs globaux d'accueil et de management organisationnel. D'autres sont liés aux particularités de chacun ; on les comprendra par des échanges relationnels et on les gérera par des ajustements interpersonnels. Comme l'indique J.F. Chanlat (1990), l'être humain est bien sûr un être générique, c'est-à-dire une personne qui se définit par son appartenance à l'espèce humaine et par les caractéristiques qui en découlent ; mais il s'incarne toujours dans un être concret ; c'est cette existence singulière d'individu dans le monde qui lui confère sa spécificité ; le fait humain dans les organisations renvoie immanquablement aux deux ordres de réalité.

D'un côté, il est nécessaire d'avoir une idée des facteurs motivationnels dominants chez l'être humain. De l'autre, il est utile de connaître les processus composites par lesquels, d'une façon générale, un homme développe de l'énergie et l'oriente vers l'action. C'est pourquoi beaucoup de recherches récentes ou en cours sont pleines d'enseignement car elles permettent d'affiner :

– les modèles de contenus, dont elles enrichissent les typologies, soit dans un registre psychologique (M. Maccoby, 1990), soit dans une dimension sociologique et culturelle (G. Hofstede, 1987 ; R. Sainsaulieu, 1987, etc.) ;

– les modèles de processus motivationnel (voir sur un plan psychologique R. Francès, 1987 ; sur un plan psychosociologique et psychanalytique E. Enriquez, 1992).

Certains jugent que la motivation est un champ cognitif trop vaste. Ils l'abordent avec des points de vue partiels à partir de notions dont les contenus sont directement liés à des modes de gestion : par exemple, l'identification, l'implication, l'emprise, l'engagement ou la mobilisation.

Plusieurs modèles précisent les rapports entre motivation et apprentissage, en particulier grâce à l'idée de développement (A. Bernard, 1992 ; C. Bujold, 1989). D'autres traitent des liens entre motivation et attachement à travers le concept d'implication, dont M. Thévenet (1992) a montré le double intérêt ; d'une part – ce qui est assez réaliste – l'identification socio-affective (l'adhésion à des valeurs par exemple) s'y mélange aux logiques plus rationnelles de l'intérêt calculé (la recherche d'opportunités, l'attente de rétributions) ; d'autre part, c'est un état dont les effets sont ambigus, tant pour l'organisation que pour l'individu ; il n'y pas de relations causales déterminantes, l'implication étant une condition de productivité souvent nécessaire mais jamais suffisante.

D'autres chercheurs tiennent pour acquis les processus fondamentaux du comportement motivé. Ce qui les intéresse, ce sont les situations dans et par lesquelles ce comportement s'exprime. Ils travaillent donc sur les contextes de l'action collective, en étudiant leur potentiel à motiver : par exemple, les environnements professionnels, les espaces de participation, les systèmes de rétribution. Enfin, certaines théories font l'économie de la motivation, en se servant d'interactions collectives ou de déterminants sociaux pour expliquer l'orientation des conduites ; mais c'est un exercice périlleux avec des non-dits et des sous-entendus.

3.3. Les champs motivationnels comme des bases de négociation : particularismes et interactions

Les champs motivationnels sont aussi des systèmes contingents, au service des individus et des situations particulières. Dans ce cas, on s'attache aux significations que les êtres humains construisent par rapport à eux-mêmes, à leurs engagements et à leur activité professionnelle. Ce passage par le sens est nécessaire, car la motivation partage les caractéristiques de l'être humain concret : elle est liée à des constructions mentales interprétatives, elles-mêmes influencées par les environnements matériels et sociaux.

C'est là que l'orientation même du concept pourrait changer en gestion, en faisant que les modèles disponibles soient appris ou discutés, conjointement :

– par les gestionnaires (leur management devant tenir compte de la subjectivité des personnes),

– et par les salariés (dans une logique semblable à celle du bilan des compétences et qui se traduirait par : « au fond, quelle est ma structure personnelle de motivations ? »).

Imaginons :

– que l'idée de motivation se partage et que les hommes prennent conscience de ce qui est déjà vrai, à savoir qu'on se motive par soi-même,

– que les hommes au travail sentent mieux les pulsions qui les poussent ou les retiennent, en clarifiant les visions qui les attirent ou les effraient,

– que chacun gère sa trajectoire motivationnelle ; ce faisant, qu'il harmonise ses énergies d'investissement et de désinvestissement, d'équilibre et de développement, dans un rapport ouvert avec les opportunités organisationnelles qu'il rencontre.

Alors trois enjeux pourront venir à maturation.

Il y aura une capacité de négociation plus profonde à l'intérieur des organisations. C'est ce que souhaite P. Morin (1988) dans sa recherche d'équilibres entre contributions et rétributions ou que propose S. Michel (1989) derrière son idée de gestion des motivations. Indirectement, cela correspond aussi à l'action sur les contextes de travail, à condition qu'il s'agisse d'une transaction réaliste à l'égard des besoins et des souhaits des salariés ; leur engagement est alors une contrepartie normale de ce dont ils bénéficient.

On verra réapparaître des valeurs qui débordent les motivations habituellement utilisées dans les situations organisationnelles, du besoin de reconnaissance au besoin de puissance en passant par les rétributions financières. S'il y a plus de sens acceptable et plus de subjectivités capables d'échanger sur leurs représentations, l'éventail des expressions pourra s'ouvrir. Peut-être parlera-t-on à nouveau de sagesse, de maturation morale ou de vocation personnelle ; du moins ces motivations-là s'exprimeront-elles sans honte et plus librement. Du même coup, les enjeux latents, les pensées négatives, les conditionnements, les conflits auront aussi un certain droit d'expression, puisqu'on prendra conscience que les choses dites font moins mal que les choses tues, y compris pour l'énergie organisationnelle et la production collective.

On saura que l'homme est complexe et qu'on n'agit pas n'importe comment sur les motivations. Les champs motivationnels sont plus ou moins réalistes au sens où les représentations qui les fondent sont plus ou moins appropriées au contexte de vie des personnes correspondantes ; renforcer certains champs motivationnels peut se faire au détriment des personnes, si ces champs les empêchent de mûrir, de rester adaptatives ou de se développer.

*

*   *

La motivation est comme un langage. On peut l'analyser du point de vue de la « compétence », en traitant des contenus et processus qui la structurent ou lui permettent de s'exprimer. Dans ce registre-là, on peut apprendre comment elle fonctionne et comment mieux la parler. Mais dès qu'on passe à la « performance », c'est-à-dire à l'usage individuel de la motivation, il n'y a rien à expliquer de l'extérieur. La compréhension passe par les significations et les représentations personnelles ; au mieux, on peut se mettre à les partager.

Références

ADAMS J.S., « Toward an Understanding of Inequity », *Journal of Abnormal and Social Psychology* (1963).

ALDERFER C.P., *Existence, Relatedness and Growth : Human Needs in Organizational Settings*, New York, The Free Press, 1972.

BERGERON J.L., « Un cadre théorique pour l'étude de la relation entre la participation et la motivation au travail », *in* C. Benabou, H. Abravanel, *Le comportement organisationnel*, Boucherville, Québec, Gaëtan Morin, 1979.

BERNARD A., *Le développement des jeunes cadres*, Paris, Liaisons, 1992.

BUJOLD C., *Choix professionnels et développement de carrière*, Boucherville, Québec, Gaëtan Morin, 1989.

BURKARD SIEVERS B., « La motivation, un ersatz de significations », *in* J.F. Chanlat (éd.), *L'individu dans l'organisation*, Paris, Eska, 1990.

CHANLAT J.F. (éd.), *L'individu dans l'organisation*, Paris, Eska, 1990.

CHERNISS C., « Career Commitment in Human Service Professionals : a Biographical Study », *Human Relations* (vol. 44, n° 5, 1991).

CÔTÉ N., BÉLANGER L., JACQUES J., *La dimension humaine des organisations*, Boucherville, Québec, Gaëtan Morin, 1994.

CROZIER M., FRIEDBERG E., *L'acteur et le système*, Paris, Le Seuil, 1977.

ENRIQUEZ E., *L'organisation en analyse*, Paris, PUF, 1992.

FRANCÈS R., « La motivation au travail », *in* C. Lévy-Leboyer, J.C. Sperandio, *Traité de psychologie du travail*, Paris, PUF, 1987.

GREENWALD A.G., « L'ego totalitaire, ou comment chacun fabrique et révise sa propre histoire », *in* M. Piolat *et al.*, *Le soi, recherches dans le champ de la cognition sociale*, Neuchâtel, Delachaux et Nietstlé, 1992.

GUIOT J.M., *Organisations sociales et comportements*, Paris, Hommes et Techniques, 1981.

HELLRIEGEL D., SLOCUM J.W., WOODMAN R.W., *Management des organisations*, Bruxelles, De Boeck, 1993.

HOFSTEDE G., « Relativité culturelle des pratiques et théories de l'organisation », *Revue Française de Gestion* (septembre-octobre 1987).

KETS DE VRIES M.F.R., « L'envie », *in* J.F. Chanlat (éd.), *L'individu dans l'organisation*, Paris, Eska, 1990.

LÉVY-LEBOYER C., *La crise des motivations*, Paris, PUF, 1984.

LEWIN K., *Psychologie dynamique*, Paris, PUF, 1959.

LINDSAY P., NORMAN D., *Traitement de l'information et comportement humain*, Montréal, Etudes Vivantes, 1980.

LOCKE E.A., « Toward a Theory of Task Motivation and Incentives », *Organizational Behavior and Human Performance* (1968).

MACCOBY M., *Travailler, pourquoi ? Une nouvelle théorie de la motivation*, Paris, InterEditions, 1990.

MARCH J., SIMON H., *Les organisations*, Paris, Dunod, 1964.

MASLOW A.H., *Vers une psychologie de l'être*, Paris, Fayard, 1975.

MCCLELLAND D.C., *The Achieving Society*, Princeton, NJ, Van Nostrand-Reinhold, 1961.

MCGREGOR D., *The Human Side of Enterprise*, New York, McGraw-Hill, 1960. Trad. française : *La dimension humaine de l'entreprise*, Paris, Gauthier-Villars, 1976.

MICHEL S., *Peut-on gérer les motivations ?*, Paris, PUF, 1989.

MOREL C., « Le mal chronique de la connaissance ordinaire sur l'entreprise », *Gérer et Comprendre* (septembre 1992).

MORIN P., « La ressource humaine dans le management », *in* D. Weiss (éd.,) *La fonction ressources humaines*, Paris, Les Editions d'Organisation, 1988.
NAYRAC P., *Eléments de psychologie*, Paris, Flammarion, 1948.
NEWCOMB T.M., TURNER R.H., CONVERSE P.E., *Manuel de psychologie sociale*, Paris, PUF, 1970.
NUTTIN J., FRAISSE P., MEILI R., « La motivation », *in* P. Fraisse et J. Piaget (éd.), *Traité de psychologie expérimentale*, t. 5, Paris, PUF, 1968.
PICHOT P., *Les tests mentaux*, Paris, PUF, 1954.
REUCHLIN M., *Psychologie*, Paris, PUF, 1977.
ROJOT J., BERGMANN A., *Comportement et organisation*, Paris, Vuibert, 1989.
SAINSAULIEU R., *Sociologie de l'organisation et de l'entreprise*, Paris, Presses de la Fondation Nationale des Sciences Politiques et Dalloz, 1987.
SEGRESTIN D., *Sociologie de l'entreprise*, Paris, Armand Colin, 1992.
TAPIA C., *Management et sciences humaines*, Paris, Les Editions d'Organisation, 1991.
THÉVENET M., *Impliquer les personnes dans l'entreprise*, Paris, Liaisons, 1992.
VROOM V., *Work and Motivation*, New York, John Wiley and Sons, 1964.
WRIGHT R., *L'animal moral*, Paris, Editions Michalon, 1995.

Mots clés

Accomplissement, action collective, attente, besoin, champ motivationnel, comparaison sociale, comportement, conditionnement, conduite, conflit, contenus (théories des –), désir, efficacité, engagement, équité, implication, intérêt, motivation, objectif, processus (théories des –), productivité, représentation, satisfaction.

Négociation d'affaires

Christophe Dupont

La notion « d'affaires » dans la gestion de l'entreprise ou des organisations est difficile à cerner tant est grande la variété des situations qu'elle englobe. Un dénominateur commun est qu'une « affaire » est une opportunité pour la partie qui s'y engage de réaliser un objectif grâce à la rencontre fortuite ou provoquée de son intérêt propre et de l'intérêt d'un tiers (individu, entreprise ou organisation).

Cette rencontre peut prendre diverses formes dont beaucoup n'entrent pas dans le champ d'une négociation : ainsi en est-il, par exemple, des situations d'adjudication par le marché[1]. Mais dès qu'il s'agit d'une activité mettant en présence, généralement en « face à face », deux (ou plusieurs) interlocuteurs interdépendants s'efforçant d'obtenir simultanément la satisfaction de leurs objectifs propres et l'accord de la partie adverse sur une solution qui lui est acceptable, on se trouve dans une situation de négociation. Celle-ci se caractérise par son champ d'action (ni affrontement pur, ni pure résolution de problèmes), sa dynamique (en termes d'un processus relativement régulier), ses mécanismes (confrontation d'enjeux à propos d'un « objet », de rapports relativement maîtrisés de force et d'influence et de phénomènes relationnels), ses techniques (stratégiques et tactiques) et ses exigences d'efficacité.

Le présent article est articulé autour de ces caractéristiques envisagées d'abord sous l'angle de la structure et de la dynamique de la négociation d'affaires en général (section 1), et ensuite en distinguant les négociations mettant l'accent sur les aspects tactiques de celles qui sont fondées sur les approches stratégiques (section 2).

1. Structure et dynamique de la négociation d'affaires

Cette première section est organisée en quatre paragraphes. La première replace la négociation d'affaires dans une vue d'ensemble de la négociation en général ; la deuxième concerne la préparation d'une négociation ; la troi-

1. Voir dans l'Encyclopédie des marchés financiers l'article de P.M. Larnac, « Marchés d'enchère ».

sième décrit les phases typiques d'une négociation d'affaires et la dernière aborde les aspects stratégiques.

1.1. Négociation d'affaires et négociation en général

Qu'elle concerne la conclusion d'un contrat commercial (vente, achat, louage de biens ou de services) ou financier, celle d'un accord (par exemple, de coopération technique), la création d'une entreprise commune à risques partagés (capital-risque), le montage d'un projet ou plus généralement la conclusion de transactions bi- ou multilatérales, la négociation d'affaires se moule dans des structures ou dans des dynamiques assez similaires. Car elle fait apparaître des traits communs et spécifiques que l'observation quotidienne et les études empiriques permettent de décrire par des schémas ou « modèles » certes réducteurs de la réalité, mais utiles pour la compréhension de celle-ci.

Depuis une vingtaine d'années, les chercheurs ont en effet essayé de décrire et d'expliquer la nature de la négociation par le recours à des modèles. Cependant la tentative s'est révélée difficile pour une triple raison.

– En premier lieu, les négociations sont tellement diverses que toute généralisation se heurte à la variété des circonstances particulières. Ceci concerne aussi bien le domaine, le lieu, l'objet et la complexité de la situation que l'infinie diversité des comportements d'acteurs.

– En deuxième lieu, l'observation des faits et l'expérimentation simplifiée en « laboratoire » (à partir de « jeux » de type psycho-sociologique comme le « dilemme des prisonniers » ou le « jeu des camions », ou de type économique comme les jeux du monopole bilatéral ou à partir de simulations ou de cas) ont mis en évidence un nombre tellement élevé de variables et une telle complexité d'interactions que l'élaboration de modèles simples n'en est guère facilitée.

– Enfin, les recherches se sont essentiellement développées sur une « base disciplinaire » sans que l'on soit parvenu jusqu'à présent à intégrer ces différentes démarches (psycho-sociologiques, théorie des jeux, théorie du processus, recherches pragmatiques, etc.) dans une approche commune, un « paradigme » fédérateur[2].

Aussi constate-t-on un décalage entre les concepts et les mécanismes utilisés par les théoriciens et les pratiques des négociateurs en situation. Mais les uns et les autres deviennent de plus en plus conscients de l'intérêt de réduire et même de dépasser cette différence. C'est ainsi que des représentations simplifiées du phénomène de la négociation peuvent être désormais considérées comme « opérationnelles » : elles sont un compromis temporaire entre les ambitions de la recherche (strictement rigoureuse et généralisatrice) et les préoccupations du praticien (réalisme, simplicité, pertinence, facilité d'adaptation et d'application immédiate).

Pour la négociation d'affaires, comme pour d'autres types de négociation, le repérage de quelques variables clés se révèle à la fois utile et suffisant. Des modèles simplifiés existent et le fait qu'ils diffèrent sur certains aspects ou sur l'accent qu'ils mettent sur telle ou telle démarche (éléments de processus,

2. Pour une exposition de ce point de vue, voir V. Kremenyuk (1991) et I.W. Zartman (1988).

comportements, etc.) n'atténue pas leurs possibilités d'application pour le négociateur professionnel.

Un exemple de ces modèles simples est le recours à trois grandes catégories de variables pour expliquer la progression d'une négociation et mieux en comprendre le résultat. La négociation est appréhendée comme une activité qui met en œuvre la confrontation entre négociateurs – à propos d'une situation (explicite ou non) – d'enjeux (c'est-à-dire de la sanction du déroulement et du résultat par rapport aux intérêts, aux préoccupations, aux attentes, aux contraintes et aux risques liés au processus et à l'issue de l'affaire négociée), de rapports d'influence et de pouvoir, et d'interactions comportementales (interpersonnelles et intergroupes, ou même à l'intérieur de ces groupes). Cette confrontation (enjeux, rapports de force, comportements) est difficile à décoder car les interactions sont évidentes et nombreuses entre ces facteurs, et entre ceux-ci et l'objet même de la négociation. Par exemple, le comportement des négociateurs ne dépend pas seulement de leur personnalité, ou de leur « style » ou de leur habileté et de leur expérience ; il est aussi fonction de la situation de dominance relative vis-à-vis de la partie adverse (voire vis-à-vis de son propre groupe ou « délégation ») ou encore vis-à-vis de l'importance ou au contraire de l'indifférence relative vis-à-vis du résultat (enjeux élevés ou faibles, enjeux de groupe ou personnels, enjeux à court ou à long terme, etc.).

Cette analyse simplifiée de la négociation peut être rendue plus complexe par l'adjonction de paramètres pertinents. Certains modèles y ajoutent spécifiquement la « culture » comme élément sous-jacent de l'ensemble du mécanisme (A. Jolibert, 1987) ; d'autres – comme le modèle de Rubin (J. Rubin, B. Brown, 1975) – y ajoutent le processus lui-même (en d'autres termes, le résultat est aussi fonction du déroulement même de la négociation, indépendamment de son objet, des phénomènes de pouvoir, et de la personnalité et du style du négociateur). A l'heure actuelle l'ouvrage de V. Kremenyuk (1991) et la contribution de G.O. Faure dans l'*Encyclopaedia Universalis* (1992) constituent deux références de base dans l'exploration des modèles de négociation. Le modèle qui peut être induit de V. Kremenyuk (1991) est représenté au schéma 1.

Une telle représentation abstraite de la négociation pourrait paraître éloignée de la manière d'agir des négociateurs et risquerait alors de ne pas avoir de portée opérationnelle. Or, il n'en est rien comme le démontre l'enseignement de séminaires dont les participants sont souvent des négociateurs expérimentés. Bien qu'ils agissent instinctivement sans référence à un modèle, les négociateurs retrouvent après coup les points d'ancrage que montre le modèle[3]. Cette explication est pour eux d'un grand intérêt car elle permet de mieux structurer leur expérience, de leur donner du recul par rapport à leurs pratiques et de faciliter – entre autres – la préparation de leurs négociations futures.

Si ce qui précède est valable pour la plupart des négociations – quels que soient leur domaine et leur « orientation » (conflictuelle ou concertative) –, en quoi la négociation d'affaires est-elle spécifique ?

---

3. Voir l'épilogue (p. 357 et s.) de l'ouvrage fondamental du professeur H. Raiffa (1982).

Schéma 1 – Modèle de négociation

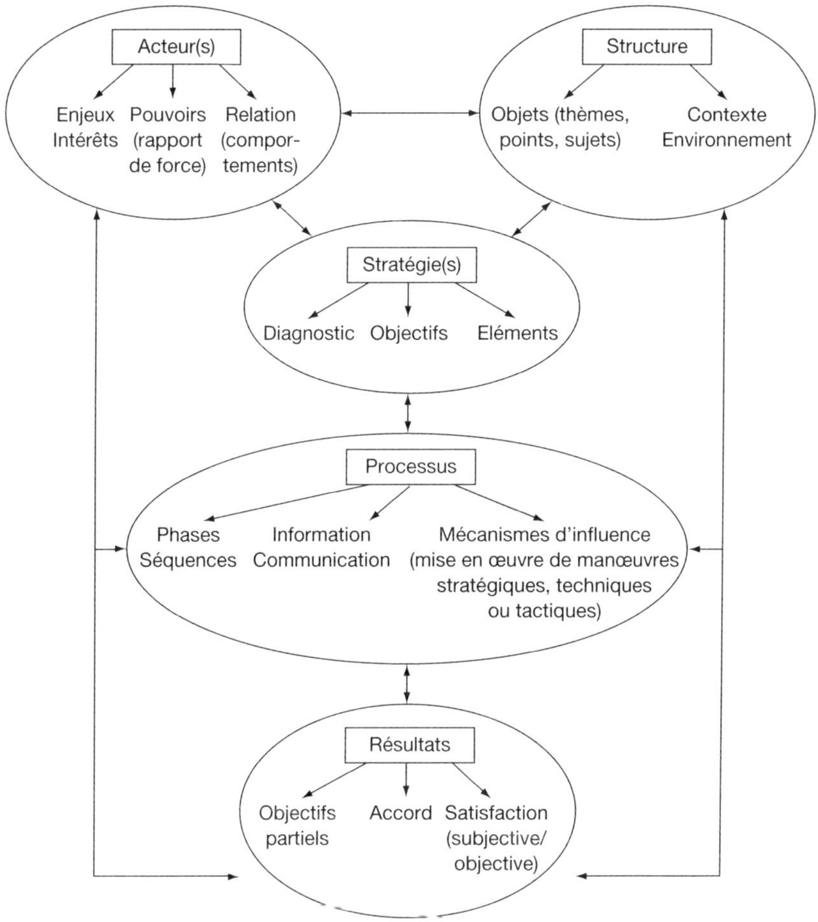

Source : Adaptation d'après le schéma adopté par le réseau PIN/IIASA (Laxenburg, Autriche), voir V. Kremenyuk (éd.) (1991) *in* C. Dupont (1994, p. 47).

Quatre éléments au moins donnent à la négociation d'affaires une « spécificité ».

– Premièrement, l'omniprésence de données techniques, non seulement économiques (prix, délais, montages financiers, etc.) mais aussi technologiques (spécifications, services associés) et juridiques (clauses contractuelles, par exemple, « protocoles annexes », etc.). La négociation d'affaires fait appel, surtout dans les négociations d'une certaine ampleur, à la complémentarité de compétences très diverses : l'ingénieur s'y retrouve en compagnie du technico-commercial ou du commercial pur, du juriste ou de l'expert financier.

– Deuxièmement, la prise en compte – dans une bonne proportion de cas – de l'avenir, de la répétitivité (quasi certaine ou simplement envisagée) de l'opération, de la probabilité « de se revoir », de traiter de nouveau ensemble. Certes ceci ne se produit pas toujours et certains négociateurs considèrent même que l'affaire est « un coup » et que la traiter comme telle est une démarche opportune ; mais, outre que cette approche est aujourd'hui considérée avec beaucoup plus de nuances, voire de méfiance qu'auparavant, elle devient moins caractéristique de la négociation d'affaires en général.

– Une troisième spécificité est la complexité (par rapport à la « petite » négociation d'achat-vente quotidienne, à la transaction banale et uniforme). La complexité est aussi associée au besoin de « personnaliser », de faire du « sur mesure », souvent pour le matériel, le bien ou le service, mais à coup sûr quant aux besoins et aux circonstances particulières du client. Complexité veut souvent dire aussi durée, alternance de séquences lentes et floues, et d'intermèdes rapides et précis avec tout ce que cela entraîne : la nécessité de faire entrer la dimension du temps, des aléas, des retournements, des surprises et des opportunités qu'il faut être prompt à saisir, les interruptions et les reprises, les renégociations.

– Et enfin, quatrièmement, la négociation d'affaires a ceci de particulier qu'elle s'efforce de dépasser les seules techniques de vente, c'est-à-dire d'actes et d'attitudes qui, sur la base d'une efficacité passée et généralement partagée, sont destinés à infléchir le comportement d'achat de l'interlocuteur[4]. La négociation d'affaires n'ignore pas de telles techniques qui ont leurs mérites et aussi leurs limites ; mais elle les situe dans une démarche plus globale et moins unilatérale. Plutôt que d'infléchir le comportement d'achat par une série d'initiatives séquentielles et calculées (démarche AIDA qui consiste à éveiller l'Attention du client, puis à susciter son Intérêt et son Désir d'achat, et enfin à provoquer l'Accord ; démarche DIPADA dans laquelle les trois premières étapes sont la Définition du besoin, l'Identification du produit et la Preuve de l'intérêt de la transaction pour le client, et d'autres « techniques » de ce genre), elle se développe en s'appuyant sur les principes de la négociation elle-même : la reconnaissance de l'interdépendance, la mise en évidence des intérêts convergents comme des intérêts opposés, la recherche créative, réaliste et pertinente des solutions par l'ouverture d'alternatives et d'options, la maîtrise des dérapages émotionnels. Un courant de pensée ajoute le préaccord sur une manière de négocier, fondée sur quelques principes destinés à faciliter l'obtention d'un gain commun[5].

1.2. La préparation de la négociation d'affaires

Les modèles évoqués ci-dessus ont le mérite de fournir au négociateur d'affaires une clé de compréhension générale d'une activité qui lui paraît souvent confuse, contradictoire, aléatoire et circonstancielle. Derrière ce désordre apparent, des forces structurent cependant une situation d'une manière assez fortement déterminée : la confrontation des enjeux, des pouvoirs et des relations. Ces mécanismes peuvent être analysés d'une manière dynamique, ce que révèlent *a posteriori* les stratégies suivies (parfois

---

4. La question des techniques de vente est rapidement abordée dans la deuxième partie de cette section et un certain nombre de références bibliographiques y sont données.

5. Voir, par exemple, le courant de pensée (H. Raiffa, R. Fisher, J. Rubin, etc.) qui anime le Programme de négociation d'Harvard. Une excellente présentation de ces approches nouvelles est celle de A. Lax et J. Sebenius (1986).

explicites et stables, souvent implicites et fluctuantes) et les tactiques qui apparaissent au stade de l'exécution.

Un aspect capital de cette dynamique est le phénomène de « progression » et de « mouvement » bien connu des négociateurs. Or, la progression et le mouvement sont moins arbitraires et moins aléatoires qu'il n'y paraît. Pour prendre une vue assez haute du phénomène, il est bon de distinguer plusieurs phases dans la négociation d'affaires. Assez naturellement, il faut examiner séparément l'amont de la négociation de son déroulement proprement dit. Il est nécessaire aussi de ne pas négliger l'après-négociation et les problèmes du suivi. On peut aborder chacune de ces grandes séquences d'une manière descriptive (ce que l'on observe, ce qui se fait) ou d'une manière prescriptive (ce qu'il faudrait faire et pourquoi).

En amont de la négociation se situent deux moments clés (outre la question de la prospection qui fait partie de la démarche marketing, plateforme de lancement de la négociation) : les premiers contacts, qui peuvent être informels, et les problèmes de la préparation. Nous n'abordons pas ici le premier aspect si ce n'est pour rappeler le rôle souvent crucial de cette phase dont la réussite est d'ailleurs elle-même en partie affaire de préparation.

Tout négociateur d'affaires est censé bien connaître son dossier, c'est-à-dire essentiellement l'objet de la négociation, les objectifs et les grandes lignes d'action qui généralement définissent aussi des butoirs ou des points de rupture. Faut-il aller plus loin et, si oui, comment organiser une bonne préparation[6] ?

Cette question peut être envisagée de deux points de vue complémentaires : l'un en quelque sorte « philosophique » et l'autre essentiellement pratique.

1.2.1. Une vue « philosophique » de la préparation

Un point de départ étonnamment simple et pratique pour bien se préparer à une négociation est de se souvenir du conseil du philosophe F. Bacon (1597) qui avait, il y a quatre siècles, résumé la négociation par la triple formule « réfléchir ; explorer ; prendre des risques ». Si « prendre des risques » fait partie intégrante de l'action dans le déroulement même de la négociation (et explorer, comme on le verra, fait aussi partie du processus central), les deux premiers termes « réfléchir » et « explorer » paraissent devoir être le fil conducteur d'une bonne préparation.

- Il s'agit d'abord de « réfléchir » sur plusieurs points :
- – le thème des entretiens : ce sur quoi vont porter les entretiens,
- – les objectifs de cette négociation en devenir,

6. Sur cette question, les avis diffèrent car une préparation lourde est consommatrice de temps et de ressources et peut rigidifier le comportement du négociateur. Les partisans d'une préparation légère (essentiellement axée sur l'étude du dossier et la définition de grandes orientations) soulignent que la négociation est une activité remplie d'imprévus qui exige surtout un sens de l'improvisation et une flexibilité de comportement et de conduite pour s'adapter avec rapidité et à-propos aux réactions inattendues de la partie adverse. Le consensus actuel est cependant que le négociateur doit être bien préparé à la négociation, même si cela représente un surcoût apparent et sous réserve que la préparation ne soit toujours fondée que sur des hypothèses et anticipations à explorer, à tester et donc à réviser constamment en cours de négociation.

– les limites de cette négociation (notamment sur ce qui est – pourrait être ou devenir – non négociable pour chacune des parties en présence),

– la partie adverse, c'est-à-dire celle avec qui on va négocier,

– et les moyens dont dispose chacun des négociateurs.

Cette base de données – en partie « objective » et relativement bien cernée, en partie subjective et floue – permet d'enclencher la démarche subséquente de l'exploration. Or, beaucoup de négociateurs ont tendance – souvent par manque de temps, parfois de moyens – à « réfléchir » insuffisamment ; ils se mettent alors dans une posture inconfortable pour entreprendre avec succès l'« exploration » et la « prise de risques ». Car comment prendre les (bons) risques si ce n'est alors que sous le coup – parfois génial – de l'improvisation ou du flair accordés par la nature ou aiguisés par l'expérience (ou dans une mesure variable la formation) ? A quoi faut-il réfléchir ? Que faut-il « cerner » ?

Cerner d'abord l'objet de la négociation (en comprendre les composantes connues et apparentes et aussi découvrir les éventuels éléments inconnus, cachés ou masqués ; s'interroger sur la différence des interprétations et des perceptions ; rechercher les liens possibles entre les éléments constitutifs de la situation et avec les antécédents ou les analogies. C'est procéder le plus exactement possible à la visualisation des positions (affichées, souhaitables, non négociables) des parties, et apprécier de cette manière la plage possible de négociation. C'est enfin (en tenant compte des contraintes et des potentialités) essayer d'avoir une première idée de l'importance relative des points en discussion et des priorités possibles. Un double intérêt s'attache à cette phase qui, selon les données propres à chaque cas, sera rapide ou lente et méticuleuse, relativement formalisée (quantitativement) ou formulée uniquement en termes qualitatifs. Le premier intérêt est de bien préparer le jeu des questions qu'il faudra soulever pour améliorer l'information disponible (et d'ailleurs aussi bien préparer le jeu des réponses, grâce à quoi pourra s'enclencher un processus d'information réciproque qu'il faudra manier en fonction des stratégies éventuelles). Le second intérêt est de tirer les premiers enseignements de nature stratégique : quel type de négociation (projet ? conflit ?[7], concertative, conflictuelle ?), quelles grandes techniques choisir ? (voir ci-dessous). Il faut ajouter aussi que cette étape permet au négociateur d'avoir une première idée de la zone possible d'accord et d'établir une comparaison entre l'intérêt et les avantages d'un résultat espéré et ceux de solutions alternatives à la négociation. Ainsi apparaît dès le départ la notion essentielle « d'opportunité de la solution négociée ».

Cerner ensuite les moyens et les ressources dont les parties disposent : procéder à l'analyse (constat ? anticipation ? transformations ?) des jeux de pouvoir ou d'influence que la négociation mettra inévitablement en œuvre. Sous sa forme la plus catégorique, il s'agit là de l'évaluation du rapport de force, c'est-à-dire du degré de dépendance relative des parties[8], notamment en raison de la confrontation des ressources et des contraintes. Le pouvoir

7. Il existe en effet une grande différence entre la négociation à propos de la mise au point d'un projet et la négociation destinée à trouver une solution à une situation conflictuelle ou quasi conflictuelle.

8. La notion de dépendance mutuelle comme élément d'analyse du rapport de force a bien été mise en lumière par S. Bacharach et E. Lawler (1981).

dans la négociation (et il ne faut pas oublier que la négociation se différencie de « l'affrontement » en ce qu'elle admet une maîtrise de ce pouvoir compte tenu de la « réalité de l'autre ») n'est pas seulement la capacité de coercition (ou de « punition ») – ce qui s'observera dans des négociations commerciales, conflictuelles – mais aussi la capacité de gratification, la capacité normative de définir les règles du jeu et la capacité de compétence, d'expérience, d'habilité ou de séduction. Comment évaluer les pouvoirs potentiels et leur évolution possible ? Comment en modifier la balance, que faire en cas de déséquilibre marqué ?

Cerner enfin la psychologie, les manières de faire, le style, la culture des parties. La partie adverse est connue directement ou indirectement, ou bien il s'agit de nouveaux interlocuteurs. Comment en cerner les motivations, les traits, les styles, l'efficacité ? Cette question n'est pas toujours facile à élucider mais la connaissance de certains réflexes, de certains profils, de certaines typologies peut l'éclaircir, compte tenu que la prudence est de rigueur, qu'il faut éviter de juger prématurément et de tomber dans des stéréotypes et les erreurs d'attribution[9].

• Après avoir « réfléchi », il faut « explorer ».

Trop souvent le négociateur ne consacre pas suffisamment d'énergie et de temps à la recherche d'idées, d'options et de solutions. Cette recherche se fait hors du champ de l'action pour tenter d'en appliquer les enseignements dans l'action. Le déroulement de la négociation est un moment qui impose une confrontation rapide et souvent inattendue avec le réel, qui fait apparaître des rythmes et des émotions qui, pour une minorité, sont le ferment et l'occasion de la solution remarquable mais qui, pour beaucoup, tarissent l'idée novatrice ou provoquent l'inertie ou une attitude inadaptée. Mieux vaut donc souscrire à l'avance à cette prime d'assurance contre l'inévitable incertitude et, comme le soutient D. Chalvin[10] en caricaturant quelque peu, « rechercher la trente-sixième solution quand on en a déjà essayé trente-cinq ».

Explorer, c'est donc – face au diagnostic – s'interroger sur les mérites respectifs de solutions alternatives, sur la possibilité d'introduire au moment voulu des options susceptibles de débloquer une situation compromise, sur la solidité et l'opportunité de positions de rechange ou de repli. L'école de négociation d'Harvard a mis en lumière la notion de « meilleure solution de rechange », c'est-à-dire de la meilleure alternative qui reste ouverte au négociateur en cas d'échec de la négociation. Une telle circonstance replacerait le négociateur dans une situation de prénégociation (mais qui n'est plus désormais tout à fait la même). Pour les négociateurs d'Harvard, cette « BATNA » (*best alternative to a negotiated agreement*) que l'on pourrait peut-être traduire par le sigle AAA, Alternative en cas d'Absence d'Accord, est un élément capital de la préparation du négociateur. Car la négociation est le jeu dans lequel les participants vont essayer de se situer le plus loin possible de ce point (ou plus exactement de cette zone-limite). Une bonne connaissance de son AAA, pour son camp comme pour la partie adverse, donne au négociateur une maîtrise fondamentale, notamment sur le point de savoir s'il doit d'abord s'efforcer de modifier par l'action ou par la persuasion « les trois A »

9. Ces problèmes revêtent une importance cruciale dans les négociations internationales.
10. D. Chalvin, *L'Expansion* (avril 1981), p. 39.

(AAA) de la partie adverse. Un des apports les plus novateurs de la contribution de A. Lax et J. Sebenius (1986) porte précisément sur ce point.

La phase d'exploration ne serait pas complète sans une interrogation sur les stratégies envisageables et envisagées que ce soit pour son camp ou par anticipation – sujette à révisions éventuellement rapides et répétées – pour celles de la partie adverse. Certains ont décrit la stratégie dans la négociation comme la décision pour une partie d'écrire à l'avance un scénario dans une pièce dont l'intrigue échappera néanmoins – pour partie – à l'auteur. Aussi ses limites sont-elles évidentes, mais l'exercice n'en est pas moins utile si on sait se contenter des grandes lignes d'action et si on a en tête quelques scénarios d'ajustement ou de rechange.

« Explorer » veut enfin dire que le négociateur d'affaires ne doit pas négliger de mettre au point les multiples décisions qui touchent soit à la logistique et à l'organisation matérielle, soit aux procédures, soit au fonctionnement interne de l'équipe de négociation (y compris l'importante question du « mandat »[11]).

1.2.2. Une vue pratique de la préparation

Beaucoup d'auteurs, de consultants, de formateurs et de praticiens se réfèrent d'une manière plus ou moins stricte à un (ou des) guide(s) de préparation. Ces guides qui sont simplement des « aides à la décision » doivent toujours être utilisés avec souplesse et bon sens, jamais comme des carcans dans lesquels le négociateur risquerait de s'enfermer – oubliant la part de l'imprévu, des circonstances et des aléas inévitables.

Le « guide » qui suit est inspiré par les réflexions et l'expérience rassemblées par de nombreux spécialistes, académiques ou professionnels. Le contenu et les étapes de la préparation peuvent être résumés dans le tableau 1 (C. Dupont, 1994, p. 95).

1.3. La dynamique de la négociation d'affaires : les phases typiques d'une négociation d'affaires classique

Comme dans presque toutes les négociations, même si on a affaire à un interlocuteur direct et pressé, un début de négociation commerciale s'ouvre sur une phase d'accueil se prolongeant à la manière d'un rite. Le négociateur débutant est souvent désorienté par cette phase qui lui semble aller à l'encontre de l'efficacité. C'est oublier, d'une part, que la négociation est une prise de risque dans une situation d'information imparfaite, qu'elle met en présence des acteurs dont les intérêts, les pouvoirs et les personnalités sont différents, que le climat de l'entretien se structure très rapidement au point que ces premières minutes créent souvent une ambiance qui influencera durablement la tournure des débats ; c'est, d'autre part, ignorer le poids des facteurs culturels lesquels font que dans certains pays ou chez certains interlocuteurs la prise de contact est une étape essentielle pour tester le négociateur adverse et en déduire le degré de confiance que l'on pourra lui accorder.

---

11. La question du mandat du négociateur (seul ou en délégation) a de nombreux aspects. Il ne faut pas en exclure les aspects psychologiques. Voir H. Touzard (1977).

Tableau 1 – Un guide de préparation d'une négociation*

Première étape

Faire un **diagnostic** détaillé de la situation, des points à négocier, des négociateurs.
(Penser toujours qu'il y a une « partie adverse ».)
⟶ **D'où part-on ?**

Deuxième étape

Se fixer ses objectifs (et anticiper ceux de la partie adverse)
⟶ **Où veut-on aller ?** ⟶ **Cible(s)**

Troisième étape

Elaborer des **stratégies** de négociation :
- D'une manière générale : scénarii, terrain, jeu du temps, options/alternatives, initiatives majeures à prendre, etc.
- D'une manière ponctuelle : fixer ses « positions » et essayer d'anticiper celles de la partie adverse (plage de négociation).

⟶ **Où peut-on aller ?**
Comment y aller ?
→ Orientations générales
→ Moyens majeurs

Quatrième étape

Organiser ponctuellement la négociation (équipe, procédure, arguments, logistique, etc.).
⟶ **Comment y aller ?** ponctuellement.

* Il est facile d'adapter ce schéma général au cas spécifique de la négociation d'affaires.

Source : C. Dupont (1994, p. 47).

La phase d'accueil est suivie – avec plus ou moins de formalisme, de rapidité et de transition – par une phase généralement assez confuse que l'on peut résumer par « l'exploration ». Cette phase est plus ou moins longue et plus ou moins élaborée selon la nature de la négociation (notamment selon qu'il y a eu ou non prénégociation et contacts informels), la culture et le style du négociateur. L'essentiel n'est cependant pas là : il est que ces premiers moments permettent aux deux parties de découvrir, même si le processus est (délibérément ou non) faussé par des biais, le type de négociation qui va s'ouvrir. C'est, en d'autres termes, le moment où se superposent deux (ou plusieurs) scénarios que chacun s'efforce de mettre en place et d'interpréter. Cette phase est celle de l'échange de l'information. C'est donc à ce moment que le négociateur doit faire preuve d'écoute, doit utiliser sa capacité de poser les bonnes questions ; c'est le moment des reformulations, de l'envoi et de la compréhension réciproques de signaux, c'est l'exécution de tests où derrière quelques justifications ou mises en question apparaît en réalité la confrontation des volontés qui se superpose à la confrontation des faits et des intérêts.

Dans une négociation d'affaires le déroulement de cette phase devrait normalement être facilité par l'abondance de l'information à échanger, le problème étant de trouver l'équilibre entre la fourniture de renseignements – processus favorable au mouvement – et la nécessité de réciprocité et du dévoilement conditionnel et progressif – condition de la maîtrise du processus. Résoudre ce problème consistant à enclencher un échange équilibré de l'information tout en ne se perdant pas dans les détails et en évitant de se dévoiler trop ou trop vite, s'assurer de la crédibilité de l'information adverse, ne pas confondre information et argumentation, préparer le terrain pour la maîtrise du scénario, telles sont les exigences délicates qui différencient souvent les bons négociateurs des négociateurs ordinaires. C'est souvent vers la fin de cette phase que se dessine la « formule » de la négociation : le champ est désormais mieux cerné, les règles du jeu (voire un ordre du jour) sont établies mais la partie ne fait que commencer.

La troisième phase peut à bon droit être considérée comme le cœur de la négociation. On y voit dominer l'argumentation qu'elle soit offensive (justification d'une position) ou défensive (objections), et poindre les premiers ajustements. Graduellement, aux arguments succèdent – et même se substituent – les propositions, les options, les réciprocités, l'échange de concessions. Il y a inévitablement des difficultés, voire des impasses, des retours à la phase précédente, parfois des accélérations (accord sur tel ou tel point, etc.).

Enfin, vient la phase de dénouement quand le progrès des discussions, l'exigence du temps ou une certaine saturation conduisent les négociateurs à mettre sur table leurs « dernières propositions ». Le négociateur qui a su conserver quelques atouts, qui a pu décoder assez exactement les positions de repli acceptables de son interlocuteur, qui a l'habilité de préparer la conclusion – et de manier des tactiques appropriées à ce stade –, a toutes les chances de réussir une bonne négociation. Mais l'accord n'est pas la seule issue possible : l'accord peut n'être que partiel ; il peut y avoir renvoi à l'avenir ou même rupture.

On peut considérer que, dès le moment où les termes du contrat sont décidés, les négociateurs ouvrent la phase de l'après-négociation. Dans les négociations d'affaires, un rôle extrêmement important est joué à ce stade par les juristes. Quelques précautions sont, en effet, indispensables, telles que la certitude sur les éléments essentiels du contrat clarifiés en tant que besoin avant la clôture formelle des pourparlers. De très nombreuses questions se posent aussi à ce moment, concernant la mise au point des calendriers, l'explicitation éventuelle des conditions de renégociation, le mode de règlement des différends, les modalités d'exécution d'un contrat international, etc. L'après-négociation est aussi le suivi de réalisation et la préparation de l'avenir. Bien des négociations ne sont que des jalons dans une aventure à plus long terme et la négociation qui s'achève est souvent le début d'une nouvelle négociation qui s'ouvre.

1.4. Les aspects stratégiques

Pour les négociations commerciales complexes se pose la question de la stratégie. La stratégie dans une négociation peut se définir comme le choix par le négociateur d'une orientation d'ensemble en vue de la satisfaction d'objectifs prévus et de la détermination des moyens majeurs pour y parvenir : elle est donc « vision » (orientation), « visée » (objectifs) et « vecteurs » (moyens).

L'observation et la réflexion conduisent à retenir quelques modalités stratégiques principales. Trois d'entre elles sont le choix entre une orientation à prédominance coopérative (« intégrative ») ou conflictuelle (« distributive »), les choix concernant la durée de la négociation et la gestion du temps et le choix entre une posture « offensive » (prise d'initiatives, occupation du terrain) ou une posture « défensive » (« laisser venir »). A ces trois modalités de base peuvent être ajoutés (et se superposer) les choix entre être frontal et direct (par analogie : une modalité de jeu d'échec) ou être indirect et contournant (par analogie : une modalité du jeu de go), et entre « ouverture » du champ de la négociation ou au contraire sa « fermeture », ce qui correspond souvent dans le premier cas à la recherche d'un accord large et complet, et dans le second à celui d'un accord partiel ou même différé. Une autre modalité stratégique concerne l'intervention ou non de tiers, la mise en place d'éléments extérieurs (par exemple, les médias) ou – dans les négociations de conférence – la formation d'alliances ou de coalitions. Enfin, à la suite de la contribution de R. Axelrod (1984), on peut aussi se référer aux stratégies de coopération ou rétorsion conditionnelles[12].

En matière de négociation en général, plusieurs « modèles stratégiques » ont été proposés (M. Cathelineau, 1991 ; M. Hamon, 1994, p. 163-166). Un des plus intéressants est celui de M. Cathelineau qui, en combinant deux variables majeures, le rapport de force et la confiance, conduit à envisager six stratégies. C'est ainsi que si le négociateur estime que le rapport de force lui est très favorable dans une relation où la confiance fait totalement défaut, le modèle préconise une « stratégie de passage en force » ; par contraste, si les pouvoirs sont partagés et si la relation est basée sur la confiance, la stratégie préconisée est celle d'un échange équilibré. Les stratégies du modèle de Cathelineau s'accompagnent de recommandations relatives à la sélection privilégiée de techniques et de tactiques appropriées. On pourra noter que parmi les six stratégies mentionnées les unes peuvent être considérées comme dominantes vis-à-vis d'autres qui sont alors dominées.

Les techniques et tactiques associées à une stratégie – et qui peuvent d'ailleurs être développées en l'absence de celle-ci – concernent, les premières, la manière de traiter les points (ou objets) de la négociation, et les secondes, les initiatives ponctuelles (y compris les comportements) qui apparaissent dans le déroulement. Les principales techniques sont la négociation point par point, la formation de « paquets » dans lesquels sont articulés des échanges de « donnant-donnant », l'élargissement (au-delà de l'objet initial), le faux pivot et la globalisation. Quant aux tactiques elles sont d'une infinie variété : elles vont de tactiques majeures (comme la menace ou la surenchère, caractéristiques de négociations conflictuelles, ou comme les promesses crédibles et le simple avertissement, caractéristiques de négociations coopératives) à une multitude d'actions, de gestes, d'arguments ou de formules qui sont souvent de pure improvisation et peuvent être propices à l'instauration d'un bon climat ou qui au contraire peuvent viser la déstabilisation.

Dans la définition des stratégies de négociation intervient le problème important des concessions. Le maniement des concessions est un problème qui fait partie des dilemmes auxquels se confronte à tout moment le négociateur. Peut-être le négociateur d'affaires a-t-il par rapport à d'autres situations l'avantage de pouvoir le plus souvent évaluer l'échange des concessions sur une base monétaire : il peut y avoir dans les négociations d'affaires « des

12. L'ouvrage de R. Axelrod a été traduit en français sous le titre de *Donnant-donnant : une théorie du comportement coopératif*, Paris, Odile Jacob, 1992.

questions de principe » (et certaines – par exemple, en matière internationale – sont délicates), mais en général il y a un langage commun qui est tout simplement le profit escompté par l'une et l'autre partie. Concéder en affaires revient la plupart du temps à conserver ou à échanger un avantage monétaire dans un domaine (prix, par exemple) contre l'acceptation d'un surcoût dans un autre domaine (conditions de crédit, délai de livraison, amélioration des prestations SAV, etc.), ou encore « troquer » le manque d'intérêt d'une opération unique contre l'intérêt de mettre en place des opérations multiples, ou encore échanger le présent contre l'avenir. La gamme des concessions d'affaires a l'avantage d'être extrêmement ouverte et – avec de l'imagination – extensible et variée.

La stratégie des concessions est à la fois cruciale et délicate. Les problèmes sont bien connus. Faut-il concéder le premier ? Comment s'assurer de la crédibilité de la partie adverse ? Quelles contreparties ? Doit-on concéder en une fois (au début, à la fin) ? Ou en plusieurs fois ? Que faire en cas de tentative de la partie adverse d'imposer des concessions « de laminage » lors des « dix dernières minutes » (ou heures...) ? Ce qu'il faut de toute façon comprendre est que – sauf exceptionnellement dans les cas où il faut savoir dire « non » – la négociation d'affaires met nettement en exergue la réciprocité, la crédibilité (qui comprend aussi la réputation) et le sérieux de la proposition commerciale. C'est avec ces trois « armes » que le négociateur doit aborder la mise en place d'une stratégie de concessions. Une série d'alternatives sont souvent possibles à la concession ponctuelle : la recherche de complémentarités, de liens entre les problèmes et les situations, l'élargissement, les compensations (au sens principal du mot), voire la transformation de l'objet initial de la négociation.

2. Variété de la négociation d'affaires et conditions d'efficacité

Il est opportun d'examiner quelques catégories typiques de négociations d'affaires, car l'efficacité du négociateur est en partie fonction des particularités de ces différents types de négociation. Deux remarques préliminaires s'imposent.

La première concerne la distinction qui est faite dans cette section entre deux grandes catégories de négociations d'affaires : celles portant sur des ventes « courantes », « classiques », « traditionnelles » et celles portant sur des ventes « complexes » ou « stratégiques ». Cette différenciation, qui reprend sous une autre forme la séparation entre les « petites » et les « grandes négociations » dans le domaine commercial, n'est pas sans fondement réel ; mais il faut reconnaître que dans la réalité elle peut paraître arbitraire et quelque peu simpliste. C'est, en effet, moins la nature des biens et des services ou l'appartenance à une branche d'activité donnée qui fournit le critère de discrimination, que d'autres éléments plus difficiles à définir, et parfois qualitatifs ou subjectifs. En outre, le déroulement d'une action commerciale peut comprendre des phases alternées où, à tour de rôle, apparaîtront des caractéristiques appartenant à l'une ou l'autre des catégories décrites. La présentation suivie est donc une simplification qui ne rend pas toujours bien compte des situations intermédiaires ou plus ou moins hybrides rencontrées dans le monde réel de la pratique.

La seconde remarque est que le terme de « négociation d'affaires » est plus pertinent pour la deuxième catégorie décrite que pour la première. Cela est dû, en particulier, au fait que la « négociation d'affaires » évoque une notion de complexité et de stratégie tandis que la vente courante fait plus appel à des notions de « techniques de vente » et de tactiques ou « recettes » traditionnelles. Aussi l'accent est-il mis dans cette section sur la « vente stratégique » qui forme l'objet du paragraphe 2.2. Le paragraphe 2.1., consacré à la « vente traditionnelle », rappelle les techniques sur lesquelles il existe, par ailleurs, une abondante littérature.

2.1. La négociation de vente traditionnelle – la vente « tactique » – les techniques de vente

Il n'y a pas – loin de là – que des « grands contrats », de « grandes affaires », de « grands projets » caractérisés par de « grandes négociations » et une conduite stratégique. La vie économique de tous les jours est faite de « centaines de milliers de vendeurs face à leurs clients et tentant de leur vendre une idée, un produit, un service » (M. Corcos, 1982, p. 13). D. Xardel (1984, p. 7) parle des « 700 000 professionnels de la vente en France ». La plupart de ces professionnels s'engagent dans des transactions de montant faible ou moyennement élevé ; les gammes de produits et les conditions de vente sont relativement standardisées ; s'il y a certes souvent recherche de « fidélisation », la prise de commande est la préoccupation essentielle du vendeur.

Ces ventes s'inscrivent dans des négociations dont la caractéristique principale est la confrontation d'intérêts, de rôles et de pouvoirs autour d'un échange dont chacun cherche à ce que les termes lui soient le plus favorables (G. Chandezon, A. Lancestre, 1985, p. 18). Cette rencontre s'inspire essentiellement de techniques ou de procédés souvent codifiés en règles et dont les promoteurs assurent qu'elles conduisent au succès (G. Karrass, 1986 ; M. Corcos, 1982 ; H. Goldmann, 1978 ; P.H. Whitting, 1981 ; G. Kahn, 1978 ; A. Macquin, 1993). Et il est bien vrai que leur application intelligente, en particulier par l'adaptation aux différents types de vente et aux circonstances, donne au vendeur comme à l'acheteur un pouvoir supplémentaire dans la négociation.

Ces règles vont des principes aux recettes. Certaines sont parfois contradictoires d'un auteur à l'autre, tant il est vrai qu'inspirées par la pratique elles en reflètent aussi l'étonnante variété et que « vérité en deçà des Pyrénées, erreur au-delà ». Elles ont ceci en commun qu'elles mettent plus en évidence des aspects véritablement tactiques (centrés sur l'exécution immédiate) que des approches stratégiques (centrées sur la vision globale de la situation, la sélection de choix majeurs et la mobilisation des moyens vers l'objectif). Elles sont généralement articulées autour « d'étapes clés » dans le déroulement de la rencontre ou de l'entretien. Ces étapes sont définies d'une manière classique (au-delà de la variété des langages) comme « l'accueil et la prise de contact, la recherche des besoins et l'écoute, l'argumentation et la démonstration, la conclusion » (G. Chandezon, A. Lancestre, 1985, p. 20). Certaines de ces techniques ont été aussi rendues populaires par des conduites codifiées comme l'AIDA, la DIPADA et autres approches similaires.

Parmi les contributions récentes, M. Corcos (1982) a le mérite de relier les techniques de vente à quelques principes. Il distingue à cet égard quatre principes fondamentaux dans la négociation de vente (mais qui nous paraissent surtout valables pour la négociation de vente tactique) :

– les techniques favorisant le dialogue (centrées sur les problèmes des questions et de l'écoute) ;

– les techniques favorisant l'empathie (c'est-à-dire l'art « d'essayer de comprendre, de raisonner comme l'autre, de percevoir ses attentes, ses besoins, ses désirs, ses préoccupations, ses motivations », M. Corcos, 1982, p. 34) ;

– les techniques susceptibles de créer un climat de confiance qu'il analyse dans les propositions suivantes : « avoir confiance en soi, en son entreprise, en ses produits ; être ferme ; savoir dire non ; respecter la parole donnée et connaître le langage client », complétées par des conseils sur les expressions qui engendrent la méfiance et sur les mots qui font naître le doute et l'agressivité ;

– les techniques de présentation des arguments qu'il centre sur les avantages par rapport aux caractéristiques techniques[13].

Ces principes reprennent ce que l'auteur appelle les six conditions essentielles de la vente qui sont au fond six « savoir-faire » du vendeur : savoir réussir le contact, savoir découvrir les besoins du client, savoir argumenter, savoir utiliser les objections, savoir présenter le prix, savoir conclure au bon moment.

Il est intéressant de mettre en parallèle ces recommandations et celles de G. Karrass (1986)[14]. Celui-ci a fait porter son analyse sur la manière de « conclure un marché » – qu'il dénomme « stratégies de la négociation en affaires » mais qui sont en fait des tactiques ou des techniques – par une prise à contre-pied de nombreuses « vérités courantes ». C'est ainsi qu'il soutient que « l'acheteur est rarement, pour ne pas dire jamais, tout-puissant ; qu'il ne sait pas toujours ce qu'il veut ; qu'il n'y a pas dans une négociation de vente d'élément aussi surestimé, et à tort, que le prix » (et donc que baisser ses prix n'est rien de plus qu'un moyen entre des dizaines d'autres qui sont à disposition et dont beaucoup ont plus d'efficacité), « que la concurrence propose rarement des produits de meilleure qualité à moindre prix et que, dans la plupart des négociations, le vendeur est en meilleure position s'il dispose de moins d'autorité » (G. Karrass, 1986, p. 15). L'analyse de G. Karrass est intéressante par les questions provocantes qu'elle oblige à se poser. Son analyse des pouvoirs du négociateur est également originale, tout en étant plus classique. G. Karrass étudie, en outre, ce qu'il appelle des « tactiques anti-tactiques ». Sa philosophie générale de la négociation de la vente classique est un compromis entre la conception de la vente considérée comme un échange antagoniste entre les deux parties au cours duquel le vendeur

---

13. R. Miller, S. Heiman, T. Tuleja (1986) – dans un ouvrage généralement considéré aux Etats-Unis comme l'un des plus originaux en matière de négociation commerciale – vont une étape plus loin, en mettant en avant l'intérêt personnel de l'acheteur (envisagé d'une manière très large). La distinction porte sur une explicitation plus nette de cet aspect. Voir le paragraphe 2.2.

14. G. Karrass est le fils de Chester Karrass, auteur en particulier de *Negotiating Game*, New York, World Pub. Co, 1970.

« assène un passage en force argumentatif » à l'acheteur potentiel, et celle qui envisage la vente comme un jeu à somme positive centrée sur le concept de double-gagnant, c'est-à-dire la recherche du gain joint et de la satisfaction mutuelle (L. Bellenger, 1990, 1991).

La variété des analyses, des opinions et des recommandations relatives à la vente classique s'explique par la diversité des contextes et par l'évaluation des comportements efficaces du vendeur. L'existence de contextes infiniment variés est mise en lumière par la différenciation de types de vente (G. Chandezon, A. Lancestre, 1985, p. 12-13 ; D. Xardel, 1984, p. 13 et 19), mais aussi par les priorités que les vendeurs choisissent de mettre en valeur : priorités à l'entreprise, au produit, aux services ou à la compétence. Dans le même ordre d'idées se pose la question de savoir si la négociation d'achat se différencie – et de quelle manière – de la négociation de vente, et il faut reconnaître que sur ce point aussi les avis diffèrent. Quant aux comportements des vendeurs et à l'efficacité de leurs styles comparés, un grand nombre de contributions aboutissent, en revanche, à des évaluations assez semblables. La plupart des études de style s'appuient sur – ou modernisent – l'approche bidimensionnelle classique de R. Blake et J. Mouton (1980)[15].

2.2. La négociation d'affaires : la vente stratégique ou complexe

Plusieurs traits distinguent – en simplifiant quelque peu – ce type d'affaires de la catégorie précédente[16] :

– Le vendeur se trouve face à une pluralité de décideurs qui interviennent, à un moment ou à un autre, dans la négociation. Celui-ci ne peut espérer conclure l'affaire qu'après avoir obtenu l'accord des « responsables d'achats influents » ; ceux-ci ont dans l'entreprise des fonctions bien définies : un responsable de l'achat, le responsable financier, les responsables utilisateurs et les responsables-techniciens. Il a été suggéré d'ajouter à cette liste un rôle plus ambigu, celui de « conseiller », c'est-à-dire de toute personne dans l'organisation ayant, de par son statut ou ses relations, la capacité d'influencer les décideurs précédents (R. Miller, S. Heiman, T. Tuleja, 1986). D'une manière similaire, la vente fait intervenir plusieurs fonctions et plutôt que d'un vendeur individuel, il peut s'agir le plus souvent d'une équipe de négociateurs.

– « L'affaire » est de nature très complexe car aux spécifications techniques (elles-mêmes compliquées) se mêlent des aspects contractuels et financiers nombreux et importants ; par opposition aux ventes plus traditionnelles qui se réfèrent souvent à des normes ou à des conditions « standard », ces ventes sont souvent sur mesure et les termes, les conditions et les clauses annexes sont susceptibles d'avoir des formulations très diverses d'un cas à l'autre. Des clauses d'imprévision, de révision et de renégociation entrent également en jeu.

– Les montants sont susceptibles d'être élevés.

– La durée de la négociation est fréquemment assez longue et même parfois très longue, pouvant s'étendre sur plusieurs années. Le rythme de la

15. Voir aussi M. Corcos (1982, p. 15-22) ; G. Chandezon, A. Lancestre (1985, p. 14-17) ; A. Jolibert et M. Tixier (1988).

16. Pour la négociation internationale, C. Dupont (1994, p. 319-361).

négociation est fait de phases très lentes avec des accélérations brutales ; les entretiens face à face alternent avec des communications écrites ou des contacts téléphoniques et par télex ; des temps morts peuvent exister suivis de reprises et de l'apparition d'éléments nouveaux.

– Les négociations font parfois l'objet d'interventions administratives ou gouvernementales, et pour les contrats internationaux le facteur politique peut être extrêmement important.

Depuis une dizaine d'années, la distinction entre la vente classique et la « vente en milieu industriel » s'est beaucoup affinée. Un ouvrage récent – comme celui de R. Salle et H. Silvestre (1992) – développe les nombreuses implications de cette distinction.

Les négociations « en milieu industriel » mettent en avant des considérations de stratégie. Ceci résulte de la structure décrite ci-dessus qui, sans être générale, s'applique assez fréquemment : pluralité de décideurs, dimension importante de la durée et du temps, complexité, impact élevé sur le développement de l'entreprise (ou de l'organisation, s'il s'agit par exemple d'une administration), interventions politiques. Dans ces conditions l'approche de l'équipe de vente ne peut se résumer au bon usage des techniques de vente habituelles. Certes, l'un des objectifs reste toujours la conclusion d'un accord axé sur une vente, c'est-à-dire une prise de commande. Mais d'autres considérations entrent en ligne de compte : l'établissement d'une relation à long terme, la préparation d'opérations futures, l'établissement ou le renforcement d'une confiance et d'une crédibilité réciproques, la création ou le renforcement d'une réputation, la recherche d'alliances ou de recommandations, les pressions politiques. La structure des objectifs de la vente stratégique est donc particulièrement complexe car elle reflète une grande diversité d'enjeux dont certains sont formulés par référence au long terme et à la création de liens privilégiés entre les deux parties concernées.

L'approche du vendeur est dans ce cas beaucoup moins unilatérale que dans celui de la vente traditionnelle. L'affaire n'a de chance d'aboutir et de contribuer à un courant futur que si le vendeur se comporte en vrai négociateur, soucieux de ses intérêts propres mais s'efforçant de tenir compte des préoccupations et des contraintes de la partie adverse. Le critère du succès est alors un degré suffisant de satisfaction mutuelle basée sur le respect réciproque des enjeux, réalistes et pertinents, y compris l'intérêt personnel de chacun des participants.

C'est pourquoi la « vente stratégique » est aussi appelée « vente consultative » car elle substitue à l'attitude unidimensionnelle du vendeur (persuader ou faire pression pour susciter la décision d'achat) une approche bidimensionnelle : trouver ensemble les moyens et les conditions susceptibles de faire de la négociation une activité à somme positive et non pas à somme nulle. A l'objection qui consiste à dire que la négociation ne peut se faire qu'au bénéfice de l'une ou de l'autre partie mais pas des deux (car ce que gagne l'un, l'autre le perd), plusieurs réponses sont possibles. La première est qu'il faut distinguer[17] le gain d'une opération et celui d'un courant d'affaires

17. L'expression « gagnant-gagnant », souvent utilisée pour décrire des négociations, doit être nuancée : dans beaucoup de négociations, il y a un déséquilibre entre la partie qui gagne beaucoup et celle qui gagne peu.

régulier fondé sur la répétitivité et la confiance. La deuxième est que très souvent les négociateurs n'explorent pas suffisamment les potentialités de solutions imaginatives[18]. La troisième est une question d'attitude et de mentalité. Le bon négociateur sait trouver par ses qualités stratégiques un point d'équilibre satisfaisant entre l'intransigeance (qui peut permettre un « gain » élevé mais qui entraîne le risque de la rupture, de la « revanche », ou de l'hypothèque de l'avenir) et la conciliation (qui annule ou limite les gains propres et peut être interprétée comme une démonstration de faiblesse).

Les conditions du succès d'une négociation d'affaires stratégique tiennent à la fois à des circonstances spécifiques (qualité particulièrement adaptée de l'offre par rapport aux besoins, aux attentes et aux intérêts propres de la partie adverse) et à des facteurs plus généraux. Parmi ceux-ci, deux peuvent être mis en évidence en raison de leur pertinence quasi universelle : la mise au point d'une stratégie appropriée et l'efficacité des négociateurs.

• La négociation d'affaires complexes exige une réflexion appropriée sur les stratégies envisageables, ce qui peut aboutir à l'élaboration d'un « schéma directeur » pour la négociation. Un tel schéma définit un certain nombre d'étapes et d'orientations mais il ne formule pas une ligne de conduite rigide. Certes il met en lumière des limites ou des conditions qui ont la nature de points de rupture ou de recherche de solutions de rechange. Il donne au négociateur un guide d'action jalonné par un certain nombre d'étapes et de résultats partiels qui, confrontés au déroulement réel, donneront lieu à des ajustements successifs. L'idée de base d'un schéma directeur d'une vente stratégique est qu'il s'agit d'un processus à plusieurs étapes. Ce processus n'est pas tellement éloigné d'une gestion de projets[19].

Une illustration typique de ce genre d'approche est la mise en évidence de huit étapes successives :

1. la recherche systématique d'information,
2. la sélection des cibles à retenir[20],
3. la planification stratégique de la vente (identification des responsables influents, de leurs enjeux et de leurs réactions, analyse et recherche de rapprochement des positions respectives, recherche d'options),
4. la justification de l'affaire et l'argumentaire,
5. la mise au point des propositions,
6. l'organisation de l'équipe de négociation,
7. la mise en route d'une dynamique (contacts, signaux, réalisation progressive de l'accord, ajustements, conclusion),
8. l'organisation du suivi et le développement de la relation.

---

18. Cet aspect est particulièrement bien mis en lumière dans l'ouvrage de H. Raiffa (1982). L'approche de H. Raiffa, généralisée dans le programme de négociation d'Harvard, insiste sur la non-efficience (ou sous-optimisation) de beaucoup de négociations.

19. Voir dans cette Encyclopédie l'article de V. Giard et C. Midler, « Gestion et management de projet », p. 1581, tome 2.

20. R. Miller, S. Heiman, T. Tuleja (1986) parlent à cet égard de « l'entonnoir » des ventes : beaucoup d'affaires peuvent se présenter ; il s'agit de trier dans ce grand nombre celles qui, d'une part, présentent un intérêt réel pour l'entreprise (elles rentrent dans sa stratégie globale, en général) et, d'autre part, ont des probabilités suffisantes de succès. Les auteurs proposent à cet égard une recherche systématique de « compatibilité » entre les deux parties prenantes.

Chacune de ces étapes conduit à s'interroger sur l'organisation du travail, le type d'approche et de démarche, le résultat à obtenir. Un certain nombre de considérations pratiques ont été dégagées dans la littérature récente sur la vente stratégique[21].

• L'efficacité du négociateur stratégique est le résultat combiné de qualités tenant à sa personnalité, de capacités intellectuelles et de sa connaissance professionnelle de la démarche dans une négociation[22]. Ces trois dimensions sont importantes et le bon négociateur les possède à un assez haut degré. Elles représentent ensemble un nombre considérable d'exigences, mais si les deux premières sont relativement lentes et difficiles à modifier, la dernière permet la réalisation de progrès rapides par l'expérience d'abord, par la formation ensuite. Peut-être le rôle essentiel de celle-ci est-il la prise de conscience du processus, le repérage de comportements et de blocages, et la sensibilisation à certaines situations particulières, dont l'une des principales est l'imprégnation transculturelle.

En effet, la négociation d'affaires stratégique s'applique en particulier aux grands contrats et aux grands projets internationaux ainsi qu'à la multiple activité recouvrant les négociations d'implantations, de transferts technologiques, de relations entre la maison mère et ses filiales et d'accords commerciaux, juridiques ou financiers de toute sorte. La capacité d'être à l'aise dans des relations transculturelles devient alors une qualité essentielle du négociateur. On a souvent dit à cet égard que tout négociateur international devait faire preuve « d'empathie », c'est-à-dire d'une capacité à se mettre à la place de l'autre en ne tombant ni dans la projection, ni dans l'identification. Mais le négociateur international doit répondre aussi à beaucoup d'autres exigences et de contraintes. Quelques références sélectives sur ce vaste – et difficile – sujet sont données dans la bibliographie à la fin de cet article.

*

* *

La négociation d'affaires est-elle sur le point d'évoluer ? La conception de ce qu'est une vraie négociation (par rapport à une situation de pur rapport de force), de ce qui en constitue l'efficacité et le succès, est-elle remise en question ?

Il est frappant de constater que, tant en France qu'aux Etats-Unis, des efforts considérables sont faits pour renouveler le contenu conceptuel de la négociation et pour définir plus précisément ce qui pourrait constituer dans l'avenir une véritable « déontologie » du négociateur, qu'il soit vendeur ou acheteur. Les études empiriques semblent aussi montrer que de nombreux lieux communs et habitudes ne sont pas – ou plus – justifiés au plan de l'efficacité. Enfin de nombreux facteurs vont dans la même direction : la modification des mentalités, la meilleure éducation des consommateurs et la cons-

---

21. Voir les références bibliographiques en fin d'article.

22. Sur ces divers points, il existe aussi une abondante documentation reposant, en particulier, sur l'observation des performances de vendeurs et sur la pertinence des tests d'évaluation. On trouvera un rapide bilan de ces questions dans : C. Dupont (1994, p. 261-268). Citons aussi l'article de J. Nyerges (1987).

cience plus exigeante de leur défense et de leurs intérêts, l'apport de nouvelles techniques d'aide à la décision, l'expérience japonaise en matière de relations entre les clients et les fournisseurs, les langages nouveaux, l'influence du marketing, l'apparition de nouvelles formes de vente, l'approfondissement des études sur les processus d'influence et sur les réactions émotives et irrationnelles des protagonistes, l'internationalisation et l'omniprésence des phénomènes culturels. Les éléments ne manquent pas qui font s'interroger sur la genèse progressive d'une nouvelle manière de négocier.

Mais il est vrai que le jeu et, dans une certaine mesure, la logique de la concurrence, de même que le poids des habitudes et la persistance de certains stéréotypes dans la formation, peuvent rendre plus difficile l'adaptation des concepts et des méthodes aux conditions nouvelles. Sans doute verra-t-on coexister deux grands types de négociation, deux types de négociateur et deux types d'efficacité : ceux centrés sur les aspects quasi conflictuels et ceux centrés sur une coopération raisonnée. Ce sera une des tâches les plus délicates du négociateur de décrypter avec lucidité la situation et d'y adapter conduite et stratégie.

Références

AXELROD R., *Donnant-donnant : une théorie du comportement coopératif,* Paris, Odile Jacob, 1992.

BACHARACH S., LAWLER E., *Bargaining,* San Francisco, Jossey-Bass Publishers, 1981.

BACON F., *On Negotiation,* 1597.

BELLENGER L., *Stratégies et tactiques de négociation,* Paris, ESF, 1990.

BELLENGER L., *Les outils du négociateur,* Paris, ESF, 1991.

BELLENGER L., *Qu'est-ce qui fait vendre ?,* Paris, PUF, 1984.

BLACK R., MOUTON J., *Les doux dimensions de la vente,* Paris, Les Editions d'Organisation, 1980.

CATHELINEAU M., *Négocier gagnant,* Paris, InterEditions, 1991.

CHANDEZON G., LANCESTRE A., *Les techniques de vente,* Paris, PUF, « Que sais-je ? », 1985.

CORCOS M., *Les techniques de vente... qui font vendre,* Paris, Garnier, 1982.

DUPONT C., *La négociation : conduite, théorie, applications,* 4e éd., Paris, Dalloz, 1994.

FISHER R., URY W., *Comment réussir une négociation,* Paris, Le Seuil, 1982.

GOLDMANN H., *L'art de vendre,* Delachaux et Niestlé, 1978.

HAMON M., *Négocier avec succès,* Paris, Nathan, 1994.

JOLIBERT A., « La négociation commerciale : ses fondements et ses variables culturelles », Miméo, Université des sciences sociales de Grenoble, janvier 1987.

JOLIBERT A., TIXIER M., *La négociation commerciale,* Paris, ESF, 1988.

KAHN G., *Les règles d'or de la vente,* Montréal, Les Editions de l'Homme, 1978.

KARRASS G., *Marché conclu,* Paris, Rivages/Les Echos, 1986.

KREMENYUK V. (éd.), *International Negotiation,* San Francisco, Jossey-Bass Inc., Publishers, 1991.

LAX A., SEBENIUS J., *The Manager as Negotiator,* New York, NY, The Free Press, 1986.

MACQUIN A., *Vente et négociation,* Paris, Dalloz, 1993.

MILLER R., HEIMAN S., TULEJA T., *Stratégie de la vente,* Paris, Les Editions d'Organisation, 1986.

NYERGES J., « Ten Commandments for a Negotiator », *Negotiation Journal* (vol. 3, n° 1, January 1987), p. 21-26.

POSSES F., *The Art of International Negotiation,* Londres, Business Books Ltd, 1978.

RAIFFA H., *The Art and Science of Negotiation,* Cambridge, Mass., Harvard University Press, 1982.

RUBIN J., BROWN B., *The Social Psychology of Bargaining and Negotiation,* Londres, Academic Press, 1975.

SALLE R., SILVESTRE H., *Vendre à l'industrie,* Paris, Ed. Liaisons, 1992.

TOUZARD H., *La médiation et la résolution des conflits,* Paris, PUF, 1977.

WHITTING P.H., *Les cinq grandes règles de la vente,* Paris, Dunod, 1981.

XARDEL D., *La vente,* Paris, PUF, « Que sais-je ? », 1984.
ZARTMAN I.W., « In Search of Common Elements in the Analysis of the Negotiation Process », *Negotiation Journal* (vol. 4, n° 1, January 1988), p. 31-43.
ZARTMAN W., BERMAN M., *The Practical Negotiator,* New Haven, CT, Yale University Press, 1982.

Mots clés

Affaires, modèles de négociation, modèles de négociation conflictuelle, modèles de négociation coopérative, négociation d'affaires (alternative en l'absence d'accord, concession, définition, efficacité et styles du négociateur, évolution, phases typiques, préparation, références bibliographiques, spécificité, stratégies, vente complexe, vente consultative, vente stratégique), techniques de vente.

Négociation et ressources humaines

113

Dimitri Weiss

On appelle généralement négociation, à quelque domaine et à quelque niveau qu'elle appartienne, une situation dans laquelle les parties en présence doivent atteindre des buts contradictoires, voire incompatibles, mais pas mutuellement exclusifs, en coopérant l'une avec l'autre en vue d'un accord dont l'issue leur soit réciproquement avantageuse[1].

Une négociation suppose la présence de plusieurs acteurs, pas forcément monolithiques, disposant de pouvoir et ayant chacun des intérêts définis sur un problème qui les intéresse tous, entré nécessairement dans leur espace d'attention ou inscrit sur leur agenda. Elle suppose également une activité dialectique dans laquelle les parties communiquent, y compris à travers des symboles, des rituels et des signaux, et interagissent en s'influençant l'une l'autre.

Les acteurs se trouvent, ainsi, dans une situation d'interdépendance décisionnelle qui a pour effet, d'une part, qu'aucune des parties n'est en mesure d'imposer sa propre solution et, d'autre part, que l'absence d'un accord peut laisser prévoir des circonstances moins avantageuses. Le processus de négociation permet de dégager une zone de contrat, ou une marge à l'intérieur de laquelle une entente pourrait être conclue, l'accord à un point précis de cette zone dépendant du pouvoir de négociation de chacun de ceux qui y prennent part. Il s'agit bien d'un processus, situation dynamique, qui se déroule pendant une période de temps – ce qui engendre des problèmes de comportement séquentiel – et qui permet de dégager un espace d'accord mutuellement acceptable, la solution devant être satisfaisante pour toutes les parties impliquées. L'objectif de la négociation n'est pas de modifier ou d'emporter des convictions, écrivait G. Serraf en 1965, mais d'amener ou d'entraîner la persuasion d'agir. Ainsi, d'une façon dynamique, négocier c'est agir, faire bouger, faire circuler, échanger ; c'est le contraire de l'inertie.

Mécanisme de décision interactive et de résolution des conflits, à l'intérieur des organisations et entre celles-ci, qui voit l'option paritaire et consensuelle se substituer aux choix imposés et au principe d'autorité caractéristique

1. Voir également dans cette Encyclopédie l'article de C. Dupont, « Négociation d'affaires », p. 2108, tome 2.

des relations de pouvoir asymétriques, la négociation ne peut trouver son élan dans une logique conflictuelle de jeu dite à somme nulle (+ 1 additionné à – 1 = 0), dans laquelle l'un gagne ce que l'autre perd. Si les intérêts des acteurs sont totalement opposés, si ce que gagne l'un est soutiré à l'autre, si les parties ne peuvent obtenir conjointement rien de plus que ce qu'elles auraient obtenu en agissant de façon unilatérale, il n'y a pas d'espace pour la négociation.

1. Les alternatives à la négociation

Pour engager une négociation, il est nécessaire avant tout d'apprécier s'il existe une possibilité de trouver un accord avec un partenaire donné, c'est-à-dire d'obtenir plus qu'en agissant seul ou au travers d'ententes avec d'autres partenaires. La recherche et l'évaluation des conséquences des scénarios alternatifs à l'accord sont une part fondamentale de la préparation d'une négociation, car elles conduisent à déterminer s'il convient d'entrer en discussion avec un partenaire donné, de même qu'à décider quelle est la valeur globale d'accord minimum acceptable, en deçà de laquelle il faudrait rechercher les meilleures alternatives (valeur fréquemment appelée « prix de réserve » ou « prix de rupture »). Les limites sont déterminées par la meilleure alternative possible, en cas de non-accord, que R. Fisher et W. Ury ont désignée par l'acronyme BATNA (*best alternative to non agreement*) qu'on pourrait rendre en français par le sigle MANA (meilleure alternative au non-accord).

Inventer des options en cas d'échec, les améliorer et sélectionner la meilleure d'entre elles représentent une démarche qui doit être nécessairement complétée par une évaluation (connaissance ou déduction) du MANA de l'interlocuteur, fût-elle approximative, et raisonner en conséquence. La comparaison entre les deux MANA permettrait d'établir s'il existe une zone d'accord possible. L'erreur fréquente de nombre de négociateurs est de se concentrer exclusivement sur l'évaluation de leurs propres intérêts et préférences en « pesant » sur les autres parties afin de les faire prévaloir, l'échec étant attribué à l'ignorance, à la mauvaise foi et aux manœuvres obscures d'interlocuteurs dont on a ignoré les motivations et les intérêts...

Une autre maladresse consiste dans l'impatience de conclure et dans les pressions exercées pour arriver à des décisions rapides. Et s'il est vrai que le temps qui passe entraîne souvent des coûts, en plus des risques de voir surgir des faits nouveaux, ou des actions qui peuvent grever le processus voire carrément l'empêcher, il n'en demeure pas moins que l'approfondissement des problèmes soumis à débat, la patience et le calme des négociateurs conduisent aux meilleurs résultats. G. Hébert, en évoquant la négociation collective, parle de la nécessité de choisir des négociateurs à la fois compétents, perspicaces, calmes et impassibles, ayant l'aptitude de persuader, ainsi que la faculté de tuer le temps lorsque cela se révèle nécessaire.

2. L'apprentissage de la négociation

L'interaction pendant la durée de la négociation est caractérisée par des arguments et des contre-arguments, des propositions et des contre-propositions, formulées par des interlocuteurs préparés et résolus. Pour pouvoir argumenter et proposer, il faut disposer des compétences adéquates.

L'approche cognitive de la négociation voit, en effet, les négociateurs en tant que preneurs de décisions, et examine les facettes, les traits et les limites de leurs connaissances. Cette théorie souligne le fait que les négociateurs sont des participants actifs dans le processus de négociation, qui recueillent l'information, la structurent et l'utilisent dans leurs jugements.

Ils sont donc des protagonistes et, en tant que tels, ont besoin d'exprimer une liberté d'action, des aptitudes et des compétences. L'apprentissage des capacités de négociation, la formation des négociateurs devient, à partir de là, indispensable. L'apprentissage devrait porter sur :

– la connaissance du contexte – la fonction, une entreprise, un secteur économique, etc. – et de l'environnement de la négociation, l'espace physique et psychologique, économique et gestionnaire à l'intérieur duquel se décline une stratégie future dont on veut réduire les marges d'incertitude et d'indétermination, et au sein duquel sont rassemblés les divers protagonistes ayant des objectifs, des opportunités et des problèmes en commun ;

– les comportements individuels et collectifs, car ils préparent et réalisent la relation négociatoire, ils sont les véhicules et les instruments de la relation. Savoir négocier implique une capacité à communiquer (argumenter et écouter), formuler et évaluer des objectifs, travailler en équipe, affronter les conflits et les problèmes, décider, gérer le pouvoir et les rapports de pouvoir, formuler une stratégie et la mettre en œuvre, assumer des risques et inventer des solutions nouvelles, supporter le stress et l'ambiguïté des situations, gérer une appartenance plurielle (avec les mandants, les partenaires, etc.) ;

– la gestion des rapports de négociation, qui concernent l'exercice des activités spécifiques relatives au rôle du négociateur.

Apprendre à négocier correspond aussi à l'adoption d'une mentalité négociatoire, d'un style pour affronter les situations diverses, à poser les rapports, à penser son propre futur. Il ne s'agit pas de prétendre négocier tout avec tous, quoi qu'il en soit et à tout moment, mais surtout de savoir déceler et maîtriser des situations d'échange et d'intégration possible, savoir créer des situations favorables, en sortant de la passivité et du destin.

3. Le négociateur

Le négociateur est celui qui est délégué, ayant reçu et assumé un mandat :

– pour gérer un rapport avec un ou plusieurs autres négociateurs, sa capacité d'instaurer et de maintenir cette relation étant une condition indispensable à la réalisation de la négociation ;

– en vue d'arriver à un accord, souscrit lorsque toutes les conditions nécessaires se trouvent réunies ;

– en présence de sujets divers (au moins deux), situation dans laquelle le « rapport de reconnaissance », et principalement le rapport de force (pouvoir exercé et attribué des sujets) et le rapport de légitimation (représentativité, autorité, crédibilité dans le rapport interpersonnel, dans la prise de responsabilité, dans l'exposé de thèses) jouent un rôle important ;

– face à des objectifs et des problèmes communs, autour desquels se cristallisent et se reconnaissent les sujets sans que leur opinion soit pour autant identique, et qui permettent de dégager une zone de négociation et, plus tard, une zone de contrat possible ;

– en présence de valeurs (choix et sollicitations de type subjectif) et d'intérêts divers, puisque lui-même et ses congénères représentent des entités différentes.

On attend de lui, en somme, qu'il représente son camp et garde le contact avec le camp adverse, qu'il affronte sur le fond le problème/objet de la négociation, prenne des décisions, arrive à un accord avec l'autre partie, et concourt à la mise en œuvre de l'accord puis à la vérification en temps utile de son efficacité. Et, probablement, de nos jours, c'est moins la masse de connaissances spécifiques sur des problèmes particuliers qui est vraiment importante pour un négociateur, que sa capacité de connexion d'un problème avec un autre.

Les caractéristiques personnelles des négociateurs influencent-elles la transaction ? Ont-elles un impact sur le processus de négociation et sur le résultat ? Le fait qu'il s'agisse de preneurs de risques ou non, d'hommes ou de femmes, de personnes internes ou externes à l'organisation, serait-il neutre ? J.A. Wall et M.W. Blum, dans leur panorama de la littérature américaine sur le sujet, n'y ont pas trouvé d'éléments suffisants pour tirer des conclusions solides quant à un impact significatif de chacun des traits des négociateurs. Aussi conseillent-ils aux managers de se concentrer sur les problèmes de fond de la négociation et sur les facteurs situationnels, et non pas sur les caractéristiques du partenaire.

Divers auteurs ont considéré la propension au risque comme une des variables clés pour expliquer le comportement négociatoire à succès. Il a été soutenu que le négociateur le moins disposé au risque concède plus de choses à l'autre partie à cause d'une tendance plus marquée au compromis, afin d'éviter l'incertitude découlant d'une impasse possible. Le négociateur efficient doit donc savoir affronter les sentiments de risque qui se présentent chaque fois qu'on se trouve confronté à un choix dont on ne connaît pas avec certitude les réactions qu'il produira chez les autres partenaires de la négociation. Les personnes regardent différemment les risques qui concernent les gains potentiels et ceux qui concernent les pertes potentielles.

4. Les types de négociation

La négociation *distributive*, qu'on appelle également négociation avec répartition d'avantages, produit un « bénéfice » que l'accord distribue entre les parties, chacune d'entre elles ayant pour objectif de maximiser sa propre part. La qualité du bon négociateur se concrétise en obtenant le maximum possible au moindre prix. Elle a en réalité pour fonction de distribuer entre les parties une quantité de ressources fixe, et se définit comme un processus selon lequel les résultats qu'obtiennent les parties impliquées représentent un gain pour les unes et une perte pour les autres (les alternatives possibles d'accord étant, par exemple, de type 90 %-10 %, ou 20 %-80 %, ou 40 %-60 %, ou 50 %-50 %). L'entente intervient là où les parties ont une aire de préoccupations communes et où il n'est pas possible pour l'une d'en obtenir plus sans pénaliser l'autre outre mesure.

Moins il y a de complémentarités entre les parties, plus on se rapproche d'une négociation distributive à propos de sujets sur lesquels elles sont susceptibles de s'opposer.

Quand les négociateurs ne se limitent pas à affirmer solennellement leurs positions ou à présenter des propositions perçues comme étant destinées à faire impression, mais essaient de mieux comprendre leurs intérêts réciproques, il arrive assez souvent qu'ils découvrent des zones de consensus, fussent-elles limitées et partielles, à partir desquelles ils puissent déplacer la négociation de positions préétablies vers la recherche de satisfactions à accorder aux divers intérêts et à la détermination d'un espace d'accord possible.

La reconnaissance et la manifestation d'intérêts divers et opposés sont inhérentes au concept même de négociation, et représentent le point de départ d'un processus qui se propose de rétablir un équilibre ou un ajustement entre les parties.

La négociation dite *intégrative* procède du potentiel d'intégration des intérêts des parties et a pour objet de leur apporter des avantages. Elle implique qu'un accroissement des bénéfices d'une partie ne doit pas conduire à une réduction des avantages pour l'autre. Cette approche coopérative consiste à se mettre « du même côté de la table » afin de rechercher ensemble des modalités destinées à faire augmenter le « gâteau » avant de discuter de sa répartition. A l'aide d'une bonne dose de créativité et d'une bonne volonté réciproque, manifestées dès le début de la négociation, on peut arriver à des solutions réciproquement avantageuses. En d'autres mots, la négociation ne sert pas seulement à répartir une quantité fixe de biens, au sujet de laquelle existe un contentieux, mais aussi à en produire. Elle n'est pas seulement quantitative, au sens de la répartition, elle est également qualitative, au sens qu'elle change la situation et qu'elle produit. Il ne s'agit plus d'un compromis, d'une solution située dans l'espace compris entre les positions de départ, et qui ne satisfait en général personne, mais d'une solution nouvelle, non prévue, créative, plus bénéfique aux deux parties.

De par sa nature même, la négociation coopérative, centrée sur la résolution d'un problème commun plutôt que sur le règlement d'une dispute par un compromis, amène les parties négociantes à examiner conjointement la substance du problème soumis à leurs tractations. En matière de changement technologique, par exemple, cela signifie que les parties abordent les questions de fond, comme le choix technologique, ainsi que les méthodes d'implantation et d'exploitation de la nouvelle technologie.

Sur le *continuum* qui mène de la négociation distributive à celle intégrative, on peut rencontrer des situations à potentiel intégratif graduel, qu'on pourrait qualifier de *mixtes*. Mais on peut passer plus facilement d'une approche distributive à une approche coopérative que le contraire...

Les négociations mixtes sont les plus communes, en présentant à la fois la possibilité d'élargir le « gâteau » et de le partager, aucune des parties ne pouvant tirer de l'accord une utilité globale égale ou supérieure au propre « maximum distributif », c'est-à-dire à ce qu'elle obtiendrait si l'autre était poussée à son minimum de rupture.

Il faudrait ajouter ici que ce qui établit les frontières de toute situation de négociation est le *mix* d'intérêts convergents et divergents. Prendre en considération les convergences, les points en commun, permet de trouver un équilibre précaire ou durable indispensable pour atteindre un accord. Dans le cas, limite, où il n'y a que des convergences, la négociation n'est plus nécessaire.

Prendre en compte les divergences signifie reconnaître les diversités, la pluralité des contextes en jeu, accepter dans ses propres schémas d'action la présence de l'autre, de ses besoins, de ses propositions de solution. Là où il n'y a que des intérêts divergents, aucune négociation n'est possible.

La négociation collective, historiquement d'ordre rétributif et distributif, se déploie aujourd'hui le long d'une gamme extrêmement large de sujets. Les modèles traditionnels sont soumis à nombre d'interrogations et interpellations, et enregistrent des mutations importantes à la fois en Europe et en Amérique du Nord, de même qu'en Australie et au Japon. Ainsi, aux Etats-Unis, devant la perspective réelle de sa disparition, les tentatives d'innovation sont multiples.

Selon une étude américaine récente (1995), la négociation collective aux Etats-Unis tend graduellement à se polariser aux extrêmes du *continuum* qui conduit de la contestation à la coopération. A une extrémité on trouve l'échec de la négociation et son éclatement en des grèves dures, ou la fuite des employeurs hors du système des relations du travail. A l'autre extrémité, on trouve un partenariat qui touche les décisions portant sur presque toutes les opérations de l'entreprise. Les auteurs attribuent cette polarisation à un ensemble de facteurs internes et globaux, parmi lesquels la compétition internationale croissante, les changements démographiques, et les choix stratégiques des entreprises et des syndicats.

En se référant aux innovations récentes introduites dans la négociation collective outre-Atlantique, qui incluent notamment la méthode gagnant-gagnant et celle intitulée « *target-specific bargaining* », qui implique l'ensemble de la main-d'œuvre dans le processus de négociation et en élargit sensiblement le territoire par des moyens intéressants, et en examinant les approches négociatoires à haut degré de coopération, l'idée centrale de l'étude est que les rapports patronat-syndicat vont apporter inévitablement une combinaison d'impulsions et d'intérêts courants et compétitifs à la relation d'emploi. Aussi les relations industrielles produiront-elles constamment des mécanismes ou des processus destinés à résoudre les conflits. Mettre l'accent sur les innovations de type coopératif, c'est reconnaître les dimensions conflictuelles de toute relation, le succès des efforts de coopération étant fonction de la capacité à maîtriser les problèmes à haute charge antagonique.

En Europe, comme sur d'autres continents, les syndicats doivent, pour rester protagonistes des nouvelles formes de travail organisé, proposer des modifications claires du produit négociation classique. Il ne leur suffira plus de rester des acteurs reconnus au niveau macro-économique ou politique, tandis qu'un éloignement des lieux significatifs du travail altérera leur légitimité. Leurs valeurs historiques, coalition et solidarité, vaudront uniquement dans la mesure où ils dépasseront l'épreuve des diversités subjectives et de l'intégration graduelle des adaptations de type individuel. Se proposer comme représentation collective d'aspirations individuelles sera une équation difficile.

La négociation sera de moins en moins le rendez-vous revendicatif périodique qui surveille les règles de distribution des bénéfices et des risques. Il s'agira plutôt d'un processus qui accompagnera la modification de l'organisation de l'entreprise.

Pour comprendre les raisons de ces changements, il faut considérer le contexte des relations industrielles[2].

5. Le contexte

Un ensemble de circonstances et d'événements rendent notre présent différent de toute autre période historique et rendront le futur encore plus dissemblable non seulement du passé, mais également du présent. Ceci se reflète dans la gestion des ressources humaines et des relations de travail.

On assiste à l'émergence d'organisations complexes et dynamiques dont seules les ressources considérées comme essentielles, parmi les managers et les profils professionnels clés, s(er)ont liées par des rapports de travail permanents et stables, exclusifs d'autres personnes collaborant avec l'entreprise d'une façon moins étroite et absorbante, soit à temps partiel, soit par des prestations irrégulières. La notion de salarié évolue donc nécessairement à partir du moment où le lien d'emploi se caractérise moins par une certaine continuité et plus par la précarisation et la multiplication de statuts non traditionnels.

Le passage à une économie et à une société post-industrielles signifie l'apparition d'une nouvelle façon de travailler et la mort du modèle né à la fin du XIXe siècle, dans lequel le travail était conçu essentiellement en termes d'horaires collectifs et de cadences imposées, et le droit du travail comme moyen de protéger le salarié. Le salarié flexible n'est pas celui qui possède seulement la clé d'accès au savoir externe, ni celui qui, installé dans un endroit particulier, dispose d'un horizon local d'interprétation et de décision, mais celui dont le curriculum professionnel et l'expérience sur le terrain se combinent de manière équilibrée. La valeur des ressources humaines dépend pour beaucoup de cet effet de connexion qui signale la véritable sortie du taylorisme.

Les mutations auxquelles sont soumises les entreprises qui, pour longtemps, s'étaient structurées à la recherche de la standardisation, sont non seulement rapides mais exigent un recours continu à l'inventivité pour affronter la discontinuité, la formalisation pouvant être perçue comme une contrainte en même temps que les méthodes deviennent sensibles aux contingences. Car le changement discontinu et la demande conséquente d'innovation ne se laissent pas facilement anticiper. La flexibilité organisationnelle des solutions formelles et des comportements managériaux devient la formule de survie dans un parcours dense d'événements non prédictibles, non codifiables et non programmables *a priori*. Ce qui signifie devoir modifier, et souvent transformer totalement, les dispositifs traditionnels en les rendant plus élastiques afin d'assumer des comportements ductiles s'accordant à l'évolution instable des événements économiques et compétitifs.

La redécouverte de la flexibilité[3] va de pair avec la multiplication de situations mal définies et susceptibles d'évolutions imprévues, les entreprises se trouvant face à un degré élevé de variété-variabilité des conditions qu'elles sont amenées à affronter, et à un déficit de compétences et de connaissances

---

2. Voir également dans cette Encyclopédie l'article de J. Rojot, « Relations industrielles », p. 2864, tome 3.

3. Voir également dans cette Encyclopédie l'article de R. Reix, « Flexibilité », p. 1407, tome 2.

dans l'interprétation et le gouvernement de la complexité. Les rigidités fordiennes deviennent alors un poids à élaguer et conduisent à développer les processus d'apprentissage[4] – d'investissements en connaissances – qui permettront de gérer cette pénurie cognitive.

Les structures organisationnelles se fluidifient, la séparation par fonctions et divisions est remplacée progressivement par des modes interfonctionnels de relations, la hiérarchie verticale perd de ses niveaux et s'horizontalise, les unités opérationnelles acquièrent une autonomie décisionnelle et les salariés sont invités à participer et à endosser des responsabilités jusqu'alors réservées aux managers[5]. Ils définiront eux-mêmes leur rapport au travail, en déterminant – volontairement ou sous la force des événements – le temps qu'ils veulent y consacrer et en choisissant la nature de leur activité.

La mobilité des frontières organisationnelles dans un environnement incertain et les changements incessants dans les structures de production qui en résultent sont souvent incompatibles avec des emplois stables, le modèle désormais courant étant de déplacer les salariés le plus librement possible en réponse aux conditions du marché. Certains d'entre eux, mus par des exigences de famille et/ou par le désir de maîtriser leur temps et leur activité, sont conduits à se tourner vers de nouvelles modalités de travail placées sous le signe de la relation commerciale de fournisseur à donneur d'ordres. La population salariée diminue, celle des travailleurs autonomes qui ne sont plus soumis aux contraintes – et aux avantages... – de la relation de travail subordonnée, formalisée par un contrat de travail, croît.

Les frontières entre les firmes deviennent mobiles et chaque entreprise tend à concentrer ses investissements cognitifs dans ce qu'elle considère comme étant son (ses) métier(s) de base, en externalisant une grande partie des fonctions (et souvent de la main-d'œuvre) qui étaient auparavant assurées en interne. Du nettoyage, de la restauration collective et de l'informatique, le phénomène concerne désormais des activités liées étroitement à l'objet de l'entreprise. L'essaimage – forme d'appui qu'une entreprise apporte à un salarié lors d'un projet de création ou de reprise d'entreprise, parfois à partir d'une activité déjà existante dans l'entreprise de départ, en vue d'en limiter les risques d'échec – ou l'« éclatement » – chez IBM Royaume-Uni, les secrétaires appartiennent à une société indépendante tout en travaillant dans les locaux de la firme – sont encouragés.

Tout ceci appelle une approche globale des nouvelles formes d'emploi, y compris le télétravail et le travail à temps partagé, qui tienne compte à la fois d'un droit, envisagé, du travailleur autonome concernant notamment des relations qu'il établit avec ses cocontractants afin de prévenir les abus de relations trop unilatérales, et de l'évolution des relations du travail, y compris d'une négociation collective plus liée à la compétitivité de l'entreprise ou d'une branche d'activité.

Le nouveau modèle, encore en gestation, qui voit actuellement l'émergence d'une nouvelle façon de travailler et l'affaiblissement du droit du

---

4. Voir également dans cette Encyclopédie l'article de A. Desreumaux, « Structures de l'entreprise », p. 3147, tome 3.

5. Voir également dans cette Encyclopédie l'article de G. Kœnig, « Apprentissage organisationnel », p. 171, tome 1.

travail comme moyen de protéger le salarié, pose le problème des rapports de travail dans une lumière nouvelle.

6. La négociation sociale

La négociation sociale englobe, pour les uns, toute la matière négociable, justiciable de ce qu'on appelle communément le droit social, individuel et collectif, tandis qu'elle se limite pour les autres à la négociation entre les partenaires sociaux – patronat, syndicat, Etat —, c'est-à-dire la négociation collective, qui a lieu à différents niveaux d'organisation, du lieu de travail à l'échelle de la nation, voire au plan international.

Celle-ci, entendue au sens strict, ne vise qu'un type des nombreux rapports entre les employeurs, les syndicats, les salariés et l'Etat, et conduit à des conventions et des accords écrits, déposés conformément aux exigences légales, conclues par des syndicats représentatifs des salariés et par un employeur ou un groupement d'employeurs, et qui ont pour objet de réglementer tout ou partie des conditions d'emploi et de travail.

Elle signifie, par contre, au sens large, non seulement la négociation – qui, limitée à ses éléments essentiels, désigne dans son acception la plus étroite le processus par lequel les parties arrivent à un accord –, mais aussi l'ensemble des modes de relation entre les partenaires sociaux, c'est-à-dire tout processus de dialogue, d'examen, de consultation, de concertation, d'analyse de propositions sur la manière de traiter les problèmes sociaux et professionnels, économiques, gestionnaires et techniques à tous les niveaux d'organisation.

L'un des objectifs traditionnels de la négociation collective était d'assurer de bonnes conditions de travail[6], la qualité de vie au travail et la protection de l'emploi. Aujourd'hui s'y ajoute celui de la productivité et de la compétitivité. En France, le rapport d'Antoine Riboud, intitulé « Modernisation, mode d'emploi », publié en 1987, a été un des déclencheurs du débat, toujours présent dans les années 1990, fût-ce avec d'autres mots, sur la conjugaison nécessaire entre modernisation des entreprises et négociation (au sens large), afin de faire progresser plus efficacement nos collectivités de travail. On s'était interrogé, et on continue de le faire, pour savoir si les années 1980, successives au deuxième choc pétrolier, n'avaient pas ouvert une phase de négociation de l'incertitude, qui démontrerait la marginalisation, voire l'inévitable exclusion, du syndicat des phases essentielles de la reconversion du système productif, entamée et gérée par les directions d'entreprises.

Le système de relations du travail étant par définition un système contractuel, la tendance à la déréglementation et à la flexibilité n'aura-t-elle pas conduit au déclin de la négociation sociale ? L'émoussement de l'action collective, dans son ensemble et dans la diversité de ses formes, face à une individualisation grandissante des relations industrielles et à une initiative unilatérale croissante des chefs d'entreprise, ne conduit-il pas à l'abandon de la confrontation négociée entre les partenaires sociaux ? Le renversement du rapport existant entre subjectif et collectif, la nouvelle centralité de l'homme dans les systèmes de travail, qui conduit à prêter plus d'attention au subjectif,

6. Voir dans cette Encyclopédie l'article de G. Trépo, « Conditions de travail et expression du personnel », p. 610, tome 1.

ne sont-ils pas destinés, en définitive, à affaiblir la représentation collective des travailleurs ? La baisse, voire la chute, de la conflictualité, traduit-elle une situation durable, témoin d'un climat de collaboration ? Et, pour tout dire, ne vivons-nous pas dans un contexte de défiance généralisée à l'égard de l'outil contractuel ?

Un colloque sur « la négociation collective de travail, adaptation ou disparition ? », qui a eu lieu à Québec en 1993, a mis notamment en évidence le fait que les changements observés tendent à confirmer que la négociation collective est une institution dynamique et vivante capable de s'adapter progressivement aux nouvelles exigences économiques et technologiques. L'utilité de la négociation collective semblait également confirmée par l'évolution récente des relations du travail, les parties ayant démontré à de multiples reprises leur capacité à trouver conjointement des solutions aux problèmes qui les interpellent. Mais le rapport de force deviendrait de plus en plus inégal, l'évolution positive de la coopération patronale-syndicale étant concomitante d'une détérioration du pouvoir syndical dans un contexte économique difficile.

7. La négociation informelle

Les relations industrielles ne se réduisent plus au simple fait de contracter – événement formellement codifié et reconnu – et aux contrats – conventions et accords – collectifs. Il existe de plus en plus fréquemment des accords informels, qui montrent que les représentants des salariés apprennent la technique négociatoire de l'implicite. Tout ce qui favorise l'arrangement et le traitement informel des conflits semble prendre le pas sur l'intérêt que représente pour la régulation sociale l'existence de formes institutionnelles et de règles de droit. Et il n'est pas exclu que le futur des relations industrielles – et donc des syndicats et des organisations professionnelles – réside dans la capacité de ces organisations de penser que si les contrats collectifs sont importants, ils n'épuisent pas le champ de la négociation et des accords.

Plusieurs témoins attentifs avaient mis en évidence la valorisation des formes décentralisées, plus simples et plus adaptées lorsqu'elles sont négociées dans l'entreprise ou ses établissements, voire ses ateliers, sans que, à ce dernier niveau, on aboutisse à des accords détaillés et signés. Mais ils ont observé aussi des formes originales de négociations paritaires qui se développent en dehors de l'entreprise, souvent à des niveaux intermédiaires (local, sous-ensemble professionnel), lesquels, tout en n'étant pas des lieux de négociation institutionnalisés, offrent la possibilité d'un échange constant et constructif, en engendrant des comportements communs.

Ces niveaux intermédiaires sont des lieux complémentaires, circonscrits à des ensembles professionnels délimités, et non pas, pour le moment, substitutifs aux pratiques traditionnelles de la négociation collective ; dans le domaine de l'emploi, de la formation, des évolutions technologiques notamment, ils sont davantage orientés vers la discussion, l'expertise et la solution d'intérêts communs. On profite, en somme, de ces lieux de rencontre paritaires pour aborder toute une série de points qui n'ont pas forcément un lien direct avec l'objectif principal assigné aux structures respectives. Nous nous trouvons là dans une optique qui fait de la négociation une forme de relation entre deux ou plusieurs parties qui considèrent nécessaire d'avoir un échange afin de résoudre un problème non soluble par des voies unilatérales.

Mais il faudrait ajouter que l'extension du terme « négociation » est, aujourd'hui, extrêmement ample, ce qui incite à s'arrêter un peu plus sur la signification du concept, sous peine de le voir devenir vague et ambigu.

*

* *

Toutes les relations ne sont pas de type négociatoire et tout n'est pas négociable. Par ailleurs, les relations représentent une ressource rare dans le monde du travail et il n'est pas exclu que la conflictualité puisse se déplacer des champs classiques des controverses entre les partenaires sociaux vers le mode de traiter – en pratique, les gens veulent être traités d'une certaine manière et sont traités d'une autre, la conflictualité émergeant de ces modalités diverses de (se) traiter –, de « relationner », les représentations respectives devant être capables de faire « relationner » sur un mode consensuel les parties en cause.

Références

ALDAO ZAPIOLA C.M., *La negociación* (préface de D. Weiss), 2e éd., Ediciones Macchi, 1992.

BERNIER C. *et al.* (éd.), *La négociation collective du travail. Adaptation ou disparition ?*, Les Presses de l'Université Laval, 1993.

CAIRE G., *La négociation collective,* Paris, PUF, « Que sais-je ? », 1992.

CENGARLE M., « Imparare a negoziare », *Psicologia e Lavoro* (70, 1988).

CUTCHER-GERSHENFELD J., POWER D., MCCABE-POWER M., « Global Implications of Recent Innovation in US Collective Bargaining », Communication au 10e congrès mondial de l'AIRP, 1995.

FISHER R., URY W., *Comment réaliser une négociation,* Paris, Le Seuil, 1982.

GRANDORI A., « Processi e tecniche di negoziazione nelle organizzazioni », *in* G. Costa, *Manuale di gestione del personale,* UTET, 1992.

GUARALDI S., « La negoziazione e la ricerca organizzativa », *Psicologia e Lavoro* (69, 1988).

HÉBERT G., *Traité de négociation collective,* Gaëtan Morin éditeur, 1992.

MABILE J., PIOTET F., *Le tableau de bord de la négociation sociale,* Paris, Les Editions d'Organisation, 1991.

RAIFFA H., *The Art and Science of Negotiation,* Harvard University Press, 1982.

RIBOUD A., *Modernisation, mode d'emploi,* UGE 10/18, 1987.

SERRAF G., « La négociation, ses dimensions et ses niveaux », *Revue Française du Marketing* (15, 1965).

SPALTRO E., *Complessità,* Patron editore, 1990.

SPALTRO E., DE VITO PISCICELLI P., *Psicologia per le organizzazioni,* NIS, 1990.

WALL J.A., BLUM M.W., « Negotiations », *in* « Yearly Review of Management », *Journal of Management* (2, 1991).

WALTON R.E., MCKERSIE R.B., *A Behavioral Theory of Labor Negotiations,* McGraw-Hill, 1965.

WEISS D., « Négociation et ressources humaines », *in* D. Weiss, *La fonction ressources humaines,* 2e éd., Paris, Les Editions d'Organisation, 1993.

WEISS D., « Nouvelles formes d'entreprises et relations de travail », *Revue Française de Gestion* (98, 1994).

WEISS D., *Les relations du travail,* 5e éd., Paris, Dunod, 1984.

WEISS D., « Les relations de travail dans les années 80 », *Revue Française de Gestion* (29, 1981).

WEISS D., *Relations industrielles,* 2e éd., Paris, Sirey, 1980.

Mots clés

Apprentissage, négociateur, négociation (distributive, informelle, intégrative, mixte, sociale), relations de travail.

Nouvelles technologies de l'information et gestion de l'entreprise

114

Dominique Roux et Daniel Soulié

Les technologies de l'information sont présentes dans toutes les activités de l'entreprise et leur rôle va croissant. A l'origine de ce phénomène, on trouve l'amélioration des performances techniques en matière de traitement et de transfert des informations et la baisse spectaculaire des coûts. Mais ces considérations ne suffisent pas, à elles seules, à expliquer le succès de l'implantation, dans les entreprises, de ces nouvelles technologies. Un facteur clé de la réussite réside dans la convivialité accrue[1] des systèmes (équipements et progiciels) qui permet à des non-spécialistes non seulement d'être capables de les utiliser, mais aussi d'accepter de le faire.

Dans le domaine de la gestion, on assiste de ce fait à des transformations en profondeur aussi bien à l'intérieur de l'entreprise que dans les relations des firmes avec leur environnement. Dans les deux cas, l'association informatique-télécommunication constitue l'élément clé de l'évolution.

1. Les transformations de la chaîne de valeur

Il est commode, pour analyser des conséquences du développement des techniques de l'information, d'utiliser la démarche en termes de chaîne de valeur (M.E. Porter, 1985).

Un premier constat s'impose. L'importance prise par ces nouvelles techniques est telle qu'on peut dire qu'elles constituent une activité de soutien supplémentaire, la cinquième, après l'infrastructure, la gestion des ressources humaines, le développement de la technologie et les approvisionnements. L'informatique et les télécommunications sont présentes à tous les niveaux de l'entreprise. Leur introduction contribue à modifier le processus de création de valeur, à réduire la contrainte de localisation spatiale et à transformer les relations avec les fournisseurs et avec les clients.

1. L'accroissement de la convivialité est une conséquence induite par l'augmentation massive des capacités de traitement, qui permet d'utiliser des programmes de plus en plus complexes.

1.1. La pénétration de l'informatique

Le développement des technologies de l'information conduit non seulement à un changement dans le déroulement des diverses activités de la chaîne de valeur, mais aussi à l'apparition de nouvelles possibilités d'étude ou d'action.

L'informatisation permet une croissance considérable du volume des informations que l'on peut prendre en compte grâce notamment à l'augmentation des capacités de mémorisation et de la vitesse de traitement : on estime, par exemple, qu'entre 1958 et 1980 le temps nécessaire pour l'exécution d'une opération électronique élémentaire a été divisé par 80 millions (M.E. Porter et V. Millar, 1986). Depuis, des progrès au moins aussi importants ont été réalisés. La fiabilité a été également accrue : les nouvelles méthodes d'enregistrement des données (code barres, par exemple) réduisent le risque d'erreur dans le rapport de 10 000 à 1. Enfin, il devient possible d'utiliser des informations qualitatives, soit pour construire des bases de données, soit pour élaborer des systèmes-experts.

Toutes les applications se caractérisent en fait par la possibilité de traiter simultanément un plus grand nombre de variables et donc de construire des modèles plus sophistiqués, comme le montre le graphique 1.

Graphique 1 – Chaîne de valeur et techniques liées à l'information

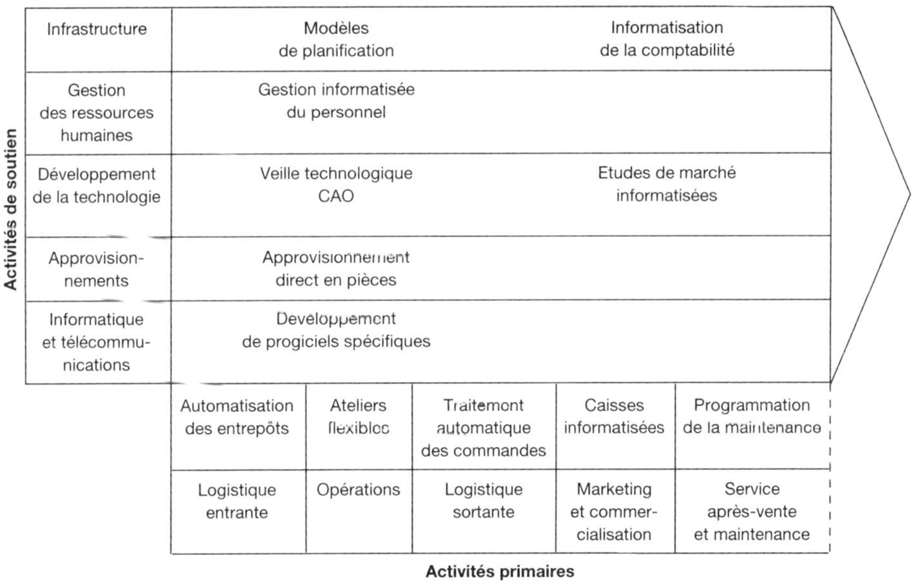

Mais la portée de ces applications ne se limite pas à ce seul aspect. Nombreuses sont celles qui, en outre, établissent des liaisons entre activités différentes par le biais du transfert automatique d'informations.

L'installation de lecteurs optiques sur les caisses de supermarchés facilite le travail des caissières et réduit le risque d'erreur. Mais elle permet aussi un suivi, en temps réel, des ventes des différents produits, de l'évolution des stocks, et des commandes de réassortiment.

D'autres applications ont pour conséquence de faciliter la prise de décision. La création d'un fichier informatisé du personnel permet d'automatiser la paye et de mieux connaître, au niveau individuel et global (statistiques sur l'ancienneté, l'absentéisme, les accidents du travail, etc.), la situation du personnel. Mais elle s'avère aussi particulièrement utile lorsqu'il s'agit de pourvoir de manière interne un poste, notamment de responsabilité. Il est possible d'obtenir, sans délai, toutes les informations relatives aux compétences et à la disponibilité des différents membres de l'organisation, et de prendre ainsi rapidement les décisions en connaissance de cause.

1.2. L'atténuation de la contrainte spatiale

Le couple informatique-télécommunications a le double avantage de réduire le poids de la contrainte de localisation spatiale à court terme et, grâce aux possibilités de mémorisation permanente, celui de la contrainte de concomitance temporelle. Les gains qui en découlent sont considérables et prennent des formes diverses : réduction des coûts, raccourcissement des délais de réaction, coordination plus étroite des activités, meilleure utilisation des ressources disponibles. Ces nouvelles possibilités résultent des progrès techniques réalisés non seulement en informatique, mais aussi en matière de télécommunications grâce à la transmission de données numérisées[2].

Le graphique 2 présente quelques exemples de l'intervention du doublet informatique-télécommunications dans la chaîne de valeur.

Graphique 2 – Informatique, télécommunications et chaîne de valeur

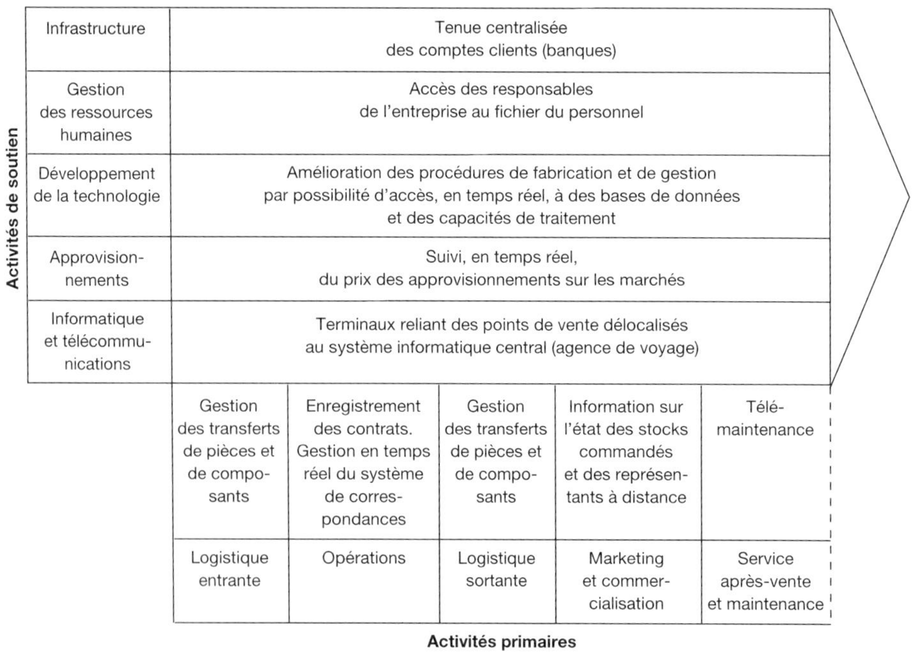

2. La numérisation permet d'accroître le débit des transferts et d'augmenter leur fiabilité et leur sécurité.

Deux phénomènes sont donc à l'origine des avantages liés à l'emploi des nouvelles technologies. Le premier est le transfert rapide de quantités importantes d'informations. Le second est la possibilité d'accès, à distance, à des bases de données de grande taille qui, du fait de leur coût, sont nécessairement centralisées.

L'impact de ces nouvelles technologies est tel qu'il modifie le poids relatif des activités dans les entreprises, et donc leur organisation interne et la hiérarchie des priorités. Certaines firmes, notamment dans les services financiers, considèrent qu'elles se sont diversifiées dans le transport d'informations *(bitmoving companies)*. Cette nouvelle production, bien souvent développée pour des raisons de fonctionnement interne, est alors progressivement offerte à la clientèle. On peut citer, à cet égard, des banques qui vendent des informations sur la situation, en temps réel, des marchés financiers ou des compagnies d'assurances qui permettent à leurs clients d'accéder par télématique à leurs dossiers.

1.3. La modification des rapports fournisseurs-clients

L'introduction des technologies de l'information dans le processus d'échange entre les fournisseurs et les clients permet d'en améliorer l'efficacité en réduisant les coûts et en augmentant la vitesse. Mais il en résulte aussi une mutation de la nature des relations entre les acteurs du jeu économique et un changement des conditions de la concurrence. Le phénomène concerne les rapports des firmes entre elles et ceux des entreprises avec les utilisateurs finals des produits et des services.

Cette situation nouvelle se caractérise par l'accès direct qu'obtient le client à une partie du système informatique de son fournisseur. Il peut ainsi consulter certaines des données qui y sont stockées et éventuellement envoyer des instructions qui, selon le cas, seront ou non exécutées automatiquement. Ces nouveaux liens se généralisent et les exemples en sont nombreux[3].

Une grande banque new-yorkaise a installé, par exemple, dans le bureau des trésoriers des firmes multinationales clientes, un terminal relié à son ordinateur. Les trésoriers ont ainsi la possibilité de gérer directement et en temps réel leur trésorerie en devises. Certains de ces avantages sont aussi offerts au grand public. C'est notamment le cas en France avec la diffusion des services télématiques à partir du minitel.

De manière plus générale, l'interconnexion des ordinateurs favorise la mise en place du système « juste à temps ». Mais elle implique une interdépendance croissante entre les entreprises et une diminution de leur autonomie de décision. Elle suppose aussi que certaines informations souvent considérées comme confidentielles soient accessibles à des personnes (ou des ordinateurs) extérieures à l'entreprise. Les gains que l'on peut attendre de la mise en place de ces nouvelles relations entre les firmes sont donc dépendants du degré de confiance qui s'instaure entre les acteurs. Une autre conséquence majeure de l'introduction de ces techniques est la modification des conditions de la concurrence. Celle-ci se manifeste de plusieurs manières distinctes.

3. Voir dans cette Encyclopédie l'article de D. Tixier et B. Pras, « Marketing inversé », p. 1871, tome 2.

Un premier aspect se situe dans l'amélioration de l'information, en particulier celle des acheteurs. Le coût de collecte des données pertinentes, sur le prix par exemple, est considérablement réduit avec un effet positif sur les processus de décision. Une illustration en est le fonctionnement des marchés financiers. Les opérateurs, où qu'ils se trouvent, peuvent suivre en temps réel l'évolution des cours et procéder aux arbitrages qu'ils jugent utiles.

Un second élément est la croissance des coûts de changement (*switching costs*). Lorsqu'il existe des interconnexions entre ordinateurs, changer de fournisseur (ou de client) est plus difficile que dans le cas des relations strictement marchandes : il faut souvent accepter de perdre le bénéfice des investissements en matériel et en temps d'apprentissage qui ont été effectués. Il apparaît ainsi, par la force des choses, des liens de fidélité plus solides entre les fournisseurs et les clients. Un corollaire de cette évolution est la tendance à la réduction du nombre des fournisseurs pour réduire le coût de la constitution des relations commerciales.

2. Nouvelles activités et nouveaux produits

Sous l'influence de ces nouvelles techniques, des activités anciennes retrouvent un rythme soutenu de développement. Les processus de production se modifient et de nouveaux produits apparaissent. Ces évolutions revêtent une importance considérable du point de vue de la gestion, car bien souvent la survie des entreprises passe par leur capacité à exploiter les possibilités que leur offre le progrès.

2.1. L'augmentation du contenu en informations

Le premier aspect qui mérite d'être souligné est l'existence d'une tendance à la croissance à la fois de la consommation d'informations dans les processus productifs et du contenu en informations des produits eux-mêmes.

Le second point est simple à mettre en évidence pour les biens physiques. De tout temps, ils ont été constitués de deux composantes, l'une matérielle et l'autre liée à l'information. Cette dernière comprend notamment tout ce qui est nécessaire pour distinguer le produit de ses concurrents, pour être capable de l'acquérir et être à même de l'utiliser. Ces informations portent donc sur les caractéristiques du produit, ses modalités d'utilisation et, éventuellement, son entretien. L'importance relative de ce contenu informatif augmente avec la complexité et le degré de sophistication des biens offerts.

L'évolution est analogue en matière de services avec néanmoins une particularité importante qui mérite d'être soulignée. De plus en plus, le rôle des services est de véhiculer et de transmettre des informations, brutes ou déjà traitées. L'augmentation du contenu informatif est donc, en l'occurrence, directement liée au développement de la variété et du nombre des services offerts. Le couple informatique-télécommunications joue un rôle central dans ce phénomène, en ouvrant des possibilités techniques de production qui n'existaient pas auparavant. Les distributeurs automatiques de billets mis en place par les banques ou l'annuaire électronique de France Telecom constituent des exemples de ces mutations bien connus du grand public. La multiplication des bases de données à usage professionnel en est une autre illustration.

Ces transformations ne se limitent pas aux seuls produits, elles concernent aussi, sans doute de manière plus importante, les processus de production eux-mêmes. Une raison évidente en est l'augmentation du contenu en informations des équipements et des consommations intermédiaires utilisés[4]. Mais, de manière plus fondamentale, on assiste à une modification de l'organisation même du fonctionnement des entreprises, notamment au niveau des processus de production. La densité de l'information dans la chaîne créatrice de valeur croît. Cette évolution touche, on l'a souligné plus haut, les activités primaires comme les activités de soutien.

L'augmentation du poids de l'information a eu pour origine l'apparition des grandes entreprises et le développement de la production de masse. Il s'est en effet, alors, avéré nécessaire d'introduire des processus de gestion permettant d'assurer le bon fonctionnement des firmes dans ces nouvelles conditions. Or, les techniques de gestion sont fortement consommatrices d'informations. C'est le cas, par exemple, lorsqu'il s'agit de concevoir une chaîne de montage, de réaliser une étude de marché ou de gérer un personnel nombreux. La nécessité de suivre l'évolution d'un environnement turbulent et de plus en plus vaste, de s'adapter à ses transformations et même de les anticiper induit un surcroît de besoins en informations. La densité de l'information dans la chaîne de valeur s'élève, ce qui au-delà d'un certain seuil peut entraîner l'apparition d'effets pervers : des activités bureaucratiques risquent de se développer au détriment des activités productives, dont la progression est entravée par la multiplication de règles rigides et formelles[5]. L'informatique, à ses débuts, a renforcé cette double tendance : augmentation du volume d'informations traitées et accroissement de la rigidité des procédures. Aux côtés de la bureaucratie administrative est apparue alors une technocratie informatique qui imposait des règles de fonctionnement aux entreprises au nom d'impératifs techniques ésotériques.

Les progrès réalisés dans le domaine des matériels et des logiciels ont permis d'infléchir cette évolution. Les firmes sont progressivement entrées dans l'ère de l'informatique maîtrisée qui se caractérise par la croissance à la fois de la capacité de traitement de l'information et de la souplesse d'utilisation de l'outil.

2.2. Le développement d'activités anciennes et nouvelles

En atténuant le poids de la contrainte de la localisation et en réduisant les délais de réaction, le couple informatique-télécommunications a repoussé les limites que l'espace et le temps imposaient à certaines activités déjà anciennes. Tel est par exemple le cas de la presse quotidienne ou des marchés financiers.

Outre cette impulsion donnée à des activités existantes, l'emploi des techniques liées à l'information a conduit à l'apparition de nouveaux biens et de

---

4. Voir également dans cette Encyclopédie les articles de V. Giard, « Production », p. 2542, tome 3 et de P. Cohendet, « Productique et gestion », p. 2579, tome 3.

5. Comme tout sous-groupe dans une organisation, les bureaucrates justifient leur existence par l'importance des activités qu'ils réalisent. En multipliant les règles formelles, ils accroissent leur légitimité. Ils augmentent aussi leur poids relatif dans le personnel puisque, plus les procédures sont nombreuses, plus il faut de personnes pour veiller à ce qu'elles soient respectées.

nouveaux services. Il est commode de les classer en deux catégories : ceux qui contribuent au développement de ces techniques et ceux que l'utilisation de ces techniques rend possible de développer.

2.2.1. Les activités directement liées à l'information

Dans ce premier groupe figurent les branches dont la production permet la conception et le fonctionnement des systèmes de traitement et de transformation des informations. Ce sont, bien évidemment, les progrès de l'électronique qui ont permis l'apparition de l'informatique et le développement des télécommunications. Mais l'importance des débouchés associés à ces activités a non seulement contribué à une forte croissance de l'industrie électronique, mais y a aussi stimulé la recherche. Les résultats de cette dernière ont permis de mettre sur le marché de nouveaux produits, dont le succès a entraîné une nouvelle augmentation de la production et de nouveaux efforts de recherche. Il existe donc, en la matière, un cercle vertueux de la croissance. Le processus a certes été facilité par l'existence de secteurs très gourmands en traitement et en transmission d'informations, comme la défense ou l'espace. Mais, en parallèle, le phénomène de diffusion intersectorielle des innovations a, grâce à la baisse des coûts, ouvert de nouveaux marchés aux produits de l'électronique : la généralisation de l'emploi d'automatismes ou le développement de l'électronique grand public.

Les progrès qu'ont connus les matériels n'ont pu conduire à des applications concrètes que grâce à une évolution similaire des logiciels. Une industrie des logiciels se développe ainsi en étroite interdépendance avec celle des équipements. Dans ce domaine aussi, il existe un cercle vertueux. L'augmentation des capacités de traitement des informations permet l'emploi de logiciels plus performants et plus faciles à utiliser, ce qui accroît l'attrait exercé par les produits et le champ de leurs débouchés possibles.

Les perspectives ainsi ouvertes sont telles que l'un des problèmes majeurs que rencontrent actuellement les entreprises est d'être capables d'exploiter de manière rentable les possibilités qui leur sont offertes. Il est clair que, en raison de la présence des techniques liées à l'information à toutes les étapes de la chaîne de valeur, l'emploi de quelques spécialistes ne suffit pas pour atteindre cet objectif. L'ensemble du personnel est concerné par cette évolution. Il doit se familiariser avec le rôle des nouveaux systèmes et apprendre à les utiliser. L'ampleur de l'effort de formation nécessaire, qui touche toutes les entreprises, justifie l'émergence de nouvelles spécialisations en la matière.

2.2.2. Les activités utilisatrices d'informations

D'autres activités se développent, parce qu'elles ont été rendues possibles ou rentables par l'usage des techniques liées à l'information. Les plus connues de ces nouvelles productions sont les services à valeur ajoutée, que l'on regroupe en trois grandes catégories : les services horizontaux, les services verticaux et les services d'information. Les premiers regroupent la messagerie et les échanges électroniques de documents (EDI)[6]. Ils connaissent

6. *Electronic Data Interchange*, traduit en français par échange de données informatiques.

à l'heure actuelle une croissance extrêmement rapide[7] et contribuent à transformer aussi bien les modalités internes du fonctionnement des entreprises que les relations entre les firmes. Les services verticaux sont destinés à répondre aux besoins précis de certaines professions (transferts électroniques de fonds dans le secteur bancaire, par exemple). Enfin, les services d'informations consistent, pour l'essentiel, en l'accès à des bases de données. Le vidéotex en est l'instrument privilégié, que son usage soit professionnel ou destiné au grand public.

Certains de ces services ont, dès leur origine, été conçus pour être marchands ; c'est le cas, par exemple, d'un grand nombre de services offerts, en France, par l'intermédiaire du minitel. D'autres, au contraire, ont été développés pour répondre à des besoins propres à certaines entreprises. Leur usage était privé. Il l'est parfois resté, mais parfois aussi l'accès en a été ouvert à d'autres agents économiques, firmes et même particuliers.

La diffusion des techniques liées à l'information offre ainsi de nouvelles possibilités et élargit l'éventail des productions économiquement rentables. Cependant, l'emploi des télécommunications et de l'informatique se heurte à des limites, qui sont régulièrement repoussées au fur et à mesure que les problèmes dont elles sont la manifestation trouvent une solution satisfaisante.

3. Limites actuelles et perspectives d'avenir

Pour les firmes, les principaux obstacles rencontrés relèvent de deux domaines : l'humain d'une part, le technico-économique d'autre part. Ils ont en commun d'être liés aux difficultés soulevées par l'introduction dans les entreprises de ces nouvelles techniques qui doivent être économiquement rentables et non seulement acceptées, mais aussi adoptées par le personnel.

3.1. Les difficultés liées aux hommes

Si l'on considère l'entreprise comme une entité sociale, l'introduction des techniques liées à l'information soulève trois grands types de problèmes : celui de leur place dans la firme, celui des résistances que leur apparition provoque, celui enfin des modifications dans l'organisation et dans les rapports hiérarchiques que leur existence entraîne.

3.1.1. Les techniques liées à l'information, contrainte ou libération ?

L'introduction des techniques de l'information dans les entreprises, dans un premier temps au moins, a créé une situation analogue à celle qui a suivi l'apparition du machinisme. K. Marx (1848) avait mis en évidence ce phénomène en opposant l'outil à la machine. Le premier est le prolongement de la main de l'homme, mais la seconde impose ses contraintes propres au rythme de production, et donc à l'ouvrier.

Il en a été de même lors de la mise en place des premières générations d'ordinateurs dans les entreprises. Ils auraient dû prolonger la tête (et non plus la main), mais les gains de productivité qu'ils permettaient d'espérer dans les

7. Une étude récente du BIPE estime que le taux de croissance annuel des services horizontaux est de 40 %.

tâches administratives ne pouvaient être effectivement obtenus qu'à la seule condition de réorganiser ces activités pour s'adapter aux modalités de fonctionnement des systèmes informatisés. La structure des circuits de communication a dû être modifiée en conséquence et il en est résulté l'émergence d'une technocratie informatique dont l'existence a été évoquée plus haut.

Les informaticiens constituaient non seulement l'interface nécessaire entre le personnel de l'entreprise et le système d'information[8], mais ils imposaient aussi des procédures de fonctionnement au nom d'impératifs techniques. La condition de l'efficacité était la soumission aux règles dictées par l'ordinateur. La hiérarchie des pouvoirs dans les firmes s'est de ce fait transformée, puisque l'une des clés de la compétitivité était un système d'informations performant, permettant de réduire les coûts et d'accroître la vitesse de réalisation des tâches administratives. Mais, en raison des limites inhérentes aux premiers ordinateurs et aux logiciels qu'ils pouvaient utiliser, ces gains ont eu pour corollaire une rigidité accrue des procédures et une bien moins grande transparence interne des activités administratives.

Cependant en améliorant, de manière très importante, les performances des matériels et des logiciels, le progrès technique a largement ouvert le champ des possibles. Les techniques de l'information, de contraintes imposées à la majorité des membres de l'entreprise, deviennent peu à peu un moyen de libération, les machines se transformant en outils. Ce processus est loin d'être encore achevé, mais la tendance apparaît être irréversible.

Les rapports de pouvoir, qui s'étaient établis dans les firmes, en sont à nouveau modifiés. Les possibilités d'accès direct des non-spécialistes aux ordinateurs centraux par l'intermédiaire de terminaux ou de micro-ordinateurs, l'accent mis sur les produits et non plus sur la seule exécution des processus, l'introduction de nouvelles modalités de gestion faisant une place accrue à la qualité, diminuent le poids relatif des informaticiens. Ils voient, de manière paradoxale, une partie importante de leur rôle ancien être désormais assumée de manière automatique par le système d'informations lui-même. Ce n'est pas dire que les informaticiens sont appelés à disparaître des entreprises, mais il est probable que leur nombre se réduira alors même que leur qualification augmentera.

3.1.2. Les résistances

Un frein important à la diffusion des techniques liées à l'information dans les entreprises est constitué par les résistances internes face au changement. Ce phénomène a des origines et donc des manifestations multiples.

Parmi les premières, on trouve les effets de l'introduction de ces nouvelles techniques sur l'emploi. Au plan macro-économique, il n'est pas facile de déterminer si le développement de l'information et des télécommunications est globalement créateur ou destructeur d'emplois. Ce qui est par contre certain, c'est qu'il en modifie la répartition, tant en termes de qualification que de secteurs d'activité.

Dans les entreprises, l'apparition de ces techniques conduit à des modifications à la fois qualitatives et quantitatives. Elle entraîne une réorganisation

8. Voir dans cette Encyclopédie l'article de J.L. Peaucelle, « Systèmes d'information », p. 3213, tome 3.

des services, puisque des tâches effectuées auparavant par l'homme le sont désormais par des machines. L'importance relative des transformations qui en résultent varie selon les activités concernées. L'informatisation des activités primaires conduit le plus souvent, dans l'industrie comme dans les services, à des suppressions nettes d'emplois, en général faiblement qualifiés. Celle des activités de soutien a pour double conséquence de réduire le nombre de postes, mais surtout d'en modifier le profil. Les employés, auparavant affectés à l'exécution de tâches répétitives, peuvent être appelés à réaliser des travaux plus valorisants, à la condition qu'ils soient capables de s'adapter à la nouvelle situation. Cette remise en cause de la sécurité de l'emploi est ainsi à l'origine de l'un des obstacles qui doit être surmonté lors de l'introduction, dans l'entreprise, des techniques liées à l'information.

Un deuxième problème, dont l'importance tend à diminuer, est celui du caractère ésotérique des nouvelles techniques. Les spécialistes de ces dernières n'ont pas toujours déployé les efforts nécessaires pour les rendre accessibles aux utilisateurs. Cette absence de transparence constituait une cause d'inquiétude et une source de rejet pour la majorité du personnel. Mais l'évolution actuelle a tendance à abolir les barrières entre spécialistes et non-spécialistes et à faire de l'informatique et des télécommunications un outil facilement utilisable par le plus grand nombre.

3.1.3. La modification des relations humaines

Deux phénomènes contribuent en général à faire évoluer les relations entre les membres du personnel. Le premier est l'enrichissement des tâches, qu'elles soient productives ou administratives, dont le corollaire entraîne une plus grande autonomie mais aussi une responsabilité accrue des individus. Le second est le raccourcissement des circuits de communication, qui ne sont plus une simple reproduction de l'organisation hiérarchique.

Les nouvelles techniques de l'information permettent, lorsqu'elles sont mises en place et utilisées avec efficacité, d'affranchir le personnel de l'exécution des tâches répétitives et fastidieuses. Il devrait en résulter que, de plus en plus, les hommes vont être affectés à des activités valorisantes qui ne peuvent pas être effectuées par des machines (notamment le contrôle des processus automatisés).

L'introduction, dans la pratique du fonctionnement des entreprises, de cette évolution des rôles requiert du personnel qu'il ait le niveau de qualification suffisant et qu'il ait la possibilité de faire preuve de l'esprit d'initiative qu'exigent ces responsabilités nouvelles. Le premier aspect relève de la formation qui n'est pas toujours, pour des raisons diverses, totalement adéquate. Le second, en supposant le précédent résolu, soulève deux questions, liées à l'organisation des entreprises occidentales. Il est rare que, si l'on excepte les niveaux les plus élevés de la hiérarchie ou des circonstances très particulières[9], les membres du personnel disposent réellement d'une autonomie de décision adaptée à leur niveau supposé de responsabilité. Il est

9. L'entrepreneurship constitue l'une de ces exceptions. Mais on peut citer, *a contrario*, le cas de nombreuses multinationales dans lesquelles les présidents des filiales étrangères sont convoqués à intervalles très rapprochés (tous les mois, par exemple) au siège social pour rendre compte de l'activité de leurs entreprises.

encore moins fréquent qu'ils acceptent d'utiliser le degré de liberté dont ils disposent, sachant que tout choix important non explicitement approuvé par leurs supérieurs risque de remettre en cause leur carrière dans l'entreprise.

Cette situation est, très largement, la manifestation du processus de direction « haut-bas » caractéristique de la gestion des entreprises occidentales. Le personnel ne participe que peu – sauf sous forme revendicative – à la prise de décision. Il sait aussi qu'il est moins jugé sur son efficacité propre que sur la conformité de son comportement avec les instructions qui lui sont transmises par ses supérieurs. Ce mode d'organisation a fait la preuve de son efficacité lorsque les contraintes de la production industrielle en grande série imposaient une coordination stricte à l'intérieur de l'entreprise. L'introduction des techniques liées à l'information permet de repousser de plus en plus loin ces contraintes en autorisant une souplesse accrue des processus de production et d'administration.

Pour bénéficier des avantages offerts par le progrès technique, le processus de décision dans l'entreprise doit se rapprocher du modèle « haut-bas-haut » (R.A. Thiétart, 1990), c'est-à-dire concerner l'ensemble des membres de la firme. En termes de planification, il s'agit de dégager un consensus sur la base d'orientations générales définies au sommet de la hiérarchie. Au plan du fonctionnement quotidien, il faut définir des objectifs négociés, quantitatifs et aussi laisser aux salariés une liberté suffisante pour ce qui est de les atteindre et éventuellement de les améliorer.

Ce modèle, qui se rapproche de celui des entreprises japonaises, suppose, pour être mis en place dans les firmes occidentales, une profonde transformation des modalités traditionnelles. Il faut remplacer le contrôle *a priori* par une évaluation *a posteriori* des performances, ce qui suppose qu'à tous les stades de la hiérarchie soit conféré un degré d'autonomie suffisant dont le corollaire est dans une responsabilité librement acceptée. Il en résulte aussi que les relations traditionnelles d'autorité en sont totalement modifiées.

Le second phénomène qui contribue à modifier les relations humaines dans l'entreprise est le raccourcissement des circuits de communication. L'origine de cette mutation est strictement technique : connexion de terminaux aux ordinateurs centraux, messagerie électronique, téléconférence, par exemple. Cette évolution permet de limiter le nombre de déplacements à ceux qui sont réellement nécessaires. Mais ses conséquences sont considérables, puisqu'elles conduisent à une remise en cause du principe selon lequel le pouvoir hiérarchique et le contrôle de la circulation des informations vont de pair.

Il n'y a pas lieu de revenir ici sur l'impact très favorable que peut aussi avoir la réduction des délais de traitement et de transfert des informations sur l'efficacité de la gestion de l'entreprise (H.I. Ansoff et R.G. Brandenburg, 1971, par exemple). Il est moins fréquent, par contre, de se pencher sur la dimension humaine de la question.

Les niveaux hiérarchiques situés entre le sommet et la base de l'entreprise remplissent une double fonction. Ils contribuent, de manière descendante, à décomposer les problèmes et, de manière ascendante, à définir une zone d'acceptabilité pour les solutions partielles définies aux niveaux inférieurs (J.G. March et H. Simon, 1958 ; R.M. Cyert et J.G. March, 1963). Mais, de manière liée, ils servent aussi de relais pour la transmission des instructions envoyées du sommet vers la base et des informations collectées à la base et destinées au sommet.

Tout transfert d'informations entraîne une déformation, en partie volontaire, de leur contenu. Il s'agit là d'une manifestation du pouvoir discrétionnaire dont disposent les membres de la hiérarchie (O.E. Williamson, 1970). Le raccourcissement des circuits de communication réduit l'ampleur de cette déformation et, du même coup, le pouvoir des niveaux intermédiaires. L'accroissement de l'efficacité globale de l'entreprise qui s'ensuit résulte donc, en partie, de l'élimination des rentes de situation créées par la structure même des réseaux d'information. Il est bien évident que, pour cette raison, cette évolution n'est pas sans se heurter à de sérieuses résistances.

Une autre conséquence de cette mutation est de modifier la nature des relations à l'intérieur de l'entreprise. L'organisation hiérarchique des circuits d'information se justifiait par le souci d'assurer la fluidité de la circulation et d'éviter le risque de congestion. La communication directe, que le progrès technique permet de développer de manière efficace, est à l'origine de nouveaux rapports. Ceux-ci deviennent moins formels et plus liés à la compétence et aux responsabilités des individus qu'à leur position dans l'organigramme. L'existence de problèmes communs à des personnes appartenant à des départements ou des services distincts conduit à l'apparition de communications horizontales qui ne transitent plus par l'intermédiaire des supérieurs hiérarchiques. La structure des réseaux de circulation des informations devient plus complexe : à l'arborescence classique s'ajoutent de nouveaux circuits, qui conduisent à l'apparition d'un maillage dense qui ne reproduit plus l'organisation hiérarchique[10]. De tout temps, les organisations ont été un lieu de circulation d'informations, parfois peu fondées, qui ne suivaient pas la voie hiérarchique[11]. La grande différence réside dans l'apparition d'une structure qui formalise et objective cette situation : le système d'information.

3.2. Les problèmes technico-économiques

Les entreprises, au moins lorsqu'elles sont privées, sont toutes soumises à une contrainte de rentabilité. L'adoption de nouveaux processus ne se justifie donc que si les avantages l'emportent sur les coûts. L'apparition des techniques liées à l'information a soulevé, à cet égard, un certain nombre de problèmes dont certains ne sont que partiellement résolus. Ces difficultés présentent toujours deux aspects interdépendants, l'un technique et l'autre économique.

3.2.1. Les difficultés techniques

Il apparaît qu'actuellement (en 1995) il existe trois groupes de problèmes, appartenant à des registres différents, dont la solution doit être de nature technique. Le premier est lié au volume des transactions à gérer, le deuxième

10. On utilise pour désigner cette nouvelle modalité d'organisation l'expression d'« entreprise réseau ». Voir également dans cette Encyclopédie les articles de B. de Montmorillon, « Croissance de l'entreprise », p. 854, tome 1 et de V. Giard, « Production », p. 2542, tome 3.

11. Les bruits de couloir en constituent une des manifestations.

à l'aide à la décision, et le dernier à l'organisation et au développement des systèmes d'information.

Les activités de certaines entreprises font qu'elles sont appelées à réaliser, de manière simultanée, un nombre élevé d'opérations. C'est en particulier le cas pour les services financiers (banques notamment) et pour les systèmes de réservation (compagnies aériennes, SNCF, etc.). On ne sait encore qu'imparfaitement satisfaire ce besoin dans des conditions de coût tolérables. Il en résulte des retards dans le déroulement des transactions, qui peuvent s'avérer préjudiciables[12].

Pour les firmes, le problème à résoudre est donc simple. Il faut améliorer certaines performances des systèmes informatiques, sans entraîner une hausse prohibitive des coûts. L'importance de l'enjeu explique celle des efforts de recherche déployés sur la matière, qui concernent aussi bien les équipements que les logiciels. Mais les résultats atteints sont encore très décevants.

Un autre domaine dans lequel se développent de nombreuses recherches est celui de l'aide à la décision. L'objectif visé est de rendre les systèmes d'information à même de conseiller utilement des décideurs confrontés à des problèmes complexes. Les termes d'intelligence artificielle (IA), de systèmes-experts ou de systèmes interactifs d'aide à la décision (SIAD) sont employés pour désigner les projets, de nature diverse, poursuivis en la matière. Des progrès importants ont été effectués, mais bien en deçà des espoirs qu'avait suscités l'engagement dans cette voie nouvelle. Trop souvent encore, les réalisations concrètes sont des bases de données évoluées, ou des programmes lourds, peu maniables, c'est-à-dire d'une valeur opérationnelle limitée.

Un autre ensemble de questions, qui ne sont encore que partiellement résolues, concerne la conception de l'organisation et du développement des systèmes d'information dans les entreprises[13]. On met en œuvre, à cet effet, une procédure de planification qui conduit à l'établissement d'un schéma directeur informatique qui consiste d'abord à assurer la cohérence et la compatibilité des équipements et des logiciels. Le processus d'informatisation n'étant que rarement instantané, un plan d'investissement s'avère nécessaire.

La flexibilité du système constitue aussi un impératif[14]. Il importe, en effet, d'être capable de répondre à des besoins nouveaux, engendrés par le développement de l'entreprise, sans avoir à remettre en cause ce qui a été réalisé. Il est nécessaire, aussi, de pouvoir suivre l'évolution technique des matériels et des logiciels et d'intégrer, à ce qui existe déjà, les nouveaux produits qui apparaissent sur le marché. Il en résulte que le schéma directeur doit être ouvert et révisable.

Sur un plan économique, le premier rôle du schéma directeur est la maîtrise des coûts. Les besoins étant identifiés, il convient que les solutions

---

12. Le retard pris, en raison du trop grand nombre de transactions, par le *ticker* de la bourse de New York, lors de la crise d'octobre 1987, a contribué à en augmenter l'ampleur jusqu'à provoquer le krach.

13. Voir dans cette Encyclopédie l'article de J.L. Peaucelle, « Systèmes d'information », p. 3213, tome 3.

14. Voir également dans cette Encyclopédie l'article de R. Reix, « Flexibilité », p. 1407, tome 2.

retenues leur soient adaptées. Il faut, en particulier, éviter de retomber dans l'un des errements les plus fréquents de la période de naissance de l'informatique, celui de la surcapacité des équipements et des logiciels.

Il importe aussi de procéder à une étude de rentabilité, car l'implantation d'un système d'informations n'est justifiée que si elle permet d'améliorer, à moyen terme, la position concurrentielle de l'entreprise. Il convient, en particulier, de prendre en compte la possibilité de confier à une entreprise spécialisée la réalisation de certains ou de la totalité des travaux informatiques[15].

La conception et le développement du schéma directeur s'appuient sur l'emploi d'un certain nombre d'outils, notamment en matière de génie logiciel. Ils ne peuvent donc être le fait que de spécialistes, qui peuvent appartenir à l'entreprise ou n'être que de simples prestataires de services.

3.2.2. Les problèmes à dominante gestionnaire

Les principaux obstacles appartenant à ce groupe sont liés à une mauvaise prévision et à une maîtrise insuffisante de certaines composantes des coûts. Ce phénomène apparaît essentiellement au niveau du fonctionnement, mais peut aussi, dans certains cas, concerner des dépenses d'investissement.

L'absence de schémas directeurs adaptés à la situation des petites et moyennes entreprises peut être à l'origine d'une dérive des coûts. Dans cette éventualité, le mal appelle un remède technique.

Dans les grandes entreprises, la prolifération de micro-ordinateurs s'est souvent effectuée de manière anarchique et a parfois conduit à une augmentation des coûts telle que des entreprises, pourtant déjà équipées en informatique traditionnelle, ont connu de sérieuses difficultés (J.D. Couger, 1986). Les raisons de cette évolution défavorable, et parfaitement contraire aux attentes, sont nombreuses. Les principales sont les suivantes.

D'abord, le prix des équipements micro-informatiques est suffisamment faible pour que l'acquisition de l'un d'entre eux échappe aux procédures de contrôle *a priori*, qui ne concernent que les investissements importants. La décision d'achat est donc décentralisée dans l'entreprise, ce qui implique une absence de coordination au niveau central. Une première conséquence en a été l'installation de matériels et de logiciels incompatibles d'un service à l'autre. En outre, cette action dispersée n'a pas permis d'obtenir des fournisseurs trop nombreux les conditions de prix pour les équipements et pour le matériel.

Ensuite, la décision d'achat a souvent relevé plus d'un processus de contagion que d'analyse coûts-avantages.

Enfin, au stade de l'utilisation, deux éléments de coût ont été, en général, sous-estimés. Le premier concerne l'apprentissage, le second la connexion des micro-ordinateurs aux gros systèmes. L'accès aux bases de données de l'entreprise par des utilisateurs (cadres) décentralisés est souhaitable, mais soulève deux problèmes : celui de la sécurité et de l'intégrité des données stockées et celui des capacités disponibles sur les gros ordinateurs.

---

15. La croissance des *facilities management* montre le succès rencontré par cette solution auprès des entreprises.

Les difficultés de collaboration entre les informaticiens et les utilisateurs n'ont pas été, aussi, sans peser sur les coûts ; c'est pourquoi il est nécessaire de faire appel aux services de spécialistes capables de dialoguer à la fois avec les informaticiens et les utilisateurs, et d'obtenir une certaine collaboration de la part des premiers. Si les leçons tirées des échecs ont permis de surmonter quelques-uns de ces obstacles, il reste encore, néanmoins, d'importantes difficultés à résoudre.

Il en va, d'ailleurs, de même en matière de télécommunications. La multiplication des services proposés par les entreprises de télécommunications et les possibilités offertes par les réseaux internes ont aussi conduit à l'apparition d'une nouvelle spécialité dans les entreprises. On a en effet, de plus en plus, dans les grandes firmes, besoin d'hommes connaissant bien les télécommunications sous l'angle de la technique et des coûts, mais aussi capables de comprendre les besoins des utilisateurs, tant sur le plan technique que sur le plan humain (J. Dondoux, A. Kétèle, G. Khalifa, D. Roux, 1990).

La dimension humaine constitue ainsi l'un des éléments qui freinent le développement des technologies de l'information dans les entreprises et en limitent l'efficacité. L'apparition de ces difficultés avait été, de toute évidence, mal anticipée par les spécialistes, qui en avaient sous-estimée l'importance.

*

* *

Les nouvelles techniques liées à l'information ouvrent donc, aux entreprises, un champ élargi de possibilités qui concernent tous les aspects de leurs activités. Le problème est, à l'heure actuelle, celui du passage des potentialités aux réalisations. Les obstacles techniques sont, pour bon nombre d'entre eux, surmontés. La plupart des difficultés qui subsistent sont d'ordre humain, et un effort de formation et d'adaptation de longue haleine sera nécessaire pour leur apporter une solution satisfaisante, c'est-à-dire à la fois acceptée et appliquée par la grande majorité des personnes concernées.

Références

COUGER J.D., « E Pluribus Computum », *Harvard Business Review* (September-October 1986), p. 87-91.

CYERT R.M., MARCH J.G., *A Behavioral Theory of the Firm*, Englewood Cliffs, NJ, Prentice Hall 1963. Trad. française : *Les processus de décision dans l'entreprise*, Paris, Dunod, 1970.

DONDOUX J., KHALIFA A., KÉTÈLE G., ROUX D., *Télécommunications pour l'entreprise*, Paris, Eyrolles, 1990.

MARCH J.G., SIMON H., *Organizations*, New York, John Wiley and Sons, 1958. Trad. française, *Les organisations*, Paris, Dunod, 1964.

MARX K., *Grundisse der Kritik der politischen Oeconomie*, 1re publication, Moscou, 1939. Trad. française, « Principes d'une critique de l'économie politique », *in* œuvres : *Economie*, Paris, Gallimard, 1968.

PORTER M.E., *Competitive Advantage*, New York, The Free Press, 1985. Trad. française, *L'avantage compétitif*, Paris, InterEditions, 1986.

ROUX D., SOULIÉ D., *Gestion*, Paris, PUF, 1992.

PORTER M.E., MILLAR V., « Pour battre vos concurrents, maîtrisez mieux l'information », *Harvard-L'Expansion* (printemps 1986), p. 6-20.

SCHERER F.M., « Demand-Pull and Technological Invention : Schmookler Revisited », *The Journal of Industrial Economics* (March 1982), p. 225-237.
SCHERER F.M., *Innovation and Growth : Schumpeterian Perspectives*, Cambridge, Massachusetts, The MIT Press, 1984.
THIÉTART R.A., *La stratégie d'entreprise*, 2e éd., Paris, McGraw-Hill, 1990.
WILLIAMSON O.E., *Corporate Control and Business Behaviour*, Englewood Cliffs, NJ, Prentice Hall, 1970.

Mots clés

Chaîne de valeur, NTIC, systèmes d'information, télécommunications.

Organigramme : organisation pratique de l'entreprise

115

Michel Kalika

L'organigramme constitue un aspect important de la structure organisationnelle de l'entreprise. Cette structure peut être appréhendée soit par ses éléments constitutifs, soit par les objectifs qu'elle doit satisfaire[1].

Du premier point de vue, la structure organisationnelle se définit, dans une acception large, par sa forme structurelle, son degré de formalisation (recours à l'écrit) et de standardisation (importance des procédures), le niveau de prise des décisions (centralisation/décentralisation), ainsi que par ses systèmes de planification et de contrôle (M. Kalika, 1995). L'organigramme caractérise ce que l'on appelle la forme structurelle de l'entreprise, puisqu'il définit les grandes lignes de la répartition des responsabilités, le nombre de niveaux hiérarchiques ainsi que les critères de départementalisation.

Du second point de vue, toute structure se doit de remplir deux missions à la fois complémentaires et antinomiques : la différenciation et l'intégration (P.R. Lawrence, J.W. Lorsch, 1989). En effet, le bon fonctionnement d'une entreprise implique une spécialisation des tâches et des rôles, la création de départements, de services autonomes... autant d'éléments conduisant l'entreprise à se « différencier », c'est-à-dire à développer des comportements et des pratiques différentes au sein de l'entreprise. Il est ainsi trivial de souligner que les hommes, les méthodes de gestion, les horizons temporels, les objectifs sont très différents d'un service de marketing ou de publicité à un service de comptabilité. Mais, pour que l'entreprise ne devienne pas une constellation de baronnies indépendantes et rivales, il est indispensable pour sa survie que la structure organisationnelle remplisse sa fonction « d'intégration ». Par intégration, on entend non seulement la coordination des parties de l'entreprise, mais également l'adhésion des personnes aux objectifs de l'entreprise.

L'organigramme apparaît donc, d'abord, comme un élément de différenciation des rôles dans l'organisation. Il précise, en effet, la partition de l'entreprise en services et les rattachements hiérarchiques. On peut également considérer que la représentation par écrit de l'organigramme constitue

1. Voir dans cette Encyclopédie l'article de A. Desreumaux, « Structures de l'entreprise », p. 3147, tome 3.

un facteur d'intégration, dans la mesure où il permet à chaque membre de l'entreprise de se situer au sein du groupe.

Il est à noter que toutes les entreprises ne définissent pas un organigramme écrit ; ainsi, sur un échantillon de 79 entreprises (M. Kalika, 1995), 57 % possédaient un organigramme écrit. Il est intéressant de constater que cette proportion s'élevait à 65 % dans les entreprises de plus de 500 salariés, tandis qu'elle n'était que de 35 % dans la tranche d'effectif 50-100. Mais la taille de l'entreprise n'est pas le seul élément déterminant de l'existence d'un organigramme. La formation des dirigeants, leur volonté organisatrice et stratégique, et leur attitude à l'égard de l'écrit exercent également une influence.

Traditionnellement, l'organisation est décrite en termes d'organigramme. Cette approche est très controversée en raison de la nature de l'organigramme. Celui-ci ignore en effet beaucoup du fonctionnement réel de l'organisation : les relations informelles et les circuits d'information en sont absents. Il fournit cependant, lorsqu'il existe, un schéma global de la division du travail et de la répartition formelle des responsabilités, tel qu'il a été voulu par la direction. C'est pourquoi, après avoir rappelé la typologie généralement retenue par les auteurs en organisation, nous décrirons les organigrammes observés dans les entreprises (M. Kalika, 1995), en considérant qu'ils traduisent une volonté organisatrice de ces dernières.

1. Les différents organigrammes

Les organigrammes sont classés en fonction du critère de départementalisation retenu au plus haut niveau de l'entreprise. Les auteurs s'accordent pour identifier deux formes principales (fonctionnelle et divisionnelle) et une forme hybride (matricielle).

1.1. La forme fonctionnelle

Elle consiste à regrouper les activités de l'entreprise en privilégiant la spécialisation par fonction. C'est, historiquement, le premier schéma d'organisation utilisé par les entreprises, et il demeure très répandu (schéma 1).

Cet organigramme offre l'avantage de spécialiser les compétences. Cette organisation, qui repose sur un découpage en fonction de l'activité de l'entreprise, présente deux inconvénients principaux : des difficultés de coordination et une capacité limitée d'adaptation à l'environnement. Cependant, comme le souligne H.I. Ansoff (1969), « la forme fonctionnelle est historiquement importante et représente encore pour certaines firmes un mode d'orga-

Schéma 1 – La forme fonctionnelle

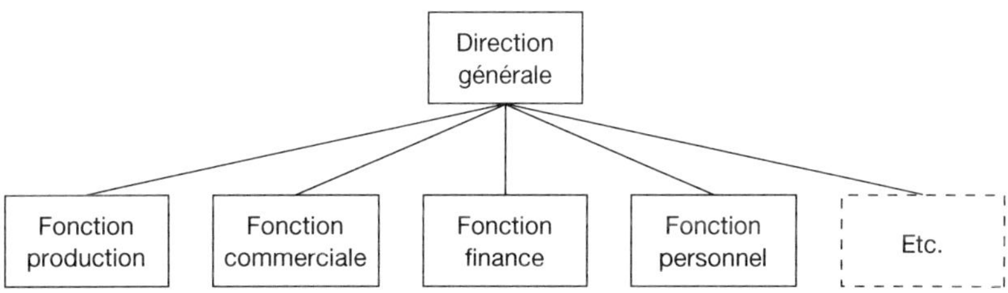

nisation efficace. Il s'agit des firmes situées dans des contextes opérationnellement et stratégiquement stables, fabriquant un nombre limité de produits peu différents les uns des autres ». Les entreprises qui ne remplissent pas ces conditions se sont orientées vers les formes divisionnelles.

1.2. La forme divisionnelle

Pour J.G. Mérigot, la structure divisionnelle présente deux traits essentiels[2] : « Une séparation très nette entre direction générale et divisions opérationnelles, une semi-autonomie entre celles-ci ». Les critères de séparation des divisions peuvent être : les produits, les marchés, les zones géographiques (schéma 2). Cette organisation limite les problèmes de coordination portant sur un produit, dans la mesure où le chef de division est responsable de l'ensemble de la vie d'un produit. Cela permet à la direction générale de s'occuper de la formulation des stratégies, de la fixation des objectifs et du contrôle. Les services communs demeurent rattachés à la direction générale.

Schéma 2 – La forme divisionnelle

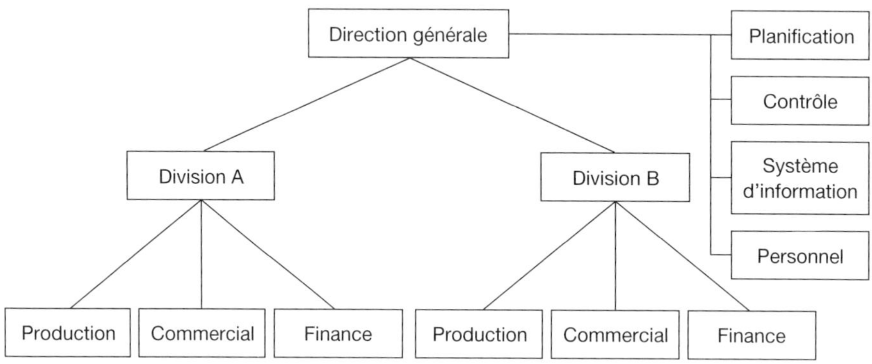

L'adoption de cette organisation est cependant coûteuse quand elle conduit à répartir entre plusieurs divisions des moyens communs permettant des économies d'échelle. En outre, le gain en coordination et en motivation est parfois limité par une perte en expertise. Cela explique le recours à une troisième forme hybride combinant les deux précédentes.

1.3. La forme matricielle

H.I. Ansoff la qualifie de « forme adaptable ». Elle est composée de départements fonctionnels et de départements divisionnels ou produits. Les premiers prennent en charge les objectifs de spécialisation, les seconds ceux de coordination. La combinaison au plan vertical des fonctions et au plan horizontal des produits fait apparaître une dualité d'autorité. Cette dernière se trouve en effet répartie entre les services fonctionnels (commercial,

2. Sur l'apparition de la firme divisionnelle, voir dans cette Encyclopédie l'article de E. Allix-Desfautaux et P. Joffre, « Coûts de transaction », p. 750, tome 1.

production, etc.) et les départements, chacun d'eux étant responsable de la vie d'une activité divisionnelle ou d'un produit.

Lorsque les activités de l'entreprise sont temporaires, il s'agit de structure par projets. Cette forme d'organisation est bien adaptée aux entreprises ayant besoin de souplesse stratégique, structurelle et opérationnelle. Ce type d'organisation (schéma 3) présente naturellement des risques de conflits entre les services fonctionnels et les responsables produits. Il engendre généralement des coûts administratifs supérieurs à ceux des structures plus conventionnelles.

Schéma 3 – La forme matricielle

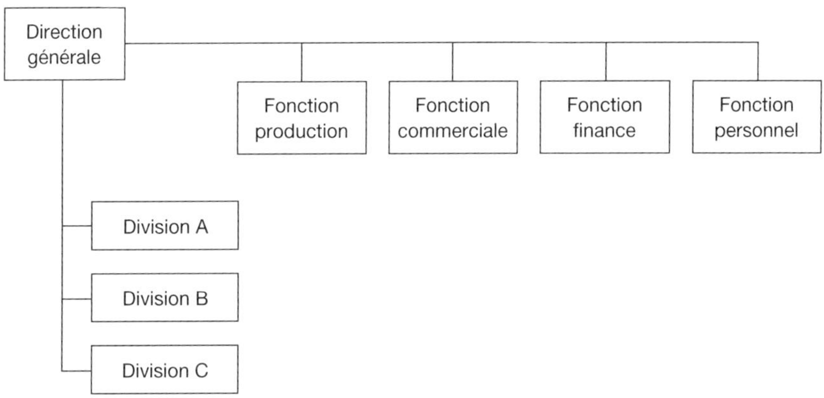

Chaque forme connaît des adaptations en fonction des besoins des entreprises. L'observation des structures montre, par exemple, que la forme fonctionnelle est parfois complétée par des emprunts partiels aux formes plus élaborées.

Les formes de base étant précisées, il convient d'étudier les organigrammes effectivement rencontrés dans les entreprises.

2. Les organigrammes observés dans les entreprises

Dans un échantillon de 79 entreprises[3] appartenant à tous les secteurs, dont les trois quarts ont entre 50 et 500 salariés, les organigrammes observés peuvent être rattachés à trois formes types : entrepreneuriale, fonctionnelle, divisionnelle par produits.

Tableau 1 – Répartition des entreprises selon la forme de l'organigramme

Forme entrepreneuriale	Forme fonctionnelle	Forme divisionnelle par produits
10 [12,6 %]	63 [79,8 %]	6 [7,6 %]

3. Enquête réalisée par interviews. Pour le détail de la méthodologie, voir M. Kalika (1995).

Cette classification repose en fait sur le critère de spécialisation du travail et de départementalisation retenu au plus haut niveau de l'organigramme. Aucune forme véritablement matricielle n'a été rencontrée. Cela peut s'expliquer par le fait que les entreprises étudiées avaient moins de 2 500 salariés. Nous précisons le détail de chacun des types d'organigramme

2.1. La forme entrepreneuriale

Cette forme d'organigramme est assez peu décrite dans la littérature et c'est pourquoi nous ne l'avons pas présentée comme un modèle de base. On peut s'interroger sur l'existence même de cet organigramme dans la mesure où son adoption est généralement implicite et sa représentation graphique exceptionnelle. La forme entrepreneuriale constitue une étape qui précède la forme fonctionnelle. Il ne s'agit plus d'une organisation artisanale où le chef d'entreprise est en prise directe sur l'ensemble des salariés de l'entreprise, et il ne s'agit pas encore d'une structure fonctionnelle où les principales fonctions sont dotées d'un responsable. La forme entrepreneuriale est caractérisée par :

– l'absence de cadre responsable des principales fonctions : le chef d'entreprise dirige directement ou presque ses employés, sauf en production où il est généralement secondé par un chef d'atelier ;

– l'absence de volonté d'organisation : elle se manifeste notamment par l'inexistence de l'organigramme (dans 7 cas sur 10) ;

– la polyvalence des compétences : les responsabilités ne sont pas définies précisément ;

– le nombre de subordonnés supervisés par le chef d'entreprise est très élevé, souvent supérieur à 6.

Toutes les entreprises présentant cette forme d'organigramme ont dans notre échantillon moins de 120 salariés ; 7 sur 10 possèdent un effectif inférieur à 80 personnes. Elles sont généralement dirigées par le propriétaire.

En clarifiant et en regroupant les schémas établis avec les responsables d'entreprise, il est possible de classer ces formes d'organigramme en deux catégories types : la forme simple et la forme préfonctionnelle.

2.1.1. La forme simple

Le président-directeur général (PDG) assure toutes les responsabilités de direction fonctionnelle (personnel, commercial, financier, comptable, production). Il est secondé par du personnel administratif peu qualifié et par un ou plusieurs contremaîtres autodidactes. Le PDG s'occupe lui-même du commercial (schéma 4).

2.1.2. La forme préfonctionnelle

Le chef d'entreprise est secondé par un responsable comptable qui constitue un embryon de la fonction administrative et comptable, et par un directeur commercial qui est, en fait, le plus souvent un directeur des ventes (schéma 5). Du côté de la production, il n'y a pas encore de chef de production, mais on voit apparaître une multiplication de petits services (contrôle qualité, montage, méthodes) qui rendront nécessaire la création d'un poste de responsable de production.

Schéma 4 – La forme entrepreneuriale simple

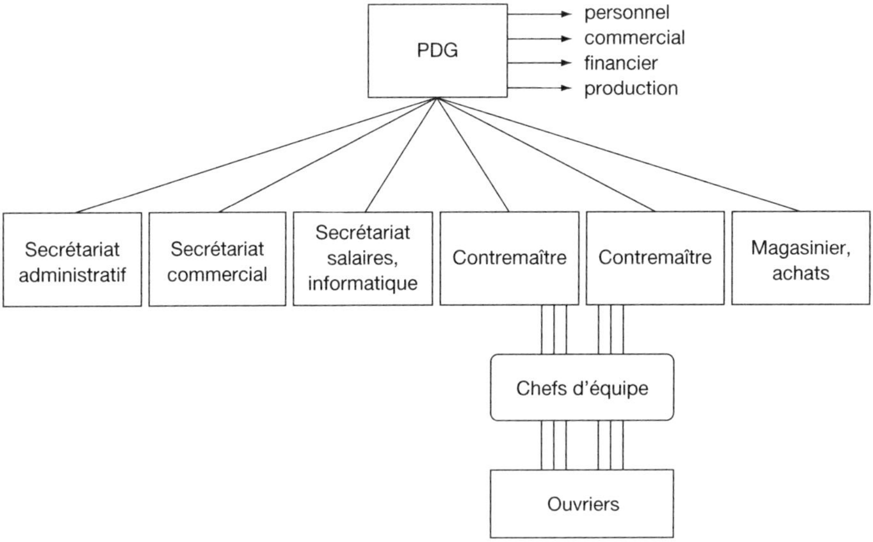

Schéma 5 – La forme entrepreneuriale préfonctionnelle

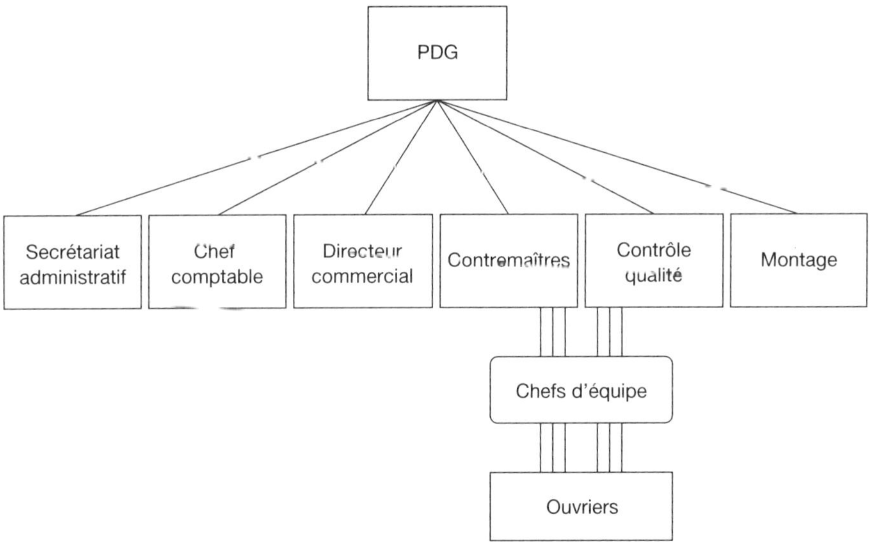

Lorsque l'entreprise se développe et/ou ressent le besoin de structurer davantage la répartition des responsabilités, elle adopte une forme fonctionnelle.

2.2. La forme fonctionnelle

Dans notre échantillon, près de 80 % des entreprises ont adopté une forme fonctionnelle. Trois raisons peuvent expliquer cette prépondérance.

– Cette organisation apparaît de façon naturelle comme un prolongement de la structure entrepreneuriale dans le processus de croissance de l'entreprise.

– Cette forme est susceptible de croître progressivement, par adjonction successive de fonctions dont la création devient nécessaire. Le développement de l'entreprise peut donc se faire sans bouleversement de structure.

– Dans cette organisation, la coordination de l'activité des différentes fonctions est assurée par le chef d'entreprise lui-même. Cela lui permet de garder le contrôle complet d'une entreprise qu'il a créée, ou dont il a la charge.

Cependant, la principale faiblesse de la forme fonctionnelle réside dans les problèmes de coordination qu'elle pose. Le découpage fonctionnel de l'organisation ne correspond pas à la réalité systémique de l'entreprise : la vie des produits nécessite une coordination fréquente entre les fonctions. Les « passerelles horizontales » prévues par H. Fayol sont de nature informative et ne règlent pas le problème de l'interdépendance décisionnelle des responsables de fonction. C'est pourquoi un certain nombre d'entreprises complètent la forme fonctionnelle de base afin de pallier ses insuffisances.

Nous avons identifié trois moyens tentant de résoudre les problèmes de coordination soit interfonctions, soit intrafonction. Ils sont présentés après l'examen des formes fonctionnelles types.

2.2.1. Les formes fonctionnelles types

Elles reposent toutes, par définition, sur une spécialisation par fonction au plus haut niveau de l'organigramme. Il est possible de les différencier en distinguant les critères de départementalisation retenus à *l'intérieur* des principales fonctions. On distingue habituellement six méthodes pour regrouper les activités : la nature des tâches, les produits, les clients, les zones géographiques, les circuits de distribution et le type d'équipement. Au sein des fonctions, nous avons observé les quatre différenciations reproduites au tableau 2.

Tableau 2 – Critères de départementalisation des formes fonctionnelles

Critères de départementalisation			
Nature des tâches	**Géographique**	**Produit**	**Client**
44 (69,8 %)	25 (39,7 %)	15 (23,8 %)	2 (3,2 %)

Les pourcentages sont calculés par rapport au nombre d'entreprises (63) ayant une forme fonctionnelle. Une même entreprise peut utiliser plusieurs critères de différenciation dans une même fonction ou dans des fonctions différentes.

2.2.1.1. La départementalisation selon la nature des tâches

Cette spécialisation par fonction est très courante et s'observe notamment dans les usines ou dans les filiales de production. Une entreprise de 170 salariés ayant une activité de papeterie sur un secteur géographique limité illustre ce type de départementalisation, chaque fonction étant subdivisée selon la nature des tâches (schéma 6). Cette entreprise est une filiale d'un groupe français comptant 4 800 personnes.

Schéma 6 – Exemple de départementalisation selon la nature des tâches

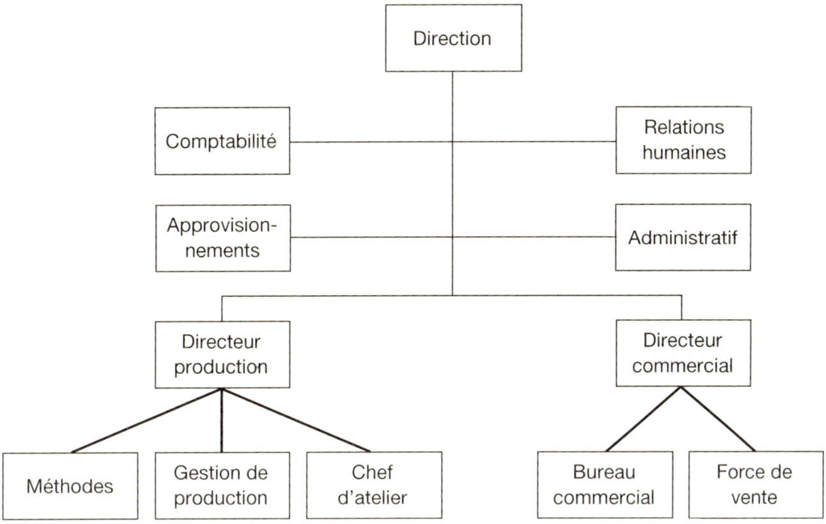

Cette répartition est très fréquemment rencontrée dans les services de production. Elle est d'ailleurs, dans ce cas, voisine d'une différenciation par technique ou par équipement. Cette spécialisation devient insuffisante, notamment dans les services commerciaux, lorsque l'entreprise grandit.

2.2.1.2. La départementalisation géographique

Parmi les 25 entreprises qui ont recours à une départementalisation géographique intrafonctionnelle, 4 l'utilisent au sein du service production et 21 au sein du service commercial. Parmi ces dernières, 6 sont des entreprises de services (conseil en gestion, installation électrique, assurances...) qui ont choisi d'organiser leurs prestations par zone géographique. Lorsque l'entreprise exporte une partie de sa production, le service commercial est alors

Schéma 7 – Exemple de départementalisation géographique. Etablissement de 850 personnes d'une entreprise d'installation électrique

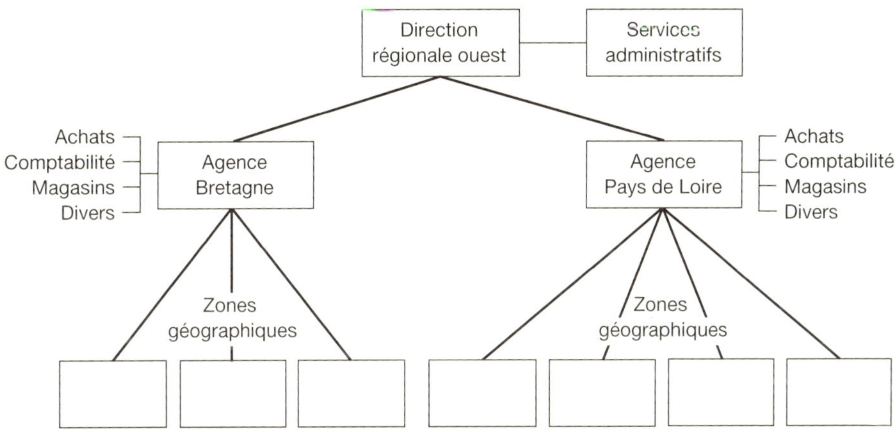

Schéma 8 – Exemple de départementalisation géographique. Filiale d'un groupe étranger de 170 salariés – distribution de cosmétique

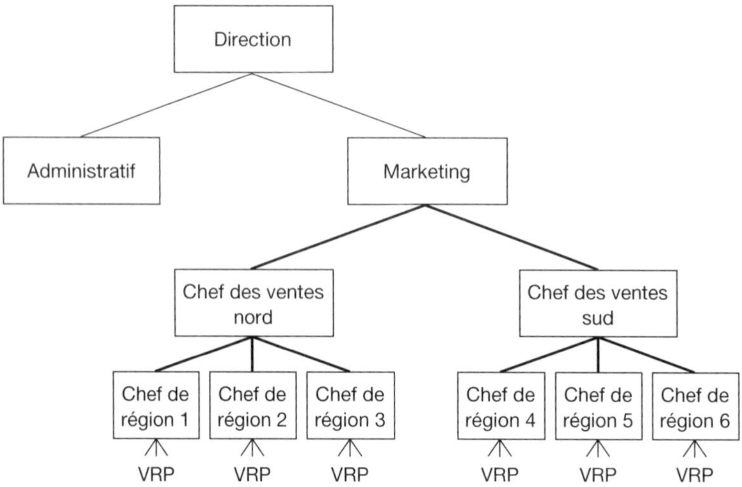

fréquemment subdivisé en secteur France et secteur export. Suivent deux illustrations de ce type d'organisation observée au sein d'un service production (schéma 7) et d'un service commercial (schéma 8).

2.2.1.3. *La départementalisation par produit*

La spécialisation par produit intrafonctionnelle concerne soit les services de production, soit les services de commercialisation, soit les deux.

Lorsque les entreprises ont recours à une spécialisation par produit dans les services de production, celle-ci peut prendre deux formes : soit le service

Schéma 9 – Exemple de spécialisation par produit au sein du service production. Entreprise de 260 salariés fabriquant des accessoires pour l'habillement

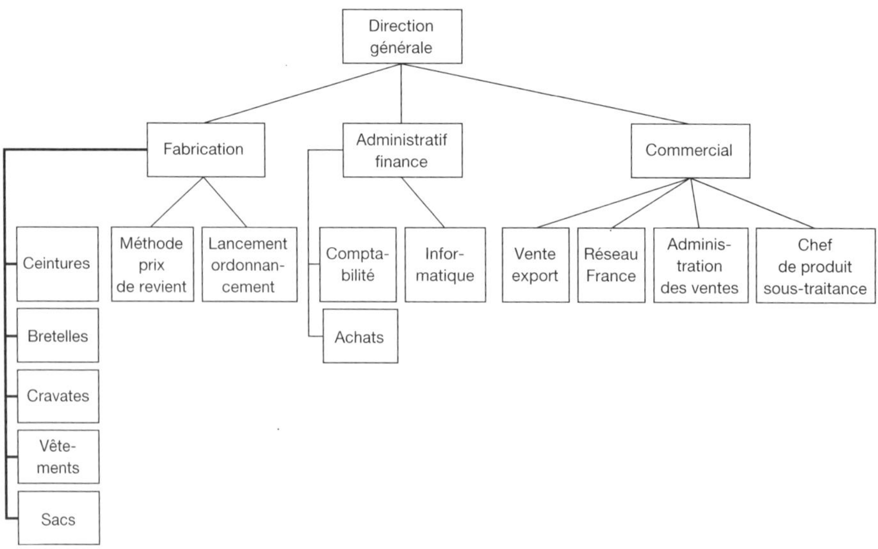

production est subdivisé par produit, soit le service de production proprement dit reste commun, des postes de chef de produit étant créés afin de suivre les activités de chaque produit.

La départementalisation par produit du service production crée des services opérationnels, tandis que la fonction de chef de produit rattaché au directeur commercial définit un rôle plutôt fonctionnel. La subdivision des ateliers par produit suppose que la fabrication des divers produits est techniquement différente.

Sur le schéma 10, le service commercial utilise à la fois une subdivision par groupe de produits (tables et chaises, meubles de cuisine) et une subdivision par circuit de distribution, les deux premières directions des ventes étant spécialisées dans le commerce traditionnel.

Schéma 10 – Exemple de spécialisation par produit au sein du service commercial. Filiale d'un groupe étranger du secteur de l'ameublement

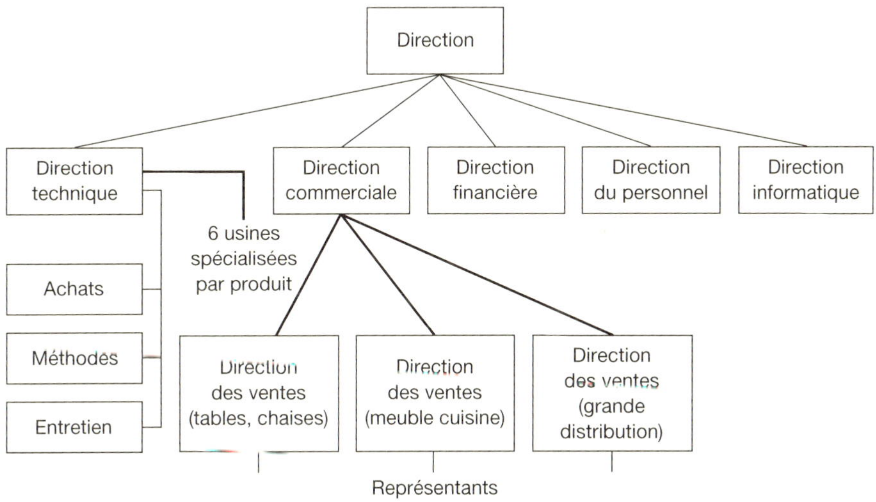

2.2.1.4. *La départementalisation par client*

Cette organisation permet pour des produits identiques ou voisins de spécialiser les interlocuteurs de l'entreprise par type de clientèle (schéma 11).

Schéma 11 – Exemple de départementalisation par client. Banque de 700 salariés

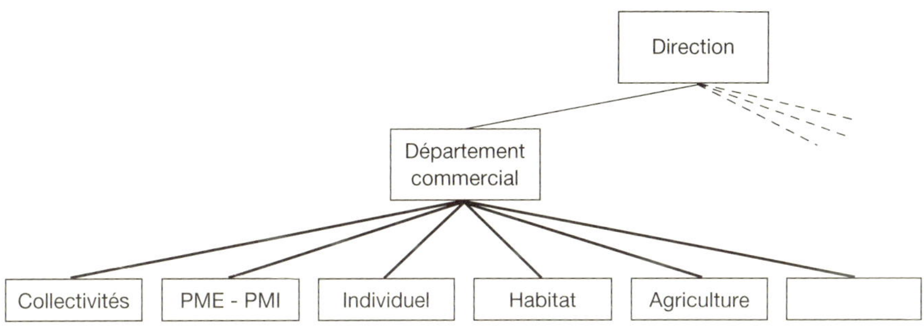

Quel que soit le type de spécialisation retenu au sein des fonctions de l'organigramme, la structure fonctionnelle pose toujours un problème de coordination. Selon l'acuité de celui-ci, on constate que les entreprises doivent procéder à plusieurs ajouts à l'organigramme initial. Il s'agit d'intégrer à l'organisation des mécanismes de coordination possédant une traduction formelle. Nous considérons ces éléments comme des auxiliaires de coordination dont le but est de pallier les insuffisances naturelles de la forme fonctionnelle.

2.2.2. Les auxiliaires de coordination de la forme fonctionnelle

Trois moyens de coordination intégrés dans l'organigramme peuvent être observés dans les entreprises : le comité de direction, le directeur adjoint et le responsable du projet.

2.2.2.1. Le comité de direction

L'organigramme fonctionnel est fréquemment complété par un comité de direction composé du PDG et de tous les directeurs de fonction. En règle générale, ce comité n'équivaut pas à une direction collégiale de l'entreprise. Il est avant tout une instance de coordination et d'information, qui évite la reproduction de relations bilatérales PDG/responsable de fonction.

Les fréquences des réunions du comité de direction partagent les entreprises en deux groupes égaux : celles où les réunions sont hebdomadaires et celles où elles sont mensuelles. Selon la périodicité des réunions, le comité de direction préfère traiter soit des problèmes de coordination à court terme, soit des projets de l'entreprise. On constate que ce sont plutôt les grandes entreprises qui ont recours aux réunions hebdomadaires, tandis que dans les plus petites le comité se réunit moins souvent.

Le comité de direction a également, parfois, qualité de comité de planification. Il traite alors des questions stratégiques et de moyen terme dans des réunions qui sont souvent mensuelles.

La présence d'un comité de direction n'exclut pas l'existence d'un poste de directeur adjoint.

2.2.2.2. Le directeur adjoint

Le poste d'adjoint au PDG est un moyen de coordination interfonctions utilisé dans un cinquième des entreprises présentant une forme structurelle fonctionnelle. Cette coordination est ainsi assurée de façon permanente par un supérieur hiérarchique des responsables des fonctions. Le rôle du directeur adjoint est variable selon les entreprises. Plusieurs cas apparaissent.

– Tous les services peuvent lui être rattachés et, dans ce cas, il assure la coordination totale interfonctions, le PDG se chargeant des problèmes de politique générale et de relations extérieures.

– Le directeur adjoint peut superviser les services opérationnels (commercial et production), les services fonctionnels (contrôle, personnel, recherche…) étant directement rattachés à la direction.

– La répartition des responsabilités peut également dépendre des formations respectives des intéressés, un PDG technicien conservant la supervision directe de la production et de la recherche et laissant à son adjoint la coordination des autres fonctions.

La fonction de directeur adjoint répond, dans certains cas, à un objectif de préparation d'une succession.

Alors que la coordination assurée par le directeur adjoint est généralement globale, celle dont est chargé le responsable de projet est spécifique.

2.2.2.3. *Le chef de projet*

La création d'un poste de chef de projet permet d'assurer une coordination temporaire pour un produit.

Dans certains cas, le projet considéré concerne l'ensemble de l'entreprise. Ainsi, dans une banque comptant 800 salariés, un responsable fonctionnel est chargé de la création et de la mise en œuvre d'un nouveau produit. A titre d'illustration, citons le cas d'un projet de création d'une carte restaurant dont le directeur informatique a été responsable. Il lui appartenait de négocier avec les services la mise en place de ce nouveau produit, celui-ci devant ensuite s'intégrer dans la structure existante. Dans une entreprise de fabrication et de distribution de boissons (280 salariés), l'étude et le lancement d'un nouveau produit sont confiés systématiquement à un chef de fonction ; il en est de même lorsque les résultats d'un produit ne sont pas satisfaisants. Ce système semble introduire une souplesse et un dynamisme qui provoque une émulation parmi les cadres.

Il est assez fréquent que les entreprises nomment un responsable du développement d'une nouvelle activité et que cette personne soit directement rattachée à la direction générale. Le souci de la direction générale est alors de donner à cette nouvelle activité toutes ses chances de développement, en évitant qu'elle soit étouffée par les procédures et les structures existantes.

Dans d'autres cas, les projets concernent exclusivement la fonction production. Ainsi, dans une entreprise de fabrication de matériel de précision pour l'aéronautique, chaque commande correspond à un contrat qui est confié à un responsable de projet au sein du service de production. Celui-ci doit négocier les spécifications techniques et les délais avec les services opérationnels, les conflits étant arbitrés par la direction de la production. Il s'agit, en fait, d'une structure matricielle limitée au service de la production.

L'observation des faits montre que les entreprises dotées d'une structure fonctionnelle ont recours aux trois moyens de coordination précités pour satisfaire des besoins distincts. Lorsqu'il existe un besoin permanent de coordination entre les fonctions, du fait notamment de la taille de l'entreprise, celui-ci est satisfait par un comité de direction ou, plus rarement, par la création d'un poste de directeur adjoint. Lorsque le besoin de coordination est temporaire ou transitoire (lancement d'un produit ou d'une activité nouvelle), l'entreprise, souvent importante, crée un poste de responsable ayant le titre de chef de projet ou de responsable de ladite activité. Notons que dans ces derniers cas, la spécificité structurelle correspond à une volonté stratégique de l'entreprise de promouvoir, à côté de l'activité traditionnelle, un axe de développement.

D'autres entreprises ont choisi, pour la mise en œuvre de leur stratégie, une structure différente : la forme par produit.

2.3. La forme par produit

La distinction entre la forme fonctionnelle avec des responsables par produit et la forme par produit n'est pas toujours évidente. Nous pouvons considérer qu'un organigramme correspond à une « forme par produit » quand le critère de départementalisation retenu sous le PDG (ou le directeur général) est la nature du produit (ou de l'activité). La difficulté provient du fait que, dans des PME, il n'est pas rentable d'éclater toutes les fonctions entre les divisions produits. Certaines activités, comme la finance, la comptabilité, le personnel, demeurent donc sous une forme fonctionnelle et sont rattachées à la direction. Des organigrammes par produit s'observent dans la distribution, dans la production et dans les services.

2.3.1. La forme par produit dans la distribution

Des hypermarchés appartenant à des groupes différents adoptent une forme voisine reproduite au schéma 12.

Cette forme structurelle s'accompagne d'une autonomie assez large des responsables et d'une décentralisation poussée jusqu'au chef de rayon. Celle-ci porte sur les choix de produits, les prix, l'animation des ventes et le personnel. La coordination de l'ensemble est assurée par une direction par objectifs, des budgets prévisionnels et une analyse mensuelle des résultats.

Schéma 12 – La forme par produit dans la distribution

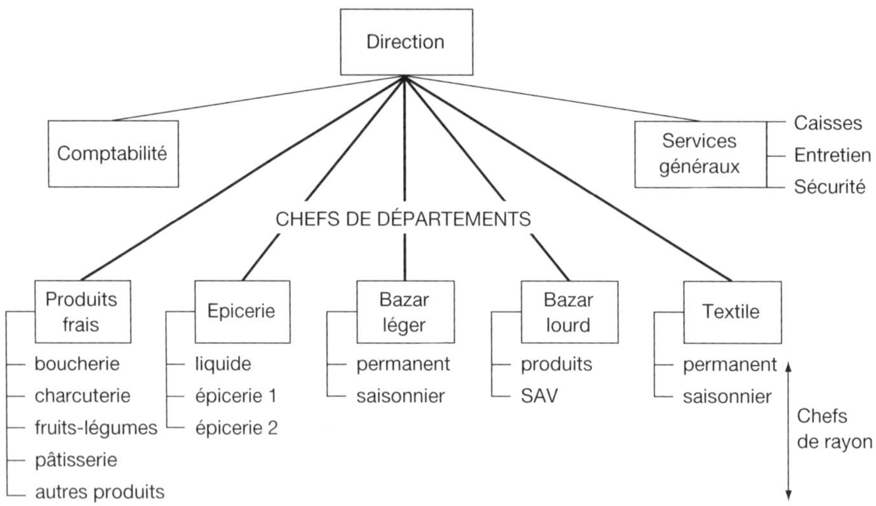

2.3.2. La forme par produit dans la production

Les entreprises présentant un tel organigramme sont souvent des filiales d'entreprises étrangères et se situent dans des secteurs à technologie avancée.

Cet organigramme qui distingue les services communs et les divisions-produit a été introduit après la prise de contrôle de l'entreprise par l'actionnaire étranger. Ce changement correspondait à une volonté de diversification vers de nouveaux clients (à partir des produits actuels) et vers de nouvelles

Schéma 13 – La forme par produit dans la production.
Exemple 1 : entreprise de 340 salariés, spécialisée dans l'étude et la fabrication de moteurs électriques à haute performance

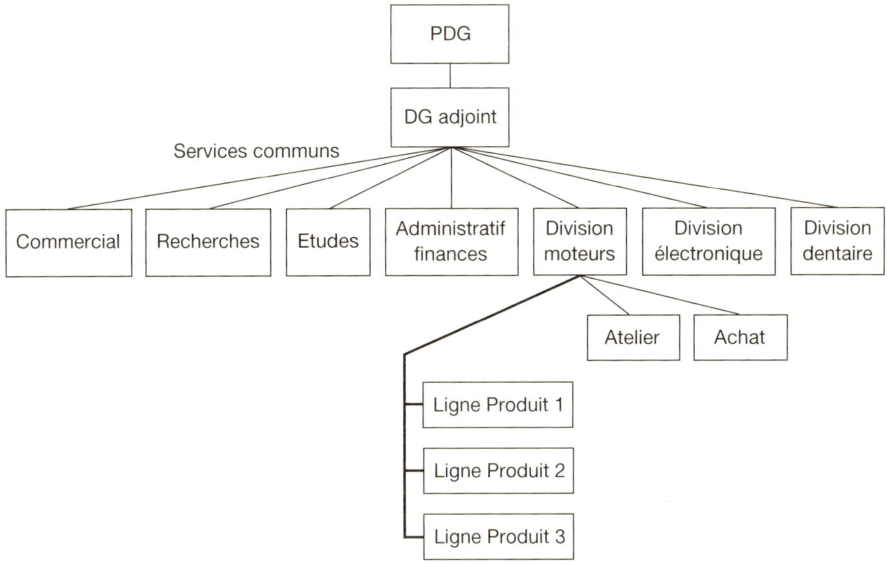

Schéma 14 – La forme par produit dans la production.
Exemple 2 : entreprise de 130 salariés, spécialisée dans la fabrication de composants électroniques, filiale d'un groupe de 100 000 personnes

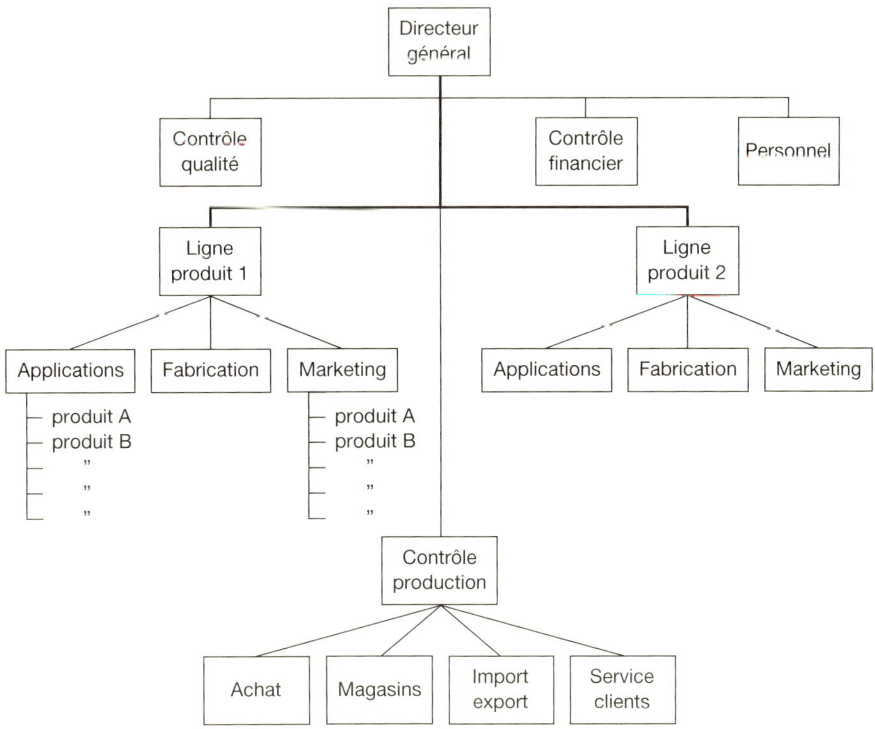

activités. La création récente de la division dentaire témoigne de la réussite de cette stratégie.

Les relations entre le commercial et les divisions sont particulières. Le rôle du service commercial est, en effet, de découvrir de nouveaux marchés et de réaliser des prototypes. Ce sont ensuite les divisions qui sont responsables de l'ensemble de la relation clients-entreprise. Ces divisions présentent une organisation de type matriciel dans laquelle chaque chef de ligne-produit doit négocier avec les services fonctionnels (atelier, achats…) la réalisation de ses produits et la livraison aux clients dans les délais prévus.

Les responsables des deux lignes de produits ont chacun la complète responsabilité de la recherche et du développement, de la fabrication et de la commercialisation de leurs produits. A l'intérieur même de chaque division, on retrouve une structure par produit sauf pour la fabrication. Sont rattachés à la direction générale les services fonctionnels de contrôle et du personnel et quelques services restés communs. Chaque ligne de produit est constituée en centre de profit.

Cette structure a été mise en place pour répondre à une volonté de la direction « de séparer le stratégique, le fonctionnel et l'opérationnel ».

2.3.3. La forme par produit dans les services

Dans le premier cas (schéma 15), l'adoption de cette forme résulte d'une volonté de réorganiser l'ensemble d'une structure qui était au stade préfonctionnel. Dans le second cas (schéma 16), l'adjonction d'une nouvelle activité (clientèle différente) a provoqué le passage d'une forme fonctionnelle à une forme par produit.

Les services d'assistance ont des relations de « fournisseurs » avec les lignes produit ; chacune d'elles possède son propre compte d'exploitation, son matériel affecté, et le chef de ligne a l'autonomie de gestion du personnel. Les relations entre les chefs de ligne sont des relations de sous-traitance. La mise en ligne produit a permis le développement de l'activité nettoiement, auparavant mineure dans l'ancien organigramme. L'autonomie des lignes est

Schéma 15 – La forme par produit dans les services.
Exemple 1 : entreprise de 150 salariés, logistique de distribution et services annexes

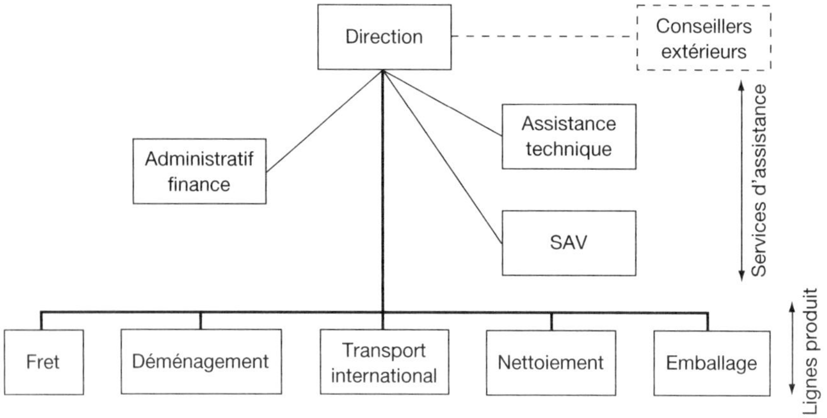

Schéma 16 – La forme par produit dans les services.
Exemple 2 : entreprise de 1 500 salariés exerçant des activités de conseil en gestion sur tout le territoire français

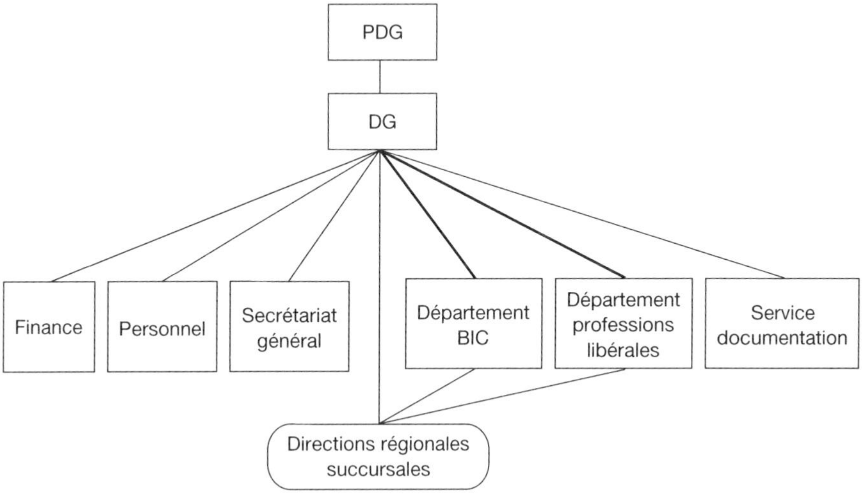

telle qu'elle a permis la création d'une entité juridique indépendante pour l'une d'elles.

L'activité commerciale et technique est scindée en deux départements correspondant à deux clientèles différentes. La départementalisation par produit correspond ici, également, à une départementalisation par clientèle. Celle-ci est apparue avec la diversification de l'activité de l'entreprise et la création d'un nouveau département (professions libérales). Auparavant, la structure était fonctionnelle, le département BIC correspondant à un service « production ».

*
* *

Le choix entre une structure entrepreneuriale et une structure fonctionnelle semble être guidé par la taille de l'entreprise : au fil de sa croissance, l'organigramme entrepreneurial s'étoffe progressivement jusqu'à devenir fonctionnel. La structure fonctionnelle s'adapte à des entreprises de nature et de taille très différentes, et dispose de plusieurs palliatifs pour assurer la coordination interfonctionnelle. En revanche, la forme par produit s'accompagne très nettement d'une décentralisation des responsabilités et semble mise en place, notamment dans les entreprises de production et de services, afin de faciliter la réalisation d'une stratégie de diversification dynamique.

Même si tous les auteurs s'accordent à considérer que l'organigramme ne traduit pas l'intégralité de l'organisation réelle de l'entreprise, il n'en reste pas moins qu'il constitue un indicateur du degré de formalisation de la structure. La question de savoir si la présence d'un organigramme dans une entreprise est un facteur d'efficacité se pose nécessairement au responsable d'entreprise. Plusieurs travaux (M. Kalika, 1985, 1995) laissent à penser que les entreprises formalisant leur organisation par un organigramme ont tendance à être plus performantes que les autres. Cela ne signifie pas que la seule définition d'un organigramme soit synonyme de performance, mais que celle-ci constitue un indicateur pertinent du degré de formalisation de l'organisation de l'entreprise et de réflexion des dirigeants sur leurs structures.

Références

ANSOFF H.I., BRANDENBOURG R.G., « Repenser l'organisation : problème de langage », *in* E. Jantsch, *Prospective et politique,* Paris, OCDE, 1969.

CHILD J., *Organization, A Guide to Problem and Practice,* Londres, Harper and Row, 1977.

DESREUMAUX A., *Structures,* Paris, Vuibert, 1992.

FAYOL H., *Administration industrielle et générale,* Paris, Dunod, 1979.

KALIKA M., « L'efficacité des entreprises est-elle liée à leurs structures ? », *Revue Française de Gestion* (n° 50, janvier-février 1985), p. 93-104.

KALIKA M., *Structures d'entreprises : réalités, déterminants, performances,* 2e tirage, Paris, Economica, 1995.

KOONTZ H., O'DONNEL C., *Management,* Paris, McGraw-Hill, 1980.

LAWRENCE P.R., LORSCH J.W., *Adapter les structures des entreprises,* Paris, Les Editions d'Organisation, 1989.

MARMUSE C., *Politique générale,* 2e éd., Paris, Economica, 1996.

MÉRIGOT J.G., LABOURDETTE A., *Eléments de gestion stratégique des entreprises,* Paris, Cujas, 1980.

MINTZBERG H., *Structure et dynamique des organisations,* Paris, Les Editions d'Organisation, 1982.

Mots clés

Chef de projet, comité de direction, coordination, décentralisation, départementalisation, différenciation, formalisation, forme structurelle, intégration, organisation, organigramme, organigramme par produit, performance (et structure), produit, spécialisation, standardisation, stratégie de diversification, structure, structure de l'entreprise, structure divisionnelle, structure entrepreneuriale, structure matricielle, taille de l'entreprise.

Part de marché

116

Gérard Hermet et Alain Jolibert

La part de marché est un concept relativement récent dans le domaine du marketing. E.A. Pessemier indiquait en 1964 qu'il était utilisé avec l'évolution des ventes pour évaluer la force concurrentielle d'une marque[1].

La part de marché peut être définie comme la fraction d'un marché. De ce fait, sa définition repose pour partie sur le concept de marché. Ce concept flou, qui dépend en particulier du type de décision à prendre (tactique ou stratégique), sera présenté dans la section 1.

Si le concept de part de marché peut paraître flou au novice en raison de son caractère ambigu, son opérationalisation et sa mesure ne sont pas non plus d'une grande simplicité en raison de la variété des systèmes de mesures possibles. La section 2 mettra en évidence ces différences de mesure et leur intérêt pour le praticien.

La part de marché peut avoir diverses utilisations. Elle peut servir d'indicateur de l'évolution des marques, des produits, des catégories de produits. Elle est alors employée en tant que signal. La part de marché est aussi un outil de gestion du marketing. Elle peut être utilisée de façon concomitante à d'autres indicateurs qui permettent d'expliquer ses variations. La section 3 précisera les différentes utilisations de la part de marché et ses déterminants.

1. Le marché

Le calcul d'une part de marché suppose que le marché de référence soit préalablement défini. Or, la notion de marché est elle-même ambiguë. En effet, parmi les différentes définitions concevables, certaines sont centrées principalement sur l'offre (le produit), d'autres sur la demande (le consommateur). Dans la première acception, le marché peut être défini comme l'ensemble des produits étroitement liés et considérés comme substituables par le consommateur. Dans la deuxième acception, le marché est défini par l'ensemble des individus qui ont acheté dans le passé une classe donnée de produit. Cette ambiguïté dans la définition a poussé certains auteurs à intégrer ces deux

1. Voir également dans cette Encyclopédie l'article de B. Heilbrunn, « Marque », p. 1972, tome 2.

dimensions et à définir le marché comme un ensemble de produits jugés substituables par le consommateur dans des situations d'usages lors desquelles des combinaisons identiques de bénéfices sont recherchées, et un ensemble de consommateurs pour lesquels ces usages sont pertinents.

La définition d'un marché revient à identifier ces frontières. Compte tenu de l'ambiguïté de la définition, la fixation de la frontière d'un marché est difficile à effectuer. L'affrontement entre Peaudouce et Procter and Gamble en 1991 en est l'illustration. Procter and Gamble[2] a été autorisée, en octobre 1991, par la Commission des communautés européennes, à absorber le numéro 3 de la profession, la société Finaf Spa (Fater). Cette autorisation a conduit Peaudouce, filiale du groupe suédois Mölnlycke, à demander l'arbitrage communautaire. L'argument invoqué par Peaudouce est que la nouvelle entité Procter/Fater contrôlera les marchés clés de l'hygiène du bébé dans le sud de l'Europe, principalement en Italie où le nouveau groupe détiendra 90 % du marché ainsi qu'en Espagne et au Portugal, où sa part sera supérieure à 50 % du marché.

Cette controverse provient du fait que Peaudouce limite le marché à l'hygiène du bébé tandis que la Commission de Bruxelles retient, pour fixer les limites du marché, un critère beaucoup plus large, la catégorie des produits sanitaires. Celle-ci contient non seulement l'hygiène du bébé, mais aussi l'hygiène féminine et l'incontinence adulte. Dans cette dernière optique, Procter and Gamble ne possède qu'une part d'environ 30 % du marché[3].

Pour une entreprise, la fixation de la frontière d'un marché dépend de la nature de la décision à prendre. Si celle-ci est prospective ou stratégique, une vision large du marché est requise. Si par contre l'objet de l'étude est de nature tactique, le marché est défini de façon plus étroite.

Une perspective stratégique s'appuie sur des études de substituabilité des produits dans l'esprit des consommateurs, s'intéresse à des ensembles de situations d'usages différents, à des fonctions ou des besoins différenciés. L'unité d'analyse du marché est alors la ligne de produits ou des types de produits ou d'industries (automobiles, ordinateurs, etc.).

Une perspective tactique, telle que le diagnostic de la position occupée par une marque ou l'analyse de l'efficacité des actions marketing entreprises, nécessite une unité d'analyse plus étroite. Le marché est alors défini par l'ensemble des marques effectivement concurrentes, quelles qu'en soient les raisons.

Du point de vue scientifique, différentes méthodes peuvent être utilisées. Elles sont regroupées en fonction des critères qu'elles prennent en considération et selon qu'elles s'inspirent de l'optique de l'offre ou de celle de la demande. La définition des frontières d'un marché dans une optique d'offre s'apparente à celle qui est couramment utilisée par l'analyse stratégique pour définir des domaines d'activités stratégiques[4]. Elle repose sur l'utilisation de critères comme les technologies utilisées, les processus de production, les

---

2. *Le Nouvel Economiste* (n° 820, 15 novembre 1991), p. 28-29.

3. La Commission européenne est revenue sur l'accord qu'elle avait donné à la concentration Finaf Procter and Gamble, voir *Les Echos* (vendredi et samedi 14 avril 1992), p. 14.

4. Voir également dans cette Encyclopédie l'article de R. Calori et T. Atamer, « Diagnostic stratégique », p. 958, tome 1.

circuits de distribution. La définition des frontières d'un marché dans une optique de demande est fondée sur le jugement du consommateur (ensemble évoqué, processus de décision, similarité perçue entre marques) ou sur son comportement, à partir de relations de concurrence exprimées réellement (élasticité croisée, similarité d'utilisation, transfert entre marques). Compte tenu de la diversité des méthodes disponibles pour identifier des marchés, cette notion, déjà complexe sur le plan conceptuel, est fort difficile à appréhender. Le schéma 1 illustre ces différences de conception et leurs impacts sur la définition du marché.

Schéma 1 – Une approche décisionnelle de la définition d'un marché

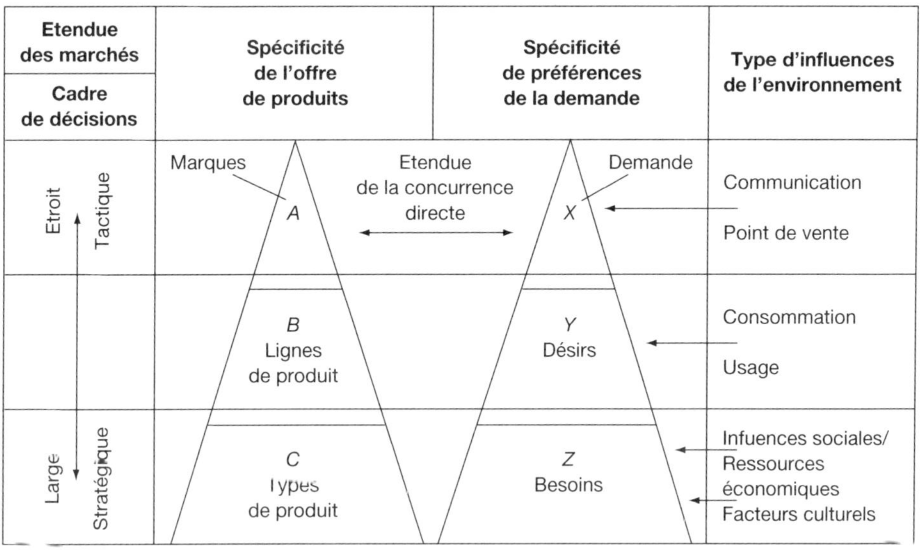

Source : R.K. Srivastava, R.P. Leone, A.D. Shocker, « Market Structure Analysis : Hierarchical Clustering of Products Based on Substitution in Use », *Journal of Marketing* (45, 3, 1981), p. 38-48.

2. La mesure de la part de marché

La part de marché, correspondant à la portion d'un marché, s'exprime sous la forme d'un pourcentage. Elle représente souvent le chiffre d'affaires total d'une marque en pourcentage du chiffre d'affaires total de la catégorie de produits à laquelle elle appartient. Ce calcul suppose que le numérateur soit le chiffre d'affaires de la marque et le dénominateur le chiffre d'affaires de la catégorie de produits à laquelle la marque appartient. Une telle définition s'avère très réductrice. Il existe de nombreuses autres façons d'exprimer une part de marché. Celles-ci dépendent de la façon dont sont précisés le numérateur et le dénominateur utilisés dans le calcul du pourcentage ou de la part de marché.

2.1. Le numérateur

Il peut être exprimé en différentes unités de mesure. La conception la plus courante de la part de marché utilise le chiffre d'affaires en francs. Elle permet une agrégation entre différents produits, éliminant ainsi la nécessité d'avoir une unité commune. Lorsque le chiffre d'affaires est utilisé, il faut définir la base sur laquelle il est calculé : les commandes effectuées, la facturation, les ventes aux distributeurs ou l'achat des consommateurs. D'autres mesures peuvent être utilisées comme le nombre d'unités vendues, le nombre d'unités achetées ou le nombre d'utilisateurs.

La nature des unités utilisées dans le calcul du numérateur permet d'obtenir une information qui varie en fonction de l'unité choisie. Par ailleurs, les parts de marché obtenues en fonction de ces différentes unités fournissent des informations complémentaires sur le marché. La part de marché calculée en chiffre d'affaires mesure la proportion des dépenses effectuées par les consommateurs pour une marque ou un produit. La part de marché exprimée en nombre d'unités vendues indique la proportion du volume du secteur détenue par le produit étudié. La part de marché des utilisateurs mesure la pénétration de la marque et du produit chez les utilisateurs (foyers). Ces mesures peuvent donner naturellement des parts de marché divergentes. Par exemple, la marque d'un produit à prix élevé obtient une part de marché plus élevée en valeur qu'en fonction du nombre d'unités vendues.

La part de marché peut être étudiée par marque. Toutefois, une marque peut être liée à un produit ou à une ligne de produits, de formes et de tailles différentes, qui sont autant de critères de segmentation des marchés. Dans certains marchés comme celui de l'électronique grand public, certaines entreprises commercialisent tous leurs produits sous une même marque (Sony), d'autres sous de multiples marques (Matsushita avec Panasonic, Technics). Dans de telles situations, la part de marché détenue par une marque a une signification très différente selon que l'on est en présence d'une marque ombrelle (Sony) ou de multiples marques. La part de marché peut donc être calculée par marque, par forme, par taille, par ligne de produits et par toute autre caractéristique déterminante, pertinente dans l'analyse d'un marché.

Le temps influence aussi la valeur de la part de marché. La période pendant laquelle la mesure est effectuée doit être également précisée. Une période courte rend la part de marché instable, volatile, sensible à des actions tactiques de l'entreprise et de ses concurrents.

Le marché de référence doit aussi être précisé quant à ses différentes dimensions. Il faut indiquer si celui-ci est considéré dans sa globalité ou si l'on considère seulement un ou plusieurs de ses segments (ex. : marché domestique, marché mondial). Il faut alors préciser si l'on s'intéresse au marché desservi. Ce dernier est composé du ou des segments que vise l'entreprise. Le marché peut aussi être associé à un usage particulier, un canal de distribution spécifique.

2.2. Le dénominateur

Il est en général exprimé dans la même unité que le numérateur. Il correspond à tout ou partie d'un marché. En fonction de la définition choisie, il faut retenir l'ensemble du marché (par exemple, l'ensemble des marques) ou une partie restreinte de celui-ci (les leaders, les entreprises ou les marques nationales, etc.). Les définitions usuelles données au paragraphe 2.4. varient en particulier en fonction de la nature du dénominateur.

2.3. Quelques éléments de comparaison

Le tableau 1 présente les parts de marché obtenues en 1986 par les onze marques les plus importantes sur le marché américain des sodas, ces parts de marché étant exprimées en pourcentage de la quantité totale de sodas consommée aux Etats-Unis pendant l'année 1986.

Tableau 1 – Classement des marques par rapport au marché total des sodas

Rang	Marque	Part de marché
1	Coca classique	18,9 %
2	Pepsi	18,5 %
3	Coca diététique	7,1 %
4	Pepsi diététique	4,3 %
5	Dr Pepper	4,1 %
6	Sprite	3,6 %
7	Seven Up	3,5 %
8	Montain dew	2,6 %
9	Coca	2,3 %
10	RC	1,7 %
11	Cherry Coca	1,7 %

Source : B. Morris, « Coke vs Pepsi : Cola War Marches on », *Wall Street Journal* (June 3rd 1987), p. 31.

Plusieurs mesures de part de marché peuvent être effectuées.

1. La part de marché totale, dans la catégorie des sodas, détenue par des produits appartenant à Coca-Cola :

$$1 + 3 + 6 + 9 + 11 = 33{,}6\ \%$$

2. La part de marché de la marque Coca sur le marché des sodas :

$$1 + 3 + 9 + 11 = 30\ \%$$

3. La part de marché de Coca-Cola « classique » sur la catégorie des boissons à base de Cola :

$$1 = 18{,}9\ \%$$

4. La part de marché de Coca-Cola « classique » sur le marché des sodas vendus dans les magasins d'alimentation, les restaurants et les distributeurs automatiques de boisson. (Elle ne peut être calculée à partir des données rassemblées dans le tableau 1, mais elle n'en est pas moins très utile pour le décideur.)

5. Une autre mesure de part de marché intéressante peut être fondée sur la prise en considération du type de concurrents. Une entreprise telle que Coca-Cola Inc. n'est pas seulement en concurrence avec des entreprises présentes sur le marché des sodas. Elle est aussi en concurrence avec des entreprises produisant des boissons pouvant constituer, à des degrés divers, des substituts aux sodas. Le tableau 2 fournit une estimation de la consommation des Etats-Unis par personne pour différents types de boissons.

Le tableau 2 suggère qu'il est non seulement intéressant pour Coca-Cola de calculer sa part du marché des sodas mais également celle relative au marché des boissons.

Tableau 2 – Consommation de boissons sur le marché américain

Boissons	Consommation estimée par personne en gallons
Sodas	42,1
Café	25,4
Bière	23,9
Lait	20,3
Thé	7,4
Jus	6,3
Boissons en poudre	6,1
Eau en bouteille	5,7
Vin	2,5
Alcools	1,6

Source : B. Morris, « Coke vs Pepsi : Cola War Marches on », *Wall Street Journal* (June 3rd 1987), p. 31.

2.4. Les définitions usuelles

Plusieurs calculs de part de marché peuvent être effectués.

– La part de marché en volume correspond au nombre d'unités vendues par l'entreprise divisée par l'ensemble des unités vendues sur le marché ; cet indicateur est fourni en particulier par les sociétés de panels de distributeurs[5].

– La part de marché en valeur est obtenue en divisant le chiffre d'affaires de l'entreprise par le chiffre d'affaires total du marché ; cet indicateur est également fourni par les sociétés de panels.

– La part de marché desservie est un indicateur propre à chaque entreprise, car dans le calcul de cet indicateur le dénominateur ne concerne que les (ou le) segments auxquels s'adresse l'entreprise.

– La part de marché relative est calculée en divisant les ventes de l'entreprise par celles de ses concurrents. Cette notion est utilisée en particulier dans les calculs du programme PIMS (*Profit Impact of Marketing Strategy*) qui ne considèrent que les ventes en valeur des trois plus importants concurrents du marché desservi. Une autre mesure de la part de marché relative est obtenue par l'indice de Herfindahl/Hirschman utilisé en Allemagne pour définir les seuils à partir desquels le Bundeskartellamt suspecte l'existence d'une position dominante sur le marché[6].

– La part de marché relative à celle du leader est calculée en divisant les ventes de l'entreprise par celles du concurrent principal. Cette notion est utilisée dans l'élaboration de la matrice du BCG.

---

5. Les principales sociétés offrant des panels de distributeurs dans le monde sont par ordre d'importance : Nielsen, IRI, GfK.

6. L'indice de Herfindahl/Hirschman prend une valeur comprise entre 0 et 10 000. Il est égal au carré de la part de marché, cette dernière étant exprimée en pourcentage. Quand on cherche à déterminer l'éventuelle position dominante d'une entreprise (de deux ou *n* entreprises liées entre elles), il faut considérer le carré (additionner les carrés des parts de marché de ces deux ou *n* entreprises). Un abus de position dominante est généralement suspecté dès que l'indice de Herfindahl/Hirschman est supérieur à 1 800. *Exemple.* Si deux entreprises ayant des parts de marché respectives de 40 % et de 30 % fusionnent, l'indice de Herfindahl/Hirschman propre à la nouvelle entité ressort alors à $(40 \times 40) + (30 \times 30) = 2\ 500$.

– La part de marché en ménages acheteurs est élaborée en divisant le nombre d'acheteurs du produit de l'entreprise par le nombre total d'acheteurs de la catégorie de produits. Cette information est fournie par les panels de consommateurs (Secodip en France).

– La part de marché dans les magasins détenteurs est calculée en divisant la part de marché de la marque par la distribution valeur. L'indice ainsi obtenu permet de calculer la part de marché détenue uniquement dans les magasins où la marque est présente. Il facilite l'analyse de la part de marché puisqu'il montre son évolution ramenée à une distribution valeur constante. Il est en général fourni par les sociétés de panels de distributeurs.

3. L'utilisation de la part de marché

La connaissance de la part de marché peut être utilisée à des fins d'observation ou à des fins d'analyse.

3.1. L'utilisation de la part de marché à des fins d'observation

Cette utilisation est la plus répandue. Le suivi dans le temps des parts de marché est le plus souvent de la responsabilité des chefs de produit. Ceux-ci suivent l'évolution des parts de marché à l'aide des informations fournies par les panels de distributeurs mises à jour en général tous les deux mois. Il s'agit là de panels de distributeurs traditionnels (part de marché en volume, en valeur).

Ce suivi permet au chef de produit de détecter les mouvements de sa part de marché, mais il ne lui permet pas toujours d'en comprendre l'origine. En général, des changements de part de marché sont attribués aux actions publicitaires destinées à faire connaître et à positionner la marque ainsi qu'à situer son prix par rapport à celui des concurrents. Lorsque des explications non convaincantes ne peuvent être trouvées à partir de ces deux variables, le chef de produit analyse d'autres facteurs potentiels comme les actions promotionnelles des concurrents ou l'introduction de nouveaux produits.

3.2. L'utilisation de la part de marché à des fins d'analyse

En marketing, la part de marché a été longtemps considérée comme ayant une évolution lente, qui pouvait être constatée notamment grâce à des données de panel, ressemblant ainsi à l'évolution des immatriculations de voitures au plan national. Toutefois, une telle perspective était liée aux instruments de mesure dont on disposait et qui ne permettaient une saisie des parts de marché que de manière épisodique (en général tous les deux mois). Or, la part de marché dépend beaucoup de la façon dont elle est mesurée (à l'année, tous les deux mois, tous les mois, toutes les semaines, etc.). Le développement de l'utilisation chez les distributeurs des nouvelles technologies de saisie et de traitement de l'information fondées sur les lecteurs optiques a donné une nouvelle impulsion aux études de part de marché et à leur suivi. Les nouvelles technologies permettent, pour les biens de grande consommation, de mieux mesurer la part de marché et donc d'améliorer la qualité des analyses qui en découlent. C'est ainsi que, contrairement à l'idée que l'on s'en faisait, la part de marché s'avère très volatile.

Ceci souligne l'intérêt que représente le fait de mieux connaître ses déterminants. Ceux-ci sont présentés au schéma 2.

La part de marché détenue est influencée par les préférences des consommateurs, la disponibilité du produit, les essais effectués par le consommateur et le réachat du produit.

Schéma 2 – Les déterminants de la part de marché

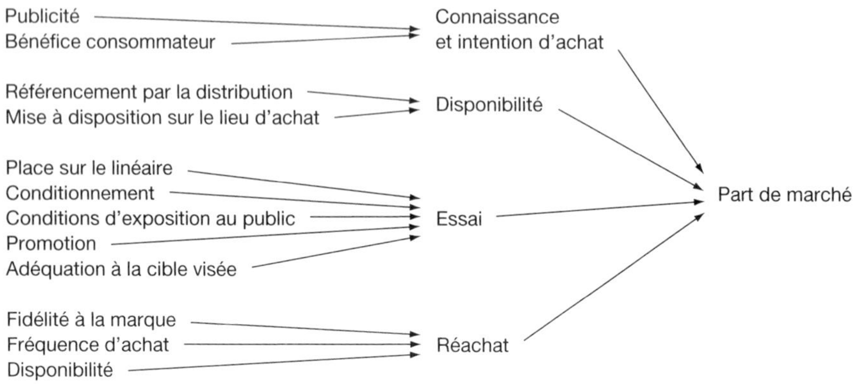

Plusieurs facteurs influencent à leur tour ces quatre grandes catégories de déterminants. Ils dépendent soit du consommateur, soit de l'action du producteur ou de celle du distributeur. C'est ainsi que le réachat du consommateur dépend non seulement de la fidélité à la marque et de la fréquence d'achat du consommateur, mais également de la disponibilité du produit chez le producteur et le distributeur.

*

* *

Comme nous avons pu le constater, le concept de part de marché n'a pas la simplicité que l'on pouvait imaginer *a priori.* Il offre de multiples facettes qu'il est nécessaire de préciser afin de le mesurer convenablement. La part de marché est fonction de nombreux facteurs : le comportement et les préférences du consommateur d'une part, les différents éléments du marketing-mix d'autre part[7].

Le développement des nouvelles technologies a profondément révolutionné la mesure et l'étude des déterminants de la part de marché, voire la pertinence du concept lui-même. L'évolution des techniques de mesure contribue à la mise en place de nouvelles fonctions telles que le *trade marketing,* le management par catégorie de produits au niveau du distributeur, et le développement de nouvelles méthodes comme la réponse optimale au niveau du consommateur.

L'évolution actuelle des méthodes de mesure contribue plus que jamais à faire de la part de marché le paramètre fondamental du marketing et la résultante de toutes les actions commerciales de l'entreprise.

---

7. Voir dans cette Encyclopédie l'article de M. Filser, « Marketing-mix », p. 1903, tome 2.

Références

AURIER P., « Analyse de la structure des marchés : réflexions et propositions théoriques sur la relation entre deux alternatives de choix », *Recherche et Applications en Marketing* (8,1, 1993), p. 77-96.

COOPER L.G., NAKANISHI M., *Market Share Analysis*, Norwell, Massachusetts, Kluwer Academic Publishers, 1990.

CURRAN J.G., GOODFELLOW J.H., « Theoretical and Practical Issues in the Determination of Market Boundaries », *European Journal of Marketing* (24, 1, 1989), p. 16-28.

HERMET G., JOLIBERT A., *La part de marché : concept, déterminants et utilisation*, Paris, Economica, 1995.

PRAHALAD C.K., « Weak Signals Versus Strong Paradigms », *Journal of Marketing Research* (32, 3, 1995), p. 3-8.

PESSEMIER E.A., « Forecasting Brand Performance Through Simulation Experiments », *Journal of Marketing* (April 28th 1964), p. 41-46.

RYAN A.B., « Market Share Volatility », *Review of Marketing*, éd. M.J. Houston, Chicago, American Marketing Association, 1987, p. 135-161.

BUZZEL R.D., GALE B.T., *The PIMS Principles : Linking Strategy to Performance*, New York, The Free Press, Macmillan, 1987.

Mots clés

Catégorie, concept de part de marché, déterminants de la part de marché, distribution, distribution valeur, essai, fidélité, frontière d'un marché, part de marché, PIMS, Procter and Gamble, promotion, publicité, réachat, référencement, réponse optimale au consommateur.

Participation financière des dirigeants et des salariés

117

Philippe Desbrières

Les systèmes de participation financière des salariés ont pour point commun de rétrocéder à ceux-ci une partie de la performance de la firme. Ils sont généralement mis en œuvre afin de stimuler les efforts de leurs bénéficiaires grâce aux avantages pécuniaires qui leur sont attachés, le plus souvent avec d'importants avantages fiscaux. Par-delà les rétributions indépendantes de la performance de la firme (salaires, retraites et assurances-vie), on distingue généralement deux types de participation financière (M. Miller et M. Scholes, 1982) :

– les formules reposant sur des mesures comptables de la performance ; il s'agit pour la France de la participation légale, des accords d'intéressement et des primes individuelles ;

– les systèmes dépendant de la performance boursière ; il s'agit de la distribution ou de la vente d'actions, du plan d'épargne d'entreprise (PEE), du plan d'actionnariat des salariés (PAS), du plan d'options sur actions[1] (POA) ; ils permettent à leurs bénéficiaires d'acquérir, souvent dans des conditions avantageuses, des actions de la société qui les emploie.

Plusieurs questions se posent au sujet de l'efficacité de la pratique de la participation financière. Est-elle un facteur d'accroissement des motivations[2] et des performances[3] ? Est-elle efficace sur le plan individuel et/ou collectif ? L'objet de cet article est d'apprécier l'utilité de la participation financière du point de vue des actionnaires, en étudiant notamment ses incidences sur la performance économique et financière de l'entreprise. Cet article s'inscrit dans le cadre plus général de la politique de rémunération des salariés dont P. Milgrom et J. Roberts (1992) ont défini les objectifs. Pour l'organisation, il s'agit de recruter et de conserver les salariés, d'éliminer les indésirables, de signaler ses valeurs et les comportements désirés, de récompenser et de punir. Cette politique vise aussi à aider les salariés à lutter contre l'incertitude de leurs revenus et à répartir leur temps et leurs efforts entre les diffé-

1. Voir également dans cette Encyclopédie l'article de P. Desbrières, « Stock-options », p. 3015, tome 3.

2. Voir dans cette Encyclopédie l'article de P. Louart, « Motivation », p. 2095, tome 2.

3. Voir dans cette Encyclopédie l'article de C. Marmuse, « Performance », p. 2194, tome 2.

rents objectifs, missions et tâches qui leur sont assignés. Pour être efficiente, elle doit permettre de satisfaire les besoins des salariés pour un coût minimal, les objectifs de l'organisation devant être atteints.

La première section de l'article expose les prescriptions théoriques concernant l'adoption des systèmes de participation financière, selon leur niveau d'efficience. La seconde section présente, au travers des résultats empiriques disponibles, le choix effectif des firmes et ses incidences sur leur performance.

1. Les aspects théoriques de la participation financière des salariés

La relation contractuelle entre les actionnaires et les salariés de la firme est d'autant plus complexe et peut devenir d'autant plus conflictuelle et coûteuse que le niveau hiérarchique des seconds est élevé. Il est donc important de distinguer le niveau d'application de la participation financière selon le pouvoir de décision de ses bénéficiaires. Aussi, traiterons-nous dans un premier temps de la participation financière des dirigeants puis, dans un second temps, des mécanismes destinés aux autres salariés.

1.1. La participation financière des dirigeants

Au regard de la théorie de l'agence[4], la relation contractuelle qui lie l'actionnaire et le dirigeant d'entreprise tient à ce que, en échange des services rendus ou susceptibles de l'être, le premier offre au second un panier de rémunérations. De son côté, le dirigeant s'engage à prendre des décisions qui vont dans le sens des intérêts du propriétaire de l'entreprise. Or, cette relation se caractérise par la difficulté à observer parfaitement les coûts d'établissement et d'exécution des contrats. En effet, les actionnaires «... sont dans l'impossibilité de prévoir toutes les situations qui peuvent survenir par suite du caractère incertain de l'environnement. Par ailleurs, ... aucun contrat ne peut spécifier préalablement et précisément l'ensemble des obligations des dirigeants et... aucun système de mesure de performance ne peut permettre d'évaluer sans ambiguïté les efforts fournis, en éliminant en particulier les effets qui résultent de l'environnement » (G. Charreaux, 1987).

Dans ce contexte, on comprend combien cette relation est potentiellement conflictuelle. La théorie de l'agence fait habituellement référence à trois sources de conflits entre les actionnaires et les dirigeants. La première est relative aux prélèvements effectués par les dirigeants au détriment de la richesse des actionnaires. Deuxième source de conflits, la moindre diversification de leur patrimoine (capital financier et humain) peut conduire les dirigeants à sous-investir (en volume comme en niveau de risque) et à privilégier un financement par fonds propres au détriment de l'endettement et de la

4. La théorie de l'agence a considérablement enrichi le modèle néo-classique de la firme en mettant l'accent sur les problèmes d'incitation, de motivation et de contrôle qui proviennent de la séparation des fonctions de propriété et de décision. Dans ce schéma d'analyse, les individus maximisent leur utilité (fonction de la maximisation du profit, mais aussi d'arguments non monétaires tels que les conditions de travail, les loisirs, les besoins d'affiliation, d'estime et de réalisation de soi...) et sont soumis à des contraintes imposées par la structure du système dans lequel ils opèrent. Lire G. Charreaux (1987) pour une présentation en langue française de cette théorie. Voir également dans cette Encyclopédie l'article de P. Raimbourg, « Asymétrie de l'information, théorie de l'agence et gestion de l'entreprise », p. 188, tome 1.

distribution de dividendes. Le troisième conflit potentiel a pour origine l'horizon d'investissement. Les divergences en ce domaine peuvent inciter les dirigeants à ajuster leur stratégie en fonction de leur durée de présence probable à la tête de l'entreprise, en prenant par exemple des décisions moins risquées et plus rentables à court terme.

La convergence des intérêts est théoriquement assurée par le système de contrôle du comportement des dirigeants qui comporte des mécanismes externes à l'entreprise (marché des biens et services ; marché financier ; marché du travail ; environnement légal, politique et réglementaire) complétés par des mécanismes internes (contrôle des actionnaires et du conseil d'administration ; surveillance mutuelle entre dirigeants...) (G. Charreaux, 1995). En supposant que les individus peuvent anticiper rationnellement et sans biais l'incidence des relations d'agence sur la valeur future de leur patrimoine, l'adoption de formules de participation financière a alors pour finalité de compléter ces mécanismes régulateurs. Qu'il s'agisse de participations à la performance comptable ou de formules d'actionnariat, celles-ci permettent la fixation contractuelle de la contrepartie (non couverte par les rétributions indépendantes de la performance de la firme) des efforts déployés par les dirigeants pour maximiser la richesse des actionnaires et de l'investissement non diversifiable de leur capital humain dans la firme.

Présentons les incidences positives sur la performance économique et financière qui devraient être théoriquement constatées à la suite de l'adoption de formules de participation financière. Lorsqu'ils reposent sur des indicateurs globaux en valeur absolue (excédent brut d'exploitation, bénéfice net, cash-flow) ou en valeur relative (taux de rentabilités économique et financière), les systèmes de rétribution fonction des mesures comptables de la performance paraissent *a priori* adaptés pour résoudre les problèmes liés aux divergences d'intérêt entre les actionnaires et les dirigeants. Leur inconvénient majeur tient à ce qu'ils peuvent conduire ces derniers à avoir un intérêt personnel dans le choix des méthodes comptables (risque de sélection de celles qui maximisent les indicateurs sur lesquels s'appuient leurs primes ou salaires variables).

Les systèmes dépendant de la performance boursière offrent aux dirigeants des options ou des actions de leur entreprise dans le cadre de formules contractuelles (cession directe d'actions, de bons de souscription...) ou légales (régimes des PEE, PAS et POA). Ces mécanismes sont *a priori* très adaptés pour résoudre les conflits d'agence entre les propriétaires de l'entreprise et leurs mandataires. Rien ne semble en effet plus efficace pour rapprocher les intérêts des deux parties que de permettre aux dirigeants de devenir actionnaires de la firme qu'ils gèrent. En maximisant la richesse des actionnaires externes, ils devraient maximiser la leur. Le fruit de l'intéressement au capital n'étant perçu qu'au terme de plusieurs périodes (lors de la revente de leur participation), son impact sur la performance de la firme devrait être beaucoup plus durable que celui des mécanismes reposant sur des indicateurs comptables annuels. De plus, la manipulation des cours boursiers par les dirigeants paraît bien plus improbable et difficile que celle des techniques comptables. Un autre facteur d'efficience tient à la réduction des coûts de structure qu'entraîne l'actionnariat des dirigeants dans les firmes managériales. En réduisant la séparation des fonctions de propriété et de décision et en favorisant l'autocontrôle et le contrôle mutuel[5], l'actionnariat des dirigeants permet d'éviter la multiplication coûteuse des centres de contrôle et la superposition des niveaux hiérarchiques dans la sphère managériale (P. Desbrières, 1991).

Les formules d'actionnariat ne sont pas pour autant parfaites sur le plan théorique. Adoptées pour aligner les intérêts des dirigeants sur ceux des actionnaires, on leur reproche une certaine propension à créer ou à exacerber de nouveaux conflits (P. Desbrières, 1991). Premièrement, les POA peuvent inciter les dirigeants à retenir des investissements que les actionnaires auraient rejetés, parce que trop risqués (la valeur des options étant d'autant plus grande que les actions sont risquées), et à limiter les distributions de bénéfices (les options n'offrant aucune protection contre les dividendes). Dans les deux cas, les divergences d'intérêt entre les dirigeants et les actionnaires externes sont d'autant plus conflictuelles que la valeur actuelle des *stock-options* est élevée par rapport aux salaires fixes des premiers. Deuxièmement, des conflits sont susceptibles d'apparaître entre les nouveaux actionnaires internes qui ne bénéficieraient pas du même niveau d'intéressement, ainsi qu'entre ces derniers et les exclus du système. Troisièmement, l'intéressement en actions ou en options peut créer de nouveaux conflits entre les actionnaires et les autres fournisseurs de ressources de l'entreprise. Prenons le cas des prêteurs. S'ils ont évalué leur créance en prévoyant un certain niveau d'actionnariat des dirigeants, tout accroissement non anticipé de celui-ci entraîne une augmentation du risque supérieure à celle initialement prévue et, corrélativement, la valeur de la dette diminue[6].

A ce niveau d'analyse, il est difficile de préconiser un choix radical entre les systèmes dépendant de mesures comptables de la performance et les formules d'actionnariat. Ces deux catégories devraient plutôt faire l'objet d'un certain mixage. Bien qu'elles semblent les plus efficientes au regard de la théorie de l'agence, on voit mal les actionnaires n'utiliser que les dernières pour au moins trois raisons. Premièrement, les formules d'actionnariat conduisent les dirigeants à investir leur capital humain et financier dans la firme. Cette concentration du risque leur fait subir un coût d'opportunité qui réduit l'utilité des titres proposés dans des proportions d'autant plus grandes que la valeur des apports nécessaires est importante relativement à leur fortune personnelle[7]. Aussi les dirigeants peuvent-ils être tentés de retenir une prime de risque supérieure à celle exigée par les actionnaires, ce qui produit alors un risque de sous-investissement. Deuxièmement, ces formules

5. Un contrôle mutuel efficace évite la généralisation du comportement de « passager clandestin » qui consiste à ne pas modifier ses activités opportunistes tout en profitant d'une partie de l'enrichissement produit par les efforts des autres bénéficiaires.

6. Ces conflits peuvent être minimisés par l'introduction dans les contrats de prêt de clauses limitant la liberté des dirigeants en matière de politique de financement, d'investissement et de dividendes. Si elles n'étaient pas respectées, un remboursement anticipé pourrait alors être exigé. L'émission d'obligations convertibles ou assorties de bons de souscription d'actions favorise aussi la convergence d'intérêt entre la firme et ses prêteurs. Ces aspects sont traités par P. Desbrières (1995).

7. Cette perte d'utilité est toutefois en partie compensée par la réduction du risque de perte d'emploi inhérente à l'augmentation des performances individuelles et collectives liée à l'accroissement de leur motivation et de leur efficacité.

d'actionnariat n'offrent aucune protection contre le risque de marché des titres. La grande volatilité qui le caractérise peut réduire à néant tous les efforts consentis pour accroître la valeur de marché des actions de l'entreprise. Troisièmement, le succès des formules d'actionnariat dépend des anticipations des dirigeants concernant la sur- ou sous-évaluation des actions de la firme qu'ils gèrent.

1.2. La participation financière des salariés non dirigeants

Les intérêts des actionnaires et des dirigeants sont ici supposés confondus : les premiers mandatent les seconds pour gérer les contrats qui lient les salariés à leur employeur. Les dirigeants définissent donc la contrepartie de l'investissement humain des salariés qui, à la base, est en général indépendante de la performance globale et se caractérise par sa relative fixité. La théorie des contrats implicites justifie le caractère rigide des salaires par le fait que les entreprises assurent leurs employés qui ont de l'aversion pour le risque contre les fluctuations du chiffre d'affaires et de la productivité marginale du travail. Une rémunération totalement fixe peut toutefois les inciter à ajuster à la baisse leurs efforts et leur intensité au travail (F. Fitzroy et K. Kraft, 1987).

Les actionnaires délèguent aussi aux dirigeants la mise en place et la gestion des mécanismes (systèmes de contrôle de gestion, procédures d'audit, participation à la prise de décision...) qui régulent les conflits pouvant les opposer aux salariés et qui proviennent du caractère incomplet des contrats. Certains contraignent ou incitent les salariés à adopter un comportement conforme aux intérêts des actionnaires. D'autres sanctionnent leurs comportements opportunistes.

Un système de sanction/récompense courant consiste à pratiquer des ajustements *ex post* de salaires. Conformes à la théorie du salaire d'efficience selon laquelle la productivité du travail est une fonction croissante du niveau de rémunération, ils offrent des possibilités de contrôle d'autant plus grandes que la valeur actuelle des salaires futurs est élevée et que les employés sont à un âge éloigné de la retraite. On peut toutefois craindre que, s'ils jugent leur rémunération actuelle satisfaisante et tant que leur comportement n'est pas susceptible de la remettre en cause, les salariés ne soient toujours tentés de limiter leur ardeur au travail et de réaliser des prélèvements non pécuniaires.

On voit donc bien l'intérêt de la participation financière : renforcer la motivation des salariés concernés et assurer la convergence des intérêts individuels. L'efficacité des formules retenues dépend, d'une part, de leur degré d'adaptation aux relations d'agence existant entre les actionnaires et les catégories de salariés et, d'autre part, de leur cohérence avec la stratégie et le cycle de vie de la firme[8] ainsi qu'avec les mécanismes qui visent à développer l'initiative, l'autocontrôle, l'épanouissement individuel et l'adhésion du personnel aux buts de l'organisation (P. Desbrières, 1991). Leur efficacité ne

---

8. Par exemple, l'entreprise débutante a besoin d'un personnel innovateur, flexible, coopératif, aimant prendre des risques et assumer des responsabilités. Pour attirer ce personnel à fort potentiel et assurer son adhésion au projet de l'entreprise, une participation financière peu formalisée et basée sur les résultats globaux sera pratiquée. Pour fidéliser ses salariés après son démarrage, l'entreprise peut pratiquer un système de rétributions attractives s'appuyant tant sur la performance collective qu'individuelle.

devrait pas souffrir du comportement « du passager clandestin » si l'on tient compte des multiples interactions entre salariés au sein d'un groupe de travail (F. Fitzroy et K. Kraft, 1987). Avec la pratique de la participation financière, toute action individuelle devrait produire des externalités sur les autres salariés bénéficiaires, favorisant ainsi les trois conséquences suivantes : d'abord un contrôle mutuel efficace (limitant la réduction collusoire de l'effort et facilitant une organisation du travail décentralisée), ensuite une collaboration entre bénéficiaires entraînant, outre des gains de productivité (et donc un accroissement de la part variable de leur salaire), des gains psychiques qui augmentent avec le niveau moyen de collaboration offert par les autres salariés, enfin une plus grande coopération avec la direction.

Comme les dirigeants, les salariés bénéficiaires de la participation financière concentrent leur investissement humain et financier dans la firme et subissent un risque de revenu accru et non diversifiable[9]. Pour le compenser, M. Nuti (1987) préconise la participation des salariés aux décisions, qui favoriserait une plus grande acceptation du risque en permettant à ceux-ci de comprendre la baisse éventuelle de leurs revenus liés aux profits de la firme. En développant leur implication, la participation aux décisions renforcerait l'adhésion des salariés aux indicateurs (objectifs) sur lesquels est assise la participation financière. Inversement, les salariés seront plus sensibilisés à une participation aux décisions ayant pour objectif de maximiser la richesse créée par l'entreprise, puisque la participation financière n'en fera pas profiter les seuls actionnaires et dirigeants. Au total, la participation aux décisions devrait renforcer les effets positifs de la pratique de la participation financière soulignés par F. Fitzroy et K. Kraft (1987).

Finalement, le principal inconvénient de la participation financière des salariés réside peut-être dans le fait que le choix et le dosage de formules particulières peuvent conduire à des conflits internes : entre les aspects incitatifs et le caractère risqué de la rémunération ; entre les avantages non pécuniaires et la rémunération directe, du fait notamment de leur traitement fiscal différent ; entre le souci d'équité et l'efficacité (un traitement plus égalitaire des salariés contribue à réduire les activités d'influence, mais il risque de faire partir les salariés les plus efficaces ou de conduire ceux-ci à rechercher des statuts différenciés) (P. Milgrom et J. Roberts, 1992).

Etudions alors dans quelle mesure la participation financière concourt à accroître les performances économiques et financières de l'entreprise.

2. Les incidences de la pratique de la participation financière

On distinguera comme précédemment les travaux empiriques sur la participation financière des dirigeants (réalisés par des économistes et des gestionnaires financiers) des études sur les incidences de la participation financière des salariés (réalisées par des économistes et des sociologues du travail).

9. Ce risque est théoriquement atténué par la réduction de la probabilité de perte d'emploi due à l'accroissement des performances provenant de la pratique de la participation financière.

2.1. La participation financière des dirigeants

Ce paragraphe expose les résultats des études du comportement des dirigeants après l'adoption de formules de participation financière, puis il présente l'évaluation qu'en font les actionnaires *via* le marché boursier[10].

2.1.1. Le comportement des dirigeants

Plusieurs travaux anglo-saxons indiquent que les systèmes basés sur des mesures comptables de la performance sont bien adaptés pour réduire les sources de conflits entre les actionnaires et les dirigeants. Un accroissement des investissements et une réduction du niveau des dépenses discrétionnaires des dirigeants ont en effet été mesurés après leur mise en œuvre. La convergence d'intérêts est renforcée par le fait que les indicateurs de référence (résultat net, chiffre d'affaires) mesurent des performances globales dont l'évolution est parfaitement observable.

Cependant, conformément à l'hypothèse émise dans la partie théorique, de nombreuses études attestent que les choix et les modifications de méthodes comptables ne sont pas indépendants de la nature de ces indicateurs[11]. Les dirigeants retiennent ainsi les techniques qui permettent de maximiser leur rémunération. Ce comportement n'est pas pour autant synonyme d'inefficience. En effet, il a été montré que les méthodes comptables utilisées par les dirigeants de firmes managériales sont différentes de celles retenues par les actionnaires gérant eux-mêmes leur société (firmes entrepreneuriales). On peut donc faire l'hypothèse que ces derniers, anticipant rationnellement le comportement de leurs mandataires, utilisent ces indicateurs de manière à orienter les choix et les modifications de méthodes comptables vers ceux qu'ils auraient réalisés eux-mêmes, ou bien font la part entre l'augmentation de l'indicateur due à la manipulation comptable et celle imputable à un véritable accroissement de la performance. Il n'en est pas moins prouvé par ailleurs que les formules de participation financière basées sur des mesures comptables de la performance augmentent la probabilité d'utilisation par les dirigeants de méthodes qui favorisent la réalisation de bénéfices comptables courants plutôt que futurs.

Les formules de participation dépendantes de la performance boursière de la firme semblent plus efficaces. Plusieurs travaux montrent qu'elles favorisent des décisions managériales conformes aux intérêts des actionnaires. Dans les firmes américaines où les décisions d'investissement et de financement ont entraîné un accroissement de la variance de la rentabilité des actifs et du niveau d'endettement, la participation en actions et en options des dirigeants est beaucoup plus grande que dans les entreprises où ces mêmes décisions financières ont eu les effets inverses[12]. La convergence des intérêts est assurée par le fait que, bien que marginaux eu égard à l'évolution de la

---

10. Tous les travaux empiriques sur lesquels s'appuie ce paragraphe sont présentés ou cités dans P. Desbrières (1991, 1992).

11. Voir également dans cette Encyclopédie l'article de J.F. Casta, « Politique comptable des entreprises », p. 2276, tome 2.

12. Les travaux réalisés spécifiquement sur les POA produisent toutefois des résultats assez contradictoires.

richesse des actionnaires[13], les revenus de leur participation en capital sont très élevés relativement à leur salaire (voir P. Desbrières, 1992). Il a de plus été prouvé que la concentration dans la firme du risque humain et financier ne conduit pas les dirigeants à privilégier des investissements et des financements moins risqués. Enfin, en dehors des cas de transmission d'entreprise, le recours aux formules d'actionnariat ne conduit pas à un transfert significatif des droits de propriété vers les dirigeants[14].

2.1.2. La réaction du marché boursier à l'adoption de formules de participation financière des dirigeants

Le marché américain intègre bien que l'actionnariat des dirigeants concourt à accroître l'efficience de leurs décisions et les performances économiques et financières des firmes qu'ils gèrent. L'annonce de l'utilisation de ces systèmes est suivie de rentabilités boursières des sociétés concernées significativement supérieures à celles du marché[15].

De la même manière, les études d'événement réalisées autour de l'annonce de l'adoption de formules d'intéressement des dirigeants à la performance comptable produisent des résultats conformes à la théorie[16]. Elles mesurent en effet des rentabilités boursières positives en excès du marché, lors de la mise en place de plans de bonus (à court et à long terme) reposant sur des indicateurs comptables (résultat net, bénéfice par action, rentabilité économique et financière).

L'intérêt du mixage de ces deux types de participation financière, souligné sur le plan théorique, est confirmé par une récente étude empirique qui montre que les entreprises américaines privilégient la performance boursière plutôt que les mesures comptables de la performance, d'autant que les indicateurs comptables fluctuent plus que le cours de bourse des actions, que l'entreprise anticipe un fort taux de croissance de ses actifs et de ses ventes et que le montant de la participation des dirigeants dans le capital de la société est faible. Il a même été observé une saisonnalité du succès des formules de participation financière aux Etats-Unis : dans les périodes de marché « baissier » à moyen terme, la part de la rétribution des dirigeants basée sur les actions ou *stock-options* se réduit significativement au profit de primes assises sur des mesures comptables de la performance, et inversement. Il a

---

13. M. Jensen et K. Murphy (1990) ont mesuré que, de 1974 à 1986, les salaires, bonus, actions et options perçus par près de 1 700 PDG américains ne représentaient en moyenne que 0,325 % de l'accroissement de la capitalisation boursière des firmes (0,185% pour les plus grandes firmes, 0,805 % pour les plus petites).

14. Selon M. Jensen et K. Murphy (1990), le taux de participation des dirigeants dans les 120 plus grandes firmes américaines est passé de 30 % en 1938 à 3 % en 1984. P. Desbrières (1991) a montré sur un échantillon de 99 POA français que, si plus d'un tiers des plans permettent d'acquérir au moins 10 % du capital de la firme, le taux de participation conditionnel est d'autant plus faible que l'actionnariat est diffus.

15. Le recours aux formules ESOP (*employee stock-ownership plans*) peut toutefois conduire à des rentabilités anormales négatives lorsqu'elles mettent à la disposition des dirigeants un nombre de droits de vote favorisant leur enracinement et réduisant la probabilité d'OPA sur la firme qu'ils gèrent.

16. Sur la méthodologie des études d'événements, le lecteur peut se reporter dans l'Encyclopédie des marchés financiers à l'article de A. Grar, « Etude d'événement ».

aussi été mis en évidence que la proportion des différentes composantes du panier de rémunérations (salaires, titres...) des dirigeants fluctue dans le temps principalement pour des raisons fiscales. Cette complémentarité est encore soulignée dans une autre étude qui indique que la réaction positive du marché financier n'est pas significativement différente lors de l'annonce de l'adoption de divers plans d'actionnariat, de *stock-options* et de plans de bonus à long terme reposant sur des indicateurs comptables. Ainsi, du point de vue des actionnaires, aucun système n'apparaît particulièrement dominant. Ce dernier résultat est très intéressant, car il conforte notre hypothèse selon laquelle les choix et les modifications de méthodes comptables induits par les formules de participation financière assises sur la performance comptable ne seraient pas une source de conflits entre les actionnaires et les dirigeants.

2.2. La participation financière des salariés

Les études empiriques sur les incidences de la participation des salariés peuvent se répartir en deux groupes : les enquêtes et les études statistiques et économétriques.

2.2.1. Les résultats d'enquêtes

De nombreuses enquêtes par envoi de questionnaire et par interview (auprès de salariés et de leurs employeurs) ont été réalisées aux Etats-Unis, au Royaume-Uni et, dans une moindre mesure, au Canada, en Allemagne et en France. Toutes convergent vers les mêmes conclusions qualitatives : pratiquer la participation financière favorise un accroissement de la motivation et de l'implication de leurs bénéficiaires, une réduction de l'absentéisme et du *turnover*, une amélioration de la qualité de la production, un accroissement de la productivité, des résultats et de la rentabilité (voir D. Vaughan-Whitehead, 1992). L'impact de la participation financière apparaît d'autant plus effectif qu'elle est mise en place dans un environnement décentralisé et qu'elle est accompagnée de mesures visant à accroître la responsabilité et la participation des salariés.

2.2.2. Les résultats des études statistiques et économétriques

De nombreux travaux empiriques[17] réalisés au Royaume-Uni, aux Etats-Unis et en Allemagne ont mesuré les effets de la participation financière des salariés sur les performances des firmes. Deux méthodologies sont utilisées : les comparaisons de moyennes et les analyses de régression.

Les comparaisons de moyennes montrent que les firmes pratiquant la participation financière des salariés présentent des performances économiques significativement supérieures à celles des autres entreprises, surtout au niveau du taux de croissance des ventes, de la productivité individuelle, des taux de *turnover* et d'absentéisme, de la valeur ajoutée, des profits et de la rentabilité financière. Des résultats équivalents ont été relevés en France. La

17. Ces travaux sont présentés ou cités dans P. Desbrières (1991, 1992) et dans D. Vaughan-Whitehead (1992).

Cegos et l'Institut de l'entreprise (1988) ont trouvé que la rentabilité des capitaux permanents et la valeur ajoutée par salarié représentent le double et le triple de celles observées dans les entreprises sans intéressement. A cela s'ajoutent des taux d'absentéisme et de rotation du personnel inférieurs, en moyenne, de 19 % et de 10 % respectivement. Ces résultats ont été confirmés par D. Vaughan-Whitehead (1992), qui montre de plus que les primes individuelles de productivité et l'actionnariat des salariés sont beaucoup plus courants au sein des entreprises avec intéressement. On peut toutefois s'interroger sur la permanence des résultats concernant les systèmes liés à des mesures comptables de la performance. Les primes versées, stimulantes à court terme, deviennent rapidement un dû. Lorsque l'objectif donnant droit à leur attribution n'est pas atteint, on observe souvent un important effet démobilisateur, d'autant plus grand que les efforts individuels du bénéficiaire ont peu d'influence sur l'indicateur utilisé pour le calcul de sa rétribution.

Les analyses de régression cherchent généralement à expliquer les variations de productivité ou de toute autre mesure de performance par l'évolution d'autres variables, parmi lesquelles une ou plusieurs mesures de participation financière. La quasi-totalité des travaux confirment les résultats obtenus avec les comparaisons de moyennes, mettant en évidence des effets positifs et significatifs des systèmes de participation financière sur le niveau du chiffre d'affaires, de la valeur ajoutée, de la productivité et de la rentabilité économique. Pour la France, D. Vaughan-Whitehead (1992) trouve que la valeur ajoutée par salarié restée inexpliquée par une fonction de production classique est une fonction croissante du montant de l'intéressement, du pourcentage de capital détenu par les salariés ainsi que du montant de la participation légale. La rentabilité économique apparaît aussi être une fonction positive des montants d'intéressement et de participation légale versés aux salariés, et le pouvoir incitatif de l'intéressement est encore vérifié sur la croissance des ventes. Cette étude conduit par ailleurs à un résultat *a priori* surprenant : les primes individuelles ont un effet négatif significatif sur la productivité et sur la rentabilité économique. En conséquence, les incitations financières collectives (surtout l'intéressement et la participation légale) contribueraient le plus significativement à faire croître la performance des firmes[18]. L'actionnariat, qui n'a pas d'incidence significative sur la rentabilité économique ni sur le chiffre d'affaires, joue un rôle positif sur la valeur ajoutée par salarié et négatif sur le *turnover*. Il semble donc adapté pour améliorer la productivité et pour fidéliser les salariés.

Enfin, l'effet micro-économique de la participation financière des salariés apparaît lié à certaines caractéristiques industrielles de la firme. Il a en effet été montré que les gains de productivité sont dus, outre la participation financière, à une série de changements organisationnels (choix technologiques, organisation du travail, qualification et formation des salariés), et que la participation financière n'a un impact positif sur la valeur ajoutée que si elle est

18. Ce résultat est à nuancer car le niveau de salaires apparaît comme une des variables les plus significatives. L'effet positif des primes individuelles peut donc être capturé par les augmentations de salaires consenties après un accroissement de la productivité. *Idem* avec le calcul de l'intéressement qui dépend directement des performances réelles de l'entreprise (taux de productivité, profits, ventes...).

accompagnée d'une participation à la décision. Ces résultats confirment l'analyse de M. Nuti (1987) sur le rôle de la participation aux décisions dans la compensation du risque de revenu subi par les salariés bénéficiaires de la participation financière. Ils valident aussi la thèse de F. Fitzroy et K. Kraft (1987) concernant les incidences positives de la participation financière sur le développement de collaborations et d'un contrôle mutuel efficace entre salariés et, finalement, sur la productivité.

*

* *

Cet article a présenté les justifications théoriques et les incidences économiques de la pratique de la participation financière dans les firmes. Afin de distinguer le niveau d'application de ces systèmes selon le pouvoir de décision de leurs bénéficiaires, la participation financière des dirigeants est distinguée de celle des autres salariés.

La participation financière permet de réguler les conflits potentiels entre les actionnaires et les dirigeants. Bien que les formules d'actionnariat semblent les plus adaptées pour orienter les dirigeants vers des décisions conformes aux intérêts des actionnaires, les réactions du marché boursier à l'annonce de la mise en place de diverses formules basées sur les performances comptable et boursière ne permettent pas de définir les mécanismes les plus performants.

De l'avis des parties prenantes, la participation financière des salariés non dirigeants favorise leur motivation et leur implication. Elle est aussi une source d'accroissement des performances (ventes, productivité, *turnover* et absentéisme des salariés, valeur ajoutée, profits, rentabilité économique et financière...), comme le corroborent les études économétriques qui montrent aussi l'importance de variables contingentes (changements organisationnels, participation à la prise de décision...). Les travaux français indiquent la supériorité des formules collectives (participation légale et surtout intéressement). De plus, l'actionnariat n'a pas d'effet notable sur le niveau d'activité et la rentabilité économique de l'entreprise, et joue davantage sur la productivité individuelle et sur la fidélité des salariés à leur employeur.

Finalement, le problème se pose moins en termes de choix entre les différentes formules de participation financière que dans une combinaison efficiente de celles-ci pour chaque catégorie de bénéficiaires, qui soit cohérente avec les autres systèmes d'incitation et avec la stratégie de la firme.

Références

CEGOS et INSTITUT DE L'ENTREPRISE, *Les pratiques de la participation financière des salariés*, 1988.

CHARREAUX G., « La théorie positive de l'agence : une synthèse de la littérature », *in De nouvelles théories pour l'entreprise*, Paris, Economica, 1987, p. 21-55.

CHARREAUX G., « Mode de contrôle des dirigeants et performance des firmes », *Revue d'Economie Industrielle*, hors série (1er trimestre 1995), p. 135-172.

DESBRIÈRES P., *Participation financière, stock-options et rachats d'entreprise par les salariés*, Paris, Economica, 1991.

DESBRIÈRES P., « Incidences économiques de la participation financière », *in Actes du congrès de l'AGRH* (novembre 1992), p. 566-573.

DESBRIÈRES P., *Ingénierie financière*, Paris, Litec, 1995.

FITZROY F., KRAFT K., « Cooperative, Productivity and Profit Sharing », *Quarterly Journal of Economics* (February 1987), p. 23-35.

JENSEN M., MURPHY K., « Performance Pay and Top-Management Incentives », *Journal of Political Economy* (1990), p. 225-264.

MILGROM P., ROBERTS J., *Economics, Organization and Management*, Englewood Cliffs, Prentice Hall, 1992.

MILLER M., SCHOLES M., « Executive Compensation, Taxes and Incentives », *in Financial Economics : Essays in Honor of Paul Cootner*, Englewood Cliffs, Prentice Hall, 1982, p. 221-236.

NUTI M., « Profit-sharing and Employment : Claims and Overclaims », *Industrial Relations* (Winter 1977), p. 18-29.

VAUGHAN-WHITEHEAD D., *Intéressement, participation, actionnariat : impacts économiques dans l'entreprise*, Paris, Economica, 1992.

Mots clés

Actionnariat, conflits entre actionnaires et dirigeants, contrôle des dirigeants, implication, motivation, participation financière, participation aux décisions, politique de rémunération, théorie de l'agence, théorie du salaire d'efficience.

Performance

118

Christian Marmuse

Sujet de culte parfois exacerbé (A. Ehrenberg, 1991), l'idée de performance apparaît simple de prime abord : il « suffirait » de regarder les comptes de l'entreprise pour se convaincre de sa bonne santé ou au contraire de ses risques de défaillance. Lorsqu'on y regarde de plus près (et les réalités des entreprises d'aujourd'hui nous y incitent), la notion de performance se révèle tout à la fois plus complexe et à tout le moins multiforme. Entre les conceptions américaines de la performance financière à court terme[1] (qui ont prévalu pendant les années quatre-vingt) et la logique de performance sur le très long terme des entreprises japonaises, il y a un fossé que la crise économique a partiellement comblé au début des années quatre-vingt-dix. Lorsque la timide reprise économique permet la reconstitution des marges, le social réapparaît au travers des revendications d'un partage juste des profits, matérialisées par des aménagements du temps de travail ou par le retour des espérances en matière de salaires.

La performance revêt donc des aspects multiples, sans doute convergents, mais qui méritent d'être abordés dans une logique plus globale que la seule appréciation de la rentabilité pour l'entreprise ou pour l'actionnaire. Si l'on accepte le précepte d'anticipation des revenus futurs par ces mêmes actionnaires, il convient d'apprécier d'abord la performance sous l'angle de la pérennité de l'entreprise et donc dans ses dimensions stratégiques. Mais – et les modèles d'analyse concurrentielle qui ont fleuri depuis les années 1980 en sont un témoignage – la performance de l'entreprise résulte aussi de son intégration dans un milieu dont il importe de comprendre et de maîtriser les règles du jeu. Les modèles d'appréciation de la position concurrentielle ont fortement remis en cause l'unicité de la mesure de performance par la part de marché, fût-elle relative. La performance concurrentielle prend aussi des formes multiples et redonne aux entreprises une marge de liberté que ne lui conférait pas la seule logique de la domination.

Si l'entreprise doit s'affranchir des contraintes de systèmes concurrentiels variés, elle doit aussi se donner les moyens organisationnels et sociaux de

1. La performance financière est alors vécue comme la mesure principale de la réussite des managers, dans leur relation d'agence avec les actionnaires.

parvenir à ses fins. L'évolution des modes de communication, l'irruption des réseaux et des télécommunications permettent à des formes nouvelles d'organisation de voir le jour et de profiter d'une nouvelle virtualité de l'organisation qu'est l'entreprise. La performance est ainsi également de nature socio-économique, ce qui ne fait qu'ajouter à la complexité de l'analyse.

Reste que finalement la performance se mesure (*ex post* ?) dans les comptes de l'entreprise lesquels décrivent, parfois assez imparfaitement, toutes les forces et les vulnérabilités d'une firme. Celle-ci n'est plus seulement une machine à faire du profit, mais une organisation de plus en plus insérée dans un système social rejetant « le profit pour le profit » et portant aux nues les entreprises, y compris publiques, qui ont su, par temps de crise, reconstituer d'importantes réserves de compétitivité et d'autofinancement.

La notion de performance est multiple et parfois paradoxale. Essayons d'en dessiner les contours avec le sentiment que le travail sera toujours inachevé parce que les entreprises inventent chaque jour de nouvelles manières d'être compétitives dans le milieu concurrentiel qui est le leur. Une certitude cependant : la performance se constate tous les jours ; elle se construit dans la durée.

1. La performance stratégique ou la construction d'un système d'excellence

Les modèles de gouvernement de l'entreprise ont sans cesse cherché à découvrir la pierre philosophale qui pourrait garantir définitivement le succès. Le balancier s'est déplacé de modèles très quantitatifs (les modèles basés sur la croissance et la part de marché) vers des modèles quelque peu utopiques très proches des pratiques de certaines entreprises, mais pas toujours transposables ou généralisables à d'autres. L'utopie du bon sens a ainsi fait perdre de vue l'énorme complexité du problème stratégique ; le succès de certains modèles a parfois contribué à des refus de remise en question ; la singularité devient alors un modèle de performance « différenciée » sur la base de systèmes très volontaristes ; finalement les entreprises redécouvrent le sens de la valeur comme modèle fondamental de toute réussite.

1.1. L'utopie du bon sens comme modèle d'excellence

Conçue comme un modèle de la réussite, l'excellence est devenue le grand mot des années 1980 (B. Ouvry-Vial, 1987). L'excellence, comme logique d'appréciation de la performance, a séduit les ardents critiques des écoles de gestion américaines lorsqu'a été publié le célèbre (trop célèbre ?) *Prix de l'excellence* (T. Peters et R. Waterman, 1983). Georges-Yves Kervern fustigeait cette analyse simpliste des principes de bon sens menant sûrement à la performance et qui prônait des « idées justes et pas neuves »[2].

L'excellence est certes une façon de définir la performance, mais le flou dont elle s'est entourée – l'excellence, liée originellement à l'idée de récompenser les meilleurs élèves, n'est pas destinée à servir de modèle d'auto-évaluation ou d'autosatisfaction pour les entreprises – a sans doute conduit à la dévalorisation du mot et de l'idée. C'est plutôt dans les classements multidimensionnels

2. *In L'excellence, op. cit.*

des entreprises que l'on pourra juger de la performance et certainement pas par la vérification de la simple application de quelques principes de bon sens.

1.2. Le paradoxe d'Icare ou comment les entreprises se tuent à réussir

L'excellence est en réalité souvent bâtie sur le socle d'un modèle de développement original, propre à chaque entreprise. Si beaucoup d'entreprises ont dû leur réussite à l'application systématique d'une logique solide, d'autres ont disparu ou manqué de disparaître parce qu'elles avaient poussé trop loin les principes qui avaient permis leur performance passée (D. Miller, 1993). D. Miller exprime cette réalité en utilisant la métaphore du paradoxe d'Icare : parlant des « périls de l'excellence », il montre que les facteurs à l'origine du succès (une stratégie bien pensée, une culture d'entreprise dynamique) peuvent aussi mener à l'échec s'ils sont poussés à l'extrême. Citant les cas d'ITT, de Digital Equipment, de Chrysler ou de Texas Instruments, il montre que l'adage « le mieux est l'ennemi du bien » s'applique parfaitement aux entreprises industrielles. «Malheureusement, il est parfois extrêmement difficile de faire la distinction entre la cohérence, l'harmonie et le dévouement passionné qui sont si nécessaires à la performance exceptionnelle, et l'extrémisme qui mène à l'échec».

1.3. La volonté stratégique comme clé de la performance à long terme

Contrairement aux visions à court terme de la performance guidées par l'appréciation boursière de la valeur de l'entreprise, certaines entreprises ont tout misé sur la performance à long terme, garante de leur pérennité. G. Hamel et C.K. Prahalad ont présenté cette logique au travers du concept de *strategic intent* : « Les sociétés qui sont arrivées à un leadership global au cours des vingt dernières années ont toutes débuté avec des ambitions qui étaient sans proportion avec leurs ressources et capacités. Mais elles ont utilisé une obsession de gagner à tous les niveaux de l'organisation et elles ont entretenu cette obsession au cours des dix ou vingt ans au cours desquels elles ont conquis ce leadership global. Nous appelons cette obsession *strategic intent* » (G. Hamel et C.K. Prahalad, 1989).

La performance est alors celle du maintien d'une « distance » avec les concurrents au travers d'une logique de développement à long terme entretenue par une forte motivation (base des systèmes de récompense) de tous les membres de l'organisation. Ainsi s'expliquent les succès de Honda, Canon ou Komatsu face à leurs concurrents américains bien plus performants qu'eux il y a dix ou vingt ans.

1.4. Les logiques de la valeur comme modèle de performance

L'analyse financière classique a largement utilisé des agrégats tels que la valeur ajoutée pour mesurer la capacité de l'entreprise à créer de la valeur[3]. Les analyses plus récentes de la valeur introduisent une notion beaucoup plus « stratégique » même si la mesure en reste difficile : « L'avantage concurrentiel procède essentiellement de la valeur qu'une firme peut créer

---

3. Voir dans cette Encyclopédie l'article de E. Cohen, « Analyse financière », p. 81, tome 1.

pour ses clients en sus des coûts supportés par la firme pour la créer. La valeur est ce que les clients sont prêts à payer et une valeur supérieure s'obtient en pratiquant des prix inférieurs à ceux de ses concurrents pour des avantages équivalents ou en fournissant des avantages uniques qui font plus que compenser un prix plus élevé » (M. Porter, 1986). La performance de l'entreprise dépend ainsi de sa capacité à créer de la valeur pour ses clients. Cette capacité s'interprète au travers d'outils tels que la chaîne de valeur. L'analyse récente de nombreuses politiques de création d'activité (par exemple dans les radiotéléphones, la télévision numérique ou le développement des systèmes de sécurité passive dans les automobiles) illustre parfaitement cette recherche de compétitivité par l'identification de sources de valeur (développement des communications en tous lieux, qualité et interactivité de la télévision, air bag et sécurité passive pris comme arguments de vente).

La performance à long terme est donc associée à l'excellence, à la capacité à remettre en cause les avantages acquis pour éviter l'échec d'un bon concept, à la définition d'un système de volontés visant le long terme et, *in fine,* à la capacité de l'entreprise à trouver des sources de valeur créatrices de marge.

2. L'interaction entreprise-milieu ou la performance concurrentielle

C'est également à Michael Porter que l'on peut attribuer le bénéfice d'une réinsertion radicale de l'entreprise dans son milieu concurrentiel. La recherche de performance ne dépend plus de la seule action de la firme, mais aussi de ses capacités à s'accommoder, voire à s'approprier, les règles du jeu concurrentiel dans un secteur (M. Porter, 1981).

2.1. Les systèmes concurrentiels : des modèles spécifiques de performance

La nature des systèmes concurrentiels[4] détermine la manière dont la performance peut y être obtenue, compte tenu des modes de compétition qui y sont de règle (A.C. Hax et N.F. Majluf, 1983). Les *systèmes concentrés* relèvent d'une logique de volume et d'effet d'expérience. Les *systèmes fragmentés* laissent place à de multiples manœuvres de différenciation concurrentielle sans que la taille y soit un argument décisif. Les *systèmes spécialisés,* où coexistent des firmes misant sur le volume et d'autres jouant l'effet de différenciation (automobile, horlogerie...), permettent des mixages des deux politiques précédentes, en usant notamment de la différenciation retardée (des composants identiques pour des véhicules de modèles et de marques différentes, comme dans le cas de la conception-fabrication de la Peugeot 806, du Citroën Evasion et autres Fiat Ulysse...). Les systèmes *en impasse concurrentielle* sont par essence des secteurs où, provisoirement peut-être, la performance est impossible eu égard à l'absence d'effet d'expérience ou de possibilité de différenciation.

C'est en détectant suffisamment finement les caractéristiques changeantes des systèmes concurrentiels de chacune des activités de l'entreprise ou en anticipant sur des bases nouvelles de différenciation (création de valeur) que

4. Voir également dans cette Encyclopédie les articles de B. Ramanantsoa, « Stratégie », p. 3026, tome 3 et de J.P. Détrie, « Analyse concurrentielle, p. 34, tome 1.

les entreprises peuvent s'approprier des sources potentielles de performance. Le cas de la sidérurgie française récemment privatisée est un bel exemple de « sortie de crise » par le jeu combiné des effets de volume (pour certains produits) et des effets de différenciation. Il en est ainsi de la reconquête par l'industrie de l'acier des marchés de l'emballage en concurrence avec l'aluminium dans les boîtes alimentaires. L'argument, nouveau, du recyclage facile a constitué une importante source de valeur pour le client (industrie agro-alimentaire).

2.2. *La performance par le jeu sur les forces concurrentielles*

Le « fameux » modèle de M.E. Porter a maintenant fait le tour du monde et il n'est plus un homme d'entreprise ou un étudiant de gestion qui ne connaisse (bien imparfaitement souvent) la logique des cinq forces concurrentielles (concurrents en place, groupes de fournisseurs et de clients, substituts possibles et entrants potentiels). On oublie trop souvent que la conséquence d'une analyse approfondie du système concurrentiel de chaque activité de l'entreprise peut conduire à des actions visant à la performance à trois niveaux différents :

– la mise en situation de défense : protéger les acquis et utiliser la compétitivité de base,

– la modification de l'équilibre des forces en « jouant » avec les règles du jeu au sein du secteur,

– l'anticipation de l'évolution du secteur pour « ... créer les avantages compétitifs de demain plus vite que les concurrents n'imitent ceux que l'on possède aujourd'hui » (G. Hamel et C.K. Prahalad, 1989).

La performance est ici à la fois l'exploitation d'un potentiel existant (qui permet de conserver une position favorable) et le développement de nouvelles formes d'avantages concurrentiels par anticipation ou construction des règles du jeu qui prévaudront dans l'avenir. La performance concurrentielle dépend largement de l'analyse stratégique des règles du jeu concurrentiel.

2.3. *La part de marché comme archétype de la performance concurrentielle*

La part de marché[5], dans sa version relative, a largement prévalu dans les années 1970 comme modèle quasi unique de source de performance : il fallait être gros (logique du Boston Consulting Group d'avant 1980) pour être performant. Les modèles stratégiques ont la vie dure et malgré tout le relativisme qu'il convient d'instiller dans les réflexions d'ordre stratégique, il est clair que la part de marché reste pour beaucoup la panacée en matière de réussite commerciale[6]. Cet archétype n'est un modèle efficace que dans les systèmes où le volume combiné aux effets de la croissance permet des gains de performance conduisant à distancer rapidement les concurrents (effet d'expérience). Dans certains domaines, la recherche de la part de marché peut conduire, au contraire, aux pires errements : la société Kaïsui, bien française

---

5. Voir dans cette Encyclopédie l'article de G. Hermet et A. Jolibert, « Part de marché », p. 2173, tome 2.

6. Voir dans cette Encyclopédie l'article de P. Aurégan, P. Joffre et F. Le Vigoureux, « Modèles d'analyse stratégique : contributions récentes », p. 2041, tome 2.

malgré son nom « japonisé », s'était rapidement développée en important de Hong Kong des téléviseurs dits d'appoint (pour la cuisine, les chambres ou la résidence secondaire). Sa réussite a entraîné sa perte : ignorée par les concurrents tant qu'elle était petite, elle a été laminée par Philips et Thomson qui ont cassé les prix dans le bas de gamme lorsque Kaïsui s'est un peu trop intéressée au haut de gamme en assemblant des téléviseurs en France. Après 40 millions de pertes en 1994 (sur 350 millions de francs de chiffre d'affaires), la société a été rachetée par la Sagem…

La tyrannie de la part de marché a conduit à masquer l'intérêt de politiques plus astucieuses dans des domaines plus protégés. Le fait que le BCG ait abandonné sa fameuse matrice au début des années 1980 n'est pas encore arrivé aux oreilles de certains « spécialistes » de la stratégie. Dommage, car cela masque l'infinie variété des modes de performance à la disposition des entreprises.

2.4. De la performance souhaitée à l'atteinte des objectifs

L'idée d'écart stratégique était déjà largement présente dans les travaux précurseurs d'I. Ansoff (I. Ansoff, 1968) au travers de l'idée de *strategic gap.* L'écart stratégique traduit la distance qui peut exister entre ce que l'entreprise obtient actuellement comme résultat (chiffre d'affaires, résultat économique) avec les moyens dont elle dispose, et ce qu'elle souhaite atteindre comme objectif. Cet écart doit être comblé soit par l'expansion, soit par la diversification (C. Marmuse, 1992). *A posteriori,* on examine donc l'atteinte des objectifs comme résultat de la performance planifiée en se posant les questions suivantes.

– Des perturbations dans l'environnement ont-elles empêché que les prévisions minimales ne soient atteintes ?

– L'entreprise a-t-elle éprouvé des difficultés dans la mise en œuvre de mesures d'expansion (sans modification de son métier) ?

– L'entreprise a-t-elle connu des difficultés dans la mise en œuvre de ses projets de diversification (nouvelles activités) ?

– L'entreprise a-t-elle trouvé les moyens d'atteindre ses objectifs malgré les pressions de son environnement concurrentiel ?

Cette mesure de performance par l'atteinte des objectifs est souvent délicate : hormis le cas (improbable) d'identité entre les objectifs et les réalisations, les écarts peuvent être positifs (est-ce toujours une bonne chose ?) ou négatifs (analyse des responsabilités dans l'entreprise). Trop souvent, cette analyse se résume à une procédure budgétaire d'étude d'écarts. En fait, les objectifs de l'entreprise représentent un complexe stratégique mettant en rapport des choix et des mises en place de moyens qu'il est quasiment impossible de juger sur la base de critères simples.

En théorie, c'est le fait d'atteindre les objectifs qui constitue le critère clé de la performance « réfléchie » de l'entreprise. On pourra dire que l'on a plus ou moins réussi par rapport au challenge que l'on s'est donné. Il s'agit ainsi d'une appréciation relative, liée au choix de développement désiré (et non plus absolue comme dans le cas de la rentabilité) et qui dépend de l'ambition que l'on s'est donnée *ex ante.*

En pratique, l'atteinte de l'objectif de l'entreprise est un indicateur de performance crédible dans la mesure où les objectifs sont eux-mêmes définis de manière volontariste. Dans tous les cas, cette performance est une mesure de l'adéquation des stratégies au contexte concurrentiel actuel. Elle peut mettre en jeu des critères quantitatifs (la rentabilité désirée) ou qualitatifs (une meilleure image de marque par exemple).

3. De l'économique au social : la performance socio-économique

L'entreprise comme organisation revêt aujourd'hui une importance capitale dans l'appréciation de la performance, qu'il s'agisse de la conception d'une structure organisationnelle ou de l'interaction du social et de l'économique.

3.1. L'organisation et les modèles de fonctionnement efficace

La performance organisationnelle concerne la manière dont l'entreprise est organisée pour atteindre ses objectifs et la façon dont elle parvient à les atteindre. Comme le signale M. Kalika : « Les mesures de l'efficacité organisationnelle ne se situent pas au même plan d'appréhension de l'efficacité que les mesures économiques et sociales. Il s'agit de mesures portant directement sur la structure organisationnelle et non pas sur ses conséquences éventuelles de nature sociale ou économique. Ces indicateurs sont intéressants dans la mesure où ils permettent de discerner les difficultés organisationnelles au travers de leurs premières manifestations, avant que les effets induits par celles-ci ne soient ressentis d'un point de vue économique » (M. Kalika, 1988). On peut retenir ici les quatre facteurs de l'efficacité organisationnelle définis par M. Kalika :

– le respect de la structure formelle,
– les relations entre les composantes de l'organisation (logiques d'intégration organisationnelle)[7],
– la qualité de la circulation de l'information,
– la flexibilité de la structure.

Ces quatre facteurs permettent de se poser les bonnes questions quant à l'efficacité d'une structure, sans pour autant donner les clés de la définition d'une configuration organisationnelle. Il reste que l'appréciation de la performance organisationnelle relève de l'observation des comportements d'acteurs au sein de l'organisation (M. Crozier et E. Friedberg, 1977) et qu'il n'est pas facile d'en donner une interprétation simple. Le jugement sur l'efficacité structurelle devient la clef de voûte de la performance des organisations modernes, surtout lorsqu'elles deviennent virtuelles[8].

3.2. De l'approche socio-économique à la ré-ingénierie de l'organisation

Dans un récent travail de synthèse, H. Savall et V. Zardet rappellent le concept de stratégie socio-économique développé depuis 1974 à l'ISEOR

---

7. On pourra se référer aux célèbres analyses de P. Lawrence et J. Lorsch dans leur ouvrage, *Adapter les structures de l'entreprise – Intégration et différenciation*, Paris, Les Editions d'Organisation, 1990.

8. On pourra consulter à ce propos l'étude de M.S. Scott Morton, 1995. Voir également dans cette Encyclopédie l'article de A. Desreumaux, « Structures de l'entreprise », p. 3147, tome 3.

pour décrire les réalités de la mise en œuvre des stratégies d'entreprise (H. Savall et V. Zardet, 1995). Trop souvent encore, l'entreprise ignore les « coûts cachés » induits du fonctionnement de l'entreprise[9]. Ces coûts cachés sont la conséquence de dysfonctionnements divers : mise en œuvre stratégique, conditions de travail, organisation du travail, gestion du temps, communication-coordination-concertation et formation intégrée. Cette « non-performance » induite du fonctionnement de l'organisation peut se décrire par plusieurs indicateurs : absentéisme, accidents du travail, rotation du personnel, non-qualité et sous- productivité directe. Les composants en sont :

– des surcharges : sursalaire (mauvaise affectation des hommes aux postes de travail) ; surtemps passé à la régulation du dysfonctionnement ; surconsommation (quantité de produits consommés en excès pour réguler le dysfonctionnement) ;

– des non-produits : perte de production ou d'activité liée au dysfonctionnement ; non-création de potentiel stratégique à cause de retards liés à des dysfonctionnements.

Cette analyse socio-économique doit conduire à des démarches de ré-ingénierie qui consistent à réinventer l'entreprise pour une amélioration spectaculaire de ses performances[10] (M. Hammer et C. Champy, 1993). Ce courant récent d'analyse du fonctionnement des organisations est une remise en question, par principe, de la manière dont l'entreprise effectue ses tâches à tous les niveaux. Bien adapté aux tâches opérationnelles, la ré-ingénierie pousse à imaginer des réorganisations radicales auxquelles on n'avait guère pensé, par habitude, par principe ou par état d'esprit (notamment et souvent à partir d'une division des tâches jugée immuable et non révisable). Les quatre thèmes importants de cette méthode de représentation des organisations sont :

– la priorité accordée aux processus (qu'il faut d'abord identifier),

– l'ambition qui conduit à des objectifs importants d'amélioration,

– l'infraction aux règles établies ou l'abandon du management traditionnel,

– l'exploitation créative des technologies de l'information, clef de la gestion moderne des processus, qui permet aujourd'hui ce qui n'était pas possible hier et conduit notamment à introduire largement la gestion des problèmes en temps réel.

3.3. *Performance organisationnelle et performance sociale*

Bien des entreprises atteignent la performance économique et subissent ensuite les conséquences sociales d'un mauvais partage du profit, ou du peu d'attention accordé au domaine social. Le bilan social a été introduit formellement en France par la loi du 12 juillet 1977. Résultat de la volonté du législateur, il n'a guère suscité l'enthousiasme et reste encore aujourd'hui un

---

9. Voir également dans cette Encyclopédie l'article de H. Savall, « Coûts cachés et analyse socio-économique des organisations », p. 708, tome 1.

10. Voir également dans cette Encyclopédie l'article de J.F. Daigne, « Ré-ingénierie », p. 2854, tome 3.

document aride, touffu et d'un intérêt relativement peu important de par sa faible « lisibilité »[11].

Une analyse approfondie de l'entreprise laisserait entrevoir une appréciation moins « théorique » et plus réaliste de la réalité sociale de l'entreprise. On peut ainsi faire référence aux points d'évaluation suivants[12] :

– la nature des relations sociales qui interagit sur la qualité des prises de décision collectives,

– l'importance des conflits et des crises sociales (nombre, gravité, dureté...),

– le niveau de satisfaction des salariés (que l'on peut apprécier par des enquêtes d'opinion internes),

– le *turn over*, indicateur de la fidélisation des salariés de l'entreprise,

– l'absentéisme et les retards au travail (signes de démotivation ou de travail ennuyeux, dangereux ou difficile),

– le climat social de l'entreprise (appréciation toute subjective de l'*ambiance* au sein de l'entreprise et des groupes qui la composent),

– le fonctionnement des institutions représentatives du personnel (comité d'entreprise ou d'établissement),

– le fonctionnement des cercles de qualité (le nombre et les résultats des actions) et la participation aux décisions.

L'attention portée aux relations sociales dans les entreprises est devenue un facteur essentiel du bon fonctionnement des organisations modernes. La distinction (autre que simplement sémantique) entre le vocable de *ressources humaines* et celui de *relations humaines* est sans doute révélatrice de l'attitude et des choix de l'entreprise en la matière...[13]

4. Rendement et rentabilité ou la performance économique et financière

La mesure quantitative de la performance économique reste très souvent l'élément principal qui guide l'évaluation de l'entreprise (par exemple dans les multiples modèles financiers d'évaluation). On constate que cette mesure fait preuve d'une importante dispersion sectorielle. Une bonne appréciation de ce critère de performance mérite d'importantes nuances[14].

La rentabilité ou le rendement de l'entreprise peuvent s'analyser en termes de formation du résultat (comment se compose le résultat dans le compte du même nom) et en termes de chaînes de ratios caractéristiques.

4.1. La formation du résultat

L'efficacité économique de l'entreprise se lit dans ses résultats tels que les présente la comptabilité[15]. Si l'on fait abstraction des indispensables retraite-

---

11. Voir par exemple R. Danziger, 1983. Voir également dans cette Encyclopédie les articles de R. Danziger, « Bilan social », p. 231, tome 1 et de E. Vatteville, « Mesure des ressources humaines », p. 2008, tome 2.

12. Pour compléter cette courte présentation on pourra se référer par exemple à R. Sainsaulieu, 1987.

13. A ce sujet, voir J. Brabet *et al.*, 1993.

14. Sur la mesure des performances sectorielles, on pourra consulter l'étude du SESSI, 1994.

15. Voir dans cette Encyclopédie l'article de J. Richard, « Etats de synthèse du plan comptable général de 1982 », p. 1207, tome 2.

ments comptables compte tenu des incidences diverses, notamment fiscales[16], la compréhension de la performance peut provenir d'une analyse éclairée du compte de résultat présenté sous la forme aujourd'hui classique des soldes intermédiaires de gestion. Les comptes de l'entreprise permettent d'appréhender plusieurs niveaux d'*analyse économique*.

4.1.1. La production

Elle représente à la fois :

– la mesure de l'importance de l'entreprise sur le marché (comparable avec la production des concurrents) pouvant conduire au calcul de sa part de marché en tenant compte de l'éclatement de cette production entre activités stratégiquement indépendantes (segmentation stratégique) ;

– l'appréciation de l'utilisation de son potentiel productif (en comparaison avec sa capacité de production liée à ses équipements) ;

– la mesure de l'efficacité de l'utilisation des ressources de l'entreprise ; le ratio [production/actif] traduit ainsi la capacité de l'entreprise à produire en utilisant au mieux l'ensemble des actifs disponibles.

4.1.2. La valeur ajoutée

Ce concept économique essentiel pour le calcul de la production nationale (la somme des valeurs ajoutées constitue la production intérieure brute dans la comptabilité nationale) mesure la valeur économique créée au sein de l'entreprise par l'utilisation de tous ses facteurs de production (matériels, personnel). Calculée après avoir soustrait de la production tous les achats réalisés auprès de tiers (matières, sous-traitance, main-d'œuvre temporaire, etc.), elle permet d'apprécier notamment :

– la contribution de l'entreprise à la création de valeur économique (différente de la valeur créée pour le client) ; cette contribution est de plus en plus reconnue comme le point de départ d'une analyse d'efficacité interne ;

– le niveau d'intégration de l'entreprise : plus l'entreprise intègre des niveaux de transformation multiples (de l'amont vers l'aval), plus son taux de valeur ajoutée (en pourcentage de la production) est élevé ;

– le taux de marge de l'entreprise appliqué sur ses approvisionnements (le taux de marge brute fort utilisé dans les activités de négoce ne tient compte que des achats de matières composant un produit, à l'exclusion des autres achats externes tels que la sous-traitance ou les services extérieurs). Ce taux, comparé aux données du secteur, peut fournir une indication quant à la marge de manœuvre de l'entreprise par rapport à un prix de marché (marge de liberté pour la tarification des produits).

4.1.3. L'excédent brut d'exploitation

Il mesure la performance économique globale de l'entreprise au travers de l'exploitation de ses moyens en hommes et en matériels. Cet agrégat représente le surplus économique dégagé par les seules opérations d'exploitation ; il désigne la véritable rentabilité de l'exploitation. En ce sens, il est plus

16. Pour ces aspects de l'analyse financière, voir par exemple, M. Levasseur et A. Quintart, 1992.

significatif que le résultat (brut) d'exploitation car il contient les dotations aux amortissements et aux provisions qui sont des charges non décaissées et qui ne sont déduites par la suite que pour des raisons strictement fiscales (M. Levasseur et A. Quintart, 1992). Cet excédent brut d'exploitation représente donc :

– un indicateur de la richesse produite par l'entreprise. Il s'agit là d'un rendement plus que d'une rentabilité, car il se calcule avant l'impact de la politique financière (résultat financier) et donc de sa politique d'endettement. Il est comparable aux scores obtenus des concurrents dont la structure financière serait toute différente ;

– la mesure de la capacité de financement de l'entreprise permettant de couvrir les charges financières à court terme déjà engagées (les charges financières sur annuités d'emprunt de l'année et les charges liées aux financements de trésorerie) et les charges financières de long terme, celles qui sont à venir (qu'elles soient déterminées ou encore inconnues).

4.1.4. Le résultat brut d'exploitation

Calculé après l'impact de la politique financière, il traduit un premier niveau de la rentabilité de l'entreprise. Cette rentabilité, déterminée avant l'impact du renouvellement des équipements, traduit l'efficacité économique avant l'intégration du coût du facteur capital (matériel). Ce résultat brut s'interprète comme :

– la réserve financière permettant de financer les projets à venir (capacité de financement avant impôts). Même si l'incidence de cet impôt vient grever ce résultat, il est important de pouvoir comparer des entreprises qui ont des situations fiscales parfois très différentes, même si elles sont dans le même secteur d'activité (pertes antérieures, défiscalisation d'opérations internationales, statut juridique etc.) ;

– l'efficacité de l'exploitation après l'impact des charges financières.

Le *résultat net avant impôt* n'a guère d'intérêt comme mesure de performance, car il résulte notamment de l'incidence d'événements non-récurrents intégrés dans le résultat exceptionnel (dans la mesure bien sûr où il s'agit réellement d'éléments exceptionnels, ce qui n'est pas toujours le cas ; par exemple les entreprises de transport routier doivent inscrire en profits exceptionnels les plus-values sur revente de matériels qui relèvent d'une gestion « normale » dès que ce renouvellement se produit de manière régulière...).

4.1.5. Le bénéfice net (ou la perte nette)

Il est la mesure finale de la rentabilité de l'entreprise permettant d'en apprécier la performance « vue de l'extérieur », notamment par les actionnaires ou les analystes financiers. Il s'interprète de plusieurs points de vue :

– le profit distribuable : la possibilité de rémunération des apporteurs de capitaux justifiant l'intérêt qu'il peut y avoir à participer au financement de l'entreprise ;

– un signe de la santé de l'entreprise, base de sa valeur financière ; la théorie financière considère en effet que la valeur de la firme résulte des anticipations des analystes sur les bénéfices futurs (valeur actuelle des bénéfices futurs) ;

– un élément essentiel de l'appréciation de la rentabilité des capitaux investis par les apporteurs de capitaux ; le ratio [bénéfice net/capitaux propres] représente ainsi la rentabilité du placement des fonds dans l'entreprise, à comparer à celle de placements alternatifs.

La décomposition du compte de résultat, véritable baromètre de la santé de l'entreprise, fournit ainsi les clés de la compréhension de la façon dont l'entreprise s'équilibre et produit du profit. Il reste bien entendu à relier ces résultats (approche statique) aux événements qui ont contribué à les produire (approche dynamique) pour comprendre la logique de la formation du résultat et en donner une compréhension stratégique.

4.2. Les chaînes de ratios

L'utilisation de chaînes de ratios permet de décomposer facilement la rentabilité des capitaux investis (ou ROI, *Return On Investment*) afin d'en comprendre les composantes. Deux présentations simples (dans la formulation) peuvent être retenues comme modèles de base[17].

4.2.1. La décomposition de la rentabilité

Cette décomposition fait intervenir trois ratios caractéristiques pour « expliquer » la rentabilité des capitaux propres. Le premier est un ratio de marge [résultat net/production] ; le deuxième est un ratio de rotation d'actif [production/actif] indiquant quel chiffre d'affaires on « produit » avec les ressources de l'entreprise (matérialisées par le total de l'actif) ; le troisième ratio [passif/capitaux propres] représente l'endettement ou le levier d'endettement de l'entreprise.

$$\frac{\text{Résultat net}}{\text{Capitaux propres}} = \frac{\text{Résultat net}}{\text{Production}} \times \frac{\text{Production}}{\text{Actif}} \times \frac{\text{Passif}}{\text{Capitaux propres}}$$

L'égalité arithmétique ne s'obtient par contre que dans certaines conditions. En effet, les trois ratios ne sont pas indépendants ; par exemple, un accroissement de l'endettement (dernier ratio) aura une incidence sur le résultat net (par l'intermédiaire des charges financières), ce qui modifiera la valeur du ratio de rentabilité (premier ratio). Cette relation est donc à manier avec prudence et s'emploie surtout *ex post* sur les résultats connus plutôt que de façon prévisionnelle.

4.2.2. L'effet de levier

L'effet de levier correspond à une décomposition de la rentabilité entre le rendement d'actif et la rentabilité des capitaux propres. Le rendement d'actif (rentabilité avant charges financières) est le rapport entre le bénéfice net et les charges financières d'une part, et le montant de l'actif (ressources investies dans l'entreprise) d'autre part. La rentabilité des capitaux propres est toujours égale au rapport entre le bénéfice net et les capitaux propres de l'entreprise.

17. Pour d'autres présentations de chaînes de ratios, voir M. Levasseur et A. Quintart, 1992.

Si l'on appelle :
– *i*, le coût moyen des dettes (charges financières/dettes totales) et
– *r*, le rendement d'actif,
on obtient :

$$\frac{\text{Résultat net}}{\text{Capitaux propres}} = r + (r - i) \times \frac{\text{Dettes}}{\text{Capitaux propres}}$$

Ainsi, le rendement d'actif *r* s'accroît du différentiel de coût financier (*r* – *i*) multiplié par le levier, d'autant plus élevé que l'endettement est fort. Cet effet de levier est positif si (*r* – *i*) est positif et négatif dans l'autre cas.

Il s'agit ici d'une approche compréhensive de la performance économique où la rentabilité des capitaux propres dépend à la fois d'une efficacité d'exploitation *r* et de la structure d'endettement (levier et coût des dettes).

5. La performance peut-elle conduire à l'efficience ?

La notion d'efficience a été définie en 1957 par H. Simon dans *Administrative Behavior* et reprise depuis par de nombreux analystes, notamment dans le domaine de la théorie financière. Pour cet auteur, l'efficience, c'est « ce choix entre diverses options qui produit le meilleur résultat pour l'application de possibilités données »[18]. L'idée d'optimum est ainsi un corollaire de l'idée d'efficience qu'il convient de ne pas utiliser à tout propos (il s'agit encore d'un mot à la mode !). L'efficience de l'entreprise conduirait ainsi au meilleur rapport coûts/avantages. Resterait à savoir comment mesurer ce rapport.

C'est à C.W. Churchman (1984) que l'on doit un commentaire avisé de cette idée d'efficience dans le domaine des systèmes : « [...] Il semble que tout gestionnaire de systèmes ait un objectif suprême : l'efficience du fonctionnement du système, c'est-à-dire, en d'autres termes, un objectif de réduction des coûts. Un gestionnaire tant soit peu vigilant surveille son système et identifie les points de gaspillage exagérés ; si c'est un bon gestionnaire, il fait de son mieux pour éliminer ces gaspillages dans le but de réduire les coûts totaux de fonctionnement du système».

Dans son ouvrage *Le management*, H. Mintzberg (1990) fait quelques remarques intéressantes sur « un bien vilain mot : efficience ». « On doit donc conclure qu'en pratique, l'efficience est associée à des critères quantifiables. Un restaurant efficient est un restaurant capable de servir un client en treize minutes, indépendamment ou même aux dépens de la qualité de sa cuisine. Une maison efficiente est une maison capable de chauffer ses occupants avec seulement 3 000 litres de fuel durant les terribles hivers canadiens et non pas de réchauffer les cœurs de ces derniers par son charme ».

Il en déduit trois conséquences fondamentales :

– l'efficience, bien souvent, se réduit à faire des économies,

– l'efficience entraîne trop fréquemment une escalade des coûts sociaux considérés comme des « effets externes »[19],

18. Cité par H. Mintzberg, 1990, p. 480.
19. Voir l'analyse des coûts cachés déjà présentée.

– l'efficience conduit l'organisation à adopter une morale économique qui peut parfois signifier une immoralité sociale.

Il n'est cependant pas inutile de garder à l'esprit le concept d'efficience, notamment dans une logique de gestion d'opérations. Il est clair que l'efficacité de l'entreprise passe par l'obtention du meilleur rendement de ses ressources, même s'il n'est pas toujours facile d'en définir clairement les contours et les critères : sur quelle base décider qu'un système de production est efficient ? : le coût minimum (quitte à faire d'énormes stocks) ou les cinq zéros (zéro stock, zéro défaut, zéro délai, zéro panne, zéro papier) ?

*
* *

La performance est, à l'évidence, une notion complexe et ambiguë. Il semble qu'elle revêt de multiples aspects complémentaires. C'est sans doute l'oubli de certaines de ces facettes essentielles qui a contribué à la construction de modèles simplistes dont la robustesse n'a pas fait l'unanimité. L'organisation et l'homme ont des natures fondamentalement complexes (E. Morin, 1990 et D. Genelot, 1992). Peut-être faut-il regarder aujourd'hui l'idée de performance dans le kaléidoscope de la complexité. C'est aussi dans cet environnement intellectuel qu'il sera possible de découvrir de nouvelles sources de performance pour l'entreprise.

Références

ANSOFF H.I., *Stratégie du développement de l'entreprise,* Paris, Hommes et Techniques, 1968.

BRABET J. *et al., Repenser la gestion des ressources humaines,* Paris, Economica, 1993.

CHURCHMAN C.W., *Qu'est-ce que l'analyse par les systèmes ?,* Paris, Dunod, 1984.

CROZIER M., FRIEDBERG E., *L'acteur et le système,* Paris, Le Seuil, 1977.

DANZIGER R., *Le bilan social, outil d'information et de gestion,* Dunod, 1983.

EHRENBERG A., *Le culte de la performance,* Paris, Calmann-Lévy, 1991.

GENELOT D., *Manager dans la complexité,* Paris, INSEP Editions, 1992.

HAMEL C., PRAHALAD C.K., « Strategic Intent », *Harvard Business Review* (May-June 1989).

HAMEL G., PRAHALAD C.K., *La conquête du futur,* Paris, InterEditions, 1995.

HAMMER M., CHAMPY J., *Le reengineering,* Paris, Dunod, 1993.

HAX A.C., MAJLUF N.F., « Le Planning stratégique après le BCG », *Interfaces* (février 1983).

KALIKA M., *Structures d'entreprises – Réalités, déterminants, performances,* Paris, Economica, 1988 et 1995.

LAWRENCE P., LORSCH J., *Adapter les structures de l'entreprise,* Paris, Les Editions d'Organisation, 1990.

LEVASSEUR M., QUINTART A., *Finance,* 2e éd., Paris, Economica, 1992.

MARMUSE C., *Politique générale,* 2e éd., Paris, Economica, 1996.

MILLER D., *Le paradoxe d'Icare,* Paris, Eska, 1993.

MINTZBERG H., *Le management –Voyage au centre des organisations,* Paris, Les Editions d'Organisation, 1990.

MORIN E., *Introduction à la pensée complexe,* Paris, ESF, 1990.

OUVRY-VIAL B. *et al., L'Excellence, une valeur pervertie,* Paris, Autrement, 1987.

PETERS T.J., WATERMAN R.W., *Le prix de l'excellence,* Paris, InterEditions, 1983.

PORTER M.E., *Choix stratégiques et concurrence,* Paris, Economica, 1981.

PORTER M.E., *L'avantage concurrentiel,* Paris, InterEditions, 1986.

PRAHALAD C.K., HAMEL G., « The Core Competence of the Corporation », *Harvard Business Review* (May-June 1990).

SAINSAULIEU R., *Sociologie de l'organisation de l'entreprise,* Paris, Presses de la fondation nationale des sciences politiques et Dalloz, 1987.

SAVALL H., ZARDET V., *Ingénierie stratégique du roseau,* Paris, Economica, 1995.
SCOTT MORTON M.S., *L'entreprise compétitive au futur – Technologies de l'information et transformation de l'organisation,* Paris, Les Editions d'Organisation, 1995.
SESSI, « La dispersion des performances des entreprises », Paris, La Documentation Française (n° 138, février 1994).
SIMON H., *Administrative Behavior. A Study of Decision-Making Processes in Administrative Organisation,* New York, The Free Press, 1957.

Mots clés

Compétences, complexité, coûts cachés, écart stratégique, effet d'expérience, effet de levier, efficience, excellence, forces concurrentielles, objectifs, organisation, paradoxe, part de marché, performance économique, performance organisationnelle, performance sociale, performance stratégique, profit, ré-ingénierie, rendement, rentabilité, résultat, social, socio-économie, *strategic intent,* stratégie, structure, systèmes concurrentiels, valeur, volonté stratégique.

Petite entreprise et entrepreneur

Michel Marchesnay

L'intérêt manifesté en France à l'égard de la petite entreprise et de l'entrepreneur, surtout dans les sciences de gestion, est très récent : en témoigne le faible nombre de publications académiques sur ce thème – surtout si l'on fait abstraction de la littérature relative aux PME, dédiée en fait aux moyennes entreprises.

Tel n'est pas le cas des pays de culture anglo-saxonne où, dès les années 1960, l'enseignement et la recherche consacrés à la petite entreprise et à l'entrepreneur se concrétisent par des cycles spécialisés, des publications consacrées exclusivement à l'entrepreneurship (anglicisme traduisible par « entreprenariat » ou « entrepreneuriat », P.A. Julien et M. Marchesnay, 1996), dans lesquels sont traités spécifiquement les problèmes de gestion des petites et toutes petites entreprises, la nature du travail et du comportement du dirigeant et de ses salariés, les conditions de la création de l'entreprise et de la promotion de l'esprit d'entreprise. Dans le bulletin de l'International Council for Small Business (ICSB) de mai 1994, vingt et une revues spécialisées avaient été recensées au plan mondial, dont une seule en langue française, éditée à l'Université québécoise de Trois-Rivières (*Revue Internationale PME ou RIPME)*, et aucune éditée en France.

Si l'intérêt est grandissant, il n'est pas sans dangers. Le risque est élevé d'une assimilation pure et simple de la petite entreprise à l'artisanat ou, inversement, à la moyenne entreprise. Or, il convient d'insister sur la spécificité de la petite entreprise, dont le développement croissant au cours des vingt dernières années est l'indice du passage à un autre type de capitalisme, lequel, de managérial, évoluerait vers une forme entrepreneuriale. Cette spécificité induit un modèle propre à la petite entreprise. Celui-ci repose sur l'entrepreneur et son style de gestion. L'esprit d'entreprise trouve sa concrétisation la plus évidente dans la création d'entreprise.

1. La réalité de la petite entreprise

La montée de la petite entreprise dans la plupart des pays industrialisés constitue un fait incontestable (B. Guilhon et M. Marchesnay, 1994). De même, dans les anciens pays socialistes, comme dans les pays en voie d'industrialisation (Amérique latine, Afrique, etc.), un rôle décisif est accordé aux petites entreprises et à l'esprit d'entreprise pour un développement équilibré, notamment dans les secteurs traditionnels de consommation finale, dans lesquels les grandes sociétés s'étaient révélées défaillantes.

Toutefois, la définition de la petite entreprise puis son repérage ne sont pas choses aisées.

1.1. Un essai de définition de la petite entreprise

Il existe plusieurs critères pour distinguer les entreprises en fonction de leur taille[1] : le chiffre d'affaires, la valeur ajoutée, le capital, le personnel, etc. Tous ces critères sont discutables, et l'on cherche de plus en plus à distinguer entre les moyennes, les petites et les toutes petites entreprises, en fonction de leur système de gestion. Les moyennes entreprises emploient, selon les nomenclatures, entre 50 et 200, voire 500 salariés ; la structure est généralement fonctionnelle, hiérarchisée, et si la prise de décision est fortement centralisée, le capital est néanmoins réparti entre plusieurs actionnaires (notamment les PME familiales). La petite entreprise (PE) emploie entre 10 et 20 salariés selon les auteurs et les problèmes abordés ; le rôle du propriétaire-dirigeant est essentiel, mais il s'entoure de quelques collaborateurs (notamment dans le domaine technique et commercial) ; le chef de la petite entreprise a connaissance de la plupart des décisions à prendre, notamment de l'embauche : la structure est faiblement formalisée et les activités sont généralement peu diversifiées.

Dans la réalité, cette analyse est caricaturale, car il faut tenir compte, en particulier, du secteur d'activité, de l'histoire de l'entreprise et de son dirigeant. Mais elle nous permet de faire la distinction avec la toute petite entreprise (TPE). Selon les auteurs (et les secteurs), la TPE va de 0 salarié à 10, voire 20. Pour notre part, nous pensons que le dirigeant de TPE est sensible à plusieurs seuils, pour des raisons psychologiques, juridiques et fiscales : l'embauche du premier salarié, le seuil entre 5 et 7 salariés, le cap des 10. Dans ce type d'entreprise, l'identification au propriétaire-dirigeant est extrêmement forte au point que l'entreprise peut disparaître avec son dirigeant, et que sa reprise est toujours problématique ; l'entreprise est peu structurée, caractéristique qui s'accentue avec la tendance à l'externalisation des fonctions ; les relations sont plus empathiques que bureaucratiques.

1.2. Un essai de repérage de la petite entreprise

La population des entreprises de plus de 50 salariés est connue quasi exhaustivement ; celle des entreprises comprises entre 10 et 50 salariés également, si l'on fait abstraction des informations sur la propriété du capital (s'agit-il de firmes indépendantes ou de filiales déguisées de groupes plus importants ?). En revanche, la population des entreprises de moins de 10 salariés est encore très mal repérée, et certainement sous-évaluée. En effet, toutes les entreprises, c'est-à-dire des unités fournissant des biens et des

---

1. Voir également dans cette Encyclopédie l'article de S. Wickham, « Dimension de l'entreprise », p. 974, tome 1.

services à des clients pour en tirer un revenu, ne sont pas enregistrées et comptabilisées par les statistiques officielles.

Les TPE comprennent tout d'abord les entreprises enregistrées à la Chambre de Commerce ou des Métiers (artisanat). Or, ces statistiques sont déjà imparfaites, du fait des doubles enregistrements, des cessations d'activité non officialisées, des pseudo-entreprises, nombreuses dans le secteur du bâtiment et des travaux publics.

Les TPE comprennent ensuite une multitude de petites affaires, souvent constituées par un seul individu : tel est le cas des indépendants non réglementés qui occuperaient en France quelque 500 000 personnes (M. Migliore, 1995) et qui n'ont fait l'objet d'aucun repérage systématique ! Il faut bien entendu tenir compte également de toute une économie « souterraine », que les vagues de licenciements dans les grandes entreprises ont contribué à alimenter. Par ailleurs, la multiactivité tend à se développer : ainsi, l'universitaire qui possède sa propre société de conseil ou de formation, ou monte sa propre maison d'édition...

Le repérage est rendu d'autant plus difficile que le monde de la TPE et de la PE repose sur une tendance forte à l'innovation permanente dans les activités, celles-ci s'avérant inclassables, de par la spécialisation étroite, facteur fondamental de compétitivité (M. Marchesnay, 1991).

En France, l'INSEE tente de mieux repérer ces TPE, en élargissant progressivement l'enquête sur les entreprises de moins de 10 salariés. Mais il ne peut que se limiter aux entreprises repérées statistiquement : la face émergée de l'iceberg en quelque sorte...

Il va de soi que cette économie immergée de toutes petites entreprises risque d'être d'autant plus importante là où les statistiques officielles sont défaillantes : le cas de l'Italie est bien connu (*RIPME*, 1989), mais il faudrait aussi évoquer les pays de l'Est (*RIPME*, 1992), et, *a fortiori*, les pays en voie de développement ou de jeune industrialisation.

2. L'analyse de la petite entreprise

L'analyse économique ainsi que les sciences de gestion ignoraient alors plus de 95 % des entreprises, celles dans lesquelles l'esprit d'entreprise se manifeste parfois avec le plus d'acuité. Cet esprit peut se caractériser selon trois composantes :

– l'assomption du risque financier : l'entrepreneur engage ses propres capitaux, dans le but d'en tirer un revenu, en développant sa propre affaire, et en la gérant lui-même ;

– l'esprit d'organisation : l'entrepreneur gère ses capitaux pour acquérir des ressources, les organiser au mieux de ses intérêts, dans un esprit d'économicité ;

– l'esprit d'innovation : l'entrepreneur gère l'incertitude liée au marché, à l'existence d'une demande solvable de son produit (la nouveauté du produit pouvant être liée à une nouvelle façon de l'offrir), ou à un nouveau mode de satisfaction d'un besoin existant ou latent.

Risque, organisation et innovation constituent les bases de l'esprit d'entreprise et justifient la rémunération attendue – le profit. Cette définition vaut en principe aussi bien pour le vendeur des rues que pour la grande multinationale : mais on peut se demander où l'esprit d'entreprise est le plus présent... En témoignent les restructurations actuelles dans les grands groupes, destinées à l'y réinsuffler.

2.1. L'avantage compétitif de la petite entreprise

Le capitalisme « managérial » a dominé la seconde génération industrielle et la société de consommation du XXe siècle. La société du siècle suivant sera post-industrielle, l'avantage concurrentiel résidera davantage dans les services que dans les biens eux-mêmes. Il en résulte l'effondrement de deux mythes propres au « managérialisme », tel qu'il est couramment enseigné dans les disciplines de gestion :

– le mythe de la grande taille comme fondement de la performance ; les déséconomies d'échelle prédominent désormais : dans la production, et surtout dans l'administration (graisse bureaucratique, *slack* organisationnel)[2]. De même, les déséconomies de diversification et d'élargissement du champ d'activités (*economies of scope)* font place aux économies de spécialisation : les entreprises se concentrent sur les activités (produits-marchés) les plus compétitives, et sur les fonctions clés dans la chaîne de valeur (celles qui ajoutent réellement de la valeur à l'entreprise) ; enfin, les économies d'intégration font place aux économies d'externalisation et de constitution en réseaux d'entreprises plus ou moins indépendantes (ce qui renforce, de façon ambiguë certes, le poids des PME dans les économies nationales) ;

– le mythe de la hiérarchie comme facteur de résolution de problèmes compliqués ; l'environnement est devenu plus turbulent (changements profonds et rapides dans les technologies et la demande), plus complexe (multiplication des acteurs et de leurs relations) ; il en résulte que, à l'exigence de stabilité et de sécurité, se substituent celles de flexibilité (réduction des coûts irrécupérables ou *sunk costs*), d'adaptabilité (réduction des coûts de changement ou *switching costs*) et d'innovativité (réduction des coûts d'« entreprise » d'activités nouvelles).

Cette démythification constitue une incitation au développement des structures autonomisées et de petite taille. La reconfiguration des grandes entreprises en témoigne, comme les efforts d'intraprenariat (C. Carrier, 1993), d'essaimage de cadres pour créer leur propre entreprise, etc.

La petite entreprise répond à l'exigence du renouveau de l'esprit d'entreprise. La satisfaction du client (consommateur, usager, distributeur, industriel) implique à un degré croissant la production de services. Celle-ci (appelée « servuction ») nécessite une interaction étroite avec les partenaires, des relations organiques fortes : on parle plus de « clientèle » que de marché, de réseaux que de concurrence. L'implication du propriétaire-dirigeant dans les résultats le rend d'autant plus attentif à la satisfaction du client.

Le revers de la médaille est sans nul doute la vulnérabilité de la petite entreprise. Celle-ci est d'autant plus réduite que l'entrepreneur est en mesure de « gouverner » les transactions, par sa compétence propre, par son faible opportunisme, par la réduction de l'incertitude (à l'aide, par exemple,

2. Voir également dans cette Encyclopédie l'article de J. Rojot, « Théorie des organisations », p. 3337, tome 3.

de contrats de partenariat). L'autre risque est celui de la dépendance (M. Marchesnay, 1979) à l'égard d'entreprises plus puissantes. Enfin, il peut se situer dans un contexte de forte agressivité de ses concurrents (F. Le Roy, 1994). Dans tous ces cas de figure, la compétitivité de la petite entreprise repose sur la détention de compétences clés.

2.2. Pour un modèle d'hypofirme

Le capitalisme managérial s'est appuyé sur l'expansion de la grande entreprise, de forme M (au sens de O.E. Williamson) : multidivisionnelle, multiproduits, multinationale. On l'appellera l'« hyperfirme », par extension du modèle de firme représentative élaboré au tournant de ce siècle par l'Anglais A. Marshall. L'Américain A. Chandler a, dans les années 1980, exploré l'histoire des hyperfirmes américaines, britanniques et allemandes, pour montrer qu'elles avaient cherché à bénéficier des économies d'échelle et d'envergure.

Dans le modèle de l'hypofirme, la vision est celle du capitalisme entrepreneurial : l'esprit d'entreprise s'y développe au sein d'un réseau de petites unités, indépendantes ou intégrées à des hyperfirmes « reconfigurées ».

L'hypofirme se caractérise d'abord par sa fonction-objectif : alors que l'hyperfirme cherche avant tout à maximiser le taux de croissance, comme l'enseigne le courant managérial de la théorie de la firme (G. Kœnig, 1994)[3], l'hypofirme cherche à minimiser sa taille, à la maintenir en dessous d'un plafond (en termes d'effectif, de chiffre d'affaires, de capital investi, etc.) Les raisons sont multiples ; citons :

– la volonté d'indépendance et d'autonomie, caractéristique propre à la plupart des propriétaires-dirigeants de PE et TPE,

– les déséconomies d'échelle, se traduisant par une baisse de qualité de service, dans la relation au « client »,

– corrolairement, le souci d'éviter des coûts d'agence[4], en recrutant des salariés, ce qui impliquerait des coûts de contrôle et de coordination.

Pour ne pas engager des coûts d'agence, l'entreprise a recours à l'externalisation de fonctions et d'activités. L'hypofirme se spécialise ainsi sur le ou les « métiers » (c'est-à-dire les savoir-faire) qui la rendent la plus apte à répondre à sa « mission », c'est-à-dire la satisfaction des besoins des clients. Le recours à la transaction externe est d'autant plus sollicité que la transaction interne implique des coûts d'agence non souhaités par le dirigeant.

L'externalisation entraîne deux conséquences. Au plan externe, l'hypofirme va s'inscrire dans un réseau de relations transactionnelles souvent fortes avec d'autres firmes, qui pourront être d'autres hypofirmes (réseau spontané, émergent) ou des hyperfirmes en reconfiguration (réseau hiérarchisé, délibéré). Au plan interne, l'organisation sera faiblement structurée et très intégrative. Idéalement, tous les membres devraient participer au capital, et percevoir un revenu à risque, lié aux performances. L'échappatoire réside dans le recours à un personnel familial ou à des embauches flexibles.

---

3. Voir également dans cette Encyclopédie l'article de G. Kœnig, « Théorie économique de l'entreprise », p. 3310, tome 3.

4. Voir également dans cette Encyclopédie l'article de P. Raimbourg, « Asymétrie de l'information, théorie de l'agence et gestion de l'entreprise », p. 188, tome 1.

Les activités développées dans l'hypofirme répondent au souci de « maîtrise » des transactions, par le maintien d'un monopole interstitiel, déjà évoqué par E. Tilton Penrose au début des années 1960. Pour cela, l'hypofirme doit développer des compétences distinctives, idiosyncratiques, en détenant des actifs spécifiques. Ceux-ci peuvent être matériels (ainsi, un sous-traitant de spécialité possédant un outillage très précis) ; mais, de plus en plus souvent, il s'agit d'actifs immatériels[5], constitués par la détention d'un savoir-faire ou d'une expertise obtenus par des connaissances techniques ou commerciales, l'expérience antérieure, la formation, des relations spéciales avec la clientèle, etc.

Ces traits propres à l'hypofirme ne vont pas sans incidences sur le système et le mode de gestion.

– En premier lieu, le besoin en capitaux propres et permanents est minimisé, pour d'évidentes raisons d'autonomie, et compte tenu du poids de l'immatériel. Ainsi, il est fait appel au leasing et à toutes les autres formes d'évitement de coûts de capacité (M. Marchesnay, R. Pérez et R. Reix *in* R. Percerou, 1984). La gestion financière en termes de dynamique de flux l'emporte donc sur la gestion en termes bilantiels (ce qui pose un problème vis-à-vis de l'analyse bancaire traditionnelle). Les capitaux de l'hypofirme sont constitués d'engagements personnels, du dirigeant, de son entourage (*love capital),* d'institutions diverses (*venture capital* et *seed capital),* et des membres de l'organisation. La gestion des flux est maîtrisée au travers des relations entretenues avec les partenaires (clients et fournisseurs), le fonds de roulement dynamique jouant un rôle décisif (F. Colle, 1994).

– En deuxième lieu, la gestion des ressources humaines est très spécifique, jouant sur l'adhocratie, l'empathie, la gestion des conflits et l'engagement organisationnel (H. Mahé de Boislandelle, 1993).

– En troisième lieu, le temps apparaît comme la ressource clé dans l'hypofirme[6]. Le maintien d'une taille réduite et le recours à une spécialisation étroite sont liés à la contrainte de temps et pourront déterminer les arbitrages, non seulement entre les activités possibles, mais entre le travail et le loisir.

Sur tous ces problèmes de gestion, il y a amplement matière à des recherches, qui restent peu développées en France. Ainsi, nous avons pu souligner le caractère profondément systémique de la gestion des petites entreprises, sachant que tous les niveaux et tous les problèmes de gestion sont interactifs, et doivent être traités à l'aide de processus heuristiques (M. Marchesnay, *in* GREPME, 1994). Il n'en reste pas moins que le modèle d'hypofirme s'apparente à un idéal type, au sens de Max Weber : il ne prétend donc pas décrire la réalité des modes de gestion actuels des innombrables TPE et PE, mais seulement prétendre à expliquer les processus latents d'économicité de ce type d'institutions, dans l'optique d'un capitalisme entrepreneurial.

---

5. Voir également dans cette Encyclopédie l'article de H. Tézenas du Montcel, « Investissement immatériel », p. 1721, tome 2.

6. Voir également dans cette Encyclopédie l'article de L. Batsch, « Temps et gestion », p. 3303, tome 3.

Ainsi, l'hypofirme n'a pas de consistance réelle sans le personnage central que constitue l'entrepreneur.

3. L'entrepreneur

L'entrepreneur peut être envisagé sous deux angles différents, ce qui explique bien des malentendus. L'entrepreneur, c'est d'abord le chef d'entreprise, le propriétaire-dirigeant, patron « à son compte », gérant salarié, voire PDG d'une grande entreprise. Mais c'est également, dans la littérature économique, un idéal type, représentatif de l'esprit d'entreprise capitaliste. Alors que les sociologues s'intéressent avant tout au « patron » (S. Boutillier et D. Uzunidis, 1995), les spécialistes de la gestion adoptent souvent une attitude polysémique, confondant les deux approches.

3.1. Nature de l'entrepreneur

Historiquement, si l'on suit H. Verin (1982), l'entrepreneur apparaît sous une double étiquette : c'est d'abord un « aventurier » (quelqu'un d'entreprenant, comme on entreprend une forteresse) acceptant le risque, la bonne ou mauvaise fortune (par exemple, Jacques Cœur) ; puis c'est un « entremetteur », quelqu'un qui organise la production, la prend en charge, comme un imprésario de spectacle ou un entrepreneur de travaux publics, en assumant les risques (ainsi Paul Riquet, le concepteur du Canal du Midi).

Les premiers classiques attribueront à l'entrepreneur divers rôles. L'entrepreneur smithien (du nom d'A. Smith) vaut surtout par sa vertu d'épargne et d'accumulation du capital (voir *Le Père Goriot* chez Balzac). J.B. Say, lui-même entrepreneur, valorisera surtout sa capacité d'organisation des facteurs de la production (thème développé par M. Casson, 1991). Par la suite, le primat donné au rôle du marché évacue le rôle de l'entrepreneur dans l'équilibre général. Il faudra attendre les années 1920 pour observer une réhabilitation de l'esprit d'entreprise, plus que de l'entrepreneur lui-même. F. Knight justifie le profit, non comme une rente de monopole (prise sur la rente du consommateur) mais comme la récompense du risque et de l'incertitude inhérents à la concurrence de marché. J. Schumpeter, dans les années 1930, attribue un rôle essentiel dans la dynamique économique à la recherche de l'innovation ; mais il s'intéresse plus à l'esprit d'entreprise qu'à l'entrepreneur lui-même, pour souligner que les grandes entreprises managériales perdent cette vocation d'« entrepreneur », par excès de bureaucratie.

Après la Seconde Guerre mondiale, les sciences de gestion se concentrent sur l'administration des grandes entreprises managériales et sous-évaluent les chances de compétitivité de la petite entreprise. Selon une expression maintes fois ressassée, la petite entreprise « est condamnée à croître ou à disparaître ». Le personnage central est le manager, représentant des actionnaires ou, surtout, directeur général (*chief executive officer,* CEO), le PDG français ayant une propension à cumuler les deux fonctions. L'entreprise individuelle ou familiale est considérée comme dépassée, en voie de disparition.

La réhabilitation se fera après les années 1960. Aux Etats-Unis, des études sur l'entreprenariat se développent. Dans une célèbre recherche, N. Smith distingue l'entrepreneur « artisan » (jeune, surtout technicien) et l'entrepreneur « opportuniste » (expérimenté, ayant mûri son projet). G. Shapero développe la théorie du « déplacement » : le créateur d'entreprise serait un « marginal » dans la société, et la création surviendrait à l'issue d'une rupture sociale ou personnelle (C. Kent *et al.*, 1982)[7].

Mais c'est au cours des années 1980 que les études sur l'entrepreneur se multiplient. Un chercheur de Harvard, D. Birch (P.A. Julien *et al.*, 1986) révèle que les petites entreprises sont créatrices nettes d'emplois, quand les grandes entreprises en perdent – tendance qui ne fera que s'accentuer. Le prosélytisme en faveur de la petite entreprise et des « nouveaux entrepreneurs », « héros de l'économie », selon une expression de la revue *Autrement,* est tempéré, lorsque l'on constate que les emplois créés le sont surtout dans le secteur des services marchands aux particuliers, et qu'ils sont peu qualifiés. Mais, dans le même temps, on observe la multiplication de petites et toutes petites entreprises hautement qualifiées, très spécialisées, œuvrant dans les domaines de pointe. Puis, à partir des années 1985, l'hypersegmentation des marchés favorise l'apparition de petites entreprises hyperspécialisées et performantes, parfois même au niveau mondial (on parle d'« entrepreneur global »).

A partir des années 1990, le tissu des PE et TPE se modifie en profondeur. L'âge moyen des créateurs s'abaisse et leur niveau de formation s'élève. En témoigne un secteur délaissé par la recherche : celui des « entrepreneurs agricoles », pratiquant une politique d'innovation et de diversification des activités (M. Guichard et R. Michaud, 1995).

Enfin, ces PE et TPE se développent selon des modalités nouvelles : on voit ainsi se constituer des groupes de TPE, ce que nous appelons des hypogroupes (M. Marchesnay, 1991), réseaux d'entreprises, parfois individuelles, sous le contrôle d'une personne ou d'une famille.

Certains secteurs subissent avec des fortunes diverses ce profond bouleversement : il en est ainsi du secteur des métiers, dans la mesure où les qualifications requises d'un artisan évoluent très rapidement.

3.2. Pour un modèle d'entrepreneur

Nombre de chercheurs en entrepreneuriat ont tenté de classer les entrepreneurs et autres patrons. La recherche s'est d'abord concentrée sur les qualités attendues et constatées ; mais l'idée d'un « entrepreneur-modèle » a, semble-t-il, fait long feu, et les chercheurs proposent plutôt des typologies d'entrepreneurs.

3.2.1. Un entrepreneur-modèle ?

Les auteurs, souvent formés à la psychosociologie, mettent l'accent sur les qualités de caractère. L'examen de la littérature met en valeur plusieurs traits :

– l'acceptation, voire le goût du risque ; ce point est très controversé : il vaudrait mieux parler de risque calculé ; mais l'on ne fait pas apparaître de relation étroite entre l'attitude à l'égard du risque et la performance ;

---

7. Sur la création d'entreprise, voir également dans cette Encyclopédie l'article de R. Papin, « Création d'entreprise », p. 777, tome 1.

– le besoin d'accomplissement (*need of achievement*) semble constituer une incitation entrepreneuriale forte ; le besoin de pouvoir, de domination (*need of power*) semble peu important, alors que le besoin de socialisation (*need of affiliation*) ou d'appartenance (ou de reconnaissance) semble non négligeable dans certains milieux, comme l'artisanat ;

– le besoin d'accomplissement peut être relié au désir d'autonomie, mais également à la confiance en soi et au sens des responsabilités ;

– une attitude positive face aux problèmes, voire à l'échec, est révélatrice de l'esprit d'entreprise ;

– d'autres auteurs prennent en compte des qualités plutôt managériales, comme le style de commandement ou les compétences techniques.

Pour paraphraser Beaumarchais, « aux qualités qu'on exige d'un entrepreneur, combien de dirigeants de grandes entreprises pourraient y prétendre ? ». Ce catalogue de l'entrepreneur modèle est dangereux, car il prétend englober les propriétaires-dirigeants dans un moule unique, quels que soient la taille de l'entreprise, le secteur dans lequel elle évolue et le profil de carrière de l'entrepreneur. Cette attitude est particulièrement nocive lors de l'examen d'un projet de création d'entreprise : si le profil du créateur est important, encore faut-il qu'il ait un produit, des ressources, des compétences en accord… et un marché !

Certains auteurs ont également proposé de resituer le modèle d'entrepreneur dans un contexte plus large. L'appartenance à une communauté, à une ethnie, favoriserait un type donné d'entrepreneurs (Fassis et Soussis au Maroc, Djerbiens et Sfaxiens en Tunisie, etc.). D'autres mettent l'accent sur la religion, sur le rang dans la famille (l'aîné serait plus facilement créateur) et sur l'environnement familial en général. Les études empiriques ne valident généralement pas ces idées, qui s'avèrent donc largement être des idées reçues, voire des préjugés. Ceci est d'autant plus vrai que le processus de création de TPE et PE, qui se développe actuellement dans tous les pays du monde, modifie considérablement les données du problème.

3.2.2. Les typologies d'entrepreneurs

Nombre d'auteurs ont préféré, en partant des observations, proposer des classifications des types d'entrepreneurs, en fonction de caractéristiques précises, et des objectifs de la recherche. En fait, il faudrait établir une typologie des entrepreneurs par problème étudié. Toutefois, certaines classifications peuvent s'avérer plus larges que d'autres. Plusieurs typologies méritent d'être évoquées.

– N. Smith, déjà cité, croise la distinction entre les artisans et les opportunistes avec le style de management et d'organisation (centralisée-hiérarchisée ou non).

– R. Miles et C. Snow classent les entrepreneurs en fonction de leur stratégie face à l'innovation, entre les innovateurs pionniers, les innovateurs par réaction, les adaptateurs suiveurs et les prospecteurs.

– On peut ainsi proposer une typologie mixte, regroupant ces deux classifications, en fonction du style de gestion et du mode d'innovation.

Nous avons proposé une typologie reposant sur les logiques d'action et sur les niveaux d'aspiration.

Tableau 1 – Typologie des entrepreneurs

		STYLE DE GESTION	
		Adhocratique	**Hiérarchique**
MODE DE DÉCISION	**Réactif**	Artisan « Réactor »	Manageur ou « Professionnel » « Adaptor »
	Proactif	Entreprenant « Innovator »	Opportuniste « Prospector »

– On peut distinguer une logique d'action centrée sur l'accumulation d'actifs (logique de stocks ou patrimoniale) ou sur la recherche de revenu (logique de flux ou de valorisation).

– On peut hiérarchiser trois niveaux d'aspiration de la part de l'entrepreneur : l'aspiration à la pérennité (P), à l'indépendance (I) ou l'autonomie (A), et à la croissance (C).

L'entrepreneur PIC obéit à une logique d'action patrimoniale. Il recherche la pérennité de son affaire, dans le but de la transmettre ou de la revendre. Le PIC recherche l'indépendance du capital : il ne souhaite pas l'entrée de nouveaux actionnaires et répugne aux emprunts à long terme (ce qui peut se traduire par une holding familiale). Enfin la croissance des activités n'est admise que de façon réactive, comme un gage de pérennité.

L'entrepreneur CAP obéit à une logique de valorisation des capitaux engagés. Il s'intéresse aux activités innovantes, à risque, mais à taux de profit élevé. Pour y parvenir, il préfère ne pas immobiliser trop de fonds dans des actifs matériels (les « coûts de sortie » risquant d'être élevés), et recourir à des capitaux extérieurs (forte propension à l'endettement et au « tour de table »). Il manifeste une forte aversion pour la pérennité dans une activité, sachant que la phase d'expansion rapide du cycle de vie risque d'être brève : dès la phase de stabilisation, il préfère revendre à bon prix son affaire.

Ces deux types d'entrepreneurs constituent plus des points de repère que la description de profils concrets. On peut cependant mettre en avant des différences caractéristiques dans les pratiques de gestion (en matière de financement, d'investissements matériels et immatériels, de marketing et de pratiques commerciales), mais aussi en ce qui concerne les valeurs (problèmes d'éthique, de culture dominante, etc.).

*

* *

La montée d'un capitalisme fondé sur la vitalité des unités de petite et toute petite dimension interpelle l'enseignant, le formateur et le chercheur en sciences de gestion, comme l'ont été les tenants d'autres disciplines, ainsi que les Pouvoirs Publics.

Bien des programmes de formation ont été développés dans les écoles et les universités, ainsi que dans les institutions tutélaires (chambres consulaires et autres organismes de formation permanente), notamment pour préparer à la création d'entreprise, ou former des assistants de dirigeants de petite entreprise. Malheureusement, comme on le constate dans nombre d'ouvrages, la petite entreprise est trop souvent considérée comme une entreprise managériale en miniature, à laquelle il convient d'appliquer les outils traditionnels de la gestion, en finance, en marketing, en gestion des ressources humaines, etc. Peu de gens semblent avoir pris conscience du fait qu'il s'agit d'un monde entièrement différent, ce qui implique de développer une attitude innovatrice, entrepreneuriale, en matière de pédagogie et de recherche.

C'est sans doute à ce prix que la société française pourra entrer de plain-pied dans le capitalisme entrepreneurial de ce début de siècle à venir.

Références

BIRD B., *Entrepreneurial Behavior,* Glenview, Scott, Foreman and Company, 1989.

BOUTILLIER S., UZUNIDIS D., *L'entrepreneur – Une analyse socio-économique,* Paris, Economica, 1995.

CARRIER C., « Stratégies intrapreneuriales dans les petites entreprises », *Revue Française de Gestion* (septembre-octobre 1995), p. 96-103.

CASSON M., *L'entrepreneur,* Paris, Economica, 1991.

COLLE F., *Le guide stratégique du responsable d'entreprise,* Boulogne-Billancourt, Maxima, 1994.

FOURCADE C. (éd.), *Petite entreprise et développement local,* Paris, Eska, 1991.

GREPME, *Les PME, Bilan et Perspectives,* Paris, Economica, 1994.

GUICHARD M., MICHAUD R., *La stratégie à pas contés,* Dijon, ENESAD, 1994.

GUILHON B., MARCHESNAY M. (éd.), *PME et économie industrielle,* numéro spécial de la *Revue d'Economie Industrielle* (n° 67, 1er trimestre 1994).

HISRICH R., PETERS M., *Entrepreneurship,* Paris, Economica, 1991.

JULIEN P.A., CHICHA J., JOYAL A., *La PME dans un monde en mutation,* Montréal, Presses de l'Université du Québec, 1986.

JULIEN P.A., MARCHESNAY M. (éd.), *La petite entreprise,* Paris, Vuibert, 1989.

JULIEN P.A., MARCHESNAY M., *L'Entrepreneuriat,* Paris, Economica, 1996.

KENT C., SEXTON D., VESPER K., *Encyclopedia of Entrepreneurship,* New York, Prentice Hall, 1982.

KŒNIG G., *Les théories de la firme,* Paris, Economica, 1993.

LE ROY F., *Doctrines militaires et management stratégique des entreprises,* Thèse de doctorat, Université de Montpellier I, 1994.

MAHÉ DE BOISLANDELLE H., *Gérer les hommes dans la jeune entreprise,* Paris, Chotard, 1993.

MARCHESNAY M., « La dépendance des firmes individuelles », *Economies et Sociétés,* série SG (n° 1, avril 1979), p. 697-736.

MARCHESNAY M., « Pour un modèle d'hypofirme », *Entreprises et organisations,* Paris, Economica, 1982.

MARCHESNAY M., « Les stratégies de spécialisation », *in Encyclopédie du Management,* Paris, Vuibert, 1991, p. 773-780.

MARCHESNAY M., « De l'hypofirme à l'hypogroupe », *Cahiers du LERASS* (1993), p. 33-50.

MARCHESNAY M., RUDEL S., « La gestion du risque dans la TPE », *Economies et Sociétés* (juin 1985), p. 43-76.

MIGLIORE M., *Créer votre entreprise en prestataire de services,* Paris, Les Presses du Management, 1995.

PERCEROU R. (éd.), *Entreprise, gestion et compétitivité,* Paris, Economica, 1986.

PONSON B., SCHAAN J.L., *L'esprit d'entreprise. Aspects managériaux dans le monde francophone,* Paris, AUPELF-UREF, 1993.

V.A., *Les PME dans les pays de l'Est,* numéro spécial *Revue Internationale PME,* Montréal, Presses Universitaires du Québec (janvier 1992).

V.A., *Le cas italien,* numéro spécial *Revue Internationale PME,* Québec, Presses Universitaires du Québec (avril 1989).

SWEENEY G.P., *Les nouveaux entrepreneurs,* Paris, Les Editions d'Organisation, 1982.

VÉRIN H., *Entrepreneurs, entreprises. Histoire d'une idée,* Paris, PUF, 1982.

Mots clés

Avantage compétitif, CAP, coûts d'agence, déséconomies d'échelle, dimension, entrepreneur, entrepreneuriat, externalisation, hypofirme, petite entreprise, PIC, toute petite entreprise.

Planification financière

Concepts, méthodes et procédures

120

Aimable Quintart

La planification financière est la version, en termes financiers, du plan stratégique de l'entreprise, lequel a pour objet de préparer l'avenir dans la flexibilité, en cherchant à ne pas enfermer cet avenir dans des schémas rigides qui ne sauraient correspondre à l'évolution, parfois difficilement maîtrisable (notamment en phase de croissance « sauvage »), de l'entreprise ni à celle, souvent ludique, de l'environnement[1]. Elle peut être définie comme la recherche, pour tout horizon raisonnable ou nécessaire de prévision qui va du moyen terme – trois à cinq ans – au terme le plus urgent – libellé en mois, semaines ou même quelques jours –, d'une coordination entre des besoins prévisionnels de fonds et des sources potentielles de financement.

La planification financière concerne d'abord les analyses financières spécifiques de flux, de rentabilité et de risque associées aux choix (réputés) fondamentaux qui engagent l'avenir de l'entreprise pour plusieurs années, c'est-à-dire les décisions d'investissement, de désinvestissement et de financement « long ».

Elle concerne ensuite la répercussion de ces choix fondamentaux sur le comportement financier de l'entreprise dans son ensemble : il s'agit d'anticiper ou de prédire la situation de la structure financière, de la rentabilité et de la liquidité de l'entreprise par des plans à moyen terme, d'une part, à court terme, d'autre part.

Elle concerne enfin la recherche d'une compétitivité ou « surpuissance » qui doit permettre à l'entreprise de disposer d'atouts de mobilité financière capables de libérer des ressources pour affronter à tout moment, en situation d'urgence, des événements imprévus ou imprévisibles générateurs de besoins de fonds.

Dans cet article, on expliquera comment la direction financière est appelée à organiser sa démarche dans les attributions de planification qui lui reviennent à ces trois niveaux. On y développera une logique globale applicable

1. Voir également dans cette Encyclopédie l'article de A.C. Martinet, « Planification stratégique », p. 2249, tome 2.

tout autant à une entreprise indépendante ou à une société responsable d'un groupe, qu'à une entité juridique (du type « filiale ») ou économique (du type « division ») soumise à des politiques d'ensemble.

1. Les fondements de la planification financière

L'élaboration des plans d'investissement, de désinvestissement et de financement permanent ainsi que des plans financiers d'entreprise à moyen terme, à court terme et d'urgence, doit être le reflet et le corollaire des impulsions stratégiques données par la direction générale. La finance éclaire toutefois ces décisions de manière spécifique en les considérant selon une logique centrée sur des concepts de rentabilité, de liquidité, d'équilibre financier et de risque.

1.1. L'origine stratégique des investissements et des désinvestissements

L'entreprise peut être perçue comme une « consolidation » de plusieurs segments stratégiques ou métiers, quelle que soit l'organisation ou la configuration dont elle se dote pour les exercer : structure fonctionnelle, divisionnelle, organisationnelle (avec holding et filiales), matricielle[2], etc. La stratégie d'entreprise peut dès lors être « réduite » au choix des métiers dans lesquels l'entreprise veut s'engager (ou se dégager) en investissant (ou en désinvestissant) des ressources techniques, humaines et financières dont la nature et l'intensité constitueront l'ossature des décisions stratégiques et des plans financiers.

Chaque métier doit être évalué en fonction de l'environnement et de son évolution, d'une part, de ses forces ou faiblesses propres, d'autre part. L'analyse stratégique propose à cet effet deux groupes d'outils plus ou moins efficaces[3].

Les matrices du type Boston Consulting Group, McKinsey ou encore Arthur D. Little fournissent des méthodes pour apprécier à la fois l'attractivité (en termes de taux de croissance ou de maturité du « secteur » de référence) et la compétitivité ou position concurrentielle d'un métier. Elles permettent soit de situer un métier à un moment donné dans un état donné (« vedette » par exemple), soit de préfigurer l'évolution (néanmoins, le plus souvent aléatoire, sinon stochastique) d'un métier (de l'état « dilemme » à l'état « vedette » par exemple). Bien qu'il s'agisse de « cartes » souvent sommaires, de telles matrices sont de nature à suggérer des choix stratégiques, fondés sur des critères de rentabilité et de liquidité : développement offensif, développement sélectif, abandon, etc.

Des analyses axées sur le concept de chaîne de valeur générique apportent pour leur part un approfondissement de la mesure de la compétitivité[4]. Chaque métier peut développer un avantage compétitif (ou concurrentiel) et

---

2. Voir dans cette Encyclopédie l'article de A. Desreumaux, « Structures de l'entreprise », p. 3147, tome 3.

3. Voir dans cette Encyclopédie les articles de B. Ramanantsoa, « Stratégie », p. 3026, tome 3 et de R. Calori et T. Atamer, « Diagnostic stratégique », p. 958, tome 1.

4. Voir dans cette Encyclopédie l'article de A. Bienaymé, « Entreprise compétitive », p. 1101, tome 1.

créer une valeur ajoutée par des fonctions de base (approvisionnement, transformation, commercialisation...) soutenues par des fonctions secondaires (gestion des ressources humaines, développement technologique...). L'avantage compétitif est à rechercher soit dans une différenciation des produits, soit dans une diminution (ou, au moins, une maîtrise) des coûts.

Sur cette base, l'entreprise doit être capable, pour chacun de ses métiers et dans sa globalité, de détecter des opportunités stratégiques que la direction générale cherche à exploiter au mieux en impliquant l'ensemble de la hiérarchie des pouvoirs et des responsabilités par la définition d'objectifs et de politiques à long terme :

– les objectifs déterminent des points de repère dans l'horizon de planification à long terme : d'abord libellés en termes qualitatifs (survie, croissance, pouvoir...), ils sont ensuite concrétisés au niveau des directions fonctionnelles ou organisationnelles (comme, par exemple, une norme minimale de rentabilité sur les projets d'investissement, une cible de structure financière, etc.) ;

– les politiques à long terme, mises en œuvre pour atteindre les objectifs assignés, traduisent les orientations stratégiques données aux différents métiers : rationalisation ou modernisation pour les uns, croissance quantitative pour d'autres, diversification pour d'autres encore ou même contraction pour certains.

C'est cette logique (ou culture d'organisation) qui permet de comprendre que tous les projets, programmes ou plans d'investissement, de désinvestissement et de financement, recueillis à quelque échelon que ce soit dans l'entreprise, doivent être, avant tout, conformes au plan stratégique de l'entreprise.

1.2. L'intégration des décisions financières fondamentales

Les grandes décisions financières forment à leur tour un tout cohérent dont l'articulation est représentée au schéma 1.

Les investissements dont le processus de préparation et de planification, tel qu'il sera présenté à la section 2, requiert de collecter des projets, de regrouper ces projets dans des programmes et de combiner ces programmes dans un plan, doivent être, dès que la décision de les accepter et de les exécuter est prise, soumis à un contrôle de gestion *a posteriori*. Ce contrôle, visant à la fois la période de « construction » et la période d'exploitation des investissements, doit être organisé autour de deux missions complémentaires :

– il doit permettre à tout moment de savoir si les états d'avancement et les réalisations sont conformes aux prévisions établies à l'origine et, en cas d'écarts jugés significatifs, d'expliquer les origines ou les causes des déviations ;

– il doit servir à actualiser les informations, c'est-à-dire à recomposer à tout moment un nouvel ensemble de prévisions relatives à la poursuite des activités en fonction de l'expérience acquise depuis l'origine et des anticipations qu'il est désormais possible de formuler sur l'avenir en raison, par exemple, de nouvelles appréciations sur l'évolution de l'environnement.

Ainsi conçu, le contrôle *a posteriori* doit préparer à la prise de décisions de redressement ou de correction. Parmi ces mesures figurent les désinvestissements qui, méritant d'être gérés aussi rationnellement que les investisse-

Schéma 1 – La cohérence des décisions d'investissement, de désinvestissement et de financement

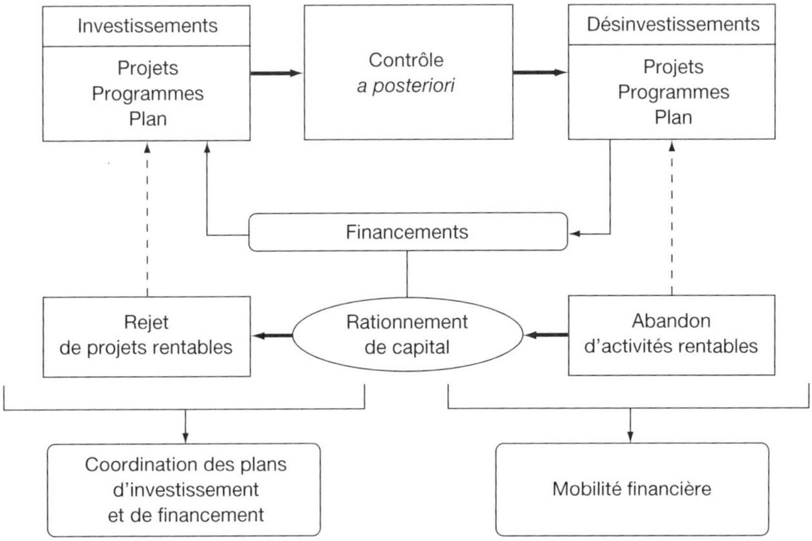

ments, doivent être considérés au départ, en l'absence de rationnement de capital, comme une réponse parmi d'autres à un problème d'insuffisance de rentabilité (par exemple) :

– ce n'est ni la seule ni la meilleure solution car d'autres mesures peuvent être adoptées pour améliorer la situation : investissements d'agrandissement (pour atteindre un chiffre d'affaires qui couvre mieux la masse des frais), investissements de rationalisation (pour comprimer les charges), etc. ;

– ce n'est pas *a contrario* une solution résiduelle, c'est-à-dire la dernière réponse à envisager car elle risquerait alors d'être appliquée trop tard et trop coûteusement ;

– en fait, les désinvestissements doivent être décidés quand, en termes exclusivement financiers, ils constituent l'opportunité la plus rentable.

Les financements justifient également d'être planifiés non pas seulement en termes de coûts, dans le cadre de la structure financière et des risques de la firme, mais encore et surtout en termes de natures, de montants et de moments d'obtention des sources de fonds disponibles ou accessibles, à l'intérieur et à l'extérieur de l'entreprise.

C'est toutefois dans les situations de rationnement de capital (qui signifient, pour simplifier, que l'entreprise a plus d'idées d'investissement que d'argent pour les financer toutes) que cette planification est particulièrement précieuse car la limitation des enveloppes budgétaires conduit à :

– rejeter des projets d'investissement *a priori* rentables qui, en d'autres circonstances, auraient été acceptés ;

– abandonner des activités dont la poursuite de la réalisation ou de l'exploitation est encore jugée rentable mais qui sont moins rentables que d'autres (nouvelles ou existantes) dont le développement requiert des fonds : dans ce contexte, il faut désinvestir pour réinvestir.

L'intégration des décisions financières fondamentales implique en conséquence une parfaite coordination des plans d'investissement et des plans de financement. Les plans de désinvestissement, fondés sur l'idée que tout investissement sera tôt ou tard un projet de désinvestissement, procurent pour leur part de l'autofinancement qui, en cas de rationnement de capital, permet de desserrer les contraintes budgétaires et induit un cycle de mobilité financière (investissement ⇒ désinvestissement ⇒ financement ⇒ réinvestissement) qui estompe le mythe de l'irréversibilité des investissements.

1.3. La direction financière et le marché financier

Le regard que la finance jette sur les décisions stratégiques d'investissement, de désinvestissement et de financement, est conditionné par un certain nombre de caractéristiques propres à la démarche financière.

1.3.1. L'analyse financière « rentabilité-risque »

L'environnement naturel de toute direction financière d'entreprise est constitué par le marché des capitaux, organisé ou de gré à gré[5]. Ce marché, avec son compartiment des capitaux à court terme[6] (ou marché « monétaire » dont l'intérêt est négligé dans cet article) et celui des capitaux à long terme[7] (ou marché « financier »), vit une ambiance et un comportement entretenus par de nombreux investisseurs qui, en tant qu'épargnants ou agents économiques pourvoyeurs de fonds aux entreprises, disposent de multiples opportunités d'investissement dont la différence de risque justifie de leur part l'inclusion d'une prime spécifique dans la rentabilité qu'ils exigent. Arbitrant ainsi entre la rentabilité et le risque de chaque opportunité et cherchant, en théorie, à maximiser la rentabilité pour un risque donné ou à minimiser le risque pour une rentabilité donnée, ils requièrent des entreprises de leur offrir une rémunération axée sur le taux sans risque augmenté d'une prime de risque.

Dans ce contexte, la direction financière se doit d'apprécier non seulement la rentabilité mais encore le risque des choix qu'elle traite, en l'occurrence les investissements, pour savoir s'ils ne sont pas susceptibles de modifier la perception du risque économique et du risque financier de leur entreprise et, finalement, les rentabilités exigées.

1.3.2. L'objectif financier

La finance est par ailleurs dominée par un objectif spécifique, appelé objectif financier, qui consiste à maximiser la valeur (de marché, quand la firme est cotée) totale de l'entreprise (compte tenu du taux de rendement

---

5. Voir dans cette Encyclopédie l'article de J.C. Van Horne, « Environnement financier de l'entreprise », p. 1136, tome 1.

6. Voir dans l'Encyclopédie des marchés financiers l'article de P. Claude, « Marché monétaire interbancaire et titres de créance négociables ».

7. Voir dans l'Encyclopédie des marchés financiers les articles de D. Folus, « Actions : modélisation, évaluation, gestion », de E. Ginglinger, « Marchés de capitaux et financement de l'entreprise », de F. Leroux, « Actions internationales » et de J. Pilverdier-Latreyte, « Marché boursier français ».

exigé par tous les fournisseurs de fonds en fonction du risque, soit le coût moyen pondéré du capital), en supposant souvent que, si cet objectif est atteint, en l'absence de relations et de coûts d'agence, on maximise par la même occasion la valeur des actions et, par conséquent, la richesse des actionnaires[8]. Les décisions stratégiques prises par la direction financière doivent donc impérativement contribuer à la maximisation de la valeur de l'entreprise. Ainsi, dans le cas d'un choix entre deux projets d'investissement (même s'ils sont de taille et/ou de durée différente(s)), il faut toujours opter pour celui qui présente la valeur actuelle nette la plus élevée.

1.4. Les axes méthodologiques de la planification financière

L'organisation de toute planification financière sollicite une méthode de travail rigoureuse dont les aspects essentiels sont exposés ci-après.

1.4.1. La phase de préparation de l'information

Le concept de plan suppose d'abord la disponibilité de données précises et standardisées.

– Par données précises, il faut entendre qu'il doit exister dans l'entreprise une logistique comptable (analytique) ou un système d'informations suffisamment développé capable d'identifier les flux (et toutes les autres informations utiles) propres à chaque activité actuelle à conserver, à chaque activité à désinvestir, à chaque projet d'investissement à réaliser, etc.

– Par données standardisées, il faut comprendre que, pour une même catégorie de décisions, les informations à recueillir et à traiter doivent être de même nature et présentées de la même manière. Ainsi, tous les dossiers d'investissement qui justifient une analyse rentabilité-risque doivent être instruits de manière homogène, pour des raisons évidentes de comparabilité : les méthodes et mesures de la rentabilité et du risque doivent être identiques. Pour faciliter la standardisation, il est recommandé de systématiser le recueil et le traitement des données à l'aide de « procédures » (d'investissement par exemple) mises en œuvre par des fichiers qui sont bien entendu tenus sur des supports informatiques.

1.4.2. La phase de conceptualisation de la démarche

Il importe ensuite de délimiter le contenu de la planification en fonction à la fois des décisions et des domaines de planification, des objectifs assignés à la planification et des périodes pour lesquelles la planification est effectuée.

– Les décisions et domaines de planification concernent d'abord les grands choix stratégiques, ensuite l'entreprise dans son ensemble. Il s'agira donc de relier ces deux niveaux en intégrant, après les avoir coordonnés, les investissements, les désinvestissements et les financements aux plans financiers de l'entreprise.

– Les objectifs poursuivis doivent être rattachés aux domaines planifiés. Pour les grands choix stratégiques, l'objectif est d'établir leur rentabilité

8. Voir également dans cette Encyclopédie l'article de J.C. Van Horne, « Gestion financière et objectif de l'entreprise », p. 1564, tome 2.

prévisionnelle et le risque de cette rentabilité ; pour les plans financiers globaux, l'objectif est d'anticiper principalement l'équilibre financier général et la liquidité de l'entreprise.

– Les périodes de planification descendent du moyen terme au court terme et on distinguera en conséquence le plan financier pluriannuel et le plan financier annuel, l'un et l'autre étant complétés par un plan financier d'urgence conçu pour faire face à des événements imprévus : le plan pluriannuel ou plan financier à moyen terme s'étend le plus souvent en pratique sur une période de trois à cinq ans, le plan annuel ou plan financier à court terme couvre la première année du plan pluriannuel et la découpe en « micro-périodes » habituellement mensuelles, et le plan d'urgence relaie les deux constructions précédentes en imaginant des échéanciers permanents de besoins et sources de fonds.

1.4.3. La phase de concrétisation et de réalisation

Il faut encore définir les voies d'approche (et de réalisation) de la planification qui permettent de répondre concrètement aux objectifs assignés.

– Les décisions fondamentales doivent être appréciées selon la logique financière qui considère le coût de transfert de l'argent dans le temps et l'exigence de rémunération des fournisseurs de fonds en fonction du risque : l'approche suivie dans cette optique privilégie la méthode de la valeur actuelle nette fondée sur un taux d'actualisation qui exprime le coût moyen pondéré du capital.

– Le plan financier pluriannuel, visant à fournir une représentation de la situation financière future de l'entreprise, est bâti autour de l'idée selon laquelle c'est par les états financiers que l'on peut le mieux augurer de l'équilibre financier et de la liquidité : l'approche la plus pertinente et la plus commode, jetant une large passerelle entre la finance et la comptabilité, consiste à dresser des comptes de résultats, des bilans et des tableaux de financement prévisionnels, année par année sur trois à cinq ans.

– Le plan financier annuel, centré sur la liquidité de l'entreprise à court terme, est appelé à « traiter » des flux de recettes et de dépenses : le budget ou plan de trésorerie en constitue l'approche essentielle.

– Le plan financier d'urgence est destiné à imaginer une « surpuissance » financière : l'approche concrète fait appel à un répertoire ou inventaire des ressources mobilisables.

1.4.4. La phase de contrôle

Enfin, le concept de plan qui matérialise le souci de « maîtriser » l'avenir de l'entreprise implique aussi le besoin de contrôler *a priori* et *a posteriori* la planification ; c'est à ce stade que se manifeste la flexibilité de la planification financière.

– Le contrôle *a priori* a pour objectif de vérifier que les différents projets et plans financiers « tiennent la route ». Ainsi, pour les choix stratégiques tels que les investissements, ce contrôle prend la forme d'une analyse explicite du risque économique par laquelle on cherche à tester la sensibilité ou la résistance de la rentabilité à des modifications de valeur de certaines variables à la suite d'hypothèses multiples sur l'évolution de facteurs tels que la conjoncture, l'inflation, etc. Pour les plans financiers d'entreprise, le contrôle *a priori* consiste, à la fois, à imaginer plusieurs scénarios de financement en vue de mesurer leurs effets en termes d'équilibre financier et de liquidité, et à procéder, ici aussi, à une analyse explicite du risque afin de mesurer les répercussions des modifications de valeur de certaines variables sur le niveau du fonds de roulement, de la trésorerie nette, etc.

– Le contrôle *a posteriori* se justifie par l'impérieuse obligation de s'interroger régulièrement sur la qualité des choix et plans réalisés antérieurement en raison des écarts qui peuvent apparaître soit entre les résultats obtenus et les prévisions initiales, soit entre les prévisions initiales et les prévisions nouvelles qui peuvent être effectuées. Ainsi, on peut rappeler que le contrôle de gestion *a posteriori* des investissements permet de préparer les décisions de désinvestissement.

2. La planification financière des décisions stratégiques

Les choix d'investissement, de désinvestissement et de financement à long terme constituent le premier niveau de la planification financière et correspondent aux trois missions conventionnelles de la fonction financière dans l'entreprise :

– Quels sont les actifs à acquérir et, en conséquence, les capitaux à engager ?

– Quels sont les actifs à désengager et quelles sont les opportunités de redistribution des ressources ainsi libérées ?

– Quels sont les moyens de financement possibles des besoins de fonds ?

Ces questions sont abordées dans cet article sous un angle de planification financière, c'est-à-dire dans l'esprit d'une coordination des besoins et sources de fonds.

2.1. La planification des investissements

La planification financière des investissements s'organise autour d'un processus relativement vaste que le schéma 2 tente de relater dans ses grandes lignes en exposant une succession d'analyses qui vont de l'étude d'un projet à la construction d'un plan en passant par la constitution d'un programme.

2.1.1. L'évaluation financière d'un projet

L'étude de faisabilité d'un projet consiste à rapprocher des flux et des paramètres financiers spécifiques, identifiés et agrégés à partir de nombreuses données commerciales, techniques, juridiques, etc. recueillies en application du raisonnement économique différentiel ou marginal (qui considère les incidences directes et indirectes – c'est-à-dire sur les autres activités – de l'adoption du projet par rapport au cas où le projet ne serait pas entrepris), en vue de dégager des méthodes et des mesures de la rentabilité et du risque.

Selon la logique financière, le principe d'analyse consiste à comparer, sur une durée de vie qui couvre les périodes d'exécution et d'exploitation de l'investissement, des capitaux investis (en actifs) d'une part, des flux de revenus augmentés d'une valeur résiduelle (ou récupérable ou de cessation

Schéma 2 – La planification financière des investissements

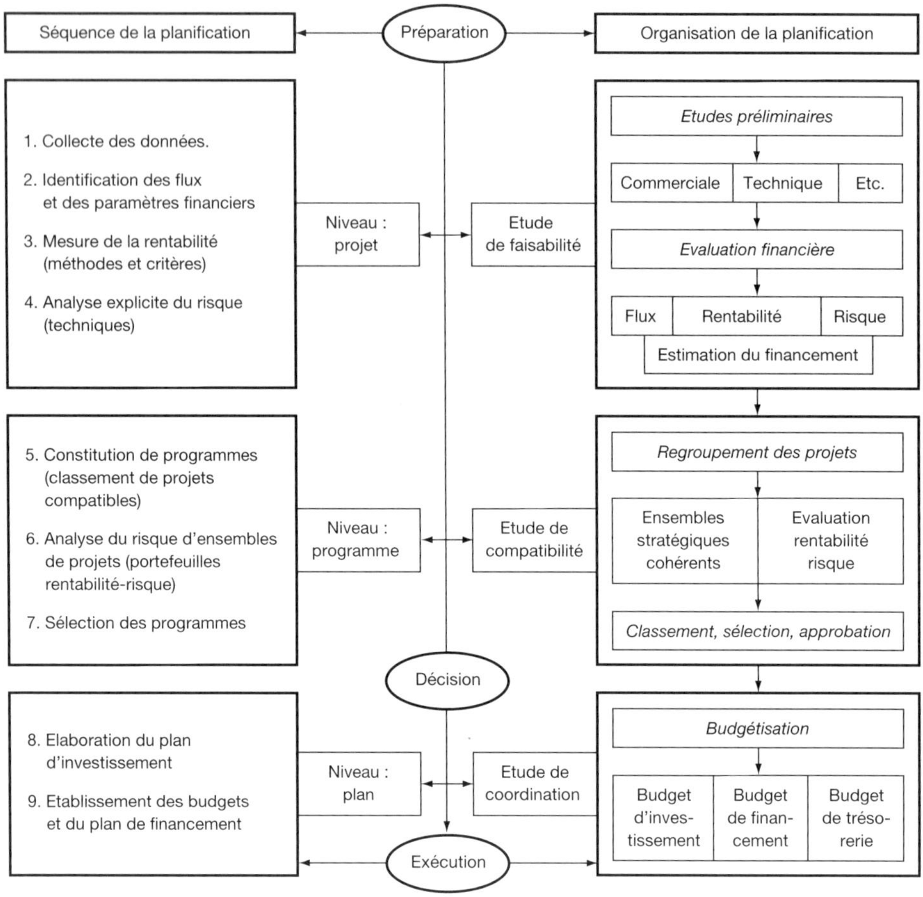

d'activité) en fin de durée de vie d'autre part. Le tableau 1 résume la nature, le contenu et la cadence des flux financiers qui forment les flux de liquidité d'un projet (d'innovation ou d'expansion) dont l'objectif est de contribuer à la croissance du chiffre d'affaires d'un métier de l'entreprise (supposée bénéficiaire et, dès lors, assujettie à l'impôt des sociétés).

L'identification et la quantification correctes des flux financiers constituent la phase la plus délicate et peut-être la plus importante car c'est sur cette base que s'opère la détermination de la rentabilité du projet dont le calcul requiert la définition d'un taux de rejet (ou taux de rentabilité minimal exigé).

Si le projet comporte le même risque économique et le même risque financier que l'entreprise, le taux de rejet correspond au coût des fonds qui servent à le financer et ce coût n'est autre que le coût moyen pondéré du capital de l'entreprise qui exprime, en moyenne pondérée selon leurs parts respectives dans le financement, le rendement exigé par tous les fournisseurs de fonds (actionnaires et prêteurs).

– Si le projet (lié à un métier) présente un risque économique spécifique différent de l'entreprise dans son ensemble, ce que l'on peut estimer à partir

Tableau 1 – Les flux d'entrées et de sorties de fonds d'un projet d'investissement

Années	**0**	**1**	**2**	***n***
Capitaux investis – en immobilisations incorporelles – en immobilisations corporelles – en besoins en fonds de roulement				
Sous-total [A]				
Chiffre d'affaires – Coûts variables d'exploitation – Coûts fixes d'exploitation (sauf amortissements) = Excédent brut d'exploitation × (1 – taux d'imposition) = Excédent net d'exploitation /1/				
Dotations aux amortissements × taux d'imposition = Economie fiscale sur amortissements /2/				
/1/ + /2/= Flux de revenus = Sous-total [B]				
Valeur récupérable nette – des immobilisations incorporelles – des immobilisations corporelles – des besoins en fonds de roulement				
Sous-total [C]				
– [A] + [B] + [C] = Flux de liquidité				

d'une étude de risque fondée sur des techniques (de moyenne-variance de distributions de probabilités, de simulation probabilisée...) d'analyse de sensibilité, il faut lui appliquer un taux de rejet approprié à ce risque spécifique.

– Le taux de rejet inclut par ailleurs le risque financier lié à la structure de financement du projet. En considérant que le projet fait partie d'un plan d'investissement et que c'est pour ce plan global que l'on recherche un plan de financement, le taux de rejet incorpore le coût des fonds propres et le coût des dettes en fonction de ce que sera la structure financière (ou l'objectif-cible de la structure financière) de l'entreprise après adoption de ces plans d'investissement et de financement.

La méthode la plus pertinente pour estimer la rentabilité d'un projet est la valeur actuelle nette (VAN)[9] qui, quand elle est positive, signifie que :

– tous les capitaux investis seront, d'après les prévisions, récupérés par les flux de revenus (augmentés de la valeur résiduelle) qui surviendront pendant la durée de vie ;

– les fournisseurs de fonds seront rémunérés selon leurs exigences de rendement puisque tous les flux sont actualisés au coût du capital ;

– il restera un surplus (qui est la VAN elle-même) au profit de l'entreprise.

9. Voir dans cette Encyclopédie l'article de J.R. Sulzer, « Critères de choix des investissements », p. 828, tome 1.

Cette méthode ne permet toutefois pas de savoir à partir de quand les capitaux investis seront récupérés. Aussi, dans une optique de planification qui cherche à décrire autant la liquidité que la rentabilité d'un projet, nous préconisons le recours au profil des VAN successives représenté sur le graphique 1.

Graphique 1 – Le profil des valeurs actuelles nettes successives

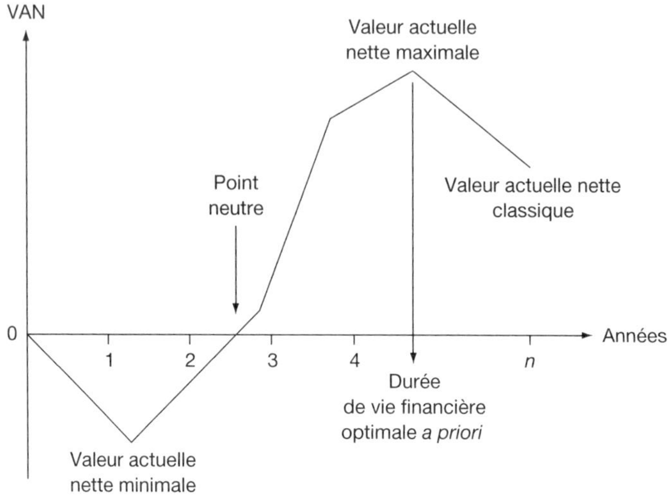

2.1.2. La constitution des programmes et du plan d'investissement

Les programmes d'investissement sont des « compilations » de projets retenus en raison de leur rentabilité (en fonction du risque) et de leur conformité aux options stratégiques de l'entreprise. Ils constituent, au niveau de divisions, de filiales, de sièges d'exploitation, etc. des ensembles cohérents de projets mutuellement compatibles selon une démarche proche de la gestion de portefeuilles d'actifs financiers.

En situation de rationnement de capital (comme dans le cas d'enveloppes de financement strictes allouées à des filiales ou à des divisions), on peut être amené à composer plusieurs programmes concurrents et le choix doit alors se porter sur celui qui, dans le cadre du budget disponible, apporte la VAN maximale.

Les projets et les programmes sélectionnés aboutissent à l'élaboration du plan d'investissement. Ce plan doit être conçu sous deux angles pratiques que nous considérons comme complémentaires.

– Il s'agit, d'une part, d'additionner les profils des flux de liquidité (et des valeurs actuelles nettes successives) de tous les projets : de cette façon, on peut « lire » l'importance des capitaux à investir année par année pour lesquels il faudra rechercher un plan de financement dans la mesure où, comme c'est fréquemment le cas, certains projets ne s'autofinancent pas (par leurs flux de revenus) ou n'en autofinancent pas d'autres. Cette conception conduit directement à la planification financière globale de l'entreprise qui sera détaillée dans la section 3.

– Il s'agit, d'autre part, de ventiler les capitaux investis dans ce plan selon divers critères concrets : la catégorie (projets industriels ou financiers) pour identifier l'orientation interne ou externe de la croissance, la nature des projets (innovation, agrandissement, rationalisation, etc.) par métier pour apprécier le degré de conformité aux objectifs et choix stratégiques, la nature des capitaux investis (immobilisations corporelles, besoins en fonds de roulement, etc.) pour estimer les effets bilantiels prévisibles et le niveau de flexibilité des actifs, la taille pour (le plus souvent en pratique) définir le niveau de responsabilité de la décision et l'importance du contrôle de gestion *a posteriori*...

2.2. La planification des désinvestissements

Selon le concept et le rôle qui en ont été donnés au paragraphe 1.2., le désinvestissement doit résulter d'une démarche « volontariste » de sorte que sa préparation, sa décision et son exécution relèvent d'un processus de planification tout à fait similaire à celui de l'investissement ; le schéma 2 est donc applicable *mutatis mutandis* mais il faut peut-être souligner que, dans l'étude de faisabilité d'un projet, les études préliminaires doivent incorporer une analyse des causes (ou faits générateurs ou mobiles), des contraintes (ou obstacles ou freins) et des modalités (y compris les formes de récupération de l'argent) du désinvestissement[10].

2.2.1. L'évaluation financière d'un projet de désinvestissement

En l'absence de rationnement de capital, le principe du désinvestissement consiste, à un moment donné où, dans le cadre de l'activité de contrôle de gestion, on se pose la question de savoir s'il faut ou non désinvestir, à comparer la valeur récupérable à ce moment-là et la valeur actuelle des flux de revenus (augmentés de la valeur résiduelle) que rapporterait l'activité si elle était poursuivie au-delà de ce moment sur sa durée de vie restante.

Alors que le problème de l'investissement se résume à une seule question – faut-il investir ? – le problème du désinvestissement comporte trois questions fondamentales : faut-il désinvestir, quand faut-il le faire et comment faut-il le faire ?

La question de la manière de désinvestir se résout à partir de l'analyse des modalités (avec les coûts qui leur sont associés) de désinvestissement (récupérer les besoins en fonds de roulement et vendre les actifs fixes morceau par morceau à la suite d'une opération de démantèlement, vendre en bloc un ensemble économiquement et physiquement homogène, désaffecter un produit et réutiliser l'appareil de production pour un autre) d'une part, de la cadence de récupération des capitaux (en fonction de la forme – espèces, actions, obligations, paiements progressifs, etc. – sous laquelle la valeur récupérable est effectivement récupérée) d'autre part. Une telle analyse aboutit à établir une espèce de budget de trésorerie du désinvestissement, semblable au modèle présenté au tableau 2, qui dessine un profil de flux récupérables bien utile à la fois pour contrôler *a posteriori* l'état d'avancement de l'opération et, dans le cas du rationnement de capital qui conduit à désinvestir en vue de réinvestir, pour savoir quand les fonds seront disponibles pour financer les opportunités de réinvestissement.

---

10. Voir également dans cette Encyclopédie, mais dans un cadre spécifiquement international, l'article de B. Marois, « Désinvestissement international », p. 926, tome 1.

Tableau 2 – Le profil des flux de valeur récupérable

	Mois *t* année 1	Mois *t* + 1 année 2	...	Total
Eléments positifs Valeur nette de revente des immobilisations (à détailler par nature) Récupération des besoins en fonds de roulement (à détailler par nature) Valeur des investissements futurs évités : – en immobilisations – en besoins en fonds de roulement **Sous-total 1** **Eléments négatifs** Dépenses de cessation : – frais de démantèlement – coûts de licenciement – etc. Dépenses de suivi : – stock de pièces détachées – etc. Dépenses de mutation : – frais de réorganisation – coûts de reclassement du personnel – etc. **Sous-total 2**				
Valeur récupérable nette				
Valeur récupérable nette cumulée				

En revanche, les réponses aux deux premières questions doivent être simultanées et, s'inscrivant dans le cadre du contrôle *a posteriori* de l'activité, se fonder sur les données et les estimations nouvelles de flux et de paramètres financiers que l'on peut réunir à un moment donné (et à chaque moment ultérieur) où l'on pose la question de savoir s'il faut ou non désinvestir. Le problème doit dès lors se traiter de manière séquentielle, selon une logique proche de la structure d'un arbre de décision.

– Si la valeur récupérable à un moment donné est inférieure à la valeur actuelle des flux de revenus (augmentés de la valeur résiduelle) liés à la poursuite de l'activité jusqu'à la fin de la durée de vie restante ou jusqu'à la fin d'une durée de vie plus courte, la valeur actuelle nette du désinvestissement est négative et, par conséquent, il y a lieu de maintenir l'activité jusqu'à la prochaine date du contrôle *a posteriori*, soit par exemple une année de plus au terme de laquelle on se posera à nouveau la question du désinvestissement avec les données nouvelles qui seront disponibles à ce moment-là.

– Si, au contraire, la valeur récupérable est supérieure à la valeur actuelle des flux de revenus (augmentés de la valeur résiduelle) liés à la poursuite de l'activité jusqu'au terme de n'importe quelle période de la durée de vie restante, il y a lieu de désinvestir immédiatement car la valeur actuelle nette du désinvestissement est positive.

2.2.2. Le choix conjoint des désinvestissements et des réinvestissements

La planification de la mobilité financière par le désinvestissement contraint de formuler des règles de décision plus complexes. En effet, en l'absence de limitation des ressources, l'entreprise dispose, par hypothèse, des fonds nécessaires pour financer tous les projets d'investissement rentables et, par conséquence, elle désinvestit les seules activités qui ne sont plus rentables. En revanche, quand il y a rationnement de capital, l'entreprise est sous contrainte car, pour diverses raisons, le marché des capitaux ne lui est pas ou plus accessible et sa capacité d'autofinancement est insuffisante ou épuisée ; dans ce cadre, elle doit bien sûr continuer de désinvestir les activités non rentables mais elle doit aussi envisager de libérer des ressources internes en déclassant des activités dont la valeur actuelle nette est encore pourtant positive (en partant du principe extrême que toute activité en place est un projet de désinvestissement). Le seul but est d'allouer les fonds ainsi récupérés à d'autres activités, nouvelles ou existantes, dont la valeur actuelle nette est plus élevée.

Cette logique d'analyse insère un paramètre supplémentaire dans le principe du désinvestissement : la rentabilité des opportunités de réinvestissement (projet d'innovation, projet d'agrandissement, projet de rationalisation, renforcement du fonds de roulement, remboursement de dettes, etc.). Elle soulève dès lors une double question à laquelle il faut répondre simultanément : quelle activité faut-il désinvestir et dans quelle autre activité faut-il réinvestir ?

La réponse ne peut toutefois se limiter à une simple comparaison de valeurs actuelles nettes. Le rationnement de capital impose de raisonner en termes de maximisation (ou d'optimisation) de la valeur de l'entreprise sous la contrainte de ressources financières limitées. Par conséquent, la méthode de référence doit être le profil des valeurs actuelles nettes successives et la décision de substituer une activité à une autre est la politique optimale quand la valeur actuelle nette maximale du projet de réinvestissement est, quel que soit le moment, supérieure à celle de l'activité en place susceptible d'être désinvestie. Le graphique 2 traduit cette idée en considérant un seul projet de désinvestissement et un seul projet de réinvestissement dont la durée de vie est la même (mais cette hypothèse est purement gratuite puisque la décision se libelle en termes de maximisation de la valeur) et dont le besoin de fonds à investir est égal, dès le départ, au montant de la valeur récupérable. En pratique, cette dernière simplification est évidemment abusive et, pour résoudre le problème des disparités de taille, le raisonnement doit se fonder sur la constitution de programmes et le rapprochement entre les échéanciers de flux (c'est-à-dire les budgets de trésorerie des désinvestissements comparés aux budgets des dépenses d'investissement).

2.3. La planification des financements

La planification des financements a pour cadre classique la structure financière de l'entreprise, compte tenu d'un levier (ou rapport entre fonds empruntés et fonds propres) retenu comme objectif à atteindre.

Son importance n'apparaît toutefois clairement qu'au niveau de la planification financière globale de l'entreprise (telle qu'elle sera exposée à la

Graphique 2 – Le choix conjoint des désinvestissements et des réinvestissements

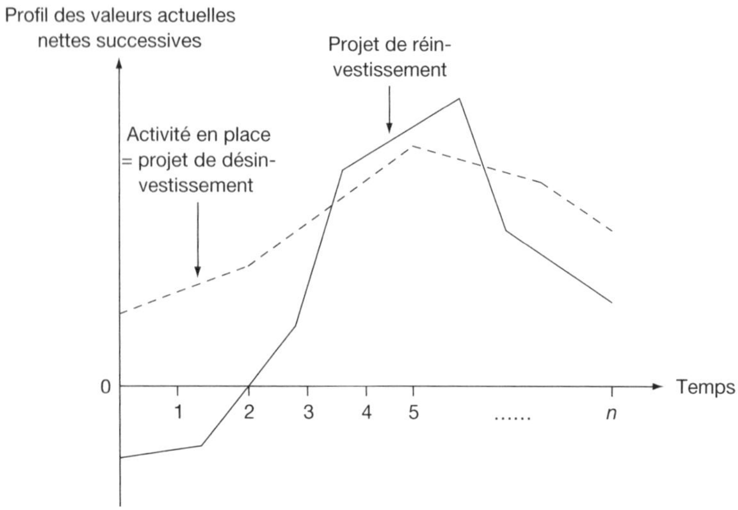

section 3) lorsqu'il s'agit, année par année (dans une optique de moyen terme), mois par mois (dans une optique de court terme) et notamment en situation de rareté des capitaux, de trouver des concordances entre les besoins et les sources de fonds. Il est néanmoins utile de l'examiner séparément et préalablement car elle consiste au départ à inventorier les différentes sources internes et externes de capitaux auxquelles l'entreprise peut accéder.

2.3.1. Un inventaire des sources et des techniques de financement permanent

Conventionnellement, on distingue deux catégories de base de moyens financiers : les fonds propres et les fonds empruntés. Les moyens propres, constitués du capital apporté par les actionnaires ainsi que des réserves (assimilables à une rétribution différée dans le temps des actionnaires), sont mis à la disposition de l'entreprise pour une durée indéterminée, à risque plein et contre une rémunération essentiellement variable qui est fonction, fondamentalement, de sa performance économique. En revanche, les moyens empruntés sont mis à la disposition de l'entreprise pour une durée déterminée, moyennant des garanties destinées à atténuer le risque et contre une rémunération que l'on considère souvent comme fixe et qui n'est pas obligatoirement liée à sa performance économique (encore qu'elle en soit le garant à terme).

Cette classification est beaucoup trop sommaire si l'on veut que la recherche des financements les plus adéquats fasse partie d'une stratégie de compétitivité financière. L'inventaire dressé dans le tableau 3 ci-après fournit un exemple de la panoplie des moyens financiers[11].

---

11. Voir également dans cette Encyclopédie l'article de N. Mourgues, « Fonds propres et quasi-fonds propres », p. 1433, tome 2, et dans l'Encyclopédie des marchés financiers les articles de D. Folus, « Actions : modélisation, évaluation, gestion », de P. Chollet, « Bons de souscription d'actions », de A. François-Heude, « Obligations à taux variable », de M. Piermay, « Obligations », de J.P. Retout, « Titres subordonnés », et de G. de Nercy, « Obligations convertibles ».

Tableau 3 – Un inventaire des techniques de financement à long terme

Le financement par fonds propres
L'autofinancement – Dans une optique comptable : · les amortissements, · les bénéfices réservés. – Dans une optique financière (de trésorerie) : · les valeurs disponibles et les placements de trésorerie, · la valeur récupérable des désinvestissements.
L'augmentation de capital – Par émission d'actions nouvelles ordinaires : · en échange d'apports d'espèces, · en échange d'apports en nature. – Par émission de quasi-fonds propres : · actions à dividende prioritaire sans droit de vote, · certificats d'investissement. – Par émission d'actions à bons de souscription d'actions (ABSA)
Le financement par endettement pur
Les crédits d'investissement (institutionnels)
Les obligations ordinaires – A taux fixe – A taux variable – Indexées – A fenêtres – Subordonnées
Le financement par produits hybrides
Les obligations – Convertibles en actions – Avec bons de souscription d'actions (OBSA) – Avec bons de souscription d'obligations (OBSO) – Remboursables en actions (ORA) *Les titres participatifs*
Le financement par crédit-bail

2.3.2. La valeur d'un financement

Une source de financement est un projet de financement qui justifie une étude de faisabilité souvent limitée au calcul de son coût. La connaissance du coût de chaque source de financement est indispensable dans la planification des investissements et des désinvestissements, principalement pour la détermination du coût moyen pondéré du capital de l'entreprise et la fixation des taux de rentabilité requis des projets.

Dans la planification des financements conçue dans la perspective d'une coordination des besoins et des sources de fonds, le coût a cependant une importance marginale. En effet, si on se limitait à ce seul point de vue, l'entreprise devrait toujours se financer par endettement car le coût des fonds propres, ne bénéficiant pas d'un effet fiscal et incluant une prime de risque financier plus importante justifiée en l'occurrence par le fait que les actionnaires sont rémunérés en dernier ressort, est toujours plus élevé. En revanche, deux autres considérations sont cruciales et contribuent à conférer une certaine valeur « qualitative » (ou désidérabilité) à un financement : le montant de capital qui peut être réuni et le moment où le capital est susceptible d'être disponible. La section 3 aura l'occasion de mettre ces considérations en évidence.

2.3.3. Les limites dans la planification des financements

Le travail de recensement des sources de financement est confiné dans un espace de liberté qu'il y a lieu de borner à partir des trois facettes, illustrées par le schéma 3, de la structure financière de l'entreprise.

Schéma 3 – Les trois facettes de la structure financière

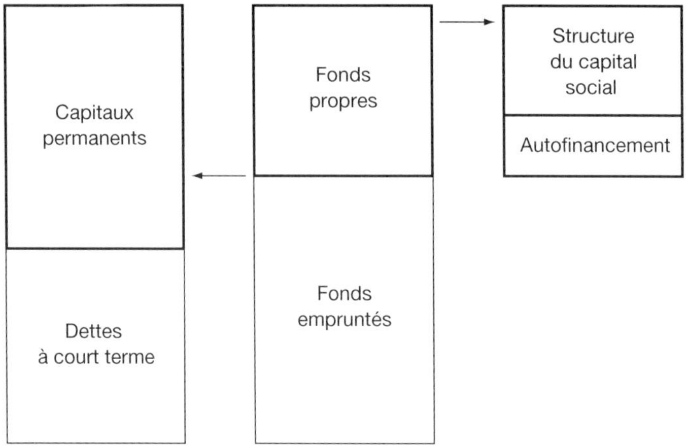

Le premier aspect, le plus connu, concerne la répartition entre les fonds propres et les fonds empruntés[12]. Il occupe une position centrale en pratique comme en théorie et, malgré les débats qui ne cessent de l'entourer, il reste une profonde énigme financière en ce sens que rien ne permet de définir pour une entreprise une structure financière optimale, c'est-à-dire une limite d'endettement optimale. Il reste que le recours à la dette connaît une limite dans le mécanisme de l'effet de levier financier qui, en se retournant (à la suite d'emprunts qui coûtent plus qu'ils rapportent ou, plus globalement, en raison de résultats d'exploitation insuffisants par rapport aux frais financiers), se transforme en un « effet de massue » sur le bénéfice par action et, donc, sur la rentabilité offerte aux actionnaires.

Le deuxième aspect a trait à la structure de propriété de l'entreprise, c'est-à-dire à la composition de l'actionnariat et, dès lors, à la structure du capital social[13]. Ce sujet, abondamment traité dans la littérature financière depuis les

12. Voir également dans cette Encyclopédie l'article de M. Albouy, « Structure financière et coût du capital », p. 3129, tome 3.

13. Voir également dans l'Encyclopédie des marchés financiers l'article de M. Nussenbaum, « Valeur de l'entreprise et structure de l'actionnariat ».

travaux de M.C. Jensen et W.H. Meckling (1976), est en réalité tout aussi crucial que celui de la répartition entre les fonds propres et les fonds empruntés. En effet, le capital social sous-tend une certaine structure de gestion et de contrôle de l'entreprise et deux conditions paraissent devoir être remplies pour que cette structure soit favorable à l'entreprise :

– un actionnariat qui apporte, en plus des capitaux nécessaires, des éléments intangibles qui doivent contribuer au développement de la société : synergies entre groupes, réseaux d'affaires, systèmes d'informations et d'influences, diversité culturelle, etc. ;

– un actionnariat qui accompagne financièrement, avec fidélité, le développement de l'entreprise afin d'éviter autant que possible les coûteux bouleversements de stratégie qui sont souvent liés à l'entrée de nouveaux actionnaires dominants plus ou moins bien intentionnés.

Ces deux conditions peuvent être rencontrées sous des formes multiples qui ont cependant toutes la caractéristique de verrouiller la gestion et le contrôle : actionnariat à structure familiale dominante, structure de noyau dur, actionnariat diversifié fondé sur des petits porteurs mais doublé d'un groupe stable et d'institutionnels, etc.

Le troisième aspect concerne la durée des fonds, c'est-à-dire la répartition entre les capitaux permanents et les dettes à court terme. Cet aspect, développé à la fin de la section 3 et impliquant un inventaire des techniques de financement à court terme afin d'éponger des zones ponctuelles ou renouvelables de trésorerie négative, désigne la liaison nécessaire entre la durée des moyens financiers et la durée de vie des actifs acquis grâce à eux. Il exprime une idée de sécurité financière souvent résumée par le concept de fonds de roulement : les ressources permanentes doivent être suffisantes pour couvrir les actifs fixes et les besoins durables en fonds de roulement. Si tel est le cas et si la marge de sécurité est aisée, l'entreprise dispose d'une trésorerie positive et elle est donc en mesure, ne serait-ce qu'à court terme, de faire face à ses engagements financiers. Si tel n'est pas le cas, l'entreprise doit veiller à déjouer deux pièges dont on sait par expérience qu'ils sont souvent complémentaires :

– la « fuite en avant » : elle résulte de l'acceptation de tous les projets d'investissement rentables qui « emballent » les besoins en fonds de roulement de l'entreprise, laquelle ne parvient plus à autofinancer sa croissance et recourt alors abusivement à l'endettement à court terme au lieu de se donner un financement structurel, voire de se recapitaliser ;

– le « sous-investissement » : il résulte soit d'un rationnement de capital volontaire (lié par exemple au refus d'ouvrir le capital à des intérêts extérieurs ou à la volonté de respecter un niveau donné d'endettement), soit d'un rationnement de capital imposé par le marché à la suite d'une « fuite en avant » qui laisse une perception des risques inacceptable pour les fournisseurs de fonds.

3. La planification financière de l'entreprise

La planification financière de l'entreprise est l'aboutissement et la synthèse de toutes les planifications partielles réalisées dans l'entreprise, selon les démarches détaillées dans la section 2. Elle a pour objectif de préfigurer la situation financière de l'entreprise en termes d'équilibre financier (ou de structure financière), de liquidité, de rentabilité, etc. de mois en mois et d'année en année pour une période déterminée.

L'idée de base de cette planification globale peut être reproduite par trois questions. L'entreprise est-elle capable de supporter le « choc » ou le poids des investissements et des désinvestissements jugés opportuns ? Peut-elle concilier ses plans d'investissement et de financement ? Comment se comportera-t-elle *a priori* d'ici à un, deux ou trois ans et dans les tout prochains mois ?

Comme nous l'avons suggéré au paragraphe 1.4., la planification financière de l'entreprise comprend un plan à moyen terme et un plan à court terme dont l'articulation est représentée dans ses grandes lignes par le schéma 4.

Schéma 4 – La configuration de la planification financière de l'entreprise

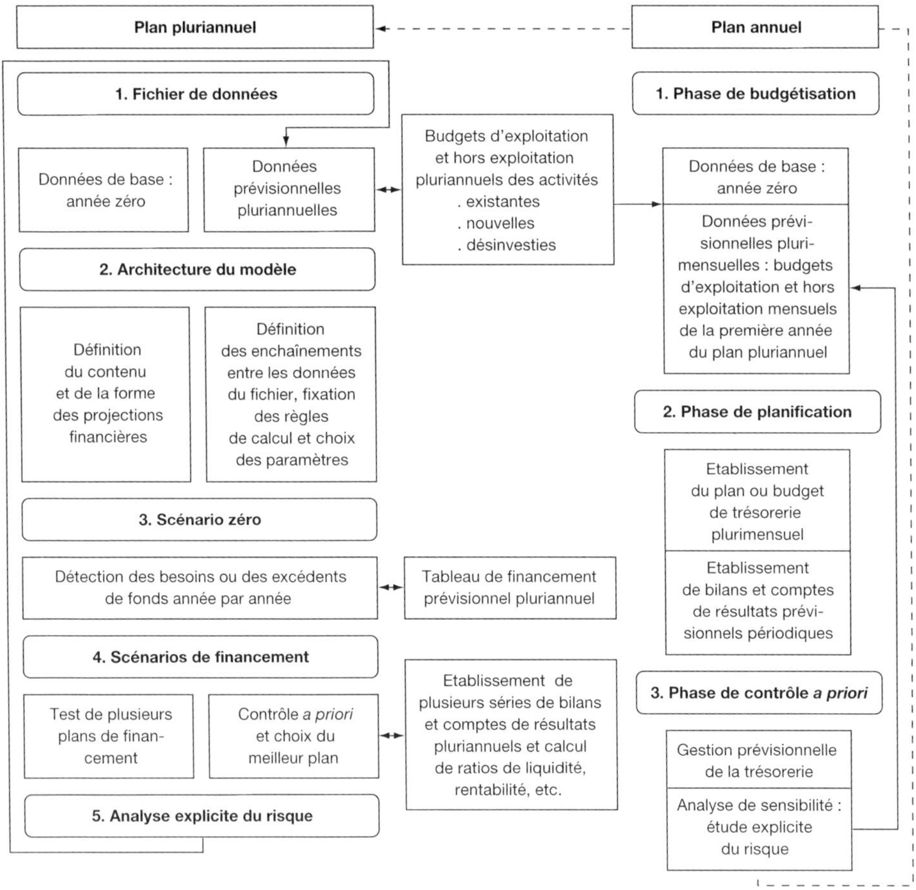

3.1. La planification à moyen terme

La planification pluriannuelle est un travail de coordination entre des besoins et des sources de fonds. Cinq étapes peuvent être distinguées dans sa construction dont la lourdeur sollicite le recours à des supports informatiques.

3.1.1. La constitution du fichier de données

Les données nécessaires doivent être réparties en deux catégories.

– Les données de base ou données de l'année zéro concernent la situation de l'entreprise au moment de la conception du plan et sont ainsi, concrètement, le plus souvent contenues dans le plus récent bilan disponible.

– Les données prévisionnelles, qui feront l'objet d'une « paramétrisation » et d'une analyse de sensibilité dans le cadre d'un contrôle *a priori*, sont ventilées en fonction des activités auxquelles elles se rapportent : activités existantes maintenues, activités nouvelles (projets et plan d'investissement) et activités existantes désinvesties (projets et plan de désinvestissement). Elles concernent donc des flux financiers qui peuvent se classer en budgets d'exploitation et en budgets d'investissement et de désinvestissement.

Le fichier doit être organisé de manière à permettre aux données prévisionnelles de se brancher sur les données de base en vue de produire des états financiers prévisionnels.

3.1.2. La définition de l'architecture du modèle

Cette deuxième étape consiste à organiser le contenu de la planification. Elle doit spécifier la nature, la forme (ou le type de présentation) et le contenu (avec le degré de détail souhaité) des états financiers (comptes de résultats, bilans, ratios, tableaux de flux...) qui constitueront le plan. Elle doit aussi préciser minutieusement le mode de détermination des enchaînements entre les données (enrôlées dans le fichier) et les états financiers ; il s'agit, pratiquement, de signifier au modèle et à l'ordinateur comment ils doivent additionner algébriquement les éléments qui permettent d'établir un compte de résultats (avec tous les soldes intermédiaires de gestion utiles) et un bilan (avec la construction d'agrégats tels que le fonds de roulement et le besoin en fonds de roulement), avec la description des éventuelles itérations à suivre pour parvenir à des états financiers arithmétiquement équilibrés. Elle doit enfin veiller à « paramétriser » certaines données prévisionnelles, c'est-à-dire les éléments clés dont on pourra modifier à souhait la valeur numérique lors de l'étude de sensibilité du plan.

3.1.3. La détermination des besoins ou des excédents de fonds pluriannuels

La première projection financière, appelée scénario zéro, est en fait un « tour pour rien » en ce sens qu'elle ne cherche pas à tester l'un ou l'autre plan de financement. Elle est néanmoins indispensable car elle permet de dégager, année par année sur la période du plan, l'ampleur des besoins (à financer) ou des excédents (à placer) de fonds. Le principal instrument utilisé à cette fin est un tableau d'emplois et ressources prévisionnels semblable à celui proposé au tableau 4. Un tel tableau comprend deux parties distinctes.

– La première, soit le haut du tableau, regroupe tous les flux de besoins et sources (internes ou d'autofinancement) de fonds que l'on peut prévoir sur la base des activités existantes maintenues ou désinvesties et des activités nouvelles, et en fonction des seuls financements existants (dans le fichier des

Tableau 4 – Un tableau de financement prévisionnel

Besoins de financement	Année 1	Année 2	...	Total	Ressources de financement	Année 1	Année 2	...	Total
1. Investissements incorporels – Activités existantes maintenues – Activités nouvelles 2. Investissements corporels – Activités existantes maintenues – Activités nouvelles 3. Investissements financiers – Activités existantes maintenues – Activités nouvelles 4. Besoins en fonds de roulement – Activités existantes maintenues – Activités nouvelles					1. Excédents bruts d'exploitation – Activités existantes maintenues – Activités nouvelles 2. Désinvestissements – incorporels – corporels – financiers 3. Récupération de besoins en fonds de roulement – Activités existantes maintenues – Activités désinvesties 4. Sources de fonds diverses – Produits financiers (sur actifs actuels) – Autres				
5. Remboursement de dettes actuelles 6. Besoins de fonds divers – Frais financiers (sur dettes actuelles) – Impôts – Dividendes (aux actions actuelles) – Autres					**Total**				
Total					**Solde à financer**				
Besoins de fonds additionnels					**Scénarios de financement**				
Remboursement de dettes Frais financiers Loyers de crédit-bail Dividendes					Augmentation de capital Endettement à long terme Crédit-bail Endettement à court terme				
Total					**Total**				

données de base). Elle se boucle, dans l'exemple du tableau 4, sur des besoins annuels ou soldes à financer.

– La seconde partie du tableau appelle des propositions de financement qui constituent la quatrième étape du modèle.

3.1.4. La construction de scénarios de financement

Cette phase désigne l'un des plus nobles métiers d'un directeur financier. Il s'agit en effet, sur la base de l'inventaire des sources de financement (tel qu'il a été suggéré au paragraphe 2.3.) et de leur accessibilité pour les montants et les moments nécessaires, de « couvrir » les besoins de fonds annuels. Selon la plus ou moins riche variété des instruments, plusieurs scénarios peuvent être envisagés.

– Chaque scénario engendrera des besoins de fonds supplémentaires qui justifieront des financements additionnels et, au terme de quelques itérations et ajustements successifs, le tableau des emplois et ressources sera arithmétiquement équilibré.

– Chaque scénario ainsi stabilisé va dès lors produire une série de comptes de résultats et de bilans prévisionnels arithmétiquement équilibrés.

– Une évaluation des diverses séries en termes de structure financière (selon les conceptions présentées au point 2.3.2.), de liquidité et de rentabilité (et effet de levier financier) doit permettre, en fonction de ce que la théorie appelle la fonction d'utilité (du directeur financier), de choisir un scénario plutôt que les autres. Cette évaluation représente déjà en quelque sorte une analyse de sensibilité sur des plans de financement et un aspect du contrôle *a priori* de la planification.

3.1.5. L'analyse explicite du risque du plan financier

Le plan financier retenu doit encore être testé en vue d'apprécier sa solidité et sa viabilité en réaction à la modification de certaines données prévisionnelles sensibles ou influentes. Il s'agit de vérifier si les équilibres de structure, de liquidité et de rentabilité résistent, par exemple, à des hypothèses pessimistes et optimistes relatives à l'évolution de l'environnement et/ou des affaires de l'entreprise. Il n'est pas exclu qu'une telle analyse de sensibilité conduise finalement à préférer un scénario de financement alternatif moins assujetti aux caprices du risque.

3.2. La planification à court terme

La planification annuelle, consistant à détailler la première année du plan pluriannuel pour la découper en périodes (le plus souvent) mensuelles, se fonde sur l'idée suivante : bien que les équilibres financiers fondamentaux soient atteints dans le plan à moyen terme, il n'est pas impossible que des « trous » de liquidité se creusent dans les tout prochains mois en raison de l'inadéquation ponctuelle, voire renouvelable sur plusieurs mois, entre le moment où les fonds sont requis et celui où ils sont disponibles. Le plan financier à court terme est donc axé sur la liquidité et sur la gestion (prévisionnelle) de la trésorerie de l'entreprise dont la mission est de trouver les financements de relais nécessaires ou les placements temporaires opportuns.

Le schéma 4 suggère de dissocier trois phases brièvement discutées dans les paragraphes suivants.

3.2.1. L'élaboration des budgets

Du fichier général de données (dont la composition a été décrite au point 3.1.1.), on extrait les données de base ainsi que les données prévisionnelles relatives à la première année du plan pluriannuel.

Ces données servent à constituer des budgets d'exploitation dont les éléments (ventes, achats de matières premières, frais de personnel, etc.) se répercutent dans le compte de résultats, et des budgets d'investissement et de désinvestissement dont les rubriques (immobilisations acquises ou cédées, besoins en fonds de roulement investis ou récupérés...) influencent le bilan. Il faut leur adjoindre le plan de financement (de la première année) tel qu'il a été arrêté dans la planification à moyen terme et dont les composantes agissent tantôt sur le compte de résultats (charges financières...), tantôt sur le bilan (nouveaux emprunts avec leurs tranches de remboursement, augmentations de capital...).

3.2.2. La construction du plan de trésorerie plurimensuel

En réalité, un plan financier à court terme complet devrait contenir des comptes de résultats périodiques (mensuels ou trimestriels par exemple), des bilans intermédiaires (trimestriels ou semestriels) et, le cas échéant, des tableaux de flux de manière à « fournir de la matière » au contrôle *a posteriori*. Toutefois, en raison de l'accent mis sur la détection d'éventuels problèmes de liquidité à court terme, la pièce maîtresse de la construction est un budget ou plan de trésorerie plurimensuel dont le tableau 5 fournit un modèle d'ossature.

Dans une optique de planification financière d'entreprise, le plan de trésorerie est issu de budgets ou de projections comptables (en termes de produits et de charges) qu'il faut convertir en flux monétaires réels (d'entrées et de sorties d'argent). Ainsi, les chiffres d'affaires doivent être transformés en recettes sur ventes selon le délai moyen de recouvrement des créances ou selon des fourchettes plus précises, compte tenu des montants mobilisables par des crédits d'escompte ou assimilés. De même, les achats de matières et de services doivent être traduits en dépenses effectives selon les délais de paiement obtenus des fournisseurs. Etc.

L'aboutissement du budget de trésorerie est la mise en évidence, mois par mois et en cumul, des déficits ou des excédents de liquidité.

3.2.3. La gestion prévisionnelle de la trésorerie

Les écarts décelés au terme de la construction précédente sollicitent une nouvelle planification que nous appelons la gestion prévisionnelle de la trésorerie, dans la mesure où elle implique de prévoir les possibilités de financement des déficits et les opportunités de placement des excédents[14]. Cette gestion est le premier aspect du contrôle *a priori* du budget de trésorerie.

---

14. Voir également dans cette Encyclopédie l'article de D. Dubois, « Trésorerie », p. 3401, tome 3.

Tableau 5 – L'architecture générale d'un plan de trésorerie plurimensuel

	Janvier	Février	…	Décem-bre	Total
Recettes d'exploitation					
– Dépenses d'exploitation . *Variables* matières premières fournitures d'énergie salaires TVA etc. . *Fixes* entretien publicité etc. . *Diverses* charges financières impôt des sociétés etc.					
+ Recettes hors exploitation . *En fonds propres* augmentations de capital subventions . *En endettement* . *En désinvestissement*					
– Dépenses hors exploitation . *En immobilisations corporelles* . *En remboursement de dettes* . *Etc.*					
= Flux mensuel de trésorerie					
+ Trésorerie active initiale **= Etat mensuel de trésorerie**					
Déficits ou excédents cumulés de liquidité					

Puisque la perspective d'analyse est réduite à l'année, les ajustements consistent en principe, en cas de besoins de fonds, à rechercher des crédits bancaires complémentaires à court terme. Il est toutefois possible que les organismes financiers refusent, pour des contraintes qui leur sont propres ou en raison de l'endettement existant jugé excessif de l'entreprise, d'allouer (ou d'augmenter) des lignes de crédit (du type crédit-relais par exemple) et de financer ainsi certains décalages importants, pourtant de court terme. Dans ces conditions, il ne reste plus qu'à revoir le plan financier pluriannuel pour l'adapter dans deux directions possibles :

– renforcer le fonds de roulement par une substitution de capitaux permanents à des dettes financières à court terme, selon les principes qui seront développés au paragraphe 3.3. ;

– reporter l'exécution de certains investissements trop gourmands en liquidité ou recomposer, puisque l'on est en situation de rationnement de capital, le portefeuille des désinvestissements et des réinvestissements.

Le second aspect du contrôle *a priori* consiste à tester la robustesse du budget de trésorerie par la réalisation d'une étude de sensibilité axée sur la modification de valeur de quelques variables clés. Une telle analyse peut également aboutir à la révision du plan financier pluriannuel.

3.3. L'équilibrage de la structure financière

Le plan financier à mettre en œuvre pour résorber des déficits prévisionnels de trésorerie à court terme doit se concevoir à partir de la logique de la structure financière temporelle de l'entreprise. Si la trésorerie nette attendue est négative, c'est que le besoin en fonds de roulement prévu excède le fonds de roulement tel qu'il est fixé par le plan financier pluriannuel. Il s'agit alors de se poser la question suivante : le besoin de fonds de roulement comporte-t-il une partie à caractère durable ou permanent qui requiert un financement par capitaux permanents, et une partie à caractère temporaire dont le financement par un endettement bancaire à court terme peut se justifier ?

Le problème consiste donc à identifier la partie structurelle du besoin en fonds de roulement. La démarche à suivre, reposant sur l'idée que le cycle d'exploitation de l'entreprise se répercute à la fois dans des éléments de bilan (c'est-à-dire les stocks, les clients et les fournisseurs qui, ensemble, composent le besoin en fonds de roulement) et dans des éléments de compte de résultats (notamment les achats de matières premières, les salaires et autres frais de fabrication et le chiffre d'affaires), se déroule en trois phases.

3.3.1. La détermination des temps d'écoulement ou vitesses de rotation en jours des composantes du besoin en fonds de roulement

Ces temps d'écoulement se calculent selon les ratios classiques qui permettent d'établir les coefficients de rotation des stocks de matières premières (en jours d'achats), des stocks d'en-cours et des stocks de produits finis (en jours de coût de revient des ventes), des créances clients (en jours de ventes TTC) et des dettes fournisseurs (en jours d'achats TTC)[15]. Ces calculs sont bien entendu appliqués aux bilan et compte de résultats prévisionnels (de la première année de la planification par exemple).

3.3.2. La détermination des consommations journalières moyennes de facteurs d'exploitation en franc

En supposant que les opérations d'achat, de fabrication et de vente (c'est-à-dire le déroulement du cycle d'exploitation) de l'entreprise se répartissent uniformément sur toute l'année, on pose deux séries d'hypothèses.

– Les principaux facteurs d'exploitation (par exemple, les achats de matières premières, les autres achats et charges externes et les salaires) sont utilisés de manière régulière dans le temps de sorte que leurs consommations

---

15. Voir également dans cette Encyclopédie l'article de J.P. Jobard, « Gestion financière à court terme », p. 1524, tome 2.

journalières moyennes respectives, en franc, correspondent simplement à leurs montants annuels respectifs (figurant au compte de résultats prévisionnel) divisés par 365 jours.

– Tous les achats de matières premières et toutes les ventes de produits finis s'effectuent à crédit (selon les temps d'écoulement déterminés précédemment) tandis que les autres achats et les salaires mensuels sont par exemple, sur la base de l'expérience, payables en fin de mois, soit un délai moyen de 15 jours.

3.3.3. La détermination du fonds de roulement nécessaire

La procédure consiste à estimer que les achats de matières premières, par exemple, sont physiquement investis dès leur entrée dans l'entreprise et financièrement récupérés lors du règlement des ventes par les clients. Ils séjournent donc successivement, selon les temps d'écoulement calculés auparavant, dans les stocks de matières premières, d'en-cours et de produits finis et, enfin, dans le crédit clients, ce qui donne la longueur totale du cycle d'exploitation, soit X jours. Ils bénéficient toutefois d'un financement partiel qui correspond à la durée du crédit fournisseurs, soit Y jours. La différence, soit $(X - Y) = Z$ jours, désigne le nombre de jours pendant lequel des matières premières sont consommées sans « préfinancement » ; en multipliant Z jours par le montant journalier moyen de consommation, on obtient le besoin permanent en fonds de roulement pour les matières premières, soit le fonds de roulement nécessaire pour financer ce besoin.

En procédant de manière analogue pour les autres facteurs de production et en additionnant tous les besoins de fonds correspondants, on établit le besoin permanent total en fonds de roulement ou, ce qui est équivalent, le fonds de roulement total nécessaire dont l'entreprise doit se doter.

Dès lors, en comparant le fonds de roulement initialement prévu dans le plan pluriannuel et le fonds de roulement nécessaire ainsi déterminé, la direction financière connaît l'ordre de grandeur des capitaux permanents dont elle doit se renforcer ; les déficits de trésorerie restants sont considérés comme temporaires et leur financement peut être sainement assuré par de l'endettement bancaire à court terme.

Il reste à préciser que le recours à des fonds propres et/ou à des emprunts à moyen ou long terme pour opérer une telle « consolidation » des capitaux permanents doit être évalué en fonction d'un éventuel objectif de levier financier (ou rapport entre les dettes et les fonds propres) et en fonction, parallèlement, de la recherche de l'effet de levier financier le plus élevé ou le plus raisonnable possible.

4. La planification financière d'urgence

L'idée soutenue dans cette dernière section est double :

– l'entreprise doit sa pérennité et sa survie (outre ses options stratégiques métier par métier et le dynamisme de ses activités de recherche-développement, de marketing, etc.) à sa compétitivité financière ;

– cette compétitivité se traduit par une stratégie de mobilité financière : celle-ci consiste à imaginer et à prévoir les flux de fonds que l'entreprise est ou serait capable de réunir pour répondre à des événements inattendus (croissance ou récession économique imprévisible, révolution ou obsolescence technologique violente, commande importante impromptue ou faillite inopinée d'un client clé, fusion ou disparition de concurrents majeurs, etc.) dont le caractère expressément inattendu ou imprévisible (contrairement aux scénarios ludiques exprimés par des analyses de sensibilité) ne permet pas de les quantifier et de les incorporer dans les plans financiers à moyen et à court terme construits jusqu'ici.

4.1. La mobilité financière

La planification financière d'urgence, conçue dans cet esprit, a pour objectif de réagir préventivement à la rigidité que peut entraîner la construction d'une planification financière classique. Elle est organisée autour du concept de mobilité financière dont le désinvestissement, tel qu'il a été présenté dans cet article, n'est qu'un instrument parmi beaucoup d'autres.

La mobilité financière concerne d'abord le concept de liquidité, c'est-à-dire les ressources immédiatement disponibles (ou ressources purement financières), non engagées dans des emplois de fonds : c'est le cas des placements de trésorerie, des lignes de crédit bancaires ouvertes mais non encore entièrement utilisées, etc. Elle inclut ensuite le concept de flexibilité qui désigne soit des ressources (elles aussi financières) qui ne sont accessibles qu'après négociation avec (par exemple) le marché des capitaux, soit des ressources (appelées économiques) qui sont engagées dans des actifs et qui ne sont disponibles que moyennant des décisions stratégiques (comme le désinvestissement de segments rentables)[16].

La compétitivité ou « surpuissance » financière suppose une stratégie de mobilité financière capable bien évidemment de compter sur un réservoir important de ressources financières de liquidité mais aussi et surtout de transformer la flexibilité en liquidité, c'est-à-dire de convertir les ressources économiques en ressources financières.

4.2. L'inventaire des ressources mobilisables

La planification financière d'urgence, axée sur ce concept de mobilité financière, se concrétise par la tenue d'un répertoire ou inventaire permanent des ressources mobilisables. Le tableau 6 suggère une liste non exhaustive de plusieurs natures de ressources susceptibles d'être mobilisées ou libérées selon un échéancier qui peut aller en principe de zéro jour à plusieurs mois ou années.

*

* *

La planification financière est une construction très vaste dont la réussite paraît tributaire en grande partie, sinon pour l'essentiel, d'un excellent système d'informations dans l'entreprise. Elle part en effet de l'élaboration

---

16. Voir également dans cette Encyclopédie l'article de R. Reix, « Flexibilité », p. 1407, tome 2.

Tableau 6 – Un inventaire de ressources mobilisables

Nature des ressources mobilisables	Délai nécessaire pour libérer les ressources			
	0 jour	…	…	*n* mois
1. Ressources financières de court terme immédiatement disponibles 1.1. Surplus de valeurs disponibles 1.2. Placements de trésorerie 1.3. Lignes de crédits bancaires non encore utilisées a) Crédits d'escompte ou assimilés b) Crédits de trésorerie				
2. Ressources financières de long terme rapidement disponibles 2.1. Augmentations de capital a) Par capital autorisé b) Par exercice de bons de souscription c) Par conversion d'obligations 2.2. Endettement a) Par contrats bancaires b) Par exercice de bons de souscription c) Par conventions de crédit-bail				
3. Ressources financières négociables 3.1. Augmentations de capital a) Ouverture du capital à un partenaire b) Introduction en bourse 3.2. Endettement de long terme a) De type bancaire b) De type obligataire 3.3. Endettement de court terme				
4. Ressources économiques de rationalisation ou de restructuration 4.1. Réductions liées au volume d'affaires a) Achats de matières premières b) Etc. 4.2. Réductions liées à la taille de l'entreprise a) Investissements en actifs fixes b) Recherche et développement c) Efforts de marketing d) Autres charges de structure 4.3. Réductions liées à la valeur de l'entreprise a) Distribution de dividendes b) Réductions de capital				
5. Ressources économiques de contraction 5.1. Désinvestissement de segments rentables a) Abandon d'activités physiques b) Cession d'actifs financiers c) Etc. 5.2. Etc.				
Total				

des projets et des plans d'investissement, de désinvestissement et de financement pour aboutir à l'établissement de plans financiers d'entreprise à moyen terme, à court terme et d'urgence. Sa crédibilité et son utilité dépendent de sa conformité au plan stratégique de l'entreprise, d'une part, du soin et de la cohérence que l'on apporte à son organisation, d'autre part. Elle est peut-être, pour l'essentiel, une œuvre d'intégration et de synthèse d'orientations générales et de décisions concrètes.

Toute planification financière doit avoir le souci de traduire scrupuleusement l'identité et la structure propres de l'entreprise ; la standardisation actuellement véhiculée par de nombreux logiciels « impersonnels » est à cet égard dangereuse.

Références

BREALEY R.A., MYERS S.C., *Principles of Corporate Finance*, 4e éd., New York, McGraw-Hill, 1991.

CHARREAUX G., *Gestion financière*, 3e éd., Paris, Litec, 1991.

COHEN E., *Analyse financière*, 4e éd., Paris, Economica, 1997.

DONALDSON G., « Corporate Restructuring – Managing the Change Process from within », *Sloan Management Review* (35, 3,) 1994.

GERVAIS M., *Contrôle de gestion*, 5e éd., Paris, Economica, 1994 et *Contrôle de gestion et planification de l'entreprise*, 3e éd., Paris, Economica, 1990.

HOSKISSON R.E., JOHNSON R.A., MOESEL D.D., « Corporate Divestiture Intensity in Restructuring Firms », *Academy of Management Journal* (37, 1994), p. 1207-1251.

JENSEN M.C., MECKLING W.H., « Theory of the Firm, Managerial Behavior, Agency Costs and Ownership Structure », *Journal of Financial Economics* (3, 1976), p. 305-360.

JOBARD J.P., NAVATTE P., RAIMBOURG P., *Finance*, Paris, Dalloz, 1994.

LEVASSEUR M., QUINTART A., *Finance*, 2e éd., Paris, Economica, 1992.

MOURGUES N., *Le choix des investissements dans l'entreprise*, Paris, Economica, 1994.

PÈNE D., *Evaluation et prise de contrôle de l'entreprise*, t. 1, 2e éd., Paris, Economica, 1993.

SINGH H., « Challenges in Researching Corporate Restructuring », *Journal of Management Studies* (30, 1993), p. 147-172.

WILLIAMSON O.E., *Markets and Hierarchies*, New York, The Free Press, 1975.

WRUCK K. « Financial Distress, Reorganization and Organizational Efficiency », *Journal of Financial Economics* (1990), p. 419-444.

Mots clés

Budgets d'exploitation, budget de trésorerie, budgets hors exploitation, contrôle *a posteriori*, contrôle *a priori*, coordination (des besoins et sources de fonds), coût du capital, coût et sources de financement, désinvestissement, financement, fonds de roulement nécessaire, intégration (des décisions financières), investissement, mobilité financière, objectif financier, plan d'investissement, plan financier (annuel et pluriannuel), planification d'urgence, profil des valeurs actuelles nettes successives, rationnement de capital, réinvestissement, ressources mobilisables, risque, scénarios de financement, structure financière, tableau de financement, valeur de l'entreprise.

Planification stratégique

Alain Charles Martinet

D'une façon générale, la planification stratégique est entendue comme un processus organisé d'élaboration et de mise en forme des objectifs, des orientations et des actions stratégiques au sein d'une entreprise. Sous ce vocable – ou ses équivalents anglo-saxons *strategic planning* ou *corporate planning* – elle apparaît dans la littérature spécialisée et quelques grandes entreprises américaines au début des années 1960.

Depuis cette époque, elle est l'objet d'innombrables publications et de débats nourris, tournant parfois à la polémique, chez les théoriciens et les commentateurs du management. Elle s'est parallèlement diffusée dans les entreprises de grande taille d'abord, moyennes ensuite, sous l'impulsion de cabinets de conseil notamment.

Outil vital, voire naturel, aux yeux de certains qui n'envisagent pas qu'une organisation sérieuse puisse en être dépourvue, la planification stratégique est périodiquement désignée par d'autres comme le gadget managérial le plus coûteux et le plus dommageable de ces dernières décennies. Dans les années 1980 marquées par le rejet des instruments rationnels au profit d'un « modèle » activiste et incantatoire de management, elle fut largement critiquée puis ignorée au point qu'elle semblait dépassée tout en continuant d'être massivement pratiquée en entreprise. Le débat est réactivé depuis le début des années 1990, notamment par les prises de position d'un des auteurs en management les plus célèbres, H. Mintzberg (1994), qui lui a consacré un ouvrage, *Grandeur et décadence de la planification stratégique.*

Certains de ces débats théoriques semblent d'ailleurs fort éloignés des préoccupations des entreprises qui, dans tous les pays développés, ont largement adopté, amendé et fait évoluer leurs processus de planification stratégique en fonction de leurs spécificités, de leurs besoins et des circonstances.

Il reste qu'un outil qui est l'objet d'aussi vives controverses tout en continuant plus calmement à être utilisé en pratique mérite un examen attentif et une mise en évidence aussi fine que possible de ses fonctionnalités, de ses effets et de ses limites. Mais il est nécessaire pour les apprécier de brosser l'historique de l'outil et de ses évolutions.

1. La genèse de la planification stratégique

Il ne fait aucun doute que depuis fort longtemps et, dans tous les cas, depuis la révolution industrielle, certains entrepreneurs élaboraient et programmaient des stratégies, c'est-à-dire « faisaient de la planification stratégique ». Mais il est tout aussi clair que cette dernière, définie comme un processus organisé, est véritablement née en pratique avec « la firme managériale », au sens de A. Chandler (1962), au milieu du XIXe siècle avec l'apparition de la coordination administrative, de la divisionnalisation, de la supervision de managers par des managers, du *staff and line*[1]...

« La main visible du management » pour reprendre l'expression de A. Chandler nécessite, pour s'exercer à distance, dans le temps et dans l'espace, par exemple au sein des compagnies de chemins de fer américaines, la mise en place d'instruments de programmation et de contrôle reposant sur l'écrit, le chiffrage, l'évaluation, le comptage... Dès cette époque se tissent des liens serrés entre la stratégie – voies et moyens pour construire le futur –, la comptabilité analytique et le contrôle budgétaire, la prévision et la planification comme l'ont montré les historiens du management.

Toutefois, pendant un siècle il n'y aura pas, à l'exception de quelques travaux importants mais isolés, de constitution d'un corpus théorique spécifiquement consacré à la stratégie et à la planification d'entreprise. Ce n'est qu'à partir des années 1950 que la littérature s'y intéresse de façon explicite et croissante. Plusieurs phases peuvent être repérées.

1.1. La planification à long terme et la programmation du futur (1945-1965)

Les années qui suivent la fin de la Seconde Guerre mondiale sont, de façon compréhensible, marquées par la foi en l'avenir. L'économie retrouve le chemin de la croissance tirée par la reconstruction, l'environnement des entreprises est peu agité, l'optimisme rend crédible l'idée de prévision et de programmation du futur, les outils de recherche opérationnelle utilisés par les militaires sont considérés comme fiables. Tout ceci contribue à ce que l'on se persuade de la possibilité et de la nécessité de faire de la gestion prévisionnelle, d'extrapoler à partir des données passées, de programmer des séquences de décisions.

La planification à long terme (de cinq à dix ans) s'infiltre donc dans quelques grandes entreprises tout en étant soutenue par de nombreux économistes et spécialistes de gestion. On se souvient qu'à cette époque et spécialement en France l'idée de planification nationale s'affirme, qui déclenche un important courant de travaux et d'études et permet l'émergence d'experts[2].

Pour le management, l'idée générale n'est pas nouvelle. Dès le début du siècle, H. Fayol affirmait l'importance de la « prévoyance » et des programmes d'action. En revanche, la nouveauté porte, d'une part, sur le nombre de responsables qui en sont convaincus, d'autre part, sur l'élaboration de modèles, d'outils, de méthodes... On a pu, à juste titre, parler d'institutionna-

---

1. Voir également dans cette Encyclopédie l'article de A. Desreumaux, « Structures de l'entreprise », p. 3147, tome 3.

2. Voir J. McArthur, B.R. Scott, *L'industrie française face aux plans*, Paris, Les Editions d'Organisation, 1970.

lisation et de professionnalisation de la prospective ou de la futurologie (B. Cazes, 1986), vocables proposés respectivement en France, en 1957, et aux Etats-Unis, en 1943[3].

La plupart des outils créés à cette époque ne sont pas spécialement dédiés à l'entreprise mais s'adressent à tout organisme qui se préoccupe de prévoir et de programmer à long terme. Car c'est bien cette notion de long terme qui retient les esprits. Malgré l'insistance des « pères de la prospective » à parler de futurs possibles (les « futuribles » de B. de Jouvenel), à mettre en garde contre le déterminisme et l'extrapolation, l'on peut dire que la planification à long terme (*long range planning* dans les pays anglo-saxons) consiste largement à prévoir par extrapolation les grandes variables économiques, à programmer des séquences d'actions pour assurer la croissance de l'entreprise et à budgéter l'ensemble sur les premières années du plan. Certains gouvernements donneront d'ailleurs leurs lettres de noblesse à ces démarches en les pratiquant : le fameux PPBS (*Planning-Programming-Budgeting System*) de McNamara aux Etats-Unis ou la RCB (Rationalisation des Choix Budgétaires) en France.

1.2. L'articulation de la planification et de la stratégie (1955-1975)

En chevauchement à ses débuts avec la phase précédente, la deuxième période repérable voit s'articuler de façon plus ou moins pacifique le courant de la planification qui se sophistique, et un nouveau courant particulièrement actif et qui va progressivement submerger le premier : la stratégie d'entreprise.

1.2.1. L'impulsion des chercheurs universitaires

A partir de 1955, le concept de stratégie d'entreprise est l'objet d'un flux important de travaux émanant de chercheurs universitaires en poste à Harvard ou qui publient dans *Harvard Business Review*[4]. De ce foisonnement émerge incontestablement un triptyque sur lequel se fonde aujourd'hui encore la plupart des démarches stratégiques concrètes : la procédure de planification de F.F. Gilmore et R.G. Bradenburg (1962), le modèle LCAG de quatre professeurs à Harvard (E.P. Learned, C.R. Christensen, K.R. Andrews, W.D. Guth, 1965) et l'ouvrage de H. I. Ansoff, *Corporate Strategy* (1965).

Les premiers proposent à la fois une procédure de planification stratégique, un cadre méthodologique détaillé et des concepts clés : domaines d'activité, profil de compétences et vocation économique de l'entreprise, synergie, analyse concurrentielle...

Le modèle LCAG suggère une démarche que peu ou prou tous les stratèges, consultants et étudiants en gestion ont suivie un jour : analyse de l'environnement et mise en évidence des facteurs clés de succès, analyse de l'entreprise, de ses forces et faiblesses, compétences distinctives, détermination et évalua-

---

3. Par Gaston Berger et Oskar Flechtheim. Sur la panoplie des méthodes, voir E. Jantsch, *La prévision technologique*, Paris, OCDE, 1967. Voir également dans cette Encyclopédie l'article de F. Hatem, « Prospective stratégique », p. 2664, tome 3.

4. Voir également dans cette Encyclopédie les articles de B. Ramanantsoa, « Stratégie », p. 3026, tome 3 et de P. Aurégan, P. Joffre et F. Le Vigoureux, « Modèles d'analyse stratégique : contributions récentes », p. 2041, tome 2.

tion des stratégies possibles, prise en compte des valeurs et des buts des dirigeants, formulation des stratégies retenues. Cette démarche générale sera enrichie et précisée par les auteurs eux-mêmes – K.R. Andrews (1971) pour le concept de stratégie en particulier – ou par d'autres chercheurs qui imposeront durablement la matrice forces/faiblesses, opportunités/menaces.

Quant à l'ouvrage de H.I. Ansoff (1965), largement diffusé dans le monde occidental, il apporte une procédure de décision stratégique et une clarification de quelques concepts majeurs : vecteur de croissance, typologie des manœuvres stratégiques, diversification... Ecrit par un professeur d'université auparavant dirigeant d'une entreprise américaine prestigieuse (Lockheed), cet ouvrage contribue incontestablement à légitimer la planification stratégique au sein des grandes entreprises où sa diffusion s'accélère en créant ses experts, ses associations professionnelles... et son pouvoir.

1.2.2. Le triomphe de l'analyse concurrentielle

La procédure et les concepts généraux acceptés, une demande se manifesta pour des outils plus opératoires à laquelle les grands cabinets américains, dans un premier temps, s'empressèrent de répondre, chacun proposant une variante de ce qui allait constituer, pendant une dizaine d'années, le cœur de la réflexion stratégique : les fameuses « matrices atouts-attraits » dans lesquelles chaque domaine d'activité de l'entreprise se voit affecter des coordonnées en termes de position concurrentielle et d'intérêt du secteur.

La littérature et les entreprises allaient ainsi aviver la concurrence entre trois grands cabinets, A.D. Little, Boston Consulting Group et McKinsey, qui avaient une vision proche de la stratégie : composer et gérer un portefeuille de domaines d'activité offrant un taux de croissance et un renouvellement satisfaisant des cash-flows sur la durée, à partir d'un diagnostic concurrentiel de chacun : a-t-on une part de marché et/ou des avantages suffisants pour rivaliser ? Le domaine offre-t-il un potentiel de développement adéquat ?

Certes, l'approche du BCG est beaucoup plus économique puisqu'elle repose sur la mécanique coûts/volume/profit et la descente de la courbe d'expérience, faisant ainsi de ce que M.E. Porter appellera ultérieurement la domination par les coûts la stratégie essentielle, alors que les approches de A.D. Little ou McKinsey sont plus qualitatives et ouvertes et poussent davantage à rechercher des stratégies de différenciation. Ces trois méthodes convergent néanmoins pour imposer, grâce à leurs vertus synthétiques et pédagogiques, une vision nécessaire mais restrictive de la stratégie et de la planification stratégique : réduction aux seuls concurrents existants, prise en compte de deux dimensions (attrait de l'industrie et atouts de l'entreprise), univers strictement concurrentiel...

En essayant d'imposer le concept et les outils du portefeuille stratégique, les grands cabinets vendent très habilement le contenant et le contenu, la procédure de planification stratégique et la stratégie. En découpant l'entreprise en domaines d'activité, en explicitant les liens marché/finance, croissance/profit, ils donnent en effet aux dirigeants de groupes diversifiés un instrument simple mais efficace pour planifier et contrôler[5].

---

5. L'ouvrage le plus représentatif est celui de J.P. Sallenave, *Direction générale et stratégie d'entreprise*, Paris, Les Editions d'Organisation, 1984.

A la fin des années 1970, il devient de bon ton de critiquer les matrices qui vont d'ailleurs s'effacer au profit du modèle de M. Porter (1980 et 1985), de son analyse industrielle élargie aux cinq forces concurrentielles – concurrents, clients, fournisseurs, concurrents potentiels, substituts –, point d'orgue du triomphe de l'analyse concurrentielle[6]. Mais cet effacement des matrices laisse subsister des structures mentales et un mode opératoire pour la planification stratégique[7].

1.3. L'absorption de la planification stratégique par le management (1975-1995)

Après les premiers « craquements » de 1968, le début des années 1970 enregistre de profonds changements et marque l'effondrement de la foi en la prévision.

1.3.1. La contestation de la planification stratégique

Le choc pétrolier de 1973 et la crise économique qui s'ensuit détruisent les courbes de croissance, révèlent la fragilité de portefeuilles d'activités trop diversifiées et la vulnérabilité des leaders occidentaux face aux stratégies indirectes menées par des firmes japonaises ou coréennes. L'urgence et la situation financière dégradée poussent de nombreux groupes à abandonner leurs ambitieuses stratégies à long terme au profit de la gestion opérationnelle à court terme, de la réorganisation, de la compression des charges de structure.

Les importantes cellules centrales de planificateurs constituées par certains groupes comme General Electric, les méthodes sophistiquées qu'ils avaient développées, les lourds modèles économétriques de prévision... deviennent les boucs émissaires et ne peuvent plus défendre une procédure bien souvent devenue beaucoup plus planificatrice que stratégique, oublieuse des dimensions humaines et organisationnelles, centralisatrice et technocratique à l'excès.

Au cours des années 1980, la planification stratégique subit une retraite apparente, accélérée par une littérature managériale qui prône habilement le retour aux sources, la mobilisation des ressources humaines, l'écoute du client, la réactivité... substituant quelques slogans simplistes aux outils jugés trop rationnels ou compliqués (T.J. Peters, R.H. Waterman, 1982).

1.3.2. La refonte de la planification et le management stratégique

Sans attendre ces contestations bruyantes, certains chercheurs comme H. I. Ansoff (1973) avaient proposé la notion de management stratégique, dès 1973, pour combler les lacunes et dépasser les limites dénoncées de la planification stratégique. L'accent est mis sur le couplage entre la stratégie et la gestion courante, le rôle de l'organisation et de la mise en œuvre dans le processus stratégique que l'on s'efforce de réintégrer dans le management.

---

6. Voir également dans cette Encyclopédie l'article de M.E. Porter, « Stratégies concurrentielles », p. 3093, tome 3.

7. Cet aspect, rarement souligné dans les commentaires sur l'évolution des outils stratégiques, est une parfaite illustration du pouvoir structurant des instruments de gestion.

Bien compris, le management stratégique ne s'oppose pas à la planification stratégique. En pratique d'ailleurs, la plupart des entreprises maintiennent une telle procédure. Mais progressivement, celle-ci s'éloigne des excès qu'elle avait pu engendrer auparavant en devenant un système de management parmi d'autres, important certes mais non suffisant pour piloter l'entreprise sur la longue durée[8]. On verra ultérieurement que, dans cette optique, elle prend des caractéristiques différentes : décentralisation, légèreté, aspect qualitatif, prise en charge par les managers opérationnels, intérêt porté aux changements structurels et culturels.

1.3.3. Le retour de concepts stratégiques ancrés sur les racines de l'entreprise

A partir de 1989, de nouveaux chercheurs et consultants gagnent leur notoriété en prenant le contrepied des démarches classiques d'analyse stratégique (BCG, M.E. Porter...) qui accordent une place première ou centrale à l'étude des marchés, du secteur, de l'univers concurrentiel, bref de ce que les militaires appellent le théâtre d'opérations.

Plusieurs concepts ou démarches prônent au contraire un ancrage sur l'analyse fine des compétences fondamentales de l'entreprise, sur la nécessité d'une ambition forte et de longue durée[9], sur l'importance de la compréhension des capacités et de l'héritage organisationnel, sur la maîtrise du temps, sur la reconception de l'organisation[10].

Au-delà de leur promotion souvent tonitruante, ces approches, lorsqu'on les met en œuvre correctement, poussent à s'intéresser finement aux processus techniques et organisationnels qui font les atouts ou les handicaps d'une entreprise et que les approches classiques avaient tendance à traiter de façon parfois superficielle.

Le panorama historique qui vient d'être brossé à grands traits[11] montre que la planification stratégique nourrit, mais en retour subit, les engouements, les effets de mode, les concurrences rhétoriques qui agitent les consultants, les entreprises et les universitaires. Les coups de balancier qui la caractérisent, s'agissant de la doctrine comme des concepts et des outils, sont finalement révélateurs des grands dilemmes et parfois des contradictions auxquels le management est éternellement confronté : proaction/réaction, réflexion/action, interne/externe, analyse/imagination, simplification/complexification. Les théoriciens semblent avoir au moins autant de mal que les managers à les dépasser.

---

8. Voir M.J. Avenier, *Le pilotage stratégique de l'entreprise,* Paris, Presses du CNRS, 1988.

9. G. Hamel et C.K. Prahalad ont imposé les notions de *core competencies* et *strategic intent* dans deux articles de la *Harvard Business Review* (May-June 1989 et May-June 1990). Voir aussi des mêmes auteurs, *La conquête du futur*, Paris, InterEditions, 1995.

10. Respectivement les approches dites de la plateforme stratégique (BCG, 1991), du *time based competition* (BCG, 1989), du *reengineering* (M. Hammer et BCG, 1990). Voir F.J. Gouillart, *Stratégie pour une entreprise compétitive*, 2e éd., Paris, Economica, 1993.

11. Pour plus de détails, voir J. Allouche, G. Schmidt, *Les outils de la décision stratégique*, Paris, La Découverte, 1995, 2 tomes et A.C. Martinet, « Les discours sur la stratégie d'entreprise », *Revue Française de Gestion* (n° 67, 1988).

2. Les fonctions traditionnelles de la planification stratégique

De façon très générale, les systèmes de gestion – procédures, méthodes, outils plus ou moins cohérents – cherchent à finaliser, à organiser et à animer l'entreprise (P. Tabatoni, P. Jarniou, 1975). A titre principal, la planification stratégique constitue le système de finalisation prédominant qui met en forme sur un certain horizon de temps les objectifs poursuivis, les orientations stratégiques acceptées, les allocations de ressources décidées (investissements notamment)... pour les différentes unités qui ont une autonomie suffisante pour justifier des orientations spécifiques.

Il va de soi que la finalisation d'un système aussi complexe et multiple qu'une entreprise emprunte d'autres voies que la planification. Il n'est pas rare que des décisions importantes – rachat d'un concurrent, alliance... – soient prises en dehors du plan. Par ailleurs, les « petites décisions »[12] contribuent aussi à façonner les activités et à orienter l'entreprise. Mais lorsqu'elle n'est pas dévoyée et transformée en rituel formel, la planification stratégique apparaît comme l'épine dorsale de la finalisation du fait de son caractère officiel, de son aspect technique, du calendrier impératif auquel elle contraint les intéressés, du support de budgétisation qu'elle constitue.

Il est non moins évident que la planification contribue plus ou moins directement aux processus d'organisation et d'animation. En effet, elle aboutit fréquemment à modifier les attributions des entités, leurs missions, leurs ressources, leurs objectifs et plus généralement les structures de l'entreprise. De même, elle peut jouer un rôle non négligeable pour stimuler certaines personnes clés, coordonner leurs efforts, bref intégrer les énergies individuelles.

Parce qu'elle est l'un des systèmes ou des dispositifs de gestion les plus pondéreux, la planification stratégique ne se réduit pas à sa seule fonction technique mais comporte bien sûr des dimensions politiques et culturelles dont l'importance varie selon les situations (A.C. Martinet, 1983 et 1984).

2.1. *La fonction technico-économique*

On peut nommer ainsi la fonction principalement mise en avant dans tous les manuels : anticiper, préparer, construire le devenir de l'entreprise en procédant aux analyses et diagnostics stratégiques nécessaires, en formulant des orientations, des axes, voire des actions stratégiques, allouant des ressources aux différentes entités – financement des investissements –, envisageant les changements adéquats dans les moyens mis en œuvre... Il s'agit donc de la fonction stratégique au sens strict du terme, qui consiste à élaborer, à formuler, à mettre en œuvre des objectifs et des stratégies censées régénérer le potentiel de l'entreprise, améliorer son adaptation à l'environnement et ses positions vis-à-vis des concurrents, la mettre en situation de dégager de meilleures performances...

La planification stratégique, parce qu'elle est procédure, organise cette fonction stratégique de façon précise en édictant un calendrier et des modalités de travail, en désignant les entités et les responsables qui doivent parti-

12. Voir T.C. Schelling, *La tyrannie des petites décisions*, Paris, PUF, 1980.

ciper à l'exercice selon les stades, en imposant une forme plus ou moins stricte...

Sous sa face visible, cette fonction produit des plans que, sous des appellations variables, la plupart des entreprises organisent selon le schéma 1. Les concepts et les outils stratégiques évoqués dans la section 1 concernent pour l'essentiel la phase qui débouche sur les plans stratégiques *stricto sensu,* puisque c'est au cours de cette période (jusqu'au début de l'été sur le schéma 1) que les énergies sont consacrées à mener des analyses et des réflexions stratégiques, à traiter de l'information sur les marchés, les concurrents, les techniques...

Schéma 1 – Organisation générale de la planification stratégique

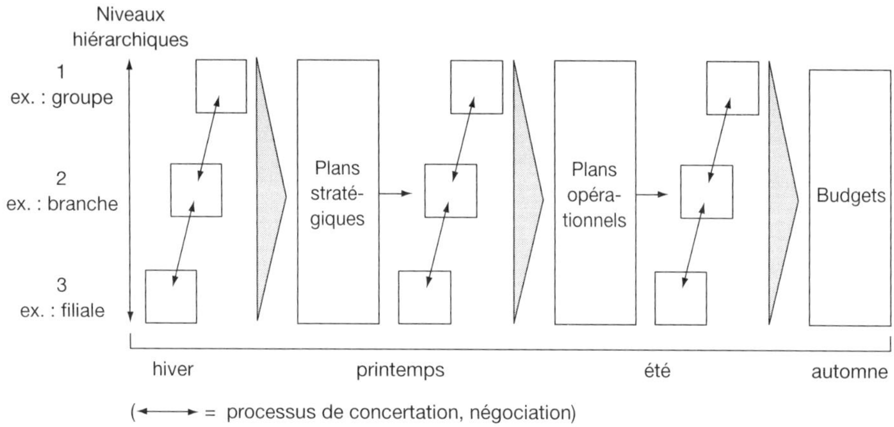

Les plans opérationnels sont beaucoup plus chiffrés et mobilisent surtout des données économiques, financières et techniques. Quant à la phase budgétaire, elle représente le volet « engagements » du plan puisqu'elle fixe, à l'issue de négociations plus ou moins fortes, les objectifs et les moyens des différentes unités pour les douze mois à venir en général.

2.2. La fonction sociopolitique

Pour importants qu'ils soient, les aspects technico-économiques ne sont pas les seuls dans le management où se mêlent aussi des dimensions sociales, culturelles et politiques. En réalité, toute organisation que l'on veut faire vivre durablement cherche à se poser comme unité politique dans son environnement tout en réglant les problèmes politiques internes (P. Jarniou, 1980).

Selon sa structure et son mode de fonctionnement, la planification stratégique peut être un puissant vecteur d'exercice du pouvoir (A.C. Martinet, 1984). Le schéma 1, en faisant apparaître de nombreux processus de concertation entre les principaux niveaux hiérarchiques, représente une procédure compatible avec un mode de gouvernement d'entreprise plutôt transactionnel où la négociation sur la base d'argumentations réciproques traite les divergences éventuelles. Dans les entreprises où le commandement prédomine, la planification stratégique est beaucoup plus descendante. Une importante cellule spécialisée placée directement auprès de la direction générale peut, par exemple, prendre une part essentielle pour traduire en plans les *desiderata* politiques. Enfin, dans les entreprises où l'animation est privilégiée, la procédure sera beaucoup plus informelle et pourra même être remplacée par une démarche jouant davantage sur la mobilisation des individus aux différents niveaux, comme l'illustre la partie gauche du schéma 2.

Schéma 2 – Culture et planification : deux dimensions du management

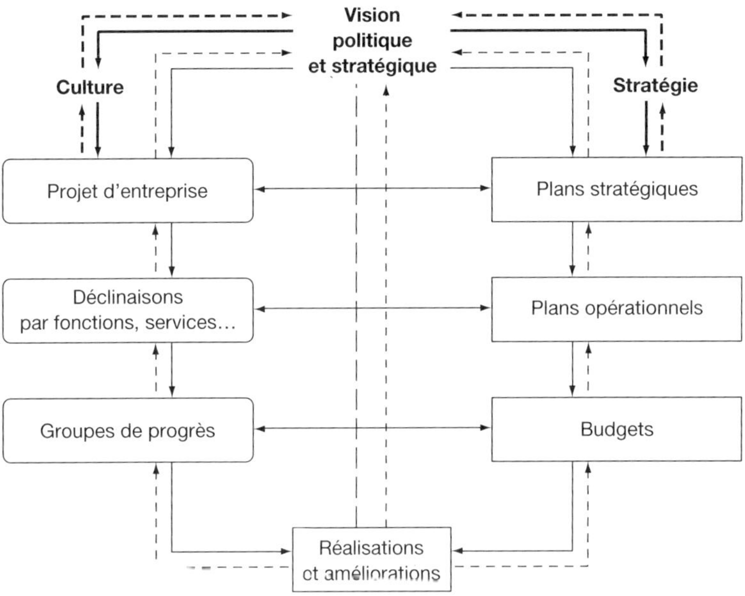

De façon plus précise, l'on rencontre des styles de planification renvoyant aux visions qui prédominent dans les entreprises. En privilégiant l'aspect politique – le mode de gouvernement principal – ces styles apparaissent dans le tableau 1.

3. Un bilan de la planification stratégique : vrais et faux problèmes

Les fonctions qui viennent d'être présentées peuvent apparaître comme raisonnables. Pourtant, comme nous l'avons mentionné dans l'introduction de cet article, la planification stratégique est à nouveau l'objet de vives critiques émanant de théoriciens du management et notamment de H. Mintzberg (1994)[13]. Il est intéressant de partir de cette critique pour dresser un bilan nuancé de l'intérêt et des limites de la planification stratégique telle qu'elle est pratiquée aujourd'hui.

13. Une controverse vive et nourrie entre H. Mintzberg et H.I. Ansoff a été publiée dans *Strategic Management Journal* (vol. 11, 1990), p. 171-195 ; (vol. 12, 1991), p. 449-461 et 463-466.

Tableau 1 – Mode de gouvernement et style de planification

Style de planification	Mode de gouvernement principal		
	Commandement	**Négociation**	**Animation**
Buts principaux de la planification stratégique	– Imposer les stratégies centrales. – Contrôler les unités.	– Co-construire les stratégies des différents niveaux. – Négocier l'allocation des ressources.	– Faire émerger les actions stratégiques des unités. – Dynamiser les énergies.
Apparence des plans	– Importants, détaillés, à dominante chiffrée économiquement.	– Documents successifs plus ou moins détaillés : · plan stratégique « qualitatif », · plans d'actions chiffrés, · budgets valorisés.	– Discursifs : projets, chartes… – Budget.
Outils	– Techniques de prévision, programmation. – Analyse stratégique. – Prospective centralisée.	– Techniques peu sophistiquées, légères. – Concepts stratégiques. – Groupes, réunions de travail, présentations formelles.	– Méthodes d'animation. – Groupes de projet, de qualité…
Logiques dominantes	– Logique des facteurs technico-économiques. – Descendante, hiérarchique. – Gestion par les règles.	– Logique des facteurs technico-économiques et logique des acteurs. – Négociations global/local. – Intégration/différenciation. – Gestion par l'argumentation.	– Logique des acteurs. – Concrétisation par le local des visions du global. – Gestion par les symboles.

3.1. La critique de Henry Mintzberg

En s'appuyant bien davantage sur la littérature spécialisée que sur l'observation et l'évolution effective des pratiques des entreprises, le professeur canadien conteste vigoureusement que la planification stratégique permette la conduite de bonnes réflexions stratégiques et l'émergence de stratégies créatrices. Selon lui, elle recèle trois vices fondamentaux : la prévision, la séparation pensée/action et la formalisation.

3.1.1. La question de la prévision

L'auteur considère qu'il est pratiquement impossible de prévoir des discontinuités telles que des innovations technologiques ou des mouvements de prix, alors que la planification stratégique fait comme si le monde allait rester stable pendant toute la durée du plan, figeant ainsi les stratégies et rigidifiant l'entreprise.

Cette critique n'a rien de nouveau et peut s'apparenter à la glorification du « pilotage à vue » qui a prévalu quelque temps après le choc pétrolier de 1973. Chacun sait et peut constater tous les jours les difficultés et les erreurs de la prévision, qu'elle soit économique et, *a fortiori*, technologique ou politique. Il convient toutefois de relativiser cette critique qui ne tient pas compte des éléments suivants.

– Les décideurs sont contraints de prévoir, avec ou sans plan stratégique ; tout investissement, tout lancement de produit, tout rachat d'un concurrent… reposent sur des prévisions plus ou moins implicites, plus ou moins conscientes, plus ou moins pertinentes ; la planification peut pousser à l'explicitation et au débat.

– La prévision n'est pas totalement impossible et le changement, les turbulences… ne doivent pas être exagérés. Le futur de beaucoup d'entreprises peut se baliser de points de repère relativement fiables sur lesquels on peut bâtir des stratégies raisonnées.

– La plupart des entreprises pratiquent aujourd'hui la planification glissante, révisée chaque année, qui permet justement de rectifier, dans la mesure du possible, certaines prévisions erronées.

– Le fait de produire un plan stratégique à trois ou cinq ans n'interdit pas, en soi, de prendre des décisions non imaginées dans le plan si des événements importants et nouveaux le commandent.

– Les démarches de planification aujourd'hui cherchent beaucoup moins à prévoir en détail « ce qui va se passer » qu'à mettre en évidence l'impact et les implications de scénarios différents du futur afin de tester la robustesse des plans et de l'entreprise.

– Les « visions stratégiques » que H. Mintzberg et d'autres préfèrent aux plans reposent aussi, par définition, sur des prévisions. Elles peuvent de toute façon gagner à être explicitées et discutées lors de la préparation des plans.

3.1.2. La question de la séparation pensée/action

Cette critique est beaucoup plus pertinente et dépasse d'ailleurs largement la planification pour concerner toute la tradition occidentale du management qui a, depuis longtemps et avec Taylor en particulier, distingué ceux qui pensent et ceux qui font, la formulation des décisions et leur mise en œuvre… Le problème comporte toutefois deux dimensions.

– En ce qui concerne les catégories « pensée » et « action », de très nombreux travaux sur l'apprentissage tant pour les individus que pour les organisations montrent qu'elles se nourrissent l'une l'autre dans les processus efficaces[14]. Leur excessive séparation tient sans doute davantage à une certaine tradition intellectuelle occidentale qu'à la planification stratégique. Celle-ci peut contribuer à l'exacerber mais peut aussi, selon la culture qui prévaut dans l'entreprise et l'architecture de la procédure, jouer en faveur du rapprochement.

– En ce qui concerne les individus, la critique de H. Mintzberg se fonde sur la planification telle qu'elle fonctionnait à ses débuts avec une pléthore

14. Voir également dans cette Encyclopédie l'article de G. Kœnig, « Apprentissage organisationnel », p. 171, tome 1.

de planificateurs au siège des grandes entreprises américaines. Aujourd'hui, si la planification stratégique reste pratiquée dans la plupart des grandes entreprises, le nombre de planificateurs a très fortement décru.

En réalité, ce sont les managers opérationnels – directeurs de filiales, de départements, de fonctions – qui participent directement et activement aux différentes phases du processus. Leur proximité du terrain, le fait qu'ils conduisent les opérations et pas seulement les stratégies, leur habitude à marier des informations qualitatives et quantitatives, des raisonnements et de l'intuition, de l'analyse et de l'imagination.... font qu'on ne peut plus guère parler de séparation.

3.1.3. La question de la formalisation

H. Mintzberg considère que l'aptitude des systèmes formels à traiter de l'information ne doit pas occulter le fait qu'ils sont, contrairement au cerveau humain, incapables d'intérioriser, de comprendre et de synthétiser, ce qui lui fait dire que la planification ne peut pas apprendre.

Cette vieille opposition entre l'esprit de géométrie et l'esprit de finesse n'est pourtant pas inéluctable et, dans tous les cas, la planification stratégique ne pousse pas nécessairement à la perpétuer. En réalité, la question concrète qui se pose est celle de la forme que l'on donne au processus. S'il est inévitable qu'il soit organisé et contenu dans un calendrier strict, le style peut rester très libre, les méthodes ou les outils ne pas être imposés, les modes de raisonnement et d'argumentation ainsi que les informations divers. Comme tous les systèmes artificiels, la planification stratégique est à l'image de ceux qui la conçoivent et la font vivre dans une entreprise.

3.2. La planification stratégique, un révélateur du management

De nombreux auteurs opposent la planification stratégique au management, les défauts de celle-là aux qualités de ce dernier. L'observation et l'analyse des pratiques d'entreprise montrent au contraire que le type de planification en vigueur révèle bien souvent le management, le mode de gouvernement et la culture que les dirigeants cherchent à faire prévaloir.

Des managers excessivement cartésiens, incapables de manipuler autre chose que des chiffres, déconnectés du terrain et maniaques de l'uniformité s'abriteront vraisemblablement derrière une procédure très formalisée, mécanique, rigide. *A contrario*, des managers à l'esprit ouvert et curieux, en position opérationnelle, soucieux de l'action mais aussi de la cohérence dans la durée, habitués à marier des sources diverses d'information seront en mesure de tirer profit d'une procédure souple et équilibrée dans laquelle peuvent se débattre et s'insérer les projets nouveaux, les embryons de stratégies éprouvés dans l'action et l'imagination[15].

La planification stratégique comme le management plus généralement ne peut que procéder à des allers-retours entre des catégories trop souvent opposées comme l'illustre le schéma 3.

---

15. Voir A.C. Martinet, « Stratégie et pensée complexe », *Revue Française de Gestion* (n° 93, 1993), p. 64-72 et « Epistémologie de la stratégie », *in* A.C. Martinet (éd.), *Epistémologies et sciences de gestion*, Paris, Economica, 1990.

Schéma 3 – Planification et management : les fausses oppositions

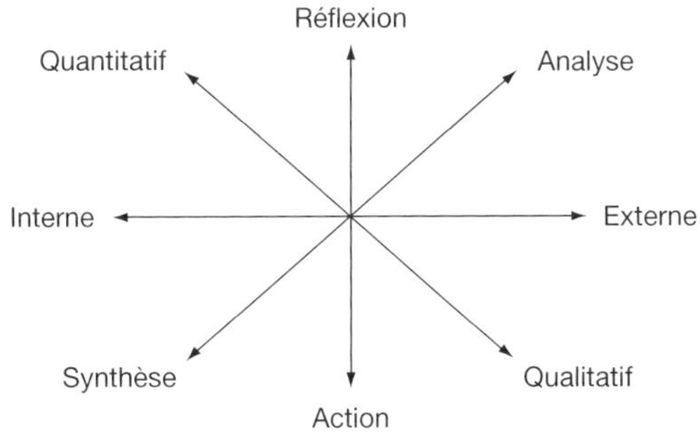

Pour les raisons évoquées auparavant, une procédure de planification stratégique peut favoriser le triplet {réflexion, analyse, quantitatif}, bien souvent corrélé à une attitude introvertie (l'interne). Mais l'absence de planification ne garantit pas *ipso facto* que soient privilégiés la synthèse, l'action, le qualitatif, l'externe.

Le style de planification, son organisation et son animation doivent au contraire pousser aux dialogues entre les opposés du schéma 3.

3.3. L'évolution récente de la planification stratégique

Malgré ses limites et les vives critiques dont elle a été l'objet, la planification stratégique n'a que très rarement été abandonnée. Au contraire, dans les pays industrialisés, toutes les entreprises d'une certaine taille gèrent de telles procédures. La mondialisation de l'économie, l'internationalisation des entreprises[16], la circulation des idées et des informations font que malgré quelques différences culturelles, la similitude des procédures et de leur évolution, ces dernières années, l'emporte. Quelques traits marquants apparaissent.

3.3.1. Une décentralisation accrue

Un double mouvement peut être enregistré : la responsabilité de la planification stratégique passe des fonctionnels aux opérationnels et du niveau central aux unités décentralisées (filiales, départements...). La planification stratégique a en quelque sorte payé ses propres excès ; les cellules pléthoriques au niveau central, la standardisation et la complication des procédures, la multiplication et la sophistication des méthodes et des outils... avaient progressivement court-circuité les managers opérationnels. Dans la grande majorité des cas, la réflexion stratégique et l'élaboration des stratégies ont retrouvé le lieu où elles peuvent trouver leur pleine efficacité : les directions opérationnelles d'unités.

Les enquêtes montrent que si une cellule de planification subsiste dans la majorité des entreprises dont le chiffre d'affaires dépasse le milliard de

16. Voir dans cette Encyclopédie les articles de B. Hugonnier, « Entreprise multinationale », p. 1115, tome 1 et de P. Joffre, « Globalisation de l'entreprise », p. 1627, tome 2.

francs, le nombre de planificateurs excède rarement une dizaine de personnes dans les plus grands groupes mondiaux. On observe cependant une élévation significative de leur qualification. Dans ce cas-là, leurs rôles principaux concernent l'étude des grandes questions stratégiques, la croissance externe (identification, montage et négociation éventuelle d'acquisitions, de fusions…) et le conseil stratégique aux unités.

3.3.2. Des méthodes moins sophistiquées

Cette évolution est en partie le corollaire de la précédente. Les managers opérationnels cherchent surtout à s'appuyer sur des démarches efficaces qui leur permettent d'élaborer et de défendre leur plan dans le temps qui leur est imparti. Ils sont naturellement moins intéressés que des planificateurs professionnels par des techniques sophistiquées.

Dans de nombreux cas, les concepts et les outils utilisés restent relativement simples mais l'on ne s'en remet plus à une méthode unique comme cela était le cas lors de la mode des matrices par exemple. Les outils sont davantage pris pour ce qu'ils sont, c'est-à-dire des aides au raisonnement, à l'analyse voire à l'imagination, mais ils ne sont plus révérés de façon dogmatique. Les plus fréquemment cités lors des enquêtes sont : les analyses forces/faiblesses, les scénarios et analyses de sensibilité, le *benchmarking* (observation des meilleures entreprises), l'identification des compétences fondamentales.

3.3.3. La consécration du management stratégique

Si l'on s'en tient à la lettre, on peut effectivement avec H. Mintzberg parler de déclin de la planification stratégique ou tout au moins d'un usage beaucoup moins fréquent du mot au profit de deux notions apparentées : plan et management stratégiques.

En perdant sa position centrale dans les sièges sociaux des grands groupes, en voyant fondre les effectifs des planificateurs, en cessant d'être la procédure unique de finalisation de l'entreprise, en se décentralisant, en s'assouplissant, en perdant une inutile technicité, la planification stratégique se fond dans l'ensemble des processus de management stratégique, lesquels continuent cependant chaque année à produire des plans. Les propositions faites dès le début des années 1970 par des théoriciens comme H.I. Ansoff (1973) se retrouvent ainsi en pratique aujourd'hui. Le plan stratégique, qui se poursuit généralement jusqu'au budget, reste un processus qui scande la vie des grandes entreprises et les agendas d'un nombre croissant de dirigeants et de cadres. Mais il ne renvoie plus, dans les esprits, à une mythique et omnipotente planification stratégique. Généralement bien accepté, le plan est considéré comme un outil utile parmi d'autres pour « gérer stratégiquement », c'est-à-dire concevoir et agir sur l'organisation, la culture, les systèmes de gestion pour donner du sens et de l'efficacité à l'entreprise.

Tout le monde s'accorde à reconnaître que le plan ne saurait être suffisant même s'il permet une réflexion approfondie sur les voies et les moyens de l'unité et une négociation des engagements réciproques avec les niveaux supérieurs. Les dirigeants et les cadres savent bien que l'action sur la structure organisationnelle, la mise en place d'instruments adéquats de pilotage, la conception et l'entretien de systèmes d'information, le développement de la formation et de la communication, l'affectation des personnes aux postes clés.... contribuent aussi au management stratégique de l'entreprise.

4. Le plan, élément et vecteur du management stratégique

Ainsi recadré, le processus de planification peut jouer des rôles majeurs bien au-delà de la seule programmation des stratégies et des conditions technico-économiques qu'énonce H. Mintzberg : stabilité de l'environnement, maturité du secteur, forte intensité capitalistique, grande taille, structure formalisée, simplicité des opérations, besoin de contrôle extérieur.

4.1. Un stimulant de la réflexion stratégique

La plupart des théories des organisations, les travaux sur la façon dont travaillent les dirigeants, l'observation du fonctionnement quotidien des entreprises convergent sur deux points essentiels : les tâches opérationnelles diffèrent en permanence la réflexion stratégique et une certaine urgence s'avère nécessaire à la décision.

La procédure de planification joue à cet égard un rôle relativement irremplaçable. En instituant des « espace-temps », un calendrier et des échéances précis, des épreuves auxquelles doivent se soumettre différents niveaux hiérarchiques – présenter et défendre le plan pour le niveau $n-1$, le comprendre et le discuter pour le niveau n –, la procédure stimule incontestablement la réflexion stratégique. La recherche et le traitement des données, l'analyse de l'environnement, l'effort d'explicitation et d'argumentation des diagnostics stratégiques, la créativité requise pour concevoir des stratégies... peuvent être singulièrement activés par la procédure.

En introduisant des phases et des butoirs rigoureux, elle pousse les dirigeants et les cadres à produire cet effort dans une relative urgence sans pouvoir tirer prétexte des tâches opérationnelles pour différer ou se contenter d'une réflexion stratégique superficielle. Elle peut ainsi permettre que se réalisent les compromis et les arbitrages entre le temps de l'action et le temps de la stratégie[17].

4.2. Un lieu d'exercice de la rationalité collective

Plus personne ne croit sérieusement à la possibilité, pour des problèmes complexes et mal structurés comme les questions stratégiques, d'une rationalité « substantive »[18], c'est-à-dire de critères de décision définis rigoureusement et *a priori*. Depuis les travaux de H. Simon (1982), s'est imposée progressivement la notion de « rationalité procédurale » dans laquelle les critères de décision sont produits par le processus de raisonnement. C'est donc bien la rationalité ou à tout le moins la qualité de ce dernier qui importe.

---

17. Voir A.C. Martinet, « Management en temps réel et continuité stratégique sont-ils compatibles ? », *Revue Française de Gestion* (n° 86, 1991), p. 52-56.

18. Voir également dans cette Encyclopédie l'article de O. Favereau, « Rationalité », p. 2794, tome 3.

Dans les organisations décentralisées où la connaissance, l'information, la capacité de réflexion sont éclatées et non plus concentrées à la tête, l'exercice de cette rationalité procédurale est nécessairement collectif. En instaurant un lieu de prise de parole, de confrontation, d'argumentation, de recoupement d'informations, d'analyses et de points de vue, bref une délibération effective et une véritable communication[19], le processus d'élaboration du plan peut fournir un support privilégié à la mise en œuvre de cette rationalité procédurale collective[20] pour peu que certaines conditions soient réunies afin de ne pas tomber dans le simulacre ou l'exercice de style : temps suffisant de délibération, possibilité effective des participants de peser sur les choix, privilège accordé aux discussions de fond plutôt qu'au respect d'une forme *a priori*...

4.3. Un vecteur de la négociation

Dire que la rationalité du management ne peut être, pour l'essentiel, que procédurale et collective, implique de donner à la négociation au sens large un rôle majeur dans le gouvernement des organisations, contrairement au seul commandement où le supérieur est réputé posséder à la fois le pouvoir de décider l'information et l'expertise requise pour bien décider (la rationalité substantive).

Dans ce contexte, l'on voit bien que la planification peut trouver là sa fonction majeure : officialiser, organiser, clarifier les multiples négociations qui débouchent sur la formation, la présentation, l'acceptation et la concrétisation des stratégies. Négociations au sein des comités de direction des unités, négociations entre les unités et les niveaux supérieurs (entreprise, groupe...) sur le futur souhaité, les orientations stratégiques et les moyens associables.

L'effectivité de ces négociations constitue bien sûr un élément majeur pour l'implication des managers et la crédibilité du processus de planification. Si le plan n'est pas vraiment discuté, si les moyens alloués le sont sur des critères trop éloignés, si les marges de manœuvre et les enjeux sont trop réduits... alors le plan devient un simulacre et les managers ont tôt fait de s'en détacher.

De même le respect du plan, une fois accepté entre deux niveaux hiérarchiques, s'avère-t-il essentiel. Respect qui ne signifie en rien qu'il faille faire coûte que coûte ce qui est programmé dans le plan. Si des événements imprévus le commandent, si le niveau supérieur l'estime nécessaire, de nouvelles actions peuvent être imposées ou décidées au niveau inférieur à la condition que le plan reste le cadre de référence pour négocier les impacts et le réaménagement stratégique de l'unité.

---

19. Pour une présentation synthétique des concepts de H. Simon et une excellente instruction du problème de la communication, voir Y. Giordano, « Décision et organisation : quelles rationalités ? », *Economies et Sociétés*, série SG (n° 17, 1991), p. 161-194 et « Communication d'entreprise : faut-il repenser les pratiques managériales ? », *Revue de Gestion des Ressources Humaines* (n° 13/14, 1994), p. 49-61.

20. Par extension, Georges-Yves Kervern a proposé la notion de « rético-rationalité » (rationalité en réseau) ; voir *La culture réseau*, Paris, Eska, 1993.

*
* *

Au terme de ce réexamen, il apparaît que la planification stratégique mérite une appréciation nuancée et raisonnable. Sous cette appellation ou non, le processus d'élaboration et de négociation de plans stratégiques est massivement pratiqué par les grandes entreprises de tous les pays développés.

Les raisons en sont bien sûr symboliques : un plan signale aux différents acteurs internes et externes que l'entreprise est gérée de façon rationnelle. Mais on ne peut nier son efficacité sur la durée, du moins pour les entreprises qui ne se laissent pas enfermer dans le dogmatisme et savent organiser et animer le processus de façon souple et déterminée en mettant davantage l'accent sur la délibération collective qu'il implique que sur des techniques compliquées.

Pour intéressants qu'ils soient, les débats théoriques, même les plus récents, se centrent parfois trop sur des questions de principe en négligeant certains des problèmes qui préoccupent les entreprises dans lesquelles on peut difficilement pronostiquer le déclin de la planification stratégique.

Références

ANDREWS K.R., *The Concept of Corporate Strategy*, Homewood, Dow-Jones-Irwin, 1971.

ANSOFF H.I., *Corporate Strategy*, New York, McGraw-Hill, 1965. Trad. française : *Stratégie du développement de l'entreprise*, Paris, Hommes et Techniques, 1968.

ANSOFF H.I. *et al.*, *From Strategic Planning to Strategic Management*, New York, Wiley, 1973.

CAZES B., *Histoire des futurs*, Paris, Seghers, 1986.

CHANDLER A.D., *Strategy and Structure*, Cambridge, MIT Press, 1962. Trad. française : *Stratégies et structures de l'entreprise*, Paris, Les Editions d'Organisation, 1972.

JARNIOU P., *L'entreprise comme système politique*, Paris, PUF, 1981.

MARTINET A.C., *Stratégie*, Paris, Vuibert, 1983.

MARTINET A.C., *Management stratégique : organisation et politique*, Paris, McGraw-Hill, 1984.

MINTZBERG H., *The Rise and Fall of Strategic Planning*, New York, Prentice Hall, 1994. Trad. française : *Grandeur et décadence de la planification stratégique*, Paris, Dunod, 1994.

PETERS T.J., WATERMAN R.H., *In Search of Excellence*, New York, Harper, 1982. Trad. française : *Le prix de l'excellence*, Paris, InterEditions, 1983.

PORTER M.E., *Competitive Strategy*, New York, The Free Press, 1980. Trad. française : *Choix stratégiques et concurrence*, Paris, Economica, 1982. *Competitive Advantage*, New York, The Free Press, 1985. Trad. française : *L'avantage concurrentiel*, Paris, InterEditions, 1986.

SIMON H.A., *Models of Bounded Rationality*, 2 tomes, Cambridge, The MIT Press, 1982.

TABATONI P., JARNIOU P., *Les systèmes de gestion, politiques et structures*, Paris, PUF, 1975.

Mots clés

Analyse concurrentielle, décentralisation, démarches stratégiques, management stratégique, négociation, planification à long terme, procédure, rationalité, réflexion stratégique, styles de planification, systèmes de gestion.

Plans et budgets

Jean-Loup Ardoin

Toute entreprise essaie de définir des objectifs et s'efforce de mettre en œuvre les moyens de les atteindre : elle fait de la gestion prévisionnelle. Certaines PME effectuent cette démarche de manière implicite dans l'esprit de leur dirigeant. Les grandes et moyennes entreprises formalisent cette gestion prévisionnelle dans le cadre de plans et de budgets et y associent une partie de leur personnel.

Plans et budgets correspondent en fait à :

– un acte de management, puisqu'ils traduisent des décisions prises aujourd'hui sur ce qui va être fait demain et les conséquences de ces décisions ;

– des outils de management, puisqu'ils permettent d'impliquer l'encadrement dans la préparation et l'étude de ces décisions et définissent les bases de la coordination entre les différents centres de responsabilité de l'entreprise ;

– des outils de contrôle de gestion, puisque les responsables opérationnels s'engagent sur les objectifs et les plans d'action inclus dans les plans et les budgets. Ces derniers vont ensuite servir de base pour le suivi des réalisations. Ils sont les outils de référence pour les tableaux de bord et le système de *reporting*[1] de l'entreprise.

Ces trois aspects des plans et des budgets feront l'objet de cet article.

1. Les plans et les budgets sont un acte de management

Elaborer des plans et des budgets est un acte de management qui consiste à définir la course future de l'entreprise. La planification sert à choisir des orientations sur un horizon à quelques années[2]. Le budget d'exploitation définit le plan de marche pour la première année, celle qui va commencer.

---

1. On entend par *reporting* l'ensemble des tableaux de bord, documents financiers et documents quantifiés (sur l'activité commerciale, industrielle ou sociale) que les centres de responsabilité communiquent aux niveaux hiérarchiques supérieurs pour rendre compte de l'avancement de leurs plans et budgets par rapport aux objectifs.

2. Voir également dans cette Encyclopédie les articles de C.A. Martinet, « Planification stratégique », p. 2249, tome 2 et de A. Quintart, « Planification financière », p. 2220, tome 2.

Planifier est une nécessité, car l'entreprise d'une certaine taille doit prendre en compte le temps et les moyens nécessaires pour réaliser les changements désirés et mettre en œuvre sa stratégie. Même si chaque entreprise s'efforce de gagner en souplesse face aux rapides évolutions de l'environnement, les changements demandent du temps et exigent de la coordination entre les différentes parties de l'entreprise. Les actifs immobilisés aujourd'hui conditionnent les métiers et la technologie de demain. Les financements à long terme déjà obtenus impliquent des engagements de remboursement pour les années à venir. Le personnel est en place avec des qualifications et un savoir-faire donnés qui ne peuvent évoluer que progressivement. La gamme des produits ne se recompose qu'au fur et à mesure de la mise au point de nouveaux produits et de leur acceptation par les clients compte tenu aussi des coûts de lancement de ces nouveaux produits. La présence active sur les marchés évolue progressivement en fonction de la prospection de nouveaux marchés, des ajustements de l'image de marque de l'entreprise, de l'habitude des clients, et de l'action de la concurrence. Bref, pour modifier son cap, l'entreprise doit prendre en compte les contraintes du présent et coordonner les différents aspects de son évolution.

Sur le fond, planifier consiste à formaliser la mise en œuvre d'une ou de plusieurs stratégies. L'élaboration d'un plan s'appuie sur une prévision de l'évolution de l'environnement pour les prochaines années[3]. Il faut, en effet, choisir des orientations, quitte à les ajuster ensuite si l'environnement change de manière significative. Loin d'être un travail de rigidité, la planification est, au contraire, un apport de souplesse dans la gestion de l'entreprise : elle consiste à définir comment s'adapter aux situations futures que va connaître l'entreprise.

L'évolution des outils d'analyse et de réflexion concernant la stratégie et la forte incertitude de l'environnement international ont conduit les entreprises et les théoriciens à séparer formellement la réflexion stratégique de la planification opérationnelle. La réflexion stratégique propose et décide des axes stratégiques à mettre en œuvre[4]. Le plan opérationnel s'occupe de cette mise en œuvre et doit répondre à cinq questions.

– Comment assurer la viabilité de l'entreprise et la rentabilité à moyen terme des capitaux apportés par les actionnaires dans le cadre de la stratégie retenue ?

– A quels couples produits/marchés ou activités donner priorité ? Comment travailler les différents segments de clientèle pour qu'ils soient porteurs d'avenir et comment développer les axes stratégiques retenus ?

– Quels investissements entreprendre pour maintenir la compétitivité de l'entreprise, adapter sa capacité de production en fonction de l'évolution des marchés et de l'approvisionnement, assurer la qualité de service, dans le cadre d'un équilibre financier acceptable à moyen terme ?

– Comment adapter les structures de l'entreprise, former et motiver son personnel ?

---

3. Voir dans cette Encyclopédie l'article de A. Merlin, « Prévision dans l'entreprise », p. 2411, tome 3.

4. Voir dans cette Encyclopédie l'article de B. Ramanantsoa, « Stratégie », p. 3026, tome 3.

– Comment équilibrer les financements à moyen et long terme, les apports en capitaux propres, les dividendes et la capacité d'autofinancement prévisible de l'entreprise ?

Les réponses à ces questions sont fondées sur des projets chiffrés, souvent individualisés et regroupés au sein d'un plan à deux ou trois ans.

Ce sont en général les niveaux majeurs de responsabilité au sein de l'organisation qui travaillent sur les axes stratégiques et le plan opérationnel. Les grandes entreprises sont organisées soit par fonction (production, commerce, finance, etc.), soit en zones géographiques, soit encore en centres d'activités stratégiques (ou *Strategic Business Unit* en anglais) qui regroupent sous une même responsabilité un ensemble de produits/marchés. Ce sont à ces niveaux-là que se fait l'essentiel des choix et des travaux.

Le plan opérationnel intègre deux préoccupations. Il traite, d'une part, de l'évolution des activités courantes en termes chiffrés : le chiffre d'affaires par famille de produits et grands segments de marchés, les coûts par fonctionnalité, les besoins en fonds de roulement et les marges brutes d'autofinancement. D'autre part, il prend en compte l'impact des nouveaux projets proposés par les centres de responsabilité. Ces projets correspondent à une allocation d'hommes et de ressources financières entre les différents secteurs d'activité et les fonctions. Chacun des centres d'activités stratégiques, ou chacune des zones géographiques ou des fonctions, présente à la direction générale son plan opérationnel.

La direction générale approuve les projets et les plans opérationnels proposés sur leurs mérites propres, mais aussi sur la base de leur cohérence stratégique et de l'équilibre d'ensemble de l'activité de l'entreprise par rapport aux objectifs. La consolidation des plans opérationnels individuels donne alors le plan opérationnel de l'entreprise.

Une fois approuvé le plan opérationnel à trois ans, s'effectue le travail sur le budget annuel. Dans le processus d'élaboration des budgets d'exploitation et des budgets d'investissement, le travail concerne le prochain exercice. Il faut alors définir plus en détail la manière dont l'activité courante est mise en œuvre et la façon dont les nouveaux projets sont insérés durant l'année à venir. Le budget définit opérationnellement tout ce qui va être fait au cours de l'année à venir, les objectifs à atteindre et les moyens pour y parvenir.

Les décisions prises dans le cadre de la planification et des budgets doivent être cohérentes : le but est d'articuler la stratégie, la programmation des décisions pour les deux ou trois ans à venir, et la définition des actions pour la prochaine année.

2. Les plans et les budgets sont des outils de management

Jusqu'à la période des années 1970, la majorité des entreprises utilisaient un plan à cinq ans. Celui-ci couvrait à la fois la stratégie et la programmation de la mise en œuvre de cette stratégie, avec une articulation plus ou moins souple entre le plan et les budgets à un an. Le schéma 1 illustre un processus qui intègre la planification stratégique, la planification opérationnelle et les budgets, pour une entreprise ayant une structure de divisions responsables pour une gamme de produits sur un ensemble de marchés géographiques.

Schéma 1 – Système intégré – Plan stratégique – Plan opérationnel – Budget

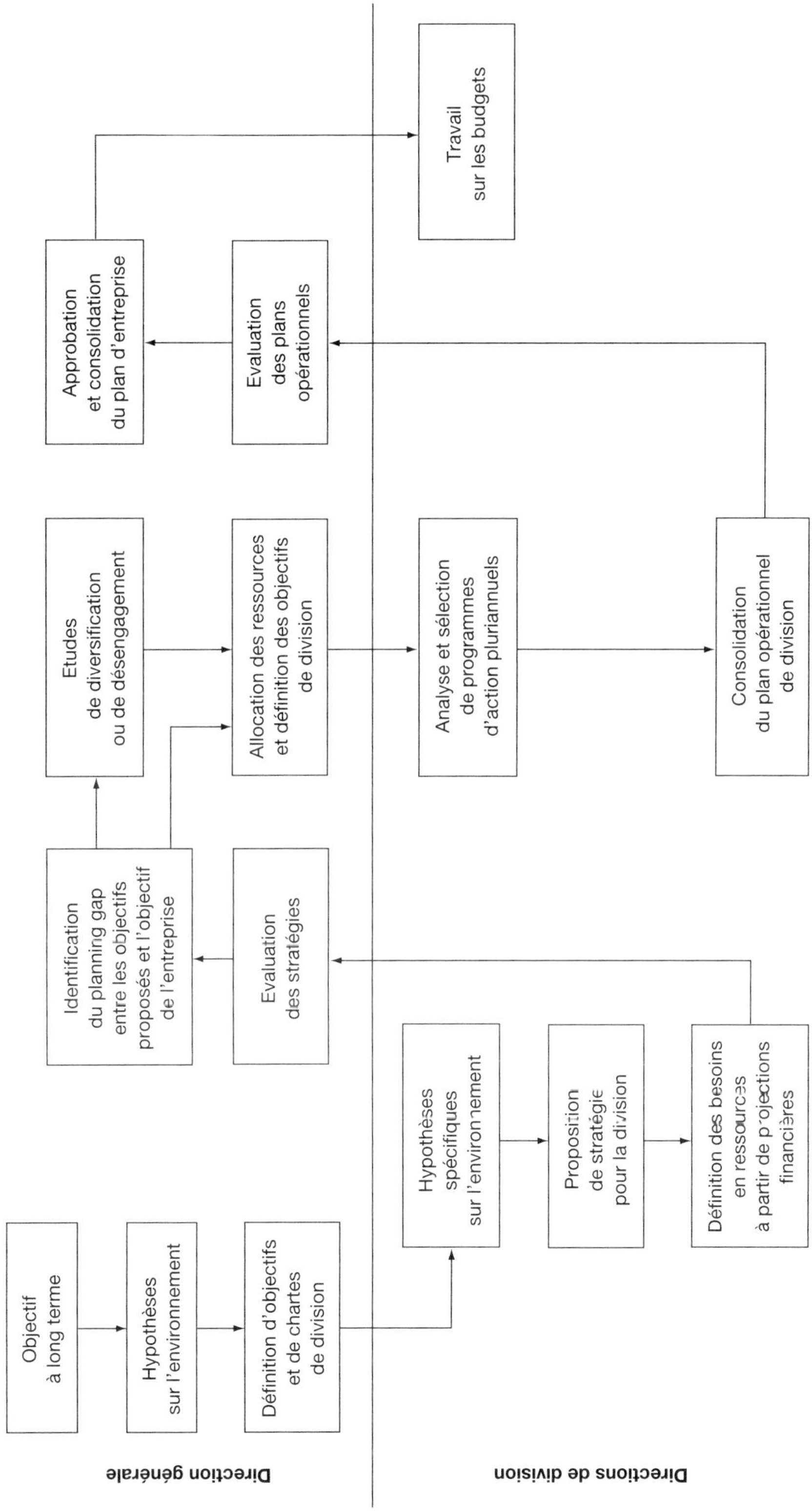

Source : J.L. Ardoin, D. Michel, J. Schmidt (1986).

Progressivement, la réflexion stratégique et les études correspondantes ont été privilégiées et extraites du processus classique de planification. L'ampleur du travail et le rythme propre de la réflexion stratégique ne s'adaptaient pas à la contrainte de forme et de calendrier de la planification. En outre, l'analyse stratégique doit aussi répondre aux opportunités qui se présentent à l'entreprise, aux interrogations de la direction tout au long de l'année, et adapter son horizon de travail selon les sujets ou les projets qu'elle traite : certains méritent une étude sur deux ans, d'autres sur dix ans. Un plan opérationnel impose un même horizon (deux ou trois ans) à tous les thèmes de travail pour pouvoir assurer la consolidation de tous les plans proposés par les divisions au niveau de la direction générale. Des équipes spécifiques, souvent pluri-fonctionnelles, sont alors constituées pour étudier ces projets stratégiques et proposer des alternatives à la direction générale. Le schéma 2 présente un processus qui distingue l'élaboration de la stratégie par rapport à un ensemble intégré de planification opérationnelle et de budgets.

Ce type de processus est de plus en plus fréquent aujourd'hui. Le travail d'élaboration des projets stratégiques est défini ou coordonné par une direction du développement ou de la stratégie ; alors que la direction du contrôle

Schéma 2 – Processus « ouvert » de réflexion stratégique

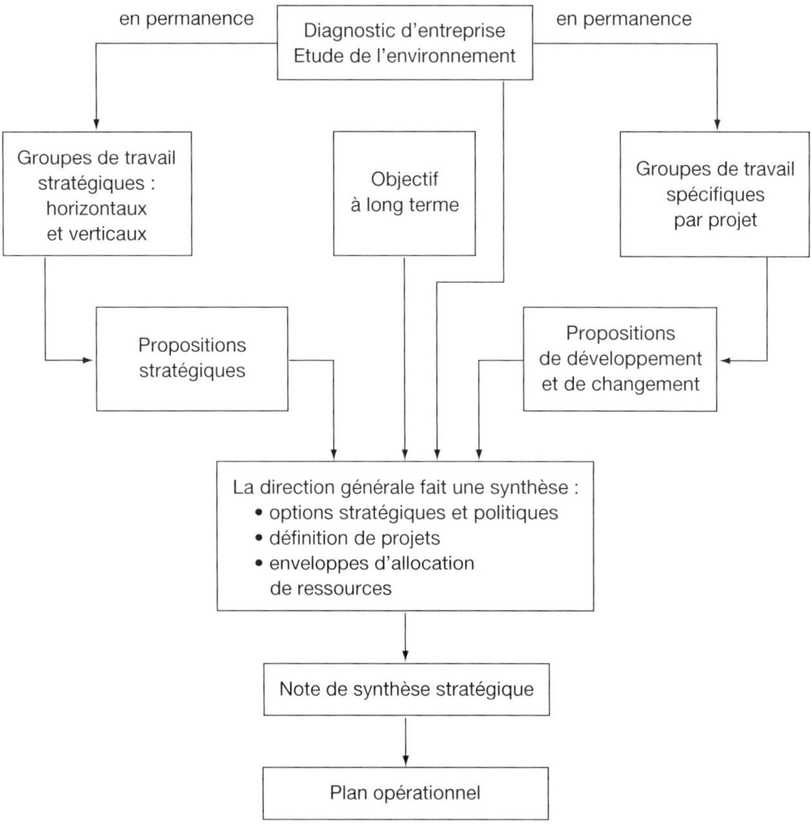

Source : J.L. Ardoin, D. Michel, J. Schmidt (1986).

de gestion coordonne la planification opérationnelle ayant un horizon de deux à trois ans et les budgets à un an.

Les plans opérationnels et les budgets sont élaborés par les centres de responsabilité sur la base des orientations de la direction générale. C'est elle qui définit les grands équilibres stratégiques, les hypothèses économiques sur lesquelles les plans vont reposer, et les objectifs à atteindre. Le travail de planification démarre par une définition claire des critères de performance des principaux centres de responsabilité : excédent brut d'exploitation, part de marché, croissance du chiffre d'affaires, gains de productivité, réduction du besoin en fonds de roulement, par exemple.

Les principaux centres de responsabilité démarrent la planification opérationnelle à partir d'une analyse des principaux segments stratégiques du marché ou des principaux couples produits/marchés et identifient les variables clés d'action ou facteurs clés de succès. Cette analyse se fonde sur un diagnostic commercial et technique par rapport à la concurrence et sur la dynamique prévisible de ces marchés. Les variables clés de succès sont les facteurs économiques essentiels qui conditionnent l'atteinte des objectifs. Les centres de responsabilité proposent alors des programmes d'action pour générer un impact positif sur ces variables au cours des deux ou trois prochaines années.

Chaque programme d'action ou projet est évalué en fonction de :

– son impact sur les variables clés au cours des années à venir,

– les moyens nécessaires en hommes, en investissements et en besoins en fonds de roulement,

– son calendrier de mise en œuvre,

– et les résultats attendus (évolution du mix client ou du mix produit, augmentation du chiffre d'affaires, réduction des coûts, impact sur la marge bénéficiaire).

Le choix entre ces différents programmes ayant été effectué, un compte de résultat prévisionnel est établi, qui intègre l'évolution de la situation actuelle et l'impact des programmes retenus.

Des formulaires standards sont établis dans chaque entreprise pour permettre à chaque centre de responsabilité de communiquer ses propositions de plan opérationnel et faciliter la consolidation. Fréquemment un support informatique est utilisé pour faciliter les opérations de calcul et de simulation des centres de responsabilité et la consolidation au niveau global de l'entreprise.

Ces outils permettent une sélection des projets de développement de l'entreprise et une allocation des ressources en hommes et en argent. Ils permettent donc de couvrir les choix d'investissements, le lancement de nouveaux produits[5], la pénétration de marchés, l'évolution des ressources humaines[6] et l'équilibrage financier[7].

---

5. Voir également dans cette Encyclopédie les articles de J.C. Tarondeau, « Produit », p. 2594, tome 3 et de J.M. Choffray, « Pré-test, suivi et contrôle de la performance des produits nouveaux », p. 2393, tome 2.

6. Voir également dans cette Encyclopédie l'article de R. Ribette, « Gérer “à temps” les ressources humaines », p. 1460, tome 2.

7. Voir dans cette Encyclopédie l'article de A. Quintart, « Planification financière », p. 2220, tome 2.

Suivant les problèmes rencontrés par l'entreprise, l'accent est mis sur le côté opérationnel ou sur le côté financier.

Normalement la technique des plans glissants est utilisée. Elle implique que les plans à trois ans soient refaits chaque année, pour tenir compte des résultats déjà acquis à la fin de la première année. De sorte que chaque année l'entreprise planifie sur un horizon de trois ans devant elle. Ainsi une même année est retravaillée trois fois comme le montre le tableau 1. La première fois l'année 1999 est l'année la plus lointaine du plan, la deuxième fois l'année 1999 est l'année intermédiaire, puis elle devient la première année du plan et l'année du budget. Au fur et à mesure que l'année se rapproche, les travaux sont affinés et la fiabilité s'améliore.

Tableau 1

Au cours de l'année	On établit le plan pour les années	On établit le budget pour l'année
1996	1997, 1998, 1999	1997
1997	1998, 1999, 2000	1998
1998	1999, 2000, 2001	1999

Les budgets sont des plans d'action détaillés pour atteindre les objectifs fixés dans le cadre de la première année du plan. Alors que seuls les centres de responsabilité de niveau hiérarchique élevé participent à l'élaboration du plan opérationnel, l'élaboration des budgets est, en revanche, l'occasion de faire participer tous les centres de responsabilité.

Dans un premier temps, les objectifs des centres de responsabilité les plus élevés sont découpés pour que chaque centre de responsabilité inférieur ait ses propres objectifs quantifiés. Puis, chacun définit alors son plan d'action détaillé, en cohérence avec les choix retenus dans le plan opérationnel. Chaque plan d'action est valorisé ensuite pour obtenir le budget d'exploitation. Les budgets d'exploitation sont ventilés mensuellement en fonction des prévisions d'activité mensuelle. En parallèle, les centres de responsabilité concernés définissent les budgets d'investissement dans le cadre des enveloppes approuvées au sein du plan opérationnel.

Un aspect très important de l'élaboration des budgets est le processus de dialogue qui doit s'établir entre les différents niveaux de centres de responsabilité. Chacun doit avoir l'occasion de présenter et de « défendre » son budget vis-à-vis de son supérieur hiérarchique. Ces présentations formelles sont l'occasion d'évaluer si le plan d'action est réaliste, s'il est efficace par son utilisation des hommes, du matériel et de l'argent, et s'il permet d'atteindre l'objectif. Certaines entreprises demandent, en particulier, que le plan d'action soit décrit dans un document à part pour faciliter ce dialogue. A l'issue de cette évaluation, le responsable hiérarchique accepte le budget proposé sous réserve de son approbation par la direction générale ou demande d'en retravailler certains aspects. Le schéma 3 illustre ce processus.

Le contrôleur de gestion a un triple rôle dans l'élaboration des budgets. Il établit les procédures, le calendrier et les formulaires d'élaboration des budgets pour l'ensemble des centres de responsabilité, constituant ainsi la

Schéma 3 – Exemple de processus budgétaire

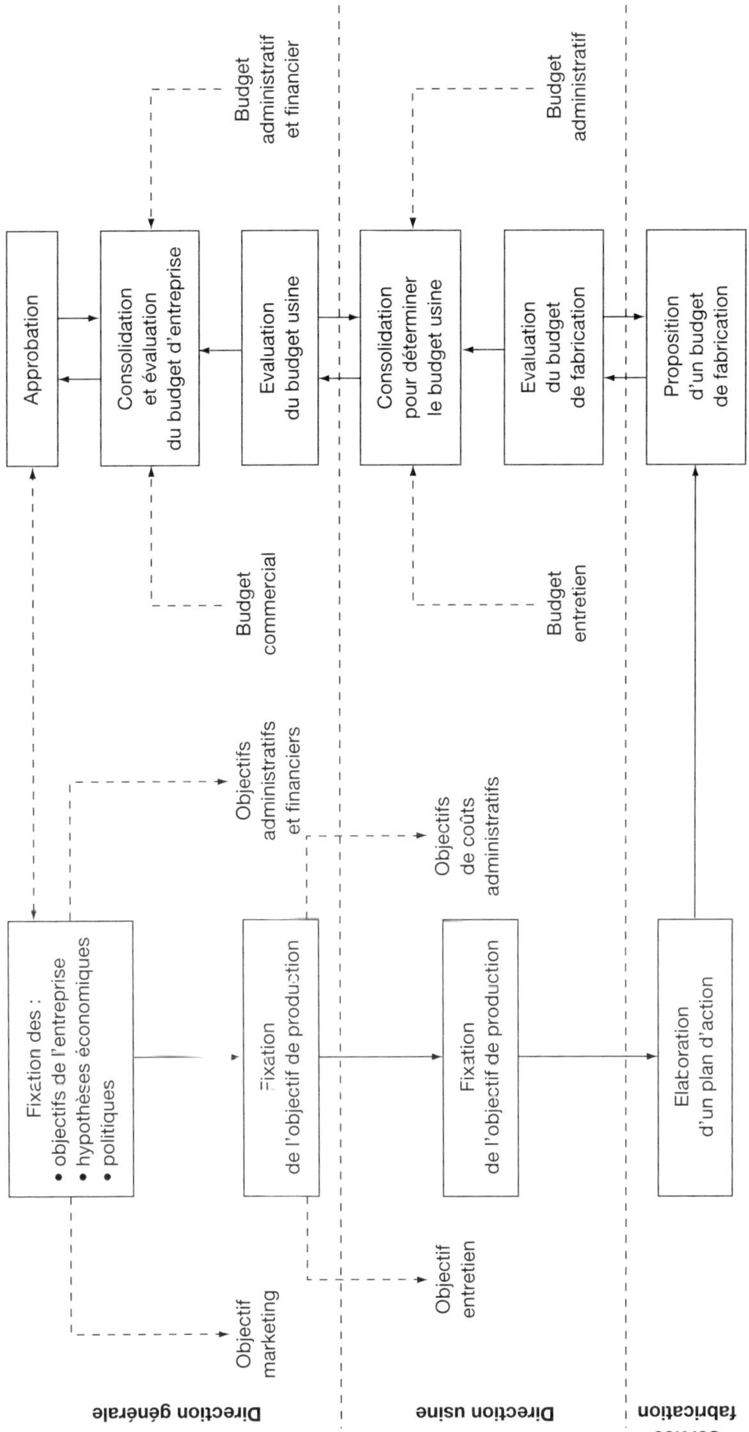

Source : J.L. Ardoin, D. Michel, J. Schmidt (1986).

« bible budgétaire ». Il assiste les centres de responsabilité dans la définition des plans d'action et la valorisation de leurs budgets. Il assure la consolidation des budgets élémentaires pour élaborer le compte de résultat prévisionnel et aide la direction générale à évaluer les budgets proposés. Son rôle est de faciliter le travail entre le responsable hiérarchique et son collaborateur. Dans ce dialogue, il ne doit pas être un obstacle par sa rigidité ou un filtre par sa présence (G.H. Hofstede, 1977). En tout état de cause, ce n'est pas lui qui établit les budgets pour le compte des responsables opérationnels.

Les outils prévisionnels, plans et budgets, varient d'une entreprise à l'autre. Leurs formes et leurs procédures dépendent de nombreux facteurs : l'histoire de l'entreprise, le comportement des managers et des contrôleurs de gestion, les variables clés de l'entreprise, sa situation économique… La vérité n'est pas dans un « beau » système ou dans un système idéal. Elle est plutôt dans la qualité du travail des responsables opérationnels, la communication entre les niveaux hiérarchiques, le réalisme et l'ambition des plans et des budgets, la motivation à les atteindre.

Les plans et les budgets reposent en particulier sur la définition d'objectifs ambitieux et réalistes. Les méthodes modernes d'analyse de compétitivité intègrent le *benchmarking*, l'*activity based management*, et la réingénierie des processus. Elles permettent de définir des standards et des objectifs qui sont validés par une analyse externe et ne reposent pas seulement sur une évolution historique de ce que sait faire l'entreprise. Ces approches reposent sur une analyse de ce que font les concurrents, de la manière dont les fonctions similaires sont gérées dans d'autres entreprises, et de la façon dont les processus de fabrication et de gestion apportent de la valeur au client.

3. Les plans et les budgets sont des instruments de contrôle de gestion

Le contrôle de gestion consiste à maîtriser la gestion de l'entreprise pour atteindre les objectifs. Il s'appuie donc sur l'élaboration du plan opérationnel et des budgets, ainsi que leur suivi, pour aider les responsables opérationnels et la direction générale à maîtriser leur gestion[8].

Le processus de contrôle de gestion repose sur le fait que les responsables opérationnels s'engagent sur des objectifs à atteindre. Le plan opérationnel à deux ou trois ans et le plan d'action budgétaire de l'année définissent la manière dont ils vont les atteindre. En ce sens, le budget représente un engagement du responsable opérationnel à atteindre l'objectif. Un budget ne devrait pas être imposé à un responsable opérationnel, même pour des raisons financières, mais il doit être le fruit d'un dialogue si l'on souhaite que l'engagement de ce responsable soit réel et sincère.

Plans et budgets servent de référence pour les outils du suivi des réalisations : suivi budgétaire et tableaux de bord, comptabilité analytique, suivi des engagements sur les investissements. Dans ce suivi, l'accent est mis autant sur les réalisations en cours d'année que sur les résultats prévisibles en fin d'année budgétaire. L'analyse des résultats est fondée sur le calcul des

8. Voir également dans cette Encyclopédie l'article de H. Bouquin, « Contrôle », p. 667, tome 1.

écarts entre la réalisation et le budget de la même période[9]. Chaque responsable opérationnel essaie alors d'identifier les causes de ces écarts pour prendre les décisions correctives nécessaires. L'essentiel de ce processus de suivi est d'évaluer en permanence si l'objectif va être atteint en fin d'année et si le budget va être tenu.

De nombreuses entreprises demandent d'ailleurs aux responsables opérationnels de faire à la fin de chaque trimestre une estimation des résultats prévisibles pour la fin d'année. Cette estimation ne remet pas en cause l'objectif et le budget approuvé, mais elle permet d'avoir une vision du futur proche, au lieu de se contenter de l'analyse des réalisations du passé. Les décisions correctives peuvent être alors prises en tenant compte de leur impact futur sur le résultat en fin d'année.

Le contrôleur de gestion joue un rôle très important d'assistance auprès des responsables opérationnels pour les aider à suivre la mise en œuvre des plans et des budgets. Il est chargé de définir les procédures, le calendrier et les documents de suivi. Surtout, il doit les assister dans l'interprétation des écarts et la prise de décisions correctives. Il s'appuie pour le faire sur une bonne compréhension des choix et des plans d'action inclus dans les budgets, la connaissance de leur activité et une bonne maîtrise de la comptabilité de gestion[10].

*

* *

Les plans et les budgets sont les instruments fondamentaux de la gestion prévisionnelle. Ce ne sont pas des prévisions incertaines concernant le futur, mais des instruments de prise de décision. Ils sont l'outil essentiel des responsables opérationnels et de la direction générale qui décident du futur de l'entreprise et pilotent l'action présente.

Références

ANTHONY R.N., *La fonction Contrôle de gestion*, Paris, Publi-Union, 1993.

ARDOIN J.L., MICHEL D., SCHMIDT J., *Le contrôle de gestion*, 2e éd., Paris, Publi-Union, 1986.

BRUNET S., GARDIN H., *Pratiques du reengineering*, Paris, ESF, 1995.

HOFSTEDE G.H., *Contrôle budgétaire, les règles du jeu*, Paris, Hommes et Techniques, 1977.

LORANGE P., *Corporate Planning, An Executive Viewpoint*, Englewoods Cliffs, NJ, Prentice Hall, 1986.

MERCHANT K.A., *Control in Business Organizations*, Marshfield, Mass., Pitman, 1985.

MINTZBERG H., *The Rise and Fall of Strategic Planning*, New York, NY, The Free Press, 1994.

ROMAGNI P. *et al.*, *10 outils clés du management*, Paris, Les Presses du Management et Les Editions du GO, 1996.

STEINER G.A., *Strategic Planning*, New York, NY, The Free Press, 1979.

Mots clés

Allocation de ressources, budget, centre de responsabilité, contrôleur de gestion, objectif, plan, plan glissant, plan opérationnel, plan stratégique, programmation, programme, responsable opérationnel, suivi budgétaire, variable clé.

---

9. Voir dans cette Encyclopédie l'article de M. Gervais, « Analyse des écarts », p. 52, tome 1.

10. Voir dans cette Encyclopédie l'article de P. Piget, « Comptabilité analytique », p. 488, tome 1.

Politique comptable des entreprises

Jean-François Casta

Les principes et les règles comptables qui régissent l'établissement et la présentation des états financiers d'une entreprise (ou d'un groupe) ont principalement pour objet de réduire l'incertitude des différents utilisateurs des *nombres comptables* et, plus particulièrement, du résultat et de la situation financière. Face à cette réglementation, les dirigeants et leurs conseils disposent d'une certaine latitude dans le choix des méthodes de comptabilisation des transactions. En pratique, les dirigeants utilisent cet espace de liberté afin de façonner, dans un cadre licite, la présentation et le contenu des états financiers. De tels choix, représentatifs de leurs préférences, ont des effets sur la structure du compte de résultat, sur la structure du bilan ou sur le hors-bilan : ils constituent la « politique comptable » de l'entreprise (ou du groupe)[1]. Ces choix restent, dans une large mesure, subordonnés aux objectifs de communication financière.

Au-delà de ces techniques, les comptables, conjointement avec d'autres praticiens (juristes, auditeurs, banquiers), ont « imaginé » un grand nombre de « montages » d'ingénierie financière[2] qui, en exploitant systématiquement les lacunes de la réglementation, affectent substantiellement le contenu des états financiers et la perception des utilisateurs. Suscitant l'émergence d'une comptabilité dite « créative », de telles pratiques posent avec acuité le problème des conséquences économiques des choix comptables. Dès lors, une série de questions se pose.

– Quel est le champ d'application de la politique comptable ?
– Quelles sont les contraintes réglementaires qui en limitent le jeu ?
– Quels sont les instruments de la politique comptable ?
– Quels sont les déterminants des choix comptables ?
– Quelles réactions peut-on attendre du marché à une action sur les variables comptables ?

---

1. Voir également dans cette Encyclopédie l'article de B. Raybaud-Turrillo et R. Teller, « Comptabilité créative », p. 508, tome 1.

2. Voir dans cette Encyclopédie l'article de A. Couret, « Ingénierie financière », p. 1697, tome 2.

C'est à ces cinq questions que les différentes sections de cet article visent à donner une réponse.

1. La problématique de la politique comptable

La politique comptable concerne un ensemble assez large de techniques et de pratiques observées lors de l'élaboration ou de la présentation des états financiers : il convient d'en préciser le champ d'application, le contenu conceptuel et les objectifs.

1.1. Le champ d'application de la politique comptable

Le champ de la politique comptable comprend principalement l'ensemble des états financiers publiés relatifs aux comptes annuels et aux comptes consolidés, les rapports de gestion afférents, les rapports semestriels à la charge des sociétés cotées ainsi que les informations faisant l'objet d'une publication volontaire. Il est possible d'y inclure les documents de gestion prévisionnelle[3].

1.2. Définition de la politique comptable

Au sens strict, la *politique comptable* recouvre l'ensemble des choix faits par les dirigeants sur des variables comptables qui conduisent, dans le respect des contraintes réglementaires, à façonner le contenu ou la forme des états financiers publiés.

La politique comptable s'inscrit dans une double logique d'optimisation des choix et de communication financière de l'entreprise avec son environnement[4]. Elle relève d'actions licites et concertées, sous-tendues par la recherche d'objectifs assignés par les dirigeants ; elle peut cependant être l'expression de choix comptables implicites, voire incohérents. Selon une acception extensive, la politique comptable concerne :

– le choix (ou la modification) des méthodes d'évaluation relatives aux états financiers annuels, consolidés ou semestriels ;

– le choix (ou la modification) des méthodes de présentation des états financiers annuels, consolidés ou semestriels ;

– la détermination du volume et du degré d'agrégation de l'information publiée dans les états financiers et plus particulièrement dans l'annexe des comptes annuels ou consolidés ;

– la détermination de l'information publiée dans le rapport de gestion relatif aux comptes annuels (ou consolidés) ainsi que dans le rapport semestriel à la charge des sociétés cotées ;

– la détermination de la date de divulgation de l'information financière ;

– la publication volontaire d'états financiers facultatifs (comme le tableau de financement) ou d'informations relatives à la marche de l'entreprise ;

– le choix (ou le changement) de l'auditeur légal ;

---

3. Leur élaboration résulte de la loi du 1er mars 1984 relative à la prévention des difficultés dans les entreprises.

4. Voir dans cette Encyclopédie l'article de A. Guimard, « Communication financière », p. 342, tome 1.

– l'alignement (partiel ou total) sur des référentiels comptables étrangers comme ceux de l'International Accounting Standards Committee (IASC) ou du Financial Accounting Standards Board (FASB)[5] ;

– l'abandon, très exceptionnel, de certains principes comptables fondamentaux[6].

1.3. Les objectifs de la politique comptable

Selon qu'il s'agit d'une petite ou moyenne entreprise (PME) à contrôle familial, d'une société candidate à l'introduction en bourse, d'une société faisant déjà appel aux marchés financiers ou d'un groupe de sociétés, la nature des motivations et les objectifs de la politique comptable diffèrent. Alors que ces dernières entreprises accordent une importance majeure aux conséquences financières de ces décisions (telles que l'impact sur les distributions de dividendes, sur l'évolution du cours boursier, sur la vulnérabilité en matière d'OPA, sur les relations avec les tiers), la PME à contrôle familial privilégie souvent l'optimisation fiscale[7].

Dès lors, la politique comptable peut, selon le contexte, se voir assigner par les dirigeants des objectifs plus ou moins ambitieux comme :

– la minoration des pertes publiées,

– la minimisation des bénéfices imposables,

– la majoration (ou la minoration) du résultat courant,

– la majoration (ou la minoration) des bénéfices distribuables,

– le lissage temporel des résultats comptables dans le but de réduire le risque perçu par l'environnement financier,

– « l'habillage du bilan » (*window dressing*) qui, en opérant sur les structures, tend à mieux satisfaire aux normes prudentielles (par exemple, le ratio d'endettement ou celui de solvabilité), aux clauses contractuelles ou aux critères des agences de notation (*rating*)[8].

1.4. De la politique comptable à la « comptabilité créative »

Depuis une dizaine d'années, la problématique d'optimisation des choix comptables s'est profondément renouvelée avec l'émergence d'une comptabilité dite « créative » (I. Griffiths, 1986 ; N. Jameson, 1988 ; T. Smith, 1992 ; K.H.M. Naser, 1993). Tirant parti de la multiplicité des options de comptabilisation, exploitant les conflits de référentiels ainsi que les lacunes de la réglementation, les comptables ont « imaginé », conjointement avec d'autres praticiens (juristes, auditeurs, banquiers), de nombreux « montages » d'ingénierie juridique et financière.

Bien que pour les tenants d'une acception restrictive, la comptabilité créative se situe dans le prolongement de la politique comptable (H. Stolowy, 1994), pour la plupart des auteurs (F. Bonnet, 1995 ; C. Hoarau, 1995), elle s'inscrit dans une logique différente – celle de la recherche systématique

---

5. Le FASB est l'organisme chargé de la normalisation comptable aux Etats-Unis.

6. Par exemple, le principe de continuité de l'exploitation.

7. Le résultat imposable d'une société est déterminé, à partir des comptes annuels, par retraitement *extra-comptable* du résultat comptable avant impôt sur les bénéfices.

8. Voir dans l'Encyclopédie des marchés financiers l'article de B. Thiry, « Notation ».

d'innovations juridiques et financières – n'ayant d'autre finalité qu'une reconfiguration substantielle des états financiers de l'entité. Au-delà d'une action sur la représentation comptable de l'entreprise, la comptabilité créative s'attaque aux structures profondes des états financiers en agissant sur la définition du concept de patrimoine. Pour ce faire, de telles pratiques prennent appui sur des transactions *ad hoc* qui permettent de redéfinir, de façon discrétionnaire, le contenu et les limites des principaux concepts comptables. Sont particulièrement exposés des concepts comme les capitaux propres et les dettes avec la création de titres hybrides[9], le bilan et le hors-bilan avec l'externalisation des emprunts (*in substance defeasance*) ou celle des créances risquées (titrisation)[10], ainsi que les concepts d'actif ou d'immobilisations avec la cession-bail (*lease-back*) ou les opérations de portage de titres.

Ces nouvelles pratiques introduisent une discontinuité qualitative : la politique comptable relève d'une stratégie d'optimisation visant à choisir les méthodes comptables les plus adaptées dans un cadre réglementaire donné ; à l'inverse, la comptabilité créative renvoie à une stratégie d'évitement des règles, des normes et des frontières (juridiques ou organisationnelles) de l'entité. Cependant, malgré de nombreux cas d'utilisation perverse, délibérément initiés dans le but de tromper les utilisateurs des états financiers (I. Griffiths, 1986 ; T. Smith, 1992), il semble s'esquisser un consensus de place qui conduit, en période de crise, à institutionnaliser ces pratiques comptables « créatives » comme un moyen radical de restructuration des bilans ; le Crédit Lyonnais fournit à cet égard un exemple exceptionnel (C. Hoarau, 1995).

2. Le cadre réglementaire de la politique comptable

La politique comptable des entreprises est mise en œuvre dans un cadre essentiellement fixé par les nombreuses sources du droit comptable[11], mais aussi, en ce qui concerne les comptes annuels, par les règles fiscales. En dernière analyse, l'information financière publiée est soumise au contrôle légal des commissaires aux comptes.

2.1. Choix et réglementation comptable

Les choix comptables relatifs à l'établissement et à la publication des comptes relèvent du pouvoir discrétionnaire des dirigeants. Ils trouvent leurs limites dans les règles édictées par le droit comptable. La latitude de choix des dirigeants est cependant importante. Il convient de distinguer : le choix entre plusieurs méthodes admises par la réglementation (par exemple, la détermination du plan d'amortissement pour dépréciation d'immobilisations corporelles), l'utilisation d'exceptions réglementairement prévues (par exemple, l'immobilisation des frais de recherche et de développement) et

9. Voir dans cette Encyclopédie l'article de N. Mourgues, « Fonds propres et quasi-fonds propres », p. 1433, tome 2.

10. Voir dans l'Encyclopédie des marchés financiers l'article de V. Pancrazi-Dauchy, « Titrisation ».

11. Par ailleurs, le Code des sociétés sanctionne pénalement la distribution de dividendes fictifs ou la présentation (et la publication) de comptes annuels ne donnant pas une image fidèle.

l'absence de règle propre à fournir une image fidèle. Par ailleurs, toute modification de ces choix constitue un changement de méthode comptable.

2.1.1. La réglementation relative aux comptes annuels

Le Code de commerce, la loi comptable du 30 avril 1983, édictée en application de la IVe directive européenne, et le Plan comptable général fixent les règles applicables à l'élaboration et à la publication des comptes annuels. Par ailleurs, en France, l'interaction des règles fiscales et comptables reste particulièrement élevée en ce qui concerne les comptes annuels. Cette interférence de la fiscalité revêt des formes variées comme la limitation des méthodes d'évaluation admises (par exemple pour la valorisation des stocks), une définition restrictive des conditions de déductibilité des charges (par exemple pour les amortissements ou les provisions) ou, à l'inverse, l'obligation d'enregistrer comptablement des opérations n'ayant pour objet que l'obtention d'un avantage fiscal (par exemple, les amortissements dérogatoires, les provisions ou les réserves réglementées). Symétriquement, l'utilisation opportuniste de ces règles peut conduire des entreprises ne recherchant pas l'optimisation de leur résultat imposable à renoncer à des avantages fiscaux en vue d'agir sur le résultat comptable.

En pratique, la Commission des opérations de bourse (COB) mentionne dans son rapport des cas d'utilisation de méthodes comptables non conformes à la réglementation[12].

L'entreprise est tenue de mentionner dans l'annexe les principes et méthodes comptables retenus pour présenter ses comptes annuels.

2.1.2. La réglementation relative aux comptes consolidés

En application de la VIIe directive européenne, la loi du 3 janvier 1985 a introduit en France l'obligation d'établissement et de publication de comptes consolidés (bilan, compte de résultat, annexe)[13]. Affranchis de toute incidence fiscale directe[14] et offrant la possibilité de déroger à la plupart des méthodes d'évaluation prescrites par le Code de commerce pour l'établissement des comptes annuels, les comptes consolidés reposent sur un ensemble de méthodes comptables optionnelles qui sont en harmonie avec la pratique internationale.

Les principes comptables et les méthodes d'évaluation retenues ainsi que les méthodes de consolidation utilisées doivent être précisés dans l'annexe relative aux comptes consolidés.

2.2. L'influence des principes comptables fondamentaux

L'élaboration et la présentation des états financiers reposent sur un ensemble de principes comptables fondamentaux, communément admis et

---

12. Par exemple, la dotation de provisions pour risques généraux non justifiés.

13. Voir également dans cette Encyclopédie l'article de B. Colasse, « Comptes de groupe », p. 568, tome 1.

14. Cette neutralité est relative puisque les comptes consolidés sont établis, par retraitement, à partir des comptes individuels de chacune des sociétés.

intégrés aux différentes sources du droit comptable[15]. Ces principes s'appliquent aux comptes annuels comme aux comptes consolidés. Parmi eux, certains sont particulièrement sollicités par la politique comptable de l'entreprise.

2.2.1. Le principe de permanence des méthodes

La comparabilité spatio-temporelle des informations financières est conditionnée par l'application de méthodes comptables constantes d'un exercice à l'autre. A moins d'un changement exceptionnel dans la situation de l'entreprise, le droit comptable énonce comme principe fondamental la permanence des méthodes de présentation des comptes et des méthodes d'évaluation. Nullement discuté dans son fondement, ce principe, particulièrement exposé par la mise en œuvre d'une politique comptable active, a pour corollaire une réglementation stricte des changements de méthode comptable.

Les dérogations au principe de permanence conduisent à distinguer quatre catégories de changements de méthodes.

– Les changements de méthode comptable (*stricto sensu*) concernent les règles de présentation des comptes (annuels ou consolidés) ou les méthodes d'évaluation. Ces changements ne sont licites qu'à condition d'être motivés par une modification substantielle des conditions d'exploitation et par l'obtention d'une meilleure image fidèle, ce qui exclut tout changement de pure opportunité. Dans le cas contraire, ils constituent une irrégularité comptable. Ces changements n'affectent que le résultat exceptionnel.

– Les changements dans les modalités d'application d'une méthode comptable sont soumis aux mêmes conditions de licéité ; ils concernent la modification de paramètres de calcul d'une méthode (par exemple, la révision des durées d'amortissement d'une immobilisation). Ces changements affectent le résultat courant.

– Les changements de réglementation comptable s'imposent à l'entreprise et ne relèvent pas d'une décision de gestion. Ces changements affectent le résultat exceptionnel ou les capitaux propres.

– Les changements de méthode fiscale comptabilisée concernent la traduction comptable de décisions relevant de la gestion fiscale et portent sur les provisions, les réserves et les amortissements réglementés. Ces changements affectent le résultat exceptionnel.

Seuls les changements de méthode comptable (*stricto sensu*)[16] font l'objet d'une procédure spécifique. Celle-ci prévoit, tant pour les comptes annuels que consolidés, une information détaillée dans l'annexe ainsi que dans le rapport de gestion, avec indication de l'incidence de ces changements sur la situation financière et sur le résultat. De plus, ils doivent être mentionnés dans le rapport du commissaire aux comptes.

---

15. Voir dans cette Encyclopédie l'article de D. Pham, « Principes comptables fondamentaux », p. 2451, tome 3.

16. Il en est de même pour les changements dans les modalités d'application qui ont une incidence significative.

A l'inverse, dans les comptes annuels, les changements de méthode fiscale comptabilisée peuvent, à condition de faire l'objet d'une information dans l'annexe, être pratiqués pour des raisons de pure opportunité. De ce fait, les provisions, réserves et amortissements réglementés sont, selon la COB, libérés de la règle de permanence des méthodes.

Qu'en est-il de la pratique des changements de méthode ? La COB reconnaît dans ses rapports annuels que l'application du principe de permanence reste hésitante dans les grandes sociétés ; elle relève même de nombreux cas de changements de méthode intempestifs ou injustifiés. Il s'agit en particulier de changements de méthode non justifiés par l'apparition d'une situation nouvelle et de l'application rétroactive de modifications.

2.2.2. Le principe de prééminence de la réalité sur l'apparence

Selon ce principe, les transactions et les événements de la vie de l'entreprise doivent être traduits dans les comptes par référence à leur véritable substance examinée tant au plan juridique, économique que financier, plutôt qu'en fonction de leur seule apparence juridique. Cependant, la prééminence de la réalité sur l'apparence, reconnue par l'IASC et par les référentiels anglo-américains (*substance over form*), n'est pas, en France, explicitement admise au rang des principes comptables fondamentaux. Déjà présente dans certaines dispositions de la réglementation relative aux comptes consolidés (par exemple, le traitement du crédit-bail) ou dans le traitement de certains montages d'ingénierie financière (par exemple, la *defeasance,* les quasi-fonds propres), la reconnaissance de ce principe devrait permettre le développement d'une approche plus « substantielle » de la représentation comptable et, en particulier, d'encadrer certains débordements de la comptabilité « créative » fondés sur des artifices juridiques (B. Raybaud-Turrillo, 1995).

2.2.3. Le référentiel de qualité des comptes

Le concept d'image fidèle fait partie, avec la régularité et la sincérité, du référentiel de qualités construit par le droit comptable pour guider l'élaboration des comptes annuels et des comptes consolidés. Alors que le Plan comptable général définit la régularité comme « la conformité aux règles » et la sincérité comme « l'application de bonne foi de ces règles », aucune définition n'est donnée du concept d'image fidèle. Bien qu'à l'origine il s'agisse d'une adaptation de la notion anglo-saxonne de « *true and fair view* », l'interprétation qui en est fournie par la doctrine est restrictive : elle vise à rechercher, lors de l'établissement des comptes, « l'image la plus fidèle possible compatible avec le respect de la règle ».

2.3. L'influence de la normalisation comptable internationale

Emanant d'un organisme international de droit privé, les normes de l'IASC n'ont aucun caractère obligatoire. Les institutions professionnelles qui en sont membres s'engagent à inclure ces normes, dans la mesure où elles sont compatibles avec la réglementation comptable nationale, dans les avis et recommandations qu'elles édictent. Cependant, en pratique, les normes de l'IASC sont devenues la source de véritables usages internationaux. En

France, vingt-trois groupes sur cent déclarent établir leurs comptes consolidés conformément aux normes de l'IASC et neuf groupes déclarent se référer à celles du FASB (*L'information financière 1995*). Au regard du champ de la politique comptable, cette situation pose plusieurs types de problèmes :

– largement compatibles avec la normalisation française relative aux comptes consolidés, les normes de l'IASC sont fondamentalement marquées par les conceptions anglo-américaines ; bien que leur adoption par les grands groupes français induise une amélioration de la qualité de l'information financière publiée (*L'information financière 1995*), ces normes constituent un référentiel cohérent qu'il est difficile d'appliquer partiellement ;

– les groupes établissant volontairement leurs comptes consolidés conformément à ce référentiel sont confrontés à un problème de changement de méthodes lié au programme de réduction des options et de révision des normes récemment appliqué par l'IASC ;

– enfin, sous le couvert de satisfaire aux exigences des marchés financiers, certaines grandes entreprises peuvent mettre en œuvre une politique comptable « créative » utilisant de façon sélective les normes de l'IASC ou du FASB.

2.4. La certification des comptes

Le commissaire aux comptes a pour mission principale de s'assurer que les comptes annuels (ou consolidés) sont sincères, réguliers et donnent une image fidèle de la situation financière, du résultat des opérations et du patrimoine de la société (ou du groupe). Cette mission d'opinion revêt la forme spécifique d'une certification des comptes qui s'exprime par une certification sans réserve, une certification avec réserve(s) ou un refus de certifier. Elle constitue le cœur du dispositif légal de contrôle de l'information financière publiée par les sociétés. Elle a engendré l'émergence d'une véritable *économie de l'opinion* (J.F. Casta, 1995).

Face à ce cadre réglementaire, la politique comptable, définie selon une acception limitative excluant toute action sur les transactions opérationnelles ou tout « montage » juridico-financier *ad hoc*, dispose d'instruments nombreux et diversifiés.

3. Les instruments de la politique comptable

Depuis une dizaine d'années, les pratiques comptables font, en France, l'objet d'une observation régulière[17] fondée sur l'information financière publiée par les cent premiers groupes industriels et commerciaux. Le recensement des instruments de politique comptable permet la construction de typologies reposant sur les effets attendus en matière de résultat ou de structure du bilan (P. Kienast, 1984 ; F. Bonnet, 1995). Cependant, les différences d'enjeux et de contexte institutionnel suggèrent de distinguer les pratiques

17. Voir l'édition annuelle de *L'information financière : cent groupes industriels et commerciaux*. En ce qui concerne les sociétés cotées, voir également les rapports annuels de la COB.

admises par le Code de commerce pour l'élaboration des comptes annuels et les options propres aux comptes de groupe.

3.1. Les instruments relatifs aux comptes annuels

Les instruments utilisables pour l'élaboration des comptes annuels ont trait au choix des méthodes d'évaluation, à l'application du principe de prudence ou au rattachement des produits et charges à l'exercice. Sans être exhaustif, il est possible d'identifier des variables majeures de la politique comptable.

3.1.1. La distinction entre charges et actifs (ou immobilisations)

La distinction entre les concepts de charges et d'immobilisations n'est pas, en droit comme en fait, toujours immuable : elle peut donner lieu à interprétation ou à imprécision et, dans un certain nombre de cas, à option pour l'enregistrement à l'actif. Par exemple, la valorisation des immobilisations produites par l'entreprise pour elle-même renvoie à une évaluation souvent subjective des coûts de production internes.

A l'inverse, relèvent de l'option, ouverte sous certaines conditions par le Code de commerce, les cas suivants :

– l'inscription en immobilisations des dépenses de recherche et développement ; en pratique, ces dépenses sont majoritairement comptabilisées en charges par les entreprises ;

– l'inscription en immobilisations des frais d'établissement ;

– l'inscription à l'actif des charges à répartir sur plusieurs exercices qui constitue une décision de gestion ;

– l'inscription à l'actif des intérêts sur les capitaux empruntés pour le financement de la fabrication d'immobilisations ou de produits stockés ; cette option, qui ne vise que les processus de production de durée supérieure à l'année, reste très minoritaire.

De tels choix sont lourds de conséquences quant à la mesure comptable du résultat et du patrimoine : l'affectation en charges grèvera immédiatement le résultat de l'exercice alors que la comptabilisation en immobilisations donnera lieu à amortissement sur une certaine période.

3.1.2. La politique d'amortissement

L'amortissement des immobilisations corporelles peut être librement calculé selon différentes méthodes (mode linéaire, dégressif, accéléré…) en fonction de la dépréciation anticipée. Le choix de la méthode et de la durée détermine le plan d'amortissement ; cependant, toute modification ultérieure de ce plan constitue un changement de méthode comptable.

L'amortissement fiscal est régi par des dispositions spécifiques : afin de satisfaire à des prescriptions fiscales, la différence entre l'amortissement comptable (c'est-à-dire l'amortissement pour dépréciation) et l'amortissement fiscal (amortissement dégressif, voire exceptionnel) doit être comptabilisée sous la forme d'un amortissement dérogatoire qui n'affecte que la composante exceptionnelle du résultat. Pour cette raison, les changements de rythme de l'amortissement fiscal ne sont pas soumis au formalisme du changement de méthode comptable, tant que l'amortissement pour dépréciation reste inchangé. Le choix de la méthode d'amortissement pour dépréciation n'étant pas neutre, les grandes entreprises retiennent, dans leur majorité, le mode linéaire qui seul permet :

– de n'utiliser, si nécessaire, que partiellement le potentiel annuel d'amortissement dégressif ;

– de pratiquer l'amortissement dégressif une année, puis d'y renoncer ;

– de ne pratiquer aucun amortissement pour dépréciation une année, dès lors que l'amortissement déjà comptabilisé excède le cumul de l'amortissement linéaire ;

– de rattraper globalement les amortissements dégressifs non pratiqués dans la mesure où l'entreprise était fiscalement déficitaire.

Bien que le résultat courant ne soit pas affecté par de telles pratiques, la gestion de l'amortissement dérogatoire permet de réguler le résultat net comptable sans effectuer de changement de méthode comptable.

3.1.3. La politique de constitution de provisions

Fondée sur l'appréciation subjective de risques ou de charges prévisibles (provisions pour risques et charges) ou de dépréciations non définitives d'actifs (provisions pour dépréciation), la constitution de provisions laisse une grande latitude aux dirigeants pour la mise en œuvre du principe de prudence[18]. Parallèlement, toute modification des règles adoptées pour leur constitution revêt la forme d'un changement de méthode comptable.

En pratique, s'agissant d'évaluations subjectives du risque, les provisions sont très utilisées comme instrument de politique comptable. Leur dotation (ou leur reprise) permet d'agir à différents stades de formation du résultat : le niveau de l'exploitation (minoration ou majoration de provisions liées à l'activité), le niveau financier (minoration ou majoration des provisions pour dépréciation des valeurs mobilières de placement ou des participations) et le niveau exceptionnel (minoration ou majoration des provisions pour risques, pour restructuration ou provisions pour impôts[19]). Par ailleurs, les provisions réglementées (pour hausse des prix ou pour fluctuation des cours par exemple), dont la comptabilisation n'est effectuée qu'en vue de l'obtention d'un avantage fiscal, n'affectent pas le résultat courant mais seulement le résultat exceptionnel. Leur dotation, l'absence de dotation ainsi que leur reprise anticipée ne constituent pas un changement de méthode comptable et justifient, en pratique, leur utilisation à des fins de régulation du résultat comptable.

3.1.4. La valorisation des stocks

En ce qui concerne les comptes annuels, les entreprises peuvent choisir entre deux techniques de valorisation des sorties : la méthode du coût moyen

18. Au plan fiscal, toute divergence dans l'appréciation du risque peut donner lieu à réintégration des provisions dans le résultat fiscal.

19. Dans les comptes annuels, le rattachement de l'impôt à l'exercice se fait en fonction de son exigibilité (principe de l'impôt exigible). Lorsque les règles fiscales prévoient un étalement du paiement, une provision pour impôts doit être constituée.

pondéré (CMP) et celle du « premier entré/premier sorti » (FIFO)[20] ; en situation inflationniste, la méthode FIFO conduit, par rapport à celle du CMP, à minorer la valorisation des sorties et à majorer le résultat.

La valorisation des produits et des en-cours renvoie, en l'absence de comptabilité de gestion, à l'évaluation des coûts de production internes.

3.1.5. La politique de réévaluation des actifs

Il est possible dans les comptes annuels de déroger, sous certaines conditions, à l'application du principe d'enregistrement en coût historique des éléments de l'actif. Ces cas concernent :

– l'évaluation par mise en équivalence des titres des sociétés contrôlées de manière exclusive ; ces titres sont évalués en fonction de la quote-part des capitaux propres déterminée selon les règles de consolidation ;

– la réévaluation libre de l'ensemble des immobilisations corporelles et financières en fonction de leur valeur actuelle ;

– les fusions et apports partiels d'actifs qui permettent de réévaluer les biens apportés dans les comptes annuels de la société absorbante (ou bénéficiaire de l'apport).

3.1.6. Le traitement des contrats à long terme

Les contrats à long terme bénéficiaires (ce sont ceux pour lesquels la marge prévisionnelle sur coût de revient est positive) peuvent être traités selon deux méthodes différentes : celle de l'achèvement des travaux ou celle du bénéfice à l'avancement des travaux. Avec la première, aucun résultat n'est comptabilisé avant la livraison. En pratique, les contrats à long terme sont majoritairement comptabilisés par les grandes entreprises selon la méthode du bénéfice à l'avancement des travaux.

3.1.7. Le traitement des engagements de retraite

Le montant des engagements de l'entreprise en matière de pensions, de compléments de retraite doit être indiqué dans l'annexe (engagements hors bilan) ; les entreprises peuvent décider d'inscrire au bilan, sous forme de provision, le montant correspondant à tout ou partie de ces engagements. Dès lors, s'agissant de montants importants, il s'établit un arbitrage discrétionnaire entre le passif et le hors-bilan. En pratique, il existe une grande hétérogénéité dans les solutions retenues (provision, assurance, simple information dans l'annexe), en ce qui concerne l'assiette (ensemble des salariés ou personnel retraité) et dans les méthodes de calcul (actualisation ou non de la dette). Les entreprises qui constituent des provisions restent cependant minoritaires.

---

20. La méthode FIFO (*first in, first out*) valorise chaque sortie au prix du lot le plus ancien encore en stock. La méthode LIFO (*last in, first out*) valorise chaque sortie au prix du lot le plus récent. La méthode LIFO n'est pas admise par la réglementation française relative aux comptes annuels.

D'une façon générale, les méthodes retenues par les sociétés dans leurs comptes annuels varient essentiellement en fonction des objectifs qu'elles s'assignent en matière de régulation du résultat :

– pour lisser leurs résultats, les entreprises joueraient sur les constitutions de provisions, la répartition immobilisations/charges, les dotations aux amortissements ;

– afin d'augmenter leurs résultats, elles utiliseraient plutôt les méthodes d'évaluation des stocks et les reprises de provisions ;

– pour réduire leurs résultats, elles s'appuieraient sur les dotations aux amortissements et provisions et, dans une moindre mesure, sur l'évaluation des stocks.

3.2. Les instruments propres aux comptes consolidés

Offrant une plus grande latitude dans le choix des méthodes d'évaluation et des référentiels, les comptes de groupe sont devenus, en une dizaine d'années, un élément central du dispositif de communication financière des entreprises.

3.2.1. Consolider ou « déconsolider » ?

L'ensemble consolidé est constitué par les sociétés dans lesquelles la société mère exerce un contrôle exclusif, un contrôle conjoint ou une influence notable. En principe, à chaque type de contrôle est associée une méthode de consolidation. Il s'agit respectivement : de l'intégration globale, de l'intégration proportionnelle et de la mise en équivalence[21]. Il est cependant possible d'agir sur le périmètre de consolidation : en effet, la réglementation exclut de l'ensemble consolidé les sociétés pour lesquelles l'influence exercée sur la gestion est faible. L'utilisation discrétionnaire de cette possibilité permet à certains groupes de « déconsolider » les comptes de sociétés importantes, soit afin d'éviter l'incidence de résultats déficitaires, soit dans le but d'occulter le retraitement de plus-values liées à des cessions réalisées à l'intérieur du groupe.

3.2.2. Déroger aux méthodes d'évaluation prévues par le Code de commerce

Les sociétés ont la possibilité d'établir leurs comptes consolidés en utilisant des méthodes d'évaluation différentes de celles retenues dans les comptes annuels, mais plus proches des pratiques internationales. Elles peuvent opter pour :

– l'établissement des comptes consolidés selon la méthode du coût historique indexé, permettant une réévaluation sur la base de la perte de pouvoir d'achat de l'unité monétaire ; en pratique, cette option n'est pas utilisée ;

– l'évaluation des immobilisations corporelles et des stocks en valeur de remplacement (au lieu du coût historique) ; cette option est retenue par quelques grandes entreprises ;

21. Voir dans cette Encyclopédie l'article de B. Colasse, « Comptes de groupe », p. 568, tome 1.

– l'évaluation des stocks selon la méthode LIFO (au lieu de la méthode FIFO ou CMP) ; cette pratique est très peu répandue ;

– l'incorporation des frais financiers dans le coût des stocks quelle que soit la durée de fabrication ; cette pratique est très peu répandue ;

– l'inscription en immobilisation des biens faisant l'objet d'un contrat de crédit-bail (au lieu de l'enregistrement de l'annuité en charges) ; cette option est majoritairement retenue par les grandes entreprises ;

– l'inscription en résultat des gains de change latents, ce qui est l'option majoritairement utilisée par les grandes entreprises.

Par ailleurs, le Plan comptable général autorise deux méthodes pour la conversion des comptes (en devises) de sociétés étrangères : celle du cours historique et celle du cours de clôture. Cette dernière méthode est utilisée par la quasi-totalité des grandes entreprises.

3.2.3. Le traitement de l'écart d'acquisition (*goodwill*)

En raison des montants en cause, le traitement de l'écart d'acquisition est certainement la variable qui a le plus d'impact sur les mesures comptables du résultat et du patrimoine[22].

La différence existant, à la date d'acquisition d'une participation, entre le prix payé et la quote-part de situation nette comptable constitue l'écart de première consolidation. Cet écart trouve en premier lieu sa contrepartie dans les plus-values latentes attachées aux actifs, la valeur résiduelle déterminant l'écart d'acquisition *(goodwill).* Ayant pour origine la surenchère à laquelle se livrent les grandes entreprises pour l'obtention, par croissance externe, de nouvelles parts de marché, l'écart d'acquisition doit faire l'objet d'un amortissement qui peut engendrer une chute importante et durable du résultat consolidé. Afin d'éviter cet effet négatif, les entreprises jouent sur la durée d'amortissement qui, en pratique, peut varier de cinq à quarante ans. Une autre technique plus neutre, apparue lors du rachat de l'éditeur américain Grolier par Hachette et depuis majoritairement utilisée, consiste à affecter l'écart initial à des éléments d'actif incorporels (marques, titres d'édition, parts de marché...) non amortissables[23].

Il peut être recherché, dans d'autres cas, une majoration de l'écart d'acquisition dans le but d'absorber des frais de restructuration. En effet, en faisant constituer, avant la première consolidation, d'importantes provisions correspondant au plan de restructuration prévu dans une société nouvellement rachetée, il est possible de réduire sa valeur nette comptable afin d'accroître l'écart d'acquisition. Cette technique permet d'amortir sur quarante ans des charges de restructuration qui devraient réduire le résultat de l'année[24]. Certains groupes, utilisant par ailleurs l'affectation de cet écart à des actifs incorporels, ont même réussi à éviter tout impact sur leur résultat.

---

22. Dans les opérations récentes, l'écart représente souvent plus de 70 % du prix d'acquisition de la participation.

23. L'exemple Hachette-Grolier (1988) est particulièrement significatif : l'amortissement de l'écart d'acquisition sur la plus longue durée admissible aurait fait chuter le résultat consolidé de près de 150 millions pendant quarante ans (soit la moitié du résultat de l'époque).

24. Voir par exemple le rachat d'Yves Saint Laurent par Elf Sanofi.

L'ensemble de ces instruments a un effet de grande amplitude sur les mesures comptables du résultat et du patrimoine, ce qui rend inopérants les retraitements classiques. Certaines pratiques, se rattachant à la « comptabilité créative », agissent sur les frontières définissant les catégories comptables elles-mêmes : dans les états financiers (charges-immobilisations ; capitaux propres-dettes), à leur périphérie (actif-capital économique ; dettes-engagements hors bilan) ou sur le périmètre de consolidation (société consolidée-autres participations). Les comptes d'Usinor Sacilor fournissent un exemple caricatural : les divergences d'interprétation entre les commissaires aux comptes et la COB conduisent à une évaluation du résultat variant de 1,7 milliard de francs à un milliard. La politique comptable des entreprises pose avec acuité le problème de la prise en compte de l'imprécision et de l'ambiguïté dans le processus humain de traitement de l'information (J.F. Casta et X. Bry, 1995).

4. L'étude empirique de l'effet des pratiques comptables

Les dernières décennies ont été marquées par l'essor de l'étude empirique des pratiques comptables et par une profonde remise en cause des orientations méthodologiques de la recherche. Les nombreux travaux qui ont été menés sur le thème de l'impact des choix comptables sur les marchés financiers empruntent leur cadre d'analyse à la théorie financière[25] : ils recourent à l'hypothèse d'efficience des marchés de capitaux et au modèle de marché.

4.1. Les pratiques comptables comme objet de recherche

Longtemps présumé, le contenu prévisionnel de l'information comptable a souvent été associé aux vérités qui relèvent de l'évidence. Fruits d'une recherche *a priori*, les normes et les pratiques comptables échappaient dès lors à toute validation empirique. Vers la fin des années 1960, à l'image des sciences économiques et de la finance, une partie de la recherche en comptabilité, délaissant les travaux de nature normative, s'est orientée vers l'épistémologie positive (B. Ryan *et al.*, 1992). Puisant ses sources dans la théorie financière, l'approche positive a introduit, au plan de la recherche comptable, un séquencement méthodologique jusqu'alors inconnu comprenant des phases d'observation des pratiques, de modélisation, de formulation d'hypothèses testables, de tests empiriques et de validation (ou d'infirmation).

4.2. L'hypothèse d'efficience des marchés de capitaux

Les recherches effectuées dans le cadre de l'hypothèse d'efficience des marchés de capitaux s'intéressent à la relation existant entre l'information comptable disponible, les prévisions des investisseurs et l'ajustement de la valeur des titres sur le marché.

---

25. Voir dans l'Encyclopédie des marchés financiers les articles de G. Charreaux, « Théorie financière », de R. Cobbaut, « Théorie du marché financier » et de M. Levasseur, « Information comptable et marchés financiers ».

L'hypothèse d'efficience implique que, sur un marché, le cours d'un titre reflète entièrement et instantanément toute l'information pertinente disponible (E.F. Fama, 1970). Elle n'implique pas que tous les intervenants disposent de toute nouvelle information : il suffit que les investisseurs institutionnels et les analystes financiers qui *font le marché* soient informés. Selon la nature de l'information prise en compte, trois acceptions de l'efficience sont généralement définies : la forme faible, la forme semi-forte et la forme forte[26].

– La forme faible postule que l'investisseur connaissant l'historique des cours n'est pas plus apte à prédire les mouvements futurs que celui qui ignore tout de cette évolution : le cours actuel reflète toute l'information liée au passé.

– La forme semi-forte suppose que les cours actuels reflètent toute l'information publique disponible, passée (chroniques de cours) et présente (augmentation des dividendes, projet de fusion, informations économiques et financières...). Cette acception concerne particulièrement l'information comptable diffusée à travers les états financiers (annuels, consolidés ou intérimaires) et les rapports des commissaires aux comptes qui constituent l'essentiel de l'information publique. Les investisseurs procédant à tous les retraitements utiles, seules les informations qui modifient les attentes des investisseurs par rapport au rendement et au risque sont perçues comme pertinentes, à l'exclusion des changements de pure forme.

– La forme forte suppose que l'efficience s'étend à l'ensemble de l'information, tant publique que privée.

Les recherches empiriques valident, sous certaines conditions, l'hypothèse de l'efficience sous ses formes faible et semi-forte. La forme forte, en revanche, n'est pas validée empiriquement.

4.3. Le contenu informatif des états financiers et le marché

A partir de la fin des années 1960, de très nombreux travaux ont cherché à étudier le contenu informatif des *nombres comptables* et l'utilité prévisionnelle des informations tirées des rapports annuels (ou intérimaires) en testant empiriquement l'impact d'événements comptables (publication de résultat, changements de méthodes d'évaluation, certification des comptes) sur le marché. R.J. Ball et P. Brown (1968), ainsi que W.H. Beaver (1968), ont été les premiers à mettre empiriquement en évidence que le contenu informationnel des rapports annuels se limite, pour le marché, au seul bénéfice comptable et que, au moment de sa divulgation, 85 % de l'information comptable est déjà anticipée dans les cours.

4.3.1. La méthodologie d'étude d'événements

La méthodologie d'étude d'événements (E.F. Fama *et al.*, 1969) est utilisée afin de mettre en évidence la réaction des marchés financiers, sous forme de rendements anormaux, lors de l'occurrence d'un événement comptable comme la divulgation du résultat, le changement de méthode d'évaluation ou la publication de l'opinion de l'auditeur légal. Elle prend appui sur un corpus

26. Voir également dans l'Encyclopédie des marchés financiers l'article de J. Hamon, « Efficience faible. Efficience semi-forte ».

théorique et une modélisation empruntés à la finance (hypothèse d'efficience des marchés de capitaux, modèle de marché ou Médaf)[27]. Elle suppose le choix d'un modèle de prévision du bénéfice par action : c'est le modèle de marché qui est le plus souvent utilisé. Par ailleurs, la méthode d'étude d'événements nécessite que soient définies la durée de la période (et la périodicité) d'observation des cours, la nature de l'événement comptable et sa date de divulgation, la période d'estimation des paramètres du modèle de prévision, les modalités d'agrégation des rendements anormaux élémentaires et la nature du test statistique permettant de se prononcer sur le caractère significatif des rendements anormaux.

La mise en œuvre de cette méthode lors de recherches empiriques sur les pratiques comptables repose sur l'identification, pour chaque titre i composant l'échantillon, d'un rendement anormal e_{it} calculé, à chaque instant t, par différence entre la rentabilité observée R_{it} et la rentabilité prévue $\overline{R_{it}}$. La rentabilité estimée à partir du modèle de prévision est une fonction de l'indice de marché R_{mt}. Dans le cas du modèle de marché, la rentabilité estimée est : $\overline{R_{it}} = \hat{\alpha}_i + \hat{\beta}_i R_{mt}$.

Le résidu e_{it} mesure, entre autres, la rentabilité anormale due à l'apparition d'une information ou d'un événement durant la période étudiée. Par agrégation, il est possible de déterminer des indices de rentabilité anormale. Pour ce faire, deux méthodes sont utilisées : celle de l'indice de performance anormale *(Abnormal Performance Index)* et celle du résidu moyen cumulé *(Cumulative Average Residual)*.

– La méthode de l'indice de performance anormale mesure, à une date T, la rentabilité anormale cumulée moyenne procurée par un portefeuille de N titres, soit :

$$API_T = \sum_{i=1}^{N} \prod_{t=t_0}^{T} (1 + e_{it})$$

La valeur de l'indice API est calculée pour chacune des dates situées autour de la période d'annonce de l'événement comptable.

– La méthode du résidu moyen cumulé est, pour chacune des périodes comprises entre la date t_0 (date de l'annonce) et une date T, la somme des rendements anormaux moyens pour l'ensemble des entreprises de l'échantillon, soit :

$$CAR_T = \frac{1}{N} \sum_{i=1}^{N} \sum_{t=t_0}^{T} e_{it}$$

4.3.2. La réaction du marché aux changements de méthode comptable

Le marché se laisse-t-il abuser par des changements d'ordre comptable visant à améliorer artificiellement la situation de l'entreprise ? Parmi les études les plus significatives traitant de ce problème, nous pouvons distinguer les modifications n'ayant pas d'incidence sur la valeur de l'entreprise, celles ayant un double effet, de sens inverse, sur le résultat comptable

27. Voir dans l'Encyclopédie des marchés financiers l'article de A. Grar, « Etude d'événement ».

ainsi que sur la valeur de l'entreprise et enfin celles qui sont effectuées à titre obligatoire.

4.3.2.1. Les modifications n'ayant pas d'incidence sur la valeur de l'entreprise

Il s'agit de modifications de pure forme qui engendrent une hausse mécanique du résultat comptable, sans incidence sur le cash-flow, les méthodes fiscales étant inchangées. Il peut s'agir, par exemple :

– de la possibilité de comptabiliser sur un seul exercice le crédit d'impôt lié à un investissement au lieu de l'étaler sur la durée d'amortissement (R.S. Kaplan et R. Roll, 1972) ;

– du remplacement de l'amortissement dégressif par l'amortissement linéaire sans changer l'amortissement fiscal[28], étudié par R.S. Kaplan et R. Roll (1972) et R.W. Holthausen (1981).

Si le marché appréhendait correctement la signification de l'augmentation du résultat comptable, il ne devrait en résulter aucune évolution significative de la rentabilité anormale des titres. Cependant, R.S. Kaplan et R. Roll ont observé dans les deux cas une augmentation provisoire de la rentabilité anormale suivie, plus ou moins rapidement, d'une baisse des cours. Pour les entreprises ayant étendu le changement de méthode de comptabilisation du crédit d'impôt aux investissements antérieurement réalisés, ils ont enregistré un fléchissement de la rentabilité (malgré l'augmentation du bénéfice comptable).

De telles études mettent en évidence :

– que le marché, dans un premier temps, peut être influencé par une augmentation artificielle du résultat comptable, sans modification du cash-flow, mais qu'il n'est pas très longtemps abusé par ce type de manipulation ;

– qu'au contraire, de telles modifications, pratiquées abusivement, peuvent entraîner une baisse importante de la rentabilité.

4.3.2.2. Les modifications ayant un double effet, de sens inverse, sur le résultat et sur la valeur de l'entreprise

Le changement de méthode d'évaluation des stocks par passage, en période d'inflation, de la méthode FIFO à la méthode LIFO illustre parfaitement cette situation. En effet, ce changement de méthode engendre, d'une part, une diminution du résultat comptable et, d'autre part, procure une économie d'impôt[29] qui induit une augmentation de la valeur de l'entreprise. Ce cas paradoxal a abondamment été étudié en raison du problème qu'il pose au plan de la validité de l'hypothèse d'efficience : le marché réagit-il favorablement à l'augmentation des cash-flows ou défavorablement à la réduction du résultat comptable ? Si l'hypothèse d'efficience est valide, il devrait être observé une augmentation de la rentabilité anormale malgré la diminution du résultat comptable. Certaines études font ressortir que les entreprises qui pratiquent de telles modifications enregistrent effectivement une augmenta-

28. Cette situation n'est pas envisageable en France en raison du formalisme comptable imposé par les règles fiscales.

29. L'impact sur l'impôt requiert que la modification soit admise du point de vue fiscal, ce qui n'est pas le cas en France.

tion de la rentabilité de l'ordre de 5 % à 7 % dans les douze mois précédant la date d'annonce du changement de méthode (S. Sunder, 1975). Le graphique 1 illustre ce phénomène. Cependant, d'autres recherches plus récentes tendent à montrer que la même modification engendre une baisse de rentabilité dans les mois suivant l'opération. Il semble donc que la réaction du marché à ce type complexe de modification soit ambiguë et, qu'en conséquence, la manipulation de l'information soit moins « transparente ».

Graphique 1 – Modifications comptables ayant une incidence sur la valeur de l'entreprise

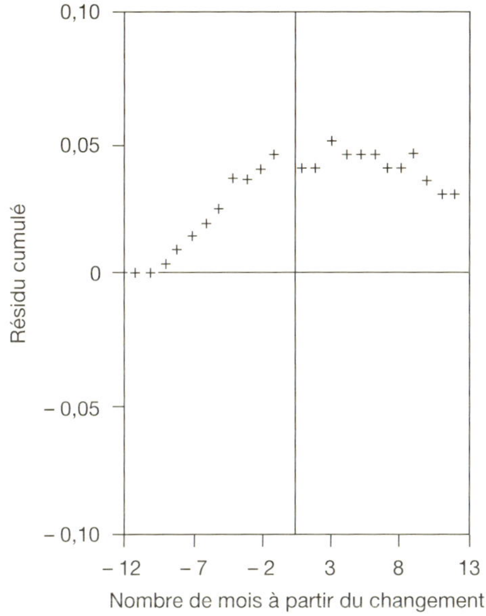

Source : S. Sunder (1975).

Bien que l'ensemble des tests relatifs à l'impact des changements de méthode comptable ne soit pas convergent, nous retiendrons que le marché semble :

– « voir » au-delà des manipulations d'information, dès lors que celles-ci sont simples ; le marché peut même pénaliser les entreprises qui les pratiquent ;

– se laisser abuser, dès lors que les modifications sont de nature complexe.

De façon générale, ces travaux empiriques permettent de penser que les cours sont davantage affectés par les modifications dans la distribution des cash-flows que par les changements de pratiques comptables.

En France, les changements de méthode comptable ont fait l'objet de quelques études empiriques (P. Dumontier *et al.*, 1988) qui ne semblent pas remettre en cause les conclusions précédentes.

4.3.2.3. Les modifications comptables obligatoires et les modifications volontaires

L'étude de la réaction du marché aux modifications comptables imposées par la réglementation, par opposition aux changements de méthodes volontaires relevant du pouvoir des dirigeants, fait apparaître que ces dernières, dès lors qu'elles n'ont pour seul effet que d'accroître le résultat comptable, ont un impact négatif sur les cours. Les mêmes modifications effectuées à titre obligatoire ont généralement un effet neutre. Il a souvent été observé que le marché pénalise les firmes adoptant volontairement des modifications comptables, soit parce que les entreprises qui les pratiquent ont les plus mauvais résultats, soit parce que ces modifications sont perçues comme le signe de difficultés futures.

4.3.3. La réaction du marché à la certification des comptes

La certification des états financiers par l'auditeur légal a pour objet d'accroître la crédibilité de l'information comptable publiée. Les recherches traitant du contenu informatif pour le marché des réserves ou du refus de certification[30] mettent en évidence des effets contrastés (P. Dodd *et al.,* 1984 ; en ce qui concerne la France, B. Soltani, 1996) :

– les réserves les plus graves s'accompagnent d'un fléchissement important (supérieur à 30 %) des cours ; il s'agit par exemple de celles qui portent sur une surévaluation de l'actif ou sur la non-continuité de l'exploitation ;

– les autres types de réserve ne provoquent généralement pas de variation significative.

Par ailleurs, dans le cas des réserves les plus graves, des rendements anormaux négatifs sont observés avant la publication du rapport d'audit. En effet, le plus souvent, l'opinion de l'auditeur ne vient que confirmer des informations économiques déjà anticipées par les investisseurs. C'est par exemple le cas de risques affectant le financement à long terme ou, plus généralement, la pérennité de l'entreprise.

Parallèlement à ces résultats empiriques, les recherches sur l'effet de réputation attaché au rapport de l'auditeur[31] soulignent :

– la sensibilité du marché à la qualité de la signature, c'est-à-dire à la notoriété de l'auditeur,

– l'importance des changements d'auditeur visant à rechercher une signature prestigieuse lors de l'apparition de difficultés (par exemple, les conflits entre actionnaires et dirigeants) ou lors de l'accès au marché financier.

4.4. Les pratiques comptables de lissage des résultats

Visant à réduire le risque perçu par l'environnement, le lissage des variables économiques et comptables est à l'origine de travaux qui ont trait à la rationalité et au comportement des investisseurs (J. Ronen et S. Sadan, 1981). Il convient cependant de distinguer le lissage purement comptable du lissage réel qui porte sur la régulation des variables économiques (chiffre d'affaires, dépenses opérationnelles...).

Observant que la politique comptable menée par les entreprises met en œuvre un ensemble de variables (plutôt qu'un seul instrument) et qu'elle devrait privilégier les actions qui ne mettent pas en jeu la procédure de chan-

---

30. L'information pertinente est essentiellement négative, la situation la plus fréquente étant celle d'une certification sans réserve.

31. Pour une synthèse, voir J.F. Casta (1995).

gement de méthode, les chercheurs anglo-saxons ont, depuis une dizaine d'années, mis en avant le concept d'*accruals* comme instrument global d'investigation (L.E. De Angelo, 1986). Ils synthétisent l'action sur des variables calculées comme les provisions, les amortissements, les opérations de régularisation (actif et passif) ou les charges à répartir. En mesurant la différence entre le résultat net comptable et les fonds générés par l'exploitation (cash-flows), les *accruals* traduisent l'incidence globale de la gestion stratégique des résultats.

Il existe peu d'études empiriques menées en France sur les pratiques de lissage des résultats. Utilisant la technique des *accruals,* S. Chalayer (1995b) met en évidence le caractère courant de cette pratique, utilisée à des fins de gestion des résultats, par les sociétés cotées. Il est de plus montré que cette pratique se traduit spécifiquement par une action sur les variables comptables ayant pour objet de réduire la variabilité du résultat net dans le respect des contraintes réglementaires.

L'observation empirique des pratiques de lissage comptable des résultats pose le problème de la rationalité du comportement des dirigeants. En effet, dans un contexte d'efficience des marchés, les pratiques de lissage comptable font l'objet de retraitements tels qu'il est impossible de réduire, par ce stratagème, le risque perçu par l'environnement financier. Ce paradoxe suggère de se tourner vers d'autres modèles explicatifs de la formation des choix comptables tels que l'approche politico-contractuelle de la comptabilité ou la théorie des signaux (S. Chalayer, 1995b).

5. Le cadre théorique d'analyse des pratiques comptables

L'incapacité de la recherche comptable traditionnelle, prescriptive ou hypothético-déductive, à expliquer les pratiques observées – notamment le faible contenu informatif des nombres comptables pour le marché ou le lissage des résultats – a engendré un profond renouveau de l'approche théorique. Cela a permis le développement de cadres d'analyse alternatifs comme la théorie positive de la comptabilité ou la théorie de la signalisation.

5.1. La théorie positive de la comptabilité

La théorie positive de la comptabilité (R.L. Watts et J.L. Zimmerman, 1978 ; 1986) se situe dans le cadre de l'épistémologie positive : elle fonde l'évaluation d'une théorie sur son aptitude à expliquer les pratiques observées et à inférer des prédictions. Pour ce faire, elle propose une modélisation du comportement des acteurs face aux choix comptables, un ensemble d'hypothèses portant sur les déterminants de ces choix ainsi qu'une méthodologie de validation. De très nombreuses recherches relevant du courant comptable positif[32] ont été menées à ce jour. Elles visent :

– à mettre en évidence les motivations de la politique comptable menée par les dirigeants,

32. Pour une revue de la littérature, voir B. Raffournier (1990).

– à rendre compte des facteurs expliquant le choix de méthodes particulières,

– à prévoir les méthodes comptables retenues par les dirigeants en fonction des caractéristiques des entreprises[33].

5.1.1. Les fondements de l'approche politico-contractuelle

La théorie positive de la comptabilité présente une approche politico-contractuelle des choix comptables fondée sur la théorie de l'agence (M. Jensen et W. Meckling, 1976)[34] et sur la théorie de la réglementation. La théorie de l'agence appréhende la firme comme une fiction légale, nœud d'un ensemble de contrats en équilibre passés entre différents acteurs (actionnaires détenant le contrôle, actionnaires minoritaires, managers, autres salariés, bailleurs de fonds, fournisseurs, clients). L'action de chacun d'eux est supposée exclusivement guidée par la rationalité économique. Le système de coordination des activités, qui repose sur les relations de mandat, engendre des coûts de nature politique et contractuelle. L'existence de conflits d'intérêts attachés à chacune des relations d'agence – le mandataire risquant d'agir de façon contraire aux intérêts du mandant – confère aux variables comptables un rôle déterminant dans le suivi de l'exécution des contrats.

La théorie positive de la comptabilité s'appuie sur les modalités de régulation de ces relations d'agence pour formuler un certain nombre d'hypothèses. Tous ces mécanismes sont souvent spécifiques à l'environnement américain[35]. Par exemple :

– en ce qui concerne le conflit d'intérêts entre les actionnaires et les créanciers : afin de se prémunir contre des transferts de richesse effectués au détriment des créanciers, les contrats de prêt incluent des clauses (formulées à partir de ratios comptables) restreignant l'action des dirigeants *(debt covenants)*. Cela conduit à formuler « l'hypothèse de la dette » selon laquelle les entreprises endettées devraient privilégier les méthodes comptables augmentant le résultat ;

– en ce qui concerne le conflit d'intérêts entre les actionnaires et les dirigeants : afin de limiter les risques de comportement opportuniste des dirigeants, les entreprises leur accordent des plans d'intéressement aux résultats se référant à des indicateurs comptables. Cela conduit à formuler « l'hypothèse de la rémunération » selon laquelle les dirigeants, dans les sociétés à forte dilution du capital, devraient privilégier les méthodes comptables augmentant le résultat ;

– en ce qui concerne la relation avec l'environnement politique : afin de limiter le risque d'émergence de réglementations fiscales ou administratives (par exemple, la loi antitrust), mais aussi afin de ne pas attirer des concurrents dans le secteur, les grandes entreprises tendent à réduire leur « visibilité politique » en recherchant le profil le plus neutre dans leurs rapports avec le grand public ou la classe politique. Cela justifie « l'hypothèse de la taille »

---

33. Voir également dans l'Encyclopédie des marchés financiers l'article de M. Levasseur, « Information comptable et marchés financiers ».

34. Voir également dans cette Encyclopédie l'article de P. Raimbourg, « Asymétrie d'information, théorie de l'agence et gestion de l'entreprise », p. 188, tome 1.

35. Pour une transposition de cette approche au contexte français, voir T. Saada (1993, 1995).

selon laquelle les grandes entreprises devraient privilégier les méthodes comptables minorant le résultat.

Au-delà de ces hypothèses majeures, d'autres facteurs, souvent corrélés, motivent les choix comptables des dirigeants comme : la politique de dividende[36], l'intensité capitalistique, le degré de risque spécifique à l'entreprise, la concentration dans le secteur ou la structure de l'actionnariat[37] (R.W. Holthausen et R. Leftwich, 1983). La prise en compte de ces différents facteurs permet à la théorie positive de la comptabilité de formuler un modèle explicatif des choix comptables fondé sur les coûts politiques et sur les coûts de contrôle des contrats.

5.1.2. Les facteurs déterminant le choix des méthodes comptables

Les hypothèses formulées par la théorie positive de la comptabilité ont fait l'objet de nombreux tests empiriques[38]. Ces études procèdent, dans le contexte américain, à un examen des motivations conduisant au choix de chaque méthode comptable prise isolément. Les conclusions les plus significatives ont trait aux choix suivants.

5.1.2.1. La décision de « capitaliser » les intérêts à l'actif dans le coût des immobilisations en cours (versus comptabilisation en charges)

Cette solution, qui majore le bénéfice, est pratiquée par :

– les entreprises dont les ratios financiers sont les plus proches des contraintes imposées par les contrats de prêt,

– les entreprises de grande taille.

5.1.2.2. La décision d'immobiliser à l'actif les coûts de recherche et développement (versus comptabilisation en charges)

Cette solution est retenue par les entreprises de plus petite taille utilisant un fort levier financier et distribuant la plus grande partie de leur bénéfice. En effet, cette pratique, en augmentant le résultat comptable, permet de mieux satisfaire aux clauses contractuelles intervenant lors de la négociation des emprunts. A l'inverse, pour les entreprises de plus grande taille, cet objectif reste secondaire au regard de la recherche d'une minoration de leur bénéfice comptable.

5.1.2.3. Le choix de la méthode d'amortissement (linéaire versus accéléré)

La technique d'amortissement linéaire est de préférence pratiquée par les entreprises :

– utilisant un fort levier financier,

– à structure de capital diffuse, sans bloc de contrôle,

– à gestion managériale.

36. Voir dans cette Encyclopédie l'article de R. Cobbaut, « Politique de dividende », p. 2302, tome 2.

37. Voir dans l'Encyclopédie des marchés financiers l'article de M. Nussenbaum, « Valeur de l'entreprise et structure de l'actionnariat ».

38. Pour une revue de ces études empiriques, voir R.W. Holthausen et R. Leftwich (1983) ainsi que B. Raffournier (1990).

Dans de telles entreprises, les dirigeants contrôlant totalement la politique d'information financière, ce choix technique permet de majorer le résultat publié. D'autres études ont établi une relation entre les modifications de la méthode d'amortissement (passage de l'amortissement accéléré à l'amortissement linéaire) et la politique de distribution de dividendes, notamment dans le cas de sociétés pour lesquelles cette distribution est limitée par les clauses de contrat de prêt.

5.1.2.4. Le choix d'une méthode d'évaluation des stocks (LIFO versus FIFO)

En situation inflationniste, le choix de la méthode FIFO engendre un résultat comptable plus élevé que celui qui serait obtenu en utilisant la méthode LIFO. Différentes études montrent que la méthode LIFO est retenue, afin de réduire le résultat, de préférence par les entreprises de grande taille qui exercent dans un secteur à fort taux de concentration.

Cette brève revue des études empiriques met en évidence que les choix comptables des entreprises sont, aux Etats-Unis, notablement influencés par leur taille, leur structure financière, la nature des clauses insérées dans les contrats de prêt, la structure de leur capital et le système d'intéressement de leurs dirigeants.

5.1.3. La transposition des recherches au contexte français

Il est difficile de transposer sans précaution les conclusions des recherches précédentes au contexte français. Il existe, en effet, d'importantes différences qui tiennent à l'état des pratiques contractuelles, à l'influence inégale de la fiscalité sur les pratiques comptables, à des structures d'actionnariat non comparables ainsi qu'à la place relative de l'Etat et des marchés financiers dans l'activité économique. De ce fait, peu d'études empiriques ont été réalisées en France dans le cadre de l'approche politico-contractuelle des choix comptables. Une première étude a abouti, dans un contexte de majoration du résultat, à des conclusions conformes à celles formulées par la théorie en ce qui concerne l'hypothèse de l'endettement et contraires en ce qui concerne l'hypothèse de la taille (P. Dumontier et B. Raffournier, 1990).

Une étude empirique des politiques comptables (T. Saada, 1993) d'une centaine de sociétés françaises a traité des déterminants des pratiques comptables dans le domaine de l'amortissement du *goodwill* (durée inférieure ou supérieure à 20 ans), de la politique d'amortissement des immobilisations (linéaire *versus* dégressif) et de la méthode de valorisation des stocks (FIFO *versus* CMP). Cette étude met en évidence les caractéristiques suivantes :

– l'amortissement du *goodwill* sur une longue durée est pratiqué par les sociétés fermées, fortement endettées, de petite taille ainsi que par les grandes entreprises ayant une politique de dividendes soutenue ; ces deux catégories d'entreprises ont une gestion d'ensemble du résultat qui privilégie son augmentation ; au contraire, l'amortissement du *goodwill* sur une courte période est le fait de plus petites entreprises fermées qui recherchent une minoration du résultat ;

– l'amortissement linéaire des immobilisations est pratiqué par les grandes entreprises ayant une politique de dividendes soutenue qui recherchent une augmentation du résultat[39] ; l'amortissement dégressif est retenu par de plus petites entreprises fermées privilégiant une minoration du résultat ;

– la valorisation des stocks selon la méthode du CPM est pratiquée par de plus petites entreprises, à endettement faible et à politique de dividendes soutenue qui recherchent globalement une minoration de leur résultat ; au contraire, la méthode FIFO est utilisée par les entreprises privilégiant globalement une majoration de leur résultat.

Par ailleurs, une comparaison empirique des déterminants des pratiques françaises et américaines en matière d'amortissement, de valorisation des stocks et d'engagements de retraite confirme l'hypothèse de l'endettement ainsi que celle des opportunités d'investissement ; elle met en évidence des résultats inverses à ce que prédit la théorie en ce qui concerne l'hypothèse de la taille (T. Saada, 1995).

5.2. La signalisation par l'information comptable

L'image que donne l'entreprise de sa situation financière résulte, entre autres sources, d'un ensemble de signaux véhiculés par des variables comptables, certifiées par les auditeurs, qui donnent lieu à interprétation par les analystes. La théorie des signaux (*signalling*) a été introduite dans la recherche sur les choix comptables afin de prendre en compte l'asymétrie d'information existant entre les dirigeants et les actionnaires. Elle pose comme hypothèse que les variables comptables sont utilisées comme moyen de signalisation par les entreprises dont les perspectives de rentabilité sont favorables. De nombreuses études ont analysé la gestion de l'information comptable dans une optique de différenciation des entreprises performantes par le marché. Elles ont examiné la politique d'information comptable des entreprises en ce qui concerne le contenu des rapports, le calendrier de divulgation et la publication volontaire d'information (T. Saada, 1994). Par ailleurs, la théorie des signaux a été introduite pour suggérer une explication alternative dans le domaine des politiques de lissage des résultats (J. Ronen et S. Sadan, 1981 ; S. Chalayer, 1995a). Cependant, l'ensemble de ces travaux ne permet pas de rendre correctement compte des choix comptables observés.

*

* *

A l'intérieur d'un espace de liberté défini par les différentes sources du droit comptable, l'entreprise a la faculté d'exercer des choix qui façonnent la présentation de ses états financiers. Ces choix ont souvent pour objet de procéder à une régulation opportuniste du résultat comptable. En raison d'une plus grande permissivité de la réglementation et de l'absence d'interférence des règles fiscales, l'action sur la structure des états financiers relève de l'élaboration des comptes consolidés.

---

39. S'agissant du seul choix de l'amortissement pour dépréciation, cette pratique laisse plus de souplesse pour une gestion ultérieure du résultat. Elle est majoritairement adoptée par les grands groupes (*L'information financière 1995*).

Dans un contexte d'efficience informationnelle, le marché paraît peu sensible, au-delà de l'effet immédiat, à toute « manipulation » comptable et semble pénaliser les sociétés qui abuseraient de tels artifices. Ces enseignements renforcent la nécessité de divulguer une information financière de qualité, c'est-à-dire pertinente, transparente, significative et auditée par des signatures reconnues.

A l'inverse, l'observation des pratiques met en évidence le foisonnement de méthodes comptables « créatives » dont les effets sur la mesure comptable du résultat et du patrimoine sont d'une ampleur jamais atteinte. Elle légitime les efforts de recherche entrepris pour proposer un cadre théorique explicatif des choix comptables.

Références

BALL R.J., BROWN P., « An Empirical Evaluation of Accounting Income Numbers », *Journal of Accounting Research* (Autumn 1968), p. 159-178.

BEAVER W.H., « The Information Content of Annual Earnings Announcements », Empirical Research in Accounting : Selected Studies 1968, *Journal of Accounting Research* (supplement to vol. 6, 1968), p. 67-92.

BONNET F., *Pièges (et délices) de la comptabilité (créative)*, Paris, Economica, 1995.

CASTA J.F., « 25 ans d'audit : émergence d'une économie de l'opinion », *in* C. Le Pen (éd.), *25 ans de sciences des organisations*, Paris, Masson, 1995, p. 104-125.

CASTA J.F., BRY X., « Measurement, Imprecision and Uncertainty in Financial Accounting », *Fuzzy Economic Review* (November 1995), p. 43-70.

CCAS, Deloitte Touche Tohmatsu, Ernst & Young, GCC, Mazars & Guérard, *L'information financière 1995 : 100 groupes industriels et commerciaux*, Meylan, Editions CPC, 1995.

CHALAYER S. (a), « Le lissage des résultats : éléments explicatifs avancés dans la littérature », *Comptabilité, Contrôle, Audit* (septembre 1995), p. 87-104.

CHALAYER S. (b), « La manipulation des variables comptables à des fins de lissage des résultats », *in* Actes du XVIe congrès de l'Association française de comptabilité, Montpellier (vol. 2, 1995), p. 1208-1222.

DE ANGELO L.E., « Accounting Numbers as Market Valuation Substitutes : a Study of Management Buyouts of Public Stockholders », *The Accounting Review* (61, July 1986), p. 400-420.

DODD P., DOPUCH N., HOLTHAUSEN R., LEFTWICH R., « Qualified Audit Opinion and Stock Prices : Information Content, Announcement Dates and Concurrent Disclosures », *Journal of Accounting and Economics* (April 1984), p. 3-38.

DUMONTIER P., LABELLE R., RAFFOURNIER B., « Etude empirique des modifications comptables effectuées par les entreprises françaises », *Revue Française de Comptabilité* (193, 1988), p. 63-68.

DUMONTIER P., RAFFOURNIER B., « The Determinants of Volontary Accounting Changes : Some Additional Evidence from French Data », Congrès de l'Association européenne de comptabilité (1990).

FAMA E.F., FISHER L., JENSEN M.C., ROLL R., « The Adjustment of Stock Prices to New Information », *International Economic Review* (10, February 1969), p. 1-21.

FAMA E.F., « Efficient Capital Markets : A Review of Theory and Empirical Work », *Journal of Finance* (vol. 25, 1970), p. 383-417.

GRIFFITHS I., *Creative Accounting*, Londres, Unwin Paperbacks, 1986.

HOARAU C., « Les utilisateurs de l'information financière face à la créativité ou à l'imagination comptable », *Revue de Droit Comptable* (juin 1995), p. 77-95.

HOLTHAUSEN R.W., « Evidence on the Effect of Bond Convenants and Management Compensation Contracts on the Choice of Accounting Techniques. The Case of the Depreciation Switchback », *Journal of Accounting and Economics* (March 1981), p. 73-109.

HOLTHAUSEN R.W., LEFTWICH R., « The Economic Consequences of Accounting of Costly Contracting and Monitoring », *Journal of Accounting and Economics* (5, 1983), p. 77-117.

JAMESON N., *A Pratical Guide to Creative Accounting*, Londres, Kogan Page, 1988.

JENSEN M., MECKLING W., « Theory of the Firm : Managerial Behavior, Agency Costs and Ownership Structure », *Journal of Financial Economics* (vol. 3, 1976), p. 305-360.

KAPLAN R.S., ROLL R., « Investor Evaluation of Accounting Information : Some Empirical Evidence », *The Journal of Business* (April 1972), p. 225-257.

KIENAST P., « La politique des entreprises et l'analyse financière », Cahier de recherche n° 242, Centre HEC-ISA, 1984.

NASER K.H.M., *Creative Financial Accounting : its Nature and Use,* Hemel Hempstead, Prentice Hall international, 1993.

RAFFOURNIER B., « La théorie *positive* de la comptabilité : une revue de la littérature », *Economies et Sociétés,* Série Sciences de gestion (vol. 16, 11, 1990), p. 137-166.

RAYBAUD-TURRILLO B., « Droit comptable et droit économique : une approche renouvelée de la patrimonialité », *Comptabilité, Contrôle, Audit* (mars 1995), p. 25-44.

RONEN J., SADAN S., *Smoothing Income Numbers : Objectives, Means and Implications,* Reading, Ma., Addison Wesley, 1981.

RYAN B., SCAPENS R.W., THEOBALD M., *Research Method and Methodology in Finance and Accounting,* Londres, Academic Press, 1992.

SAADA T., « Politique comptable et marché de l'information », Thèse, Université de Paris XII-Val-de-Marne, 1993.

SAADA T., « La communication financière de l'entreprise et son impact sur l'évaluation par le marché : une synthèse de la littérature », *Economies et Sociétés,* Série Sciences de gestion, (tome 28, SG 20, mai 1994), p. 85-112.

SAADA T., « Les déterminants des choix comptables : études des pratiques françaises et comparaison franco-américaine », *Comptabilité, Contrôle, Audit* (septembre 1995), p. 52-74.

SMITH T., *Accounting for Growth : stripping the camouflage from company accounts,* Londres, Century Business, 1992.

SOLTANI B., *Le commissaire aux comptes et le marché financier : étude empirique du contenu informationnel des rapports d'audit,* Paris, Economica, 1996.

STOLOWY H., « Existe-t-il vraiment une comptabilité créative ? », *Revue de Droit Comptable* (décembre 1994), p. 79-108.

SUNDER S., « Stock Price and Risk Related to Accounting Changes in Inventory Evaluation », *The Accounting Review* (April 1975), p. 305-380.

WATTS R.L., ZIMMERMAN J.L., « Towards a Positive Theory of the Determination of Accounting Standards », *The Accounting Review* (January 1978), p. 112-134.

WATTS R.L., ZIMMERMAN J.L., *Positive Accounting Theory,* Englewood Cliffs, Prentice Hall, 1986.

Mots clés

Amortissement, auditeur, certification des états financiers, changements de méthodes comptables, choix des méthodes comptables, communication financière, comptabilité créative, comptes annuels, comptes consolidés, comptes de groupe, contrats à long terme, crédit-bail, évaluation des stocks, *goodwill,* hypothèse d'efficience des marchés de capitaux, information financière, lissage des résultats, politique comptable, principe de permanence des méthodes, principes comptables d'évaluation, principe de prééminence de la réalité sur l'apparence, provisions, réaction du marché aux modifications des méthodes comptables, retraites et engagements assimilés, théorie positive de la comptabilité.

Politique de dividende

Robert Cobbaut

L'expression « politique de dividende » désigne traditionnellement l'ensemble des règles de conduite dont une firme s'est dotée en matière d'allocation de son profit net entre la distribution en espèces aux détenteurs d'actions (dividende) et la rétention ou mise en réserve[1].

Avant d'exposer les diverses théories élaborées à cet égard, il y a lieu de présenter les principales études descriptives du comportement des firmes en la matière, afin de pouvoir évaluer l'aptitude des différentes théories à rendre compte des comportements observés.

Les théories maintenant classiques en matière de politique de dividende ont pour trait commun d'être fondées sur l'hypothèse qu'il n'existe pas de conflit d'intérêts entre diverses catégories d'actionnaires ou, dans un langage plus approximatif, que ce qui est bon pour la firme l'est aussi pour la totalité de ses actionnaires. Dans ce cadre s'est installée une controverse entre les tenants de la « neutralité » de la politique de dividende, dont les chefs de file sont M.H. Miller et F. Modigliani, et ceux qui estiment, plus traditionnellement, qu'il existe une relation positive entre le taux de distribution et la valeur de l'action.

Les élaborations théoriques récentes considèrent explicitement qu'il existe entre les catégories d'actionnaires, et plus généralement entre les diverses catégories de participants au marché financier, des différences de niveau d'information et/ou des divergences d'intérêt qui nécessitent des développements conceptuels nouveaux et plus sophistiqués, telles les théories des signaux et de l'agence. Sans résoudre tous les problèmes et lever toutes les ambiguïtés, la mise en œuvre de ces concepts nouveaux en matière de politique de distribution a ouvert de nouvelles pistes de réflexion et contribué à rendre intelligibles des pratiques financières dont n'avaient pu rendre compte les constructions théoriques antérieures.

1. Voir également dans cette Encyclopédie l'article de P. Vernimmen, « Politique financière de l'entreprise », p. 2325, tome 2.

1. Le comportement de distribution des entreprises

De nombreuses études ont été effectuées dans différents contextes spatiaux, sur le comportement des entreprises en matière de distribution. La très grande majorité de ces travaux sont des variantes, souvent très proches, du fameux modèle d'ajustement partiel de J. Lintner (1956). Basé sur une large campagne d'interviews auprès des firmes américaines, ce modèle vise à rendre compte de politiques de distribution fondées sur la conviction que « la plupart des actionnaires préfèrent un dividende raisonnablement stable, et que le marché sanctionne positivement la stabilité ou la croissance graduelle du dividende »[2]. En conséquence, les directions d'entreprise adoptent ce que l'auteur appelle un *target payout ratio*[3], c'est-à-dire un pourcentage fixe des bénéfices nets, considéré comme un taux de distribution normal, ou encore idéal. La plupart des dirigeants d'entreprise éprouvent par ailleurs une grande répulsion à réduire le dividende, ce qui leur fait apparaître comme exagérément risquée l'attitude qui consiste à ajuster immédiatement le dividende à toute variation positive des profits. Ils adoptent par conséquent une stratégie d'« adaptation continue, partielle et progressive », qui se traduit en termes opérationnels par des standards plus ou moins précis de vitesse d'ajustement du dividende à la croissance bénéficiaire.

En termes formels, le modèle comporte les deux relations suivantes :

$$\Delta D_t = D_t - D_{t-1} = a + c(D_t^* - D_{t-1}) + \varepsilon_t \qquad [1]$$

$$D_t^* = rB_t \qquad [2]$$

Les variables introduites dans le modèle sont :
- D_t, le montant du dividende par action de l'exercice t,
- B_t, le montant du bénéfice net par action de l'exercice t.

Les paramètres à estimer sont :
- a, un terme constant,
- c, le coefficient de vitesse d'ajustement du dividende à la croissance bénéficiaire,
- r, le *target payout ratio*.

D_t^* est par conséquent une grandeur inobservable, à savoir le dividende qui serait effectivement payé si l'adaptation du dividende à la croissance bénéficiaire, au lieu d'être partielle et progressive, était immédiate et se traduisait par un coefficient de vitesse d'ajustement égal à l'unité.

En combinant [1] et [2], on obtient une équation qui peut faire l'objet d'une estimation par régression multiple :

$$D_t - D_{t-1} = \alpha + \beta_1 B_t + \beta_2 D_{t-1} + \nu_t \qquad [3]$$

où
$\alpha = a$
$\beta_1 = cr$
$\beta_2 = -c$

2. J. Lintner (1956), p. 99.
3. La traduction la plus exacte du terme anglais *target* est le mot cible.

L'estimateur de la vitesse d'ajustement est donc la valeur absolue de l'estimateur du coefficient de régression β_2 (puisque $\beta_2 = -c$), tandis que l'estimateur du *target payout ratio* est donné par l'expression $(\beta_1/|\beta_2|)$.

Cette équation de régression est compatible avec plusieurs logiques explicatives. Outre la logique d'ajustement partiel développée par J. Lintner, on peut également transformer cette expression en un modèle à « retards distribués » où le dividende courant est fonction des valeurs passées du bénéfice par action. On peut également l'interpréter en termes d'une logique d'adaptation progressive, où r peut être interprété comme la propension de long terme à distribuer, tandis que c peut, à l'inverse, être défini comme une propension de court terme à la rétention des bénéfices[4].

La mise en œuvre de ce modèle donne en général de bons résultats pour les firmes individuelles. Ce qui frappe le plus, c'est la grande dispersion des estimations obtenues. Ainsi, dans une étude effectuée sur des échantillons pairés[5] de sociétés belges et américaines, on a obtenu pour le *target payout ratio* les distributions reproduites au tableau 1.

On observe que les entreprises américaines ont des vitesses d'ajustement à la croissance bénéficiaire beaucoup plus basses que leurs homologues belges. Les premières pratiquent donc une politique de dividende beaucoup plus stable que les secondes, car elles s'exposent beaucoup moins au risque de devoir réduire leur dividende. Il n'est pas question de s'attacher ici à l'analyse des causes de cette différence structurelle. On se bornera à mentionner deux conclusions communes à la plupart des études empiriques consacrées à cette question :

– quelle que soit l'interprétation qu'on en donne (*target payout ratio* ou propension de long terme à distribuer), la grande majorité des firmes dont les actions sont cotées sur un marché boursier possèdent un « taux standard de distribution » dont elles s'efforcent, en circonstances normales, de ne pas s'écarter ;

– on constate une grande dispersion de ces standards, même à l'intérieur des diverses branches d'activité.

Tableau 1 – Dispersion des coefficients de distribution

Target payout ratio	Pourcentages du total des entreprises	
	américaines	belges
0,200 – 0,299	–	3
0,300 – 0,399	3	9
0,400 – 0,499	17	16
0,500 – 0,599	23	3
0,600 – 0,699	30	25
0,700 – 0,799	10	13
0,800 – 0,899	7	22
0,900 – 0,999	10	9

Source : R. Cobbaut (1969), p. 211.

4. Pour un développement formalisé de ces trois logiques, voir R. Cobbaut (1969), chap. II.

5. Les échantillons pairés sont des échantillons constitués de paires de firmes aussi semblables que possible, à une caractéristique près (ici, la nationalité).

Ce sont là deux faits incontestables, auxquels il faut s'efforcer maintenant de donner un sens.

2. La controverse sur la neutralité de la politique de dividende

Après avoir exposé sur un plan purement théorique, et par conséquent dans un contexte extrêmement simplifié, les bases de la thèse de la neutralité de la politique de dividende, on se demandera dans un second temps si la prise en compte de la fiscalité implique nécessairement l'abandon de cette thèse.

2.1. Les fondements théoriques

La question théorique fondamentale qui se pose à propos de la politique de dividende est celle du lien existant entre celle-ci et la valeur de l'entreprise pour ses actionnaires. B. Graham et D.L. Dodd, dont le traité d'analyse financière, plusieurs fois réédité et remanié, a fait autorité pendant plus d'un quart de siècle, ont avancé l'affirmation, maintes fois répétée et paraphrasée, qu'un dollar distribué en dividendes a, en moyenne, sur le prix de l'action un impact quatre fois supérieur à celui d'un dollar de bénéfices mis en réserves[6]. La littérature théorique, assez peu développée, qui avait cours à ce moment, se contentait de l'affirmation d'un assez vague « principe marginal » prescrivant que les bénéfices doivent être distribués aux détenteurs de parts aussi longtemps que ceux-ci peuvent en obtenir ailleurs un rendement plus élevé, les risques relatifs étant pris en considération. En l'absence d'une mesure de risque permettant des tests empiriques d'une telle proposition, le débat, d'ailleurs assez flou, suscité par les affirmations radicales de B. Graham et D.L. Dodd, n'avait jamais été tranché avant la décennie soixante. Les résultats, à cet égard surprenants, de la mise en œuvre du modèle de comportement de J. Lintner, présenté au paragraphe précédent, n'avaient pas suffi à déclencher une controverse d'envergure. Il fallut donc attendre que M.H. Miller et F. Modigliani[7] (1961) réitèrent leur coup de force de 1958 à propos de la politique d'endettement et affirment avec éclat la thèse de la neutralité de la politique de dividende pour que le débat soit effectivement lancé. On s'en tiendra ici à ce qui constitue le cœur de ce débat, sans en développer les aspects plus techniques. Dans ce cas précis, ceux-ci ne sont pas directement impliqués dans l'argumentation de fond. Ils concernent plutôt la question de la généralité des propositions énoncées. MM ont, en effet, démontré l'équivalence fondamentale des formules d'évaluation de l'action, qu'elles consistent à capitaliser le flux de dividendes, de bénéfices, ou encore de revenus nets d'exploitation. Ils ont également montré que cette conclusion peut être étendue au cas où la croissance est explicitement prise en compte.

---

6. B. Graham, D.L. Dodd, S. Cottle, C. Tatham (1962), p. 486. Ces auteurs ont contribué à populariser dans le monde de la finance le dicton : *A bird in the hand is worth more than two in the bush.*

7. Désignés ci-dessous par le sigle MM. On se référera à l'article cité pour une démonstration formelle des propositions formulées dans la suite de ce paragraphe.

Pour bien comprendre la portée de la thèse de la neutralité du dividende, il importe de se rendre compte qu'il faut dissocier l'effet de la politique de dividende sur la valeur de l'action d'autres effets concomitants. En effet, une société peut envisager d'abaisser son dividende pour réaliser sur base de l'autofinancement des projets d'investissement intéressants. Mais, dans ce cas, la politique de dividende n'est qu'un sous-produit de la politique d'investissement. De même, une société peut envisager d'accroître son dividende parce qu'elle vient de réviser à la hausse son taux d'endettement. Mais, dans ce dernier cas, la politique de dividende n'est qu'un sous-produit de la politique d'endettement. Ce sur quoi il convient de raisonner, c'est l'effet sur la valeur de la firme de la politique de dividende, les politiques d'investissement et d'endettement étant données et ne subissant aucune modification en cas de changement de la politique de dividende. Dans ces conditions, les fonds nécessaires à une augmentation du dividende ne peuvent provenir que de la vente de nouvelles actions. Si on se trouve sur un marché financier efficient, de nouveaux actionnaires n'accepteront d'acheter ces actions que si elles valent exactement ce qu'on leur en demande. Mais, si ses actifs, ses bénéfices et ses possibilités d'investissement sont, par hypothèse, inchangés, la société n'a aucune possibilité de créer cette valeur. Celle-ci ne peut donc être que transférée des anciens actionnaires vers les nouveaux[8]. Sur un marché efficient, ce transfert sera exactement égal au montant nécessaire à l'augmentation du dividende. On peut donc dire que, dans cette hypothèse, les actionnaires en place ne peuvent financer un accroissement de dividende qu'en vendant une part de leurs droits de propriété dans la firme.

Dans un univers sans fiscalité, ou du moins où la fiscalité est strictement neutre au mode de réalisation du revenu, il sera indifférent pour chaque actionnaire individuel que la firme réalise cette opération pour lui ou qu'il l'effectue lui-même pour son compte personnel en vendant une partie des titres qu'il détient.

En résumé :

– les actionnaires en place seront indifférents à ce que l'accroissement du dividende se réalise par une dilution de la valeur de chacune des parts qu'ils détiennent ou par une réduction proportionnelle du nombre de ces parts[9] ;

– la réduction de la part de la fortune des actionnaires en place investie dans les parts de la société sera exactement compensée par l'accroissement de leurs avoirs en monnaie.

Sur un marché efficient, les actionnaires n'ont pas besoin de percevoir des dividendes pour se procurer des liquidités. Plus exactement, la perception de

8. Cette formulation suppose implicitement que les nouvelles actions sont vendues au prix d'équilibre du marché. Sur les marchés où les émissions se font avec décote, ce qui entraîne un droit de préemption au profit des anciens actionnaires, le procès de transfert de valeur est évidemment plus complexe.

9. En vertu de la même logique, les actionnaires doivent être indifférents à ce que la société consacre une somme donnée à accroître le dividende ou à racheter ses propres actions. On sait que cette dernière opération est prohibée dans certains pays, et réglementée dans d'autres à un point tel que le coût en est réellement prohibitif. Dans ces deux cas, le souci du législateur est de préserver l'égalité de tous les actionnaires devant une proposition de rachat. Là où on observe une prohibition pure et simple du rachat, c'est que l'opinion prévaut qu'il est impossible d'assurer cette égalité.

dividendes n'est pas pour eux la voie la moins coûteuse pour se procurer des liquidités[10]. Il n'y a donc pour eux aucune raison d'accepter de payer des prix plus élevés pour des sociétés à *payout* élevé, toutes autres choses étant égales. Les sociétés peuvent donc ne pas se soucier de leur politique de dividende, et laisser leurs dividendes fluctuer en fonction des besoins internes de liquidités engendrés par leurs décisions en matière d'investissement et d'endettement. Une telle attitude est parfois appelée politique de « dividende résiduel ».

A ce stade de la réflexion, on se doit de faire remarquer que cette dernière conclusion ne cadre pas avec les constatations de la majorité des études de comportement en matière de distribution qui font apparaître, pour la grande majorité des sociétés cotées en bourse, des standards assez précis en matière de *payout*. Est-il vrai pour autant, comme d'aucuns le prétendent, que ces constatations infirment la thèse de MM ? Deux arguments principaux sont avancés en ce sens. Le premier a trait au contenu d'information du dividende. Il paraît, en effet, indéniable que, confrontés à l'incertitude de l'avenir, les actionnaires accorderont plus de poids à une hausse des dividendes qu'à la simple affirmation par les dirigeants que les perspectives de la société sont favorables. Plus exactement, ils accueilleront avec d'autant plus de confiance une telle affirmation qu'elle se trouve corroborée par une hausse du dividende. Toutefois, MM font remarquer que cet effet d'information ne peut être que transitoire. Après quelque temps, les actionnaires pourront recouper cette information et réajuster leur évaluation s'il s'avère qu'ils ont été, volontairement ou non, induits en erreur. De manière plus fondamentale encore pour ce qui nous occupe, ce sont, font observer MM, les changements de niveau du *payout* qui possèdent un contenu d'information, et non ce niveau lui-même. L'existence d'un effet d'information, porté par les changements de niveau, n'a rien d'incompatible avec leur théorie, qui affirme l'absence de signification du niveau même du *payout* et se trouve d'ailleurs corroborée par la large dispersion, même intrasectorielle, des *target payouts* révélés par les études de comportement.

Le second argument a trait à ce qu'on a pris l'habitude de nommer les « effets de clientèle ». Il ne semble pas niable que la préférence des actionnaires situés dans les tranches élevées de taux d'imposition sur le revenu va vers les actions à bas rendement[11] sur cours, tandis que celle des actionnaires moins imposés – disposant donc d'un moindre revenu et ayant, par conséquent, un besoin plus marqué d'un revenu régulier de leurs placements financiers – va vers des titres à rendement plus élevé. Comme cela avait été le cas en matière d'endettement, le contre-argument de MM est que les sociétés ont effectivement intérêt à jouer sur l'effet de clientèle, mais que le choix de cette clientèle est indifférent. La constance des *target payouts* ne provient donc pas de ce qu'ils ont un effet en soi sur la valeur de marché des actions de la firme, mais bien du fait que tout changement risque de provoquer des effets d'information éventuellement indésirables ou des déplacements de clientèle absolument inutiles.

---

10. Dans de nombreux manuels américains, le paragraphe qui contient cette affirmation est intitulé *The Bird in Hand Fallacy*.

11. Ce terme désigne le *dividend yield*, rapport du dividende par action au cours de bourse.

S. Bar-Yosef et R. Kolodny (1976) ont démontré que le MEDAF (modèle d'évaluation des actifs financiers) implique la neutralité de la politique de dividende. Cette démonstration est exposée par M. Albouy et P. Dumontier (1992).

2.2. La prise en compte de la fiscalité

Les premiers auteurs qui ont pris systématiquement en compte le phénomène de la fiscalité ont rejeté radicalement la thèse de la neutralité du dividende. Des études ultérieures ont présenté une reformulation de cette thèse, notamment en élaborant des stratégies complexes qui permettent aux personnes physiques de neutraliser le désavantage fiscal lié à la perception de leur revenu imposable sous la forme de dividendes.

2.2.1. La thèse radicale

La prise en considération du système fiscal dans l'examen des problèmes de politique de dividende amena certains auteurs, et notamment M.J. Brennan (1970), à prendre le contrepied de la position traditionnelle. Pour eux, le traitement fiscal plus favorable des plus-values par rapport aux dividendes doit normalement entraîner une moindre évaluation, toutes autres choses étant égales, des firmes à *payout* élevé. Pour construire cet argument, on considérera, selon une procédure familière, deux entreprises en tous points identiques, à l'exception de la politique de dividende. L'entreprise A ne paie aucun dividende, tandis que l'entreprise B a un *payout* élevé. Ces deux entreprises, étant identiques, ont le même bêta et doivent par conséquent présenter le même taux de rentabilité après impôt[12]. Ces deux sociétés doivent pour cela présenter une différence de rentabilité avant impôt et le cours de bourse de l'action de B doit par conséquent être inférieur à celui de l'action de A. Plutôt que la démonstration formelle de ce raisonnement, on se bornera à présenter ici un exemple numérique qui illustre cette affirmation. Les taux d'imposition ont été choisis de manière réaliste : pour que les prix mentionnés soient des prix d'équilibre, il doit s'agir de la moyenne pondérée des taux marginaux d'imposition des investisseurs.

L'imperfection de marché systématique due au système fiscal est sans nul doute un déterminant important de toute politique de dividende élaborée dans l'intérêt des actionnaires. Mais il est loin d'être le seul. En effet, s'il en était ainsi, on voit mal quelle justification acceptable une société cotée en bourse pourrait donner à une distribution de dividendes. Cette conclusion radicale peut être nuancée s'il existe des investisseurs exonérés d'impôt sur le revenu. Ceux-ci constituent une « clientèle fiscale » pour la mise en paiement de dividendes que certaines firmes peuvent leur procurer sans encourir un surcoût. De même, il est possible que certaines catégories d'investisseurs, les retraités par exemple, qui financent systématiquement des dépenses de consommation par leurs revenus mobiliers, souhaitent obtenir ces revenus

12. Le taux de rentabilité mesure l'accroissement global de la fortune de l'investisseur pour une période donnée. Il est le rapport du revenu global (dividende et plus-value) au cours de bourse initial. Le taux de rentabilité diffère donc du taux de rendement, qui ne prend en compte que le seul dividende.

Tableau 2 – Impact de la fiscalité sur la rentabilité attendue avant impôt

	Société A	Société B
Cours de bourse initial	100	97,45
Cours de bourse un an plus tard	113,15	105,–
Plus-value	13,15	7,55
Dividende	–	10,–
Taux de rentabilité avant impôt	13,15/100 = 0,1315	17,55/97,45 = 0,18
Impôt sur dividende (à 60 %)	–	10 × 0,60 = 6
Impôt sur la plus-value (à 24 %)	13,15 × 0,24 = 3,15	7,55 × 0,24 = 1,81
Revenu après impôt	13,15 – 3,15 = 10	17,55 – 6 – 1,81 = 9,74
Taux de rentabilité après impôt	10/100 = 0,10	9,74/97,45 = 0,10

sous la forme de dividendes. Il faut toutefois abandonner dans ce cas l'hypothèse que les acteurs économiques ont un comportement en tous points rationnel. Toutefois, sur le plan micro-économique, il n'y a pour les firmes aucune indication quant au choix d'une clientèle, et il reste donc impossible d'expliquer leur comportement individuel. En outre, sur le plan macroéconomique, l'offre globale de dividendes excède manifestement la demande ainsi définie.

2.2.2. Les reformulations de la thèse de la neutralité

Entre-temps, les partisans de la thèse de la neutralité du dividende ne demeuraient pas inactifs. F. Black et M. Scholes (1974) ont testé empiriquement un modèle d'équilibre du marché financier qui consistait à ajouter au modèle à deux facteurs aléatoires[13] un terme permettant de mesurer l'influence de la politique de dividende sur la valeur du titre :

$$E(\tilde{R}_i) = E(\tilde{R}_0) + [E(\tilde{R}_M) - E(\tilde{R}_0)]\,\beta_i + \gamma_1(\delta_i - \delta_M)/\delta_M \quad [4]$$

où

$E(\tilde{R}_0)$, l'espérance de rentabilité du portefeuille de bêta nul de variance minimale,

$E(\tilde{R}_M)$, l'espérance de rentabilité du portefeuille de marché[14],

δ_i, le rendement sur cours (*dividend yield*), c'est-à-dire le rapport dividende sur cours de l'action *i*,

δ_M, le rendement sur cours (*dividend yield*) du portefeuille de marché $\left(\delta_M = \sum_i X_i^M \delta_i\right)$.

Il est clair que si la politique de dividende n'influence pas l'évaluation du titre, l'estimateur de γ_1 doit être nul ou non significativement différent de zéro. S'il est supérieur à zéro, cela signifie que le marché a une préférence pour les gains réalisés par le biais d'une plus-value ; s'il est en revanche inférieur à zéro, cela signifie que le marché a une préférence pour la distribu-

13. Voir dans l'Encyclopédie des marchés financiers l'article de R. Cobbaut, « Théorie du marché financier ».

14. Pour une définition du concept de portefeuille de marché, voir dans l'Encyclopédie des marchés financiers l'article de R. Cobbaut, « Théorie du marché financier ».

tion[15]. Pour toutes les sous-périodes examinées par eux entre 1936 et 1966, les auteurs obtiennent une valeur de γ_1 non significativement différente de zéro.

Dans leur conclusion, les auteurs passent en revue les raisons qui poussent à maintenir la thèse de la neutralité de la politique de dividende, même si on prend en compte les imperfections systématiques du marché engendrées par le système fiscal.

– La première raison est ce qu'ils appellent un « effet d'offre » : les phénomènes de clientèle étant relativement stables, l'équilibre est par conséquent stable en ce sens que les demandes et les offres sont ajustées pour chaque niveau de rendement. Une société qui déciderait de changer de clientèle n'a donc pas à attendre de ce mouvement une élévation de la valeur de son action.

– L'investisseur qui envisage de concentrer son portefeuille soit sur les actions de haut rendement, soit sur les actions de bas rendement, doit savoir que, ce faisant, il construira un portefeuille imparfaitement diversifié. Cet « effet de diversification », comme l'appellent F. Black et M. Scholes, doit décourager nombre d'investisseurs de profiter d'un gain fiscal, puisqu'ils ne peuvent l'obtenir qu'au prix d'un accroissement du risque total de leur portefeuille.

– La troisième raison consiste dans ce que les auteurs appellent l'« effet d'incertitude ». Puisque les méthodes les plus sophistiquées de l'économétrie ne permettent pas d'établir si un investisseur qui concentre son portefeuille sur des valeurs à bas rendement augmente ou diminue son espérance de rentabilité après impôt, la solution la plus sage consiste pour lui à construire son portefeuille en considérant que les conséquences fiscales de son choix n'affecteront pas son espérance de rentabilité ou, ce qui revient au même, que les politiques de dividende menées par les firmes dont il acquiert les actions n'auront pas d'impact sur sa fortune finale.

D'autres chercheurs, tels R. Litzenberger et K. Ramaswamy (1979), aboutissent à des résultats opposés à ceux de F. Black et M. Scholes. Leur méthodologie diffère toutefois de celle de ces derniers auteurs sur des points importants :

– le modèle de base est le MEDAF ou CAPM standard,

– la variable destinée à mesurer l'impact du dividende est construite différemment[16],

– le dividende y est considéré comme perçu en totalité à la fin du mois où il est mis en paiement, alors que F. Black et M. Scholes considéraient fictivement le dividende total annuel comme perçu par douzièmes égaux à la fin de chaque période mensuelle.

La thèse de la neutralité du dividende, après un retour en force, se trouvait à nouveau battue en brèche. Des vérifications empiriques plus poussées

---

15. Pour bien saisir cette déduction, on se rappellera qu'à une rentabilité plus élévée correspond un prix plus bas. C'est donc si sa rentabilité est plus basse qu'un titre à rendement élevé sera préféré à un titre à rendement faible de même risque systématique, et inversement. Or le facteur $(\delta_i - \delta_M/\delta_M)$ est évidemment positif quand δ_i est élevé ($> \delta_M$) et négatif dans le cas contraire.

16. Cette variable est constituée par la différence $(\delta_i - R_f)$, où R_f est le taux financier sans risque.

étaient donc indispensables. Comme elles ont été effectuées dans un cadre théorique modifié, il n'en sera rendu compte que dans la dernière section de cet article.

En tout état de cause, les explications de F. Black et M. Scholes n'apportent aucune réponse à la question toujours pendante : pourquoi les entreprises pratiquant une politique de dividende « généreuse » sont-elles à l'évidence en excès par rapport à la demande de dividendes que représentent les investisseurs qui auraient des raisons logiques de préférer ceux-ci aux plus-values ? M.H. Miller et M. Scholes (1978) apportent à cette question un élément de réponse important : la législation fiscale fournit aux personnes physiques une panoplie de moyens leur permettant de neutraliser les impôts sur les dividendes ou de transformer ceux-ci en plus-values. Ces moyens sont par exemple l'endettement pour compte personnel (*homemade leverage*), l'endettement en vue de consentir un prêt à une institution exonérée d'impôt qui achète des actifs financiers sans risque, l'endettement en vue de souscrire une police d'assurance-vie ou de participer à un plan de pension. On se bornera ici à décrire brièvement les deux premiers de ces moyens. Supposons qu'un individu désire investir 100 000 francs en actions d'une société dont le rendement sur cours est de 5 %, et qui procure également une plus-value de 5 %, soit 5 000 francs dans chaque cas. Il peut emprunter 200 000 francs, à 7,5 % par exemple, et consacrer au total 300 000 francs à l'achat de l'action en question. Sur le plan fiscal, le dividende de 15 000 francs sera neutralisé par les 15 000 francs d'intérêts sur l'emprunt contracté en vue d'obtenir ce revenu. L'investisseur obtient par ailleurs une plus-value qui ne sera imposable[17] qu'en cas de réalisation.

Certes, la position d'investissement globale est devenue plus risquée, ce que de nombreux investisseurs peuvent ne pas souhaiter. Il existe alors – en tout cas dans le contexte des Etats-Unis – une solution équivalente au point de vue de ses effets et qui ne modifie pas le risque de la position. Elle consiste à emprunter 66 667 francs et à les prêter à une institution exonérée d'impôt qui les réinvestit elle-même dans des actifs financiers sans risque. La contrepartie de l'emprunt est maintenant un actif financier sans risque. Tant qu'aucun gain n'est réalisé sur l'opération avec l'institution exonérée d'impôt, aucun impôt personnel n'est dû sur cette opération. Là encore, les intérêts sur la dette contractée (5 000 francs) neutralisent dans l'immédiat les dividendes perçus (5 000 francs), et on réalise de la sorte une économie fiscale sans accroissement de risque. Encore faut-il que le système légal et institutionnel permette cette opération. Il est clair, toutefois, que des moyens de ce genre existent dans tous les pays. M.H. Miller et M. Scholes ont donc apporté un élément d'explication non négligeable de la situation de fait observée partout. Ils ont montré en même temps, et cela aussi paraît beaucoup plus réaliste, que les considérations fiscales sont loin d'être absentes des calculs financiers effectués par les actionnaires. Comme l'ont montré R.S. Hamada et M. Scholes (1985), les entreprises doivent, dans cette perspective, comprendre que certains actifs financiers sont, pour certaines catégories d'investisseurs, dominés par d'autres pour des motifs fiscaux et tenir

17. Dans certains pays, elle ne l'est même pas du tout.

compte à la fois, dans leurs décisions financières, des rentabilités avant et après impôt. Cela implique, bien entendu, qu'elles aient une connaissance relativement précise de leurs diverses clientèles.

Bien que les moyens de neutraliser l'impact de la fiscalité sur les dividendes au niveau de l'impôt sur les revenus des personnes physiques ne soient pas négligeables, il n'en reste pas moins que l'offre de dividendes est significativement excédentaire par rapport à la demande. Avant de faire le point sur les études récentes consacrées à cette question, il convient d'exposer les élaborations théoriques nouvelles qui sont venues élargir la problématique désormais classique dont MM avaient été les initiateurs au début des années 1960. Celle-ci se fondait sur l'hypothèse forte d'efficience du marché financier[18], selon laquelle tous les participants à ce marché possèdent toute l'information pertinente et ne présentent entre eux aucune divergence d'intérêts. Il convenait à l'évidence de tempérer l'irréalisme de ces présupposés.

3. L'apport des théories nouvelles

Les formulations théoriques exposées dans la section précédente étaient basées sur les hypothèses qui fondent le concept d'efficience du marché. Deux de ces hypothèses sont particulièrement peu réalistes. Il s'agit, d'une part, de l'hypothèse d'information parfaite, qui postule que tous les participants au marché disposent de la totalité de l'information pertinente. Or, il existe manifestement une asymétrie d'information entre les actionnaires internes (*insiders*) et les autres catégories de personnes intéressées à la performance de l'entreprise. Cette asymétrie est formellement prise en compte par la théorie des signaux. D'autre part, la théorie de base postule qu'il n'y a pas de divergences d'intérêts entre les diverses catégories de participants à l'entreprise : actionnaires internes (*insiders*) et externes (*outsiders*), prêteurs, etc. Ces divergences sont prises en compte de manière formalisée par la théorie dite de l'agence. Cette section exposera les principales conclusions auxquelles ont abouti à ce jour les chercheurs qui ont mis en œuvre les concepts de ces deux théories à propos de la politique de dividende.

3.1. La politique de dividende et la théorie des signaux

Après avoir exposé brièvement le principe fondamental de la théorie des signaux, fondée sur la prise en considération de l'asymétrie d'information entre les catégories de participants à l'entreprise, nous présenterons de manière non formalisée un certain nombre de modèles dans lesquels le dividende est traité comme un signal émis par les *insiders* à destination du marché financier[19].

---

18. Voir dans l'Encyclopédie des marchés financiers l'article de J. Hamon, « Efficience faible. Efficience semi-forte ».

19. Voir également dans cette Encyclopédie l'article de P. Raimbourg, « Asymétrie d'information, théorie de l'agence et gestion de l'entreprise », p. 188, tome 1, et dans l'Encyclopédie des marchés financiers l'article de G. Charreaux, « Théorie financière ».

3.1.1. La théorie des signaux

La décennie 1970 a vu se développer un important courant de recherche sur le calcul économique en situation d'information imparfaite, dont l'un des pionniers dans le domaine financier a été S. Ross (1977). Insatisfait, comme beaucoup d'autres, de ce que les « théorèmes de neutralité » de MM (1958, 1961) aient conduit à une forme d'agnosticisme qui risquait à la longue d'anesthésier la recherche ; constatant par ailleurs que ces propositions ne suffisaient pas à rendre compte d'un grand nombre de comportements observables, S. Ross décida de reprendre les choses à la base. Se fondant sur les travaux de G. Akerlof (1970), de K.J. Arrow (1972) et surtout de A.M. Spence (1974 a et b), il résolut d'appliquer à la théorie financière le concept de « signal » élaboré par ces chercheurs pour les marchés des produits et de l'emploi[20].

Le point de départ de la réflexion de S. Ross est la reconnaissance de ce que les « théorèmes de neutralité » se fondent sur l'hypothèse implicite que le marché connaît le flux aléatoire des retours d'argent à la firme, et évalue celle-ci en actualisant ceux-là au moyen d'un taux d'escompte approprié[21]. Sa thèse de base est que ce qui est réellement évalué par le marché ce ne sont pas des taux de rentabilité connus, mais des taux de rentabilité perçus. Autrement dit, certains participants au marché financier, en l'occurrence les actionnaires œuvrant activement à la gestion de la firme, et qu'on appellera par la suite les *insiders*, possèdent sur les éléments qui déterminent la valeur des titres des informations que ne détiennent pas les autres participants au marché (*outsiders*). Les premiers peuvent donc développer vis-à-vis des seconds des activités de signalisation en vue de modifier la perception qu'ont ceux-ci de la valeur de l'action. Il va de soi qu'il ne peut y avoir de signal valable que si les dirigeants des firmes ne possédant pas les caractéristiques que ce signal est censé manifester, n'ont pas intérêt à se signaler de manière fallacieuse. Dans cette hypothèse, on peut établir un équilibre de signalisation, c'est-à-dire définir les conditions dans lesquelles le comportement des dirigeants permettra aux *outsiders* de distinguer les firmes performantes de celles qui ne le sont pas. Une valeur du signal détermine dans ce cas ce qu'on appelle un « équilibre séparant ». Le premier signal à avoir été examiné dans la littérature est le niveau du taux d'endettement de la firme. Un autre signal est constitué par la fraction des fonds propres que les promoteurs d'un projet se réservent lorsque celui-ci est financé par recours au marché financier, à la fois par actions et obligations.

3.1.2. Signalisation et contenu d'information du dividende

On a montré plus haut que les diverses explications proposées du comportement des firmes en matière de distribution de dividendes sont loin de faire l'unanimité. En particulier, il est loin d'être évident que la différenciation des

---

20. Voir également dans l'Encyclopédie des marchés financiers l'article de M. Albouy, « Signaux et prix des actions ».

21. M.H. Miller et F. Modigliani font, comme tous les auteurs qui les ont précédés, l'hypothèse implicite qu'on se trouve en situation d'incertitude idéalisée. On entend par là que les agents connaissent la vraie distribution de probabilité des taux de rentabilité futurs.

clientèles suffit à expliquer la dispersion des taux de distribution, même si on sait qu'il est possible de neutraliser de diverses manières le biais fiscal en faveur des plus-values, et par conséquent au détriment de la distribution. Plus concrètement, il paraît incontestable que la proportion des firmes à *payout* relativement élevé est significativement plus grande que celle des clients fiscaux pour les taux de distribution élevés. Il faut, en outre, rendre plausible que des firmes procèdent simultanément à des distributions parfois importantes et à des augmentations de capital contre espèces particulièrement onéreuses en frais de transaction.

Il était donc judicieux de caractériser la distribution de dividende comme une activité de signalisation. A. Kalay a élaboré, en 1980, un modèle fondé sur l'hypothèse que les dirigeants de société ne se résolvent qu'avec la plus grande réticence à diminuer le dividende par action, et *a fortiori* à le passer. Une augmentation du dividende n'a donc lieu que si les dirigeants escomptent un accroissement durable et significatif de la rentabilité. De même, une réduction volontaire[22] du dividende traduit la résignation à une contraction inéluctable de la rentabilité de la société. Ces considérations ne suffisent pas à fonder un équilibre de signalisation. Elles ne sont que l'expression de la thèse, déjà présente chez MM (1961), du contenu informatif de la politique de dividende. Il faut donc montrer, comme le fait S. Bhattacharya (1979, 1980), que les *insiders* d'une entreprise non performante seront pénalisés s'ils émettent un signal fallacieux. Un cas typique est celui où une société non performante qui augmente son dividende doit recourir à l'endettement pour payer ce dividende.

3.1.3. Le signal dividende et la politique d'investissement

M.H. Miller et K. Rock (1985) partent du fait que l'application des modèles classiques d'évaluation, qui supposent une parfaite diffusion de l'information, crée pour les *insiders* la tentation d'investir moins que le montant impliqué par ces modèles et d'accroître en conséquence la distribution et, partant, le prix de l'action. Si les *insiders* possèdent – comme c'est généralement le cas – une marge de manœuvre par rapport au nombre d'actions requis pour garder le contrôle de la société, ils peuvent négocier ces actions et obtenir un gain en capital qui leur est définitivement acquis, alors qu'il va s'avérer purement artificiel lorsque le caractère fallacieux de l'information émise sera reconnu par le marché. Le même gain « indu » aura été réalisé par les *outsiders* qui auront vendu leurs actions à ce moment, une fois encore au détriment de ceux qui les auront gardées. Les auteurs montrent toutefois que cet ensemble de considérations ne serait vrai que si les principes comptables permettaient une mesure exacte des bénéfices réels de la firme. En réalité, on peut montrer que les séries chronologiques de bénéfices comptables comportent une composante transitoire aléatoire. En conséquence, le marché tient compte, dans ses évaluations, de la possibilité d'être « déçu » *a posteriori,* lorsque l'information correctrice sera disponible. Il se crée de la sorte un équilibre de signalisation : une fois encore, les insiders

22. C'est-à-dire une réduction qui n'est pas imposée par les statuts de la société ou par une clause d'un contrat passé avec un tiers (par exemple, un prêteur).

n'ont pas intérêt à émettre des signaux fallacieux. M.H. Miller et K. Rock montrent que cet équilibre a tendance à s'établir à un niveau d'investissement inférieur et un niveau de distribution supérieur à ceux qui prévaudraient en cas de parfaite diffusion de l'information.

3.1.4. Le signal dividende et le concept de dilution

Les premiers modèles de signalisation élaborés en matière de politique de dividendes sont loin de fournir une explication satisfaisante du comportement des firmes en la matière. Tout d'abord, les hypothèses restrictives sur lesquelles ils sont fondés ne portent pas la marque d'un très grand réalisme (B. Jacquillat et M. Levasseur, 1984). Ensuite, ils suggèrent l'existence de politiques optimales de distribution, mais ils ne fournissent pas de critères permettant de fonder une explication des différences observées entre les firmes. Enfin, ils créent une série de difficultés et de confusions en présentant des structures explicatives où le niveau de l'endettement et celui du dividende apparaissent comme des signaux interdépendants. Il n'en reste pas moins que des études statistiques sophistiquées, comme celle de J. Aharony et I. Swary (1980), confirment que les changements non attendus du dividende par action véhiculent une information que le marché n'aurait pu anticiper d'une autre façon. Fort heureusement, des études apportant un fondement plus spécifique à un équilibre de signalisation par les dividendes ont été proposées plus récemment. Ainsi, K. John et J. Williams (1985) ont établi un modèle de signalisation fondé sur le concept de dilution. A la base de ce concept se trouve le fait qu'indépendamment de sa valeur de marché, une action représente un droit à la perception du dividende. Cette constatation revêt toute son importance si on se remémore le fait, déjà plusieurs fois mentionné, que les directions d'entreprise témoignent d'une aversion caractérisée pour toute réduction de dividende. Si plusieurs solutions de financement peuvent être envisagées pour un projet ou un programme d'investissement, la préférence des actionnaires existants ira sans conteste vers celle qui limite le plus possible – voire supprime – l'effet de dilution, c'est-à-dire l'accroissement du nombre de droits au dividende en circulation. Il est clair, en effet, que les dirigeants hésiteront d'autant moins à accroître subséquemment le dividende que le capital est moins dilué (autrement dit : qu'il aura fallu émettre un nombre moindre d'actions pour financer un investissement de montant donné). Quand l'information détenue par les *insiders* sur l'amélioration des perspectives de la firme suite à la mise en œuvre du projet est favorable, ceux-ci peuvent réduire la dilution en distribuant un dividende accru, à condition que le marché réagisse à ce type de signal en haussant le prix de l'action. De ce fait, les *insiders* exercent un contrôle optimal par le dividende[23], tandis que les *outsiders* paient un prix correct pour le titre de la société. Il y a possibilité d'un équilibre de signalisation, c'est-à-dire de discrimination correcte entre les sociétés performantes et celles qui ne le sont pas, parce que le bénéfice marginal tiré par les *insiders* de la distribution de dividendes varie de firme à firme. Pour celles dont l'information interne a le plus

23. Cela ne signifie toutefois pas qu'il existe en soi une politique optimale de distribution. Celle-ci apparaît comme un « sous-produit » de la politique d'investissement.

de valeur[24], la réduction de la dilution est assez forte pour compenser le désavantage fiscal de la distribution accrue de dividendes. Il n'en va pas de même pour les autres firmes, dont les *insiders* n'ont par conséquent pas intérêt à émettre ce genre de signal.

Ce modèle comporte donc deux variables de signalisation, le dividende et l'émission d'actions, mises en relation par le concept de dilution. Il permet de définir des combinaisons stables et séparantes de la distribution de dividendes et de l'émission d'actions nouvelles.

3.1.5. Les autres modèles à signaux multiples

R. Ambarisch, K. John et J. Williams (1987) précisent certaines des conditions qui peuvent amener les *insiders* d'une firme à utiliser le dividende comme signal alors que des mécanismes moins coûteux – principalement sur le plan fiscal – permettent d'apporter au marché une information crédible. Leur thèse est que le dividende seul ne peut être un signal efficient. Il faut nécessairement considérer l'usage simultané de multiples signaux. Ils envisagent quant à eux le cas où les firmes se signalent simultanément par le dividende et la diffusion d'informations relatives aux projets d'investissement ou, ce qui revient au même, par les dividendes, d'une part, et par la vente ou le rachat d'actions ordinaires, d'autre part. L'information connue des seuls *insiders* porte sur la rentabilité future soit des actifs déjà détenus (entreprises en phase de maturité), soit des nouveaux projets à entreprendre (entreprises en phase de croissance). Ils démontrent qu'à l'équilibre, le comportement optimal consiste pour certaines firmes à utiliser simultanément les deux signaux. Le contenu d'information de l'annonce du dividende est, dans ce cas, positif lorsque l'investissement est considéré comme fixé. A l'inverse, lorsque c'est le dividende qui est considéré comme fixé, le contenu d'information des annonces relatives à l'investissement – qui consiste en fait en une émission nette d'actions au cours de la période considérée – a une valeur négative lorsque l'information connue des seuls *insiders* a trait à la rentabilité des actifs déjà détenus, et une valeur positive lorsque cette information concerne principalement la rentabilité des opportunités d'investissement. Le comportement optimal des dirigeants consiste, dans le premier cas, à rejeter des projets dont la valeur actuelle nette est positive, et, dans le second, à accepter des projets dont la valeur actuelle nette est négative.

J. Williams (1988) définit un équilibre encore plus complexe où les trois variables de signalisation sont le dividende, l'investissement et le rachat d'actions propres.

Enfin, K. John et L. Lang (1991) ont proposé un modèle d'une conception nouvelle où ils combinent la signalisation par le dividende et les transactions réalisées par les *insiders*. On se rend compte alors que l'accroissement du dividende n'est pas à considérer inconditionnellement comme une bonne nouvelle. Il le sera seulement si le solde des transactions opérées par les *insiders* à proximité de la mise en paiement du dividende est un solde acheteur, et sera à considérer comme une mauvaise nouvelle dans l'hypothèse inverse.

24. C'est-à-dire celles où l'asymétrie de l'information entre *insiders* et *outsiders* est grande.

3.1.6. Signalisation et fiscalité

Les modèles exposés plus haut font abstraction de la fiscalité, à l'exception de celui de K. John et J. Williams (1985). J.S. Ang (1987) montre toutefois qu'il n'y a aucune incompatibilité entre ces approches et l'élaboration d'un modèle prenant en compte la fiscalité. En effet, l'asymétrie d'information a pour conséquence que les actions sont sous-évaluées ou, ce qui revient au même, que le coût du financement externe est élevé. Si le dividende est un signal crédible, les prix des actions doivent monter (et le coût du financement externe baisser) lorsque le taux de distribution s'accroît. La courbe d'offre de dividendes (en fonction du *payout*) a donc une ordonnée à l'origine élevée et est monotone décroissante. La *taxe sur le dividende* constitue un coût de signalisation. La courbe de demande de dividendes, après une portion horizontale qui correspond à la demande parfaitement élastique des investisseurs exempts d'impôt, devient croissante avec une pente définie par le rapport $\{[1/(1-\tau_d]/[1/(1-\tau_g]\}$, où τ_d est le taux marginal d'imposition sur les dividendes et τ_g le taux marginal d'imposition sur les plus-values. Le point d'équilibre global signifie que le potentiel d'acroissement du prix suite à la hausse du taux de distribution est exactement égal au taux marginal moyen d'imposition sur les dividendes. Mais, alors que ce dernier est identique pour toutes les firmes, le potentiel d'accroissement du prix est spécifique à chaque firme, c'est-à-dire à l'anticipation par chacune d'elles de la réaction du prix de marché à l'accroissement marginal du *payout*, compte tenu de l'importance de l'écart de niveau d'information entre *insiders* et *outsiders*.

3.2. La politique de dividende et les relations d'agence

Après un bref exposé des principaux concepts de la théorie de l'agence[25], ce paragraphe exposera les principales conclusions auxquelles ont abouti les chercheurs qui, en matière de politique de dividende, ont examiné les conséquences des divergences d'intérêts existant entre catégories d'actionnaires, d'une part, et entre actionnaires et prêteurs, d'autre part.

3.2.1. La théorie de l'agence

Dans la presque totalité des modèles de la micro-économie, et en particulier de la micro-économie financière, la firme est considérée comme un acteur mettant en œuvre des critères de décision qui lui sont spécifiques. Au mieux, on la considère comme une « boîte noire ». Et si on qualifie dans ce cas les décisions qui s'y prennent de décisions de compromis, on les traite néanmoins comme s'il s'agissait de décisions prises par un sujet unique ou un groupe unanime, et on revient par conséquent au cas de figure précédent. Dans la ligne du travail de pionniers fourni par des auteurs comme R.H. Coase (1937) ou A.A. Alchian et H. Demsetz (1972), on s'est rendu compte de l'intérêt qu'il peut y avoir à ne pas traiter la firme comme un indi-

25. Voir également dans cette Encyclopédie les articles de M. Albouy, « Structure financière et coût du capital », p. 3129, tome 3 et de P. Raimbourg, « Asymétrie d'information, théorie de l'agence et gestion de l'entreprise », p. 188, tome 1 ; et dans l'Encyclopédie des marchés financiers l'article de G. Charreaux, « Théorie financière ».

vidu, mais bien comme « une fiction légale qui sert de point focal à un processus complexe dans lequel les conflits entre les objectifs des individus (dont certains peuvent "représenter" d'autres organisations) sont résolus par la mise en place d'un réseau de relations contractuelles[26]. Le comportement de la firme est dès lors comparable à celui d'un marché, en ce sens qu'il est la résultante d'un processus complexe d'équilibrage ». Telle est la nouvelle manière de considérer la firme proposée par M.C. Jensen et W.H. Meckling (1976) dans l'article où ils jettent les fondements de l'application à la firme de ce qu'on appelle *agency theory*, expression qu'on a pris l'habitude de traduire par celle de « théorie de l'agence », qui rend mal compte du caractère dynamique du vocable anglo-saxon. Cette nouvelle manière de considérer les choses fait entrer de manière formelle dans la théorie le fait qu'il existe une multiplicité de catégories de participants à l'organisation et qu'à l'intérieur même d'une catégorie, il peut exister des différences de position qui engendrent des divergences d'intérêt. Ainsi, le groupe des actionnaires peut être subdivisé en au moins deux sous-catégories :

– les « actionnaires de contrôle » exerçant leur droit de vote et intervenant par conséquent dans l'exercice du pouvoir de décision économique,

– les « petits porteurs », récepteurs passifs de revenus s'abstenant de toute implication dans la gestion.

Un autre cas de figure, encore plus révélateur, est celui où il y a « séparation de la propriété et du contrôle », et où des managers non propriétaires exercent le pouvoir de décision économique par délégation des actionnaires. C'est peut-être là le cas où on se trouve le plus typiquement devant ce que les deux auteurs appellent une relation d'agence. Celle-ci est une relation contractuelle dans laquelle une ou plusieurs personnes, les mandants (*principals* en anglais), engagent une ou plusieurs autres personnes, les mandataires (*agents* en anglais), en vue d'effectuer pour leur compte une ou plusieurs activités, dont l'exercice implique nécessairement qu'on leur délègue un pouvoir de décision. Il y a de bonnes raisons de croire que si les deux types d'acteurs sont des maximiseurs rationnels d'utilité, les agents ne vont pas toujours agir spontanément au mieux des intérêts de leurs mandants. Ceux-ci peuvent alors limiter les divergences par rapport à leurs intérêts, d'une part, en établissant un système approprié d'intéressement pour le ou les agents, et, d'autre part, en consentant à subir des coûts de surveillance (*monitoring costs*) en vue de limiter les activités « aberrantes » du ou des agents. Ceux-ci, en revanche, peuvent avoir intérêt à consentir des coûts de « dédouanement » (*bonding costs*) afin de garantir qu'ils n'entreprendront pas certaines actions de nature à porter préjudice aux mandants ou, du moins, que ceux-ci seront dédommagés si les mandataires viennent à entreprendre de telles actions. Il existe également des « coûts résiduels », qui sont des coûts d'opportunité. Dans certains cas, en effet, les coûts de surveillance ou de dédouanement, qu'ils soient pécuniaires ou non pécuniaires, seront supérieurs à l'espérance de la perte que le mandant devra subir en cas de comportement inadéquat de la part de l'agent. Il subsistera de la sorte une différence irréductible entre ce que serait la fortune des mandants au cas où ils exerceraient eux-mêmes

26. Voir également dans cette Encyclopédie l'article de E. Allix-Desfautaux et P. Joffre, « Coûts de transaction », p. 750, tome 1.

toutes les activités de prise de décision dans la conduite de la firme, et ce que cette fortune sera s'ils confient tout ou partie de ces tâches à des mandataires. On appelle coûts d'agence la somme des trois catégories de coûts qui viennent d'être définis.

La théorie de l'agence contient, en quelque sorte, la théorie de la signalisation exposée au paragraphe précédent. En effet, dans cette dernière théorie, on considère deux types de participants : les *insiders* et les *outsiders*, qui se différencient entre eux de manière exclusive par la quantité d'information pertinente dont ils disposent à propos de facteurs ayant une incidence sur la valeur de la firme. Les systèmes d'intéressement à mettre en place pour que les *insiders* se livrent à une signalisation appropriée constituent des coûts de surveillance. La théorie de la signalisation peut être considérée, à la limite, comme un cas particulier de la théorie de l'agence. Il ne fait en tout cas pas de doute que les deux approches sont fortement complémentaires.

3.2.2. Les coûts d'agence entre les dirigeants non propriétaires ou les actionnaires internes et les actionnaires externes

On se rappellera qu'à la section 2, on s'est heurté à l'impossibilité de répondre à la question de savoir pourquoi la politique de *payout* élevé est pratiquée par un nombre de firmes en disproportion manifeste avec la clientèle fiscale pour une telle politique.

M. Rozeff (1982) et F.H. Easterbrook (1984) expliquent ce phénomène par les coûts d'agence de la relation entre le management ou les actionnaires *insiders,* d'une part, les actionnaires *outsiders,* d'autre part. Les premiers ont évidemment la possibilité de « consommer » une part des bénéfices non distribués pour se ménager des avantages non pécuniaires ou pour réaliser des investissements non rentables. Les *outsiders* n'ont pas d'autre possibilité de rétorsion que de vendre leurs actions, de mener une « bataille de procurations » ou de répondre favorablement à une tentative d'OPA. Conscients de leur situation de dépendance, ils doivent – s'ils sont rationnels – déduire ce coût d'agence du prix qu'ils acceptent de payer pour les actions. Les *insiders* restent soumis à la contrainte d'être capables, en cas de besoin, de lever du capital à risque à un coût raisonnable. Une manière pour eux d'y parvenir est de payer des dividendes à un niveau tel que les flux financiers internes ne suffisent plus à couvrir les besoins d'investissement, de sorte qu'ils seront forcés de recourir plus souvent à des augmentations de capital.

Cette politique, multipliant la fréquence du recours aux augmentations de capital, soumet par conséquent plus fréquemment les firmes à la « discipline du marché financier », en raison de la nécessité d'émettre à cette occasion des prospectus détaillés et de se livrer à une intense activité de « marketing financier ». Le fait de multiplier ces occasions est pour les managers une activité de « dédouanement » qui réduit leur divergence d'intérêts avec les actionnaires externes.

Cette hypothèse reçoit une confirmation indirecte dans le fait que les firmes en forte croissance, qui se trouvent en tout état de cause obligées d'aller fréquemment au marché pour des augmentations de capital, pratiquent dans leur immense majorité une politique de bas *payout.* Il faut alors expliquer pourquoi les entreprises de service public (*utilities*) combinent une politique de *payout* élevé et des recours très fréquents au marché. Ce comportement se justifie par le souci des managers de ces firmes de réduire par le recours à la « discipline du marché » les coûts d'agence de leur conflit d'intérêt avec leurs autorités de contrôle.

Par ailleurs, l'information diffusée par les *insiders* à l'occasion d'une augmentation de capital ne peut, même si elle fait l'objet d'un contrôle public, être considérée comme totalement fiable. Une asymétrie d'information vient se greffer sur le dispositif de réduction du coût d'agence, et il faudra donc que cette réduction excède le coût de signalisation. Ce dernier sera constitué par la « commission de prise ferme »[27] payée à un intermédiaire financier.

Le développement qui précède montre clairement que le coût d'agence est un des déterminants de la fonction d'offre de dividendes par la firme. Or, ces coûts d'agence sont spécifiques à chaque firme, car ils sont fonction de la structure de propriété : toutes choses égales d'ailleurs, le taux de *payout* sera fonction croissante du volume des coûts d'agence.

3.2.3. La politique de dividende et les relations d'agence entre les actionnaires et les obligataires

Il reste à se demander en quoi et pourquoi la politique de dividende est un instrument de gestion de la relation d'agence entre les actionnaires et les obligataires, ce que manifestent clairement les nombreuses clauses restrictives de la distribution de dividendes figurant dans les contrats obligataires, au risque d'ailleurs d'inciter les dirigeants à des investissements insuffisamment rentables. G. Handjinicolaou et A. Kalay (1984) ont observé que les taux de rentabilité des obligations d'entreprises à taux d'endettement modéré ne réagissent pas de manière significative à l'annonce d'un changement inattendu de politique de dividende, tandis que les actionnaires enregistrent des « rendements anormaux » statistiquement significatifs, de même signe que le changement de dividende. Pour les firmes dont l'endettement est élevé, l'accroissement du dividende engendre les mêmes effets, mais, par contre, la baisse du dividende provoque une baisse sensible du prix des obligations, tandis que le changement observé dans le prix des actions est insignifiant. On sait que deux théories explicatives ont été avancées en ce qui concerne le comportement des prix des actifs financiers lors de l'annonce des dividendes. La première, fondée sur l'hypothèse du « contenu d'information » de la politique de dividende, affirme que les changements inattendus de dividende véhiculent de l'information sur la rentabilité future de la firme, le marché considérant l'accroissement des dividendes comme une bonne nouvelle, et leur réduction comme une mauvaise nouvelle. La seconde, fondée sur l'hypothèse de « transfert de richesse », considère que des dividendes plus élevés que prévu provoquent un transfert de ressources des obligataires vers les actionnaires, tandis que des dividendes plus bas que prévu opèrent le transfert inverse[28]. Les implications des deux hypothèses sont identiques en ce qui

---

27. La « prise ferme » est l'engagement que prend, contre rémunération forfaitaire, un intermédiaire financier d'acheter les titres qui n'auraient pas trouvé preneur à l'issue de la période de souscription.

28. Cette redistribution s'opère par une modification du risque des obligations. L'accroissement de celui-ci peut résulter de l'accroissement de la variance de la valeur future de la firme, provoquée par les actionnaires en vue d'accroître la valeur de l'option que constitue leur action.

concerne le comportement des prix des actions, mais elles diffèrent en ce qui concerne les prix des obligations : l'hypothèse du contenu informatif prédit une réaction favorable (défavorable) des prix des obligations à une hausse (baisse) inattendue du dividende, tandis que l'hypothèse de redistribution prédit le contraire. En effet, le prix des obligations s'établit sur la base de l'hypothèse que les actionnaires établiront le niveau du dividende à la limite de ce qui est possible[29]. S'ils ne le faisaient pas, ils provoqueraient un transfert de ressources d'eux-mêmes vers les obligataires, ce dont ils s'abstiendront évidemment. Les actionnaires ont donc la possibilité de capter pour eux seuls les gains de valeur engendrés par un accroissement de la rentabilité de la firme. Ils peuvent même, comme le montre A. Kalay (1982), éviter le transfert de richesse sans changer la politique d'investissement en finançant l'accroissement du dividende par l'émission d'une nouvelle dette ! Le fait que les prix des obligations ne réagissent pratiquement pas à l'annonce inattendue d'une hausse du dividende montre donc que les deux explications avancées agissent en sens contraire. Cette neutralisation est rendue possible par le comportement de captation des actionnaires.

Dans le cas de la réduction des dividendes, l'ajustement s'opère de manière tout à fait différente. La réduction des profits entraîne nécessairement – en vertu des dispositions restrictives des contrats obligataires – une réduction des dividendes. La perte est alors partagée par les actionnaires et les obligataires. Toutefois, la perte de ces derniers est d'autant plus grande que l'endettement de la firme est important. Alors que, pour les firmes modérément endettées, l'effet d'information (négatif) et l'effet de redistribution (positif) de la réduction de dividende sur le prix de l'obligation se neutralisent, il n'en va plus de même pour les firmes fortement endettées, où l'effet d'information est alors dominant. Quant aux actionnaires, l'asymétrie de la fonction de résultat joue en leur faveur[30], à tel point que, dans le cas d'un endettement élevé, la perte de valeur est pour eux quasi nulle.

On peut se rendre compte que les divergences d'intérêts entre les managers non propriétaires ou actionnaires internes, d'une part, et les actionnaires externes, d'autre part, tendent à majorer le taux de distribution, tandis que la prévention par voie contractuelle du conflit d'agence entre les actionnaires et les obligataires tend au contraire à le minorer.

*

* *

L'examen attentif des nombreuses études théoriques et empiriques, consacrées dans un passé récent à la distribution des dividendes, permet d'éliminer sans hésitation les thèses extrêmes. Que l'on considère les choses

29. Tout en maintenant, comme le montre A. Kalay (1982), un « réservoir » de moyens qu'ils peuvent utiliser de manière discrétionnaire et qui fonctionnera comme fonds de stabilisation du dividende, afin d'éviter une signalisation intempestive en cas de baisse du bénéfice comptable qui n'est en rien indicative d'une tendance pour l'avenir. Telle est notamment la signification de la pratique comptable du report à nouveau d'une partie du bénéfice affectable.

30. Les obligataires voient s'élever le risque de faillite de leurs débiteurs, tandis que le prix d'exercice de l'option que ceux-ci ont implicitement achetée à leurs créanciers demeure inchangé.

du point de vue de l'investisseur – est-il ou non indifférent entre dividende et plus-value ? –, du point de vue de l'entreprise – le niveau du *payout* est-il indifférent ? –, ou encore sous l'angle de l'évaluation opérée par le marché financier – évalue-t-il plus favorablement les entreprises à *payout* élevé ? –, les thèses radicales présentées à la section 2 ne résistent pas à l'épreuve des faits.

La théorie de l'agence montre clairement que la structure de propriété de nombreuses entreprises occasionne des coûts d'agence liés à la gestion des divergences d'intérêts entre les *insiders* et les *outsiders*, et que la mise en distribution de dividendes, à des taux de *payout* parfois élevés, contribue de manière significative à la réduction de ces coûts. En outre, les situations observées sont spécifiques à chaque firme, ce qui explique la très grande dispersion, même intrasectorielle, des taux de distribution observée. Cette théorie permet également d'expliquer certains comportements de distribution comme une manière de régler les conflits d'intérêt entre les actionnaires et les obligataires.

L'application à la politique de dividende du concept de signal est, comme on a pu s'en rendre compte, beaucoup plus problématique. Certes, le dividende est pour les *insiders* un signal relativement peu coûteux et relativement crédible. Il est toutefois difficile d'isoler le signal-dividende d'une série de faits concomitants qui constituent eux aussi des signaux. On vise ici, en particulier, des éléments d'information relatifs aux politiques d'endettement et d'investissement. Sans aller jusqu'à estimer, comme MM (1961), que la politique de dividende n'est le plus souvent qu'un « sous-produit » de politiques considérées comme plus fondamentales, on doit reconnaître qu'il est extrêmement malaisé de distinguer, dans de nombreuses situations concrètes, un effet-dividende spécifique et, surtout, mesurable de manière simple et dépourvue d'ambiguïté. Il serait néanmoins excessif de dénier à la politique de dividende tout potentiel de signalisation. Il ne serait alors plus possible de donner un sens à l'abondante littérature empirique établissant l'adoption par un grand nombre de firmes d'un comportement dit de stabilisation du dividende. Des modèles multipériodiques axés sur le concept d'acquisition de « réputation » semblent constituer à cet égard une piste de recherche prometteuse[31].

Une explication satisfaisante des comportements de distribution doit également rendre compte, comme on l'a vu, de l'incidence de la fiscalité. Au cours des quelques dernières années, de nombreuses études ont été consacrées à cet aspect du problème. La majorité d'entre elles incorporent dans leurs hypothèses et leur méthodologie des éléments d'interprétation fondés sur les théories de l'agence et des signaux[32]. Ces études confirment dans leur majorité que le taux de rentabilité des actions de sociétés pratiquant un *payout* élevé est supérieur à celui des sociétés qui ne distribuent qu'une faible part de leurs bénéfices, de telle manière qu'à risque systématique égal les taux de rentabilité après impôt s'égalisent. Il reste à expliquer pourquoi les entreprises pratiquant un *payout* élevé acceptent de subir un surcoût

31. Voir M.A. Lapointe (1995).

32. Il est évidemment impossible de rendre compte ici de ces travaux. On se réfèrera utilement au travail de synthèse de J.S. Ang (1987) et à l'abondante bibliographie qui l'accompagne.

fiscal. Bien que les vérifications empiriques ne soient encore ni complètes ni entièrement satisfaisantes, il semble très plausible que cette manière de procéder soit pour elles le moyen de minimiser certains coûts d'agence et de signalisation.

Alors que la théorie fondée sur l'hypothèse forte d'efficience du marché ne permettait pas d'expliquer bon nombre de comportements observés, on se trouve aujourd'hui en présence de plusieurs schémas explicatifs partiellement complémentaires, mais aussi partiellement concurrents. Il appartiendra aux travaux de recherche futurs d'élaborer une théorie intégrée du comportement des firmes en matière de distribution.

Références

AHARONY J., SWARY I., « Quarterly Dividends and Earnings Announcements and Stockholders' Returns : an Empirical Analysis », *Journal of Finance* (vol. 35, n° 1, March 1980).

AKERLOF G., « The Market for "Lemons" : Quantitative Uncertainty and the Market Mechanism », *Quarterly Journal of Economics* (August 1970).

ALBOUY M., DUMONTIER P., *La politique de dividende des entreprises,* Paris, PUF, 1992.

ALCHIAN A.A., DEMSETZ H., « Production, Information Costs, and Economic Organization », *American Economic Review* (vol. 62, 1972), p. 777-795.

AMBARISH R., JOHN K., WILLIAMS J., « Efficient Signalling with Dividends and Investments », *Journal of Finance* (vol. 42, n° 2, June 1987).

ANG J.S., « Do Dividends Matter ? A Review of Corporate Dividend Theories and Evidence », New York, Salomon Brothers Center for the Study of Financial Institutions, *Monograph Series in Finance and Economics,* Monograph 1987-2.

ARROW K.J., « Some Models of Racial Discrimination in the Labor Market », *in* A.H. Pascal, *Racial Discrimination in Economic Life,* Lexington, Mass., Heath, 1972.

BAR-YOSEF S., KOLODNY R., « Dividend Policy and Capital Market Theory », *Review of Economics and Statistics* (vol. 58, May 1976).

BATTACHARYA S., « Imperfect Information, Dividend Policy, and the "Bird in the Hand" Fallacy », *Bell Journal of Economics* (vol. 10, n° 1, Spring 1979).

BATTACHARYA S., « Nondissipative Signalling Structures and Dividend Policy », *Quarterly Journal of Economics* (vol. 95, n° 1, August 1980).

BLACK F., SCHOLES M., « The Effects of Dividend Yield and Dividend Policy on Common Stock Prices and Returns », *Journal of Financial Economics* (vol. 1, n° 1, May 1974).

BLACK F., « The Dividend Puzzle », *Journal of Portfolio Management* (vol. 2, n° 4, Winter 1976).

BRENNAN M.J., « Taxes, Market Valuation and Corporate Financial Policy », *National Tax Journal* (vol. 23, December 1970).

COASE R.H., « The Nature of the Firm », *Economica*, New Series, IV (1937), p. 386-405.

COBBAUT R., *La politique de dividende des entreprises belges et américaines,* Bruxelles, La Renaissance du Livre, Paris, Dunod, 1969.

COBBAUT R., *Théorie financière,* 3e éd., Paris, Economica, 1994

COBBAUT R., « Théorie du marché financier », *in* Y. Simon (éd.), *Encyclopédie des marchés financiers,* Paris, Economica, 1997.

EASTERBROOK F.H., « Two Agency-Cost Explanations of Dividends », *American Economic Review* (vol. 74, 1984), p. 650-659.

GRAHAM B., DODD D.L., COTTLE S., TATHAM C., *Security Analysis : Principles and Technique,* 4e éd., New York, McGraw-Hill, 1972.

HAMADA R.S., SCHOLES M., « Taxes and Corporate Financial Management », *in* E.I. Altman et M.G. Subrahmanyam (éd.), *Recent Advances in Financial Management,* Homewood, Ill., Irwin, 1985.

HANDJINICOLAOU G., KALAY A., « Wealth Redistribution or Changes in Firm Value : an Analysis of Returns to the Bondholders and to the Stockholders around Dividend Announcements », *Journal of Financial Economics* (vol. 13, n° 1, March 1984).

JACQUILLAT B., LEVASSEUR M., « Signaux, mandats et gestion financière : synthèse de la littérature », *Finance* (vol. 5, 1984), p. 8-89.

JENSEN M.C., MECKLING W.H., « Theory of the Firm : Managerial Behavior, Agency Costs and Ownership Structure », *Journal of Financial Economics* (vol. 3, 1976), p. 305-360.

JOHN K., LANG L., « Insider Trading around Dividend Announcements », *Journal of Finance* (vol. 46, n° 4, September 1991).

JOHN K., WILLIAMS J., « Dividends, Dilution and Taxes : a Signalling Equilibrium », *Journal of Finance* (vol. 40, n° 4, September 1985).

KALAY A., « Signalling, Information Content, and the Reluctance to Cut Dividends », *Journal of Financial and Quantitative Analysis* (vol. 15, n° 4, November 1980).

KALAY A., « Stockholder-Bondholder Conflict and Dividend Constraints », *Journal of Financial Economics* (vol. 10, n° 2, June 1982).

LAPOINTE M.A., *Risque, réputation et signalisation par le dividende,* Louvain-la-Neuve, CIACO, 1995.

LINTNER J., « Distribution of Incomes of Corporations among Dividends, Retained Earnings and Taxes », *American Economic Review* (vol. 46, n° 2, May 1956).

LITZENBERGER R.H., RAMASWAMY K., « The Effect of Personal Taxes and Dividends on Capital Asset Prices : Theory and Empirical Evidence », *Journal of Financial Economics* (vol. 7, n° 2, June 1979).

MILLER M.H., MODIGLIANI F., « Dividend Policy, Growth and the Valuation of Shares », *Journal of Business* (vol. 34, n° 4, October 1961).

MILLER M.H., ROCK K., « Dividend Policy under Asymmetric Information », *Journal of Finance* (vol. 40, n° 4, September 1985).

MILLER M.H., SCHOLES M.S., « Dividends and Taxes », *Journal of Financial Economics* (vol. 6, n° 4, December 1978).

ROSS S., « The Determination of Financial Structure : The Incentive-Signalling Approach », *Bell Journal of Economics* (vol. 8, n° 1, Spring 1977).

ROZEFF M., « Growth, Beta and Agency Costs as Determinants of Dividend Payout Ratios », *Journal of Financial Research* (vol. 5, 1982), p. 249-259.

SPENCE A.M., « Competitive and Optimal Responses to Signals : Analysis of Efficiency and Distribution », *Journal of Economic Theory* (March 1974).

SPENCE A.M., *Market Signalling : Information Transfer in Hiring and Related Processes,* Cambridge, Mass., Harvard University Press, 1974.

WILLIAMS J., « Efficient Signaling with Dividend, Investment and Stock Repurchases », *Journal of Finance* (vol. 93, n° 3, July 1988).

Mots clés

Adaptation progressive (logique d' –), agence (théorie de l' –, coût d' –, relations d' – entre actionnaires et politique de dividende, relation d' – entre actionnaires et obligataires et politique de dividende), clientèle (effet de –), coûts de surveillance, coûts résiduels, demande de dividendes, dédouanement (coût de –), dilution, dilution et signal-dividende, distribution (comportement de –, taux de –), diversification (effet de –), *dividend yield*, échantillons pairés, efficience du marché, évaluation de l'action (équivalence des formules d' –, MEDAF ou CAPM, modèle à deux variables aléatoires), fiscalité (absence de –, clientèle fiscale, influence sur le taux de rentabilité, neutralisation de la –, prise en compte de la –, traitement des plus-values), incertitude (effet d'–), information (contenu d' –), *insiders*, mandants, mandataires, neutralité (principe de –), offre de dividendes (notion, effet d' –), *outsiders, payout* (notion, *target payout ratio*, impact sur le taux de rentabilité), politique d'investissement, politique de stabilisation, principe marginal, propension à distribuer (propension de court terme, propension de long terme), redistribution des ressources, retards distribués (structure à –), signal-dividende, taux de rendement (notion, influence sur le taux de rentabilité), taux de rentabilité (notion, impact de la fiscalité sur le –, perçu), théorie des signaux, vitesse d'ajustement.

Politique financière de l'entreprise

125

Pierre Vernimmen

Pour beaucoup, la politique financière de l'entreprise se résume à l'obtention des sources de financement nécessaires au moindre coût (taux d'intérêt le plus faible). C'est dès lors une fonction de négociation. Il a cependant été démontré que le champ de la politique financière est beaucoup plus large et que des analyses et des décisions plus globales appuyées sur une série de critères relèvent de son domaine. En d'autres termes, la politique financière doit trouver son chemin entre le foisonnement de techniques de financement et une théorie financière de plus en plus abstraite, qui démontre qu'entre la finance et la stratégie il y a sans aucun doute une antinomie fondamentale. Notre propos dans cet article sera de montrer que la politique financière s'inscrit d'abord dans un cadre dans lequel il y a prédominance :

– de l'industriel sur le financier, de la stratégie industrielle sur la stratégie financière,

– de l'actionnaire qui, en dernier ressort, prend les décisions et dont le comportement est essentiel,

– de l'environnement, que l'entreprise soit dans une économie de marchés de capitaux ou dans une économie d'endettement. Ainsi, la politique financière de l'entreprise s'apprécie en fonction de certains critères qui s'ajoutent, se complètent, se contredisent, se « manipulent » : l'actif net, l'actif net par action, le taux de rentabilité comptable, le bénéfice par action, le *Price Earning Ratio* (PER), etc. Ces critères peuvent servir d'objectifs à une politique financière, mais ils peuvent aussi conduire à des décisions erronées.

1. Le cadre de la politique financière

Dans des groupes purement financiers, la politique financière prime sur toute autre considération. Il s'agit là d'un cas extrême et peu fréquent. En effet, dans l'immense majorité des entreprises, la politique financière est subordonnée à la stratégie industrielle et commerciale. Celle-ci est certes guidée par des critères financiers (maximiser un bénéfice...), mais elle demeure primordiale par rapport à la politique financière.

1.1. Les stratégies industrielles et commerciales

Les stratégies des entreprises sont si nombreuses que leur énumération serait fastidieuse. Citons simplement, pour mémoire, les stratégies de conquête de parts de marché[1], de diversification[2], de croissance interne, de désinvestissement[3], d'innovation, et plus récemment de ré-ingénierie[4].

1.1.1. Une lecture financière d'une politique industrielle

Pour un financier, ces stratégies, quelles qu'elles soient, n'ont qu'un seul but : permettre à l'entreprise de s'extraire d'un marché concurrentiel pour se constituer une « rente », lui permettant d'avoir des marges supérieures à celles de ses concurrents, qui ne la concurrenceront d'ailleurs plus tout à fait. Les marques, les brevets, les barrières à l'entrée industrielles (taille minimale des usines, budgets de publicité importants...) ou légales (concessions, droits...) ne sont que des instruments au service de ce but. Pour un financier, le rôle premier d'un industriel est d'analyser l'environnement économique, industriel, commercial, technologique... concurrentiel de son entreprise pour développer une politique devant se traduire par une rentabilité supérieure. Cette rentabilité peut revêtir plusieurs formes : rentabilité d'exploitation, constitution d'une valeur stratégique...

Mais comme Sisyphe, l'entrepreneur doit en permanence refaire son « ouvrage ». En effet, une rentabilité supérieure attire de nouveaux entrants dans le secteur ; ceux-ci se chargent de contourner ou de faire tomber les barrières à l'entrée qui en protègent la forte rentabilité. Tôt ou tard, ils y parviennent, ce qui ne manque pas de réduire les marges par l'intensification de la concurrence en résultant. Quand le risque est trop rémunéré, de nouveaux concurrents entrent dans le secteur, ce qui fait baisser sa rentabilité. Quand le risque est insuffisamment rémunéré, des entreprises abandonnent le secteur, ce qui en réduit la concurrence et en augmente la rentabilité. De même, sur un marché financier, lorsqu'un titre paraît très rentable pour son risque (c'est-à-dire sous-évalué), des investisseurs vont l'acheter, ce qui diminue sa rentabilité (son cours s'élève). A l'inverse, lorsqu'un titre paraît peu rentable pour son risque (c'est-à-dire surévalué), des investisseurs vont le vendre, ce qui augmente sa rentabilité (son cours baisse). Sur les marchés industriels, comme sur les marchés financiers, une relation nécessaire s'instaure donc entre le risque et la rentabilité. Sur les marchés financiers, beaucoup plus liquides par définition que les marchés industriels, l'équilibre entre la rentabilité et le risque s'établit beaucoup plus vite que sur les marchés industriels où l'entrée est plus difficile que le simple achat d'un titre, et la sortie beaucoup plus compliquée que la simple vente d'un titre.

---

1. Voir dans cette Encyclopédie l'article de B. Ramanantsoa, « Stratégie », p. 3026, tome 3.
2. Voir dans cette Encyclopédie l'article de Y. Morvan, « Diversification », p. 983, tome 1.
3. Voir dans cette Encyclopédie l'article de B. Marois, « Désinvestissement international », p. 926, tome 1.
4. Voir dans cette Encyclopédie l'article de J.F. Daigne, « Ré-ingénierie », p. 2854, tome 3.

Ainsi, il existe des secteurs où la rentabilité dégagée est durablement supérieure à la rentabilité normale compte tenu du risque. Cependant, il ne faut pas se leurrer : même si les ajustements sont souvent longs, tôt ou tard, ils finissent par se produire, et une rentabilité anormalement élevée disparaîtra, quelle que soit la stratégie poursuivie par l'entreprise.

1.1.2. *Deux exemples de stratégies industrielles : la croissance interne et la croissance externe*

Une politique de croissance interne a pour objectif d'obtenir les coûts de revient les plus bas possible, qui permettront à l'entreprise de lutter contre la concurrence, voire de l'éliminer ou de l'empêcher d'entrer dans son secteur d'activité. La politique industrielle a alors pour objectif principal de minimiser un prix de revient unitaire comptable des produits fabriqués.

Dans ce cadre, les cabinets de conseils en stratégie d'entreprise, et plus particulièrement le Boston Consulting Group, ont démontré au début des années 1960, à partir d'études sectorielles, qu'une relation statistique existe entre le volume cumulé de la production et le prix de revient unitaire. Plus le volume cumulé de la production est important, plus le prix de revient unitaire est faible[5].

Le caractère un peu simpliste de la relation n'a pas manqué d'être critiqué. Néanmoins, dans la majorité des cas, chaque secteur peut être « caricaturé », à un moment donné, par une courbe d'expérience sur laquelle les entreprises se situent plus ou moins bas. Ce type de relation met en évidence le paramètre crucial qu'est le taux de croissance de l'entreprise par rapport à ses concurrents, et plus généralement par rapport à son secteur d'activité. Plus l'entreprise croît vite par rapport à son secteur (c'est-à-dire accroît sa part de marché), plus ses coûts industriels sont bas, et plus elle est en mesure de résister à la concurrence, et donc de survivre. Elle impose en effet une barrière à l'entrée de nouveaux concurrents sous forme de perspectives de rentabilité faibles. En effet, ceux-ci devront aligner plus ou moins leurs prix de vente sur ceux pratiqués par l'entreprise déjà en place, alors qu'ils ont des prix de revient supérieurs. D'où des marges plus faibles, voire négatives ! Grâce à l'importance de sa part de marché, l'entreprise réussit à dissuader l'entrée de nouveaux concurrents. Ce modèle est particulièrement vrai pour les secteurs en fort développement.

Dans ce cadre, le rôle du financier est de fournir à l'entreprise les moyens financiers de cette politique de croissance interne. En effet, dans le cadre d'une telle stratégie, l'entreprise se fixe un taux de croissance de l'activité qui, pour être atteint, nécessite la réalisation d'investissements corporels et d'exploitation, d'où des besoins de financement. Ces besoins peuvent être couverts partiellement, totalement, ou en excès, par les ressources que l'entreprise sécrète (sa rentabilité). D'un point de vue financier, une stratégie de croissance interne débouche nécessairement sur l'analyse de l'adéquation entre le taux de croissance de l'activité (mesuré par l'évolution du chiffre d'affaires) et le taux de rentabilité de l'entreprise.

5. Voir dans cette Encyclopédie l'article de B. Ramanantsoa, « Stratégie », p. 3026, tome 3.

On démontre en effet aisément que le taux de croissance interne que l'entreprise peut supporter sans faire appel à ses actionnaires et sans modifier sa structure financière est égal à :

$$\frac{\text{Taux de croissance naturel}}{\text{des moyens financiers}} = \frac{\text{Taux de rentabilité}}{\text{des capitaux propres}} \times \left(1 - \frac{\text{Taux de distribution}}{\text{des bénéfices}}\right)$$

Le rôle de la politique financière est alors :

– de gérer au mieux les besoins de fonds de l'entreprise, en évitant que leur taux de croissance ne dépasse celui de l'activité : contrôle très strict des stocks, suivi des clients, utilisation au mieux du crédit fournisseur[6], absence d'investissements non directement productifs ;

– d'obtenir une forte rentabilité des capitaux propres, malgré une faible rentabilité économique, en « jouant » sur l'effet de levier ;

– d'abaisser le coût du crédit par une gestion rigoureuse de l'endettement ;

– d'ouvrir modestement le capital (entrée de nouveaux actionnaires) sur la base d'une valorisation élevée.

Un autre schéma se dessine actuellement :

– le rôle de la politique financière consiste à réduire considérablement les besoins en fonds de l'entreprise, en faisant faire à l'extérieur ce qui n'est pas essentiel à l'entreprise ;

– ce qui conduit à améliorer fortement le ratio chiffre d'affaires/fonds globaux investis, et par là même la rentabilité de l'entreprise ;

– ce qui entraîne une baisse du levier financier et la non-utilisation de la dette dont le coût réel est prohibitif.

Suivant ce schéma, la rentabilité des capitaux propres provient d'une amélioration de la marge accentuée par une meilleure rotation des capitaux investis.

Si, dans le cadre de la croissance interne, la politique industrielle correspond à une fuite en avant pour abaisser les coûts unitaires de production, la politique financière a, au contraire, pour exigence la rigueur et la continuité. Inversement, une politique industrielle de croissance externe est essentiellement marquée sous le sceau de l'opportunité : opportunité que telle ou telle entreprise soit à vendre et puisse être achetée[7]. Dès lors, la politique financière liée à une stratégie industrielle de croissance externe a pour objet de ménager à l'entreprise des réserves de liquidités importantes, existantes (augmentation de capital, crédits bancaires, emprunt obligataire sans objet immédiat...) ou potentielles (lignes de crédits confirmées mais non utilisées, cours boursiers élevés qui facilitent d'éventuelles augmentations de capital ou des échanges de titres lors d'un rapprochement...). C'est ainsi qu'en juin 1995, Saint-Gobain disposait d'environ 4,4 milliards de francs de disponibilités et avait l'autorisation de ses actionnaires pour réaliser des augmentations de capital d'un montant total maximal d'environ 30 milliards de francs, ou des emprunts obligataires pour 10 milliards de francs, sans compter des lignes de crédits bancaires.

---

6. Voir également dans cette Encyclopédie l'article de J.P. Jobard, « Gestion financière à court terme », p. 1524, tome 2.

7. Voir également dans cette Encyclopédie l'article de M. Nussenbaum, « Prises de contrôle, fusions, acquisitions », p. 2468, tome 3.

1.1.3. Le risque industriel et la notion de point mort

Le point mort d'une entreprise correspond au niveau d'activité à partir duquel elle réalise un bénéfice, et en deçà duquel elle réalise une perte.

On démontre que le niveau de point mort dépend de la structure des coûts d'une entreprise, c'est-à-dire du partage entre les coûts variables (ils évoluent proportionnellement à l'activité) et les coûts fixes (ils sont constants pour une variation donnée de l'activité). Plus précisément on a :

$$\text{Niveau de point mort} = \frac{\text{Frais fixes}}{\dfrac{\text{Chiffre d'affaires} - \text{Frais variables}}{\text{Chiffre d'affaires}}}$$

Ainsi, une entreprise qui fabrique avec des frais fixes de 1 000 et des frais variables unitaires de 2,1 des produits qu'elle vend 3 a un point mort de 1 111 unités.

La notion de point mort est très importante parce qu'elle commande la sensibilité du bénéfice à une variation d'activité. Ainsi, dans l'exemple précédent, supposons que l'entreprise vende 1 200 objets par an. Son chiffre d'affaires est donc égal à 3 600 (1 200 × 3) et son bénéfice ressort à 80 (3 600 – 1 000 – (1 200 × 2,1)). Si le chiffre d'affaires diminue de 5 %, l'entreprise ne réalise plus qu'un bénéfice de 26, soit une diminution de 67,5 %. Reprenons cet exemple avec une situation de départ où l'entreprise produit 1 500 objets, et réalise donc un bénéfice de 350 ((1 500 × 3) – 1 000 – (1 500 × 2,1)). Une baisse du chiffre d'affaires identique de 5 % réduit le bénéfice à 282,5 ; soit une diminution de 19,3 %. Ainsi, la même baisse d'activité de 5 % se traduit-elle par une chute de 67,5 % du bénéfice ou de 19,3 %, selon que l'activité de l'entreprise se situe à 8 % ou 35 % au-dessus de son point mort. Plus une entreprise est proche de son point mort, plus elle est sensible à une diminution de son chiffre d'affaires. Au contraire, plus l'entreprise en est éloignée, moins elle est sensible à une variation de son activité. Elle est donc financièrement plus stable. Dès lors, toute politique industrielle, quelle qu'elle soit, doit être appréciée en fonction de ses implications sur le point mort de l'entreprise. Si elle a pour conséquence de l'élever plus que n'augmente le niveau de l'activité, le risque industriel est accru. Si, en revanche, elle abaisse le point mort, le risque industriel de l'entreprise diminue, à moins d'une décroissance plus rapide de l'activité. Une telle réflexion ne peut être menée indépendamment du secteur de l'entreprise. Si celui-ci est cyclique, l'entreprise doit minimiser ses frais fixes pour être le plus loin possible de son point mort, et pouvoir mieux résister aux inéluctables retournements de conjoncture. Dans certains secteurs, l'intégration vers l'amont (contrôle de fournisseurs) est une erreur, car elle accroît considérablement le point mort de l'entreprise et son risque industriel. Au contraire, dans un secteur en croissance, le pari de l'industrialisation peut être tenté, car l'activité croît normalement plus vite que le point mort ne s'élève. Mais l'attention doit être portée alors sur les erreurs d'appréciation de la durée de la croissance...

1.2. L'actionnariat

Juridiquement, les actionnaires sont propriétaires de l'entreprise, et ils prennent les décisions de politique industrielle et de politique financière. Ils constituent donc un autre pilier de la politique financière. La théorie, plus précisément le modèle d'équilibre des actifs financiers (MEDAF)[8], indique que :

– tout titre financier est caractérisé par sa rentabilité espérée et par son risque de marché, c'est-à-dire par les fluctuations de sa valeur ;

– l'investisseur, pour une rentabilité donnée, doit diversifier son portefeuille en investissant dans plusieurs actifs afin de minimiser son risque.

La théorie montre que, pour un niveau de risque donné, la rentabilité maximale est atteinte lorsque l'investisseur est totalement diversifié ; c'est-à-dire lorsqu'il possède une fraction de chaque actif financier existant. C'est le choix fait par bon nombre de sociétés d'investissement à capital variable (SICAV) ou de fonds communs de placement (FCP) qui possèdent dans leur portefeuille un très grand nombre de lignes, souvent supérieures à plusieurs centaines de titres. Dans ce cadre, l'actionnaire est indifférent à la politique financière de l'entreprise.

Ainsi F. Modigliani et M. Miller ont démontré que la valeur globale de l'entreprise (somme de ses capitaux propres et de son endettement) est identique, quelle que soit sa structure financière[9]. Le patrimoine de l'investisseur totalement diversifié, qui possède x % des actions de cette société et x % des titres représentatifs de son endettement (obligations, billets de trésorerie...), est le même que le rapport entre capitaux propres et dettes, soit de 0,3 ou de 3. A titre d'exemple, considérons une société dont les principales caractéristiques financières sont reproduites au tableau 1. Le bénéfice avant frais financiers est bien sûr le même, quelle que soit la structure financière de l'entreprise. Nous n'avons pas tenu compte de l'impôt sur les sociétés, ni de la fiscalité des investisseurs, car ces deux paramètres auraient compliqué notre raisonnement sans en modifier les conclusions, comme M. Miller l'a avancé ultérieurement.

Tableau 1

	Situation 1	Situation 2
Capitaux propres + Dettes	100 300	300 100
= Valeur de la société	400	400
Taux de rentabilité exigé par les actionnaires Taux de rentabilité exigé par les créanciers	20 % 15 %	17 2/3 % 12 %
Bénéfice avant frais financiers	65	65
– Frais financiers = Bénéfice net	45 20	12 53

8. Voir également dans l'Encyclopédie des marchés financiers l'article de R. Cobbaut, « Théorie du marché financier ».

9. Voir également dans cette Encyclopédie les articles de M. Albouy, « Structure financière et coût du capital », p. 3129, tome 3, de G. Hirigoyen et J.P. Jobard, « Financement de l'entreprise : évolution récente et perspectives nouvelles », p. 1356, tome 2 et dans l'Encyclopédie des marchés financiers l'article de G. Charreaux, « Théorie financière ».

Lorsque l'entreprise passe de la situation 1 à la situation 2, elle réalise une augmentation de capital pour se désendetter. Etant moins endettée, elle est moins risquée[10]. Dès lors, les actionnaires et les créanciers exigent un taux de rentabilité plus faible, respectivement 17 2/3 % et 12 % contre 20 % et 15 % dans la situation 1. Ces taux s'établissent à la suite d'arbitrages.

Si, par exemple, le taux de rentabilité exigé par les actionnaires restait à 20 %, des investisseurs percevant 20 % de leurs participations dans des sociétés en situation 1 s'empresseraient de vendre leurs parts pour investir en actions de l'entreprise, maintenant en situation 2 ; ils percevraient 20 % pour un niveau de risque bien inférieur. En achetant des actions de notre entreprise, ils feraient monter leur valeur et donc diminuer le taux de rentabilité exigé. Cet arbitrage cesse lorsque le taux de rentabilité exigé par les actionnaires atteint 17 2/3 %.

Quand l'entreprise passe de la situation 2 à la situation 1, elle s'endette pour distribuer un dividende exceptionnel prélevé sur ses réserves ou son capital. Etant plus endettée, elle est plus risquée[11]. Dès lors, les actionnaires et les créanciers exigent un taux de rentabilité plus élevé, respectivement 20 % et 15 % contre 17 2/3 % et 12 % dans la situation 2. Comme précédemment, ces taux s'établissent par des arbitrages similaires, *mutatis mutandis,* à ceux décrits plus haut. Au total, l'investisseur totalement diversifié est indifférent à une modification de la structure financière de l'entreprise, puisque son patrimoine n'est pas modifié. De même, on pourrait montrer que l'investisseur totalement diversifié est indifférent à la politique de distribution de l'entreprise qui n'affecte que la composition de son portefeuille, et non sa valeur totale. En effet, si l'entreprise distribue la totalité de ses bénéfices, l'investisseur reçoit des liquidités, mais la valeur des actions de l'entreprise décroît d'un même montant[12]. L'entreprise ne distribue aucun dividende, l'investisseur ne perçoit aucune liquidité, mais la valeur des actions croît normalement du montant des fonds réinvestis puisqu'ils ont permis d'augmenter le bénéfice de l'entreprise. L'entreprise distribue-t-elle 45 % de ses bénéfices sous forme de dividendes, l'investisseur...

La pratique diffère quelque peu de la théorie, car les investisseurs sont rarement totalement diversifiés. En fait, diverses situations peuvent se rencontrer. Retenons-en trois :

– il existe un actionnaire majoritaire qui est très fréquemment le dirigeant,

– il existe un actionnaire minoritaire mais dirigeant,

– aucun actionnaire minoritaire ne peut, ou ne veut, devenir dirigeant ; les actionnaires sont alors obligés de confier la direction de l'entreprise à un manager extérieur[13].

La confusion entre le statut de dirigeant et celui d'actionnaire principal s'accompagne d'un amalgame du patrimoine personnel du dirigeant et du

---

10. En effet, elle est plus éloignée de son point mort, certains coûts fixes (une partie des frais financiers) ayant disparu.

11. En effet, elle est plus proche de son point mort, du fait de l'apparition de nouveaux frais fixes (les frais financiers).

12. Sauf amélioration de sa productivité.

13. Voir également dans l'Encyclopédie des marchés financiers l'article de M. Nussenbaum, « Valeur de l'entreprise et structure de l'actionnariat ».

patrimoine de l'entreprise. Dès lors, la politique financière de l'entreprise n'est plus qu'un outil pour atteindre les objectifs de l'actionnaire dont le portefeuille non diversifié est loin de répondre aux enseignements de la théorie !

La théorie ne s'applique pas davantage lorsque le dirigeant n'est qu'un actionnaire minoritaire. La situation est alors assez complexe. L'objectif du dirigeant minoritaire est de garder le contrôle de l'entreprise et par là même son statut de dirigeant. Il recourt alors souvent à la politique financière pour fidéliser son actionnariat : distribution généreuse de dividendes, distribution d'actions gratuites (ce qui revient au même), préférence pour l'endettement au détriment des augmentations de capital qui entraîneraient une réduction de son contrôle sur l'entreprise, car il n'a pas les moyens financiers de les suivre...

Le problème est tout à fait différent lorsque le dirigeant n'est pas actionnaire ou ne détient qu'une part infime du capital. On est loin de la théorie économique classique de l'entrepreneur, dirigeant et actionnaire, dont la fonction d'utilité a pour seul argument la maximisation des profits. Divers auteurs ont alors proposé de considérer l'entreprise comme un ensemble de contrats entre les différents pourvoyeurs de facteurs de production (salariés, cadres, dirigeants, clients, fournisseurs, banques, Etat, actionnaires), chacun d'eux ayant une fonction d'utilité propre. Cette littérature a reçu le nom générique de « théorie des mandats »[14]. Lorsque le dirigeant n'est pas actionnaire, il peut en effet poursuivre des objectifs différents de ceux des actionnaires dont il a reçu mandat pour gérer l'entreprise : puissance, avantages matériels, popularité médiatique... Dans certains cas extrêmes, les objectifs du manager peuvent être contradictoires avec ceux des actionnaires. Au niveau de la politique financière :

– il peut être tenté de distribuer beaucoup de dividendes pour apaiser les actionnaires et leur faire oublier la valeur de leurs actions (qui a alors peu de chances de progresser) ;

– il est réticent à l'endettement, sachant que celui-ci accroît le risque de faillite de l'entreprise et entraîne la perte de son poste ;

– il peut être réticent à des augmentations de capital qui introduiraient de nouveaux actionnaires pouvant remettre en cause son mandat.

Différentes techniques ont été développées pour résoudre ces conflits d'intérêt potentiels. Elles ont pour objet de mieux faire converger les intérêts des dirigeants non actionnaires et ceux des actionnaires : *stock-options,* salaire indexé sur le bénéfice de l'entreprise, plan d'achat d'actions, etc[15].

1.3. L'environnement financier

D'aucuns, arguant que la théorie financière dénie à la politique financière toute utilité puisqu'elle est incapable de modifier le patrimoine des actionnaires, réduisent cette dernière à la maximisation de variables fiscales ou de

---

14. Voir également dans cette Encyclopédie les articles de G. Charreaux, « Gouvernement de l'entreprise », p. 1652, tome 2 et de G. Kœnig, « Théorie économique de l'entreprise », p. 3310, tome 3.

15. Voir également dans cette Encyclopédie les articles de P. Desbrières, « Stock-options », p. 3015, tome 3 et « Participation financière des dirigeants et des salariés », p. 2182, tome 2.

montages juridiques. Cela est à notre avis profondément erroné. D'abord, comme nous l'avons indiqué, l'assertion théorique de l'inefficacité de la politique financière suppose que les investisseurs aient des portefeuilles parfaitement diversifiés, ce qui est rarement le cas. Plus sérieusement, la politique financière dépend de l'environnement financier[16]. Elle ne sera pas la même dans une économie d'endettement et dans une économie de marchés financiers (distinction établie par J.R. Hicks).

1.3.1. L'économie d'endettement et l'économie de marché

Une économie d'endettement voit la prédominance de la finance indirecte (au sens de J. Gurley et E. Shaw) : les agents à déficit de financement s'adressent principalement aux intermédiaires financiers (essentiellement les banques) ; les marchés de capitaux ne jouent qu'un rôle limité dans le financement de l'économie. Dans une économie d'endettement, seule une faible part des investissements est financée par l'émission de titres, les entreprises sont fortement endettées auprès des banques, les taux d'intérêt sont administrés et ne reflètent pas l'équilibre entre l'offre et la demande des fonds susceptibles d'être prêtés. Jusqu'au début des années 1980, la France était un exemple d'économie d'endettement : le crédit bancaire représentait plus de 70 % de l'endettement des entreprises sur la décade 1970-1980, les obligations en représentaient moins de 10 %, le marché financier était peu développé.

Une économie de marchés financiers voit, au contraire, prédominer le processus de la finance directe (toujours au sens de J. Gurley et E. Shaw) : les agents à déficit de financement entrent directement en relation avec les agents à excédent de financement grâce aux marchés financiers[17]. Dans une économie de ce type, les besoins de financement des entreprises sont essentiellement satisfaits par l'émission de titres financiers souscrits par les ménages. Les banques distribuent essentiellement des crédits aux particuliers pour des investissements immobiliers ou aux petites et moyennes entreprises qui n'ont pas accès aux marchés financiers.

Les taux d'intérêt s'établissent sur un vaste marché de capitaux et reflètent l'offre et la demande de fonds qui peuvent être prêtés ; ils sont susceptibles d'amples variations. Depuis 1980, la France se rapproche du modèle d'une économie de marché : le montant des augmentations de capital a été multiplié par 16 entre 1979 et 1994 ; dans le même temps, celui des émissions d'obligations a bondi de 520 % ; les billets de trésorerie (148 milliards de francs d'encours en mai 1995) ont ouvert le marché monétaire aux entreprises.

Dans une économie d'endettement, le taux d'inflation est le plus souvent proche des taux d'intérêt, ce qui entretient le système. Les entreprises ont en effet une forte incitation à s'endetter puisque, d'une part, le coût réel de l'endettement est quasiment nul, voire même négatif si l'inflation progresse, et que, d'autre part, les remboursements s'effectuent dans une monnaie déva-

16. Voir également dans cette Encyclopédie l'article de J.C. Van Horne, « Environnement financier de l'entreprise », p. 1136, tome 1.

17. Voir également dans l'Encyclopédie des marchés financiers les articles de E. Ginglinger, « Marchés de capitaux et financement de l'entreprise » et de C. Saint-Etienne, « Marchés de capitaux, financement de l'économie et politique monétaire ».

luée. Jusqu'au début des années 1980, vu l'environnement économique et financier du moment, les entreprises avaient un intérêt évident à s'endetter.

Dans une économie d'endettement, le coût réel des fonds est faible, puisque les pouvoirs publics administrent les taux d'intérêt en les maintenant proches du taux d'inflation. Dans un tel environnement financier, les entreprises ont tendance :

– à surinvestir, puisque tout investissement aura une rentabilité d'inflation,

– à réaliser des investissements à forte valeur patrimoniale qui se réévaluent au moins aussi vite que l'inflation,

– à surproduire pour constituer des stocks sur la cession desquels, l'inflation aidant, l'entreprise réalise des plus-values.

En revanche, une économie de marchés financiers suppose que les taux d'intérêt soient (largement) supérieurs aux taux d'inflation. En effet, les investisseurs ne sont pas prêts à acquérir des titres financiers, s'ils n'ont pas une rentabilité réelle, actuelle ou anticipée, positive. A cet égard, il n'est pas indifférent de noter que les marchés financiers se sont développés en France au début des années 1980, après l'apparition en mai 1979 de taux d'intérêt réels sur les emprunts d'Etat, puis sur l'ensemble des obligations cotées en bourse.

1.3.2. Le rôle de la fonction financière

Si, globalement, le rôle du directeur financier est d'assurer le financement des besoins de fonds de l'entreprise aux meilleures conditions, ce rôle, évident, peut être lu de deux façons différentes et symétriques. Dans une économie d'endettement, le directeur financier est un acheteur de capitaux chargé de négocier avec des pourvoyeurs de fonds de toute nature (banquiers, actionnaires, prêteurs à long terme...) pour obtenir des ressources au moindre coût. Le marché des capitaux sur lequel se déroule la transaction est caractérisé par :

– une matière première : l'argent,

– un prix : soit un taux d'intérêt, soit un rendement et/ou des plus-values.

Dans une économie de marchés de capitaux, le directeur financier n'est pas un acheteur de capitaux, mais un vendeur de titres. Il n'a pas pour objectif de réduire le coût de sa matière première, mais de maximiser un prix de vente. Il ne travaille pas sur le marché des capitaux, mais sur celui des « papiers financiers » (titres financiers), que ceux-ci soient des crédits, des prêts, des obligations, des actions...[18]

Bien sûr, il ne s'agit que de la lecture inverse d'un même marché :

– l'offre des titres financiers correspond à la demande de capitaux,

– la demande de titres financiers correspond à l'offre de capitaux,

– le prix, ajustement de l'offre et de la demande de titres financiers, est égal à la valeur du titre ; dans la lecture inverse, le prix correspond au loyer de l'argent, équilibrant l'offre et la demande de capitaux.

Mais, fondamentalement, le métier du directeur financier est modifié. Il n'a plus pour rôle de négocier les conditions (taux d'emprunt garantis, montant...) de telle ou telle ressource, mais de comprendre les besoins du

---

18. P. Vernimmen, *Finance d'entreprise*, 6e éd., Paris, Dalloz, 1994.

marché, ses anticipations, de savoir saisir des opportunités, de prendre position pour pouvoir vendre le bon produit au bon moment. Le directeur financier est alors celui qui vend au prix le plus élevé possible des produits qui correspondent aux besoins de sa clientèle. Il vend de bons produits.

2. Les objectifs et les critères d'une politique financière

Il n'y a d'objectifs financiers que de maximisation de la valeur marchande de l'entreprise, c'est-à-dire du patrimoine des actionnaires. Comme nous l'avons montré, la politique financière, en elle-même, ne peut atteindre cet objectif. Ce n'est qu'au service d'une stratégie industrielle ou commerciale qu'elle pourra maximiser la richesse des actionnaires. En reprenant une distinction fréquente en politique économique, nous dirons que cet objectif final ne peut être atteint que par la satisfaction d'objectifs intermédiaires qui sont :

- des objectifs de taille, de puissance, de croissance, d'une part,
- des objectifs de rentabilité, d'autre part.

2.1. Les objectifs de taille, de puissance et de croissance

En finance, la taille et la puissance ne se mesurent pas par le chiffre d'affaires, la valeur ajoutée ou le montant des investissements, mais par un montant global, celui de la valorisation de l'entreprise. Combien vaut telle ou telle entreprise ? Ce poids financier n'a pas la même utilité pour l'actionnaire ou pour le dirigeant.

2.1.1. Le point de vue de l'actionnaire

Le poids financier de l'entreprise correspond d'abord à un objectif industriel, car, dans tel ou tel secteur, il faut avoir une certaine taille, une certaine part du marché national, européen ou mondial pour être rentable. C'est ainsi que dans le secteur des produits pharmaceutiques, Merck a choisi de s'intégrer en aval en rachetant Medco, tandis que Glaxo a préféré racheter Welcome, un de ses concurrents, pour renforcer sa masse critique dans la recherche et réaliser des économies d'échelle. En dessous d'une certaine taille, l'entreprise ne peut pas être rentable ; la taille constitue une condition *sine qua non* de survie.

La taille de l'entreprise, surtout si celle-ci est diversifiée, est une donnée importante pour l'actionnaire, qu'il soit minoritaire ou majoritaire, un gage de stabilité de ses revenus et de son patrimoine. Ainsi cherchera-t-il, pour diminuer son risque, à maximiser la taille de l'entreprise, à réaliser des opérations de croissance externe et de diversification. C'est à notre sens la démarche que suivent les actionnaires principaux (ceux qui sont représentés au conseil d'administration) des groupes comme Bouygues ou LVMH.

Bien sûr, la théorie financière nous enseigne le côté vain de cette stratégie, dans la mesure où le marché n'est pas prêt à payer plus cher l'action d'un groupe après l'acquisition d'une nouvelle division (parce que le groupe est plus diversifié qu'auparavant[19]). En effet, l'investisseur peut lui-même diver-

19. Sauf apparition de gains dus à des synergies industrielles.

sifier son portefeuille en achetant d'un côté des actions d'entreprises monoproduits de différents secteurs, sans payer une quelconque « surprime ». Mais la politique financière de l'entreprise n'est pas déterminée en fonction de l'investisseur marginal, qui est tout à fait indifférent à la diversification ou à la taille, mais par les actionnaires principaux dont le patrimoine est le plus souvent presque uniquement composé de leur participation dans l'entreprise. Comme ils ne veulent pas la céder pour diverses raisons (pouvoir, attachement sentimental...), ils ne peuvent diversifier leur portefeuille qu'en diversifiant sa principale et souvent unique composante. Dans un contexte de développement des marchés de capitaux, la taille de l'entreprise est de plus en plus souvent une condition *sine qua non* d'accès à ces marchés !

De nos jours, un groupe français qui n'émet pas au moins 1 milliard de francs d'obligations ne peut pas accéder au marché obligataire, sauf à émettre des obligations à bons de souscription d'actions (OBSA). De même, une entreprise moyenne française qui ne vaut pas au moins 50 millions de francs ne peut pratiquement pas se faire coter au second marché. D'où une course à la taille de la part de certains chefs d'entreprise pour pouvoir porter leur société en bourse. Un des meilleurs exemples dans ce domaine est probablement celui de la stratégie de financiers par rapport à un groupe industriel. Possédant quelques parts de ce groupe, ils sont progressivement montés jusqu'à 10 %. Ils ont alors conseillé à ce groupe de réaliser une offre publique d'échange (OPE) qui lui a donné le contrôle à 95 % d'une des principales entreprises françaises. Les financiers ont, par des achats en bourse, porté leur participation dans ce groupe à 20 %. Celui-ci a cédé, six mois plus tard, une de ses filiales importantes pour environ 2 milliards de francs, soit, à 300 millions près, le prix total payé par les financiers contrôlant 20 % du groupe, qui dispose maintenant d'un trésor de guerre de 2 milliards de francs. Initialement, le groupe valait 0,750 milliard de francs, un an après il valait 1,5 milliard, et deux ans après 6,5 milliards.

Concrètement, dans une économie d'endettement, le critère de puissance est l'actif net, y compris les intérêts minoritaires. Dans une économie de marché, le critère de puissance n'est plus une valeur comptable, mais une valeur de marché : la capitalisation boursière.

Insistons, cependant, sur le fait que l'essor des marchés financiers conduit nécessairement et inéluctablement à devoir considérer l'intérêt du petit actionnaire, c'est-à-dire la valeur de l'action et non pas la capitalisation boursière. Aujourd'hui, dès que l'entreprise est ouverte à l'épargne publique, il lui est impossible de se soustraire aux exigences des marchés et à la logique que nous avons présentée et qui répond aux principes suivants :

– l'objectif financier de l'entreprise est de créer de la valeur[20],

– cette dernière dépend essentiellement de la stratégie industrielle et de la rentabilité dégagée par l'activité avant tout financement,

– cette rentabilité doit être comparée à la rentabilité exigée par les marchés financiers qui sont indifférents (voire même hostiles) à toute politique de diversification, de financement par endettement, etc.

---

20. Voir également dans cette Encyclopédie l'article de G. Hirigoyen, « Stratégie et finance », p. 3064, tome 3.

Idéalement, pour les marchés financiers, le tissu industriel devrait être composé d'entreprises non diversifiées, n'exerçant leur activité au sein d'un secteur que lorsqu'elles apportent de la valeur ajoutée, sous-traitant tout le reste, et laissant ainsi à la toute-puissance des marchés financiers l'optimisation du financement global de l'industrie dans une optique de gestion de portefeuille[21].

2.1.2. Le point de vue des dirigeants

Le point de vue des dirigeants recoupe pour l'essentiel celui des actionnaires (surtout quand ils cumulent les deux positions) auquel s'ajoutent deux préoccupations.

– Les dirigeants, surtout d'entreprises à l'actionnariat éparpillé, ne considèrent plus les actionnaires que comme des bailleurs de fonds à qui il faut assurer une rentabilité minimale. Cela est d'autant plus aisé que le poids de l'entreprise est important et/ou que celle-ci est diversifiée.

– Plus son poids financier est important, moins l'entreprise est susceptible de faire l'objet d'une offre publique d'achat ou d'échange hostile, et plus le dirigeant est assuré de garder sa position.

Nous ne sommes pas sûrs que ces considérations soient étrangères aux pensées des dirigeants de nos grandes entreprises françaises… et à leurs difficultés actuelles.

2.2. Les objectifs et les critères de rentabilité

C'est en maximisant la rentabilité de l'entreprise compte tenu du risque que les actionnaires maximisent sa valeur et donc leur richesse[22]. Maximiser la rentabilité de l'entreprise ne veut pas dire maximiser un taux de rentabilité comptable, par exemple le rapport Bénéfice net/Capitaux propres.

Maximiser la rentabilité de l'entreprise signifie investir dans des projets au taux de rentabilité supérieur à l'exigence de rentabilité des pourvoyeurs de fonds (appelé aussi coût du capital).

2.2.1. L'insuffisance du taux de rentabilité comptable

Considérons ainsi, à titre d'exemple, une entreprise dont l'actif de 100 est entièrement financé par des capitaux propres[23]. Située dans un secteur hautement profitable, elle dégage un taux de rentabilité comptable Bénéfice net/Capitaux propres de 40.

Elle s'interroge sur des opportunités d'investissement. Doit-elle exiger un taux de rentabilité de 40 % de tout projet d'investissement ? Dans l'affirmative, il est peu probable qu'elle puisse en trouver qui répondent à cette exigence de rentabilité. Comment raisonner alors ?

---

21. Voir dans l'Encyclopédie des marchés financiers l'article de G. Charest, « Rendement, risque et portefeuilles ».

22. Voir dans cette Encyclopédie l'article de J.C. Van Horne, « Gestion financière et objectif de l'entreprise », p. 1564, tome 2.

23. Cela pour simplifier le raisonnement qui est exactement le même lorsque l'entreprise est financée en partie par capitaux propres et en partie par endettement.

Tableau 2 – Les 10 premières entreprises par leur capitalisation boursière au 31 décembre 1994

Etats-Unis		Japon		Allemagne	
General Electric	82 408	NTT	139 018	Allianz Holding	33 956
ATT	73 437	Toyota	76 570	Daimler-Benz	24 465
Exxon	71 381	Mitsubishi	71 738	Siemens	22 488
Coca-Cola	62 722	Industrial Bank of Japan	71 198	Deutsche Bank	20 672
Wal-mart Stores	53 742	Fuji	61 605	Veba	16 152
Philip Morris	53 053	Sumitomo	59 799	Bayer	15 420
Merck	44 866	Sanwa	57 279	Münchener Ruckversicherung	14 015
Procter and Gamble	40 804	Dai-ichi Kangyo	56 252	Hoechst	12 576
IBM	40 721	Sakura Bank	43 307	BASF	11 657
Du Pont de Nemours	39 465	Nomura	40 740	Dresdner Bank	11 160
France		**Suisse**		**Royaume-Uni**	
Elf Aquitaine	18 908	Roche Holding	44 990	Shell	37 042
LVMH	14 294	Nestlé	35 387	BT	36 270
Alcatel Alsthom	13 517	Union Bank of Switzerland	24 463	British Petroleum	35 083
Total	13 156	Sandoz	18 555	HSBC Holdings	29 088
L'Oréal	12 005	Ciba	15 784	Glaxo	28 582
Carrefour	10 159	CS Holding	13 762	BAT Industries	21 520
Générale des Eaux	9 926	Swiss Bank Corporation	10 636	British Gas	20 708
Saint-Gobain	9 669	Zurich Insurance	8 323	Hanson	18 792
Danone	9 511	Brown Boveri	7 541	Marks and Spencer	17 948
Air Liquide	8 808	Swiss Reinsurance	6 598	BTR	17 744

Unité : Million de dollars.

Source : *Financial Times*.

Cette entreprise dégage une rentabilité comptable de 40 %. Si ses actionnaires exigent une rentabilité minimale de 18 %, la valeur marchande de cette entreprise est de :

$$\frac{100 \times 40\ \%}{18\ \%} = 222$$ [24]

Un investissement de 50 dégage, pour un risque identique, une rentabilité de 20 %, l'exigence de rentabilité des actionnaires restant constante à 18 %.

On constate alors que :

Résultat sur investissement actuel :	100 × 40 % =	40
+ Résultat sur investissement engagé :	50 × 20 % =	10
= Résultat total		50

Soit une valeur de l'entreprise de $\frac{50}{18\ \%} = 278$

La valeur de l'entreprise s'est accrue de 56 (278 – 222), soit d'un montant supérieur à celui des fonds engagés (50). L'explication est simple : elle a investi dans des projets dont la rentabilité est supérieure à celle exigée par ses pourvoyeurs de fonds. Elle a donc pu les rémunérer et le surplus est venu augmenter sa valeur, et par là même la richesse des actionnaires. Il fallait donc investir. Cependant, le taux de rentabilité comptable $\frac{50}{150} = 33\ \%$ a baissé.

Considérons une autre entreprise, située dans un autre secteur. Elle aussi a financé entièrement par des capitaux propres[25] ses actifs de 100, mais elle ne dégage qu'une rentabilité comptable de 10 %. L'exigence de rentabilité de ses actionnaires étant, par exemple, de 15 %, sa valeur marchande est de : $\frac{10\ \% \times 100}{15\ \%} = 67$.

Elle examine un projet d'investissement de 50 qui dégage une rentabilité de 13 %. Doit-elle le réaliser ? L'exigence de rentabilité des actionnaires restant constante à 15 %, on constate que :

Résultat sur l'investissement actuel :	10 % × 100 =	10
+ Résultat sur l'investissement envisagé :	13 % × 50 =	6,5
= Résultat total		16,5

Soit une valeur de l'entreprise de $\frac{16{,}5}{15\ \%} = 110$

La valeur de l'entreprise s'est accrue de 43 (110 – 67), soit d'un montant inférieur à celui des fonds engagés (50). L'explication est simple. L'entreprise a investi dans un projet dont la rentabilité est inférieure à l'exigence de rentabilité

---

24. En supposant, pour simplifier, que cette entreprise puisse dégager à l'infini une rentabilité comptable de 40 %.

25. Toujours dans le souci de ne pas compliquer l'exemple, mais les conclusions seraient identiques dans le cas d'une entreprise endettée.

de ses pourvoyeurs de fonds (13 % contre 15 %). Elle ne pouvait donc pas rémunérer ses pourvoyeurs de fonds à 15 %. Il ne fallait pas réaliser cet investissement. Cependant, le taux de rentabilité comptable $\left(\frac{16{,}5}{150}\right) = 11\ \%$ s'est élevé.

Ces deux exemples montrent que la valeur de l'entreprise s'accroît d'un montant supérieur aux fonds investis, tant que la rentabilité des investissements est supérieure à celle exigée par les pourvoyeurs de fonds, compte tenu du risque. Ces derniers se sont donc enrichis. Lorsque, au contraire, la rentabilité des investissements est inférieure à celle exigée par les investisseurs, la valeur de l'entreprise s'accroît d'un montant inférieur aux fonds investis. Les pourvoyeurs de fonds se sont donc appauvris.

Maximiser la valeur de l'entreprise ne veut pas dire non plus maximiser la valeur comptable de ses capitaux propres ou de son actif net[26] ou, ce qui revient au même, l'actif net comptable par action. Dans chacun des exemples précédents, l'entreprise augmentait son actif net (de 100 à 150) et maintenait son actif net par action. Mais, dans le premier cas, la valeur marchande de ses actions augmentait alors que, dans le second, elle diminuait. L'actif net comptable ou l'actif net comptable par action ne sont donc pas des objectifs de maximisation de la richesse des actionnaires.

L'actif net comptable n'est que l'addition des bénéfices laissés à la disposition de l'entreprise par les actionnaires (bénéfices réinvestis) ou des apports qu'ils ont faits (augmentation de capital). L'actif net comptable résulte donc de la somme de valeurs historiques de dates différentes. Il n'a que peu d'intérêt pour la politique financière.

Pour maximiser sa valeur, l'entreprise doit investir dans des projets dont la rentabilité est supérieure à celle exigée de ses pourvoyeurs de fonds. Le taux de rentabilité comptable n'est en aucun cas un critère pertinent. Ce critère a un intérêt dans le contrôle et l'analyse financière. Il permet de comprendre le passé, mais il n'est en aucune manière un critère décisionnel. Plus précisément :

– en matière de décision d'investissement, exiger un taux de rentabilité comptable minimal revient à privilégier les investissements dont le « retour » est très éloigné ;

– en matière de structure financière, le taux de rentabilité comptable met en évidence l'effet de levier (voir *infra) ;*

– en matière d'appel aux actionnaires, il n'a aucun intérêt puisque celui-ci se fait sur la base de la valeur marchande (cours boursiers par exemple) ; de là le recours à un second critère : celui du bénéfice par action (BPA).

2.2.2. Intérêt et limite du bénéfice par action

Le bénéfice par action est le rapport du bénéfice net sur le nombre total d'actions de la société. La croissance du BPA est la traduction d'une saine politique d'investissement (investir dans des projets à rentabilité supérieure au coût du capital). C'est l'un des principaux objectifs poursuivis par les dirigeants.

26. L'actif net correspond aux capitaux propres sous déduction des dettes fiscales latentes et des actifs sans valeur (frais d'établissement, charges à répartir, charges constatées d'avance...).

Dans chacun des exemples précédents, le bénéfice net augmente. Cela ne saurait être un critère d'appréciation pertinent, puisque, dans notre second exemple, le bénéfice net s'accroît de 10 à 16,5, alors que les actionnaires s'appauvrissent de 7 (50 – 43). Il n'est pas difficile d'accroître le bénéfice d'une entreprise (il suffit de placer les nouveaux fonds à la Caisse d'Epargne !), encore faut-il que l'accroissement soit suffisant pour satisfaire l'exigence de rentabilité des actionnaires. Le bénéfice par action évite cet effet d'optique. Si, dans nos exemples, le capital de la société est de 100 actions, chaque action vaut 2,2 (222/100) dans la première situation, et 0,67 (67/100) dans la seconde. Pour lever 50 de capitaux propres, la société doit émettre 23 actions nouvelles dans la première hypothèse (50/2,2), et 75 dans la seconde (50/0,67). Dans la première situation, le BPA augmente de 0,4 (40/100) à 0,41 (50/100 + 23) alors que dans la seconde il tombe de 0,1 (10/100) à 0,094 (16,5/100 + 75).

L'évolution du BPA traduit donc, sans biais, le succès ou l'échec d'une politique, et par là l'enrichissement ou l'appauvrissement des actionnaires. Le cours de l'action ou sa valeur marchande est simplement obtenu en multipliant le BPA par le *Price Earning Ratio* (PER ou P/E) qui se définit comme le ratio du cours de l'action sur le BPA :

$$\text{BPA} \times \text{PER} = \text{cours de l'action.}$$

Le PER indique la cherté relative d'une action par rapport à ses bénéfices. Si telle action a un PER de 18, cela signifie que les investisseurs sont prêts à l'acheter 18 fois son bénéfice net par action, alors qu'ils ne seront disposés à payer telle autre que 9 fois son BPA. Les différents niveaux de PER qui peuvent être enregistrés sur telle ou telle action dépendent d'abord des perspectives de croissance du BPA (tableau 3). Plus les perspectives sont élevées, plus les investisseurs sont prêts à payer cher une valeur. Si mi-1987, l'Air Liquide se négociait à 19 fois son BPA contre seulement 7 fois pour l'UTA, c'est que les perspectives de croissance du groupe industriel étaient bien supérieures à celles du transporteur aérien (12 % contre 7 %). Bien sûr, moins les perspectives de croissance sont élevées, moins les investisseurs sont prêts à payer « cher » une valeur par rapport à ses bénéfices par action.

Outre les perspectives de croissance, un second facteur explicatif du niveau de PER est la « visibilité » des BPA, c'est-à-dire la capacité de prévoir avec plus ou moins de certitude les futurs BPA. Ainsi, Air Liquide et Galeries

Tableau 3 – PER et taux de croissance

Sociétés	PER	Taux de croissance	Risque de la prévision*
Lafarge Coppée	10	11 %	3
Poliet	12	13 %	3
Danone	14	10 %	2
Air Liquide	16	12 %	1
Galeries Lafayette	17	30 %	4
Carrefour	21	15 %	2
Sodexho	24	13 %	2
Canal Plus	24	19 %	4

* 1 : très faible risque d'erreur. 5 : très fort risque d'erreur.

Source : SAFE, juillet 1995.

Lafayette avaient, mi-1995, le même niveau de PER (16 à 17) malgré des perspectives de croissance de 12 % pour le premier contre 30 % pour le second. L'explication tient au risque de la prévision, très faible pour Air Liquide, relativement fort pour les Galeries Lafayette, ce qui suffit à compenser, dans l'esprit des investisseurs, les perspectives de croissance plus fortes pour les Galeries.

Comme l'illustre le graphique 1, le niveau du PER dépend aussi d'un facteur exogène à chaque société qui est le niveau des taux d'intérêt. Cette relation inverse entre le niveau des taux d'intérêt et celui des PER s'explique assez bien à partir du modèle simplifié suivant. Comme tout titre financier, une action est égale à la somme actualisée des flux de trésorerie qu'elle sécrète[27], soit :

$$\sum_{i=1}^{\infty} \frac{Fi}{(1+t)^i}$$

Pour une action, les flux sécrétés sont les dividendes que va toucher l'actionnaire. La valeur de l'action est alors égale à :

$$\sum_{i=1}^{\infty} \frac{\mathrm{DPA}i}{(1+t)^i}$$

où DPA est le dividende par action et t le taux de rentabilité exigé par les actionnaires. Normalement le dividende n'est pas constant au cours du temps. Globalement et sur longue période, il croît, en moyenne, d'un taux g. La valeur de l'action est alors égale à :

$$\mathrm{DPA0} \sum_{i=1}^{\infty} \frac{(1+g)^i}{(1+t)^i}$$

qui peut être simplifié en $\mathrm{DPA}_1/(t-g)$.

Graphique 1 – PER et taux d'intérêt

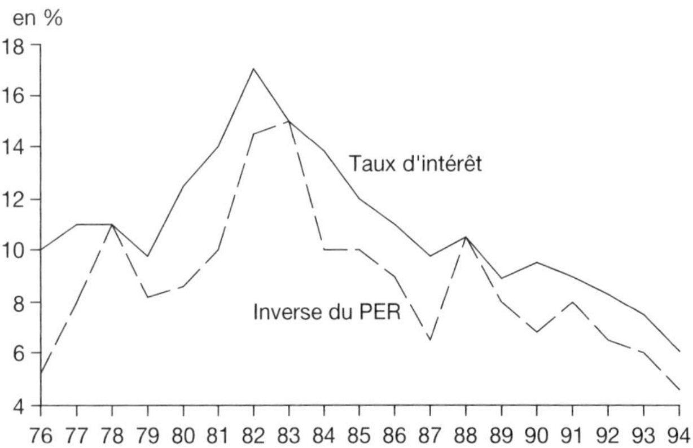

Source : SAFE.

27. Voir également dans l'Encyclopédie des marchés financiers l'article de D. Folus, « Actions : modélisation, évaluation, gestion ».

Sachant que DPA = $d \cdot$ BPA où d est le taux de distribution des bénéfices sous forme de dividendes, on a finalement :

$$\text{Valeur de l'action} = d \cdot \text{BPA}_1/(t-g)$$

Le PER est donc égal à :

$$\text{Cours/BPA}_1 = d \cdot \text{BPA}_1/(\text{BPA}_1(t-g)) = d/(t-g)$$

Lorsque les taux d'intérêt dans l'économie diminuent, les taux de rentabilité exigés par les actionnaires diminuent eux aussi[28], t diminuant, les PER augmentent, et inversement.

En résumé, pour maximiser la richesse de ses actionnaires, une entreprise doit investir dans des projets dont la rentabilité est supérieure à son coût du capital. Dans ces conditions, son BPA va croître. Pour aboutir au cours de l'action, le marché appliquera à ce BPA un multiplicateur, le PER, fonction des perspectives de croissance des BPA, de leur fiabilitié, et, plus généralement, du niveau des taux d'intérêt dans l'économie. On retrouve la valeur de la société en multipliant ce dernier par le nombre d'actions en circulation. Critère global d'appréciation de la valeur d'une société, le PER peut conduire à des excès à court terme. En effet, une baisse de BPA se répercute mécaniquement sur le cours de l'action, parfois même en étant amplifiée, si les investisseurs révisent à la baisse leurs prévisions de croissance des BPA, donc le niveau du PER. L'exacerbation du critère du BPA (surtout lorsque la société publie des résultats trimestriels) risque d'interdire une maximisation à long terme de la valorisation.

3. Les politiques financières de l'entreprise

La principale décision financière de l'entreprise est le choix d'une structure financière. De ce choix découlent les politiques de distribution, d'appel aux actionnaires et d'endettement.

3.1. *Le choix d'une structure financière*

La structure financière correspond au partage des ressources financières de l'entreprise entre les capitaux propres et l'endettement. Elle est souvent caricaturée par le rapport Endettement/Capitaux propres, appelé le levier financier. Le choix d'une structure financière est un choix fondamental, car il va directement déterminer la rentabilité et le risque pour l'actionnaire[29]. Pour nous en convaincre, prenons l'exemple de deux entreprises ayant les mêmes caractéristiques économiques : même secteur d'activité, même structure des coûts, même niveau d'activité (tableau 4). Toutes les deux ont des actifs économiques de 1 000 à partir desquels elles réalisent une rentabilité de

28. On démontre en effet que le taux de rentabilité exigé par les actionnaires pour un titre financier est égal au taux d'intérêt sans risque (le taux des bons du Trésor ou des obligations d'Etat) plus une prime de risque proportionnelle au risque du titre financier.

29. Voir également dans cette Encyclopédie l'article de M. Albouy, « Structure financière et coût du capital », p. 3129, tome 3.

Tableau 4

	Société *A*	Société *B*
Actif économique	1 000	1 000
Capitaux propres	1 000	600
Endettement	–	400
Bénéfice économique	30 % × 1 000 = 300	30 % × 1 000 = 300
Frais financiers	–	8 % × 400 = 32
Bénéfice avant impôt	300	300 – 32 = 268
Bénéfice net	300 × 66,7 % = 200	268 × 66,7 % = 179
Taux de rentabilité comptable ou rentabilité financière	200/1 000 = 20 %	179/600 = 30 %

30 %. La première, l'entreprise *A*, n'est pas du tout endettée ; la seconde, *B*, l'est à hauteur de 400 à 8 %. Le taux de l'impôt sur les sociétés (IS) est de 33,3 % (tableau 4). Remarquons d'abord que, réalisant le même bénéfice économique de 300, *A* et *B* ne réalisent pas le même bénéfice net ; cela est normal puisque *B* supporte des frais financiers contrairement à *A*. Notons ensuite que le taux de rentabilité comptable des capitaux de *B* est supérieur à celui de *A*, ce qui est encore normal. En effet, *B* investit les 400 empruntés dans son actif économique, ce qui lui donne un résultat économique de 30 % × 400 = 120 sur lequel *B* rémunère à 8 % ses créanciers, soit 32. Il reste donc un solde de 120 – 32 = 88, qui revient totalement aux actionnaires et qui s'ajoute au résultat économique de 180 (600 × 30 %) provenant de l'investissement des capitaux propres dans l'actif économique. Au total, le résultat qui revient aux actionnaires est de (180 + 88) × 66,7 % (IS) = 179 qui, rapporté à des capitaux propres de 600, donne un taux de rentabilité comptable de 30 %. Cette rentabilité supérieure s'explique uniquement par le fait que l'entreprise *B* a pu emprunter à un taux inférieur (8 %) au taux auquel elle a investi les fonds ainsi obtenus (30 %). Ce surplus revient aux actionnaires et majore la rentabilité comptable des capitaux propres. Ce surplus de rentabilité, dû à l'endettement, est appelé effet de levier. Mathématiquement, on a :

$$\begin{array}{c}\text{Rentabilité}\\\text{financière}\end{array} = \begin{array}{c}\text{Rentabilité}\\\text{économique}\\\text{après IS}\end{array} + \left(\begin{array}{c}\text{Rentabilité}\\\text{économique}\\\text{après IS}\end{array} - \begin{array}{c}\text{Coût}\\\text{de l'endettement}\\\text{après IS}\end{array}\right) \times \frac{\text{Endettement}}{\text{Capitaux propres}}$$

Soit, dans notre exemple :

$$30\ \% = 30\ \% \times 66{,}7\ \% + (30\ \% \times 66{,}7\ \% - 8\ \% \times 66{,}7\ \%) \times \frac{400}{600}$$

$$30\ \% = 20\ \% + (20\ \% - 5{,}4\ \%) \times \frac{400}{600}$$

L'effet de levier est d'autant plus important que l'écart entre la rentabilité économique et le coût de l'endettement est élevé ; il est d'autant plus élevé que l'endettement représente une part importante de la situation financière de l'entreprise. Ainsi, pour une entreprise *C*, avec un levier financier (rapport

Endettement/Capitaux propres) de 9, le résultat net ne serait que de 152 (contre 200 pour A), mais la rentabilité financière de 152 % (contre 20 %).

L'effet de levier modifie également les données par action (tableau 5). Le recours à l'endettement gonfle d'autant plus le bénéfice par action que la structure financière de l'entreprise est dégradée au profit de l'endettement. Cependant, les investisseurs ne sont pas atteints de myopie. Ils vont, en effet, exiger de la société un taux de rentabilité plus élevé, car l'augmentation de l'endettement reflète un risque plus important. Parallèlement, le PER appliqué par le marché financier aux bénéfices par action de la société décroît avec la montée de l'endettement, qui, en fragilisant l'entreprise, rend plus difficile et plus aléatoire la prévision de ses résultats futurs. Le choix d'une structure financière résultant d'une décision des actionnaires, on pourrait croire que ceux-ci favorisent systématiquement l'endettement aux dépens des capitaux propres, ce qui maximise la rentabilité financière comptable qui leur est servie et le bénéfice par action. En fait, il n'en est rien pour deux raisons.

Tableau 5

	Entreprise *A*	**Entreprise *B***	**Entreprise *C***
Bénéfice net	200	179	152
Nombre d'actions	100	60	10
Bénéfice par action	2	3	15,2
Valeur de marché de l'entreprise	1 500	1 500	1 500
Valeur de marché des capitaux propres	1500 – 0 = 1500	1500 – 400 = 1100	1500 – 900 = 600
PER	1500/200 = 7,5	1100/179 = 6,2	600/152 = 3,9
Rentabilité exigée par les actionnaires	200/1500 = 13,3 %	179/1100 = 16,3 %	152/600 = 25,3 %

Premièrement, comme nous l'avons évoqué, la maximisation d'un taux de rentabilité comptable ne saurait être un objectif pour un actionnaire.

Deuxièmement, l'élévation de la rentabilité financière s'accompagne aussi d'une élévation parallèle du risque de l'entreprise[30]. N'oublions pas, en effet, que les frais financiers sont des frais fixes. Plus l'entreprise est endettée, plus elle se rapproche de son point mort, et donc plus elle est risquée et sensible à un retournement de son activité. Si l'activité se retourne et si la rentabilité économique tombe par exemple à 4 %, *A* et *B* sont encore bénéficiaires, respectivement de 27 et de 8, alors que *C* est en perte de 32. Si la rentabilité économique tombe à 0 %, *A* ne fait pas encore de perte, alors que *B* est « dans le rouge » pour un montant de – 32, et *C* pour un montant de – 72.

L'effet de levier majore la rentabilité financière pour autant que la rentabilité économique est supérieure au coût de l'endettement. Dès que ce n'est plus le cas, soit que la rentabilité économique s'est affaissée, soit que les taux d'intérêt se sont élevés, soit que les deux phénomènes jouent à la fois, ce qui est fréquent en cas de retournement de conjoncture, l'effet de levier s'inverse.

30. Il n'y a malheureusement pas de miracle en finance !

La rentabilité financière de l'entreprise endettée devient inférieure à celle de l'entreprise non endettée, et l'entreprise peut être précipitée à sa perte comme l'illustrent les exemples du tableau 6 où les entreprises *A, B* et *C* supportent pendant trois ans une rentabilité économique de – 4 %. En effet, lorsque l'effet de levier s'inverse, un phénomène cumulatif s'instaure qui transforme les capitaux propres en véritable peau de chagrin, en raison des pertes qui s'accroissent chaque année sous le poids d'un endettement croissant. A un terme qui peut être rapproché, les capitaux propres disparaissent complètement et la société devient insolvable, c'est-à-dire incapable de rembourser ses créanciers en liquidant ses actifs[31]. La même conclusion se retrouve au niveau des BPA. Si l'endettement les gonfle lorsque l'effet de levier majore la rentabilité financière, au contraire, lorsqu'il s'inverse, la chute des BPA est accélérée d'autant plus fortement que l'endettement représente une part importante des ressources de l'entreprise. Si le recours à l'endettement accroît la rentabilité financière comptable, il accroît le risque de l'entreprise. Le choix d'une structure financière résulte d'un arbitrage entre plus de rentabilité et plus de risque, et moins de rentabilité et moins de risque. Le choix d'une structure financière est donc le choix d'un niveau de risque qu'acceptent de courir les actionnaires. C'est aussi une mesure de la capacité d'une entreprise à résister à une crise économique.

3.2. La politique de distribution

Pourquoi une entreprise verse-t-elle des dividendes ? C'est probablement, de nos jours, la question la plus discutée parmi les théoriciens de la finance[32].

M. Miller et F. Modigliani ont posé le problème en indiquant que l'actionnaire est probablement indifférent aux dividendes, car le bénéfice non versé aux actionnaires se traduit par une augmentation de la valeur de l'action. Moins l'entreprise distribue de dividendes, plus les plus-values de l'actionnaire sont importantes, et vice versa. Au total, son patrimoine n'est pas affecté.

Lorsque l'impôt est intégré au raisonnement, la conclusion est différente. La quasi-totalité des systèmes fiscaux dans le monde imposant plus lourdement les dividendes que les plus-values, les entreprises ne devraient donc pas verser de dividendes. Or, elles versent en moyenne 31 %[33] de leurs bénéfices à leurs actionnaires.

Différents auteurs ont avancé que le niveau de dividende est en fait un moyen pour les dirigeants d'une entreprise de signaler (théorie des signaux) au marché la situation de l'entreprise[34]. Pour un certain nombre de raisons, les dirigeants n'aiment pas réduire les dividendes versés aux actionnaires. Ils ne les augmenteront que si les perspectives de l'entreprise sont suffisamment bonnes pour qu'ils puissent être maintenus les années suivantes. Au

---

31. Au bout de trois ans, la société *A* possède encore des capitaux propres pour un montant de 917, alors que ceux de *C* sont négatifs de 133.

32. Voir également dans cette Encyclopédie l'article de R. Cobbaut, « Politique de dividende », p. 2302, tome 2.

33. Estimation en France, en 1994.

34. Voir également dans l'Encyclopédie des marchés financiers l'article de M. Albouy, « Signaux et prix des actions ».

Tableau 6

	Entreprise *A*				Entreprise *B*				Entreprise *C*			
	Année 0	**Année 1**	**Année 2**	**Année 3**	**Année 0**	**Année 1**	**Année 2**	**Année 3**	**Année 0**	**Année 1**	**Année 2**	**Année 3**
Actif économique	1 000	1 000	1 000	1 000	1 000	1 000	1 000	1 000	1 000	1 000	1 000	1 000
Capitaux propres	1 000	1 000	960	917	600	600	528	450	100	100	– 12	– 133
Endettement	0	0	40	83	400	400	472	550	900	900	1 012	1 133
Bénéfice économique	300	– 40	– 40	– 40	300	– 40	– 40	– 40	300	– 40	– 40	– 40
Frais financiers	0	0	3	7	32	32	38	44	72	72	81	91
Résultat net	200	– 40	– 43	– 47	179	– 72	– 78	– 84	152	– 112	– 121	– 131
Bénéfice par action	2,0	– 0,4	– 0,4	– 0,5	3,0	– 1,2	– 1,3	– 1,4	15,2	– 11,2	– 12,1	– 13,1
Rentabilité financière	20 %	– 4 %	– 5 %	– 5 %	30 %	– 12 %	– 15 %	– 19 %	152 %	– 112 %	ns	ns
Levier financier	0	0	0,04	0,09	0,67	0,67	0,89	1,22	9	9	ns	ns

ns : non significatif.

contraire, ils réduiront les dividendes s'ils pensent que les perspectives d'une amélioration rapide sont faibles. Ainsi, un changement, ou une absence de changement, de niveau des dividendes informe plus le marché sur les perspectives de l'entreprise qu'il ne pourrait le découvrir lui-même par ailleurs. Cette hypothèse expliquerait pourquoi, contrairement aux indications de la théorie classique, l'annonce d'une augmentation des dividendes entraîne souvent une augmentation du cours de l'action, alors que la nouvelle d'une réduction conduit à une baisse des cours : le marché intègre dans les cours une nouvelle information.

D'autres auteurs soutiennent, au contraire, qu'une augmentation des dividendes est une preuve de l'incapacité de l'entreprise à trouver des investissements suffisamment rentables ; elle préfère en conséquence distribuer des liquidités qu'elle ne peut plus investir à un taux satisfaisant. F. Black écrivait en 1976 : *What should corporation do about dividend policy ? We don't know.* Cette assertion est toujours d'actualité.

Pour notre part, nous pensons que les entreprises doivent avoir, pour accélérer la mobilité des capitaux, des taux de distribution élevés, quitte à procéder simultanément, si nécessaire, à une augmentation de capital que les actionnaires sont libres de suivre ou de ne pas suivre, en fonction de la rentabilité prévisionnelle des investissements de l'entreprise. Cette politique de distribution éviterait à certaines entreprises d'avoir un fort taux de rétention des bénéfices et d'investir ceux-ci dans des projets non rentables. Il ne faut cependant pas se cacher qu'une politique de distribution de l'intégralité du résultat présente un coût fiscal important pour les actionnaires. Une entreprise doit distribuer à ses actionnaires les disponibilités pour lesquelles elle ne trouve pas d'investissements dont la rentabilité est au moins égale à l'exigence de ses pourvoyeurs de fonds, sinon les actionnaires s'appauvrissent. L'exemple reproduit au tableau 7 illustre cette situation, l'entreprise réinvestissant tous ses bénéfices dans des projets à rentabilité nulle.

Tableau 7

Période	Actif net initial	Bénéfice net	Rentabilité financière	BPA	Valeur de l'entreprise
1	100	15	15 %	1,5	100
2	100 + 15 = 115	15	13 %	1,5	100
3	115 + 15 = 130	15	11,5 %	1,5	100
4	130 + 15 = 145	15	10,3 %	1,5	100

Chaque année, les actionnaires s'appauvrissent du montant des bénéfices réinvestis puisque ceux-ci n'entraînent aucune augmentation du BPA ni de la valeur marchande de l'entreprise qui restent stables. La société aurait mieux fait de distribuer l'intégralité de son bénéfice, sa valeur marchande aurait été la même, mais les actionnaires auraient touché 15 chaque année. Lorsque, au contraire, l'entreprise est capable d'investir dans des projets dont la rentabilité est supérieure à son coût du capital (par exemple à 20 % contre 15 %), on observe une croissance du BPA et de la valeur de l'entreprise (tableau 8).

Tableau 8

Période	Actif net initial	Bénéfice net	Rentabilité financière	BPA	Valeur de l'entreprise
1	100	15	15 %	1,5	100
2	115	18	15,7 %	1,8	120
3	133	21,6	16,2 %	2,2	144
4	154,6	25,9	16,8 %	2,6	173

La société pouvant réinvestir ses bénéfices dans des projets dont la rentabilité est supérieure au coût du capital, le BPA croît, et la valeur de la société augmente d'un montant supérieur aux bénéfices réinvestis.

A notre sens, une politique de distribution doit être déterminée par l'existence d'opportunités d'investissement satisfaisant l'exigence de rentabilité des actionnaires. Cela dit, la politique de distribution dépend de la structure de l'actionnariat et de sa décomposition entre actionnaires internes (qui travaillent dans l'entreprise) et actionnaires externes (qui n'y travaillent pas). Lorsque ces derniers représentent une fraction non négligeable de l'actionnariat, l'entreprise est dans l'obligation de pratiquer une politique de distribution active, faute de quoi ses actionnaires seront obligés de vendre progressivement leur participation pour suppléer au manque de revenus, ce qui, à terme, menace le contrôle de l'entreprise. Dans le secteur du champagne, secteur fortement patrimonial offrant des rendements faibles[35], de nombreuses familles ont ainsi été amenées à céder le contrôle de leur maison, suite à une diminution lente, mais régulière, de leur contrôle. La politique de distribution est mise en œuvre, soit :

– par le versement de dividendes (et parfois d'acomptes sur ces dividendes) en espèces ;

– par le versement de dividendes en espèces avec la possibilité pour les actionnaires de les réinvestir immédiatement en actions nouvelles de la société ;

– par la distribution de certains actifs, par la réduction de capital ou par le rachat et l'annulation d'actions.

Cette dernière technique, très fréquente aux Etats-Unis, a connu quelques exemples au Royaume-Uni (General Electric Plc, entre autres) et en France (Pernod Ricard, Imétal) sur le marché boursier. Parions que le problème fiscal résolu (coût prohibitif), elle va se développer en France au cours des prochaines années. Suite à cette opération, les principaux paramètres de l'entreprise évoluent de la manière suivante :

– l'actif net[36] diminue du montant des fonds utilisés à l'achat de ses actions ;

– l'actif net[37] par action s'accroît si le rachat des actions se fait à une valeur inférieure à la valeur d'actif net des actions ; il diminue dans le cas contraire ;

---

35. Et des espérances de plus-values importantes.
36. Consolidé en cas d'autocontrôle.
37. *Idem.*

– le bénéfice net[38] par action tend à augmenter, car le nombre de titres retenu pour son calcul est diminué du nombre des actions rachetées ; on doit cependant tenir compte du manque à gagner apparaissant au niveau des bénéfices, compte tenu de l'utilisation des fonds (diminution des produits financiers, par exemple).

Considérons ainsi une société au capital de 100 actions qui souhaite consacrer 80 au rachat de ses propres titres. Avant cette opération, ses principaux paramètres sont reproduits à la première ligne du tableau 9. Après l'opération, les paramètres sont modifiés et prennent les valeurs indiquées à la deuxième ligne du tableau 9. Si la valeur marchande de la société est de 1 600, les paramètres de la société sont modifiés en conséquence. Ils sont représentés à la troisième ligne du tableau 9. Après le rachat des actions, les paramètres de l'entreprise prennent de nouvelles valeurs reproduites à la quatrième ligne du tableau 9.

Tableau 9

Actif net réévalué	Valeur marchande	Bénéfice net	Actif net par action	Bénéfice net par action	Valeur marchande de l'action	PER
1 000	800	100	10	1	8	8
1 000 – 80 = 920	800 – 80 = 720	96*	920/90 = 10,2	1,07	8	7,5
1 000	1 600	100	10	1	16	16
1 000 – 80 = 920	1 600 – 80 = 1 520	96*	920/95 = 9,7	1,01	16	15,8

* Le financement à 10 % du rachat coûte après impôt 4.

Dans ces exemples, nous avons supposé que le cours de l'action restait stable après l'opération. Il n'est cependant pas rare qu'il augmente, l'entreprise signalant au marché qu'elle considère que ses actions constituent un bon investissement et soutenant elle-même la demande de titres. Ces deux exemples montrent que l'entreprise a d'autant plus intérêt à racheter ses propres actions que sa valeur marchande est inférieure à sa valeur comptable (actif net comptable). Une telle situation a d'autant plus de chances d'apparaître que le cours des actions est le moins cher possible. C'est, en effet, sous cette condition que le bénéfice par action et l'actif net par action progressent le plus fortement[39].

3.3. La politique d'appel aux actionnaires

La politique d'appel aux actionnaires (augmentation de capital) représente en quelque sorte l'inverse de la politique de distribution. L'entreprise recueille des fonds de ses actionnaires actuels ou de ses nouveaux actionnaires, en leur vendant des actions nouvelles. Les actions émises, en tous points assimilables

38. *Idem.*

39. Cette technique est aussi, aux Etats-Unis, un moyen pour les dirigeants de se protéger contre les offres publiques d'achat sauvages, en dégradant totalement la situation financière de l'entreprise par un rachat massif des actions à des prix très élevés, financé par endettement.

aux actions déjà existantes[40], sont vendues, au moins conceptuellement, à un prix égal à la valeur marchande des actions existantes[41].

L'analyse de l'augmentation de capital n'a d'intérêt que si elle entraîne une modification de l'actionnariat de la société, soit parce que certains actionnaires en profitent pour augmenter leur participation au détriment de certains autres, soit parce qu'elle permet l'entrée de nouveaux partenaires dans la société. Il y a en effet alors un partage des paramètres de l'entreprise : droit de vote, droit au dividende et actif net comptable entre les anciens et les nouveaux actionnaires. Si une société de valeur marchande 100 décide de réaliser une augmentation de capital pour lever 25 et que les actionnaires actuels ne suivent pas cette opération, leur part est réduite à 80 % (100/100 + 25) alors que les nouveaux actionnaires acquièrent des droits sur la société à hauteur de 20 %. Cette réduction des droits des actionnaires actuels, entraînée par l'augmentation de capital, est appelée dilution[42].

Etudions maintenant les conséquences de l'augmentation de capital sur les principaux paramètres de cette entreprise en supposant qu'elle ait un actif net comptable de 100, mais que sa valeur marchande soit 50, 100 ou 200 (tableau 10).

Tableau 10

Valeur marchande avant l'augmentation de capital	Actif net comptable	Pourcentage des anciens actionnaires en nombre d'actions	Pourcentage des nouveaux actionnaires en nombre d'actions	BPA*
50	100	67 %	33 %	0,17
100	100	80 %	20 %	0,2
200	100	89 %	11 %	0,22

* Bénéfice de 10 et capital correspondant à 40 actions avant l'opération, soit un BPA de 0,25 avant l'opération.

Plus la valeur marchande de l'entreprise est élevée, plus la dilution des anciens actionnaires et du BPA est faible. Ce résultat est tout à fait normal, car plus la valeur marchande de la société est élevée, moins l'entreprise a besoin d'émettre d'actions pour lever une même somme (ici 25). Les actionnaires ont donc tout intérêt à réaliser une augmentation de capital lorsque la valeur

40. Sauf, parfois, et pour le premier exercice uniquement, le droit au dividende, en fonction de la date de jouissance des actions nouvelles.

41. En France, la pratique, bien que battue en brèche, veut que souvent les actions nouvelles soient émises avec une décote de l'ordre de 20 à 30 % par rapport au prix des actions existantes. Cependant, l'existence de droits de souscription au profit des actionnaires actuels rétablit l'équilibre du prix d'émission avec la valeur marchande.

42. Techniquement, la dilution est égale à :

$$\frac{\text{Produit de l'augmentation du capital}}{\begin{array}{c}\text{Valeur marchande}\\ \text{de la société avant}\\ \text{l'augmentation du capital}\end{array} + \begin{array}{c}\text{Produit}\\ \text{de l'augmentation}\\ \text{de capital}\end{array}}$$

marchande de la société est très élevée. C'est en effet dans ces conditions que, pour une même levée de fonds, leur participation est la moins réduite. Au demeurant, créant moins d'actions, l'entreprise aura à verser ultérieurement moins de dividendes que si l'augmentation de capital avait été réalisée à une valeur marchande plus proche de l'actif net comptable. Enfin, dernier argument, dans la troisième situation, les nouveaux actionnaires qui apportent 20 % de l'actif net comptable doivent se contenter de 11 % des actions. C'est pour les anciens actionnaires la concrétisation d'une brillante situation, et pour les nouveaux actionnaires le « ticket d'entrée » dans une entreprise rentable et performante (valeur marchande > valeur comptable). Au contraire, dans la première situation, les nouveaux actionnaires qui n'apportent que 20 % de l'actif net comptable reçoivent 33 % des actions. C'est pour les anciens actionnaires la sanction d'une faible rentabilité, inférieure à leur exigence puisque la valeur marchande est inférieure à la valeur comptable.

Supposons maintenant (tableau 11) que l'entreprise ait une valeur marchande de 100, mais que son actif net comptable soit de 50, 100, ou 200. Etudions les conséquences d'une augmentation de capital de 25 sur ses différents paramètres.

Tableau 11

Valeur marchande avant l'augmentation de capital	100	100	100
Actif net comptable	50	100	200
Augmentation de capital	25	25	25
Actif net comptable après l'augmentation de capital	75 (+ 50 %)	125 (+ 25 %)	225 (+ 12,5 %)
Actif net comptable par action avant l'augmentation de capital	1,25	2,5	5
Actif net comptable par action après l'augmentation de capital	1,5 (+ 20 %)	2,5 (+ 0 %)	4,5 (– 10 %)

Pour un même montant de fonds levé, l'actif net comptable croît d'autant plus que la valeur marchande de l'entreprise est supérieure à la valeur comptable. Dans la première situation, les moyens financiers de l'entreprise (capitaux propres et endettement) croîtront de 50 %, alors que dans la troisième situation, ils ne croissent que de 12,5 %... Par ailleurs, dans la première hypothèse (actif net comptable inférieur à la valeur marchande), l'actif net par action augmente lorsque l'entreprise procède à une augmentation de capital, alors qu'il diminue lorsque l'entreprise réalise une augmentation de capital avec un actif net comptable supérieur à sa valeur marchande.

Dans la pratique, l'augmentation de capital nécessite l'accord des actionnaires réunis en assemblée générale extraordinaire (AGE), puis la réunion du conseil d'administration et diverses formalités. Ces contraintes peuvent rendre l'opération relativement lourde et lente à mener. Aussi certains conseils d'administration demandent-ils par avance à leurs actionnaires réunis en AGE le pouvoir de procéder à des augmentations de capital, dans les limites d'un montant maximal et d'une période préalablement fixés, pour pouvoir agir avec rapidité le moment choisi.

3.4. La politique d'endettement

Une fois défini le montant global d'endettement à partir du choix d'une structure financière, la politique d'endettement résulte d'un arbitrage entre un risque de liquidité et de transformation, d'une part, et un risque de taux, d'autre part.

3.4.1. Le choix d'un risque de liquidité et d'un risque de transformation

Le risque de transformation provient d'un décalage entre la durée des emplois de l'entreprise et celle de ses ressources. Autrement dit, il provient d'une rotation des passifs plus rapide que celle des actifs, soit en raison du cycle d'exploitation ou de production, soit en raison d'une différence entre les rythmes de remboursement des crédits et d'amortissement des actifs. Le risque de transformation apparaît donc lorsque l'entreprise s'endette sur une période plus courte que les emplois qu'elle va ainsi financer. A l'échéance de cet endettement, elle devra trouver des ressources (c'est le risque de liquidité), à un coût incertain.

Le risque de transformation (ou de liquidité) doit être distinct du risque de taux, dans la mesure où il est possible de s'endetter à long terme (« long ») mais à taux variable, ou de s'endetter à long terme et d'acheter des produits financiers (swaps) permettant de transformer le risque.

3.4.2. Le risque de taux d'intérêt

Pour reprendre C. Lubochinsky[43], « le risque de taux d'intérêt est le risque de réaliser une moins-value sur un titre ou de subir un coût supplémentaire – effectif ou d'opportunité – sur une opération de prêt ou d'emprunt ».

Considérons une entreprise qui s'est endettée de 100, à taux fixe pour être sûre de ses coûts (pense-t-elle). Parallèlement, elle possède des disponibilités de 20 qu'elle place à taux variable pour éviter tout risque de perte en capital si elle devait les réaliser rapidement. La conjonction de ces deux décisions, qui individuellement semblent très prudentes, donne la position la plus exposée qui soit aux variations des taux d'intérêt. En effet, lorsque les taux d'intérêt baissent de 1 %, l'entreprise perd 1 sur son passif. Que notre lecteur ne se laisse pas abuser par la comptabilité française, qui ne constate d'aucune façon cette perte d'opportunité, mais qu'il réfléchisse à la position de l'entreprise par rapport à celle de ses concurrents endettés à taux variables ; il comprendra bien vite qu'elle a alors des coûts supérieurs de 1. Le même raisonnement met en évidence une perte de 0,2 au niveau des disponibilités, soit au total 1,2. Lorsque, au contraire, les taux d'intérêt montent de 1 %, l'entreprise réalise un gain de 1,2. L'entreprise est donc dans une position risquée. Une entreprise qui doit s'endetter ou placer dans un futur proche est, elle aussi, en position risquée (hausse des taux dans le premier cas, baisse des taux dans le second).

Pour faire face au risque de taux, un certain nombre de techniques de protection ont été développées. Elles permettent de dissocier la gestion du risque de liquidité de la gestion du risque de taux. L'entreprise peut ainsi

43. C. Lubochinski, *Les taux d'intérêt*, Paris, Dalloz, 1987.

s'endetter à taux variable aujourd'hui auprès d'une banque, et se protéger demain contre une variation des taux sur un marché ou auprès d'une autre banque. De même, elle peut fixer dès à présent la rentabilité d'un placement futur (ou un taux minimal, ou un taux maximal) avec un intermédiaire, et placer auprès d'un autre ou sur un marché. Ces techniques peuvent être divisées en deux catégories selon qu'elles fixent un taux d'intérêt, ou qu'elles fixent simplement un taux plancher ou un taux plafond.

3.4.2.1. Les techniques fixant un taux d'intérêt

Les techniques qui fixent un taux sont les FRA *(Forward Rate Agreements)*, les opérations sur marché à terme boursier ou les swaps. Soit une entreprise endettée à taux variable pour un montant de 100. Le taux actuel du marché est de 10 %. L'entreprise craint une montée des taux et souhaite s'en protéger. Elle passe un contrat de FRA avec un intermédiaire qui lui garantit, par exemple, un taux de 10,1 %. Si, à l'échéance déterminée, le taux d'intérêt du marché dépasse 10,1 %, la banque verse à l'entreprise la différence entre 10,1 % et le taux de marché, appliquée au montant de l'emprunt (100, ici).

Pour se protéger, l'entreprise peut aussi intervenir sur un marché à terme d'instruments financiers comme le MATIF parisien[44]. Craignant une montée des taux, elle vend des contrats. Si la hausse des taux se concrétise, le cours des contrats baisse. L'entreprise rachète alors les contrats à un prix inférieur à celui auquel elle les a vendus et réalise une plus-value qui compense le surcoût sur son emprunt à taux variable. A l'inverse, si les taux d'intérêt baissent, l'entreprise est obligée, pour dénouer sa position, de racheter les contrats à un cours supérieur au cours auquel elle les a vendus (puisque les taux ont baissé). Elle enregistre une moins-value qui s'impute sur le gain résultant de la baisse de ses frais financiers. Bien sûr, le nombre de contrats à vendre (ou à acheter pour une entreprise qui a des actifs à protéger) est déterminé de manière à lui assurer une couverture optimale.

Enfin, l'entreprise endettée à taux variable peut se protéger en passant un contrat de swap avec une banque[45]. Cette dernière s'engage à lui verser, à des dates prédéfinies, les intérêts qu'elle devra sur sa dette à taux variable, l'entreprise s'engageant, en contrepartie, à verser à la banque des intérêts à taux fixe (10,1 % par exemple) sur le même montant (100). Il y a donc échange (swap) des flux d'intérêt (l'un à taux fixe, l'autre à taux variable) entre la banque et l'entreprise.

Dans ces trois cas de figure, l'entreprise est protégée contre le risque de variation du coût de son endettement. Bien qu'elle continue à rémunérer son emprunt initial à taux variable, les opérations auxquelles elle s'est livrée reviennent à lui faire adopter une position à taux fixe (10,1 %). Protégée à la hausse, elle ne bénéficie cependant pas d'une baisse des taux d'intérêt.

---

44. Voir dans l'Encyclopédie des marchés financiers les articles de J.L. Alexandre, « Marchés à terme de taux d'intérêt » et de J.P. Daloz, « Marchés à terme de taux d'intérêt et gestion de la base ».

45. Voir dans l'Encyclopédie des marchés financiers l'article de V. Lauwick, I. de Dinechin, C. Lorin et P. Gourmet, « Instruments de gestion du risque de taux ».

3.4.2.2. Les techniques fixant un taux plancher ou un taux plafond

Les techniques qui, au lieu de fixer un taux, établissent un taux plancher ou un taux plafond permettent à l'entreprise de bénéficier d'une évolution des taux qui lui est favorable. *Les floors,* les *caps* et les options se rangent dans cette catégorie de produits.

Soit une entreprise qui place 100 à taux variable. Son risque est, bien sûr, celui d'une baisse des taux d'intérêt. Pour s'en prémunir, elle passe un contrat de *floor* avec un intermédiaire qui lui garantit un taux plancher sur son placement, par exemple 8 %, pour une durée déterminée. Si les taux du marché tombent en dessous de 8 %, l'intermédiaire verse à l'entreprise la différence entre 8 % et le taux du marché. Celle-ci bénéficie donc sur son placement d'une rentabilité de 8 %. Si, en revanche, les taux du marché se situent à un niveau supérieur à 8 %, il ne se produit aucun flux entre l'entreprise et l'intermédiaire (contrairement à un contrat de FRA). L'entreprise peut donc bénéficier de la totalité de la hausse des taux d'intérêt. En contrepartie, elle doit verser à l'intermédiaire qui lui offre cette couverture une prime, fonction du taux garanti par rapport au taux de marché au moment de la conclusion du contrat[46].

Si l'entreprise était endettée à taux variable ou si elle prévoyait de le faire, elle aurait pu passer un contrat de *cap* qui lui aurait garanti un taux plafond pour son endettement, moyennant le paiement d'une prime à celui qui lui offre cette couverture. L'entreprise aurait pu aussi acheter (moyennant le paiement d'une prime) une option avec un prix d'exercice de 8 % par exemple. Si les taux d'intérêt tombent en dessous de 8 %, l'entreprise exerce son option, et l'intermédiaire lui verse la différence entre 8 % et le taux de marché. Celle-ci bénéficie donc sur son placement d'une rentabilité de 8 %. Si, au contraire, les taux d'intérêt se situent à un niveau supérieur à 8 %, l'entreprise abandonne son option et bénéficie de la hausse des taux d'intérêt.

*

* *

Le lecteur qui cherchait une définition de la politique financière dans cette contribution sera probablement déçu. Notre propos a été, en effet, de montrer le chemin étroit de l'élaboration de la politique financière, compte tenu de son cadre et de ses critères. Si nous voulions apporter un peu plus de confusion à notre lecteur, nous dirions qu'une bonne politique financière est en définitive celle qui conduit à choisir le bon moment pour faire ses opérations financières ou industrielles. Mais cela relève de l'art ou du génie et non pas de la théorie.

---

46. Voir également dans l'Encyclopédie des marchés financiers l'article de J.C. Augros, « Options de taux d'intérêt ».

Références

BLACK F., SCHOLES M., « The Valuation of Option Contracts and a Test of Market Efficiency », *Journal of Finance* (n° 27, 1972).

BREALEY R., MYERS S., *Principles of Corporate Finance,* New York, McGraw-Hill, 1991.

COPELAND Th. E., WESTON J.F., *Financial Theory and Corporate Policy,* 3e éd., Addison Wesley, 1988.

HICKS J.R., *The Crisis in Keynesian Economics,* Oxford, Basil Blackwell, 1974.

JENSEN M., « The Agency Costs of Free Cash Flow : Corporate Finance and Takeovers », *American Economic Review* (May 1986).

JENSEN M., MECKLING H., « Theory of the Firm : Managerial Behavior, Agency Costs and Ownership Structure », *Journal of Financial Economics* (vol. 3, 1976).

MILLER M., « Debt and Taxes », *Journal of Finance* (May 1977), p. 261-275.

MODIGLIANI F., MILLER M., « The Cost of Capital, Corporate Finance and the Theory of Investment », *American Economic Review* (June 1958), p. 261-297.

VERNIMMEN P., *Finance d'entreprise*, 6e éd., Paris, Dalloz, 1994.

Mots clés

Actif net, actionnariat, augmentation de capital, bénéfice par action (BPA), cap, contrats à terme boursiers, croissance externe, croissance interne, dilution, directeur financier, diversification, dividende, économie d'endettement, économie de marchés financiers, effet de levier, FRA, levier financier, MATIF, Modigliani-Miller, objectifs de la politique financière, option, point mort, politique d'endettement, politique de distribution, politique industrielle, *price earning ratio* (PER), rachat d'actions, risque de liquidité, risque de taux d'intérêt, risque de transformation, risque industriel, structure financière, swap, taux de croissance interne, taux de rentabilité comptable, théorie des droits de propriété.

Politique de prix

Hermann Simon, Stefan Böttcher et Regine Kalka

Le prix constitue l'un des éléments stratégiques les plus importants du marketing. Depuis plusieurs années en effet, face au renforcement de la situation concurrentielle et aux guerres de prix provoquées par l'entrée de nouveaux concurrents, l'intérêt pour les décisions de prix n'a cessé de croître. Au cours de ces dernières années, de nouvelles méthodes de fixation des prix, plus aptes à l'application pratique des principes théoriques classiques, ont été mises au point.

L'objectif de cet article est l'étude de l'exploitation des potentiels de profit par une approche plus professionnelle de la fixation des prix, utilisant au mieux les résultats théoriques. A cet effet, nous présentons une synthèse de concepts théoriques et de méthodes, illustrée par de nombreux exemples d'application.

1. L'importance du prix dans la stratégie concurrentielle

Le prix est une variable stratégique de l'entreprise. Il reflète à la fois l'utilité perçue par le client à l'égard du produit et la structure des coûts de l'entreprise. Par rapport aux autres variables d'action commerciale, le prix bénéficie de mesures plus fiables. De plus, les variations de prix ont l'avantage d'une grande souplesse de mise en œuvre.

1.1. Les relations entre le prix, la concurrence et l'utilité du client

Afin de percevoir la signification et la portée des décisions de prix, il est nécessaire d'avoir une vue globale et systématique de la situation des entreprises sur les marchés. Pour l'entreprise, le prix ne représente *a priori* qu'un paramètre d'action du marketing-mix[1]. La difficulté d'une action stratégique réside dans le fait que les instruments utilisés doivent s'adapter les uns aux autres et s'harmoniser dans un contexte commercial donné.

---

1. Voir également dans cette Encyclopédie l'article de M. Filser, « Marketing-mix », p. 1903, tome 2.

Cette situation d'interdépendance subsiste, si l'on se situe par rapport au client. Ainsi, pour ce dernier, le prix n'est pas un facteur isolé de la décision d'achat. Celle-ci repose sur une comparaison entre le prix et la satisfaction des besoins procurée par le produit. Si l'on analyse les facteurs de satisfaction, on s'aperçoit que la décision d'achat n'est pas uniquement fondée sur les caractéristiques propres du produit. Le client y inclut des facteurs supplémentaires, tels que les prestations de service, l'image d'une entreprise et bien d'autres critères. Tous les facteurs contribuant à la décision d'achat (le prix et la satisfaction du client) sont assimilés à l'utilité perçue.

En tenant compte de facteurs n'affectant pas directement le produit, on distingue une relation immédiate entre le produit, c'est-à-dire ses caractéristiques propres, et le prix, et une relation indirecte entre le prix et ce que nous appelons les composantes immatérielles d'un produit, comme les prestations de service ou l'image d'une entreprise.

Schéma 1 – Le prix et le marketing-mix

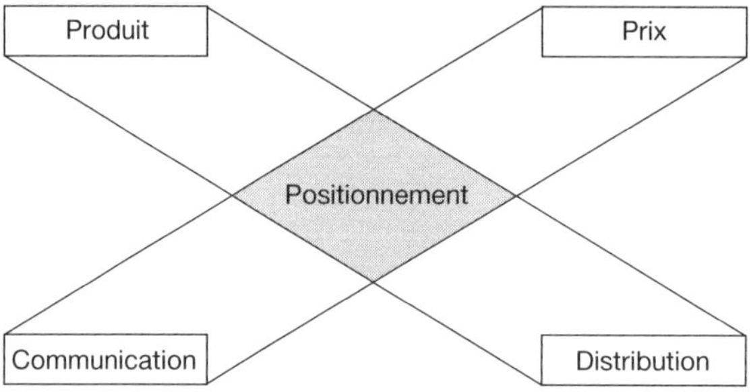

La règle de décision d'achat s'exprime simplement. Si plusieurs choix sont possibles, le client sélectionne l'offre dont il perçoit la plus grande utilité nette perçue. Celle-ci est définie par la relation :

Utilité nette perçue = Utilité perçue – Prix

Les décisions de prix doivent traduire, d'une part, les liens qui existent entre le prix et le marketing-mix et, d'autre part, les relations quantifiées entre les divers éléments du marketing-mix et l'utilité perçue. On distingue à cet égard deux options stratégiques pour la fixation du prix.

– Une entreprise peut tenter d'augmenter le niveau d'utilité perçue par le client. En supposant que cet objectif soit réalisable avec les instruments dont elle dispose, un prix plus élevé peut être fixé, car le client accepte de payer plus cher si le produit bénéficie d'avantages le plaçant au-dessus de produits similaires sur le marché.

– Une entreprise peut choisir d'établir un niveau d'utilité perçue comparable à celui de la concurrence. Dans ce cas, une augmentation de prix n'est pas judicieuse et le gain d'un avantage concurrentiel ne peut être envisagé que par une réduction des coûts.

Quelle que soit l'option stratégique adoptée, l'entreprise doit toujours se situer par rapport à la concurrence. L'utilité d'un produit et son prix font l'objet d'une comparaison systématique avec ceux des concurrents. Ainsi, on peut dire que la politique de prix dépasse largement la seule dimension du prix. Celui-ci reflète les forces et les faiblesses d'une entreprise et de ses produits.

1.2. La position stratégique du prix

Comparé aux autres instruments du marketing, le prix se caractérise par des particularités stratégiques.

– L'élasticité du prix des produits de consommation courante, c'est-à-dire l'effet d'une variation relative du prix sur les ventes ou sur les parts de marché, est en moyenne vingt fois supérieure à l'élasticité de la publicité (J.J. Lambin, 1976). Pour les produits industriels, la différence est plus grande encore.

– Des mesures de prix peuvent être prises en très peu de temps, alors que la mise en place de stratégies de communication ou de produit demandent des délais relativement longs. Il faut cependant tenir compte des réactions probables des concurrents qui bénéficient des mêmes conditions et peuvent surenchérir sur les actions prises. Pour cette raison, l'avantage procuré par une politique unilatérale de prix n'est pas en général durable. Dans la plupart des cas, des efforts considérables de réduction de coûts doivent accompagner une augmentation de prix, afin d'empêcher la concurrence de suivre.

– Sur certains marchés, la demande réagit plus vite aux variations de prix qu'aux modifications d'autres variables commerciales. La rapidité des effets produits s'ajoute alors à l'avantage de délais rapides de mise en œuvre.

– Le prix est le seul instrument de marketing qui ne nécessite pas d'investissements et de dépenses préalables. Ainsi, même soumis à des contraintes financières et commerciales (entreprises jeunes, produits nouveaux), il est possible d'optimiser le prix. En revanche, des optimisations au niveau de la publicité, de la force de vente ou de la recherche de produits nouveaux sont plus complexes à mettre en œuvre. En ce qui concerne ces derniers instruments du marketing-mix, il faut de plus tenir compte d'un écart de temps non négligeable entre les dépenses (la mise en œuvre) et les revenus (les résultats).

1.3. La signification du prix dans le marketing-mix

L'importance du prix dans le marketing-mix ne cesse de s'affirmer depuis quelques années. Cet état de fait exerce une forte pression sur les gestionnaires, comme le montrent les résultats d'une enquête réalisée au cours de nombreux séminaires avec des cadres du marketing (tableau 1).

Si nous comparons les réponses à une étude similaire de 1987 (H. Simon, 1989), l'importance du prix a encore augmenté. Les prix atteignaient le sixième rang d'importance dans les années 1970 (R.A. Robicheaux, 1976). Depuis lors, le poids donné au prix n'a cessé de croître. Il semble que la progression de l'urgence des décisions de prix soit liée aux facteurs économiques suivants.

– Le taux d'inflation élevé des années 1975 à 1983 et la vague d'inflation plus légère qui s'était manifestée dans certains pays au début des années 1990

Tableau 1 – Echelle des préoccupations des directeurs de marketing

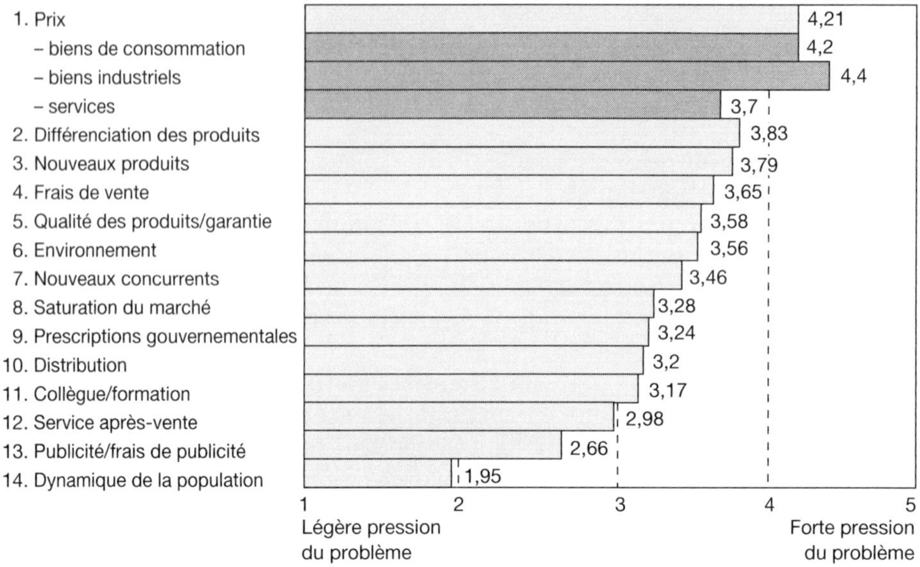

Source : Hermann Simon, Université de Mayence, Allemagne, 1993.

ont développé la prise de conscience de l'importance du prix chez de très nombreux consommateurs. Celle-ci s'est maintenue au fil des années, même à la suite de périodes de stabilisation ou de baisse de l'inflation.

– Leur pouvoir d'achat diminuant en période d'inflation et de stagnation, les consommateurs se sont orientés vers des produits et des canaux de distribution moins onéreux.

– La saturation et les surcapacités de production ont provoqué des guerres de prix entre les concurrents et l'élimination de nombre d'entre eux sur divers marchés.

– Les distributeurs de produits libres nouvellement arrivés sur les marchés adoptent en général des politiques de prix agressives pour gagner des parts de marché.

– L'internationalisation des marchés et l'arrivée de nouveaux producteurs en Asie et en Europe de l'Est ont accru l'offre de produits ayant des coûts de production extrêmement bas. Il en résulte un dumping qui oblige les concurrents à s'aligner sur les prix les plus bas. Tel est le cas des fabricants d'ordinateurs personnels compatibles avec IBM ou de l'industrie automobile occidentale, menacée par l'entrée des producteurs coréens.

Une atténuation de la pression concurrentielle et de l'influence du prix sur les marchés est peu probable dans les années à venir. Parallèlement une différenciation des produits au moyen d'un rehaussement de la qualité perçue devient de plus en plus difficile à réaliser. Dans ces circonstances, l'intérêt du prix en tant que stimulant de la demande ne peut que s'intensifier.

L'acuité du problème que pose la fixation du prix devrait normalement inciter les entreprises à mieux analyser et à mieux sonder les zones de liberté de prix, là où elles subsistent. Cependant, nous constatons régulièrement, dans l'analyse de nombreuses expériences d'entreprises, que les potentiels de profit existants ne sont pas entièrement reconnus et exploités.

En général, les règles de bon sens ou l'intuition prédominent sur les bases plus théoriques de décision de prix. Quelques-unes des stratégies fondamentales les plus utilisées sont l'alignement, l'adaptation ou la fixation du prix par le calcul du *cost-plus* (S. Wied-Nebbeling, 1985).

Lorsqu'on examine les ressources financières, humaines et de temps engagées en moyenne dans l'analyse de la situation des entreprises et dans la décision de prix, il est étonnant de constater leur faible volume, comparé à leur potentiel de profit. Par ailleurs, certains dirigeants témoignent d'une connaissance assez vague des rapports structurels entre le prix et le profit. Ainsi avons-nous interrogé, au cours des dernières années, quelques centaines de managers à ce sujet en les priant de donner une réponse spontanée. Environ 65 % d'entre eux étaient persuadés qu'une hausse de prix se traduisait automatiquement par une augmentation de profit, 20 % étaient plus réservés sur cette question et seulement 15 % connaissaient les rapports structurels existant entre le prix et le profit.

2. L'optimisation du prix

La fixation d'un niveau de prix optimal suppose de définir, au préalable, les objectifs et de connaître les données de l'entreprise et de son environnement, afin de choisir les meilleures tactiques.

2.1. Les facteurs déterminants du prix optimal

Parmi les composantes essentielles de l'évaluation du prix optimal, on trouve, en plus des objectifs généraux de l'entreprise, l'effet du prix sur les quantités vendues et les parts de marché ainsi que sur les coûts.

On distingue une évaluation statique dans laquelle la dimension du temps n'intervient pas (tous les facteurs sont considérés sur une seule et même période) et une évaluation dynamique, dans laquelle plusieurs périodes sont retenues.

En plus de ceux déjà cités, on pourrait envisager d'autres facteurs stratégiques, comme le taux d'utilisation de la capacité de production ou certains aspects de la gamme, c'est-à-dire de la politique de produit. Ces derniers facteurs ont pour inconvénient d'être difficilement quantifiables et de ce fait mal adaptés à une formulation analytique telle que le suppose une optimisation.

2.2. La définition des objectifs

Une définition claire et univoque des objectifs est une condition nécessaire à toute décision rationnelle en matière de prix. Ce principe, quoique trivial en apparence, n'est pas simple à mettre en œuvre. En fait, il n'existe pas de règles formelles pour définir les objectifs de manière précise sur un modèle flexible et adaptable. Une formulation imprécise ne permet pas de mettre en évidence les objectifs implicites et éventuellement conflictuels.

Une formulation adéquate doit tenir compte d'une évolution probable des objectifs et de leur importance relative dans le temps.

La théorie de l'optimisation du prix réduit les objectifs de l'entreprise à la maximisation (à court terme) du profit. A partir de cet unique objectif, la théorie permet de dériver les valeurs optimales des grandeurs à évaluer.

Dans un premier temps, nous allons nous limiter à la maximisation du profit à court terme (analyse statique). Elle sert de base à une analyse à long terme qui prédomine dans la pratique (S. Wied-Nebbeling, 1985).

Soit la fonction d'objectif correspondant à la maximisation du profit :

$$G = p \cdot q(p, p') - C(q), \qquad [1]$$

avec
G : le profit de la période considérée,
p : le prix unitaire,
p' : le prix unitaire moyen de la concurrence,
q : la quantité,
C : le coût.

2.3. La structure de la décision de prix

Le schéma 2 représente l'optimisation du prix. Nous supposons que les autres paramètres stratégiques sont constants. Les flèches en pointillé désignent les relations dites de comportement.

La construction de la courbe « prix-réponse » précède l'optimisation du prix. A cet effet, l'entreprise doit recueillir au préalable les informations permettant de quantifier l'effet de son propre prix et de celui de la concurrence sur ses ventes et sa part de marché.

La fonction de prix-réponse revêt la forme suivante :

$$q = q(p, p') \qquad [2]$$

Schéma 2 – L'optimisation du prix dans une perspective systématique

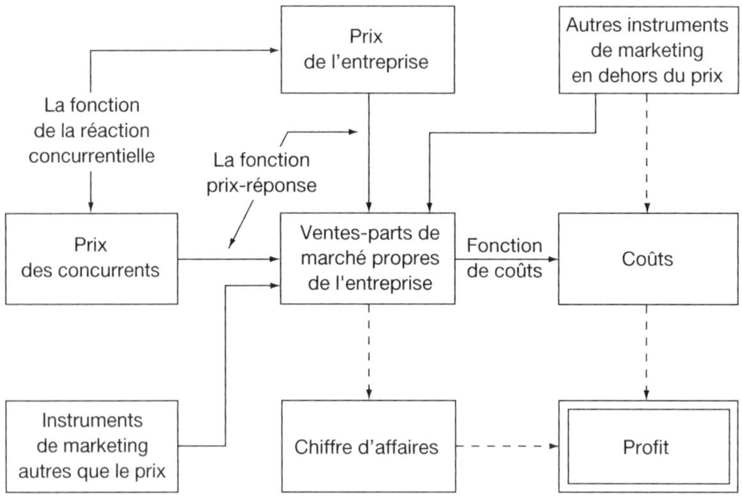

Les prix des concurrents sont représentés par une moyenne des prix pondérée par les parts de marché respectives (p').

L'élasticité-prix, définie par le rapport

$$\frac{\text{Pourcentage de variation des ventes}}{\text{Pourcentage de variation du prix}}$$

est une mesure courante de l'effet de la variation du prix sur les ventes. C'est sur sa base que l'on détermine le prix optimal.

L'objectif d'entreprises en situation concurrentielle s'exprime par la maximisation du profit sous la contrainte de la concurrence. Les réactions de la concurrence contre une variation de prix jouent un rôle important, surtout dans les marchés de nature oligopolistique.

La fonction des coûts du graphique 1 est de la forme :

$$C = C(q) \quad [3]$$

Une évaluation précise de cette fonction peut se faire à partir des informations internes dont disposent les entreprises grâce à la comptabilité analytique[2]. En revanche, la quantification de la relation entre le prix et les ventes, c'est-à-dire l'évaluation de la fonction prix-réponse, pose des problèmes plus complexes. Avant d'aborder cette dernière question, nous considérons d'abord l'évaluation du prix optimal.

2.4. L'optimisation du prix

Sans prendre en compte l'influence de la concurrence, la maximisation du profit peut s'exprimer comme suit :

$$G = p \cdot q(p) - C(q[p]) \quad [4]$$

On en déduit que le prix le plus rentable est celui auquel la recette marginale est égale au coût marginal. Après quelques transformations supplémentaires, on obtient la relation d'Amoroso-Robinson :

$$p^* = (e/1 + e) \cdot C' \quad [5]$$

avec l'élasticité-prix e.
C' désigne le coût marginal en fonction du nombre d'unités vendues q.
p^* est le prix optimal.

Dans la relation d'Amoroso-Robinson, le prix optimal (p^*) est exprimé en termes de coût marginal (C') et le coefficient de proportionnalité entre p^* et C' est une fonction de l'élasticité-prix. Comme le montre le tableau 2, plus l'élasticité-prix est grande en valeur absolue, plus la valeur du coefficient multiplicateur $e/1 + e$ est basse.

L'exemple ci-dessous illustre l'application de ces formules dans le cas de fonctions linéaires de coût et de prix-réponse.

Ainsi pour une formule de lessive, nous avons déterminé la fonction prix-réponse ; soit $q = 3\,595 - 685{,}6 \cdot p$

---

2. Voir également dans cette Encyclopédie les articles de J. Margerin et J. Trahand, « Coût », p. 687, tome 1 et de P. Piget, « Compatibilité analytique », p. 488, tome 1.

Tableau 2 – Elasticité et coefficient multiplicateur

Elasticité-prix	Coefficient multiplicateur
– 1,5	3
– 2	2
– 3	1,5

La quantité unitaire considérée est 1 tonne et le prix est exprimé en DEM/kg. A un prix de 3 DEM/kg, la vente est de : $q = 3\,595 - 685{,}6 \cdot 3 = 1\,538{,}2$ tonnes et le chiffre d'affaires s'élève à $1\,538{,}2 \times 3 \times 1\,000 = 4{,}614$ millions de DEM.

Soit C la fonction des coûts : $C = Cfix - kv \cdot q$

avec

Cfix : 1 million de DEM, les coûts fixes (ou coûts de structure),

kv : 1,80 DEM/kg = 1 800 DEM/t, les coûts unitaires variables de production (ou coûts variables).

Une vente de 1 538,2 tonnes entraîne des coûts variables de 2,768 millions de DEM et un coût total de 3,768 millions de DEM. Au prix fixé à 3 DEM, le profit résultant est de 4,614 – 3,768 = 0,846 million de DEM.

Enfin, le prix optimal obtenu par dérivation s'élève à $p^* = 3{,}52$ DEM/kg.

Il en résulte les valeurs suivantes :

- nombre d'unités vendues $q = 1\,181{,}69$ tonnes
- chiffre d'affaires $p \cdot q = 4{,}159$ millions de DEM
- coût total $C = 3{,}127$ millions de DEM
- profit $G = 1{,}032$ million de DEM.

Le graphique 1 représente la détermination du prix optimal. Il s'en dégage deux enseignements pratiques :

Graphique 1 – La détermination graphique du prix optimal

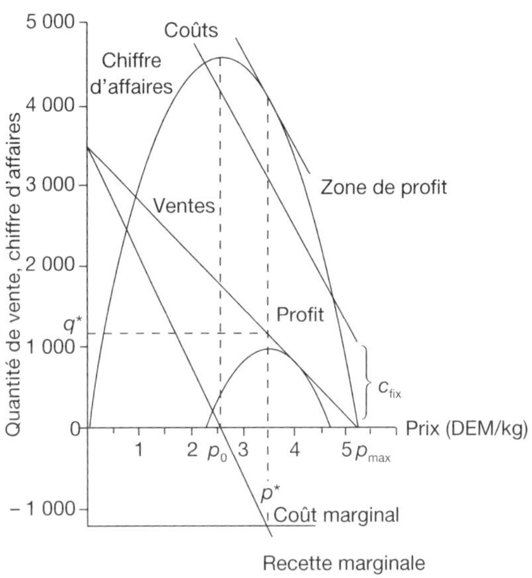

– un prix trop élevé est stratégiquement aussi mauvais qu'un prix trop bas ; dans les deux cas, il s'ensuit une perte de profit,

– l'incurvation de la courbe de profit autour du point optimal est relativement faible ; cela signifie qu'il n'est pas nécessaire de trouver le prix optimal exact, la détermination d'un intervalle optimal suffit.

2.5. L'évaluation de la fonction « prix-réponse »

Comme nous l'avons déjà mentionné, le problème central de l'optimisation du prix est l'évaluation empirique de la fonction prix-réponse. Sans cette fonction, il est impossible de déterminer les courbes de profit et le chiffre d'affaires. Plusieurs méthodes peuvent être utilisées pour mesurer cette relation :

– l'interview d'experts (managers, commerçants, conseillers d'entreprise),

– l'interview des clients actuels ou potentiels,

– les tests de laboratoire ou de marché.

Nous allons présenter et analyser chacune de ces méthodes à partir d'un cas réel.

2.5.1. L'interview d'experts

L'interview d'experts est une méthode peu onéreuse, et souvent la seule utilisable, pour évaluer la fonction prix-réponse. Elle est particulièrement recommandée dans le cas d'une fixation de prix pour des produits nouveaux ou alors d'une analyse prévisionnelle de marché ou de situation concurrentielle.

Tout d'abord, il faut élaborer un questionnaire spécifique en fonction de l'objet de l'enquête. Celui-ci doit être adapté à chaque cas d'analyse ; les formulaires standards sont fortement à déconseiller. Le questionnaire idéal, en général d'une longueur de 6 à 10 pages, porte sur toutes les questions importantes relatives au prix appliqué par l'entreprise et la concurrence.

Il est recommandé d'interroger au moins deux experts, ou, mieux encore, entre cinq et huit experts par combinaison de produit/marché à analyser. Par ailleurs, il est préférable d'interroger les experts séparément et, si possible, par l'intermédiaire d'une personne externe, dont la position est neutre vis-à-vis de l'interrogé. Cette méthode permet une plus grande mise en confiance des experts. De plus, afin d'obtenir des résultats plus fiables, les experts devront être assurés d'une parfaite discrétion des interrogateurs.

Le graphique 2 montre les résultats obtenus à partir d'une interview d'experts pour un produit de consommation courante. D'après ce graphique, en tenant compte de la réaction la plus probable de la concurrence, il est conseillé d'augmenter le prix de ce produit de 10 % sur le prix actuel.

L'interview d'experts permet de systématiser le problème de la décision de prix. L'obligation dans laquelle sont tenus les experts de quantifier les estimations des effets de prix et d'intégrer ceux-ci dans une structure plus claire, améliore considérablement l'efficacité du processus de décision et les résultats de l'expertise.

Selon plusieurs études empiriques, les estimations d'un manager, spécialiste de questions administratives, et d'un technicien peuvent varier de l'ordre de 20 % pour une même question. Pour cette raison, il est conseillé

Graphique 2 – Exemple d'application d'une interview d'experts pour la construction de la fonction prix-réponse

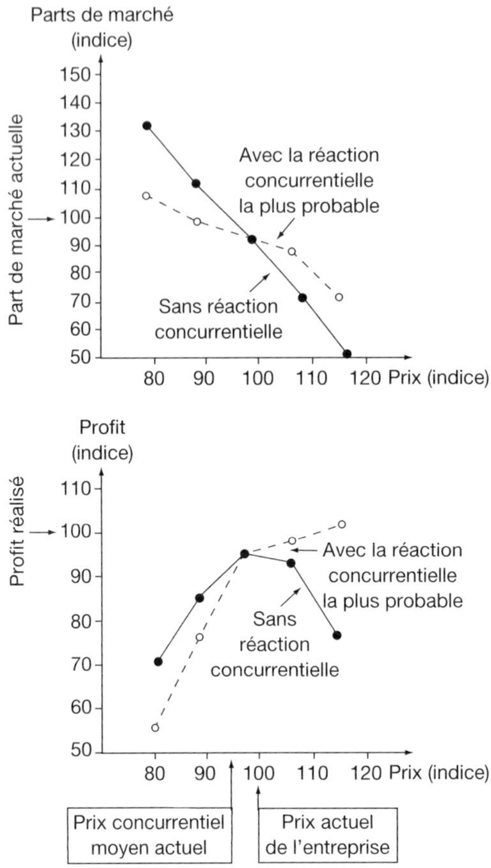

d'utiliser d'autres méthodes de façon complémentaire et de procéder à une validation de celles-ci par comparaison des estimations.

2.5.2. L'interview des clients et la méthode des mesures conjointes

L'interrogation directe des clients sur les effets des variations de prix et sur les prix qu'ils sont disposés à payer pose deux types de problèmes. D'abord, le prix est lié à un effet de prestige que l'on reconnaît souvent dans les réponses des clients. De telles réponses ne reflètent pas le comportement véritable du client face à une situation d'achat réelle et faussent les résultats.

Ensuite, une interrogation directe sur les prix fige l'attention du client sur ce facteur de décision en l'isolant d'autres facteurs. Une fois encore, cela ne correspond pas à la situation réelle d'achat, dans laquelle le client compare le prix et l'utilité perçue d'un produit et essaie de maximiser son utilité nette (voir la première section sur l'utilité).

La méthode des mesures conjointes reproduit au mieux une situation réelle d'achat. Le client n'est pas interrogé directement sur le prix. Il est confronté à plusieurs profils de produits, définis par un ensemble d'attributs ou de variables explicatives, dont le prix. On lui demande alors de classer les différents profils de produits par ordre de préférence globale. Une méthode de traitement des données permet ensuite de déterminer l'influence des attributs sur l'ordre des valeurs prises et de calculer des prix alternatifs (A. Jolibert, 1987).

Nous allons expliciter et illustrer la méthode des mesures conjointes à l'aide d'un exemple emprunté à l'industrie automobile. Dans cette étude, les attributs d'une voiture établis sont la marque, la puissance du moteur, la consommation de carburant, la performance écologique et le prix en francs. Comme le montre le tableau 3, trois niveaux possibles ont été fixés pour chacun des cinq attributs. Les niveaux font référence au produit leader du marché considéré.

Tableau 3 – Trois niveaux pour chaque attribut

Attribut	Modèle *A*	Modèle *B*	Modèle *C*
Marque	*A*	*B*	*C*
Puissance du moteur (CV DIN)	150	200	250
Consommation de carburant (litres/100 km)	12	14	16
Performance écologique	Nouvelles normes	Répond aux exigences	Répond aux exigences
Prix en francs	170 000	205 000	240 000

Le nombre total de combinaisons produits-prix pour cinq attributs et trois niveaux possibles s'élève à $3 \times 3 \times 3 \times 3 \times 3 = 243$. Une analyse fractionnelle (*fractional design*) a permis de réduire le nombre de variables à 12 combinaisons cibles jugées intéressantes. Les préférences peuvent être saisies, soit sous forme d'un classement, soit par comparaison de paires. Dans le graphique 3, les valeurs d'utilité partielle sont inscrites pour les trois niveaux des cinq attributs. L'utilité totale de chaque combinaison produit-prix est la somme des utilités partielles. Il est important de noter que les produits les plus importants du marché doivent être représentés dans l'ensemble des combinaisons, ce qui est le cas de l'exemple étudié. Sur cette base d'informations, on peut alors déterminer la relation prix-part de marché en appliquant la formule suivante :

$$\text{Part de marché du produit } i = \text{au prix } j$$

$$\frac{\text{Utilité totale du produit } i \text{ au prix } j}{\text{Somme des utilités partielles totales de tous les produits existant sur le marché}}$$

La partie inférieure du graphique 3 reproduit les courbes de prix-réponse (la réponse est la part de marché) et de profit obtenues pour les trois prix alternatifs du modèle A. Le prix maximal (240 000 francs) est le plus rentable.

Le calcul des utilités partielles permet également de simuler le lancement d'un produit nouveau ou les réactions des concurrents vis-à-vis d'une politique de prix donnée.

L'avantage primordial de cette méthode réside dans le fait qu'elle se base sur les décisions du client, faisant intervenir explicitement les facteurs prix

Graphique 3 – Les valeurs d'utilité partielle et la relation prix-part de marché obtenues par la méthode des mesures conjointes

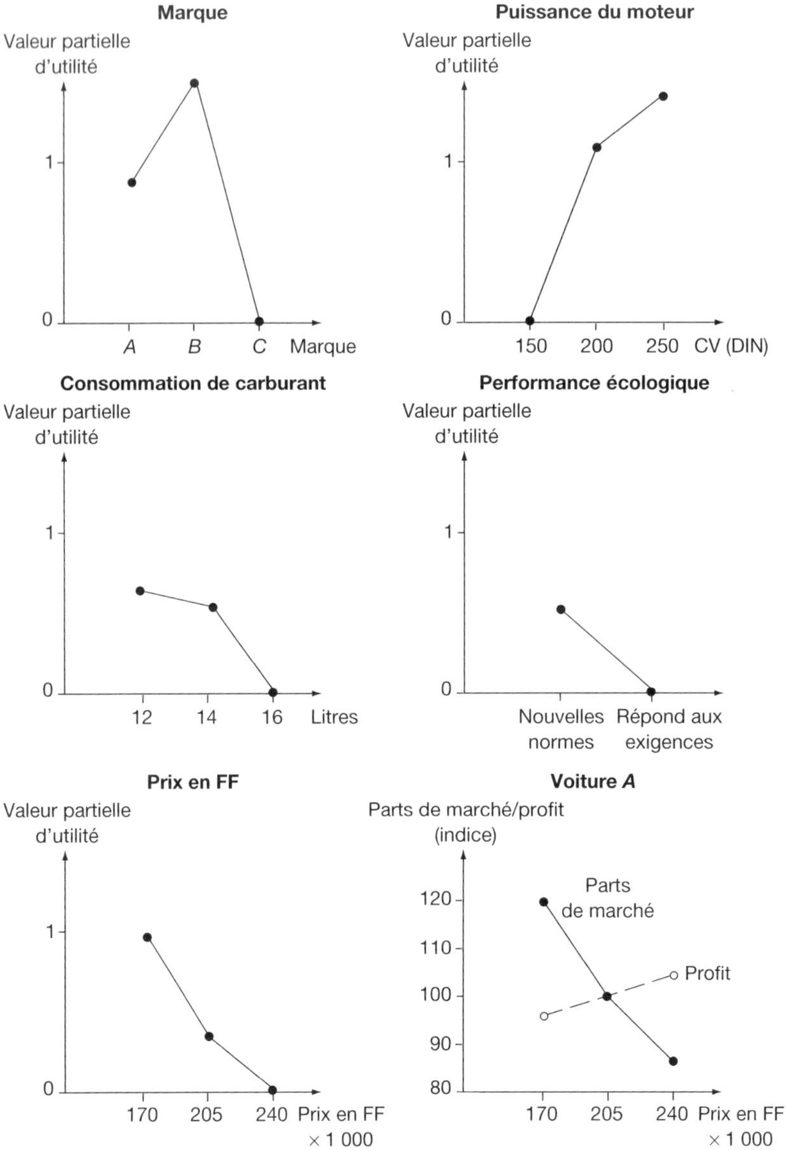

Source : Simon & Partner.

et utilité. Ainsi que l'ont montré nombre d'analyses de produit et de prix, elle fournit un fondement solide aux décisions de prix.

2.5.3. Les tests de prix

Les tests de comportement permettent de mesurer les effets de variations de prix sur les ventes ou sur la part de marché, lorsqu'ils sont réalisés dans le cadre d'une situation d'achat quasi réelle où l'impact du prix peut être isolé.

Graphique 4 – La relation prix-ventes basée sur les données de scanner

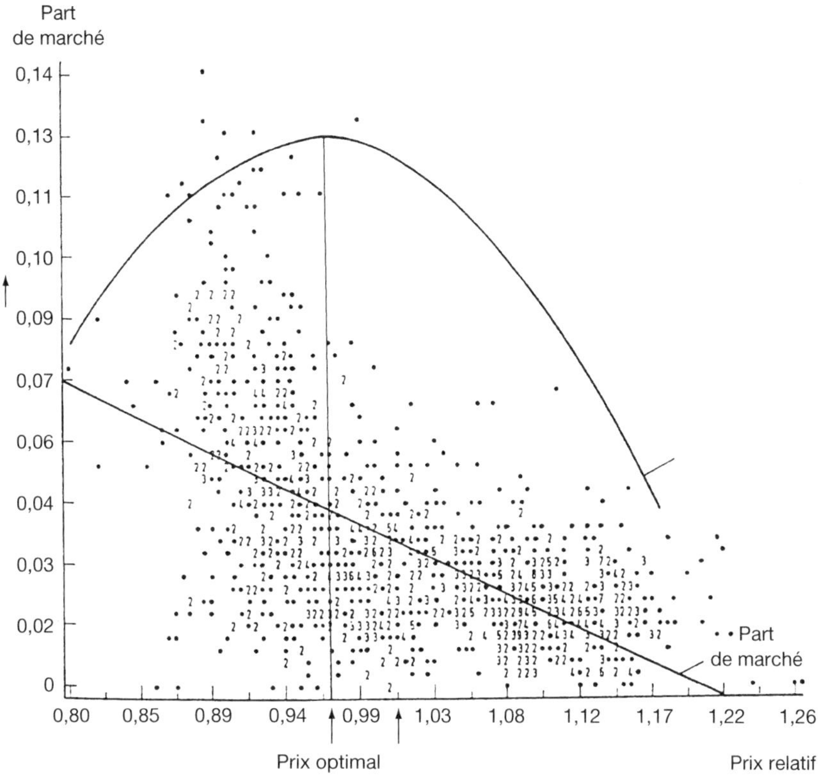

Avant l'introduction de la technologie du scanner pour l'enregistrement électronique de produits codifiés, la saisie, l'analyse des données et le calcul des résultats de tests demandaient un effort manuel considérable. L'instauration de caisses électroniques, reliées par ordinateur dans les points de vente de produits de consommation, a marqué un pas décisif dans les tests de prix en situation réelle. L'exemple du graphique 4 met en évidence les possibilités offertes par cette technologie.

Le prix d'une marque de café a été modifié à plusieurs reprises pendant une période de 24 semaines dans 58 points de vente d'un circuit de distribution. Au total, 1 392 observations ont été collectées. L'amalgame des points placés par rapport aux axes (prix relatifs et part de marché) suggère une fonction prix-réponse à pente fortement négative, représentée sur le graphe. Elle a été obtenue par une régression linéaire. L'influence du prix atteint un seuil de signification statistique très élevé (28,76 avec un t-test 1). Le prix optimal, sans tenir compte de la concurrence, représente 95 % de la moyenne concurrentielle. Un alignement du prix sur cette moyenne équivaut à une perte de profit de 5 %.

2.5.4. L'analyse de données réelles de marché

Pour analyser les différences de prix existant sur le marché et les variations effectives de prix, on recourt en général aux méthodes économétriques.

Les données réelles de marché sont particulièrement précieuses, puisqu'elles témoignent du comportement effectif des consommateurs.

Cependant, il faut avoir conscience des problèmes et des limites de ces méthodes. Le fait d'assigner une variation des ventes ou de part de marché à une variation de prix ne rend pas compte explicitement de l'existence d'autres variables (en partie incontrôlables). On obtient des modèles de régression fiables en intégrant le plus de variables possibles.

Par ailleurs, les faibles taux de variation observés dans la réalité limitent les analyses à des intervalles très restreints et donc difficilement mesurables. Dans ce cas, d'autres moyens doivent être envisagés. La courbe du graphique 5 est obtenue par l'analyse de variations combinées de prix et de publicité.

Graphique 5 – La relation prix-vente et l'optimisation du prix basées sur des données réelles de marché

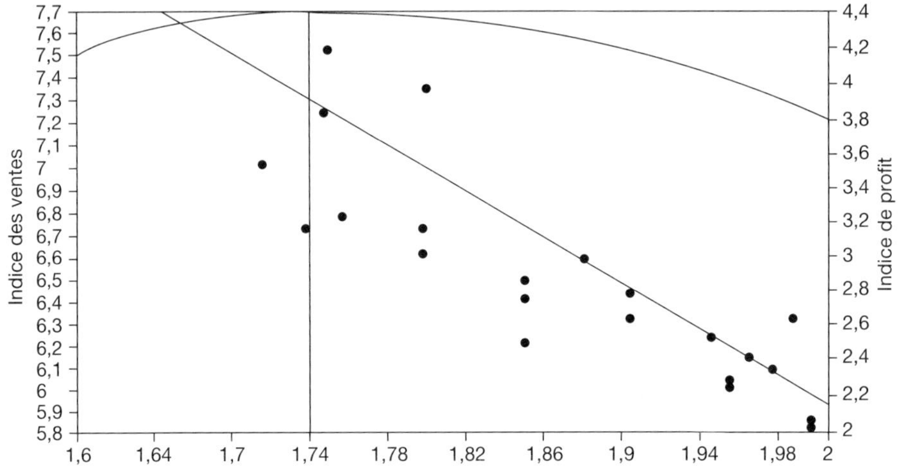

L'analyse de cet exemple a abouti aux recommandations reproduites au tableau 4.

Tableau 4 – Optimisation du prix à partir de variations réelles combinées de prix et de publicité

	Prix ancien	Prix optimal	Taux de variation
Prix unitaire	1,86 DEM	1,74 DEM	– 6,45 %
Budget publicité	1,88 M DEM	0,66 M DEM	– 64,9 %
Ventes (indice)	100	103	+ 3 %
Profit (indice)	100	115	+ 15 %

Les modèles relativement simples (linéaires) fournissent en général des résultats satisfaisants. Mais il est bon de ne pas les confondre avec les modèles simplistes. Pour appliquer le calcul économétrique à bon escient, il ne suffit pas de bien connaître les méthodes. L'expérience profonde des phénomènes économiques est un atout primordial lorsqu'il s'agit de s'orienter dans un espace immense de constellations de variables, de critères et de fonctions possibles.

3. La stratégie de prix à long terme

La stratégie d'optimisation de prix à long terme est d'un intérêt plus pratique que la stratégie à court terme. En effet, la maximisation des profits à long terme constitue l'objectif dominant des entreprises (S. Wied-Nebbling, 1985). Nous allons examiner les principaux facteurs de la stratégie de prix à long terme.

3.1. Les facteurs dynamiques de la stratégie de prix

Parmi les facteurs dynamiques les plus importants, nous retenons :

– le cycle de vie du produit,

– la situation concurrentielle : le nombre et la structure des concurrents varient avec le temps,

– la dynamique des coûts : les parts de marché et les prix actuels peuvent influencer le positionnement des coûts futurs sur la courbe d'expérience,

– la dynamique du prix, en ce sens que les prix d'aujourd'hui peuvent servir de référence aux prix futurs.

L'interaction de plusieurs facteurs qui, agissant dans le même sens, renforcent un effet, et dans le sens contraire le neutralisent, rend la situation complexe. C'est pourquoi il est nécessaire de procéder à une simplification.

3.2. La stratégie de prix et le cycle de vie du produit

La stratégie de fixation du prix d'un produit dépend largement de la phase du cycle de vie dans laquelle se situe le bien. Ainsi, le prix du lancement ne sera pas déterminé de la même manière que le prix d'un produit en phase de maturité[3].

Selon la distinction classique, il n'existe que deux choix possibles pour le lancement d'un produit nouveau : l'écrémage et la pénétration. La stratégie d'écrémage consiste à introduire le produit nouveau à un prix élevé, qui sera réduit graduellement tout au long du cycle de vie. Dans le cas d'une stratégie de pénétration, au contraire, le produit est introduit à un prix intentionnellement bas – voire agressif – afin de conquérir rapidement une part importante du marché.

La stratégie d'écrémage vise à réaliser le plus grand profit possible à court terme, alors que la stratégie de pénétration est orientée sur les profits à long terme. Le choix entre ces deux stratégies signifie la confrontation des effets opposés de profit à long et à court terme, ainsi que le précise le graphique 6.

Les recommandations liées aux stratégies d'écrémage et de pénétration sont résumées dans le tableau 5 (H. Simon, 1982, p. 256).

---

3. Voir également dans cette Encyclopédie l'article de H. Fenneteau, « Cycle de vie du produit », p. 888, tome 1.

Graphique 6 – Les effets d'une stratégie de pénétration et d'une stratégie d'écrémage sur la courbe de profit

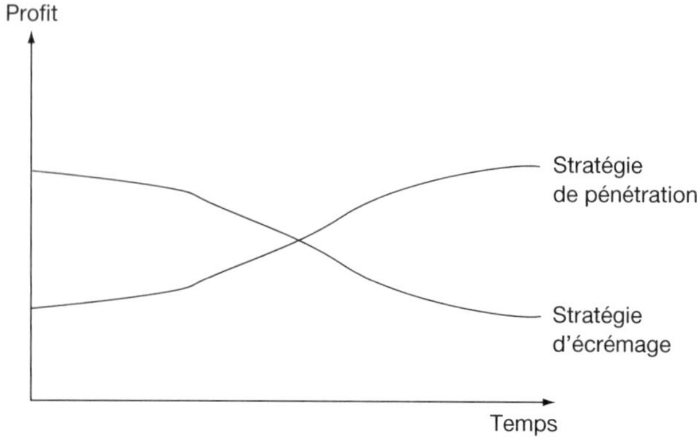

Tableau 5 – L'alternative écrémage/pénétration

L'écrémage	La pénétration
– Réalisation de hauts profits à court terme sans effet sensible d'escompte.	– Malgré des marges unitaires basses, l'augmentation rapide des ventes permet la réalisation d'une marge totale élevée.
– Avec de véritables innovations, réalisation de profits à plus longue échéance et possibilité de créer un monopole et donc une réduction du risque concurrentiel. Amortissement rapide des investissements de recherche et développement.	– Les effets positifs de *carryover** intra-personnels (biens de consommation) favorisent l'édification d'une position forte par rapport à la concurrence (augmentation des prix et des ventes dans le futur).
– Création d'une zone de liberté d'action en deçà du prix établi et exploitation possible des effets positifs de variation de prix.	– Exploitation des économies d'échelle statiques, réduction des coûts à long terme.
– Absorption graduelle de la capacité d'achat des clients avec réduction progressive du prix.	– Augmentation rapide de la production cumulée et donc régression rapide des coûts d'après la courbe d'expérience**. Avance sur les concurrents.
– Augmentation du prix évitée par un calcul à marge sûre.	– Réduction du risque d'échec car plus le prix est bas, moins l'échec est probable.
– Bénéfice des effets de prestige et de qualité imputés au prix.	– Diminution du risque d'entrée des concurrents potentiels.
– Peu d'exigences sur le plan financier.	
– Volume de stock nécessaire modéré.	

* Les phénomènes de *carryover* désignent les effets dus à l'extrapolation d'expériences avec certains produits ou certaines marques, qui expliquent par exemple le comportement de (ré)achat des clients.
** La courbe d'expérience traduit la relation entre la production cumulée et les coûts unitaires de production. La loi empirique dite loi d'expérience exprime la diminution des coûts de production unitaires (entre 20 et 30 %) à chaque doublement de volume de production.

3.3. La stratégie de prix et l'entrée de concurrents sur le marché

Les innovateurs peuvent rarement dominer d'une façon durable et exclusive un marché prometteur. Le succès d'un nouveau produit attire les concurrents potentiels. Une stratégie de prix est nécessaire pour prévenir et surmonter les phases critiques qui précèdent ou succèdent à l'arrivée probable de concurrents potentiels.

Si l'arrivée des concurrents est directement liée au prix, ce dernier doit être utilisé comme moyen préventif pour empêcher la concurrence de pénétrer sur le marché. On appelle une telle stratégie *entry limit pricing*. Le prix unitaire de vente est fixé à un niveau très bas. Cependant, le renoncement au profit à court terme peut être largement récompensé par les avantages durables d'une position dominante sur le marché. Cette attitude stratégique est typique chez les nouveaux arrivants sur le marché.

Pour le premier arrivant, c'est-à-dire le pionnier, trois options sont au choix :
- une réduction préventive du prix,
- une réduction réactive du prix,
- le maintien d'un prix élevé.

3.4. Les stratégies de prix pour les produits me-too

Les produits *me-too*[4] sont caractérisés par le fait qu'ils ne présentent à leur entrée sur le marché aucun avantage particulier du point de vue des performances ou de l'utilité. L'utilité perçue du consommateur à leur égard est nulle. Cette propriété restreint considérablement la possibilité d'augmenter les prix ou de les fixer à un niveau supérieur à celui de la concurrence.

L'évolution de l'élasticité-prix dans le cycle de vie des produits *me-too*, qui, d'après de nombreuses études empiriques (H. Simon, 1982), suit une courbe en forme de « U », est fondamentale. En ce qui concerne ces produits, la valeur de l'élasticité est alors relativement élevée dans la phase de lancement du produit, elle régresse ensuite dans la phase de maturité pour augmenter à nouveau en phase de déclin.

Dans le cas de produits *me-too*, on suggère généralement une stratégie de pénétration, suivie d'augmentations de prix en fonction de la concurrence. Peu à peu, le produit *me-too* affirme alors sa position par rapport aux produits bien établis et crée une accumulation de *goodwill*[5], qui permet d'augmenter progressivement les prix. Cette stratégie est couramment utilisée par les firmes japonaises. Elle repose sur le fait reconnu et au fond simple que seul un produit offrant un meilleur rapport qualité/prix peut inciter le consommateur à changer et à acheter une marque inconnue.

Une enquête de 50 succès et échecs d'entreprises à propos des produits *me-too* (J.H. Davidson, 1976) confirme la justesse de ce comportement stratégique. A l'analyse, il apparaît que le rapport performance/prix (relatif à la concurrence) constitue le facteur principal de rentabilité (graphique 7).

---

4. *Me-too* : expression couramment utilisée par les praticiens pour désigner des produits ne présentant aucun attribut particulier par rapport aux produits existant sur le marché.

5. Le *goodwill* désigne le potentiel d'achat dont bénéficie une entreprise, fondé sur les préférences du consommateur.

Graphique 7 – Le prix d'introduction et la probabilité de chance et d'échec

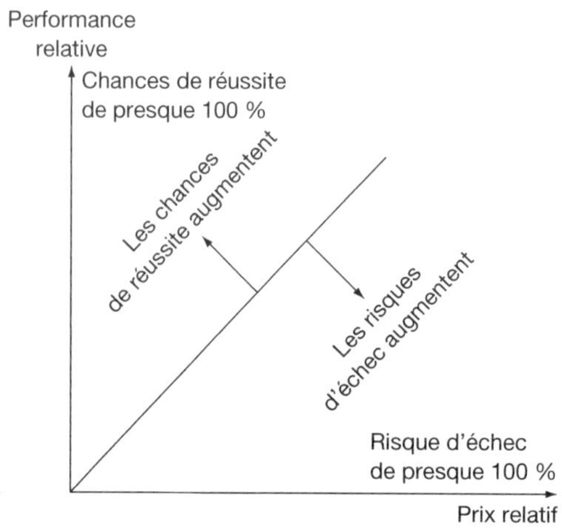

3.5. Les stratégies de prix et la courbe d'expérience

La courbe d'expérience qui met en relation les coûts unitaires et la production cumulée sert de support à la stratégie de prix à long terme[6]. Plus les coûts unitaires baissent rapidement avec la production cumulée – ce qui se traduit par un acquis d'expérience –, plus il devient vital d'augmenter le volume de production et de vente pour faire face à la concurrence, et plus le prix optimal d'introduction est bas. Un retard sur la courbe d'expérience équivaut à un retard de technologie. Une position asynchrone ne peut être que difficilement rattrapée et au prix de lourds investissements. La stratégie de prix basée sur la courbe d'expérience est utilisée communément dans l'industrie des composants électroniques. Lorsqu'une entreprise opère sous la contrainte du dynamisme concurrentiel activé par une telle stratégie, elle n'a guère le choix. Ou bien elle pratique la même stratégie, ou bien elle est condamnée à s'exclure du marché.

4. Les problèmes particuliers de la stratégie de prix

Cette section examine différentes situations dans lesquelles la stratégie de prix pose un problème particulier.

4.1. La stratégie de prix, la segmentation de marché et le positionnement

Afin de ne pas dépasser le cadre qui nous est imparti pour cet article, nous renoncerons à un exposé détaillé d'activités stratégiques, pour n'en retenir que deux à titre d'exemple.

Le prix, comme nous l'avons indiqué, est un instrument pouvant être utilisé dans la segmentation de marché et le positionnement. Le prix d'un produit doit être adapté au segment qu'il représente. De plus, il doit s'harmo-

6. Voir dans cette Encyclopédie l'article de B. Ramanantsoa, « Stratégie », p. 3026, tome 3.

niser avec les autres instruments de marketing. Ces relations sont illustrées en partie par le graphique 8.

Un grand nombre d'industriels ont été interrogés sur un produit chimique. La carte du graphique 8 a été obtenue grâce à une analyse multidimensionnelle métrique des données (A. Jolibert, 1987).

Les dimensions critiques de l'espace de perception sont le prix et la combinaison qualité/service. La firme *A* offre une combinaison apparemment équilibrée de ces deux attributs. Le produit de la firme *B* se distingue par une très bonne qualité à un prix cependant relativement élevé. La firme *C* opère à un prix très bas, associé à une qualité et un service médiocres.

Graphique 8 – Le prix, la segmentation de marché et le positionnement d'un produit industriel chimique

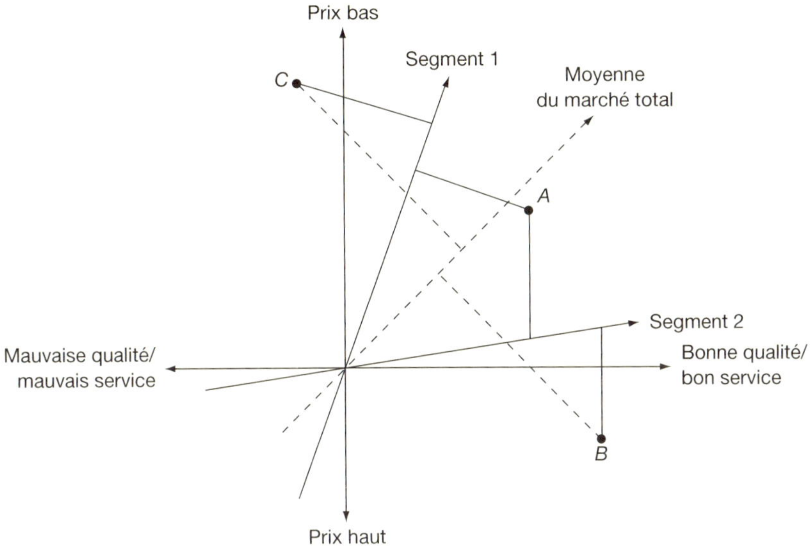

Le succès d'un produit sur le marché s'explique avant tout par la concordance de ses attributs avec la structure préférentielle du client, représentée par les vecteurs en trait plein du graphique 8. Plus un produit est placé loin dans le sens d'un vecteur préférentiel (par projection perpendiculaire de la position du produit sur le vecteur), plus sa position est forte dans le segment considéré.

Par rapport à l'examen global du marché (le vecteur en pointillé représente la perception globale), la firme *A* semble offrir le profil idéal de produit. Une analyse plus différenciée a mis en évidence l'existence de deux segments bien distincts.

– Sur le segment 1, les clients sont intéressés par un prix bon marché et accordent peu d'importance au service et à la qualité. Ils préfèrent la firme *C* qui est effectivement leader dans ce segment.

– Sur le segment 2, les clients sont plus exigeants sur le service et la qualité et, en revanche, peu sensibles au prix. La firme *B* domine dans ce segment.

La firme A détient une position équivoque avec sa stratégie de compromis. Pour améliorer sa situation, elle a le choix entre les trois options stratégiques suivantes :

– s'aligner sur le segment 1, ce qui implique une réduction massive du prix et un abaissement du niveau qualité/service,

– s'aligner sur le segment 2, c'est-à-dire redresser à la fois le niveau de performance qualité/service et le prix,

– offrir deux gammes de produits adaptés à l'un et à l'autre segment ; cette double stratégie demande une différenciation au niveau des produits, des prix et de l'organisation des services.

4.2. Le nonlinear pricing

Un des concepts les plus intéressants de la stratégie de différenciation des prix est le *nonlinear pricing.* Le terme *nonlinear* désigne une structure de prix unitaires qui varient en fonction du montant des commandes et des quantités achetées. C'est le cas, par exemple, des tarifs mixtes (qui comportent une part fixe et une part variable, à l'exemple des communications téléphoniques ou de la location de voitures), des tarifs échelonnés (de gaz, d'électricité ou de la SNCF), ainsi que des différentes formes de remises accordées par les fournisseurs sur la quantité. Le client est en mesure, face à un barème d'écart donné, de décider du prix unitaire qu'il va payer selon la quantité qu'il achète. Dans cette situation, il procède à une *self-selection.*

Le *nonlinear pricing* est une source potentielle de profit considérable ; il comporte à cet égard de nombreux avantages par rapport à la stratégie de prix unitaire fixe. Si cette méthode est appliquée habilement, les résultats suivants peuvent être obtenus.

– Les remises octroyées à partir d'une certaine quantité cumulée transforment les clients occasionnels en clients fidèles, car ceux-ci désirent bénéficier du droit à la remise (voir les tarifs de fidélisation dans les compagnies aériennes, les systèmes de bonus dans l'industrie, etc.).

– Lorsqu'un système de prix est établi, dans lequel le prix unitaire diminue en fonction de la quantité, soit par exemple : 1 unité = 1,50 franc, 3 unités = 4 francs, 6 unités = 7 francs, cela se répercute différemment selon les clients. Les clients qui achètent en petite quantité, et pour lesquels l'élasticité du prix est la plus basse, paient un prix unitaire plus élevé, alors que les clients importants bénéficient des prix les plus bas, mais doivent en contrepartie acheter en plus grande quantité. Dans les deux cas, cette méthode permet d'absorber la rente de l'acheteur (la différence entre le prix consenti et le prix effectivement payé). Les profits réalisés sont d'autant plus grands que la demande est plus hétérogène.

Jusqu'à présent, on considérait les stratégies classiques de la différenciation de prix (périodique, régionale, qualitative) comme les instruments idéaux pour exploiter l'hétérogénéité des marchés. Les principaux avantages du *nonlinear pricing* sont au nombre de trois.

– Il n'est pas nécessaire de segmenter les marchés avant d'appliquer cette méthode. Ce sont les consommateurs eux-mêmes qui procèdent à cette segmentation.

– Les problèmes juridiques soulevés par une éventuelle discrimination des acheteurs ne se posent pas, puisque la même structure de prix vaut également pour tous les consommateurs[7].

– Les critères de segmentation de marché sont le prix consenti et l'élasticité du prix, deux grandeurs essentielles pour l'optimisation du prix.

Le *nonlinear pricing*, peu développé dans la théorie, constitue un outil très précieux, particulièrement intéressant et rentable dans les domaines où la différenciation classique est difficilement applicable. Les prestations de service constitueront dans l'avenir son principal domaine d'application.

Parmi les champs de la politique de prix largement inexplorés par la littérature du marketing, on peut retenir la liste des thèmes suivants, sans que celle-ci soit exhaustive :

– la fixation de prix pour les gammes de produits, qui doit tenir compte de nombreuses interdépendances (H. Simon, 1985),

– les promotions et la stimulation des ventes dans le domaine de la distribution (où le prix interagit avec les autres instruments de marketing),

– les stratégies de prix dans les marchés de soumission ou d'appel d'offre[8],

– la fixation de prix des produits industriels (négociation des prix, remise, prestations complémentaires, etc.),

– le prix des prestations de service, les tarifs différenciés,

– enfin la stratégie internationale de prix[9]. Cette dernière est d'ordre particulièrement complexe. Les valeurs standards ou de compensation, les importations parallèles, la différenciation internationale du prix, le dumping, etc., sont souvent ignorés, à l'image de leur discipline de référence, le marketing international.

5. La politique de prix international

Dans le passé, les entreprises fixaient leurs prix pour chaque pays en toute indépendance, grâce aux frontières du commerce et de la communication. Les coûts des moyens de transport expliquaient également les différences de prix entre les pays. Mais les temps changent rapidement. Dans les espaces économiques comme l'Union européenne ou l'Accord nord-américain de libre-échange, les barrières commerciales s'effondrent. Les informations de prix passent plus librement de pays en pays et le résultat est par exemple l'émergence des marchés gris. En Europe, la situation devient très grave pour de nombreuses entreprises. Les différences de prix prévalent peut-être encore entre les pays, mais on ne peut pas perdre de vue que les marchés réagissent très fortement. La solution optimale n'est toutefois pas d'harmoniser les prix de manière à ce qu'ils ne reflètent que les différences des coûts de transport. Les élasticités de prix et les facteurs de concurrence sont presque toujours

7. Sur les problèmes juridiques soulevés par l'utilisation du prix comme variable d'action sur le plan commercial, voir dans cette Encyclopédie l'article de V. de Chantérac, « Droit du marketing », p. 1041, tome 1.

8. Voir dans l'Encyclopédie des marchés financiers l'article de P.M. Larnac, « Marchés d'enchère ».

9. Voir également dans cette Encyclopédie l'article de J.M. De Leersnyder, « Marketing international », p. 1852, tome 2.

différents d'un pays à l'autre. Mais comment réagir quand les différences de prix entre plusieurs pays deviennent trop grandes ? Le côté gauche du graphique 9 illustre une première évolution possible, celle où le resserrement des écarts de prix se fait essentiellement par une baisse des prix dans les pays où ils sont élevés.

On constate finalement un niveau des prix comparable à l'échelle européenne aux prix pratiqués dans les pays aux niveaux de prix les plus faibles. Pour éviter une situation comme celle-ci, on devrait plutôt essayer de définir une sorte de couloir des prix dans lequel tous les prix futurs dans les différents pays devraient tomber avec une perte minimale de bénéfices. A droite du graphique 9, on trouve la solution où l'entreprise réussit à ce que le resserrement des écarts soit dû à une augmentation des prix dans les pays ayant les niveaux de prix les plus faibles (parallèlement à une baisse des prix dans les pays ayant les niveaux de prix les plus élevés). Pour établir un tel couloir, il faut connaître les prix, les coûts et les élasticités dans tous les pays concernés. Il faut être également capable de quantifier le point à partir duquel les différences de prix donnent lieu à des importations parallèles. Il est préférable de tolérer certaines importations parallèles afin d'exploiter, au moins partiellement, les potentialités de profit résultant de l'hétérogénéité des marchés.

Graphique 9 – L'évolution des prix en Europe

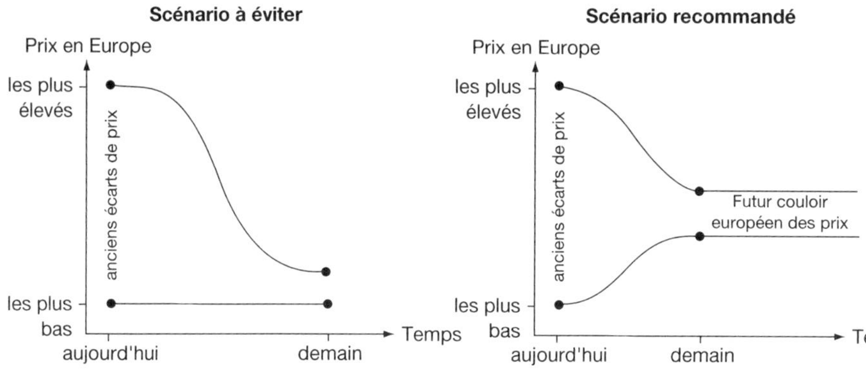

Nous illustrerons la détermination du couloir de prix par un exemple numérique sur la base des relations suivantes entre les ventes et les prix dans deux pays *A* et *B*.

Pays *A* : ventes en *A* = 100 – 10 × prix en *A*
Pays *B* : ventes en *B* = 100 – 6,67 × prix en *B*

Ainsi, si le prix est de 7 dans les deux pays, nous vendrons 30 unités en *A* et 53,31 unités en *B*. Les coûts marginaux sont de 5 dans les deux pays. Si nous optimisons les prix en *A* et en *B* pris individuellement, nous obtenons les valeurs figurant dans le tableau 6. Le profit total maximum pour les deux pays est de 229. Mais il est peu probable d'atteindre ce profit dans la mesure où l'écart de prix entre *A* et *B* est de 25 % et où nous estimons que les coûts d'arbitrage sont substantiellement inférieurs à 25 %.

Tableau 6 – Deux pays, deux prix

En volume	Prix	Ventes	Profit
Pays *A*	7,50	25	62,50
Pays *B*	10,00	33	166,50
Total		58	229,00

Une autre solution consisterait à uniformiser le prix entre les deux pays. Afin de déterminer le prix uniforme optimal, nous ajoutons simplement les ventes pour chaque prix dans les deux pays :

$$\text{Ventes en } A \text{ et en } B = 200 - 16{,}67 \times \text{prix uniforme}$$

Nous obtenons 8,50 comme prix uniforme optimal pour une vente totale de 58,3 unités. Ainsi, le volume des ventes ne diffère guère du cas précédent mais le profit n'est plus que de 204, ce qui représente une baisse de 10,9 %. La raison est que nous ne tirons aucun avantage des différences des élasticités de prix. Le côté positif est que les importations parallèles sont sans effet si le prix est uniforme dans les deux pays.

La question est de savoir s'il est possible de trouver une meilleure solution. C'est en effet le cas. Nous pouvons établir un « couloir » de prix et déterminer les prix optimaux dans les limites de ce couloir. Le couloir de prix exprime la déviation possible à partir du prix le plus élevé. Nous obtenons alors les valeurs optimales de prix et de profits indiquées dans le tableau 7. Ce tableau illustre la relation entre la largeur du couloir de prix et la perte de recettes.

Tableau 7 – La technique du couloir de prix

Couloir de prix (en %)	Prix		Ventes		Profits		Profit total	Profits sacrifiés en %
	A	*B*	*A*	*B*	*A*	*B*		
0	8,50	8,50	15,00	43,30	52,50	151,60	204,10	10,90
5	8,35	8,78	16,50	41,40	55,30	156,60	211,90	7,46
10	8,18	9,08	18,20	39,40	58,00	160,90	218,90	4,41
15	7,98	9,39	20,20	37,40	60,20	164,00	224,20	2,07
20	7,75	9,69	22,50	35,40	61,80	165,90	227,70	0,58
25	7,50	10,00	25,00	33,30	62,50	166,50	229,00	0,00

Avec une différence de prix de 25 % entre le pays *A* et le pays *B*, on peut escompter des importations parallèles massives. Le prix uniforme de 8,50 résoudrait ce problème mais il impliquerait une réduction de 11 % du profit maximum. Ce maximum est, bien sûr, purement théorique puisqu'il ne peut être atteint qu'en l'absence d'importations parallèles, c'est-à-dire en considérant que les pays peuvent être traités comme des marchés totalement isolés. En pratique, nous établissons le couloir de prix juste en dessous des coûts d'arbitrage. Ainsi, si nous considérons des coûts d'arbitrage de 16 %, nous devrions établir le couloir à 15 % ou 14 %. L'arbitrage ne serait probablement pas supprimé dans la mesure où certains commerçants individuels peuvent avoir des coûts plus bas, mais il deviendrait alors insignifiant. Comme nous l'avons dit, le but n'est pas de supprimer les importations parallèles mais de maximiser les profits en trouvant un compromis entre l'établissement d'un prix uniforme, c'est-à-dire la suppression totale de l'arbitrage, et l'établissement de prix spécifiques par pays. Dans cette situation, le gestionnaire responsable de ce produit a estimé qu'un couloir de prix de 15 % résoudrait, dans une large mesure, le problème des importations parallèles. Comme l'indique le tableau 7, un couloir de prix de 15 % aboutit à une augmentation de recettes qui passe de 89 % (cas où on fixerait un prix uniforme) à environ 98 % et à des prix de 7,98 pour le pays *A* et de 9,39 pour le pays *B*.

Il est possible d'avoir recours à la différenciation des produits, à des marques spécifiques par pays, à la diversité des langues et des circuits de distribution, etc., pour faire obstacle aux importations parallèles. Mais nombre de ces expédients posent des problèmes dans la mesure où ils s'opposent aux économies d'échelle. Les autorités européennes (la Commission et la Cour de justice) luttent contre toutes sortes de pratiques relatives à la séparation artificielle des marchés. Pour des questions de coûts, de logistique et de communication, les conditionnements sont de plus en plus multilingues. Les consommateurs présentent de moins en moins d'objections aux produits étrangers ; aujourd'hui, aucun problème ne se pose pour vendre des films dont les boîtes présentent des caractères arabes ou chinois puisque les marques sont globales et que le consommateur ne lit pas les instructions.

L'établissement de prix européens comporte des implications sur le plan de l'organisation. Plus le marché européen devient homogène, plus la prise de décision en matière de prix doit être fortement centralisée. Il serait, en effet, inadmissible qu'un seul pays puisse procéder à l'ajustement de ses propres prix en compromettant ainsi l'ensemble du niveau des prix européens. En conséquence, la compétence en matière de prix doit être transférée depuis les diverses filiales nationales à un organisme centralisant l'établissement des prix. Cette démarche va à l'encontre de la décentralisation et constitue un problème puisque ce sont traditionnellement les filiales qui ont la responsabilité des profits. Si celles-ci se trouvent privées de leur autorité en matière de prix, elles perdent un des instruments les plus puissants de contrôle de leurs profits et de leur positionnement sur le marché. L'établissement de prix européens est une source de conflits continuels pour de nombreuses multinationales. Il n'existe aucune solution susceptible de satisfaire toutes les parties. A partir de l'expérience que nous avons acquise, il apparaît que le « couloir européen de prix » est le meilleur compromis possible, un couloir qui serait établi par l'autorité centrale fixant les prix en coopération avec les unités décentralisées concernées. Il tiendrait compte de la nécessité d'une coordination internationale tout en accordant aux filiales individuelles une certaine liberté en termes de fixation des prix.

*

* *

L'exploitation systématique et méthodique des ressources potentielles contenues dans une politique d'optimisation de prix est une question fondamentale dans un environnement d'intense concurrence. Dans la pratique, les méthodes de fixation de prix sont encore loin d'être satisfaisantes, si on les compare aux moyens analytiques (théoriques et méthodiques) dont les entreprises peuvent disposer. Des efforts et des investissements considérables au niveau de l'information, des analyses et du savoir-faire des décideurs doivent être envisagés, pour établir des politiques plus rationnelles. A cet égard, le prix constitue un facteur primordial de décision. Son rôle dans le marketing va de pair avec l'intensité croissante de la pression concurrentielle et l'ouverture de marchés internationaux. Parmi les instruments du marketing-mix, le prix offre une position stratégique particulière. Les stratégies de différenciation de prix sont en moyenne plus aisées à réaliser que celles portées sur les autres éléments du marketing-mix. Quel que soit l'instrument choisi, tous les éléments de marketing-mix doivent s'harmoniser dans une stratégie.

Références

AUDOYE J.M., *Le prix de vente industriel des biens de consommation, méthodes de calcul*, Paris, Entreprise Moderne d'Edition, 1971.

BORD P., BRUEL O., *Fixation du prix de vente des produits industriels*, Paris, Les Editions d'Organisation, 1972.

CHEVALIER M., *Fixation des prix et stratégie marketing*, Paris, Dalloz, 1977.

DAVIDSON J.H., « Why most Consumer Brands fail », *Harvard Business Review* (n° 54, March-April 1976).

DEMORY H., « Le Pricing », *Direction et Gestion* (juillet-août 1981).

DRIHEN E., ISRAEL D., *Le prix de vente d'un produit nouveau*, Paris, Dalloz, 1972.

GREEN P., « L'approche bayésienne et la stratégie des prix », *Encyclopédie du marketing*, Paris, Editions Techniques, 1975.

KUCHER E., HILLEKE K., « Value Pricing Through Conjoint-Measurement : A Practical Approach », *European Management Journal* (vol. 11, n° 3, 1993), p. 283-290.

KUCHER E., « Pharma-Preismanagement für Innovationen », *in* H. Simon, E. Kucher, K. Hilleke (éd.), *Wettbewerbsstrategien im Pharmamarkt*, Stuttgart, Schäffer Verlag, 1989.

KUCHER E., « Preisfindung bei neuen Produkten », *Die Pharmazeutische Industrie* (6/91, 1991).

KUCHER E., SIMON H., « Durchbruch bei der Preisentscheidung : Conjoint-Measurement, eine neue Technik zur Gewinnoptimierung », *Harvard Manager* (3/87, 1987).

LAKER M., « Pricing im Maschinen-/Anlagenbau », *Thexis* (Nr. 1, S. 41-46, 1992).

LAMBIN J.J., *Advertising, Competition and Market Conduct in Oligopoly over Time*, Amsterdam, North Holland, 1976.

LOUCHEZ A., SOUTH J.P., « Fixation des prix industriels dans une multinationale », *Revue Française du Marketing* (cahier 83, 1980).

ORSONI J., « Un outil de la politique des prix : la démarque inconnue », *Revue Française du Marketing* (n° 34, 1982).

OXENFELDT A., « L'élaboration graduelle d'une politique de prix », *in* M. Chevalier et R. Fenwick, *La stratégie marketing*, Paris, PUF, 1975.

ROBICHEAUX R.A., « How Important is Pricing in Competitive Strategy », Proceedings Southern Marketing Association, New York, 1976, p. 55-57.

SIMON H., *Goodwill und Marketingstrategie*, Wiesbaden, Gabler, 1985.

SIMON H. (éd.), « Marketing im technologischen Umbruch », *USW – Schriften für Führungskräfte* (« Le marketing en pleine révolution technologique »), publications de l'Institut scientifique de gestion (USW) de Cologne, Stuttgart, Schäffer, 1987.

SIMON H., *Price Management*, Amsterdam, North Holland, 1989.

SIMON H., « Pricing opportunities – and how to exploit them », *Sloan Management Review* (Winter 1992).

SIMON H., *Preismanagement – Analyse, Strategie, Umsetzung*, 2e éd., Wiesbaden, Gabler, 1992.

SIMON H., FASSNACHT M., WÜBKER G., « Price bundling », *Pricing Strategy & Practice* (vol. 3, n° 1, S. 34-44, 1995).

SIMON H., *Preismanagement Kompakt, Probleme und Methoden des modernen Pricing*, Wiesbaden, Gabler, 1995.

VIDEO MANAGEMENT, S.A., *Pricing for Profit*, video avec H. Simon, E. Kucher et G. Tacke, Moutstreet 15, Bruxelles, Belgique, 1994.

WIED-NEBBELING S., *Industrielle Preissetzung*, Tuebingen, Mohr, 1985.

Mots clés

Carryover, cost-plus, courbe d'expérience, cycle de vie du produit, écrémage, *entry limit pricing*, fonction prix-réponse (voir aussi relation prix-part de marché et relation prix-vente), *goodwill*, marketing-mix, mesures conjointes, *nonlinear pricing*, pénétration, produits *mee-too*, relation d'Amoroso-Robinson, relation élasticité-prix (voir élasticité du prix), utilité nette perçue, utilité perçue.

Politique de production de l'entreprise multinationale

127

Arnoud De Meyer

Le rôle de la fonction de production s'est considérablement modifié au cours des vingt dernières années. Le temps où les économistes américains proclamaient que tous les problèmes de production étaient résolus et que la gestion de la production n'était plus confrontée qu'à des problèmes mathématiques d'optimisation à l'intérieur de limites bien spécifiées n'est plus qu'un souvenir. Le succès patent des entreprises japonaises ou coréennes fondées sur des approches différentes de la gestion de la qualité[1], des ressources humaines et de la planification de la production fournit la preuve éclatante qu'une entreprise peut se créer un avantage compétitif sur le plan mondial en produisant mieux, tout simplement.

La redécouverte de la fonction de production est l'une des caractéristiques les plus marquantes du management des années 1980[2]. L'idée qui la sous-tend est relativement simple (R. Hayes et S. Wheelwright, 1984). Une entreprise peut adopter quatre attitudes vis-à-vis de la production. Elle peut la considérer comme neutre sur le plan interne, c'est-à-dire n'y voir qu'un mal nécessaire. Dans ce cas, elle gère la production, parce qu'il faut bien en réduire les effets négatifs ; elle gère le personnel, car celui-ci peut se mettre en grève ; elle gère les fournisseurs, car ceux-ci peuvent avoir des retards de livraison, etc. Elle peut aussi considérer la production comme neutre sur le plan externe, c'est-à-dire s'efforcer de rattraper la concurrence. Telle est, me semble-t-il, l'attitude qui prévalait en Europe ces dernières années : plutôt que d'essayer de les devancer et de les battre, les fabricants européens se contentent de ne pas se laisser distancer par les fabricants asiatiques ou américains. La troisième attitude consiste à transformer la fonction de production en une fonction de soutien de l'entreprise dans son ensemble. Dans ce cas, la production est censée concourir à la stratégie globale de la firme. Si, par exemple, le choix stratégique de l'entreprise est d'offrir une réponse flexible à la demande de la clientèle, la fonction de production aura pour tâche de fournir la flexibilité nécessaire au développement de cet atout

1. Voir également dans cette Encyclopédie l'article de E. Collignon, « Qualité », p. 2781, tome 3.
2. Voir également dans cette Encyclopédie l'article de V. Giard, « Production », p. 2542, tome 3.

compétitif. Enfin, la quatrième attitude consiste à faire de la production une fonction de soutien sur le plan externe, autrement dit d'en faire l'élément moteur de la stratégie de l'entreprise. C'est précisément ce qu'ont réalisé quelques fabricants européens, et bien sûr nombre de constructeurs électroniques et automobiles japonais bien connus. Ils ont utilisé la production pour devancer leurs concurrents.

Bien entendu, il est possible d'opter pour l'une ou l'autre de ces quatre attitudes. Cependant, les recherches que nous avons menées (K. Ferdows et A. De Meyer, 1987) montrent que les entreprises qui s'efforcent de faire de la production une fonction de soutien engrangent, à long terme, davantage de bénéfices que celles qui se bornent à y voir une fonction neutre sur le plan externe ou interne. D'où la question qui se pose tout naturellement : qu'entend-on lorsqu'on dit que la production doit être une fonction de soutien ?

1. La production en tant qu'arme concurrentielle

On distingue généralement quatre types d'*input* dans la production : la main-d'œuvre directe, les biens d'équipement, les matières premières et les composants, l'information. Traditionnellement, les responsables de la production avaient souvent pour souci de réduire la main-d'œuvre au profit des biens d'équipement. Dans l'ensemble, ils y ont plutôt bien réussi. Dans une unité de production moderne, la main-d'œuvre représente souvent, parmi ces quatre facteurs de production, la plus petite part de la structure des coûts. En effet, dans nos propres études (A. De Meyer *et al.*, 1994), nous avons pu constater (tableau 1) que la main-d'œuvre directe n'occupe que la troisième place en importance, après les matières premières et composants et les frais fixes de production.

Tableau 1 – La ventilation des coûts de fabrication

Coût de fabrication	Europe	Amérique du Nord	Japon
Coût de fabrication en pourcentage du chiffre d'affaires	65,1	60,1	72,3
En pourcentage des coûts de fabrication			
– matières premières et composants	50	51	58
– main-d'œuvre directe	17	12	15
– énergie	5	5	4
– frais fixes	20	27	16

Bien plus, dans les usines de montage de biens électroniques produits en masse, comme les micro-ordinateurs, le coût de la main-d'œuvre peut tomber en dessous de 1 % du coût total du produit.

Dans de telles circonstances, la gestion de la production doit nécessairement se fixer d'autres objectifs. Si, au cours des décennies précédentes, on pouvait dire qu'un directeur de production était avant tout un manager de main-d'œuvre directe, de nos jours, il doit devenir un manager des flux de matières premières (qui représentent souvent la part la plus importante des coûts de production), un manager de systèmes et un manager de main-d'œuvre indirecte ou un manager de processus tels que le développement de nouveaux produits, la gestion de la chaîne de logistique ou l'apprentissage de l'entreprise. Il s'ensuit que les techniques traditionnelles d'augmentation de la productivité, fondées sur l'incitation du personnel à travailler plus et mieux, sont vouées à l'échec.

L'augmentation de la productivité ne peut résulter que d'un redéploiement des biens d'équipement, que de vastes programmes de qualité réduisant le gaspillage des matières premières et que d'une amélioration continue des systèmes de production réalisée avec la participation des salariés.

La principale préoccupation de la production a toujours été l'amélioration de la productivité. Cette dernière peut se traduire par le rapport entre les entrées (*inputs*) et les sorties (*outputs*). Les difficultés commencent lorsqu'il s'agit de donner une définition à ces *inputs* et à ces *outputs*. Traditionnellement, les économistes définissaient les *outputs* en termes de volume (litre, tonne ou nombre d'unités). Si c'est là une simplification acceptable au niveau macro-économique, au niveau de l'entreprise individuelle, cette définition est loin d'être suffisante. En effet, l'*output* pour une compagnie consiste à offrir au client un produit ou un service qu'il est prêt à acheter. En d'autres termes, l'*output* peut recouvrir un portefeuille d'objectifs variés tels que la qualité, la fiabilité, la flexibilité de la conception, la flexibilité du volume ou l'efficacité des coûts. L'une des principales tâches du directeur de la production est précisément de déterminer le portefeuille optimal des « missions » nécessaires au soutien de la stratégie globale de l'entreprise (W. Skinner, 1978).

Il y a quinze ans, la plupart des auteurs dans le domaine de la production indiquaient qu'une des tâches les plus importantes d'un directeur de la production consistait à choisir une de ces missions à poursuivre. On constatait qu'il était impossible d'être à la fois le producteur le plus efficace, le plus flexible, le plus fiable et de produire la qualité la plus élevée. A la fin des années 1970 et au début des années 1980, on a découvert que ceci n'était pas tout à fait correct. En effet, bien qu'on ne puisse pas être le meilleur dans toutes les missions de production, on constate que certains producteurs réussissent à combiner un coût faible avec une qualité élevée et que, par conséquent, il n'existe pas de contradiction entre la qualité et l'efficacité de la production. Cette constatation a mené la grande majorité des producteurs à mettre en œuvre des plans d'amélioration de la qualité.

Mais un bon mariage entre la qualité et l'efficacité n'est pas la fin du trajet. Dans nos propres recherches (A. De Meyer *et al.*, 1994), comparant tous les deux ans depuis 1986 les plans des grands producteurs au Japon, en Amérique du Nord et en Europe, nous avons trouvé que de nouvelles batailles se préparent.

A la fin des années 1980, nous avons pu observer (De Meyer *et al.*, 1994) que les producteurs japonais investissaient énormément dans la combinaison de la flexibilité et de l'efficacité. A ce moment, nous avions indiqué qu'une bataille se préparait autour de la réalisation d'une « flexibilité efficace » ou flexibilité et diversité de produits à bas coûts. Il s'avère que cette bataille a été beaucoup plus difficile à gagner pour eux que celle de la qualité. D'abord, la diversité des produits a amené une complexité de gestion (entre autres des stocks de pièces de rechange ou de la logistique). Il a été suggéré par exemple que les difficultés financières de Nissan au début des années 1990 étaient dues en partie à son incapacité de gérer la complexité engendrée par la multiplication de modèles pendant la deuxième partie des années 1980. En outre, les producteurs européens et américains ont également offert une augmentation de flexibilité, et peu de producteurs ont pu en tirer de véritables avantages concurrentiels. Finalement, le taux d'échange du yen et la récession mondiale du début des années 1990 ont forcé la main des producteurs japonais : si en 1990 la capacité de porter la concurrence sur le prix n'était que la onzième priorité des producteurs japonais, en 1992 elle était déjà au septième rang et en 1994 cette capacité était redevenue leur première priorité. Cette focalisation sur les coûts et sur une certaine simplicité de leurs systèmes de production a été accompagnée par trois tendances majeures : la forte internationalisation de leur réseau de production, surtout en Asie-Pacifique ; l'accent mis sur le raccourcissement des temps de développement de nouveaux produits ; et la redécouverte du potentiel des ressources humaines.

Pendant cette même période, nous avons assisté à une certaine rénovation des producteurs américains. Après avoir réduit leur retard en ce qui concerne la gestion de la qualité, la gestion des stocks ou l'application des systèmes de gestion comme celui du flux tendu, les fabricants américains ont été une source d'innovation en termes de gestion de production. Ce sont eux qui nous ont fait découvrir l'importance d'une gestion intégrale de la chaîne de logistique et de distribution.

Mais dans notre enquête de 1994, nous avons pu observer une tendance intéressante. Les producteurs américains sont en train de développer le concept de ce que nous avons appelé le « produit augmenté », où le produit est étroitement intégré à des services et des systèmes de livraison qui en font une solution pour le client plutôt qu'un produit simple. Au lieu de fournir un téléphone, on offre un système de communication ; au lieu de produire une voiture, on offre un kilomètre de transport fiable, confortable et bon marché. Ce ne sont que des tendances, mais elles semblent être le début d'une vision totalement différente de ce qu'est la production.

Quelle est la position des producteurs européens dans cette évolution ? Sans vouloir être trop pessimiste, il nous semble cependant qu'ils sont un peu trop conservateurs. Dans nos dernières enquêtes, nous avons pu constater que les producteurs européens ont investi avec succès dans la qualité et dans le raccourcissement des temps de livraison. Mais il se dégage peu de créativité sur le plan de la gestion de la production. En Europe, dans le domaine de la production, nous suivons les grandes tendances mais nous ne contribuons guère à pousser les frontières du possible.

La comparaison continue des stratégies de production des grandes entreprises multinationales nous a également appris que ces producteurs multinationaux sont devenus beaucoup plus semblables qu'ils ne l'étaient auparavant. Dans le domaine de la production, la globalisation est devenue un fait. Les différences entre les producteurs européens, asiatiques et américains se sont réduites, et il nous semble que les grandes entreprises multinationales pratiquent la concurrence sur un pied d'égalité : elles ont accès aux mêmes ressources, elles se sont implantées dans les mêmes pays, et elles se concurrencent sur les mêmes marchés.

2. Le développement des compétences

Définir une stratégie de production consiste à trouver le portefeuille de missions qui est aligné sur la stratégie de l'entreprise. Une fois ce portefeuille déterminé, on peut répondre aux dix questions classiques en production (tableau 2).

Tableau 2 – Les questions classiques en production

A. Questions sur l'infrastructure 1. Où produire (localisation) ? 2. Produire avec quelle technologie ? 3. Combien produire (capacité) ? 4. Comment choisir et gérer les fournisseurs (y compris le choix entre produire soi-même et acheter à l'extérieur) ?
B. Questions sur les systèmes 1. Quelle politique de ressources humaines ? 2. Quelle organisation ? 3. Choix d'un système de gestion de qualité. 4. Comment gérer les flux d'informations et de produits ? 5. Quels sont les mesures de performance et les systèmes de contrôle ? 6. Comment introduire de nouveaux produits ?

Ces questions se divisent en deux groupes : les quatre premières portent sur l'infrastructure, les six dernières sur les systèmes de gestion. Aucun gestionnaire de production ne peut échapper à ces questions, et le défi est de trouver des réponses cohérentes avec le choix des missions. L'amélioration continue de ces choix permet aux producteurs de développer des compétences dans le domaine de la productivité, de la flexibilité, de la fiabilité, de la qualité ou de l'adaptabilité. Ces compétences peuvent évoluer vers de vrais avantages concurrentiels pour l'entreprise et peuvent être utilisées dans la redéfinition et la mise en œuvre de la stratégie.

Nous avons pu démontrer (K. Ferdows et A. De Meyer, 1991) que le développement de ces compétences suit une certaine logique : la qualité forme souvent la base sur laquelle l'entreprise peut élaborer la fiabilité et ensuite la vitesse d'adaptation et la flexibilité[3]. Nous avons également indiqué que les véritables gains de productivité et les véritables diminutions de coûts sont des conséquences de l'action dans ces autres domaines, plutôt que la condition préalable à l'investissement dans la qualité, etc.

3. Les plans d'action

Lorsque la production a fixé sa mission, et à supposer que l'attention des managers soit correctement orientée, il reste une vaste série de problèmes à

3. Voir dans cette Encyclopédie l'article de R. Reix, « Flexibilité », p. 1407, tome 2.

résoudre afin de pouvoir mettre en œuvre la stratégie de la production. Ici, nous avons choisi d'examiner brièvement cinq grandes catégories de problèmes qui nous semblent essentiels au succès de l'entreprise : le choix des procédés de fabrication, les rapports avec les fournisseurs et les clients, le degré de flexibilité, l'implantation des unités de production, l'intégration avec les autres fonctions de l'entreprise.

3.1. Le choix technologique

Le choix des procédés de fabrication est naturellement déterminé par les technologies disponibles. Mais même à l'intérieur de ce cadre, les possibilités offertes sont très diverses. On peut avoir à choisir entre des procédés efficaces traitant de gros volumes, mais requérant de longs délais de mise en place, des machines de contrôle numérique peu efficaces mais flexibles, ou encore des systèmes de production qui s'efforcent de combiner la flexibilité et l'efficacité. Lorsqu'on pèse le pour et le contre de chaque solution, il faut garder à l'esprit que ce type d'investissement a tendance à être irréversible à court et à moyen terme. Une usine ne se jette pas du jour au lendemain. On peut toujours revenir sur le choix technique d'un procédé de fabrication, mais cela prend du temps. Contrairement à la fonction finance ou marketing où il est relativement facile de revenir sur certaines décisions, la production ressemble davantage à ces tankers géants à qui il faut beaucoup de temps pour changer de cap. C'est pourquoi ce genre de décisions ne doit pas être laissé à de jeunes ingénieurs qui peuvent s'enthousiasmer pour une technique sans toujours avoir une vue suffisamment générale des activités de l'entreprise pour que leur choix concorde avec sa stratégie d'ensemble.

Récemment, nous avons pu constater une certaine désillusion avec une automatisation trop avancée. L'usine automatisée « où on peut éteindre les lumières, parce que les robots n'en ont pas besoin », est devenue moins attractive. Plusieurs producteurs d'automobiles, au Japon et en Europe, ont abandonné certaines formes d'automatisation et cherchent plutôt à améliorer l'intégration entre l'homme, la machine et le système de production dans lequel ces deux ressources collaborent.

3.2. L'intégration avec les clients et les fournisseurs

La deuxième catégorie de problèmes concerne les relations avec les fournisseurs et les clients. Traditionnellement, les fournisseurs et les clients passaient pour des adversaires dont la production devait être à tout prix protégée et isolée. Cet isolement se concrétisait souvent par des stocks régulateurs entre la production et les autres éléments de la chaîne, et par des accords contractuels d'une extrême complexité où la partie la plus forte s'efforçait d'imposer ses règles et ses exigences à la partie la plus faible. Ce genre d'attitude a conduit à des aberrations. Le maintien d'importants stocks régulateurs coûte cher et sert souvent à masquer des erreurs de management, telles que les problèmes liés à la qualité, les prévisions insuffisantes ou les mauvaises relations de travail. Des accords contractuels par trop défavorables incitent la partie lésée à tromper l'autre.

L'approche actuelle de la gestion de la production considère les fournisseurs et les clients comme des partenaires dans un processus visant à la satisfaction totale du consommateur situé en bout de chaîne. D'où la pratique de plus en plus courante qui consiste à intégrer les systèmes de production des fournisseurs et des fabricants. L'adoption de normes de qualité communes et de programmes de qualité totale réduisant les contrôles de qualité, la planification en commun de la production et des systèmes d'ordonnancement (souvent à l'échelle mondiale) permettant de réduire les stocks régulateurs et les études prévisionnelles de marché, les bureaux d'étude travaillant en collaboration afin de simplifier la fabrication d'un produit ne sont que quelques exemples parmi d'autres de la façon dont les fournisseurs et les fabricants peuvent entrer en alliance. Cette collaboration s'élargit d'ailleurs également dans le domaine de la conception où on voit de plus en plus des systèmes de « co-design » ou de conception commune entre producteurs et fournisseurs.

Les questions cruciales soulevées par ces alliances concernent le degré d'intégration que l'on souhaite atteindre, les domaines dans lesquels elle doit s'opérer et lequel des partenaires en prendra la direction.

3.3. La détermination du type de flexibilité

La troisième catégorie de problèmes auxquels doit s'attaquer un directeur de production concerne le degré de flexibilité. La devise de l'ingénierie industrielle pouvait dans le passé se résumer à la standardisation des produits, à la systématisation des méthodes et à la simplification des tâches. Il suffit de considérer les innombrables combinaisons d'options que l'on peut avoir sur une voiture, la rapidité avec laquelle le marché de l'habillement change ou encore l'introduction constante de nouveaux produits alimentaires pour s'apercevoir qu'une standardisation du produit fini est aujourd'hui quasiment impossible[4]. Par voie de conséquence, les deux autres objectifs – la systématisation et la simplification – sont beaucoup plus difficiles à réaliser. La flexibilité est devenue une notion clé de la production. Mais, en elle même, cette notion reste assez vague. S'agit-il de s'adapter très rapidement aux goûts changeants du consommateur, de tendre vers une flexibilité du volume, des procédés ou de la main-d'œuvre ? Assurément, lorsqu'on réfléchit à une politique de la flexibilité, la première tâche consiste à déterminer quel type de flexibilité on a en vue. Dans ce contexte, il est intéressant de noter que parmi les 200 grands producteurs européens qui ont participé à nos études, ceux qui ont choisi d'initier un effort considérable à court terme dans le domaine de l'outil flexible de production le font pour améliorer leur flexibilité de livraison (M. Tombak et A. De Meyer, 1988). Leurs efforts dans le domaine de la flexibilité sont en effet très corrélés aux efforts visant à réduire la variation de la qualité et des délais de livraison de leurs fournisseurs. Ils sont également associés à la volonté d'augmenter leur propre niveau de qualité et de réduire leurs propres délais de livraison. Ils expriment d'ailleurs leurs problèmes avec l'augmentation du nombre de produits et la réduction de la standardisation.

4. Voir également dans cette Encyclopédie l'article de J.C. Tarondeau, « Produit », p. 2594, tome 3.

Par ailleurs, une plus grande flexibilité ne résulte pas seulement de progrès techniques. On parle beaucoup d'installations et de machines flexibles, mais on ne peut atteindre une réelle flexibilité qu'en améliorant simultanément la flexibilité de la main-d'œuvre et celle des systèmes et de la technique. Ces trois éléments doivent se mouvoir dans la même direction si l'on veut enregistrer de véritables progrès dans le type de flexibilité souhaité.

3.4. L'implantation

Le choix d'une implantation géographique est une décision qui relève traditionnellement de la production. Classiquement, les paramètres entrant en ligne de compte sont la proximité du marché (coûts de distribution), la proximité des sources de matières premières ou des composants, la taille des unités de production (économies d'échelle) et le coût de la main-d'œuvre directe. Chacun de ces paramètres était, il y a encore peu de temps, étroitement lié à des considérations de prix de revient. La part plus petite occupée par les coûts de main-d'œuvre dans la structure globale des coûts peut naturellement réduire l'importance de ce paramètre dans le choix d'une implantation géographique.

La mondialisation croissante du marché[5] a fait apparaître un certain nombre de nouveaux paramètres. La décision de créer une unité de production au Brésil, à Singapour, au Japon ou en Grande-Bretagne ne dépend plus seulement de considérations liées aux coûts, mais aussi de paramètres stratégiques qui peuvent se résumer en deux mots : enjeu stratégique et engagement (K. Ferdows, 1988). Bien plus, aujourd'hui, la décision d'un fournisseur de pièces automobiles d'installer une usine au Japon ou en Allemagne ne s'explique plus en termes de coûts : elle a pu apparaître comme une nécessité, parce qu'il est stratégiquement important d'être présent sur les marchés automobiles les plus sophistiqués du monde. Le choix de la Californie pour créer une usine de génie génétique peut reposer sur des considérations analogues. Installer des chaînes de montage automobile en République populaire de Chine peut ne pas sembler la meilleure des idées aujourd'hui, mais cette implantation peut revêtir une dimension stratégique si l'on considère qu'il est important d'être présent sur cet immense marché potentiel. L'engagement est un concept encore moins tangible. L'engagement pris envers un marché n'est jamais plus clair que lorsqu'on investit dans ce marché. Or, il n'existe pas d'investissements plus évidents et plus durables qu'une unité de production. Si l'on veut faire clairement comprendre à des clients, un gouvernement ou des concurrents que l'on est très attaché à telle région ou tel marché particulier, la construction d'une usine de production en apportera la meilleure preuve.

3.5. L'intégration avec les autres fonctions de l'entreprise

La cinquième catégorie de problèmes est liée à l'intégration avec les autres fonctions de l'entreprise. La production avait tendance à se protéger et à

5. Voir également dans cette Encyclopédie les articles de B. Hugonnier, « Entreprise multinationale », p. 1115, tome 1 et de P. Joffre, « Globalisation de l'entreprise », p. 1627, tome 2.

s'isoler non seulement des fournisseurs et des clients, mais aussi des autres fonctions de l'entreprise, notamment des bureaux d'études et du département des ventes. Pour qu'un nouveau produit passe à la production, il fallait qu'il soit entièrement mis au point ; quant au département des ventes, il devait fournir des prévisions « exactes » et assumer la responsabilité de ses erreurs. Une telle différenciation des tâches simplifie naturellement le management du système de production, mais elle engendre aussi des ralentissements et des engorgements coûteux. Certes, la production n'a pas pour mission de développer de nouveaux produits ni de les vendre aux clients. Cependant, elle a un rôle important à jouer en fournissant aux bureaux d'études des informations utiles sur la fabrication, en accélérant l'introduction et la fabrication de nouveaux produits afin de répondre plus rapidement à une demande qui change, de respecter les délais de livraison, de fournir la qualité demandée par le client, etc. La production ne peut plus s'isoler. Elle doit au contraire jouer la carte de l'intégration avec les autres fonctions si elle veut être compétitive à l'échelle mondiale. C'est pour cela que nous avons développé un modèle simplifié (schéma 1) de ce que nous appelons l'usine virtuelle.

Schéma 1 – L'usine virtuelle

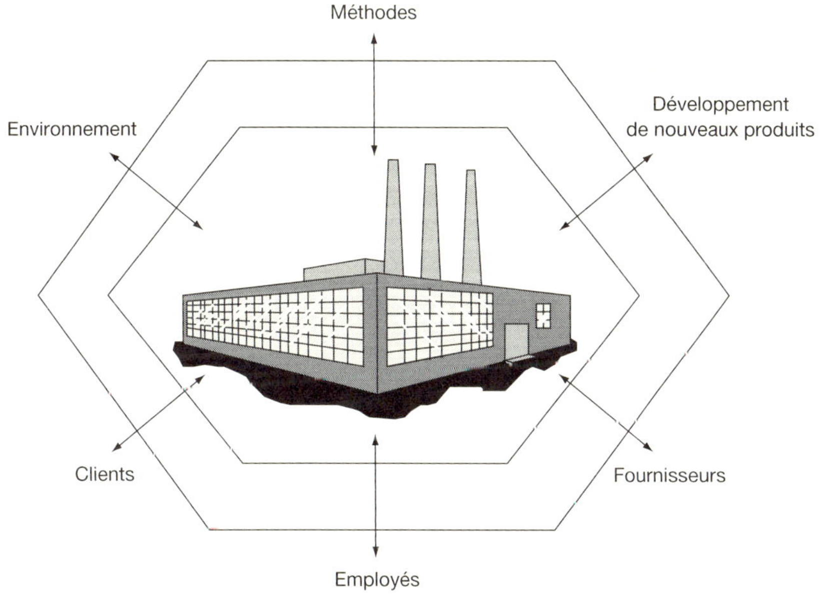

Ce que nous suggérons, c'est que l'usine d'il y a dix ans ou plus faisait tout pour s'isoler de son environnement : les stocks pour se protéger des fournisseurs, les demandes de spécifications claires choisies pour s'isoler du bureau de méthodes ou de développement des nouveaux produits, des procédures en ce qui concerne l'interaction avec l'environnement, les prévisions pour s'isoler des ventes, etc. De nombreux systèmes de gestion de production récents, tels que le flux tendu, la gestion stratégique de la qualité, la conception pour fabrication, ou la gestion proactive de l'environnement sont en fait des méthodes pour réduire les barrières autour de la production. Mais sans barrières pour s'isoler, la production s'étend dans d'autres domaines et les autres fonctions s'intègrent avec la production. Beaucoup de décisions ou d'actions qui déterminent la production sont prises dans d'autres fonctions de l'entreprise et vice versa. Pour cette raison, nous parlons d'usine virtuelle. Deux questions importantes sont immédiatement soulevées. Quel sera le profil d'un futur dirigeant de la production adapté à cette nouvelle réalité ? Comment formerons-nous ces dirigeants qui peuvent travailler d'une façon intégrée avec d'autres fonctions ?

*
* *

Définir la mission de la production, déterminer les composants importants des coûts de production, élaborer des orientations précises concernant le choix des procédés techniques, les relations avec les différents partenaires, le type de flexibilité nécessaire, l'implantation mondiale d'unités de production et l'intégration avec les autres fonctions de l'entreprise, tel est le programme que devra remplir le directeur international de la production de la décennie à venir.

Références

De Meyer A., « Manufacturing Deliveries », INSEAD Working Paper n° 9450TM, 1994.

De Meyer A., Nakane J., Miller J., Ferdows K., « Flexibility, the Next Competitive Battle », *Strategic Management Journal* (1988).

Ferdows K., *Managing International Manufacturing*, New York, North Holland, 1988.

Ferdows K., De Meyer A., « European Manufacturers : the Dangers of Complacency », *Columbia Journal of World Business* (1988).

Ferdows K., De Meyer A., « Lasting Performance Improvements in Manufacturing », *Journal of Operations Management* (vol. 9, n° 2, 1990), p. 168-184.

Hayes R., Wheelwright S., *Restoring our Competitive Edge – Competing Through Manufacturing*, New York, John Wiley and Sons, 1984.

Skinner W., *Manufacturing in the Corporate Strategy*, New York, John Wiley and Sons, 1978.

Tombak M., De Meyer A., « Flexibility and FMS : an Empirical Analysis », *IEE Transaction on Engineering Management* (vol. 35, n° 2, 1988).

Mots clés

Développement de compétences de production, flexibilité, gestion de technologie, gestion internationale, localisation, logistique, productivité, réseaux d'usines, stratégie de production, usine intégrée.

Prétest, suivi et contrôle de la performance des produits nouveaux

128

Jean-Marie Choffray

L'internationalisation des échanges, la révolution technologique et l'évolution politique du monde moderne sont autant de facteurs conduisant à un bouleversement sans précédent de notre mode de vie, de consommation et de travail.

Pour survivre dans cet environnement et assurer sa croissance, l'entreprise n'a d'autre choix que de se remettre en question. L'existence d'une position dominante sur un marché et la maîtrise d'une technologie donnée ne peuvent être considérées comme définitivement acquises. Cette remise en question se traduit par l'adoption de stratégies d'innovation reposant, non pas sur un ou plusieurs « à-coups créatifs », mais sur la génération, le filtrage, l'évaluation, le lancement et le retrait d'un flux continu et programmé de produits nouveaux (J.M. Choffray et F. Dorey, 1983).

Un tel choix comporte un certain nombre de conséquences quant au mode d'organisation du processus innovatif, à la structure du système d'information à développer et aux diverses mesures d'incitation et de suivi à mettre en œuvre pour mieux utiliser le potentiel créatif de l'entreprise. Parmi celles-ci, l'utilisation de méthodes formalisées de diagnostic, d'analyse et de suivi des projets de produits nouveaux revêt une importance particulière (G. Lilien, P. Kotler et K. Moorthy, 1992).

L'informatique décentralisée, personnalisée et son corollaire, les systèmes d'aide à la décision, sont de nature à profondément bouleverser les habitudes des responsables marketing dans ce domaine. Autonomie, responsabilisation, morcellement des tâches intellectuelles de gestion et productivité accrue des décideurs sont autant de défis nouveaux (J.M. Choffray, 1992). La disponibilité de langages de programmation puissants et conviviaux renforce le besoin des spécialistes du marketing en concepts et méthodes opérationnelles de maîtrise de l'évolution des marchés. Ceci est particulièrement vrai pour les produits nouveaux.

L'objet de cet article est de présenter un ensemble cohérent de concepts et de modèles utiles en matière de prétest, de suivi et de contrôle de la performance d'un produit nouveau. L'approche suivie est résolument modulaire, orientée objet, de telle sorte que le lecteur puisse construire son propre système à partir du problème auquel il est confronté : évaluation prélancement, suivi en phase d'introduction et de croissance, et contrôle du marketing-mix au cours de l'étape de développement du marché. Le kit proposé rassemble les modèles de diffusion, les modèles d'intensité de réachat, les fonctions de réponse et l'analyse dynamique des coûts. Ces outils conservent leur pertinence quel que soit le couple produit-marché considéré : grande consommation, durable, industriel et/ou service.

Outils pédagogiques par excellence, chacun de ces objets marketing offre un ensemble conceptuel et analytique comportant sa propre structure informationnelle. Il fournit une solution opérationnelle à un problème spécifique de stratégie marketing. L'étudiant et le décideur pourront les combiner en un système de prétest, de suivi et de contrôle modulaire qu'ils mettront en valeur à l'aide des tableurs et hyper-langages puissants dont nous disposons aujourd'hui.

1. Les principaux éléments d'un système de prétest, de suivi et de contrôle de la performance d'un produit nouveau

Quel que soit le marché étudié, prétester, suivre et contrôler la performance d'un produit nouveau exigent de prévoir le volume futur des ventes et d'en simuler l'évolution en fonction de différentes stratégies marketing. Un ensemble de concepts et de modèles purement descriptifs ne suffit pas. Il est essentiel que la méthode utilisée ait un caractère normatif, c'est-à-dire permette à l'utilisateur et/ou au décideur de contrôler l'incidence des décisions futures sur la dynamique de réponse du marché.

Au cours des phases d'analyse, de lancement et de croissance des ventes, il est essentiel de distinguer deux comportements d'achat différents : celui d'essai et celui de réachat.

Le comportement d'essai exprime une rupture par rapport à des habitudes de consommation et/ou d'utilisation. Cette rupture n'est que rarement spontanée. Elle est provoquée par le caractère innovatif de l'offre ou par le marketing-mix mis en œuvre. Ce dernier privilégiera, par exemple, des moyens d'action directs tels que la promotion, le prix et l'échantillonnage.

Le comportement de réachat, quant à lui, illustre le renforcement des habitudes de consommation et/ou d'utilisation. La fidélisation sur laquelle il repose, phénomène dynamique par excellence, sera renforcée par des moyens marketing tels que la communication publicitaire[1] et la distribution[2]. L'objectif est de maîtriser et de réduire d'éventuelles dissonances observées après essai ou plus généralement après achat.

L'équation du volume d'un produit nouveau peut donc s'exprimer de la manière suivante :

$$v_t = e_t \cdot u_e + r_t \cdot u_r$$

avec

v_t : le volume de vente réalisé au cours de la période *t*,

e_t : le nombre d'essayeurs au cours de la période *t*,

---

1. Voir dans cette Encyclopédie l'article de P.L. Dubois, « Publicité », p. 2675, tome 3.

2. Voir dans cette Encyclopédie l'article de J. Jallais, « Canaux de distribution », p. 256, tome 1.

r_t : le nombre de réacheteurs au cours de la période t,
u_e : le volume d'achat moyen par acte d'essai,
u_r : le volume d'achat moyen par acte de réachat.

Les quantités e_t et r_t illustrent des comportements. La somme des deux représente le nombre d'acheteurs – essai et réachat confondus – au cours d'une période quelconque d'observation ou de prévision.

Ce modèle est fondamentalement descriptif. Si l'objectif est de mesurer l'incidence de la stratégie marketing sur la performance d'un produit nouveau, il faut spécifier la manière dont chaque variable du mix (prix, publicité, force de vente...) influence le comportement d'achat. De telles fonctions de réponse permettent d'anticiper, de simuler et de contrôler l'évolution du marché.

Le volume de vente affecte la dynamique des coûts. La répartition des éléments fixes et l'incidence de l'apprentissage ou de l'expérience sur les éléments variables conduisent à adapter le marketing-mix, et en particulier le prix, en fonction des objectifs stratégiques de pénétration de marché et/ou de rentabilité de l'entreprise[3].

2. Les modèles d'essai

La théorie de la diffusion propose un modèle conceptuel ainsi qu'une représentation analytique du comportement d'essai. Dans son acception la plus large, elle a trait à la vitesse avec laquelle une idée, un concept ou un produit est adopté par le corps social. De nombreux chercheurs, appartenant à des disciplines diverses – sociologie, anthropologie, économie, médecine et marketing –, se sont intéressés à ce phénomène.

La répartition des essayeurs en innovateurs, adopteurs précoces, majorité précoce, majorité tardive et retardataires suit approximativement une loi normale, donnant à la pénétration ou au taux cumulatif d'essai d'un produit la forme d'une courbe en « S ». Le graphique 1 illustre cette évolution.

Graphique 1 – Taux cumulatif d'essai

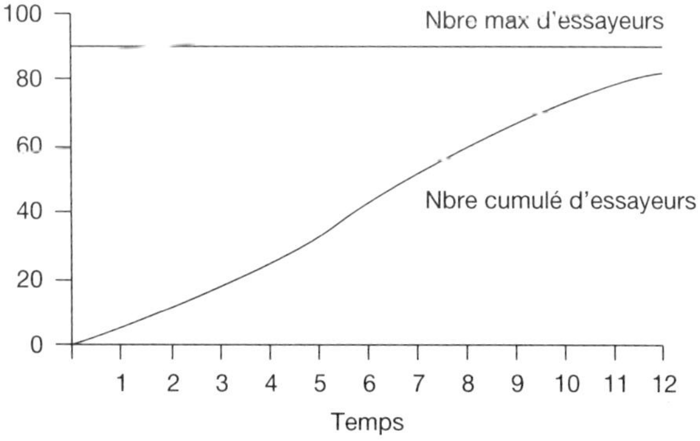

3. Voir également dans cette Encyclopédie l'article de H. Simon, S. Böttcher et R. Kalka, « Politique de prix », p. 2357, tome 2.

Cette courbe de diffusion reflète le processus fondamental d'innnovation-imitation qui caractérise l'essai d'un produit nouveau. De nombreux modèles, plus ou moins riches au niveau de la forme de réaction du marché, sont utilisés en marketing. G. Lilien, P. Kotler et K. Moorthy (1992) les regroupent en trois grandes classes.

2.1. Les modèles purement innovatifs

Un des premiers modèles d'analyse de la pénétration d'un produit nouveau est celui proposé par L. Fourt et J. Woodlock (1960). Ce modèle suppose qu'au cours de chaque période, le nombre d'essayeurs e_t correspond à une fraction du potentiel résiduel. Sa forme analytique est la suivante :

$$e_t = a \cdot (E - E_{t-1}) \qquad \text{[Mod. 1]}$$

avec
e_t : le nombre d'essayeurs au cours de la période t,
a : le taux d'innovation ($0{,}0 < a < 1{,}0$),
E : le nombre maximum d'essayeurs à long terme,
E_{t-1} : le nombre cumulé d'essayeurs au moment $t - 1$.

Le taux d'innovation peut être considéré comme la probabilité qu'un essayeur, choisi au hasard parmi la population des essayeurs à long terme, adopte le produit au cours d'une période de référence de manière spontanée, autonome. Comme nous le verrons dans la section 4, ce taux n'est pas nécessairement constant. Il pourrait être exprimé comme étant une fonction de divers éléments du marketing-mix dont, par exemple, la pression publicitaire.

Selon ce modèle, un produit nouveau capture, au cours de chaque période de son cycle de vie, une fraction constante a de son potentiel résiduel $[E - E_{t-1}]$. Le modèle est donc entièrement spécifié par les deux paramètres a et E. Il donne naissance à une évolution de la pénétration exponentiellement décroissante (concavité de la courbe de pénétration cumulée), comme l'illustre le graphique 2.

Graphique 2 – Modèle purement innovatif

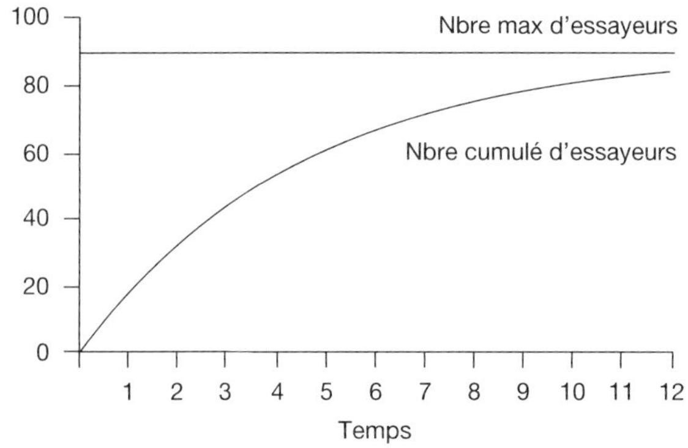

2.2. Les modèles purement imitatifs

Un autre modèle fréquemment utilisé en pratique est le modèle logistique proposé par J. Fisher et H. Pry (1971). L'hypothèse de base est que l'essai d'un produit est le résultat d'un comportement d'imitation. Ils proposent donc d'exprimer l'évolution de la pénétration du marché sous la forme suivante :

$$e_t = b \cdot (E_{t-1}/E) \cdot (E - E_{t-1}) \qquad \text{[Mod. 2]}$$

avec

e_t : le nombre d'essayeurs au cours de la période t,
b : le taux d'imitation ($0,0 < b < 1,0$),
E_{t-1}/E : la pénétration cumulée relative au moment $t-1$.

Le taux d'imitation peut être considéré comme la probabilité conditionnelle qu'un essayeur, choisi au hasard parmi la population des essayeurs à long terme, adopte le produit au cours d'une période de référence, suite à l'influence exercée sur son comportement par les essayeurs antérieurs. Cette force d'attraction est exprimée mathématiquement par E_{t-1}/E, la pénétration cumulée relative au moment $t-1$.

Comme nous l'avons évoqué dans le paragraphe 2.1., le taux d'imitation peut, lui aussi, être exprimé comme étant une fonction de divers éléments du marketing-mix.

Selon ce modèle, un produit nouveau capture, au cours de chaque période de son cycle de vie, une fraction constante b de son potentiel résiduel $[E - E_{t-1}]$, du fait de l'interaction entre les essayeurs antérieurs et ceux qui restent à... convaincre. Le modèle est spécifié par les paramètres a, E et E_0, la pénétration de départ. La diffusion résulte d'un processus de contagion, d'imitation et conduit à une courbe de pénétration cumulée ayant une forme en « S », semblable à celle reproduite au graphique 1.

2.3. Les modèles mixtes

Le modèle logistique généralisé, proposé par F. Bass (1969), constitue un exemple de modèle de diffusion mixte, intégrant dans une même structure analytique un effet d'innovation et un effet d'imitation. Ce modèle considère que l'essai est la résultante d'un processus intégrant :

– une composante inductrice, correspondant à l'essai à caractère innovatif ; le modèle, dans sa version originale, suppose que le taux d'innovation a reste constant au cours du temps ;

– une composante induite, correspondant à l'essai à caractère imitatif ; celui-ci provient de l'interaction entre les adopteurs antérieurs, E_{t-1}/E, et le potentiel résiduel $(E - E_{t-1})$.

La forme analytique du modèle est la suivante :

$$e_t = a \cdot (E - E_{t-1}) + b \cdot (E_{t-1}/E) \cdot (E - E_{t-1}) \qquad \text{[Mod. 3]}$$

avec : $0,0 < a + b < 1,0$.

Les paramètres a, b, E ainsi que les quantités e_t, E_t sont définis comme précédemment dans les paragraphes 2.1. et 2.2. Selon la valeur des paramètres a et b, ce modèle donne naissance à une évolution de pénétration exponentiellement décroissante (graphique 2) ou à une courbe en « S », semblable à celle reproduite au graphique 1.

L'attrait du modèle logistique généralisé provient du fait que ses paramètres sont, sous certaines conditions, estimables statistiquement (J.M. Choffray, 1992). Il a été enrichi par C. Easingwood, V. Mahajan et E. Muller (1983) qui proposent un modèle logistique généralisé à effet d'imitation variable (NUI, *non uniform influence diffusion model*), dont la forme analytique est la suivante :

$$e_t = a \cdot (E - E_{t-1}) + b \cdot (E_{t-1}/E)^{(2-g)} \cdot (E - E_{t-1}) \qquad \text{[Mod. 4]}$$

avec
g : accélérateur de diffusion ($0{,}0 < g < 2{,}0$) et
$0{,}0 < a + b < 1{,}0$.

Le paramètre g permet d'exprimer des phénomènes d'accélération ou de décélération dans la pénétration d'un produit, donnant naissance à une famille de courbes asymétriques.

Le graphique 3 présente plusieurs courbes de pénétration de produits nouveaux, obtenues en faisant varier le paramètre g, la pénétration potentielle maximum E ayant été fixée arbitrairement à 0,9.

Graphique 3 – Modèle de type NUI

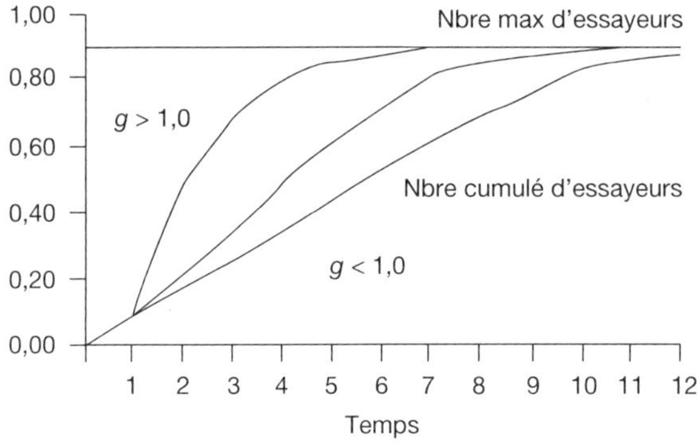

L'utilisation de la théorie de la diffusion, à des fins de prétest, de suivi et de contrôle de la performance d'un produit nouveau, quel que soit le modèle retenu, pose un problème de calibrage, c'est-à-dire de spécification des paramètres. Trois voies sont envisageables : l'approche subjective, l'approche analogique et l'approche expérimentale.

– L'approche subjective consiste à évaluer les perceptions et les jugements des décideurs à partir de questions destinées à mesurer l'espérance mathématique (moyenne) et la variance des paramètres souhaités (a, b, g, E). Cette méthode, qui trouve son origine en psychologie mathématique et en théorie de la décision, donne généralement des résultats satisfaisants lorsque le décideur a une bonne compréhension des concepts sous-jacents et dispose d'une large expérience dans le marché étudié (J.M. Choffray, 1985).

– L'approche analogique repose sur l'utilisation de modèles descriptifs des paramètres souhaités. Cette méthode suppose la constitution et l'analyse statistique de bases de données comportant les estimateurs des paramètres (a', b', g', E') ainsi que des descripteurs d'un grand nombre de couples produit-marché. On peut alors estimer les paramètres de l'essai d'un produit nouveau en s'inspirant de situations (produit, marché, stratégie) comparables.

– L'approche expérimentale consiste à mesurer dans le cadre d'un plan d'expérience (laboratoire expérimental d'achat) les paramètres désirés. Cette méthode est la plus complexe à mettre en œuvre. Elle repose sur l'observation du comportement d'un nombre limité de consommateurs ou d'acheteurs potentiels. Leurs perceptions et leurs intentions sont systématiquement mesurées et converties en probabilités (innovation, imitation) de réponse.

Des progrès importants ont été réalisés au cours de ces dernières années, suite à la constitution de bases de données transversales regroupant l'évolution de l'essai de centaines de produits nouveaux et de nombreux descripteurs de leur environnement de lancement (degré de concentration de l'offre, ordre d'entrée, différenciation du produit, pression marketing, etc.). Ces études ont fait apparaître que l'identité d'un produit, sa différenciation, sa qualité et sa valeur d'usage ont une incidence sur son taux d'innovation. De même, la rentabilité pour l'adopteur potentiel, l'incidence financière de l'achat et la catégorie exercent une influence déterminante sur le taux d'imitation. Enfin, la densité des réseaux de communication dans un marché affecte le caractère asymétrique de la courbe de pénétration (accélérateur de diffusion g).

3. Les modèles de réachat

Le réachat repose sur la fidélisation des essayeurs et des réacheteurs d'un produit. Il traduit le développement d'habitudes de consommation et/ou d'utilisation. C'est un phénomène dynamique par excellence, qui est affecté par les variations de pression concurrentielle ou par l'arrivée de nouveaux produits plus performants.

Une approche particulièrement utile à ce niveau est celle qui a été proposée par G. Eskin (1973) et par M. Kalwani et A. Silk (1980). Cette méthode fait appel à un ensemble de modèles mathématiques exprimant l'évolution cumulée du pourcentage de réacheteurs par classe de réachat. On distingue ainsi les premiers réacheteurs des deuxièmes réacheteurs… des n-ièmes réacheteurs. Analytiquement, le modèle d'intensité de réachat qu'ils proposent peut être exprimé comme suit :

$$r_{1,t} = R_1 \cdot (1-q) \cdot q^{t-1},\ t > 1$$

avec

$r_{1,t}$: la proportion d'essayeurs convertis en premiers réacheteurs au cours de la période t,

R_1 : la limite du taux cumulatif de premier réachat,

$(1-q)$: la vitesse de conversion ($0{,}0 < q < 1{,}0$).

Le temps moyen qui s'écoule entre deux achats successifs dépend de la vitesse de conversion. Il est donné par la relation $[1/(1-q)]$.

Cette structure analytique est équivalente à celle que nous avons présentée au paragraphe 2.1. Dans le contexte du premier réachat, elle pourrait être exprimée de la manière suivante :

$$r_{1,t} = (1-q)\cdot[R_1 - R_{1,t-1}]$$

avec $R_{1,t-1}$ la proportion cumulée des premiers réacheteurs à la période $t-1$.

La proportion cumulée d'essayeurs qui auront été convertis en premiers réacheteurs à la période t est donc donnée par l'expression :

$$R_{1,t} = R_1\cdot[1-q^t].$$

D'une manière générale, si l'on considère la k-ième classe de réacheteurs, ces deux modèles peuvent être exprimés :

$$r_{k,t} = R_k\cdot(1-q)\cdot q^{t-1} \quad \text{et} \qquad \text{[Mod. 5]}$$

$$R_{k,t} = R_k\cdot[1-q^t],$$

pour la proportion de k-ième réacheteurs observée en période t et la proportion cumulée correspondante.

Ces deux dernières relations peuvent être complétées par l'adjonction d'un facteur d'étirement, donnant la version définitive du modèle de G. Eskin (1973) et de M. Kalwani et A. Silk (1980) :

$$r_{k,t} = R_k\cdot(1-q)\cdot q^{t-1} + d \qquad \text{[Mod. 6]}$$

$$R_{k,t} = R_k\cdot[1-q^t] + d\cdot t,$$

avec d le facteur d'étirement ($R_k\cdot[1-q^t] + d\cdot t < 1{,}0$).

Les analyses empiriques effectuées ont montré que la vitesse de conversion $(1-q)$ variait peu d'une classe de réacheteurs à l'autre. Il en est de même pour le facteur d'étirement d.

La limite du taux cumulatif de réacheteurs par classe est fournie par la relation suivante :

$$R_k = R_n\cdot[1-y^{k+1}],\ k = 1, 2,\ldots$$

avec R_n proche de 1,0 en cas de fidélisation croissante et $y = 0{,}636$.

Ce qui, approximativement, donne les proportions de conversion d'une classe de réacheteurs à l'autre suivantes : $R_1 = 60$ %, $R_2 = 74$ %, $R_3 = 84$ %, $R_4 = 90$ %… Le graphique 4 illustre l'évolution des proportions cumulées de réachat pour plusieurs classes.

L'intérêt de ce modèle est de proposer une solution élégante au problème de la fidélisation. Celle-ci est explicitement intégrée dans l'évolution des limites de conversion R_k. De même, ce modèle permet de comprendre et de simuler la rapidité avec laquelle se construit le réachat. Ce qui est essentiel pour les produits de grande consommation caractérisés par des cycles d'achat courts.

Graphique 4 – Taux cumulatifs de réachat

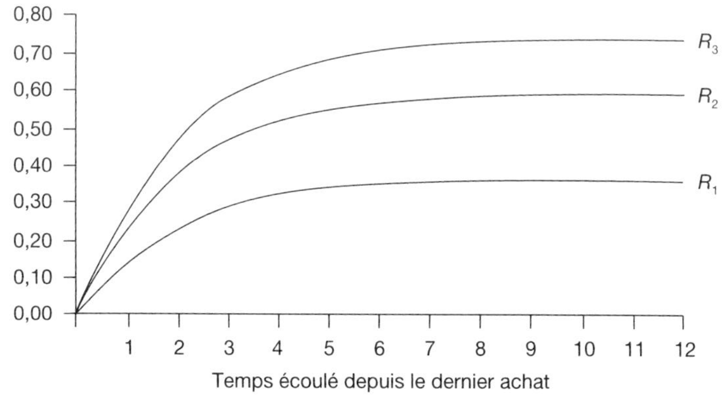

Comme pour la théorie de la diffusion, l'utilisation pratique des modèles d'intensité de réachat pose un problème de calibrage. Les trois approches que nous avons décrites précédemment – subjective, analogique et expérimentale – peuvent également être utiles à ce niveau. Plusieurs bases de données et de paramètres sont aujourd'hui en cours de constitution. Elles permettront, dans les années à venir, de disposer d'estimateurs robustes des paramètres R_1, q et d, en fonction des caractéristiques d'un produit, de son marché et de la stratégie de lancement envisagée.

4. Les fonctions de réponse

Les modèles que nous avons présentés tant au niveau de l'essai qu'au niveau du réachat restent fondamentalement descriptifs. Si l'objectif est de contrôler l'incidence d'une stratégie marketing sur le volume de vente d'un produit nouveau, il faut spécifier la manière dont chaque variable décisionnelle (prix, publicité, force de vente…) influence le comportement d'achat, c'est-à-dire les principaux paramètres qui en gouvernent l'évolution.

La littérature comporte de nombreuses tentatives de modification normative des modèles d'essai et/ou de réachat des produits nouveaux. Par exemple D. Horsky et L. Simon (1983) intègrent l'effet de la publicité sur le coefficient d'innovation. D'autres efforts portent sur le contrôle du coefficient d'imitation, de la pénétration cumulée à long terme, des taux cumulatifs de réachat ou d'une combinaison de plusieurs d'entre eux. G. Lilien, P. Kotler et K. Moorthy (1992) en présentent une synthèse.

Une des formes analytiques les plus intéressantes pour intégrer des variables de contrôle dans un modèle de réponse de marché a été proposée par J. Little (1970). D'une manière générale, l'approche proposée consiste à distinguer l'incidence à court terme d'une variation d'un des éléments du mix, de sa répercussion dynamique. Deux modèles sont donc nécessaires.

4.1. Le modèle d'incidence à court terme

Ce modèle exprime la relation entre le paramètre de réponse souhaité, par exemple le coefficient d'innovation a, et une composante du marketing-mix, par exemple la pression publicitaire pour le produit nouveau (effort publicitaire du produit divisé par l'effort publicitaire moyen de la classe à laquelle il appartient), sous la forme suivante :

$$a[p] = a_0 + (a^* - a_0) \cdot [p^c/(f + p^c)], \qquad \text{[Mod. 7]}$$

avec
a^* : le taux d'innovation maximum à court terme,
a_0 : le taux d'innovation minimum à court terme,
p : la pression publicitaire,
c, f : les paramètres déterminant la forme de la réponse à court terme.

Ce modèle a une forme en « S » lorsque $c > 1$; il est concave si $0{,}0 < c < 1{,}0$. Il est particulièrement facile à calibrer subjectivement, à partir des réponses fournies par le décideur aux questions suivantes :

– le taux d'innovation a correspondant à une pression publicitaire de 1,0 (effort comparable à la moyenne des concurrents),

– le taux d'innovation maximum à court terme a^*,

– le taux d'innovation minimum à court terme a_0,

– le taux d'innovation à court terme a_1 correspondant à une pression publicitaire de 1,5 (cinquante pour cent supérieure à l'effort moyen des concurrents).

On obtient alors les estimateurs suivants :

$$f = (a^* - a)/(a - a_0),$$

$$c = [1/\ln(1{,}5)] \cdot \ln\{[(a^* - a)/(a - a_0)] \cdot [(a_1 - a_0)/(a^* - a_1)]\},$$

qui spécifient complètement la forme du modèle d'incidence à court terme d'une variation de pression publicitaire, comme l'illustre le graphique 5.

Graphique 5 – Incidence à court terme

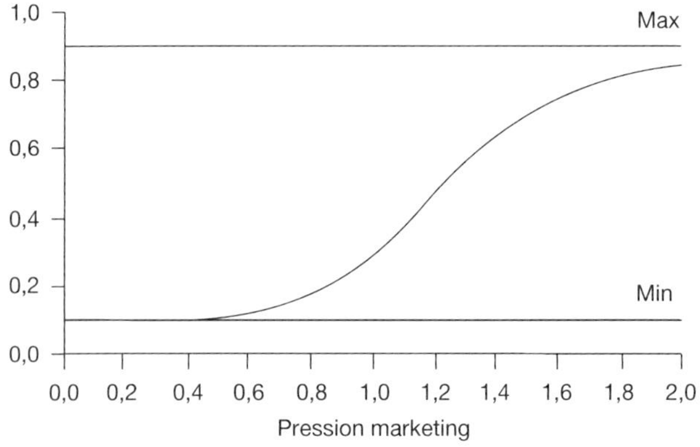

4.2. Le modèle dynamique

Il est aisé de transformer le modèle d'incidence à court terme pour prendre en compte l'évolution dans le temps d'une stratégie publicitaire.

Le modèle général de réponse devient alors :

$$a[p_t] = a_{00} + z_a \cdot (a[p_{t-1}] - a_{00}) + (a^* - a_0)[p_t^c/(f + p_t^c)], \quad \text{[Mod. 8]}$$

avec
$a[p_t] < 1{,}0$,
a_{00} : le taux d'innovation à long terme en l'absence de publicité (pression publicitaire égal à 0,0),
z_a : la rémanence du taux d'innovation.

Le graphique 6 illustre l'incidence d'un plan de communication sur le taux d'innovation.

Graphique 6 – Modèle dynamique de réponse

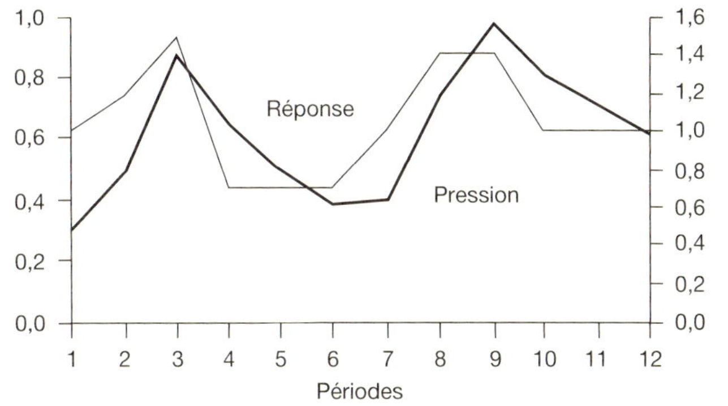

En fonction de la situation étudiée, d'autres paramètres des modèles de diffusion et/ou d'intensité de réachat pourront être exprimés de manière dynamique, pour refléter l'influence de divers éléments du marketing-mix.

Le calibrage de ces modèles peut s'inspirer des trois méthodes décrites précédemment : l'approche subjective, l'approche analogique et l'approche expérimentale. Plusieurs bases de données et de paramètres sont en cours de constitution. Elles permettront, à l'avenir, de disposer d'estimateurs robustes des paramètres a^*, a_0, a_1, c, f, a_{00} et z_a, en fonction des caractéristiques d'un produit, de son marché et des stratégies de lancement envisagées.

5. Le modèle de coût

Le coût d'un produit nouveau comporte des éléments fixes et des éléments variables[4]. Parmi ces derniers, certains peuvent faire l'objet d'une réduction en fonction de l'expérience accumulée par l'entreprise, donnant naissance à une courbe d'expérience ou d'apprentissage (J.J. Lambin, 1994). C'est notamment le cas pour la portion du coût variable unitaire contrôlé par l'entreprise, appelée coût variable de la valeur ajoutée, ou coût variable interne.

4. Voir également dans cette Encyclopédie l'article de J. Margerin et J. Trahand, « Coût », p. 687, tome 1.

Afin de déterminer la rentabilité prévisionnelle d'un produit nouveau, ou d'évaluer la viabilité d'un plan marketing, il importe donc de distinguer les trois éléments de coût suivants :

– les coûts fixes (outils de production, accès à la distribution...),

– le coût variable externe (coût variable des entrants : matières, services achetés à l'extérieur, tâches sous-traitées...),

– le coût variable interne (coût variable de la valeur ajoutée : transformation, assemblage, distribution, service après-vente...).

Dans un système de prétest, de suivi et de contrôle de la performance d'un produit nouveau, le coût fixe sera réparti sur le volume de production cumulé correspondant à la durée de vie économique du produit. Le coût variable externe affectera chaque unité. Quant au coût variable interne, il sera utile de faire appel à la relation suivante :

$$c[V_t] = c[V_0] \cdot [V_t/V_0]^{-n} \qquad \text{[Mod. 9]}$$

avec

$c[V_t]$: le coût variable interne, correspondant au volume cumulé de production V_t,

$c[V_0]$: le coût variable interne, correspondant à un volume cumulé de production inférieur au palier d'expérience V_0,

n : l'élasticité du coût variable interne.

En pratique, l'élasticité du coût variable interne est souvent exprimée par référence à un doublement de la production cumulée par rapport au palier d'expérience. On obtient alors :

$$n = -\ln[R]/\ln[2],$$

avec R la pente d'expérience, réduction du coût variable interne en cas de doublement du volume de production cumulé par rapport au palier d'expérience.

En pratique, la spécification d'un modèle d'apprentissage s'inspirera des trois méthodes de calibrage présentées dans la section 2.

6. La construction d'un système de prétest, de suivi et de contrôle de la performance d'un produit nouveau

Nous disposons maintenant des objets marketing nous permettant d'élaborer notre système de prétest, de suivi et de contrôle de la performance d'un produit nouveau. Selon la complexité du problème auquel on est confronté – évaluation prélancement, prévision en phase de croissance ou gestion du marketing-mix –, il faudra plus ou moins enrichir l'outil projeté.

Toutefois, il ne faut pas rechercher la complexité, ni le réalisme, à tout prix. Un bon système est d'abord un système simple, intégrant un nombre aussi réduit que possible d'éléments. C'est un système qui ne cherche pas à reproduire la réalité dans toute richesse, mais plutôt à en comprendre les lois fondamentales. Ce principe de parcimonie est essentiel. Il en est dans le domaine de la modélisation comme dans tout autre domaine. On peut tout faire et tout expliquer, particulièrement si l'on ne cherche pas à comprendre !

La liberté dont on dispose avec le kit proposé dans cet article amène donc à responsabiliser le concepteur d'un système. La recherche de la simplicité est d'autant moins pénalisante qu'un bon système est évolutif. Structure et paramètres évolueront au fur et à mesure que se développera la maîtrise qu'a l'utilisateur des principaux concepts et modèles présentés. Construire son expertise dans le domaine de la modélisation requiert d'abord... patience, travail et modestie.

6.1. Le système de prétest

Le recours à des méthodes formalisées d'évaluation des potentialités économiques d'un produit nouveau, à un stade peu avancé dans son développement, est un des critères de succès à terme. Les entreprises qui font appel à ce type d'outils connaissent des taux de réussite sensiblement supérieurs à la moyenne. Il est donc essentiel de filtrer les idées, les concepts et les projets de produits nouveaux dès leur plus jeune âge, c'est-à-dire bien avant le moment du lancement.

Un bon système de prétest est comme un miroir. Il reflète fidèlement les potentialités du produit. Il invite à l'interrogation et suggère des voies d'amélioration. Son diagnostic porte essentiellement sur le volume et aboutit au calcul du « point mort », c'est-à-dire à l'identification du niveau des ventes à atteindre pour assurer la rentabilité recherchée par l'entreprise.

L'objectif n'est généralement pas de prévoir la montée en puissance du produit sur le marché, et encore moins de la maîtriser par des variations du marketing-mix[5]. Il s'agit plutôt de filtrer, de déceler, parmi des dizaines voire des centaines de projets de produits nouveaux, ceux qui sont les plus prometteurs.

Le système à construire est simple. Il pourrait ne comporter qu'un modèle de diffusion de type purement innovatif [Mod. 1] dont les paramètres (u, E) seraient estimés subjectivement par un décideur ou un groupe de décideurs. Les questions suivantes pourraient être posées pour chacun des produits étudiés.

– Quel est le nombre d'adopteurs potentiels (consommateurs, familles, entreprises, selon le couple produit-marché étudié) ? Réponse : M, la taille du marché cible.

– Quel sera le pourcentage d'adopteurs potentiels qui auront connaissance de l'existence du produit nouveau ? Réponse : N, la notoriété cumulée à long terme, avec ($0{,}0 < N < 1{,}0$).

– Quel sera le pourcentage des points de vente qui disposeront du produit nouveau (moyenne pondérée) ? Réponse : D, le taux de couverture de la distribution, avec ($0{,}0 < D < 1{,}0$).

– Quel sera le pourcentage des adopteurs potentiels qui ne trouveront le prix d'introduction ni trop faible, ni trop élevé ? Réponse : A, le taux d'acceptation du prix, avec ($0{,}0 < A < 1{,}0$) ?

– Quelle est la probabilité qu'un adopteur potentiel, choisi au hasard, adopte le produit nouveau au cours d'une période de référence (semaine, mois ou trimestre, selon l'horizon de prévision) s'il a connaissance de son

5. Voir dans cette Encyclopédie l'article de M. Filser, « Marketing-mix », p. 1903, tome 2.

existence, le trouve chez son distributeur habituel et considère que son prix est acceptable ? Réponse : a, le taux d'innovation, avec $(0{,}0 < a < 1{,}0)$.

– Quel sera le volume moyen par acte d'essai du produit nouveau ? Réponse : u_e, le volume moyen à l'essai, avec $(u_e > 0{,}0)$.

En supposant l'indépendance statistique, on obtient alors :

$$E = M \cdot N \cdot D \cdot A$$

que l'on substitue dans un modèle de diffusion de type purement innovatif [Mod. 1], qui devient alors :

$$e_t = a \cdot (M \cdot N \cdot D \cdot A - E_{t-1}).$$

Et l'équation du volume :

$$v_t = e_t \cdot u_e$$

Ce modèle suppose que le réachat n'est pas un facteur critique de succès au cours de l'horizon de projection. Cette hypothèse est généralement satisfaite pour les produits à cycle d'achat long. Pour les autres, l'approche demeure toutefois valable en tant qu'outil de filtrage (et non de prévision au sens strict), car la dynamique de réachat est fondamentalement influencée par la montée en puissance de l'essai. Dans les autres cas, un module de réachat devra être intégré.

Si le système de prétest doit aboutir à un diagnostic de la viabilité économique, un module d'analyse des coûts doit également être prévu. Dans ce cas, les questions suivantes pourront être prévues.

– Quels sont les coûts de développement, d'équipement et d'entrée sur le marché… pour le produit étudié ? Réponse : C_F, le coût fixe.

– Quel est le coût variable des entrants : matières, services achetés à l'extérieur, tâches sous-traitées… ? Réponse : C_E, le coût variable externe.

– Quel est le coût variable de la valeur ajoutée : transformation, assemblage, distribution, service après-vente… ? Réponse : C_I, le coût variable interne.

– Quel est le volume de production cumulé à partir duquel un effet d'expérience pourrait être observé ? Réponse : V_0, le palier d'expérience.

– Quel est le pourcentage de réduction du coût variable interne en cas de doublement du volume de production cumulé par rapport au palier d'expérience ? Réponse : R, la pente d'expérience.

Pour chacun des estimateurs recherchés, une hypothèse basse et une hypothèse haute pourront être envisagées. Si le calibrage est effectué avec un groupe de spécialistes, moyennes et variances pourront être calculées, permettant une analyse de la sensibilité à l'incertitude du diagnostic établi.

6.2. Le système de suivi

Si l'objectif est de comprendre et de prévoir le développement des ventes d'un produit nouveau en phase d'introduction et de croissance, le système que nous avons construit dans le paragraphe précédent est insuffisant. Il en est de même si le produit nouveau étudié a un cycle d'achat court. Ce qui se traduit par de nombreuses opportunités d'échange d'expériences entre consommateurs et/ou utilisateurs, et par de nombreuses occasions de réachat.

Un bon système de prévision en phase d'introduction et de croissance est d'abord un système qui reproduit fidèlement les principales forces comportementales en présence dans le marché. Il reflète la montée en puissance du produit testé. Il permet d'en reconstruire fidèlement l'histoire et d'identifier, voire d'anticiper, les crises potentielles : besoins en capacité de production, insuffisance logistique, ralentissement de pénétration, fidélisation décroissante... Son diagnostic portera sur l'évolution dynamique à stratégie constante, c'est-à-dire sans remise en question fondamentale du marketing-mix de lancement.

Le système à construire sera donc plus complexe. Il comportera un modèle de diffusion de type logistique généralisé [Mod. 3] ainsi qu'un modèle d'intensité de réachat [Mod. 5]. L'outil permettra la prise en considération de trois processus comportementaux complexes : l'innovation, l'imitation et la fidélisation. Ce système pourra être calibré subjectivement, en s'inspirant de la procédure que nous avons décrite dans le paragraphe 6.1. Quelques questions supplémentaires seront posées au décideur.

– Quelle est la probabilité qu'un adopteur potentiel, choisi au hasard, adopte le produit nouveau au cours d'une période de référence (semaine, mois ou trimestre, selon l'horizon de prévision) suite à l'influence exercée sur son comportement par les adopteurs antérieurs ? Réponse : b, le taux d'imitation, avec $(0{,}0 < a + b < 1{,}0)$.

– Quel est le pourcentage maximum d'essayeurs qui, à terme, réachèteront au moins une fois le produit nouveau ? Réponse : R_1, le taux de premier réachat à terme $(R_1 < 1{,}0)$.

– Quel est en moyenne l'intervalle de temps s'écoulant entre deux achats successifs (exprimé en multiple de la période de référence) ? Réponse : $[1/(1 - q)]$, l'inverse de la vitesse de conversion $(1 - q)$.

Après avoir procédé aux mêmes ajustements du paramètre E que dans le paragraphe 6.1., le système pourra être utilisé pour simuler l'évolution dynamique de l'essai et du réachat. Il permettra une évaluation précise du volume des ventes et de la manière dont les différentes forces comportementales (innovation, imitation, fidélisation) interagissent.

Chacun des estimateurs recherchés pourra faire l'objet d'une hypothèse basse et d'une hypothèse haute. Si le calibrage est réalisé par un groupe de spécialistes, les moyennes et les variances pourront être calculées, permettant une analyse de sensibilité.

Si l'utilisateur dispose de l'évolution des ventes de produits comparables au produit nouveau, les paramètres des divers modèles pourront être spécifiés par calibrage graphique (J.M. Choffray, 1992) et, ensuite, utilisés par analogie. Il en sera de même s'il dispose d'un nombre suffisant de périodes d'observation concernant le produit nouveau. Dans ce dernier cas, le système sera utilisé en tant qu'outil de contrôle de diffusion. Il visera à anticiper tout fléchissement dans l'évolution dynamique des ventes, à maîtriser les phénomènes de substitution/cannibalisme et à suggérer d'éventuelles actions correctives.

Le système de suivi proposé suppose que la stratégie de lancement ne soit pas fondamentalement modifiée au cours des phases d'introduction et de croissance. Dans le cas contraire, l'adjonction de variables de contrôle, correspondant aux principaux moyens d'action marketing, est inévitable.

6.3. Le système de contrôle

Si le diagnostic souhaité porte sur l'évolution dynamique de la demande pour un produit nouveau en fonction d'un plan marketing, le système à construire est plus complexe.

Il comportera toujours un modèle de diffusion de type logistique généralisé [Mod. 3] ainsi qu'un modèle d'intensité de réachat [Mod. 5]. Mais cette fois, il conviendra d'exprimer certains de ces paramètres (taux d'innovation et/ou d'imitation des essayeurs, vitesse de conversion des réacheteurs...) comme étant une fonction de certains éléments du marketing-mix [Mod. 7 et 8]. Si le système est calibré subjectivement, les questions qui suivent seront posées au décideur, pour chacun des paramètres contrôlés (exprimés sous une forme dynamique).

– Quelle est la valeur du paramètre (taux d'innovation, par exemple) correspondant à un effort marketing (pression publicitaire, par exemple) de 1,0 ? Réponse : pour le taux d'innovation (a).

– Quelle est la valeur maximum à court terme du paramètre, en cas d'effort marketing illimité ? Réponse : pour le taux d'innovation (a^*).

– Quelle est la valeur minimum à court terme du paramètre, en cas d'absence d'effort marketing ? Réponse : pour le taux d'innovation (a_0).

– Quelle est la valeur à court terme du paramètre, en cas d'effort marketing de 1,5 (cinquante pour cent supérieure à l'effort moyen des concurrents) ? Réponse : pour le taux d'innovation (a_1).

– Quelle est la valeur minimum à long terme du paramètre, en cas d'absence d'effort marketing ? Réponse : pour le taux d'innovation (a_{00}).

– Quelle est la rémanence du paramètre, en cas d'absence d'effort marketing ? Réponse : pour le taux d'innovation (z_a).

Après avoir procédé aux mêmes ajustements du paramètre E que dans le paragraphe 6.1., le système pourra être utilisé pour simuler l'évolution dynamique de l'essai et du réachat en fonction de divers plans marketing (variations de l'effort portant sur chacune des composantes du mix intégrées dans le modèle de réaction du marché).

Si l'utilisateur dispose de l'évolution passée des ventes du produit étudié, les paramètres des divers modèles de diffusion, de fidélisation et de contrôle pourront être spécifiés par calibrage graphique (J.M. Choffray, 1992). La disponibilité de langages de programmation puissants et conviviaux rend cette voie particulièrement prometteuse.

Un système de contrôle peut rapidement atteindre un niveau de complexité considérable, selon le nombre de fonctions de réponse intégrées. Il est donc essentiel de faire preuve de parcimonie et de ne pas chercher à expliquer un nombre limité d'observations avec un système comportant beaucoup de paramètres.

7. La fiabilité et la validité d'un système de prétest, de suivi et de contrôle de la performance d'un produit nouveau

L'interdépendance entre les divers éléments d'un système de prétest, de suivi et de contrôle de la performance d'un produit nouveau est fondamentale. Quelle que soit la précision des données disponibles, elles ne pourront être exploitées que si des méthodes de calibrage appropriées sont utilisées. De même, rien ne sert de simuler l'incidence d'un plan marketing si la structure de réponse et de contrôle du système ne reflète pas correctement la réalité.

Ces questions nous amènent à nous interroger sur la fiabilité et la validité de tels outils. La validité a trait à la précision avec laquelle un système répond au problème posé, à partir de la meilleure connaissance que l'on a des mécanismes qui en conditionnent la résolution. S'il est valable, le diagnostic auquel conduira l'utilisation du système pourra servir de base à l'extrapolation, à la généralisation, à la prévision et au contrôle.

La fiabilité, quant à elle, est une mesure de la régularité avec laquelle le système conduit à certaines actions sur la base d'un même ensemble d'informations. S'il est fiable, un système pourra être mis dans des mains peu expertes, sans risque de conduire à des recommandations différentes. Un système valable sera donc nécessairement fiable. L'inverse, toutefois, n'est pas vrai.

Dans la réalité, la fiabilité et la validité d'un système de prétest, de suivi et de contrôle de la performance d'un produit nouveau sont très difficiles à appréhender. Cela tient au fait que ces mesures résultent de l'efficacité d'un ensemble de modules, dont chacun présente ses propres caractéristiques. Si la fiabilité est généralement appréciable au fur et à mesure que se développe l'expérience avec l'outil, il n'en est pas de même de la validité. Elle peut, toutefois, être approchée indirectement par l'analyse systématique de la capacité du système à reproduire la réalité passée, le vécu du décideur.

N'oublions pas, également, que ces concepts comportent une dimension dynamique. Ils traduisent un idéal vers lequel tendre. Seule l'adoption d'une stratégie continue de développement, d'exploitation, d'évaluation et de révision de tels systèmes peut conduire à un niveau de performance satisfaisant dans ce domaine.

*

* *

La disponibilité de langages de programmation puissants et conviviaux renforce le besoin des spécialistes du marketing en concepts et méthodes opérationnelles de maîtrise de l'évolution des marchés. Ceci est particulièrement vrai pour les produits nouveaux.

Quel que soit le marché étudié, prétester, suivre et contrôler la performance d'un produit nouveau exigent de prévoir le volume futur des ventes et d'en simuler l'évolution en fonction de différentes stratégies marketing. Un ensemble de concepts et de modèles purement descriptifs ne suffit pas. Si l'objectif est le contrôle, il est essentiel que le système ait un caractère normatif, c'est-à-dire permette à l'utilisateur et/ou au décideur de mesurer l'incidence des décisions futures sur la dynamique de réponse du marché.

L'objet de cet article est de présenter un ensemble cohérent de concepts et de modèles utiles en matière de prétest, de suivi et de contrôle de la performance d'un produit nouveau.

L'approche suivie est résolument modulaire, orientée objet, de telle sorte que le lecteur puisse construire son propre système à partir du problème auquel il est confronté : évaluation prélancement, suivi en phase d'introduction et de croissance, et contrôle du marketing-mix au cours de l'étape de développement du marché.

Le kit proposé rassemble les modèles de diffusion, les modèles d'intensité de réachat, les fonctions de réponse et l'analyse dynamique des coûts. Ces outils conservent leur pertinence quel que soit le couple produit-marché considéré : grande consommation, durable, industriel et/ou service.

Outils pédagogiques par excellence, chacun de ces objets marketing offre un ensemble conceptuel et analytique, comportant sa propre structure informationnelle. Il fournit une solution opérationnelle à un problème spécifique de stratégie marketing. L'étudiant et le décideur pourront les combiner en un système de prétest, de suivi et de contrôle modulaire qu'ils mettront en valeur à l'aide des tableurs et hyper-langages puissants dont nous disposons aujourd'hui.

Références

BASS F., « A New Product Growth Model for Consumer Durables », *Management Science* (vol. 15, 1969).

CHOFFRAY J.M., *Systèmes intelligents de management*, Paris, Nathan, 1992.

CHOFFRAY J.M., *Marketing expert : logiciels d'aide à la décision*, Paris, McGraw-Hill, 1985.

CHOFFRAY J.M., DOREY F., *Développement et gestion des produits nouveaux : concepts, méthodes et applications*, Paris, McGraw-Hill, 1983.

EASINGWOOD C., MAHAJAN V., MULLER E., « A Non-Uniform Influence Innovation Diffusion Model of New Product Acceptance », *Marketing Science* (vol. 2, 1983).

ESKIN G., « Dynamic Forecasts of New Product Demand Using a Depth of Repeat Model », *Journal of Marketing Research* (vol. 10, 1973).

FISHER J., PRY H., « A Simple Substitution Model of Technological Change », *Technological Forecasting and Social Change* (vol. 3, 1971).

FOURT L., WOODLOCK J., « Early Prediction of Market Success for New Grocery Products », *Journal of Marketing* (October 1960).

HORSKY D., SIMON L., « Advertising and the Diffusion of New Products », *Marketing Science* (vol. 2, Winter 1983).

KALWANI M., SILK A., « Structure of Repeat Buying for New Packaged Goods », *Journal of Marketing Research* (vol. 17, 1980).

LAMBIN J.J., *Le marketing stratégique*, Paris, Ediscience, 1984.

LILIEN G., KOTLER P., MOORTHY K., *Marketing Models*, Englewood Cliffs, Prentice Hall, 1992.

LITTLE J., « Models and Managers : the Concept of a Decision Calculus », *Management Science* (vol. 16, 1970).

Mots clés

Apprentissage, diffusion, essai, expérience, faisabilité, fidélisation, fonction de réponse, imitation, innovation, lancement, pénétration, performance, potentiel, produit nouveau, réachat, rentabilité.

Réalisé en P.A.O par STDI - Z. A. Route de Couterne - 53110 LASSAY-LES-CHATEAUX
Imprimé en France. - JOUVE, 18, rue Saint-Denis, 75001 PARIS
N°246055C. - Dépôt légal : Mai 1997